D1705869

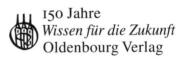

150 Jahre
Wissen für die Zukunft
Oldenbourg Verlag

Wirtschaftslexikon

herausgegeben von
Universitätsprofessor
Dr. Dr. h.c. mult. Artur Woll

10., vollständig neubearbeitete Auflage

Oldenbourg Verlag München

Bibliografische Information der Deutschen Nationalbibliothek

Die Deutsche Nationalbibliothek verzeichnet diese Publikation in der Deutschen Nationalbibliografie; detaillierte bibliografische Daten sind im Internet über <http://dnb.d-nb.de> abrufbar.

© 2008 Oldenbourg Wissenschaftsverlag GmbH
Rosenheimer Straße 145, D-81671 München
Telefon: (089) 4 50 51-0
oldenbourg.de

Lektorat: Wirtschafts- und Sozialwissenschaften, wiso@oldenbourg.de
Herstellung: Anna Grosser
Coverentwurf: Kochan & Partner, München
Cover-Illustration: Hyde & Hyde, München
Gedruckt auf säure- und chlorfreiem Papier
Gesamtherstellung: Kösel, Krugzell

ISBN 978-3-486-25492-1

Inhaltsübersicht

Vorwort

Dieses Lexikon soll über die Erscheinungen und Vorgänge in der wirtschaftlichen Welt zuverlässig orientieren. Es ist für Studenten, für alle im Wirtschaftsalltag Tätige und am Wirtschaftsgeschehen Interessierte geschrieben worden.

Kriterium für die Auswahl der Stichworte ist das aktuelle Standardwissen der Betriebswirtschaftslehre, Volkswirtschaftslehre, Statistik und wirtschaftlich bedeutsamen Teile der Rechtswissenschaft. Über wichtige Gebiete informieren Stichwortaufsätze. die von namhaften Wissenschaftlern verfaßt worden sind und weiterführende Literaturhinweise enthalten.

Zu danken habe ich den Verfassern der Stichwortaufsätze - über hundert Fachkollegen -, den beiden Redakteuren - den Herren Dr. Gerald Vogl und Dipl.-Volkswirt Martin Weigert -, meinen wissenschaftlichen Mitarbeitern - den Herren Dr. Hans-Georg Blang, Dr. Bernd Faulwasser und Dr. Klaus Schöler - und meinen Sekretärinnen - den Frauen Brigitte Rothenpieler und Monika Siebel -, ohne deren Mitwirkung dieses Lexikon nicht hätte erscheinen können.

Artur Woll

Vorwort zur zehnten Auflage

Die zehnte Auflage dieses Werkes ist eine vollständige Neubearbeitung der 9. Auflage aus dem Jahr 2000. Seitdem sind eine Reihe von Ereignissen eingetreten, die es zu berücksichtigen galt. Beispielhaft seien genannt: der Übergang von der Deutschen Mark zum Euro, die Verlagerung der Geldpolitik von der Deutschen Bundesbank zur Europäischen Zentralbank, die Umorganisation der Arbeitsverwaltung, die Neuregelung der Arbeitslosenunterstützung (Harz I bis Harz IV) und die mehrmalige Erweiterung der Europäischen Union. Einige Stichwortaufsätze sind deshalb von den jeweiligen Autoren neu geschrieben oder aktualisiert worden.

Allen, die an der Neuauflage mitgewirkt haben, möchte ich auch an dieser Stelle aufrichtig danken, insbesondere Frau Jessica Schwiete, die den Satz des Buches in mühseliger Kleinarbeit druckreif erstellt hat. Verbliebene Mängel gehen zu meinen Lasten.

Artur Woll

Benutzerhinweise

Alle *Stichworte* sind in *alphabetischer Reihenfolge* geordnet. Umlaute sind in Selbstlaute mit angehängtem e aufgelöst. In Stichworten *enthaltene Begriffe*, die im Lexikon abgehandelt werden, sind durch einen Verweispfeil „→" hervorgehoben. Er erscheint nur einmal innerhalb eines Stichwortes bzw. Stichwortaufsatzes.

Mehrfachbedeutung eines Stichwortes ist durch arabische Ziffern kenntlich gemacht.

Synonyme sind durch „⇨" gekennzeichnet. *Kursiv gesetzte Synonyme zu* einem Stichwort verweisen auf das Abhandlungs-Stichwort.

Wiederholung eines Stichwortes im Text erfolgt durch seinen ersten Buchstaben. Dieser steht für Singular, Plural und Genitiv des Stichwortes.

Über im Text verwendete *Abkürzungen* und *Symbole* informiert das Abkürzungs- und Symbolverzeichnis.

Verzeichnis der Mitarbeiter

Prof. Dr. Fritz Abb, Universität Frankfurt

Prof. Dr. Gerd Aberle, Universität Gießen

Akad. Dir. Dr. Hans-Jürgen Ahrns, Universität Regensburg

Prof. Dr. Dr. h.c. Karl Alewell, Universität Gießen

Prof. Dr. Walter Assenmacher, Universität Duisburg - Essen

Prof. Dr. Axel Bänsch, Universität Hamburg

Prof. Dr. Günter Bamberg, Universität Augsburg

Prof. Dr. Hartwig Bartling, Universität Mainz

Dr. Ekkehard Bechler, Hochschule für Wirtschaft und Politik Hamburg

Prof. Dr. Konrad Beiwinkel, Fachhochschule Erfurt/Schmalkalden

Prof. Dr. Ekkehard Birnstiel, Universität Siegen

Dr. Hans-Georg Blang, Kienbaum GmbH Düsseldorf

Prof. Dr. Dr. h.c. mult. Knut Bleicher, Universität St. Gallen

Prof. Dr. Reinhard Blum, Universität Augsburg

Prof. Dr. Eva Bössmann, Universität zu Köln

Prof. Dr. Edwin von Böventer †, Universität München

Prof. Dr. Holger Bonus, Universität Münster

Prof. Dr. Hans-E. Büschgen, Universität zu Köln

Prof. Dr. Walter Buhr, Universität Siegen

Prof. Dr. Rolf Caesar, Universität Hohenheim

Prof. Dr. Dieter Cassel, Universität Duisburg – Essen

Prof. Dr. Wolfgang Cezanne, Technische Universität Cottbus

Prof. Dr. Hans Corsten, Universität Kaiserslautern

Prof. Dr. Gustav Dieckheuer, Universität Münster

Prof. Dr. Wolfgang Domschke, Technische Hochschule Darmstadt

Prof. Dr. Juergen B. Donges, Universität zu Köln

Prof. Dr. Andreas Drexl, Universität Kiel

Dr. Bernd Faulwasser, Universität Osnabrück

Prof. Dr. Ulrich Fehl, Universität Marburg

Prof. Dr. Bernhard Felderer, Universität Wien

Prof. Dr. Jürgen Franke, Technische Universität Berlin

Prof. Dr. Jan Franke-Viebach, Universität Siegen

Prof. Dr. Dr. h. c. mult. Wolfgang Franz, Universität Mannheim

Prof. Dr. Wilfried A. Fuhrmann, Universität Potsdam

Prof. Dr. Günter Gabisch, Universität Göttingen

Prof. Dr. Wulf Gaertner, Universität Osnabrück

Prof. Dr. DCom. Bodo Gemper, Universität Siegen

Prof. Dr. Helmut Gemünd, Universität Siegen

Prof. Dr. Werner Glastetter, Universität Bielefeld

Prof. Dr. Egon Görgens, Universität Bayreuth
Prof. Dr. Manfred Grauer, Universität Siegen
Prof. Dr. Richard Hammer, Universität Salzburg
Prof. Dr. Karl-Werner Hansmann, Universität Hamburg
Prof. Dr. Joachim Hartung, Universität Dortmund
Prof. Dr. Dr. Franz Haslinger, Universität Hannover
PD Dr. Johann Heil, Universität Wuppertal
Prof. Dr. Michael Heinhold, Universität Augsburg
Dr. Franz Hörmann, Wirtschaftsuniversität Wien
Prof. Dr. Hans-Werner Holub, Universität Innsbruck
Prof. Dr. Lothar Hübl, Universität Hannover
Prof. Dr. Egbert Kahle, Universität Lüneburg
Prof. Dr. Dietmar Kath†, Universität Duisburg - Essen
Prof. Dr. Gerhard Kleinhenz, Universität Passau
Prof. Dr. Paul Klemmer, Universität Bochum
Prof. Dr. Norbert Krawitz, Universität Siegen
Dr. Peter Kremser, Universität München
Prof. Dr. Jürgen Kromphardt, Technische Universität Berlin
Prof. Dr. Nikolaus K. A. Läufer, Universität Konstanz
Prof. Dr. Heinz Lampert, Universität Augsburg
Prof. Dr. Ulrich van Lith, Universität zu Köln
Prof. Dr. Hans-E. Loef, Universität Siegen
Prof. Dr. Wolfgang Lücke, Universität Göttingen
Prof. Dr. Leonhard Männer, Universität Göttingen
Prof. Georg Neumann, Universität Siegen
Prof. Dr. Manfred J. M. Neumann, Universität Bonn
Prof. Dr. Dr. h. c. Peter Oberender, Universität Bayreuth
Dr. Reinhard Pauck, Kreditanstalt für Wiederaufbau, Frankfurt a.M.
Prof. Dr. Hans-Rudolf Peters, Universität Oldenburg
Prof. Dr. Peter R. Preißler, Fachhochschule Landshut
Prof. Dr. Bernd-Thomas Ramb, Universität Siegen
Prof. Dr. Rolf Rettig, Universität zu Köln
Prof. Dr. Bernd Rieper, Universität Siegen
Prof. Dr. Horst Rinne, Universität Gießen
Prof. Dr. Klaus Rittenbruch, Fachhochschule Bielefeld
Prof. Dr. Franz Ritzmann, Universität Zürich
Prof. Dr. Joachim Rosenmüller, Universität Bielefeld
Prof. Dr, Bernhard Rüger, Universität München
Prof. Dr. Dr. h.c. Bert Rürup, Technische Hochschule Darmstadt
Prof. Dr, Karlhans Sauernheimer, Universität München
Prof. Dr. Peter Schaal, Fachhochschule Düsseldorf

Prof. Dr. Eberhard Schaich, Universität Tübingen
Prof. Dr. Bertram Schefold, Universität Frankfurt
Prof. Dr. Karl-Ernst Schenk, Universität Hamburg
Prof. Dr. Wilhelm Scheper, Universität Kiel
Prof. Dr. Gerhard Scherhorn, Universität Hohenheim
Prof. Dr. Henner Schierenbeck, Universität Basel
Prof. Dr. Ulrich Schittko, Universität Augsburg
Prof. Dr. Ulrich Schlieper, Universität Mannheim
Prof. Dr. Rainer Schlittgen, Universität Hamburg
Prof. Dr. Karl-Heinz Schmidt, Universität Paderborn
Prof. Dr. Gerhard Schmitt-Rink, Universität Bochum
Prof. Dr. Klaus Schöler, Universität Potsdam
Dr. Dietrich Schönwitz, Fachhochschule Deutsche Bundesbank Hachenburg
Dr. Jürgen Schöttler, Alcon GmbH, Eschborn
Prof. Dr. Alfred Schüller, Universität Marburg
Prof. Dr. Dr. h. c. Eberhard Seidel, Universität Siegen
Prof. Dr. Helmuth St. Seidenfus†, Universität Münster
Prof. Dr. El-Shagi El-Shagi, Universität Trier
Prof. Dr. Jürgen Siebke, Universität Heidelberg
Prof. Dr. Heinz-Dieter Smeets, Universität Düsseldorf
Dr. Reinhard Spulak, Dyckerhoff AG Wiesbaden
Prof. Richard Stehle, Ph. D., Humboldt-Universität Berlin
Prof. Dr. Manfred Steiner, Universität Augsburg
Prof. Dr. Wolfgang Ströbele, Universität Münster
Prof. Dr. Ulrich Teichmann, Universität Dortmund
Prof. Dr. H. Jörg Thieme, Universität Düsseldorf
Prof. Dr. Winfried v. Urff, Technische Universität München
Prof. Dr. Friedrich Vogel, Universität Bamberg
Akad. Oberrat Dr. Gerald Vogl, Universität Siegen
Prof. Dr. Reinhard Voßbein, Universität Duisburg - Essen
Prof. Dr. Helmut Walter, Universität Stuttgart-Hohenheim
Dipl.-Volkswirt Martin M. Weigert, Oldenbourg Verlag München
Prof. Dr. Josua Wernert†, Universität Stuttgart-Hohenheim
Wissenschaftl. Oberrat Dr. Klaus Wilkens, Universität Hamburg
Prof. Dr. Reiner Wolff, Universität Fribourg
Prof. Dr. Dr. h. c. mult. Artur Woll, Universität Siegen
Dr. Eckhard Wurzel, Universität Bonn
Prof. Dr. Klaus-Dieter Ziehmann, Universität Siegen
Prof. Dr. W. Klaus Zimmermann, Universität der Bundeswehr Hamburg
Prof. Dr. Werner Zimmermann, Universität Siegen

Symbolverzeichnis

I. Allgemeine Regeln

1. *Makrogrößen*: gekennzeichnet durch Großbuchstaben, z.B.: Y = Volkseinkommen
2. *Mikrogrößen*: gekennzeichnet durch Kleinbuchstaben, z.B.: y = Einkommen eines Wirtschaftssubjektes
3. *Angebotsgrößen*: hochgestelltes S od. s, z.B.: Y^S = gesamtwirtschaftliches Güterangebot; q^s = Güterangebot eines Unternehmens
4. *Nachfragegrößen*: hochgestelltes D od. d, z.B.: Y^D = gesamtwirtschaftliche Güternachfrage; q^d = Güternachfrage eines Haushalts
5. *Realgrößen*: hochgestelltes r, z.B.: Y^r = reales Volkseinkommen
6. *Nominalgrößen*: hochgestelltes n, z.B.: Y^n = nominales Volkseinkommen
7. *Gleichgewichtsgrößen*: gekennzeichnet durch *, z.B.: Y^{D*} = gleichgewichtige gesamtwirtschaftliche Güternachfrage; q^{d*} = Gleichgewichtsgüternachfrage des Haushalts
8. *exogene Größen*: gekennzeichnet durch Querstrich über dem Symbol, z.B.: $\bar{y}$ = exogenes Einkommen eines Wirtschaftssubjektes
9. *Erwartungsgrößen*: gekennzeichnet durch hochgestelltes e, z.B.: p^e = erwarteter Güterpreis
10. *Wachstumsrate*: gekennzeichnet durch g, z.B.: $g_p = \dfrac{dP}{dt} \cdot \dfrac{1}{p}$ = Wachstumsrate des Preisniveaus

II. Großbuchstaben

A	Ausgaben(n)
GA, A′	Grenzausgabe
AB	Außenbeitrag
AQ	Arbeitslosenquote
AQ_n	natürliche Arbeitslosenquote
B	1. Boden 2. Bevölkerung
BPW	Bruttoproduktionswert
BSP	Bruttosozialprodukt
C	Konsum der privaten Haushalte
C_a	autonomer Konsum der privaten Haushalte
C_G	Staatsausgaben (Staatskonsum)
D	Abschreibungen
E	Erlös
DE	Durchschnittserlös
GE, E′	Grenzerlös
F	technischer Fortschritt
G	Gewinn
I	Investition, Nettoinvestition
I_a	autonome Investition
I^b	Bruttoinvestition
I^n	Nettoinvestition
I_i	induzierte Investition
I^L	Lagerinvestition
Im	Import
Im_a	autonomer Import
K	1. Kapitalstock (Produktionsfaktor Kapital) 2. Produktionskosten
K_f	(output)fixe Kosten
K_v	(output)variable Kosten
DK	Durchschnittskosten
lDK	langfristige Durchschnittskosten
DK_v	durchschnittliche variable Kosten
GK, K′	Grenzkosten
lGK	langfristige Grenzkosten
L	Produktionsfaktor Arbeit
L^A	Arbeitsart
Li	Liquiditätspräferenz
M	Geldmenge
M^{Da}	aktive Kasse
M^{Dp}	passive Kasse
M^S	Geldangebot
N	Beschäftigungsmenge
NPW	Nettoproduktionswert
O	Produktmenge (Output, Ertrag)
GO, O′	Grenzertrag
O_K	Produktionskapazität

P	Preisniveau	i^{eff}	effektiver Zins
PW	Produktionswert	im	marginale Importquote
Q	Transaktionsvolumen	k	Kassenhaltungsdauer
$R^{q_2}_{q_1}$	Grenzrate der Substitution	l	Faktorpreis
		l_L	Lohnsatz
$R^{v_2}_{v_1}$	Grenzrate der technischen Substitution	l^r_L	Reallohnsatz
S	Sparen der privaten Haushalte	m	Multiplikator
S_G	Sparen des öffentlichen Sektors	p	Gutspreis
T	Steuern	q	Mengeneinheit eines Gutes
T^{dir}	direkte Steuern	r	Homogenitätsgrad
T^{ind}	indirekte Steuern	t	1. Zeit
U	Nutzen		2. Zeitbudget des Haushalts
GU, U'	Grenznutzen	t^C	Konsumzeit
		t^L	Arbeitszeit
V	Umlaufgeschwindigkeit	u	Präferenz bzw. -struktur
V^Y	Einkommenskreislaufgeschwindigkeit des Geldes	v	Mengeneinheit eines Produktionsfaktors
V^Q	Umlaufgeschwindigkeit des Geldes	w	Vermögen des Haushalts
W	Vermögen	y	Einkommen des Haushalts
X	Export	y_K	Kapitaleinkommen des Haush.
Y	Volkseinkommen	y_L	Arbeitseinkommen des Haush.
Y_E	Einkommensentstehung		
Y_{FK}	Volkseinkommen zu Faktorkosten; Nettowertschöpfung		

IV. Griechische Buchstaben

Y_L	Arbeitseinkommen	α	Produktivität
Y_N	Einkommen aus unselbstständiger Arbeit	α^K	Kapitalproduktivität
		α^N	Arbeitsproduktivität
Y_U	Einkommen aus Unternehmertätigkeit	α'	marginale Produktivität
			α'^K marginale Kapitalproduktivität
Y_V	Einkommensverwendung		α'^N marginale Arbeitsproduktivität
Y_W	Einkommen aus Vermögen	β^K	Kapitalkoeffizient
Y_v	verfügbares Volkseinkommen	β^N	Arbeitskoeffizient
Y^D	gesamtwirtschaftliches Güternachfrage		β'^K marginaler Kapitalkoeffizient
Y^S	gesamtwirtschaftliches Güterangebot	γ	Faktorintensität
Z_U	Subventionen	γ^K	Kapitalintensität
		γ^L	Arbeitsintensität

III. Kleinbuchstaben

		ε	Profitrate
a	Faktorproduktivitäten	η	Elastizität
c	marginale Konsumquote	$\eta_{o,v}$	Produktionselastizität
c^H	Konsumausgabe des Haushalts	$\eta^d_{q,p}$	Eigenpreiselastizität der Güternachfrage
e	Erwerbsquote	$\eta^d_{q,y}$	Einkommenselastizität der Güternachfrage
ė	Eulersche Zahl	$\eta^s_{q,p}$	Eigenpreiselastizität des Güterangebots
i	Nominalzins		

$\eta_{r,R}$	Substitutionselastizität für Produktionsfaktoren
η_s	Substitutionselastizität für Güter
χ	Skalenelastizität
λ	Vervielfachungsfaktor
μ	partielle Produktionselastizität
μ_K	partielle Produktionselastizität des Kapitals
μ_N	partielle Produktionselastizität der Arbeit
π	Inflationsrate
σ	Akzelerator

V. Verwendete Abkürzungen

Abk.	Abkürzung
Abs.	Absatz
AktG	Aktiengesetz vom 6.9.1965 mit Anpassung an das Recht der EG vom 13.12.1978
allg.	allgemein
Art.	Artikel
BBkG	Gesetz über die Deutsche Bundesbank vom 26.7.1957 mit späteren Änderungen
BGBl.	Bundesgesetzblatt
Bio	Billion
bzw.	beziehungsweise
d.h.	das heißt
ebd.	ebenda
EStG	Einkommensteuergesetz
gem.	gemäß
GenG	Gesetz, betreffend die Erwerbs- und Wirtschaftsgenossenschaften
GewStG	Gewerbesteuergesetz
ggf.	gegebenenfalls
GG	Grundgesetz
Ggs.	Gegensatz, gegensätzlich
GmbHG	Gesetz, betreffend die Gesellschaften mit beschränkter Haftung, Fassung vom 4.7.1980
GrEStG	Grunderwerbsteuergesetz
HGB	Handelsgesetzbuch
Hrsg.	Herausgeber
i.Allg.	im Allgemeinen
i.d.R.	in der Regel
i.e.S.	im engeren Sinn
i.w.S.	im weiteren Sinn

i.Ggs.	im Gegensatz
Jh.	Jahrhundert
KStG	Körperschaftsteuergesetz
KVStG	Kapitalverkehrsteuergesetz
KWG	Gesetz über das Kreditwesen
Mio	Millionen
Mrd	Milliarde
od.	oder
o.g.	oben genannt(e)
s.	siehe
sog.	sogenannte(n)
StabG	Gesetz zur Förderung der Stabilität und des Wachstumsder Wirtschaft vom 8.7.1967
s.u.	siehe unten
u.a.	1. und andere(s) 2. unter anderem
u.ä.	und ähnliche(s)
u.a.m.	und andere(s) mehr
u.dgl.m.	und dergleichen mehr
UStG	Umsatzsteuergesetz
usw.	und so weiter
u.U.	unter Umständen
u.zw.	und zwar
vgl.	vergleiche
v.a.	vor allem
v.H.	Vomhundertsatz
VStG	Vermögensteuergesetz
v.v.	vice versa
wg.	wegen
z.B.	zum Beispiel
z.T.	zum Teil
z.Z.	zur Zeit
ZPO	Zivilprozessordnung

ABC-Analyse
Verfahren zur Differenzierung von Maßnahmen in der Materialbeschaffung und
-bereitstellung, um das materialwirt-
schaftliche Optimum zu verwirklichen.
Die zur Sicherstellung der →Produktion
benötigten Materialien werden aufgrund
der Verbrauchswerte in einer Periode
nach ihrem Mengen-Wert-Verhältnis in
die Klassen A, B, C gegliedert. So enthält
die Klasse A Materialien mit geringem
Mengen-, aber hohem Wertanteil, Klasse
B solche mit verhältnismäßig ausgegli-
chenem Mengen-Wert-Anteil, Klasse C
Materialien mit hohem Mengen-, aber
geringem Wertanteil. Aufwendige Mate-
rialbereitstellungsverfahren wie eine ein-
satzsynchrone Anlieferung sind dann
nur für Materialien der A-Klasse gerechtfertigt. Deren Lagerbestand wird damit
niedrig gehalten. Gleichartige Überlegungen sind auch für die Lieferantenpo-
litik anzustellen. A-Lieferanten sind
dann grundsätzlich anders als C-Liefe-
ranten zu behandeln.

Abgabe
1. in der →Betriebswirtschaftslehre Kosten, die sich aus der Wahl des Standorts
(international, national) ergeben und im
Wesentlichen →Steuern sind, z.B. →Ge-
werbesteuer bzw. unterschiedlich hohe
A. für die Gewerbesteuer wg. unterschiedlich hoher →Hebesätze.
2. →Sozialabgaben ⇒ payroll tax, von
Pflicht- und freiwilligen Mitgliedern der
→Sozialversicherung im Quellenabzugsverfahren (→ Quellensteuer) erhobene
Beiträge neben denen der →Arbeitgeber.
A. treten zu der individuellen Steuerlast
hinzu und werden deshalb als „Steuer
und steuerähnliche A." bezeichnet. Sind
vorherrschende Einnahmequelle der Sozialversicherungsträger neben Zuweisungen der → öffentlichen Hand und
sonstigen Einnahmen. A. sind ihrer Finanzierung nach weder dem →Äquiva-
lenzprinzip noch dem Leistungsfähigkeitsprinzip (→Finanzwissenschaft, 3.1.)
voll zuzuordnen.
3. →A., öffentliche.

Abgaben, öffentliche
Sammelbegriff für alle durch →Finanzho-
heit der → Gebietskörperschaften von
Bürgern erhobenen Geldleistungen,
wenn ein bestimmter gesetzlicher Tatbestand erfüllt wird. A. werden unterschieden in: *generelle A.*, die ohne Gegenleistungen erhoben werden und →Steu-
ern, →Zölle, →Abschöpfungen sind; *spezielle A.*, die auf besonderen
Gegenleistungen beruhen und →Gebüh-
ren, →Beiträge sowie Sonder-A. umfassen, die in der Hauptsache aus
wirtschaftspolitischen Gründen Vor-
und Nachteile zwischen den → Wirtschaftssubjekten ausgleichen sollen, z.B.
A. für den →Lastenausgleich. A. sind neben den →Erwerbseinkünften, →Zuwei-
sungen, aufgenommenen →Krediten und
sonstigen Einnahmen → öffentliche Einnahmen.

Abgabenordnung (AO)
das grundlegende Gesetz zur Ordnung
der →öffentlichen Abgaben. Enthält hierzu alle formellen und materiellen Vorschriften, soweit diese durch Bundes-
recht od. Recht der →Europäischen Gemeinschaft geregelt sind. Ist seit 1.1.1977
in Kraft und löste die seit 1919 geltende
Reichsabgabenordnung ab. A. regelt somit das Besteuerungsverfahren von der
Feststellung der Besteuerungsgrundlage
an über die Erhebung bis zur Vollstrek-
kung der →Steuern einschließlich außer-
gerichtlicher Rechtsbehelfe sowie steuerlichen Straf- und Bußgeldrechts.

Abgabenquote
Verhältnis von →Steuern und →Sozial-
beiträgen zum → Bruttoinlandsprodukt
in jeweiligen Preisen, i.d.R. als Prozentsatz. A. hat sich für die Bundesrepublik
Deutschland von 1960 = 33,4% auf 2005 =
38,5% erhöht. Vgl. auch →Staatsquote.

Abgabesatz
ein von der →Deutschen Bundesbank im
Rahmen der →Offenmarktpolitik festgesetzter und in den → Monatsberichten
veröffentlichter Nominalzins (→Zins) für

den Verkauf von →Geldmarktpapieren gegen Zentralbankgeld. A. unterscheidet sich nach Art und Laufzeit des Papieres. Er wird vom Nennwert abgezogen und von der Bundesbank nach ihren geldpolitischen Intentionen und nach der Entwicklung am →Geldmarkt variiert. Vgl. auch →Rücknahmesatz.

abgeleitete Nachfrage
⇒derivative Nachfrage
1. jene Nachfrage nach →Gütern und → Produktionsfaktoren, die sich in der ökonomischen Modellanalyse aufgrund von Änderungen der unabhängigen →Variablen, z.b. in der →Indifferenzkurvenanalyse aufgrund der Änderung des → Preises, gewinnen lässt.

2. bezüglich der →Produktionsfaktoren Nachfrage der Unternehmen (→Betrieb, I., 1.), die sich aus der Nachfrage nach jenen Gütern auf dem Absatzmarkt ergibt, die mit diesen Produktionsfaktoren erzeugt werden. Die a. bringt somit zwei → Märkte, hier den vorgelagerten Faktormarkt und den nachgelagerten Absatzmarkt, in Beziehung, so dass Informationen zwischen ihnen fließen und durch die betroffenen Unternehmen verarbeitet werden.

3. bezüglich der Konsumgüter (→Gut) wird davon ausgegangen, dass der Haushalt (→Haushalt, 1.) diese nicht um ihrer selbst willen, sondern wg. ihrer Eigenschaften erwirbt und durch eigene Arbeitsleistungen so zu konsumfähigen Produkten kombiniert (Haushaltsproduktion), dass erst diese seine →Bedürfnisse zu befriedigen vermögen. Diese Leistungen des Haushalts sind unabhängige Variablen in der Nutzenfunktion. Die Güternachfrage des Haushalts ist somit nicht direkt von der erwarteten Nutzenstiftung der nachgefragten Güter abhängig, sondern von ihrem Beitrag, den sie zu der vom Haushalt erbrachten Produktion beisteuern.

abgestimmte Verhaltensweisen
→aufeinander abgestimmtes Verhalten.

abhängig Beschäftigte
⇒abhängig Erwerbstätige
⇒Arbeitnehmer

nach der →amtlichen Statistik die unselbstständig Beschäftigten →Erwerbstätigen i.Ggs. zu den selbstständig Beschäftigten. a. sind in der amtlichen Statistik die Arbeiter, Angestellten, Beamten und Auszubildenden einschl. bei der Bundeswehr Übende sowie Aushilfs-, Kurz-, Saisonarbeiter und Teilzeitbeschäftigte, aber ausschließlich Grundwehr und Zivildienstleistende. Betrugen 2005 etwa 30 Mio. Arbeitsrechtlich sind nur Arbeiter, Angestellte und zur Berufsausbildung Beschäftigte a., Beamte, Richter und Soldaten dagegen nicht.

abhängige Erwerbspersonen
die →abhängig Beschäftigten und die → Erwerbslosen. Bei der Berechnung der → Arbeitslosenquote werden statt der Erwerbslosen die →Arbeitslosen einbezogen.

abhängig Erwerbstätige
⇒abhängig Beschäftigte
⇒Arbeitnehmer.

Ablauforganisation
⇒Prozessorganisation
in gedanklicher Abstraktion die →Organisation, die sich auf den Ablauf des Geschehens in der Unternehmung (→Betrieb, I., 2.) bezieht, so im deutschen Sprachraum vor allem die raumzeitliche Strukturierung der Arbeits- und Bewegungsvorgänge. A. wird von der →Aufbauorganisation unterschieden. S.a. → Organisation.

Abmahnung
→Gebührenvereine.

Abmahnvereine
⇒Gebührenvereine.

Abrufpreis
⇒Ausübungspreis
⇒Basispreis
→Devisenoption, →Option.

Absatz
1. die von einem Produktions- od. Handelsunternehmen in einer bestimmten Zeiteinheit verkaufte Gütermenge (→ Gut).

2. ⇒Umsatz ⇒Erlös.

3. Erst-A. (= Brutto-A.) neu aufgelegter → Wertpapiere, also nicht den Wiederverkauf zurückerworbener Stücke einschließend, od. Netto-A., der um die Tilgung verminderte Brutto-A.

4. ⇒Distribution, ⇒Vertrieb, Endphase des betrieblichen Leistungsprozesses nach →Planung, →Beschaffung und → Produktion als marktliche Verwertung erzeugter Güter. S. →Marketing.

Abschöpfung
seit 1962 an den Grenzen der →EG auf ein- (Einfuhr-A.) und ausgeführte (Ausfuhr-A.) Waren, hauptsächlich Agrarerzeugnisse, erhobene Abgabe, um die Differenz zwischen jährlich festgesetzten Inlands- und im Wesentlichen durch den Weltmarkt bestimmten Auslandspreis auszugleichen. Vom Rat der →EWG zur Errichtung eines europäischen Agrarmarktes und zur Sicherstellung der Versorgung zu angemessenen → Preisen sowie zur Sicherung des →Einkommens der Landwirte eingeführt. I.d.R. werden die billigeren Agrarprodukte aus Nicht-EG-Ländern durch die A. auf das höhere EG- →Preisniveau heraufgeschleust. A. wird von der Zollbehörde des betreffenden EG-Landes erhoben und ist →Einnahme der EG. A. ist im Sinne der → Abgabenordnung eine →Steuer. Für die Erhebung der Ausfuhr-A. ist im gesamten Bundesgebiet das Hauptzollamt Hamburg zuständig.
Jede EG-Erweiterung löste eine mehrjährige Anpassung der niedrigeren Agrarpreise neuer Mitgliedsländer an die gemeinsamen Preise aus. Die Einfuhrpreise betroffener Erzeugnisse aus den neuen Mitgliedsländern werden durch „Ausgleichsbeträge Beitritt" ausgeglichen. Die Übergangszeit im Handel mit Spanien und Portugal dauerte bis 1995.
Seit Einführung der A. gelten innerhalb der Gemeinschaft einheitliche Preise. Sie werden in Euro angegeben. Da die europäische Marktorganisation trotz ausgeprägtem →Floating von den früher geltenden →festen Wechselkursen ausgeht, müssen seit Mai 1971 „Ausgleichsbeträge Währung" erhoben werden, um zwischen dem fiktiven Währungsverhältnis

einerseits und den tatsächlichen Wechselkursen andererseits auszugleichen.
Je nach Erzeugnis werden weitere Abgaben erhoben, so für Zucker eine Produktionsabgabe od. für Milch eine Mitverantwortungsabgabe ⇒ Milchpfennig. S. auch →Agrarpolitik.

Abschreibung
1. Verfahren im →Rechnungswesen zur Erfassung der Wertherabsetzung abnutzbarer Gegenstände des →Anlagevermögens. Die A.-sbeträge sind Aufwandsposten (→Aufwand) in der →Erfolgsrechnung des Unternehmens (→Betrieb, I., 2.) und verteilen somit die →Anschaffungsod. Herstellungskosten periodengerecht auf die Nutzungsjahre des Anlagegegenstandes. Durch die A. wird die richtige, d.h. periodengerechte, Darstellung des Betriebsvermögens und entsprechende Ermittlung des →Betriebsergebnisses sowie die Erhaltung der →Kapazität der Betriebsanlagen erreicht.
Ursachen der A. sind abnutzungsbedingter und natürlicher (Rost, Fäulnis) Verschleiß, technischer Fortschritt, wirtschaftliche Überholung (Modelländerung) od. Ablauf zeitlich beschränkter Rechte (Verträge, Patente).
Es ist zwischen *planmäßiger* A. und *außerplanmäßiger* A. (Sonder-A.) zu unterscheiden. Letztere werden vorgenommen, wenn sich ein niedrigerer Stichtagswert infolge von z.B. außerordentlichem Verschleiß od. falscher Schätzung der Nutzungsdauer ergibt. Für abnutzbares Anlagevermögen kommen A. in plan- und außerplanmäßiger Form in Betracht, für nicht abnutzbare Vermögensgegenstände nur außerplanmäßige A.
Bei der A. dürfen nur *betriebsnotwendige* Wirtschaftsgüter in Ansatz gebracht werden, so sind z.B. stillgelegte Anlagen nicht zu berücksichtigen.
Bei der *Bewertung* von A. ist zwischen dem finanziellen →Rechnungswesen und dem betrieblichen Rechnungswesen zu unterscheiden. Die Bestimmungen des → Handels- und →Steuerrechts bilden die Bemessungsgrundlage für die A.-sberechnung im finanziellen Rechnungswesen. Im betrieblichen Rechnungswesen erfolgt die Bewertung der A. durch die Festlegung des Kostenbegriffs (→Kosten,

betriebswirtschaftlich).
Gem. Handels- und Steuerrecht dürfen A. nur auf die Anschaffungs- od. Herstellungskosten vorgenommen werden. In Zeiten allgemeiner → Inflation müsste vom → Wiederbeschaffungswert abgeschrieben werden, wenn die betriebliche Substanz erhalten werden soll, weil die als Aufwand verrechnete A. auf die Anschaffungs- od. Herstellungskosten keine Wiederbeschaffung des Gegenstandes zum gestiegenen Marktpreis ermöglicht. Das Unternehmen hat zu wenig abgeschrieben und weist einen → Scheingewinn aus. Deshalb rechnen die Unternehmen in ihrer von rechtlichen Vorschriften freien → Kostenrechnung mit *kalkulatorischen* A. Die Wahl der A.-*smethode* hat nach dem → Grundsatz ordnungsgemäßer Buchführung und Bilanzierung den wirtschaftlichen Gegebenheiten zu entsprechen, d.h. es dürfen weder willkürlich →stille Reserven angelegt noch außerplanmäßige A. angestrebt werden.

Da i.d.R. kein Maßstab existiert, anhand dessen die Wertminderung der Anlagegüter objektiv und eindeutig erfasst werden kann, gibt es standardisierte *Verfahren.*

In der Praxis sind lineare A. und degressive A. am geläufigsten. Während die *lineare* A. mit konstanten Periodenbeträgen vorgenommen wird, so dass der Buchwert des Anlagegegenstandes linear fällt, erfolgt die *degressive* A. in den ersten Perioden mit höheren Beträgen als in den folgenden. Bei der *leistungsbedingten* A. werden die A.-beträge nach der Inanspruchnahme des Anlagegegenstandes verteilt. Alle drei A.-methoden sind handels- und steuerrechtlich zulässig. In der Praxis sind auch Kombinationen und andere als die dargestellten Methoden anzutreffen. Handelsrechtlich sind sie grundsätzlich zulässig, steuerrechtlich z.T. eingeschränkt zulässig.

Unterschiede in der Nutzungsdauer als auch Bewertungsunterschiede bei den A. werden zwischen dem finanziellen und betrieblichen Rechnungswesen buchhalterisch in der Kontenklasse 2 und 4 des → Gemeinschaftskontenrahmens der Industrie erfasst.

Da A. nicht nur Kosten bzw. Aufwand darstellen, sondern auch gleichzeitig einen Geldmittelrückfluss für in einer vorherigen Periode finanzierte Vermögenswerte, sind sie auch ein Finanzierungsinstrument (→Finanzierung, 2.) für künftige → Investitionen. Ggs. zu A. ist die *Zuschreibung*, die Wertheraufsetzung des Anlage- wie →Umlaufsvermögens. Sie ist steuerrechtlich verboten.

2. im *Steuerrecht* ist A. der Oberbegriff für Absetzung für Abnutzung (AfA), Absetzung für Substanzverringerung (AfS), z.B. bei Bergbauunternehmen, Sonder-A., z.B. erhöhte Absetzungen für Einfamilienhaus nach § 7b EStG und Teilwert-A., bei der die niedrigere →Teilwert anzusetzen ist.

Abschreibungsgesellschaft
→Verlustzuweisungsgesellschaft.

Abschwung
⇒Kontraktion
in der →Konjunkturtheorie nicht einheitliche Zeitspanne des Konjunkturzyklus, die den Wirtschaftsablauf entweder vom oberen bis zum unteren Wendepunkt bezeichnet und somit die Rezessions- (→Rezession) und Depressions-phase (→ Depression) umfasst od. nur der beginnende und sich allmählich verstärkende Rückgang der wirtschaftlichen Aktivität, also nur die Rezessionsphase.

Absetzung für Abnutzung
Abk.: AfA, →Abschreibung, 2.

Absetzung für Substanzverringerung
Abk: AfS, →Abschreibung, 2.

Absicherungsfazilitäten
(note issuance facilities)
von →Banken in jüngster Zeit neu entwickeltes und international einsetzbares Finanzierungsinstrument für große Unternehmen (→Betrieb, I., 2.) und →Gebietskörperschaften, bei dem der Bankkunde eigene → Geldmarktpapiere mit Laufzeiten i.d.R. von drei bis sechs Monaten revolvierend emittiert (→Emission) und die Bank sich verpflichtet, alle nicht abgesetzten Papiere zu erwerben. Die Bank schließt hierüber mit dem Kunden

eine mehrjährige Vereinbarung. A. sind mit einer →Kreditlinie insofern vergleichbar, als sie nur bei Finanzierungsbedarf des Kunden in Anspruch genommen werden.

absolute Einkommenshypothese
⇒Keynesianische Konsumhypothese
→Konsumtheorie, →Keynessche Theorie.

absolute Kostenvorteile
→Theorie der komparativen Kosten.

absoluter Preis
⇒Geldpreis
⇒Preis
Wertangabe eines →Gutes in Anzahl von Geldeinheiten pro einer Mengeneinheit, z.B. 3 Euro/kg. a. entsteht durch staatliche Festsetzung. Die Bildung des a. wird in der Theorie der →(Produkt)Preisbildung durch →Marktformen od. →Verhaltensweisen der Marktteilnehmer erklärt. a. gehört zu den →Geldgrößen. Vgl. auch →relativer Preis.

Abtretung
→Zession.

Abwägungsklausel
die nach dem →GWB vom →Bundeskartellamt für eine beantragte Fusion vorzunehmende Prüfung über den Nachweis der beteiligten Unternehmen (→Betrieb, I.), dass durch den Zusammenschluss Verbesserungen der Wettbewerbsbedingungen eintreten und diese die Nachteile der Marktbeherrschung überwiegen. Bei einem negativen Ergebnis der Prüfung ist die Fusion zu untersagen. →Fusionskontrolle.

Abwasserabgabe
Instrument →öffentlicher Einnahmen der →Umweltpolitik mit zweckgebundener Verwendung für das Ziel, Anreize und/ od. Finanzierungsmöglichkeiten zu schaffen od. zu verbessern, um die von den umweltpolitischen Instanzen definierten und angestrebten Ziele (→Ziele der Wirtschaftspolitik) für die Güte von Gewässern zu erreichen. Höhe der A. ist durch Menge und Qualität der Abwasser bestimmt. Das deutsche System der A. war ursprünglich als Abgabe für Um-

weltqualität konzipiert, durch die für alle Gewässer die Güteklasse 2 erreicht werden sollte (Abwasserabgabegesetz). Wg. der hierfür zu niedrig festgelegten Abgabesätze wurde diese Lösung mit einer Auflagenregelung (Wasserhaushaltsrecht) kombiniert, z.B. müssen kommunale und industrielle Einleiter bestimmte Reinigungsgrade erfüllen. Die Auflagenkomponente hat gegenüber der Abgabe dominierenden Charakter erhalten. A. ist im Vergleich zur Auflagenregelung marktkonform (→Instrumente der Wirtschaftspolitik, 3.), die ökonomisch effizientere Regelung und anreizwirksam für eine Reduzierung der Umweltbelastung. Für die politische Realität ist sie allerdings mit Schwächen behaftet, so z.B. ist die Bestimmung des Abgabesatzes problematisch und seine Durchsetzung schwierig (Erfassungsprobleme, Widerstand betroffener Zahler, unerfahrene Bürokratie).

Abwehrzoll
→Zoll.

Abweichung
allg. die Differenz zwischen Ist- und Soll-(Plan)werten. In der →*Kostenrechnung* zur Kontrolle unternehmerischer Entscheidungen verwandt.
In der →Deskriptiven *Statistik* gehen A. in Streuungsmaße zur Kennzeichnung der → Häufigkeitsverteilung metrischer Merkmale (→Deskriptive Statistik) ein. Basieren auf Differenzen der einzelnen Merkmalswerte von einem geeigneten → Lageparameter. Wichtige Vertreter dieser Gruppe sind:
Durchschnittliche A. vom →Median (d): das arithmetische Mittel der Absolutbeträge der Abstände aller beobachteten Merkmalswerte (x_i) vom Median (x_{Med}):

$$d = \frac{1}{n} \sum_{i=1}^{n} \left| x_i - x_{Med} \right| \quad .$$

Mittlere quadratische A. (s^2): das arithmetische Mittel der quadrierten Abstände aller beobachteten Merkmalswerte von $\bar{x}$:

$$s^2 = \frac{1}{n} \sum_{i=1}^{n} (x_i - \bar{x})^2 \quad .$$

Standard-A. (s): die positive Wurzel aus der mittleren quadratischen A.:

$$s = \sqrt{s^2}$$

Abwertung
⇒Devalvation
Änderung des →Wechselkurses durch Senkung des Außenwertes der Inlandswährung od. Erhöhung des →Devisenkurses. A. senkt den →Preis für eine Währungseinheit des Inlandes (z.B. Euro), ausgedrückt in Währungseinheiten eines anderen Landes (z.B. US-$), so dass z.B. 1 Euro nicht mehr 0,8520 $, sondern 0,8055 $ kostet. Zu einer A. kommt es im System frei schwankender Wechselkurse, wenn Ausländer an der →Devisenbörse mehr Euro anbieten, im System → fester Wechselkurse durch vom Staat vorgenommene Änderung des Wechselkurses. Die Folge der A. ist Verbilligung und somit Steigerung der →Exporte des A.-slandes bzw. Verteuerung und deshalb Minderung der Importe. Durch A. erhält das betreffende Land einen Wettbewerbsvorteil und erwartet den Abbau eines → Zahlungsbilanzdefizites. Vgl. auch →Währungskurs.

Abwertungskonkurrenz
bei weitverbreiteten Zahlungsbilanzungleichgewichten (→Zahlungsbilanz) der Versuch von Ländern mit →Zahlungsbilanzdefiziten, diese durch →Abwertungen abzubauen, was dann auch für andere Länder Anlass zur Abwertung ist. Konkreter Fall: In der Weltwirtschaftskrise (→Große Depression) der frühen dreißiger Jahre schrumpfte rasch der internationale Handel. Viele Länder (England, die meisten unter seinem Einfluss stehenden Länder, skandinavische Länder, Portugal, Japan, Frankreich, u.a.m.) versuchten ihren Exportanteil am Welthandel und damit die inländische → Produktion und →Beschäftigung durch anderen Ländern zuvorkommende bzw. wiederholte Abwertung ihrer Währung zu sichern. Sie lösten damit eine Kette von Abwertungen aus.

Abzinsung
⇒Diskontierung

Verfahren zur Bestimmung des →Gegenwartswertes (K*) eines bestimmten Endkapitals (K). Beispiel: Wird das Kapital mit i (Zinsfuß) verzinst und ist n der Fälligkeitszeitpunkt, t die Anzahl der vor n liegenden Zeitperioden, dann gilt die Gleichung:
(1) $K^* = K(1+i)^{-t}$.
Der Ausdruck $(1+i)^{-t}$ wird als A.-sfaktor od. Diskontierungsfaktor bezeichnet; setzt man zur Vereinfachung:
(2) $l = (1+i)^{-1}$
wird (1) zu:
(3) $K^* = Kl^t$.

Account-Management
zunächst im Investitionsgüter- (→Gut), dann auch im Konsumgüterbereich (→ Gut) kundenorientiertes Managementsystem (→Management). Zweck des A. ist der Aufbau und die Entwicklung von kontinuierlichen und kooperativen Beziehungen zu wichtigen Kunden. Eine mit entsprechenden Zuständigkeiten ausgestattete Stelle koordiniert alle kundenrelevanten Tätigkeiten. A. wurde durch die →Konzentration auf wenige Abnehmer und dem daraus entstehenden Problem der Nachfragemacht, so im Konsumgüterbereich und hier besonders im Einzelhandel des Lebensmittelsektors, ausgelöst.

A C M S - Funktion
→ substitutionale Produktionsfunktion mit einer konstanten, aber von 1 abweichenden Substitutionselastizität (→ Elastizitäten). Zuerst 1961 von K. J. **Arrow**, H. B. **Chenery**, B. S. **Minhas** und R. M. **Solow** publiziert und nach ihnen benannt.

adaptive Erwartungen
→ rationale Erwartungen, → Inflationstheorie, 3.1, →Phillips-Theorem, 3.

adding up - Theorem
⇒Ausschöpfungs-Theorem
⇒Euler-Theorem
⇒Wicksteed-Euler-Theorem
verteilungspolitische Implikation einer linear homogenen Produktionsfunktion (→Produktionsfunktion), wenn auf den → Güter- und →Faktormärkten →vollstän-

dige Konkurrenz herrscht. Aus deren Eigenschaft: das physische Produktionsergebnis ist gleich der Summe der Faktoreinsätze multipliziert mit ihren partiellen Grenzproduktivitäten (→ Grenzproduktivität, →Wicksell-Johnson-Theorem), folgt: die Faktorkosten addieren sich („adding up") zu einer Summe, die gleich dem →Erlös ist, so dass der →Gewinn Null ist, d.h.: das →Realeinkommen wird vollständig auf die →Produktionsfaktoren verteilt. Das Euler-Theorem besagt: ist eine Funktion $y = f (x_i, ..., x_n)$ homogen vom Grade r, so ist:

$$x_1 \cdot \frac{\partial f}{\partial x_1} + x_2 \cdot \frac{\partial f}{\partial x_2} + ...+ x_i \cdot \frac{\partial f}{\partial x_i} +$$

$$x_n \cdot \frac{\partial f}{\partial x_n} = ry$$

Seine Anwendung auf eine linear homogene Produktionsfunktion, z.B. →Cobb-Douglas-Funktion, führt zu dem a.

adjustierte Geldbasis
⇒bereinigte Geldbasis
⇒erweiterte Geldbasis
→Geldbasis.

administered price Inflation
→ Gewinninflation, → Inflationstheorie, 3.2.

administrierte Preise
i.Ggs. zu von Angebot und Nachfrage auf dem →Markt gebildeten →Preisen jene, die vom Staat od. von →Monopolen festgesetzt od. auch kontrolliert werden.

adverse Selection
Negativauslese. Tritt auf, wenn z.B. ein Versicherungsnehmer besser weiß als der Versicherer, welcher Risikogruppe er angehört. Für den Versicherer lohnt es sich dann nicht, ‚guten' Risiken eine Vollversicherung mit versicherungsmathematisch fairen Prämien anzubieten, solange er nicht ‚schlechte' Risiken vom Kauf solcher Policen ausschließen kann. Die asymmetrische Information über den wahrscheinlichen Schaden führt zu einem Gleichgewicht auf dem Versicherungsmarkt, bei dem sich die ‚guten' Risiken schlechterstellen als bei Abwesenheit von a. Auf dem Kreditmarkt (→ Finanzmarkt) bedingt a. höhere →Zinsen,

wenn die Tilgung der →Kredite vom Erfolg der mit ihnen finanzierten →Investitionen abhängt und Kreditgeber wie Investoren über unterschiedliche Informationen hinsichtlich des erwarteten → Ertrages verfügen.

Änderung der Nettoposition
→Finanzierungssaldo, 1.

äquivalente Ereignisse
→Ereignisse.

Äquivalenzprinzip
⇒do ut des - Prinzip (lat.)
wesentliches Prinzip zur Rechtfertigung der Besteuerung neben dem → Prinzip der Leistungsfähigkeit. Die Steuerzahlung soll dem Vorteil entsprechen, den der Bürger aus der in Anspruch genommenen Staatsleistung empfangen hat, so dass Leistung gleich Gegenleistung ist. Ä. ist nur beschränkt anwendbar, da individuelle Vorteile aus den Staatsleistungen nicht mess- und vergleichbar und für die meisten Staatsleistungen keine Marktpreise zu ermitteln sind.
Das Ä. diente vor allem der Einführung und Bemessung von → Gebühren für Dienste der öffentlichen Verwaltung. Die Bedeutung des Ä. wächst wg. der gestiegenen →Staats- und →Abgabenquote und erfordert die Abwägung von Kosten und Nutzen der öffentlichen Güter (→Gut) (→ Kosten-Nutzen-Analyse).

Äquivalenzziffer
wird in der → Divisionskalkulation hauptsächlich für die →Sortenfertigung verwandt. Ist eine Verhältniszahl, die die Stückkosten (→Kosten) einer →Sorte zu den Stückkosten der gewählten Einheitssorte angibt. Zentrales Problem ist die Bildung der A. aufgrund von Materialverbrauch od. Fertigungszeit der jeweiligen Sorte. S. →Ä.-nkalkulation.

Äquivalenzziffernkalkulation
spezielles Verfahren der →Divisionskalkulation zur Ermittlung der Stückkosten (→Kosten) mit Hilfe von →Äquivalenzziffern. Hierbei erhält eine Produktart den Äquivalenzziffernwert 1 und die anderen Produktarten Äquivalenzziffern entsprechend ihrem Kostenverhältnis.

Multiplikation der Mengeneinheiten (q) der einzelnen Produktarten (i) mit der entsprechenden Äquivalenzziffer (z) und ihre Summierung über alle Produktarten ergibt die Summe der Rechnungseinheiten (R), also: $R = \sum_i q_i \cdot z_i$. Division der Gesamtkosten einer Periode (K) durch R ergibt die Kosten pro Rechnungseinheit

$$(K_R): \quad K_R = \frac{K}{R} = \frac{K}{\sum_i q_i \cdot z_i}.$$

Durch Multiplikation von K_R mit der erzeugten Produktmenge erhält man die Stückkosten (DK) einer Produktart: $DK_i = K_R \cdot q_i$. Die A. lässt sich verfeinern, so z.b. durch Zurechnung der Kosten jeder → Kostenstelle zu den einzelnen Produktarten mit Hilfe gesonderter Äquivalenzziffern.

AfA
Abk. für: Absetzung für Abnutzung
→Abschreibung, 2.

AFG
Abk. für: Arbeitsförderungsgesetz
→Bundesagentur für Arbeit, →Arbeitsmarktpolitik.

AfS
Abk. für: Absetzung für Substanzverringerung
→Abschreibung, 2.

AG
Abk. für: Aktiengesellschaft.

A G B
Abk. für: →Allgemeine Geschäftsbedingungen.

A- Geschäft
Form des Teilzahlungskredits, bei dem der →Kredit dem Kunden unmittelbar in Form eines →Schecks od. der Barauszahlung gewährt wird. S. →B-Geschäft, C-Geschäft.

Agency-Theorie
Von S. A. Ross 1973 initiierte ökonomische →Theorie zur →Organisation der

Koordination des Entscheidungsverhaltens zwischen → Wirtschaftssubjekten, von denen ein Individuum Entscheidungen trifft (Agent), die nicht nur auf sein Wohlergehen, sondern auch auf das des anderen Individuums (Prinzipal) Einfluss haben. Da Entscheidungsträger i.d.R. ihre Handlungsspielräume zum eigenen Vorteil nutzen, kann der Agent - z.B. in einer Zentralverwaltungswirtschaft ein der Planungsinstanz unterstelltes Unternehmen (→Betrieb, I., 1.) od. auf dem Versicherungsmarkt ein Versicherungsnehmer - sich eigennützig und nicht im Interesse des Prinzipals - z.b. der zentralen Planungsbehörde od. des Versicherers - verhalten, wenn die Informationen zwischen beiden asymmetrisch verteilt sind. Ungleicher Informationsstand ergibt sich zum einen dann, wenn der Prinzipal Handlungen des Agenten zwar beobachten kann, aber nicht über die gleichen Informationen wie der Agent verfügt od. diese nur gegen →Kosten erhält (hidden information) - z.b. die Zentralbehörde kann aus den gemeldeten Produktionsmengen nicht erkennen, ob das Unternehmen alle →Produktionsfaktoren optimal eingesetzt hat od. der Versicherer kann das Risiko des Versicherungsnehmers schlechter als dieser einschätzen (→adverse Selection). Zum anderen kann der Agent über Handlungsalternativen verfügen, die für den Prinzipal nicht beobachtbar sind (hidden action) - z.b. die Zentralbehörde kann nicht alle Aktivitäten des Unternehmens kennen und somit keine vollständige Kontrolle ausüben od. der Versicherer kann nicht feststellen, ob der Versicherte versucht hat, den Schadenseintritt zu verhindern od. diesen letztlich vortäuscht. Unter diesen Umständen versucht der Prinzipal, das Verhalten des Agenten durch vertragliche Vereinbarungen an seine Interessen zu binden. Während bei der →Neoklassischen Theorie der Prinzipal den Agenten kostenlos an seine Interessenlage binden kann, da beide über den gleichen Informationsstand verfügen, berücksichtigt die A. Entscheidungsträger mit besserem und solche mit schlechterem Informationsstand. Folge davon ist, der Agent kann nicht od. nur mit Kosten daran gehindert werden, Entscheidungen nur für seinen eigenen Vorteil und/od. zum Nachteil des Prinzipals zu treffen. Die asymmetrische Information zwischen Agent und Prinzipal verhindert eine direkte Bindung des Agenten an solche Handlungen, die im →Modell der Neoklassischen Theorie bei friktionsloser Koordination für beide optimal wären. Da der Agent seinen individuellen →Nutzen auch dann zu maximieren versucht, wenn seinem Vorteil ein größerer Schaden für den Prinzipal gegenüber steht, sind Wohlfahrtsverluste (→Wohlstandsökonomik) die Folge der unvollkommenen Koordination. Zentrales Anliegen der A. ist die Minimierung dieser Wohlfahrtsverluste durch Entwicklung effizienter Organisationsformen für die Kooperation zwischen Agent und Prinzipal, indem Anreiznebenbedingungen für das Agentenverhalten berücksichtigt werden.

agglomerative Marktspaltung
⇒vertikale Marktspaltung
Form der →Preisdiskriminierung im → Monopol zur Ausnutzung der →Konsumentenrente. I.Ggs. zur →deglomerativen Marktspaltung werden auf bereits existierenden Teilmärkten die →Preise so gesetzt, dass der insgesamt erzielbare → Gewinn maximal (→ Gewinnmaximierung) wird. Dies tritt ein, wenn die einheitlichen Grenzkosten (→Kosten) gleich den Grenzerlösen (→Erlös) auf den Teilmärkten sind. S. auch →Produktpreisbildung.

Aggregat
1. ⇒gesamtwirtschaftliche Größe
⇒wirtschaftliche Gesamtgröße
Betrag einer wirtschaftlichen Größe für die gesamte Volkswirtschaft (→ Wirtschaft, 3.), z.B. das →Volkseinkommen als Summe aller den →Inländern einer Volkswirtschaft während eines Zeitraumes zugeflossenen Einkommen. Es wird unterschieden zwischen *institutionellem* A., z.B. die Gesamtheit aller privaten Haushalte (→Haushalt, 1.) ⇒Transaktor, und *funktionellem* A., z.B. die gesamten Konsumausgaben (→Konsum, 1.) in einer Volkswirtschaft.
2. in der →Betriebswirtschaftslehre sepa-

rierbarer Teil der Produktionskapazität eines Unternehmens (→Betrieb, I., 2.)

Agio (ital.)
1. Aufgeld, um das der →Preis die →Parität einer →Devise od. der →Kurs den Nennwert eines → Wertpapieres übersteigt, z.B. bei einer →Emission von →Aktien zu einem Kurs von 120 (Überpariemission) haben diese ein A. von 20%.
2. auch Wertzuwachs bei Gold durch → Inflation.
Ggs. →Dis-A.

Agiotheorie
von E. von Böhm-Bawerk vertretene Auffassung über die Entstehung des Kapitalzinses, wonach der →Zins das →Agio für gegenwärtige →Güter ist, die gegenüber den Zukunftsgütern höher eingeschätzt werden.

Agrargrenzausgleich
⇒*Grenzausgleich*
⇒Währungsausgleich.

Agrarpolitik
A. ist die Gesamtheit aller Maßnahmen der Gestaltung und Entwicklung der Landwirtschaft und des ländlichen Raumes. Die Ziele der A. umfassen die Verbesserung der Lebensverhältnisse im ländlichen Raum, die Teilnahme der in der Landwirtschaft Tätigen an der allgemeinen Einkommens- und Wohlstandsentwicklung, die Versorgung der Bevölkerung mit qualitativ hochwertigen Nahrungsmitteln zu angemessenen → Preisen, die Herbeiführung eines Marktgleichgewichts (→Gleichgewicht) sowie die Erhaltung der natürlichen Produktionsgrundlagen und die Pflege von Natur und Landschaft.
Träger der A. sind der Staat, supranationale Institutionen, Selbstverwaltungskörperschaften und die landwirtschaftlichen Berufsverbände. Daneben nehmen auch andere Gruppen mit z.T. entgegengerichteten Interessen (Verbraucherverbände (→ Verbraucherpolitik), Naturschutzverbände, Industrieverbände) Einfluss auf die A. Mit der Gründung der EWG (heute →EU) ging die Kompetenz für die Markt- und Preispolitik auf die Gemeinschaft über. Für die Agrarstruk-

turpolitik besitzt die EU nur eine gewisse Rahmenkompetenz, die Ausführung liegt bei den Mitgliedstaaten. Sie wird in der Bundesrepublik von Bund und Ländern gemeinsam im Rahmen der Gemeinschaftsaufgabe „Verbesserung der Agrarstruktur und des Küstenschutzes" wahrgenommen. Die Kompetenz für die Agrarsozialpolitik liegt bei den Mitgliedstaaten. Für sie ist der Bund zuständig.

Das *Hauptproblem* der A. ergibt sich in entwickelten Ländern aus der nur noch geringen Einkommenselastizität der Nachfrage (→Elastizität) nach Nahrungsmitteln. Da die Bevölkerung stagniert od. abnimmt, wächst die Gesamtnachfrage nur langsam. Die landwirtschaftliche Produktion steigt infolge des →technischen Fortschritts schneller. Darum müssen, sofern keine entgegengerichteten staatlichen Eingriffe erfolgen, die Preise der landwirtschaftlichen Erzeugnisse im Verhältnis zu denen der übrigen →Güter sinken und der Anteil der Landwirtschaft am →Sozialprodukt abnehmen. Soll eine bestimmte Einkommensrelation zu den übrigen Wirtschaftsbereichen aufrechterhalten werden, so muss der Anteil der Landwirtschaft an den →Erwerbstätigen etwa im gleichen Verhältnis zurückgehen. Als Anreiz für die berufliche Umschichtung wirkt die Einkommensdisparität zu den übrigen Bevölkerungsgruppen, die durch sinkende Realpreise (→ relativer Preis) ausgelöst wird. Der Versuch, durch Preisstützung die Einkommensdisparität zu beseitigen, führt zu einer verzögerten Anpassung und zur Entstehung von Überschüssen, sofern die Produktionsmengen nicht begrenzt werden. Eingriffe sind vor allem dann notwendig, wenn der Strukturwandel durch → Arbeitslosigkeit erschwert wird od. ein zu rascher Ablauf aus gesellschaftspolitischen Gründen unerwünscht ist.

Die *Gemeinsame Agrarpolitik* der EU basiert auf dem Grundsatz des freien Warenverkehrs innerhalb der Gemeinschaft, der →Präferenz der innergemeinschaftlichen Erzeugung gegenüber der Einfuhr aus Drittländern und der gemeinsamen Finanzierung. Letztere erfolgt durch den → Europäischen

Ausrichtungs- und Garantiefonds für die Landwirtschaft, auf den etwa 55% des Gesamthaushalts der Gemeinschaft entfallen.

Im Mittelpunkt der *Markt- und Preispolitik* stehen Agrarmarktordnungen (Marktorganisationen) für alle wichtigen landwirtschaftlichen Erzeugnisse. Sie dienen der Abgrenzung des innergemeinschaftlichen Marktes gegenüber dem Weltmarkt und der Stabilisierung der Preise. Erstere erfolgt nach dem Abschluss der Uruguay-Runde des →GATT im Wesentlichen nur noch durch →Zölle. Beim →Export werden Erstattungen gewährt. Für den Fall, dass auf dem Binnenmarkt ein Teil der Ware nicht zu einem bestimmten Preis abgesetzt werden kann, sehen viele Marktordnungen → Interventionen vor (Ankauf der Waren zum Interventionspreis durch staatliche Interventionsstellen). Die Marktordnungen für Milch und Zucker enthalten außerdem noch Quotenregelungen, d.h. die Preisstützung wird nur für eine auf betrieblicher Ebene festgelegte Produktionsmenge gewährt. Alle innerhalb der A. angewendeten Preise werden jährlich vom Ministerrat festgelegt. Da bei wichtigen Erzeugnissen, vor allem bei Getreide, Milch, Rindfleisch, Zucker und Wein die Gemeinschaft über den Inlandsbedarf hinaus produziert und die innergemeinschaftlichen Preise höher sind als die Weltmarktpreise, sind die gemeinsamen Marktordnungen mit hohen Kosten verbunden. Nach der 1988 eingeführten „Agrarleitlinie" unterliegen diese Ausgaben einer Obergrenze, die jährlich mit 74% der → Wachstumsrate des Bruttosozialproduktes (→Sozialprodukt) der Gemeinschaft fortgeschrieben wird.

Zunehmende Kritik führte 1992 zu einer einschneidenden Reform. In ihrem Mittelpunkt stand eine Rücknahme der Preisstützung, deren Einkommenswirkung durch Direktzahlungen weitgehend ausgeglichen wird. Bei Getreide wurde der Interventionspreis in drei Jahresraten um 33% gesenkt. Ausgleichszahlungen erhalten die Landwirte, mit Ausnahme von Kleinerzeugern, aber nur, wenn sie einen Teil der mit Getreide, Ölsaaten und Eiweißpflanzen bestellten

Fläche stilllegen, wofür eine Stilllegungsprämie gewährt wird. Der Satz dieser „konjunkturellen Stilllegung" schwankte bisher zwischen 5% und 15%. Für Ölsaaten erhalten die Erzeuger nur noch den Weltmarktpreis. Für Rindfleisch wurde der Interventionspreis in drei Jahresraten um insgesamt 15% gesenkt. Mit Ausnahme der neuen Bundesländer sind die Ausgleichszahlungen auf 90 Mastrinder pro Betrieb und eine bestimmte Besatzdichte begrenzt. Flankiert werden die preispolitischen Maßnahmen durch eine verstärkte Förderung umweltfreundlicher Produktionsweisen, der Aufforstung und der vorgezogenen Betriebsaufgabe.

Innerhalb der Uruguay-Runde des GATT (1986-1994) spielte die Landwirtschaft eine entscheidende Rolle. Ein Konflikt zwischen der EU und den USA wurde durch den sog. Blair House-Kompromiss beigelegt, durch den die EU sich verpflichtete, für Ölsaaten eine Basisfläche (Anbaufläche 1989-91) einzuführen, von der ein der konjunkturellen Flächenstilllegung entsprechender Satz (mindestens jedoch 10%) stillgelegt werden muss. Wird die zulässige Anbaufläche überschritten, vermindert sich die Beihilfe um den Prozentsatz der Überschreitung. Als Ergebnis der Uruguay-Runde verpflichteten sich alle Partner (abgesehen von Sonderregelungen für Entwicklungsländer), die interne Stützung der Landwirtschaft im Laufe einer 6-jährigen Übergangszeit unter Anrechnung der seit 1986 vorgenommenen Kürzungen um 20% zurückzuführen, wobei die im Rahmen der Reform der Gemeinsamen Agrarpolitik eingeführten Direktzahlungen ausgenommen wurden. Beim Außenschutz wurden alle Maßnahmen in Zölle umgewandelt, die im gleichen Zeitraum um durchschnittlich 36% (mindestens 15% für jedes Produkt) gesenkt werden. Für alle Produkte ist ein Mindestmarktzugang von zunächst 3% später 5% des Verbrauchs zu gewähren. Die Ausgaben für Exporterstattungen werden um 36%, die mit Hilfe von Erstattungen exportierten Mengen um 21% reduziert. Die Umsetzung dieser Beschlüsse wurde 1995 eingeleitet.

Im Rahmen der im Juli 1997 vorgelegten *„Agenda 2000"* schlug die EU-Kommission weitere einschneidende Reformen für die Gemeinsame Agrarpolitik vor, durch die die 1992 eingeleitete Verlagerung von der Preisstützung zu Direktzahlungen weitergeführt werden soll. Die ab 2000 geltenden Interventionspreissenkungen belaufen sich bei Getreide auf 20%, bei Rindfleisch auf 30% und bei Butter und Magermilchpulver auf 15%. Für Ölsaaten sowie stillgelegte Flächen wird nur noch die gleiche Ausgleichszahlung gewährt wie für Getreide. Ferner wird die konjunkturelle Flächenstilllegung auf Null zurückgeführt. Nach den im März 1998 vorgelegten Verordnungsentwürfen erhalten die Mitgliedstaaten die Möglichkeit, ein Drittel der ihnen zustehenden tierbezogenen Ausgleichszahlungen innerhalb bestimmter Obergrenzen nach eigener Entscheidung auf die verschiedenen Produktionsformen aufzuteilen oder in Form einer Grünlandprämie einzusetzen. Die Gesamthöhe der Ausgleichszahlungen je Betrieb wird einer Degression unterworfen und die Mitgliedstaaten erhalten die Möglichkeit, sie an die Einhaltung von Umweltstandards zu binden.

Die *Agrarstrukturpolitik* verfolgt das Ziel, die Produktionsgrundlagen zu verbessern, den Strukturwandel in Tempo und Richtung zu beeinflussen oder sozialverträglich zu gestalten. Sie ist Bestandteil einer auf die Entwicklung ländlicher Räume ausgerichteten →Strukturpolitik. Nach den EWG-Strukturrichtlinien von 1992 wurden nur „entwicklungsfähige Betriebe" durch Investitionsbeihilfen gefördert und die übrigen Landwirte zur Einstellung der landwirtschaftlichen Erwerbstätigkeit ermuntert. Mit der 1975 eingeführten Richtlinie über die Landwirtschaft in Berggebieten und in benachteiligten Gebieten wird die Weiterführung der Landwirtschaft unter erschwerten Bedingungen durch Ausgleichszulagen unterstützt. Der Gesamtbereich wurde 1985 in der „Verordnung zur Verbesserung der Effizienz der Agrarstruktur" (Effizienz-Verordnung) neu geregelt. Im Rahmen einer 1988 eingeleiteten Reform der Strukturfonds wurden deren Maßnahmen auf folgende Ziele konzentriert: (1) Entwicklung und

Strukturanpassung der Regionen mit Entwicklungsrückstand, (2) Umstellung der Regionen, die von industriellem Niedergang schwer betroffen sind, (3) Bekämpfung der Langzeitarbeitslosigkeit, (4) berufliche Eingliederung der Jugendlichen, (5a) beschleunigte Anpassung der Agrarstrukturen, (5b) Entwicklung des ländlichen Raumes. Während des Zeitraumes 1988-1993 erfolgte eine schrittweise Verdoppelung der Mittel. Für den Zeitraum 1994-1999 erfolgte nochmals eine Verdoppelung der Mittel auf insgesamt 157 Mrd →ECU (in Preisen von 1992). Nach der „Agenda 2000" stehen für den Zeitraum 2000 bis 2006 (in Preisen von 1997) 275 Mrd. ECU zur Verfügung. Die Zahl der Ziele wird auf drei - davon zwei mit räumlichem Bezug - reduziert. Ziel 1 wird im Wesentlichen beibehalten, unter Ziel 2 werden alle Regionen mit bedeutendem wirtschaftlichem und sozialem Umstellungsbedarf zusammengefasst, das sind Gebiete die von dem Wandel im Industrie-, Dienstleistungs- und Fischereisektor betroffen sind, ländliche Gebiete mit stark rückläufiger Entwicklung wegen unzureichender wirtschaftlicher Diversifizierung und Stadtgebiete, die infolge verloren gegangener wirtschaftlicher Tätigkeiten in Schwierigkeiten geraten sind. In allen übrigen Gebieten wird die Entwicklung ländlicher Räume und Maßnahmen zur Verbesserung der Effizienz der Agrarstruktur aus der Abteilung Garantie des Europäischen Ausrichtungs- und Garantiefonds für die Landwirtschaft kofinanziert werden.

In der Bundesrepublik erfolgt die Agrarstrukturpolitik im Rahmen der Gemeinschaftsaufgabe „Verbesserung der Agrarstruktur und des Küstenschutzes", die zu 60% vom Bund und zu 40% von den Ländern (beim Küstenschütz 70% und 30%) finanziert wird. Insgesamt wurden 1997 3,1 Mrd DM bereitgestellt. 1549 Mio DM entfielen auf einzelbetriebliche Maßnahmen (darunter 737 Mio DM auf die in benachteiligten Gebieten gewährte Ausgleichszahlung), 457 Mio DM auf Flurbereinigung und Dorferneuerung, 449 Mio DM auf wasserwirtschaftliche und kulturbautechnische Maßnahmen und 196 Mio DM auf den Kü-

stenschutz.

In der ehemaligen DDR wurde 1945-49 eine Bodenreform durchgeführt. Etwa 2 Mio ha landwirtschaftliche Fläche (darunter alle Betriebe über 100 ha) wurden entschädigungslos enteignet. Davon wiederum wurden zwei Drittel an Siedler vergeben, der Rest wurde überwiegend zum Aufbau „Volkseigener Güter" genutzt. Die neu geschaffenen Siedlerbetriebe waren zu klein, um lebensfähig zu sein. Sie wurden ebenso wie die bestehenden bäuerlichen Betriebe gedrängt, sich zu Produktionsgenossenschaften (LPGen) zusammenzuschließen. Die Kollektivierung war Anfang 1960 beendet. Im Rahmen des Übergangs zur „industriemäßigen Agrarproduktion", wurden die LPGen unter Trennung zwischen Pflanzen- und Tierproduktion zu größeren Einheiten zusammengelegt. Ende 1988 gab es 1159 LPGen Pflanzenproduktion (Durchschnittsgröße 4540 ha), 2696 LPGen Tierproduktion und 465 Volkseigene Güter. Die LPGen Pflanzenproduktion bewirtschafteten überwiegenden Teil Flächen, die sich formal im Eigentum von Privatpersonen befanden, denen die Ausübung des Eigentumsrechts aber versagt war. Trotz der großen Einheiten war die Zahl der in der Landwirtschaft Beschäftigten je Hektar doppelt so hoch wie in der Bundesrepublik. Die Preise lagen für pflanzliche Erzeugnisse um 50 bis 100%, für tierische Erzeugnisse um 100 bis 200% über denen der Bundesrepublik. Um den Verbrauchern keine so hohen Nahrungsmittelpreise zuzumuten, wurden hohe → Subventionen gezahlt.

Mit Inkrafttreten der → Wirtschafts-, Währungs- und Sozialunion zum 2.7.1990 wurden die in der Bundesrepublik gültigen Marktordnungen und das damit verbundene →Preisniveau übernommen. Damit sank die →Wertschöpfung der Landwirtschaft praktisch auf Null. Zur Überbrückung des Preisbruches waren hohe Anpassungs- und Liquiditätshilfen notwendig. Das noch von der Volkskammer verabschiedete „Gesetz über die strukturelle Anpassung der Landwirtschaft an die soziale und ökonomische Marktwirtschaft in der DDR (Landwirtschaftsanpassungsgesetz)" ermöglichte die Ausübung des Grundeigentums sowie Umwandlungen und Auflösungen von LPGen. Die im Zuge der Bodenreform erfolgten Enteignungen wurden nicht rückgängig gemacht. Durch das „Entschädigungs- und Ausgleichsleistungsgesetz" von 1994 erhielten die ehemaligen Eigentümer eine stark degressiv gestaltete Entschädigung, die sie zum Teil für den Bodenerwerb verwenden können. Andere Berechtigte im Rahmen des Bodenerwerbsprogramms sind Neueinrichter und Wiedereinrichter, die am 3.10.1990 ortsansässig waren, sowie die aus den ehemaligen LPGen hervorgegangenen juristischen Personen. 1997 gab es in den neuen Bundesländern 33 114 landwirtschaftliche Betriebe, darunter 26 966 Einzelunternehmen (mit 22% der Fläche) und 3033 Personengesellschaften (mit 23% der Fläche) und 3036 juristische Personen (mit 55% der Fläche).

Aufgabe der *Agrarsozialpolitik* ist die soziale Sicherung der in der Landwirtschaft tätigen Menschen. Eine →Unfallversicherung wurde in Deutschland bereits 1886 im Rahmen des Bismarckschen Versicherungssystems eingeführt. Träger sind die landwirtschaftlichen Berufsgenossenschaften. An der Finanzierung beteiligt sich der Bund mit jährlich 3 Mrd. Euro. Begründet wird dies mit der sog. „alten Last", die sich daraus ergibt, dass bei einem schrumpfenden Wirtschaftszweig die Zahl der Beitragszahler sinkt, gleichzeitig aber noch Rentenleistungen für Unfälle aus einer Zeit erbracht werden müssen, in der noch wesentlich mehr Menschen in diesem Wirtschaftszweig tätig waren.

Eine Altersversicherung (→Rentenversicherung) für Landwirte wurde 1957 eingeführt. Träger sind die bei den Berufsgenossenschaften errichteten Landwirtschaftlichen Altersklassen. Versichert sind die landwirtschaftlichen Unternehmer, deren Ehegatten sowie (mit halbem Beitragssatz und halbem Altersgeld) hauptberuflich mitarbeitende Familienangehörige. Beitragshöhe und Altersgeld sind nicht nach dem betrieblichen Einkommen differenziert aber für einkommensschwache Betriebe gewährt

der Bund bereits seit 1986 Beitragszuschüsse. Sie wurden durch das Agrarsozialreformgesetz 1995 so geändert, dass sie bei einem Einkommen von weniger als 16 000 DM 80% erreichen und sich mit wachsendem Einkommen linear auf den Satz von Null bei 40 000 DM verringern. Mit dem gleichen Gesetz wurde eine eigenständige Rente für die Bäuerinnen eingeführt, die als fiktive Mitunternehmerinnen mit gleichem Beitragssatz und gleicher Rentenhöhe wie der Ehemann versichert sind. Zur Finanzierung trug der Bund 1997 rund 4,1 Mrd DM (66%) bei, davon 725 Mio DM als Beitragszuschüsse.

Eine →Krankenversicherung für Landwirte gibt es seit 1972. Träger sind die bei den Berufsgenossenschaften errichteten Krankenkassen für Landwirte. Versicherte sind alle in der Landwirtschaft Beschäftigten, soweit sie nicht einer anderen Versicherungspflicht unterliegen. Bis auf eine Selbstbeteiligung von 6,2% übernimmt der Bund die Finanzierung für Altersgeldempfänger. Er wandte dafür 1997 2,3 Mrd DM auf. Insgesamt ist die landwirtschaftliche Sozialpolitik mit (1997) 7,8 Mrd DM oder 67% der größte Einzelposten im Agrarhaushalt des Bundes.

Literatur: *W. Albers*, Agrarpolitik. Überblick, in: HdWW, 1 (1997). *Th. Heidhues*, Agrarpolitik, I: Preis- und Einkommenspolitik, II: Strukturpolitik, ebd. (1977). *W. Henrichsmeyer, H. P. Witzke*, Agrarpolitik, Bd. 1: Agrarökonomische Grundlagen (1991). *W. Henrichsmeyer, H. P. Witzke*, Agrarpolitik, Bd. 2: Bewertung und Willensbildung (1994). *O. Gottsmann*, Der Gemeinsame Agrarmarkt, Fortsetzungswerk in Loseblattform, seit 1973.

Prof. Dr. W. v. Urff
Freising-Weihenstephan

AKA
Abk. für: Ausfuhrkredit-Gesellschaft m.b.H., Frankfurt/ Main
von deutschen Banken 1952 gegründetes →Kreditinstitut mit der Sonderaufgabe, bei der →Finanzierung mittel- und langfristiger Exportgeschäfte mitzuwirken. Zur Kreditgewährung stehen der A. drei Plafonds zur Verfügung: Plafond A, von den Konsortialbanken (→ Konsortium)

der A. eingeräumt; Plafond B, von der →
Deutsche Bundesbank gewährter Son-
derrediskont (→ Rediskontkontingent),
der 1996 aufgehoben wurde; Plafond C,
eigene →Kreditlinie der A. für lieferge-
bundene Finanzkredite an ausländische
Besteller. Vermittelte →Kredite müssen
abgesichert sein, solche mit →Länderrisi-
ko in erster Linie durch →Bundesbürg-
schaften.

Akkordlohn
⇒Stücklohn
→Lohnsatz, der für eine festgelegte, bei
voller Einarbeitung und auf Dauer ohne
Gesundheitsschäden zu erreichende Leistungseinheit gezahlt wird. Der Lohn ändert sich mit dem Arbeitsergebnis und ist
zeitunabhängig i.Ggs. zum → Zeitlohn.
Findet Anwendung bei regelmäßig wiederkehrenden wie auch von Ergebnis
und Dauer eindeutig bestimmbaren Tätigkeiten (Leistungslohn). Bewirkt eine
Tendenz zur Leistungssteigerung mit der
Gefahr sinkender Arbeitsqualität und ge-
sundheitlicher Schäden wg. Überan-
strengung.

Akkreditiv
(handelsrechtlich) Anweisung, i.d.R. an
eine →Bank, dem A.-steller selbst od. einem Dritten (dem Akkreditierten) einen
Geldbetrag entweder ohne weitere Bedingungen (Bar-A.) od. gegen Vorlage
bestimmter → Dokumente wie Fracht-
briefe (Dokumenten-A.) auszuzahlen.
Formen der Eröffnung und der Abwicklung eines Dokumenten-A. sowie der
Umfang der → Haftung beteiligter Banken sind international geregelt. Ein A.
kann wider- od. unwiderruflich, befristet
od. unbefristet gestellt werden. Das A.
hat vor allem im Außenhandel als Finanzierungsinstrument eine große Bedeutung.

Akkumulation
→goldene Regel der A.

AKP-Staaten
Abk. für: Entwicklungsländer in Afrika,
der Karibik und im pazifischen Raum
die mit der →EG durch umfassende Kooperationsabkommen von Lomé verbundenen Staaten. 1975 wurde das I.

Abkommen geschlossen, 1989 mit 69 A.-
Staaten das IV. mit einer bis ins Jahr 2000
reichenden Dauer. Diese Abkommen bieten Partnerschaften, dauerhafte Zusammenarbeit, Dialog auf verschiedenen
Ebenen, Finanzierungshilfen (nicht zu-
rückzahlbare Zuschüsse für nationale
und regionale Programme, Risikokapital,
Darlehen; →Stabex; Lomé-IV sieht insgesamt 12 Mrd →ECU vor), Handelsförde-
rung (zoll- und kontingentfreien Zugang
zum EG-Markt für fast alle A.-ausfuhren,
Abnahmegarantie für Zucker u.a.). Lomé-IV berücksichtigt gegenüber den vorherigen Abkommen insbesondere Hilfen
für Strukturanpassung und für Regelung
der Schuldenfrage sowie für Umwelt-
und Bevölkerungsprobleme.
S. auch →Lomé I-IV.

Aktie
ein unteilbares →Wertpapier, das dem
Aktionär (→ Aktiengesellschaft) sein
Recht an der Gesellschaft verbrieft, das er
durch Übernahme eines Anteiles am →
Grundkapital erworben hat. Die A. muss
in der Bundesrepublik Deutschland gem.
§ 8 AktG auf einen in Euro denominier-
ten Nennbetrag, mindestens 1,- Euro ,
lauten (Nennwert-A. ⇒Summen-A.) i.Ggs.
zur →Quoten-A. Nennwertlose A., bei denen kein Nominalwert als Bezugsgröße
angegeben ist, sind in der Bundesrepublik nicht zugelassen, hingegen in anderen Ländern, wie z.B. USA, Japan,
Belgien, Italien. A. derselben →AG können unterschiedliche Rechte gewähren,
z.B. auf höhere →Dividende (Vorzugs-A.),
i.Ggs. dazu die Stamm-A., die nur gleiche
Rechte verbrieft. Die Minder-A., die gleiche Rechte wie die Stamm-A. gewährt,
aber auf einen geringeren Nennwert ausgestellt ist, wurde in Deutschland nach
dem 2. Weltkrieg mit der Privatisierung
von Staatsbetrieben, z.B. VW, eingeführt
(Volks-A.). Ihre Einführung wird unter
dem Aspekt der Förderung der Anlage
von Privatkapital in Produktivkapital (→
Kapital, II.) diskutiert.
Nach ihrer Übertragbarkeit ist zu unterscheiden: 1. Inhaber-A. lautet auf den Inhaber; in der Bundesrepublik
Deutschland die übliche Form, 2. Namens-A., der Aktionär wird namentlich
bezeichnet und in das →Aktienbuch des

Unternehmens (→Betrieb, I., 2.) eingetragen, 3. *vinkulierte Namens-A.*, die Übertragung der A. ist an die Zustimmung der Gesellschaft gebunden.
Die A. wird durch →Emission auf den → Markt gebracht und an der →Börse gehandelt. Ihr →Preis ist der →Kurs an der Börse und gibt den Wertanteil am Gesamtvermögen der Gesellschaft an. Die A., besonders die Inhaber-A., zeichnet sich durch eine große →Fungibilität aus, da die Mitgliedschafts-, Informations- und Gewinnanspruchsrechte gesetzlich genormt (→A.-recht) sind und sie zu jedem Zeitpunkt übertragen werden kann.

Aktienbuch

gem. § 67 AktG von jeder Namensaktie (→Aktie) ausgebenden →Aktiengesellschaft zu führendes Verzeichnis, in das der Aktionär (→Aktiengesellschaft) nach Namen, Beruf und Wohnort einzutragen ist. Der Übergang der Aktie auf den Erwerber ist nicht von der Eintragung in das A. abhängig. Dagegen kann der Erwerber Rechte gegen die Gesellschaft, z.B. sein Stimmrecht od. Gewinnanspruch, erst nach Eintragung in das A. geltend machen.

Aktiengesellschaft

Abk.: AG
privatrechtliche Unternehmensform. A. ist eine handelsrechtliche Gesellschaft mit eigener Rechtspersönlichkeit für deren → Verbindlichkeiten das Gesellschaftsvermögen haftet, so die Gesellschafter (Aktionäre, mindestens 5 sind für eine Gründung erforderlich) nur mit ihrer Kapitaleinlage. Das Gesellschaftsvermögen (→Grundkapital) ist in →Aktien zerlegt.
Die Leitungsbefugnis ist drei Organen übertragen: 1. Der Vorstand leitet die A. und vertritt sie gerichtlich sowie außergerichtlich. Nach dem Mitbestimmungsgesetz vom 4.5.1976 (→Mitbestimmung) und dem für die Montanindustrie muss ein Vorstandsmitglied →Arbeitsdirektor sein. 2. Der Aufsichtsrat setzt sich paritätisch aus Vertretern der Aktionäre und → Arbeitnehmer zusammen. Er beruft den Vorstand und überwacht die Geschäftsführung. 3. Die Hauptversammlung, durch die die Aktionäre ihre Rechte und

Einflussnahme ausüben, wählt den Aufsichtsrat, entscheidet über Gewinnverwendung, Satzungsänderungen od. Änderungen des Grundkapitals.
Die A. kann sich über →Emission von Aktien Grundkapital beschaffen. Sie genießt eine relativ große Kreditwürdigkeit wg. strenger Gläubigerschutzvorschriften, Publizitätspflicht und Vorschriften für Rücklagenbildung (→Rücklagen). Sie unterliegt der →Körperschaftsteuer mit 50% bei einbehaltenem und mit 36% bei ausgeschüttetem →Gewinn.
Die A. hat sich im 17. Jahrhundert entwickelt und ist heute die typische Form für Großunternehmen in der ganzen Welt. 2005 waren in der Bundesrepublik Deutschland 0,1% aller Unternehmen als A. organisiert und beschäftigten etwa 20% aller →Erwerbstätigen.

Aktienindex - Anleihen

innovative Anlageform am deutschen → Kapitalmarkt, bei der der Rückzahlungskurs der →Anleihe an die Entwicklung eines repräsentativen Aktienmarktindexes (→Kapitalmarkt, →Indexierung) gebunden ist. Da A. Verträge mit Wertsicherungsklausel (→ Geldwertsicherungsklausel) sind und der Genehmigung durch die →Deutsche Bundesbank unterliegen und diese prinzipiell jede Indexierung von Schuldverträgen ablehnt, umgehen →Emittenten diese Schwierigkeit durch Auslandsbegebung der A. od. Zwischenschaltung einer ausländischen Tochtergesellschaft. Die Höhe des Aktienindexes kann sowohl für die Berechnung des Rückzahlungsbetrages als auch für die Verzinsungsmodalitäten Grundlage sein. Es sind zwei Varianten möglich: Hausse-Anleihe (→Hausse), bei sich der Anleihewert nach der Entwicklung des Indexes richtet, also Wertsteigerung mit steigendem Index bzw. umgekehrt; Baisse-Anleihe (→Baisse), bei der ein fallender Index einen Wertzuwachs bewirkt. Wer mit fallenden Kursen rechnet, wird eine Baisse-Anleihe erwerben, wer mit steigenden Kursen rechnet, eine Hausse-Anleihe. Da der Kurs von A. nicht nur durch die →Bonität des Gläubigers und Veränderungen des zu Grunde liegenden Indexes bestimmt wird, sondern auch von der allgemeinen

Entwicklung auf dem Kapitalmarkt, ist eine Bewertung der A. während der Laufzeit schwierig.

Aktienmarkt
→Kapitalmarkt, →Effekten, →Aktie.

Aktienoption
→Option.

Aktienrecht
gesetzliche Regelung der →Aktiengesellschaft. Erste Regelung in Deutschland ist im Handelsgesetzbuch von 1861 enthalten. Nach mehrfacher Änderung und nach Anpassung an das Recht der →EG ist jetzt das Aktiengesetz vom 13.12.1978 gültig.

Aktien-Sparen
Anlage in z.b. Belegschaftsaktien (→Aktie), die vom Staat im Rahmen der Vermögensbildung der →Arbeitnehmer mit einer Zulage oder Steuererleichterungen gefördert wird.

Aktionsparameter
Größe, die die vom Akteur direkt zu treffende Entscheidung abbildet und zu Reaktionen der anderen Parameter (→Erwartungsparameter) führt. Häufig in der →Preistheorie und -politik verwandt, wo ein Anbieter bei einer bestimmten → konjekturalen Preis-Absatz-Kurve den → Preis fixiert (Preis ist dann A.) und die Absatzmenge erwarten (Menge ist Erwartungsparameter) kann od. umgekehrt.

Aktiva
→Bilanz, →Bilanzierung, 7.

aktive Handelsbilanz
⇒Aktivsaldo der Handelsbilanz gelegentlich auch, aber fälschlicherweise ⇒aktive Zahlungsbilanz, wobei der Saldo der →Devisenbilanz gemeint ist. → Zahlungsbilanz.

aktive Kasse
→Kasse.

aktiver Finanzausgleich
→Finanzausgleich.

aktive Zahlungsbilanz
→Zahlungsbilanz.

Aktivität
1. in →Wirtschaftswissenschaft die Entscheidungen der →Wirtschaftssubjekte
2. in der →Produktionstheorie technisch mögliche →Input- →Output-Kombination bei der Herstellung eines Produkts. →Aktivitätsanalyse.

Aktivitätsanalyse
von T. C. Koopmans in die →Produktionstheorie eingeführte Variante, nach der die Aktivitäten (→Aktivität, 2.) als → Modellvariable eingeführt sind. Die A. führte zur Technik des →linearen Programmierens bei der Lösung von Optimierungsaufgaben für Entscheidungsprobleme, soweit sie in linearen Zielfunktionen mit Nebenbedingungen gefasst werden können.

Aktivsaldo der Handelsbilanz
⇒aktive Handelsbilanz fälschlicherweise auch ⇒ aktive Zahlungsbilanz. →Zahlungsbilanz.

Aktuar
A. ist seit der 1994 erfolgten Liberalisierung des Versicherungsmarktes von Versicherungsunternehmen zu bestellen. Er hat sicherzustellen, dass der Versicherer die gesetzlich vorgeschriebenen Grundsätze für die Berechnung der Prämien und der technischen →Rückstellungen einhält. Seine Bestellung bedarf der Zustimmung durch das Bundesaufsichtsamt für das Versicherungswesen.

aktuelle Geldbasis
→Geldbasis, →Geldangebotstheorie, 3.

aktueller Kapitalbestand
→Kapitalbestand.

Akzelerationshypothese
→Phillips-Theorem, 3.

Akzelerator
(lat.: Beschleuniger)
Größe in der Konjunkturtheorie, durch die verhaltensabhängige (psychologische) od. mechanistische (produktionstechnisch bedingte) Verstärkereffekte

erfasst werden. In der Fassung nach P. A. Samuelson od. J. R. Hicks ist der A. od. genauer: A.-Koeffizient (σ) die Relation aus induzierten →Nettoinvestitionen (I_i^n) und einer Zunahme der →gesamtwirtschaftlichen Güternachfrage (Y^D):

$$\sigma = \frac{I_{it}^n}{Y_{t-1}^D - Y_{t-2}^D} .$$

Wird diese Relation als →Hypothese für das Investitionsverhalten der Unternehmer (→Verhaltenshypothese) aufgefasst, dann lässt sich daraus das →A.-prinzip od. A-theorem gewinnen. Es wird zwischen *starrem* od. naivem A. in der älteren Version von T. N. Carver, A. Aftalion, J. M. Clark bzw. in moderner Formulierung von R. F. Harrod, P. A. Samuelson, J. R. Hicks und *flexiblem* A. in der Weiterentwicklung durch R. M. Goodwin, H. B. Chenery, L. M. Koyck unterschieden. Die praktische Bedeutung des starren A. ist gering. S. →Akzeleratorprinzip.

Akzelerator-Multiplikator-Prozess

erklärt Schwankungen der Konjunktur (→ Konjunkturtheorie) durch Verknüpfung des → Multiplikatorprinzips mit dem →Akzeleratorprinzip. Gilt:

(1) $\Delta Y_t = \Delta C_t + \Delta I_{a_t} + \Delta I_{i_t}^n$

(Definitionsgleichung, →Definition), d.h. die Änderung des →Volkseinkommens in der Periode t ist gleich der Änderungssumme der Nachfrage nach Konsumgütern (C), autonomen Investitionen (I_a) und induzierten Investitionen (I_i^n) derselben Periode,

(2) $\Delta C_t = c \cdot \Delta Y_{t-1}$

(Konsumfunktion, → Konsumtheorie), d.h. die Änderung der Konsumgüternachfrage in der Periode t ist von der Einkommensänderung der Vorperiode t-1 (→Robertson-lag) gem. der → marginalen Konsumquote (c) abhängig, und

(3) $I_{it}^n = \sigma(C_t - C_{t-1})$

(Investitionsfunktion, →Investitionstheorie), d.h. die induzierten Investitionen

sind gem. →Akzeleratorprinzip (7) erklärt, folgt durch Einsetzen von (2) und (3) in (1), wobei (3) für Änderungswerte zu schreiben ist:

(4) $\Delta Y_t = \Delta I_{a_t} + c(1 + \sigma)\Delta Y_{t-1} - c\sigma\Delta Y_{t-2}$

(Verhaltensgleichung). Nach (4) zeigt die Entwicklung der Volkseinkommensänderung Schwankungen auf, die vom Verhältnis zwischen Multiplikator ($\frac{1}{s}$) und Akzelerator (σ) abhängen; vgl. Figur.

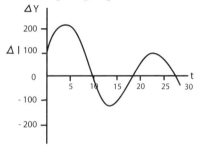

Akzeleratorprinzip

sagt aus: eine Veränderung in der Nachfrage (Y^D) und →Produktion (O) von → Gütern ruft eine viel größere Veränderung der →induzierten Nettoinvestitionen (I_i^n) hervor, so dass die Schwankungen in der Kapitalgüterproduktion (→ Kapitalgut) größer sind als die mit ihrer Hilfe erzeugten Güter:

(1) $I_i^n = \sigma \Delta Y^D$.

σ ist der →Akzelerator. Das A. basiert auf zwei *Grundannahmen*: 1. die Produktion wird durch die → Güternachfrage bestimmt:

(2) $O = f(Y^D)$;

2. der →Kapitalstock (K) ist proportional zur Produktion, somit wg. (2) auch proportional zur Güternachfrage:

(3) $\frac{K}{O} = \frac{K}{Y^D} = \sigma'$.

Da eine Kapitalstockänderung Nettoinvestitionen sind:

(4) $\frac{dK}{dt} = I^n$

und die Realisierung der Investitionen eine gewisse Zeit erfordert, werden die Unternehmen (→Betrieb, I., 1.) ihren Kapitalstock der in Zukunft erwarteten Nachfrage anpassen, so dass gilt:

$$(5)\ \frac{\Delta K_t}{\Delta Y_{t+1}^D} = \sigma''\ .$$

Wenn die Unternehmen die zukünftige Nachfrage aus der vergangenen Nachfrageentwicklung ableiten, ergibt sich das A. in der Version nach R. F. Harrod:

$$(1a)\ I_{it}^n = \sigma(Y_t^D - Y_{t-1}^D)\ .$$

Gemäß Gleichungen (1), (1a) sind die induzierten Investitionen stets proportional zur Veränderung der Nachfrage, deshalb muss σ konstant sein und der *Akzelerator* wird als *starr* bezeichnet. Aus (1), (1a) ist die Begründung für die Bezeichnung von σ als Akzelerator abzulesen, denn die Veränderung der induzierten Investitionen wird durch die *Beschleunigung der Nachfrage*, d.h. durch die Änderung ihrer Veränderung, bestimmt:

$$(6)\ \Delta I_{it}^n = \sigma \Delta^2 Y_t^D\ .$$

Beispiel für das A. in der Version nach P. A. Samuelson:

$$(7)\ I_{it}^n = \sigma(C_t - C_{t-1})\ .$$

Das A. mit *starrem Akzelerator* unterstellt für jede Periode die Realisierung eines optimalen Kapitalstocks (→Kapitalstock) wie auch seine Auslastung. Seine empirisch geringe Bedeutung ist somit offensichtlich. Deshalb geht das A. mit *flexiblem* Akzelerator davon aus, dass die Unternehmen den optimalen Kapitalstock (K*) nur langfristig und somit in jeder Periode nur einen bestimmten Anteil von ihm erstellen:

$$(8)\ I_{it}^n = (1 - \sigma)(K_t^* - K_{t-1})\ ,$$

worin $(1 - \sigma)$ die zeitliche Anpassung des tatsächlichen Kapitalstocks an den optimalen ausdrückt.
Das A. wird auf die Wirkung von Änderungen *anderer Größen* wie →Preise, Maßnahmen einer Regierung angewandt. In Verbindung mit dem →Multiplikator wird es zur Erklärung von Konjunkturschwankungen (→Konjunkturtheorie, → A.-Multiplikator-Prozess) benutzt.

Akzept
(lat.: Annahme)
1. allg. die Annahme eines Antrages zu einem Vertrag.
2. Erklärung des →Bezogenen auf einem →Wechsel durch Unterschrift, die Wechselsumme bei Fälligkeit zu zahlen.
3. der akzeptierte Wechsel selbst.

Akzeptant
⇒Annehmer
⇒Trassat
derjenige, der durch sein →Akzept eines gezogenen → Wechsels verpflichtet ist, die Wechselsumme am Verfalltag unbedingt und unwiderruflich zu bezahlen.

Akzeptkredit
Zusage einer →Bank an ihren Kunden, bis zu einer vereinbarten Höhe (Akzeptlinie) auf sie gezogene →Wechsel unter der Bedingung zu akzeptieren (→ Akzept), dass er den Gegenwert der Wechsel der Bank vor Fälligkeit zur Verfügung stellt. Die Akzepteinräumung bedeutet i.d.R. keine Kreditgewährung (→Kredit) durch die Bank, sondern die Zurverfügungstellung der Kreditwürdigkeit der Bank an ihren Kunden (Bankakzept). Der Wechsel wird dadurch fungibel (→Fungibilität). Der Kunde kann das Bankakzept zur Befriedigung seiner Gläubiger weitergeben, so z.B. häufig in Außenhandelsgeschäften od. sich im Wege der Diskontierung (→Diskont) bei einer anderen od. auch bei der akzeptierenden Bank (Selbstdiskontierung) flüssige Mittel beschaffen. Erst die Diskontierung bedeutet eine Kreditleistung. Ein Bankakzept, das nur an Kunden von zweifelsfreier →Bonität gewährt wird, ist für diesen günstig, da nur Akzeptprovision und Wechselsteuer und somit keine Kreditzinsen zu zahlen sind. Bankakzepte werden von den Banken ausgetauscht (Akzepttausch), um die Begutachtung eigener Akzepte zu verhindern und zum Privatdiskontsatz, der unter dem normalen →Diskontsatz liegt, diskontiert (Privatdiskontmarkt). Auf diesem Markt gehandelte Wechsel basieren auf speziellen Wechseln für das Außenhandelsgeschäft sowie auf Bankakzepten erstrangiger (privatdiskontfähiger) Banken.

Akzeptlinie
→Akzeptkredit.

Akzepttausch
→Akzeptkredit.

Akzise
Bezeichnung für im Mittelalter aufgekommene und bis ins 19. Jh. erhobene → Verbrauchsteuern sowie von Territorialherren od. Städten auf Waren gelegter → Zoll.

ALADI
→LAFTA.

ALGOL
Abk. für: **Algo**rithmic **L**anguage höhere maschinenunabhängige Programmiersprache verschiedener Varianten (ALGOL 58 od. Revised ALGOL 60) zur Beschreibung und Lösung hauptsächlich mathematischer und technischwissenschaftlicher Probleme.

Algorithmus
1. ursprünglich nach Al Chwarizmi benanntes formales Rechenverfahren, bei dem eine linear angeordnete Folge von Operationen wiederholt angewendet wird.

2. in der →automatisierten Datenverarbeitung und →Operations Research Arbeitsvorschrift für einen Rechenautomat.

3. in der Mathematik und →Informatik logische Formulierung eines Lösungsweges, bei dem die Aufgabe in eine Sequenz von Einzelschritten zerlegt wird, die unter den im A. erfassten Bedingungen auszuführen sind.

4. in der betriebswirtschaftlichen Entscheidungstheorie mathematische Lösungsmethode für ein numerisch abbildbares Problem, wenn a) die Verfahrensregeln eindeutig formuliert und tatsächlich ausführbar sind (Determination des A.); b) das Lösungsverfahren nach einer endlichen Anzahl von Schritten abbricht (Endlichkeit des A.); c) das Verfahren zur Lösung einer ganzen im Definitionsbereich des A. befindlichen Klasse von Aufgaben fähig ist (Allgemeinheit des A.); d) die Verfahrensan-

wendung entweder die Problemlösung liefert od. die Nichtexistenz einer Lösungsmenge angibt.

Allfinanz
immer stärker vordringendes gemeinsames Angebot von unterschiedlichen Finanzdienstleistungen wie → Finanzierung, Vermögensanlage, Bausparen, Versicherungsarten. Da traditionelle Anbieter wie → Banken, → Bausparkassen, Versicherungen, → Investmentgesellschaften bisher nur Teile der A. im Angebot hatten, entstanden Finanzkonzerne, die A. auf einem Finanzsupermarkt offerieren. A. meint die Gesamtheit der von ihnen angebotenen Leistung, also die Intermediation (→ Intermediäre, 1.) zwischen dem finanziellen Überschusssektor der privaten Haushalte (→Haushalt, 1.) und dem Defizitsektor der Unternehmen (→Betrieb, I., 1.) und öffentlichen Haushalte (→Haushalt, 3.). Anlass zur Ausweitung der Finanzsortimente zum A.-angebot ist einerseits die wachsende Konkurrenz um die über 3 Bio Euro gestiegenen Geldvermögen (→Geldkapital) privater Haushalte und andererseits der größere →Wettbewerb um Unternehmen und öffentliche Haushalte in Form von → Finanzinnovationen. Aus der Sicht von privaten Haushalten schafft A. Vorteile wie gleicher Ansprechpartner, Stimmigkeit der Einzelleistungen innerhalb des Gesamtkonzepts, Vermeidung von Doppelversicherungen u.a.m. mit dem Nachteil der Anlage des Gesamtvermögens bei einem Intermediär.

Allgemeine Betriebswirtschaftslehre
Die Betriebswirtschaftslehre ist eine Teildisziplin der →Wirtschaftswissenschaften, zu der auch die Volkswirtschaftslehre zählt. Während letztere durch eine makroskopische, auf gesamtwirtschaftliche Zusammenhänge gerichtete Betrachtungsweise charakterisiert ist, betrachtet die Betriebswirtschaftslehre die →Wirtschaft in erster Linie aus mikroskopischer Perspektive. Ihr Interessenfeld sind die einzelnen Wirtschaftseinheiten (→Betriebe und →Haushalte), deren Strukturen und die Prozesse, die hier ablaufen. Die Betriebswirtschaftslehre versucht also, die Wirtschaft von ihren Zellen zu be-

greifen und zu gestalten.
Die Betriebswirtschaftslehre gliedert sich als wissenschaftliche Disziplin traditionell in die A. und in die *Besonderen Betriebswirtschaftslehren*. Die A. beschränkt sich auf die Untersuchung von wirtschaftlichen Tatbeständen, die für alle Mikroeinheiten des Wirtschaftslebens, d.h. für alle Wirtschaftseinheiten gleichermaßen Gültigkeit haben. Sie ist damit das Fundament, auf dem die Besonderen Betriebswirtschaftslehren aufbauen, wobei letztere vor allem nach *institutionellen* Gesichtspunkten (Betriebswirtschaftslehre der Banken (→ Bankbetriebslehre), der Industrie, des Handels, usw.) od. nach *funktionellen/ aspektorientierten* Gesichtspunkten (Produktions- (→ Produktionstheorie), Absatz-, (→Absatz), Finanzierungslehre (→ Finanzierung) usw.) gegliedert werden. Dort, wo in der A. der Bezug auf bestimmte Betriebstypen sachlich notwendig ist, wird allerdings traditionell vom → Modell einer (größeren) Industrieunternehmung ausgegangen, was zu einer besonders engen Verzahnung von A. und Industriebetriebslehre führt. Diese Sichtweise hat sich nicht nur didaktisch bewährt, sie ist auch sachlich begründet, wird doch das Wesen der modernen Wirtschaft entscheidend durch die Industrie und ihre Unternehmungen geprägt. Die A. untersucht die Motive, Bedingungen und Konsequenzen des Wirtschaftens in den einzelnen Wirtschaftseinheiten, wobei Wirtschaften umschrieben werden kann als Disponieren über knappe →Güter, die als Handelsobjekte (= Waren) Gegenstand von Marktprozessen sind (od. zumindest potenziell sein können). Voraussetzung für den Warencharakter eines knappen Gutes ist dabei, dass es überhaupt Gegenstand von marktlichen Austauschbeziehungen sein kann (also verfügbar und übertragbar ist) und dass es zur Befriedigung menschlicher →Bedürfnisse geeignet ist. Güter, die diese Eigenschaften aufweisen, werden auch als Wirtschaftsgüter bezeichnet. Wirtschaften ist also gleichzusetzen mit Entscheidungen über den Einsatz od. die Verwendung von Wirtschaftsgütern. Aus dem grundlegenden Spannungsverhältnis von knappen Ressourcen einerseits und prinzipiell unbegrenzten menschlichen → Bedürfnissen andererseits ergibt sich die für betriebswirtschaftliche Fragestellungen typische Frage nach dem optimalen Einsatz bzw. der optimalen Verwendung von Wirtschaftsgütern. Denn es erscheint bei Güterknappheit (→Knappheit) vernünftig (= rational), stets so zu handeln, dass

- mit einem (wertmäßig) gegebenen → Aufwand an Wirtschaftsgütern ein möglichst hoher (wertmäßiger) →Ertrag od. →Nutzen erzielt wird (→*Maximumprinzip*)
- der nötige Aufwand, um einen bestimmten Ertrag zu erzielen, möglichst gering gehalten wird (→*Minimumprinzip*) od. allgemein
- ein möglichst günstiges Verhältnis zwischen Aufwand und Ertrag realisiert wird (*generelles Extremumprinzip*).

Alle drei Formulierungen sind Ausdruck des →*ökonomischen Prinzips*, wobei letztere die allgemeinste Version ist und die beiden ersten als Spezialfälle einschließt. Wenn in der A. das so verstandene ökonomische Prinzip als Rationalitätsmaßstab verwendet wird, impliziert dies natürlich nicht, dass Menschen generell so handeln. Das ökonomische Prinzip ist seiner Natur nach vielmehr ein normatives Prinzip, indem es postuliert: Es ist vernünftig (= rational), bei Güterknappheit nach diesem Prinzip vorzugehen.
Der Realisierung des ökonomischen Prinzips stehen in der Realität eine Reihe von Problemen entgegen, von denen der Umstand, dass Sachverhalte nicht nur aus dem Blickwinkel des Ökonomen betrachtet werden dürfen, nur ein, wenn auch schwergewichtiges Argument ist. Innerhalb des Bezugsrahmens der A. ist in erster Linie das Problem der unvollkommenen Information (→Informationsökonomik) zu nennen. Bei unvollkommenem Informationsstand - und das ist bei wirtschaftlichen Entscheidungen die Regel - kann im Sinne des ökonomischen Prinzips „lediglich" gefordert werden, das *Optimum bei gegebenem Informationsstand* zu suchen, wobei die Risikoneigung (das Sicherheitsstreben) des Entscheidenden als eine zusätzliche →Variable eingeführt werden muss, um zu einer Lösung zu kommen. Da der In-

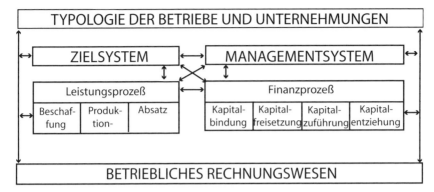

formationsstand i.d.R. nicht konstant, sondern variabel ist, entsteht zusätzlich das Problem, den Informationsstand selbst unter →Kosten-/ Nutzenaspekten zu optimieren. Die A. weist prinzipiell drei Dimensionen wissenschaftlicher Forschung auf: Die Betriebswirtschaftstheorie, die (Theorie der) Betriebwirtschaftspolitik und die Betriebswirtschaftsphilosophie.

Die *Betriebswirtschaftstheorie* analysiert Ursachen und Wirkungen einzelwirtschaftlicher Prozesse und Strukturen und strebt ihre Erklärung und →Prognose an. Wg. der Komplexität wirtschaftlicher Sachverhalte sind theoretisch gehaltvolle Aussagen mit empirischem Wahrheitsanspruch regelmäßig nur äußerst schwierig zu gewinnen. Daher bleibt es häufig bei der im ersten Stadium der Theoriebildung üblichen systematisierenden Beschreibung dessen, was in der Realität vorgefunden wird.

Die (*Theorie der*) *Betriebswirtschaftspolitik* analysiert Ziele und Instrumente (Mittel) wirtschaftlichen Handelns. Ihre Ausrichtung ist also unmittelbar praxeologisch geprägt. Dies entspricht auch im Wesentlichen dem Selbstverständnis des A., bei der die technologische, anwendungsorientierte Sichtweise dominiert. Diese Betonung findet sich schon bei *Schmalenbach*, der von der Betriebswirtschaftslehre als einer *Kunstlehre*, also einer technologisch ausgerichteten Wissenschaft sprach.

Die *Betriebswirtschaftsphilosophie* untersucht wirtschaftliche Abläufe in den Betrieben und Haushalten auf ihren ethischen Gehalt und auf ihre Vereinbarkeit mit übergeordneten Grundsätzen und Normen. Dabei gibt sie selbst nicht wahrheitsfähige, aber als normativ gültig akzeptierte Werturteile ab. In diesem Sinne spricht man auch von normativer Betriebswirtschaftslehre, einer Richtung, die im Vergleich zur langen Tradition wirtschaftsphilosophischer Forschung in der →Nationalökonomie, in der A. nur ein Schattendasein führt.

Die verschiedenen Dimensionen betriebswirtschaftlicher Forschung beziehen sich in der A. auf unterschiedliche Untersuchungsobjekte, die in obenstehender Abbildung zusammengefasst sind:

1. Um die vielfältigen Erscheinungsformen der Wirtschaftseinheiten systematisch zu erfassen und von möglichst vielen Seiten her ordnend zu erschließen, bedient man sich in der A. des typologischen Verfahrens. Die Wahl der verwendeten Merkmale hängt dabei vom Untersuchungszweck ab. Beispiele hierfür sind
- Typologie der Rechtsformen
- Branchen-, und Größenklassentypologie
- Typen von Industriebetrieben
- Typologie von Standortcharakteristika
- Typen von Unternehmensverbindungen und verbundenen Unternehmen.

2. Das Wirtschaften in den Betrieben vollzieht sich als ein Komplex von Prozessen und Handlungsabläufen, der nach ver-

schiedenen Aspekten analysiert werden kann:
a) Wirtschaftliches Handeln ist im Kern eine spezifische Form zielgerichteten Handelns. Daraus folgt, dass das Wirtschaften in den Unternehmungen sich zumindest bei „rationalem" Vorgehen an klar umrissenen *Zielen* orientieren sollte.
b) Der Wirtschaftsprozess ist in Richtung auf die verfolgten Ziele bewusst zu lenken. Das heißt, es bedarf des Einsatzes schöpferischer und dynamischer Gestaltungskräfte, damit die Unternehmensprozesse zielgerecht in Gang gesetzt werden und koordiniert ablaufen. Ob und inwieweit dies erfolgreich gelingt, hängt von der Qualität des *Managementsystems* (→Management) ab.
c) Den Gegenstandsbereich des Wirtschaftens i.e.S. bilden die sich in der Unternehmung real vollziehenden Prozesse der (technischen) Leistungserstellung und (marktlichen) Leistungsverwertung. Der betriebliche *Leistungsprozess* (→Leistung) gliedert sich dabei genetisch in drei Grundphasen (Beschaffung, Produktion, Absatz).
d) In einer →Geldwirtschaft schlagen sich die realen Güterprozesse (gleichsam spiegelbildlich) regelmäßig auch in einem *Finanzprozess* nieder, in dessen Problembereich aber auch solche finanziellen Sachverhalte fallen, die losgelöst von den realen Güterprozessen auftreten. Der Finanzprozess beinhaltet insoweit allgemein Prozesse der Kapitalbindung, →Kapitalfreisetzung, Kapitalzuführung und Kapitalentziehung.

3. Aus rechtlichen od. geschäftspolitischen Gründen ist es erforderlich bzw. zweckmäßig, die wirtschaftlichen Prozesse systematisch zu erfassen und diese Informationen je nach Bedarfszweck auszuwerten. Diese komplexe Aufgabe wird vom Betrieblichen *Rechnungswesen* (→ Rechnungswesen) übernommen. In der A. zählen dazu unterschiedliche Teilgebiete. Lange Zeit üblich war die Gliederung des →Rechnungswesens in
- →Buchhaltung und →Bilanz
- →Kalkulation
- Statistik
- Planungsrechnung.
Neuerdings findet sich auch die Gliede-

rung in
- Finanz- und Wirtschaftlichkeitsrechnung
- Pagatorische Bestands- und Erfolgsrechnung
- →Betriebsabrechnung und →Kalkulation,
wobei offenbleibt, welche Rechnungszweige streng kontenmäßig im Rahmen der Buchhaltung, und welche lediglich in Form von Nebenrechnungen außerhalb der Buchhaltung abgewickelt werden. Die Buchhaltung wird dabei traditionell als Kern des betrieblichen Rechnungswesens angesehen.

Literatur: *E. Gutenberg*, Grundlagen der Betriebswirtschaftslehre. Bd. 1: Die Produktion. 24. A., Berlin, Heidelberg, New York 1983; Bd. 2: Der Absatz. 17. A., Berlin, Heidelberg, New York 1984; Bd. 3: Die Finanzen. 8. A., Berlin, Heidelberg, New York, 1980. *E. Heinen*, Einführung in die Betriebswirtschaftslehre. Nachdr. d. 9. A., Wiesbaden 1992. *H. Jacob*, (Hrsg), Allgemeine Betriebswirtschaftslehre. 5. A., Wiesbaden 1990. *E. Kosiol*, Die Unternehmung als wirtschaftliches Aktionszentrum. 4. A., Reinbeck 1972. *H. Kußmaul*, Betriebswirtschaftslehre für Existenzgründer. München/ Wien 1998. *K. Kuting* (Hrsg.), Saarbrücker Handbuch der Betriebswirtschaftlichen Beratung. Herne/ Berlin 1998. *K. Mellerowicz*, Allgemeine Betriebswirtschaftslehre. Bd. 1: 14. A., Berlin, New York 1973; Bd 2.: 13. A., Berlin 1970; Bd. 3: 13. A., Berlin 1971; Bd. 4: 12. A., Berlin 1968; Bd. 5: Die betrieblichen sozialen Funktionen. Berlin, New York 1977. *E. Schäfer*, Die.Unternehmung, Einführung in die Betriebswirtschaftslehre. Nachdr. d. 10. A., Wiesbaden 1991. *H. Schierenbeck*, Grundzüge der Betriebswirtschaftslehre. 13. A., München 1997. *D. Schneider*, Geschichte betriebswirtschaftlicher Theorie. 2. A., München 1985. *W. Wittmann*, Betriebswirtschaftslehren I, Grundlagen, Elemente, Instrumente. Tübingen 1982; Betriebswirtschaftslehre II, Beschaffung, Produktion, Absatz, Investition, Finanzierung. Tübingen 1985. *G. Wöhe*, Einführung in die allgemeine Betriebswirtschaftslehre. 19. A., München 1996.

Prof. Dr. H. Schierenbeck, Basel

Allgemeine Geschäftsbedingungen
(übliche Abk.: AGB). Von Handels- und Gewerbeunternehmen für Lieferung und Zahlung einseitig gegenüber den Vertragspartnern aufgestellte Vertragsbedingungen anstelle eines Einzelvertrages; allg. als ‚Kleingedrucktes' bezeichnet. Für den Wettbewerb von großer Bedeutung. A. sind nur dann Vertragsbestandteil, wenn sie dem Partner bei Vertragsschluss auch bekannt waren. Da A. im Laufe der Zeit große Bedeutung erlangten und zur Gefahr für wirtschaftlich Schwache werden können, sind nach AGB-Gesetz vom 1.4.1977 bestimmte benachteiligende Klauseln unwirksam. Vor allem ist damit die Position des Verbrauchers erheblich verbessert worden. A. der →Banken, Versicherungen und Unternehmen des Personenverkehrs unterliegen der behördlichen Überwachung.

allgemeine Zuweisung
→Finanzzuweisung.

Allokation
(lat. Auf-, Zuteilung). Aufteilung von → Produktionsfaktoren auf alternative Verwendungen, des → Volkseinkommens auf verschiedene Empfängergruppen und des → Sozialprodukts auf unterschiedliche Verbrauchsarten. Wg. der Knappheit von Produktionsfaktoren im Verhältnis zu den →Bedürfnissen formuliert die ökonomische Theorie (A.-stheorie, →Wohlfahrtökonomik) Bedingungen für eine gesamtwirtschaftlich optimale A. ⇒A.-seffizienz: jener Faktor-einsatz, der zu einem Maximum an →Gütern bei bestmöglicher Abstimmung auf die → Präferenzen der → Wirtschaftssubjekte führt. Danach wird diese unter bestimmten Voraussetzungen (z.B. wirksamer Wettbewerb (→ Wettbewerbstheorie), Abwesenheit →externer Effekte) durch den Preismechanismus (→Preistheorie) erfüllt. Bei Marktunvollkommenheiten soll der Staat korrigierend eingreifen sowie bei →Markt-versagen die entsprechenden Bedürfnisse selbst befriedigen. A.-sentscheidungen erfordern immer das Abwägen zwischen →Nutzen und Opportunitätskosten (→Kosten) einer Aktivität.

Allokationsfunktion
⇒Lenkungsfunktion
i.d.R. die durch den →Preis in die volkswirtschaftlich effizienteste Verwendung gelenkten → Produktionsfaktoren mit deshalb gewährleisteter optimaler Faktor- und Produktverteilung auf die verschiedenen Verwendungszwecke in der →Produktion. S. auch →Allokation, → (Produkt)Preisbildung.

Allokationstheorie
⇒welfare economics
⇒*Wohlfahrtsökonomik*
⇒Wohlstandsökonomik.

Allphasenbesteuerung
wenn jeder Wechsel von Verfügungsmacht über od. von Eigentum an →Gütern auf jeder Wirtschaftsstufe mit einer → Steuer belegt ist, so z.B. die bis 1967 erhobene Umsatzsteuer.

alternative Betriebe
selbstverwaltete Betriebe, die mit ökologisch orientierten Produkten in Marktlücken vorzustoßen versuchen. Erproben neue Formen des Arbeitens, Zusammenarbeitens und Wirtschaftens. Nach Schätzungen des → Sachverständigenrates beschäftigten sie 25 000 bis 100 000 →Erwerbspersonen.

Alternativhypothese
⇒*Gegenhypothese*
→Hypothese, II.

Alternativkosten
⇒indirekte Kosten
⇒opportunity cost
→Kosten.

Alternativplanung
⇒Eventualplanung
Unternehmensplanung, die Spielraum od. Alternativen für flexibles Verhalten bei Eintreten plötzlicher Änderungen in den unternehmensrelevanten Entwicklungen bietet. S. auch →Planung.

Alternativproduktion
⇒konkurrierende Produktion
in der →Mehrprodukterzeugung, Unterfall der →Verbundproduktion, bei die der erzeugten →Güter einen od. mehrere be-

grenzt verfügbare →Produktionsfaktoren gemeinsam in Anspruch nehmen, so dass die erhöhte Erzeugung des einen Gutes die →Produktion der anderen Güter verringert. Vgl. auch →Elastizitäten. Aufteilung der Produktionsfaktoren auf die konkurrierenden Produkte wird von der →Transformationskurve angegeben.

Alternativsubstitution
→Faktorsubstitution.

Alternativvergleich
Methode zur Beurteilung der Vorteilhaftigkeit von Sachinvestitionen (→Investition). Gegenüber des isolierten Vergleichs der Vorteilhaftigkeit mittels → Kapitalwert, →Annuität und →internen Zinsfuß stellt der A. auf eine Situation ab, in der zwischen alternativen Investitionsvarianten, z.B. Installation einer öl- od. gasbetriebenen Heizungsanlage, zu entscheiden ist.

Altersruhegeld
in der gesetzlichen →Rentenversicherung gezahlte Rente aus eigener Versicherung als Lohnersatz. Normales A. wird nach Vollendung des 45. Lebensjahres bei Erfüllung bestimmter Bedingungen gezahlt. →flexible Altersgrenze.

Altersteilzeit
ist die seit 1996 mögliche Kürzung der Arbeitszeit für →Arbeitnehmer ab 55 Jahre, wobei diese ein Vollzeitnettoentgelt von mindestens 70% erhalten. Ihnen soll durch A. ein gleitender Übergang in den Ruhestand ermöglicht werden. Bei Erfüllung weiterer im Gesetz festgelegter Voraussetzungen, z.B. die Einstellung eines →Arbeitslosen durch den →Arbeitgeber, zahlt die →Bundesagentur für Arbeit einen befristeten Aufstockungsbetrag an den Arbeitgeber. Durch A. soll die →Arbeitslosigkeit wie auch die Belastung der Sozialkassen durch eine verstärkte Frühverrentung vermindert werden.

Altschulden
jene → Kredite, die vor der deutschen Wiedervereinigung 1990 auf →Unternehmen, Wohnungsgesellschaften, Landwirtschaftlichen Produktionsgenossenschaften und kommunalen Einrichtungen in Ostdeutschland lagen. Sie wurden im Verhältnis 2:1 auf D-Mark umgestellt. A. wurden von der →Deutschen Kreditbank übernommen, 1995 auf die „Gesellschaft für kommunale Altkredite und Sonderaufgaben der Währungsumstellung mbH" (GAW) übertragen.

Amoroso-Robinson-Relation
der zuerst von den Nationalökonomen Luigi Amoroso und Joan Robinson herausgearbeitete funktionale Zusammenhang zwischen →Grenzausgabe (A') bzw. auch →Grenzerlös (E'), Preis (p) und Eigenpreiselastizität der Güternachfrage ($\eta_{q^d, p}$) (→Elastizitäten) für eine konjekturale Preis-Absatz-Funktion (→ Preis-Absatz-Funktion). Sind die →Ausgaben (A) des Haushalts (→Haushalt, 1.) das Produkt aus Güterpreis (p) und nachgefragter Gütermenge (q^d):

(1) $A = p \cdot q^d$,

bewirkt eine infinitesimale Ausgabenänderung (dA) für eine normal reagierende Nachfrage (→ Haushaltstheorie) immer sowohl eine Preisänderung (dp) als auch eine Nachfrageänderung (dq^d), die einander entgegengerichtet sind:

(2) $dA = dp \cdot q^d + dq^d \cdot p$.

Die Grenzausgabe, definiert als Ausgabenänderung aufgrund einer infinitesimalen Nachfrageänderung, lautet dann:

(3) $A' = \dfrac{dA}{dq^d} = \dfrac{dp}{dq^d} \cdot q^d + p$.

Wird p ausgeklammert, ergibt sich:

(4) $A' = p\left(\dfrac{dp}{dq^d} \cdot \dfrac{q^d}{p} + 1\right)$

und wird ferner die Eigenpreiselastizität der Nachfrage:

(5) $\eta_{q^d, p} = \dfrac{dq^d}{dp} \cdot \dfrac{p}{q^d}$

in (4) eingesetzt, folgt die A.:

(6) $A' = p\left(1 + \dfrac{1}{\eta_{q^d, p}}\right)$

bzw. unter Berücksichtigung des negativen Vorzeichens für $\eta_{q^d, p}$:

(7) $A' = p - \dfrac{p}{\eta_{d_{q,p}}}$,

d.h. die Grenzausgabe ist gleich der Differenz von Preis und dem Quotienten von Preis und Eigenpreiselastizität. Im Elastizitätsbereich $|1| < \eta < |\infty|$ nimmt die Differenz zwischen p und Grenzausgabe mit sinkender Elastizität, d.h. bei Berücksichtigung ihres Vorzeichens, ab (s. Figur).

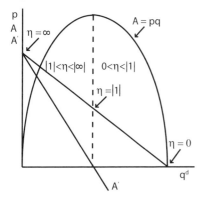

Amortisation
1. i.d.R. planmäßige Rückzahlung einer → Verbindlichkeit neben der Zinszahlung (→Annuität).
2. freiwillige od. zwangsweise Einziehung einer →Aktie od. eines Geschäftsanteiles, z.b. zum Zweck der → Kapitalherabsetzung einer Gesellschaft.
3. Deckung der Aufwendungen (→Aufwand) für ein Investitionsobjekt durch erwirtschaftete Erträge (vgl. auch →Abschreibung).
4. Kraftloserklärung von z.B. abhanden gekommenen Urkunden (→Dokumente).

AMR
Abk. für: →Anweisung der Deutschen Bundesbank für Mindestreserven

amtlicher Börsenverkehr
⇒*amtlicher Handel.*

amtlicher Handel
⇒amtlicher Börsenverkehr
neben →Geregelten Markt, →Geregelten

Freiverkehr und →Ungeregelten Freiverkehr Teilmarkt des deutschen →Kapitalmarktes für den Handel mit →Aktien, für den hohe, im Börsengesetz niedergelegte Anforderungen an die kapitalsuchenden Unternehmen (→Betrieb, I.) gelten. Bei Börsenzulassung (→Börse) ist ein Prospekt mit genauen Angaben über die Gesellschaft, die 3 Jahre existieren muss, vorzulegen. Bei falschen und unvollständigen Angaben im Prospekt haften die Gesellschaft und die unterzeichnete → Bank als Gesamtschuldner. Jährlich müssen eine →Bilanz und Zwischenberichte in einem Börsenpflichtblatt, z.b. Frankfurter Allgemeine Zeitung, veröffentlicht werden. a. wird vom →amtlichen Kursmakler abgewickelt. a. ist der umfangreichste Teilmarkt. Bietet dem Anleger den Vorteil des jederzeitigen Verkaufs seiner Papiere.

amtlicher Kursmakler
ist als Hilfsorgan des Börsenvorstandes (→Börse) bei der Abwicklung des →amtlichen Handels für die Kursfeststellung (→Kurs) zuständig. Im Rahmen der ihnen übertragenen Zuständigkeiten werden a. bei der marktgerechten Feststellung der Börsenkurse selbstständig tätig. Ihr Entgelt ist die Courtage. a. werden vom Wirtschaftsminister des jeweiligen Bundeslandes bestellt und vereidigt und dürfen innerhalb des Geschäftszweiges, für den sie bestellt sind, keine Geschäfte für eigene Rechnung abschließen. a. ist → Kaufmann gem. →HGB. S. auch →freier Makler.

amtliche Statistik
alle durch Gesetze und Rechtsverordnungen ausgelöste Statistiken, die von Behörden des Bundes, der Länder und Gemeinden sowie speziellen Behörden für staatliche und öffentliche Zwecke sowie für → Wirtschaft und Wissenschaft erstellt werden. Träger sind z.B. zentrale Statistiken (z.B. Volkswirtschaftliche Gesamtrechnung) → Statistisches Bundesamt, ferner Statistische Landesämter, Kommunalstatistische Ämter und Dienststellen fachlicher Verwaltungen wie Bundesbahn, →Bundesbank, Kraftfahrt-Bundesamt u.a.

Analytic Hierarchy Process

Hilfsmittel zur Analyse und Entwicklung von Unternehmens- und Marketingstrategien (→ Marketing), um den häufig in der Praxis vorkommenden Konflikt zwischen Unternehmens- und Marketingzielen zu lösen. Geht auf ein 1980 von T. L. Saaty entwickeltes Verfahren zur Modellierung schlecht strukturierter Entscheidungsaufgaben in Gesellschaft und →Wirtschaft zurück. A. fasst das komplexe Entscheidungssystem des Unternehmens (→Betrieb, I., 2.) als eine strukturierbare Hierarchie von Entscheidungen auf, die von der Problemsituation und den subjektiven Präferenzen des Entscheidungsträgers abhängt. Die Anwendung des A. auf konkrete Probleme in der Praxis erfolgt in fünf Schritten: Hierarchieaufstellung, Festlegung der Prioritäten aller Elemente einer Hierarchieebene hinsichtlich der Elemente der nächsthöheren Ebene, Berechnung von Gewichtungen, Konsistenzprüfung der Prioritätenschätzung, Berechnung von Ziel- und Maßnahmengewichtungen für die gesamte Hierarchie.

Analytische Statistik

⇒Beurteilende Statistik
⇒Induktive Statistik
⇒Inferenz-Statistik
⇒Schließende Statistik
Verfahren, die von aus →Stichproben gewonnenen →Daten Rückschlüsse auf die Gesamtheit ziehen. S. →Induktive Statistik.

Anbieterinflation

→Inflationstheorie, 3.2.

Anderskosten

kalkulatorische Kosten (→Kosten), die in der →Kostenrechnung in ihrer Höhe „anders" als der zugrunde liegende →Aufwand erfasst werden, z.B. Fremdkapitalzinsen durch kalkulatorische Zinsen.

Anfangskapital

⇒*Barwert*
⇒Gegenwartswert

Angebotselastizität

misst für die → Angebotsfunktion

$q^s = f(p)$ eines →Gutes die Reagibilität der angebotenen Menge (q^s) auf eine Preisänderung (dp) dieses Gutes. A. ($\eta_{s \atop q,p}$) ist das Verhältnis relativer Änderungen von Angebot und Preis:

$$(1) \quad \eta_{s \atop q,p} = \frac{dq^s}{q^s} : \frac{dp}{p} .$$

Nach Umformulierung zu:

$$(2) \quad \eta_{s \atop q,p} = \frac{dq^s}{dp} \cdot \frac{q^s}{p}$$

lässt sich die A. (s. Figur) in einem bestimmten Punkt (Z) der Angebotskurve durch das Verhältnis der Steigungen von

Kurventangente ($tg\alpha = \frac{dq^s}{dp}$)

zu Ursprungsstrahl ($tg\beta = \frac{q^s}{p}$)

messen; vgl. auch →Elastizitäten.

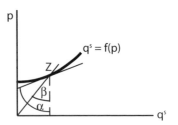

Angebotsfunktion

funktionale Beziehung (→Funktion) zwischen angebotener Menge (q^s) i.d.R. eines →Gutes od. →Produktionsfaktors als abhängige →Variable und →Preis (p) als unabhängige Variable: $q^s = f(p)$. Ihr graphisches Bild ist die Angebotskurve (s. →Angebotsgesetz). Es wird zwischen individueller A., der eines →Wirtschaftssubjektes, z.B. Unternehmen (→Betrieb, I., 1.) und → gesamtwirtschaftlicher A. unterschieden.
Die individuelle A. eines Unternehmens wird aus der Kurve der Grenzkosten (→ Kosten) abgeleitet. Z.B. für den Polypolisten (→Polypol) in der →Marktform der → vollständigen Konkurrenz mit ertragsgesetzlichem Kostenverlauf (→ Ertragsgesetz, → Kostentheorie) ist die Grenz-

kostenkurve (GK) ab →Betriebsminimum
Kurve der kurzfristigen A., ab →Betriebs-
optimum die der langfristigen A., bis jeweils zum Schnittpunkt mit der Preis-

geraden (p$^+$). Zur A. bezüglich eines
Produktionsfaktors s. → Faktorangebot
des Haushalts.

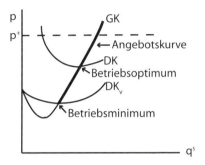

Angebotsgesetz
beschreibt ein normal reagierendes Angebot, bei dem die Beziehung zwischen
angebotener Menge (q^s) und Preis (p)

positiv ist: $\frac{dq^s}{dp} > 0$. Vgl. auch →Gesetze
von Angebot und Nachfrage.

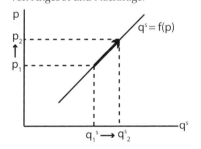

angebotsorientierte Konjunkturpolitik
→Konjunkturpolitik, 4.

angebotsorientierte Wirtschaftspolitik
⇒Angebotspolitik
⇒Angebotssteuerung
⇒Supply-Side Economics
löste die seit Ende des Zweiten Weltkrieges dominierende Ära der keynesianischen Politik der Nachfragesteuerung ab,

weil diese in der Bekämpfung von →
Stagflation sowie steigender →Inflations-
rate bei zunehmender →Arbeitslosigkeit
erfolglos blieb. A. i.d.R. die
seit dem Amtsantritt von M. Thatcher
(1979) in England und R. Reagan (1981)
in den USA betriebene Wirtschaftspolitik
(→ Theorie der Wirtschaftspolitik). Sie
knüpft an die Bestimmungsfaktoren des
→gesamtwirtschaftlichen Angebots bzw.
der Produktionskapazität (→Kapazität)
an, indem sie die Bedingungen für
Wachstum (→ Wachstumspolitik, →
Wachstumstheorie) und Effizienz der →
Produktion zu verbessern sucht, z.B.
durch Steuerentlastungen, Kürzung von
Staatsausgaben, stabilitätsorientiertes
Wachstum der →Geldmenge und →Dere-
gulierung der →Wirtschaft. Die a. ist kein
geschlossenes theoretisches Konzept und
umfasst sowohl die extreme Variante der
in den USA betriebenen Politik wie auch
die theoretisch ausgewogenere und politisch gemäßigtere Art der vom →Sach-
verständigenrat zur Begutachtung der
gesamtwirtschaftlichen Entwicklung
vertretenen Position. Letztere stellt Faktoren, die eine Instabilität auslösen – ob
angebots- od. nachfrageinduziert –, in
den Vordergrund und plädiert für eine
kreislaufmäßige Absicherung der a.
durch Maßnahmen der Nachfragesteuerung.

Angebotspolitik
⇒*angebotsorientierte Wirtschaftspolitik*
⇒Angebotssteuerung
⇒Supply-Side Economics.

Angebotssteuerung
⇒Angebotspolitik
⇒*angebotsorientierte Wirtschaftspolitik*
⇒Supply-Side Economics.

angemessene Wachstumsrate
→Wachstumsrate.

Angemessenheitsaspekt
→Herstellungskosten.

Angestellte
nichtbeamtete Gehaltsempfänger. Bei sozialversicherungspflichtig (→Sozialversi-
cherung) beschäftigten Arbeitnehmern
(→abhängig Beschäftigte) diejenigen, die

in der gesetzlichen →Rentenversicherung der Angestellten versichert sind.

Anhang

aufgrund des →Bilanzrichtlinien-Gesetzes Bestandteil des →Jahresabschlusses für →Kapitalgesellschaften. Tritt mit dem →Lagebericht an die Stelle des bisherigen →Geschäftsberichtes. In ihm sind Angaben zu machen, die zu einzelnen Posten der →Bilanz od. →Gewinn- und Verlustrechnung vorgeschrieben od. in Ausübung eines Wahlrechts nicht in die Bilanz od. Gewinn- und Verlustrechnung aufgenommen worden sind. Die Verpflichtung findet sich in §§ 284-288 → HGB sowie auch in Spezialgesetzen, z.B. AktG. § 160.

Gem. § 264 (2) HGB haben Kapitalgesellschaften im A. dann Angaben zu machen, wenn der →Jahresabschluss unter Beachtung der →Grundsätze ordnungsgemäßer Buchführung und Bilanzierung (GoB) ein den tatsächlichen Verhältnissen entsprechendes Bild der Vermögens-, Finanz- und Ertragslage der Gesellschaft nicht vermittelt. Mit diesem dem angelsächsischen Recht entstammenden Grundsatz des „true and fair view" wird das deutsche Bilanzrecht zweigeteilt: in ein am kaufmännischen → Vorsichtsprinzip der GoB orientiertes Bilanzrecht für Einzelkaufleute und →Personengesellschaften und ein am Grundsatz wirklichkeitsgetreuer Bilanzierung für Kapitalgesellschaften, das der Bewertungswillkür geöffnet ist. Personengesellschaften sind nicht zur Erstellung eines A. (und Lageberichtes) verpflichtet. Durch freiwillige Zusatzangaben im A. kann das rechnungslegende Unternehmen Bilanzpolitik in seinem Sinn treiben.

Ankerwährung

Bezeichnung für die früher im →Europäischen Währungssystem herausragende Stellung der D-Mark. Als wertstabilste → Währung war sie ein fester Bezugspunkt im System.

Ankündigungseffekt

⇒*announcement effect.*

Anlageinvestition

→Investition.

Anlagendeckungsgrad

→Bilanzkennzahlen.

Anlagevermögen

Bezeichnung für Gegenstände, die in einem Unternehmen (→Betrieb, I., 2.) i.Ggs. zum →Umlaufvermögen nicht für den kurzfristigen Umlaufprozess und normalerweise nicht zur Veräußerung, sondern für den dauernden Geschäftsbetrieb bestimmt sind. A. gliedert sich in: 1. Sachvermögen, z.B. Grundstücke, Bauten, Maschinen, Geschäftsausstattung, 2. Immaterielles A., z.B. Konzessionen, Lizenzen, 3. Finanzanlagen wie →Beteiligungen. Die Verbrauchserfassung des A. aufgrund seiner Nutzung erfolgt durch die → Abschreibung. Die Finanzierung des A. sollte mit langfristigen Mitteln (→ Eigenkapital sowie langfristiges Fremdkapital) erfolgen. Im →Gesamtwirtschaftlichen Rechnungswesen bezeichnet A. den Bestand an reproduzierbaren dauerhaften →Produktionsmitteln.

Anlagenwirtschaft

1. Begriff und Funktionen. Die zunehmende Automatisierung der Produktionsprozesse ist verbunden mit weitgehender → Substitution der menschlichen Arbeitskraft (→Arbeit) durch den Potenzialfaktor → Betriebsmittel, so dass dieser in Forschung und Praxis an Bedeutung gewinnt. Unter dem Begriff Betriebsmittel werden alle für die langfristige Nutzung im Unternehmen (→Betrieb, I., 2.) erforderlichen Anlagegüter wie Grundstücke und Gebäude, technische Anlagen und Maschinen und andere Anlagen, Geschäfts- und Betriebsausstattung, geleistete Anzahlungen sowie Anlagen im Bau subsumiert. Analog zur Materialwirtschaft und →Personalwirtschaft geht es bei der A. um die Bereitstellung und Verwaltung dieser Anlagengüter. Die Teilaufgaben und Funktionen der A. sind aus dem folgenden Schema im einzelnen zu ersehen, wobei zu beachten ist, dass die Grenzen zwischen den jeweiligen Bereichen fließend sind und zu jedem Bereich entsprechende Planungs-, Durchführungs- und Überwachungsfunktionen gehören.

Anlagenwirtschaft			
Anlagen-bereitstellung		Anlagen-verwaltung	
Beschaffung u. Erstellung	Anlagen-erhaltung	Investitionsrechnung	Anlagen-rechnung

2. *Anlagenbereitstellung*. Sie umfasst alle Maßnahmen von der Bedarfsermittlung und Beschaffung der Anlagen bis zur Stilllegung und Verwertung nach Beendigung der Nutzung.

2.1. *Beschaffung marktgängiger Anlagen*. Bei marktgängigen Anlagen können folgende Teilphasen der Planung und Beschaffung unterschieden werden: Bedarfsermittlung und Beurteilung der Zweckmäßigkeit der →Investitionen, Erarbeitung und Durchführung der Anfragen, Angebotsvergleich durch systematische Erfassung und objektive Beurteilung nach verschiedenen Bewertungskriterien, Beschaffungsverhandlungen und Auftragsvergabe, Überwachung der Lieferung und Montage, Abnahme und Probelauf.

2.2 *Erstellung komplexer Anlagen*. Der Planungsaufwand bei der Erstellung ganzer Fabrikanlagen ist erheblich und kann bis zu 15% des Gesamtinvestitionswertes betragen. Hier empfiehlt sich der Einsatz eines Projektmanagements zur Koordination aller Planungs- und Überwachungsmaßnahmen. Die wichtigsten Teilphasen bei der Planung und Erstellung komplexer Anlagen sind: Ermittlung des Anforderungsprofils, Festlegung und Beschreibung der Konzeption, Einholen behördlicher Genehmigungen, Flächenbedarfs- und Layoutplanung, Projektierung und konstruktive Gestaltung der einzelnen Aggregate, Kapitalbedarfsrechnungen und Finanzierungsverhandlungen, Anfrageausarbeitung und Vertragsgestaltung, Ausführungs- und Terminplanung, Projektabwicklung, Erstellung von Bedienungs- und Wartungshandbüchern, Inbetriebnahme und Übergabe, Projektabrechnung.

2.3 *Anlagenerhaltung*. Mit fortschreitender Automatisierung (→Automation) fallen die Stillstandskosten und Erlös-schmälerungen infolge Anlageausfall stark ins Gewicht; außerdem haben → Produzentenhaftung bei Qualitätsmängel am Produkt, Garantie- und Kulanzleistungen sowie die →Logistik der Ersatzteilbevorratung einen höheren Stellenwert als bisher. Deshalb rücken Maßnahmen der Anlagenerhaltung mehr und mehr in den Vordergrund betriebswirtschaftlichen Interesses. Folgende Daten mögen die Bedeutung unterstreichen: In der Bundesrepublik sind in anlageintensiven Betrieben bis zu 20% der Belegschaft in diesem Bereich tätig; die Aufwendungen für Anlagenerhaltung betragen je nach Branche 6-12% der Gesamtaufwendungen. Die ursprünglich vorhandene Leistungsfähigkeit von Anlagen wird durch nutzungsbedingten Verschleiß, aber auch durch den →technischen Fortschritt gemindert; letzterer führt zur relativen Verschlechterung vorhandener gegenüber neu auf dem → Markt angebotener Anlagen. Bei den Maßnahmen zur Anlagenerhaltung können drei Strategien unterschieden werden:

a) *Instandsetzung* als therapeutische Maßnahme nach Eintritt des Störfalles durch Reparatur (Ausbessern bzw. Austausch des geschädigten Bauteiles).

b) *Planmäßige Instandhaltung* als vorbeugende Maßnahme zur Verhinderung des Störfalles und des damit verbundenen Schadens; sie setzt eingehende Kenntnisse über das Verschleißverhalten bzw. die Ausfallwahrscheinlichkeit einzelner Bauteile voraus, damit eine sinnvolle Terminierung der folgenden Instandhaltungsmaßnahme möglich ist:

- *Inspektion*: Regelmäßige Überprüfung der Anlage. Abweichungen vom Sollzustand können Anlass zu Wartungsod. Instandsetzungsmaßnahmen sein.

- *Pflege und Wartung*: Konservierende Maßnahmen zur Minderung von Abnutzungserscheinungen mit dem Ziel, das absolute Ende der Funktionsfähigkeit zeitlich hinauszuschieben. Austausch von Verschleißteilen, die ein gewisses Alter überschritten haben, um den zunehmend wahrscheinlicheren, endgültigen Ausfall zu verhindern. Diese Maßnahmen können durchgeführt werden entweder in konstanten Intervallen od. abhängig vom Befund einer vorher durchgeführten Inspektion od. entsprechend einem optimalen Instandhaltungsplan, der vorher unter Verwendung von stochastisch-dynamischen (→ stochastische Prozesse) Simulationsmodellen empirisch ermittelt wurde. c) *Kombination von Instandhaltungs- und Instandsetzungsmaßnahmen.* Sollte trotz aller prophylaktischer Maßnahmen ein Störfall eintreten, so erfolgt neben der Instandsetzung gleichzeitig eine Inspektion und Wartung. Das Ende der Verwendbarkeit einer Anlage ist dann erreicht, wenn sie durch sich wandelnde Marktsituation nicht mehr gebraucht wird, durch leistungsfähigere od. kostengünstigere Anlagen wirtschaftlich überholt od. durch Verschleiß nur noch mit höheren Betriebskosten einsetzbar ist. Die Entscheidung ist im Einzelfall durch quantitative Analysen und Wirtschaftlichkeitsrechnungen (→ Wirtschaftlichkeit) zu untermauern.

2.4. Bereitstellung von Instandhaltungsleistungen durch den Hersteller. Instandhaltungsleistungen können vom Anlagenbetreiber, -hersteller od. vom Fachhandel erbracht werden. In den letzten Jahren hat die Vermarktung von Kundendienstleistungen auf dem Anlagengütersektor an Bedeutung gewonnen und wird auch von Anbietern komplexer Anlagen als Instrument des →Marketing eingesetzt. Zu den Kundendienstleistungen zählen: Technische Beratung in der Angebots- und Nutzungsphase, Anlagendokumentation in Bedienungs- und Wartungshandbüchern, Personalschulung, Übernahme der Inspektions-, Wartungs- und Instandsetzungsmaßnahmen sowie der Ersatzteilbevorratung. Entwicklungstendenzen zukünftiger Aktivitäten der Anlagenhersteller:

- Analyse des Ausfall- und Schadenverhaltens als Voraussetzung für eine planmäßige, vorbeugende Instandhaltung und zur Beseitigung von Schwachstellen.
- Instandhaltungsorientierte Gestaltung von Anlagen hinsichtlich Austauschbarkeit, Zugänglichkeit, Standardisierung u. Arbeitssicherheit.
- Automatisierte Zustandsüberwachung

von Anlagen durch Entwicklung von Diagnosesystemen, die eine genaue Lokalisierung der Störung und Anzeige der angebrachten Maßnahmen ermöglichen.

3. Anlagenverwaltung. Unter diesem Begriff können folgende Aufgaben subsumiert werden: Beurteilung der Zweckmäßigkeit des Einsatzes von Anlagen vor deren Beschaffung durch →Investitions- bzw. Wirtschaftlichkeitsrechnung sowie Ermittlung und Verrechnung des mit der Nutzung der Anlage verbundenen Werteverzehrs in der Anlagenrechnung.

3.1. Investitionsrechnung. Die Höhe und Langfristigkeit der Kapitalbindung bei Investitionen sowie die Irreversibilität der Investitionsentscheidung erfordern eine wohlüberlegte Investitionspolitik, die Aufstellung langfristiger Investitionsprogramme, den Ansatz jährlicher Investitionsbudgets sowie eine sorgfältige Analyse der Vorteilhaftigkeit eines jeden Investitionsvorhabens. Im Rahmen des entscheidungsorientierten →Rechnungswesens wurden in Theorie und Praxis eine Reihe von effektiven Verfahren zur Beurteilung der Erfolgswirksamkeit von Investitionsvorhaben entwickelt, die sich insbesondere durch den Grad der Vereinfachung und durch die verwendeten Beurteilungskriterien unterscheiden. Bei den statischen Verfahren der Investitionsrechnung handelt es sich um eine einperiodische Betrachtung durch Vergleich der →Kosten, des Erfolges, der →Rentabilität, der Amortisationszeit od. der Dringlichkeit der Investition (s. →Investitionsrechnung, 3.1). Demgegenüber berücksichtigen die dynamischen Verfahren die zeitlichen und wertmäßigen Unterschiede der mit der Investition verbundenen Zahlungen während der gesamten Nutzungsdauer. Bei den klassischen Diskontierungsverfahren (→Abzinsung) müssen je nach dem verwendeten Beurteilungskriterium drei Varianten unterschieden werden: Kapitalwertrechnung, Methode des internen Zinsfußes und Annuitätsrechnung (→s. Investitionsrechnung, 3.1). Während bei den klassischen Verfahren nur eine isolierte Betrachtung je eines Investitionsobjektes möglich ist, kann durch Ansatz moderner dynamischer Verfahren eine simultane Analyse mehrerer Objekte sowie der Interdependenzen zur Finanz-, Produktions-, Personal- und Absatzlage erreicht werden. Diese Verfahren verwenden mathematische Optimierungsmodelle, die im Rahmen des → Operations Research entwickelt wurden; hier sind insbesondere Ansätze aus der linearen, dynamischen und simulatorischen Optimierung zu nennen.

3.2. Anlagenrechnung. Grundlage der Anlagenrechnung ist die Anlagenbuchhaltung; in einer Anlagenkartei od. -datei werden alle wichtigen Daten und Ereignisse während der Nutzung der Anlage dokumentiert. Dazu gehören sowohl technische Daten (z.B. Hersteller, Baujahr, Leistungskennwerte, Standzeiten für Verschleißteile, Instandhaltungstermine und -maßnahmen) als auch wirtschaftliche Daten (z.B. Anschaffungs- und Instandhaltungsaufwendungen, Abschreibungsverfahren und -beträge, jährliche Nutzung). Die Anlagenrechnung befasst sich mit der Erfassung des durch Beschaffung, Nutzung und Instandhaltung bedingten Werteverzehrs und seiner Verrechnung als →Aufwand für den →Jahresabschluss sowie als Kosten für die Betriebsergebnisrechnung und →Kalkulation. Die Ermittlung der bilanziellen → Abschreibungen nach handels- und steuerrechtlichen Vorschriften einerseits und der kalkulatorischen Abschreibungen, Zinsen und Anlagenwagnisse andererseits, hat bei der Anlagenrechnung in der Vergangenheit im Vordergrund gestanden. Im Zuge einer stärkeren wissenschaftlichen Durchdringung des Produktions- und Dienstleistungsprozesses gewinnen zukunftorientierte Aspekte der Anlagenrechnung zunehmend an Bedeutung; die generelle Zielsetzung einer systematischen Auswertung des in der Anlagenkartei zur Verfügung stehenden Datenmaterials ist die Erstellung von Prognosen hinsichtlich der Ausfallverteilungen und Verschleißerscheinungen, Ermittlung des Bedarfs an Instandhaltungsleistungen, Dimensionierung von Ersatzteillagern, Quantifizierung der personellen und anlagemäßigen Kapazität von Instandhaltungsbetrieben sowie die Budgetierung der Instandhaltungs-

kosten.

Literatur: *B. Aggteleky*, Fabrikplanung, Werkstattentwicklung und Betriebsrationalisierung, 3 Bde. München-Wien 1990. *W. Hug*, Optimale Ersatzteilwirtschaft. Köln (TÜV Rheinland) 1986. *D. Adam*, Investitionscontrolling. München-Wien 1997. *W. Zimmermann/ H.-P. Fries*, Betriebliches Rechnungswesen. 6. A., München-Wien 1995.

Prof. Dr.-Ing. W. Zimmermann, Siegen

Anlegerschutz

ist die Absicht, Anleger und Sparer vor Verlusten und nicht kalkulierbaren Risiken aufgrund von betrügerischen Machenschaften und zu geringem Informationsschutz zu sichern. A. ist gerichtet auf den Individualschutz, d.h. Sicherung privater Daseinsvorsorge durch →Vermögensbildung, und auf den Funktionenschutz, d.h. die Sicherung der Leistungs- und Allokationsfähigkeit (→ Allokation) des →Kapitalmarktes. Für die →Aktiengesellschaft als Kapitalsammelstelle äußerst sich der A. in der im AktG geregelten Gründung (§§ 23ff.), →Haftung der Gründer und Verwaltung (§§ 46 f.) und in der Rechnungslegungspflicht (§§ 148ff.), wobei damit zugleich auch dem → Gläubigerschutz gedient wird. Für den Effektenhandel (→Effekten) sollen verschiedene im Börsengesetz enthaltene Regelungen A. gewährleisten, wie z.B. Kontrolle der Zulassung zum Börsenhandel od. Prospektzwang und -haftung für das emittierende (→Emission) Unternehmen (→ Betrieb, I.) sowie → Bank. Zur Einschränkung von Missbräuchen inländischer und ausländischer Investmentgesellschaften, wie z.B. Aufzehrung von →Kapital und →Gewinn durch überhöhten Verwaltungsaufwand od. unseriöse Marketingmethoden (→ Marketing), erging 1957 das Gesetz über Kapitalanlagegesellschaften (→ Investmentgesellschaften) und 1969 das Gesetz über den Vertrieb ausländischer Investmentanteile. Auf die Schwindelgründungen steuerbegünstigter Abschreibungsgesellschaften in den 70er Jahren reagierte die Rechtsprechung mit Sonderregelungen und Entwicklung der zivilrechtlichen Prospekthaftung. Auch die 1970 von der Börsensachverständigenkommission erlassenen Insiderhandels-Richtlinien, 1975 neugefasst, dienen dem Schutz der Vermögensanlage eines „Außenseiters" gegenüber den durch Insider informierten Anleger zu noch nicht marktbekannten Entwicklungen der Effekten. S. auch →Bankenaufsicht, →Publizitätsvorschriften.

Anleihen
Sammelbezeichnung für die Arten meist langfristiger Kreditaufnahme gegen Inhaberschuldverschreibungen (→Schuldverschreibung) mit fester Verzinsung. A. ist eine Gruppe der →Effekten. Emittenten (→Emission) sind →öffentliche Gebietskörperschaften, → Realkreditinstitute sowie → Kapitalgesellschaften. Die Emission von A. bedarf der Genehmigung des Bundeswirtschaftsministers und der Abstimmung mit dem →Zentralen Kapitalmarktausschuss wg. der Aufnahmefähigkeit des → Kapitalmarktes. Öffentliche A. haben eine Laufzeit von 8-10 Jahren, sind im →amtlichen Handel börsenfähig (→Börse) bei einer Kurspflege durch die →Bundesbank. In der Praxis werden die Schuldverschreibungen selbst als A. bezeichnet, in diesem Sinne ⇒ Rentenpapiere, ⇒ festverzinsliche Wertpapiere. Innovative Formen sind → Annuitäten-A., →Aktienindex-A.

Annehmer
⇒*Akzeptant*
⇒Bezogener.

announcement effect
⇒Ankündigungseffekt
allein durch die Ankündigung wirtschaftspolitischer Maßnahmen hervorgerufene Änderung der Erwartungen und Verhaltensweisen von →Wirtschaftssubjekten, z.B. die schon durch die Ankündigung einer Steuereinführung auf die zukünftig Steuerpflichtigen ausgelöste Wirkung, der →Steuer wenigstens temporär auszuweichen.

Annuität
jährliche Tilgungs- und Zinszahlung für eine Kapitalschuld.
Vgl. auch →Investitionsrechnung 3.1.

Annuitäten-Anleihe
seit Mai 1985 neue Anlagenform auf dem deutschen →Kapitalmarkt. →Anleihe, bei der die →Zinsen bis zum Ende der Laufzeit angesammelt und ihre Auszahlung über einen Zeitraum von mehreren Jahren in gleichen Raten gestreckt (→Annuität) wird.

anomale Nachfragereaktion
beschreibt i.Ggs. zur normalen Nachfragereaktion (→Nachfragegesetz) eine positive Beziehung zwischen nachgefragter Gütermenge (q^d) und →Preis (p):

$$\frac{dq^d}{dp} > 0,$$ wonach bei steigendem Preis eine größere Menge nachgefragt wird, weil es sich entweder um ein →Giffen-Gut od. →Veblen-Gut handelt. Vgl. auch →Nachfragetheorie des Haushalts.

Anomalie
⇒Paradoxon
von lat. ab normis, bezeichnet ein irreguläres Verhalten od. Erscheinen. In der → Wirtschaftswissenschaft wird – anders als in der Philosophie - nicht zwischen A. und Paradoxon unterschieden.

Anreiz-Beitrags-Theorie
Ansatz von J.G. March und H.A. Simon zur Erklärung für die Verknüpfung der divergierenden Ziele, die Unternehmensträger, gesellschaftliche Gruppen und die Unternehmung (→Betrieb, I., 2.) selbst durch ihre Mitwirkung am Unternehmensprozess durchsetzen wollen und die deshalb solange Beiträge zur Erfüllung der Unternehmensziele leisten, wie diese ihre eigenen Ziele fördern. Nach der A. befindet sich das gesamte Organisationsgefüge im → Gleichgewicht, wenn für jeden Teilnehmer die angebotenen Anreize zur Mitwirkung am Unternehmensprozess wie Lohnhöhe, Arbeitsklima u.a. gerade ihre Beiträge zur Erfüllung der Unternehmensziele übersteigen od. von jedem Teilnehmer als mindest gleich hoch bewertet werden.

Anschaffungskosten
bis zum →Bilanzrichtlinien-Gesetz waren A. weder im Handels- noch im Steuerrecht definiert, deshalb musste ihr Inhalt

nach den →GoB festgelegt werden. Gem. Urteil des → Bundesfinanzhofes vom 13.8.1957 sind A. alle „→Aufwendungen, die ein Unternehmen (→Betrieb, I., 2.) macht, um das Wirtschaftsgut in der für den Betrieb geeigneten Form zu erhalten". Danach umfassen A. den Anschaffungspreis einschließlich aller Anschaffungsnebenkosten wie Kosten für Transport, Versicherung, Montage, Vermittlung, Zoll u.a. für das Wirtschaftsgut vermindert um Preisnachlässe. Durch das Bilanzrichtlinien-Gesetz ist das bisherige Wertansatzwahlrecht aller Rechtsformen außer den →Aktiengesellschaften für die Anschaffungsnebenkosten weggefallen. Es definiert die A. als Aufwendungen, „die geleistet werden, um einen Vermögensgegenstand zu erwerben und ihn in einen betriebsbereiten Zustand zu versetzen, soweit sie dem Vermögensgegenstand einzeln zugerechnet werden können" (→HGB § 255 Abs. 1).
Bestandteile der A. sind also:
Anschaffungspreis
- Anschaffungskostenminderungen
+ Anschaffungsnebenkosten, sofern einzeln zurechenbar
+ nachträgliche A.
A. bilden Grundlage sowie Obergrenze für die Bewertung in der Handels- und Steuerbilanz (→ Anschaffungswertprinzip), außerdem die Grundlage für die Festsetzung der →Abschreibung für die abnutzbaren Gegenstände des →Anlagevermögens.

Anschaffungswert
Bezeichnung aller aufgewendeten →Anschaffungskosten für den Erwerb eines → Kapitalgutes. S. → Anschaffungswertprinzip

Anschaffungswertprinzip
Bewertungsgrundlage, nach der nach § 253, Abs. 1, Satz 1 →HGB für die Aktivierung von Vermögensgegenständen (→ Kapital) in der →Bilanz der →Anschaffungswert als absolute Obergrenze zu benutzen ist. A. verhindert den bilanziellen Ausweis von Wertsteigerungen am ruhenden Vermögen und ist Konkretion des →Realisationsprinzips. A. bildet in der neueren statischen Bilanzauffassung

das orientierende Prinzip, wonach die Bilanz eine Nachweisrechnung über den nominalen → Kapitalwert einer Unternehmung (→Betrieb, I., 2.) ist. In der Steuerbilanz für Wirtschaftsgüter grundsätzlich gültig.

Anteilseigner
Begriff im Mitbestimmungsgesetz von 1976 (→Mitbestimmung), der Aktionäre, Gesellschafter, Gewerken und Genossen bezeichnet.

Anteilswert
1. gibt in der →deskriptiven Statistik den Anteil des Merkmalswerts des interessierenden und statistisch zu untersuchenden Merkmalsträgers (→ Merkmal) an der gesamten Merkmalssumme der Beobachtungsreihe an.
2. in der →induktiven Statistik Anteil der Merkmalsträger, die die betrachtete Eigenschaft an allen Merkmalsträgern aufweisen (s. → Binomialverteilung, → binäre Zufallsvariable).

antizyklische Wirtschaftspolitik
bezeichnete zunächst alle wirtschaftspolitische Aktivitäten des Staates zur Beseitigung der Schwankungen des Konjunkturzyklus (→ Konjunkturtheorie). Seit Mitte der 60er Jahre setzt sich an Stelle von a. der Begriff →Stabilisierungspolitik (stabilization policy) durch, womit neben der Beseitigung auch die Verhinderung von Schwankungen der realwirtschaftlichen Aktivität und der sie begleitenden Phasen von Preisniveauentwicklungen (Inflationsakzeleration bzw. -dezeleration) verstanden wird. Während in der → Wirtschaftswissenschaft kontroverse Auffassungen über Ursachen und Wirkungen der Schwankungen realer Makrogrößen, z.B. →Produktion und →Beschäftigung, aber auch nominaler, z.B. Preisniveau, bestehen und daraus folgend über die Art und Weise ihrer Bekämpfung, herrscht dagegen weitgehende Einigkeit über das Erfordernis ihrer Bekämpfung, weil diese wg. ihrer hohen wirtschaftlichen und sozialen → Kosten ganz erhebliche Wohlfahrtsverluste verursachen.

Anweisung der Deutschen Bundesbank über Mindestreserven

Abk.: AMR
die von der →Deutschen Bundesbank nach § 16 BBkG erlassenen Regelungen in Form einer Anweisung über die Haltung von →Mindestreserven. Die jeweils geltende Fassung veröffentlicht die Bundesbank in ihrem →Geschäftsbericht. Z.Z. gilt die AMR vom 20.1.1983 in der Fassung vom 1.4.1994. S. →Mindestreservepolitik

APEC

Abk.: Asia-Pacific Economic Cooperation 1989 gegründeter Wirtschaftsverbund. Besteht z.Z. aus 18 Ländern des asiatisch-pazifischen Raums mit 2 Mrd Menschen. Erwirtschaftet fast 50% des Welthandels. Ziel ist eine →Freihandelszone bis zum Jahr 2020. Angesichts heterogener Strukturen der Mitglieder - so z.B. im Pro-Kopf-Einkommen von 30000 $ in Japan und weniger als 1 000 $ in Indonesien - bestehen große Interessensgegensätze hinsichtlich →Freihandel, Zollabbau und Mechanismen zur wirtschaftlichen →Integration.

Approximation

ist die angenäherte Bestimmung od. Darstellung einer unbekannten Größe od. Funktion (→Funktion), 1.)

Arbeit

1. in der *Volkswirtschaftstheorie* (→ Wirtschaftswissenschaft) jede körperliche und geistige Tätigkeit des Menschen zur Herstellung von →Gütern, soweit diese von den →Haushalten angeboten (→Arbeitsangebot, →Faktorangebot des Haushalts) und von den Unternehmen (→ Betrieb, I., 1.) nachgefragt (→ Arbeitsnachfrage) wird. Ihr →Preis auf dem → Arbeitsmarkt ist der → Lohn(satz); das gezahlte Entgelt → Arbeitseinkommen. Die Tätigkeit der Hausfrau od. die Pflege eines kranken Verwandten ist in o.g. Sinn nicht A., da sie nicht über den Arbeitsmarkt angeboten bzw. nachfragt werden. Neben →Boden, Kapital, →technischem Fortschritt ist A. ein besonderer Produktionsfaktor, da er untrennbar mit dem Menschen verbunden und nicht beliebig vermehrbar ist. In der klassischen und sozialistischen Theorie ist A. der wichtigste Produktionsfaktor, da er die Grundlage des Entstehens der anderen Faktoren Kapital und technischer Fortschritt ist.

2. in der →*Betriebswirtschaftslehre* wird in Arbeitsleistung, Kapital, Rohstoffe und den dispositiven Produktionsfaktor gegliedert, der die A. der Unternehmensleitung erfasst.

Arbeiter

alle Lohnempfänger. Bei sozialversicherungspflichtig beschäftigten Arbeitnehmern (→ abhängig Beschäftigte) alle Personen, die in der gesetzlichen →Rentenversicherung der Arbeiter versichert sind.

Arbeiterwohlfahrt

1919 gegründeter Verband der privaten Sozialhilfe. Ist auf Bundesebene organisiert mit Untergliederung in regionaler und kommunaler Ebene. Bekennt sich zum demokratischen Sozialismus (→ Freiheitlicher Sozialismus) und zu konfessioneller Neutralität. Ist mit den anderen privaten Trägern der freien Wohlfahrtspflege in einer Bundesarbeitsgemeinschaft zusammengeschlossen. Verfügt über Außendienste, die mit den Sozialämtern zusammenarbeiten und betreibt Sozialeinrichtungen wie Behindertenanstalten, Altenheime, Kindergärten, Beratungsstellen für Fragen der Fürsorge, →Sozialversicherung, Ehe- und Erziehungsprobleme. Finanziert sich aus Beiträgen der Mitglieder, Sammlungen, Lotterien und öffentlichen Mitteln. Träger der öffentlichen Sozialhilfe sind gehalten, die A. angemessen, d.h. auch finanziell, zu unterstützen.

Arbeitgeber

jede →natürliche od. →juristische Person, die einen anderen, den →Arbeitnehmer, beschäftigt und diesem gegenüber mit Weisungsrechten ausgestattet ist. Der A. ist zur Zahlung des → Arbeitsentgeltes und Fürsorge für seine Beschäftigten verpflichtet. Weitere Rechte und Pflichten für A. wie Arbeitnehmer werden im Arbeitsvertrag geregelt.

Arbeitgeberverbände

Unternehmenszusammenschlüsse zur Wahrung wirtschaftlicher und sozialer Interessen der entweder fachlich od. regional zusammengeschlossenen → Arbeitgeber. Die A. sind neben den Gewerkschaften (→ Deutscher Gewerkschaftsbund) die Sozialpartner und tariffähig. Neben Tarifpolitik und juristischer Beratung ihrer Mitgliedsfirmen hat in den letzten Jahren die Bildungs- und Öffentlichkeitsarbeit hohen Stellwert erlangt. Der Organisationsgrad der Arbeitgeber ist durchgängig sehr hoch und i.d.R. bedeutend höher als bei den →Arbeitnehmern. A. sind als Reaktion auf gewerkschaftliche Aktivitäten gegründet worden. Ihre Dachorganisation ist die → Bundesvereinigung der Deutschen Arbeitgeberverbände (BDA) mit Sitz in Berlin.

Arbeitnehmer
⇒*abhängig Beschäftigte*
⇒abhängig Erwerbstätige.

Arbeitnehmereinkommen
⇒Einkommen aus unselbstständiger Arbeit
⇒Lohneinkommen
→Einkommen.

Arbeitnehmerquote
Anteil der Arbeitnehmer an den →Erwerbstätigen. Ist seit 1950 ständig gestiegen, lag 2005 bei ca. 90%.

arbeitsadditiver technischer Fortschritt
⇒arbeitsvermehrender technischer Fortschritt
→technischer Fortschritt, 3.

Arbeitsangebot
1. die von einem privaten Haushalt (→ Haushalt, I.) auf dem →Arbeitsmarkt angebotene Menge an Arbeitsleistungen einer Arbeitsqualität. →A.-sfunktion, individuelle.

2. die gesamtwirtschaftlich tatsächlich geleistete od. angebotene und damit potentiell zu leistende Menge von Arbeitsstunden einer Zeitperiode (Arbeitsvolumen). →A.-sfunktion, gesamtwirtschaftliche.

Arbeitsangebotsfunktion
1. die funktionale Zuordnung der Bestimmungsgründe zu der von einem privaten Haushalt (→Haushalt, 1.) auf dem →Arbeitsmarkt angebotenen Menge von Arbeitsleistungen einer bestimmten Arbeitsqualität (v_L^s), die da sind: a) →Präferenz des Haushalts (u) für die Alternativen → Konsum(Frei)zeit (t^c) und einkommenstiftende Arbeitszeit (t^L), auf die er seine - als gegeben geltende - Gesamtzeit aufteilt, b) →Kapitaleinkommen (y^K), c) →Lohnsatz (l^L), so dass die *individuelle* A. lautet:

$$v_L^s = f\left(u\left(\frac{t^c}{t^L}\right), y^K, l^L\right).$$

Da die Konsumzeit ein superiores Gut (→ Gut) sein kann, wird mit steigendem Lohn bei unveränderter Präferenz und Kapitaleinkommen das → Arbeitseinkommen sinken (→Einkommenseffekt). Die in →Einkommen gemessene Konsumzeit ist aber aufgrund der Lohnsatzerhöhung teurer geworden und wird deshalb durch Arbeitszeit substituiert (→ Substitutionseffekt), so dass der Gesamteffekt einer Lohnsatzerhöhung auf das Arbeitsangebot offen ist (→Faktorangebot des Haushaltes).

2. das gesamtwirtschaftlich tatsächliche Arbeitsangebot einer Zeitperiode (L^S) ist abhängig von 1. der Wohnbevölkerung eines Landes (B), 2. der →Erwerbsquote (e), 3. der durchschnittlichen Zahl von Arbeitsstunden pro Beschäftigten (t) (Arbeitspotenzial) und mitunter 4. der →Arbeitsintensität pro Zeiteinheit (i_L), so dass die *gesamtwirtschaftliche* A.-sfunktion lautet:

$$L^S = f(B, e, t, i_L).$$

Empirische Analysen zur A. zeigen, dass das Arbeitsangebot i.d.R. positiv auf *Reallohnsteigerungen* (besonders nach Steuerabzug) reagiert und eine Differenzierung nach Industrien, Regionen und Fristigkeit notwendig ist, wobei die Bedeutung der → Lohnstruktur auffällt; die *Erwerbsquote* (e) abhängig ist vom Altersaufbau der Bevölkerung, dem Anteil der Geschlechter an der Bevölkerung und einer relativ stark variierenden Erwerbsneigung, z.B. verheirateter Frauen in Abhängigkeit von →Konjunktur und Lohnsatz, und prozyklisch mit der Konjunktur schwankt. Das *Arbeitszeitpotential* (t) reagiert hauptsächlich auf Änderungen im →Tarifvertrag wie Senkung der Wochenarbeitszeit od. Erhöhung des Tarifurlaubs; der Einfluss der *Arbeitsintensität* (i_L) ist noch relativ wenig untersucht.

Arbeitsbewertung
⇒Arbeitsplatzbewertung
⇒Dienstpostenbewertung
⇒Funktionsbewertung
⇒job evaluation
⇒Stellenbewertung
Messung und Bewertung von Arbeitsschwierigkeit, -leistung und -zeit zur Bestimmung eines personenunabhängigen, leistungsgerechten →Lohnes bzw. Gehaltes für den einzelnen →Arbeitnehmer als Entgelt für seine Arbeitsleistung im →Betrieb. Ausgehend von bestimmten Anforderungen an eine Arbeitsverrichtung, die sich aus der Aufgabenstellung der Tätigkeit ergeben, werden objektiv geltende Arbeitswerte für den Schwierigkeitsgrad der →Arbeit gewonnen. A. dient hauptsächlich der anforderungsgerechten Lohn- und Gehaltsdifferenzierung, der Arbeitsplatzgestaltung und Rationalisierung des Arbeitsvollzuges sowie der Personalplanung, -auswahl, -weiterbildung. Es ist zwischen der summarischen und der analytischen A.-methode zu unterscheiden. Erstere verzichtet auf Aufspaltung der Arbeitsverrichtungen in einzelne Anforderungsarten und nimmt die Bewertung der Arbeitsschwierigkeiten von Arbeitsplätzen global vor. Die analytische Methode der A. gliedert jeden Arbeitsplatz in einzelne Anforderungsarten, die dann nach Bewertung zu einem Arbeitswert zusammengefasst werden. Hierbei sind Gewichtung und Zusammenfassung zu einer Ziffer des Arbeitswertes das zentrale Problem, da hierfür keine objektiv begründbaren Ansätze existieren. Gleich-wohl objektiviert die A. die Lohnfindung, da das Zustandekommen von Löhnen und Lohnstrukturen einsehbar und für eine Argumentation zugänglich wird. Neue

Fertigungstechniken (Transferstraßen, flexible Fertigung) erfordern aufgrund des Wandels in der Anforderungsstruktur (Verringerung von Unfallgefahr, körperlicher Belastung und Umgebungseinflüssen) und Qualifikationsstruktur (größere analytische und praktische Kenntnisse, mehr Eigenverantwortung und Entscheidungsfähigkeit) Änderungen bisher gängiger Systeme der A. In →Tarifverträgen können A.-systeme geregelt werden. Ist dies den Unternehmensgruppen überlassen, so hat der → Betriebsrat ein volles Mitbestimmungsrecht.

Arbeitsbeziehungen
⇒*industrial relations.*

Arbeitsdirektor
nach dem Mitbestimmungsrecht vom 21.5.1951 (→Mitbestimmung) ist für eine →AG od. →GmbH in der Montanindustrie mit mehr als 1000 Beschäftigten vom →Aufsichtsrat ein A. zu bestellen. Er ist gleichberechtigtes Mitglied des → Vorstandes und für sozial- und arbeitspolitische Angelegenheiten der Gesellschaft zuständig. Er kann nicht gegen die Stimmen der Mehrheit der Arbeitnehmervertreter im Aufsichtsrat bestellt od. abberufen werden. Nach dem Mitbestimmungsgesetz vom 4.5.1976 für Unternehmen (→ Betrieb, I., 2.) mit mehr als 2000 Beschäftigten ist der A. nicht mit gleichen Befugnissen wie in der Montanindustrie ausgestattet. Er ist hier lediglich das für das Personal- und Sozialwesen zuständige Mitglied des Vorstandes, wobei das Mitbestimmungsgesetz keine präzise Definition für seinen Aufgabenbereich gibt. Allgemeiner Konsens besteht über einen Kernbereich als Mindestressort. Strittig ist z.B. die Betreuung der Leitenden Angestellten, → Tarifpolitik, mitbestimmungspolitische Grundsatzfragen.

Arbeitseinkommen
⇒Einkommen aus Erwerbstätigkeit
⇒Erwerbseinkommen
→Einkommen.

Arbeitseinkommensquote
vom →Sachverständigenrat zur Begutachtung der gesamtwirtschaftlichen Ent-

wicklung 1987 formulierte Relation zur Messung der unterschiedlichen Einflussgrößen auf die Entwicklung der funktionalen Verteilung des → Volkseinkommens (→Einkommensverteilung, →Einkommensverteilungstheorie, 1.). A. ist definiert als das Verhältnis aus gesamtwirtschaftlichem Arbeitseinkommen (→ Einkommen) und Volkseinkommen. Nach Umformulierung wird sie in Größen der →Volkswirtschaftlichen Gesamtrechnung angegeben und enthält sieben Komponenten: Lohnsumme pro beschäftigten Arbeitnehmer, Anteil der →Sozialbeiträge der → Arbeitgeber an der Bruttolohn- und -gehaltssumme, →Arbeitsproduktivität, Faktor für die → Terms of trade, →Deflator, Faktor für → Abschreibungen und für → indirekte Steuern einschließlich → Subventionen. Ihre Änderungen geben die Effekte an, die ursächlich auf die Veränderung der A. im Zeitablauf einwirken. In den 80er Jahren wie auch nach der Wende ist die A. ständig gesunken und betrug 2005 75,5%, was heißt: der Anstieg des gesamtwirtschaftlichen Arbeitseinkommens ist hinter dem Anstieg des Volkseinkommens zurückgeblieben. Arbeitnehmer und →Gewerkschaften konnten diese Änderung in der funktionalen Einkommensverteilung hinnehmen, weil die Bruttoeinkommen weniger als früher durch Steuern gemindert, die Beitragssätze zur →Sozialversicherung in geringerem Maße als in den 70er Jahren angehoben wurden, die Terms of trade und die Arbeitsproduktivität sich verbesserten sowie die Erträge auf wachsendes Geldvermögen (→Geldkapital, 2.) zugenommen haben. In dem Maße wie Arbeitnehmer nicht nur Arbeitseinkünfte, sondern auch andere Arten von Einkommen beziehen, verliert die A. an Aussagekraft zur Einkommensverteilung und kann deswegen kein überzeugendes Argument für eine Einkommensumverteilung sein.

Arbeitsentgelt
⇒Arbeitslohn
⇒Vergütung
Inbegriff aller →Einkommen, die aus unselbständiger Tätigkeit erzielt werden.

Arbeitsförderungsgesetz (AFG)
→Bundesagentur für Arbeit, →Arbeitsmarktpolitik

arbeitsgebundener technischer Fortschritt
⇒ ausbildungsgebundener technischer Fortschritt
→technischer Fortschritt, 2.

Arbeitsgemeinschaft der Verbraucherverbände (AgV)
1952 gegründeter Dachverband mit z.Z. 38 Mitgliedern, z.B. 16 Verbraucherzentralen der Bundesländer mit rund 270 Beratungsstellen, → Arbeiterwohlfahrt, Institut für angewandte Verbraucherforschung. Die A. hat ihren Sitz in Bonn. Sie finanziert sich überwiegend aus Bundesmitteln. Betreibt → Verbraucherpolitik und -vertretung in Form von Stellungnahmen zu Gesetzesinitiativen, Mitwirkung in Gremien des Staates, z.B. im Verbraucherbeirat des Bundesministeriums für Wirtschaft, der →EG und der Wirtschaft, z.B. in der Vereinigung der technischen Überwachungsvereine, sowie eine breit gestreute Öffentlichkeitsarbeit. Berät und informiert Verbraucher durch eigene Einrichtungen und koordiniert die Verbraucherarbeit in der Bundesrepublik.

Arbeitsgericht
→Arbeitsrecht

Arbeitsintensität
ist das Verhältnis von →Beschäftigungsmenge (N) und Kapitalstock (K), die zur →Produktion eingesetzt werden:

$$\gamma^L = \frac{N}{K}.$$

A. ist gleich dem Verhältnis von →Kapitalproduktivität (α^K) und →Arbeitsproduktivität (α^n):

$$\gamma^L = \frac{N}{K} = \frac{O}{K} \cdot \frac{O}{N} = \frac{\alpha^K}{\alpha^N}.$$ Da für die Größen K, N und O statistisches Material vorhanden ist, können über die Entwicklung der A. Informationen gewonnen werden.
Im Isoquantenschema (→Isoquante) kann

die A. durch die Steigung eines Ursprungsstrahls angegeben werden.

Arbeitskapital
⇒Arbeitsvermögen
⇒human capital
⇒Humankapital
Wert aller für den Produktionsprozess und damit zur Erzielung von →Einkommen einsetzbaren menschlichen Fähigkeiten eines Individuums, Personengruppe od. der →Erwerbpersonen einer Volkswirtschaft (→Wirtschaft). A. ist sowohl angeboren wie auch durch →Investitionen in Form von Ausgaben für Schul- und Berufsausbildung und Gesundheitsvorsorge zu gewinnen. Investitionen in A. werden nach dem Konzept des A. unter dem Gesichtspunkt der Maximierung des erwarteten Lebenseinkommens getätigt, da diese Investitionen Erträge aus Arbeitseinkommen bedingen. Die heterogenen Qualitäten des A. sind nicht bewertbar und bereiten der statistischen Messung von A. Schwierigkeiten. Die Modelleinführung von A. ist erst ansatzweise gelungen. Zusammen mit →Sachkapital und →Geldkapital bildet A. das Gesamtvermögen od. Gesamtkapital (→ Kapital). (S. auch → Infrastruktur).

Arbeitskoeffizient (β^N)
ist der Quotient von eingesetzter →Beschäftigungsmenge (N) und erzeugter Gütermenge (O): $\beta^N = \dfrac{N}{O}$. Der A. ist reziproke Größe zur →Arbeitsproduktivität: $\beta^N = \dfrac{1}{\alpha^N}$. Vgl. auch →Solow-neutraler technischer Fortschritt.

Arbeitslohn
⇒*Arbeitsentgelt*
⇒Lohn
⇒Verdienst
⇒Vergütung.

Arbeitslose
in der Bundesrepublik alle bei der Arbeitsagentur persönlich gemeldeten Personen im Alter von 15 bis 65 Jahren ohne dauerhaftes Arbeitsverhältnis einschließ-

lich der Arbeitssuchenden, die keine finanziellen Leistungen der → Bundesagentur für Arbeit erhalten, für eine Arbeitsaufnahme sofort zur Verfügung stehen und zur Berufstätigkeit in der Lage sind sowie eine Beschäftigung von mindestens 19 Stunden pro Woche für mehr als 3 Monate suchen.

Arbeitslosengeld
Barleistung der →Bundesagentur für Arbeit bei Arbeitslosigkeit, um betroffenen →Arbeitnehmern angemessene Lebensführung zu ermöglichen und sie vor sozialem Abstieg zu bewahren. A. wird den persönlich als arbeitslos Gemeldeten gewährt, wenn sie bereit und in der Lage sind, eine Beschäftigung nach den üblichen Bedingungen des →Arbeitsmarktes auszuüben, und i.d.R. in den letzten drei Jahren vor der Arbeitslosmeldung eine Mindestbeitragsdauer von zwölf Monaten zur →Arbeitslosenversicherung nachweisen können. A. beträgt seit 1984 für → Arbeitslose mit einem od. mehreren Kindern 68% des Nettoentgelts, sonst 63%. Es ist steuerfrei. Für jeden Empfänger von A. zahlt die Bundesanstalt Beiträge zur →Kranken- und →Rentenversicherung. Die Bezugsdauer richtet sich danach, dass innerhalb bestimmter Rahmenfristen unmittelbar vor Eintritt der Arbeitslosigkeit für festgesetzte Zeiträume Beiträge gezahlt worden sind sowie nach Altersgrenze.
Der Anteil des A. am Ausgabevolumen der Bundesagentur für Arbeit betrug 1980 37,4%, 2005 57,7%. Die Dauer einer A.-periode in Wochen betrug: 1980 15,5, 2005 über 33.

Arbeitslosenquote
Anteil der →Arbeitslosen an den →abhängigen Erwerbspersonen (ohne Soldaten) in Prozent. Entscheidende Größe für die Beurteilung des wirtschaftspolitischen Zieles hohen Beschäftigungsstandes (→Ziele der Wirtschaftspolitik).

Entwicklung der A. (Jahresdurchschnitt):

1950	10,4%	1990	6,9%
1960	1,3%	1995	9,4%
1970	0,7	2000	10,7%
1980	3,6%	2005	13,0%

Jene A., bei der Übereinstimmung von tatsächlicher und erwarteter →Inflationsrate besteht, wird als „non-accelerating-inflation rate of unemployment" (NAIRU) bezeichnet, weil es hier keinen Grund für eine Revision der Inflationserwartung gibt, so dass die Inflationsrate konstant bleibt. Dieser Modellzustand (→ Modell) ist auch so zu fassen: die Phillips-Kurve (→Phillips-Theorem) ist langfristig vertikal od. die A. lässt sich auf Dauer nicht durch expansive Beschäftigungspolitik (→Konjunkturpolitik) unter das NAIRU-Niveau drücken. S. auch → Arbeitslosigkeit, *Messung*.

Arbeitslosenversicherung
wurde bereits 1927 eingeführt. Nach dem Arbeitsförderungsgesetz von 1969 sind alle gegen Entgelt beschäftigten Arbeiter, Angestellten und beruflich Auszubildenden beitragspflichtig und damit leistungsberechtigt. Der Beitrag zur A. wird hälftig vom →Arbeitnehmer und → Arbeitgeber aufgebracht. Träger der A. ist die →Bundesagentur für Arbeit, Nürnberg. Hauptaufgabe der A. sind vorausschauende Maßnahmen zur Verhinderung von →Arbeitslosigkeit und Verbesserung der Beschäftigtenstruktur durch Berufsförderungsmaßnahmen. → Arbeitsmarktpolitik, →Sozialpolitik. Im Fall eingetretener Arbeitslosigkeit wird →Arbeitslosengeld nach einer mindestens 26-wöchigen Beitragszahlung bzw. → Arbeitslosenhilfe od. auch Schlechtwettergeld für das Baugewerbe und → Kurzarbeitergeld gezahlt.

Arbeitslosigkeit
Definition und Wesen: In der → Wirtschaftswissenschaft liegt A. vor, wenn auf dem →Arbeitsmarkt das →Arbeitsangebot zu den herrschenden Bedingungen die →Arbeitsnachfrage übersteigt. Nach der → amtlichen Statistik existiert A., wenn arbeitswillige und arbeitsfähige → abhängige Erwerbspersonen ab 15, aber unter 65 Jahren, keine dauerhafte →Beschäftigung finden und bei den Arbeitsagenturen registriert sind. Die so durch die → Arbeitslosenquote gemessene A. macht eine Aussage über die Ausschöpfung des →Arbeitskräftepotenzials. Sie ist eine →Bestandsgröße mit hoher Fluk-

tuation: Deshalb sind →dynamische Analysen zur A. erforderlich. Sie geben Verweildauer in der A., durchschnittliche →Häufigkeit des Eintritts in und des Austritts aus der A. an, auch berufsartenspezifisch nach Geschlecht und Alter. Sie bieten einen konzentrierten Ansatz zur Bekämpfung der A.
Messung: → Arbeitslosenquote, → Stille Reserve. Sinkende Beschäftigung wird nicht nur in steigender A. (offene A.) sichtbar, sondern auch in der versteckten A., die sich in vielen Bereichen äußert, so in der Verlängerung von Ausbildung und Studium, vorgezogenem Berufsaustritt, Rückkehr von Ausländern in ihre Heimat u.a.m.
Die Statistik zur A. vermag nicht die tatsächliche A. zu ermitteln, da: Bereitschaft des Arbeitslosen zur Arbeit i.d.R. nicht geprüft werden kann; das Sozialrecht zahlreiche Anreize zur Meldung für A. bietet, so z.B. verlängerte →Kindergeldzahlung für arbeitslose Jugendliche, Sozialhilfebezug, Anrechnung von Ausfallzeiten in der →Rentenversicherung; illegale Beschäftigung (Schwarzarbeit) vorliegen kann; andererseits jene Arbeitslosen nicht erfasst, die sich ohne Einschaltung des Arbeitsamtes um eine Stelle bemühen od. mangels Chancen am Arbeitsmarkt eine Weiterbildung absolvieren. Da der einzelne Arbeitslose innerhalb eines Jahres mehrfach arbeitslos werden kann, ist die Zahl der A.-sfälle deutlich größer als die Zahl der arbeitslosen Personen. Nach neueren Schätzungen kommen auf 100 Arbeitslose 170 A.-fälle. Einmal im Jahr wird die A. vom → Statistischen Bundesamt mittels →Mikrozensus erhoben. Seit 1984 wird von der → OECD die A. für alle westlichen Industrieländer nach einem standardisierten Verfahren ermittelt, das sich in der Erhebungsmethode von der EG-Stichprobe und dem in den USA und Japan angewandten Verfahren unterscheidet. Deshalb weisen die Statistiken beträchtliche Unterschiede in der Arbeitslosenquote auf. Die derzeit praktizierte Erfassung der A. wird in der Fachliteratur diskutiert und Vorschläge für ihren Gebrauch als Politikgrundlage werden gemacht.
Wirkung: Da A. individuelle und soziale

Nöte, aber auch gesellschaftliche Probleme hervorruft und zu ökonomischen Wohlfahrtsverlusten (→Okunsches Gesetz) führt, ist die Beseitigung der A. in allen Ländern ein bedeutendes →Ziel der Wirtschaftspolitik, s. →Arbeitsmarktpolitik, →Theorie der Wirtschaftspolitik.

Ursachen: Es wird unterschieden in: *saisonale* A., bei der klimatische (Sommer, Winter) od. organisatorische (Ferienzeiten, Weihnachtsgeschäft) Gründe zu einer zeitlich begrenzten, aber wiederkehrenden Beschäftigungsschwankung führen; *friktionelle* A., bedingt durch Arbeitsplatz- und Berufswechsel (Fluktuations-A.); *strukturelle* A. wenn Änderungen in der Struktur des Arbeitsangebots und/ od. -nachfrage auftreten, die sowohl ökonomische (z.B. Mindestlöhne) wie außerökonomische, z.B. demographische Gründe haben können; *konjunkturelle* A., Konjunkturschwankungen (→Konjunkturtheorie) bedingen gegenüber den Produktionsmöglichkeiten eine zu geringe gesamtwirtschaftliche Güternachfrage. Nach M. Friedman ist *natürliche* od. *normale* A. jene Unterbeschäftigung, die nur durch realwirtschaftliche, nichtmonetäre Faktoren hervorgerufen wird und somit Ausdruck von realen Anpassungsvorgängen in der →Wirtschaft ist. Sie entspricht der strukturellen und friktionellen A. *Freiwillige* A. liegt vor, wenn → Wirtschaftssubjekte nicht bereit sind, zum herrschenden →Lohnsatz zu arbeiten, weil ihnen dieser zu gering ist. Sofern in der Theorie die Annahme ständiger Markträumung od. der Tendenz zum → Gleichgewicht gemacht wird, kann niemals *unfreiwillige* A. - abgesehen von der natürlichen A. - eintreten, weil jeder Arbeitslose zu einem Lohnsatz unter dem herrschenden Niveau Beschäftigung suchen und finden kann. Als *technologische* A. wird die Unterbeschäftigung bezeichnet, die durch technologische →Innovationen die Produktionsstruktur derart verändert, dass mehr Arbeitskräfte freigesetzt als wieder neu beschäftigt werden.
Klassische A.
→Arbeitsmarkt.
→Inselparabel.
→Beveridge-Kurve

Arbeitsmarkt
in der *Theorie* Teilmarkt einer Volkswirtschaft (→Wirtschaft), auf dem Arbeitsleistungen von den → Haushalten angeboten (L^S) und den Unternehmen (→Betrieb, I., 1.) nachgefragt (L^D) werden. Der Schnittpunkt von →Arbeitsangebots- und Arbeitsnachfragefunktion bestimmt die → Beschäftigungsmenge (N) und den Reallohnsatz (l_r^L) für das → Gleichgewicht (*) des A.; es herrscht → Vollbeschäftigung (N*), da unfreiwillige Arbeitslosigkeit (→Arbeitslosigkeit) nicht auftritt.
In der →Klassischen und →Neoklassischen Theorie wird ein vollkommener Wettbewerbsmarkt unterstellt, also freier Marktzu- und -abgang, Faktormobilität, vollständige Information der Marktteilnehmer, deshalb kann nur kurzfristig (N_u), aber nicht dauerhaft →Arbeitslosigkeit auftreten. Neuere Ansätze heben die realitätsfernen Annahmen auf und berücksichtigen Unsicherheit, Infirmationskosten, Heterogenität (Segmenttheorie) und Organisationsformen des A.

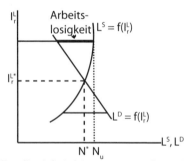

Da die Arbeitsleistung untrennbar mit der Person verbunden ist, bestimmen Arbeitsprozess und Arbeitsumwelt in starkem Maße die Lebensverhältnisse. Der A. ist deshalb der *wichtigste Teilmarkt* einer Volkswirtschaft. Organisation des A. durch →Gewerkschaften und →Arbeitgeber sowie Errichtung der → Sozialen Marktwirtschaft in der Bundesrepublik Deutschland haben Vorgänge und Ergebnisse des A. und ihre gesellschaftliche Behandlung stark verändert (Arbeitsvertragsrecht, → Mitbestimmung, Bekämpfung der Arbeitslosigkeit, soziale Unterstützung der Arbeitslosen: →Arbeitslosengeld, →Arbeitslosenhilfe, →Kurzarbeitergeld). Die Bedeutung des Lohnsatzes hat als Entscheidungsgröße gegenüber nichtmonetären Marktgrößen wie Arbeitsklima, betriebliche Altersvorsorge, Dienstwohnung und -wagen u. dgl. m. an Bedeutung abgenommen. In der *Praxis* ist zwischen dem organisierten A., der über die →amtliche Statistik erfasst wird und die Arbeitsleistungen der Selbstständigen ausschließt, und dem unorganisierten A. zu unterscheiden, der sich im Anzeigenteil der Presse od. in der →Stillen Reserve äußert. In der →EG gibt es für einen Arbeitsplatzwechsel keine Beschränkungen innerhalb der Mitgliedsländer.

Arbeitsmarktpolitik
1. Definition. Während der Begriff der → Beschäftigungspolitik allgemein nach dem →StabG die gesamtwirtschaftlich am →Güter-, →Geld- und →Arbeitsmarkt ansetzenden Maßnahmen zur Sicherung eines hohen Beschäftigungsstands umfasst, werden die am Arbeitsmarkt ansetzenden Maßnahmen speziell als A. bezeichnet. Die A. verfolgt aber auch andere und im Vergleich zur Beschäftigungspolitik weitergehende Ziele, z.B. werden mit der Unterstützung von Problemgruppen des Arbeitsmarktes zugleich auch soziale Ziele angestrebt. Daher sind die Grenzen zur →Sozial- und Bildungspolitik fließend. A. ist allein nicht in der Lage, mit ihren Instrumenten, Institutionen und Haushaltsmitteln das Ziel eines hohen Beschäftigungsstandes zu verwirklichen. Die Möglichkeiten der A., in einem sogenannten "Zweiten Arbeitsmarkt" zusätzliche Beschäftigungsmöglichkeiten oder Arbeitsgelegenheiten zu schaffen, sind begrenzt.

2. Träger der A. und wichtige Maßnahmen. Es lassen sich vier Zuständigkeitsbereiche der A. bzw. Träger arbeitsmarktpolitischer Maßnahmen unterscheiden:

2.1 Die A. der →Bundesagentur für Arbeit (BA) nach dem Dritten Buch Sozialgesetzbuch (SGB III): Das zeitlich vor der Einführung der Pflegeversicherung letzte Glied in der Kette grundlegender deut-

scher Sozialgesetzgebung betrifft die soziale Sicherung im Arbeitsleben. Erst Jahrzehnte nach Einführung der gesetzlichen Rentenversicherung und der Krankenkassen trat im Jahre 1927 das "Gesetz über Arbeitsvermittlung und Arbeitslosenversicherung" (AVAVG) in Kraft, das im Weiteren auch die Grundlage für das kurz nach dem StabG (1967) geschaffene Arbeitsförderungsgesetz (AFG) (1969) bildete, das seit 1.1.1998 vom SGB III abgelöst worden ist. Schon im AVAVG wurde →Arbeitslosigkeit als nicht privat und individuell versicherbares Risiko angesehen, da z.B. in einer Rezession sehr viele Menschen gleichzeitig arbeitslos werden und deshalb anstelle einer Risikodiversifikation eine Risikohäufung auftritt. Weitere wichtige Gründe für das Fehlen eines Marktes für privatwirtschaftliche Versicherungsverträge bestehen darin, dass der einzelne Arbeitnehmer das Risiko der Arbeitslosigkeit selbst beeinflussen kann ("moral hazard"). Ein privates Versicherungsunternehmen würde eine Vollversicherung gegen das Risiko der Arbeitslosigkeit nicht anbieten, da zu befürchten ist, dass der Staat oder die Gewerkschaften daraufhin den Mindestlohn über das kalkulierte Niveau hinaus anheben.

Mit dem AFG begann für die Sozialversicherungsgesetzgebung zudem der Vorrang prophylaktischer gegenüber therapeutischen Maßnahmen und Leistungen. Allerdings zielten viele AFG-Instrumente vorrangig auf die Nachfrageseite des Arbeitsmarktes ab, etwa durch eine möglichst optimale Allokation von qualifizierten Arbeitskräften oder die Linderung von Fachkräftemangel. Dagegen erwiesen sie sich zur Bekämpfung der Massenarbeitslosigkeit, die seit Mitte der siebziger Jahre zu einem immer größeren sozialen Problem geworden war, als weniger gut geeignet. Mit der Reform des Arbeitsförderungsrechts, in deren Folge das AFG durch das neue SGB III ersetzt wurde, sollen diese Ausrichtung auf die Angebotsseite verstärkt und als Hauptziele die Verbesserung der Erwerbschancen von Arbeitslosen, die Hilfe zur Vermeidung von →Arbeitslosigkeit, die wirksame Bekämpfung von Leistungsmissbrauch und illegaler Beschäftigung, die Erhöhung der Effektivität und Effizienz der BA sowie die Entlastung der Beitragszahler verfolgt werden.

Nach dem § 1 SGB III besteht die Aufgabe der Arbeitsförderung in der Unterstützung des Ausgleichs am →Arbeitsmarkt, indem Ausbildung- und Arbeitsuchende über Lage und Entwicklung des Arbeitsmarktes und der Berufe beraten, offene Stellen zügig besetzt und die Möglichkeiten von benachteiligten Ausbildung- und Arbeitsuchenden für eine Erwerbstätigkeit verbessert und dadurch Zeiten der →Arbeitslosigkeit sowie des Bezugs von →Arbeitslosengeld, Teilarbeitslosengeld und →Arbeitslosenhilfe vermieden od. verkürzt werden.

Die Leistungen der Arbeitsförderung sind nicht mehr unmittelbar auf die Ziele des StabG bezogen, sollen aber den beschäftigungspolitischen Zielsetzungen der →Sozial-, →Wirtschafts- und →Finanzpolitik (→ Wirtschaftspolitik) der Bundesregierung entsprechen. Dem → Subsidiaritätsprinzip trägt die in § 2 SGB III beschriebene besondere Verantwortung der →Arbeitgeber für Beschäftigungsmöglichkeiten und der Arbeitnehmer für ihre eigenen beruflichen Möglichkeiten Rechnung.

Zu den wichtigsten *Aufgaben der BA* gehört die Vermittlung von Arbeits- und Ausbildungsplätzen auch in Verbindung mit spezifischen arbeitsmarktpolitischen Instrumenten. Hierzu gehören die Förderung beruflicher Ausbildung, Fortbildung und Umschulung. Einen Spezialfall der beruflichen Bildung stellen die berufsfördernden Leistungen zur beruflichen Rehabilitation dar. Seit dem 1.1.2003 erfolgt die Förderung der beruflichen Weiterbildung durch die Arbeitsagenturen über die Ausstellung von Bildungsgutscheinen bei guten bis sehr guten Chancen der (Wieder-)Beschäftigung der Arbeitslosen auf dem „Ersten Arbeitsmarkt". Die Inhaber von Bildungsgutscheinen können diesen bei akkreditierten Bildungsträgern verwenden. Weitere Vermittlungsprobleme dürfen bei ihnen nicht vorliegen, so dass eine Zielgruppenorientierung kaum noch besteht. Ein weiteres Beschäftigungsfeld der „aktiven A." ist die Erhaltung und

Schaffung von Arbeitsplätzen. Dies erfolgt in erster Linie mit dem →Kurzarbeitergeld, der Förderung der ganzjährigen Beschäftigung in der Bauwirtschaft und Arbeitsbeschaffungsmaßnahmen (ABM). Die Förderung erfolgt vor allem durch die ergänzende Gewährung von Lohnkostenzuschüssen, jedoch auch durch Darlehen und Sachkostenzuschüsse an die Maßnahmeträger, zu denen in erster Linie öffentlich-rechtliche Institutionen, aber auch private Unternehmen gehören. Mit ABM soll gezielt auf die Wiederbeschäftigung von Langzeitarbeitslosen gefördert und damit den Selektionsprozessen am Arbeitsmarkt entgegengewirkt werden. Das Instrument ist für die BA im Vergleich zu anderen Maßnahmen mit hohem Mittelaufwand verbunden. Da öffentliche Haushalte zusätzliche →Einnahmen bei der Beschäftigung von Teilnehmern an ABM erzielen, sind die gesamtfiskalischen Kosten von ABM aber weitaus niedriger. Die mikroökonometrische Evaluation der Integrations- und die Untersuchung soziopsychologischer Stabilisierungseffekte von ABM zeigen gemischte Ergebnisse.

Mit dem SGB III wurde die schon vorhandene Palette betriebsbezogener Einstellungshilfen um neue Instrumente erweitert (z.B. Eingliederungsvertrag, Einstellungszuschuss bei Neugründungen) und weitere Experimentiermöglichkeiten im Rahmen der „Freien Förderung" geschaffen. Mit der Möglichkeit der Arbeitsagenturen bis zu zehn Prozent der im Eingliederungstitel enthaltenen Mittel für Ermessensleistungen der aktiven A. einsetzen zu können, wurde im SGB III zugleich die Verpflichtung der Arbeitsagenturen zur Aufstellung einer Eingliederungsbilanz verankert. Die Eingliederungsbilanzen müssen vergleichbar sein und sollen Aufschluss über den Mitteleinsatz, die geförderten Personengruppen und die Wirksamkeit der Förderung geben.

Die von der im Frühjahr 2002 eingesetzten Hartz-Kommission erarbeiteten Empfehlungen wurden insgesamt in vier Reformpaketen, den sogenannten Gesetzen für moderne Dienstleistungen am Arbeitsmarkt („Hartz I bis IV"), umge-

setzt. Zum 1.1.2003 traten die Artikelge-
setze „Hartz I und II" in Kraft. Sie regeln
u.a. die Einrichtung von Personalservice-
agenturen (PSA), die Erleichterung der
Arbeitnehmerüberlassung, die Locke-
rung des Kündigungsschutzes für Neu-
einstellungen bei Betrieben mit weniger
als 11 (bisher 6) Beschäftigten, die Ich-AG
als neues Instrument der Förderung von
Existenzgründungen sowie die Mini-
und Midjob-Regelungen. Mit dem Hartz
III-Gesetz, das am 1.1.2004 in Kraft trat,
wurde der organisatorische Umbau der
damaligen Bundesanstalt für Arbeit eingeleitet, z.B. durch die Straffung und
Vereinfachung der arbeitsmarktpolitischen Instrumente.

Die *Finanzierung der A.* erfolgt hauptsächlich aus Beiträgen zur BA, die von beitragspflichtigen →Betrieben und Arbeitnehmern mit je halbem Beitragssatz erbracht werden, sowie Umlagen für Win-
terbau und Insolvenzgeld. Darüber
hinaus besteht eine Gewährleistungs-
pflicht bzw. Defizitdeckungsgarantie seitens des Bundes für den Fall, dass der
Haushalt der BA und deren Rücklagen
die laufenden Ausgaben nicht abdecken.
Der Bund erstattet der BA die Kosten des
Arbeitslosengeldes II (das inzwischen
die Arbeitslosenhilfe ersetzt) vollständig
und für weitere Auftragsmaßnahmen
teilweise. Die →Ausgaben können der
„aktiven" und „passiven" A. zugerechnet werden. *Passive* A. umfasst die materielle Existenzsicherung bei Arbeitslosigkeit, vor allem durch Arbeitslosengeld
I aus den Beitragsmitteln der BA und Arbeitslosengeld II aus Bundesmitteln. Als
aktive Maßnahmen werden u.a. Beratung
und Vermittlung von Arbeitsuchenden,
Fortbildung, Umschulung, Arbeitsbeschaffungsmaßnahmen, Mobilitätshilfen,
Einstellungszuschüsse oder Gründungs-
förderung betrachtet.

Die Zusammenlegung von Arbeitslosen-
und Sozialhilfe zum neuen Arbeitslosengeld II (die sogenannte Grundsicherung)
entlastet seit dem 1.1.2005 die Gemeinde-
haushalte, da diese für die soziale Sicherung der erwerbsfähigen Sozialhilfeem-
pfänger nun nicht mehr allein verantwortlich sind. Die Zuständigkeit für die
Umsetzung von Hartz IV tragen prinzi-

piell gemeinsame Arbeitsgemeinschaften
(ARGEn) aus Arbeitsagenturen und
Kommunen. Nach dem Optionsgesetz ist
es Kommunen auch möglich, die Zuständigkeit in eigener Regie ohne Beteiligung
der Arbeitsagenturen zu übernehmen.
Davon haben bis zum Jahr 2007 insgesamt 69 „Optionskommunen" Gebrauch
gemacht. Hinzu kommen eine verstärkte
Förderung der Beschäftigungsaufnahme
durch leicht verbesserte Möglichkeiten
für Zusatzverdienste von Hilfeempfän-
gern sowie zusätzliche Eingliederungsin-
strumente wie das Einstiegsgeld und die
Arbeitsgelegenheiten („Ein-Euro-Jobs"),
die gemeinnützig und zusätzlich angeboten werden. Die faktische Absenkung der
bisherigen Arbeitslosenhilfe auf das Niveau der Sozialhilfe brachte für bisherige
Arbeitslosenhilfeempfänger in der Regel
finanzielle Einbußen mit sich. Die stärkere Einbeziehung von Partnereinkommen
bei der Berechnung des Leistungsan-
spruchs und die Verkürzung der Bezugsdauer des Arbeitslosengeld I auf 12
Monate (bei über 55-Jährigen 18 Monate)
bedeuten weitere finanzielle Einschnitte
für die Langzeitarbeitslosen.

Ein zentrales Merkmal der Finanzierung
der BA besteht in der gemeinsamen Finanzierung der aktiven und passiven A.
Wenn bei einer Zunahme der Arbeitslosigkeit die Zahl der sozialversicherungspflichtig Beschäftigten zurückgeht und
sich die Bemessungsgrundlage für die
Beiträge verringert, sinken die Einnahmen der BA. Da aber der Unterstüt-
zungssatz des Arbeitslosengeldes und
des Unterhaltsgeldes festliegt, besteht
nur die Möglichkeit, entweder den Bun-
deszuschuss zu erhöhen oder die Zahl
der Teilnehmer an aktiven arbeitsmarktpolitischen Maßnahmen zu reduzieren.
In der Vergangenheit wurden meistens
beide Optionen genutzt mit der Folge,
dass bei einem Anstieg der Arbeitslosigkeit weniger Mittel für aktive Maßnahmen zur Verfügung standen.

2.2 A. der Bundesregierung: Federfüh-
rend ist das Bundesministerium für Arbeit und Soziales, das seine A. bundes-
und landespolitisch abstimmt. Die spezifische A. der Bundesregierung wird auf
der Grundlage von Gesetzen in Anord-

nungen und Sonderprogrammen umgesetzt. Dabei ist neben dem SGB III das Beschäftigungsförderungsgesetz von 1985, das mehrfach verlängert und erweitert wurde, besonders hervorzuheben. Mit diesem Gesetz soll v.a. durch die erleichterte Zulassung befristeter Arbeitsverträge die Einstellungsbereitschaft der Unternehmen erhöht und somit der Arbeitsmarkt entlastet werden. Beispiele für Sonderprogramme in den 90er Jahren sind die Durchführung eines auf 4 Jahre befristeten Arbeitsmarktprogramms für die Einstellung Langzeitarbeitsloser, das 1995 der BA übertragen wurde, die Zulassung privater Arbeitsvermittler sowie die Sprachförderung und Eingliederung für Aussiedler. Wichtigster Ausgabenposten ist die Arbeitslosengeld II als Instrument der passiven A. Es wird bei Auslaufen des Anspruchs auf Arbeitslosengeld I bei Bedürftigkeit gewährt.

2.3 A. der Bundesländer: Angesichts von regionalen Disparitäten hinsichtlich der Beschäftigung wie auch der Arbeitslosenquoten gestalten alle Bundesländer eigene Landesprogramme ihrer A. Während die Instrumente des SGB III, europäische, Bundes- und auch kommunale Förderinstrumente überwiegend landesspezifisch umgesetzt und ausgestaltet werden, entwickeln einzelne Länder auch selbst innovative Ansätze. Akzente bilden eine möglichst enge Verzahnung von arbeitsmarkt- und strukturpolitischen Maßnahmen, die Förderung von Qualifizierung und Beschäftigung sowie betriebsbezogene, wirtschaftsnahe und innerbetriebliche Maßnahmen etwa zur Bewältigung neuer technologischer, organisatorischer und qualifikatorischer Anforderungen in Unternehmen. Ferner wird die vorhandene Trägerlandschaft für aktive A. gepflegt und ausgebaut, mitunter werden neue Betriebsformen, wie „soziale Betriebe" in Niedersachsen oder „Arbeitsförderbetriebe" in Berlin, errichtet.

3. *Wirkungen der A.* Die A. nach dem SGB III kann das globale Arbeitsmarktgleichgewicht nicht beheben. Die Anwendung von mikroökonometrischen Ansätzen zur Analyse der Wirkung von arbeits-

marktpolitischen Maßnahmen zeigt, dass mittel- und langfristig die von der BA geförderte Weiterbildung für Arbeitslose die Integrationschancen der Teilnehmer verbessert (Lechner/ Miquel/ Wunsch 2005). Die kurzfristigen Wirkungen dieser Weiterbildungsmaßnahmen auf die Eingliederung in sozialversicherungspflichtige Beschäftigung sind dagegen weniger günstig. Dieses Ergebnis ist plausibel, da eine Vermittlung während der Weiterbildungsteilnahme nur begrenzt möglich ist. Bei der Beurteilung der A. geht es zudem darum zu prüfen, ob die Verbesserung der Wiederbeschäftigungschancen der Maßnahmeteilnehmer möglicherweise die Wiederbeschäftigungschancen von nicht im Rahmen eines arbeitsmarktpolitischen Programms geförderten Arbeitslosen verringert (Substitutionseffekt). Denkbar wäre es auch, dass Beschäftigte entlassen werden, weil in Fortbildungs- und Umschulungsmaßnahmen qualifizierte Arbeitskräfte eingestellt werden sollen (Verdrängungseffekt). Außerdem ist zu klären, wie viele Personen eine arbeitsmarktpolitische Maßnahme nicht gebraucht hätten, um einen regulären Arbeitsplatz zu erhalten (Mitnahmeeffekt). Hinzu kommt schließlich, dass arbeitsmarktpolitische Maßnahmen das Lohnniveau auf dem ersten Arbeitsmarkt beeinflussen können.

Literatur: *F. Breyer/ W. Buchholz*, Ökonomie des Sozialstaats. Berlin 2007. *M. Caliendo/ R. Hujer/ S. L. Thomsen*, Evaluation der Eingliederungseffekte von Arbeitsbeschaffungsmaßnahmen in reguläre Beschäftigung für Teilnehmer in Deutschland, in: Zeitschrift für Arbeitsmarktforschung, 37 (3), 211-237 2004. *R. Hujer/ C. Zeiss*, Macroeconomic impacts of job creation schemes on the matching process in West Germany. Applied Economics Quarterly. Konjunkturpolitik, 51 (2), 203-217 2005. *M. Lechner/ R. Miquel/ C. Wunsch*, Long-run effects of public sector sponsored training in West Germany. IAB Discussion Paper 03/2005. *G. Schmidt/ J. O'Reilly/ K. Schömann* (Hrsg.), International Handbook of Labour Market Policy and Evaluation. Cheltenham 1996. *A. Trube*, Zur Theorie und Empirie

des zweiten Arbeitsmarktes. Münster 1997.
> Prof. Dr. G. Kleinhenz, Passau
> Dr. L. Bellmann, Nürnberg
> Dr. F. Weißner, Nürnberg

Arbeitsnachfrage
1. die Nachfrage eines Unternehmens (→ Betrieb, I., 1.) nach Arbeitsleistungen auf dem →Arbeitsmarkt; →A.-funktion, 1.

2. in der →Volkswirtschaftlichen Gesamtrechnung neben 1. auch die Nachfrage der →Haushalte nach privaten Dienstleistungen; z.b. nach Hausangestellten, Reinemachefrauen u.ä.

3. die gesamtwirtschaftliche A. als die aggregierte A. aller Unternehmen einer Volkswirtschaft; →A.-funktion, 2.

Arbeitsnachfragefunktion
1. die funktionale Zuordnung des Reallohnsatzes (l_r^L) als Bestimmungsgrund der von einem Unternehmen (→Betrieb, I., 1.) auf dem →Arbeitsmarkt nachgefragten Arbeitsleistungen (v_L^d), so dass die *einzelwirtschaftliche* A. lautet: $v_L^d = f(l_r^L)$. Sie wird mit Hilfe der → Grenzproduktivitätstheorie hergeleitet.

2. die *gesamtwirtschaftliche* A. als die Aggregation aller einzelwirtschaftlichen A., wenn Homogenität für alle Arbeitsleistungen unterstellt wird: $L^D = f(l_r^L)$. Sie lässt sich auch unter Benutzung einer makroökonomischen → Produktionsfunktion - allerdings nur unter Schwierigkeiten - und der →Grenzproduktivitätstheorie herleiten. Hierbei können auch solche Einflussgrößen wie Entwicklung der →Produktivität und des Wirtschaftswachstums berücksichtigt werden.

Arbeitsordnung
⇒Betriebsordnung
⇒Betriebsvereinbarungen
Regelungen zu innerbetrieblichen Angelegenheiten auf der Rechtsgrundlage des →Betriebsverfassungsgesetzes, die nicht in überbetrieblichen → Tarifverträgen enthalten sind, z.B. Arbeitszeit, Ruhepausen, Schichtwechsel, Überstunden,

Betriebsgeheimnis, Werkswohnungen. A. bedarf der Zustimmung des → Betriebsrates.

Arbeitsplatzbedarf
→Arbeitsplatzpotenzial.

Arbeitsplatzbewertung
⇒*Arbeitsbewertung*
⇒Dienstpostenbewertung
⇒Funktionsbewertung
⇒job evaluation
⇒Stellenbewertung.

Arbeitsplatzpotenzial
gibt die rechnerisch maximal verfügbaren Arbeitsplätze bei Vollauslastung der Produktionskapazitäten (→Kapazität) an. Wird aus dem →Kapitalstock und einer potentiellen →Kapitalintensität, die der langfristigen Entwicklung und dem Auslastungsgrad des → Anlagevermögens Rechnung trägt, ermittelt. Die Gegenüberstellung von A. und →Erwerbspersonenpotenzial zeigt den mittelfristigen Arbeitsplatzbedarf. Nach Berechnungen des → Sachverständigenrats beträgt er rund 1/2 Million.

Arbeitsproduktivität
ist das Verhältnis von erzeugter Gütermenge (Output, O) zu der dafür eingesetzten →Beschäftigungsmenge (N):

$$\alpha^N = \frac{O}{N};$$

die *durchschnittliche* A. ist das Verhältnis von Output zu Anzahl eingesetzter Beschäftigungseinheiten; die marginale A. od. *Grenzproduktivität* der Arbeit (α'^N) gibt den Output an, der aufgrund einer zusätzlichen infinitesimalen Beschäftigungseinheit entsteht: $\alpha'^N = \frac{dO}{dN}$.

Reziprok zur A. ist der →Arbeitskoeffizient $\beta^N = \frac{1}{\alpha^N}$.

Zwischen der A., →Kapitalproduktivität (α^K) und →Kapitalintensität (γ^K) besteht folgende tautologische Verknüpfung:

$$\frac{O}{N} = \frac{O}{K} \cdot \frac{K}{N}, \text{ also } \alpha^N = \alpha^K \cdot \gamma^K.$$

In der →Produktionsfunktion ist A. mit der Kapitalintensität funktional verknüpft, so z.B. in der häufig verwendeten Cobb-Douglas-Funktion (→Produktionsfunktion):

$$O = K^{\mu_K} \cdot N^{\mu_L} \cdot F \text{, denn es gilt wg.}$$

$$\mu_K + \mu_L = 1:$$

$$O = K^{\mu_K} \cdot N^{1-\mu_K} \cdot F \text{ und somit auch:}$$

$$\alpha^N = \frac{O}{N} = \left(\frac{K}{N}\right)^{\mu_K} \cdot F \text{ od.}$$

$$\alpha^N = (\gamma^K)^{\mu_K} \cdot F,$$

d.h. mit wachsender Kapitalintensität nimmt auch die A. zu. Diese enge Beziehung zwischen diesen beiden Größen wird durch jene verstärkt, die zwischen dem → technischen Fortschritt (F) und Kapitalintensität besteht, wenn der technische Fortschritt kapitalgebunden ist und →Investitionen getätigt werden, die zu einer Erhöhung der Kapitalintensität führen.

Die → amtliche Statistik misst die A. durch das reale Bruttoinlandsprodukt zu Marktpreisen (→Inlandsprodukt) je →Erwerbstätigen. Seit 1950 ist die A. in der Bundesrepublik absolut gestiegen, zeigt aber abnehmenden Trend mit zyklischen Schwankungen. Sie weist große Unterschiede für die einzelnen Wirtschaftsbereiche auf und ist in der Land- und Forstwirtschaft trotz hoher Zuwachsraten absolut am niedrigsten und hat im Öffentlichen Sektor die geringsten → Wachstumsraten. Da die A. bei einem Bezug auf →Erwerbstätige wg. Vernachlässigung der tatsächlichen Arbeitszeit nur ein grobes Maß ist, wird die A. in Bezug auf die Beschäftigtenstunde gemessen. Diese weist i.d.R. wg. der gesunkenen Jahresarbeitszeit ein größeres →Wachstum als die A. pro Erwerbstätigen auf.

Ist das Wachstum der A. einerseits die bedeutendste Quelle des allgemeinen Wohlstandes, zeigt es andererseits in der starken Abnahme des →Arbeitskoeffizienten die Verringerung der Arbeitsplätze und damit eine Ursache für soziale Probleme. Einen trendmäßigen dämpfenden Einfluss auf die A. in der Bundesrepublik haben Struktureffekte, z.B. derart, dass

Erwerbstätige in die Bereiche Dienstleistung und Öffentlicher Sektor mit einer unterdurchschnittlichen A. wandern. A.-szunahmen bedeuten bei konstanter Beschäftigungsmenge verteilungspolitisch die Möglichkeit zur Erhöhung der Nominallöhne, sofern das →Preisniveau nicht gesenkt werden soll (→Grenzproduktivitätstheorie). Entsprechend verfährt die produktivitätsorientierte Lohnpolitik, die von den →Gewerkschaften abgelehnt wird, weil sie die Verteilung des →Einkommens auf Löhne und →Gewinne unverändert lässt (→ Einkommensverteilungstheorie,   →   Einkommenspolitik)

Arbeitsquote

Maß zur →funktionellen Einkommensverteilung (→Einkommensverteilung, → Einkommensverteilungstheorie), das den prozentualen Anteil der →Arbeitseinkommen von Arbeitnehmern und Selbstständigen am →Volkseinkommen angibt. Die A. ist in der Bundesrepublik Deutschland trotz der Einkommenverteilungskämpfe langfristig ziemlich konstant.

Arbeitsrecht

ist das Sonderrecht der Rechtsbeziehungen von →Arbeitnehmern. Es umfasst zunächst die individuellen Beziehungen zwischen Arbeitnehmern und →Arbeitgebern und gehört insoweit zum Privatrecht; des Weiteren die sich zwischen den Arbeitnehmern aufgrund ihrer gemeinsamen Beschäftigung bildenden Arbeitsbeziehungen (z.B. Arbeitsschutz-, Arbeitszeitrecht), die zum öffentlichen Recht gehören; ferner die zum kollektiven A. zählende einheitliche Gestaltung der Arbeitsbedingungen, z.B. →Betriebsverfassung, →Tarifvertrag. Das A. ist bis heute noch unsystematisch in verschiedenen Gesetzen geregelt. Rechtsstreitigkeiten werden durch die Arbeitsgerichte als dem ersten Rechtszug, die Landesarbeitsgerichte als zweitem Rechtszug und das Bundesarbeitsgericht, Erfurt, als dem obersten Gerichtshof des Bundes entschieden.

arbeitssparender technischer Fortschritt

⇒ Harrod neutraler technischer Fort-

schritt
→technischer Fortschritt.

Arbeitsteilung
die Zerlegung eines Produktionsprozesses in Teilverrichtungen, die von spezialisierten → Arbeitern, Maschinen od. →
Betrieben durchgeführt werden. Nach
dem Ort ihrer Vollziehung wird unterschieden: innerbetriebliche, volkswirtschaftliche od. internationale A. Auf die
A. wurde insbesondere von Adam Smith
1776 anhand seines berühmt gewordenen Stecknadelbeispiels hingewiesen.
A. führt zu größerer →Produktivität und
ist die Grundlage für wirtschaftlichen
Wohlstand aufgrund ihrer *Vorteile*: Die
Spezialisierung ermöglicht Konzentration auf die besten menschlichen Fähigkeiten in der →Produktion und Förderung
ihrer weiteren Ausbildung; Herstellung
einer größeren Gütermenge erlaubt den
Einsatz von Maschinen und Anwendung
rationeller Verfahren; eine Massenproduktion kann kostengünstig erfolgen.
Mit zunehmender A. ist die Entwicklung
der Tauschwirtschaft und Ausdehnung
der →Märkte verknüpft. Die Vorteile der
A. müssen mit *Nachteilen* erkauft werden,
die sich vor allem in den →Kosten für die
größere Koordinationsleistung des
Tauschvolumens, den weitreichenden
Folgen der ökonomischen →Interdependenz sowie den negativen sozialen und
psychologischen Rückwirkungen auf
den Menschen niederschlagen. Vor- wie
Nachteile der A. sind i.Ggs. zur Auffassung von K. Marx unabhängig vom →
Wirtschaftssystem. Vgl. auch → Wirtschaft, 3 und 4.

Arbeitsverfassung
ist die Gesamtheit der Rechtsnormen
und Institutionen, die die Ordnung und
Gestaltung des →Arbeitsmarktes regeln.
Bedeutsame Formen sind:
1. →Arbeitnehmern und Arbeitgebern ist
organisatorischer Zusammenschluss zu
Verbänden (→Gewerkschaften, →Arbeitgeberverbände) erlaubt mit der Möglichkeit, Druckmittel (→Streik, Aussperrung)
anzuwenden. Diese Form bedeutet Beschränkung des →Wettbewerbs auf beiden Seiten.
2. in freien Kollektivvertragsverhandlun

gen werden Tarife mit normativer Geltung für den Abschluss von
Einzelarbeitsverträgen od. Arbeitsverträgen für Wirtschaftszweige bzw. -branchen vereinbart, wobei die Tarife den
Charakter von →Mindestlöhnen haben,
die auch für nicht gewerkschaftlich organisierte Arbeitnehmer gelten.
In der Bundesrepublik gilt das Prinzip
der → Tarifautonomie und Arbeitsvertragsfreiheit. In sozialistischen Ländern
ist die individuelle Arbeitsvertragsfreiheit eingeschränkt; von der Planbehörde
festgelegte Lohnsätze dürfen nicht überschritten werden.

arbeitsvermehrender technischer Fortschritt
⇒arbeitsadditiver technischer Fortschritt
→technischer Fortschritt.

Arbeitsvermögen
⇒*Arbeitskapital*
⇒Humankapital.

Arbeitsvertrag
ist das Arbeitsverhältnis begründender
Vertrag. Wird in § 611 BGB als Unterfall
des Dienstvertrages definiert. Der auch
hier geltende Grundsatz der Vertragsfreiheit ist durch Verfassung, →Tarifverträge wie auch das → Arbeitsrecht
eingeschränkt.

Arbeitsvolumen
→Arbeitsangebot.

Arbeitswertlehre
von den Klassikern (Smith, Ricardo) bis
Marx vertretene Auffassung, dass sich
der Wert einer Ware aus dem →Tauschwert, das ist der → relative Preis, bestimmt. Für Gesellschaftsformen mit →
Arbeit als einzigem →Produktionsfaktor
ergibt die aufgewendete Arbeit den
Tauschwert. In entwickelten Volkswirtschaften (→Wirtschaft) mit den Produktionsfaktoren Arbeit, →Boden, →Kapital,
Umwelt (→Umweltökonomie) bestimmt
sich der Tauschwert durch die Produktionskosten aller beteiligten Faktoren. Für
Marx ist der Tauchwert gleich der im gesellschaftlichen Durchschnitt zur Herstellung der Ware aufgewandten Arbeitszeit. Die A. ist eine objektive Wert-

lehre i.Ggs. zur heute herrschenden subjektiven, nach der sich der Wert einer Ware aus dem von ihr gestifteten → Grenznutzen erklärt.

Arbeitspotential
→Arbeitsangebotsfunktion, gesamtwirtschaftliche.

Arbitrage
Kombination eines Kauf- und Verkaufsaktes, der zeitliche od. lokale Preisunterschiede für → Güter-, Edelmetalle, → Effekten, Guthaben von →Zentralbankgeld od. Zinssätzen ausnutzt. Der Arbitrageur kauft zum niedrigsten und verkauft zum höheren →Preis, wobei der Preisunterschied größer als die anfallenden Kosten sein muss. Da beim A.-geschäft Marktkenntnis gegeben ist, ist es ziemlich risikolos i.Ggs. zur →Spekulation. Durch A. wird ein →Gleichgewicht hergestellt.

ARIMA-Prozess
stochastischer Prozess im →Box-Jenkins-Modell mit bestimmter Eigenschaft für univariate Prognoseverfahren (→Prognose). Vgl. →Zeitreihenanalyse.

arithmetisches Mittel
in der Statistik der bekannteste →Lageparameter für metrische Merkmale (→Deskriptive Statistik), der i. allg. Sprachgebrauch als Durchschnittswert bezeichnet wird. Das a. ($\bar{x}$) errechnet sich für Einzelwerte (x_i) durch Addition aller Merkmalswerte (→ Merkmal) und Division ihrer Summe durch die Anzahl der Merkmalswerte

$$\bar{x} = \frac{1}{n}\sum_{i=1}^{n} x_i .$$

Als gewogenes a. berücksichtigt es auch die Bedeutung jedes einzelnen Merkmalswertes. Vgl. →Deskriptive Statistik.

ARMA-Prozess
⇒Box-Jenkins-Modell
Kombination eines → AR-Prozesses mit einer bestimmt strukturierten Störvariable im Prognoseverfahren (→Prognose).
→Zeitreihenanalyse

AR-Prozess
Abk. für: autoregressiver Prozess bestimmter Ordnung in einem speziellen parametrischen Zeitreihenmodell.

Arrow-Debreu-Modell
K. J. Arrow (1964) und G. Debreu (1959) haben für das allgemeine → Gleichgewicht zwischen Haushalten (→Haushalt, 1.) und Unternehmen (→Betrieb, I., 1.) im Mehrperiodenfall unter der erweiterten Bedingung exogen eintretender Unsicherheit gezeigt, dass →Pareto-Optimalität vorliegen kann, wenn jedes →Gut zu jedem Zeitpunkt und zu jedem Umweltzustand gehandelt werden kann. Beispiel: Warenterminkontrakte (→Warenbörse).

Arrow-Paradoxon
ist die Bezeichnung für den von K. J. Arrow 1951 anhand von vier a priori Bedingungen für kollektive Rationalität erbrachten Beweis der Unmöglichkeit (Unmöglichkeitstheorem) des Vorliegens einer sozialen Wohlfahrtsfunktion bei der Problemstellung: a) Individuen zur Offenlegung ihrer individuellen →Präferenzen über soziale Zustände (z.B. bestimmter öffentlicher Leistungen) zu veranlassen, b) aus den individuellen Präferenzen die Präferenzrelation der ganzen Gesellschaft (soziale Präferenzrelation) abzuleiten, c) wobei die individuelle und soziale Präferenzrelationen dasselbe Rationalitätspostulat zu erfüllen haben (= soziale Wohlfahrtsfunktion nach Arrow).

Arrowsches Unmöglichkeitstheorem
→Arrow-Paradoxon

ASEAN
Abk. für: Association of East Asian Nations
Staatenverbund Brunei, Indonesien, Malaysia, Philippinen, Singapur, Thailand und Vietnam mit 330 Mio Menschen. Hat das Ziel, bis 2008 eine →Freihandelszone aufzubauen. Schloß 1980 mit der →EG ein Abkommen über wirtschaftliche und technische Zusammenarbeit.

Assekuranztheorie
eine vorwiegend im 19. Jh. vertretene

Rechtfertigungslehre der Steuerzahlung. A. betrachtet die →Steuer als eine Versicherungsprämie für vom Staat erbrachte öffentliche Leistungen. Folgerung dieser Auffassung ist die Beschränkung der öffentlichen Leistungen nur auf solche, die dem Bürger Schutz zu bieten vermögen.

Assessment-Center
Abk.: AC-methode
gegenüber herkömmlichen Verfahren ein besonders praxisbezogenes und leistungsfähiges, mehrere Methoden umfassendes Verfahren in der Personalauswahl zur Beurteilung von Leistungsfähigkeit und Mängeln von Stellenbewerbern sowie zur Förderung von Mitarbeitern. A. wurde in den USA entwickelt. Voraussetzung für die Realisierung sind Konkretisierung der Anforderungen an eine Stelle, Einsatz mehrerer Beurteiler, die mit dem Verfahren vertraut sind, sowie effiziente Planung und Vorbereitung des i.d.R. mehrere Tage dauernden Verfahrens. Typisch für A. ist die gleichzeitige Teilnahme mehrerer Kandidaten und die Ausrichtung der Aufgaben auf soziale und möglichst realitätsnahe Situationen. Wissenschaftliche Untersuchungen testieren dem A. bei der Auswahl leistunsgfähigen Nachwuchses eine hohe Erfolgsquote.

asset approch
in der →monetären Außenwirtschaftstheorie Erklärungsansatz zur Bildung und Entwicklung des →Wechselkurses, wonach Änderungen in der Haltung von in- und ausländischen →Wertpapieren bestimmend sind. Damit liefern auch die internationalen Kapitalströme neben den →Exporten und →Importen von →Gütern einen Erklärungsbeitrag zu Wechselkurs- und Zahlungsbilanzänderungen (→ Zahlungsbilanz).

Asset-Backed Securities
sind →Wertpapiere, die bei der Verbriefung von →Forderungen der →Kreditinstitute von eigens gegründeten Gesellschaften emittiert werden, um sich zu refinanzieren. Wurden 1970 in den USA kreiert. Erlebten in den 80er Jahren dort wie in Europa rasche Verbreitung als erhöhte Anforderungen an das →Eigenka-

pital der →Banken gestellt wurden. A. sind für die Banken eine die →Bilanz entlastende, eigenkapitalsparende und kostengünstige Refinanzierung, sofern sie über geeignete →Aktiva verfügen. 1997 hat die →Bankenaufsicht die zu beachtenden Anforderungen angegeben.

Assignment-Prinzip
von R. A. Mundell formuliert. Gibt für eine Volkswirtschaft (→Wirtschaft) mit → Zahlungsbilanzdefizit und → Arbeitslosigkeit an, mittels welcher Wirtschaftspolitik (→Theorie der Wirtschaftspolitik) sie sich in einem System →fester Wechselkurse zurück zum internen gesamtwirtschaftlichen und externen → Gleichgewicht entwickelt. Nach dem A. ist die kombinierte →Fiskal- und Geldpolitik (→ Policy-Mix) so zu gestalten, dass sich die Fiskalpolitik am internen, die Geldpolitik am externen Gleichgewicht ausrichtet. S. auch Außenwirtschaftspolitik.

Assoziationskoeffizient
⇒Kontingenzkoeffizient
→Deskriptive Statistik

atomistische Konkurrenz
⇒perfect competition
⇒polypolistische Konkurrenz
⇒pure competition
⇒*vollständige Konkurrenz.*

Aufbauorganisation
⇒Strukturorganisation
in gedanklicher Abstraktion die →Organisation, die sich auf den Aufbau der Unternehmung (→Betrieb, I., 2.) als Gebilde und Beziehungszusammenhang richtet. Konzentriert sich insbesondere auf institutionelle Probleme und Zustände, wie Gliederung und Koordination in aufgabenteilige Einheiten, Instanzen, Stäbe, → Kollegien. A. wird unterschieden von der →Ablauforganisation.

aufeinander abgestimmtes Verhalten
von Unternehmen (→Betrieb, I.) od. Vereinigungen von Unternehmen ist seit 1973 nach dem →Gesetz gegen Wettbewerbsbeschränkungen (GWB) verboten, soweit es nicht nach § 1 GWB zum Gegenstand von vertraglichen Vereinbarungen gemacht werden darf. Damit

wird eine Willensübereinstimmung zu einer Zusammenarbeit auf gleichen → Märkten (i.d.R. horizontale Wettbewerbsbeschränkungen) verboten, die durch eine direkt od. indirekt erfolgte vorherige Verständigung erreicht wurde und die Absicht verfolgt, Marktverhältnisse durch Wettbewerbsbeschränkung zu beeinflussen. Diese Vorschrift untersagt nicht die erkennbare Abstimmung selbst, sondern erst das daraus folgende Verhalten. Ein solcher Tatbestand liegt vor, wenn die Beteiligten einen tatsächlichen Verlust an Wettbewerbsfreiheit mit einer qualitativ und quantitativ spürbaren Beeinflussung der Marktstellung Dritter hervorrufen. Beobachtung gleichförmiger bzw. paralleler Verhaltensweisen, wie z.B. in der Entwicklung der Benzinpreise, reicht zur Feststellung a. nicht aus. a. muss i.d.R. aufgrund von Indizien nachgewiesen werden, weil Beweismaterial nur in den seltenen Fällen aufgefunden werden kann. Zur Indizienermittlung werden z.B. im Rahmen des → workable competition-Konzepts entwickelte Markttests verwendet, mit denen Marktstruktur, -verhalten und -ergebnis zur Beurteilung des Wettbewerbs analysiert werden. Das → Bundeskartellamt kann a. untersagen. Durch das Verbot von a. wurde eine Lücke im GWB geschlossen, da Unternehmen das Verbot von vertraglich fixierten Absprachen zur Beeinflussung des Wettbewerbs durch mündliche Absprachen umgehen konnten. Außerdem erfolgte eine Angleichung an Art. 81 des EG-Vertrages (→ EG), der a. zur Beeinflussung des Handels zwischen Mitgliedstaaten verbietet. Das a. erhält eine zunehmende Bedeutung in der Wettbewerbspolitik, vor allem in Europa.

Aufgeld
→Option

Auflagengeschäft
Bezeichnung eines →Kompensationsgeschäftes nach seiner vertraglichen Gestaltung, bei dem in einem Liefervertrag relativ unverbindliche Hinweise auf die grundsätzliche Bereitschaft zu Gegenkäufen enthalten sind.

Aufschwung
⇒Expansion
⇒Prosperität
beschreibt in der →Konjunkturtheorie die Zeitspanne entweder vom unteren bis zum oberen Wendepunkt und umfasst damit die Erholungs- (→Erholung) und Boomphase (→Boom) oder nur die sich langsam beschleunigende Zunahme der wirtschaftlichen Aktivität nach der →Depression.

Aufschwung Ost
→Gemeinschaftswerk Aufschwung Ost.

Aufsichtsrat
für →Aktiengesellschaft, →Kommanditgesellschaften auf Aktien, →Genossenschaften gesetzlich stets, für → Gesellschaften mit beschränkter Haftung, nur wenn mehr als 500 Beschäftigte, vorgeschriebenes Organ mit der Aufgabe, die →Geschäftsführung zu überwachen.

Auftragsstimmrecht
⇒Bankenstimmrecht
⇒Depotaktienstimmrecht
⇒*Depotstimmrecht*
⇒Ermächtigungsstimmrecht
⇒Legitimationsstimmrecht.

Aufwand
→Ausgaben einer Unternehmung (→Betrieb, I., 2.) für den Ge- und Verbrauch aller vorhandenen Wirtschaftsgüter (→ Gut) in einer Periode. Gemeinsam mit dem →Ertrag dienen sie in der →Gewinn- und Verlustrechnung der Ermittlung des tatsächlichen Wirtschaftserfolges (→Gewinn od. Verlust) einer Unternehmung. A. mindert das →Vermögen. Wenn sich Ausgaben und A. in einer Periode entsprechen, z.B. Kauf und Verbrauch von Rohstoffen in derselben Periode, liegen *A.-sausgaben* vor. Ggs. hierzu wären in der Vorperiode bezahlte und in der laufenden Periode dem Lager entnommene Rohstoffe od. Zugang von Rohstoffen ohne Verbrauch in der laufenden Periode (neutrale Ausgaben). A. sind somit periodisch abgegrenzte Ausgaben für Wirtschaftsgüter. Die Kategorien A. und Ausgaben betreffen näherhin die Finanzbuchhaltung, grenzt man weiter ab, kommt man dann zum Begriff der →

Kosten, die in den Bereich der →Betriebsabrechnung gehören. Bei der Übereinstimmung von → Kosten und A., z.b. Lohnzahlungen, wird vom *Zweck-A.* od. Grundkosten gesprochen. A., der nicht Zweck-A. ist, wird als *neutraler A.* bezeichnet und ist entweder *zweckfremder A.*, z.B. für betriebsfremde Grundstücke, od. *außergewöhnlicher A.*, z.B. Aufwendungen zur Schadensbeseitigung durch Explosion einer nicht ausreichend versicherten Produktionsanlage, od. auch *periodenfremder A.* im Falle einer Steuernachzahlung.

Aufwandsrückstellung
→Rückstellung für künftige ungewisse → Ausgaben, die durch Aktivitäten im Geschäftsjahr veranlasst sind, denen aber i.Ggs. zu Verbindlichkeitsrückstellungen keine Verpflichtungen gegenüber Dritten zugrundeliegen. Regelungen im § 249, 2 HGB. Da A. reine Innenverpflichtung darstellt, ist ihre bilanzanalytische Zuordnung umstritten.

Aufwertung
⇒Revalvation
einer →Währung liegt vor, wenn sich ihr →Wechselkurs erhöht od. ihr →Devisenkurs erniedrigt. A. erhöht den →Preis für eine Währungseinheit des Inlandes, ausgedrückt in Währungseinheiten eines anderen Landes. So z.B. wurde die DM am 27.10.1969 gegenüber dem US-Dollar von 0,2500 $/DM auf 0,2732 $/DM aufgewertet. Mit einer A. wird die Verringerung eines Exportüberschusses (aktive →Handelsbilanz) od. die Minderung des Zuflusses ausländischen Kapitals angestrebt, da die mit der A. einhergehende Verbilligung der Auslandswährung(en) bei unveränderten Auslandspreisen eine Preissenkung ausländischer →Güter bedeutet. Bei erfüllter →Marshall-Lerner-Bedingung tritt diese Reaktion der → Handelsbilanz ein. Des Weiteren wird mit einer A. die Dämpfung eines Konjunkturbooms (→ Konjunkturtheorie, → Wirtschaftspolitik, → Außenwirtschaftspolitik) wie der →Inflation (→Geldpolitik) beabsichtigt. Im System → freier Wechselkurse ergibt sich eine A. durch das Zusammenwirken von Angebot und Nachfrage auf dem →Devisenmarkt.

Aufzinsung
die Berechnung des Endwertes (K_n) für ein Anfangskapital (K_0) bei einer konstanten Verzinsung in Höhe von i (= Zinsfuß) über den gesamten Zeitraum, wobei die Zinsen am Ende jeder Periode gutgeschrieben werden.
Beispiel:
Am Ende der ersten Periode gilt folgender Endwert K_1:
(1) $K_1 = K_0 + K_0 \cdot i = K_0(1 + i)$
und am Ende der zweiten:
(2) $K_2 = K_1 + K_1 \cdot i = K_1(1 + i)$
$= K_0(1 + i)^2$, so dass am Schluß der n^{ten} Periode der Endwert beträgt:
(3) $K_n = K_0(1 + i)^n$.
Werden die Zinsen für die Periode m-mal in gleichen Zeitabständen gutgeschrieben, so lautet die Gleichung (3) jetzt:
(4) $K_n = K_0\left(1 + \dfrac{i}{m}\right)^{mn}$.

Die Ausdrücke $(1 + i)^n$ in (3) und $\left(1 + \dfrac{i}{m}\right)^{mn}$ in (4) werden als A.-faktoren bezeichnet. Wenn m gegeben ist, wird der A.-faktor in (4) zu einer Konstanten (k), so dass (4) geschrieben werden kann:
(5) $K_n = K_0 \cdot k^n$.
Gegenteiliges gilt für die →Abzinsung. Die Methode der A. wird zur Wirtschaftlichkeitsberechnung von →Investitionen od. Kapitalanlagen verwandt.

Auktion
organisierter →Markt, auf dem sich der → Preis unverzüglich durch Änderungen von Angebot und Nachfrage bildet. Auf A.-märkten werden →fungible bzw. standardisierte Waren (Getreide, Tabak, Edelmetalle) an den Meistbietenden abgegeben. Der A.-markt ist eine typische Modellannahme, z.B. für die →vollständige Konkurrenz.

Ausbeutung
1. allgemein: Ausnutzung einer Überlegenheitsposition am →Markt.

2. nach K. Marx A. der Arbeit: die durch das kapitalistische System bedingte Aneignung des →Mehrwertes durch den Kapitalisten.

3. monopolistische od. monopsonistische A.: Differenz zwischen Grenzproduktivität (→Ertrag) eines →Produktionsfaktors und seiner Realentlohnung.

4. zivilrechtlich: Ausnutzung einer Zwangslage, Unerfahrenheit, Mangel an Urteilsvermögen od. erheblicher Willensschwäche eines anderen bei Rechtsgeschäften. Kann wg. Wucher Strafbarkeit begründen.

Ausbeutungsgrad
⇒Mehrwertrate
→Gesetz des tendenziellen Falls der Profitrate.

ausbildungsgebundener   technischer Fortschritt
→technischer Fortschritt.

Ausbildungsinvestition
→Ausgaben für Bildung, die das →Arbeitsvermögen und seine Qualität erhalten und erhöhen. S. auch → Kapital, Investition.

Ausfallbürgschaft
Vereinbarung darüber, dass der Bürge nur dann in Anspruch genommen wird, wenn der Schuldner ganz od. teilweise endgültig ausfällt.

Ausgabe(n)
1. in der →Volkswirtschaftslehre: 1. in der → Mikroökonomik das von den →Haushalten für →Güter ausgegebene →Einkommen ausschließlich der →Einkommensverteilung für die →Vermögensbildung; die A. (A) ist das Produkt aus →Preis (p) für eine Guteinheit und der nachgefragten = erworbenen Gütermenge (q^d):

$A = p \cdot q^d$. S. auch →Grenzausgabe, → Amoroso-Robinson-Relation. 2. in der Makroökonomik die →gesamtwirtschaftliche Güternachfrage. 3. in der →Finanzwissenschaft die Staatsausgaben. 4. in der →Kreislaufanalyse →Leistungstransaktionen, die zu einer Abnahme des → Geldvermögens führen.

2. in der →Betriebswirtschaftslehre, hier im Rechnungswesen alle Geldabflüsse eines Unternehmens (→Betrieb, I., 2.) in einer Wirtschaftsperiode (Perioden-A.). Ggs. ist →Einnahme.

3. im Steuerrecht sind A. abzugsfähige Betriebs-A. Es sind die durch den Betrieb veranlassten Aufwendungen, die gesetzlich definiert sind.

Ausgabenfunktion
gibt in der →Makroökonomik die Bestimmungsgründe für die gesamtwirtschaftlichen Ausgaben (A), die der → gesamtwirtschaftlichen Güternachfrage (Y^D) entsprechen, an. Diese sind z.B. das →Einkommen (Y) für den →Konsum der privaten Haushalte (→Haushalt, 1.) (C) und der Zins (i) für die Investitionsgüternachfrage (I) der Unternehmen (→Betrieb, I., 1.), so dass die A. [bei gegebener Güternachfrage des Staates ($\bar{C}_G$) sowie des Auslandes ($\bar{X}$)] lautet:

$A = Y^D = C(Y) + I(i) + \bar{C}_G + \bar{X}$.
→Keynessche Theorie.

Ausgabensteuer
⇒expenditure tax
⇒spending tax
i.d.R. progressive Steuer, deren →Bemessungsgrundlage die Konsumausgaben sind. Sie kann entweder als persön-liche A. gestaltet werden, wenn der Steuerzugriff direkt beim privaten Haushalt (→ Haushalt, 1.) unter Berücksichtigung seiner persönlichen Leistungsfähigkeit erfolgt, od. als allgemeine persönliche A., sofern sämtliche Konsumausgaben die Bemessungsgrundlage bilden. Ist nicht identisch mit der → Verbrauchsteuer, noch mit der →Umsatzsteuer. Problematisch ist: die Art der Ermittlung der Konsumausgaben (direkt od. indirekt); die Eigenschaft der Konsumausgaben →Indikator steuerlicher Leistungsfähigkeit zu sein - z.B. und vor allem gegenüber dem →Einkommen -; die von der A. ausgehenden Wirkungen auf →Sparen, Investitionsneigung (→ Investitionstheorie) der Unternehmen (→Betrieb, I.) und das Angebot von → Arbeit wg. der unterschiedlichen Handlungsmotive und Re-

aktionen der →Wirtschaftssubjekte. Zudem sind die erwarteten Wirkungen einer A. auch durch ent-sprechende Ausgestaltung der →Einkommensteuer zu erreichen. In der Praxis wurde die A. sehr selten eingeführt, obwohl seit den Klassikern (z.b. W. Petty, J. St. Mill) und immer wieder eine A. gefordert wurde (I. Fisher, A. C. Pigou, N. Kaldor (1955)).

Ausgleichsbeträge
s. →Abschöpfung.

Ausgleichsfonds
wurde zur Durchführung der Währungsumstellung von Mark der DDR auf D-Mark am 1. Juli 1990 errichtet. Ist sowohl Schuldner als auch Gläubiger der aktivischen und passivischen Ausgleichsposten der →Banken und Außenhandelsbetriebe der DDR. Als Saldo weist er eine →Ausgleichsforderung gegenüber dem Staat aus.

Ausgleichsforderungen
1. →Forderungen von →Banken, Versicherungen und →Bausparkassen gegenüber Bund und Ländern aus der Währungsumstellung 1948. Sie können unterschieden werden: 1. die verzinsliche A. von →Geschäftsbanken, Versicherungen und Bausparkassen. Sie entsprechen dem Unterschiedsbetrag der durch die Währungsreform wertlos gewordenen Forderungen gegen das Deutsche Reich aus der Kriegsfinanzierung und den in bestimmten Prozentsätzen umgestellten → Verbindlichkeiten gegenüber ihren Kunden. Seit 1956 werden diese A. aus dem Gewinn der → Deutschen Bundesbank getilgt; 2. die unverzinslichen und tilgungsfreien A. der →Deutschen Bundesbank. Sie sind der Ausgleichsposten für die bei der Währungsreform von der → Bank deutscher Länder und →Landeszentralbanken ausgezahlten Kopf- und Geschäftsbeträge in neuer →Währung. Die Deutsche Bundesbank kann A. als → Mobilisierungspapiere in der → Offenmarktpolitik (→Geldpolitik) einsetzen.

2. Forderungen der Banken in der DDR an den Ausgleichsfonds, die gem. Staatsvertrag über die Schaffung einer Währungs-, Wirtschafts- und Sozialunion

zwischen der Bundesrepublik Deutschland und der Deutschen Demokratischen Republik am 1. Juli 1990 aus der Währungsumstellung von Mark der DDR auf D-Mark resultieren. Die Banken haben ihre Aktiva 2 : 1, ihre Passiva bei bestimmten Pro-Kopf-Beträgen 1 : 1, ansonsten 2 : 1 umgestellt. Diese A. sind marktmäßig verzinsliche, bundesbankfähige Aktiva, die für Geschäfte auf dem → Geldmarkt und für die Refinanzierung bei der Bundesbank (→Geldpolitik, 7.) verwendet werden können. Hiervon sind die A. des Ausgleichsfonds an den DDR-Staatshaushalt zu unterscheiden.

Ausgleichsgesetz der Planung
von E. Gutenberg formuliertes Prinzip für das Planungs- und Kontrollsystem einer Unternehmung (→Betrieb, I., 2.). Es sagt aus: die →Planung des betrieblichen Geschehens erfordert die ständige Koordination von Absatz-, Produktions-, Beschaffungs- und Lager- sowie Finanzierungsmöglichkeiten und führt bei ständiger Planung zur Dominanz des Minimumsektors. Auf ihn haben sich die anderen Bereiche einzunivellieren, wenn unternehmensschädliche Konsequenzen vermieden werden sollen. Das gilt grundsätzlich für die kurze Frist, wobei in der langfristigen Planung die Beseitigung des Engpassbereiches angestrebt wird. In dieser stellt letztlich der →Markt den Engpassfaktor dar, da dieser für Unternehmen ein Datum ist.

Ausgleichsmesszahl
gibt den →Finanzbedarf für den Finanzausgleich zwischen den Bundesländern an. Sie wird wie folgt berechnet: das bundesdurchschnittliche Aufkommen an Landessteuern pro Kopf wird mit der Einwohnerzahl des betreffenden Landes multipliziert und um das Realsteueraufkommen ergänzt sowie wg. des →Brechtschen Gesetzes mit der Bevölkerungsdichte modifiziert.

Ausgleichsposten
lautet vollständig: A. zur Auslandsposition der →Bundesbank. Ist eine Position in der →Zahlungsbilanz. Sie nimmt Gegenbuchungen zu Änderungen des Auslandsposition der Bundesbank (→Aus-

landsposition, 2.) auf, die nicht auf den Leistungs- und Kapitalverkehr mit dem Ausland zurückgehen, u. zw. durch: 1. Zuteilung von →Sonderziehungsrechten durch den →IWF, da sich hierdurch der Währungsbestand erhöht; 2. →Auf- bzw. →Abwertungen, wodurch sich der Wert des →Devisenbestandes ändert ohne entsprechende →Transaktionen; 3. einheitliche Bewertung aller Devisenbestände am Bilanzstichtag zum Niederstwertprinzip, wobei diese zu unter-schiedlichen →Kursen gekauft wurden.

Ausgleichszuweisung
→Finanzzuweisung, 1.

Ausländer
1. gem. Definition des → Statistischen Bundesamtes Personen, die nicht Deutsche im Sinne des Art. 116 Abs. 1 GG sind. Diese Definition wird in der Bevölkerungsstatistik verwandt.

2. in der →Volkswirtschaftlichen Gesamtrechnung sind A. alle jene →Wirtschaftssubjekte, die ihren ständigen Wohnsitz bzw. Sitz der Leitung außerhalb der Grenzen des Erhebungsgebietes haben.

Auslandsaktiva
→ Forderungen, die inländische Wirtschaftseinheiten, z.B. →Banken, gegenüber ausländischen, z.B. Banken od. Nichtbanken, haben.

Auslandspassiva
→ Verbindlichkeiten, die inländische Wirtschaftseinheiten gegenüber ausländischen haben.

Auslandsposition
1. in der →Vermögensrechnung die Gegenüberstellung von →Forderungen und → Verbindlichkeiten eines Wirtschaftssubjektes od. eines Landes gegenüber dem Ausland.

2. in der →Zahlungsbilanz die Veränderung der Nettoauslandsaktiva der →Bundesbank od. auch Saldo der → Devisenbilanz genannt. Sie ist der Saldo aller →Transaktionen mit dem Ausland. Die Aggregation aller Salden der A. ergibt die →Währungsreserven eines Landes, sofern Auslandsaktiva im Besitz

privater Wirtschaftssubjekte außer Betracht bleiben. Die Bewertung der Währungsreserven schwankt mit dem Außenwert der Inlandswährung. Dabei werden gesamtwirtschaftlich die Gewinne oder Verluste eines Landes gegenüber dem Ausland sichtbar.

3. Die A. ist nicht zu verwechseln mit der Netto-Auslandsposition von Inländern gegenüber dem Ausland, dem Saldo der →Leistungsbilanz.

Ausnahmebereiche
⇒*Bereichsausnahme.*

Ausrüstungsinvestition
→Investition.

Ausschließlichkeitsbindung
vertraglich festgelegte →Wettbewerbsbeschränkung, die den Vertragspartner zum ausschließlichen Bezug bzw. Lieferung eines →Gutes von dem bzw. an den anderen Partner verpflichtet od. die Verwendung gelieferter Waren bzw. gewerblicher Leistungen beschränkt. Bedeutsame Fälle sind Käuferbindungen, z.B. für Bier an Gaststätten od. von Kraftfahrzeugen an Autohändler. Durch die A. ist der →Wettbewerb um den Käufer über Preisunterbietung behindert und erstreckt sich nur auf die Konkurrenz um den dauerhaften Abnehmer. A. bewirkt einen Marktschließungseffekt, da der Zugang zum →Markt für potentielle und nicht bindende Konkurrenten behindert wird. A. können aber auch →Skalenerträge haben und Newcomern den Marktzutritt z.B. durch Aufbau einer Absatzorganisation (→ Marketing) erst ermöglichen. Nach dem →GWB sind A. zulässig, unterliegen aber der Missbrauchs-aufsicht durch das Bundeskartellamt.

Ausschlussprinzip
Kriterium zur Unterscheidung zwischen privaten und öffentlichen Gütern (→ Gut). Private Güter werden am →Markt getauscht u. zw. nur dann, wenn die Austauschbedingungen zwischen Eigentümer und Erwerber von beiden akzeptiert werden. Der Nachfrager bleibt vom →Konsum eines Gutes ausgeschlossen, wenn er nicht den vom Eigentümer ge-

forderten →Preis zahlt (= A.). Für öffentliche Güter funktioniert das A. nicht, da für sie weder ein →Markt existiert noch sie in der →Produktion und Inanspruchnahme aufteilbar sind; z.b. ein Deichbau kommt allen Anliegern des Gebietes zugute od. die äußere Sicherheit schützt alle Bewohner eines Landes gegen Angriffe von außen.

Ausschöpfungs-Theorem
⇒*adding up-Theorem*
⇒Euler-Theorem
⇒Wicksteed-Euler-Theorem.

Ausschreibung
⇒Submission
⇒Verdingung
die öffentliche Information über ein erwartetes Vertragsangebot zur Ausführung näher bezeichneter Leistungen, z.b. für Beschaffungen od. Bauarbeiten. Für viele öffentliche Aufträge ist A. zwingend vorgeschrieben, um einerseits deren Vergabe an das preisgünstigste Angebot sicherzustellen und andererseits den Anbieterwettbewerb zu fördern.

Außenbeitrag (AB)
⇒Nettonachfrage des Auslands
Saldo des →Exports und →Imports von → Gütern einschließlich Dienst- und Faktorleistungen. Errechnet sich aus den Salden der → Handels- und → Dienstleistungsbilanz. Ist eine Komponente des → Sozialprodukts. Vgl. auch Zahlungsbilanz; ferner → außenwirtschaftliches Gleichgewicht.

Außenfinanzierung
bezeichnet die Deckung des Kapitalbedarfes (→Kapital) nach ihren außerhalb der Unternehmung (→Betrieb, I., 2.) liegenden Quellen: Zuführung von 1. →Eigenkapital aus Beteiligungen (Beteiligungsfinanzierung) entweder durch Gewinnung neuer Gesellschafter bei nichtemissionsfähigen (→ Emission) Unternehmen od. durch die Begebung von → Aktien emissionsfähiger Unternehmen; 2. →Fremdkapital durch kurz- und mittelfristige →Kredite, z.b. Lieferanten-, → Kontokorrent-, → Diskontkredit, Kundenanzahlung usw., sowie durch langfristige Kredite, z.B → Industrieobli-

gationen, → Schuldverschreibungen, → Schuldscheindarlehen u.a.; 3. →Subventionen und andere Zuschüsse.

Außengeld
⇒exogenes Geld
⇒outside money
→Geld, bei dessen Produktion durch die →Zentralbank od. Staat i. Ggs. zum →Innengeld keine Schulden gegenüber den privaten → Wirtschaftssubjekten entstehen, so dass sich das Nettovermögen (→ Vermögen) der Volkswirtschaft (→Wirtschaft) erhöht.
A. entsteht z.b. bei der Schaffung von → Zentralbankgeld durch →Offenmarktpolitik, wenn die →Zentralbank staatliche Wertpapiere vom Privatsektor kauft, so dass es für diesen nur zu einer →Substitution von Finanzaktiva kommt. Oft angeführter Fall für die Entstehung von A. ist, wenn private Wirtschaftssubjekte ihre monetäre Vermögenstransaktion in Form von staatlichen Schuldtiteln an den Geldproduzenten als nicht vollständig verloren betrachten, weil die Schuldenlast der →öffentlichen Hand sinkt und sie deshalb mit einer Steuersenkung rechnen und diese kapitalisieren (Freiheit von → Fiskalillusion). Die Diskussion um A. ist in der → Makroökonomik von Bedeutung, insbesondere für den →Realkasseneffekt (→Realvermögen, →Keynes-Effekt, →Pigou-Effekt).

Außenhandelsbilanz
Teilbilanz der →Leistungs- und →Zahlungsbilanz, in der alle grenzüberschreitenden Warentransaktionen mit einer Eigentumsübertragung ausschließlich der Warenkäufe von Touristen im Ausland erfasst werden. Saldo der A. ergibt zusammen mit dem Saldo der →Dienstleistungsbilanz den →Außenbeitrag. Von aktiver A. wird gesprochen, wenn der → Export während eines Zeitraumes den → Import von Waren übersteigt. Für die Bundesrepublik ist die A. seit 1952 aktiv, von wenigen Ausnahmen abgesehen.

Außenprüfung
früher als Betriebsprüfung bezeichnet. Ein bei allen Steuerpflichtigen, die einen gewerblichen od. land- und forstwirtschaftlichen Betrieb unterhalten od. frei-

beruflich tätig sind, sowie bei anderen ähnlich Steuerpflichtigen nach der →Abgabenordnung besonderes Verfahren der Finanzbehörde zur Aufklärung.

außenwirtschaftliche Absicherung Gestaltung der außenwirtschaftlichen Beziehung derart, dass keine negativen Einflüsse vom Ausland auf die inländische Konjunkturentwicklung (→ Konjunkturtheorie) einwirken. A. kann durch dirigistische Maßnahmen wie → Devisenbewirtschaftung erfolgen. Bei internationaler Arbeitsteilung (→Arbeitsteilung) und → Konvertibilität der → Währung können Entwicklungen des Auslandes, z.B. →Inflation, über →feste Wechselkurse auf das Inland übertragen werden (z.B. → Geldmengen-Preis-Mechanismus). Teilweise a. ist durch →flexible Wechselkurse zu erreichen.

Bei gleichgerichteter wirtschaftlicher Entwicklung im In- und Ausland entsteht kein Problem der a. Letztlich ist das Erfordernis einer a. abhängig von der Konkretisierung des wirtschaftspolitischen Zieles (→Ziele der Wirtschaftspolitik): → außenwirtschaftliches Gleichgewicht. Wird unter diesem Ziel eine ausgeglichene →Zahlungsbilanz verstanden, können dennoch Entwicklungen im Ausland auf den Binnenmarkt übergreifen, z.B. bei unterschiedlicher Preisentwicklung können durch den →internationalen Preiszusammenhang Strukturände-rungen auf dem Binnenmarkt hervorgerufen werden. Das →StabG geht in § 4 von autonomer →Wirtschafts- und Währungspolitik aus und verpflichtet die Bundesregierung, außenwirtschaftliche Störungen des gesamtwirtschaftlichen Gleichgewichts abzuwehren durch binnenländische Maßnahmen, internationale Koordination und andere Maßnahmen wie z.B. im Kapitalverkehr die →Einlagen Gebietsfremder mit einem →Mindestreservesatz bis 100% zu belegen od. auf → Kredite, die bei Gebietsfremden aufgenommen wurden, einen bestimmten v.-H.-Satz zinslos bei der →Bundesbank zu hinterlegen (→Bardepot). Der nach dem →EWS geschaffene →Europäische Währungsfonds und vor allem die von der → EG errichtete Europäische Währungsunion haben den § 4 StabG obsolet gemacht.

außenwirtschaftliches Gleichgewicht ist ein unterschiedlich definiertes →Ziel der Wirtschaftspolitik (→ Theorie der Wirtschaftspolitik). Ökonomisch sinnvoll ist a. nur als ein Ausgleich der →Zahlungsbilanz in Bezug auf bestimmte Teilbilanzen, z.B. die →Devisenbilanz, zu fassen. § 1 des StabG verpflichtet Bund und Länder zur Erreichung eines a. Die Bundesregierung quantifiziert dieses Ziel für jedes Jahr anhand des Anteils des →Außenbeitrags am →Bruttosozialprodukt von bisher 0 - 3,5%, um die Verpflichtungen für Übertragungen an die übrige Welt (→Übertragungsbilanz) erfüllen und Kapitalexport (→Kapitalverkehrsbilanz) ermöglichen zu können od. als → Leistungsbilanzüberschuss von rund einem halben Prozent am Bruttosozialprodukt. Nach dem →Sachverständigenrat ist darüber hinaus für ein so definiertes a. zu unterscheiden, ob es entweder durch autonome Außenwirtschaftstransaktionen zustande kommt od. durch staatlich induzierte (→Interventionen) bzw. restriktive Maßnahmen. a. kann nicht als eigenständiges Ziel verfolgt werden, da es auf die Ziele des binnenwirtschaftlichen Gleichgewichts wie z.B. →Preisniveaustabilität Einfluss hat. Im System →flexibler Wechselkurse wird a. über Wechselkursänderungen, im System →fester Wechselkurse über Interventionen herbeigeführt.

Außenwirtschaftsgesetz (AWG) vom 28.4.1961, zuletzt im April 1986 geändert, enthält Regelungen zur Beschränkung des Kapital- und Zahlungsverkehrs sowie im Bereich der ernährungswirtschaftlichen Marktordnungen. So kann die Bundesregierung zur Abwehr von spekulativen Devisenzuflüssen (→Devisen) Kapitalimporte (→Import, 2.) od. die Verzinsung von Ausländerguthaben bei deutschen →Banken verbieten od. einer Genehmigung unterwerfen od. auch wie 1972 bis 1974 mit Hilfe des → Bardepot die Kreditaufnahme von Unternehmen (→Betrieb, I., 2.) im Ausland einschränken. Ferner kann sie bei einem Zahlungsbilanzungleichgewicht (→Zahlungsbilanz) od. Gefährdung der →Kaufkraft der DM - heute Euro - Beschränkungen für den Kauf und Verkauf von →Wertpapieren zwischen →Inländern und →Ausländern anordnen. Im März 1981 wurden die letzten Beschränkungen beseitigt.

Außenwirtschaftspolitik

1. Unter A. versteht man alle staatlichen Maßnahmen zur *direkten, gezielten Beeinflussung* außenwirtschaftlicher →Transaktionen (Leistungs- und Faktorverkehr über die Landesgrenze hinweg). Damit unterscheidet sich die A. von anderen → Instrumenten der Wirtschaftspolitik, die über eine Veränderung des inländischen →Preis- und Kostenniveaus zwar indirekt auch Einfluss auf diese Transaktionen haben (können); doch hierbei ist offen, ob dieser Einfluss gewollt ist od. mit Blick auf die Erfüllung binnenwirtschaftlicher Ziele eben hingenommen wird. Mit dieser Abgrenzung hat die A. ein eigenständiges Erkenntnis- und Gestaltungsobjekt. Dennoch kann sie konzeptionell nicht aus eigenständigen Zielen heraus entwickelt werden. Zwar hat das → *„außenwirtschaftliche Gleichgewicht"* über § 1 des StabG Eingang in den offiziellen wirtschaftspolitischen Zielkatalog gefunden. Doch dies erfolgt nicht als Selbstzweck, sondern in der Erkenntnis, dass außenwirtschaftliches Gleichgewicht - mittelfristig - ein notwendige (wenn auch nicht hinreichende) Voraussetzung ist für die Erreichung der wirtschaftspolitischen Hauptziele (Wachstum, Beschäftigung, Preisstabilität; →Ziele der Wirtschaftspolitik).
Soll nun A. nicht zu einem konzeptionslosen ad-hoc-Interventionismus (→Interventionismus) denaturieren, bedarf es der Entwicklung eines *Gesamtkonzepts* der A., das konsistent und umfassend sein muss. Ein Gesamtkonzept der A. ist dann *konsistent*, wenn es drei Elemente widerspruchslos integriert: (a) Ein Ordnungskonzept, das den Rahmen festlegt, innerhalb dessen die →Wirtschaftssubjekte außenwirtschaftliche Transaktionen durchführen können. (b) Ein Prozesskonzept, das jenen Instrumenteneinsatz des Staates festlegt, der mit dem Ordnungsrahmen vereinbar ist. (c) Ein Integrationskonzept (→Integration), das für Ordnungs- und Prozesskonzept international verbindliche Spielregeln fest-

legt, um einseitige Abwehrreaktionen von Ländern zu vermeiden, die bei wechselseitiger Eskalation geeignet sind, außenwirtschaftliche Transaktionen zu destabilisieren od. zu verhindern. Ein Gesamtkonzept der A. ist dann *umfassend*, wenn es (a) sowohl die realen Transaktionen (Waren, Dienste) als auch (b) die monetäre Transaktionen (autonome und induzierte Kapitalbewegungen) mit seinem Instrumentarium erfasst.

2. Das *liberale* Konzept der A. ist darauf ausgerichtet, die Vorteile der internationalen Arbeitsteilung (→Arbeitsteilung) - gemessen an der Handelsoptimierung (Güterwanderung) bzw. Produktionsmaximierung (Faktorwanderung) - voll zu nutzen. Das *Ordnungskonzept* geht vom Grundsatz der unbeschränkten Dispositionsfreiheit der Wirtschaftssubjekte im Außenwirtschaftsverkehr aus. Das bedeutet auf der Grundlage einer vollständigen →Konvertibilität der Währungen die Sicherung eines freien Leistungsverkehrs und einen Verzicht auf alle Diskriminierungen beim Grenzübertritt von Waren und Diensten (realer Aspekt) sowie die Herstellung eines freien Kapitalverkehrs (monetärer Aspekt). Das *Prozesskonzept* ist demzufolge nur negativ formulierbar (Abbau aller Hemmnisse für Leistungs- und Faktorwanderungen), weil das Ordnungskonzept eine gezielte Beeinflussung außenwirtschaftlicher Transaktionen verbietet. Vereinbar mit diesem Konzept ist sowohl ein Regime flexibler Wechselkurse (das die Kursbildung dem Markt überlässt) als auch ein Regime fester Wechselkurse (das die Kurse politisch-administrativ vorgibt). Dieses Konzept setzt ganz auf individuelle Initiative und Anpassungsflexibilität im internationalen Marktmechanismus (kostengünstigste Bedarfsdeckung, gewinnmaximierende Absatzgestaltung). Das *Integrationskonzept* schließt für alle beteiligten Länder zwingende Anpassungsregeln ein. Diese bedeuten im realen Bereich die Anwendung des Grundsatzes der „Meistbegünstigung" (der die beteiligten Länder - je nach Vertragskonstellation - zu einem wechselseitigen und damit zügigen Abbau der Handelsbarrieren zwingt →GATT) und im monetären

Bereich die Einführung des Systems flexibler Wechselkurse od. die Verpflichtung auf einen des „Gold- bzw. Interventionsautomatismus" (der die Wechselkursstabilität sicherstellt und - bei Zahlungsbilanzungleichgewichten - ein Land zu inflationären od. deflationären binnenwirtschaftlichen Anpassungsprozessen zwingt). Der Vorteil des liberalen Konzepts der A. ist darin zu sehen, dass es am ehesten geeignet ist, die internationale Arbeitsteilung zu nutzen bzw. sich deren Erfordernissen flexibel anzupassen. Die Kehrseite ist die völlige Abhängigkeit eines Landes von der Weltmarktentwicklung (Angebot, Nachfrage, Preise) bzw. der Zwang, die Wechselkurse dem „Diktat der Devisenmarkttransaktionen" (v.a. auch spekulativer Kapitalbewegungen) bzw. die Binnenwirtschaft dem „Diktat der →Zahlungsbilanz" zu unterwerfen. Je größer indessen dann Anpassungs- und Friktionsverluste für ein Land sind (Fehlinvestitionen, Inflation (→Inflationstheorie), →Arbeitslosigkeit), desto weniger wird es bereit sein, an einem liberalen Konzept der A. festzuhalten. Dies erklärt, dass das Konzept, das in der zweiten Hälfte des 19. Jh. teilweise realisiert wurde, in der →Weltwirtschaftskrise dann völlig zerbrach.

Das *dirigistische* Konzept der A. ist darauf ausgerichtet, den volkswirtschaftlichen → Zentralplan gegenüber (nicht planbaren) außenwirtschaftlichen Einflüssen möglichst abzusichern und somit den Leistungsexport (in Richtung und Volumen; →Export) von einem unabweisbaren Importbedarf (→Import) abhängig zu machen. Das *Ordnungskonzept* geht von dem Grundsatz aus, die außenwirtschaftlichen Dispositionsfreiheiten der Wirtschaftssubjekte auszuschalten bzw. sie dem volkswirtschaftlichen Gesamtplan unterzuordnen. Konkret bedeutet dies, dass die außenwirtschaftlichen Transaktionen der Wirtschaftssubjekte entweder einer Genehmigungspflicht unterliegen (Außenhandelsdirigismus) od. ganz in die staatliche Regie übernommen werden (Außenhandelsmonopol). Das *Prozesskonzept* leitet sich unmittelbar aus dem Ordnungskonzept ab; es umfasst alle Maßnahmen, die geeignet sind, die außenwirtschaftlichen Transaktionen

zentral zu steuern. Auf realer Ebene arbeitet das Konzept mit Aus- und Einfuhrverboten bzw. staatlichen Genehmigungen. Auf monetärer Ebene besteht → Devisenbewirtschaftung, d.h. die Währungskonvertibilität ist aufgehoben; alle im Außenwirtschaftsverkehr erzielten (benötigten) →Devisen müssen an den Staat abgeliefert werden (werden von diesem zugeteilt). Das *Integrationskonzept* hat - gerade mit Blick auf die binnenwirtschaftliche Planungssicherheit - im Grundsatz nur dann Gewicht, wenn ein Land keine Autarkieposition (→Autarkie) hat, somit einen bestimmten Importbedarf aufweist. I.d.R. wird ein Land dann versuchen, bilaterale Handelsverträge bzw. -abkommen abzuschließen, um Ausfuhr und Einfuhr aufeinander abstimmen zu können. Der Vorteil des dirigistischen Konzepts der A. besteht v.a. darin, dass es am ehesten geeignet ist, ein Land von außenwirtschaftlichen Abhängigkeiten und Unwägbarkeiten abzusichern. Diese Sicherheit impliziert aber einen Verzicht auf die Vorteile der internationalen Arbeitsteilung. Dies wurde dann auch von den →Staatshandelsländern erkannt. Der Rat für gegenseitige Wirtschaftshilfe (→Comecon) versuchte deshalb, zumindest blockintern, d.h. zwischen den →Zentralverwaltungswirtschaften des Ostblocks, eine internationale Arbeitsteilung zu intensivieren. Eine weitergehende Integration in die Weltwirtschaft erfolgte eher zurückhaltend und - um die Planbarkeit sicherzustellen - i.d.R. auf der Basis von →Kompensationsgeschäften. Nachdem im Übergang zu den 90er Jahren das zentralverwaltungswirtschaftliche Konzept als gescheitert angesehen werden muss, ist auch das Integrationskonzept des Comecon gegenstandslos geworden.

4. Das Konzept der *gelenkten* A. ist insoweit dem liberalen Konzept verbunden, als es die Vorteile der internationalen Arbeitsteilung nutzen und am Grundsatz der individuellen Dispositionsfreiheit und der Währungskonvertibilität festhalten will. Doch soll die Binnenwirtschaft weder den weltwirtschaftlichen Unwägbarkeiten überlassen bleiben, noch soll sie der Herbeiführung des außenwirt-

schaftlichen Gleichgewichts völlig untergeordnet werden. Für das *Ordnungskonzept* besagt dies, dass neben der individuellen Dispositionsfreiheit das Recht
des Staates steht, die Transaktionen zumindest marktkonform - durch Setzung
neuer →Daten, ohne aber die individuellen Dispositionsfreiheiten aufzuheben -
zu steuern. Für das *Prozesskonzept* besagt
dies, dass Ein- und Ausfuhrverbote, Kontingente (Ausnahmen von Verboten) und
Devisenbewirtschaftung wg. ihres men-
genregulierenden und insoweit marktin-
konformen Charakters nur zeitlich
befristet und in Sondersituationen Anwendung finden sollten. Im Vordergrund des Prozesskonzepts steht somit
die Preisbeeinflussung. Auf realer Ebene
kommen hier insbesondere Maßnahmen
der Exportförderung (i.d.R. indirekte Ko-
stenentlastungen, da direkte Prämien zu
deutlich erkennbar sind) sowie der Zoll-
politik (mengen- od. wertbezogene finanzielle Belastung einer Ware beim
Grenzübertritt) in Betracht; auf monetärer Ebene wird die Wechselkurspolitik
bedeutsam, sei es in der Form der ad-
hoc-Wechselkursänderung (wenn sich →
feste Wechselkurse nicht mehr aufrechterhalten lassen), sei es in der Form der
ad-hoc-Wechselkursstützung (wenn →
flexible Wechselkurse zu erratischen
Kursschwankungen führen). Ob das Instrumentarium die Transaktionen wie
beabsichtigt steuern kann, hängt neben
seiner Dosierung von den gegebenen An-
gebots- und Nachfrageelastizitäten (→
Elastizitäten) ab, aber auch davon, ob das
Ausland Gegenmaßnahmen ergreift. Für
das *Integrationsprinzip* besagt dies, dass -
in Analogie zum liberalen Ansatz - auch
hier Liberalisierungsregeln involviert
sind (Abbau von Hemmnissen - Konvertibilität), dass aber der Lenkungsbedarf
über Ausnahmeregelungen, Anpas-
sungsfristen, Liquiditätshilfen - im Han-
delsbereich (→GATT bzw. WTO) wie
Währungsbereich (→IWF) - in das Integrationskonzept Eingang gefunden hat,
um der Gefahr des Ausscherens von Ländern (wg. zu hoher Anpassungslasten)
zu begegnen. Dabei bricht der Konflikt
zwischen supranationaler Integration
(Marktöffnung) und nationaler Autonomie (Prozessgestaltung) um so deutlicher

auf, je enger die Länder verzahnt sind (→
EG). Sonderprobleme entstehen für Entwicklungsländer, die sich durch die Libe-
ralisierungsprinzipien (an sich) benachteiligt fühlen, die monetären Hilfen als
unzureichend empfinden und deshalb
eine „Neue" (eher dirigistische) Welt-
wirtschaftsordnung anstreben (Fonds
mit Preisstabilisierung).
Literatur: *G. Rombach* (Hrsg.), Zur Theorie und Politik internationaler Wirtschaftsbeziehungen. Tübingen 1981. *W.
Glastetter*, Außenwirtschaftspolitik, 3. A.,
München-Wien 1998. *H. Luckenbach*
(Hrsg.), Theorie der Außenwirtschaftspolitik. Berlin 1979.
      Prof. Dr. W. Glastetter, Bielefeld

außergewöhnliche Belastungen
nach §§ 33ff. des Einkommensteuergesetzes Aufwendungen von einem besonders
außergewöhnlichen Charakter, die zur
Gewährung steuerfreier Beträge auf die →
Einkünfte führen, um die individuelle
Leistungsfähigkeit des einzelnen Steuerpflichtigen gegenüber der überwiegenden Mehrzahl zu berücksichtigen.

außerplanmäßige öffentliche Ausgaben
→öffentliche Ausgaben.

Aussperrung
in der Bundesrepublik Maßnahme der →
Arbeitgeber im Arbeitskampf mit sus-
pendierender, aber nicht auflösender
Wirkung auf das Arbeitsverhältnis, um
einen →Streik abzuwehren. Nach der
Rechtsprechung entspricht die A. dem
Prinzip der Waffengleichheit gegenüber
den Streikenden und muss dem Grundsatz der Verhältnismäßigkeit entsprechen. Von Seiten der →Gewerkschaften
wird A. als moralisch unvertretbares
Kampfmittel angesehen.

Ausübungspreis
⇒Abrufpreis
⇒Basispreis
⇒Devisenoption, →Option.

Auswahlsatz
gibt in der →Wahrscheinlichkeitsrech-
nung das Verhältnis der in die →Stich-
probe einbezogenen Fälle zur Menge der
Grundgesamtheit an.

Auszahlung
1. als Grundbegriff im →Rechnungswesen die Verminderung des Bestandes an →Zahlungsmitteln. Ggs. →Einzahlung.

2. im Bank- (→Bank) und Börsenwesen (→ Börse) die Bezeichnung des Ortes, an dem eine Fremdwährung (→Währung, 2.) ausgezahlt od. auf ein Konto übertragen werden soll, z.B. „A. New York".

Autarkie
ist die wirtschaftliche Unabhängigkeit eines Landes von →Importen aus der übrigen Welt. A.-bestrebungen bestanden in den Jahren nach der Weltwirtschaftskrise (→Große Depression) und sind verbunden mit einem Verzicht auf die Vorteile aus der internationalen Arbeitsteilung (→ Arbeitsteilung).

authority to purchase
→Negoziierungskredit.

Autokorrelation
zeitliche Abhängigkeit zwischen →Daten von Zeitreihen (→Zeitreihenanalyse) derart, dass der Wert einer →Variablen in der Zeitreihe t mit dem Wert dieser Variablen in der Zeitreihe t-j (j = 1, 2, 3, ...) korreliert (→Korrelation, →Korrelationsana-lyse). A verfälscht die Korrelation der Zeitreihen. A. wird mit Hilfe des → Durbin-Watson-Tests geprüft.

Automation
die durch den →technischen und wissenschaftlichen Fortschritt seit Anfang der 50er Jahre des 20. Jh. aufgetretene Entwicklung zur beschleunigten Veränderung der Produktions- und Beschäftigungsstrukturen sowie Arbeitsformen durch Mechanisierung und Rationalisierung industrieller Produktion hin zu rechnergesteuerten und -kontrollierten Prozessen, die früher von Menschen ausgeführt wurden. A. wird nur dann voll wirksam, wenn durch Verkettung von → Betriebsmitteln wesentliche Teile od. ganze Fertigungsabläufe miteinander verknüpft sind. Dies erfordert höheres Anpassungsverhalten für die verbundenen Fertigungsprozesse, aber auch für die Disposition des Einsatzes von Materialien und Produktionsmitteln (→Kapi-

tal, II, 1.) sowie der Kontrollsysteme. Die Vernetzung erfolgt durch Rechnerhierarchie. A. erhöht die →Wirtschaftlichkeit. Erfordert jedoch wesentlich höheren Kapitalbedarf (→Kapital, II.) und schichtet den Mitarbeitereinsatz von der direkten →Fertigung zu Aufgaben für →Planung, Steuerung, Überwachung und Instandhaltung mit größeren geistigen Anforderungen um. Das Besondere an der Entwicklung zur A. ist, dass nicht nur Muskelkraft ersetzt, sondern auch geistige Prozesse nachvollzogen und transformiert werden können. A. schafft aber auch wachsende Probleme für eine Sozialverträglichkeit, z.B. 99% Monotonie bei der Kontrollarbeit in hochautomatisierten Kernkraftwerken od. Unterwerfung des Menschen unter eine totale Kontrolle.

automatische Datenverarbeitung
⇒*automatisierte Datenverarbeitung*
⇒ automatisierte Informationsverarbeitung
⇒elektronische Datenverarbeitung.

automatische Klassifikation
⇒*Clusteranalyse*
⇒Taxanomie.

automatische Stabilisatoren
⇒*built-in-flexibility.*

automatisierte Datenverarbeitung
⇒automatische Datenverarbeitung
⇒ automatisierte Informationsverarbeitung
⇒elektronische Datenverarbeitung
Zeichenverarbeitung des Computers od. mit seiner Hilfe nach strengen logischen Regeln für mathematische, technische od. kommerzielle Aufgaben. Die hierfür eingesetzten Maschinen werden als Hardware, die Ablaufsregelungen als Software bezeichnet. a. umfasst: Erfassung, Speicherung, Transport, Transformation und Ausgabe der →Daten.

automatisierte   Informationsverarbeitung
⇒automatische Datenverarbeitung
⇒*automatisierte Datenverarbeitung*
⇒elektronische Datenverarbeitung.

autonome Investition
1. allgemein die innerhalb des →Modells nicht erklärbaren Investitionsentscheidungen i. Ggs. zur modelltheoretisch erklärbaren Investition (→ induzierte Investition).

2. in der →Makroökonomik die von der Entwicklung der → gesamtwirtschaftlichen Güternachfrage ausgelösten Investitionen (induzierte Investitionen) gegenüber den durch Renditeerwartungen bestimmten Investitionsentscheidungen. S. auch →Investitionstheorie.

autonomer Konsum
in der makroökonomischen →Konsumfunktion die vom →Einkommen unabhängige Güternachfrage der privaten → Haushalte. a. bestimmt die Lage der Konsumfunktion. Wird durch →Kredit od. Vermögensauflösung (→Kapital, II., 1., c) finanziert. S. auch →Konsumtheorie.

autonomer technischer Fortschritt
jener → technischer Fortschritt, dessen Entstehung in der →Wachstumstheorie als nicht erklärungsbedürftig angesehen wird, weil man sich auf die Erklärung seiner Wirkungen beschränkt i. Ggs. zum →induzierten technischen Fortschritt. S. auch →technischer Fortschritt.

Availability Doktrin
ein Bündel von geldpolitischen Thesen, die in den 50er Jahren entstanden und im Wesentlichen durch R. Roosa formuliert wurden. A. ist zu einem großen Teil durch theoretische wie empirische Untersuchungen widerlegt. A. vertritt hauptsächlich zwei Standpunkte: 1. Die Zentralbank könnte mit Hilfe geringfügiger Erhöhungen der Zinssätze, ausgelöst durch Offenmarktgeschäfte, den Wirtschaftsablauf über die privaten →Ausgaben wirksam steuern. 2. haben geringe Zinssatzänderungen auch bei zinsunelastischer (→Elastizitäten) Kreditnachfrage erheblichen Einfluss auf das Ausgabenverhalten der →Wirtschaftssubjekte, so z.B. durch Änderungen der Kreditlaufzeiten od. Umfang der Kreditrationierung.

Avalkredit
Form der Kreditleihe, in dem eine →Bank für einen Kreditnehmer (Kunden) die → Bürgschaft dafür übernimmt, dass dieser seiner Verpflichtung gegenüber einem Dritten nachkommt. An →Kosten fallen nur Provision, aber keine →Zinsen an.

Axiom
in der Theoriebildung eine nicht beweisbare od. nicht bewiesene od. auch nicht ableitbare Grundannahme, die plausibel od. definitorisch wahr ist.

Axiom der Vergleichbarkeit
in der → Indifferenzkurven-Analyse a priori-Setzung des Inhalts: der private Haushalt (→Haushalt, 1.) ist in der Lage, alle →Güter bzw. Güterkombinationen seines Begehrskreises zu vergleichen und bezüglich ihrer Nutzenstiftung (→Nutzen) so zu bewerten, dass er diese in eine Präferenzklasse (→Präferenz) und Indifferenzklasse (→Indifferenz) ordnen kann.

B

BAB
Abk. für: →Betriebsabrechnungsbogen.

Backstop-Technologie
Technologie, mit der erschöpfbare Ressourcen, z.B. Erdöl, vollständig ersetzt werden können, wobei die Substitutionsressource (Backstop-Ressource) ohne Mengenbegrenzung verfügbar ist, z.B. Sonnenenergie. Obwohl in funktionsfähigen Marktsystemen Verknappungen in Preissteigerungen sichtbar werden und diese Substitutionsvorgänge (→Substitution) sowie →Innovationen auslösen, ist das Problem der langfristigen Verknappung dadurch nicht zu lösen, zumal i.d.R. immer ein nicht substituierbarer Teil von Verwendungen übrig bleibt und →Recyclingverfahren nur begrenzt verfügbar sind. B. weisen einen Ausweg aus der prinzipiellen Begrenztheit des Vorrats an Ressourcen. Z. Z. sind B. - soweit überhaupt verfügbar - gegenüber den erschöpfbaren Ressourcen wg. ihrer hohen Kosten nicht konkurrenzfähig. Ungehinderte Signalisierung von Verknappung durch steigende →Preise und staatliche Unterstützung der Grundlagenforschung fördern die Entwicklung von B.

Badwill
→Firmenwert.

Baisse
länger anhaltender deutlicher Kursrückgang an der Devisen-, Aktien- od. Rohstoffbörse (→Börse). Ggs. ist →Hausse.

Baissier
ist jemand, der auf ein Fallen der →Kurse spekuliert und Papiere zu einem Termin verkauft, an den er sie noch gar nicht besitzt, diese aber zu einem niedrigeren Kurs bis zum Verkaufstermin zu erwerben hofft, um die Differenz aus höherem Verkaufswert zu niedrigerem Erwerbswert als Spekulationsgewinn (→Spekulation) zu erzielen.

Baker-Plan
auf der Jahrestagung des Internationalen Währungsfonds (IWF) und der →Weltbank in Seoul 1985 vom amerikanischen Finanzminister James Baker unterbreitete Strategie zum Abbau der Auslandsverschuldung von 15 Staaten in Afrika (z.B. Marokko, Nigeria), Amerika (z.B. Argentinien, Brasilien, Mexiko), Asien (Philippinen) und Europa (Jugoslawien). Diese wiesen den höchsten Verschuldungsgrad von Entwicklungsländern mit mittleren →Einkommen auf. Ihr Schuldenstand betrug Ende 1985 ca. 445 Mrd US-$. Der B. zielt auf Erreichung eines langfristigen und stetigen Wirtschaftswachstums (→Wachstum), um die internationale Kreditwürdigkeit wieder herzustellen, was die Erlangung privater →Kredite und Ausweitung von →Direktinvestitionen verbessern würde. Zur Durchsetzung der angestrebten Wirtschaftspolitik (→Theorie der Wirtschaftspolitik) sollten nach dem B. die →Geschäftsbanken den 15 Ländern von 1986 bis 1988 zusätzlich Kredite von 20 Mrd US-$ gewähren. Erweiterung der Zahlungsbilanzhilfen des IWF und Aufstockung der Kreditgewährung der Weltbank sollten den Anpassungsprozess in den Schuldnerländern flankieren. Der B. ist weitgehend im Sand verlaufen. Ein später, noch andauernder Versuch mit derselben Absicht ist der → Brady-Plan. S. auch → Internationale Schuldenkrise.

balanced budget-Theorem
⇒*Haavelmo-Theorem*

balanced growth
liegt in →Modellen der →Wachstumstheorie vor, wenn die wichtigsten →Variablen mit übereinstimmenden Raten wachsen.

Bandbreite
in einem System →fester, aber anpassungsfähiger →Wechselkurse der zulässige Schwankungsbereich für die tatsächlichen →Kurse auf dem →Devisenmarkt. Drohen die Kurse die B. zu verlassen, müssen die → Zentralbanken intervenieren (→Intervention).

Bandwagon-Effekt
⇒*Mitläufereffekt.*

Bankakzept
→Akzeptkredit.

Bankbetriebslehre
1. *Begriff und Wesen.* Das →Erfahrungsobjekt der B. erstreckt sich auf die →Banken einer Volkswirtschaft (→Wirtschaft, 3.). Als institutionelle Spezialdisziplin der Betriebswirtschaftslehre wendet sie sich dabei primär mikroökonomischen Fragestellungen zu, so z.B. dem bankbetrieblichen Zielsystem, bankspezifischen Entscheidungen, Aufbau und innerbetrieblichen Abläufen des Bankbetriebs sowie den Beziehungen einer Bank zu dem für sie relevanten Umsystem. Ansatzpunkte, die in ihrer Gesamtheit eine derartige disziplinäre Spezialisierung gegenüber der allgemeinen Betriebswirtschaftslehre zu begründen vermögen, sind vor allem in besonderen Merkmalen der bankbetrieblichen Leistungen und des bankbetrieblichen Leistungserstellungsprozess sowie in Spezifika des Bedingungsrahmens bankbetrieblichen Handels zu sehen. Aus der bestehenden Vielzahl solcher differenzierender Merkmale sind namentlich die folgenden besonders hervorzuheben: a) Unter den produktiven Faktoren der bankbetrieblichen Leistungserstellung kombiniert werden, dominieren der monetäre Faktor, d.h. die spezifische Nutzung von Nominalgütern, sowie der personelle Faktor. Andere →Produktionsfaktoren werden im Vergleich hierzu in weitaus geringerem Maße eingesetzt. b) → Output der Leistungsprozesse sind immaterielle Dienstleistungen (→Gut), die sich durch die Eigenschaften der Abstraktheit, der Erklärungsbedürftigkeit, der Immaterialität und der mangelnden Lagerfähigkeit auszeichnen. Darüber hinaus handelt es sich bei Bankleistungen um Vertrauensgüter, aus der spezifische informationsökonomische Probleme resultieren, die im Rahmen der Marktpolitik zu überwinden sind. c) →Absatz und Leistungserstellung von Bankleistungen erfolgen weitgehend simultan; der Kunde ist als externer Faktor in die Leistungserstellung einbezogen.

d) Wie in kaum einer anderen Branche ist die Geschäftstätigkeit der Banken in vielfältiger Weise in einen die Zulässigkeit und Folgen ihres Handelns bestimmenden komplexen Bedingungsrahmen eingebunden, der schwerpunktmäßig durch spezielle aufsichts- (→Gesetz über das Kreditwesen), wettbewerbs- und jahresabschlussrechtliche Regelungen sowie durch die →Geldpolitik der Zentralnotenbank abgesteckt wird.

Aufgrund einer umfassenden Einbindung der Banken in das Wirtschaftsgefüge sowie der besonderen Bedeutung der Banken für die Funktionsfähigkeit und Wohlfahrt einer Volkswirtschaft ergibt sich darüber hinaus, dass die B. auch Fragen, die die Gesamtheit der Banken betreffen, d.h. makroökonomische Fragestellungen, in ihrem Forschungsprogramm zu berücksichtigen hat. Hierbei stehen dann etwa die Struktur des Bankensystems, die Beziehungen innerhalb dieses Systems sowie die Beziehungen des Bankensystems zu seinem Umsystem im Mittelpunkt des Interesses, d.h. Aspekte, die zumeist aus geld-, wettbewerbs- oder kapitalmarkttheoretischer bzw. -politischer Perspektive diskutiert werden, jedoch auch in ihren Implikationen für die einzelne Bank zu analysieren sind und insofern wiederum untrennbar mit einzelwirtschaftlichen Fragestellungen verbunden sind.

2. *Einzelwirtschaftliche Forschungsschwerpunkte der Bankbetriebslehre.* In Bezug auf einzelwirtschaftliche Aspekte war B. traditionell und ist B. auch gegenwärtig noch zunächst Bankgeschäftslehre: Die Lehre vom Inhalt, von der Systematik und von der Abwicklung von Bankleistungen sowie Fragen ihrer zweckmäßigen Gestaltung waren über lange Zeit hinweg neben Fragen ihrer adäquaten Abbildung im →Rechnungswesen hauptsächlich Gegenstand der B. und auch heute zählen sie noch immer zum Kerngebiet dieses Fachgebietes. Vor dem Hintergrund der etwa seit Mitte der sechziger Jahre allmählich einsetzenden und sich fortan intensivierenden Strukturwandlungen innerhalb des Bankenumfeldes, das infolgedessen bis in die Gegenwart hinein erheblich an Komple-

xität und Veränderungsdynamik gewonnen hat, rückten im Zeitverlauf jedoch zunehmend Fragen nach Möglichkeiten einer Anpassung der Strukturen und Prozesse einer Bank an veränderte Umfeldbedingungen, d.h. Fragen der Bankunternehmensführung, in den Fokus der B. So wurden im Zuge der Entwicklung vieler Segmente des Marktes für Bankdienstleistungen von Verkäufermärkten zu wettbewerbsintensiven Käufermärkten verstärkt Aspekte des strategischen Bankmanagement und - sich teilweise hiermit überschneidend - des Bankmarketing erörtert, Themen, die auch infolge der wachsenden Bedeutung innovativer Technologien sowie der jüngst eingesetzten Konzentrationswelle im Bankgewerbe bislang nicht an Aktualität verloren haben. Gegenstand bzw. Ziel der Forschungen ist es hierbei, Konzepte, Methoden und Instrumente zu entwickeln, die, bankbetrieblichen Spezifika Rechnung tragend, eine zieloptimale Abgrenzung und Kombination der Geschäftsfelder einer Bank sowie eine marktgerechte Positionierung dieser Bereiche ermöglichen. Mit zunehmender Volatilität und Komplexität des relevanten Bankenumfeldes sowie dem hierdurch induzierten, eine vielschichtige Koordinationsproblematik aufwerfenden Anstieg der Komplexität des Innensystems der Banken erlangten darüber hinaus gleichzeitig auch Fragen des Bank-Controlling erhebliche Relevanz innerhalb der B. Der Controlling-Begriff - im Einzelnen mit sehr unterschiedlichen Inhalten belegt (→ Controlling) - kennzeichnet dabei generell Steuerungskonzeptionen für Unternehmen, die unter besonderer Hervorhebung sachbezogener Management-Funktionen (Planung, Realisation und Kontrolle) die Einflussgrößen der (→ Eigenkapital-) → Rentabilität (→ Kosten und Leistung, Risiken und Kapitalbasis) im unternehmerischen Zielsystem akzentuieren. Das Anliegen der bankbetrieblichen Forschung besteht hierbei darin, die ursprünglich für den Industriebereich entwickelten, teilweise stark voneinander abweichenden Controlling-Ansätze (Ziele, Methoden und Instrumente des Controlling) auf ihre Anwendbarkeit in Banken hin zu prüfen und

entsprechend den Rahmenbedingungen der Bankgeschäftstätigkeit zu modifizieren. Wurden dabei mit der Konzeption der Marktzinsmethode und der Entwicklung prozessorientierter Standardkostenrechnungssysteme für Banken zunächst primär Fragen des internen Rechnungswesens sowie des Kosten- und Ertragsmanagement von Banken fokussiert, stehen gegenwärtig mit der Entwicklung sog. Value-at-risk-Modelle für die verschiedenen Marktleistungsbereiche verstärkt Aspekte des Risikomanagements im Vordergrund. Im Zusammenhang der Koordinationsfunktion des Bank-Controlling werden darüber hinaus Gestaltungsmöglichkeiten bankspezifischer Informationssysteme sowie erfolgsorientierter Anreizsysteme diskutiert.

3. Gesamtwirtschaftliche Forschungsschwerpunkte. In einer auf das gesamte →Wirtschaftssystem erweiterten Perspektive stellt sich für die B. zunächst die Frage nach Gründen für die Existenz von Banken und nach spezifischen Funktionen, die Banken innerhalb der Volkswirtschaft erfüllen. Aufgrund des Geschäftsschwerpunktes von Banken hat sich dabei eine finanzmarktbezogene Betrachtungsweise als zweckmäßig erwiesen. Ausgehend von der Erkenntnis, dass Banken unter der →Prämisse vollkommener Geld- und Kapitalmärkte nicht existieren - eine effiziente Versorgung der Wirtschaftseinheiten mit Finanzdienstleistungen erfolgt in diesem Fall ausschließlich in Form unmittelbarer marktlicher Transaktionsbeziehungen -, konnten unter sukzessiver Auflösung der Voraussetzungen vollkommener Märkte Bedingungen für die Existenz von → Finanzintermediären und damit von Banken theoretisch hergeleitet werden. Diese bestehen insbesondere darin, dass Banken durch ihre Leistungen dazu beitragen, die negativen Effekte asymmetrisch verteilter Information und opportunistischer Verhaltensweisen auf Finanzmärkte zu reduzieren, wodurch im Endeffekt ein →Marktversagen verhindert wird. Gleichzeitig erfüllen sie dabei eine Reihe von Informations- und Transformationsfunktionen, die gleichfalls eine Reduktion der Transaktionskosten (→

Kosten) marktlicher Kooperationsbeziehungen bewirken und damit positive gesamtwirtschaftliche Wohlfahrteffekte auslösen. Ein zweites, gleichermaßen sehr zentrales Forschungsfeld der B. eröffnet die seit einigen Jahren zu verzeichnende Integration ehemals separierter Teilmärkte des Finanzdienstleistungsmarktes zu einem einheitlichen Markt für Finanzdienstleistungen, eine Thematik, die unter dem Stichwort „Allfinanz" diskutiert wird. Von besonderem Interesse sind hierbei etwa Auswirkungen, die von der in dieser Weise veränderten Arbeitsteilung im Finanzdienstleistungsgewerbe auf das marktliche und wettbewerbliche Umfeld der Bankgeschäftstätigkeit ausgehen sowie - anknüpfend an einzelwirtschaftliche Fragestellungen - Implikationen, die sich hieraus für das strategische Verhalten der Banken bzw. Bankengruppen ergeben. Im Zusammenhang mit der Funktion und der Bedeutung von Banken innerhalb einer Volkswirtschaft zählt es darüber hinaus auch zum Gegenstand der B. mögliche Gründe für die realiter existierende staatliche Beaufsichtigung der Banken zu analysieren, die Ausgestaltung bankenaufsichtsrechtlicher Normen sowie ihre Auswirkungen auf die Bankgeschäftstätigkeit zu untersuchen und schließlich auch Vorschläge für eine marktmäßige, zweckoptimale Ausgestaltung der →Bankenaufsicht zu entwickeln. Zu den gesamtwirtschaftlichen →Erkenntnisobjekten der B. rechnet schließlich auch die Frage nach grundsätzlichen Gestaltungsmöglichkeiten eines Bankensystems. In einer gerade aufgrund der aktuellen gravierenden Veränderungen der bankgeschäftlichen Rahmenbedingungen von hoher Aktualität gekennzeichneten Diskussion werden in diesem Zusammenhang sowohl instituts- als auch gesamtwirtschaftsbezogene Vorzüge und Probleme eines Universalbanken- bzw. eines Spezialbankensystems erörtert. Während die Kritiker des in Deutschland vorherrschenden Typs der Universalbank vorrangig Insuffizienzen im Wettbewerb mit dem auf bestimmte Geschäftsfelder spezialisierten Typs der Spezialbank anführen, sehen dessen Befürworter gerade in dem diversifizierten Geschäftsportfolio und der

hierdurch induzierten Ausgewogenheit von Chancen und Risiken einen entscheidenden Vorteil. Neue Impulse erhielt diese Diskussion in jüngerer Vergangenheit aufgrund der zunehmenden Bedeutung innovativer Technologien (Informations- und Telekommunikationstechnologie) für die Bankgeschäftstätigkeit, eine Entwicklung, die sich letztlich im Entstehen neuer Arten und Bankleistungen sowie einer Erweiterung des bankbetrieblichen Wettbewerbsumfeldes durch spezialisierte Unternehmen aus dem Nichtbankenbereich niederschlägt. Da Banken gerade in diesem Bereich im Gegensatz etwa zu Nichtbankunternehmen des Technologie-Sektors (z.B. Computer und Softwareindustrie) - zumindest gegenwärtig - kaum über Kompetenzen verfügen, stellt sich hier unmittelbar die Frage nach „Eigenfertigung vs. Fremdbezug". Bezieht man weiter die Implikationen der veränderten technischen Rahmenbedingungen für die Erstellung von Bankleistungen ein, die sich gewissermaßen als Konglomerat verschiedener Teilleistungen des technisch-organisatorischen und des liquiditätsmäßig-finanziellen Bereichs einer Bank darstellen, so zeigt sich, dass es zukünftig auch möglich sein wird, Teilleistungen innerhalb der bankbetrieblichen Wertkette zu separieren und in Kooperation mit eigenständigen, institutionell separierten Leistungseinheiten zu erstellen. Entsprechend könnte die Zukunft der Universalbank auch als Netzwerk spezialisierter Teilbanken und Nichtbanken skizziert werden. Die hiermit insgesamt angesprochenen virtuellen Organisationsstrukturen von Banken stellen damit neue Herausforderungen für die bankbetriebliche Forschung dar, sowohl in einzelwirtschaftlicher (z.B. Management bankbetrieblicher Netzwerke) als auch in gesamtwirtschaftlicher Hinsicht.

4. *Forschungsmethoden.* Die traditionelle B. stützt sich primär auf empirisch-induktive Methoden, d.h. sie ist durch eine überwiegend deskriptive Vorgehensweise gekennzeichnet, und versucht, ausgehend von einer Vielzahl von Einzelbeobachtungen, gleichartige Sachverhalte zu erfassen und zu ordnen, um auf dieser

Basis im Wege des Induktionsschlusses zu generellen, für alle Bankbetriebe geltenden Aussagensystemen zu gelangen. Im Gegensatz dazu folgt die moderne Bankbetriebslehre stärker der entscheidungsorientierten Richtung der Betriebswirtschaftslehre, und intendiert, über das Stadium pragmatisch orientierter Erklärungsmodelle hinaus konkrete Gestaltungshinweise für bankbetriebliche Problemstellungen zu geben und zu Planungs- und Entscheidungsmodellen zu gelangen, die auch zur Lösung von Optimierungsproblemen beitragen können. Da die induktive Methode zur Erklärung funktionaler Zusammenhänge und zur Ableitung komplexer Entscheidungssysteme nur bedingt geeignet ist, greift die neuere Bankbetriebslehre vorwiegend auf logisch-deduktive Methoden zurück.

Literatur: *H.-E. Büschgen*, Bankbetriebslehre. 5. A., Wiesbaden 1998. *H.-E. Büschgen*, Bankmarketing. Düsseldorf 1990. *H.-E. Büschgen*, Bankmanagement. 2. A., Wiesbaden 2001.

Prof. Dr. H.-E. Büschgen, Köln

Bank deutscher Länder
die 1948 durch einen Verwaltungsakt der Alliierten von den als →Notenbanken fungierenden →Landeszentralbanken in den Ländern der westlichen Besatzungszonen gemeinsam gegründete Tochtergesellschaft. Diese hatte die einzelnen Landeszentralbanken zu koordinieren und die gemeinsamen Aufgaben im Währungsgebiet der Deutschen Mark wahrzunehmen. B. wurde 1957 einschließlich der Berliner Zentralbank in die →Deutsche Bundesbank umgewandelt.

Banken
⇒Geldinstitut
⇒Geschäftsbanken
⇒Kreditinstitute
Oberbegriff für alle B. außer →Zentralbank. B. gehören zum →Finanzsektor einer Volkswirtschaft (→Wirtschaft). Sie sind durch die Eigenart ihrer Leistungserstellung in der Gesamtwirtschaft (→Bankbetriebslehre, 1. und 2.) sowie dadurch gekennzeichnet, dass der größte Teil ihrer Aktiva →Geldvermögen ist i.

Ggs. zu den Produktionsunternehmen (→ Betrieb, I., 2.), bei denen →Sachvermögen dominiert. B. sind Unternehmen, die geschäftsmäßig (Geschäfts-B.) und nicht gelegentlich →Kredite gewähren (Kreditinstitute), Geld produzieren (→ Geschäftsbankengeld), den →Zahlungsverkehr, Einlagen- (→Einlagen), Effekten- (→ Effekten) und andere Dienst-leistungsgeschäfte ihrer Kunden abwickeln. Nach der rechtlichen Stellung und Funktion in der →Geldproduktion wird zwischen →Zentralbank und *Geschäfts-B.* unterschieden. Hinsichtlich Art und Umfang betriebener Geschäfte gibt es die *Universal-B.*, die grundsätzlich alle wesentlichen B.-geschäfte ausführen, und die *Spezial-B.*, z.B. die →AKA od. →Teilzahlungs-B. Nach der Rechtsform wird zwischen den *privatrechtlichen* B.: den *Privat-B., Aktien-B.*, sowie →*Genossenschafts-B.* und den *öffentlich-rechtlichen* B.: i.d.R. →Sparkassen, unterschieden.
In der Bundesrepublik dominiert i. Ggs. zu anderen kontinentaleuropäischen Ländern, besonders England und Frankreich, die Universal-B. Nach dem →Kreditwesengesetz von 1961 sind B. Unternehmen, die B.-geschäfte in einem Umfang betreiben, der einen in kaufmännischer Weise eingerichteten Geschäftsbetrieb erfordert. Die Einhaltung der gesetzlichen Normen für die Führung des B.-betriebes wird durch eine →B.-aufsicht kontrolliert.

Bankenaufsicht
ist in der Bundesrepublik neben anderen speziellen Gesetzen durch das mehrfach, zuletzt in 2007, novellierte →Gesetz über das Kreditwesen (KWG) von 1961 wie auch durch EG-Richtlinien aufgrund der Harmonisierung des Bankenrechts in der →EG (z.b. Richtlinien für Eigenmittel, Zulassung und Beaufsichtigung von Kreditinstituten) geregelt und wird vom Bundesaufsichtsamt für das Kreditwesen, Berlin, sowie Bankenverbänden und über eine institutionalisierte Zusammenarbeit mit der Bundesbank ausgeübt. Die B. zielt nicht auf die Überwachung einzelner Bankgeschäfte ab, sondern verfolgt im Wesentlichen drei Ziele: Gewährleistung der Ordnung im →Bankensektor, Sicherstellung einer funktionsfä-

higen Kreditwirtschaft sowie Schutz der
Gläubiger der →Banken vor Verlusten.
Für Sparkassen üben die Bundesländer
eine Sonderaufsicht aus.

Bankenfreizone
⇒*internationale Bankenfreizone.*

Bankengold
→Keynes-Plan.

Bankenliquidität
→Liquidität der →Banken zur Verwendung für die Gewährung von →Krediten
und Anlagen in Finanzaktiva. Besteht
aus den →Überschussreserven und jenen
Aktiva, die Banken jederzeit und ohne
nennenswertes Risiko in →Zentralbank-
geld umwandeln können. Indem die →
Deutsche Bundesbank Menge und Anforderungen der umwandlungsfähigen
Aktiva festlegt, beeinflusst sie die B. Bis
1973 praktizierte die Bundesbank eine
Steuerung der →Geldmenge über die Beeinflussung der B. in bestimmter Abgrenzung unter der Bezeichnung: Freie
Liquiditätsreserve.

Bankensektor
⇒*Bankensystem.*

Bankensystem
⇒Bankensektor
1. allgemeine Bezeichnung in der →Wirt-
schaftswissenschaft wie auch in der Bankenstatistik für alle →Banken einschließlich der →Bundesbank gegenüber dem
Nichtbankensektor. 1986 bildeten in der
Bundesrepublik etwa 4660 rechtlich
selbstständige Bankunternehmen das B.,
2007 noch etwa 3000.
2. im Sprachgebrauch der Bundesbank
die Gesamtheit aller Banken.

Bankenstimmrecht
⇒Auftragsstimmrecht
⇒Depotaktienstimmrecht
⇒*Depotstimmrecht*
⇒Ermächtigungsstimmrecht
⇒Legitimationsstimmrecht.

Bankenverfahren
Einschaltung von →Banken in das Verga-
beverfahren von →Subventionen, bei denen der Bewerber seinen Antrag nicht

direkt an die subventionsgewährende
Stelle richtet, sondern seiner Hausbank
einreicht. Über diese wird das weitere
Verfahren abgewickelt. Mit dem B.
macht sich die subventionsgewährende
Einrichtung die Erfahrung der Bank in
wirtschaftlichen Belangen über den Bewerber zunutze und erreicht eine unbü-
rokratische und Kosten sparende
Subventionsvergabe. Da das B. zu eigenständigen Rechtsbeziehungen zwischen
Bewerber und Bank sowie Bank und sub-
ventionsvergebender Stelle führt, entstehen Rechtsschutzprobleme.

Banker's Rule
⇒current ratio
liquiditätsorientierte (→Liquidität) Dek-
kungsregel der betriebswirtschaftlichen
(→Betriebswirtschaftslehre) Finanzwirtschaft, die zwischen →Umlaufvermögen
und kurzfristigen → Verbindlichkeiten
ein Verhältnis von 2 : 1 verlangt, d.h. die
Hälfte des Umlaufvermögens soll langfristig finanziert (→Finanzierung) werden. Wird vor allem von →Banken als
Anforderung an Kreditnehmer verlangt,
deshalb B. genannt. B. entspricht der
theoretisch nicht zu begründenden und
in der Literatur weitgehend abgelehnten
Finanzierungsregel, wonach das →wor-
king capital den kurzfristigen Verbindlichkeiten entsprechen soll.

bankfremdes Geschäft
⇒Banknebengeschäft
⇒komplementäres Geschäft
von →Banken insbesondere seit Anfang
der 60er Jahre angebotene Leistungen,
die nicht od. nur mittelbar in Beziehung
zu den traditionellen Bankleistungen stehen und über die in § 1 →KWG erfassten
Bankgeschäfte hinausgehen, so Vermittlung von Immobilien und Versicherungen, Verkauf von Reisen hauptsächlich
durch →Sparkassen und Kreditgenossenschaften (→Raiffeisenbank), →Handels-
geschäfte mit → Wertpapieren, anti-
quarischen →Münzen, Briefmarken und
mit Waren seitens der → Genossenschaftsbanken, Finanzberatung, Unter-
nehmensberatung, z.T. auch Steuerbera-
tung. b. werden zunehmend über eigens
errichtete Tochtergesellschaften getätigt,
um das Haftungsrisiko zu begrenzen so-

wie gesetzliche Restriktionen zu umgehen. Durch b. diversifizieren (→ Diversifikation) Banken ihre Leistungsangebot und bieten Kunden umfassende Problemlösungen an. Für Kunden wird durch Kombination von typischen Bankgeschäften mit b. der Konditionenvergleich wesentlich erschwert. S. auch → Allfinanz.

Bank für Internationalen Zahlungsausgleich
Abk.: →BIZ.

Bank Holding Company Act
→ Commercial Banks, → Investment Banks.

Banking-POS
Abk. für: Banking-Point of Sale
im deutschen Einzelhandel noch in der Erprobungsphase befindliche Technik des bargeldlosen → Zahlungsverkehrs, bei der der Rechnungsbetrag entweder in herkömmlicher Weise od. per →Scanning festgestellt und durch elektronisches Lesen der Kunden- →Eurocheque-Karte im →Terminal sowie einer zwischen Terminal und →Bank bzw. Zentralstelle bestehenden Leitungsverbindung sofort dem Konto des Verkäufers gutgeschrieben und dem Käuferkonto belastet wird. B. vereinfacht und beschleunigt den Zahlungsvorgang erheblich und macht ihn weitgehend unabhängig sowohl vom Standort als von den Öffnungszeiten der Banken.

Banking-Theorie
eine Mitte des 19. Jh. von englischen Ökonomen (Th. Tooke, J. Fullarton, J. S. Mill) begründete → Geldtheorie, nach der i. Ggs. zur →Currency-Theorie nicht nur → Banknoten und →Münzen Geldfunktionen (→Geld) ausüben und die →Preise beeinflussen, sondern auch andere im → Zahlungsverkehr zirkulierende Surrogate wie Handelswechsel (→Wechsel). Deshalb sei für eine Steuerung des → Preisniveaus nicht nur die →Geldmenge, sondern auch das Kreditvolumen einer Kontrolle zu unterwerfen. Der Theorienstreit mit den Currency-Theoretikern setzte sich bis ins 20. Jh. fort.

Banknebengeschäft
=bankfremdes Geschäft
=komplementäres Geschäft.

Banknoten
ursprünglich ein schriftliches Zahlungsversprechen einer →Bank (deshalb Notenbank), Zettel od. Bankzettel genannt, von der Art eines Sichtwechsels (→Wechsel), das weder →Geld noch ein →Wertpapier war. Ist in England im Laufe des 17. Jh. in Gebrauch gekommen und hat sich rasch zum →Zahlungsmittel entwickelt.
Heute ist die B. eine auf sich selbst gezogene →Verbindlichkeit der jeweiligen → Notenbank, für den Besitzer eine unverzinsliche Forderung gegen diese. In der Bundesrepublik werden auf Euro lautende B. nur von der →Deutschen Bundesbank (Banknotenmonopol) über die → Geschäftsbanken in den Verkehr gegeben. B. sind unter juristischem Aspekt das einzige unbeschränkt obligatorische und definitive →Geld (gesetzliches Zahlungsmittel). Buchungsmäßig werden sie auf der Passiva der Bundesbankbilanz ausgewiesen. Unter ökonomischem Gesichtspunkt spielt die Eigenschaft des → gesetzlichen Zahlungsmittels für die B. keine entscheidende Rolle, sondern die Fähigkeit, bestimmte ökonomische Funktionen (→Geld) zu erfüllen, was die Währungsgeschichte bestätigt. Zusammen mit →Münzen bilden B. das →Bargeld.

Banknotenmonopol
→Banknoten.

Banknotenumlauf
Summe der von der →Bundesbank in den Verkehr gegebenen Banknoten, vermindert um die am Erhebungsstichtag zurückgenommenen und in den Kassen der Bundesbank befindlichen Noten. B. ist eine →Bestandsgröße. Nach dem BbkG ist der B. so zu gestalten, dass er den Bedürfnissen des →Zahlungsverkehrs im Inland und mit dem Ausland sowie der → Währungssicherung Rechnung trägt.

Bankplatz
1. allgemein jeder Ort mit einer →Bank. So gibt es wichtige B., z.B. London, New

York od. in Deutschland Frankfurt a. M.
2. i. Ggs. zum →Nebenplatz nur der Ort,
an dem die →Deutsche Bundesbank eine
Zweiganstalt unterhält. Für B. galten früher höhere →Mindestreservesätze.

Bankwochenstichtage
sind 23. und letzter Tag des Vormonats
sowie 7. und 15. des laufenden Monats.
B. dienen der Ermittlung des Standes von
Bankverbindlichkeiten (→ Verbindlichkeiten) bei der Errechnung des Mindest-
reserve-Solls. →Mindestreservepolitik,

Barakkreditiv
→Akkreditiv.

Bardepot
bei der →Bundesbank zinslose →Einlage
von gebietsansässigen Nichtbanken für
im Ausland aufgenommene → Kredite.
Ein Instrument der →Außenwirtschafts-
politik, das zur Abwehr eines Aufwer-
tungsdruckes (→ Aufwertung) auf die
DM - heute Euro - den →Kapitalimport
durch die nicht unmittelbar von der Bundesbank zu steuernde Kreditaufnahme
der Unternehmen (→Betrieb, I.) im Ausland bremsen soll. Nach dem →Außen-
wirtschaftsgesetz kann die
Bundesregierung und Bundesbank die
B.-pflicht im Einzelnen regeln. Die
Höchstgrenze wurde auf 100% festgesetzt (B.-satz). Das B. wurde zwischen
1972 und 1974 angewandt. S. auch →au-
ßenwirtschaftliche Absicherung.

Bargaining-Theorie
erklärt ein zustande gekommenes Marktergebnis od. →Gleichgewicht durch Ver-
handlungsstrategien und -positionen
und nicht durch Marktprozesse, z.B. werden für die nichteindeutige Lösung im
bilateralen Monopol (→ Monopol) auf
dem →Arbeitsmarkt für die Lohnbildung
Lösungsbereiche durch die Berücksichtigung institutioneller Aspekte und Determinanten des Verhandlungsprozesses
anzugeben versucht.

Bargeld
⇒Stückgeld
→ gesetzliches Zahlungsmittel. Besteht
aus →Banknoten und →Münzen.

Bargeldautomat
⇒cash dispenser
→Electronic Funds Transfer.

bargeldloser Zahlungsverkehr
Zahlungsverkehr ohne → Bargeld, der
Buchgeld (→Geldarten) durch →Über-
weisung od. →Inkasso bewegt. b. setzt
voraus, dass sowohl der Zahlende wie
auch der Zahlungsempfänger ein Konto
bei einem Kreditinstitut (→ Bank) od.
Postgiroamt unterhält. Die Kontoeröffnung bringt für die Beteiligten am b. bestimmte Rechte und Pflichten mit sich, so
z.B. die Pflicht für die Bank, Zahlungs-
aufträge mit der Sorgfalt eines ordentlichen →Kaufmanns auszuführen.

Bargeldumlauf
Summe aus →Banknoten und →Münzen,
die von der →Notenbank herausgegeben
wurden und sich im Inland od. Ausland
befinden, vermindert um Kassenbestände bei den →Banken. Ist eine Komponente des →Geldvolumens M1.

Barreserve
Bestand an in- und ausländischem →Bar-
geld, über den →Geschäftsbanken verfügen, sowie deren →Sichteinlagen bei der
→Bundesbank. B. dient der Aufrechterhaltung der Zahlungsfähigkeit einer →
Bank gegenüber den laufenden →Forde-
rungen ihrer Gläubiger.

Bartergeschäft
ist ein Verbundgeschäft zwischen →Wirt-
schaftssubjekten, bei dem →Güter mit annähernd gleichem Wert ausgetauscht
werden ohne eine Geldzahlung. Schwierigkeit des B. liegt darin, Partner zu finden, die das gewünschte Gut liefern und
zugleich das angebotene Gut abnehmen.
B. wurden vorwiegend mit RGW-Staaten
(→Comecon) für Investitionsgüterliefe-
rungen getätigt, da ihnen →Devisen fehl-
ten, so z.B. High-Tech-Produkte der
britischen Firma Rank Xerox an die Sowjetunion gegen Jagdfalken, Rennkame-
le und Geweihe. In westlichen
Industrieländern - so auch in der Bundesrepublik - werden B. zwischen privaten
Fernsehanstalten und internationalen
Unternehmen (→Betrieb, I., 2.) getätigt,
wobei letztere Serien, Shows, aufgezeich-

nete Sportveranstaltungen gegen TV-Werbezeiten tauschen. In der Bundesrepublik hat das B. über Tauschzentralen (Barter-Clubs) nicht recht Fuß fassen können.

Barwert⇒Anfangskapital
⇒Gegenwartswert
gibt den auf die Gegenwart bezogenen Wert eines künftigen Ertrages, z.b. aus → Kapital, →Vermögen od. →Einkommen, an. Wird bei der Ermittlung der →Wirtschaftlichkeit von → Investitionen od. auch bei der Rentenbewertung errechnet. Vgl. auch →Abzinsung, →Investitionsrechnung, 3.1.

BASIC
Abk. für: **B**eginner's **A**ll-purpose **S**ymbolic **I**nstruction **C**ode
eine 1965 für den Anfänger entwickelte leicht erlernbare Programmiersprache. Dient mittlerweile aufgrund von Weiterentwicklungen auch für Problemlösungen.

Basisperiode
Zuordnung eines Zeitpunktes od. einer Zeitperiode zu einem Ausgangswert für ein Beobachtungsmerkmal in der →deskriptiven Statistik bei der Konstruktion von → Indexzahlen. Z.B. wird der Beobachtungswert x in den Berichtsperioden t für t = 0, 1, 2, ... mit dem in der B. t
= 0 verglichen: $\frac{x_t}{x_o}$ und somit seine Veränderung im Zeitablauf dargestellt. Die B. muss eine möglichst ‚normale' Periode sein, weil sonst die relative Entwicklung des Beobachtungsmerkmals verzerrt wird.

Basispreis
⇒Abrufpreis
⇒Ausübungspreis
→Devisenoption, →Option.

Batelle-Institut e.V.
1952 in Frankfurt/Main gegründete Tochterfirma des größten unabhängigen Forschungsinstituts in der Welt, des Batelle Memorial Institut, Columbus/Ohio, USA. Führt für den Staat wie auch in großem Umfang für die →Wirtschaft Auf-

tragsforschung durch. Betreibt auch Grundlagenforschung. Ist stark im Bereich Umweltschutz engagiert. War mit Tests am Spacelab beteiligt.

Bauinvestition
→Investition.

Bausparkassen
→Kreditinstitute, seit 1924 in Deutschland, die nur Darlehens- und Kreditgeschäfte betreiben dürfen, die der Vor- od. Zwischenfinanzierung von Bauvorhaben u.a. wohnungswirtschaftlichen Zwecken dienen. B. sammeln →Einlagen von Bausparern in einem Zuteilungsfonds, aus dem ihnen nach einem Plan unter Einhaltung bestimmter Mindestfristen nachrangige Hypothekendarlehen (→Hypothek) zur Verfügung gestellt werden. B. dürfen Inhaberschuldverschreibungen (→ Inhaberpapiere) mit einer Laufzeit von höchstens vier Jahren emittieren (→Emission). B. unterliegen der staatlichen →Bankenaufsicht. In der Bundesrepublik gibt es 31 private B., nur in der Rechtsform der → Aktiengesellschaft zugelassen, und 13 öffentlich-rechtliche B., die in der Mehrzahl unselbstständige Abteilungen einer → Landesbank od. →Sparkasse sind. B. sind seit 1984 in die →Mindestreserve einbezogen. Bauspareinlagen sind als langfristige Einlagen in der Regel nicht reservepflichtig. Die Bezeichnung B. dürfen nur solche Unternehmen (→Betrieb, I., 2.) führen, die im Besitz einer Erlaubnis zum Betreiben der Geschäfte einer B. sind.

Basiszinssatz
der von der →Europäischen Zentralbank ab 1999 festgelegte →Zinssatz, der den nationalen → Diskontsätzen entspricht und diese im Zuge der →WWU ablöst. Anpassungen sollen nur zum 1. Januar, 1. Mai und 1. September eines Jahres möglich sein, um ständige Veränderungen zu vermeiden.

BAWe
Abk. für: →**B**undesaufsichtsamt für den **W**ertpapierhandel.

Bayes-Inferenz
→induktive Statistik.

Bayes-Prozess
in der mikroökonomischen Markt- bzw.
→Preistheorie ein Suchverfahren bei Unsicherheit, z.b. für die Suche des →Wirt-
schaftssubjekts nach dem niedrigsten →
Preis eines →Gutes. B. ist von der Art eines „trial and error"-Prozesses.

Bayessches Gleichgewicht
von J. C. Harsanyi 1968 in der →Spiel-
theorie formuliertes Verfahren, das Spieler mit unvollständiger Information in
solche mit perfekter Information transformiert. Sie werden damit der traditionellen spieltheoretischen Methodik zugänglich. Der Spieler wird seine a priori-
Wahrscheinlichkeitseinschätzung gem.
des Bayes-Theorem revidieren. Diese
eintretende Situation ist eine Verallge-
meinerung des →Nash-Gleichgewichts,
das Harsanyi als B. bezeichnet.

Bayes-Theorem
auf Th. Bayes zurückgehende Regel der
Wahrscheinlichkeitsrechnung, mit der
für ein eingetretenes →Ereignis A nachträglich die Wahrscheinlichkeit dafür zu
ermitteln ist, dass gleichzeitig mit A das
Ereignis B eingetreten ist bzw. die Ereignisse B_i. Ereignis B bzw. B_i können als die
das Ereignis A auslösenden Ursachen angesehen werden. Das B. liefert dann die
Möglichkeit zur Errechnung der Wahrscheinlichkeit dafür, dass die beobachteten Wirkung eine der Ursachen B_i zugrunde liegt.

Beamte
Personen in einem öffentlich-rechtlichen,
gesetzlich besonders geregelten, Dienst-
verhältnis gegenüber Bund, Länder, Gemeinden und sonstigen Körperschaften
des öffentlichen Rechts.

BDA
→Arbeitgeberverbände.

BDI
Abk. für: →Bundesverband der Deutschen Industrie e.V.

Bedarf
am →Markt auftretende mit →Kaufkraft
ausgestattete Güternachfrage von Unter-

nehmen (→Betrieb, I.), privaten und öffentlichen Haushalten. Zur Erklärung
der Abhängigkeit des B. privater Haushalte s. →Nachfragetheorie des Haushalts.

Bedarfsdeckungsprinzip
dominante Maxime für wirtschaftliches
Handeln in der vorkapitalistischen Zeit,
wonach die Menschen nur die Beschaffung einer nach Umfang und Art fest-
umschriebenen Gütermenge erstrebten.
Ist Ggs. zum →Erwerbs- od. ökonomischen Prinzip. Wird B. zur Begründung
der Deckung eines öffentlichen →Finanz-
bedarfs herangezogen, bedeutet es Vergeudung von Ressourcen, da deren Verwendung wg. der bloßen Orientierung
am artikulierten öffentlichen →Bedarf
dann nicht effizient erfolgt.

Bedarfsplanung
⇒Bereitstellungsplanung
in einem Unternehmen (→Betrieb, I., 2.)
Vorausermittlung des →Bedarfs an Materialien zur Sicherung eines ökonomischen Produktionsvollzugs. Grundlage
der B. ist der Materialverbrauch. Vgl. →
Fertigung.

bedingte Wahrscheinlichkeit
ist für ein →Ereignis A_1 die →Wahr-
scheinlichkeit $P(A_1) \neq O$, so wird i. Ggs.
zur ,absoluten' Wahrscheinlichkeit
$P(A_2)$ des Ereignisses A_2 der Quotient

$$P(A_2|A_1) = \frac{P(A_1 \cap A_2)}{P(A_1)} \text{ b. von } A_2 \text{ unter}$$

der Bedingung A_1 genannt.

Bedürfnisse
Wünsche od. subjektive Empfindungen
eines Menschen verbunden mit dem Bestreben, sie zu erfüllen. I.d.R. handelt es
sich um Mangelempfindungen. B. werden durch →Nutzen, den →Güter stiften,
befriedigt. Die → Wirtschafts-wissen-
schaft unterstellt Unersättlichkeit der B.
insgesamt, was nicht deren Unendlich-
keit, sondern die →Präferenz der →Wirt-
schaftssubjekte für einen höheren
gegenüber einem geringeren Versor-
gungsgrad meint. Aus der Konstellation
knapper Güter und gegebener B. gem.

vorgenanntem Verständnis folgt, dass es zum einen immer unvollständig befriedigte B. gibt und zum anderen der Mensch deshalb wirtschaftlich handelt. Ökonomisch bedeutsam sind nur jene B., die von →wirtschaftlichen Gütern befriedigt werden. In der Wirtschaftswissenschaft sind B. ein Datum (→Daten). Der subjektive Charakter der B. wird im →Bedarf objektiviert. In der → Marktwirtschaft bestimmen B. über Marktvorgänge Umfang und Richtung der →Produktion). B. werden unterschieden in: 1. *wirtschaftliche* und *nichtwirtschaftliche* B., z.B. kulturelle B. 2. *individuelle* B. Sie werden vom → Markt hinreichend befriedigt und bilden die Grundlage für die →Nachfragetheorie des Haushalts, die nach ökonomischen Lösungen für eine maximale B.-befriedigung sucht. 3. *Kollektiv-*B. od. *öffentliche* B. Eine allgemeine Definition für sie verbietet sich, weil verschiedene Situationen zu unterschiedlichen Arten öffentlicher B. führen. Der Versuch, für ihre Befriedigung ein optimales → Budget festzulegen, stößt auf unlösbare Probleme (→Arrow-Paradoxon). Über die Art der Befriedigung öffentlicher B. gibt es unterschiedliche Auffassungen, die sich im → Äquivalenzprinzip und → Leistungsfähigkeitsprinzip äußern. Öffentliche B. werden unterschieden in *spezifisch öffentliche* B. und *meritorische* B. Erste können nur durch solche Leistungen befriedigt werden, die von allen Bürgern in gleichem Ausmaß konsumiert werden und von deren Inanspruchnahme keiner auszuschließen ist, z.B. äußere Verteidigung. Meritorische B. sind jene B., die über den Markt befriedigt werden könnten, aber vom Bürger nicht nachgefragt werden, weil er dafür kein →Einkommen aufwendet, z.B. öffentlich bereitgestelltes Schulfrühstück.

beggar-my-neighbour-policy
wirtschaftspolitische Strategie zur Erhöhung der inländischen →Beschäftigung od. Beseitigung der →Arbeitslosigkeit zu Lasten des Auslandes, z.B. durch Einfuhrzoll (→Zolltheorie, 2.) od. →Abwertung wird die bisher zur ausländischen Produkte gerichtete → Güternachfrage auf inländische verschoben. Im Ausland

wird somit →Produktion und Beschäftigung abnehmen, die inländischen Probleme sind damit „exportiert". I.d.R. ergreift das Ausland entsprechende Gegenmaßnahmen.

Begutachtung
in der →Wirtschaftsprüfung von Unternehmen (→Betrieb, I., 2.) sachliche Klärung betriebswirtschaftlicher Vorgänge od. Situationen durch Gutachter nach Maßgabe betriebswirtschaftlicher Erkenntnisse, gesetzlicher Bestimmungen od. auch der Rechtsprechung.

Behaviorismus
1. Sammelbezeichnung für die in den USA vor dem Ersten Weltkrieg entstandene Forschungsrichtung in der Psychologie, die sich nur mit objektiv erfassbaren Vorgängen beschäftigt, Verhaltensweisen nach dem Reiz-Reaktions-Schema deutet und die Kausalität des Reizes betont. Die Reizwirkung besteht in der mehr od. minder gelungenen Anpassung des Subjekts an die Umweltbedingungen. Moderne Varianten des B., der Neo-B., erkennen auch den nichtbeobachtbaren Prozessen (intervenierende Variablen) wesentliche Bedeutung zu. 2. in der →Wirtschaftswissenschaft Forschungsansatz, der auf unsichtbare und nicht direkt erfassbare Größen (Bewusstsein, Intuition, Einstellungen) verzichtet und wissenschaftliche Aussagen nur auf beobachtbare und messbare Variablen bezieht, so z.B. in der Messung der Werbewirkung, Konsumentenforschung. Spielt heute in der ökonomischen Theorie eine untergeordnete Rolle.

Beherrschungsvertrag
eine von zwei Möglichkeiten im Unternehmensvertragsrecht zur Regelung von Konzernverhältnissen (→Konzern) und des Minderheitenschutzes. Ist nach § 291 (1) AktG ein Vertrag, durch den eine →Aktiengesellschaft od. →Kommanditgesellschaft auf Aktien die Leitung ihrer Gesellschaft einem anderen Unternehmen (→Betrieb, I., 2.) unterstellt. Der Inhalt der B. ist gesetzlich geregelt (§§ 291, 293-310 AktG) und sieht für das beherrschende Unternehmen sowohl Rechte (z.B. dem →Vorstand der abhängigen Ge-

sellschaft Weisungen hinsichtlich der Leitung zu erteilen, Entbindung von der Schadenersatzpflicht) als auch Pflichten (z.b. bei der Gewinnabführung ist Erhaltung des Eigenkapitalstatus (→Eigenkapital) der abhängigen Gesellschaft zu beachten) vor. B. wird i.d.R. abgeschlossen, um den sonst zu gewährenden Nachteilausgleich bei veranlassten nachteiligen Rechtsgeschäften der abhängigen Gesellschaft und der Erstellung eines Abhängigkeitsberichtes zu entgehen sowie wg. einer sonst herrschenden Rechtsunsicherheit hinsichtlich der Zulässigkeit einer umfassenden einheitlichen Leitung im Konzern. B. schafft eine konzernspezifische Haftungs- und Anspruchsordnung derart, dass sich Ansprüche der Gläubiger zwar gegen die abhängige Gesellschaft richten, letzten Endes jedoch kann sich das beherrschende Unternehmen den Gläubigeransprüchen nicht entziehen.

Beiträge
allgemein vertraglich od. gesetzlich festgelegte einmalige od. wiederkehrende Zahlung, z.B. an die → Sozialversicherung od. →öffentliche Hand. In der →Finanzwissenschaft eine Art →öffentliche Einnahme aufgrund einer bestimmten Leistung des Gemeinwesens, z.B. Anlieger-B.

belastungsorientierte Auftragsfreigabe
Verfahren der Werkstattfertigung. Sein Ziel ist, nur so viele Aufträge freizugeben, dass das Fertigungssystem nicht überlastet wird, d.h. der Zugangs- und Abgangsverlauf erfolgt parallel. Die mittlere Durchlaufzeit eines Auftrages ist dann nur von der Bestandshöhe abhängig.

Beleihungsgrenze
Prozentsatz vom →Beleihungswert bis zu dem ein Objekt od. Recht beliehen werden kann. B. ist abhängig von der Verwertbarkeit und dem Risiko von Wertschwankungen des Beleihungsobjektes während der Beleihungszeit. B. liegt z.B. für erstklassige Handelswechsel (→ Wechsel) geringfügig unter ihrem Nominalwert, für →Aktien höchstens bei 60% ihres Marktwertes.

Beleihungswert
der vom Kreditnehmer einem Objekt od. Recht zugemessene Wert zur Kreditsicherung. Er ist grundsätzlich gleich dem tatsächlichen Marktwert, liegt aber i.d.R. unter diesem.

Bellmannsches Optimalitätsprinzip
von R. Bellmann 1957 aufgezeigtes Lösungsverfahren der dynamischen Optimierung für Probleme mehrstufiger Entscheidungsprozesse, das z.B. in der Investitionspolitik od. Werbebudgetplanung eines Unternehmens (→Betrieb, I., 2.) angewandt werden kann.

Bemessungsgrundlage
1. im Steuerwesen der Maßstab zur Berechnung der Steuer; also der Gegenstand, z.B. →Einkommen, od. der Vorgang, z.B. Grunderwerb, an den die Steuer anknüpft.
2. in der Rentenversicherung eine der Grundlagen zur Rentenberechnung.

Benchmarking
aus den USA der frühen 80er Jahre stammende Managementmethode, die auf der Basis eines systematischen und umfassenden inner- od. außerbetrieblichen Leistungsvergleiches mit den jeweils Besten Erfolgspotenziale zur Erzielung von Konkurrenzvorteilen auffinden und nutzen will. Zielgröße des B. sind Verbesserung vor allem der Produktqualität, Minimierung von →Kosten sowie höhere Kundenzufriedenheit. Probleme des B. sind Auswahl des geeigneten Vergleichsunternehmens und der Vergleichskriterien, Erhebung der komparativen Daten (z.B. wg. des Betriebsgeheimnisses), das zutreffende Erkennen der Leistungspotentiale und das Umsetzen der angestrebten Rationalisierungsmaßnahmen.

Bereichsausnahmen
⇒Ausnahmebereiche
in der Bundesrepublik durch das →GWB vom →Wettbewerb (→Wettbewerbstheorie) ausgenommene Wirtschaftsbereiche, so z.B. Landwirtschaft, Gesundheitswesen u.a. B. unterliegen einer → Mißbrauchsaufsicht. Die angeführten Begründungen für B. sind nach den Prinzipien einer freiheitlichen →Wirtschafts-

ordnung - bis auf wenige B. - nicht haltbar. Das zentrale ökonomische Problem der B. liegt in der Verfälschung von Marktprozessen und Vergeudung knapper Ressourcen.

bereinigte Geldbasis
⇒adjustierte Geldbasis
⇒erweiterte Geldbasis
→Geldbasis.

bereinigte Lohnquote
→Lohnquote.

Bereitstellungsplanung
⇒*Bedarfsplanung.*

bergrechtliche Gewerkschaft
ursprünglich Personenvereinigung mit dem Ziel gemeinschaftlicher Nutzung des Bergwerkseigentums. Heute Bergbauunternehmen in der Rechtsform einer → Kapitalgesellschaft. Die Mitgliedschaftsrechte (Kuxe) sind nicht nominell festgelegt, sondern Quoten am Reinvermögen der Gesellschaft (Quotenaktie, → Aktie). Für die Anteilseigner (Gewerken) besteht bei Kapitalbedarf Zubußpflicht. Noch bestehende b. sind in der Bundesrepublik mit dem 1.1.1986 aufgelöst worden, sofern zuvor keine Umwandlung in eine Kapitalgesellschaft erfolgte.

Bergson-Wohlfahrtsfunktion
von A. Bergson 1938 entwickelte Konzeption, die Aspekte der Effizienz und der Gerechtigkeit integriert, um die bestmögliche Struktur sowohl hinsichtlich der gesellschaftlichen →Produktion wie der →Verteilung zu ermitteln. Die B. ordnet die gesellschaftlichen Zustände nach ihrer Erwünschtheit.

BERI (-Index)
Abk. für: **B**uisness **E**nvironment **R**isk **I**ndex
kennzeichnet die →Bonität von Ländern, indem eine Einschätzung des →Länderrisikos gegeben wird. Wichtig für Gewährung internationaler →Kredite.

Bernoulli-Kriterium
→ Bernoulli-Prinzip, → Neumann-Morgenstern-Nutzentheorie.

Bernoulli-Prinzip
Entscheidungsprinzip (→Entscheidungstheorie) für Risikosituationen. Die möglichen Zielgrößenwerte (mögliche → Ereignisse) und deren Eintrittswahrscheinlichkeiten werden explizit berücksichtigt. Das eigentliche (komplexe) Entscheidungsproblem wird in einfachere (hypothetische) Teilprobleme zerlegt, bei denen jeweils nur drei der möglichen Ergebnisse gegeneinander abzuwägen sind. Eine Entscheidung nach dem B. wird in zwei Schritten getroffen: Zuerst wird auf der Grundlage einfacher Entscheidungsprobleme eine Nutzenfunktion U bestimmt, die den Ergebnissen e_{as} reelle Nutzenwerte U (e_{as}) zuordnet. Dann wird diejenige Alternative gewählt, deren Ergebnissen der höchste Nutzenerwartungswert entspricht. Nach dem B. ist der Präferenzwert der Alternative A (a = 1, 2, ..., n) definiert als

$$\Phi(A_a) = \sum_{s=1}^{m} w(S_s) \cdot U(e_{as}) ,$$

die Zielfunktion lautet:

$$\sum_{s=1}^{m} w(S_s) \cdot U(e_{as}) \rightarrow Max_a !$$

Dabei bezeichnet e_{as} den Wert des Ergebnisses bei Wahl der Alternative A_a und Eintreten des Umweltzustandes S_s (s = 1, 2, ..., m) und w (S_s) die Eintrittswahrscheinlichkeit des Umweltzustandes S_s. Zur Ermittlung des Nutzenwertes U (e_{as}) eines Ergebnisses e_{as} ($\bar{e} \geq e_{as} \geq \underline{e}$) wird dem Entscheider hypothetisch die Wahl geboten zwischen dem sicheren Ergebnis e_{as} und einer Lotterie, bei der das Ergebnis $\bar{e}$ mit der Wahrscheinlichkeit w und das Ergebnis $\underline{e}$ mit der Gegenwahrscheinlichkeit 1-w eintritt. Der Entscheider muss angeben, bei welcher Wahrscheinlichkeit w* er indifferent ist zwischen dem sicheren Ergebnis e_{as} und der Lotterie. Der Nutzenwert U (e_{as}) wird gleich dieser Wahrscheinlichkeit gesetzt U (e_{as}) = w*.
Das B. macht keine Aussage über die Gestalt der Nutzenfunktion U, diese ist ab-

hängig vom Entscheider. Demgemäß ist das B. ein Entscheidungsprinzip und wird erst dann zu einem Entscheidungskriterium, wenn die Nutzenfunktion eindeutig spezifiziert ist. Das B. gibt aber konkrete Anweisungen zur empirischen Bestimmung der Nutzenfunktion. Das B. wurde 1738 von D. Bernoulli formuliert und 1944 von J. v. Neumann und O. Morgenstern aufgegriffen und axiomatisch begründet.

Bernoulli-Variable
⇒binäre Zufallsvariable
⇒dichotome Zufallsvariable
⇒*Dummy*
⇒Indikatorvariable.

Bernoulli-Verteilung
⇒Binominalverteilung.

Beschäftigung
⇒Beschäftigungsmenge
⇒Beschäftigungsstand
⇒Beschäftigungsvolumen
1. in der →Volkswirtschaftstheorie die in der →Produktion eingesetzte Menge an Arbeitsleistung od. Umfang des eingesetzten Produktionsfaktors →Arbeit.
2. in der →Betriebswirtschaftslehre die Kapazitätsausnutzung.
3. in der —amtlichen Statistik die Gesamtzahl der —abhängigen Erwerbspersonen, die in einem Arbeitsverhältnis stehen.

Beschäftigungsgrad
Verhältnis von tatsächlicher Ausnutzung der →Kapazität zur technisch möglichen. Für die Auslastung des gesamtwirtschaftlichen Produktionspotentials (→ Kapazität) errechnete der →Sachverständigenrat zur Begutachtung der gesamtwirtschaftlichen Entwicklung als langfristige Normalauslastung (mehrere Jahrzehnte) einen Wert von etwa 95%.

Beschäftigungsmenge
→Beschäftigung.

Beschäftigungsstand
→Beschäftigung.

Beschäftigungsvolumen
→Beschäftigung.

Beschäftigungspolitik
⇒*Konjunkturpolitik.*

Beschäftigungstheorie
⇒*Konjunkturtheorie.*

Beschaffung
1. B. als *betriebliche Funktion*. Die b. ist neben →Produktion und →Absatz eine der drei betriebswirtschaftlichen Grundfunktionen. Sie umfasst im weitesten Sinne den *Erwerb aller* →*Produktionsfaktoren,* die im →Betrieb zur Erstellung von Gütern kombiniert werden.
Der Betrieb tritt als Nachfrager an die B.-smärkte heran und versucht, die für sein Produktions- und Absatzprogramm qualitativ geeigneten und quantitativ verfügbaren Produktionsfaktoren mit geringsten B.-skosten zu erwerben. Da die Bedingungen auf den verschiedenen B.-smärkten sehr unterschiedlich sind, hat es sich in der →Betriebswirtschaftslehre eingebürgert, den B.-sbegriff einzuengen und unter B. nur die *Versorgung mit* →*Werkstoffen* zu verstehen (Material-B.).
Die B. der übrigen Produktionsfaktoren wird eigenständigen Funktionsbereichen zugeordnet und damit auch in der betriebswirtschaftlichen Theorie gesondert behandelt: die Kapital-B. in der Finanzwirtschaft (→Finanzierung), die Arbeitskräfte-B. in der →Personalwirtschaft und die B. der Betriebsmittel in der →Anlagenwirtschaft (→Investition).
2. *Planung der Material-B.* 2.1. Ermittlung des Materialbedarfs: In modernen Industriebetrieben werden für die Produktion eines Endproduktes häufig Tausende von Einzelteilen und Baugruppen benötigt, die beschafft und gelagert werden müssen.
Die Bedarfsmengen der Materialarten mit hohem Verbrauchswert (gemessen in Materialaufwand pro Jahr) werden wg. ihres großen Einflusses auf die betrieblichen →Kosten mit dem exakten Verfahren der *Stücklistenanalyse* bestimmt, während man sich bei den Materialien niedrigen Verbrauchswertes mit relativ einfachen statistischen *Verbrauchsprognosen* begnügt.
a) Stücklistenanalyse mit dem Gozinto-Verfahren: Ist die Stückzahl der zu pro-

duzierenden Fertigerzeugnisse bekannt (z.B. bei Auftragsfertigung) od. durch sorgfältige Absatzprognose relativ genau zu ermitteln, dann kann die Anzahl der zu beschaffenden Bauteile und Baugruppen durch Stücklistenauflösung (→ Stückliste) nach dem Gozinto-Verfahren errechnet werden. Bei diesem Verfahren wird der Produktionsprozess durch einen Graphen (→Graphentheorie) abgebildet, dessen Knoten Bauteile, Baugruppen und das Fertigprodukt symbolisieren, während die Kanten (Pfeile) die Richtung und die Stärke des Materialflusses anzeigen. Die Abbildung enthält ein Fertigprodukt F, das aus drei Baugruppen B1, B2, B3 montiert wird, die ihrerseits aus den Einzelteilen E1 und E2 zusammengesetzt sind. Die Zahlen an den Pfeilen geben an, wieviele Einheiten eines Teils für eine Einheit eines übergeordneten Teils benötigt werden.

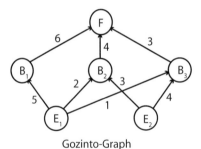

Gozinto-Graph

Aus diesem Gozinto-Graphen kann ein Gleichungssystem entwickelt werden, aus dem der Materialbedarf für eine Einheit des Fertigproduktes F zu gewinnen ist. In unserem Beispiel ergeben sich die folgenden Gleichungen mit sechs →Variablen:

$$x_{B1} = 6x_F \qquad x_{B2} = 4x_F \qquad x_{B3} = 3x_F$$

$$x_{E1} = 5x_{B1} + 2x_{B2} + x_{B3}$$

$$x_{E2} = 3x_{B2} + 4x_{B3}.$$

Setzt man $x_F = 1$ (Produktion von einer Einheit des Fertigprodukts), so bekommt man die Stücklistenauflösung:

$$x_{B1} = 6 \qquad x_{B2} = 4 \qquad x_{B3} = 3$$

$$x_{E1} = 41 \qquad x_{E2} = 24.$$

Bei komplexeren Produktionsprozessen wird der Gozinto-Graph unübersichtlich. Man geht dann zur EDV-unterstützten Matrizenrechnung über, mit deren Hilfe auch umfangreiche Stücklisten nach dem gleichen Prinzip erstellt werden können.

b) Statistische Verbrauchsprognosen: Für Materialien mit geringem Verbrauchswert (z.B. Schrauben) ist die Stücklistenauflösung zu aufwendig. Statt dessen versucht man, aus den Verbrauchsdaten der Vergangenheit durch Trendextrapolation (→Trend, →Extrapolation) den zukünftigen Materialverbrauch zu prognostizieren. Dafür werden in der Praxis einfache statistische Prognosemethoden, vor allem das Verfahren der →gleitenden Durchschnitte und der →exponentiellen Glättung eingesetzt.

2.2 *Optimale B.-smenge.* Ist der →*Bedarf* an einer bestimmten Materialart für den Planungszeitraum (z.B. ein Jahr) prognostiziert, so muss nun entschieden werden, ob dieser Bedarf durch eine einzige Bestellung od. durch mehrere, über den Planungszeitraum verteilte Bestellungen gedeckt werden soll.
Folgende Kostenarten, deren Wirkung gegensätzlich ist, sind dabei zu beachten:
- Die Kosten einer Bestellung (Porto, Telefon, Rechnungsprüfung, Warenannahme usw.) ergeben multipliziert mit der Anzahl der Bestellungen pro Jahr die *Bestellkosten.*
- Ihnen gegenüber stehen die (variablen) *Lagerkosten* (Zinsen für das in den Beständen gebundene →Kapital, Kosten für Versicherungen und Schwund), die proportional zur gelagerten Menge sind.
Je häufiger bestellt wird, desto höher sind die Bestellkosten im Planungszeitraum, aber desto niedriger sind die Lagerkosten, da bei mehrfachen Bestellungen im Durchschnitt eine geringere Menge auf Lager liegt. Diese gegenläufigen Kostentendenzen müssen durch eine Optimierung ausgeglichen werden. In der Praxis wird für diese Optimierung häufig die Formel der optimalen B.-smenge verwandt:

$$x_{opt} = \sqrt{\frac{2AB}{pz}} \, .$$

Dabei bedeuten A die Kosten einer Bestellung, B der Materialbedarf pro Jahr, p der → Einstandspreis einer Einheit des Materials, z der Lagerkostensatz, bezogen auf den durchschnittlichen Lagerwert und x_{opt} die optimale B.-smenge.

Sie ist die Menge, bei der die Summe aus Bestellkosten und Lagerkosten pro Jahr ihr Minimum annimmt, die gegenläufigen Kostentendenzen also ausgeglichen sind. Die *Bestellkosten* sind das Produkt aus Kosten einer Bestellung (A) und Anzahl der Bestellungen pro Jahr ($\frac{B}{x}$). Die *Lagerkosten* ergeben sich durch Multiplikation des durchschnittlichen Lagerwertes $x \cdot \frac{B}{2}$ mit dem Lagerkostensatz z.

Differenziert man die Gesamtkostenfunktion (K)

$$K = \frac{A \cdot B}{x} + \frac{x \cdot p \cdot z}{2}$$

nach x und setzt die erste Ableitung gleich Null, erhält man als Ergebnis die Formel der optimalen B.-smenge. Diese Formel eignet sich jedoch nur als erste Annäherung an die Realität. Sollen mengenabhängige → Rabatte, stochastische Lieferzeiten od. die gemeinsame Bestellung verschiedener Materialarten berücksichtigt werden, ist der Ansatz entsprechend zu erweitern. Die darauf beruhenden, relativ komplexen *B.-smengenmodelle* können mit den Methoden des →Operations Research und EDV-Unterstützung gelöst werden.
Literatur: *U. Arnold*, Strategische Beschaffungspolitik. Frankfurt am Main, Bonn 1982. *E. Grochla*, Grundlagen der Materialwirtschaft. 3. A., Wiesbaden 1990. *K.-W. Hansmann*, Industrielles Management. 5. A., München, Wien 1997.
Prof. Dr. K.-W. Hansmann, Hamburg

Beschaffungskosten
alle direkten und indirekten →Kosten, die für Planung und Abwicklung des Beschaffungsvorganges von →Gütern und →Produktionsfaktoren einer Unternehmung (→Betrieb, I., 2.) entstehen. S. →Beschaffung, 2.2.

Beschaffungsmenge
⇒*Bestellmenge.*

Besitzeinkommen
⇒fundiertes Einkommen
⇒Kapitaleinkommen
⇒Vermögenseinkommen
→Einkommen.

Beständewagnis
nicht versicherbares Risiko, das z.B. durch Überalterung, Bruch u.a. in der Erhaltung eines Bestandes liegt. Die Unternehmen (→Betrieb, I., 2.) versuchen, ihm durch kalkulatorisches Erfassen (→Kalkulation) und Verrechnung (→Kostenrechnung) zu begegnen.

Bestätigungsvermerk
wird von den Abschlussprüfern nach erfolgter →Jahresabschlussprüfung bei → AG und ab 1987 bei →GmbH und → KGaA sowie Genossenschaften ab bestimmter Größe gem. § 322 HGB mit zwingend vorgeschriebenem Wortlaut erteilt: „Die →Buchführung, der →Jahresabschluss und der → Geschäftsbericht entsprechen nach meiner (unserer) pflichtmäßigen Prüfung den gesetzlichen Vorschriften". Bei Einwendungen ist der B. einzuschränken od. auch zu versagen. Ohne B. ist der Jahresabschluss ungültig. Rechtsfolgen können aus dem B. nicht abgeleitet werden, da er ein Formaltestat ist und kein Urteil über die wirtschaftliche Lebensfähigkeit des Unternehmens. Er kann selbst bei drohender →Insolvenz nicht verweigert werden, wenn der Jahresabschluss korrekt ist.

Bestandsbewertung
Zuordnung von Wertgrößen zu den in der →Bilanz zu erfassenden Vermögensobjekten und Schulden. Handelsrechtlich gilt der Grundsatz der Einzelbewertung, soweit die →GoB und der Grundsatz der Vorsicht, für den die Einzelprinzipien : → Realisations-, → Imparitäts-, Niederstwert- und →Höchstprinzip, nicht anderes nahelegen. Als wesentliche Bewertungsmaßstäbe gelten die →Anschaffungskosten, → Herstellungskosten und der Teilwert.

Bestandsgröße
⇒stock
⇒Zeitpunktgröße
auf einen Zeitpunkt datierte Größe, in →
Geld- (Kassenbestand) od. physischen
Einheiten (Warenbestand in Tonnen, Arbeitslose am 31.13.1990 usw.) gemessen.
B. haben keine Leitdimension i. Ggs. zu →
Stromgrößen. In der →Vermögensrech-
nung werden Bestände an →Vermögen
und →Verbindlichkeiten einer Volkswirtschaft an einem Stichtag gegenübergestellt. In der → Volkswirtschaftstheorie
werden Änderungen von B. und ihre
Marktanpassungsvorgänge untersucht.
Das →Gleichgewicht auf dem →Markt ist
ein Bestandsgleichgewicht.

Bestandsmasse
Begriff in der Statistik: die auf einen Zeit-
punkt bezogene statistische Masse, z.B.
Bevölkerung eines Landes, i. Ggs. zur Be-
wegungsmasse, z.b. Wachstum der Be-
völkerung durch Geburtenüberschuss.
Z.T. werden auch Grundgesamtheit od.
Teile davon als B. bezeichnet.

Bestandsrechnung
Einzelrechnungssystem des → Gesamt-
wirtschaftlichen Rechnungswesen, z.B. →
Vermögensrechnung.

Bestellerkredite
→Plafond C.

Bestellkosten
→Beschaffung, 2.2.

Bestellmenge
⇒Beschaffungsmenge
geordnete Materialmenge eines Unternehmens (→Betrieb, I., 2.) für die →Pro-
duktion. In der Materialbeschaffungspla-
nung ist die optimale B. zu ermitteln, die
sich aus gegenläufigen Kostenentwick-
lungen ergibt, u. zw. aus den mit der
Häufigkeit von Bestellungen wachsenden Bestellkosten sowie den damit sinkenden Lagerkosten, die hauptsächlich
in Zinskosten für das im Lagerbestand
gebundene →Kapital bestehen. Minimierung der Summe beider Kosten ergibt die
optimale B. S. auch →Beschaffung.

Bestimmtheitskoeffizient
⇒Determinationskoeffizient
⇒quadrierter multipler Korrelationskoeffizient
Quotient in der →Regressionsanalyse aus
Summe der Quadrate der durch das Modell erklärten → Abweichungen und
Summe der Quadrate der Gesamtabwei-
chungen.

Beta-Faktor
ein Risikomaß, das - anders als →Varianz
od. →Standardabweichung - eine →Zu-
fallsvariable nicht auf der Grundlage ihres isolierten →Risikos bewertet, sondern
im Risikozusammenhang mit anderen
Zufallsvariablen. Wird besonders in der
Kapitalmarkttheorie zur Bewertung risi-
kobehafteter →Wertpapiere angewandt.
Gibt hier die Sensitivität der →Rendite
gegenüber marktweiten Renditeschwan-
kungen an.

Beteiligung
1. Anteil eines einzelnen od. einer Unternehmung (→Betrieb, I.) am →Kapital einer → Kapital- od. → Personengesellschaft (Kapital-B.), der mit Rechten
(Möglichkeit zur Einflussnahme auf Unternehmenspolitik, Anspruch auf Anteil
am Bilanzgewinn und am Liquidationserlös (→Liquidation, →Erlös) bei Auflösung der Gesellschaft) und Pflichten (→
Haftung für Bilanzverluste) verbunden
ist. Wird durch Eintritt als Gesellschafter
in →offene Handelsgesellschaft, →Kom-
manditgesellschaft, Gesellschaft mit beschränkter Haftung (→ GmbH), durch
Gründung einer → stillen Gesellschaft,
durch Erwerb von →Aktien einer →Akti-
engesellschaft od. → Kommanditgesellschaft auf Aktien und durch Eintritt in
eine →Genossenschaft erlangt. Vgl. auch
→B.-sfinanzierung. Erwerb von B. kann
als Instrument strategischer →Unterneh-
mensführung zur →Diversifikation, Risikostreuung od. Kapitalanlage eingesetzt
werden. Stärke der Einflussnahme auf
Unternehmenspolitik ist weitgehend von
der B.-shöhe abhängig, z.B. wesentliche
B. (über 25%), Mehrheits-B. (über 50%).
Aktiengesellschaften unterliegen einer
Mitteilungspflicht in den Gesellschafts-
blättern (§ 20 AktG) bei Vorliegen einer
B. ab 25%.

Für B. der →öffentlichen Hand an Kapitalgesellschaften muss ein wichtiges Interesse vorliegen und der angestrebte Zweck darf sich nicht besser od. auf andere Weise erreichen lassen.
2. Rechtsverhältnisse mit Gewinnanspruch ohne Kapital-B., u. zw. aufgrund eines Arbeitsverhältnisses (Gewinn-B. ⇒ Erfolgs-B.). B. der → Arbeitnehmer ist nicht Bestandteil des →Lohnes. B. werden in Form von →Darlehen od. Aktien gehalten und geben Anteil am Zuwachs des Produktivvermögens (→Sachvermögen, II.) der Unternehmung wie auch an Mitbestimmungsrechten an.
3. nach § 12 KWG (→Bankenaufsicht) nicht genau definierte, nach Buchwerten berechnete Anlagen eines Kreditinstituts (→ Banken) an anderen Bankbetrieben und sonstigen Unternehmen in Form von verbrieften und/ od. nicht verbrieften Anteilen, die mit anderen dauernden Anlagen in Grundstücke, Gebäude und Schiffen das haftende → Eigenkapital nicht übersteigen dürfen. Banken können diese Vorschrift entgegen der Auffassung in Wissenschaft und des Bundesaufsichtsamtes für das Kreditwesen (→ Bankenaufsicht) dadurch umgehen, dass sie in ihrer Bilanzierungspraxis selbst entscheiden, welche Vermögensgegenstände sie als B. od als →Wertpapiere des →Umlaufvermögens ausweisen.
4. im Strafrecht Begriff für Mittäterschaft, Anstiftung und Beihilfe.

Beteiligungsfinanzierung
Zuführung von →Eigenkapital über die → Außenfinanzierung, z.B. durch Aufnahme eines (stillen) Gesellschafters (→stille Gesellschaft) od. durch Ausgabe von → Aktien. S. auch →Finanzierung, 1.

Beteiligungskapital
→Eigenkapital, 1.

Beteiligungspapiere
→Effekten, die Beteiligungsrechte an Unternehmen (→ Betrieb, I.) verbriefen. Kommt den Inhabern die Stellung von Teilhabern (Eigentümern) zu, spricht man von Teilhabereffekten, z.B. →Aktien, →Kuxe. Wird dagegen nur ein Beteiligungsrecht am Fond und nicht am Unternehmensvermögen der emittierenden Gesellschaft gewährt, sind es Anteilspapiere. →Investmentzertifikate.

Betrieb
I. in der →*Wirtschaftswissenschaft*:
1. B. ⇒Unternehmung in der *Volkswirtschaftslehre* (→ Wirtschaftswissenschaft, 3., 4.) gegenüber dem privaten Haushalt (→Haushalt, 1.) jene Wirtschaftseinheit, die →Güter erzeugt und am →Gütermarkt anbietet sowie die dafür benötigten →Produktionsfaktoren nachfragt.
2. in der →*Betriebswirtschaftslehre* ist keine einheitliche →Definition zu erkennen. So wird „... ein soziales Gebilde, das mit menschlichem Zweckhandeln erfüllt ist ..." (R. Seyffert) als B. in einem sehr weiten Sinn definiert. Überwiegend wird als B. eine planvoll organisierte Wirtschaftseinheit zur →Produktion von Gütern verstanden. I.d.R. werden B. als Produktionseinheiten den privaten Haushalten als primär konsumtive Marktparteien des arbeitsteiligen (→Arbeitsteilung) Wirtschaftsprozesses gegenübergestellt. Soweit private Haushalte Güter produzieren, geschieht es - abgesehen von der von ihnen in der Volkswirtschaftlichen Gesamtrechnung erfassten produktiven Tätigkeit (→Haushalt, 1.) - für den Eigenbedarf, während B. überwiegend für den Fremdbedarf produzieren. Nach E. Gutenberg wird der B. durch die vom →Wirtschaftssystem unabhängigen Merkmale: Prozess der Kombination von Produktionsfaktoren, →ökonomisches Prinzip, Prinzip des finanziellen →Gleichgewichts (→Liquidität, 2.) geprägt wie auch von den vom Wirtschaftssystem abhängigen Merkmalen: Eigentumsform an → Produktionsmitteln (Privat- od. Kollektiveigentum), Betriebsziele (→ Gewinn-maximierung od. Planerfüllung), Bestimmung des Wirtschaftsplanes (Autonomie od. Anweisung durch Zentralplan). Als Organe der Gesamtwirtschaft sind öffentliche B. und Verwaltungen Wirtschaftseinheiten besonderer Prägung, die die gesellschaftlichen → Bedürfnisse nach öffentlichen Gütern kollektiv ohne direkte Gegenleistung od. über den Markt (Telefonverkehr) befriedigen.
Der Begriff *Unternehmung* ist nach Gutenberg nur mit dem Wirtschaftssystem

→Marktwirtschaft verknüpft, z.T. wird er dem des B. untergeordnet od. ⇒B. verwandt, weil für betriebswirtschaftliche Überlegungen wirtschaftliche Entscheidungen unabhängig von ihrer Abgrenzung nach Wirtschaftseinheiten - gleich ob B. od. Unternehmen od. privater Haushalt - im Mittelpunkt stehen.
II. im *Recht:*
1. im *Steuerrecht* wird nicht zwischen B. und Unternehmen unterschieden. Die Bezeichnungen wechseln von Gesetz zu Gesetz, z.T. auch innerhalb desselben Gesetzes. In der →Abgabenordnung wird der Unternehmensbegriff dem B. übergeordnet.
2. im *Arbeitsrecht* die organisatorische Verbindung von →Arbeitgeber, →Arbeitnehmer und Arbeitsgegenständen zur gemeinsamen Arbeitsaufgabe.
3. kann nach dem Gegenstand betrieblicher Arbeit in Produktions-B., Handels-B., Landwirtschafts-B., usw. od. nach Gewerbebetrieb, freiberuflicher B. (Privatklinik), Tendenz-B. (karitative, erzieherische Einrichtung) od. B. einer juristischen Person öffentlichen Rechts (→Regie-B.) unterschieden werden.

betriebliche Altersvorsorge
ist Sozialleistung eines Unternehmens (→Betrieb, I.) an den von ihm beschäftigten →Arbeitnehmern und dessen Familienangehörige nach Beendigung des Arbeitsverhältnisses in Form von Sachgütern (z.B. Deputate), Dienstleistungen (z.B. bei Invalidität), Nutzungen (z.B. Wohnrecht) sowie Geldzahlungen. b. unterliegt dem Gesetz zur Verbesserung der b. von 1974 (Betriebsrentengesetz). Sowohl das Fürsorgeprinzip des →Arbeitgebers gegenüber dem Arbeitnehmer über das Ende des Beschäftigungsverhältnisses hinaus wie auch das Entgeltprinzip, wonach sich der Arbeitnehmer die b. im Voraus durch seine Arbeitsleistung verdient hat, bestimmen Höhe und jeweilige Ausgestaltung der b. Aufwendungen des Unternehmens für b., so z.B. Zuwendungen an →Pensionskassen, →Pensionsrückstellungen, werden steuerlich begünstigt. Der b. kommt im Vergleich zur gesetzlichen →Rentenversicherung und Eigenvorsorge eine ergänzende Funktion zu.

betriebliche Mitbestimmung
→Mitbestimmung.

Betriebliches Rechnungswesen
die zahlenmäßige Erfassung aller betrieblichen Vorgänge mit der Aufgabe, der Unternehmensführung ergebnisorientierte Kontrollinformationen zu liefern. B. umfasst in der betrieblichen Organisation: → Finanzbuchhaltung, → Betriebsbuchhaltung, Betriebsstatistik und Planungsrechnung.

Betriebsabrechnung
periodische unternehmensintern ausgerichtete kalkulatorische → Erfolgsrechnung zur Fundierung unternehmenspolitischer Entscheidungen. Ist durch keinerlei sachfremde äußere Vorschriften eingeschränkt wie z.B. der handels- und steuerrechtliche → Jahresabschluss. B. wird nach unterschiedlichen →Kostenrechnungssystemen und in einer Reihe von Abrechnungsstufen, nämlich der → Kostenarten-, →Kostenstellen- und →Kostenträgerrechnung einerseits und der Leistungsrechnung andererseits vollzogen.

Betriebsabrechnungsbogen
Abk.: BAB
⇒Kostenstellenbogen
wichtiges Instrument der →Betriebsabrechnung. Der ‚große' B. enthält alle Stufen der →Kosten- und →Leistungsrechnung. Der ‚kleine' B. enthält nur die →Kostenstellenrechnung.

Betriebsaufspaltung
⇒Doppelgesellschaft
die Aufspaltung eines →Unternehmens in zwei rechtlich selbstständige Gesellschaften, wobei diese weiterhin einem einheitlichen ökonomischen Zweck dienen. Seltener zu beobachten als das Gegenteil, die Fusion.

Betriebsbuchhaltung
erfasst und verrechnet - i. Ggs. zur →Finanzbuchhaltung - die innerbetrieblichen Vorgänge der Leistungserstellung (→Leistungsrechnung) und den dadurch hervorgerufenen Güterverbrauch (→Kostenrechnung) eines Unternehmens.

Betriebserfolg
⇒*Betriebsergebnis.*

Betriebsergebnis
⇒*Betriebserfolg.*
zeigt den Erfolg an, den ein Unternehmen (→Betrieb, I. 2.) durch →Produktion und →Absatz erwirtschaftet hat und gegenüber dem in der →Gewinn- und Verlustrechnung ermittelten → Unternehmens- od. Gesamtergebnis, das aufgrund der Gegenüberstellung von → Aufwendungen und →Erträgen errechnet wird. B. wird durch die →Kosten und →Leistungsrechnung ermittelt und ist die Differenz zwischen Betriebsertrag und Gesamtkosten.

Betriebsgröße
ist kein eindeutiger Begriff. Wird durch unterschiedliche Maßgrößen angegeben, so z.B.: Ausstattung mit allen →Produktionsfaktoren, Menge des fixen Faktors, Anzahl der Beschäftigten, →Output, Umsatz, Kostenkurven. B. ist abhängig von technischen, ökonomischen, organisatorischen und marktrelevanten Größen. Für die kurzfristige Unternehmensplanung ist die B. eine gegebene Größe, für die langfristige aber eine →Variable. Ausweitung der B. kann durch →Investitionen od. Zusammenschluss mit anderen Unternehmen (→ Betrieb) erfolgen (→ Konzern, →Kartell, →Fusion).

Betriebsgrößenoptimum
in der → Kostentheorie wird zwischen kurzfristigen Kostenkurven als Ausdruck einer gegebenen →Betriebsgröße und langfristigen unterschieden, die für variable, also für unterschiedliche Betriebsgrößen mit verschiedenen kurzfristigen Kostenkurven stehen. Benutzt man die Durchschnittskostenkurve (DK) (→Kosten), wird das B. durch das Minimum der langfristigen Durchschnittskosten (lDK) definiert, in dem auch das Minimum einer kurzfristigen Durchschnittskostenkurve (kDK_1) liegt. Die langfristige Grenzkostenkurve (lGK) schneidet die lDK-Kurve in B. Vor dem B. werden die kurzfristigen Durchschnittskostenkurven (z.B. kDK_3) von der langfristigen in ihrem degressiven Bereich

(Größendegression), danach in ihrem progressiven Bereich (z.b. kDK_2) (Größenprogression) berührt. Mit kGK werden die kurzfristigen Grenzkosten bezeichnet.

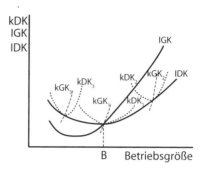

Betriebsgrößenplanung
betriebswirtschaftliche Entscheidung im Rahmen der langfristigen Produktionsplanung über die Betriebsgröße, die stets mit solchen über →Investitionen verbunden ist.

Betriebskosten
in betriebswirtschaftlicher →Investitionsrechnung bei Kostenvergleichen alternativer Investitionsobjekte diejenigen Kosten, die für den laufenden Betrieb des jeweiligen Objektes aufzuwenden sind, vor allem Material- und Personalkosten.

Betriebsminimum
⇒Minimum der durchschnittlichen variablen Kosten (DVK)
⇒Produktionsschwelle
für die Kostenkurve (→Kostentheorie) einer ertragsgesetzlichen (→Ertragsgesetz) → Produktionsfunktion das Minimum der durchschnittlichen variablen Kosten (→Kosten). Würde die Produktionsmenge zu einem →Preis in dieser Höhe abgesetzt, entstünde ein Verlust in Höhe der fixen Kosten (→Kosten), den ein Unternehmen (→Betrieb, I.) nur für kurze Dauer hinnehmen kann. Bei einem Preis, der diese Kostenhöhe unterschreitet, würde der Betrieb stillgelegt.

Betriebsmittel
alle Sachgüter (→Gut), die im Produktionsprozess eingesetzt werden, i.d.R. aber

nicht mit ihrer Substanz in eine Produkteinheit eingehen, sondern nur in der langen Frist anteilig. B. sind Grundstücke, Gebäude, Maschinen, Werkzeuge usw. Verbrauchte B. werden durch Ersatzinvestition (→Investition) wieder beschafft.

Betriebsoptimum
⇒Gewinnschwelle
bei einer ertragsgesetzlichen Kostenkurve (→Ertragsgesetz, →Kostentheorie) das Minimum der Durchschnittskosten (→ Kosten). Verkauft die Unternehmung (→ Betrieb, I.) die Produktmenge des B. zu einem Preis, der dieser Kostenhöhe entspricht, so werden variable und fixe Kosten (→ Kosten) voll gedeckt, so dass weder Verlust noch →Gewinn entsteht. Bei höherer Menge und höherem Preis, erzielt die Unternehmung Gewinn (Gewinnschwelle). Das B. ist nicht für das einzelne Unternehmen eine optimale Situation, sondern vom gesamtwirtschaftlichen Standpunkt, da das Produkt mit den geringsten Durchschnittskosten, also am wirtschaftlichsten, produziert wird und den Nachfragern die geringste → Ausgabe abverlangt.

Betriebsordnung
⇒Betriebsvereinbarung.

Betriebsprüfung
veraltete Bezeichnung für →Außenprüfung.

Betriebsrat
nach dem → Betriebsverfassungsgesetz von 1952 von →Arbeitnehmern eines → Betriebes mit mindestens fünf dauerhaft beschäftigten Mitarbeitern gewähltes Vertretungsorgan der gesamten Arbeitnehmerschaft gegenüber der Betriebsleitung. B. besitzt Mitbestimmungsrecht in allen sozialen Angelegenheiten und kann in personellen und wirtschaftlichen Fragen des Unternehmens (→Betrieb, I.) mitwirken. B. muss seine Tätigkeit am Wohl des Betriebes und der gesamten Arbeitnehmerschaft ausrichten. Seine Mitgliederzahl bemisst sich nach der Belegschaftsgröße. Vom B. gehen (unterschiedliche) Effekte auf Personalfluktuation, →Arbeitsproduktivität, →Innovationen, →Gewinn und →Lohn aus.

Betriebssteuern
i. Ggs. zu den Privatsteuern die den →Betrieb betreffenden →Steuern, z.b. →Körperschaftssteuer, →Gewerbesteuer u.a.

Betriebsvereinbarung
⇒Betriebsordnung.

Betriebsverfassung
Regelung der Beziehung zwischen →Arbeitgeber und →Arbeitnehmern. Rechtsgrundlage in der Bundesrepublik ist das Betriebsverfassungsgesetz.

Betriebsverfassungsgesetz
vom 11.10.1952, in der Fassung vom 15.1. 1972, zuletzt geändert im Jahr 2007, enthält das Recht für die →Betriebsverfassung in der privaten Wirtschaft. Regelt die Beziehung zwischen Arbeitgeber und Belegschaft, so u.a. Organisation und Befugnisse des Betriebsrats und der Betriebsversammlung, die festgelegte Mitbestimmungs- und Mitwirkungsrechte der Beschäftigten ausüben. Oberster Grundsatz ist, dass Betriebsrat und Arbeitgeber zum Wohle der →Arbeitnehmer und des Betriebes vertrauensvoll zusammenarbeiten sollen. Gilt für alle Aktiengesellschaften, Kommanditgesellschaften auf Aktien mit weniger als 2 000 Arbeitnehmern, GmbH, bergrechtlichen Gewerkschaften. Arbeitnehmer werden mit einem Drittel der Sitze im Aufsichtsrat aufgrund unmittelbarer Wahl beteiligt. Den Gewerkschaften stehen keine Entsendungs-, Besetzungs- od. Vorschlagsrechte zu. Rechtsstreitigkeiten aus dem B. fallen in die Zuständigkeit der Arbeitsgerichte, an deren Besetzung die Gewerkschaften beteiligt sind.

Betriebswirtschaftslehre
Teilgebiet der →Wirtschaftswissenschaft, deren Erkenntnisgegenstand primär die einzelwirtschaftliche Entscheidungseinheit ‚Betrieb' mit allen seinen wirtschaftlichen Vorgängen ist.

Betriebswirtschaftsphilosophie
→Allgemeine Betriebswirtschaftslehre.

Betriebswirtschaftspolitik
⇒Theorie der Betriebswirtschaftspolitik.
→Allgemeine Betriebswirtschaftslehre.

Betriebswirtschaftstheorie
→Allgemeine Betriebswirtschaftslehre.

Beurteilende Statistik
⇒*Analytische* Statistik
⇒Induktive Statistik
⇒Inferenzstatistik
⇒Schließende Statistik

Beveridge-Kurve
ist der nach W. H. Lord Beveridge benannte funktionelle Zusammenhang zwischen Vakanzenrate (R_V) und →Arbeitslosenquote (u) in der Form:

$R_V = \beta \cdot \dfrac{1}{u}$, wobei β die Rahmenbedingungen des Arbeitsmarktes abbildet. B. hat ihre Bedeutung darin, dass sie die Arbeitslosigkeit hinsichtlich neuzeitlicher Ursachen klassifiziert, so z.B. die Mismatch-Arbeitslosigkeit, die nicht konjunkturbedingt ist, sondern auf die nachlassende Funktionsfähigkeit des Arbeitsmarktes zurückgeht.

Bevölkerungsstatistik
Ermittlung und Analyse von Bestand, Struktur und Bewegung der Bevölkerung eines Landes. Die Ermittlung von Daten der B. ist Aufgabe der →amtlichen Statistik. B. basiert in der Bundesrepublik hauptsächlich auf der Volks- und Berufszählung, daneben auf der jährlich einmal erhobenen Zufallsstichprobe von 1% und dreimal 0,1% der Bevölkerung (Mikrozensus) sowie Registern (z.B. Geburtenregister). B. ist Grundlage für Bevölkerungsprognosen.

Bevölkerungstheorie
die ökonomische B. hat in den 3 Nachkriegsjahrzehnten, in denen die allgemeine Wirtschaftstheorie unzweifelhaft sehr große Fortschritte gemacht hat, in der wissenschaftlichen Diskussion kaum eine Rolle gespielt. Seit Mitte der 70er Jahre ist allerdings ein zunehmendes Interesse an Fragen der B. zu erkennen. Dies ist zumindest in der Bundesrepublik auf den drastischen Geburtenrückgang seit 1966 zurückzuführen. Das zunehmende Interesse lässt die Vermutung zu, dass sich der Kenntnisstand in Zukunft rasch verändern wird.

Drei Teilgebiete haben zur Weiterentwicklung der B. beigetragen:
1. die formale Demographie, insbesondere die bevölkerungsdynamischen Modelle,
2. die neoklassische Wachstumstheorie (→Wachstumstheorie), zumindest insoweit die →Wachstumsrate der Bevölkerung endogen bestimmt ist, und schließlich
3. die zum Teil aus der Soziologie stammenden Überlegungen zur langfristigen Entwicklung der Geburtenrate beziehungsweise ihrer Abhängigkeit von der wirtschaftlichen Entwicklung.

ad 1.: Der zentrale Begriff der Bevölkerungsdynamik ist der der „stabilen Bevölkerung". Er ist durch folgende Annahmen definiert:
a) Die altersspezifische Mortalität ist konstant. Die Wahrscheinlichkeit p (x) für einen Neugeborenen, das Alter x zu erreichen, ist von der Zeit t unabhängig.
b) Die betrachtete Bevölkerung ist abgeschlossen, ihre Zahl kann also durch Migration nicht verändert werden.
c) Die Geburtenzahl B (t) verändert sich mit einer konstanten Rate n:

$$B(t) = B(0) \cdot e^{nt},$$

wobei B (t) : = Zahl der Geburten im Zeitpunkt t,
n : = Wachstumsrate der Geburten.
Wie groß ist die Zahl der Individuen, die im Zeitpunkt t zwischen x und x + dx Jahre alt sind? Dazu muss man in der Zeit um x Jahre zurückgehen. Die Zahl der Geburten im Zeitpunkt t - x betrug:

$$B(t - x) = B(0) \cdot e^{n(t-x)}.$$

Da wir nicht ein präzises Alter, sondern das Altersintervall x + dx betrachten, beträgt die Anzahl der Geburten: $B(0) \cdot e^{n(t-x)} \cdot dx$. Nicht alle in dem Intervall Geborenen haben überlebt. Die Anzahl der im Zeitpunkt zwischen x und x + dx Jahre alten Personen ist daher:

$$(1)\, B(0) \cdot e^{n(t-x)} \cdot p(x)dx$$
$$= B(0) \cdot e^{nt} \cdot e^{-nx}p(x)dx.$$

Die Gesamtzahl der Bevölkerung ergibt sich durch Integration über alle Altersgruppen:

$$(2)\ P(t) = B(0) \cdot e^{nt}\int_0^{a_3} e^{-nx}p(x)dx \,,$$

wobei $P(t)$: = Gesamtbevölkerung;

a_3 : = Höchstalter.

Wegen der Konstanz des Integrales folgt, dass die Wachstumsrate der Bevölkerung ($\hat{P}$) gleich der Wachstumsrate der Geburtenrate ist: $\hat{P} = n$.

Der Anteil einer beliebigen x + dx-jährigen Bevölkerung an der Gesamtbevölkerung kann mit Division von (1) und (2) ermittelt werden und ist konstant:

$$\text{Anteil} \quad (x) = \frac{e^{-nx} \cdot p(x \cdot dx)}{\displaystyle\int_0^{a_3} e^{-nx} \cdot p(x)dx} \,.$$

Man kann auch zeigen, dass eine Bevölkerung, die die Voraussetzungen a) bis c) erfüllt, rasch zu einer Bevölkerung mit konstanter Altersstruktur konvergiert. Im Bereich der formalen Demographie sind viele weitere Zusammenhänge mathematisch bewiesen und stellen die erste Quelle bevölkerungstheoretischer Überlegungen dar (*Keyfitz*, 1977).

ad 2.: Ein weiterer Modellrahmen, in dem bevölkerungstheoretische Überlegungen angestellt werden, ist die neoklassische Wachstumstheorie. Aufgrund der Modellannahmen dieser Theorie lassen sich viele Zusammenhänge bei „gleichgewichtigem Wachstum" ableiten. Bevölkerungstheoretische Zusammenhänge bei exogener Wachstumsrate (vgl. →exogene Variable) der Bevölkerung g_A ergeben sich insbesondere aus folgenden Beziehungen (vgl. *Krelle*, 1985):

$$g_Y = g_A + g_\alpha \,,$$

wobei g_Y : = Gleichgewichtswachstumsrate des →Sozialprodukts

g_A : = exogene Wachstumsrate der Arbeitszeit bzw. der Bevölkerung

g_α : = Wachstumsrate der → Arbeitsproduktivität.

Unter den i.d.R. zugrunde gelegten Annahmen hängt das gleichgewichtige Pro-Kopf-Einkommen (y) negativ mit der Wachstumsrate der Bevölkerung (g_A) und positiv mit der →Kapitalintensität (γ^K) zusammen:

$$y = f(\gamma^K) \,.$$

Eine positive Beziehung zwischen Bevölkerungswachstumsrate und Pro-Kopf-Einkommen ergibt sich aber, wenn man unterstellt, dass der →technische Fortschritt positiv von der Bevölkerungswachstumsrate abhängt (dazu: *Simon*, 1977; *Steinmann*, 1986).

Einige wenige Versuche von endogenen Erklärungen der Wachstumsrate der Bevölkerung haben wenig Beifall gefunden. Die in diesen Modellen verwendeten malthusianischen Populationsfunktionen erklären die gegenseitige Abhängigkeit von ökonomischen und demographischen Größen auf allzu einfache Weise (dazu: *Schmitt-Rink*, 1985).

ad 3.: Die Beziehung zwischen der Geburtenrate und dem wirtschaftlichen Rahmen ist in Wirklichkeit sehr kompliziert. Eine erste grobe Vorstellung von dieser Beziehung hat Leibenstein 1957 gegeben. Sein Anliegen war, die im Längsschnitt überall beobachtbare negative Korrelation (→Korrelationsanalyse) zwischen steigendem realem Pro-Kopf-Einkommen und sinkenden Geburtenraten zu erklären. Der Ansatz von Leibenstein wurde von Becker weiterentwickelt (*Becker*, 1960). Es scheint, dass die Entscheidung der Mutter od. der Familie, eine bestimmte Zahl von Kindern zu haben, historisch gesehen eine rationale Entscheidung war und auch heute eine solche ist. Bei der Entscheidung werden →Nutzen und →Kosten verglichen. Nach Leibenstein gibt es zwei Gruppen von Nutzen: Konsumnutzen, das heißt die bloße Freude an Kindern, und Investitionsnutzen, der vor allem darin liegt, dass

Kinder bei Alter und Krankheit der Eltern materielle und emotionale Sicherheit bieten. Über die langfristige Entwicklung des Konsumnutzens lassen sich naturgemäß keine Aussagen machen. Der früher entscheidende Investitionsnutzen jedoch hat seine Bedeutung heute sicher sehr weitgehend verloren. Auf der Kostenseite kann man direkte Kosten (Erziehung, Ernährung) und indirekte Kosten (→Opportunitätskosten, die durch den Einkommensverlust der sonst berufstätigen Ehefrau entstehen) unterscheiden. Die indirekten Kosten haben, wie man statistisch gut belegen kann, drastisch zugenommen.

Diese Entscheidung der Eltern müsste in einem bevölkerungstheoretischen Gesamtmodell eine zentrale Stellung haben. Ein solches Modell sollte einerseits erklären, warum sich die ökonomischen →Variablen im Zeitablauf so ändern, dass sich die Eltern für weniger Kinder entscheiden. Andererseits müsste der Einfluss der Veränderung der Geburtenrate auf die langfristige Wirtschaftsentwicklung aufgezeigt werden können. Obwohl bevölkerungsdynamische Modelle (ad 1.) und neoklassische Wachstumstheorie (ad 2.) sehr ähnliche theoretische Konzepte darstellen, weil die wichtigsten Ergebnisse beider Theorien als asymptotische, also sehr langfristige, Aussagen zu verstehen sind, hat dies bisher nicht zu einer Integration der beiden Theorien geführt. Die Konkretisierung bevölkerungsökonomischer Theorievorstellungen (vgl. *Felderer*, 1983; *Felderer/ Sauga*, 1988) hat noch nicht den Stand befriedigender formaler Modelle erreicht.
Literatur: *G. S. Becker*, An Economic Analysis of Fertility, in: Demographic and Economic Change in Developed Countries, National Bureau of Economic Research (Hrsg.). Princeton 1960. *B. Felderer*, Wirtschaftliche Entwicklung bei schrumpfender Bevölkerung. Berlin-Heidelberg-New York-Tokio 1983. *B. Felderer/ M. Sauga*, Bevölkerung und Wirtschaftsentwicklung. Frankfurt 1988. *N. Keyfitz*, Applied Formal Demography. New York 1977. *W. Krelle*, Theorie des wirtschaftlichen Wachstums. Berlin - Heidelberg - New York - Tokio 1985. *G.*

Schmitt-Rink, Demographische Variablen in der ökonomischem Wachstumstheorie, in: B. Felderer (Hrsg.), Beiträge zur Bevölkerungsökonomie. Berlin 1986. *J. Simon*, The Economics of Population Growth. Princeton 1977. *G. Steinmann*, Bevölkerungsentwicklung und technischer Fortschritt, in: B. Felderer (Hrsg.), Beiträge zur Bevölkerungsökonomie, Berlin 1986.

Prof. Dr. B. Felderer, Köln

Bewegungsmasse
⇒Ereignismasse
Begriff in der Statistik. Die auf eine Zeitperiode bezogene statistische Masse, z.B. Lagerabgänge einer Woche. Ggs. →Bestandsmasse.

Bewertungsstetigkeit
nach dem Bilanzrecht dürfen Unternehmen (→Betrieb, I.) zwischen verschiedenen Bewertungsmethoden wählen. § 252 →HGB verlangt Beibehaltung der im vorhergehenden → Jahresabschluss angewandten Bewertungsmethode, um Vergleichbarkeit in der Entwicklung von Vermögens- (→Kapital, I.), Finanz- und Ertragslage zu gewährleisten. Damit ist das bilanzierende Unternehmen so lange an seine frühere Bewertungsentscheidung gebunden, wie sich die Grundlage hierfür nicht ändert. Änderung der Gesichtspunkte der früheren Entscheidung erlaubt die Wahl einer neuen Bewertungsmethode, worüber Unternehmen, die zu einem → Anhang im Jahresabschluss verpflichtet sind, Bericht erstatten müssen (§ 284 HGB).

Beziehungsmarketing
ist die →Planung, Koordination und Kontrolle aller Aktivitäten eines →Unternehmens, die auf bestehende od. mögliche Geschäftsbeziehungen gerichtet sind. S. auch →Marketing.

Bezogener
⇒Trassat
derjenige, der auf einem →Wechsel od. → Scheck zur Zahlung der Wechsel- bzw. Schecksumme angewiesen ist. B. eines W. ist erst nach seinem → Akzept zur Zahlung verpflichtet.

Bezugsrecht

gem. § 186 AktG Recht des Aktionärs bei einer Kapitalerhöhung zum Bezug junger →Aktien entsprechend seinem Anteil am bisherigen →Grundkapital. B. kann im Kapitalerhöhungsbeschluss einer → AG ganz od. zum Teil ausgeschlossen werden, was eine ¾ Mehrheit des bei der Beschlussfassung vertretenen Grundkapitals erfordert. B. dient dem Schutz der Altaktionäre vor Stimmrechts- und Vermögensverschiebungen. Muss nicht ausgenutzt, sondern kann an der →Börse verkauft werden. Wert des B. hängt ab: 1. vom Bezugsverhältnis, das ist die Relation zwischen altem Grundkapital und Kapitalerhöhung; 2. vom Börsenkurs der Altaktien; 3. vom Bezugskurs, dem → Kurs zum Bezug der jungen Aktien; 4. von der Dividendenberechtigung (→Dividende) junger Aktien. I.d.R. weicht der tatsächliche Wert des B. vom rechnerischen ab, da B. an der Börse gehandelt wird.

B-Geschäft

Form des Teilzahlungskredits, bei dem der →Kredit nicht unmittelbar dem Käufer einer Ware zur Verfügung gestellt wird, sondern dem Verkäufer. Voraussetzung für B. ist ein globaler Kreditvertrag zwischen →Teilzahlungsbank und Verkäufer mit der Verpflichtung der → Bank, Kunden des Vertragspartners Kredit zu gewähren. Die → Kreditwürdigkeitsprüfung erfolgt durch den Verkäufer, der damit das Risiko des Tilgungsausfalls trägt. S. →A-Geschäft, →C-Geschäft.

Bilanz

neben der →Gewinn- und Verlustrechnung und dem →Geschäftsbericht eine Nachweisrechnung über die Vermögens- und Kapitalverhältnisse sowie die Ertragslage eines Unternehmens (→Betrieb, I., 2.). In der B. werden das →Kapital auf der Passiva, gegliedert nach Rechtsverhältnissen und Fristigkeit, dem Vermögen (→ Kapital, I.) auf der Aktiva, gegliedert nach der → Liquidität, gegenübergestellt. Grundsätzlich gilt folgender Aufbau der B., der im Detail sich je nach Branche, Rechtsform, Eigentumsverhältnisse und Unternehmensgröße unterscheidet:

Aktiva	Passiva
IV. Anlage-vermögen	IV. Eigenkapital
Sachanlagen	II. Fremdkapital
immaterielle Anlagen	langfristige Verbindlich-keiten
Finanz-anlagen	kurzfristige Verbindlich-keiten
II. Umlauf-vermögen	
Vorräte	III. Wertberichti-gungen
Forderungen	IV. Rückstellun-gen
Wertpapiere	
Zahlungs-mittel	V. Rechnungs-abgrenzungs-posten
III. Rechnungs-abgrenzungs-posten	VI. Bilanzgewinn
VI. Bilanzverlust	

Ordentliche B. müssen aufgrund gesetzlicher Vorschriften regelmäßig zu bestimmten Zeitpunkten erstellt werden. *Außerordentliche* B. werden nur zu besonderen Anlässen notwendig sowie durch gesetzlich vorgeschriebene (z.B. nach dem AktG) od. durch außerordentliche sachliche Gründe veranlasst (z.B. für eine Bankenvorlage zur Bonitätsprüfung (→ Bonität)). Hinsichtlich der Publizität gibt es *externe* B., die primär für Außenstehende, und *interne* B., die zum Zwecke der eigenen Information aufgestellt werden. *Konsolidierte* B. oder *Konzern*-B. werden für Unternehmenszusammenschlüsse angefertigt. Neben der dargestellten *zeitpunktbezogenen* B. gibt es *zeitraumbezogene* od. *Bewegungs*-B., die Veränderungen für zwei B.-stichtage vergleichen; s. auch pagatorische B. (→pagatorische Rechnung, 2.). Auf freiwilliger Basis werden *Sozial*-B. aufgestellt, die Auswirkungen der Unternehmenstätigkeit auf die gesamte Volkswirtschaft (→Wirtschaft) sowie Gesellschaft eines Landes zu erfassen versuchen. Für die *Handels*-B. sind als B.-normen die →GoB und handelsrechtlichen Vorschriften (→HGB, AktG) zu beachten. Sie wird insbesondere unter dem Aspekt kaufmännischer Vorsicht erstellt i. Ggs. zur *Steuer*-B., die nach dem EStG zu erstellen ist und aus der Handels-B. abgeleitet wird. Die Steuer-B. weist den zu versteuernden →Gewinn aus. S. auch →Bilanzierung.

Bilanz der laufenden Posten

⇒Leistungsbilanz
in der →Zahlungsbilanz die Zusammenfassung von →Handels-, Dienstleistungs- und →Übertragungsbilanz. Saldo der B. gibt Änderung der zusammengefassten Netto- →Auslandsposition von →Inländern gegenüber dem Ausland an. B. weist für die Bundesrepublik erhebliche Schwankungen auf, ist in der Regel jedoch positiv.

Bilanzgerade

⇒Budgetgerade
⇒Haushaltsgerade
in der →Nachfragetheorie des Haushalts geometrischer Ort aller maximal erwerbbaren alternativen Gütermengenkombinationen für gegebenes → Einkommen und gegebene →Preise. B. wird algebraisch in der →Bilanzgleichung dargestellt. Dient zur Ableitung des → Haushaltsgleichgewichts.

Bilanzgewinn

der verteilungsfähige Reingewinn eines Unternehmens (→Betrieb, I., 2.), der in der →Bilanz und in der →Gewinn- und Verlustrechnung ausgewiesen ist und auf den die Unternehmenseigner, z.B. Aktionäre, Anspruch haben. Er errechnet sich wie folgt: Jahresüberschuss plus Gewinnvortrag bzw. minus Verlustvortrag minus Einstellung in die Gewinnrücklage bzw. plus Entnahme aus der Gewinnrücklage. B. gibt somit nicht den erwirtschafteten Periodenerfolg an, sondern den Jahresüberschuss nach teilweiser Verwendungsentscheidung durch die Unternehmensleitung, so z.B. die Zuführung zur Gewinnrücklage durch Vorstand und Aufsichtsrat einer → Aktiengesellschaft, wobei bestimmte gesetzliche Bedingungen (AktG § 150 (2) od. § 158 (2)) zu beachten sind.

Bilanzgleichung

1. Grundregel in der doppelten Buchhaltung (→Buchhaltung): Aktiva = Passiva od. Vermögen = Kapital; vgl. →Bilanz.
2. ⇒Budgetgleichung, algebraische Formulierung der →Bilanzgeraden. Sie lautet für vollständig zur →Güternachfrage (q^d) nach Gut 1 und 2 ausgegebenes → Einkommen (y) und bekannte Güterpreise (p_1, p_2): $y = p_1 \cdot q_1^d + p_2 \cdot q_2^d$, wobei das Einkommen gleich der → Ausgabe (A) des →Haushalts ist: $y = A$. →Nachfragetheorie des Haushalts.

Bilanzidentität

→Kongruenzprinzip, 2.

Bilanzierung

1. Betrachtet wird die B. der *Betriebe/ Unternehmungen* (→Betrieb, I., 2.). In diesem Zusammenhang ist die B. ein Teilgebiet, -vorgang des →betrieblichen Rechnungswesens. Hierbei wird unter B. i. Allg. der jährliche Abschluss der Buchführung (→Buchhaltung), die Erstellung von Inventar, →Bilanz und der →Gewinn- und Verlustrechnung (G.u.v.) verstanden. Dieser Umfang der B. betrifft →*Personengesellschaften*; er ist in allg. Form für alle Kaufleute (→Kaufmann) in § 242 f. →HGB geregelt. Neben dem hier behandelten Abschluss der Einzelunternehmung, vorwiegend nach →Handelsrecht (ordentliche, gesetzliche B.), steht der → Konzernabschluss für entsprechend verbundene Betriebe. In Literatur und Praxis wird die B. auch gleichgesetzt mit der gesamten →Rechnungslegung der Unternehmungen, die neben den vorgenannten Bereichen zusätzlich für Kapitalgesellschaften den →Anhang (§ 284 f. HGB) und → Lagebericht (§§ 264, 289 HGB) umfasst und darüber hinaus - insbesondere bei großen Unternehmungen, die der Publizität (→ Publizitätsgesetz) unterliegen - oft auch eine gesellschaftsbezogene Rechnungslegung enthält. (Darstellung der Einflüsse der Betriebe als sozio-technische Systeme auf die Umwelt (Sozialbilanzen, s. →Bilanzen).

2. I.e.S. steht die Bezeichnung B. für den Ausgleich eines Kontos mittels Saldo, durch den zwei Kontenseiten wertmäßig

gleich werden (lat.: „bis lanx" = zwei Waagschalen im →Gleichgewicht). Analog wird der Begriff der B. auch für entsprechende Vorgänge im Rahmen privater Haushalte (→Haushalte, 1.), der → öffentlichen Verwaltung und der Volkswirtschaft (→ Wirtschaft, 3.) verwandt (→Handelsbilanz, →Zahlungsbilanz).

3. Anlässe für die B. sind betriebsinterne und besonders →externe *Informationsbedürfnisse*. Sie sind - umfänglich durch Rechtsnormen im → Handels-, Gesellschafts-, →Steuerrecht u.a. abgesichert - Wirkungsgrößen für vielfältige formale und materielle Anforderungen an die B.

3.1. Die *betriebsinternen* Anforderungen sind vor allem darauf gerichtet, der Unternehmensführung im Rahmen der von ihr gesteuerten Planungs- (→Planung), Realisations- und Kontrollprozesse Daten zur Verfügung zu stellen, die eine Messung des *Erfolgs* und eine Beeinflussung der betrieblichen Aktivitäten im Sinne des jeweiligen Zielsystems der Unternehmung ermöglichen. Die betriebsinterne B. ist grundsätzlich keinen gesetzlichen Vorschriften unterworfen. Art, Umfang und zeitlicher Abstand werden im Wesentlichen von den *Dispositions-* und *Kontrollbedürfnissen* der Unternehmensführung bestimmt. Sie führen zu einer betriebsspezifischen Ausgestaltung der B. (z.B. kurzfristige →Erfolgsrechnung). Tägliche, wöchentliche, monatliche B. ist in der Praxis ebenso anzutreffen wie der Verzicht auf jegliche interne B. insbesondere in Klein- und Mittelbetrieben.

3.2. Die *betriebsexternen* Anforderungen werden überwiegend geprägt von unterschiedlichen Interessen verschiedener Gruppen: Gläubiger (→Banken, Lieferanten), Fiskus (Besteuerung des →„Ertrags" und → Vermögens), Eigentümer/ Anteilseigner (sofern nicht im Betrieb beschäftigt), Mitarbeiter und Öffentlichkeit. Insgesamt haben diese Anforderungen zu einer gesetzlichen Verankerung insbesondere im Handels- und Steuerrecht geführt und erfordern von den Unternehmungen eine jährliche Aufstellung der o.g. Teile des Jahresabschlusses u. ggf. des Anhangs und Lageberichts.

Die Zwecke der *Dokumentation* und *Rechenschaftslegung* stehen dabei im Vordergrund der handelsrechtlichen B.

4. Zur einheitlichen Erfüllung dieser Aufgaben wurden Regeln entwickelt, die als →*Grundsätze ordnungsmäßiger Buchführung* (GoB) *und Bilanzierung* bezeichnet werden.

5. Fundament jeder B. ist danach die *Buchführung*. Die Pflicht zur Buchführung ergibt sich für *alle* Kaufleute seit dem 1.1.86 aus den §§ 238 ff. HGB. Der Abschluss der Buchhaltung zu einem bestimmten Stichtag (Bilanzstichtag) führt zum Ausweis der Salden aller Vermögenspositionen und Schulden auf einzelnen Konten. Die Salden erscheinen zu Gruppen zusammengefasst in der Bilanz. In gleicher Weise erfolgt die Darstellung des gesamten Werteverzehrs = → Aufwendungen und des Wertzuwachses = Erträge einer Periode in der G.u.V., deren Ergebnis in die Bilanz übernommen wird.

6. Ausgangspunkt und Bestandteil der B. ist das *Inventar* (§§ 240, 241 HGB). Es ergibt sich aus einer Bestandsaufnahme (= →Inventur). Art, Umfang und Bewertung der Aufnahme werden durch rechtliche Vorschriften und kaufmännische Gepflogenheiten (GoB) bestimmt. Durch Abzug der Schulden von den Vermögenswerten wird das *Reinvermögen* (→Nettovermögen) ausgewiesen. Übersteigen die Schulden die Vermögenswerte, ergibt sich ein Verlust. Die besondere Bedeutung der Inventur für die B. liegt im Vorrang des Inventars („Ist"-Bestände) bei Abweichungen gegenüber der Bilanz („Soll"-Bestände gemäß Buchhaltung).

7. Im Mittelpunkt der B. steht die *Bilanz* (§§ 242 ff. HGB). Sie stellt in zusammengefasster Form ein Abbild der bewerteten Wirtschaftsgüter eines Betriebs für einen bestimmten Zeitpunkt dar. Die Bewertung erfolgt in Geldeinheiten durch Gewichtung der Mengen der →Güter mit ihren jeweiligen →Preisen (= →Anschaffungs- od. = →Herstellungskosten (AHK) nach § 255 HGB; betriebswirtschaftlich: Anschaffungsausgaben od. Herstellungsaufwand). Damit unterliegt die B. grundsätzlich dem Phänomen der →

Geldwertschwankung und daraus resultierend dem unlösbaren Problem, Vergleichbarkeit im Zeitablauf zu gewährleisten.

Die Gesamtheit der Wirtschaftsgüter wird Vermögen (→Kapital, 1.) genannt. Es erscheint nach →Anlage- und →Umlaufvermögen gegliedert auf der linken Seite des Bilanzkontos als *Aktiva*. Auf der rechten Seite werden die *Passiva* od. Schulden/ → Kapital ausgewiesen. „Schulden" des Betriebs gegenüber den Eigentümern werden als →Eigenkapital, Schulden gegenüber den Gläubigern als →Fremdkapital od. →Verbindlichkeiten bezeichnet. Die Passivseite verdeutlicht die Herkunft der finanziellen Mittel, die auf der Aktivseite in bestimmter Weise verwendet wurden. Beide Seiten der Bilanz sind wertmäßig gleich. Die Bilanz enthält auf beiden Seiten i. Allg. zusätzlich noch → Rechnungsabgrenzungsposten zum Zwecke eines periodengerechten Erfolgsausweises und Korrekturposten, die jeweils bestimmte Vermögens- od. Schuldpositionen auf der entgegengesetzten Seite im Ansatz berichtigen. (Durch die beiden letztgenannten Posten, durch Verzicht auf Mengenangaben und durch die besonders strukturierte Darstellung in Kontoform (Vorschrift nach § 266 HGB) unterscheidet sich die Bilanz im Wesentlichen vom Inventar.)

Verbindliche Vorschriften für die *Gliederung* der Bilanz hatte der Gesetzgeber im AktG 1965 für die →Aktiengesellschaft erlassen (§ 151 AktG bis Ende 1985). Die dort vorgeschriebene Struktur hat auf die Praxis der B. anderer Rechtsformen, für die es keine rechtlichen Gliederungsvorschriften gab, normierenden Einfluss ausgeübt. Ab 1986 gelten für Kapitalgesellschaften gem. §§ 265, 266 HGB Gliederungsvorschriften, die in Abhängigkeit von bestimmten Größenklassen der Gesellschaften in abgestufter Form zu erfüllen sind. Insgesamt wird mit einer mehr od. weniger weitgehenden Gliederung der Zweck verfolgt, den heterogenen Informationsbedürfnissen der Bilanzadressaten zu entsprechen und ein möglichst zutreffenden Bild der Vermögens-, Finanz- und Ertragslage (letztere

in Verbindung mit der G.u.V.) zu vermitteln.

8. Der Vorgang der B. wird bestimmt von Entscheidungen über die B.-fähigkeit, von der Berücksichtigung bestimmter B.-verbote, -pflichten und -wahlrechte sowie von *Bewertungsvorschriften* und *-wahlrechten*. Der Bereich der Wahlrechte eröffnet die Möglichkeit zur gezielten Gestaltung der Bilanz und G.u.V. und damit zur *Bilanzpolitik*. Diese erlaubt im Rahmen der gesetzlichen Vorschriften, die B. auf bestimmte betriebspolitische Ziele auszurichten und Analyseergebnisse externer Stellen (*Bilanzanalyse*) in gewissem Umfang zu antizipieren.

Der *Bewertung* kommt in diesem Zusammenhang eine zentrale Bedeutung zu. Sie wird handelsrechtlich vom Prinzip der kaufmännischen Vorsicht beherrscht. Grundsätzlich gilt die → Einzelbewertung; Ausnahmen regeln §§ 240, 242 HGB. Bei der Bewertung sind die gesetzlichen Vorschriften des Handelsrechts zu berücksichtigen: §§ 252-256 HGB. Danach sind die AHK die obere Wertgrenze. Bei Vermögensgegenständen des Anlagevermögens, deren Nutzung zeitlich begrenzt ist, sind die AHK um planmäßige → Abschreibungen zu vermindern (fortgeführte AHK). Außerplanmäßige Abschreibungen können bei *allen* Gegenständen des Anlagevermögens vorgenommen werden, wenn außergewöhnliche Wertverluste eintreten; sie müssen vorgenommen werden, wenn die Wertminderung voraussichtlich dauerhaft ist. Das Umlaufvermögen ist mit den AHK anzusetzen. Sind am Bilanzstichtag die aus dem Börsen- od. Marktpreis abgeleiteten Werte niedriger als die AHK od. sind aufgrund vernünftiger kaufmännischer Beurteilung Wertschwankungen zu erwarten, die zu einem Wert unterhalb der AHK führen, so müssen die niedrigeren Werte angesetzt werden (→Tageswertprinzip). Das in dieser Weise zum Ausdruck kommende → Niederstwertprinzip für Vermögensgegenstände dient der Kapitalerhaltung, dem Schutz der Gläubiger und Gesellschafter. Analog hierzu ergibt sich das → Höchstwertprinzip für Verbindlichkeiten. Vgl. auch →Bewertungsstetigkeit.

Neben der handelsrechtlichen Bewertung sind die steuerrechtlichen Wertmaßstäbe für die sog. →*Steuerbilanz* zu berücksichtigen. Diese (Einkommensteuererbilanz) wird aus der Handelsbilanz abgeleitet; dabei sind prinzipiell die in der Handelsbilanz gewählten Wertansätze für die Steuerbilanz maßgeblich, soweit nicht zwingend ein anderer Ansatz im Einzelfall durch steuerliche Vorschriften gefordert wird. Vom Handelsrecht abweichende Bewertungen ergeben sich insbesondere durch den größeren Umfang der steuerrechtlichen Herstellungskosten und den steuerlichen Wertbegriff des →Teilwerts. Da in der Praxis sehr häufig aus Gründen der Vereinfachung und →Wirtschaftlichkeit nur eine *Einheitsbilanz* erstellt wird, die sowohl den handels- als auch den steuerrechtlichen Erfordernissen entspricht, haben sich die steuerlichen Wertmaßstäbe zum prägenden Gestaltungsprinzip der Einheitsbilanz entwickelt und somit das → Maßgeblichkeitsprinzip der Handelsbilanz für die Steuerbilanz umgekehrt.

9. Die G.u.V. weist durch die Gegenüberstellung der Aufwendungen und Erträge in Staffelform den Periodenerfolg aus. I. Ggs. zur Bilanz, in der eine Erfolgsermittlung durch Gegenüberstellung von Vermögen und Verbindlichkeiten bei Vergleich von zwei aufeinanderfolgenden Stichtagen zu einem Erfolgsausweis in einer Summe führt, werden in der G.u.V. die einzelnen erfolgswirksamen Komponenten, untergliedert nach Arten, dargestellt. Damit werden die Quellen des Erfolgs sichtbar. Die handelsrechtlichen Gliederungsvorschriften (§ 275 HGB) stellen Mindestanforderungen dar.

10. Neben der dargestellten handelsrechtlichen B. gibt es weitere Anlässe der B. mit modifizierter Zielsetzung aus besonderen rechtlichen und/ od. wirtschaftlichen Gründen (Gründung, Kapitalerhöhung, →Fusion, Umwandlung, → Sanierung, Auseinandersetzung, →Vergleich, →Konkurs, →Liquidation).
Literatur: *Bitz/ Schneeloch/ Wittstock*, Der Jahresabschluss. 2. A., München 1995. *A. Coenenberg*, Jahresabschluss und Jahresabschlussanalyse. 16. A., Landsberg 1998. *G. Wöhe*, Bilanzierung und Bilanzpolitik.

9. A., München 1997.
Prof. G. Neumann, Siegen

Bilanzkennzahlen
Größen, die aus der Gegenüberstellung von bestimmten Bilanzpositionen (→Bilanz) gewonnen werden. Sind in ihrer Bedeutung seit jeher umstritten. Es werden vertikale und horizontale B. unterschieden. *Vertikale* B. sind Relationen zwischen Posten der Passiva (→Bilanz). Sie stellen nur auf die Zusammensetzung des →Kapitals ab und haben keine Beziehung zur Kapitalverwendung. Vertikale B. sind: a) Verschuldungskoeffizient, der Quotient aus →Fremd- und →Eigenkapital. Für ihn wird ein Verhältnis von 1 : 1 gefordert, was in der Praxis nicht anzutreffen ist und z.B. deshalb nicht vertretbar ist, weil die →Eigenkapitalrentabilität durch wachsende →Fremdkapitalfinanzierung, z.B. für → Investitionen, zunimmt, solange die Gesamtkapitalrentabilität (→Kapitalrentabilität) größer als der Fremdkapitalzins ist (→Leverage-Effekt). b) Verschuldungsgrad: Verhältnis aus Fremd- und Gesamtkapital. c) Eigenkapitalanteil: Verhältnis aus Eigen- und Gesamtkapital. *Horizontale* B. sind Relationen, die aus Positionen der Aktiva (→ Bilanz) und Passiva gebildet werden, wie z.B. →goldene Finanzierungsregel, →goldene Bilanzregel od. Anlagedeckungsgrad, der Quotient aus langfristigem Kapital und →Anlagevermögen. Die Einhaltung bestimmter Werte von B. sichern weder notwendig noch hinreichend die → Liquidität eines Unternehmens (→ Betrieb, I.).

Bilanzrichtliniengesetz
von der →EG 1978 erlassene Richtlinie zur Koordinierung einzelner Vorschriften über Gliederung, Bewertungsmethoden und Veröffentlichung der Rechnungslegung von Unternehmen (→ Betrieb, I., 2.). Ist von den Mitgliedsländern in entsprechende Vorschriften zu fassen. In der Bundesrepublik mit Gesetz vom 19.12.85 erfolgt. Es sind →Aktiengesellschaften und →GmbH betroffen. B. verändert - z.T. auch inhaltlich - die gesetzliche Grundlage des handelsrechtlichen (→ Handelsrecht) → Jahresabschlusses, →Lageberichtes, Konzernab-

schlusses und Konzernlageberichtes sowie das Berufsrecht der gesetzlichen Abschlussprüfer. Für Kaufleute (→Kaufmann) wurden die Vorschriften im → HGB neu gefasst; die Ansatzvorschriften sind sehr detailliert, die Bewertungs- und Gliederungsvorschriften weniger. Für → Kapitalgesellschaften sind die Vorschriften nach der Größe differenziert (§ 267 HGB). Für →Bilanz und →Gewinn- und Verlustrechnung werden Gliederungsschema vorgeschrieben, wobei weitere Einzelvorschriften des HGB, GmbHG und AktG gelten und zu jeder Position Vorjahreszahlen anzugeben sind. Vorschriften zum Konzernabschluss (§§ 290-314 HGB) wurden gänzlich geändert. Allen mittel- und großen Kapitalgesellschaften wird Prüfpflicht (→Wirtschaftsprüfung, 4.2.) auferlegt. Große Kapitalgesellschaften müssen den Jahresabschluss im Bundesanzeiger offenlegen, ansonsten gelten für die Offenlegungspflicht nach der Größe der Gesellschaft differenzierte Regelungen. Das B. erfordert die Umschreibung der gesamten einschlägigen Fachliteratur. Die Neuregelungen sind für Einzelabschlüsse ab 1987 anzuwenden; für Konzernabschlüsse galt eine Übergangsfrist bis 1990.

bilateraler Tausch

1. Für einen freiwilligen Tausch zwischen zwei →Wirtschaftssubjekten ist die Zustimmung beider notwendig. Bei rationalem Verhalten folgt daraus, dass keiner dadurch schlechter gestellt wird als vor dem Tausch, und im Regelfalle beide bessergestellt werden, weil sonst kein Anreiz zum Tausch besteht. Vom →Gelde als Tauschgut soll hier abstrahiert werden, ebenso von einem Tausch mit mehr als zwei Beteiligten, also z.B. einem Ringtausch, bei dem der Partner, von dem man etwas bekommt, ein anderer ist als derjenige, dem man etwas gibt. Ein *isolierter Tausch* liegt vor, wenn die Tauschpartner keine alternativen Tauschmöglichkeiten haben, also Wettbewerber nicht vorhanden sind. Es besteht somit die Situation des bilateralen Monopols (→ Monopol), wenn im Folgenden nichts anderes angegeben ist. Die Gründe für den Tausch können einmal in den unterschiedlichen Produktionsmöglichkeiten

liegen. Dies wird in der →Theorie der komparativen Kosten behandelt. Zum anderen kann die unterschiedliche Nutzenschätzung (→Nutzen, →Präferenzen) der Wirtschaftssubjekte den Tausch begründen. Dies soll hier behandelt werden, wobei eine dritte Begründung für Tausch, nämlich die unterschiedliche → Grenzproduktivität von →Produktionsfaktoren, in voller Analogie dazu steht.

2. Der b. zwischen den Wirtschaftssubjekten A und B wird mit Hilfe einer *Edgeworth-Box* (Figur 1) dargestellt. Sie besteht aus den zwei Koordinatensystemen von A und B für die beiden Güterarten X und Y. Der Nullpunkt des Koordinatensystems von B liegt in demjenigen von A an der Stelle, die durch die Summe der den beiden Wirtschaftssubjekten zur Verfügung stehenden jeweiligen Gütermengen gegeben ist. Durch die Konstruktion des Diagramms gibt jeder Punkt in ihm eine bestimmte Aufteilung der Gesamtgütermengen auf die beiden Wirtschaftssubjekte an. Für jedes der Wirtschaftssubjekte ist ein Indifferenzkurvensystem (→Indifferenzkurve, →Indifferenzkurvenanalyse) eingezeichnet, mit dessen Hilfe die Bewertung der Güterkombinationen erfolgt. Wenn nun die Ausgangsausstattung durch den Punkt 1 gegeben ist, dann bilden die durch diesen Punkt gehenden Indifferenzkurven der Wirtschaftssubjekte eine

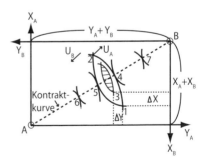

Linse. Alle zwischen den Punkten 1 und 2 liegenden Güterverteilungen werden von beiden Wirtschaftssubjekten besser beurteilt als die Ausgangsverteilung. Sie sind erreichbar durch Tausch, wobei z.B. der A von B ΔX bekommt und dafür ΔY

an B abgibt. Durch diesen Tausch gelangt man zum Punkt 3. Beide Wirtschaftssubjekte befinden sich jetzt auf einer einen höheren Nutzen anzeigenden Indifferenzkurve. Da jedoch für diesen Punkt wiederum eine schraffiert gezeichnete Linse existiert, sind die Tauschmöglichkeiten noch nicht erschöpft. Die beiden Tauschpartner könnten sich also durch einen weiteren Tausch verbessern. Solche Verbesserungsmöglichkeiten sind nicht mehr gegeben, wenn ein Punkt erreicht wird, in dem sich die Indifferenzkurven der beiden Tauschpartner gerade berühren, wie in den Punkten 4 bis 7. Die endgültigen Tauschkontrakte werden also in solchen Punkten liegen, die man deshalb auch zu der sogenannten *Kontraktkurve* zusammenfasst. Für den Ausgangspunkt 1 sind alle Punkte auf der Kontraktkurve zwischen den Punkten 4 und 5 als endgültige Verteilungen erreichbar. Das Tauschverhältnis ΔX zu ΔY ist damit nicht eindeutig, sondern nur in einer gewissen Bandbreite bestimmt, wie es der Situation des bilateralen Monopols entspricht. Der Vorteil, den beide Partner aus dem Tausch gewinnen können, kann daher auch auf sie ganz verschieden verteilt sein.

3. Zu einer größeren Bestimmtheit des Ergebnisses gelangt man, wenn dem einzelnen Tauschpartner das Tauschverhältnis vorgegeben ist. Dies kann in einer Wettbewerbssituation der Fall sein, in der der →Preis vorgegeben ist und das Wirtschaftssubjekt nur noch seine Menge optimal anpasst. In der Edgeworth-Box wird ein Tauschverhältnis durch eine Gerade durch den Ausgangspunkt 1 dargestellt (Figur 2). Der für den B günstigste Umfang des Tausches ergibt sich nun an der Stelle, an der die Tauschgerade von der am weitesten außen liegenden Indifferenzkurve des B tangiert wird. Dies ist am Punkt 2 demonstriert. Für andere Tauschverhältnisse lassen sich entsprechende Punkte bestimmen, die alle zu einer *Tauschkurve* des B zusammengefasst werden können. Auch für den A lässt sich eine solche Tauschkurve einzeichnen. Die Tauschkurve des A und des B schneiden sich in Punkt 3, d.h. bei dem diesem Punkt entsprechenden Tausch-

verhältnis ist der gewünschte Umfang des Tausches bei beiden Wirtschaftssubjekten miteinander vereinbar. Dieser Punkt entspricht also dem Wettbewerbsgleichgewicht (→ Gleichgewicht), bei dem zum Gleichgewichtspreis die angebotene und die nachgefragte Menge übereinstimmen. Wenn nur einer der beiden Partner, z.B. B sich als →Mengenanpasser verhält, kann der andere das für ihn günstigsten Punkt auf der Tauschkurve des ersten wählen. Dies ist z.B. Punkt 4, weil dort die Tauschkurve des A von der höchstmöglichen Indifferenzkurve des A tangiert wird. Das entspricht einem →Monopol des A, wobei im Hinblick auf die nun zu besprechenden Optimalitätseigenschaften darauf hinzuweisen ist, dass dieser Punkt nicht auf der Kontraktkurve liegt.

4. Tauschlösungen, die auf der Kontraktkurve liegen, stellen ein →*Paretooptimum* dar, d.h. dass sich keines der Wirtschaftssubjekte verbessern kann, ohne dass das andere schlechter gestellt wird. Nur in den Punkten auf der Kontraktkurve gibt es keine Linse, die eine Verbesserung durch Tausch ermöglicht, ohne dass der andere schlechter gestellt wird. Man kann die Paretooptimalität zur Norm für die gesamte Volkswirtschaft erklären, wobei dann die Verwirklichung dieses Prinzips im Konsumsektor dem sogenannten *Verbrauchsoptimum* entspricht.

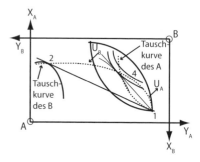

Dieses lässt sich sehr einfach mit Hilfe der Edgeworth-Box demonstrieren. Die → Allokation der Konsumgüter (→Güter) X und Y, deren vorhandene Gesamtmengen dem Punkte B entsprechen, ist nur in den auf der Kontraktkurve liegenden

Punkten optimal. Die Verteilung des Wohlstandes auf die Wirtschaftssubjekte A und B entlang der Kontraktkurve ist jedoch sehr verschieden. Durch die →Definition des Paretooptimums ist daher die Verteilung des Wohlstandes nicht festgelegt. Zur Definition des gesamtwirtschaftlichen Optimums ist deshalb eine zusätzliche Verteilungsnorm erforderlich.

Literatur: V. *Pareto*, Mauale d'economie politica. Milano 1906 (engl. Übersetzung: Manual of Political Economy. New York 1971). E. *Schneider*, Einführung in die Wirtschaftstheorie, II. Teil. 8. A., Tübingen 1963. E. *Sohmen*, Allokationstheorie und Wirtschaftspolitik. Tübingen 1976.

Prof. Dr. J. Franke, Berlin

bilaterales Monopol
→Monopol.

Bilateralismus
→Internationale Währungspolitik, 4.

Bildungsökonomik
1. *Definition.* Als B. wird jene Teildisziplin der →Wirtschaftswissenschaften bezeichnet, die sich mit den speziellen allokations- (→Allokation) und distributions-theoretischen Problemen des Bildungssektors, den volkswirtschaftlichen Fragen der staatlichen Bildungspolitik und den einzelwirtschaftlichen Problemen der Bildungsbetriebe und der Bildungsnachfrage (→ Haushalte) befasst. Im Mittelpunkt steht dabei die Frage, wie viel knappe Ressourcen für Bildungs- und Ausbildungszwecke wann, wo und wie zur Verfügung gestellt werden müssen, um den wirtschaftlichen und kulturellen Wohlstand eines Landes bestmöglich zu mehren.

2. *Entstehung.* Die Ursprünge der B. gehen auf die Klassiker der politischen Ökonomie (besonders A. Smith, J. St. Mill) zurück, die sich erstmals grundlegenden volkswirtschaftlichen Fragen des Bildungswesens zugewandt haben. Erst in den fünfziger Jahren gewann die B. als eigenständige Disziplin an Bedeutung. Sie entfaltete sich unter dem Einfluss der vorherrschenden nationalökonomischen Schulen in eine neoklassische und key-

nesianische Variante. Entsprechend standen die individuelle Humankapitalbildung (→Arbeitskapital) (Ertragsratenansatz) und der makroökonomische (→ Makroökonomik) Zusammenhang zwischen Bildungsinvestitionen und wirtschaftlichem Wachstum (→ Wachstumstheorie) im Vordergrund der Analyse. Die ordnungstheoretischen Aspekte der Klassiker wurden dabei vernachlässigt, erhalten aber neuerdings mehr Aufmerksamkeit.

3. *Preisbildung.* Ein zentrales allokationstheoretisches Problem der B. ist es, ob die Preisbildung auf Bildungsmärkten hinreichend gut funktioniert, um die knappen Ressourcen über den →Markt statt staatlich-administrativ zu allozieren. Gegen eine freie marktliche Preisbildung wird eingewendet, dass positive externe Effekte der Bildungsgüter (→öffentliche Güter; → Gut) sowie natürliche und räumliche Monopolsituationen der Bildungsbetriebe (Schulen, Hochschulen, Ausbildungsstätten) die Effizienz dieses Allokationsverfahrens erheblich beeinträchtigen. Würden sich die Preise (Schul-, Unterrichts-, Studien-, Lehrgeld) für Bildungsgüter frei bilden, käme es bei Existenz positiver externer Effekte zu einer suboptimalen Nachfrage (Unterversorgung) nach Bildungsgütern, da der einzelne Nachfrager sich nicht alle Nutzenbestandteile dieser Güter aneignen könne und er nur bereit sei, soviel für diese Güter zu zahlen, wie ihm selbst an (erwartetem) → Nutzen aus ihnen zukomme.

Bisher ist es nicht gelungen, die Existenz externer Effekte von Bildungsgütern nachzuweisen, um die marktliche Preisbildung als Allokationsverfahren und eine entsprechende Verfassung des Bildungssystems gegenüber einem politisch-administrativen System als ineffizient zurückzuweisen. Vielmehr ist die Frage der externen Effekte der Bildungsgüter häufig mit den Schwierigkeiten der Finanzierung der Bildungsnachfrage vermengt worden, die wg. der individuellen Eigentumsrechte am erworbenen geistigen Kapital (es kann nicht wie →Sachkapital als banktübliche Sicherheit dienen) bei der Beleihung und Kreditfinanzierung über den Markt Probleme bereitet. Aus den Schwächen einer Finanzierung von Bildungsinvestitionen über den Markt lassen sich aber keine →Interventionen des Staates auf dem Bildungsmarkt ableiten.

Die These vom natürlichen →Monopol (langfristig fallende Durchschnittskosten; →Kosten) der Bildungsbetriebe gilt inzwischen als widerlegt, wogegen räumliche Monopole und monopolistische Spielräume (etwa in ländlichen Regionen) zu Ineffizienzen führen können.

4. *Dispositionsrechte der Bildungsproduzenten und -nachfrager.* Eine bisher wenig untersuchte Frage lautet, wie die Entscheidungsbefugnisse im Bildungssystem in ökonomischen und bildungsinhaltlichen Fragen zu regeln sind, um eine bestmögliche Versorgung mit Bildungsgütern zu erreichen. Soll eine solche Abstimmung freiwillig und spontan ohne staatliche Intervention erfolgen od. hat der Staat hier Funktionen zu übernehmen, die über den Markt als ein sich selbst regulierendes System nicht od. nicht wirtschaftlich gelöst werden können? Besonders gehen die Meinungen darüber auseinander, wie weit informationsökonomische Gesichtspunkte (→Informationsökonomik) es angezeigt erscheinen lassen, die Nachfragesouveränität einzuschränken, weil die →Präferenzen (→Haushaltstheorie) der Bildungsnachfrager teilweise verzerrt (schichtspezifisches Desinteresse) und die Informationskosten hoch sind. Die Befürworter dieses Standpunktes müssen sich aber entgegenhalten lassen, dass gerade die staatliche Bildungsplanung und -produktion an Informationsproblemen scheitert, die denen der →Zentralverwaltungswirtschaft ähnlich sind. Aus diesem Grund hat in jüngster Zeit eine Tendenz zur Dezentralisierung der Entscheidungsbefugnisse eingesetzt. Ihr Ziel ist eine bessere Verarbeitung von unsicheren Informationen und eine flexiblere Ressourcenlenkung.

Spezielle Schwierigkeiten bereitet die Frage, wie bei Minderjährigen zu verfahren ist, die als Nachfrager nach Bildungsgütern eine besondere Rolle spielen, auf die aber das Prinzip der Vertragsfreiheit nicht angewendet werden kann. Dieses Agentenproblem (Problem der Vertretungsbefugnis durch Eltern od. Staat) und die Fragen, wie sich der Minderjährigenschutz vor Bildungsmangel und Unwissenheit relativ effizient organisieren lässt und welche →volkswirtschaftlichen und →privaten Kosten und Nutzen mit der Schulpflicht, die diesem Zweck dient, verbunden sind, sind bisher wenig untersucht worden. Durch den Einfluss der neueren institutionellen Ökonomie wendet sich die B. auch Fragen zu, wie bestimmte Entscheidungsrechte der Eltern (Schulwahlfreiheit, Mitwirkungsrechte), der Studenten (Freizügigkeit des Studiums), der Lehrer und Professoren (freie Wahl der Wirkungsstätte, pädagogische Freiheit, Wissenschaftsfreiheit), der Schulen und Hochschulen (Schüler-, Studenten-, Lehrerwahlfreiheit, wirtschaftliche und bildungsinhaltliche Handlungsspielräume) die Effizienz des Bildungssystems beeinflussen.

5. *Bildungsplanung.* Die Bildungsplanung versucht i. Ggs. zu marktlich orientierten Ansätzen der B. ohne theoretische Grundlagen durch Vorausschätzungen des quantitativen und qualitativen Bedarfs der →Wirtschaft und des Staates an Arbeitskräften (Manpower-Ansatz) od. durch Vorausschätzung der Nachfrage von Eltern (für ihre Kinder) und anderen Nachfragern nach Bildungsplätzen (social demand) die Bildungs- und Ausbildungskapazitäten zu ermitteln und eine Grundlage für die staatliche Bildungspolitik zu schaffen. Beim Manpower-Bedarfsansatz wird eine bestimmte → Wachstumsrate des → Sozialprodukts, gegliedert nach Wirtschaftsbereichen, unterstellt und eine sektorale →Prognose der →Arbeitsproduktivitäten und der zukünftigen Berufsstrukturen einschließlich der Ausbildungsvoraussetzungen vorgenommen. Ziel der beiden Ansätze, die miteinander kombiniert werden können, ist es, Bildungssystem, →Arbeits- und →Gütermarkt in einen umfassenden Rechnungszusammenhang zu stellen. Die Bildungsplanung scheitert jedoch als rationale Grundlage der staatlichen Bildungspolitik (zentrale Planung) an dem mangelnden theoretischen Fundament und der wissenschaftlichen Unmöglich-

keit der Vorhersage zukünftiger historischer Zustände von Volkswirtschaften.
Für die Durchsetzung der Planungsdaten
fehlen außerdem in einer freiheitlichen
Gesellschaft und Marktwirtschaft die
notwendigen politischen Rahmenbedingungen.

6. *Bildungsfinanzierung.* Die Bildungsfinanzierung umfasst nicht nur die Finanzierung der institutionellen Kosten
(Kosten der Bildungsbetriebe), sondern
auch der Lebenshaltungskosten während
der Bildungs-, Aus- und Weiterbildungs-
phase. Die zentrale Frage lautet hier: Wie
lässt sich die Finanzierung der volkswirtschaftlich richtigen Größenordnung und
Art von Bildung bestmöglich gewährleisten? Gegenstand der Untersuchung sind
alternative Formen der Schul-, Hoch-
schul- und Berufsaus- und Weiterbil-
dungsfinanzierung, also Möglichkeiten
der Eigenfinanzierung (u.a. Ausbildungsversicherung, Bildungssparen,
einzelbetriebliche Finanzierung), der
Fremdfinanzierung (staatliche, private
Darlehensfinanzierung, Stipendien privater Stiftungen, Stipendien aus Arbeitsverhältnissen, Umlagenfinanzierung)
und der Steuerfinanzierung (direkte
staatliche Finanzierung der Bildungsbetriebe, sei es diskretionär od. nach Kennziffern, Fondsfinanzierung; Finanzierung der Bildungsnachfrage durch Bil-
dungsgeld, Abzug der Bildungsausga-
ben von der →Einkommensteuer und/
od. vom zu versteuernden →Einkom-
men, Bildungsgutscheine, staatliche Stipendien, Gebührenerlass, Zinssubventi-
onen (→Subventionen) und Bildungs-
sparprämien). Auch die Frage der Versi-
cherbarkeit von Bildungsfinanzierungs-
risiken und der Schaffung eines Kapital-
markts zur Finanzierung von Bildungsinvestitionen spielt dabei eine Rolle.
Literatur: M. *Blaug*, An Introduction to
the Economies of Education. London
1970. U. v. *Lith*, Der Markt als Ordnungsprinzip des Bildungsbereichs - Verfügungsrechte, ökonomische Effizienz und
die Finanzierung schulischer und akade-
mischer Bildung. München 1985. R. *Miller*, Measuring What People Know.
Human Capital Accounting for the
Knowledge Economy. OECD, Paris 1996.

U. v. *Lith*, Bildungsunternehmertum, seine institutionellen Bedingungen, Finanzierung, Kosten und Nutzen der Bildung.
Rhein-Ruhr-Institut für Wirtschaftspolitik 1998.
Prof. Dr. U. van Lith, Köln

Bimetallismus
zwei in einer Währungsordnung als →
Geldstoff gebräuchliche Metalle, z.B.
dienten in den USA von 1792 bis 1873 sowohl Gold- als auch Silbermünzen als zugelassene Zahlungsmittel (→Geldfunkti-
onen). Zur Problematik des B. → Gresham'sches Gesetz.

binäre Zufallsvariable
⇒Bernoulli-Variable
⇒dichotome Zufallsvariable
⇒*Dummy*
⇒Indikatorvariable.

Bindungsermächtigung
alte Bezeichnung; heute gebräuchlich:
⇒*Verpflichtungsermächtigung.*

Binnenhandelspolitik
eine sektorale Wirtschaftspolitik (→Theo-
rie der Wirtschaftspolitik), die sich auf
den Güteraustausch innerhalb einer
Volkswirtschaft (→ Wirtschaft) bezieht.
Ziel der B. ist, auf eine optimale Funkti-
onserfüllung des Binnenhandels hinzu-
wirken.

Binomialverteilung
⇒Bernoulli-Verteilung
geht auf die von J. Bernoulli abgeleitete
Wahrscheinlichkeitsfunktion zurück. B.
gibt die Wahrscheinlichkeit dafür an,
dass bei n-maliger unabhängiger Wiederholung eines Versuchs mit den Wahrscheinlichkeit p des Erfolgs und q = 1 - p
des Misserfolgs ein Erfolg X k-mal auftritt. Es gilt dann:

$$P(X = k) = \binom{n}{k} p^k q^{n-k}, \ k = 0, \ 1,..n.$$

Für große n (Vorgangswiederholung)
wird B. Tabellen entnommen od. ihre Berechnung erfolgt mit maschinellen Geräte, da eine Errechnung aufwendig ist.
Der Erwartungswert einer binomialver-

teilten Zufallsvariable ist np, die →Varianz npq.

Bit

Abk. für: **b**inary dig**it**
kleinste technische Dateneinheit eines Digitalrechners, die ein Binärzeichen durch physikalische Zustände repräsentiert, z.B. magnetisiert/ nicht magnetisiert. Kleinste B.-gruppe ist das Byte, das eine Folge von neun B. umfasst, wobei acht B. zur Informationsdarstellung dienen und das neunte vom Rechner zu Kontrollzwecken unten mitgeführt wird. Digitalrechner mit der kleinsten ansprechbaren Speichereinheit von einem Byte werden als byteorientierte Rechner bzw. Byterechner bezeichnet.

BIZ

Abk. für: **B**ank für **I**nternationalen **Z**ahlungsausgleich
wurde 1930 aufgrund des Haager Abkommens von den →Zentralbanken Belgien, Deutschland, Frankreich, Großbritannien, Italien und Japan als →AG mit Sitz in Basel gegründet. War erste internationale öffentliche →Bank, der später weitere europäische und außereuropäische Zentralbanken wie auch einige private Aktionäre beitraten. Hatte ursprünglich die Aufgabe, Reparationstransfers abzuwickeln. Ist Subjekt des Völkerrechts. Hat etwa 40 Mitglieder, hauptsächlich europäische Zentralbanken, auch osteuropäische Länder. Ihr genehmigtes Nominalkapital beträgt 1,5 Mrd Goldfranken. Bilanziert seit Gründung traditionell in Goldfranken. Demonstriert damit ihren exterritorialen Charakter auf Schweizer Boden. Aufgaben: Hilfe für Zentralbanken bei Verwaltung und Anlage ihrer Währungsreserven, Kreditgewährung an Zentralbanken der Mitgliedsländer wie auch von Nichtmitgliedsländern, hier aber in Zusammenarbeit mit → Geschäftsbanken, Verwaltung von Gemeinschaftsdarlehen der →EG, Forum für internationale währungspolitische Zusammenarbeit, Verbuchung und Abrechnung von Salden aus Devisenmarktinterventionen der am → EWS teilnehmenden EG-Zentralbanken in →Währungen der Mitgliedsländer und in →Euro sowie Dienste für internationale Finanzvereinbarungen.

Blockfloating
⇒Gruppenfloating
→Floating.

Blockkostenrechnung
Verfahren der →Teilkostenrechnung, so von K. Rommel benannt, wonach die → Kostenträger ausschließlich mit den von der Produktionsmenge abhängigen → Kostenarten belastet werden.

Boden
neben →Arbeit der zweite originäre → Produktionsfaktor. Er umfasst den landwirtschaftlichen (Anbau-B.), industriell und verkehrsmäßig sowie für Bauzwecke (Standort-B.) genutzten B. einschließlich der Bodenschätze (Abbau-B.). Seine Immobilität, geringe Vermehrbarkeit sowie geographisch bedingten Merkmale geben ihm gegenüber den anderen Produktionsfaktoren eine Sonderstellung. B.-preis wird als Rente od. Grundrente bezeichnet. In der Fachliteratur hat die Bedeutung des B. eine starke Wandlung erfahren: Physiokraten (→Physiokratie) erkannten ihm die alleinige ertragsstiftenden Fähigkeit zu; in der neuen → Volkswirtschaftstheorie, z.B. der → Wachstumstheorie, ist er mehr od. weniger ohne Bedeutung. Wird auch dem → Kapital subsumiert, da heute B. wie Kapital ‚produziert' und durch →Ersatzinvestitionen (Melioration) erhalten wird.

Bodenreform
→Agrarpolitik.

Börse
hochorganisierter, örtlich abgegrenzter, nach festen Regel und zu bestimmten Zeiten stattfindender →Markt für fungible Gegenstände. Folgende *Arten* von B. sind zu unterscheiden: 1. Devisen-B., der hauptsächlich zwischen → Banken ausländische →Münzen und →Banknoten sowie →Devisen gehandelt werden; 2. Waren- od. Produkt-B. für typisierte Waren, die nicht am B.-platz zur Stelle sein müssen (z.B. Baumwolle, Vieh, Zucker, Metalle); 3. Effekten- od. Wertpapier-B. für → Effekten; 4. Versicherungs-B., Fracht-B.

In der Bundesrepublik unterstehen Devisen-B. der Länderaufsicht. Mittler zwischen Angebot und Nachfrage sind → freie und →amtlich bestellte B.-makler, die ihre Geschäfte als selbstständige Kaufleute (→Kaufmann) betreiben. B.-plätze in der Bundesrepublik sind: Berlin, Düsseldorf, Frankfurt am Main, Hamburg, Hannover, München und Stuttgart. →Preis für das gehandelte Objekt ist der →Kurs, der in Kassageschäften (→Devisenmarkt) die gegenwärtige od. in Termingeschäften die erwartete Marktsituation widerspiegelt.

Die Bedeutung der Waren-B. besteht im schnellen und kostengünstigen Warenumschlag ohne Transport zum Marktort; die der Effekten-B., in der anonymen Sammlung von → Kapital und dessen Verteilung zu Stellen des →Bedarfs, wobei jederzeitige Liquidierbarkeit der Effekten garantiert ist.

Durch das seit 1.5.1987 gültige neue Börsenzulassungsgesetz wurde neben dem → amtlichen Handel, →Geregelten Freiverkehr, → Ungeregelten Freiverkehr als neuer Teilmarkt der →Geregelte Markt und der →Freiverkehr eingeführt. Damit hat die Bedeutung der deutschen Wertpapier-B. - insbesondere zu den mit ihr in Konkurrenz stehenden großen Finanzplätzen der Welt - zugenommen.

Seit Januar 1990 gibt es in der Bundesrepublik Deutschland die ausschließlich als vollelektronisch organisierte B. für Terminkontrakte (→Futures) und →Optionen: die *Deutsche Terminbörse* GmbH, Frankfurt/ M. (DTB). Damit ist - nach der Schweiz - zum zweiten Male in der Welt das Prinzip der Präsens-B. abgelöst. Das B.-parkett ist durch eine Online-Kommunikation ersetzt. →Makler sind von Market-Maker abgelöst. Diese müssen jederzeit verbindliche An- und Verkaufspreise nennen. Ein neues Clearingsystem (→Clearing, 2.) stellt sicher, dass eingegangene Verpflichtungen jederzeit erfüllt werden, indem es die Handelspositionen börsentäglich bewertet, gegebenenfalls abrechnet und die Ausführung der Geschäfte garantiert. Mit dem neuentwickelten Inter-Banken-Informations-System (→Ibis) wickeln die →Banken ihren Handel an der DTB ab. Die DTB hat das B.-geschäft mit 15 Aktienoptionen (→Aktie), einem Bund-Future, der sich auf eine typische Bundesanleihe mit einer Restlaufzeit von 8,5 bis 10 Jahren und einer Nominalverzinsung von 6% bezieht (→ Anleihe), und einem DAX-Future (→ DAX) begonnen. Damit ermöglicht sie betriebswirtschaftlich ein risiko- und strategieorientiertes →Portfolio-Management sowie gesamtwirtschaftlich eine optimale →Allokation von Marktrisiken. 1993 wurde die Deutsche Börse AG als → Holding von Frankfurter Börse, DTB, Deutsche Wert-papierdaten-Zentrale und Kassenvereine gegründet. Sie fasst - bislang einmalig in der Welt - →Kassa- und → Termingeschäft und deren Abwicklung zusammen. Ein neues elektronisches Handels-system und →Clearing sollen folgen.

Börsenumsatzsteuer
neben der →Gesellschaftssteuer eine Kapitalverkehrsteuer. Erfasst den Kauf von in- od. ausländischen → Wertpapieren. Steht dem Bund zu. Ist ab 1991 abgeschafft.

Bogenelastizität
vgl. →Elastizitäten.

Bonifikation
→Bundesanleihekonsortium.

Bonität
Kennzeichnung der Güte von Waren od. →Wechseln sowie der Zahlungsfähigkeit von Personen und Firmen. B. ist eine Voraussetzung für die Gewährung von → Krediten.

Boom
letzte Phase des Aufschwungs im Konjunkturzyklus, gekennzeichnet durch Voll- od. Überbeschäftigung von Arbeitskräften und Produktionsanlagen bei steigender Güternachfrage sowie Preisniveauanstieg. Ggs. ist →Depression od. Krise. S. →Konjunkturtheorie, 1.

bottom-up-Planung
⇒progressive Planung
organisatorische Variante für Planungsverfahren, bei der die untersten Organisationseinheiten Detailpläne für ihren

Bereich aufstellen, die von der jeweils übergeordneten Instanz zusammengefasst und koordiniert werden bis ein Gesamtplan vorliegt. Ggs. ist → top-to-down-Planung.

Bowleysche Lösung
nach A. L. Bowley benannte instabile Marktlage des →Dyopols, in der sich beide Anbieter in der Unabhängigkeitsposition befinden, d.h. jeder erkennt die Strategie des anderen und berücksichtigt die erwartete Mengenreaktion des Konkurrenten in seinen Dispositionen der Absatzmenge.

Bowley's Law
die von P. A. Samuelson 1964 geprägte Beziehung für das von A. L. Bowley 1920 und 1937 publizierte Ergebnis seiner empirischen Forschung zur Entwicklung der →Einkommensverteilung in Großbritannien um die Jahrhundertwende, dass die Lohnquote langfristig fast konstant ist. Neuere Untersuchungen widerlegen B. und zeigen für alle Industrieländer einen trendartigen Anstieg, vor allem wg. des gestiegenen Anteils der →Arbeitnehmer an den → Erwerbstätigen. Für die Bundesrepublik zeigt die bereinigte Lohnquote (→Lohnquote) seit dem Zweiten Weltkrieg Schwankungen.

Box-Jenkins-Modell
→Zeitreihenanalyse.

Brady-Plan
im März 1989 vom US-Finanzminister N. Brady unterbreiteter Vorschlag zur Überwindung der → internationalen Schuldenkrise: Die Entwicklungsländer dürfen einen Teil der vom →Internationalen Währungsfonds und von der →Weltbank gewährten →Kredit zur Reduzierung ihrer Schulden und zur Zinszahlung verwenden, sofern durchgreifende wirtschaftspolitische Reformen in Angriff genommen werden. Damit soll das drückende Problem der Altschuldenlast von seinerzeit rund 450 Mrd. US-$ angegangen werden. Für einen großen Teil der Entwicklungsländer reichen die Überschüsse der →Handelsbilanz nicht zur Finanzierung der Tilgungs- und Zinsleistungen aus. Als Folge davon haben sich die internationalen →Banken, bisher hauptsächlich Kreditgeber der Entwicklungsländer, stark zurückgehalten. Der B. setzt deshalb auch auf freiwilligen Forderungsverzicht der Banken, was z.b. im Falle von Mexiko - bei massivem Druck der US-Regierung auf Banken wie auch auf die Regierung in Mexiko - geschehen ist. Viele hochverschuldete Länder sind aber den Banken für einen Forderungsverzicht nicht würdig, so dass der B. nur wenigen Entwicklungsländern Hilfe bringen wird. B. hat bei den Regierungen mehr Beifall gefunden als bei den Banken, die ihm überwiegend skeptisch gegenüberstehen.

Brainstorming
von dem Amerikaner Osborn entwickelte Kreativitätstechnik zur Ideengewinnung und Problemlösung, in der nach Problemdarstellung in einer Gruppe möglichst viele unorthodoxe Ideen ohne Bewertung und Kritik gesammelt und danach weiterentwickelt, selektiert und verwertet werden.

Branch and Bound-Verfahren
von A. H. Land und A. G. Doig 1960 entwickeltes Konzept zur Lösung von Ja-Nein-Entscheidungen, die sich als binäre Optimierungsprobleme operationalisieren lassen. B. geht von der Gesamtheit aller Lösungen aus, von denen im Voraus keine bekannt ist. Die Menge aller Lösungen wird systematisch so lange in Untermengen aufgeteilt bzw. verzweigt (= branching), bis die optimale Lösung erkennbar ist. Für jede Untermenge an Lösungen wird eine Zielfunktionsgrenze bzw. Begrenzung (= bounding) berechnet, die für Minimierungsprobleme Untergrenze und für Maximierungsprobleme Obergrenze ist. B. wird in → Wirtschaft, z.B. für Planungsprobleme von Investitions- und Produktprogrammentscheidungen mittels → Netzplantechnik, angewandt.

Branchen
Gliederung der Unternehmen (→Betrieb, I.) je nach Zweck der Analyse. Wird nach Art der Produkte od. Leistung od. auch Funktion im wirtschaftlichen Leistungsprozess eingeteilt. B. lassen sich unter-

scheiden: 1. Sachleistungsunternehmen, hier wiederum Gewinnungs-, Veredelungs- und Verarbeitungsbetriebe; 2. Dienstleistungsbetriebe. → Statistisches Bundesamt und →Bundesbank untergliedern weitergehend.

Bravais-Pearson-Korrelationskoeffizient
⇒Produkt-Moment-Korrelationskoeffizient
→Korrelationsanalyse.

Break-even-Analyse
⇒Gewinnschwellenanalyse geeignetes Verfahren zur nachfrage- und beschäftigungsorientierten Preisfestlegung (Kalkulation) in der Praxis. Zentrales Anliegen ist die Ermittlung des Bruttogewinnzuschlags (Z). Bei der Regelannahme linearer Gesamtkosten (K) sowie linearen Erlösen (E) ergibt sich der Periodengewinn (G) für ein Einproduktunternehmen wg.

(1) $G = E - K$ aus

(2) $G = p \cdot q - GK \cdot q - K_f$,

wobei p der Preis pro Stück, q die abgesetzte Menge, GK die Grenzkosten (→Kosten), K_f die Fixkosten (→Kosten) sind. (2) geht durch Zusammenfassung über in

(3) $G = q(p - GK) - K_f$.

Da $(p-GK) = Z$, ist gemäß (3) der Periodengewinn eine → Funktion der Beschäftigung (q), des Bruttogewinnzuschlags (Z) und der Fixkosten (K_f) od. der Bruttogewinnzuschlag ist vom erstrebten Gewinn, Beschäftigung und Fixkosten abhängig:

(4) $p - GK = Z = \dfrac{G + K_f}{q}$.

Durch entsprechende Umformulierung von (4) kann das kritische Beschäftigungsniveau ermittelt werden, bei dem gerade noch bei unverändertem Preis kein Verlust eintritt, od. die kritische Preishöhe, bei der bei voller Beschäftigung der →Kapazitäten der Erlös gerade die Kosten deckt.

Break-even-point
⇒Kostendeckungspunkt jene Produktmenge, bei die →Kosten gleich dem →Erlös sind, so dass weder →

Gewinn noch Verlust entsteht. Jenseits dieser Menge (q_b^s) beginnt die Gewinnphase des Unternehmens (→Betrieb, I.). Z.B. für ein Unternehmen in →vollständiger Konkurrenz mit →ertragsgesetzlicher Produktionsfunktion ist Z der B., denn hier schneiden sich die Kurven der Gesamtkosten (K) und des Erlöses (E). S. auch →Kostentheorie.

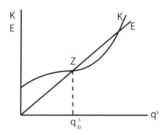

Brechtsches Gesetz
von A. Brecht 1932 formulierte und häufig bestätigte Beobachtung der überproportionalen Steigerung der öffentlichen Pro-Kopf-→Ausgaben bei Bevölkerungsmassierung. Der Zusammenhang wird durch die progressive Zunahme der Infrastrukturausgaben für Ballungsgebiete, gemessen an der Bevölkerungskonzentration, und davon abhängig des hohen Kosten- und →Preisniveaus der Region erklärt.

Bretton Woods-Abkommen
das auf einer Konferenz von 44 Staaten in Bretton Woods/ New Hampshire (USA) im Juli 1944 beratene und beschlossene und am 27.12.1945 durch Ratifizierung von 30 Staaten in Kraft gesetzte Abkommen über die Errichtung des →Internationalen Währungsfonds. Ebenso wurde hier die Errichtung der →Weltbank beschlossen. Vgl. auch → Gold-Devisen-Standard.

Briefing
der Vorgang der Information als auch diese selbst, die eine Werbeagentur benötigt, um einen Auftraggeber eine zielgerechte Konzeption einschließlich Kostenangebot unterbreiten zu können.

Briefkurs
→Wechselkurs.

Broker
→Devisenhandel.

Bruttoeinkommen
nach der Verteilungsrechnung in der →
Volkswirtschaftlichen Gesamtrechnung:
1. für das Einkommen aus unselbstständiger Arbeit (→Einkommen): Bruttolohn
bzw. -gehalt und →Sozialbeiträge der →
Arbeitgeber. 2. für das Einkommen aus
Unternehmertätigkeit und Vermögen (→
Einkommen): entnommene sowie nicht
entnommene Gewinne plus direkte Steuern (→Steuern) plus geleistete Übertragungen (z.B. Lastenausgleichsabgabe
u.a.) minus empfangene Übertragungen
minus Nettozuführungen zu →Rückstel-
lungen der →betrieblichen Altersversorgung. Vgl. auch →Volkseinkommen.

Bruttogewinnzuschlag
→Break-even-Analyse.

Bruttoinlandsprodukt
→Inlandsprodukt.

Bruttoinvestition
→Investition.

Bruttomethode
in der Wirtschaftlichkeitsrechnung von →
Investitionen angewandtes Verfahren,
das Gewinnsteuern einbezieht. Wird
heute i.d.R. nicht mehr benutzt.

Bruttoproduktionswert
⇒Produktionswert
in der →Volkswirtschaftlichen Gesamtrechnung sowie →Input-Output-Tabelle
Wert der von einer →Wirtschaftseinheit,
→ Sektor od. Volkswirtschaft (→ Wirtschaft) während einer Zeitperiode produzierten → Güter nach folgender Berechnung:
Wertsumme aus Verkäufen zu Marktpreisen

+	Eigenverbrauch
+/-	Bestandsänderungen an eigenen Er- zeugnissen zu →Herstellungsko- sten
+	selbsterstellte Anlagen
=	Bruttoproduktionswert
-	→Vorleistungen
=	Nettoproduktionswert.

Bruttosozialprodukt
→ Sozialprodukt, s. auch → Volkswirtschaftliche Gesamtrechnung.

Bruttowertschöpfung
⇒*Nettoproduktionswert.*

bubble-Konzept
→Umweltpolitik.

Buchführung
→Bilanzierung, →Buchhaltung.

Buchgeld
⇒Depositengeld
⇒Geschäftsbankengeld
⇒Giralgeld bei Geschäftsbanken
→ Sichteinlagen, der Nichtbanken bei
Kreditinstituten (→ Banken). Entsteht
durch die → Geldschöpfung der Ge-
schäftsbanken (→Banken). Ist gegenüber
dem →Bargeld kein →gesetzliches Zah-
lungsmittel, was aber ökonomisch ohne
Belang ist (s. →Geldfunktionen). Bildet
mit dem →Bargeldumlauf ausschließlich
der Sichteinlagen öffentlicher Haushalte
(→Haushalt, 3.) bei der Bundesbank das
→Geldvolumen. Der Anteil des B. am →
Geldvolumen M1 beträgt ca. zwei Drittel.

Buchhaltung
betriebliche Einrichtung zur chronologi-
schen Erfassung aller in Zahlenwerten
feststellbaren wirtschaftlich bedeutsamen Vorgänge im →Betrieb. B. beginnt
mit der Gründung des Betriebs und endet mit seiner →Liquidation. Da die B.
notwendige und aktuelle Grundlagen für
die betrieblichen Entscheidungsträger zu
liefern hat, muss sie die Geschäftsvorfälle
am Tag ihrer Ereignisse verbuchen
(Grundsatz der Tagfertigkeit bzw. Stun-

denfertigkeit). Rationalisierung der Belegverarbeitung und Einsatz von →EDV erfüllen diese Anforderungen.
B. existiert in zwei Formen, u. zw. in der einfachen B. (Buchführung), die nur durch Bestandskonten erfolgt, und in der doppelten B. (Doppik), die neben Bestandskonten auch Erfolgskonten, z.T. auch Finanzkonten kennt. Die einfache ist eine Mindest-B. und wird heute noch von vielen Kleinbetrieben geführt.

Buchkredit
unverbriefter, sich aus dem laufenden Geschäftsverkehr ergebender → Kredit, der formlos eingeräumt wird und nur in den Handelsbüchern eines → Betriebes od. →Bank erscheint, z.B. von der Bank dem Kunden zugestandener →Kontokorrentkredit, vom Produzenten dem Abnehmer gewährter Lieferantenkredit, geliehene Zentralbankguthaben (→Geldarten) erheblicher Größenordnung zwischen inländischen Banken. Ggs. ist der besonders vereinbarte od. an besondere Formen gebundene Kredit, z.B. → Akzeptkredit.

Budget
⇒Etat
1. in der Unternehmungsführung vorgegebene od. vereinbarte Mengen- od. Wertgröße für Unternehmensteilbereiche als Richtschnur für ihr Handeln (→ Budgetierung).
2. Haushaltsplan ⇒Haushalt einer →Gebietskörperschaft für einen Zeitabschnitt, i.d.R. ein Jahr. Das B. enthält die geschätzten →Einnahmen und die geplanten → Ausgaben und hat Gesetzescharakter. Es durchläuft vier Phasen: Erarbeitung des Entwurfs, parlamentarische Behandlung, Vollzug und Kontrolle (B.-Kreislauf).

Budgetausgleich
⇒Haushaltsausgleich
einer der auf G. Jèze zurückgehenden klassischen Grundsätze für den öffentlichen Haushalt (→Budget, 2.), wonach der →Haushaltsplan in →Einnahmen und → Ausgaben ausgeglichen sein muss. Hat für die Bundesrepublik Eingang in das GG (Artikel 110 (1), Satz 2) sowie in die Haushaltsordnungen der Länder gefun-

den.
Da Ausgaben nur durch materielle Einnahmen möglich sind, ist dieser Grundsatz immer erfüllt und eine buchungstechnische Selbstverständlichkeit (formaler B.). Andererseits ist die Forderung, einen ausgeglichenen Haushaltsplan vorzulegen, so interpretierbar, dass auch die Einnahmen für die ihm enthaltenen Ausgaben beschafft werden müssen.
Der *materielle* B. fordert Deckung der Ausgaben aus → Steuern, → Gebühren und →Beiträgen, so dass der Haushalt weder defizitär noch z.T. durch →Kredite finanziert ist. Für den materiellen B. ist bis heute kein Verständnis gefunden worden, da →Bundeshaushaltsordnung wie Haushaltsgrundsätzegesetz einen Finanzierungssaldo zulassen. Außerdem haben Bund und Länder nach dem → StabG und Ergänzung im GG mit ihrem Haushalt den Erfordernissen des →gesamtwirtschaftlichen Gleichgewichts Rechnung zu tragen, so dass Budgets mit geplanten Defiziten od. Überschüssen aufgestellt und vollzogen werden können. Auch ist eine am Konjunkturzyklus (→Konjunkturtheorie) orientierte Definition des materiellen B. nicht praktikabel, weil konjunkturell bedingte Defizite und Überschüsse nicht deckungsgleich sind. Eine strenge, vom GG nicht verlangte, Version des materiellen B. fordert ein den Schuldenstand nicht ändernden Haushaltsplan. Diese ist unter der wirtschaftspolitischen Zielsetzung des StabG, zur Abwehr von Störungen des gesamtwirtschaftlichen Gleichgewichts Maßnahmen zu ergreifen, unhaltbar.

Budgetgerade
⇒*Bilanzgerade*
⇒Haushaltsgerade.

Budgetgleichung
⇒*Bilanzgleichung.*

Budgetgrundsätze
⇒Haushaltsgrundsätze
⇒*Haushaltsprinzipien.*

Budgetierung
Prinzip der Unternehmensplanung und -kontrolle, nach dem die Ziele für jeden Teilbereich der Unternehmung (→ Be-

trieb, I., 2.) durch ein →Budget vorgegeben werden, innerhalb dessen eigenverantwortlich entschieden wird. Die Budgets sind auch Koordinationsinstrument für die verschiedenen Teilbereiche. Der Soll-Ist-Vergleich hat Kontrollfunktion. Das Prinzip der B. lässt sich durch starre Budgets, d.h. unbedingt einzuhaltende Vorgaben, und flexible Budgets, an geänderte Bedingungen (z.B. Beschäftigungsschwankungen) anpassbare Vorgaben, differenzieren.

Budgetinflation
→Inflationstheorie, 3.2.

Budgetkreislauf
→Budget.

Budgetpolitik des Staates
Zielsetzung für die vom Staat durch → Einnahmen und →Ausgaben sowie Gebrauch des finanzpolitischen Instrumentariums betriebene Politik. B. konzentriert sich im Wesentlichen auf: Korrektur der →Allokation von →Produktionsfaktoren, →Einkommens- und → Vermögensverteilung, ökonomische Stabilität (→Gleichgewicht).

Büchersches Gesetz
⇒Gesetz der Massenproduktion.

Bürgersteuer
variantenreiche Konzeption mit der Grundidee, die →Einkommensteuer mit den Transfers - z.B. BAföG, Sozialhilfe od. Wohngeld - derart zu integrieren, dass bei einem →Einkommen von Null ein Transfer in Höhe des Existenzminimums gezahlt wird. Die B. geht auf Milton Friedman zurück. Wurde in den 60er und 70er Jahren in den USA in verschiedenen Bundesstaaten getestet. Seit Mitte der 80er Jahre in die Diskussion zur Vereinfachung des Steuer-, Transfer- und Sozialsystems in Deutschland eingebracht. B. stößt auf ordnungspolitische und verfassungsrechtliche Bedenken.

Bürgschaft
vertragliche Verpflichtung des Bürgen gegenüber einem Gläubiger, für die Erfüllung der →Verbindlichkeit des Schuldners einzustehen. Zur Gültigkeit der B.

ist schriftliche Erklärung des Bürgen erforderlich. B. kann auch für künftige Schulden übernommen werden. Der Garantievertrag ist keine B., obwohl dem wirtschaftlichen Zweck der B. verwandt.

built-in-flexibility
⇒automatische Stabilisierung
die zum Verlauf der →Konjunktur von → Einnahmen und →Ausgaben des öffentlichen Budgets (→ Budget) automatisch ausgehenden antizyklischen Wirkungen. b. stabilisiert die Konjunkturschwankungen, ohne dass gegensteuernde wirtschaftspolitische Maßnahmen ergriffen werden müssen. b. haben den Vorteil, dass sie ohne Informations- und Entscheidungslags (→lag) antizyklische Effekte entfalten. Die b. gegenwärtiger Budgets reichen zur Stabilisierung der Schwankungen wirtschaftlicher Aktivität nicht aus.
Markantester automatischer Stabilisator der Einnahmen ist die progressive →Einkommensteuer. Im →Boom der Konjunktur wächst die Steuereinnahme und damit der Entzug von →Güternachfrage stärker als das →Einkommen, was konjunkturdämpfend wirkt. In der →Rezession bleibt die Steuereinnahme stärker als die Einkommensabnahme zurück, was dem Konjunkturrückgang entgegen wirkt. Auf der Ausgabenseite des öffentlichen Budgets wirken als b. z.B. die Beiträge zur →Arbeitslosenversicherung. In der Hochkonjunktur treten Überschüsse auf, die stillgelegt werden können und im Konjunkturabschwung durch Verausgabung der zurückgehenden Güter entgegen wirken.

BULIS
Abk. für: **Bu**ndesbank - **Li**quiditäts - U - **S**chätze von der →Deutschen Bundesbank von 1993 bis 1994 angebotene kurzfristige unverzinsliche → Schatzanweisungen der Bundesrepublik, um die dem deutschen → Geldmarkt aufgrund der Turbulenzen innerhalb des →EWS zugeflossenen → Devisen abzuschöpfen, da diese die →Liquidität des →Bankensektors und das →Geldvolumen der →Nichtbanken stark erhöhten. Zudem sollten b. die freigesetzte Liquidität aufgrund einer Senkung des → Mindestreservesatzes

kompensieren. Da B. von ausländischen →Notenbanken und nicht von inländischen Nichtbanken erworben wurden und die Bundesbank den neu zugelassenen →Geldmarktfonds in Deutschland keine Anlagemöglichkeiten bieten wollte, wurde die Ausgabe der B. im Herbst 1994 eingestellt.

Bullion-Kontroverse
1810 hatte das Bullion-Komitee in England einen Bericht über die Pfund- →Abwertung veröffentlicht. Darin wurden zwei sich widersprechende Standpunkte zu der Beziehung zwischen den Noten, die von der Bank von England und den Provinzbanken emittiert (→ Emission) wurden, vertreten: Die Bank von England könne durch ihre →Geldproduktion auch die der Provinz lenken, aber das → Geld der Provinzbanken verdränge das der Bank von England. Daneben wurde auch die wachsende Bedeutung der Depositen (→Einlagen, 2.) betont. Dieser Report leitete eine drei Jahrzehnte dauernde Kontroverse - die Currency-Banking-Kontroverse (→Currency-Theorie, →Banking-Theorie) - ein, die sich mit unterschiedlicher Intensität bis in die moderne →Geldtheorie fortsetzt.

Bundesanleihekonsortium
→ Konsortium aller im Wertpapiergeschäft (→ Wertpapiere) maßgeblichen deutschen Kreditinstitute einschließlich solcher mit ausländischen Mutterbanken, das unter Führung der →Deutschen Bundesbank alle →Anleihen des Bundes, der →Deutschen Bundesbahn und der → Deutschen Bundespost begibt. B. berät im sog. Engeren Ausschuss vor jeder → Emission die Ausstattung und Betrag der Anleihen sowie Emissionszeitpunkt. Die Konsortialbanken sind bei jeder Emission zur Übernahme einer bestimmten Quote und Unterbringung für eine festgelegte Dauer gegen eine Verkaufsvergütung (Bonifikation) verpflichtet. Anleihen von Bundesländern werden von regionalen Konsortien begeben.

Bundesagentur für Arbeit
(Abk.: BA)
Körperschaft des öffentlichen Rechts mit Selbstverwaltung. Sitz in Nürnberg mit Landesarbeitsagenturen und Arbeitsagenturen sowie weiteren Neben- und Hilfsstellen. Der Bundesminister für Arbeit und Sozialordnung übt Rechtsaufsicht aus. Der Haushaltsplan wird durch die Bundesregierung genehmigt.
Ihre Aufgaben bestehen in der Arbeitsvermittlung, Berufsberatung, Hilfe bei → Arbeitslosigkeit durch →Geld (Arbeitslosengeld, → Konkursausfallgeld, → Arbeitslosenhilfe) od. Arbeitsbeschaffung; seit dem Arbeitsförderungsgesetz von 1969 - mit 11. Novelle 1994 - steht die Vermeidung von Arbeitslosigkeit im Vordergrund: Förderung beruflicher Ausbildung, Fortbildung und Umschulung, Förderung der Arbeitsaufnahmen, berufsfördernde Leistungen zur Rehabilitation, Leistungen zur Erhaltung und Schaffung von Arbeitsplätzen; Ausweitung der seit 1959 geltenden Schlechtwetterregelung zur späteren Winterbauförderung, psychologischer Dienst, Berufsberatung, → Kurzarbeitergeld, Eingliederungsbeihilfen, Zuschüsse zum Arbeitsentgelt bei Arbeitsbeschaffungsmaßnahmen und für zusätzliche Einstellung älterer Arbeitnehmer. Zur wissenschaftlichen Klärung der Voraussetzungen und Möglichkeiten ihrer Tätigkeit verfügt die B. über ein eigenes Institut für Arbeitsmarkt- und Berufsforschung (IAB). S. auch →Arbeitsmarktpolitik. Seit einiger Zeit versucht die B. neue Wege in der Vermittlung von Arbeitslosen zu gehen. Sie organisiert diese stellenorientiert und mittels Datenverarbeitung. Eine täglich aktualisierte Stellenbörse wurde eingeführt.

Bundesarbeitsgericht
→Arbeitsrecht.

Bundesaufsichtsamt für das Kreditwesen
→Bankenaufsicht.

Bundesaufsichtsamt für den Wertpapierhandel (BAWe)
1994 errichtet. Selbstständige Bundesoberbehörde, dem Geschäftsbereich des Bundesministeriums der Finanzen zugehörig. Übt gem. des Wertpapierhandelsgesetzes vom 1.8.1994 die Aufsicht über den börslichen und außerbörslichen

Handel mit →Wertpapieren und →Derivaten aus, bekämpft Insiderhandel (→Insidergeschäfte) und überwacht die internationale Zusammenarbeit in Wertpapierfragen. Die B. erhöht die internationale Reputation des deutschen Finanzplatzes.

Bundesbank
⇒*Deutsche Bundesbank*

Bundesbankschätze
standardisierte, nicht vor Fälligkeit zurückgebbare →unverzinsliche Schatzanweisungen (mit unterschiedlichen Laufzeiten bis zu 2 Jahren), die von der →Bundesbank begeben werden und nicht börsenfähig (→Börse) sind.

Bundesbürgschaft
→Bundesdeckungen
→Hermes-Deckungen.

Bundesdeckungen
von der Bundesrepublik Deutschland inländischen Unternehmen (→Betrieb, I.) zur Absicherung hauptsächlich politischer Risiken (Krieg, Moratorien, Zahlungsverbote u.ä.) od. Größe eines Exportgeschäfts gewährter Versicherungsschutz bei einer grundsätzlichen Selbstbeteiligungsquote, da privater Versicherungsmarkt nur kalkulierbare Risiken, z.B. →Insolvenz des ausländischen Schuldners, sowie Auslandsgeschäfte nur in politisch stabilen →Märkten versichert. Im jährlichen Haushaltsgesetz stellt die Bundesrepublik durch Ermächtigung dem Bundesminister für Finanzen einen Betrag zur Übernahme von B. zur Verfügung. B. werden unterschieden in Bundesbürgschaften für Geschäfte mit öffentlich-rechtlichen Käufern und in Bundesgarantien für Geschäfte mit einem privatrechtlichen Käufer. In den letzten Jahren sind eine Reihe von Sonderdeckungsformen neben Abdeckung des üblichen Produktions- und Forderungsrisikos entwickelt worden, so für Bankleistungen, Wechselkursrisiko (erst zwei Jahre nach Vertragsabschluss), → Kredite inländischer →Banken an den ausländischen Kunden insbesondere bei Anlagegeschäften u.a. Für B. sind Prämien zu zahlen. Für die Bearbeitung, Ab-

wicklung und Verwaltung von Anträgen auf B. bedient sich die Bundesrepublik eines →Konsortiums aus der Hermes Kreditversicherungs-AG, Hamburg, und der Treuarbeit AG, Hamburg und Düsseldorf. Der Anteil mit B. gesicherter Geschäfte am Gesamtexport beträgt etwa 4%. Rund 80% des Deckungsvolumens entfallen auf Entwicklungsländer.

Bundesfinanzhof
Abk.: BFH
oberster Gerichtshof mit Sitz in München, zuständig für die Revision gegen Urteile und für Beschwerden gegen andere Entscheidungen der Finanzgerichte in den Bundesländern.

Bundesgarantien
→Bundesdeckungen
→Hermes-Deckungen.

Bundeshaushalt
⇒Bundeshaushaltsplan
durch Gesetz vor Beginn des Rechnungsjahres festgestellte →Einnahmen und → Ausgaben der Bundesrepublik, die ausgeglichen sein müssen. Ist ein nach Einzelplänen gegliedertes Druckwerk von etwa 3 000 Seiten. B. muss - wie der Haushaltsplan der Bundesländer - dem →gesamtwirtschaftlichen Gleichgewicht Rechnung tragen. Wird in wechselseitiger Unabhängigkeit gegenüber den Ländern aufgestellt. Über ihn ist durch den Bundesminister für Finanzen gegenüber dem Bundestag und Bundesrat Rechnung zu legen. Vom →Bundesrechnungshof ist es auf → Wirtschaftlichkeit und Ordnungsmäßigkeit zu prüfen (GG Art. 114).

Bundeshaushaltsordnung
vom 19.8.1969 enthält ergänzend zum → Haushaltsgrundsätzegesetz die zu beachtenden → Haushaltsgrundsätze bei Aufstellung, Vollzug und Kontrolle des → Haushaltsplanes. Löste für den Bund die Reichshaushaltsordnung 1922 ab. Gilt weitgehend auch für bundesunmittelbare →juristische Personen.

Bundeshaushaltsplan
⇒*Bundeshaushalt.*

Bundeskartellamt

selbstständige Bundesoberbehörde mit Sitz in Bonn, die zum Geschäftsbereich des Bundesministers für Wirtschaft gehört und gemäß des →Gesetzes gegen Wettbewerbsbeschränkungen (GWB) von 1958 mit nachfolgender mehrmaliger Novellierung folgende Aufgaben hat: Verfolgung von Verstößen gegen das Kartellverbot (→Kartell) und Erlaubnis von Ausnahmen, Kontrolle von Unternehmenszusammenschlüssen und ihr Verbot, wenn eine marktbeherrschende Stellung zu erwarten ist (→Fusionskontrolle), staatliche Missbrauchsaufsicht über marktbeherrschende Unternehmen. Verstöße gegen das GWB sind Ordnungswidrigkeiten und werden vom B. mit Bußgeldern belegt. B. veröffentlicht alle 2 Jahre einen Bericht, der als Bundestagsdrucksache erscheint.

Bundesliegenschaften

dem Bund gehörende unbewegliche Sachen wie öffentliche Dienststellen, Kasernen, Bundesfernstraßen u.a.m. Nicht benötigte B. (=allgemeine Grundvermögen) können vermietet, verpachtet od. verkauft werden. Hierfür gilt der Grundsatz der →Wirtschaftlichkeit, es sei denn, B. werden zur Förderung der gewerblichen Wirtschaft, Bildung von Eigentum für breite Bevölkerungsschichten od. für soziale Zwecke, z.B. Errichtung eines Altenheims, abgegeben.

Bundesmonopolverwaltung

dem Bundesminister der Finanzen unterstellte Oberbehörde mit Sitz in Offenbach am Main zur Verwaltung des einzigen → Finanzmonopols in der Bundesrepublik, dem Branntweinmonopol. S. →Finanzmonopol.

Bundesobligation(en)

festverzinsliche →Effekten, die der Bund seit 1979 zur Beschaffung von mittelfristigen Finanzmitteln für seine Aufgaben über die →Bundesbank emittiert (→Emission) und im Ersterwerb nur an Privatpersonen sowie gemeinnützige, mildtätige und kirchliche Einrichtungen verkauft werden. Bisherige Laufzeit: 5 Jahre. Ausgabe kleiner (= 100,- Euro) bis großer Stücke.

Bundesrechnungshof

1950 errichtete Behörde zur Prüfung der Rechnungslegung nach Abschluss des Rechnungsjahres sowie Überwachung der gesamten Haushalts- und Wirtschaftsführung der Bundesorgane und Bundesverwaltungen mit Sitz in Frankfurt am Main. B. ist der Bundesregierung gegenüber selbstständig und nur dem Gesetz unterworfen.

Bundesschatzbriefe

nicht an der →Börse gehandelte →Wertpapiere, die ihrer Rechtsnatur nach Buchforderungen gegenüber dem Bund sind. Werden seit 1969 ausgegeben. B. sind mit jährlich steigenden Zinssätzen ausgestattet. Werden über die →Bundesbank emittiert (→Emission) und über die →Banken vor allem an private Haushalte (→Haushalt, 1.) verkauft. Die Mittel aus dem Verkauf fließen dem Bund zu. Es wurden bisher unterschiedliche Typen (Typ A 6 Jahre Laufzeit, Stückelung 100-, Euro und Typ B 7 Jahre Laufzeit, Stückelung 50,- Euro) emittiert. Erwerb durch →Kreditinstitute und Gebietsfremde ausgeschlossen.

Bundesschuldenverwaltung

1949 gegründete Behörde mit Sitz in Bad Homburg v.d.H. und etwa 300 Beschäftigten zur Verwaltung der Schuld des Bundes von etwa 0,3 Billion Euro und der →Sondervermögen des Bundes mit etwa 30 Mrd Euro sowie der Eventualverbindlichkeiten aus der Übernahme von Bürgschaften und Garantien (→Bundesdekkungen) von mehr als 100 Mrd Euro. Von den zahlreichen Aufgaben der B. sind vor allem nennenswert: Beurkundung aufgenommener →Kredite, was einer vorbeugenden Finanzkontrolle ent-spricht gegenüber der nachträglichen des →Bundesrechnungshofes und dadurch das Vertrauen des Bundes als Geschäftspartner stärkt; Mittler zwischen Bund und Sondervermögen einerseits sowie Kreditgebern andererseits; ordnungsgemäße Durchführung des Tilgungs- und Zinsdienstes. Bei Erfüllung dieser Aufgaben ist B. nicht weisungsgebunden, nur dem Gesetz über die Errichtung einer Schuldenverwaltung unterworfen.

Bundesverband des Deutschen Groß- und Außenhandels (BGA)
die Vertretung des deutschen Groß- und Außenhandels sowie des Bereichs → Dienstleistungen mit der Aufgabe, die allgemeinen berufsständischen, wirtschafts- und sozialpolitischen Interessen seiner Mitglieder sowie deren →Unternehmen zu vertreten und zu fördern.

Bundesverband der Deutschen Industrie e.V. (BDI)
1949 gegründete Arbeitsgemeinschaft von z.Z. 34 Wirtschaftsfachverbänden der deutschen Industrie und 80 000 angeschlossenen Unternehmen mit Sitz in Berlin. Vertritt die Belange seiner Mitglieder gegenüber dem Staat und anderen Einrichtungen und berät sie in Fragen der Rationalisierung, des →Absatzes und anderer unternehmerischer Belange. Im Bereich der →Sozialpolitik obliegt die Kompetenz der →Bundesvereinigung der Deutschen Arbeitgeberverbände.

Bundesverband Deutscher Unternehmensberater E.V. (BDU)
1954 gegründeter Berufs- und Wirtschaftsverband der Unternehmensberater und Software-Häuser mit Sitz in Bonn. Verfolgt das Ziel, qualifizierte und unabhängige Beratung von →Wirtschaft und öffentlicher Verwaltung zu fördern, indem er durch Organisation des Erfahrungsaustausches und Dienstleistungen an seine Mitglieder ihr Leistungsvermögen fördert.

Bundesvereinigung der Deutschen Arbeitgeberverbände (BDA)
Spitzenorganisation der →Arbeitgeberverbände, Sitz in Berlin, zur Wahrung der gemeinschaftlichen sozialpolitischen Anliegen der →Arbeitgeber, vor allem wenn sie über einen Wirtschaftszweig od. die Bundesrepublik hinausgehen und von grundsätzlichem Belang sind. B. ist nicht tariffähig (→Tarifrecht), so dass tarifpolitische Selbstständigkeit der Mitglieder gewahrt ist. Charakteristisch für den Arbeitsstil ist die auf demokratischer Basis er-folgende Ausschussarbeit. S. auch →Bundesverband der Deutschen Industrie e.V.

Bundesverfassungsgericht
selbstständiger und gegenüber allen Verfassungsorganen unabhängiger Gerichtshof des Bundes zur Ausübung der Verfassungsgerichtsbarkeit mit Sitz in Karlsruhe. Seine Zuständigkeit ist im GG geregelt. Von ihm getroffene Entscheidungen binden die Verfassungsorgane des Bundes und der Länder sowie alle Gericht und Behörden. Durch Normenkontrolle über die Gültigkeit eines Gesetzes gefällte Entscheidungen haben Gesetzeskraft.

Bund-Future
→ Finanzinnovation an der Deutschen Terminbörse (→Börse) derart, dass zwischen Anlegern und dem Bund Geschäfte zu vereinbarten Laufzeiten auf langlaufende Bundesanleihen (→ Anleihen) auch im Inland geschlossen werden können. Vordem waren diese Terminkontrakte (→ Termingeschäft) nur an der Londoner Terminbörse (Liffe) möglich. Die Marktteilnehmer orientieren sich dabei an der Standard-Anleihe mit einer Restlaufzeit von 8,5 bis 10 Jahren und einer Nominalverzinsung von 6%. Durch Geschäfte mit B. kann sich der Anleger gegen Kursverluste absichern, die sonst bei steigenden Zinsen automatisch bei den Haltern anfallen. B. eignen sich auch für die Spekulation auf sinkende Zinsen. Werden solche vom Anleger erwartet, wird er Terminkontrakte kaufen, da die Kurse bei einem Zinsrückgang steigen. Am Ende der Laufzeit besitzt der Käufer den Anspruch auf Lieferung od. er muss die Papiere zur Verfügung stellen, falls er den B. verkauft hat. Ein weiterer Vorteil des B. ist, dass die Anleger anstatt des vollen Kaufpreises nur einen Mindesteinschuss von Euro 5 000 für einen Nominalwert von Euro 250 000 Kassawert entrichten müssen. Vgl. auch → Futures-Märkte, →Deutscher Aktienindex.

buy - back - Geschäft
⇒Rückkaufgeschäft
→Kompensationsgeschäft, bei dem der Lieferant als Bezahlung →Güter erhält, die mit Hilfe der von ihm gelieferten Produkts erzeugt, veredelt, gefördert od. transportiert werden, z.B. Bezahlung der von VW an die DDR gelieferten Produk-

tionsstraßen mit den dann in der DDR produzierten Teilen.

bypassing
wirtschaftspolitische Maßnahmen zur Beeinflussung des Außenhandels, die zur Umgehung von internationalen Absprachen, z.B. dem →GATT, führen. b.

liegt z.B. vor, wenn Regierungen Maßnahmen mit Verbraucher- od. Umweltschutz begründen, eigentlich aber protektionistische Ziele (→Protektionismus) verfolgen.

Byte
→Bit.

C

Call

1. ⇒Call Option, bezeichnet an der →Börse eine Kaufoption (→Option), d.h. das zeitlich befristete Recht, nicht aber nicht die Pflicht, →Aktien zu einem festgelegten →Preis, Basispreis genannt, zu jederzeit innerhalb der Laufzeit erwerben. C. werden an speziellen Börsen, Optionsbörsen, gehandelt. So in Deutschland an der Deutschen Terminbörse in Frankfurt am Main (→Börse). C. werden erworben, wenn der Käufer aufgrund der von ihm erwarteten Kurssteigerungen (→ Kurs) Gewinne erzielen will. Verkauft werden C., um langfristig eine Position abzusichern od. um eine Prämie zu erzielen. Ggs. ist →Put.

2. bezeichnet am →Euromarkt die Option eines Emittenten (→Emission), die begebenen Titel vor ihrer Fälligkeit zurückzuzahlen.

CAM

Abk. f.: **C**omputer **A**ided **M**anufacturing neue Technologie in der →Automation der →Produktion, z.B. numerisch gesteuerte Werkzeugmaschinen, Industrieroboter.

Cambridgegleichung

eine Variante der →Verkehrsgleichung, die insbesondere die Wertaufbewahrungsfunktion des →Geldes herausstellt. C. sagt aus: die im Umlauf befindliche → Geldmenge (M) ist gleich dem Produkt aus →Kassenhaltungsdauer (k), realem → Volkseinkommen (Y^r) und →Preisniveau (P), so dass sie lautet: $M = k \cdot Y^r \cdot P$. Bei der Annahme konstanten Verhaltens im Umgang mit Geld (k) sowie unveränderter Güterproduktion ($\overline{Y}^r$), folgt aus ihr die Auffassung der →Quantitätstheorie. Nach dieser Theorie führt die anhaltende Zunahme der Geldmenge zur Preisniveausteigerung (Inflation). Zu beachten ist jedoch, dass die C. nur tautologischen Aussagen (→ Tautologie) impliziert und erst durch Einführung von →Hypothesen zu einer theoretischen Aussage verhilft.

Cambridge-Kontroverse

→Kapitaltheorie, besonders 2. und 5.

Capital Asset Pricing Model

von W. F. Sharpe (1964), J. Lintner (1965), J. Mossin (1966) und J. L. Treynor (1961) entwickeltes Modell des →Kapitalmarktes, mit dem nachgewiesen werden kann, dass rational handelnde Anleger einen Teil der Risiken von Finanzinvestitionen mit Hilfe von Diversifikationsstrategien (→ Diversifikation) neutralisieren können. Unter der Anwendung der Kapitalwertmethode (→ Kapitalwert, → Investitionstheorie) werden entweder die → Erwartungswerte zukünftiger Rückflüsse mit einem risikoangepassten Kalkulationszinssatz, diskontiert (→Abzinsung) od. die Erwartungswerte werden um geeignete Risikoabschläge gemindert und man diskontiert dann Sicherheitsäquivalente mit dem nicht risikoangepassten Kalkulationszinssatz.

capital embodied

⇒ kapitalgebundener technischer Fortschritt
→technischer Fortschritt

capital-output ratio

⇒*Kapitalkoeffizient.*

CASE - Systeme

Abk. für: **C**omputer-**a**ided **S**oftware **E**ngineering
ein auf gemeinsamer Datenbasis aufsetzendes System aus integrierten Einzelwerkzeugen. Benutzer kommunizieren mit C. über eine einheitliche Oberfläche und erzwingen Standardisierung von Vorgehensweisen sowie von Ergebnissen bei der Entwicklung von DV-Anwendungssystemen.

cash dispenser

⇒Bargeldautomat
→Electronic Funds Transfer.

cash flow

1. in der Wirtschaftlichkeitsrechnung des Unternehmens (→Betrieb, I., 2.) bei der

Kostenvergleichsrechnung der Einnahmeüberschuss (→Einnahme) pro Periode; deshalb wird die Überschussfinanzierung auch als c.-Finanzierung bezeichnet.

2. absolute →Bilanzkennzahl in unterschiedlicher Formulierung, die entweder eine Aussage über eigenerwirtschaftete Mittel macht od. über die Ertragskraft der Unternehmung, ohne bilanzpolitische Verschleierung der tatsächlichen Gewinnentwicklung, wie der in der →Gewinn- und Verlustrechnung ausgewiesene Jahresgewinn. Hierfür gibt es unterschiedliche Versionen.

3. Rentabilitätskennzahl, die über die Finanzkraft der Unternehmung aussagt, indem z.B. der c. in Beziehung zu den → Erlösen gesetzt wird (c.-Umsatzrentabilität) od. auch zu den →Verbindlichkeiten, wenn die Fähigkeit des Unternehmens, seinen Zahlungsverpflichtungen nachzukommen, ermittelt werden soll.

Cash Management
Unternehmensentscheidungen zur optimalen Finanzmittelsteuerung unter Liquiditäts- (→Liquidität), Rentabilitäts- (→ Rentabilität) und Risikoaspekten innerhalb des von der langfristigen Finanzplanung vorgegebenen Handlungsrahmens. C. versucht die Vorteile des →Electronic Banking zu nutzen (C.-systeme).

Cash Management Systeme
neben cash dispenser (→ Elektronic Funds Transfer) und Point of Sale-Terminal wichtigste Form des →Elektronic Banking zwischen einer →Bank und einer Unternehmung (→Betrieb, I.). Technisch gesehen ist C. die elektronische Verbindung zwischen dem Finanzsystem einer Unternehmung und dem Zahlungssystem einer Bank für die Übertragung und Weiterverarbeitung von zeitkritischen Daten. Die ersten wurden in den 70er Jahren in den USA entwickelt. Da die betriebliche Nutzung des Elektronic Banking für das →Cash Management viele Vorteile bietet, z.B. extreme Beschleunigung von Zahlungsvorgängen und damit einhergehend die Anfertigung von Übersichten zu →Liquidität und Währungsdispositionen, Abruf von Devisenpositionen (→ Devisen), Verminderung

des Personalbedarfs zur Erfassung und Kontrolle des →Zahlungsverkehrs, Instrument zur Steuerung von Tochtergesellschaften in →Konzernen, bezeichnet man diese Form des Electronic Funds Transfer als C. Heute bieten die führenden in- und ausländischen Banken unter der Bezeichnung C. Bündelungen elektronischer Dienstleistungen unter bankspezifischen Namen an, z.B. die Deutsche Bank: db-direkt.

Catering
Dienstleistungsangebot für Zubereitung und Lieferung von Speisen. Wird vor allem von Unternehmen (→Betrieb, I.) genutzt, für die ein eigener Kantinenbetrieb unwirtschaftlich ist.

CD
⇒Einlagenzertifikate
Abk. für: **C**ertificates of **D**eposit
von →Banken für kurz- od. mittelfristige →Einlagen ausgestelltes Zertifikat, das der Einleger jederzeit bei Liquiditätsbedarf (→ Liquidität) verkaufen kann. C. werden gegenüber →Festgeld niedriger verzinst. Sind auf internationalen →Geldmärkten seit langem üblich, in der Bundesrepublik von der →Bundesbank seit Dezember 1985 erlaubt. Dürfen nur auf DM - heute Euro - lauten und in der Bundesrepublik begeben werden. Einlagen der C. sind mindestreservepflichtig (→ Geldpolitik, Mindestreservepolitik), um eine Umschichtung von mindestreservepflichtigen Einlagen in kurzlaufende C. zu vermeiden.

CEA
Abk. für: **C**ouncil of **E**conomic **A**dvisers
aus drei Mitgliedern bestehender wissenschaftlicher Beraterstab des US-amerikanischen Präsidenten für wirtschaftliche und wirtschaftspolitische Angelegenheiten. Ist Teil des Regierungsapparates. Erstellt einmal im Jahr ein umfangreiches Gutachten, das offiziell dem Kongress zugeleitet wird und in der Öffentlichkeit, vor allem auch in der Presse und im Fernsehen, eine große Aufmerksamkeit erfährt.

Cecchini-Bericht
→EG, Entstehung sowie Ziel.

Cedel
→Euroclear.

Census-Verfahren
häufig angewandte Methode, z.B. von der → Bundesbank, zur Saisonbereinigung der beobachteten Zeitreihen. C. versucht, die nicht unmittelbar beobachtbaren Komponenten aus den Werten der Zeitreihen zu eliminieren, um z.b. den Trend od. Zyklus unverfälscht zu ermitteln. →Zeitreihenanalyse.

CES-Funktion
Abk. für: constant elasticity of substitution function
eine substitutionale →Produktionsfunktion mit der Eigenschaft einer konstanten →Substitutionselastizität. C. ist homogen →Homogenitätskriterium. Sie hat die algebraische Form:

$$0 = a \cdot (b_1 v_1^{-\zeta} + b_2 v_2^{-\zeta})^{-\frac{1}{\zeta}}$$

mit der Substitutionselastizität

$$\eta_{,R} = \frac{1}{1 + \zeta} \quad (\rightarrow \text{Elastizitäten}),$$

wobei 0 den →Output und $v_{1,2}$ die → Produktionsfaktoren angeben. →ACMS-Funktion.

ceteris paribus-Klausel
lat.: unter sonst gleichen Umständen
Vorgehensweise in der Modelltheorie zur Isolation von Änderungen einer abhängigen Variable (→Variable), die der Einwirkung mehrerer unabhängiger Variablen (→ Variable) ausgesetzt ist. Zu diesem Zweck werden i.d.R. bis auf eine unabhängige Variable die anderen (‚cetera') als unverändert (‚paria') angenommen. Sind die konstant gesetzten Variablen benannt, dann handelt es sich um die spezifizierte c. Die Anwendung der c. ist in der →Mikroökonomik vorherrschend, in der Makroökonomik ungeeignet. Sie bedeutet für die Theorie einen Informationsverlust.

CFA-Franc
→Franc CFA.

C-Geschäft
eine Form der Kreditgewährung von →

Teilzahlungsbanken insbesondere für die gewerbliche Wirtschaft zur →Finanzierung von Ausrüstungsgegenständen auf Wechselbasis mit geringem Tilgungsausfall. Der Verkäufer od. die Bank zieht einen Wechsel, den der Käufer akzeptiert (→Akzept) und die Bank diskontiert.

Change-Agent-Konzeption
ist die Strategie der Einbindung eines unternehmensexternen Beraters zur Lösung von Unternehmensproblemen. Der Berater wirkt sowohl als Wissensvermittler, indem er sein Expertenwissen zur Verfügung stellt, wie auch als Änderungsagent (change agent), indem er durch geeignete Arbeitsbeziehung zu den betreffenden Gruppen im Unternehmen (→Betrieb, I., 2.) Änderungsprozesse in Gang setzen und die unternehmensstrategischen Methoden zu ihrer Beherrschung vermitteln und implementieren hilft.

Chaostheorie
aus der Meteorologie und Physik stammender Erklärungsansatz mit fächerübergreifendem Charakter für in der Wirklichkeit beobachtbare Irregularitäten, z.B. für den Konjunkturverlauf (→ Konjunktur) des →Sozialprodukts od. die Entwicklung des →Kurses von →Aktien. Sie entstehen aus kleinen Differenzen bei den Anfangsbedingungen von Prozessen und führen zu sehr großen Differenzen bei den endgültigen Phänomenen. Diese Art von Zufallserscheinung wird als Chaos, auch deterministisches Chaos bezeichnet, weil letztlich alles gesetzmäßig bestimmt ist. Eine Vorhersage wird sonst unmöglich. Nach dem gegenwärtigen Stand der Forschung der C. lässt sich über ihre Relevanz noch keine Aussage machen, da sowohl Chaos und Ordnung eng miteinander verzahnt sind als auch Chaos in Ordnung und v.v. übergehen kann.

Chargenfertigung
⇒intermittierende Fertigung
Organisationstyp in der Leistungserstellung, bei der die →Produktion in sich abgeschlossenen, aber in unterschiedlichen Teilprozessen erfolgt. Die Teilprozesse werden durch eine bestimmte Menge an Einsatzfaktoren (Charge) bestimmt, z.B.

jede Hochofenfüllung. Zwischen verschiedenen Chargen gleicher Produkte (z.B. Roheisen) gibt es geringfügige Abweichungen in der Beschaffenheit. C. stellt an die Weiterverarbeitung und Lagerung besondere Anforderungen.

Chicago-Plan
bezeichnete ursprünglich den in den 30er Jahren von Ökonomen der Universität Chicago unter Führung von H. C. Simons entwickelten Plan einer 100%igen Mindestreservepflicht (→Mindestreservepolitik) für Sichteinlagen (→Einlagen) der Geschäftsbanken (→Banken), um über eine Beseitigung der Geldschöpfungsfähigkeit (→ Geldangebotstheorie) der Banken die Kundeneinlagen zu sichern. Anlass für den C. waren die Bankenzusammenbrüche während der Weltwirtschaftskrise (→Große Depression). Später griffen M. Friedman u.a. für ihre Vorschläge zur Stabilisierung der wirtschaftlichen Entwicklung auf den C. zurück, indem sie eine Umgestaltung des →Bankensystems und regelgebundene Geldmengenpolitik forderten.

Chicago-Schule
1. Bezeichnung für eine Gruppe von liberalen Nationalökonomen neben anderen Schulen (z.B. Lausanner, österreichische od. Freiburger Schule), die ein gemeinsames wissenschaftliches Konzept zur Wirtschaftsordnungspolitik (→ Wirtschaftspolitik, → Wirtschaftsordnung) vertreten. Zur C. zählen z.B. Knight, Simon, Stigler, Friedman.
2. ‚Gegenrevolution' in der →Geldtheorie zur Keynesianischen ‚Revolution', die die Rolle der Geldmenge betont und auch mit dem Begriff →‚Monetarismus' belegt ist. Bedeutendster Vertreter ist M. Friedman.

Chichilmisky-Kriterium
1995 von Graciella Chichilmisky formulierte Bedingung für zu treffende intergenerative Allokationsentscheidungen (→ Allokation), die sicherstellt, dass die Interessen weder der gegenwärtigen noch die der zukünftigen Generation begünstigt werden. Ch. hat in der →sustainable development Bedeutung.

Chi-Quadrat-Test
Gruppe statistischer Tests auf der Basis der Chi-Quadrat-Verteilung; s. → Chi-Quadrat-Verteilung.

Chi-Quadrat-Verteilung
von F. R. Helmert (1875) entwickelte und auf Vorschlag von K. Pearson (1900) so benannte stetige, theoretische Prüfverteilung. Haben v unabhängige Zufallsvariable $X_i (1 \leqq \leqq v)$ eine Standard- →Normalverteilung, dann ist die aus ihnen abgeleitete Zufallsvariable $K_v = \sum_{i=1}^{v} X_i^2$

χ^2-verteilt mit v →Freiheitsgraden. Die C. hat einen →Parameter (Anzahl der Freiheitsgrade). Eine χ^2-verteilte Zufallsvariable mit v Freiheitsgraden hat den →Erwartungswert v und die →Varianz 2v. Mit steigender Anzahl v der Freiheitsgrade nähert sie sich einer Normalverteilung und kann für v > 30 durch sie approximiert werden. C. ist Grundlage für den Qui-Quadrat-Anpassungs-, Chi-Quadrat-Unabhängigkeits- sowie Chi-Quadrat-Homogenitätstest.

cif
Abk. für: cost, insurance, freight (engl. Kosten, Versicherung, Fracht)
Vertragsklausel im internationalen Handel mit der Verpflichtung des Verkäufers (Exporteurs) zur Übernahme der Fracht-, Versicherungs- und anderen mit der Verladung im Bestimmungshafen verbundenen Kosten. In der Außenhandelsstatistik des →Statistischen Bundesamtes (→amtliche Statistik) werden alle Einfuhren mit c.-Werten an der deutschen Zollgrenze erfasst. Dagegen verfährt die Deutsche Bundesbank in ihrer Zahlungsbilanzstatistik anders. S. auch →fob.

CIM
Abk. für: Computer Integrated Manufacturing
ist die vollständig und durchgängig rechnergestützte →Produktion, bei der also nach Dateneingabe in den Computer beim Auftragseingang alle Funktionsbereiche von der Konstruktion über die Produktionsplanung und -steuerung, →

Fertigung, Qualitätskontrolle, Auslieferung bis hin um →Rechnungswesen miteinander vernetzt sind und im ständigen Datenaustausch stehen. Bisher arbeiten diese Bereiche trotz Computereinsatz - z.B. →CAM - wg. ihrer unterschiedlichen Logistiksysteme (→Logistik) und spezifischen Datenbeständen als Insellösungen. Erfolg von C. hängt vom Qualifikationsstand des Personals auf allen Unternehmensebenen ab. Durch C. erreichen die Unternehmen neuartige Beweglichkeit am →Markt und verbessern ihre →Wirtschaftlichkeit. Die praktischen Einsatzmöglichkeiten von C. im Mittelstand werden noch sehr unterschiedlich beurteilt.

Clearing

1. Abrechnungsverfahren zwischen Teilnehmern eines →Marktes, bei dem die → Forderungen gegeneinander aufgerechnet und nur die verbleibenden Differenzen abgegolten werden, so z.B. im inländischen →Zahlungs- od. Effektenverkehr (→Effekten) zwischen →Banken, im internationalen Verkehr zwischen → Notenbanken od. auch zwischen Volkswirtschaften (→ Wirtschaft) im Außenhandel.
2. beim Handel an Optionsbörsen (→Option, Börse) die Anerkennung und endgültige finanzielle Abwicklung der Geschäfte durch die sog. „Options Clearing Corporation", bei der Stillhalter (→Put) und Käufer ihre Kontrakte schließen.

Client-Server-Konzept

ein logisches Software-Konzept, das hardware-technisch umzusetzen ist. C. ist in der Literatur nicht einheitlich definiert. Es dient der Abbildung betriebswirtschaftlicher Aufgaben.

Club of Rome

1968 in Rom von Wissenschaftlern, Industriellen und anderen Persönlichkeiten aus Besorgnis um die Entwicklung der Menschheit gegründeter informeller Zusammenschluss, um Ursachen und Zusammenhänge der Menschheitsprobleme zu analysieren und die Öffentlichkeit wie politische Entscheidungsträger zur Reflexion anzuregen. Aufsehen erregten seine Studien „Grenzen des

Wachstums" sowie „Menschheit am Wendepunkt", die wissenschaftlich ungesicherte →Prognosen und bezweifelbare Strategien enthalten.

Clusteranalyse

⇒automatische Klassifikation
⇒Taxonomie
Gruppe von Verfahren aus dem Bereich → multivariater statistischer Verfahren zur Erforschung des Zusammenhangs bzw. Unterschiedes zwischen → Variablen eines →Modells. Wird vor allem für sehr große → Grundgesamtheiten, z.B. der Wohnbevölkerung eines Landes, angewandt, indem diese in Teilgesamtheiten, deren Merkmale in einem bestimmten numerischen Sinn möglichst ähnlich sind (cluster = Klumpen), zerlegt wird, wobei die Ähnlichkeit zwischen den Cluster möglichst gering ist.

CNB-Methode

Abk. für: collective notebook
Arbeitsmethode zur Ideenfindung für Problemlösungen, bei der die Problemstellung den Gruppenmitgliedern zugestellt wird mit der Aufforderung, in einer bestimmten Frist das Problem neu zu definieren und auf Lösungsmöglichkeiten hinzuweisen. Nach dieser Frist erfolgt eine Auswertung. C. hat sich in der Vorphase von schwierigen Planungsprozessen (→Planung) bewährt.

Coase Theorem

von R. Coase 1960 aufgestellter Lehrsatz, wonach → Marktversagen nicht durch staatliche Eingriffe über Steuern od. → Subventionen korrigiert zu werden braucht, sondern wonach durch eine Ausweitung des Marktprozesses →externe Effekte freiwillig internalisiert (→Internalisierung) werden können, so z.B. im Falle von Umweltschäden, wenn es wohldefinierte Eigentumsrechte (→property rights) an der Umwelt (Zertifikate) gibt. Aufgrund dieser würde es zu einem Verhandlungsergebnis zwischen den Geschädigten und Schädigern kommen, das eine pareto-optimale private Lösung wäre. Obwohl das C. theoretisch überzeugend ist, hat es praktisch geringe Bedeutung, da es an viele in der Realität selten vorliegende Bedingungen geknüpft ist.

Orientiert sich nur auf pareto-optimale → Allokation der Ressourcen, ignoriert Verteilungsprobleme. Ist außerdem nur auf die kurze Frist bezogen.

Cobb-Douglas-Funktion

1928 von C. W. Cobb und P. H. Douglas entwickelte →Produktionsfunktion von der algebraischen Form:

$$0 = a \cdot v_1^{\mu 1} \cdot v_2^{\mu 2}, \text{ worin } 0 \text{ der } \rightarrow\text{Output,}$$

a eine Maßstabsgröße, $v_{1,2}$ die →Produktionsfaktoren, $\mu_{1,2}$ die partiellen Produktionselastizitäten (→Elastizitäten) sind; es gilt $\mu_1 + \mu_2 = 1$ sowie $\mu_1, \mu_2 < 0$. C. hat besondere Eigenschaften: periphere Substitutionalität, lineare Homogenität (→ Homogenitätskriterium), Substitutionselastizität (→ Elastizitäten) von 1, diese impliziert eine konstante Einkommensverteilung (→ adding up-Theorem), weswegen die C. die Arten der Neutralität des technischen Fortschritts (→technischer Fortschritt) nicht zu differenzieren vermag. Spielt wg. ihrer Eigenschaften in der → Volkswirtschaftslehre eine besondere Rolle.

COBOL

Abk. für: **C**ommon **B**uisness **O**riented **L**anguage
leicht lesbare und dokumentationsfreundliche und maschinenunabhängige Programmiersprache, die auf kommerzielle Aufgabenstellungen zugeschnitten ist. Ihre erste Version wurde 1960 in den USA veröffentlicht.

Co-Branding

eine Profilierungsstrategie bei der ein Anbieter für sein bereits mit einer Marke versehenes Leistungsbündel ein zusätzliches Markenzeichen, das sich im Besitz eines anderen Unternehmens befindet, hinzufügt. Ziel von C. ist, einen Goodwill od. Imagetransfer zu initiieren. So z.B. fügte VISA seiner →Kreditkarte das Logo der Allianzversicherung AG hinzu. Beide Firmen erschließen sich den jeweiligen Kundenstamm des anderen Partners. Für einen langfristigen Erfolg der C.-Strategie ist nicht zuletzt die Auswahl des Partners von ausschlaggebender Bedeutung.

Cobweb-Theorem

⇒Spinnweb-Theorem
→Modell der Preisbildung mit einer dynamischen (→ dynamische Analyse) → Angebots- und statischen (→ statische Analyse) Nachfragefunktion, bei dem es in Abhängigkeit vom Verhältnis der Steigungen der beiden →Funktionen zu einem stabilen, instabilen od. indifferenten Gleichgewicht auf dem →Markt kommt.

Cocom

Abk. für: **Co**ordinating **Com**mittee für West-East Trade
seit 1950 bestehende informelle Organisation, der z.Z. alle Nato-Staaten, außer Island, sowie Australien und Japan angehören, die Exportbeschränkungen für → Güter moderner Technik koordiniert, die von kommunistischen Ländern für Rüstung verwendet werden könnten. Für alle in der sog. C.-Liste enthaltenen Güter gilt Exportbeschränkung. Sie wurde bis 1985 alle zwei Jahre revidiert, danach laufend entsprechend der technischen Entwicklung od. ob die Oststaaten die Güter inzwischen ohnehin auf dem Weltmarkt bekommen können. Vereinbarte Änderungen der C.-Liste sind erst nach Übertragung in nationales Ausfuhrrecht rechtswirksam. Für die Bundesrepublik ist das der Fall, wenn Güter in der Außenhandelsverordnung enthalten sind. Die Anpassungen im nationalen Recht erfolgen oft mit mehrjähriger Verzögerung wg. einer Vielzahl von technischen Angaben, die nur zeitraubend zu übertragen sind. Güter, die als militärisch-strategisch wichtig eingestuft sind, z.B. Computer, →Software, unterliegen einer Genehmigungspflicht in einem Exportkontrollverfahren, insofern ist die nach der C.-Liste praktizierte Exportbeschränkung kein Exportverbot. Eine Genehmigung kann im Regelfall nur erteilt werden, wenn alle in der C.-Zentrale (Paris) versammelten Delegierten zustimmen. Deutsche Unternehmen (→Betrieb, I.) müssen ihre Aufträge beim Bundesamt für Wirtschaft in Eschborn einreichen. Seit 1995 ist die C.-überwachung durch neue europäische Vorschriften innerhalb der →EU abgelöst. Grundlage ist eine gemeinsame Liste von Gütern, deren →Export aus der EU genehmigungs-

pflichtig ist. Als einziges EU-Land wird Deutschland für Güter mit Eignung für Rüstungsprojekte weitgehende Kontrollbestimmungen haben.

Coefficient of Sensitivity of Income Distribution
⇒ *Empfindlichkeitskoeffizient der Einkommensverteilung.*

Comecon
Abk. für: Council for Mutual Economic Assistance, Rat für gegenseitige Wirtschaftshilfe (RGW) 1949 von osteuropäischen Staaten als Gegenstück zur →OECD gegründet mit Sitz in Moskau. Hat sich 1991 aufgelöst. Ihm gehörten zuletzt nicht mehr alle sozialistischen Länder an neben einigen mit Beobachtungsstatus. Ziele waren Koordination und Verflechtung der Volkswirtschaften (→Wirtschaft) auf der Grundlage von 5-Jahresplänen, Entwicklung technischen Wissens und Standardisierung von Produktion und Transport. Zeitweise wickelten die Mitglieder 60% ihres Außenhandels untereinander ab bei einem Anteil von höchstens 20% am Welt- →Sozialprodukt. Der Trend zur → Marktwirtschaft auch in Osteuropa rief Zerfallserscheinungen hervor. C. wurde z.T. durch bilaterale Vereinbarungen ersetzt.

Commercial Banks
nach dem in den USA herrschenden Organisationssystem für die →Banken, genannt Trennbankensystem, das durch den 1933 erlassenen Glass-Stegall-Act gesetzlich begründet ist, ein Geschäftstyp neben dem der →Investment Banks. C. dürfen nur →Einlagen entgegennehmen und →Kredite gewähren. Ihre Geschäftstätigkeit ist im Wesentlichen auf den heimatlichen Bundesstaat begrenzt (McFadden Act von 1927); keinen Beschränkungen unterliegen Niederlassungen im Ausland. Gleichwohl zählen manche C. zu den größten Banken der Welt, z.B. die Citybank od. Chase Manhattan in New York. I.d.R. prägen aber kleine und kleinste C. das Erscheinungsbild dieses Banktyps. Seit 1956 sind C. auch in ihrem Beteiligungsbesitz gesetzlich eingeschränkt (Bank Holding Company Act). Beratungen über eine Reform des Bankwesens sind in Gang gekommen.

commerical letter of credit
→Negoziierungskredit.

Commerical Paper
im Zuge der Liberalisierung des →Geld- und →Kapitalmarktes seit 1991 zugelassenes Finanzierungsinstrument für private Nichtbanken. C. sind →Wertpapiere mit einer Laufzeit von wenigen Tagen bis unter zwei Jahren, die nicht an der →Börse gehandelt werden. C. sind einerseits eine Anlagealternative zum →Festgeld für Großanleger, andererseits für die kurzfristigen Kredit nachfragenden Unternehmen eine kostengünstige Alternative zu Bankkrediten.

Commody Futures
→Futures-Märkte.

Commonwealth
seit 1931 die Bezeichnung für den Staatsverband des ehemaligen britischen Empire. Korrekte Bezeichnung ist: C. of Nations. Umfasst heute 49 Mitglieder. In der C. Konferenz werden interessierende Fragen beraten und Angelegenheiten von Politik, Wirtschaft und Verteidigung koordiniert.

Comparative Management
jenes →Management, das auf die landes- und kulturspezifische Eigenart wie auch Gemeinsamkeit der Umwelt eines →Unternehmens achtet, die für eine internationale Unternehmensführung relevant sind. Im Zuge der Ausweitung von →Export und →Direktinvestitionen bei steigender Zahl von internationalen Unternehmen führt C. zu praktischen Empfehlungen, wenn z.B. Managementtechniken von einer Mutterunternehmung auf eine akquirierte Tochter aus einem anderen Kulturkreis übertragen werden sollen. Empirische Studien zu C. im einzelnen haben gezeigt, dass Erfolge bestimmter Managementtechniken landesspezifisch bedingt sind und nicht ohne Reflexion von einem anderen Land übernommen werden können, z.B. →Kanban in Japan.

Computer Aided Selling (CAS)
nicht einheitlich verstandener Begriff. C. ist generell die Unterstützung des Verkaufs durch Computereinsatz. I.e.S. ist C. die ausschließliche Außendienstunterstützung durch Computer; i.w.S. werden Computer für das →Database Marketing mit Hilfe von Datenbanksystemen, für die Verkaufsunterstützung am Umsatzort sowie für die Außendienstunterstützung eingesetzt. Vorteil des C. ist die Entlastung des Außendienstes von Routinetätigkeiten.

Computergeld
⇒Geldarten.

Conjoint Measurement
Konzept zur Messung des Nutzens der Leistungsmerkmale eines Produktes, die im Verbund ein Produkt charakterisieren. C. unterscheidet sich von der isolierten Nutzenmessung einzelner Produktmerkmale. C. hilft bei zunehmender Intensität des →Wettbewerbs, die Produkt- und Preisgestaltung an den Kundenanforderungen auszurichten.

constant-outlay curve
ist jene →Nachfragekurve des →Haushalts, die zu einer Kurve konstanter → Ausgaben führt und eine Eigenpreiselastizität der Nachfrage (→ Elastizitäten) vom Wert -1 hat. Die zugehörige Nachfragefunktion hat die Form: $q^d = a \cdot p^{-1}$, die Ausgabe (A) lautet dann: $A = p \cdot a \cdot p^{-1} = a$.

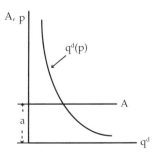

constant returns to scale
⇒konstante Skalenerträge

⇒linear homogene Produktionsfunktion
→Skalenerträge.

Consumerismus
in den USA entstandene Konsumentenbewegung, die die Marktstellung des Käufers gegenüber dem Verkäufer verbessern will durch →Wettbewerb zwischen den Produzenten, Organisation und Information des Verbrauchers, z.T. durch Verhinderung der Erzeugung schädlicher od. die Wohlfahrt nicht steigernde Produkte, Beseitigung irreführender → Werbung und Einführung staatlicher →Verbraucherpolitik.

consumer's surplus
⇒*Konsumentenrente*.

Contestable Markets-Theorie
von W. Baumol, J. Panzer und R. Willig entwickelte → Wettbewerbstheorie, die gegenüber dem klassischen mikroökonomischen (→Mikroökonomik) Ansatz die Branchen- und Industriestruktur endogen (→Modell) bestimmt. Zentrales Element dieser →Theorie ist die Bedrohung der →Märkte etablierter Unternehmen (→ Betrieb, I.) durch potentielle Konkurrenten mit dem Ergebnis gesamtwirtschaftlicher Effizienz.

Contracting
eine Finanzierungsform im Energiesektor, bei der die →Investition von der →Finanzierung abgekoppelt wird. Der Energieversorger od. eine eigens dafür gegründete Betreibergesellschaft mit den Kontraktoren - z.B. dem Energieversorgungsunternehmen, Anlagenhersteller od. Ingenieurunternehmen - errichtet mit eigenen Mitteln die Anlage und erhält dafür die eingesparten →Kosten und sichert sich somit seine Marktposition durch den Kunden als Stromverbraucher. Der Partner - z.B. eine Kommune - erhält nach Vertragsdauer die Anlage als Eigentum, braucht keine Finanzmittel einzusetzen und spart Betriebskosten aufgrund einer modernen und effizient arbeitenden Anlage. C. ist angesichts des hohen Modernisierungsbedarfs sowie der fehlenden eigenen Finanzkraft in den neuen Ländern eine wirtschaftliche Lösung für öffentliche Leistungserstellung.

Controlling

1. *Begriffsinhalte C./Controller.* Eindeutige treffsichere und sich durchgesetzte deutschsprachige Ausdrücke für die Begriffe C./ Controller gibt es bisher nicht. Das hat einerseits den Vorteil, dass keine irreführende Übersetzung entstand, wie das bei anderen übersetzten englischen Begriffen der Fall ist, hat andererseits den Nachteil, dass man sich mit diesem Begriff tatsächlich schwertut. C. ist deshalb als Arbeitsbegriff aufzufassen, dessen Inhalt in der Praxis vielfältig und unterschiedlich ausgelegt wird. Man führt C. und Controller auf die französischen Wörter conrerôle = Gegenrolle bzw. Gegenspirale, compter = zählen zurück, zum großen Teil aber auch auf die angelsächsischen Worte to control = steuern, lenken, beherrschen, regeln und roll = Liste.

In der Bundesrepublik Deutschland kann man von einer Verbreitung des C. erst ab ca. 1960 ausgehen - nicht zuletzt eine Folge amerikanischen Einflusses in deutschen Unternehmen (→Betrieb, I., 2.). Es lassen sich aber deutliche Unterschiede in Verbreitung und Auffassung des C. in den USA und der Bundesrepublik Deutschland feststellen.

Da die Schreibweise von C./ Controller weitgehend mit dem deutschen Wort Kontrolle übereinstimmt, wird C. sehr häufig mit Kontrollieren gleichgesetzt und Controller mit Kontrolleur assoziiert. Man verbindet instinktiv vielfach mit C. die Aufgaben eines Kontrolleurs od. Revisors - dies ist aber eindeutig falsch! Wenngleich bereits hier an dieser Stelle deutlich ausgesprochen werden soll, was vielfach versucht wird zu negieren: Der Controller hat auch eine Kontrollfunktion - allerdings neben verschiedenen wichtigen anderen Funktionen. Es wäre falsch, die Augen davor zu schließen, dass viele Unternehmen C. nur wg. dieser (irrtümlichen) Überbetonung der Kontrollfunktion überhaupt einführen. Eine einhellige Auffassung in →Theorie und Praxis gibt es trotz einer Vielzahl von Definitionsversuchen (→Definition) noch immer nicht (Parallele zum →Marketing).

Die verschiedenen, entwickelten Definitionen können helfen, den Begriff des C. vielleicht zu verdeutlichen, allerdings unterscheiden sich die Definitionen z.T. beträchtlich. Ausgehend von einer früheren Definition von Hoffmann - es waren in der Bundesrepublik Deutschland Praktiker, die sich zuerst intensiv mit C. beschäftigten; die Hochschulen begannen erst relativ spät, sich damit auseinanderzusetzen! -, in der C. als die Unterstützung der Steuerung der Unternehmen durch Information aufgefasst wird, soll von folgendem Arbeitsbegriff ausgegangen werden: C. ist ein funktionsübergreifendes Steuerungsinstrument, das den unternehmerischen Entscheidungs- und Steuerungsprozess durch zielgerichtete Informationener- und -verarbeitung unterstützt. Der Controller sorgt dafür, dass ein wirtschaftliches Instrumentarium zur Verfügung steht, das vor allem durch systematische →Planung und der damit notwendigen Kontrolle hilft, die aufgestellten Unternehmensziele zu erreichen. Inhalt der Zielvorgaben können alle quantifizierbaren Werte des Zielsystems sein.

Diese Definition kann und will jedoch nur ein Arbeitsbegriff sein, denn man sollte weniger die Controllerdefinition in den Mittelpunkt stellen, sondern mehr die Aufgaben des C., d.h. den Inhalt des C. Die Probleme der vielen widersprüchlichen Definitionen in Theorie und Praxis werden dann wesentlich unbedeutender. C. besteht also nicht im „Nachspionieren und Nachkontrollieren", sondern der Controller ist eine Art Zielerreichungslotse, ein Ziel- und Planungsverkäufer (Deyhle). C. ist *gegenwarts-* und *zukunftsorientiert* i. Ggs. zur Kontrolle, die *vergangenheitsorientiert* ist:

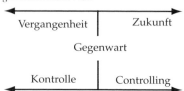

Man könnte den Controller gleichsam als den Lotsen od. Navigator des betrieblichen Schiffes, nicht aber als dessen Kapitän auffassen, der in erster Linie steuert und nur insoweit kontrolliert, dass die angesteuerte Richtung des Schiffes nicht gefährdet wird - der gesuchte Hafen erreich wird. Kontrolle soll durch Selbstkontrolle ersetzt werden. Die „Geplanten" sollten sich aufgrund der transparent gemachten Ziele durch Selbstvergleich mit den realisierten Ergebnissen selbst kontrollieren können. Aufgabenschwerpunkt ist nicht die Mitarbeiterkontrolle, sondern Einhaltung der eingeschlagenen Richtung = Zielsetzung der Unternehmung. Allerdings, der Controller übt auch eine Kontrollfunktion aus - jedoch gewissermaßen nur als Nebenprodukt, nicht als Hauptprodukt. Mittelpunkt jedes C. sind institutionalisierte, permanente Soll-Ist-Vergleiche, die nicht nur zu einem ständigen Lernprozess für viele Bereiche des Unternehmens führen sollten, sondern auch durch die aus dem Soll-Ist-Vergleich resultierenden laufenden Abweichanalysen und den dadurch initiierten Rückkoppelungsprozessen für den Controller selbst.

Das Neue am C.-Konzept liegt in der umfassenden Transparenz und der rationalen Betrachtungsweise sämtlicher betrieblichen Teilbereiche. Nicht einzelne Bereiche werden geplant und gelenkt, sondern die Koordination von Bereichsplänen und deren Verwirklichung im Hinblick auf das Gesamtziel des Unternehmens steht im Mittelpunkt. Somit schafft auch C. den zum Teil notwendigen Ausgleich auseinanderstrebender Interessen einzelner betrieblicher Bereiche (z.B. →Produktion und →Absatz).

2. C. in funktionaler Hinsicht.
2.1. Das zielorientierte Unternehmen. Man muss sich zunächst der Tatsache bewusst werden, dass C. nur funktionieren kann, wenn es sich an Zielen orientiert. Das Planen, Steuern, Regeln kann nur in Verbindung mit vorher festgelegten Zielen erfolgen, d.h. C. verlangt von der Unternehmensleitung eine klare, verbindliche und erreichbare Zielsetzung durch eindeutige Zielformulierung.
Der Controller soll die Zielsetzung der Unternehmung durch das Controller-Instrumentarium realisieren helfen, d.h. aber nicht, dass er diese Ziele selbst aufstellen soll.

Mit den Zielen werden gewissermaßen die Spielregeln für den Controller festgelegt und die Bandbreite seines Bewegungsfreiraumes abgesteckt. Diese aufgestellten Ziele müssen vom Controller als verbindliche Vorschriften aufgefasst werden (die allerdings im Zeitablauf verändert werden können). Deshalb ist es eine Mindestvoraussetzung, dass diese Ziele realistisch sein müssen. Die Zielerwartung der Unternehmensleitung, die in das Controller-Zielsystem eingehen, müssen erreichbar sein! Nichts ist entmotivierender, als unrealistische Ziele. Die Unternehmenszielsetzung prägt Aufbau und Ablauf des C., weshalb an diese Zielsetzung Mindestanforderungen gestellt werden müssen, damit C. überhaupt funktionieren kann.

C. ist nicht nur von einer konkreten Zielsetzung abhängig, entscheidend ist die klare Fixierung von Unternehmungs-Zielhierarchien. Sicherlich ist damit ein gewisser Formalismus und Verwaltungsaufwand verbunden, den die Klein- und Mittelbetriebe scheuen, aber es dürfen nicht Globalfloskeln wie etwa „Streben nach → Rentabilität" oder Produktivitätsverbesserung" (→Produktivität) in die Zielformulierung eingehen, sondern es müssen konkrete Sachziele definiert werden, die am besten durch Kennzahlen od. durch Prozentangaben konkretisiert werden.

Die Zielformulierung sollte neben Zielinhalt (was soll erreicht werden?) und dem Zielausmaß (in welchem Umfang?) auch Zielzeitpunkt (bis wann, in welchem Zeitraum?) und Zielbereich (wo hat das Ziel Gültigkeit?) festlegen.
Beispiele für konkrete Zielformulierungen wären:
15% cash flow, 10% ROI, 5% mehr Marktanteil bei Produkt XY, 2% Umsatzsteigerung gegenüber Vergleichsperiode, Pro-Kopf-Wertschöpfung von Euro 80 000,-, DBU von 25%, Kostensenkung von Euro 800 000,- usw.
Gegebenenfalls ist es sogar empfehlenswert, den Zielkatalog durch die Unternehmensleitung in Form eines Führungs-

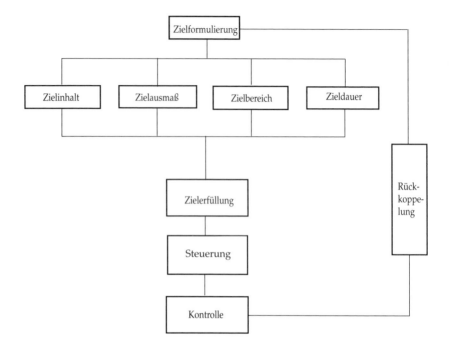

bzw. Zielsetzungshandbuches zu dokumentieren und zu kommentieren. Die Globalzielsetzung des Unternehmens ist vom Controller auf die einzelnen Bereiche des Unternehmens zu projizieren, d.h. er ermittelt aus den Globalzielen die Einzelziele für die verschiedenen Verantwortungseinheiten, wodurch aus einem Globalziel, wie z.B. Erhöhung des →cash flow, eine Vorgabe pro Kostenbereich, → Kostenstelle, Kostenplatz wird. Es ist eine seiner primären Aufgaben, dafür zu sorgen, dass Gesamtziele der Unternehmung und Einzelziele eine Einheit bilden. Dazu gehört, dass er die Koordination der Teilziele durchführt und geeigne-

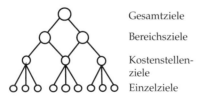

Gesamtziele

Bereichsziele

Kostenstellenziele

Einzelziele

te organisatorische Maßnahmen einleitet, die zielorientiertes Handeln der einzelnen Organisationsstufen sicherstellt.
Die Berücksichtigung der bisher aufgeführten Gesichtspunkte allein reicht nicht aus. Hinzukommen muss, dass es gelingt, die aufgestellten Unternehmensziele (Zielerwartung), d.h., die strategische Grundvorstellung in operative Ziele „zu übersetzen".

2.2. *Die Aufgabenstellung des Controllers.* Je nach der Zielsetzung des Unternehmens fällt die Aufgabenstellung des Controllers anders aus. Gemessen werden sollte der Controller deshalb immer auch daran, inwieweit es ihm gelungen ist, die aufgestellten Ziele und Pläne zu realisieren. In einem Unternehmen, das →Gewinn und Rentabilität innerhalb der Zielhierarchie absolute Priorität einräumt, werden andere Aufgabenschwerpunkte auf den Controller zukommen, als dort, wo beispielsweise Umsatz, Sicherheit, Liquidität, Unabhängigkeit, soziale Verantwortung gegen Mitarbeiter,

Prestige, Ansehen und andere Ziele im Mittelpunkt der Unternehmung stehen.

Welche Aufgaben und Funktionen der Controller zu erfüllen hat, kann nicht einheitlich festgelegt werden, sondern ist auf den Einzelfall abzustellen. Gerade die Betriebsgröße bringt es mit sich, dass vielleicht vom Controller auch Funktionen übernommen werden müssen, die nicht unbedingt Aufgaben des Controllers sind.

Es ist außerdem ein deutlicher Unterschied zwischen der amerikanischen und der deutschen Auffassung hinsichtlich der Controller-Funktion feststellbar. In den USA existieren relativ eindeutige Funktionsbeschreibungen, die Klarheit über die Aufgaben des Controllers schaffen. Steuern, Versicherungen, Berichterstellung an staatliche Stellen, Revision, → Bilanzierung, Erstellung des Geschäftsberichtes sind nach amerikanischer Auffassung unerlässliche Aufgaben des Controllers, nach deutscher Praxis aber meist in anderen Bereichen angesiedelt. Für uns gewinnt das amerikanische Controllerbild zwar grundsätzlich an Bedeutung, da die europäische Tochtergesellschaften amerikanischer Konzerne häufig mit einer Controllerposition nach amerikanischem Vorbild ausgestattet sind, doch hat der „deutsche" Controller insgesamt ein etwas enger gefasstes Aufgabengebiet, mit starker Orientierung auf die →Kosten- und →Leistungsrechnung. Die Betriebsgröße wird oft mitentscheidend sein, ob die EDV (→automatische Datenverarbeitung), →Organisation, Revision (→Wirtschaftsprüfung, 4.) und der Finanzbereich einen od. mehrere organisatorische Teilbereiche darstellen, od. mit dem C. zusammen ausgeübt wird. Die Kosten-Nutzen-Relation wird bei Vorliegen einer bestimmten Betriebsgröße den Ausschlag über die Eigenständigkeit geben, da jede Aufblähung dem Grundgedanken des C. widerspricht (C. = betriebswirtschaftliches Gewissen der Unternehmung).

3. *Operatives C. - strategisches C.* Die steigende Notwendigkeit, sich einer schnell verändernden Umwelt immer rechtzeitig anzupassen, erfordert auch eine Ergänzung des operativen C. durch strategi-

sches C. Die Betonung liegt auf dem Wort ‚Ergänzung', nicht ein ersatzloses Streichen des operativen C.! Strategisches C. benötigt ein funktionierendes operatives C. Es gibt kein Gegeneinander, sondern ein sich gegenseitiges Bedingen, eine gemeinsame Ergänzung im Hinblick der erweiterten Aufgabenpalette und stärkeren Zukunftsorientierung des C. Die Übersicht auf Seite 120 soll zeigen, dass operatives und strategisches C. im Unternehmen benötigt werden.

Während sich das operative C. im Wesentlichen an Zahlen und Ergebnissen der Gegenwart und Vergangenheit orientiert und den Zukunftsaspekt durch Definition des Planungshorizonts auf kurz- und mittelfristige Ziele begrenzt, ist es Aufgabe des strategischen C. durch Interpretation der Ist-Werte auch langfristig Ergebnisse für zukünftige Perioden zu ermitteln und zu planen. Strategisches C. beschäftigt sich mit Erfolgspotentialen, das operative C. mit der optimalen Nutzung von Erfahrenspotentialen (Gälweiler). In Erweiterung des operativen C., das hauptsächlich auf interne Informationsquellen, vor allem des Rechnungswesens und dabei insbesondere auf die Kosten- und Leistungsrechnung, aufbaut, berücksichtigt das strategische C. bewusst externe Entwicklungs- und Einflussfaktoren (gesellschaftspolitisches Umfeld). Auch die Planung ist in einen operativen und strategischen Teil unterteilt (Gälweiler). Das C. sollte vor allem gegenwarts- und zukunftsorientiert sein, nicht vergangenheitsorientiert (Kontrolle!). Im Zeithorizont kann man operatives C. (gegenwartsbezogen) und strategisches C. (zukunftsorientiert) bezeichnen.

Vergangen-heit	Gegenwart (heute und morgen)	Zukunft
Kontrolle	Operatives Controlling	Strategisches Controlling
Vorperiode	Jahres-planung	Mittelfrist-planung	Langfrist-planung

Unterscheidungsmerkmal	Operatives Controlling	Strategisches Controlling
Betrachtungszeitraum	Gegenwartsorientierung	Zukunftsorientierung
	Orientiert sich vor allem an gegenwarts- oder vergangenheitsorientierten Zahlen und Ergebnissen	Orientiert sich an zukunftsorientierten Zahlen und Ergebnissen bzw. Interpretation der Ist-Werte für zukünftige Perioden
	Der Zukunftsaspekt ist durch Definition des Planungshorizonts auf kurz- und mittelfristige Zahlen und Erwartungen begrenzt	Ist in zeitlicher Hinsicht nicht stark eingeengt, versucht auch langfristige Ergebnisse zu ermitteln und zu planen.
	Arbeitet vor allem mit den Begriffen Kosten und Leistungen in der KLR	Ersetzt die Begriffe Kosten und Leistungen durch Chancen und Risiken, d.h. zieht Fakten sowohl aus der Innenwelt als auch der Umwelt des Unternehmens heran, lange bevor sie sich in Kosten und Leistungen niederschlagen. Strategisches C. heißt systematisch zukünftige Chancen und Risiken zu erkennen und zu beachten
Denkansatz	Denkt in der Kosten-Nutzen-Relation	Denkt in Chancen und Risiken
Orientierung	Interne Orientierung	Externe Orientierung
	Baut weitgehend auf interne Informationsquellen, vor allem dem Rechnungswesen und hier besonders der Kosten- und Leistungsrechnung auf	Berücksichtigt bewusst externe Entwicklungs- und Einflussfaktoren (gesellschaftspolitisches Umfeld)
Zielsetzung	Sicherung der operativen Zielsetzung und Optimierung der Unternehmensprozesse	Sicherung der strategischen Zielsetzung und der Unternehmensexistenz
	Die Realisation der aufgestellten und abgesteckten kurz- und mittelfristigen Ziele der Unternehmung	Langfristige und nachhaltige Existenzsicherung durch strategische Zielsetzung
Planungsmethode	Operative und taktische Planung	Strategische Planung

Literatur: *A. Deyhle*, Controller-Praxis. 2 Bde. München 1972. *F. Hoffmann*, Der Controller im deutschen Industriebetrieb, in: Der Betrieb, Jg. 21, Nr. 50, 1968, 2181-2185. *R. Mann*, Die Praxis des Controlling. München 1974. *P. Preißler*, Checkliste Operatives Controlling/ Controlling einsetzen und gewinnbringend durchführen. 3. A., München 1990. *P.* *Preißler*, Controlling Lehrbuch und Intensivkurs. 10. A., München 1998. *K. Ziegenbein*, Controlling. 6. A., Ludwigshafen 1997.

Prof. Dr. P. R. Preißler, Landshut

Cooper-Dreieck
von R. N. Cooper 1968 entwickelte Darstellung, nach der mit Hilfe eines Drei-

ecks der Handlungsspielraum für Länder in der Situation einer ungleichgewichtigen →Zahlungsbilanz beschrieben werden kann. Im Konfliktfall zwischen nationaler →Wirtschaftspolitik und internationaler Regelbindung, z.B. →Goldstandard, kann der Grund für die → Instabilität internationaler Währungssysteme gezeigt werden.

Corlett-Hague-Regel
konkrete Aussage zur Gestaltung einer optionalen Verbrauchsteuer derart, dass ein zur Freizeit komplementäres Gut (→ Gut) mit einem höheren Steuersatz belegt werden soll als ein zur Freizeit substitutives Gut (→Gut). Durch die C. sollen Effizienzverluste über Preisverzerrungen wg. der Substitutionswirkungen der Steuer so gering wie möglich gehalten werden.

Corporate Identity
Begriff ist unklar und mehrfach belegt. Als →Definition scheint sich herauszukristallisieren: das schlüssig dargestellte Selbstverständnis eines Unternehmens (→Betrieb, I.), das sich aus dem Verhalten, Erscheinungsbild und Kommunikation des Unternehmens ergibt. C. wird als planbar und deshalb als eine Unternehmensstrategie verstanden.

Cost-Benefit-Analyse
⇒*Kosten-Nutzen-Analyse.*

cost insurance freight
→cif.

cost push inflation
⇒kosteninduzierte Inflation
⇒*Kosteninflation.*

Cost Sharing
→Spieltheorie, 4.

Council of Economic Advisers
→CEA.

Countertrade
Sammelbegriff für →Transaktionen im Außenhandel, in denen sich Handelspartner verpflichten, gegenseitig Waren od. Dienstleistungen auszutauschen, abzunehmen od. für deren Abnahme zu

sorgen. Zu C.-geschäften gehören: → Kompensationsgeschäfte, → buy-back-Geschäfte, →Swap-Geschäfte, hier z.B. → debt-equity-swaps. C. wurden betrieben auf Initiative der sozialistischen Länder, weil sie ihre knappen Vorräte an →Devisen schonen und Marketingprobleme (→ Marketing) im Westhandel auf ihre Abnehmer abwälzten; auf Initiative der Entwicklungsländer, weil sie so größere → Investitionen ohne Devisen und Wechselkursrisiko (→Wechselkurs) finanzieren; im Interesse der Industrieländer, weil sie so Handelsschranken überwinden, ihren Export sichern und Produktionskapazitäten (→Kapazität) auslasten. C. sind kostenaufwendig und langfristig. Sie benachteiligen deshalb kleine und mittelständische Unternehmen (→ Betrieb, I.). Oft kommt nicht der effizienteste Anbieter, sondern der bereitwillige Partner zum Zuge. Westliche Länder vertreiben erhaltene Waren mangels Absatzchancen auch zu Dumpingpreisen (→ Dumping).

Cournot-Nash-Gleichgewicht
⇒*Nash-Cournot-Gleichgewicht.*

Cournot-Punkt
nach dem französischen Nationalökonomen Augustin Cournot benannter Punkt auf der → konjekturalen Preis-Absatz-Kurve, der die gewinnmaximale Absatzmenge eines Angebotsmonopolisten (→ Preisbildungstheorie) bestimmt. Er ergibt sich aus der vertikalen Projektion des Schnittpunktes von Grenzkosten- (→ Kosten) und →Grenzerlöskurve auf die Preis-Absatz-Kurve und liegt immer in ihrem elastischen Bereich (→Elastizitäten). Cournot hat als erster diese Lösung mathematisch formuliert.

Cournotsche Linie
ist definiert als geometrischer Ort von → Cournot-Punkten bei alternativen, durch ihre Lage unterscheidbaren →konjekturalen Preis-Absatz-Kurven. Irrtümlicherweise wird C. manchmal als Angebotskurve des →Monopols bezeichnet.

Courtage (Kurtage)
Entgelt des Maklers für vermittelte Geschäfte an der →Börse.

CPM
Abk. für: →Critical-Path-Method.

Cramersche Regel
Lösungssatz für inhomogene lineare Gleichungssysteme durch Determinanten.

crawling peg
⇒self-adjusting peg
→Floating.

Credit Rating
Klassifizierung handelbarer Finanztitel. Es wird zwischen C. i.w.S., als jede Beurteilung der →Bonität von Forderungstiteln, z.B. von Kreditnehmern im Konsumentenkreditgeschäft der → Banken, und C. i.e.S. unterschieden, wobei es sich um Bonitätsurteile über →Anleihen od. deren Emittenten (→Emission) handelt.

Credit-Scoring
⇒Punktbewertungsmethode
gegenüber der traditionellen → Kreditwürdigkeitsprüfung werden für Kreditentscheidungen im sog. Massengeschäft (z.B. Konsumentenkredit) wg. seiner Standardisierung und hoher Erfahrungswerte aufgrund der großen Zahl von Kreditvergaben computerunterstützte und an Kennziffern orientierte Verfahren eingesetzt. C. spart Zeit und →Kosten für die Kreditwürdigkeitsprüfung, vermeidet subjektiv gefällte Kreditentscheidungen, ermöglicht kalkulierbares Bankrisiko und bessere Ausschöpfung der Kreditpotentiale.

Critical-Path-Method
⇒CPM
in den USA entwickelte Methode der → Netzplantechnik, die vorgangsorientiert war, i. Ggs. zur ereignisorientierten → PERT-Methode.
Vorgangsdauern bzw. Tätigkeiten in der Zeitplanung der Netzplantechnik, für die keine Zeitreserven (Pufferzeiten) angesetzt sind, heißen kritisch. Ein Weg mit Pufferzeiten von Null wird als kritischer Weg (critical path) bezeichnet. Ergeben sich auf diesem Weg in der Realität, z.B. in der →Fertigung eines Produktes, Verzögerungen, so bedeutet dies Terminverschiebung für die Fertigstellung.

Cross Selling
Unternehmensaktivitäten, die einem Kunden, der nur einen Teil des Unternehmensangebotes in Anspruch nimmt, auch die anderen Leistungen des Unternehmens offerieren. Ziel ist Umsatzsteigerung und Kundenbindung. Voraussetzung sind für die gesamte Produktpalette des Unternehmens qualifizierte Mitarbeiter. C. ist insbesondere im Bankgewerbe zu beobachten.

Crowding-out-Effekte
Verdrängungseffekte verschiedenster Art, z.B. anleihenfinanzierte Staatsausgaben mit der Absicht einer Belebung der → Güternachfrage können →Ausgaben privater →Wirtschaftssubjekte verdrängen, so dass anstelle privater Ausgaben staatliche getätigt werden und ein Expansionseffekt abgeschwächt wird (partielles C.), ausbleibt (totales C.) od. überkompensiert wird (über-C.). C. werden analytisch oft vernachlässigt, so daß Aussagen dann problematisch werden.

Currency Board
ist ein Arrangement, das die →Währung eines Landes durch einen festen →Wechselkurs an eine stabile Auslandswährung ⇒Ankerwährung bindet. Die umlaufende inländische →Geldmenge sowie die Bankguthaben beim C. sind zu 100% mit → Währungsreserven gedeckt. Die Gewährung von → Krediten durch die → Zentralbank ist verboten. Das Land mit einem C. verliert die Eigenständigkeit in der →Geldpolitik, partizipiert aber an der Stabilität der Ankerwährung od. kann durch Einführung eines C. den Verfall seiner Währung stoppen.

Currency Futures
→Futures-Märkte.

Currency Substitution
die sich aus unterschiedlichen Gründen ergebende Nachfrage nach ausländischer →Währung, nicht aber nach der heimischen. C. bewirkt eine Strukturveränderung der Kassenhaltung. Empirische Untersuchungen belegen C. zwischen dem US-Dollar und einigen europäischen Währungen, insbesondere dem Euro.

Currency-Theorie
eine mit der →Banking Theorie im Streit liegende →Geldtheorie, begründet von Lord Overstone (S. J. Lloyd), R. Torrens und G. W. Norman. Sie vertreten die Auffassung, dass nur →Banknoten und → Münzen →Geld sind und das →Preisniveau nur von der →Geldmenge beeinflusst wird und nicht auch von den Geldsurrogaten, weil diese streng proportional abhängig von der Geldmenge seien.

current-ratio-Regel
⇒*Banker's* Rule.

D

Dachgesellschaft
⇒*Holding(gesellschaft)*.

Damnum
⇒*Disagio*
Vgl. auch Ggs. →Agio.

Darlehen
1. Vertrag mit der Verpflichtung des D.-snehmers, ihm vom D.-sgeber überlassenes →Geld od. andere vertretbare Sachen, die in sein Eigentum übergehen, in gleicher Art, Güte und Menge zurückzuerstatten. Das Entgelt für das D. wird durch →Zinsen od. →Disagio bei D.-auszahlung geleistet.
2. i. allg. Sprachgebrauch wird auch der Geldbetrag des D. selbst als D. verstanden.
3. i. Ggs. zum umfassenderen Begriff des →Kredits, wenn Leistung und *Gegenleistung* Geldform haben.

Database Marketing
→ Marketing, das alle kundenspezifischen Merkmale auf einer →Datenbank (database) speichert, um diese für alle Fragen der Kommunikation mit den Kunden zu verwenden. D. schafft die Voraussetzung, um den „richtigen" Kunden zum „richtigen" Zeitpunkt mit den „richtigen" Marketingaktivitäten, wie → Werbung, Verkaufsförderung, Beratung, Angebot- und Produktgestaltung, ansprechen zu können. D. erlaubt ein kundenspezifisches Marketing bis auf den einzelnen Kunden, was z.B. im Großmaschinenbau aber auch auf manchen Konsumgütermärkten - z.B. im Automobilbau für die Endmontage - von Bedeutung ist. D., seit Mitte der 80er Jahre in Deutschland bekannt, stützt sich auf eine kontinuierliche Erfassung von Aktions- und Reaktionsdaten auf Kundenbasis und ermöglicht ein frühzeitiges Erkennen von Chancen und Risiken der Marktentwicklung.

Data Warehouse
Zu deutsch: Datenhaushalt (nach R. Hansen).

D. ist ein Schlagwort, das mit dem strategischen Ziel der unternehmensweiten Integration der Informationssysteme einhergeht. Diese Integration soll einerseits dazu führen, dass ein unternehmensweiter Informationsfluss (Datenfluss) entsteht. Maßstab dafür ist der betriebswirtschaftliche Aspekt der Wertkette bzw. der Geschäftsprozessfolgen. Andererseits soll die Verfügbarkeit aller Plan- und Ergebnisdaten in Bezug auf die Unternehmenstätigkeit zum Zwecke der Entscheidungsunterstützung gesichert werden. Der erste Versuch in diese Richtung erfolgte in den 70er Jahren unter dem Schlagwort MIS (Managementinformationssystem). Die damaligen Systeme waren aber weit entfernt davon, den erforderlichen Datenumfang bereitstellen zu können. Heute sind die Daten weitgehend vorhanden bzw. können beschafft werden. Es muss lediglich noch eine konsistente und integre Datenbasis geschaffen werden, die die für den Entscheidungsprozess relevanten Daten enthält. Diese Datenbasis kann nicht identisch sein mit der operativen Datenbasis, die im täglichen Prozess von den Anwendungssystemen genutzt wird. Deswegen enthält ein D. eine Datenbasis für Entscheidungsunterstützung, die von den operativen Daten getrennt ist, von diesen aber gefüttert wird.

Daten
1. in der →Wirtschaftstheorie den ökonomischen Ablauf beeinflussende Faktoren, die von ihr als Gegebenheiten in der kurzen Frist und als von anderen Wissenschaften erklärungsbedürftig erachtet werden. D. sind: →Bedürfnisse, Quantität und Qualität der →Produktionsfaktoren einschließlich Stand des → technischen Fortschritts, Rechts- und Sozialordnung. D. bilden die Grenze der ökonomischen Analyse.

2. in der quantitativen →Wirtschaftspolitik von den Entscheidungsträgern nicht beeinflussbare Größen.

3. in der Statistik die zu untersuchenden

Ausprägungen der → Merkmale bzw. Realisationen der →Zufallsvariablen.
4. in der Informatik und Datenverarbeitung numerische und alphanumerische (d.h. bestimmter Zeichenvorrat, der neben Ziffern auch Buchstaben und andere Zeichen enthält od. auf bestimmte Gerätschaften bezogen ist) Zeichen, die über Dinge und Sachverhalte informieren. Die Menge gespeicherter D., auf die innerhalb eines Systems zurückgegriffen werden kann, ist der D.-bestand.

Datenbank
⇒Datenbasis
programmunabhängig gespeicherte Menge von Informationen (→Daten) aus einem bestimmten Bereich (Datensatz). Gemeinsam verwaltete, in ihren Strukturen unterschiedliche Daten bilden ein System von D. Eine D. dient dazu, beliebige Objekte der realen od. konstruierten Welt einer Unternehmung (→Betrieb, I.) od. Institution zu verwalten. Der Nutzen von D. besteht darin, dass die gespeicherten Daten verschiedenen Anwendern bzw. Programmen auch in unterschiedlicher Nutzungsabsicht verfügbar sind, wg. der programmunabhängigen Speicherung der Daten der Aufwand bei ihrer Änderung minimiert werden kann und die Informationsaktualität für Benutzer wie Programme erhöht wird.

Datenbasis
⇒*Datenbank.*

Datenbestand
→Daten, 4.

Datenschutz
alle Vorkehrungen zur Verhinderung unerwünschter Folgen im Umgang mit → Daten, insbesondere Sicherung individueller, aber auch anderer Daten vor Missbrauch bei Speicherung, Übermittlung, Veränderung und Löschung. Neben landesrechtlichen Regelungen wurde zum Schutz personenbezogener Daten das Bundesdatenschutzgesetz vom 27.1.1977 erlassen.

Dauereinkommenshypothese
⇒permanente Einkommenhypothese
die von M. Friedman formulierte Abhängigkeit gegenwärtiger Konsumausgaben vom diskontierten langfristig erwarteten Realeinkommen (permanentes Einkommen, →Einkommen). S. auch →Konsumtheorie.

dauerhafte Arbeitslosigkeit
1. ungenaue Bezeichnung für langfristig herrschenden Zustand von →Arbeitslosigkeit in einer Volkswirtschaft (→Wirtschaft), z.B. für die in der Bundesrepublik seit 1975 herrschende Arbeitslosigkeit von über 3,5%, gemessen durch die →Arbeitslosenquote.
2. d. liegt vor, wenn der einzelne →Arbeitslose nicht innerhalb einer bestimmten Frist vermittelt werden konnte, z.B. innerhalb eines Jahres. Sie ist wirtschaftspolitisch überaus schwerwiegend. In der Bundesrepublik sind folgende Anteilswerte am Bestand aller Arbeitslosen zu beobachten:

| 1980 | 12,9% | 2000 | 37,1% |
| 1990 | 29,7% | 2005 | 34,3%. |

Im Sprachgebrauch der Arbeitsagenturen wird ein Arbeitsloser in Abhängigkeit von persönlichen, gesundheitlichen und beruflichen Kriterien eingestuft. So wird ein gleichalter Madonnenschnitzer im Siegerland wahrscheinlich nach dreimonatiger Arbeitslosigkeit als dauerhaft arbeitslos eingestuft, in einem oberbayerischen Bezirk erst nach einer wesentlich längeren Frist.

dauerhaftes Produktionsgut
⇒Investitionsgut
⇒Kapitalgut

Dawes-Anleihe
→ Anleihe des Deutschen Reiches von 1924 zur Finanzierung der Reparationszahlungen aus dem Ersten Weltkrieg. Bedienung und Zinszahlung für die Bundesrepublik wurde im →Londoner Schuldenabkommen geregelt. Nach der deutschen Einheit muss die Bundesrepublik für die D. und andere Altschulden des Deutschen Reiches für den Zeitraum von 1945 bis 1952 einstehen und hat sich für eine Lösung bereits entschieden.

DAX
Abk. für: →Deutscher Aktienindex.

debt-equity-swaps

Tauschoperationen zur Entschärfung des internationalen Schuldenproblems mit jeweils spezieller Ausgestaltung, bei denen →Forderungen, z.B. Bankkredite (→ Kredit), in Beteiligungskapital (→Eigenkapital, 1., →Beteiligung, 1.) ungewandelt werden.

Musterbeispiel für d. war der Kauf von Forderungen gegen den mexikanischen Staat im Nominalwert von 60 Mio Dollar durch den japanischen Automobil-Konzern Nissan für nur 40 Mio Dollar, da Problemkredite mit Abschlägen gehandelt werden. Nissan präsentierte Mexiko die erworbene Forderung und erhielt diese mit einem 10%-Abschlag in Pesos ausgezahlt, da die inländischen Schuldner in Mexiko über die erforderliche →Liquidität verfügten. Nissan erwarb somit 54 Mio Dollar für 40 Mio Dollar zur →Finanzierung der Erweiterung seiner mexikanischen Produktionsstätten. Der Staat Mexiko hatte ohne Einsatz von →Devisen seine Auslandsverbindlichkeiten (→Verbindlichkeiten) um 60 Mio Dollar vermindert und zugleich eine →Investition ins Land geholt. Gemessen am internationalen Schuldenstand spielen d. eine geringe Rolle, haben aber in den letzten Jahren an Bedeutung gewonnen. Nach Ansicht des →Internationalen Währungsfonds sind sie nur dann hilfreich, wenn sie zu einem Zufluss an Devisen, Erhöhung ausländischer → Direktinvestitionen und Rückkehr von Fluchtkapital führen. Neben Mexiko wurden besonders von Chile und den Philippinen d.-Aktionen mit Erfolg betrieben. Bei d. muss das Schuldnerland beachten, dass ausländische Investoren in Konkurrenz zu heimischen Produzenten treten und ungewollte fiskalpolitische Nebenwirkungen eintreten, wenn z.B. die den Ausländern zur Verfügung gestellten Mittel über den öffentlichen Haushalt (→Budget, 2.) beschafft werden.

In jüngster Zeit wird versucht, über d. eingefrorene Kredit zu liquidieren.

debt-for-Nature swaps

die Erlassung von Auslandsschulden der Länder aus der Dritten Welt gegen die Verpflichtung zum Naturschutz. Auf dem Gebiet des Umweltschutzes tätige Nichtregierungsorganisationen, wie z.B. World Wildlife Fund, erwerben Schuldtitel eines Entwicklungslandes in Fremdwährung und vereinbaren mit dem Schuldnerland entweder die Einlösung des Schuldtitels in Landeswährung od. die Umwandlung in ein →Wertpapier in Landeswährung. →Zinsen und Tilgungserlös werden einer staatlichen Organisation zur → Finanzierung von Umweltschutzprojekten zur Verfügung gestellt. Gemessen an den Gesamtschulden von etwa 2,2 Bio US-$ haben d. mit 12,5 Mio US-$ nur geringe Bedeutung. Hohe Informations- und Transaktionskosten sprechen gegen d.

debt management

Schuldenpolitik der →öffentlichen Hand od. früher nur die qualitative Änderung bestehender Staatsverschuldung über Verzinsung, Fristigkeit und Marktgängigkeit. Heute auch Einbezug des Umfanges der Staatsschuld in die Politik des d. Wurde hauptsächlich von Ländern ohne Staatsbankrott und Währungsverfall, aber mit einer großen Staatsschuld, nach dem Zweiten Weltkrieg entwickelt mit dem Ziel Konjunktursteuerung (→ Konjunkturpolitik). Wird heute auch für andere Ziele wie Versorgung der →Wirtschaft mit → Liquidität, Unterstützung der →Geldpolitik eingesetzt.

decision lag

⇒Entscheidungslag
→lag.

Deckungsbeitragsrechnung

⇒*Teilkostenrechnung*

1. *Überblick.* Unter D. versteht man ein System der →Kostenrechnung, das die Mängel der Vollkostenrechnung (→Kostenrechnungssysteme) zu vermeiden sucht und durch die Gegenüberstellung des Nettoerlöses (→Erlös) eines Produktes einerseits und der ihm zurechenbaren →Kosten andererseits gekennzeichnet ist. Je nachdem, welche (Teil-)Kosten dem einzelnen Produkt zugeordnet werden, unterscheidet man unterschiedliche Verfahren der D.:
- D. auf der Basis variabler Kosten (Grenz-, proportionale Kosten; →Kosten, →„Direct Costing")

- D. auf der Basis „relativer Einzelkosten" (nach *Riebel*).

Entsprechend der Berücksichtigung von fixen Kosten (→Kosten) bzw. Gemeinkosten (→Kosten) werden zusätzlich einstufige (*Plaut, Kilger*) und mehrstufige (*Mellerowicz, Agthe*) Verfahren unterschieden. Schließlich wird auch die Opportunitätskostenrechnung (Standard-Grenzpreis-Rechnung) als Engpasskostenrechnung zu den Verfahren der D. gezählt.

2. *Anwendungsmöglichkeiten.* Die D. kann eingesetzt werden zu Kontrollzwecken (→ Wirtschaftlichkeit, Einhaltung des Plans) und zu Steuerungszwecken (Gestaltung des Produktionsprogramms, Vorgaben für dezentrale Steuerungen, Entscheidungsrechnung für Preisfindung, Annahme von Zusatzaufträgen u.a.). Sie ist damit auch ein ideales Analyseinstrument für das operative Controlling (→Controlling, 3.) und kann als Ist- bzw. Plankostenrechnung (→Kostenrechnungssysteme, →Kosten- und →Leistungsrechnung) geführt werden. Sie setzt als Ergebnisrechnung das Umsatzkostenverfahren voraus. Problematisch ist ihr Einsatz als Instrument zur Bewertung von Vorräten. Während bisher nach herrschender Meinung ein Ansatz der Vorräte zu variablen (→ Herstellungs-) Kosten nur im aktienrechtlichen →Jahresabschluss als zulässig angesehen wurden, ist nunmehr auch nach dem → Bilanzrichtlinien-Gesetz (§ 255, Abs. 2 → HGB) ein entsprechender Ansatz der → Einzelkosten erlaubt. Für die →Steuerbilanz (auch →Bilanz) ist grundsätzlich ein Ansatz der vollen Herstellungskosten erforderlich (Abschnitt 33 Einkommensteuerrichtlinie).

3. *Durchführung.* Die D. setzt eine Trennung der auf das einzelne Produkt zurechenbaren und nicht zurechenbaren Kosten voraus. Im Fall der D. auf der Basis variabler Kosten ist eine getrennte Erfassung der beschäftigungsabhängigen variablen und der beschäftigungsunabhängigen fixen Kosten in der →Kostenarten-, → Kostenstellen- od. in der → Kostenträgerstückrechnung möglich. Da es sich bei der D. um eine produktbezogene Rechnung handelt, ist eine →Ko-

stenauflösung erst in der Kostenträgerstückrechnung (Nachkalkulation) naheliegend. In diesem Falle wäre die Durchführung einer Kostenkontrolle am Ort der Kostenentstehung, nämlich der →Kostenstelle, nur eingeschränkt möglich. Es empfiehlt sich daher, die Trennung von variablen und fixen Kosten bereits individuell in der Kostenstelle nach Kostenarten durchzuführen und eine entsprechende Zuordnung auf das einzelne Produkt in einem zweiten Schritt daran anzuschließen. Dabei ist eine Rechnung für das einzelne Stück (Stück-D.) sowie für die gesamte produzierte und verkaufte Menge innerhalb eines bestimmten Zeitraumes (Periodenerfolgsrechnung) möglich.

4. *Anwendungsbeispiele.* Im Fall der D. auf der Basis variabler Kosten und summarischer Fixkostendeckung (einstufiges Verfahren) ist der Gewinn (G) (→Betriebsergebnis) innerhalb eines bestimmten Zeitraumes definiert als:

$$G = (p - DK_v) \cdot q^s - K_f$$

mit p   = durchschnittlicher Absatzpreis pro Stück

DK_v = variable Stückkosten

q^s = produzierte und verkaufte Menge

K_f = fixe Kosten (absolut).

Im vorliegenden Fall handelt es sich um eine →Einproduktunternehmung, bei der der Stück-Deckungsbeitrag d identisch ist mit dem Klammerausdruck der Gewinngleichung $(p - DK_v)$. Insoweit ist die Höhe des Deckungsbeitrages neben der verkauften Menge ceteris paribus die entscheidende Einflussgröße für die Gewinnhöhe. Im →Mehrproduktunternehmen ist darüber hinaus die Gewichtung mit der Menge ebenfalls von entscheidender Bedeutung. Bei angestrebter → Gewinnmaximierung lautet dann die Gewinngleichung

$$G = \sum_i (p_i - DK_{vi}) \cdot q_i^s - K_f = \text{Max}.$$

mit i = 1, 2, ..., n; n = Anzahl der Erzeugnisse.

Während diese Gewinngleichung nur für

das einstufige Verfahren gilt (summarische Fixkostendeckung), versucht man beim mehrstufigen Verfahren, produktspezifische Fixkosten je Erzeugnisart zu ermitteln und in der Ergebnisrechnung zu berücksichtigen. Hierbei werden z.B. die fixen Fertigungskosten eines Kostenplatzes, auf dem das Produkt hergestellt wird, herangezogen. Als rechnerische Größen gehen jedoch nur absolute Beträge ein.

Zur Planung des optimalen Produktionsprogramms bei Vorliegen von m apparativen Engpässen genügt es, die o.g. Zielfunktion unter Beachtung der Restriktionen

$$\sum_i a_k q_i^s + b_k \leqq c_k \qquad x_i \geq 0$$

mit a, b, c = Konstante; k = 1, 2, ..., m mit Hilfe der →linearen Programmierung zu maximieren (Voraussetzung: lineare Kosten- und Erlösverläufe).

Für Steuerungs- und Analysezwecke ist die Frage interessant, wann die Kosten gedeckt sind bzw. ab welchem Punkt mit zusätzlichen Deckungsbeiträgen Gewinn erwirtschaftet wird. Aus der Gewinngleichung für ein Einproduktunternehmen ist zu ersehen, dass dieser Punkt, der auch → Kostendeckungspunkt genannt wird, erreicht ist, wenn die erzielten (absoluten) Deckungsbeiträge dem Fixkostenblock gleich sind:

$$(p - DK_v) \cdot q_D^s = K_f$$

$$q_D^s = \frac{K_f}{p - DK_v}$$

mit q_D^s = Kostendeckungspunkt.

Der Kostendeckungspunkt q_D^s wird also bestimmt durch das Verhältnis der fixen Kosten zum Deckungsbeitrag pro Stück. Diese Lösung ist für das Einproduktunternehmen eindeutig. Bei der Mehrproduktunternehmung gelangt man dagegen nur zu einer mehrdeutigen Lösung. In diesem Fall empfiehlt es sich, eine Zeitanalyse vorzunehmen, d.h. die Deckungsbeiträge solange aufzuaddieren, bis sie die fixen Kosten erreicht haben. Ab diesem Zeitpunkt stellt jeder zusätzlich erwirtschaftete Deckungsbeitrag auch zusätzlichen Gewinn dar.

Literatur: W. *Kilger*, Flexible Plankostenrechnung und Deckungsbeitragsrechnung. 8. A., Wiesbaden 1988. D. *Moews*, Kosten- und Leistungsrechnung. 3. A., München/ Wien 1989. P. *Riebel*, Einzelkosten- und Deckungsbeitragsrechnung - Grundfragen einer markt- und entscheidungsorientierten Unternehmensrechnung. 6. A., Wiesbaden 1990. M. *Schweitzer/ H.-U. Küpper/ G. O. Hettich*, Systeme der Kostenrechnung. 4. A., Landsberg 1986.

Dr. R. Spulak, Wiesbaden

Deckungsbeitragsrechnung mit relativen Einzelkosten
⇒Einzelkostenrechnung.

Deckungsgrundsätze
in der →Finanzwissenschaft aufgestellte und bis 1969 in der Bundesrepublik praktizierte Regeln zur Finanzierung des öffentlichen Haushalts (→Haushalt, 3., → Budget, 2.), wonach eine Kreditaufnahme nur für ‚werbende Zwecke' dienende Ausgaben neben dem außerordentlichen Bedarf (z.B. Katastrophenfälle) erlaubt und der ‚ordentliche' Haushalt für alle anderen →Ausgaben aus den ordentlichen →Einnahmen: →Steuern, →Gebühren, →Beiträge zu finanzieren war. Wg. der beliebigen Interpretation ‚werbende Zwecke' wurde 1969 mit der →Bundeshaushaltsordnung die Möglichkeit einer Kreditaufnahme bis zur Höhe der →Investitionen und bei einer Gefährdung des gesamtwirtschaftlichen Gleichgewichts darüber hinaus vorgesehen. Somit sind geplante Defizite wie Überschüsse im öffentlichen Haushalt möglich.

decreasing returns to scale
⇒abnehmende Skalenerträge
⇒ homogene Produktionsfunktion
Eigenschaft einer →Produktionsfunktion mit →proportionaler Faktorvariation: eine λ-fache Vervielfachung des →Inputs (v_1, v_2) führt zu einer geringeren Zunahme des →Outputs (O):

$$\lambda^r O = f(\lambda v_1, \lambda v_2) \text{ für } \lambda > 1 \text{ und } r < \lambda.$$ In der Isoquantendarstellung (→ Isoquanten) äußert sich dies in wachsenden Isoquantenabständen auf der →Prozessgeraden:

S. →Produktionstheorie.

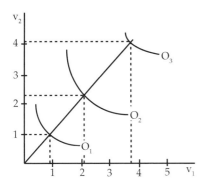

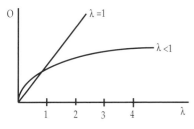

DED
Abk. für: → **D**eutscher **E**ntwicklungs-**d**ienst.

defensives Dumping
→Dumping.

deficit spending
Instrument der →Konjunkturpolitik, bei dem höhere staatliche →Ausgaben gegenüber den laufenden →Einnahmen getätigt werden, um über →Multiplikator- und →Akzeleratoreffekte die →Güternachfrage zu beleben. Das Defizit wird entweder über →Kredit, →Geldschöpfung od. Überschußauflösung finanziert. In der Beurteilung der Wirkungen des d. sind auch die von seiner →Finanzierung hervorgerufenen Effekte, z.B. →Crowding-out-Effekte, zu berücksichtigen.

Definition
Sprachregelung zu Sachverhalten aus Gründen der Zweckmäßigkeit. Werden in unterschiedliche Darstellungsformen

gefasst, z.B. verbal od. in eine Gleichung (D.-gleichung). D. werden in der Theoriebildung verwandt; haben für sich allein keinen Aussagewert.

Deflation
ständiger über mehrere Perioden (Jahre) anhaltender Rückgang des → Preisniveaus bzw. Anstieg des →Geldwertes. Ggs. ist →Inflation. Situation der D. ist gekennzeichnet von einem Angebotsüberhang (→deflatorische Lücke) auf → Güter- und Faktormärkten. Seit der Weltwirtschaftskrise (→Große Depression) ist D. nicht mehr aufgetreten, Inflation nach dem Zweiten Weltkrieg aber häufig. D.-smerkmale auf Faktormärkten (Angebotsüberhang auf dem →Arbeitsmarkt) in Verbindung mit Inflation wird als → Stagflation bezeichnet. S. auch →Disinflation.

Deflationierung
→Deflator.

Deflator
1. i. Allg. jene Größe, durch die Preisniveauschwankungen (→Preisniveau) für sich verändernde →Nominalgrößen rechnerisch ausgeschlossen werden sollen (Deflationierung), um die reale Entwicklung unter der Fiktion zu ermitteln, dass die →Preise von einem bestimmten Basisjahr (→Basisperiode) an konstant geblieben sind.
2. i.d.R. das Preisniveau aller Endprodukte, mit dem das zu laufenden Preisen bewertete → Sozialprodukt bereinigt wird, um das reale Sozialprodukt zu erhalten.

deflatorische Lücke (deflationary gap)
Situation, die durch Überhang des →gesamtwirtschaftlichen Güterangebots (Y^S) gegenüber der →gesamtwirtschaftlichen Güternachfrage (Y^D) bei gegebenem → Preisniveau u. bei geplanten Größen durch Ungleichheit zwischen Investieren (→Investition) und →Sparen, u. zw. I < S, zu beschreiben ist, so dass von einem

Vollbeschäftigungseinkommen   (Y_v^*)

ein multiplikativer (→Multiplikator-Prinzip) Anpassungsprozess zu einem Unterbeschäftigungsgleichgewicht (Y_u^*) ($\rightarrow$ Konjunkturtheorie, $\rightarrow$Keynessche Theorie) ausgelöst wird.

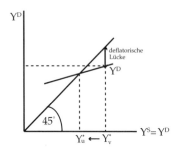

deglomerative Marktspaltung
$\Rightarrow$horizontale Marktspaltung
Form der $\rightarrow$Preisdiskriminierung im $\rightarrow$ Monopol zur Ausnutzung der $\rightarrow$Konsumentenrente, wobei der Monopolist i. Ggs. zur $\rightarrow$agglomerativen Marktspaltung den Gesamtmarkt in voneinander zu isolierende Teilmärkte od. Absatzschichten zerlegt. Gewinnmaximierung z.B. für zwei Teilmärkte tritt ein, wenn der $\rightarrow$Grenzerlös des ersten Teilmarktes gleich dem $\rightarrow$Preis des zweiten und der Grenzerlös dieses gleich den einheitlichen Grenzkosten ($\rightarrow$Kosten) ist. S. auch $\rightarrow$Produktpreisbildung.

Delegation
in der Unternehmensführung die Verteilung von Entscheidungsbefugnissen sowie Aufgabenzuweisung mit Ausstattung der notwendigen Rechte zur Aufgabenerfüllung und der daraus resultierenden Verantwortung.

Delkredere
1. im $\rightarrow$Rechnungswesen $\rightarrow$Wertberichtigung für absehbare Zahlungsausfälle auf $\rightarrow$Forderungen, die zweifelhaft od. uneinbringlich sind.
2. im Rechtswesen eine Garantie für Zahlungsfähigkeit, z.B. der Handelsvertreter steht dem Unternehmer für die $\rightarrow$Verbindlichkeit des Käufers aus dem abgeschlossenen Vertrag ein.

Delphi-Methode
in den 60er Jahren entwickelte, iterativ durchgeführte Gruppenbefragung, die bei der Festlegung von subjektiven Wahrscheinlichkeiten, z.b. in $\rightarrow$Prognosen, von Gremien verzerrende Gruppeneinflüsse, wie Dominanz des Gruppenführers, eliminieren soll. Die Befragung wird so lange wiederholt, bis sich die letzte Gruppenantwort gegenüber der vorliegenden stabilisiert hat. Neben ihrer Anwendung in ökonomischen und soziologischen Untersuchungen hat sie als statistische Methode Bedeutung, weil sie subjektive Wahrscheinlichkeitsverteilungen ($\rightarrow$ Wahrscheinlichkeit) gewinnen lässt, die tendenziell von höherer Güte als die von Einzelantworten sind. D. hat gegenüber reinen quantitativen Prognoseverfahren, z.B. Regressionen ($\rightarrow$Regressionsanalyse), den Vorteil, dass zusätzliche Informationen berücksichtigt werden können.

demand pull-Hypothesen
$\rightarrow$technischer Fortschritt, 4.

demand pull-inflation
$\Rightarrow$Nachfrageinflation
$\rightarrow$Inflationstheorie, 3.2.

demand shift-Inflation
Bezeichnung für eine nichtmonetäre Inflationsverursachung, wie z.B. strukturelle Änderungen in der inländischen $\rightarrow$ Güternachfrage od. international ausgelöste Nachfrageverschiebungen. S. auch $\rightarrow$Inflationstheorie, 3.

Demokratischer Sozialismus
$\Rightarrow$*Freiheitlicher Sozialismus.*

Denaturierung
$\Rightarrow$Vergällung
$\Rightarrow$Inferiorisierung
Produktmanipulation zur Entlastung eines $\rightarrow$Marktes bei Überangebot, z.B. wurden Speisekartoffeln in den USA, Roggen in der Bundesrepublik, Weizen in der $\rightarrow$ EG durch Zusätze so verändert, dass sie für die menschliche Ernährung nicht mehr verwendbar und nur noch für tierische od. industrielle Zwecke verwertbar waren. Ähnliche Maßnahmen zur Marktregulierung wie die D. sind der Beimahl-

zwang von heimischen Weizen zu dem im Backwert besseren Importweizen aus den USA und Kanada, die Kontingentierung, Produktvernichtung od. Intervention (→Intervention, 3.).

Denison'sches Gesetz
von B. G. Hickmann 1966 so benannte und von E. F. Denison 1958 publizierte empirische Beobachtung der langfristig konstanten Bruttosparquote der USA - gemessen am Bruttosozialprodukt (→ Volkswirtschaftliche Gesamtrechnung, → Sozialprodukt). D. impliziert beträchtliche Auswirkungen auf die ökonomischen → Theorien, z.B. dass → Sparen völlig zinsunelastisch (→ Elastizitäten) sein müsste, weil sich der →Zins in den beobachteten Perioden geändert hat. Eine befriedigende theoretische Begründung konnte bisher nicht geliefert werden. Für andere Länder kann das D. nicht bestätigt werden.

Dependencia-Theorie
durch Erfolglosigkeit der Versuche zu einer befriedigenden Wirtschaftsentwicklung und Überwindung ökonomischer Abhängigkeit in den südamerikanischen Ländern initierter Ansatz zur Erklärung der ökonomischen Unterentwicklung als Erscheinungsform des globalen Welthandelssystems. Ausgangspunkt der D. bildet die untrennbare Einheit von ökonomischen und sozialen Prozessen. So gibt es die gesellschaftliche Oberschicht, die sich durch Verfügung über →Produktionsmittel und durch →Einkommen sowie Lebensstandard von der gesellschaftlichen Unterschicht abhebt, die abhängig im Produktionsprozess beschäftigt ist und deshalb Wohlver-halten gegenüber der Oberschicht übt. In Analogie hierzu besteht in der Welt eine soziale Hierarchie mit einerseits mächtigen Staaten mit hohem sozialen Niveau, die Vorteile aus der internationalen Arbeitsteilung (→ Arbeitsteilung) ziehen, und andererseits abhängigen Staaten, die als traditionelle Rohstofflieferanten von Vorprodukten und mit geringem technisch-evolutorischen Potential unter dem Standard der nationalen Oberschicht leben. Da sich die Oberschichten der abhängigen Staaten an denen der

ökonomischen Zentralstaaten orientieren und die Unterschichten beider Ländergruppen keine gemeinsamen Interessen erkennen, ist das existierende Weltwirtschaftssystem relativ stabil. Die D. kann empirisch weder bestätigt noch prinzipiell widerlegt werden.

Dependenzanalyse
kaum gebräuchliche, aber inhaltlich gerechtfertigte Bezeichnung für die →Regressionsanalyse.

DePfa-Bank
Abk. für: → Deutsche Pfandbrief- und Hypothekenbank AG.

Deport
⇒negativer Swapsatz
→Swappolitik.

Depositen
⇒*Einlagen*, 2.

Depositengeld
⇒*Buchgeld* bei Geschäftsbanken
⇒Geschäftsbankengeld
⇒Giralgeld bei Geschäftsbanken
S. auch →Depositen.

Depositionen
i. Ggs. zu →Emission und einer nicht immer möglichen eindeutigen Abgrenzung gegenüber Immission die Ablagerung (luft)verunreinigender Stoffe, die zu Belastungen und Schäden des Wassers und Bodens führen können.

Depotaktienstimmrecht
⇒Bankenstimmrecht
⇒*Depotstimmrecht*
⇒Ermächtigungsstimmrecht
⇒Legitimationsstimmrecht.

Depotleistungen
⇒Depotgeschäft
Aufbewahrung und Verwaltung von beweglichen Vermögensgegenständen, hauptsächlich Effekten, durch →Banken für Kunden, die dadurch das Verlustrisiko und Verzug von Zins-, Dividenden- und anderen Terminen vermeiden. Es gibt *verschlossenes* Depot, bei dem die Bank keine Kenntnis vom Verwahrungsinhalt hat, und *offenes*, das mit der Ver-

waltung des Depotinhalts verbunden ist. Grundlage für D. ist das Depotgesetz. Es kennt die *Sonderverwahrung*, bei dem die betr. Effekten von Beständen der Bank sowie Dritter gesondert aufzubewahren sind (Streifbandverwahrung), und *Sammelverwahrung*, bei dem Effekten derselben Art für alle Kunden im gemeinsamen Bestand deponiert werden, sowie *Girosammelverwahrung*, bei dem die Effekten bei bestimmten Sammelbanken aufbewahrt werden.

Depotstimmrecht

⇒Auftragsstimmrecht
⇒Bankenstimmrecht
⇒Depotaktienstimmrecht
⇒Ermächtigungsstimmrecht
⇒Legitimationsstimmrecht
das von einer →Bank für einen ihrer Kunden auf der Hauptversammlung einer → Aktiengesellschaft stellvertretend ausgeübte Stimmrecht, da die Bank nicht Eigentümer der stimmberechtigten → Aktien ist, weithin aber die Aktien in ihrem Depot (→Depotleistung) verwahrt. Nach § 135 (1) AktG bedarf das D. einer schriftlichen Vollmacht. Es ist jederzeit widerruflich und besitzt längstens für 15 Monate Gültigkeit. In der Ausübung des D. ist die Bank in bestimmter Weise gebunden.
Interessenkollisionen zu Lasten der Aktionäre sind nicht auszuschließen, so z.B. bezüglich der Dividendenausschüttung (→Dividende). Vor allem Kleinaktionäre erwarten eine hohe laufende Dividende, die kreditgewährende Bank ist wg. einer möglichst hohen →Selbstfinanzierung an der Belassung des →Gewinns im Unternehmen (→Betrieb, I.) interessiert. Interessenkonflikte können auch zwischen Banken und Aktiengesellschaft aufbrechen, vor allem wenn Banken durch das D. in eine ihnen angemessene Machtposition gegenüber dem Unternehmen gelangt sind und diese erweitern wollen. D. verschafft den Banken oft Stimmenmehrheit. Ende 1988 befanden sich in den Depots der drei Großbanken Deutschlands 44,5% aller in Kundendepots gehaltenen Aktien. Dieser Sachverhalt ist Ansatzpunkt von Kritik an der Macht der Banken. Die aktuelle Diskussion um eine Lösung zeigt, dass es juristisch wie ökonomisch schwierig ist, Auswege zu finden.

Depression

zweite Abschwungphase im idealisierten Ablauf der Konjunkturzyklus, gekennzeichnet durch weiterhin sinkende →Produktion bei nicht ausgelasteten → Kapazitäten und →Arbeitslosigkeit. S. → Konjunkturtheorie, →Große Depression.

Dequalifizierungshypothese

Erklärungsansatz zur Entstehung struktureller, angebotsseitig bedingter →Arbeitslosigkeit, wonach Arbeitskräfte über eine vom →Markt nicht gesuchte Qualifikation (Fehlqualifikation) verfügen, z.B. z.Z. anstellungslose Lehrer und Soziologen. Die D. vermag langfristige Arbeitslosigkeit bei Mobilität dieser Arbeitslosen nicht zu begründen.

Deregulierung

die Zurücknahme staatlicher Regulierung, worunter alle direkten wirtschaftspolitisch motivierten Eingriffe des Staates zur Beseitigung von →Marktmechanismen od. zur Übernahme von Marktfunktionen (→Preisfunktion, →Produktpreisbildung) bei fehlendem → Markt verstanden werden können.
Ende der 70er Jahre wurde in den USA eine allg. D. eingeleitet, so 1978 im Flugverkehrswesen, danach im Fernmelde-, Bank- und Börsenwesen, Transport- und Energiesektor. Zunahme des →Wettbewerbs und Effizienzsteigerung sind als Ergebnis feststellbar. Weltweit ist seit den 80er Jahren eine D. auf den nationalen →Kapital- und →Geldmärkten beobachtbar. Ende 1987 hat die Bundesregierung die Berufung einer unabhängigen Expertenkommission zum Abbau marktwidriger Regulierungen (D.-skommission) beschlossen. Wissenschaftliche Studien zeigen, das die D. in der Bundesrepublik Deutschland im Vergleich zu anderen Industrieländern, z.B. USA, Großbritannien, Frankreich, Japan, zurückhaltend betrieben wurde.

D. bedeutet für die →Gebietskörperschaften Beschränkung auf Rahmenvorschriften und innerhalb der von ihnen abgegrenzten Bereiche individuelle Entscheidungen zuzulassen.

Derivate
abgeleitete, innovative Finanzinstrumente, denen andere Finanzprodukte, z.B. →
Währungen, →Anleihen, →Aktien, künftige →Zinssätze u.a.m., zugrunde liegen.
D. ermöglichen, Risiken gezielt zu identifizieren, in Komponenten zu zerlegen
und dann exakt zu bewerten. Somit sind
unerwünschte Risiken absicherbar, das
Portfolio (→Portfoliotheorie) an eine gewünschte Ertrags-Risiko-Struktur an-
passbar, Absicherungskosten können gesenkt, und unterschiedliche Risiken getrennt gemanagt werden. Aufgrund der
Liberalisierung, Vernetzung und Globalisierung der →Kapitalmärkte boomt der
Handel mit D. weltweit. Nur etwa ein
Viertel der D. wird an der →Börse gehandelt (z.B. →Financial Futures), dreiviertel
auf dem over-the-counter-Markt (z.B. →
Forward Rate Agreement), da hier →Ban-
ken maßgeschneiderte Papiere bzw. Instrumente wie → Optionen, → Termin-
kontrakten, →Swaps u.a.m. den Kunden
anbieten können. Insbesondere für die
institutionellen Großanleger wie Lebensversicherungen sind D. für ein modernes
Risikomanagement, so z.B. durch →Hed-
ging od. →Trading, für deren renditeori-
entierte Vermögensverwaltung unverzichtbar. Da die D. auch zum Aufbau spekulativer Positionen dienen - also zum Ausnutzen von Risiken -, bereiten sie nicht
unberechtigte Sorgen, wie z.B. der Zusammenbruch der britischen Barings-
Bank 1995 zeigte. Um die Risiken der D.
zu begrenzen, müssen deutsche →Ban-
ken risikobehaftete Geschäfte mit 8% →
Eigenkapital abdecken. Auch sind D. in
die Meldepflicht über Großkredite einbezogen. Ferner sieht das deutsche Bilanzrecht für drohende Verluste →Rückstel-
lungen vor. Für die →Geldpolitik enthalten D. spezifische Informationen über die
Erwartungen der Marktteilnehmer bezüglich der zukünftigen Entwicklung
von Zinssätzen und Devisenkursen, bei
zunehmender Bedeutung.

derivative Nachfrage
⇒*abgeleitete Nachfrage.*

derivatives Geld
⇒sekundäres Geld
→Geldarten.

Deskriptive Statistik
die d. stellt Verfahren zur Verfügung, um
Datenmaterial (→Daten, 3.) zu ordnen, in
Tabellen und Schaubildern übersichtlich
darzustellen und um wesentliche Eigenschaften durch Kennwerte (Parameter)
zu beschreiben. Diese Darstellungen od.
Kennwerte können zunächst eng an die
inhaltliche Bedeutung der *Daten* gebunden sein, was sich in vielen fachspezifi-
schen Maßzahlen äußert (z.B. bei Preisindices, →Indexzahl). Als methodische,
nicht fachgebundene Wissenschaft analysiert und systematisiert die D. Verfahren der Datenaufbereitung, um tieferes
Verständnis zu vermitteln, neue Anwendungsmöglichkeiten zu eröffnen od. In-
terpretationsmuster zu geben. Sie
unterscheidet sich von der →*Induktiven
Statistik*, dem anderen Hauptgebiet der
Statistik, dadurch, dass sie sich auf die
Beschreibung der empirisch erhobenen
Daten beschränkt und nicht versucht,
Schlüsse von →*Stichproben* auf →*Grundgesamtheiten* zu begründen.
Grundlegende Begriffe. Eine → *Erhebung*
soll die Untersuchungseinheiten unter
bestimmten Gesichtspunkten klassifizieren od. untersuchen (z.B. die Einwohner
eines Landes nach Alter, Geschlecht
usw.). Ein derartiger Gesichtspunkt heißt
→*Merkmal*: die Eigenschaften, die bezüglich eines Merkmals unterschieden werden, heißen Merkmalsausprägungen
(z.B. männlich, weiblich, 20 Jahre alt).
Formal werden hier Merkmale als Abbildungen aufgefasst, die den Untersuchungseinheiten Zahlen zuordnen; man
spricht dann auch von Variablen bzw.
Variablenwerten.
Die *Skaleneigenschaften* von Merkmalen
legen fest, wie weit man unterschiedliche
Werte interpretieren kann bzw. will. Ein
Merkmal ist:
- *nominalskaliert (qualitativ)*, falls die Werte nur zeigen, ob die Untersuchungseinheiten sich voneinander
unterscheiden (z.B. Geschlecht, Beruf).
- *ordinalskaliert (Rangmerkmal)*, falls die
Werte eine Reihenfolge od. Rangordnung der Objekte wiedergeben (z.B.
bei Bewertungen „gut" - „befriedigend" - „schlecht").
- *metrisch (quantitativ)*, wenn die Differenz von Werten interpretierbar ist

(z.B. Geburtsjahr, Alter, → Einkommen).

Die Bedeutung der Skaleneigenschaften besteht hauptsächlich darin, Kriterien für den sinnvollen Einsatz von Kennwerten zu geben. Die im nächsten Abschnitt angegebenen Maßzahlen der → Streuung und das →arithmetische Mittel erfordern metrisches Niveau, die →Quantile, größter und kleinster Wert, ordinales Niveau und der →Modus ist auch bei nominalskalierten Merkmalen sinnvoll.

Weiterhin werden metrische Merkmale nach der Mächtigkeit ihres Wertebereichs unterschieden: →*Diskrete* Merkmale können nur isolierte Zahlenwerte annehmen (z.B. Kinderzahl von Familien), →*stetige* Variablen alle Zahlen eines reellen Intervalls. Merkmale wie z.B. Einkommen od. Gewicht werden als stetige Merkmale aufgefasst, weil sehr viele und sehr dicht beieinanderliegende Werte möglich sind.

Eindimensionale Häufigkeitsverteilungen und ihre Kennwerte. Bei insgesamt n Untersuchungseinheiten bezeichnet x_v die Ausprägung des Merkmals X der v-ten Untersuchungseinheit, $v = 1, ..., n$. Die k auftretenden (od. möglichen) verschiedenen Merkmalsausprägungen sind mit x_i, $i = 1, ..., k$ bezeichnet, wobei bei mindestens ordinalskalierten Merkmalen die x_i der Größe nach geordnet sind. Als erster Schritt der Datenaufbereitung ordnet die *absolute* →*Häufigkeitsverteilung* den Ausprägungen x_i die Anzahl n_i und die *relative Häufigkeitsverteilung* den Anteil $\frac{n_i}{n}$ der Untersuchungseinheiten zu, die x_i als Ausprägung haben. Sie kann z.B. durch ein Säulen- od. Stabdiagramm dargestellt werden.

Bei Vorliegen vieler Ausprägungen od. zum Vergleich mit anderen Gesamtheiten erscheint es sinnvoll, die Verteilung summarisch durch Kennwerte zu beschreiben. Einfache →*Lageparameter* sind *größter, kleinster* und *häufigster* Wert (*Modus-*, →*Modalwert*). Ein *p-Quantil* x_p teilt die Untersuchungseinheiten so auf, dass etwa (exakt: höchstens) ein Anteil p kleinere und (höchstens) ein Anteil (1-p) größere Ausprägungen hat. Die 0,25; 0,5;

0,75-Quantile heißen auch *Quartile*, $x_{0,5}$ als ein Mittelwert der Verteilung heißt → *Median*. Die Quartile 1500, 2000 und 3000 eines Merkmals „Einkommen in Euro" sagen z.B. aus, dass jeweils ein Viertel der Untersuchungseinheiten weniger als 1500, zwischen 1500 und 2000, zwischen 2000 und 3000 und mehr als 3000 Euro Einkommen hat. Gebräuchlichster Lageparameter ist das *arithmetische Mittel* als Durchschnittswert der Ausprägungen.

$$\bar{x} = \frac{1}{n}\sum_{v=1}^{n} x_v = \frac{1}{n}\sum_{i=1}^{k} x_i n_i \, .$$

Dem arithmetischen Mittel verwandte Parameter sind →*gewogenes*, →*geometrisches*, →*harmonisches* und →*quadratisches* Mittel.

Die Angabe mehrerer Parameter (z.B. aller Quartile) gibt Information über die Form der Verteilung od. die Streuung der Daten. Kennwerte der Streuung versuchen diese Information in einer Zahl zusammenzufassen. Einfache derartige Kennwerte sind die →*Spannweite* als Differenz von größtem und kleinstem Wert od. der mittlere → *Quartilsabstand* $\frac{1}{2}(x_{0,75} - x_{0,25})$. Eine Klasse von Streuungsparametern berechnet sich aus den Abständen der Werte von einem Mittelwert. Aus dieser Klasse wird fast ausschließlich die *mittlere quadratische Abweichung* (→Abweichung) od. *Varianz* s^2 (→Varianzanalyse) bzw. →*Standardabweichung* $s = \sqrt{s^2}$ benutzt:

$$s^2 = \frac{1}{n}\sum_{v=1}^{n} (x_v - \bar{x})^2 = \frac{1}{n}\sum_{i=1}^{k} (x_i - \bar{x})^2 n_i$$

Ein anderer, der Streuung ähnlicher Aspekt bei der Beurteilung von Daten ist die Konzentration. Die *Konzentrations-* (→ Konzentration) od. →*Lorenzkurve* od. die zugehörige Maßzahl beschreiben, wie sich die Merkmalssumme auf die Untersuchungseinheiten verteilt, ob z.B. wenige Betriebe einen großen Teil der → Arbeitnehmer einer Branche beschäftigen.

Bei metrischen Merkmalen wird oft anstelle des exakten Wertes nur angegeben, in welches von k Intervallen die Ausprägung fällt (z.B. wird in Fragebögen zumeist nicht nach dem genauen Einkommen, sondern nur nach der Zugehörigkeit zu bestimmten Einkommensklassen gefragt). Außerdem kann eine Gruppierung von Daten ein erster Schritt zur Informationszusammenfassung sein od. mit Zahlenangaben können genau genommen Intervalle gemeint sein (z.B. die Angabe 10 cm für eine Länge zwischen 9,5 und 10,5 cm). Die Häufigkeitsverteilung ordnet bei *gruppierten Daten* den Intervallen die absoluten bzw. relativen Häufigkeiten zu. Sie wird durch ein *Histogramm* (Häufigkeitsdichte) dargestellt: Um wiederzugeben, wie dicht die Werte näherungsweise liegen, wird über jedes Intervall ein Rechteck gezeichnet, dessen Höhe proportional zum Quotienten von Häufigkeit und Breite ist. Bei der (näherungsweisen) Berechnung von Quantilen wird angenommen, die Daten seien gleichmäßig innerhalb der Intervalle verteilt. $\bar{x}$ und s^2 werden vereinfachend mit den Intervallmittelpunkten berechnet.

Zweidimensionale Häufigkeitsverteilung und Zusammenhangsmaße. Die Beschreibung der Beziehung zwischen zwei Merkmalen X und Y basiert auf der *gemeinsamen Häufigkeitsverteilung*, die jeder Ausprägungskombination (x_i, y_j) ihre Häufigkeit n_{ij} (bzw. die relative Häufigkeit $\frac{n_{ij}}{n}$) zuordnet. Man kann sie in einer *Kreuztabelle* od. *Kontingenztafel* darstellen:

X	Y				
	y_1	...	y_j	...	y_l	
x_1	n_{11}	...	n_{1j}	...	n_{1l}	$n_{1.}$
.	.		.		.	.
.	.		.		.	.
.	.		.		.	.
x_i	n_{i1}	...	n_{ij}	...	n_{il}	$n_{i.}$
.	.		.		.	.
.	.		.		.	.
.	.		.		.	.
x_k	n_{k1}	...	n_{kj}	...	n_{kl}	$n_{k.}$
	$n_{.1}$	...	$n_{.j}$	...	$n_{.l}$	n

$$n_{i.} = \sum_{j=1}^{l} n_{ij}$$

$$n_{.j} = \sum_{i=1}^{k} n_{ij}$$

$$n = \sum_{i=1}^{k} n_{i.} = \sum_{j=1}^{l} n_{.j}$$

Die eindimensionalen Verteilungen von X und Y heißen nach ihrer Position in der Tabelle auch *Randverteilungen*. Die Abhängigkeit eines Merkmals X von einem anderen Merkmal Y kann detailliert durch bedingte Verteilungen beschrieben werden, indem getrennte Häufigkeitsverteilungen von X und für die durch Y = y_i gegebenen Teilmengen aller Untersuchungseinheiten erstellt werden (z.B. Parteipräferenz nach Altersgruppe, Geschlecht usw.) Die *bedingte relative Häufigkeitsverteilung* von X unter der Bedingung Y = y_i ordnet den x_i die Zahlen $\frac{n_{ij}}{n_{.j}}$ zu. Mittelwerte und andere Kennwerte der bedingten Verteilungen heißen auch bedingte Mittelwerte usw.

Merkmale X und Y heißen (statistisch) unabhängig, wenn alle bedingten relativen Häufigkeitsverteilungen von X unter den Bedingungen Y = y_j (bzw. von Y unter den Bedingungen X = x_i) übereinstimmen. Zusammenhangsmaße, die nur Eigenschaften der Nominalskala ausnutzen, heißen *Assoziations-* od. *Kontingenzkoeffizienten*. Diese Kennzahlen beschreiben den Grad der Abhängigkeit mit Zahlen aus dem Intervall [0, 1] und betragen 0 bei Unabhängigkeit. Eine Klasse von Kontingenzkoeffizienten basiert auf dem Vergleich der beobachteten Häufigkeiten n_{ij} mit den Werten

$$n_{0ij} = \frac{n_{i.} \cdot n_{.j}}{n}$$ der *Indifferenztabelle*. Die

Indifferenztabelle gibt an, welche Merkmalshäufigkeiten zu erwarten wären. Gebildet wird zunächst die Kenngröße

$$\chi^2 = \sum_{i=1}^{k} \sum_{j=1}^{l} \frac{(n_{ij} - n_{0ij})^2}{n_{0ij}} \; .$$

Der maximale Wert $\chi^2_{max} = n(\min(k,l)-1)$

wird angenommen, wenn bei einem Merkmal jede Ausprägung nur zugleich mit einer einzigen Ausprägung des anderen Merkmals auftritt. Eine Normierung dieses Kennwertes auf den Bereich [0, 1] ist der *Kontingenzkoeffizient von Cramér*:

$$V = \sqrt{\frac{\chi^2}{\chi^2_{max}}}.$$

Die *Assoziationskoeffizienten von Goodman und Kruskal* gehen von folgendem Denkmodell aus: Man will für alle Untersuchungseinheiten die Ausprägungen des Merkmals X nach bestimmten Regeln einmal mit und einmal ohne Kenntnis der Ausprägung von Y vorhersagen. Die bei Berücksichtigung der Ausprägung von Y ermöglichte relative Fehlerverminderung gilt als Maß der Abhängigkeit.

Die Abhängigkeit eines metrischen Merkmals X von einem qualitativen Merkmal Y (z.B. Einkommen von Geschlecht) kann durch den *Koeffizienten* η^2 gemessen werden. Er basiert auf einem Vergleich der bedingten Varianzen von X unter den Bedingungen y_j mit der Gesamtvarianz von X (vgl. Varianzzerlegung, →*Varianzanalyse*).

Ein einfaches Mittel zur Darstellung der gemeinsamen Verteilung zweier metrischer Variablen ist ein → *Streuungsdiagramm*. Jede Untersuchungseinheit wird als Punkt mit den Koordinaten (x_v, y_v) in ein Koordinatensystem eingezeichnet. Die →*Regressions-* und →*Korrelationsanalyse* bieten Verfahren, eine Gerade möglichst gut an diese Punkte anzupassen und die Güte dieser Abhängigkeit zu beurteilen. Hier sei nur der *lineare* →*Korrelationskoeffizient* von Bravais-Pearson genannt:

$$r = \frac{1}{s_x s_y} \cdot \frac{1}{n} \sum_{v=1}^{n} (x_v - \bar{x})(y_v - \bar{y}),$$

wobei s_x und s_y die Standardabweichungen von X und Y bezeichnen. Bei r = 0 heißen die Merkmale *unkorreliert*; speziell sind unabhängige Merkmale unkorreliert. Das Vorzeichen von r gibt an, ob die Regressionsgerade positive od. negative Steigung hat. Die Extremwerte ±1 werden angenommen, wenn die Punkte exakt auf einer Geraden liegen.

Bei ordinalskalierten Merkmalen wird die Abhängigkeit ebenfalls durch Kennwerte beschrieben, die 0 bei Unabhängigkeit betragen, deren Vorzeichen angibt, ob mit steigenden x-Werten die y-Werte tendenziell steigen od. fallen und die bei perfekter derartiger Beziehung +1 od. -1 als Extremwerte haben. Eine Möglichkeit zur Messung besteht in der Zuordnung von Rangzahlen. Der Untersuchungseinheit mit der kleinsten Ausprägung wird die Rangzahl 1 zugeordnet, der nächstgrößeren 2 usw. Bei Einheiten mit gleichen Ausprägungen werden die entsprechenden Rangzahlen gemittelt. Da Rangzahlen metrisch sind, kann man sinnvoll die linearen Korrelationskoeffizienten von Bravais-Pearson der Rangzahlen bilden; er heißt *Rangkorrelationskoeffizient von Spearman*. Eine andere Möglichkeit zur Messung ordinalen Zusammenhangs besteht im Vergleich aller Paare von Untersuchungseinheiten bezüglich beider Merkmale. Hierauf basieren die *Rangkorrelationskoeffizienten von Kendall* und von *Goodman* und *Kruskal*.

Weitere Gebiete der D. Zur Beschreibung der Beziehungen zwischen mehr als zwei Merkmalen sei allgemein auf →*multivariate Verfahren* verwiesen (S. →*Regression-, →Korrelations-, →Varianz-, →Clusteranalyse*).

Die →*Zeitreihenanalyse* untersucht Veränderungen von Merkmalsausprägungen im Lauf der Zeit (z.B. die Entwicklung der Arbeitslosenzahlen in der Bundesrepublik od. des Umsatzes einer Branche). Maß- od. Indexzahlen setzen nach sachlichen Gesichtspunkten verschiedene Kennzahlen durch Quotienten- od. Mittelbildung in Bezug (z.B. Bevölkerungsdichte, Preisindices). Sie werden hier nicht näher behandelt, da bei der Konstruktion und Beurteilung dieser Kennzahlen die inhaltliche Bedeutung der Merkmale primär ist.

Zur *graphischen Präsentation* von Daten sei hier nur auf die entsprechenden Stichworte in den unten angegebenen Encyclopedien verwiesen.

Ein relativ neues (bzw. wiederentdecktes) Gebiet der Statistik ist die *Explorative Datenanalyse*. Wie die D. stellt sie Verfahren der Datenaufbereitung bereit und verzichtet auf die stochastischen Modellannahmen der Induktiven Statistik. Allerdings geht sie im Vergleich zur Deskriptiven Statistik von unbestimmteren Fragestellungen und offeneren Konzepten aus, um Hinweise auf Besonderheiten und unbekannte Strukturen in den Daten zu finden. Dabei lässt sie als Ergebnis auch divergierende Aussagen nebeneinander stehen. Literatur: *F. Ferschl*, Deskriptive Statistik. Würzburg-Wien 1978. *W. H. Kruskal/ K. M. Tanur* (Hrsg.), International Encyclopedia of Statistics. New York (insbesondere die Stichworte: Statistics, Descriptive; Graphic Presentation; Data Analysis, Exploratory). *S. Kotz/ N. L. Johnson* (Hrsg.), Encyclopedia of Statistical Sciences. New York 1983 (insbesondere die Stichworte: Graphical Representation, Exploratory Data Analysis). *P. v. d. Lippe*, Deskriptive Statistik. Stuttgart/ Jena 1993.

Dr. P. Kremser, München

Determinante

1. reelle Zahl, die nach bestimmten Regeln aus einer quadratischen Anordnung von Zahlen gewonnen wird. Entweder wird sie durch zwei senkrechte Striche an beiden Seiten der Anordnung, aus der sie berechnet wird, od. durch einen fettgedruckten Buchstaben kenntlich gemacht. Kennzeichnet A die Matrix, so A die D.

$$A = \begin{bmatrix} a_{11} & a_{12} & \ldots a_{1n} \\ a_{21} & a_{22} & \ldots a_{2n} \\ \ldots & \ldots & \ldots \ldots \\ a_{n1} & a_{n2} & \ldots a_{nm} \end{bmatrix}$$

2. i. Allg. in der Wirtschaftswissenschaft Größe in einem →Modell od. einer → Funktion, die auf andere Größen einwirkt.

Determinationskoeffizient

⇒Bestimmtheitskoeffizient
⇒quadrierter multipler Korrelationskoeffizient

Deutsche Ausgleichsbank

1950 gegründete selbstständige Spezialbank mit Hauptsitz in Bonn. Fungiert als eine bundesunmittelbare Anstalt des öffentlichen Rechts. Im Laufe der Zeit haben sich ihre sozialen und wirtschaftlichen „Ausgleichsaufgaben" stark geändert. Nach dem Gesetz über die D. von 1986 sind die ihr heute zugewiesenen Aufgaben: Förderung des gewerblichen Mittelstandes und der freien Berufe mit dem Schwerpunkt Hilfe für Existenzgründungen; Förderung des Mittelstandes Ost, →Finanzierung von Umweltschutzmaßnahmen sowie von Behinderteneinrichtungen. D. finanziert sich hälftig über den →Kapitalmarkt und aus → ERP-Mitteln.

Deutsche Bahn AG

vormals Deutsche Bundesbahn, die zum →Sondervermögen des Bundes gehörte. Wurde 1994 in ein privatwirtschaftlich organisiertes Unternehmen umgewandelt bei gleichzeitiger Verschmelzung mit der Deutschen Reichsbahn (DDR). Ziele der Bahnreform: Verlagerung des Verkehrs auf die Schiene, Effizienzsteigerung der Bahn sowie Entlastung des Bundes von den jährlichen Bahndefiziten. 72 Mrd DM Altschulden hat der Bund übernommen. Sie werden seit 1998 getilgt. D. ist in die Sparten Fahrweg, Güterverkehr und Personenverkehr unterteilt worden.

Deutsche Bundesbank

durch das Gesetz über die Deutsche Bundesbank vom 26.7.1957 errichtete Zentralbank der Bundesrepublik. Ist bundesunmittelbare →juristische Person des öffentlichen Rechts mit Sitz in Frankfurt am Main. *Organe* der D. sind: 1. Zentralbankrat, zuständig für Währungs- und Kreditpolitik sowie Satzung der D., verfügt über Weisungsrecht gegenüber Direktorium und Vorständen der → Landeszentralbanken; 2. Direktorium, bestehend aus Präsident, Vizepräsident und fünf weiteren Mitgliedern, verantwortlich für die Durchführung der Beschlüsse des Zentralbankrats und Leitung der D.; 3. Vorstände der Landeszentralbanken, die als Hauptverwaltungen der D. die in ihren - genau festgelegten - Bereich fallende Angelegenheiten besorgen. *Aufgaben*: Regelt mit Hilfe der ihr durch das BBkG zur Verfügung gestellten Instrumente den Geldumlauf und die Kreditversorgung (→ Kredit) der →Wirtschaft mit dem Ziel der

Währungssicherung (→ Geldpolitik); sorgt für die Abwicklung des →Zahlungsverkehrs im Inland und mit dem Ausland, dient den →Geschäftsbanken als →Bank. Hat unter Wahrung ihrer gesetzlichen Aufgaben die Wirtschaftspolitik der Bundesregierung zu unterstützen. Unterliegt keinerlei Weisung und ist frei von jeder Aufsicht und Kontrolle außer einer Rechtsaufsicht. *Organisation*: D. unterhält in jedem Bundesland eine Hauptverwaltung, die Landeszentralbank, der Haupt- und Zweigstellen unterstehen.

Außer dem jährlichen Geschäftsbericht veröffentlich die D. regelmäßig den Monatsbericht und Wochenausweis.

Im Zusammenhang mit Teilnahme Deutschlands an der dritten Stufe der → Wirtschafts- und Währungsunion und der Vorbereitung zur Einführung des → EURO werden Aufgaben sowie Notenbankrecht angepasst.

Deutsche Bundespost (DBP)

1950 gegründetes öffentliches Wirtschaftsunternehmen. Wurde durch das Poststrukturgesetz 1989 gegliedert in: 1. *Postdienst* (Deutsche Post AG). Gliedert sich in die Sparten: Briefpost mit einem Umsatzanteil von 72,8%; Frachtpost mit 11,3% Umsatzanteil; Internationale Post 7,7 Umsatzanteil; Postfilialen 6,1% Umsatzanteil, muss bei der Neuausrichtung des Filialnetzes einen Infrastrukturauftrag wahren; und sonstiges mit 2,1% Umsatzanteil. Hält einen Anteil an der Postbank und an europäischen Unternehmen, um ein europäisches Logistikzentrum aufzubauen. Im Jahr 2008 erfolgte für die Briefpost die vollständige Marktliberalisierung. 2. →*Postbank*. 3. → *Telekom*.

Deutsche   Forschungsgemeinschaft (DFG)

1920 aus der Not um die Lage der deutschen Wissenschaft als Koordinationsstelle und Interessenvertretung zur Förderung der Forschung durch Staat und Wirtschaft gegründet und 1949 wiedererrichtet mit Sitz in Bonn-Bad Godesberg. Finanzmittel brachten zunächst Länder auf, danach stellte der Bund sowie der Stifterverband zusätzliche Mittel

bereit. Seine Mitglieder sind wissenschaftliche Hochschulen, Forschungseinrichtungen, Akademien sowie wissenschaftliche Verbände. Neben finanzieller Unterstützung für Forschungsvorhaben fördert sie die Zusammenarbeit der Forscher, ihre Verbindungen zur ausländischen Wissenschaft und berät Parlamente und Behörden in wissenschaftlichen Fragen. Bemüht sich besonders um den wissenschaftlichen Nachwuchs.

Deutsche Genossenschaftsbank (DG Bank)

seit 1975 Spitzeninstitut aller Arten von genossenschaftlichen Banken. Öffentlichrechtliche Körperschaft mit Sitz in Frankfurt am Main. Hat die Aufgabe, das Genossenschaftswesen mittelbar zu fördern, indem sie als Liquiditätsausgleichszentrale (→ Liquidität) fungiert und alle Bankgeschäfte eines Zentralinstituts für die →Genossenschaftsbanken betreibt. Im genossenschaftlichen Bankbereich sind seit längerem Überlegungen zu einer Änderung der Struktur der Bankenordnung im Gange, u. zw. von dem 3stufigen zum 2stufigen Verbund.

Deutsche Gesellschaft für Technische Zusammenarbeit (GTZ) GmbH

in Bundesbesitz befindliches gemeinnütziges (→ Gemeinnützigkeit) Unternehmen (→Betrieb, I.) mit Sitz in Eschborn, das für die Bundesregierung die technische Zusammenarbeit mit den Entwicklungsländern abwickelt und die Leistungsfähigkeit von Institutionen in Entwicklungsländern und auch in osteuropäischen Reformländern fördern soll. Wurde 1989 reorganisiert. Beschäftigt im In- und Ausland etwa 8 000 Mitarbeiter.

Deutsche Girozentrale - Deutsche Kommunalbank

1918 gegründetes Spitzeninstitut des Sparkassensektors (→ Sparkassen, → Deutscher Sparkassen- und Giroverband) mit Sitz in Frankfurt am Main. Betreibt alle Arten von Bankgeschäften, verwaltet die →Liquidität des Sparkassensektors und arbeitet innerhalb der Sparkassenorganisation nur mit den → Girozentralen zusammen.

Deutsche Investitions- und Entwicklungsgesellschaft GmbH (DEG)
bundeseigene Gesellschaft mit Sitz in Köln. Gezeichnetes →Kapital von 600 Mio Euro. Berät private Investoren in Entwicklungsländern und in Reformstaaten Mittel- und Osteuropas, gewährt langfristige →Kredite zu Marktkonditionen und übernimmt →Beteiligungen. Sobald private → Banken Finanzierungsaufgaben übernehmen, zieht sich die D. aus den betreffenden Ländern zurück, so z.b. aus Taiwan und Südkorea. D. refinanziert sich aus Rückflüssen, erwirtschafteten Überschüssen und über den → Kapitalmarkt sowie aus Zahlungen des Bundes (etwa 20% der jährlichen Auszahlungen).

Deutsche Kreditbank AG (DKB)
ist im April 1990 erfolgte Ausgründung aus der ehemaligen Staatsbank der DDR zur Errichtung eines selbstständigen, nach marktwirtschaftlichen Prinzipien (→ Marktwirtschaft, →Wirtschaftsordnung) organisiertes Geschäftsbankensystem (→ Banken) mit Sitz der Zentrale in Berlin. D. übernahm das inländische Geschäft zur verstaatlichten Wirtschaft von der Staatsbank: 40 Mrd DM →Kredite an die Wohnungswirtschaft und 115 Mrd DM Kredite an die →Betriebe. Da sie kaum über →Einlagen verfügt, erhielt sie zur Führung ihres Kreditgeschäfts einen Refinanzierungskredit (→Refinanzierung, → Geldpolitik, 7.). Die Deutsche Bank AG ist an der D. beteiligt und beide haben zusammen eine Tochtergesellschaft gegründet: die Deutsche Bank-Kreditbank AG.

Deutsche Pfand- und Hypothekenbank AG (DePfa-Bank)
1922 in Berlin gegründete →Bank zur Förderung des Kleinwohnungsbaus. Seit 1947 öffentlich-rechtliches →Realkreditinstitut mit Sitz in Wiesbaden. Durch Gewährung von Hypothekrediten (→ Hypothek, → Hypothekenbank) und → Kommunaldarlehen war sie ein Organ staatlicher Wohnungspolitik. Wurde 1976 daraus entlassen und verlor damit ihre Steuerfreiheit unter Beibehaltung ihrer Identität als Realkreditinstitut. Gewährt Wohnungsbau-, gewerbliche und

Kommunaldarlehen (→ Darlehen). Ist Deutschlands größte Hypothekenbank. Emittiert (→ Emission) → Pfandbriefe, Kommunal- (→ Kommunalkredit) und sonstige →Schuldverschreibungen sowie Schuldscheine (→Schuldscheindarlehen). Diese Papiere sind mündelsicher und → lombardfähig.

Deutscher Aktienindex (DAX)
seit Februar 1988 gemeinsam von der Arbeitsgemeinschaft der deutschen Wertpapierbörsen, der Börsen-Zeitung und der Frankfurter Wertpapierbörse (→Börse, →Wertpapiere) konzipierter Index (→ Indexzahl) für die 30 größten und umsatzstärksten deutschen → Aktien. Der Börsenumsatz beträgt etwa 75% des gesamten Umsatzes des deutschen Aktienhandels. Der Index wird alle 15 Sekunden während der Handelszeit und Präsenzbörse berechnet und veröffentlicht. Er wurde am 30.12.1987 auf 1 000 Punkte als Basis gesetzt. D. wird durch Neuaufnahme und Herausnahme von Titeln einmal jährlich aktualisiert. Da er nur die dem Portfolio zugrundeliegende Wertentwicklung und die vom →Markt ausgelösten Kursänderungen abbildet, ist er ein echter Performance-Index. Als aktuelles Marktbarometer bildet er eine Grundlage für Anlageentscheidungen und ist Maßstab der Performance-Messung. Für derivative Finanzinstrumente (→Derivate) dient er als Basisobjekt.

Deutscher Entwicklungsdienst (DED)
1963 von der Bundesregierung gegründete gemeinnützige →GmbH, die junge Erwachsene bei bescheidenem Unterhaltsgeld, freier Wohnung, sozialer Sicherung und einer Wiedereingliederungshilfe als Helfer für i.d.R. zweieinhalb Jahre in technisch-handwerkliche Projekte, Mitarbeit und Anleitung in Einrichtungen des Gesundheits-, Bildungs- und Sozialwesen in Entwicklungsländer entsendet. Kriterien der Arbeit des D. sind überwiegend soziale, fast niemals ökonomische. Während früher hauptsächlich Handwerker und Techniker als Entwicklungshelfer tätig waren, sind es heute wg. der hohen Qualifikationsanforderung aus den Gastländern vornehmlich junge Menschen aus akade-

mischen Berufen. Rechtliche Grundlage für die Arbeit des D. an Projekten bildet ein Rahmenabkommen auf Regierungsebene. Danach betraut die Bundesregierung den D. mit der konkreten Verwirklichung. D. wird aus Bundesmitteln finanziert.

Deutscher Genossenschaftsring

1949 gegründetes zentrales Bankinstitut für den Genossenschaftssektor, wurde 1975 in →Deutsche Genossenschaftsbank geändert.

Deutscher Genossenschafts- und Raiffeisenverband (DGRV)

1972 im Zuge der Neuverordnung des deutschen Genossenschaftsverbandes gegründeter Dachverband für drei spartenorientierte Bundesverbände mit Sitz in Bonn. Ist nur für branchenunabhängige und fächerübergreifende Anliegen der Genossenschaftsorganisation zuständig, so für wirtschafts-, rechts-, steuer- und bildungspolitische Belange dieser Art.

Deutscher Gewerkschaftsbund (DGB)

1949 gegründeter Spitzenverband von zwischenzeitlich 15 Einzelgewerkschaften hauptsächlich der Industrie mit Sitz in Düsseldorf zur Wahrnehmung gesellschaftlicher, wirtschaftlicher, sozialer und kultureller Interessen der →Arbeitnehmer gegenüber → Arbeitgeber und Staat. Als Dachorganisation verfügt der D. nicht über die Tariffähigkeit, die in Händen der Einzelgewerkschaften liegt. Der D. finanziert sich durch Beiträge der Einzelgewerkschaften. Die IG Metall ist die weitaus größte Einzelgewerkschaft. Gewerkschaften entstanden seit der Mitte des 19 Jh. als Antwort auf die Konkurrenz der Arbeitnehmer untereinander in der → Marktwirtschaft mit dem Ziel, durch Entschärfung der Konkurrenz untereinander und solidarisches Auftreten ihre soziale Existenz zu verbessern. Neben der Interessenwahrnehmung für die Mitglieder sucht die gewerkschaftliche Politik Bedingungen in →Wirtschaft, Gesellschaft und Staat für volle Gleichberechtigung der →abhängig Beschäftigten zu schaffen. Alle Gewerkschaften organisieren sich unabhängig religiöser, weltanschaulicher und parteipolitischer

Standorte ihre Mitglieder - außer antidemokratischer - nach dem Grundsatz einer Einheitsgewerkschaft. Des Weiteren organisieren sich Gewerkschaften nicht nach Berufsgruppen, sondern nach →Betrieben.

Oft wird unter D. die Dachorganisation einschließlich aller Einzelgewerkschaften verstanden.

Deutscher Industrie- und Handelstag (DIHT)

1861 in Heidelberg als „Deutscher Handelstag" gegründet, heute Spitzenorganisation der deutschen → Industrie- und Handelskammern mit Sitz in Berlin zur Vertretung gemeinsamer Interessen.

Deutscher Kassenverein AG

Wertpapiersammelbank mit Sitz in Frankfurt am Main. Führt mit ihren Niederlassungen den stückelosen Wertpapierverkehr durch.

Deutscher Sparkassen- und Giroverband (DSGV)

in seiner heutigen Form 1953 gegründeter Spitzenverband der Sparkassenorganisation mit Sitz in Berlin. Einen Deutschen Sparkassenverband als Vorläufer gab es schon seit 1887. D. hat die Rechtsform eines eingetragenen Vereins. Seine Mitglieder sind 13 regionale Sparkassen- und Giroverbände mit etwa 600 →Sparkassen und etwa 24 500 Zweigstellen, 13 Landesbanken/ →Girozentralen, 13 Landesbausparkassen sowie weitere Gemeinschaftseinrichtungen wie Kapitalbeteiligungs-, Immobilien-, Factoring- und Leasinggesellschaften. Die Sparkassenorganisation ist die größte Gruppe unter den →Kreditinstituten in der Bundesrepublik, gemessen am Geschäftsvolumen. Ihr Anteil an der Bilanzsumme des Kreditgewerbes beträgt 38%. D. hat neben speziellen anderen die allgemeine Aufgabe, gemeinsame Interessen seiner Mitglieder zu fördern durch Beratung, Erfahrungsaustausch und Unterstützung. Im Einzelnen gehören dazu: Interessenvertretung gegenüber Bundesbehörden, Öffentlichkeitsarbeit, Marketing, Gemeinschaftswerbung, Schulung von Führungskräften, Koordination regionaler Aus- und Weiterbildung, rechtliche und steuerliche Beratung u.a.m.

Deutscher Städtetag
1905 gegründeter kommunaler Spitzenverband aller kreisfreien Städte neben einigen kreisangehörigen Städten und Gemeinden mit Hauptgeschäftsstelle in Köln zur Vertretung gemeinsamer Interessen gegenüber Parlament, Regierung und Öffentlichkeit.

Deutsches Institut für Wirtschaftsforschung (DIW)
1925 gegründetes bedeutendes unabhängiges Wirtschaftsforschungsinstitut in der Rechtsform eines eingetragenen Vereins mit Sitz in Berlin. Finanziert sich mit Mitteln des Bundes, des Landes Berlin, Mitgliederbeiträgen und Auftragsprojekten. D. widmet sich der Konjunkturforschung, Diagnose und → Prognose kurzfristiger Prozesse, aktuellen wirtschaftspolitischen Fragen sowie der Projektion und Beurteilung langfristiger, struktureller Entwicklungen der →Wirtschaft. Regelmäßig erscheinende Wochenberichte, Vierteljahreshefte zur Wirtschaftsforschung und spezielle Gutachten.

Deutsches Patentamt
1877 in Berlin gegründet und 1949 in München wiedereröffnet mit einer Dienststelle in Berlin. Ist eine obere Bundesbehörde, die dem Bundesminister der Justiz nachgeordnet ist. Ist für Aufgaben des gewerblichen Rechtsschutzes zuständig, so für die Erteilung von →Patenten, Eintragung und Löschung von → Gebrauchsmustern und Warenzeichen sowie für die vom Gesetz vorgeschriebene Führung von Registern. Beschwerden gegen Entscheidungen des P. sind beim Bundespatentgericht in München zu erheben. D. pflegt weitreichende internationale Zusammenarbeit auf dem Gebiet des gewerblichen Rechtsschutzes.

Deutsche Terminbörse (DTB)
→Börse.

Deutsche Wirtschaftsforschungsinstitute
S. →Deutsches Institut für Wirtschaftsforschung (DIW), → HWWA-Institut für

Wirtschaftsforschung, → Institut der deutschen Wirtschaft (IW), Institut für Weltwirtschaft an der Universität Kiel (IfW), →Rheinisch-Westfälisches Institut für Wirtschaftsforschung (RWI), →Wirtschafts- und Sozialwissenschaftliches Institut des Deutschen Gewerkschaftsbundes (WSI).

Devalvation
⇒*Abwertung.*

Devisen
⇒Devisenforderung
→Forderungen unterschiedlicher Art aus Kreditbeziehungen (→Kredit) zwischen → Wirtschaftssubjekten verschiedener Volkswirtschaften (→Wirtschaft). D. sind ausländische →Banknoten und →Münzen in Händen von →Inländern (Sorten), →Sichtguthaben der Inländer bei ausländischen →Banken unabhängig auf welche →Währung sie lauten.
In der Statistik zählen zu D. auch ⇒Sichteinlagen von Ausländern bei inländischen Banken (→ Devisenverbindlichkeiten) sowie bei Bedarf innerhalb kurzer Frist in Geld umwandelbare Forderungen wie →Wechsel, →Geldmarktpapiere, →Terminguthaben od. auch Kredite mit jährlicher Laufzeit.

Devisenarbitrage
⇒Kursarbitrage
Ausnutzen regionaler Differenzen von → Wechselkursen. Wg. hoher Transparenz und großer Anpassungsgeschwindigkeit auf dem → Devisenmarkt erhalten die Marktteilnehmer schnell einen Überblick über international od. national bestehende Kursdifferenzen und lenken als Käufer ihre Nachfrage dorthin, wo der Kurs am niedrigsten ist, und als Verkäufer ihr Angebot an die Stelle des höchsten Kurses. Durch D. kommt es schnell zu weltweiter Anpassung der Wechselkurse.

Devisenbewirtschaftung
i. Ggs. zur →Konvertibilität alle dirigistischen Eingriffe in den → Zahlungsverkehr mit dem Ausland. Anlass ist Mangel an →Devisen. D. soll den Nachfrageüberhang nach Devisen abbauen bei Aufrechterhaltung eines bestimmten → Wechselkurses, der nicht den Marktver-

hältnissen entspricht. Formen der D. sind vielfältig, so Anmeldepflicht des Devisenbesitzes, Angebotspflicht von Devisenbesitz an eine Behörde, Genehmigung bestimmter od. aller Devisentransaktionen.

Devisenbilanz
⇒foreign exchange account
⇒Nettoauslandsaktiva der Bundesbank
⇒ Nettoauslandsposition der Bundesbank
→ Auslandsposition, 2., → Zahlungsbilanz, 1.

Devisenbilanzsaldo
→Auslandsposition, 2. D. wird häufig zur problematischen → Definition eines → Gleichgewichts der Zahlungsbilanz benutzt. Dieses liegt dann vor, wenn der D. null ist bei Nichtintervention (→Intervention) der →Zentralbank auf dem →Devisenmarkt. Daraus folgt, dass ein Überschuss in der →Leistungsbilanz einem Defizit in der →Kapitalbilanz entsprechen muss und umgekehrt.

Devisenbörse
→Börse.

Devisen-Futures
→Financial Futures.

Devisenhandel
der Kauf und Verkauf von Bankguthaben unterschiedlicher →Währung in hoher Größenordnung per Termin od. per Kasse. Wird über spezialisierte Devisenhändler (Broker im englischen Sprachgebrauch) sowie speziellen Abteilungen der →Banken getätigt. Beabsichtigt ein Deutscher US-Dollar zu erwerben, so wird ihm von seinem Geschäftspartner ein Sichtguthaben (→Einlage) bei einer amerikanischen Bank eingeräumt. Der Kauf von →Devisen eines privaten Haushalts (→Haushalt, 1.) für den Urlaub ist nicht D., da dieser am Bankschalter keine Devisen, sondern → Sorten erwirbt. D. wird vorwiegend per Telefon od. Telefax abgewickelt, wobei für jedes Geschäft der → Wechselkurs neu ausgehandelt wird. Der geringere Teil des D. wird über Devisenbörsen (→ Börse) zum amtlich festgestellten →Kurs getätigt. S. auch →

Devisenmarkt.

Devisenkassageschäft
→Devisenmarkt, →Swappolitik.

Devisenkurs
der in Inlandswährung notierte →Preis für eine Einheit ausländischer →Währung. So laute z.B. der D. für einen US-Dollar an der Frankfurter →Devisenbörse 0,805 Euro. Die reziproke Preisnotierung zum D. ist der →Wechselkurs. I.d.R. werden auf den →Devisenbörsen die ausländischen Währungen als D. notiert. Da alle inländischen Güterpreise gleichlautend angegeben werden: x Euro pro 1 Guts- od. Währungseinheit, spricht man von der Preisnotierung für Auslandswährungen.

Devisenmarkt
Ort für den Tausch von →Devisen, konkret die Devisenbörse (→ Börse) neben dem Freiverkehrsmarkt sowie Handel zwischen → Banken und Nichtbanken. Die dabei entstehenden →Preise sind → Devisenkurse bzw. →Wechselkurse. Entsprechend der vertraglichen Vereinbarung über Zeitpunkt der Erfüllung eines Devisengeschäftes wird zwischen Devisenkassageschäften, sofern die Beträge unverzüglich (in der Bundesrepublik mit einer Frist von zwei Tagen) anzuschaffen sind, und Devisentermingeschäften unterschieden, wenn die Anschaffung der Beträge zu einem späteren Zeitpunkt erfolgt. Die entsprechenden →Kurse heißen Kassa- bzw. Terminkurse. Die Kombination beider Geschäfte, also ein Kauf am Kassamarkt und Verkauf am Terminmarkt od. umgekehrt, ist ein Swapgeschäft. Das Instrument der Bundesbank auf dem D. ist die →Swappolitik neben → Outrightgeschäften.
An Devisenbörsen wird nur ein geringer Teil der Geschäfte abgewickelt, der weitaus größte Teil direkt zwischen den Banken. An den deutschen Devisenbörsen wird für jede notierte →Währung börsentäglich ein amtlicher Kassakurs festgestellt. Dieser dient den Banken i.d.R. als Basis für das Devisengeschäft mit ihren Kunden. Die zentralen Handelsplätze in den Welt sind London, New York und Tokio. Für Frankfurt werden knapp 20

Mrd geschätzt. Das Welthandelsvolumen dürfte bei gut 200 Mrd US-Dollar täglich liegen. An allen Welthandelsplätzen nimmt der Dollar Rang eins ein. Das Wachstum des D. ist vor allem auf die Kostensenkung des →Devisenhandels durch neuartige computergeschützte Informations- und Kommunikationswege, das Aufkommen von Finanzinnovationen (z.B. →Devisenoption, →Euromarkt) und gestiegene Gewinnmöglichkeiten für risikofreudige Investoren durch →Spekulation zurückzuführen.

Devisenoption
⇒Währungsoption
Erwerb eines Rechts, zu einem Termin zum vereinbarten →Wechselkurs (Striking- od. Basispreis) einen bestimmten Betrag an Währungseinheiten (Kontraktumfang) gegen eine Prämie →Devisen kaufen (Kauf-D.) od. verkaufen (Verkaufs-D.) zu können, ohne aber dazu verpflichtet zu sein. Gegenposition zum Käufer bezieht der Verkäufer der D., der sog. Stillhalter. Er garantiert dem Inhaber der D. die Erfüllung des Geschäfts. D.-sgeschäfte werden seit etwa zwei Jahren zur Absicherung offener Devisenpositionen getätigt, von →Banken angeboten und an Devisenbörsen (→Börse) gehandelt. S. auch →Hedging.

Devisenpensiongeschäft
von der →Bundesbank seit Sommer 1979 mit →Kreditinstituten zur Steuerung der Bankenliquidität (→ Liquidität) abgeschlossene Geschäfte, bei denen die Bundesbank den →Banken den Herausgabeanspruch auf →Devisen für befristete Zeit überträgt, wobei diese weiterhin im Eigentum der Bundesbank verbleiben (liquiditätsabschöpfendes, kontraktives D.). D. wirken liquiditätspolitisch wie ein Devisenswapgeschäft (→Swappolitik, → Devisenmarkt), bei dem Devisen per Kasse an Kreditinstitute verkauft werden, mit dem Unterschied, dass beim D. die →Netto-Auslandsaktiva der Bundesbank konstant bleiben, während sie beim kontraktiven Swapgeschäft abnehmen.

Devisenreserven
⇒Währungsreserven
Bestand an →Devisen einer →Zentral-

bank. D. vermindert um →Verbindlichkeiten gegenüber dem Ausland ergeben die Netto-D. Langfristige →Forderungen gehören nicht zu D. Mit den D. kann das betreffende Land Verbindlichkeiten bezahlen od. durch deren Verkauf den → Kurse der eigenen →Währung stützen.

Devisenstandard
Festsetzung der →Wechselkurse durch Bezugnahme auf eine bestimmte Größe, z.B. vor dem Ersten Weltkrieg auf den Goldwert einer Währungseinheit od. wie im →Bretton Woods-System auf den US-Dollar. D. ist gleichsam der Generalnenner des Währungssystems.

d'Hondtsches Verfahren
⇒Höchstzählverfahren
in der Bundesrepublik bei der Verhältniswahl überwiegend angewandtes Verfahren zur Verteilung der Abgeordnetenmandate auf die Wahllisten. Hierbei werden die für die jeweilige Liste abgegebenen Stimmen nacheinander durch 1, 2, 3, ..., n dividiert und die Mandate in der Reihenfolge der erhaltenen Quotienten (Höchstzahlen) vergeben. Beispiel: Die Wahllisten X, Y, Z haben 5 000, 3 000 und 800 Stimmen erhalten. Es stehen 8 Mandate zur Verfügung.

Liste:	X		Y		Z	
		Mandat		Mandat		Mandat
Division						
1	5 000	①	3 000	②	800	⑧
2	2 500	③	1 500	⑤	400	
3	1 667	④	1 000	⑦	267	
4	1 250	⑥	750		200	

Liste X enthält also: Mandat 1, 3, 4, 6; Liste Y: Mandat 2, 5, 7; Liste Z: Mandat 8.

Devisenswapgeschäft
→Devisenmarkt, →Swappolitik.

Devisentermingeschäft
→Devisenmarkt, →Swappolitik.

dezelerierte Inflation
⇒*Disinflation.*

DFG
Abk. für: →Deutsche Forschungsgemeinschaft.

DGB
Abk. für: → Deutscher Gewerkschafts-bund.

Diagnoselag
⇒recognition lag
→lag.

dichotome Zufallsvariable
⇒Bernoulli-Variable
⇒binäre Zufallsvariable
⇒*Dummy*
⇒Indikatorvariable.

Dichotomie
Zweiteilung eines Sachverhalts. So hat die klassische D. in der → Volkswirt-schaftstheorie, hier in der →Klassischen Theorie, besondere Bedeutung gewon-nen, wonach die Volkswirtschaft (→Wirt-schaft) in einen realen Sektor, in dem sich die relativen Preise (→Preis) bilden, und einen monetären Sektor geteilt wird, in dem die Geldpreise (→Preise) entstehen. Eine andere D. ist die zwischen →Geld- und Werttheorie. Sie wird heute nicht mehr vertreten.

Dichte
⇒Dichtefunktion
⇒Wahrscheinlichkeitsdichte
der Differentialquotient f (x) der Vertei-lungsfunktion (→Verteilung) einer steti-gen → Zufallsvariablen. Dieser hat die Eigenschaft: $f(x) \geq 0$, $x \in \mathbb{R}$,

$$\int\limits_{-\infty}^{+\infty} f(x)\,dx = 1$$

In graphischer Darstellung verläuft die D. immer oberhalb od. auf der horizonta-len Achse. Die Flächen zwischen der D. und der horizontalen Achse können als → Wahrscheinlichkeiten interpretiert wer-den. Z.B. entspricht die Wahrscheinlich-keit, dass X einen Wert kleiner gleich x annimmt, der Fläche zwischen der D. und der horizontalen Achse im Intervall $(-\infty, x)$.

Dichtefunktion
⇒*Dichte*
⇒Wahrscheinlichkeitsdichte.

Dienstleistung
→Gut.

Dienstleistungsbilanz
Teilbilanz der →Zahlungsbilanz, die alle Käufe und Verkäufe von Dienst- und Faktorleistungen zwischen → In- und Ausländern erfasst. D. ist aktiv, wenn Verkäufe an Ausländer größer als Käufe der Inländer sind, im entgegengesetzten Fall passiv. Wesentlichster Posten der D. für die Bundesrepublik ist der Reisever-kehr. D. war bis 1970 aktiv, seither mit Ausnahmen passiv.

Dienstpostenbewertung
⇒*Arbeitsbewertung*
⇒Arbeitsplatzbewertung
⇒Funktionsbewertung
⇒job evaluation
⇒Stellenbewertung.

„Die Vermögensbildung und ihre Fi-nanzierung"
Bezeichnung für die jährlich von der → Deutschen Bundesbank aufgestellte →Fi-nanzierungsrechnung.

Differentialrente
→Rente.

Differenzentest
statistischer Test, →Testverfahren für Dif-ferenzen von Stichprobenvariablen (→ Stichprobe).

Diffusion
1. in der →Volkswirtschaftstheorie die nach der Ersteinführung von Neuerun-gen und →technischem Fortschritt (tech-nologische →Innovation) od. neu am → Markt angebotenen Gebrauchsgütern (→ Gut) (Konsuminnovation) nachfolgende weitere Verbreitung durch einen dyna-mischen Prozess. In der Literatur bezie-hen sich die D.-skonzepte hauptsächlich auf Konsumenteninnovationen.
2. in der →Finanzwissenschaft die Auf-fassung, dass sich jede →Steuer entweder über den Prozess der Preisbildung (→ Produktpreisbildung) gleichmäßig auf die Volkswirtschaft (→ Wirtschaft) od. nur auf die Verbraucher und damit nega-tiv auf die einkommensschwachen → Wirtschaftssubjekte verteilt.

3. in der →Betriebswirtschaftslehre, hier im Teilgebiet →Marketing od. →Organisation, die Verbreitung von neuen Produkten unter den Nachfragern, z.b. modische Erzeugnisse von der sozialen Oberschicht zu den unteren Gesellschaftsschichten (der heute umstrittene Trickle-Effekt) od. bestimmte Meinungen vom Opinion-Leader im Kommunikationsprozess der Unternehmensorganisation.

Diffusionstheorie
in der →Finanzwissenschaft von Canard begründeter theoretisch unbefriedigender Erklärungsversuch zur →Diffusion, da er sich auf ideologische Vorurteile stützt und keine schlüssige Beweisführung der →Steuerüberwälzung gibt.

Dilemma
in der → Wirtschaftswissenschaft die Wahl zweier Übel im Rahmen einer Entscheidungssituation. Ist hier vornehmlich in der → Entscheidungs- und → Spieltheorie anzutreffen.

Direct Costing
⇒Grenzkostenrechnung
⇒Proportionalkostenrechnung
aus den USA kommende Art der →Teilkostenrechnung, bei der nur →Kosten, die direkt mit der →Beschäftigung variieren, weiterverrechnet werden.

direkte Elastizität
⇒Eigenpreiselastizität
⇒Nachfrageelastizität
⇒Preiselastizität
→Elastizitäten.

direkte Kosten
→Kosten.

direkte Steuer
zu ihrer Klassifizierung gegenüber der → indirekten Steuer werden unterschiedliche Kriterien benutzt. d. sind: 1. veranlagte Steuern (z.B. veranlagte Einkommensteuer) i. Ggs. zu den nichtveranlagten (z.B. →Lohnsteuer). 2. nicht überwälzbare Steuern. Der Steuerzahler ist auch Steuerträger i. Ggs. zu überwälzbaren Steuern. 3. d. knüpfen an die unmittelbare Erfassung der Leistungsfähigkeit

an. 4. bei der →Einkommensentstehung erhobene (z.b. Einkommensteuer) i. Ggs. auf die →Einkommensverwendung gelegte Abgabe (z.b. →Verbrauchsteuer).

Direktinvestitionen
sind Kapitalanlagen von → Inländern (Ausländern) im Ausland (Inland) zur Gewinnung od. Stärkung der Einflussnahme auf die Geschäftstätigkeit des kapitalempfangenden Unternehmens (→ Betrieb, I.). Es sind →Kapitalexporte (Kapitalimporte), die als Teil der langfristigen → Kapitalverkehrsbilanz (langfristige Direktkredite, D., Wertpapier-Anlagen bzw. Portfolio-Investitionen) erfasst werden. D. werden häufig als Gradmesser für die internationale Wettbewerbsfähigkeit herangezogen. Während für die Bundesrepublik die Zuflüsse von D. bis zum Jahr 1973 die Abflüsse stets überwogen, kehrte sich dies seitdem um. Schwierigkeiten entstehen bei der Bewertung im Falle von D. in Form von Sachen, Rechten und Know how und bei der Vermutung der Einflussnahme beim Erwerb von →Aktien bzw. Titeln, die sonst zu Portfolio-Investitionen zählen.

Direktmarketing
Begriff: D. umfasst alle marktgerichteten Aktivitäten, die einen direkten, individuellen Kontakt zum Kunden anstreben, i.Ggs. zu einer an einen anonymen → Markt gerichteten Kommunikation. Die Aktivitäten betreffen sowohl Werbung als auch Vertrieb (z.B. Versandhandel). Wesentliches Kennzeichen des D. ist die persönliche Ansprache, z.B. ein Werbebrief od. Werbeanruf. Kundenkontakt und Kundenbindung haben eine zentrale Bedeutung im D. Es werden auch Werbeaktionen ohne persönliche Ansprache dem D. zugeordnet, wenn eine persönliche Reaktion des Angesprochenen angestrebt ist. Hierzu gehören z.B. Coupon Anzeigen in Zeitschriften od. TV Spots, die eine Reaktion des Empfängers über Telefon (od. →Internet) anstreben. Vertreterbesuche werden meistens nicht zur Direktwerbung gezählt, obwohl das Kennzeichen der persönlichen Ansprache zutrifft. Eine wichtige Differenzierung im D. besteht in der Zielgruppe: man unterscheidet zwischen *Buisness-to-*

Consumer und *Buisness-to-Buisness* D. Im ersten Fall richtet sich die Werbung an eine Privatperson, im zweiten Fall an eine Firma bzw. einen bestimmten Repräsentanten der Firma. Außer in der Art der Ansprache und Art des Produktes gibt es wichtige rechtliche Unterschiede für beide Arten: Privatleute darf man zur Werbung nur mit Telefonanrufen behelligen, wenn sie explizit damit einverstanden sind. Beim Handel mit Privatadressen dürfen aus Datenschutzgründen außer der postalischen Information nur folgende persönliche Informationen weitergegeben werden: Titel, akademische Grade, Herkunft der Adresse, Alter in Jahren und Berufsgruppe. Man darf zwar zu den eigenen Kunden weitere Informationen z.B. über ihr Kauf- und Zahlungsverhalten speichern und nutzen, aber man darf sie nicht an Dritte weitergeben. Bei gewerblichen Adressen im Buisness-to-Buisness Bereich kann sehr viel Information zur Firma und zur Stellung der Ansprechpartners im Betrieb weitergegeben werden. Für Telefonmarketing bestehen in diesem Bereich ebenfalls kaum rechtliche Einschränkungen.

Instrumente: Adressierte Mailings gehören zu den herausragenden Werbemitteln der D. Hier wird an eine klar definierte Kundengruppe ein Brief mit persönlicher Adresse und meist auch anderen individuellen Elementen wie z.B. der persönlichen Anrede geschrieben. Da der Empfängerkreis eindeutig abgegrenzt ist, ist der Erfolg durch Response-Quote (= Reaktionen pro versandte Briefe) messbar. Außerdem kann der Erfolg durch weitere Quotienten wie z.B. Umsatz/ Kosten präzise quantifiziert werden. Durch die Verfügbarkeit klar definierter Messzahlen werden allerdings nicht so klar definierte Faktoren wie Erhöhung des Bekanntheitsgrades od. Imageverbesserung oft in den Hintergrund gedrängt. Anzeigen und Beilagen sprechen den Konsumenten nicht persönlich an, zielen aber durch ein Antwortelement auf eine persönliche Reaktion des Interessenten. Das Antwortelement ist eine aufgeklebte Antwortkarte, ein Abschnitt zum Zurücksenden od. auch nur das Angebot weiterer Information über eine Adresse,

Telefonnummer oder Internetadresse. I. Ggs. zum Mailing ist der Empfängerkreis nicht eindeutig zu bestimmen. *Haushaltswerbung* besteht in der Sendung eines Werbemittels (Prospekt, Warenprobe, Katalog) ohne persönliche Adressierung. Sie wird an alle Haushalte eines Hauses, einer Straße od. eines Gebietes verteilt, die sich nicht dagegen verwahren (z.B. durch Aufkleber „Keine Reklame"). Aktives *Telefonmarketing* besteht in Werbeanrufen. Es ist praktisch nur in Buisness-to-Buisness Bereich erlaubt, wird aber trotzdem auch bei Privatadressen angewandt, da es im Vergleich zu den Kosten oft sehr erfolgreich ist. Außer dem oben beschriebenen aktiven Telefonmarketing gibt es auch das passive Telefonmarketing: der Interessent erhält über ein anderes Medium die Möglichkeit, beim Anbieter anzurufen, sich zu informieren, zu bestellen, zu reklamieren od. auch zu stornieren. *Direct Response TV und Direct Response Radio*: hier werden in Reklame Spots Telefonnummern zum Informieren od. Bestellen der Ware angeboten. *Neue Medien: Fax, Internet, CD*: Statt Werbebrief kann man mit neuerer Technologie Faxe od. E-Mails versenden. Kosten für die Werbung werden gegenüber einem Brief geringer, allerdings auch die Akzeptanz durch potentielle Kunden, da mit dieser Werbung ein wichtiges Kommunikationsmittel des Kunden blockiert werden kann. Fax on Demand umgeht dieses Akzeptanzproblem, es sendet auf Anfrage des Kunden ein Informationsfax. Eine CD stellt hauptsächlich eine andere Form eines Katalogs dar; durch Response Elemente (z.B. Internet, E-Mail, ISDN) wird es zumeist ein D. Instrument. Literatur: *Dallmer* (Hrsg.), Handbuch Direct Marketing. Wiesbaden 1991. *Zehetbauer* (Hrsg.). Das große Handbuch für erfolgreiches Direktmarketing. Landsberg/ Lech 1996.

Dr. P. Kremser, München

Dirigismus
i. Ggs. zu dem marktwirtschaftlich regulierten Wirtschaftsablauf (→Marktwirtschaft) direkte staatliche Eingriffe zur Beeinflussung von →Preisen, z.B. Setzen von →Höchst- od. Mindestpreisen od. auch Preisstopp, und →Märkten, z.B. →

Devisenbewirtschaftung. Im umfassenden Sinn ist eine zentral gelenkte Gesamtwirtschaft (→ Zentralverwaltungswirtschaft) D.

Disagio
→Damnum
Abschlag; u. zw. Differenz zwischen Rückzahlungs- und niedrigerem Auszahlungsbetrag von →Verbindlichkeiten od. Rückzahlungs- und Auszahlungskurs von →Wertpapieren. Der Schuldner bzw. Erwerber muss wg. des D. mehr zurückzahlen als er erhalten hat. D. ist bei → Emission von →Aktien gem. AktG (→Aktienrecht) unzulässig. D. ist nach AktG unter → Rechnungsabgrenzungsposten auf der Aktivseite auszuweisen und durch →Abschreibung zu tilgen. Ggs. ist →Agio.

disincentives
von wirtschaftspolitischen Maßnahmen, z.B. einer Steuererhöhung, ausgelöste leistungshemmende od. anreizschädigende Wirkungen, hier z.B. auf das →Arbeitsangebot. d. der Besteuerung äußert sich in dem den Einkommenseffekt kompensierenden Substitutionseffekt (→Faktorangebot des Haushalts, 2.).

Disinflation
⇒dezelerierte Inflation
deutliche und nicht nur kurzfristige Abnahme der jährlichen → Inflationsrate. Seit 1981 in westlichen Industrieländern beobachtbar.

disjunkte Ereignisse
in der → Wahrscheinlichkeitsrechnung unvereinbare bzw. elementfremde Ereignisse, die also nicht zugleich eintreten können. S. →Ereignis(se), I., 2.

Diskont
im Voraus abgezogener →Zinsbetrag einer noch nicht fälligen → Forderung, i.d.R. von einem noch laufenden →Wechsel. S. auch →Akzeptkredit, →Privatdiskont.

Diskontfalle
tritt in Zeiten generell sinkender →Zinsen auf, wobei dann auch der Wertpapierpensionssatz (→Offenmarktpolitik, 2.) an

den →Diskontsatz heranrückt. Die →Banken werden in Erwartung eines bald sinkenden → Diskontsatzes ihre Rediskontierungen (→Diskontpolitik) bei der →Bundesbank reduzieren, da sie sich nicht für knapp 3 Monate verschulden wollen. Sie bevorzugen dann die etwas teureren, aber kürzer laufenden Pensionsgeschäfte od. nehmen sogar für einige Tage →Lombardkredite auf.

Diskontierung
⇒Abzinsung.

Diskontkredit
der von einer →Bank aufgrund des Ankaufes von →Wechseln gewährte →Kredit in Höhe des um den → Diskont verminderten Wechselbetrages. Da der D. vom Wechselschuldner zurückgezahlt wird, liegt ökonomisch gesehen keine Kreditgewährung, sondern nur ein Forderungsverkauf an die Bank vor.

Diskontpolitik
1. *Begriff.* Die D. stellt wie die →Lombardpolitik ein Instrument der *Refinanzierungspolitik* der → Zentralbank dar. In seinem Rahmen macht sie zusätzliche Zentralbankguthaben verfügbar, indem sie von den → Banken eingereichte → Wechsel rediskontiert. I. Ggs. zur →Offenmarktpolitik, bei der die Zentralbank an den →Finanzmärkten die Initiative zu An- und Verkäufen von notenbankfähigen Titeln ergreift, bleibt es beim Rediskontgeschäft den → Kreditinstituten überlassen, ihr das geeignete Material zum Ankauf anzubieten. Bei der Hereinnahme von Wechseln legt die →Notenbank autonom den als Zwischenzins berechneten →*Diskontsatz,* die an das Wechselmaterial zu stellenden *qualitativen* Mindestanforderungen und die *quantitativen* Höchstgrenzen für Rediskontierungen fest. Durch Änderung ihrer Konditionen kann sie im Rahmen der allgemeinen Zielsetzungen der →Geldpolitik die Zinssätze an den Finanzmärkten, die sektorale Zusammensetzung der Kreditnachfrage und den Liquiditätsspielraum (→Liquidität) der Banken beeinflussen. Die Zentralbank hat die Wahl, durch Herauf- od. Herabsetzen ihres Diskontsatzes die Zinsbildung an den →Märkten

aktiv zu steuern od. sie durch *konstatierende* Anpassung ihres Wechselankaufsatzes an bereits spontan in Gang gekommene Marktzinsänderungen nachträglich im gewünschten Sinne zu verstetigen.

2. *Diskontgeschäft der →Deutschen Bundesbank.* Im Rahmen des § 19 BBkG wurde der Bundesbank das Recht zugestanden, im Geschäftsverkehr mit Banken Handelswechsel und →Schatzwechsel öffentlicher Emittenten (→ Emission) anzukaufen. Die von privaten Schuldnern ausgestellten Papiere sollten gute Handelswechsel sein und die Unterschrift von drei als zahlungsfähig bekannten Verpflichteten tragen. Dieses gesetzliche Bonitätserfordernis (→ Bonität) gab der Bundesbank die Möglichkeit, zu Sicherstellung der Wechselqualität über ihre Zweiganstalten Einblick in viele wichtige Industrieunternehmen und Wirtschaftsbereiche zu nehmen. Alle von der Bundesbank angekauften Wechsel musste innerhalb von drei Monaten fällig sein. Diese Vorschrift des Gesetzes leitete sich aus dem sog. *Selbstliquidationsprinzip* ab. Es hatte vor allem den Sinn, der Notenbank eine elastische Rückführung des von ihr alimentierten Bestandes an Zentralbankgeld (→Geldarten) zu ermöglichen. Die D: war daher von vornherein darauf angelegt, expansive wie kontraktive geldpolitische Wirkungen zu erzielen.

3. *Zinswirkungen.* Von der Änderung des Diskontsatzes, den die Bundesbank dem einreichenden Kreditinstitut beim Wechselankauf in Form eines Zinsabschlages in Rechnung stellt, gingen vielfältige Rückwirkungen auf die Marktzinssätze aus. Seit Inkrafttreten des BBkG im Jahre 1957 lag der Diskontsatz stets um mindestens ½ Prozentpunkt unter dem →Lombardsatz. Der Diskontsatz bildete daher eine Art Untergrenze für die kurzfristigen Schlüsselzinssätze am Bankengeldmarkt (→Geldmarkt). Das gilt insbesondere für die sog. Monats- und Dreimonatsgelder, deren Verzinsung mittelbar die kurzfristigen Einlagen- und Kreditzinsen der Banken sowie den Kapitalzins (→Zins) beeinflusste. Rasche Reaktionen bewirkten Anhebungen od. Ermäßigun-

gen des Diskontsatzes vor allem bei den Soll-Zinssätzen, die der Bankkundschaft bei der Weitergabe von Handelswechseln an ihre Kreditinstitute berechnet wurden. Zudem entfalteten Diskontsatzänderungen, die häufig mit Anpassungen des Lombardsatzes und anderer Notenbanksätze gekoppelt waren, fühlbare *Signalwirkungen* auf den in- und ausländischen Finanzmärkten. Diese waren im Voraus allerdings nur schwer richtig einzuschätzen. Nicht zuletzt aus diesem Grund stellte die D. ein verhältnismäßig grob wirkendes zinspolitisches Instrument der Notenbank dar.

4. *Liquiditätswirkungen.* Da der Diskontsatz der Bundesbank herkömmlicherweise stets niedriger war als der Lombardsatz und die kurzfristigen Schlüsselzinssätze an den Bankengeld- und Termineinlagenmärkten, war die Bundesbank im Grunde gezwungen, quantitative Höchstgrenzen für die Nutzung der Rediskontfazilität (→Kreditfazilität) festzusetzen. Auf diese Weise konnte sie verhindern, dass sich die Banken in übermäßigem Umfange zusätzliche Zentralbankguthaben im Wege des Wechseldiskonts beschaffen, der praktisch zu einem „Vorzugszins" zur Verfügung steht. Die Bundesbank legte daher in Gestalt der sog. →Rediskontkontingente einen globalen Gesamtrahmen für Wechseleinreichungen der Kreditinstitute fest. Dieser wurde auf die einzelnen Banken aufgeteilt, wobei deren haftende Mittel sowie die Fristigkeitsstruktur und die Wechselintensität ihrer Aktiva Berücksichtigung finden.

Der Gesamtbetrag der herkömmlichen Rediskontkontingente, der Mitte 1998 66 Mrd DM ausmachte, wurde von der Bundesbank von Zeit zu Zeit herauf- od. herabgesetzt. Durch Anhebung der Kontingente versetzte sie die Banken in die Lage, teure Refinanzierungen - wie z.B. Lombardkredite - abzulösen und ihr Aktivgeschäft verstärkt auszuweiten. Umgekehrt konnte sie durch Kürzung der Kontingente die Kreditinstitute dazu veranlassen, auf weniger zinsgünstige Geldbeschaffungsquellen auszuweichen und die Expansion ihres Aktivgeschäfts zu bremsen.

5. *Selektionswirkungen.* Durch Einrichtung von Sonderkontingenten gab die Bundesbank den Banken einen vorsorglichen Finanzierungsrückhalt für →Kredite, die für besonders förderungswürdige Zwekke vergeben wurden. Damit näherte sich die D. allerdings einer an Branchen- und Strukturproblemen orientierten, selektiven Kreditpolitik, die mit dem von der Bundesbank bevorzugten globalen Ansatz der Geldpolitik nur schwer vereinbar erschien. Die Bundesbank hat daher Sonderkontingente stets nur in sehr begrenztem Umfang gewährt. Die Sonderkontingente wurden 1996 aufgehoben.

6. *Abnehmende Bedeutung.* Seit Beginn der 80er Jahre trat die Wechselrefinanzierung im Vergleich zur →Offenmarktpolitik sukzessive in den Hintergrund. Ihr Anteil an den gesamten Notenbankkrediten belief sich Mitte 1998 nur noch auf knapp ein Drittel gegenüber rd. vier Fünfteln im Jahr 1980. Sie spielte bei der laufenden Steuerung des Geldmarktes praktisch keine Rolle mehr und hatte nur noch die Funktion einer Basisrefinanzierung.

7. *Wegfall in der EZB.* Die Geldpolitik der →Europäischen Zentralbank (EZB) umfasst die D. im klassischen Sinn nicht mehr. Jedoch greifen die sog. längerfristigen Refinanzierungsgeschäfte, die zu den Offenmarktgeschäften rechnen, mit ihrer Laufzeit von drei Monaten ein wichtiges Element des Diskontkredits auf und haben dessen Rolle als eine Art Basisrefinanzierung übernommen. Sie sollen insbesondere kleineren Banken die Dispositionssicherheit des früheren Diskontkredits bieten. Dabei können die nationalen Zentralbanken - mit Zustimmung des EZB-Rats - bei der Besicherung dieser Geschäfte den Kreis der Sicherheiten auf private Schuldtitel, z.B. Handelswechsel beschränken od. eine entsprechende Mindestquote verlangen. Diese Wechsel müssen zwei (statt bisher drei) Unterschriften tragen und eine Restlaufzeit von 180 Tagen (statt bisher 90 Tagen) aufweisen.

Literatur: *Deutsche Bundesbank.* Die Geldpolitik der Bundesbank. Frankfurt/ M. 1995. *D. Dickertmann/ A. Siedenberg,* Instrumentarium der Geldpolitik und ihre theoretischen Grundlagen. Frankfurt/ M. 1984. *Europäisches Währungsinstitut,* Die einheitliche Geldpolitik in Stufe 3 - Allgemeine Rechnungen für die geldpolitischen Instrumente und Verfahren des ESZB. Frankfurt/ M. 1997.

Prof. Dr. J. Franke-Viebach, Siegen

Diskontsatz
→ Zins, zu dem die → Bundesbank → Wechsel, die von ihr festgelegten formellen und qualitativen Anforderungen entsprechen müssen, von →Banken ankaufte (→ Diskontpolitik). D. übte für andere Zinssätze Leitfunktion aus, da er i.d.R. das untere Zinsniveau auf dem →Geldmarkt begrenzte, denn Banken konnten sich im Rahmen des →Rediskontkontingents und ihres Wechselbestandes → Geld zum D. beschaffen. Wird mit Beginn der →WWU ab 1999 vom →Basiszins abgelöst.

diskretes Merkmal
Ausprägung eines Merkmals derart, dass es abzählbar ist, z.B. Anzahl der Beschäftigten od. der erzeugten Produkte einer Unternehmung (→Betrieb, I.). Ist zu unterscheiden von der stetigen Merkmalseigenschaft. Vgl. →Merkmal, →Deskriptive Statistik.

diskretionäre Wirtschaftspolitik
i. Ggs. zu einer →Wirtschaftspolitik, die → automatischen Stabilisatoren vertraut, werden fallweise Maßnahmen getroffen. In der →Theorie der Wirtschaftspolitik herrscht ein Streit darüber, ob die auftretenden Schwankungen des Wirtschaftsprozesses (→Konjunkturtheorie) durch d. zu bekämpfen sind od. eher deren Ergebnis sind.

displacement-Effekt
sprunghafter Anstieg der Staatsausgaben aufgrund krisenhafter Ereignisse (Kriege), die dann aber nach deren Beendigung nicht wieder auf das Ausgangsniveau zurückkehren. Die Nationalökonomen A. T. Peacock und J. Wiseman erklärten 1967 mit dem d. den säkularen Anstieg der Staatsausgaben. Wird von einigen anderen Autoren, z.B. von H. C. Recktenwald, bestritten.

Disparität
→Konzentration.

Dispersion
⇒Streuung.

dispositionsabhängige Kosten
⇒variable Kosten
→Kosten.

Dispositionsgleichgewicht
spezieller Fall einer bestimmten →Definition des →Gleichgewichts. Bezugsgröße sind die Dispositionen eines einzelnen → Wirtschaftssubjekts, z.b. des privaten Haushalts (→ Nachfragetheorie des Haushalts, →Faktorangebotstheorie des Haushalts) od. der Unternehmung (→ Unternehmenstheorie). Der Haushalt befindet sich z.B. für den Zwei-Güter-Fall im D., wenn das Verhältnis der Grenznutzen (GU) der beiden Güter gleich dem Verhältnis ihrer Preise (p) ist: $\frac{GU_1}{GU_2} = \frac{p_1}{p_2}$.
(2. Gossensches Gesetz, →Grenznutzenanalyse).

dispositionsunabhängige Kosten
⇒feste Kosten
⇒fixe Kosten
→Kosten.

Distribution
⇒*Absatz*, 4.
⇒Vertrieb.

Distributionsmatrix
Schema für die Systematisierung von Marketinginstrumenten (→ Marketing) unter der Fragestellung, an wen und auf welchen Wegen die Produkte abgesetzt werden sollen.

Distributionstheorie
⇒*Einkommensverteilung*.

distributive Arbeitslosigkeit
in der Analyse der → Arbeitslosigkeit wird die d. i. Ggs. zur kausalen Betrachtung, bei der die Gründe für ihre Entstehen erforscht werden, unter dem Gesichtspunkt der Betroffenheit analysiert, nämlich welche Bevölkerungsgruppen, Jahrgänge, Berufsqualifikationen,

Geschlecht usw. arbeitslos sind. d. liefert Begründung für konkrete arbeitsmarktpolitische Maßnahmen wie Umschulung für jüngere Jahrgänge, erlaubt aber keine Ursachenbekämpfung, da sie nicht die auslösenden Gründe der Arbeitslosigkeit offenlegt.

Diversifikation
in der Produkt- und Sortimentspolitik des Unternehmens (→Betrieb, I., 2.). Programmvariation durch Aufnahme neuer Produkte od. Eindringen in neue Märkte (→Markt). Es wird unterschieden: horizontale D., wenn auf der bisherigen Verarbeitungsstufe verblieben wird; vertikale D., das Unternehmen dringt in voroder. nachgelagerte Marktstufen ein; laterale D., hier besteht zwischen bisherigem Produktionsprogramm und neuem Produkt bzw. Markt keinerlei Beziehungen. D. kann durch Eigenentwicklung, Lizenz- (→Lizenz), Unternehmenskauf od. Kooperation erfolgen.

Dividende
auf die →Aktie entfallender Anteil am Bilanzgewinn für die Aktionäre (→Aktiengesellschaft). Über ihre Höhe beschließt die Hauptversammlung (→Aktiengesellschaft).

Dividendenabschlag
die nach der Auszahlung der →Dividende eintretende Kursminderung.

Dividendenpapiere
⇒Dividendenwerte
→Wertpapiere, deren Ertrag in Form einer →Dividende erzielt wird.

Dividendenstripping
wenn z.B. →Dividenden nur →Aktien für →Inländer und →Ausländer steuerlich unterschiedlich behandelt werden, ist es vorteilhaft, kurz vor Dividendenausschüttung die Aktie zu verkaufen und nach dem Tag des → Dividendenabschlags zurückzukaufen, um statt der steuerlichen Dividende einen steuerlichen Kursgewinn zu realisieren.

Divisionskalkulation
Verfahren in der →Kalkulation, bei der

die Gesamtkosten einer Zeitperiode auf die erzeugten → Kostenträger verteilt werden. Es wird zwischen einstufiger D. und mehrstufiger unterschieden, bei der die →Kosten der einzelnen Stufen des Leistungsprozesses kalkuliert werden. Beide Verfahren können ohne und mit → Äquivalenzziffern (→Äquivalenzziffernkalkulation) arbeiten.

DIW
Abk. für: →Deutsches Institut für Wirtschaftsforschung.

Dogmengeschichte
→ Geschichte der Wirtschaftswissenschaft.

Dokument
1. i.w.S. Gegenstand, der einen Sachverhalt od. Tatsache rechtlich erweist.
2. i.e.S. ⇒Urkunde: Beweisstück i.Ggs. zum konkreten Gegenstand in Gestalt eines förmlich od. formlos verbrieften Rechtsakte.
3. über Warensendung ausgestelltes Papier, auch Urkunde, das den ordnungsgemäßen Besitzer zum Empfang der Ware gegen die D. berechtigt. I.d.R. geht das Eigentum an der Ware auf den Käufer über, sobald dieser in den Besitz der D. gelangt (Kasse gegen D.). Im Auslandsgeschäft wird häufig eine →Bank eingeschaltet, s. → Akkreditiv, →Rembourskredit. Hauptsächlich vorkommende D. sind: bahnamtlich abgestempelter Duplikatbrief, →Faktura, Versicherungsschein, → Konnossement, Ursprungsschein.

Dokumentenakkreditiv
→Akkreditiv.

Domar-Harrod-Modell
Bezeichnung für die Wachstumsmodelle von Domar und Harrod (→Domar-Modell, →Harrod-Modell) wg. ihrer formal identischen Lösung. Substanziell unterscheiden sich beide. Domar argumentiert mit dem →Kapazitätseffekt der Nettoinvestitionen, bei dem die →Investitionen unabhängige → Variable sind. Harrod verwendet den →Akzelerator als Investitionsfunktion (→ Investitionstheorie). Diese ist als Verhaltensgleichung aufzu-

fassen, in der die Investition abhängige Variable ist.

Domar-Modell
von E. D. Domar 1946/ 47 formuliertes postkeynesianisches Wachstumsmodell (→ Wachstumstheorie), das den Bedingungen einer im →Gleichgewicht wachsenden Volkswirtschaft (→ Wirtschaft) genügt. Da Nettoinvestitionen (I) (→Investition) Voraussetzung für Wirtschaftswachstum sind, knüpft Domar am keynesianischen → Einkommenseffekt der Nettoinvestition an, wonach Investitionsänderungen (ΔI) die → güterwirtschaftliche Gesamtnachfrage (Y^D) multiplikativ (→Multiplikator: $\frac{1}{s}$) erhöhen:

$$(1)\ \Delta Y^D = \frac{1}{s} \cdot \Delta I\,.$$

Langfristig muss auch die Wirkung der Investition auf die Ausweitung der Produktionskapazität (O_K) gemäß des Kapitaloeffizienten (β^K) (→Kapazitätseffekt der Investition) berücksichtigt werden:

$$(2)\ \Delta O_K = \frac{1}{\beta^K} \cdot I\,.$$

Wird Auslastung der Produktionskapazität unterstellt, ist das → gesamtwirtschaftliche Güterangebot (Y^S) bestimmt:

$$(3)\ \Delta Y^S = \frac{1}{\beta^K} \cdot I\,.$$

Die wachsende Volkswirtschaft befindet sich dann im Gleichgewicht, wenn die Gleichgewichtsbedingung

$$(4)\ \Delta Y^S = \Delta Y^D$$

erfüllt ist. Demgemäß ergibt die Gleichsetzung von (1) und (3)

$$(5)\ \frac{\Delta I}{I} = \frac{s}{\beta^K}\,.$$

Wird für stetiges Wachstum die Eulersche Zahl (ė) benutzt, ergibt sich als Lösung des D.:

$$(6)\ I_t = I_0 \cdot \dot{e} \cdot \frac{1}{\beta^K} \cdot s \cdot t\,,$$

d.h. eine durch Nettoinvestitionen wachsende Volkswirtschaft ist langfristig im Gleichgewicht, wenn Nettoinvestitionen mit der durch β^K und s festgelegten Rate wachsen. Da Domar mit einer linearen → Sparfunktion argumentiert, ist s = konstant, und β^K muss dann auch konstant sein. Die Konsequenz ist, dass eine geringe Änderung einer → Variablen, z.B. plötzliche Unterauslastung der Produktionskapazität, eine explosive Modellentwicklung hervorrufe, deshalb wird der in (6) beschriebene Wachstumspfad als „knife edge"-Wachstum bezeichnet.

Doppelbesteuerung

die zwei- od. mehrmalige Besteuerung desselben Steuerobjektes in derselben Eigenschaft. Zur Vermeidung od. Milderung der D. durch verschiedene Staaten wird in D.-sabkommen die jeweilige einzelstaatliche Steuerhoheit vereinbart. Um D. bei einer Gewinnausschüttung an eine andere Gesellschaft (→Schachtelprivileg, →Organschaft) zu vermeiden, gewährt das deutsche Steuerrecht der ausschüttenden Gesellschaft ermäßigten Steuersatz (Körperschaftsteuer).

Doppelbesteuerungsabkommen

Verträge zwischen zwei od. mehreren Staaten zur Milderung od. Vermeidung der →Doppelbesteuerung. In der Praxis werden unterschiedliche Methoden gehandhabt.

Doppelgesellschaft

⇒*Betriebsaufspaltung.*

doppelte Buchhaltung

→Buchhaltung.

Doppelwährungsanleihe

neues Finanzinstrument (→Finanzinnovation), zuerst 1982 in New York aufgelegt. Am deutschen →Kapitalmarkt seit 1985. Auszahlungen, Zinszahlung und Tilgung der →Anleihe erfolgt in unterschiedlichen, zum Zeitpunkt der →Emission festgelegten Währungen. Entwicklung des Zinses und Wechselkurses bestimmen den Kurs der D. Mit herannahender Fälligkeit wird sich der Kurs der D. wie der Kurs einer Anleihe in der Tilgungswährung ändern. Für die ersten D. am deutschen Markt wurde für Ein- und Zinszahlung DM, für die Tilgung US-Dollar vereinbart. Die komplizierte Chancen- und Risikostruktur der D. wird als Ursache für die zurückhaltende Akzeptanz deutscher Anleger angesehen.

Doppik

→Buchhaltung.

Dorfman-Steiner-Theorem

von R. Dorfman und P. O. Steiner 1954 formulierte Aussage für die Beziehungen zwischen den → Aktionsparametern: → Preis, →Werbung und Gutsqualität im → Gewinnmaximum einer Einproduktunternehmung. Es besagt: Im Gewinnmaximum entsprechen sich Eigenpreiselastizität der Nachfrage (→ Elastizitäten), Grenzerlös der Werbung (→Grenzerlös) und das Produkt aus Kostenelastizität bei Qualitätsänderung und Quotient aus Durchschnittspreis und -kosten. Daraus sind Substitutionsbeziehungen zwischen den Aktionsparametern ableitbar. Es wird als Optimierungsmodell zum Marketing-Mix-Einsatz (→ Marketing) verwendet.

do ut des-Prinzip

⇒*Äquivalenzprinzip.*

Dow Jones-Index

bekanntester Aktienindex (→ Aktien, → Indexzahl) der New Yorker → Börse. Wurde 1897 von Ch. H. Dow, Chefredakteur des ‚Wall Street Journal', und von E. D. Jones in einer einfachen Form entwickelt, um die unübersichtliche Börsenentwicklung in einer Messzahl auszudrücken. Seit 1928 in der heutigen Form modernisiert. D. besteht aus drei verschiedenen Indices: dem Industrieindex mit nur 30 Werten führender Aktien aus allen Industriebranchen, die fast ein Drittel aller Tagesbörsenumsätze ausmachen; dem Eisenbahnindex mit 20 Werten und einem Index für 15 Werte von Versorgungsunternehmen. I.d.R. wird unter D. der Industrie-Index verstanden. Wird seit 1896 täglich berechnet und veröffentlicht. Ist zum Bewertungsmaßstab für amerikanische Aktien schlechthin geworden. Für die Aktienanalyse ist er wg. seiner schmalen Basis - gemessen an den zweitausend an der New Yorker Börse gehandelten Werte - umstritten.

D. ist darüber hinaus Ausgangspunkt einer bekannten Börsenkurstheorie (Dow-Theorie): In den gegenwärtigen Kursentwicklungen seien alle relevanten Ereignisse für die Kurse der Aktien, die jeweiligen kurs- und langfristigen →Zinsen, alle politischen und wirtschaftlichen Vorgänge sowie Zukunftserwartungen repräsentiert, so dass die ‚Börse' den tatsächlichen wirtschaftlichen und politischen Ereignissen voraus ist.

Dow-Theorie
→Dow-Jones-Index.

Dreimonatsgeld
1. i.e.S. und i.d.R. Zentralbankguthaben (→Geldarten), die auf dem →Geldmarkt der Bundesrepublik, hier Termingeldmarkt, zwischen Banken mit einer Frist von drei Monaten gehandelt werden, um Engpässe od. Überschüsse in der →Liquidität zwischen Banken auszugleichen. In geringem Ausmaß sind seit 1967 auch Nichtbanken, vor allem große Industriefirmen, beteiligt. Der →Zins für D., der D.-satz, bewegt sich immer über dem → Diskontsatz, der für Diskontkredite mit einer maximalen Laufzeit von drei Monaten zu zahlen ist, weil diese den Banken nur limitiert zur Verfügung stehen (→ Rediskontkontingente, →Diskontpolitik, 3.).
2. den Banken von ihren Kunden für eine Frist von drei Monaten überlassene → Einlagen, die ohne Kündigung rückzahlbar sind.

Drei-Sektoren-Hypothese
von A.G.B. Fisher (1939) aufgrund von empirischen Ergebnisse aufgestellte und von C. Clark (1940) und J. Fourastie (1949) weiterentwickelte Hypothese über den langfristigen Entwicklungsprozess einer in drei Sektoren aufgeteilte Volkswirtschaft (→Wirtschaft), die durch eine Abfolge in der Dominanz der Sektoren gekennzeichnet ist. So wechselt die relative Dominanz vom primären Sektor (Land-, Forstwirtschaft, Fischerei) zum sekundären (Bergbau, Industrie, Handwerk) zum tertiären Sektor (Bauindustrie, Dienstleistungen (→Banken, Versicherungen, Transport, Bildungswesen, öffentliche Verwaltung)). Die Abgren-

zung der Sektoren ist bei den Begründern der D. nicht einheitlich. So benutzt Fisher Änderungen in der Nachfragestruktur und ordnet die Sektoren anhand der Höhe von Einkommenselastizitäten (→Elastizitäten). Clark wie auch Fourastie knüpfen an Änderungen der Produktionsbedingungen an. Es hat sich gezeigt, dass die Kriterien für die Abgrenzung der Sektoren problematisch sind und zu ökonomisch nicht konsistenten Ergebnissen führen. In der Literatur wird die D. nicht vorbehaltlos akzeptiert. Für Entwicklungsländer trifft sie nicht zu. Die Ausdehnung von Dienstleistungen in den westlichen Industrieländern begünstigt den sekundären Sektor, da er die erforderlichen Kapitalgüter zur Produktion von Dienstleistungen erzeugt. Die von der Bundesregierung 1976 mit der Strukturberichterstattung beauftragten Deutschen Wirtschaftsforschungsinstitute haben die D. für die Bundesrepublik überprüft und 1981 übereinstimmend eine kontinuierliche Verschiebung der Produktions- und Beschäftigungsstruktur vom sekundären zum tertiären Sektor bestätigt, allerdings mit z.T. kontroversen Erklärungen.

DSGV
Abk. für: →Deutscher Sparkassen- und Giroverband.

dual Banking
Bezeichnung für die Zweigleisigkeit des amerikanischen Bankensystems. Sowohl der Bund als auch die Einzelstaaten haben das Recht zur Erteilung einer Konzession für das Betreiben eines Bankgeschäfts. Der Bund erteilt eine ‚National Charter', die Bundesstaaten eine ‚State Charter'. Beide unterscheiden sich, wobei die einzelstaatlichen Regelungen wiederum voneinander abweichen. Für National Banks besteht Mitgliedspflicht im Zentralbanksystem (→Federal Reserve System), während sie den State Banks freigestellt ist. Die meisten Banken bevorzugen State Charter, um der Pflicht, Mindestreserven zu unterhalten, zu entgehen. Aus diesem Grunde müssen seit 1980 alle Kreditinstitute, die →Einlagen entgegennehmen, Mindestreserven hinterlegen. Für Mitgliedsbanken des Fede-

ral Reserve System gelten strengere Auflagen hinsichtlich der Ausstattung mit → Eigenkapital und der Gewährung von Großkrediten. Dafür können sie ihren → Zahlungsverkehr über das Netz des Zentralbanksystems abwickeln und sich bei der Zentralbank refinanzieren (→ Refinanzierung).

duale Entscheidungshypothese

von R. Clower 1965 formulierte →Hypothese, wonach in Unterbeschäftigungssituationen i.Ggs. zu den üblichen Annahmen zur Ableitung der Nachfragfunktion (→Nachfragetheorie des Haushalts) eines privaten Haushalts (→Haushalt, 1.) nicht mehr nur die →Budgetgleichung Restriktion für den Entscheidungsspielraum bei der Güternachfrage ist. Dieser Fall tritt ein, wenn der Haushalt nicht das gemäß seinen →Präferenzen über →Konsumzeit (t^C) und Arbeitszeit (t^L) mögliche →Einkommen (y^*) erzielen kann, welches $y^* = (t^{ges} - t^{C*}) \cdot l^L$ betragen würde, wenn l^L der Lohnsatz und t^{ges} die ihm insgesamt zur Verfügung stehende Zeit ist. Kann der Haushalt nicht die gewünschte Arbeitszeit $(t^{L*}) : t^{L*} = t^{ges} - t^{C*}$ am →Markt unterbringen, weil die Nachfrage nach Arbeit zu gering ist (Unterbeschäftigung), tritt neben die Budgetgleichung die Bedingung: $y < y^*$, da $t^{ges} - t^C < t^{L*}$. Nach der d. erscheint dann auf dem →Gütermarkt nicht die vom Haushalt beabsichtigte Güternachfrage. Auf dem → Arbeitsmarkt existiert eine negative Überschussnachfrage, womit das → Walras-Gesetz nicht mehr gilt. Die d. ist - neben anderen - eine der Besonderheiten in der →Neuen Makroökonomik.

Duales System Deutschland GmbH (DSD)

angesichts der begrenzten Beseitigungsmöglichkeiten von Abfall ist die Entstehung von Abfall zu vermeiden und entstandene Rückstände sind einer Verwertung zuzuführen. Da Verpackungen einen hohen Anteil an Rückständen haben, wurde 1991 eine Verordnung erlassen, die Hersteller und Vertreiber Rücknah-

meverpflichtungen für in Umlauf gebrachte Verpackungen auferlegt (Verpackungsverordnung). Danach sind bestimmte Materialien in stofflich verwertbare Qualität auszusortieren und zu erfassen, stofflich nicht verwertbare Sortierreste sind den Trägern der öffentlichen Abfallentsorgung zu überlassen („duale" Entsorgung). Befreiung von der Rücknahmepflicht ist möglich, wenn sich Hersteller und Vertreiber von Verpackungen an einem System beteiligen, das flächendeckende und regelmäßige Abholung gebrauchter Verpackungen beim Endverbraucher sicherstellt. Dafür wurde 1990 vom Handel, der Verpackungswirtschaft und den Vormaterialienherstellern das D. mit Sitz in Bonn gegründet. Da alle in das System einbezogene Verpackungen durch einen grünen Punkt gekennzeichnet sind, wird vom „grünen Punkt" gesprochen. Die teilnehmenden Hersteller od. Vertreiber bringen auf ihre Verpackungen einen grünen Punkt an und haben dafür Entgelt an D. zu zahlen. D. sorgt für die Erfassung und Verwertung der Verpackungen nach gesetzlich vorgegebenen Anforderungen. Ökonomisch problematisch sind am D. die politisch vorgegebenen Sortier- und Verwertungsquoten, der Zwang zur stofflichen Verwertung sowie die Monopolstellung bestimmter Gruppen, so z.B. die der Entsorger od. der von den Packmittelhersteller gegründeten Verwertungsgesellschaften für bestimmte Materialien.

Duldungspflichten

⇒property rights
durch Gesetz, Gewohnheit, Sitte, Moral und Macht begründete Pflicht der → Wirtschaftssubjekte, von anderen Wirtschaftssubjekten ausgelöste → external diseconomies in Grenzen zu dulden, verbunden mit dem Recht, bei Überschreiten dieser Grenzen sich zur Wehr zu setzen. S. auch → Handlungsrecht, — Theorie der property rights.

Duldungsrechte

⇒property rights
in der →Theorie der property rights Bezeichnung für die durch Gesetz, Gewohnheit, Macht, Sitte und Moral

begründeten Rechte, die den Verfügungsbereich des einzelnen hinsichtlich Aneignung, Nutzung und Übertragung von Ressourcen gegenüber anderen Personen begrenzen.

Dummy
⇒Bernoulli-Variable
⇒binäre Zufallsvariable
⇒dichotome Zufallsvariable
⇒Indikatorvariable
→ Zufallsvariable mit zwei möglichen Ausprägungen. Ihre Wahrscheinlichkeitsverteilung ist durch den Anteilswert (→Anteilswert, 2.) eindeutig bestimmt.

Dumping
räumliche Preisdifferenzierung (→monopolistische Preisdifferenzierung), bei der →Güter zu einem die →Selbstkosten des Importlandes od. auch den Inlandspreis unterschreitenden →Preis mit der Absicht, ausländische Konkurrenten zu verdrängen, exportiert zu werden. Da bei funktionsfähigen →Märkten D. →Arbitrage und somit einen Rückstrom exportierter Güter auslösen würde, wird sich das D. betreibende Land z.B. durch Importzölle (→Zolltheorie) schützen. Anlass für D. kann wirtschaftspolitischer Art sein, so z.B. dringender →Bedarf an →Devisen od. Vermarktung von inländischen Angebotsüberschüssen (z.B. Agrarprodukte), ohne die Preise für die Produzenten zu senken, aber auch einzelwirtschaftlicher Art, z.B. Eroberung eines Auslandsmarktes od. Erzielung eines Deckungsbeitrages zu den fixen Kosten (→ Kosten), weil der Inlandsmarkt bei Absatz zu Fixkosten nicht aufnahmefähig genug ist.
D. wirkt im Importland bei Konsumgütern (→Güter) wie eine →Subvention an die Käufer, bei → Produktionsmitteln führt D. zu sinkenden Produktionskosten. Die Wirkungen des D. im Exportland können sehr unterschiedlich sein, so sind höhere aber auch niedrigere Inlandspreise denkbar; letztere wg. besserer Auslastung der →Kapazitäten.
Defensives D. liegt vor, wenn Verluste hingenommen werden, um einen bestimmten Markt gegen aggressive Einführungspreise zu halten. Angebote von Produzenten aus Ländern des →Come-

con unter deren Selbstkosten wird als *planwirtschaftliches* D. bezeichnet; Beispiel: sowjetische Transportleistungen auf der Donau od. auf dem Rhein. Absichtliche Unterbewertung einer Währung ist *Valuta*-D. Sie verbilligt Exportgüter auf fremden Märkten. Von *Sozial*-D. od. *Steuer*-D. wird gesprochen, wenn Länder, z.B. aufgrund von geringen Löhnen (Entwicklungsländer) od. Steuersätzen, ihren Wettbewerbsvorteil wahrnehmen und deswegen die Preise im Importland unterbieten.
Vor dem Ersten Weltkrieg wurde D. häufig praktiziert. In der →EG und durch → GATT ist D. verboten. Zur D.-abwehr ist nach GATT Anti-D.-Zoll erlaubt und wird in der EG angewandt. Seit neuerem wird der Anlass zur Anti-D.-verfahren dadurch umgangen, dass die Ausfuhrländer Einzelteile, z.B. in die EG, normalverzollt einführen und diese dann an Ort und Stelle zu Konsum- und Investitionsgütern (→Gut) in sog. „Schraubenzieher-Fabriken" montieren.

Duopol
⇒Dyopol
quantitative Komponente der →Marktform mit nur zwei Anbietern auf einem → Markt. In Abhängigkeit von den Modellannahmen zu den Verhaltensweisen ergeben sich unterschiedliche Preisbildungen (→Preisbildung).

Duration
mittlere Bindungsdauer einer festverzinslichen Geldanlage, z.B. für ein Wertpapier. D. wird als gewichtete Summe über die Zeitspannen ermittelt, die jeweils zwischen dem Kauf und einer als Zins- od. Tilgungszahlung erfolgenden Kapitalfreisetzung. Ist ein zuverlässiger →Indikator für die Zinsempfindlichkeit eines →Wertpapiers, da diese grundsätzlich linear mit wachsender Kapitalbindungsdauer zunimmt. D. macht somit Aussagen zur Abschätzung der Zinsänderungsrisiken und dient deshalb neben der Effektivrendite (→effektiver Zins) als Entscheidungskriterium bei der Auswahl von festverzinslichen Wertpapieren. Wird in jüngster Zeit von →Banken verstärkt zur Bestimmung risikomindernder Anlagestrategien empfohlen.

Durbin-Watson-Test

ist ein Test auf →Autokorrelation der Störgröße (→Regressionsanalyse) einer Regression von Zeitreihenvariablen (→Zeitreihenanalyse). Mit den Störgrößen und der Regressionsschätzung wird ein autoregressiver Ansatz erster Ordnung gebildet

$$u_t = a_0 + a_1 \cdot u_{t-1} + v_t$$

und die Hypothese $H_0 : a_1 = 0$ getestet. Die Testvariable (Durbin-Watson-Koeffizient) lautet:

$$d_w = \frac{\sum_{t=2}^{N} (u_t - u_{t-1})^2}{\sum_{t=1}^{N} u_t^2}.$$

Für lange Zeitreihen (N sehr groß) gilt approximativ:

$$d_w \approx 2 \cdot (1 - a_1).$$

Je näher d_w bei dem Wert 2 liegt, um so sicherer kann die Autokorrelation ausgeschlossen werden. Der Durbin-Watson-Koeffizient ist nach unten (oben) durch den Wert 0 (4) bei maximaler positiver (negativer) Autokorrelation begrenzt. Zwischen den Grenzwerten 2 und 0 (bzw. 4) besteht ein Bereich der Unsicherheit für eine Ablehnung od. Annahme der Autokorrelation, dessen Größe und Lage von der vorgegebenen Irrtumswahrscheinlichkeit, der Zeitreihenlänge und der Anzahl der Zeitreihenvariablen abhängig ist.

durchlaufende Kredite

→ Banken zweckgebunden zur Verfügung gestelltes →Geld zur Gewährung von →Krediten, für die der Einleger, i.d.R. ein öffentlicher Haushalt (→Haushalt, 3.) die Konditionen festlegt.

Durchsatz

Größe zur Messung des Materialflusses, bei der die geflossenen Materialmengen auf die Zeit bezogen werden.

Durchschnitt

→arithmetisches Mittel.

durchschnittliche Abweichung

→Abweichung.

durchschnittliche Fixkosten

→Kosten.

durchschnittliche Konsumquote

Verhältnis von Konsumsumme (C) und verfügbarem Volkseinkommen (Y_v). Vgl. →Konsumtheorie.

durchschnittliche Kosten

→Kosten.

durchschnittliche Lebenserwartung

Anzahl von Jahren, die eine Person vorgegebenen Alters aufgrund der bekannten Sterblichkeit der Bevölkerung durchschnittlich noch leben wird.

durchschnittlicher Skalenertrag

→Skalenertrag.

durchschnittliche Sparquote

Verhältnis von Sparsumme (S) und verfügbarem Volkseinkommen (Y_v).

durchschnittliche totale Kosten

⇒Durchschnittskosten
⇒Stückkosten
→Kosten.

durchschnittliche variable Kosten

→Kosten.

durchschnittliche Wachstumsrate

→Wachstumsrate.

Durchschnittsausgabe

in der →Nachfragetheorie des Haushalts die Relation von →Ausgaben für Konsumgüter (A) und nachgefragter Gütermenge (q^d): $\frac{A}{q^d}$. D. ist gleich dem Durchschnittspreis (p), da für die Ausgabe gilt: $A = p \cdot q^d$. Die Kurve der D. ist gleich der Nachfragekurve.

Durchschnittsbewertung

→Gruppenbewertung.

Durchschnittserlös

→Erlös.

Durchschnittsertrag

→Ertrag.

Durchschnittskosten
=>durchschnittliche totale Kosten
=>Stückkosten
→Kosten.

Durchschnittsnettoprodukt
=>Grenzertragsprodukt
=>Grenzertragswert
=>Wertgrenzprodukt
Produkt aus → Grenzproduktivität des

Faktors ($\frac{\partial O}{\partial v}$) und Produktpreis (p):

$p \cdot \frac{\partial O}{\partial v}$.

Gibt die monetär bewertete Produktionsleistung einer geringen Faktormengenänderung an. Ist im Gewinnmaximum (→ Gewinnmaximierung) der →vollständigen Konkurrenz gleich dem Faktorpreis, was bedeutet, dass der Faktoranbieter den Faktorertrag vollständig erhält. S. → Grenzproduktivitätstheorie.

Dynamik der Betriebsformen
von M. P. McNair 1931 und R. Nieschlag 1972 aufgestelltes Konzept einer typischen Abfolge von Entwicklungsphasen für neue Betriebsformen im Handel. Wird von J. Bidlingmaier 1974 mit dem Einwand kritisiert, die Betriebsformendynamik zur unabhängigen Variablen (→ Variable) und die Unternehmenspolitik zur abhängigen Variablen (→Variable) zu machen.

dynamische Analyse
=>Dynamik
bezeichnet Art des analytischen Vorgehens, bei der Prozesse zwischen →Gleichgewichtssituationen od. zeitliche Veränderungen ökonomischer Größen untersucht werden. Die d. ist formal durch die Zeitabhängigkeit der Modellgrößen gekennzeichnet (Zeitindices, → lags, →leads), so z.B. beim →Akzeleratorprinzip, wo die Investition einer bestimmten Zeitperiode (I_t) von der → gesamtwirtschaftlichen Güternachfrage (Y^D) der Vorperio-de (t-1) abhängig ist:

$I_t = f(Y^D_{t-1})$. Andere Analysearten sind → Statik und →komparative Statik.

dynamische Differentialeinkommen
=>windfall gains
=>windfall profits
i.d.R. zeitlich begrenzte →Einkommen, die Unternehmen (→Betrieb, I.) aufgrund „zufälliger", nicht vorhersehbarer Änderungen (deswegen: windfall gains) auf den →Güter- und →Faktormärkten i.Ggs. zu den hauptsächlich leistungsbedingten und dauerhaften →statischen Differentialeinkommen erzielen. Ursache für ihr Entstehen kann z.B. Änderung in der Struktur der → gesamtwirtschaftlichen Güternachfrage bei unverändertem → Volkseinkommen od. steigendes Volkseinkommen, das auf den Güter- und Faktormärkten ein unterschiedliches Wachstum der Nachfrage bewirkt, sein. d. lösen wg. relativ höherer Entlohnung Faktorwanderungen sowie Tendenzen zum Ausgleich der Faktorpreisunterschiede aus. Sind Elemente eines →funktionsfähigen Wettbewerbs.

dynamische Rente
Ausdruck für die mit Gesetz für die → Rentenversicherungen der Arbeiter und Angestellten vom 23.2.1957 sowie der knappschaftlichen Rentenversicherung vom 21.5.1957 festgelegte →Rentenformel, nach der die Rentenhöhe nicht nur von persönlichen Faktoren wie Bruttoarbeitsentgelt und Zahl der anrechnungsfähigen Versicherungsjahre, sondern auch vom Anstieg der durchschnittlichen Bruttoarbeitsentgelte der in der Rentenversicherung Versicherten abhängig ist (Dynamisierung der Renten). Neurenten werden im Zeitpunkt der Rentenfestsetzung automatisch an die Entwicklung der Gehälter und Löhne jährlich - im Mittel eines dreijährigen Zeitraumes vor dem Kalenderjahr der Rentenzahlung - angepasst. Bei Bestandsrenten erfolgt Anpassung durch gesonderten Beschluss des Gesetzgebers. Durch die d. werden Rentner genau wie die noch →Erwerbstätigen an der Entwicklung des →Sozialprodukts beteiligt, vor Einkommensverlusten durch → Inflation geschützt und ihr Lebensstandard, den sie sich während ihres Berufslebens erworben haben, erhalten. Die d. ist ein in aller Welt bekanntes und beispielhaftes Alterssicherungssystem.

Seit 1977 erfolgen Rentenanpassungen unabhängig von der tatsächlichen Lohnentwicklung durch politische Entscheidung. Da Renten i.d.R. abgabenfreie → Einkommen sind und die →Bruttoeinkommen der Erwerbstätigen aufgrund der →Steuerprogression bei Inflation zunehmend mit Abgaben belastet sind, wuchsen von 1962 bis 1982 die Renten stärker als die Nettoeinkommen. Aus diesem Grunde und um die finanzielle Situation der gesetzlichen Rentenversicherung zu verbessern, wurde die Rentenanpassung ab 1983 vom 1.1. auf den 1.7. eines Jahres verschoben und die Rentner stufenweise am Beitrag für ihre →Krankenversicherung beteiligt. Seit der Reform 1992 werden die Renten nicht mehr dem Anstieg der Brutto-, sondern dem der Nettoeinkommen - und dies nicht i.d.R. in gleichem Maße - angepasst.

dynamischer Wettbewerb
1. bezeichnet in der Preistheorie (→Preisbildung) und →Wettbewerbstheorie im Unterschied zum Marktgeschehen und

Marktergebnis der →vollständigen Konkurrenz, dem statischen Gleichgewicht (→Gleichgewicht, →statische Analyse), den dynamischen Wirtschaftsprozess von Vorstoß und Verfolgung (→workable competition).
2. Kennzeichnung von Wettbewerbshandlungen. Ändern Konkurrenten innerhalb eines Beobachtungszeitraumes zumindest einen, u. zw. denselben →Aktionsparameter (→Preis, Produkt, o.a.), besteht d. auf dem →Markt i.Ggs. zum stationären Wettbewerb mit Konstanz der Aktionsparameter.
3. insbesondere in der Absatzwirtschaft die Antriebskraft für die vier Phasen des Lebenszyklus eines Produktes: Experimentierung od. Einführung, Expansion od. Durchdringung, Reife, Stagnation od. Degeneration.

Dynamisierung der Arbeitslosigkeit
→Arbeitslosigkeit.

Dyopol
⇒Duopol.

E

EAGFL
Abk. für: →Europäischer Ausrichtungs-
und Garantiefonds für die Landwirtschaft.

easy money policy
wörtlich: Politik des leichten Geldes. →
Geldpolitik, die durch Zinssenkung und
Erhöhung der →Liquidität der →Banken
die Kreditaufnahme (→Kredit) und damit die wirtschaftliche Aktivität anregen
will. Wurde in den 30er Jahren in USA
und Deutschland sowie besonders nach
Ende des Zweiten Weltkrieges betrieben.
e. kann nur bei einer elastischen, aber
nicht unendlich elastischen Geldnachfrage (→Elastizitäten, →Geldnachfragetheo-
rie) und optimistischen Erwartungen der
Unternehmen (→ Betrieb, I.) wirksam
sein, ruft meistens inflationäre Entwicklungen (→Inflationstheorie) hervor. e. ist
vornehmlich Ausdruck → keynesianischer Theorie, wonach sie zur Sicherung
hoher →Beschäftigung eine ausreichende
→gesamtwirtschaftliche Güternachfrage
schaffen soll.

EBRD
Abk. für: European Bank for Reconstruction and Development, → Europäische
Bank für Wiederaufbau und Entwicklung, auch kurz: Osteuropa-Bank.

ECA
Abk. für: Economic Cooperative Administration, s. →Marshallplan.

Echo-Effekt
⇒Reinvestitionszyklus
modellendogener Erklärungsversuch (→
Modell) über die Ursache der periodischen und persistenten Wirtschafts-
schwankungen in der älteren →
Konjunkturtheorie aufgrund rhythmisch
auftretender → Ersatzinvestitionen gemäß der Lebensdauer von Produktionsanlagen. Der E. entspricht nicht dem
flexiblen Investitionsverhalten der Unternehmen (→Betrieb, I.). Das Volumen
der Ersatzinvestition ist zu gering, um ihnen die Bedeutung des E. beizulegen. Ist

in der modernen Konjunkturtheorie
ohne Belang.

echtes Factoring
⇒old-line-factoring
→Factoring.

Ecklohn
tariflicher Stundenlohn eines normalen
Facharbeiters. Bildet die Grundlage für
Zu- od. Abschläge anderer Lohngrup-
pen: Ungelernte, Angelernte, qualifizierte Angelernte. In tariflichen Lohnverhandlungen wird i.d.R. nur um den E.
gekämpft und dieser dann festgelegt.

ECOFIN-Rat
das zentrale Gremium der Wirtschafts-
und Finanzminister der an der →Wirt-
schafts- und Währungsunion teilnehmenden Länder mit der Aufgabe, die
allgemeine →Wirtschaftspolitik zu koordinieren, da außer der →Geldpolitik, für
die das →Europäische System der →Zen-
tralbanken zuständig ist, die →Finanz-
und Lohnpolitik in nationaler Verantwortung verbleibt. E. hat auch Entscheidungskompetenz, z.B. im Falle von
übermäßigen Haushaltsdefiziten über
die dann fälligen unverzinslichen →Ein-
lagen bzw. Geldbußen an die →EU od.
über Änderungen des →Wechselkurses
von EU-Währungen.

economies of density
sinkende totale Durchschnittskosten (→
Kosten) bei gegebener →Betriebsgröße.

economies of scale
⇒Skalenerträge.

economies of scope
⇒Verbundvorteil
Ertragsvorteile in Form geringeren Fak-
torverbrauchs in → Mehrproduktunternehmen durch → Kuppelproduktion
anstelle der einzelnen Erzeugung jedes
Produktes. Voraussetzung ist, dass einige → Produktionsfaktoren für mehrere
Produkte zu verwenden sind.

economies of size
sinkende Durchschnittskosten (→Kosten) bei Variation der →Betriebsgröße.

ECU
1. Abk. für: European Currency Unit seit 1979 die europäische Währungseinheit im → Europäischen Währungssystem, die aus einem „Korb" aller Währungen der EG-Mitgliedsländer besteht. Seit dem Maastricht-Vertrag beträgt 1 DM = 0,6242 E. od. 1 E. = 1,95559 DM. Es gelten 1997 folgende Anteile: DM 31,9%, Französischer Franc 20,1%, Pfund Sterling 12,5%, Holländischer Gulden 10,0%, Italienische Lira 7,8%, Belgischer Franc 8,2%, Luxemburgischer Franc 0,3%, Dänische Krone 2,7%, Irisches Pfund 1,1%, Griechische Drachme 0,5%, Spanische Peseta 4,2%, Portugiesischer Escudo 0,7%. Löste die →ERE und →EWRE ab. Wird täglich von den →Zentralbanken für die jeweilige Landeswährung aufgrund ihres → Wechselkurses zum US-Dollar festgestellt. Der E. wird in allen Tätigkeitsbereichen der EU benutzt. In der Bundesrepublik ist seit Juni 1987 private Verwendung der E. im gleichen Umfang wie eine Fremdwährung zugelassen, jedoch kann kein E.-Bargeld zu Lasten von E.-Konten abgehoben werden. E. endete mit Beginn der 3. Stufe der →Wirtschafts- und Währungsunion und lautet seitdem auf →EURO.
2. Französische Goldmünze, erstmals 1266.

Edinburgh-Regel
von J. Mill aufgestellte Regel für die Besteuerung, nach der die relative ökonomische Situation der Besteuerten nicht verändert werden soll. E. widerspricht dem Prinzip der Besteuerung nach der Leistungsfähigkeit (→ Finanzwissenschaft, 3., a)) wie auch einer Berücksichtigung des Nutzens, der durch öffentliche Ausgaben (→Ausgaben, I, 3.) entsteht.

Edgeworth-box
→bilateraler Tausch, 2.

Edgeworth-Paradoxon
⇒Edgeworth-Steuerparadoxon
von F. Y. Edgeworth aufgezeigter Sonderfall, dass eine →Steuer, die auf ein

Produkt eines →Monopolisten, der zwei komplementäre od. substitutive Güter (→ Güter) anbietet, gelegt wird, nach erfolgter Marktanpassung nicht zu einer Preiserhöhung, sondern zu einer Preissenkung u. zw. beider Produkte führen kann. Edgeworth argumentierte mit dem Transportangebot einer Eisenbahn für Erste-Klasse- und Dritte-Klasse-Passagiere, wobei der Bruttoertrag des Transports Erste-Klasse-Passagiere mit einer Wertsteuer belegt wird. H. Hotelling hat nachgewiesen, dass im Falle →verbundener Produktion und →Wettbewerb das gleiche Ergebnis eintreten kann.

Edgeworth-Steuerparadoxon
⇒Edgeworth-Paradoxon.

EDV
→automatische Datenverarbeitung.

EEF
Abk. für: →Europäischer Entwicklungsfonds.

Effekten
bankrechtlicher Begriff für fungible (→ Fungibilität) →Wertpapiere, die 1. an der →Börse frei gehandelt werden, 2. der Kapitalanlage dienen, 3. einen wiederkehrenden Anspruch auf Ertrag verbriefen. In der Praxis wird nach der Art der verbrieften Rechte unterschieden in: 1. *Gläubiger*-E. od. Renten, so z.B. →Anleihen, → Obligationen, →Pfandbriefe u.a. Sie enthalten eine Vereinbarung über laufende Zinszahlung und Verpflichtung des Schuldners zur Rückzahlung des →Darlehens an den Gläubiger. Zeitliche und mengenmäßige Steuerung der →Emissionen für den Rentenmarkt betreibt der → Zentrale Kapitalmarktausschuss. 2. *Teilhaber*-E. od. →Aktien, da der Erwerber Miteigentümer an der Gesellschaft wird. Hierzu gehören auch →Kuxe und Investmentanteile (→ Investmentgesellschaften).

Keine E. sind Wertpapiere des →Zahlungsverkehrs wie z.B. →Banknoten, → Schecks, →Wechsel sowie nicht fungible Wertpapiere wie →Hypotheken, →Sparkassenbriefe, Schuldscheine (→ Schuldscheindarlehen), da sie nicht vertretbar sind.

Effektenmarkt
→Kapitalmarkt.

effektiver Zins
⇒Rendite
i.Ggs. zum Nominalzins (i) der tatsächliche →Zins (i^{eff}). Errechnet sich z.B. für ein 4%iges-Wertpapier im Nennwert von Euro 100,-, das zum →Kurs (K) von Euro 120,- bzw. Euro 80,- gekauft wurde:

$$i^{eff} = \frac{i}{K} \cdot 100.$$ Der e. beträgt also 3,3%

bzw. 5%, d.h. der e. verhält sich reziprok zum Kurs. In der → Keynesianischen Theorie gibt er die Opportunitätskosten (→Kosten) der Geldhaltung an (→Geldnachfragetheorie).

Efficient Consumer Response
ganzheitlich integrierte Steuerungs- und Rationalisierungskonzepte der Warenfluss- und Informationsprozesse zwischen Herstellern und Handel mit dem Ziel, die →Produktion der Konsumentennachfrage optimal anzupassen.

Effizienzkurve
⇒*Kontraktkurve.*

Effizienzlohnhypothese
in den 80er Jahren formulierte Richtung von Arbeitsmarkttheorien (→ Arbeitsmarkt) mit dem Grundgedanken, dass die durchschnittliche →Arbeitsproduktivität einer Unternehmung (→Betrieb, I.) vom gezahlten →Lohn abhängig ist. Daraus folgt, Unternehmen werden selbst bei → Arbeitslosigkeit die Löhne nicht senken, weil eine Lohnsenkung nicht zu geringeren Arbeitskosten pro Produkteinheit führen muss. Damit liefert die E. eine mikroökonomische (→Mikroökonomik) Begründung der keynesianischen Lohnrigidität (→ Lohnstarrheit). Es ist zwischen der *absoluten* E. und den relativen E. zu unterscheiden. Erstere erklärt eine höhere Effizienz der Arbeiter in Entwicklungsländern durch höhere Löhne, die zu besserer Ernährungssituation und Arbeitsleistung führen. Für Industrieländer ist diese ohne Relevanz. Die *relativen* E. betonen die Bedeutung des Unterschiedes zwischen aktuellem Lohn und alternativen Verdienstmöglichkeiten,

z.B. Löhne in anderen Unternehmen, bei unvollkommener Information der →Arbeitsnachfrage. Hier kann das Problem der →adversen Selection auftreten. Nutzen die Beschäftigten den Informationsmangel des →Arbeitgebers aus, so wird von „moralischem Risiko" gesprochen. E. kann → Gleichgewicht bei Unterbeschäftigung (→ Unterbeschäftigungsgleichgewicht) wie auch nicht einheitliche Löhne für Gleichgewichtssituationen auf dem Arbeitsmarkt erklären. Existieren in verschiedenen Industrien unterschiedliche Relationen zwischen Lohn und Arbeitsproduktivität, wird es im Marktgleichgewicht unterschiedliche Löhne und folglich solche auch für gleiche Arbeitsqualitäten geben. Schwäche der E. ist die Vernachlässigung anderer Faktoren, die neben dem Lohn bzw. anderen Einkommensmöglichkeiten die Arbeitsproduktivität beeinflussen, z.B. Arbeitsplatzsicherung.

EFT-System
Abk. für: →Electronic Funds Transfer.

EFTA
Abk. für: European Free Trade Association (Europäische Freihandelszone) mit Sitz eines Sekretariates in Genf. 1960 als Gegenentwicklung zur →EWG von Dänemark, Großbritannien, Norwegen, Österreich, Portugal, Schweden und Schweiz gegründet mit späteren Beitritt von Island (1970) und Finnland (1985). 1973 Austritt Großbritanniens und Dänemarks wg. Beitritt zur →EG. Die Mitgliedsländer behielten i.Ggs. zur EG ihre handelspolitische Selbstständigkeit. Bis 1977 wurden →Zölle für Industriegüter und z.T. für Agrarprodukte zwischen E. und EG beseitigt. Für den Handel zwischen E.-Staaten besteht Verbot von Ausfuhrzöllen sowie für mengenmäßige Einfuhrbeschränkungen. In der Wirtschafts- und Finanzpolitik existiert lose Zusammenarbeit. Seit 1.1.1994 besteht für die EG und E. der Europäische Wirtschaftsraum (EWR) (→EG) mit 380 Mio Verbrauchern. Übernahme der EG-Regeln mit z.T. Übergangsfristen und Ausnahmen (z.B. Agrarpolitik) wurde vereinbart. Österreich, Schweden, Finnland sind 1995 der EU (→ EG) beigetreten. Die

Schweiz hat sich gegen die Teilnahme am EWR entschieden, so dass nur noch Island, Liechtenstein, Norwegen und Schweiz die E. bilden. E. hat mich anderen Staaten Kooperations- und Freihandelsabkommen geschlossen.

EFWZ
Abk. für: Europäischer Fonds für währungspolitische Zusammenarbeit.

EG seit 1.11.1993 EU
Abk. für: Europäische Gemeinschaften, auch Europäische Gemeinschaft, Europäische Union
umfasst seit 1.7.1967 die →Europäische Wirtschaftsgemeinschaften (EWG), →Europäische Gemeinschaft für Kohle und Stahl (EGKS, Montanunion) und Europäische Atomgemeinschaft (EURATOM).

Entstehung und Entwicklung: Auf Initiative des französischen Außenministers Schumann schlossen Belgien, Bundesrepublik Deutschland, Frankreich, Italien, Luxemburg und Niederlande 1951 den Vertrag zur Gründung der Montanunion (Pariser Vertrag) und übertrugen zum ersten Mal nationale Hoheitsrechte, hier über die Produktion von Kohle und Stahl, einer internationalen Behörde. 1957 schlossen diese Staaten einen Vertrag (Römische Verträge) zur Gründung der →EWG und EURATOM mit dem Ziel, die europäische Integration auf weitere wirtschaftliche Bereiche auszudehnen, sowie der politischen Intention, die ‚Vereinigten Staaten von Europa‘ zu schaffen. 1973 traten Großbritannien, Dänemark und Irland, 1981 Griechenland, für das erst ab Januar 1988 das Recht der EG vollständig - auch die Freizügigkeit der →Arbeitnehmer - gilt, 1986 Spanien und Portugal bei, für die Ende 1992 die Übergangszeit ablief. Die 1986 in Luxemburg unterzeichnete „Einheitliche Europäische Akte" sah eine Änderung der Verträge über die E. mit dem Ziel vor, Stärkung und Weiterentwicklung der E., Zusammenarbeit in der Außenpolitik, Vollendung des Binnenmarktes bis 1992 insbesondere durch Anwendung von Mehrheitsentscheidungen in bestimmten Bereichen. Durch den Vertrag von Maas-

tricht wurde mit Wirkung vom 1.11.1993 die EU begründet. Sie besteht aus 3 Säulen: der weiter fortbestehenden EU einschließlich ihrem gesamten bisherigen Rechtsbestand mit der angestrebten Wirtschafts- und Währungsunion (WWU) der neuen Sicherheitspolitik; der neuen Zusammenarbeit der Innen- und Rechtspolitik. Nur die EG besitzt Rechtspersönlichkeit, nicht aber die EU. Mit 1.7.1990 ist die erste Stufe der WWU in Kraft getreten. Mit dem 1.1.1995 sind Finnland, Österreich und Schweden der EU beigetreten. Von etlichen Ländern liegen Beitrittsanträge vor. Im Masstricht-Vertrag (1993) wurde vereinbart, bis spätestens zum 1.1.1999 eine WWU zu errichten. Die EU-Kommission und das → EWI empfehlen 1998, dass 11 Länder diese dritte Stufe der WWU zum vorgesehenen Termin beginnen und den →EURO einführen. Im Dezember 1994 wurde die Aufnahme von ‚strukturierten‘ Beziehungen zu osteuropäischen Staaten beschlossen. Zunächst wurden Polen, Ungarn und die Tschechische Republik aufgenommen. Später sind die drei baltischen Staaten sowie Rumänien und Bulgarien hinzugekommen.

Ziel: Errichtung eines gemeinsamen europäischen →Marktes mit zollfreiem Warenverkehr, Niederlassungsfreiheit und Freizügigkeit der Arbeitnehmer, schrittweise Annäherung der Wirtschaftspolitik (s. →ECOFIN), Förderung des Wirtschaftswachstums (→Wirtschaftswachstumstheorie, 1.) und engerer Beziehungen zwischen den Mitgliedsländern und politische Integration als ‚Vereinigten Staaten von Europa‘. Die 11 Mitgliedsstaaten werden eine einheitliche → Geld- und Wechselkurspolitik betreiben mit dem vorrangigen Ziel der Preisstabilität.

Organe: 1. Rat (Ministerrat, Sitz Brüssel): Eigentliches Entscheidungsorgan, dem von jeder Regierung der Mitgliedsstaaten Vertreter angehören; halbjährlich wechselnde Präsidentschaft. Seit 1975 tritt der Europäische Rat - die Staats- und Regierungschefs sowie der Präsident der Kommission, kein eigenständiges Organ - jährlich mehrmals zusammen, um der E. neue politische Anstöße zu geben und neue Ziele zu setzen. Seine Aufgaben sind: Die Rechtsetzung zu ihm von der Kommission vorgeschlagenen Rechtsakten, Kontrolle über die Tätigkeit der Kommission, Koordination der Wirtschaftspolitik der Mitgliedsstaaten und im Rahmen der EURATOM. 2. Kommission (Sitz Brüssel), seit dem Masstricht-Vertrag führt sie die Bezeichnung „Europäische Kommission": Besteht aus den von nationalen Regierungen ernannten Mitgliedern mit der Aufgabe, für die Vollziehung (Verwaltung des Haushalts (→Haushalt, 3.)) und Anwendung des Vertrages zu sorgen und Initiativen zur Entwicklung der E. zu ergreifen; hat in manchen Bereichen (→Zölle, →Agrarpolitik, Kohle, Stahl) hoheitsähnliche Befugnisse. 3. Parlament: Bis zur ersten Wahl 1979 wurden die Mitglieder ernannt; hat nur Beratungs- und Kontrollfunktion zur Arbeit der Kommission sowie weitgehende Haushaltsbefugnisse. Darf keine Gesetze initiieren und nicht die Exekutive wählen. Die 626 Abgeordneten werden auf fünf Jahre von den Bürgern der Mitgliedsstaaten gewählt. 4. Gerichtshof (Sitz Luxemburg): Hat das Recht, die Verträge bei ihrer Anwendung zu sichern. Er entscheidet mit unmittelbar verbindlicher Wirkung gegenüber Mitgliedsstaaten, Organen der E., nationalen Gerichten, →natürlichen und →juristischen Personen. 5. Rechnungshof (Sitz Luxemburg) seit 1977. Prüft die Recht- und Ordnungsmäßigkeit der Haushaltsführung.

Finanzen: Ca. 50% der →Ausgaben entfallen auf die Landwirtschaft. →Einnahmen bestehen aus autonom erhobenen Zöllen und →Abschöpfungen im Handel mit Drittstaaten, seit 1975 einen die wirtschaftliche Leistungsfähigkeit der Mitglieder berücksichtigenden Anteil an den Einnahmen der →Mehrwertsteuer der Mitgliedsländer und seit 1988 Eigenmittel in Höhe bis zu 1,2% des E.-Bruttosozialprodukts (→Sozialprodukt). Seit 1980 finanziert sich die E. vollständig aus eigenen Einnahmen.

Wirtschaft und Währung: Die nationalen Rechte in den Außenwirtschaftsbeziehungen sind an die E. abgegeben. Seit 1968 ist die Zollunion verwirklicht. Auf internationalen Handelskonferenzen wird einstimmig votiert, so z.b. bei Lomé I bis IV od. bei Assoziationsabkommen wie auch bei den Zollpräferenzabkommen mit Entwicklungsländern, die nicht am Lomé-Abkommen beteiligt sind. Die 1969 auf der Haager Gipfelkonferenz beschlossene Errichtung einer Wirtschafts- und Währungsunion, deren Erreichen im akzeptierten Werner-Plan 1970 detailliert wurde, sollte 1980 vollendet sein. Wesentliche Grundlagen des Gemeinsamen Marktes wurden bereits geschaffen: so die Freiheit des Warenverkehrs, der Niederlassung und des Dienstleistungsverkehrs, mit Einschränkungen für die Länder Spanien, Irland, Griechenland und Portugal auch des →Kapitalverkehrs sowie Freizügigkeit der Arbeitnehmer. Fortschritte konnten in der Rechtsangleichung erzielt werden. 1987 trat die Einheitliche Europäische Akte in Kraft. Nach ihr entstand bis Ende 1992 ein Binnenmarkt, in dem der freie Verkehr von Waren, Dienstleistungen (→Gut), Personen und →Kapital sowie die freie Niederlassung von Unternehmen (→Be-trieb, I.) zu gewährleisten ist. Am 1.7.1990 begann *die erste Stufe der Europäischen Wirtschafts- und Währungsunion*, als eine Annäherungsphase für die nationalen Wirtschaftspolitiken. Am 1.1.1994 begann die *zweite Stufe* mit dem Ziel, bisher getroffene Maßnahmen zu konsolidieren und die Schaffung einer Europä-ischen Zentralbank vorzubereiten. Diese soll in voller Unabhängigkeit die →Geldpolitik betreiben. Dazu wurde das → Europäische Währungsinstitut (EWI) mit Sitz in Frankfurt a.M. gegründet. Die Finanzierung öffentlicher Defizite durch →Zentralbanken ist nicht mehr zugelassen. Die Mitglieder sind zu größtmöglicher Haushaltsdisziplin angehalten. Zur Überwindung ökonomischer und sozialer Disparitäten zwischen den Mitgliedsstaaten wurde ein Struktur- und →Kohäsionsfonds errichtet. Die *dritte Stufe* endete mit dem Übergang zu →festen Wechselkursen und mit dem Start der Europäischen Zentralbank. Die Einführung der einheitlichen Währung →Euro, die einheitliche Geldpolitik und die unwiderrufliche Festschreibung der Umrechnungskurse erfolgte zum 1.1.1999.

E. und →EFTA haben ab 1993 den Europäischen Wirtschaftsraum (EWR) geschaffen. Danach verbleiben die →EFTA-Länder außerhalb der E.-gemeinschaft bei gewissem Mitspracherecht an E.-entscheidungen und einer für beide Seiten verschiedentlich eingeschränkten Freizügigkeit (z.B. für Personen od. Fahrzeuge).

Egalitätsprinzip

Zuteilungsnorm in der Diskussion verteilungspolitischer Ziele, z.B. Gleichverteilung von →Einkommen. Unterschiede in →Bedarf und →Leistung sowie individuelle Freiheit kollidieren mit dem E.

EGKS

Abk. für: → Europäische Gemeinschaft für Kohle und Stahl.

EG-Währungsausgleich

Ausgleichsmechanismus, der einheitliche Preise für landwirtschaftliche Produkte in der EG auch nach einer Wechselkursänderunges im EWS sicherstellt.

Ein wesentliches Merkmal der EG-Agrarpolitik sind einheitliche Preise in Form von garantierten →Mindestpreisen. Sie basieren auf den jährlich in →ECU festgelegten und dann in die nationale Währung umgerechneten Preisen. Wird die EWS-Währung gegenüber dem ECU z.B. aufgewertet (→Aufwertung), so sinken die EG-Garantiepreise im Aufwertungsland mit der Folge, dass Erlöse und →Einkommen der Landwirte sinken. Um dies zu vermeiden, gelten im Agrarsektor die alten Kurse zunächst als →grüne Paritäten weiter mit dem Ergebnis, dass zum einen die nationalen Agrarpreise unverändert bleiben, und zum anderen, dass Agrarimporte aus einem Abwertungsland beim Grenzübertritt im Aufwertungsland billiger als die heimischen Produkte werden, weil in faktisch geltenden Wechselkursen gerechnet wird. Für Agrarexporte des Aufwertungslandes tritt eine Verteuerung ein. Zur Vermeidung dieser Diskrepanzen erhebt das Aufwertungsland Abgaben auf Agrarimporte und gewährt →Subventionen auf Agrarexporte in Höhe des Aufwertungssatzes (positiver E.). Für das Abwertungsland gilt Entsprechendes (negativer

E.). Unter dem Aspekt der Ordnungspolitik (→ Theorie der Wirtschaftspolitik, 5.2., 5.3.) ist der gegenüber Produzenten anderer →Güter herausgehobene Schutz der Landwirte vor den Folgen von Wechselkursänderungen problematisch. Bis 1992 sollte der E. abgeschafft werden, was nicht geschehen ist.

Ehegattensplitting

Anwendung des →Steuertarifs auf das halbierte Gesamteinkommen eines Ehepaares und Verdoppelung des Ergebnisses ergibt die Gesamtsteuerschuld. Mit zunehmend ungleichen → Einkommen der Ehepartner steigt der Vorteil des E. Durch das E. soll insbesondere dem Prinzip der Leistungsfähigkeit (→Leistungsfähigkeitsprinzip) Rechnung getragen werden.

ehernes Lohngesetz

von F. Lassalle 1863 für politische Zwecke geprägte Bezeichnung der hauptsächlich von D. Ricardo formulierten Existenzminimumtheorie des Lohnes. e. sagt aus, dass der durchschnittliche (→ natürliche) Lohn für die Arbeit immer, d.h. langfristig, einem sozialen Existenzminimum entspricht, um den der tatsächliche Marktlohn schwankt. Zur Erklärung des langfristigen Arbeitsangebotes greift Ricardo auf die Bevölkerungslehre von Th. R. Malthus zurück: Ein den natürlichen Lohn übersteigender Marktlohn verbessert den Lebensstandard der Arbeiter und verringert die Kindersterblichkeit, so dass das Arbeitsangebot steigt mit der Folge sinkenden Marktlohnes. Im umgekehrten Fall eines unter dem natürlichen Lohn liegenden Marktlohnes sinkt das Arbeitsangebot wg. hoher Kindersterblichkeit mit der Folge steigenden Marktlohnes. Während das e. für Ricardo den Charakter eines Naturgesetzes hat, weil Gewinnstreben und Fortpflanzungsgewohnheiten der Menschennatur entsprächen, sieht Lassalle in ihm ein historisches Gesetz, weil Privateigentum sowohl Ursache der schlechten Lebenssituation der Arbeiter sei als auch Kennzeichen einer historischen Epoche. Da die Existenzminimumtheorie die Gesetzmäßigkeit der Lohnbildung nicht zu erklären vermag und die tatsächliche

Lohnentwicklung nicht den Annahmen des e. entspricht, ist dieses als nicht haltbar zu bewerten.

Eigenfinanzierung
⇒*Eigenkapitalfinanzierung.*

Eigenkapital
⇒Reinvermögen
1. in Geldwerten ausgedrückte Anteile der Unternehmer od. Gesellschafter am → Betrieb. Gegenüber dem →Fremdkapital ist E. mit bestimmten Herrschaftsrechten, z.B. Anspruch auf Gewinnbeteiligung, aber auch Pflichten, z.B. Verlustübernahme, ausgestattet. Bei →Aktiengesellschaften spricht man von Beteiligungskapital, da das E. den außerhalb der Unternehmung (→Betrieb, I.) stehenden Aktionären gehört. Das bilanzielle (→Bilanz) E. setzt sich für eine Aktiengesellschaft zusammen aus:

$$
\begin{array}{ll}
 & \text{→Grundkapital} \\
- & \text{ausstehende →Einlagen auf das} \\
 & \text{Grundkapital} \\
+ & \text{Rücklagen} \\
+/- & \text{Bilanzgewinn/ -verlust} \\
\hline
= & \text{bilanzielles E.}
\end{array}
$$

2. seit Dezember 1989 gilt für →Banken in der EG eine an der →Bankenaufsicht orientierte →Definition für E. Danach müssen die Eigenmittel mindestens 8% der nach dem Risikograd gewichteten Aktivpositionen betragen. Dadurch soll das Ausfallrisiko begrenzt werden.

3. in der →Vermögensrechnung das Ergebnis aus →Sachvermögen und →Forderungen - →Verbindlichkeiten. S. auch → Kapital.

Eigenkapitalanteil
→Bilanzkennzahlen.

Eigenkapitalfinanzierung
⇒Eigenfinanzierung
bezeichnet die Deckung des Kapitalbedarfs (→Kapital) einer Unternehmung (→ Betrieb, I.) nach der Rechtsstellung der Kapitalgeber, die sich z.B. gegenüber der →Fremdkapitalfinanzierung in Haftung, Ertrags- und Vermögensanspruch, Berechtigung zur Unternehmensleitung,

zeitlichen Verfügbarkeit des Kapitals sowie Besteuerung unterscheidet. S. auch → Finanzierung, 1.

Eigenkapitalrentabilität
Kennzahl zur Ertragslage eines Unternehmens (→Betrieb, I.), bei der der Jahresabschluss auf das durchschnittliche → Eigenkapital bezogen wird. S. auch → Rentabilität, → Leverage-Effekt. Bezüglich der Verknüpfung mit E. mit →Return on Investment und Umsatzrentabilität s. →Return on Investment-Analyse.

Eigenpreiselastizität
⇒direkte Preiselastizität
⇒Nachfrageelastizität
⇒(ungenau) Preiselastizität
→Elastizitäten, →Amoroso-Robinson-Relation.

Eigentumsordnung
1. in der →Theorie der Wirtschaftspolitik neben der Planungsordnung ein konstitutives Element der → Wirtschaftsordnung mit den Alternativen: Privateigentum od. Kollektiveigentum an →Produktionsmitteln. In der E. mit Privateigentum hat der Gesetzgeber zwischen der privatwirtschaftlichen Nutzung und der Sozialpflichtigkeit des Eigentums zu gewichten.
2. in der →Theorie der property rights die Handlungs- od. Verfügungsrechte über knappe Güter.

Eigentumsrechte
1. jene Rechte in der →Theorie der property rights, durch die der Verfügungsbereich jedes einzelnen hinsichtlich der Aneignung, Nutzung und Übertragung von knappen →Gütern gegenüber anderen Personen begrenzt wird.
2. im privatrechtlichen Bereich die unbeschränkte Herrschaft über eine Sache, mit ihr nach Belieben zu verfahren.

Eigentumsvorbehalt
aufschiebend bedingte Übereignung bei einem Verkauf, bei der sich der Verkäufer das Eigentum an der Sache bis zur vollständigen Bezahlung vorbehält. Der Erwerber kann die Sache in Besitz nehmen und nutzen. Abzahlungsgeschäfte werden häufig mit E. getätigt.

Eigenverbrauch des Staates
⇒Konsum des Staates
→Endnachfrageansatz.

eindeutige Produktionsfunktion
gegenüber der Eineindeutigkeit (→eineindeutige Produktionsfunktion) Eigenschaft einer →Produktionsfunktion, bei der einer bestimmten Faktorkombination ein bestimmter →Output zugeordnet ist. Substitutionale und limitationale Produktionsfunktionen (→Produktionsfunktion) sind e.

eineindeutige Produktionsfunktion
Eigenschaft der →Produktionsfunktion, bei der von einem vorgegebenen →Output auf eine bestimmte Inputkombination geschlossen werden kann, z.B. bei der limitationalen Produktionsfunktion (→ Produktionsfunktion). S. auch →eindeutige Produktionsfunktion.

einfache Stichprobe
→Stichprobe.

Einfuhr
⇒Import.

Einheitliche Europäische Akte
⇒Europäische Akte
→EG, *Entstehung* und *Wirtschaft und Währung*, →Europäische Wirtschaftsgemeinschaft.

Einheitskurs
→*Einheitsnotierung.*

Einheitsnotierung
⇒Einheitskurs
während einer Börsensitzung (→Börse) einzige Kursfeststellung (→Kurs) im → amtlichen Handel für →Aktien mit geringen Umsätzen. E. erfolgt auf dem Kassamarkt (→Devisenmarkt) auf der Basis der größten Umsatzmöglichkeit. Vgl. Ggs. → fortlaufende Notierung.

Einheitsprozess
in der →Produktionstheorie der eine Outputeinheit erzeugende Produktionsprozess.

Einkommen
einer Person od. →Haushalt od. Unternehmen (→Betrieb, I.) in einer bestimmten Zeiteinheit aus unterschiedlichen Quellen zufließender Strom von →Gütern einschl. Diensten (*Natural*-E.) od. von Geldbeträgen (*Geld*-E.). E. entsteht bei der →Produktion und ist als *Faktor*-E. ⇒ *Leistungs*-E. Entgeltung der für den Produktionsprozess abgegebenen Faktorleistung (→ Einkommensentstehung). Dem Faktor-E. steht das *Übertragungs*-E. ⇒*Transfer*-E. gegenüber, das Wirtschaftseinheiten ohne Gegenleistung aufgrund rechtlicher Ansprüche (Sozialrenten, Pensionen) od. freiwilliger Zuwendungen zufließt. Faktor- und Übertragungs-E. unterscheiden sich nach Verteilungsstufe im volkswirtschaftlichen Gesamtprozess (→Einkommensverteilung): das entstandene Faktor-E. wird durch den Produktionsprozess verteilt (primäre Einkommensverteilung), das Übertragungs-E. durch den Staat aufgrund von ihm vorgenommener E.-sumverteilung (sekundäre Einkommensverteilung) (→Einkommenspolitik).

Das Faktor-E. gliedert sich in: 1. E. *aus unselbstständiger Arbeit* ⇒Arbeitnehmer-E. ⇒Lohn-E. Ist das Entgelt für an Unternehmen, öffentliche und private Haushalte abgegebene Arbeitsleistungen; nicht zu verwechseln mit dem E. *der Arbeitnehmer*, das alle den →Arbeitnehmern zugeflossenen E.-sarten angibt, z.B. auch aus →Vermögen. 2. E. *aus Unternehmenstätigkeit* einschl. des E. freier Berufe, oft als Gewinn-E. bezeichnet. S. auch → Nichtfaktoreinkommen. Die E.-sarten 1. und 2. werden als *Erwerbs*-E. ⇒E. aus Erwerbstätigkeit ⇒Arbeits-E. bezeichnet. 3. E. *aus Vermögen* ⇒Besitz-E. ⇒fundiertes E. ⇒Kapital-E., z.B. in Form von →Zinsen, →Dividenden, Beteiligungserträge (→Beteiligung, 1.). Die Summe aller Faktor-E. einer Volkswirtschaft (→ Wirtschaft) heißt →*Volkseinkommen.*

Zur Ermittlung der → Arbeitseinkommensquote verwendet der → Sachverständigenrat zur Begutachtung der gesamtwirtschaftlichen Entwicklung das *gesamtwirtschaftliche Arbeits*-E., das aus dem Brutto-E. aus unselbstständiger Arbeit gem. →Inländerkonzept und einem kalkulatorischen Arbeits-E. der selbstständig →Erwerbstätigen einschließlich mithelfender Familienangehörigen gebildet wird.

Unter dem Aspekt der Anspruchsgrundlage wird zwischen *Kontrakt*-E., das im Voraus durch Vertrag (Arbeits-, Mietvertrag) festgelegt wird, und *Residual*-E. unterschieden, das als Restgröße den Unternehmenserfolg und somit den → Gewinn i.e.S. angibt.

Weiter wird unter dem Aspekt der Substanzerhaltung od. auch der →Kaufkraft zwischen *Nominal*-E., dem in Geldeinheiten gemessenen E., und dem *Real*-E. gegliedert, das die Kaufkraftänderungen berücksichtigt, indem das Nominal-E. durch einen →Preisindex dividiert wird.

Hinsichtlich zu leistender Abgaben (Steuern, Sozialbeiträge) bzw. erhaltener →Transfer wird zwischen →*Brutto*-E. und →*Netto*-E. unterschieden.

Das E. ist für einzel- und gesamtwirtschaftliche Entscheidungen eine bedeutende Bestimmungsgröße, was sich in der → Mikroökonomik, hier in der → Nachfragetheorie des Haushalts und → Faktorangebotstheorie des Haushalts, und in der →Makroökonomik, hier in der → Konjunktur-, → Konsum-, → Wachstums- und → Einkommensverteilungstheorie, niederschlägt. In der makroökonomischen →Konsumtheorie wird hinsichtlich der Fristigkeit zwischen *kurzfristigem* bzw. gegenwärtigem und *langfristigem* bzw. dauerhaftem E. bis zum Lebenszeit-E. unterschieden. Eine besondere Rolle spielt das *permanente* E., das auf die Gegenwart diskontierte langfristig erwartete reale E. Im Steuerrecht der Bundesrepublik ist E. die Summe aller → Einkünfte, vermindert um →Sonderausgaben und → außergewöhnliche Belastungen.

Einkommen aus Erwerbstätigkeit
⇒Arbeitseinkommen
⇒Erwerbseinkommen
→Einkommen.

Einkommen aus unselbstständiger Arbeit
⇒Arbeitnehmereinkommen
⇒Lohneinkommen
→Einkommen.

Einkommen aus Unternehmertätigkeit
⇒Gewinneinkommen
→Einkommen, →Gewinn.

Einkommen der Arbeitnehmer
→Einkommen.

einkommen-induzierter technischer Fortschritt
→technischer Fortschritt.

Einkommen-Preis-Mechanismus
Erklärungsansatz zur Beseitigung eines Ungleichgewichts in der →Zahlungsbilanz in einem System →fester Wechselkurse aufgrund von zahlungsbilanzunwirksamen Einkommensumlenkungen zwischen Handel treibenden Ländern, die von Preisänderungen ausgelöst werden. Vgl. auch →Monetäre Außenwirtschaftstheorie.

Einkommenseffekt
1. in der →Mikroökonomik, hier in der → Nachfragetheorie des Haushalts, die Interpretation einer tatsächlichen Preisänderung als eine Realeinkommensänderung, die sich im Übergang auf eine höhere →Indifferenzkurve äußert. E. ist neben dem → Substitutionseffekt eine Teilwirkung der Preisänderung auf die → Güternachfrage.

2. in der →Makroökonomik die z.B. von → Investitionen über Veränderung der → Güternachfrage ausgelöste Einkommenserhöhung. S. →Multiplikatoreffekt, →Keynessche Theorie, →Domar-Modell, →Investitionstheorie.

3. in der Makroökonomik, hier in der → Geldtheorie, der von einer Erhöhung des Geldangebots (→ Geldangebotstheorie) ausgehende Teileffekt, der in einer zinsinduzierten Erhöhung des →Volkseinkommens besteht.

4. Übertragungsmechanismus der importierten Inflation, s. →Inflationstheorie, 3.3.

Einkommenselastizität
Verhältnis relativer Änderungen von z.B. einem nachgefragten Gut (q^d) und Ein-

kommen (y): $\eta_{q^d,\,y} = \dfrac{dq^d}{q^d} : \dfrac{dy}{y}$. Vorzeichen der E. macht Aussage über Art der Nachfrageänderung in Abhängigkeit von der Einkommensentwicklung: positives Vorzeichen kennzeichnet →superiores Gut, negatives →inferiores Gut. S. auch →Elastizitäten.

Einkommensentstehung (Y_E)

1. →Definition des Vorgangs der Einkommensentstehung durch →Produktion von Konsumgütern (C) (→Gut) und Investitionsgütern (I) (→Gut): $Y_E = C + I$ (Definitionsgleichung). S. auch →Einkommen.

2. Marktvorgang des Angebots von → Produktionsfaktoren für produktive Zwecke mit Zahlung von Entgelt (→Einkommen).

3. in der →Volkswirtschaftlichen Gesamtrechnung wird die E. auf den sektoralen E.-skonten erfasst und äußert sich als → Bruttowertschöpfung.

Einkommensfunktion

in der →Keynesschen Theorie zentrale Funktionalbeziehung zwischen dem → Volkseinkommen (Y) und der →güterwirtschaftlichen Gesamtnachfrage (Y^D): $Y = f(Y^D)$.

Einkommens-Konsum-Kurve

geometrischer Ort aller Haushaltsgleichgewichte (→Gleichgewicht, →Nachfragetheorie des Haushalts) im Zwei-Güter-Fall für Änderungen des Haushaltseinkommens (→Einkommen) bei gegebenen Güterpreisen (→Preis) und gegebener → Präferenzstruktur. Vgl. auch →Engelsche Kurve.

Einkommenskonto

in der →Kreislaufanalyse ein Konto zur Erfassung von → Transaktionen der Wirtschaftssubjekte od. →Transaktoren, das durch Leistung od. aus anderen Quellen erzielte →Einkommen und seine Verwendung aufzeigt.

Einkommenskreislauf

integrierter Teil des →Wirtschaftskreislaufes einer Volkswirtschaft (→ Wirtschaft). Beschreibt in der →Volkswirtschaftlichen Gesamtrechnung den Zusammenhang von →Einkommensentstehung, →Einkommensverteilung, →Einkommensumverteilung und →Einkommensverwendung.

Einkommenskreislaufgeschwindigkeit des Geldes (V^y)

Relation von nominalem →Volkseinkommen (Y^n) und der im Umlauf befindlichen Geldmenge (M): $V^y = \dfrac{Y^n}{M}$. Ist in der Einkommensversion der → Tauschgleichung enthalten: $M \cdot V^y = Y^n$ und drückt hier die Leistung des →Geldes als Tauschmittel im →Einkommenskreislauf aus (→Geldfunktionen). S. auch →Umlaufgeschwindigkeit des Geldes.

Einkommensmultiplikator

Faktor (m), der die Wirkung von Änderungen einer exogen determinierten Komponente (→exogene Variable) der → gesamtwirtschaftlichen Güternachfrage, z.B. einer autonomen Investition (ΔI_a), auf das gleichgewichtige Volkseinkommen (Y^*) beschreibt:

$$m = \frac{\Delta Y^*}{\Delta I_a} \, .$$

Da die Investitionsänderung in der Realisierungsperiode, z.B. t = 1, eine gleichgroße Einkommensänderung ($\Delta I_{a1} = \Delta Y_1$) hervorruft und diese in der nächsten Periode (t = 2) gemäß der →marginalen Konsumquote (c) eine Konsumänderung in Höhe von $\Delta C_2 = c \cdot \Delta Y_1$ induziert, was wiederum in Periode 2 zu einer Einkommenserhöhung von $\Delta Y_2 = \Delta C_2$ führt usw., beträgt die Multiplikatorwirkung der Investitionsänderung nach allen Anpassungen bis zur Periode n:

$$\Delta Y_n^* = \frac{1}{1-c} \cdot \Delta I_{a1} \text{ bzw.}$$

$$\Delta Y_n^* = \frac{1}{s} \cdot \Delta I_{a1} \, .$$

Der Ausdruck $\dfrac{1}{s}$ ist der E.

S. auch →Multiplikator, →Mutliplikatorprinzip.

Einkommenspolitik

1. *Abgrenzungen*: In den westlichen Industrieländern stand bis zum Beginn der achtziger Jahre die „Stagflation" im Mittelpunkt der → Wirtschaftspolitik, seitdem ist jedoch die Bekämpfung der → Arbeitslosigkeit das Hauptproblem. Daher schließt E. neben der bewussten Beeinflussung unterschiedlicher Einkommensarten bei ihrer Entstehung (→Einkommensentstehung) unter stabilitätspolitischer Zielsetzung (Esdar, 1980) mit (wieder) zunehmendem Gewicht auch die Beeinflussung der →personellen und temporalen Einkommensverteilung ein (Blankart, 1998; Bohnet, 1989). Die →Interdependenzen von →Allokation, Verteilung und Entwicklung treten (wieder) deutlicher hervor, solange die monetären Störungen gering bleiben. Im Zeitablauf wandelten sich die Aufgaben der E.: Zunächst sollten ausschließlich die Lohneinkommen (→ Einkommen) beeinflusst werden (OECD, 1962), doch bald wurde die Einwirkung auf alle Einkommen gefordert (Rothschild, 1965). Dabei wurde zwischen direkter Beeinflussung von Löhnen und → Preisen und indirekter, den Marktprozess verbessernder Gestaltung der Einkommensentstehung unterschieden (Haberler, 1971). Weiter sollten alle Instrumente berücksichtigt werden, die von einer bestimmten Richtgröße abweichende Faktor- und Güterpreise unmittelbar sanktionieren (Rall, 1975). Dagegen blieb die Gewichtung des Verteilungsziels umstritten (Esdar, 1980). Auch über die Bedingungen und Wirkungen einer Beteiligung der sozialen Gruppen bzw. ihrer Verbände entstand keine einheitliche Auffassung (Armingeon, 1983). Vielmehr wurden unter dem Eindruck zunehmender Arbeitslosigkeit die Forderungen nach Abbau von Arbeitsmarktrigiditäten, d.h. nach Erhöhung von Flexibilität und Mobilität auf den → Arbeitsmärkten verstärkt. Die neuen Technologien, die Öffnung der Märkte und die → Konzentration von → Unter-nehmungen und →Kapital führten zur Neuformation der →Gewerkschaften und → Arbeitgeberverbände und ihrer einkommenspolitischen Strategien. Dabei erwies sich die erweiterte →Definition der E. als zutreffend: E. i.w.S. umfasst die stabili-

täts-, allokations- und verteilungsorientierte Beeinflussung der Entstehung und Verteilung unterschiedlicher Einkommenskomponenten. Dabei bestehen die Ansatzpunkte in der Entstehung der funktionalen Einkommen, der Verteilung und Umverteilung der personellen Einkommen oder der Veränderungen der Einkommensstruktur bzw. der Nutzenströme in der Gesellschaft. Dagegen beschränkt sich die E. i.e.S. auf die stabilitätsorientierten und allokationsorientierten Aufgaben. Sie geht von der Allokationsfunktion der Märkte aus und strebt die simultane Lösung der Stabilisierungs- und Verteilungsprobleme an.

2. *Konzepte*: Unter dem Einfluss der erhöhten Arbeitslosigkeit und Armut in den westlichen Industrieländern werden neben den bisher angewendeten Konzepten neue Strategien und Instrumentenkombinationen der E. angestrebt. Bis zum Ende der achtziger Jahre zeichneten sich drei Varianten der E. ab (Rall, 1975; Esdar, 1980; Frey, 1981; Külp, 1994; Bohnet, 1989): imperative, indikative und kooperative E. Dabei überwiegt einerseits die ex-ante-Koordination (imperative E.), andererseits die ex-post-Koordination (indikative und kooperative E.). Die Entwicklung der Konzepte wurde unterschiedlich begründet. Zunächst wurde die Nachfragesog- und Lohnkostentheorie herangezogen, infolge der zunehmenden wirtschaftlichen Instabilität der siebziger Jahre wurden jedoch Gewinndruck- und Verteilungskampftheorien stärker berücksichtigt. Aus monetaristischer Sicht (→Monetarismus) wurde die E. dagegen als erfolglos angesehen und abgelehnt. Die →Neue Politische Ökonomie führte zu der Forderung, die politische Dimension des Inflationsprozesses zu berücksichtigen (Woll, 1971; Frey, 1981). Seit Beginn der achtziger Jahre rückten die politischen und institutionellen Voraussetzungen der E. in den Vordergrund. Konfliktabsorbierende Mechanismen (→Lohndrift, Dezentralisierung der Tarifverhandlungen, Austrittsoption) wurden als Voraussetzung einer von den Verbänden mitgetragenen E. dargestellt (Armingeon, 1983). Andererseits wurde gegen Übereinkünfte zwischen

Verbänden und staatlichen Instanzen eingewendet, dass die Verbände zur Mitwirkung an wirtschaftspolitischen Entscheidungen nicht legitimiert seien (Streit, 1979). Dagegen sahen andere Vorschläge vor, dass die →Gewerkschaften z.b. an der finanziellen Verantwortung für die →Arbeitslosenversicherung beteiligt werden sollten, um eine direkte Rückkopplung zwischen Lohnabschlüssen und Arbeitsmarktlage herbeizuführen (Risch, 1983). Je mehr aber die Arbeitslosigkeit zunahm, desto stärker forderten Arbeitgeberverbände und wissenschaftliche Beratungsgremien (SVR, JG 1997/ 98) eine zurückhaltende Lohnpolitik der Gewerkschaften. Lohnzuwachsraten unterhalb des Produktivitätsfortschritts, flankiert durch aktive Arbeitsmarkt- und Vermögensbildungspolitik sowie Reformen der →Sozialpolitik wurden empfohlen. Auch die Arbeitszeitpolitik sollte beschäftigungssteigernd gestaltet werden, d.h. aus Sicht der Gewerkschaften: Arbeitszeitverkürzungen; aus Sicht der Arbeitgeberverbände: Flexibilisierung der Arbeitszeit und Arbeitskosten. Die Arbeitsmarkt- und Distributionsforschung trug durch Analysen der Arbeitsmarkt- und Verdienststruktur, der Formen und Dauer der Arbeitslosigkeit und ihrer Folgen für die Einkommensverteilung zu neuen Ansätzen der E. i.w.S. bei (Franz, 1991; Lampert, 1994; OECD, 1994, 1996).

3. *Instrumente und Anwendungsprobleme*: Dem Wandel der Konzepte von der E. i.e.S. zur E. i.w.S. unter dem Einfluss sinkender → Inflationsraten und erhöhter Arbeitslosenquoten entsprechen auch Veränderungen der Instrumente im Rahmen der Varianten der E. Je mehr die Märkte geöffnet werden und →Innovationen die Produktivitätsentwicklung bestimmen, desto größere Bedeutung kommt der Konfliktregelung zwischen den Organisationen der → Arbeitgeber und →Arbeitnehmer sowie den staatlichen Institutionen, Sparer- und Verbraucherverbänden und der Politikberatung für die E. i.w.S. zu, die alle Maßnahmen zur Beeinflussen der Einkommensentwicklung umfasst, aber auch für die E. i.e.S., die vor allem die Stabilisierung der

funktionellen Einkommen (Lohneinkommen, Nicht-Lohneinkommen) anstrebt. Angesichts geringer Inflationsraten, hoher Arbeitslosenquoten und hoher Staatsquoten weist die E. i.w.S. zunehmende Bedeutung auf, vor allem als indikative und kooperative E. Während die indikative E. Instrument umfasst, die durch vorgegebene (veränderte) Bewertung der Alternativen (staatliche Appelle, Sanktionen) die Wirtschaftssubjekte veranlassen, sich normgerecht zu verhalten (Rall, 1975), strebt kooperative E. an, die betroffenen sozialen Gruppen unmittelbar am einkommenspolitischen Entscheidungsprozess zu beteiligen. Die Mitwirkung kann sich sowohl auf die Formulierung als auch auf die Kontrolle einkommenspolitischer Normen beziehen. Versuche zur Anwendung der kooperativen E. sind in früheren Formen der →Konzertierten Aktion (BRD, 1968), der Paritätischen Kommission (Österreich, 1957), des Sozialökonomischen Rates (Niederlande, 1950) oder eines Bündnisses für Arbeit (Deutschland, 1995) zu erkennen. Um die Entscheidungsbefugnisse solcher Kooperationsgremien zu stärken, wurde die Einführung einer formalisierten Kooperation als verbindliche Verhaltensabstimmung - als Koordinierungsrat oder Rahmenpakt - vorgeschlagen. Die Entwicklung der supranationalen Institutionen (→EU) lässt jedoch neue →diseconomies of scale (bürokratische Hemmnisse, Eigengewicht der Institutionen) erwarten. Daher wird auch der imperativen E., die durch staatliche Anweisungen einzelwirtschaftliche Handlungsspielräume festlegt, geringer Erfolg vorausgesagt. Dies wird mit Funktionsproblemen der Kontrollen erklärt, z.B. mit hohem Verwaltungsaufwand, Zeitbedarf und Allokationsverzerrungen. Andererseits können sich Anweisungen bei hohen Inflationsraten und außenwirtschaftlichen Störungen als notwendig erweisen (Cassel/ Thieme, 1977).

4. *Neuere Entwicklungen*: Die Verlagerung der wirtschaftspolitischen Hauptprobleme zur Reduzierung der Arbeitslosigkeit und Arbeitsmarktrigiditäten (Rothschild, 1988; OECD, 1994, 1996; SVR, JG 1997/

98) hat dazu geführt, dass einerseits Zurückhaltung in der Lohn-, Sozial- und Finanzpolitik gefordert wird, andererseits eine stärkere Beteiligung gesellschaftlicher Gruppen an der Wirtschaftspolitik angemahnt wird. Gremien der Politikberatung in den westlichen Industrieländern weisen die E. angesichts der Innovationen und offenen Märkte häufig in den Rahmen des Produktivitätswachstums. Effiziente Allokation soll „richtige" Faktorpreise herbeiführen und die Einkommensredistribution ermöglichen. Die E. i.w.S. soll die notwendigen Instrumente in zweckrationaler Kombination, Intensität und Dauer anwenden. Jedoch ist ein gesellschaftlicher Grundkonsens über die Anwendung der Instrumente die wesentliche Voraussetzung für eine erfolgreiche künftige E. (Frey, 1971; OECD, 1994, 1996).

Literatur: K. Armingeon, Neo-korporatistische Einkommenspolitik. Eine vergleichende Untersuchung von Einkommenspolitiken in westeuropäischen Ländern in den 70er Jahren. Frankfurt a. M. 1983. S. Ball/ G. Cechetti, Wage Indexation and Discretionary Monetary Policy: In American Economic Review, Vol. 81, 1991, 1310-1319. I. Becker/ R. Hauser (Hrsg.), Einkommensverteilung und Armut. Deutschland auf dem Weg in die Vierfünftel-Gesellschaft? Frankfurt/ New York 1997. Ch. B. Blankart, Öffentliche Finanzen in der Demokratie, 3. A., München 1998. J. Blümle/ K. Klose, Einkommen, in: Staatslexikon. 7. A., Bd. 2, Freiburg u.a. 1986, Sp. 178-196. A. Bohnet, Finanzwissenschaft: Staatliche Verteilungspolitik. München, Wien 1989. A. Brunner/ Meltzer (Hrsg.), Stabilization Policies and Labor Markets. Amsterdam 1988. D. Cassel/ H. J. Thieme, Einkommenspolitik. Kritische Analyse eines umstrittenen stabilitätspolitischen Konzepts. Köln 1977. Deutscher Bundestag, Jahresgutachten 1997/ 98 des Sachverständigenrates zur Begutachtung der gesamtwirtschaftlichen Entwicklung, BT-Drucksache. Bonn 1997. B. Esdar, Kooperation in der Einkommenspolitik. Schriften zur Kooperationsforschung 16. Tübingen 1980. W. Franz, Arbeitsmarktökonomik. Berlin, Heidelberg 1997. B. S. Frey, Theorie demokratischer Wirtschaftspolitik. München 1981. G. Haberler, Incomes Policies and Inflation. An Analysis of Basic Principles. American Enterprise Institute. Washington DC 1971. H. Krämer, Bowley's Law, Technischer Fortschritt und Einkommensverteilung. Marburg 1996. B. Külp, Verteilung. Theorie und Politik. 3. A., Stuttgart, Jena 1994. H. Lampert, Sozialpolitik. 3. A., Heidelberg u.a. 1994. L. Montada (Hrsg.), Beschäftigungspolitik zwischen Effizienz und Gerechtigkeit. Frankfurt a. M. u.a. 1997. OECD, Technology and Industrial Performance. Paris 1996. OECD, Technology, Productivity and Job Creation, Vol. 1, Vol. 2. Paris 1996. OECD, The OECD Jobs Study. Evidence and Explanations, Part I, II. Paris 1994. J. Pätzold, Stabilisierungspolitik. 5. A., Bern, Stuttgart 1993. W. Rall, Zur Wirksamkeit der Einkommenspolitik. Tübingen 1975. B. Risch, Alternativen der Einkommenspolitik. Kieler Studien 180, hrsg. v. H. Giersch. Tübingen 1983. H. S. Rosen/ R. Windisch, Finanzwissenschaften I. München, Wien 1994. K. W. Rothschild, Einkommenspolitik oder Wirtschaftspolitik, in: E. Schneider (Hrsg.): Probleme der Einkommenspolitik, Tübingen 1965. K. W. Rothschild, Theorie der Arbeitslosigkeit. Einführung. München, Wien 1988. M. Streit, Zum Stellenwert der Einkommenspolitik im Rahmen stabilisierungspolitischer Theorie und Praxis. H. G. Schachtschnabel zum 65. Geburtstag gewidmet, hrsg. v. E. Mändle, A. Möller, F. Voigt. Wiesbaden 1979. A. Woll, Inflationstheoretische Begründung der konzertierten Einkommenspolitik, in: E. Hoppmann (Hrsg.): Konzertierte Aktion - Kritische Beiträge zu einem Experiment. Frankfurt 1971. A. Woll, Wirtschaftspolitik. 2. A., München 1992.

Prof. Dr. K.-H. Schmidt, Paderborn

Einkommensquoten

Relation unterschiedlich abgegrenzter Einkommensarten zum →Volkseinkommen, z.B. Profitquote, →Arbeitsquote.

Einkommensteuer

zwangsweiser Transfer auf das Einkommen (→Bemessungsgrundlage) →natürlicher Personen. Einkommen →juristischer Personen wird von der →Körperschafts-

171

steuer erfasst. Steuerpflichtiges Einkommen ist der Gesamtbetrag aller → Einkünfte. Die steuerliche Leistungsfähigkeit wird durch →Freibeträge, Abzug von →Sonderausgaben (Versicherungs- und Bausparbeiträge, gezahlte Kirchensteuer, Steuerberatungskosten) und →außergewöhnliche Belastungen berücksichtigt. Erhebung der E. erfolgt entweder durch Veranlagung mittels Steuererklärung des Pflichtigen gegenüber dem Finanzamt (veranlagte E.) od. durch das →Quellenabzugsverfahren (für Einkünfte aus unselbstständiger Arbeit; →Lohnsteuer). Bei Zusammenveranlagung von Ehegatten s. →Ehesplitting.

Die antizyklische Entwicklung ihres Aufkommens im Konjunkturablauf (→Konjunkturtheorie) ist stabilitätspolitisch von großer Bedeutung; s. →built-in-flexibility. E. ist bezüglich der →Ertragshoheit eine Gemeinschaftssteuer, d.h. sie fließt Bund (42,5%) und Ländern (42,5%) sowie Gemeinden (15%) zu.

Einkommensumverteilung
⇒Redistribution
⇒sekundäre Einkommensverteilung
⇒Sekundärverteilung
ist die Korrektur der →primären Einkommensverteilung (→ Einkommensverteilung) durch freiwillige Übertra-gungen zwischen den → Wirtschaftssubjekten und Einkommenspolitik des Staates. S. auch → personelle Einkom-mensverteilung, →Einkommensverteilungstheorie, →Gini-Koeffizient.

Einkommensverteilung
Bezeichnung für die Verteilung des → Volkseinkommens nach verschiedenen Kriterien: →*Funktionelle* E. ist Verteilung auf die am Produktionsprozess beteiligten →Produktionsfaktoren. Sie ist stets Primär-E. →*Personelle* E. ergibt sich aus der Verteilung des Volkseinkommens auf die einzelnen od. bestimmte Gruppen von → Wirtschaftssubjekten eines Landes. Ist Ergebnis der →Einkommensumverteilung und in der Einkommenspolitik von primärem Interesse, da sie den einkommensbezogenen Lebensstandard der Bürger anzeigt. Die *sozioökonomische* E. gibt die Verteilung auf soziale

Gruppen wie Selbstständige, →abhängig Beschäftigte, Rentner usw. an. Weitere Arten der E. sind: *sektorale* E., *regionale* E., *internationale* E. sowie *intertemporale* E. zwischen den Generationen. *Primäre* E. ist die sich aus dem Marktprozess ergebende Verteilung gegenüber der *sekundären* E., die das Ergebnis der → Einkommensumverteilung ist. S. auch → Einkommen.
Art des → technischen Fortschritts bestimmt auch die E. Neutraler technischer Fortschritt (→technischer Fortschritt) in der →Produktionsfunktion ist ohne Einfluss auf E. S. auch E. in der →Volkswirtschaftlichen Gesamtrechnung sowie → Einkommensverteilungstheorie.

Einkommensverteilungstheorie
Die E. untersucht die Bestimmungsgründe der Verteilung des → Volkseinkommens od. von Teilen des Volkseinkommens auf →Produktionsfaktoren, auf Personen und Personengruppen, auf Institutionen, Sektoren od. Regionen (→ funktionelle, →personelle, institutionelle, sektorale und regionale Einkommensverteilung). Im Vordergrund stehen die Probleme der funktionellen, der personellen und der Querverteilung des Volkseinkommens.

1. Theorien der *funktionellen Einkommensverteilung* untersuchen die Determinanten der Aufteilung des Produktionsergebnisses auf die an der Herstellung beteiligten Produktionsfaktoren. Im Vordergrund stehen Zwei-Faktoren-Ansätze, in denen die Aufteilung des Volkseinkommens auf die beiden Produktionsfaktoren Arbeit und Kapital untersucht wird. Der Anteil des Faktors Arbeit am Volkseinkommen ist die → Lohn-, der des Faktors Kapital die →Gewinnquote. Lohn- und Gewinneinkommen (einschließlich Zinseinkommen) (→ Einkommen) schöpfen das Volkseinkommen aus, die Summe aus Lohn- und Gewinnquote ist gleich eins. Die drei Hauptrichtungen der E. lassen sich danach unterscheiden, wie die für die marktwirtschaftlichen Industrieländer Westeuropas und Nordamerikas nachgewiesene langfristige Konstanz der funktionellen Einkommensquoten erklärt

wird. Die neoklassische E., die →Grenz-
produktivitätstheorie, rückt die Ange-
bots-, die Produktionsbedingungen, die
keynesianische E., die Nachfrage-, die
Konsum- und Investitionsbedingungen
und die Macht- und Monopolgradtheorie
eine oligopolistische od. monopolistische
Verfassung der →Güter- und →Arbeits-
märkte in den Vordergrund.

Die *neoklassische* E. bestimmt die funktionellen →Einkommensquoten unter der
Annahme, auf Güter- und Arbeitsmärkten herrsche →vollständige Konkurrenz.
Die Unternehmungen (→Betrieb, I.) maximieren den →Gewinn, wenn sie den
Einsatz jedes Produktionsfaktors bis zu
dem Punkt ausdehnen, in dem zusätzlicher →Aufwand und zusätzlicher Ertrag
übereinstimmen. Im Gewinnmaximum
(→Gewinnmaximum) ist darum einerseits der reale Lohnsatz gleich der Grenzproduktivität (→ Ertrag) der Arbeit,
andererseits der reale Zinssatz gleich der
Grenzproduktivität des Kapitals. Eine relative Verteuerung des Arbeits-, relative
Verbilligung des Kapitaleinsatzes veranlasst die Unternehmungen, das Verhältnis von Kapital- und Arbeitseinsatz, die →
Kapitalintensität, bis zu dem Punkt zu erhöhen, in dem wiederum die realen Faktorpreise mit den Grenzproduktivitäten
übereinstimmen. Die historische Konstanz der Lohn- und Gewinnquote beruht nach neoklassischer Erklärung
darauf, dass Erhöhungen der Reallöhne,
die nachhaltig das →Wachstum der →Ar-
beitsproduktivität überschreiten, die Erhöhung der Kapitalintensität beschleunigen, so dass die Zahl der Arbeitsplätze
langsamer wächst als die der Arbeitskräfte. Wachsende →Arbeitslosigkeit bewirkt dann, dass die Reallöhne
langsamer steigen als die Arbeitsproduktivität, und dies impliziert, dass die zunächst gestiegene Lohnquote wieder
sinkt. Umgekehrt, wenn Erhöhungen der
Reallöhne, die nachhaltig das Wachstum
der Arbeitsproduktivität unterschreiten,
die Erhöhung der Kapitalintensität verlangsamen, wächst die Zahl der Arbeitsplätze schneller als die der Arbeitskräfte.
Wachsender Arbeitskräftemangel bewirkt dann, dass die Reallöhne schneller
steigen als die Arbeitsproduktivität, und
dies impliziert, dass die zunächst gesun-
kene Lohnquote wieder steigt.

Die *keynesianische* E. geht davon aus, dass
die Übereinstimmung der →Wachstums-
raten von Arbeitskräfte- und Arbeitsplätzezahl bei gegebener →Kapitalprodukti-
vität eine bestimmte Höhe der gesamtwirtschaftlichen →Investitionsquote und
diese wiederum eine bestimmte Höhe
der funktionellen Einkommensquote erfordert. Die Höhe von Löhnen und Gewinnen beeinflusst in dieser Sicht sowohl
die Verfügbarkeit von Investitionsmit-
teln wie den Investitionswillen der Unternehmungen. Ist die Lohnquote zu
hoch, so ist die gesamtwirtschaftliche Investitionsquote zu niedrig, und die Zahl
der Arbeitsplätze wächst mit einer zu
niedrigen Rate. Ist umgekehrt die Lohnquote zu niedrig, so ist die gesamtwirtschaftliche Investitionsquote zu hoch,
und die Zahl der Arbeitsplätze wächst
mit einer zu hohen Rate. Eine im Verhältnis zur gegebenen Wachstumsrate der
Arbeitskräftezahl zu niedrige Wachstumsrate der Arbeitsplätzezahl lässt unter Konkurrenzbedingungen die Reallöhne im Verhältnis zur Arbeitsproduktivität und damit die Lohnquote steigen.
Dies wiederum führt über eine Senkung
der Investitionsquote zur Angleichung
der Wachstumsraten von Arbeitsplätze-
und Arbeitskräftezahl.

Die verschiedenen Versionen der *Macht-*
und *Monopolgradtheorie* der Verteilung
gehen davon aus, dass in der wirtschaftlichen Wirklichkeit unvollständige Konkurrenz herrscht. Darum wurde die
Grenzproduktivitätstheorie von einigen
Autoren in der Weise modifiziert, dass
die Annahme polypolistischer durch die
oligopolistischer und monopolistischer
Marktformen ersetzt ist. In diesen Modellen der modifizierten Grenzproduktivitätstheorie stimmen die realen Faktorpreise nur in Grenzfällen mit den Grenzproduktivitäten überein. Die relative Abweichung der realen Faktorpreise von
den partiellen Grenzproduktivitäten
wird mitunter als → Monopolgrad bezeichnet. Der Monopolgrad in diesem
Sinn nennt also die Abweichung der
funktionellen Verteilung von jener, die
sich unter sonst gleichen Voraussetzungen bei vollständiger Konkurrenz erge-

ben hätte. Als Monopolgradtheorie der Verteilung bezeichnet man freilich nicht diese modifizierte Grenzproduktivitätstheorie, sondern die von marxistischen und einigen nicht-marxistischen Autoren vertretene Konzeption, wonach die funktionellen Einkommensquoten die relative Macht der sozialen Klassen der Lohn- und Gewinnbezieher spiegeln. Als Monopolgrad wird dabei das Verhältnis von Gewinn- und Lohneinkommen, von Gewinn- und Lohnquote bezeichnet. Die relative Macht der Gewinnbezieher manifestiert sich in dieser Sicht in ihrem Vermögen, höhere od. niedrigere Gewinnzuschläge auf die Lohnkosten zu erheben. Damit ist im Grunde als Datum genommen, was die E. erst klären soll: die Höhe der funktionellen Einkommensquoten. Einige Autoren haben darum versucht, die Monopolgradkonzeption mit der keynesianischen Verteilungstheorie zu verknüpfen.

2. Theorien der *personellen Verteilung* untersuchen die Höhe und Streuung der individuellen Einkommen. Dabei wird gegebenenfalls auch die Quer- und die Umverteilung von Einkommensteilen erfasst, die Tatsache also, dass einzelne Personen od. Personengruppen sowohl Lohn- als auch Gewinneinkommen beziehen (→Querverteilung) und dass die Verteilung der verfügbaren Einkommen (→ Sekundärverteilung, → Einkommen) aufgrund von staatlicher und privater Umverteilung von der durch den → Markt bestimmten (→Primärverteilung) abweicht. Die personelle Einkommensverteilung weist erhebliche Unterschiede in den individuellen Einkommen aus (→ Lorenz-Kurve). Verschiedene Ansätze versuchen, diese Ungleichheit der individuellen Einkommen zu erklären. Die am häufigsten genannten Gründe sind: (1) Die Ungleichheit der Einzeleinkommen spiegelt ungleiche Einkommenserzielungschancen; die Ungleichheit der Lohneinkommen wird auf die Unterschiede in der angebotenen und erworbenen Arbeitsqualifikation, die der Gewinn- und Zinseinkommen auf die Unterschiede in der Höhe des geerbten und erworbenen → Vermögens zurückgeführt. (2) Die Ungleichheit der Einzelein-

kommen ist Ergebnis von Unterschieden in der individuellen Verwertung der gegebenen Einkommenserzielungschancen. Diese Ansätze zu einer Theorie der personellen Einkommensverteilung sind allesamt unbefriedigend, weil die personelle Verteilung unter der Annahme einer gegebenen funktionellen Einkommensverteilung analysiert wird. Darum versuchen die neueren Querverteilungsmodelle die → Interdependenzen von funktioneller und personeller Einkommensverteilung zu erklären. Diese Ansätze vermitteln im Vergleich zu den älteren Längsverteilungsmodellen, in denen die funktionellen Größen der Lohn- und Gewinneinkommen mit den personellen Größen der Lohn- und Gewinnempfänger deckungsgleich sind, wichtige Einsichten in die Beziehungen zwischen funktioneller und personeller Verteilung.

Literatur: *H. Baumann*, Verteilungstheorie. München 1981. *B. Külp*, Verteilungstheorie. Stuttgart 1974. *G. Schmidt-Rink*, Verteilungstheorie. Tübingen-Düsseldorf 1978.

Prof. Dr. G. Schmidt-Rink, Bochum

Einkommensverwendung (Y_V)

1. die Verwendung der → Einkommen durch die → Wirtschaftssubjekte für → Konsum (C) und Sparen (S).
2. in der Analyse des →Wirtschaftskreislaufes wird E. wie folgt definiert: → Volkseinkommen (Y) wird von den privaten Haushalten (→Haushalt) für letzten Verbrauch (Konsum) und Sparen sowie vom Staat in Höhe seiner Ausgaben (Staatskonsum) (C_G) verwendet, so dass die Definitionsgleichung (→Definition) gilt: $Y_V = C + C_G + S$.
3. in der →Volkswirtschaftlichen Gesamtrechnung wird die E. in den Privaten Verbrauch (C), Staatskonsum (C_G), Privates Sparen (S), öffentliches Sparen (S_G) und → Außenbeitrag (AB) gegliedert: $Y_V = C + C_G + S + S_G + AB$.

Einkommen-Tauschkurve

⇒income-offer-curve
in der mikroökonomischen Analyse (→ Mikroökonomik) des Arbeitszeitange-

bots privater Haushalte (→Haushalt, 1.) der geometrische Ort aller →Gleichgewichte für die Alternative: →Einkommen - →Konsumzeit, wenn sich das Einkommen aus Kapitalleistungen (→ Kapital) verändert. Aus der E. kann die Kurve für das Angebot an Arbeitszeit abgeleitet werden. Vgl. → Faktorangebotstheorie der Haushalte.

Einkünfte
nach dem deutschen Einkommensteuergesetz sind E. der Reinertrag aus allen Einkunftsquellen, die zu derselben Einkunftsart gehören. Wg. Verschiedenheit der Einkunftsarten sind zwei Methoden der Einkunftsermittlung festgelegt: 1. die Gewinnermittlung für E. aus Land- und Forstwirtschaft, Gewerbebetrieb sowie selbstständiger Arbeit; 2. die Ermittlung des Überschusses der →Einnahmen über die →Werbungskosten für E. aus nichtselbstständiger Arbeit (→ Einkommen), Kapitalvermögen, Vermietung und Verpachtung sowie sonstiger E. Anstelle beider Ermittlungsarten ist auch die Pauschalierung der →Bemessungsgrundlage od. der Steuer selbst möglich.

Einlagen
1. von Kunden den →Banken gegen einen → Zins überlassene Gelder mit unterschiedlicher Fristigkeit, so *Sicht*-E.: täglich fällige od. mit einer Laufzeit unter einem Monat auf →Kontokorrentkonten geführte E. Über sie kann mittels → Scheck, →Überweisung od. Lastschrift verfügt werden. Werden sehr niedrig verzinst; *Termin*-E.: für eine bestimmte Frist festgelegte E. (→Festgeld) od. mit bestimmter vereinbarter Kündigungsfrist (→Kündigungsgeld) geführte E. Ihre Verzinsung steigt mit zunehmender Frist; *Spar*-E.: der Anlage von →Vermögen dienende und mit einer Urkunde (Sparbuch) gekennzeichnete E. Über sie kann nur gegen Vorlage des Sparbuches und nicht mittels Scheck od. Überweisung verfügt werden. Gemäß unterschiedlicher Kündigungsfristen wird unterschieden zwischen Spar-E. mit *gesetzlicher Kündigungsfrist* (drei Monate ausschließlich einer freien Verfügung bis Euro 2 000,- pro Sparkonto und innerhalb von 30 Zinstagen) und *vereinbarter Kün-*

digungsfrist, die mindestens 6 Monate betragen muss; *Sparbriefe*: →Wertpapiere, mit einer Laufzeit von vier bis 8 Jahren, die nicht vor Fälligkeit zurückzahlbar und nicht an der →Börse handelbar sind; →*durchlaufende Kredite*, nicht jedoch Erlöse aus verkauften Bankschuldverschreibungen (→Schuldverschreibung).
Der →Zins für E. wird Habenzins genannt und ist abhängig von der Marktsituation, Fristigkeit und der örtlichen Konkurrenz zwischen den Banken. E. sind die wichtigste Grundlage für die Kreditgewährung der Banken. Unter Rentabilitätsgesichtspunkten der Banken kommt der Sicht-E. Priorität zu, gefolgt von der Spar-E.; unter dem Aspekt der Mittelaufbringung der Spar-E., danach der Termin-E.

2. Ursprünglich wurden die Mittel den Banken nur zur Verwahrung übergeben, so dass sie nicht die Grundlage der → Geldschöpfung und Kreditgewährung bildeten (Depositen, lat. Hinterlegtes).
Als *Depositen* und nicht als E. werden alle unbefristeten und befristeten E., soweit sie nicht der Vermögensanlage in Form von Spar-E. dienen od. E., soweit sie nicht auf Spar- od. Kontokorrentkonten geführt werden, bezeichnet. Diese Abgrenzungen sind problematisch, weil die Erhaltung oft aus mehreren Motiven erfolgt, die zudem i.d.R. von der Bank nicht erkennbar sind.

3. Beteiligung der Gesellschafter an einem Unternehmen (→Betrieb, I.), s. →Beteiligung, 1.

Einlagenpolitik
ein traditionelles geldpolitisches Instrument (→Geldpolitik, →Instrument der Wirtschaftspolitik) der →Deutschen Bundesbank, das mit Wirkung von 1994 aufgehoben wurde. Bund, das Sondervermögen →Ausgleichsfonds und →ERP-Sondervermögen sowie die Länder mussten früher ihre flüssigen Mittel bei der Bundesbank halten. Mit dem Eintritt in die zweite Stufe der →EWW (3. →EG/ EU, *Entstehung*) wurden die öffentlichen Haushalte von der Einlagenpflicht befreit.

Einlagensicherung
in Folge von Bankzusammenbrüchen
1974 und 1975 (z.B. Bankhaus Herstatt)
wurden im genossenschaftlichen und
privaten Banksektor sowie in der Sparkassenorganisation die ursprünglich freiwilligen Fonds zur E. auf Druck der
Bundesregierung eingerichtet bzw. die E.
verbessert, um Zahlungsschwierigkeiten
eines angeschlossenen Instituts vorzubeugen bzw. um bei Überschuldung eines Instituts den Einlegern ihre Einlagen
auszuzahlen. Ebenfalls aus Gründen der
E. wurde 1974 auf Initiative der →Deut-
schen Bundesbank die → Liquiditäts-
Konsortialbank (Likoba) gegründet. Sie
soll einzelnen →Kreditinstituten, die bei
einwandfreier → Bonität in Liquiditätsschwierigkeiten geraten sind, Liquiditätshilfe leisten und darüber hinaus
gesamtwirtschaftlich die Abwicklung
des →Zahlungsverkehrs im Inland und
mit dem Ausland sichern. Die Bundesbank hat der Likoba einen Refinanzie-
rungsfond zugesichert. Der E. dient auch
eine 1976 erlassene Regelung durch die
Novellierung des →KWG, wonach das
Gesamtvolumen von Großkrediten eine
bestimmte Relation zum haftenden →Ei-
genkapital nicht überschreiten darf.

Einlagenzertifikate
⇒CD.

Einlinien-Systeme
⇒unilineares Leitungssystem

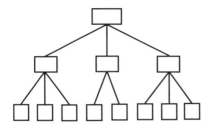

idealtypische Grundform der →Grund-
form der Organisation der Unternehmensleitung. Es beruht auf dem Prinzip
der Einheit der Auftragserteilung, wonach jeder Untergebene nur von einem
Vorgesetzten Weisungen erhält:
E. entsteht durch Zentralisation der Auf-

gaben. Es bewirkt klare Zuordnung von
Verantwortlichkeit und Kompetenzen
sowie reibungslose Koordination. Nachteilig ist der hierarchische Instanzenweg,
die starke Beanspruchung der Zwischen-
instanzen sowie die Systemstarre. S. auch
→Mehrlinien-System.

Einnahme(n)
in der →Wirtschaftswissenschaft, hier in
der → Volkswirtschaftstheorie: 1. zur
Analyse des Kreislaufs (→ Wirtschaftskreislauf) alle →Leistungstransaktionen,
die zu einer Zunahme des →Geldvermö-
gens führen; 2. Bezeichnung der →Staats-
einnahmen in Form von →Steuern, →
Gebühren und →Beiträgen, s. →Finanz-
wissenschaft, 3.; in der → Betriebswirtschaftslehre i.Ggs. zur →Ausgabe barer
od. unbarer Geldzufluß.
Im Steuerrecht alle Güter (→Gut), die in →
Geld od. Geldeswert bestehen und dem
Steuerpflichtigen im Rahmen der Einkunftsarten (→Einkünfte) zufließen (§ 8
EStG). E. sind damit Einkünfte ohne jeden Abzug.

Einnahmeneffekt des Zolls
Wirkung eines Zolls (→Zolltheorie), die
in den →Einnahmen für den zollerhebenden Staat besteht.

Einnahmenüberschuss
→Finanzierungssaldo, 1.

Einproduktunternehmung
in der →Mikroökonomik übliche Kennzeichnung der Unternehmen (→Betrieb,
I., 1.) nach der Zahl der erzeugten Produkte. S. auch →Mehrproduktunterneh-
men.

Einprozessproduktionsfunktion
unterscheidende Kennzeichnung für limitationale Produktionsfunktionen (→
Produktionsfunktion), wonach das Produkt nur durch einen technischen Prozess erzeugt werden kann, gegenüber
der →Mehrprozessfunktion.

einseitige Fragestellung
→Testverfahren, 5.

Einstandspreis
um Nachlässe (z.B. →Skonto) verminder-

ter und um alle Bezugskosten (Fracht, Versicherung, →Zoll u.a.) erhöhter Bezugspreis einer Ware.

Einstichproben-Gaußtest

Mittelwerttest (→Mittel, →Testverfahren) unter der Voraussetzung normalverteilter (→ Normalverteilung) → Grundgesamtheiten und bekannter →Varianz.

Einzahlung

als Grundbegriff im →Rechnungswesen die Zunahme des Bestandes an →Zahlungsmitteln. Ggs. →Auszahlung, 1.

Einzelbewertung

⇒Einzelwertfeststellung nach dem →Handelsrecht (HGB § 240 (1) und § 252 (1), 3.) Grundsatz der Bewertung für Vermögensgegenstände und Schulden zur Erstellung des →Inventars und der →Bilanz, nach dem jeder Gegenstand einzeln zu erfassen und zu bewerten ist. Ausnahmen sind → Festbewertung und → Gruppenbewertung. E. gewährleistet die Wirksamkeit des →Realisationsprinzips und des → Imparitätsprinzips. E. schließt somit die Verrechnung von Wertminderungen bei einigen Objekten mit Wertsteigerungen bei anderen aus.

Einzelfertigung

Fertigungstyp, bei der jedes Produkt produktionstechnisch einzeln erzeugt wird. Gleichwohl können Teile des Produkts in →Serien- od. →Sortenfertigung hergestellt werden, wobei die Kombination der Teile für jedes Produkt einzeln erfolgt.

Einzelkosten

→Kosten, die auch bei einer engen Auslegung des → Kostenverursachungsprinzips direkt auf die Unternehmensprodukte verrechnet werden können. E. bilden gegenüber den →Gemeinkosten eine Kostengruppe, nach der in der →Kostenartenrechnung bei der →Vollkostenrechnung unterschieden wird. E. werden aus der Kostenartenrechnung direkt in die Kostenträgerrechnung (→ Kostenträger) übernommen.

Einzelkostenrechnung

→Kostenrechnung, die nur zwischen → Einzelkosten und →Gemeinkosten trennt und die →Kosten z.B. den →Kostenstellen od. →Kostenträgern zurechnet. Sie vermag nicht die aus Beschäftigungsschwankungen resultierenden Kosteneinflüsse anzugeben, da sie nicht zwischen fixen und variablen Kosten (→Kosten) unterscheidet. I.Ggs. dazu →Direct Costing.

Einzelpreis-Mechanismus

Erklärungsansatz zum Ausgleich der → Zahlungsbilanz, wonach der Unterschied zwischen Inlands- und Auslandspreis eines international gehandelten → Gutes Nachfragreaktionen zwischen den Ländern hervorruft und damit - bei unverändertem →Wechselkurs - die Zahlungsbilanz beeinflusst.

Einzelwertfeststellung

⇒*Einzelbewertung*.

elasticity approach

Erklärungsansatz in der Wechselkurstheorie (→monetäre Außenwirtschaftstheorie, →Wechselkurs), wonach Reaktionsstärke und -richtung der →Handelsbilanz von den →Elastizitäten der Nachfrage und des Angebots für die gehandelten →Güter in den Handelsländern abhängt.

elastische Planung

kennzeichnet im Unterschied zur →flexiblen Planung vorhandenen Anpassungsspielraum für zukünftige Entwicklungen. E. äußert sich in Reservehaltung (z.B: Vorrats-, Kapazitäts-, Liquiditätsreserven) od. z.B. in einer Kaufentscheidung für eine Universal- gegenüber einer Spezialmaschine.

elastisches Geldsystem

ist gegeben, wenn eine Volkswirtschaft (→Wirtschaft) entsprechend ihrer →Konjunktur unbeschränkt mit →Geld versorgt wird, so dass zur Finanzierung z.B. steigender →gesamtwirtschaftlicher Güternachfrage im Konjunkturaufschwung ausreichend Geld zur Verfügung steht. In der →Keynesschen Theorie ist e. unterstellt.

Elastizitäten

in den →Wirtschaftswissenschaften wird häufig danach gefragt, wie sich eine *abhängige Variable* (y) (→Variable) ändert, wenn eine mit ihr funktional verbundene *unabhängige Variable* (x) (→Variable) variiert. Um den Einfluss der für die Größen gewählten Dimensionen od. Maßeinheiten auszuschalten, erweist es sich als zweckmäßig, nicht die absoluten Veränderungen (Δx, Δy) zueinander in Beziehung zu setzen, sondern die relativen, auf die Niveauwerte bezogenen Veränderungen. Einen Quotient aus so gebildeten *relativen Veränderungen* bezeichnet man als E. Grundsätzlich lassen sich aus jeder funktionalen Beziehung zwischen eine abhängigen Variablen und einer od. mehreren unabhängigen Variablen die zugehörigen E. bilden.

Sind zwei Variablen durch eine stetige Funktion verbunden, so können endliche Änderungen (Δx, Δy) verwendet werden:

$$\eta_{y,\,x} = \frac{\Delta y}{y} : \frac{\Delta x}{x} = \frac{\Delta y}{\Delta x} \cdot \frac{x}{y}.$$

In diesem Fall spricht man von *Bogen-E.* Der Grenzwert der Bogen-E. ($\Delta x \to 0$) wird als *Punkt-E.* bezeichnet und gilt nur für einen bestimmten Punkt der →Funktion:

$$\eta_{y,\,x} = \frac{dy}{y} : \frac{dx}{x} = \frac{dy}{dx} \cdot \frac{x}{y}.$$

Für Funktionen mit mehreren unabhängigen (erklärenden) Variablen (y = f(x_1, ..., x_n)) können zur Verdeutlichung der spezifischen Einflussstärken einer Größe *partielle E.* gebildet werden:

$$\eta_{y,\,x_1} = \frac{\partial y}{\partial x_1} \cdot \frac{x_1}{y},$$

$$\eta_{y,\,x_2} = \frac{\partial y}{\partial x_2} \cdot \frac{x_2}{y}, \text{ usw.}$$

$$\eta_{y,\,x_n} = \frac{\partial y}{\partial x_n} \cdot \frac{x_n}{y}.$$

Die Summe aller partiellen E. der erklärenden Variablen wird auch als totale E. bezeichnet.

Aus der Vielzahl der möglichen Funktionstypen sollen zwei für die Ökonomie besonders häufig angenommene Zusammenhänge herausgegriffen werden: lineare und isoelastische Funktionen. *Lineare Funktionen* haben eine konstante

erste Ableitung ($\frac{dy}{dx}$ =konstant), woraus aber nicht geschlossen werden kann, dass die E. entlang der Geraden ebenfalls konstant sind, da sich die Ausgangsgrößen x und y ändern können. Allgemein werden in diesen Fällen fünf Abschnitte der linearen Funktion identifiziert: ein vollkommen unelastischer Bereich $\eta = 0$, ein unelastischer Bereich $\eta < |\,1\,|$, ein elastischer Bereich $\eta > |\,1\,|$, ein vollkommen elastischer Bereich $\eta = |\,\infty\,|$ sowie den Bereich $\eta = |\,1\,|$. Nimmt man eine lineare Funktion mit negativer Steigung an, so lassen sich die Bereiche wie folgt zuordnen: Der Ort $\eta_{y,\,x} = -1$ bezeichnet den Halbierungspunkt der Kurve und für $\eta_{y,\,x} = -\infty$ ist x = 0 sowie für $\eta_{y,\,x} = 0$ gilt y = 0. In vielen Fällen kann es zur Vereinfachung der ökonomischen Analyse zweckmäßig sein, *isoelastische Funktionen* anzunehmen; sie zeichnen sich dadurch aus, dass die E. entlang der Kurve konstant bleiben. Diese Eigenschaft wird von Potenzfunktionen erfüllt:

$$y = \alpha \cdot x^{\beta}, \text{ mit } \alpha, \beta = \text{konstant, da die E.}$$

$$\eta_{y,\,x} = \frac{dy}{dx} \cdot \frac{x}{y} = \beta \alpha x^{\beta-1} \cdot x \cdot \alpha^{-1} x^{-\beta} = \beta$$

beträgt und somit bei einem konstanten Exponenten von den Ausprägungen von x und y unabhängig ist. Da jede E. als Steigung der logarithmierten Funktion ausgedrückt werden kann, lässt sich dieses Ergebnis auch unmittelbar aus

$$\log y = \log \alpha + \beta \log x$$

ableiten:

$$\frac{d(\log y)}{d(\log x)} = \beta = \eta_{y,\,x}.$$

Liegt für eine isoelastische Funktion eine E. von -1 vor, so kann der Kurvenverlauf durch eine gleichseitige Hyperbel verdeutlicht werden.

Aus der Vielzahl von E.-Definitionen sollen beispielhaft einige der am häufigsten verwendeten herausgegriffen werden. Die *Preis-E.* od. *Eigenpreis-E.* der Nachfrage $\eta_{q^d,\,p}$ gibt die Stärke der Nachfragemengenänderungen bei Preisänderungen des betreffenden Gutes an ($\eta_{q^d,\,p} = \frac{dq}{dp} \cdot \frac{p}{q}$).

Für normal negativ geneigte Nachfragefunktionen - bei sinkendem Preis wird mehr nachgefragt und umgekehrt - ist diese E. negativ definiert. Je größer der absolute Wert der Preis-E., je elastischer die Nachfrage ist, um so eher sind die Nachfrager bereit, bei Preissteigerungen auf das Gut zu verzichten. Je unelastischer die Nachfrage hinsichtlich des Preises ist, um so unabweisbarer ist das Bedürfnis und um so kleiner ist der absolute Wert von $\eta_{q^d, p}$. i.Ggs. zur direkten Preis-E. beziehen sich die relativen Nachfragemengenänderungen der *Kreuzpreis-E.* der Nachfrage nicht auf den zugehörigen Gutspreis, sondern auf die Preisänderungen eines beliebigen anderen Gutes:

$$\eta_{q_j^d, p_i} = \frac{dp_j}{dp_i} \cdot \frac{p_i}{p_j}, \; j \neq i.$$ Ist die Kreuzpreise-E. positiv, so bestehen zwischen den Güter i und j *substitutive* Beziehungen; für negative Kreuzpreis-E. kann auf *komplementäre* Güter (→Gut) od. aber auf *substitutive* Güter (→ Gut) geschlossen werden, wobei im letzten Fall der →Substitutionseffekt durch den →Einkommenseffekt überkompensiert wird. Für sehr viele Güter, die in keiner Beziehung zueinander stehen, kann eine Kreuzpreis-E. von Null angenommen werden. Die Einkommens-E. der Nachfrage

($\eta_{q^d, y} = \frac{dq}{dy} \cdot \frac{y}{q}$) bildet den Zusammenhang zwischen der relativen Nachfrage und Einkommensveränderung ab. Die überwiegende Anzahl der Güter wird mit zunehmenden Einkommen auch vermehrt nachgefragt, so dass die Einkommens-E. positiv ist (→superiore Güter). Ist sie negativ, so liegen *inferiore* Güter (→ Gut) vor. Umfassender als mit der Kreuzpreiselastizität der Nachfrage können die Konkurrenzbeziehungen zwischen Gütern durch die *Substitutions-E.*

$$\eta_s = \frac{d(q_i/q_j)}{q_i/q_j} : \frac{d(p_i/p_j)}{p_i/p_j}$$

beschrieben werden, die die relativen Veränderungen der Mengenquotienten zu den relativen Variationen der →relativen Preise zueinander in Beziehung setzt. Somit werden simultan die Änderungen aller betroffenen Mengen und Preise erfasst.

Da mit steigendem Marktpreis von den Unternehmen (→Betrieb, I.) eine zunehmende Gütermenge angeboten wird, ist die direkte *Preis-E.* od. *Eigenpreis-E. des Angebotes* positiv ($\eta_{q^s, p} = \frac{dq}{dp} \cdot \frac{p}{q}$), die zugehörigen Kreuzpreis-E. von →Mehrproduktunternehmen sind bei →Kuppelprodukten positiv und bei Gütern, die um dieselben begrenzten Inputfaktoren konkurrieren (→ Alternativproduktion) negativ. Letztlich ist die Ausprägung der Angebots-E. von der zugrundeliegenden Produktionstechnologie abhängig. Die im Zusammenhang damit am häufigsten verwendeten E. sind die partiellen und totalen *Produktions-E.*, wobei die letztere auch als Niveau-E. od. →Skalen-E. auftreten kann. Die *partielle Produktions-E.* gibt an, wie groß die relative Outputveränderung bei einer relativen Veränderung eines Inputfaktors v_i ist ($\eta_{O, v_i} = \frac{\partial O}{\partial v_i} \cdot \frac{v_i}{O}$).

Nach den Überlegungen zu Potenzfunktionen wird unmittelbar deutlich, dass die Exponenten μ_i einer →*Cobb-Douglas-Produktionsfunktion* ($O = \prod_{i=1}^{n} v_i^{\mu_i}$) die partiellen Produktions-E. des zugehörigen Faktors v_i darstellen. Die Summe aller partiellen Produktions-E. bildet die *totale Produktions-E.*, die im Falle einer Cobb-Douglas-Funktion $\lambda = \sum_{i=1}^{n} \mu_i$ beträgt.

Literatur: W. *Krelle*, Elastizitäten von Angebot und Nachfrage. HdSW, Bd. 3. Göttingen, Stuttgart, Tübingen 1961, 176-183. H. *Gerfin*/ P. *Heimann*, Elastizität. HdWW, Bd. 2. Göttingen, Stuttgart, Tübingen 1980.

Prof. Dr. Klaus Schöler, Potsdam

Electronic Banking

⇒High-Tech Banking
Sammelbegriff für eine Vielzahl von Dienstleistungen (→Gut) der →Banken, die mit elektronischen Systemen angeboten und i.d.R. vom Standort des Kunden

abgewickelt werden. Zu E. gehören auch die an Banken etablierten Einrichtungen wie Geldautomat und Kontoauszugsdrucker. Von größerer Bedeutung sind für die Beziehung zwischen Bank und Privatkunden (Home Banking) Personal Computer und Bildschirmtext zur Abwicklung des →Zahlungsverkehrs (Bildschirmkonten) od. für die Beziehung zwischen Bank und Unternehmen (→Betrieb, I.) (Cash Management-System) Datenträgeraustausch, Datenfern-Übertragung (beleglose Abwicklung des Zahlungsverkehrs) und PC-Programme für Bankdienstleistungen folgender Art: → Transaktion von →Zahlungsmitteln, Informations- und Nachrichtenübermittlung, Finanzplanung und -kontrolle, Devisenmanagement (→Devisen, →Management). Teilnehmer am Cash Management sind durch Rechner miteinander verbunden, die als Datenpfade Kanäle, Satelliten und Mikrowellenverbindungen benutzen. In der Bundesrepublik hat die →Deutsche Bundespost zur Abwicklung des E. zwischen den Banken ein Sternnetz angeboten. Im weltweiten E. sind auch bankeigene Netze installiert, z.B. →SWIFT.

Electronic Funds Transfer (EFT-System)
ist beleglose Abwicklung des baren wie bargeldlosen →Zahlungsverkehrs mittels →automatischer Datenverarbeitung und moderner Kommunikationssysteme (Computer-, Bytegeld (→ Byte)). Im E. werden Geschäftsvorgänge zwischen → Banken und Kunden (→Electronic Banking) wie auch der Interbankverkehr abgewickelt. Leistungen im E. können sein: 1. Bargeldgeschäfte, so Bargeldauszahlungen zu Lasten des Kundenkontos mittels speziell codierter Geldkarten - z.B. Eurocheque-Karte - durch Bargeldautomaten (cash dispenser) wie auch Bareinzahlungen; 2. Abwicklung des bargeldlosen Zahlungsverkehrs im Handel durch automatisierte Kassensysteme, bei dem durch Point-of-Sale-Terminals der Rechnungsbetrag vom Konto des Käufers auf das Verkäufers umgebucht wird, sofern beide demselben E.-System angehören, ansonsten wird eine →Clearingstelle eingeschaltet; 3. Home Banking und Cash Management-Systeme des →

Electronic Banking. 4. Interbank-Zahlungsverkehr mit automatisierter Belegverarbeitung, besonders in →Clearing-Banken mit Anschluss an internationale und interkontinentale Transfernetze, so z.B. →SWIFT.
E. fördert die Ökonomisierung der Haltung von →Bargeld und Einlagen (→Einlagen, 1.) und beeinflusst die →Umlaufgeschwindigkeit des Geldes. Die sich daraus ergebenden Folgen für die Steuerung der →Geldmenge werden in der → Geldpolitik noch selten analysiert.

elektronische Datenverarbeitung
⇒ automatische Datenverarbeitung
⇒ automatische Informationsverarbeitung
⇒ *automatisierte Datenverarbeitung.*

elektronischer Markt
durch ein elektronisches Medium geschaffener virtueller Platz für marktmäßige →Transaktionen. Transaktionspartner können sowohl Endbenutzer als auch Softwaresysteme sein.

Elementarereignisse
→Ereignis(se).

Embargo
1. Festhalten fremder Handelsschiffe durch einen Staat in seinen Häfen od. Gewässern. 2. Maßnahmen i.d.R. gegenüber eigenen Staatsangehörigen, um den →Export von →Gütern zu unterbinden mit der Absicht, über wirtschaftlichen Druck ein politisches Ziel zu erreichen.

Emission
1. Effekten-E. (→Effekten); hier a): das Angebot und der Vorgang der Erstausgabe von Effekten; b) die Gesamtheit aus einer Ausgabe stammenden Effektenart. Zu unterscheiden ist: 1. Selbst-E., bei der der Emittent (Ausgeber) die Unterbringung der Effekten beim Publikum selbst besorgt. I.d.R. ist dieser Weg Emittenten wg. eines fehlenden direkten Absatzsystems nicht möglich; anders z.B. für die → Banken. 2. Fremd-E., bei der Banken, → Makler od. ein →Konsortium die Effekten übernimmt od. an der →Börse einführt od. auch über andere Wege am →Markte unterzubringen versucht.

In der Bundesrepublik ist eine Unterpari-E. für →Aktien nicht zulässig. Die in der Bundesrepublik gesetzlich geregelte E.-sgenehmigung für Inhaber- und Orderschuldverschreibungen (→ Schuldverschreibung) (BGB §§ 795, 808a), nicht aber für →Aktien, ist Ursache für die Bedeutungslosigkeit des inländischen → Rentenmarktes als Finanzierungsquelle der Unternehmen (→Betrieb, I.) und soll künftig nach Auffassung der Bundesregierung gestrichen werden.

2. Ausstrahlung und Aussendung von Schadstoffen wie Lärm, Gase, Erschütterung, Strahlung. Zur Beurteilung von Umweltwirkungen sind nicht E., sondern →Immissionen von entscheidender Bedeutung. Um die von ihnen verursachten Umweltbelastungen gering zu halten, setzt die →Umweltpolitik häufig Grenzwerte für E. fest, so z.B. durch die Großfeuerungsanlagenverordnung für von Kohlekraftwerken abgegebenes Schwefeldioxid, um den Wald zu schonen. Vgl. auch →Umweltökonomie.

emission-banking
→Umweltpolitik.

Emissionsmarkt
→Kapitalmarkt.

Emissionszertifikate
⇒Umweltzertifikate
ökonomisch effizientes, hinsichtlich der ökologischen Zielrealisierung aber unsicheres Instrument zur Steuerung der Umweltnutzung, bei dem die Inanspruchnahme einer Umweltressource durch Schaffung von →Zertifikaten privatisiert wird. Voraussetzung ist die Festlegung des maximalen Emissionsvolumens (→Emission, 2.) von Schadstoffen für eine Region durch den Staat und Schaffung von Emissionsrechten in Form von fungiblen (→Fungibilität) Zertifikaten, die auf einem →Markt (Umweltbörse) handelbar sind. S. auch →Umweltpolitik, →Umweltökonomie.

Emittent
→Emission.

Empfindlichkeitskoeffizient der Einkommensverteilung
⇒Coefficient of Sensitivity of Income Distribution
von N. Kaldor (1957) so benannter Faktor, der die Höhe der →Gewinnquote und Lohnquote in der Theorie der Einkommensverteilung (→ Einkommensverteilungstheorie) aus dem Kreislauf (→ Wirtschaftskreislauf) erklärt. E. ist aus den →Sparquoten der Bezieher von Gewinn- und Lohneinkommen (→Einkommen) gebildet, die damit neben der → Investitionsquote hauptsächliche Erklärungsgrößen der Einkommensverteilung auf Lohn- und Gewinneinkommen sind.

empirische Wirtschaftsforschung
Gegenstand: Ermittlung und Analyse tatsächlicher ökonomischer Entwicklungen, →Prognose künftiger Verläufe, Analyse der Wirkungen alternativer wirtschaftspolitischer Maßnahmen auf den Wirtschaftsablauf, Prüfung der in der →Theorie verwandten →Hypothesen an ökonomischen Fakten.

Entwicklung: Bis zum 17. Jh. stand die quantitative Erfassung und Beschreibung ökonomischer Vorgänge im Vordergrund, danach begann die theoretische und empirische Durchdringung des Wirtschaftsgeschehens (Physiokraten (→ Physiokratismus), Klassiker (→ Klassische Theorie)). Ende des 18. Jh. begann aufgrund der von Regierungen gegründeten statistischen Behörden eine Sammlung empirischer Daten mit statistischer Auswertung und im 19. Jh. Erforschung der ökonomischen Situation mittels Umfragen. Mit Beginn des 20. Jh. wurden gesamtwirtschaftliche Rechenwerke erstelle, Mitte des 20. Jh. die ersten →Volkswirtschaftlichen Gesamtrechnungen im Kontensystem sowie Entwicklung und Auswertung der → Input-Output-Tabellen durch Leontief (1938) und Verfahren zur Konjunkturbeobachtung. Ökonomische Theorien wurden in testbare Formen gebracht und mit Hilfe der → Ökonometrie empirisch geprüft und weiterentwickelt. Seit 1969 gibt es ökonomische Weltmodelle.

Ziele: 1. Quantitative Feststellung und Erklärung des tatsächlichen Wirtschaftsablaufs, um der Wirtschaftspolitik (→ Theorie der Wirtschaftspolitik) Entscheidungsgrundlagen zu liefern. Träger dieser e. für hauptsächlich direkt beobachtbare Daten sind →Statistisches Bundesamt, →Deutsche Bundesbank; für nicht direkt beobachtbare, also abgeleitete ökonomische Größen, wie z.b. →Kapitalkoeffizient, → Arbeitsproduktivität, → Einkommensverteilung, sind die Wirtschaftsforschungsinstitute (→ Deutsche Wirtschaftsforschungsinstitute), Sachverständigenrat, Universitäten. 2. Prognosen und Projektionen künftiger Entwicklungen, die hauptsächlich von der Bundesregierung (Bundesministerium für Wirtschaft) auf der Grundlage der Volkswirtschaftlichen Gesamtrechnung, dem Sachverständigenrat und der Arbeitsgemeinschaft deutscher wirtschaftswissenschaftlicher Forschungsinstitute vorgenommen werden. 3. Mit Hilfe ökonometrischer Schätz- und Prüfverfahren die ökonomischen Hypothesen zu testen und die wissenschaftliche Ökonomik weiterzuentwickeln.

Methoden: 1. Zählungen und Befragungen, i.d.R: durch →Stichproben, z.B. → Mikrozensus, Konjunkturindikatoren (→ Konjunkturtheorie, → Indikatoren). 2. Analyse von Zeitreihen (→Zeitreihenanalyse), 3. Ökonometrische Partial- od. Totalmodelle (→Partialanalyse, →Totalanalyse) verschiedenster Aggregationsstufen mit Anwendungen in der Prognose. 4. →Input-Output-Analyse als Grundlage für strukturpolitische Fragen.

Durch e. kann die →Wirtschaftswissenschaft der praktischen Wirtschaftspolitik (→ Theorie der Wirtschaftspolitik) Entscheidungsgrundlagen liefern.

Employability
Erhaltung od. Herstellung der Arbeitsmarktfähigkeit von →Arbeitnehmern. E. ist von zunehmender Bedeutung, da → Unternehmen als festgefügte organisatorische Einheiten zukünftig durch projekt- und netzwerkartige Strukturen abgelöst werden. Arbeit wird immer weniger zeit- und ortsgebunden erbracht. Die Folge ist, dass befristete Arbeitsverhältnisse, Teilzeitarbeit, →Telearbeit wachsen und die Erwerbsbiographien durch Brüche, Wechsel, Umwege und Suchprozesse ge-

kennzeichnet sind.

Empowerment
Verlagerung von Entscheidungskompetenzen auf Mitarbeiter in unteren Hierarchieebenen, um Prozesse zu verbessern und Kundenzufriedenheit zu erhöhen. Hierbei gilt der Grundsatz, dass eine Entscheidung auf der niedrigst möglichen Hierarchiestufe getroffen werden soll.

Endnachfrage
⇒gesamtwirtschaftliche Endnachfrage
⇒*gesamtwirtschaftliche Güternachfrage*
⇒gesamtwirtschaftliche Nachfrage

Endnachfrageansatz
Vorgehensweise in der → Volkswirtschaftlichen Gesamtrechnung für die gesamtrechnerische Erfassung der Staatstätigkeit, die den Wert der Staatsleistungen an der Höhe der dem Staat dafür entstandenen →Kosten ermittelt, u.zw. mittels des öffentlichen →Produktionskontos. Seine Positionen der Aktivseite (→Bilanz, →Bilanzierung): 1. Käufe von → Vorleistungen, 2. → Importe, 3. → Abschreibungen. 4. geleistete → indirekte Steuern. 5. Löhne und Gehälter; Positionen der Passivseite (→Bilanz, →Bilanzierung): 1. Verkäufe gegen →Gebühren, 2. selbsterstellte Anlagen. Die Differenz zwischen dem solcherart auf der Aktiva ermittelten staatlichen Produktionswert (→Bruttoproduktionswert) und der Passiva ist der Eigenverbrauch des Staates ⇒ Konsum des Staates. Dieser Saldo wird auf dem Verwendungskonto (→ Volkswirtschaftliche Gesamtrechnung) voll als staatliche Endnachfrage ausgewiesen und geht damit auch in das Bruttosozialprodukt (→ Sozialprodukt) ein. Diese Vorgehensweise ist - allerdings nicht nur - durch die statistischen Schwierigkeiten bei der Erfassung staatlicher Leistung bedingt. Konsequenz des E. ist, dass staatliche Dienstleistungsproduktion, die zu Kostenpreisen bewertet und unentgeltlich zur Verfügung gestellt wird, gleichberechtigt neben die private → Produktion tritt, die zu Marktpreisen bewertet ist und über →Märkte abgesetzt wird.

endogenes Geld
⇒*Innengeld*
⇒inside money.

endogene Variable
→Variable, →Modell.

Endprodukte
1. →Güter, die für Konsumzwecke od. bei Verwendung in der →Produktion keiner weiteren Be- od. Verarbeitung bedürfen.

2. Güter, die in den Bereich der privaten Haushalte (→ Haushalt, 1.) übergehen. Diese Begriffsfassung geht davon aus, letzter Zweck des Wirtschaftsprozesses ist die Güterversorgung der privaten Haushalte.

3. Güter, die durch Überschreiten einer räumlichen Grenze zu Gebietsfremden gelangen. Grundgedanke ist hier die in Nationalstaaten getrennte →Produktion der Volkswirtschaften (→Wirtschaft).

4. Güter, die am Ende einer Rechnungsperiode vorhanden sind und in die nächste übergehen.

Alle genannten Abgrenzungen werden in der →Kreislaufanalyse und in der → Volkswirtschaftlichen Gesamtrechnung benutzt, die erste hauptsächlich in der Modelltheorie (→Modell) der →Makroökonomik.

Energiecharta
auf →EU zurückgehende Vereinbarung, die 1994 in Lissabon von 45 Staaten zur Erhöhung der Versorgungssicherheit mit Energie abgeschlossen wurde. Neben der Liberalisierung des Handels, Schutz der Investitionen, größeren Umweltschutz, Transfer moderner Technologien auf dem Energiesektor soll auch die wirtschaftliche und politische Zusammenarbeit zwischen Ost und West vertieft werden.

Energiepolitik
1. *Energiepolitische Aufgaben.* Die E. stellt einen Teilbereich der sektoralen Wirtschaftspolitik (→Theorie der Wirtschaftspolitik, 2.) dar und umfasst alle wirtschaftspolitischen Aktivitäten, die die Energieversorgung beeinflussen sollen, um eine als energiewirtschaftlich un-

befriedigend angesehene Ist-Situation bestmöglich einer angestrebten Soll-Situation anzunähern und anzupassen. Diese *Gesamtheit* aller energiepolitischen *Ziele, Instrumente und Maßnahmen* fußt einmal auf naturwissenschaftlich-technischen Grundlagen, die der Staat kontrolliert und auf die er einwirkt; sowie in den westlichen Ländern zum anderen zumeist auf einer ordnungspolitisch marktwirtschaftlichen Grundkonzeption (→ Wirtschaftsordnung, →Marktwirtschaft), wenngleich diese marktwirtschaftliche Systembindung der E. nie besonders eng war, sich aber in letzter Zeit eher etwas gefestigt hat. Die E. richtet sich auf die *Energieversorgung*, zu der alle Aktivitäten rechnen, um Energie bereitzustellen. Dies umschließt die Gewinnung von erschöpfbaren, praktisch unerschöpflichen und regenerierbaren Primärenergien wie Kohle, Mineralöl, Naturgas, Natururan, Wasserkraft, die Sekundärenergien Heizöl, Strom u.a. sowie die Umwandlung von Endenergie in die Nutzenergien Wärme, Kraft und Licht.

Als übergeordnetes Ziel der E. gilt unbestritten der Leitsatz einer *möglichst sicheren und preisgünstigen* Energieversorgung. Das Sicherheitsziel stellt dabei auf den Mengenaspekt ab und lässt sich als Lieferkonstanz auffassen, die von der regionalen Streuung der Bezugsquellen sowie von Ausmaß und Tempo der Substitution zwischen einzelnen Energieträgern abhängt. Der Grad der angestrebten Versorgungssicherheit ergibt sich aus einer Abwägung der energiepolitischen Instanzen mit der Preiswürdigkeit der Energiedarbietung. Diese Preiswürdigkeit formuliert man häufig als Kostenansatz und das energiepolitische Ziel lautet dann, den Energiebedarf langfristig zu möglichst günstigen volkswirtschaftlichen Kosten (→ Kosten) zu decken. Beide Ziele zeigen, dass die Hauptaufgabe der E. darin besteht, die statische und dynamische *Allokationseffizienz* (→Allokation) des Energiesektors zu sichern, u.zw. sowohl für seine strukturelle und technologische Entwicklung als auch jeden einzelnen seiner Teilbereiche (Energiearten). Dieser allokationspolitische Auftrag steht nun unter der erschwerenden Bedingung, dass ein großer Teil der Primärenergien zu den nicht-regenerierbaren, gleichwohl aber produktionsnotwendigen natürlichen Ressourcen zählt. Die Theorie der intertemporalen Allokation hat hierzu die für die E. bedeutsame Schlußfolgerung erbracht, dass sich bei wohl definierten Verfügungsrechten die Marktallokation keineswegs, wie Begründungen für direkte energiepolitische Lenkungseingriffe immer wieder behaupten, gegenüber der zukünftigen Energieversorgung mit ihren Verknappungstendenzen blind verhält, ein allgemeines energiewirtschaftliches Marktversagen also als unbegründet gelten muss. Daraus folgt, dass die E. für störungsfreie Marktprozesse zu sorgen hat und mithin Wettbewerbsbeschränkungen vermeiden sollte.

Die Energiewirtschaft unterliegt seit langem einem tief greifenden *Strukturwandel*. So drang vor allem in den sechziger Jahren das Erdöl vor und erreichte schließlich einen Versorgungsanteil von rund fünfzig Prozent, während der Anteil der festen Brennstoffe von über 60 Prozent auf unter 30 Prozent absank. Ein Umschwung trat dann durch die Ölkrisen der siebziger Jahre mit ihren sprunghaften Preissteigerungen ein, so dass sich die nunmehr zu bewältigenden Umstrukturierungen unter veränderten Bedingungen vollziehen. So muss man davon ausgehen, dass sich der Primärenergieverbrauch (PEV) weiter erhöht, obwohl sich die Energieintensität ($\frac{PEV}{BSP}$;

BSP → Bruttosozialprodukt) verringert. Zwar besteht bei den Energieressourcen insgesamt keine alarmierende Knappheit, doch werden sich die Anteile der einzelnen Energiearten an der Bedarfsdeckung wg. der unterschiedlichen Reservesituationen beträchtlich verschieben müssen. Insgesamt muss man auch im längerfristigen Trend mit steigenden, sich teilweise ruckartig erhöhenden Energiepreisen rechnen. Um sich an solche veränderten Versorgungslagen mit häufig eskalierenden Energiepreisen anzupassen, können E. wie Energieverbraucher zwei Strategien einschlagen, nämlich
- eine *Energiesparstrategie*, was zugleich

eine Steigerung der Energieeffizienz einschließt, um die Nutzenergien mit einem geringeren Einsatz an Endenergien zu erstellen, und
- eine *Substitutionsstrategie*, also relativ teuere Energieträger durch kostengünstigere zu ersetzen. Da die Energieträger mit der stärksten Verknappungstendenz immer auch einen hohen → Preis aufweisen, bedeutet dies bei den jetzigen Knappheitsverhältnissen eine E. zu verfolgen „weg vom Öl".

Dies deckt sich mit den Schwerpunkten, die die Bundesregierung für die E. gesetzt hat, nämlich: Energieeinsparung, Zurückdrängung des Öls, Erweiterung des Energieangebots und Krisenvorsorge. Beide Strategien beruhen freilich letztlich auf einer Substitution von Energie durch →Kapital, das zusätzlich benötigt wird, um Energiewandlungsgeräte und Energiegewinnungsanlagen sowie andere →Produktionsmittel und Anlagegüter (→Anlagevermögen, →Güter) umzurüsten od. auszutauschen.

2. *Instrumente und Maßnahmen.* Über Erfolg und Misserfolg der beiden energiepolitischen Strategien entscheidet, ob die E. deren Funktionsbedingungen einhält od. nicht. Diese Funktionsbedingungen für eine Marktallokation in der Anpassung an veränderte Knappheitsverhältnisse lauten:
- Verzicht auf störende Marktinterventionen (→Intervention), u.zw. insbesondere: Verzicht auf dirigistische Preiseingriffe.
- Abbau und Verhinderung von →Wettbewerbsbeschränkungen.
Die deutsche E. widerstand zwar der Versuchung, die Auswirkungen der Ölkrise mit unmittelbaren staatlichen Preiseingriffen bekämpfen zu wollen, jedoch besaß sie trotzdem bis in die jüngste Zeit *keine* einheitliche *ordnungspolitische Grundkonzeption*, die sich durchgängig an einem marktwirtschaftlichen Ordnungsrahmen orientiert hätte. Vielmehr kennzeichnete sie eine große Liste von energiepolitischen Einzeleingriffen, die aus beinahe allen Maßnahmekategorien stammen und von wettbewerbsorientierten Instrumenten über marktwirtschaftliche Interventionen bis hin zu Lenkungs-

wirtschaftlichen Eingriffen reichen. Dies trägt in die E. beträchtliche Fehlentwicklungen hinein, weil der Instrumenteneinsatz nicht mehr widerspruchsfrei geschieht, weil sich die Wirkungen der einzelnen Maßnahmen überlagern und gegenseitig verstärken od. aufheben, weil die Zielrealisierung darunter leidet und weil dies alles zusammen genommen in der Energieversorgung wettbewerbliche Marktprozesse verzerrt, behindert od. gar lahmlegt. Nicht selten benutzt die E. sogar *Wettbewerbsbeschränkungen als Instrument*, um bestimmte Versorgungsergebnisse zu erreichen. Obwohl es höchst zweifelhaft ist, ob solche Instrumentalisierungen von Marktprozessen überhaupt ein taugliches energiepolitisches Mittel darstellen, sollten sie trotzdem der *energiewirtschaftlichen Strukturanpassung* dienen, um Überkapazitäten und Engpässe bei einzelnen Energiearten abzubauen. Vielmehr müsste die E. bei ihren Maßnahmen, vor allem auch bei finanziellen Hilfen, um Umstellung- und Anpassungsprozesse zu verlangsamen und zu glätten, beachten, dass auch der Strukturanpassungspolitik Kausaltherapie vorauszugehen hat, dass es keinen zuverlässigen, marktorientierten → Indikator für die Ausgestaltung von Umstellungshilfen gibt und dass das Fehlen empirischer Nachweise der Überwälzung von Anpassungshilfen eine Erfolgskontrolle ungemein erschwert.

Eine solche lenkungseffiziente Abgrenzung energiepolitischer und marktlicher Funktionen bei der Allokation der Energieressourcen gilt es gleichermaßen bei der Sparstrategie wie auch bei der Substitutionsstrategie zu befolgen. Gerade von der Sparstrategie erwartet man große energiewirtschaftliche Erfolge, u.zw. in allen Verbrauchssektoren vor allem jedoch von der Transformationsstufe durch ein Zurückdrängen der Verluste durch Abwärme, also durch eine Steigerung der Nutzungsgrade bei der Energieumwandlung. Bei der Energieeinsparung vertraut die E. teilweise auf die Wirkung steigender Preise, zum einen nicht geringen Teil setzt sie aber auch auf Einspareffekte administrativer Regelungen des Energieverbrauchs und des Energieeinsatzes. Solche Lenkungseingriffe dämpfen aber den Anstieg der Energiepreise, verzerren die Preisrelationen und verfälschen somit die zeitliche Energieallokation. Das verhindert rasche Umstellungen auf sich verändernde Knappheitsverhältnisse bei den einzelnen Energiearten und verringert insgesamt unnötig die energiewirtschaftliche Anpassungsflexibilität. Die ordnungspolitischen Voraussetzungen gelten in gleicher Weise auch für die energiepolitische Substitutionsstrategie, um Erdöl durch andere Energieträger zu ersetzen, was auf absehbare Zeit in nennenswertem Umfang nur durch Kohle und/ od. Kernenergie geschehen kann. Ein häufig geforderter schneller Ausstieg aus der Kernenergie ist über Energiesparen nicht annähernd zu kompensieren, hätte im Übrigen beträchtliche negative volkswirtschaftliche Rückwirkungen und würde eine potentielle Strahlengefährdung nicht entscheidend verringern, solange die Nachbarländer weiterhin Kernkraftwerke betreiben.

Die Vorteile marktwirtschaftlicher Allokationseffizienz lassen sich jedoch nur solange und soweit nutzen und sichern, wie die energiewirtschaftliche Koordination in wettbewerblichen Marktprozessen vor sich geht. Da Wettbewerbsbeschränkungen diesen Vorzug erheblich mindern, müsste die E. zunächst dafür sorgen, Wettbewerbsbeschränkungen überall dort abzubauen, wo sie sich beseitigen lassen. Auf diesem Gebiet wies die E. allerdings bisher ein großes Defizit auf. Denn in beinahe allen Teilbereichen der Energieversorgung liegen mehr od. weniger durchgreifende Wettbewerbsbeschränkungen vor, die größtenteils grundsätzlich wirtschaftspolitisch korrigierbar sind und nur in seltenen Ausnahmefällen auf ein tatsächliches, nicht interventionistisch hervorgerufenes Marktversagen zurückgehen.

Die E. weist in ihren spezifischen Maßnahmen für die energiewirtschaftlichen Teilbereiche eine erhebliche Spannweite auf. So besteht das Ziel der *Kohlepolitik* darin, den Beitrag der einheimischen Steinkohle zur Energieversorgung zu erhöhen, nicht etwa der Steinkohle schlechthin. Neben einer umfassenden Subventionierung (→ Subvention) geschah dies seit mehr als dreißig Jahren durch eine weitgehende Marktschließung nach außen über eine Importkontingentierung und nach innen über eine Absatzsicherung für Lieferungen an die Elektrizitätswirtschaft (→Kohlepfennig) sowie an die Eisen- und Stahlindustrie. Diese Regelungen wurden aufgelockert, indem die Subventionen verringert und die Einfuhrmengen aufgehoben wurden. Grundsätzlich werden aber die Staatseingriffe im Kohlesektor fortbestehen, so dass weiterhin auf Allokations- und Wettbewerbspunkt kaum Rücksicht genommen wird. Hingegen beschränkt sich die *Ölpolitik* weitgehend auf wettbewerbspolitische Maßnahmen, um Preisod. Behinderungsmissbräuche marktstarker Mineralölunternehmen zu verhindern. Demgegenüber konzentrierte sich die E. bisher für die *leitungsgebundene Energieversorgung* (Strom, Gas) auf eine Instrumentalisierung von Wettbewerbsbeschränkungen in Form eines engmaschigen Gebietsschutzsystems, für das ein wettbewerbspolitischer Ausnahmebereich geschaffen wurde. Die E. hat dies ergänzt durch eine staatliche Regulierung (Fach-, Preis- und Kartellaufsicht), die zwar für die Abnehmer eine kompensatorische Schutzfunktion erfüllen soll, sich jedoch nicht nur als ordnungsinkonform, sondern ebenso viel als wenig leistungsfähig erweist. Denn es kann ihr höchstens gelingen, offensichtliche Fehlentwicklungen und grobe Verhaltensmissbräuche zu vermeiden, sie kann aber niemals die Steuerungs- und Kontrolleffizienz wettbewerblicher Marktprozesse erreichen.

Die Anstrengungen zur Vollendung des EG-Binnenmarktes zielen neuerdings darauf ab, auch in der Energiewirtschaft wettbewerbsbeschränkende Hemmnisse abzubauen. Für die Bereiche Elektrizitäts- und Gasversorgung wurden mittlerweile die hierzu erforderlichen Richtlinien erlassen, die in Deutschland eine grundsätzlich wettbewerblich ausgerichtete Reform angestoßen hat. In manchen Punkten könnte man zwar dem Wettbewerb eine noch größere Durchschlagskraft verschaffen, doch ist es wirtschaftspolitisch wertvoll, die Konkurrenz überhaupt erst einmal anzustoßen.

Dies leitet einen Lernprozess ein, der weitere wettbewerbspolitische Ordnungskonzepte für noch mehr Wettbewerb erschließen wird.

Literatur: *P. Drasdo/ J. Drillisch/ J. Hensing/ M. Kreuzberg/ A. Nolden/ J. Perner/ Ch. Richmann/ W. Schulz*, Konzentration und Wettbewerb in der deutschen Energiewirtschaft. München 1998. *H. Gröner*, Energiepolitik, in: O. Issing (Hrsg.), Spezielle Wirtschaftspolitik. München 1982. *H. Gröner*, Die Energiepolitik im ordnungspolitischen Zwiespalt. ORDO, Bd. 48 (1977), 269-284.

Prof. Dr. H. Gröner, Bayreuth†

Energiewirtschaftsgesetz

E. von 1998 löste das von 1935 ab. Es liberalisiert und dereguliert den nationalen Strom- und Gasmarkt und will wettbewerbsfähige →Preise ermöglichen. Hebt dazu den Grundsatz des geschlossenen Versorgungsgebietes auf, ferner die kartellrechtliche Zulässigkeit von Gebietssprachen und ausschließlichen Wegerechten in Konzessionsverträgen mit Gemeinden. Belieferung durch Dritte mittels Durchleitung über vorhandene Netze als auch durch zusätzliche Leitungen und Kabel werden zugelassen.

Engelsche Kurve

beschreibt den von E. Engel 1857 empirisch ermittelten Zusammenhang zwischen steigendem →Einkommen eines privaten Haushalts (→Haushalt, 1.) und unterproportional steigenden Ausgaben für Lebensmittel (Engelsches Gesetz). Nicht korrekterweise wird E. als Synonym zur →Einkommens-Konsum-Kurve gebraucht, denn diese zeigt auch andere Verläufe und operiert i.d.R. mit Konsummengen anstatt Konsumausgaben, ferner analysierte Engel das Ausgabeverhalten von Haushalten verschiedener Einkommensklassen, für die anders als bei der Einkommens-Konsum-Kurve von einer nicht konstanten →Präferenzstruktur auszugehen ist.

Engelsches Gesetz

→Engelsche Kurve.

Entflechtung

Auflösung von →Konzernen, marktbe

herrschenden Unternehmen und Unternehmenseinheiten in kleinere selbstständige Unternehmen, um ökonomische Machtpositionen zu beseitigen und funktionsfähigen Wettbewerb (→Wettbewerbstheorie, 2.) herzustellen. Nach dem Zweiten Weltkrieg wurden in Deutschland in Anwendung alliierten Besatzungsrechts Erfahrungen mit der E. im Bergbau, der Eisen- und Stahlindustrie, chemischen Industrie, Filmwirtschaft und im Bankengewerbe gemacht.

Das Gesetz gegen Wettbewerbsbeschränkungen sieht zwar Fusionskontrolle und Missbrauchsaufsicht, aber E. nicht vor. Die Monopolkommission hat in ihrem Hauptgutachten 1973/ 1975 Anregungen zur Erweiterung des deutschen Wettbewerbsrechts um die E. gegeben.

Entscheidungslag
=decision lag
→lag.

Entscheidungstheorie
1. *Kennzeichnung der E.* Bezeichnet der Begriff der Entscheidung die Auswahl einer Handlungsalternative aus einer Menge möglicher Alternativen, dann beschäftigt sich die E. mit der Frage, auf welche Art und Weise diese Auswahl vorgenommen werden kann. Normativ wird die E. genannt, wenn sie Empfehlungen für eine vernünftige oder rationale Auswahl gibt. Deskriptiv nennt man sie, wenn Aussagen darüber getroffen werden, auf welche Art und Weise die Auswahl tatsächlich vorgenommen wird. Während die normative E. von einem vorgegebenen Entscheidungsfeld und Zielsystem (s.u.) ausgeht, nimmt die deskriptive E. die Frage nach der tatsächlichen Entwicklung des Zielsystems und des Entscheidungsfeldes mit in die Untersuchungen auf. Letztere kann daher auch als Theorie des Entscheidungs- od. Problemlösungsverhaltens, erstere als Theorie der rationalen Wahl umschrieben werden.

Im Folgenden soll nur noch die normative E. betrachtet werden. Sie ist ethisch-normativ ausgerichtet, wenn sie von einem durch die Gesellschaft allgemein anerkannten Zielsystem ausgeht. Praktisch-normativ wird sie genannt, wenn sie jedes beliebige, in sich widerspruchsfreie Zielsystem zulässt. Ihr gelten die nachfolgenden Ausführungen.

2. *Das Grundmodell der praktisch-normativen E.*
2.1 Darstellung des Entscheidungsfeldes. Die praktisch-normative E. geht von einer standardisierten Problemsituation aus, die als Grundmodell bezeichnet wird und sich aus Entscheidungsfeld und Zielsystem zusammensetzt. Das Entscheidungsfeld umfasst den Aktionsraum, den Zustandsraum und eine od. mehrere Ergebnisfunktionen. Als Aktionsraum $A = \{a_i/\ i = 1, ..., n; n \geq 2\}$ bezeichnet man die Menge der einem Entscheidungsträger offenstehenden, sich gegenseitig ausschließenden Handlungsalternativen a_i. Der Zustandsraum $Z = \{z_j/\ j = 1, ..., m; m \geq 1\}$ enthält sämtliche sich gegenseitig ausschließenden Umweltsituationen z_j. Diese können od. sollen vom Entscheidungsträger nicht beeinflusst werden. Liegt nur eine Umweltsituation vor, spricht man von einer Entscheidungssituation unter Sicherheit. Ist mit dem Eintritt einer von mehreren möglichen Umweltsituationen zu rechnen, handelt es sich um eine Entscheidungssituation unter Unsicherheit. Diese wird als Risikosituation bezeichnet, wenn den einzelnen Umweltsituationen bestimmte Eintrittswahrscheinlichkeiten zugeordnet werden können. Andernfalls besteht eine Ungewissheitssituation. Mit Hilfe einer Ergebnisfunktion f(.) wird jeder Kombination von Handlungsalternative a_i und Umweltsituation z_j eine Handlungskonsequenz e_{ij} zugeordnet, wobei nur solche Konsequenzen Beachtung finden, die zu Zielgrößen erklärt worden sind: $e_{ij} = f\ (a_i,\ z_j)$. Jede Handlungskonsequenz lässt sich weiter danach differenzieren, ob sie für einen od. mehrere künftige Zeitpunkte od. Zeiträume t, t = 1, ..., q, sowie für eine od. mehrere Zielgrößen g, g = 1, ..., r, erfasst werden

soll: $e_{ig}^{tg} = f_{tg}(a_i,\ z_j)$.

Aktionsraum, Zustandsraum und Handlungskonsequenzen werden in der sog. Ergebnismatrix zusammengefasst, deren Aussehen die Abbildung zeigt.

Umweltsituation z_j		z_1			...	z_m		
Eintrittswahrscheinlichkeiten w_j		w_1			...	w_m		
Handlungsalternativen a_i	Zielgrößen g / Zeitpunkte t	1	...	r	...	1	...	r
a_1	1	e_{11}^{11}	...	e_{11}^{1r}	...	e_{1m}^{11}	...	e_1^1
	q	e_{11}^{q1}	...	e_{11}^{qr}	...	e_{1m}^{q1}	...	e_1^q
a_n	1	e_{n1}^{11}	...	e_{n1}^{1r}	...	e_{nm}^{11}	...	e_1^1
	q	e_{n1}^{q1}	...	e_{n1}^{qr}	...	e_{nm}^{q1}	...	e_1^q

2.2. Erörterung des Zielsystems. Das Zielsystem eines Entscheidungsträgers umfasst dessen Zielgrößen und Präferenzrelationen. Die Zielgrößen geben an, welche der vielfältigen Konsequenzen, die eine Handlungsalternative in Verbindung mit einer bestimmten Umweltsituation auslösen kann, als erstrebenswert und mithin als entscheidungsrelevant angesehen werden sollen. Sie müssen inhaltlich präzise festgelegt sowie eindeutig messbar sein und bestimmen die Auswahl der für das Entscheidungsfeld heranzuziehenden Ergebnisfunktionen. Die Präferenzrelationen geben an, welche Nutzwerte ein Entscheidungsträger Handlungskonsequenzen unterschiedlicher Höhe (Höhenpräferenz), unterschiedlicher Art (Artenpräferenz), unterschiedlichen zeitlichen Anfalls (Zeitpräferenz) und unterschiedlicher Sicherheit (Sicherheitspräferenz) zuordnet. Mit ihrer Hilfe ist es möglich, jeder Handlungsalternative a_i einen bestimmten Nutzwert N_i zuzuweisen:

$$N_i(a_i) = h(e_{ij}^{tg} | j = 1, ..., m; t = 1, ..., q;$$

$g = 1, ..., r)$. Handlungsalternativen und zugehörige Nutzwerte werden in der sog. Entscheidungsmatrix zusammengefasst, die in der folgenden Abbildung gezeigt wird.

Handlungsalternativen a_i	$a_1 ... a_n$
Nutzwerte N_i	$N_1 ... N_n$

Von den möglichen Handlungsalternativen wird schließlich diejenige als optimale Aktion ausgewählt, die den größten Nutzwert aufweist.

Das zentrale Anliegen der parktisch-normativen E. ist es, den Übergang von der Ergebnis- zur Entscheidungsmatrix rational zu vollziehen. Daher sind für die obigen vier Präferenzen zweckmäßige Konkretisierungen zu schaffen, welche die tatsächlichen Präferenzen des Entscheidungsträgers durch Funktionen abbilden.

3. Möglichkeiten zur Konkretisierung der Präferenzen
3.1 Die Höhenpräferenzfunktion. Fallen für die verschiedenen Handlungsalternativen unterschiedliche Handlungskonsequenzen in Bezug auf eine Zielgröße an, müssen diese mit Hilfe einer Höhenpräferenzfunktion vergleichbar gemacht werden. Diese Funktion ordnet jeder

Handlungskonsequenz einen Nutzwert in der Form einer reellen Zahl zu, die derjenigen Wertschätzung entspricht, die der Entscheidungsträger gegenüber dieser Handlungskonsequenz hegt. Die Höhenpräferenzfunktion kann linear, konvex oder konkav monoton steigend oder fallen verlaufen.

3.2 Die Artenpräferenzfunktion. Liegen für jede Handlungsalternative gleichzeitig Handlungskonsequenzen in Bezug auf mehrere Zielgrößen vor und steigt beim Übergang von einer Alternative auf eine andere der Nutzwert der Handlungskonsequenz einer Zielgröße an, während er bei einer anderen Zielgröße sinkt, müssen die Nutzwerte der artmäßig unterschiedlichen Handlungskonsequenzen mit Hilfe einer Artenpräferenz einander vergleichbar gemacht werden.

Die einfachste und bedeutendste Artenpräferenzfunktion ist die additive multiattributive Nutzenfunktion, die häufig in Scoringmodellen, Punktbewertungsverfahren und Nutzwertanalysen verwendet wird. Sie erfordert die Multiplikation des Nutzwertes jeder artmäßig unterschiedlichen Handlungskonsequenz einer Handlungsalternative mit einem konstanten Gewichtungsfaktor je Zielgröße und die anschließende additive Zusammenfassung der berechneten Produkte zu einem Nutzwert der Handlungsalternative.

3.3 Die Zeitpräferenzfunktion. Liegt für jede Handlungsalternative eine Zeitreihe von Handlungskonsequenzen hinsichtlich einer Zielgröße vor, ist eine Zeitpräferenzfunktion erforderlich, welche die zu unterschiedlichen Perioden anfallenden Handlungskonsequenzen einander vergleichbar macht.

Analog zur Artenpräferenzfunktion kann hier eine additive intertemporale Nutzenfunktion verwendet werden, die für jede Periode von einer Nutzenfunktion der in dieser Zeit möglichen Handlungskonsequenzen sowie von einem konstanten Periodengewichtungsfaktor ausgeht. Unter bestimmten Bedingungen kann diese additive intertemporale Nutzenfunktion in eine einfache Diskontierungsvorschrift überführt werden.

3.4 Die Sicherheitspräferenzfunktion. Bestehen für jede Handlungsalternative hinsichtlich einer Zielgröße mehrere unterschiedliche Handlungskonsequenzen, die sich aufgrund der für möglich erachteten Umweltsituationen einstellen, bedarf es einer Sicherheitspräferenzfunktion, um die Handlungskonsequenzen der einzelnen Umweltsituationen miteinander vergleichen zu können.

Im Falle der Ungewissheit werden die als kritisch anzusehende Minimax-, Maximax-, Hurwicz-, Savage-Niehans- und Laplace-Regel als Sicherheitspräferenzfunktionen vorgeschlagen.

Für die Risikosituation wird neben der Erwartungswert-Regel (→ Erwartungswertprinzip) und der Erwartungswert-Standardabweichung-Regel vor allem das Bernoulli-Prinzip (→Bernoulli-Kriterium) als Sicherheitspräferenzfunktion empfohlen. Nach diesem Prinzip stellt die Summe der mit den Eintrittswahrscheinlichkeiten der Umweltsituationen multiplizierten Risikonutzenwerte der einzelnen Handlungskonsequenzen einer Handlungsalternative deren Nutzwert dar. Zur Transformation der Handlungskonsequenzen in Risikonutzenwerte benötigt man eine Risiko-Nutzen-Funktion, welche die Einstellung des Entscheidungsträgers sowohl gegenüber den Handlungskonsequenzen als auch gegenüber dem Risiko abbildet.

4. *Schlussbemerkung.* Die praktisch-normative E. mit ihrem Konzept der Präferenzen kann als Lehre von der Entscheidungslogik umschrieben werden: Wie soll bei vorgegebenen Entscheidungsprämissen - Entscheidungsfeld und Zielsystem - rational ausgewählt werden? Hierbei tritt das Problem auf, unter welchen Bedingungen eine Wahl als rational bezeichnet werden kann. Die Frage also, ob der Einsatz der verschiedenen Präferenzfunktionen ein vernünftiges Entscheiden garantiert, setzt wiederum ein System von Regeln voraus, deren Einhaltung eine rationale Wahl gewährleistet. Mit Hilfe dieses Axiomensystems (→Axiom) von Regeln kann dann die Güte der verschiedenen Präferenzfunktionen beurteilt werden.

Literatur: *M. Bitz*, Entscheidungstheorie. München 1981. *G. Bamberg/ A. G. Coenen-*

berg, Betriebswirtschaftliche Entscheidungslehre. 9., überarb. A., München 1996. *F. Eisenführth/ M. Weber*, Rationales Entscheiden. 2., verb. A., Berlin u. Heidelberg 1994. *G. Sieben/ T. Schildbach*, Betriebswirtschaftliche Entscheidungslehre. 4., durchges. A., Düsseldorf 1994.

Prof. Dr. B. Rieper, Siegen

Entsendegesetz

E. vom 1.3.1996 zwingt ausländische Bauunternehmer, ihre in Deutschland beschäftigten Mitarbeiter nach den hier geltenden →Mindestlöhnen zu bezahlen. Somit müssten die Tarifpartner der Bauwirtschaft allgemein verbindliche Mindestlöhne vereinbaren. E. ist Ausdruck einer protektionistischen →Wirtschaftspolitik. Für die Kontrolle der Einhaltung des E. sind Arbeitsagenturen und Hauptzollämter zuständig. Verstöße werden mit Geldbußen geahndet.

Entsorgung

Naturhaushalt und Landschaftsbild möglichst wenig beeinträchtigende Ablagerung von Abfallstoffen der privaten Haushalte (→Haushalte, 1.), Unternehmen (→Betrieb, I.), Krankenhäuser und Kernkraftwerke; heute mit dem Ziel eines möglichst großen Recyclinganteils.

Entwicklungsgleichgewicht

⇒Expansionsgleichgewicht
Grundtyp des →Gleichgewichts neben anderen, der für Lösungen von ökonomischen →Modellen unterschieden wird. E. gilt für Lösungen dynamischer Modelle mit Bezug auf alle →Wirtschaftssubjekte einer Volkswirtschaft (→Wirtschaft). Modelle der →Wachstumstheorie ermitteln E., indem sie nach den Bedingungen für gleichgewichtiges Wirtschaftswachstum fragen.

Entwicklungshilfepolitik

→Entwicklungspolitik, 1.

Entwicklungspolitik

1. *Begriffliche Klärungen.* Unter E. ist die Summe aller Maßnahmen und Anstrengungen der Politikträger zu verstehen, die auf Überwindung der Unterentwicklung bzw. Förderung der sozio-ökonomischen Entwicklung in Ländern der

Dritten Welt ausgerichtet sind. Soweit diese Maßnahmen und Anstrengungen vom Ausland ausgehen, ist von *Entwicklungshilfepolitik* die Rede.

Die *sozio-ökonomische* Entwicklung als Ziel der E. wurde früher weitgehend mit wirtschaftlichem Wachstum (→ Wachstumstheorie, 1.) gleichgesetzt. Streng genommen ist dieses zwar sicherlich die zentrale Komponente des Entwicklungsphänomens, es darf aber nicht als Entwicklung schlechthin gesehen werden. So berücksichtigt die Erfassung des wirtschaftlichen Wachstum im Sinne vom Sozialproduktwachstum (→Sozialprodukt) nicht alle aus dem Wirtschaftsprozess resultierenden Wohlfahrtswirkungen (→Wohlfahrtsökonomik) wie etwa die verursachten Umweltschäden, manche erzeugten nicht-marktmäßigen Leistungen od. die sich ergebende →Einkommensverteilung. Ferner kommt in den Wachstumsergebnissen die unterschiedliche *Effizienz* bzw. *Funktionsfähigkeit* der betrachteten Volkswirtschaften (→Wirtschaft) nicht voll zum Ausdruck. Würde man alleine auf das Sozialprodukt abstellen, so könnten manche Ölländer wie Kuwait, Libyen od. Saudi-Arabien „entwickelter" erscheinen als die meisten Industriestaaten, obwohl sie arm an →Humankapital sind, ein kaum nennenswertes technologisches Potential haben und eine mangelhafte Allokationseffizienz (→Allokation) aufweisen. Es erscheint deshalb sinnvoll, Entwicklung in einem erweiterten Sinne als Steigerung der gesellschaftlichen Wohlfahrt und der Effizienz bzw. Funktionsfähigkeit der Wirtschaft als Ganzes zu sehen.

2. *Marktwirtschaftliche vs. interventionistische bzw. sozialistisch orientierte E.* Eine Kernfrage der E. ist die *Systemfrage*, d.h., für welche ordnungspolitische Orientierung sich die Systemträger entscheiden.

In der entwicklungstheoretischen und -politischen Diskussion findet die Meinung, dass die *Wettbewerbsordnung* (→ Wettbewerbstheorie, →Wettbewerbspolitik) für die Entwicklungsländer wenig geeignet sei, weite Verbreitung. Dementsprechend wird für diese Länder häufig eine mehr od. weniger starke Ausdehnung der staatlichen Aktivitäten und

Lenkung bis hin zu einer *sozialistischen Orientierung* im Sinne einer vollen Kontrolle des Wirtschaftsprozesses empfohlen. Und in der Tat wird in der Mehrzahl der Entwicklungsländer eine ausgeprägt interventionistische Politik (→Intervention) betrieben, wobei die Wirtschaft, besonders der Industriesektor, durch staatliche → Investitionen dominiert wird.

Die Argumente zur Begründung der Positionen gegen →Markt und →Wettbewerb gehen hauptsächlich in drei Richtungen:

- Es wird auf allgemeine, als *,wesensimmanent'* angesehene Schwächen der Wettbewerbsordnung, wie etwa, dass der Wettbewerb eine „ungerechte" Einkommensverteilung ergibt, hingewiesen.

- Es wird aufzuzeigen versucht, dass *,Schwächen'* der Wettbewerbsordnung *in Entwicklungsländern stärker ausgeprägt* sind bzw. bedenklichere Konsequenzen haben, indem z.B. argumentiert wird, dass die „ungerechten" Verteilungsergebnisse dort mehr rechnen, weil in vielen der betreffenden Länder große Bevölkerungsteile ein →Einkommen erzielen, welches das Existenzminimum nicht sichert.

- Es werden die *Voraussetzungen* für ein befriedigendes Funktionieren der Wettbewerbsordnung in diesen Ländern *bestritten*, indem es z.B. heißt, dass Faktoren wie Kastensysteme und traditionelle Rollenverteilung den Marktzugang beschränken, dass der notwendige Wettbewerbsschutz und die erforderliche rechtliche Sicherheit nicht gewährleistet sind, und dass eine leistungsfähige Staatsverwaltung, die den Erfordernissen einer funktionierenden →Marktwirtschaft genügt, dort kaum zu finden ist.

Betrachtet man solche, gegen die Wettbewerbsordnung in Entwicklungsländern angeführten Argumente, zeigt sich ihre Fragwürdigkeit in verschiedener Hinsicht: Sie sind meistens zu wenig fundiert, stellen eine erfolgreiche Anwendung der Wettbewerbsordnung nicht grundsätzlich in Frage od. zeigen Probleme und Unzulänglichkeiten auf, die im

gleichen, wenn nicht höherem Maße für die Realisierung einer staatlichen Lenkung und Kontrolle der Wirtschaft gelten.

So wird z.B. bei dem Vorwurf der „ungerechten" Verteilung übersehen, dass eine Korrektur der aus dem Wettbewerb resultierenden Verteilung keineswegs im Widerspruch zum marktwirtschaftlichen System steht, dass die durch den Wettbewerb erbrachte Leistung eine bessere Basis für die Finanzierung der → Sozialpolitik schafft, dass stärker marktwirtschaftlich orientierte Entwicklungsländer oft eine nivelliertere Verteilung aufweisen als andere und dass vielfach selbst die unteren Einkommensgruppen in diesen Ländern ein höheres Einkommen erzielen als die Mehrheit der Bevölkerung in manchen sozialistisch orientierten Entwicklungsländern.

Hinsichtlich des Arguments der fehlenden Voraussetzungen ist u.a. festzustellen, dass empirisch eine Abnahme der Rigidität traditioneller sozialer Strukturen und ihrer Bedeutung als Marktzugangshemmnisse zu beobachten ist. Dass Faktoren wie das Fehlen rechtlicher Sicherheit und einer fähigen Staatsverwaltung auch die Leistungsfähigkeit interventionistischer Systeme beeinträchtigen, braucht nicht betont zu werden. Schließlich stellt sich die Frage, warum ein Land, dessen Fähigkeit, den notwendigen Wettbewerbsschutz zu gewährleisten und die sonstigen Rahmenbedingungen für eine befriedigende Funktion der Wettbewerbsordnung zu schaffen, bezweifelt wird, in der Lage sein sollte, eine erfolgreiche Lenkung und Kontrolle des Wirtschaftsprozesses zu bewerkstelligen. Überhaupt scheinen die Gegner einer marktwirtschaftlichen Orientierung in Entwicklungsländern die *Funktionsprobleme und mangelhafte Effizienz einer staatlichen Lenkung und Kontrolle der Wirtschaft* außer Acht zu lassen bzw. in ihrer Bedeutung zu unterschätzen. Dabei kommen gerade die betreffenden Unzulänglichkeiten in Misserfolgen der sozialistischen Experimente vieler Entwicklungsländer deutlich zum Ausdruck, was auch eine Reihe von Ländern in der Dritten Welt veranlasst hat, sich mehr der Marktwirtschaft zuzuwenden.

3. *Integrations- vs. dissoziationsorientierte E.* Neben der Entscheidung für eine ordnungspolitische Richtung im Inneren bildet die Entscheidung über die Gestaltungsprinzipien der außenwirtschaftlichen Beziehungen die zweite zentrale Komponente der E. Dabei ist festzustellen, dass zwar kein Land einen vollständigen →Freihandel od. gar volle Freizügigkeit der Faktorbewegungen praktiziert, ebenso wenig wie dass sich ein Land gegen das Ausland voll abschirmt, dass sich aber die verschiedenen Länder durchaus mehr auf →Integration od. Abschirmung bzw. Dissoziation ausrichten.

Länder, die im Inneren eine stärkere marktwirtschaftliche Ausrichtung aufweisen, sind i.d.R. auch diejenigen, die eine *liberalere →Außenwirtschaftspolitik* betreiben. Und es ist interessant, festzustellen, dass diese Länder, wie nicht zuletzt die Beispiele Hongkong, Singapur, Korea und Taiwan zeigen, wesentlich bessere Entwicklungsergebnisse aufweisen als solche Länder, die eine ausgeprägt *protektionistische* (→Protektionismus) *bzw. restriktive Außenwirtschaftspolitik* betreiben. Dies gilt nicht nur für das Wachstum des Sozialprodukts, sondern auch für weitere wichtige Entwicklungsindikatoren, wie z. B. Beschäftigungszunahme, Produktivitätssteigerung und Armutsreduzierung.

Die positiveren Ergebnisse in Ländern mit liberaler Außenwirtschaftspolitik sind nicht zuletzt auf die vielfältigen *Integrationsgewinne* zurückzuführen, welche sich nicht nur durch die Nutzung absoluter und komparativer Kostenvorteile (→ Theorie der komparativen Kosten) ergeben, sondern auch durch eine Reihe *dynamischer* Vorteile wie Technologietransfer, Intensivierung des Wettbewerbs, Mobilisierung brachliegender Ressourcen bzw. nicht genutzter Produktionskapazitäten (vent for surplus) und bessere Nutzung der Größenvorteile.

Die Misserfolge in vielen Entwicklungsländern, die mehr auf Protektionismus und eine restriktive Außenwirtschaftspolitik ausgerichtet sind, erklären sich u.a. schon dadurch, dass selbst theoretisch fundierte Protektionismusargumente wie das *Erziehungsschutzargument* von Friedrich List (→Zolltheorie) in der praktischen Anwendung vielfach versagen, weil der Schutz etwa übertrieben und wenig differenziert gehandhabt wird, einen Dauercharakter gewinnt od. in seiner Wirkung durch Inkonsistenzen der Politik (z.B. überbewertete → Wechselkurse) durchkreuzt wird.

Literatur: *J. B. Donges,* Außenwirtschafts- und Entwicklungspolitik. Berlin-Heidelberg-New York 1981. *E.-S. El-Shagi,* Die Wettbewerbsordnung und ihre Relevanz für die Länder der Dritten Welt, in: List Forum, Bd. 12 (1983/ 84), Heft 2 (Juni 1983). *H.-R. Hemmer,* Wirtschaftsprobleme der Entwicklungsländer. 2. A., München 1988.

Prof. Dr. E.-S. El-Shagi, Trier

Entzugseffekt
⇒*Kontraktionsgröße.*

Erblasten-Tilgungsfonds
mit Gesetz vom 23.6.1993 eingerichtetes →Sondervermögen des Bundes. Enthält Schulden in Höhe von etwa 360 Mrd DM. Sie stammen aus der deutschen Wiedervereinigung, den → Verbindlichkeiten des Kreditabwicklungsfonds und der staatlichen Treuhandanstalt sowie der DDR-Wohnungsgesellschaft, ferner aus der Währungsumstellung von DDR-Mark auf D-Mark. Für seine Tilgung sind der Bund und die neuen Länder zuständig. Gläubiger sind →Kreditinstitute, Unternehmer, Versicherungen, Fondsgesellschaften und Privatpersonen.

ERE
Abk. für: →Europäische Rechnungseinheit.

Ereignismasse
⇒*Bewegungsmasse.*

Ereignis(se)
I. in der Wahrscheinlichkeitsrechnung
1. Elementar-E. sind die möglichen E. eines Versuchs, z.B. die erzielbaren Augenzahlen beim Würfelwurf. Die Menge aller möglichen F. heißt Grundraum od. E.-raum und wird mit Ω bezeichnet. Den Grundraum Ω nennt man auch das sichere E., die leere Menge $\varnothing$ das unmögliche E. 2. E. ist die endliche od. unendliche

Menge von Elementar-E., z.B. das E. A beim Würfelwurf, eine gerade Augenzahl zu werden: A = {2, 4, 6}. Bezeichnen A_n E., so bedeuten $\bigcap_n A_n$ das gleichzeitige Eintreffen sämtlicher A_n; $\bigcup_n A_n$ das Eintreffen mindestens eines A_n; $\bigcup_n A_n = \emptyset$ Unvereinbarkeit der A_n, man spricht dann von disjunkten E. E. A und B heißen unabhängig, wenn für die Wahrscheinlichkeit ihres gleichzeitigen Eintretens der Multiplikationssatz $P(A \cap B) = P(A) \cdot P(B)$ gilt. Für $P(B) \neq O$ ist dies gleichbedeutend damit, dass die →bedingte Wahrscheinlichkeit $P(A|B)$ (für das E. A bei Vorliegen von B) mit der Wahrscheinlichkeit $P(A)$ übereinstimmt. Zwei Zufallsvariable X und Y werden unabhängig genannt, wenn für alle zugehörigen E. A, B gilt: $P(X \in A, Y \in B) = P(X \in A) \cdot P(Y \in B)$. II. in der →Netzplantechnik Eintreten eines definierten Zustandes im Prozessablauf.

Ereignissystem
in der Statistik und →Wahrscheinlichkeitsrechnung Gesamtheit aller in Betracht kommenden → Ereignisse eines zufallsabhängigen Geschehens.

Erfolgsbeteiligung
⇒Gewinnbeteiligung
→Beteiligung, 2.

Erfolgsbilanz
⇒*Gewinn- und Verlustrechnung*
s. auch →Bilanzierung

Erfolgsrechnung
1. eine → Kosten- und Leistungsrechnung, die keine neutralen Aufwendungen (→Aufwand) und Erträge (→Ertrag), aber kalkulatorische Kosten (→Kosten) und Leistungen (→Leistung) berücksichtigt.
2. Gewinn- und Verlustrechnung. S. auch →Bilanzierung.

Ergänzungsabgabe
zur →Einkommensteuer bis 1974 und → Körperschaftsteuer bis 1976 erhobene Bundessteuer, um eine konjunkturgerechte Anpassung staatlicher Einnahmen (→Einnahme) zu erreichen, die über die → built-in-flexibility hinausgeht. E. betrug 3% der →Bemessungsgrundlage.

Ergänzungshaushalt
⇒*Nachtragshaushalt.*

Ergänzungszuweisung
→Finanzzuweisung, 1.

Ergiebigkeit(sgrad) der Produktion
⇒Niveauelastizität
⇒*Skalenelastizität.*

Erhebung
in der Statistik Vorgang der Datenbeschaffung in Form der Befragung, Beobachtung (z.B. Verkehrszählung) und Experiment sowie der Datenzubereitung, wenn es sich anstelle der Primär-E. um Sekundär-E. handelt, bei der auf für andere Zwecke erhobenes Datenmaterial zurückgegriffen wird. Es wird unterschieden in Total-E., bei der die →Grundgesamtheit vollständig erfasst wird, und Teil-E. od. Stichproben-E. Diese Unterscheidung ist für die →deskriptive Statistik bedeutungslos i.Ggs. zur →induktiven Statistik.

Erhebungsmerkmal
bei einer →Erhebung erfasstes →Merkmal, das zu statistischen Verwendung bestimmt ist, z.B. bei der Volkszählung die Staatsangehörigkeit.

Erholung
Phase im Konjunkturzyklus (→Konjunkturtheorie) nach dem unteren Wendepunkt. Gekennzeichnet durch langsam steigende →Produktion bei noch relativ unverändertem →Preisniveau.

Erkennungslag
⇒recognition lag
→lag.

Erlös (E)
⇒Absatz
⇒Umsatz

Gegenwert, den ein Unternehmen (→Betrieb, I.) für die am →Markt verkauften → Güter erhält. Ist angebbar durch das Produkt aus abgesetzter Gütermenge (q^s) und Verkaufspreis (p): $E = q^s \cdot p$. Das Verhältnis von Erlös und abgesetzter Menge ist der Durchschnittserlös (DE):

$$DE = \frac{E}{q^s} = p.$$

S. auch →Grenzerlös.

Erlösgrenzprodukt

gibt den Erlöszuwachs (→ Erlös) eines Unternehmens (→ Betrieb, I.), das auf dem →Faktormarkt →Monopson und auf dem →Absatzmarkt →Monopolist ist, bei Mehreinsatz des variablen → Produktionsfaktors an. E. ist durch die partielle Grenzproduktivität (→Ertrag) des Faktors, Produktionspreis (p) und Eigenpreiselastizität der Nachfrage ($\eta_{q,p}^d$) (→ Elastizitäten) bestimmt:

$$E. = p \cdot \frac{\partial O}{\partial v} \cdot \left(1 + \frac{1}{\eta_{q,p}^d}\right).$$

Ermächtigungsstimmrecht

⇒Auftragstimmrecht
⇒Bankenstimmrecht
→Depotaktienstimmrecht
⇒*Depotstimmrecht*
→Legitimationsstimmrecht

ERP

Abk. für: European Recovery Program 1953 entstandenes Sondervermögen des Bundes, das aus den Mitteln des von den USA gewährten Hilfsprogramms (→GARIOA-Hilfe und →Marshall-Plan) für den Wiederaufbau der deutschen Wirtschaft nach dem Zweiten Weltkrieg gebildet wurde. Die Empfänger bezahlten die Hilfslieferungen, vor allem →Güter aus den USA in Form von Lebensmitteln, Düngemitteln, Roh- und Treibstoffen, in einen Gegenwertfonds. Nach dem →Londoner Schuldenabkommen wurden seine Mittel i.d.R. als zinsverbilligte →Darlehen insbesondere für regionale Förderungsmaßnahmen, Wasser- und Luftreinigung und zur Unterstützung des Mittelstandes gewährt. Kreditnehmer müssen in gewissem Umfang Eigen-

mittel nachweisen. Bis 1991 umfasst der E.-Wirtschaftsplan für zinsgünstige Darlehen ein Zusagevolumen von nahezu 100 Mrd DM. Für den Mittelstand, vor allem für Existenzgründungen, stehen pro Jahr mehrere Mrd DM zur Verfügung. Das Anfang 1990 beschlossene Modernisierungsprogramm für die DDR wird neben Zuschüssen des Bundes aus E.-Mitteln finanziert. Es dient speziell der → Finanzierung von → Investitionen zur Modernisierung und Erweiterung bestehender Betriebe, zur Abwas-sereinigung und zur Luftreinhaltung. Diese E.-Kredite haben eine Laufzeit bis zu 20 Jahren bei einem günstigen →Zins.

Ersatzinvestition

⇒Reinvestition

Erstinvestition

→Investition.

Ertrag

in der →*Wirtschaftswissenschaft* allgemein ein Ergebnis ökonomischer Leistung.
In der →*Volkswirtschaftslehre*: 1. in der → Produktionstheorie die von einer Unternehmung (→Betrieb, I., 1.) in einer Periode erzeugte Produktmenge, hier ⇒Ausbringung, ⇒Ausbringungsmenge, ⇒Output (O). Der E.-zuwachs aufgrund der Variation eines →Produktionsfaktors bei Konstanz der anderen heißt (partieller) *Grenz-E.* ⇒Grenzprodukt:

$$dO = \frac{\partial O}{\partial v} \cdot dv,$$ worin der Differential-

quotient $\frac{\partial O}{\partial v}$ die (partielle) *Grenzproduktivität* ist. Wird der Produktionsfaktor um eine Einheit vermehrt (dv = 1), so entsprechen sich Grenzertrag und Grenzproduktivität betragsmäßig, wobei sie sich durch ihre Dimensionen unterscheiden: Grenzertrag ist eine Produktmengengröße. Grenzproduktivität hat die Dimension Outputmenge/ Faktormenge. Das Verhältnis von Ertrag und Faktoreinsatzmenge: $\frac{O}{v}$ heißt *Durchschnitts-E.*

2. in der Klassischen Theorie wird Lohn als E. des Produktionsfaktors →Arbeit, →

Rente als E. →Boden und →Zins als E. des Faktors →Kapital bezeichnet.

3. in der →Makroökonomik ist E. die erzeugte Gütermenge.

4. in der →Volkswirtschaftlichen Gesamtrechnung ist E. der in Geldeinheiten ausgedrückte Zufluß in einer Periode aufgrund von →Leistungstransaktionen.

In der →*Betriebswirtschaftslehre* wird E. als Wertzugang eines Unternehmens (→Betrieb, I., 2.) in einer Periode, der zu →Einnahmen führt, verstanden. Gemeinsam mit dem →Aufwand dient E. in der →Gewinn- und Verlustrechnung der Ermittlung des effektiven Unternehmenserfolgs. E. stellt Wertzuwachs für das gesamte → Vermögen des Unternehmens dar, denn er ist gleich den periodisch abgegrenzten Umsatzeinnahmen.

Wenn sich E. und →Leistung entsprechen, also E. gleich der im Rahmen der typischen Betriebstätigkeit erbrachten Leistungen liegt, handelt es sich um Betriebs-E. Nicht-Betriebs-E. sind *neutrale* E., die entweder *betriebsfremde* E., z.B. Wertpapiererträge eines Produktionsunternehmens, od. *außergewöhnliche* E., z.B: Verkauf von → Anlagevermögen über dem Buchwert, sein können.

Ertragsgebirge
dreidimensional Darstellung einer →Produktionsfunktion, wobei die Fläche der Ebene die Kombinationen der →Produktionsfaktoren und die Raumdimension das Ertragsniveau (Output) angibt.

Ertragsgesetz
⇒Gesetz abnehmenden Ertragszuwachses
⇒klassische Produktionsfunktion
eine von A. R. J. Turgot, französischer Ökonom und Finanzminister unter dem französischen König Ludwig XVI., aus in

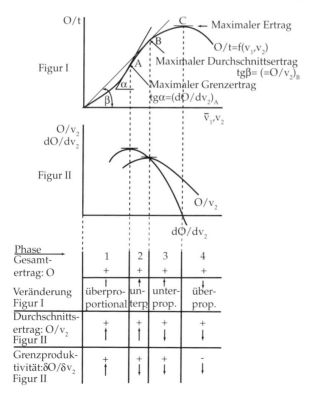

Phase	1	2	3	4
Gesamt-ertrag: O	+	+	+	+
Veränderung Figur I	↑ überpro-portional	↑ un-terp.	↑ unter-prop.	↓ über-prop.
Durchschnitts-ertrag: O/v$_2$ Figur II	+ ↑	+ ↑	+ ↓	+ ↓
Grenzproduk-tivität:δO/δv$_2$ Figur II	+ ↑	+ ↓	+ ↓	− ↓

der Landwirtschaft gewonnenen Erfahrungen zuerst formulierte → Produktionsfunktion mit einem fixen →Produktionsfaktor (landwirtschaftlich genutzte Fläche) ($\bar{v}_1$) und einem variablen Faktor (Landarbeiter) (v_2), wobei der →Ertrag (O) zum Faktoreinsatz zunächst überproportional (Phase 1), danach unterproportional (Phase 2 und 3) zunimmt und schließlich absolut sinkt (Phase 4; Figur I). Diesem Kurvenverlauf des Ertrages entspricht die in Figur II dargestellte

Kurve der Grenzproduktivität ($\frac{\partial O}{\partial v_2}$) und

des → Durchschnittsertrages ($\frac{O}{v_s}$). Wg. der ökonomisch bedeutsamen Phase 2 und 3, positive, aber abnehmende Grenzproduktivität, wird das E. auch als Gesetz abnehmenden Ertragszuwachses bezeichnet und als klassische Produktionsfunktion wg. zuerst zunehmender (Phase 1), dann sinkender Grenzproduktivität, was den Überlegungen vieler Vertreter der →Klassischen Theorie entspricht.

ertragsgesetzliche Produktionsfunktion
→Produktionsfunktion des →Ertragsgesetzes.

Ertragshoheit
⇒Ertragskompetenz
ausschließliches Recht einer →Gebietskörperschaft auf den Steuerertrag. Nach Artikel 106 und 107 des GG wird das Steueraufkommen wie folgt verteilt: Bund: → Zölle →, Finanzmonopole (Branntweinmonopol), →Verbrauchsteuern (ohne Biersteuer), Kapitalverkehr-, Versicherung-, Wechselsteuer, Ab-gaben im Rahmen der →EG; Bund und Länder: 56% Bund und 44% Länder der Lohn- und veranlagten Einkommensteuer (→ Einkommensteuer), der →Körperschaftsteuer und der →Mehrwertsteuer; Länder: Vermögen-, Erbschaft-, Grunderwerb-, Kraftfahrzeug-, Biersteuer-, Rennwett- und Lotterie-, Feuerschutzsteuer, Spielbankabgabe; Gemeinden: →Gewerbesteuer (Bund und Länder werden durch eine →Umlage beteiligt), →Grundsteuer, gemäß Landesgesetzgebung Steuern mit örtlich

bedingtem Wirkungskreis (z.B. Getränkesteuer); Religi-onsgemeinschaften: Kirchensteuer. Zur E. gehören ferner die Regelungen zum →Finanzausgleich. E. ist von → Gesetzgebungshoheit und → Verwaltungshoheit zu unterscheiden, die alle Untergliederungen der →Finanzhoheit sind. Durch die europäische Integration hat sich die E. für bestimmte Steuern (→Zölle und →Abschöpfungen) auf die →EG verlagert.

Ertragskompetenz
⇒Ertragshoheit.

Ertragskraft
erwirtschafteter Gewinn eines Unternehmens (→Betrieb, I.) vor Bildung →stiller Rücklagen, der die zwingende Kapitalentnahme derselben Periode übersteigt und zur →Innenfinanzierung dient.

Ertragsteuer
sowohl in der →Betriebswirtschaftslehre wie in der →Finanzwissenschaft keine einheitliche Abgrenzung. In der Betriebswirtschaftslehre i.d.R.: →Gewinnsteuer, wozu zählen: →Einkommen-, →Körperschaft-, →Gewerbe-steuer; in der Finanzwissenschaft werden zur Gruppe der E. auch →Grundsteuer, →Gewerbesteuer, → Kapitalertragsteuer und Vermögensteuer gezählt.

Ertragswert
i.Ggs. zum → Anschaffungswert zukunftsorientierter Ansatz zur Bewertung eines →Kapitalgutes od. Unternehmens. E. ist der →Barwert der erwarteten Nettoerträge des Bewertungsobjektes.

Erwartungswertverfahren
Verfahren zur Bewertung einer →Unternehmung, bei der der zukünftig erzielbare Erfolgsstrom mit Hilfe eines Kapitalisierungszinssatzes auf den Bewertungsstichtag abgezinst wird.

erwartetes Einkommen
in →Modellen der →Konsumtheorie Entscheidungsdeterminante, die das von den privaten Haushalten (→Haushalt, 1.) zukünftig erwartete →Einkommen repräsentiert, um Gegenwartsentscheidungen über →Konsum und →Sparen zu fällen.

Erwartungsfehler
Irrtum, der in der Erwartung über das Eintreten zukünftiger Ereignisse, z.B. Preissteigerungen, auftritt. E. sind dann systematisch, wenn sie nicht zufällig sind sondern mit Informationen zusammenhängen, die zum Zeitpunkt der Erwartungsbildung verfügbar sind.

Erwartungsparameter
Größe, die von → Wirtschaftssubjekten zukünftig erwartete Werte od. Änderungen von →Variablen abbildet und ihr gegenwärtiges Verhalten beeinflussen kann. E. ist nur indirekt, durch Änderung eines → Aktionsparameters, beeinflussbar. In der Theorie der →Preisbildung ist bei einer →konjekturalen Preis-Absatz-Kurve i.d.R. die Absatzmenge E. und der →Preis Aktionsparameter.

Erwartungswert
1. allg. in der →Wirtschaftswissenschaft Wert einer → Zufallsvariablen in einer Entscheidungsfunktion. Vgl. → Erwartungsparameter.

2. in der →induktiven Statistik neben der →Verteilung wichtiger →Lageparameter einer →Zufallsvariablen. E. einer Zufallsvariablen kann als Kennwert für das tendenzielle Niveau ihrer Ausprägungen aufgefasst werden. Ist X eine diskrete Zufallsvariable mit den Ausprägungen x_i, $1 \leq i \leq n$, f(x) für zugehörige Wahrscheinlichkeitsfunktion, die die Eintrittswahrscheinlichkeiten der Ausprägungen x_i angibt, und gilt $\sum\limits_{=1}^{n} |x_i| f(x_i) < \infty$, so heißt $E(X) = \sum\limits_{i=1}^{n} x_i f(x_i)$ der E. von X. Ist X eine stetige Zufallsvariable mit Dichtefunktion (→Dichte) f(x) und gilt $\int\limits_{-\infty}^{+\infty} |x| f(x)dx < \infty$, so berechnet sich der E. durch: $E(X) = \int\limits_{-\infty}^{+\infty} x f(x)dx$.

Erwartungswertprinzip
⇒μ-Regel
⇒μ-Kriterium
⇒μ-Prinzip
einfachste Entscheidungsregel (→ Entscheidungstheorie) für Risikosituationen mit einer Zielgröße. Der →Erwartungswert der Zielgröße dient als Beurteilungsmaßstab. Optimal ist diejenige Alternative, die diesen Erwartungswert maximiert. Für den Präferenzwert einer Handlungsalternative A_a (a = 1, 2, ..., n) gilt: $\Phi(A_a) = \sum\limits_{s=1}^{m} w(S_s) \cdot z_{as}$, wobei z_{as} den Wert der Zielgröße bei Wahl der Alternative A_a und Eintreten des Umweltzustandes S_s (s = 1, 2, ..., m) und w(S_s) die Eintrittswahrscheinlichkeit des Umweltzustandes S_s bezeichnen. Die Zielfunktion des E. lautet:
$$\sum\limits_{=1}^{n} w(S_s) \cdot z_{as} \quad \rightarrow Max!$$

erweiterte Geldbasis
⇒adjustierte Geldbasis
⇒bereinigte Geldbasis

Erweiterungsinvestition
→Investition.

Erwerbsbevölkerung
ist die Gesamtheit der →Erwerbspersonen.

Erwerbseinkommen
⇒Arbeitseinkommen
⇒Einkommen aus Erwerbstätigkeit
→Einkommen.

Erwerbseinkünfte
→Einnahmen des Staates aufgrund am → Markt angebotener → Güter. Formen staatlicher Erwerbstätigkeit in der Bundesrepublik sind vielfältig, reichen von der Urproduktion (Bergbau) über Energie- und Verkehrswirtschaft (z.B. →Deutsche Bundesbahn, →Deutsche Bundespost) bis zum Bankwesen (z.B. →Deutsche Bundesbank, → Kreditanstalt für Wiederaufbau). E. erzielende Unternehmen (→Betrieb, I.) sind juristisch unterschiedlich organisiert, z.B. als eigene

Rechtspersönlichkeit od. auch als →Kapitalgesellschaft in privatrechtlicher Form. Anteil der E. an den gesamten Staatseinnahmen beträgt in der Bundesrepublik etwa 1%.

Erwerbskonzept
⇒Erwerbspersonenkonzept
Konzept zur Erfassung der Bevölkerung nach ihrer Beteiligung am Erwerbsleben in der →amtlichen Statistik. Erwerbspersonen setzen sich danach aus →Erwerbstätigen und →Erwerbslosen zusammen, die beide zusammen mit den Nichterwerbspersonen die Bevölkerung bilden.

Erwerbslose
sind →Erwerbspersonen, die ohne eine Erwerbstätigkeit sind, aber eine solche suchen. Nicht zu verwechseln mit →Arbeitslosen.

Erwerbslosenquote
prozentualer Anteil der →Erwerbslosen an den →abhängigen Erwerbspersonen. Bei dieser in Deutschland angewandten Berechnungsmethode ist die E. höher als - wie international üblich - bei einem Bezug auf sämtliche Erwerbspersonen.

Erwerbspersonen
sind die mindestens 15 Jahre alten Personen mit ständigem Wohnsitz im Inland, die eine auf Erwerb gerichtete Tätigkeit ausüben od. suchen. Seit 1990 fallend. E. gliedern sich in →Erwerbstätige und → Erwerbslose. Ggs. zu E. sind die Nicht-E. E. und Nicht-E. ergeben die Bevölkerung.

Erwerbspersonenpotential
ist die Anzahl aller →Erwerbspersonen, die unter normalen Arbeitsmarktbedingungen eine Arbeit aufnehmen würden. Besteht aus den →Erwerbstätigen, →Arbeitslosen und →Stillen Reserve. Wird berechnet: →Wohnbevölkerung mal →Erwerbsquote. E. hat sich für die Bundesrepublik von 1965 bis 1976 auf 27 Mio verringert und steigt seit 1977 an. Beträgt 2005 etwa 40 Mio. Die Entwicklung des E. ist damit u.a. eine Begründung für die beharrende Arbeitslosigkeit seit Mitte der 70er Jahre (für alte Bundesländer).

Erwerbsprinzip
⇒*ökonomisches Prinzip*
⇒wirtschaftliches Prinzip
⇒Wirtschaftlichkeitsprinzip.

Erwerbsquote
ist der Anteil der →Erwerbspersonen an der →Wohnbevölkerung. Wird in der → amtlichen Statistik auch geschlechts- und altersgruppenspezifisch ermittelt. Die E. ist abhängig von der →Definition der Erwerbspersonen, dem Altersaufbau der Wohnbevölkerung, der Erwerbsneigung und Sondereinflüssen, z.B. Senkung der Altersgrenze für den Berufsaustritt. Betrug 2005 ca. 50%.

Erwerbstätige
allg. jene →Erwerbspersonen, die einer Erwerbstätigkeit nachgehen. In der → amtlichen Statistik jedoch sehr unterschiedlich definiert. In der Beschäftigtenstatistik sowie der → Volkswirtschaftlichen Gesamtrechnung des → Statistischen Bundesamtes sind als E. alle im Inland unselbstständig (= abhängig) Beschäftigten und Selbstständigen einschließlich der unbezahlt mithelfenden Familienangehörigen erfasst, unabhängig von der vertragsmäßig zu leistenden und tatsächlich geleisteten wöchentlichen Arbeitszeit. Diese →Definition enthält somit Kurzarbeiter, Teilzeitbeschäftigte und die im Inland wohnenden und beschäftigten Ausländer, z.B. bei diplomatischen Vertretungen od. Streitkräften. Für die Bundesrepublik werden für 2005 38,8 Mio. E. angegeben.

Erziehungsgeld
seit 1986 gezahlte staatliche Leistung für sechs Monate für ein neugeborenes Kind. Wird ab dem siebten Lebensmonat des Kindes in Abhängigkeit vom Einkommen gewährt.

Erziehungszoll
→Zolltheorie, hier 2.

ESPRIT
Abk. für: European Strategic Programme for Research and Development in Information and Technology
1986 von der Kommission der →EG in Verbindung mit führenden europäischen

Unternehmen (→Betrieb, I.) der Informationstechnik, wissenschaftlichen Einrichtungen und nationalen Behörden vereinbartes Programm zur Förderung der Entwicklung neuer Technologien durch die westeuropäische Industrie. Schwerpunkte sind: hoch entwickelte Mikroelektronik, integrierte Informationsverarbeitung, Software-Technologie, Büroautomation und computerintegrierte, flexible →Fertigung.

ESZB
Abk. für: Europäisches System der Zentralbanken →Euro, 5.

Etat
⇒*Budget*.

EU
Abk. für: Europäische Union
→EG.

Eulertheorem
⇒Ausschöpfungs-Theorem
⇒*adding up-Theorem*
⇒Wicksteed-Euler-Theorem.

Euratom
Abk. für: **Eur**opäische **Atom**gemeinschaft (EAG),
durch den Römischen Vertrag vom 25.3.1957 beschlossene und seit dem 1.1.1958 existierende Teilorganisation der →EG mit dem Ziel, Kernforschung und friedliche Nutzung der Kernenergie zu fördern, um dadurch die Lebenshaltung in den Mitgliedstaaten zu verbessern. Finanziert sich aus Mitteln der EG. Ist Emittent (→Emission) internationaler →Anleihen. E. steht das Eigentum an allem spaltbaren Material innerhalb der EG zu. Betreibt Kernforschungsanstalten in Culham (England), Mol (Belgien), Ispra (Italien), Karlsruhe und Petten (Niederlande).

Eureka
Abk. für: **Eu**ropean **Re**search **C**oordination **A**gency
durch französische und deutsche Initiative seit November 1985 existierendes Forschungs- und Entwicklungsprogramm von 22 europäischen Staaten mit dem Ziel, durch verstärkte Zusammenarbeit

von Unternehmen (→Betrieb, I.) und Forschungsinstituten auf dem Gebiet der Hochtechnologie → Produktivität und Wettbewerbsfähigkeit der Industrien und Volkswirtschaften (→Wirtschaft) auf dem Weltmarkt zu steigern. Ein Sekretariat in Brüssel hat nur Informations- und Koordinationsfunktion. Die Förderphilosophien der beteiligten Länder sind verschieden. In der Bundesrepublik soll durch E. Eigeninitiative von Wirtschaft und Forschung in Gang gesetzt und nur dann durch staatliche Mittel unterstützt werden, wenn das Projekt sonst nicht realisierbar ist. So werden Industrieprojekte z.B. mit etwa 40% und Projekte der Grundlagenforschung bis 100% bezuschusst. Deutsche →Banken haben bereits Finanzierungsinstrumente für Einzelprojekte entwickelt. E. hat drei Forschungsschwerpunkte: Informations- und Kommunikationstechnik, Produktionstechnik- und Materialforschung sowie Biotechnik.

Euribor
Abk. für: **Eur**o **I**nterbank **O**ffered **R**ate
europaweiter Referenzsatz für den Geldmarkt ab 1.1.1999. Löst die nationalen Referenzzinssätze der an der → WWU teilnehmenden Länder wie →Fibor ab. Für den Finanzplatz Deutschland verbindet sich mit der Einführung des E. die Hoffnung, ein Gegengewicht zum →Libor zu schaffen. Am E. beteiligen sich auch nichteuropäische Referenzbanken.

Euro
Name der neuen, einheitlichen europäischen Währungseinheit. Grundlage ist der Maastrichter Vertrag über die Europäische Union (EUV), der am 7.2.1992 unterzeichnet wurde und nach der Ratifizierung in allen Mitgliedsstaaten der → EG am 1.1.1993 in Kraft getreten ist. In ihm haben die Mitgliedsstaaten in einem dreistufigen Prozess die Verwirklichung eines Europäischen Wirtschafts- und Währungsunion (WWU) vereinbart, die im Einklang mit diesem Vertrag eine einheitliche, stabile Währung einschließt, den E. der als neue europäische Währungseinheit ab 1.1.1999 in Europa in den Ländern eingeführt werden soll, die die festgelegten Konvergenzkriterien erfül-

len.

1. *Weg zur gemeinsamen Währung*: 1. Januar 1958: Die Römischen Verträge treten in Kraft (EWG-Vertrag und EAG-Vertrag). 7./ 8. Oktober 1970: Vorschlag des Werner Plans, der als Vorgänger der Wirtschafts- und Währungsunion gilt, jedoch nicht realisiert wird (s. → EG, Entstehung). 21. März 1972: Der Europäische Währungsverbund wird gegründet („Währungsschlange"). 1973: Das Ende des →Bretton-Woods-Systems. 13. März 1979: Das →EWS tritt in Kraft, dessen wesentlicher Bestandteil die Europäische Währungseinheit →ECU ist. 26./ 27. Juni 1989: Der Europäische Rat in Madrid nimmt den Delors-Bericht für eine Währungsunion an. Er sieht wie der Werner Plan drei Stufen vor. 1. Juli 1990: Die erste Stufe der WWU nach dem Delors-Plan beginnt. 7. Februar 1992: Im niederländischen Maastricht wird der Vertrag über die Europäische Union unterzeichnet. 1. Januar 1993: Der Europäische Binnenmarkt mit den vier sogenannten Grundfreiheiten des ungehinderten Verkehrs von Personen, Waren, Dienstleistungen und Kapital tritt in Kraft. 2. August 1993: Als Reaktion auf starke Währungsspannungen erweitern die Wirtschafts- und Finanzminister die Schwankungsbreiten zwischen den EWS-Währungen von 2,25 auf 15 Prozent. 1. November 1993: Der Maastricht-Vertrag tritt in Kraft. 1. Januar 1994: Die zweite Stufe der WWU beginnt. In Frankfurt wird mit dem Europäischen Währungsinstitut (EWI) der Vorläufer der Europäischen Zentralbank eingerichtet. 15./ 16. Dezember 1995: Die Staats- und Regierungschefs (Europäischer Rat) entscheiden sich in Madrid für „Euro" und „Euro-Cent" als Namen der neuen Währung. 16./ 17. Juni 1997: Die EU-Staats- und Regierungschefs verabschieden in Amsterdam einen Stabilitäts- und Wachstumspakt, mit dem die Stabilität des E. auch nach dem Start der Währungsunion gesichert werden soll. 29. März 1998: Die EU-Kommission und das EWI empfehlen elf Länder für die E.-Teilnahme. Von den 15 Mitgliedern der EU bleiben Griechenland, das die Kriterien nicht erfüllt, sowie freiwillig Großbritannien, Schweden und Däne-

mark der gemeinsamen Währung noch fern. 2./ 3. Mai 1998: Auf Empfehlung der Finanz- und Wirtschaftsminister sowie nach einer Resolution des Europäischen Parlaments beschließen die Staats- und Regierungschefs der EU die WWU-Teilnahme der folgenden Länder: Belgien, Deutschland, Finnland, Frankreich, Irland, Italien, Luxemburg, Niederlande, Österreich, Portugal und Spanien. 1.1.1999: Die neue europäische Einheitswährung löst in diesen elf Mitgliedsstaaten der Währungsunion die jeweiligen nationalen Währungen ab. Die Umstellungskurse zum Euro werden unwiderruflich festgeschrieben. 1 Euro sind 1,95583 DM.

2. *Stufen zur Wirtschafts- und Währungsunion*: Wie schon im Delors-Bericht vorgesehen, wird die WWU in drei Stufen verwirklicht. In der ersten Stufe, im Vorgriff auf den EU-Vertrag bereits am 1.7.1990 begonnen, ging es um die Verbesserung der wirtschaftlichen Konvergenz, die verstärkte Zusammenarbeit zwischen den →Zentralbanken sowie die völlige Freizügigkeit des → Kapitalverkehrs. Die zweite Stufe (Beginn: 1.1.1994) ist gekennzeichnet durch: Die Gründung des EWI; das Verbot der Gewährung von Zentralbankkrediten an die öffentliche Hand; die verstärkte Koordinierung der → Geldpolitiken; die Verstärkung der wirtschaftlichen Konvergenz; den Prozess zur Gewährleistung der Unabhängigkeit nationaler Zentralbanken, spätestens bis zum Tag der Errichtung des Europäischen Systems der Zentralbanken; die Vorbereitung der dritten Stufe. Die dritte Stufe (Beginn: 1.1.1999) sieht vor: Die unwiderrufliche Festschreibung der Umrechnungskurse; die Einführung des E.; die Durchführung der einheitlichen Geldpolitik durch das Europäische System der Zentralbanken; das Inkrafttreten des Stabilitäts- und Wachstumspakts.

3. *Konvergenzkriterien*: Für den Einstieg in die 3. Stufe wurden mit den sogenannten Konvergenzkriterien Qualifikationsbedingungen bzw. Einstiegsbarrieren errichtet. Die in Artikel 109j des EG-Vertrages und in dem Protokoll hierzu formulierten Kriterien, die der Maßstab

dafür sind, ob ein hoher Grad an *dauer-hafter* Konvergenz erreicht ist, enthalten die nachfolgenden vier Bestimmungen: 1. Die Inflationsrate darf im letzten Jahr vor der Prüfung um nicht mehr als 1½ Prozentpunkte über der Inflationsrate in den drei Mitgliedsstaaten mit dem geringsten Preisanstieg liegen. 2. Das Budgetdefizit darf nicht über 3 v.H. und die gesamte Staatsverschuldung nicht über 60 v.H. des →Bruttoinlandsprodukts zu Marktpreisen (BIP) hinausgehen. 3. Die betreffende Währung muss sich in den letzten beiden Jahren vor der Prüfung im Europäischen Währungssystem ohne → Abwertung innerhalb der normalen Bandbreite bewegt haben. 4. Der langfristige →Zinssatz darf im letzten Jahr vor der Prüfung um nicht mehr als 2 Prozentpunkte über dem Zinssatz in den drei Mitgliedsstaaten mit dem geringsten Preisanstieg liegen. Nach der Auffassung vieler Wissenschaftler sind die Konvergenzkriterien problematisch und umstritten. Die Bedingungen für → Preise und →Zinsen sind bloß relativ formuliert. Im Bereich der →Finanzpolitik gibt es erhebliche Interpretationsspielräume. Verfehlt ein Land die vorgesehene Defizitquote, dann kann es bereits ausreichen, wenn das Verhältnis „erheblich und laufend zurückgegangen ist und einen Wert in der Nähe des Referenzwertes erreicht hat" od. „der Referenzwert nur ausnahmsweise und vorübergehend überschritten wird und das Verhältnis in der Nähe des Referenzwertes bleibt" (Art. 104c Abs. 2a EGV). Bei der Gesamtverschuldung genügt es, wenn die Schuldenstandsquote „hinreichend rückläufig ist und sich rasch genug dem Referenzwert annähert" (Art. 104c Abs. 2b EGV).

4. *Zeitplan des Übergangs zur einheitlichen europäischen Währung*: Der Europäische Rat hat sich auf seiner Sitzung im Dezember 1995 in Madrid unter anderem auf wichtige Eckdaten und Grundregeln für den Übergang zum E. geeinigt. Dieses sogenannte Übergangsszenarium bildet den technisch-organisatorischen Rahmen für den Übergang auf die einheitliche europäische Währung (siehe nachfolgenden Zeitplan).

5. *Europäisches System der Zentralbanken*

(ESZB): Das ESZB übernimmt in der WWU die Rolle, die das Bundesbanksystem in Deutschland spielt. Es besteht aus der Europäischen Zentralbank (EZB), die seit 1.7.1998 mit Sitz in Frankfurt existiert, als zentraler Institution und den nationalen Zentralbanken. Der EZB-Rat, der aus dem Direktorium (Mitglieder: der Präsident, der Vizepräsident und vier weitere Mitglieder) und den Präsidenten der nationalen Zentralbanken der derzeitigen 11 Mitgliedsländer besteht, legt die Geldpolitik fest. Das vorrangige Ziel des ESZB ist nach Art. 105, die → Preisstabilität zu gewährleisten. Damit ist eindeutiger als im alten § 3 des Bundesbankgesetzes, der die „Sicherung der Währung" (Erhaltung der Inlandskaufkraft und der Auslandskaufkraft) als Ziel fixierte, die Hauptaufgabe der EZB beschrieben. Die EZB hat das ausschließliche Recht, die Ausgabe von → Banknoten innerhalb der Gemeinschaft zu genehmigen [Art. 105a (Ausgabe von Banknoten und Münzen)]. Damit kommt es in Europa zu einer Denationalisierung des →Geldes. Nach herrschender Auffassung ist die vereinbarte Notenbankverfassung und die damit verbundene Unabhängigkeit in weiten Teilen noch besser und präziser als das Bundesbankgesetz, das hier offensichtlich Referenzmodell war. Personelle Unabhängigkeit: 1. Pluralismus der Vorschlagsrechte: Die Mitglieder des Direktoriums werden von den Regierungschefs der Mitgliedsstaaten auf Empfehlung des Ministerrats einvernehmlich ausgewählt und ernannt. Die jeweiligen nationalen Entscheidungsträger ernennen die Präsidenten der nationalen Zentralbanken. 2. Relativ lange Amtszeiten: Nach Art. 109a Abs. 2 ist die Amtszeit für die Direktoriumsmitglieder 8 Jahre, die der Präsidenten der nationalen Notenbanken nach Art. 14 des Protokolls über die Satzung der ESZB und der EZB 5 Jahre (umstritten wegen der relativ kurzen Zeit). 3. Funktionelle Unabhängigkeit: Diese ist in Art. 107 durch die Weisungsunabhängigkeit der EZB vorgesehen (keine Weisungen von Organen oder Einrichtungen der Gemeinschaft, Regierungen der Mitgliedsstaaten oder anderen Stellen). Trotz der formal politischen Unabhängigkeit der

Zeitplan des Übergangs zur einheitlichen europäischen Währung

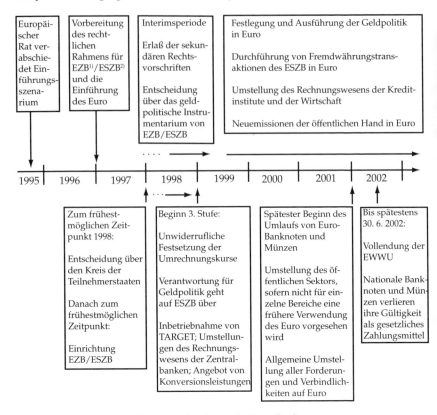

Europäischer Rat verabschiedet Einführungsszenarium	Vorbereitung des rechtlichen Rahmens für EZB[1]/ESZB[2] und die Einführung des Euro	Interimsperiode Erlaß der sekundären Rechtsvorschriften Entscheidung über das geldpolitische Instrumentarium von EZB/ESZB	Festlegung und Ausführung der Geldpolitik in Euro Durchführung von Fremdwährungstransaktionen des ESZB in Euro Umstellung des Rechnungswesens der Kreditinstitute und der Wirtschaft Neuemissionen der öffentlichen Hand in Euro

| 1995 | 1996 | 1997 | 1998 | 1999 | 2000 | 2001 | 2002 |

Zum frühestmöglichen Zeitpunkt 1998: Entscheidung über den Kreis der Teilnehmerstaaten Danach zum frühestmöglichen Zeitpunkt: Einrichtung EZB/ESZB	Beginn 3. Stufe: Unwiderrufliche Festsetzung der Umrechnungskurse Verantwortung für Geldpolitik geht auf ESZB über Inbetriebnahme von TARGET; Umstellungen des Rechnungswesens der Zentralbanken; Angebot von Konversionsleistungen	Spätester Beginn des Umlaufs von Euro-Banknoten und Münzen Umstellung des öffentlichen Sektors, sofern nicht für einzelne Bereiche eine frühere Verwendung des Euro vorgesehen wird Allgemeine Umstellung aller Forderungen und Verbindlichkeiten auf Euro	Bis spätestens 30. 6. 2002: Vollendung der EWWU Nationale Banknoten und Münzen verlieren ihre Gültigkeit als gesetzliches Zahlungsmittel

[1]) Europäische Zentralbank. - [2]) Europäisches System der Zentralbanken

Quelle: Deutsche Bundesbank, Informationsbrief zur Europäischen Wirtschafts- und Währungsunion; Nr. 1 September 1996, S. 16

EZB bleiben in Fachkreisen Zweifel, ob die EZB Preisstabilisierungspolitik in dem strikten Sinne betreiben wird wie die Deutsche Bundesbank, deren Stellung im deutschen Staats- und Gesellschaftsgefüge unstrittig ist und die ihre Unabhängigkeit in zahlreichen Konfliktsituationen unter Beweis gestellt und damit bei den Bürgern aufgrund einer historisch begründeten hohen Inflationsempfindlichkeit und an den Märkten ein großes Vertrauenskapital erworben hat. Ob die EZB als geschichtslose Institution sich eine ent-sprechende Reputation erwirbt, hängt entscheidend davon ab, wie

ernst die Mitglieder des EZB die Verpflichtung zur Preisstabilität nehmen.

6. *Chancen und Risiken*: Bezüglich der Einführung des E. zum 1.1.1999 sind die Wissenschaftler heftig zerstritten. 59 Ökonomen haben sich im August 1997 in einer Erklärung für den vorgesehenen E. stark eingesetzt. 166 Professoren der Wirtschaftswissenschaften appellierten im Februar 1998 mit der These „Der Euro kommt zu früh" dagegen. Eine Verfassungsbeschwerde von vier Professoren gegen den E. wurde Ende März 1998 vom Bundesverfassungsgericht zurückgewie-

sen. Die wesentlichen Argumente für die Einführung des E. zum 1.1.1999 sind: 1. Er stärkt Wachstum und sichert Arbeitsplätze (Beseitigung von Wechselkursrisiken, mehr Planungssicherheit, Entfall eines erheblichen Standortrisikos). 2. Er hilft →Kosten zu senken (Wegfall von Umtauschgebühren und Devisenkurssicherung. Intensiverer Wettbewerb führt tendenziell zu sinkenden Preisen). 3. Er hat Chancen, eine stabile Währung zu werden. 4. Ängste vor einer Transferunion sind übertrieben. (Beim E. werden die Kurse auf Grundlage marktgerechter → Devisenkurse festgelegt; starke Lohnschübe in einzelnen EU-Ländern sind allein wegen des intensiven Konkurrenzdrucks unwahrscheinlich. Es gibt keinen Automatismus wie dem deutschen Länderfinanzausgleich, der dazu führen würde, dass Deutschland für die Probleme anderer Staaten aufkommen muss). Die wesentlichen Argumente gegen die Einführung des E. zu Beginn des Jahres 1999 sind: 1. Wenn die Konsolidierung der öffentlichen Haushalte auch Fortschritte gemacht hat, so ist sie nicht weit genug vorangetrieben worden, vor allem nicht in Ländern wie Belgien, Italien, Frankreich und Deutschland. Trotz eines ungewöhnlich niedrigen Zinsniveaus und zahlreicher Beispiele kreativer Buchführung ist es gerade den Kernländern nicht gelungen, die vereinbarte Defizitgrenze deutlich und nachhaltig zu unterschreiten. Die durchschnittliche Schul-denquote in der EU ist seit 1991 nicht gesunken, sondern um 15 Prozentpunkte gestiegen. 2. Der Vertrag verlangt Nachhaltigkeit der Konvergenz. Dafür wurde zwar der sogenannte „Stabilitätspakt" erfunden. Er kann aus der Sicht der Skeptiker jedoch nicht dauerhaft Haushalts-disziplin gewährleisten. 3. Die strukturellen Probleme haben sich seit 1991 verschärft (mangelnde realwirtschaftliche Konvergenz). Der E. löst nicht das europäische Beschäftigungsproblem. Als Anpassungsinstrument steht der Wech-selkurs in einer Währungsunion nicht mehr zur Verfügung, somit müssen die →Arbeitsmärkte bei dem härteren Wettbewerb erheblich flexibler werden. Es wird mit politischem Druck auf die Europäische Zentralbank gerechnet.

7. *Umstellungskurs*: Die Einführung des E. ist keine Währungsreform, sondern eine Währungsumstellung. Am 3./ 4. Mai 1998 wurde in Brüssel beschlossen, die EWS-Leitkurse als bilaterale Umstellungskurse für die Währungsunion zu verwenden. Mit dieser Vorabankündigung bzw. frühen Festlegung auf die ab dem 1.1.1999 endgültig geltenden Wechselkurse folgte man im Wesentlichen den Vorschlägen von zahlreichen Ökonomen, die im März 1997 diesen Weg vorgeschlagen hatten. Mit der vorzeitigen Festlegung der bilateralen Wechselkurse sollte vor allem verhindert werden, dass die Teilnehmer in den verbleibenden Monaten versuchen, die Kurse ihrer Währungen zu manipulieren. Die Umstellung der D-Mark erfolgte am 1.1.1999 endgültig über den ECU, wobei ein ECU in einen E. umgetauscht wurde. Im Januar 2002 wurden Euro-Banknoten und -Münzen eingeführt und zum Ende Februar 2002 alleiniges gesetzliches Zahlungsmittel im Euro-Währungsgebiet.

8. *Erweiterung und rechtliche Veränderung*: Griechenland und Slowenien traten dem Euro-Währungsgebiet bei und 12 weitere Staaten wurden Mitglieder der EU. Im Mai 1999 trat der Vertrag von Amsterdam in Kraft, durch welchen der Vertrag zur Gründung der Europäischen Gemeinschaft und der Vertrag über die Europäische Union abgeändert wurden. Im Februar 2003 wurden diese Verträge durch den Vertrag von Nizza nochmals abgeändert.

Literatur: Die Vertragstexte von Maastricht mit den deutschen Begleitgesetzen, Presse- und Informationsamt der Bundesregierung. Würzburg 1997. Informationsbriefe zur Europäischen Wirtschafts- und Währungsunion. Deutsche Bundesbank. Frankfurt 1996-1998. *H.-U. Jörges* (Hrsg.), Der Kampf um den Euro. Hamburg 1998. *R. Jochimsen*, Perspektiven der europäischen Wirtschafts- und Währungsunion. Baden-Baden 1998. *P. Bofinger*, Der Euro vor der Einführung. *M. J. M. Neumann*, Ist Europa schon reif für die Währungsunion? Beide erschienen in: Aus Politik und Zeitgeschichte, Beilage zur Wochenzeitung Das Parlament, Hrsg. Bundeszentrale für politische Bildung, B47/97, Bonn 1997. *H.-J. Jarchow,* Die währungspolitischen Beschlüsse von Maastricht. In: Wirtschaftspolitik in offenen Volkswirtschaften. (Festschrift für H. Hesse zum 60. Geburtstag). Hrsg. v. H. Sautter. Göttingen 1994, S. 73ff. *O. Issing,* Von der D-Mark zum Euro. Tübingen 1998. *H. K. Scheller,* Die Europäische Zentralbank. Europäische Zentralbank Frankfurt 2004. *A. Woll,* Beschäftigungspolitik in der Europäischen Union. Volkswirtschaftliche Korrespondenz der Adolf-Weber-Stiftung, Nr. 6. München 1998.

Prof. Dr. Helmut Gemünd, Siegen

Euroanleihemarkt
⇒Eurobondmarkt
⇒Eurokapitalmarkt
Teilmarkt des →Euromarktes.

Eurobondmarkt
⇒Euroanleihemarkt
→Eurokapitalmarkt
Teilmarkt des →Euromarktes.

Eurocard
1976 eingeführte →Kreditkarte der deutschen →Banken mit über 310 000 Akzeptanzstellen in Deutschland. Mit der Akzeptanz durch die →Deutsche Bundesbahn und folgenden Einführung eines Telefonchips erfolgt Ausweitung in den Dienstleistungsbereichen. → Emission und Betreuung der E. erfolgt durch die → GZS Gesellschaft für Zahlungssysteme mbH, Frankfurt.

Euro-Certificates of Deposits
infolge der Securitisation auf dem Euromarkt (→Eurodollarmarkt) gehandeltes kurzfristiges Eurogeldmarktpapier, das i.Ggs. zu →Euronotes und →Euro Commerical Paper von →Banken emittiert (→ Emission) wird.

eurocheque
aus Gründen der Vereinfachung in der Abwicklung des →Zahlungsverkehrs in der Bundesrepublik verbindlich eingeführter Scheckvordruck (→Scheck) mit unbegrenzter Geltungsdauer, der gegen Vorlage einer →e.-Karte (2 Jahre Gültigkeit) in Europa, Afrika und asiatischen Ländern des Mittelmeerraumes sowie in

den Ostblockstaaten anerkannt wird. In der Bundesrepublik dominantes unbares Zahlungsmittel. Im Ausland von Deutschen ausgestellte e. werden über die → GZS (Gesellschaft für Zahlungssysteme mbH), Frankfurt, abgerechnet.

eurocheque-Karte
Geldkarte zur Abwicklung des →Zahlungsverkehrs zwischen Käufer- und Verkäuferkonto in Form von Magnetstreifen und Chipkarten. Werden bei den Point-of-Sale-Terminals (→ Electronic Funds Transfer) und Geldausgabeautomaten verwendet.

Euro-clear
auf dem →Eurokapitalmarkt hat sich für Euroanleihen (→Anleihen) neben dem → Markt für die Erstausgabe (Primärmarkt) auch ein Markt für umlaufende Papiere an →Börsen od. im Telefonverkehr zu Tageskursen (Sekundärmarkt) gebildet. Anfänglich waren die Umsätze auf diesem Markt durch effektive Stücklieferung gekennzeichnet, was zu erheblichen Problemen führte. E. (E. Clearance System Société Coopérative, Brüssel) ist das erste 1968 von einer amerikanischen Trust Company gegründete Verrechnungssystem für den Sekundärmarkt von Euroanleihen. Um den Handel von Euroanleihen nicht einem Institut zu überlassen und wg. Bedenken hinsichtlich Neutralität und Vertraulichkeit gründeten die europäischen Banken 1970 ein eigenes Verrechnungssystem „Cedel". Beide Einrichtungen wickeln heute fast den gesamten Umsatz auf dem Eurosekundärmarkt ab. Durch sie wurden die Transaktionskosten und die Abwicklungszeit der Geschäfte von oft mehreren Monaten auf einige Tage gesenkt.

Euro Commercial Paper
auf dem Euromarkt (→Eurodollarmarkt) infolge der → Securitisation aufgekommenes kurzfristiges Geldmarktpapier, das von erstklassigen Nichtbanken emittiert (→Emission) wird, wobei mit →Banken eine mittel- od. langfristige Plazierungsvereinbarung (→Plazierung) getroffen wird. E. erhalten i.Ggs. zu den Euronotes keine offizielle Absicherung in Form einer Übernahmegarantie seitens

der Bank für den Fall einer Nichtplazierung (Non-Underwritten-Facilities).

Euro Commercial Paper Programme
Vereinbarung zwischen Bank und Kapitalnehmer über die Modalitäten für die → Plazierung von →Euro Commercial Papers. Die Bank fungiert lediglich als Mittler bei der →Emission, ohne eine Unterbringungsgarantie für die Papiere zu übernehmen. Für den Emittenten ist E. eine kostengünstige Möglichkeit zur Unterbringung der Schuldtitel, da er der Bank keine Gebühr für eine Übernahmegarantie nicht plazierter Titel zu zahlen braucht. Andererseits trägt er das Plazierungsrisiko, wenn der Euromarkt (→Eurodollarmarkt) die Emission nicht vollständig aufnimmt und der Kapitalbedarf nicht gedeckt wird.

Eurodollar
ursprünglich Bezeichnung für von Nichtamerikanern gehaltene US-Dollar-Guthaben in London, die für finanzielle Transaktionen außerhalb des Hoheitsgebietes der USA zur Verfügung standen. Später wurden gleichartige Finanzierungsgeschäfte jeweils außerhalb der betreffenden Hoheitsgebiete in Schweizer Franken (Euro-Franken), DM (Euro-DM), Pfund (Euro-Pfund) usw. getätigt. Insoweit ist die Bezeichnung E. ein - nicht mehr zutreffender - Sammelbegriff für gleichartige internationale Finanzierungsgeschäfte auf dem → Eurodollarmarkt.

Eurodollarmarkt
⇒Euromarkt
⇒Fremdwährungsmarkt
⇒Offshore-Markt
früher die geläufige Bezeichnung für Euromarkt, weil die →Transaktionen fast ausschließlich in US-Dollar getätigt wurden. S. →Euromarkt.

Euroeinlagen
Begriff ist nicht einheitlich definiert. Aus der Sicht des →Finanzmarktes sind E. von inländischen Nichtbanken am →Euromarkt, in der Hauptsache bei Auslandsfilialen und Auslandstöchtern inländischer → Kreditinstitute, gehaltene Einlagen (→Einlagen, 1.). Erlebten seit

Beginn der achtziger Jahre bis Ende 1994 dynamisches Wachstum - z.T. schubartig wg. Einführung der →Quellensteuer auf Zinseinkünfte -, so von 3 Mrd DM auf 250 Mrd DM. E. haben gegenüber den traditionellen Einlagen Kostenvorteile, da sie nicht mit →Mindestreserven belegt sind und am Euromarkt hoher Wettbewerb besteht, bei geringerer Regelung durch die → Bankenaufsicht. Wg. der Bedeutung von E. für die →Geldpolitik der → Deutschen Bundesbank hat diese die bisherige →Geldmenge M3 u.a. um E. auf die „erweiterte M3" ausgedehnt.

Eurogeldmarkt
Teilmarkt des →Euromarktes.

Eurokapitalmarkt
⇒Euroanleihemarkt
⇒Eurobondmarkt
Teilmarkt des →Euromarktes.

Eurokreditmarkt
Teilmarkt des →Euromarktes.

Euromarkt
⇒Eurodollarmarkt
⇒Fremdwährungsmarkt
⇒ Offshore-Markt (offshore = vor der Küste)
Ende der 50er Jahre aus vielfachen Gründen entstandener internationaler Finanzmarkt in → Eurodollar verschiedener Währungen mit den europäischen Zentren in London, Luxemburg, Zürich, Paris sowie außereuropäischen Zentren auf den Bahamas, in Bahrein, auf den Cayman Inseln, Singapur (seit 1968), Liberia, Panama, Hongkong od. in Kanada, Japan (seit 1986) wie auch in der seit Dezember 1981 bestehenden →Bankenfreizone in New York.

E. entstehen durch Entgegennahme von (z.B. US-Dollar-) →Einlagen durch eine → Bank, die ihren Sitz außerhalb des Währungsursprungslandes hat, und der Gewährung von →Krediten in Dollar od. einer anderen, aber zum englischen Pfund fremden →Währung.

Die Geschäfte des E. sind zu unterscheiden in solche, die: 1. auf dem *Eurogeldmarkt* erfolgen. Es sind kurzfristige Anlagen in und Kreditgewährungen aus

Bankguthaben mit einer Laufzeit bis zu einem Jahr, Hauptakteure sind Geschäfts- und →Zentralbanken. 2. auf dem *Eurokreditmarkt* abgewickelt werden. Es sind vornehmlich aus kurzfristigen Einlagen gewährte mittel- und langfristige Kredite zwischen Banken und Nichtbanken. Die Fristentransformation ist wg. einer Kopplung an die Interbanksätze und der damit entfallenden Zinsrisiken sowie der Aufteilung der Kreditgewährung auf eine große Anzahl von Banken (Konsortialtechnik, →Konsortium) möglich. 3. auf dem *Eurokapitalmarkt* getätigt werden. Hier werden → Anleihen begeben. Dieser Markt weist eine starke Expansion auf. Seit 1989 ist eine Konzentration der Ausleihungen an Industrieländer zu Lasten der Entwicklungsländer eingetreten, weil deren → Bonität öfter angezweifelt wird.

Der E. hat seine heutige Bedeutung erst in den 70er Jahren erlangt. Diese hat er mehreren Ursachen zu verdanken. Er ist frei von nationalen Reglementierungen (z.B. Devisenkontrolle, Zinshöchstgrenze); unterliegt geringerer als sonst im Lande üblichen Besteuerung, so dass Bruttoerträge den Nettoerträgen nahe kommen; fehlende Mindestreservebelastung (→ Mindestreservepolitik) erlaubt niedrigere Zinsspannen, was i.d.R. Kreditzinsen unter den nationalen und Einlagenzinsen über den nationalen Sätzen erlaubt; große Teilnehmerzahl (Banken, Zentralbanken, große Unternehmen) ermöglicht eine hohe Bereitstellungskapazität; für Länder mit Restriktionen bietet er Anlage- und Kreditmöglichkeiten; bei freiem Kapitalverkehr gewährt er Gewinnmöglichkeiten durch → Arbitrage und nicht kontrollierbare Spekulation über Änderungen von →Wechselkursen; Ländern mit Defiziten in der →Zahlungsbilanz können diese auf ihm finanzieren. Wg. seines großen Volumens, effizienter Finanzierungs- und Kommunikationstechniken und freien Marktspiels ist er außerordentlich liquiditätselastisch und bereitet den nationalen →Geldpolitiken Probleme.

Seit 1982 vollzieht sich ein tief greifender Wandel in den Kreditbeziehungen und Formen der Finanzvermittlung, der sich im Trend zur Verbriefung der Kreditbeziehungen äußert (→Securitisation). Er hat zu einem rasanten Wachstum für Eurogeldmarktpapiere geführt; s. →Euro-Certificates of Deposit, →Euronotes, → Euro Commercial Paper.

Obwohl der E. das Resultat ökonomischer Unfreiheit und Regulierung nationaler → Kapitalmärkte ist und in Europa durch →Deregulierung praktisch volle →Konvertibilität herrscht, hat sich der E. nicht aufgelöst. Es kommt nicht nur auf austauschbare →Währung an, sondern auch auf leistungsfähige → Märkte mit großen Kapitalsammelstellen institutioneller Anleger, um einen breiten Sekundärhandel aufrechtzuerhalten. Schuldner wie →Weltbank und andere Entwicklungsbanken bleiben auf den E. angewiesen, weil sie keine nationale Heimat haben. Große und erste westliche Industrieunternehmen bedienen sich des E., da die nationalen Kapitalmärkte oft nicht ergiebig genug sind.

Zentrum des E. ist London vor New York, Tokio und Zürich, für Geschäfte in Euro Luxemburg und Frankfurt.

Euronotes

infolge der →Securitisation auf dem →Euromarkt initiiertes kurzfristiges Papier, das von erstklassigen Nichtbanken emittiert (→Emission) wird. Zur →Plazierung der E. eingeschaltete →Banken (Underwritting Banks) geben den Emittenten zur Deckung des Finanzierungsbedarfs für den Fall der Nichtplazier-barkeit gegen vorher vereinbarte Konditionen eine Übernahmegarantie od. auch Kreditzusage (Underwritten Facilities). Im Rahmen der Plazierungsvereinbarung räumen die Banken dem Emittenten die Möglichkeit ein, je nach seinem Finanzierungsbedarf die E. revolvierend bei Anlegern zu plazieren. Je nach Ausgestaltung der Bank-Schuldner-Beziehung und Art des Plazierungsverfahrens gibt es unterschiedliche Varianten von E., so Revolving Underwritten Facilities (RUF), Note Issuance Facilities (NIF) u.a. E. bieten dem Emittenten eine flexible Kapitalaufnahme zu geldmarktnahen Konditionen bei gleichzeitig langfristiger Finanzierungszusage, den Anlegern - vor allem institutionelle - eine attraktive Anlagealternative für kurzfristige Liquiditätsspitzen (→ Liquidität), den Banken Provisionseinnahmen aus dem Plazierungsgeschäft und mögliche Plazierungsgewinne sowie eine →Transaktion evtl. ohne Bilanzbelastung.

Europäische Akte
⇒Einheitliche Europäische Akte
→EG, *Entstehung*, →Europäische Wirtschaftsgemeinschaft.

Europäische Bank für Wiederaufbau und Entwicklung
⇒Osteuropa-Bank
wurde 1991 mit Sitz in London gegründet. Ihr gehören etwa 60 Länder als Mitglieder an. Ihre Aufgaben sind: den Prozess der Transformation ehemaliger → zentralverwaltungswirtschaftlich organisierter Staaten Osteuropas zu →Marktwirtschaften zu unterstützen. Sie vergibt dazu → Kredite, übernimmt → Beteiligungen an →Unternehmen, Übernahme von →Garantien und →Emissionen von → Wertpapieren sowie die Mitwirkung bei der Entwicklung eines nationalen Finanzsystems. E. arbeitet eng mit internationalen Einrichtungen wie dem →IWF zusammen. Bindet ihre Engagements an die Verpflichtung der Empfängerländer, dass diese sich von den Grundsätzen der Mehrparteiendemokratie und Marktwirtschaft leiten lassen. Ihr Stammkapital beträgt 10 Mrd →Euro. Refinanziert sich über Kreditaufnahme und →Schuldverschreibungen.

Europäische Freihandelszone
→EFTA.

Europäische Gemeinschaften
→EG.

Europäische Gemeinschaft für Kohle und Stahl (EGKS, Montanunion)
auf Initiative von R. Schumann und J. Monnet 1952 in Paris von Frankreich, Italien, Bundesrepublik Deutschland und den Beneluxländern geschlossener Vertrag zur Schaffung eines gemeinsamen → Marktes für Kohle- und Stahlprodukte zur Förderung des →Wettbewerbs, Modernisierung der →Produktion, gemein-

same Energiepolitik, um Wirtschaftswachstum und Lebensstandard zu erhöhen. Interne Schwierigkeiten ergaben sich durch Wettbewerbsverzerrungen und Substitutionsprodukten zu Kohle und Stahl sowie allgemeinen Nachfragerückgang für Kohle. Die E. erreichte Kostensenkungen und stabile →Preise der Branchenprodukte. Wurde 1967 mit → EWG und Europäischer Atomgemeinschaft zur →EG verschmolzen.

Europäische Investitionsbank (EIB)
1958 errichtetes rechtlich selbstständiges → Kreditinstitut der →EU mit Sitz in Luxemburg mit der Aufgabe, ohne Verfolgung eines Erwerbszwecks zur ausgewogenen und reibungslosen Entwicklung des gemeinsamen Marktes durch Gewährung von →Darlehen und →Bürgschaften beizutragen, durch die →Finanzierung von im Interesse der EU liegenden Investitionsvorhaben erleichtert werden. E. finanziert aus eigenen Mitteln und aus dem →Kapitalmarkt aufgenommenen →Anleihen Vorhaben zur Erschließung weniger entwickelter Gebiete, der Modernisierung und Umstellung von Unternehmen (→Betrieb, I.) od. Schaffung von Arbeitsplätzen innerhalb der EU sowie Vorhaben außerhalb der EU, wenn diese von unmittelbarem Interesse für die Gemeinschaft sind, so z.B. die Energieversorgung. Nach der deutschen Wiedervereinigung ist die Finanzierung von Infrastrukturmaßnahmen in Ostdeutschland zu einem weiteren Schwerpunkt geworden.

Europäische Kommission
⇒Kommission
s. →EGIGU, *Organe*.

Europäischer Ausrichtungs- und Garantiefonds für die Landwirtschaft (EAGFL)
zur →Finanzierung der gemeinsamen → Agrarpolitik der →EWG bzw. →EG 1964 gegründeter Fonds, der seit 1971 in den Haushalt der Gemeinschaften integriert ist. Aus ihm werden die Kosten für Stützungskäufe (→Intervention, 3.), subventionierte Ausfuhren, Lagerung der Überproduktion und Anteile von Strukturverbesserungsmaßnahmen in der Landwirt-

schaft finanziert. Der E. nimmt innerhalb des Gemeinschaftshaushalts den weitaus größten Anteil an den →Ausgaben (etwa zwei Drittel) ein.

Europäische Rechnungseinheit (ERE)
auch so abgekürzt: EUA (European Unit of Account)
1975 vom Ministerrat der →EG geschaffene Rechnungseinheit. Ist eine Korbwährung, die dem tatsächlichen Wert der → Währungen der Mitgliedsländer entspricht. Ist nach dem Anteil am EG- → Bruttosozialprodukt sowie am innergemeinschaftlichen Handel berechnet. Wurde 1978 zum ersten Male für den EG-Haushalt verwendet. Ist 1979 mit dem Inkrafttreten des →EWS vom →ECU abgelöst worden.

Europäischer Entwicklungsfonds (EEF)
seit 1958 bestehender Sonderfonds der → EWG zur Förderung von Projekten der sozialen und wirtschaftlichen Entwicklung in den →AKP-Staaten sowie den seinerzeit politisch noch nicht selbstständigen überseeischen Ländern und Gebieten der Mitgliedsstaaten der →Europäischen Gemeinschaft. E. ist jeweils für einen Zeitraum von mehreren Jahren ausgelegt. Der 1. E. (1959-1964) stellte hauptsächlich den frankophonen Staaten in Afrika Mittel für Projekte der Infrastruktur zur Verfügung; seine Höhe betrug 581,3 Mio ECU. Die Anfang der 60er Jahre erlangte Unabhängigkeit vieler dieser Staaten erforderte eine geänderte Beziehungsgrundlage, die sich in Assoziierungsabkommen (Jaunde I 1964-1968, Jaunde II bis 1975) zwischen 18 afrikanischen Staaten und der EWG ergab. Auf deren Grundlage wurde der 2. und 3. E. geschaffen, der 730 Mio ECU und 900 Mio ECU bereitstellte neben gewährten Handelspräferenzen sowie technischer Hilfestellung. In Verknüpfung mit den → Lomè-Abkommen wurden weitere E. bereitgestellt. Der 6. E. ist für den Zeitraum 1985 bis 1990 mit 7,4 Mrd ECU neben einer zinsgünstigen Darlehensgewährung von 1,1 Mrd ECU seitens der →Europäischen Investitionsbank gültig. Die Mittel des E. sind nicht Teil des allgemeinen Haushalts der EG. Sie werden nach einem jeweils zu vereinbarenden Schlüssel von den einzelnen EG-Ländern neben ihrer nationalen Entwicklungshilfe aufgebracht. Die Bundesrepublik trägt am 6. E. mit 1,95 Mrd ECU rund 26% bei. Der überwiegende Teil der gewährten Mittel aus dem E. sind Zuschüsse.

Europäischer Fonds für währungspolitische Zusammenarbeit (EFWZ)
1973 geschaffene Einrichtung der EG mit dem Ziel, durch währungspolitische Kooperation den Übergang zur Wirtschafts- und Währungsunion vorzubereiten. Ihm ist deshalb als Aufgabe zugewiesen: Verringerung der →Bandbreiten zwischen den EG- → Währungen, Finanzierung und Abwicklung der obligatorischen → Interventionen auf den →Devisenmärkten in Gemeinschaftswährungen, Verwaltung des →kurzfristigen Währungsbeistands der EG- →Notenbanken sowie Abwicklung von Gemeinschaftsanleihen (→ Anleihe). Die Verwaltungsarbeiten werden von der →BIZ durchgeführt. Ist am 1.1.1994 in dem in Frankfurt a. M. gegründeten → Europäischen Währungsinstitut aufgegangen.

Europäischer Gerichtshof
→EG, *Organe.*

Europäischer Währungsfonds
im Rahmen des →EWS zu errichtender Fonds, der den →EFWZ ersetzen soll.

Europäischer Währungsverbund
auch „Schlange" genannt, zwischen den Ländern der →EG 1972 errichtetes Wechselkurssystem, bei dem die Wechselkurse der Mitgliedsländer in einem festen Verhältnis zueinander mit einer → Bandbreite von ±2,25% zu halten waren, während sie gegenüber dem Dollar frei schwankten (→Block-Floating). Kurzfristig nahmen auch Großbritannien und Irland teil, mussten wg. der Pfundkrise ausscheiden, ebenso 1973 Italien und 1976 Frankreich. Schweden und Norwegen waren zeitweise assoziiert. Wurde 1979 durch das →EWS abgelöst.

Europäischer Wirtschaftsrat
(OEEC: **O**rganization for **E**uropean **E**conomic **C**o-operation)
1948 in Paris gegründete Organisation

mit dem Ziel, die amerikanische Wirtschafts- und Finanzhilfe (→ERP) durch wirtschaftlich enge Zusammenarbeit der Empfängerstaaten optimal zu nutzen sowie Konvertibilität der →Währungen zu erreichen. Wurde 1960 von der Organisation für wirtschaftliche Zusammenarbeit und Entwicklung (→OECD) abgelöst, da die gestellten Ziele erreicht waren.

Europäisches Markenamt
seit 1996 mit Sitz in Alicante Behörde der → EU, die gewerbliche Urheberschutzrechte europaweit garantieren soll. Die in den nationalen Markenämtern Europas eingetragenen 3 Mio Marken (→Markenartikel) können in das Gemeinschaftsmarkensystem übertragen werden. Bisher brauchten gewerbliche Schutzrechte ein Eintragungsverfahren, in jedem einzelnen EU-Land. Somit war der internationale Schutzerwerb teuer. E. finanziert sich durch Gebühreneinnahmen selbst.

Europäische Sozialcharta
1961 vom Europarat ausgearbeiteter und seit 1965 durch Ratifikation der 18 Mitgliedsstaaten in Kraft getretener multilateraler Vertrag zur gemeinsamen Anerkennung wesentlicher sozialpolitischer Grundsätze wie das Recht auf Arbeit, gerechte Arbeitsbedingungen, Schutz der Gesundheit und Familie usw. Regierungen der Vertragsstaaten müssen alle zwei Jahre über die Durchführung der angenommenen Verpflichtungen dem Europarat einen Bericht zuleiten, der dann von verschiedenen Gremien geprüft wird. Aufgrund von Kontrollverfahren haben Staaten ihre Gesetzgebung od. Praktiken in betroffenen Fällen geändert, um diese der E. anzupassen.

Europäisches System der Zentralbanken (ESZB)
→Euro, 2. und 5.

Europäisches Währungsabkommen (EWA)
seit 1958 bestehende Nachfolgeeinrichtung der →Europäischen Zahlungsunion, wurde 1966 reformiert und 1972 liquidiert. War als multinationales Zahlungssystem mit der Garantie der →

Wechselkurse innerhalb von →Bandbreiten mit der Möglichkeit bei Ungleichgewichten in der →Zahlungsbilanz Kredit zu gewähren, die mit Auflagen verbunden waren, konzipiert.

Europäisches Währungsinstitut (EWI)
wurde mit der zweiten Stufe der →WWU am 1.1.1994 mit Sitz in Frankfurt a. M. gegründet. Ihm gehören die →Zentralbanken der EU-Länder an. Ist Vorläufer der →Europäischen Zentralbank ohne eigene Befugnisse in der Geldpolitik. Seine Aufgaben sind: Förderung der Zusammenarbeit zwischen den →Zentralbanken, Koordination der nationalen Geldpolitiken mit dem Ziel, die →Preisniveaustabilität zu sichern, Überwachung des → EWS, Erleichterung der →ECU-Verwendung zu besorgen, Vorbereitung der dritten Stufe der WWU.

Europäisches Währungssystem (EWS)
aufgrund einer Entschließung des Rats der →EU 1979 an Stelle des →Europäischen Währungsverbundes getretene währungspolitische Zusammenarbeit mit dem Ziel, in Europa eine Zone der Währungsstabilität zu errichten. Seine Praktizierung beruht im Wesentlichen auf einem Abkommen der →Zentralbanken der EG-Länder. Das E. besteht aus vier Bestandteilen, von denen die ersten drei verwirklicht sind: 1. → *europäische Währungseinheit* → ECU. Sie sollte ursprünglich Bezugsgröße für →Wechselkurse und Indikator in E. sein, hat aber diesbezüglich nur eine symbolische Rolle, da bei einer Wechselkursänderung der ECU-Leitkurs aus den Veränderungen der bilateralen Wechselkurse abgeleitet wird. Ist auch Rechnungseinheit für den Haushalt der EU wie auch für → Forderungen und → Verbindlichkeiten sowie Zahlungsmittel zwischen den → Notenbanken, wird von ihnen auch in geringem Umfang als Reservewährung ge-halten. Ist alleinige Rechengröße für die Operationen im Interventions- und Kreditmechanismus des E., die über den →EFWZ abgewickelt werden. 2. das *Interventionssystem*, in dem es feste, aber im gegenseitigen Einvernehmen anpassungsfähige Wechselkurse gibt, Marktkurse dürfen nur in →Bandbreiten von ±

15% beiderseits der bilateralen Leitkurse schwanken. Interventionen der Notenbanken haben dies sicherzustellen. Gegenüber anderen als den Mitgliedswährungen gibt es keine festen Kurse. Großbritannien und Italien nehmen z.Z. nicht am E. teil sowie Griechenland. Letztere haben zwar das E.-Abkommen unterzeichnet und 20% ihrer Gold- und Dollarreserven in den EFWZ eingebracht, jedoch nicht die mit dem Interventionssystem verbundenen Verpflichtungen zur Stabilisierung der Wechselkurse innerhalb der Bandbreiten übernommen. 3. ein *Abweichungsindikator*, der drei Viertel der höchstmöglichen Abweichung einer Währung vom Leitkurs signalisiert und das betreffende Land zu wirtschaftspolitischen Maßnahmen od. Einleitung von Konsultationen verpflichtet. Aufgrund der seit 1987 zugelassenen und zunehmend getätigten intramarginalen →Interventionen wurde verhindert, dass sich auftretende Spannungen frühzeitig in den Kassakursen (→Kurs) und somit im Abweichungsindikator niederschlagen konnten. Seine Aussage ist somit nicht beeinträchtigt. Auf Dauer sind stabile Wechselkurse nur bei koordinierter → Geld- und →Finanzpolitik bzw. gleichgerichteter →Konjunktur möglich. 4. der ab 1981 vorgesehene *Europäische Währungsfonds*, der gegen Einzahlung von Währungsreserven und nationalen Währungen ECU schaffen, für den Saldenausgleich des Systems sorgen und im Bedarfsfall →Kredite gegen mitunter damit verbundene wirtschaftspolitische Auflagen bereitstellen soll. Zwischenzeitlich wird ein Teil der Aufgaben vom →EFWZ wahrgenommen. So wurden ihm treuhänderisch ein Fünftel der Gold- und Dollarreserven der Notenbanken gegen ECU übertragen. Im Rahmen des schon vorher bestehenden →kurzfristigen Währungsbeistandes wurden 14 Mrd ECU Kredit geschaffen wie auch innerhalb des finanziellen Beistandes (Kreditgewährung zur Überbrückung länger anhaltender Zahlungsbilanzungleichgewichte bis zu fünf Jahren) 11 Mrd ECU. Diese Währungsbeistandssysteme wurden letztendlich nicht in das E. integriert.

Unzureichender Gleichschritt in der wirtschaftlichen Entwicklung zwischen den Mitgliedsländern und noch nicht vollständige Anwendung der E.-Regelungen der Anfangsphase in einigen Mitgliedsländern - z.B. frei schwankende Währung von Großbritannien, Griechenland, Spanien, Portugal - verhinderten institutionelle Weiterentwicklung der währungspolitischen Kooperation. Die 1986 unterzeichnete „Einheitliche Europäische Akte" initiierte jedoch durch die darin vorgesehene Ergänzung des EWG-Vertrages zur Zusammenarbeit bei der Wirtschafts- und Währungspolitik Voraussetzungen für eine Weiterentwicklung. Vgl. →EG, *Entstehung*.

Die Erfahrung mit dem E. zeigt in den letzten Jahren, dass Häufigkeit und Ausmaß der Wechselkursanpassungen im Zeitverlauf erheblich gemindert und die Preisniveau- sowie Zinsunterschiede zwischen den Mitgliedsländern abgenommen haben, obwohl sich seit 1987 wieder stärkere Spannungen in →Inflationsraten, Staatsdefiziten und außenwirtschaftlichen Ungleichgewichten (→ außenwirtschaftliches Gleichgewicht) äußerten. Das E. kann als Beispiel erfolgreicher Kooperation angesehen werden, welche durch die Konvergenz der Wirtschaftspolitik (→Theorie der Wirtschaftspolitik) in einigen Ländern bewirkt wurde.

Mit dem Eintritt in die 3. Stufe der WWU wurde das E. von einem neuen Wechselkursmechanismus abgelöst.

Europäische Währungseinheit
einheitliche Verrechnungseinheit für → Transaktionen in der →EG. Ursprünglich wurde die Haushalts-Rechnungseinheit verwendet, die dem Feingoldgehalt des US-Dollars vom 1.7.1944, später dem des →Sonderziehungsrechts entsprach. Von 1971 bis 1975 wurden unterschiedliche Rechnungseinheiten verwendet, da mit dem Übergang zu freien → Wechselkursen der einheitliche Rechenmaßstab verloren ging. E. wurde 1975 vom →ERE und 1979 vom →ECU abgelöst.

Europäische Währungs-Rechnungseinheit (EWRE)
Rechnungseinheit, die im →EFWZ sowie im kurzfristigen Währungsbeistand verwendet wurde. Ist vom →ECU abgelöst

worden.

Europäische Währungsunion
→EG, *Wirtschaft und Währung.*

Europäische Wirtschaftliche Interessenvereinigung (EWIV)
ab 1.7.1989 den Unternehmen (→Betrieb, I.) und Angehörigen freier Berufe in der →EG zur Verfügung stehende supranationale Unternehmensform, mit dem Zweck, die grenzüberschreitende wirtschaftliche Tätigkeit ihrer Mitglieder zu erleichtern, weiterzuentwickeln od. zu verbessern, ohne für sich selbst →Gewinne zu erzielen. Die E. darf somit nur Hilfstätigkeiten im Zusammenhang mit der wirtschaftlichen Tätigkeit ihrer Mitglieder ausüben. Sie ist als →Personengesellschaft konstruiert und besitzt kein eigenes →Kapital und darf nur bis 500 → Arbeitnehmer beschäftigen. Tritt als Rechtspersönlichkeit im eigenen Namen auf und haftet für →Verbindlichkeiten gesamtschuldnerisch. Das Ergebnis ihrer Tätigkeit wird nur bei ihren Mitgliedern nach nationalem Recht besteuert.

Europäische Wirtschaftsgemeinschaft (EWG)
1957 auf der Grundlage der Römischen Verträge von Frankreich, Beneluxstaaten, Bundesrepublik Deutschland, Italien gegründete überregionale Wirtschaftsgemeinschaft, zwischenzeitlich durch den Beitritt Großbritanniens, Irlands, Dänemarks, Griechenlands, Spaniens und Portugals ausgeweitet. 1967 mit der →Europäischen Gemeinschaft für Kohle und Stahl sowie der →Europäischen Atomgemeinschaft zu Europäische Gemeinschaften (→ EG) fusioniert. Zentrales Element ist die 1968 vorzeitig realisierte →Zollunion mit beseitigten Binnenzöllen und Mengenbeschränkungen sowie gemein-sam-sam Zolltarif gegenüber Drittländern. Die nationalen Wirtschaftspolitiken werden durch Konsultationen, Konferenzen der Wirtschafts- und Finanzminister und Zusammenarbeit der → Zentralbanken koordiniert, was sich in einer Harmonisierung der gesamtwirtschaftlichen Ziele und Angleichung der Konjunkturschwankungen (→ Konjunkturtheorie)

äußert. Mit vielen Staaten bestehen Assoziierungsverträge, die handelspolitische Erleichterungen gewähren, so z.B. mit den →AKP-Staaten durch die Abkommen von Lomè od. seit 1971 mit allen Entwicklungsländern. Über den → Europäischen Entwicklungsfonds werden Finanzhilfen gewährt. Trotz bedeutender Fortschritte in Handelsliberalisierung, Freizügigkeit für Arbeitskräfte und → Produktionsfaktoren, Verbesserung der regionalen Strukturunterschiede, Harmonisierung des Steuersystems (Einführung einer →Mehrwertsteuer) od. des 1972 eingeführten Europäischen Währungsverbundes (Schlange) sowie des 1978 beschlossenen Systems währungspolitischer Zusammenarbeit (→ EWS) konnte die im Werner-Plan vorgesehene Wirtschafts- und Währungsunion nicht verwirklicht werden. Partielle Rückschritte (Ausscheren Frankreichs 1974 aus dem Blockfloating (→Floating), nationale Energiepolitik Frankreichs, italienische Wirtschaftskrise) sind zu konstatieren und bis etwa Mitte der achtziger Jahre ein allgemeines Stagnieren der Integration. Mit der 1986 in Luxemburg unterzeichneten „Einheitlichen Europäischen Akte" wurde zum ersten Mal das Ziel der Wirtschafts- und Währungsunion im EWG-Vertrag angesprochen und die Voraussetzung für weitere Fortschritte gelegt, so die Vollendung des Binnenmarktes ab 1993. S. auch →EG, Wirtschaft und Währung.

Europäische Wirtschafts- und Währungsunion
→EG, *Wirtschaft und Währung.*

Europäische Zahlungsunion (EZU)
von 1950 bis 1958 bestehendes Abkommen zwischen den Ländern des →Europäischen Wirtschaftsrates zur Abwicklung des →Zahlungsverkehrs zwischen den →Zentralbanken der Mitgliedsländer mit dem Ziel, →Konvertibilität zu erreichen. →BIZ fungierte als Clearingbank (→ Clearing) für Spitzensalden zwischen den einzelnen Ländern. Wg. der Konvertibilität für 14 westeuropäische →Währungen wurde E. 1958 durch das → Europäische Währungsabkommen abgelöst.

European Research Coordination Agency
→Eureka.

European Strategic Programme for Research and Development in Information and Technology
→ESPRIT.

Eventualplanung
⇒*Alternativplanung.*

Eventualverbindlichkeiten
i.Ggs. zu bestimmten → Verbindlichkeiten, ungewisse Verbindlichkeiten die dem Grunde nach in Haftungsbeziehungen des bilanzierenden Unternehmens (→ Betrieb, I.) gegenüber außenstehenden Wirtschaftssubjekten bestehen, aber deren Fälligkeit bzw. Höhe zum Bilanzierungszeitpunkt unsicher od. auch un-wahrscheinlich ist, z.b. Verbindlichkeiten aus →Bürgschaften, Gewährleistungsverträgen (→ Gewährleistung), Gewährung von → Avalkrediten u.a. E. sind, soweit nicht in der →Bilanz ausgewiesen, unter dem Bilanzstrich in voller Höhe zu vermerken.

Evidenzzentrale
bereits seit 1934 bestehende, aufgrund der zahlreichen Bankzusammenbrüche während der →Großen Depression gegründete Einrichtung zur Erfassung von Großkrediten (→ Kredit), um mögliche Risiken im Voraus einschätzen zu können. Nach § 14 des →KWG (→Bankenaufsicht) in Verbindung mit § 2, Absatz 2, Satz 2 KWG besteht für →Kreditinstitute einschließlich ihrer ausländischen Töchter, Versicherungen sowie für Sozialversicherungsträger und die →Bundesagentur für Arbeit zu vier Terminen im Kalenderjahr (jeweils am 15. der Monate Januar, April, Juli, Oktober) Meldepflicht für Kredite von 1 Mio Euro und mehr (Millionenkredite) bei der →Deutschen Bundesbank bzw. zuständigen →Landeszentralbank. Hat ein Kapitalnehmer bei mehreren Kreditinstituten od. Unternehmen (→Betrieb, I.) Millionenkredite aufgenommen, so werden sie von der Bundesbank benachrichtigt. Die Statistik der E. weist einen ständigen Anstieg der Anzahl von Millionenkrediten aus, 1990

mit einer 25%igen Steigerung bei wachsender Zahl der anzeigenden Institute. Nach übereinstimmender Ansicht aller Beteiligten hat sich die E. als wichtige Informationsquelle über die zusammengefasste Verschuldung einzelner Kreditnehmer bewährt. Für die internationale Kreditvergabe hat die →BIZ die Funktion einer E. übernommen. Ein Austausch zwischen den in der EG bestehenden E. erfolgt noch nicht. Veranlasst durch die internationale Schuldenkrise haben 1983 die internationalen Geschäftsbanken in Washington eine eigene E. eingerichtet.

evolutorische Wirtschaft
im Zeitablauf sich verändernde Volkswirtschaft (→Wirtschaft). Sie kann eine wachsende, durch Nettoinvestitionen (→ Investition) zu kennzeichnende (→ Wachstumstheorie), od. schrumpfende Wirtschaft sein mit negativen Nettoinvestitionen.

EWA
Abk. für: →Europäisches Währungsabkommen.

ewige Rente
→Rente.

EWI
Abk. für: →Europäisches Währungsinstitut.

EWIV
Abk. für: →Europäische Wirtschaftliche Interessenvereinigung.

EWR
Abk. für: Europäischer Wirtschaftsraum. →EFTA, →EG, *Wirtschaft und Währung.*

EWRE
Abk. für: →Europäische Währungs-Recheneinheit.

EWS
Abk. für: →Europäisches Währungssystem.

ex ante-Analyse
Analyse geplanter Verhaltensweisen der → Wirtschaftssubjekte i.Ggs. zur → ex

post-Analyse. Sie wird hauptsächlich in der →Makroökonomik angewandt.

ex ante-Gleichgewicht
→Gleichgewicht.

ex ante-Kreislauf
→Wirtschaftskreislauf, 4.

Excess Burden
⇒Mehrbelastung
⇒Zusatzlast
Verlust, den → Wirtschaftssubjekte zusätzlich zu der eigentlichen Steuerzahlung bei Erhebung einer → Steuer erleiden. E. wurde durch den Substitutionseffekt (→ Indifferenzkurvenanalyse) hervorgerufen, der durch die Veränderung der für die Steuerpflichtigen bedeutsamen relativen Preise entsteht. E. sind die Opportunitätskosten (→Kosten) der Besteuerung in einem Steuersystem und stehen im Mittelpunkt bei der Erörterung seiner Allokationseffizienz (→Allokation). Die Messung von E., z.B. als Nutzenverlust (→ Nutzen), und seine Operationalisierung sind theoretisch und empirisch umstritten.

excess capacity
⇒Überschusskapazität.

Existenzminimumtheorie des Lohnes
→ehernes Lohngesetz.

exit bends
Finanzierungsinstrument, das Schuldnerländern aus ihrer Zahlungsunfähigkeit helfen soll, indem diese niedrig verzinsliche langfristige →Anleihen emittieren, die von den Gläubigerbanken gegen ihre Kreditforderungen eingetauscht werden. E. verringert die Tilgungs- und Zinsbelastungen der Schuldnerländer und verschafft den Gläubigern handelbare →Aktiva.

exogene Geldbasis
→Geldbasis.

exogenes Geld
⇒Außengeld
⇒outside money.

exogene Variable
Größe, die nicht durch das betreffende → Modell, sondern durch ein anderes Modell erklärt wird od. gegeben ist i.Ggs. zur endogenen Variablen. e. beeinflusst die Lösungswerte endogener Variablen. Vgl. auch →Variable.

Expansion
1. ⇒Aufschwung
⇒Prosperität.
2. →dynamischer Wettbewerb, 3.

Expansionsgleichgewicht
⇒Entwicklungsgleichgewicht.

Expansionsgröße
in der →Makroökonomik Aggregate, deren Zunahme eine Expansion des → Volkseinkommens verursachen, so →Investition, Staatsausgaben, →Export. Ihre Wertgleichheit mit den gegensätzlich wirkenden →Kontraktionsgrößen bedeutet gesamtwirtschaftliches → Gleichgewicht. S. auch →Keynessche Theorie.

Expansionspfad
⇒Faktoranpassungskurve
⇒Output-Faktor-Kurve
⇒scale line.

expansive Geldpolitik
→Geldpolitik, 2.

expenditure tax
⇒Ausgabensteuer
⇒spending tax.

experience goods
→ Gut, dessen Qualität erst nach Kauf durch Verbrauch od. Gebrauch überprüft werden kann, so ein Buch durch Lesen od. eine Zeitschrift durch längeres Benutzen. Die Folge ist, dass schlechte Qualität gute vom →Markt verdrängt, sofern den Käufern nicht vorab glaubwürdige Qualitätsinformationen zugänglich sind.

exponentielles Glätten
(exponential smoothing) von K. G. Brown Ende der 50er Jahre entwickelte Methode in der →Zeitreihenanalyse v.a. zur Erstellung kurzfristiger Prognosen, wobei der Prognosewert von vorangegangenen Werten der Zeitreihe abhängt.

Die Stärke der Abhängigkeit von aktuellen bzw. weniger aktuellen („alten") Werten kann durch Glättungsparameter festgelegt werden.

exponentielles Wachstum
gleichgewichtiges Wachstum (→Gleichgewicht) als typische Lösung der →Modelle in der →Wachstumstheorie, bei dem alle Modellgrößen mit konstanter Rate wachsen, so z.b. im →Domar-Modell, in dem jede →Variable (X) mit der durch den →Kapitalkoeffizienten (β^k) und der →marginalen Sparquote (s) festgelegten Rate: $X_t = X_0 \cdot e^{\frac{1}{\beta^k} \cdot s}$. Wird von einer Größe ein bestimmter Schwellenwert überschritten, gerät der Wachstumsprozess außer Kontrolle.

Export
1. Verkauf von →Gütern durch →Inländer, der das →Volkseinkommen erhöht und in der →Zahlungsbilanz zu Deviseneinnahmen (→Devisen) führt. Ist Komponente der → gesamtwirtschaftlichen Güternachfrage.

2. Kapitaltransaktionen, die zu einer Zunahme des →Geldvermögens von Inländern außer der →Zentralbank gegenüber → Ausländern führen und in der Zahlungsbilanz unter der →Kapitalverkehrsbilanz erfasst werden.

Exportbasistheorie
→Modell zur Erklärung regionalen Wirtschaftswachstums (→ Wachstum, → Wachstumstheorie, 1.) für kleinere Räume, nach dem sich die →Produktion und →Beschäftigung einer Region in Abhängigkeit von der überregionalen Nachfrage entwickelt. Konkurrenz zwischen regionalem und überregionalem →Markt führt auf dem heimischen Markt (Basissektor) zu einem Produktivitätsdruck. Das regionale →Sozialprodukt kann aufgrund regionaler Produktivitätsvorteile durch „Exportaktivitäten" auf anderen regionalen Märkten gesteigert werden. Nach der E. wird das Wachstum einer Region nur unwesentlich durch ausschließlich innerregionale Aktivitäten beeinflusst. Einwände gegen die E.: die

monokausale Konzentration auf die „Exporttätigkeit", Schwierigkeit der Zuordnung von wirtschaftlichen Aktivitäten auf inner- und interregionale →Transaktionen, Initiierung positiver Effekte des regioneninternen Wirtschaftskreislaufes auf → Einkommen und Beschäftigung, Veränderung des ‚Export'anteiles durch Variation der Regiongröße.

Exportkontrolle
nach dem Zusammenbruch des Ostblocks wurde das →Cocom 1994 aufgelöst und innerhalb der → EU Nachfolgeregelungen getroffen. Inzwischen konzentriert sich die E. auf die Dritte Welt. Für Deutschland bilden die EG-Verordnung, das Außenwirtschaftsgesetz, die Außenwirtschaftsverordnung sowie das Kriegswaffenkontrollgesetz die gesetzliche Grundlage für die E. Ferner sind UNO-Resolutionen zu beachten. Für →Güter spezieller Bereiche gibt es verschiedene internationale Kontrollgremien, so insbesondere die Nuclear Suppliers Group.

Exportselbstbeschränkungsabkommen (ESA)
Form des →Protektionismus, bei der Länder Branchen - vor allem mit strukturellen Schwächen - durch den Abschluss bilateraler (Regierungs-)Verträge vor einem unkontrollierten Zuwachs von → Importen schützen wollen. Markantes Beispiel sind die internationalen Baumwoll- bzw. Textilabkommen der Industrieländer seit 1962, um sich gegen Importe der sog. Niedriglohnländer und den sonst durch sie ausgelösten Strukturkrisen zu schützen od. die in den 60er Jahren von den USA geforderten und mit den japanischen und europäischen Stahlproduzenten geschlossenen E. Später haben auch die europäischen Länder im Rahmen der →EGKS und →EG E. gegenüber Drittländern durchgesetzt, die heute noch für bestimmte Stahlerzeugnisse gelten. Aktuell und von großer Bedeutung sind E. der japanischen Automobilindustrie gegenüber Europa und USA. E. verursachen direkte und indirekte nationale Wohlfahrtsverluste für Länder der geschützten Märkte mit der Gefahr einer Kumulation staatlichen →Interventionis-

mus. Das für E. vorgegebene Ziel, Wiedergewinnung internationaler Wettbewerbsfähigkeit der geschütz-ten Industrien, wird i.d.R. nicht erreicht.

ex post-Analyse
Analyse realisierter ökonomischer Zustände und Abläufe, z.B. → Volkswirtschaftliche Gesamtrechnung.

ex post-Gleichgewicht
realisiertes od. in der →Kreislaufanalyse qua →Definition festgestelltes →Gleichgewicht.

ex post-Kreislauf
→Wirtschaftskreislauf, 4.

extensives Wachstum
wird in der →Wachstumstheorie unterschiedlich definiert: 1. Zunahme des realen Bruttosozialprodukts (→Sozialprodukt) aufgrund steigender Inputmengen bei Konstanz der Input-Output-Relation, so dass z.B. die Verdoppelung der Einsatzmengen von →Arbeit und →Kapital zur Verdoppelung des Outputs (→Ertrag) führt (konstanter →Arbeits- und → Kapitalkoeffizient). 2. gleiches Wachstum von realem Sozialprodukt und Bevölkerung, so dass trotz steigendem Sozialprodukt die Pro-Kopf-Versorgung unverändert bleibt. S. auch →intensives Wachstum.

external diseconomies
negative →externe Effekte.

external economies
positive →externe Effekte.

externe Effekte
⇒Externalitäten
⇒externalities
Das Phänomen der e. spielt eine wichtige Rolle in der Theorie effizienter →Allokation im marktwirtschaftlichen System (→ Marktwirtschaft). Dabei versteht man unter einer effizienten od. pareto-optimalen (→ Pareto-Optimum) Allokation einen Zustand der →Wirtschaft, bei dem es nicht mehr möglich ist, die Situation eines Teilnehmers zu verbessern, ohne dass ein anderer Teilnehmer schlechter gestellt wird. Wenn es dagegen durch

Umverteilung von →Gütern möglich ist, die Situation aller zu verbessern, dann ist ein Pareto-Optimum nicht erreicht. In einem marktwirtschaftlich organisierten System verhindern e. i.d.R. die Erreichung eines Pareto-Optimums bzw. einer effizienten Allokation. e. sind Einflüsse, die durch die Aktivität einer → Wirtschaftseinheit (Konsument od. Produzent) direkt auf andere Wirtschaftseinheiten ausgeübt werden. Beispiele: Am Oberlauf eines Flusses leitet eine chemische Fabrik Abwässer in diesen Fluss und zwingt dadurch flussabwärts gelegene Wassernutzer entweder das Flusswasser besonders zu filtern od. sich nach anderen (teureren) Möglichkeiten der Wasserversorgung umzusehen. Im Zuge der Stahlproduktion werden Abgase freigesetzt, die über eine Luftverschmutzung Konsumenten und Produzenten negativ beeinflussen. Durch die →Produktion von Bienenhonig wird der Obstanbau begünstigt. Man spricht von *negativen* e. (⇒ external diseconomies), wenn die Betroffenen durch diese benachteiligt werden (Luftverschmutzung); positive e. (⇒external economies) liegen vor, wenn die Betroffenen begünstigt werden. Soweit handelt es sich um *technologische* e., da die Einflussnahme auf direktem (technologischem) Wege erfolgt. Davon zu unterscheiden sind *pekuniäre* e., bei denen die Einflussnahme über das Preissystem erfolgt. Beispiel: Eine verbesserte Produktionstechnik führt zu einer Preissenkung und einer entsprechenden höheren Nachfrage in einem Wirtschaftszweig, die Nachfrage nach anderen Produkten sinkt dadurch und die Hersteller dieser Güter müssen Einkommenseinbußen hinnehmen. Pekuniäre e. ergeben sich immer dann, wenn die Änderung in einem Bereich zu Anpassungen in anderen Bereichen zwingt.

In einem interdependenten System (→Interdependenz) gibt es stets pekuniäre e. Die Effizienz od. Pareto-Optimalität eines marktwirtschaftlichen Systems wird durch pekuniäre e. allerdings nicht berührt. Pekuniäre e. können eine gewisse Rolle in der Theorie wirtschaftlicher Entwicklung spielen. Beispiel: Der Aufbau einer exportorientierten Landwirtschaft ist nur dann erfolgversprechend, wenn gleichzeitig ein entsprechendes Transportsystem zu Verfügung steht; → Investitionen in der Landwirtschaft lohnen dann nur, wenn gleichzeitig Investitionen im Transportsystem vorgenommen werden.

Bei technologischen e. entsteht eine Diskrepanz zwischen *privaten und sozialen Kosten* (→Kosten). Im genannten Beispiel der Fabrik, die Abwässer in den Fluss leitet, werden Kosten bei flussabwärtsgelegenen Konsumenten und Produzenten verursacht, die nicht vom Verursacher getragen werden. Der Verursacher negativer e. bewirkt gesamtwirtschaftlich relevante Kosten, die nicht in seiner (privaten) →Kostenrechnung erscheinen. Bei positiven e. sind die privaten Kosten höher als die sozialen Kosten (bzw. sind die privaten Erträge (→Ertrag) geringer als die gesamtwirtschaftlichen).

Diese Diskrepanz zwischen privaten und sozialen Kosten verhindert, dass der → Marktmechanismus zu einer effizienten Allokation führt. Ein Gut, dessen Produktion negative e. verursacht, geht in die →Kalkulation mit zu geringen Kosten ein und wird deshalb zu billig verkauft. Eine Angleichung der privaten an die sozialen Kosten würde verlangen, dass Verursacher negativer e. zusätzlich zu belasten sind, während Verursacher positiver e. entlastet werden müssten. Die Korrektur von e. kann entweder durch *staatliche Interventionen* (→Intervention) od. durch *private Vereinbarungen* erfolgen.

Staatliche Interventionen: Durch ein System von *Steuern* und *Subventionen* kann man die privaten Kosten an die sozialen Kosten angleichen. Verursacher negativer e. sind zu besteuern, während die Verursacher positiver e. subventioniert werden müssten. In Anlehnung an den britischen Ökonomen Pigou werden diese Steuern als *Pigou-Steuern* bezeichnet. Probleme ergeben sich hier vor allem in der Ermittlung der korrekten Steuersätze und in der Anpassung der Steuersätze an eine geänderte Technik bzw. geändertes Nachfrageverhalten. Außerdem ist erforderlich, dass der Steuertatbestand so eng wie möglich an die Aktivität geknüpft ist, die die e. verursacht.

Bei der →Emission von Schadstoffen ist man häufig einen anderen Weg gegangen, man hat die Emittenten nicht einer Steuer unterworfen, sondern man hat bestimmte *Höchstgrenzen* für die Emission von Schadstoffen festgesetzt (Beispiel: die sog. Technische Anleitung Luft). Auch hier ergeben sich Informationsprobleme (Messung) und das Erfordernis der Anpassung der festgesetzten Normen und Standards an geänderte Umstände. Die Steuerregelung kann dann der Normenregelung überlegen sein, wenn es eine große Zahl von Emittenten gibt und wenn die Steuerregelung so angelegt ist, dann sie einen Anreiz gibt zur Entwicklung schadstoffarmer Produktionsverfahren. Die Festsetzung einer Höchstmenge gibt diesen Anreiz nicht, da bei Emission von geringeren Menge keine Belohnung erfolgt. Das Problem einer großen Zahl von Emittenten lässt sich bei Festsetzung globaler Höchstmengen dadurch lösen, dass man eine bestimmte Menge von Emissionslizenzen versteigert. Diese Regelung ist flexibler und bietet Anreize zur Einführung schadstoffarmer Produktionstechniken.

Private Vereinbarungen: Da die Situation vor Neutralisierung der e. nicht paretooptimal ist, muss es eine Möglichkeit geben, sowohl Verursacher als auch Betroffene von e. besserzustellen. Deshalb lohnt es sich für Verursacher und Betroffene, private Vereinbarungen zu schließen und dadurch die Auswirkung der e. zu neutralisieren. Der einfachste Fall einer solchen privaten Vereinbarung liegt dann vor, wenn Verursacher und Betroffener nur jeweils eine Unternehmung (→ Betrieb, I.) ist. In diesem Falle könnten die e. durch eine →Fusion beider Unternehmen internalisiert (→ Internalisierung) und damit neutralisiert werden. Für beide Unternehmungen zusammen wäre die Gleichheit von privaten und sozialen Kosten gegeben.

Sieht man von →Transaktionskosten ab, dann besteht bei e. immer ein Anreiz für neutralisierende private Vereinbarungen, so dass staatliche Interventionen überflüssig werden. Allerdings spielt die Struktur der *Eigentumsrechte* und *Haftungsregeln* eine Rolle für das Zustandekommen privater Vereinbarungen (→ Theorie der property rights).

Für die praktische Entscheidung, ob die Korrektur der e. privaten Vereinbarungen zu überlassen ist od. ob staatliche Interventionen zu empfehlen sind, hängt von den Transaktionskosten ab. Bei einer großen Anzahl von Verursachern und Betroffenen dürften die Transaktionskosten einer privaten Vereinbarung sehr hoch sein. Andererseits werden bei einer kleinen Anzahl der Beteiligten im Extremfall (ein Verursacher und ein Betroffener) die spieltheoretischen Momente (→ Spieltheorie) des bilateralen Monopols (→ Monopol) wichtig.

Bei genauem Hinsehen wird man kaum einen Produktions- od. Konsumprozess finden, der nicht in der einen od. anderen Form mit technologischen e. verbunden ist. Die Neutralisierung sämtlicher e. kann wg. der damit verbundenen Kosten kein wirtschaftspolitisches Ziel sein. Staatliche Interventionen kommen deshalb nur dann in Frage, wenn entweder private Vereinbarungen nicht zustande kommen (zu hohe Transaktionskosten; die eigentlich Betroffenen sind noch nicht geboren) und der Verwaltungsaufwand der Intervention die vermuteten Vorteile rechtfertigt. Danach stellt sich die Frage nach der kostengünstigsten Art der Intervention. Hierfür können wohlfahrtökonomische Überlegungen (→Wohlfahrtsökonomik) nur sehr bedingt von Nutzen sein. Das Problem liegt in einer genauen Detailkenntnis der ökonomischen und technischen Zusammenhänge und nicht zuletzt in der Messung und Überwachung der e.

Literatur: *A. C. Pigou*, The Economics of Welfare. (London 1920) 1932, repr. 1950. *H. Siebert*, Analyse der Instrumente der Umweltpolitik. Göttingen 1976. *E. Sohmen*, Allokationstheorie und Wirtschafts-politik. Tübingen 1976.

Prof. Dr. U. Schlieper, Mannheim

externe Kosten
→Kosten.

externe mittlere quadratische Abweichung
⇒externe Varianz
→Varianz, →Varianzanalyse.

externe Varianz
⇒externe mittlere quadratische Abweichung
→Varianz, →Varianzanalyse.

Extrapolation
Fortführung eines Trends aufgrund von beobachteten Werten durch die problematische Annahme, dass die in der Vergangenheit wirkenden Kräfte bzw. Faktoren auch die Zukunft bestimmen. E. wird in →Prognosen angewandt. S. auch →Interpolation.

Exzess
⇒Kurtosis
⇒Wölbung
Maßzahl in der Statistik für eingipflige → Häufigkeitsverteilungen, die angibt, ob das absolute Maximum der Häufigkeitsverteilung größer ist als die der → Normalverteilung mit gleichem Mittelwert (→Mittel) und →Varianz. E. ist für Normalverteilung 0. Wenn E. > 0, so ist das absolute Maximum der Häufigkeitsverteilung größer als das der dazugehörigen Normalverteilung und entsprechend umgekehrt.

EZB
Abk. für: **E**uropäische **Z**entral**b**ank, →Euro, 5.

EZU
Abk. für: →**E**uropäische **Z**ahlungs**u**nion.

Fachmarkt

nach dem in den 70er Jahren dominierenden Verbrauchermarkt neuer Betriebstyp des Handels. Ist zu kennzeichnen durch breites und Zielgruppen- od. bedarfsorientiertes Sortiment, guter Warenrepräsentation, großzügigem Ladenlayout, kompetenten Service, höchstens mittleren → Preisen und hoher Werbeintensität bei günstigerer Kosten-Umsatz-Relation als die klassischen Fachgeschäfte. Beispiele: Bau-, Sanitär-, Drogerie-, Hobby-, Phonomärkte, Gartencenter.

Gem. dem in den letzten Jahren zu beobachtenden zweigeteilten Verbraucherverhalten - einerseits preisbewusstes Kaufen von Artikeln des täglichen Bedarfs, besonders sichtbar im Jagen nach preisgünstigen Angeboten, andererseits preisunempfindliches Ausgeben des zuvor eingesparten →Einkommens für Güter (→ Gut) des gehobenen Bedarfs - entwickelt sich der F. in zwei Richtungen: F.-Discounter mit stark reduzierten Fachleistungen und preisaggressiv abgesetzter Massenkonsumware, so z.B. im Lebensmittelhandel, und Fachgeschäfts-F. mit herausgestellter Präsentation.

Factoring

Unter F. versteht man den vertraglich festgelegten laufenden Ankauf von Forderungen aus Lieferungen und Leistungen durch ein spezialisiertes Finanzierungsinstitut (Factor) mit od. ohne Übernahme des Ausfallrisikos. Der Veräußerer der Forderungen (Klient, Anschlusskunde) kann dabei dem Factor die gesamte Debitorenbuchhaltung, einschließlich Inkasso- und Mahnwesen übertragen. Das F. hat somit hauptsächlich folgende Funktionen:

(a) Finanzierungsfunktion (Ankauf und Kreditierung der Forderungen)

(b) Dienstleistungsfunktion (Verwaltung des Forderungsbestandes)

(c) Kreditversicherungs- od. Delkrederefunktion (→ Delkredere, 1.) (Übernahme des Bonitätsrisikos (→ Bonität)).

Je nach Umfang der durch den Factor übernommenen Funktionen und der technischen Ausgestaltung des Forderungskaufs lassen sich verschiedene Spielarten des F. unterscheiden.

Echtes F. (non-recourse-factoring, old-line-factoring) liegt vor, wenn der Factor die Delkrederefunktion, also das Kreditrisiko, übernimmt. Der Factor kauft die Forderungen regresslos an. Dies war stets die dominierende Ausgestaltungsform in den USA, wo sich das F. von Anfang an durchgesetzt hat, was sich sowohl an der Vielzahl der Factor-Institute als auch an deren bedeutendem Umsatz zeigt. Mit dem echten F. (old-line-factoring) ist im Regelfall die Übernahme der Dienstleistungs- und meist auch der Finanzierungsfunktion verbunden.

Unechtes F. (recourse-factoring) liegt dagegen vor, wenn das Forderungsausfallrisiko beim Klienten des Factors verbleibt. In Deutschland, wo sich F. anfangs nur zögernd entwickelte, überwogen zunächst Verträge mit Regress. Inzwischen entfällt jedoch der Hauptumsatz der Factor-Institute auch in Deutschland auf echte F.-kontrakte. Übernimmt der Factor das Ausfallrisiko nicht, so liegt wirtschaftlich betrachtet ein Kreditgeschäft vor. Im →KWG sind „entgeltlich erworbene Geldforderungen" ausdrücklich als →Kredite genannt. Trotzdem zählt das F.-geschäft in Deutschland nicht zu den Bankgeschäften oder Finanzdienstleistungen im Sinne des § 1 KWG; der Aufsicht durch das Bundesaufsichtsamt für das Kreditwesen unterliegen Factor-Institute nur dann, wenn sie als Kreditinstitute oder Finanzdienstleistungsinstitute zugelassen sind.

Bezüglich des vom Factor übernommenen Einzugs der Forderungen kann ein stilles oder ein offenes Verfahren Verwendung finden. Beim *stillen* od. *nicht no-*

tifizierten F. erfolgt keine Unterrichtung der Schuldner von der Abtretung der Forderung an das F.-Institut. Die Abnehmer können weiterhin mit befreiender Wirkung an den Lieferanten (Anschlusskunde des Factors) bezahlen, der die eingehenden Beträge an den Factor weiterleitet. Das F.-institut übernimmt beim stillen Verfahren ein erhöhtes Risiko und behält sich deshalb auch meist vor, die Abtretung offenzulegen, wenn dies geboten erscheint. Beim *offenen* od. *notifizierten* F. wird den Schuldnern durch den Lieferer, meist in Form eines Rechnungsaufdrucks, mitgeteilt, dass die Zahlung der Schuld mit befreiender Wirkung nur an den Factor erfolgen kann. Der Anschlusskunde wird durch den Factor vom Forderungseingang unterrichtet. Beim *halboffenen* Verfahren ist das F.-institut als Bankverbindung auf der Rechnung angegeben. Während zunächst die offene Form, wg. befürchteter Imageverluste des F.-klienten bei seinen Schuldnern, in der Bundesrepublik meist vermieden wurde, stellt sie heute die überwiegende Abwicklungsform dar.

Die Finanzierung der angekauften Forderungen durch den Factor kann

(a) per Ankaufszeitpunkt (advance-factoring) od.

(b) zum individuellen bzw. durchschnittlichen Fälligkeitszeitpunkt der Forderungen (maturity-factoring)

erfolgen. Beim advance-F. bevorschusst der Factor die Forderungen ab dem Zeitpunkt des Ankaufs. Dem Factor werden arbeitstägig Kopien der Rechnungen des Klienten zugestellt, die der Factor sofort mit ca. 80-90% des Rechnungsbetrages kreditiert. Die restlichen 10-20% dienen als Sicherungseinbehalt zur Abdeckung von Mängelrügen, Warenretouren und Skontoabzügen (→Skonto). Sie werden einem Sperrkonto gutgeschrieben und kommen erst nach Eingang der jeweiligen Forderung unter Berücksichtigung eventueller Abzüge bzw. Eintritt des Delkredererisikos, wenn der Factor dieses übernommen hat, zur Auszahlung. Die in Deutschland derzeit überwiegende Konditionengestaltung ist 80%-ige Be-

vorschussung ab Ankaufszeitpunkt bei Übernahme des Delkredererisikos in voller Höhe durch den Factor. Im Fall des maturity-F. liegt eine Finanzierungsfunktion i.e.S. nicht vor. Beim Ankauf zum individuellen Fälligkeitszeitpunkt der Forderung leistet der Factor erst, wenn der Schuldner gezahlt hat, spätestens aber zu dem mit dem Factor vereinbarten Termin. Kauft der Factor ein Forderungsbündel an, so kann er dieses auch zum durchschnittlichen Fälligkeitszeitpunkt dem Klienten vergüten. Der durchschnittliche Fälligkeitszeitpunkt ergibt sich aus den mit den Rechnungsbeträgen gewogenen Einzelfälligkeiten.

Im Rahmen der Dienstleistungsfunktion übernimmt der Factor die Debitorenbuchhaltung, das Forderungsinkasso und das Mahnwesen. Darüber hinaus können auch noch spezielle Auswertungen wie die Erstellung von Umsatz- und Betriebsstatistiken od. die Abrechnung der →Umsatzsteuer und Vertreterprovisionen hin-zutreten. Die Einschaltung des Factors beim Mahnwesen führt meist zu einer schnelleren Abwicklung der Außenstände und damit Reduzierung der Kapitalbindung, denn der Factor mahnt i.d.R. konsequenter als der Lieferant. Allerdings kann dadurch das Verhältnis zwischen dem Klienten und seinen Ab-nehmern leiden. Beim *Eigen-Service-F.* verzichtet der Klient ganz od. teilweise auf die Dienstleistungsfunktion. So kann der Factor dem Wunsch bonitätsmäßig einwandfreier Klienten nach Einsatz ihrer eigenen → EDV für die Debitorenbuchhaltung entsprechen, wodurch sich eine Verringerung der F.-gebühr erzielen lässt.

Das *Export-F.* wurde in der Bundesrepublik stets mit Übernahme des Delkredererisikos durch den Factor betrieben. Zur Abdeckung des Kreditrisikos und der Durchführung des Inkassos schaltet der deutsche Factor im jeweiligen Land des Schuldners Korrespondenz- od. Schwestergesellschaften ein. Beim *Import-F.* kauft der deutsche Factor aufgrund vertraglicher Absprachen mit ausländischen F.-gesellschaften nach üblichen Spielregeln Forderungen, die aufgrund von Lieferungen aus dem Ausland an deutsche Abnehmer entstanden sind, an. Der deutsche Factor trägt dabei das Delkredererisiko und nimmt das Inkasso der Forderungen vor. Die Finanzierungsfunktion verbleibt dagegen beim ausländischen Korrespondenz-Factor.

Die Kosten des F. können entsprechend den übernommenen Funktionen in die Dienstleistungsgebühr (ca. 0,5-2,5% vom Umsatz), den Delkrederesatz (ca. 0,2-0,4%) und in die Kreditzinsen (orientiert am jeweils banküblichen Kontokorrentkreditsatz) zerlegt werden. Diesen Kosten steht als Hauptvorteil die gewonnene Diskontierungsfälligkeit des Factor-Klienten bei seinen Lieferanten gegenüber. Weitere Einsparungen können sich bei den Verwaltungskosten, der →Gewerbesteuer (Verminderung von Dauerschuldverhältnissen) und durch den Wegfall des Delkredererisikos ergeben. In der → Bilanz des Factor-Klienten ist gegebenenfalls auch eine Verbesserung des Liquiditätsbildes (→Liquidität), durch Erhöhung des Bankguthabens (Sicherungseinbehalt auf Sperrkonto) und Verringerung der Lieferantenverbindlichkeiten, soweit die durch das F. gewonnenen Beträge hierzu verwendet werden, möglich.

Bis Mitte 1994 war die Entwicklung des F. in Deutschland nicht unerheblich durch das Abtretungsverbot (→Zession) behindert, das zunehmend von Großunternehmen und der →öffentlichen Hand einseitig, meist in den →Allgemeinen Geschäftsbedingungen für ihre →Verbindlichkeiten festgelegt wurde. Nach der Einführung des § 354a BGB sind Abtretungsverbote gemäß §399 BGB unwirksam, wenn es sich für beide Teile um ein Handelsgeschäft handelt oder der Schuldner die öffentliche Hand ist; allerdings kann der Schuldner mit befreiender Wirkung an den bisherigen Gläubiger zahlen.

Literatur: *K. F. Hagenmüller* (Hrsg.), Handbuch des nationalen und internationalen Factoring. Frankfurt a. M. 1997. *W. Schwarz*, Factoring. Stuttgart 1996. *Deutscher Factoring-Verband e.V.*, Jahresberichte. Mainz. Zeitschrift „Finanzierungs-Leasing-Factoring" (FLF).

Prof. Dr. M. Steiner, Augsburg

Factoring Outlet Center
⇒Factory Outlet Store
für Deutschland neue Vertriebsform amerikanischen Ursprungs, bei der die Hersteller ihre Produkte unter Ausschaltung des Groß- und Einzelhandels dem Verbraucher direkt verkaufen. F. ist ein Markt in Form eines Einkaufszentrums, auf dem verschiedene Hersteller von Markenartikeln bei hohen Nachlässen gegenüber dem regulären Einzelhandelspreis Teile aus der Überschussproduktion, Auslaufmodelle od. Waren zweiter Wahl
- für den Kunden oft nicht wahrnehmbar
- ohne Beratung, Bedienung od. Service anbieten. I.d.R. werden in F. Waren aus den Bereichen Mode und Freizeit angeboten. Wg. des beträchtlichen Preisunterschieds gegenüber dem Einzelhandel erwächst diesem ein ernst zu nehmender Konkurrent durch F.

Fahrstrahl des Produktionsniveaus
⇒Prozessstrahl
im Isoquantendiagramm (→ Isoquante) Ursprungsstrahl, der für ein Produktionsverfahren (→Prozess) alle technischen und ökonomischen Produktionspunkte (Outputniveaus) darstellt. F. ist durch konstante → Faktorintensität gekennzeichnet. Limitationale Produktionsfunktionen (→Produktionsfunktion) mit alternativen Prozessen (Mehrprozessfunktion) haben mehrere F., s. Figur.

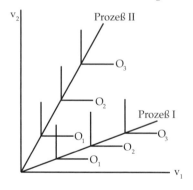

Faktor
1. in der →Wirtschaftswissenschaft ⇒Produktionsfaktor.
2. in der →Varianzanalyse ein beliebiges

Skalenniveau der unabhängigen Einflussgrößen. Die Ausprägungen des F. werden als F.-stufen bezeichnet.

Faktorangebot des Haushalts
1. die *mikroökonomische Theorie des Haushalts* (→Mikroökonomik, →Haushalt, 1.) gliedert sich in die →Nachfragetheorie und in die *Theorie des F.* Erstere erklärt die Güternachfrage und gibt die Bedingungen nutzenmaximaler Einkommensaufteilung auf →Güter für exogen (→ exogene Variable) determiniertes → Einkommen bei gegebenen anderen Argumentvariablen an (→Haushaltsgleichgewicht). Die Theorie des F. erklärt das Faktorangebot in Abhängigkeit von Faktorpreisen (l), Faktorausstattung (FA), → Präferenzstruktur (u) und formuliert die Bedingungen für einkommensoptimale Aufteilung der FA bei gegebenen →Variablen (l̇, $\overline{FA}$, ū). Demzufolge ist das → Einkommen (y) i.Ggs. zur Nachfragetheorie →endogene Variable.

Da Haushalte →Arbeit und →Kapital anbieten, umfasst die Theorie des F. die *Theorie des Arbeitsangebots* und die *Theorie des Kapitalangebots.* Erstere - auf die sich nachfolgende Darstellung konzentriert - kann mit statischen Modellen (→statische Analyse, →Modell) hinreichend erklären, letztere bedarf dynamischer Analyse.

Das *gesamtwirtschaftliche Faktorangebot* wird in der →Makroökonomik analysiert, u.zw. in der → Konjunkturtheorie, → Wachstumstheorie und für Arbeit neuerdings in der →Bevölkerungstheorie.

2. *Theorie des Arbeitsangebots.* Als Arbeitsangebot (L^S) werden von Haushalten angebotene Arbeitsleistungen mit der Absicht der Einkommenserzielung definiert, wobei zwischen mengenmäßigem (Arbeitszeit: t^L) und qualitativem (Arbeitsart) Angebot (L^A) unterschieden wird. Das *individuelle mengenmäßige Angebot* wird als Entscheidung des Haushalts über sein Zeitbudget = 24 Stunden pro Tag (t_{24}) in Arbeitszeit und Konsumzeit (t^C) aufgefasst und i.d.R. mit Hilfe der →Indifferenzkurvenanalyse erklärt.

Da Arbeitszeit Arbeitseinkommen (y_L)

stiftet, besteht zwischen diesem und der Konsumzeit eine Substitutionsbeziehung, die durch die →Indifferenzkurven (I_0, I_1 in Figur 1) dargestellt wird. Die Nutzenfunktion (→ Nutzenindexfunktion) lautet: $U = f (y_L, t^C)$. Für ein Arbeitsangebot (auf der Abzisse von rechts abgetragen) von t_{24} erzielt der Haushalt bei gegebenem Lohnsatz $\dot{l}_{L_0}$ das Einkommen: $y_{L_0} = t_{24} \cdot \dot{l}_{L_0}$. Bei vollständiger Inanspruchnahme der Gesamtzeit als Konsumzeit (vom Ursprung aus abgetragen) wäre das Einkommen Null, so dass sich die →Bilanzgerade B_0 als geometrischer Ort aller realisierbaren Kombinationen von y_L und t^C für $\dot{l}_{L_0}$, $\overline{FA}$ ergibt.

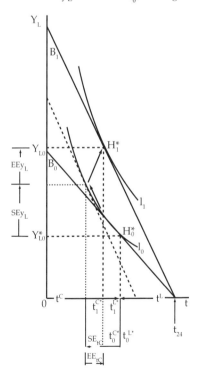

Figur 1: Haushaltsgleichgewicht bezüglich Arbeitseinkommen (y_L) und Konsumzeit (t^C)

H_0^* ist das *Angebotsgleichgewicht* ($\rightarrow$ Gleichgewicht) des Haushalts. Hier ist die Bilanzgerade B_0 mit Steigung

$$tg\alpha = \frac{t_{24} \cdot \dot{\mathrm{i}}_{L_0}}{t_{24}} = \dot{\mathrm{i}}_{L_0}$$ Tangente an die Indifferenzkurve I_0, deren Steigung durch die $\rightarrow$Grenzrate der Substitution von Arbeitseinkommen und Konsumzeit ($\frac{dy_{L_0}}{dt_0^C}$)

bestimmt ist, so dass für H_0^* gilt:

$$\frac{dy_{L_0}}{dt_0^C} = \dot{\mathrm{i}}_{L_0}$$ mit Einkommen $y_{L_0}^*$ und

Konsumzeit $t_0^{C^*}$ sowie dem Arbeitsangebot $t_0^{L^*}$.

Eine *Änderung des Lohnsatzes*, z.B. Erhöhung auf l_1^L, ruft eine Drehung der Bilanzgeraden zur B_1 sowie Änderung des Haushaltsgleichgewichts zu H_1^* hervor sowie Zunahme des Arbeitsangebots auf $t_1^{L^*}$. Aufgrund der Lohnsatzerhöhung ist die Arbeitseinheit wertvoller. L_1^S in Figur 2 ist die Arbeitsangebotskurve und zeigt die lohnsatzabhängige Reaktion des Haushalts.

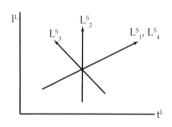

Figur 2: Arbeitsangebotsfunktion (L^S) in Abhängigkeit vom Lohnsatz (l^L)

Die Wirkung der Lohnsatzerhöhung auf die Verteilung von t_{24} zerfällt in einen $\rightarrow$ Substitutionseffekt (SE) und einen $\rightarrow$Einkommenseffekt (EE). Der SE ist für das Arbeitseinkommen positiv (SE_{y_L} in Figur 2), für die Konsumzeit negativ

(SE_{t_C}), da jetzt eine Stunde Konsumzeit im Verhältnis zum entgangenen Einkommen teurer geworden ist. Der EE ist sowohl für Arbeitseinkommen (EE_{y_L}) wie für Konsumzeit (EE_{t_C}) positiv. Das Ergebnis H_1^* tritt nur dann ein, wenn Arbeitseinkommen und Konsumzeit in der Einschätzung des Haushalts superiore Güter ($\rightarrow$Gut) sind und der negative SE für Konsumzeit größer ist als der positive EE. Kompensieren sich beide Effekte für Konsumzeit, ergibt sich in Figur 2 die Angebotskurve L_2^S. Ist der EE größer, wird das Arbeitsangebot mit steigendem Lohnsatz sinken (L_3^S). Für die Konsumzeit als inferiores Gut ($\rightarrow$Gut) sind EE und SE gleichgerichtet, d.h. sie sinkt und das Arbeitsangebot steigt (L_4^S). Resultat dieser Überlegungen ist: *über den Verlauf der Arbeitsangebotskurve L^S lässt sich Allgemeingültiges nicht sagen.*
Bezieht der Haushalt neben Arbeitseinkommen auch *Kapitaleinkommen* (y_K), verschiebt sich die Bilanzgerade parallel nach rechts mit folgendem Ergebnis: 1. steigende Konsumzeit, sofern diese ein superiores Gut ist; 2. daraus folgt sinkendes Arbeitsangebot und abnehmendes Arbeitseinkommen; 3. i.d.R. steigendes Gesamteinkommen ($y = y_L + y_K$), da Kapitaleinkommen die Abnahme des Arbeitseinkommens überkompensieren wird.
Gesamtwirtschaftlich wird das Arbeitsangebot in Volkswirtschaften ($\rightarrow$ Wirtschaft) mit niedrigem Lebensstandard bei steigendem Lohnsatz (ab l_0^L in Figur 3) zunehmen, weil Konsumzeit ein inferiores Gut ist, und ab einem relativ hohen Niveau (l_1^L) stagnieren und danach abnehmen. Für entwickelte Volkswirtschaften kann aufgrund empirischer Unter-suchungen, mehr aber aufgrund plausibel erscheinender Überlegungen die Angebotskurve in Figur 4 gelten. Sie ist wie folgt zu interpretieren: sinkt der Lohnsatz unter l_0^L, wird der Haushalt zur

Sicherung seiner Existenz mehr Arbeitszeit anbieten, aber nur eine Arbeitszeit bis L_{max}^S, da er die Mindesterholungszeit zur Erhaltung seiner Arbeitskraft nicht unterschreiten kann. ($L_{max}^S \cdot l_{min}^L$) determiniert sein Mindesteinkommen zur Existenzsicherung. Steigt der Lohnsatz auf l_1^L, wird der Haushalt mehr Konsumzeit einem höheren Einkommen vorziehen. Ab irgendeinem relativ hohen Lohnsatz, z.B. l_1^L, steht nicht mehr die Erhaltung des aktuellen Lebensstandards, sondern die Erreichung eines höheren im Vordergrund. Der Haushalt wird bis zu einer Sättigungsgrenze (l_2^L) mehr anbieten, danach wieder weniger.
Das Angebot von Arbeitsarten wird in derselben Weise mit der Indifferenzkurvenanalyse erklärt.

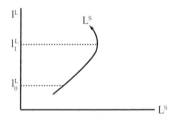

Figur 3: Arbeitsangebotskurve einer Volkswirtschaft mit niedrigem Entwicklungsstand

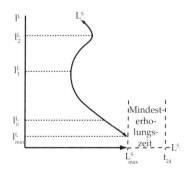

Figur 4

3. *Empirische Relevanz der mikroökonomischen Theorie des F.* Die häufig kritisierte Unterstellung freier Entscheidung des Haushalts über sein Arbeitszeitangebot ist angesichts zunehmender Flexibilisierung der Arbeitszeit, wachsender rechtlicher Ansprüche auf Freistellung, Abweichung geleisteter von der Standardarbeitszeit, Verringerung tariflicher Arbeitszeit aufgrund größer gewordenen Einflusses der → Arbeitnehmer in den letzten Jahrzehnten u.a. nicht gravierend. Problematisch ist aber die erforderliche Stabilität der Nutzenfunktion gegenüber Veränderungen der Arbeitszeit sowie die unbefriedigende Datenlage für den einzelnen Haushalt. Empirische Analysen legen ein hohes lohnelastisches (→Elastizitäten) Angebot von Frauen, aber unelastisches Angebot von Männern, für sie auch bezüglich des Kapitaleinkommens, nahe. Für das Arbeitsangebot von Frauen ist ein starker negativer EE ermittelt worden. Dies deutet darauf hin, dass Frauen bei verbesserter häuslicher Einkommenssituation ihre Erwerbstätigkeit zurücknehmen. Die Arbeitszeitverkürzung in den letzten Jahrzehnten spricht für eine weitgehend negativ geneigte Angebotskurve (L_3^S in Figur 2 od. in Figur 4 Kurventeil zwischen l_{min}^L und l_1^L).

4. *Totales Arbeitsangebot.* Es wird von folgenden Größen bestimmt: Wohnbevölkerung, →Erwerbsquote, →Arbeitszeitpotential, Lohnsatz, nichtmonetäres Einkommen auf dem →Arbeitsmarkt, Mobilität, Struktur der Arbeitsqualitäten.
Traditionelle Theorien des F. wurden von T. R. Malthus, F. Lassalle (→ehernes Lohngesetz), A. Marshall und K. Marx (→ Verelendungshypothese, →Freisetzungseffekt, → Marxistische Wachstumstheorie) aufgestellt. Die von Malthus vertretene Auffassung, das Arbeitsangebot sei für Empfänger niedriger Einkommen lohnsatzabhängig, ist vielfach bestätigt, so für Deutschland in der Phase vorindustrieller Entwicklung wie auch für Entwicklungsländer. Mit steigendem Pro-Kopf-Einkommen wird diese Beziehung lockerer.

5. In der Theorie des *Kapitalangebots* wird die Einkommenserzielung des (der)

Haushalts(e) durch Angebot von → Humankapital, →Geldkapital, sofern gespart wurde, und → Sachkapital einschließlich →Boden erklärt. In weiterentwickelten Ansätzen werden die Beziehungen zwischen Arbeitsangebot einerseits und dem Angebot von Humankapital bzw. Geldkapital andererseits aufgegriffen.

Literatur: *M. R. Killingsworth,* Labor Supply. Cambridge/ London 1983. *M. Neumann,* Theoretische Volkswirtschaftslehre II. Produktion, Nachfrage und Allokation. 4. A., München 1995. *Th. Wagner/ E. J. Jahn,* Neue Arbeitsmarkttheorien. 2. A., Stuttgart 2004. *A. Woll,* Volkswirtschaftslehre. 15. A., München 2007.

Dr. G. Vogl, Siegen

Faktoranpassungskurve
⇒Expansionspfad
⇒Output-Faktorkurve
⇒scale line
Kurve aller →Optimalkombinationen od. auch →Minimalkostenkombinationen bei gegebener → Produktionsfunktion und bekannten (sich nicht verändernden) → Preisen der → Produktionsfaktoren (v_1, v_2). Das Unternehmen (→Betrieb, I.) operiert auf der F. für unterschiedliche Produktionsmengen (O_1, O_2, ...). Sie verläuft für eine linearhomogene Produktionsfunktion (→Produktionsfunktion) linear und kongruent mit der →Faktorintensitätslinie.

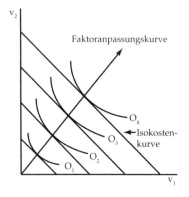

Faktoranpassungskurve

Faktoreinkommen
⇒Leistungseinkommen
→Einkommen.

Faktoreinsatzfunktion
⇒*Faktorverbrauchsfunktion.*

Faktorenanalyse
statistisches Verfahren zur Analyse von Zusammenhängen zwischen metrischen →Merkmalen mit der Zielsetzung, die gemessenen Merkmale durch möglichst wenige Verursachungskomponenten (Faktoren) möglichst genau zu erklären.

Faktorintensität
Verhältnis der Einsatzmengen von →Produktionsfaktoren. Vgl. →Arbeitsintensität, →Kapitalintensität.

Faktorintensitätslinie
⇒Prozessgerade
⇒scale
im Isoquantendiagramm (→ Isoquante) bei Darstellung der →Produktionsfunktion Ursprungsgerade konstanter →Faktorintensität. Schnittpunkte der F. mit Isoquante geben das jeweilige Outputniveau an.

Faktormarkt
→Markt für →Produktionsfaktoren bzw. deren Leistungen. In der Darstellung des → Wirtschaftskreislaufes sind private Haushalte (→Haushalt, 1.) auf dem F. Anbieter und Unternehmen (→Betrieb, I.) Nachfrager. In der → Makroökonomik wird der F. als →Partialmarkt - entweder als Arbeits- oder als Kapitalmarkt - analysiert.

Faktorpaket
in der substitutionalen Produktionsfunktion mit proportionaler Faktorvariation (→ Produktionsfunktion) die für eine Outputeinheit erforderliche Einsatzmenge von → Produktionsfaktoren. Der → Output ist eine →Funktion der Änderung des F.

Faktorpreisausgleichs-Theorem
⇒Faktorproportionen-Theorem
⇒Heckscher-Ohlin-Theorem
von E. F. Heckscher 1919 entwickelte und B. Ohlin 1933 ausformulierte Aussage

über die Wirkung internationalen Handels auf die Faktorpreise getauschter → Güter, wonach sich Unterschiede in den Faktorpreisrelationen selbst bei Immobilität der →Produktionsfaktoren vermindern bzw. nach P. A. Samuelson 1948, 1949 vollständig ausgleichen. Die Veränderungen in den Faktorpreisen bewirken in den Außenhandel treibenden Ländern eine Verschiebung der Faktoreinsatzproportionen jeweils zu Gunsten des reichlich vorhandenen Faktors und zu Lasten eines knappen Faktors. S. auch →Güterwirtschaftliche Außenwirtschaftstheorie.

Faktorpreisbildung
Die F. vollzieht sich - entsprechend Angebot und Nachfrage - auf den →Märkten für die →Produktionsfaktoren →Arbeit, → Boden und →Kapital. Sie folgt dabei den Prinzipien der →Preisbildung auf den Produktmärkten. Eine spezielle →Preistheorie für Faktormärkte (Lohn-, Renten- und Zinstheorie) ist nur dann erforderlich, wenn einzelne Faktormärkte Besonderheiten aufweisen.

1. Auf Faktormärkten fragen Unternehmen (→Betrieb, I.) Produktionsfaktoren nach, und Haushalte (→Haushalt, 1.) bieten Arbeit sowie - ökonomisch interpretiert - Boden und Kapital an. Das Faktorangebot ist direkt aus Nutzenkalkülen ableitbar: Das Arbeitsangebot wird in Abhängigkeit von Lohnsatz und Freizeitpräferenz durch die Arbeitszeit-Freizeit-Entscheidung bestimmt (→ Faktorangebotstheorie des Haushalts), das Angebot an (Spar-)Kapital wird in Abhängigkeit von →Zinssatz und Gegenwartsvorliebe durch die Konsum-Spar-Entscheidung (Wahl zwischen Gegenwarts- und Zukunftskonsum) determiniert. Dagegen kann die Faktornachfrage nicht - wie die Nachfrage nach →Endprodukten - unmittelbar aus Nutzenkalkülen, sondern nur mittelbar aus dem Güterangebot hergeleitet werden: Sie ist eine „abgeleitete" Nachfrage (Marshall) (→ abgeleitete Nachfrage, 2.), die bei gegebenen →Preisen durch die →Grenzproduktivität bestimmt wird.

Mit diesen Überlegungen wurde die Mikroökonomie geteilt in eine „Werttheorie", die die Preisbildung auf Produkt-

märkten untersuchte, und eine „Verteilungstheorie" (→ Grenzproduktivitätstheorie), die F. und Verteilung erklären sollte. Unabhängig davon, dass die Grenzproduktivitätstheorie lediglich eine Theorie der Faktornachfrage ist und sie allein F. und Verteilung nicht erklären kann, ist die Unterteilung spätestens seit der →„Neuen Konsumtheorie" überholt, in der Produktmärkte analytisch wie Faktormärkte behandelt werden.

2. Da die Grenzproduktivitätstheorie für alle Produktionsfaktoren angewendet werden kann, ist nachfrageseitig kein Differenzierungsbedarf zwischen den einzelnen Produktionsfaktoren zu begründen. Hierzu müssen Besonderheiten auf der Faktorangebotsseite herangezogen werden.

Früher wurde die Besonderheit des Faktors Boden betont, weil dieser nicht vermehrbar sei. Diese Argumentation vernachlässigt, dass der Produktionsfaktor Boden - bei gegebenem Faktorbestand - sehr wohl qualitativ verbessert bzw. die Leistungsabgabe od. Faktornutzung erhöht werden kann. Hinsichtlich der F. besteht somit kein prinzipieller Unterschied zwischen den Produktionsfaktoren Boden und Kapital.

Heute werden Besonderheiten des Faktors Arbeit hervorgehoben, die eine spezielle Lohntheorie begründen sollen. Hiervon sind einige (z.B. jene, die monopolistische Elemente auf dem Arbeitsmarkt betonen) bedeutungslos, weil sie auch auf Produktmärkten existieren und mit der allgemeinen Preistheorie analysiert werden können (Preisbildung unter monopolistischen Bedingungen). Bedeutsam sind hingegen zwei andere Aspekte, auf die bereits frühzeitig hingewiesen wurde (Marshall): Erstens existiere für den Produktionsfaktor Arbeit - i.Ggs. zu Boden und Kapital - kein Markt für Faktorbestände (Ausnahme: Sklaverei), sondern lediglich ein Markt für Faktorleistungen. Diese Unterscheidung rechtfertigt keine spezifische Lohntheorie, weil auch bei den Produktionsfaktoren Boden und Kapital zwischen Ver-mögensmärkten gehandelten Faktorbeständen (Bestandsmärkte mit der Preisdimension Euro/ Mengeneinheit) und Faktornutzungen (Strommärkte mit der Preisdimension Euro/Zeiteinheit) zu unterscheiden ist und auf den Faktormärkten keine Verfügungsrechte, sondern ausschließlich Nutzungsrechte gehandelt werden, also bei allen Produktionsfaktoren lediglich die Faktorleistungen preisbestimmend sind. Zweitens sind mit der - zwangsläufig persönlichen - Leistungsabgabe beim Faktor Arbeit stets nicht-pekuniäre Vor- und Nachteile verbunden, die allerdings weniger eine spezielle Theorie des Lohnniveaus, sondern eher - analog zur → Zinstheorie - eine Theorie der Lohnstruktur begründen können. Insofern sind die verbleibenden Unterschiede eher graduell als prinzipiell.

3. Neue Impulse hat die Theorie der F. durch die →„Neue Mikroökonomie" erhalten, die streng zwischen nominalen und realen Faktorpreisen unterscheidet und die Auswirkungen inflationärer Impulse vor allem auf dem →Arbeitsmarkt analysiert. Bei unvollkommener Information (→ Informationsökonomik) und eingeschränkter Preisflexibilität, also bei Existenz von Informations- und Veränderungskosten, erhalten Bildung und Antizipation von Inflationserwartungen (→ Inflationstheorie, 2.) ein besonderes Gewicht. Dabei wurde im Rahmen der Phillips-Kurven-Diskussion (→ Phillips-Theorem) zunächst herausgearbeitet, dass Reallohnvariationen und entsprechende Beschäftigungseffekte nur bei falschen Inflationserwartungen entstehen. Im Anschluss daran hat die →„Kontrakttheorie" aufgezeigt, dass auch wg. relativ langer Laufzeiten der Arbeitskontrakte unverzügliche Nominallohnanpassungen verhindert werden können. Dadurch verändert sich selbst dann der Reallohn, wenn Arbeitsanbieter und -nachfrager die Inflationsrate zwar korrekt erwarten, aber wg. bestehender Lohnkontrakte nicht antizipieren können.

Erwartungsirrtümer od. fehlende Antizipationsmöglichkeiten begründen reale Faktorpreisänderungen nicht nur auf dem Arbeitsmarkt, sondern auf allen Faktormärkten: Sowohl bei der Pacht- und Mietpreisbildung als auch bei der Preisbildung auf den Kreditmärkten werden Inflationserwartungen berücksichtigt, wobei die Unterscheidung zwischen nominalem und realem Kreditzins schon frühzeitig diskutiert wurde (→Fisher-Effekt, → Gibson-Paradoxon). Insofern kann auch die Einbeziehung von Inflationserwartungen keine spezifische Theorie der F. für den Arbeitsmarkt rechtfertigen.

Neuere Entwicklungen in der Mikroökonomie haben die ehemals vorherrschende Auffassung relativiert, dass strikt zwischen der Preisbildung auf Produkt- und Faktormärkten zu trennen ist. Sie begründen zugleich, dass nur graduelle und keine prinzipiellen Unterschiede der Preisbildung auf einzelnen Faktormärkten bestehen.

Literatur: *M. Friedman*, Price Theory. 2. A., Chicago 1976; dt. Übers. Die Theorie der Preise. München 1977. *J. Schumann*, Grundzüge der mikroökonomischen Theorie. 6. A., Berlin, Heidelberg, New York 1992. *A. Woll*, Volkswirtschaftslehre. 15. A., München 2007.

Prof. Dr. H. J. Thieme, Düsseldorf

Faktorpreisfront
→Kapitaltheorie, 2.

faktorpreisinduzierter technischer Fortschritt
→technischer Fortschritt.

Faktorpreiskurve
gibt an, wie hoch der maximal zahlbare Lohnsatz bei gegebenem →Zins für den → Kapitalbestand ist od. v.v. I.d.R. wird Gegenläufigkeit unterstellt, d.h. der Lohnsatz steigt, wenn der Zinssatz fällt.

Faktorproportion
Einsatzmengenverhältnis der →Produktionsfaktoren in der →Produktionsfunktion. Im Fall proportionaler Faktorvariation (→Faktorvariation) das →Faktorpaket.

Faktorproportionen-Theorem
⇒Heckscher-Ohlin-Theorem.

Faktorsubstitution
gibt die Art der Beziehung zwischen →

Produktionsfaktoren im Produktionsprozess an, u.zw. die Ersetzbarkeit eines Produktionsfaktors durch einen anderen, z.B. → Arbeit durch → Kapital od. Öl durch Gas, im Ggs. zur Nichtsubstitution (Limitationalität, →limitationale Produktionsfunktion). F. zweier Produktionsfaktoren (v_1, v_2) wird durch die *Grenzrate der technischen Substitution* ($R_{v_1}^{v_2}$) angegeben:

(1) $R_{v_1}^{v_2} = \left| \dfrac{dv_2}{dv_1 | \overline{O}} \right|$, die infinitesimale Verringerung (Ersetzung) des Faktors 2, wenn der Faktor 1 fortlaufend um eine infinitesimale Mengeneinheit bei unveränderter Produktion ($\overline{O}$) zunimmt. Hierbei gilt die →Hypothese einer fallenden Grenzrate der technischen Substitution, d.h. jede zusätzliche Einheit v_1 ersetzt eine immer geringere Menge v_2, so dass die Grenzrate negatives Vorzeichen hat und die Steigung der →Isoquanten angibt.

Die *Art* der F. wird unterschieden: 1. *vollständige* od. perfekte F., wenn sich die Produktionsfaktoren gegenseitig vollständig ersetzen können; 2. *periphere* od. unvollständige F., wenn sich die Produktionsfaktoren auch bei sehr großen Mengen niemals ersetzen können; 3. *alternative* F., wenn nur ein Produktionsfaktor vollständig durch den anderen ersetzt wird; 4. *Prozesssubstitution*, wenn auf einer →Prozessgeraden liegende Faktorkombinationen einer → linear limitationalen Produktionsfunktion substituiert werden.

Der *Grad* der F., der sich in der unterschiedlichen Stärke der Krümmung von Isoquanten äußert, wird durch die Substitutionselastizität (→ Elastizitäten) gemessen. Sie ist definiert durch das Verhältnis relativer Änderungen von Faktoreinsatzverhältnis und Grenzrate der technischen Substitution:

(2) $\eta_{_{, R}} = \dfrac{d\left(\dfrac{v_2}{v_1}\right)}{\dfrac{v_2}{v_1}} : \dfrac{dR_{v_1}^{v_2}}{R_{v_1}^{v_2}}$.

Da die Grenzrate der technischen Substitution die Steigung der Isoquanten ist

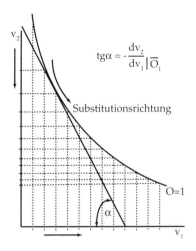

$$tg\alpha = - \dfrac{dv_2}{dv_1} \Big|_{\overline{O}_1}$$

Substitutionsrichtung

$O = 1$

und für eine Isoquante immer gilt:

(3) $IO = \dfrac{\partial O}{\partial v_1} \cdot dv_1 + \dfrac{\partial O}{\partial v_2} \cdot dv_2 = C$,

folgt, dass die Grenzrate der technischen Substitution gleich dem negativen reziproken Verhältnis der (partiellen) Grenzproduktivitäten (α') (→Ertrag) ist:

(4) $R_{v_1}^{v_2} = -\dfrac{dv_2}{dv_1} = -\dfrac{\alpha'_{v_2}}{\alpha'_{v_1}}$.

Wird eine Produktion in der →Minimalkostenkombination angenommen od. erfolgt die Entlohnung der →Produktionsfaktoren nach den Grenzprodukten (→ Ertrag, s. auch →Grenzproduktivitätstheorie), gilt: das Verhältnis der Faktorpreise (l) ist gleich dem Verhältnis der Grenzproduktivitäten, also:

(5) $\dfrac{l_2}{l_1} = \dfrac{\alpha'_{v_2}}{\alpha'_{v_1}}$.

Da die Änderung eines Reziprokwertes der Änderung des ursprünglichen Wertes entgegengerichtet ist, lässt sich die Substitutionselastizität schreiben:

$$(6)\ \eta_{.\ R} = \frac{d\left(\dfrac{v_2}{v_1}\right)}{\dfrac{v_2}{v_1}} : \frac{d\left(\dfrac{\alpha'_{v_2}}{\alpha'_{v_1}}\right)}{\dfrac{\alpha'_{v_2}}{\alpha'_{v_1}}}$$

oder auch

$$(7)\ \eta_{.\ R} = \frac{d\left(\dfrac{v_2}{v_1}\right)}{\dfrac{v_2}{v_1}} : \frac{d\left(\dfrac{l_2}{l_1}\right)}{\dfrac{l_2}{l_1}}.$$

Der *Substitutionsbereich* von Produktionsfaktoren wird durch die →*Kammlinie* in den Bereich technisch möglicher F. und in jenen unterschieden, in dem technisch möglich F. auch ökonomisch effizient sind.
Ursache für die F. sind Änderungen der Faktorpreise, so dass billigere Produktionsfaktoren teurere ersetzen und die → Kosten der Produktion senken (s. Gleichung (7)!). Voraussetzung für ständige F. in der Volkswirtschaft (→Wirtschaft) ist technischer Fortschritt.

Faktorvariation
gibt in der →Produktionstheorie die Art der Änderungen von →Produktionsfaktoren an. Es wird unterschieden: *isoquante* F., wenn die Einsatzmenge eines Produktionsfaktors bei konstantem → Output entlang einer Isoquante substituiert wird; *partielle* F., wenn ein Faktor bei Konstanz aller anderen variiert wird; *proportionale* F., wenn die Faktorproportion vervielfacht od. vermindert wird; *isokline* F., wenn sich bei konstanter Grenzrate der technischen Substitution (→Faktorsubstitution) der Output ändert.

Faktorverbrauchsfunktion
⇒Faktoreinsatzfunktion
gibt die zur Erzeugung eines bestimmten Outputs (O_j) erforderliche Einsatzmenge des Faktoren (v_1, v_2) an: v_1, v_2 = f(O_j). Wird durch die technischen Daten der → Produktionsfunktion bestimmt und ist ihre Umkehrung. Sie wird zur Ableitung der →Kostenfunktion benötigt.

Faktura
Rechnung. Den Kaufpreis der Ware od. Dienstleistung angebende Abrechnung.

S. auch →Dokumente, 3.

False Trading
in der Neuen Makroökonomik (→Neue Keynesianische Makroökonomik) → Transaktionen, die sich auf einem →Gütermarkt im →Ungleichgewicht vollziehen, weil von der Annahme ausgegangen wird, dass - in umgekehrter Reihenfolge gegenüber der → Klassischen Theorie - zuerst Mengenanpassungen aufgrund geänderter Angebots- und Nachfrageverhältnisse erfolgen und den Preisänderungen vorauseilen. Nicht geräumte Märkte werden damit zur typischen Marktkonstellation.

Falsifikation
⇒Falsifizierung.
nach dem Verständnis des Kritischen Rationalismus Testart von → Hypothesen bei der Bildung von →Theorien, ihre Widerlegbarkeit festzustellen. F. von Hypothesen führt zu ihrer Verwerfung als wissenschaftliche Aussagen. Nach dem → Popper-Kriterium muss die Formulierung der Hypothese ihre grundsätzliche F. zulassen. S. auch →Verifikation.

Falsifizierung
⇒Falsifikation.

FAO
Abk. für: Food and Agriculture Organization
1945 gegründete Organisation für Ernährung und Landwirtschaft der UN mit Sitz in Rom. Ihre Aufgabe ist, die Mitgliedsstaaten bei der Überwindung von Hungersnöten und Unterversorgung mit selbst erzeugten Nahrungsmitteln durch Entwicklung der Land-, Forst- und Fischereiwirtschaft zu unterstützen.

Fazilität
1. →Kreditfazilität.
2. im kaufmännischen Geschäftsverkehr die Einzelheiten eines Geschäfts.

F.A.Z.-Index
allgemeiner und börsentäglich publizierter Aktienindex (→ Aktie, →Indexzahl) der Frankfurter Allgemeinen Zeitung, der 100 Aktien, in 12 Branchen gegliedert, enthält.

F.A.Z.-Performance-Index
misst die Wertentwicklung einer Anlage am deutschen →Aktienmarkt.

Fechnersches Gesetz
Übertragung der von Fechner 1860 gefundenen Ergebnisse über den funktionalen Zusammenhang zwischen physikalischen Stimulusgrößen und subjektiver Empfindungsreaktion, wonach zwischen beiden ein nahezu konstantes Verhältnis besteht. Wird auf Probleme der →Betriebswirtschaftslehre od. auch → Preistheorie angewandt. So wird in Anlehnung an das F. die →Hypothese aufgestellt, dass eine Preiserhöhung von den Nachfragern erst dann wahrgenommen wird, wenn diese die jeweilige Preisklasse überschreitet od. das F. wird zur Erklärung für den Zusammenhang zwischen Werbeintensität und Aufmerksamkeit der Nachfrager benutzt.

Federal Reserve System
das 1913 in den USA gegründete Zentralbankensystem, das die USA in 12 Distrikte mit je einer →Notenbank teilt. Zentrale Leitung des F. obliegt dem durch den Präsidenten der USA ernannten Board of Governors, der aus 7 Mitgliedern besteht und die Geldpolitik bestimmt. Die →Geschäftsbanken der USA unterscheiden sich danach, ob sie Mitgliedsbanken des F. sind (National Banks) und beim F. →Mindestreserven unterhalten müssen mit der Möglichkeit einer →Refinanzierung bei Bedarf od. ob sie Nichtmitglieder sind (State Banks), denen eine Refinanzierung beim F. verwehrt ist. Seit 1980 müssen alle Kreditinstitute, die Einlagen entgegennehmen, Mindestreserven hinterlegen. Das F. war Vorbild bei der Gründung der →Bank deutscher Länder 1948.

Federal Trade Commission
1914 gegründete amerikanische Bundesbehörde mit Sitz in Washington, die neben der Antitrust Division des Department of Justice für die Durchsetzung der Antitrustgesetze verantwortlich ist. F. besitzt die ausschließliche Zuständigkeit für den Schutz der Wirksamkeit von Wettbewerb (Antitrust), Schutz der Unternehmen gegen unlautere Wettbewerbspraktiken. Für die Durchsetzung weiterer wettbewerbspolitischer Vorschriften besteht zwischen beiden Behörden konkurrierende Zuständigkeit. Die fünf leitenden Kommissare der F. werden vom US-Präsidenten mit Senatszustimmung für sieben Jahre ernannt.

Fehlbelegungsabgabe
seit 1.1.1982 erhobene Ausgleichszahlung von Mietern in Sozialwohnungen zur Abschöpfung ungerechtfertigter Subventionsvorteile, die sich aus einem Überschreiten von Einkommensgrenzen nach dem Bezugszeitpunkt der Wohnung ergeben. →Einnahmen aus der F. werden zur Förderung des Baues von Sozialwohnungen verwendet.

Fehler 1. Art
Fehlentscheidung bei statistischen Tests (→Testverfahren) derart, dass die →Nullhypothese verworfen wird, obwohl sie richtig ist. S. →Testverfahren, 6.

Fehler 2. Art
Fehlentscheidung bei statistischen Tests (→Testverfahren) derart, dass die →Nullhypothese nicht verworfen wird, obwohl sie falsch ist. S. →Testverfahren, 6.

Fehlmenge
Differenz zwischen Istbedarf an →Produktionsfaktoren und Lagerbestand einer Unternehmung (→Betrieb, I., 2.), die durch übermäßigen Istverbrauch od. nicht planmäßiger Anlieferung der →Bestellmengen verursacht ist. F. sollte zu Änderungen entweder in der Bevorratungspolitik od. Bestellmengenplanung führen.

Fehlmengenkosten
→Kosten, die durch →Fehlmengen entstehen und sich z.B. in Produktionsunterbrechungen od. -ausfällen od. → Konventionalstrafen äußern.

Fei-Ranis-neutraler technischer Fortschritt
1965 von J. C. Fei und G. Ranis formulierter neutraler technischer Fortschritt (→ technischer Fortschritt), der gleich einer Kapitalvervielfachung wirkt. F. vermag den technischen Fortschritt in Deutsch-

land und USA zu erklären. Ist identisch mit →Solow-neutralen technischen Fortschritt.

Feldstein - Horioka - Paradoxon

M. Feldstein und Ch. Horioka haben 1980 mit einer empirischen Studie für 16 OECD-Staaten für die Zeit von 1960 bis 1973 einen von eins nicht signifikant abweichenden Regressionskoeffizienten (→ Regressionsanalyse) zwischen inländischer →Sparquote und →Investitionsquote ermittelt. Sie folgerten daraus, dass Sparen die entscheidende →Determinante der →Investition ist und dies überraschenderweise - anders als bisher allgemein angenommen - eine niedrige internationale Kapitalmobilität begründet. Hieran anknüpfend ergäben sich weitreichende Folgen für die →Wirtschaftspolitik hinsichtlich staatlicher Anreize zum inländischen Sparen, Attrahierung ausländischen →Kapitals und der Besteuerung des →Produktionsfaktors Kapital. Die anschließende Debatte hat weitgehend, aber nicht vollends, geklärt, dass sich eine hohe Korrelation zwischen Sparen und Investitionen eines Landes und hohe internationale Kapitalmobilität nicht widersprechen.

Fertigung

1. Der Begriff F. steht dem der →*Produktion* sehr nahe. Je nach der Abgrenzung des Produktionsbegriffs werden die Begriffe synonym verwendet (*Bloech/ Lücke*, S. 2) od. die F. wird als der umfassendere Begriff angesehen od. die F. wird als Teilbegriff der Produktion angesehen; letzterem wird hier gefolgt. Unter Produktion wird dann eine Leistungserstellung verstanden, bei der neben →Arbeit und Betriebsmitteln wenigstens auch ein → Werkstoff eingesetzt wird (*Gutenberg*, S. 3). Der Prozess der Leistungserstellung umfasst die Transformation von Werkstoffen sowie die Veränderung des räumlichen und/ od. zeitlichen Zustands der betrachteten →Güter; F. stellt dabei die Transformation, d.h. die Veränderung von Gutseigenschaften nach Art und Menge dar. Die beiden anderen Teilbegriffe sind *Transport* und *Lagerung*. Die Abstimmung der betriebswirtschaftlichen Aspekte der F. mit den anderen

beiden Teilbereichen ist die Aufgabe der F.-swirtschaft (F.-svorbereitung) od. der Materialwirtschaft.
Die betriebswirtschaftliche Betrachtung (→Betriebswirtschaftslehre) der F. weist im wesentlichen drei Problemfelder auf:
- Die Bestimmung der →Kosten der F.
- Die Planung des F.-sprogramms
- Die Planung der F.-sablaufs.
Ihr vorgelagert, aber sehr eng mit ihr verbunden, sind Problemstellungen der F.-stechnik, der Verfahrenstechnik und der Fabrikplanung (plant layout), aus deren Lösung sich die Voraussetzungen der F.-sverfahren und die einzusetzenden Betriebsmittel und Werkstoffe ergeben. Die dabei einzusetzenden Planungsmethoden und Erkenntnisse werden unter dem Begriff *Industrial Engineering* subsumiert. F. wird nach verschiedenen Kriterien in F.-stypen unterteilt. Nach dem Mengenanfall werden →Massen-F., →Serien-F., → Sorten-F. und →Einzel-F. unterschieden; den Typen der Massen- und Sorten-F. ist nach dem Kriterium des →Absatzes die F. auf Lager zuzuordnen, während bei Serien- und Einzel-F. absatzmäßig eine Auftrags-F. vorliegt. Nach der →Organisation unterscheidet man zwischen → Fließ-F., bei der alle Werkstoffe nach einem einheitlichen Muster an den Betriebsmitteln und Arbeitern vorbeifließen, Werkstatt-F., bei der je nach Produkt der Fluss des Materials unterschiedlich ist und Baustellen-F., bei der Betriebsmittel und Arbeiter nach Fertigstellung des Produkts den Standort wechseln und das Produkt am Ort verbleibt. Als Sonderformen sind die →Chargen-F., bei der sich das Ergebnis eines Teilprozesses der F. von dem eines anderen qualitativ unterscheidet bzw. unterscheiden kann und die →Kuppelproduktion zu nennen, bei der aus einem Teilprozess zwei od. mehr Produkte zugleich entstehen, wobei der Mengenanteil der Kuppelprodukte fest od. variabel sein kann. Die Probleme der Kostenermittlung, der Programmplanung und der Bereitstellungsplanung sind für die einzelnen F.-stypen unterschiedlich.

2. Die Bestimmung der F.-skosten ist Aufgabe der →Kostentheorie und der → Kosten- und Leistungsrechnung. Die

Kostentheorie liefert Erklärungsmodelle über den Zusammenhang von Produktionsmenge und den Kosten pro Stück und pro Periode. Je nach dem zugrunde gelegten produktionstheoretischen Erklärungszusammenhang von Produktionsmenge und der Menge eingesetzter Faktoren (→ Produktionstheorie) ergeben sich verschiedene Kostenverläufe. Diese sind teilweise linear, d.h. die Kosten pro Periode steigen proportional zur Produktionsmenge pro Periode und teilweise nichtlinear, d.h. die Kosten pro Periode steigen unter- od. überproportional zur Produktionsmenge pro Periode. Es gibt Kosten, die unabhängig von der Produktmenge pro Periode anfallen, sie heißen fixe Kosten (K_f). Die Kosten, die mit der Produktmenge variieren, heißen variable Kosten (K_v).

Die Kosten- und Leistungsrechnung liefert Erfassungsmodelle für die Erfassung der Kosten auf der Grundlage kostentheoretischer Erkenntnisse und für ihre Verteilung auf betriebliche Teileinheiten (→ Kostenstellen) und die Produkte (→Kostenträger). Sie dient dabei als Grundlage für Entscheidungen über das F.-sprogramm, über die Nutzung der Betriebsmittel und den Personaleinsatz und über die Bereitstellung von Werkstoffen, Personal und Betriebsmitteln.

3. Die Planung des F.-sprogramms besteht langfristig in der Wahl des Geschäftsfeldes und mittelfristig in der Festlegung von F.-sverfahren, Betriebsmittelstruktur und Absatzsortiment; dabei wird bestimmt, welche der verfügbaren F.-sverfahren angewendet, welche Betriebsmittel beschafft und welche Produkte am → Markt angeboten werden sollen. Kurzfristig besteht die Planung des F.-sprogramms in der Festlegung der Mengen, die von den im Absatzsortiment enthaltenen Produkten erzeugt werden sollen, wobei von gegeben F.-sverfahren und Betriebsmitteln und häufig auch Werkstoffbeständen auszugehen ist. F.-sprogrammplanung (Produktionsprogrammplanung) ohne Kennzeichnung der Fristigkeit wird allgemein kurzfristig verstanden. Das Standardmodell der F.-sprogrammplanung geht von gegebenen Marktprei-

sen p_j (→Preis) und gegebenen variablen Kosten pro Stück DVK_{vj} ($DVK_{vj} = \dfrac{K_{vj}}{O_j}$) für j verschiedene Produkte (O) aus. Als einziges Ziel der F. wird die →Gewinnmaximierung unterstellt; wenn die Fixkosten aller Produkte zu einem Fixkostenblock K_f zusammengefasst werden, wird das Ziel durch eine Maximierung der Deckungsbeträge (→ Deckungsbeitragsrechnung) der Produkte multipliziert mit den Produktionsmengen O_j erreicht:

$$(1)\quad \sum_{j=1}^{j} (p_j - DVK_{vj})O_j \Rightarrow Max!$$

Aufgrund der vorgegebenen Bestände an Personal, Betriebsmitteln und / od. Werkstoffen und wg. der mit dem Preis verbundenen Absatzmengenerwartung müssen diese Bestände und Erwartungen als Beschränkungen b_i betrachtet werden; jeder →Produktionsfaktor und die Absatzerwartungen bilden eine Beschränkung. Die Beanspruchung der Betriebsmittel und des Personals und der Einsatz der Werkstoffe für die einzelnen Produkte ist unterschiedlich; Beanspruchung bzw. Einsatz werden durch einen Koeffizienten a_{ij} ausgedrückt, der angibt, dass vom Faktor i a-Einheiten für das Produkt j gebraucht werden. Es muss dann gelten:

$$(2)\quad \sum_{j=1}^{j} a_{ij} \cdot O_j \lessgtr b_i .$$

Außerdem soll nicht mehr produziert werden als abgesetzt werden kann; die Absatzhöchstmenge wird mit $\bar{O}_j$ angegeben, das bedeutet:

$$(3)\quad O_j < \bar{O}_j .$$

Da es keine negativen Produktmengen gibt, muss für alle Produktmengen gelten:

$$(4)\quad O_j \geq 0 .$$

Die Beziehungen (1) bis (4) bilden das Standardmodell der F.-sprogrammplanung (→Lineare Programmierung).

4. Die F.-sablaufplanung besteht aus zwei Teilbereichen, der Bereitstellungsplanung und der Reihenfolgeplanung.

Zur Bereitstellungsplanung gehören bei langfristiger Betrachtung auch die *Investitionsplanung* als Planung der Bereitstellung von Betriebsmitteln und die *Personalplanung*; bei der üblichen kurzfristigen Auffassung bedeutet Bereitstellungsplanung die Bereitstellung von Werkstoffen od. Materialien. Die Planung der Materialbereitstellung umfasst vier Aufgabenbereiche:
- Ermittlung des Materialbedarfs
- Deckung des Materialbedarfs in optimalen Mengen und beim günstigsten Lieferanten
- Bestimmung der erforderlichen Lagermengen
- Verteilung des Materials innerhalb des →Betriebs zur richtigen Zeit an den richtigen Ort.

Die Reihenfolgeplanung ist besonders bei Auftrags-F. und Serien-F. von Bedeutung. Dabei geht es darum, die Reihenfolge der Bearbeitung verschiedener Aufträge auf einer Mehrzahl von Maschinen festzulegen, wobei die Bearbeitungsdauer der Aufträge auf den Maschinen und die anfallenden Umrüstzeiten und Umrüstkosten unterschiedlich sein können. Soweit es sich um betriebsintern festzulegende Auftragsgrößen handelt, tritt noch das Problem der Bestimmung der Seriengröße (→*Losgröße*) hinzu.

Literatur: *J. Bloech/ W. Lücke*, Produktionswirtschaft. Stuttgart - New York 1982. *E. Gutenberg*, Grundlagen der Betriebswirtschaftslehre. 1. Bd.: Die Produktion. 23. A., Heidelberg - Berlin - New York 1979. *E. Kahle*, Produktion. 3. A., München - Wien 1991.

Prof. Dr. E. Kahle, Lüneburg

Fertigungsgeschwindigkeit der Produktion
⇒Intensität der Produktion
Argumentvariable in der Gutenberg-Produktionsfunktion (→Produktionsfunktion) als Ausdruck der Nutzungsintensität der Einsatzfaktoren (z.B. Geschwindigkeit der Maschine). F. gibt die Leistungsabgabe bzw. den Verbrauch der → Produktionsfaktoren an.

Fertigungslöhne
gegenüber den →Hilfslöhnen Lohnkosten, die unmittelbar aus der Erzeugung

der Produkte entstehen. Sind in der → Kostenrechnung →Einzelkosten.

Fertigungsverfahren
die nach bestimmten Kriterien gegliederten Fertigungstypen, s. →Fertigung.

Fertilität
Fruchtbarkeit einer Bevölkerung. Wird angegeben durch: die Fruchtbarkeitsziffer, das ist die Anzahl der Lebendgeborenen je 1 000 Frauen im Alter von 15 bis unter 45 Jahren, und durch die Geburtenziffer, das ist die Anzahl der Lebendgeborenen je 1 000 Einwohner.

Festbewertung
gegenüber der →Einzelbewertung nach Handels- (HGB § 240 (3)) und Steuerrecht zulässiges besonderes Bewertungsverfahren für Gegenstände des Anlagevermögens sowie Roh-, Hilfs- und Betriebsstoffe mit geringfügigen Veränderungen von Größe, Wert und Bestandszusammensetzung. Bei der F. wird eine Festmenge festgelegt und deren einzelne →Güter mit Festpreisen bewertet. Sie erscheinen in der →Bilanz aufeinanderfolgender Jahre mit denselben Werten, da sie nicht abgeschrieben und die Zugänge sofort als →Aufwand verbucht werden. Typische Gegenstände für F. sind Gerüste im Baugewerbe od. Behälter und Paletten in Produktions- und Handelsbetrieben. F. dient der Vereinfachung der Bewertung und Vermeidung eines nicht zu rechtfertigenden Arbeitsaufwandes im Verhältnis zur Einzelbewertung.

feste Kosten
⇒dispositionsunabhängige Kosten
⇒fixe Kosten
→Kosten.

fester Wechselkurs
⇒fixer Wechselkurs
i.Ggs. zum → flexiblen Wechselkurs durch die Währungsbehörde festgesetzter Wechselkurs od. auch festgelegter Leitkurs, um den der Wechselkurs mit einer bestimmten Bandbreite schwanken darf. f. schränken nationale Autonomie in der →Wirtschaftspolitik ein und erfordern eine auf Ausgleich der →Zahlungs-

bilanz orientierte Politik.

Festgeld
i.Ggs. zum →Kündigungsgeld Art der
Termineinlage (→Einlagen) mit einer bestimmten vereinbarten Laufzeit, die nach
Ablauf der Festlegungszeit sofort fällig
wird und sich in eine Sichteinlage (→Ein-
lage) umwandelt. Als F. werden nur
große Beträge, i.d.R. ab Euro 10 000,-, an-
ge-nommen.

Festpreismodell
⇒*Fixpreismodell.*

Festwertprinzip
⇒*Fixwertprinzip.*

fiat money
→Geld mit einem geringen Substanzwert, für das gesetzliche Annahmever-
pflichtung (→ gesetzliches Zahlungsmittel) od. Annahmegewohnheit (→
Buchgeld) besteht.

Fibor
Abk. für: **F**rankfurt **I**nterbank **O**ffered
Rate
in Anlehnung zum →Libor seit August
1985 von der Privatdiskont AG in Frankfurt täglich ermittelter und veröffentlichter Referenzzinssatz für variabel verzinsliche →Anleihen am →Kapitalmarkt.
Wurde vom →Zentralen Kapitalmarktausschuss beschlossen. F. ist das →arith-
metische Mittel von Zinssätzen, zu denen
führende deutsche →Banken bereit sind,
freie liquide Mittel auf ein zwölf Monate an erste Adressen auf dem →Geld-
markt anzulegen. F. spiegelt somit die
Entwicklung am deutschen Geldmarkt
wider. F. dient zur Festlegung des jeweiligen Zinssatzes zins-variabler Anleihen,
der für die gesamte Laufzeit im Voraus
zuzüglich eines Auf- od. Abschlages in
Abhängigkeit von der → Bonität des
Schuldner sowie der allge-meinen
Marktsituation bestimmt wird.
Öffentliche Schuldner, z.B. →Deutsche
Bundesbahn, neigen dazu, den Libor wg.
des größeren Sekundärmarktes (→Markt)
und modernen Zinsmanagements zu bevorzugen. Für am F. orientierte Anleihen
befürchten sie, in Zeiten sinkender Zinsen wg. des relativ engen Sekundär-

marktes diese Titel dann selbst
zurückkaufen zu müssen. Demgegenüber besteht die →Deutsche Bundesbank
auf einer Bindung öffentlicher Anleihen
am F., um den Finanzplatz Deutschland
zu stützen.

Fifo-Verfahren
Wertermittlungsverfahren, das sich an
der Verbrauchsfolge von Vorräten: *first
in - first out* orientiert. Für die Bewertung
sind deshalb die →Preise der letzten Ein-
käufe zugrunde zu legen. F. ist eine Methode der →Sammelbewertung, die handelsrechtlich zulässig und steuerrechtlich nur dann angewendet werden darf,
wenn sie der tatsächlichen Verbrauchsfolge entspricht. Andere gebräuchliche
Varianten der Verbrauchsfolgemethode
sind →Hifo-Verfahren und →Lifo-Ver-
fahren.

Finalgleichung des Systems
Schlussgleichung zur Lösung eines →
Modells, die als Erklärungsgrößen der →
endogenen Variablen neben Parametern
nur →exogene Variablen enthält.

Financial Engineering
1. die in einem mehrphasigen Prozess erstellte maßgeschneiderte Anlage- und Finanzberatung hauptsächlich für den
Mittelstand, z.B. das Konzept für eine Ri-
sikoabsicherung. 2. die Entwicklung und
Anwendung von →Finanzinnovationen,
z.B. im Portfoliomanagement für →Ban-
ken und Großunternehmen, anstelle der
früher im Vordergrund stehenden →
Schuldverschreibungen die einer individuellen Interessenlage angepassten →As-
set-Backed-Securities. F. bewirken eine
Vielzahl neuer Produkte, da eine Spezialisierung parallel zur Standar-disierung
bei elektronischer Abwicklung stattfindet.

Financial Futures
Sammelbegriff für an der →Börse gehandelte Finanzterminkontrakte (→Termin-
geschäft), zu denen insbesondere festverzinsliche →Wertpapiere bzw. →Zinssätze
(Zins-Futures), Indizes (Aktienindex-Fu-
tures) und Fremdwährungen (Devisen-
Futures) gerechnet werden.

financial innovations
⇒*Finanzinnovationen.*

Financial-Leasing
Finanzierungsersatzmaßnahme auf der Grundlage eines langfristig unkündbarem Vertrages für einen Zeitraum, der kürzer ist, als die betriebsgewöhnliche Nutzungsdauer des Wirtschaftsgutes. Während dieser Frist trägt der Leasingnehmer das volle Investitionsrisiko und i.d.R. die Wartungskosten des Leasingobjektes. S. auch →Leasing.

Finanzausgleich
Regelung über die Verteilung der Einnahmen, im Wesentlichen des →Steueraufkommens zwischen → Gebietskörperschaften (aktiver F.) sowie Verteilung der Aufgaben (passiver F.), aus der sich die Ausgaben ableiten. Ziel des F. ist, gem. Art. 72 Abs. 2 GG bundesweit möglichst einheitliche Lebens- und Wirtschaftsverhältnisse zu schaffen. *Vertikaler F.* regelt in der Bundesrepublik die Beziehungen zwischen Bund, Ländern und Gemeinden für die → Gesetzgebungshoheit, →Ertragshoheit und →Verwaltungshoheit. Er verteilt ab 1995 z.B. von der →Einkommensteuer 42,5% an Bund und Länder - den Rest an die Gemeinden - und von der →Körperschaftsteuer an beide je 50%. *Horizontaler F.* erfolgt zwischen den finanzstarken und -schwachen Bundesländern zum Ausgleich der unterschiedlichen Finanz- und Steuerkraft. Ausgleichsbeträge zahlen in den letzten Jahren Baden-Württemberg, Hessen und Hamburg. *Kommunaler F.* ⇒ sekundärer aktiver F. umfasst sowohl vertikal einen Ausgleich zwischen dem Bundesland und seinen Gemeinden als auch horizontal zwischen den einzelnen Gemeinden. *Supranationaler F.* versucht eine zwischen- od. überstaatliche Lastenverteilung, z.B. Beiträge zur →EG entsprechend der Wirtschaftskraft eines Landes.

Finanzbedarf
1. i. Allg. erforderliche Deckungsmittel zur Finanzierung der staatlichen Maßnahmen, die in →Steuern, →Gebühren, → Beiträgen od. →Krediten gesucht werden müssen.

2. durch die →Ausgleichsmesszahl ermittelter F. einer →Gebietskörperschaft, der durch Gegenüberstellung mit der →Finanzkraft Leistungspflicht od. Ausgleichsberechtigung im → Finanzausgleich angibt.

3. im Unternehmen (→Betrieb, I, 2.) die Differenz zwischen → Einnahmen und Ausgaben, die durch kapitalzuführende Einnahmen zu decken ist.

Finanzbuchhaltung
erfasst und verrechnet alle Wertbewegungen zwischen dem Unternehmen (→ Betrieb, I., 2.) und seiner Umwelt i.Ggs. zur →Betriebsbuchhaltung, die sich nur auf betriebsinterne Abläufe (→ Kosten und →Leistung; →Betriebsabrechnung) konzentriert.

Finanzhoheit
1. Recht eines Staates aus sich selbst zugestandener Macht die zur Erfüllung seiner Aufgaben notwendigen → Einnahmen aus Steuermitteln zu verschaffen. F. konkretisiert sich in →Gesetzgebungshoheit, → Ertragshoheit, → Verwaltungshoheit.

2. Recht einer →Gebietskörperschaft, einen steuerlich erfassbaren Gegenstand od. Vorgang mit einer Abgabe (→Abgaben, öffentliche) zu belasten.

finanzielle Intermediäre
⇒Finanzintermediäre
⇒Intermediäre
⇒*Kreditvermittler*
⇒sekundäre Finanzierungsinstitute.

Finanzierung
1. *Einführung und Vorgehensweise.* F. ist ein Sammelbegriff für bestimmte Maßnahmen der Beschaffung bzw. der Bereitstellung von Zahlungsmitteln für Investitionszwecke (→Investition) durch Unternehmen (→Betrieb, I.), private od. öffentliche →Haushalte sowie für Maßnahmen, die ökonomisch und/ od. bilanziell (→ Bilanz) den gleichen Effekt besitzen. Die folgenden Ausführungen gelten Unternehmen; die diesen zur Verfügung stehenden Maßnahmen werden in Abschnitt 2 skizziert. Damit wird die Grundlage geschaffen, um in Abschnitt 3

auf die uneinheitliche Verwendung des Begriffes F. in der wirtschaftswissenschaftlichen Literatur hinzuweisen. F. ist zudem die Bezeichnung eines Teilgebietes der →Betriebswirtschaftslehre und an manchen Universitäten eine Spezielle Betriebswirtschaftslehre (vgl. hierzu Abschnitt 4).

2. Zahlungsmittel können von einer Unternehmung dadurch beschafft werden, dass mit Kapitalgebern eine Überlassung von Zahlungsmitteln vereinbart wird. Erfolgt die Überlassung gegen ein nominell festes Entgelt (→Zins), so spricht man von einer *Fremd-F.* (a). Diese wird fast immer zeitlich befristet: man unterscheidet zwischen kurz- und langfristiger Fremd-F. Den Fremdkapitalgebern steht kein Recht auf Mitwirkung an den Unternehmensführung zu. In der von dem (den) Kapitalgeber(n) und der Unternehmung getroffenen Vereinbarung wird häufig noch festgelegt: die Besicherung (z.B. durch eine →Hypothek, eine →Grundschuld, einen →Eigentumsvorbehalt, eine →Sicherungsübereignung, eine Verpfändung beweglicher Vermögensgegenstände, eine →Bürgschaft), die Zeitpunkte und die Höhe der Zins- und der Tilgungszahlungen (man unterscheidet u.a. zwischen gesamtfälligen →Darlehen, Ratentilgung, Annuitätenschulden, →Annuität), die Möglichkeit einer vorzeitigen Kündigung, Auflagen für die Unternehmensführung (z.B. ein Verbot der Veräußerung bestimmter Vermögensteile (→Vermögen)), eine →Negativklausel, die Möglichkeit der Veräußerung seiner Rechte durch den Kapitalgeber (→Inhaberpapiere), sonstige Rechte und Pflichten der Vertragspartner. Bei hohen Fremdkapitalaufnahmen (→Fremdfinanzierung) wird der Kreditbetrag (→Kredit) oft gestückelt, die Ansprüche verbrieft (Teilschuldverschrei-bung) und ein Börsenhandel (→Börse) vorbereitet. Wichtige Formen der kurzfristigen Fremd-F. sind: Kontokorrent-, Wechsel-, Lombardkredit. Wichtige langfristige Formen sind: Hypothekenkredit, Schuldscheindarlehen, Anleihe (Obligation, Schuldverschreibung). Eine *Eigen-F.* (b) liegt vor, wenn das Entgelt nicht fest vereinbart ist, sondern der (die) Kapitalgeber den Gewinn der Unternehmung erhält (am Gewinn beteiligt sind). Im Falle einer Auflösung od. eines Konkurses der Unternehmung wird das nach der Befriedigung aller Forderungen gegen das Unternehmen verbleibende Vermögen unter den Eigenkapitalgebern aufgeteilt. Bei →Personengesellschaften haften die Eigenkapitalgeber zudem mit ihrem Privat-vermögen (Ausnahme: die Kommanditisten), nicht jedoch bei Kapitalgesellschaften. Die Eigenkapitalgeber tragen somit i.d.R. den größten Teil des mit den Investitionen der Unternehmung verbundenen Risikos, womit ihr Recht auf die Führung der Unternehmung begründet werden kann. Die Eigen-F. ist fast immer unbefristet. Sie kann in Form der →Selbst-F. (Gewinne werden thesauriert, d.h. einbehalten und nicht ausgeschüttet bzw. entnommen) od. der →Beteiligungs-F. erfolgen. Bei →Aktiengesellschaften werden die Anteile am Eigenkapital verbrieft und häufig an der Börse gehandelt. Folgende Formen der Kapitalüberlassung stellen Mischformen der Fremd- und der Eigen-F. dar: →Vorzugsaktie (c), →Gewinnobligation (d), → Genussschein (e), →stille Beteiligung (f), →Options- (g), →Wandelanleihe (h).

Neben der Möglichkeit, benötigte Zahlungsmittel durch Vereinbarungen mit Kapitalgebern zu beschaffen, besitzen Unternehmen auch die Möglichkeit, Vorhaben durch intern bereitgestellte Mittel zu „finanzieren". So kann u.a. jener Teil der Einzahlungen des Unternehmens, der nicht für laufende Auszahlungen (z.B. für Rohstoffe, Mieten, Löhne, Zinsen, Dividenden, Tilgungen, Steuern) erforderlich ist, für Investitionszwecke eingesetzt werden. Zu diesem Teil der Einzahlungen zählen z.B. die, denen in der →Gewinn- und Verlustrechnung → Abschreibungen od. Rückstellungen gegenüberstehen. Vielfach wird in diesem Zusammenhang deshalb von „F. aus Abschreibung" (i) bzw. „F. aus Rückstellung" (j) gesprochen. Bei der sogenannten „stillen Selbst-F." (k) wird durch eine Bildung von →stillen Rücklagen verhindert, dass ökonomische Gewinne als Bilanzgewinne ausgewiesen und als Folge der Besteuerung unterworfen und eventuell ausgeschüttet bzw. entnommen werden. Schließlich können die benötigten Mittel auch durch einen Verkauf von Vermögensgegenständen (l) bereitgestellt werden, z.B. einen Verkauf von nicht benötigten Grundstücken od. Wertpapieren od. von Forderungen (→Factoring). → Banken und andere institutionelle Anleger verkaufen oft →Wertpapiere od. →Devisen kassa und schließen gleichzeitig ein →Termingeschäft über den Rückkauf ab (→Pensions- (m) bzw. → Swapgeschäfte (n)).

Der ökonomische und/ od. bilanzielle Effekt von F.-smaßnahmen kann auch durch Vereinbarungen mit Dritten erreicht werden, die keine Überlassung od. Bereitstellung von Zahlungsmitteln zur Folge haben (als Beispiele seien genannt: Sacheinlagen (o), →Leasing (p)) od. die die Fälligkeit von Zahlungsverpflichtungen ändern (Lieferantenkredit (q), Kundenanzahlungen (r)).

3. In der wirtschaftswissenschaftlichen Literatur existiert eine Vielzahl alternativer →Definitionen des Begriffes F. Die Vertreter kapitalwirtschaftlicher Begriffsbildungen subsumieren unter F. i.d.R. die Maßnahmen a-h, o, q, r, wobei sie aber nicht nur Zugänge, sondern auch Änderungen und Abgänge (→ Kapitalherabsetzung, →Umwandlung, →Fusion, →Sanierung, →Liquidation) als F. bezeichnen. Die Vertreter monetärer Begriffsbildungen verstehen unter F. den Zugang von Zahlungsmitteln, wobei sie aber alle Arten des Zugangs einbeziehen, also a-n und r, nicht aber o-q. Andere Autoren bezeichnen als F. jene Zahlungsströme, die mit einer Einzahlung beginnen (jene, die mit einer Auszahlung beginnen, bezeichnen sie als Investition). Sie unterstreichen dadurch, dass in die Bewertung einer Maßnahme alle damit verbundenen Zahlungen einbezogen werden müssen. Somit sind die mit den Maßnahmen a-h, m und n verbundenen Zahlungsströme F. Einzahlungen, die unter i-l erwähnt wurden, sind bei dieser Betrachtungsweise Bestandteile von Investitionen. In den letzten Jahren wurde F. häufig umfassender definiert, z.B. als die Gestaltung der Beziehungen der Unternehmung zu ihren Kapitalgebern. Mit dieser Begriffswahl wird unterstrichen,

dass Finanzmanager nicht nur über Zahlungsströme entscheiden, sondern z.B. auch über Mitbestimmungsbefugnisse (→ Mitbestimmung) und Informationsaktivitäten.

4. F. ist nicht nur ein Sammelbegriff für bestimmte Maßnahmen der Unternehmung, sondern bezeichnet auch ein Teilgebiet der Betriebswirtschaftslehre und ist an manchen Universitäten ein Wahlfach im Hauptstudium (im Englischen existiert für die erstere Bedeutung der Ausdruck „financing", für die letztere „finance"). Wesen und Inhalt dieses Teilgebietes haben sich im Zeitablauf gewandelt. In der älteren F.-sliteratur (vor 1970) steht die exakte Beschreibung aller mit F.-smaßnahmen zusammenhängenden Vorgänge und deren bilanzmäßige Abbildung im Mittelpunkt. Regelmäßig wird die Analyse auf jene der oben erwähnten Maßnahmen a-r beschränkt, die entsprechend der gewählten Definition als F. einzustufen sind. In den letzten zwanzig Jahren wird die Kenntnis dieser institutionellen Gegebenheiten immer mehr als Voraussetzung für eine entscheidungsorientierte Betrachtung eingestuft, in der die Bewertung bzw. der Vergleich der alternativen Maßnahmen als das eigentliche Ziel der Analyse angesehen wird. Dabei ist eine Einbeziehung aller in Punkt 2 erwähnten Maßnahmen, eine Abkehr von der Bilanzorientierung und eine zunehmende Konzentration auf den →Marktwert der Unternehmung zu beobachten, der als Zielvariable (→Variable) in den Entscheidungsmodellen (→Modell) fungiert. Dies hat zu Folge, dass die empirische Durchdringung der →Kapitalmärkte häufig als das Fundament aller wissenschaftlichen Bemühungen im Gebiet F. angesehen wird. Ebenfalls ist eine immer enger werdende Bindung der Gebiete Investition und F. zu beobachten. Unabhängig von diesem Schwerpunktwandel sind auch die Sicherung der →Liquidität der Unternehmung (→Finanzplan) und die externe Beurteilung ihrer Zahlungsfähigkeit (→ cash flow, →Kennzahlenanalyse) Gegenstand des Gebiets F.

An neueren Fakultäten ist F. häufig ein Wahlfach im Hauptstudium der Betriebswirtschaftslehre, wobei der Lehrinhalt i.d.R. dem des Wahlfaches „finance" an englischen und amerikanischen Universitäten entspricht, d.h. er erstreckt sich auf F., Investition und →Bankbetriebslehre; oft wird dieses Wahlfach auch als „Finanzwissenschaft" bezeichnet. An älteren Fakultäten sind die Gebiete Investition und F. dagegen ein Teil der Ausbildung im Fach „Allgemeine Betriebswirtschaftslehre", und es existiert ein Wahlfach „Bankbetriebslehre". Auf die Inhalte dürften sich die unterschiedlichen Benennungen kaum auswirken.

Literatur: *R. A. Brealey/ S. C. Meyers*, Principles of Corporate Finance. New York u.a. 1991. *Th. E. Copeland/ J. F. Weston*, Financial Theory and Corporate Policy. Addison-Wesley 1988. *J. Drukarczyk*, Finanzierung. Stuttgart 1991. *G. Franke/ H. Hax*, Finanzwirtschaft des Unternehmens und Kapitalmarkt. Berlin 1990. S. *A. Ross/ R. W. Westerfield/ J. F. Jaffee*, Corporate Finance. Homewood 1990. *P. Swoboda*, Investition und Finanzierung. Göttingen 1992.

Prof. R. Stehle, Ph. D., Berlin

Finanzierungsdefizit
→Finanzierungssaldo.

Finanzierungskonto
1. in der →Kreislaufanalyse bei der Darstellung der ökonomischen Aktivitäten für ein →Wirtschaftssubjekt mittels Kontenform jenes Konto, das auf der Habenseite die Herkunft der Mittel, nämlich → Abschreibungen, →Sparen und Zunahme der →Verbindlichkeiten, zeigt, mit denen der auf der Sollseite erfaßte Zugang an Vermögen (→Kapital) in Form von Sachvermögen und Zunahme der →Forderungen finanziert wurde.

2. in der Gesamtwirtschaftlichen →Finanzierungsrechnung (→Gesamtwirtschaftliches Rechnungswesen, 2.) das F. gem. 1. für einen Sektor (→Transaktor), das die Sachvermögensbildung, Ersparnis sowie die Änderungen der Forderungen und Verbindlichkeiten zeigt.

3. im Kontensystem der Volkswirtschaftlichen Gesamtrechnung die Konten der Gruppe 7, die für jeden Sektor zeigen, mit welchen Beiträgen sich der jeweilige Fi-

nanzierungssaldo aus Änderungen der Forderungen und Verbindlichkeiten zusammensetzt.

Finanzierungspapiere
vom Bund od. anderen öffentlichen Stellen zur →Finanzierung eines öffentlichen Kreditbedarfes begebene →Wertpapiere (→Schatzwechsel, →Schätze), die auf dem →Geldmarkt (→Geldmarktpapiere) gehandelt werden.

Finanzierungsrechnung
Einzelrechnungssystem des Gesamtwirtschaftlichen Rechnungswesens, in dem Änderungen von →Forderungen und → Verbindlichkeiten der Sektoren (→Transaktor) einer Volkswirtschaft (→ Wirtschaft) während eines Zeitraumes erfaßt werden. Sie zeigt für jeden Sektor die Sachvermögensbildung (→ Sachvermögen), die Ersparnis (→Sparen) und Änderungen im Forderungs- und Verbindlichkeitenbestand. F. wird jährlich von der → Deutschen Bundesbank aufgestellt unter der Bezeichnung „Die Vermögensbildung und ihre Finanzierung".

Finanzierungssaldo
1. ⇒Änderung der Nettodisposition. In der →Volkswirtschaftlichen Gesamtrechnung Differenz zwischen Änderung aller →Forderungen und aller →Verbindlichkeiten einer →Volkswirtschaft (→Wirtschaft), eines → Sektors od. → Wirtschaftssubjekts für eine bestimmte Zeitperiode. Positiver F. ⇒ Finanzierungsüberschuss; negativer F. ⇒Ausgabenüberschuss.

2. im →Haushaltsplan einer →Gebietskörperschaft der Unterschied zwischen → Ausgaben und → Einnahmen. Zum F. kommt es, wenn die finanziellen Ansprüche an den öffentlichen Sektor zur Kreditaufnahme (→ Kredit) bei anderen → Transaktoren führen. Die Größe eines negativen F. erlaubt keine konkreten Rückschlüsse auf seine expansive Wirkung hinsichtlich des →Volkseinkommens, da diese u.a. auch von der Struktur der Einnahmen und Ausgaben abhängig ist. Deswegen sind aussagefähige Konzepte entwickelt worden, z.B. der →konjunkturneutrale Haushalt.

237

Finanzierungsschätze
von Bund, Ländern, →Sondervermögen, Bahn und Post über die →Deutsche Bundesbank emittierte (→Emission) →Wertpapiere mit einer Laufzeit von 1 od. 2 Jahren. Werden über →Banken abgezinst an jedermann außer →Banken und Gebietsfremde verkauft und zum Nennwert nach der Laufzeit zurückgekauft. Nicht börsenfähig (→Börse).

Finanzierungsüberschuss
→Finanzierungssaldo.

Finanzinnovationen
⇒financial innovations
⇒finanzwirtschaftliche Innovationen
in den USA seit Mitte der 70er Jahre, in Deutschland zu Beginn der 80er Jahre neue Transaktions- und Anlagemöglichkeiten, z.b. →Annuitäten-Anleihe, →floating rate notes, → Doppelwährungsanleihe, →Absicherungsfazilitäten, die traditionelle Kassenhaltungs- und Anlageentscheidungen der → Wirtschaftssubjekte wesentlich beeinflussen. Ursachen für F. sind: ursprünglich staatlich regulierte →Kapitalmärkte und mit Beginn der 80er Jahre Abbau der Regulierungsbestimmungen (→ Deregulierung); Anstieg der → Inflationsraten und damit schwankende Zinssätze, die für Anleger bei abnehmender →Geldillusion Bedeutung gewinnen, weil sie Inflationserwartungen in ihre Entscheidungen einbeziehen; Anstieg der Risiken auf vielen Gebieten der Banktätigkeit und das Bestreben, diesem Trend mit risikomindernden Konstruktionen zu begegnen; Eigenkapitalknappheit (→ Eigenkapital, 1.), die →Kreditinstitute zu kapitalverstärkenden F. (z.B. nachrangige →Darlehen) und kapitalschonenden F. (z.B. bilanzneutrale Geschäfte →Derivate) veranlasst; wachsende Bedeutung von → Cash-Management für Unternehmen (→ Betrieb, I.) sowie die Entwicklungen in der Informationstechnik (→ Elektronic Funds Transfer, →Banking-POS, →Elektronic Banking) sowie Financial Engineering. F. befriedigen neu entstandene → Bedürfnisse, nutzen technologisch neue Produktionsmöglichkeiten und führen bei individueller Absicherung von einzelnen Risiken zu einer Umverteilung der Risiken - weiterhin zu Lasten der Kreditnehmer. Bedingen wg. der zunehmenden nichtbilanzierten Risiken eine Erschwerung der →Bankenaufsicht.

Finanzintermediäre
⇒finanzielle Intermediäre
⇒Intermediäre
⇒*Kreditvermittler*
⇒sekundäre Finanzierungsinstitute.

Finanzinvestition
→Investition.

Finanzkapital
in der → Wirtschaftswissenschaft nicht geläufige Bezeichnung. Wird darüber hinaus als Ausdruck des Einflusses von Eigentümern an Unternehmen (→ Betrieb, I.) und →Banken auf die →Wirtschaft, insbesondere als Kennzeichen des Spätkapitalismus, verwandt.

Finanzkonglomerate
in den USA und in Großbritannien ein → Konzern, der Bank- und Wertpapiergeschäfte betreibt. In Deutschland →Allfinanz.

Finanzkraft
1. in der →Betriebswirtschaftslehre Ausdruck für eigenerwirtschaftete Mittel eines Unternehmens (→ Betrieb, I., 2.). Wird gemessen durch das Verhältnis von →Cash-Flow zu Umsatzerlösen (F. I genannt) od. Umsatzüberschuss (= Saldo des Umsatzbereiches im Sinne der →Kapitalflussrechnung) zu Umsatzerlösen (F. II genannt).

2. in der →Finanzwissenschaft das reale Steueraufkommen einer → Gebietskörperschaft. Ist abhängig von Größe, Bevölkerung und Wirtschaftsstruktur der Gebietskörperschaft. Wird durch die → Steuerkraftmesszahl ermittelt. Positive und negative Unterschiede zwischen F. und → Finanzbedarf werden z.T. über den →Finanzausgleich ausgeglichen.

Finanzmarkt
⇒Finanzmittelmarkt
nur z.T. ⇒Kreditmarkt
Bezeichnung für die fiktive Zusammenfassung aller →Partialmärkte, auf denen

→Geld, →Kredite, →Wertpapiere angeboten und nachgefragt werden. Üblicherweise wird der F. in einen Geldmarkt und → Kapitalmarkt, z.T. Kreditmarkt, gegliedert.

Finanzmarktförderungsgesetz
mit dem 2. F. wird der Anlegerschutz verstärkt und den internationalen Gepflogenheiten angepasst. Es schafft mit einem neuen Wertpapierhandelsgesetz die Grundlage für die Errichtung des → Bundesaufsichtsamtes für den Wertpapierhandel, das →Insidergeschäfte aufdecken und verfolgen soll.

Finanzmittelmarkt
⇒*Finanzmarkt*
nur z.T. ⇒Kreditmarkt.

Finanzmonopol
ausschließliche Befugnis des Staates, Waren od. Dienstleistungen zu produzieren und zu verkaufen, um →Einnahmen zu erzielen.

Finanzplan
1. gegenüber dem jährlich aufzustellenden →Haushaltsplan die nach § 9 des → StabG für einen Zeitraum von fünf Jahren aufzustellende Schätzung mutmaßlicher →Einnahmen und Ausgaben sowie ihrer Deckungsmöglichkeit für den Bund. Wird vom Finanzminister aufgestellt, von der Regierung beschlossen. S. auch →Finanzplanung.

2. lückenlose und zeitlich präzise Gegenüberstellung aller zukünftigen →Einnahmen und →Ausgaben einer Unternehmung (→Betrieb, I., 2.), um ihren Mittelbedarf und seine Deckung festzustellen. Der F. muss drohende Unter- bzw. Illiquidität (→Liquidität) sowie Liquiditätsüberschüsse anzeigen, damit die Zahlungsströme nach Kriterien der →Rentabilität sowie Liquidität gesteuert werden können.

Finanzplanung
1. nach § 9 des →StabG zu erstellende mittelfristige F. Sie umfasst einen Zeitraum von fünf Jahren und ist jährlich anzupassen. Der →Finanzplan ist an der voraussichtlichen Entwicklung des

volkswirtschaftlichen Leistungsvermögens auszurichten, um die Ausgabenwünsche der →öffentlichen Hand mit der Leistungskraft der → Wirtschaft abzustimmen. Grundlage der F. sind im Wesentlichen Steuerschätzungen und die von den Ministern für ihren Geschäftsbereich aufzustellenden und jährlich anzupassenden mehrjährigen Investitionsprogramme. F. setzt Orientierungsdaten und ist Rahmenplan des → Haushaltsplanes. Der →Finanzplanungsrat koordiniert die nach Artikel 109 des GG ermöglichte mehrjährige F. für den Bund, Länder und Gemeinden.

2. finanzwirtschaftliche Planungsrechnung der Unternehmung (→Betrieb, I.) zur Ermittlung des Kapitalbedarfs (→Kapital, I.) mit dem Ziel, der Unternehmensleitung Kenntnis über zukünftige Zahlungsunfähigkeit zu geben, um mit geeigneten Maßnahmen einer möglichen Illiquidität (→ Liquidität) vorzubeugen bzw. bei temporären Liquiditätsüberschüssen rentabilitätssteigernde Dispositionen treffen zu können. F. ist teil der Unternehmensplanung (→Planung).

Finanzplanungsrat
bei der Bundesregierung gebildetes Koordinierungsgremium für die →Finanzplanung der → Gebietskörperschaften. Hat den gesetzlichen Auftrag, eine einheitliche Planungssystematik aufzustellen, einheitliche volks- und finanzwirtschaftliche Annahmen zur wirtschaftlichen Entwicklung sowie Aufgabenschwerpunkte unter Beachtung gesamtwirtschaftlicher Erfordernisse zu ermitteln. Seine Koordinationsaufgaben sind rechtlich nicht verbindlich, aber faktisch bindend und von großer praktischer Bedeutung, da ohne sie eine Gesamtplanung nicht möglich ist. Siehe auch Globalplanung

Finanzpolitik
⇒Fiskalpolitik
F. umfasst alle Maßnahmen der →öffentlichen Hand (→ Gebietskörperschaften und Parafisci (→Parafiskus)), welche - um bestimmte politische Ziele zu erreichen - die öffentliche Finanzwirtschaft (→ Einnahmen, →Ausgaben und →Vermö-

gen bzw. Schulden) ordnen und gestalten. Sie ist als Teil der allgemeinen Wirtschaftspolitik (→Theorie der Wirtschaftspolitik) insbesondere von der → Geldpolitik zu unterscheiden; allerdings bestehen zwischen diesen beiden Politikbereichen wichtige „Nahtstellen", vor allem zwischen Schulden und →Offenmarktpolitik. Die Theorie der F. hat die praktische F. zu ihrem Forschungsgegenstand und soll dieser Entscheidungshilfen bei der Erfüllung ihrer Aufgaben geben. Sie bedient sich dabei der Erkenntnisse der Finanztheorie, die als Teildisziplin der Wirtschaftstheorie mittels der diversen Analysemethoden Wirkungszusammenhänge zwischen (Variationen der) öffentlichen Finanzen und volkswirtschaftlichen Größen untersucht. Weiterhin berücksichtigt die F. institutionelle und politische Rahmenbedingungen, versucht den Prozess der Willensbildung zu erklären bzw. transparent zu machen und befasst sich schließlich mit dem Problem der Erfolgskontrolle des finanzpolitischen Mitteleinsatzes. Da der Willensbildungsprozess zu den genuinen Erkenntnisobjekten der F. zählt, lässt sich jedes finanzpolitische Problem grundsätzlich aus zwei Perspektiven analysieren: einmal aus der Sicht der „policy-sciences", bei der es um die Optimierung des Mitteleinsatzes zur Realisation eines bestimmten Zieles (bzw. Zielkataloges) geht und zum anderen aus der Sicht der „politics sciences", die nach den Durchsetzungschancen, Konsens- und Kompromissbedingungen der divergierenden pluralistischen Kräfte fragt. Die Funktionsbe-reiche des Aufgabenprogramms der F. mit den zugehörigen Instrumentengruppen sind im Schaubild dargestellt.

Eine Differenzierung der Träger der F. nach Gebietskörperschaften (supranationale Träger - insbes. →EU, Bund, Länder und Gemeinden) und Parafisci wird unter dem Aspekt der räumlichen und zeitlichen Durchsetzung finanzpolitischer Maßnahmen und der Frage einer zentralen od. dezentralen Willensbildung relevant. Bei den Zielen der F. sind ins-

Funktionsbereiche

Private Güter (→ Gut)		Öffentliche Güter (→Gut)	
(1.1)	(1.2)	(2.1)	(2.2)
Einrichtung eines Koordinationsverfahrens = Marktmechanismus	Überwachung auf Funktionsfähigkeit (a) gegenüber konj. Störungen (b) gegenüber strukturellen Störungen (c) für neue Entwicklungen	Einrichtung eines Verfahrens (a) Bildung von Kollektiven, Aggregation von individuellen Präferenzen (b) Haushaltsplanung und -reform	Kontrolle des Verfahrens (a) wie (2.1) (b) Haushaltsgrundsätze
Finanzverfassung, -reform	(a) z. B. Ausgabensenkungen (b) z. B. Transferzahlungen und Erhaltungssubventionen (c) z. B. Förderungssubventionen	(a) Föderalismus, Wahlverfahren (b) Mehrjährige Finanzplanung	(a) z. B. Finanzausgleich (b) z. B. Kontrolle mittels Kosten-Nutzen-Analyse

besondere konjunktur- (→Konjunkturpolitik), allokations- (→Wachstumspolitik, →Umweltpolitik, →Strukturpolitik) und verteilungspolitische Ziele zu unterschieden. Das „fiskalische" Ziel der Einnahmenbeschaffung und die Forderung nach wirtschaftlicher Mittelverwendung sind dabei als abgeleitete, subsidiäre Ziele zu betrachten.

Für eine erfolgreiche F. müssen nach Möglichkeit die „Zielbereiche" disaggregiert und - soweit dies möglich ist - durch quantitative Größen indiziert werden, um auf der Grundlage von konkreten Soll-Ist-Vergleichen die Zielerfüllungs- bzw. -verletzungsgrade zu bestimmen und damit finanzpolitische Handlungs- bzw. Korrekturbedarfe aufzuzeigen. Ebenso ist die Vielzahl möglicher und relevanter Ziele zu erfassen und entsprechend theoretisch erklärter und/ od. politisch bestimmter (Prioritäten) Zielbeziehungen zu strukturieren. Die theoretisch zu erklärenden Zielbeziehungen umfassen einerseits Zielhierarchien, d.h. den Umstand, dass einzelne Ziele selbst wiederum Instrument (Zwischenziele) zur Erreichung anderer Ziele darstellen, und andererseits Beziehungen zwischen Zielen einer Hierarchieebene, die in Harmonie, Neutralität, Antinomie bestehen können.

Insgesamt ist eine kaum überschaubare Vielfalt möglicher Ziel- bzw. Mittel-Ziel-Beziehungen konstruierbar; von praktischer Bedeutung ist die Frage nach der Instrumentqualität eines Mittels bzw. (Zwischen-) Ziels für ein übergeordnetes Ziel und das Problem der Nebenwirkungen (Zielkonflikte bzw. -antinomien). Jede konjunkturpolitische Maßnahme zeigt immer auch allokations- und verteilungsrelevante Wirkungen und v.v. *F. als Konjunkturpolitik* zielt ab auf einen hohen Auslastungsgrad des vorhandenen Produktionspotentials (→Beschäftigungspolitik; → „fiscal policy") und auf die Stabilität des →Preisniveaus. Die Beziehung zwischen Beschäftigungsstand und Preisniveausteigerung (→„Phillips Theorem") ist ein Beispiel für einen (umstrittenen) Zielkonflikt. Instrumente dieser Politik sind die Variation von Größe und Struktur des →Budgets, über welches di-

rekt (Sachausgaben) od. indirekt (Entzugseffekte der Einnahmen sowie Personal- und insbesondere Transferausgaben (→Transfer)) die effektive Nachfrage beeinflusst wird. Der kurz- bis mittelfristige Horizont dieser Politik erfordert es, ein besonderes Augenmerk auf Verzögerungen (→lags) bei Erkennung, Entscheidung, Durchführung und Wirkung zu werfen. Diese lag-Problematik ist ebenso wie umstrittene Multiplikatoreffekte (→Multiplikatorprinzip) und das Problem des crowding-out (→crowding-out-Effekte) Gegenstand der Kritik bzw. Ablehnung der fiscal policy durch Monetaristen (→Monetarismus) und Angebotstheoretiker (→angebotsorientierte Wirtschaftspolitik).

F. als Wachstumspolitik ist (mittel- und) langfristig orientiert und zielt darauf ab, durch Beeinflussung der qualitativen und quantitativen Entwicklung der → Produktionsfaktoren die Produktionskapazitäten (→Kapazität), d.h. das Potential zu vergrößern. Besondere Bedeutung kommt der Produktion von „öffentlichen Gütern" (→Gut) zu, die wg. eines konstitutionellen und/ od. politisch bestimmten →Marktversagens nicht bzw. in nicht ausreichendem Umfang von der privaten Wirtschaft bereitgestellt werden können (z.B. Grundlagenforschung, Bildungs- und Gesundheitswesen, Verkehr und Energie).

Eine auf die Bereitstellung öffentlicher Güter gerichtete finanzpolitische Aktivität ist hier in erster Linie nicht an ihrem „direkten" Kapazitätseffekt, sondern mit ihren - die Effizienz der Privatwirtschaft erhöhenden - →externen Effekten (ihrer „Umwegproduktivität") zu beurteilen. Soweit private Aktivitäten „direkt" zu fördern sind, bieten sich eine Vielzahl einnahme- (Steuererleichterungen, Abschreibungsbedingungen (→ Abschreibung) und ausgabepolitischer Instrumente (Prämien, →Subventionen) an.

F. im Dienste der Strukturpolitik hat zum Ziel - aus technologischen, ökonomischen und/ od. sozialen Gründen - den regionalen und/ od. sektoralen Strukturwandel zu beeinflussen, um die → Wirtschaftlichkeit bzw. sozioökonomische Akzeptanz der wirtschaftlichen

Entwicklung zu erhöhen. Finanzpolitische Instrumente hierbei sind Subventionen, Steuererleichterungen, Finanzierungshilfen, Bürgschaften, etc. Zunehmend wichtiger wird eine *ökologische Zielsetzung*; diese besteht in der Wiedergewinnung bzw. Erhaltung von Umweltbedingungen, die der menschlichen Existenz und Entwicklung förderlich sind. Im Wesentlichen handelt es sich hierbei um das Problem der Umweltverschmutzung bzw. -belastung und der intergenerativ verantwortlichen Nutzung nicht regenerierbarer Ressourcen. Gibt man hierbei dem Verursachungsprinzip den Vorzug, stehen als Instrumente Schadstoffsteuern und / od. -gebühren (Ökoabgaben) zur Anlastung von „Umweltverzehr" od. vom Staat ausgegebene, handelbare →Zertifikate über Umweltnutzungsrechte zur Verfügung. Dem Gemeinlastprinzip, welches regelmäßig bei der Bewältigung von Altlasten zum Tragen kommt, entsprechen Realausgaben (z.B. Bau von Klärwerken) od. Transferausgaben bzw. Steuererleichterungen zur Förderung der einschlägigen privaten Initiative.

F. als Verteilungspolitik ist auf die Veränderung der Verteilung von →Einkommen (→Einkommensverteilung) und → Vermögen gerichtet. Zusätzlich wird über die Bereitstellung öffentlicher Güter (sowohl „reiner öffentlicher" als auch „meritorischer" Güter (→Gut)) die Verteilung der Konsummöglichkeiten bzw. Wohlfahrt und auch Einkommen (Ausgaben im Bildungs- und Gesundheitsbereich) beeinflusst. Vermögensverteilungspolitik (steuerliche Förderung der Mitarbeiterbeteiligung, Sparförderung über Prämien) und bestimmte öffentliche Güter (Bildung, regionale →Infrastruktur) zielen auch auf eine Veränderung der primären Einkommensverteilung (→ Einkommensverteilung). Die Sekundärverteilung (→ Einkommensverteilung) kann durch die Ausgestaltung des Steuersystems (progressive →Einkommensteuer, gestaffelte →Umsatzsteuer) sowie durch Sozialtransfers beeinflusst werden.

Literatur: W. *Albers*, Ziele und Bestim-

mungsgründe der Finanzpolitik, in: Handbuch der Finanzwissenschaft, Bd. 1. 3. A., Tübingen 1977, S. 124ff. N. *Andel*, Finanzwissenschaft. 3. A., Tübingen 1992. *Ch. B. Blankart*, Öffentliche Finanzen in der Demokratie. 2. A., München 1994. E. *Nowotny*, Der öffentliche Sektor. 3. A., Berlin 1996. D. *Pohmer*, Finanzwissenschaft III: Politik, in: Handwörterbuch der Wirtschaftswissenschaften, Bd. 3. Stuttgart u.a. 1981, S. 261ff.

Prof. Dr. Dr. h.c. B. Rürup, Darmstadt
Prof. Dr. K. Beiwinkel, Erfurt

Finanzrechnung

Abschlussrechnung der Finanzkosten eines Unternehmens (→Betrieb, I., 2.). In der erweiterten Systematik der doppelten Buchhaltung (→ Buchhaltung) werden Finanzkonten, auf denen liquiditätswirksame (→Liquidität) Vorgänge verbucht werden, Bilanzkonten für Bestände und deren Änderungen sowie Erfolgskonten für erfolgswirksame Vorgänge unterschieden. Bilanzkonten werden in der →Bilanz, Erfolgskonten in der →Erfolgsrechnung abgeschlossen. In der Praxis wird das dreigliedrige Rechnungssystem von F., Bilanz und Erfolgsrechnung nicht angewendet, sondern nur die Bilanz- und Erfolgsrechnung geführt. Liquiditätsvorgänge werden undifferenziert auf einem Kassenkonto verbucht. Soweit eine F. zum Zwecke der →Finanzplanung geführt wird, geschieht diese losgelöst von der Buchhaltung.

Finanzsektor

1. ⇒ finanzieller Sektor ⇒ Finanzunternehmen; im → Gesamtwirtschaftlichen Rechnungswesen, hier in der →Geldvermögensrechnung und →Finanzierungsrechnung, die Zusammenfassung von → Bundesbank, →Geschäftsbanken, →Bausparkassen und Versicherungen einschl. →Sozialversicherungen, jedoch ohne Kapitalanlagegesellschaften (→Investmentgesellschaften) und Wertpapiersammelbanken, deren Nettokäufe an festverzinslichen →Wertpapieren und → Aktien den Erwerbern der Anteilscheine zugerechnet werden.

2. in der Gliederung der →Wirtschaftssubjekte nach dem Kriterium gleichartiger Tätigkeit umfasst der F. alle

Finanzunternehmen mit der Haupttätigkeit, →Kredite zu nehmen und zu gewähren sowie Versicherungsschutz anzubieten. Danach zählen neben den unter 1. genannten Unternehmen auch Kapitalanlagegesellschaften zum F., aber nicht Sozialversicherungen, da sie sich durch Zwangsbeiträge finanzieren und zum öffentlichen Sektor zählen.

Finanztransaktion
ökonomische → Transaktion, bei der i.Ggs. zur →Leistungstransaktion die Höhe des → Geldvermögens unverändert bleibt, seine Struktur sich aber ändert. Beispiel: ein →Wirtschaftssubjekt erwirbt →Wertpapiere gegen bar.

Finanzverfassung
Bestand aller gesetzlichen Regelungen des Finanzwesen eines Landes. Für die Bundesrepublik sind sie im GG, Bundeshaushaltsordnung, →Abgabenordnung, →StabG sowie in anderen Einzelgesetzen enthalten.

Finanzvermögen
⇒*Geldkapital*
⇒Geldvermögen.

finanzwirtschaftliche Innovationen
⇒financial innovations
⇒*Finanzinnovationen.*

Finanzwissenschaft
Untersuchungsgegenstand der F. ist die ökonomische Aktivität (öA) öffentlicher (ö.) Haushalte (→Gebietskörperschaften, z.B. Bund, Länder und Gemeinden, sowie Parafisci (→Parafiskus), z.B. →Sozialversicherungen), die finanzpolitische Instrumente (ö. →Einnahmen und →Ausgaben) zur Erreichung bestimmter Ziele (Allokations-, Verteilungs-, Stabilisierungsziel) einsetzen.

1. Bei der *Allokationspolitik* geht es um die Bereitstellung ö. Güter (→Gut) bzw. um die optimale Aufteilung der →Produktionsfaktoren auf den ö. und privaten Sektor. In einem marktwirtschaftlichen System wird diese Politik insbesondere bei Marktversagen, wenn also die privatwirtschaftlichen Marktprozesse nicht zum gewünschten Ergebnis führen, be-

trieben.

a) Folgende Aktivitätsbereiche der Allokationspolitik sind zu unterscheiden: die Verhinderung (Förderung) nicht erwünschter (gewünschter) Effekte (z.B. bei externen Effekten), die Bereitstellung von Leistungen (→ Kollektivgüter), die privatwirtschaftlich nicht (ausreichend) bereitgestellt werden (z.B. bei Versagen des →Ausschlussprinzips), Eingriffe bei sinkenden Durchschnittskosten (natürliches Monopol), sowie die Schaffung meritorischer Güter, die vom Staat als notwendig erachtet werden und deren Nutzen von den Individuen unterschätzt wird (z.B. Schulbildung).

b) Der Begründung folgt zwingend die Frage nach dem Umfang der öA. Auf hohem Abstraktionsniveau bietet die → Wohlfahrtökonomik Lösungsansätze an, mit denen der →Nutzen der (zusätzlichen) öA bestimmt werden kann. Die Vielfalt ö. Aufgabenbereiche sowie das Fehlen eindeutiger und klar erkennbarer Präferenzordnungen (→ Arrow-Paradoxon) machen in praxi jedoch ein pragmatisches Vorgehen beim Auffinden von Art und Umfang der gesellschaftlich gewünschten bzw. akzeptierten öA erforderlich. In demokratischen Gesellschaftssystemen erfolgt das durch Mehrheitsabstimmung und Koalitionsbildungen.

2. Die *Verteilungspolitik* zielt auf eine Korrektur der →personellen Einkommens- od. Vermögensverteilung (der Primärverteilung). Diese kann ex ante (→ex ante-Analyse) durch eine Modifizierung der personellen quantitativen und qualitativen Faktorausstattung (Bildungs- (→ Bildungsökonomik, 3. bis 6.) und Vermögenspolitik), ex post (→ex post-Analyse) durch →Steuern und Transferausgaben korrigiert werden. Die Allokationseffekte von Steuern erschweren ihre verteilungspolitische Beurteilung jedoch erheblich. Da die Idee einer „gerechten" Verteilung Werturteile voraussetzt, ist die Verteilungspolitik zwangsläufig Gegenstand sozialer und politischer Konflikte. Ihre möglichen negativen Auswirkungen auf das →Wachstum werden insbesondere von Vertretern der →Angebotspolitik betont.

3. Im Rahmen der →*Stabilisierungspolitik*

werden die finanzpolitischen Instrumente zur Erreichung des → gesamtwirtschaftlichen Gleichgewichts eingesetzt.

a) Die →Konjunkturpolitik soll die →gesamtwirtschaftliche Nachfrage so beeinflussen, dass das Produktionspotential (→ Kapazität) ausgelastet und konjunkturelle Arbeitslosigkeit (→Arbeitslosigkeit) sowie Inflation (→Inflationstheorie) vermieden werden. Wichtigstes Instrument sind die diskretionären od. automatischen (→ built-in-flexibility) Veränderungen von staatlichen Ausgaben und Einnahmen (→antizyklische Wirtschaftspolitik). Probleme ergeben sich aus falscher Dosierung, Wirkungsverzögerungen (→ lag), Divergenzen zwischen Nachfrage- und Angebotsstruktur sowie →crowding-out-Effekten.

b) Die →Wachstumspolitik zielt auf die quantitative und qualitative Entwicklung der Produktionsfaktoren, um z.B. struktureller Arbeitslosigkeit (→Arbeitslosigkeit), durch Angebotsengpässe bedingter Inflation und Umweltzerstörung entgegenzuwirken. Einnahmen- und ausgabenpolitische Maßnahmen sind folglich so einzusetzen, dass private →Investitionen, Qualität und Mobilität des Faktors →Arbeit sowie der →technische Fortschritt gefördert werden (→Angebotspolitik).

4. *Öffentliche Einnahmen* (aus Steuern, → Zöllen, Sozialabgaben (→Abgabe, 2.), → Erwerbseinkünften, →Gebühren, →Beiträgen und Kreditaufnahmen) dienen zunächst dem fiskalischen Zweck der Einnahmenerzielung zur Finanzierung von Ausgaben. Sie werden aber auch als Instrumente (→ Instrumente der Wirtschaftspolitik) bei der zielgerichteten → Finanzpolitik eingesetzt.

a) Steht der fiskalische Aspekt im Vordergrund, ist bei der Einnahmenallokation eine möglichst gerechte Lastenverteilung anzustreben: das →Äquivalenzprinzip erfordert Gleichwertigkeit von Abgabe und Wert der empfangenen Leistung. Es ist für Einnahmen anwendbar, denen eine individuelle Gegenleistung (z.B. bei Beiträgen) zugerechnet werden kann. Versagt das Ausschlussprinzip, ist die Einnahmenallokation nach dem →Leistungsfähigkeitsprinzip an der individu-

ellen Leistungs- od. Opferfähigkeit zu orientieren; typische Anwendungsbeispiele sind die →Vermögen- und die → Einkommensteuer.

b) Als Haupteinnahmequelle sind die Steuern ein besonders wichtiges Objekt der Finanzpolitik. Die Kenntnis der Steuerwirkung erlaubt, Höhe und Struktur der Steuern so festzulegen, dass (un-) erwünschte (Neben-) Wirkungen der instrumentell eingesetzten Besteuerung erreicht (vermieden) werden. Steuerwirkungen sind: die Steuerausweichung in Form einer sachlichen, zeitlichen od. räumlichen →Substitution des Steuergegenstands; die → Steuerüberwälzung über Änderungen von Güter- od. Faktorpreisen, durch die formale und effektive Steuerinzidenz getrennt werden; die Reaktionseffekte aus der effektiven →Inzidenz, die ihrerseits als (dis-) incentives eine private Leistungsvermehrung (-verminderung) bewirken können.

c) Für eine fiskalisch motivierte Kreditfinanzierung mit zeitlich verteiltem Zinsendienst sprechen: die Vermeidung von Steuerwiderständen und unerwünschten Nebenwirkungen anderer Einnahmen; die intertemporäre Lastenverteilung von Ausgaben, die langfristige Nutzungen abwerfen (→ Pay-as-you-use-Prinzip, Äquivalenzprinzip); die Lastenverteilung von Ausgaben auf mehrere Generationen nach dem Intergeneration-equity-Prinzip. Höhe und Struktur der ö. Kreditaufnahme können auch zur Erreichung stabilisierungs- oder distributionspolitischer Ziele dienen: abhängig von Gläubigerstruktur und Lastenverteilung des Zinsendienstes sind relativ kurzfristige Einflüsse auf die → personelle und → funktionelle Einkommensverteilung denkbar. Je nach Kreditstruktur (→Notenbank od. Privatbank, Inlands- od. Auslandskredite) sind kurzfristige Zins- und Wechselkurseffekte mit Folgewirkungen auf Konjunktur und Wachstum möglich. Bei der Kreditfinanzierung eines konjunkturellen Defizits gilt es, die rezessionsverstärkende Wirkung eines möglichen crowding-out-Effekts gegen Sparmaßnahmen bzw. Erhöhung der → Steuerquote abzuwägen.

5. Bei den *ö. Ausgaben* sind Konsum- und

Investitionsausgaben (die sog. Realausgaben), Transferausgaben (Zahlungen an private Haushalte und internationale Organisationen sowie Subventionen an private Unternehmungen) sowie Schuldendienstausgaben zu unterscheiden. Der Anteil der ö. Ausgaben am Bruttosozialprodukt (→Staatsquote) ist in den meisten Industrieländern über Jahrzehnte hinweg gestiegen (→Gesetz der wachsenden Staatsausgaben). Dies lässt sich mit Hilfe der verschiedenen Bestimmungsfaktoren der öA erklären: Diversifizierung der staatlichen Aufgaben, eine relativ hohe Einkommenselastizität der Nachfrage (→Elastizitäten) nach ö. Gütern, eine relativ geringe →Produktivität der ö. Dienste od. demographische Entwicklungen (→Brechtsches Gesetz).

6. Ein weiteres Teilgebiet der F. sind die *rechtlichen und institutionellen Aspekte* von Planung, Erfassung, organisatorischer Durchführung und Kontrolle der öA.

a) In zeitlicher Hinsicht ist zwischen dem traditionellen ein- od. zweijährigen → Haushaltsplan (Vollzugsbudget), der mittelfristigen Finanzplanung (MFP) (→ Finanzplanung, 1.) und der langfristigen Perspektivplanung (LPP) zu unterscheiden. Insbesondere für den Haushaltsplan gelten die gesetzlichen → Haushaltsgrundsätze. Die MFP und die LPP sind i.d.R. nicht vollzugsverbindlich; sie sollen vor allem Folgelasten und -wirkungen des Vollzugsbudgets aufzeigen.

b) An der Detailplanung von Ausgaben und Einnahmen sind verschiedene Ressorts der Exekutive, aber auch Arbeitskreise der Fraktionen, Parlamentsausschüsse und eigens geschaffene Planungsorgane (z.B. →Finanzplanungsrat) beteiligt. Die Beurteilung der Mittelverwendung hinsichtlich der Ziele der öA stellt vielfach eine Überforderung der Entscheidungsbeauftragten dar. Zur Erhöhung der Rationalität staatl. Entscheidungen werden verschiedene Ansätze diskutiert. Ein Beispiel ist das Planningprogramming-budgeting-System, das auf der → Kosten-Nutzen-Analyse beruht, mit der verschiedene Handlungsalternativen gemäß den Opportunitätskosten (→Kosten) beurteilt werden. Mit diesem System soll der bisher inputorientierte Budgetprozess ergänzt werden, um möglichst optimale Ergebnisse zu erzielen und Ergebniskontrolle zu ermöglichen. Beim staatl. Entscheidungsprozess ist auf die Probleme kollektiver Entscheidungen hinzuweisen. Die Entscheidung über die öA ist ein politischer Prozess, kein Marktprozess. Diese Besonderheiten werden im Rahmen der →Neuen Politischen Ökonomie untersucht.

c) Ist die öA dezentral (z.B. föderativ) organisiert, ergeben sich Probleme aus der Verteilung von Auf- und Ausgaben einer- sowie Einnahmen andererseits. Zu unterscheiden sind die vertikale Verteilung zwischen vor- und nachgelagerten Gebietskörperschaften und die horizontale Verteilung zwischen gleichgeordneten Gebietskörperschaften. Im Interesse einer möglichst bürgernahen Bedarfsorientierung sollten die Aufgabenkompetenzen sowie die entsprechende Aus-gabenlast bei der untersten Gebietskörperschaft auf der untersten Ebene liegen und nur auf eine höhere Ebene verlagert werden, wenn überregionale Effekte auftreten od. davon bessere Ergebnisse zu erwarten sind (→Subsidiaritätsprinzip). Diesem Prinzip widersprechen häufig eigennützige Bestrebungen von übergeordneten Gebietskörperschaften (Bürokratietheorie). Bei der vertikalen Einnahmenverteilung sind je nach Zuordnung von Gesetzgebungs-, Verwaltungs- und Ertragshoheit verschiedene Systeme möglich, von einem freien Trenn- bzw. Konkurrenzsystem, in dem jede Gebietskörperschaft Art und Höhe der Einnahmen autonom bestimmt, bis zu einem Zuweisungssystem, in dem alle Einnahmen von einer einzigen Gebietskörperschaft erhoben und teilweise den anderen zugewiesen werden. In Deutschland wird ein Mischsystem praktiziert, das neben dem Trennsystem (z.B. bei Zöllen für den Bund, Kfz-Steuern für die Länder, Grundsteuern für die Gemeinden) ein Verbundsystem (z.B. bei Einkommen-, → Körperschaft-, → Mehrwertsteuer) enthält, bei dem sich die Gebietskörperschaften mehrerer Ebenen die Entnahmen aus einer Steuer nach festgelegten Quoten teilen (vertikaler Finanzausgleich (→ Finanzausgleich)). Die

Umverteilungsquoten sind in Deutschland relativ hoch, so dass Länder mit einem überdurchschnittlich hohen Steuer-aufkommen zugunsten der „ärmeren" Länder benachteiligt werden und der Wettbewerb zwischen den Ländern erheblich eingeschränkt wird. Vor diesem Hintergrund gibt es immer wieder Bestrebungen, den Länderfinanzausgleich abzuschwächen.

Literatur: *N. Andel*, Finanzwissenschaft. 3. A., Tübingen 1992. *D. Brümmerhoff*, Finanzwissenschaft. 7. A., München 1996. *H. Grossekettler*, Öffentliche Finanzen, in: Vahlens Kompendium der Wirtschaftstheorie und Wirtschaftspolitik, Bd. 1. 6. A., München 1996, S. 484-669. *R. A. Musgrave/ P. B. Musgrave*, Public Finance in Theory and Practice. 5. A., New York 1989. *H.-G. Petersen*, Finanzwissenschaft: eine Einführung in die Lehre von der öffentlichen Finanzwirtschaft. 7. A., München 1994.

Prof. Dr. G. Dieckheuer, Münster

Finanzzoll
aus rein fiskalischen Gründen erhobene Abgabe auf grenzüberschreitende Waren i.Ggs. z.B. zum Schutzzoll. Ist heute noch in Entwicklungsländern als Einnahmequelle von Bedeutung, dagegen nicht mehr in Industrieländern. Vgl. auch → Zolltheorie.

Finanzzuweisung
→Überweisung eines Geldbetrages zwischen →Gebietskörperschaften:

1. im →Finanzausgleich zwischen den Ländern zum Ausgleich ihrer →Finanzkraft durch *Ausgleichszuweisungen* nach Maßgabe der Differenz zwischen →Steuerkraftmesszahl und Ausgleichsmesszahl. Mittels Ausgleichszuweisungen soll die Steuerkraft auch der „ärmsten" Bundesländer auf mindestens 95% angehoben werden. Zur weiteren Minderung von Unterschieden der Finanzkraft leistet der Bund Ergänzungszuweisungen an leistungsschwache Länder.

2. im kommunalen Finanzausgleich vom Bundesland zu den Gemeinden zur Erhöhung der Finanzkraft der Gemeinden und Verringerung der Unterschiede zwischen ihnen allgemeine zweckgebunde-

ne F. *Allgemeine* F. sind für die Gemeinden frei verfügbar; etwa 80% dieser entfallen auf *Schlüssel*zuweisungen. *Zweckgebundene* F. stehen Kommunen für bestimmte einzelne gemeindliche Aufgaben zur Verfügung. Darüber hinaus leisten die Länder noch *sonstige allgemeine* Zuweisungen bei besonderen Notlagen od. besonderen Belastungen sowie *zusätzliche zweckgebundene* Zuweisungen, z.B. für Straßenbau, Krankenhäuser.

3. sonstige F. des Bundes an die Länder od. Gemeinden, wie z.B. für besondere vom Bund veranlasste Einrichtungen, die dort unmittelbar Mehrausgaben od. Mindereinnahmen verursachen (GG Art. 106 (8)).

Firmenwert
⇒Geschäftswert
⇒Goodwill
jener Teil des Unternehmenswertes, der auf die Qualität des →Managements, Fähigkeiten der Belegschaft, →Organisation, Standortqualität, Kundentreue u.ä. zurückzuführen sind.

In der *Unternehmensbewertung* ist der F. nach allgemeinen Regeln die Differenz zwischen →Ertragswert, hier: die zukünftige erwarteten und mit einem Kalkulationszins (→ Kalkulatorische Kos-ten, → Zins) diskontierten (→Abzinsung) Ausschüttungen an die Eigentümer, und Substanzwert als Summe der zu Wiederbeschaffungskosten bewerteten Vermögensgegenstände (→ Kapital, 1.) unter Berücksichtigung der Liquiditätserlöse (→Liquidität, →Erlös) nicht betriebsnotwendiger Vermögensgegenstände vermindert um die Schulden. F. basiert somit nicht auf einzelnen bewertbaren Vermögensgegenständen. Negative Differenz zwischen beiden Werten ist ein Badwill.

In der Bilanzierung wird zwischen originärem F., der durch die Leistung des Managements und Unternehmens insgesamt selbst geschaffen wird und sich z.B. in der Stellung des Unternehmens auf dem →Markt äußert, und *derivativem* F. unterschieden, der bei Erwerb der Firma entsteht. Nur letzterer darf in der →Bilanz angesetzt werden und ist gem. § 255 Abs. 4 →HGB abzuschreiben (→Abschreibung). In der Konzernbilanz (→Konzern, →Bilanz) ist ein Unterschiedsbetrag zwischen beiden Werten gem. § 301 HGB zu aktivieren bzw. passivieren. Steuerrechtlich ist der derivative F. aktivierungspflichtig und darf innerhalb von 15 Jahren abgeschrieben werden.

first-in-first-out-Verfahren
→Fifo-Verfahren.

fiscal policy
als →Konjunkturpolitik betriebene →Finanzpolitik, die mittels → öffentlicher Ausgaben und Einnahmen (→ Einnahmen) die zu geringe od. zu große Nachfrage des privaten Sektors im Verhältnis zur gesamtwirtschaftlichen Kapazität (→ Kapazität) ausgleicht. Theoretische Basis ist die →Keynessche Theorie. Ihr Hauptgewicht liegt auf diskretionären Maßnahmen der öffentlichen Hand. Sie hat die in sie gesetzten Erwartungen nicht erfüllt und ist starker Kritik ausgesetzt, z.B. seitens des →Monetarismus. S. auch → Konjunkturpolitik, →Stabilisierungspolitik.

Fisher-Effekt
⇒Preiserwartungseffekt
von I. Fisher 1896 herausgearbeiteter auf das Zinsniveau wirkender Teileffekt der expansiven Geldpolitik (→ Geldpolitik) neben dem →Liquiditäts- und →Einkommenseffekt. Nach Fisher bestimmt die gegenwärtig erwartete →Inflationsrate, die von der vergangenen Preisniveauentwicklung abhängt, das nominale Zinsniveau der laufenden Periode, weil der Kapitalgeber über eine höhere Zinsforderung versucht, sich gegen den Kaufkraftverlust (→Kaufkraft) abzusichern. Auf der anderen Seite ist der Kreditnehmer zur Zahlung eines höheren Zinses bereit, da er mit der Anlage der Mittel in realen Vermögenswerten von den Preissteigerungen nominal profitiert. Haben Kapitalgeber und -nehmer identische Erwartungen, dann muss sich die erwartete Inflationsrate auf einem vollkommenen Markt (→Preistheorie) vollständig im Marktzins niederschlagen. F. ist durch zahlreiche empirische immer wieder bestätigt worden.

Fishersche Gleichung
⇒*Tauschgleichung*
⇒Verkehrsgleichung.

Fiskalillusion
1. liegt vor, wenn die Bürger der Auffassung sind, durch öffentliche Leistungen etwas geschenkt zu bekommen. Sie können dieser Illusion unterliegen, weil sie für die öffentliche Leistungen in der Gegenwart weniger zahlen als diese insgesamt kosten wg. z.B. später anfallender Folgekosten, Zinsen auf die Staatsschuld u.a.

2. in der →Geldtheorie in der von J. G. Gurley und E. S. Shaw ausgelösten Diskussion über den Vermögenscharakter (→ Kapital) von →Außengeld die Ansicht (Illusion) privater Wirtschaftssubjekte, dass ihre im Tausch gegen →Geld von der →Zentralbank hingegebenen Aktiva (→Bilanz) bei dieser bzw. bei dem Staat verbleiben und nicht auf irgendeine Weise in den Privatsektor zurückgelangen, gleichsam als ob der Staat diese Aktiva in einem „Fort Knox" vergräbt. Schafft z.B. die Zentralbank Außengeld im Tausch gegen zinstragende ausländische →Wertpapiere, kann der Staat die erzielten Zinserträge in Form von Steuersenkungen an die Wirtschaftssubjekte transferieren, so dass diese der F. unterliegen, wenn sie diesen Transfer nicht berücksichtigen.

Fiskalischer Impuls
bezeichnet in der →Makroökonomik die Änderung von Staatsausgaben.

Fiskalismus
1. Auffassung, die steuer- und finanzpolitische Maßnahmen primär unter dem Gesichtspunkt ihres Beitrages zur Deckung des öffentlichen Bedarfs sieht.

2. wissenschaftliche Auffassung i.Ggs. zum → Monetarismus, dass fiskalpolitische Maßnahmen die gesamtwirtschaftliche Entwicklung in stärkerem Maße beeinflussen und stabilisieren als geldpolitische. Insbesondere vertreten Anhänger der Keynesschen Theorie den F.

Fiskalpolitik
⇒*Finanzpolitik*.

fixe Kosten
→Kosten.

fixer Wechselkurs
⇒*fester Wechselkurs.*

Fixing
amtliche Festsetzung eines →Kurses an der →Börse, i.d.R. für →Devisen, so an der Frankfurter Devisenbörse, od. für Gold an der Londoner Goldbörse.

Fixpreismodell
⇒Festpreismodell
in der →Makroökonomik →Modell, das von der Annahme kurzfristig konstanter → Preise ausgeht. Preisreaktionen als Ausgleichsmechanismus bei Marktungleichgewichten scheiden aus. Ausgleich von Angebot und Nachfrage erfolgt über Mengenreaktionen. Das F. operiert mit einer vollkommen preiselastischen (→ Elastizitäten) gesamtwirtschaftlichen → Angebotsfunktion. F. werden als keynesianische Modelle bezeichnet, da die Auslastung auf dem →Arbeitsmarkt und des Produktionspotential bei gegebenem →Preisniveau von der Höhe der →gesamtwirtschaftlichen Güternachfrage abhängt.

Fixwertprinzip
⇒Festwertprinzip
Bewertungsprinzip für →Kapitalgesellschaften, bei dem die gesetzlich vorgeschriebenen od. ggf. auch vorgesehenen Wertansätze feste Werte sind, die nicht unterschritten werden dürfen. Vgl. hierzu →Höchstwertprinzip.

Flexibilisierung der Arbeitszeit
die durch den ,Leber-Kompromiss' von 1984 in der Metallindustrie Baden-Württembergs und Hessens erreichte Herabsetzung der durchschnittlichen Wochenarbeitszeit von 40 auf 38,5 Stunden hat die schon seit langem übliche F. in Form von Überstunden, Sonderschichten sowie →Kurzarbeit und Feierschichten erheblich erweitert, da die Verkürzung der Wochenarbeitszeit nur für den betrieblichen Durchschnitt gilt. F. gewährt viele Gestaltungsmöglichkeiten: Das betriebliche Arbeitszeitvolumen darf für alle dem →Tarifvertrag unterworfenen →Ar-

beitnehmer auf eine Spanne von 37 bis 40 Stunden pro Woche verteilt werden. Je nach betrieblicher Notwendigkeit und Zweckmäßigkeit kann die unterschiedliche Wochenarbeitszeit gegliedert werden. Entsprechend unterscheiden sich die →Einkommen bei gleicher Qualifikation und Aufgabe der Arbeitnehmer. So werden Spezialisten od. Mitarbeiter in Engpassbereichen mit 40 Stunden beschäftigt, andere mit einer individuell regelmäßigen wöchentlichen Arbeitszeit nur 37 Stunden. Des Weiteren kann die Wochenarbeitszeit auf die Arbeitstage unterschiedlich aufgeteilt werden, so z.B. auf Montag bis Donnerstag jeweils 8 Stunden und Freitag 6,5 Stunden od. bei Bedarf einer betriebstechnisch unveränderten Präsenz für alle Arbeitstage können die Arbeitszeiten für einen Teil der Mitarbeiter im wöchentlichen Turnus wechseln u.a. In Fällen einer möglichst langen und kontinuierlichen Nutzung der Betriebsanlagen können an 5 Tagen täglich 8 Stunden gearbeitet werden, wobei der Zeitausgleich zu 38,5 Stunden durch Freischichten od. Gewährung freier Tage erreicht wird (Entkopplung von Arbeitszeit und Betriebsnutzungszeit). Die F. erfordert von den →Arbeitgebern ein hohes Maß an organisatorischem Aufwand, insbesondere →Planung und Kontrolle.
S. auch → Gesetz zur sozialrechtlichen Absicherung flexibler Arbeitszeitregelungen.

flexible Altersgrenze
Vorverlegung des Zeitpunktes für den Bezug von →Altersruhegeld in der →Rentenversicherung, so dass der →Arbeitnehmer z.B. in der Bundesrepublik auf Antrag vor der gesetzlichen Altersgrenze von 65 Jahren bereits mit 63 Jahren bei 35 Versicherungsjahren bzw. die Schwerbehinderte und Berufs- od. Erwerbsunfähige nach Vollendung des 60. Lebensjahres aus dem Erwerbsleben ausscheiden kann. Die Inanspruchnahme der f. führt zu einer zweifachen Belastung des Sozialbudgets (→Budget, 2.): Ausfall von Beitragszahlungen und verlängerter Rentenbezug.
f. ist nicht mit dem seit 1984 in der Bun-

desrepublik eingeführten flexiblen Vorruhestand zu verwechseln. Dieser ermöglicht Arbeitnehmern, bereits mit 58 Jahren freiwillig aus dem Erwerbsleben auszuscheiden. Das Vorruhestandsgeld ist keine vorgezogenen Altersrente der gesetzlichen Rentenversicherung, sondern eine tarif- und/ od. einzelvertragliche Leistung, zu der bis 1988 die → Bundesagentur für Arbeit dem →Arbeitgeber einen Zuschuss von 35% zahlte.

flexible Plankostenrechnung
eine Hauptform der → Plankostenrechnung. Gegenüber der starren Plankostenrechnung, die als Ursache für Kostenabweichungen nur die →Beschäftigung berücksichtigt, analysiert die f. auch noch andere Einflüsse wie z.B. Auftragsgröße, -zusammensetzung, Verbrauchsabweichung. Die f. wird unterschieden in die *einfach-f.* und die *voll-f.*, die noch nicht hinreichend praktikabel ist. Die einfach-f. kann als flexible *Vollplankostenrechnung* gestaltet sein, die mit einem Vollkostenrechnungssatz arbeitet, und als *Grenzplankostenrechnung*, die auf eine Verrechnung fixer Kosten (→Kosten) auf →Kostenträger verzichtet.

flexible Planung
Eigenschaft eines Planungsverfahrens zur Unternehmensführung, das gegenüber →elastischer Planung Möglichkeiten und Bedingungen einer späteren Planungsanpassung bereits zum gegenwärtigen Zeitpunkt berücksichtigt, z.B. durch Pläne für Eventualentscheidungen („Schubladenpläne").

flexibler Vorruhestand
→flexible Altersgrenze.

flexibler Wechselkurs
⇒Floating
⇒freier Wechselkurs
i.Ggs. zum →festen Wechselkurs sich auf dem →Devisenmarkt durch Angebot und Nachfrage ohne → Interventionen der Währungsbehörde bildender →Wechselkurs. Vgl. auch →Floating.

Flexpreismodell
Bezeichnung für ein →Modell in der → Makroökonomik, das auf der Annahme

flexibler →Preise basiert, so dass in jeder Periode alle →Märkte im →Gleichgewicht sind. Das F. impliziert als Ausdruck der → Klassischen Theorie ein preisunelastisches gesamtwirtschaftliches Güterangebot. Demgegenüber ist die Angebotsfunktion in der →Neuen Klassischen Makroökonomik aufgrund der Berücksichtigung von unvollständigen Informationen preiselastisch.

Fließfertigung
⇒Reihenfertigung
Organisationstyp für den betrieblichen Leistungsprozess, bei dem das Objekt den Fertigungsprozess (→ Fertigung) kontinuierlich durchläuft. Geeignete Fertigungsmethode für Produkte mit geringen Änderungen in Art und Menge mit dem Vorteil stark rationalisierbarer →Beschaffung und Lagerwirtschaft sowie hoher →Arbeitsproduktivität. F. erfordert hohe → Investitionen, bedingt geringe Fertigungselastizität und ist mit der Gefahr von Produktionsunterbrechungen bei Ausfall von → Produktionsmitteln verbunden.

Float
die bei →Banken zinslos entstandene → Liquidität aufgrund der Zeitdifferenzen für die →Wertstellung zwischen Abbuchung auf dem Konto des Auftraggebers und Gutschrift auf dem Empfängerkonto. F. wird durch Bearbeitungs- und Postlaufzeit hervorgerufen. Durch Ausbau des →EFT-Systems verringert sich der F. Der im Zahlungsverkehr zwischen Banken und Bundesbank entstandene F. wird monatlich in der Bankenstatistik der →Deutschen Bundesbank veröffentlicht.

Floating
Wechselkurspolitik, die die Bildung des Wechselkurses dem → Devisenmarkt überlässt bzw. Freigabe bisher fester Wechselkurse. Nach der vorherrschenden Theorie sind nur F. ordnungskonform. Bilden sich die Wechselkurse ohne jegliche →Interventionen od. Bandbreiten, spricht man von *sauberem* F. Wird versucht, Wechselkursschwankungen durch Devisenmarktinterventionen zu glätten od. Wechselkurse durch

Transaktionen sowie Beschränkungen im →Zahlungsverkehr zu stützen, handelt es sich um *kontrolliertes* od. *schmutziges* F. Können sich die Wechselkurse innerhalb von Bandbreiten an formalgesteuerte, d.h. im Voraus bekannt gegebene →Paritäten anpassen, wird dieses System als *crawling peg* od. self-adjusting-peg bezeichnet. Beim *Block-F.* od. *Gruppen-F.* lässt eine Gruppe von Ländern ihre Wechselkurse untereinander innerhalb festgelegter Bandbreiten, aber gegenüber Drittländern vollständig schwanken. Das war z.b. im →Europäischer Währungsverbund der Fall.

floating dept
in der Finanzwissenschaft i.Ggs. zur → fundierten Schuld die noch nicht endgültig plazierte, also noch ‚schwebende' kurz- und mittelfristige Schuld. Hierzu zählen Verschuldungspapiere des Staates, z.B. →Schatzwechsel, →Kassenobligationen.

Floating Rate Notes (FRN)
aufgrund des internationalen Innovationsprozesses (→ Finanzinnovation) auf dem →Kapitalmarkt seit 1985 auch in der Bundesrepublik zugelassene → Anleihe mit variablem →Zins, bei der die Verzinsung periodisch - nach drei od. i.d.R. nach sechs Monaten - angepasst wird. Der Zins setzt sich zusammen aus a) dem Mindestzins (Basiszins), b) dem an einem Referenzzins (in der Bundesrepublik am →Fibor, im internationalen Geschäft am → Libor) orientierten variablen Teil, c) einem Aufschlag, der von der →Bonität des Schuldners sowie der allgemeinen Situation am Kapitalmarkt abhängt. Bei F. können Kursschwankungen nur in engen Grenzen auftreten. F. verringern deshalb für Emittenten (→Emission) und Gläubiger das Zinsrisiko. F. hat zunehmende Bedeutung vor allem am internationalen Markt.

flow
⇒*Stromgröße*
⇒Zeitraumgröße.

Flow-Charting
⇒Flussdiagrammtechnik.

flow of funds-Analyse
⇒*Geldstromanalyse.*

Flussdiagrammtechnik
⇒Flow-Charting
Darstellungstechnik, die häufig im → Brainstorming-Prozess verwandt wird.

fob
Abk. für: free on board (engl.: frei an Bord)
Vertragsklausel im internationalen Handel mit der Verpflichtung des Verkäufers (Exporteurs), die Beförderungs- und Verladekosten zu tragen. Die Bewertung f. wird auch in Bezug auf Landesgrenzen angewandt. Nach diesem Prinzip verfährt die →Deutsche Bundesbank in der Zahlungsbilanz (→amtliche Statistik), so dass deutsche →Exporte mit f.-Werten deutsche Zollgrenze, →Importe mit f.-Werten betreffende ausländische Zollgrenze erfasst werden. Dieses Vorgehen zwingt zu Buchungen in der →Dienstleistungsbilanz für importierte bzw. exportierte Transportleistungen. Das →Statistische Bundesamt registriert die Ausfuhren zu f.-Werten an der deutschen Zollgrenze, die Einfuhren zu →cif.

Föderalismus
Bezeichnung für Struktur- und Organisationsprinzip unterschiedlicher politischer Gesamtheiten, die trotz des Zusammenschlusses ihre Eigenart behalten. Nach Art. 20 des GG ist die Bundesrepublik Deutschland ein föderalistischer Staat, der in Länder gegliedert ist. Von ökonomischer Bedeutung ist die Kompetenzverteilung zur Planung, Durchführung und Finanzierung öffentlicher Aufgaben.

Folgeausgaben
→Ausgaben, die zur Erhaltung und laufenden Inanspruchnahme von realisierten Vorhaben, z.B. öffentlichen od. privaten → Investitionen, erforderlich sind. Die eingeführte → Finanzplanung soll staatliche F. angemessen berücksichtigen.

Folgeinvestition
im Unternehmensbereich →Investition.

Folgesteuer

→Steuer, die einer bereits eingeführten folgt, um der bei ursprünglicher Steuereinführung nicht vorhersehbaren Umgehung od. Vermeidung des Steuertatbestandes zu begegnen.

Folk-Theoreme

gehören in der →Spieltheorie zur Theorie der wiederholten Spiele bei nichtkooperativen Spielen. Sie zeigen einen Ausweg aus dem →Gefangenendilemma. Obwohl sich alle Beteiligten in einer solchen Situation durch Kooperation besserstellen könnten als bei nicht-kooperativem Verhalten, kommt wg. des Eigennutzes und der Befürchtung, von den anderen hintergangen zu werden, die Pareto-ineffiziente nicht-kooperative Lösung zustande. F. zeigen, durch unendliche Spielwiederholung wird Kooperation möglich.

Fonds „Deutsche Einheit"

mit Staatsvertrag über die Schaffung einer Währungs-, Wirtschafts- und Sozialunion zwischen der Bundesrepublik Deutschland und der Deutschen Demokratischen Republik am 1. Juli 1990 geschaffenes → Sondervermögen des Bundes zur Finanzierung der Aufgaben der →öffentlichen Hand in der DDR. Umfasste bis 1994 115 Mrd DM. Wurde finanziert durch Kreditaufnahme (→ Kredit) des F. (95 Mrd DM), →Zuweisungen des Bundes (20 Mrd DM) bei der Übernahme des Schuldendienstes von Bund, Ländern und Gemeinden bis 25 Jahre. Im Jahre 1992 auf 146,3 Mrd DM erhöht. Benötigte ab dem Jahr 1995 keine neuen Mittel mehr, da der F. zum 31.12.1994 aufgelöst wurde und im Gegenzug die neuen Bundesländer sowie der Auflösungsbetrag des F. in den neugestalteten → Finanzausgleich einbezogen worden sind.

Forderung

⇒Finanzaktivum
1. juristisch das Recht eines Gläubigers gegenüber dem Schuldner auf Erfüllung einer Leistung.

2. in der →Wirtschaftswissenschaft eine Seite einer Kreditbeziehung zwischen → Wirtschaftssubjekten, i.d.R. mit dem Anspruch des Gläubigers auf Zahlung eines Geldbetrages. F. sind somit Ansprüche auf Geldzahlungen aufgrund von Warenlieferungen und Leistungen, →Einlagen bei Banken, →Geld, verbriefte Ansprüche wie →Wechsel, Schuldverschreibungen, Beteiligungsrechte (→ Beteiligung, 1.) wie Aktien. Zwischen F. und → Gütern besteht der wesentliche Unterschied darin, dass letztere nur durch den Einsatz von → Produktionsfaktoren im Produktionsprozess entstehen, erstere ohne Faktoreinsatz und ohne Produktionsprozess. F. sind in der →Bilanz grundsätzlich mit den → Anschaffungskosten zu bewerten.
S. auch →Geldkapital.

Foreign exchange account

⇒Devisenbilanz
⇒Nettoauslandsaktiva der Bundesbank
⇒ Nettoauslandsposition der Bundesbank

→Auslandsposition, 2.

Forfaitierung

Verkauf einer →Forderung od. eines ausländischen Finanzierungstitels, z.B. → Wechsel, den der Exporteur aus dem Exportgeschäft erhalten hat, i.d.R. an ein → Kreditinstitut od. spezialisiertes Finanzierungsinstitut. I.Ggs. zu bestimmten Formen des →Factoring hat die →Bank kein Rückgriffsrecht gegen den Verkäufer; der Forderungsverkauf erfolgt also „à forfait", d.h. in Bausch und Bogen. Der Gegenwert wird unter Abzug der bis zum Fälligkeitstag anfallenden →Zinsen sofort ausbezahlt. F. dient insbesondere der → Refinanzierung des Exporteurs. Deutsche Banken bevorzugen die Direktfinanzierung des inländischen Exporteurs, wenn sie das Risiko bezüglich der →Bonität des ausländischen Partners od. infolge länderspezifischer Bestimmungen sehr hoch einschätzen. F. gewinnt bei der finanziellen Abwicklung von Exportgeschäften international wie auch in der Bundesrepublik immer mehr an Bedeutung.

Formkaufmann

Kurzbezeichnung für den Kaufmann kraft Rechtsform.

Forschungs- und Entwicklungsinvestitionen
→Investition.

fortlaufende Notierung
⇒variabler Handel
i.Ggs. zur Einheitsnotierung laufende Kursfeststellung (→Kurs) im amtlichen Handel mit →Aktien, wenn Kauf- od. Verkaufsaufträge von mehr als 50 Stück bzw. ein Mindestbetrag von 1 000 Euro od. einem Mehrfachen davon vorliegt. Für →Anleihen gelten zur f. andere Mindestbeträge.

FORTRAN
Abk. für: Formula Translation
eine seit 1954 entwickelte, maschinenunabhängige, öfter modifizierte und erweiterte Programmiersprache vornehmlich für naturwissenschaftlich-technische Problemstellungen.

Fortschrittsfunktion
⇒technical progress-Funktion
→technischer Fortschritt.

Fortschrittszahlenkonzept
neuerer Ansatz in der Fertigungssteuerung, bei dem der Fertigungsbereich in Kontrollblöcke gegliedert wird. Für jeden Kontrollblock wird an einem Stichtag mit einer teilespezifischen Addition aller Zugänge begonnen. Die aktuelle kumulierte Zahl ist die Fortschrittszahl. Anhand dieser ist die Menge der seit dem Stichtag eingegangenen Teile direkt feststellbar. Die Kontrolle erfolgt durch den Vergleich der Soll- mit der Ist-Fortschrittszahl. F. wird hauptsächlich in der →Serien-, →Fließ- und →Massenfertigung angewandt.

Forward Rate Agreement
nicht an der →Börse gehandelte Vereinbarung über einen →Zinssatz, der sich auf eine zukünftige Geldanlage bezieht. F. dient der Absicherung gegen zukünftig sinkende Zinsen bei einer Geldanlage bzw. bei einer Mittelaufnahme.

Fraktale Organisation
zu Beginn der 90er Jahre entwickeltes Konzept zur Gestaltung einer effizienten Organisationsstruktur, nach dem das →

Unternehmen in selbstständig agierende Organisationseinheiten gegliedert wird. Diese weisen bestimmte Merkmale auf: ähnliche Struktur, Maßstab ihres Handelns sind Unternehmensziele, Fähigkeit zur Selbstorganisation und -optimierung. Sie wirken über ein vernetztes Informations- und Kommunikationssystem zusammen. F. baut Ineffizienz aufgrund nicht notwendiger Formalisierung der Organisationsgestaltung ab und schöpft Human-Ressourcen aus.

Franc CFA
Abk. für: Franc de la Communanté Financière-Africaine
von der Zentralbank westafrikanischer Staaten ausgegebene convertible (→Konvertibilität) und einheitliche (→Währung der westafrikanischen Währungsunion, der Benin, Burkina Faso, Elfenbeinküste, Mali, Niger, Senegal und Togo angehören, und in weiteren sechs Staaten (Äquatorial-Guinea, Gabun, Kamerun, Kongo, Tschad, Zentralafrikanische Republik) sowie in den französischen Territorien, die alle zusammen die Zentralafrikanische Währungsunion bilden. Tragendes Element in der F.-Zone ist die Konvertibilitätsverpflichtung Frankreichs gegenüber den Mitgliedern. F.-Zone weist gegenüber anderen in chronischer Devisennot (→Devisen) befindlichen Staaten Afrikas relativ monetäre Stabilität auf, ausgeglichene Devisenlage und dank der Währungssolidarität der Mitgliedsländer sowie einer von Frankreich gewährten Kreditlinie Ansehen auf den internationalen →Kapitalmärkten. Musste 1994 erste →Abwertung hinnehmen.

Franchise-System
vertikale Kooperation im →Marketing, bei der ein Unternehmen (Franchisegeber) Waren und/ od. Know-how langfristig dem Franchisenehmer zum Vertrieb überlässt, die Marketingpolitik weitgehend selbst bestimmt und außerdem über bestimmte Weisungs- und Kontrollrechte verfügt. Auch Unternehmen (→Betrieb, I., 2.), die das Produkt nicht herstellen, können gegen Entgelt Franchisegeber sein. Das System hat sich rasch ausgebreitet

free on board
→fob.

free rider position
⇒Trittbrettfahrer-Verhalten
kostenlose und vom Verursacher nicht
ausschließbare Nutzung →externer Effekte.

Free Trade Area Agreement (FTA)
1985 zwischen USA und Israel geschlossenes Abkommen, das neben der →EG das weitreichendste Freihandelsabkommen (→Freihandel) ist. Nach F. sollen bis 1.1.1995 zwischen beiden Staaten alle → Zölle für sämtliche Produkte - außer landwirtschaftliche - beseitigt, →nichttarifäre Handelshemmungen aufgehoben, Handelsschutz für israelische Industrien beendet werden und die USA gegen ausländische Konkurrenten gerichtete Maßnahmen nicht auf Israel anwenden dürfen.
Temporäre Schutzmaßnahmen sind nach vorheriger Konsultation zugelassen, so z.B. bei ernsten Problemen in der →Zahlungsbilanz. Zur Vermeidung eines Tausches von →Gütern zwischen Israel und USA, die nicht Produkte der Unterzeichnerländer sind, gelten bestimmte Regelungen. Da Israel auch mit der EG ein Präferenzabkommen geschlossen hat, ist es in die wichtigsten →Märkte der Welt integriert. F. gilt als Modell auf dem Gebiet des bilateralen Handels.

Free Trade Area of the Americas (FTAA)
24 Länder Amerikas haben 1995 beschlossen, die F. als größte →Freihandelszone der Welt mit 850 Mio Menschen zu schaffen.

Freibetrag
Teil des steuerlichen Betrages, der von der Besteuerung aus wirtschaftlichen od. sozialen Gründen freibleibt. F. werden auch bei anderen Steuern berücksichtigt (z.B. Gewerbe-, Erbschaftsteuer).

Freiburger Schule
Bezeichnung für die während des Zweiten Weltkrieges von W. Eucken, F. Böhm und H. Großmann-Doerth erarbeiteten theoretischen und wirtschaftspolitischen Grundlagen der →Sozialen Marktwirtschaft. Bedeutendes Merkmal für die freiheitliche Ordnung der Wirtschaftsgesellschaft ist der staatlich geordnete Leistungswettbewerb und die marktkonforme Wirtschaftspolitik (→Theorie der Wirtschaftspolitik).

freie Liquiditätsreserven
frei verfügbare Mittel der →Banken, die jederzeit in → Zentralbankgeld umgewandelt werden können; deshalb auch potentielles Zentralbankgeld genannt. Zu den f. zählen: →Überschussreserven an Zentralbankgeld, inländische →Geldmarktpapiere, unausgenutzte → Rediskontkontingente. Die Abgrenzung der f. ist von der →Deutschen Bundesbank öfter geändert worden. Bis 1973 praktizierte die Bundesbank eine Steuerung der → Geldmenge über die Beeinflussung der f.

freier Devisenmarkt
an → Interventionen freier → Devisenmarkt. Nicht zu verwechseln mit dem → Freiverkehrsmarkt.

freier Makler
ist i.Ggs. zum →amtlichen Kursmakler nicht in der amtlichen Kursfeststellung (→amtlicher Handel) tätig. Vermittelt Geschäfte zwischen den übrigen Börsenbesuchern insbesondere in amtlich nicht notierten Werten od. ist Händler für eigene Rechnung. Darf auch Leerspekulationen vornehmen.

freier Wechselkurs
⇒flexibler Wechselkurs
⇒Floating.

freies Gut
i.Ggs. zum → wirtschaftlichen Gut ein nicht knappes Gut. Ist ohne Gegenleistung zu erhalten, der →Preis ist null; z.B. Luft zum Atmen im Freien.

Freigeld
⇒Schwundgeld
nichteinlösbares Papiergeld (→Geld) mit festem Nominalwertaufdruck, das nach einem 1890 von S. Gesells gemachten Vorschlag zur Reform der →Geldverfassung eingeführt werden sollte, um solche Änderungen des →Preisniveaus auszuschließen, die durch Schwankungen der

Umlaufgeschwindigkeit des Geldes ausgelöst werden. F. sollte jeweils zum Jahresbeginn begehen und am Jahresende gegen neues eingetauscht werden sowie im Laufe des Jahres einen bestimmten Prozentsatz vom ursprünglichen Nominalwert verlieren. Zur Erhaltung des Nominalwertes könnte der Geldhalter eine Marke - die zugleich als Kleingeld verwendet wird - auf den Schein kleben, andernfalls würde das F. nur mit einem → Disagio in Höhe des Wertschwundes akzeptiert. Der permanente Wertschwund des Geldes sollte die Geldhaltung zum Zwecke des →Hortens und der Vermögenshaltung (→ Spekulationskasse) unterbinden sowie die Verwendung von als Transaktionsmittel (→ Transaktionskasse) einschränken und somit Veränderungen der →Geldmenge, die von Schwankungen der Umlaufgeschwindigkeit ausgelöst werden, vermeiden. Eine auf Stabilität der → Währung verpflichtete → Zentralbank könnte dann über die diskretionäre Steuerung des →Geldangebots das Preisniveau hinreichend präzise lenken, da eine →Geldproduktion durch Geschäftsbanken (→ Banken) ausgeschlossen sein sollen. Gesells Plan, der von J. M. Keynes positiv aufgenommen wurde, hat mehrere Mängel: so z.B. die Festsetzung des jährlichen Entwertungssatzes; die durch den Entwertungssatz ausgehöhlte Funktionsfähigkeit des Geldes als Wertaufbewahrungsmittel; eine dadurch ausgelöste Flucht in Sachwerte, was Ressourcen fehlleitet.

Freihandel
1. von →Zoll und Mengenrestriktionen ungehinderter internationaler Handel. Ursache ökonomischer Wohlfahrt der Handel treibenden Länder.

2. ⇒*Freiverkehr.*

Freihandelszone
Kooperation zwischen Staaten, untereinander einen von →Zoll und anderen Beschränkungen freien Handel zu treiben. I.Ggs. zur →Zollunion wendet jeder Staat im Handel mit nicht zur F. gehörenden Ländern eigene Zollsätze an. Beispiel für F. ist →EFTA, →Free Trade Area Agreement.

Freiheitlicher Sozialismus
⇒Demokratischer Sozialismus wirtschaftspolitische Konzeption, die volkswirtschaftliche Planung und einzelwirtschaftlichen → Wettbewerb derart miteinander zu verbinden versucht, dass Mängel direkter staatlicher Eingriffe wie auch des Preismechanismus (→Preisbildung) vermieden werden. F. war Wirtschaftspolitisches Leitprinzip deutscher Sozialdemokratie Ende der 50er bis Anfang der 70er Jahre und äußerte sich in dem Motto: „Wettbewerb soweit wie möglich, Planung soweit wie nötig". Gesellschaftlich und ökonomisch wurden u.a. Ziele der Chancengleichheit und der wohlfahrtsstaatlichen Daseinsvorsorge mit einem Netz sozialer Sicherheit vertreten.

Freiheitsgrad
1. Die Zahl der F. eines Systems gibt die Zahl der →Variablen an, die willkürlich gewählt werden können.

2. Anzahl der Beobachtungen, z.B. Umfang einer →Stichprobe in der →Deskriptiven Statistik, vermindert um die →exogenen Variablen.

Freiheit von Geldillusion
nach I. Fisher für die Verhaltensweise von →Wirtschaftssubjekten, die für ihre ökonomischen Reaktionen auf dem → Markt neben Änderungen des Nominaleinkommens (→Einkommen) auch Preisänderungen berücksichtigen, so dass die mengenmäßige Güternachfrage der privaten Haushalte (→Haushalt, 1.) nur von den relativen Preisen (→Preis) und dem Verhältnis der Preise zum Nominaleinkommen abhängt. F. ist Voraussetzung für →Neutralität des Geldes. Vgl. auch → Homogenitätskriterium.

Freisetzungseffekt
1. Freisetzungshypothese i.Ggs. zur → Kompensationshypothese. Generell der Mindereinsatz von →Produktionsfaktoren aufgrund sich ändernder →Faktorintensität bei gleichem → Output. I.d.R. wird der Begriff F. auf dem Mindereinsatz von →Arbeit aufgrund des →technischen Fortschritts bezogen. Es ist zwischen dem aktuellen F., der tatsäch-

lich beobachtbaren Freisetzung von Arbeitskräften (→ technologische Arbeitslosigkeit), und potentiellen F. zu unterscheiden. Dieser ist der nichtneutrale technische Fortschritt (→technischer Fortschritt), z.b. der arbeitssparende technische Fortschritt nach Hicks, der äquivalent der Wirkung einer Erhöhung des Arbeitseinsatzes ohne technischen Fortschritt ist. Diese Art nichtneutralen Fortschritts spart die fiktive Arbeitsaufwendungen ein.

2. in der Krisentheorie des Sozialismus die aufgrund von →Investitionen für → Produktionsmittel freigesetzten Arbeiter, die nun weder Lohn noch Arbeitslosenunterstützung erhalten. Wg. sinkender → Güternachfrage werde eine allgemeine ökonomische Krise ausgelöst.

Freistellungsmissbrauch
nach deutschem Recht (→Gesetz gegen Wettbewerbsbeschränkungen) neben → Kartell und →aufeinander abgestimmten Verhalten eine Form der →horizontalen Wettbewerbsbeschränkung, bei der ein Kartell od. die beteiligten Unternehmen (→Betrieb, I.), die durch Erlaubnis erlangte Freistellung (GWG §§ 4-8) od. gewährte Freistellung im Rahmen der → Bereichsausnahmen (GWG §§ 102, 104) missbrauchen. Bei F. kann die Erlaubnis widerrufen od. qualitativ abgeändert werden bzw. kann das →Bundeskartellamt dagegen vorgehen.

Freiverkehr
⇒Freihandel
⇒nicht amtlicher Handel
Handel an der →Börse mit nicht zum → amtlichen Handel zugelassenen →Wertpapieren. Wird von →freien Maklern getätigt. Umfasst seit 1988 den →Geregelten Freiverkehr und →Ungeregelten Freiverkehr. Ist im Börsengesetz nicht genauer geregelt, unterliegt aber einer Missbrauchsvorschrift der Vorstände der Wertpapierbörsen. Damit soll ordnungsgemäßer Handel mit solchen Werten sichergestellt werden, die die Anforderungen des amtlichen Handels und des Geregelten Marktes nicht erfüllen, bei denen aber angesichts einer größeren Zahl von Aktionären (→ Aktiengesellschaft)

ein Interesse an einem Handel auf einem transparenten →Markt vorliegt. Wird an angelsächsischen Börsen over the counter market bezeichnet.

Freiverkehrsausschuss
für den →Geregelten Freiverkehr zuständiges Organ der Wertpapierbörse (→Börse). Verantwortet die Einbeziehung, nicht aber die Zulassung, der zu handelnden Papiere und überwacht ihren Handel.

Freiverkehrsmarkt
zum → Devisenmarkt zählenden Teilmarkt außerhalb der offiziellen →Devisenbörse, auf dem →Banken wie auch Nichtbanken →Devisen handeln.

freiwillige Arbeitslosigkeit
→Arbeitslosigkeit.

Freizeit
⇒*Konsumzeit.*

Fremdfinanzierung
⇒*Fremdkapitalfinanzierung.*

Fremdkapital
⇒Gläubigerkapital
Bezeichnung für das durch Schuldenaufnahme finanzierte →Kapital einer Unternehmung (→ Betrieb, I.). I.Ggs. zum Eigenkapital besteht für F. kein Haftungsverhältnis. F. hat lediglich Anrecht auf Erhalt des vertraglich vereinbarten Nutzungsentgelts für seine Überlassung (Zinsen) und nominale Rückzahlung, deshalb auch als Gläubigerkapital bezeichnet. S. auch →Kapital.

Fremdkapitalfinanzierung
⇒Fremdfinanzierung
bezeichnet die Form der Kapitalbedarfsdeckung einer Unternehmung (→Betrieb, I.) nach dem Kriterium der Rechtsstellung des →Fremdkapitals im Unterschied zum →Eigenkapital. S. auch →Finanzierung, 1.

Fremdwährungsanleihe
→Anleihe, die am inländischen →Kapitalmarkt in einer fremden →Währung aufgelegt wird. F. dürfen seit 1990 in der Bundesrepublik aufgelegt und an →In-

länder verkauft werden. Da Kauf bereits
aufgelegter F. im →Sekundärhandel und
Plazierung bei einem internationalen →
Konsortium bisher schon gestattet waren, wurden Umgehungsstrategien betrieben, die wegen dieser Neuregelung
nunmehr entfallen können.

Fremdwährungsmarkt
⇒Eurodollarmarkt
⇒*Euromarkt*
⇒Offshore-Markt.

Fremdwährungskredit
F. dient der Absicherung des Risikos aus
Schwankungen des →Wechselkurses. So
kann z.B. ein deutscher Exporteur Kurssicherung erreichen durch Aufnahme eines F. auf dem → Euromarkt in der
Währung, in der der Exporterlös gezahlt
wird. Die Kreditvaluta wird auf dem →
Kassamarkt verkauft. Somit stehen ihm
zum aktuellen Wechselkurs Euro zur
Verfügung. Die Kreditrückzahlung erfolgt aus dem Exporterlös. Eine Wechselkursänderung ist für den Erfolg des
Exportgeschäfts ohne Bedeutung, da der
F. mit dem Exporterlös zurückgezahlt
und die Kreditvaluta bereits bei Aufnahme des F. in Euro getauscht wurde.

fresh money
Zufuhr von →Liquidität, z.B. in Form von
→Krediten, an ein →Wirtschaftssubjekt
od. Land, wenn es seine Tilgungs- und
Zinsleistungen nicht mehr erfüllen kann,
also „notleidend" geworden ist.

Friedman-Effekt
von M. Friedman aufgrund empirischer
Untersuchungen nachgewiesene gegen-
läufige Wirkungen auf den Realzins (→
Zins), die von einer zunehmenden Unsicherheit über die Entwicklung des →
Preisniveaus ausgehen.

Friedman-Plan
die von M. Friedman propagierte →Geld-
politik zur Erreichung eines stabilen →
Preisniveaus, indem das Wachstum der →
Geldmenge der Zunahme des realen Sozialprodukts (→Sozialprodukt) anzupassen ist. Da nach Friedman die
kompensierende Stabilitätspolitik (→Sta-
bilisierungspolitik) Ursache für erhöhte

Schwankungen der wirtschaftlichen Aktivität sei, ist die Geldmenge nicht als
Mittel der →Konjunkturpolitik einzusetzen.

friktionelle Arbeitslosigkeit
→Arbeitslosigkeit.

Fruchtbarkeitsziffer
⇒Fruchtbarkeitsrate
⇒zusammengefasste Geburtenrate
→Fertilität.

Früherkennungssystem
⇒Frühaufklärungssystem
⇒Frühwarnsystem
betrieblich spezifische Analyse und Pro-
gnoseinformationen, die sich auf unter-
nehmensrelevante Chancen und Risiken
beziehen, um Veränderungen im In- und
Umsystem einer → Unternehmung bereits zum Zeitpunkt ihrer noch wenig
strukturierten Entstehung zu erfassen.
Heutige F. verarbeiten auch vage und
ungerichtete Informationen, z.B. durch
Trendmeldungen möglichst vieler Mitarbeiter. Leistungsfähige F. erfordern ein
umfassendes Kennzahlen-, → Indikato-
ren- und Sensorsystem sowie ein Doku-
mentations- und Retrievalsystem.

Frühindikatoren
ökonomische Größen, die im Voraus
über folgende Zustände und Entwicklungen Erkenntnisse liefern, so z.B. Auftragseingänge über die Konjunktur (→
Konjunkturtheorie).

Führung
die Literatur zum Begriff F. zeigt, dass
das Verständnis von F. in starkem Maße
vom gesellschaftlichen Bewusstsein abhängig ist. So ist der Inhalt von F. im Bewusstsein der Öffentlichkeit, Politik,
wirtschaftlichen Praxis und selbst auch
in der Verarbeitung wissenschaftlicher
Ergebnisse in der →Betriebswirtschafts-
lehre, Betriebssoziologie und Betriebspsychologie stark zeitgebunden selektiv,
so z.B. als Zuschreibung im Schlepptau
rechtfertigungsideologischer Interessen,
geprägt von normativen od. deskriptiven
Gesichtspunkten od. bestimmt durch
Kriterien der Effizienz.
Allgemein und *generell* wird F. als zielbe-

zogene Beeinflussung in einem sozialen Gebilde definiert. In der *politischen Wissenschaft* ist F. entweder Macht od. bei Betrachtung von Gesellschaftsverbänden (Staaten) wird F. legitimer od. auch auf bloßer äußerer Macht beruhender Herrschaft gegenübergestellt. In *soziologischer* Betrachtung ist die Realität von Gruppen überhaupt von F. abhängig, da nicht jedes Gruppenmitglied das Normensystem der Gruppe erkennt und übernimmt. Je stärker das soziale Verhalten durch Sitten und Gebräuche institutionalisiert ist, umso weniger muss sich F. etablieren. F. kann in Gruppen spontan entstehen od. auch in Organisationen formalisiert durch Zuweisung und Übernahme, wenn von informeller F. abgesehen wird.

In der *Betriebswirtschaftslehre* ist F. als Erreichung einer möglichst störungsfreien Gestaltung des Systems Unternehmen (→ Betrieb, I., 2.) als internes Problem wie auch als Abstimmung zwischen dem System Unternehmen einerseits und System Umwelt andererseits als externes Problem zu definieren. Letztere Gestaltungsfunktion wird auch als originäre F. bzw. F.-saufgabe mit den grundlegenden Phasen der Willensbildung, -durchsetzung und -sicherung aufgefasst. Von der originären F. ist die *derivative* F. bzw. F-saufgabe als jeweilige Gestaltungshandlung im Unternehmen in Form des Entscheidungs-, Kommunikations-, Zielsetzungs-, Planungs-, Organisations-, Kontroll-, Delegations-, Motivations- und Entwicklungsprozesse abzuleiten. Derivative F. hat a) eine sachrationale, bis heute dominierende Ausprägung in Gestalt der *Managementfunktionen* (→Management), die da sind: Zielsetzung, → Planung, → Organisation, → Kontrolle, und b) eine personenbezogene Ausprägung in Gestalt der *Humanfunktion*; sie wird oft als F. definiert od. auch F. i.e.S.

Die Gesamtaufgabe der Unternehmens-F. wird von *F.-skräften* wahrgenommen, sie erfüllen *F.-saufgaben*. Die Merkmale der F.-skräfte sind nicht eindeutig zu konkretisieren. Sie benutzen *F.-ssysteme*, die sich aus Techniken, Methoden, Verfahren und →Modellen bilden, und wenden als Instrumente der Unternehmens-F. *F.-sstile* an, worunter die Art und Wei-

se der Funktionsausübung zu verstehen ist (autoritärer, patriarchalischer, bürokratischer, kooperativer, partizipativer F.-sstil). F.-ssysteme konkretisieren sich in Problemlösungstechniken (Ideenfindungstechnik, →Brainstorming), in Managementsystemen (→ Management by Exception, Management by Communication (z.B. mittels EDV) (→automatische Datenverarbeitung) u.a.) und in *F.-smodellen* (→Harzburger Modell, →Management by Objectives).

Führungsstil
in der Unternehmensleitung die Art und Weise des Führungsverhaltens von Vorgesetzten gegenüber weisungsabhängigen Mitarbeitern, z.B. der traditionelle patriarchische F. od. der moderne kooperative F. S. auch →Führung.

FuE-induzierter technischer Fortschritt
Abk. für: Forschung und Entwicklung-induzierter technischer Fortschritt →technischer Fortschritt.

Fullarton'sches Rückstromprinzip
von J. Fullarton und Th. Tooke, Vertreter der Banking-Schule (→Banking-Theorie), vertretene Auffassung, wonach die → Banknote ein Kreditpapier sei und nur zeitweilig auftritt, weil es durch seinen Rückstrom zur →Notenbank wieder in → Münzen eingelöst werde und somit verschwinde. Um eine Überemission (→ Emission) und Inflation (→Inflation) zu verhindern, müsste der Rückstrom zur Notenbank gesichert werden. Gegensätzlicher Ansicht waren Vertreter der →Currency-Theorie.

fundamental-psychologisches Gesetz
von J. M. Keynes für die Konsumenten formulierte Verhaltensweise, wonach die Menschen i.a. geneigt sind, ihren Konsum zu erhöhen, wenn das →Einkommen steigt, aber nicht im Umfang der Einkommenssteigerung, d.h. es gilt für die marginale Konsumquote (c): c < 1. S. auch → Keynessche Theorie, →Konsumtheorie.

Fundamentaltheorem
von P. A. Samuelson so benannte →Prämisse in der →Revealed preference-Analyse, wonach sich reales Einkommen (→

Einkommen) der privaten Haushalte (→ Haushalt, 1.) und ihre →Güternachfrage nur in gleicher Richtung ändern. S. →Revealed preference-Analyse, 3.

fundierte Schuld

in der →Finanzwissenschaft die endgültig plazierte Schuld des öffentlichen Haushalts (→Haushalt, 3.) in Form von z.B. →Schuldverschreibungen. Ggs. ist → floating debt.

fundiertes Einkommen

⇒Besitzeinkommen
⇒Kapitaleinkommen
⇒Vermögenseinkommen
→Einkommen.

Fungibilität

lat.: Vertretbarkeit. Große Ersetzbarkeit beweglicher Sachen. F. bedeutet, die einzelnen Stücke weisen innerhalb ihrer Gattung aufgrund ihrer Bestimmung nach Zahl od. Nominalwert (→Nominalwertprinzip) gleiche Beschaffenheit sowie gleiche Rechte und Pflichten auf. Z.B. eine gängige → Münze bestimmter → Stückelung, bei der jede einer anderen gleicht, od. eine typisierte börsenabhängige (→ Börse) Ware (Kaffee, Getreide, Metalle, → Wertpapiere). An der Börse gehandelte Wertpapiere sind sehr fungibel, besonders die Inhaberaktie (→Aktie), da sie jederzeit ohne Formalitäten durch eine andere Aktie gleichlautenden Inhalts ersetzt werden kann. Die F. erfüllt das Erfordernis freier Handelbarkeit der Sachen.

Funktion

1. in →Modellen der →Volkswirtschaftslehre Darstellungsmethode für →Hypothesen, um Zusammenhänge zwischen variierenden Größen (→Variablen) zu erfassen. S. auch →Elastizitäten.

2. in der →Organisation Bezeichnung für den Teil einer Institution und die Formen, Strukturen sowie Abläufe als Ausdruck einer bestimmter Auffassung über den Organisationsbegriff.

funktionelle Einkommensverteilung

1. *Gegenstand.* Die f. erfasst die Entlohnung, die die →Produktionsfaktoren für ihre Mitwirkung am Wertschöpfungsprozess erhalten. Analysiert werden kann die funktionelle Verteilung des Produktionsergebnisses einer Unternehmung (→Betrieb, I.). Dann fällt die f. mit der Theorie der →Faktorpreisbildung zusammen. Im Vordergrund der Verteilungstheorie und des verteilungspolitischen Interesses (→Einkommenspolitik) stehen die Einkommensanteile (→ Einkommen) am → Sozialprodukt, die auf die beiden wichtigsten gesamtwirtschaftlichen Faktorgruppen, → Arbeit und → Kapital, entfallen. Das sind die →Lohnquote und die →Gewinnquote, die sich zu eins addieren.

2. *Empirische f.* Die aus der →Volkswirtschaftlichen Gesamtrechnung hergeleitete (tatsächliche) *Lohnquote* ist gleich dem Anteil der Bruttoeinkommen aus unselbstständiger Arbeit am Volkseinkommen (→ Einkommen). Die so definierte Lohnquote ist langfristig gestiegen, u.zw. in einem über hundertdreißigjährigen Zeitraum von 43 v.H. in 1870 auf 67 v.H. im Jahr 2005. Im Konjunkturverlauf schwankt die Lohnquote antizyklisch. Aus der langfristigen Beobachtung darf nicht geschlossen werden, dass sich die f. im selben Ausmaß zugunsten des einzelnen →Arbeitnehmers verbessert hat. Bis in die Gegenwart ist nämlich der Anteil der →abhängig Beschäftigten an der Gesamtzahl der →Erwerbstätigen stets angewachsen, von 56 v.H. in 1870 auf derzeit 8 v.H. Diesen Strukturwandel will die *bereinigte Lohnquote* sichtbar machen. Sie gibt an, wie sich die f. entwickelt hätte, wenn keine Umschichtungen in der Beschäftigungsstruktur stattgefunden hätten. Der langfristige Anstieg dieser Lohnquote fällt erheblich niedriger aus.

3. *Theorienbildung.* Die Erklärung der f. reicht bis zur Klassik zurück. Sie bildet deshalb ein bedeutsames Kapitel der → Dogmengeschichte.

3.1. Bei den *Klassikern* diktieren die Gesetzmäßigkeiten der f. die Dynamik der langfristigen Wirtschaftsentwicklung. *Ricardo* (1772-1822) unterscheidet entsprechend den Gegebenheiten seiner Zeit drei soziale Klassen, die jeweils einen Produktionsfaktor einbringen: Landbesitzer, Arbeiter und Kapitalgeber (als

Pächter des Bodens). Die an die Grundbesitzer abzuführende →Rente resultiert daraus, dass Grund und Boden unterschiedliche Qualitäten aufweisen, so dass für die Böden höherer Fruchtbarkeit nach Abzug der Produktionskosten ein Überschuss (→Differentialrente) verbleibt im Vergleich zu dem Boden minderer Qualität, der noch in Bebauung genommen werden muss (Grenzboden). Da der →Ertrag auf diesem Grenzboden die (gemeinsame) Entlohnung der variablen Produktionsfaktoren Arbeit und Kapital festlegt, findet sich in der ricardianischen Rententheorie eine erste Anwendung des Marginalprinzips (→ Marginalanalyse); wenn auch in der speziellen Begründung durch einen inhomogenen und vorgegeben Produktionsfaktor (Boden). Der Lohnsatz spielt sich nach *Malthus* (1766-1834) langfristig auf dem Existenzminimum ein. Somit ergibt sich schließlich als Residuum zum Gesamtprodukt der Profit (→Gewinn). Er wird durch die Pächter akkumuliert und ermöglicht ein Bevölkerungswachstum. Mit wachsender Bevölkerung müssen zunehmend Böden schlechterer Qualität in Bebauung genommen werden. Die Renten steigen und die Profitrate auf das von den Pächtern eingesetzte Kapital sinkt. Hat die Profitrate ein bestimmtes Minimum unterschritten, akkumulieren die Kapitalisten nicht mehr. Bevölkerung und → Wirtschaft stagnieren.

Marx (1818-1883) reduziert in seiner Theorie vom →Mehrwert die klassische Dreiteilung auf zwei soziale Klassen, indem er die Grundeigentümer mit den Kapitalgebern zur Klasse der Kapitalisten zusammenfasst. Der Kapitalist entlohnt den Arbeiter mit den Reproduktionskosten (Subsistenzminimum) seiner Arbeitskraft. Der durch Mehrarbeit darüberhinaus geschaffene Mehrwert behält der Kapitalist als Profit ein, den er akkumuliert. Auch bei Marx fällt tendenziell die Profitrate, das Verhältnis von Mehrwert zu eingesetztem Kapital. Wenn die Profitrate so niedrig geworden ist, dass ein Anreiz zur weiteren Kapitalakkumulation entfällt, mündet die wirtschaftliche Entwicklung jedoch nicht in eine Stagnation, sondern das kapitalistische System bricht zusammen (→Gesetz des tendenzi-

ellen Falls der Profitrate, →Gesetz der kapitalistischen Akkumulation).

3.2. Die →*Grenzproduktivitätstheorie* wendet das Marginalkonzept auf alle (jetzt homogenen) Produktionsfaktoren an. Der reale Entlohnungssatz eines jeden Inputfaktors ist gleich seinem physischen → Grenzprodukt; kein Faktor erhält ein Residualeinkommen (→ Einkommen). Damit stellt sich die Frage, unter welchen Bedingungen das Gesamtprodukt genau ausgeschöpft wird (Ausschöpfungsproblem). Das ist dann der Fall, wenn das Grenzproduktivitätsprinzip mit der Annahme der →vollständigen Konkurrenz auf allen →Märkten verknüpft wird. Formal gesehen muss die → Produktionsfunktion im Bereich des Verteilungsgleichgewichtes homogen vom Grad eins sein (konstante Skalenerträge, →Skalenerträge). Für die Bestimmung der makroökonomischen Einkommensanteile ist die Substitutionselastizität (→Elastizitäten) zwischen Kapital und Arbeit entscheidend. Ist diese gleich eins, ist die Lohnquote unabhängig von der →Kapitalintensität; ist sie kleiner eins, hebt eine steigende Kapitalintensität die Lohnquote an. Andererseits senkt arbeitssparender technischer Fortschritt (→technischer Fortschritt) bei gegebener Kapitalintensität die Lohnquote.

3.3 Die *Monopolgrad- und Machttheorien* gehen davon aus, dass die Unternehmen über einen Preissetzungsspielraum verfügen (*Kalecki, Preiser*). Das ermöglicht den Arbeitern, ihre →Preise auf der Basis einer Zuschlagskalkulation zu bilden. In der Höhe des am Absatzmarkt durchsetzbaren Zuschlags auf die variablen Durchschnittskosten (→Kosten) schlägt sich der →Monopolgrad der Wirtschaft nieder. Er ist ein Strukturparameter, der nicht nur die Monopolstärke im Sinne der Preistheorie widerspiegelt, sondern zusätzlich von sozialen Machtfaktoren abhängt. Er ändert sich nicht kurzfristig und determiniert deshalb ein mittel- od. sogar langfristiges Verteilungsgleichgewicht.

3.4. Die *postkeynesianische* Verteilungstheorie leitet die f. aus dem makroökonomischen Kreislaufgleichgewicht (→ Gleichgewicht, 3.) her, in dem geplante

Ersparnis (→Sparen) und geplante →Investitionen übereinstimmen. Ihre Ansätze sind damit nachfrageorientiert. In Anlehnung an die Klassiker wird von zwei sozialen Klassen ausgegangen, die mit den beiden Einkommensklassen der Lohnempfänger und Gewinnbezieher gleichgesetzt werden. Beide unterscheiden sich in ihren →Sparquoten (*Kaldor*): Die Sparquote der Gewinnbezieher ist höher als die der Lohnbezieher. Bei gegebenen Sparquoten und exogenen Nachfragekomponenten (→gesamtwirtschaftliche Güternachfrage) ist jetzt nur eine bestimmte Aufteilung des → Volkseinkommens auf Löhne und Gewinne mit dem Kreislaufgleichgewicht kompatibel, so dass die Unternehmer mit ihren autonomen Investitionsentscheidungen die Verteilung für ihre eigene soziale Klasse (mit-) bestimmen. Eine Erhöhung der → Investitionsquote verteilt bei kurzfristig gegebenem realen Sozialprodukt über ausgelöste Preissteigerungen die Einkommen zugunsten der Gewinnbezieher in dem Ausmaß um, dass sich endogen die gesamtwirtschaftliche Ersparnis dem erhöhten Investitionsvolumen anpasst. Über denselben Anpassungsprozess führt eine Erhöhung der Sparquote einer der beiden Einkommensklassen zu einer Umverteilung zugunsten der Lohnquote. Da in diesem Ansatz die Arbeitnehmer sparen, akkumulieren sie → Vermögen und beziehen ebenfalls ein Gewinneinkommen (→ Einkommen) (Querverteilung). Erzielen beide soziale Klassen auf ihr Vermögen die gleiche Profitrate, ist die f. langfristig von der Sparquote der Arbeitnehmer unabhängig (*Pasinetti*-Paradoxon).

3.5. Die einzelnen Verteilungserklärungen müssen nicht isoliert nebeneinander stehen. Es existieren *Integrationsversuche* (u.a. *Solow/ Stiglitz*), die unterschiedliche gesamtwirtschaftliche Beschäftigungssituationen und Verteilungskonflikte zwischen → Arbeitgebern und → Gewerkschaften berücksichtigen. Abhängig von der jeweiligen ökonomischen Konstellation erklärt eine der skizzierten Verteilungshypothesen die jeweils augenblickliche f., und im Wechsel dieser Konstellationen werden zyklische Entwicklungen der f. ausgelöst.

Literatur: *G. Blümle*, Theorie der Einkommensverteilung. Berlin-Heidelberg 1994. *B. Külp*, Verteilungstheorie. 3. A., Stuttgart 1981.

Prof. Dr. J. Siebke, Heidelberg.

Funktionsbewertung
⇒*Arbeitsbewertung*
⇒Arbeitsplatzbewertung
⇒Dienstpostenbewertung
⇒job evaluation
⇒Stellenbewertung.

funktionsfähiger Wettbewerb
⇒workable competition
→ Wettbewerbstheorie, → Wettbewerbspolitik.

Fusion
Vereinigung der →Vermögen von mindestens zwei Unternehmen (→Betrieb, I.). Bei F. durch Aufnahme überträgt ein Unternehmen sein Vermögen als Ganzes an ein anderes. Nach deutschem Recht kann übernehmende Gesellschaft nur eine → Aktiengesellschaft, Kommanditgesellschaft auf Aktien (→Kommanditgesellschaft) od. Versicherungsverein auf Gegenseitigkeit sein. Bei F. durch Neubildung überträgt jede sich vereinigende Gesellschaft ihr Vermögen als Ganzes auf eine neu zu gründende Aktiengesellschaft. Gründe für F. sind Marktbeherrschung, Markterweiterung, Rationalisierung od. Verbesserung des Zugangs zum →Kapitalmarkt. Das →Bundeskartellamt prüft F. unter dem Aspekt der Marktbeherrschung und Wettbewerbsbeschränkung (→ Fusionskontrolle). S. auch →Wettbewerbspolitik.

Fusionskontrolle
dem → Bundeskartellamt übertragene Aufgaben und Befugnisse, → Fusionen von Unternehmen (→Betrieb, I.) zu verhindern, die geeignet sind, durch Entstehung od. Verstärkung einer marktbeherrschenden Stellung den → Wettbewerb zu gefährden. Deshalb schreibt das → Gesetz gegen Wettbewerbsbeschränkungen (GWB) seit 1957 die Beobachtung und seit 1973 auch die Untersagung von Zusammenschlüssen vor. Da es keine allgemein akzeptierte →Definition einer Fusion gibt, legt es eine Reihe von Tatbe-

ständen für eine Fusion im Sinne des Gesetzes fest. Unternehmen müssen vollzogene Zusammenschlüsse anzeigen und bei bestimmten Größenkriterien (Umsatz, Beschäftigte, Marktanteil) anmelden. Bei Vorliegen bestimmter Kriterien muss das Bundeskartellamt die Fusion prüfen und sie dann untersagen, wenn eine marktbeherrschende Stellung entsteht bzw. verstärkt wird od. die Nachteile der entstehenden Marktbeherrschung eintretende Verbesserungen der Wettbewerbsbedingungen überwiegen (Nachweispflicht der Unternehmen; Abwägungsklausel) od. der Bundesminister für Wirtschaft keine die Nachteile aufwiegenden gesamtwirtschaftlichen Vorteile od. auch kein überragendes Interesse der Allgemeinheit an der Fusion erkennen kann (sog. Ministererlaubnis). Zum Vorliegen einer Marktbeherrschung sind etliche Vermutungstatbestände im GWB angeführt, die horizontale, aber auch vertikale und konglomerate Fusionen erfassen sollen. Über die praktizierte F. wird in zweijährigem Abstand von der →Monopolkommission berichtet. S. auch →Wettbewerbspolitik.

Seit 1990 ist nach 16-jährigen Verhandlungen die F. in der EG in Kraft. Danach müssen grenzüberschreitende Zusammenschlüsse von Unternehmen mit mehr als 5 Mrd →Euro Weltumsatz od. mit 250 Mio Euro EG-Umsatz für wenigstens zwei der beteiligten Unternehmen od. mit einem Umsatzanteil eines Unternehmens, der wenigstens zu 2/3 aus der EG stammt, angemeldet werden. Alle gemeldeten Fälle sind einer Prüfung zu unterziehen. Die Möglichkeit, einen Fall an die nationale Behörde des betreffenden EG-Landes zu verweisen, besteht, wenn die EG keine Bedenken, das Land aber Interesse an einer nationalen Prüfung hat.

Futures-Märkte

⇒Terminmärkte
→Börsen, an denen Terminkontrakte für →Zinsen (Interest Futures), →Währungen (Currency Futures), Waren (Commody Futures) und (seit 1982) Aktienindices für bestimmte Portfolios (Stock Index Futures) gehandelt werden. Z.T. werden auch →Optionen auf diese Kontrakte gehandelt. An F. werden Kontrakte nur für solche Waren per Termin gehandelt, deren →Preise meist stark schwanken, Qualität und Menge standardisierbar sind, die →Märkte nicht monopolistisch beherrscht werden und eine hinreichende Markttiefe bei ausreichendem Informationsstand existiert. Im Unterschied zur Option stellen Futures für Käufer und Verkäufer feste Verpflichtungen dar, nach Ablauf einer bestimmten Frist die festgelegte Menge des betreffenden Objekts zu den vorher vereinbarten Bedingungen zu erwerben bzw. zu liefern. Die auf F. getätigten Geschäfte ermöglichen, auf längere Frist im Voraus zu disponieren und bieten für die von großen Schwankungen betroffenen Devisen-, Wertpapierkurse bzw. Warenpreise auf internationalen Märkten sowohl für Anleger wie Unternehmen sichere Kalkulationsbasis. F. tragen somit zur Risikovermeidung von Preis- und Kursschwankungen auf Kassamärkten (→Devisenmarkt, →Swappolitik, →Börse) bei und erhöhen - nach empirischen Analysen - die Allokationseffizienz (→Allokation). Geschäfte auf F. werden von Arbitrageuren (→Arbitrage), Hedger (→Hedging), Spekulanten sowie von solchen Unternehmen getätigt, die Außenhandel treiben.

Für Deutschland s. →Bund-Future, →Börse, hier: Deutsche Terminbörse, sowie → Deutscher Aktienindex.

F-Verteilung

sind $\chi^2_{v_1}$ und $\chi^2_{v_2}$ unabhängige →Chi-Quadrat-Verteilungen mit den → Freiheitsgraden v_1 und v_2, dann besitzt die Zufallsgröße $F_{v_1, v_2}: = v_2 \chi^2_{v_1}/v_1 \chi^2_{v_2}$ die F. mit den Freiheitsgraden v_1, v_2. Die F. hat den → Erwartungswert

$$E(F) = \frac{v_2}{v_2 - 2}\Big|_{(v_2 > 2)} \quad \text{und die →Vari-}$$

anz $Var(F) = \frac{2v_2^2(v_1 + v_2 - 2)}{v_1(v_2 - 2)^2(v_2 - 4)}\Big|_{(v_2 > 4)}$

und ist für $v_1 \to \infty$ und $v_2 \to \infty$ asymptotisch normalverteilt (→Normalverteilung).

G 8

Kooperation der acht größten Industrie-staaten der Welt: USA, Japan, Deutsch-land, Frankreich, Großbritannien, Russ-land, Italien und Kanada. Seit 1986 fin-den jährliche Treffen der Staats- und Re-gierungschefs (Weltwirtschaftsgipfel) statt, in deren Mittelpunkt Wirtschafts- und Währungsfragen der G.-Länder selbst wie auch der Welt stehen. →EU nimmt daran teil. Auf anderen Ebenen - z.B. der Finanzminister und Zentral-bankpräsidenten - finden weitere Sitzun-gen statt.

G 10

⇒Zehnergruppe
seit 1962 bestehender informeller Zusam-menschluss der zehn wichtigsten Indu-strieländer, wozu 1984 die Schweiz als elftes Mitglied und seit 1983 Saudi-Ara-bien als assoziiertes Mitglied hinzuge-kommen ist. Anlass war eine zwischen dem → Internationalen Währungsfonds und den G.-Ländern abgeschlossene Kre-ditvereinbarung. G. tagt halbjährlich und berät über das Anliegen des internationa-len Währungssystems. Errichtete ein bei der →BIZ verankertes System zur multi-lateralen Überwachung der →Währungs-reserven ihrer Länder, äußert sich zu Fragen der Funktion des internationalen Währungssystems und Finanzmarktes, der internationalen Verschuldung sowie der internationalen Kapitalbewegung.

G 24

1. 1972 gegründete Gruppe der →G 77 zur Beratung der internationalen Währungsfragen mit der Aufgabe, ge-meinsame Aktionen für →G 77 vorzu-schlagen. G. tagt regelmäßig und soll ein Gegenstück zu →G 10 bilden.

2. Gruppe der 24 westlichen Industrie-länder, die sich unter Einbeziehung der →Weltbank und anderer interna-tionaler Institutionen zur Hilfe für den Umbau der Wirtschaften der ehemali-gen Ostblockstaaten zusammenge-schlossen haben.

G 77

1967 gegründete Gruppe von 77 Ent-wicklungsländern zur Zusammenarbeit in weltwirtschaftlichen Fragen. Tritt als Gruppe gegenüber den Industrieländern besonders im Rahmen der →UNCTAD auf. Ist z.Z auf über 130 Ländern ange-wachsen.

Game Theory

→Spieltheorie, 1.

garantierte Wachstumsrate

→Wachstumsrate.

GARIOA-Hilfe

Abk. für: Government Appropriation for Relief in Occupied Areas
von den USA nach dem Zweiten Welt-krieg bis 1950 an Deutschland, Japan und Österreich gewährte Hilfe in Form von Lebensmitteln, Medikamenten und Treibstoff. Ein beträchtlicher Teil des in einem Fonds gesammelten Gegenwertes wurde in das → ERP-Sondervermögen eingebracht, da die Hilfsleistungen auf Kreditbasis verteilt wurden.

GATS

Abk. für: →General Agreements on Tra-de in Services.

GATT

Abk. für: General Agreement on Tariffs and Trade
1948 in Kraft getretenes multilaterales Handelsabkommen, dem gegenwärtig 100 Staaten als Vollmitglieder angehö-ren, die Bundesrepublik seit 1951. Ist de facto einer internationalen Organisation gleichzuachten; das Sekretariat ist in Genf. Die Mitgliedsländer treten perio-disch zusammen, die Vollversammlung tagt jährlich. G. stellt das einzige System dar, welches für den internationalen Handel und die Handelsbeziehungen in rechtlicher Form einen Rahmen von Re-geln und Verfahren festlegt und Rechte und Pflichten zwischen Mitgliedslän-dern einschließt. G. legt für die Handels-politik bestimmte Verhaltensweisen fest:

Gewährung der allgemeinen Meistbegünstigung, d.h. jedes Mitglied kommt in den Genuss des günstigsten Zollsatzes, den das Mitglied irgendeinem Land gewährt; schrittweiser Abbau von Zöllen (→ Zoll) sowie Beseitigung von mengenmäßigen Beschränkungen, z.B. in Form von Kontingenten. Mit diesen handelspolitischen Verhaltensweisen wollen die Mitglieder Erhöhung des Lebensstandards, Vollbeschäftigung, steigendes Realeinkommen und Erschließung der Hilfsquellen der Welt erreichen. G. dient auch als Forum für Handelsverhandlungen und für die Anpassung des rechtlichen Rahmens sowie als Organ der Streitbeilegung. Infolge der Erweiterung von 23 (1948) auf 148 (2005) Mitglieder wird das auf dem →Modell der →Marktwirtschaft beruhende G. nicht mehr einmütig unterstützt. Die siebte Verhandlungsrunde (Tokio Runde) dauerte von 1973-1979. Die 1986 begonnene achte Uruguay-Runde wurde 1994 mit der Einrichtung einer Welthandelsorganisation (→WTO) abgeschlossen über den Vereinbarungen zum einen Zollabbau von durchschnittlich 30%, einer Vereinbarung zur weiteren Marktöffnung für Dienstleistungen (→ Gut) und zum Schutz geistigen Eigentums sowie einem verbindlichen Verfahren zur Streitschlichtung.

Gebietskörperschaften
staatliche Organe als Körperschaften öffentlichen Rechts mit einem räumlich abgegrenzten Hoheitsbereich. Diese sind: Bund einschließlich Lastenausgleichsfonds (→Lastenausgleich) und → ERP-Sondervermögen, Länder, Gemeinden einschließlich Gemeindeverbände, kommunale Zweckverbände sowie Organisationen ohne Erwerbszweck, soweit ihre Mittel aus öffentlichen Zuschüssen stammen.

Gebrauchsgut
→Gut.

Gebrauchsmuster
Erfindung, die an Erfindungshöhe und → technischen Fortschritt geringere Anforderungen stellt als das → Patent und i.Ggs. zum Geschmacksmuster einen wirtschaftlichen od. technisch nutzbaren

Zweck haben muss. Gegenstand des G. sind Arbeitsgeräte, z.B. Werkzeuge, od. Gebrauchsgegenstände, z.B. Haushaltsgeräte, in neuer Gestaltung, Anordnung od. Vorrichtung. Anmeldung des G. erfolgt beim →Patentamt. Schutzfähige G. werden in die G.-rolle eingetragen mit einer Schutzfrist für drei Jahre.

Gebrauchswert
in der Preistheorie (→Preisbildung) wird zwischen objektivem G., der die objektiv feststellbare Brauchbarkeit eines →Gutes für einen bestimmten Zweck angibt, z.B. die Wärmeeinheit in kcal/h eines Heizgerätes, und subjektivem G. unterschieden, der die Nützlichkeit eines Gutes für eine bestimmte Person angibt. Klassiker, wie A. Smith und D. Ricardo, unterschieden zwischen G. und Tauschwert, wobei der subjektive G. für die Wert- und Preisbildung bedeutungslos blieb. Historisch ältere Preistheorien basieren auf dem objektiven G. od. vor allem dem Tauschwert.

Gebühren
gesetzlich festgelegte Entgelte an →Gebietskörperschaften für in Anspruch genommene Leistungen, z.B. Gerichtskosten. Sie sollen dem →Äquivalenzprinzip entsprechen. Bemessungsgrundlage kann Wert od. Menge der öffentlichen Leistung sein.

Gebührenvereine
⇒Abmahnvereine
Vereine, die Verstöße gegen das →Gesetz gegen den unlauteren Wettbewerb verfolgen, da der Gesetzgeber diese Aufgabe nicht einer staatlichen Institution übertragen hat, sondern sie Wettbewerbern, rechtsfähigen Vereinen zur Förderung gewerblicher Interessen (Wettbewerbsvereine) und rechtsfähigen Verbänden mit der satzungsgemäßen Aufgabe, Verbraucherinteressen durch Aufklärung und Beratung wahrzunehmen (Verbraucherschutzverbände), überlassen hat. Wettbewerbsverstöße werden zunächst durch eine Aufforderung auf Unterlassung des tatsächlichen od. angeblichen Vergehens (Abmahnung) verfolgt. Bei Nichtreaktion des Betroffenen besteht die Möglichkeit der einstweiligen

Verfügung od. auch Klage. Gem. Rechtsprechung muss der rechtswidrige Verletzte vor Einleitung solcher Schritte abmahnen, um dem Verletzer die Chance zu gewähren, Kosten eines Gerichtsverfahrens zu vermeiden. Mit der Abmahnung wird die Abgabe einer strafbewehrten Unterlassungserklärung verlangt, die Zahlung einer Vertragsstrafe bei künftiger Zuwiderhandlung vorsieht. I.d.R. wird von den Wettbewerbs- und Verbraucherschutzvereinen eine Kostenpauschale von etwa Euro 100,- als Erstattung getätigter Aufwendungen verlangt.

In den letzten Jahren haben in großer Zahl gegründete G. mit der Abmahnung verstärkt Missbrauch getrieben, als es ihnen lediglich um die Erlangung der Kostenpauschale ging. Ergangene Gerichtsurteile der letzten Jahre erschweren derartige Praktiken.

Geburtendefizit
⇾Geburtenüberschuss.

Geburtenrate
⇒Geburtenziffer
⇾Fertilität.

Geburtenüberschuss
Differenz zwischen Anzahl der Lebendgeborenen und die Anzahl der Gestorbenen. Die negative Differenz wird als Geburtendefizit bezeichnet.

Geburtenüberschussrate
der mit 1 000 multiplizierte Quotient aus dem → Geburtenüberschuss und dem durchschnittlichen Bevölkerungsstand; also Geburtenüberschuss je 1 000 Einwohner.

Geburtenziffer
⇒Geburtenrate
⇾Fertilität.

Gefangenendilemma
⇒Prisoner's Dilemma
eines der bekanntesten Beispiele aus der →Spieltheorie bei der Untersuchung von Entstehung, Optimalität und Stabilität kooperativer Strategien, wenn jeder Spieler seine Wahl ohne Kenntnis der Entscheidung der anderen Spieler treffen

muss und unter dem Aspekt des Eigennutzes handelt. Das Dilemma besteht darin, dass für jeden Akteur ein Anreiz zu nicht kooperativem Verhalten besteht, da er sich durch solches Verhalten besser stellt als bei Kooperation wie auch bei Nichtkooperation (Defektion) der anderen Akteure. Da diese Strategie für jeden Teilnehmer vorteilhaft ist, wird keiner kooperieren. Das Grundproblem des G. besteht darin, dass diese Situation für alle Akteure ungünstiger ist als eine wechselseitige Kooperation. Das Verhalten im Stellungskrieg des Ersten Weltkrieges „Leben-und-leben-lassen" zeigt gem. G., dass sich beide Seiten besser stellen als bei gegenseitiger Defektion, aber schlechter als bei wechselseitiger Kooperation. Das G. ist auch zur Erklärung des Verhaltens bei Geschäftsbeziehungen und internationalen Beziehungen in Politik sowie →Wirtschaft anzuwenden.

Gegenhypothese
⇒Alternativhypothese
⇾Hypothese, II.

Gegenmacht-Prinzip
⇒Konzept of countervailing power
zum Ausgleich vorhandener Marktmacht schließen sich die Betroffenen zusammen, um eine Gegenmacht aufzubauen. Nach J. K. Galbraith könne das G. zu einem funktionsfähigeren und gerechteren ökonomischen und politischen System führen. So werde z.B. die Verhandlungsmacht der Unternehmen (→Betrieb, I.) auf dem →Arbeitsmarkt durch →Gewerkschaften ausgeglichen. Diese Auffassung wird bestritten, da das G. auch Konfliktverschärfung bewirken könne und dann zusätzliche konfliktentschärfende Maßnahmen erfordere.

Gegenwartswert
⇒Anfangskapital
⇒Barwert.

geknickte Nachfragekurve
⇒kinked demand curve
die mit einem Knick versehene →konjekturale Preisabsatzkurve eines Oligopolisten (→Oligopols), dessen Konkurrenten bei von ihm vorgenommenen Preiserhöhungen nicht, aber bei Preissenkungen

gleichgerichtet reagieren. Folge dieser zweigeteilten Verhaltensweise ist die häufig zu beobachtende Preisstarrheit im Angebotsoligopol.

Geld

1. ökonomisch Finanzaktivum, das durch seinen Funktionen (→ Geldfunktionen) definiert ist. Bezüglich der konkreten G.-form →G.-mengenabgrenzung.

2. juristisch das vom Staat vorgeschriebene →Zahlungsmittel (→gesetzliches Zahlungsmittel) sowie das von der Allgemeinheit anerkannte Tausch- und Zahlungsmittel.

Geldangebotsfunktion

→Geldangebotstheorie, 4.

Geldangebotstheorie

1. In modernen Volkswirtschaften (→ Wirtschaft) besteht →Geld (das allgemeine Tauschmittel; → Geldfunktionen) hauptsächlich aus → Münzen und → Banknoten (Papiergeld) sowie →Einlagen (Sicht- u.a. → Depositen) bei den Geschäftsbanken (→Banken), über die mit → Scheck, → Überweisung, → Kreditkarte od. durch Abhebung verfügt werden kann. Münzen werden in der Bundesrepublik in staatlichen Münzstätten im Auftrag und für Rechnung des Bundes als Inhaber des Münzprägerechtes (→ Münzregal) geprägt und von der Bundesbank (→ Deutsche Bundesbank) in Umlauf gebracht. Da dem Konto des Bundes bei der Bundesbank der Münzgewinn (Nennwert der Münzen minus Herstellungskosten) gutgeschrieben wird, wäre aus fiskalischen Gründen mit einer Münzherstellung nach dem *klassischen* Prinzipien der *Geldproduktion* zu rechnen (→ Gewinnmaximierung, → Produktion bis →Grenzerlös (= Nennwert einer Münze) gleich →Grenzkosten). Da die Bundesbank jeder Erhöhung des Münzumlaufs zustimmen muss, wird im Interesse der Währungsstabilität das klassische Geldproduktionsprinzip verletzt. Das gleiche gilt für den Druck und die Ausgabe der Banknoten, zu der die Bundesbank allein befugt ist.

2. Die Geschäftsbanken als Produzenten der Bankeinlagen, die sie gegen →Bar-geld (Münzen und Noten), gegen →Buch-geld (Sichteinlagen anderer Geschäftsbanken) od. gegen Kredittitel (→Kredit) (Zahlungsversprechen in der Zukunft) verkaufen, folgen den klassischen Prinzipien der Geldproduktion (Gewinnmaximierung), allerdings unter Beachtung von Beschränkungen durch die Bundesbank (Mindestreservevorschriften (→ Mindestreservepolitik)) und Bereitstellung von Zentralbankgeld (→Geldarten) und des Liquiditätsrisikos (→Liquidität). Dieses besteht für eine Geschäftsbank darin, dass Kundenkredite nicht gerade dann zurückgerufen werden können, wenn Einleger ihre Depositen abheben od. an andere Banken transferieren wollen. Die Geschäftsbanken können als Pool von Einlegern Fristentransformation betreiben (aus Einlagen mit kurzen Laufzeiten werden Kredite mit längeren Laufzeiten), weil bei einer Vielzahl von Einlegern Zu- und Abgänge an Depositen sich weitgehend ausgleichen. Für Salden halten die Geschäftsbanken *Liquiditätsreserven* bereit, die aus *aktuellem* Zentralbankgeld (Bargeld und Zentralbankguthaben und *potentiellem* Zentralbankgeld (unausgenutzte Kontingente für Rediskont- (→Diskontpolitik) und Lombardkredit (→Lombardpolitik) von der Bundesbank) bestehen. Im Durchschnitt liegen die tatsächlichen Bestände an Bargeld und Zentralbankguthaben der Geschäftsbanken in der Bundesrepublik kaum über den Mindestreserven (→ Mindestreservepolitik) (vernachlässigbare Überschussreserven). Die Mindestreserven dienen de facto weitgehend auch der Liquiditätsvorsorge und als →Transaktionskasse, weil sie von den Geschäftsbanken nicht täglich, sonder nur im Durchschnitt eines Monates gehalten werden müssen. Geschäftsbanken können sich von anderen Geschäftsbanken Zentralbankgeld besorgen. Ent-sprechende →Kreditlinien dienen ebenfalls der Liquiditätsvorsorge.

3. Für die Produktion der Bankeinlagen benötigen die Geschäftsbanken zwar die üblichen → Produktionsfaktoren sowie zur Liquiditätsvorsorge und wg. der Mindestreservevorschriften tatsächliches und potentielles Zentralbankgeld. In der

modernen Geldproduktion sind die üblichen Produktionskosten jedoch unbedeutend („Depositen entstehen durch einen Federstrich") und die modernen G. konzentrieren sich auf den Produktionsfaktor Zentralbankgeld, dessen Verfügbarkeit von der Bundesbank nach geldpolitischen Erwägungen beschränkt wird. Die Bundesbank fixiert durch Käufe von fremden →Währungen (→Devisen), durch Netto-Kreditgewährung an den Staat, durch Käufe von →Wertpapieren am offenen Markt (→Offenmarktpolitik, →Geldmarktpapiere) einen Teil (A) des Zentralbankgeldbestandes beim Publikum und den Geschäftsbanken. Daneben gewährt sie den Geschäftsbanken über *Kontingente* für Rediskont- und Lombardkredit einen Refinanzierungsspielraum (S), den diese aus Gründen der Liquiditätsvorsorge nur unvollständig (im Umfang B) ausnutzen. Die Summe aus A und B heißt *aktuelle Geldbasis*, die Summe aus A und S *potentielle Geldbasis* (B^P) (*Entstehungsseite*) (→Geldbasis). Der Produktionsfaktor potentielle Geldbasis teilt sich auf der Verwendungsseite in die Bargeldhaltung des Nichtbankenpublikums (C), die Mindestreservehaltung (R) und in die Haltung →*freier* Liquiditätsreserven (F = Liquiditätsreserven minus Mindestreserven) der Geschäftsbanken. Das Publikum strebt zwischen Bargeld (C) und Sichtdepositen (D) eine bestimmte, von verschiedenen Zinssätzen und anderen Faktoren abhängige Proportion k an (C = kD). Entsprechendes gilt für die Geschäftsbankenwünsche nach freien Liquiditätsreserven (F = fD), während die Bundesbank einen Mindestreservesatz r vorschreibt (R = rD).

4. Die Depositenproduktion ist durch die vorhandene potentielle Geldbasis beschränkt ($(r + f + k) D \leq B^P$). Das Depositenvolumen bei *Voll*ausnutzung des Produktionsfaktors B^P unter Beachtung der Wünsche k und f und der Vorschrift r heißt *makroökonomisches Depositenangebot* (D^S):

$$D^S = \frac{B^P}{(r + f + k)}.$$ Das Depositenangebot

und die damit korrespondierende Bargeldhaltung (kD^S) bilden das *makroökonomische Geldangebot* (M^S):

$$M^S = D^S + kD^S = mB \text{ mit } m = \frac{(1 + k)}{(r + f + k)}.$$

Empirisch ist r + f kleiner als 1 und der *Geldschöpfungsfaktor* m daher größer als 1. (Bei m kleiner als 1 läge Geldvernichtung vor.) Die Marktzinssätze (für Bankkredit, Depositen, u.a.), die von der Bundesbank geldpolitisch gesetzten Rediskont- und Lombardsätze und andere Faktoren beeinflussen das Verhalten von Publikum und Geschäftsbanken und treten daher als Argumente der Funktionen k und f auf. Das Geldangebot als Funktion der potentiellen Geldbasis, der Zinssätze und anderer Determinanten heißt *Geldangebotsfunktion*. Mit m nimmt das Geldangebot zu, wenn der Bankkreditzins steigt.

5. Das Geldangebot nach obiger Formel wird dadurch effektiv, dass Geschäftsbanken und Nichtbanken Abweichungen zwischen gewünschter und tatsächlicher Bargeld- und Reservehaltung beseitigen. (Zu viel Bargeld beseitigt das Publikum z.B. durch Erhöhung der Bankeinlagen, wodurch die freien Liquiditätsreserven der Banken zunehmen. Wenn die Geschäftsbanken ihre überschüssigen (unerwünschten) freien Liquiditätsreserven durch Ankauf von Kundenwechseln abbauen, dann steigt das Kreditvolumen der Geschäftsbanken und die Sichtguthaben ihrer Kunden (Bilanzverlängerung). Die → Geldmenge nimmt zu, denn der Zuwachs der Bankdepositen ist insgesamt größer als der ursprüngliche ihn auslösende Abbau der Bargeldhaltung des Publikums).

6. Eine G., die Höhe und Einfluss „des" Marktzinssatzes durch eine Analyse des →Gleichgewichts auf dem Bankkreditmarkt (→Geldmarkt) bestimmt, heißt *Kreditmarkttheorie* (*Geldmarkttheorie*). Die Berücksichtigung von →Termin-, →Spar- und anderen Bankeinlagen neben den Sichtdepositen und die Beachtung alternativer Geldmengenbegriffe (→ Geldmengenabgrenzung) würde den hier gegebenen Rahmen sprengen. Der An-

satz der G., der sich auf das potentielle Geldbasiskonzept stützt, ist für die Bundesrepublik institutionell adäquat und aus Gründen besserer geldpolitischer Steuerbarkeit der potentiellen Geldbasis jenen Ansätzen der G. überlegen, welche die Überschussreserven an die Stelle der freien Liquiditätsreserven und die aktuelle an die Stelle der potentiellen Geldbasis setzen und die Kontingentierung des Zentralbankkredits der Geschäftsbanken vernachlässigen. (Das gilt auch für solche Zeitabschnitte, in denen die Bundesbank Lombardkontingente nicht explizit formuliert. Hier treten die subjektiven Vorstellungen der Geschäftsbanken von den Obergrenzen des Lombardkredits an die Stelle der objektiven Kontingente.)

Literatur: *H. J. Jarchow*, Theorie und Politik des Geldes, Bd. I. u. II. 8. bzw. 5. A., Göttingen 1990 bzw. 1988. *N. K. A. Läufer*, Geldangebot, Theorie und Politik. Tübingen 1994. *N. K. A. Läufer*, Makroökonomik einer neuen Geldangebotshypothese für die BRD, in: Kredit und Kapital, 22. Jg. 1989, 66-91. *N. K. A. Läufer*, Die Multiplikatorform einer neuen Geldangebotshypothese für die Bundesrepublik Deutschland, in: W.-R. Heilmann u.a. (Hrsg.), Geld, Banken und Versicherungen. Bd. 1, Karlsruhe 1984. *A. Woll/ G. Vogl*, Geldpolitik. Stuttgart 1976.

Prof. Dr. N. K. A. Läufer, Konstanz

Geldarten
es wird unterschieden: 1. *primäres Geld* ⇒ originäres Geld, das Grundlage der Geldproduktion der Geschäftsbanken (→Banken) und konkret *Zentralbankgeld* ist. Dieses stellt von der →Zentralbank auf sich selbst gezogene →Verbindlichkeiten dar, die keiner Einlösungspflicht unterliegen, und ist i.w.S. der gesamte →Bargeldumlauf sowie die Guthaben der Banken und Nichtbanken bei der Zentralbank; i.e.S. die Summe aus Bargeldumlauf außerhalb des inländischen → Bankensystems und die Mindestreserven (→Mindestreservepolitik) für inländische Verbindlichkeiten der Banken. 2. *sekundäres* Geld ⇒derivatives Geld, das von den Geschäftsbanken auf der Grundlage verfügbaren primären Geldes geschaffene →*Buchgeld* bei Geschäftsbanken ⇒Giralgeld bei Geschäftsbanken ⇒

Geschäftsbankengeld ⇒Depositengeld. 3. →*Bargeld*. 4. →*Außengeld*. 5. →*Innengeld*. 6. →historisch gesehen, das *Warengeld*, dessen Erscheinungsform im Laufe der Geschichte großen Wandlungen unterworfen war. Benutzt wurden zuerst → Güter verschiedenster Art wie Weizen, Salz, Muscheln, Fische, Vieh, Häute. Später wurden zum überwiegenden Teil Metalle wg. ihrer günstigen Eigenschaften als → Zahlungsmittel (Homogenität, Haltbarkeit u.a.) verwendet. 7. *Kurantgeld*, ausgeprägtes, durch seinen Stoffwert voll gedecktes Metallgeld, das i.d.R. als → gesetzliches Zahlungsmittel fungierte. Demgegenüber sind die heute verwendeten *Scheidemünzen* i.d.R. unterwertig. 8. mit dem Übergang zur Münzprägung entstand das durch das typische Merkmale (Form, Ausprägung, Stückelung) von anderen Gütern unterschiedene *Zeichengeld*. 9. heute anstatt Buchgeld auch *Computergeld*, da Geld nicht mehr in ‚Bankenbüchern', sondern im Magnetspeicher der Datenverarbeitungsanlage steht. 10. begrifflich nicht exakt: *Quasigeld* ⇒Geldsubstitute ⇒near monies, womit Güter bezeichnet werden, die eine starke Geldnähe besitzen, ohne selbst Geld zu sein. Sie erfüllen nur z.T. →Geldfunktionen, z.B. sind Versicherungspolicen Wertaufbewahrungsmittel. Je enger der Geldbegriff gefasst wird, um so größere Bedeutung erhält dann auch das Quasigeld.

Geldbasis
⇒monetary base
grundlegende Bestimmungsgröße in der → Geldangebotstheorie sowie strategische Größe in der →Geldpolitik, hier besonders im →Monetarismus, da durch sie die →Geldmenge hinreichend genau zu steuern sei und diese langfristig in stabiler Beziehung zum nominalen Sozialprodukt (→Sozialprodukt) stehe. G. besteht verwendungsmäßig aus dem →Bargeldumlauf und den →Sichteinlagen bei der → Zentralbank, also ihren →Verbindlichkeiten. Wird G. von der Entstehung her definiert, dann umfasst sie folgende Komponenten: →Währungsreserven der →Bundesbank (Gold, →Devisen), Nettoverschuldung des Staates bei der Zentralbank und deren Kreditgewährung an die

→Banken. Sie bilden den unmittelbaren Ansatzpunkt zur Steuerung der Versorgung der →Wirtschaft mit Zentralbankgeld (→Geldarten), da die Zentralbank diese Aktiva mit eigenen Verbindlichkeiten (Zentralbankgeld) erwirbt. Jeder Kauf der Zentralbank bedeutet eine Ausweitung der G. Betreibt die Bundesbank eine direkte Mengensteuerung (→Konzept), ist die monetäre Entwicklung in der Volkswirtschaft exogen determiniert; legt sie Konditionen (Preise, Zinsen) fest, zu denen sie zu →Transaktionen bereit ist (Zinsstrategie), wird die Geldmengenentwicklung endogen determiniert. Voraussetzung für eine Geldmengensteuerung über die G. ist die hinreichende Kontrolle der Zentralbank über deren Entstehungskomponenten, eine stabile Beziehung zwischen G. und Geldmenge sowie präzise →Prognose des Geldschöpfungsmultiplikators (→ Geldangebotstheorie, 4.). Alle Aspekte sind Gegenstand noch nicht beendeter Kontroversen.

Soll der Einfluss von Änderungen des Mindestreservesatzes (→Mindestreservepolitik) gesondert erfasst werden, wird die *erweiterte* G. ⇒bereinigte G. ⇒adjustierte G. formuliert. Soll der autonome Einfluss der Zentralbank auf die Entstehung von Zentralbankgeld deutlich werden, benutzt man die um die Refinanzierungskomponente (→ Refinanzierung) korrigierte erweiterte G., die als *exogene* G. bezeichnet wird. Zu *aktueller* G. und *potentieller* G. →Geldangebotstheorie, 3.

Geldbasiskonzept
→Geldbasis.

Geldbestandsänderungsrechnung
die von der →Bundesbank geführte Analyse des Geldbestandes für den Bankensektor (→Bankensystem). Grundlage ist die →Konsolidierte Bilanz des Bankensystems. G. wurde früher als →Geldmengenanalyse bezeichnet, seit März 1978 als „Entwicklung der Geldbestände im Bilanzzusammenhang", um nicht zutreffende kausale Interpretationen der G. zu vermeiden. Die G. weist einerseits die vom Bankensystem gewährten →Kredite an inländische Nichtbanken und die Netto-Forderungen gegenüber dem Ausland

aus, andererseits die →Geldkapitalbildung bei den Geschäftsbanken (→Banken) in bestimmter Abgrenzung, →Einlagen inländischer öffentlicher Haushalte (→Haushalt, 3.) bei der →Zentralbank sowie die Komponenten der →Geldmengenabgrenzung M3.

Geldeinkommen
das Nominaleinkommen, s. →Einkommen.

Geldfunktionen
die von →Geld geleisteten drei ökonomischen Funktionen („Triade des Geldes") u.zw.: 1. Tauschvorgänge ökonomisch effizient und rational zu gestalten (*Tausch*- und *Zahlungsmittel*funktion); 2. ungleiche →Güter rechenhaft zu machen, indem die unendlich große Anzahl von relativen Preisen (→Preis) in einer modernen Volkswirtschaft (→ Wirtschaft) auf die wesentlich geringere Anzahl von absoluten Preisen (→Preis) transformiert wird (*Rechenmittel*funktion); 3. →Vermögen in der Form höchster →Liquidität über die Zeit hinweg aufzubewahren (*Wertaufbewahrungs*funktion).

Tausch- und Rechenmittelfunktion ermöglichen den Übergang von der →Naturaltauschwirtschaft zur → Geldwirtschaft und erfüllen die Voraussetzungen für eine funktionsfähige arbeitsteilige Wirtschaft (→Arbeitsteilung) mit hohem Lebensstandard.

Der Wechsel des Geldes zwischen Tauschmittel- und Wertaufbewahrungsfunktion (konkrete Funktionen i.Ggs. zur abstrakten Rechenmittelfunktion) schafft Instabilität der → Umlaufgeschwindigkeit des Geldes und dadurch Probleme für die Steuerung der → Geldmenge durch die →Zentralbank.

Geldgrößen
⇒Nominalgrößen
in Geldeinheiten ausgedrückte ökonomische Größen. G. sind →absolute Preise und die nominale Geldmenge (→Geldmenge). Ggs. sind →Realgrößen.

Geldillusion
Verhalten von →Wirtschaftssubjekten bei ihren Angebots- wie Nachfragedispositionen, das sich nicht ausschließlich an →

Realgrößen orientiert, z.B. wenn private Haushalte (→ Haushalt, 1.) eine Erhöhung des Nominaleinkommens (→Einkommen) bei Inflation (→Inflationstheorie) als Realeinkommenserhöhung (→ Einkommen) in gleichem Ausmaß ansehen. G. hat Einfluss auf die konjunkturelle Entwicklung (→ Konjunkturtheorie) und kann inflationsverschärfend wirken. Haben Wirtschaftssubjekte Preisniveausteigerungen im Gefolge von wirtschaftspolitischen Maßnahmen, z.B. expansiver Geldpolitik (→ Geldpolitik), bewusst wahrgenommen, werden sie diese bei künftigen Maßnahmen dieser Art antizipieren. Für den Erfolg wirtschaftspolitischer Maßnahmen bei Inflation ist die Kenntnis über Vorliegen von G. bzw. über die Art des Anpassungsverhaltens von Wirtschaftssubjekten wichtig (s. → Phillips-Theorem). Ggs. zur G. ist →Freiheit von G.

Geldinstitute
⇒Geschäftsbanken
⇒Kreditbanken
⇒Kreditinstitute.

Geldkapital
⇒Geldvermögen
⇒Finanzvermögen
1. für den einzelnen →Haushalt die in Geldform verfügbare → Kaufkraft, die aus seinem nicht für →Konsum verwendeten →Einkommen (→Sparen) stammt.

2. gesamtwirtschaftlich das Aggregat zu 1., dessen Quellen Sparen und neu produziertes →Geld sind.

3. Nettoposition in der → Volkswirtschaftlichen Gesamtrechnung: der Wert aller →Forderungen abzüglich der →Verbindlichkeiten eines privaten Haushalts (→Haushalt, 1.), →Sektors od. →Volkswirtschaft (→Wirtschaft) gegenüber der Umwelt. In dieser →Definition kann der Bestand an G. positiv, null od. negativ sein.

4. im Sprachgebrauch der →Deutschen Bundesbank werden alle Forderungen in der Gesamtwirtschaftlichen Finanzierungsrechnung (→ Gesamtwirtschaftliches Rechnungswesen) als Geldvermögen bezeichnet, z.B. gegenüber →Ban-

ken in Form von →Einlagen od. auch Erwerb festverzinslicher →Wertpapiere, → Aktien.

5. in Unternehmen (→Betrieb, I.) angelegte langfristige Forderungen, die sich in Beteiligungskapital (→Beteiligungen, 1.), z.B. Aktien, und geliehenes G. untergliedern. Vgl. dazu auch →Kapital und →Forderungen.

Geldkapitalbindung
Bezeichnung in der →Geldbestandsänderungsrechnung der → Bundesbank für Änderungen von →Forderungen der → Wirtschaftssubjekte gegenüber den Geschäftsbanken, die als langfristig betrachtet werden, z.B. Termingelder (→ Einlagen) von 4 Jahren und darüber.

Geldkreislauf
⇒monetärer Kreislauf
Teil des →Wirtschaftskreislaufs, der nur monetäre Ströme erfasst. Neben →Geld befinden sich auch →Forderungen im G. Ist wertmäßig dem entgegengerichtet verlaufenden Güterkreislauf gleich. S. auch →Tauschgleichung.

Geldkurs
→Wechselkurs.

Geldmarkt
1. Teil des Finanzmarktes, auf dem 1. Zentralbankgeld (→Geldarten) mit unterschiedlicher Fristigkeit (→Tagesgeld, → Monatsgeld, →Dreimonatsgeld) hauptsächlich zwischen →Banken zum Ausgleich von Liquiditätsspitzen (G. im engsten Sinn) und 2. →Geldmarktpapiere zwischen →Bundesbank und Banken zu von der Bundesbank festgesetzten Konditionen (→Abgabesatz, →Rücknahmesatz) gehandelt werden. S. auch → Offenmarktpolitik.

2. in der →Makroökonomik ein Partialmarkt (→Markt). In der →Keynesschen Theorie wird auf dem G. der →Zins determiniert.

Geldmarktfonds
sind Investmentfonds (→Investmentgesellschaften), die zufließende Mittel in kurzlaufende, problemlos handelbare → Wertpapiere wie →Schatzwechsel od. →

Privatdiskonten anlegen. Da diese Fonds nicht der →Mindestreserve unterliegen, können sie den Anlegern höhere Erträge als die für →Einlagen bieten. In Deutschland sind G. seit 1994 zugelassen. →Banken sowie → Bundesbank setzten den Bestrebungen zur Zulassung von G. Widerstand mit unterschiedlichen Begründungen entgegen. G. bieten Renditechancen, die den Konditionen des von Banken und Industrieadressen geprägten →Geldmarktes nahekommen mit jederzeitigem Rückgaberecht der G.-zertifikate bei hohem Liquiditätsgrad und überschaubarem Kursrisiko. In den USA und manchen Ländern der →EG (Frankreich, Großbritannien, Luxemburg) haben G. eine beachtliche Bedeutung erlangt und das Investmentgeschäft spürbar belebt.´

Geldmarktpapiere

auf dem →Geldmarkt gehandelte →Wertpapiere zwischen →Bundesbank und → Banken. Zu unterscheiden sind: 1. →Finanzierungspapiere, die wiederum in solche zu gliedern sind, die in die →Geldmarktregulierung einbezogen, d.h. jederzeitige Rückgabe vor Fälligkeit gegen Zentralgeld (→Geldarten) wie z.B. → Schatzwechsel des Bundes mit unterschiedlicher Laufzeit, und die nicht in diese einbezogen sind (N-Papiere) wie z.B. → Unverzinsliche Schatzanweisungen; 2. →Mobilisierungs- und Liquiditätspapiere zum Betreiben der → Offenmarktpolitik, die nur als N-Titel begeben werden; 3. →Privatdiskonte, die auch im Wege der Geldmarktregulierung von der Bundesbank angekauft werden.

Geldmarktregulierung

im Rahmen der →Offenmarktpolitik (→ Geldpolitik) jederzeitige Bereitschaft der →Bundesbank, →Geldmarktpapiere gegen Zentralbankgeld (→Geldarten) zurückzunehmen, also auch vor Fälligkeit. Die Bundesbank hat seit März 1982 keine Titel mit Ankaufszusage für kurze Fristen (10 Tage) verkauft, um den quasi-automatischen Zugriff der Banken auf Zentralbankgeld zu unterbinden. Wird fast nur noch in Krisen eingesetzt.

Geldmarkttheorie

⇒Kreditmarkttheorie
→Geldangebotstheorie, 6.

Geldmenge

⇒Geldvolumen
Bestand an →Bargeld und →Einlagen inländischer Nichtbanken. Bargeld im → Bankensystem und Sichteinlagen der → Banken wie auch der öffentlichen Haushalte (→Haushalt, 3.) bei der →Zentralbank sind ausgeschlossen, weil die G. zur Erklärung wirtschaftlicher Vorgänge wie z.B. Entwicklung der gesamtwirtschaftlichen →Produktion, der →Beschäftigung od. auch des →Preisniveaus benutzt wird und hierfür nur die Geldbestände in der Verfügung durch Nichtbanken von wesentlicher Bedeutung sind. Desgleichen enthalten Sichteinlagen inländischer Nichtbanken keine Einlagen der →öffentlichen Hand bei der Zentralbank, weil diese Reflex und auch Mittel der →Wirtschaftspolitik sein können.
Wird die G. (M), die *nominale* G. ist, durch das →Preisniveau dividiert, handelt es sich um die *reale* G. (M^r):

$$\frac{M}{P} = M^r.$$

S. auch →G.-nabgrenzung.

Geldmengenabgrenzung

unterschiedliche, nach Zweckmäßigkeit für die betreffende Analyse vorgenommene Abgrenzung der →Geldmenge. Die →Bundesbank definiert in Anlehnung an internationale Gepflogenheiten neben der Zentralbankgeldmenge (→ Geldarten) folgende Geldmengen: M1 = →Bargeldumlauf und Sichteinlagen (→ Einlagen) inländischer Nichtbanken bei inländischen → Kreditinstituten; wg. genauer Abgrenzung s. →Geldmenge; M2 = M1 zuzüglich Termineinlagen (→Einlagen) inländischer Nichtbanken unter 4 Jahren, M3 = M2 zuzüglich Spareinlagen inländischer Nichtbanken mit gesetzlicher Kündigungsfrist (→Einlagen). Seit 1988 verwendet die Bundesbank in ihren Analysen die G. M3 erweitert. Diese berücksichtigt zusätzlich zu M3 kurzfristige, auf Euro lautende Einlagen (→Euromarkt) inländischer Nichtbanken, die bei Auslandsfilialen und -töchtern deutscher

→Banken unterhalten werden, deren Bestände an kurzlaufenden Bankschuldverschreibungen (→Schuldverschreibung; s. auch →CD) sowie Anteile an in- und ausländischen →Geldmarktfonds. Die Bundesbank erfasst damit Änderungen im Anlageverhalten des Publikums wie auch im Angebotsverhalten der Geschäftsbanken aufgrund der zahlreichen → Finanzinnovationen. Das Wachstum von M3 und M3 erweitert stimmt zwar tendenziell überein, divergiert aber pro Jahr deutlich. Für die Formulierung des jährlichen Geldmengenziels benutzt die Bundesbank weiterhin M3.

Die G. der Bundesbank erfassen nur Geldbestände der Nichtbanken, insoweit handelt es sich um verwendungsorientierte Abgrenzungen gegenüber der → Geldbasis, die angebotsorientiert ist. Vgl. auch →Geldarten.

Geldmengenanalyse
nicht mehr gebräuchliche Bezeichnung für die von der Bundesbank geführten Veränderungsrechnung von Geldbeständen (→ Geldbestandsänderungsrechnung) als Teilrechnung des →Gesamtwirtschaftlichen Rechnungswesens.

Geldmengen-Preis-Mechanismus
von D. Hume entwickelte Erklärung zum Ausgleich der → Zahlungsbilanz für Volkswirtschaften (→Wirtschaft) mit → festem od. in →Bandbreite schwankendem Wechselkurs. Der G. beruht auf der Implikation, dass Ungleichgewichte in der Zahlungsbilanz zu Änderungen der →Geldmenge und zu gleichgerichteten Preisniveauänderungen führen (→Quantitätstheorie des Geldes). Kritische Argumente zum G.: 1. die Unterstellung, dass Zahlungsbilanzungleichgewichte größengleiche Effekte auf die nachfragewirksame Geldmenge auslösen, was aber bei gegebener Zentralbankgeldmenge (→ Geldarten) vom Bankenverhalten bei der Geldschöpfung (→Geldangebotstheorie, 3. und 4.) abhängt. 2. die Annahme von Vollbeschäftigung und flexiblen →Preisen. Liegt eines od. beides nicht vor, bedeutet dies das Außerkraftsetzen des G. 3. steuert die →Zentralbank die inländische Geldmenge unabhängig von der Zahlungsbilanzsituation, wird der G.

nicht im postulierten Sinn auftreten. 4. bleiben Preisstruktureffekte unberücksichtigt, die durch außenhandelsinduzierte Nachfrageverschiebungen hervorgerufen werden. Vgl. auch →Monetäre Außenwirtschaftstheorie.

Geldmengenregel
→Chicago-Plan.

Geldnachfrage
1. Mit der G. wird das Verhalten der Kassenhalter (→Haushalte, Unternehmen (→ Betrieb, I.), Staat) bezeichnet, →Geld für erwartete Zahlungen zu halten. Dieses Verhalten ist in einer →Geldwirtschaft notwendige Konsequenz des indirekten Tausches, bei dem letztlich nachgefragte →Güter (und Dienste) temporär gegen Geld „getauscht" werden und die eingehenden mit den ausgehenden Zahlungen nicht synchronisiert sind. Der gesamtwirtschaftliche Rahmen für die G. lässt sich durch die → Cambridgegleichung verdeutlichen. Da sich in einer bestimmten Zeitperiode die Werte der Geldtransaktionen ($M \cdot V^y$) und Gütertransaktionen ($Y^r \cdot P$), die zu →Einkommen führen, decken (→Tauschgleichung), gilt

$$(1)\ M \cdot V^y = Y^r \cdot P \text{ od. } \frac{1}{V^y} = k$$

$$(2)\ \frac{M}{P} = k \cdot Y^r.$$

In diesen Gleichungen bezeichnet M die nominale, $\frac{M}{P}$ die reale →Geldmenge, k die →Kassenhaltungsdauer des Geldes (die Reziproke V^y die →Einkommenskreislaufgeschwindigkeit), Y^r das reale (preisbereinigte) →Volkseinkommen und P das →Preisniveau der →Endprodukte einer bestimmten Zeitperiode. In der Theorie der G. wird unterstellt - anders als in der →Geldangebotstheorie -, dass die nominale Geldmenge M vorgegeben ist, also durch das Verhalten der Kassenhalter nicht geändert werden kann; partielle Kassenminderungen führen zu partiellen Kassenerhöhungen an anderer Stelle und umgekehrt. Das eigentliche ökonomische Problem ist, dass die Kassenhalter die reale Geldmenge $\frac{M}{P}$ durch ihr Verhalten beeinflussen können. Änderungen der Kassenhaltungsdauer k wirken unter sonst gleichen Umständen auf P, damit auf die reale Geldmenge ein. Die geldpolitischen Instanzen können, i.Ggs. zu den Kassenhaltern, die Realkasse nicht beeinflussen, wenn Änderungen von M sich in proportionalen Änderungen von P (→Quantitätstheorie) niederschlagen. Ein temporärer geldpolitischer Einfluss auf die Realklasse ist denkbar, wenn das Preisniveau träge auf Änderungen von M reagiert, od. wenn die nominale Geldmenge sich für die Kassenhalter unerwartet entwickelt. Die G.-theorie wird damit zu einem wesentlichen Element der gesamten Geldtheorie. Die Theorie der G. untersucht insbesondere folgende, miteinander verzahnte Probleme: die →Geldmengenabgrenzung (2.), die maßgeblichen Bestimmungsgrößen der G. (3.), die Stabilität der G. (4.) und die Konsequenzen wissenschaftlicher Einsichten für die Wirtschaftspolitik (→Theorie der Wirtschaftspolitik) (5.).

2. Geld wird nach vorherrschendem Verständnis als eine Sache definiert, die die Funktionen Recheneinheit, Tauschmedium und Wertspeicher wahrnimmt (→ Geldfunktionen). Da die Funktion Recheneinheit abstrakt ist, kommen für die G. nur die beiden anderen Funktionen in Betracht. Gleichwohl ist die Geldmengenabgrenzung bei der G. kontrovers. Für eine empirisch gehaltvolle Wissenschaft kommt es nicht darauf an, wozu Geld verwendet wird. Unstreitig ist, dass Geld als Tauschmedium dient und dienen muss. Die Bedeutung des Vermögensgutes Geld für die G. scheint weniger klar. Erstens teilt Geld diese Funktion mit vielen anderen Gütern, wie „geldnahen" →Wertpapieren, Edelmetallen und Grundstücken. Zweitens ist → Geldvermögen nur eine „Zwischenstation" zur →Transaktionskasse, die für Umsätze am →Markt gehalten wird. Deshalb spricht einiges dafür, die Geldmengenabgrenzung nicht von vornherein theoretisch festzulegen, sondern empirisch zu ermitteln. Dieser Linie ist die Theorie der G. in den letzten Jahrzehnten gefolgt. Es

sind Geldmengen in unterschiedlicher Abgrenzung (u.a. →M1, →M2 und →M3) mit dem Ziel getestet worden, die Geldmenge mit den besten statistischen Eigenschaften herauszufinden. Wenn auch die Ergebnisse nicht völlig eindeutig sind, so kann doch für die meisten Länder festgestellt werden, dass enge Geldmengenabgrenzungen, die auf die Tauschfunktion des Geldes abheben, der →Geldpolitik die besten Hinweise auf das Verhalten der Geldnachfrager liefern.

3. Die entscheidende Frage bei der G. ist, welche Gründe das Verhalten von Haushalten, Unternehmen und Staat bestimmen. Zunächst scheint es zweckmäßig, zwischen normalen sowie kurz- und mittelfristigen Zuständen einerseits und ungewöhnlichen sowie langfristigen andererseits zu unterscheiden. In exorbitanten Zeiten, z.B. bei einer grassierenden Inflation, od. in langer Sicht, z.B. bei den vom technischen Stand des Überweisungsverkehrs abhängigen Zahlungssitten, treten Verhaltensweisen auf, die ansonsten vernachlässigt werden können. Sieht man - wie üblich - von solchen Fällen ab, so gibt es ein hohes Maß an Übereinstimmung, dass die G. nach „Realklasse" ($\frac{M}{P}$) vom Volkseinkommen (Y), →Zins (i) und →Vermögen (W) bestimmt wird;

(3a) $\frac{M}{P}$ = f(Y, i, W).

Der Einfluss jeder einzelnen Größe scheint offensichtlich: Geld wird gehalten in Abhängigkeit von der Höhe der laufenden →Transaktionen, für die das Volkseinkommen der beste →Indikator ist, von den Opportunitätskosten (→Kosten) der unverzinslichen Bargeldhaltung (→Bargeld), die durch den Zinssatz gemessen werden, und dem Vermögen. Da sich dieses als künftig erwartetes Einkommen verstehen lässt, kann man Gleichung (3a) auch schreiben:

(3b) $\frac{M}{P}$ = f(i, X),

wobei X einen Skalenfaktor darstellt, der aus dem gegenwärtigen und dem zukünftigen Einkommen gebildet wird.

4. Es ist üblich, eine →Funktion vom Typ

der Gleichung (3) als Einzelgleichung ökonometrisch zu schätzen und zu fragen, wie „stabil" diese im Zeitablauf ist. Eine Schätzgleichung hätte - legt man Gleichung (3b) zugrunde - also die Form

$$(4) \quad \frac{M}{P} = a_1 + a_2 \cdot i + a_3 \cdot X + e,$$

wobei a_1, a_2 und a_3 die Parameter sind, die sich schätzen lassen, z.b. nach der Methode der kleinsten Fehlerquadratsumme (→Methode der kleinsten Quadrate). Die Störgröße wird in (4) mit e bezeichnet. Dieses gängige Verfahren scheint methodisch nicht unproblematisch, ist aber bewährter als alternative Vorgehensweisen. Auch bei vorsichtiger Interpretation der Schätzergebnisse kann folgendes zum Kassenverhalten ausgesagt werden: Die kurzfristige G. schwankt jahreszeitlich sehr stark, vor allem in Abhängigkeit von Feiertagen, Urlaubszeiten und Steuerzahlungsterminen. Die mittelfristige G. ist in normalen Zeiten relativ stabil. Einbrüche gibt es nur bei größeren Schocks, wie z.B. bei der ersten „Ölpreisexplosion" im Jahre 1973.

5. Die Konsequenzen aus der Theorie und Empirie der G. für die Wirtschaftspolitik lassen sich wie folgt charakterisieren: Eine auf Stabilität ausgerichtete Wirtschaftspolitik - auf Sicherung des → Geldwertes und Aufrechterhaltung eines hohen Beschäftigungsniveaus (→ Beschäftigung) - muss mittelfristig angelegt werden. Wg. unvermeidlicher Schwankungen - auch im Hinblick auf Wirkungsverzögerungen - ist Stabilität kurzfristig unerreichbar. Eine mittelfristig orientierte Wirtschaftspolitik, die Schocks zu vermeiden trachtet, kann von einer stabilen Geldnachfrage ausgehen. Dies gilt vor allem dann, wenn das Geldangebot, die Ausweitung der nominalen Geldmenge M, von den Geldnachfragern vorhergesehen werden kann. Eine instabile Geldnachfrage ist oft nur Reflex einer hektischen Wirtschaftspolitik. Wird in der Politik ein ständiges stop and go vermieden, dürfte einer dauerhaften Stabilität das Verhalten der Geldnachfrager nicht im Wege stehen.

Literatur: *W. Kösters*, Theoretische und empirische Grundlagen der Geldnachfrage. Eine kritische Analyse der wirtschaftspolitischen Aussagefähigkeit isolierter Untersuchungen der Geldnachfragefunktion. Göttingen 1974. *D. E. W. Laidler*, The Demand for Money: Theories, Evidence, and Problems. 3. e., New York 1985. *A. Woll*, Geldtheorie und Geldpolitik VIII: Geldnachfrage, in: HdWW, 3. Bd. Stuttgart - New York u.a. 1981.

Prof. Dr. Dr. h. c. mult. A. Woll, Siegen

Geldnachfragefunktion
→Geldnachfrage.

Geldnutzen
1. unmittelbarer G., der aus einer Geldausgabe (→Ausgabe) od. aus dem Geldeinkommen (→ Einkommen) fließt. In diesem Sinne wird auch das →Haushaltsoptimum in der →Grenznutzenanalyse mittels Grenznutzen des Geldes formuliert.

2. theoretisch nicht unumstritten ist der mittelbare G. a) als kapitalisierter nichtpekuniärer Ertrag der Geldhaltung, der sich in Sicherheit, Schutz vor Zahlungsunfähigkeit u.a. äußert, b) als eingesparte →Produktionsfaktoren in der Abwicklung der →Transaktionen. Beide Varianten des G. erhöhen die Wohlfahrt (→ Wohlstandsökonomik, 1.) einer Volkswirtschaft (→Wirtschaft).

Geldordnung
⇒Währungsordnung

Teil der →Wirtschaftsordnung, der alle Institutionen und Regeln des Geldwesens einer Volkswirtschaft (→Wirtschaft) umfasst. Die rechtliche Fixierung der G. ist die Geld- od. Währungsverfassung. Grundlegende Aufgabe der G. in einer marktwirtschaftlichen Ordnung ist die Sicherstellung der Leistungsfähigkeit der →Geldfunktionen als Voraussetzung für auf → Wettbewerb beruhende Wirtschaftsaktivitäten.

Geldpolitik
1. *Begriff*. G. ist ein funktioneller Bereich der →Wirtschaftspolitik (→ Theorie der Wirtschaftspolitik) und gestaltet *monetäre* (geldwirtschaftliche) *Ziel-Mittel-Systeme*

in einer Volkswirtschaft (→Wirtschaft) od. einem Währungsgebiet (mehrerer Volkswirtschaften). Sie ist *binnenwirtschaftlich* auf bestimmte Ziele gesamtwirtschaftlicher Stabilität ausgerichtet, die sie durch den Einsatz geeigneter geldpolitischer Instrumente (Mittel) zur Beeinflussung der →Geldwirtschaft zu erreichen sucht. Vertreter der *monetären Ökonomie* halten es für möglich, den Wirtschaftsprozess mit Hilfe der G. zu steuern, während Vertreter der realen Ökonomie der G. allenfalls eine subsidiäre Rolle bei der Lenkung des Wirtschaftsprozesses beimessen. Die Bedeutung der G. ist in jedem Staat entsprechend der vorherrschenden geldpolitischen Konzeption, der Organisation des Geldwesens, der Wirtschafts- und Bankenstruktur unterschiedlich ausgeprägt. Die Wirksamkeit der G. hängt wesentlich von einer gleichgerichteten Währungs-, Wirtschafts- und →Finanzpolitik ab.

2. *Ansatzpunkte.* Die G. kann ihre Maßnahmen an einzelnen od. einer Kombination mehrerer monetärer Größen ansetzen: an den Aggregaten der →Geldmenge, der Bankenliquidität, dem Kreditvolumen und den Kreditbedingungen, den Refinanzierungsbedingungen (→Diskontpolitik) der →Banken und den →Zinsen.

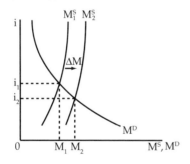

Grundsätzlich ergibt sich für die G. die Möglichkeit, die angebotene Geldmenge in Gestalt der Geldangebotskurve M^S bei einer gegebenen Geldnachfragekurve M^D auf die gewünschte Höhe der Geldversorgung M_1 zu steuern, so dass sich

am →Markt der Zinssatz i_1 als resultierende Größe einstellt (vgl. Abbildung). Erhöht die →Zentralbank bei einer gleich bleibenden Geldnachfragekurve M^D das Geldangebot um das Volumen ΔM (expansive G.), so verschiebt sich die Geldangebotskurve M_1^S auf M_2^S, wodurch der Marktzins von i_1 auf i_2 sinkt und gleichzeitig die Geldversorgung von M_1 auf M_2 steigt. Die G. kann aber auch umgekehrt vorgehen, indem sie den Zins autonom festsetzt und das Geldangebot elastisch anpasst. Senkt sie z.B. den Zinssatz von i_1 auf i_2, so muss sie (bei gleich bleibender Geldnachfragekurve M^D) gleichzeitig das Geldangebot um ΔM erhöhen, damit sich die Geldangebotskurve von M_1^S auf M_2^S verschiebt.

3. *G. als monetäre Ordnungspolitik.* Die monetäre Ordnungspolitik kommt in der Gestaltung der geldwirtschaftlichen Rahmenbedingungen einer Volkswirtschaft durch die → *Geldverfassung* zum Ausdruck. Sie besteht aus Gesetzen und Verordnungen des Geldwesens und ihren Veränderungen. In der Bundesrepublik Deutschland sind dies vor allem das Gesetz über die → Deutsche Bundesbank (BBkG), das Kreditwesengesetz (→Bankenaufsicht) und das Bardepotgesetz. Eine Maßnahme der monetären Ordnungspolitik stellt z.B. die am 1.1.1985 in Kraft getretene Novelle des Kreditwesengesetzes dar, das Änderungen der bankenaufsichtlichen Zusammenfassung des haftenden →Eigenkapitals von Kreditinstitutsgruppen und eine Verschärfung der Rahmenvorschriften zur Risikobegrenzung enthält. Üblicherweise werden in der Geldverfassung auch die geldpolitischen *Ziele* und *Instrumente* sowie der *Unabhängigkeitsgrad der Zentralbank* von der Regierung definiert. Während die Deutsche Bundesbank „von den Weisungen der Bundesregierung unabhängig" ist (§ 12 BBkG), sind andere Zentralbanken den Weisungen ihrer Regierung in unterschiedlich hohem Grade unterworfen und entspre-

chend in ihrer geldpolitischen Handlungsfreiheit eingeschränkt.

4. G. als monetäre Prozesspolitik. Die monetäre Prozesspolitik steuert im Rahmen der durch die monetäre Ordnungspolitik gesetzten Bedingungen den *Ablauf* der Geldwirtschaft innerhalb eines Staates od. Währungsgebietes. Dies geschieht durch den Einsatz der geldpolitischen Instrumente in geeigneter Kombination und Dosierung zur Beeinflussung der Geldmenge, der Bankenliquidität und/ od. des Zinses, um die angestrebten Ziele der G. zu erreichen.

5. Träger der G. Träger der G. sind alle Institutionen, die G. betreiben. Der bedeutendste unter ihnen ist stets die *Zentralbank* (EZB und Deutsche Bundesbank). In manchen Staaten sind neben der Zentralbank auch das Finanzministerium, das Schatzamt od. besondere monetäre Institutionen Träger der G.

6. Ziele der G. Die Ziele der G. sind mit den bedeutendsten → Zielen der Wirtschaftspolitik identisch: Preisniveaustabilität, Wirtschaftswachstum, Vollbeschäftigung und außenwirtschaftliches Gleichgewicht. Da diese Ziele mit den Instrumenten der G. nicht direkt erreicht werden können, stellt die G. *monetäre Zwischenziele* auf, deren Erfüllung über einen Transmissionsmechanismus die Realisierung der vorgenannten wirtschaftspolitischen Endziele bewirkt. Geldpolitische Zwischenziele können sein: eine bestimmte Geldmengenexpansionsrate in % p.a. von Geldmengenaggregaten (z.B. Zentralbankgeldmenge, → Geldarten), die Ausstattung des Geschäftsbankensystems mit einer bestimmten Liquidität, eine bestimmte Expansionsrate des Kreditvolumens der Geschäftsbanken an Nichtbanken, die Festlegung bestimmter Zinsen od. einer bestimmten Zinsstruktur der Soll- und/ od. Habenzinsen, die Stabilisierung der → Wechselkurse bestimmter Leitwährungen auf einem angestrebten Niveau.

7. Instrumente der G. Als geldpolitische Instrumente werden bestimmte Veränderungen monetärer Größen od. Bedingungen verstanden, die geeignet sind, zur Erreichung geldpolitischer Ziele bei-

zutragen. Sie lassen sich in direkt wirkende dirigistische und indirekt wirkende marktkonforme Instrumente unterscheiden. *Direkt wirkende dirigistische Instrumente* verändern die Ergebnisse der Geld- und Kreditmärkte: → Kreditplafonds und -kontrollen der Geschäftsbanken, Emissionsplafonds und -kontrollen, obligatorischer Erwerb von Staatsanleihen durch die Geschäftsbanken, Vorschriften über Fest-, Höchst-, Mindestzinsen, Zinsmargen, Zinsindexierung, selektive Zinsbestimmungen für Soll- und/ od. Habenzinsen und Kreditvergabevorschriften. *Indirekt wirkende marktkonforme Instrumente* steuern Liquidität, Zentralbankgeldmenge und Refinanzierungsmöglichkeiten und -kosten der Geschäftsbanken. Eine Mindestreserve (→Mindestreservepolitik) kann in Höhe eines bestimmten Mindestreservesatzes in % der Bankeinlagen (Passivmindestreserve) od. der Bankkredite (Aktivmindestreserve) erhoben und bei der Zentralbank - in den meisten Staaten zinslos - festlegt werden. Durch eine Senkung der Mindestreservesätze wird den Geschäftsbanken Zentralbankgeld verfügbar gemacht und v.v. Analog hierin können auch Nichtbanken zur Abwehr unerwünschter Geldimporte einer *Bardepotpflicht* (→Bardepot) unterworfen werden, wobei ein dem Bardepotsatz entsprechender Anteil der im Ausland aufgenommenen →Kredite bei der Zentralbank zu hinterlegen ist. Zur *Refinanzierung* stellt die Zentralbank den Geschäftsbanken Rediskont- (→Diskontpolitik) und →Lombardkredit (→Lombardpolitik) zur Verfügung. Durch das Rediskontkontingent bestimmt die Zentralbank das Wertvolumen, durch den Diskontsatz den Zins, zu dem sie Handelswechsel (→Wechsel) der Banken anzukaufen bereit ist. Desgleichen bestimmt sie den Lombardsatz als den Zins, zu dem sie bereit ist, den Geschäftsbanken einen (kurzfristigen) Lombardkredit auf der Grundlage der Verpfändung bestimmter →Wertpapiere zu gewähren. Bei *Offenmarktoperationen* (→Offenmarktpolitik) kauft die Zentralbank bestimmte Wertpapiere der Geschäftsbanken und zahlt an dieses geschöpftes Zentralbankgeld und v.v. Bei → *Pensionsgeschäften*

übernimmt die Zentralbank Handelswechsel, →Devisen (→Devisenpensions-
geschäfte) od. bestimmte Wertpapiere
der Geschäftsbanken (→Offenmarktpoli-
tik, 2.) für einen vorher bestimmten Zeitraum, für den sie den Banken den
Gegenwert in Zentralbankgeld zur Verfügung stellt und bei Fälligkeit den Banken i.Allg. die Wertpapiere od. Devisen
zum gleichen Kurswert (→Kurs) zurückverkauft od. v.v. Durch die Genehmigung zur Verlagerung eines bestimmten
Anteils der bei der Zentralbank zu hal-
tenden → *Einlagen* der → öffentlichen
Hand zu den Geschäftsbanken wird Zentralbankgeld den Banken zur Verfügung
gestellt und v.v. (→ Einlagenpolitik).
Swaps können zwischen der Zentralbank
und den Geschäftsbanken mit Wertpapieren und/ od. Devisen durchgeführt
werden, indem die Zentralbank diese
von den Banken zum Kassakurs (→Kurs)
kauft und gleichzeitig per Termin zum
Terminkurs (→Kurs) zurückverkauft und
v.v. (→Swappolitik). Die Differenz zwischen beiden Kursen ist der Swap-Satz,
der positiv (Report) od. negativ (Deport)
sein kann. Durch →*Moral Suasion* appel-
liert die Zentralbank an die Geschäftsbanken, eine von ihr gewünschte
Verhaltensweise einzuhalten od. vereinbart diese mit den Banken in Form eines
→ *Gentlemen's Agreement* (z.B. auf den
Kauf ausländischer Wertpapiere innerhalb eines bestimmten Zeitraums freiwillig zu ver-zichten). Die geldpolitischen
Instrumente können unter Beachtung der
auftretenden time-lags (→lag) *diskretionär*
od. regelgebunden eingesetzt werden.
Im Falle der *Regelbindung* ist der Einsatz
der geldpolitischen Instrumente gekoppelt an bestimmte monetäre od. Konjunkturindikatoren (→ Konjunkturtheorie).

8. *Strategien der G*. Als geldpolitische Strategie ist eine Kombination längerfristi-
ger, umfassend geplanter geldpolitischer
Maßnahmen zur Erreichung geldpolitischer Ziele zu verstehen. Sie werden unter gegebenen ordnungspolitischen Rahmenbedingungen der G. auf der Grundlage einer bestimmten geldtheoretischen
Konzeption betrieben. Die *monetaristische
Strategie* setzt die Instrumente so ein,

dass sich die →Geldbasis und über diese
das Geldangebot stetig mit einer geplanten Zuwachsrate entwickelt, die der voraussichtlichen Wachstumsrate des realen
→Bruttosozialprodukts od. des Produktionspotentials (→Kapazität) entspricht.
Dadurch soll die Geldversorgung konstant gehalten und ein inflationsfreies
Wirtschaftswachstum erzielt werden.
Die *keynesianische Strategie* zielt darauf
ab, mit geldpolitischen Instrumenten die
Höhe des Zinssatzes als den angestrebten
Gleichgewichtszins zu bestimmen, der
eine hinreichende → Grenzleistungsfähigkeit des Kapitals gewährleistet und eine dem Vollbeschäftigungsniveau entsprechende investive und konsumtive
Gesamtnachfrage (→gesamtwirtschaftli-
che Güternachfrage) induziert. Im Rahmen der *liquiditätspolitischen Strategie*
setzt die Zentralbank ihre geldpolitischen Instrumente so ein, dass die Geschäftsbanken stets mit einer für ihre
Kreditvergabe an Nichtbanken als ausreichend betrachteten Liquidität in Gestalt von → Geld, bereitgestelltem
Zentralbankgeld, Geldsurrogaten (→
Geldsubstitute) und Kreditaufnahme-
möglichkeiten ausgestattet sind. Subsidiär wird das Instrument der Zinspolitik
eingesetzt, um über die Kreditkosten das
Kreditvolumen der Banken an Nichtbanken zu beeinflussen. Alle geldpolitischen
Strategien streben zur *Inflationsbekämpfung* die Vermeidung eines nachfragewirksamen Überhanges der Geldmenge
über das realwirtschaftliche Angebotspo-
tential an.

9. *Strategie der Deutschen Bundesbank*
(DBBk). Der ordnungspolitische Rahmen, das BBkG von 1957, verpflichtet die
DBBk, „den Geldumlauf und die Kreditversorgung der Wirtschaft" zu regeln,
„mit dem Ziel, die Währung zu sichern"
(§ 3). Die Festlegung der zur Erreichung
dieses Zieles einzuschlagenden prozesspolitischen Strategie bleibt dem →Zen-
tralbankrat (→Deutsche Bundesbank) der
DBBk überlassen.

Die Strategie der DBBk lässt im Jahre
1973 eine Umorientierung als Folge des
endgültigen Zusammenbruchs des Bret-
ton-Woods-Systems (→ Bretton-Woods-
Abkommen) mit dem Übergang von →fe-

sten zu floatenden (→Floating) Wechselkursen zwischen der D-Mark und anderen Leitwährungen und der praktisch vollständigen Liberalisierung des Geld- und Kapitalverkehrs mit dem Ausland erkennen. Sie lässt sich allerdings zu keiner Zeit als eine „reine" Implikation einer der vorgenannten theoretischen Strategien betrachten.

Bis 1973 betrieb die DBBk vorwiegend eine *liquiditätspolitische Strategie*. Sie zielte darauf ab, über Veränderungen der Bankenliquidität und den Zinsmechanismus an den →Finanzmärkten das Kreditangebotsverhalten der Banken zu steuern. Wichtigste *Instrumente* zu diesem Zweck waren Mindestreserve- und Refinanzierungspolitik (durch Veränderungen der Rediskontkontingente und Lombardspielräume) zur Steuerung der Bankenliquidität und Zinspolitik über Diskont- und Lombardsatzänderungen sowie Zinsänderungen der Offenmarkt- und Wertpapierpensionsgeschäfte.

Ab 1973 wandte sich die DBBk einer vorwiegend *monetaristisch* orientierten Strategie der *Geldmengensteuerung* zu, bei der bis 1987 die *Zentralbankgeldmenge* und ab 1988 die Geldmenge M3 als monetäre *Zwischenziel-, Steuer- und Kontrollgröße* dient. Die Expansionsrate in % p.a. der Geldmenge als Zwischenzielgröße wird vorausberechnet auf der Grundlage des geschätzten *Potentialwachstums* (Zuwachs des volkswirtschaftlichen →Produktionspotentials in % p.a.) unter Berücksichtigung der erwarteten Änderung des Potentialauslastungsgrades, der Geldumlaufgeschwindigkeit (→Umlaufgeschwindigkeit des Geldes) und der als „unvermeidlich" angesehenen →Inflationsrate. Ab 1975 wurden von der DBBk für jedes Jahr im Voraus *Geldmengenziele* als monetäre Zwischenziele (Geldmengenexpansionsrate in % p.a.) festgelegt. Dies geschah zunächst (1975-1978) in Form von *Punktzielen* (bestimmter %-Satz p.a.) später (ab 1979) in Form von *Zielkorridoren* (Marge zwischen 2 Prozentsätzen p.a.) od. einem Circa-Ziel (1989: „etwa 5% pro Jahr").

Zur Erreichung ihres monetären Zwischenziels (Geldmengenziels) unterscheidet die Bundesbank seit 1994

zwischen Grob- und Feinsteuerung der Geldmenge M3. Die *Grobsteuerung* (Bereitstellung bzw. Absorption von Zentralbankguthaben, dauerhafte Mittelbereitstellung bzw. -absorption) ist auf die zielgerechte Geldmengensteuerung ausgerichtet. Als Instrumente werden für diesen Zweck die Veränderung der Mindestreservesätze, Refinanzierungslinien, Offenmarktoperationen mit Liquiditätspapieren und langfristigen festverzinslichen Titeln unter Berücksichtigung der Gewinnausschüttung der Bundesbank eingesetzt. Die *Feinsteuerung* dient der Erhaltung einer stets ausreichenden operationalen Bankenliquidität sowie der Korrektur unerwünschter kurzfristiger monetärer Störungen durch Staat, Ausland, Bankensystem und Nichtbanken (Verlagerung von Geldkapital in Geld M3 und vice visa). Für diese kurzfristige Liquiditätssteuerung werden als Instrumente Schnelltender, Wechselpensionsgeschäfte, kurzfristige Abgaben von Schatzwechseln, Devisenswaps und Devisenpensionsgeschäfte und die Veränderung der Lombardkredite verwendet.

10. *Europäische monetäre Integration*. Seit März 1979 besteht das →EWS mit festen Wechselkursen (Leitkursen) zur →ECU und über diese berechneten festen Wechselkursen zwischen den Währungen der Mitgliedsländer (cross rates, Paritätengitter) mit einer Bandbreite von +/- 2,25%, ab 2.8.93 von +/- 15%. Im Vertrag von Maastricht über die →WWU wurde festgelegt, in einem Drei-Stufen-Plan (Delors-Plan) die Europäische Währungsunion (EWU) mit einer gemeinsamen neuen europäischen Währung → Euro (in den die bisher verwendeten ECU im Verhältnis 1:1 umgetauscht werden), einem →Europäischen System der Zentralbanken in das die bis dahin unabhängigen nationalen Zentralbanken eingegliedert werden, einer gemeinsamen → Europäischen Zentralbank und einer von dieser betriebenen gemeinsamen europäischen Geldpolitik (spätestens) am 1.1.1999 zu errichten.

In der 1. Stufe (Juli 1990 - Dez. 1993) erfolgte eine vollkommene Liberalisierung des Geld- und Kapitalverkehrs zwischen den Mitgliedsländern des EWS. In der 2. Stufe (Jan. 1994 - Dez. 1998) wurde 1994 das →Europäische Währungs-Institut zur Vorbereitung der Gründung der EZB, ihrer gemeinsamen Geldpolitik und der Einführung der gemeinsamen Währung Euro errichtet. Die EZB wurde im Juni 1998 gegründet und nahm nach Ernennung der Direktoren ihre Tätigkeit auf. In dieser Periode wurde eine weitergehende Koordinierung der Geldpolitiken der beteiligten nationalen Zentralbanken und der wirtschaftlichen Entwicklung der Mitgliedsländer (Konvergenz) bewirkt.

Im Maastrichter Vertrag wurde bestimmt, dass der EWU nur solche Länder beitreten dürfen, die bestimmte Konvergenzkriterien im Referenzjahr 1997 erfüllen (Art. 109j EGV u. Protokoll über die Konvergenzkriterien (s. Euro, 3.)).

In der Konferenz des Europäischen Rats (→Ecofin.) wurde am 2.5.98 bestimmt, dass 11 Länder (Belgien, Deutschland, Finnland, Frankreich, Irland, Italien, Luxemburg, Niederlande, Österreich, Portugal, Spanien) die Konvergenzkriterien erfüllen und sich für den Übergang in die 3. Stufe zum Beitritt zur EWU am 1.1.1999 qualifizieren. Diese Entscheidung erfolgte, obwohl bis auf 3 Länder (Frankreich, Luxemburg, Finnland) keines der übrigen Länder das Kriterium der Gesamtverschuldung (60% des BIP) im Referenzjahr 1977 erfüllte und unter ihnen Belgien eine Quote von 122,2% und Italien von 121,6% aufwiesen. Italien erfüllte darüber hinaus nicht das Wechselkurs-Konvergenzkriterium, weil es erst am 25.11.96 in den Wechselkursmechanismus in der erweiterten Bandbreite (+/- 15%) zurückgekehrt ist.

Darüber hinaus haben viele dieser 11 Länder nur durch eine „kreative volkswirtschaftliche Buchführung" das Konvergenzkriterium der Budget-Defizitquote (3% des BIP) erfüllt. Daher ist Skepsis angebracht, ob die geforderte „Nachhaltigkeit" der dauerhaften Erfüllung der Konvergenzkriterien durch die EWU-Mitgliedsländer gewährleistet ist. Auch die Forderung Frankreichs die Geldpolitik der EZB in den Dienst der Beschäftigungspolitik zu stellen und durch

einen politischen „Stabilitätsrat" kontrollieren zu lassen, lässt befürchten, dass die EZB trotz ihrer rechtlich fixierten Unabhängigkeit (Art. 107 EGV) unter politischem Druck zu einer expansiven, inflationär wirkenden G. gedrängt werden könnte.

Nach Aufwertung des irischen Punt um 3% am 16.3.98 wurden in dieser Konferenz des Europäischen Rates außerdem die endgültigen und unwiderruflichen festen Wechselkurse der 11 Währungen der an der EWU teilnehmenden Länder zum Euro (→ ECU) fixiert. Schließlich wurde bestimmt, dass ab 1.1.1999 der Euro als Giralgeld und Parallelwährung zu den nationalen Währungen und spätestens ab 1.1.2002 als Bargeld (Euro-Banknoten und Cent-Münzen) eingeführt wird. Seit 1.7.2002 ist der Euro einziges gesetzliches Zahlungsmittel. Die nationalen Währungen verloren damit ihre Gültigkeit.

Literatur: *P. Schaal*, Geldtheorie und Geldpolitik. 4. A., München-Wien 1998. *A. Woll/ G. Vogl*, Geldpolitik. Stuttgart 1976. C. Köhler, Geldwirtschaft, Bd. 1. Berlin 1977.

Prof. Dr. P. Schaal, Viersen

Geldpreis
⇒*absoluter Preis*
⇒Preis.

Geldproduktion
⇒Geldschöpfung
Herstellung von Zentralbankgeld (→ Geldarten, 1.) und seine Transmission zu den Geschäftsbanken (→Banken) sowie von Geschäftsbankengeld (→Geldarten, 2.) und seine Transmission zu den Nichtbanken durch das →Bankensystem. S. → Geldangebotstheorie.

Geldschleier
von den Klassikern geprägter Begriff, der die Wirkungsneutralität von →Geld auf realwirtschaftliche Vorgänge beschreibt. Wird in der neueren Theorie nicht mehr vertreten. S. auch →Freiheit von Geldillusion.

Geldschöpfung
⇒*Geldproduktion.*

Geldschöpfungsmultiplikator
→Geldangebotstheorie, 4.

Geldstoff
Material, aus dem →Geld besteht. Historisch gibt es in der Verwendung des G. eine von sinkenden Produktionskosten für G. gekennzeichnete Entwicklung von Waren (Salz, Weizen, Tiere) über Metalle, Legierungen zu Papier hin zu substanzlosem G. wie Buch- od. Computergeld (→ Geldarten), die wg. nicht beanspruchter und für andere Zwecke zu verwendender →Produktionsfaktoren den ökonomischen Wohlstand (→Wohlstandsökonomik, 1.) fördert. Zwischen G. und Geldfunktionen bestehen Zusammenhänge, da z.B. leicht verderbliche G. nicht als Wertaufbewahrungs-mittel geeignet sind, andererseits stellt ein billig und leicht zu erzeugender G. ein volkswirtschaftliches Risiko wg. einer evtl. schwer zu kontrollierenden → Geldproduktion dar. Somit hat die →Geldordnung eine optimale Geldversorgung der Volkswirtschaft (→Wirtschaft) zu sichern.

Geldstromanalyse
⇒Flow of funds-Analyse irreführende Bezeichnung für →Finanzierungsrechnung, da weder nur →Geld noch Ströme erfasst werden.

Geldsubstitute
⇒near money
⇒Quasigeld
→Geldarten.

Geldsysteme
1. Arten der →Geldproduktion und -vernichtung sowie Wirkung des →Geldes auf die →Wirtschaft. So wird unterschieden: 1. das im Altertum in Europa dominierende Waren-G., in dem G. durch Produktion bzw. Vernichtung eines Sachgutes entsteht bzw. verschwindet; typisch hierfür waren Metallwährungen. 2. mit beginnendem Mittelalter entsteht das Geld als Gegenleistung für gelieferte Waren od. für Dienstleistungen durch selbstgeschaffene Schuldanerkenntnisse, Noten, Buchgeld (→ Geldarten), (z.B. Schuldscheine der Großhändler, Bezahlung von Beamten und Soldaten mit staatlichen Schuldscheinen, später Aus-

gabe von →Banknoten und →Münzen). 3. seit der zweiten Hälfte des 19. Jh. können →Banken über die Kreditgewährung → Buchgeld (→Geldarten) produzieren. Die Wirkungen des Geldes auf das Preisniveau (→ Inflationstheorie) hängen von seiner Knappheit gegenüber den Gütern bzw. seiner Kontrolle durch die Zentralbank ab.

2. in der Theorie für didaktische Zwecke formulierte →Modelle, in denen es nur eine Bank od. →Zentralbank und →Geschäftsbanken (Mischgeldsystem) gibt.

Geldtheorie
1. *Gegenstand.* Als G. wird jener Teilbereich der volkswirtschaftlichen Theorie (→ Wirtschaftswissenschaft) bezeichnet, der das auf das →Geld gerichtete Verhalten der Wirtschaftsakteure zum Gegenstand hat. Auf der mikroöko-nomischen Ebene (→ Mikroökonomik) besteht ihr Anliegen darin, Geldverwendung, → Geldnachfrage und Geldangebot (Geldangebotstheorie) als Ergebnis einzelwirtschaftlicher Entscheidungen zu analysieren. Auf der makroökonomischen Ebene (→Makroökonomik) will sie die Verflechtung zwischen dem Geld- und dem Güterbereich einer Volkswirtschaft (→Wirtschaft) und daran anknüpfend die Geldwirkungen erklären. Die Geldwirkungstheorie bildet zugleich die Grundlage für die →Geldpolitik.

2. *Geldverwendung.* Das Problem der *Geldverwendung* wurde in der Vergangenheit von der Diskussion um die →Geldfunktionen beherrscht. Sie kann heute als abgeschlossen gelten. Danach erfüllt das Geld in erster Linie eine *Tauschmittelfunktion.* Als allgemeines Tauschmittel verdankt es seine Entstehung auf einer frühen Wirtschaftsstufe dem zunehmenden Tauschbedürfnis infolge fortschreitender → Arbeitsteilung; denn bei wachsender Zahl der Tauschakte stößt der direkte Tausch Ware gegen Ware bald an seine technischen und organisatorischen Grenzen. Das allgemeine Tauschmittel erfüllt zugleich auch die *Funktion des Wertmaßstabs* (Recheneinheit), ermöglicht also die Vergleichbarkeit der Werte der getauschten →Güter. Im Unterschied zu seinen Funktionen als

Tauschmittel und als Recheneinheit war die *Wertaufbewahrungsfunktion* des Geldes lange umstritten, weil die ökonomische Rationalität eine unverzinsliche Vermögenshaltung zu verbieten scheint. Erst Keynes hat überzeugend nachgewiesen, dass Geld das Wertaufbewahrungsmittel mit dem höchsten Liquiditätsgrad (→Liquidität) ist, das i.Ggs. zu den verzinslichen Vermögensformen - abgesehen von Inflation (→Inflationstheorie) - ohne Wertverlust für Finanztransaktionen und Güterkäufe zur Verfügung steht.

Die Tauschmittelfunktion ist im Gegensatz zu den beiden anderen Funktionen geeignet, Geld eindeutig gegen andere Güter abzugrenzen. Die Funktion des Wertmaßstabs könnte, ohne dass bereits ein Tauschmittel existiert, durch ein beliebiges homogenes od. standardisiertes Gut, theoretisch sogar durch eine abstrakte Recheneinheit, wahrgenommen werden. Als Wertaufbewahrungsmittel konkurriert das Geld mit allen dauerhaften od. zumindest lagerfähigen Gütern, insbesondere mit verzinslichen Finanzanlagen. Dennoch kann sich ein Gut nur dann als allgemeines Tauschmittel durchsetzen und behaupten, wenn es zugleich auch die beiden anderen Geldfunktionen, insbesondere die der Wertaufbewahrung, erfüllt. Nur wenn dem Tauschgut von allen Wirtschaftsakteuren ein Wert beigemessen wird, der auch in Zukunft gesichert erscheint, findet es als Tauschmittel und Recheneinheit allgemeine Verwendung.

Die G. begründet die Geldverwendung aus der einzel- und gesamtwirtschaftlichen Vorteilhaftigkeit des indirekten Tausches unter Verwendung eines allgemein akzeptierten Tausch- und Wertaufbewahrungsmittels. Die in einer Tauschwirtschaft auftretenden Informations- und Synchronisationsprobleme erfahren durch die Geldverwendung die kostengünstigste Lösung. Während ein direkter Tausch zum einen stets die Information über einen Partner erfordert, der das angebotene Gut nachfragt und seinerseits das vom Anbieter begehrte Gut anbietet (doppelte Koinzidenz), macht das Vorhandensein eines allge-

meinen Tauschmittels diese Suche überflüssig. Zum anderen ist der direkte Tausch mit der Lagerhaltung verbunden, wenn die Güterproduktion zweier Tauschpartner aus technischen Gründen nicht synchron abläuft. Durch die Verwendung des stoffwertlosen allgemeinen Tauschmittels zur Wertaufbewahrung können diese Lagerhaltungskosten vermieden werden.

3. *Geldnachfrage.* Die quantitative Seite der Geldverwendung, also die Frage, wieviel Geld die Wirtschaftsakteure (private Haushalte (→Haushalt, 1.) und Unternehmen (→ Betrieb, I.)) zu halten wünschen, ist Gegenstand der *Geldnachfragetheorie.* Die Antwort ist bereits in den Geldfunktionen angelegt. Demnach fragen die →Wirtschaftssubjekte Geld teils als Tauschmittel (Transaktions- und Vorsichtmotiv) - zur Bezahlung der von ihnen geplanten Güterkäufe - teils als Wertaufbewahrungsmittel (Spekulationsmotiv) nach. Den gewünschten nominalen Bestand an Tauschgeld (→ Transaktionskasse) bemessen sie an der Höhe des realen Tauschvolumens und des gesamtwirtschaftlichen Güterpreisniveaus. Ein Anstieg des Preisniveaus (P) entwertet den vorhandenen Geldbestand (M), so dass eine entsprechend höhere nominale Kassenhaltung erforderlich ist,

um die Realkasse ($\frac{M}{P}$) auf der für ein ge-

gebenes reales Tauschvolumen geplanten Höhe zu halten. Bei einer Ausweitung des realen Tauschvolumens wünschen die Wirtschaftssubjekte eine höhere, bei dessen Verringerung eine niedrigere Realkasse. Die reale Geldnachfrage aus dem Transaktionsmotiv variiert daher gleichgerichtet mit dem realen →Sozialprodukt als Maß für das reale Tauschvolumen. Als Wertaufbewahrungsmittel konkurriert das Geld mit verzinslichen Formen der Vermögensanlage (→Vermögen). Je höher deren Ertragsrate, desto größer ist der Zinsentgang der Geldhaltung und umgekehrt. Zwischen Geldnachfrage und Zinshöhe wird daraufhin eine negative Abhängigkeit abgeleitet (*Vermögensmotiv*).

4. *Geldangebot.* Die volkswirtschaftliche →

Geldmenge wird nur teilweise als →Bargeld der staatlichen →Notenbank, zum größeren Teil hingegen als →Buchgeld (→ Giralgeld) von → Geschäftsbanken (→ Kreditinstituten) zur Verfügung gestellt. Dieser Sachverhalt ist erst in den letzten zwanzig Jahren zu einer leistungsfähigen *Geldangebotstheorie* ausgearbeitet worden. Sie erklärt den Prozess der Geldschaffung durch das Zusammenwirken der für den *Geldumlauf* verantwortlichen →Zentralbank und den Geschäftsbanken. Als Basis für die Versorgung der Wirtschaft mit Geld und →Kredit gilt das ausschließlich von der Notenbank schaffbare sogenannte Zentralbankgeld (→ Geldarten).

5. *Geldwirkungen.* Kernstück der *Geldwirkungstheorie* ist die Frage, über welche Kanäle und in welcher zeitlichen Abfolge sich ein von der Zentralbank bewirkter Anstoß zur Änderung des Geldangebots im volkswirtschaftlichen Systemzusammenhang ausbreitet und wie er nach Richtung und Ausmaß auf die gesamtwirtschaftlichen Größen →Zins, Einkommen, →Beschäftigung und →Preisniveau wirkt. Zu diesem Zweck werden auf der Grundlage der mikroökonomisch fundierten Geldnachfrage- und Geldangebotstheorie gesamtwirtschaftliche Verhaltensfunktionen formuliert und in ein makroökonomisches Rahmenmodell eingefügt. Auf dieser Weise ist es möglich, zum einen das Wirkungsgefüge der → Geld-, Kredit- und →Gütermärkte einer Volkswirtschaft im →Gleichgewicht zu modellieren und zum anderen die gesamtwirtschaftlichen Wirkungen von *Geldmengenänderungen* darzustellen. Zu den Merkmalen des *makroökonomischen Gleichgewichts* gehört die Übereinstimmung des in einer Volkswirtschaft vorhandenen Geldangebots mit den von den Wirtschaftsakteuren gewünschten Geldbeständen. Diese Bedingung ist nur dann erfüllt, wenn die Bestimmungsfaktoren der Geldnachfrage (reales Sozialprodukt, Güterpreisniveau und → Kapitalmarktzins) eine Konstellation aufweisen, bei der das Geldangebot von den Nichtbanken gerade aufgenommen wird. Durch eine Ausweitung od. Einschränkung des Geldangebots wird dieses Gleichgewicht

gestört. Über die Fragen, in welcher Richtung sich daraufhin der *Kapitalmarktzins* ändert und wie sich der monetäre Impuls in (nominale) Preisniveau- und (reale) *Produktions- und Beschäftigungseffekte* aufteilt, herrschen in der Geldwirkungstheorie kontroverse Auffassungen. Gemäß der *Lehre von Keynes* (→Keynessche Theorie) bewirkt eine Geldmengenausweitung eine Zinssenkung und daraufhin einen Anstieg der →gesamtwirtschaftlichen Güternachfrage mit der Folge, dass →Produktion und Beschäftigung zunehmen, sofern das *Produktionspotential* zuvor nicht völlig ausgeschöpft war. Demgegenüber folgern die Vertreter des →*Monetarismus* aufgrund einer Vielzahl empirischer Untersuchungen, dass eine Geldmengenexpansion, die über das Wachstum des Produktionspotentials hinausgeht, stets Preisniveausteigerungen auslöst. Kurzfristig auftretende positive Produktions- und Beschäftigungswirkungen erklären sie mit vorübergehend sinkenden Reallöhnen und -zinsen als Folge einer verzögerten Anpassung von Nominallöhnen und -zinsen an die Preissteigerungsrate. Die realen Effekte bilden sich jedoch zurück, sobald die → Inflationsrate von allen Wirtschaftssubjekten in voller Höhe in die Lohn- und Zinssätze einkalkuliert wird. Die monetaristische Aussage, dass monetäre Impulse langfristig lediglich nominale Wirkungen hervorrufen, wird als These von der →Neutralität des Geldes bezeichnet. Die Transmissionstheorie der Neuen Klassischen Ökonomie (→ Neue Klassische Makroökonomik) unterstellt den Wirtschaftssubjekten die Fähigkeit, in Kenntnis des makroökonomischen Wirkungszusammenhangs, das Ausmaß der durch Geldmengenvariationen bewirkten Preisniveauänderungen vorauszuschätzen (→rationale Erwartungen). Daher kommt es zu unverzüglichen Anpassungen der Güterpreise, der Nominalzinsen und -löhne, so dass weder kurz- noch langfristig reale Effekte auftreten.

6. *Geldpolitik.* Die Theorie der →*Geldpolitik* behandelt das Problem der optimalen Ausgestaltung der Geldversorgung, also die Fragen, welche dauerhaften institu-

tionellen Vorkehrungen und welche permanenten Steuerungsaktivitäten der Zentralbank erforderlich sind, damit eine möglichst stetige Wirtschaftsentwicklung gewährleistet ist. Zu ihrer Beantwortung wird auf die geldtheoretischen Schlussfolgerungen und Erkenntnisse zurückgegriffen. So bildet die Geldwirkungstheorie zugleich die Grundlage für den rationalen Einsatz der Geldversorgung als Instrument der *Stabilitätspolitik* (→Stabilisierungspolitik). Während dort die Wirkungen eines vorgegebenen monetären Impulses untersucht werden, geht es in der Theorie der Geldpolitik darum, Art und Ausmaß des Impulses zu bestimmen, der geeignet ist, eine als Zielwert vorgegebene Wirkung zu erzeugen. Das Problem der zielkonformen Geldversorgung kann allerdings nicht losgelöst von der Frage behandelt werden, welche makroökonomischen Größen durch monetäre Impulse beeinflusst werden und mithin Objekt geldpolitischer Steuerungsaktivitäten sein können. Insofern finden sich die kontroversen →Hypothesen über den Transmissionsprozess und seine Wirkungsergebnisse unverändert auch in der Theorie der Geldpolitik wieder.

Literatur: *K. Brunner/ H. G. Monissen/ M. J. M. Neumann* (Hrsg.), Geldtheorie. Köln 1974. *W. Fuhrmann*, Geld und Kredit. 2. A., München 1994. *D. Kath*, Geld und Kredit, Beitrag in: D. Bender u.a. (Hrsg.), Vahlens Kompendium der Wirtschaftstheorie und Wirtschaftspolitik, Bd. 1. 6. A., München 1995. *H. J. Thieme* (Hrsg.), Geldtheorie. Entwicklung, Stand und systemvergleichende Anwendung. 2. A., Baden-Baden 1987. *R. Richter*, Geldtheorie. 2. A., Berlin u.a. 1990.

Prof. Dr. D. Kath, Duisburg †

Geldumlaufgeschwindigkeit
→Umlaufgeschwindigkeit des Geldes.

Geldverfassung
Gesamtheit rechtlicher und institutioneller Regelungen des Geldwesens eines Landes, so z.B. in der Bundesrepublik die durch das Gesetz über die Deutsche Bundesbank geregelte monopolistische (→ Monopol) → Produktion von Zentralbankgeld durch die Bundesbank und

konkurrenzwirtschaftlich erfolgende Produktion von Giralgeld (→Geldarten) durch die →Banken neben der Verpflichtung der Bundesbank zur Sicherung der →Währung sowie anderen Regelungen wie z.B. der →Bankenaufsicht.

Geldvermögen
⇒Finanzvermögen
⇒*Geldkapital.*

Geldvernichtung
Verringerung der → Geldmenge durch den entgegengesetzten Vorgang zur → Geldproduktion.

Geldvolumen
⇒*Geldmenge.*

Geldwäsche
das Einschleusen der aus kriminellen Geschäften wie Drogen- und Waffenhandel erzielten enormen Gewinne in den legalen → Wirtschafts- und Finanzkreislauf durch Missbrauch von Bankdienstleistungen. Verschiedene gesetzgeberische Maßnahmen internationaler (z.B. EG-Richtlinie 1991) und nationaler Art (z.B. Geldwäschegesetz 1993 in Deutschland) sollen G.-aktivitäten bekämpfen.

Geldwert
1. innerer G.: gibt die in Gütereinheiten gemessene →Kaufkraft des →Geldes an und steht in reziprokem Verhältnis zum → Preisniveau. Steigendes Preisniveau bedeutet sinkenden G., da man für eine Geldeinheit weniger als vorher kaufen kann.

2. äußerer G.: gibt die Kaufkraft einer inländischen Währungseinheit im Ausland an und ändert sich gleichgerichtet mit dem →Wechselkurs. S. auch →Inflationstheorie, 1.

Geldwertsicherungsklausel
vertragliche Vereinbarung, dass sich die Höhe einer →Forderung in →Geld automatisch nach dem jeweiligen →Preis irgendeines bestimmten → Gutes od. → Leistung od. auch Indexes zu richten hat. G. soll vor Geldentwertung schützen. G. ist in der Bundesrepublik gem. § 3 des Währungsgesetzes aus 1948 durch die →

Deutsche Bundesbank genehmigungspflichtig. Diese lehnt prinzipiell die →Indexierung von Schuldverträgen ab.

Geldwirtschaft

i.Ggs. zur → Naturaltauschwirtschaft werden die Tauschvorgänge mittels → Geld vollzogen und in zwei voneinander unabhängige →Transaktionen zerlegt: → Gut gegen Geld, Geld gegen Gut. Entwickelte Volkswirtschaften (→ Wirtschaft) mit hoher →Arbeitsteilung und effizientem Gütertausch sind nicht ohne Geld vorstellbar, da viele Transaktionen wg. der hohen Transaktionskosten (→Kosten) unterbleiben würden. S. → Wirtschaft, 4.

Gemeindesteuern

⇒Kommunalsteuern
von der →Gebietskörperschaft ,Gemeinde' hoheitlich (→Finanzhoheit) erhobene →Steuer. In der Bundesrepublik sind dies Grund-, Gewerbesteuer, durch Landesgesetz den Gemeinden überlassene Steuern mit örtlich bedingtem Wirkungskreis, z.B. Grunderwerbsteuer, und die sog. kleinen Verbrauchsteuern, z.B. Vergütungs-, Getränke-, Speiseeis-, Schankerlaubnis-, Hundesteuer.

Gemeinkosten

solche →Kosten, die den Produkten od. Aufträgen nicht direkt zurechenbar sind, weil sie von diesen ungleich beansprucht worden sind, z.B. allgemeine Verwaltungskosten. G. bilden in der →Kostenartenrechnung bei der → Vollkostenrechnung gegenüber den →Einzelkosten eine Kostengruppe. In der →Betriebsabrechnung gehen sie von der Kostenartenrechnung in die → Kostenstellenrechnung und von hier in die →Kostenträgerrechnung ein. Sind G. selbst bei der exaktesten Analyse dem einzelnen Produkt nicht zurechenbar, sind es *echte* G. gegenüber den *unechten* G., die lediglich aus Überlegungen der → Wirtschaftlichkeit nicht zugerechnet werden.

Gemeinkostenschlüssel

⇒Kostenschlüssel
Mengen- od. Wertmaßstab in der →Kostenstellenrechnung, mit denen → Gemeinkosten auf die → Kostenstellen

verteilt werden. G. werden nur dann verwendet, wenn eine direkte Gemeinkostenverteilung nicht möglich od. unwirtschaftlich ist. Die Verwendung von G. schließt die Gefahr einer nicht verursachungsgerechten Verteilung der → Gemeinkosten in sich.

Gemeinkostenzuschlagsätze

in der →Kostenstellenrechnung erfolgt die Abrechnung der Gemeinkostenträger durch Berücksichtigung der Belastungen der einzelnen →Kostenstellen durch die → Kostenträger. Dazu werden G. verwendet, die den typischen →Gemeinkostenanfall der Kostenstelle angeben.

Gemeinnützigkeit

steuerrechtlicher Begriff, der seine Ausprägung gegen Ende des 19. Jh. durch den bildungsbürgerlichen Gedanken: einerseits steuerliche Entlastung für den Idealbereich und die Mildtätigkeit, andererseits steuerliche Belastung für den Eigennutzbereich und das Erwerbsgewerbe, erfuhr. Das deutsche Recht kennt G. nach der →Abgabenordnung (Abgabenordnung-G.) und G. nach dem Gesetz über die Gemeinnützigkeit im Wohnungswesen von 1940 mit letzter Änderung 1976 (Wohnungs-G.).
Abgabenordnung-G. ist auf Körperschaften bezogen und erfordert selbstlose Förderung der „Allgemeinheit auf materiellem, geistigem od. sittlichem Gebiet" (z.B. Förderung von Wissenschaft, Forschung, Bildung und Erziehung, Kunst, Kultur, Religion, Völkerverständigung, Entwicklungshilfe, Umwelt-, Landschafts-, Denkmalschutz, Jugend-, Altenhilfe, Sport, öffentlichem Gesundheitswesen, Wohlfahrtwesen). Diese G. ist eine ständig bedrohte Vorteilsstellung. Sie erhält Steuerbefreiung von → Körperschaft-, →Gewerbe-, →Vermögen-, →Umsatz-, → Grund-, Gesellschafts- und Erbschaftsteuer. Satzungsmäßig zu verfolgende gemeinnützige Zwecke müssen tatsächlich geschäftsmäßig erfüllt werden.
Wohnungs-G. ist eine Art Status, der in einem förmlichen Verfahren juristischen Personen verliehen wird und zur Befreiung von der Körperschaft-, Gewerbe-, Vermögen- und Grunderwerbsteuer

führt, wobei Gebührenbefreiungen und →Subventionen hinzukommen. Zur satzungsgemäßen Aufgabe, Bau von Kleinwohnungen im eigenen Namen, kann eine Reihe von Nebenaufgaben hinzukommen (Verwaltung des Eigenwohnungsbestandes).

gemeinsamer Markt
→Integration.

Gemeinschaftsaufgaben
nach Artikel 91a GG von Bund und Ländern in Planung und Finanzierung gemeinsam durchgeführte Länderaufgaben, bei denen die Länder die Planungsdurchführung haben. G. müssen für die Gesamtheit von Bedeutung sein und zur Verbesserung der Lebensverhältnisse die Mitwirkung des Bundes erfordern. G. sind: Hochschulbau, regionale Wirtschaftsstrukturverbesserung, Küstenschutz, Agrarstrukturförderung, Bildungsplanung, Forschungsförderung.

Gemeinschaftskontenrahmen
ältere Version des →Kontenrahmens für die Bedürfnisse der Industrie. Wurde in den 30er Jahren von E. Schmalenbach entwickelt. Hat wie der →Industriekontenrahmen, die jüngere Version, nur Bilanz- und Erfolgskonten, aber keine eigenständigen Finanzkonten. Beide Versionen unterscheiden zwischen →Finanz- und → Betriebsbuchhaltung. G. ist am Prozessgliederungsprinzip orientiert. Er ist wie folgt aufgebaut:

Konten-klasse	Konten für:
0	→Anlagevermögen, langfristiges →Kapital
1	finanzielles →Umlaufvermögen, kurzfristige →Verbindlichkeiten
2	neutrale Aufwendungen (→ Aufwendungen) und Erträge, →kalkulatorische Kosten
3	Warenbestände
4	Kostenarten (→Kosten)
5, 6	→Kostenstellen
7	Bestände an halb- und fertigen Erzeugnissen
8	Erträge (→Ertrag, 4.)
9	Abschluss der Finanz- und Betriebsbuchhaltung

Gemeinschaftsunternehmen
⇒*Joint Ventures.*

Gemeinschaftswerk Aufschwung Ost
im Zuge der Deutschen Wiedervereinigung 1991 eingerichtetes Sonderprogramm zur Förderung von →Investitionen und Arbeitsplätzen in den neuen Bundesländern.

Gemeinwirtschaft
1. →Wirtschaftsordnung mit sozialisierten od. verstaatlichten →Produktionsmitteln sowie →Integration der Einzelwirtschaften in zentrale Planung.

2. Teil der Volkswirtschaft (→Wirtschaft), der i.Ggs. zum →Erwerbsprinzip Ziele im Dienste der Allgemeinheit wie bestmögliche Bedarfsdeckung bei kostendeckender →Produktion einschließlich eines → Gewinns zur →Selbstfinanzierung verfolgt. Unternehmen der G. sind: in der öffentlichen Wirtschaft z.B. kommunale Versorgungsbetriebe; gemeinnützige Wohnungswirtschaft (→ Gemeinnützigkeit), z.B. Neue Heimat; → Genossenschaften, z.B. coop, Rewe; Freie G., z.B. Bank für Gemeinwirtschaft, aber auch verschiedene kirchliche und karitative Verbände.

genehmigtes Kapital
nach § 202 des AktG (→ Aktienrecht) Nennbetrag, um den der Vorstand einer →Aktiengesellschaft od. Kommanditgesellschaft auf Aktien aufgrund einer Ermächtigung durch die Hauptversammlung der Aktionäre das →Grundkapital durch Ausgabe neuer → Aktien gegen entsprechende →Einlagen erhöhen kann. Die Ermächtigung ist auf fünf Jahre beschränkt. g. darf die Hälfte des Grundkapitals nicht übersteigen.

General Agreement on Tariffs and Trade
→GATT.

General Agreement on Trade in Services (GATS)

die im Anschluss an die →Uruguay-Runde 1993 ab 1995 geltenden Vereinbarungen über die Liberalisierung von Dienstleistungen (→Gut). Damit wurde der Tatsache Rechnung getragen, dass der Dienstleistungsanteil am →Bruttosozialprodukt der OECD-Länder bei etwa 65% liegt und Dienstleistungen höhere Zuwachsraten als der internationale Warenhandel haben. Die Vereinbarungen des G. sehen Ausnahmen vor - z.B. für die Seeschifffahrt - und Vorbehalte - z.b. für Finanzdienstleistungen - gilt das Prinzip der Meistbegünstigung für Japan und einige Länder Südostasiens nicht.

Generational Accounting

1994 entwickeltes Konzept zur Messung der intergenerativen Verteilungswirkungen der → Fiskalpolitik. G. stellt ausschließlich auf zukünftige Nettozahlungsströme zwischen Staatssektor und den Individuum ab. Diese ergeben sich aus der Gegenüberstellung der das verfügbare → Einkommen vermindernden Besteuerung und den →Konsum erhöhenden → Transfer. Die intertemporale Budgetrestriktion eines repräsentativen Individuums wird dann zum →Barwert aller zukünftigen Nettozahlungen beeinflusst. Die Fiskalpolitik ist dann intergenerativ unausgewogen, wenn sie die über den gesamten Lebensabschnitt zur Verfügung stehenden Ressourcen zweier Generationen unterschiedlich verringert. G. hat in seiner gegenwärtigen Konzeption noch theoretische und empirische Mängel.

Generationensterbetafel

Sterbetafel, bei der die Sterblichkeitsverhältnisse eines realen Geburtsjahrgangs in einem Beobachtungszeitraum von 100 Jahren dargestellt werden.

Genossenschaft

einer Handelsgesellschaft gleichgestellte →juristische Person mit freier und wechselnder Mitgliederzahl mit dem Ziel, Erwerb und Wirtschaft der Mitglieder (Genossen) zu fördern. Je nach dem Zweck der G. werden unterschieden: Absatz-, Verbraucher- und Bau-G. sowie

Kreditvereine. Erforderliche Organe sind Generalversammlung, Aufsichtsrat und Vorstand. G. muss im G.-sregister eingetragen sein.

Genossenschaftsbanken

stellen neben den Privatbanken (→Banken) und →Sparkassen die dritte Gruppe im deutschen Kreditgewerbe dar. G. sind in einem dreistufigen hierarchischen Aufbau organisiert. Spitzeninstitut ist die →Deutsche Genossenschaftsbank. Mittlere Stufe bilden sechs genossenschaftliche regionale Zentralbanken in der Rechtsform einer →Aktiengesellschaft. Sie müssen sich über den Geld- und Kapitalmarkt finanzieren und haben im Vergleich zu den Girozentralen der Sparkassen eine stärker dienende Funktion für die Institute der untersten Ebene. Diese wird durch eine Vielfalt und Vielzahl von rechtlich selbstständigen Kreditgenossenschaften, städtischen Volksbanken bzw. speziellen Genossenschaftsbanken (z.B. Beamtenbanken, Post-Spar- und Darlehnsvereine) gebildet. G. verfügen über das dichteste Bankstellennetz in der Bundesrepublik. Im ländlichen Bereich (Raiffeisenbanken) existiert noch häufig die Kombination von Bank mit bäuerlichem Bezugs- und Absatzgeschäft. 1971 haben sich der Spitzenverband des ländlichen mit dem des gewerblichen (Schulze-Delitzsch-Genossenschaften) Bereichs zusammengeschlossen. Im Verbund neben dem dreistufigen Aufbau arbeiten etliche Spezialinstitute, die somit den Kunden der G. ein umfassendes Angebot einer Universalbank (→ Banken) bieten, z.B. Münchner Hypothekenbank eG, Bausparkasse Schwäbisch Hall AG, R + V Versicherung, Union-Investment-Gesellschaft mbH. Seit 1977 besteht ein Datenfernübertragungs-Netzwerk (GENO-Netz) zur Abwicklung des →Giroverkehrs zwischen den G. mit der Möglichkeit elektronischer Übertragung von Zahlungen (MEFT) seit 1981. Da sich G. ihr →Eigenkapital durch Anteile der Genossen beschaffen, kommt der Mitgliederbewegung besondere Bedeutung zu. Diese verzeichnet in den letzten Jahren bedeutende Zuwachsraten.

Genossenschaftspolitik

in der Bundesrepublik auf der Grundlage der meisten Landesverfassungen sowie des Artikels 20 GG betriebene Förderung der →Genossenschaften. Äußert sich im Genossenschaftsgesetz (von 1898, novelliert 1973) und der Berücksichtigung des besonderen Charakters der Genossenschaften bei wirtschaftlich relevanter Gesetzgebung, z.b. GWB, Einkommensteuerrecht (Einkommensteuerfreiheit) sowie speziellen Politiken, z.b. Landwirtschaftspolitik.

Gentlemen's Agreement

freiwillige und i.d.R. formlose auf gegenseitigem Vertrauen basierende Abmachung ohne Rechtsfolgewillen. G. vereinfacht die Gestaltung der wirtschaftlichen Beziehungen zwischen den Partnern, weil es langwierige Verhandlungen über eine Vertragsabfassung erübrigt. Die →Deutsche Bundesbank hat des öfteren mit den Kreditinstituten G. geschlossen, so 1981 um die in der Novellierung zum KWG (→Bankenaufsicht) befindlichen Regelungen bereits vor ihrem Inkrafttreten anzuwenden. Zwischen Unternehmen (→Betrieb, I.) werden G. geschlossen, um ein →aufeinander abgestimmtes Verhalten im →Wettbewerb zu praktizieren.

Genussrecht

→Genussschein.

Genussrechtskapital

→Eigenkapital, das sich →Unternehmen od. auch →Banken durch →Emission von →Genussscheinen beschaffen.

Genussschein

aktienähnliches (→Aktie) →Wertpapier, das ein Recht (Genussrecht) am Reingewinn od. auch Liquidationserlös (→Liquidation) einer → AG verbrieft. G. werden bei Sachgründungen mit schwierigen Bewertungsfragen, →Sanierungen od. → Umfinanzierungen od. auch als Vergütung für Patent- und Lizenzbenutzung (→Lizenz) emittiert (→Emission). Genussschein ist nicht mit Mitgliedschaft, die die Aktie verbrieft, verbunden. Gem. AktG (→ Aktienrecht) ist die Emission von G. mit einer dreiviertel Mehrheit des

vertretenen Aktienkapitals auf der Hauptversammlung (→ Aktiengesellschaft) zu beschließen.

geometrisches Mittel

→Lageparameter, der insbesondere für → Merkmale (x) aus Wachstums- und Aufzinsungsvorgängen verwendet und wie folgt errechnet wird:

$$x_{geom} = \sqrt[n]{x_1 \cdot x_2 \cdot \ldots \cdot x_n}.$$

S. auch →Mittelwert.

geplante Investition

→Investition.

gerechte Einkommensverteilung

von den Gesellschaften allgemein akzeptierter Aspekt des Grundwertes „Gerechtigkeit" als Ziel der Wirtschaftspolitik. g. ist als befriedigende Verteilung des Produktionsergebnisses auf die einzelnen Mitglieder der Gesellschaft zu verstehen. Das zur Zielkonkretisierung zu verwendende Verteilungskriterium ist abhängig vom →Wirtschaftssystem. So kann nur in marktwirtschaftlichen Ordnungen (→ Wirtschaftsordnung) *Leistungsgerechtigkeit* als Verteilungsprinzip angewandt werden, weil nur hier →Märkte bestehen, auf denen erzielte Leistungen ohne staatlichen Einfluss durch ihre →Tauschwerte bewertet werden. Da Marktbewertungen in Abhängigkeit von Nachfrage und Angebot (→Gesetz von Angebot und Nachfrage) erfolgen und damit wieder von der →Einkommensverteilung abhängig sind, ist die sog. *'Marktgerechtigkeit'* ergänzungsbedürftig. I.Ggs. zur Leistungsgerechtigkeit steht die *Bedarfsgerechtigkeit*, die letztlich in eine egalitäre Einkommensverteilung mündet, da Umfang und Intensität individueller → Bedürfnisse nicht messbar und der „Bedürftige" nicht vom „Gierigen" zu unterscheiden ist. Diese Verteilungsprinzipien vermögen keine *materiale Gerechtigkeit* zu schaffen, obwohl über sie ein gewisser Grad materialer Gerechtigkeit immer angestrebt wird. Die in diesen Verteilungsmaßstäben postulierte Art der Gerechtigkeit lässt den Grundsatz der *formalen Gerechtigkeit* in der Verteilung unbetroffen: Was nach dem Maßstab der materialen Gerechtigkeit gleich ist, soll auch gleich behandelt werden, d.h. z.B. gleicher Lohn für gleiche Arbeit. S. auch →personelle Einkommensverteilung.

Neben der Verteilungsgerechtigkeit innerhalb einer Volkswirtschaft (→ Wirtschaft) gewinnt die g. für *außenwirtschaftliche Beziehungen* zwischen Industrie- und Entwicklungsländern eine immer größere Bedeutung.

Geregelter Freiverkehr

Marktsegment für den organisierten Börsenhandel (→Börse) mit →Wertpapieren ohne rechtlich gesichertes Fundament für den Anlegerschutz und mit weniger strengen gesetzlichen Auflagen für die gehandelten Papiere, der im Mai 1998 zusammen mit dem →ungeregelten Freiverkehr anlässlich der Neuordnung des Wertpapierhandels in der Bundesrepublik zum → Freiverkehr zusammengefasst wurde.

Geregelter Markt

in der Bundesrepublik seit Mai 1987 neu geschaffener Teilmarkt für den Handel mit →Aktien, aber auch →Genussscheinen, → Kassenobligationen und Bankschuldverschreibungen (→ Schuldverschreibung). Als Teil der Reform des deutschen → Kapitalmarktes ist er ein Kompromiss zwischen → amtlichem Handel und →Freiverkehr. G. fordert weniger strenge Auflagen für die Emittenten (→ Emission) als im amtlichen Handel, so z.B. hinsichtlich der Publizitätspflicht, und soll somit vor allem kleineren und mittelständischen Unternehmen (→Betrieb, I.) kostengünstigen Zugang zur Beschaffung von →Eigenkapital ermöglichen. Anlegern bietet er mehr Schutz als der Geregelte Freiverkehr, da Emittenten einen Börsenprospekt, zwar mit weniger umfassenden Angaben als im amtlichen Handel, vorlegen müssen. Grundsätzlich können alle nicht zum amtlichen Handel zugelassenen Wertpapiere am G. aufgenommen werden. Über die Zulassung entscheidet ein Ausschuss der jeweiligen →Börse. Gemessen an der Zahl der gehandelten Werte sowie an den Neu-Emissionen zeigt der G. eine erfolgreiche Entwicklung.

Auch in verschiedenen europäischen Ländern mit einem G. zum vergleichbaren Teilmarkt wurde innovationsfreudigen (→ Innovation) Unternehmen eine ergiebige Quelle zur Eigenkapitalbeschaffung und dem nach Anlage suchenden → Vermögen Alternativen geschaffen.

GERT-Verfahren

Abk. für: **G**raphical **E**valuation and **R**eview **T**echnique

dient in stochastischen Netzplänen zur Terminplanung bei Großprojekten, wenn subjektive Wahrscheinlichkeiten für Teilvorgänge (Dauer, Realisierungstermine) festzulegen sind, auf die in der weiteren Planung abgestellt wird. S. auch →Netzplantechnik.

Gesamtkosten

⇒totale Kosten
→Kosten.

Gesamtkostenverfahren

nach dem →Bilanzrichtliniengesetz zugelassenes und in Deutschland vordem aktienrechtlich vorgeschriebenes Verfahren zur Aufstellung der →Gewinn- und Verlustrechnung. Nach ihm werden sämtliche → Aufwendungen der Rechnungsperiode gegliedert nach Aufwandsarten, einbezogen. Den Aufwendungen werden auf die gleiche Leistungsmenge bezogene →Erträge gegenüber gestellt, so den in einer Periode produzierten Leistungen nicht nur die Erlöse der abgesetzten Leistungen, sondern auch die Erhöhungen des Bestandes an unfertigen und fertigen Erzeugnissen müssen hinzugerechnet bzw. bei Minderung der entsprechenden Bestände abgerechnet werden. Nach § 275 (2) →HGB ist als Neuerung nach dem Bilanzrichtliniengesetz die Gewinn- und Verlustrechnung in das Ergebnis gewöhnlicher Geschäftstätigkeit und in das außerordentliche Ergebnis zu gliedern bei gesondertem Ausweis des Steueraufwandes. Des Weiteren gelten wichtige Änderungen in der Zusammenfassung der Aufwendungen und Erträge zu Gliederungsposten gegenüber der alten Fassung (z.B. Nettoausweis der Umsatzerlöse, Wegfall wichtiger Einzelposten, andere →Definition des nur noch wahlweise auszuweisenden Rohergebnisses).

Gesamtnutzen
→Grenznutzenanalyse.

gesamtwirtschaftliche Angebotsfunktion
⇒gesamtwirtschaftliche Güterangebotsfunktion
gibt die Bestimmungsgründe des →gesamtwirtschaftlichen Güterangebots einer Volkswirtschaft (→Wirtschaft) (Y^S) bzw. für dessen Komponenten an und ist somit von der Angebotsgleichung als einer ex-post-Aussage (→ex-post-Analyse) zu unterscheiden.
Die Herleitung der g. ist, soweit sie auf der mikroökonomischen →Produktionsfunktion beruht, aus mehreren Gründen unbefriedigend, so z.B. wg. der Transformation des physischen Ertrages einer → Produktionsfunktion in das mit Geldeinheiten bewertete Volumen des gesamtwirtschaftlichen Güterangebots od. wg. der aus →Maximal-Ertrags-Kombinationen gewonnenen →Angebotsfunktion.
Je nach theoretischem Standort gibt es unterschiedliche →Hypothesen zur g.:
1. die Keynesianische g. für eine Volkswirtschaft (→ Wirtschaft) mit unterbeschäftigter Produktionskapazität (→ Kapazität) (O_K), nach der deswegen das Güterangebot bei konstantem →Preisniveau (→Fixpreismodell) in Abhängigkeit von der →gesamtwirtschaftlichen Güternachfrage wachsen kann:

$$Y^S = Y^S(\underset{+}{Y^D}, \underset{+}{O_K}, \bar{P});$$

2. die Keynesianische g. bei zunehmend ausgelasteter und knapper werdender → Kapazität, nach der der Reallohnsatz (l_L^r) bei Argumentation mittels →Cobb-Douglas- (Produktions-) Funktion und → Grenzproduktivitätstheorie für gegebenen Geldlohnsatz (l_L) und gegebener Kapazität das Güterangebot determiniert: $Y^S = Y^S(l_L^r)\Big|_{l_L, O_K}$;

3. die klassische g., nach der die Vollbeschäftigungsmenge aufgrund des gleichgewichtigen Reallohnsatz (l_L^{r*}), die

Produktionstechnik und die Freizeit-Konsum-Präferenzen der →Wirtschaftssubjekte das Güterangebot für Vollbeschäftigung (Y_V^S) bestimmen:

$Y_V^S = Y^S(l_L^{r*})$. Das flexible Preisniveau (→ Flexpreismodell) ist wg. der →Neutralität des Geldes ohne Einfluss auf das gesamtwirtschaftliche Angebot;

4. die g. in der →Neuen Klassischen Makroökonomik z.B. vom Lucas-Sargent-Typ, die wg. Berücksichtigung unvollständiger Informationen der Wirtschaftssubjekte in Form falsch eingeschätzter Preisniveaus folgende Determinanten hat: erwartetes Preisniveau (P^e), Erwartungsfehler hinsichtlich des Preisniveaus ($P - P^e$), Irrtumsausmaß der Wirtschaftssubjekte (α), Normaloutput ($\bar{Y}^r$) und eine Störgröße (e), so dass sie lautet:

$$Y^S = \bar{Y}^r + \alpha(P - P^e) + e \text{ mit } \alpha > 0;$$

5. die Varianten der aggregierten g., die jenes Güterangebot zu alternativem Preisniveau angeben, das die Unternehmen (→Betrieb, I., 1.) unter Berücksichtigung der Auslastung ihrer Produktionskapazität ($\frac{Y_t^r}{Y_v^r - 1}$) (Y_t^r ist gegenwärtige, Y_v^r ist volle Beschäftigung) und →Kosten anbieten wollen, wenn sie mit verzögerter Lohnanpassung reagieren und das Preisniveau durch Gewinnzuschlagsverhalten bestimmen:

$$P_t = P_{t-1}\left[1 + \rho\left(\frac{Y_t^r}{Y_v^r - 1}\right)\right].$$

gesamtwirtschaftliche Endnachfrage
⇒Endnachfrage
⇒*gesamtwirtschaftliche Güternachfrage*
⇒gesamtwirtschaftliche Nachfrage.
gesamtwirtschaftliche Größe
⇒*Aggregat*
⇒wirtschaftliche Gesamtgröße.

gesamtwirtschaftliche Güterangebotsfunktion
⇒*gesamtwirtschaftliche Angebotsfunktion.*

gesamtwirtschaftliche Güternachfrage

⇒Endnachfrage
⇒gesamtwirtschaftliche Endnachfrage
⇒gesamtwirtschaftliche Nachfrage
in der →Makroökonomik:
1. die insgesamt in einer Volkswirtschaft (→Wirtschaft) geplante od. tatsächliche Nachfrage nach →Gütern. Die g. (Y^D) besteht aus folgenden Komponenten: Nachfrage der privaten Haushalte (→Haushalt, 1.) nach Konsumgütern (C) (→Güter), Nachfrage der Unternehmen (→Betrieb, I., 1.) nach Investitionsgütern (Bruttoinvestition: I^b) (→Güter, →Investition), Staatsausgaben bzw. Staatskonsum (C_G) und Nachfrage des Auslandes nach inländischen Gütern (X) (→Export):
$$Y^D = C + I^b + C_G + X.$$
Die g. leitet sich aus dem →Nationalen Produktionskonto, Passivseite, her.

2. Wert aller Güter, die innerhalb eines bestimmten Zeitraumes in einer Volkswirtschaft erzeugt, aber in der gleichen Zeit nicht im Produktionsprozess als Vorleistungen verbraucht werden, erhöht um den →Import.
g. ist in der →Keynesschen Theorie zentrale Größe zur Erklärung der Schwankungen der wirtschaftlichen Aktivität.

gesamtwirtschaftliche Güternachfragefunktion

⇒gesamtwirtschaftliche Nachfragefunktion.

gesamtwirtschaftliche Kosten

⇒soziale Kosten
⇒volkswirtschaftliche Kosten
→Kosten.

gesamtwirtschaftliche Nachfrage

⇒Endnachfrage
⇒gesamtwirtschaftliche Güternachfrage.

gesamtwirtschaftliche Nachfragefunktion

⇒gesamtwirtschaftliche Güternachfragefunktion
i.Ggs. zur ex post-Aussage (→ex post-Analyse) der Nachfragegleichung (→gesamtwirtschaftliche Güternachfrage) → Hypothese über die Bestimmungsgründe des Volumens der gesamten Güter-

nachfrage einer Volkswirtschaft (→Wirtschaft) (Y^D). Es kann unterschieden werden:
1. die in den 50er und 60er Jahren vorherrschende traditionelle g.:
$$Y^D = Y^D(\underset{+}{Y})\big|_{i,\ \bar{P}},$$ wonach die Einkommensabhängigkeit des Konsums (→Konsumfunktion) die Güternachfrage dominiert bei Einflusslosigkeit des Zinses (i) auf die →Investitionen und konstantem Preisniveau (P);

2. die IS-Kurve: $Y^D = Y^D(\underset{+}{Y},\ \underset{-}{i})\big|_{\bar{P}}$ als Ausdruck der →Keynesschen Theorie für vollständig elastisches (→Elastizitäten) → gesamtwirtschaftliches Güterangebot.

3. die aggregierte g.:
$$Y^D = Y^D(P)$$ bei der simultanes → Gleichgewicht auf dem →Geldmarkt und →Gütermarkt herrscht;

4. die moderne aggregierte g.:
$$Y^D = Y^D(\underset{-}{P},\ \underset{+}{Y^S}),$$ bei der nicht mehr Gleichgewicht auf dem Gütermarkt postuliert ist, so dass Restriktionen seitens des gesamtwirtschaftlichen Güterangebots (Y^S) zugelassen sind. Die Varianten 3. und 4. sind für heutige Volkswirtschaften mit dem aktuellen Phänomen der Preisniveausteigerung sinnvoller als Typ 1. und 2.

gesamtwirtschaftliches Angebot

⇒gesamtwirtschaftliches Güterangebot.

gesamtwirtschaftliches Gleichgewicht

1. i.Ggs. zum partiellen Gleichgewicht (→Gleichgewicht) Zustand einer Volkswirtschaft (→Wirtschaft), in der sämtliche Variablen bei gegebenen volkswirtschaftlichen Daten (→Daten) solche Werte haben, dass kein →Wirtschaftssubjekt Anlass zur Änderung seiner Dispositionen hat.

2. in der Modelltheorie der →Makroökonomik das simultane Gleichgewicht der vier Partialmärkte: →Güter-, →Arbeits-, → Geld- und → Wertpapiermarkt, wenn Gleichheit für geplante Größen besteht.

S. auch →Konjunkturtheorie, Keynessche Theorie.

3. nicht korrekt gebraucht, wenn Gleichheit zwischen →gesamtwirtschaftlichem Güterangebot und →gesamtwirtschaftlicher Güternachfrage besteht, da sich ein anderer Partialmarkt im Ungleichgewicht befinden kann.

4. nach dem →StabG besteht g. aus den gleichrangigen Komponenten: Stabilität des → Preisniveaus, hoher Beschäftigungstand, → außenwirtschaftliches Gleichgewicht, angemessenes Wirtschaftswachstum bei gleichzeitiger Inpflichtnahme der öffentlichen Haushalte (→Haushalt, 3.) zur Beachtung der Belange des g.

5. i.Ggs. zum ökonomisch interpretierten das primär politisch-psychologisch aufgefasste g. im Sinne eines sozialen Gleichgewichts, wenn die gesamtwirtschaftliche Entscheidungen tragenden Politiker keine Veranlassung sehen, ihre Disposition wg. der öffentlichen Meinung von Gruppen und Bürgern zu ändern.

gesamtwirtschaftliches Güterangebot
⇒gesamtwirtschaftliches Angebot
die Summe aller in einer Volkswirtschaft (→Wirtschaft) in einer Periode dem → Markt zur Verfügung gestellten →Endprodukte aufgrund der Güterproduktion. Das g. (Y^S) wird aus dem → Nationalen Produktionskonto, Aktivseite, hergeleitet und setzt sich aus folgenden Komponenten zusammen: →Nettowertschöpfung (→Wertschöpfung) od. → Volkseinkommen zu Faktorkosten (Y_{FK}), → Abschreibungen, → Nettokostensteuern ($T^{ind} - Z_u$) und Güterangebot des Auslandes (→Import (Im)):

$$Y^S = Y_{FK} + D + (T^{ind} - Z_u) + Im .$$

gesamtwirtschaftliches Produktionspotential
→Kapazität, →Produktionspotential.

Gesamtwirtschaftliches Rechnungswesen
1. *Zielsetzung und Aufgabe.* Lenkende Eingriffe in den Wirtschaftsablauf durch die Wirtschaftspolitik (→Theorie der Wirtschaftspolitik) setzen, um erfolgreich zu sein, eine möglichst genaue und umfassende Kenntnis der Wirtschaftsentwicklung bzw. der jeweiligen Wirtschaftslage voraus. Diese Kenntnis soll das G. vermitteln. Es hat zum Ziel, ein in sich widerspruchfreies, umfassendes und übersichtliches quantitatives Gesamtbild des Wirtschaftsgeschehens einer bestimmten Volkswirtschaft (→Wirtschaft) zu liefern. Die im Rahmen des G. ermittelten statistischen Daten stellen wichtige empirische Informationen für →Analysen und Prognosen der wirtschaftlichen Entwicklung bereit, die eine Beurteilung ermöglichen sollen, ob in bestimmten Situationen ein wirtschaftspolitischer Handlungsbedarf gegeben ist und welche Maßnahmen erforderlichenfalls zu ergreifen sind. Datenmäßig ausgewiesen werden im G. nur Vorgänge, die bereits stattgefunden haben. Man spricht daher auch von der →ex-post-Analyse des Wirtschaftsgeschehens i.Ggs. zur →ex-ante-Analyse, die die Planungen der Individuen zum Gegenstand hat. Letztere ist die Domäne der Wirtschaftstheorie (→Wirtschaftswissenschaft).

Der Bedarf nach relevanten → Daten selbst ist fortlaufenden Änderungen unterworfen. Die Ursachen dafür liegen vor allem in den sich wandelnden politischen Zielsetzungen sowie in den sich ändernden theoretischen Einsichten über ökonomische Wirkungszusammenhänge. Dadurch muss das G. von Zeit zu Zeit ergänzt bzw. revidiert werden. Praktisch besteht daher das G. aus einer Vielzahl historisch gewachsenen, jedoch weitgehend aufeinander abgestimmten Teilrechnungen, von denen jede besonderen Zielsetzungen dient und bestimmte Aspekte des Wirtschaftsgeschehens quantitativ erfasst und beleuchtet.

Grundsätzlich lassen sich zwei Arten von Teilrechnungen unterscheiden, u.zw. *Stromrechnungen* einerseits und *Bestandsrechnungen* andererseits. Im Rahmen von Stromrechnungen werden Messgrößen (→Stromgrößen od. flows) erfasst, deren Werte auf einen bestimmten *Zeitraum* bezogen sind, wie z.B. das jährliche Einkommen eines privaten Haushaltes (→ Haushalt, 1.) od. seine monatlichen Konsumausgaben. Durch Bestandsrechnungen werden dagegen Messgrößen (→ Bestandsgrößen od. stocks) ausgewiesen, deren Werte jeweils zu bestimmten *Zeitpunkten* erhoben werden, wie z.b. der Wert eines →Vermögens, die →Bargeldbestände einer →Bank od. die Arbeitslosenziffern (z.b. → Arbeitslosenquote) einer Volkswirtschaft an einem bestimmten Stichtag. Bestandsgrößen weisen normalerweise, an verschiedenen Stichtagen gemessen, verschiedene Werte auf. Die stattgefundene *Bestandsänderung* ergibt sich aus der Differenz (bzw. dem Saldo) von Zuströmen und Abströmen zum bzw. vom jeweiligen Anfangsbestand, während einer Periode. Allgemein gelten die Gleichungen:

(1) Endbestand (z.B. am 31.12.06) = Anfangsbestand (z.B. am 1.1.06) + Bestandsänderung (während 2006); sowie

(2) Bestandsänderung = Zuströme - Abströme; woraus sich (3) ergibt:

(3) Endbestand = Anfangsbestand + Zuströme - Abströme.

Dadurch ergibt sich ein Zusammenhang zwischen Strom- und Bestandsrechnungen.

2. *Die wichtigsten Stromrechnungen des G. und ihre Voraussetzungen.* Ehe man darangeht, eine Stromrechnung zu erstellen, hat man sich zu verdeutlichen, an welchen Gesichtspunkten des Wirtschaftsgeschehens man genau interessiert ist bzw. für welche Problemstellung man Daten benötigt. Die Problemstellung ist dann bestimmend dafür, welche Daten als relevant zu erachten sind. Dadurch wird dann auch die Auswahl der Darstellungseinheiten (→ *Wirtschaftssubjekte*) festgelegt, deren Entscheidungen (= *ökonomische Aktivitäten*) das betreffende Wirtschaftsgeschehen, an dem man interessiert ist, bestimmen. In Verfolgung ihrer wirtschaftlichen Aktivitäten übertragen Wirtschaftssubjekte (z.B. Haushalte, Unternehmen, Staat) sogenannte Wirtschaftsobjekte, das sind Waren, Dienst- und Faktorleistungen sowie → Forderungen durch →*Transaktionen* an andere Wirtschaftssubjekte. Üblicher-

weise knüpfen die statistischen Erhebungen im Rahmen von Stromrechnungen an diesen Transaktionen an. In einzelnen Fällen, in denen zwar tatsächlich keine Transaktionen stattfinden, werden solche unterstellt (z.B. Produktion zum eigenen Ge- od. Verbrauch), um Ungereimtheiten zu vermeiden. Sämtliche Transaktionen werden in Geldeinheiten *bewertet*, und es ist ferner zu bestimmen, ob sie in eine bestimmte Rechnungsperiode (z.B. ein bestimmtes Kalenderjahr) und ob sie in die betreffende Volkswirtschaft fielen od. nicht. Jede Stromrechnung macht eine Klärung dieser Voraussetzungen erforderlich. Durch *Aggregation*, d.h. durch geeignete Zusammenfassung der Werte, einer Vielzahl von Transaktionen zwischen bestimmten Gruppen von Wirtschaftssubjekten, gelangt man zu überschaubaren Zusammenhängen. Durch die Aggregation gehen zwar Detailinformationen verloren, andererseits aber gewinnt man größere Übersicht. Welcher Grad der Aggregation am zweckmäßigsten erscheint, hängt von der jeweiligen Fragestellung ab. Herzstück des G. ist die → *Volkswirtschaftliche Gesamtrechnung* (VGR). Aus ihr werden wichtige gesamtwirtschaftliche Kenngrößen, wie z.B. das →Sozialprodukt, ermittelt. Sie liefert jedoch für bestimmte Fragestellungen nur unzureichende bzw. unzweckmäßig aufbereitete Informationen. Um die Lieferungsströme zwischen den einzelnen Industrien und so die wechselseitige Abhängigkeit der Produktion der einzelnen Industrien von Produktionsleistungen anderer Industrien transparent zu machen, werden ergänzend zur VGR vom → Statistischen Bundesamt auch →*Input-Output-Tabellen* erstellt. Diese vermitteln Einsichten in die Verflechtung der Produktionsbereiche und bilden die Grundlage für Analysen (→ Input-Output-Analyse) der Produktionsstruktur.

Detaillierte Informationen über die wirtschaftlichen Beziehungen mit dem Ausland sind in der → *Zahlungsbilanz* zusammengefasst.

Als ein wichtiges Bindeglied zwischen der VGR und den Vermögensrechnungen (Bestandsrechnungen) steht die →*Fi-*

nanzierungsrechnung. Sie soll die während einer Rechnungsperiode geflossenen Finanzierungsströme zwischen den → Sektoren private und → öffentliche Haushalte (Bund, Länder, Gemeinden und Sozialversicherungsträger), Unternehmen (→Betrieb, I.), Banken, →Bausparkassen, Versicherungen und Ausland systematisch erfassen und ausweisen. Dabei werden für einzelne Anlageformen (z.B. Geldanlage bei Banken, → Wertpapiere, →Kredite) jeweils Salden aus Zuströmen und Abströmen detailliert wiedergegeben, um die Finanzierungsstruktur der Ersparnis- und Vermögensbildung offenzulegen. Da im Rahmen der Finanzierungsrechnung - od. „Vermögensbildungs- und Finanzierungsrechnung" in der Bezeichnung der →Deutschen Bundesbank, die sie in jährlichen Abständen erstellt - nur Salden ausgewiesen werden, handelt es sich streng genommen nicht um eine Strom-, sondern um eine Bestandsänderungsrechnung. Sie liefert wichtige Informationen über die Finanzierungs- und Anlagegewohnheiten einer Volkswirtschaft.

3. *Bestandsrechnung im Rahmen des G.* In enger Verbindung zur Finanzierungsrechnung steht der jährliche Nachweis der *„Geldvermögen und Verpflichtungen"* durch die Deutsche Bundesbank. In derselben Gliederung in Sektoren und Anlageformen werden die jeweiligen Bestände der einzelnen Sektoren an Forderungen und →Verbindlichkeiten gegenüber den anderen Sektoren ausgewiesen. Es ergibt sich so ein Bild der Kredit- und Kapitalverflechtung für die Volkswirtschaft der Bundesrepublik Deutschland. Die Erfassung einiger wesentlicher Teile des →*Sachvermögens* durch das Statistische Bundesamt dient der Ergänzung dieses Bildes. Aufgrund der praktischen Erfassungs- und Bewertungsschwierigkeiten werden gegenwärtig nur Teile des *reproduzierbaren Sachvermögens*, nämlich vor allem die →Anlagevermögen der Unternehmen (gegliedert nach Industriezweigen) und des Staates sowie deren Vorratsvermögen ermittelt. Unter Anlagevermögen werden dabei jene Bestände an längerlebigen, reproduzierbaren

Sachgütern verstanden, die vornehmlich Erwerbs- bzw. Produktionszwecken dienen, insbesondere *Ausrüstungen* (Maschinen etc.) und Bauten. Erst in jüngster Zeit beginnt man im Rahmen der →amtlichen Statistik auch den Wert des *Gebrauchsvermögens* (Autos, Kühlschränke etc.) der privaten Haushalte zu ermitteln. Offizielle Statistiken für eine *umfassende Vermögensrechnung* der Bundesrepublik Deutschland, die z.B. auch die Werte der immateriellen Vermögen und der nichtproduzierbaren Sachvermögen ausweisen, existieren (derzeit noch) nicht. Weitere wichtige Bestandsrechnungen liefern die monatlichen Ausweise der Geldbestände durch die Deutsche Bundesbank, sowie die *Arbeitsmarktstatistiken*, die die notwendigen Informationen über die Lage auf dem →Arbeitsmarkt bereitstellen.

4. *Aussagewert des Datenmaterials.* Die im Rahmen des G. ausgewiesenen Daten werden vor allem aus Teilerhebungen ermittelt, von denen einige periodisch, aber in unterschiedlichen Abständen, andere wiederum unregelmäßig durchgeführt werden. In anderen Fällen werden Statistiken mit ausgewertet, die vornehmlich anderen Zwecken dienen. Dadurch handelt es sich bei den Daten um *Schätzgrößen* von unterschiedlicher Genauigkeit. Hinzukommt, dass die Bewertung von Transaktionen in einzelnen Fällen nicht eindeutig festgelegt werden kann und sich im Zeitablauf verändert. Der letztgenannte Punkt macht, insbesondere in Zeiten hoher Inflation (→Inflationstheorie), „Preisbereinigungen" von Wertgrößen mittels Preisindices (→ Indexzahl) erforderlich, um deren reale (mengenmäßige) Entwicklung zu ermitteln (→Inflationstheorie, 1.).

In den letzten Jahren wurde Kritik an der Aussagekraft mancher volkswirtschaftlicher Daten, insbesondere an der des →Sozialprodukts geübt, da bei seiner Erstellung beispielsweise die schädigenden Einflüsse auf die natürliche Umwelt (Luft, Gewässer etc.) nicht ausreichend berücksichtigt werden. Die zahlreichen Vorschläge für eine entsprechende konzeptionelle Änderung des G. im Allgemeinen und der VGR im Besonderen haben bislang jedoch nur ansatzweise Eingang in die amtlichen Statistiken gefunden.

Literatur: *F. Haslinger*, Volkswirtschaftliche Gesamtrechnung. 6. A., München-Wien 1993. *A. Stobbe*, Volkswirtschaftslehre I, Volkswirtschaftliches Rechnungswesen. 7. A., Berlin-Heidelberg-Tokio 1989.

Prof. Dr. Dr. F. Halsinger, Hannover

Geschäftsbanken
⇒*Banken*
⇒Geldinstitute
⇒Kreditbanken
⇒Kreditinstitute.

Geschäftsbankengeld
⇒*Buchgeld* bei Geschäftsbanken
⇒Depositengeld
⇒Giralgeld bei Geschäftsbanken
s. auch →Geldarten.

Geschäftsbericht
ist ein Bestandteil des →Jahresabschlusses. Bis zur Geltung des →Bilanzrichtlinien-Gesetzes für Aktiengesellschaften verbindlich vorgeschrieben. Er soll die Nachteile von →Bilanz sowie →Gewinn- und Verlustrechnung, die nur quantifizierbare Größen enthalten und die bilanzpolitischen Entscheidungen zu deren Festlegung weithin nicht sichtbar machen, ausgleichen. In einem Lagebericht ist über den Geschäftsverlauf und Unternehmenslage sowie über Vorgänge von besonderer Bedeutung zu berichten und im Erklärungsbericht sind nähere Angaben zu Bilanzpositionen und angewandten Bewertungs- wie Abschreibungsmethoden (→ Abschreibung) zu geben. Durch das Bilanzrichtlinien-Gesetz ist der G. durch den →Anhang und → Lagebericht bei → Kapitalgesellschaften zu ersetzen. → Personengesellschaften sind nicht zur Erstellung eines Anhangs und Lageberichtes verpflichtet.

Geschäftsbesorgung
⇒*Geschäftsführung*.

Geschäftsführung
⇒Geschäftsbesorgung
alle Maßnahmen zur Förderung einer Gesellschaft, sowohl tatsächliche Hand-

lungen (Schriftwechsel, Anordnungen usw.) als auch Vornahme von Rechtsgeschäften (Mieten von Räumen, Warenkauf usw.), aber nicht den Aufbau und Bestand der Gesellschaft selbst betreffende Vorgänge (z.B: Änderung des Gesellschaftsvertrages). G. betrifft nur das Innenverhältnis der Gesellschafter untereinander und ist streng von der Vertretung zu unterscheiden, die das Außenverhältnis der Gesellschaft betrifft.

Geschäftswert
⇒Goodwill
⇒*Firmenwert*.

Geschichte der Wirtschaftswissenschaft
1. Anfänge der Wirtschaftswissenschaft

1.1. Antike und Mittelalter. Die Ursprünge der →Wirtschaftswissenschaft liegen in der Philosophie der griechischen Antike. Über islamische, jüdische und christliche Scholastik ist die sokratische Ökonomik in die Wirtschaftslehren der heutigen Weltreligionen eingegangen. Auf der Suche nach Kriterien der Gerechtigkeit einer selbstgenügsamen, stationären Gesellschaft stießen Plato und Aristoteles auf erste wirtschaftstheoretische Probleme (Funktionen von →Arbeitsteilung, → Geld und →Zins, Beziehung zwischen Tausch- und Gebrauchswert). *Römische Juristen* steuerten den Begriff der Opportunitätskosten (→Kosten) bei. *Scholastiker* begründeten sowohl die „objektive" (Albert d.Gr., Thomas v. Aquin), als auch die „subjektive" (Buridanus) → Wertlehre. Erste Vorstellungen eines →Marktgleichgewichtes ließen in der Spätscholastik (Salamanca) den „gerechten" zum „natürlichen" Preis werden.

1.2. Merkantilismus. Zu Beginn der Neuzeit verschob sich das Interesse auf das Wachstum der Nationalstaaten und Handelsgesellschaften. In wirtschaftspolitischen Pamphleten zu Fragen v.a. der → Handelsbilanz, des → Geldwertes und der →Beschäftigung entwickelten Philosophen, Kaufleute, Staatsbeamte und Abenteurer neue analytische Werkzeuge und ökonomische Einsichten ohne einheitliche Doktrin. Viele Merkantilisten sahen in der *Geldvermehrung durch Handelsbilanzüberschüsse* ein Mittel, gesamtwirtschaftliche Güternachfrage, → Wachstum und →Beschäftigung anzuregen. Daneben wurde die →*Quantitätstheorie* des Geldes entwickelt (Bodin, Davanzati, Montanari), verfeinert (Lokke, Cantillon, Hume) und kritisiert (Law, Steuart). In der →*Wertlehre* folgten die Angelsachsen (Petty, Cantillon) dem „objektiven", die Italiener und etliche Franzosen dem „subjektiven" Ansatz. Die deutsch-österreichischen *Kameralisten* (Becher, Hörnigk, Justi) (→Kameralismus) befassten sich vorwiegend mit Verwaltungsfragen ihrer absolutistischen Fürsten und legten die Grundlagen der deutschen →*Finanzwissenschaft*. Die *Politischen Arithmetiker* (Graunt, Petty, King, Süssmilch) leiteten die Epoche der *Statistik* und →Ökonometrie ein.

1.3. *Physiokratie.* Das Fiasko des französischen Merkantilismus (Colbertisme) führte zu einer agrarorientierten Opposition, die nach Mitte des 18. Jh. in der physiokratischen Schule von François Quesnay gipfelte. Seine, in vielem von Cantillon vorweggenommene, Lehre umfasste die Philosophie eines selbst gesteuerten *ordre naturel* und einer vom *produit net* der Landwirtschaft lebenden *Klassengesellschaft*, eine „klassische" →*Kapitaltheorie* und eine auf →Steuerüberwälzung beruhende *Finanztheorie* (impôt unique). Der „aufgeklärte Despot" sollte sich regulierender Eingriffe in das „natürliche" System enthalten (laissez faire (→Laissez-faire-Liberalismus)). Die Physiokraten (les économistes) gaben der Klassik wesentliche Impulse (das →Tableau économique gilt als erstes makroökonomisches Kreislaufmodell), degenerierten aber rasch zu einer unbedeutenden Sekte. Eine eigenständige Weiterführung ihrer Kapital-, Wert- und →Produktions-theorie findet sich bei Turgot.

2. *Klassik.*

2.1. *Klassische Orthodoxie.* Die Interpretation der →Wirtschaft als ein über den Preismechanismus (→ Preisfunktion) *selbstgesteuertes System* wurde von Spätmerkantilisten (Cantillon, Hume) vorbereitet, von Adam Smith (1776) zum Kernstück der Klassik erhoben, von David Ricardo (1817) systematisiert und von John Stuart Mill (1848) zum vorläufigen Abschluss gebracht. Während sich Smith vorwiegend mit den Quellen wirtschaftlichen Wachstums (Arbeitsteilung, Marktumfang, →Sparen) und den *Wohlfahrtsaspekten* des →Wettbewerbs („unsichtbare Hand") befasste, wandte sich Ricardo der *Verteilung* des →Volkseinkommens (→Einkommensverteilung, → funktionelle Einkommensverteilung, 3.1.) zu: Der Tauschwert reproduzierbarer →Güter nähert sich der in den Waren verkörperten Arbeitszeit (→*Arbeitswerttheorie*) an; der Reallohn sichert die Reproduktion der Arbeitskraft und ist langfristig vom Existenzminimum (Malthus), kurzfristig vom Lohnfonds determiniert (→ funktionelle Einkommensverteilung, 3.1.). Aus dem Ertragsgesetz der Agrarproduktion leiteten 1815 Malthus, West, Torrens und Ricardo die Theorie der Differentialrente (→Rente) her. Daraus folgte das →*Gesetz der fallenden Profitrate* und die Entwicklung zur → *stationären Wirtschaft*, allenfalls durch → technischen Fortschritt und Ausweitung der →Märkte (→*Freihandel*) gebremst. Der in klassischer Sicht „unproduktive" Staat hatte sich auf die Erhaltung marktwirtschaftlicher Rahmenbedingungen zu beschränken. Wichtige Etappen der Theorieentwicklung waren die Diskussionen um das Gesetz der Absatzwege (Say, Ricardo vs. Malthus) und um die Notenbankpolitik (→Bullion- und →Banking-Currency-Kontroverse).

2.2. *Gegenströmungen.* Obwohl die Smith-Ricardianische Doktrin in Großbritannien bald dominiert, war sie doch auch dort von Anfang an umstritten. Zu den frühen britischen Kritikern der Smithschen Interessenharmonie, der Werttheorie Ricardos od. der deduktiven Methode generell (Lauderdale, Bailey, Whewell, Jones, Rae, Senior) gesellten sich in Deutschland Friedrich List und die Vertreter der *älteren historischen Schule* (Roscher, Hildebrand, Knies). Sie setzten der ahistorisch generalisierenden Methodik und der „kosmopolitischen" Freihandelsdoktrin die historische Relativierung ökonomischer Beziehungen (Entwicklungsstufen) und eine auf nationale Eigenheiten zugeschnittene Wirtschaftspolitik (Erziehungszölle (→Zoll, 2.)) entgegen. Ricardianischer Denkweise enger verbunden waren die englischen *Sozialisten* (Thompson, Hodgskin, Gray) und Karl Marx, der Hegelsche Dialektik mit Ricardos Arbeitswertlehre zu einer umfassenden Geschichtsphilosophie (dialektischer Materialismus) vereinigte.

3. *Neoklassik.*

3.1. *Marginalismus.* Ab etwa 1860 stagnierte das klassische Forschungsprogramm. Vorläufer der → Grenzanalyse (Bernoulli, v. Thünen, Cournot, Dupuit, Gossen) hatten bei ihren Zeitgenossen kaum Gehör gefunden. Erst die *„marginalistische Revolution"* ab 1871 (Devons, Menger, Walras) brachte der theoretischen Ökonomie neue Impulse: Die Ausweitung des Tauschprinzips vom Handel auf →Konsum und →Produktion erlaubt nun, Güter- und Ressourcenverbrauch als Ergebnis individueller Optimierung zu analysieren und Nachfrage- wie Angebotstheorie zu vervollständigen. Die → *Grenznutzenanalyse* löste elegant Jahrhunderte alte Paradoxa (z.B. Tauschwert von Diamant und Wasser; Wertparadoxon, s. →Grenznutzenanalyse) und öffnete - verbessert als → *Indifferenzkurvenanalyse* (Edgeworth) - den Zugang zur neoklassischen *Wohlfahrtstheorie* (→ Wohlstandsökonomie) (Pareto, Pigou). Die → *Grenzproduktivitätstheorie* (Wicksteed, J. B. Clark) legte die Dualitäten von →Allokation und Verteilung, sowie von Faktor- und Renteneinkommen offen. Während sich Marshall um Kontinuität der Klassik bemühte (kurzfristiges „Scheren"diagramm, langfristige Dominanz „klassisch" konstanter Stückkosten), folgte die österreichische Wert- und Kapitaltheorie (Wieser, Böhm-Bawerk) einem subjektivistischen Ansatz. Die statistische Analyse des *allgemeinen* → *Gleichgewichts* (Walras, Pareto) fand um die Jahrhundertwende ihre dynamische Ergänzung in der Geld- und Zinstheorie Wicksells. Die →Quantitäts-theorie des Geldes stellte sich in der →Tauschgleichung (Newcomb, Fisher) als Theorie des Preisniveaus, im „Kassenhaltungs-Ansatz" (Marshall, Pigou) als Theorie der Geldnachfrage dar.

3.2. *Gegenströmungen.* In Deutschland herrschte um die Jahrhundertwende neben der *sozialrechtlichen* (Wagner, Diehl)

vor allem die *jüngere historische Schule* (→ Historische Schule) (Schmoller, Knapp, Bücher, Brentano), die die wirtschaftshistorische und statistische Forschung kräftig anregte. Ihr Ggs. zur österreichischen Neoklassik kam 1883 im *Methodenstreit* zwischen Schmoller und Menger zum Ausbruch. Der Verein für Sozialpolitik diente den „Kathedersozialisten" anfänglich als Forum einer von Max Weber und Sombart kritisierten „ethischen Wissenschaft" (Werturteilsstreit). Die Verbindung von „verstehender" Wirtschaftswissenschaft, Soziologie, Geschichte und Staatsphilosophie mit skeptischer Distanz zu generalisierender Theorie hielt sich in Deutschland bis zum Ende des Zweiten Weltkrieges. Dieser Tradition nahe standen die zumeist sozialkritischen *Institutionalisten* in England (Leslie, Ingram, Hobson) und den USA (Commons, Veblen, Mitchell, J. M. Clark). Zu den Versuchen, Historik mit → dynamischer Analyse zu vereinen, ist v.a. Joseph Schumpeters Theorie der kapitalistischen Entwicklung zu rechnen.

4. *Gegenwart.*

4.1. *Keynesianismus und Monetarismus.* Die Depression der 30er Jahre (→Große Depression) schien die neoklassischen Paradigmen (rationale Investitionsentscheide, markträumende Preise und Löhne, →Neutralität des Geldes) zu widerlegen. 1936 brachte John Maynard Keynes z.T. schon bereits bekannte Theorieelemente (Konsum- (→ Konsumtheorie, 2.) und Investitionsneigung, →Liquiditätspräferenz, →Einkommensmultiplikator) in ein vieldeutiges Makrosystem: Hicks erklärt es zum Grenzfall der Neoklassik (→IS-LM-Modell), Joan Robinson sah in ihm eine Weiterführung der Marxschen Reproduktionstheorie, andere Keynesianer (Lerner, Klein, Hansen) stutzten es zu einem handfesten Fiskalismus (→Fiskalismus, 2.) zurecht. Die Ergänzung des kurzfristig-statischen „Keynes"-Modelles mit langfristigen Aspekten löste eine vorübergehende Blüte keynesianischer (und neoklassischer) → Wachstumstheorien aus. Nach dem Zweiten Weltkrieg eroberte die „Keynesianische Revolution" die westliche Wirtschaftspolitik (→Theorie der Wirtschaftspolitik), bis mit der →Inflation der späten 60er Jahre die von Milton Friedman geführte „monetaristische Konterrevolution" an Einfluss gewann. Die seitherigen Scharmützel führten zu Neuinterpretationen sowohl des Keynesianismus (Tobin, Leijonhufvud) als auch der Neoklassik (Lucas) und zu einer weitgehenden Annäherung der theoretischen (wenn auch nicht politischen) Standpunkte (vgl. auch → Keynessche Theorie, → Inflationstheorie, 3.1., hier; Monetarismus I, →Neoklassische Theorie).

4.2. *Heutige Richtungen.* Heute scheint sich die Wirtschaftswissenschaft in raschem und tief greifendem Wandel zu befinden. Am augenfälligsten ist das Vordringen mathematischer Methoden in Theorie, Empirie (Ökonometrie) und Praxis (→Operations Research). Der theoretische Kern des neoklassischen Forschungsprogramms wurde von beengendem Ballast befreit: Die Theorie der monopolistischen Konkurrenz (Chamberlin, Robinson), die Einführung von Transaktions- (→ Kosten) und Informationskosten, von risikobehafteten Entscheidungssituationen (→ Portfoliotheorie), Ungleichgewichts- und → Spieltheorie haben den traditionellen Modellen homogener, reibungs- und risikoloser, transparenter und eindeutiger Konkurrenzmärkte neue Dimensionen verliehen. Die neoklassische Wohlfahrtstheorie wurde um die Theorie der Externalitäten (→externe Effekte) und öffentlichen Güter (Samuelson) erweitert und durch das →Arrow-Paradoxon in ihren Grundlagen erschüttert; an ihre Stelle traten Kontrakt-Modelle der Fairness (Rawls), der Prozessgerechtigkeit (Hayek, Nozick) und der → Public Choice-Theorie (Buchanan, Tullock). Die Annahmen differenzierbarer Nutzen- und Produktionsfunktionen wurden mit der →Aktivitätsanalyse (Koopmans) und der → Konsumtheorie Lancasters überflüssig. Schließlich ist auch das Bild des nutzenmaximierenden homo oeconomicus durch die Theorie der eingeschränkten Rationalität (Simon) stark relativiert worden.

Geblieben ist an neoklassischen Paradig-

men nur noch die handlungstheoretische Maxime, soziale Phänomene auf das Zusammenspiel individueller Optimierungsentscheidungen zu reduzieren. Das öffnet den Zugang zu neuen bzw. seit der frühen Klassik vernachlässigten Problemfeldern, zu einer Ökonomik außermarktlicher Prozesse (Familie, Gesundheit, Umwelt, Eigentumsrechte (→Theorie der Property Rights), politische Entscheidungen, bürokratisches Verhalten, →rationale Erwartungen, →Untergrundwirtschaft). Neben solcher Metamorphose neoklassischer Wirtschaftswissenschaft zu einer allgemeinen Theorie menschlichen Verhaltens sind auch Anzeichen neuer Gegenströmungen nicht zu verkennen: Renaissance Ricardianischer Klassik (Sraffa), Apriorismus linker Radikaler und libertärer Neo-Österreicher, postkeynesianischer Institutionalismus und wissenschaftstheoretische Richtungskämpfe - Indizien einer lebendig gebliebenen Wissenschaft.

Literatur: *M. Blaug,* Economic Theory in Retrospect. 4. A., Cambridge 1985; Deutsch: Systematische Theoriegeschichte der Ökonomie. München 1971-75. *J. Niehans,* A History of Economic Theory: Classic Contributions 1720-1980. Baltimore/ London 1990. *J. A. Schumpeter,* History of Economic Analysis. London 1955; Deutsch: Geschichte der ökonomischen Analyse. Göttingen 1965. *H. W. Spiegel,* The Growth of Economic Thought. 3. A., Durham 1988. *J. Starbatty,* Klassiker des ökonomischen Denkens. 2. Bde., München 1989.

    Prof. Dr. F. Ritzmann, Zürich.

geschlossener Kreislauf
liegt vor, wenn für jeden →Transaktor des → Wirtschaftskreislaufes die Wertsumme der zufließenden →Transaktionen gleich der Wertsumme der abfließenden ist. S. auch →Wirtschaftskreislauf, 3.

geschlossene Volkswirtschaft
bezeichnet eine Volkswirtschaft ohne Außenwirtschaftsbeziehungen i.Ggs. zur →offenen Volkswirtschaft.

Gesellschaft bürgerlichen Rechts
eine auf Vertrag beruhende Vereinigung

von mindestens zwei Personen. Kommt sehr häufig und in vielen Formen im Wirtschaftsleben vor, so z.B. der Abschluss eines Rechtsgeschäfts wie das Anmieten eines Busses od. Bildung eines →Kartells. G. sind somit alle Gesellschaften, die das Gesetz nicht als →Handelsgesellschaften bezeichnet od. ihnen gleichstellt. Sie sind nicht nach → Handelsrechts, sondern nach bürgerlichem Recht zu behandeln.

gesellschaftliche Zeitpräferenzrate

auf I. Fisher zurückgehendes Konzept, aus der Betrachtung des →Konsums (C) für die gesamte Gesellschaft zu verschiedenen Zeitpunkten (t_0, t_1) eine optimale Zeitstruktur des Konsums abzuleiten, wobei folgende Annahmen gelten: zunehmender Konsum pro Periode ist nur durch Aufgabe von immer mehr Konsum in der anderen Periode möglich; positiver →Grenznutzen (U) des Konsums, also: $U'(C) > 0$, $U''(C) < 0$; der Nutzen zukünftigen Konsums werde immer niedriger bewertet als der aus gleich hohem Gegenwartskonsum. Daraus folgt die intertemporale Nutzenfunktion für den Zwei-Perioden-Fall:

$$U = U[C(t_0), C(t_1), \alpha] \text{ od.}$$

$$U = U\left[C(t_0), C(t_1) \cdot \frac{1}{1+\alpha}\right],$$

worin α die positive Zeitpräferenzrate ist und aussagt: ein in t_0 und t_1 dasselbe Konsumniveau $\bar{C}$ realisierendes →Wirtschaftssubjekt wird nur dann auf eine Einheit Gegenwartskonsum verzichten, wenn es einen um $\alpha \cdot \bar{C}$ höheren Zukunftskonsum erwarten kann. Der Gegenwartskonsum des Konsums in beiden Perioden (Y_0) ist dann:

$$Y_0 = \bar{C} + \bar{C} \cdot \frac{1}{1+\alpha}.$$

Soll der gegenwärtige Konsumverzicht durch höheren Zukunftskonsum entschädigt werden, müssen rentable Produktionsmöglichkeiten den Entschädigungsbetrag erwirtschaften, somit muss ein Realzins (i^r) existieren. Zeitoptimale

Konsumaufteilung ergibt sich dann durch die Bedingung: Grenzrate der intertemporalen Substitution $\left|\frac{dC_1}{dC_0}\right|$ muss dem Verhältnis $\frac{1+\alpha}{1+i^r}$ gleich sein. Ist $i^r > \alpha$ wird das Wirtschaftssubjekt auf Gegenwartskonsum verzichten.

Die Zeitpräferenzrate spielt auch in der neoklassischen Wachstumstheorie (→Wachstumstheorie, 2.) als →Determinante von Kapitalbildung (→Kapital, II. a) und →technischem Fortschritt eine bedeutende Rolle. Neuerdings auch in der Theorie der →Wirtschaftsordnung: die wirtschaftspolitische Akzeptanz z.B. der Wettbewerbsordnung hängt auch davon ab, wie die längerfristig für die Bürger möglichen Gewinnchancen und die kurzfristig zu befürchtenden Risiken gegeneinander abgewogen werden. Je größer die Diskontrate des auf die Gegenwart abgezinsten zukünftigen Konsums, um so größer wird das Verlustrisiko gegenüber der Konsumzunahme eingeschätzt und um so stärker wird der politische Druck, den Wettbewerb zu reglementieren und drohende Einbußen durch →Investitionen zu verhindern.

Gesellschaft mit beschränkter Haftung
→GmbH.

Gesellschaftsrecht
das Recht aller durch Rechtsgeschäft gegründeten Personenvereinigungen wie z.B. die →Aktiengesellschaft; in begrenzter Weise auch das Recht von Vereinen.

Gesellschaftsteuer
bildet mit der seit 1991 abgeschafften → Börsenumsatzsteuer die Kapitalverkehrssteuer. Seit 1992 ebenfalls abgeschafft. Erfasste Kapitalzuführungen (→ Kapital, I., → Kapitalerhöhung) durch Gründung, Kapitalerhöhung od. andere Leistung von Gesellschaften an inländische →Kapitalgesellschaften.

Gesellschaftsvermögen
das einer →Gesellschaft des bürgerlichen Rechts, offenen Handelsgesellschaft (→ OHG) od. →Kommanditgesellschaft ge-

meinsam und insgesamt zur Verfügung stehende →Kapital. Es umfasst die →Einlagen der Gesellschafter und das durch Geschäftsführung für die Gesellschaft erworbene →Vermögen.

Gesetz abnehmenden Ertragszuwachses
=*Ertragsgesetz*
=neoklassische Produktionsfunktion.

Gesetz der abnehmenden Grenzrate der Substitution bzw. technischen Substitution
Eigenschaft bestimmter →Nutzenindexfunktionen bzw. →Produktionsfunktionen, bei denen bei Gütersubstitution bzw. →Faktorsubstitution die →Grenzrate der Substitution bzw. technischen Substitution sinkt.

Gesetz der Anziehungskraft des übergeordneten Etats
die von J. Popitz so bezeichnete Erscheinung, dass in den meisten Ländern die Industrialisierung und Entwicklung zum Sozialstaat zu einer Verlagerung der öffentlichen Aufgaben weg vom Gliedstaat od. lokaler Instanz hin zum Zentralstaat führte mit der Folge eines steigenden Ausgabenbedarfs und entsprechend stark wachsenden →Budgets des Zentralstaates. Während Popitz das G. als eine unabdingbare Entwicklung ansah, ist diese als eine Folge der politischen Einstellung der Bürger zum Staat schlechthin, selbst in stark föderalistisch geprägten Ländern wie USA, Kanada, Australien, unstreitig wirksam.

Gesetz der großen Zahlen
1. Erfahrungstatsache, dass für Erscheinungen verschiedenster Art, die von konstanten Ursachen abhängen und sich unregelmäßig mindestens in zwei verschiedenen Richtungen ändern können, ein nahezu konstantes Verhältnis zwischen beiden Änderungsalternativen besteht. Z.B. nähert sich die relative Häufigkeit (→Häufigkeit) des Auftretens einer Sechs beim Würfeln einem bestimmten Wert um so mehr, je größer die Anzahl der Würfe ist. Als erster hat J. Arbuthnot (1667-1735) diese Gesetzmäßigkeit im zufälligen Geschehen der Geburten von Jungen und Mädchen für einen Zeitraum

von 82 Jahren beobachtet und formuliert und im Mittel ein Verhältnis von 18:17 von Jungengeburten zur Mädchengeburten ermittelt.
2. von J. Bernoulli zuerst formulierter Lehrsatz in der →Wahrscheinlichkeitsrechnung, wonach ein unter gleichen Bedingungen hinreichend oft wiederholter Versuch dazu führt, dass die relative →Häufigkeit des Auftretens eines bestimmten Ereignisses bei diesen Versuchen nur beliebig wenig von der Wahrscheinlichkeit dieses Ereignisses abweicht. D.h. die Wahrscheinlichkeit dafür, dass die relative Häufigkeit r_n (E) eines →Ereignisses E (Wappen beim Werfen einer idealen Münze) nur vorgebbar wenig von der Wahrscheinlichkeit W (E) = a dieses Ereignisses abweicht, konvergiert für n (Würfe) →∞ gegen 1. Es gibt verschiedene Weiterentwicklungen des G. mit schwächeren Voraussetzungen.

Gesetz der kapitalistischen Kapitalakkumulation
nach K. Marx ist die kapitalistische Produktionsweise durch den Prozess der Kapitalakkumulation geprägt, der sowohl Motor als auch Keim der Selbstzerstörung des Kapitalismus ist. Als Akkumulation bezeichnet Marx die Verwandlung von →Mehrwert in produktives Kapital (→ Kapital, III.). Der Konkurrenzprozess zwingt den Unternehmer zu fortgesetzter →Investition, so dass sich in der Hand weniger Unternehmer immer mehr Kapital konzentriert, wobei die Akkumulation mit einer Abnahme der Profitrate (→Gesetz des tendenziellen Falls der Profitrate) und mit einem →Freisetzungseffekt von Arbeitskräften einhergeht. Dieser führt zu einer „industriellen Reservearmee" mit Verelendung des Proletariats. Der systemimmanente Widerspruch - je größer die Konzentration des Kapitals wg. des G., um so größer ist die industrielle Reservearmee - bewirkt den Zusammenbruch des Kapitalismus.

Wenn auch die ökonomische Entwicklung in manchen Details dem Urteil von Marx entspricht, z.B. die Ursachen der Akkumulation, Tendenzen zur →Konzentration, so sind seine Prophezeihungen über die zukünftige Entwicklung abwegig, was die tatsächliche Entwicklung beweist, was aber auch in Fehlern seiner Theorien begründet ist. S. auch → Marxistische Wachstumstheorie.

Gesetz der Massenproduktion
⇒Büchersches Gesetz
die von dem Nationalökonomen Karl Büchner formulierte Beobachtung, dass mit steigender Produktionsmenge die Durchschnittskosten (→Kosten) sinken. Dahinter steht der Sachverhalt, mit zunehmender →Betriebsgröße sinken die langfristigen Durchschnittskosten. Große Stückzahlen in der →Produktion (Massenproduktion) sind Voraussetzung für den lohnenden Einsatz kapitalintensiver, großer Produktionsanlagen.

Gesetz der Mehrergiebigkeit längerer Produktionsumwege
Grundannahme des G. ist, dass letztlich alle →Produktion auf den Konsum hin orientiert ist. So wird die Verwendung von Realkapital (→Kapital) im Erzeugungsprozess als „Umweg" aufgefasst, da es in diesem Sinn nur eine Zwischenstation sein kann. Dann bedeutet die Erhöhung der Produktion von Realkapital und dessen Einsatz in der Konsumgüterproduktion das Einschlagen längerer Produktionsumwege der originären → Produktionsfaktoren. Größere Produktionsumwege sind zunehmende →Arbeitsteilung mit der Folge größeren Produktionsertrages. In der → Wirtschaftswissenschaft wird die Aussage des G. unterschiedlich begründet.

Gesetz der proportionalen Effekte
→personelle Einkommensverteilung, 3.1.

Gesetz der Unterschiedslosigkeit der Preise
⇒Jevonsches Gesetz
⇒Law of Indifference
von W. St. Jevons formulierte Aussage, dass für ein Gut auf einem →vollkommenen Markt mit →atomistischer Konkurrenz zu einem bestimmten Zeitpunkt immer nur ein einheitlicher →Preis, der Gleichgewichtspreis, gelten kann. Das G. hat in der →Preistheorie für die Klassifizierung der Märkte (→Markt) besondere

Bedeutung. Als Kritik muss es gegen sich gelten lassen, dass die Preiseinheitlichkeit erst das Ergebnis eines Marktprozesses ist und nicht von vornherein besteht wie im G. aufgrund der Annahme unendlicher Reaktionsgeschwindigkeit der Marktteilnehmer.

Gesetz der wachsenden Staatsausgaben
⇒Gesetz der wachsenden Staatstätigkeit
⇒Wagnersches Gesetz
1861 von A. Wagner aufgrund empirischen Befundes aufgestellte Behauptung zunehmender Staatsausgaben als relatives Wachstum der staatlichen Ausgaben gemessen am →Bruttosozialprodukt (→ Staatsquote) wg. Bevölkerungszunahme, wachsenden Anspruch an den Staat, industrieller und demografischer Ballung. Empirische Untersuchungen widerlegen das G. wenigstens teilweise. Eine Analyse zum G. stößt auf mannigfache, z.T. nicht behebbare, Schwierigkeiten: Abgrenzung zwischen staatlichem und privatem Sektor; Erfassung aller Staatsausgaben (versteckter Staatsbedarf, z.B. unentgeltliche Inanspruchnahme der Bürger für Militär- und ehrenamtliche Dienste); stärkerer Anstieg des Preisniveaus für öffentliche Leistungen gegenüber privaten, da sie nur geringe Zunahme der → Arbeitsproduktivität aufweisen. Andere Versuche zur Begründung des G. stellen auf Faktoren wie Kriege, Entwicklung zum Sozialstaat u.ä. ab.

Gesetz des tendenziellen Falls der Profitrate
nach K. Marx u.a. eine Ursache für die unvermeidliche Selbstzerstörung des kapitalistischen Systems. Da die Profitrate Triebfeder kapitalistischer →Produktion ist, entfällt bei ihrem langfristigen Sinken der entscheidende Anlass zur Kapitalakkumulation (→ Gesetz der kapitalistischen Kapitalakkumulation) und damit stürzt sich der Kapitalismus in eine sich selbst zerstörende Konkurrenz.

Die Profitrate ist definiert: $\frac{m}{c+v}$, wobei

m = →Mehrwert, c = →konstantes Kapital, v = →variables Kapital ist. Da $\frac{c}{v}$ die organische Zusammensetzung des Kapitals und $\frac{m}{v}$ die Mehrwertrate ⇒Ausbeutungsgrad ist; gilt: $\frac{m}{c+v} = \frac{\frac{m}{v}}{\frac{c}{v}+1}$, d.h. Mehrwertrate und organische Zusammensetzung des Kapitals determinieren die Profitrate. Da Marx von konstanter Mehrwertrate und steigender organischer Kapitalzusammensetzung ausging, muss die Profitrate fallen. Gerade diese dem G. zugrunde liegenden Annahmen sind empirisch nicht bestätigt od. z.T. sehr problematisch wie auch eine von mehreren logisch möglichen Entwicklungen. Vgl. auch → Marxistische Wachstumstheorie.

Gesetzgebungshoheit
Ausprägung der →Finanzhoheit in der Kompetenz, gesetzliche Regelungen über →Steuern zu erlassen. Für Zölle (→ Zoll), →Finanzmonopole obliegt sie dem Bund, ansonsten besteht über Steuern konkurrierende G.

Gesetz gegen den unlauteren Wettbewerb (UWG)
1909 erlassen mit späteren Änderungen, verbietet gegen Lauterkeit verstoßende Wettbewerbshandlungen im Wirtschaftsleben (§ 3), z.B. Nachahmung fremder Leistungen, vergleichende Werbung od. systematisches Abwerben von Arbeitskräften sowie bestimmte Handlungen, auch wenn sie im Einzelfall nicht gegen die Lauterkeit verstoßen wie Verstöße gegen die Regeln des Ausverkaufs. Verstöße führen zu Ansprüchen auf Unterlassung und bei Verschulden auf Schadensersatz, z.T. werden sie mit Geldbußen geahndet od. sind strafbar, so z.B. Bestechung mittels Schmiergeld. S. auch →Gebührenvereine.

Gesetz gegen Wettbewerbsbeschränkungen (GWB)
⇒Kartellgesetz
vom 27.7.1957, mit 7. Novelle, die seit 1.7. 2005 in Kraft ist, schützt den funktionsfähigen Wettbewerb, indem es Wettbewerbsfreiheit sichern soll. Seine Schwerpunkte sind: 1. ein generelles Kartellverbot (→Kartell), wobei bisher bestimmte Wirtschaftsbereiche (Land- und Forstwirtschaft, Verkehr, Kohle und Stahl, Versorgung mit Strom, Gas und Wasser, Kreditgewerbe, Versicherungswirtschaft) ganz oder teilweise davon ausgenommen und bestimmte Kartellformen (Konditionen-, Rabatt-, Normen- und Typen-, Rationalisierungs-, Spezialisierungs-, Strukturkrisen-, Kooperations- sowie Export- und Importkartell) anmelde- bzw. zulassungspflichtig sind; 2. Missbrauchsaufsicht über marktbeherrschende Unternehmen (→Betrieb, I.); 3. Kontrolle von Unternehmenszusammenschlüssen (→Fusionskontrolle); 4. Verbot von aufeinander abgestimmter Verhaltensweisen (→aufeinander abgestimmtes Verhalten); 5. Verbot vertikaler Wettbewerbsbeschränkungen, vor allem der Preisbindung der zweiten Hand (→Preisbindung). Über den Gesetzesvollzug wacht das →Bundeskartellamt. Die Entscheidungskompetenz bei gerichtlichen Auseinandersetzungen obliegt dem Oberlandesgericht Düsseldorf und dem Bundesgerichtshof als Revisionsinstanz. Die sieben Novellierungen spiegeln den Wandel des wettbewerbspolitischen Leitbilds wider. War früher Schaffung und Steuerung von Rahmenbedingungen für ein freies Spiel der Kräfte auf dem →Markt primäres Anliegen, steht seit einiger Zeit Sicherstellung der Entfaltung eines leistungsbezogenen →Wettbewerbs im Vordergrund. S. auch →aufeinander abgestimmtes Verhalten, →Fusionskontrolle, →Missbrauchsaufsicht, →Wettbewerbspolitik.

Gesetzliches Zahlungsmittel
sind in der Bundesrepublik →Banknoten in unbeschränkter Höhe und →Münzen in begrenztem Umfang (bis 50 Münzen bei einer Zahlung). Jedes inländische Wirtschaftssubjekt ist verpflichtet, G. zur Tilgung von →Verbindlichkeiten anzunehmen. Die →Zentralbank (EZB) hat das alleinige Recht zur →Emission von Banknoten als G. (Banknotenmonopol), das → Münzmonopol hat seit 1950 der Bund.

Gesetz steigender Handelskosten
von J. Hirsch 1929 formulierte und empirisch wiederholt bestätigte Entwicklung
für industrialisierte Volkswirtschaften (→
Wirtschaft) - abgesehen von gegenläufigen Trends in einzelnen Branchen -,
dass die Gesamtkosten des Handels stärker wachsen als der Gesamtwert der vom
Handel umgesetzten Waren. Dies kann
auf dem stärkeren Anstieg der →Preise
für eingesetzte → Produktionsfaktoren
gegenüber den Preisen der umgesetzten
Handelsgüter, auf größerem Produkti-
onsmitteleinsatz im Vergleich zum Wa-
renumsatz und begrenzter Substituierbarkeit (→ Substitution) von → Arbeit
durch →Kapital im Handel beruhen.

Gesetz über das Kreditwesen (KWG)
von 1961, zuletzt geändert im Jahr 2007,
regelt die staatliche Zulassung und Beaufsichtigung der in der Bundesrepublik
tätigen →Kreditinstitute. Die Bundesanstalt für Finanzdienstleistungsaufsicht
(BaFin) mit Sitz in Bonn und Frankfurt a.
M. und die →Deutsche Bundesbank sind
Aufsichtsbehörden. Ziel des G. ist Schutz
der Bankgläubiger vor Vermögensver-
lusten und Missständen im Kreditgewerbe vorzubeugen und entgegenzutreten.
Z.Z. wird über eine weitere Anpassung
des G. beraten. S. auch →Bankenaufsicht.

„Gesetz vom Krug der Witwe"
Interpretation von J. M. Keynes (1930)
über den Zusammenhang zwischen Unternehmereinkommen (→ Gewinn) (G)
und Konsum der Unternehmer (C_u), die
analytisch unhaltbar ist und später auf
andere Sachverhalte angewandt wurde
(z.B. Vermögensentstehung, → Geldschöpfung). Aus der Definitions-Glei-
chung für die → Einkommensverwendung (Y_v):

(1) $Y_v = C_u + S_u + C_L + S_L$,

wobei S für Sparen und Suffix L für Bezieher von Lohneinkommen steht, folgt
wg. der →Identität:

(2) $I \equiv S$ bzw.

(2a) $I \equiv S_u + S_L$

und Verwendung des Unternehmerein-
kommens

(3) $G = C_u + S_u$:

(4) $G = C_u + I - S_L$,

was Keynes so interpretierte, dass das
Einkommen der Unternehmer steigt,
wenn sie ihren Konsum erhöhen. Somit
wären die Gewinne der Unternehmen (→
Betrieb, I.) unerschöpflich, gleich dem
Krug der Witwe im 1. Buch der Könige,
Kapitel 17, in der Bibel, dessen Öl nicht
versiegte. Diese Interpretation der Gleichung (4) ist eine unzulässige ex-ante-
Schlußfolgerung aus einer ex-post-Aussage (→ex-ante-Analyse, →ex-post-Ana-
lyse).

Gesetze von Angebot und Nachfrage
bezeichnet die unter Anwendung der →
ceteris paribus-Klausel zu beobachtenden Tendenzen von Preis- und Mengenreaktionen aufgrund von Änderungen
der Angebots- und Nachfragekurve.

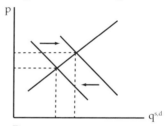

Figur 1

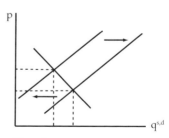

Figur 2

Vgl. auch →Angebotsgesetz, →Nachfra-
gegesetz.

	Kurven-änderung	Wirkungen auf Preis	Menge
Nach-frage-kurve Fig. 1	Rechts-verschiebung	↑	↑
	Links-verschiebung	↓	↓
Ange-bots-kurve Fig. 2	Rechts-verschiebung	↓	↑
	Links-verschiebung	↑	↓

Gesetz von Pareto

die von V.F.D. Pareto 1895/97 durch Untersuchungen von Einkommensteuerstatistiken für Bezieher oberhalb eines bestimmten → Einkommens ermittelte hyperbolische Verteilungskurve von der Form:

$$N = a \cdot Y^{-\alpha} \text{ bzw.}$$

$$\log N = \log a - \alpha \log Y,$$

worin N die Anzahl der Einkommensbezieher, Y die Einkommensgrenzen, $-\alpha$ der Anstieg der (Pareto-)Geraden und log a der Schnittpunkt der (Pareto-)Geraden mit der Ordinaten für eine Darstellung in logarithmischer Form sind. Vgl. insbesondere →personelle Einkommensverteilung, 2.

Gesetz zur Förderung der Stabilität und des Wachstums der Wirtschaft (Stabilitätsgesetz, StabG)

vom 8.7.1967, legt für bestimmte konjunkturelle Situationen von den Trägern der Wirtschaftspolitik (→ Theorie der Wirtschaftspolitik) zu ergreifende Maßnahmen fest, um gesamtwirtschaftliche Ziele (→Ziele der Wirtschaftspolitik) zu erreichen. Stellt →Instrumente der Wirtschaftspolitik bereit und schreibt Informations- und Koordinierungsverfahren (→Konzertierte Aktion, →Mittelfristige Finanzplanung) vor. G. ist von Ansichten der →Keynesschen Theorie inspiriert und in seiner Praktizierung nach gewissen Erfolgen weithin gescheitert. Die aktuelle Wirtschaftspolitik hat z.Z. weitgehend von der Nutzung der bereitgehaltenen Möglichkeiten Abstand genommen.

Gesetz zur sozialrechtlichen Absicherung flexibler Arbeitszeitregelungen

trat zum 1.1.1998 in Kraft. Arbeitsverhältnisse mit Arbeitszeitkonten sehen vor, dass → Arbeitnehmer in einer bestimmten Zeit nicht tätig sind, jedoch ein Entgelt erhalten, das für Arbeit vor od. nach der Freistellungsphase gezahlt wird. G. stellt den Sozialversicherungsschutz für diese Freistellungsphase sicher.

Gewährleistung

Einstehen für Rechts- und Sachmängel beim Kauf und sonstigen Verträgen.

Gewerbebetrieb

1. im *wirtschaftlichen Sinn* →Betrieb, in dem erlaubte, auf →Gewinn gerichtete und auf gewisse Dauer angelegte Tätigkeiten ausgeübt werden, jedoch mit der Ausnahme der →Urproduktion und der freien Berufe. G. sind alle Unternehmen (→Betrieb, I.) des Handels (→Handelsgewerbe), Handwerks, der Industrie und des Verkehrs. Am Begriff des G. knüpfen zahlreiche Vorschriften des Rechts (→ Handelsrecht, →Arbeitsrecht u.a.) an. → Gewerbeordnung enthält neben anderen Gesetzen (z.B. Lebensmittelgesetz) die Vorschriften über den Betrieb eines Gewerbes.

2. im *Steuerrecht* dauernde, selbstständige und auf Gewinn gerichtete Tätigkeit mit Beteiligung am Wirtschaftsleben. Ausgeschlossen sind Land- und Forstwirtschaft, selbstständige Tätigkeiten und reine Vermögensverwaltung.

Gewerbeertragsteuer

→Gewerbesteuer.

Gewerbefreiheit

→Gewerbepolitik, 2.

Gewerbekapitalsteuer

→Gewerbesteuer.

Gewerbeordnung

vom 1.1.1978 mit späteren Änderungen. Geht auf die G. von 1869 zurück und ist Grundlage der öffentlich-rechtlichen Überwachung der → Gewerbebetriebe. Regelt die Gewerbezulassung, die innerbetrieblichen Beziehungen zwischen Gewerbetreibenden und →Arbeitnehmern sowie deren Arbeitsschutz und die zulässigen Maßnahmen der Überwachung.

Gewerbepolitik

1. Begriff. Als G. bezeichnet man die Gesamtheit aller Bestrebungen und Maßnahmen, deren Ziel darin besteht, die ökonomischen Zustände und Prozesse im Bereich der gewerblichen Wirtschaft zu beeinflussen. Unter dem Begriff „Gewerbe" werden i.d.R. die Bereiche Industrie und Handwerk (→Gewerbebetrieb) subsumiert. Die Gegensätze zwischen diesen Sektoren in früheren Entwicklungsphasen bestimmen auch heute noch wesentliche Elemente der G., deren Geschichte sich in 4 Epochen einteilen lässt: die zunftgebundene, die merkantilistische, die liberale und die interventionistische.

2. Ziele der G. Das Oberziel der G. kann auch heute noch in der Erhaltung und Förderung der formalen und materiellen Freiheit der wirtschaftlichen Betätigung des einzelnen gesehen werden. Da sich die aus dem →Liberalismus resultierende Gleichsetzung von Gewerbefreiheit und funktionsfähigem Wettbewerb in der Praxis als unzutreffend erwies, wurden mit zunehmender Industrialisierung die Wettbewerbserhaltung bzw. -förderung zu einer Hauptaufgabe der G.

2.1. Ziele der Handwerkspolitik. Die Verlagerung hauswirtschaftlicher Tätigkeiten in den gewerblichen Bereich und die Übernahme industriell komplementärer Funktionen haben den Schutzgedanken der Handwerkspolitik, der sich zunächst auf die befürchtete Verdrängung des Handwerks durch die industrielle Konkurrenz, später dann auf die Gefahr einer Übersetzung und einen dadurch ausgelösten ruinösen Wettbewerb bezog, in den Hintergrund treten lassen. Heute besitzt die Erhöhung der Anpassungsflexibilität des Handwerks an den beschleunigten Strukturwandel Priorität. Da dieses Problem alle Klein- und Mittelbetriebe betrifft, geht die Handwerkspolitik in die auch aus gesellschaftspolitischen Gründen betriebene Mittelstandspolitik über.

2.2 Ziele der Industriepolitik. Das vom Liberalismus bestimmte Ziel der industriepolitischen Maßnahmen war bis zum Ersten Weltkrieg die Schaffung und Erhaltung der Voraussetzungen einer möglichst freien industriellen Betätigung. Nach einer Phase der industriepolitischen Passivität Mitte und Ende der zwanziger Jahre dieses Jh., der sich anschließenden Politik der Depressionsbekämpfung (→Große Depression) und der → Autarkie und Kriegswirtschaft kann erst das →Gesetz gegen Wettbewerbsbeschränkungen (GWB) von 1957 u.a. als neues geschlossenes industriepolitisches Konzept gewertet werden.

Neben der Gewährleistung eines funktionsfähigen Wettbewerbs (→ Wettbewerbspolitik) versucht die Industriepolitik eine höchstmögliche →Wirtschaftlichkeit dieses Sektors sicherzustellen, wobei die Wettbewerbspolitik diesem Ziel untergeordnet wird. Eine so verstandene offensive Industriepolitik ist →Wachstums- bzw. →Strukturpolitik; sie verfolgt unter Beachtung ökologischer Restriktionen das Ziel, die Bereiche zu fördern, die über besondere Produktivitätspotentiale verfügen und damit den Anstoß zu einer Fortsetzung des →Wirtschaftswachstums geben können. Durch die staatliche Förderung der Entwicklung von Spitzentechnologien und deren Umsetzung in Prozess- und Produktinnovationen (→Innovation) soll insbesondere die internationale Wettbewerbs-fähigkeit erhalten und gestärkt werden.

3. Mittel der G.

3.1. Mittel der Handwerkspolitik. Zur Erhaltung der hohen Qualifikation, die eine notwendige Bedingung zur Sicherung der Anpassung des Handwerks an die wirtschaftliche Entwicklung ist, wie auch zur Vermeidung einer ruinösen Konkurrenz bedient sich die Handwerkspolitik der beruflichen Aus- und Weiterbildung. Die weitgehende Institutionalisierung der Lehrlingsausbildung und der Weiterbildung von Gesellen und Meistern durch die Innungen und Kammern, insbesondere aber die Wiedereinführung des sog. „großen Befähigungsnachweises", der die Meisterprüfung als Voraussetzung für den selbstständigen

Betrieb eines Handwerks und die Einstellung und Ausbildung von Lehrlingen fordert, stellen Maßnahmen dar, die Beiträge zu beiden Zielen der Handwerkspolitik liefern sollen. Der damit entstehende Konflikt zwischen den Zielen „Sicherung der Existenz" einerseits und „Effizienzerhöhung durch Wettbewerbsdruck" andererseits hat die Handwerkspolitik ins Zwielicht geraten lassen (Deregulierungskommission).

3.2. *Mittel der Industriepolitik.* In der Industriepolitik werden wettbewerbs- und strukturpolitische Mittel eingesetzt. Die →Gewerbeordnung, das mehrfach novellierte GWB und das →Gesetz gegen den unlauteren Wettbewerb dienen der Ausgestaltung, dem Schutz und der Qualität des Wettbewerbs; sie tragen keinen industriespezifischen Charakter, da sie ohne Einschränkung auch für den Groß-, Außen- und Einzelhandel gelten.

Die strukturpolitische Komponente des Mitteleinsatzes richtet sich auf die Ziele der Erhaltung, Anpassung und Entwicklung der Sektorstruktur. Ordnet man die Instrumente nach dem Kriterium der Eingriffsart, so lassen sie sich in marktorganisatorische und fiskalische → Interventionen einteilen. Marktorganisatorische Interventionen betreffen die Regulierung der Marktdaten (Förderung der → Markttransparenz und der Faktormobilität, Einsatz wirtschaftlicher Instrumente) und die Regulierung der Marktelemente (Instrumente zur Beeinflussung des Angebots, der Nachfrage und zur Mengen- und Preisregulierung), während (monetäre und reale) fiskalische Interventionen Teil der Einnahmen- und Ausgabenpolitik der öffentlichen Haushalte (→Haushalt, 3.) sind.

Besondere Bedeutung hat die Förderung der Forschungs- und Entwicklungs- (FuE)-Aktivitäten (Innovationspolitik) zur Sicherung der internationalen Wettbewerbsfähigkeit erlangt. Während die Zuständigkeit des Staates für die Grundlagenforschung unumstritten ist und auch gegen eine Verbesserung des Technologietransfers sowie gegen die indirekte FuE-Förderung keine ordnungspolitischen Einwände geltend gemacht werden können, bedarf es einer eingehenden →Analyse, inwieweit selektive → Subventionen als Form der direkten FuE-Förderung und finanzielle bzw. rechtliche Hilfestellung bei der Forschungskooperation von Unternehmen (→Betrieb, I.) tatsächlich dazu beitragen, die innovationspolitischen und die wirtschaftspolitische Hauptziele zu erreichen.

4. *Träger der G.*
4.1. *Träger der Handwerkspolitik.* Die Interessenvertretung des Handwerks nehmen die Innungen als freiwillige Zusammenschlüsse selbständiger Handwerker eines od. mehrerer verwandter Handwerkszweige wahr; als Spitzenorgan fungiert der Zentralverband des Deutschen Handwerks. Die Kontrolle der handwerklichen Selbstverwaltung wird durch die Handwerkskammern als Körperschaften öffentlichen Rechts, denen als Pflichtmitglieder alle selbstständigen Handwerker, Gesellen und Lehrlinge angehören, vorgenommen. Auf der staatlichen Ebene sind die wesentlichen handwerkspolitischen Kompetenzen bei den Wirtschaftsministerien konzentriert.

4.2. *Träger der Industriepolitik.* Die Fachverbände der Industrie (→ Bundesverband der Deutschen Industrie) und die → Gewerkschaften sind die wichtigsten Interessenvertreter, die Industriepolitik betreiben und auf Entscheidungen der Wirtschaftspolitik des Staates Einfluss zu nehmen suchen. Die Selbstverwaltung erfolgt durch die →Industrie- und Handelskammern, die neben dem industriellen Gewerbe auch den Handels-, den Verkehrs- und andere Dienstleistungsbereiche vertreten; Spitzenorganisation ist der →Deutsche Industrie- und Handelstag. Auf staatlicher Ebene betreiben Bund, Länder und Kommunen Industriepolitik, supranational nehmen die →Europäischen Gemeinschaften Einfluss. Die Vielzahl der Träger führt zu Koordinationsproblemen, die durch die Verteilung der industriepolitischen Kompetenzen über mehrere Bundes- bzw. Landesministerien verstärkt werden.

5. *Aktuelle Probleme der G.* Die zukünftige G. der Bundesrepublik wird sich vor allem mit drei Problembereichen auseinanderzusetzen haben: 1. die Bildung von

industriellen Machtstrukturen zu unterbinden, die die staatliche G. nicht nur „aushebeln", sondern selbst zu ihren Gunsten bestimmen können. 2. die Fähigkeit der Unternehmen zu steigern, sich den in immer kürzeren Zeitabständen vollziehenden Strukturbrüchen anzupassen. 3. mögliche Konflikte zwischen Ökonomie und Ökologie zu entschärfen. Dabei wird sie deshalb an Bedeutung verlieren, weil 1. die zunehmende Globalisierung der Nationalwirtschaften dazu tendiert, die nationale G. zu unterlaufen, 2. mit einer weiteren Zuständigkeits-Zentralisierung der EU zu rechnen ist und 3. die deutsche Gewerbeordnung mit der Dienstleistungsfreiheit im gemeinsamen Markt kollidieren kann.

Literatur: *F. Voigt/ J. Melcher*, Industriepolitik, in: E. Mändle (Hrsg.), Praktische Wirtschaftspolitik. Wiesbaden 1977, 131 ff. *H. St. Seidenfus*, Gewerbepolitik, in: O. Issing (Hrsg.), Spezielle Wirtschaftspolitik. München 1982, 105 ff. *Deregulierungskommission*, Marktöffnung und Wettbewerb, Siebtes Kapitel: Das Handwerk. Stuttgart 1991. *H. Gröner* (Hrsg.), Berufsordnungen und Wettbewerb. Berlin 1992. Wirtschaftspolitischer Ausschuss im Verein für Socialpolitik, Arbeitsgruppe Wettbewerb, Berufsordnungen und Wettbewerb, hg. v. H. Gröner. Berlin 1992.

Prof. Dr. H. St. Seidenfus, Münster †

Gewerbesteuer
nach dem GewStG in der Fassung vom 14.5.1984 mit späteren Änderungen von allen →Gewerbebetrieben im Sinne des Steuerrechts zu leistende und von den Gemeinden erhobene → Realsteuer. G. soll äquivalent zu den von Gemeinden für einen Gewerbebetrieb zu tätigenden Mehraufwendungen, z.B. für Beseitigung von Abwasser, sein. Steuergegenstand ist objektive Ertragskraft (= in einen Gewerbeertrag umgerechnetes tatsächlich erzieltes Betriebsergebnis; Gewerbeertragsteuer) und Gewerbekapital (= umgerechneter Einheitswert gewerblicher Betrieb; Gewerbekapitalsteuer). G. mindert als Betriebsausgabe (→Ausgabe, II.) den steuerlichen →Gewinn und beeinflusst damit auch die Höhe der →Einkommen- bzw. →Körperschaftsteuer. G.

ist wichtigste originäre Einnahmequelle der Kommunen. Anteil an den kommunalen Gesamteinnahmen: etwa 75%. Seit 1970 sind Bund und Länder durch eine Umlage am Aufkommen der G. beteiligt. Durch mehrmalige Anhebung von → Freibeträgen sind etwa nur noch ein Drittel der potentiell besteuerbaren Gewerbebetriebe von der Gewerbeertragsteuer und weniger als 20% von der Gewerbekapitalsteuer betroffen. Wg. dieser „stillen Abschaffung" der G., der Abhängigkeit kommunaler Einnahmen aus der G. von der Wirtschaftsstruktur der Gemeinden und des Aufkommens der G. von der konjunkturellen (→Konjunkturtheorie) Entwicklung wird von verschiedenen Seiten eine Reform od. auch Abschaffung der G. bei Ersatz durch andere Einnahmequellen gefordert. Bisherige Versuche scheiterten an der unterschiedlichen Interessenlage der Betroffenen: Gemeinden, steuerzahlende Unternehmen und übergeordnete →Gebietskörperschaften.

Gewerbe- und Berufsfreiheit
im GG Art. 12 jedermann gestattete Führung eines →Gewerbebetriebes sowie zuerkanntes Recht auf freie Wahl von Beruf, Arbeitsplatz und Ausbildungsstätte.

Gewerken
→Bergrechtliche Gewerkschaft.

Gewerkschaften
→Deutscher Gewerkschaftsbund.

Gewerkschaftseffekt
Differenz zwischen der Entlohnung von gewerkschaftlich und nicht gewerkschaftlich organisierten Arbeitnehmern. G. hängt vom Organisationsgrad und Qualifikation der Arbeitnehmer sowie Marktsituation der Branche ab.

gewichtetes Mittel
⇒gewogenes Mittel
wichtiger →Lageparameter für metrische →Merkmale. Haben die einzelnen x_i-Werte verschiedene Gewichte w_i (oft w_i

$\geq 0,\ \sum\limits_{i}^{n} w_i = 1\ )$, so erhält man das gewichtete *arithmetische* Mittel:

$$\tilde{x}_a = \frac{1}{\sum\limits_{i} w_i} \sum\limits_{i=1}^{n} w_i x_i$$

bzw. das gewichtete *geometrische* Mittel:

$$\tilde{x}_g = \sqrt[n]{x_1^{w_1} \cdot x_2^{w_2} \cdot \ldots \cdot x_n^{w_n}}$$

bzw. das gewichtete *harmonische* Mittel:

$$\tilde{x}_h = \sum\limits_{i=1}^{n} w_i \frac{1}{\sum\limits_{i=1} \frac{w_i}{x_i}}$$

bzw. das gewichtete *quadratische* Mittel:

$$\tilde{x}_q = \sqrt{\frac{\sum\limits_{i=1}^{n} w_i x_i^2}{\sum\limits_{i=1}^{n} w_i}}\ .$$

Gewinn

I. in der →*Volkswirtschaftslehre*:

1. Differenz zwischen →Erlösen aus verkaufter →Produktion und vollständigen Opportunitätskosten (→Kosten) der für diese Produktion eingesetzten →Produktionsfaktoren. In dieser →Definition enthält der G. den Unternehmerlohn, Eigenkapitalverzinsung sowie Risikoprämie für Vermögensverlust (→Vermögen) bei Misserfolg.

2. Unternehmerlohn als →Einkommen für dispositive Arbeit. Hierunter fallen auch →Einkommen der freien Berufe.

3. G. i.e.S., das Unternehmereinkommen vermindert um Unternehmerentlohnung und Eigenkapitalverzinsung, oft als Nicht-Faktoreinkommen od. auch Residualeinkommen (→ Einkommen) bezeichnet. Wird in der Theorie allgemein als Differenz zwischen Erlösen und → Kosten einer bestimmten Periode definiert und in den →Modellen der →Preisbildung in der Analyse des kurzfristigen od. langfristigen Gleichgewichts (→ Gleichgewicht, →Preistheorie) bestimmt. In marktwirtschaftlichen Ordnungen (→ Wirtschaftsordnung) fallen diese G. dem Kapitaleigentümer zu und sind Ausdruck für die mit ihren Entscheidungen zu tragenden Chancen wie Risiken. Im Laufe der letzten Jahrzehnte trat mit der Zurückdrängung des Eigentümer-Unternehmers eine Verlagerung der G.-zuweisung vom juristischen Eigentümer des Unternehmens (→Betrieb, I.) zum →Arbeitnehmer ein.

Bedeutsame Unterfälle sind: a) Pioniere, nach Schumpeter Entlohnung für neuartige Produktions- und Absatzmethoden ‚schöpferischer' Unternehmer, die gegenüber der Konkurrenz einen zeitlich begrenzten Vorsprung erringen, der durch Nachahmung eingeebnet wird. Sie fördern den wirtschaftlichen Fortschritt. b) →dynamische Differential-G. ⇒windfall gains, die aus meist nicht vorhersehbaren Änderungen der Marktbedingungen entstehen und nur vorüber-gehender Natur sind. Sie führen zu kurzfristigen Produktionsausweitungen. c) Monopol-G., durch Ausnutzung von Marktstellungen, die entweder durch Leistungen erworben od. durch Marktzugangsbeschränkungen für Konkurrenten (Nichtleistungseinkommen) od. auch durch Marktspaltungen (agglomerative und →deglomerative Marktspaltung) erzielt werden. d) Profit in der Marxschen Theorie (→ Marxistische Wachstumstheorie), die Abschöpfung des Mehrwerts der Arbeit durch den Kapitalisten.

4. in der →Volkswirtschaftlichen Gesamtrechnung ist G. Einkommen aus Unternehmertätigkeit (→Einkommen) und → Vermögen sowie auch in anderen Abgrenzungen (z.B. Verteilung des →Volkseinkommens an die →Haushalte ausgeschütteter G., in den Unternehmen verbliebener (nichtausgeschütteter) G., an den Staat geflossener G. aus Beteiligungen), Wertpapierbesitz u. ä.).

II. in der →*Betriebswirtschaftslehre*:

1. handelsrechtlicher od. →Bilanz-G., der sich von dem in der →Gewinn- und Verlustrechnung ausgewiesenen G. (→Jahresüberschuss unterscheidet. Wird dieser um einen G.- bzw. Verlustvortrag aus dem Vorjahr sowie Entnahmen aus offenen Rücklagen verändert, so erhält man den Bilanz-G. bzw. Bilanzverlust.

Stellt den erkennbaren, nicht aber echten G. dar, der aus dem gesamten in der Unternehmung in-vestierten Kapital und somit aus pagatorischem G. und Fremdkapitalzinsen besteht.

2. pagatorischer G., der aus Zahlungsvorgängen abgeleitete G.

3. kalkulatorischer G. ist G. aus Sicht der →Kostenrechnung, hier z.B. in der →Teilkostenrechnung der Überschuss aller Deckungsbeiträge (→ Deckungsbeitragsrechnung) über den Fixkostenblock.

4. ökonomischer G. ⇒ kapitaltheoretischer G. ist derjenige Perioden-G., der aus gegenwärtigen und künftigen →Ein- und Auszahlungen des Unternehmens abgeleitet wird. Er erlaubt eine verursachungsgerechte Periodenerfolgsermittlung und gibt deshalb den →Kapitalwert für ein Investitionsprojekt (→Investition) bereits für das Jahr seiner Durchführung an. Problem der Ermittlung des ökonomischen G. bildet die Bewertung des → Vermögens.

III. im *Steuerrecht*:
1. Unterschiedsbetrag des Betriebsvermögens am Schluss des Wirtschaftsjahres zum vorangegangen Wirtschaftsjahr vermehrt um die Entnahmen und nichtabzugsfähigen Betriebsausgaben sowie vermindert um den Wert der Einlagen.

2. Überschuss der Betriebseinnahmen über die Betriebsausgaben.

Gewinnbeteiligung
⇒Erfolgsbeteiligung
→Beteiligung, 2.

Gewinneinkommen
⇒Einkommen aus Unternehmertätigkeit

Gewinninflation
⇒profit push inflation
nichtmonetärer Erklärungsansatz zur Entstehung der Inflation (→Inflationstheorie), wonach Unternehmen (→Betrieb, I.) in oligopolitischen Märkten (→Preistheorie, →Marktformen) die Angebotspreise nach ihrem langfristigen Gewinnziel den Nachfragern gleichsam wie Behörden, die →Gebühren festsetzen, vorschreiben (→administrierte Prei-

se; administered price inflation, → Inflationstheorie, 3.2.). Die →Preise werden nach dem Aufschlagprinzip (→mark-up pricing) gebildet, bei dem eine prozentuale Gewinnspanne auf die Durchschnittskosten aufgeschlagen wird. Diese Erklärung enthält lediglich die notwendige Bedingung für anhaltenden Gewinndruck zur Aufrechterhaltung der Inflation. Als hinreichende Bedingung muss ein ständig steigender Aufschlagsatz hinzukommen, was umstritten ist, da dies nur bei wachsender Vermachtung der →Märkte od. wiederholter Erhöhung des Gewinnzieles markt-mächtiger Unternehmen möglich ist.

Gewinnmaximierung
in der →Mikroökonomik der Volkswirtschaftslehre (→Wirtschaftswissenschaft, 4.) als typisch, aber auch in der →Betriebswirtschaftslehre angenommenes Unternehmensziel. Ist spezifische Konkretisierung des →ökonomischen Prinzips in marktwirtschaftlichen Systemen (→Wirtschaftsordnung). Dem Einwand der Wirklichkeitsferne kann durch Aufnahme von Nebenbedingungen (z.B. bestimmter Marktanteil od. für nichtmonetäre Zielsetzungen wie Qualität am Arbeitsplatz) Rechnung getragen werden. Begründete Kritik wird gegen die G. geführt, weil diese 1. auf monopolistischen od. administrierten →Märkten Ausbeutungsprozesse ermöglicht, da → Preise auf ihnen leicht ihre Knappheitsfunktion verlieren, und 2. da →externe Effekte zu Fehlallokation der Ressourcen führen. Für alle →Marktformen lautet die notwendige G.-sbedingung in allg. Form auf der Angebotsseite: Grenzkosten (→Kosten) = Grenzerlös (→Erlös); die hinreichende Bedingung: Steigung der Grenzkostenkurve > Steigung der Grenzerlöskurve. Die G.-sbedingungen sind zu modifizieren für bestimmte Marktformen und →Produktionsfunktionen.

Gewinnobligation
⇒Gewinnschuldverschreibung
eine →Obligation, die dem Inhaber neben einer festen Nominalverzinsung eine feste od. variable Zusatzverzinsung verspricht, die von der Höhe der Dividende abhängig ist. Der →Kurs einer G. hängt

neben der Mindestverzinsung auch von der Dividendenerwartung ab.

Gewinnquote
→Profitquote
gibt den Anteil des Gewinneinkommens (→Einkommen) am →Volkseinkommen an. Ergänzt sich mit der →Lohnquote zu 1. S. auch →Einkommensverteilungstheorie, 1.

Gewinnschwelle
⇒*Betriebsoptimum.*

Gewinn-Schwellen-Analyse
⇒*Break-even-Analyse.*

Gewinnsteuer
auf den Nettogewinn gelegte →Steuer, z.B. →Körperschaft-, Gewerbeertrag- (→ Gewerbesteuer), → Einkommensteuer. Über ihre Überwälzbarkeit besteht in der →Finanzwissenschaft keine einheitliche Auffassung, besonders wenn sie objekt- und nicht personenbezogen ist. Vgl. auch →Ertragsteuer.

Gewinntheorie
Die G. leitet aus der Verhaltensannahme der →Gewinnmaximierung die Produktionsentscheidung der Unternehmen (→ Betrieb, I.) und damit das →Güterangebot und die Faktornachfrage auf den → Güter- bzw. →Faktormärkten ab; der Periodengewinn (G) ergibt sich als Differenz zwischen →Erlös (E) und →Kosten (K), so dass außer der Produktionsmenge die →Preise auf den Güter- und Faktormärkten das Gewinnkalkül bestimmen. Hinzu treten Nebenbedingungen der Analyse, denn das Unternehmen arbeitet in einer dynamischen Umwelt. In einer → Marktwirtschaft haben → Gewinne wichtige Funktionen für die Faktorallokation (→ Allokation): Sie signalisieren potentiellen Anbietern, ob es sich - gemessen an der Gewinnerwartung in anderen →Märkten - lohnt, vorhandene Personal- und Sachkapazitäten in der →Produktion für bestimmte Märkte einzusetzen. Schrumpfende Gewinne signalisieren den betroffenen Unternehmen die Notwendigkeit zur Kosteneinsparung, zu verstärkten Verkaufsanstrengungen od. zum Einsatz der →

Produktionsfaktoren in gewinnträchtigeren Verwendungen bzw. Märkten.

Die kurzfristige Gewinnmaximierungsanalyse bei →vollständiger Konkurrenz geht von folgenden Annahmen aus:
- Der Unternehmer ist als Polypolist sowohl auf seinem Absatzmarkt als auch auf seinen Beschaffungs- bzw. Faktormärkten Preisnehmer, d.h. er glaubt, weder auf den Güterpreis (p), noch auf die Faktorpreise Einfluss zu haben, und betrachtet sie deshalb als gegeben (→Datum). Der Erlös ergibt sich folglich als gegebener Preis (p) mal Menge (q).
- Der einzelne Unternehmer handelt unabhängig von seinen Konkurrenten, d.h. es besteht keine Reaktionsverbundenheit.
- Es handelt sich um ein →statisches Modell, das sich auf einen Zeitpunkt beschränkt. Das Phänomen der Lagerhaltung, in dessen Kalkül stets mehrere Zeitpunkte oder -räume einbezogen werden müssen, kann in einem Rahmen der vollständigen Kon-kurrenz nicht analysiert werden. Die produzierte ist damit zugleich die abgesetzte Menge (q).
- Der Markt sei vollkommen (Punktmarkt, vollkommene →Markttransparenz, keine subjektiven → Präferenzen).

Unter diesen Voraussetzungen ist der Gewinn eine Funktion von q:

(1) $G = E(q) - K(q)$.

Notwendige Bedingung für ein Gewinnmaximum ist, dass die erste Ableitung gleich Null ist:

(2) $\dfrac{dG}{dq} = \dfrac{dE}{dq} - \dfrac{dK}{dq} \equiv E' - K' = 0$.

Im Gewinnmaximum gilt also, dass die → Grenzkosten (K' (q)) gleich dem →Grenzerlös (E' (q)) sind. Mit der Annahme, dass das Unternehmen Preisnehmer ist - also E' = $\bar{p}$ =konstant -, ergibt sich der Spezialfall der Gewinnmaximierung:

(3) $\bar{p} = K'(q)$.

Das Ziel der Gewinnmaximierung bedeutet somit für ein Unternehmen, das als Preisnehmer agiert, seine Produktionsmenge q so festzulegen, dass die hierbei entstehenden Grenzkosten gleich

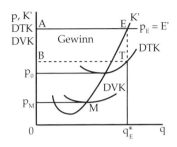

dem Marktpreis p sind. Die Abbildung zeigt die graphische Lösung des Problems für einen u-förmigen Grenzkostenverlauf; das Angebot wird bis zum Punkt E ausgedehnt, bei dem die Grenzkostenkurve (K') die Preisgerade p_E schneidet, d.h. es wird schließlich die Gleichgewichtsmenge q_E^* produziert.

Solange q_E^* noch unterschritten wird, ist eine weitere Outputerhöhung noch mit einem Gewinnzuwachs verbunden; die positive Differenz ($\bar{p} - K'$) wird aber immer kleiner, bis der Grenzgewinn gleich Null wird.

Der Stückgewinn ergibt sich in der Abbildung als Strecke $\overline{ET}$, also als Differenz zwischen den durchschnittlichen totalen Kosten (DTK) (→Kosten) und dem Stückerlös p. Folglich ist der Gesamtgewinn gleich der Fläche AETB. Bei Mengenvariationen agiert das Unternehmen auf der Grenzkostenkurve vom →Betriebsminimum (M) an. Ein Marktpreis in Höhe von p_m ist kurzfristig die Untergrenze seines Angebots; die variablen Kosten (DVK) (→Kosten) sind gerade noch durch den Stückerlös gedeckt (→ Deckungsbeitragsrechnung). Sinkt der Preis unter p_0, ist die Produktionsmenge beim Schnittpunkt von Preisgerade und K'-Kurve verlustminimierend. Als individuelle Angebotskurve ist wegen der hinreichenden Bedingung für das Gewinnmaximum

(4) $G'' = -K'' < 0$

nur der steigende Ast der K'-Kurve relevant.

Das Marktangebot (die Gesamtangebots-

kurve) ergibt sich durch Aggregation der gewinnmaximalen Angebotsmengen aller Unternehmen. Jedes Unternehmen realisiert bei alternativ gegebenen Marktpreisen p die Produktionsmenge, die seinem Schnittpunkt von Preisgerade und Grenzkostenkurve entspricht; Gestalt und Verlauf der Kostenkurve sind dabei nur kurzfristig gegeben - die Erklärung von Veränderungen der Kostenstruktur ist Aufgabe der →Kostentheorie. Derjenige Anbieter, der sich gerade noch am Markt halten kann, heißt →Marginalanbieter; Unternehmen, die Verluste erzielen, werden als Submarginalanbieter bezeichnet. Die →Marktangebotskurve S ergibt sich durch horizontale Aggregation der individuellen Angebots-kurven aller Unternehmen.

Auch im Fall eines →Angebotsmonopolisten beschreibt die Bedingung E' = K' die gewinnmaximale Menge. Jedoch ist der Grenzerlös nicht mehr mit einem gegebenen Marktpreis gleichzusetzen. Der Monopolist sieht sich statt einer horizontalen Preisgeraden p der negativ geneigten Marktnachfragekurve q (p) gegenüber, so dass Mehrabsatz jeweils Preiseinbußen bedeutet (→ Preisbildungstheorie). Sofern er gleichzeitig Monopolist am Faktormarkt ist, hieße Produktionserhöhung aufgrund der damit verbundenen Faktormehrnachfrage auch Stückkostenerhöhung (→Produktionstheorie; → Faktorpreisbildung). Ist darüber hinaus der Absatzmarkt unvollkommen, kann der Monopolist seinen Gewinn durch →Preisdifferenzierung zu Lasten der Nachfrager erhöhen.

Im gesamtwirtschaftlichen Allokationsprozess hat der Gewinn eine wichtige Signalfunktion, denn relative Gewinnanreize beeinflussen Höhe und Struktur der →Investitionen. Pioniergewinne (→Gewinn, I., 3.) entstehen im Wettbewerbsprozess (→ Wettbewerbstheorie) vorübergehend und spornen andere Unternehmen zur Nachahmung an.

Literatur: *U. Fehl/ P. Oberender*, Grundlagen der Mikroökonomie. 6. A., München 1994. *E. von Böventer*, Einführung in die Mikroökonomie. 8. A., München 1995. *J. Schumann*, Grundzüge der Mikroökonomischen Theorie. 6. A., Berlin u.a. 1992.

H. R. *Varian*, Grundzüge der Mikroökonomik. 2. A., München 1991.

Prof. Dr. D. Cassel, Duisburg

Gewinnthesaurierung

Einbehaltung und Ansammlung von Teilen des →Gewinns einer Unternehmung (→Betrieb, I.), die der →Selbstfinanzierung dienen. Einbehaltene Gewinne einer Kapitalgesellschaft unterliegen der → Körperschaftsteuer.

Gewinn- und Verlustrechnung

⇒Erfolgsrechnung
⇒Erfolgsbilanz
Abk.: G. u. V.

mit der →Bilanz eine Nachweisrechnung über die Entstehung des Jahreserfolgs einer Unternehmung (→Betrieb, I., 2.). G. enthält die periodisierten → Ausgaben und →Einnahmen und dokumentiert die Herkunft und Höhe der einzelnen Erfolgskomponenten systematisiert nach Aufwendung (→Aufwand) und →Ertrag. Sie ergänzt die Zeitpunktrechnung der → Bilanz, die lediglich den →Vermögensstand belegt, indem sie Veränderungen der Bilanzbestände innerhalb der Rechnungsperiode aufzeigt,
Nach dem →Bilanzrichtliniengesetz müssen erstmals alle Kaufleute (→Kaufmann) die G. nach den Grundsätzen ordnungsmäßiger Buchführung und Bilan-zierung gestalten. Eine Saldierung von Aufwendungen und Erträgen ist unzulässig. → Kapitalgesellschaften müssen die G. in Staffelform darstellen und zu jedem Posten Vorjahresbeträge angeben. Im →HGB angegebene Gliederungsschemata sind für sie Mindestgliederungen. Einzelunternehmen und → Person-engesellschaften sind nicht unmittelbar daran gebunden. Für sie gelten nur die allgemeinen Aufstellungsgrundsätze.
Alle Unternehmen können die G. entweder nach dem →Gesamtkosten- od. dem → Umsatzkostenverfahren aufstellen. S. auch →Bilanzierung.

gewogenes Mittel

⇒*gewichtetes Mittel.*

Gibrat's Gesetz

von R. Gibrat 1930 veröffentlichte Aussage, das sich Zufallsprozesse im wirtschaftlichen Bereich oft auf relative Änderungen beziehen und deshalb zu einer Lognormalverteilung der Merkmalswerte (→Merkmal) führen. I.d.R. wird G. auf die →personelle Einkommensverteilung bezogen, obwohl Gibrat es auch auf andere ökonomische Erscheinungen, z.B. Verteilung der Unternehmensgrößen, anwandte.

Gibson Paradoxon

von J. M. Keynes 1930 geprägte Bezeichnung für das von A. H. Gibson 1923 veröffentliche Untersuchungsergebnis einer positiven →Korrelation von langfristigem Kapitalmarktzins und →Preisniveau für England im Zeitraum von 1820 bis 1920, obwohl schon früher andere Ökonomen auf diesen Sachverhalt gestoßen waren, z.B. T. Tooke 1884. Gemäß klassischer Theorie wird der → Zins durch reale Faktoren determiniert (klassische Dichotomie (→Dichotomie)) und nicht durch das Preisniveau, so dass die Gleichläufigkeit der Bewegungen von Zins und Preisniveau Keynes als paradox erschien. Neben anderen Ökonomen, z.B. K. Wicksell und besonders I. Fisher, bot er folgende Erklärung an: Preisniveausteigerung bedeutet bei gegebener nominaler → Geldmenge Verringerung des realen →Geldangebots, was bei unverändertem Realeinkommen (→Einkommen) und deshalb konstanter →Transaktionskasse zu einer Abnahme der →Spekulationskasse und somit zur Zinssteigerung führt.

Giffengut

→Gut, das der von Sir R. Giffen beobachteten →anomalen Nachfragereaktion entspricht, bei der die Nachfrage der ärmeren Bevölkerung nach Brot trotz steigendem →Preis zunahm. Der Fall des G. tritt für einen →Haushalt mit einem in der Nähe des Existenzminimums liegenden →Einkommen für ein lebensnotwendiges und →inferiores Gut (= notwendige Bedingung für ein G.) ein, bei dem der → Einkommenseffekt den →Substitutionseffekt einer Preisänderung dominiert (= hinreichende Bedingung). Die Eigenpreiselastizität für ein G. (→Elastizitäten) ist:

$$\eta_{d_{q,p}} > 0 \,.$$

Gini-Koeffizient
von C. Gini 1912 entwickeltes Konzentrationsmaß (→ Konzentration), das die Gleich- bzw. Ungleichverteilung von Merkmalsträgern i.a. und z.b. in der → personellen Einkommensverteilung angibt. G. ist für die →Lorenzkurve das Verhältnis von Verteilungsfläche zwischen Diagonale, d.h. Gleichverteilung, und Lorenzkurve zur Fläche des Dreiecks unter der Diagonalen bei absoluter Gleichverteilung, bei der der G. = 0 wäre. Durch →Einkommensumverteilung sinkt der G. und signalisiert damit den Umverteilungseffekt.

Giralgeld
→Geldarten, 2.

Giro
⇒*Indossament.*

Girokonto
1. ⇒Kontokorrentkonto. Konto, das dem →Kontokorrent dient.

2. Bezeichnung für das dem →Giroverkehr dienende Konto.

Giroverkehr
bargeldloser →Zahlungs- und Abrechnungsverkehr. Giro (italienisch) bedeutet Kreis. G. sagt aus, alle am G. Beteiligten bilden einen Kreis in dem Sinne, dass Geldansprüche von einem zum anderen überschrieben werden können, indem der Zahlungsbetrag dem Girokonto des Zahlungspflichtigen belastet und dem Konto des Zahlungsempfängers gutgeschrieben wird. G. ist nicht wie der Scheckverkehr (→Scheck) durch besondere gesetzliche Vorschriften geregelt, sondern durch die zwischen →Kreditinstitut und Kunden geschlossene Beziehung aufgrund der → Allgemeinen Geschäftsbedingungen und dem Vertrag über die Kontoeröffnung.

Girozentrale
im dreistufigen Aufbau des Sparkassensektors (→Sparkassen) das Spitzeninstitut auf Landesebene. Eigentümer und Gewährsträger sind die regionalen Sparkassenverbände und die Bundesländer. G. (Landesbanken/ G.) sind Hausbanken

der Bundesländer, verwalten die Liquiditätsreserven der Sparkassen ihrer Region, bewerkstelligen den regionalen Geldausgleich zwischen den Sparkassen, sind für sie Leitstelle im Überweisungsverkehr, besonders im Auslandsgeschäft, haben Emissionsrecht (→Emission) für festverzinsliche →Wertpapiere und sind für große Kunden allg. Geschäftsbank. Die Bemühung des Sparkassensektors, über die Deutsche Girozentrale ein Spitzeninstitut der Sparkassenorganisation zu bilden, hatte vor allem aufgrund von Bedenken der Bundesländer keinen Erfolg. Z.Z. arbeiten 13 G. mit einem Anteil von 16% am Geschäftsvolumen aller → Banken. S. auch →Deutscher Sparkassen- und Giroverband.

Gläubigerkapital
⇒*Fremdkapital.*

Gläubiger-Schuldner-Hypothese
⇒interest lag-Hypothese
Aussage über Inflationswirkungen auf → Einkommensverteilung und Wachstum (→ Wachstumstheorie): In der Inflation steigen die →Nominalzinsen langsamer als das →Preisniveau. Schuldner von auf →Geld lautenden →Forderungen sind Gewinner der Inflation, weil ihre Realschuld geringer wird, und Gläubiger Verlierer, weil ihre Forderung entwertet wird. Inflation verteilt somit →Kaufkraft vom Gläubiger zum Schuldner um, sofern keine od. nicht vollständig wirksame Kompensationsmechanismen aufgrund von Lernprozessen - z.B. vom Gläubiger richtig erwartete →Inflationsrate, die er als Nominalzinserhöhung durchsetzen konnte - in der Inflation auftreten. Da hauptsächlich Unternehmen (→Betrieb, I.) Schuldner von (langfristigen) Nominalwerten sind, schafft die inflationsbedingte Umverteilung ein günstiges Investitionsklima (→Investition) und regt Wachstum an.

Gläubigerschutz
Rechtsvorschriften, die Interessen von Gläubigern schützen, z.B. streng geregeltes Verfahren der Börsenzulassung, für → Aktiengesellschaften gesetzliche Pflicht zur Bildung von →Rücklagen und Vorschriften über die Rechnungslegung

sowie deren Prüfung durch unabhängige →Wirtschaftsprüfer (→Wirt-schaftsprüfung).

Glas-Stegall-Act
→ Commercial Banks, → Investment Banks.

Gleichgewicht
1. *Begriff.* Im *naturwissenschaftlichen* Verständnis befindet sich ein Körper im Zustand des G., wenn sich die auf ihn einwirkenden Kräfte gegenseitig aufheben. Das Beispiel der zweiarmigen Hebelwaage veranschaulicht das G. in seiner wörtlichen Bedeutung. Werden in beide Waagschalen „gleiche Gewichte" gelegt, kommen die beiden gleichlangen Hebelarme in horizontaler Lage zur Ruhe. Dieses Bild beschreibt jedoch nur eine *spezielle Situation* des G. Nach der physikalischen →Definition befindet sich die Hebelwaage auch dann im G. (der Kräfte), wenn sie mit ungleichen Gewichten beladen einen - wenn auch vertikalen - Ruhezustand erreicht.

In der →*Wirtschaftswissenschaft* ist die Definition des G. nicht in dieser Eindeutigkeit gegeben. Es existieren *zahlreiche Definitionsvarianten.* Überwiegend wird G. i.e.S. des „gleichen Gewichts" verstanden. Ein G. liegt z.B. in Form eines → Marktgleichgewichts vor, wenn bei einem bestimmten →Preis die angebotene und nachgefragte Menge eines → Gutes gleich sind. *Allgemein* formuliert ist i.d.R. unter G. ein Zustand zu verstehen, in dem zwei gleichartige aus unterschiedlichen, meist gegensätzlichen Verhaltenskräften erzeugte Wirkungswerte über-einstimmen.

Daneben existieren weitere, insbesondere *auf spezielle Fragestellungen beruhende Definitionen* des G. (→Kreislaufgleichgewicht, → Dispositionsgleichgewicht, → Entwicklungsgleichgewicht). Einige Definitionen des G. heben den *Ruhezustand* hervor, der bei einem G. erreicht wird. Demnach bezeichnet das G. einen Zustand, in dem die →Wirtschaftssubjekte keine Veranlassung sehen, ihre festgelegten Plan- und Dispositionsgrößen zu ändern. Diese Definitionsvariante berührt Aspekte, die sich auf Änderungen des G., insbesondere im Zeitablauf, be-

ziehen und unterschiedliche Typen des G. herausstellen.

2. *Typen des G.* Das erste Kriterium für die Typisierung eines G. beruht auf der Frage: Was passiert, wenn die den G.-szustand herbeiführenden Kräfte eine kurzfristige Änderung (*Impuls*) erfahren, im physikalischen Beispiel eine Waagschale der Hebelwaage nach oben od. unten angestoßen wird? Erfolgt z.B. bei einem G. auf dem →Gütermarkt ein momentaner Nachfrageschub (Rechtsverschiebung der Nachfragekurve), der in der nächste Periode wieder zurückgenommen wird, kann entweder die alte G.-smenge wieder erreicht werden (*stabiles G.*), eine neue G.-smenge vorliegen, weil z.B. der Nachfrageimpuls eine nicht nur vorübergehende Verschiebung der Angebotskurve erzeugt hat (*indifferentes G.*), od. eine G.-sbildung nicht mehr möglich sein, weil z.B. nun kein Angebot mehr existiert (*labiles G.*). Bei Betonung des zeitlichen Ablaufs der Betrachtung wird im Falle der beiden instabilen G. auch von einem *temporären*, kurzfristigen od. transitorischen G., im Falle des stabilen von einem *intertemporalen*, langfristigen od. permanenten G. gesprochen. Häufig werden die temporären G. als → Ungleichgewicht analysiert.

Ein zweites Kriterium für die Typisierung eines G. bezieht sich auf die Betrachtung der zeitlichen Entwicklung der G.-swerte. Sind die G.-swerte absolut konstant, liegt ein *stationäres G*, im anderen Fall ein *dynamisches G.* vor. Einen Sonderfall bildet das dynamische G. mit konstanten → Wachstumsrate der G.-swerte, das als *quasi-stationäres* od. „steady-state"-G. bezeichnet wird.

Temporär und dynamisch ist häufig ein G., dessen Verhaltenskräfte von anderen G.-szuständen bestimmt wird. Das G. auf dem makroökonomischen (→Makroökonomik) Gütermarkt wird z.B. vom G.-szustand auf dem →Geldmarkt beeinflusst.

Die separate Ermittlung eines dependenten G. wird als partielles G., die simultane Erreichung sämtlicher verbundener G.-szustände als totales G. bezeichnet. Auf den Aggregationsgrad der Betrachtung hebt die Unterscheidung zwischen *mikro-* (→ Mikroökonomik) und *makroökonomisches* G. ab.

3. *Gleichgewichtsmodelle*. In der Wirtschaftstheorie (→ Wirtschaftswissenschaft) wird häufig die Auswirkung eines G.-szustandes innerhalb eines theoretischen → Modells analysiert. Dazu werden drei in ihrer grundsätzlichen Bedeutung stets vorzufindende Gleichungen gebildet. Die Wirkung der beiden unterschiedlichen Verhaltenskräfte wird in zwei separaten →Funktionen (*Verhaltensgleichungen*) erfasst, wobei die wirkenden Kräfte als variabel angesehen werden (→ exogene Variablen), so dass das Wirkungsergebnis (→endogene Variable) unterschiedlich sein kann. Z.B. kann durch die Funktion $Y_1 = f(X)$ die Wirkung $f(X)$ der Kräfte X mit dem Ergebnis Y_1 und durch $Y_2 = g(Z)$ die Wirkung $g(Z)$ der Kräfte Z mit dem Ergebnis Y_2 beschrieben werden. Die Kräftevektoren X und Z können teilweise od. vollständig identisch sein. Die dritte Gleichung besteht in der *Gleichgewichtsbedingung* $Y_1 = Y_2$, mit der die Wertgleichheit der Wirkungsergebnisse gefor-dert wird.

Die G.-sbedingung ist als Modellannahme ein *ex ante-G.*, das nur gedanklich als erfüllt gilt. Ob es auch ein *ex post-G.* darstellt, ist eine Frage der empirischen Überprüfung. I.d.R. lassen sich G.-smodelle nur in ihrer reduzierten Form, d.h. über die theoretische Lösung des modellierten Gleichungssystems, empirisch überprüfen, so dass beide Verhaltensgleichungen und die G.-sbedingung simultan getestet werden. Bei negativem Ergebnis kann nicht unterschieden werden, ob die Verhaltensgleichungen fehlerhaft sind od. die G.-sbedingung nicht erfüllt ist.

Von der G.-sbedingung scharf zu trennen ist eine *Identität*, die ein definitorisches „Gleichgewicht" darstellt. Typisches Beispiel ist das *Kreislauf-G.*, das die wertmäßige Übereinstimmung der im Güterkreislauf zum →Preisniveau P umgesetzten Gütermenge Q und der im → Geldkreislauf mit der Häufigkeit V geflossenen →Geldmenge M beschreibt (→

Tauschgleichung). Das G. ($P \cdot Q \equiv M \cdot V$) liegt ex post stets vor. Innerhalb eines theoretischen Modells stellt es keine G.-sbedingung, sondern als Tautologie eine Identitätsgleichung dar. Wird jedoch z.B. die Verwendungshäufigkeit als von bestimmten Kräften abhängig angenommen ($\tilde{V} = g(x)$), so dass die ex post-Realisierung von der ex ante-Annahme abweichen kann, bildet die Modellannahme $P \cdot Q = M \cdot \tilde{V}$ eine G.-sbedingung.

4. *Eigenschaften des G.* In der theoretischen Analyse eines G. per se sind drei Aspekte bedeutsam. Der erste betrifft die *Existenz* der G. generell. Ob ein G. überhaupt vorliegen kann, lässt sich theoretisch durch die Überprüfung der Lösbarkeit des o.g. Gleichungssystems entscheiden. Existiert mindestens eine Kombination von Werten der exogenen Variablen X und Z, die die Gleichung $f(X) = g(Z)$ erfüllt, dann ist die Existenz des G. gesichert. Der zweite Aspekt bezieht sich auf die *Eindeutigkeit* des G., die gegeben ist, wenn genau eine Lösungskombination existiert. Z.B. ist im Falle teilweiser od. vollständig überlagerter Angebots- und Nachfragekurven die Existenz eines Markt-G. gegeben, der G.-swert jedoch nicht eindeutig bestimmbar. Drittens ist nach der *Stabilität* des G. gefragt. Ihre Überprüfung erfolgt i.d.R. im Rahmen einer →dynamischen od. → komparativ-statischen Analyse eines G.-smodells und führt zu einer Charakterisierung der Stabilität des G. entsprechend den o.g. Typen. Gelegentlich wird als weitere Eigenschaft des G. insbesondere im Rahmen der →Wirtschaftspolitik die *Optimalität* hinsichtlich normativer od. positivistischer Vorüberlegungen (insbesondere bzgl. der →Pareto-Optimalität) untersucht.

5. *Gleichgewichtstheorie.* Ein zentrales Anwendungsgebiet des G.-sbegriffs ist die G.-stheorie. Sie basiert auf der mehr intuitiv gewonnenen Vorstellung von Adam Smith, wonach die individuellen ökonomischen Pläne und Handlungen einer Vielzahl von Wirtschaftsakteuren - von einer „unsichtbaren Hand" (invisible

hand) gelenkt - zu einem Marktgleichgewicht mit effizienter → Allokation der Ressourcen führen. Von Alfred Marshall und Leon Walras wurden später entsprechende G.-smodelle entwickelt und mathematisch ausformuliert. Gerard Debreu und Kenneth Arrow haben schließlich in jüngster Zeit die Bedingungen für die eindeutige Lösbarkeit und die Optimalität dieser G.-smodelle analysiert. Die Kritiker der G.-stheorie, insbesondere John Maynard Keynes und seine Anhänger, werfen ihr angesichts bestehender Ungleichgewichtssituationen Realitätsferne vor. Dies hat u.a. zu der Entwicklung von Ungleichgewichtsmodellen od. temporären G.-smodellen geführt. Dagegen werden insbesondere von den neoklassischen Vertretern der G.-stheorie (→ neoklassische Theorie) die ungleichgewichtigen Zustände mit einer i.d.R. durch staatliche Regulierungen verursachten Störung der zum G. führenden Marktkräfte erklärt.

Literatur: *K. Jaeger*, Gleichgewicht, ökonomisches. HdWW, Bd. 3. Göttingen-Stuttgart-Tübingen 1981, 671-99. *K. Brandt*, Gleichgewicht, ökonomisches. HdSW, Bd. 4. Göttingen-Stuttgart-Tübingen 1965, 599-606.

Prof. Dr. B.-Th. Ramb, Siegen

gleichgewichtige Wachstumsrate
→Wachstumsrate.

Gleichgewichtsbedingung
→Gleichgewicht, 3.

Gleichgewichtseinkommen
→Keynessche Theorie, →Einkommensmultiplikator, →Gleichgewicht.

Gleichgewichtspreis
→Preisbildung, →Gleichgewicht.

Gleichgewichtstheorie
→Gleichgewicht, 5.

Gleichgewichtszins
→Keynessche Theorie, →Geldnachfrage, →Gleichgewicht.

Gleichordnungskonzern
⇒Koordinationskonzern
→Konzern.

Gleichverteilung
⇒Rechteckverteilung
⇒Uniformverteilung
1. Verteilungen in der Statistik. Eine diskrete → Zufallsvariable folgt einer G., wenn sie einen endlichen Ereignisraum Ω besitzt und alle Elementarereignisse (→ Ereignisse) mit gleicher →Wahrscheinlichkeit auftreten, z.B. beim Würfelwurf. Ist $v(\Omega)$ die Anzahl der Elementarereignisse des Ereignisraumes G, so hat jedes von ihnen die Eintrittswahrscheinlichkeit

$$P(A) = \frac{v(A)}{v\Omega}, \text{d.h. der Quotient aus An-}$$

zahl der günstigen und der möglichen Elementarereignisse.
Eine stetige Zufallsvariable X folgt einer G. auf dem Intervall (a, b), wenn für die zugehörige Verteilungsdichte (→Dichte) f (x) gilt:

$$f(x) = \begin{cases} 0 & \text{für } x < a \\ \dfrac{1}{b-a} & \text{für } a \leq x \leq b \ (b > a) \\ 0 & \text{für } x > b \end{cases}$$

2. in der →personellen Einkommensverteilung, wenn alle Einkommensbezieher das →gleiche Einkommen erhalten. Die → Lorenzkurve entspricht dann der Diagonalen, der →Gini-Koeffizient ist null.

gleitender Durchschnitt
in der →deskriptiven Statistik Verfahren der Zeitreihenglättung zur Unterdrückung der zyklischen Komponente. Wichtigster Anwendungsfall ist der gleitende 12-Monats-Durchschnitt in der → amtlichen Statistik.

Globalsteuerung
in der Bundesrepublik 1966/67 durch Änderung des Art. 109 GG und Verabschiedung des →StabG eingeführtes wirtschaftspolitisches Konzept, wonach der Staat rechtlich verpflichtet ist, gesamtwirtschaftliche Ziele (→Ziele der Wirtschaftspolitik) zu beachten und zu realisieren. G. ist danach Einwirkung auf den marktwirtschaftlichen Prozess (→ Prozesspolitik) durch diskretionäre Maßnahmen zur Steuerung der Konjunktur (→ Konjunkturtheorie). Sie ist Niveau-

steuerung →gesamtwirtschaftlicher Güternachfrage entsprechend der Entwicklung des Produktionspotentials und
des →gesamtwirtschaftlichen Güterangebots, wobei der →Marktmechanismus innerhalb des von der G. vorgegebenen
Rahmens durch einzelwirtschaftliche
Dispositionsfreiheit wirksam sein soll.
Unterscheidet sich von der →indikativen
Planung. G. ist in ihrer Praktizierung
nicht grundsätzlich neu, da bereits seit
dem Merkantilismus und besonders
nach dem Ersten Weltkrieg wirtschaftspolitische Präsenz des Staates (→Inter-
ventionismus) üblich geworden ist.

Mittel der G. sind →Geldpolitik, →Fi-
nanzpolitik, →Einkommenspolitik und →
Außenwirtschaftspolitik. Träger der G.
sind →Gebietskörperschaften sowie →
Bundesbank. Von den Tarifpartnern
wird Beteiligung an der Koordination aller an der Willensbildung beteiligten
Gruppen (→Konzertierte Aktion) und
ein Verhalten nach gesamtwirtschaftlichen Orientierungsdaten erwartet. Als
weitere Koordinierungsgremien fungieren der →Finanzplanungsrat und →Kon-
junkturrat für die →öffentliche Hand. Die
Wirksamkeit der G. hängt von der Zuverlässigkeit ökonomischer Diagnose sowie →Prognose künftiger gesamtwirtschaftlicher Entwicklung ab, setzt gesicherte Kenntnisse über ökonomische Abläufe voraus und erfordert ein adäquates
Instrumentarium zur Durchsetzung von
Maßnahmen. Wissenschaftlicher Kenntnisstand sowie Erfahrung aus praktizier-
ter G. lehren, dass diese erforderlichen
Voraussetzungen für eine erfolgreiche G.
nicht gegeben sind. Es hat sich gezeigt,
dass manche Maßnahmen prozyklisch
wirkten und ihre Dosierung unangemessen war. Die →Neoklassische Theorie
sieht deshalb von diskretionären Maßnahmen ab und empfiehlt eine verste-
tigte Politik, so z.B. ein langfristig
konstant gehaltenes Wachstum der →
Geldmenge, um das erwartete Wirtschaftswachstum inflationsfrei finanzieren zu können.

Global Sourcing
weltweit ausgerichtete Beschaffungsstra-
tegie eines →Unternehmens mit der Ziel-
richtung einer langfristig angelegten

Zusammenarbeit mit den ausländischen
Lieferanten zur Schaffung von Wettbe-
werbsvorteilen.

GmbH (Gesellschaft mit beschränkter Haftung)
seit 1892 existierende →Kapitalgesell-
schaft, in der für →Verbindlichkeiten der
G. nicht die Gesellschafter selbst, sondern die G. als →juristische Person haftet.
Ihre Stammeinlage beträgt mindestens
Euro 25 000,-, hat große praktische Bedeutung erhalten. Wg. Haftungsbe-
schränkung ist relativ günstig Haf-
tungkapital zu erhalten, deswegen aber
auch relativ geringe Kreditwürdigkeit.
Über 15% aller Beschäftigten sind in G.
tätig. Nach dem →Bilanzrichtlinien-Ge-
setz werden G. im Hinblick auf die Rechnungslegung, Prüfung und Publizitätspflicht wie →Aktiengesellschaften behandelt, wobei es für kleine und mittel-
große G. bestimmte Erleichterungen gibt.
Seit 1987 müssen alle mittelgroßen und
großen G. ihre →Jahresabschlüsse durch
unabhängige, öffentlich bestellte Prüfer
prüfen lassen.

GmbH& Co KG
→Kommanditgesellschaft, bei der eine →
GmbH persönlich haftender Gesellschafter (→ Komplementär) ist und andere
Rechtspersonen, i.d.R. die Gesellschafter
der GmbH, → Kommanditisten sind.
Durch die Rechtsform wird eine Haf-
tungsbeschränkung auf das →Kapital der
GmbH erreicht, obwohl sie eine →Perso-
nengesellschaft ist. Der steuerliche Vorteil besteht darin, dass →Gewinne der
Kommanditisten nur der →Einkommen-,
nicht aber der Körperschaftsteuer unterliegen. Einer Initiative der Kommission
der →EG ist es bis jetzt nicht gelungen, G.
in das →Bilanzrichtlinien-Gesetz einzubeziehen, so dass sie weder ihre →Bi-
lanzen veröffentlichen noch durch einen
Abschlussprüfer testieren lassen müssen.

GoB
Abk. für: → **G**rundsätze **o**rdnungsge-
mäßer **B**uchführung und Bilanzierung.

Goldbremse
Mechanismus bei einer an Gold gebundenen Währung, z.B. bei einer Goldum-

laufwährung (→Goldstandard, 2.), der den →Geldwert tendenziell stabil hält, sofern die Geld- bzw. Goldproduktion nach privatwirtschaftlichem Rentabilitätskalkül erfolgt. Ist z.b. das →Preis-niveau aufgrund einer Geldmengenerhöhung gestiegen, bedeutet das auch eine Erhöhung der Faktorpreise, was zu einer Verteuerung der Goldproduktion führt und diese gegenüber alternativer Güterproduktion unrentabel macht. Somit entfällt der Anlass weiterer Preisniveau-steigerung (= G.).

Gold-Devisen-Standard
das 1945 mit dem →Bretton Woods-Abkommen in Kraft getretene internationale Währungssystem, bei dem neben Gold auch jederzeit in Gold einlösbare →Devisen, im besonderen der US-$, als Reservemedium und internationales Zahlungsmittel zum Ausgleich von Ungleichgewichten in der →Zahlungsbilanz verwendbar waren. Grundsätzlich galten in Gold od. in US-$ fixierte →Wechselkurse mit einer →Bandbreite von ± 1%, die von allen außeramerikanischen → Zentralbanken einzuhalten waren. Die US-Regierung verpflichtete sich, ausländischen Zentralbanken Dollar zu einem festen →Preis in Gold (35 $ je Feinunze Gold) umzutauschen. Der →Internationale Währungsfonds überwachte die Einhaltung der vereinbarten Regelungen, gewährte bei Bedarf kurzfristige →Kredite an Mitgliedsländer zur Überwindung von Zahlungsbilanzdefiziten, verbunden mit Auflagen zur inländischen Wirtschaftspolitik. Größere Korrekturen des Wechselkurses bedurften seiner Zustimmung.
Über zwei Jahrzehnte funktionierte der G. und ermöglichte eine Expansion des Welthandels. Zunehmende US-Zahlungsbilanzdefizite führten zu wachsenden US-$-Beständen im Ausland und überstiegen den US-Goldvorrat und zeigten Anfang 1960 erste Anzeichen von Misstrauen in die Goldeinlösungspflicht der USA, verbunden mit einem Nachfrage- und Preisanstieg für Gold. Schließlich waren die Zentralbanken nicht mehr bereit, Gold zum offiziellen Preis abzugeben bei einem 1974 erreichten Goldpreis von über 200 US-$ und sinkenden Gold-

reserven der USA, die 1971 ihre Goldeinlösungspflicht aufhob. Nach mehreren Spekulationswellen gegen den Dollar und etlichen Wechselkursänderungen (→ Aufwertungen der DM und des Schweizer Franken) wurden 1973 für alle wichtigen Währungen die Wechselkurse freigegeben (→Floating), so dass der G. zusammenbrach. S. auch →EWS.

Golddevisenwährung
→Internationale Währungspolitik, 3.

golden age
⇒golden age-Wachstum
von J. Robinson geprägte Bezeichnung für langfristiges dynamisches Gleichgewicht (→Gleichgewicht) bei Vollbeschäftigung, in dem alle Variablen mit einer konstanten, nicht notwendigerweise identischen, →Wachstumsrate wachsen. g. liegt insbesondere im →Harrod-Modell vor.

golden age-Wachstum
⇒golden age.

goldene Bankregel
die im Bankensektor (→Bankensystem) angewandte →goldene Finanzierungsregel, bei der kurzfristig aufgenommenes →Geldkapital auch nur kurzfristig ausgeliehen werden soll und langfristige →Einlagen langfristig ausgeliehen werden können.

goldene Bilanzregel
aus den →goldenen Finanzierungsregeln aufgrund bilanzieller Zuordnung entsprechend der Fristigkeitsabstufung abgeleitet. g. lautet in allgemeiner Fassung: langfristige →Finanzierung des →Anlagevermögens und Deckung des →Umlaufvermögens durch kurzfristiges → Kapital. Die bilanzmäßige Zuordnung von Aktiva (→ Bilanz) zu Anlage- od. Umlaufvermögen erfolgt nach der angestrebten Liquidationsdauer im normalen Umsatzprozess und lässt eine vorzeitige Liquidierung außer Acht, was gerade in diesem Fall zu einer völlig anderen Einordnung der Vermögensobjekte (→ Kapital, I.) führt und bei Liquiditäts-engpässen (→Liquidität) von besonderer Bedeutung ist.

goldene Finanzierungsregeln

in der Literatur kritisch beurteilte Regeln zur zweckmäßigen Gestaltung von Kapitalaufbringung und -verwendung. g. entspringen primär dem Bestreben der Liquiditätssicherung (→Liquidität) und stellen auf ein bestimmtes Verhältnis zwischen Bilanzbeständen (→Bilanz) ab. g. fordern die Einhaltung der Fristenkongruenz zwischen Kapitalüberlassungsdauer und Kapitalbindungsdauer. Die g. lauten: langfristiges Vermögen (→Kapital) ≤langfristiges Kapital sowie kurzfristiges Vermögen ≥ kurzfristiges Kapital. Die g. soll das Risiko eines Kapitalentzuges vor Liquidierung entsprechender Aktiva (→Bilanz) im Umsatzprozess gering halten und so die Liquidität zur Unternehmensfortführung sichern. S. auch →goldene Bankregel, →goldene Bilanzregel.

goldene Regel der Akkumulation

⇒golden rule of accumulation
von E. S. Phelps benannter Sachverhalt in neoklassischen Wachstumsmodellen (→Wachstumstheorie) für maximalen Pro-Kopf-Konsum. Dieser tritt bei Übereinstimmung der →Wachstumsraten von Arbeits- und Kapitalausstattung ein, wenn die durchschnittliche Sparquote (→Sparfunktion) jene Höhe hat, bei der die Grenzproduktivität (→Ertrag) des →Kapitals mit der Gleichgewichtswachstumsrate (→Wachstumsrate) übereinstimmt od. anders ausgedrückt: gleich der Produktionselastizität (→Elastizitäten) des Kapitals ist. Betreiben alle aufeinanderfolgenden Generationen in dieser Weise Kapitalakkumulation, kann jede von ihnen maximales Konsumniveau erreichen.

golden rule of accumulation

⇒*goldene Regel der Akkumulation.*

Goldfrank (GFr)

→Währung, in der die →BIZ ihre →Bilanz erstellt und auf die ihr Nominalkapital lautet. 1 G. = 0,29032258 Gramm Feingold.

Goldkernwährung

→Internationale Währungspolitik, 2.

Goldparität

im →Goldstandard der →Wechselkurs zwischen den →Währungen, der sich aus dem Verhältnis der nationalen Währungen ergab, die durch einen bestimmten Goldmengengehalt definiert waren.

Goldpunkt

→Goldstandard.

Goldstandard

1. *internationaler* G. Weltwährungssystem, das bis etwa 1914 bestand, in dem Gold Reservemittel, Transaktionsmittel und Bezugsgröße für →Wechselkurse (→Goldparität) der Goldwährungsländer war. Damit Zahlungsbilanzungleichgewichte (→Zahlungsbilanz) beseitigt werden, bedurfte es der Verpflichtung der am G. beteiligten Länder, sowohl die nationalen Währungen zu einem bestimmten Festpreis in Gold einzutauschen, als auch die inländische Geldmenge in einem festgelegten Verhältnis zum nationalen Goldvorrat zu halten. Damit war ein zweistufiger Anpassungsmechanismus möglich, u.zw.: 1. würde bei passiver Zahlungsbilanz aufgrund eines Importüberschusses die Nachfrage nach ausländischer Währung und dem entsprechend der Wechselkurs steigen. Da alle Währungen zum Gold fixiert sind, wird der Preis für die ausländische Währung nur bis zu jenem Punkt steigen, bei dem es sich für den inländischen Importeur lohnt, seine →Verbindlichkeit statt in ausländischer Währung in Gold zu bezahlen (Goldexportpunkt =oberer Goldpunkt). Entsprechendes gilt für eine aktive Zahlungsbilanz (Goldimportpunkt →unterer Goldpunkt). Die Goldpunkte geben somit die Schwankungsbreite der Wechselkurse an, die von den Translokationskosten für Gold (Versendung, Versicherung, Zinsverlust u.a.) abhängt. 2. veranlasst der Goldabfluss wg. passiver Zahlungsbilanz die →Zentralbank zur Geldmengenverringerung mit der Folge kontraktiver Binnenwirtschaft und sinkendem →Preisniveau, was schließlich die Exportchancen erhöht und den Zahlungsbilanzausgleich ermöglicht.

Da der G. einen engen internationalen Konjunkturverbund (→Konjunkturtheorie) schafft, besteht für die inländische Wirtschaftspolitik keine Eigenständigkeit, sondern die Hinnahme von außenwirtschaftsabhängigen Beschäftigungs- und Preisniveauschwankungen. In der Weltwirtschaftskrise (→Große Depression) wurde das Primat außenwirtschaftlichen Gleichgewichts zugunsten einer Wirtschaftspolitik (→Theorie der Wirtschaftspolitik) mit dem Ziel, →Arbeitslosigkeit zu bekämpfen und binnenwirtschaftliche Stabilität zu erreichen, aufgegeben und damit auch das Währungssystem des G. 1945 folgte mit dem Bretton-Woods-Abkommen die Einführung des →Gold-Devisen-Standards. S. auch →Internationale Währungspolitik.

2. nationaler G. Eine bestimmte Menge Feingold wird gesetzlich als Währungseinheit definiert (Goldparität) und die umlaufende → Geldmenge durch Bindung an Gold begrenzt, entweder als reine Goldumlaufswährung, bei der der gesamte Goldumlauf aus Goldmünzen besteht, od. als gemischte Goldumlaufswährung, bei der neben Gold- auch Scheidemünzen und →Banknoten →Geld sind, od. als Repräsentativwährung, bei der Gold in irgendeiner Höhe zur Deckung des umlaufenden Geldes von der Zentralbank gehalten wird.

Goldumlaufswährung
→Goldstandard, 2.

Goodwill
⇒*Firmenwert*
⇒Geschäftswert.

Gossensche Gesetze
→Grenznutzenanalyse.

Gozinto-Verfahren
→Beschaffung, 2.1.

Granger-Repräsentationstheorem
der von C. W. J. Granger 1983 nachgewiesene Sachverhalt, wenn zwei od. mehr Zeitreihen (→ Zeitreihenanalyse) kointegriert (→Kointegration von Zeitreihen) sind, lässt sich dieses System als Fehlerkorrekturmodell schreiben. Umgekehrt gilt auch, dass die durch ein Fehlerkor-

rekturmodell dargestellten zwei od. mehr Zeitreihen kointegriert sind.

Graph
→Graphentheorie.

Graphentheorie
Teilgebiet der Mathematik (Topologie), das Graphen benutzt. Ein Graph ist ein aus Knoten bzw. Punkten und Kanten bzw. Linien bestehendes Gebilde. Mathematisch ist ein Graph $G = (K, L)$ durch eine nichtleere Menge von Knoten K und Mengen von Linien L mit $K \cap L = \varnothing$ sowie durch eine Abbildung, die jeder Linie die durch sie verbundenen Knoten zuordnet, definiert. G. hat in der Programmierung, →Operation Research und in der →Betriebswirtschaftslehre, hier für Planungsverfahren in der → Netzplantechnik, eine wachsende Bedeutung erlangt.

Gratisaktie
⇒Berechtigungsaktie
→Aktie, die an Altaktionäre für eine Kapitalerhöhung aus Gesellschaftsmitteln gegeben wird. Ihre →Emission bedeutet eine → Umfinanzierung, bei der offene Rücklagen (→Rücklagen) in →Grundkapital umgewandelt werden. Motiv für Ausgabe von G. kann sein: Herabsetzung des durchschnittlichen Kurses zur Erhöhung der →Fungibilität der Aktie, Erhöhung des garantierten Haftungskapitals, Durchführung einer ‚stillen' Dividendenerhöhung (→Dividende), Senkung optisch ungünstiger Dividendensätze, die sich auf das →Grundkapital, und nicht auf das →Eigenkapital beziehen.

grauer Markt
→Markt, auf dem durch die Festsetzung eines → Mindestpreises, der über dem Gleichgewichtspreis (→ Preisbildung) liegt, ein Angebotsüberschuss entsteht. Dieser induziert Geschäfte unterhalb des Mindestpreises, so dass ein bestimmtes Produkt zum offiziellen Mindestpreis, aber auch auf dem g. zu einem niedrigeren Preis gehandelt wird. Ein sinnentsprechendes Beispiel ist der Verkauf eines →Markenartikels auch als namenloses Produkt zu einem geringeren Preis.

Gravitationsgesetz der Preise und Kosten

das den Klassikern der → Volkswirtschaftslehre schon bekannte G. besagt, dass sich die →Marktpreise von vermehrbaren Gütern bei →Wettbewerb auf die Dauer den niedrigsten totalen Stückkosten (→ Kosten) ihrer Produktion annähern.

Grenzanalyse

⇒Marginalanalyse
weitverbreitete Methode ökonomischen Denkens, die nicht die absolute Größe einer abhängigen Variablen (→Variable), sondern die Rate ihrer Änderung berechnet, indem sie das Verhältnis der Änderungen von abhängiger zu unabhängiger Variablen (→ Variable) (Differenzen- bzw. Differentialquotient) bildet. Strebt dieses Verhältnis bei einer gegen Null gehenden Veränderung der unabhängigen Variablen gegen ein festen Wert, ist dieses der Grenzwert od. erste Ableitung der Funktion. Mit G. werden die Wirkungen untersucht, die von einer geringfügigen Änderung einer od. mehrerer Variablen auf die Ausgangssituation ausgehen.

Grenzanbieter

⇒Marginalanbieter
der letzte Anbieter, der bei gegebenem → Preis kurzfristig gerade noch am →Markt bleibt. Der Preis entspricht seinen durchschnittlichen variablen Kosten (→ Kosten), so dass er seine variablen, nicht aber seine fixen Kosten (→Kosten) deckt. Vgl. →Intramarginalanbieter, →Submarginalanbieter.

Grenzausgabe (GA)

1. diejenige Ausgabenänderung (dA), die durch eine infinitesimale Nachfrageänderung (dq^d) hervorgerufen wird:

$$GA = \frac{dA}{dq^d}.$$ Vgl. auch →Amoroso-Robinson-Relation.

2. ⇒Grenzfaktorkosten; in der Theorie der Faktornachfrage (→ Faktorpreisbildung) der für eine zusätzliche Einheit des variablen →Produktionsfaktors (v) auszugebende Betrag:

$$GA = \frac{dA}{dv}.$$

Grenzausgleich

⇒Agrargrenzausgleich
⇒Währungsausgleich
im Agrarmarkt der →EG seit 1971 eingeführtes System von Ausgleichsbeträgen bei →Aufwertungen, die bei Einfuhr erhoben und bei Ausfuhr gewährt (positiver G.), von Mitgliedsstaaten mit abgewerteter Währung bei Ausfuhr erhoben und bei Einfuhr gewährt werden (negativer G.), um Verlagerungen der Handelsströme sowohl innerhalb der EG als auch mit Drittländern zu vermeiden. S. auch →Agrarpolitik.

Grenzerlös

⇒Grenzumsatz
⇒Nettogrenzwert
Erlöszu- od. -abnahme (dE), die durch Mehr- od. Minderabsatz einer infinitesimalen Gütereinheit (dq) entsteht:

$$E' = \frac{dE}{dq}.$$ Vgl. auch →Erlös, →Amoroso-Robinson-Relation.

Grenzertrag

⇒Grenzprodukt
→Ertrag.

Grenzertragsprodukt

⇒*Durchschnittsnettoprodukt*
⇒Grenzertragswert
⇒Wertgrenzprodukt.

Grenzertragswert

⇒*Durchschnittsnettoprodukt*
⇒Grenzertragsprodukt
⇒Wertgrenzprodukt.

Grenzfaktorkosten

⇒Grenzausgabe
→Grenzausgabe, 2.

Grenzhang zum Konsum

⇒Konsumneigung
⇒marginale Konsumquote
→Konsumtheorie, 2.

Grenzkosten

→Kosten.

Grenzkostenpreisregel

1. in einem umfassenden Sinn Instrument der →Wohlfahrtsökonomik, durch das in einer durch →Preise gesteuerten → Wirtschaft ein pareto-optimaler Zustand (→ Pareto-Optimum) erreicht werden soll.

2. in der →Preisbildung öffentlicher Unternehmen (→Betrieb, I., 2.) ein Prinzip zur Berechnung eines optimalen Preises, wobei lange umstritten blieb, ob auf die kurzfristigen Grenzkosten, das sind Kosten zur Erstellung einer zusätzlichen Gütereinheit bei gegebener →Kapazität, od. auf die langfristigen Grenzkosten, die Kosten einschließlich einer Kapazitätserweiterung, abzustellen ist. Eindeutig sind nur die langfristigen Grenzkosten bestimmt, weil bei Verlängerung der Anpassungsperiode der Block der fixen Kosten (→Kosten) immer kleiner und der Block variabler Kosten (→Kosten) immer größer wird. Noch nicht vollständig gelöst ist dagegen die Frage, ob die G. bei unvollständiger Voraussicht sinnvoll sein kann. Die Problematik wird sofort erkenntlich, wenn man an die Reisenden eines nicht voll besetzten Zuges denkt, die ohne Extrakosten fahren können und dieses Situation die Schätzung zukünftiger Nachfrage sowie Planung notwendiger Kapazität seitens der Bahn erschwert. Zudem lassen sich die Tarife nicht sofort entsprechend den auf dem Bahnsteig stehenden Menschen anpassen. Grundsätzlich konkurrieren bis heute zwei Posi-tionen miteinander: die eine vertritt die Notwendigkeit modellanalytisch gewonnener Preise nach der G., die andere bezweifelt grundsätzlich den Wert solcher-art gewonnener Preise und erkennt der Bedarfsdeckung und anderen Zielen Priorität zu, so dass es nur eine kasuistische Preisbildung für öffentliche Güter (→Gut) geben kann.

Grenzkostenrechnung
⇒Direct Costing
⇒Proportionalkostenrechnung.

Grenzleistungsfähigkeit der Investition
⇒marginal efficiency of investment
1. Outputzuwachs aufgrund desjenigen Wachstums des →Kapitalstocks, der sich aus der Abnahme des →Konsums um eine Einheit ergibt. G. ist das Produkt aus → Grenzproduktivität der →Investition und Grenzproduktivität des →Kapitals. G. bestimmt mit dem →Zins die Änderungsrate der Investitionen, die die Produktion neuer Kapitalgüter (→Kapital, →Güter) für Ersatz- und Erweiterungszwecke angibt. S. auch →Investitionstheorie.
I.Ggs. zur mikroökonomisch (→Mikroökonomik) orientierten Grenzleistungsfähigkeit des Kapitals, 2., der Ertragszuwachs der letzten eingesetzten Einheit gesamtwirtschaftlicher Investition.

Grenzleistungsfähigkeit des Kapitals
⇒marginal efficiency of capital
⇒marginal rate of return
1. in der →Keynesschen Theorie Ertragssatz, bei dem die zukünftig erwarteten Nettoerträge eines Investitionsobjektes (→Investition) seinen →Kosten zur Realisierung gleich sind. Ist eine Verhaltensgröße.

2. in der →Investitionstheorie Ertragszuwachs der letzten eingesetzten Kapitaleinheit (→ Kapital) eines Unternehmens (→ Betrieb, I., 1.) bzw. eines Objektes. Darf nicht mit der →Kapitalproduktivität und →Grenzleistungsfähigkeit der Investition, 2. verwechselt werden.

Grenznutzen (GU)
in der →Nachfragetheorie des Haushalts Nutzenzuwachs (dU) aufgrund einer weiteren vom → Haushalt, 1., nachgefragten Gütereinheit (dq^d): $\dfrac{dU}{dq^d}$.

Grenznutzenanalyse
⇒Marginalnutzenanalyse
Die G. erklärt das Nachfrageverhalten von privaten Haushalten (→Haushalt, 1.) in →Märkten für Konsumgüter (→Gut) und Finanzaktiva; sie entstand Mitte des 19. Jh. als kardinale Nutzentheorie und stellt ein Teilgebiet der Haushaltstheorie dar. Ende des 19. Jh. wird die kardinale Nutzentheorie (→Indifferenzkur-venanalyse) ergänzt und weitere 50 Jahre später durch die →Revealed-Preference-Analyse weiterentwickelt, ohne dass sie dadurch an grundsätzlicher Bedeutung

verloren hätte. In der Volkswirtschaftslehre (→Wirtschaftswissenschaft) erfasst
man heute den →Nutzen eines Gutes in
einer bestimmten Verwendung indirekt,
indem man nach den entgangenen Vorteilen einer anderweitigen Verwendung
fragt (opportunity cost, →Kosten). Den in
opportunity cost gemessenen Nutzen,
den ein Gut bei gegebener Menge q - z.B,.
10 Maßeinheiten - insgesamt in einer
Zeitperiode stiftet, bezeichnet man als
Gesamtnutzen; der Grenz-nutzen gibt
an, um wie viel die jeweilige Nutzenstiftung sich ändert, wenn die Menge des
konsumierten Gutes innerhalb einer gegebenen Zeitperiode um eine Einheit verändert wird. Die G. erklärt die Neigung
des Konsumenten, seine gegenwärtigen
→Ausgaben für einzelne Güter zu erhöhen od. zu vermindern, durch deren jeweiligen Grenznutzen: Je höher der
Grenznutzen einer zusätzlichen Einheit
Brot ist, desto höher wird die Bereitschaft
des Konsumenten, dafür auf den Konsum anderer Güter zu verzichten (d.h.
für mehr Brot relativ mehr auszugeben).
Die analytische und praktische Bedeutung der G. ist wichtiger als die der Ge-
samtnutzenbetrachtung, weil bei ihr die
Entscheidung zwischen Alternativen im
Vordergrund steht: Die zusätzliche Maß
Bier bedeutet - bei gegebenem →Einkom-
men - den Verzicht auf einen Laib Brot
(od. umgekehrt).

In der G. lautet die grundlegende Annahme, dass mit steigenden Verbrauchsmen-
gen eines Gutes pro Zeiteinheit der
Grenznutzen abnimmt - vorausgesetzt,
die konsumierten Mengen aller anderen
Güter bleiben konstant. Derjenige, der
nach 5 Maß Bier noch eine 6. bestellt,
wird demnach einen geringeren Zuwachs zum Gesamtnutzen des Bieres erwarten, als wenn er sich beim Übergang
von der 2. auf die 3. Maß befunden hätte.
Diese zentrale Verhaltensannahme bezeichnet man als Gesetz vom abnehmenden Grenznutzen od. auch - gemäß
dem Vorschlag des österreichischen Nationalökonomen Friedrich von Wieser -
als Erstes Gossensches Gesetz. Hermann
Heinrich Gossen (1810-1858) hat diese
Aussage als erster formuliert und 1854
veröffentlicht. Sein einziges Werk „Die
Entwicklung der Gesetze des mensch-

lichen Verkehrs und der daraus fließenden Regeln für menschliches Handeln"
wurde erst mit der Wiederentdeckung in
der Bibliothek des Britischen Museums
durch den englischen Nationalökonomen William Stanley Jevons (1835-
1882) und die Biographie von Léon Walras (1834-1910) bekannt.

Die G. erklärt die Nutzenänderung, die
durch Mehrkonsum einer Einheit eines
Gutes ceteris paribus (→ceteris paribus-
Klausel) entsteht; durch die Summierung
der jeweiligen Zusatznutzen der konsumierten Mengen 0 bis n ergibt sich der
Gesamtnutzen beim Konsum von n Mengeneinheiten des Gutes. Antwortet etwa
ein Gast nach der 11. Maß, dass er sich
schlechter fühle als noch bei der 10., so
erklärt die G. diese Aussage damit, dass
beim Übergang auf die letzte gerade kon-
sumierte Maß der Grenznutzen negativ
war. Ein negativer Grenznutzen kann
sich beim Konsum ab einer gewissen Sättigungsmenge (in der Abbildung ab q =
4,5) ergeben. Den Zusammenhang zwischen Grenz- und Gesamtnutzen zeigt
die Figur; deutlich ist, dass bei Erreichen
des Nutzenmaximums der Grenznutzen
null wird.

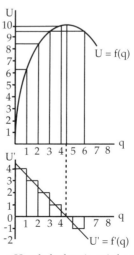

In der → Haushaltstheorie wird angenommen, dass die →Wirtschaftssubjekte
nach dem größtmöglichen Nutzen stre-

ben. Nur im Schlaraffenland - bei unbegrenztem Realeinkommen (→ Einkommen) - bedeutet aber Nutzenmaximierung eine Konsumstruktur, bei der für alle denkbaren Güter der Grenznutzen gleich Null ist. Angesichts des Spannungsverhältnisses von begrenztem Einkommen, aber unbegrenzten → Bedürfnissen, muss der Haushalt in der Realität zwischen Alternativen wählen. Die verfügbare Menge eines Gutes, das verschiedene Bedürfnisse befriedigen kann, ist gemäß dem Zweiten Gossenschen Gesetz so auf die Alternativen aufzuteilen (z.B. Wasser zum Trinken od. zum Bewässern), dass der Grenznutzen in beiden Verwendungsarten gleich groß wird. Bezogen auf das „Universalgut" →Geld und in Anbetracht unterschiedlicher → Güter und →Preise p bedeutet dies: Verwende einen verfügbaren Geldbetrag so, dass die verschiedenen Konsumakte pro Geldeinheit jeweils einen gleich hohen Grenznutzen U' erbringen. Bei zwei Gütern A und B verlangt also ein Zustand der höchstmöglichen Nutzenstiftung (Haushaltsgleichgewicht), dass durch eine (marginale) Umschichtung des Haushaltsbudgets zwischen A und B der Gesamtnutzen nicht mehr gesteigert werden kann:

$$\frac{U'_A}{p_A} = \frac{U'_B}{p_B}.$$

Bestehen nur Konsummöglichkeiten hinsichtlich des Kaufs von Brot od. Diamanten, dann wird der Haushalt angesichts relativ zum Brotpreis hoher Diamantenpreise vergleichsweise sehr geringe Mengen Diamanten nachfragen wollen. Hier liegt auch der Ansatzpunkt zur Erklärung des →Wertparadoxons: Es gibt Güter mit einem hohen →Gebrauchswert (Brot, Wasser), die einen niedrigen → Tauschwert (Preis am Markt) haben, während etwa Diamanten mit niedrigem Gebrauchswert einen hohen Preis erzielen. Dies erklärt die G. i.Ggs. zur →Arbeitswertlehre wie folgt: Stehen von einem Gut relativ große Mengen zur Verfügung, ist der Grenznutzen und damit der Preis, den ein Nachfrager zu zahlen bereit ist, relativ gering. Bei Diamanten, die es nur in sehr begrenzter Menge gibt,

kann der Gesamtnutzen klein, der Grenznutzen aber hoch sein.
Die G. setzt voraus, dass ein Konsument hinsichtlich zweier Güterarten angeben kann, um wie viel der Grenznutzen der beiden absolut differiert (→ kardinaler Nutzen); damit wären auch interpersonelle Nutzenvergleiche denkbar, die allerdings fragwürdig sind. In der Indifferenzkurvenanalyse (→ ordinaler Nutzen) wird lediglich verlangt, dass der Nachfrager abzuschätzen vermag, welche Kombination von Gütermengen den gleichen Nutzen stiftet. Eine weitere Schwäche der G. liegt darin, dass bei den Gossenschen Gesetzen stillschweigend mit der ceteris paribus-Klausel argumentiert wird: die Nutzeninterdependenz verschiedener Güter und der Einfluss von Einkommensvariationen bleiben hier außer Betracht. So wird die empirische Prüfung der G. schwierig.
Literatur: *J. Schumann*, Grundzüge der mikroökonomischen Theorie. 6. A., Berlin 1992. *A. Woll*, Volkswirtschaftslehre. 15. A., München 2007. *H. Luckenbach*, Theorie des Haushalts. Göttingen 1975.
Prof. Dr. D. Cassel, Duisburg

Grenzplankostenrechnung
→ Plankostenrechnung, → Kostenrechnungssysteme.

Grenzprodukt
⇒Grenzertrag
→Ertrag.

Grenzproduktivität
→Ertrag.

Grenzproduktivität des Prozessniveaus
⇒marginaler Skalenertrag
⇒Niveaugrenzproduktivität
→Skalenertrag.

Grenzproduktivitätstheorie
Die G. stellt ein zentrales Element der → Neoklassischen Theorie dar, die sowohl die Frage einer effizienten →Allokation der Ressourcen als auch die Frage nach den Bestimmungsgründen der Faktornachfrage und -entlohnung (→ Faktorpreisbildung) und somit nach der funktionalen Verteilung des Volkseinkommens (→funktionelle Einkommensvertei-

lung) zu beantworten versucht. Es kann gezeigt werden, dass die Ressourcen unter Annahme rationaler Optimierungskalküle der →Wirtschaftssubjekte durch den Lenkungsmechanismus des Preissystems (→ Preissystem) ihrer produktivsten Verwendung zugeführt werden (Allokationsfrage), da die →Produktionsfaktoren nach dem Beitrag entlohnt werden, den sie zur Erstellung eines →Gutes leisten (Distributionsfrage). Dies setzt allerdings voraus, dass die Faktoren mobil sind und somit die notwendigen Anpassungsbewegungen bei Änderungen der →Präferenzstrukturen, der Technologie od. anderer exogener Schocks (Politik, Wetter, etc.) vollziehen können.

Nimmt man an, dass für ein einzelnes Unternehmen (→Betrieb, I.) die Produktionstechnologie gegeben sei (→Produktionsfunktion: $O = O(v_1, v_2, ..., v_n)$, v_i = Inputfaktoren), ebenso wie die Faktorentlohnung je Faktoreinheit (l_i)und dass ferner →Güter- und →Faktormärkte entweder vollkommen od. monopolistisch organisiert sind (→ Marktformen), so stellt sich die Frage nach der mengenmäßigen Faktornachfrage des Unternehmens. Die Gewinnfunktion (→Gewinntheorie) lautet bei Konstanz aller Faktoren v_i außer v_1 :

$$G = O(v_1, \bar{v}_2, ..., \bar{v}_n) \cdot p(O) - l_1(v_1) \cdot v_1$$

$$\sum l_i \bar{v}_i \quad , \quad p = \text{Güterpreis},$$

und die Bedingung 1. und 2. Ordnung für ein Gewinnmaximum (→Gewinnmaximierung) hinsichtlich v_1 beträgt:

$$\frac{dG}{dv_1} = \frac{d(p \cdot O)}{dO} \frac{dO}{dv_1} - \frac{d(l_i v_i)}{dl} \frac{dl}{dv_1} = 0 ,$$

$$\frac{d^2 G}{dv_1^2} < 0$$

od. unter Verwendung der Preiselastizität der Güternachfrage η(→Elastizitäten) und der Faktorentlohnungselasti-zität des Faktorangebots ε_1

$$\left(1 - \frac{1}{\eta}\right) p \frac{dO}{dv_1} = \left(1 + \frac{1}{\varepsilon_1}\right) l_1 ,$$

wobei der Ausdruck $p \cdot \frac{dO}{dv_1}$ die bewer-

tete Grenzproduktivität des Faktors v_1 repräsentiert. Dieses Ergebnis gilt analog auch für alle anderen Faktoren i, i ≠ 1. Herrscht sowohl auf den Güter- als auch auf den Faktormärkten →vollständige Konkurrenz, so betragen die Elastizitäten

$$\eta = \varepsilon_1 = \varepsilon_2 = ... = \varepsilon_n = \infty \quad \text{und die}$$

Optimalbedingung reduziert sich zu

$$p \cdot \frac{dO}{dv_i} = l_i , \text{ für alle Faktoren i.}$$

Damit ist das Grenzwertprodukt gleich der nominellen Faktorentlohnung bzw. das physische Grenzprodukt gleich der realen Faktorentlohnung

$$\frac{dO}{dv_i} = \frac{l_i}{p} = w_i , \text{ für alle Faktoren i.}$$

Die Höhe der Faktorentlohnung und der Umfang der Faktornachfrage hängt folglich von den →Grenzproduktivitäten ab, die sich wiederum aus der angewandten Produktionstechnologie ergeben. Ein Unternehmen fragt so lange zusätzliche Produktionsfaktoren nach, bis der produktive Beitrag der zuletzt eingesetzten Faktoreinheit gerade seiner Entlohnung entspricht. Anders gesagt: Bei einer gegebenen Faktornachfrage werden alle Faktoren nach der → Produktivität der zuletzt eingesetzten Faktoreinheit entlohnt.

In der G. werden häufig linear homogene Produktionsfunktionen (→Produktionsfunktion) verwendet, da sie nach dem → Eulerschen Theorem die Eigenschaft besitzen, dass der Outputwert vollständig auf die Produktionsfaktoren aufgeteilt wird und somit eine geeignete Theorie der →funktionellen Einkommensverteilung vorzuliegen scheint. Darüber hinaus konnten C. W. Cobb und P. Douglas die These einer linear homogenen Produktionsfunktion für die gesamt Volkswirtschaft (→ Wirtschaft) der USA empirisch nachweisen. In der Folgezeit sind sowohl an den empirischen Ergebnissen als auch an der logischen Konsistenz der G. Kritik geübt worden, auf die noch einzugehen sein wird. Für eine homogene Produktionsfunktion vom r-ten Grade mit einem beliebigen Vervielfachungsfaktor λ > 0

$O(\lambda v_1, \lambda v_2, ..., \lambda v_n) = \lambda^r O(v_1, v_2, ..., v_n)$ (→Homogenitätskriterium) gilt bei partieller Ableitung nach λ

$$\sum_{i=1} v_i \frac{\partial O}{\partial v_i} = r\lambda^{r-1} O(v_1, v_2, ..., v_n) \ .$$

Im Falle einer linear homogenen Produktionsfunktion $r = 1$ reduziert sich der Ausdruck auf der rechten Seite zu O. Multipliziert man beide Seiten mit dem Produktpreis (bzw. →Preisniveau in makroökonomischen Betrachtungen), so zeigt sich, dass langfristig die →Kosten der Produktion gleich dem Produktionswert sind.

$$\sum_{i=1} v_i p \frac{\partial O}{\partial v_i} = \sum_{i=1} v_i l_i = pO \ .$$

Damit wird der Produktionswert vollständig auf die eingesetzten Faktoren aufgeteilt, was mit anderen Worten bedeutet, dass der langfristige →Gewinn Null beträgt. Dieses Ergebnis kann auch durch eine Cobb-Douglas-Funktion

$$O = \prod_{i=1} v^{\mu_i} \quad \text{mit} \quad \sum_{i=1} \mu_i = 1$$

veranschaulicht werden.
Die Grenzproduktivität des ersten Faktors lautet

$$\frac{\partial O}{\partial v_1} = \prod_{i=2} v_i^{\mu_i} \cdot \mu_1 v_1^{\mu_1 - 1} = \frac{\mu_1 O}{v_1} \ .$$

Führt man die Berechnung für alle Produktionsfaktoren durch, multipliziert die Grenzproduktivität mit den Faktoreinsatzmengen und dem Produktpreis (bzw. dem Preisniveau) und summiert über alle Faktorkosten, so erhält man

$$p \sum_{i=1} \mu_i O = Op, \quad \sum_{i=1} \mu_i = 1 \ .$$

Es zeigt sich, dass die →partiellen Produktionselastizitäten μ_i der Cobb-Douglas-Funktion den Anteil der Faktorentlohnung am Outputwert (bzw. →Volkseinkommen) bestimmen. Ihre Summe gibt den Homogenitätsgrad der Produktionsfunktion an und repräsentiert gleichzeitig die → Skalenelastizität der Produktion κ. Ist der Homogenitätsgrad größer als 1, so übersteigt die Faktorentlohnung den Outputwert, ist er kleiner als 1, so verbleibt vom Outputwert ein

unverteilter Rest (Gewinn), da die gesamte Faktorentlohnung geringer ist.
Nimmt man entsprechend der G. jedoch linear homogene Produktionsfunktionen, so ist der Gewinn unabhängig vom Produktpreis gleich Null. Die Ursache für dieses bemerkenswerte Ergebnis ist in der Tatsache zu sehen, dass die Gewinnfunktion gleichfalls homogen vom Grade eins ist:

$$\lambda G = p \cdot O(\lambda v_1, \lambda v_2, ..., \lambda v_n) - \sum_{i=1} \lambda v_i p \frac{\partial O}{\partial v_i} \ .$$

Die Kombination der Produktionsfaktoren $v_1, v_2, ..., v_n$ ist derart, dass genau ein Nullgewinn entsteht. Die Vervielfältigung der Inputfaktoren mit λ führt daher für jedes beliebige λ wiederum zu einem Nullgewinn. Würden die Faktorkombinationen $v_1, v_2, ..., v_n$ einen Gewinn bzw. Verlust hervorbringen, so würde dieser Zustand aufgrund der linear homogenen Gewinnfunktion für alle beliebigen Ausbringungsmengen erhalten bleiben. Die Annahme einer linear homogenen Produktionsfunktion hat darüber hinaus die Eigenschaft, dass die Grenzen der Outputausdehnung der Unternehmen endogen nicht erklärt werden können. Unterstellt man hingegen eine beliebige nichthomogene Produktionsfunktion und die Existenz der Gewinnmaximierungsbedingungen erster und zweiter Ordnung sowie einen aufgrund von Marktein- und Marktaustritten langfristig entstandenen Nullgewinn für die Unternehmen, so kann die vollständige Aufteilung des Outputwertes ebenfalls gezeigt werden:

$$G = O(v_1, v_2, ..., v_n)p - \sum_{i=1}^{n} \frac{\partial O}{\partial v_i} v_i p = 0$$

od.

$$O = \sum_{i=1}^{n} w_i v_i \ .$$

Dabei ist es allerdings notwendig, exogene Erklärungen für das Zustandekommen des langfristigen, gewinnlosen Gleichgewichts heranzuziehen. Alle weiteren Kritikpunkte zur G. betreffen den empirischen Gehalt der Annahmen, so etwa die Vorstellung der vollkommenen Konkurrenz auf den Güter- und Faktormärkten. Wird diese Annahme aufgegeben und endliche Preiselastizitäten der Güternachfrage und Faktorentlohnungselastizitäten der Faktornachfrage zugelassen, so entstehen positive Gewinne, deren Existenz ebenso wie die sich ergebende Verteilung aus dem Monopolisierungsgrad der Märkte erklärt werden müssten. Damit wird aber der rein „technologische" Ansatz der G. verlassen.

Literatur: *J. M. Henderson/ R. E. Quandt*, Mikroökonomische Theorie. 5. A., München 1983, 107-112. *A. E. Ott*, Grundzüge der Preistheorie. 3. A., Göttingen 1984, 273-293.

Prof. Dr. K. Schöler, Potsdam

Grenzrate der Substitution

beim Tausch zweier Güter (q_1, q_2) das Verhältnis der infinitesimalen Änderungen bei konstantem →Gesamtnutzen (U):

$$\left.\frac{dq_2}{dq_1}\right|_{\bar{U}}.$$

q_2 ist das substituierte Gut, q_1 das Substitutionsgut, das fortlaufend um eine infinitesimale Mengeneinheit zunimmt. Es gilt die →Hypothese, dass bei zunehmender →Substitution des Gutes 2 durch Gut 1 die G. sinkt; sie hat deshalb negatives Vorzeichen. Vgl. auch →Haushaltstheorie.

Grenzrate der technischen Substitution
→Faktorsubstitution.

Grenzrate der Transformation
→ Güterwirtschaftliche Außenwirtschaftstheorie, 2.

Grenzumsatz
⇒*Grenzerlös*

Grenzwertprodukt

Produkt aus →Faktorproduktivität ($\frac{dO}{dv_1}$, z.B. für → Produktionsfaktor v_1) und

dem Produktpreis (p): $\frac{dO}{dv_1} \cdot$ p. Bezüglich der Bedeutung des G. in der →Mikroökonomik s. → Grenzproduktivitätstheoie.

Gresham'sches Gesetz
bezeichnet die nach Sir Th. Gresham (1519-1579), Berater von Königin Elisabeth I., historisch nachzuweisende Erscheinung, „gutes Geld wird von schlechtem Geld verdrängt". G. gilt für → Währungen des →Bimetallismus bei freier Verwendungsmöglichkeit der Geldstoffe für nichtmonetäre Zwekke. Weicht die staatlich festgelegte Austauschrelation der Zahlungsmittel - z.B. in den USA 1792-1834 für 1 Goldmünze zu 1 Silbermünze von 1:15 - von der sich am → Markt bildenden Preisrelation ab - sie betrug damals 1:15,5 - ist Silber, verglichen mit dem Marktaustauschverhältnis, als Zahlungsmittel über- und Gold unterbewertet, d.h. Silber ist als Zahlungsmittel mehr wert als für nichtmonetäre Zwecke bzw. ist Gold in nicht-monetärer Verwendung von größerem Wert gegenüber seiner Verwendung als Zahlungsmittel. Die Folge war, dass Silber gegenüber Gold als Münze bevorzugt wurde und Gold als Zahlungsmittel verdrängte, denn für einen Käufer von Gütern war es günstiger, mit Silbermünzen zu zahlen, weil Silber als Zahlungsmittel höheren Wert gegenüber dem Nichtzahlungsmittel hatte. Für einen Verkäufer, der Goldmünzen erhielt, war es sinnvoller, diese für nichtmonetäre Zwecke zu verwenden. 1834 wurde in den USA das Verhältnis Goldmünze zu Silbermünze auf 1:16 festgelegt bei unveränderter Marktaustauschrelation. Es war zu beobachten, dass Goldmünzen die Silbermünzen als Zahlungsmittel verdrängten. In der neueren Währungsgeschichte ist das G. für das Verhalten der Zentralbanken zu beobachten gewesen, die vor Aufhebung der Goldeinlösungsverpflichtung der USA für den Dollar (1971) versucht haben, ihre Zahlungsverpflichtungen mit dem erheblich überbewerteten Dollar anstelle mit Gold zu bezahlen. Das G. ist eine Bestätigung für das ökonomische Substitutionsprinzip, wonach ein Gut in

die Verwendung mit dem höchsten Wert wandert.

Grid-Lehre
in der Managementlehre (→ Management) der Versuch, das Führungsverhalten der Manager so zu lenken, dass es zu einer optimalen Strategie führt. Nach R. R. Blake und J. S. Mouton bedeutet dies jenen Führungsstil, der hohe Arbeitsleistung bei gutem Betriebsklima möglich macht.

Größendegression
→Betriebsgrößenoptimum.

Größenprogression
→Betriebsgrößenoptimum.

Groll-Effekt
→ Hypothese in der → Finanzwissenschaft, dass von einer als unbillig empfundenen →Steuer, z.b. auf Arbeitseinkommen (→Einkommen), der →Arbeitnehmer mit einer Verringerung seiner Arbeitsleistungen reagiert. G. bewirkt Minderung der Steuereinnahme. Für den G. spricht die weitverbreitete Ansicht, versteckte Steuern riefen geringere Steuerabwehr Betroffener hervor od. eine große Anzahl verschiedener Steuern lasse sich leichter durchsetzen als eine einzige sowie für sich stärker greifende bzw. Besteuerung durch das →Quellenabzugsverfahren (z.B. →Lohnsteuer) schrecke weniger ab als eine Steuerveranlagung (→ Einkommensteuer).

Große Depression
⇒Weltwirtschaftskrise
bezeichnet die Weltwirtschaftskrise, die bereits 1928 begann und bis 1933 in fast allen Industrieländern der Welt zu Massenarbeitslosigkeit, sinkenden Preisen und Löhnen, Bankkrisen, Zahlungsbilanzungleichgewichten (→monetäre Außenwirtschaftstheorie) und Errichtung von Zollschranken (→Zolltheorie) führte. Ursachen waren Spätfolgen des Ersten Weltkrieges (Reparationszahlungen), asynchrone Fristen für Kreditgewährung und Kreditmittelbindung, falsch festgesetzte Wechselkurse, kontraktive Haushaltspolitik (→ Finanzpolitik) sowie restriktive Geldpolitik (→Geldpolitik).

Großfeuerungsanlagenverordnung
→Emission, 2.

grüne Parität
in der →EG 1973 eingeführter repräsentativer Umrechnungskurs für Agrargüter anstatt der ursprünglich geltenden →Europäischen Rechnungseinheit. Die anfänglich gemeinsam in Agrar-Rechnungseinheiten, für die IWF-Leitkurse (→ Internationaler Währungsfonds) galten, festgelegten → Preise in Landeswährungen führten bei →Aufwertungen zu Minderungen der Gegenwerte bzw. zu Erhöhungen bei → Abwertungen, da Wechselkursänderungen (→ Wechselkurs) zu entsprechenden Anpassungen der Inlandspreise führten. Nachdem die Wechselkurse von ihren IWF-Leitkursen gelöst wurden, ergaben sich Inkonsistenzen bei Umrechnungen der Agrar-Rechnungseinheiten zu den IWF-Leitkursen gegenüber den Devisenmarktkursen. Deshalb wurde die an der Wertentwicklung der Währungen am →Devisenmarkt orientierte g. festgelegt. S. auch →EG-Währungsausgleich, →Grenzausgleich.

Grüner Punkt
→Duales System Deutschland (DSD).

Grundbilanz
Zusammenfassung der → Leistungsbilanz mit der langfristigen Kapitalverkehrsbilanz (→ Kapitalverkehrsbilanz), um langfristige und stabile Strukturen der Außenwirtschaftsbeziehungen eines Landes sichtbar zu machen. G. steht der kurzfristigen Kapitalverkehrsbilanz und →Devisenbilanz gegenüber. Das Konzept geht von der Auffassung aus, die G. müsse durch die →Finanz- und →Geldpolitik im → Gleichgewicht gehalten werden. Der Aussagewert der G. ist umstritten, da sie auch kurzfristig od. zufällig schwanken kann, z.B. durch →Transaktionen von →Wertpapieren.

Grundgesamtheit
sachlich, örtlich und zeitlich abgegrenzte Menge von Merkmalsträgern (⇒statistische Einheit) (→Merkmal), auf die sich eine statistische Untersuchung bezieht. S. auch →Erhebung.

Grundkapital

das bei Gründung einer →Aktiengesellschaft od. →Kommanditgesellschaft auf Aktien von den Gesellschaftern mindestens aufzubringende und in →Aktien zerlegte →Kapital als Teil des Eigenkapitals. G. darf nicht ohne Satzungsänderung außer im Fall des →genehmigten Kapitals verändert werden. Ist vom → Gesellschaftsvermögen zu unterscheiden. G. ist auf der Passivseite der →Bilanz als erster Posten einzusetzen.

Grundkosten

Teil der →Kosten eines Unternehmens (→ Betrieb, I.), der zugleich →Aufwand ist; wird auch als Zweckaufwand bezeichnet. S. auch →Kosten.

Grundsätze der Besteuerung

Prinzipien zur Gestaltung eines Steuersystems, die grundsätzliche Auffassungen der Besteuerung einer bestimmten Zeit widerspiegeln. So z.B. das →Äquivalenzprinzip od. später das → Leistungsfähigkeitsprinzip. Die Finanzwissenschaft hat aufgezeigt, dass alle bisherigen G. nicht der Gestaltung eines rationalen Steuersystems, das mit der Makroordnung der Volkswirtschaft (→ Wirtschaft) und deren wirtschaftspolitischen Zielen (→Ziele der Wirtschaftspolitik) abgestimmt ist, entsprechen.

Grundsätze ordnungsmäßiger Abschlussprüfung (GoA)

Rechtsnormen od. freiwillige qualitätssichernde Normen, die an den Abschlussprüfer gerichtet sind. Verbieten ihm bestimmte Handlungen od. gebieten ihm bestimmte Unterlassungen. G. sollen helfen, vertrauenswürdige Urteile herbeizuführen, das Prüferverhalten zu steuern, den Prüfer zu schützen, über Prüfungsstandards zu informieren und allgemein gehaltene gesetzliche Regelungen od. lückenhafte Gesetze auszulegen.

Grundsätze ordnungsmäßiger Buchführung und Bilanzierung (GoB)

mangels Kodifizierung unbestimmter Rechtsbegriff, der im weitesten Sinn alle allg. anerkannten Regeln und Grundsätze für Buchführung (→Bilanzierung, → Buchhaltung), →Inventur und →Bilanzie-

rung umfasst. In enger Auslegung werden für die Bilanzierung eigene Grundsätze formuliert. Quellen der G. sind vielgestaltig: zu einem wesentlichen Teil sind es ‚Ansichten ordentlicher Kaufleute' od. allgemeine kaufmännische Übung, aber auch Gesetze (→Aktienrecht, → HGB, Einkommensteuergesetz u.a.) und Rechtsprechung sowie Wissenschaft. Wesentliche G. sind: Richtigkeit und Willkürfreiheit, Klarheit, Vollständigkeit, Abgrenzung (z.B. →Imparitätsprinzip), Stetigkeit und Vorsicht, so dass Prinzipien der kaufmännischen Vorsicht wie auch des → Gläubigerschutzes, wonach die Unternehmenslage nicht zu positiv dargestellt werden darf, zum Tragen kommen.

Grundsatz der Meistbegünstigung

→Außenwirtschaftspolitik, 2., →GATT.

Grundsatz der Tagfertigkeit

→Buchhaltung.

Grundschuld

Belastung eines Grundstücks in der Weise, dass einem Berechtigten eine bestimmte Geldsumme zu zahlen ist. Im Unterschied zur →Hypothek wird die G. rechtlich nicht zur Sicherung einer →Forderung bestellt. Weitgehend gelten für ihre Begründung, Übertragung usw. die Vorschriften über die Hypothek. G. kann als Buch-G. od. Brief-G. und i.Ggs. zur Hypothek auch für den Grundstückseigentümer (Eigentümer-G.) bestellt sein. Wird der G.-Brief auf den jeweiligen Inhaber (Inhaber-G.) ausgestellt, werden auf den Brief die Vorschriften über Inhaberschuldverschreibungen (→Schuldverschreibung) angewendet.

Grundsteuer

bundesrechtlich geregelte (→ Gesetzgebungshoheit), objektbezogene → Realsteuer auf im Inland liegenden Grundbesitz mit enggehaltenen Befreiungsmöglichkeiten (z.B. für Kirchen, →Gemeinnützigkeit), die den Gemeinden zufließt (→Ertragshoheit). G. A für Betriebe der Land- und Forstwirtschaft, G. B für Grundstücke. Berechnung der G. erfolgt durch Festsetzung des Steuermessbetrages seitens des Finanzamtes, der sich durch Anwendung der Steuermesszahl (6‰ für Betriebe der Land- und Forstwirtschaft, 2,6‰ für Einfamilienhäuser bei Begrenzung auf die ersten 38 349,89 Euro (75 000 DM) des Einheitswertes, 3,1‰ für Zweifamilienhäuser und 3,5‰ für alle übrigen Grundstücke - alte Bundesländer) auf den Einheitswert, festgestellt nach den Wertverhältnissen von 1964, ergibt. G. wird von Gemeinden festgesetzt und erhoben. Die Gemeinden legen den von ihnen beschlossenen →Hebesatz auf den Steuermessbetrag.

Grundstoffe
gegenüber den →Hilfsstoffen die hauptsächlichen Erzeugungsstoffe, die unmittelbar in die Produkte eingehen und zu den →Werkstoffen (s. auch →Gut) gezählt werden.

Gruppe der 77
⇒G 7.

Gruppenbewertung
gegenüber der →Einzelbewertung nach Handels- und Steuerrecht zulässiges besonderes Bewertungsverfahren für annähernd gleichwertige od. gleichartige Gegenstände des →Anlage- und →Umlaufvermögens zur Vereinfachung des Bewertungsverfahrens aus wirtschaftlichen Gründen. Voraussetzung der G. ist ein Durchschnittswert, der den zu einer Gruppe zusammengefassten Gegenständen zugrunde gelegt wird (Durchschnittsbewertung, →HGB § 240 (4)) od. eine Verbrauchsfolgefiktion (Verbrauchsfolgebewertung, HGB § 256; →Fifo-Verfahren, →Hifo-Verfahren, →Lifo-Verfahren).

Gruppenfloating
⇒Blockfloating
→Floating.

GTZ
Abk. für: → Deutsche Gesellschaft für Technische Zusammenarbeit.

Günther-Paradoxon
von E. Günther 1931 veröffentlichtes Ergebnis, wonach das → Arbeitsangebot noch einige Jahrzehnte nach Eintritt eines Geburtenrückganges absolut größer sein kann als zum Zeitpunkt seines Beginns. Maßgebliche Gründe sind: unverändertes Wachstum des Arbeitsangebots für einige Jahrzehnte nach Eintritt des Geburtenrückganges, wenn vorher die Geburtenrate die Sterberate überstieg; nicht unmittelbar vom Geburtenrückgang abhängender → technischer Fortschritt lässt die → Arbeitsproduktivität unverändert weiter wachsen, was wie eine Erhöhung des Arbeitsangebots wirkt; ein Geburtenrückgang geht mit sinkender Kinder- und Müttersterblichkeit einher, was allerdings von nur geringem Gewicht auf das Arbeitskräftepotential ist; bei geringerer Kinderzahl steigt die → Erwerbsquote von Frauen. Als paradoxes Ergebnis dieser Ursachen ist für einige Jahrzehnte ein größeres Arbeitskräftewachstum möglich, als es bei einer wachsenden Bevölkerung gewesen wäre.

Güterangebot
1. Gütermenge (q), die ein Unternehmen (→Betrieb, I.) aufgrund seiner →Produktion am →Gütermarkt anbietet (q^s). In der →Angebotstheorie wird die Abhängigkeit des G. eines Produktes (q_1^s) von den Bestimmungsgründen Güterpreise (p_i), Faktorpreise (l_j), Faktorproduktivität (a), Gewinnziele des Unternehmens (G), technischer Fortschritt (F), Produktionskapazität (O_K) anhand der Angebotsfunktion (→Angebotstheorie):

$q_1^s = f(p_i, l_j, a, G, F, O_K$ erklärt. In der →Neuen Makroökonomik wird zwischen geplantem (notional) und tatsächlichem (rationiertem) sowie Angebots- und Verkaufsmenge unterschieden. Gemeinsam mit der → Güternachfrage und dem → Preis ist das G. konstitutives Merkmal des →Gütermarktes.

2. gesamtwirtschaftliches G., s. auch gesamtwirtschaftliche Angebotsfunktion.

Güterangebotstheorie
→Unternehmenstheorie.

Güterkreislauf
⇒realwirtschaftlicher Kreislauf
Teil des →Wirtschaftskreislaufs, der nur

Güter- und Faktorleistungstransaktionen (→Transaktionen) enthält. Ist dem wertmäßig gleichen → Geldkreislauf entgegengerichtet. S. auch –Tauschgleichung.

Gütermarkt

⇒Outputmarkt
in der →Makroökonomik →Markt für alle produzierten →Güter, auf dem →gesamtwirtschaftliches Güterangebot der →gesamtwirtschaftlichen Güternachfrage gegenüber steht. S. auch →IS-Kurve, →gesamtwirtschaftliche Angebotsfunktion, → gesamtwirtschaftliche Nachfragefunktion.

Güternachfrage

1. Gütermenge (q), die private Haushalte (→Haushalt, 1.) durch Verausgabung ihres Einkommens (y) auf dem →Gütermarkt erwerben (q^d). In der → Haushaltstheorie wird die Abhängigkeit der G. eines Gutes (q_1^d) von den Bestimmungsgründen: Güterpreis (p_i), Einkommen (y), → Vermögen (w), → Präferenzstruktur (u), Erwartungen (e) anhand der Nachfragefunktion (→Haushaltstheorie):

q_1^d = f(p_i, y, w, u, e) erklärt. G. bildet mit dem →Güterangebot der Unternehmen (→Betrieb, I., 1.) und dem Marktpreis die konstitutiven Merkmale des Gütermarktes (s. auch →Markt).

2. →gesamtwirtschaftliche G., s. auch → gesamtwirtschaftliche Güternachfragefunktion.

Güterwirtschaftliche Außenwirtschaftstheorie

⇒Reale Außenwirtschaftstheorie
1. *Begriffsabgrenzung.* Die G. behandelt die realwirtschaftlichen Determinanten und Effekte des zwischenstaatlichen Güteraustausches. Die analytische Grundlage bildet die mikroökonomische Gleichgewichtstheorie (→ Mikroökonomik, → Gleichgewicht). I.Ggs. zur →Monetären Außenwirtschaftstheorie wird in der G. von Geld-, Währungs- und Kreditbeziehungen abstrahiert. Während beide Theoriebereiche in der Vergangenheit meist isoliert voneinander betrachtet worden sind, unternimmt man in jüngerer Zeit

verstärkt den Versuch, beide Bereiche zu integrieren, indem man die verknüpfenden Variablen (→ Wechselkurs, → Geldmenge, absolute Güterpreise (→absoluter Preis)) herausstellt.

Die G. reduziert die Volkswirtschaften (→ Wirtschaft) und die Weltmärkte auf Punktmärkte. Damit unterscheidet sie sich von der Raumwirtschaftstheorie, die die ökonomischen Probleme untersucht, die sich aus der Existenz des Raumes ergeben. Im Einzelnen beschäftigt sich die G. mit folgenden Fragekomplexen: Determinanten des Außenhandels; Ermittlung des gleichgewichtigen Weltmarktpreisverhältnisses (→terms of trade); Effekte des Außenhandels auf die Produktionsstruktur, die Faktorpreise und den nationalen Wohlstand.

2. *Determinanten des Außenhandels.* Die Ableitung der Richtung und des Ausmaßes des Außenhandels wird i.d.R. unter den Annahmen der →vollständigen Konkurrenz, des freien internationalen Güteraustauschs und der internationalen Immobilität der → Produktionsfaktoren durchgeführt. Häufig wird die Analyse in einem Modell mit zwei Ländern, zwei →Gütern und zwei Faktoren vorgenommen.

Die Angebotsseite der Volkswirtschaft lässt sich durch eine als konkav angenommene →Transformationskurve (Produktionsmöglichkeitenkurve) darstellen. Diese Kurve ist der geometrische Ort der Güterkombinationen, die mit gegebenen nationalen Faktorbeständen und gegebenen Produktionsfunktionen der Güter effizient hergestellt werden können. Der absolute Wert der Steigung der Transformationskurve wird als Grenzrate der Transformation bezeichnet. Ökonomisch kennzeichnet sie die Grenzkosten (→Kosten) eines Gutes gemessen in (aufzugebenden) Einheiten des anderen Gutes (Opportunitätskostenprinzip (→ Kosten)).
Die Nachfrageseite der Volkswirtschaft wird durch das Indifferenzkurvensystem (→ Indifferenzkurve) einer gesellschaftlichen Wohlstandsfunktion abgebildet. Der absolute Wert der Steigung dieser Kurven ist die →Grenzrate der Substitution. Im Autarkiegleichgewicht (→Autar-

kie, → Gleichgewicht) stimmen die Grenzraten der Transformation und der Substitution mit den entsprechenden Preisverhältnissen der Güter überein.

Entscheidend für die Entstehung des Außenhandels sind Unterschiede in den relativen Autarkiepreisen jeweils zweier Volkswirtschaften. Ist zum Beispiel das Verhältnis der Preise von Gut 1 und Gut 2 im Inland geringer als im Ausland, so hat das Inland einen komparativen Preisvorteil für Gut 1 und das Ausland einen komparativen Preisvorteil für Gut 2. Jedes Land wird das Gut mit dem Preisvorteil exportieren und das andere Gut importieren.

Die Differenzen in den →relativen Preisen lassen sich auf Unterschiede in den nationalen Nachfragestrukturen sowie auf komparative Kostenvorteile (→Theorie der komparativen Kosten) zurückführen. Die Unterschiede in der Nachfragestruktur schlagen sich im Indifferenzkurvensystem nieder. Sie führen ceteris paribus (→ ceteris paribus Klausel) dazu, dass jedes Land einen komparativen Preisvorteil bei dem Gut besitzt, das relativ weniger als im anderen Land nachgefragt wird.

Komparative Kostenvorteile dokumentieren sich in verschieden verlaufenden Transformationskurven. Die relevante Vergleichsgröße ist die Grenzrate der Transformation. Die komparativen Kostenvorteile können durch divergierende Produktionsfunktionen (z.B. der Ricardo-Fall) od. durch die Ungleichheit in den Faktorausstattungen der Länder bedingt sein (→Heckscher-Ohlin-Fall). Das von E. F. Heckscher und B. Ohlin entwickelte → Faktorproportionentheorem geht davon aus, dass sich die durch die Faktorausstattung bedingten Knappheitsverhältnisse der Faktoren bei vollständiger Konkurrenz in den Faktorpreisrelationen niederschlagen. Können die Güter eindeutig als arbeits- (→Arbeitsintensivität) od. als kapitalintensiv (→ Kapitalintensivität) bezeichnet werden, so wird das Land mit einer relativ hohen Ausstattung an → Arbeit einen komparativen Kostenvorteil bei dem arbeitsintensiven Gut besitzen, während das andere Land einen Kostenvorteil bei

dem kapitalintensiven Gut vorweisen kann. Stimmen die Nachfrageverhältnisse in beiden Ländern überein, so bewirken die Kostenvorteile ebenfalls relative Preisvorteile. Sollte aber in einem Land das kostengünstigere Gut relativ stark nachgefragt werden, so ist der Fall denkbar, dass das Gut mit dem komparativen Kostenvorteil importiert wird (inverser Handel). Erweitert man die Analyse auf mehrere Güter und Faktoren, lassen sich nur noch eingeschränkte Aussagen über den Zusammenhang zwischen Faktorausstattung und Außenhandelsmuster gewinnen.

3. *Ermittlung des gleichgewichtigen Weltmarktpreisverhältnisses (terms of trade).* Nach Aufnahme des Außenhandels bilden sich an den Weltmärkten einheitliche Preisverhältnisse der gehandelten Güter heraus, die zwischen den Autarkiepreisverhältnissen liegen. Im Zwei-Güter-Fall lässt sich die Ableitung des Weltmarktpreisverhältnisses durch die Ermittlung der Überschussnachfragen (Bestimmung der Tauschkurven) nach Marshall-Mill od. Oniki-Uzawa veranschaulichen.

Das gleichgewichtige Verhältnis zwischen dem Preis des Exportgutes und dem in nationaler → Währung ausgedrückten Preis des Importgutes definiert im Zwei-Güter-Fall das reale Austauschverhältnis (terms of trade) der nationalen Volkswirtschaften. Die terms of trade geben an, wie viel Mengeneinheiten des Importgutes für eine Mengeneinheit des Exportgutes getauscht werden können. Damit erhöht ceteris paribus eine Verbesserung der terms of trade die Güterversorgung einer Volkswirtschaft.

Im Fall mehrerer Güter bezeichnet man das Verhältnis von Exportgüterpreisindex zu Importgüterpreisindex als terms of trade. Neben der Berechnung der terms of trade auf Güterbasis existieren auch Konzepte, die die terms of trade auf der Ebene der in den Gütern enthaltenen Faktorleistungen bestimmen.

4. *Effekte des Außenhandels.* Nach der Aufnahme des Außenhandels bewirkt die relative Steigerung des Preises und des Exportgutes eine relative Zunahme der

Produktion der jeweiligen Exportgüter. Die Stärke dieses Spezialisierungseffekts hängt von der Form der Transformationsfunktion ab. Im Falle linearer Transformationskurven ist mit vollständiger Spezialisierung zu rechnen. Die Ausdehnung der Produktion des Exportgutes induziert eine Reallokation der Produktionsfaktoren. Sind Unterschiede in den Faktorausstattungen die Ursache für den Außenhandel (Heckscher-Ohlin-Fall), so wird der reichlich vorhandene Faktor durch die Steigerung der Produktion des Gutes mit dem komparativen Vorteil relativ stärker nachgefragt. Dadurch steigt sein relativer Faktorpreis. Im Ausland sinkt der relative Faktorpreis, da die Ausstattungsverhältnisse dort umgekehrt sind. Somit ergibt sich eine Tendenz zum Ausgleich der relativen Faktorpreise. Samuelson hat gezeigt, dass sich unter den Voraussetzungen des Heckscher-Ohlin-Modells ein vollständiger Ausgleich der Faktorpreisrelationen und weiterhin sogar ein Ausgleich der absoluten Realpreise der Faktoren einstellt. Hinsichtlich der →funktionellen Einkommensverteilung resultiert aus dem Außenhandel eine relative Verschlechterung der Position der ursprünglich knappen Faktoren (Stolper-Samuelson-Theorem).

Durch die Zunahme des realen Tauschverhältnisses gegenüber dem Autarkiezustand verbessert sich die nationale Güterversorgung in beiden Ländern. Der Handel ermöglicht es, Güterbündel zu konsumieren, die außerhalb der nationalen Produktionsmöglichkeiten liegen. Unterstellt man eine gesellschaftliche Wohlstandsfunktion, so liegt der nationale Konsumpunkt außerhalb der Transformationskurve auf einer Indifferenzkurve mit höherem Nutzen. Die Beurteilung der Vorteilhaftigkeit des Außenhandels wird erheblich schwieriger, wenn die Verteilung der Handelsgewinne auf verschiedene Gruppen berücksichtigt werden soll (→Wohlfahrtökonomik).

Literatur: *J. Chipman*, A Survey of the Theory of international Trade, in: Econometrica, Vol. 33, 1965, 477-519 (Pt. I), 685-760 (Pt. II), Vol. 34, 1966, 18-76 (Pt. III). *A. Dixit/ V. Norman*, Außenhandelstheorie. München 1982. *R. W. Jones/ P. B. Cenen*,

Handbook of International Economics. Vol. 1 und 2. Amsterdam 1984 und 1985. *H. Siebert*, Außenwirtschaft. 5. A., Stuttgart 1991.

Dr. R. Pauck, Siegen

güterwirtschaftlich-monetäres Gleichgewicht
in der →Makroökonomik simultan herrschendes →Gleichgewicht auf dem →Gütermarkt und → Geldmarkt. Ist z.B. Schnittpunkt von →IS-Kurve und →LM-Kurve. Nicht zu verwechseln mit einem totalen Gleichgewicht (→Gleichgewicht). Vgl. auch →Keynessche Theorie, →IS-LM-Modell.

Gütezeichen
nach dem Warenzeichengesetz zugelassene und in die Zeichenrolle eingetragene Kennzeichnung für Qualität und Herstellung von Waren, z.B. VDE-Zeichen, Weinsiegel.

Gut bzw. Güter
im Verhältnis zu den → Bedürfnissen knappe Mittel, die zu deren Befriedigung dienen, u.zw. durch Nutzenstiftung (→ Nutzen) in Form von lagerfähigen Waren ⇒*Sach*-G. ⇒*materielle* G. ⇒*Real*-G. od. als ⇒*immaterielle* G. in Form von nichtlagerfähigen Dienstleistungen, Rechten (Patenten) und ökonomischen Verhältnissen (z.B. →Firmenwert).
G. werden mittels folgender Kriterien unterschieden:
1. nach ihrer Verfügbarkeit in → *wirtschaftliche* G. und →*freie* G.

2. nach der Unmittelbarkeit od. Mittelbarkeit der Bedürfnisbefriedigung in *Konsum*-G., die von den privaten Haushalten (→Haushalt, 1.) zur direkten Bedürfnisbefriedigung nachgefragt werden (→ Güternachfrage, → Nachfragetheorie des Haushalts) entweder zur kurzfristigen Nutzenstiftung als *Verbrauchs*-G. od. zur langfristigen als *Gebrauchs*-G., und in *Produktions*-G. ⇒*Produktiv*-G. od. ⇒Produktionsmittel zur Erzeugung anderer G., die dabei entweder direkt in die Produkte eingehen, dann sind es →*Werkstoffe* (unterteilt in →*Grund*- und →*Hilfsstoffe*), od. langfristig eine Leistung abgeben, dann sind es *dauerhafte Produktions*-G. ⇒*Investi-*

tions-G. ⇒*Kapital*-G. (→*Kapital*).
Bei dauerhaften G., gleich ob Konsum-G. od. Produktions-G., ist zwischen dem G. selbst (z.B. Radiogerät od. Öltanker) und den von ihm abgebenen *Nutzungen* (z.B. Musiksendung od. Transportleistung) zu unterscheiden. An sich ist ein G. weder Konsum-G. noch Produktions-G. Seine Verwendung entscheidet darüber, z.B. ist die privat genutzte Schreibmaschine Konsum-G., die Büroschreibmaschine Produktions-G. Konsum-G. werden auch als G. *erster Ordnung* gegenüber den Produktions-G. als G. *höherer Ordnung* bezeichnet und die →Produktionsfaktoren →Arbeit und → Boden als G. *höchster Ordnung* od. *originäre* G.

3. nach der Art ihrer Nachfragereaktion bei Preisänderungen (→Preis): sinkt die Nachfrage aufgrund von Preissteigerungen, sind es *normal reagierende* G., steigt die Nachfrage, sind es entweder *Veblen*-G. ⇒*Luxus*-G. ⇒*Prestige*-G. od. → *Giffen*-G., so nach der von Sir R. Giffen gemachten Beobachtung, dass an der Existenzgrenze lebende Haushalte bei steigen-dem Getreidepreis mehr Brot nachfragten. Notwendige Bedingung für ein Giffen-G. ist Inferiorität (s. 6.) und hinreich-ende Bedingung Dominanz des →Einkommenseffektes gegenüber dem → Substitutionseffekt.

4. nach dem Ausschließungsprinzip der G.-nutzung: *öffentliche* G. ⇒*Kollektiv*-G.; die vom Staat od. in seinem Auftrag produziert werden und von deren Nutzung niemand auszuschließen ist, z.B. ein Leuchtturm od. äußere Sicherheit, bzw. dies politisch als nicht zweckmäßig erscheint (Schulbildung). Häufig ist eine kostenlose Nutzung öffentlicher G. möglich (→free-rider-position). Ihnen stehen die *privaten* G. od. *Individual*-G. gegenüber, von deren Inanspruchnahme jeder auszuschließen ist, der nicht den geforderten →Preis zahlen will. Eine besondere Art öffentlicher G. sind →*meritorische* G.

5. nach der Art der G.-bezeichnung in *Substitutions*-G., die ganz (*homogene* G.) od. teilweise im Konsum gegeneinander ausgetauscht werden können (Heizöl od. Gas als Brennstoff), und *komplementäre*

G., deren Verwendung nur zusammen sinnvoll ist (Strom und Glühbirne) sowie *absolut ungleichartige* G., für die keinerlei Beziehung besteht, wenn der Realeinkommenseffekt einer Preisänderung (→ Einkommenseffekt) außer Acht gelassen wird. Diese G. werden durch das Vorzeichen der Kreuzpreiselastizität der Nachfrage (→ Elastizitäten) unterschieden, u.zw. ist es positiv für Substitutions-G., negativ für Komplementär-G. und 0 für absolut ungleichartige, die z.T. auch als *indifferente* G. bezeichnet werden.

6. nach der Nachfragereaktion auf Änderungen des →Einkommens: Wenn bei wachsendem Einkommen die nachgefragte Menge steigt, sind es *superiore* G. ⇒ Nichtsättigungs-G. Die Einkommenselastizität $\eta_{d_{q,y}}$ (→ Elastizitäten) ist größer Null. Sinkt die Nachfrage bei steigendem Einkommen, sind es *inferiore* G. ⇒Sättigungs-G., $\eta_{d_{q,y}} < 0$. Die (absolut) superioren G. werden in *relativ superiore* G., deren Nachfrage stärker als das Einkommen wächst, $\eta_{d_{q,y}} > 1$, und in *relativ inferiore* G. unterschieden, deren Nachfrage in geringerem Maße als das Einkommen zunimmt, $0 < \eta_{d_{q,y}} < 1$.

7. nach ihrer Reproduzierbarkeit in *beliebig vermehrbare* G. und *Seltenheits*-G. ⇒*Positions*g. (z.B. ein Rembrandtgemälde).

8. in der →Preistheorie nach dem Kriterium der Abwesenheit sachlicher →Präferenz seitens der Nachfrager werden sachlich gleichwertige, die *homogenen* G. ⇒*indifferenten* G., von den *heterogenen* G. unterschieden. Diese G.-unterscheidung ist ein Merkmal für die Bildung der → Marktformen.

Eine adäquate Definition des G.-begriffs ist bis heute nicht gelungen. Abgrenzungsprobleme versucht man insbesondere durch Weiterentwicklung der Preistheorie zur → Wettbewerbstheorie bzw. mit dem von K. J. Lancaster entwickelten →Konzept relevanter G.-eigenschaften zu umgehen.

Von →Forderungen unterscheiden sich G. dadurch, dass sie nur durch Faktoreinsatz und →Produktion entstehen, Forderungen ohne beides. S. auch → Leistungstransaktion, →Finanztransaktion.

Gutenbergsche Produktionsfunktion
⇒Produktionsfunktion vom Typ B
→Produktionsfunktion.

GWB
⇒ *Gesetz gegen Wettbewerbsbeschränkungen.*

GZS Gesellschaft für Zahlungssysteme mbH
1982 von deutschen Privatbanken (→Banken) (40% Anteil am Stammkapital), → Sparkassen (40% Anteil) und →Genossenschaftsbanken (20% Anteil) mit Sitz in Frankfurt a.M. gegründete Institution, die im Auftrag aller Banken die →Eurocard emittierte (→Emission) und betreute, die von Deutschen im Ausland in jeweiliger Landeswährung wie auch von ausländischen Besuchern in Deutschland in D-Mark - heute in Euro - ausgestellte Euroschecks (→eurocheque) verrechnet sowie in der Einführung neuer kartengesteuerter bargeldloser Zahlungssysteme (Point-of-Sale, →Electronic Funds Transfer) tätig ist. Veranlaßt durch die boomartige Entwicklung der →Kreditkarte überträgt die G. die Kartenemission an die Einzelinstitute und entwickelt sich zu einem Dienstleistungszentrum des kartengeschützten →Zahlungsverkehrs und erschließt neue Vertriebswege. Hat auch die sichere Zahlung über →Internet eingeführt.

Haavelmo-Theorem

$\Rightarrow$balanced budget-theorem
$\Rightarrow$Theorem des ausgeglichenen Budgets
von T. Haavelmo 1945 formulierte Aussage über die Wirkungen eines ausgeglichenen $\rightarrow$ Budgets auf das Volkseinkommen. Wird der expansive Effekt einer steuerfinanzierten Budgeterhöhung (dC_G) auf das Volkseinkommen gem. des $\rightarrow$Multiplikatorprinzips (s. auch $\rightarrow$ Einkommensmultiplikator):

$$dY = \frac{1}{1-c} \cdot dC_G$$

der kontraktiven Einkommenswirkung aufgrund der Steuererhöhung (dT):

$$dY = - \frac{c}{1-c} dT$$

gegenüber gestellt, ergibt sich ein expansiver Nettoeffekt:

$$dY = \frac{1}{1-c} \cdot dC_G - \frac{c}{1-c} \cdot dT$$

$$= \frac{1-c}{1-c} \cdot dC_G = dC_G \text{, da } dC_G = dT \text{.}$$

Das in $\rightarrow$Einnahmen und $\rightarrow$Ausgaben ausgeglichene Budget übt eine expansive Wirkung in Höhe der Budgeterhöhung aus, weil die zusätzliche Nachfrage des Staates die $\rightarrow$Produktion und das Einkommen entsprechend des Ausgabenmultiplikators erhöht, die zusätzliche Steuer die Produktion nicht unmittelbar senkt, sondern nur das verfügbare Einkommen ($\rightarrow$Volkseinkommen) des entstandenen Volkseinkommens.
Das H. besitzt nur eingeschränkte praktische Bedeutung wg. seiner restriktiven Annahmen und Implikationen, z.B. die Steuererhöhung habe keinen Einfluss auf private $\rightarrow$Investitionen (autonome Investitionen); konstante $\rightarrow$ marginale Konsumquote; obiger Modellformulierung geht die Staatsausgabe der Steuereinnahme voraus; die Steuereinnahme sei einkommensunabhängig u.a.

Habenzins

$\rightarrow$Zins, $\rightarrow$Einlagen, 1.

Habit-Persistence Hypothese

von T. M. Brown 1952 aufgestellte makroökonomische Konsumhypothese, nach der sich Haushalte ($\rightarrow$Haushalt, 1.) in ihrer Nachfrage nur zögernd einer aktuellen Änderung des $\rightarrow$Einkommens anpassen, da sich im Zeitablauf Konsumgewohnheiten gebildet haben. So übt der Konsum der Vorperiode (C_{t-1}) den stärksten Einfluss auf den aktuellen Konsum (C_t) aus. Die Konsumfunktionlautet:

$$C_t = C_a + c_1 \cdot Y_t + c_2 \cdot C_{t-1} \text{,}$$

wobei C_a den $\rightarrow$autonomen Konsum, c die $\rightarrow$marginale Konsumquote und Y das $\rightarrow$Volkseinkommen angibt. Da die Haushalte erst bei einer anhaltenden Änderung des laufenden gegenüber ihrem gewohnten Einkommen reagieren, bedeutet ihre noch nicht vollzogene Anpassung einen „Sperrhaken"-Effekt ($\rightarrow$ratchet-Effekt). S. auch $\rightarrow$Konsumtheorie, 3.

Häufigkeit

bei der Untersuchung einer Beobachtungsreihe (auch: Urliste) aufgetretene Anzahl von Ausprägungen eines $\rightarrow$ Merkmals. Zu unterscheiden ist die *absolute H.*, die die Anzahl der Merkmalsträger, die eine bestimmte Merkmalsausprägung aufweisen, von der *relativen H.*, die den prozentualen Anteil der Merkmalsträger, die eine bestimmte Ausprägung aufweisen, am Beobachtungsumfang angibt.

Häufigkeitsverteilung

Zuordnung von $\rightarrow$Häufigkeiten zu den Merkmalsausprägungen. Übliche Darstellungsform ist Tabelle, Stabdiagramm, Polygon od. Histogramm. Vgl. $\rightarrow$Abweichung, $\rightarrow$Deskriptive Statistik.

häufigster Wert

$\Rightarrow$*Modalwert*

Haftung

der Begriff hat eine mehrfache Bedeutung, wird auch im Bürgerlichen Gesetzbuch nicht einheitlich gebraucht. So bedeutet H. i.Ggs. zu einer dem Schuldner obliegenden Leistungspflicht, z.B. Leistung von Schadenersatz od. Zahlung eines Geldbetrages, das Einstehenmüssen für versprochene Leistung. Erfüllt der Schuldner diese nicht freiwillig, so hat der Gläubiger zum Zweck der Befriedigung Zugriff auf das gesamte →Vermögen des Schuldners. Manchen Ansprüchen fehlt die H., es sind vollkommene Verbindlichkeiten, Naturalobligationen genannt, z.B. →Forderungen nach Ablauf der Verjährung. Andere Arten der H. sind: Verpflichtung eines Eigentümers, die Verwertung seiner aufgrund einer →Hypothek haftenden Sache durch den Gläubiger zu dulden (= dingliche H.), H. des →Arbeitgebers z.B. aus seiner Fürsorgepflicht od. H. des →Arbeitnehmers z.B. bei Arbeitsverweigerung od. auch H. des Beamten bei Verletzung seiner ihm einem Dritten gegen-über obliegenden Amtspflichten dergestalt, dass der Verwaltungsträger, in dessen Dienst der Beamte steht, zu Schadenersatz verpflichtet ist (H.-sverlagerung).

Als *Produzenten*-H. ist die H. eines Warenherstellers für Folgeschäden aus der Benutzung seiner Produkte zu verstehen. Nach deutschem Recht bestehen zwischen Hersteller und Endverbraucher einer Ware i.d.R. keine vertraglichen Beziehungen. Demzufolge scheiden Ansprüche des Verbrauchers infolge Fehlerhaftigkeit od. Wirkungslosigkeit des Produkts aus. Durch die vom Bundesgerichtshof seit 1968 (Hühnerpest-Fall) entwickelte Rechtsprechung sind aber Konstruktions-, Fabrikations- und Instruktionsfehler Tatbestände der Produzenten-H.

Haftungskapital

das für den Vollstreckungszugriff eines Gläubigers zur Verfügung stehende → Kapital eines Unternehmens (→Betrieb, I.) bzw. der Gesellschafter, das sich nach der Rechtsform des Unternehmens bestimmt. Gesellschafter einer BGB-Gesellschaft (→ Gesellschaft bürgerlichen Rechts), einer →OHG sowie →Komplementäre einer Kommanditgesellschaft haften unbeschränkt, unmittelbar und gleichgeordnet, während →Kommandi-

tisten auf den Betrag ihrer Einlage haften. Bei den →Kapitalgesellschaften besteht für die Gesellschafter lediglich mittelbar →Haftung, abgesehen von den persönlich haftenden Gesellschaftern. Aktionäre der →Aktiengesellschaft und der → Kommanditgesellschaft auf Aktien haften den Gläubigern nicht persönlich und der Gesellschaft nur auf ihre Einlage beschränkt. Gleiches gilt für Gesellschafter einer →GmbH, wenn nicht der Gesellschaftsvertrag →Nachschusspflicht vorsieht. Genossen einer eingetragenen → Genossenschaft haften Gläubigern nicht unmittelbar und persönlich. Im Konkursfall (→Konkurs) sind sie der Genossenschaft gegenüber verpflichtet, entweder Nachschüsse in unbeschränkter Höhe (Genossenschaft mit unbeschränkter Haftpflicht) oder. bis zu einer im Voraus genau bestimmten Summe (Genossenschaft mit beschränkter Haftungspflicht) zu leisten.

Handelsabgabe

handelspolitisches Instrument zur Beeinflussung des →Exports und →Imports, bei dem der →Preis Eingriffsparameter ist. Bedeutendste H. sind →Zölle (→Zolltheorie).
Export- und Importzoll ist als positive H. eine Preisbelastung. Exportprämien, Steuervergünstigungen auf Export, Importsubventionen sind als negative H. Preisentlastungen.

Handelsbilanz

1. betriebswirtschaftliche →Bilanz.

2. im → Gesamtwirtschaftlichen Rechnungswesen Teilbilanz der →Leistungs- und Zahlungsbilanz. H. ist die Gegenüberstellung des Warenexports auf der Aktivseite und -imports auf der Passivseite, so dass bei einem Exportüberschuss und Saldo auf der Passivseite von einer aktiven H. od. auch Aktivsaldo der H. gesprochen wird. Eine aktive H., seit 1952 der Fall für die Bundesrepublik, führt ceteris paribus (→ceteris paribus-Klausel) zu einer gleich großen Zunahme der → Devisenbestände und der →Netto-Auslandsposition der Deutschen Bundesbank (→ Devisenbilanz, → Zahlungsbilanz).

Handelsgeschäft
1. kaufmännisches Unternehmen (→Betrieb, I., 2.) zur Beschaffung und zum Vertrieb von Waren (⇒Handelsbetrieb).

2. alle Geschäfte eines →Kaufmanns, die zum Betrieb seines →Handelsgewerbes gehören. Diese sind Grund-H., wenn sie unmittelbar dem betriebenen Handelsgewerbe dienen (Kauf und Verkauf von Waren), und Neben-H., wenn sie nur gelegentlich und außerhalb der gewöhnlichen Geschäfte getätigt werden. Für die von einem Kaufmann vorgenommenen Rechtsgeschäfte besteht die widerlegbare gesetzliche Vermutung dafür, dass es H. sind.

Handelsgesellschaft
Gesellschaft, die notwendig od. wenigstens i.d.R. ein → Handelsgewerbe betreibt. H. ist deshalb →Kaufmann. H. sind →OHG und →Kommanditgesellschaft, des Weiteren ohne Rücksicht auf den Gegenstand des Unternehmens (→Betrieb, I.) die →Aktiengesellschaft, →Kommanditgesellschaft auf Aktien, →GmbH sowie Genossenschaft (Formkaufleute, s. → Kaufmann). S. demgegenüber →Gesellschaft bürgerlichen Rechts.

Handelsgesetzbuch
→HGB.

Handelsgewerbe
Betrieb eines dem →Handelsrecht unterliegenden Gewerbes. Im →HGB sind die Arten von Geschäften, die ein Gewerbebetrieb betreiben kann, aufgeführt. Es wird zwischen Grund-H. und H. kraft gesetzlicher Fiktion unterschieden. Grund-H. ist allein aufgrund seiner Art und Ausübung H. und betreibt folgende Geschäfte: Handel mit Waren und → Wertpapieren (Groß-, Einzelhandel, Fabrikation); Ver- od. Bearbeitung von Waren für Dritte in einem über das Handwerk hinausgehenden Umfang; Versicherungen gegen Prämienleistung; Bankgeschäfte; Personen- und Güterverkehr; Geschäfte der Spediteure, Lagerhalter, Kommissionäre, Vertreter, Makler (→Handelsmakler), Verleger, Buch- und Kunsthändler sowie Druckereien, sofern sie den Umfang eines Handwerksbe-

triebes überschreiten. H. *kraft gesetzlicher Fiktion* sind Gewerbeunternehmen, die nach Art und Umfang einen in kaufmännischer Weise organisierten Betrieb bedingen.

Handelsgewinn
Vorteile, die durch Aufnahme von Außenhandel entstehen und in zusätzlich verfügbaren Gütermengen zum Ausdruck kommen. Der den international Handel treibenden Ländern insgesamt entstehende H. hängt vom opportunity cost-Verhältnis (→Opportunitätskosten) ab. S. auch →Theorie der komparativen Kosten, → Güterwirtschaftliche Außenwirtschaftstheorie, 3. und 4.

Handelsmakler
⇒Handelsmäkler
als Voll- od. Minderkaufmann (→Kaufmann) selbstständig Gewerbetreibender zur Vermittlung von Verträgen über Gegenstände des Handelsverkehrs wie Kauf und Verkauf von Waren, Wertpapieren, Versicherungen u.a. Immobilienmakler ist kein H.

Handelsmarke
gegenüber anonymen Produkten spezielle Produktausstattung durch Warenod. Firmenzeichen eines Handelsunternehmens, z.B. EDEKA.

Handelsrecht
für den →Kaufmann geltendes Sonderrecht, das sich im →HGB, seinen Nebengesetzen und Verordnungen (H.i.e.S.) und in weiteren verwandten Rechtsnormen (H.i.w.S.) wie das Wertpapier-, Bank-, Börsen-, Gesellschaftsrecht sowie internationalen Vereinbarungen äußert. In gewissem Umfang sind auch Gewohnheiten und Bräuche in Handelsgeschäften H. Bedeutung haben auch →Allgemeine Geschäftsbedingungen. Subsidiär gilt das Bürgerliche Recht.

Handelsrecht
auf der Grundlage von §§ 8ff. →HGB von Amtsgerichten geführtes öffentliches Verzeichnis über Vollkaufleute (→Kaufmann) und bestimmte auf sie bezogene Rechtsverhältnisse sowie Tatsachen, um dem Bedürfnis des Handels nach Sicher-

heit des Rechtsverkehrs zu entsprechen. Das H. besteht aus zwei Abteilungen: in Abteilung A erfolgen Eintragungen für Einzelkaufleute, →OHG, →Kommanditgesellschaften und juristische Personen des öffentlichen Rechts; in Abteilung B für →Kapitalgesellschaften. Jede Eintragung wird im Bundesanzeiger und mindestens einem weiteren Blatt veröffentlicht. Einsichtnahme in das H. ist jedem gebührenfrei gestattet. Eintragungen wie Löschungen haben unterschiedliche Wirkungen: beurkundete, rechtsbezeugende Wirkung für Fälle, die bereits unabhängig von der Eintragung eingetreten sind, so z.B. bei Eintragung der →Prokura od. eines →Musskaufmanns; rechtserzeugende Kraft hat die Eintragung z.B. im Falle der Entstehung der Rechtspersönlichkeit der →Aktiengesellschaft. Nach § 5 HGB gilt für H.-Eintragungen im rechtsgeschäftlichen Verkehr eine unwiderlegbare Rechtsvermutung. Grundsätzlich gilt für das H. die sog. negative Publizität, d.h. es gibt keinen Schutz des guten Glaubens an die Richtigkeit eingetragener Tatsachen, sondern nur einen Schutz des guten Glaubens an das Nichtbestehen von nicht eingetragenen Tatsachen. Registergericht ist das Amtsgericht, in dessen Bezirk die Niederlassung des Kaufmanns liegt. Richterliche Aufgaben nimmt grundsätzlich der Rechtspfleger wahr.

Handelsschaffung
→Zolltheorie, 4.

Handelsspanne
Differenz zwischen Einkaufs- und Verkaufspreis eines Handelsunternehmens. Deckt die Handelskosten sowie den → Gewinn ab. Ist i.d.R. als Prozentsatz des Verkaufspreises ausgedrückt.

Handelsumlenkung
→Zolltheorie, 4.

Handelsvertreter
gemäß § 84 →HGB selbstständiger Gewerbetreibender, der ständig damit betraut ist, für einen anderen Unternehmer nach Vertragsart nicht beschränkte Geschäfte zu vermitteln (Vermittlungsvertreter) od. in dessen Namen abzuschlie-

ßen (Abschlussvertreter). H. ist zwangsläufig →Kaufmann, da sein Geschäft ein Grundhandelsgewerbe (→ Handelsgewerbe) ist.

Handelsvolumen
⇒*Transaktionsvolumen.*

Handlungsgehilfe
kaufmännischer Angestellter, der im → Handelsgewerbe aufgrund eines Arbeitsvertrages kaufmännische Dienste gegen Entgelt leistet (z.B. Buchhalter, Verkäufer).

Handlungsrechte
⇒property rights
⇒Verfügungsrechte
durch Gesetz, Gewohnheit, Sitte, Moral und Macht begründete Rechte von → Wirtschaftssubjekten aufgrund des Eigentums an einer Sache od. an einem Rechtstitel (z.B. Lizenz), anderen Wirtschaftssubjekten →external diseconomies zuzumuten od. sie von →external economies auszuschließen. S. auch → Duldungspflichten, →Theorie der property rights.

Handlungsvollmacht
Sonderform der Stellvertretung in einem Betrieb des →Handelsgewerbes, die nicht ins →Handelsregister eingetragen wird. Ihr Umfang kann beliebig bestimmt werden. I.d.R. erstreckt sie sich nur auf Rechtsgeschäfte und Rechtshandlungen, die ein Betrieb betreffender Art od. die Vornahme derartiger Geschäfte für gewöhnlich mit sich bringen.

Handwerkskammer
→Gewerbepolitik, 4.

Handwerkspolitik
1. bundeseinheitliche Vorschriften zur Organisation und Ausübung des Handwerks (z.B. Handwerksordnung von 1965).

2. Selbstverwaltung (Handwerkskammern, Innungsverbände) und Interessenvertretung des Handwerks gegenüber Öffentlichkeit, Behörden und gesetzgebenden Einrichtungen.

3. →Gewerbepolitik.

Hardware
→automatisierte Datenverarbeitung.

harmonisches Mittel
für nur positive od. nur negative Beobachtungswerte ist das h.:

$$\bar{x}_h = \frac{n}{\sum\limits_{i=1}^{n} \frac{1}{x_i}}.$$

Harrod-Modell
von R. F. Harrod 1939 formuliertes postkeynesianisches Wachstumsmodell (→ Wachstumstheorie) zur Dynamisierung des kurzfristigen, statischen Modells von Keynes (→Keynessche Theorie). Harrod argumentiert mit dem →Akzelerator (σ) als Investitionsfunktion (→Investitionstheorie), die als Verhaltensgleichung aufzufassen ist:

(1) $I_t = \sigma \Delta Y_t^D$,

worin I Nettoinvestitionen, Y^D → gesamtwirtschaftliche Güternachfrage darstellen, und der keynesianischen → Sparfunktion:
(2) $S = s \cdot Y$.
Wird (1) und (2) wg. der Gleichgewichtsbedingung (→Gleichgewicht, 3.):
(3) $S = I$
gleichgesetzt und zuvor beachtet:

(4) $\sigma = \dfrac{I}{\Delta Y^D} = \dfrac{\Delta K}{\Delta Y^D} = \beta'^{\,K}$,

worin K →Kapitalbestand, $\beta'^{\,K}$ marginaler Kapitalkoeffizient ist, der dem →Kapitalkoeffizient β^K gleich sei, ergibt sich als Lösung für die im Gleichgewicht durch Investitionen wachsende Volkswirtschaft:

(5) $\dfrac{\Delta Y^D}{Y} = \dfrac{s}{\beta^K}$

od. unter Verwendung der Eulerschen Zahl ($\dot{e}$) bei stetigem Wachstum:

(6) $Y_t = Y_0 \cdot \dot{e}^{\frac{1}{\beta^K} \cdot s \cdot t}$.

Die Lösung ist formal identisch zu der des Domar-Modells. S. →Domar-Harrod-Modell.

Harrod-neutraler technischer Fortschritt
⇒ arbeitssparender technischer Fortschritt
→technischer Fortschritt.

Harrod-Paradoxon
in der →Wachstumstheorie von R. F. Harrod geschilderter Prozess einer →Depression, verbunden mit der paradoxen Situation, dass nicht ausgelastete →Kapazitäten das Ergebnis zu geringer →Investition bzw. als Umkehrung, fehlende Kapazitäten durch eine zu rege Investitionstätigkeit hervorgerufen sind. Der Sachverhalt ist wie folgt zu erklären: Ist die tatsächliche Wachstumsrate (→ Wachstumsrate) des → Volkseinkommens (g_y^t) geringer als die befriedigende (→Wachstumsrate) (g_y^b), also $g_y^t < g_y^b$, so ist impliziert: $S^P > I^P$, d.h. das geplante Sparen ist größer als die geplanten Investitionen, was wiederum eine geringere → gesamtwirtschaftliche Güternachfrage (Y^D) als vorhandene Produktionskapazitäten (O_K) bedeutet: $Y^D < O_K$. Diese Situation anders ausgedrückt: es besteht eine →deflatorische Lücke. Gesamtwirtschaftlich wäre diese durch zunehmende Investitionen zu schließen. Einzelwirtschaftlich werden die Unternehmen (→ Betrieb, I.) aber ihre Investitionen drosseln, so dass ein kumulativer Kontraktionsprozess beginnt. Das H. gilt nicht nur für den geschilderten Prozess, sondern ist für jeden Konjunkturzyklus (→Konjunkturtheorie, 2.) typisch. Es ist grundsätzlich das Ergebnis des „knife edge-Wachstums" (→Domar-Modell).

Harzburger Modell
von R. Höhn entwickeltes und 1966 vorgestelltes Führungsmodell für Mitarbeiter (→Führung). Hat sich in der Praxis durchgesetzt. Verantwortung wird delegiert, Mitarbeitern werden festumgrenzte Aufgabenbereiche, verbunden mit Kompetenzen und Zielsetzung, übertragen. Initiative und Mitdenken der Mitarbeiter sollen damit dem Unternehmen (→ Betrieb, I., 2.) nutzbar gemacht werden. H. erfordert kooperativen →Führungsstil der Vorgesetzten.

Hauptversammlung
→Aktiengesellschaft.

Haushalt
1. privater H. ⇒ Konsument ⇒ Verbrauchseinheit ⇒Wirtschaftssubjekt. Neben dem privaten Unternehmen (→ Betrieb, I.) und öffentlichen Haushalten (→s. unten, 3.) Oberbegriff für eine aus einer Einzelperson od. Personengemeinschaft bestehende Entscheidungseinheit, die Planungs- und Wahldispositionen trifft. Hierfür wird in der Volkswirtschaftslehre (→Wirtschaft) grundsätzlich formale Rationalität (→Rational-verhalten) postuliert, da die verfügbaren Mittel des H. (→Einkommen, →Vermögen und →Kredit) begrenzt sind.
Funktional ist der H. dadurch gekennzeichnet, dass er a) Anbieter von Faktorleistungen (→ Produktionsfaktoren) ist, um Einkommen in Form von Erwerbs- und Vermögenseinkommen (→Einkommen) zu erzielen; b) Einkommen als Nachfrager nach →Gütern zum Zweck der unmittelbaren od. erst nach einer Haushaltsproduktion (s. → abgeleitete Nachfrage, 3.) möglichen Bedürfnisbefriedigung (→Bedürfnis) verwendet sowie zur →Vermögensbildung (→Sparen). Seine Anbieterentscheidung wird in der → Faktorangebotstheorie mit dem Ziel maximaler Einkommenserzielung bei gegebener Faktorausstattung, Faktorpreisen und →Präferenzstruktur analysiert (→ Haushaltsgleichgewicht). Die produktive Tätigkeit der Hausfrau bzw. Familie wird in der →Volkswirtschaftlichen Gesamtrechnung nicht erfasst, demgegenüber aber produzierte Dienstleistungen (→ Güter) von Reinemachfrauen, Butler od. ähnlichen Erwerbstätigen im Produktionskonto des H. (→Volkswirtschaftliche Gesamtrechnung). Dienstleistungen der freiberuflichen Haushalte (Ärzte, Rechtsanwälte u.a.) werden dem Transaktor Unternehmen zugeordnet.
Die Nachfrageentscheidung des privaten H. wird in der →Nachfragetheorie des Haushalts mit dem Ziel der Nutzenmaximierung für die →Einkommensverwendung bei gegebenen Einkommen, Güterpreisen und Präferenzen des näheren analysiert.
In der →Makroökonomik und der Volks-wirtschaftlichen Gesamtrechnung werden die privaten H. als Transaktor H. zusammengefasst, wozu auch →private Organisationen ohne Erwerbscharakter zählen.

2. im → Gesamtwirtschaftlichen Rechnungswesen die Mitglieder und Bewohner öffentlicher und privater Einrichtungen mit sozialer, wirtschaftlicher od. religiöser Zweckbestimmung wie Alten- und Kinderheime, Klöster, Kasernen u.a. (Anstalten).

3. öffentlicher H.: hier ist zu unterscheiden in a) Gebietskörperschaften einschließlich der Sozialversicherungshaushalte wie Renten-, gesetzlichen Kranken-, Unfall- und Arbeitslosenversicherung; b) →Budget, 2.

Haushaltsausgleich
⇒Budgetausgleich.

Haushaltsgerade
⇒Bilanzgerade

Haushaltsgleichgewicht
⇒Haushaltsoptimum
⇒optimaler Haushaltsplan
Situation, in der der private Haushalt (→ Haushalt, 1.)
1. sein →Einkommen bei gegebenen Güterpreisen und gegebener →Präferenzstruktur nutzenmaximal auf Güteralternativen (→Güter) aufteilt. S. Grenznutzenanalyse, → Nachfragetheorie des Haushalts;
2. seine gegebene Faktorausstattung bei gegebenen Faktorpreisen und Präferenzstruktur als Faktorenangebot so aufteilt, dass sein Einkommen maximiert wird. S. →Faktorangebotstheorie des Haushalts.
S. auch →Gleichgewicht.

Haushaltsgrundsätze
⇒Haushaltsprinzipien.

Haushaltsoptimum
⇒optimaler Haushaltsplan.

Haushaltsordnung
Regelung des Verfahrens zur Aufstellung des Entwurfs des öffentlichen Haushalts), seiner parlamentarischen Beratung und Verabschiedung, Vollzugs,

Rechnungslegung sowie Kontrolle. Konkretisierung ist im →Haushaltsgrundsätzegesetz erfolgt.

Haushaltsplan

⇒Haushalt
⇒öffentlicher Haushalt
die vom Parlament durch Haushaltsgesetz festgestellte, systematisch gegliederte Zusammenstellung zu erwartender →Einnahmen und voraussichtlich zu leistender →Ausgaben einschließlich erforderlicher → Verpflichtungsermächtigungen zur Festlegung und Deckung des → Finanzbedarfs. Ist Grundlage der Haushalts- und Wirtschaftsführung des Bundes bzw. der → Gebietskörperschaften.

Haushaltsgrundsätzegesetz

im Zuge der bundesdeutschen Haushaltsreform erstelltes Gesetz vom 19.08.1969, das sich aus dem im GG bestimmten Gestaltungsspielraum für die → Finanzpolitik der Bundesrepublik ergibt und allgemeine Vorschriften zum → Haushaltsplan des Bundes wie der Länder, über seine Aufstellung und Ausführung, Zahlung, Buchführung und Rechnungslegung sowie über die →Finanzplanung und der → Finanzplanungsrat enthält. H. macht Ausführungen zu den → Haushaltsprinzipien u.zw. dem der Vollständigkeit: Erfassung aller zu erwartenden Einnahmen und Ausgaben sowie voraussichtlich benötigten → Verpflichtungsermächtigungen in voller Höhe und unsaldiert im →Budget; dem der Einheit: Ausweisung aller Einnahmen und Ausgaben in einem Plan, um die Übersichtlichkeit der Haushaltsgebarung zu erhöhen; dem der → Non-Affektation; dem der Spezialität: Mittelverausgabung nur für den nach Höhe und Zeit im Haushaltsplan ausgewiesenen Zweck; dem des Ausgleichs: umstrittener und heute faktisch bedeutungsloser Haushaltsgrundsatz etwa derart, dass veranschlagte Einnahmen beschaffbar sein und in ihrer Höhe den Ausgaben entsprechen müssen (→Kredite, zählen auch zu regulären Einnahmen); dem der Jährlichkeit: Geltungsdauer des Budgets von einem Jahr; dem der Sparsamkeit und Wirtschaftlichkeit:

möglichst geringe Ausgaben im Verhältnis zu den Einnahmen und Mittelverausgabung mit möglichst großem Nutzen.

Haushaltsprinzipien

⇒Budgetgrundsätze
⇒Haushaltsgrundsätze
die für einen →Haushaltsplan geltenden Prinzipien, um sicher zu stellen, dass das in ihm formulierte politische und ökonomische Programm möglichst rational erfüllt werden kann. H. sind das Ergebnis praktischer Erfahrungen, z.T. finanzwirtschaftliche Verwaltungsmaximen, zuweilen verfassungsrechtlich verankert, aber auch Kontroll- und Sicherungsinstrumente. Sie lauten: Haushaltswahrheit, -klarheit, -genauigkeit, -ausgleich (→ Budgetausgleich), Öffentlichkeit, Jährlichkeit, Vorherigkeit, Vollständigkeit, Verbot der Zweckbindung (→Non-Affektationsprinzip), Einheit des →Budgets, Spezialität der Haushaltsansätze, Sparsamkeit und Wirtschaftlichkeit.

Die in der Bundesrepublik geltenden H. sind im → Haushaltsgrundsätzegesetz enthalten und in der →Bundeshaushaltsordnung näher angeführt.

Haushaltsproduktion

⇒Selbstversorgung
ist die Erstellung von → Gütern einschließlich Dienstleistungen durch Mitglieder der privaten Haushalte (→ Haushalt, 1.) zur Deckung eigener Bedürfnisse (Selbstversorgung) wie Hausarbeit, Kinderbetreuung, Do it yourself-Tätigkeiten, unbezahlte Nachbarschaftshilfe, ehrenamtliche Tätigkeit in Vereinen u.a. Da diese H. unbezahlt ist, fehlt ihr die Bewertung durch den →Markt. Sie ist deshalb nicht im →Sozialprodukt erfasst. In der →Volkswirtschaftlichen Gesamtrechnung und damit im Sozialprodukt sind nur solche Leistungen des Haushalts enthalten, die direkt od. indirekt über den Markt erfolgen, z.B. das Angebot an Faktorleistungen (→Produktionsfaktoren, → Faktorangebot des Haushalts) od. bezahlte Hausarbeit. Schätzungen veranschlagen die H. auf 25% bis 65% des Sozialprodukts. Wg. großer Unterschiede der H. zwischen den Volkswirtschaften (→Wirtschaft) ist die Aussagekraft internationaler Sozial-

produktvergleiche eingeschränkt. Für eine Information zum Wohlfahrtsniveau (→ Wohlfahrtsökonomik) einer Volkswirtschaft ist ihre Erfassung und Messung erforderlich. Versuche, die H. in der volkswirtschaftlichen Gesamtrechnung durch Schätzung zu erfassen, sind wg. der Größe des Schätzfehlers gescheitert. Als Ausweg werden Satellitensysteme entwickelt: ergänzende Statistiken zur traditionellen Volkswirtschaftlichen Gesamtrechnung, die inputorientiert, z.b. über die Arbeitszeit, od. outputorientiert, z.b. für Gartenarbeit, sind und für Haushaltsleistungen Bewertungen zu entsprechenden Marktpreisen versuchen.

In der →Mikroökonomik wird die H. durch eine →Produktionsfunktion des Haushaltes berücksichtigt. Diese führt zur abgeleiteten Nachfrage (hier: 3.).

Haushaltssperre
das Recht der für die Finanzen zuständigen Minister im Bund od. Fachvertreter auf einer anderen Ebene des öffentlichen Sektors, →Ausgaben ab einer bestimmten Höhe von ihrer Einwilligung abhängig zu machen. H. bezüglich des Bundes ist im →Haushaltsgrundsätzegesetz wie in der →Bundeshaushaltsordnung geregelt. H. ist eine haushaltspolitische Notbremse, wenn die →Einnahmen den Ansätzen zurückbleiben und die Ausgaben, z.B. wg. wachsender →Arbeitslosigkeit, höher als geplant anfallen. H. sind keine Lösung, um eine Verringerung einer aufgeblähten →Staatsquote zu erreichen. Erfolgen die Kürzungen bei den → Investitionen, wird eine notleidende → Konjunktur zusätzlich gedrosselt und ein Sparen bei den Personal-ausgaben bringt dem ungleichgewichtigen → Arbeitsmarkt mit einer hohen →Arbeitslosigkeit kurzfristig weitere Probleme.

Haushaltstheorie
Teilgebiet der →Mikroökonomik in der Volkswirtschaftslehre (→Wirtschaftswissenschaft), die die Nachfrage des privaten Haushalts (→Haushalt, 1.) nach → Gütern unter dem Gesichtspunkt optimaler →Einkommensverwendung analysiert. Ergebnis der nutzenmaximierenden Entscheidungen des Haushalts ist die →Güternachfrage. Drei wesentliche

Ansätze lassen sich in der H. neben neueren Modifizierungen, wie z.B. →Konzept relevanter Gütereigenschaften, unterscheiden: →Grenznutzenanalyse, → Indifferenzkurvenanalyse.
I.w.S. ist zur H. neben der Haushaltsentscheidung über die Verwendung des → Einkommens auch die Disposition über das Angebot an Faktorleistungen (→Faktorangebot des Haushalts) zur Einkommenserzielung zu rechnen.

Hausse
i.Ggs. zur → Baisse anhaltende starke Kurssteigerung (→Kurs) an der →Börse.

Hawthorne-Effekt
von G. E. Mayo, F. J. Roethlisberger und W. Y. Dickson von der Harvard-Universität ab 1923 durch Untersuchungen in den Hawthorne-Werken der General Electric Company in Chicago, Illinois, entdecktes Phänomen der Betriebspsychologie, dass weniger physisch und technisch objektiv geänderte Arbeitsbedingungen, sondern psychische und soziale Gegebenheiten zu höherer → Arbeitsproduktivität führen. Die Hawthorne-Studie wurde zum Ausgangspunkt der internationalen Human Relation-Bewegung.

Hebesatz
Vomhundertsatz, den die Gemeinden für die Erhebung der → Gewerbe- und → Grundsteuer jährlich festsetzen. Die wirtschaftliche Leistungsfähigkeit der Steuerpflichtigen ist dabei zu beachten. Wird auf den →Steuermessbetrag gelegt und ergibt die Steuerschuld.

Heckscher-Ohlin-Theorem
⇒Faktorpreisausgleichs-Theorem

Hedging
Verfahren zur vollständigen od. teilweisen Minderung eines Risikos durch Aufbau einer Gegenposition in derselben Geschäftsart, z.B. im Devisenhandel (→ Devisen) zur Vermeidung von Währungsumrechnungs- und Währungstransaktionsrisiken; s. →Devisenoption. Da →Wirtschaftssubjekte i.d.R. eine optimale Kombination von Risiko und Risikoaversion für viele gewinnträchtige →

Transaktionen suchen, sind diese Geschäfte sowohl von →Spekulation wie auch von H. geprägt. Ein diesbezüglich optimales Anlageverhalten analysiert die →Portfolio-Selection.

Henry George-Theorem

der von J. E. Stiglitz (1977) und R. J. Arnott (1979) so bezeichnete Zusammenhang, der zwischen Landrenten und → Ausgaben für lokale öffentliche Güter (→ Gut) besteht, auf den H. George bereits 1879 hinwies. George führte niedrige Löhne und → Arbeitslosigkeit auf die künstliche Knappheit von →Boden und auf die Beschränkungen des freien Handels zurück. So könnten nach seiner Auffassung durch die alleinige →Steuer auf Landrenten alle erforderlichen öffentlichen Ausgaben bestritten werden. Stiglitz und Arnott wiesen nach, dass ein optimales lokales Steuersystem aus der von George geforderten Alleinsteuer auf Landrenten bestehen kann, weil diese Besteuerung nur → Einkommenseffekte, aber keine →Substitutionseffekte hervorruft.

Hermes-Deckungen

häufig verwendete, aber nicht zutreffende Bezeichnung für →Bundesdeckungen zu Ausfuhrgeschäften inländischer Unternehmen, die über das →Konsortium der federführenden Hermes Kreditversicherungs AG und der Treuarbeit AG abgewickelt werden. Dieses gewährt H. im Namen und für Rechnung der Bundesrepublik. 1994 wurde die Einheitsprämie durch ein nach fünf Länderrisiken differenziertes Entgelt abgelöst. Daneben wird die Kreditlaufzeit berücksichtigt. Die Abdeckung von Risiken durch H. wird vom Bund finanziert.

Herstellungskosten

⇒Herstellkosten
→ Aufwendungen eines Unternehmens (→Betrieb, I., 2.) zur Anfertigung eines selbst erstellten Vermögensobjektes sind in § 255 (2) und (3) →HGB sowie im § 33 (1) EStG definiert. H. sind am pagatorischen Kostenbegriff (→Kosten) ausgerichtet. Dienen als → Bemessungsgrundlage für die Bewertung von →Abschreibungen, wenn der Vermögensge-

genstand aktiviert wurde. → Kalkulatorische Zusatzkosten dürfen nicht berücksichtigt werden, auch eine Ansetzung von →Wiederbeschaffungswerten ist nicht erlaubt. Innerhalb wie zwischen Handels- und Steuerrecht gelten unterschiedliche Wertgrenzen. Beide rechtlichen Auslassungen kennen einbeziehungspflichtige (z.b. Materialeinzelkosten im Handels- und Steuerrecht), einbeziehungsfähige (z.b. Fertigungsgemeinkosten (→ Gemeinkosten nur im Handelsrecht)) sowie verbotene (z.b. Vertriebsgemeinkosten in beiden Rechten) H.-bestandteile.

Hierarchieprinzip

Organisations- und Managementtheorie, die im Ggs. zu der auf einer Hierarchie aufbauenden Unternehmensorganisation die unternehmensweite Orientierung am evolutionären H. fordert, um den Problemen der hierarchiebetonten Unternehmensorganisation - Schwerfälligkeit, mangelhafte →Effizienz, Situationsangepasstheit - zu begegnen. Durch Entkoppelung bisheriger hierarchisch verbundener Leistungseinheiten und stattdessen Schaffung von Spielräumen für situationsgerechte, selbstorganisierende Abstimmungsprozesse kommen auch die individuell vorhandenen Problemlösungspotentiale zur Geltung. Ein Beispiel für H. sind →Profit Centers.

heterogenes Gut

→Gut.

heterogenes Oligopol

→Oligopol.

heterogenes Polypol

→Polypol.

heuristische Lösungsverfahren

Verfahren zur Lösung komplexer Probleme od. Entscheidungsaufgaben. Werden vor allem für solche Optimierungsprobleme angewandt, bei denen exakte Lösungen mit vertretbarem Rechenauf-wand nicht möglich sind, so z.B. bei Aufgaben der →Planung für Alternativen. Kreativitätstechniken, z.B. → Brainstorming, sind intuitive h., Funktionsanalysen und mathematische Suchverfahren sind nichtintuitive h.

HGB
Abk. für: Handelsgesetzbuch
enthält das →Handelsrecht als Sonderrecht des →Kaufmanns. H. geht vom Begriff des Kaufmanns aus und gilt für alle
→Handelsgeschäfte. Ist am 10.5.1897 mit
Geltung vom 1.1.1900 erlassen worden.
Ist später durch das Aktiengesetz (→Ak-
tienrecht) sowie →Bilanzrichtlinien-Ge-
setz geändert worden.

Hicks-Hansen-Diagramm
→IS-Kurve, →LM-Kurve.

Hicksneutraler technischer Fortschritt
→technischer Fortschritt.

hidden action
→Agency-Theorie.

hidden economy
⇒Parallelwirtschaft
⇒*Schattenwirtschaft*
⇒Untergrundwirtschaft.

hidden information
→Agency-Theorie.

Hifo-Verfahren
Variante der →Sammelbewertung, bei
der unterstellt wird, dass die am teuersten eingekauften Gegenstände des Vor-
ratsvermögens zuerst verbraucht werden
(*highest in - first out*). H. ist handelsrechtlich zulässig, steuerrechtlich nur bei einer
tatsächlich entsprechenden Verbrauchsfolge. Bei Anwendung des H. sind die Bestände mit den niedrigsten Einkaufs-
preisen der Rechnungsperiode zu bewerten. Andere Verbrauchsfolgeverfahren
sind →Fifo-Verfahren und →Lifo-Verfah-
ren.

high-powered money
⇒*Geldbasis*

High-Tech Banking
→*Electronic Banking*.

Hilfslöhne
gegenüber den →Fertigungslöhnen
Lohnkosten für Arbeiten, die nur mittelbar mit den Aufträgen bzw. →Kostenträ-

gern in Zusammenhang stehen. H. sind →
Gemeinkosten in der Kostenrechnung.

Hilfsstoffe
gegenüber →Grundstoffen nicht hauptsächliche, sondern nur mittelbar in das
Produkt eingehende Werkstoffe.

Historische Schule
entstand etwa 1850 als Reaktion auf die →
Klassische Theorie, die angeblich zu rati-
onalistisch, allgemeingültig und ahistorisch war. Anliegen der H. war das
Auffinden von Entwicklungsgesetzen
aufgrund empirischer Studien in Form
von detaillierter Tatsachensammlung,
die statistische Methoden, aber auch Erkenntnisse der Ethnologie, Psychologie,
Rechts-, Religions- und Geschichtswissenschaft einbezog. Im Untersuchungsobjekt waren Institutionen wie auch
ökonomische Verhaltensweisen, die die
H. gesellschaftlich bedingt wertete, sowie soziale Zeitfragen eingeschlossen. Ihre Kritik gegenüber der Klassischen
Theorie schlug oft in Theoriefeindlich-
keit um. Die von ihr geforderte Theoriebildung blieb weitgehend Programm.
Begründer waren B. Hildebrand, W. Roscher, K. Knies; Hauptvertreter G.
Schmoller, K. Bücher, G. F. Knapp, M.
Weber und A. Spiethoff. Ihr Verdienst
liegt in einer nachhaltigen Prägung vor
allem der deutschen Nationalökonomie, empirische Forschung zur Theoriebildung zu beachten.

Höchstpreis
durch staatliche Vorschrift gesetzte
Preisobergrenze für einzelne →Güter, um
Nachfrager unterer Einkommens-
schichten mit dem betreffenden Gut zu
versorgen, od. für alle Güter (Preis- od.
Lohnstopp) zur Inflationsbekämpfung (→
Inflationstheorie). Da H. unter dem →
Gleichgewichtspreis des →Marktes liegt,
fehlt die Anreizfunktion des Preismechanismus (→ Preisfunktion, → (Produkt-)
Preisbildung) zur Beseitigung des Ange-
botsdefizites; ein schwarzer Markt entsteht, und staatliche Zuteilung wird
erforderlich. H. führt zu ineffizienter →
Allokation der Ressourcen. In der Bundesrepublik bestehen H. nur noch bei öffentlichen Aufträgen und für verschie-

dene Verkehrstarife.

Höchstwertprinzip
nach § 253 (1) und (4) →HGB für Nicht-Kapitalgesellschaften geltendes Bewertungsprinzip, wonach die → Anschaffungs- od. → Herstellungskosten wie auch die aufgrund des →Niederstwertprinzips anzusetzenden Zeitwerte lediglich Wertobergrenzen sind, die dann unterschritten werden dürfen, wenn ein niedrigerer Wertansatz im Rahmen einer vernünftigen kaufmännischen Beurteilung zulässig ist. Anders verhält es sich bei →Kapitalgesellschaften, s. →Fixwertprinzip.

Höchstzahlverfahren
⇒*d'Hondtsches Verfahren*.

Holding(gesellschaft)
⇒Dachgesellschaft
Obergesellschaft ohne eigene Rechtsform, die selbst keine →Güter produziert und vertreibt, sondern nur auf Dauer angelegte Beteiligungen (→Beteiligung, 1.) an anderen Gesellschaften (Tochtergesellschaften) hält, verwaltet und mit ihnen diese kontrolliert. Angesichts weltweiter Entwicklungen (Vollendung des Binnenmarktes der →EU, Transformation zu →Marktwirtschaften in Osteuropa, verstärkte Wirtschaftsblockbildung (EU, →NAFTA usw.)) und zunehmender Komplexität auf → Märkten und in Rechtssystemen bietet die H. ein besonders geeignetes Führungsinstrumentarium.

Home Banking
→Electronic Banking.

homogene Produktionsfunktion
→Produktionsfunktion.

homogenes Gut
⇒indifferentes Gut
→Gut.

homogenes Oligopol
→Oligopol.

homogenes Polypol
→Polypol.

Homogenitätsgrad
→Homogenitätskriterium.

Homogenitätskriterium
Eigenschaft einer Funktion, z.B. der → Nachfragefunktion privater Haushalte (→ Haushalt, 1.) nach Gütern, solcher Art, dass eine λ-fache Vervielfachung der Güterpreise (p_i) und des Nominaleinkommens (y^n) zu einer λ^r-fachen Änderung der mengenmäßigen Güternach-frage (q^d) führt, so dass das H. zu formulieren ist: $\lambda^r \cdot q^d = f(\lambda p_i, \lambda y^n)$,

wobei r der Homogenitätsgrad ist. Gilt r = 0, wäre die Nachfrage homogen vom Grade 0 bezüglich der Preise und des Einkommens. Man sagt auch: die Nachfrager sind →frei von Geldillusion. In der mikro- und makroökonomischen Theorie werden →Produktionsfunktionen mit Hilfe des H. in homogene und inhomogene, erstere des Weiteren in linear homogene, überlinear homogene und unterlinear homogene unterschieden.

homo oeconomicus
auf J. St. Mill zurückgehende idealtypische Annahme in der →Wirtschaftswissenschaft für ein handelndes → Wirtschaftssubjekt, u.zw. derart, dass seine ökonomischen Verhaltensweisen das Rationalprinzip (→ Rationalverhalten) erfüllen, indem es unter gegebenen Bedingungen höchsten →Nutzen (privater Haushalt (→Haushalt, 1.)) od. höchsten →Gewinn (privates Unternehmen (→ Betrieb, I.)) anstrebt. Für die Ableitung empirisch gehaltvoller Theorien ist diese Einseitigkeit nicht hinderlich, da nur die aus dieser →Prämisse des h. abgeleiteten Aussagen durch ökonomische Fakten nicht widerlegt werden dürfen (→Falsifikation).

homothetische Produktionsfunktion
→Produktionsfunktion.

horizontale Marktspaltung
⇒*deglomerative Marktspaltung*.

horizontaler Finanzausgleich
→Finanzausgleich.

horizontale Wettbewerbsbeschränkung
neben →vertikaler und →konglomerater Wettbewerbsbeschränkung jene, deren Wirkung sich auf gleichen →Märkten äußert. h. findet sich im →Gesetz gegen Wettbewerbsbeschränkungen an verschiedenen Stellen, so in Form der →Kartelle, als →aufeinander abgestimmtes Verhalten, als →Freistellungsmissbrauch und als → Markt-beherrschungsmissbrauch.

Horizontal Organization
Unternehmenspolitik, die konsequente Kundenorientierung als oberstes Unternehmensziel verfolgt, sich an Kernprozessen orientiert an Stelle der Funktionsorientierung und statt mit Abteilungen in Teams arbeitet. Durch Prozessorientierung und Teamarbeit werden bisherige Hierarchieebenen überflüssig. H. bewirkt bedeutende Ergebnisverbesserung.

Horten
in der Volkswirtschaftslehre (→ Wirtschaftswissenschaft) das (übermäßige) Ansammeln von → Geld in privaten Haushalten (→Haushalt, 1.) od. Unternehmen (→Betrieb, I.), das weder für zukünftig absehbare →Ausgaben noch für Zwecke der Vermögensanlage gehalten wird. Folge von H. ist abnehmende Umlaufgeschwindigkeit des Geldes. Gehortetes Geld ist damit der Zirkulation im → Geldkreislauf entzogen. Ist vom →Sparen zu unterscheiden, bei dem →Einkommen nicht für →Konsum, sondern zur Vermögensbildung verwendet wird. Sparen wie H. bedeuten aber Ausfall von Nachfrage und sind Ursache für abnehmende →Beschäftigung.

Hotelling-Regel
zentrale Regel in der Ökonomik erschöpflicher Ressourcen derart, dass auf einem gleichgewichtigen Zeitpfad der effiziente Abbau eines gegebenen Ressourcenbestandes dann erfolgt, wenn der Grenzgewinn mit einer dem →Zinssatz gleichen Rate wächst und letzterer der → Wachstumsrate des Ressourcenpreises gleich ist. Argumente der Kritiker an der H. sind, dass das Verhalten der Ressourcenanbieter nicht nur am Zinssatz orientiert ist, sondern auch an einer Vielzahl

politischer und sozio-kultureller sowie irrationaler Haltungen, ferner wird die Zukunft innerhalb des Optimierungskalküls gering geschätzt.

human capital
⇒*Arbeitskapital*
⇒Arbeitsvermögen
⇒Humankapital.

Humankapital
⇒*Arbeitskapital*
⇒Arbeitsvermögen
⇒human capital

Human-Relation-Ansatz
aufgrund der Hawthorne-Studie (→Hawthorne-Effekt) Prinzip der Gestaltung der Arbeitsbeziehungen zwischen den → Arbeitnehmern, welches den Menschen als sozial motiviertes Gruppenwesen in den Vordergrund der Betrachtung stellt und die These vertritt, dass ein Höchstmaß an Befriedigung sozialer Bedürfnisse der Mitarbeiter zu optimaler Arbeitszufriedenheit und somit auch zu optimaler Arbeitsleistung führt. Wird ab Mitte der 50er Jahre jedoch wg. seiner Einseitigkeit als überholt angesehen, so z.B. wg. des unbewiesenen Zusammenhanges zwischen der Arbeitszufriedenheit und der Leistungsbereitschaft.

Hump-Shape-Hypothese
gem. Figur der Zusammenhang zwischen Reallöhnen (l_L^r) und zunehmender Zentralisation der Lohnverhandlung (Z). Bei monopolistischer Lohnsetzung wird der aufsteigende Ast durch den Monopolisierungseffekt steigender Lohnforderungen der Gewerkschaften und der fallende Ast durch den Internalisierungseffekt steigender Verbraucherpreise geprägt. Für eine zutreffende Erklärung des empirischen Zusammenhangs gemäß der H. ist die Implementierung weiterer Aspekte erforderlich, so z.B. ob es sich um eine offene od. →geschlossene Volkswirtschaft handelt od. auch die jeweilige nationale Art von Lohnverhandlungen, so z.B. wenn eine korporative Entscheidungsfindung dominant ist.

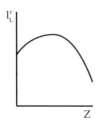

Z

HWWA-Institut für Wirtschaftsforschung

Abk.: für frühere Benennung: Hamburgisches Welt-Wirtschafts-Archiv eines der fünf größten deutschen Forschungsinstitute mit Sitz in Hamburg. 1908 gegründet. Sieht seine hauptsächliche Aufgabe in der Entscheidungshilfe für Wirtschaft und Politik durch empirisch-wissenschaftliche Analysen. Beschäftigt sich vornehmlich mit ökonomischen Problemen der Weltwirtschaft sowie der internationalen Beziehungen der Bundesrepublik, ihrer konjunkturellen und strukturellen Entwicklung. Verfügt über eine bedeutende Fachbiblio-thek und publiziert mehrere periodische Veröffentlichungsreihen.

Hypothek

Belastung eines Grundstücks od. Miteigentumsanteils derart, dass einem Berechtigten wg. einer ihm zustehenden → Forderung aus dem Grundstück ein bestimmter Betrag zu zahlen ist. Solange die Forderung besteht, haftet der Grundstückseigentümer mit dem Wert seines Grundstücks.

Hypothekenbanken

→Kreditinstitute in der Rechtsform der → Aktiengesellschaft od. Kommanditgesellschaft auf Aktien, die Grundstücke gegen Bestellung einer →Hypothek beleihen und →Schuldverschreibungen ausgeben. Durch das Gesetz über die H. von 1988 wurde der Rahmen für nachstellige Beleihungen, die über 60% des Beleihungswertes hinausgehen, auf 15% des Gesamtbetrages hypothekarischer Beleihungen und die Umlaufgrenze für die Ausgabe von →Pfandbriefen und Schuld-

verschreibungen auf das Sechzigfache des →Haftungskapitals festgelegt sowie der speziell für H. geltende →Eigenkapital-Begriff durch den des →KWG abgelöst.

Hypothekenmarkt

→Kapitalmarkt, →Hypothek.

Hypothese

I. notwendiges Element bei der Bildung von →Theorien durch →Modelle in der Form einer generellen Aussage mit dem Anspruch, wahr zu sein. Eine H. kann verbal, graphisch, als Gleichung od. Ungleichung formuliert werden. Um H. als wissenschaftliche Aussagen zu akzeptieren, müssen sie nach dem Verständnis des Kritischen Rationalismus einer →Falsifizierung unterzogen werden. Es wird unterschieden: *Verhaltens*-H., deren Inhalt Verhaltensweisen von →Wirtschaftssubjekten sind, z.B. die → Nachfragefunktion der →Haushalte od. Konsumfunktion (→ Konsumtheorie, → Keynessche Theorie); *technische* H., die technisch-physikalische Zusammenhänge beschreiben, so z.B. die →Produktionsfunktionen; *synthetisch-nomologische* H., die Aussagen über invariante Beziehungen machen; *stochastische* H., die gegenseitig ausschließende Folgesituationen aus einer Ausgangssituation formulieren, wobei ungewiss ist, welche dieser Situationen eintritt; *deterministische* H., die sowohl die Ausgangssituation wie auch die das Eintreten der Folgesituationen steuernden →Variablen beliebig genau erfassen.

II. in der →Statistik allg. Annahme (Behauptung) über die unbekannte →Verteilung eines od. mehrerer → Merkmale. Werden durch eine statistische H. nur die numerischen Werte unbekannter →Parameter festgelegt, so bezeichnet man diese als Parameter-H. Im Folgenden wird von einer Verteilungsfunktion ausgegangen, bei der nur ein Parameter π unbekannt sei. Die zu prüfende H. wird als Null-H. H_0 bezeichnet. Die Menge aller in einer bestimmten Situation möglichen Werte des Parameters heißt Menge der zulässigen H. π. Oft wird einer Null-H. H_0:

$\pi \in \pi_0$ eine Alternativ-H. $H_1 : \pi \in \pi_1$ gegenübergestellt. Dabei gilt $\pi_1 \subset \pi$, $\pi_0 \cap \pi_1 = \varnothing$. Ist H_1 die Behauptung, die Null-H. sei nicht richtig, also $\pi_0 \cup \pi_1 = \pi$, so heißt die Alternativ-H. komplementär od. Gegen-H. zur Null-H. S. auch →Testverfahren.

Hysteresis
aus dem Griechischen kommend mit der Bedeutung: bleibend, zurückbleibend. Beschreibt in der Physik die nicht reproduzierbare Entwicklung einer magnetischen Induktion durch Änderung der Feldstärke. H. gibt somit die Zeitpfadabhängigkeit einer Entwicklung an. 1988 übertrugen Cross/Allan diesen Begriff in die → Wirtschaftswissenschaft auf den Sachverhalt, dass das Verhalten eines → Modells nicht allein von den Zufallsvariablen abhängig ist, sondern weithin durch die Entwicklung des Systems in der Vergangenheit bestimmt sein muss. Temporäre Störungen von →exogenen Variablen besitzen danach dauerhaften Einfluss auf die Gleichgewichtswerte eines dynamischen Modells. Für den → Arbeitsmarkt bedeutet H. bezüglich der in den 80er Jahren auf hohem Niveau stagnierenden →Arbeitslosigkeit und weiterhin hohen →Inflationsrate, dass die inflationsstabile Arbeitslosenquote (NAIRU, →Arbeitslosenquote) gestiegen sein muss und diese Zunahme vom Pfad der ökonomischen Entwicklung in der Vergangenheit selbst abhängt. H. in Modellen der →Makroökonomik sagt also aus, nach dem Auftreten von Schocks kehren →Output und →Beschäftigung nicht zu stabilen Gleichgewichtswerten (→ Gleichgewicht) zurück. Konjunkturelle Schwankungen (→Konjunkturtheorie) sind dann nicht mehr als temporäre Abweichungen vom langfristigen Wachstumstrend (→Wachstumstheorie) anzusehen, sondern als dauerhafte Veränderungen des makroökonomischen Gleichgewichts selbst. Existenz von H. auf dem Arbeitsmarkt bedeutet eine natürliche Arbeitslosenquote (→Arbeitslosenquote), die - i.Ggs. zum Modell von Friedman - von geld- und fiskalpolitischen Einflüssen abhängig ist.
Die theoretischen Ansätze zur Erklärung von H. und ihre empirische Prüfung lassen noch keine klaren Schlussfolgerungen zur Relevanz von H. zu. Ihr Stand lässt aber eine Verwerfung der H.-hypothese nicht zu.

IAB
Abk. für: →Institut für Arbeitsmarkt- und Berufsforschung.

IAO
Abk. für: →Internationale Arbeitsorganisation →ILO.

IBF
Abk. für: International Banking Facilities →internationale Bankenfreizone.

Ibis
Abk. für: Inter-Banken-Informations-System
seit 1991 vollelektronisches Handelssystem, das rechtlich zur Frankfurter →Börse gehört und 1989 seinen Betrieb zuerst für den Aktienhandel (→Aktien) aufgenommen hat. Teilnehmer am I. können auch die an der Deutschen Terminbörse (→Börse) angebotenen sowie die im → DAX enthaltenen Werte handeln. I. gilt wg. Begrenzungen in seiner Programmstruktur nur als Einstiegsprojekt, das durch ein weiterentwickeltes Handelssystem abgelöst werden soll.

IBRD
Abk. für: International Bank For Reconstruction and Development →Weltbank.

IDA
Abk. für: →International Development Association.

IDB
Abk. für: Inter-American Development Bank →Interamerikanische Entwicklungsbank.

Identifikation
Problem der →Ökonometrie, inwieweit durch Messen und Beobachtung gefundene empirische Informationen über ökonomische Sachverhalte die Struktur eines spezifizierten →Modells zweifelsfrei bestimmen. Die den empirischen → Daten zuzuordnenden Aussagen sind nicht immer zu identifizieren. So ist z.B. nicht ohne weiteres zu entscheiden, ob Beobachtungswerte, die mit einem Gleichgewichtspunkt auf dem →Gütermarkt vereinbar sind, Kombinationen der →Nachfrage- od. Angebotsfunktion sind. Unter Zuhilfenahme notwendiger und hinreichender Kriterien ist eine I. möglich.

Identifikationsproblem
1. Das I. ist ein Problem empirisch ausgerichteter Wissenschaften, die einen Realitätsausschnitt durch eine mit zunächst unbekannten Parametern in Modellform (→Modell) vorliegende Theorie erklären wollen. Dieser Ausschnitt wird durch eine od. mehrere beobachtbare →Variable repräsentiert, die durch Messfehler bedingt den Charakter von →Zufallsvariablen haben. Dadurch und durch Hinzunahme →latenter Variablen, um Fehler in den Modellgleichungen auszudrücken, wird das Erklärungsmodell zu einem durch eine Verteilung charak-terisierten stochastischen Modell. Unterstellt wird die korrekte →Spezifikation des Modells, die man nach erfolgreicher Lösung des I. und der Parameterschätzung anhand diverser →Tests feststellen kann. Das Modell S enthält alle Strukturen S, die aufgrund von Vorkenntnissen zur Erklärung des Realitätsausschnitts relevant und zulässig sind. Eine Struktur ist eine ganz bestimmte, durch Wertezuweisung für alle Modellparameter festgelegte Ausprägung des Modells. Das Modell ist die Menge seiner Strukturen. Jede Struktur legt eindeutig einen empirischen Sachverhalt fest, der in Form von Variablen beobachtbar ist. Das I. besteht nun darin, festzustellen, ob umgekehrt die Beobachtung des Sachverhalts ausreicht, die sie erzeugende Struktur S innerhalb des Modells zweifelsfrei zu bestimmen (identifizieren ≈ etwas genau wiedererkennen, lt. Duden).

2. Das I. wird häufig nur als Problem simultaner Gleichungssysteme in der → Ökonometrie angesehen; es ist aber allge-

meiner. Seien $\vec{y}$ ein Beobachtungsvektor, der von der gemeinsamen →Dichte $f(\vec{y}\,;$ $\vec{\theta})$ erzeugt sein soll, und $\vec{\theta}$ ein Vektor unbekannter Parameter aus einem Parameterraum Ω

Definition 1: Zwei Strukturen $S' = \vec{\theta}'$ und $S^* = \vec{\theta}^*$ in Ω heißen *beobachtungsäquivalent*, wenn $f(\vec{y};\vec{\theta}') = f(\vec{y};\vec{\theta}^*)$ für alle $\vec{y}$.

Definition 2: Die Struktur $S^0 = \vec{\theta}^0$ in S heißt (global) *identifizierbar*, wenn es keinen anderen Vektor $\vec{\theta} \in \Omega$ gibt, der zu $\vec{\theta}^0$ beobachtungsäquivalent ist.

In den Anwendungen ist man oft nur an einem Teil $\vec{\theta}_1$ von $\vec{\theta}$ interessiert. Man betrachtet dann die Zerlegung $\vec{\theta} = (\vec{\theta}_1, \vec{\theta}_2)$, und der Wert $\vec{\theta}'_1$ heißt identifizierbar, wenn es keine zulässigen Werte $\vec{\theta}_1^*$, $\vec{\theta}'_2$ und $\vec{\theta}_2^*$ mit $\vec{\theta}'_1 \neq \vec{\theta}_1^*$ gibt, für die $f(\vec{y};\vec{\theta}'_1, \vec{\theta}'_2) = f(\vec{y};\vec{\theta}_1^*, \vec{\theta}_2^*)$.

3. Als Beispiel seien die monatlichen Verkaufszahlen zweier Automobiltypen betrachtet, die mit gleicher →Varianz σ^2 normalverteilt sein sollen: $X_1 \sim n(\mu_1;\sigma^2)$, $X_2 \sim n(\mu_2;\sigma^2)$. Beobachtet sind nur die summierten Verkaufszahlen beider Typen: $y_t = x_{1t} + x_{2t}$; $t = 1, \ldots, T$. Unter der Voraussetzung der Unkorreliertheit von X_1 und X_2 und deren Autokorrelationsfreiheit lautet die gemeinsame, die Daten generierende Dichte:

$$f(\vec{y};\mu_1, \mu_2, \sigma^2) = \prod n\, y_t;(\mu_1 + \mu_2,\ 2\sigma^2)\,.$$

Zu jedem Wertepaar (μ'_1, μ'_2), für das μ_1^* und μ_2^* so gewählt werden, dass $\mu'_1 + \mu'_2 = \mu_1^* + \mu_2^*$, ergibt sich $f(\vec{y};\mu'_1,$ $\mu'_2, \sigma^2) = f(\vec{y};\mu_1^*, \mu_2^*, \sigma^2)$, so dass keine Werte von μ_1 und μ_2 identifizierbar sind. Hingegen sind alle Werte von σ^2 identifizierbar. Unterstellt man $\mu_1 = \mu_2$ $=: \mu_Y$ und $\sigma_1^2 \neq \sigma_2^2$, so ist nun μ_Y identifizierbar, aber wegen $\sigma_Y^2 = \sigma_1^2 + \sigma_2^2$ keine der Varianzen. Ist keine funktionale Beziehung zwischen μ_1, μ_2, σ_1^2 und σ_2^2 bekannt, so sind weder die Erwartungswerte noch die Varianzen identifizierbar. In weiterer Abwandlung des Beispiels sei eine Relation zwischen Erwartungswerten und Varianzen, z.B. $\sigma_1^2 = \mu_1$ und $\sigma_2^2 = \mu_2$ unterstellt. Der Erwartungswert der Beobachtungsvariablen Y ist noch immer $\mu_Y = \mu_1 + \mu_2$, und es scheint, als ob μ_1 und μ_2 nicht identifizierbar sind, da es unendlich viele Paare (μ_1^*, μ_2^*) mit $\mu_1^* + \mu_2^* = \mu_1 + \mu_2$ gibt. Da jedoch für die Varianz von Y gilt: $\sigma_Y^2 = \mu_1 + 2\mu_2$, existiert kein von (μ_1^*, μ_2^*) abweichendes Paar, das denselben Erwartungswert μ_Y und dieselbe Varianz σ_Y^2 liefert wie (μ_1, μ_2), so dass μ_1 und μ_2 identifizierbar sind. - Am vorstehenden Beispiel erkennt man, was auch allgemein nachzu-weisen ist, dass Identifizierbarkeit durch Aufstellung von genügend vielen Restriktionen und damit durch Einschränkung des Modells S erreichbar ist. Liegen zu wenig Restriktionen vor. spricht man von *Unter-* od. *Nichtidentifizierbarkeit* und eine Parameterschätzung ist unangebracht. Bei *Überidentifikation* hat man zu viele Restriktionen, und es hängt dann vom jeweiligen Schätzverfahren ab, ob es den Informationsüberschuss durch Reduktion od. geeignete Kombination verarbeitet.

4. Hinsichtlich der Identifizierbarkeit der Parameter des klassischen linearen Regressionsmodells (→Regressionsanalyse) gilt:

Satz 1: Im linearen Modell $\vec{y} = \vec{X}\vec{\beta} + \vec{u}$ mit $E(\vec{u}) = \vec{0}$, $\text{Cov}(\vec{u}) = \sigma^2 \vec{I}$ mit $\vec{I}$ als Einheitsmatrix und $\vec{X}$ als fester Design-matrix sind die Varianz σ^2 stets und die Regressionskoeffizienten $\vec{\beta}$ dann identifizierbar, wenn $\vec{X}$ vollen Rang hat. Der Beweis ist einfach. Die Verteilung der Daten hat $E(\vec{y}) = \vec{X}\vec{\beta}$ und $\text{Cov}(\vec{y}) = \sigma^2 \vec{I}$. Man sieht sofort, dass es keine zwei verschiedenen Werte von σ^2 mit ein und derselben Kovarianzmatrix $\sigma^2 \vec{I}$ für $\vec{y}$ geben kann. Zum Beweis der Identifizierbarkeit von $\vec{\beta}$ sein angenommen, es gäbe zwei Werte $\vec{\beta}^0$ und $\vec{\beta}^*$ mit gleichem $E(\vec{y})$, d.h. $\vec{X}\vec{X}\vec{\beta}^0 = \vec{X}\vec{\beta}^*$. Dann ist $\vec{X}(\vec{\beta}^0 - \vec{\beta}^*) = \vec{0}$. Hat $\vec{X}$ vollen Rang, folgt $\vec{\beta}^0 = \vec{\beta}^*$, so dass verschiedene Werte von $\vec{\beta}$ nicht denselben Erwartungswert von $\vec{y}$ induzieren können. Hat $\vec{X}$ jedoch einen Rangabfall, so spricht man von perfekter → Multikollinearität der Regressoren, und es gibt $\vec{\beta}^* \neq \vec{\beta}^0$ mit $\vec{X}\vec{\beta}^* = \vec{X}\vec{\beta}^0$. Bei perfekter Multikollinearität ist $\vec{\beta}$ nicht identifizierbar.

5. Die reduzierte Form $\vec{Y} = \vec{Y}\vec{\Gamma} + \vec{V}$ zu einem ökonometrischen Modell mit Strukturform $\vec{Y}\vec{A} + \vec{X}\vec{B} = \vec{U}$ und $\vec{\Gamma} = -\vec{B}\vec{A}^{-1}$ sowie $\vec{V} = \vec{U}\vec{A}^{-1}$ besteht aus einer Anzahl scheinbar nicht in Relation zueinander stehender linearer Regressionsmodelle mit gemeinsamer Designmatrix $\vec{X}$. Aus Satz 1 folgt die Identifizier-barkeit der reduzierte-Form-Parameter in $\vec{\Gamma}$ bei vollem Rang von $\vec{X}$.

Für die Identifizierbarkeit der Struktur-form-Parameter in $\vec{A}$ und $\vec{B}$ erweist sich der folgende Satz 2 als nützlich.

Satz 2: Wenn $\vec{\theta}$ ein Vektor identifizierbarer Parameter ist und φ eine eindeutige Funktion von θ, etwa $\varphi = g(\vec{\theta})$, dann ist auch φ identifizierbar. Zum Beweis von Satz 2 betrachte man zwei verschiedene Werte φ' und φ^* aus dem Wertebereich von g. Da g eindeutig ist, müssen auch die zu φ' und φ^* gehörenden Werte von $\vec{\theta}$ verschieden sein, und da $\vec{\theta}$ identifizierbar ist, können die zu φ' und φ^* gehörenden Verteilungen nicht gleich sein, so dass φ identifizierbar ist, wenn er als eindeutige Funktion der reduzierte-Form-Parameter zu schätzen ist. Auf dieser Aussage basieren in der Ökonometrie die üblichen *Identifikationskriterien*, wie z.B. die Rang- und Abzählkriterien (vgl. *Rinne*, 1976).

Literatur: *R. Bowden*, The Theory of Parametric Identification. Econometrica 41, 1973, 1069-1074. *F. M. Fisher*, The Identification Problem in Econometrics. New York, 1966. *H. Rinne*, Ökonometrie. Stuttgart, 1976. *T. J. Rothenberg*, Identification in Parametric Models. Econometrica 39, 1971, 577-591.

Prof. Dr. H. Rinne, Gießen

idle money
1. in der →Keynesschen Theorie passive Kasse i.Ggs. zur aktiven Kasse.

2. →Geld, das weder für Güterkäufe noch für Zwecke der Vermögensanlage gehalten wird (→Horten).

Ifo-Institut für Wirtschaftsforschung
im Jahr 1949 gegründetes unabhängiges Wirtschaftsforschungsinstitut in der Rechtsform eines eingetragenen Vereins, den vorwiegend Unternehmen mit Sitz in München tragen. Ifo steht für „Information und Forschung". Arbeitet mit etwa 220 Mitarbeitern hauptsächlich

auf dem Gebiet der empirischen Wirt-
schafts- und Sozialwissenschaften mit
den Schwerpunkten: konjunkturelle Entwicklung in der Bundesrepublik und im
Ausland bei Anwendung analytischer
und ökonometrischer Verfahren sowie
speziell entwickelter monatlicher Unter-
nehmensbefragungen, längerfristige gesamtwirtschaftliche sowie sektorspezi-
fische Entwicklung. Publiziert seine Ergebnisse in eigenen Organen und verschiedenen Schriftreihen.

IfW
Abk. für: →Institut für Weltwirtschaft an
der Universität Kiel.

IKB
Abk. für: →Industriekreditbank.

ILO
Abk. für: International Labour Organization.
Sitz in Genf, 1919 gegründet. Seit 1946
Sonderorganisation der Vereinten Nationen mit dem Ziel, allen Menschen materiellen Wohlstand durch generell verbesserte Arbeitsbedingungen zu schaffen. Von der I. angenommene Übereinkommen bilden das Internationale Arbeitsgesetzbuch.

IMF
→Internationaler Währungsfonds.

Imitation
1. seit J. A. Schumpeter die im Wettbewerbsprozess der Prozess- und Produkt-
innovation des Pionier-Unternehmens
folgende Phase der Nachahmung durch
Konkurrenten. Bei modellgerechtem
Verlauf wird der Wettbewerbssprung
des Pioniers aufgeholt, seine Monopolstellung geht verloren, der →Markt wird
insgesamt besser versorgt, da auch die
anderen Unternehmen (→Betrieb, I.) eine
höhere Leistung erbringen.

2. wird der unter 1. geschilderte Wettbewerbsprozess nach Schumpeter zur Erklärung ökonomischer Unterentwicklung in Volkswirtschaften (→Wirtschaft)
herangezogen. Danach ist die Ursache
ökonomischer Unterentwicklung nicht
nur auf unzureichende Finanzierungs-

möglichkeiten zum Aufbau neuer Pro-
duktionssektoren zurückzuführen, sondern auf primär fehlendes Potential unternehmerischer Fähigkeit zur Einführung neuer Faktorkombinationen und
Produkte.

immaterielles Gut
→Gut.

immaterielle Investition
⇒Sozialinvestition.
→Investition.

Immission
i.Ggs. zur →Emission Zuführung od. Einwirkung von mit der Umgebungsluft
vermischten od. verdünnte Stoffe od. En-
ergien auf Menschen, Tiere, Pflanzen
und Sachgüter. I. sind für die Beurteilung
von Umweltwirkungen von entscheidender Bedeutung, da abgegebene Schadstoffe i.d.R. erst nach einem Verände-
rungsprozess und Transport auf die Umwelt wirken, so z.B. verbindet sich von
Kohlekraftwerken abgegebenes Schwefeldioxid in der Luft mit Regenwasser
und bildet schweflige Säure („saurer Regen"). Über die Wirkung von I. liegen
nur begrenzte Kenntnisse vor. So ist z.B.
der Informations- und Wissensstand
über die Art der Verteilung von Autoab-
gasen und ihre Beteiligung an der Veränderung von Ozon noch gering und damit
auch die Kenntnis über ihr Mitwirken an
Waldschäden. Zur Verringerung von I.
setzt die Umweltpolitik vorsorgend
Grenzwerte für Emissionsbelastungen
fest, z.B. durch die 1974 erlassene Technische Anleitung zur Reinhaltung der Luft
(TALuft) in Form von Werten für maximale Schadstoffkonzentration. Das Bun-
desimmissionsschutzgesetz von 1974
verbietet generell von Industrieanlagen
ausgehende schädliche Umwelteinwir-
kungen und schreibt für Industrieneu-
bauten Anwendung des jeweiligen
Standes der Technik für Umweltschutzmaßnahmen vor. Betriebsanlagen, von
denen störende Umwelteinflüsse ausgehen, z.B. Chemieanlagen, automatische
Autowaschstraßen, sind behördlich zu
genehmigen. Gewerbeaufsichtsämter
überwachen die Einhaltung der Schutz-
vorschriften.

Immobilienfonds
→Investmentgesellschaften.

Immobilitätshypothese
die der →Güterwirtschaftlichen Außenwirtschaftstheorie sowie →Theorie der
komparativen Kosten zugrunde liegende
Annahme, dass die →Produktionsfakto-
ren →Arbeit und →Kapital innerhalb einer Volkswirtschaft (→Wirtschaft) mobil,
international aber immobil seien, da zwischen den Volkswirtschaften nicht die
Faktoren, sondern die Produkte getauscht werden.

imperative Planung
i.Ggs. zur →indikativen Planung vollzugsverbindliche Planung (Sollziffern)
von Mikrogrößen, die integrierende Bestandteile der gesamtwirtschaftlichen
Zielgrößen sind. i. schaltet weitgehend
einzelwirtschaftliche Dispositionsfreiheit
aus. Entspricht der Auffassung, dass die
Koordination von einzelwirtschaftlichen
Verhaltensweisen und gesamtwirtschaftlichen Zielen nur durch Aufstellung eines Gesamtwirtschaftsplanes mit einzelwirtschaftlichen Planziffern von impera-
tivem Charakter möglich ist. Eine nach
dem Prinzip der i. gestaltete →Wirtschaft
ist - nach der Terminologie von Walter
Eucken - eine →Zentralverwaltungswirt-
schaft. Die i. war für Länder Osteuropas
bis zur politischen Wende ausnahmslos
typisch.

Imparitätsprinzip
für den →Jahresabschluss nach den →
GoB geltende Bewertungsvorschrift,
nach der nur realisierte →Gewinne ausgewiesen werden dürfen, noch nicht realisierte Verluste aber zu berücksichtigen
sind. Antizipationspflichtige Verluste
müssen sich aus spezifischen Aktiv- und
Passivposten bzw. konkreten schweben-
den Geschäften ergeben. Für Vermögensgegenstände wird dem I. durch
Herabsetzung des Wertansatzes entspro-
chen. I. ist in allgemeiner Form in § 252
(1), 4. →HGB enthalten.

imperfect competition
⇒monopolistic competition
⇒*monopolistische Konkurrenz*
⇒polypolistisch heterogene Konkurrenz.

Import
⇒Einfuhr
1. i.d.R. entgeltlicher od. unentgeltlicher
Transfer von Waren (→Handelsbilanz, 2.)
und Dienstleistungen (→Dienstleistungs-
bilanz) von →Ausländern an →Inländer.
Erfassung in der →Volkswirtschaftlichen
Gesamtrechnung erfolgt für Waren zum
Zeitpunkt des Grenzübergangs, für
Dienstleistungen zum Zeitpunkt der
Zahlung. Für →cif deutsche Grenze bewertete Waren werden geschätzte Trans-
port- und Versicherungskosten abgesetzt, um →fob-Werte Grenze des Export-
landes zu erhalten. I. ist Komponente des
→gesamtwirtschaftlichen Güterangebots.
I. für die Bundesrepublik macht in den
letzten Jahren etwa 20 % des Bruttosozialprodukts aus.
2. Kapitaltransaktionen, die zu einer Abnahme des →Geldvermögens von Inländern außer der →Zentralbank gegenüber
Ausländern führen und in der →Kapital-
verkehrsbilanz erfasst werden.

Importfunktion
gibt in der →Makroökonomik die Bestimmungsgrößen für den →Import (Im) an
und lautet allgemein entweder:

$$Im = Im_a + im \cdot Y \, ,$$

worin Im_a der autonome Import, im die
marginale Importquote und Y das →
Volkseinkommen ist, od.:

$$Im = Im(Y \, , \, ToT \,) \, ,$$

worin ToT die →Terms of Trade ist.

importierte Inflation
→Inflationstheorie, 3.3.

Incentives
Instrument im →Marketing, u.zw. Ver-
kaufsförderungsaktion zur Ausschöpfung von Leistungsmöglichkeiten der
Mitarbeiter durch Information über das
Produkt und seine Zielgruppe sowie
durch Zurverfügungstellung von Bera-
tungs- und Verkaufshilfen. I. sucht die
Selbstmotivation der Mitarbeiter in Ver-
kaufswettbewerben zu fördern bei einem
durchschaubaren Bewertungssystem,
das für die Mitarbeiter zusätzlich zur lei-
stungsorientierten Entlohnung attraktive
Preise, z.B. Erlebnisreisen, ausschreibt.

income-offer-curve
⇒*Einkommen-Tausch-Kurve.*

Incoterms
Abk. für: International Commerical Terms
1936 von der Internationalen Handelskammer in Paris aufgrund im internationalen Handel üblicher Bräuche und Usancen geschaffene, zuletzt 1990 neu gefasste, einheitliche Lieferklauseln, um wesentliche Käufer- und Verkäuferpflichten für typische Kontinental- und Überseegeschäfte zu regeln. Mangels international gültigem Vertragsrecht, wurde durch die I. z.T. eine Kodifizierung des Kaufrechts erreicht. Die I. enthalten Handelsklauseln zur Liefer- und Abnahmeverpflichtung, Verteilung der Kosten (z.b. ab Werk) und des Risikos (z.b. →cif, →fob) für den Gütertransport zwischen Exporteur und Importeur, Pflicht zur Warenbeförderung und Verantwortung für Aus- und Einfuhrmodalitäten (z.B. Beschaffung von →Dokumenten). I. gelten nur, wenn die Vertragspartner darauf Bezug genommen haben. Regeln nicht das gesamte Kaufrecht, so z.B. nicht Fragen des Vertragsabschlusses, Willensmängel, Zahlungsmodalitäten. Vereinbarung von I. bedeutet für Unternehmen (→Betrieb, I.) Rationalisierung des Angebots- und Vertragswesen und die Möglichkeit für eindeutige →Kalkulation von Auslandsgeschäften. Für Auslegungsstreitigkeiten der I. ist ein internationaler Handelsschiedshof in Paris zuständig.

increasing return of scale
⇒ überlinear homogene Produktionsfunktion
vgl. als Gegensatz →decreasing return of scale; →Produktionsfunktion.

Indemnitätstarif
in der Krankenversicherung die Festlegung eines bestimmten Betrages, den der Versicherte von seiner Krankenversicherung für jede Gesundheitsleistung unabhängig vom tatsächlichen Preis erhält. Der Versicherungsschutz wird somit nicht - wie i.d.R. üblich - auf die Kosten der Krankenbehandlung, sondern auf die Mengen der hierfür notwendigen Leistungen bezogen. Eventuelle Mehrkosten

muss der Patient selbst tragen, andererseits fließen ihm Kostenersparnisse zu. I. fördert das Patienteninteresse an niedrigen Preisen für Gesundheitsleistungen gegenüber Selbstbeteiligungsmodellen. Weist höhere → Wirtschaftlichkeit im Vergleich zu anderen nachfragesteuernden Maßnahmen und eine soziale Verträglichkeit auf. I. hat in den USA Eingang gefunden. Wurde in der Bundesrepublik von Ökonomen in der Debatte zur Strukturreform der gesetzlichen → Krankenversicherung favorisiert.

Indexierung
⇒Indexklausel
Bindung einer →Forderung an die Preisentwicklung bestimmter Güter, um vor Vermögensverlust zu schützen. Vgl. hierzu Geldwertsicherungsklausel. Im Interesse sozialer Gerechtigkeit (→ gerechte Einkommensverteilung) wurde immer wieder die Bindung der →Währung an einen Index (Indexwährung) diskutiert, wobei bisher ungeklärt ist, ob gerade durch I. die Inflation (→Inflationstheorie) angeheizt wird. Mit der Einführung des →EURO zum 1.1.1999 wurde das bisher in Deutschland bestehende I.-sverbot aufgehoben. Die →EZB ist berechtigt, wertgesicherte → Anleihen zu begeben.

Indexklausel
⇒Indexierung.

Indexwährung
→Indexierung.

Indexzahl
Verhältniszahl zur Messung durchschnittlicher Veränderungen i.d.R. im Zeitablauf. Preisindizes stellen Preisänderungen (→Preis), Mengenindizes Mengenänderungen dar. → Preisindex, → Mengenindex.

indifferentes Gleichgewicht
→Gleichgewicht.

indifferentes Gut
1. ⇒homogenes Gut

2. absolut ungleichartiges, beziehungslo-

ses Gut gegenüber einem anderen.

Indifferenz

in der →Nachfragetheorie des Haushalts:
1. äquivalente Bewertung von Güteralternativen (→Güter) bezüglich ihrer Nutzenstiftung (→Nutzen) bei konstantem Realeinkommen (→Einkommen) des privaten Haushalts (→Haushalt, 1.).

2. hypothetische Grenzlinie zwischen → Präferenz und Nichtpräferenz bei einer fix vorgegebenen Menge eines Gutes und variabler Menge eines anderes Gutes.

3. in wahrscheinlichkeitstheoretischer Betrachtung zwei Güteralternativen, die mit gleicher Wahrscheinlichkeit gewählt werden.

I. darf in der Nachfragetheorie des Haushalts nicht mit Entscheidungsunentschlossenheit konfundiert werden.

Indifferenzkurve

geometrischer Ort aller Kombinationen zweier →Güter, die im Urteil eines privaten Haushalts (→Haushalt, 1.) denselben →Nutzen stiften. I.-nschar bildet die Präferenzfunktion (→Präferenz) des Haushalts ab. S. →I.-nanalyse.

Indifferenzkurvenanalyse

1. *Indifferenzkurve*.

1.1. *Definition*. Theoretische Grundlage der I. ist die Existenz einer →Präferenzordnung über dem Güterraum R_+^m. Ist diese stetig, so existiert eine ordinale Nutzenfunktion (→Nutzenindex-, Präferenzfunktion) $U = U(q_1, ..., q_m)$, deren Argumente die Mengen der m →Güter sind. Ist m = 2, lassen sich *Indifferenzkurven* aus dieser Nutzenfunktion ableiten. Diese geben alle Mengenkombinationen der beiden Güter an, die den gleichen → Nutzen aufweisen. Figur 1 enthält eine Indifferenzkurve für die beiden Güter 1 und 2; sie weist für alle zugehörigen Mengenkombinationen den Nutzen U auf.

1.2. *Eigenschaften*. Eine Indifferenzkurve ist typischerweise streng konvex. Hierin kommt das → *Gesetz der abnehmenden Grenzrate der Substitution* zum Ausdruck. Unter *Rate der Substitution* des Gutes 2 in

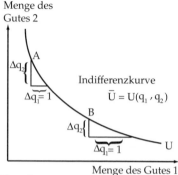

Figur 1

Bezug auf Gut 1 versteht man jene Menge des Gutes 2, die je zusätzlicher Einheit des Gutes 1 aufgegeben werden muss, damit der Nutzen konstant bleibt; in Figur 1 also das Verhältnis $\frac{|\Delta q_2|}{|\Delta q_1|}$. Wird die zusätzliche Einheit des Gutes 1 infinitesimal klein, so wird aus der Rate der Substitution die *Grenzrate* der Substitution. Sie entspricht dem (absoluten) Anstieg der Indifferenzkurve in einem Punkt, d.h., sie ist gleich $\frac{\Delta d q_2|}{\Delta d q_1|}$. Substituiert man fortlaufend Gut 2 durch Gut 1, d.h. geht man in Figur 1 vom Punkt A zum Punkt B über, so nimmt die Grenzrate der Substitution ab; dies ist die Aussage des Gesetzes der abnehmenden Grenzrate der Substitution. In ihm kommt inhaltlich zum Ausdruck, dass es immer schwieriger wird, den Zugang eines Gutes durch Verminderung der Menge eines anderen Gutes so auszugleichen, dass der Nutzen konstant bleibt. Indifferenzkurven lassen sich auch direkt aus einer Präferenzordnung ableiten. Ist die Präferenzordnung streng konvex, dann muss auch eine aus ihr abgeleitete Indifferenzkurve streng konvex sein. Durch jeden Punkt des Koordinatensystems der Figur 1 geht eine Indifferenzkurve. Da normalerweise unterstellt wird, dass größere Gütermengen zu höherem Nutzen führen (Nichtsättigung), weist eine Indifferenzkurve einen umso höheren Nutzenindex auf, je weiter sie vom Koordinatenursprung entfernt liegt. Diese Indifferenzkurven können sich nicht schneiden, jedoch können

Schnittpunkte mit der Abzisse und der Ordinate existieren.

2. *Analyseverfahren.* Mit Hilfe einer Schar von Indifferenzkurven ist es möglich, für m = 2 das →Haushaltsoptimum eines privaten Haushalts (→Haushalt, 1.) zu bestimmen, vgl. Figur 2. Bei gegebenen Preisen p_1 und p_2 der beiden Güter 1 und 2 sowie bei gegebenem →Einkommen y, sind jene Mengen beider Güter zu bestimmen, die zu einem maximalen Nutzen führen. Haushaltseinkommen und Güterpreise legen die →*Budgetgerade* fest. Diese begrenzt zusammen mit den Achsen des Koordinatensystems den *Konsumraum* R_+^m, der Haushalt kann nur aus den Güterbündeln wählen, die innerhalb des schraffierten Gebiets der Figur 2 einschließlich der Begrenzungslinien liegen. Wg. der strengen Konvexität der Indifferenzkurven existiert ein Tangentialpunkt zwischen der Budgetgeraden und einer Indifferenzkurve; dieser Tangentialpunkt (Punkt P in Figur 2) gibt den optimalen Konsumplan od. das Haushaltsoptimum an. Nur die durch P festgelegten Konsumgütermengen q_1^* und q_2^* führen bei gegebenen Güterpreisen zu einem maximalen Nutzen U^{max}.

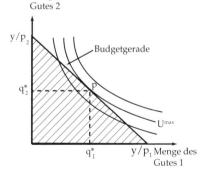

Figur 2

Der Lösungspunkt P ändert sich nicht, wenn die zugrundeliegende ordinale Nutzenfunktion einer beliebigen positiven, monotonen Transformation unterzogen wird. Bei einer solchen Transformation änderten sich weder Lage noch Gestalt der Indifferenzkurven, lediglich ihre Nutzenindizes würden unter Beibehaltung der Reihenfolge andere Werte annehmen.

Durch Variation eines Preises bzw. des Einkommens lassen sich die →Preis-Konsum-Kurve sowie die → Einkommen-Konsum-Kurve (→Engel-Kurve) ableiten, vgl. auch →Einkommens- und Substitutionseffekt.

Für m > 2 sind die gleichen Überlegungen analog durchzuführen. Der optimale Konsumplan wird jedoch analytisch mit Hilfe eines Lagrange-Ansatzes zu bestimmen sein.

3. *Weitere Anwendungen.* Die I. wird auch zur Lösung anderer Entscheidungsprobleme eines Haushalts angewandt, z.B. zur Bestimmung des →Arbeitsangebots (s. →Faktorangebot des Haushalts). In der →Makroökonomie bedient man sich ebenfalls der I. Hier werden die Indifferenzkurven aus einer sozialen Wohlfahrtsfunktion (→Wohlfahrtsökonomik) abgeleitet und dienen z.B. dem Nachweis von Vorteilen des internationalen Handels.

Literatur: *H. Herberg*, Preistheorie. 2. A., Stuttgart, Berlin, Köln, Mainz 1989. *H. R. Varian*, Mikroökonomie. 4. A., München, Wien 1992. *J. Schumann*, Grundzüge der mikroökonomischen Theorie. 6. A., Berlin, Heidelberg 1993.

Prof. Dr. G. Gabisch, Göttingen

indikative Planung
i.Ggs. zur →imperativen Planung richtungsweisende, nicht vollzugsverbindliche Planung, die Planungsunsicherheiten der autonomen dezentralen Entscheidungsträger durch Zentralisierung und Verbreitung von Informationen vermindern will. Wurde insbesondere in Frankreich entwickelt. Geht von der Vorstellung aus, dass →Wirtschaftssubjekte sich auch bei nicht bestehendem Zwang an richtungsweisenden Plangrößen orientieren. i. bezieht sich nicht auf einzelwirtschaftliche Planungsdispositionen, arbeitet vorwiegend mit quantitativen Sektorzielen. i. beabsichtigt, Vorteile einer zentralen Planung, d.h. die ex ante-Abstimmung einzelwirtschaftlicher Zie-

le, auf einer informativen Basis zu nutzen, wie auch Vorteile dezentraler
Planung, so die am →Markt orientierten
effizienten Entscheidungen über →Pro-
duktion, →Investition und →Konsum.
Durch Beseitigung von Informationslük-
ken sollen Fehlentscheidungen, z.B. Fehlinvestitionen, vermindert und Verschwendung von Ressourcen möglichst
vermieden werden. Da die der i. zugrunde liegenden →Prognosen aus unterschiedlichen Gründen mit Unsicherheiten bzw. Fehlern behaftet sind, kann i.
Anlass für Überkapazitäten und Strukturkrisen sein. Soweit sich die Wirtschaftssubjekte wegen dieser Mängel
nicht an der i. orientieren, ist sie auch
nicht zielkonform. i. unterscheidet sich
von der →Globalsteuerung durch ihre
sektoralen Zielvorgaben, während jene
auf der →Volkswirtschaftlichen Gesamtrechnung basierende globale Zielprojektion für makroökonomische (→
Makroökonomik) Größen wie etwa Investitionsvolumen, → Gesamtwirtschaftliche Güternachfrage, → Lohnquote,
Gewinnquote, u.a. vorgibt.

Indikatoren
1. Größen, die Erkenntnisse über Richtung und Intensität der Entwicklung einer bestimmten ökonomischen →
Variablen liefern, z.B. die verschiedenen
→Konjunktur-I. od. verschiedene Zinssätze am →Geldmarkt bzw. die exogene
Geldbasis (→ Geldbasis) für monetäre
Entwicklungen. Vgl. auch →Konjunktur-
theorie.

2. →soziale I.

Indikatorvariable
⇒Bernoulli-Variable
⇒binäre Zufallsvariable
⇒dichotome Zufallsvariable
⇒*Dummy*.

indirekte Elastizität
⇒Kreuzpreiselastizität
→Elastizitäten.

indirekte Kosten
⇒Alternativkosten
⇒Opportunitätskosten
→Kosten.

indirekte Nutzenfunktion
⇒*Nutzenindexfunktion*
⇒Nutzenmöglichkeitsfunktion.

indirekte Steuern
i.Ggs. zur →direkten Steuer 1. →Steuer,
die als überwälzbar (→ Steuerüberwälzung) beurteilt wird; 2. nicht veranlagte
und nicht direkt erhobene Steuer (→
Lohnsteuer), so z.B. →Mehrwertsteuer; 3.
die Leistungsfähigkeit nur indirekt erfas-
sende Steuer, so z.B. anstelle des →Ein-
kommens die → Einkommensverwendung (Verbrauchsteuern).

Individualgut
⇒privates Gut
→Gut.

individuelle Angebotskurve
s. → Angebotsfunktion, → Angebotsge-
setz, auch →Gesetze von Angebot und
Nachfrage.

Indossament
⇒Giro
schriftliche, an bestimmte Formen gebundene rechtsgeschäftliche Erklärung
des Indossanten (Übertragenden) bei →
Orderpapieren, dass der aus dem Papier
Verpflichtete statt an ihn, an den von ihm
genannten Indossator Zahlung zu leisten
hat. Blanko-I. besteht nur aus der Unterschrift des Indossanten auf der Rückseite
des Papieres. Voll-I. lautet: „Für mich an
(Nennung des Indossators)", versehen
mit Unterschrift des Indossanten. Das I.
erfüllt verschiedene Funktionen: Übertragung des verbrieften Rechts (Trans-
portfunktion); Legitimation des
Wertpapierinhabers (→ Wertpapier) als
Inhaber des verbrieften Rechts bei einer
Abfolge von I.-en (Legitimationsfunkti-
on); Haftung des Indossanten für Zahlung des Betrags, z.B. bei einem →Scheck
od. Wechsel (Garantiefunktion).

Induktive Statistik
⇒Analytische Statistik
⇒Beurteilende Statistik
⇒Inferenzstatistik
⇒Schließende Statistik
Die I. ist die Lehre von Grundlagen und
Methoden, nach denen Schlüsse von ei-
ner → Stichprobe auf eine →Grundge-

samtheit bzw. von einzelnen Beobachtungen auf eine sie hervorrufende Gesetzmäßigkeit gezogen werden. In derartigen induktiven Schlüssen geht die Conclusio (die resultierende Aussage) über die Prämisse (die Stichprobe bzw. Beobachtungen) hinaus; daher können solche Schlüsse notwendigerweise nur mit einer mehr od. weniger großen Sicherheit zutreffen. Die für jede Induktionstheorie zentrale Frage lautet: Wie wird der Sicherheitsgrad induktiver Schlüsse gemessen? Dieses Problem, das meistens in engen Zusammenhang mit der Wahrscheinlichkeitstheorie gebracht wird, besitzt die verschiedensten Lösungen und Lösungsversuche. Auch innerhalb der I. gibt es auf diese Frage verschiedene Antworten, die zu unterschiedlichen Grundlagenkonzepten der I. führen; darunter sind die wichtigsten: die *klassische Inferenz*, die *Likelihood-Inferenz*, die *Bayes-Inferenz* und die *Statistische Entscheidungstheorie*. Ihr gemeinsamer Kern besteht aus folgendem Modell.

Das *Grundmodell* der I. Jedem statistischen Schluss liegen Beobachtungen x_1, ..., x_n (zusammenfassend Stichprobe genannt) eines Untersuchungsmerkmals X zugrunde, das als →*Zufallsgröße* aufgefasst wird. Die →*Verteilung* von X (Verteilung von X in der Grundgesamtheit) ist nicht od. nicht vollständig bekannt. Aufgrund der vorliegenden Beobachtungen sollen Aussagen über diese Verteilung getroffen werden (Schluss von der Stichprobe auf die Grundgesamtheit). Vor den Beobachtungen bereits vorhandene Vorkenntnisse über X werden in einer *Verteilungsannahme* wiedergeben, indem eine Menge W der für X in Betracht kommenden Verteilungen festgelegt wird. Je größer W ist, desto geringer sind die Vorkenntnisse über X. Man kann davon ausgehen, dass die Verteilungen in W entweder sämtlich →diskret od. sämtlich →stetig sind. Unter einer *parametrischen Verteilungsannahme*, die wir hier zugrunde legen wollen, lässt sich W darstellen als

(1)   W = $\{h(x;\theta):\theta \in \Theta\}$.

Dabei ist θ ein (ein- od. mehrdimensionaler) unbekannter Verteilungsparame-

ter (Parameter der Grundgesamtheit), Θ der dazugehörige Parameterraum (das ist der Bereich der möglichen Werte von θ) und $h(x;\theta)$ die Wahrscheinlichkeitsfunktion (im diskreten Fall) bzw. die Dichte (im stetigen Fall) von X in Abhängigkeit von θ.

Die Stichprobe x_1, ..., x_n, bestehend aus n Realisationen von X, lässt sich auch als eine Realisation von n Zufallsgrößen X_1, ..., X_n den →*Stichprobenvariablen*, auffassen: X_i gibt an, welcher Wert von X beim i-ten Versuch (am i-ten Merkmalsträger in der Auswahl) beobachtet werden wird. Die gemeinsame Verteilung der X_1,..., X_n, die sogenannte *Stichprobenverteilung*, hängt dann ebenfalls von θ ab; ihre Wahrscheinlichkeitsfunktion bzw. Dichte bezeichnen wir mit $f(x_1, ..., x_n;\theta)$.

Die Situation vor der Beobachtung wird durch die Stichprobenverteilung, die Situation danach durch die beobachteten Werte x_1, ..., x_n beschrieben.

Aus der Stichprobe soll auf den Wert von θ geschlossen od. allgemein eine Aussage über θ gewonnen werden. Um die Unsicherheit dieses Schlusses quantifizieren zu können, muss die Stichprobe zufällig zustande gekommen sein, das heißt: für jedes θ muss $f(x_1, ..., x_n;\theta)$ aus $h(x;\theta)$ eindeutig bestimmt werden können. Auf diese Weise wird durch (1) auch die Menge der zugelassenen Stichprobenverteilungen

(2) $W_n = \{f(x_1, ..., x_n;\theta):\theta \in \Theta\}$

festgelegt. Im einfachsten Fall ergibt sich die Stichprobe aus unabhängigen Versuchswiederholungen: X_1,..., X_n sind dann unabhängige Zufallsgrößen, die alle dieselbe Verteilung wie X besitzen. Die Stichprobenverteilung ergibt sich daraus als

(3) ι_1, ..., $x_n;\theta$) = $h(x_1;\theta) \cdot$ ... $\cdot h(x_n;\theta)$.

Klassische Inferenz. Charakteristisch für die klassische Inferenz ist zunächst einmal ihr *objektivistischer* Standpunkt: Der

induktive Schluss, insbesondere die Beurteilung seines Sicherheitsgrades soll
frei von subjektiven Einflüssen sein. Entsprechend gehen die Vertreter dieses
Standpunktes, die Objektivisten, von einem objektivistischen Wahrscheinlichkeitsbegriff aus, nach dem die →
Wahrscheinlichkeit P(A) eines Ereignisses A einen objektiven, vom jeweiligen
Betrachter unabhängigen Wert darstellt.
P (A) kann näherungsweise bestimmt
werden durch die relative Häufigkeit,
mit der A unter n unabhängigen Versuchswiederholungen eintritt, wenn n
hinreichend groß ist (→*Gesetz der großen
Zahlen, Häufigkeitsinterpretation* der
Wahrscheinlichkeit). Streng genommen
ordnen daher Objektivisten nur solchen
Größen Wahrscheinlichkeiten zu, die
sich in sehr oft wiederholbaren Versuchen beobachten lassen. Damit verbunden ist eine prinzipielle Trennung
zwischen zufälligen und nichtzufälligen
Größen. Der unbekannte Parameter θ
wird als eine feste, nichtzufällige Größe
angesehen, die Stichprobe als zufallsabhängig.

Daraus ergibt sich das zweite wesentliche Element der klassischen Inferenz:
Vor der Beobachtung der Stichprobe (a
priori) wird keine Bewertung der möglichen Parameterwerte etwa in Form einer
Wahrscheinlichkeitsverteilung auf dem
Parameterraum (a priori Verteilung) vorgenommen. Die klassische Inferenz arbeitet *ohne a priori Verteilungen*.

Das dritte charakteristische Element klassischer Inferenz besteht in einer *frequenti-
stischen Beurteilung* des Sicherheitsgrades eines induktiven Schlusses: Wie
sicher ein Schluss von einer Stichprobe
auf die Grundgesamtheit ist, wird daran
gemessen, wie oft man bei häufiger Beobachtung einer Stichprobe mit dem betreffenden Schluss zu einer richtigen
Aussage gelangt. In der klassischen Inferenz wird daher nicht nur die eine beobachtete Stichprobe berücksichtigt, sondern auch nach der Beobachtung noch alle möglichen, aber nicht beobachteten
Stichproben und deren Wahrscheinlichkeiten (die Stichprobenverteilung). Wird
dabei der Sicherheitsgrad des Schlusses
unmittelbar durch die Wahrscheinlich-

keit ausgedrückt, mit der er zu richtigen
Aussagen führt, so stimmt die frequenti-
stische Beurteilung mit der Häufigkeitsinterpretation der Wahrscheinlichkeit
überein und ergibt sich damit notwendigerweise aus dem objektivistischen
Wahrscheinlichkeitsbegriff.

Die wichtigsten Verfahren der klassi-
schen Inferenz sind Punktschätzungen (→
Schätzverfahren), Intervallschätzungen
(Konfidenzintervalle; →Konfidenz) und
Tests (→Signifikanztests).

Likelihood-Inferenz. Dreh- und Angel-
punkt der Likelihood-Inferenz ist die
konsequente Unterscheidung zwischen
der Situation vor der Beobachtung der
Stichprobe und der Situation danach.
Vor der Beobachtung legt $f(x_1, ..., x_n; \theta)$
wie in der klassischen Inferenz die Stichprobenverteilung fest; nach der Beobachtung wird $f(x_1, ..., x_n; \theta)$ als Funktion
von θ bei gegebenen $x_1, ..., x_n$ aufgefasst, man nennt sie die →Likelihood-
Funktion nach der Beobachtung; Schreibweise:

(4) $lik(\theta; x_1, ..., x_n) = f(x_1, ..., x_n; \theta)$.

Diese Funktion gibt für jeden θ -Wert ein
Maß dafür an, wie wahrscheinlich es
war, die Stichprobe zu beobachten, wenn
θ zugrunde liegt. Die Funktionswerte
werden als Likelihood („Plausibilität")
von θ aufgrund der Beobachtung x_1,
..., x_n aufgefasst. Die beiden folgenden
Postulate - zusammenfassend das Likelihood-Prinzip genannt - bilden die
Grundlage der Likelihood-Inferenz:

1) Die Likelihood-Funktion enthält die
gesamte in der Beobachtung vorhandene
Information über θ .

2) Ein Parameterwert θ_1 ist aufgrund der
Beobachtung plausibler od. glaubwürdi-
ger als ein Parameter θ_2 , wenn die Likelihood von θ_1 größer ist als diejenige von
θ_2 .

Man erkennt den nichtfrequentistischen
Charakter der Likelihood-Inferenz: Nach
der Beobachtung spielt es für die Beurteilung eines Schlusses keine Rolle mehr,

was für Stichproben sonst noch hätten beobachtet werden können. In den beiden anderen Charakteristika stimmt die Likelihood-Inferenz mit der klassischen Inferenz überein: Wie jene vertritt sie einen *objektivistischen* Standpunkt und arbeitet *ohne a priori Verteilungen* auf dem Parameterraum.

Als Inferenzarten kommen wieder Punktschätzungen ($\to$ *Maximum-Likelihood-Methode*), Intervallschätzungen (*Likelihood-Intervalle*, die alle jene Parameterwerte enthalten, deren Likelihood mindestens gleich einem vorgegebenen γ ist) und Tests (*Likelihood-Quotienten-Tests*) in Betracht. Schätzungen und Tests der Likelihood-Inferenz sind oft auch aus klassischer Sicht optimal od. nahezu optimal, so dass mit dem Likelihood-Prinzip auch in der klassischen Inferenz argumentiert wird.

Bayes-Inferenz. Das eigentliche Gegenstück zur klassischen Inferenz ist die Bayes-Inferenz: Sie ist *subjektivistisch* orientiert, arbeitet *mit a priori Verteilungen* auf dem Parameterraum und wendet eine *nichtfrequentistische* Betrachtungsweise an.

Die Vertreter eines subjektivistischen Standpunktes, die Subjektivisten, gehen davon aus, dass Wahrscheinlichkeiten vom jeweiligen Informationsstand des Betrachters abhängen. Der Betrachter ordnet aufgrund seines Kenntnisstandes den Ereignissen od. allgemein den in Frage kommenden Fällen „seine" Wahrscheinlichkeiten zu. Nach dieser subjektivistischen Wahrscheinlichkeitsauffassung können prinzipiell jeder Größe Wahrscheinlichkeiten zukommen. I.Ggs. zum Objektivisten ordnet ein Subjektivist auch den möglichen Werten des unbekannten Parameters Wahrscheinlichkeiten zu: *Er stellt seinen Wissensstand über den Parameter als eine Verteilung auf dem Parameterraum dar.* Formal lässt sich damit θ als Realisation einer Zufallsgröße Z („Zustand des Systems") auffassen. Entsprechend ist die Stichprobenverteilung als bedingte Verteilung von X_1, ..., X_n unter der Bedingung $Z = \theta$ anzusehen:

(5) $f(x_1, ..., x_n; \theta) = f(x_1, ..., x_n | \theta)$.

Vor der Beobachtung der Stichprobe entspricht die Verteilung von Z den Vorkenntnissen des Betrachters über den Parameter. Die Wahrscheinlichkeitsfunktion bzw. Dichte dieser a priori Verteilung bezeichnen wir mit $\pi(\theta)$.

Nach der Beobachtung stellt die Verteilung von Z den neuen, aus Vorkenntnissen und Beobachtung resultierenden Informationsstand des Betrachters dar. Diese a priori Verteilung ist die bedingte Verteilung von Z unter der Bedingung: $X_1 = x_1$, ..., $X_n = x_n$. Ihre Wahrscheinlichkeitsfunktion bzw. Dichte bezeichnen wird mit $\pi(\theta | x_1, ..., x_n)$; dafür gilt nach der *Formel von Bayes*:

(6) $\pi(\theta | x_1, ..., x_n) =$

$= c \, f(x_1, ..., x_n | \theta) \cdot \pi(\theta)$,

wobei $c = c(x_1, ..., x_n)$ als Normierungsfaktor bestimmt wird.

Das Grundkonzept der Bayes-Inferenz besteht in einem *Lernvorgang*: Aus der Beobachtung der Stichprobe wird dazugelernt, indem man mittels der Bayesschen Formel von der a priori auf die a posteriori Verteilung übergeht.

Dieser Lernvorgang ist prinzipiell nicht wiederholbar, die Bayes-Inferenz mithin *nichtfrequentistisch*: Nach der Beobachtung spielt nur die eine vorliegende Stichprobe eine Rolle.

Oft ist es zweckmäßig, sich nicht mit der Angabe der a posteriori Verteilung zu begnügen, sondern noch weitere Schlüsse aus der Stichprobe zu ziehen, die zu schärferen Aussagen über θ führen. *Diese Schlüsse müssen auf die a posteriori Verteilung aufbauen.* Innerhalb der hier dargestellten nicht entscheidungstheoretisch orientierten Bayes-Inferenz dient dazu als Punktschätzung der $\to$ *Modalwert* der a posteriori Verteilung und als Intervallschätzung ein „*Bayes-Intervall*", das ist ein möglichst kurzes Intervall, in dem θ mit einer a posteriori Wahrscheinlichkeit von mindestens γ liegt (γ vorgegeben).

Statistische Entscheidungstheorie. Die drei bisher besprochenen Konzepte der I. haben eines gemeinsam: Die Auswertung der Stichprobe soll *Kenntnisse* über den unbekannten Parameter vermitteln, der

Schluss aus der Stichprobe stellt eine *Aussage* über den Parameter dar (*statistical inference*). Demgegenüber wird innerhalb des vierten Konzepts, der statistischen Entscheidungstheorie, die Auswertung einer Stichprobe als Bestandteil eines Entscheidungsproblems aufgefasst, die Auswertung (*statistical decision*) soll eine *Entscheidung* zwischen verschiedenen Handlungsalternativen herbeiführen.

Der Betrachter (Entscheidungsträger) verfügt über eine Menge von Aktionen a, deren Nutzen oder Schaden durch den unbekannten Parameter θ beeinflusst wird. Die entsprechende Verlustfunktion L muss bekannt sein: $L(\theta, a)$ stellt den Verlust dar, der entsteht, wenn bei Vorliegen des Parameterwertes θ die Aktion a durchgeführt wird (negativer Verlust = Gewinn). Die Entscheidung, welche Aktion ergriffen werden soll, wird von der Beobachtung einer Stichprobe abhängig gemacht. Formal bedient man sich dazu einer *Entscheidungsfunktion (Strategie)* d, die jeder möglichen Stichprobe $x_1, ..., x_n$ eine Aktion $a = d(x_1, ..., x_n)$ zuordnet. Bei Anwendung der Strategie d entsteht nach der Beobachtung $x_1, ..., x_n$ der von θ abhängige Verlust $L(\theta, d(x_1, ..., x_n))$, eine Realisation der Zufallsgröße $L(\theta; d(X_1, ..., X_n))$. Deren Erwartungswert - gebildet mit der Stichprobenverteilung $f(x_1, ..., x_n; \theta)$ - gibt in Abhängigkeit von θ an, welchen Verlust man bei Benutzung der Strategie d vor der Beobachtung der Stichprobe zu erwarten hat. Diesen von θ abhängigen Erwartungswert nennt man die *Risikofunktion* $R_d(\theta)$ der Strategie d.

Eine Strategie ist umso besser, desto kleiner ihre Risikofunktion ist; genauer: Eine Strategie d ist (gleichmäßig) *besser* als eine Strategie e, wenn gilt: $R_d(\theta) \leqslant R_e(\theta)$ für alle θ und $R_d(\theta) < R_e(\theta)$ für mindestens ein θ. Allerdings ist damit noch nicht gewährleistet, dass auch stets zwei Strategien miteinander vergleichbar

sind. Vielmehr trifft oft der Fall ein, dass sich die Risikofunktionen zweier Strategien schneiden, die beiden Strategien mithin unvergleichbar sind. Nicht nur die durchgängige Vergleichbarkeit von Strategien, sondern auch die Definition einer optimalen Strategie innerhalb der Menge *aller* Strategien scheitert i.d.R. an der Abhängigkeit der Risikofunktion von θ. Um dennoch mit Hilfe der Risikofunktion zu erklären, was man unter einer besten Strategie versteht, muss man entweder die Menge aller Strategien auf eine Teilklasse von Strategien mit gewissen wünschenswerten Eigenschaften einschränken od. zusätzliche, auf die Risikofunktion aufbauende Kriterien heranziehen, die die Abhängigkeit von θ überwinden. Das bekannteste darunter ist das *Minimax-Kriterium*, nach dem eine Strategie optimal ist, wenn für sie das Maximum der Risikofunktion minimal ist. Solche *Minimax-Strategien* werden von extrem vorsichtigen (pessimistischen) Entscheidungsträgern bevorzugt, die mit dem ungünstigsten θ-Wert rechnen.

Besonders elegant wird die statistische Entscheidungstheorie, wenn auch noch (subjektives) Vorwissen über θ in Form einer a priori Verteilung $\pi(\theta)$ berücksichtigt wird. Damit lässt sich nämlich das (a priori) zu erwartende od. mittlere Risiko

$$R_d = \begin{cases} \sum R_d(\theta)\pi(\theta) & (\pi \text{ diskret}) \\ \int R_d(\theta)\pi(\theta)d\theta & (\pi \text{ stetig}) \end{cases}$$

einer Strategie d bilden. Man nennt R_d das (a priori) *Bayes-Risiko* von d. Da R_d nicht mehr von θ abhängt, lassen sich vermöge des Bayes-Risikos alle Strategien miteinander vergleichen. Konsequenterweise gilt die Strategie als optimal - man nennt sie *Bayes-Strategie* -, deren Bayes-Risiko am kleinsten ist.

Die statistische Entscheidungstheorie kann als ein formaler Überbau der verschiedenen Konzepte der I. angesehen werden: Schätzprobleme (Punkt- und Intervallschätzungen) und Testprobleme lassen sich auch als Entscheidungsprobleme (mit od. ohne a priori Verteilungen) formulieren, die Entscheidungstheorie ist offen für den objektivistischen und subjektivistischen Standpunkt. Vor allem die Bayes-Inferenz tendiert stark zu einer entscheidungstheoretischen Darstellung, zumal manchen Schlussweisen (z.B. Tests und bestimmte Punktschätzverfahren) nur dann in das Repertoire eines Bayesianers passen, wenn sie entscheidungstheoretisch aufgefasst werden.

Durch den entscheidungstheoretischen Ansatz wird ein Schluss von einer Stichprobe auf eine Grundgesamtheit allerdings nur dann inhaltlich adäquat erfasst, wenn sich der Betrachter in einer realen Entscheidungssituation befindet und die zugrunde gelegte Verlustfunktion sachlich begründen kann. In allen anderen Fällen ist eher eines der drei erstgenannten nichtentscheidungstheoretischen Inferenz-Konzepte angezeigt. Eine konkrete Entscheidungssituation ist insbesondere dann schwer zu begründen, wenn die Stichprobe wissenschaftlichen Untersuchungen dient, die zu Erkenntnissen innerhalb der betreffenden Wissenschaft führen sollen.

Literatur: *V. Barnett*, Comparative statistical inference. 2. A., Chichester - New York - Brisbane - Toronto - Singapore 1982. *D. R. Cox/ D. V. Hinkley*, Theoretical statistics. London 1974. *M. G. Kendall/ A. Stuart*, The advanced theory of statistics. Vol. 1: Distribution theory. 5. A., London 16977. *M. G. Kendall/ A. Stuart*, The advanced theory of statistics. Vol. 2: Inference and Relationship. 5. A., London 1979. *M. G. Kendall/ A. Stuart/ J. K. Ord*, The advanced theory of statistics. Vol. 3: Design and analysis, and timeseries. 5. A., London 1983. *J. Pfanzagl*, Allgemeine Methodenlehre der Statistik. Band II. 5. A., Berlin - New York 1978. *B. Rüger*, Induktive Statistik. 2. A., München - Wien 1988.

Prof. Dr. B. Rüger, München

Industrial Engineering
→Fertigung, 1.

industrial relations
⇒Arbeitsbeziehungen
die zwischen →Arbeitgebern und →Arbeitnehmern bestehenden Beziehungen. Beide können sowohl als Interessenkonkurrenten od. als Partner in →Wirtschaft und Gesellschaft auftreten. Der Staat hat die Ordnung zu schaffen, innerhalb derer sie ihre Vorstellungen umsetzen können. Diese ist durch den Stand der gesellschaftlichen und wirtschaftlichen Entwicklung eines Landes geprägt. So gilt in Deutschland die →Tarifautonomie gem. Art. 9, Abs. 3 GG neben weiteren zahlreichen Gesetzen unterhalb der Ebene der Tarifparteien.

Industriekontenrahmen (IKR)
gegenüber dem älteren →Gemeinschaftskontenrahmen der Industrie neuerer, Anfang der 70er Jahre vom →Bundesverband der Deutschen Industrie geschaffener →Kontenrahmen, der auf Industriebetriebe ausgerichtet ist und große praktische Bedeutung erlangt hat. Entspricht dem Aufbau der →Bilanz und →Gewinn- und Verlustrechnung. Er weist folgende Systematik auf:
Bilanzkonten:

Klasse 0	Aktivkonten	Sachanlagen, immaterielle Anlagen
Klasse 1	Aktivkonten	Finanzanlagen, Geldkonten
Klasse 2	Aktivkonten	Vorräte, Forderungen, aktive Rechnungsabgrenzung
Klasse 3	Passivkonten	Eigenkapital, Wertberichtigungen, Rückstellungen
Klasse 4	Passivkonten	Verbindlichkeiten, passive Rechnungsabgrenzung

Erfolgskonten:

Klasse 5	Ertragskonten	Ertragskonten

Klasse 6 Aufwands-   Material, Per-
         konten   sonal,
                      Abschreibun-
                      gen
Klasse 7 Aufwands-   Zinsen, Steu-
         konten   ern, sonstige
                      Aufwendun-
                      gen
Klasse 8 Eröffnungs-
         und
         Abschluss-
         konten
Klasse 9 Kosten- und
         Leistungs-
         rechnung

Industriekreditbank AG - Deutsche Industriebank (IKB)

die 1949 von der Industrie gegründete Industriekreditbank AG, Düsseldorf, übernahm 1974 über eine Verschmelzung das → Vermögen der Deutschen Industriebank, Berlin. Heute Sitz in Düsseldorf und Berlin. Die I. gewährt nicht emissionsfähigen (→ Emission) mittelständischen → Gewerbebetrieben mittel- und langfristigen → Kredit, wofür sie → Schuldverschreibungen begibt und → Darlehen bei öffentlichen Stellen sowie → Kapitalsammelstellen und anderen Banken aufnimmt. → Einlagen nimmt sie nicht entgegen. Einzige Bank, die ausschließlich Unternehmen (→ Betrieb, I.) als Kunden hat. In den letzten Jahren hat die I. einen Wandel vom reinen Finanzierungsinstitut zu einem Beratungsinstitut vollzogen, das neben dem Beratungspaket auch noch die Finanzierung besorgt.

industrielle Reservearmee

nach K. Marx →Arbeitslosigkeit als die historisch determinierte und notwendige Begleiterscheinung des Kapitalismus aufgrund des →Gesetzes der kapitalistischen Kapitalakkumulation. S. auch → Gesetz des tendenziellen Falls der Profitrate.

Industrieobligation

neben der Industrieanleihe (→Anleihe) → Schuldverschreibung, die von einem Industrieunternehmen erstklassiger →Bo-

nität mit relativ großem Grundbesitz und sonstigen Vermögenswerten, meist einer →Aktiengesellschaft, emittiert (→Emission) wird. In den letzten Jahren ist die I. bedeutungslos geworden. Ihr Anteil am Umlauf festverzinslicher →Wertpapiere inländischer Emittenten (→ Emission) liegt unter 1%.

Industriepolitik

→Gewerbepolitik.

Industrieschuldverschreibung

→ Schuldverschreibung, die nach dem Emittenten (→Emission), nämlich große Industriebetriebe mit erstklassiger →Bonität, bezeichnet ist. I. sind Industrieanleihe (→ Anleihe) und → Industrieobligation.

Industrie- und Handelskammern (IHK)

regional gegliederte Selbstverwaltungsorganisationen der →Wirtschaft für Gewerbetreibende (→Gewerbebetrieb) aus Industrie, Handel, Verkehr und anderen Dienstleistungsbereichen zur Vertretung der Interessen ihrer Mitglieder, die kraft Gesetz kammerzugehörig sind, nach innen und außen Förderung dieser durch eigene Einrichtungen od. Beteiligungen, z.B. durch → Börsen, Messen, Häfen, Fach- und Fortbildungsschulen. Darüber hinaus unterstützen sie öffentliche Organe und Gerichte durch Stellungnahmen, Berichte, Gutachten und erbringen Leistungen in der Berufsausbildung. I. haben demokratisch gewählte Organe: Vollversammlung, Präsidium, Präsident und Hauptgeschäftsführer. Spitzenorganisation ist der → Deutsche Industrie- und Handelstag (DIHT).

Industrieökonomik

in der Fachliteratur gibt es kein einheitliches Verständnis zum Begriff der I. umfasst a) die →Haushaltstheorie, da die individuellen →Präferenzen der Nachfrage sowohl über die Struktur des →Güterangebots wie auch bei der Bewertung wettbewerblicher Prozesse von Bedeutung sind; b) die →Unternehmenstheorie; c) die Markttheorie mit ausgeprägten industriebezogenen Aspekten. Alle drei Teile bilden die mikroökonomische Fundierung der I. Neuere Entwicklungen

verzahnen mikroökonomische (→Mikro-
ökonomik) Vorgänge mit makroökonomischen (→ Makroökonomik) und
arbeiten somit die Zusammenhänge der
I. mit der gesamtwirtschaftlichen Entwicklung heraus. Die Abgrenzung der I.
zur Markttheorie und der → Wettbewerbstheorie ist im Fach bisher noch
nicht gelungen.

induzierte Investition
in der Modelltheorie i.Ggs. zur autonomen Investition von einer Impulsgröße,
z.b. von einer vorangegangenen Erhöhung der →Güternachfrage, ausgelöste →
Investition. S. auch →Akzeleratorprinzip
sowie →Investitionsfunktion.

induzierter technischer Fortschritt
jener → technischer Fortschritt, dessen
Verursachung in der →Wachstumstheo-
rie erklärt wird, z.B. durch Erhöhung des
Kapitaleinsatzes od. größeren Bildungs-
aufwand für den →Produktionsfaktor →
Arbeit. Ist Ggs. zum →autonomen technischen Fortschritt. S. auch →technischer
Fortschritt.

infant industry-Argument
Rechtfertigungsargument für zeitlich begrenzten Schutzzoll, um eine gegenwärtig international nicht wettbewerbsfähige
Industrie aufzubauen, die später konkurrenzfähig sein soll (Erziehungszoll). Obwohl immer wieder und vielerorts Industrien unter   Schutzzoll aufgebaut
wurden, ist die Tragfähigkeit des i. in der
Außenwirtschaftstheorie umstritten. Vgl.
→Zolltheorie, 2.

Inferenzstatistik
⇒Analytische Statistik
⇒Beurteilende Statistik
⇒*Induktive Statistik*
⇒Schließende Statistik.

inferiores Gut
⇒Sättigungsgut
→Gut.

Inferiorisierung
⇒Denaturierung
⇒Vergällung.

Inflation
über mehrere Perioden anhaltende Abfolge von Preisniveausteigerungen (→
Preisniveau) bzw. entsprechendes Sinken der →Kaufkraft des →Geldes. S. auch
→Inflationstheorie, 1.

Inflationsimport
→Inflationstheorie, 3.3.

Inflationsrate
Unterschied des →Preisniveaus (dP), der
sich im Zeitverlauf ergeben hat: $\dfrac{dP}{dt}$ od.
der entsprechende relative Preisniveau-
unterschied: $\pi = \dfrac{dP}{dt} \cdot \dfrac{1}{P}$. S. auch →Infla-
tionstheorie.

Inflationstheorie
1. *Begriff*. Inflation ist ein anhaltender
Prozess von Preisniveausteigerungen (→
Preisniveau). Dabei können einzelne Güterpreise (→ Preis) durchaus konstant
bleiben od. sogar fallen: Inflation ist also
nicht mit den für eine dynamische →
Marktwirtschaft typischen Preis*struktur*-
änderungen zu verwechseln. Der Begriff
Preisniveau, der mehrere Güterpreise zusammenfasst, wird durch einen *Preisindex* (→Indexzahl) operationalisiert. Dazu
benötigt man ein Wägungsschema, das
die relative Bedeutung der einzelnen →
Güter in einem Warenkorb angibt, sowie
Preisangaben für die zu vergleichenden
Perioden.
Der *Laspeyres-Index* hält das Wägungsschema im Zeitablauf konstant. Er ermittelt, was ein fester Warenkorb $q_0 = (q_{10},$
$..., q_{n0})$ aus dem Basisjahr kostet. Die
heutigen →Ausgaben werden in Relation
zu den Ausgaben des Basisjahres gesetzt.
Die →Inflationsrate gemäß diesem Index
erhält man als

$$\hat{P}_{Lasp} = \left(\frac{\sum p_{it} \cdot q_{i0}}{\sum p_{i0} \cdot q_{i0}} - 1 \right) \cdot 100\% \,.$$

Im *Paasche-Index* wird das jeweils aktuelle Wägungsschema mit dem Warenkorb
$q_t = (q_{1t}..., q_{nt})$ verwendet, so dass

sich die Inflationsrate ergibt als

$$\hat{P}_{Paasche} = \left(\frac{\sum p_{it} \cdot q_{it}}{\sum p_{i0} \cdot q_{it}} - 1 \right) \cdot 100\% \ .$$

Mit diesen Operationalisierungen sind notwendigerweise einige Probleme verbunden, die bei der Interpretation von „Inflationsraten" zu beachten sind. Diese Probleme liegen in
- dem Umfang und der Zusammensetzung des betrachteten Warenkorbs. Interessiert man sich für die Auswirkungen von Preisniveauanstiegen für die aktuelle Wohlfahrt der Haushalte, ist ein Konsumgüterkorb eines repräsentativen Haushalts angemessen. Hat man gesamtwirtschaftliche Aspekte zu untersuchen, sind auch Investitionsgüter (→ Gut) und staatliche Leistungen zu berücksichtigen.
- der Berücksichtigung von Preisstrukturveränderungen, die im Warenkorb (auch ohne Inflation) Substitutionsvorgänge auslösen. Deswegen übertreibt der Laspeyres-Index (und untertreibt der Paasche-Index) die Wohlfahrtsverluste durch Inflation.
- der Berücksichtigung von Qualitätsänderungen von Gütern bis hin zum Auftreten völlig neuer Güter.
- der statistischen Ermittlung der tatsächlich bezahlten Preise. Da Zahlungsmodalitäten, Leistungsumfang bezüglich Lieferfristen, Garantieleistungen und Kundendienst mit zum Preis eines Gutes gerechnet werden müssten, sind die statistischen Ämter bei der Erhebung solcher Merkmale i.d.R. überfordert.

Die Inflationsdiskussion in der Bundesrepublik Deutschland orientiert sich i.d.R. an einem Laspeyres-Index für die „Lebenshaltung eines durchschnittlichen Haushalts". In den Warenkorb gehen derzeit rund 900 Güter ein.

2. *Folgen.* Das wirtschaftspolitische Ziel Preisniveaustabilität (→ Ziele der Wirtschaftspolitik) wird mit den negativen Allokations- (→Allokation) und Umverteilungswirkungen von Inflation begründet.
Die Auswirkungen von Inflation auf

Größen wie →Produktion, →Beschäftigung, Einkommens- (→Einkommensverteilungstheorie) und Vermögensverteilung hängen entscheidend vom Ausmaß der korrekten Antizipation, d.h. der richtigen Inflationserwartungen, ab.

Auch eine *korrekt erwartete Inflation* bewirkt volkswirtschaftliche Kosten (→Kosten). Da Inflation den Realwert von → Geldvermögen verringert, wirkt sie wie eine Besteuerung von Kassenhaltung, so dass die →Wirtschaftssubjekte bei Inflation ihre reale Kassenhaltung verringern. Wenn man unterstellt, dass bei Preisniveaustabilität diese Kassenhaltung optimal war, ist die neue Struktur ineffizient. Das Wirtschaftssubjekt ist jetzt mit häufigeren Umbuchungen von Sicht- auf Spar- und Terminkonten und erhöhten anderen Transaktions- (→Kosten) und Informationskosten belastet. Der auch häufig gehörte Hinweis auf besonders hohe Informationsbeschaffungskosten zur Gewährleistung von korrekten Inflationserwartungen gilt jedoch nur bei stark schwankenden Inflationsraten:

Eine über Jahre hinweg konstante Inflationsrate von 6% erfordert keine anderen Informationskosten als eine seit Jahren andauernde Inflationsrate von 0,5%, die man praktisch als Preisniveaustabilität betrachten würde.

Erst bei hohen und sich schnell ändernden Inflationsraten entstehen dramatische volkswirtschaftliche Kosten durch Beeinträchtigung der →Geldfunktionen. Dann ist es sogar möglich, dass neue Zahlungsmittel wie →Devisen, die im Inland zur Abwicklung von →Transaktionen verwendet werden, Edelmetalle od. Zigaretten das alte →Geld verdrängen. Da die Möglichkeiten der Wirtschaftssubjekte, diesen Übergang auf das „neue Geld" mitzuvollziehen, sehr unterschiedlich sind, resultieren daraus gravierende Umverteilungs- und Allokationswirkungen. In den Jahren nach den beiden Weltkriegen traten derartige Wechsel auf neue Zahlungsmittel auf.

Die *Einkommens- und Vermögensumverteilungswirkungen* von Inflation sind abhängig von der Anpassung von Faktorpreisen od. anderen Einkommensbestimmungsfaktoren (Löhne, → Zinsen, Mieten, Pachten, →Renten, →Kindergeld, Wohngeld etc.) an die tatsächliche Inflationsrate. Wenn einige Gruppen von Wirtschaftssubjekten entweder die Inflation falsch antizipieren od. nicht die Möglichkeiten haben, die für sie relevanten Faktorpreise anzupassen, resultiert eine inflationsbedingte Einkommens- od. Vermögensumverteilung. Die bedeutendsten Umverteilungseffekte von Inflation werden im folgenden kurz diskutiert.

a) *Lohn-Lag-Hypothese*. Während der Laufzeiten von →Tarifverträgen sind Nominallohnanpassungen nicht mehr möglich, es sei denn auf betrieblicher od. einzelvertraglicher Basis. Bei Inflationsbeschleunigung wird dadurch der →Reallohn tendenziell gesenkt, bei Rückgang der Inflationsrate unter die bei Tarifvertragsabschluss erwartete Höhe wird der Reallohn erhöht.

b) →*Transfereinkommen* werden je nach institutioneller Regelung unterschiedlich von der Inflation getroffen.
- Renten werden in der Bundesrepublik Deutschland mit einem Jahr Verzögerung an die Nominaleinkommensentwicklung von →Arbeitnehmern angepasst und sind damit analog der Lohn-Lag-Hypothese betroffen.
- Nominal fixierte Transfereinkommen wie Kindergeld erleiden einen Kaufkraftverlust in Höhe der Inflationsrate.
- Transfers, die als Subsidiäreinkommen ausgelegt sind, erleiden sogar einen überproportionalen Realwertverlust: wenn andere Nominaleinkommen des Wirtschaftssubjektes inflationsbedingt wachsen, werden die Bemessungsgrundlagen der Transfereinkommen verringert. Die deswegen gekürzten Transfers erfahren außerdem einen Realwertverlust durch die Inflation. Dazu zählen Wohngeld- od. BAföG-Zahlungen.

c) Zinssätze passen sich nicht generell flexibel an die Inflationsrate an, so dass bei sich beschleunigender Inflation der Realzinssatz (→Zins) sinkt et v.v. Wenn für →Wertpapiere feste Nominalzinsen bei der →Emission festgeschrieben sind, ist gerade bei flexibler

Zinsanpassung an die Inflationsrate bei diesen ein Kursverfall zu beobachten. Durch die Inflation kann es also zu erheblichen Vermögensumverteilungswirkungen zwischen Gläubigern und Schuldnern kommen. In Zeiten sich beschleunigender Inflation und verzögerter Zinsanpassung sind die Schuldner Inflationsgewinner, bei rückläufigen Inflationsraten kann es umgekehrt sein. Nach deutschem Recht steht allerdings nach § 247 BGB bei Zinssätzen über 6% dem Schuldner in vielen Fällen ein außerordentliches Kündigungsrecht zu, das er in Zeiten rückläufiger Nominalzinsen dazu nutzen kann, auf einen günstigeren →Kredit umzuschulden (*interest-lag-Hypothese*).

d) Die Inflation verändert die effektive *reale Steuerbelastung*:
- Bei →Mengensteuern wird ceteris paribus (→ceteris paribus-Klausel) der Steuerzahler real entlastet (Mineralöl-, Tabak-, Branntweinsteuer).
- Proportionalsteuern entwickeln sich real unverändert, da sie den nominalen Größen folgen (→Mehrwertsteuer).
- Progressive Steuern steigen real mit der Inflationsrate an, solange →Freibeträge und Steuersätze nicht durch politische Entscheidung korrigiert werden.

Ähnlich wie im Fall der Transfereinkommen stellt sich hier ein politisches Legitimationsproblem für den Staat, da nicht durch expliziten politischen Beschluss, sondern stillschweigend durch die Inflation die Steuerstruktur verändert wird.

Die Untersuchung der Wirkungen von Inflation auf gesamtwirtschaftliche Ziele wie Beschäftigung, →Wachstum und → außenwirtschaftliches Gleichgewicht (→ Ziele der Wirtschaftspolitik) ist nicht zu trennen von einer Ursachenanalyse der Inflation. Streng neoklassische Ökonomen (→Neoklassische Theorie) sehen bei Orientierung am Modell der →„rationalen Erwartungen" und bei →flexiblen Wechselkursen überhaupt keine Auswirkungen von Inflation auf die genannten Ziele. Bei anderen Erwartungsbildungshypothesen und insbesondere in der keynesianischen Tradition stellen sich diese Auswirkungen komplexer dar.

3. *Ursachen*. In der ökonomischen Theorie lassen sich zwei unterschiedliche Ansätze zur Erklärung von Inflationsursachen finden: Monetäre I. sehen die einzige Inflationsursache in „zu rascher" Geldmengenausweitung (→Geldmenge), realwirtschaftliche Erklärungsansätze in realen Störungen entweder auf der Angebots- od. der Nachfrageseite, die wiederum auf einen tiefer liegenden Konflikt über die Verteilung od. Verwendung des →Sozialprodukts zurückgeführt werden. Demzufolge kommen diese Schulen, die mit Einschränkungen eher neoklassisch bzw. keynesianisch etikettiert werden können, auch zu unterschiedlichen *stabilitätspolitischen Konzeptionen*.

3.1. *Monetäre I*. Diese sehen die primäre Ursache für Inflation in einer exogen, d.h. von der →Zentralbank od. dem Ausland, gegebenen Geldmengenausweitung. Differenzierungen ergeben sich hinsichtlich der Annahmen über die Bestimmungsfaktoren der →*Geldnachfrage* und damit zusammenhängend über den →*Transmissionsmechanismus* von gestiegener Geldmenge in höhere Preise. Die *einfache* → *Quantitätstheorie* basiert auf der sog. Quantitätsgleichung (→ Tauschgleichung) $Y^r \cdot P = M \cdot V$.

In neoklassischer Tradition geht man davon aus, dass

- das reale Sozialprodukt Y^r durch *Vollbeschäftigung* aller →Produktionsfaktoren gegeben ist,
- die *Geldmenge M exogen* durch die Zentralbank gesteuert wird,
- Geld ausschließlich zu *Transaktionszwecken* nachgefragt wird. Bei gegebenen Zahlungsgewohnheiten, → Bankensystem, vertraglich festgelegten Zahlungshäufigkeiten etc. kann deshalb die →Umlaufgeschwindigkeit der Geldmenge V (bezogen auf das nominale Sozialprodukt $Y^r \cdot$ p) als gegebener Parameter betrachtet werden.

Das Preisniveau (P) ist dann immer proportional zur Geldmenge (M). Eine andere Inflationsursache als eine expansive → Geldpolitik kann es nicht geben; Impulse

wie höhere Ölpreise od. aggressive Lohnpolitik verändern die Preisstruktur, nicht das Preisniveau.

Der Übertragungsmechanismus von gestiegener Geldmenge auf das Preisniveau wird im → Realkasseneffekt gesehen: Steigt M um x%, so enthalten die Vermögensportfolios zunächst einen zu hohen Anteil von realem Geldvermögen ($\frac{M}{P}$). Der induzierte Anpassungsprozess führt zu höherer →Güternachfrage, die jedoch wg. der unterstellten Vollbeschäftigung ausschließlich in Preissteigerungen um x% sichtbar wird, solange bis $\frac{M}{P}$ durch Preissteigerungen auf den ursprünglichen Wert gesunken ist.

In der Weiterentwicklung der Quantitätstheorie durch den →*Monetarismus* lassen sich zwei Richtungen der Inflationserklärungen darstellen, die sich in den Annahmen über die Bildung von *Inflationserwartungen* unterscheiden.

Im *Monetarismus I* der ursprünglichen Friedman'schen Ausprägung wird davon ausgegangen, dass der o.g. Übertragungsmechanismus von gestiegener Geldmenge auf das Preisniveau langfristig gilt. Kurzfristig können jedoch als Folge von falschen *Inflationserwartungen* auch reale Effekte auf Produktion und Beschäftigung auftreten. Auf dem für den Monetarismus typischen neoklassischen Theoriehintergrund kann Inflation nur dann reale Effekte haben, wenn der tatsächliche Reallohnsatz zeitweilig vom Vollbeschäftigungsreallohn abweicht. Im Monetarismus I haben die Marktparteien auf dem →Arbeitsmarkt unterschiedliche Inflationserwartungen: Die Arbeitnehmer-Haushalte bilden ihre Inflationserwartungen nach einem *adaptiven Konzept*: Die aktuelle Inflationserwartung wird jeweils um einen positiven Anteil des Erwartungsirrtums der Vorperiode korrigiert:

$$\hat{P}_t^e - \hat{P}_{t-1}^e = a \cdot (\hat{P}_{t-1} - \hat{P}_{t-1}^e) \text{ mit } 0 < a < 1$$

bzw. $\hat{P}_t^e = a \cdot \hat{P}_{t-1} + (1-a) \cdot \hat{P}_{t-1}^e$.

Bei plötzlich einsetzender od. sich beschleunigender Inflation unterschätzen deshalb die Arbeitnehmer die tatsächliche Inflationsrate et vice versa. Bei geringen Nominallohnsteigerungen glauben sie irrtümlich an eine Reallohnerhöhung und gehen bereitwilliger auf Beschäftigungsangebote der Unternehmen (→Betrieb, I.) ein. Da die Unternehmen ihrerseits die tatsächliche Inflationsrate korrekt antizipieren, stellen sie wg. der effektiven Reallohnsenkung mehr Beschäftigte ein und dehnen die Produktion aus. Der Inflationsprozess verläuft etwa wie folgt:

- Da der private Sektor durch Marktmechanismen stabil bei Vollbeschäftigung gehalten wird, kann lediglich ein exogener Impuls durch eine zu starke *Geldmengenausweitung* eine inflationäre Störung auslösen.
- Die zu hohen Geldvermögensanteile in den Portfolios führen zu steigender Nachfrage der privaten Wirtschaftssubjekte nach Konsum- und Investitionsgütern sowie Wertpapieren.
- Die resultierenden Nachfrageüberhänge führen zu Preissteigerungen, die aber anfangs nur unvollkommen von den Arbeitnehmer-Haushalten wahrgenommen werden. Trotz der tatsächlich eingetretenen Reallohnsenkung lassen sie sich zu höherem Arbeitsangebot anreizen, so dass Beschäftigung und Produktion über das Vollbeschäftigungsniveau hinaus ansteigen.
- Sukzessive lernen die Arbeitnehmer die tatsächliche Inflationsrate, so dass der Reallohnsatz ceteris paribus steigt.
- Weitet nun die Zentralbank erneut die Geldmenge stärker aus, dann kann durch den wiederholten Bluff die überhöhte Beschäftigungssituation zeitweilig gehalten werden.
- Bremst hingegen die Zentralbank die Geldmengenexpansion ab, dann lassen sich die von den privaten Wirtschaftssubjekten erwarteten Inflationsraten nicht mehr finanzieren: der Reallohn ist eventuell vorübergehend höher als das vollbeschäftigungskonforme Niveau, so dass die Beschäftigung und die Produktion zurückgehen (monetaristische Stabilisierungskrise).

Im *Monetarismus II*, der mit der makroökonomischen Schule der *rationalen Erwartungen* verbunden ist, gelingt auch der oben beschriebene vorübergehende

„Bluff" der Arbeitnehmer-Haushalte nicht. Wenn man unterstellt, dass alle Wirtschaftssubjekte ökonomische Theorien zur →Prognose von Inflationsraten benutzen, können sie die langfristig ausschließlich inflationären Impulse von Geldmengenausweitungen in Rechnung stellen und sich sofort danach verhalten. Dadurch wird die im Monetarismus I noch mögliche vorübergehende Auswirkung auf Produktion und Beschäftigung ausgeschlossen, und die ursprüngliche Quantitätstheorie gilt jederzeit.

Auch in einer keynesianischen Sicht kann eine Inflation durch Geldmengenausweitung entstehen. Als Übertragungsmechanismus dienen gemäß dieser Theorie Zinssenkungen, die zu erhöhter Investitionsnachfrage und damit insgesamt höherer → gesamtwirtschaftlicher Nachfrage führen.

3.2. *Realwirtschaftliche I.* Diese suchen die auslösenden und den Inflationsprozess fortsetzenden Kräfte bei den realen Plänen der Wirtschaftssubjekten. Wenn sich derartige Planänderungen in der gesamtwirtschaftlichen Angebotsfunktion niederschlagen, spricht man von *Anbieterinflation* bzw. Kosten- bzw. Gewinndruckinflation. Auslösende Faktoren sind beispielsweise aggressive → Gewerkschaften, die über den Produktivitätsfortschritt hinausgehende Lohnsteigerungen durchsetzen, Preishaussen (→Hausse) für schwer substituierbare importierte Rohstoffe (Umverteilungsansprüche des Auslands durch geänderte →terms of trade), Erhöhung des durchschnittlichen Gewinnaufschlags infolge von Unternehmenskonzentrationsprozessen od. langfristig steigenden → Kapitalkoeffizienten, Preisfestsetzungen durch private Monopolunternehmen (→Monopol, → Preisdifferenzierung (administered price Inflation)), aber auch Steuererhöhungen des Staates, die in den Güterpreisen weitergegeben werden.

Als *Nachfrageinflation* wird ein Preisniveauanstieg bezeichnet, der auf einen exogenen Nachfrageanstieg zurückzuführen ist. Solche inflationären Impulse können von einer stark steigenden Exportnachfrage des Auslands, einer staatlichen Budgetdefizitpolitik insbesondere in Kriegszeiten od. durch einen sich selbst verstärkenden Investitionsboom initiiert werden.

Da beide Typen von Konflikten idealiter auch über Marktprozesse ohne Inflation geregelt werden können (was die neoklassisch orientierte monetäre I. unterstellt), gehen realwirtschaftliche I. von einer bestimmten Sichtweise der volkswirtschaftlichen Kreislaufzusammenhänge aus, die eine Umsetzung der genannten Impulse in Inflation zulassen. Als Referenzsystem wird häufig das *keynesianische Makromodell* herangezogen.

Bei einer Nachfrageinflation verschiebt sich die aggregierte Nachfragekurve nach rechts: in der Figur 1a führt diese zu höherem →Sozialprodukt bei höherem Preisniveau. Im Falle der Anbieterinflation verschiebt sich die gesamtwirtschaftliche Angebotsfunktion nach links. Konsequenz ist ein höheres Preisniveau bei niedrigerem Sozialprodukt (Figur 1b). Neuere realwirtschaftliche Erklärungsansätze des Inflationsprozesses betonen die Wechselwirkungen zwischen Angebots- und Nachfrageseite einer Volkswirtschaft und führen den Inflationsprozess auf den Verteilungskonflikt (→Einkommensverteilungstheorie) zwischen den Wirtschaftssubjekten bzw. ihren Verbänden zurück. In Verbindung mit der →*Neuen Politischen Ökonomie* erhält man dann ein komplexeres Bild des Inflationsprozesses.

Die Neue Politische Ökonomie sieht

Preisniveaustabilität als ein *öffentliches Gut* (→Gut) an: Jeder einzelne nutzt gern die Vorteile dieses Gutes, hat aber keinen Anreiz zu seiner „Produktion", d.h. hier zu stabilitätsgerechtem Verhalten beizutragen. Organisierte Interessen (Unternehmen, Arbeitnehmer) wälzen tendenziell die Lasten eines Verteilungskonflikts auf die Konsumenten ab, die als heterogene und kaum zu organisierende Gruppe relativ wehrlos sind. Die staatliche Wirtschaftspolitik (→ Theorie der Wirtschaftspolitik) orientiert sich an Wahlterminen, die Zentralbankmanager verfolgen bürokratische Eigeninteressen, so dass die grundsätzlich verfügbaren harten Antiinflationsinstrumente nicht eingesetzt werden.

Neben dieser sehr akzentuierten Sichtweise der Wirtschaftspolitik kann man alternativ auch davon ausgehen, dass aufgrund der Diagnose- und Entscheidungsprobleme sowie der nicht hinreichend fein einsetzbaren Instrumente die Wirtschaftspolitik *kurz- und mittelfristig* nicht das Ausbrechen von Inflation verhindern kann. Erst nachträglich kann sie jeweils versuchen, einen bereits in Gang befindlichen Prozess zu bremsen. Die *Inflationsbekämpfungspolitik* steht aber wie auch in der monetaristischen Sichtweise vor dem Dilemma, Preisniveaustabilität zumindest vorübergehend mit der Gefahr von mehr →Arbeitslosigkeit und einer →Rezession zu erkaufen.

In dieser realwirtschaftlichen Sichtweise

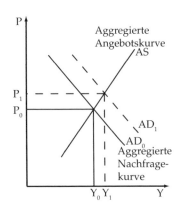

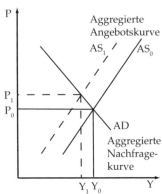

des Inflationsprozesses sind die ungelösten Verteilungskonflikte der Gesellschaft immer wieder auslösendes Moment für eine Inflationsentstehung, z.B. in Form einer Preis-Lohn-Preis-Spirale. Kurz- und mittelfristig kann durch ein elastisches Geldsystem (Ausnutzung freier Liquiditätsreserven der →Banken, Verwendung von →near-money, Rationalisierung der Kassenhaltung) die Inflation finanziert werden. Längerfristig schreckt die Wirtschaftspolitik vor abrupten restriktiven Maßnahmen der → Geld- und Fiskalpolitik zurück, da sie angesichts des wirtschaftspolitischen Dilemmas der drohenden höheren Arbeitslosigkeit Popularitätsverluste befürchten muss.

3.3. *Importierte Inflation.* Als importierte Inflation bezeichnet man Preisniveausteigerungen, die durch eine Inflation in anderen Ländern, mit denen das Land über Handel, Tourismus, Kapitalverkehr etc. Wirtschaftsbeziehungen hat, ausgelöst werden.

Die Übertragung einer ausländischen Inflation auf das Inland geschieht in einem System →*fester Wechselkurse* nach anderen Regeln als in einem System →*flexibler Wechselkurse.*

Als Übertragungsmechanismen der ausländischen Inflation auf das Inland dienen:
- der *Einkommenseffekt*: Der reale Nachfrageanstieg durch verminderte Import- und erhöhte Exportnachfrage bewirkt einen Inflationsstoß nach dem Nachfragesogmodell.
- der →*Liquiditätseffekt*: In einem System fester Wechselkurse erhöhen Devisenzuflüsse die einheimische Geldmenge, sofern nicht jederzeit durch eine kompensatorische Politik der Zentralbank eine erhöhte inländische Kreditgewährung aufgrund dieser Devisenzuflüsse unterbunden wird. Falls die einheimische Geldmenge durch Devisenzuflüsse ausgeweitet wird, führen diese direkt (Quantitätstheorie) od. indirekt über Ausweitung von Finanzierungsspielräumen (die einen bereits in Gang befindlichen Inflationsprozess weiter finanziell alimentieren) zu höherer Inflation.

- der *direkte internationale Preiszusammenhang*: Durch Orientierung an den Weltmarktpreisen gleichen sich die Güterpreise direkt aneinander an. Ebenso wirken verteuerte schwer substituierbare Vorleistungen (Erdöl, Erze, landwirtschaftliche Rohstoffe) über höhere Kostenbelastungen der einheimischen Unternehmen inflationsfördernd. Dieser Effekt kann allerdings durch Paritätenänderung (→ Parität) zumindest teilweise ausgeschaltet werden.

In einem System fester Wechselkurse kommen i.d.R. alle drei Übertragungsmechanismen für den Inflationsimport in Frage. In einem System flexibler Wechselkurse entscheiden die Import- und Exportnachfrageelastizitäten über mögliche →Auf- bzw. →Abwertungen der einheimischen → Währung und damit über möglichen Inflationsimport.

Literatur: *W. Ströbele*, Inflationstheorie - Ein Überblick. WiSt 9/ 1979, 414-421. *W. Ströbele*, Inflation - Einführung in Theorie und Politik. 2. A., München 1984. *R. Pohl*, Theorie der Inflation. München 1981. *O. Issing*, Einführung in die Geldtheorie. 9. A., München 1993, insbesondere Kapitel VII.

          Prof. Dr. W. Ströbele, Münster

inflatorische Lücke

Kennzeichnung jener gesamtwirtschaftlichen Situation, bei der von einem Vollbeschäftigungsgleichgewicht (→ gesamtwirtschaftliches Gleichgewicht, 2.) in t_0 ausgehend (Y_0^{r*}), die →Wirtschaftssubjekte in Erwartung konstanten →Preisniveaus (P_0), eine Erhöhung ihrer → gesamtwirtschaftlichen Güternachfrage in t_1 planen (Y_1^D), so dass die i. $\overline{AB}$ entsteht. i. sagt aus, dass das kurzfristig nicht ausweitungsfähige Vollbeschäftigungssozialprodukt (Y_0^{r*}) die geplante Güternachfrage real nicht befriedigen kann und eine Preisniveauerhöhung auf P_1 (→Inflation, →Inflationstheorie) folgen werde. Am Ende der Periode t_1 haben die Wirtschaftssubjekte ihre nominalen Ausgabenpläne ($\frac{Y_1^D}{P_1}$), nicht aber ihre realen ($\frac{Y_1^D}{P_0}$) realisiert. Dieses Konzept erlaubt keine Aussage über die Gründe, die eine inflationäre Erscheinung auslösen.

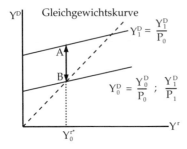

Informatik

Bezeichnung für die seit Beginn der 60er Jahre sich entwickelnde Wissenschaft von der automatisierten Informationsbe- und -verarbeitung. Eine eindeutige Begriffsdefinition gibt es nicht. Ursprünglich befasste sich die I. hauptsächlich mit dem Computer (computer science). Heute bezieht sich das Lehr- und Forschungsfeld der I. auf die Informationstechnologie, also →Hardware, →Software und Datenübertragung, Gestaltung von Informationssystemen, (Methoden, Werkzeuge) und → Wirtschaftlichkeitsfragen (Management) sowie gesellschaftliche Auswirkungen und Probleme der Informationstechnologie. Anwendungsbezogen wird I. als Fach-I. innerhalb der zuständigen Wissenschaften, wie →Wirtschaftswissenschaft (Wirtschafts-I.), Verwaltungswissenschaft (Verwaltungs-I.), Rechtswissenschaft (Rechts-I.), Medizin (medizinische I.), u.a. gelehrt.

Informationsökonomik

1. *Begriff, Gegenstand.* Die I. analysiert ökonomische Systeme unter Berücksichtigung der Tatsache, dass →Wirtschaftssubjekte i.Allg. unter unvollständiger Information handeln und dass Informationsbeschaffung, soweit sie überhaupt möglich ist, mit →Kosten verbunden ist. Als I. i.e.S. kann man die ökonomische

Analyse der Informationsbeschaffung bezeichnen, als I. i.w.S. alle Untersuchungen, die sich mit den Auswirkungen unterschiedlicher Informationsbedingungen auf die Funktionsweise ökonomischer Systeme (Einzelwirtschaften, → Märkte, Gesamtwirtschaft) beschäftigen. Unvollständige Information der Wirtschaftssubjekte ist aus der Sicht der I. kein vorübergehendes Friktionselement, sondern konstitutioneller Bestandteil ökonomischer Prozesse, der die Art der Koordination dezentraler ökonomischer Aktivitäten bedingt und sich insbesondere auf die Funktionsfähigkeit ökonomischer Systeme im Sinne einer Selbststeuerung auswirkt. Die in der Volkswirtschaftslehre (→ Wirtschaftswissenschaft) noch relativ neue Art der Betrachtungsweise der I. hat bisher zwar nicht zu einer umfassenden Theorie, aber zu neuen Einsichten für viele Einzelfragen geführt. Die grundlegenden Problemstellungen können daher nur beispielhaft beschrieben werden.

2. *Einzelwirtschaftliche Analysen.* Als I. i.e.S. befasst sie sich insbesondere mit den ökonomischen Prinzipien der Informationsbeschaffung, durch die eine Verringerung der bei individuellen Entscheidungen bestehenden Unsicherheit bewirkt werden kann. „Information" ist in diesem Zusammenhang eine Nachricht, durch die beim Wirtschaftssubjekt bestehende Wahrscheinlichkeitsurteile bezüglich entscheidungsrelevanter →Daten od. Ereignisse (z.B. Tauschmöglichkeiten, technische Entwicklung) verändert werden. Der (Brutto-) „Wert" einer solchen Information für ihren Benutzer hängt davon ab, inwieweit durch sie das Ergebnis einer anstehenden Entscheidung (i.Allg. am →Erwartungswert des →Nutzens gemessen) verbessert werden kann: die Kosten der Informationsbeschaffung sind hiervon zu subtrahieren. Ökonomisches Grundprinzip für die Informationsbeschaffung ist die Regel, dass im →Gleichgewicht die Kosten einer zusätzlichen Information ihrem Wert entsprechen müssen. Insoweit es sich beim Informationswert um Nutzengrößen, bei den Informationskosten um Zeit- od. sonstige Opportunitätskosten handelt, sind beide

subjektive Größen.

Von zentraler Bedeutung für die Analyse von Informationsaktivitäten ist die → *Suchtheorie*. Ihr Standardmodell bezieht sich auf das Suchverhalten eines Nachfragers, der nach dem niedrigsten →Preis auf einem Markt sucht, von dem ihm nur die Anbieter und die Verteilungsfunktion der Preise bekannt sind, nicht aber, welche Anbieter welchen Preis fordert. Die Preissuche ist dann methodisch einem Problem der Stichprobentheorie äquivalent. Im Falle einer festen →Stichprobe ist die optimale Zahl von Suchschritten (die zur Erfragung eines Preises aufgesuchte Zahl von Anbietern) so zu bestimmen, dass Grenzkosten (→Kosten) und Grenzertrag (→Ertrag) des letzten Suchschritts sich entsprechen. Zu günstigerem Ergebnis führen sequentielle Suchverfahren, bei denen die Zahl der Suchschritte nicht a priori festgelegt wird, sondern die Suche nur so lange fortgesetzt wird, bis ein Preis gefunden wird, der nicht höher ist als ein vorher mit Hilfe optimaler Stoppregeln individuell festgelegtes Akzeptanzniveau (*„reservation price"*). Im Rahmen dieses Ansatzes sind sehr zahlreiche Modelle entwickelt worden. Sie unterscheiden sich u.a. in ihrer Annahmen über die Eigenschaften der Verteilungsfunktion der Preise sowie deren Kenntnis od. Fehleinschätzung beim Suchenden und analysieren insbesondere die Auswirkungen der verschiedenen Annahmen auf den Umfang und das Ergebnis des Suchprozesses. Von besonderer Bedeutung sind solche →*„Neue Mikroökonomik"* für die Analyse des Arbeitsmarktes geworden, für den das Problem der Suche nach einem Arbeitsplatz mit möglichst günstigem Lohnsatz in Analogie zur Preissuche auf dem →Gütermarkt behandelt wird. Hieraus lässt sich eine mikroökonomische (→Mikroökonomik) Grundlage für makroökonomische Zusammenhänge, insbesondere für die (zumindest partielle) Erklärung des gesamtwirtschaftlichen → Beschäftigungsgrades gewinnen.

3. *Markttheorie*. Unvollständige Information und Informationssuche der Marktteilnehmer beeinflussen das Markt-gleichgewicht und die Wirkungsweise des Preismechanismus (→Preisfunktion). I.Ggs. zum Ergebnis der neoklassischen Preistheorie für homogene Konkurrenzmärkte kann sich bei Existenz von Suchkosten beispielsweise ein einheitlicher Gleichgewichtspreis ergeben, der nicht dem Konkurrenz-, sondern dem Monopolpreis entspricht. Unter bestimmten Bedingungen kann das Marktergebnis aber auch kein einheitlicher Preis, sondern eine Gleichgewichtsverteilung der Preise sein. Informationskosten beeinflussen gleichzeitig auch die Marktstruktur: Unvollständige Information der Nachfrager führt selbst auf einem sonst homogenen Markt mit vielen Konkurrenten zu monopolistischen Spielräumen der Anbieter.

Besondere Probleme ergeben sich bei unvollständiger Information über die Eigenschaften von Gütern od. das Verhalten von Tauschpartnern insbesondere dann, wenn Informationsasymmetrie besteht, d.h. wenn eine Marktpartei bessere Informationen als ihre Marktgegenseite besitzt. Das Problem der *„Antiselektion"* (*„adverse selection"*) entsteht beispielsweise, wenn Nachfrager sich nur über die durchschnittliche Qualität des Angebots auf einen Markt informieren (können). Anbietern von Gütern höherer, mit höheren Kosten verbundener Qualität wird diese dann von den Käufern nicht entgolten. Die höheren Qualitäten verschwinden deshalb vom Markt, die Durchschnittsqualität verschlechtert sich im Extremfall so lange, bis →„Marktversagen" in dem Sinne eintritt, dass der betreffende Markt zu bestehen aufhört. Das Problem des *„moralischen Risikos"* (*„moral hazard"*) besteht z.B. darin, dass das Verhalten des Käufers nach Vertragsabschluss die Leistungen beeinflusst, die der Verkäufer zu erbringen hat (z.B. Reparaturen, Versicherungsleistungen), dieser sich aber nur unvollständig über das Käuferverhalten informieren und es auch nicht kontrollieren kann. In beiden Fällen können Marktpreise nicht die tatsächlichen Gegebenheiten eines Tausches korrekt widerspiegeln. Aus Problemen dieser Art lässt sich die Entstehung von Informationsinstrumenten erklären, die den Preismechanismus ergänzen od. ersetzen, die allerdings ihrerseits mit Kosten verbunden sind, wie etwa Werbung, Qualitätsgarantien u.ä. Generell ergibt sich eine Tendenz zu u.U. kostspieligen *„Signalling"*- bzw. *„Screening"*-Aktivitäten: Beispielsweise „signalisiert" ein Arbeitsplatzsuchender seine nicht direkt beobachtbare Qualifikation durch Zertifikate über Länge und Art seiner Ausbildung; ein →Arbeitgeber zieht eigene Auswahl- und Testverfahren zur Informationsgewinnung über Qualität und zu erwartendes Arbeitsverhalten von Stellenbewerbern heran.

4. *Theorie ökonomischer Systeme und Makroökonomik.* Hinsichtlich der Funktionsweise von Märkten ist für die I. entscheidend, dass bei unvollständiger bzw. kostenverursachender Information komplexere ökonomische Koordinationsprobleme bestehen als bei kostenlosen Tauschakten zu Gleichgewichtspreisen, wie sie der neoklassischen Vorstellung eines allein über den anonymen Preismechanismus gesteuerten Allokationsprozesses (→Allokation) entsprechen. Die I. liefert damit auch eine neue Grundlage für die allgemeine Theorie ökonomischer Systeme: Sie relativiert die These von der Informationseffizienz von Marktpreisen als Koordinationsinstrument, indem sie die Informationsprozesse innerhalb komplexer interdependenter (→Interdependenz) Systeme sowie die Institutionen, mit deren Hilfe diese sich an die notwendigerweise unvollständige Information ihrer Akteure anpassen, selbst mit zum Gegenstand der ökonomischen Analyse macht.

Da Koordinationsprobleme auf Marktebene makroökonomische Konsequenzen haben, fallen auch diese in den Diskussionsbereich der I., bisher vor allem als Erklärungsversuch für Phänomene wie Preis- und Lohnstarrheiten, Unterbeschäftigung od. →Inflation. Beispiel hierfür ist insbesondere die bereits erwähnte suchtheoretische Analyse des Arbeitsmarktes. Wg. der komplizierten Wechselwirkungen zwischen Anpassungsprozessen auf einzelnen Märkten und deren gesamtwirtschaftlichen Konsequenzen im Rahmen eines interdependenten Systems, sind die bisherigen Analysen je-

doch allenfalls erste Schritte zu einer allgemeinen informationsökonomischen Fundierung der Makroökonomik.

Literatur: *E. Bössmann*, Information. Handwörterbuch der Wirtschaftswissenschaft, Bd. 4. Stuttgart etc. 1977, 184-200. *H. Hirshleifer/J. G. Riley*, The Analytics of Uncertainty and Information: An Expository Survey. In: Journal of Economic Literature, 1979, 1375-1421. *J. E. Stiglitz*, Information and Economic Analysis: A Perspective. In: Economic Journal 95, 1985, Suppl., 21-41.

Prof. Dr. E. Bössmann, Köln

Infrastruktur
⇒Sozialkapital
⇒Sozialvermögen
Ausstattung einer Volkswirtschaft (→ Wirtschaft) mit Verkehrs- und Kommunikationseinrichtungen, Energieversorgung, Bildungs- und anderen eine wirtschaftliche Tätigkeit ermöglichenden und grundlegenden öffentlichen Einrichtungen, die Entwicklungsstand und Produktionsniveau des Landes bestimmen. Da Aufbau der I. hohe Investitionskosten erfordert, wird sie überwiegend vom Staat bereitgestellt. Eine allgemein akzeptierte →Definition ist noch nicht gefunden; so wird oft mit I. nur die materielle I. verstanden. od. konsumtiv genutzte öffentliche Einrichtungen und → Investitionen werden ausgeschlossen. Wesentliche Unterscheidungen sind: *materielle I.*, die sachlichen Anlagen und Ausrüstungen einschl. staatlicher Verwaltung, Ausbildung, Forschung, Gesundheits- und Fürsorgewesen sowie Kultur- und Sporteinrichtungen; *institutionelle I.*, gewachsene und gesetzte Normen, Einrichtungen und Verfahren; *personelle I.*, alle geistigen, unternehmerischen, handwerklichen und sonstigen Fähigkeiten (→Arbeitskapital).

Ingredient Branding
Übertragung der systematischen Etablierung und Pflege imagegeladener Produkte aus der Konsumgütererzeugung auf →Investitionsgüter sowie deren zugelieferter Produktkomponenten. Der Komponentenhersteller für Autos (z.B. Bosch für ABS, Stoßdämpfer, Scheibenwischer), überspringt den die Kompo-

nenten bündelnden Produktanbieter und wendet sich direkt an den Endnachfrager. I. schafft Wettbewerbsvorteile bei partnerschaftlichem Vorgehen, wenn beide - Zulieferer und Hersteller - ihre Vorzüge gebündelt gegenüber potentiellen Konkurrenten vertreten, zum anderen wird der Leistungsmangel des einen auch dem Image des anderen schaden.

Inhaberaktie
in der Bundesrepublik i.Ggs. zur →Namensaktie übliche, auf den Inhaber lautende → Aktie. Ihre Eigentumsübertragung vollzieht sich durch Einigung und Übergabe. I. dürfen nur dann ausgegeben werden, wenn der Nennbetrag voll eingezahlt ist. I.d.R. sind auf sie die Vorschriften über Inhaberschuldverschreibungen (→ Schuldverschreibungen) anzuwenden.

Inhaberpapier
→Wertpapier, dessen verbriefte Rechte vom jeweiligen Besitzer (Inhaber) geltend gemacht werden können. Das Recht aus dem Papier folgt dem Recht am Papier. Beispiel: →Inhaberaktie od. Inhaberschuldverschreibung (→ Schuldverschreibung).

inhomogene Produktionsfunktion
⇒*nichthomogene Produktionsfunktion.*

Inkasso
der Einzug fälliger Forderungen durch eine →Bank od. anderen Beauftragten.

Inländer
⇒Gebietsansässiger
→Wirtschaftssubjekt, das sich mit festem Wohnsitz bzw. mit Schwerpunkt seiner wirtschaftlichen Aktivität unabhängig von seiner Nationalität im Inland befindet. So sind z.B. I. ausländische →Arbeitnehmer mit Wohnsitz in der Bundesrepublik Deutschland od. in ausländischem Besitz befindliche Unternehmen (→Betrieb, I.), die in der Bundesrepublik produzieren.

Inländerkonzept
in der →Volkswirtschaftlichen Gesamtrechnung die Erfassung der Güterentstehung aller produzierten Wirtschaftsein-

heiten, die →Inländer sind. Das von ihnen erzeugte Gesamtprodukt heißt →Sozialprodukt. Vgl. auch →Inlandskonzept.

Inlandsaktiva
→ Forderungen inländischer → Banken gegenüber inländischen → Wirtschaftssubjekten (→Inländer).

Inlandskonzept
in der →Volkswirtschaftlichen Gesamtrechnung die Erfassung der Güterentstehung aller produzierenden Wirtschaftseinheiten innerhalb der Grenzen eines Landes. Das erzeugte Gesamtprodukt heißt →Inlandsprodukt. Vgl. auch →Inländerkonzept.

Inlandspassiva
Verbindlichkeiten inländischer →Banken gegenüber inländischen → Wirtschaftssubjekten (→Inländer).

Inlandsprodukt
erfasst in der →Volkswirtschaftlichen Gesamtrechnung die Produktionsleistung einer Volkswirtschaft (→Wirtschaft) an → Endprodukten während einer Zeitperiode nach dem →Inlandskonzept. Gegenüber dem Sozialprodukt (→ Inländerkonzept) enthält es die ins Ausland geflossenen → Einkommen, nicht aber die vom Ausland empfangenen. Es errechnet sich - für unterschiedliche Abgrenzungen - wie folgt:

Gesamtwirtschaftlicher Umsatz aufgrund inländischer Produktion

- →Vorleistungen
+ nichtabzugsfähige →Umsatzsteuer
+ Einfuhrabgaben

= Bruttoinlandsprodukt zu Marktpreisen
- →Abschreibungen

= Nettoinlandsprodukt zu Marktpreisen
- →indirekte Steuern
+ →Subventionen

= Nettoinlandsprodukt zu Faktorkosten
⇒Nettowertschöpfung

I. unterscheidet sich vom → Sozialprodukt durch den Saldo der Erwerbs- und Vermögenseinkommen zwischen → Inländern und der übrigen Welt.

Innenfinanzierung

bezeichnet die Deckung des Kapitalbedarfs (→Kapital) nach ihren innerhalb der Unternehmung (→Betrieb, I.) liegenden Quellen aufgrund von erzielten Überschüssen, die da sind: 1. einbehaltene → Gewinne (= →Selbstfinanzierung), 2. Zurückbehaltung erwirtschafteter → Abschreibungen, 3. einbehaltene Beträge für → Rückstellungen, 4. Vermögensumschichtungen wie z.B. durch Veräußerung nicht mehr betriebsnotwendiger Anlagegüter (→Anlagevermögen), 5. Rationalisierungsmaßnahmen, die z.B. durch verringerten Kapitaleinsatz bei unverändertem Produktionsvolumen finanzielle Mittel freisetzen; vgl. →Kapitalfreisetzung. Ggs. →Außenfinanzierung.

Innengeld

⇒endogenes Geld
⇒inside money
→Geld, bei dessen Produktion i.Ggs. zu → Außengeld jeder Forderung eine →Verbindlichkeit im Privatsektor gegenüber steht, so dass das Nettovermögen (→Vermögen) der Volkswirtschaft (→ Wirtschaft) unverändert bleibt, z.B. das von den Geschäftsbanken (→ Banken) geschaffene Buchgeld (→Geldarten). Vom I. können somit bei Preisniveauänderungen keine →Vermögenseffekte ausgehen. Für I. gilt dann →Neutralität des Geldes. Die Unterscheidung zwischen I. und → Außengeld wurde von J. Gurley und E. S. Shaw 1960 geprägt. In der neueren → Geldtheorie wird unter bestimmten Bedingungen auch dem I. Vermö-genscharakter zuerkannt.

Innenrevision

⇒interne Prüfung
⇒*interne Revision.*

Innovation

erstmalige Anwendung von →Inventions im Produktionsprozess. Ist Teilaspekt des →technischen Fortschritts und I. äußern sich in →Produktion neuer Produkte (Produkt-I.) od. Anwendung neuer Produktionsverfahren (Prozess-I.). Sind wesentliche Grundlage des Wohlstandes der Industrienationen. Durchsetzung von I. hängt von institutionellen (Patentsystem), soziologischen, sozialpsycholo-

gischen sowie wirtschaftspolitischen Gegebenheiten (z.B. Grad des →Wettbewerbs) eines Landes ab.

Innovation Possibility Curve

→Innovation Possibility Frontier.

Innovation Possibility Frontier

von Ch. Kennedy, S. Ahmad, E. M. Drandakis und E. S. Phelps 1966 entwickeltes Konzept der Endogenisierung des →technischen Fortschritts, das langfristige Fortschrittsalternativen für ein Unternehmen (→Betrieb, I.) angibt i.Ggs. zur Innovation Possibility Curve, die die kurzfristigen Alternativen bezeichnet. I. macht bei Gültigkeit des Prinzips der → Gewinnmaximierung Aussage über das Ausmaß, in dem technischer Fortschritt die Effizienz des Einsatzverhältnisses von →Arbeit zu →Kapital verändert. Danach wird sich ein Unternehmen, das bei gleich hohen →Kosten für Forschung und Entwicklung entweder den Arbeitseinsatz od. den Kapitaleinsatz pro Outputeinheit um einen bestimmten Prozentsatz senken kann, für die arbeitskostensenkende Alternative technischen Fortschritt entscheiden, wenn der relative Anteil der Kosten für Arbeit an den Kosten einer Produkteinheit größer als der entsprechende Anteil der Kapitalkosten ist. In graphischer Darstellung gibt die I. die realisierbaren →Wachstumsraten von →Arbeits- und →Kapitalproduktivität an. Diese sind somit modellendogen bestimmt, wobei das Spektrum der Fortschrittsalternativen als Datum gegeben ist. Die I. bietet geringe Einsichten in den Prozess technischen Wandels, da I. nur erklärt, wie das Unternehmen die erreichbaren technischen Fortschrittsalternativen nutzt und nicht, wie sich diese im Laufe der Zeit ändern.

Innovationsmessung

nach Art der Messbarkeit einer I. werden unterschiedliche Indikatoren verwendet. So werden objektive und subjektive Indikatoren benutzt. Erstere orientieren sich am Leistungsergebnis, letztere am Leistungsinput. Die weitere Differenzierung für Indikatoren kennt: wirtschaftliche, z.B. →Umsatz, →Gewinn, →Rendite, → Patente; fachwissenschaftliche, z.B. Publikationen; verhaltenswissenschaftliche, die die individuelle Innovationskompetenz messen, z.B. Innovationsneigung und -bereitschaft. Ansätze zur I. haben bis heute nur geringen Eingang in die → Betriebswirtschaftslehre gefunden.

Input

1. in der →Produktionstheorie die in den Produktionsprozess eingehenden →Güter und Leistungen, nicht ganz korrekt auch als →Produktionsfaktoren bezeichnet, da i.d.R. nicht sie, sondern nur ihre abgegebenen Leistungen im Produktionsprozess verbraucht werden. Vollständige Erfassung der I. bereitet Probleme. So werden Umweltressourcen ohne → Preis (→freie Güter) od. →externe Effekte oft nicht berücksichtigt. In makroökonomischen (→Makroökonomik) →Produktionsfunktionen erscheinen die Bestandsfaktoren als I. Erfassung und Messung der I.-aggregate ist u.a. Gegenstand der →Ökonometrie.

2. im → Gesamtwirtschaftlichen Rechnungswesen die Summe des Wertes von Vorleistungen und →Primäraufwand (s. →Input-Output-Tabelle).

Inputkoeffizient

⇒Input-Output-Koeffizient
⇒*Produktionskoeffizient.*

Input-Output-Analyse

auf der Grundlage der →Input-Output-Tabelle von W. Leontief 1939 entwickelte →ex ante-Analyse zur Beantwortung der Frage, wie sich Änderungen in der →gesamtwirtschaftlichen Endnachfrage od. einzelner ihrer Komponenten bzw. des → Bruttoproduktionswertes od. →Outputs auf die Bruttoproduktionswerte der einzelnen Produktionsbereiche auswirken. Dazu werden unter bestimmten Voraussetzungen (z.B. einheitlicher →Preis für jedes →Gut) und →Hypothesen über die Produktionsbedingungen (z.B. komplementäre Inputs) aus der Input-Output-Tabelle ein System von ex ante-Gleichungen entwickelt. Obwohl die I. ein sehr leistungs- und ausbaufähiges Instrument zur ökonomischen Theoriebildung ist, sind schwerwiegende und zahlreiche Kritikargumente nicht zu übersehen, z.B.

limitational linear homogene Produktionsfunktion (→Produktionsfunktionen), Fiktion der Ein-Gut-Produktion je Produktionsbereich, Bewertung (innerhalb der Zeile) erfolgt nicht zu den tatsächlich gezahlten Preisen, Angaben nur für Güter(gruppen) und nicht für Institutionen.

Input-Output-Koeffizient

⇒Inputkoeffizient
⇒*Produktionskoeffizient.*

Input-Output-Tabelle

⇒Input-Output-Rechnung
Ergänzung der → Volkswirtschaftlichen Gesamtrechnung (auch Nebenrechnung genannt), indem sie 1. die Volkswirtschaftliche Produktionsverflechtung und 2. die Beiträge einzelner Produktionsbereiche zur → Wertschöpfung sichtbar macht sowie 3. die institutionelle Gliederung der Volkswirtschaftlichen Gesamtrechnung in private Haushalte, Unternehmen und Staat durch eine funktionelle ergänzt und schließlich 4. alle →Vorleistungen ausweist.

I. bildet die Grundlage der →Input-Output-Analyse und ist ein geeignetes Instrument zur Erfassung des Strukturwandels einer Volkswirtschaft (→Wirtschaft). Vorläufer waren das 1758 entwickelte „Tableau économique" von F. Quesnay und die 1925 veröffentliche „Volkswirtschaftsbilanz" der UdSSR für 1923/24. Erste umfassende I. wurde von W. Leontief 1936 für die USA veröffentlicht. Heute werden i.d.R. international einheitlich gestaltete Systematiken der I. verwendet, gemäß einer 1968 zuletzt revidierten Fassung der Vereinten Nationen und 1973 veröffentlichten für die → EG. Die I. hat folgenden Aufbau: In *Quadrant I* werden Vorleistungsströme (v) der Sachgüter und Dienstleistungen der Produktionsbereiche k, k=1, ..., n, erfasst, soweit sie von den empfangenden Bereichen im Produktionsprozess eingesetzt werden. *Quadrant II* erfasst den Beitrag der Produktionsbereiche zum Verbrauch bzw. zur →gesamtwirtschaftlichen Endnachfrage (C_H Konsum der privaten Haushalte, C_G Staatskonsum, I^b Bruttoanlageinvestition, I^L Lagerinvestition, X

I

Input (Güterverwendung) Output (Güteraufkommen)	Vorleistungsverflechtung				
	Produktionsbereiche				
	1	2	...	k	...	n
1	v_{11}	v_{12}	...	v_{1k}	...	v_{1n}
2	v_{21}	v_{22}	...	v_{2k}	...	v_{2n}
⋮	⋮	⋮	...	⋮	...	⋮
k	v_{k1}	v_{k2}	...	v_{kk}	...	v_{kn}
⋮	⋮	...	...	⋮	...	⋮
n	v_{n1}	v_{n2}	...	v_{nk}	...	v_{mn}

II

Verbrauch					Spaltensumme
Privater Konsum	Staatskonsum	Bruttoinvestition	Lagerinvestition	Export	Bruttoproduktionswerte
C_{H1}	C_{G1}	I_1^b	I_1^L	X_1	BPW_1
C_{H2}	C_{G2}	I_2^b	I_2^L	X_2	BPW_2
⋮	⋮	⋮	⋮	⋮	⋮
C_{H_k}	C_{G_k}	I_k^b	I_k^L	X_k	BPW_k
⋮	⋮	⋮	⋮	⋮	⋮
C_{Hn}	C_{Gn}	I_n^b	I_n^L	X_n	BPW_n

III

Abschreibungen	D_1	D_2	...	D_k	...	D_n
Produktionssteuern ÷ Subventionen	T_1^{ind} ÷ Z_{u_1}	T_2^{ind} ÷ Z_{u_2}	÷	T_k^{ind} ÷ Z_{u_k}	÷	T_n^{ind} ÷ Z_{u_n}
Einkommen aus unselbständiger Arbeit	Y_{N_1}	Y_{N_2}	...	Y_{N_k}	...	Y_{N_n}
Einkommen aus Unternehmertätigkeit und Vermögen	Y_{t_1}	Y_{t_2}	...	Y_{t_k}	...	Y_{t_n}
Importe von Vorleistungen	$I_{m_1}^v$	$I_{m_2}^v$	...	$I_{m_k}^v$	...	$I_{m_n}^v$
Zeilensumme = Bruttoproduktionswerte	BPW_1	BPW_2	...	BPW_k	...	BPW_n

Export). *Quadrant III* weist den produktionsbedingten →Aufwand, *Primärinputs* genannt, nach, u.zw. die →Abschreibungen (D), produktionsbedingte Steuern (→ indirekte Steuern, T^{ind}) korrigiert um → Subventionen (Z_u), →Einkommen aus unselbständiger Arbeit (Y_N), →Einkommen aus Unternehmertätigkeit einschl. → Einkommen aus Vermögen (Y_t) und → Importe von Vorleistungen (Im). v_{kn} kennzeichnet den Wert der im Bereich k produzierten →Güter, die im Bereich n als Vorleistung eingesetzt werden, so dass die Zeilen den Betrag jedes Produktionsbereiches zu den Vorleistungen und zur Endnachfrage, also zum Bruttoproduktionswert (BPW), angeben. Die Spalten informieren über die Aufteilung des Bruttoproduktionswertes auf die einzelnen Produktionsbereiche.

I. werden für die Bundesrepublik vom → Statistischen Bundesamt für ausgewählte Jahre veröffentlicht. Die Werte der I. unterscheiden sich von denen der Volkswirtschaftlichen Gesamtrechnung, da diese nach dem →Inländerkonzept, die I. immer nach dem →Inlandskonzept abgegrenzt werden. Wg. weiterer Diskrepanzen bedeutet Integration von I. in Systeme der Volkswirtschaftlichen Gesamtrechnung keineswegs Wertidentität analoger Größen.

Inselparabel

auf E. S. Phelps 1970 zurückgehende bildhafte Erklärung zur mikroökonomischen (→Mikroökonomik) Begründung der → Inflations- und Beschäftigungstheorie, weil Phänomene wie langanhaltende →Arbeitslosigkeit, nicht ausgelastete Ressourcen, verstopfte Märkte u.a. im →Modell des allgemeinen →Gleichgewichts mit vollständiger Markträumung - wie von Walras konzipiert und von Debreu mathematisch stringent formuliert - keinen Platz haben. Mit der I. versucht Phelps das Verhalten der →Wirtschaftssubjekte auf dem →Arbeitsmarkt durch unvollkommene Information über entscheidungsrelevante Größen zu erklären. Er teilt dazu die Volkswirtschaft (→Wirtschaft, 3.) eines Landes in eine Gruppe von Inseln auf. Zwischen ihnen herrscht →Wettbewerb, aber ein unvollständiger Informationsaustausch. Deshalb können Bewohner einer Insel über die Lage auf den Nachbarinseln wie in der Gesamtwirtschaft nur Vermutungen haben. Ist ein exogener Rückgang (→Variable) der → Güternachfrage für den gesamten → Markt und daraus folgend eine Lohnsatzsenkung eingetreten, wird dies irrtümlich als eine inselspezifische Erscheinung angesehen. Einige Inselbewohner werden sich auf die Suche nach besser entlohnter Beschäftigung zu den Nachbarinseln begeben. Somit verschiebt sich die Kurve des tatsächlichen →Arbeitsangebotes (s. → Arbeitsangebotsfunktion) für jeden Reallohnsatz nach links. Das realisierte Produktions- und Beschäftigungsvolumen liegt unterhalb des potentiellen Niveaus. Es entstehen Produktions- und Beschäftigungsausfälle durch Sucharbeitslosigkeit. In der Theorie →rationaler Erwartungen und → Neuen Makroökonomik (hier z.B. in der Neuen Klassischen Makroökonomik) erfolgte eine merkliche Weiterentwicklung der I.

inside lag

→lag.

inside money

⇒endogenes Geld
⇒*Innengeld.*

Insidergeschäfte

I. mit →Wertpapieren sind nach dem Wertpapierhandelsgesetz vom 1.8.1994 strafbar. I. basieren auf noch nicht öffentlich bekanntem Wissen und nutzen dieses zu eigenen Zwecken od. Gunsten Dritter aus. Wären I. zugelassen, könnten nahezu risikolos Gewinne realisiert, od. Verluste vermieden werden. I. verhindern einen funktionierenden →Wertpapiermarkt, da nicht alle Marktteilnehmer dieselben Chancen haben. Insiderwissen über kursrelevante Vorgänge erlangen nur wenige Berufsgruppen, so Mitglieder eines →Vorstandes od. Aufsichtsrates, → Wirtschaftsprüfer, Wertpapierhändler u.a.m.

Insider-Outsider-Theorie

Theorien des →Arbeitsmarktes. In der Ausprägung des Fluktuationskostenansatzes erklärt die I. das Phänomen der rigiden →Reallöhne wie auch persistente → Arbeitslosigkeit. Zwischen Insidern, den Arbeitsplatzbesitzern, und Outsidern, den Arbeitsplatzsuchenden, bestehen Interessengegensätze. Fluktuations-kosten - das sind Einstellungs- und Entlassungskosten - begründen die Macht der Insider, hohe Löhne durchzusetzen und Teile der →Produzentenrente zu erlangen, weil sie diese vor dem Jobverlust schützen. Sie erklären aber auch, warum Outsider keine Beschäftigung erlangen trotz Unterbietung des herrschenden Insiderlohnes. Da die Einstellungskosten überwiegend technologischer Art sind und von Insidern über dieses Niveau gedrückt werden können, finden Outsider keine Beschäftigung. Die Berücksichtigung von Gewerkschaften erfolgt in den Kollektivverhandlungsansätzen der I.

Insolvenz

Zahlungseinstellung von privaten → Wirtschaftssubjekten wg. Zahlungsunfähigkeit und Überschuldung. I. führt zur Einleitung eines Vergleichsverfahrens (→

Vergleich), wenn die Erfüllung einer Mindestquote für die Gläubiger von wenigstens 35% innerhalb eines Jahres und die Erhaltung des Unternehmens (→Betrieb) zu erwarten ist. Kommt ein Vergleich nicht zustande, wird →Konkurs eröffnet. Der Deutsche Bundestag hat mit Wirkung vom 1.1.1999 eine weitreichende Reform des I.-rechts beschlossen. Danach wird die optimale Befriedigung der betroffenen Gläubiger auch unter dem Gesichtspunkt der Fortführung eines Unternehmens verfolgt, ferner dazu beigetragen, den Antrag auf Eröffnung eines I.-verfahrens so früh wie möglich zu stellen und die lediglich drohende I. als Auftragsgrund für ein I.-verfahren zugelassen.

instabiles Gleichgewicht
i.Ggs. zum stabilen Gleichgewicht ein indifferentes od. labiles →Gleichgewicht. Die Werte der betreffenden ökonomischen Größe, z.B. →Preis eines →Gutes auf dem →Gütermarkt, können zyklisch od. alternierend schwanken od. sich monoton verändern. Ein Gleichgewicht stellt sich nicht mehr ein.

Institut der deutschen Wirtschaft (IW)
von führenden Persönlichkeiten der deutschen Industrie 1951 gegründetes Institut, Sitz Köln, mit der Aufgabe, als Berufsverband gemeinsame Auffassungen und Ziele der Wirtschaft auf wissenschaftlicher Grundlage gegenüber der Öffentlichkeit zu vertreten. Seit Beginn sieht das I. demgemäß seine zentrale Aufgabe in der Sicherung und Fortentwicklung der freiheitlichen Gesellschaftsordnung und der → Sozialen Marktwirtschaft durch zeitgemäße Interpretation der Sozialen Marktwirtschaft als freiheitliche Wirtschafts- und Gesellschaftsordnung. Finanziert sich aus Beiträgen seiner Mitglieder, die wirtschafts- und sozialpolitische Verbände sowie Unternehmen aus Industrie, Versicherung, Banken, Handel und Handwerk sind. Beschäftigt etwa 200 Mitarbeiter. Die wissenschaftliche und publizistische Tätigkeit äußert sich in Seminaren und Studiengesprächen mit dem Ziel, Politik, Wissenschaft und Praxis zusammenzuführen und für bildungs- und gesellschafts-

politische Fragen Lösungen und Entwicklungsmodelle zu erarbeiten; Publikationen in Schriftenreihen und Einzelveröffentlichungen; Auftragsforschung; Analyse und Kommentierung wichtiger ökonomischer und sozialer Entwicklungsprozesse sowie relevanter Ordnungs- und Grundsatzprobleme.

Institut der Wirtschaftsprüfer in Deutschland e.V. (IdW)
1932 gegründete und 1954 so benannte Einrichtung zur Interessenvertretung und Förderung praktischer und wissenschaftlicher Arbeit des Berufsstandes der →Wirtschaftsprüfer und →Wirtschaftsprüfungsgesellschaften mit Sitz in Düsseldorf und verschiedenen Landesgeschäftsstellen. I. erarbeitet fachliche Grundsätze zu Anliegen des Wirtschaftsprüfungswesens sowie Gutachten.

Institute of International Finance
Einrichtung von rund 190 führenden Banken in etwa 40 Ländern mit Sitz in Washington. Gründung ist durch die → Internationale Schuldenkrise veranlasst. I. soll die Interessen der Banken als Gläubiger wahrnehmen und unterstützt wirtschaftspolitische Reformen in den Schuldnerländern, den →Baker-Plan und einen funktionsfähigen →Kapitalmarkt.

Institut für Arbeitsmarkt- und Berufsforschung (IAB)
1966 gegründetes Forschungsinstitut der →Bundesagentur für Arbeit mit den Aufgaben: Sammlung und Auswertung von einschlägigem Material zur Arbeitsmarkt- und Berufsforschung sowie Publikation der Auswertungsergebnisse. Analysen zur Wirkung des →technischen Fortschritts, zur Lage und Entwicklung der →Beschäftigung sowie zum Berufswandel.

Institut für Weltwirtschaft an der Universität zu Kiel
1914 gegründetes Institut, zu den führenden Wirtschaftsforschungsinstituten in der Bundesrepublik gehörend, beschäftigt sich mit seinen über 300 Mitarbeitern insbesondere mit Problemen der weltwirtschaftlichen Beziehungen, des Wachstums und der Strukturpolitik, Res-

sourcenökonomik, Regional- und Verkehrswirtschaft sowie Konjunktur. Veröffentlicht seine Ergebnisse auch in eigenen Publikationsreihen (Kieler Studien, Weltwirtschaftliches Archiv u.a.). Bietet seit 1984 ein Postgraduiertenstudium in International Economic Policy Research an. Verfügt über eine international bedeutende wirtschaftswissenschaftliche Bibliothek mit mehr als 2 Mio Bänden. Wird vom Land Schleswig-Holstein, dem Bund, der privaten Wirtschaft und durch Auftragsforschung finanziert.

institutionelle Anleger
i.d.R. Unternehmen (→Betrieb, I.) des → Finanzsektors wie →Banken, Versicherungen, Pensionskassen usw. sowie Großunternehmen, die flüssige Mittel aufgrund erhaltener →Einlagen, Prämien, Beiträge u.a. ertragsbringend am → Kapitalmarkt anlegen.

Institutionenökonomik
anknüpfend an ältere Ansätze z.B. von Adam Smith 1759, v. Böhm-Bawerk 1881, C. Menger 1883 wieder neu ins Interesse der Ökonomen getretene Beschäftigung mit der Institution als elementaren Faktor ökonomischer Entwicklung. Unter Institution ist eine Regel von allgemeiner Anerkennung für das Entscheiden von Individuen in sich wiederholenden Situationen zu verstehen, die zu bestimmten wechselseitigen Verhaltenserwartungen der Individuen führt. Ein Individuum wird sich der Regel entsprechend verhalten bei der Voraussetzung, andere tun es auch. Ist die Institution wirksam, gibt sie den Individuen Sicherheit derart, dass auch andere sich entsprechend verhalten, weil jeder bei abweichendem Verhalten mit Sanktionen rechnen muss. Voraussetzung hierfür ist, dass das Ergebnis einer ökonomischen Entscheidung eines Individuums auch von Entscheidungen der anderen Individuen abhängig ist. Institutionen können sich zu formal kodifizierten Normen wie z.B. Eigentumsrechten (s. →Theorie der property rights) entwickeln. I. kritisiert an der üblichen Modelltheorie (→Modell) der Ökonomie, dass z.B. bei der →Nachfragetheorie des Haushalts nur →Preise und Mengen als →Aktionspartner vor-

kommen und i.d.R. die Beziehungen zwischen den Individuen, so z.B. die von anderen Individuen ausgelösten →externen Effekte auf das eigene Nutzenniveau, außer Betracht bleiben.

Instrumentalzoll
instrumental eingesetzter Zoll (→ Zolltheorie) zur Erreichung wirtschaftspolitischer Ziele (→Ziele der Wirtschaftspolitik). Ein Beispiel sind die von vielen Ländern in der Weltwirtschaftskrise (→große Depression) eingeführten Importzölle, um die inländische →Beschäftigung und Konjunktur (→ Konjunkturtheorie) zu verbessern.

Instrumente der Wirtschaftspolitik
1. Die I., die der Staat als Träger der Wirtschaftspolitik (→Theorie der Wirtschaftspolitik) zur Erreichung gegebener Ziele (→Ziele der Wirtschaftspolitik) einsetzen kann, lassen sich allgemein je nach der Rolle, in der der Staat beim Einsatz der I. auftritt (Gäfgen), wie folgt unterteilen:
- Als Fiskus betreibt der Staat Fiskalpolitik (→Finanzpolitik). Die →öffentliche Hand tätigt →Einnahmen und → Ausgaben, tritt als Kreditnehmer und -geber sowie als Nachfrager od. Anbieter von →Gütern auf.
- Als →Geldschöpfer (→Geldangebotstheorie) betreibt die → Notenbank → Geldpolitik: sie nimmt die binnenwirtschaftliche Regulierung der →Geldmenge und des Kreditvolumens vor sowie die außenwirtschaftliche Devisenregulierung (→Wechselkurs).
- Als allgemeiner Hoheitsträger kann der Staat durch diskrete Kontrollen (von →Preisen od. Mengen, z.B. Kontingentierungen) in das Marktgeschehen eingreifen od. aber institutionelle Änderungen durch Verstaatlichungen od. mittels eines gesamtwirtschaftlichen Richtplanes vornehmen.

Der sachlichen Zusammengehörigkeit nach (materiale Klassifikation) lassen sich nach Kirschen die I. in folgende Bereiche einordnen:
- Finanzpolitik (28 I.)
- Geld- und Kreditpolitik (17 I.)
- Wechselkurspolitik (2 I.)
- direkte Kontrollen (16 I.),
- Änderung der rechtlichen Rahmenbe-

dingungen (Unternehmens-, Eigentums-, Arbeits- und Marktverfassung).
Nach Untersuchungen von Kirschen für 8 westliche Industrieländer werden die I. der Finanzpolitik und direkte Kontrollen bevorzugt. Zu ergänzen ist noch die staatliche Informationspolitik, die sowohl Diagnose als auch Appelle an das Verhalten der →Wirtschaftssubjekte (→ moral suasion) umfasst.

2. Es sind vielfältige Unterscheidungen der I. nach ihren Eigenschaften (formale Klassifikation) vorzufinden, die sich z.T. überschneiden:
- Nach Eingriffsarten wird unterschieden, auf welchem Sektor ein I. ansetzt (z.B. →Gewerbe-, Handels-, →Agrarpolitik).
- Der Präzisionsgrad unterteilt qualitativ und quantitativ bestimmbare I.
- Nach dem Umfang der zu beeinflussenden Phänomene unterscheidet man globale und partielle Maßnahmen, die entweder alle treffen od. nur auf bestimmte Gruppen abzielen, auch als Makro- bzw. Mikropolitik bezeichnet.
- Bewährt ist die traditionelle Unterteilung nach Ordnungs- und Prozesspolitik: I. der Ordnungspolitik verändern den Rahmen, die →Wirtschaftsordnung, während I. der Prozesspolitik sich innerhalb eines Ordnungsrahmens bewegen. Erstere sind vorwiegend qualitativer, letztere meist quantitativer Natur.
- Nach der Fristigkeit der beabsichtigten Wirkungen können langfristig und kurzfristig wirksame Maßnahmen unterschieden werden; ersteren ist insbesondere die Ordnungspolitik, letzteren die →Konjunktur- od. allgemeiner die Prozesspolitik zuzurechnen.
- Wichtiges Merkmal ist die Intensität des Mitteleinsatzes, ob Maßnahmen nur indikativer bzw. "führender" Art od. aber imperativer bzw. direkter, "zwingender" Natur (Pütz) sind. Die Extremfälle hinsichtlich dieses Kriteriums sind das laissez-faire (→ Laissez-faire-Liberalismus) und die staatliche Regelung der gesamten → Wirtschaft.

- Weiterhin werden an Regeln gebundene und diskretionäre →Interventionen unterschieden: Erstere folgen mit verbindlichem Automatismus auf bestimmte Situationen, während der I.-Einsatz in letzterem Fall Ermessensentscheidung bleibt. Eine Besonderheit stellt in diesem Zusammenhang die starre Regel bzw. „rule without feedback" (Friedman) dar, die z.B. für die Geldpolitik eine in allen Situationen konstante Ausdehnung der Geldmenge fordert.

3. Hinsichtlich der Wirksamkeit der wirtschaftspolitischen I. sind i.Allg. die Probleme im Zusammenhang mit Wirkungsprognosen, Nebenwirkungen und Widerständen der Betroffenen zu beachten.
Veröffentlichte →Prognosen können das Verhalten der Wirtschaftssubjekte so ändern, dass die Prognose zerstört wird. Ebenso können Ankündigungen von Maßnahmen zu Verhaltensänderungen führen (Ankündigungseffekt, → announcement effect), die die Wirksamkeit des I.-Einsatzes unterlaufen. Noch weitergehend ist die von Autoren wie Lucas sowie Sargent und Wallace für die Geldpolitik vorgebrachte Kritik: Jede Maßnahme ist danach - bis auf Effekte, die reinen Zufallscharakter haben - ineffektiv (Politikineffektivitätsthese), wenn die Wirtschaftssubjekte in ihrer Erwartungsbildung die Politikregel der Träger der Geldpolitik berücksichtigen (→rationale Erwartungen).
Weitere Probleme des Mitteleinsatzes liegen im Zeitbedarf vom Instrumenteneinsatz bis zur Wirkung (→lags), der bei ungewisser Zeitdauer die Gefahr der in der →Konjunkturpolitik bekannten prozyklischen Wirkungen hervorbringt.
Grundsätzlich erfordert jede Intervention einen Mitteleinsatz, bindet Ressourcen, schädigt somit die Produktionsziele; weiterhin bedeuten häufige Interventionen einen Verstoß gegen die Forderung nach Konstanz und Vorhersehbarkeit der Wirtschaftspolitik, schädigen somit die Sicherungsziele. Außerdem ziehen Maßnahmen meist weitere Eingriffe zwangsläufig nach sich, auch als Kettenreaktionsthese staatlicher Eingriffe bezeich-

net. Die Gefahr einer Häufung vieler einzelner Eingriffe kann somit entstehen, deren verschiedene Wirkungen widersprüchlich und schwer od. nicht vorhersehbar sein können. Mangelhafte Effizienz der Wirtschaftspolitik ist dann - als negative Fernwirkung - die Folge (Schädigung aller Ziele).

Sollen Vorstellungen einer dauerhaften Gesamtordnung verwirklicht werden, ist der Zulässigkeit wirtschaftspolitischer Maßnahmen Rechnung zu tragen. Der Einsatz von Instrumenten soll demgemäß konform sein mit einem bestimmten → Wirtschaftssystem (Systemkonformität), einem wirtschaftspolitischen Gesamtprogramm (Konzeptionskonformität) od. vorgesehenen Rechtsnormen (Verfassungs- od. Gesetzeskonformität).

So ist etwa beim Einsatz prozesspolitischer Maßnahmen zu prüfen, ob sie mit dem vorgegebenen Ordnungsrahmen verträglich sind od. ob ihre Neben- od. Folgewirkungen zerstörend auf die Konzeption der Wirtschaftspolitik od. gar das Wirtschaftssystem einwirken können.

Literatur: *G. Gäfgen*, Theorie der Wirtschaftspolitik, in: Kompendium der Volkswirtschaftslehre, Bd. 2. 4. A., Göttingen 1975. *E. Tuchtfeld*, Grundlagen der Wirtschaftspolitik, in: O. Issing, (Hrsg.), Allgemeine Wirtschaftspolitik. München 1982. *A. Woll*, Wirtschaftspolitik. 2. A., München 1992.

Dr. H.-G. Blang, Düsseldorf

Instrumentenvariable
in einem Entscheidungsmodell (→Modell) →Variable, die von den Entscheidungsträgern bestimmt werden kann, also →Aktionsparameter ist, z.B. in der → Nachfragetheorie des Haushalts die nachgefragte Gütermenge od. in einem wirtschaftspolitischen Makromodell die Zentralbankgeldmenge (→ Geldarten). Wird ein Erklärungsmodell in ein Entscheidungsmodell transformiert, sind die exogenen Variablen (→Variable) in jenem als I. in diesem zu interpretieren. I. können deterministische sein, d.h. sie haben nur einen bestimmten Wert, wie auch stochastische, die verschiedene Werte mit gewissen Wahrscheinlichkeiten annehmen können.

intangibles
nicht gegenständliche Werte, sondern immaterielle Vor- und Nachteile, die sich quantitativer Erfassung entziehen, z.B. Freizeitwert eines Gebietes od. Landes (→ externe Effekte). I. gewinnen in der →Kosten-Nutzen-Analyse zunehmende Beachtung. I.d.R. werden sie bisher nur durch Aufzählung und Beschreibung erfasst.

Integration
in der *Wirtschaftswissenschaft*: 1. als Prozess: a) Einigung von Teilbereichen zu einem ökonomischen Ganzen, z.B. rechtlicher und wirtschaftlicher Zusammenschluss mehrerer Unternehmen (→Kartell, → Konzern); b) Maßnahmen zum Abbau von Behinderungen eines freien Wirtschaftsverkehrs; 2. als Zustand: regionaler Wirtschaftsbereich ohne Handelshemmnisse. S. →Integrationstheorie. Allgemein werden folgende I.-stufen unterschieden: Präferenzzone: auf eingeführten →Gütern aus Mitgliedsländern liegen geringere Zölle (→Zolltheorie, 1.) als aus Drittländern; →Freihandelszone; →Zollunion (→Zolltheorie, 4.); gemeinsamer Markt: Erweiterung der Zollunion und beschränkte Mobilität der →Produktionsfaktoren, z.B. →EG; Wirtschaftsunion: Ausweitung des gemeinsamen Marktes und Harmonisierung der nationalen Wirtschaftspolitiken (→Theorie der Wirtschaftspolitik), z.B. auch EG; vollständige ökonomische I., in der die Harmonisierung der nationalen Wirtschaftspolitiken vollzogen ist und mit supranationalen und zu bindenden Entscheidungen befugten Behörden. In der Wirtschaftswissenschaft werden die von der I. ausgehenden Effekte auf die Wohlfahrt des I.-raumes analysiert. In der *Rechtswissenschaft*: die ständige Selbstverwirklichung des Staates als geistige Einheit od. auch supranationale Zusammenschlüsse (Völkerrecht).

Integrationstheorie
Analyse realer Außenwirtschaftsbeziehungen, bei denen kein →Freihandel vorliegt, sondern Störungen durch Protektion (→Protektivismus). I.d.R. wird als Modellrahmen eine drei-Länder-Welt zugrundegelegt, bei der die Handels-

hemmnisse - z.B. →Zölle - zwischen zwei Ländern abgebaut werden. I. untersucht die von der begrenzten Liberalisierung ausgehenden Effekte auf die an der →Integration beteiligten Länder, Drittländer und die Welt insgesamt.

Integrierter Umweltschutz

i.Ggs. zu dem der →Produktion nachgeschalteten Umweltschutz, der die bei der Produktion entstandenen Schadstoffe neutralisiert od. vor ihrer →Emission in die Umwelt auffängt, will I. die Entstehung von Schadstoffen in der Erzeugung vermeiden od. auch solche Produkte entwickeln, die bei ihrem Gebrauch od. für ihre Entsorgung umweltfreundliche Eigenschaften aufweisen.

Integriertes Rohstoffprogramm (IRP)

auf der 4. Welthandels- und Entwicklungskonferenz (→UNCTAD) 1976 beschlossene Errichtung eines gemeinsamen Fonds zur Finanzierung internationaler Rohstoffausgleichslager zur Verhinderung extremer Preisschwankungen für eine vereinbarte Anzahl von Rohstoffen (sog. Erster Schalter) sowie Förderung der Diversifizierung im Rohstoffsektor und rohstofforientierte Forschung und Entwicklung (sog. Zweiter Schalter). Ziel des I. ist Steigerung und Stabilisierung der Deviseneinnahmen (→Devisen), um eine langfristige und kontinuierliche Finanzierung nationaler Entwicklungspläne zu erreichen. Bisherige Erfahrungen mit Rohstoffausgleichslagern, z.B. für Kakao von 1973-1980, zeigen, dass Preisstabilisierung durch →Interventionen keine Stabilität der Exporterlöse bedeutet, wenn das Angebot stark fluktuiert.

Intensität der Produktion

⇒ *Fertigungsgeschwindigkeit der Produktion.*

intensitätsmäßige Anpassung

in der Gutenbergschen Produktionsfunktion (→Produktionsfunktion) Variabilität der Fertigungsgeschwindigkeit der Produktion bei konstanter Zeit. I. führt zu homogenen od. inhomogenen Produktionsfunktionen. S. auch →zeitliche Anpassung.

intensives Wachstum

1. steigendes reales Bruttosozialprodukt (→Sozialprodukt) bei konstanter Input-Output-Relation für wenigstens einen beteiligten →Produktionsfaktor, so dass die Verdoppelung des Sozialprodukts z.B. mit sinkendem Arbeitseinsatz (→Arbeitskoeffizient) bzw. Kapitaleinsatz (→Kapitalkoeffizient) pro Outputeinheit einhergeht.

2. Wachstum des realen Sozialprodukts pro Kopf der Bevölkerung, was eine bessere Güterversorgung impliziert. S. auch →extensives Wachstum.

Interamerikanische Entwicklungsbank (IDB)

(Inter-American Development Bank) 1959 von den USA und 19 lateinamerikanischen Ländern gegründete Bank mit Sitz in Washington zur Förderung der wirtschaftlichen und sozialen Entwicklung sowie →Integration Lateinamerikas. Heute gehören ihr neben USA und Kanada 25 lateinamerikanische und 17 nichtregionale europäische sowie asiatische Länder an, die das mehrmals erhöhte Stammkapital halten. Dieses, Kreditaufnahme durch öffentliche →Emissionen von →Schuldverschreibungen und Privatplazierungen auf dem internationalen →Kapitalmarkt, Beiträge zu Sonderfonds und der I. zur Verwaltung übertragene Mittel bilden das Reservoir für Kredite der I. 1976 ist die Bundesrepublik der I. beigetreten. Ein wesentlicher Teil gewährter I.-Kredite fließt der deutschen Wirtschaft in Form von Aufträgen wieder zu. Nach einer Reorganisation, Kapitalerhöhung und geänderter Vergabestrategie von Kreditmitteln in 1990 will die I. der Entwicklung in Lateinamerika neue Impulse geben, so z.B. durch enge Zusammenarbeit mit der →Weltbank.

Inter-Banken-Informations-System

→Ibis.

Interbankleistungen

von →Banken nicht direkt zur Befriedigung von Kundenbedürfnissen erbrachte Leistungen, sondern auf dem Interbankenmarkt zur gegenseitigen Unterstützung der den Banken übertragenen Aufgaben, z.B. Übernahme von Geld- und Kapitalanlagen anderer Bankbetriebe od. mit der Bundesbank abgewickelte Geldmarktgeschäfte (→Geldpolitik, →Offenmarktpolitik).

Interdependenz
wechselseitige Abhängigkeit und Zusammenwirken ökonomischer Größen sowie Prozesse als Folge der →Arbeitsteilung. Fortschreitende Arbeitsteilung bedingt wachsende I. mit immer komplizierter werdenden Problemen für die Wirtschaftspolitik (→Theorie der Wirtschaftspolitik).

interest-lag-Hypothese
→Inflationstheorie, 2., c)

Interest Futures
→Futures-Märkte.

inter-generation-equity-Prinzip
Prinzip für die Staatsverschuldung, nach der eine äquivalente Beziehung zwischen öffentlicher Leistung und Gegenleistung auch im Zeitablauf zwischen den Generationen herrschen soll. Danach sind die Lasten aufgrund der Finanzierung langlebiger öffentlicher Projekte, z.B. Autobahnen, Bildungseinrichtungen, auf den Zeitraum der Inanspruchnahme der Leistungen zu verteilen (→pay-as-you-use-Prinzip). Gleiches soll auch für Ausgaben ohne unmittelbaren Nutzen (Kriege, Naturkatastrophen, Wirtschaftskrisen) für spätere Generationen gelten (eigentliches i.). Beide Varianten sollen eine gerechtere intertemporale Lastenverteilung schaffen.

interindustrieller Handel
Außenhandel mit Gütern verschiedener Kategorien, obwohl die Güter auch im Importland produziert und angeboten werden könnten. i. ist durch Preisunterschiede bedingt. Es werden jene Güter importiert (→Import), die im Ausland billiger als im Inland sind, und exportiert (→Export), für die das Inland einen Preisvorsprung gegenüber dem Ausland besitzt und sofern dieser nicht durch Transportkosten sowie →Zölle u.ä. aufgezehrt wird. Die Preisdivergenzen können durch Unterschiede in den Produkti-

onskosten wie auch Nachfragebedingungen verursacht sein. i. i. wird in der traditionellen Theorie des internationalen Handels (→güterwirtschaftliche Außenwirtschaftstheorie) erklärt und ist vor allem zwischen Industrie- und Entwicklungsländern von Bedeutung.

Intermediäre
1. finanzielle I., ⇒Finanzintermediäre, sekundäre Finanzierungsinstitute, ⇒*Kreditvermittler*.
2. intermediäre Finanzgewalten, ⇒intermediäre Finanzwirtschaften, ⇒Parafisci, →Parafiskus.

intermediate lag
→lag.

Internalisierung
Entgeltzahlung seitens der Nutznießer von →external economies sowie Kostenbeteiligung der Verursacher von →external diseconomies. S. →externe Effekte, →Theorie der property rights.

International Accounting Standards
die vom 1973 gegründeten International Accounting Standards Committee mit Sitz in London entwickelten internationalen Grundsätze für die Aufstellung von →Jahresabschlüssen. Der I. gehören →Wirtschaftsprüfungsgesellschaften, international tätige Unternehmen od. Verbände von Finanzanalysten an. Die I. entsprechen dem sich aus der Internationalisierung der →Güter und →Finanzmärkte ergebenden Bedarf, Jahresabschlüsse effizient zu nutzen. Ihre Vergleichbarkeit ist hierfür unerlässliche Voraussetzung.

International Bank for Reconstruction and Development
→Weltbank.

International Bank Facilities (IBF)
→internationale Bankenfreizone.

International Development Association (IDA)
auf Initiative Amerikas 1960 geschaffene Institution der Weltbank, um Entwicklungsländern →Kredite zu tragbaren Be-

dingungen zu gewähren. Kredite der I. sind zinslos mit mehr tilgungsfreien Jahren und längeren Laufzeiten als die → Darlehen der →Weltbank. Die I. finanziert ihre Kreditgewährung aus Kapitalbeteiligungen ihrer Mitglieder, wobei die Industrieländer ihre Anteile mehrfach zuletzt 1989 für die Jahre 1990 bis 1993 aufgestockt haben. Die Darlehensvergabe wird mit Anforderungen an die Wirtschaftspolitik sowie Vorbereitung und Durchführung der Projekte der Schuldnerländer verbunden. Der Hauptteil fließt in die schwarzafrikanischen Staaten in Form von Projekt- und Strukturkrediten mit dem Schwerpunkt der Armutsbekämpfung (Bevölkerungsplanung, Förderung der Frauen sowie Erziehung, Gesundheitsfürsorge, Ernährung und Erhaltung der Umwelt).

Internationale Arbeitsorganisation
→ILO.

internationale Bankenfreizone
(International Banking Facilities)
⇒Bankenfreizone
Finanzmarkt, auf dem zu gleichen Rahmenbedingungen und Geschäftsformen wie auf dem →Euromarkt nur Gebietsfremde Mittel in jeder beliebigen →Währung, also i.Ggs. zum Euromarkt auch in der Währung des Sitzlandes, anlegen od. aufnehmen können. Verhinderung von Querverbindungen zwischen dem betreffenden Inlandsmarkt und der i. ist Hauptproblem der inländischen Geldpolitik.
I. wurde 1981 in den USA eröffnet. Zentrum ist neben San Franzisko und Chicago New York. Für Einlagen privater Nichtbanken gelten Mindestlaufzeiten (2 Tage) und Mindestbeträge (ab 100 000 US-$).
1986 wurde eine i. in Japan eröffnet. In der Bundesrepublik wird hierüber diskutiert. Bisherige Bestrebungen scheiterten am Widerstand der → Bundesbank, → Bankenaufsicht und Bundesregierung.

Internationale Bank für Wiederaufbau und Entwicklung
(International Bank for Reconstruction and Development)
→Weltbank.

Internationale Energieagentur
1974 von Ländern der OECD gegründetes Gremium für die Zusammenarbeit in der →Energiepolitik mit Sitz in Paris. Aufgabe der I. ist es, Maßnahmen zu treffen, um der Anfälligkeit in der Energieversorgung durch wenige große Förderländer gegenzusteuern und im Krisenfall eine Versorgung durch Vorratung und Nachfragebeschränkungen sicherzustellen. I. hat wegen der Entwicklung der Energiemärkte eine zunehmende Bedeutung

Internationale Handelskammer
(International Chamber of Commerce, ICC)
Sitz in Paris. Wurde 1919 gegründet. Ihr gehören etwa 7 000 Unternehmen (→Betrieb, I.) und mehrere hundert Verbände aus rund hundert Ländern an. Ihre zentrale Aufgabe ist Förderung und Verbesserung des Welthandels und der Weltwirtschaft. Sie ist eine Art Clearingstelle für gemeinsame Interessen der Wirtschaft. Ihre heterogene Zusammensetzung, z.B. Mitglieder aus Industrie- und Entwicklungsländern, ist ihre Schwäche, so dass sie sich oft nur in sehr allgemein gehaltenen Stellungnahmen äußert. Sie finanziert sich überwiegend aus Einnahmen ihrer speziellen Einrichtungen, z.B. der Schiedsstelle für Handelsstreitigkeiten, sowie aus Mitgliederbeiträgen. S. auch →Incoterms.

Internationale Finanz-Corporation (IFC)
1956 gegründete Finanzierungsinstitution der →Weltbankgruppe zur Förderung privatwirtschaftlicher Initiative in Entwicklungsländern. Ihre Gründung wurde dadurch veranlasst, dass die →Weltbank →Kredite nur an Regierungen od. gegen staatliche Garantien vergeben darf. I. gewährt im Verbund mit privaten Kreditgebern und ohne staatliche Rückzahlungsgarantien →Darlehen, wenn privates Kapital zu angemessenen Konditionen nicht verfügbar ist. Beteiligt sich am →Eigenkapital privater Unternehmen und fördert die →Plazierung von →Aktien sowie →Schuldverschreibungen durch Gewährung von Übernahmegarantien.

Internationale Koordination der Wirtschaftspolitik

i. wird mit →spillover-Effekten zwischen den nationalen Wirtschaftspolitiken begründet: Negative →externe Effekte, die insbesondere durch wirtschaftspolitische Maßnahmen großer Länder ausgelöst werden und andere Länder belasten, sollen durch die i. internalisiert (→Internalisierung) werden. Die i. umfasst sämtliche Bereiche der Wirtschaftspolitik. In der aktuellen Diskussion steht insbesondere die i. auf dem Gebiet der Makro-Prozesspolitik. Mit dem Scheitern des regelgebundenen internationalen Währungsfonds und dem Übergang zu →flexiblen Wechselkursen setzte sich in den siebziger Jahren die →diskretionäre i. durch, wie sie insbesondere in den Weltwirtschaftsgipfeln zum Ausdruck kommt. Die diskretionäre i. ist mit den Problemen des Organisations- und Politikversagens → internationaler Wirtschaftsorganisationen behaftet. Als Alternative sind erstens verschiedene Formen der regelgebundenen i. vorgeschlagen worden. Dagegen sprechen praktische Probleme, wie insbesondere die Unzulänglichkeiten der ökonomischen →Modelle und die Eigenheiten demokratischer Entscheidungsprozesse (→Neue Politische Ökonomie). Zweitens ist aus verschiedenen Gründen sowohl von Vertretern der → Neuen Keynesianischen Makroökonomik und →Neuen Klassischen Makroökonomik der Verzicht auf eine i. gefordert worden. Dieser Vorschlag birgt die Gefahr der Desintegration der Weltwirtschaft in sich, wie sie durch Protektionismus und →beggar-my-neighbour-policy zur →Weltwirtschaftskrise geführt hat.

internationaler Konjunkturzusammenhang

Übertragung von Konjunkturschwankungen (→Konjunkturtheorie) zwischen Ländern durch Außenhandel und →Kapitalverkehr. Die Art der Übertragung hängt wesentlich von den herrschenden internationalen Bedingungen ab, z.B. → flexibler od. →fester Wechselkurs. Ein steigendes Realeinkommen (→Einkommen) in einem Land führt zu höheren → Importen in diesem und damit zu größeren →Exporten im anderen mit der Wirkung steigenden Einkommens im Ausland gemäß →Multiplikatorprinzip. Anpassungsverzögerung von →Konsum und Import auf Einkommensänderungen sind für zeitliche Verschiebungen der Konjunkturübertragung maßgebend. Gleichfalls wirken monetäre Impulse, z.b. eine Erhöhung der →Geldmenge in einem Land, im Inland ein Abwertungseffekt (→ Abwertung) heimischer Währung entsteht mit daraus folgenden Exporteinbußen des Auslands.

internationaler Preiszusammenhang

Übertragung von Preisniveausteigerungen zwischen Volkswirtschaften (→Wirtschaft) bei → festen Wechselkursen, → Konvertibilität der → Währungen und freiem Güter- wie →Kapitalverkehr, sofern die Außenhandel treibenden Länder unterschiedlich hohe → Inflationsraten aufweisen. So wirken z.B. →Importe aus höher inflationierenden Ländern bei den inländischen Käufern unmittelbar kostenerhöhend und inländische Anbieter von Substitutionsgütern (→Gut) zu den Importen können die sich ergebenden Preiserhöhungsspielräume ausschöpfen, so dass sich die ausländischen höheren Preissteigerungen auf inländische Produkte übertragen.

Internationaler Währungsfonds (IWF)

internationale Abk.: IMF = International Monetary Fund

1944 im →Bretton Woods-Abkommen beschlossene und 1945 in Kraft getretene Sonderorganisation der Vereinten Nationen mit Sitz in Washington. Dem I. gehören etwa 200 Staaten an.

Aufgabe des I. ist die Förderung des internationalen Handels und der wirtschaftlichen Zusammenarbeit; Stabilisierung der →Wechselkurse, die bis 1971 innerhalb bestimmter → Bandbreiten zu halten waren; Bereitstellung befristeter → Kredite zur Überbrückung von Zahlungsbilanzstörungen. Zur Erfüllung seiner Aufgaben ist der I. mit einem Fonds ausgestattet, den die Mitgliedsländer in Höhe zugeteilter Quoten durch Gold, Landeswährung od. seit 1969 durch → Sonderziehungsrechte zu speisen haben.

I. war ursprünglich als Teil eines umfassenden Wirtschafts- und Währungssystems gedacht, von dem aber nur der währungspolitische Teil des Projektes realisiert wurde. Er hatte bis 1973 Bestand und war maßgeblich für den Wiederaufbau der westlichen Industrieländer nach dem Zweiten Weltkrieg. Ist auch für die Länder der Dritten Welt von großer Bedeutung, die ihm fast ausnahmslos beigetreten sind. Die in den 60er Jahren besonders stark wachsende weltwirtschaftliche Verflechtung und damit einhergehende Zunahme des Welthandels führte zu Schwierigkeiten mit der Versorgung internationaler Liquidität und daraus folgend zu größer werdenden Ungleichgewichten in der → Zahlungsbilanz. Der I. konnte den Finanzierungsbedarf nicht decken, so dass diese Lücke durch US-Dollars geschlossen wurden. Als die Dollarbestände außerhalb der USA über die Goldbestände der US-Zentralbank hinauswuchsen, war die →Konvertibilität der amerikanischen → Währung gegen Gold nicht mehr gewährleistet. Die Gold-Dollar- → Parität war aber der Grundmaßstab des I. Dies musste zwangsläufig zu einem Zusammenbruch des Systems führen. Zudem wurden die Mängel des Systems →fester Wechselkurse immer offensichtlicher, weil die Industrieländer vermehrt Schwierigkeiten mit dem Ausgleich ihrer Zahlungsbilanzen hatten und nicht rechtzeitig ihre Wechselkurse den Ungleichgewichten anpassten. Die Folge waren Ende der 60er bis Anfang der 70er Jahre einige schwere Währungskrisen, die im März 1973 zum Zusammenbruch des Systems führten. Seitdem haben die Mitgliedsländer die Wahl, welche Wechselkurspolitik sie betreiben, z.B. Bindung an den US-Dollar, an den französischen Franc od. an das →Sonderziehungsrecht, Gruppenfloating (→ Floating, → EWS) usw.

Bisher ist die mehrfach angestrebte Reform des Weltwährungssystems gescheitert. Im Zusammenhang der internationalen Schuldenkrise zahlreicher Entwicklungsländer steht der I. vor einer neuen Bewährungsprobe, weil er von den Gläubigerländern bzw. -banken bei

den Umschuldungsabkommen eingeschaltet wird. 1992 erfolgte die 10. Quotenerhöhung des I. Danach betragen die Fondsquoten 145,3 Mrd →Sondererziehungsrechte, der Rechnungseinheit des I. Der Anteil der Bundesrepublik beträgt - ebenso wie Japans - 5,67%; das ist Rang 2 nach den USA mit 18,25% und vor Frankreich und Großbritannien mit 5,1%. Z.Z. greifen fast ein Drittel der Mitglieder auf eine Finanzierung durch den I. zurück, um wirtschaftspolitische Maßnahmen zur Bekämpfung ihrer Probleme durchzuführen. Schuldner des I. sind u.a. die hoch verschuldeten Länder wie Mexiko und Venezuela, die osteuropäischen Länder wie Polen und Ungarn und viele der ärmsten Länder der Welt wie Ghana, Madagaskar, Nepal und Togo. I. hat mit Ländergruppen, z.B. →G 10, Kreditvereinbarungen getroffen, um im Falle einer Gefährdung des internationalen Währungssystems rasch Mittel mobilisieren zu können.

Internationales Arbeitsgesetzbuch
→ILO.

Internationale Währungspolitik
1. *Definition.* I. ist die Summe von Vereinbarungen und Maßnahmen zur Koordination nationaler → Geldpolitiken. Sie befasst sich im Allgemeinen mit den Rahmenbedingungen für finanzielle Transaktionen von Güter- und Kapitalströmen zwischen Ländern und sucht im besonderen Devisenbilanzungleichgewichte zu vermeiden bzw. zu beseitigen.

2. *Devisenbilanzausgleich und Währungssysteme.* Ein Devisenbilanzausgleich (häufig auch als →Zahlungsbilanzausgleich bezeichnet) erfolgt durch den Abbau von Devisenbilanzüberschüssen od. -defiziten in Abhängigkeit vom vorherrschenden Wechselkurssystem automatisch od. durch fallweise Eingriffe in den →Devisenmarkt. Beim (klassischen) →Goldstandard und bei → freien (flexiblen) Wechselkursen ist ein weitgehend automatischer Ausgleich gewährleistet, während bei → fixen Wechselkursen Ungleichgewichte durch spezifische Maßnahmen beseitigt werden können. Eine Möglichkeit, Devisenbilanzungleichge-

wichte zu korrigieren, stellt die Zahlungsbilanzfinanzierung dar, bei der → Zentralbanken eigene od. im Zuge von internationalen Krediten beschaffte →Devisen im Falle eines Devisennachfrageüberschusses einsetzen. Bei Devisenbilanzüberschüssen wird die Zentralbank ihre Devisenbestände auffüllen und eigenes Geld zusätzlich schaffen. Die mit solchen Devisenmarktinterventionen einhergehende Veränderung der inländischen →Geldbasis kann dabei durch geeignete geldpolitische Maßnahmen neutralisiert werden. Eine zweite Möglichkeit, Devisenbilanzungleichgewichte zu beseitigen, besteht in der sog. Zahlungsbilanzkorrektur. Sie bietet sich insbesondere bei längerfristigen und persistenten Ungleichgewichten an. Durch geld- und fiskalpolitische Maßnahmen lassen sich Änderungen in der Leistungs- und der →Kapitalverkehrsbilanz herbeiführen, die ihrerseits die gewünschten Korrekturen in der Devisenbilanz bewirken. Eine Änderung der fixierten Wechselkurse (Stufenflexibilität) od. eine völlige Freigabe (flexible Wechselkurse) zählen ebenfalls zu den Möglichkeiten einer Zahlungsbilanzkorrektur wie Devisenrationierungen im Zuge einer Devisenbewirtschaftung od. die Aufspaltung des Wechselkurses. Manche der erwähnten Maßnahmen können einseitig von den betroffenen Ländern ergriffen werden, bei anderen ist zur Erfolg versprechenden Umsetzung eine Vereinbarung mit anderen Ländern notwendig, die in strenger Bindung (internationale Verträge) od. loser Form (fallweise Kooperation und Koordinierung) erfolgen kann. In der Realität sind wirtschaftsgeschichtlich alle erwähnten Währungssysteme und ihre Devisenbilanzausgleichsmöglichkeiten zu finden. Über verschiedenen Formen des Goldstandards, fixe und stufenflexible Wechselkurssysteme, flexible Wechselkurse und internationale Währungskooperation bis hin zur völligen Integration nationaler Währungspolitiken in der → Europäischen Währungsunion ist das Spektrum I. weit gefasst.

3. *Goldstandard.* Der klassische Goldstandard in seinen beiden Formen der →

Goldumlaufswährung (goldspecie-standard) und der → Goldkernwährung (Goldbarrenwährung, gold-bullion standard) hatte seine Blütezeit etwa von 1871 bis 1914, obwohl Großbritannien bereits 1821 den Goldstandard als Währungssystem formal einführte (das Deutsche Reich erst 1876). Beide Erscheinungsformen unterscheiden sich dadurch, dass bei der Goldkernwährung keine vollwertigen Goldmünzen im Umlauf sind. Für den →Banknotenumlauf sahen beide Systeme bestimmte Deckungsvorschriften vor.

Die Wirkungsweise des Goldstandards basierte auf bestimmten Prinzipien oder Spielregeln. Hierzu gehörten vor allem die Festlegung von Paritäten der nationalen Währungen zu einer Gewichtseinheit Gold und die Verpflichtungen der beteiligten Länder, Gold zu diesen fixen Paritäten zu kaufen bzw. zu verkaufen und die →Geldmenge in konstanter Relation zum Goldbestand zu halten. Letztere Vorschrift sicherte somit die parallele Entwicklung von Goldreserven und Geldmenge, was als Grundlage der wichtigen theoretischen Funktionsweise des sog. → Geldmengen-Preismechanismus des Goldstandards anzusehen ist und Devisenbilanzgleichgewichte garantiert. Die Bedeutung des klassischen Goldstandards lag in der automatischen Sicherstellung dieses →außenwirtschaftlichen Gleichgewichts ohne zusätzliche geld- oder fiskalpolitische Eingriffe, sofern die Prinzipien von allen beteiligten Ländern eingehalten wurden. Die empirischen Erfahrungen mit dem klassischen Goldstandard weisen auf eine langfristige Preisstabilität und stabile Wechselkurse hin, offenbaren statistisch aber auch einen engen →internationalen Preis- und Konjunkturzusammenhang mit relativ hoher Variabilität bei Preisen und anderen ökonomischen Größen (Einkommen, Beschäftigung).

Zu den wirtschaftlichen Folgen des 1. Weltkrieges gehört auch das Ende des klassischen Goldstandards. Der Versuch (Wirtschaftskonferenz in Genua 1922) zu festen Goldparitäten zurückzukehren, währte nur knapp zehn Jahre. Der sog. restaurierte Goldstandard dieser zwanziger Jahre knüpfte mit wichtigen Währungen (englisches Pfund und französischer Franc) an die Vorkriegsparitäten zum Gold an. Es zeigte sich sehr rasch, dass die Restaurierung der alten Paritäten im geänderten weltwirtschaftlichen Umfeld strukturelle Disproportionalitäten der Austauschrelationen nach sich zog. Während z.B. das englische Pfund überbewertet war, konnte für den französischen Franc eine allgemeine Unterbewertung zu anderen Währungen festgestellt werden.

Zusammen mit den Problemen der deutschen Reparationszahlungen aus dem Versailler-Vertrag stellte dies eine enorme Belastung der internationalen Währungsordnung dar. Vor allem jedoch bedeutete die nicht mehr strikte Einhaltung der Spielregeln durch die Mitgliedsländer die langsame Auflösung des Goldstandards. Waren vor dem Ersten Weltkrieg die nationalen Wirtschaftspolitiken primär am außenwirtschaftlichen Ziel des Devisenbilanzausgleichs orientiert, so rückten nun binnenwirtschaftliche Aspekte (Einkommens- und Beschäftigungsziele) in den Vordergrund. Durch neutralisierende geldpolitische Maßnahmen wurde die wichtige Wirkungsweise des Geldmengen-Preismechanismus des Goldstandards unterlaufen und die Struktur fixer Wechselkurse ausgehöhlt.

Das Ende des restaurierten und damit auch des internationalen Goldstandards wurde im September 1931 mit der Aufgabe der Goldeinlösungspflicht durch Großbritannien und die Aufhebung der Währungskonvertibilität besiegelt. Die internationale Währungsordnung zerfiel bald in verschiedene Währungsblöcke. Im Zusammenhang mit der →Weltwirtschaftskrise (1929 bis 1934) setzte eine → Abwertungskonkurrenz ein, die die Weltwährungsordnung ihres integrativen und koordinierenden Charakters beraubte. Die letzte Phase der Zwischenkriegszeit bis zum Zweiten Weltkrieg ist durch währungspolitische Desintegration gekennzeichnet. Zwar gab es 1936 (Tripartite Monetary Agreement zwischen den USA, Großbritannien und Frankreich) erste Ansätze einer Koordinierung der Währungspolitiken, doch war diesen Bemühungen im Vorfeld der erneuten Kriegsvorbereitungen international kein Erfolg beschieden.

4. *Bretton Woods und Internationaler Währungsfonds.* Das Ende des Zweiten Weltkrieges offenbarte neben einer desintegrierten Weltwährungsordnung auch geänderte internationale Schuldnerpositionen und divergierende Prioritäten nationaler Wirtschaftspolitiken. Während die USA zur weltweit größten Gläubigernation aufgestiegen und auf Inflationsvermeidung bedacht waren, gab das international hoch verschuldete Großbritannien einer nationalen → Beschäftigungspolitik den Vorzug. Diese unterschiedlichen Auffassungen und Positionen wurden in den Vorschlägen von J. M. Keynes und H. D. White (→Keynes-Plan) zur Neuordnung der Weltwährungsordnung artikuliert und fanden ihren Kompromiss (mit Übergewicht der White-Vorschläge) auf der internationalen Währungs- und Finanzkonferenz von → Bretton Woods (1944). Organisatorische Neuerungen waren der →Internationale Währungsfonds (IWF) und die →Weltbank. Das Bretton Woods-System enthielt viele Elemente des Goldstandards. Neben Gold traten auch internationale Devisen (vor allem US-Dollar) als nationale Reservemedien (daher auch →Gold-Devisen-Standard). Die wichtigsten währungspolitischen Regeln umfassten eine Festlegung der Paritäten zwischen Dollar und Gold (35 $ pro Feinunze), fixe Wechselkurse der Mitgliedsländer in engen Bandbreiten zum Dollar mit Interventionsverpflichtung und voller →Konvertibilität und fallweisen Anpassungen nur bei fundamentalen Devisenbilanzungleichgewichten. Zur Überbrückung kurzfristiger Devisenbilanzdefizite der Mitgliedsländer wurden Einlagenquoten und später zusätzliche →Kreditfazilitäten.

5. *Das Ende von Bretton Woods und internationale Währungskooperation.* Die Neuordnung der I. durch das Bretton Woods-System kann bis Ende der 60er Jahre als erfolgreich angesehen werden. Der relativ schnelle Zusammenbruch lag im Wesentlichen in den divergierenden Priori-

täten nationaler Wirtschaftspolitiken begründet, mit der Folge erheblicher Devisenbilanzungleichgewichte und häufiger Paritätsanpassungen der Wechselkurse.

Probleme des Reserve- und Leitwährungslandes USA bei der Finanzierung eigener Haushaltsdefizite führten zu enormen Belastungen des relativ starren Weltwährungsgefüges von Bretton Woods. Zunehmende internationale Kapitalströme und deren Mobilität verstärkten den Druck derart, dass eine Abkehr von den strengen Regeln unvermeidlich war.

Zunächst wurde im August 1971 die Aufhebung der Goldeinlösepflicht des US-Dollars und im Dezember 1971 (Smithonian Agreement) eine Neubewertung der Leitkurse bei erweiterten Bandbreiten beschlossen. Das faktische Ende wurde im 1. Quartal 1973 mit der Freigabe des Dollars und damit dem prinzipiellen Übergang zu flexiblen Wechselkursen herbeigeführt. Die nachträgliche Legalisierung der Abkehr vom Festkurssystem des Bretton Woods erfolgte erst im April 1978 (Inkrafttreten der zweiten Abkommensänderung des IWF). Die Freigabe des US-Dollars bedeutete nicht automatisch einen Übergang zu völlig flexiblen Wechselkursen. Vielmehr bildeten sich weltweit Währungsblöcke heraus, die vor allem um den Dollar, das britische Pfund und den französischen Franc angesiedelt waren.

Von besonderer europäischer Bedeutung ist hierbei die Entstehung des →Europäischen Währungssystems (EWS), das am 13. März 1979 in Kraft getreten ist und das bis dahin (ab 1973) gemeinsame Floaten europäischer Länder im →Europäischen Währungsverbund (sog. Währungsschlange oder Schlange im Tunnel) ablöste. Mangelnde Koordination, Neufestsetzungen der Kurse aufgrund unterschiedlicher Auffassungen über Prioritäten nationaler Wirtschaftspolitiken und weder vollständige noch konstante Teilnehmerzahl der Länder der →Europäischen Gemeinschaft ließen im Wesentlichen beide europäische Währungsvereinbarungen scheitern. Das faktische Ende des EWS kam im September 1992 mit der Aufgabe der internen Inter-

ventionsverpflichtung und der Erhöhung der → Bandbreiten von grundsätzlich ±2.25% auf ±15.0%.

Einen wesentlich umfasseneren Ansatz zur Neuordnung der europäischen Währungssituation sah der Delors-Bericht (1989) mit seinen drei Stufen zur Verwirklichung der Europäischen Wirtschafts- und Währungsunion vor, der auf dem älteren Werner-Plan (1970/ 71) basierte. Im Vertrag von Maastricht (Unterzeichnung am 7.2.1992) wurden dann die konkretisierten Vorstellungen für die Gründung der Wirtschafts- und Währungsunion geregelt und in einem Stabilitäts- und Währungspakt (16./ 17. Juni 1997) in Amsterdam ergänzt. Nach der Schaffung des → Europäischen Währungsinstituts in Frankfurt (1.1.1994) als Vorläufer für die zu errichtende →Europäische Zentralbank, wurden am 25. März 1998 von der EU-Kommission und dem Europäischen Währungsinstitut elf EU-Länder, die die im Maastricht-Vertrag vorgesehenen Kriterien erfüllten, für die Teilnahme an der gemeinsamen Währung vorgeschlagen. Die Übernahme der geldpolitischen Kompetenzen durch die Europäische Zentralbank erfolgte am 1.1.1999 und die endgültige Ablösung der entsprechenden Währungen durch den →EURO schließlich im Jahr 2002.

Auf weltweiter Ebene ist nach 1973 anstelle des Bretton Woods-Abkommen kein mit der internen europäischen Entwicklung vergleichbares umfassendes neues Währungssystem entstanden. Die mit der Freigabe der Wechselkurse, insbesondere des US-Dollars, dem britischen Pfund, der DM und dem Yen verbundene Hoffnung auf eine automatische Lösung internationaler Währungsprobleme hat sich nicht ganz erfüllt. Internationale Schuldenkrisen sich entwickelnder Volkswirtschaften, sowie erratische und große Schwankungen der Dollar-Kurse, führten zu einer verstärkten Form währungspolitischer Kooperation. So wurde im September 1985 im sog. Plaza-Abkommen über eine Senkung des damals sehr hohen Dollar-Kurses beraten und im sog. Louvre-Akkord (Februar 1987) Maßnahmen zur Stabilisierung dieses Kurses auf dem nunmehr erreichten niedrigen Niveau diskutiert. Bereits zuvor waren im Juli 1978 auf dem Bonner Treffen geld- und fiskalpolitische Maßnahmen zur Änderung des (diesmal zu niedrigen) Dollarkurses beschlossen worden, allerdings ohne den gewünschten Erfolg. Diese und andere Weltwirtschaftsgipfel mit währungspolitischen Bezügen können jedoch eine allgemein akzeptierte Weltwährungsordnung, wie es der praktizierte Goldstandard oder die Bretton Woods-Ära waren, nicht ersetzen, zumal die getroffenen Vereinbarungen keinen verbindlichen Charakter besitzen und Sanktionen bei nationalen Alleingängen nicht vorgesehen sind.

Literatur: *H. J. Jarchow/ P. Rühmann*, Monetäre Außenwirtschaft, II. Internationale Währungspolitik. 4. A., Göttingen 1997. *M. Willms*, Internationale Währungspolitik. 2. A., München 1995.

Prof. Dr. H.-E. Loef, Siegen

internationale Wirtschaftsorganisationen
Die i. werden nach der Trägerschaft unterteilt in zwischenstaatliche ‚Internationale Governmental Organizations' und nichtstaatliche ‚International Nongovernmental Organizations'. Bis auf die gewinnorientierten ‚Buisnessoriented International Organizations' sind alle i. „non-profit" Organisationen, die die Wohlfahrt bzw. den →Gewinn ihrer Mitglieder fördern, aber selbst keinen Gewinn erwirtschaften. Einen Überblick gibt das Yearbook of International Organizations. Das vielfältige Aufgabengebiet der i. umfasst die primäre Funktion im Bereich der internationalen → Wirtschaftsordnung (z.B. →GATT, →OECD, → EG), die sekundäre Funktion der Schaffung der technischen Voraussetzungen für einen weltwirtschaftlichen Austausch, wie z.B. Nachrichten- und Verkehrsorganisationen und die tertiäre Funktion der Schaffung von technischen und wissenschaftlichen Rahmenbedingungen, wie z.B. internationale Normen, Maße und Gewichte. Bzgl. der geographischen Reichweite werden regionale (z.B. EG, OECD, →EFTA) und globale (→ ILO, → IWF, GATT) i. unterschieden. Funktional ist zwischen monofunktionalen (z.B. IWF) und multifunktionalen i. (z.B. EG) zu unterscheiden. Wesentliche Merkmale der Kompetenz einer i. sind das Beschlussrecht und die Sanktionsmöglichkeiten. Die meisten i. sind mit geringen Kompetenzen ausgestattet. Ihre Mitglieder behalten ihre uneingeschränkte Souveränität. Bei supranationalen i. sind die Souveränitätsrechte der Mitglieder eingeschränkt bzw. sogar abgetreten. Bislang ist nur die EG in Teilbereichen eine supranationale i. Die wohlfahrtsökonomische Begründung (→ Wohlfahrtsökonomik) der i. bezieht sich auf internationale Allokationsmängel (→ Allokation). Die zunehmende weltwirtschaftliche Verflechtung der letzten Jahrzehnte ist nicht ausreichend, die i. wohlfahrtsökonomisch zu begründen. Nur in den Bereichen, in denen die weltwirtschaftlichen Verflechtungen mit einem Marktversagen (→externe Effekte, → öffentliche Güter, →natürliches Monopol) verbunden sind, kann durch den Einsatz der i. die Allokation verbessert werden.

International Labour Organization
→ILO.

interne Kosten
→Kosten.

interne mittlere quadratische Abweichung
⇒interne Varianz
→Varianz, →Varianzanalyse.

Interne Prüfung
⇒Innenrevision
⇒*Interne Revision*.

Interne Revision
⇒Innenrevision
⇒Interne Prüfung
unternehmensinterne Kontrollinstitution, die Maßnahmen und Zielergebnisse auf ihre Durchführung und Qualität hinsichtlich der Zielstellungen untersucht und erforderliche Veränderungen initiiert.

interner Zins
→Zins.

Internes Kontrollsystem (IKS)
Hilfsmittel der →Internen Revision zur permanenten Überwachung aller prüfungsrelevanten Sachverhalte, das Gegenstand externer Prüfung durch → Wirtschafts- und Steuerprüfer ist.

interne Zinsfußmethode
→Investitionsrechnung, 3.1.

interpersoneller Nutzenvergleich
→Nutzenvergleich.

Interpolation
Bestimmung von unbekannten Zwischenwerten für bekannte Werte einer → Zeitreihe mittels mathematischer Verfahren. S. auch →Extrapolation.

intertemporale Allokation
→Allokation, die das zeitliche Auseinanderfallen von →Nutzen und Opportunitätskosten (→Kosten) einer Entscheidung berücksichtigt. So macht z.B. gegenwärtiger Verbrauch einer nicht erneuerbaren Ressource eine zukünftige Nutzung unmöglich. Die Opportunitätskosten der gegenwärtigen Entscheidung liegen in der Zukunft. Kriterium einer am →ökonomischen Prinzip orientierten intertemporalen Entscheidung ist das Abwägen zwischen aktuellem Nutzen und zukünftigen Opportunitätskosten.

intertemporales Gleichgewicht
⇒langfristiges Gleichgewicht
⇒permanentes Gleichgewicht
→Gleichgewicht, 2.

Intervention
1. die Tätigkeit einer →Zentralbank auf dem →Devisenmarkt, um die →Kurse innerhalb der →Bandbreite zu halten. Wurden früher z.B. auf dem deutschen Devisenmarkt ständig mehr holländische Gulden angeboten als nachgefragt, so fiel der →Devisenkurs des Gulden. Wurde dabei die untere Grenze der Bandbreite (→Interventionspunkt) erreicht, so musste die →Bundesbank ein Unterschreiten dieses Tiefpunktes durch einen Guldenaufkauf verhindern. Im heutigen →EWS wird die Verpflichtung der Zentralbanken, an den äußersten An- und Verkaufskursen für die Teilnehmerwährungen (→

Währung) in unbegrenzter Höhe zu intervenieren, als obligatorische I. bezeichnet. Bei den seit 1987 zugelassenen und praktizierten intramarginalen I. handelt es sich um Markteingriffe über den →EFWZ innerhalb der Bandbreiten zur Feinabstimmung zwischen den bilateralen Devisenkursen.

2. staatliche direkte od. indirekte Maßnahmen, um → außenwirtschaftliches Gleichgewicht zu erreichen.

3. im agrarpolitischen System der →EG die Stützungskäufe staatlicher Stellen, um die Absatzgarantien für wichtige Produkte zu bestimmten →Preisen zu sichern. S. auch →Agrarpolitik.

4. administrative Eingriffe des Staates in den Preismechanismus (→Preisfunktion) einer →Marktwirtschaft.

Interventionismus
1. wirtschaftspolitische Grundhaltung, wonach der Wirtschaftssektor eines Landes der Gestaltung durch staatliche Eingriffe bedarf i.Ggs. zum klassischen → Liberalismus einer möglichst staatsfreien → Wirtschaft. Diese Begriffsauffassung bedarf weiterer Abstufungen, da sie einerseits neo- wie auch ordoliberale Vorstellungen umfasst, wonach staatliche Einflussnahme auf Herstellung und Bewahrung eines marktwirtschaftlichen Ordnungsrahmens zu beschränken ist, und andererseits Eingriffe in den marktwirtschaftlichen Koordinationsmechanismus zugelassen werden. Gegenüber dem Liberalismus wie Sozialismus unterscheidet sich der I. durch seinen pragmatischen und leitbildfreien Charakter.

2. historische Epoche, in Deutschland etwa 1870 beginnend mit Zollerhöhungen, mittelstandspolitischen Maßnahmen (z.B. Errichtung von Zwangsinnungen für Handwerker), Verstaatlichung der Eisenbahnen usw. bis zum Ende des Zweiten Weltkrieges. In den USA (New Deal) und anderen Ländern Europas vollzog sich ebenfalls ein Stilwandel im Verhalten des Staates gegenüber der Wirtschaft in Form wachsenden I. bei prinzipieller Aufrechterhaltung des Privateigentums an → Produktionsmitteln, besonders in der →Großen Depression.

interventionsfreier Devisenmarkt
→freier Devisenmarkt.

Interventionspunkte
oberer und unterer →Devisenkurs, der die →Bandbreite für zulässige Schwankungen des →Wechselkurses in einem System —fester od. begrenzt anpassungsfähiger Wechselkurse festlegt.

intraindustrieller Handel
jener Außenhandel, der durch → Produktdifferenzierung ausgelöst wird, weil diese personelle od. sachlich bedingte → Präferenzen hervorruft. i. ist somit sowohl →Export wie →Import von Produkten des gleichen Zweiges zwischen Ländern, für die eine enge Substitutionsbeziehung (→ Substitution) besteht. So werden z.B. italienische Sportwagen von deutschen Käufern erworben und Italiener kaufen deutsche Sportwagen. i. erfolgt weitgehend unabhängig von Preisüberlegungen und nimmt mit wachsendem Wohlstand zu. Er ist typisch für den Handel zwischen hoch entwickelten Industrieländern und hat einen Anteil am Gesamthandel dieser Länder bis 80%. Seit den 60er Jahren gibt es Theorieansätze für seine Erklärung. S. auch →interindustrieller Handel.

Intramarginalanbieter
i.Ggs. zum →Grenzanbieter ein Unternehmen (→Betrieb, I.), das →Gewinn erzielt. Seine durchschnittlichen totalen Kosten (→Kosten) sind geringer als der gegebene →Preis.

intramarginale Intervention
→Intervention, 1.

Intramarginalunternehmer
→Intramarginalanbieter.

Inventar
1. genaues Verzeichnis aller Vermögensgegenstände (→ Vermögen) und Schulden zu einem bestimmten Zeitpunkt. Ist bei Eröffnung des Geschäftsbetriebes und zum Ende des Geschäftsjahres mittels →Inventur zu erstellen. Vgl. auch → Bilanzierung.

2. sämtliche bewegliche Gegenstände ei-

nes Grundstücks.

3. im Erbfall Verzeichnis aller Nachlassgegenstände wie -verbindlichkeiten.

invention(s)
Erfindungen neuer Produktionsverfahren und Produkte. Grundlage jeden → technischen Fortschritts. Erstmalige Anwendung bzw. Einführung von i. ist —Innovation.

Inventur
körperliche Bestandsaufnahme der Vermögensgegenstände (→Vermögen) nach Art, Menge und Wert zur Erstellung des →Inventars durch Zählen, Messen, Wiegen und ausnahmsweise Schätzen. Standardfall ist die *Stichtags*-I. zum Bilanzstichtag (→Bilanz). Andere zulässige I.-formen sind: *vorgezogene* bzw. *nachgezogene* I., bei der das Inventar drei Monate vor bzw. bis zwei Monate nach dem Bilanzstichtag erstellt wird bei entsprechender Fort- bzw. Rückschreibung der Bestandsbewegungen; *permanente* I., bei der Bestandsänderungen fortlaufend erfasst werden mit einmal jährlichem Soll-Ist-Vergleich; *Stichproben*-I., bei der die Bestände mittels anerkannter mathematisch-statistischer Methoden ermittelt werden. Vgl. auch →Bilanzierung.

inverser Handel
→ Güterwirtschaftliche Außenwirtschaftstheorie, 2.

Investition
je nach Betrachtungsziel und Motiv werden unterschiedliche I.-sbegriffe verwandt. Hinsichtlich von Vermögenskategorien wird I. definiert als Umwandlung von →Geldkapital in andere Formen von →Geldvermögen (*Finanz*-I.) od. in ertragbringendes Realkapital (→Kapital) (*Such*-I. ⇒*Real*-I.) bzw. in nicht ertragbringendes Realkapital (*immaterielle* I. ⇒*Sozial*-I.). In der Volkswirtschaftslehre (→ Wirtschaftswissenschaft) wird I. vorherrschend definiert als → Güternachfrage der Unternehmen (→Betrieb, I.) od. Einsatz selbst hergestellter Sachgüter od. auch Einsatz von Kapital zur Erhaltung (*Ersatz*-I. ⇒*Re*-I.), Vergrößerung (*Netto*-I.) od. Umgestaltung (*Rationalisierungs*-I.)

der Produktionsanlagen.
Im Mittelpunkt betrieblicher Leistungsprozesse steht die Sach-I., die unterschieden wird in: *Gründungs*-I. ⇒ *Erst*-I. als einmaligen I.-sakt im Rahmen der Unternehmensgründung; *Folge*-I. als I., die während der Unternehmensexistenz nach der Gründung getätigt wird; Ersatz-I., die wirtschaftlich od. technisch verbrauchte Betriebsmittel ersetzt; Rationalisierungs-I., die die wirtschaftliche Leistungsfähigkeit erhöhen soll; *Erweiterungs*-I., die das Leistungspotential erweitert; *Sicherungs*-I., die zur Sicherung der Beschaffungs- und Absatzmärkte sowie des Fertigungsprozesses dient.
Volkswirtschaftlich wird unterschieden in *Brutto*-I., dem Wertzuwachs an Sachgütern in Unternehmen, öffentlichen Haushalten (→Haushalt, 3.) sowie privaten Organisationen ohne Erwerbszweck einschließlich privatem Wohnungsbau; *Netto*-I., die gleich Brutto-I. minus Abschreibung ist; *Ersatz*-I.; ferner in *Anlage*-I., die aus dauerhaften →Produktionsmitteln mit einer Nutzungsdauer von über einem Jahr besteht und üblicherweise aktiviert wird, die weiter in *Ausrüstungs*-I. (Maschinen, Anlagen, Fahrzeuge usw.) und *Bau*-I. (Wohn-, Verwaltungsbauten, Straßen, Dämme, Wasserwege usw.) gegliedert wird.
Unter funktionellen Aspekten gibt es *Forschungs*- und *Entwicklungs*-I. und *Ausbildungs*-I.
In der Volkswirtschaftstheorie (→Wirtschaftswissenschaft) wird zwischen der →*induzierten* und →*autonomen* I. unterschieden.
In der I.-stheorie werden die Bestimmungsgründe der I. und ihr Einfluss und in der →Makroökonomik ihre Wirkungen, z.B. auf das →Einkommen (→Einkommenseffekt), die Konjunktur (→ Konjunkturtheorie) und die Produktionskapazität (→ Kapazitätseffekt, → Wachstumstheorie) analysiert. Da I. einen Teil des gegenwärtigen →Güterangebots absorbieren und gegenwärtigen Konsumverzicht erfordern, gilt ex post die →Identität: Investieren = Sparen. Je nachdem, ob eine beabsichtigte od. tatsächlich realisierte I. vorliegt, wird zwischen *geplanter* I. und *tatsächlicher* I. unterschieden. Der Unterschied zwischen beiden I.-arten kann eine *ungeplante* positive od. negative I. (Des.-I., z.B. Lagerabbau) sein.
Die Entwicklung der I. in der Bundesrepublik zeigt eine Zunahme des Anteils der staatlichen I. bis 1975, danach aber einen Rückgang, was von Bedeutung für das Wirtschaftswachstum ist. Die I.-squote für das →Bruttoinlandsprodukt betrug 2005 17 %.

Investitionsfunktion
→Investitionstheorie.

Investitionsgut
=dauerhaftes Produktionsgut.
⇒*Kapitalgut*
→Gut.

Investitionshilfegesetz
gesetzliche →Abgabe in 1983 bis 1985 aller einkommensteuer- (→ Einkommensteuer) und körperschaftsteuerpflichtigen (→Körperschaftsteuer) Personen in Höhe von 5% der →Bemessungsgrundlage. Diese war die Einkommen- und Körperschaftsteuer als Ausgangsbetrag zur Errechnung der Abgabe, für erstere galt eine Freigrenze; für Gewinneinkünfte bestanden Möglichkeiten zur Minderung. Die Abgabe sollte unverzinst von 1990 bis 1993 zurückbezahlt werden. Gemäß Entscheidung des Bundesverfassungsgerichts ist I. verfassungswidrig, da der Gesetzgeber über die im GG geregelten → Steuern hinaus keine neuen Steuerarten schaffen könne. Gezahlte Beträge wurden erstattet.

investitions-induzierter technischer Fortschritt
→technischer Fortschritt.

Investitionslenkung
staatliche Einflussnahme auf Realisierung od. Unterlassung von →Investitionen privater Unternehmen (→Betrieb, I.). In der Bundesrepublik gibt es keine I., außer der Einwirkung über Umweltschutzauflagen od. Förderung durch → Subventionen, da I. mit der marktwirtschaftlichen Ordnung (→Wirtschaftsordnung, → Soziale Marktwirtschaft) unvereinbar ist. Unternehmen treffen die Investitionsentscheidungen aufgrund ei-

gener Einschätzung zukünftiger Entwicklung auf eigenes Risiko. In der Bundesrepublik wurden unterschiedliche Formen der I. diskutiert, so im Godesberger Programm der SPD (1959); im Entwurf des Orientierungsrahmens der SPD für 1975 bis 1985 od. auch im DGB-Grundsatzprogramm 1963.

Investitionsquote

Anteil der →Investitionen am Brutto- od. Nettosozialprodukt (→ Sozialprodukt) bzw. →Inlandsprodukt. S. Wertangaben bei →Investition.

Investitionsrechnung

1. *Begriff.* Mit dem Ausdruck I. bezeichnet man die Summe aller Verfahren zur Beurteilung der *quantifizierbaren* Konsequenzen von → Investitionen. Daraus folgt, dass sich die I. immer an quantitativen (= *monetären*) Zielen orientieren muss. Der I. kommt somit im Rahmen der Investitionsplanung nur eine Teilaufgabe zu, denn die endgültige Investitionsentscheidung muss selbstverständlich auch nicht quantifizierbare Folgen von Investitionen berücksichtigen.

2. *Aufgabe.* Die I. kommt sowohl in der Entscheidungs- als auch in der Kontrollphase der Investitionsplanung zum Einsatz. In der Entscheidungsphase (= ex ante-Rechnung) dient die I. zur quantitativen Bewertung mehrerer Investitionsmöglichkeiten entsprechend ihrem Beitrag zur Zielrealisierung des Investors. In der Kontrollphase (ex post-Rechnung) erfolgt sodann der Vergleich der tatsächlich eingetretenen Entwicklung mit den ursprünglichen Plangrößen, um den rechtzeitigen Einsatz evtl. notwendiger Korrekturmaßnahmen sicherzustellen. Als in Frage kommende quantitative Größen zur Beurteilung eines Investitionsprojektes sind insbesondere die Begriffspaare →Einzahlungen/ →Auszahlungen, →Einnahmen/ →Ausgaben, →Ertrag/ →Aufwand und →Leistung/ →Kosten zu nennen. In der Praxis sowie in der Fachliteratur erfolgt die Anknüpfung zumeist an Einzahlungen/ Auszahlungen, d.h. an Zahlungsgrößen.

3. *Arten.* Je nach Unterscheidungskriterium lassen sich die I.-sverfahren in verschiedene Kategorien einteilen: nach der Berücksichtigung des Faktors Zeit (statische/ dynamische Verfahren (→statische Analyse, →dynamische Analyse)), nach der Art der Investitionsentscheidung (Beurteilung eines einzelnen Investitionsprojekts/ Investitionsprogrammplanung), nach der Sicherheit der Erwartung (sichere/ unsichere Erwartung).

3.1. *Statische/ dynamische Verfahren.* Die Verfahren zur Beurteilung eines einzelnen Investitionsprojektes lassen sich unter dem Aspekt der Berücksichtigung des zeitlichen Faktors in *statische* und *dynamische* Verfahren gliedern. Die dynamischen Methoden unterziehen die Investition einer Totalbetrachtung, d.h. es finden die Ein- und Auszahlungen in allen zukünftigen Perioden bis zum Ende der Planungs- bzw. Nutzungsdauer Eingang in die Rechnung, wohingegen die statischen Modelle sich auf eine einzige (die erste od. eine Durchschnitts-) Periode beziehen. An statischen Verfahren sind insbesondere die Kostenvergleichsrechnung, die Gewinnvergleichsrechnung, die Rentabilitätsrechnung (→Rentabilität) und die Amortisationsrechnung (→Amortisation) zu nennen. Bei der *Kostenvergleichsrechnung* werden aus Gründen der Schätzgenauigkeit zumeist die Kosten der ersten Periode (gegliedert in Kapital- und Betriebskosten) als Entscheidungskriterium herangezogen. Bei der *Gewinnvergleichsrechnung* bildet der durch die Investition durchschnittlich erzielte →Gewinn pro Periode den Beurteilungsmaßstab. Die *Rentabilitätsrechnung* ermöglicht hingegen Aussagen über die absolute Vorteilhaftigkeit eines Projekts. Maßgeblich ist hier die Rentabilität, ausgedrückt als durchschnittlicher Periodengewinn in Prozent des durchschnittlichen Kapitaleinsatzes. Die Vorteilhaftigkeit eines Projektes gilt dann als gegeben, wenn dieser Prozentsatz eine vorgegebene Mindestverzinsung übersteigt. Auch hier wird oft mit dem Gewinn der ersten Periode anstatt eines durchschnittlichen Gewinns gerechnet. Bei der *Amortisationsrechnung* (Pay-off-Rechnung) wird als Beurteilungsmaßstab kein Geldbetrag od. Prozentsatz, sondern ein Zeitraum herangezogen. Es wird jene Zeitspanne ermittelt, nach der das eingesetzte →Kapital wieder zurückgewonnen werden kann (= Wiedergewinnungszeit, Amortisationszeit). Diese Zeit ergibt sich durch Division des Kapitaleinsatzes durch den durchschnittlichen Rückfluss pro Periode. Das Projekt gilt als vorteilhaft, wenn dieser Zeitraum kürzer als eine vorgegebene Frist ist. Dynamische Verfahren sind die Kapitalwertmethode, die Methode des internen Zinsfußes und die Annuitätenmethode. Bei der Kapitalwertmethode (→Kapitalwert) wird der →Barwert aller zukünftigen Ein- und Auszahlungen (evtl. einschließlich Liquidationserlös (→Liquidation)) der Anfangsauszahlung gegenübergestellt. Die in der Zukunft anfallenden Zahlungen werden mit dem Kalkulationszinsfuß diskontiert (→ Abzinsung) und solchermaßen vergleichbar gemacht:

$$K = \sum_{t=0}^{n} (E_t - A_t) \cdot q^{-t}, \quad q = \left(1 + \frac{p}{100}\right)$$

n = Anzahl der Nutzungsperioden, p = Kalkulationszinssatz, E_t = Einzahlungen der Periode t, A_t = Auszahlungen der Periode t.

Das Investitionsprojekt gilt als vorteilhaft, wenn sein Kapitalwert (K) größer od. gleich Null ist, der Kapitalwert ist dann der über die Amortisation und Verzinsung des eingesetzten Kapitals hinaus erwirtschaftete Betrag. Bei der Methode des internen Zinsfußes dient zunächst die Formel der Kapitalwertmethode als Ausgangspunkt: der interne Zinsfuß (→ Zins) ist jener Kalkulationszinsfuß, für den der Kapitalwert einer gegebenen Einzahlungs-/ Auszahlungsreihe gleich Null wird. Der daraus ermittelte interne Zinsfuß reflektiert die Verzinsung des gebundenen Kapitals. Das Investitionsprojekt ist vorteilhaft, wenn dieser Wert eine vorgegebene Mindestverzinsung übersteigt. Problematisch gestaltet sich die praktische Berechnung, da hierzu eine Gleichung n-ten Grades, mit n = Nutzungsdauer des Projektes, zu lösen ist. Deshalb ist der interne Zinsfuß für n ≥ 4 nur annäherungsweise, für bestimmte Einzahlungs-/ Auszahlungsreihen nicht eindeutig od. gar nicht bestimmbar. Aus

diesen Gründen gilt dieses Verfahren als theoretisch unhaltbar, wenngleich es sich in der Praxis großer Beliebtheit erfreut. Das Entscheidungskriterium der *Annuitätenmethode* ist die Annuität, das ist das Produkt aus Kapitalwert (K) und Annuitätenfaktor.

Ist die Annuität größer od. gleich Null, so gilt die Investition als vorteilhaft. Die Annuität (A) gibt dann die Höhe des durchschnittlichen Periodenüberschusses an:

$$A = K \frac{q^n(q-1)}{q^n - 1}$$

$$\frac{q^n(q-1)}{q^n - 1} = \text{Annuitätenfaktor.}$$

Sowohl statische als auch dynamische Komponenten weist die sogenannte *MAPI-Methode* auf. Ihr etwas eingeschränkter Anwendungsbereich ist der Ersatz einer bestehenden durch eine neue Anlage. Es soll ermittelt werden, ob diese Ersatzinvestition (→Investition) sofort od. erst nach Ablauf eines Jahres erfolgen soll. Beurteilungsmaßstab ist die MAPI-Rentabilitätszahl:

$$R = \frac{(2) + (3) - (4) - (5)}{(1)}$$

R.. ... Rentabilitätskennzahl

(1) ... Nettoinvestitionssumme der neuen Anlage

(2) ... Rohüberschuss der nächsten Periode

(3) ... vermiedener Kapitalverzehr der nächsten Periode

(4) ... Kapitalverzehr der neuen Anlage in der nächsten Periode

(5) ... →Ertragsteuern auf den zusätzlichen Gewinn.

Bei der Ermittlung des Kapitalverzehrs der neuen Anlage kommen zur Vereinfachung spezielle Diagramme zum Einsatz. Da der Anwendung dieses Verfahrens jedoch recht einschränkende Ausgangsbedingungen zugrundeliegen (Ertragsteuersatz von 50%, Verzinsung des →Eigen- und →Fremdkapitals sowie Verschuldungsgrad entsprechend amerikanischen Verhältnissen), ist sein Einsatz in der Praxis nicht immer gerechtfertigt.

3.2. *Einzelprojekt-/ Investitionsprogrammplanung.* Bei der Beurteilung eines einzelnen Investitionsprojektes ist entweder zu entscheiden, ob eine konkrete Investition durchgeführt werden soll od. aber es ist eine bestimmte Investition aus einer Reihe verschiedener, einander ausschließender Investitionsmöglichkeiten zu wählen. Hierbei wird von →Interdependenzen zwischen einzelnen Investitionen abstrahiert. Die Rechenverfahren zur Beurteilung einzelner Investitionsprojekte lassen sich ihrerseits in die beiden großen Gruppen der *statischen* und *dynamischen* I.-verfahren (siehe oben) untergliedern. Zur Planung eines Investitionsprogramms hingegen bedient man sich anderer Methoden. Die I.-sarten zur Investitionsprogrammplanung werden in die sukzessiven (klassischen) und die simultanen (→Operations Research-Verfahren) eingeteilt. Die Ermittlung des Investitionsprogramms nach der *sukzessiven* Methode erfordert zunächst eine Einteilung der Einzelinvestitionen in notwendige Investitionen, das sind solche, die unabhängig von ihrer →Wirtschaftlichkeit durchgeführt werden müssen, und solche Investitionen, die nicht unbedingt erforderlich, d.h. einer Wirtschaftlichkeitsbetrachtung zu unterwerfen sind. Diese nicht unbedingt notwendigen Investitionsprojekte werden sodann in eine Rangreihe gebracht, wobei das anzuwendende Ordnungskriterium einem dynamischen I.-Verfahren entstammt (z.B. interner Zinsfuß od. Kapitalwertrate, d.h. Verhältnis Kapitalwert/ Kapitaleinsatz). In dieser Reihenfolge werden sodann die einzelnen Investitionsprojekte ins Programm aufgenommen, bis entweder die beschränkten Finanzmittel erschöpft od. z.B. der interne Zinsfuß des betrachteten Investitionsprojekts kleiner als der Zinsfuß für die erforderlichen Finanzierungsmittel ist. Bei Vorliegen variabler Zinssätze für das beschränkte Kapitalangebot ist der Schnittpunkt der Kapitalangebots- und der Kapitalnachfragefunktion für die Bestimmung des optimalen Investitionsprogramms maßgeblich. Die *Operations Research-Verfahren*, auch kombinatorische Verfahren genannt, betrachten jeweils simultan Investitions- und Produktionsprogramm

od. Investitions- und Finanzierungsprogramm, wobei das Finanzierungs- bzw. Produktionsprogramm in Form von Restriktionen in die Modelle Eingang findet. Diese Betrachtungen erstrecken sich entweder über eine (Einperioden-) od. mehrere Perioden (Mehrperiodenmodelle), wobei letztere den Vorzug besitzen, zeitlich vertikale Abhängigkeiten verschiedener Investitionsprojekte darstellen zu können. Als Entscheidungskriterium werden der Kapitalwert (= Anfangswert), der Endwert od. eine feste jährliche Entnahme herangezogen. Das Lösungsverfahren besteht in der (ganzzahligen) linearen Optimierung, wobei bis heute allerdings bei der Anzahl der → Variablen und Nebenbedingungen kaum praxisrelevante Größenordnungen erreicht werden.

3.3. *Besondere Probleme.* Die besonderen Probleme der I. bestehen speziell in den Bereichen der Zurechnung der Ein- und Auszahlungen auf einzelne Investitionsprojekte als auch in der Datenunsicherheit. Das Zurechnungsproblem tritt besonders bei mehrstufigen Produktionsprozessen od. dem Vorliegen zeitlicher (horizontaler od. vertikaler) Interdependenzen auf. Das Problem der Datenunsicherheit liegt prinzipiell nicht nur der I., sondern jeder Form der Planungsrechnung zugrunde. Die Ansätze zur Berücksichtigung der Unsicherheit in den einzelnen Verfahren gehen verschiedene Wege: Durch Zuschläge zu den Auszahlungen und zum Kalkulationszinsfuß sowie Abschläge von den Einzahlungen und der Nutzungsdauer kann die Datensicherheit, wenn auch nur pauschal, erfasst werden (*Korrekturverfahren*). Im Rahmen der → *Sensitivitätsanalyse* wird die Beeinflussung des Rechenergebnisses (= Entscheidungskriteriums) durch Datenänderungen untersucht. Zu unterscheiden sind dabei die *lokale Sensitivitätsanalyse*, bei der jener Bereich festgestellt wird, in dem die Daten schwanken dürfen, ohne dass sich die Beurteilung des Investitionsprojekts ändert, und die *globale Sensitivitätsanalyse*, bei der der Bereich der Datenschwankungen festgesetzt wird und seine Auswirkungen untersucht werden sollen. Einzelne Kenngrößen, die als Entscheidungskriterium gelten, können auch durch ihre Wahrscheinlichkeitsverteilungen ersetzt werden. Ihr →Erwartungswert bzw. ihre →Standardabweichung gelten dann als neue Beurteilungskriterien. Diese Methode wird *Risikoanalyse* genannt. Abschließend sei festgestellt, dass die I. nur einen Teilbereich betrieblicher →Planung erfasst. Nur ihr Zusammenwirken mit anderen Teilplänen, insbesondere im Bereich →Finanzierung, Produktion und →Absatz, bildet das Fundament verantwortungsbewusster betrieblicher Leitung und Kontrolle.

Literatur: *H. Blohm/ K. Lüder*, Investition. München 1991. *H. Heinhold*, Arbeitsbuch zur Investitionsrechnung. München 1989. *L. Kruschwitz*, Investitionsrechnung. Berlin - New York 1993.

Prof. Dr. M. Heinhold, Augsburg
Dr. F.. Hörmann, Wien

Investitionstheorie

1. *Bedeutung.* Die Anlageinvestitionen (→ Investition) betrugen in der Bundesrepublik Deutschland im Jahre 2005 rund 385 Mrd Euro und damit etwa 17 v.H. des → Bruttoinlandsproduktes zu Marktpreisen. Der Anteil schwankt im Laufe der Zeit. So betrug er z. B. im Jahr 2000 rund 21 v.H..

2. *Begriffe.* Eine Investition ist in der Volkswirtschaftslehre (→Wirtschaftswissenschaft, 4.) primär jeder Zugang bzw. Kauf eines Endproduktes durch ein Unternehmen (→Betrieb, I.). Private Haushalte (→Haushalt, 1.) investieren nicht; man unterscheidet dort kurz- und langlebige Konsumgüter (→Gut). Dabei stellt jede Investition betriebswirtschaftlich und volkswirtschaftlich einen (erwarteten) bewertbaren Leistungsstrom bzw. einen (erwarteten) Zahlungsstrom (in der Zukunft) dar, der i.d.R. mit einer Auszahlung (z.B. der Kaufpreis) beginnt und zu Netto-Einzahlungen in den folgenden Perioden bis zum Ende der Anlage- bzw. Nutzungsdauer führt.

Es werden i.d.R. *Lagerinvestitionen*, d.h. Veränderungen des Lagerbestandes insbesondere auch von Gütern der Eigenproduktion, unterschieden von *Anlageinvestitionen*, d.h. von Zugängen an dauerhaften Produktionsmitteln (→Kapital,

II., 1.) durch Käufe am →Markt od. aus eigener Produktion (selbst erstellte Anlagen). Letztere werden in der Statistik unterteilt in *Ausrüstungsinvestitionen* und *Bauten*, die auch Wohngebäude in Händen privater Haushalte (Ausnahme!) beinhalten.

Eine Investition kann wunschgemäß bzw. geplant od. ungeplant erfolgen. *Ungeplante Investitionen* tätigen Unternehmen, wenn die →Produktion ungewollt größer als der →Absatz, d.h. Nachfrage, ist. Sie nehmen die nicht verkauften Produkte als sog. Eigennachfrage auf Lager. Die Ursachen für ungeplante Investitionen sind falsche (zu hohe) Absatzerwartungen und damit Produktionsentscheidungen, wobei die tatsächliche Produktion nicht unmittelbar an die geringere Nachfrage angepasst werden kann. Die *Anpassungsschwierigkeiten* resultieren u.a. aus technischen Gründen und Informationsproblemen bei einer Produktion für den →Markt und nicht auf Bestellung. Ein (un-)geplanter Lagerabbau infolge einer (un-)erwarteten Nachfragesteigerung ist eine (un-)geplante *Desinvestition*.

Ungeplante Lagerinvestitionen führen in der folgender Periode zu einer Produktionseinschränkung, die größer ist als die Nachfragesenkung, so dass das im Rahmen der Produktion verdiente →Einkommen weiter sinkt und gem. des → Einkommensmultiplikators eine weitere Reduktion des Konsums und damit der gesamtwirtschaftlichen Nachfrage (→gesamtwirtschaftliche Güternachfrage) induziert. Die falschen Absatzerwartungen führen zu einem Konjunkturabschwung. Die →Konjunkturtheorie erklärt über das Zusammenwirken von → Multiplikator und →Akzelerator, als einer Investitionshypothese, die konjunkturellen Schwankungen.

Das *Anlagevermögen* ist der Wert des Produzenten-Sachkapitals (→Kapital) am Bilanzstichtag. Es ist ein zeitpunktbezogener Wert, eine →Bestandsgröße. Die Veränderung des Anlagevermögens zwischen zwei Bilanzstichtagen ist die *Netto-Anlageinvestition*, d.h. ein zeitraumbezogener Wert bzw. eine →Stromgröße. Eine *Nettoinvestition* ist eine Bruttoinvestition vermindert um die →Abschreibung des Kapitalbestandes, d.h. um seine Wertminderung infolge seiner Abnutzung im Produktionsprozess sowie Veralterung durch den technischen Fortschritt od. Geschmacksveränderungen. Die Bruttoinvestition als der Gesamtwert der nachgefragten Investitions-güter ist stets größer (gleich) Null. Eine Bruttoinvestition bis zum Wert der Abschreibungen heißt *Reinvestition*. Die Nettoinvestition kann negativ sein bis maximal zur Höhe der Abschreibungen.

Bedeutet somit jede positive Netto-Investition einen steigenden →Kapitalstock, so lässt sich eine Investition als jede Veränderung des Kapitalstocks eines Unternehmens definieren. Bestimmen Unternehmen ihren (gewünschten) Kapitalbestand, so wird die (gewünschte) Bestandsveränderung Investition genannt. Je nach der betrachteten Bestandsgröße lassen sich u.a. Lagerinvestitionen (Lagerbestand), Sachinvestitionen (Sachkapitalbestand), Forschungsinvestitionen (Know-How, Patentbestand), Bildungsinvestitionen (Humankapitalbestand) und Finanzinvestitionen (Asset-Bestand) unterscheiden. Gemäß des geographischen Ortes werden Inlands- und Auslandsinvestitionen unterschieden.

3. Hypothesen.
3.1. Modellzusammenhang. Eine I. bzw. *Investitionshypothese* erklärt die *geplante Investitionsgüternachfrage*, d.h. führt diese aufgrund theoretischer Überlegungen funktional auf ganz bestimmte →Variablen od. Größen zurück. Verändert sich der Wert einer dieser Größen, so verändert sich die Investitionsgüternachfrage; die Unternehmen reagieren mit den Investitionen auf Veränderungen dieser Größen. Die Darstellung einer Investitionshypothese in Form einer mathematischen Gleichung ist eine *Investitionsfunktion*. Sie wird insbesondere in makroökonomischen (→ Makroökonomik) → Modellen zur Erklärung gesamtwirtschaftlicher Variablen (wie der → Beschäftigung, des → Zinssatzes od. → Preisniveaus) verwendet. Wird die Investition auf keine Variable zurückgeführt, die das Modell erklärt, spricht man von

einer *autonomen* od. (modell-) *exogenen Investition*. Die Investitionsgüternachfrage, die auf vom Modell erklärte Größen reagiert, heißt *induzierte Investition*.

Die Nachfrage nach Investitionsgütern ergibt zusammen mit dem Konsum, der Staatsnachfrage und dem →Export die → gesamtwirtschaftliche Nachfrage. Eine Veränderung der Investition bedeutet somit eine Veränderung der gesamtwirtschaftlichen Nachfrage (*Nachfrageeffekt der Investition*), die eine gleichgerichtete Veränderung der Produktion und damit des →Volkseinkommens bedingt, die ein Vielfaches der Veränderung der Investition sein kann (→Einkommensmultiplikator von Keynes; →Keynessche Theorie). Der *Doppelcharakter der Investition* offenbart sich darin, dass sie nach Lieferung und Installation als neues Produzentensachkapital die Produktionsmöglichkeiten, d.h. die Produktionskapazität der Unternehmen, erhöht (→ *Kapazitätseffekt der Investition*). So kann bei gleichem Arbeitseinsatz mehr →Output produziert werden (*Erweiterungsinvestition*) od. es kann aufgrund der verbesserten Technologie des neuen Sachkapitals der gleiche Output mit geringerem Arbeitseinsatz erzielt werden (*Rationalisierungsinvestition*). Eine Investition ist i.d.R. ein Mixtum aus beidem.

3.2. Verhaltenshypothese. Jede I. geht von der Grundannahme *rationalen Verhaltens* der Unternehmen aus, die ihre →Produktionsfaktoren →Arbeit und →Kapital effizient einsetzen. Aus der Zielsetzung der Unternehmung (Maximierung des →Gewinnes (→Gewinnmaximierung), →Firmenwertes u.a.) und den zu beachtenden Restriktionen (→Preise der Faktoren, verfügbare Technologien und Humankapital, Kosten der Montage etc.) wird der *gewünschte Sachkapitalbestand* erklärt. Da die geplante Nettoinvestition als die gewünschte Veränderung des →Kapitalstocks, d.h. die Differenz zwischen gewünschtem und vorhandenem Kapitalbestand, definiert ist, wird sie somit durch die Erklärungsgrößen des gewünschten Kapitalbestandes und dem vorhandenen Bestand erklärt. Entspricht der gewünschte dem vorhandenen Bestand, so ist die geplante Nettoinvestition gleich Null; es werden nur Reinvestitionen in Höhe der Abschreibungen durchgeführt. Die einfache Akzeleratorhypothese unterstellt ein technisch bedingtes proportionales Verhältnis von Kapitalstock und Produktion, so dass bei gegebener Kapazitätsauslastung die Höhe der Investition proportional zur (erwarteten) Nachfrageveränderung ist.

Da ein Kapitalgut i.d.R. über mehrere Perioden im Produktionsprozess genutzt wird, fragen Unternehmen Sachkapital nur nach, wenn sie erwarten, aus seinem Einsatz in zukünftigen Perioden Gewinn zu erzielen. Die Unternehmen bilden somit Erwartungen bezüglich der erzielbaren zukünftigen Gewinne bzw. aller zukünftiger Nettoerträge als die um die zukünftigen Produktionskosten (Arbeitskosten, etc.) verminderten Verkaufserlöse. Bezahlen müssen sie für die zukünftige Sachkapitaleinheit i.d.R. beim Kauf den sog. *Angebotspreis* der Investitionsgüterindustrie. Um über die Vorteilhaftigkeit des Kaufs rational entscheiden zu können, wird der auf diesen Zeitpunkt bezogene Wert aller erwarteten Nettoerträge ermittelt; dieser Wert heißt *Nachfragepreis*. Die Unternehmen diskontieren dabei alle erwarteten Nettoerträge mit dem *Kalkulationszinssatz* ab, d.h. mit dem um eine, von ihnen subjektiv bestimmte Risikoprämie erhöhten Zinssatz für gleichfristige risikolose (staatliche) → Wertpapiere. Die Investition bzw. der Kauf erfolgt, wenn der zu zahlende (Angebots-) Preis geringer (gleich) ist als (dem) Wert der abdiskontierten Nettoerträge, d.h. geringer als der Nachfragepreis, der dem Unternehmen eine Kapitalverzinsung in Höhe des Marktzinssatzes plus der geforderten Risikoprämie verspricht. Der Zinssatz, bei dem der Nachfragepreis genau gleich dem Angebotspreis ist, heißt →*interner Zinssatz* (→Zins). Er ist die erwartete Rendite bzw. →*Grenzleistungsfähigkeit der Investition* (marginal efficiency of investment, MEI). Nach der internen Zinsfußmethode lohnt eine Investition, wenn der interne Zinssatz größer/ gleich dem Marktzins für Staatspapiere ist. Soll bei dieser Methode mindestens die geforderte Risikoprämie gesichert sein, dann werden zuvor alle abzudiskutierenden erwarteten Nettoerträge (prozentual) um

einen entsprechenden Risikoabschlag reduziert. Die Differenz zwischen Nachfragepreis und Angebotspreis heißt Kapitalwert. Nach der Kapitalwertmethode ist eine Investition dann vorteilhaft, wenn der Kapitalwert größer/ gleich Null ist. In beiden Fällen der Vorteilhaftigkeit ist der Nachfragepreis größer/ gleich dem Angebotspreis.

Der Ertrag der letzten gerade eingesetzten Kapitaleinheit ist die → *Grenzleistungsfähigkeit des Kapitals* (marginal efficiency of capital, MEC). Ermittelt man für alle denkbaren Einsatzmöglichkeiten von Kapital die erwartete Rendite und reiht die Kapitalgüter nach der Höhe der so ermittelten internen Zinssätze (je geringer die Rendite ist, desto mehr Einsatzmöglichkeiten existieren), so ergibt sich eine Kurve der MEC mit negativer Steigung. Die Unternehmen dehnen den Kapitalstock so lange aus, bis die MEC dem Marktzinssatz entspricht. Bestimmen (im neoklassischen Kalkül) die Unternehmen den insgesamt gewünschten Kapitalbestand, so ist dieser um so größer, je niedriger bei gegebenen Nettoerwartungen der Marktzinssatz ist. Aus der Höhe des Marktzinssatzes folgt damit die Höhe des gewünschten Kapitalstocks und aus der Differenz des gewünschten zum vorhandenen Kapitalbestand die gewünschte Investition. Bildet man den Quotienten aus der MEI und MEC od. der erwarteten Rendite (interner Zinssatz) und dem Marktzinssatz (dieser Quotient heißt →Tobin's q), so ist eine Investition in Form des Kaufes neuproduzierter Investitionsgüter nur lohnend bei einem q von größer/ gleich eins. In anderen Fällen ist der Kauf existierender Unternehmen (→Aktien) vorteilhafter.

Die Investitionsgüternachfrage hängt somit von den längerfristigen Ertragserwartungen, d.h. den erwarteten Preisen für die Produkte und Produktionsfaktoren, dem (Kapital-) Marktzinssatz sowie von der Unsicherheit der Unternehmen bezüglich dieser Erwartungen und der Risikobereitschaft der Unternehmen ab. Die Schwierigkeiten der Erwartungsbildung sowie die psychologischen Momente einer Entscheidung bei Unsicherheit erklären die Schwankungen der Investitionen im Zeitablauf, so dass das Investitionsverhalten insbesondere in Konjunktur-/ Struktur-Krisen durch keine stabile Funktion beschrieben und damit prognostiziert werden kann. Mit dem dargestellten Kalkül wird nicht nur der Einfluss der Marktfaktoren auf die Investition dargestellt, sondern auch die Abhängigkeit von wirtschaftspolitischen Faktoren, d.h. u.a. von Steuer- und Abgabensätzen sowie Subventionen bzw. von der Industrie-, Struktur-, Konjunktur- und Ordnungspolitik. Im Rahmen einer offenen und dynamischen Volkswirtschaft wird außerdem der Einfluss von politischen Hemmnissen des internationalen Handels (Zölle, Normen usw.) und des Kapitalverkehrs (Steuern, Restriktionen usw.) sowie von angebotsseitigen Innovationen auf die Investitionsgüternachfrage gezeigt.

Literatur: W. *Fuhrmann*, Makroökonomik. Zur Theorie interdependenter Märkte. 3. A., München, Wien 1991. *J. P. Gould*, Adjustment Costs in the Theory of Investment of the Firm, in: Review of Economic Studies. 1968, 47-55. *J. Rohwedder*, Optimaler Kapitalstock und Investition, in: WiSt 1985, 69-74.

Prof. Dr. W. Fuhrmann, Potsdam

Investivlohn
innerhalb od. außerhalb des Unternehmensvermögens wirksam angelegter Teil des Lohnes mit dem Ziel, →Arbeitnehmer am Produktivvermögen (→Sachvermögen, II.) zu beteiligen, breite Vermögensstreuung und, im Falle unternehmensinterner Anlage, Steigerung des Interesses der Mitarbeiter an der Unternehmensentwicklung zu erreichen. In der Bundesrepublik seit 1970 in verschiedenen Formen über Tarifvereinbarungen praktiziert.

Investment
im angelsächsischen Sprachraum die Anlage in →Geldkapital; im Deutschen die Vermögensanlage in Investmentfonds (→ Investmentgesellschaften).

Investment Banking
in Anlehnung an die →Investment Banks des amerikanischen Trennbankensy-

stems jene Bankaktivitäten, die sich mit der Kapitalmarktfinanzierung einschließlich Beratung von Unternehmen (→Betrieb, I.) beschäftigen, so Vorbereitung, Betreuung und Durchführung von Wertpapieremissionen (→Wertpapiere, → Emission), Handel mit diesen Papieren sowie Entwicklung von →Finanzinnovationen. I. erfuhr durch die →Securitisation starken Aufschwung mit dem Resultat, dass die über Bankenkredit getätigte Unternehmensfinanzierung zu großen Teilen durch Direktverschuldung der Kapitalnehmer am Wertpapiermarkt ersetzt wurde.

Investment Banks
nach dem in den USA herrschenden Trennbankensystem neben den →Commerical Banks derjenige Bankentyp, der für Unternehmen (→Betrieb, I.) und für öffentliche Körperschaften →Aktien und andere → Wertpapiere emittieren (→ Emission) und handeln darf. I. unterliegen einer strengen Börsenaufsicht und müssen im Bestand gehaltene Wertpapiere in bestimmtem Verhältnis mit →Eigenkapital absichern. Langfristige Beteiligungen an Industrieunternehmen spielen bei den I. traditionell kaum eine Rolle. Der Einfluss der I. gegenüber den Commercial Banks hat zugenommen. Die Marktstellung einzelner I. wird durch starken → Wettbewerb begrenzt. Über Reformen des amerikanischen Bankensystems wird beraten.

Investmentfonds
→Investmentgesellschaften.

Investmentgesellschaften
⇒Kapitalanlagegesellschaften
nach dem →KWG →Kreditinstitute in der Rechtsform einer → Aktiengesellschaft od. →GmbH mit dem Zweck, erhaltene → Einlagen im eigenen Namen für gemeinschaftliche Rechnung der Einleger nach dem Grundsatz der Risikomischung in Wertpapieren (Investmentfonds), Grundstücke od. Erbbaurechten (→Immobilienfonds), nicht aber am →Geldmarkt, gesondert vom eigenen Vermögen (→Kapital) anzulegen und über die sich daraus ergebenden Rechte Anteilscheine (Investmentzertifikate) aus-

zugeben. Diese sind nicht an der →Börse, aber am nichtorganisierten freien →Kapitalmarkt handelbare →Effekten. I. bieten Kleinanlegern risikodiversifizierte Anlagemöglichkeiten an einem weit gestreuten Wertpapierbesitz mit relativ konstantem Wertzuwachs an aufgrund eines Managements, das versucht, Kursschwankungen (→Kurs) weitgehend auszugleichen. Deutsche I. dürfen Zahl und Kreis der Anteilseigner nicht begrenzen (Open-End-Fonds). Risikostreuung wird durch Anlagevorschrift für das Fondsvermögen sichergestellt. So dürfen z.B. nur 5% des →Grundkapitals einer Aktiengesellschaft erworben werden. Die Investmentbranche hofft → Geldmarktfonds, die in anderen Ländern, z.B. USA, eine beachtliche Bedeutung haben, einrichten zu können. Das 1989 erlassene Investment-Richtlinien-Gesetz trägt nach Ansicht der Branche auch deshalb dem sich innerhalb der →EG verschärfenden Wettbewerb nicht ausreichend Rechnung. Von 1967 erhöhte sich der Anteil der Investmentfonds am Volumen der kurz- bzw. mittelfristigen Anlagen privater und institutioneller Anleger. In der von der →Bundesbank geführten →Finanzierungsrechnung werden die von I. erworbenen →Wertpapiere und →Aktien den Erwerbern der Anteilscheine zugerechnet, und in der →Vermögens-rechnung sind sie nicht enthalten.

Investmentzertifikat
→Investmentgesellschaften.

Investor Relations
der Einsatz aller kommunikationspolitischen Instrumente des Finanzmarketing zur planmäßigen, systematischen und effizienten Gestaltung der Beziehungen eines →Unternehmens zu den aktuellen und potenziellen Kapitalgebern.

Inzidenz
früher fast ausschließlich von →Steuern ausgehende Verteilungswirkungen (*Steuer-I.*), heute allg. die Verteilung von Lasten und Vorteilen jedweder staatlichen Maßnahme auf Personen, Gruppen, Regionen, Sektoren od. auch noch weitere Ausdehnung der betrachteten Verteilungsobjekte wie → Einkommen

(Einkommens-I.), →Vermögen (Vermögens-I.), spezielle private →Güter (z.B. Immobilien-I.) sowie der betrachteten Verteilungsträger, so z.B. Einzelperson (personale I.), privater →Haushalt (Haushalts-I.), private Unternehmen (→Betrieb, I.) (Unternehmens-I.), Kollektive (Unternehmensbranchen-I. u.a.).

Da z.B. ein Steuerpflichtiger der Steuerzahlung nicht ausweichen kann (*formale* ⇒ unmittelbare Steuer-I.), wird er in marktwirtschaftlichen Ordnungen (→Wirtschaftsordnung) die Weitergabe der Steuerlast versuchen (→ Steuerüberwälzung). Gelingt ihm das, hat sich die vom Staat beabsichtigte Steuerlastverteilung geändert (effektive ⇒ mittelbare ⇒ materielle Steuer-I.) Während die formale I. leicht zu ermitteln ist, liegt eine relativ ungesicherte Kenntnis über die effektive I., z.B. der tatsächlichen Steuerlastverteilung, vor.

Irrelevanztheorem
der 1958 von F. Modigliani und M. H. Miller mit Hilfe von Argumenten zur → Arbitrage erbrachte Nachweis, dass es unter den Bedingungen eines perfekten → Kapitalmarktes kein Optimum gibt.

Irrtumswahrscheinlichkeit
→Testverfahren, 5.

IS-Kurve
⇒IS-Funktion
in dem von J. R. Hicks und A. H. Hansen formulierten →IS-LM-Modell geometrischer Ort aller →Gleichgewichte für die Nachfrageseite auf dem →Gütermarkt, bei denen die Gleichgewichtsbedingung:

$$I(\underset{-}{i}) = S(\underset{+}{Y})$$

erfüllt ist, wobei die geplanten →Investitionen (I) eine negative Funktion des → Zinses (i) sind und das geplante →Sparen (S) eine positive Funktion des →Einkommens (Y) ist. Vollständige Differentiation der Gleichgewichtsbedingung:

$$I_i \cdot di = S_y \cdot dY$$

und Umstellung nach:

$$\frac{di}{dY} = \frac{S_y}{I_i}$$

ergibt die Verlaufsrichtung der I.:

$\dfrac{di}{dY} < 0$, da gilt: $S_y > 0$ und $I_i < 0$.

Vgl. auch →Keynessche Theorie.

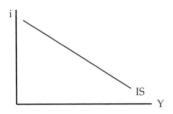

IS-LM-Modell

von J. R. Hicks und A. H. Hansen entwikkeltes Schema zur Darstellung der →Keynesschen Theorie, in dem auch andere Theorieansätze diskutiert werden.

Das I. leitet ein systemstabiles Gleichgewicht (→ Gleichgewicht) für simultane Gleichgewichte auf dem →Gütermarkt, dargestellt durch die →IS-Kurve, und → Geldmarkt, ausgedrückt in der → LM-Kurve, her. Schnittpunkt der IS-Kurve und LM-Kurve bilden das güterwirtschaftlich-monetäre Gleichgewicht (Y^*, i^*) ab, das nicht einem Vollbeschäftigungsgleichgewicht entsprechen muss:

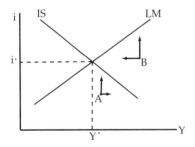

Ungleichgewichtssituationen, wie A (wo I > S, d.h. Investieren größer als Sparen (s. auch →inflatorische Lücke) und L > M, d.h. Geldnachfrage größer als das Geldangebot ist) od. B (wo I < S und L > M), lösen modellendogene Prozesse aus, die zum Gleichgewicht zurückführen. Güterwirtschaftlich-monetäres Gleichgewicht kann auch bei Unterbeschäftigung bestehen (→Keynessche Theorie).

isoelastische Nachfrage

liegt für eine preisabhängige (p) →Güternachfrage (q^d) des →Haushalts: $q^d = f(p)$ dann vor, wenn die →Elastizität der →Variablen q^d in Bezug auf Änderungen der unabhängigen Variablen p in jedem Punkt der Kurve denselben Wert hat. Beispiel: die Nachfragefunktion laute:

$$q^d = a \cdot p^{-\frac{1}{m}}.$$

Differenzierung nach p ergibt:

$$\frac{dq^d}{dp} = a \cdot \left(-\frac{1}{m}\right) \cdot p^{-\frac{1}{m}-1}.$$

Wird dieser Ausdruck in die Formel der Eigenpreiselastizität der Nachfrage (→ Elastizitäten) eingesetzt, erhält man:

$$\mu_{q^d, p} = -\frac{1}{m}.$$

Eine besondere Variante der i. ist die mit einer Elastizität von -1 (→constant-outlay curve).

Isogewinnlinie

geometrischer Ort gleichen →Gewinns in Oligopol-Modellen der → Preisbildung bei Preisvariation der Anbieter.

isokline Faktorvariation

→Faktorvariation.

isolierter Tausch

→bilateraler Tausch, 1.

Isoquante

in der → Produktionstheorie geometrischer Ort konstanten Outputs (O) bei alternativen Faktorkombinationen (v_1, v_2):

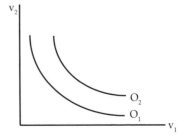

I. wird durch einen horizontalen Schnitt durch das → Ertragsgebirge abgeleitet.

Hat für substitutionale Produktionsfunktionen (→Produktionsfunktion) wg. des → Gesetzes abnehmender Grenzrate der technischen Substitution ursprungskonvexen Verlauf.

isoquante Faktorvariation
→Faktorvariation.

Issue Management
in den 80er-Jahren aufgekommenes Verständnis für das Management eines → Unternehmens, die Umweltanforderungen an das Unternehmens zu beobachten, sie auf relevante Themen (issues) zu filtern und darauf mit konkreten Maßnahmen im Sinne der Unternehmensziele zu reagieren.

Ist-Beschäftigung
in der Kostenrechnung, besonders in der →Plankostenrechnung, die tatsächliche → Beschäftigung, die zur Ermittlung der Sollkosten (→Kosten) benutzt wird, um Verbrauchsabweichungen zu ermitteln.

Istkosten
Produkt aus den im Produktionsprozess tatsächlich verbrauchten Mengen der → Produktionsfaktoren, soweit sie erfassbar sind, und der tatsächlich angefallenen Faktorpreise während einer bestimmten Abrechnungsperiode. I. sind i.Ggs. zu →Plankosten vergangenheitsorientierte →Kosten. I. dienen zur Ermittlung der Werte von Gegenständen des → Anlagevermögens für Bilanzausweise (z.B. →Herstellungskosten für Produkte) od. zur Wirtschaftlichkeitskontrolle durch Vergleich von →Sollkosten und I. S. →I.-rechnung, →Plankostenrechnung.

Istkostenrechnung
Kostenrechnung, die mit tatsächlich angefallenen →Kosten (→Istkosten) rechnet (→ Kostenrechnungssysteme). I. erfüllt das Ziel der nachträglichen Ermittlung und Verrechnung effektiv angefallener Kosten. Nachteilig ist der hohe Aufwand und ihre Schwerfälligkeit, da bei Änderung einer Kosteneinflussgröße das gesamte Material der I. aktualisiert werden muss.

Itô-Theorem
von K. Itô entwickelte Regel zur Bildung stochastischer Differentiale zur Analyse kontinuierlicher →stochastischer Prozesse, die in der ökonomischen Realität weitverbreitet sind gegenüber den vorherrschend deterministischen in der Modelltheorie (→Modell). Das I. wird in der Produktionsplanung, Werbung od. auch der optimalen Portfoliodiversifizierung bei Unsicherheit über die künftige Ertragsentwicklung angewandt.

IW
Abk. für: →Institut der deutschen Wirtschaft.

IWF
Abk. für: → Internationaler Währungsfonds.

Jahresabschluss

die durch das → Handelsrecht vorgeschriebene periodische Rechnungslegung eines Unternehmens (→Betrieb, I.). Der J. umfasst die →Bilanz, die →Gewinn- und Verlustrechnung und für die →Kapitalgesellschaften nach dem →Bilanzrichtlinien-Gesetz den →Anhang, der über Bilanzierungs- und Bewertungsmethoden, Grundlagen der Währungsumrechnung, nach dem Steuerrecht vorgenommene →Abschreibungen und unterlassene Zuschreibungen, Entwicklung einzelner Posten des →Anlagevermögens sowie über Unternehmen, von denen mindestens 20% der Anteile gehalten werden, informiert. Mit dem J. haben die Kapitalgesellschaften nach § 264 → HGB bzw. aufgrund des Bilanzrichtlinien-Gesetzes auch einen →Lagebericht (§ 289 HGB) aufzustellen. Anhang und Lagebericht ersetzen seit dem Bilanzrichtlinien-Gesetz den →Geschäftsbericht bei Kapitalgesellschaften. Für Personengesellschaften sind als J. nur die Erstellung von Bilanz und Gewinn- und Verlustrechnung vorgeschrieben. Auch die unter das Publizitätsgesetz fallenden sehr großen Personengesellschaften bilden hier keine Ausnahme.

Jahresabschlussprüfung

mit dem Aktiengesetz (→Aktienrecht) für → Aktiengesellschaften stufenweise eingeführte →Pflichtprüfung des →Jahresabschlusses unter Einbeziehung der Buchführung durch externe → Wirtschaftsprüfer, um die verschiedenen Interessengruppen davor zu schützen, dass der Vorstand (→Aktiengesellschaft) bei der Aufstellung des Jahresabschlusses bestehende gesetzliche Vorschriften und Grundsätze einer gewissenhaften Rechenschaftslegung verletzt. J. ist Voraussetzung für den →Bestätigungsvermerk. Darüber hinaus ist der Jahresabschluss und der Prüfungsbericht vom Aufsichtsrat (→Aktiengesellschaft) zu prüfen.

Gem. →Bilanzrichtlinien-Gesetz besteht für alle mittelgroßen und großen →Kapitalgesellschaften Prüfpflicht. Kleine Aktiengesellschaften unterliegen dieser Pflicht dann nicht, wenn sie nicht börsennotiert sind. J. von mittelgroßen →GmbH kann auch durch vereidigte Buchprüfer erfolgen. Die Auswahl der Abschlussprüfer erfolgt nach strengen Mindestanforderungen (§ 319 →HGB).

Jahresüberschuss

→Gewinn, II., 1.

Jahreswirtschaftsbericht

nach dem →StabG § 2, (1) von der Bundesregierung, dem Bundestag und Bundesrat und damit der gesamten Öffentlichkeit im Januar jeden Jahres vorzulegender Bericht, der die gegenwärtige konjunkturelle Lage (→Konjunktur) zu analysieren, die zur Erfüllung der im Gesetz genannten Ziele bzw. der von der Regierung geplanten Ziele (Jahresprojektion) notwendigen Maßnahmen aufzuzeigen und eine Stellungnahme zum Jahresgutachten des →Sachverständigenrates zu geben hat.

Jahrhundertvertrag

→Kohlepfennig.

Jevonsches Gesetz

⇒*Gesetz der Unterschiedslosigkeit der Preise*
⇒Law of Indifference.

J-Kurve

stellt die Reaktion der →Handelsbilanz auf eine → Abwertung dar, wenn die Preiswirkung der Mengenwirkung vorausgeht, sodass sich die Handelsbilanz kurzfristig erst (noch weiter) verschlechtert, bevor die erwartete Verbesserung als Folge der Abwertung eintritt. Obwohl diese Reaktion der Handelsbilanz gem. der J. oft zu beobachten ist, bleibt ihre empirisch eindeutige Feststellung schwierig, weil mit der Abwertung i.d.R. gleichzeitig andere wirtschaftspolitische Maßnahmen ergriffen werden und Konjunkturunterschiede (→Konjunkturtheorie) zwischen den Ländern Unabhängigkeit der Handelsbilanzreaktion bedingen können. Darüber hinaus ist das

Eintreten der J. von bestimmten Fakturie-
rungsgewohnheiten, ihre Ausprägung
von den Konkurrenzverhältnissen, der
Kapazitätsauslastung im In- und Ausland sowie der Struktur des →Exports
und →Imports abhängig.

job evaluation
⇒*Arbeitsbewertung*
⇒Arbeitsplatzbewertung
⇒Dienstpostenbewertung
⇒Stellenbewertung.

Job-Rotation
1. planmäßiger Wechsel des Arbeitsplat-
zes geeigneter Mitarbeiter in einem Unternehmen (→Betrieb, I.) zur Förderung
beruflicher Qualifikation (z.B. in der Ma-
nagementausbildung) od. zur Vermeidung monotoner Arbeitsverrichtung.

2. Tätigkeitswechsel zwischen mehreren
Mitarbeitern eines Teams in vorgeschrie-
bener od. frei gewählter Zeit- und Reihenfolge.

Job Sharing
Besetzung eines Vollzeitarbeitsplatzes
mit zwei od. mehreren Teilzeitarbeits-
kräften bei freier individueller Zeitauftei-
lung, aber gemeinsamer Verantwortlichkeit für die Erfüllung der Arbeitsaufgabe.
J. wird seit 1967 in den USA praktiziert.
1980 hat der Arbeitsring der Arbeitgeberverbände der Deutschen Chemischen Industrie e.V. einen J.-Mustervertrag als
Modell vorgestellt. 1981 stellte die CDU/
CSU-Bundestagsfraktion als erste politische Partei einen neuen Mustervertrag
vor, der bisherige Kritikpunkte aus der
Diskussion berücksichtigte. J. bietet Vorteile für →Arbeitgeber (z.B. Reduzierung
von Fehlzeiten) wie für →Arbeitnehmer
(z.B. Vergrößerung der persönlichen
Freiheit), bringt aber auch für beide
Nachteile (z.B. begrenzte Wirkung der
Arbeitsschutzgesetze für Arbeitnehmer
od. der Arbeitgeber steht einer Gruppe
gegenüber, deren Mitglieder keine individuelle Verpflichtung zur Leistungser-
füllung haben).

Joint Ventures
⇒Gemeinschaftsunternehmen
⇒Partnerschaftsunternehmen

Kooperationsform selbstständig bleibender Unternehmen (→Betrieb, I.) zur Be-
treibung eines gemeinsamen Geschäftes
od. einmaligen Projekts, z.B. zwischen
einheimischen und ausländischen Unternehmen in Entwicklungsländern. I.d.R.
bringen Partner unterschiedliche Beteiligungen ein, z.B. →Kapital, Know-how
od. Arbeitskräfte. Diese müssen ihre individuellen Ziele und Interessen vertraglich aufeinander abstimmen, da J. nicht
von einer Vertragspartei beherrschbar
ist. J. werden üblicherweise in der Form
einer →Kapitalgesellschaft errichtet.
J. finden in sozialistischen und ehemaligen →Staatshandelsländern seit 1990 großes Interesse. So bestanden am 1.1.2000
6 500 J. mit →Beteiligungen aus dem →
OECD-Raum in Osteuropa. Mit wenigen
Ausnahmen (Banken, Versicherungen,
Telekommunikation) können J. in allen
Branchen gegründet werden. Die beschränkte Kapitalbeteiligung westlicher
Firmen wurde in allen osteuropäischen
Ländern 1990 abgeschafft. Gewinntransfer ist garantiert, bleibt aber meist eingeschränkt. Eine stärkere Entwicklung von
J. wird dennoch durch viele bürokratische Hemmnisse in diesen Ländern ver-
hindert, so z.B. durch langwierige
Genehmigungsverfahren, fehlende Inve-
stitionsschutzabkommen, Zusatzbe-
steuerung bei Gewinntransfer (UdSSR,
Bulgarien, Polen) u.a.

Juglar-Zyklus
1862 von C. Juglar empirisch ermittelte
Dauer des Konjunkturzyklus (→ Konjunkturtheorie) von sieben bis elf bzw.
zwölf Jahren mit der drei-Phasen-Folge:
Prosperität, Krise, Liquidation. Juglar
vertrat die Ansicht eines regelmäßigen
gesamtwirtschaftlichen Zyklus der Konjunktur, ohne dass weitere andere Zyklen existierten. Seine Vorstellung eines
gleichartig wiederkehrenden Konjunkturzyklus hat sich in der Konjunkturforschung durchgesetzt.

Junk-Bonds
im Deutschen: „Ramschanleihe" od.
„Schrottanleihe". J. ist eine →Schuldver-
schreibung von i.d.R. geringer →Bonität,
weil sich der Schuldner in wirtschaftlichen Schwierigkeiten befindet. Deshalb

versprechen J. als Ausgleich für das Risiko eine zumeist deutlich höhere Rendite als Staatsanleihen (→Anleihe). J. sind zu Beginn der achtziger Jahre in den USA zu einem Finanzinstrument für die Unternehmensübernahme durch eigens für diesen Zweck gegründete Briefkastenfirmen, die kein →Vermögen besitzen, entwickelt worden und brachten den → Investment Banks satte Gewinne. Im Zuge der →Sanierung der amerikanischen Sparbanken wurden diese gezwungen, ihre Bestände an J. zu vermindern. Hierdurch und durch die allgemeine konjunkturelle (→ Konjunkturtheorie) Abkühlung in 1990 gerieten viele Emittenten (→Emission) von J. in Schwierigkeiten. Am Sekundärmarkt (→ Sekundärhandel) dominieren seitdem die Verkäufer. Diese Entwicklung forderte Opfer; so z.b. musste die bekannte Investmentbank Drexel Burnham Lambert →Vergleich anmelden. In den USA, Hochburg der J., werden unter J. auch Schuldverschreibungen von Unternehmen gezählt, deren Bonität nicht einzuschätzen ist, weil es sich z.b. um junge Unternehmen mit möglicherweise einer glänzenden Zukunft handelt. Beispiel hierfür ist der amerikanische Fernsehkanal CNN, der sich ursprünglich ausschließlich über J. finanzierte.

Junktimgeschäft
Bezeichnung eines Kompensationsgeschäftes nach seiner vertraglichen Gestaltung, bei dem in einem Importvertrag Klauseln über Gegenlieferungen enthalten sind.

juristische Person
Personenvereinigung od. Zweckvermögen mit eigener Rechtsfähigkeit. j. ist von ihren Mitgliedern losgelöst und kann im Rechtsleben wie jedes Individuum auftreten. Handelt durch Organe (z.B. Vorstand, Mitgliederversammlung). Eine j. entsteht entweder durch staatliche Genehmigung, auf die kein Anspruch besteht (z.B. Stiftung), od. die j. muss bei Erfüllung bestimmter gesetzlicher Voraussetzungen als existent betrachtet werden, für die i.d.R. Eintragung in ein Register erfolgt. j. werden unterschieden in privatrechtliche (Verein, j. des Handels-

rechts wie → Aktiengesellschaften, → GmbH usw., Stiftung) und in öffentlich-rechtliche (Kirchen, Gemeinden, Bundesämter, Stiftung).

Just-in-Time-Systeme
in Japan vom Automobilkonzern Toyota Anfang der 70er-Jahre entwickeltes Produktions- und Logistiksystem (→Logistik) mit dem Ziel, Minimierung der Lagerhaltung auf die von der Durchlaufzeit in der Produktion bestimmte Vorratsmenge. Wurde Ende der 70er-Jahre auch in der deutschen Automobil- und Elektroindustrie eingeführt. J. senken Lagerkosten und verringern die Kapitalbindung für Lagerbestände, was bei abnehmenden Stückzahlen aufgelegter Serien aufgrund der Schnelligkeit des →technischen Fortschritts und dadurch sich beschleunigender Anpassung der Kundenwünsche besonders wesentlich ist. J. ermöglichen schnelleren Material- und Fertigungsfluss und erhöhen die Fähigkeit des Unternehmens (→ Betrieb, I.), auf Marktveränderungen zu reagieren. J. erfordert ein logistisches Gesamtkonzept, das →Absatz, →Produktion, Konstruktion, Entwicklung, Prozesstechnik und -steuerung, →Beschaffung sowie technischen Fortschritt integriert. Voraussetzung für Einführung von J. sind zukunftsgerichtete Marktanalysen, systematische Konkurrentenanalysen, Überprüfung der Produktionsstandorte bezüglich der Nähe zum Absatzmarkt, funktionsfähiger Informations- und Produktionsplanverbund mit Zulieferern, geringe Rüst- und Umrüstzeiten in der Produktion durch flexible Produktionsstruktur sowie Dezentralisierung von Verantwortung bei erhöhtem Qualitätsbewusstsein von Mitarbeitern. Durch J. verstärkt sich der Trend, immer mehr Einzelteile in der Zulieferindustrie einzukaufen, in der Automobilbranche z.B. von etwa 70%. Eingesparte Kosten durch J. können für Qualitätsverbesserung und konkurrenzfähige Preisgestaltung eingesetzt werden. J. werden sogar über den Nordatlantik hinweg praktiziert, z.B. von Hewlett-Packard in Deutschland für die Endmontage hochwertiger Elektronikprodukte.

Kabotage

Recht für Transportunternehmen, in einem anderen als ihrem Heimatland Binnenverkehr zu betreiben. In →EG nicht zugelassen. Nach Urteil des Europäischen Gerichtshofes (→EG) von 1985 ist bis Ende 1992 in den EG-Mitgliedsstaaten ein freier Güterverkehrsmarkt zu schaffen. Dies betrifft in erster Linie den Straßengüterfernverkehr, da die anderen Verkehrsträger von diesem Urteil noch ausgeklammert sind (Luftverkehr, Seeschifffahrt) od. ihr Leistungsangebot i.d.R. auf das nationale Territorium konzentriert ist (Eisenbahn, Straßengüternahverkehr) od. eine weitgehende Dienstleistungsfreiheit schon praktiziert wird (Binnenschifffahrt). Ab 1990 wird bereits ein vereinbartes Kontingent an Genehmigungen für K. erteilt.

Käufermarkt

→Markt, auf dem zu herrschenden → Preisen ein Angebotsüberschuss besteht, sodass die Käufer Preisnachlässe erreichen können. K. ist durch sinkende Preise und Angebotsmengen charakterisiert.

Kaldor-Hicks-Effizienz

⇒Pareto-Kriterium
⇒Pareto-Optimalität
⇒*Pareto-Optimum*
⇒top level optimum.

Kaldor-Hicks-Kriterium

von N. Kaldor und J. R. Hicks 1939 vorgenommene Erweiterung des Pareto-Kriteriums (→Pareto-Optimum) als Aussage über normative Rangordnungen unterschiedlicher ökonomischer Situationen im Hinblick auf das mit ihnen verbundene soziale Wohlfahrtsniveau folgender Art: Situation A ist Situation B dann vorzuziehen, wenn der Nutzengewinn aus A so groß ist, dass denn Benachteiligten Ausgleichszahlungen aus dem Nutzengewinn derart geleistet werden können, dass sie zumindest in ihre ursprüngliche Nutzensituation zurückgelangen (1. Kompensationsprinzip). Das K. genügt den Annahmen des Pareto-Kriteriums:

ordinale Nutzenschätzung (→ Nutzen) und Verzicht auf interpersonellen →Nutzenvergleich.
Das K. muss etliche Einwände gelten lassen: mangelnde Operationalität, fehlende Eindeutigkeit in bestimmten Situationen (T. Scitovsky), Ausklammerung der Wohlfahrtsbewertung von Verteilungssituationen, Anwendung auf → Allokationsaspekte erfordern weitere Wertprämissen (Prämisse) (G. J. Stigler), seine Anwendung kann zu logisch widersprüchlichen Resultaten führen. Letztere Kritik führte zur Formulierung weiterer Kompensationskriterien (→ Samuelson-Gorman-Kriterium, →Pigou-Kriterium).

Kalkulation

1. allgemein: →Kostenrechnung.

2. →Kostenträgerstückrechnung ⇒Selbstkostenrechnung; s. auch →Kosten- und Leistungsrechnung.

Kalkulationsmethoden

Techniken der Verteilung der →Kosten auf →Kostenträger. K. legen weder den sachlichen Inhalt noch den Umfang zu verrechnender Kosten fest. Sie können deshalb bei der →Ist- wie auch →Plankostenrechnung angewendet werden, u. zw. sowohl für →Voll- wie →Grenzkosten (→Kosten) bei Vor- und Nachkalkulationen. Die sinnvollerweise anzuwendende K. ist vom unternehmensspezifischen →Fertigungsverfahren abhängig. Infrage kommende K. sind: →Divisionskalkulation, →Äquivalenzziffernrechnung, →Zuschlagskalkulation, → Kuppelproduktkalkulation. Zuschlagskalkulation ist eine sinnvolle K. bei Einzel-, Serien- und Sortenfertigung, bei letzterer insbesondere die Äquivalenzziffernrechnung; Divisionskalkulation wird bei Massen- und Parallelfertigung angewandt; Restwert- sowie Verteilungsrechnung, Varianten der Kuppelproduktkalkulation, ausschließlich bei Kuppelproduktion.

kalkulatorische Erfolgsrechnung

gegenüber extern orientierten handels-

und steuerrechtlichen →Jahresabschluss die intern ausgerichtete →Kosten- und Leistungsrechnung der Unternehmung (→Betrieb, I.). Sie ist typischerweise eine kurzfristige Rechnung und ent-hält keine neutralen Aufwendungen (→Aufwand) und Erträge (→Ertrag).

kalkulatorische Kosten

⇒Zusatzkosten (die synonyme Bezeichnung wird nicht einheitlich vertreten) →Kosten für Werteverzehr, die nicht od. nicht in gleicher Höhe →Aufwendungen sind, so z.B. kalkulatorischer Unternehmerlohn: in der →Kostenabrechnung anzusetzendes Entgelt für die Tätigkeit des die Unternehmung (→Betrieb, I.) selbst leitenden Eigentümers im Falle einer Einzelunternehmung sowie → Personengesellschaft; od. kalkulatorische Abschreibung: i.Ggs. zu den bilanziellen Abschreibungen, die Aufwand sind und in der →Gewinn- und Verlustrechnung erscheinen, →Abschreibungen, die Kostencharakter haben und in die → Kostenrechnung eingehen; od. kalkulatorische Zinsen, die nur für das betriebsnotwendige, also im Leistungsprozess gebundene Kapital anzusetzen sind. k. ergeben sich aus der Aufgabenstellung einer möglichst genauen Information für eine wirtschaftlichkeits- und preisbezogene Disposition i.Ggs. für externorientierte Interessen wie von Aktionären, Steuerbehörden u.a.

Kameralismus

Epoche des → Merkantilismus im deutschsprachigen Raum. K. hatte seine besondere Prägung darin, dass er in erster Linie der Verwaltung und Stärkung der Kammergüter des Fürsten (‚camera‘), vor allem der Domänen, diente. Seine Träger waren deshalb Beamte und Bedienstete der Finanzverwaltung; im westeuropäischen Merkantilismus waren es Kaufleute.

Kameralistik

1. Buchführung des →Kameralismus.

2. Rechnungswesen der öffentlichen Finanzwirtschaft, die aus einem System von drei Spalten besteht, u.zw. die im → Haushaltsplan ausgewiesenen Sollbeträ-

ge, den tatsächlichen →Ausgaben (Ist) und dem Saldo. Die Verbuchung erfolgt nach zeitlichem und sachlichem Aspekt. K. unterscheidet sich von der kaufmännischen Buchführung (→Buchhaltung) wg. der unterschiedlichen Zielsetzung der privaten und öffentlichen Wirtschaft.

Kammlinie

1. in der →Produktionstheorie jene Grenze, die den Bereich ökonomisch sinnvoller → Faktorsubstitution von dem insgesamt technisch möglichen Substitutionsbereich abgrenzt. Jenseits des von der K. (Kurve 0ABC0) abgegrenzten Bereiches, z.B. Kombination A' od. C', sind für konstanten →Output (O_1) größere

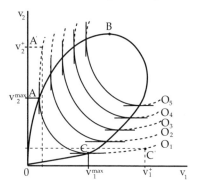

als die maximal notwendigen Mengen (v_2^{max}, v_1^{max}) beider →Produktionsfaktoren (V_2^+, V_1^+) einzusetzen. K. wird durch jene Punkte gebildet, in denen die Tangenten der →Isoquanten parallel zu den Mengenachsen der Inputfaktoren verlaufen.

2. von W. Krelle als Bezeichnung der → Reaktionslinie eingeführt.

Kapazität

das Leistungspotential eines →Betriebsmittels, Unternehmens (→Betrieb, I.), Kapitalstocks einer Volkswirtschaft (→ Wirtschaft) od. einer Volkswirtschaft selbst in einer Zeitperiode. Es ist sinnvoll, zwischen *technischer* K. und Optimal-K. zu unterscheiden. *Optimal*-K. ist diejenige, die unter wirtschaftlichem Aspekt mit dem günstigsten Wirkungsgrad arbeitet. Des Weiteren ist die *Maximal*-K., die die technisch höchstmögliche Leistung angibt, von der *Mindest*-K. zu unterscheiden, die ab der Einsatzfähigkeit des → Produktionsmittels vorliegt. Wesentliche Bedingung für die Optimal-K. einer Unternehmung ist, dass sich die durchschnittliche Auslastung der K. jedes Betriebsmittels möglichst nahe an der Optimal-K. bewegt und geringe kapazitative Disproportionalitäten vorliegen.

Neben der *quantitativen* K. ist die *qualitative* K. von Bedeutung, die die technische Eignung für den Leistungsvollzug angibt. Ihre Über- od. Unterbeanspruchung hat dieselbe Auswirkung auf die →Wirtschaftlichkeit wie die der quantitativen K. Der →Sachverständigenrat zur Begutachtung der gesamtwirtschaftlichen Entwicklung errechnet die → gesamtwirtschaftliche Sach-K. ⇒Produktionspotential als Summe der potentiellen Bruttowertschöpfung des Sektors Unternehmen sowie der realen Bruttowertschöpfung der Sektoren Staat, Land-, Forstwirtschaft und Fischerei, Wohnungsvermietung, privater Haushalt und Organisationen ohne Erwerbszweck. Das Produktionspotential des Sektors Unternehmen wird aus dem jahresdurchschnittlichen → Anlagevermögen und der potentiellen → Kapitalproduktivität, die für verschiedene Zeiträume durch unterschiedliche Verfahren ermittelt wird, errechnet bei bestimmten Annahmen über die Entwicklung der einzelnen Komponenten des Potentialwachstums. Die Berechnung des gesamtwirtschaftlichen Produktionspotentials wird auf einer Normalauslastung (= 96,5%) fundiert.

Kapazitätseffekt der Investition
die von →Nettoinvestitionen (I) auf die gesamtwirtschaftliche Produktionskapazität (O_K) (→Kapazität) und möglicherweise auf das → gesamtwirtschaftliche Güterangebot (Y^S) ausgehende Wirkung. K. ist i.Ggs. zum →Einkommenseffekt der Investitionen ein in der langen Frist wirkender Effekt, dem in der →Konjunktur- und Wachstumstheorie große Bedeutung zukommt.

Definitorisch gilt:

(1) $I = dK$,

wobei K der gesamtwirtschaftliche →Kapitalstock ist. Da jede Kapitaleinheit mit einer bestimmten → Produktivität, hier der →Kapitalproduktivität (α^K) wirksam ist, gilt:

(2) $dO_k = \alpha'^K \cdot dk$, worin α'^K die marginale Kapitalproduktivität (→ Kapitalproduktivität) ist und dO_K den K. angibt.

Wird er effektiv ausgeschöpft, ergibt sich:

(3) $dY^S = \alpha'^K \cdot dK$.

S. auch →Domar-Modell.

Kapazitätserweiterungs-Effekt
→Lohmann-Ruchti-Effekt.

Kapazitätslinie
⇒*Produktionsmöglichkeitenkurve*

Kapital
z.T. auch ⇒Vermögen.

I. *betriebswirtschaftlich* ist K. und →Vermögen unterschiedliche Sichtweise desselben Tatbestandes. Das Vermögen einer Unternehmung (→Betrieb, I.) wird auf der Aktivseite der →Bilanz, das K. als Äquivalent des Vermögens auf der Passivseite erfasst. K. ist somit der abstrakte Wert von Ansprüchen der Kapitalgeber an das Bilanzvermögen und lässt seine Finanzierungsquellen erkennen:
Gesamt-K.
- →Fremd-K.
= →Eigen-K. bzw. Reinvermögen.
Die Aktivseite der Bilanz gibt Auskunft über die K.-verwendung in → Anlage- und →Umlaufvermögen.

II. *volkswirtschaftlich* von Beginn an umstrittene →Definition. 1. alle zur Erzielung von →Einkommen im Produktionsprozess einsetzbaren Vermögensarten, die da sind: a) Real-K. ⇒Sach-K. ⇒Kapitalgüter ⇒Produktionsmittel ⇒Produktiv-K. ⇒Produktivvermögen ⇒Realvermögen ⇒Sachvermögen: die zu einem Zeitpunkt vorhandenen dauerhaften und nichtdauerhaften →Produktionsmittel einschließlich →Boden und Bestände an Halb- und Fertigwaren; b) →Arbeits-K.; c) →Geld-K., das verfügbare Ansprüche dokumentiert und durch Umwandlung in Sach-K. → Investitionen ermöglicht. Sach-K. und Arbeits-K. werden durch →technischen Fortschritt entwertet. 2. einer der Produktionsfaktoren neben Boden, Arbeit und Umwelt. 3. Ausdruck für den Gegenwartswert eines K.-gutes, gemessen durch die in Zukunft erwarteten und in Geldeinheiten bewerteten Konsummöglichkeiten. 4. Gesamtwert jener Objekte, die Einkommen stiften, sodass dauerhafte Konsumgüter (→ Güter) nicht als K. gelten. 5. Sozial-K., → Infrastruktur. Nach A. Smith auch ⇒National-K. i.Ggs. zu Privat-K.

III. in der *Marxistischen Theorie* die soziale Schicht im Kapitalismus, die Verfügungsmacht über Produktivvermögen besitzt. Ferner: →konstantes K., →variables K.

IV. im *Alltagsgebrauch* die Summe von Vermögensobjekten eines →Haushaltes (erst dann), wenn ihr Wert nicht ganz gering ist.

Kapitalanlagegesellschaften
⇒*Investmentgesellschaften.*

Kapitalbeschaffung
→Finanzierung.

Kapitalbestand
→Kapitalstock.

Kapitalbeteiligung
→Beteiligung, 1.

Kapitalbeteiligungsgesellschaft
Unternehmen (→Betrieb, I.) mit dem Geschäftszweck, anderen Unternehmen → Eigenkapital nachfragegerecht in differenzierter Form zur Verfügung zu stellen. Das Aktionsfeld der K. ist zwischen reiner Privatfinanzierung und dem organisierten →Kapitalmarkt angesiedelt und umfasst kleinere bis mittlere Unternehmen, die keinen Zugang zum organisierten Kapitalmarkt haben. In den 60er Jahren und Anfang der 70er Jahre war besonders die →stille Beteiligung gefragt, die dem Beteiligungsnehmer unternehmerische Eigenständigkeit und alleinige

Entscheidungsbefugnis belieβ. Steigende Anforderungen an klein- und mittelständische Unternehmen durch technische Entwicklung und Internationalisierung des →Wettbewerbs bedingten, dass heute alle direkten und indirekten Gesellschaftspositionen von K. praktiziert werden bis auf den voll haftenden Gesellschafter in einer →Personengesellschaft. Seit 1984 ist eine rasche Zunahme der Transaktionen (→Finanztransaktion) von K. zu beobachten.

Kapitalbilanz
⇒*Kapitalverkehrsbilanz.*

Kapitaldeckungsverfahren
neben dem →Umlageverfahren eine Finanzierungsvariante in der Rentenversicherung der →Arbeitnehmer, in der jeder für seine Alterssicherung zuständig ist. Er bzw. jede Generation errichtet einen aus eigenen Mitteln zu speisenden Fonds, aus dem er bzw. sie die Rentenzahlungen für den Ruhestand bestreiten. Im Idealfall ist dieser Fonds mit seinem Ableben bzw. dem Ableben des letzten Mitglieds der Generation Null. Wg. der unvollständigen Information über die tatsächliche Lebensdauer jedes einzelnen ist eine Zusammenfassung geeigneter Beitragzahler zu einer Gruppe mit einem Kapitalfonds sinnvoll, um einen Ausgleich der Risiken aus der individuell streuenden Lebenserwartung zu erreichen.

Kapitaleinkommen
⇒Besitzeinkommen
⇒fundiertes Einkommen
⇒Vermögenseinkommen
→Einkommen.

Kapitalerhöhung
1. allg. alle Maßnahmen zur →Finanzierung einer erhöhten Bedarfs an →Eigenkapital einer Unternehmung (→Betrieb, I.) entweder in Form der Innenfinanzierung od. →Außenfinanzierung.

2. bei einer Aktiengesellschaft die von der Hauptversammlung (→Aktiengesellschaft) mit dreiviertel Mehrheit beschlossene Erhöhung des Grundkapitals in vier Arten: durch Ausgabe neuer →Aktien (K.

gegen —Einlagen); durch die dem Vorstand (→ Aktiengesellschaft) für längstens fünf Jahre gegebene Ermächtigung, das Grundkapital bis zu einem bestimmten Nennbetrag ebenfalls durch Aktienausgabe zu erhöhen (K. durch genehmigtes Kapital); durch begebene → Schuldverschreibungen mit Umtauschrecht (→ Wandelschuldverschreibung) od. mit Bezugsrecht (→Optionsanleihe) auf Aktien, wenn die Inhaber von diesen Rechten Gebrauch machen (bedingte K.); durch Umwandlung von freien Rücklagen in Grundkapital, die mit Ausgabe zusätzlicher Aktien (→Gratisaktien) verbunden ist (K. aus Gesellschaftsmitteln).

Kapitalertragsteuer
besondere Erhebungsform der → Einkommensteuer durch Abzug vom Kapitalertrag wie → Dividenden, Zinseinkommen, Gewinnerträge, —Einkünfte als stiller Gesellschafter (→ Stille Gesellschaft), allerdings ohne subjektive Merkmale des Steuerschuldners zu berücksichtigen. Wird vom Schuldner des Kapitalertrages od. der ihn auszahlenden Stelle einbehalten und an das Finanzamt abgeführt. Wirkt auf die Einkommensteuer, die der Gläubiger des Kapitalertrages schuldet, mildernd. K. beträgt 25% bzw. 30% bei Zinsen aus bestimmten verzinslichen →Wertpapieren. 1989 wurde in der Bundesrepublik - nur für das erste Halbjahr - eine K. von 13% auf bestimmte →Zinsen bzw. Erträge aus Geldanlagen dort, wo sie entstehen - nämlich bei → Banken, also an der Quelle - erhoben und von diesen an die Finanzverwaltung abgeführt (Quellensteuer). Die Quellensteuer wurde voll auf die → Einkommensteuer angerechnet.

Kapitalexport
→Export, 2.

Kapitalflussrechnung
Ergänzungsrechnung zum → Jahresabschluss, die anders als die →Gewinn- und Verlustrechnung nicht nur erfolgswirksame Vorgänge erfasst, sondern als Zeitraumrechnung alle Finanzmittelbewegungen. K. ermöglicht raschen Einblick in die Finanzierungsströme sowie Investitionsprozesse und

schafft eine gesicherte Grundlage zur Einschätzung der Liquiditätsentwicklung (→Liquidität) und finanziell fundierten Ertragsentwicklung. Oft wird bereits eine Bewegungsbilanz (→Bilanz) als K. bezeichnet.

Kapitalfreisetzung
Vermögensumschichtung (→Vermögen) außerhalb des normalen Umsatzprozesses durch: 1. vorzeitige Veräußerung für die Unternehmung (→Betrieb, I.) nicht mehr wesentlich erscheinender Teile des →Anlagevermögens, oft verbunden mit einer weiteren Nutzung, z.B. durch das Sale-and lease-back-Verfahren (→ Leasing); 2. Verkürzung der Bindungsfrist von bzw. Abbau des Bestandes an →Umlaufvermögen, z.B. Lagerabbau, Einsatz des →Factoring; 3. erzielte Zahlungsmittelzuflüsse aufgrund des →Absatzes produzierter → Güter, die das bisher im Anlagevermögen gebundene → Kapital liquidisieren; 4. eine nicht sofortige →Reinvestition der unter 3. erwähnten Mittel. Bei bestimmten Bedingungen (mehrere gleichartige Anlagegüter mit unterschiedlichen Reinvestitionszeitpunkten und Konstanz der → Anschaffungskosten) kann auch eine dauerhafte K. erreicht werden.
Maßnahmen zur K. haben Kostensenkung (→Kosten) zum Ziel und betreffen die →Innenfinanzierung.

kapitalgebundener technischer Fortschritt
=capital embodied
→technischer Fortschritt.

Kapitalgesellschaft
i.Ggs. zur → Personengesellschaft eine Gesellschaft, bei der nicht die persönliche Mitarbeit des Gesellschafters im Vordergrund steht, sondern die Kapitalbeteiligung, die veräußer- und vererbbar ist. Die Mitglieder sind nicht ohne weiteres an der →Geschäftsführung und Vertretung beteiligt. Tod od. Ausscheiden eines Gesellschafters berührt nicht den Bestand der K. Gesellschafter haften nicht persönlich. K. ist —juristische Person und besitzt Rechtsfähigkeit. Für Geschäftsführung sind besondere Organe erforderlich. K. ist: → Aktiengesellschaft, →

GmbH, → Kommanditgesellschaft auf Aktien, → bergrechtliche Gesellschaft. Unterschiedliche Ausgestaltung kann K., insbesondere GmbH, in Nähe der Personengesellschaft bringen und v.v. K. unterliegen in der Bundesrepublik der → Körperschaftsteuer.

Kapitalgewinn
→Ertrag des in der Unternehmung (→Betrieb, I.) insgesamt investierten →Kapitals (hier I.). Vgl. auch →Gewinn, hier: in der Betriebswirtschaftslehre 1.

Kapitalgut
⇒dauerhaftes Investitionsgut
⇒Investitionsgut
alle Objekte des Realkapitals (→Kapital, II.) wie Produktionsanlagen, Werkzeuge, Rohstoffe, Halbfertigfabrikate, die über mehrere Zeitperioden →Leistungen zur Herstellung von →Endprodukten abgeben. Insofern ist auch ein öffentliches Gut (→Gut), z.B. eine Autobahn oder ein Seehafen, ein K. Auch dauerhafte Konsumgüter (→ Gut) erfüllen den Definitionscharakter (→ Definition) für ein K., da ihre Leistungen od. Nutzungen in erster Linie dem privaten Verbrauch dienen. Vgl. insbesondere auch →Kapital, II., →Gut.

Kapitalherabsetzung
z.T. ⇒Amortisation
Minderung des →Grundkapitals einer → Aktiengesellschaft od. →Kommanditgesellschaft auf Aktien, um eine Unternehmensverkleinerung od. -sanierung zu ermöglichen. Es ist zwischen *ordentlicher* K., bei der die Nennbeträge der Aktien herabgesetzt od. die Aktien zusammengelegt und die liquidisierten Beträge an die Aktionäre gezahlt werden, und *vereinfachter* K. zu unterscheiden, die wie die ordentliche K. vollzogen wird, aber ohne Rückzahlungen an die Aktionäre. Sie wird zum Ausgleich von Verlusten, Wertminderungen od. zur Einstellung in die gesetzliche Rücklage vorgenommen. K. kann auch durch Aktieneinzug erfolgen; muss in der Satzung vorgesehen sein. K. erfordert einen qualifizierten Beschluss der Hauptversammlung (→Aktiengesellschaft).

Kapitalimport
→Import 2.

Kapitalintensität (γ^K)
Quotient von →Kapitalstock (K) und → Beschäftigungsmenge (N), die zur Gütererzeugung eingesetzt werden:

$$\gamma^K = \frac{K}{N}.$$

Die K. ist auch das Verhältnis von →Arbeitsproduktivität (α^N) zu →Kapitalproduktivität (α^K):

$$\frac{K}{N} = \frac{O}{N} : \frac{O}{K} = \frac{\alpha^N}{\alpha^K}.$$

Im Isoquantenschema (→Isoquante) gibt K. die Steigung eines Ursprungsstrahls an. Der Wachstumsprozess der Güterproduktion in der Bundesrepublik ist von ständig steigender K. begleitet.

Kapitalkoeffizient
⇒capital-output ratio
gibt die aufgewendeten Kapitaleinheiten (K) pro Outputeinheit (O) an:

$$\beta^K = \frac{K}{O} \ (durchschnittlicher \ K.).$$

Ist reziprok zur →Kapitalproduktivität. Die → amtliche Statistik ermittelt ihn wertmäßig, u.zw. aus dem jahresdurchschnittlichen Brutto- →Anlagevermögen zum Brutto-Inlandsprodukt in konstanten →Preisen. In der Bundesrepublik lag er zu Beginn der 60er Jahre bei 3,2, 1970 bei 4,1 und hat sich bis 1986 auf 5,1 erhöht (für Preise des Brutto-Anlagevermögens je → Erwerbstätigen von 1980). Der K. sagt somit aus, dass der Wert des eingesetzten Kapitalstocks etwa das Fünffache der mit seiner Hilfe erzeugten Gütermenge betrug. Für die einzelnen Wirtschaftsbereiche ist er unterschiedlich hoch. Wird auf Änderung abgestellt, z.B. kleine, erhält man den *marginalen* K.:

$$\beta'^K = \frac{dK}{dO}, \ der \ den \ Zuwachs \ an \ Kapital$$

pro zusätzlicher Outputeinheit angibt. Er kann als *faktischer* marginaler K. interpretiert werden, wenn er aus den tatsächlichen Werten für eine Periode gebildet wird und die Auslastung des Kapitalstocks außer Betracht bleibt od. als *potentieller* marginaler K., wenn maximaler

Outputzuwachs angenommen wird. Da die Kapitalstockänderung eine Nettoinvestition (I^n) erfordert, gilt also:

$$\beta'^K = \frac{dK}{dO} = \frac{I^n}{dO}, \text{ so dass der marginale}$$

K. über die notwendige Investition für eine angestrebte Produktionserhöhung informiert.

In den →Modellen der Konjunktur- und Wachstumstheorie spielen der durchschnittliche und marginale K. eine bedeutende Rolle (z.B. →Domar-Modell).

Kapitalkonsolidierung
bei der Zusammenfassung (→Konsolidierung) von Einzelbilanzen (→Bilanz) zur Konzernbilanz die Aufrechnung der → Beteiligungen der Obergesellschaft gegen die entsprechenden Anteile des →Eigenkapitals der Untergesellschaften, um Doppelerfassung des →Kapitals zu vermeiden. Nach dem →Bilanzrichtlinien-Gesetz ist K. vorgeschrieben (→HGB § 297 (3)); i.d.R. nach den Festlegungen des § 301 und nur bei bestimmten Voraussetzungen nach § 302. Der Unterschied zwischen beiden Methoden liegt in der Höhe des konsolidierungspflichtigen Kapitals und in der Behandlung des Unterschiedsbetrages.

Kapitalkosten
die vom Kapitalgeber erwartete Verzinsung ⇒Rendite, die von dem das →Kapital einsetzenden → Unternehmen erwirtschaftet werden muss (K.-satz). Der K.-satz hängt von dem zu finanzierenden Investitionsobjekt (→Investition) und der gewählten Finanzierungsart - z.B. →Eigenkapital- od. →Fremdkapitalfinanzierung - ab. Ist er positiv od. wenigstens gleich Null, erwirtschaftet das Objekt mindestens die Höhe der K.

Kapitalkostensatz
→Kapitalkosten.

Kapitalmarkt
i.Ggs. zum →Geldmarkt, auf dem kurzfristige Finanzmittel gehandelt werden, der institutionalisierte →Markt für Finanzmittel langfristiger Natur, u.zw. für langfristige →Kredite (→Anleihen) und

Beteiligungen (→Aktien, Anteile). Der K. besorgt den Emittenten (→Emission) von → Wertpapieren langfristig Finanzierungsmittel und ermöglicht den Kapitalgebern einen jederzeitigen Verkauf der Papiere. Der K. gliedert sich in *Primärmarkt* ⇒*Emissionsmarkt*, der Erstausgabe der K.-papiere, und *Sekundärmarkt* ⇒*Effektenmarkt*, auf dem Effekten über die → Börse gehandelt werden. Neben diesem institutionalisierten Markt mit Teilmärkten → amtlicher Handel, → Geregelter Markt und →Freiverkehr gibt es auch den Handel mit → Investmentzertifikaten. Der Effektenmarkt wird in den *Rentenmarkt*, auf dem festverzinsliche Effekten ⇒Renten ⇒Gläubigereffekten, und den *Aktienmarkt*, auf dem Aktien ⇒Teilhabereffekten gehandelt werden, sowie den *Hypothekenmarkt* (→Hypothek), der Realkreditinstitute untergliedert.

Seit 1967 betreibt die →Bundesbank auch →Offenmarktpolitik auf dem K., allerdings nur mit Effekten der →öffentlichen Hand, um die Geldversorgung des → Bankensystems und der → Volkswirtschaft zu steuern. Darüber hinaus betreibt sie im Auftrag der öffentlichen Haushalte (→Haushalt, 3.) Kurspflege (→ Kurs). Koordination der Emissionen erfolgt durch den → Zentralen Kapitalmarktausschuss.

Die Effektivverzinsung (→ effektiver Zins) der K.-papiere wird auch von der Zinsentwicklung auf dem Geldmarkt beeinflusst, weil viele Akteure auf dem K. und Geldmarkt tätig sind.

Kapitalmarkteffizienz
Begriff der stochastischen Wirtschaftstheorie (→ Wirtschaftswissenschaft, → stochastische Prozesse). Im Bestandskonzept nach E. F. Fama bedeutet (vollkommene) K., dass die →Kurse bzw. Zinssätze die (gesamte) objektiv vorhandene Informationsmenge bzw. (alle) Preisbestimmungsgründe wie Daten und Strukturzusammenhänge widerspiegeln. Im heute verwendeten Strömungskonzept nach Muth u.a. liegt K. vor, wenn alle neuen Informationen (Daten-, Strukturänderungen) in die Kurse eingehen. Es werden nach dem am →Markt verarbeiteten Informationszufluss bei der Kurs-bzw. Preisfindung drei Effizienzgrade

unterschieden: schwache K. bei zentral veröffentlichten Informationen, mittelstrenge K. bei dezentral veröffentlichten und strenge K. bei sogar vorübergehend monopolisierten, d.h. Insider-Informationen. Im langfristigen Gleichgewicht mit objektiv gegebener Informationsmenge und abgeschlossenen Lerneffekten sind die subjektive und objektive Informationsmenge sowie die subjektiv erwarteten und objektiv wahren Verteilungsfunktionen der Kurse gleich; es gibt keine systematischen Erwartungsfehler; die Kurse folgen u.U. einem →randomwalk; es herrscht vollkommene und strenge K. Das Strömungskonzept der K. ist bedeutungsvoll für die Theorie rationaler Erwartungen sowie die → Neue Klassische Makroökonomik; es verliert an Bedeutung in Zeiten veränderter struktureller Unsicherheit und Strukturbrüchen.

Kapitalmarktzins

die →Rendite der auf dem →Kapitalmarkt gehandelten →Effekten entweder als Emissions- (→Emission) od. Umlaufsrendite. S. auch →Zins.

Kapitalmarktproduktivität (α^K)

Verhältnis von erzeugter Gütermenge (P) und der dafür eingesetzten Kapitalmenge (K):

$$\alpha^K = \frac{O}{K} \; ;$$ die *durchschnittliche* K. misst die pro Kapitaleinheit produzierte Gütermenge und die *marginale* K. ⇒*Grenzproduktivität des Kapitals* (α'^K) gibt den Outputzuwachs aufgrund einer zusätzlichen infinitesimalen Kapitaleinheit an:

$$\alpha'^K = \frac{dO}{dK} \, .$$

Invers zur K. ist der →Kapitalkoeffizient:

$$\beta^K = \frac{K}{O} = \frac{1}{\alpha^K} \, ,$$ der in den → Modellen der →Konjunktur- und →Wachstumstheorie eine bedeutende Rolle spielt. Zur Beziehung zwischen K., → Arbeitsproduktivität und Kapitalintensität s. →Arbeitsproduktivität. Wird die Grenzproduktivitätstheorie angewandt, dann ist die K. gleich dem (Kapital-) Zins. K. ist nicht zu verwechseln mit der →Grenzlei-

stungsfähigkeit des Kapitals. Die amtliche Statistik ermittelt die wertmäßige K. als Relation aus realem →Inlandsprodukt zu Marktpreisen und jahresdurchschnittlichem Brutto-Anlagevermögen zu konstanten →Preisen. K. hat für die einzelnen Wirtschaftsbereiche in der Bundesrepublik eine große Streuung.

Kapitalrentabilität

Relation des →Gewinns zu verschiedenen Größen. Dient zur Feststellung, inwieweit die angestrebte Wirtschaftlichkeit (Erfolgsziel) erreicht wurde. Wichtige Arten der K. sind:
Eigen-K.: das Verhältnis von Jahresüberschuss vor Steuer zum →Eigenkapital od. auch pagatorischer Gewinn (→Gewinn, hier: in der Betriebswirtschaftslehre, 2.);
Gesamt-K.: das Verhältnis des Kapitalgewinns vor Steuer zum Gesamtkapital od. auch das Verhältnis des Kapitalgewinns zum Eigenkapital;
Umsatzrentabilität: - brutto: das Verhältnis des Kapitalgewinns vor Steuer zum → Umsatz; - netto: das Verhältnis des Jahresüberschusses vor Steuer (ermittelt durch den Abzug der →Zinsen vom Kapitalgewinn vor Steuer) zum Umsatz;
Return on Investment: entweder das Verhältnis des Jahresüberschusses vor Steuer zum Umsatz od. zum Kapital.

Kapitalsammelstellen

1. Institutionen, bei denen freiwillig od. gesetzlich erzwungen in großem Ausmaß Einlagen gehalten werden und die auf dem Geldmarkt, aber insbesondere auf dem →Kapitalmarkt als Anleger auftreten und somit das Geldkapital (Kapital) an Nachfrager weiterleiten. K. sind → Kreditinstitute, Versicherungen, →Bausparkassen, →Investmentgesellschaften.

2. in der →Volkswirtschaftlichen Gesamtrechnung der →Finanzsektor ohne Sozialversicherungshaushalte, da sie Zwangsbeiträge erheben.

kapitalsparender technischer Fortschritt

⇒Solow neutraler technischer Fortschritt
→technischer Fortschritt

Kapitalstock

⇒Kapitalbestand

Bestand des für produktive Zwecke nutzungsfähigen Sachkapitals (→Kapital, II., 1.) einer Volkswirtschaft (→Wirtschaft). Wird entweder als homogener K. aufgefasst und durch seinen Wert gemessen od. als heterogener K. durch seine verschiedenen Arten von Kapitalgüter. In der →Volkswirtschaftlichen Gesamtrechnung wird er durch die reproduzierbaren dauerhaften Produktionsmittel (→ Kapital) berechnet, gegliedert in Ausrüstungen, Bauten und Vorräte für verschiedene Wirtschaftsbereiche, u.zw. in jeweiligen sowie in →Preisen von 2000, zu Wiederbeschaffungs- und Anschaffungspreisen sowie brutto und netto. Aufgrund des jahresdurchschnittlichen → Anlagevermögens errechnet der →Sachverständigenrat das →gesamtwirtschaftliche Produktionspotential.

In Preisen 2000 betrug der K. als Bruttoanlagevermögen:

1991	4 537,2 Mrd Euro
2000	5 457,4 Mrd Euro
2003	5 674,5 Mrd Euro

In der Volkswirtschaftslehre (→ Wirtschaftswissenschaft) wird unterschieden zwischen aktuellem und optimalem K. (K*), der sich im mikroökonomischen Investitionskalkül als Funktion des Preises für Sachkapital (l_K), des Marktzinses (i), des erwarteten Produktpreises (p^e), der erwarteten Preissteigerungsrate (g_p^e) und des erwarteten Realeinkommens (→ Einkommen) (y^{re}) bestimmen lässt:

$K^* = f(l_K, i, p^e, g_p^e, y^{re})$. Zur Bestimmung des gesamtwirtschaftlich optimalen K. gibt es die →Neoklassische Theorie, die den →Kapitalwert benutzt und die →Keynessche Theorie, die mit der internen Zinsfußmethode (→Zins) operiert. S. hierzu →Investitionsrechnung, 3.1. Zu →Hypothesen über die Anpassung des K. an den optimalen K. durch →Investitionen s. auch →Akzelerator, →Harrod-Domar-Modell.

kapitaltheoretischer Gewinn
⇒ökonomischer Gewinn
→Gewinn, II., 4.

Kapitaltheorie
1. K. beschäftigt sich mit den Allokations- (→Allokation), Distributions- und Stabilisierungsproblemen (→Stabilisierungspolitik), die sich aus der Existenz von produzierten →Produktionsmitteln, von → Kapitalgütern, ergeben. Kapitalgüter unterscheiden sich hinsichtlich der →Produktionskoeffizienten, der ökonomischen Lebensdauer und des Zeitpunktes ihres Einsatzes in einem zeitraubenden Produktionsprozess. Sie sind gleichzeitig Mittel der effizienten Allokation der Ressourcen, u.zw. sowohl atemporal als auch intertemporal, der Durchsetzung von →Innovationen und der →Einkommensverteilung. Weil Kapitalgüter heterogen sind, weil sie gleichzeitig mehrere Aufgaben erfüllen, sind die Zusammenhänge derart komplex, dass nur eine rigorose Reduktion auf einige analytische Ansätze, Begriffe und →Modelle zu ökonomisch relevanten Aussagen führt. Die Wahl der analytischen Ansätze, Begriffe und Modelle ist Ursprung und Ziel der für die K. charakteristischen Kontroversen.

2. Die gegenwärtig dominierenden Ansätze sind der neoklassische, der neokeynesianische und der neomarxistische Ansatz. Dogmengeschichtlich kann für den *neoklassischen Ansatz* die Folge *A. Smith - J. St. Mill - L. Walras - E. v. Böhm - Bawerk - K. Wicksell - Cambridge* (Mass.), für den *neokeynesianischen* und den *neomarxistischen* die Folge *A. Smith - D. Ricardo - K. Marx - J. M. Keynes - Cambridge* (Engl.) gebildet werden. Die Kontroverse zwischen den Ansätzen, die Cambridge-Kontroverse, wird mit Hilfe der gleichen Begriffe und Modelle ausgefochten. Durch Aggregation werden die Begriffe →Kapital (-menge, →-wert), → Arbeit und →Produktion; →Konsum, → Sparen und Investieren (→ Investition); Durchschnitts- und Grenz(wert)produkte von Kapital und Arbeit; Zins- und Lohneinkommen (→Einkommen) gebildet. Die Begriffe werden in Konsumgüter-Kapitalgüter-Modellen in einen funktionalen Zusammenhang gebracht, indem sie auf die Arbeitseinheit bezogen werden - →Kapitalintensität γ^K, →Ar-

beitsproduktivität α^N, Konsumrate c, Sparrate, Investitionsrate, Lohnrate w; indem sie auf die Kapitaleinheit bezogen werden - →Kapitalproduktivität, Kapitalakkumulationsrate g, Zinsrate r; indem sie schließlich nach dem Dualitätsansatz - maximaler Produktionswert gleich minimaler Zurechnungswert (minimale → Kosten) - in Modellen in einen funktionalen Zusammenhang gebracht werden, u. zw. durch die Produktivitätsfunktion $\alpha^N = f(\gamma^K)$, die Lohnkurve w = f(r) für gegebene Produktionskoeffizienten, die Faktorpreisfront w = φ(r) für gegebenes technisches Wissen, die Konsumkurve c = f(g) für gegebene Produktionskoeffizienten, die Optimale Transformationsfront c = ψ(g) für gegebenes technisches Wissen. Lohnkurve und Faktorpreisfront sind jeweils die Ortslinie aller w/r-Verhältnisse bei minimalem Zurechnungswert, die Konsumkurve und die Optimale Transformationsfront sind jeweils die Ortslinie aller c/g-Verhältnisse bei maximalem Produktionswert. Die Faktorpreisfront ist die innere Umhüllende der Lohnkurven, die Optimale Transformationsfront ist die äußere Umhüllende der Konsumkurven. Lohn- und Kostenkurven einerseits, Faktorpreis- und Optimale Transformationsfront andererseits sind mathematisch identisch.

3. Mit Hilfe dieses Instrumentariums werden Effizienzbedingungen der atemporalen und intertemporalen Allokation abgeleitet sowie die logischen Möglichkeiten eines sinkenden Kapitalwertes bei steigendem w/r-Verhältnis (Kapitalreversion, Kombination aus negativen realen und preislichen →Wicksell-Effekten) und der Wiederkehr einer niedrigeren Kapitalintensität bei einem höheren Verhältnis (→Reswitching, negativer realer Wicksell-Effekt). Auf dieser Grundlage wird die empirische Relevanz neoklassischer Aussagen diskutiert.

Diese Aussagen sind: Es gibt eine positive Beziehung zwischen Kapitalmenge und Kapitalwert. Der Produktionswert pro Arbeitseinheit ist umso höher, je hö-

her der Kapitalwert pro Arbeitseinheit ist. Im stetigen Zustand ist das →Grenzwertprodukt des Kapitals gleich der zugerechneten Zinsrate und das Grenzwertprodukt der Arbeit gleich der zugerechneten Lohnrate. Das Lohnrate/Zinsrate-Verhältnis ist umso höher, je höher das Kapitalwert/Arbeit-Verhältnis ist. Das Kapitalwert/Produktwert-Verhältnis ist umso höher, je niedriger die Zinsrate ist. Im stetigen Zustand ist der dauernd verfügbare Konsum pro Arbeitseinheit umso höher, je niedriger die Zinsrate ist; er ist maximal, wenn die Zinsrate gleich der Wachstumsrate des Kapitalwerts ist. Das sind Aussagen, die mit Hilfe eines Ein-Gut-Kapitalmodells abgebildet werden können.

Die aufgezählten neoklassischen Aussagen werden in ihrer Allgemeingültigkeit infragegestellt: Die Kapitalmenge ist nicht definierbar und nicht messbar, eine eindeutige Beziehung zwischen Kapitalwert und -menge kann es deshalb nicht geben. Die eindeutigen neoklassischen Aussagen zur Beziehung zwischen Kapitalwert, Produktionswert, Grenzwertprodukt von Kapital und Arbeit, Lohnrate/Zinsrate-Verhältnis und dauernd verfügbarem Konsum pro Arbeitseinheit sind damit nicht aufrechtzuerhalten. Insbesondere die Grenzwertprodukte von Kapital und Arbeit sind ohne exogene Vorgaben der →Profitraten nicht determiniert. Das sind Aussagen, die mit Hilfe eines Konsumgut-Kapitalgutmodells mit unterschiedlichen Produktionskoeffizienten abgebildet werden können.

4. Die Neoklassiker halten Kapitalreversion und Reswitching für empirisch irrelevant und verwenden weiterhin bei ihrer theoretischen, empirisch/ statistischen und beratenden Tätigkeit die grundlegenden Aussagen. Sie betrachten das Ein-Gut-Kapitalmodell als allgemein anwendbares heuristisches Instrumentarium. Die Kritiker (Neokeynesianer und Neomarxisten) halten Kapitalreversion und Reswitching für theoretisch relevant und glauben, in ihrer Tätigkeit die neoklassischen Aussagen ignorieren zu können. Sie halten das Ein-Gut-Kapitalmodell für ein nicht allgemein anwendbares heuristisches Instrumentarium.

5. Jedoch ist die Kontroverse um die neoklassischen Aussagen nur vordergründig. Letztlich geht es dabei um die Frage, ob die effizienten Preise und Mengen bei Existenz von Kapitalgütern durch die volkswirtschaftlichen Rahmenbedingungen eindeutig bestimmt werden od. ob es hierfür Indeterminiertheitsbereiche gibt, die durch gesellschaftliche Institutionen ausgefüllt werden. Von den Neoklassikern wird Determiniertheit postuliert, wenn die atemporale und die intertemporale Allokation analysiert wird. Effizienzmengen und -preise werden simultan und eindeutig bestimmt. Die Kapitalgüter leiten ihren Wert indirekt aus dem Wert der →Endprodukte ab. Kapitalbestand und -akkumulation sind Ergebnis eines Konsumverzichts in Vergangenheit und Gegenwart. Die Verteilung ist ein Ergebnis der Preisbildung. Von den Kritikern wird Indeterminiertheit postuliert, wenn die atemporale und intertemporale Allokation analysiert wird. Effizienzmengen und -preise sind erst dann bestimmt, wenn gesellschaftliche Institutionen die Indeterminiertheit ausfüllen. Der Wert der Kapitalgüter ist erst dann bestimmt, wenn die Zinsrate vorgegeben ist. Der Begriff des Grenzprodukts des Kapitals verliert seine zentrale Bedeutung. Die Beziehung zwischen Kapitalakkumulation und Konsumverzicht ist sehr locker. Die Verteilung geht der Preisbildung voraus. Die Indeterminiertheit, ein spezifischer Allokationsmechanismus, der die Lücke ausfüllt, die daraus folgende Möglichkeit der suboptimalen langfristigen Entwicklung einerseits, die Determiniertheit der neoklassischen langfristigen Entwicklung andererseits, sind ein wichtiges Thema der *Cambridge-Kontroverse*. Dabei werden einerseits (Cambridge, Mass.) der Knappheits- und der Gleichgewichtsaspekt, andererseits (Cambridge, Engl.) der Verteilungs- und Ungleichgewichtsaspekt betont. Bei Cambridge (Mass.) ist die neo-österreichische K. eine Variante, die dem Zeitmoment eine entscheidende Rolle zuschreibt. Bei Cambridge (Engl.) ist die neomarxistische K. eine Variante, die der →Arbeitswertlehre, der Ausbeutung und dem Widerspruch zwischen Produktionskräften und Produktionsverhältnis-

sen eine überaus entscheidende Rolle zuschreibt.

Literatur: *Ch. J. Bliss*, Capital Theory and the Distribution of Income. Amsterdam, Oxford, New York 1975. *E. Burmeister*, Capital theory and Dynamics. Cambridge (Mass.), London, New York 1980. *St. A. Marglin*, Growth, Distribution, and Prices. Cambridge (Mass.), London 1984. *C. C. v. Weizsäcker*, Steady State Capital Theory. Berlin, Heidelberg, New York 1971.

Prof. Dr. L. Männer, Göttingen

Kapitalumschlag

das Verhältnis von Umsatz zu Gesamtkapital. Da die Gesamtkapitalrentabilität (→ Kapitalrentabilität) gebildet wird:

$$100 \cdot \frac{Kapitalgewinn}{Umsatz} \cdot \frac{Umsatz}{Gesamtkapital}$$

$$= Bruttoumsatzrentabilität \cdot K,$$

besteht zwischen K. und Umsatzrentabilität ein inverses Verhältnis, so dass bei gewünschter Gesamtkapitalrentabilität als eine Zielgröße der Unternehmenspolitik die Umsatzrentabilität um so kleiner sein kann, je höher die K. ist und v.v. Diese Aussagen sind nur dann sinnvoll, wenn das Unternehmenskapital umsatzbezogen eingesetzt worden ist.

Kapitalverkehr

1. allg. →Transaktionen von →Kaufkraft durch Übertragung von Finanzaktiva. K. ist somit die Entstehung, Änderung od. Tilgung von Kreditbeziehungen .

2. nur jene Transaktionen gem. 1., die nicht direkt durch den →Güterverkehr ausgelöst sind.

3. K. zwischen Gebietsansässigen (→Inländern) und Ausländern. Dieser wird in der →Kapitalverkehrsbilanz durch alle Änderungen von Beständen an kurz- und langfristigen →Forderungen und → Verbindlichkeiten von inländischen gegenüber ausländischen → Wirtschaftssubjekten erfasst. S. auch →Zahlungsbilanz.

Kapitalverkehrsbilanz

⇒Kapitalbilanz

Teilbilanz der →Zahlungsbilanz. Gliedert sich in die Bilanz der kurzfristigen und des langfristigen Kapitalverkehrs. Als kurzfristiger Kapitalverkehr gelten → Forderungen und → Verbindlichkeiten mit einer ursprünglich vereinbarten Laufzeit bis zu einem Jahr, Geschäfte mit →Geldmarktpapieren, Anzahlungen sowie Gewährung und Inanspruchnahme von Zahlungszielen im Güterverkehr. Käufe und Verkäufe von →Aktien zählen zum langfristigen Kapitalverkehr. Saldo der K. gibt für alle →Inländer außer der → Deutschen Bundesbank die Änderung der zusammengefassten Nettoauslandsposition (→Auslandsposition) an.

Kapitalverkehrsteuern
sind die ab 1991 abgeschaffte →Börsenumsatzsteuer und die → Gesellschaftssteuer.

Kapitalwert
zentraler Begriff in der → Investitionstheorie und →Investitionsrechnung. Errechnet sich durch → Abzinsung (Diskontierung) der Nettoerträge aus der →Investition (E) auf einen Bezugszeitpunkt und Subtraktion der um den Schrottwert (S) verminderten Investitionskosten (K) von der Summe der diskontierten Nettoerträge.

$$K_0 = \sum_{t=0}^{n} [E_t - (K_t - S_t)] \cdot \frac{1}{(1+i)^t} ,$$

wobei $\dfrac{1}{(1+i)^t}$ der Abzinsungsfaktor ist.

Kapitalwertmethode
→Investitionsrechnung, 3.1., →Kapitalwert.

kardinaler Nutzen
i.Ggs. zum →ordinalen Nutzen der auf einer Kardinalskala abbildbare und somit kardinal messbare →Nutzen. Die Auffassung von einem k. setzt ein Nutzenmaß voraus, dessen Einheiten elementare Rechenoperationen erlaubt und interpersonelle Nutzenvergleiche ermöglicht. S. → Grenznutzenanalyse.

Karussellgeschäft
→Swappolitik.

Kartell
Absprache und Zusammenschluss rechtlich und wirtschaftlich selbstständig bleibender Unternehmen (→Betrieb, I.) durch Beschränkung des →Wettbewerbs, um Produktions- od. Marktverhältnisse zu beeinflussen. K. sind nach dem →Gesetz gegen Wettbewerbsbeschränkungen (§ 1 (1) GWB) unwirksam, ebenso →aufeinander abgestimmtes Verhalten. Ausnahmen sind nach Anmeldung (→Anmelde-K., z.B. Normen-K.) beim bzw. mit Erlaubnis (Erlaubnis-K., z.B. bei Bildung gemeinsamer Beschaffungs- od. Vertriebssysteme für einen nicht anders zu erreichenden Rationalisierungszweck) des → Bundeskartellamtes möglich od. aber auch nach Anmeldung, wenn die Kartellbehörde nicht binnen drei Monaten widerspricht (Widerspruchs-K., z.B. Konditionen-K., Rabatt-K.). K. werden ins Kartellregister eingetragen. Sie unterliegen der →Miss-brauchsaufsicht.

Kartellamt
→Bundeskartellamt.

Kartellbericht
→Bundeskartellamt.

Kartellgesetz
⇒ *Gesetz gegen Wettbewerbsbeschränkungen.*

Kassageschäft
→Devisenmarkt, →Swappolitik, →Börse.

Kassakurs
→Devisenmarkt, →Swappolitik.

Kassamarkt
→Devisenmarkt, →Swappolitik.

Kasse
der von den →Wirtschaftssubjekten gehaltene Bestand an →Geld für Ausgabenzwecke (aktive K. ⇒Transaktions-K.) od. für Spekulation in Wertpapieren (passive K.). Die Höhe der K.-nhaltung wird im Einzelnen in der Geldnachfragetheorie (→ Geldnachfrage) erklärt. Der Quotient, gebildet aus der von den Wirtschaftssubjekten gehaltenen Geldmenge (M) und

418

dem →Preisniveau (P): $\frac{M}{P}$, die *reale* K., hat in der →Makroökonomik große Bedeutung (→ Realkasseneffekt, → Geldnachfrage, →Geldtheorie, 3.).

Kassenhaltungsdauer (k)

Verhältnis von umlaufender →Geldmenge (M) und →Volkseinkommen (Y): $k = \frac{M}{Y}$, ist reziprok zu der →Einkommenskreislaufgeschwindigkeit des Geldes (V^y). Ist entscheidende Größe in der Geldnachfragetheorie (→Geldnachfrage). In der →Klassischen Theorie ist die K. i.d.R. konstant (→Cambridgegleichung), in der →Keynesschen Theorie variabel und Zielgröße der Erklärung.

Kassenkredit

die nach § 20 BBkG vorgesehene Möglichkeit der direkten Kreditgewährung der →Bundesbank an den Bund, die Länder und Sondervermögen des Bundes zur Überbrückung kurzfristiger Kassenfehlbeträge im Laufe des Haushalts-vollzugs, nicht aber zur Deckung von Haushaltsdefiziten. Aufgrund der zweiten Stufe der Europäischen Wirtschafts- und Währungsunion (→EG) ist ab 1994 die Finanzierung öffentlicher Defizite nicht mehr zugelassen, so daß die K. ihre Bedeutung für die öffentliche Hand verloren haben.

Kassenobligationen

festverzinsliche →Effekten des Bundes, der Länder, der → Sondervermögen, Bahn und Post seit 1959 zur Beschaffung von mittelfristigem →Kapital, mit einer Laufzeit von höchstens 4 Jahren in Deutschland, in Österreich 5 Jahren. Ausgabe in 1 000 Euro und ein Vielfaches davon, vorwiegend für institutionelle Anleger geeignet. Werden nicht über → Banken verkauft, sondern für Bund und Sondervermögen i.d.R. im →Tenderverfahren vertrieben. K. sind →lombardfähig und börsenfähig im → Geregelten Markt.

Kassenverein

→Deutscher Kassenverein AG.

Kaufkraft

gibt die erwerbbare Gütermenge einer bestimmten →Geldmenge an; wird auch als innerer Geldwert (→Geldwert) bezeichnet. Zur Bestimmung des K. des → Geldes, z.B. des Verbrauchers, wird i.d.R. der Preisindex für die Lebenshaltung (→ Preisindex) benutzt. Interessiert die K.-entwicklung für Nachfrager bestimmter Branchen od. sozialer Schichten, muss ein anderer entsprechend geeigneter Preisindex verwendet werden. S. auch → Inflationstheorie, 1.

Kaufkraftparität

Umrechnungsgröße für die in erwerbbaren Gütereinheiten gemessene →Kaufkraft verschiedener →Währungen. Die K. des Inlands (z.B. Bundesrepublik Deutschland, Euro) gegenüber dem Ausland (USA, US-Dollar) K_U^D gibt die Kaufkraft einer ausländischen Geldeinheit (1 $) im Ausland (in den USA) in inländischen Geldeinheiten (Euro) im Inland (Bundesrepublik Deutschland) an. K. sind nur für ein bestimmtes Gut od. einen bestimmten Warenkorb sinnvoll, z.B. die K. von Mineralöl einer Sorte zwischen den USA und der Bundesrepublik Deutschland entspricht der Relation x Euro zu 1 $. K.-sumrechnungen sollten dann nicht mittels amtlicher Wechselkurse erfolgen, wenn diese nicht frei (→flexibler Wechselkurs) entsprechend den ökonomischen Marktverhältnissen gebildet wurden, da Über- bzw. Unterbewertungen die K. verfälschen.

Wird ein Warenkorb in amerikanischen Preisen (p_U) mit amerikanischen Mengen (q_U) sowie ein entsprechender deutscher Warenkorb (q_D) mit deutschen Preisen (p_D) gebildet, erhält man zwei K.:

$$K_U^D = \frac{\sum q_D \cdot p_D}{\sum q_D \cdot p_U},$$

K. × Euro zu 1 $ bei deutschem Mengenschema, die die Kaufkraftrelation angibt, sofern deutsche Verbrauchergewohnheiten in den USA aufrecht erhalten bleiben.

$$K_U^D = \frac{\sum q_U \cdot p_D}{\sum q_U \cdot p_U},$$

K. × Euro zu 1 $ bei amerikanischem

Mengenschema, die die Kaufkraftrelation angibt, wenn man in der Bundesrepublik nach amerikanischen Gewohnheiten lebt.
Ungeklärte Probleme bei der Berechnung von K. sind besondere Mengenschema, z.b. die Zusammenstellung eines europaweiten Warenkorbes, und die Umrechnung über amtliche Wechselkurse, häufig über den US-Dollar.

Kaufkraftparitätentheorem
⇒*Kaufkraftparitätentheorie.*

Kaufkraftparitätentheorie
⇒Kaufkraftparitätentheorem
Auffassung der Klassischen Nationalökonomie (→Klassische Theorie, →Wirtschaftswissenschaft), wonach die → Kaufkraftparität den Wechselkurs bestimmt und dadurch für ein Gleichgewicht in den → Leistungsbilanzen der international Handel treibenden Länder sorgt. S. →Monetäre Außenwirtschaftstheorie, 2.2.

Kaufkraftstandards
Vergleich der →Kaufkraft des →Einkommens zwischen verschiedenen Ländern. Dieser geschieht durch a) Umrechnung der →Wechselkurse in z.B. den →Euro; b) mittels →Kaufkraftparitäten. Zu a): Folgt die Wechselkursentwicklung einer → Währung dem Preisgefälle zwischen Inland und Ausland, so wird die Veränderung der Kaufkraft zutreffend widergespiegelt. Dies trifft dann nicht zu, wenn z.B. Zinserwartungen od. politische Ereignisse den Wechselkurs beeinflussen. Zu b): Wg. der möglichen nicht zutreffenden Aussage der Wechselkursentwicklung verwendet die →OECD → Kaufkraftparitäten. Diese geben z.B. an, wie viel Dänische Kronen erforderlich sind, um in Dänemark die gleiche Gütermenge zu kaufen, die in Deutschland für 1 Euro zu erwerben ist.

Kaufkrafttheorie des Lohnes
Theorie über die Wirkungen von Änderungen des →Lohnsatzes auf Volkseinkommen und → Beschäftigung. Im wesentlichen stehen sich zwei Ansätze gegenüber: 1. Aus der Sicht des Lohnes als Kostenfaktor führen Lohnsenkungen zu zusätzlicher Beschäftigung. Als Begründung wird auf die neoklassische → Grenzproduktivitätstheorie verwiesen. Diese Variante wird i.d.R. von den →Arbeitgebern vertreten. 2. Aus der Sicht des Lohnes als Komponente der → Güternachfrage bewirken Lohnerhöhungen über Kaufkraftsteigerungen zusätzliche Nachfrage und Beschäftigung. Diese Position wird von den Gewerkschaften vertreten. Für eine zutreffende Aussage sind zum einen die jeweiligen Implikationen zu beachten und zum anderen muss ein integriertes →Modell für die Angebots- und Nachfrageseite verwendet werden.

Kaufmann
nach dem →Handelsrecht jeder, der ein → Handelsgewerbe betreibt. K. kann jede → natürliche und →juristische Person sein. Nach dem →HGB ist zu unterscheiden: 1. *Ist*-K. ⇒*Muss*-K. ist derjenige, der ein sog. Grundhandelsgeschäft (→ Handelsgewerbe) betreibt. Die Führung eines solchen Geschäfts begründet die Eigenschaft als K. ohne Eintragung ins →Handelsregister. 2. *Minder*-K., der durch Eintragung ins Handelsregister die Kaufmannseigenschaft erlangt entweder als *Soll*-K., gebunden an die Voraussetzung, ein Unternehmen (→ Betrieb, I.) od. Handwerk zu betreiben, das nach Art und Umfang einen kaufmännisch eingerichteten Geschäftsbetrieb erfordert (z.B. Bauunternehmen) und zur Handelsregistereintragung verpflichtet, od. als *Kann*-K., für den die Eintragung ins Handelsregister freiwillig ist, z.B. Brauerei. Ist-K. und Minder-K. wird auch Voll-K. bezeichnet.
Mit Wirkung vom 1.7.1998 ist in Deutschland die Unterscheidung zwischen Muss-K., Soll-K. und Kann-K. aufgehoben.
3. Form-K. sind →Handelsgesellschaften kraft Rechtsform wie insbesondere →Aktiengesellschaft, →GmbH. Sie erlangen die Kaufmannseigenschaft durch Han-

delsregistereintragung kraft Gesetz.

4. Schein-K., um Unzulänglichkeiten bei der Feststellung der Kaufmannseigenschaft trotz Handelsregistereintrag (z.B. Sanatorium unter ärztlicher Leitung) zu begegnen, wird der Betreffende kraft Rechtsschein dem Voll-K. gleichgestellt.

Kaufoption
→Option.

Kausalanalyse
leistungsfähigstes multivariates Verfahren zur Untersuchung von Abhängigkeitsstrukturen. Es überwindet Schwachpunkte der z.B. heute noch am häufigsten verwandten →Regressionsanalyse.

kausale Arbeitslosigkeit
Gliederung der →Arbeitslosigkeit nach dem Kriterium der Verursachung i.Ggs. zur →distributiven Arbeitslosigkeit.

Kennedy-Runde
von dem US-Präsidenten John F. Kennedy angeregte und nach ihm benannte Verhandlungs- und Zollsenkungsrunde von 1964-67 in Genf im Rahmen des → GATT. Brachte wesentliche Erfolge im Abbau von →Zöllen für Industrieerzeugnisse (z.T. bis etwa 30%), aber kaum Fortschritte für den Handel mit Agrarerzeugnissen und im Abbau → nicht-tarifärer Handelshemmnisse.

Kenngröße
Zahlenwert, der einer Menge von Einheiten aufgrund eines Merkmals zugeordnet wird, z.B. Umsatz aller →Unternehmen eines Wirtschaftszweiges in 1998.

Kennzahlenanalyse
in der Bilanzanalyse die Bildung und Berechnung ausgewählter Kennzahlen (z.B. → cash-flow, → Kapitalrentabilitäten, → Return on Investment). K. dient der Erkennung der Unternehmensentwicklung und als Instrument zur Ursachenforschung von Änderungen in →Rentabilität und →Liquidität.

Keynes-Effekt
von J. M. Keynes (1936) dargestellte Wirkung des monetären Sektors auf den realen Sektor, wonach eine Preisniveausen-

kung bei konstantem Geldangebot zu einer Zinssenkung und über zinsinduzierte → Investitionen aufgrund des → Multiplikatorprinzips zu nachfolgender Erhöhung des →Volkseinkommens führt. Der K. äußert sich in einer Rechtsverschiebung der →LM-Kurve und ist ein → Realkasseneffekt. Ist ein Argument für die Instabilität des ursprünglich von Keynes vertretenen stabilen gesamtwirtschaftlichen → Unterbeschäftigungsgleichgewichts (→Keynessche Theorie).

Keynes-Fälle
von J. M. Keynes (→Keynessche Theorie) dargestellte Situationen, in denen eine Unterbeschäftigung selbst bei flexiblen → Preisen und Geldlöhnen dauerhaft sein kann u.zw. bei

a) hoher bis unendlicher Zinselastizität der Geldnachfrage für Spekulationszwecke (M^{Dp}) (→Geldnachfrage, →Keynessche Theorie, →Kasse):

$$\eta_{M^{Dp},\,i}^{D_{p},\,i} = \frac{dM^{Dp}}{M^{Dp}} : \frac{di}{i} \rightarrow \infty \;;$$

b) sehr geringe od. vollständig unelastische Zinselastizität der →Investitionen (I):

$$\eta_{I,\,i} = \frac{dI}{I} : \frac{di}{i} \rightarrow 0 \;;$$

c) nach unten starren Geldlöhnen.

Da in Situationen der K. expansive Geldpolitik (→Geldpolitik) zur Beseitigung der Unterbeschäftigung wirkungslos ist, empfiehlt sich, finanzpolitische Maßnahmen (→Finanzpolitik) einzusetzen.

Keynesianische Konsumhypothese
⇒absolute Einkommenshypothese
→Keynessche Theorie.

Keynes-Ohlin-Kontroverse
von J. M. Keynes und B. Ohlin 1929 gegensätzlich vertretene Standpunkte zu den dem Deutschen Reich nach dem Ersten Weltkrieg auferlegten Reparationszahlungen an das Ausland. Keynes erkannte in den Reparationen ein Budgetproblem - die Mittelbeschaffung der → öffentlichen Hand - sowie ein Transferproblem - die Wirkungen auf den Wechselkurs beim Tausch von Reichsmark in ausländische →Währung - für Deutsch-

land. Allgemein sah man zu damaliger Zeit nur das Budgetproblem, nicht aber ein Transferproblem. Nach Keynes hätte Deutschland, um Reparationen leisten zu können, seine Produktionseffizienz stärker als das Ausland steigern od. das inländische Zinsniveau unter dem des Auslandes halten od. die Reallöhne unter die ausländischen senken müssen. Keynes argumentierte auf dem Boden der → Klassischen Theorie, denn das Güterangebot sollte vorwiegend durch Preisbzw. Lohnsenkungen ausgeweitet werden, wobei allerdings wg. sinkender Reallöhne und deshalb sinkender → Einkommen die für Reparationen erforderlichen Mittel (Budgetproblem) nicht vorhanden wären. Er sah in den Reparationen ein für Deutschland unlösbares Dilemma.

Ohlin hielt Keynes vor, den Einkommenseffekt des von Deutschland getätigten Kapitaltransfers, der in einem Nettokapitalimport bestand - Deutschland nahm das Doppelte an → Krediten im Ausland auf als es an Reparationen gezahlt hatte -, übersehen zu haben, denn dieser führe zu einem Einkommenseffekt (→Einkommenseffekt, 2.) und biete eine Lösung des Budgetproblems. Ohlin argumentierte aus heutiger Sicht keynesianisch, da er auf die Wirkungen der → gesamtwirtschaftlichen Nachfrage abstellte.

Keynes-Plan
von J. M. Keynes 1942 in einer Denkschrift „Proposals for a Clearing Union" gemachte Vorschläge zur Ordnung des zerrütteten internationalen monetären Systems. K. sah die Gründung einer internationalen Verrechnungsinstitution (Clearing Union) zwischen den einzelnen Ländern vor, ferner Schaffung einer internationalen Verrechnungs- und Währungseinheit mit Bindung an eine bestimmte Goldparität (→Parität) sowie die Bereitschaftserklärung der Mitgliedsländer, zum Ausgleich von Salden in den → Zahlungsbilanzen statt Gold od. US-Dollar auch die neue Währungseinheit (Bankengold genannt) anzunehmen, so dass z.B. Defizitländer →hätten Kredite in Anspruch nehmen können. K. verfolgt, möglichst stabile →Wechselkurse

zu erreichen, ohne dass die Länder gezwungen sein würden, ständig zwecks Erhaltung des Wechselkurses den internationalen Handel mit Restriktionen zu reglementieren wie das Staaten mit Zahlungsbilanzdefiziten in Form von →Devisenbewirtschaftung od. → Abwertung praktizierten. Zugleich wollte er die Bindung der →Währungen an den Goldstandard (→ Goldstandard, 1.) bei stark ungleicher Verteilung der Goldreserven beseitigen, um Staaten mit Zahlungsbilanzungleichgewichten davor zu bewahren, ihre geringen Goldreserven durch → Deflation mit nachfolgend sinkenden Löhnen und →Einkommen sowie →Arbeitslosigkeit zu sichern. K. war Grundlage des britischen Standpunktes in den britisch-amerikanischen Verhandlungen 1943, musste aber zugunsten des von Amerika vertretenen Planes von H. D. White aufgegeben werden. Dieser sah Errichtung eines internationalen Währungsausgleichsfonds durch Zahlung von Mitgliederbeiträgen und Beibehaltung des Goldstandards vor. Die Verhandlungen zwischen Amerika und England wurden auf andere Länder ausgeweitet und führten schließlich zum → Bretton Woods-Abkommen mit der späteren Gründung des → Internationalen Währungsfonds.

Keynessche Theorie
Gegenstand der K. ist die (kurzfristige) Erklärung der Höhe von →Volkseinkommen und → Beschäftigung. Bis Anfang der 30er Jahre war die (→Neo-) →Klassische Theorie weithin akzeptiert, die bei marktwirtschaftlich organisierten Volkswirtschaften (→Wirtschaftswissenschaft) von einer „inhärenten Tendenz zu Vollbeschäftigung" ausging. Als Alternative zu dieser - offenkundig in Widerspruch zur damaligen Realität anhaltender Arbeitslosigkeit stehenden - Theorie legte J. M. Keynes 1936 mit „The General Theory of Employment, Interest and Money" einen neuen, allgemeinen (da andauernde Unterbeschäftigung einschließenden) Erklärungsansatz vor. Dabei ging Keynes bewusst von einer nur aus (privaten) Haushalten und Unternehmen bestehenden Wirtschaft aus, um die aus dem Verhalten des *privaten* Sektors resultierenden

Ursachen für die Höhe von Einkommen und Beschäftigung aufzuzeigen. Erst später wurden Staat und Ausland in den Ansatz eingefügt.

Die Grundgedanken der K. sind recht einfach: Gleichsam in Umkehrung des → Sayschen Theorems (eines Kernstücks der Klassischen Theorie), wonach sich jedes Angebot seine Nachfrage schafft, liegt für Keynes der Schlüssel für die Höhe von Einkommen und Beschäftigung in der *Gesamtnachfrage* (→gesamtwirtschaftliche Güternachfrage). Auf Dauer werden die Produzenten nämlich nicht mehr Güter produzieren, als nachgefragt werden. Die → Produktion bildet zugleich das gesamtwirtschaftliche Angebot (→ gesamtwirtschaftliches Güter-angebot) Y^s und das reale Volkseinkommen Y^r.

Bei gegebener Technik und Kapitalausstattung bestimmt die Produk-tion (über die gesamtwirtschaftliche Produktionsfunktion) den Bedarf an Arbeitskräften, die Beschäftigung. Keynes setzt daher mit seiner Erklärung bei den Ursachen der für die Produzenten wirksamen, *effektiven Nachfrage* Y^D an, nämlich der *Konsumgüternachfrage* (C) der Haushalte und der *Investitionsnachfrage* (I) der Unternehmen (in erweiterter Sicht auch

Staats- (C_G) und Auslandsnachfrage (X)).

Nach Keynes unterliegt der Konsum einem →„fundamentalen psychologischen Gesetz", wonach Haushalte ihren Konsum am laufenden Einkommen der Periode ausrichten, zusätzliche Einkommensteile aber nicht voll ausgeben. Die Keynessche Konsumfunktion (auch: absolute Einkommenshypothese genannt) lautet daher (in einfachster Form): C = cY (wobei $0 < c < 1$; c = →marginale Konsumquote; → Konsumtheorie). Sie determiniert wg. der Bedingung Y = C + S zugleich die →Sparfunktion als Y - C(Y) = S(Y), also S = sY (wobei s = 1 - c; s = → marginale Sparquote; →Konsumtheorie). Die Bestimmungsgründe der investiven Nachfrage (I) sind wesentlich komplexerer Natur (→Investitionstheorie). Nach Keynes wird I u.a. vor allem vom Marktzinssatz i und (schwankenden) Ertragserwartungen bestimmt. I ist damit weit weniger stabil als die Konsumnachfrage. Bei gegebenen Erwartungen lautet die Investitionsfunktion somit I = I(i), wobei I allerdings wenig zinselastisch sein kann.

Durch Zusammenfassung beider Funktionen gelangt man zur *Gesamtnachfragefunktion* od. Funktion der einkommens-

Übersicht 1: Die Einflußfaktoren auf Einkommen und Beschäftigung in der K.

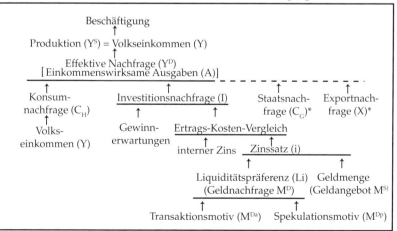

* In der originären K. zunächst nicht berücksichtigt.

wirksamen Ausgaben (A), kurz *Ausgabenfunktion* (die in erweiterter Sicht auch die Nachfrage-/Ausgabenkomponenten C_G und X einschließt): $Y^D = A = C(Y) + I(i)$. Da nach Keynes die Ausgaben unmittelbar die → Einkommensentstehung bestimmen, folgt aus der Ausgabenfunktion die das Volkseinkommen bestimmende *Einkommensfunktion*:

$$Y = C(Y) + I(i) \, .$$

Von besonderer Bedeutung ist für Keynes die Analyse des Einflussfaktors Zins (i). Er weist die klassische Ansicht zurück, wonach sich i durch Ausgleich von S und I am →Kapitalmarkt bildet, weil sich S gar nicht vorrangig an i, sondern an Y orientiere. Nach Keynes wird i primär *monetär*, d.h. durch den → Geldmarkt, bestimmt. Letzter ist zu verstehen als das Zusammentreffen von der durch die Zentralbank gesteuerten →Geldmenge (= Geldangebot) und der →*Liquiditätspräferenz* (= Geldnachfrage: Wunsch, → Geld - also →Kasse - zu halten), die nach Keynes aus drei Motiven resultiert:
a) dem einkommensabhängigen Transaktionsmotiv (Wunsch nach „aktiver Kasse"; $M^{Da}(Y)$);
b) dem (weniger wichtigen) Vorsichtsmotiv;
c) dem neuen, bis dato nicht beachteten Spekulationsmotiv.
Letzteres besagt, dass Geld gehalten wird, weil derzeitiger Zins und Zinsänderungserwartungen eine zinsbringende Geldanlage (noch) nicht sinnvoll erscheinen lassen (daher auch: „passive Kasse"; $M^{Dp}(i)$). Dieser Teil der Geldnachfrage unterliegt nach Keynes im Übrigen psychologisch bedingten Schwankungen. S. auch →Geldtheorie, 3.

Durch diese Sicht wird die →„klassische Dichotomie" von unverbundener Geld- und Gütersphäre zugunsten ihrer wechselseitigen Beeinflussung aufgegeben: Der Zins ist einerseits Ergebnis des Geldmarktes; seine Höhe beeinflusst aber die zinsabhängige Güternachfrage und damit Einkommen und Beschäftigung. Andererseits ist das Einkommen Bestimmungsgrund für die Transaktionskasse, wirkt somit auf die Geldnachfrage. Damit kann im Rahmen der K. die Frage nach der Höhe von Einkommen und Beschäftigung letztlich auch nur in einer *simultanen* Güter/-Geldmarktbetrachtung beantwortet werden (wie sie formal als → IS/LM-Modell von *Hicks* in seiner Keynes-Interpretation vorgelegt wurde).

Die Höhe von Einkommen und Beschäftigung wird durch das Verhältnis von geplantem Angebot (Y^S) und geplanter Nachfrage (Y^D) bestimmt. Das Einkommen wird letztlich die Höhe annehmen, bei dem diese beiden Größen übereinstimmen, also im →Gütermarkt-Gleichgewicht sind. Im einfachsten Grundmodell gilt: Die tatsächliche Produktion Y entspricht dem geplanten Angebot, also $Y^S = Y$; die geplante Nachfrage lautet $Y^D = C(Y) + I(i)$. Werden zunächst Geldmarkteinflüsse ausgeklammert, also i konstant gesetzt, und vereinfachend von einer vorgegebenen Investition $I = \bar{I}$ ausgegangen, gilt im Gleichgewicht: $Y = cY + \bar{I}$. Nach Umformungen ergibt sich das *Gleichgewichtseinkommen*:

$$Y^* = \frac{1}{s} \bar{I} \, .$$

Seine Höhe ist also durch die Werte von I und s bestimmt. Fig. 1 zeigt die graphische Ableitung des (durch Gütermarktbedingungen bestimmten) *Gleichgewicht*seinkommens A Y^*. Dieses kann aber - und das ist eine der Kernaussagen der K. - *kleiner* als das durch den → Arbeitsmarkt bestimmte *Vollbeschäftigung*seinkommen Y_V sein, so dass z.B. (andauernde) Unterbeschäftigung im Ausmaß $N^* - N_1$ herrscht.

Das Gleichgewichtseinkommen wird übrigens auch als Einkommen bezeichnet, bei dem Übereinstimmung von →*Expansionsgrößen* (= einkommenswirksame Ausgaben; unter Ausklammerung der privaten Konsumausgaben) und →*Kontraktionsgrößen* (= nicht einkommenswirksame Teile der Einkommensverwendung) besteht. Also gilt im Gleichgewicht: $C(Y) + I(i)[+ C_G + X]^* = C(Y) +$

$S(Y)[+ T + Im]*$ (* = nur in erweiterter Sicht berücksichtigt). Daraus resultiert für das Grundmodell: $I(i) = S(Y)$. Bei autonomer Investition $I = \bar{I}$ und $S(Y) = sY$ folgt dann ebenfalls: $Y^* = \frac{1}{s}\bar{I}$.

Es ist klar, dass - z.B. durch Erwartungsänderungen hervorgerufene - Schwankungen der nachfragewirksamen Ausgabekomponenten, insbesondere der Investitionen (s. auch →Konjunkturtheorie) zu Änderungen des Einkommens und damit der Beschäftigung führen müssen. So bewirkt - bei gegebenem Zins - eine Zunahme/ Abnahme der Investition um

$\Delta\bar{I}$ (allgemein: ΔA) eine Erhöhung/ Senkung des Einkommens um den Faktor $\frac{1}{s}$ (s. oben), also $\Delta Y = \frac{1}{s}\Delta\bar{I}$. Dieser Faktor ist der Einkommensmultiplikator od. Ausgabenmultiplikator (hier in seiner einfachsten Form; in erweiterter Sicht enthält er auch die Koeffizienten

Gütermarktgleichgewicht

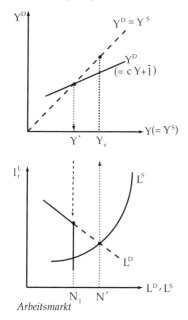

Arbeitsmarkt

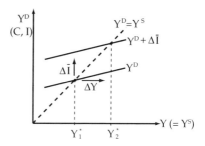

Figur 2: Einkommensmultiplikator

der Kontraktionsgrößen T und Im). Der Multiplikator ist größer als 1, da $s < 1$ (und er ist umso größer, je kleiner s ist). Daher wächst das Einkommen um mehr als die zusätzliche Nachfrage: $\Delta Y > \Delta I$ (vgl. Fig. 2). Umgekehrt senkt ein Ausgabenrückgang das Einkommen um mehr als den ursprünglichen Betrag.

Die Wirkungen des Einkommensmultiplikators werden allerdings meist durch Einflüsse des Geldmarktes abgeschwächt, da das durch den Multiplikatoreffekt steigende Einkommen zugleich eine Zunahme der Nachfrage nach Transaktionskasse bewirkt, die - bei gegebenem Geldangebot - im Normalfall nur durch eine Zinssteigerung aus der Spekulationskasse abgezogen werden kann. Diese Zinssteigerung ruft einen Rückgang der zinsabhängigen Investitionsnachfrage hervor und dämpft damit die Multiplikatorwirkung. Nur bei unendlicher Elastizität der Geldnachfrage (→Liquiditätsfalle) würde der Einkommensmultiplikator voll wirksam werden. Umgekehrt würde in dieser Situation eine Geldmengenausweitung keine Zinssenkung mehr bewirken und deshalb keine Auswirkungen auf Einkommen und Beschäftigung haben können.

Aus den bisherigen Überlegungen folgt als Bedingung für den Fortbestand eines einmal erreichten Vollbeschäftigungseinkommens, dass S weiterhin durch ein gleich großes I kompensiert werden muss. Haben die Unternehmer aber pessimistische Erwartungen, so mag die gesamte Investitionsneigung - trotz niedriger Zinsen - zurückgehen und als

Kompensation nicht mehr ausreichen. Einkommen und Beschäftigung werden dann solange fallen, bis die durch das Einkommen bewirkte Ersparnis der geringer gewordenen geplanten Investition entspricht. Auf diesem niedrigeren Niveau kann die →Wirtschaft längere Zeit verharren (Gleichgewicht bei Unterbeschäftigung), denn für die Nachfrager gibt es wenig Gründe für neue, positive Erwartungen, die dem System die fehlenden Auftriebskräfte (= Nachfrage) zurückgeben könnten. Die immer wieder vorgeschlagenen Lohnsenkungen bieten für Keynes keinen gesicherten Ausweg aus der Krise. Selbst für den unwahrscheinlichen Fall, dass die Arbeitnehmer (Nominal-)Lohnsenkungen hinzunehmen bereit wären, würde dies letztlich allenfalls zu Zinssenkungen führen, die aber eben nicht zwingend die Investitionen anregen müssen (→Keynes-Effekt).

Aus der K. folgt der keynesianische Vorschlag für den Ausweg aus einer (konjunkturellen) Beschäftigungskrise: Wenn private Nachfrager keinen Anlass zur Nachfrage sehen, muss der Staat durch seine Einnahmen- und Ausgabenpolitik an ihre Stelle treten (→Finanzpolitik). Mit einem - wegen des Multiplikatoreffekts geringeren - Ausgabenstoß, insbesondere im investiven Bereich, kann er die Wirtschaft aus der Unterbeschäftigung herausführen. Eine staatliche Parallelpolitik (in der Rezession Ausgabensenkung wegen sinkender Steuereinnahmen) - wie in den 30er Jahren praktiziert - muss die Krise dagegen verschärfen. Geldpolitische Maßnahmen (→Geldpolitik) mit dem Ziel, den Zins zu senken und dadurch Investitionen anzuregen, sind wegen der Natur der Investitionsfunktion und der Geldmarktbedingungen in dieser Situation weniger geeignet.

Die K. hat die →Wirtschaftspolitik nach dem 2. Weltkrieg stark beeinflusst. Dies gilt besonders für das deutsche →„Stabilitätsgesetz" von 1967 mit seinen ausgefeilten Instrumenten der Nachfragesteuerung. Praktische Probleme der Umsetzung sowie neue theoretische Einsichten führten jedoch dazu, vom damaligen Glauben an eine derart einfach zu handhabende staatliche → Globalsteuerung

Abstand zu nehmen.

Keynes' Arbeiten werden weithin als wertvoller Beitrag zur Weiterentwicklung der Makroökonomik gewertet. Sein Ziel, eine „allgemeine" Theorie zu bieten, hält man jedoch für nicht erreicht. Kritik an der K. sowie der auf ihr basierenden Wirtschaftspolitik wurde vor allem von Seiten des →Monetarismus und u.a. der → Neuen Klassischen Makroökonomik geübt. Die Nachfrageorientierung der K. hat zudem als Gegenströmung die →Angebotspolitik hervorgerufen. Dagegen versteht sich die → postkeynesianische Theorie als Weiterentwicklung Keynesschen Gedankengutes.

Literatur: *J. M. Keynes*, The General Theory of Employment, Interest, and Money. London 1936. (Deutsch: Allgemeine Theorie der Beschäftigung, des Zinses und des Geldes. Berlin 1936). *O. Landmann*, Keynes in der heutigen Wirtschaftstheorie, in: G. Bombach, H.-J.Ramser, M. Timmermann, W. Wittmann (Hrsg.), Der Keynesianismus I. Theorie und Praxis keynesianischer Wirtschaftspolitik. Berlin-Heidelberg-New York 1976. 133-210. *A. Paulsen*, Neue Wirtschaftslehre. Eine Einführung in die Wirtschaftstheorie von John Maynard Keynes und die Wirtschaftspolitik der Vollbeschäftigung. 4. A., München 1972.

Prof. Dr. K. Rittenbruch, Bielefeld

KfW

Abk. für: →Kreditanstalt für Wiederaufbau.

KG

→Kommanditgesellschaft.

KGaA

→Kommanditgesellschaft auf Aktien.

Kinderfreibetrag

steuerliche Berücksichtigung der Kinder bei der →Einkommensteuer. Der K. beträgt 1 824 Euro je Kind im; bei zusammen veranlagten Ehegatten verdoppelt sich der Betrag. Er wird vom steuerpflichtigen Einkommen abgezogen. K. wird für jedes Kind bis zum vollendeten 16. Lebensjahr gewährt, bis zum 27. Lebensjahr für Kinder in der Ausbildung.

Kindergeld
von den Familienkassen →der Agenturen für Arbeit an Personen mit Kindern bis zur Vollendung ihres 16. Lebensjahres (danach bis Vollendung des 25. Lebensjahres (ab 2007), wenn sie in der Ausbildung sind und keine eigenen Einkünfte von mehr als 7 680 Euro jährlich haben) gezahlter Betrag zur Verminderung familiärer Belastung. Das K. beträgt monatlich für das 1. bis 3. Kind je 154 Euro, für jedes weitere Kind 179 Euro, unabhängig vom Einkommen der Eltern.

kinked demand curve
⇒*geknickte Nachfragekurve.*

Kitchin-Zyklus
aufgrund von J. A. Schumpeter üblich gewordene Bezeichnung für einen den Konjunkturverlauf (→ Konjunkturtheorie) beschreibenden einzigen Zyklus von 3 1/2 Jahren bzw. 40 Monaten. J. Kitchin hat 1923 seine Untersuchungen von Zeitreihen für Clearingumsätze (→Clearing), Zinssätze und Großhandelspreise in England und den USA während 1890 bis 1922 veröffentlicht und die Dauer der einzelnen Schwankungen als Differenz zwischen aufeinanderfolgenden Maxima bzw. Minima bestimmt. Kitchin bezeichnet die 40-monatigen Konjunkturzyklen als minor cycles gegenüber den major cycles, die die →Juglar-Zyklen darstellen. Diese sind nach seiner Meinung keine eigenständigen Zyklen, sondern lediglich die Summe zweier od. dreier minor cycles. W. L. Crum kam aufgrund von Untersuchungen der →Diskontsätze für Wechsel in New York und 1866 bis 1922 ebenfalls zu 40-monatigen Zyklen, wollte diese Ergebnisse aber nicht für allgemein gültige Aussagen über die Konjunktur verstanden wissen.

klassische Dichotomie
eine neben anderen wesentlichen Thesen der Klassischen Wirtschaftstheorie (→ Klassische Theorie), dass sich die Volkswirtschaft (→Wirtschaft) in einen realen und monetären Sektor teilt mit der Konsequenz einer dichotomen Preisbildung, wonach relative Preise (→Preise) im Realsektor und absolute Preise (→Preise) im monetären Sektor gebildet werden.

klassische Inferenz
→Induktive Statistik.

klassische Produktionsfunktion
→Produktionsfunktion.

klassischer Bereich
1. k. der →LM-Kurve: der zur Ordinate parallel verlaufende Teil, für den die → Keynessche Theorie mit der → Klassischen Theorie übereinstimmt, weil vom →Geld keine Realwirkungen ($\bar{Y}^{\,r}$) ausgehen können und die →Geldmenge sich nur in der aktiven Kasse (→Kasse) befindet, so dass es keinen Bestand an der passiven Kasse (→Kasse) gibt; s. Figur 1.

2. k. der →IS-Kurve: der zur Abszisse parallel verlaufende Teil, weil hier der → Zins für die Höhe des →Volkseinkommens ohne Bedeutung ist, was mit der Klassischen Theorie insofern übereinstimmt, als nach ihr der Zins nur die Realisierung der ex post-Identität von → Investieren und →Sparen bewerkstelligt; s. Figur 2.
Eine IS-Kurve, die der Klassischen Theorie entspräche (IS_K in Figur 3), müsste ei-

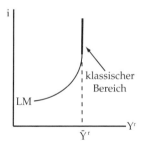

Figur 1

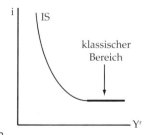

Figur 2

ne Parallele zur Abszisse in Höhe des Gleichgewichtszinses (i*) sein, wobei das reale Volkseinkommen entlang der IS-Kurve konstant und Vollbeschäftigungseinkommen sein muss; s. Figur 3.

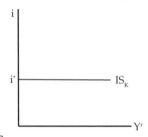

Figur 3

klassische Produktionsfunktion
⇒*Ertragsgesetz*
⇒Gesetz abnehmenden Ertragszuwachses

Klassische Theorie
im 18. Jh. bis weit ins 19. Jh. entstandenes Fundament der modernen →Wirtschaftswissenschaft, vorwiegend durch angelsächsische Ökonomen wie *D. Hume* (1711-1776), vor allem aber *A. Smith* (1723-1790), ferner *D. Ricardo* (1772-1823), *Th. R. Malthus* (1766-1834), *J. Mill* (1773-1836), *J. St. Mill* (1806-1873), aber auch durch den Franzosen *J. B. Say* (1767-1832) sowie den Deutschen *J. H. v. Thünen* (1783-1850). Sie entwickelten kein von allen einheitlich vertretenes Lehrgebäude, sondern unterscheiden sich in einzelnen Einsichten, Methoden, Aussagen. Ihre Grundidee und Gemeinsamkeiten in den ökonomischen Erkenntnissen und praktischen Folgerungen ergaben aber eine geschlossene Konzeption, die die Epoche des Merkantilismus (auch →Geschichte der Wirtschaftswissenschaft, 1.2.) ablöste und auf der spätere Richtungen der Wirtschaftswissenschaft bis heute gründen. Der K. kommt das Verdienst zu, die Wirtschaftswissenschaft zu einer eigenständigen Disziplin entwickelt zu haben.

Ihr von der Antike (Aristoteles), Scholastik (Th. v. Aquin), Naturrechtsphilosophie (Grotius, Locke) geprägtes Weltbild und von bedeutenden Vertretern der

Geistesgeschichte sowie von Methoden der Naturwissenschaften (Newton) beeinflusstes Denken führte zu ihrer fundamentalen Einsicht einer freiheitlichen Ordnung in →*Wirtschaft und Gemeinwesen*. Sie legten damit eine ethische, ökonomische und politische Grundlage einer liberalen Ordnung als einer hochentwickelten Ordnungstheorie.

Ausgangspunkt der K. bilden die individualistisch durch →Wettbewerb gesteuerten Entscheidungen der →Wirtschaftssubjekte als allein geltender Maßstab ökonomischer Handlungen. Selbstbezogene Aktivitäten sind Antriebskraft der persönlichen Entfaltung bei gleichzeitiger Förderung der Wohlfahrt des Staates. Deshalb wird ein Übermaß an selbstbezogener Aktivität (Egoismus) ebenso wie ein Zuwenig (Leistungsverweigerung) missbilligt. Ein System positiver Gesetze soll Verstöße gegen den Konkurrenten einerseits und Wettbewerb soll das tatsächliche Verhalten des einzelnen in gebotenen Grenzen andererseits kontrollieren. Unter diesen Bedingungen ziehen alle Wirtschaftssubjekte, aber auch das Gemeinwesen aus einem freien Tausch von →Gütern →Nutzen. Wettbewerb und sich frei am →Markt bildende Preise besorgen den Ausgleich von Interessen an einem → Gut (→Preismechanismus) sowie das → Gleichgewicht des Marktes (→Preistheorie, →Arbeitsmarkt). Vom Staat nicht manipulierter Wettbewerb, verstanden als dynamische Konkurrenz, bedingt einen ständigen Prozess der Anpassung an technologische und strukturelle Änderungen. In Modellen der Preis-bildung (→ Preistheorie) sind diese Funktionen des Wettbewerbs als Annahmen formalisiert worden (so von *D. Ricardo, A. A. Cournot* (1801-1877), *A. Marshall* (1842-1924), wie auch später nach den Klassikern so von *H. v. Stackelberg* (1905-1946), *J. V. Robinson* (1903-1983), *E. H. Chamberlin* (1899-1967)). Die Erklärung des makroökonomischen (→Makroökonomik) Kreislaufes (→Wirtschaftskreislauf) basiert in der K. auf der klassischen Dichotomie, der These von der Neutralität des Geldes, der Quantitätstheorie des Geldes sowie dem →Sayschen Theorem bei flexiblen Preisen, Löhnen und Zinsen. Die säkuläre ökonomische Entwicklung wird in der →

Klassischen Wachstumstheorie von der Kapitalakkumulation, dem →Wachstum der Bevölkerung, dem → technischen Fortschritt und dem institutionellen Rahmen der Volkswirtschaft determiniert und in der Verteilungstheorie (→Einkommensverteilungstheorie), →Geldtheorie, →Kapitaltheorie und →Güterwirtschaftlichen wie → Monetären Außenwirtschaftstheorie beschrieben. Eine der größten analytischen Leistungen der K. besteht in der Idee und Konzeption des → Gleichgewichts. S. auch →Geschichte der Wirtschaftswissenschaft, 2.

Durch die →Große Depression und die dadurch initiierte →Keynessche Theorie wurde die K. erschüttert. Im Monetarismus (→Neoklassische Theorie, →Inflationstheorie, 3.1.) und der → angebotsorientierten Wirtschaftspolitik erlebte die K. eine Renaissance.

Klassische Wachstumstheorie

1. Die K. ist kein einheitliches Theoriengebäude; es gibt jedoch ein gemeinsames Grundmodell. Die K. stimmt in der Auswahl der entscheidenden Modellvariablen überein. Durch →endogene Variablen wird eine strenge Determiniertheit der wechselseitigen Abhängigkeit von → Wachstum und → Einkommensverteilung hergestellt. Das erlaubt (anders als in der modernen Wachstumstheorie) eindeutige Aussagen über den Ablauf des Wachstumsprozesses.

1.1. Der Zusammenhang von →Produktion (Y) und Produktionsfaktoren Boden (B), Arbeit (L) und Kapital (K) wird durch die → Produktionsfunktion beschrieben,

(1) $Y = f(B, L, K)$.

Durch Differentiation erhält man

(2) $\dfrac{dY}{dt} = \dfrac{\partial f}{\partial B} \cdot \dfrac{dB}{dt} + \dfrac{\partial f}{\partial L} \cdot \dfrac{dL}{dt} + \dfrac{\partial f}{\partial K} \cdot \dfrac{dK}{dt}$.

Die Verfügbarkeit des Bodens unterliegt der natürlichen Begrenztheit,

(3) $\dfrac{dB}{dt} = 0$.

Die Veränderung des Faktors Arbeit wird mittels des am Lohnsatz orientierten generativen Verhaltens der Bevölkerung in einer Relation h von der Kapitalakkumulation determiniert,

(4) $\dfrac{dL}{dt} = h \cdot \dfrac{dK}{dt}$ mit h > 0.

Aus (3), (4) und (2) folgt, dass die Kapitalakkumulation das Wachstum bestimmt,

(5) $\dfrac{dY}{dt} = \left(h \cdot \dfrac{\partial f}{\partial L} + \dfrac{\partial f}{\partial K} \right) \cdot \dfrac{dK}{dt}$.

Die Kapitalakkumulation hängt bei den Klassikern in verschieden spezifizierter Form von der Differenz zwischen der → Profitrate (ε) und der Investitionsrisikoprämie (j) sowie von der Produktion, die den Unterhalt der Arbeiter zum Subsistenzlohn ($\dot{L}_L$) übersteigt ($\dot{L}_L L$), ab,

(6) $\dfrac{dK}{dt} = k(\varepsilon - j,\ Y - \dot{L}_L L)$

mit $\dfrac{\partial k}{\partial (Y - \dot{L}_L L)} > 0$.

Die meisten Klassiker unterstellen bei intensiver od./und extensiver Bewirtschaftung des begrenzt verfügbaren Bodens abnehmende →Grenzerträge,

(7) $\dfrac{\partial^2 f}{\partial B^2} < 0,\ \dfrac{\partial^2 f}{\partial L^2} < 0,\ \dfrac{\partial^2 f}{\partial K^2} < 0$.

Dadurch fällt die Profitrate als Residualeinkommen (→Einkommen) in Abhängigkeit vom Wachstum. Einige Klassiker betrachten dagegen die Profitrate als Markteinkommen, das im Wachstumsprozess infolge des Wettbewerbs sinkt. Am Ende des prästationären Wachstumsprozesses sinken die Profitrate und die das Subsistenzniveau der Arbeiter übersteigende Produktion so weit ab, dass die Kapitalakkumulation aufhört,

(8) $\dfrac{dK}{dt} = k(\varepsilon - j,\ Y - \dot{L}_L L) = 0$

für $\varepsilon - \dot{j} = 0,\ Y - \dot{L}_L L = 0$.

Folglich stagniert der Arbeitskräftebestand,

(9) $\dfrac{dL}{dt} = h \cdot \dfrac{dK}{dt} = 0$ für $\dfrac{dK}{dt} = 0$.

Das Wachstum der Volkswirtschaft (→ Wirtschaft) hat in Abhängigkeit von der Einkommensverteilung zwangsläufig den klassischen stationären Endzustand erreicht,

(10) $\dfrac{dY}{dt} = \left(h \cdot \dfrac{\partial f}{\partial L} + \dfrac{\partial f}{\partial K} \right) \cdot \dfrac{dK}{dt} = 0$

für $\dfrac{dK}{dt} = 0$.

1.2. In der K. modifizieren das technische Wissen und der institutionelle Rahmen (F^+) die Produktionsfunktion. Es gelten

(11) $Y = f(B, L, K, F^+)$,

(12) $\dfrac{dY}{dt} = \dfrac{\partial f}{\partial B} \cdot \dfrac{dB}{dt} + \dfrac{\partial f}{\partial L} \cdot \dfrac{dL}{dt} + \dfrac{\partial f}{\partial K} \cdot \dfrac{dK}{dt}$

$+ \dfrac{\partial f}{\partial F^+} \cdot \dfrac{dF}{d'}$

(13) $\dfrac{\partial^2 f}{\partial B^2} = a\left(\dfrac{dF^+}{dt}, \, ...\right)$, $\dfrac{\partial^2 f}{\partial L^2} = b\left(\dfrac{dF^+}{dF^{+}}, \, ...\right)$

$\dfrac{\partial^2 f}{\partial K^2} = c\left(\dfrac{dF^+}{dt}, \, ...\right)$.

2. Einzelne Klassiker variieren das Grundmodell der K.:

2.1. *Adam Smith* (1723-1790) betont neben dem Einfluss der klassischen Produktionsfaktoren auf das Wachstum die besondere Bedeutung des institutionellen Rahmens.

Er unterstellt indirekt, dass die Verfügbarkeit des Bodens begrenzt ist. Abnehmende Grenzerträge werden jedoch nicht angenommen.

Die Veränderung der Arbeits(einsatz)-nachfrage wird von einem Lohnfonds bestimmt, der von der Kapitalakkumulation und dem Produktionswachstum abhängig ist. Langfristig folgt das Arbeitsangebot dieser Arbeitsnachfrage. Dabei wird die Veränderung des Arbeitsangebots mittels des generativen Verhaltens der Bevölkerung von der Differenz zwischen einem Subsistenzlohnsatz (zu dem das Arbeitsangebot unverändert bliebe) in Höhe des physischen Existenzminimums und dem tatsächlichen Marktlohnsatz bewirkt.

Bei Smith steigt die Kapitalakkumulation mit fallender Profitrate, weil die Rentiers so ihren gewohnten Lebensstandard aufrecht erhalten wollen.

Die Profitrate fällt bei Kapitalakkumulation, weil der Wettbewerb der Kapitalisten die Lohnsätze erhöht und die Profitrate drückt und weil bei einem größeren Kapitalstock geringer profitable Investitionschancen bestehen.

Die Folge ist ein kumulativer Prozess des wirtschaftlichen Wachstums und der sinkenden Profitrate, der abrupt abbricht, wenn die Profitrate auf die Höhe der Risikoprämie abgesunken ist.

Smith ist optimistisch, dass das Wachstum und die Veränderungen des institutionellen Rahmens (Gewerbefreiheit, → Freihandel u.a.) zu einer vermehrten → Arbeitsteilung mit steigenden →Skalenerträgen führen und den Fall der Profitrate verzögern. Dadurch wird ein Wachstum auf lange Sicht möglich.

2.2. *David Ricardo* (1772-1823) nimmt neben den klassischen Produktionsfaktoren den →technischen Fortschritt in die Produktionsfunktion auf.

Wenn zum Unterhalt einer wachsenden Bevölkerung eine intensive od./ und extensive Bewirtschaftung der begrenzten Bodenfläche notwendig wird, sinken die Grenzerträge der Produktionsfaktoren.

Langfristig wird das Arbeitsangebot durch die von der Kapitalakkumulation abhängige Arbeitsnachfrage determiniert. Dabei bestimmt die Differenz zwischen einem natürlichen Lohnsatz (zu dem das Arbeitsangebot unverändert bliebe) in Höhe einer historisch veränderlichen Größe oberhalb des physischen Existenzminimums und dem tatsächlichen Marktlohnsatz aufgrund des generativen Verhaltens der Bevölkerung die Veränderung des Arbeitsangebots.

Ricardo zufolge sinkt die Kapitalakkumulation bei fallender Profitrate.

Kurzfristig fällt die Profitrate, wenn bei Kapitalakkumulation der Wettbewerb um die Arbeitskräfte den Marktlohnsatz zu Lasten der Profitrate über den natürlichen Lohnsatz anhebt. Die Kapitalakkumulation wird vorübergehend vermindert. Sobald das Arbeitsangebot sich mittels des generativen Verhaltens der Bevölkerung an die Arbeitsnachfrage anpasst, sinkt der Marktlohnsatz auf den natürlichen Lohnsatz ab, die Profitrate steigt wieder und die Kapitalakkumulation wird vermehrt. Da langfristig eine steigende Bevölkerungszahl die intensive od./ und extensive Bodenbewirtschaftung bei reduzierten Grenzerträgen notwendig macht, müssen zu deren Unterhalt fortlaufend der Lohnanteil am → Grenzprodukt bzw. der nominale Lohn-

satz erhöht und der Profitanteil zwangsläufig gesenkt werden, und die Profitrate fällt.
Kapitalakkumulation und Wachstum werden allmählich abnehmen und im stationären Endzustand ganz aufhören. Nach Ricardo verzögert der technische Fortschritt den stationären Endzustand nur, weil seine Wirkungen, die das Sinken der Grenzerträge in der Industrie kompensieren, durch die dominierenden Wirkungen sinkender Grenzerträge in der Landwirtschaft im langfristigen Wachstum überwogen werden.
2.3. *Thomas Robert Malthus* (1766-1834), der in wesentlichen Elementen mit Ricardo übereinstimmt, ergänzt die K. durch eine das Arbeitsangebot spezifizierende Bevölkerungstheorie, nach der die Bevölkerungszahl bei ungehinderter Vermehrung in geometrischer Reihe wachsen würde; die Nahrungsmittelproduktion kann eher in arithmetischer Reihe zunehmen. Menschliches Elend reduziert den Bevölkerungsdruck auf die Möglichkeiten zur Ernährung.
Malthus bereichert ferner die K. durch eine Analyse der Wirkung des Anpassungsverhaltens bei kurzfristigen Gleichgewichtsstörungen auf den stationären Endzustand. Wg. des starren Arbeitsangebots führt eine Zunahme der Arbeitsnachfrage kurzfristig zu höheren Lohnsätzen bzw. zu niedrigeren Profitraten und beendet die Kapitalakkumulation. Zwei Anpassungen sind verhaltensbedingt möglich: Höhere Lohnsätze können das Arbeitsangebot unverändert lassen od. sogar reduzieren, und die Profitrate verharrt auf dem niedrigen Niveau ohne Kapitalakkumulation. Die Volkswirtschaft tritt vorzeitig in einen stationären Endzustand ein. Die höheren Lohnsätze können aber auch zu einer Bevölkerungszunahme bzw. Familienvergrößerungen führen, die daraus ernährt werden müssen. Sobald das Bevölkerungswachstum das Arbeitsangebot vergrößert, müssen die Lohnsätze vorübergehend unter das Existenzminimum der Familien sinken können, damit durch das Steigen der Profitrate eine neue Kapitalakkumulation initiiert wird. Sonst gerät die Volkswirtschaft ebenfalls vorzeitig in einen stationären Endzustand.

2.4. *John Stuart Mill* (1806-1873) verbindet in der K. den sozio-kulturellen Rahmen (Erziehung, Wirtschaftsgesinnung u.a.) mit den rein ökonomischen Faktoren des Wachstums. Mehr als andere Klassiker weist er auch auf die Erhöhung der Profitrate und die Verschiebung des stationären Endzustandes durch Emigration und →Kapitalexport und durch den →Import billiger Nahrungsmittel hin. Den historischen Ablauf des Wachstums beschreibt Mill in einer Stufentheorie mit fünf Entwicklungsstufen von der Jagd über die Viehzucht bis zum Ackerbau, der schließlich mit Gewerbe und Handel verbunden wird.
Literatur: *I. Adelman*, Theories of Economic Growth and Development. Stanford 1961. *B. F. Hoselitz* (Ed.), Theories of Economic Growth. New York, London 1960 (mehrere Beiträge).
    Prof. Dr. F. Abb, Frankfurt a. M.

Kleingedrucktes
→Allgemeine Geschäftsbedingungen.

Kleinst-Quadrate-Methode
⇒KQ-Methode
→Regressionsanalyse.

Klienteleffekt
ein Separationstheorem, das die Bedingung dafür angibt, dass →Investitionen für alle beteiligten Anleger unter Beachtung ihrer individuellen Konsumpräferenzen akzeptabel sind. Das Problem tritt z.B. bei Publikums- →Aktiengesellschaften auf, wo die Konsumpräferenzen der Gesellschafter sehr unterschiedlich sind. K. gilt für →unvollkommene →Kapitalmärkte und lautet: Kann zu dem →Zinssatz i_0 ein →Kredit in beliebiger Höhe aufgenommen und können freie Mittel in beliebiger Höhe zu dem niedrigeren Zins i_1 angelegt werden, erhält man das optimale Investitionsprogramm unabhängig von den Präferenzen der Kapitalgeber als Summe aller Investitionsobjekte mit einer →Rendite von mindestens r_0.

Knappheit
ist die in jeder Gesellschaft bestehende Diskrepanz zwischen →Bedürfnissen der

Menschen und den zu ihrer Befriedigung geeigneten →Gütern. Das Streben zur Überwindung der K. ist Anlass zum wirtschaftlichen Handeln (→ Wirtschaft). Strategien zur K.-sminderung sind →Arbeitsteilung und Entscheidungen nach dem →ökonomischen Prinzip. Das Maß für K. ist der am →Markt gebildete → Preis. Zwischen K. und –Seltenheit ist zu unterscheiden.

„knife edge"-Wachstum
→Domar-Modell.

Körperschaftskredit
⇒*Kommunalkredit*.

Körperschaftsteuer
nach dem KStG Einkommensteuer der nicht natürlichen Personen. Wurde mit der Unternehmenssteuerreform 2008 erheblich gesenkt. Besteuerungsgrundlage ist das im Kalenderjahr bezogene Einkommen. Für die Ermittlung des Einkommens gelten die Vorschriften des Einkommensteuergesetzes neben besonderen Vorschriften des K.-gesetzes. Der Steuersatz beträgt ab 2008 15%. Für ausgeschüttete Gewinne unbeschränkt steuerpflichtiger Kapitalgesellschaften od. bestimmte sonstige unbeschränkt steuerpflichtige Körperschaften wird über Anrechnungsverfahren eine Doppelbelastung vermieden. Für Kapitalgesellschaften besteht bei nichtausgeschütteten Gewinnen gegenüber Personengesellschaften eine gewisse Benachteiligung, sofern deren Gesellschafter nicht den maximalen Steuersatz erreichen. Ferner unterliegen Kapitalgesellschaften der Vermögensteuer, Personengesellschaften nicht. Das Aufkommen betrug in 2006 22,9 Mrd Euro, etwa 5% aller Steuereinnahmen.

Kohäsion
im Bereich der →EU die Bezeichnung für den wirtschaftlichen und sozialen Zusammenhalt der Gemeinschaft. K. ist bereits im →EWG-Vertrag 1957 angelegt, mit der → Einheitlichen Akte von 1987 ausformuliert und im Vertrag von Maastricht 1992 noch einmal betont, so mit der Errichtung des K.-fonds 1994. Aus diesem Fonds werden die besonders strukturschwachen Mitgliedsstaaten (Spanien,

Portugal, Griechenland, Irland) für Vorhaben im Bereich Umweltschutz und Verkehrsinfrastruktur unterstützt.

Kohlepfennig
⇒Ölausgleichsabgabe
⇒Ölanpassungsabgabe
durch das 3. Verstromungsgesetz von 1974 geschaffene Abgabe von zuletzt 7,5% auf den Strompreis, um den Preisunterschied für teurere heimische Kraftwerkskohle und der Notierung für schweres, schwefelarmes Heizöl auszugleichen. Ohne den K. wäre die Steinkohleförderung gegenüber dem Ausalnd nicht konkurrenzfähig gewesen. Die Regelung des K. muss im Zusammenhang mit dem im April 1980 geschlossenen Jahrhundertvertrag gesehen werden, in dem sich die deutsche Elektrizitätswirtschaft gegenüber dem Bergbau bei einer Förderung von 75 Mio Jahrestonnen in 1989 verpflichtet, bis 1995 jeweils 40,9 Mio Tonnen pro Jahr inländischer Steinkohle zu verstromen. Hinter diesem Vertrag steht die Absicht, noch arbeitende Zechen zu erhalten, zumal der Absatz an die Stahlindustrie als zweiten Großabnehmer laufend schrumpft.

Die Errechnung des K. basiert auf einer Jahresmenge von 24 Mio Tonnen Steinkohle. Sie entspricht 60% des Verbrauches deutscher Kraftwerke und wird von ihnen somit so billig wie Öl verfeuert. Der für 24 Mio Tonnen herauskommende absolute Unterschiedsbetrag für Öl und Kohle wird als Prozentsatz der Gesamterlöse der Stromerzeugung errechnet und ist der K. Der K., als Pfennigbetrag auf die Kilowattstunde Stromverbrauch bezogen, ist damit für alle Stromverbraucher gleich. Die Strompreise je Kilowattstunde schwanken jedoch zwischen den Bundesländern, je nachdem ob sie teureren Strom aus Kohle (Saarland, Nordrhein-Westfalen) od. billigeren aus Kernkraft (Bayern, Niedersachsen) verbrauchen, so dass der K. für die Bundesländer unterschiedliche Prozentsätze aufweist.

Wg. seit Ende 1985 sinkendem Ölpreis und fallendem US-Dollar ist der Preisunterschied zwischen Öl und heimischer Kohle für 1986 insgesamt auf fast 2 Mrd DM gestiegen, für 1992 auf etwa 5,3 Mrd

DM. Diese Differenz, auf die die Elektrizitätswerke gesetzlichen Anspruch haben, wird durch Anpassung des K., die durch eine Verordnung bei Zustimmung des Bundestages erreichbar ist, gedeckt, aber auch durch Ausweitung des Kreditrahmens für dieses Ausgleichssystem, wozu Bundesratsmehrheit erforderlich ist. Damit soll die Belastung für die Stromverbraucher in zumutbaren Grenzen gehalten werden. Kürzung des K. bedeutet für die Steinkohle verbrauchenden Stromerzeuger Erhöhung der Kosten, die diese nicht hinzunehmen bereit sind. Zu einer Abschaffung des K. ist die Bundesregierung durch ein Urteil des Bundesverfassungsgerichts gezwungen worden. Dieses hat den K. als eine unzulässige Sonderabgabe für verfassungswidrig erklärt. Er durfte deshalb nur noch bis Ende 1995 erhoben werden, obwohl die Bundesregierung eine Verlängerung des K. bis 1996 bereits beschlossen hatte. Seit der Abschaffung des K. mit Ablauf des Jahres 1995 wird der Steinkohleabbau aus den öffentlichen Haushalten von Bund und Ländern subventioniert. Mit Ablauf des Jahres 2018 sollen alle Subventionen auslaufen.

Kointegration von Zeitreihen
die Eigenschaft von Zeitreihen (→Zeitreihenanalyse), nach einer Abweichung vom →Gleichgewicht, wieder zu diesem zurückzukehren, also eine Fehlerkorrektureigenschaft zu besitzen.

Koinzidenz
das Zusammentreffen zweier Ereignisse. →Geld als allgemeines Tauschmittel (→ Geldfunktionen) reduziert die doppelte K. eines Naturaltausches auf eine einfache K. und spart somit Transaktionskosten (→Kosten).
Doppelte K. in der →Naturaltauschwirtschaft besteht darin, dass sowohl für Wirtschaftssubjekt A als Besitzer und Anbieter (S) von Gut 1 wie auch für B als Besitzer und Anbieter (S) von Gut 2 eine K. erfüllt sein muss, u.zw. für A: 1. Er muss für sein Angebot von Gut 1 einen Nachfrager (D) finden, den B; 2. der Käufer seines Gutes 1 muss Anbieter (S) des von ihm nachgefragten (D) Gutes 2 sein. Entsprechende K. gilt für B.

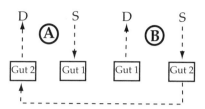

Nur bei Erfüllung beider K. kommt es zu dem Gütertausch zwischen A und B. In der →Geldwirtschaft verkauft A sein Gut 1 an B gegen Geld und erwirbt evtl. später in einem weiteren selbstständigen Tauschakt von einem C gegen Geld das Gut 2:

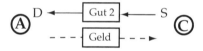

Kollegialprinzip
gegenüber dem Direktorialprinzip (= Singularinstanz) Pluralinstanz als oberste Leitung eines Unternehmens (→Betrieb, I.). K. hat den Vorteil, dass Entscheidungen kritischer und ausgewogener bei Kumulation von Erfahrungen getroffen werden. Sein Nachteil besteht im Prozess der Willensbildung, besonders bei Meinungsdivergenzen, zudem oft mit der Gefahr persönlicher Spannungen verbunden.

Kollegium
Sonderform in der →Aufbauorganisation, bei der eine Personenmehrheit ohne zeitliche und räumliche Permanenz eine gemeinsame Aufgabe zu erfüllen hat.

Kollektivbedürfnis
⇒öffentliches Bedürfnis
→Bedürfnisse.

Kollektivgut
⇒öffentliches Gut
→Gut, 4.

Kollektivismus

Sammelbegriff für Lehren und Ansichten, die i.Ggs. zum Individualismus od. auch Liberalismus der Gruppe bzw. dem Kollektiv das Primat gegenüber dem Individuum zuerkennen. In sozialistischen Staaten dient der K. u.a. zur Begründung der Herrschaft einer Führungsgruppe od. Partei. Im Kommunismus soll das Privateigentum an Produktionsmitteln (→Kapital, II.) vollständig durch Kollektiveigentum ersetzt werden.

Kollektivmonopol

kartellmäßiger Zusammenschluss (→ Kartell) von Unternehmen (→Betrieb, I.) gleicher Branche, von denen jedes für sich allein keine Monopolstellung innehat, um gemeinsam als →Monopolist aufzutreten. S. →Monopol.

Kollusion

wettbewerbsbeschränkendes Verhalten von →Unternehmen der gleichen Marktseite zur Erreichung von Vorteilen zu Lasten der Marktgegenseite, so z.b. ein → Kartell.

Kombilohn

aktueller Vorschlag zur Verringerung der Langzeitarbeitslosigkeit. Danach soll das →Einkommen eines Empfängers von → Arbeitslosenhilfe (53% des früheren Nettoeinkommens bzw. 57% bei mindestens einem Kind), der eine niedrig bezahlte Beschäftigung annimmt, durch staatliche →Transfers aufgestockt werden. K. ist ordnungspolitisch wg. etlicher negativer Wirkungen, z.B. Änderungen der Verhaltensweisen der Tarifparteien, Verdrängung von Arbeitskräften in normalen Arbeitsverhältnises des Niedriglohnsegments, nicht akzeptabel.

Kommanditgesellschaft (KG)

handelsrechtlich eine →Personengesellschaft mit unbeschränkt haftenden und mit der Geschäftsführung befugten Gesellschaftern (Komplementäre) und beschränkt bis zur Höhe ihrer →Einlage haftenden und mit Kontrollrechten versehenen Gesellschaftern (Kommanditisten). Je einer von ihnen muss vorhanden sein. Komplementär kann auch eine →juristische Person sein, so insbesondere eine GmbH, z.b. eine Firma X GmbH & Co KG. In einer sog. kapitalistischen K. dominieren durch einen entsprechend gestalteten Gesellschaftsvertrag die Kommanditisten im Innenverhältnis.

Kommanditgesellschaft auf Aktien (KGaA)

→Kapitalgesellschaft als besondere Form der →Aktiengesellschaft, in der mindestens ein Gesellschafter als → Komplementär den Gesellschaftsgläubigern unbeschränkt haftet und die gleiche Stellung wie der Vorstand einer AG hat. Der →Aufsichtsrat wird nur von den Aktionären gewählt, auch dann, wenn die Komplementäre → Aktien halten. Beschlüsse der Hauptversammlung (→Aktiengesellschaft) bedürfen der Zustimmung der Komplementäre. K. kommt viel weniger oft vor als Aktiengesellschaft.

Kommanditist

→Kommanditgesellschaft.

Kommission

1. gegenüber dem → Kommissionsgeschäft besondere Art handelsgewerblicher Tätigkeit (K.-gewerbe, Kaufmannstyp).

2. K.-gschäft als eine typische Vertragsart, bei der ein →Kaufmann für Rechnung eines anderen (Kommittenten) im eigenen Namen mit Dritten ein Geschäft ausführt.

3. K. der Europäischen Gemeinschaften, →EG.

Kommissionär

→Kommissionsgeschäft.

Kommissionsgeschäft

typische Vertragsart, bei der ein →Kaufmann (Kommissionär) im →Betrieb seines → Handelsgewerbes im eigenen Namen für Rechnung eines anderen (Kommittenten) ein Geschäft mit einem Dritten abschließt. Der Vertrag zwischen Kommissionär und Kommittenten ist der Kommissionsvertrag; das Geschäft des Kommissionärs mit dem Dritten ist das Ausführungsgeschäft und das Abwicklungsgeschäft die Übertragung des Ergebnisses des Ausführungsgeschäfts auf den Kommittenten. Der Kommissionär hat vom Kommittenten für das Ausführungsgeschäft gemachte Bedingungen einzuhalten und erhält eine Provision sowie Ersatz für getätigte Aufwendungen. Bei →Transaktionen in amtlich notierten →Effekten für Kunden tritt die →Bank als Kommissionär auf.

Kommittent
→Kommissionsgeschäft.

Kommunaldarlehen
langfristiger →Kommunalkredit.

kommunaler Finanzausgleich
→Finanzausgleich.

Kommunalkredit
⇒Körperschaftskredit
von →Banken, insbesondere →Sparkassen, → Hypothekenbanken und Pfandbriefbanken an →Gebietskörperschaften gewährte →Kredite jeglicher Fristigkeit.

Kommunalobligationen
von → Hypothekenbanken und Pfandbriefinstituten zurFinanzierung gewährter Kommunaldarlehen in gleicher Höhe emittierte →Schuldverschreibungen.

Kommunalsteuern
⇒*Gemeindesteuern.*

Kommunitarismus
Anfang der 80er Jahre in den USA aufgekommene Gesellschaftsauffassung aus dem Konflikt, der durch den die →Wirtschaft antreibenden Egoismus der Individuen einerseits und den die Gesellschaft prägenden gemeinsamen Werten entstand. So vertritt der K. den Gemeinschaftsgeist zu fördern, um der zunehmenden Vereinzelung und Desintegration in den Industriegesellschaften gegenzusteuern. K. ist keine geschlossene Gesellschaftstheorie. Hat den Verdienst, die Bedeutung der sozialen Beziehungen als Grundlage der Lebensfähigkeit freiheitlicher politischer Institutionen sichtbar gemacht.

komparative Kostenvorteile
→Theorie der komparativen Kosten, →

Güterwirtschaftliche Außenwirtschaftstheorie.

komparatives Kostentheorem
⇒*Theorie der komparativen Kosten.*

komparative Statik
⇒*komparativ statische Analyse*
.

komparativ statische Analyse
⇒komparative Statik
Art des analytischen Vorgehens, bei der zwei od. mehrere zeitlich verschiedene → Gleichgewichte od. ökonomische Größen verglichen werden, ohne die zwischenzeitlichen Anpassungsprozesse einzubeziehen. S. auch →statische Analyse, → dynamische Analyse.

Kompensationsgeschäft
1. bei internationalen →Interbankleistungen die Aufrechnung von Auslandsverbindlichkeiten durch bestimmte Auslandsguthaben.

2. Oberbegriff für Gegenschäfte mit Realgütern (→Gut), das zusätzlich Zahlungsgeschäfte einschließen kann. Wird fälschlicherweise mit dem Tausch gleichgesetzt. K. bieten zahlreiche Gestaltungsmöglichkeiten und erlauben Abstimmung der absatz- und beschaffungspolitischen Aktivitäten eines Unternehmens (→Betrieb, I.) auf Wünsche und Möglichkeiten der unterschiedlichsten Abnehmer bzw. Anbieter auf dem Weltmarkt. Als modernes Marketinginstrument (→ Marketing) gewinnt das K. im internationalen Handel zunehmend an Bedeutung, da es z.B. hinsichtlich seiner vertraglichen →Ausgestaltung als →Auflagen-, → Junktim- od. → Parallelgeschäft abgeschlossen werden und auch Technologietransfer über → joint ventures einbeziehen kann. In seiner einfachen Form kann es ein klassisches Barter Geschäft (→Barter Geschäft) sein. Bei Käufen von Großanlagen spielen →buy-back-Geschäfte eine Rolle. Heute sind weithin komplizierte K. üblich unter Beteiligung von Banken an der Finanzierung, z.B. die bekannten Röhren-Erdgas-Geschäfte: Westdeutsche Produzenten lieferten über eine sowjetische Außenhandelsgesellschaft Großrohre an Abnehmer in der

UdSSR, die in Rubel an die sowjetische Außenhandelsbank bezahlten. Gleichzeitig gewährte ein →Konsortium deutscher Banken der Sowjetunion einen →Kredit in DM (heute Euro), der zur sofortigen Bezahlung an den deutschen Hersteller in ausländischer Währung verwandt wurde. Später wurde durch die gelieferten Großrohre Erdgas an eine deutsche Erdgasgesellschaft unter Einschaltung einer weiteren sowjetischen Außenhandelsgesellschaft geliefert. Die Erdgaslieferung wurde unverzüglich an das deutsche Bankenkonsortium bezahlt. Dieses verrechnete den Betrag mit dem der Sowjetunion gewährten Kredit und entlastete im gleichen Umfang die sowjetische Außenhandelsbank, die dem Erdgaslieferanten den Exportwert in Rubel überwies. K. werden besonders im Handel mit →Staatshandels- und Entwicklungsländern wg. des großen Mangels an → Devisen abgeschlossen. S. auch → Countertrade.

Kompensationshypothese
i.Ggs. zur Freisetzungshypothese Aussage über endogene (→Variable, →Modell) positive Beschäftigungseffekte des → technischen Fortschritts, wie z.B. durch den technischen Fortschritt entstandene neue Produkte und somit neue Beschäftigungsfelder. Z.T. werden auch exogene Kompensationsmöglichkeiten bei der Verteilung von Produktivitätsfortschritten durch die →Tarifparteien in die K. einbezogen.

Kompensationsprinzipien
in der →Wohlfahrtökonomik aufgestellte Prinzipien, um jene einschränkende Bedingung des →Pareto-Optimums bei einem Wechsel ökonomischer Situationen zu beseitigen, die lautet, dass sich zumindest die Wohlfahrt eines Individuums erhöhen muss, ohne die anderer zu vermindern, indem auf die Wohlfahrtsgewinne der Begünstigten und die Wohlfahrtsverluste der Benachteiligten abgestellt wird. Die K. beziehen sich auf unterschiedliche Varianten der Distribution der Wohlfahrtsgewinne und -verluste sowie der hierfür erforderlichen → Kosten. S. auch →Kaldor-Hicks-Kriterium.

kompensatorische Finanzpolitik
in der →Großen Depression aufgekommene →Finanzpolitik, nach der eine nicht staatlich gelenkte Volkswirtschaft (→ Wirtschaft) ständig von Konjunkturschwankungen (→ Konjunkturtheorie) und Instabilitäten geprägt ist und deshalb Nachfragedefizite sowie →Arbeitslosigkeit durch Variation des →Budgets und öffentliche Schuldenaufnahme (→ deficit spending) zu beseitigen sind bzw. bei Inflation (→Inflationstheorie) die → güterwirtschaftliche Gesamtnachfrage durch Verminderung der Staatsausgaben zu senken ist. K. geht radikal vom klassischen Grundsatz des → Haushaltsausgleichs ab und ist Ausdruck der →fiscal policy.

kompensatorische Konjunkturpolitik
→Konjunkturpolitik, 4.

Komplementär
→Kommanditgesellschaft.

komplementäre Ereignisse
→Ereignisse.

komplementäres Geschäft
⇒bankfremdes Geschäft
⇒Banknebengeschäft.

Komplementärgut
→Gut.

Komplementärproduktion
Unterfall der →Verbundproduktion, in der mehrere →Güter in demselben Produktionsprozess erzeugt werden, wobei Produktionszunahme des einen Gutes auch die Erzeugung des anderen Gutes begünstigt, z.B. in der Schafzucht: Fleisch und Wolle. Unterfälle sind →Kuppelproduktion und K. bei variablem Produktionsverhältnis, welche in der Praxis häufiger anzutreffen ist.

Konditionenkartell
aufgrund einer Anmeldung beim →Bundeskartellamt nach dem →GBW zugelassenes → Kartell, das die einheitliche Verkaufsbedingungen (Geschäfts-, Liefer-, Zahlungsbedingungen einschl. Skonti) praktiziert, ohne Preisabsprachen zu vereinbaren. Es soll die →Markttrans-

parenz und den Preiswettbewerb fördern.

Kondratieff-Zyklus

von J. A. Schumpeter eingeführte Bezeichnung für N. D. Kondratieffs Ansicht, dass sich die ökonomische Entwicklung in Ländern mit →Marktwirtschaften in sich stets wiederholenden Konjunkturzyklen (→ Konjunkturtheorie) mit einer Dauer von 50 bis 60 Jahren vollzieht. Aufgrund empirisch-statistischer Untersuchungen zu 36 Zeitreihen aus den Ländern Frankreich, England, USA und Deutschland für einen Zeitraum von etwa 140 Jahren kam er zu diesem Standpunkt. Nach seiner Meinung sind Kriege, Revolutionen, gravierende Fortschritte in der Technik, der Eintritt von Ländern in die Weltwirtschaft u.a.m. nicht Ursache, sondern Folge der für kapitalistische Volkswirtschaften wesenhaften Konjunkturwellen. Zu ähnlichen Ergebnissen gelangten unabhängig von Kondratieff auch von Gelderen, de Wolff und Spiethoff. In der heutigen Konjunkturtheorie wird der K. i.d.R. abgelehnt, da er bisher mangels ausreichenden Datenmaterials nicht hinreichend sicher überprüfbar ist und exogene Störungen wie Kriege od. Naturkatastrophen durch eine normale Entwicklung hypothetisch substituiert.

Konfidenz

Vertrauen in das Ergebnis einer Intervallschätzung (→ induktive Statistik) nach durchgeführter →Stichprobe, z.B. dafür, dass der unbekannte →Parameter, über den Informationen benötigt werden, in dem konkret berechneten K.-intervall liegt. Als Maßzahl für die K. dient $1-\alpha$ (→ Signifikanzniveau).

konglomerate Wettbewerbsbeschränkung

Wettbewerbsbeschränkung, bei der eine Unternehmung mit einer anderen verbunden ist, die weder dem gleichen → Markt (→ horizontale Wettbewerbsbeschränkung) noch einer vor- od. nachgelagerten Produktionsstufe (→ vertikale Wettbewerbsbeschränkung) angehört. k. wird üblicherweise der Finanzkraft der Unternehmung zugeschrieben.

Kongruenzprinzip

1. in der Unternehmensführung (→Führung) bei einer Entscheidungsdelegation zu beachtendes Prinzip, dass sich Aufgaben, Kompetenzen und Verantwortung decken müssen.

2. →Identität zwischen Schlussbilanz des laufenden und Anfangsbilanz des folgenden Geschäftsjahres (Bilanzidentität).

konjekturale Preis-Absatz-Kurve

funktionale Beziehung zwischen →Preis und Menge, mit der ein Anbieter aufgrund des von ihm erwarteten Nachfrageverhaltens bei unterschiedlichen Preisen rechnet. Muss nicht mit der tatsächlichen Preis-Absatz-Kurve übereinstimmen, da sie eine Erwartungsgröße (→ Erwartungsparameter) darstellt.

Konjunktur

→Konjunkturtheorie.

Konjunkturausgleichsrücklage

von Bund und Ländern nach § 15 des StabG aus Steuereinnahmen bei der → Bundesbank unverzinslich zu haltende Guthaben zur Abwehr einer Störung des → gesamtwirtschaftlichen Gleichgewichts, wenn eine die volkswirtschaftliche Leistungsfähigkeit übersteigende Nachfragezunahme zu erwarten ist. Einstellungen in die K. wirken wie eine Erhöhung der →Mindestreserve. Damit soll dem →Wirtschaftskreislauf →Kaufkraft entzogen werden. Die Bildung der K. kann die Bundesregierung durch Rechtsverordnung mit Zustimmung des →Bundesrates anordnen. Auf gleiche Weise erfolgt eine Freigabe, wenn eine Abschwächung der allgemeinen wirtschaftlichen Aktivität die Ziele des Gesetzes gefährdet. Bisher wurde nur 1969 und 1970 eine K. gebildet, die im Laufe des Konjunkturabschwungs (→Konjunkturtheorie) dann allerdings aufgelöst wurden.

konjunkturelle Arbeitslosigkeit

→Arbeitslosigkeit, →Konjunkturtheorie, →Konjunkturpolitik.

Konjunkturindikatoren

→Konjunkturtheorie, 2., →Indikatoren.

konjunkturneutraler Haushalt

vom →Sachverständigenrat zur Begutachtung der gesamtwirtschaftlichen Entwicklung seit 1968 entwickeltes und angewandtes Konzept zur Messung konjunktureller Impulse des Staatshaushalts, bei dem das tatsächliche Haushaltsvolumen mit dem k. verglichen wird. Als konjunkturneutral wird jenes Volumen definiert, das für sich genommen in seiner primären Wirkung keine Abweichungen der Auslastung des →gesamtwirtschaftlichen Produktionspotentials von dem bewirkt, das in der mittleren Frist als normal eingeschätzt wird. Weicht das tatsächliche Haushaltsvolumen hiervon nach oben od. nach unten ab, so liegt ein positiver (+) od. negativer (-) konjunktureller Impuls des Staatshaushalts vor, der je nach Konjunkturlage (→Konjunkturtheorie, 1.) erwünscht od. unerwünscht ist.

Seit 1995/96 gibt der Sachverständigenrat in seiner Bewertung sowohl dem strukturellen Defizit als auch dem konjunkturellen Impuls der öffentlichen Haushalte ein größeres Gewicht als bisher. Ersteres ist jener dauerhafte Defizitanteil, der sich im →Konjunkturzyklus nicht automatisch abbaut od. durch wirtschaftspolitische Maßnahmen ausgelöst wird, und der den mittelfristig hinnehmbaren Umfang staatlicher Kreditaufnahme überschreitet. Der konjunkturelle Impuls misst die Ausstoßwirkung der öffentlichen Haushalte auf die Gesamtwirtschaft durch ein bestimmtes Defizitverhalten.

Konjunkturphasen

→Konjunkturtheorie, 1.

Konjunkturpolitik

Da der →Markt die zyklischen Schwankungen der Nachfrage nur unzureichend, zumindest aber mit einem als nicht hinnehmbar angesehenen Zeitbedarf korrigiert, greift die K. unterstützend ein. In die durch die Preisstarrheit entstandene Steuerungslücke tritt sie, indem sie mit befristeten Belastungsvariationen „künstliche" Preisdifferenzen schafft, um Einfluss auf die zeitliche Verteilung der Käufe zu nehmen. Sie hat dabei Entscheidungen über die Dosierung,

die Dauer und den Zeitpunkt des Mitteleinsatzes zu treffen.

1. Die Ziele der K. sind:
stabile Preise
Vollbeschäftigung
Ausgleich der Zahlungsbilanz.

→Preise und →Beschäftigungsgrad sind →Indikatoren des Zyklus, auch Symptome genannt, und nicht Faktoren, die den konjunkturellen Verlauf (→Konjunkturtheorie) bestimmen. Obgleich beide den konjunkturrelevanten Entscheidungen mit beträchtlichem zeitlichen Abstand nachfolgen, wird mit ihnen das konjunkturpolitische Ziel beschrieben. Die antizyklischen Maßnahmen werden - trotz aller Kritik - häufig noch an ihnen orientiert, da vor allem einschneidende Restriktionen meist erst bei sichtbaren Verletzungen des Stabilitätsgebots durchsetzbar werden.

Zahlungsbilanzfragen (→ Zahlungsbilanz) bestimmen die K. meist erst dann, wenn die →Devisenreserven zu erschöpfen drohen od. wenn der Inflationsimport (→ Inflationstheorie, 3.3.) bedrohliche Ausmaße annimmt. Dies trägt der K. den Vorwurf ein, an den „Symptomen herumzukurieren". Sie ginge nicht an die Ursachen zyklischer Schwankungen heran, um sie nach Möglichkeit von vornherein auszuschalten.

Es gibt keine stabile politische Rangfolge bzw. Wertigkeit der Ziele; sieht man davon ab, dass das Ziel des →außenwirtschaftlichen Gleichgewichts in der politischen Diskussion weitgehend vernachlässigt wird. Lediglich vor der Bundestagswahl 1969 gelang es *Schiller*, die → Aufwertung zur dominierenden Sachfrage im Wahlkampf zu machen. Im Vordergrund stand damals allerdings nicht die Suche nach dem Ausgleich der Zahlungsbilanz; die →Aufwertung sollte das Inland vor der importierten Inflation schützen.

Meinungsumfragen zeigen immer wieder, dass das Ziel, das in den vergangenen Monaten am stärksten gefährdet war, sich in der politischen Diskussion in den Vordergrund drängt - in inflatorischen Zeiten das Stabilisierungsgebot, bei → Arbeitslosigkeit das Beschäftigungsziel.

2. Die K. kann vom Ziel her gesehen
  a) als bloße Glättung der Zyklen (reine Verstetigungspolitik) und/ od., wie die K. üblicherweise verstanden wird,
  b) als gleichzeitiges Anstreben eines bestimmten Beschäftigungsstandes (Niveausteuerung) definiert werden
Beide Ziele lassen sich mit unterschiedlichen Vorgehensweisen verfolgen:
  c) mit einer Politik, welche die Ursachen der konjunkturellen Schwankungen ausschalten will (der Ursachentherapie) und mit
  d) einer Politik, die deren Auswirkungen auf die gesamtwirtschaftliche Nachfrage auszugleichen versucht.

3. Steuerungsdefizite lassen sich auf drei - interdependente (→Interdependenz) - Gründe zurückführen. Zu nennen sind zum ersten Informationsmängel. Sie verzögern die Marktkorrektur über den Preismechanismus (→Preisfunktion) und lassen die Investoren (aber auch die Konsumenten), die angesichts der konjunkturellen Risiken auf deutliche expansive Zeichen warten, ihre Pläne zurückstellen. Als zweiter Grund ist der Verteilungsdefekt zu nennen. Er führt zu rationiertem Angebot (mit Entlassungen und Investitionskürzungen als Folge), wenn die geforderten Renditen nicht erreichbar sind. Dritter Grund für zyklische Prozesse ist eine Nachfragelücke (→ deflatorische Lücke) (bzw. -überschuss; →inflatorische Lücke) durch Zufall od. externe Einflüsse verursacht, aber auch rückführbar auf Informationsmängel und Verteilungsdefekte, aufgegriffen und verstärkt jeweils durch den →Akzelerator-Multiplikator-Prozess.

Trotz des unbestrittenen Vorrangs der Ursachentherapie bleiben dem Konjunkturpolitiker doch zumeist nur nachträgliche kompensierende Maßnahmen, da die Kausalfaktoren des Zyklus, die nicht von vornherein ausgeschaltet werden können, häufig erst an ihren späteren Auswirkungen zu erkennen sind. Zudem sind die Mittel, die an der Ursache ansetzen können, z.B. an der Lohnverzögerung im Aufschwung, im geeignetem Moment meist noch nicht verfügbar.

Solange aber der Ansatz an den Ursachen aus prognostischen (→ Prognose) bzw. aus Gründen der politischen Durchsetzbarkeit nicht gelingt, bleibt der Konjunkturpolitiker auf den nachträglichen Ausgleich entstandener Nachfragelücken od. vorhandener Überhänge angewiesen.

Konjunkturelle Störungen können zwar aus den genannten Gründen meist nicht von vornherein ausgeschaltet werden, einzelne „bekannte Bruchstellen" aber, bezogen auf die Bundesrepublik vor allem die Exportüberschüsse und die Geldzuflüsse aus dem Ausland, ließen sich - mit den Mitteln der →außenwirtschaftlichen Absicherung - abdichten.

Als Ersatzstrategie gegen andere unausschaltbare Kausalfaktoren könnte versucht werden, zumindest die kumulativen Effekte der ungewollten konjunkturellen Impulse zu unterbinden, also den primären Anstoß zu isolieren. Gelingt es der Ursachentherapie also beispielsweise nicht, einen Rückgang der → Investitionen aufzuhalten, so sollte sie doch zumindest umgehend den negativen →Einkommenseffekt auszugleichen versuchen, um das - mit Verzögerung auf die Investitionen folgende - Sinken des Konsums aufzuhalten, das seinerseits wiederum die Investitionsneigung beeinträchtigt. Mit dem steuerlichen Ausgleich des Einkommensausfalls, möglich auch durch Rentenerhöhungen od. Arbeitslosenunterstützung, ließe sich der konjunkturelle Impuls isolieren.

4. Auch die kompensatorische K. begnügt sich heute nicht mehr mit dem bloßen Ausgleich globaler Lücken od. Überschüsse in der Nachfrage. Sie integriert zunehmend strukturelle Komponenten. So meidet sie nur konjunktursteuernde Instrumente, deren intensiver Einsatz in vergangenen Jahren nicht selten ungewollte strukturelle Nebeneffekte hatte. Sie verzichtet heute beispielsweise auf scharfe geldpolitische Restriktionen, die kleineren und mittleren Unternehmen (→Betrieb, I.) den Zugang zum → Kredit versperren. Sie sorgt darüberhinaus inzwischen für eine ausgewogenere strukturelle Wirkung der Nachfragesteuerung. So nimmt sie den öffentlichen

Investitionen die Last der Konjunktursteuerung und überträgt sie zunehmend auf die breiter ansetzende Steuerpolitik. Auch der Außenhandel wird heute in die K. einbezogen und bleibt nicht länger verschont. Die Vielfalt der eingesetzten Instrumente mit dem breit gestreuten Zugriff auf sämtliche Nachfragesektoren soll die ausgewogene strukturelle Wirkung der K. bringen.

Zeigen sich im konjunkturellen Abschwung strukturelle Schwächen in einzelnen Wirtschaftszweigen od. Regionen, dann wird ihnen heute durch Sonderprogramme begegnet. Diese gezielten Hilfen sind als Ausfluss der Dominanz des Beschäftigungszieles zu sehen, das auf Kosten langfristig wirksamer Marktfaktoren den Vorrang für die Gegenwart reklamiert. Die Sonderprogramme verstoßen zwar gegen den Grundsatz der Globalsteuerung, die Lösung struktureller Fragen am Markt zu belassen. Sie geben der K. aber andererseits die Chance, Restriktionen - zugunsten des Preisdämpfungseffektes - länger und damit Erfolg versprechend durchzuhalten, bevor der Anstieg der Arbeitslosenzahlen im Zuge des konjunkturellen Abwärtsprozesses die Wende zur expansiven K. erzwingt. Die Beschäftigungssicherung durch die Sonderprogramme kann der restriktiven K. die Zeit geben, die sie braucht, um sichtbare Stabilisierungserfolge zu realisieren.

Ganz anders sieht es indes aus, wenn es in der →Rezession nicht nur gilt, eine vorübergehende Nachfragelücke auszugleichen, sondern wenn die Wachstumsdynamik erlahmt ist, wenn also der Angebotswille belebt werden muss („Revitalisierung"). Durch kostenmäßige Entlastungen muss dann Investieren wieder gewinnversprechend gemacht werden, soll Spielraum und Anreiz für steigende Investitionen geschaffen werden (bezeichnet als *angebots*orientierte K.).

5. Geld- und Fiskalpolitik (→Finanzpolitik) bieten neben der →Lohnpolitik und den Mitteln der außenwirtschaftlichen Absicherung der K. die Instrumente an. Während die Geldpolitik indirekt, sozusagen im „monetären Vorfeld" ansetzt, kann die Fiskalpolitik direkter, das will

heißen: nachfragenäher, eingreifen. Über die Ausgabenpolitik wird sie selbst als Nachfrager tätig, über die Steuerpolitik kann sie immerhin noch den langen Übertragungsweg des monetären Impulses verkürzen. Sie braucht nicht abzuwarten, bis der monetäre Anstoß die Letztnachfrager erreicht, sie trifft unmittelbar die →Kasse der Investoren und Konsumenten.

Die Fiskalpolitik hat demnach die geringere Wirkungsverzögerung. Sie verkürzt den Übertragungsweg. Die direkte Art ihres Zugriffs bringt aber politische Probleme. Interessenkonflikte werden mit der Steuer- und Ausgabenpolitik deutlich angesprochen. Partielle Interessen werden sich zusammenfinden und Entscheidungen in ihrem Sinn verlangen od. die im Zuge einer restriktiven K. erforderlich werdenden Ausgabenkürzungen od. Steuererhöhungen zu blockieren trachten (das bringt eine längere Verzögerung der Entscheidungen).

Geld- und Fiskalpolitik, abgeschirmt durch eine wirkungsvolle außenwirtschaftliche Absicherung, müssen aufeinander abgestimmt, werden. Die Geldpolitik gibt der Fiskalpolitik den monetären Rahmen vor. Der Fiskus kann ihn allerdings durch Geldstilllegungen im Zuge der Realisierung seines restriktiven Programmes darüber hinausgehend einengen od., falls er einen direkten Zugang zum Notenbankkredit hat od. →Konjunkturausgleichsrücklagen auflösen kann, auch erweitern. Eine restriktive Fiskalpolitik, die nicht von einer gleichgerichteten Geldpolitik begleitet wird, scheitert i.d.R. daran, dass sie den Weg der Überwälzung der erhöhten Steuerbelastung offenlässt. Die Steuererhöhung wird auf die Preise aufgeschlagen, der steigende Finanzierungsbedarf durch Kreditaufnahmen abgedeckt. Umgekehrt können expansive Fiskalimpulse bei einer kurzen Geldmengendecke (→Geldmenge) ein schnelles Ende finden, bei gleichgerichteter Geldpolitik zusammen mit dem Geldmengeneffekt aber die gewünschte konjunkturelle Belebung bringen.

Für die Lohnpolitik sind die autonomen Tarifverbände (→Tarifparteien) verant-

wortlich. Die Koordinierungsfrage stellt sich hier nicht nur im Mittelbereich, es müssen mit dem Staat und den Tarifverbänden voneinander unabhängige Träger konjunkturpolitischer Entscheidungskompetenzen zu einem abgestimmten Handeln gebracht werden.
Literatur: *U. Teichmann*, Grundriss der Konjunkturpolitik. 4. A., München 1988. *D. Cassel/ H. J. Thieme*, Stabilitätspolitik, in: D. Bender u.a. (Hrsg.), Vahlens Kompendium der Wirtschaftstheorie und Wirtschaftspolitik, Bd. 2. 5. A., München 1992.
Prof. Dr. U. Teichmann, Dortmund

Konjunkturrat
durch § 18 des →StabG bei der Bundesregierung eingerichtetes Gremium mit der Aufgabe, alle zur Erreichung der im Gesetz genannten Ziele erforderlichen konjunkturpolitischen Maßnahmen (→Konjunkturpolitik) und Möglichkeiten zur Deckung des Kreditbedarfs öffentlicher Haushalte (→Haushalt, 3.) sowie über die Mitteleinstellung in die →Konjunkturausgleichsrücklage zu beraten und entsprechende Empfehlungen auszusprechen. Dem K. gehören die Bundesminister für Wirtschaft (Vorsitz) und Finanzen, ein Vertreter jedes Bundeslandes sowie vier Vertreter der Gemeinden und Gemeindeverbände an. Die →Bundesbank hat Teilnahmerecht. Arbeitsergebnisse des K. finden weithin Eingang in den Jahreswirtschaftsbericht. Mit der Tätigkeit des →Finanzplanungsrates ergeben sich Überschneidungen. Die Arbeit beider Gremien vollzieht sich weitgehend gemeinsam.

Konjunkturtheorie
⇒Beschäftigungstheorie
1. Die wirtschaftliche Aktivität einer Volkswirtschaft (→Wirtschaft) innerhalb einer Periode lässt sich durch verschiedene Aggregate, z.B. reales →Bruttosozialprodukt (BSP), → Volkseinkommen, → Beschäftigung, Investitionsgüter- (→Gut) und Konsumgüter-produktion, Preisentwicklung, Auftragseingänge, →Geldvolumen u.a.m. erfassen. Diese Aggregate schwingen im Zeitablauf unterschiedlich stark um einen meist deutlichen →Trend. Trotz individueller Ausprägungen wei-

sen diese →Zeitreihen ein wiederkehrendes Profil auf: Jahren mit zunehmender folgen Jahre mit abnehmender wirtschaftlicher Aktivität. Diese wellenförmige Entwicklung unter Betonung ihrer Wiederkehr heißt Konjunktur. Bei langfristig wachsenden Volkswirtschaften tritt die Konjunkturbewegung erst nach einer Trendbereinigung hervor. Die Schematisierung der Konjunktur in vier Phasen sowie in untere (A) und obere (B) Umkehrpunkte wurde von *Haberler* entwickelt und heißt Konjunkturzyklus (vgl. Figur, in der das BSP die wirtschaftliche Aktivität angibt).

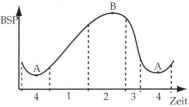

Die Aufschwungs-(Expansions-)phase (1) mit zunehmendem BSP mündet in einen →Boom mit vollbeschäftigten →Produktionsfaktoren. Liquiditäts- (→Liquidität) und Kapazitätsengpässe (→Kapazität), Preis- und Zinssatzsteigerungen kennzeichnen die Krise (Phase 2), in der das BSP stagniert. In Phase 3 (Kontraktion) sinkt das BSP; ihr Beginn heißt Rezession, ihr Ende mit hoher Arbeitslosigkeit und geringen Investitionen Depression. Die Abwärtskräfte erlahmen in Phase 4, nach Abbau der Überschusskapazitäten steigen Investitionen und BSP wieder an. Zusätzlich lässt sich jeder Konjunkturzyklus durch Angabe seiner Länge und Amplitude kennzeichnen. Die Länge als Klassifikationsmerkmal führt zu drei typischen Zyklen: →*Kondratieff*-Zyklus (48-60 Jahre), →*Juglar*-Zyklus (7-12 Jahre) und →*Kitchin*-Zyklus (3-5 Jahre). Nach 1945 dominieren in westlichen Volkswirtschaften 3 bis 6jährige Zyklen.

2. Die Beschreibung der Konjunktur erfolgt durch Referenzzyklus und Indikatoren. Der Referenzzyklus soll die wirtschaftliche Aktivität erfassen: die Fixierung seiner Umkehrpunkte geschieht durch diejenigen Perioden, in denen für die meisten konjunkturrelevanten Ein-

zelreihen die unteren bzw. oberen Umkehrpunkte liegen. Der einfachste Einzelindikator ist eine zum Referenzzyklus synchrone Zeitreihe (Präsensindikator, z.B. industrielle Nettoproduktion). Frühindikatoren (Auftragseingänge der Industrie) laufen dem Präsensindikator voraus, Spätindikatoren (Löhne, → Preise) hinterher. Zeitreihen, deren Profile untereinander und zum Referenzzyklus nahezu konstant bleiben, bilden die stilisierten Fakten der Konjunktur. Die Konjunkturstärke messen Indikatoren, die auf mehreren Einzelindikatoren (Diffusionsindex) od. auf der Auslastung des → Produktionspotentials basieren. Der Diffusionsindex gibt für bestimmte konjunkturrelevante Zeitreihen den Anteil der steigenden Renditen an. Diffusionsindizes sind normiert; Freiheiten bei Reihenauswahl und Gewichtung engen ihre Aussagekraft ein. Der →Sachverständigenrat zur Begutachtung der gesamtwirtschaftlichen Entwicklung hat einen Gesamtindikator aus 12 Einzelreihen gebildet und bis 1973 publiziert. Die auf dem Potentialkonzept basierenden Konjunkturindikatoren weisen die Konjunkturstärke entweder als absolute od. prozentuale Differenz zwischen tatsächlichem und potentiellem BSP aus. Sie differieren hinsichtlich der Messung des potentiellen BSP. Nach *Okun* wird das potentielle BSP dann in einem Jahr produziert, wenn die →gesamtwirtschaftliche Nachfrage zu einer →Arbeitslosenquote führt, die →Preisstabilität zur Folge hat; der Sachverständigenrat berechnet das potentielle BSP aus der maximalen Kapazitätsauslastung im Unternehmenssektor, die →Deutsche Bundesbank über eine → *Cobb-Douglas*-Produktionsfunktion.

3. Die K. umfasst alle Ansätze zur Erklärung der Konjunktur einschließlich ihrer Wiederkehr: als Konjunkturindikator dient das BSP. Monokausale K. betrachten nur eine Ursache; multikausale (mehrere Ursachen) Theorien entstehen im Anschluss an die → *Keynessche Theorie*. Monokausale K. gliedern sich in drei Gruppen. (a) Rein monetäre Theorien: Konjunkturursache ist ein Liquiditätsüberschuss im →Bankensystem. (b) Über-

investitionstheorien: Eine Diskrepanz zwischen Markt- und Gleichgewichtszins, ausgelöst entweder durch Überschussreserven (monetärer Aspekt) od. durch Zunahme der →Grenzproduktivität der Investition (→technischer Fortschritt), verursacht Konjunkturen. Nach *Schumpeter* wird das technische Wissen schubweise in → Innovationen umgesetzt: Pionierunternehmen folgen Imitatoren (→ Imitation), die beachtliche Investitionszunahmen auslösen. (c) Unterkonsumptionstheorien: Die Konsumnachfrage wächst unterproportional zur Produktionskapazität. Die modernen, multikausalen K. knüpfen bei der Einteilung einer geschlossenen Volkswirtschaft in die vier Makromärkte (→ Makroökonomik) →Güter-, →Geld-, → Arbeits- und →Wertpapiermarkt an und wählen das → gesamtwirtschaftliche Gleichgewicht als Ausgangspunkt. Dieses liegt vor, wenn für (die i.Allg. ersten) drei Märkte (der vierte Markt kann wg. des → Walras-Gesetzes vernachlässigt werden) Preise (→Flexpreis-Modell) od. Mengen und Zinssatz (→ Fixpreis-Modell) so bestimmt werden, dass sich auf jedem Markt Angebot und Nachfrage ausgleichen. Bei stabilem gesamtwirtschaftlichem Gleichgewicht kehrt die Volkswirtschaft nach einer Störung von selbst wieder zum alten od. neuen Gleichgewicht zurück. Um Bewegungsabläufe auch außerhalb der Gleichgewichtszustände erklären zu können, entstehen Konjunkturmodelle durch Dynamisierung eines od. aller Makromärkte. Charakteristisch ist, dass Konjunkturen durch das meistens von Impulsen ausgelöste Zusammenwirken von Faktoren der Selbstverstärkung und Richtungsänderung entstehen.

3.1. Das aus Arbeiten von *Samuelson* und *Hicks* hervorgegangene Konjunkturgrundmodell sieht die Ursache konjunktureller Instabilität auf der Nachfrageseite. Es entsteht durch Dynamisierung eines Keynes'schen Gütermarktes: Zu → autonomen Investitionen mit konstanter →Wachstumsrate treten →induzierte Investitionen (→ Akzeleratorprinzip) und eine verzögerte Konsumfunktion (→Konsumtheorie) hinzu. Hieraus lässt sich unter der Annahme eines Gütermarktgleichgewichts in jeder Periode der gleichgewichtige Wachstumspfad (→ Wachstumstheorie) ableiten. Verlässt die Volkswirtschaft infolge exogener Störungen (Impulse) diesen Pfad, legen die Werte der →marginalen Konsumquote und des →Akzelerators vier typische Abläufe fest: (a) schwingungsfreie od. (b) gedämpft schwingende Anpassung an den Gleichgewichtspfad. (c) explosiv schwingende od. (d) exponentielle Abweichungen von diesem. Wachsende obere (ceiling) und untere (floor) Schranken (nichtlinearer Akzelerator) transformieren (c) und (d) in Schwingungen mit realistischen Amplituden. Viele Weiterentwicklungen folgen dem Grundmodell. Das Akzeleratorprinzip geht in das Kapitalstockanpassungsprinzip (→Kapitalstock, →Investitionstheorie) über. *Kalecki* unterscheidet zwischen Investitionsgüteraufträgen, -produktion und -fertigstellungen. *Kaldor* unterstellt nicht-lineare Verläufe für →Spar- und → Investitionsfunktion: Von mehreren gesamtwirtschaftlichen Gleichgewichten ist mindestens eins instabil, so dass Konjunkturen als Bewegungen zwischen zwei stabilen Gleichgewichten entstehen. *Metzler* leitet Konjunkturen als Folge aktiver Lagerbildung her. *Smithies* sieht Investitions- und Konsumausgaben nicht nur vom laufenden od. früheren →Einkommen bzw. dessen Veränderung abhängig, sondern auch vom jeweils erreichten Höchsteinkommen. Jeder untere Umkehrpunkt liegt daher auf einem höheren Niveau als sein unmittelbarer Vorgänger: Wachstum und Konjunktur lassen sich gemeinsam erklären. Mit dem Geldmarkt werden realwirtschaftliche Konjunkturmodelle realitätsnäher. Das Verbindungsglied beider Märkte ist der Zinssatz, von dem Investitionen und → Geldnachfrage abhängen. Die Frage, ob und wie →Geld die Konjunktur beeinflusst, lässt sich nicht eindeutig beantworten. Folgende grobe Zusammenfassung ist vertretbar: Erklären Konjunkturmodelle auch das Wachstum, verbessert der Geldmarkt die Möglichkeiten zyklenfreier bzw. gedämpft oszillierender Entwicklungen (*Phillips*); ansonsten wirkt er tendenziell destabilisierend (*Tewes*). Die Gegebenheiten auf dem Ar-

beitsmarkt (z.B. *Phillips*-Theorem) und ihre Auswirkungen auf die Preisentwicklung (z.B. →mark-up pricing) legen seine Integration in Konjunkturmodelle mit Güter- und/ od. Geldmarkt nahe. *Goodwin* erklärt mit einem →Modell aus Güter- und Arbeitsmarkt Wachstum und Konjunktur. Ein konstanter →Kapitalkoeffizient, konstantes Wachstum der →Arbeitsproduktivität und Bevölkerung sowie die Übereinstimmung von Gewinneinkommen (→Einkommen) und Investitionsausgaben führen wg. der Abhängigkeit der Wachstumsrate des → Reallohnes vom Beschäftigungsgrad zu Wachstumszyklen und einem Gleichgewichtspfad, der niemals erreicht wird. Die destabilisierende Wirkung des Arbeitsmarktes bestätigen indirekt auch K., die zusätzlich noch den Geldmarkt umfassen. Diese mathematisch anspruchsvollen Modelle lassen wg. der Vorgabe bestimmter Parameter nur vorsichtige Schlüsse zu: Der Arbeitsmarkt ist umso konjunkturneutraler, je geringer die tatsächliche Beschäftigungslage auf die Lohnabschlüsse einwirkt. Die Einbeziehung des Auslands erlaubt, die Wirkung externer Konjunkturzyklen auf die Binnenwirtschaft bei →fixen od. →flexiblen Wechselkursen über Transmissionskanäle zu erfassen. Transmissionskanäle sind die Teilbilanzen der → Zahlungsbilanz, der terms of trade-Mechanismus (→terms of trade) und internationale Arbeitskräftewanderungen.

3.2. Strukturveränderungen im Sinne von sich bildenden Disproportionalitäten zwischen bestimmten Aggregaten einer Volkswirtschaft waren schon früh als Ursache od. Ergebnis der Konjunktur bekannt. Eine weitere Art des Strukturwandels liegt vor, wenn ein großer Teil der → Wirtschaftssubjekte plötzlich das Verhalten ändert, nachdem eine bestimmte (ökonomische) Variable einen Schwellenwert überschritten hat. Die konjunkturelle Analyse solcher Strukturänderungen erfolgt mit der mathematischen Katastrophentheorie. Die Pionierarbeit ist bereits von *Varian* erbracht und markiert den Ausgangspunkt einer neuen Richtung, die das Konjunkturphänomen mit den Methoden der mathematischen, dynamischen Systemtheorie (Chaostheorie, Synergetik) erklären will.

3.3. Die mikroökonomische Fundierung der Neuen Makroökonomik durch das Konzept des temporären Gleichgewichts (→Gleichgewicht) liefert weitere K. Bei diesem Konzept unterscheidet man schnelle und langsame ökonomische Variablen. Kurzfristig bleiben die langsamen Variablen konstant, während die schnellen Variablen die Koordination der Wirtschaftspläne für ein temporäres Gleichgewicht herbeiführen. Hebt man die Konstanzannahme für einige oder alle langsamen Variablen auf, resultieren K. als Folge temporärer Gleichgewichte (Jaeger, Ramser). Nach der →Neuen Klassischen Makroökonomik räumen flexible Preise die Märkte; die Marktteilnehmer berücksichtigen bei ihren Plänen die Zukunft durch →rationale Erwartungen, die zusammen mit den Beständen langsame Größen sind. Konjunkturen entstehen durch Schocks in Verbindung mit Ausbreitungsmechanismen (Frisch), unvollständige bzw. asymmetrische Informationen und intertemporale Substitutionseffekte. Ein unerwarteter Anstieg des Preisniveaus (monetärer Schock) wird von jedem Produzenten als Verbesserung seines Relativpreises gedeutet und löst Realaktionen bei den Realgrößen aus. Die Real-Buisness-Cycle-Theorie vermutet die Schocks im realen Sektor (z.B. Technologieschock), die dann auf die monetären Größen wirken (Kydland/ Prescott). In überlappenden Generationenmodellen resultieren Konjunkturen aus einer optimalen, intertemporalen Verteilung der Freizeit bzw. des Konsums (Grandmont). Auch falsche Einschätzungen der Relevanz bestimmter Variablen (Sunspots) kann zu zyklischer Entwicklung führen (Azariadis, Guesnerie). Die →Neue Keynesianische Makroökonomik stuft Preise und Lohnsätze sowie die Bestände als langsame, die Mengen als schnelle Variablen ein. Plankonsistenz erfolgt hier durch Mengenzuteilungen unter Beachtung der Rationierungsschranken (Drèze). Aus mittelfristigen Preis- und Kapazitätsentwicklungen resultieren Konjunkturschwankungen, die in einem keynesianischen Unterbeschäftigungsgleichgewicht enden (Malinvaud). Auch sind

starre Nominallohnsätze (Taylor) oder rigide Güterpreise (Mankiws Menue-cost-Argument) in Verbindung mit rationalen Erwartungen Grundlage verschiedener K. Die Schwingungseigenschaft einer Volkswirtschaft hängt von den Strukturparametern ab. Die K. bedarf daher der Ergänzung durch die ökonometrische Konjunkturforschung, die aus →Daten die Parameter schätzt und mittels Simulation die Stabilitätseigenschaften überprüft.

Literatur: W. Assenmacher, Konjunkturtheorie. 8. A., München, Wien 1998. G. Gabisch/ H.-W. Lorenz, Buisness Cycle Theory. A Survey of Methods and Concepts. 2nd. ed., Berlin u.a. 1989. J. Heubes, Konjunktur und Wachstum. München 1991. J. Kromphardt, Konjunktur und Wachstum. Grundlagen der Erklärung und Steuerung des Wachstumsprozesses. 3. A., Göttingen 1993. A. Maussner, Konjunktur-Theorie. Berlin u.a. 1994. G. Tichy, Konjunktur. Stilisierte Fakten, Theorie, Prognose. 2. A., Berlin u.a. 1994.
Prof. Dr. W. Assenmacher, Essen

Konjunkturzyklus
→Konjunkturtheorie, 2.,
→ Juglar-Zyklus, → Kitchin-Zyklus, → Kondratieff-Zyklus.

Konklusion
aus Aussagen abgeleitete →Hypothese.

Konkurrenz
→Wettbewerb.

konkurrierende Produktion
→Alternativproduktion.

Konkurs
gerichtliches Verfahren zur gleichmäßigen, aber nur anteiligen Befriedigung der →Forderungen aller Gläubiger an den Schuldner durch Vollstreckung in das gesamte →Vermögen. Zahlungsunfähigkeit od. Überschuldung führen auf Antrag zur Eröffnung des K.-verfahrens durch das K.-gericht. K. kann durch einen → Vergleich abgewendet werden. S. auch → Insolvenz. Mit über 33 000 K. hatte die deutsche Wirtschaft in 1994 ihren Rekord. Zum 1.1.1999 trat eine neue Insolvenzordnung in Kraft. S. →Insolvenz.

Konkursausfallgeld
→Arbeitnehmern und ähnlichen Personen (z.B. Handelsvertreter) vom Arbeitsamt auf Antrag gewährtes Entgelt für Lohn-, Gehalts- und sonstige Ansprüche für Arbeitsleistungen in Höhe des Nettoeinkommens für die letzten drei Monate vor Eröffnung des Konkursverfahrens (→ Konkurs) bei Zahlungsunfähigkeit des → Arbeitgebers. K. wird der →Bundesagentur für Arbeit von den Berufsgenossenschaften erstattet.

Konnossement
vom Verfrachter od. von einem anderen Vertreter des Reeders ausgestelltes →Dokument, das dem Ablader die Annahme der → Güter bescheinigt mit der Verpflichtung, dem legitimierten Inhaber des K. die Ladung auszuhändigen. Somit kann über unterwegs befindliche Ware durch Übergabe des K. verfügt werden. Die Klausel: „Kasse gegen K." bedeutet, der Kaufpreis soll gegen Aushändigung des K. gezahlt werden, weil dadurch das Eigentum an der Ware auf den Empfänger des K. übergeht. Das K. enthält Angaben über den Verfrachter, Schiff, Ablader, Empfänger, Löschungshafen und insbesondere über die Art, Menge und äußerliche Beschaffenheit der Güter. Es wird üblicherweise an Order ausgestellt, was die Übertragung durch →Indossament ermöglicht. K. spielt im Akkreditivverkehr (→Akkreditiv) eine bedeutende Rolle.

Konsistenzaxiom
→Revealed Preference Analyse, 2.-4.

Konsolidierte Bilanz des Bankensystems
die von der →Bundesbank monatlich erstellte →Bilanz des →Bankensystems. In ihr schlagen sich alle → Transaktionen zwischen Bankensektor und Nichtbankensektor nieder. Änderungen in diesen Transaktionen bedingen Veränderungen der →Geldmenge, was sich in der K. für verschiedene Stichtage ablesen lässt.

Konsolidierung
1. Umwandlung privater od. öffentlicher kurzfristiger Schulden in langfristige.

2. Zusammenfassung mehrerer →Anleihen zu einer meist mit günstigeren Bedingungen.

3. im → Gesamtwirtschaftlichen Rechnungswesen die Zusammenfassung von Konten mit gleichartigen →Bestands- od. →Stromgrößen.

4. Zusammenfassung von Einzelbilanzen (→Bilanz) zur Konzernbilanz durch →Kapital-K., Schulden-K. und Erfolgs-K. K. erfordert bestimmte Voraussetzungen sowie Einheitlichkeit von Rechnungsperioden, →Kontenplänen, Buchführung (→ Buchhaltung, → Bilanzierung), Bewertung und Recheneinheit.

5. Stabilisierung in der Kursentwicklung (Kurse) an der →Börse nach größeren Schwankungen.

Konsols
begriffliche Herleitung: ,consolidated stocks'. Niedrig verzinste, festverzinsliche englische Staatsschuldverschreibungen ohne fixierte Rückzahlung mit grundsätzlich langer Laufzeit. Bezeichnung weist auf Schuldenkonsolidierung (→ Konsolidierung, 1.) des Staates od. Vereinheitlichung von älteren und unterschiedlich ausgestatteten →Anleihen (→ Konsolidierung, 2.) hin.
Keynes argumentierte bei der Ableitung der Teilgeldnachfrage für die passive Kasse (→Kasse) für K. (→Geldnachfrage, 3., →Keynessche Theorie).

Konsortialdarlehen
das bei der Gewährung von →Schuldscheindarlehen häufig wg. der Größenordnung von einem → Konsortium gewährte →Darlehen. Das Konsortium übernimmt in voller Höhe im eigenen Namen und für eigene Rechnung das Darlehen bis zur Refinanzierung durch Plazierung des Darlehens am Markt. Das K. ist somit lediglich eine Vorfinanzierung.

Konsortialkredit
⇒syndizierter Kredit
gemeinsame Kreditgewährung (→ Kredit) von zwei od. mehreren Banken wg. der Größenordnung des Kredits. Dieser wird dem Kunden durch den Konsortial-

führer zur Verfügung gestellt. An der
Kreditgewährung ist er mit einer festen
Quote beteiligt. Für die von den anderen
Konsorten übernommenen Kreditanteile
fungiert er als →Kreditvermittler. S. auch
→AKA, →Plafond A, B, C.

Konsortium
→Gesellschaft des bürgerlichen Rechts,
die für eine vorübergehende Zusammenarbeit eingegangen wird, z.B. von →Ban-
ken zur →Emission von →Wertpapieren
od. von Bauunternehmen für ein großes
Projekt.

konstantes Kapital
nach K. Marx die im Produktionsprozess
eingesetzten →Produktionsmittel als gespeicherte →Arbeit. K. schafft keinen →
Mehrwert.

konstituierende Prinzipien
die vom → Ordoliberalismus für die
Schaffung einer funktionsfähigen Wettbewerbsordnung als notwendig angesehenen Konstruktionselemente: 1. Preissystem der vollständigen Konkurrenz,
die als Leistungswettbewerb definiert
wird, 2. eine den →Geldwert sichernde
Währungsverfassung, 3. Privateigentum
an →Produktionsmitteln, 4. angemessen
ausgestaltete Vertragsfreiheit, 5. volle
Haftung der Marktteilnehmer, 6. freier
Marktzugang, 7. Konstanz der Wirtschaftspolitik (→Theorie der Wirtschaftspolitik). Die Wettbewerbsord-nung soll
durch einen ‚starken' Staat geschaffen
und erhalten werden. → Wettbewerb
wird als Entmachtungsinstru-ment verstanden, zu dessen optimaler Entfaltung
die vollständige Konkurrenz Voraussetzung ist. S. auch →regulierende Prinzipi-
en.

Konstruktivismus
wissenschaftstheoretischer Standpunkt
gegenüber dem Kritischen Rationalismus zur Gewinnung einer Begründungs-
basis wissenschaftlicher Aussagen von
Beginn an des Erklärungsverfahrens.
Nach dem Kritischen Rationalismus sollten wissenschaftliche Sätze, statt an ihren
Begründungen, an ihrer Standfestigkeit
gegenüber dem Falsifizierungsversuch
(→Falsifizierung) gemessen werden, was

nach dem K. einer Aufgabe des Begrün-
dungsanspruchs gleichkommt. Da die
Realität ‚nicht redet, sondern schweigt',
entscheidet nicht die Wirklichkeit über
die Richtigkeit von Behauptungen, sondern der argumentierende Wissenschaftler. Nach der K. ist Wissenschaft immer
sprachliches Handeln und sieht das von
Anfang an begründete Vorgehen der
Wissenschaft als von der methodischen
Ordnung ihrer sprachlichen Mittel abhängig an. Es ist deshalb notwendig, das
bereits Existente in der Wissenschafts-
sprache methodisch zu rekon-struieren,
um es verstehen zu können. Somit lautet
der Grundsatz der K., nur was herstell-
bar ist, lässt sich auch gesichert und begründet verstehen, denn das Wort- und
Satzverständnis lassen sich durch vor allem Beispiele und Gegenbeispiele lehren
und lernen, d.h. herstellen. Der Anspruch auf die Verlässlichkeit sprachlichen Handelns kann nicht allein vom
Handelnden garantiert werden, sondern
ist nur gegenüber einem Partner möglich,
so dass die Lösung des Ausgangspro-
blems darin besteht, dass der Beginn des
Redens in einer Dialogsituation der Le-
benspraxis rekonstruiert wird. Einzige
und unerläßliche Voraussetzung ist der
Wille, völlig unvoreingenommen in gemeinsamer Anstrengung ein Einverständnis über die Wörter und Sätze zu
erzielen.
Vertreter des K. sind P. Lorenzen, W.
Kamlah.

Konsum
1. privater K.: Verbrauch von →Gütern
der privaten Haushalte (→Haushalt, 1.), →
Konsumtheorie, 2.

2. Konsum des Staates ⇒Eigenverbrauch
des Staates, →Endnachfrageansatz.

Konsumeffekt des Zolls
Nachfragerückgang des mit Zoll beleg-
ten →Guts, da sich sein →Preis verteuert.
S. →Zolltheorie, 3.

Konsument
⇒privater Haushalt
⇒Verbrauchseinheit
⇒Wirtschaftssubjekt
→Haushalt, 1.

Konsumentenpolitik
→Verbraucherpolitik.

Konsumentenrente
⇒consumer's surplus
von A. É. J. Dupuit 1840 formulierte und 1890 durch A. Marshall allgemein bekannt gewordene Differenz zwischen Marktpreis und dem →Preis, den ein → Wirtschaftssubjekt eher zu zahlen bereit ist, als auf den Erwerb des →Gutes zu verzichten. K. entspricht der Fläche des Dreiecks p_0AB und bedeutet für den Konsumenten einen Nutzengewinn (→ Nutzen) od. auch Einkommensvorteil ohne eigene Leistung. Die Fläche $0q_0Ap_0$ ist die →Ausgabe des Konsumenten. Ein → Monopol wird versuchen, durch Marktspaltung die K. abzuschöpfen (→ agglomerative Marktspaltung, →deglomerative Marktspaltung).

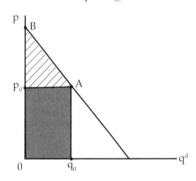

Konsumentensouveränität
auf E. Cannan zurückgehender Ausdruck, wonach von den →Bedürfnissen des Konsumenten bei Freiheit der →Einkommensverwendung (→ Konsumfreiheit) sowohl die Güterversorgung des → Marktes als auch Umfang und Richtung der →Produktion gelenkt werden. Voraussetzung für K. ist neben Konsumfreiheit →Wettbewerb zwischen den Produzenten, so dass die Konsumentenbedürfnisse über ihre Nachfrage mittels →Preismechanismus die →Produktionsfaktoren in die entsprechende Verwendung lenken. Kritik wird sowohl gegen das Modellverständnis (→ Modell) der K. vorgebracht, z.B. wg. der Existenz öffent-

licher Güter (→Güter) und →externer Effekte auch in → Marktwirtschaften, Nutzeninterdependenz (→Nutzen, →Interdependenz) zwischen den →Haushalten, Irrationalität des Konsumenten, als auch aufgrund der empirisch fundierten Aussagen, dass der Konsument wg. Werbung (Manipulation der Bedürfnisse), unvollständiger Information, Macht des Staates, Zusammenarbeit der Anbieter, nicht souverän entscheiden könne.

Die Diskussion der kritischen Einwände hat gezeigt: Diese sind zu relativieren od. vermögen ihre Argumente nicht zu belegen, so dass in jedem Fall eine trendmäßige Wirksamkeit der K. in Marktwirtschaften laufend zu beobachten ist.

Konsumfreiheit
Möglichkeit für den Konsumenten (→ Haushalt, 1.), sein →Einkommen gemäß seiner →Präferenz verausgaben zu können. K. ist eine Bedingung für →Konsumentensouveränität.

Konsumfunktion
→Konsumtheorie, 2.

Konsumgut
→Gut.

Konsumneigung
⇒marginale Konsumquote
⇒Grenzhang zum Konsum
→Konsumtheorie, 2.

Konsumquote
→Konsumtheorie, 2.

Konsumtheorie
1. *Bedeutung.* Konsum stellt die quantitativ bedeutsamste Komponente des → Bruttosozialproduktes dar. Im Zeitraum 1970/84 entfielen in der Bundesrepublik durchschnittlich 56 v.H. des →Sozialproduktes auf die Verwendungskategorie „privater Konsum". Damit bestimmt die Höhe des Konsums nicht nur die konjunkturelle Entwicklung eines Landes (→ Konjunkturtheorie), sondern - da →Sparen ex definitione die Differenz zwischen verfügbarem →Einkommen und Konsum ist - über die Vermögensakkumulation und die damit verbundenen Finanzierungsmöglichkeiten auch die zukünfti-

gen Produktionsmöglichkeiten (→ Wachstumstheorie).

2. *Begriffe.* Man unterscheidet zunächst zwischen privatem und staatlichem Konsum. Ersterer umfasst im wesentlichen die Käufe der privaten Haushalte (→ Haushalt, 1.) von →Gütern (ohne Käufe von Grundstücken, Gebäuden und Wohnungen). Vom Konsum sind die Konsumausgaben zu unterscheiden: beide Begriffe stimmen wegen der Existenz dauerhafter Konsumgüter (z.B. Autos; → Gut) nicht notwendigerweise überein. Beträgt die Betrachtungsperiode z.B. ein Jahr, so rechnet streng genommen nur die Leistungsabgabe des dauerhaften Konsumgutes innerhalb dieses Jahres zum Konsum. Bei der statistischen Erfassung des privaten Konsums wird diese Unterscheidung indessen nur beim Verzehr von Wohnungsleistungen durch die Anrechnung von tatsächlichen od. fiktiven Mietaufwendungen Rechnung getragen. Der staatliche Konsum stellt den Wert der von öffentlichen Haushalten (→ Haushalt, 3.) unentgeltlich zur Verfügung gestellten Dienstleistungen dar; er bleibt im Folgenden unberücksichtigt. Eine allgemein akzeptierte → Hypothese über das Konsumverhalten besagt, dass die Konsumausgaben C_i eines Haushaltes i umso größer sind, je höher sein verfügbares Einkommen Y_i ist. Eine solche Beziehung lässt sich als einzelwirtschaftliche Konsumfunktion $C_i = C_i(Y)$ mit $\frac{dC_i}{dY_i} > 0$ darstellen. Eine spezielle Form dieser Konsumfunktion ist ihre linearisierte Version $C_i = C_{ai} + c_i Y_i$. Hierbei ist die Größe $c_i Y_i$ der einkommensabhängige Konsum. Die Größe c_i bezeichnet man als die *marginale Konsumquote.* Sie gibt die Änderung von C_i aufgrund einer Änderung von Y_i um 1 Einheit an. Man erhält sie aufgrund der Differentiation der Konsumfunktion, d.h. $\frac{dC_i}{dY_i} = c_i$. Davon zu unterscheiden ist die durch-

schnittliche Konsumquote $\frac{C_i}{Y_i}$, also der Anteil der Konsumausgaben am verfügbaren Einkommen dieses Haushalts. Marginale und durchschnittliche Konsumquote stimmen wegen des *autonomen Konsums* C_{ai} nicht überein. Ökonomisch stellt C_{ai} den Betrag dar, den der Haushalt i für Konsumausgaben aufwenden würde, wenn er kein Einkommen hätte und sie durch Vermögensabbau (→Vermögen) bzw. Kreditaufnahme (→Kredit) finanzieren müsste. Während die marginale Konsumquote in der Konsumfunktion konstant ist, sinkt die durchschnittliche Konsumquote mit steigendem Einkommen, da $\frac{C_i}{Y_i} = \frac{C_{ai}}{Y_i} + c_i$ und nähert sich mit steigendem Einkommen der marginalen Konsumquote dieses Haushalts.

Fasst man alle individuellen privaten Haushalte zu einem Sektor zusammen (Aggregation), so erhält man stattdessen die *gesamtwirtschaftliche Konsumfunktion* $C = C_a + cY$ mit den entsprechenden gesamtwirtschaftlichen → Variablen C und Y und den Quoten c und $\frac{C}{Y}$. Das folgende Schaubild enthält die graphische Darstellung dieser Konsumfunktion.

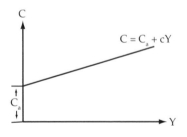

Eine Regressionsschätzung (→Regressionsanalyse) für die Bundesrepublik mit Hilfe von Quartalswerten von C und Y (saisonbereinigte, reale Pro-Kopf-Werte) erbrachte für den Zeitraum 1960 bis 1984 einen mittleren Wert der gesamtwirtschaftlichen marginalen Konsumquote von 0.84 (die gesamtwirtschaftliche durchschnittliche Konsumquote fiel in dem Zeitraum von 0.91 auf 0.89). Unterschiede in den Werten für beide Quoten erhält man, wenn unterschiedliche Haushaltstypen (z.B. Rentnerhaushalte) der Schätzung zugrunde gelegt werden.

3. *Konsumhypothesen.* Das unter 2. dargestellte Demonstrationsbeispiel einer gesamtwirtschaftlichen Konsumfunktion basiert auf der von J. M. *Keynes* 1936 formulierten Hypothese, dass die realen Konsumausgaben von der absoluten Höhe des real verfügbaren Einkommens (bei Keynes beides in Lohneinheiten gemessen) abhängen und zwar dergestalt, dass mit steigendem Realeinkommen (→ Einkommen) die Konsumausgaben unterproportional zunehmen (→ „fundamentales psychologisches Gesetz"). Diese *absolute Einkommenshypothese* war indessen nicht in der Lage, einige empirische Beobachtungen zu erklären. So kamen z.B. S. *Kuznets* u.a. aufgrund empirischer Studien für die USA zu dem Schluß, dass entgegen der Ansicht von Keynes die durchschnittliche Konsumquote langfristig konstant sei und kurzfristig einen zur Konjunkturentwicklung (→ Konjunkturtheorie) antizyklischen Verlauf aufweise. Dies hat dazu geführt, dass nach Keynes weitere Konsumhypothese formuliert wurden, um diese Beobachtungen zu erklären. Diesen Hypothesen ist gemeinsam, dass das verfügbare Einkommen als erklärende Variable aufgegeben wurde zugunsten einer differenzierteren und breiteren Einkommensdefinition. So betrachtet die *Lebenszyklushypothese* nicht das gegenwärtige Einkommen als Determinante des gegenwärtigen Konsums, sondern unterstellt, dass die privaten Haushalte bestrebt sind, die Konsumausgaben möglichst optimal auf ihre gesamte (restliche) Lebenszeit zu verteilen. Dies impliziert, dass auch das gesamte erwartete Lebenseinkommen als Entscheidungsgrundlage für das Konsumverhalten der gegenwärtigen Zeitperiode dient. Einen anderen Weg geht die *permanente Einkommenshypothese*, die das laufende Einkommen durch das permanente (→Einkommen) od. normale Einkommen ersetzt, dessen Höhe durch individuelle Fähigkeiten (z.B. Schulbildung) und durch das vorhandene Geld- (→Geldkapital, 1.) und Sachvermögen (→Kapital, II.) bestimmt wird. Abweichungen des tatsächlichen vom permanenten Einkommen werden als transitorische Komponenten bezeichnet, die positiv (z.B. Lottogewinn) od. negativ (z.B. aufgrund von →Arbeitslosigkeit) sein können. Da sich die transitorischen Komponenten bei der Vielzahl der Haushalte i.d.R. ausgleichen, besteht eine stabile Beziehung zwischen permanentem Konsum und permanentem Einkommen.

Lebenszyklushypothese und permanente Einkommenshypothese werden oft unter dem Begriff *Normaleinkommenshypothese* zusammengefasst, die von der *relativen Einkommenshypothese* zu unterscheiden ist. Hier wird unterstellt, dass die Höhe des Konsums eines Haushalts auch von seiner Stellung in der Einkommenspyramide abhängt. Gehört jemand einer bestimmten Einkommensschicht an und übernimmt das Konsumverhalten dieser Schicht, dann ist seine durchschnittliche Konsumquote umso höher, je geringer sein Einkommen im Vergleich zum durchschnittlichen Einkommen dieser Schicht ist. Außerdem richten sich Konsumenten bei ihren Konsumentscheidungen zusätzlich auch nach dem höchsten in der Vergangenheit erzielten Einkommen, welches in einer wachsenden Wirtschaft dem der Vorperiode entspricht. Das hat zur Folge, dass sich insbesondere bei einem kurzfristigen Einkommensrückgang (z.B. in einer → Rezession) der Konsum - wenn überhaupt - nur langsam an das niedrigere Einkommen anpasst (→Ratchet-Effekt). Ferner ist es möglich, dass Anpassungen der Konsumgewohnheiten an Einkommensänderungen Zeit benötigen, weil Konsumgepflogenheiten ziemlich träge reagieren (→habit persistence-Hypothese). Neben dem Einkommen als der Hauptdeterminante finden sich in der Literatur eine Reihe weiterer spezifischer Bestimmungsfaktoren des Konsums. Veränderungen in der →Einkommensverteilung können den gesamtwirtschaftlichen Konsum beeinflussen, wenn die Umverteilung (→Einkommensverteilungstheorie) Einkommensbezieher mit unterschiedlichen marginalen Konsumneigungen betrifft. Dasselbe gilt für das →*Vermögen* und dessen Aufteilung, wobei sich die Ansätze hauptsächlich in der theoretischen Begründung für die Einbeziehung dieser Variable und ihrer → Definition unterscheiden. *Inflationserwartungen* (→Inflationstheorie, 2.) können eine Vorverlegung geplanter Ausgaben insbesondere für dauerhafte Konsumgüter zur Folge haben. Dieser Konsumerhöhung steht jedoch der negative Effekt einer Reduktion des Realeinkommens gegenüber. Dasselbe gilt für *Zinssatzsenkungen*: sie induzieren über verbilligte Konsumentenkredite zwar höhere Konsumausgaben, führen aber auch zu geringeren Vermögenseinkünften. Schließlich führen auch *psychologische Faktoren,* wie z.b. ein optimistisches Konsumklima (bedingt durch eine positive Einschätzung der wirtschaftlichen Entwicklung) od. Modewellen, zu (kurzfristigen) Änderungen des Konsumverhalten hinsichtlich einzelner Güter.

Literatur: Darstellungen der Konsumtheorie finden sich in jedem Lehrbuch der Makroökonomik, z.B. bei *U. Westphal,* Makroökonomik. Berlin u.a. 1988. Eine detaillierte Übersicht mit einem umfangreichen Literaturverzeichnis ist der Beitrag von *H. König,* Konsumfunktionen. Handwörterbuch der Wirtschaftswissenschaften 1977, Bd. 3, 513-528. Neuere Entwicklungen werden in *W. Franz,* Neues von der Konsumfunktion, in: WISU, 11/1987, 577-582, aufgebreitet.

Prof. Dr. Dr. h. c. W. Franz, Mannheim

Konsumzeit
⇒Freizeit
in der →Faktorangebotstheorie der Haushalte der Anteil an der dem privaten Haushalt (→Haushalt, 1.) insgesamt zur Verfügung stehenden Zeit, die er nicht zur Einkommenserzielung (→ Einkommen) verwendet.

Kontenplan
unternehmensspezifische Ausrichtung des Kontenrahmens. Grundsätzlich ist jede Unternehmung (→Betrieb, I.) in der Ausgestaltung ihres K. frei, da hierfür keine gesetzlichen Vorschriften bestehen; lediglich die →GoB sind zu beachten.

Kontenrahmen
Rahmenplan, der Konten eines Unternehmens (→Betrieb, I.) nach den Bedürfnissen der Wirtschaftszweige systematisch gliedert und jeweils verwandte Konten zusammenfasst. Spitzenverbände der Wirtschaft haben branchenspezifische K. erarbeitet, um rationale Betriebsführung und Betriebsvergleiche zu ermöglichen. S. → Gemeinschaftskontenrahmen, →Industriekontenrahmen.

Kontingenz
Bezeichnung für den Zusammenhang von →Merkmalen, z.T. auch nur für den von nominal- od. ordinalskalierten Merkmalen (→Deskriptive Statistik). Je nach Typ der Merkmale wird K. mit Hilfe verschiedener Koeffizienten gemessen, z.B. bei nominalskalierten Merkmalen durch Maße auf der Basis von Chi-Quadrat (→Chi-Quadrat-Verteilung), bei metrischen Merkmalen durch den → Bravais-Pearson-Korrelationskoeffizienten.

Kontingenzkoeffizienten
⇒Assoziationskoeffizient
→Deskriptive Statistik.

Kontinuierlicher Verbesserungsprozess
→Lernende Organisation.

Kontokorrent
laufende Geschäftsbeziehungen mit einem →Kaufmann, z.B. einer →Bank, bei der zwischen Geschäftspartnern entstehende Ansprüche und Leistungen in Rechnung gestellt und in regelmäßigen Zeitabständen der sich jeweils durch Feststellung ergebende Überschuss verrechnet wird.

Kontokorrentkonto
→Girokonto, 1.

Kontokorrentkredit
→Kredit in laufender Rechnung, wobei dem Kreditnehmer das Recht eingeräumt wird, sein Kontokorrentkonto bis zu einer festgesetzten Kreditlinie ohne weitere Formalitäten (Kontokorrentlinie), aber auch darüber hinaus (Überziehungskredit) in Anspruch zu nehmen. Neben der Kreditbereitstellungsprovision sind Zinsen nur auf die tatsächlichen Kredit-

beträge zu zahlen. K. erlaubt dem Kunden größtmögliche Freiheit in seinen finanziellen Dispositionen. Wg. der für die →Bank schwer voraussehbaren tatsächlichen Inanspruchnahme ist der K. relativ teuer. Obwohl er grundsätzlich kurzfristig ist, kann er durch ständige Prolongation den Charakter eines langfristigen Kredits annehmen. Eine jederzeitige Kündigungsfrist ist bei Fehlen bindender Absprachen über seine Laufzeit möglich.

Kontokorrentlinie
→Kontokorrentkredit.

Konto 8
⇒ *Zusammengefasstes Konto der übrigen Welt.*

Kontrakteinkommen
→Einkommen.

Kontraktion
⇒*Abschwung.*

Kontraktionsgröße
⇒Entzugseffekt
⇒Sickerverluste
Aggregate in der →Makroökonomik, deren Zunahme eine Kontraktion des → Volkseinkommens bedingen, so →Sparen, →Steuern, →Importe. S. auch →Expansionsgröße, →Keynessche Theorie.

Kontraktkurve
⇒Effizienzkurve
geometrischer Ort aller optimalen Tauschkontrakte zwischen zwei nutzenmaximierenden → Wirtschaftssubjekten mit gegebener Güterausstattung. Sie ist durch Übereinstimmung der →Grenzraten der Substitution gekennzeichnet, so dass →Pareto-Optimalität vorliegt. S. → bilateraler Tausch, 2.

Kontrakttheorie
Variante in der „Neuen Mikroökonomik" zur Erklärung von unfreiwilliger Arbeitslosigkeit (→Arbeitslosigkeit) bei (nach unten) starren Löhnen. Grundhypothese ist, dass zwischen →Arbeitnehmern und →Arbeitgebern Lohnkontrakte über fixe Lohnzahlungen als Risikoprämie für eine begrenzte Beschäftigungsgarantie eingegangen werden, zu denen die Arbeitsanbieter wg. Risikoaversion gegenüber Einkommensschwankungen (→ Einkommen) bereit sind. Die Differenz zwischen Kontraktlohn und aktuellem Marktlohn ist als Risikoprämie zu interpretieren. Diese Lohnkontrakte, die auch für Arbeitsnachfrager (Unternehmen) aus Gründen stabiler → Beschäftigung und →Kosten vorteilhaft sind, entsprechen dem Ausmaß des Rückgangs der Arbeitsnachfrage, auf das die Unternehmen noch nicht mit Entlassungen reagiert haben. Sobald dieses Ausmaß überschritten wird, kommt es zu Entlassungen und unfreiwilliger Arbeitslosigkeit, weil keine Lohnsenkungen möglich sind. K. ist kein in sich geschlossener Ansatz und mannigfacher Kritik ausgesetzt.

Kontrolle
I. Unternehmens-K.: Im Unterschied zur Prüfung (→Wirtschaftsprüfung, 2.) die mit den →Betrieb organisch verbundene ständige Überprüfung der Ziel- und Planvorstellungen durch einen Vergleich mit der tatsächlichen Entwicklung, um ihre Übereinstimmung od. Abweichung festzustellen mit dann sich anschließender Ursachenanalyse und ihrer Zuleitung an die Aufgabenträger einschließlich deren Rückmeldung. Zweck der K. ist zielorientierte →Führung der Unternehmung.

Generell und zunächst dient K. der Aufrechterhaltung der gegebenen Betriebsstruktur und Sicherung des Betriebsvermögens, indem Unwirtschaftlichkeiten sichtbar gemacht und verhindert werden sollen. Als Prozess vollzieht sich K. durch a) Bildung von K.-größen, z.B. Umsatzwerte, Ausbringungsmengen, Kosten, indem Normgrößen als Optima und Realitätsgrößen formuliert werden, die bestimmten Bedingungen hinsichtlich Dimension, Bezugszeitraum, Einflussgrößen, verfahrenstechnischer Ermittlung genügen müssen; b) Soll-Ist-Vergleich, ⇒K. i.e.S. od. oft auch ⇒K. bezeichnet, einschließlich Ursachenanalyse bei Abweichung; c) Einleitung von Korrekturmaßnahmen zur Steuerung der Betriebsprozesse.

K. wird gegliedert nach: Tatbeständen in Ergebnis-K. und Verfahrens-K. ⇒Ausführungs-K.; Träger der K. (K.-träger.) in Selbst-K. und Fremd-K., z.B. Wirtschaftsprüfung; Häufigkeit der durchgeführten K. in totale K. und nur K. bedeutungsrelevanter Sachverhalte (K.-zentren). Neben →Planung, →Organisation, →Führung ist K. eine Hauptfunktion des Managements.

II. Verwaltungs-K.: Überprüfung von Handlungen auf Übereinstimmung mit geltenden Normen durch Aufsichtsrechte (z.B. →Bankenaufsicht, Gewerbeaufsicht) sowie Genehmigungsvorbehalte (s. →Kartell).

Kontrollsteuer
die Eignung einer →Steuer, durch ihre Erhebung den Tatbestand einer od. mehrerer anderer zu kontrollieren. So soll die →Vermögensteuer aufgrund turnusmäßiger Ermittlung des Vermögens (→Kapital) eine Kontrollfunktion über die → Einkünfte in der Einkommensteuererklärung ausüben.

Konventionalstrafe
vertragliche Regelung, dass der Schuldner bei Nichterfüllung od. nicht in gehöriger Weise vorliegender Erfüllung dem Gläubiger die Zahlung eines Geldbetrages als Strafe verspricht.

Konvergenztheorie
in der Gesellschafts- und →Wirtschaftswissenschaft Bezeichnung für verschiedene Gruppen von Theorien der Annäherung von konkreten Gesellschafts-, →Wirtschaftsordnungen und Systemen. In der Wirtschaftswissenschaft wird unter K. die zentrale →Hypothese der partiellen od. echten Annäherung zwischen kapitalistisch-marktwirtschaftlich und sozialistisch- zentralistisch organisierten Volkswirtschaften (→ Wirtschaft) verstanden. Vertreter der K. sind fast ausschließlich in Ländern marktwirtschaftlicher Ordnung zu finden. Wirtschaftstheoretiker wie -politiker sozialistischer Länder lehnen eine K. kategorisch ab. Als Argumente für eine Konvergenz werden angeführt: parallele Entwicklungen in der Technik, zunehmende staatliche Planung in westlichen Ländern, z.B. →Globalsteuerung, und Installation von Marktelementen in östlichen Ländern, Verlagerung ökonomischer Entscheidungsmacht in Unternehmen (→Betrieb, I.) zu Managern in kapitalistischen und zu Technokraten in sozialistischen Ländern, Entwicklung zu modernen Industriestaaten und gleichartige Anwendung von Instrumenten und Methoden der Wirtschaftsplanung in beiden Systemen. K. übersieht, dass in den systemkonstitutiven Elementen, z.B. der Eigentumsordnung, der Planungsordnung und politischen Grundordnung, keine Konvergenz erfolgte. Ein naturgesetzlicher Zwang od. historische Gesetzmäßigkeit zur Konvergenz besteht nicht, da Volkswirtschaften nicht mechanistisch funktionieren, sondern immer bewusst gestaltbar sind.

Konvertibilität
Möglichkeit für jedes in- und ausländische →Wirtschaftssubjekt am Devisenmarkt eine →Währung gegen eine andere od. gegen Gold in beliebigem Maße zu tauschen. K. fördert internationale Arbeitsteilung (→Arbeitsteilung). Es wird zwischen *Ausländer*-K., d.h. die Währung kann nur von Ausländern getauscht werden, *Inländer*-K., nur →Inländer dürfen Währungen tauschen, *Teil*-K., die Währungen sind in unterschiedliche Tauschregelungen eingeteilt, und *Voll*-K. unterschieden, bei der beliebige Tauschbarkeit für jedermann besteht. Nach dem Ersten und Zweiten Weltkrieg war K. durch →Devisenbewirtschaftung eingeschränkt. In der Bundesrepublik gilt seit 1958 Voll-K.

Konzentration
Begriff, der auf viele voneinander verschiedene Sachverhalte angewandt wird. Deshalb wird heute eine →Definition bevorzugt, z.B. Verkleinerung der Anzahl von Merkmalsträgern bei konstanter Merkmalsmenge (→Merkmal) od. Ballung ökonomischer Größen. Wesentliche Arten der K. sind: *Betriebs*-K. im betriebstechnischen Sinn; *Unternehmens*-K. durch Zusammenschluss mehrerer Unternehmen (→Betrieb, I.) durch Rationalisierung od. durch Erlangung optimaler → Betriebsgröße aus Gründen der Kostensenkung (→Kosten), verbunden mit ab-

nehmendem Wettbewerb (→ Gesetz gegen Wettbewerbsbeschränkungen); *Vermögens*-K. (→Vermögen) →natürlicher od. →juristischer Personen; *Einkommens*-K. (→Einkommen), bezogen auf unterschiedliche Arten von Einkommensempfängern, s. →personelle und →funktionelle Einkommensverteilung sowie →Lorenzkurve; *Produktionsmittel*-K., bezogen auf die Verfügungsmacht über →Produktionsmittel; *sektorale* K.; *regionale* K., *nationale* K.; *internationale* K.; *K. in der* Verwaltung.

Bei der *Unternehmens*-K. wird zwischen K. durch *externes* Wachstum durch Unternehmenszusammenschlüsse in Form der Konzernbildung (→Konzern) od. → Fusion und K. durch *internes Wachstum* unterschieden, wenn ein Unternehmen seinen Umsatz stärker ausdehnt als die Konkurrenten, weil es z.B. effizienter produziert od. erfolgreicher →Werbung betrieben hat. In den westlichen Industrieländern hat K. hauptsächlich durch externes Wachstum stattgefunden. Die Ursachen der K. sind unterschiedlicher Art, zudem diese noch hinsichtlich der K.-srichtung, ob horizontal, vertikal od. konglomerat, zu differenzieren sind. Ein geschlossener Erklärungsansatz existiert noch nicht. Wichtige Ursachen sind: technisch-bedingte Ansätze wie bessere Ausnutzung der → Kapazitäten (→Büchersches Gesetz); Verringerung des Risikos von Unternehmensentscheidungen, um zukünftige Marktentwicklungen, z.B. in der vorgelagerten Produktion, abzuschwächen; größere Marktmacht, um steigende Marktanteile, höhere Preise od. Gewinne zu erzielen, Spekulationsabsichten über den →Firmenwert od. Börsenkurs (→Börse, →Kurs) der →Aktien. Stand und Entwicklung der K. wird durch K.-smaße versucht zu messen. Dabei wird zwischen absoluter ⇒K. und relativer K. ⇒ Disparität unterschieden. Absolute K.-smaße beachten Anzahl und Merkmalswerte (z.B. Größe) der Merkmalsträger. Sie vermögen keine Aussage über die Ursachen von K.-sänderungen zu geben. Die relativen K.-smaße ermitteln die Abweichung der Verteilung der Merkmalswerte von einer hypothetischen Gleichverteilung (vgl. →Deskripti-

ve Statistik), wobei die Anzahl der Merkmalsträger unberücksichtigt bleibt. Beispiele hierfür sind die →Lorenzkurve, →Gini-Koeffizient für metrische Merkmale (→Deskriptive Statistik).

Nach K. Marx ist K. eine dem Kapitalismus innewohnende Eigengesetzlichkeit, s. →Gesetz der kapitalistischen Kapitalakkumulation, →Gesetz des tendenziellen Falls der Profitrate.

Konzept of countervailing power
⇒Gegenmacht-Prinzip.

Konzept relevanter Gütereigenschaften
von K. J. Lancaster 1966 publizierter Erklärungsansatz der →Güternachfrage des Haushalts (→Haushalt, 1.), nach dem die für den Nachfrager relevanten Eigenschaften eines →Gutes und nicht das Gut in seiner Gesamtheit Bestimmungsgröße ist. Da Konsumgüter (→Gut) typischerweise eine Anzahl von Gütereigenschaften besitzen, entspricht das K. der Verbraucherentscheidung, setzt allerdings die nicht immer mögliche und ohne weiteres erreichbare Messbarkeit von Gütereigenschaften sowie Transparenz für Marktvorgänge (→ Markttransparenz) und Gutsqualität voraus.

Konzern
1. wirtschaftlicher Verbund rechtlich selbstständig bleibender Unternehmen (→Betrieb, I.) aufgrund eines Unternehmensvertrages (K. i.w.S.).

2. Unternehmenszusammenschluss unter einheitlicher Leistung.
I.d.R. existiert für den K. kapitalmäßige (→ Kapital) Verflechtung. Möglich ist auch ein nur vertraglich begründeter Unternehmensverbund. Wird die Leitung von dem herrschenden Unternehmen ausgeübt, liegt ein Unterordnungs-K. ⇒ Subordinations-K. vor; s. → Beherrschungsvertrag. Fehlt das Abhängigkeitsverhältnis trotz einheitlicher Leitung, handelt es sich um einen Gleichordnungs-K. ⇒Koordinations-K.
K. i.w.S. sind verbundene Unternehmen mit wechselseitiger Mehrheitsbeteiligung od. mit wechselseitiger Beteiligung mit je mehr als einem Viertel der Anteile od. auch, dass ein Unternehmen durch

Kapitalmehrheit (herrschendes Unternehmen) beherrschenden Einfluss auf ein anderes (abhängiges) nimmt.

Konzernabschluss

→Jahresabschluss eines Unterordnungskonzerns (→Konzern) nach dem →Aktienrecht, der aus der → Bilanz aller Konzernunternehmen, der → Gewinn- und Verlustrechnung, dem →Geschäftsbericht bzw. nach dem →Bilanzrichtlinien-Gesetz dem → Anhang und → Lagebericht besteht. Bilanzrichtlinien-Gesetz brachte für K. veränderte Vorschriften, so zur Aufstellungspflicht, den Verfahren zur Kapitalkonsolidierung (→ Konsolidierung, 4.), Aufgabe des Prinzips der Maßgeblichkeit des Einzelabschlusses für den K. u.a.m. Entsprechend der zunehmenden Internationalisierung von →Märkten und Beziehungen zwischen dem Unternehmen wie auch der steigenden Präsenz börsennotierter →Kapitalgesellschaften an ausländischen Börsenplätzen richten immer mehr Unternehmen ihren K. an internationalen Standards der Rechnungslegung aus. S. hierzu →International Accounting Standards. Der deutsche Gesetzgeber lässt seit 1998 für den K. eine Aufstellung nach den internationalen Standards zu, d.h. ohne parallelen Abschluss nach handelsrechtlichen Vorschriften.

Konzernkostenrechnung

→Kostenrechnung eines →Konzerns, die die Leistungsströme sowohl in als auch zwischen den Konzernunternehmen als Austauschbeziehungen innerhalb eines einzigen →Unternehmens erfasst.

Konzertierte Aktion

1. das nach § 3 des →StabG zwischen den → Gebietskörperschaften, → Gewerkschaften und Unternehmerverbänden abgestimmte Verhalten zur Erreichung gesamtwirtschaftlicher Ziele (→Ziele der Wirtschaftspolitik). K. stützt sich auf von der Bundesregierung vorgelegte Orientierungsdaten, die die gesamtwirtschaftlichen Zusammenhänge der aktuellen Situation darstellen. K. ist ordnungspolitisch umstritten wg. der Verlagerung von Marktentscheidungen über Löhne und → Preise in die Ebene der Politik und der

Machtverschiebung zu Gewerkschaften und →Arbeitgeberverbänden. Nach wilden Streiks, aggressiver Verhandlungspolitik der Gewerkschaften mit dem Ergebnis hoher Tariflohnänderungen wurde die Diskrepanz zwischen Orientierungsdaten und tatsächlicher Lohnentwicklung immer größer, so dass die K. zu einem bloßen Gremium des Meinungsaustausches abglitt. Die Mitbestimmungsklage der Arbeitgeberverbände vor dem Bundesgerichtshof war für die Gewerkschaften Anlass, ihre Teilnahme aufzukündigen. Danach erfolgten einige ergebnislose Versuche, die K. zu einem Gremium der Konsensbildung zu nutzen. S. auch →Globalsteuerung.

2. im Gesundheitswesen die jährlich von den an der gesundheitlichen Versorgung der Bevölkerung Beteiligten erarbeiteten Orientierungsdaten und Vorschläge für die Veränderung der Gesamtvergütung kassenärztlicher Leistungen, Arzneimittelhöchstbeträge und Anpassung der Gesamtausgaben für die Krankenhausleistungen.

Koordinationsfehlertheorem

im Verlauf eines →Konjunkturzyklusses kann ein → gesamtwirtschaftliches Gleichgewicht als Ruhezustand einer dynamischen →Wirtschaft verstanden werden. Dieses bedeutet gegenüber einem → Ungleichgewicht eine höhere Ressourcennutzung und Wohlfahrtssteigerung, ist aber ohne eine zusätzliche Koordination nicht zu erreichen. Seit dem Beginn der 80er Jahre werden für ineffiziente Gleichgewichte nicht mehr Lohn- und Preisrigiditäten - wie in der →Keynesianischen Theorie - als dafür verantwortlich gesehen, sondern auf das Unvermögen der →Wirtschaftssubjekte zurückgeführt, ihre Verhaltensweisen in einer dezentralistischen Wirtschaft zu koordinieren (Neukeynesianismus). Damit wird eine Koordinationsfehlermöglichkeit impliziert und lässt multiple Allokationsgleichgewichte (→Allokation) einer Volkswirtschaft bei gegebenen →Präferenzen und gegebener Technologie zu. R. Cooper und A. John haben gezeigt, dass den unterschiedlichen Koordinationsfehlermodellen eine gemeinsame Struktur eigen ist. Das K. von Cooper und John (1985, 1988) gibt an, unter welchen Bedingungen ein abstraktes Spiel (→Spieltheorie) multiple Gleichgewichte und Koordinationsfehlermöglichkeiten aufweist.

Koordinationskonzern
⇒Gleichordnungskonzern
→Konzern.

Kopfsteuer
seit der Antike bekannte Steuer, die an äußeren Merkmalen des Steuerpflichtigen anknüpft, wie Aufenthalts- od. Wohnrecht, ohne wirtschaftliche Verhältnisse und Leistungsfähigkeit zu berücksichtigen.

Korrelationsanalyse
Die K. beschäftigt sich mit der quantitativen Bestimmung der Stärke des *linearen Zusammenhangs* von →Merkmalen od. → Variablen. Hierzu werden Maßzahlen (*Korrelationen*), die Werte im Intervall von -1 bis +1 annehmen, verwandt. Beim Wert +1 spricht man von einem (totalen) positiv linearen, beim Wert -1 von einem (totalen) negativ linearen Zusammenhang und der Wert 0 besagt, dass kein linearer (eventuell aber doch z.B. ein quadratischer) Zusammenhang zwischen den Variablen besteht, d.h. die Variablen sind *unkorreliert*. Je weiter eine Korrelation vom Wert 0 abweicht, desto stärker ist natürlich der lineare Zusammenhang der Merkmale.

Die Korrelation zwischen zwei Merkmalen X und Y, die in einem sachlogischen Zusammenhang stehen sollten, da sonst sogenannte *Nonsenskorrelationen* entstehen, schätzt man durch einen *Korrelationskoeffizienten*. Dazu werden an n Objekten aus einer interessierenden → Grundgesamtheit die beiden Merkmale X und Y beobachtet, so dass dann n Beobachtungs-Tupel $(x_1, y_1), (x_2, y_2), ..., (x_n, y_n)$ zur Verfügung stehen. Bezeichnen

$$\bar{x} = \frac{(x_1 + x_2 + ... + x_n)}{n} \text{ und }$$

$$\bar{y} = \frac{(y_1 + y_2 + ... + y_n)}{n}$$

die →arithmetischen Mittel der n Beob-

achtungswerte für die Merkmale X und Y, so ist der für metrische (in der Gesamtheit normalverteilte) Merkmale (→ Deskriptive Statistik) übliche *Pearsonsche Korrelationskoeffizient* gegeben als

$$r_{XY} = \sum_{i=1}^{n} (x_i - \bar{x})(y_i - \bar{y}) \cdot$$

$$\frac{1}{\sqrt{\sum_{i=1}^{n} (x_i - \bar{x})^2 \cdot \sum_{i=1}^{n} (y_i - \bar{y})^2}} \cdot$$

Um zu prüfen, ob der Zusammenhang zwischen X und Y signifikant ist, d.h., ob X und Y tatsächlich korreliert sind, od. ob ein Wert $r_{XY} \neq 0$ nur daher rührt, dass man lediglich n Objekte und nicht die Gesamtheit aller Objekte untersucht hat, kann man sich eines *Korrelationstests* bedienen. Und zwar verwirft man die →Hypothese der Unkorreliertheit zum Sicherheitsniveau $\alpha \in (0, 1)$, zumeist $\alpha = 0.9$, $\alpha = 0.95$ od. $\alpha = 0.99$, falls mit

$$t = \frac{\sqrt{n-2} \cdot r_{XY}}{\sqrt{1 - r_{XY}^2}} \text{ gilt } |t| > t_{n-2;1-\frac{\alpha}{2}},$$

wobei $t_{n-2;\gamma}$ das γ-Quantil der zentralen t-Verteilung mit n-2 Freiheitsgraden bezeichnet. Kann man von vornherein einen positiven (negativen) linearen Zusammenhang von X und Y ausschließen, so wird die Hypothese zum Niveau α verworfen, falls

$$t < t_{n-2;\alpha} \quad (t > t_{n-2;1-\alpha}).$$

Sind die Merkmale X und Y nicht normalverteilt od. lediglich ordinaler Natur, so wird ihre Korrelation durch sogenannte *Rangkorrelationskoeffizienten* geschätzt. Dazu werden in den beiden Reihen $x_1, ..., x_n$ und $y_1, ..., y_n$ getrennt Rangzahlen vergeben. Bezeichnet etwa $x_{(1)} \leq x_{(2)} \leq ... \leq x_{(n)}$ die geordnete Beobachtungsreihe zum Merkmal X, so wird dem kleinsten Wert $x_{(1)}$ die Rangzahl $R(x_{(1)}) = 1$, dem Wert $x_{(2)}$ die Rangzahl $R(x_{(2)}) = 2$, ..., dem größten Wert $x_{(n)}$ die Rangzahl $R(x_{(n)}) = n$ zugeordnet. Sind mehrere Beobachtungswerte gleich (*Bindungen*), so werden die infrage stehenden Rangzahlen gemittelt (*midranks*) und der Mittelwert den jeweils gleichen Beobachtungswerten zugeordnet; genauso verfährt man mit $y_1, \ldots, y_n$. Dann ist etwa der Spearmansche Rangkorrelationskoeffizient als Maß für die Korrelation von X und Y gerade

$$r_s = \frac{\sum_{i=1}^{n} \left(R(x_i) - \frac{n+1}{2} \right) \cdot \left(R(y_i) - \frac{n+1}{2} \right)}{\sqrt{\sum_{i=1}^{n} \left(R(x_i) - \frac{n+1}{2} \right)^2 \cdot \sum_{i=1}^{n} \left(R(y_i) - \frac{n+1}{2} \right)^2}}$$

also der Pearsonsche Korrelationskoeffizient der Rangzahlen. Ein anderer Rangkorrelationskoeffizient ist Kendalls τ. Bei ihm werden zunächst wie beim Spearmanschen Koeffizienten Rangzahlen vergeben. Sodann werden die ursprünglichen Beobachtungs-Tupel $(x_1, y_1), \ldots,$ (x_n, y_n) nach der Größe der Rangzahlen zum Merkmal X geordnet; bei Bindungen wird die Reihenfolge zufällig festgelegt. Sodann zählt man für $i = 1, \ldots, n$ die Anzahl der Werte y_j die in der Reihenfolge hinter y_i stehen und kleiner od. gleich y_j sind. Bezeichnet man die Anzahlen mit $q_1, \ldots, q_n$, so berechnet sich Kendalls τ zu

$$\tau = 1 - \frac{4}{n(n-1)} \cdot \sum_{i=1}^{n} q_i.$$

Weitere Korrelationskoeffizienten bzw. (bei nominalen) Merkmalen Assoziationsmaße, Korrelationstests und -konfidenzintervalle sowie Methoden zum Vergleich mehrerer Korrelationskoeffizienten findet man z.B. in Hartung et al. (1985, Kap. VII und IX) und Hartung/ Elpelt (1986, Kap. III).

Oft wird eine Korrelation zwischen zwei Merkmalen X und Y nur dadurch verursacht, dass beide Merkmale stark mit einem dritten Merkmal Z korreliert sind (*Scheinkorrelation* von X und Y). Um die eigentliche Korrelation der Merkmale X und Y messen zu können, muss man den Einfluss von Z ausschalten und partialisieren. Dies geschieht durch Verwendung *partieller Korrelationskoeffizienten*. Hier müssen an n Objekten alle drei Merkmale X, Y und Z beobachtet werden, wodurch die Tripel (x_1, y_1, z_1),

$(x_2, y_2, z_2), \ldots, (x_n, y_n, z_n)$ zustande kommen. Basierend auf den Pearsonschen Korrelationskoeffizienten r_{XY}, r_{XZ} und r_{YZ} zwischen je zweien der Merkmale wird die *partielle Korrelation von X und Y unter Partialisierung von Z* dann durch

$$r_{X,\,Y/Z} = \frac{(r_{XY} - r_{XZ} \cdot r_{YZ})}{\sqrt{(1 - r_{XZ}^2)(1 - r_{YZ}^2)}}$$

geschätzt. Basierend auf den Kendalls τ resp. auf den drei Rangkorrelationskoeffizienten τ_{XY}, τ_{XZ}, τ_{YZ} kann diese partielle Korrelation auch durch

$$\tau_{X,\,Y/Z} = \frac{(\tau_{XY} - \tau_{XZ} \cdot \tau_{YZ})}{\sqrt{(1 - \tau_{XZ}^2) \cdot (1 - \tau_{YZ}^2)}}$$

geschätzt werden. Für weitere Ausführungen zu partiellen Korrelationen, insbesondere diesbezügliche Korrelationstests sei verwiesen auf Hartung et al. (1985) und Hartung/ Elpelt (1986).

Als Maß für den linearen Zusammenhang einer Variablengruppe und eines einzelnen Merkmals dient die *multiple Korrelation*. Im einfachsten Fall besteht die Variablengruppe aus zwei Merkmalen X_1 und X_2, deren Zusammenhang mit einem dritten Merkmal Y untersucht werden soll. Wie im Fall partieller Korrelationen berechnet man zunächst anhand von an n Objekten einer interessierenden Grundgesamtheit beobachteten Tripeln zu den drei Merkmalen zunächst die Pearsonschen Korrelationskoeffizienten $r_{X_1 X_2}$, $r_{X_1 Y}$ und $r_{X_2 Y}$, um dann als Schätzer für die multiple Korrelation den *multiplen Korrelationskoeffizienten*

$$r_{(X_1,\,X_2),\,Y} = \sqrt{\frac{(r_{X_1 Y}^2 + r_{X_2 Y}^2 - 2r_{X_1 Y} r_{X_2 Y} r_{X_1 X_2})}{1 - r_{X_1 X_2}^2}}$$

zu verwenden. Besteht die Variablengruppe aus drei Merkmalen X_1, X_2 und X_3, so berechnet sich der multiple Korrelationskoeffizient als Schätzer für die multiple Korrelation zwischen der Gruppe (X_1, X_2, X_3) und dem Merkmal Y wie folgt. Durch Beobachtungen an n Objekten aus einer Grundgesamtheit beschafft man sich n Beobachtungs-Quadrupel zu den insgesamt vier Merkmalen und berechnet dann zunächst die Pearsonschen Korrelationskoeffizienten $r_{X_1X_2}$, $r_{X_1X_3}$, $r_{X_2X_3}$, r_{X_1Y}, r_{X_2Y}, r_{X_3Y} zwischen je zweien der vier Merkmale. Mit den Größen

$$a = r_{X_1Y}^2(1 - r_{X_2X_3}^2) + r_{X_2Y}^2(1 - r_{X_1X_3}^2)$$
$$+ r_{X_3Y}^2(1 - r_{X_1X_2}^2),$$
$$b = 2r_{X_1Y}r_{X_2Y}(r_{X_1X_2} - r_{X_1X_3}r_{X_2X_3}),$$
$$c = 2r_{X_1Y}r_{X_3Y}(r_{X_1X_3} - r_{X_1X_2}r_{X_2X_3}),$$
$$d = 2r_{X_2Y}r_{X_3Y}(r_{X_2X_3} - r_{X_1X_2}r_{X_1X_3})$$

ergibt sich dann der *multiple Korrelationskoeffizient* zu

$$r_{(X_1, X_2, X_3), Y} =$$

$$\sqrt{\frac{a(b + c + d)}{1 + 2r_{X_1X_2}r_{X_1X_3}r_{X_2X_3} - r_{X_1X_2}^2 - r_{X_1X_3}^2 - r_{X_2X_3}^2}}.$$

Der allgemeine Fall multipler Korrelationskoeffizienten sowie zugehörige Korrelationstests werden in Hartung/ Elpelt (1986) behandelt.

Für Korrelationen zwischen zwei Variablengruppen (*kanonische Korrelationen*) sowie (bi-) partielle multiple und kanonische Korrelationskoeffizienten und entsprechende Korrelationstests sei ebenfalls auf Hartung et al. (1985, Kap. IX) sowie Hartung/ Elpelt (1986, Kap. III) verwiesen.

Literatur: *J. Hartung/ B. Elpelt/ K.-H. Klösener*, Statistik. Lehr- und Handbuch der angewandten Statistik. 10. A., München-Wien 1995. *J. Hartung/ B. Elpelt*, Multivariate Statistik. Lehr- und Handbuch der angewandten Statistik. 5. A., München-Wien 1995.

Prof. Dr. J. Hartung, Dortmund

Korrelationskoeffizient

⇒*Bravais-Pearson-Korrelationskoeffizient* ⇒Produkt-Moment-Korrelationskoeffizient.

Kosten

in →Geld bewerteter Verzehr von Inputeinheiten materieller und immaterieller Art zur Erstellung und Marktverwertung (→Absatz, 1.) betrieblicher →Leistungen sowie Aufrechterhaltung hierfür notwendiger → Kapazitäten. Die Inputbewertung kann mit →Preisen, die auf dem → Markt gebildet wurden (→ Anschaffungswert), erfolgen od. mit *opportunity costs* ⇒Alternativ-K., die zur Erzeugung eines →Guts x aufgewendeten K., gemessen am Verzicht des sonst alternativ erzeugbaren Guts y (→Wirtschaft, 2.). Den dem Unternehmen (→Betrieb, I.) produktionsbedingt anfallenden K., die als private K. bezeichnet werden, stehen die gesamtwirtschaftlichen K. ⇒ volkswirtschaftlichen K. ⇒*sozialen* K. gegenüber, es sind die der Volkswirtschaft (→ Wirtschaft) insgesamt entstehenden K., so z.B. einschließlich jener K., für die die Gesellschaft als Ganzes für die Beseitigung der produktionsbedingten Umweltschädigung aufkommen muss. In den betriebs- und volkswirtschaftlichen → Modellen sind sie i.d.R. vernachlässigt. Produktionsbedingte K. sind *interne* K., wenn sie einem Unternehmen entstehen und von diesem zu tragen sind. Tritt ohne Outputvariation eine K.-minderung ein, z.B. weil die Produktionsausweitung der gesamten Branche dem betreffenden Unternehmen zu kostengünstigeren Transportleistungen verhilft, handelt es sich für dieses Unternehmen um externe K. (→external). Die zur Abweichung einer →Transaktion erforderlichen K. sind *Transaktions*-K., so z.B. K. für Vertragsabschlüsse, zur Durchsetzung von Vertragsansprüchen bei Streitigkeiten, für Transport der → Güter, für Wartezeiten bis zur Verfügbarkeit. Die klassische Theorie des →Gleichgewichts (→Nachfragetheorie des Haushalts, →Kostentheorie, →Unternehmenstheorie) berücksichtigt keine Transaktions-K. Werden sie nicht eliminiert, so z.B. in der →Theorie der property rights, treten modifizierte Marktergebnisse ein, so aber auch in der →Einkommensverteilungstheorie od. → Geldtheorie. Geht man von der Tatsache aus, dass →Wirtschaftssubjekte i.d.R. unter unvollständiger Information handeln, so müssen sie sich Informationen zur K. beschaffen, es sind *Informations*-K. Zur Beachtung dieses Aspekts bei der Analyse ökonomischer Systeme s. →Informationsökonomik.

Die ökonomische Leistung von →Geld in seiner Funktion als Tauschmittel wie auch als Rechenmittel (→ Geldfunktionen) besteht in einer Verringerung der Transaktions-K. und damit Einsparung von Ressourcen, was sich in höherer ökonomischer Wohlfahrt (→Wohlfahrtsökonomik, 1.) äußert.

Als *sunk costs* werden spezifische temporär fixe K. eines dauerhaften Kapitalgutes (→Gut, 2.), für das keine alternative Verwendung besteht, z.B. ein Bergwerk, bezeichnet. sunk costs wären hier Erschließungs-K. des Bergwerks. Sie bestehen zumindest kurzfristig auch noch nach seiner Stilllegung und sind häufig ein Anlass zur weiteren Nutzung von Anlagen, selbst wenn sie mit Verlust arbeiten. In der →Kostenrechnung sind es Ist-K. vergangener Perioden, z.B. K. für in vergangenen Jahren erfolgte Produktentwicklung. In der Vollkostenrechnung (→Kosten- und Leistungsrechnung) gehen sie in die Stück-K. ein.

Betriebswirtschaftlich werden die K. wie folgt ermittelt:

→Aufwand

- neutraler Aufwand (→Aufwand)

= Grund-K.

+ Zusatz-K. (z.T. ⇒kalkulatorische K.)

= K.

Zusatz-K. sind K., denen kein Aufwand gegenüber steht, z.B. kalkulatorischer Unternehmerlohn.

Hinsichtlich der Dispositionsbezogenheit gibt es einerseits *fixe* K., die vom Outputniveau unabhängig sind, und andererseits *variable* K. ⇒dispositionsabhängige K., die sich mit der Veränderung des Outputs ändern. Fixe K. ergeben mit den variablen K. die *totalen* K. ⇒Gesamt-K. Als *Grenz*-K. wird die Veränderung der Gesamt-K. aufgrund einer infinitesimal kleinen Änderung des Outputs bezeichnet. Werden verschieden abgegrenzte K. auf ein einzelner Produkt bezogen, erhält man die *durchschnittlichen totalen* K. ⇒ *Stück*-K. ⇒ Durchschnitts-K. bzw. die *durchschnittlichen Fix*-K. od. auch die *durchschnittlichen variablen* K. Die Multiplikation der Stück-K. mit der Ausbrin-

gungsmenge ergibt die Gesamt-K. Variable K. (K_v) können in Bezug der Output- (O) od. Beschäftigungsänderung (N) *proportionale* K. (1), *progressive* K. (2), *degressive* K. (3), *regressive* K. (4) sein (s. Figur).

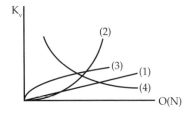

Sprungfixe K. treten bei →Produktionsfaktoren auf, deren Leistungsabgabe nicht stufenlos variierbar ist, z.B. bei Aggregaten. *Rüst*-K. entstehen durch Vorbereitungs- und Abschlussarbeiten eines Arbeitsauftrages; sind von besonderer Bedeutung bei Serienfertigung. Weitere K.-unterscheidungen existieren unter dem Aspekt der zweckmäßigen Verrechnung, s. hierzu →Kostenrechnungssysteme, →Kosten- und Leistungsrechnung, od. unter dem Aspekt der Beschaffung: *Bestell*-K., *Lager*-K., s. →Beschaffung, 2.2., od. auch der →Abschreibung: *Wiederbeschaffungs*-K. S. auch →Ist-K., →Plan-K. Der Verbrauch an innerbetrieblich gefertigten Gütern wird als *Sekundär*-K. bezeichnet, während das Äquivalent aller von außen bezogenen Güter *Primär*-K. sind.

Unter dem Aspekt der *Fristigkeit* werden in der → Betriebswirtschaftslehre wie auch Volkswirtschaftslehre unterschieden: sehr *langfristige* K. ⇒very long run-K., die sich bei Änderung der fristig unterschiedlich variierbaren Gruppen aller Einflussgrößen: laufender Input, Kapazität des Betriebs bzw. Aggregates, →technischer Fortschritt ergeben; *langfristige* K. ⇒long run-K., die sich bei Änderung von laufendem Input und Kapazität, aber konstantem technischen Fortschritt, sowie *kurzfristige* K. ⇒short run-K., die sich allein durch (Änderung) laufenden Faktoreninput(s) bei konstanter Kapazität und einem technischem Fortschritt ergeben.

Kostenartenaspekt
→Herstellungskosten.

Kostenartenrechnung
erste Abrechnungsstufe in der →Betriebsabrechnung. K. hat die Aufgabe, alle entstandenen →Kosten des Leistungs- und Finanzprozesses nach einem Katalog von Kostenarten zu erfassen. In der Praxis wird nach *fixen* und *variablen* Kosten (→ Kosten) sowie →*Einzel*- und →Gemeinkosten eingeteilt.

Kostenauflösung
Verfahren zur Aufteilung der →Kosten in fixe und proportionale Anteile mit dem Ziel, ihre Beziehung zu unterschiedlichen Beschäftigungsgraden offenzulegen.

Kostendeckungspunkt
⇒*break even point.*

Kostenfunktion
Funktionalbeziehung zwischen →Kosten (K) als abhängiger →Variable und →Output (O) sowie den Faktorpreisen (l_i):

$$K = f(O, l_i).$$ Wird aus der →Faktorverbrauchsfunktion abgeleitet, wobei die Einsatzmengen monetär bewertet werden. S. →Kostentheorie.

Kostengerade
Kurve der →Kostengleichung von der

Form: $v_2 = \dfrac{K}{l_2} - \dfrac{l_1}{l_2} \cdot v_1$,

worin K die Kosten, $l_{1,\,2}$ die Faktorpreise und $v_{1,\,2}$ die Einsatzmengen der → Produktionsfaktoren sind.
In graphischer Darstellung (s. Figur).

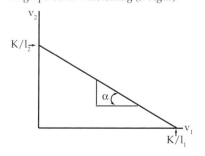

Die Steigung der K. ist $tg\alpha = -\dfrac{l_1}{l_2}$.

S. auch →Kostentheorie.

Kostengleichung
Summe der →Ausgaben für in Abhängigkeit vom →Output (O) eingesetzte →Produktionsfaktoren, z.B. v_1, v_2:

$$K(O) = l_1 \cdot v_1 + l_2 \cdot v_2,$$

wenn $l_{1,\,2}$ die Faktorpreise angeben. Da K. die →Kosten in Abhängigkeit vom Output angibt, sind die outputabhängigen Kosten (→Kosten) (K_v) von den outputfixen Kosten (→ Kosten) (K_f) zu unterscheiden:

$$K(O) = l_1 \cdot v_1 + l_2 \cdot v_2 = K_f + K_v.$$

S. auch →Kostengerade, →Kostentheorie.

kosteninduzierte Inflation
⇒cost push inflation
⇒*Kosteninflation.*

Kosteninflation
⇒cost push inflation
⇒kosteninduzierte Inflation
Ursachenkennzeichnung für Inflation, wonach eine kostenbedingte Änderung der Kurve des →gesamtwirtschaftlichen Güterangebots Preissteigerungen hervorruft. Vgl. →Inflationstheorie, 3.2.

Kostenkombination
→Minimalkostenkombination.

Kosten-Nutzen-Analyse
⇒Cost-Benefit-Analyse
Instrument zur Ermittlung der →Wirtschaftlichkeit von Projekten der →Öffentlichen Hand wie Bildungseinrichtungen, Verkehrswege, Ausgaben im Gesundheitswesen od. Militärbereich u.a., um politische Entscheidungsprozesse durchsichtiger zu machen, indem die volkswirtschaftlichen Kosten (→Kosten) dem → Nutzen der Projekte gegenübergestellt werden. Es wird versucht, soweit wie möglich →externalities zu berücksichtigen (→Internalisierung) wie auch →intangibles. Neben der Wirtschaftlichkeitsermittlung liefert die K. Aussagen über die Rangordnung von alternativen

Projekten, den geeigneten Realisierungs-
zeitpunkt und über die Verteilung der
volkswirtschaftlichen Kosten und Nutzen. Probleme bereiten Ermittlung der
Kosten und Nutzen (Bewertung), Quantifizierung →externer Effekte von intangibles, z.B. bei Zerstörung der Schönheit
einer Landschaft durch eine Verkehrs-
straße, →Diskontierung künftiger Nutzen und z.T. auch Kosten mittels →
sozialer Zeitpräferenzrate.
In der Bundesrepublik sind für größere
Projekte K. zwingend vorgeschrieben.
Sie sind bereits weithin üblich, so bei Projekten in Ländern wie USA, England,
Frankreich, Holland od. solchen der →
Weltbank, des →IWF, der Entwicklungshilfe.

Kostenrechnung
1. die Erfassung aller Kosten- und Leistungsströme in einem Unternehmen (→
Betrieb, I.) mit dem Ziel, einen reibungslosen Unternehmensablauf und seine
permanente Wiederholung sicherzustellen. Die K. hat somit Ermittlungs-, Pro-
gnose- und Kontrollfunktion. In der
Unternehmenshierarchie ist die K. traditionell in das →Betriebliche Rechnungswesen neben der →Finanzbuchhaltung
eingeordnet. S. auch →Kosten- und Leistungsrechnung.

2. Aufstellung über Gerichtskosten, die
dem Zahlungspflichtigen von der Ge-
schäftsstelle erteilt wird.

Kostenrechnungssysteme
zweckabhängig gestaltete Arten der →
Betriebsabrechnung. Wird mit tatsächlich angefallenen →Kosten gerechnet, ist
es die → *Istkostenrechnung*; wird der
Durchschnitt der Istkosten vergangener
Perioden ermittelt, ist es die →*Normal-ko-
stenrechnung*, und die → *Plankostenrechnung* arbeitet mit zukünftigen Kosten.
Diese ist weiter zu unterscheiden: Sind es
eindeutig prognostische Kostenwerte,
handelt es sich um eine →*Prognosekostenrechnung*. Wird die angestrebte →Wirt-
schaftlichkeit des Betriebsprozesses ermittelt, ist es eine →*Standardkostenrechnung*. Nach dem Kriterium des verrechneten Sachumfangs gibt es die → *Vollkostenrechnung*, bei der sämtliche Kosten

auf die Produkte verrechnet werden, und
die →*Teilkostenrechnung*, bei der auf Verrechnung eines Teiles von Kosten verzichtet wird. Der besseren Transparenz
und Verrechnung der →Gemeinkosten
auf die Produkte dient die *Prozesskosten-
rechnung*. S. auch → Kosten- und Leistungsrechnung.

Kostenremanenz
aus der Physik des Magnetismus übernommene Bezeichnung zur verzögerten
Anpassung der →Kosten an Änderungen
der →Beschäftigung, so dass die Gesamtkosten, z.B. bei rückläufiger Beschäftigung (→ Beschäftigung, 2.), nicht der
gleichen Kostenkurve folgen wie bei ansteigender und deshalb auf einem höheren Niveau verharren. Ursachen der K.
sind tatsächliche od. unterlassene Unternehmensentscheidungen. So werden bei
einem als kurzfristig erwarteten Beschäftigungsrückgang die reduzierbaren Kosten nicht abgebaut, da qualifizierte Fachkräfte aus ökonomischen und/ od. sozialen Gründen weiter beschäftigt werden,
die Auftragsabwicklung wird gestreckt,
das Greifen von Abbaumaßnahmen erfordert Zeit od. arbeitsrechtliche und andere vertragsrechtliche Vereinbarungen
wie Kündigungsfristen, -schutz, langfristige Lieferverträge sind zu beachten.

Kostenschlüssel
⇒*Gemeinkostenschlüssel*.

Kostenstelle
in der →Betriebsabrechnung, hier in der →
Kostenstellenrechnung Ort der Kostenentstehung. In der Praxis werden K. meistens   nach   Funktion-   bzw.
Verantwortungsbereiche gebildet, z.B.
Allgemeiner Bereich, Material-, Ferti-
gungs-, Vertriebs- und Verwaltungsbe-
reich. K. müssen eindeutig abgegrenzt,
exakt auf die Kostenverursachung zugeordnet und nur soweit differenziert sein,
wie dies wirtschaftlich zu rechtfertigen
ist. Allg. wird nach fertigungstechni-
schem Gesichtspunkt unterschieden:
Haupt-, Neben- und Hilfs-K.

Kostenstellenaspekt
→Herstellungskosten.

Kostenstellenbogen
⇒*Betriebsabrechnungsbogen.*

Kostenstelleneinzelkosten
in der → Kostenstellenrechnung direkt verteilte →Gemeinkosten auf →Kostenstellen.

Kostenstellengemeinkosten
in der → Kostenstellenrechnung jene → Gemeinkosten, die nicht direkt einer → Kostenstelle zugerechnet werden können (→ Kostenstelleneinzelkosten) und deshalb über →Gemeinkostenschlüssel verteilt werden.

Kostenstellenrechnung
in der →Betriebsabrechnung die der → Kostenartenrechnung folgende Kostenrechnungsstufe, die die Frage beantwortet, wo sind welche →Kosten in welcher Höhe entstanden. Sie fußt auf den →Kostenstellen und verteilt →Gemeinkosten aus der →Kostenartenrechnung auf Kostenstellen. Wichtiges Instrument der K. ist der →Betriebsabrechnungsbogen.

Kostensteuer
auf die →Kosten der →Produktion gelegte →Steuer, die sich in einer vertikalen Verschiebung der Grenzkostenkurve (→ Kosten) nach oben äußert mit der Folge, dass sich →ceteris paribus der →Output verringert.

Kostensteuerinflation
⇒tax push inflation
Bezeichnung einer Inflationsursache, nach der eine →Kostensteuer Grund für steigende →Preise ist. Vgl. →Inflationstheorie, 3.2.

Kostentheorie
1. *Die K. in Bezug zur Produktionstheorie.* Die K. wird oft zusammen mit der →Produktionstheorie genannt. Wenn dem Gesichtspunkt der →Wirtschaftlichkeit als einer Ausprägung des allgemeinen Rationalprinzips Vorrang eingeräumt wird, muss die K. der Produktionstheorie übergeordnet werden. Die Basis kostentheoretischer Betrachtungen sind die Erkenntnisse aus der Produktionstheorie. Wird diese Basis in den Vordergrund der Betrachtungen gerückt, dann erscheint

die K. als Ergänzung und als Unterordnung zur Produktionstheorie. Schließlich könnte auch an eine Gleichordnung von Produktions- und K. gedacht werden, weil Mengen und Wertgerüst im Produktionsprozess einander bedingen. Die Wesensbestimmung von Produktions- und K. lässt sich dahingehend formulieren, dass erstere die Theorie der Beziehungen von Input- (→Input) und Outputmengen (→Output) ist und die K. vorwiegend die Wertbewegungen des Produktionsprozesses erforscht.

Die in der K. zu behandelnden →Kosten werden verstanden als bewertete Inputs (wertmäßige Kosteninterpretation), nämlich bewerteter Ge- und Verbrauch von eingesetzten →Gütern für die Zwecke der →Beschaffung von Inputs, der → Produktion, des →Absatzes von Outputs (Hauptzweck der betrieblichen Betätigung) sowie für die Erhaltung der Betriebsbereitschaft; ggf. sind entgangene → Gewinne als Opportunitätskosten (→ Kosten) zu addieren. Diesem von der tatsächlichen Geldauszahlung losgelösten Begriff steht der monetäre od. pagatorische Kostenbegriff gegenüber, nach dem die Kosten eine spezifische Auszahlungskategorie sind. Die betriebswirtschaftliche (→Betriebswirtschaftslehre) K. stellt sich u.a. die Aufgabe, die auf die Kostenhöhe und Zusammensetzung wirkenden Elemente od. Einflussgrößen zu erklären (Erklärungsfunktion) sowie die Bedingungen aufzuzeigen, die zur optimalen Kostengestaltung führen (Gestaltungsfunktion).

2. *Synthetische und analytische K.* Die Höhe der Kosten eines Betriebes, Teilbetriebes, Aggregates od. einer Unternehmung (→ Betrieb, I.) ist bestimmt durch eine Reihe von Einflussgrößen. Die K. stellt diese Abhängigkeit dar und untersucht die produktionswirtschaftlichen Strategien mit ihren kostenmäßigen Auswirkungen. Die kostentheoretischen Systeme unterscheiden sich in der angenommenen funktionalen Abhängigkeiten von Kosten und den zugehörenden Einflussgrößen in der Art sowie in der Anzahl der Einflussgrößen. Synthetische →Modelle der K. begründen ihre Aussage auf den ungeteilten Betrieb od. auf die ge-

samte Unternehmung. Dabei wird die Aufspaltung des Produktionsprozesses in Operationen od. Fertigungsstufen vernachlässigt. Die synthetischen Modelle der K. kommen zu →Kostenfunktionen für den gesamten Betrieb od. die Unternehmung. Dabei reduziert sich die Kostenfunktion auf die Beziehung zwischen den Gesamtkosten (K ; €/ Periode) und der Ausbringungsmenge (O ; Menge/ Periode) des gesamten Betriebes od. der Unternehmung, also: $K = K(O)$. Eine solche, auch als hybridisch bezeichnete Kostenfunktion, kann beispielsweise ein Polynom 3. Grades sein:

$$K = \frac{1}{10}O^3 - 21 \cdot O^2 + 1470 \cdot O + 41700.$$

Dominierende Einflussgröße und Variable ist der Output (O); andere Einflussgrößen, wie Leistung, Faktorpreis, → Betriebsgröße, stellbare und nicht-stellbare Einflussgrößen werden nicht explizit untersucht.

In der analytischen K. bezieht sich die Kostenaussage auf betriebliche Teileinheiten, Kostenplätze, Operationen, Aggregate und dergleichen. Die Kostenfunktion der Unternehmung muss über die Aggregation der Kosten der betrieblichen Teileinheiten ermittelt werden. Die analytische Kostenbetrachtung erforscht die Wirkung einzelner Einflussgrößen auf die Kostenhöhe. Einflussgrößen sind i.Allg. neben Faktorpreisen die Aggregatsleistungen, die Aggregatslaufzeiten, die Konstruktionselemente von Aggregaten od. Engineering Variables od. allg. die Produkt-, Faktor- und Prozessqualitäten. Die Gesamtkosten für den Teilbetrieb (K_{TB} ; €/ Periode) sind dann als eine Funktion einer Reihe von Einflussgrößen Y_1 bis Y_Z dargestellt:

$K_{TB} = K_{TB}(Y_1, Y_2, Y_3, ..., Y_Z)$. In *Gutenbergs* Kostentheorie werden die Aggregatsleistung ($d = Y_1$) sowie die Aggregatslaufzeit ($t = Y_2$) explizit genannt und die übrigen Einflussgrößen Y_3 bis Y_Z als konstant angenommen und unter dem Begriff Z-Situation zusammengefasst. Die Leistung kann als

durchschnittliche Leistung d, die über einen Zeitraum hinweg unveränderlich ist (Gutenberg), od. als im Zeitablauf variierende Leistung (*Heinen*; Zeitbelastungsdiagramm) angenommen werden. Die isolierende Variation einer Einflussgröße ist bisweilen technisch nicht möglich, wohl aber können Kombinationen von verschiedenen Einflussgrößen eingestellt werden, dann sind die Mengen Y_1 bis Y_Z in Stellgrößen und Nicht-Stellgrößen zu unterteilen.

3. *Kostenverläufe basierend auf Produktionsfunktionen.* Je nach der Auswahl der Variablen einer Kostenfunktion (K; K_{TB}) ergeben sich verschiedene Kostenverläufe. Wird die Menge einer Einsatzgüterart (→Produktionsfaktor) bei Konstanz aller übrigen Einsätze variiert, ergibt sich i.Allg. der zum ertragsgesetzlichen Verlauf (→ Ertragsgesetz) spiegelbildliche Kostenverlauf (basierend auf „Produktionsfunktion A", z.B. bei v. *Stackelberg*). Die Kostenverläufe bei Veränderung von Aggregatsleistung (d) und -laufzeit (t) (basierend auf der „Produktionsfunktion B") sind *Gutenbergs* variabler Einheitskostenverlauf in Abhängigkeit von d und die von O_{TB} abhängige Gesamtkostenfunktion, die zuerst linear, dann progressiv steigend verläuft. Werden Momentanleistungen über die Zeit im Zeitbelastungsbild angenommen und werden Momentanverbräuche bzw. -gebräuche angenommen, dann gibt es Kostenverläufe, die auf der „Produktionsfunktion C" (*Heinen*) basieren. Wenn die vollständige Verflechtung von Produktionsstellen, Aggregaten, Fertigungsstufen und Läger als Grundlage der Kostenverlaufsbeschreibung gegeben wird, dann wird von der „Produktionsfunktion D" (*Kloock*) als Basis der Kosten ausgegangen. In den Input-Outputrelationen lassen sich die Beziehungen zwischen den Einflussgrößen unterschiedlicher Einsatz- und Ausbringungszeiten einfügen (*Küpper*: „Produktionsfunktion E"); die zugehörenden Kosten basieren dann auf einer dynamischen Produktionstheorie. Werden die technischen Gegebenheiten eines Aggregates mit ihren Engineering

Variables zur Grundlage der Kosten gemacht (*Chenery*: Engineering Production Function), dann verlässt die K. die Grundlage, nur die Variation der Faktoreinsätze für die Erklärung der Kostenhöhen heranzuziehen; eine Fülle von technischen, chemischen und physikalischen Einflussgrößen wird jetzt als kostenbestimmend herausgestellt. Bei Unterscheidung der Einflussgrößen in solche, die nur gemeinsam einstellbar sind und solche, die nicht stellbar sind, beeinflussen die verschiedenen möglichen Stellgrößenkombinationen die Kosten (*Haberbeck*: Produktionsfunktional).

4. Gesamtkosten, Einheitskosten und Grenzkosten. Die Gesamtkosten pro Periode in Abhängigkeit von einer od. mehreren Einflussgrößen, meist aber in Abhängigkeit von O od. O_{TB}, ergeben, durch die jeweilige Höhe der →Variablen dividiert, die Einheitskosten; die Einheit kann auch das Stück sein; also bei Vernachlässigung von hybrid od. analytisch ermittelten Kosten: $\frac{K}{O} = k$. Die Gesamtkosten, die mit O variieren, werden als variable Gesamtkosten (K_v) und die übrigen als fixe Gesamtkosten (K_f) bezeichnet. Die Einheitskosten k setzen sich aus $\frac{K_f}{O} = k_f$ und $\frac{K_v}{O} = k_v$ zusammen. Grenzkosten (K') sind die 1. mathematische Ableitung der Gesamtkosten nach der Variablen O, also $\frac{dK}{dO} = K'$. Für den praktischen Gebrauch lassen sich Grenzkosten als die zusätzlichen Kosten beschreiben, die entstehen, wenn eine Outputeinheit zusätzlich produziert wird. Die Einheit muss dann so groß gewählt werden, dass für sie ein Kostenzuwachs feststellbar ist.

Die genannten Kosten können Ist- wie auch Sollkosten sein. Letztere sind als Standardkosten Vorgaben im Rahmen der →Plankostenrechnung. Die Plankostenkurve ergibt sich, indem die bei Planausbringung ($O^{(P)}$) geplanten Kosten $K^{(P)}$ (zugleich Sollkosten) dividiert werden durch $O^{(P)}$ und mit der jeweiligen Istausbringung ($O^{(i)}$) multipliziert werden.

Wenn die Gesamtkosten bei Variation aller Einflussgrößen, insbesondere der Betriebs- und Aggregatsgröße und der Produktionstechnik festgestellt werden, ergeben sich die long run- od. langfristigen Kosten. Bei i.d.R. der Variation nur einer Einflussgröße - meist der Ausbringungsmenge O - heißen die zugehörenden Kosten short run- od. kurzfristige Kosten.

Literatur: *H. Dyckhoff*, Betriebliche Produktion. Berlin-Heidelberg u.a. 1992. *Th. Ellinger/ R. Haupt*, Produktions- und Kostentheorie. 2. A., Stuttgart 1990. *E. Gutenberg*, Grundlagen der Betriebswirtschaftslehre. 1. Bd.: Die Produktion. 24. A., Berlin-Heidelberg-New York 1983. *H.-R. Haberbeck*, Zur Beschreibung der Abhängigkeitsstruktur des Produktionsfaktorverbrauchs, in: Zeitschrift für Betriebswirtschaft, 38. Jg. (1968), 905ff. *E. Heinen*, Betriebswirtschaftliche Kostenlehre. Kostentheorie und Kostenentscheidungen. 3. A., Wiesbaden 1970. *K.-P. Kistner*, Produktions- und Kostentheorie. 2. A., Heidelberg 1993. *J. Kloock*, Betriebswirtschaftliche Input-Output-Modelle, in Betriebswirtschaftliche Beiträge, Bd. 13. Wiesbaden 1969. *H.-U. Küpper*, Das Input-Output-Modell als allgemeiner Ansatz für die Produktionsfunktion der Unternehmung, in: Jahrbücher für Nationalökonomie und Statistik. Bd. 191 (1976/ 77), 492ff. *W. Lücke*, Produktions- und Kostentheorie. 3. A., Würzburg-Wien 1973. *W. Lücke*, Long Run Produktions- und Kostentheorie unter Berücksichtigung des technischen Fortschritts, in: Problemorientiertes Management. Wiesbaden 1990, 203ff. *E. Schneider*, Einführung in die Wirtschaftstheorie. II. Teil: Wirtschaftspläne und wirtschaftliches Gleichgewicht in der Verkehrswirtschaft. Tübingen 1949.

Prof. Dr. W. Lücke, Göttingen

Kostenträger

Erzeugnisse od. Erzeugnisgruppen eines Unternehmens (→Betrieb, I.), die ihnen in der →Kostenträgerrechnung zugeordnete →Kosten tragen müssen. Soweit es Fertigerzeugnisse, Absatzgebiete od. Kundengruppen sind, ist es ein *Haupt*-K. Für die innerbetrieblichen Leistungen, z.B. selbst erstellte Anlagen, ist es ein *Hilfs*-K. Für Nebenleistungen, die in einem Zusammenhang mit dem Erzeugnis der Haupt-K. stehen, z.B. →Kuppelprodukte, ist es ein *Neben*-K.

Kostenträgerrechnung

letzte Stufe in der betrieblichen →Kostenrechnung, in der die →Kosten der →Kostenstellen auf →Kostenträger verrechnet werden. K. gibt Antwort auf die Frage, wofür welche →Kosten in welcher Höhe in einer Abrechnungsperiode entstanden sind.

Kostenträgerstückrechnung

⇒Kalkulation
⇒Selbstkostenrechnung
kann nach erfolgter →Kostenstellenrechnung vorgenommen werden. K. ermittelt die Stückkosten für alle jene erzeugten Produkte, die Kostenträger sind. K. hat vergangenheits- wie auch zukunftsorientierten Charakter, da sie die realisierten Stückkosten (Selbstkosten) errechnet (Kalkulation), aber auch zu Planungszwecken, z.B. für künftige Preisgestaltung, verwendet werden kann.

Kostenträgerzeitrechnung

die nach der →Kostenstellenrechnung erfolgende Kostenzurechnung auf → Kostenträger innerhalb einer Periode. K. ist Grundlage zur Ermittlung des → Betriebsergebnisses.

Kostentragfähigkeitsprinzip

nach ihm können →Kosten in dem Umfang einem Produkt in der →Betriebsabrechnung zugerechnet werden, insoweit es aufgrund seiner Marktsituation belastbar ist. Andere Variante der →Kostenverteilung ist das → Kostenverursachungsprinzip.

Kosten- und Leistungsrechnung

Die K. ist ein Teil des *internen* →*Rechnungswesens*. Sie ist die betriebs(zweck)-orientierte, kurzfristige Erfolgsrechnung, in deren Mittelpunkt die führungsbezo-

gene (→Führung) Erfassung und Auswertung von güterlichen Vorgängen mit Hilfe von
Kosten- und Leistungs*arten*rechnung
Kosten*stellen*rechnung
Kosten*träger*rechnung
steht. Diese drei Teilrechnungen repräsentieren die grundsätzlich vorhandenen Abrechnungsschritte einer jeden K.
Die Mengen und Werte der verzehrten und entstandenen Wirtschaftsgüterarten (*Kosten- und Leistungsarten*) werden in → Kostenstellen erfasst und/ od. nach *Kostenstellen* aufbereitet (→ Betriebsabrechnung), wobei Kostenstellen nach bestimmten Kriterien (u.a. Funktion, Abrechnungstechnik, Verantwortung, Raum) abgegrenzte Bereiche des → Betriebes darstellen, in denen →Kosten entstanden sind und/ od. entstehen sollen. Als weitere Bezugsgröße in der K. treten → Kostenträger (z.B. Produkte, Produktarten, -gruppen, Sortimentsbereiche, Aufträge, Projekte, Absatzgebiete, Kundengruppen) auf, die Gegenstand sowohl von
- Periodenrechnungen (Kostenträgerzeit- bzw. Ergebnisrechnungen nach Gesamt- und/ od. Umsatzkostenverfahren) als auch von
- Stück- od. Leistungseinheitenrechnungen (→Kostenträgerstückrechnungen = →*Kalkulationen* i.e.S.: Divisions-, Äquivalenzziffern-, Zuschlags- und Kuppelkalkulation)
sind.
Während die *Erfolgsbegriffe* der →Finanzbuchhaltung, →Aufwand und →Ertrag, mit Zahlungsvorgängen verknüpft und somit Teil der →pagatorischen Rechnung sind, nehmen Kosten und →Leistung auf Realgüterbewegungen Bezug, können auch unabhängig von Zahlungsvorgängen bewertet werden (monetärer bzw. wertmäßiger Kostenbegriff) und sind Gegenstand der sog. kalkulatorischen Rechnung.
Die wesentliche *Aufgabenstellung* der kalkulatorischen Rechnung besteht in der informationellen Unterstützung der Unternehmensführung. Es gilt insbesondere die innerbetrieblichen Transformationsprozesse zu analysieren, um die
→*Wirtschaftlichkeit* betrieblichen Verhal-

tens überwachen und steuern zu können (u.a. Entscheidungen über Umfang und Qualität von Einsatzfaktoren, Beschaffungs- und Absatzmethoden, Eigenfertigung und/ od. Fremdbezug, Fertigungs- (→Fertigung) und Bereitstellungsverfahren, Maschinenbelegung, →Losgrößen, → Bestellmengen),

Stückkosten (→Kosten) und →*Preise* zu planen und zu kontrollieren (einschließlich Preisober- und -untergrenzenanalyse, Ansatz innerbetrieblicher Verrechnungspreise, Vor- und Nachkalkulationen) sowie

Gesamt- und Teilerfolge der betrieblichen Betätigung vergangenheitsbezogen zu ermitteln und zukunftsbezogen zu gestalten (u.a. Programm- und Sortimentsentscheidungen, Teilmarkt- und Kundengruppenanalysen, Entscheidungen über den Einsatz marktpolitischer Instrumente).

Neben der Unterstützung der Unternehmensführung kommt der K. auch eine Dokumentationsfunktion zu, u.zw. bei
- dem Nachweis von Selbstkosten bei öffentlichen Aufträgen,
- der Ermittlung von Bilanzansätzen für fertige und unfertige Erzeugnisse sowie selbsterstellte Anlagen,
- der Erstellung von Unterlagen für Kreditverhandlungen,
- der Begründung von Ansprüchen gegenüber Versicherungen in Schadensfällen,
- der Erfolgsbeteiligung und -verteilung.

Die Fülle der zu erfüllenden Aufgaben, wachsende Unternehmensformate, die Vielzahl der zum Einsatz kommenden → Güter, die große Zahl der in der Produktion tätigen Maschinen und Personen, Großserien einerseits und individuelle Großprodukte andererseits sowie viele andere betriebliche Sachverhalte erfordern in steigendem Maße ein bis ins Detail vordringendes, die Vorgänge wirklich transparent und steuerbar machendes Rechnungswesen. Gerade die K. wird unter diesem Blickwinkel immer stärker gefordert und muss entsprechend inhaltlich und zeitlich differenzierende, aussagefähige Informationen liefern. *Inhaltlich* können die Informationen u.a. untergliedert werden:

- nach dem *Gegenstand* der Rechnung: Kosten- und Leistungsarten, Kostenstellen, Kostenträger und deren Bestimmungsfaktoren;
- nach dem den Rechnungsablauf dominierenden → Kostenverteilungs*prinzip*: Identitäts-, Kausal-, Final-, Kosteneinwirkungs-, Durchschnittsod. Tragfähigkeitsprinzip;
- nach der *Zurechenbarkeit* auf Bezugsgrößen: → Einzelkosten, → Gemeinkosten;
- nach der Abhängigkeit von *Kosteneinflussgrößen*, insbesondere entsprechend der Reagibilität auf Beschäftigungsänderungen: variable und fixe Kosten (→Kosten).

Unter zeitlichen Aspekten können unterschieden werden:
- nach der *Zeitdimension*: → Istkosten bzw. -leistungen (= effektiv angefallene Kosten bzw. Leistungen), Normalkosten bzw. -leistungen (= aufgrund von durchschnittlichen Erfahrungssätzen ermittelte Kosten bzw. Leistungen), →Plankosten (= erwartete und/ od. angestrebte Kosten als Ergebnis eines Planungsprozesses);
- nach der *Periodenlänge*: Stunden-, Tages-, Monats-, Quartals-, Halbjahres- und Jahreskosten bzw. -leistungen;
- nach der *Periodenzurechenbarkeit*: Periodeneinzelkosten bzw. Leistungen und Periodengemeinkosten bzw. -leistungen;
- nach der *Kontinuität* der Rechnungsdurchführung: laufende und gelegentliche K.

Nach dem Umfang der erfassten und verrechneten Kosten und Leistungen werden →Kostenrechnungssysteme unterschieden:
Vollkostenrechnungen,
Teilkostenrechnungen (→ Deckungsbeitragsrechnung).

In *Vollkostenrechnungen* werden letztlich sämtliche Kosten den Kostenträgern zugerechnet, d.h. auch die nicht unmittelbare zurechenbaren (= Kostenträgergemein-) Kosten werden mit Hilfe von Schlüsseln zugerechnet. Die damit einhergehenden Probleme (u.a. die dabei vorgenommene Fixkostenproportionalisierung) lassen Daten entstehen, die

Fehlanalysen und -entscheidungen zur Folge haben können. *Teilkosten-* od. *Deckungsbeitragsrechnungen* existieren in unterschiedlichen Ausprägungen. Als *einstufige* Deckungsbeitragsrechnungen sind
- Proportionalerfolgsrechnungen (→ Direct Costing, Variable Costing, Grenzkostenrechnung, Blockkostenrechnung) und
- →Grenzplankostenrechnung
beachtenswert.
Als mehrstufige Deckungsbeitragsrechnungen existieren in Theorie und Praxis u.a.
- Fixkostendeckungsrechnungen,
- Relative Einzelkosten- und Deckungsbeitragsrechnungen,
- Mehrstufige Grenzplankosten- und -erfolgsrechnungen,
- Deckungsbeitragsflussrechnungen.
Gemeinsam ist den heute relevanten Teilkostenrechnungssystemen, dass sie zumindest die Reagibilität der Kosten auf Beschäftigungsänderungen berücksichtigen, d.h.
- sie rechnen den Bezugsgrößen (Kostenträgern und anderen) höchstens variable, insbesondere proportionale Kosten zu; bei innerbetrieblichen Weiterverrechnungen werden ebenfalls nur diese Kostenteile herangezogen;
- die fixen Kosten erfahren eine Sonderbehandlung, wobei i.d.R. eine wesensfremde „Proportionalisierung" der fixen Kosten vermieden wird;
- Ausgangspunkt der Rechnungen sind Deckungsbeiträge als Differenz von Leistungen (bzw. Erlösen) sowie zugerechneten variablen Kosten.

Während sich einstufige Deckungsbeitragsrechnungen bei der Ermittlung von Deckungsbeiträgen (DB = Erlös - variable Kosten) auf die Basisdifferenz beschränken, behandeln die mehrstufigen Deckungsbeitragsrechnungen die fixen Kosten und/ od. variablen Kosten wesentlich differenzierter:
- die Fixkostendeckungsrechnung gliedert die fixen Kosten nach verschiedenen Kriterien auf und rechnet sie stufenweise zu, so dass auch stufenweise (spezielle) Deckungsbeiträge ausgewiesen werden;
- in *Riebels* Deckungsbeitragsrechnung

werden Kosten einer Vielzahl hierarchisch gestufter Bezugsgrößen zugeordnet (= relative Einzelkosten), wodurch auf den Hierarchiestufen ebenfalls besondere Deckungsbeiträge ermittelt werden können;
- mehrstufige Grenzplankosten- und -erfolgsrechnung differenzieren auf den Zurechnungsstufen insbesondere nach verschiedenen Beschäftigungsmaßstäben und einer Vielzahl sonstiger Einflussgrößen;
- Deckungsbeitragsflussrechnungen eröffnen die Ergänzung der vorstehenden Konzepte um die Möglichkeit einer periodenübergreifenden Erfolgsanalyse, so dass die Erfolgsrelevanz einzelner Kosten- und Leistungselemente sowie ihrer Determinanten quantifiziert und damit wesentliche Grundlagen für zielgerechte Steuerungsmaßnahmen der Unternehmensleitung geschaffen werden können.

Unter Zuhilfenahme u.a. von Ist-Zeitvergleichen sowie Soll-Ist-Vergleichen lässt sich heutzutage die K. zum zentralen Instrument der Erfolgsexplikation und kurzfristigen Erfolgssteuerung ausbauen.

Literatur: *W. Kilger*, Einführung in die Kostenrechnung. 3. A., Wiesbaden 1989. *P. Riebel*, Einzelkosten- und Deckungsbeitragsrechnung. 6. A., Wiesbaden 1990. *K. Wilkens*, Kosten- und Leistungsrechung. 7. A., München 1990.

Dr. K. Wilkens, Hamburg

Kostenvergleichsrechnung

statisches Verfahren (→Statik) zur Beurteilung von →Investitionen bei sicheren Erwartungen zur Ermittlung der günstigsten Alternative durch Kostenvergleich bei Unterstellung gleicher Ertragsstruktur der Objekte.

Kostenverteilung

in der →Kostenstellenrechnung die verursachungsgerechte Aufteilung der → Gemeinkosten aus der → Kostenartenrechnung auf die →Kostenstellen. S. auch → Kostentragfähigkeitsprinzip sowie → Kostenverursachungsprinzip.

Kostenverursachungsprinzip
neben dem →Kostentragfähigkeitsprinzip eine Variante der →Kostenverteilung, wonach dem Produkt nur die →Kosten zugerechnet werden dürfen, die von ihm kausal verursacht worden sind.

KQ-Methode
⇒Kleinst-Quadrate-Methode
→Regressionsanalyse.

Kraftfahrzeugsteuer
für das Halten von Fahrzeugen zum Verkehr auf öffentlichen Straßen zu entrichtende →Steuer, die für Krafträder und Personenkraftwagen nach dem Hubraum, für alle anderen Fahrzeuge nach dem verkehrsrechtlich zulässigen Gesamtgewicht berechnet wird, wobei das erstmalige Zulassungsdatum (vor od. nach 1.1.1986) und der Schadstoffausstoß (schadstoffarme bzw. bedingt schadstoffarme Fahrzeuge) für den Steuerbetrag pro angefangene 100 ccm Hubraum besonders berücksichtigt wird. K. wird vom Finanzamt festgesetzt und ist grundsätzlich für ein Jahr im Voraus zu entrichten. Das Steueraufkommen ist den Ländern zugewiesen (→ Ertragshoheit) und betrug in Euro 1980 3,2 Mrd, 1990 4,3 Mrd und 2005 8,5 Mrd (etwa 2% der Gesamtsteuereinnahmen).

Krankenversicherung
ältester Zweig der von Bismarck 1881 eingeführten → Sozialversicherung mit der Aufgabe, Maßnahmen zur Vorbeugung und Verhütung von Krankheiten sowie medizinische Hilfe und zu einem bestimmten Teil Ersatz des →Einkommens im Krankheitsfall zu gewähren. Pflichtmitgliedschaft besteht für alle Arbeiter und Angestellten bis zu einer bestimmten Höhe des Jahresarbeitseinkommens. Neben der öffentlich-rechtlichen K. besteht die privatrechtliche K.

Das Ausgabenwachstum der Gesetzlichen K. von 1970 = 26 Mrd DM zu 1980 = 90 Mrd DM, zu 1985 = 114 Mrd DM und auf 125 Mrd DM in 1987 ist Anlass zur Reform gewesen. Da das Angebot medizinischer Leistungen das Ergebnis des Zusammenwirkens verschiedener Steuerungsverfahren, z.B. marktwirtschaftsähnliche Beziehung bezüglich niedergelassener Ärzte - Patienten od. Wahlprozesse bezüglich Versicherter - Versicherungen od. Verhandlungsprozesse bezüglich der Festlegung des Niveaus der Ärztehonorare zwischen Vertretern der Gesetzlichen K. und den Kassenärztlichen Vereinigungen, ist, bereitete bereits eine Ursachenanalyse der Kostenexplosion Schwierigkeiten. Tenor entsprechender Untersuchungen ist, dass das System der K. zur Fehlallokation (→Allokation) von volkswirtschaftlichen Ressourcen führt, die Ausgabenentwicklung nicht den → Präferenzen der Patienten bzw. Versicherten entspricht, die produzierten Leistungen zu umfangreich und zu kostenintensiv sind sowie ihre Struktur nicht mit den Interessen der Patienten bzw. Versicherten übereinstimmt. Die bisherigen Kostendämpfungsbemühungen erschöpften sich in Einzelmaßnahmen und folgten keiner gemeinsamen ordnungspolitischen Linie (→ Theorie der Wirtschaftspolitik).

Die Strukturreform im Gesundheitswesen 1989 führte durch Sparmaßnahmen in verschiedenen Leistungsbereichen zu Ausgabensenkungen. Im Verbund mit der Hochkonjunktur (→Konjunkturtheorie) brachte sie durch die Erhöhung der beitragspflichtigen Arbeitsentgelte pro Mitglied unter Zunahme der Beitragszahler nur vorübergehenden Erfolg in Form eines Einnahmenüberschusses. Deshalb folgte bereits 1993 das Gesundheits-Strukturgesetz. Dieses konnte zwar die wiederum aufgetretenen Defizite in Überschüsse umkehren, aber mit sinkender Tendenz. Ein durchgreifender Erfolg auf die Ausgabendynamik hat sich nicht eingestellt. Im Jahr 2006 betrugen die Ausgaben der K. 147,6 Mrd Euro.

Kredit
1. zeitlich begrenzte Überlassung von → Kaufkraft i.d.R. in Geldform (→Geld) gegen den →Preis der Zahlung eines →Zinses als Entschädigung für den Nutzungsverzicht. Die ökonomische Seite des K. besteht in dem zeitlichen Auseinanderfallen einer wirtschaftlichen Leistung und dazugehöriger Gegenleistung. K. kommt heute in vielfältigen Formen vor (Waren-K., →Kontokorrent-K., →Diskont-K., Raten-K., Real-K., De-

visen-K., →durchlaufender K., →Teilzah-
lungs-K., Personen-K., Firmen-K. usw.).
2. unter rechtlichem Gesichtspunkt ist K.
nach dem →KWG (→Bankenaufsicht) wesentlich weiter gefasst, da nicht nur alle →
Darlehen, sondern auch →Bürgschaften,
Garantien eines →Kreditinstituts, →Akti-
en im Besitz eines Kreditinstituts u.a.
darunter fallen.
3. Habenseite eines Kontos, auf der ein
Guthaben steht.

Kreditabwicklungsfonds
Interimsfonds zur Regulierung der Verpflichtungen des ehemaligen DDR-Re-
publikhaushaltes und der im Zusammenhang mit der Währungsumstellung
entstandenen →Verbindlichkeit des Staates seit 1990, der aus Zuweisungen des
Bundes und der →Treuhandanstalt ge-
speist wurde. Anfang 1995 sind seine
Schulden auf den → Erblastentilgungs-
fonds übergegangen.

Kreditänderungskonto
Konto eines →Wirtschaftssubjektes od. →
Sektors in der →Kreislaufanalyse, in dem
die Änderungen der →Forderungen und
der →Verbindlichkeiten einander gegenüber gestellt werden und als Saldo ein Finanzierungsüberschuss od. -defizit ausweisen kann.

Kreditanstalt für Wiederaufbau (KfW)
1948 gegründete Körperschaft des öffentlichen Rechts mit Sitz in Frankfurt a.M.
und Berlin. Ihre Bilanzsumme beträgt etwa 360 Mrd Euro (31. 12. 2006). Bundesregierung in Gestalt des Bundesministers
führt über sie Aufsicht. Ursprüngliche
Aufgabe war, den Wiederaufbau der
deutschen Wirtschaft aus → ERP-Mitteln
zu finanzieren. Heute vergibt K. zinsverbilligte Kredite für →Investitionen und →
Innovationen und gewährt →Bürgschaf-
ten für →Exporte vornehmlich an kleine
und mittelständische Unternehmen (→
Betrieb, I.) im Inland. Die Kredite werden
den Kunden über ihre Hausbanken gegen eine Gebühr für Bearbeitung und
Haftungsübernahme zu konstantem
Zins, der im unteren Bereich für Großkredite liegt, zur Verfügung gestellt. Die K.
ist zu den günstigen Konditionen in der

Lage, weil sie keine Ausschüttung auf ihr
Eigenkapital leisten muss. Darüber hinaus gewährt sie im Auftrag der Bundesregierung Kredite und Zuschüsse im
Rahmen der Zusammenarbeit des Bundes mit den Entwicklungsländern und
fungiert als zentrale Abwicklungsstelle
und Kontrollinstanz der Entwicklungshilfe. Z.Z. betreut sie über 1 600 Projekte,
darunter etwa zwei Drittel in den ärmsten Ländern. Ihre Finanzierung konzentriert sich auf Vorhaben im Agrarsektor,
den Ausbau von wirtschaftlicher und sozialer →Infrastruktur und Objekte der gewerblichen Wirtschaft. Sie gewährt auch
Refinanzierungskredite (→ Refinanzierung) an Entwicklungsbanken von Entwicklungsländern.   Regionaler
Schwerpunkt ist Afrika, sektoraler die
Energie- und Landwirtschaft. Erforderliche Mittel beschafft sich die K. seit 1959
durch →Emission von →Schuldverschrei-
bungen in Form von →Anleihen und →
Kassenobligationen mit Laufzeiten bis zu
vier Jahren und durch →Darlehen auf
dem →Kapitalmarkt sowie beim Bund
und insbesondere beim → ERP-Fonds.
Seit 1989 betätigt sie sich mit einem Sonderprogramm für die Gemeinden zur
Förderung ihrer Investitionstätigkeit und
den Wohnungsbau zur Einrichtung des
Bundesregierung zur Steuerung der
Konjunktur (→ Konjunkturtheorie). Mit
Einführung der Wirtschafts-, Währungs-
und Sozialunion zum 1.7.90 vergibt die
K. verstärkt Kredite für Investitionen der
gewerblichen und Wohnungswirtschaft
(u.a. Altschuldenhilfe) sowie des Handwerks in den neuen Bundesländern. Hinzugekommen   sind   Aufgaben   der
Beratung und Koordinierung in den Reformländern Mittel- und Osteuropas im
Auftrag des Bundes.

Kreditbanken
⇒*Banken*
⇒Geldinstitute
⇒Geschäftsbanken
⇒Kreditbanken.

Kreditermächtigung
nach § 6 des →StabG dem Bundesminister der Finanzen übertragene Ermächtigung, im Falle einer Abschwächung der
allgemeinen Wirtschaftstätigkeit 2,5 Mrd

Euro Schulden mit Hilfe von →Geldmarktpapieren aufzunehmen und sie für in der → Finanzplanung enthaltene Zwecke auszugeben. Zunächst müssen aber Mittel der →Konjunkturausgleichsrücklage entnommen werden.

Kreditfazilität
1. Ausdruck im Bankwesen für alle einem Kunden eingeräumten Kreditmöglichkeiten unabhängig ihrer Inanspruchnahme.
2. insbesondere Bezeichnung für Finanzierungsmöglichkeiten von Zahlungsbilanzdefiziten (→Zahlungsbilanz), hauptsächlich der Entwicklungsländer, beim → Internationalen Währungsfonds, so die 1977 bereitgestellte Witteveen-Fazilität: Von 14 Industrie- und OPEC-Ländern wurden ca. 10 Mrd Dollar in einen Fonds eingebracht, aus dem →IWF-Mitgliedsländern bei großen Zahlungsbilanzschwierigkeiten → Kredite unter bestimmten Kriterien gewährt werden können.

Kreditinstitute
⇒*Banken*
⇒Geldinstitute
⇒Geschäftsbanken
⇒Kreditbanken.

Kreditkarte
Bonitätsausweis, der dem Inhaber den Bezug von →Gütern und →Bargeld bei den Vertragsunternehmen der K.-norganisation bis zu einem bestimmten Höchstbetrag bei Einräumung eines Zahlungszieles ermöglicht. Im Umfang erfolgter Inanspruchnahme erhält der Kunde kurzfristigen →Kredit. Die →Banken der K.-norganisation verpflichten sich i.d.R. gegenüber dem Verkäufer zum Ankauf der offenen Rechnungen gegen Entgelt. Grundsätzlich steht jedermann die Mitgliedschaft in der K.-norganisation gegen Zahlung einer Jahresgebühr od. Aufnahmegebühr offen. Für jedes Mitglied wird ein persönliches Kreditlimit nach einer →Kreditwürdigkeitsprüfung festgelegt. Die Ausfallquote nicht eingelöster Kundenrechnungen ist deshalb gering, nach Bankenauskunft 0,5%.

Entwicklungsgeschichtlich sind K. in den USA ab der Jahrhundertwende aufgekommen. Der Erfolg eines K.-nsystems hängt von der Zahl der beteiligten Vertragsunternehmen und Banken sowie der operationalen Infrastruktur (z.B. Datenverarbeitungssystem) ab, die die Organisation stützen. So ist das Unternehmen MasterCard weltweit in 210 Ländern präsent mit 25 Mio Akzeptanzstellen. In der Bundesrepublik sind vertreten: Eurocard/MasterCard (neuerdings nur noch die Bezeichnung MasterCard, wird seit 1976 vom Bankensektor ausgegeben) ist Marktführer, gemessen an ausgegebenen Karten (10,8 Mio), Visa (9,2 Mio), American Express (1,6 Mio), und Diners (0,2 Mio), alle Zahlen Jahresende 2005. In den letzten Jahren ist der Markt für K. durch einen harten →Wettbewerb gekennzeichnet.

Kreditlinie
einem Kunden von einer → Bank als Höchstbetrag eingeräumter →Kredit, der befristet od. unbefristet in Anspruch genommen werden kann. I.d.R. wird er durch Sicherheiten gedeckt.

Kreditmarkt
→Finanzmarkt.

Kreditmarkttheorie
→Geldmarkttheorie
von K. Brunner und A. H. Meltzer in den 60er und Anfang der 70er Jahren entwikkelte Theorie des →Geldangebots, die das Verhalten sowohl der →Kredit anbietenden →Geschäftsbanken wie auch der Kredit nachfragenden Nichtbanken in die Analyse der Aktivamärkte einbezieht. Ihr Zusammenwirken determiniert bei Vermögensrestriktion den →Zins, der im →Modell simultan mit der Kredit- und → Geldmenge bestimmt wird. S. auch → Geldangebotstheorie, 6.

Kreditplafondierung
1. unterschiedliche Varianten der von Regierung od. →Zentralbanken verfügten quantitativen Beschränkung der Kreditgewährung von →Banken, um eine wirksame Einschränkung von → Ausgaben der →Wirtschaftssubjekte zu erreichen. K. ist nur dann erfolgreich, wenn keine

anderen Ausweichmöglichkeiten zur Besorgung von →Kredit, z.B. aus dem Ausland od. über → Kreditvermittler, bestehen. Bei der Ausarbeitung und Beratung des StabG war zunächst eine K. vorgesehen, wurde aber wg. etlicher Probleme (Festlegungskriterien des Plafonds, Sanktionen bei dessen Überschreitung u.a.) fallen gelassen.

2. nach § 19 des StabG kann die Bundesregierung mit Zustimmung des Bundesrates eine Kreditlimitierung für die → Gebietskörperschaften für die ihnen nach Haushaltsgesetz od. -satzung mögliche Kreditaufnahme zur Abwehr einer Störung des → gesamtwirtschaftlichen Gleichgewichts anordnen.

3. nach § 20 des BBkG festgelegte Höchstgrenzen für →Kassenkredite.

Kreditreserve
→Mindestreservepolitik, 1.

Kreditvermittler
⇒finanzielle Intermediäre
⇒Finanzintermediäre
⇒Intermediäre
⇒sekundäre Finanzierungsinstitute
1. alle Institutionen, die auf organisierten →Kapitalmärkten zwischen Angebot des finanziellen Überschusssektors der privaten Haushalte (→ Haushalt, 1.) und Nachfrage von →Geldkapital des Defizitsektors von Unternehmen (→Betrieb, I., 1.) und öffentlichen Haushalten (→Haushalt, 3.) vermitteln, so z.B. an Wertpapierbörsen (→ Börsen). K. verbessern Anlage- und Finanzierungschancen der Marktteilnehmer. S. auch →Allfinanz.

2. nur die nicht zum Bankensektor zählenden Institute, die im Unterschied zu Banken kein →Geld produzieren, aber → Geldsubstitute schaffen, indem sie inaktives Geld an sich ziehen und an kreditsuchende → Wirtschaftssubjekte ausleihen. Ihre Tätigkeit hat keinen Einfluss auf die →Geldmenge, bewirkt aber eine trendmäßige Verringerung der →Geldnachfrage und damit auch des →Zinses. K. unterliegen nicht der Mindestreservepflicht (→ Mindestreservepolitik) und können deshalb günstigere Konditionen als Banken bieten. K. sind z.B. Versiche-

rungsgesellschaften, → Bausparkassen, Kapitalanlagegesellschaften (→ Investmentgesellschaften), → Kapitalbeteiligungsgesellschaften.

Kreditwesengesetz (KWG)
→Gesetz über das Kreditwesen, →Bankenaufsicht.

Kreditwürdigkeitsprüfung
Bonitätsprüfung des Kreditgebers zu den wirtschaftlichen Grundlagen des Kreditnehmers, um seine Risiken des persönlichen (Zahlungs- und Geschäftsmoral sowie Zuverlässigkeit in der Erfüllung vertraglicher Verpflichtungen) und betrieblichen Bereiches (z.B. gegenwärtige Vermögens- (→Vermögen) und Liquiditätssituation (→Liquidität) sowie zukünftige Erfolgsentwicklung des Unternehmens (→Betrieb, I.)) zu ermitteln und weitestgehend auszuschalten. K. bezieht sich auf die Fähigkeit des Antragstellers zur Zins- und Tilgungszahlung zu den vorgesehenen Terminen. Nach dem →Gesetz über das Kreditwesen besteht für →Kredite über 25 000 Euro eine rechtliche Verpflichtung zur K. Die Art der K. ist grundsätzlich abhängig von der Art und Größe des Kredits, → Betriebsgröße, gegenwärtige und künftige wirtschaftliche Situation der Branche. K. für standardisierte Kreditentscheidungen, z.B. Konsumentenkredite, wenden heute computer-gestützte Verfahren an (→Credit-Scoring).

Kreislauf
→Wirtschaftskreislauf.

Kreislaufanalyse
Erfassung von ökonomischen →Transaktionen zwischen →Sektoren einer Volkswirtschaft (→ Wirtschaft) in Form von Konten, Gleichungen, Stromdiagrammen od. Tabellen (→ Wirtschaftskreislauf). Statistischer Vollzug einer ex post-K. ist die →Volkswirtschaftliche Gesamtrechnung. K. ist Grundlage der →Makroökonomik, da nur sie die Analyse gesamtwirtschaftlicher →Interdependenzen erlaubt.

Kreislaufaxiom
→Wirtschaftskreislauf, 3.

Kreislaufeinkommen

Art des dynamischen Differentialgewinns (→Gewinn, 3.). Eine - z.B. durch Ausweitung der → Geldmenge verursachte - Erhöhung des →Einkommens bewirkt eine allgemeine, i.d.R. auf den einzelnen →Märkten aber unterschiedliche, Nachfrageausweitung, so dass der Gewinn kurzfristig und unerwartet steigt.

Kreislaufgleichgewicht

→Gleichgewicht, 3.

Kreislauftheorie

die durch →Hypothesen über funktionale Abhängigkeiten erweiterte → Kreislaufanalyse, z.B. →Keynessche Theorie.

Kreislaufwirtschaftsgesetz

ist am 7.10.1996 in Kraft getreten. Wurde im Zuge der Harmonisierung des Abfallrechts in der → EU erlassen. Orientiert sich am Konzept →Substainable Development. Definiert den Abfallbegriff nicht mehr am subjektiven Entledigungswillen, sondern Abfall ist alles, was nicht Produkt ist. Somit erfährt die Abfallreduzierung Priorität. In der Abfallverwertung ist die höchstergiebige Alternative anzustreben. Dem Kreislaufgedanken folgend, ist die Abfallbeseitigung nur dann zugelassen, wenn sie die umweltverträglichere Lösung als die Verwertung darstellt.

Kreuzpreiselastizität

⇒indirekte Elastizität
→Elastizitäten.

Kriterium des geringsten Bedauerns

⇒*Minimum-Regret-Regel*
→Savage-Niehans-Regel.

Kritischer Rationalismus

auf K. R. Popper und H. Albert zurückgehende Grundrichtung des philosophisch-erkenntnistheoretischen Denkens als Alternative zum Klassischen Empirismus (J. Locke, D. Hume) und Klassischen Rationalismus (R. Descartes, G. W. Leibnitz, B. de Spinoza). K. beruht auf der Einsicht prinzipieller Fehlbarkeit menschlicher Erkenntnis und des Verhaltens bei Problemlösungen. Daraus folgt

der permanente Zweifel an der Richtigkeit bisheriger Lösungen mit der Konsequenz, diese einer kritischen Prüfung (→ Test) zu unterwerfen (Kritizismus). Bezogen auf die wissenschaftliche Erkenntnisgewinnung bedeutet dies, dass eine werturteilsfreie Erkenntnis - d.h. eine von einzelnen Wissenschaftlern unabhängige Erfassung der Wirklichkeit - möglich ist, allerdings durch unvermeidbare Werturteile im Basisbereich eingeschränkt. Diese sollen auf ein Mindestmaß begrenzt sein. Der Inhalts- und Gegenstandsbereich ist von Werturteilen frei zu halten.

kritischer Weg

→Critical-Path-Method.

Kündigungsgeld

→Einlage, die i.Ggs. zum →Festgeld nicht von vornherein für eine vereinbare Frist festgelegt wird, sondern unter Einhaltung einer bestimmten Frist vom Einleger gekündigt werden kann. K. steht → Banken i.d.R. längerfristig zur Verfügung, erlaubt ihnen aber bei sehr kurzen Kündigungsfristen keine sichere Kalkulation i.Ggs. zum Festgeld. K. gehört zu den Termineinlagen (→Einlagen).

Kuhn-Tucker-Bedingungen

von den Amerikanern Kuhn und Tucker entwickelte Sätze, die ein Verfahren zur Lösung von Maximierungs- bzw. Minimierungs-Problemen für quadratische od. konvexe Funktionen mit Nebenbedingungen in Form von linearen Gleichungen od. Ungleichungen beschreiben.

Kupon

der einem festverzinslichen → Wertpapier beigefügte Zinsschein od. Devidenschein bei →Aktien, der am Fälligkeitstermin bei Einreichung ausgezahlt wird.

Kuponsteuer

eine →Kapitalertragsteuer auf Zinsen aus →Anleihen und →Forderungen, die in ein öffentliches Schuldbuch eingetragen od. über die Teilschuldverschreibungen ausgegeben sind, wenn sie an Gebietsfremde ausgezahlt werden. Wurde 1964 aus konjunkturpolitischen Gründen eingeführt, um den →Kapitalimport wg. seiner Wirkung auf die →Geldmenge im Inland (Erhöhung) zu bremsen. Seit dem 1.1.1985 nicht mehr in Kraft.

Kuppelproduktion

Unterfall der →Komplementärproduktion, bei der bei einer bestimmten Menge des einen Produktes eine Mindestmenge vom anderen Produkt anfällt, z.B. Koks und (Roh)Gas in den Kokereien der Zechen od. Benzin und Heizöl in der Raffinerie. Das Unternehmen (→Betrieb, I.) kann nur über die K. im Ganzen entscheiden, während sich die Zusammensetzung der →Produktion ihrem Einfluss entzieht (vgl. auch →Elastizitäten).

Kuppelproduktkalkulation

Hilfsrechnungen zur Verteilung der → Kosten bei →Kuppelproduktion, da eine verursachungsgerechte Kostenverteilung wg. der wechselseitigen Abhängigkeit der Produkte kaum möglich ist. Varianten sind: Restwertrechnung ⇒ Restwertmethode und → Verteilungsrechnung.

Kurantgeld

⇒Warengeld
→Geldarten.

Kurantmünzen

→Kurantgeld sowie →Münzen.

Kurs

der an →Börsen für →Effekten, →Devisen od. Waren festzusetzende od. sich bildende →Preis; in Prozent des Nennbetrages für → Wertpapiere und in Euro je Stück für →Beteiligungspapiere. Es wird zwischen dem an deutschen Börsen dominierenden Kassa-K. und Termin-K. unterschieden. *Kassa*-K. wird am Kassamarkt als *Einheits*-K. vom K.-makler bis zu einem bestimmten Zeitpunkt aufgrund sämtlicher gesammelter Kauf- und Verkaufsaufträge umsatzmaximierend festgesetzt (→ Einheitsnotierung) od. als *variabler* K. dreimal am Tag (Erster K. in der ersten halben Stunde, Einheits-K. zu einem festgesetzten Termin, Schluss-K. in der letzten halben Stunde der Börsenzeit) od. auch sobald der Mak-

ler Abschlüsse zustande bringt (→variabler Handel). Der *Termin*-K. wird für erst später zu erfüllende Zeitgeschäfte auf dem Terminmarkt gebildet. Von freien Maklern wird der *Spannungs*-K., d.h. ein gespannter K. sowohl für Angebot und Nachfrage, festgesetzt, von den Kursmaklern im →amtlichen Handel der *amtliche* K., der der wirklichen Geschäftslage des Verkehrs an der Börse entsprechen muss und für die bei den →Banken getätigten Geschäfte maßgebend ist. Die Kennzeichnung G (Geld) hinter dem K. bedeutet Nachfrage, B (Brief) Angebot. K. ist reziproke Größe zur →Rendite.

Kursarbitrage

⇒*Devisenarbitrage.*

Kurs-Gewinn-Verhältnis

⇒*Price-earnings-ratio.*

Kursmakler

amtlich bestellte und vereidigte Person, die an der amtlichen Festlegung von → Kursen an den →Börsen durch die Vermittlung von Geschäftsabschlüssen der ihnen übertragenen →Wertpapiere mitwirken. Auf eigene Rechnung dürfen K. nur handeln, wenn dies zur Ausführung der erteilten Aufträge nötig ist. I.d.R. gilt hierfür ein Limit von 250 000 Euro.

Kurtage

→Courtage.

Kurtosis

⇒*Exzess*
⇒Wölbung.

Kurzarbeit

i.d.R. eine bis sechs Monate dauernde Verkürzung der regelmäßigen Arbeitszeit bei einvernehmlicher Regelung (z.B. durch Betriebsvereinbarung (→Arbeitsordnung)) zwischen →Arbeitgeber und → Arbeitnehmer aufgrund eines unvermeidbaren vorübergehenden Auftragsmangels od. bei längere Zeit beanspruchende technische Änderungen in einem Unternehmen (→Betrieb, I.), z.B. Installierung neuer Anlagen. K. verändert nicht das Arbeitsverhältnis als solches, sondern nur seinen Inhalt für eine gewisse Zeit, so dass es dem Arbeitnehmer seinen Arbeitsplatz sichert. Nach dem → Arbeitsförderungsgesetz wird dem Arbeitnehmer über seinen Arbeitgeber →K.-ergeld aus der →Arbeitslosenversicherung gezahlt.

K. weist große Schwankungen in Übereinstimmung mit der Konjunktur (→ Konjunkturtheorie) auf. Die Entwicklung zeigt dies (K.-stellen in Tausend; Jahresdurchschnitte):

| 1980 | 137 | 2000 | 96 |
| 1990 | 65 | 2004 | 150 |

Kurzarbeiter
→ Erwerbstätiger, der Anspruch auf → Kurzarbeitergeld hat.

Kurzarbeitergeld
von der →Arbeitslosenversicherung gewährte Leistung an →Kurzarbeiter. Leistungsdauer beträgt bis zu 24 Monaten; für die besonders vom Strukturwandel betroffene Stahlindustrie in den Jahren 1987 bis 1989 bis 36 Monaten. Voraussetzung für Zahlung von K. ist, dass für mindestens ein Drittel der →Arbeitnehmer die Arbeitszeit um mehr als 10% für einen zusammenhängenden Zeitraum von mindestens vier Wochen infolge wirtschaftlicher Ursachen od. eines unabwendbaren Ereignisses verringert ist. Es beträgt für Arbeitnehmer ohne Kinder 63%, für Arbeitnehmer mit Kindern 68% des durch Kurzarbeit entgangenen Nettoentgelts. Für Empfänger von K. zahlt die →Bundesagentur für Arbeit anteilig die Kosten für →Kranken-, →Unfall- und →Rentenversicherung.
Das K. zeigt die stärkste Reaktion der Ausgabenarten der →Bundesagentur für Arbeit auf die Konjunktur (→Konjunkturtheorie).

kurzfristige Konsumfunktion
→Konsumtheorie.

kurzfristiger Währungsbeistand
1970 von den →Zentralbanken der →EG geschlossenes und 1985 neu gefasstes Abkommen zur Gewährung kurzfristiger Devisenkredite von i.d.R. drei Monaten, um vorübergehende Zahlungsbilanzschwierigkeiten zu überbrücken. So wurde z.B. im März 1974 der Bank von Italien ein →Kredit über 1,56 Mrd →EW-RE eingeräumt. k. kann nur eingesetzt werden, wenn das Zahlungsbilanzdefizit auf zufälligen Schwierigkeiten od. unterschiedlichen Konjunkturentwicklungen (→Konjunkturtheorie) beruht. Kredite im Rahmen des k. werden ohne währungs- und wirtschaftspolitische Auflagen gewährt. Nach einer Inanspruchnahme erfolgen jedoch Konsultationen über die Wirtschaftslage des Schuldnerlandes. Kredite werden durch den →EFWZ verwaltet.

kurzfristiges Gleichgewicht
⇒temporäres Gleichgewicht
⇒transitorisches Gleichgewicht
→Gleichgewicht, 2.

Kuznets-Kurve
die von S. Kuznets 1955 mittels empirisches Studien aufgefundene Beziehung zwischen Ungleichheit in der →Einkommensverteilung (α) und Entwicklung des Pro-Kopf-Einkommens (z):

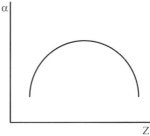

Mit steigendem Pro-Kopf-Einkommen nimmt anfangs die Ungleichheit in der Einkommensverteilung zu, ab einem bestimmten Niveau des Pro-Kopf-Einkommens nimmt diese wieder ab. Die Einkommensverteilung ist nach Kuznets vom Entwicklungsstand einer Volkswirtschaft abhängig. Danach muss ein Land beim Übergang zu einer modernen Industriestruktur zeitweilig ansteigende Ungleichverteilung der Einkommen in Kauf nehmen. Die Kritik an der K. knüpft an der Messung der Ungleichheit und der Datenauswahl an und berücksichtigt für den empirisch belegten Verlauf der K. nicht den Einfluss verschiedener ökonomischer und politischer Faktoren auf die K.-beziehung.

Kuxe
→bergrechtliche Gewerkschaft.

KWG
Abk. für: **K**redit**w**esen**g**esetz, → Gesetz über das Kreditwesen.

Kybernetik
auf N. Wiener (1947) zurückgehende Be-
zeichnung für die formale Theorie der Kommunikation und Regelung komplexer sich selbst anpassender Systeme (Blutkreislauf, Heizungskreislauf, Unternehmung (→Betrieb, I.)). In der →Wirtschaftswissenschaft dient K. zur Klärung funktionaler Verknüpfungen dynamischer Modelle.

Länderrisiko

Gefahr, dass Kapital- oder Kapitaldienstzahlungen von Schuldnern eines Landes wegen Transferschwierigkeiten durch hoheitliche Maßnahmen des ausländischen Staates verhindert werden. Das Länderrisiko, das dem Ausfallrisiko zugeordnet wird, spielt insbesondere im Kreditgeschäft der Banken eine wichtige Rolle und besteht aus drei Komponenten. Das wirtschaftliche L. besteht in der Gefahr, dass ein Staat aufgrund seiner binnen- und außenwirtschaftlichen Situation nicht über die zum Schuldendienst notwendigen Devisenbestände verfügt und somit unfähig ist, Zahlungen an ausländische Gläubiger zu leisten. Das politische L. wird in der Gefahr einer Unwilligkeit eines Staates gesehen, aus politisch-ideologischen Gründen auch trotz vorhandener Zahlungsfähigkeit die Bedienung und Tilgung von Auslandsschulden zu leisten. Das Ländergruppenrisiko besteht in der Gefahr, dass mehrere Länder gleichzeitig aus wirtschaftlicher Notwendigkeit oder aus abgestimmten politischen Entscheidungen heraus ihre Schuldendienstzahlungen vorübergehend oder endgültig reduzieren oder einstellen. Das Ländergruppenrisiko ist also ein kumuliertes wirtschaftliches und/ od. politisches K. Zur Ermittlung des K. wurden Verfahren der Risikoschätzung (z.B. Index-Modelle, s. auch →Scoring-Verfahren) entwickelt.

Längsverteilung

→Einkommensverteilungstheorie.

Laffer-Kurve

finanzwissenschaftliche These des amerikanischen Nationalökonomen Arthur B. Laffer über den Zusammenhang zwischen →Steuersatz und Steuereinnahmen (s. Abb.).

Definitionsgemäß (→ Definition) fallen bei einem Steuersatz von Null keine → Steuern an. Bei zunehmendem Steuersatz entwickelt sich das →Steueraufkommen zunächst überproportional, wird dann aber wg. des ungünstigen Einflusses zu-

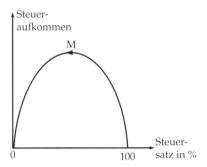

nehmend höherer Steuersätze auf die Leistungsbereitschaft langsamer wachsen bis zu einem Maximum der Steuereinnahmen (M). Weiter erhöhte Steuersätze führen dann zu einem absolut sinkenden →Sozialprodukt und damit auch zu sinkenden Steuereinnahmen. Bei einem Steuersatz von 100% beträgt das Steueraufkommen Null. Die rechts vom Maximum der L. (M) befindlichen Steuersätze kommen für eine rationale Steuerpolitik nicht in Betracht.

Die Kritik an der L. erwächst vor allem aus der praktischen Schwierigkeit, die tatsächliche Situation (= Punkt auf der L.) einer konkreten →Volkswirtschaft zu einem bestimmten Zeitpunkt zu bestimmen; dies zudem auch deshalb, weil sich die Lage des Maximums selbst z.B. in nationalen Notzeiten nach rechts verlagert.

LAFTA

Lateinamerikanische →Freihandelszone (engl.: **L**atin **A**merican **F**ree **T**rade **A**ssociation; span.: **A**ssociación **L**atina-**a**mericana de **L**ibre **C**omercio = ALALC), von 1960 bis 1980. Ziel war die Schaffung einer →Freihandelszone (→Freihandel) unter den meisten lateinamerikanischen Staaten innerhalb von 12 Jahren durch Abbau aller Handelsbeschränkungen (z.B. 8% aller Zölle pro Jahr, →Zoll). 1980 waren aber erst etwa 15% des Außenhandels liberalisiert. Deshalb wurde die L. 1981 durch die flexiblere Lateinamerikanische Integrationsassoziation ersetzt (engl.: **L**atin **A**merican **I**ntegration **A**ssociation; span.: Associación Latina-americana de Integración = ALADI). Ein gemeinsamer Markt soll nun ohne festen Zeitplan auf dem Wege bilateraler Präferenzabkommen erreicht werden. In der ALADI wurden die Mitgliedsstaaten der L. in drei Ländergruppen aufgeteilt: entwickelte Länder (Argentinien, Brasilien, Mexico), Länder mit mittlerem Entwicklungsstand (Chile, Kolumbien, Peru, Uruguay, Venezuela) und wenig entwickelte Länder (Bolivien, Ecuador, Paraguay).

lag
=*time lag*
⇒Verzögerung
Zeitabstand zwischen der Änderung einer ökonomischen Größe und der Änderung einer davon abhängigen od. wirtschaftspolitisch beeinflussbaren anderen ökonomischen Größe. Die gesamte zeitliche Verzögerung (total lag) wird in inside lag und outside lag aufgeteilt.
Inside lag (interne Verzögerung):
1. Erkennungsverzögerung (recognition lag): Zeitbedarf für die Wahrnehmung der Änderung einer ökonomischen Größe;
2. Diagnoseverzögerung: Zeitbedarf für die Analyse und Hypothesenbildung (→Hypothese);
3. Entscheidungsverzögerung (decision lag): Zeitbedarf für die Feststellung von Handlungsbedarf und Auswahl der wirtschaftspolitischen Instrumente (→Instrumente der Wirtschaftspolitik).
Outside lag (externe Verzögerung):
Der Zeitraum zwischen Durchführung der Maßnahmen und Erreichen des gewünschten Effektes (Realisationsverzögerung, realisation lag), zwischen Einsatz der Mittel und Erzielung des Ergebnisses (production lag). Insbesondere dort, wo Maßnahmen über →Intermediäre auf die Zielgrößen wirken, z.B. geldpolitische Maßnahmen über Finanzmittler, treten intermediate lags auf, also Verzögerungen, die bei „Zwischengrößen" od. „zwischengelagerten" Institutionen entstehen.

Lagebericht
Darstellung von Geschäftsverlauf und Lage einer →Unternehmung.
Der L. ist obligatorisch, zusätzlich zu dem um den →Anhang erweiterten →Jahresabschluss (→ Bilanz und →Gewinn- und Verlustrechnung), für alle →Kapitalgesellschaften (§§ 264 Abs. 1 und 289 HGB), für alle →Kreditinstitute (§ 25a Abs. 2 KWG), für alle Versicherungsunternehmen (§ 55 Abs. 1 VAG), für alle → Genossenschaften (§ 33 GenG), für alle publizitätspflichtigen Unternehmen (soweit nicht Einzelunternehmung und → Personengesellschaft (§§ 3 Abs. 1 und 5 Abs. 2 PublG)) und für alle →Konzerne gemäß § 290 HGB.
Der L. hat die Aufgabe, den Jahresabschluss durch zusätzliche Informationen zu ergänzen. Seiner Konzeption nach ist er weniger vergangenheitsorientiert, sondern mehr zukunftsorientiert. Er soll die wirtschaftliche Gesamtbeurteilung der Unternehmung ermöglichen. Der Inhalt des L. wird in § 289 HGB geregelt. Dort ist eine inhaltliche Untergliederung in den Mindestbericht und sonstige Zusatzangaben vorgesehen.
Der *Mindestbericht* enthält Angaben über die Marktstellung und die Struktur der Unternehmung, über Auftragseingang, Produktion und Beschäftigungsgrad über den mengen- und wertmäßigen Umsatz, über die Entwicklung von →Kosten und →Erlösen, über →Rentabilität, → Liquidität und →Finanzierung.
Die *Zusatzangaben* sollen über Vorgänge von besonderer Bedeutung und über die voraussichtliche Entwicklung der Unternehmung berichten. Zudem sollen Erläuterungen zum Bereich Forschung und Entwicklung (→ Investition) gegeben werden.

Lageparameter
Begriff der →deskriptiven und →induktiven Statistik: Maßzahlen, die das „Zentrum" von (Häufigkeits-) Verteilungen angeben. Die wichtigsten L.: → Erwartungswert od. →Mittelwert, →Median od. andere →Quantile, →Modus od. →Modalwert.

Lagerinvestition
Sach- od. Realinvestition (→Investition) in den Aufbau von Lagerbeständen.

Lagerkosten
→Bestellung, 2.2.

Lagerverkehr
Warenverkehr über Zoll- und Freihafen-
lager. In der Außenhandelsstatistik wird
der L. unterschieden nach Nachweisen
des Generalhandels und des Spezialhan-
dels. Spezialhandel: Güterimporte (→Im-
port) auf Lager, die nicht wieder
ausgeführt werden. Generalhandel: Wie-
derausfuhren von gelagerten Güterim-
porten.

Lagging
1. L. von →Konjunkturindikatoren: Zeitreihen (→Zeitreihenanalyse) folgen dem
allgemeinen Konjunkturverlauf verzögert. Man unterscheidet daneben voraus-
eilende (→ Leading) und synchrone
(coinciding) Reihen.

2. In der →Ökonometrie ist L. das Transformieren durch eine Lag-Reihe bzw.
durch ein Lag-Polynom.

3. Finanztechnik von Exporteuren und
Importeuren zum Schutze vor erwarteten nachteiligen Devisenkursänderun-
gen, in der Weise, dass sie den Verkauf
der Valuta gegen Inlandswährung und
umgekehrt verzögern; das Pendant dazu
stellt die Beschleunigung (→ Leading)
derartiger Transaktionen dar.

Lagrange-Methode
Technik zur Lösung von Optimierungsproblemen, in denen die Restriktionen
als implizite Funktionen mit der Zielfunktion in der Lagrange-Funktion zusammengefasst werden. Liegt bespiels-
weise ein Maximierungsproblem mit der
Zielfunktion

(1) $y = f(x_1, x_2)$

und der Nebenbedingung in Form einer
Gleichung

(2) $g(x_1, x_2) = 0$

vor, so lautet die Lagrange-Funktion

(3) $L(x_1, x_2, \lambda) = f(x_1, x_2) + \lambda(g(x_1 x_2))$.

Maximiert wird L hinsichtlich x_1, x_2
und λ, so dass die optimalen Werte von
x_1^* und x_2^* sowohl y maximieren als
auch die Restriktion erfüllen. Die Variable λ wird als Lagrange-Multiplikator bezeichnet.

Laissez faire-Liberalismus
extreme Ausprägung des →Liberalismus.
Kombination zweier historischer Bewegungen: 1. „Laissez faire, laissez passer"
als Motto des Bestrebungen in Frankreich
im 18. Jahrhundert, staatliche Eingriffe
insbesondere in den Getreidehandel auf-
zugeben. 2. Aufgreifen dieser Parole
durch liberale Ökonomen und Politiker
im 19. Jahrhundert, um eine weitgehende
Einschränkung der staatlichen Tätigkeit
zu fordern, bis hin zum Verständnis des
Staates als „Nachtwächter".

Landabgaberente
ist im Kern eine zeitlich begrenzte strukturpolitische (→ Strukturpolitik) Regie-
rungsmaßnahme. Ein Landwirt erhält
dann eine L., wenn er bis zum 31.12.1983
sein landwirtschaftliches Unternehmen
zum Zwecke der Strukturverbesserung
abgegeben hat und in den letzten fünf
Jahren landwirtschaftlicher Unternehmer war. Außerdem musste der Landwirt das 60. Lebensjahr vollendet haben
od. berufsunfähig im Sinne der Rentenversicherung sein; ersatzweise musste er
das 55. Lebensjahr vollendet haben und
nicht vermittlungsfähig sein. Schließlich
musste der landwirtschaftliche Unternehmer mindestens 60 Monatsbeiträge
an die landwirtschaftliche Alterskasse
gezahlt haben. Eine Witwe od. ein Wit-
wer erhalten dann L., wenn auch der Ver-
storbene Anspruch auf diese hatte und
der überlebende Ehegatte selbst nicht
Landwirt war. Zuständig für die L. sind
die landwirtschaftlichen Alterskassen.

Landesarbeitsgericht
→Arbeitsrecht.

Landesbank
Spitzeninstitut der → Sparkassen eines
Bundeslandes. Die L. dient den Sparkassen vornehmlich als Refinanzierungsin-
stitut, sie hat darüber hinaus jedoch
weitere Aufgaben: Vergabe von Realkre-
diten (→Kredit) zur Finanzierung von
(kommunalen) Investitionen, Emission
von Pfandbriefen und Kommunalobliga-
tionen, Abwicklung des Auslands- und
des Effektengeschäftes der angeschlossenen Sparkassen.

Landeszentralbanken

L. waren früher Zentralbanken in den einzelnen Bundesländern. Mit der Strukturreform der Bundesbank im Jahr 2002 ist die Bezeichnung entfallen. Sie sind heute unselbständige Hauptverwaltungen der Bundesbank, welche die in ihrem Bereich anfallenden Geschäfte und Verwaltungsangelegenheiten durchführen.

Landwirtschaftliche Rentenbank

nicht zu verwechseln mit der Deutschen Landesrentenbank, heute Deutsche Siedlungs- und Landesrentenbank. Die L. wurde 1949 in Frankfurt a.M. gegründet. Sie ist ein öffentlich rechtliches Institut und zugleich eine zentrale Landwirtschaftsbank mit dem Zweck, an Land- und Forstwirtschaft sowie Fischerei → Kredite zu gewähren. Dies geschieht mittelbar durch Kreditgewährung an Agrarinstitute zur Refinanzierung. →Grundkapital: etwas mehr als eine Achtel Milliarde Euro.

langfristige Konsumfunktion

→Konsumfunktion.

langfristiges Gleichgewicht

⇒intertemporales Gleichgewicht
⇒permanentes Gleichgewicht
→Gleichgewicht, 2.

Laspeyres-Preisindex

→Indexzahl
→Preisindex.

Lastenausgleich

teilweiser Ausgleich der Schäden und Verluste durch Vertreibung und Zerstörung in der Zeit des Zweiten Weltkrieges und seiner Folgen. Das Gesetz über den Lastenausgleich (Lastenausgleichsgesetz = LAG) vom 14.8.1952, jetzt gültig in der Fassung vom 1.10.1969 mit späteren Änderungen, regelt in Anerkennung des Anspruchs besonders betroffener Bevölkerungsteile auf einen volkswirtschaftlich möglichen und zugleich sozial gerechten Ausgleich von Lasten allgemein u.a. das Verfahren des Ausgleichs durch Erhebung von Ausgleichsabgaben und Gewährung von Ausgleichsleistungen. Ausgleichsabgaben sind Vermögensabgabe, Hypothekengewinnabgabe, Kreditgewinnabgabe. Ausgleichsleistungen sind insbesondere Hauptentschädigung, Kriegsschadenrente, Hausratsentschädigung.

Die Abgabenerhebung ist im Wesentlichen abgeschlossen. Die Gewährung von Leistungen beschränkt sich weitgehend auf Rentenleistungen, die inzwischen der Bund finanziert. Das Volumen des Lastenausgleichs betrug bis 1983 etwa 60 Mrd Euro.

Lastenausgleichsbank

auch: Bank für Vertriebene und Geschädigte. Sitz der Bank: Bonn-Bad Godesberg. Anstalt des öffentlichen Rechts mit eigener Rechtspersönlichkeit. Die Bank beschafft od. gewährt →Kredite und finanzielle Beihilfen zur wirtschaftlichen Eingliederung und Förderung der durch den Zweiten Weltkrieg und seine Folgen betroffenen Personen, insbesondere der Vertriebenen, Flüchtlinge und Kriegsgeschädigten. Die Finanzmittel werden zumeist über andere → Kreditinstitute weitergeleitet.

Das →Grundkapital beträgt 12,5 Mio Euro. Die Tätigkeit der L. hat sich inzwischen erweitert: sie gewährt zinsgünstige Kredite zur Eingliederung von Aussiedlern und Zuwanderern; durch die Abwicklung öffentlicher Kreditprogramme mit struktur- und sozialpolitischen Zielsetzungen ist sie heute zudem eine „Existenzgründungsbank" für den mittelständische Bereich sowie ein Institut für Umweltschutzfinanzierung.

Lateinamerikanische Integration

→ALADI, →LAFTA.

latente Steuern

die Differenz zwischen dem tatsächlichen Steueraufwand des Geschäftsjahres und früherer Geschäftsjahre und einem fiktiven, auf der Grundlage des handelsrechtlichen Ergebnisses errechneten Steueraufwand.

Durch die Korrektur des effektiven Steueraufwands um L. wird erreicht, dass im handelsrechtlichen Abschluss eine Steuerbelastung ausgewiesen wird, die dem handelsrechtlichen Ergebnis entspricht. Dies geschieht durch den Ansatz von Steuerabgrenzungsposten.

latente Variable
⇒Restvariable
⇒Störvariable
→Identifikationsproblem, →Regressions-
analyse.

Launhardt-Hotelling-Theorem
Theorem zur Preisbildung (→Preistheo-
rie) für das Dyopol (→Oligopol) auf dem
unvollkommenen Markt mit Hilfe einer
Preisstrategie. Die Absatzmenge jedes
Anbieters hängt vom eigenen →Preis und
vom Preis des anderen Anbieters ab. Jeder Anbieter nimmt jeweils den Preis des
anderen Anbieters als Datum. Er bestimmt sodann seinen gewinnmaximalen
Preis wie ein Monopolist (→Monopol).
Durch Preisänderungen wird der eine
od. andere überrascht und erfährt eine
Änderung seiner Absatzmenge, die ihn
veranlasst, seinerseits mit einer Preisänderung zu reagieren. Die Reaktionskurve
des Dyopolisten 1 (R_1) bzw. des 2 (R_2)
zeigt dessen Preis bei einem bestimmten
Preis des Dyopolisten 2 bzw. des 1. Wenn
jeder Dyopolist den im Schnittpunkt der
Reaktionskurven liegenden Preis setzt,
hat keiner mehr Anlass, seinen Preis ($\bar{p}$)
zu ändern: das Marktgleichgewicht (→
Gleichgewicht) ist erreicht (s. Abb.).

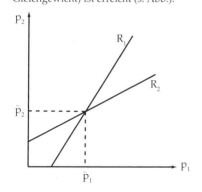

law of indifference
⇒*Gesetz der Unterschiedslosigkeit des Prei-*
ses
⇒Jevonsches Gesetz.

Leading
1. → Konjunkturindikatoren heißen L.,

wenn ihre Zeitreihen (→Zeitreihenanaly-
se) dem allgemeinen Konjunkturverlauf
vorauseilen. Man unterscheidet daneben
verzögert folgende (→Lagging) und synchrone (coinciding) Reihen.

2. Finanztechnik von Exporteuren und
Importeuren zum Schutze vor erwarteten nachteiligen Devisenkursänderun-
gen, in der Weise, dass sie den Verkauf
der Valuta gegen Inlandswährung und
umgekehrt beschleunigen (s.a. → Lag-
ging).

Lean Production
Arbeitsstrukturierungskonzept, nach
dem kleine selbstverantwortliche Teams
in einer Mischung von handwerklicher
Fertigung und Fließbandarbeit produzieren. Vom Handwerk bleiben Qualität
und Flexibilität, von der Fließbandferti-
gung die Schnelligkeit. Vorteile der
„schlanken" Produktion sind die niedrigeren Stückkosten durch verringerte La-
gervorräte, weniger häufiges Stoppen
des Fließbandes u.a. Bei näherer Betrachtung zeigt sich jedoch, dass sich L. nicht
ausschließlich auf den Produktionsbereich beschränkt, sondern auch unternehmerische Funktionen wie die Beschaffung, die Produktentwicklung und
den Vertrieb einbezieht und damit als ein
integratives Managementkonzept zu
charakterisieren ist. Deshalb wird auch
häufig von Lean Management gesprochen. Rasch wechselnde Anforderungen
des Marktes sollen schnell erkannt und
erfüllt werden und dabei knappe Ressourcen optimal eingesetzt werden. Das
setzt ein marktorientiertes Unternehmen
(Market in statt product out) und ein gutes Kommunikationssystem voraus.

Leapfrogging
„Bockspringen"; Überspringen von einzelnen Stufen in einem ansonsten vorgegebenen Prozessablauf. Beispiele: Das
bewusste Überspringen des gegenwärtig
am Markt befindlichen Produktes und
die Verschiebung der Kaufentscheidung
auf eine künftige Produktgeneration.
Beim Auflagenwechsel von bedeutsamen Lehrbuchtiteln kommt es häufig zu
L.-Verhalten.

learning by doing-Fortschritt
⇒ organisatorischer technischer Fortschritt
→technischer Fortschritt, 2.

Leasing
L., von englisch to lease, (ver)pachten, (ver)mieten, ist die entgeltliche Gebrauchsüberlassung von Anlagegütern. Eindeutschungen wie „Anlagenpacht", „Maschinenmiete" u.ä. sind an sich begrüßenswert, gleichwohl problematisch: Das angelsächsische „lease" stellt anders als das angelsächsische „rent" nur auf die Besitzübertragung, nicht auf die Gewährleistung der Gebrauchsfähigkeit ab. In Bezug auf Ländereien so mit der (deutschen) Pacht praktisch ohne weiteres gleichzusetzen, stellt „lease", in Bezug auf Wohn- und Gewerberaum sowie alle Mobilien, „Miete" nur in einem sehr weiten - im deutschen Recht nicht manifesten - Sinne dar. Nach deutschem Recht ist der L.-vertrag ein Vertrag sui generis, der Elemente des Miet- bzw. Pachtvertrags, des Ratenkauf- und Geschäftsbesorgungsvertrags, des Nutzungsrechts-, Mietkaufs u.ä.m. enthält od. doch enthalten kann. Gleichwohl sind Ausdrücke wie „Mieter", „Mietrate", „Grundmietzeit" im Rahmen von L. durchaus gebräuchlich.
Der Ausdruck „L." (statt Lease) hat sich in den USA des 19. Jh. eingebürgert, als das herkömmlich zumeist auf Immobilien angewandte Lease in betont kommerzieller Weise zunehmend auf Mobilien ausgriff. Trotz vieler und teilweiser uralter Vorläufer gilt die erstmalig 1877 vorgenommene und als Absatzhilfe gedachte Vermietung von Telefonen durch die Bell Telephone Company vielen als die Geburtsstunde des L. Seinen eigentlichen Durchbruch erlebte das L.-geschäft mit der 1952 erfolgten Gründung der United States Leasing Corporation, San Francisco, als der ersten „institutionellen" L.-gesellschaft. Das L.-geschäft nach US-amerikanischem Vorbild hat bald fast alle Länder marktwirtschaftlicher Ordnung (→ Marktwirtschaft) ausgegriffen. Die Gründung der Deutsche Leasing GmbH Industriemaschinen-Vermietung, Düsseldorf, im Jahre 1962 markiert den Beginn des L.-Ge-

schäfts in der Bundesrepublik Deutschland. Die „L.-quote", als Anteil der Anlagenvermietung an der Anlageninvestition (ohne Wohnraum), liegt in der Bundesrepublik zur Zeit immerhin bei knapp zehn Prozent. Tragende ökonomische Idee des L. ist die „Entlassung aus der Kapitalbindung in Anlagegütern" (Investitionsgüter (→Gut) für Unternehmen, langlebige Konsumgüter (→ Gut) für Haushalte).
Als Unterscheidungs- od. Einteilungskriterien für L.-*formen* bieten sich an: L.-objekte (Mobilien, Immobilien), L.-geber (Hersteller, herstellernahe, freie, banknahe L.-gesellschaften), L-nehmer (Gewerbetreibende, Private), Nebenleistungen des L.-gebers (Gebrauchsüberlassung mit/ ohne Wartung und Instandhaltung des L.-objekts), L.-vertragstypen (kündbare/ unkündbare Verträge, Voll-/ Teilamortisationsverträge). Eine besonders markante unter den vielen L.-sonderformen ist der Verkauf von Objekten und deren anschließende Anmietung (sale and lease back). Bei allen L.-formen bleibt der L.-geber regelmäßig rechtlicher und wirtschaftlicher Eigentümer des L.-Objekts. Für den L.-nehmer besteht keine *Bilanzierungspflicht*, da L.-verträge als „schwebende Geschäfte" gelten, bei denen sich Rechte und Pflichten jeweils im Gleichgewicht befinden. Die Abgrenzung der vielen L.-formen zum traditionellen Miet- und Pachtgeschäft ist auch deshalb schwierig, weil L. im Zuge seiner enormen Entfaltung Domänen der traditionellen Miete usurpiert hat und dabei nicht selten (Herstellermiete, Wartungsmiete) auch den Bestimmungen des deutschen Mietrechts genügt. Als L. i.e.S. gilt freilich, zumal im deutschen Sprachraum, das *Finanzierungs-L.* als (bloße) → Finanzierung einer Gebrauchsüberlassung: ohne Nebenleistungen, zumeist von L.-gesellschaften gewährt, unkündbar od. nur höchst eingeschränkt kündbar. Ob Finanzierungs-L. als ein Finanzierungs*instrument* od. ein Finanzierungs*surrogat* gilt, ist eine - auf den Finanzierungsbegriff rückbezogene - konzeptionelle Frage. Stellt man vorrangig auf die Funktion der Finanzmittelbeschaffung ab, so ist L. ein Finanzierungs*surrogat* und - im Lichte des finanz-

wirtschaftlichen Investitionsbegriffs - zugleich ein Investitionssurrogat. Im Lichte des produktionswirtschaftlichen Investitionsbegriffs gilt L. als betriebliche Investition.

Kennzeichnend für die meisten Finanzierungs-L.-verträge ist eine feste *Grundmietzeit*, während derer sie durch den Mieter nicht kündbar sind. Die Grundmietzeit ist regelmäßig kürzer als die betriebsübliche Nutzungszeit. Bei *Vollamortisationsverträgen* ist während dieser Grundmietzeit der volle, bei *Teilamortisationsverträgen* ein (wesentlicher) Teilbetrag der → Anschaffungskosten des Mietobjekts neben →Kosten und →Gewinn der L.-gesellschaften über - meist monatliche - Mietratenzahlungen zu entrichten. Optionen auf Mietverlängerung, Kauf od. aber Rückgabe des Mietobjekts stehen regelmäßig am Ende der Grundmietzeit. Bei sog. unechten Teilamortisationsverträgen, in der Bundesrepublik Deutschland vorherrschend, kann der L.-geber die Restamortisation des L.-objekts vom L.-nehmer verlangen. Auf die Gewährleistung der Restamortisation durch den L.-nehmer läuft vielfach auch die bei sog. kündbaren Verträgen vereinbarte Abschlusszahlung bei Kündigung hinaus. Der ökonomische Sinn traditioneller Mietverträge - gegen einen Bruchteil der Anschaffungskosten (zusätzlich Nebenkosten und Gewinn des Vermieters) auch nur einen Bruchteil der Nutzenspanne eines Objekts zu erwerben - ist damit bei Finanzierungs-L. zumeist völlig aufgehoben.

Auf großes Interesse stoßen immer wieder die weit verbreiteten Liquiditäts- und Rentabilitäts-Vergleichsrechnungen: Miete (L.) - Kauf (Eigenmittelfinanzierung, Fremdmittelfinanzierung; →Finanzierung). Nur als *Belastungsrechnung* aufgezogen, zeigen sie für L. eine anfänglich geringere, später und im ganzen größere Belastung (*Ausgabenvergleich*) bzw. - bei Unterstellung gleich bleibender →Abschreibung des L.-objekts - durchgehend höhere Belastung (*Kostenvergleich*). L. ist solcherart das „Grenzverfahren". Bei den Kalkulationsbestandteilen der L.-gesellschaften (Anschaffungskosten, Refinanzierungskosten, Verwaltungskosten, Ge-

winn, Provisionen) stellen sich die Mietzahlungen bei einer fünfjährigen Grundmietzeit leicht auf das rund 1,5-fache der Anschaffungskosten. Die steuerliche Anerkennung der Mietzahlungen als Betriebsausgaben in voller Höhe - regelmäßig angestrebt und bei bestimmten Vertragsgestaltungen auch erreicht - ist zumeist nur die Minderung des Nachteils höherer Kosten. Erhöhte Erstmieten und vorschüssige Regelmietzahlung mindern den allein wesentlichen positiven Effekt der (zeitweiligen) →Kapitalfreisetzung. Sie mindern gleichermaßen die immerhin teilweise gegebene - durch Produktions-, Lagerzeiten, Zahlungsziele reduzierte - Möglichkeit, die Mietraten aus dem Ertrag des L.-objektes zu zahlen (L.-werbeslogan: Pay as you earn).

Stellt man in Rentabilitäts-Vergleichsrechnungen den Auszahlungsströmen der Beschaffungsalternativen jeweils gleiche - den Ertrag des L.-objekts markierende - Einzahlungsströme gegenüber, so hängt es vom Ansatz des Kalkulationszinsfußes ab, welches der Beschaffungsverfahren als das günstigste erscheint. Je höher der Kalkulationszinsfuß ausfällt, umso stärker begünstigt er die Alternative L. Wesentlich für die Vorteils-Nachteils-Abwägung ist letztlich, dass bei L.-inanspruchnahme die für die Kaufalternative infrage stehenden Eigen- und Fremdmittel für andere Verwendungszwecke frei bleiben. Das gilt zumeist wohl auch für die noch nicht in Anspruch genommenen Reserven an Fremdmitteln (nicht ausgeschöpfte Kreditlinien), obschon die Mietwürdigkeitsprüfung ↔ → Kreditwürdigkeitsprüfung ungefähr gleichgestellt werden muss und Verpflichtungen aus L.-verträgen bei der Beurteilung der Kreditwürdigkeit zu berücksichtigen sind. Die durch die *Bilanzneutralität* des L. ungeschmälert bleibende Eigenmittelquote an der Bilanzsumme und die Beurteilung des L. als gleichgewichtig schwebendes Geschäft tragen zu diesem Ergebnis bei. Insofern leistet L. tatsächlich als einziges „Finanzierungsinstrument" eine vollständige Fremdfinanzierung und erweitert den betrieblichen „Kreditspielraum" im Ganzen. Einen sehr handfesten Vorteil bietet L. dann, wenn bei der Erteilung öffentlicher Aufträge kein hinreichend funktionierender Wettbewerb besteht: Mietraten sind in voller Höhe als Kosten anerkannt, erhöhen die Basis des zu kalkulierenden Gewinns und damit denselben möglicherweise beträchtlich. Von solchen und anderen *Sondervorteilen* abgesehen, ist es für die Vorteilhaftigkeit einer L.-inanspruchnahme letztlich entscheidend, welche Nutzung(smöglichkeiten) der L.-nehmer für die nach Betrag und Zeit tatsächlich freigesetzten Mittel findet. Hierbei ist zu beachten, dass man Gebrauchsgüter kaufen od. leasen, Verbrauchsgüter und Dienstleistungen aber nur kaufen kann. Ein gewisser Mietanteil an der Anlagenkapazität mag daher auch bei betont nüchternem Kalkül als betriebswirtschaftlich vorteilhaft erscheinen.

Literatur: *K. F. Hagenmüller/ G. Stoppok* (Hrsg), Leasing-Handbuch für die betriebliche Praxis. 4. A., Frankfurt a.M. 1981. *B. Runge/ H. Bremser/ G. Zöller*, Leasing. Betriebswirtschaftliche, handels- und steuerrechtliche Grundlagen. Heidelberg 1978.

Prof. Dr. Dr. h. c. E. Seidel, Siegen

Lebenszyklushypothese
→Konsumtheorie.

Lebenszykluskonzepte
In Anlehnung an die Evolutionstheorie wird davon ausgegangen, dass das „Leben" eines Produktes, eines Marktes oder auch einer Technologie begrenzt ist. Allen Lebenszyklen ist gemeinsam, dass die *Zeit* als *unabhängige Variable* in die Betrachtung aufgenommen wird. Auch wenn in empirischen Untersuchungen unterschiedliche Zyklustypen nachgewiesen wurden, wird in theoretischen Analysen i.d.R. von einem idealtypischen Verlauf in der Form einer *logistischen Kurve* ausgegangen. Je nach Untersuchungsobjekt wird dann von Produktlebenszyklus, Marktlebenszyklus oder Technologielebenszyklus gesprochen.

Der Produktlebenszyklus erfasst die Zeitspanne (sie kann von Produkt zu Produkt deutlich schwanken; z.B. Modeartikel oder Investitionsgut), in der sich ein Produkt am Markt befindet. Für eine differenzierte Betrachtung wird der Lebenszyklus in *Phasen* aufgeteilt, wobei sich in der Literatur keine einheitliche Vorgehensweise zeigt. In einem fünfphasigen Ansatz lässt sich die folgende Einteilung vornehmen (s. Tab. 1).

Wird das Produktlebenszyklusmodell als Erklärungsansatz akzeptiert, dann resultieren hieraus für die Produktionsprogrammplanung die folgenden *Konsequenzen*:
- Zur Erhaltung des Erfolgspotentials muss eine Unternehmung darauf achten, dass sich immer eine ausreichende Anzahl von Produkten in der Einführungs- und Wachstumsphase befindet.
- Damit eine Unternehmung die neuen Produkte auch finanzieren kann, ist darauf zu achten, dass sich immer eine ausreichende Anzahl von Produkten in der Reife- und Sättigungsphase befindet.

Die bisherigen Ausführungen betrachten lediglich den Marktzyklus eines Produktes. In einem integrierten Modell sind jedoch zusätzlich der Entstehungs- und der Beobachtungszyklus, die dem Marktzyklus vorgelagert sind, zu beachten. Während der Entstehungszyklus mit der Suche nach neuen Problemlösungen, z.B.

Phase	Ökonomische Gründe	
	Umsatz	Gewinn
Einführungs-phase	Umsatz steigt progressiv	Gewinn ist negativ
Wachstums-phase	Umsatz steigt bis zum Wendepunkt der U-Funktion weiter progressiv an	Gewinn ist positiv und erreicht am Phasenende sein Maximum
Reife-phase	Umsatz steigt degressiv	Gewinn ist positiv, aber fällt
Sättigungs-phase	Umsatz erreicht Maximum	Gewinn ist positiv und fällt weiter
Degenera-tionsphase	Umsatz fällt	Gewinn fällt weiter

Tab. 1: Produktlebenszyklusphasen

mit Hilfe von Kreativitätstechniken beginnt, diese Ideen dann im Rahmen von Forschung und Entwicklung in Produkte und/ oder Verfahren umsetzt und mit den Produktions- und Absatzvorbereitungen endet, muss die Unternehmung im Beobachtungszyklus alle strategisch relevanten Informationen aus der Unternehmungsumwelt beachten, die für ihre zukünftige Entwicklung von Bedeutung sind (sog. Früherkennung). Grundlage des Marktlebenszyklus bildet das von Heuss aufgestellte Marktphasenschema, das die vier folgenden Entwicklungsphasen unterscheidet:
- Experimentierphase,
- Expansionsphase,
- Ausbreitungsphase,
- Stagnations- oder Rückbildungsphase.

Dabei bilden die Wachstumsraten des Produktionsvolumens die Basis für diese Einteilung. Heuss versuchte dabei, den Nachweis zu führen, dass diese Marktphasen einen starken Einfluss auf das *Wettbewerb* haben, wobei er insbesondere Aussagen über das phasenspezifische Verhalten von *Oligopolisten* ableitet.

Auf der Grundlage der sogenannten *S-Kurven* lässt sich die *Technologieentwicklung* anschaulich darstellen, wobei auf der Abzisse die kumulierten Investitionen in eine Technologie und auf der Ordinate die Leistungsfähigkeit einer Technologie erfasst wird (vgl. Abb. 1).

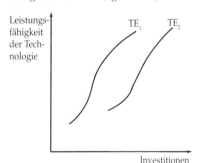

Dabei zeigt sich, dass sich die Leistungsfähigkeit einer Technologie zunächst mit relativ geringen Investitionen steigern lässt, mit zunehmendem Leistungsstandard aber nur noch unterproportionale

Leistungszuwächse erzielbar sind, so dass ein Wechsel der Technologie zu einer anderen Technologie mit höherer Leistungsfähigkeit vollzogen werden sollte. Die Kombination des S-Kurven-Konzepts mit dem Lebenszyklusmodell bildet die Grundlage für den Technologielebenszyklus, wobei folgende Phasen unterschieden werden können:
- Entstehung der Technologie,
- Entwicklung zur Anwendungsreife,
- Anwendung,
- Anwendungswachstum,
- Technologiereife und
- Technologiedegeneration.

Diese Einteilung zeigt deutliche Parallelen zum Produktlebenszyklus, und zwar erweitert um den Entstehungszyklus. An den Lebenszykluskonzepten ist in der Literatur vielfältige Kritik geübt worden, wobei die folgenden Aspekte herausgestellt werden sollen:
- Die Phaseneinteilung ist eher willkürlich.
- Die idealtypische Form muss nicht realistisch sein. Es können z.B. auch mehrgipflige Kurven entstehen.
- Der Lebenszyklus kann erst ex post identifiziert werden und ist ex ante (ebenso wie die Phasen) unbekannt.
- Die Zeit ist die einzige unabhängige Variable. Andere Einflussgrößen wie Kaufhäufigkeit, Rate des technischen Fortschritts etc. werden nicht berücksichtigt.

Lebenszykluskonzepte, die einerseits sehr anschaulich und andererseits leicht verständlich sind, stellen damit eher ein Instrument für eine qualitative Analyse dar.

Literatur: *M. Benkenstein*, Strategisches Marketing. Ein wettbewerbsorientierter Ansatz. Stuttgart/ Berlin/ Köln 1997. *H. Corsten*, Grundlagen der Wettbewerbsstrategie. Stuttgart/ Leipzig 1998. *E. Heuss*, Allgemeine Markttheorie. Tübingen/ Zürich 1965. *U. Höft*, Lebenszykluskonzepte. Grundlagen für das strategische Marketing- und Technologiemanagement. Berlin 1992. *H. Kreikebaum*, Strategische Unternehmungsplanung. 6. A., Stuttgart/ Berlin/ Köln 1997.

　　　o. Univ.-Prof. Dr. habil. Hans Corsten,
Kaiserslautern

Leerkapazität
ist nichtgenutzte Leistungskapazität.

Leerkosten
sind Leistungskapazitäten vorhanden, die fixe Kosten (→Kosten) verursachen, und werden diese Leistungskapazitäten nicht od. nur zu einem Teil genutzt, so entstehen für den ungenutzten Teil der → Kapazität L. Werden L. als Signal für unausgelastete Kapazitäten sichtbar gemacht, so entsteht die Möglichkeit, diese durch gezielte Maßnahmen zu beseitigen und damit die Kostenwirtschaftlichkeit zu erhöhen.

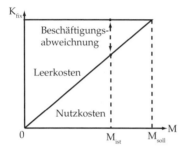

Leerspekulation
→Freimaklern an der →Börse erlaubter Verkauf per Termin (→Termingeschäft) von →Wertpapieren od. Waren, die sie noch nicht besitzen (Leerverkauf). Diese spekulieren auf ein Fallen der Kurse (→ Baissier) und hoffen, die Papiere bzw. Waren bis zum vereinbarten Liefertermin billiger kaufen zu können.

Leerverkauf
→Leerspekulation.

Legitimationsstimmrecht
⇒Auftragsstimmrecht
⇒Bankenstimmrecht
⇒Depotaktienstimmrecht
⇒*Depotstimmrecht*
⇒Ermächtigungsstimmrecht.

Leistung
das bewertete Ergebnis des Einsatzes an Wirtschaftsgütern (→Gut) für einen bestimmten Zweck.

Leistungsbilanz
→Zahlungsbilanz.

Leistungseinkommen
⇒Faktoreinkommen
→Einkommen.

Leistungsfähigkeitsprinzip
⇒*Prinzip der Leistungsfähigkeit*
→Finanzwissenschaft.

Leistungskosten
→Kosten der erbrachten od. zu erbringenden →Leistung.

Leistungslohn
Lohnform (→Lohn), bei der Bemessungsgrundlage für das Arbeitsentgelt die Arbeitsleistung (→Leistung) ist. Wird auf die Leistungsmenge abgestellt, dann hat der K. die Form des Akkord- od. Stücklohns; ist (ersatzweise) die Leistungszeit die Bezugsgröße, so heißt der L. Zeitlohn. Die zusammengesetzte Form des L. ist der Prämienlohn. S. auch →Lohn.

Leistungsrechnung
neben der Kostenrechnung (→ Kosten- und Leistungsrechnung) Teil der →kalkulatorischen Erfolgsrechnung. Die L. als Erlösrechnung (→Erlös) erfasst die endgültig realisierten →Leistungen. Die innerbetriebliche K. erfasst die erstellten, vom Unternehmen aber selbst verbrauchten →Güter. Weitere Unterscheidungen sind in Analogie zur Kosten-

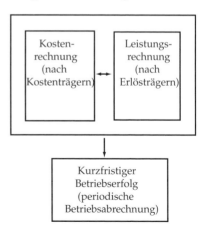

rechnung: Erlösarten- (Grundpreise, Skonti u.a.), Erlösstellen- (Verkaufsgebiete, Kundengruppen u.a.) und Erlösträgerstückrechnung (Produkte, Produktarten).

Leistungstransaktion
→Transaktion von →Gütern und Dienstleistungen, die eine Veränderung des → Geldvermögens der Höhe nach bewirkt. S. auch →Transaktion, →Finanztransaktion.

leitende Angestellte
Angestellte, die nach Dienstleistung und Dienstvertrag zur selbstständigen Einstellung und Entlassung von im Betrieb beschäftigten Arbeitnehmern berechtigt sind oder Generalvollmacht oder Prokura haben oder im Wesentlichen eigenverantwortlich Aufgaben wahrnehmen, die ihnen regelmäßig wegen deren Bedeutung für den Bestand und die Entwicklung des Betriebes im Hinblick auf besondere Erfahrungen und Kenntnisse übertragen wurden. Sie besitzen in der Betriebsverfassung weder aktives noch passives Wahlrecht. Für sie besteht eine Reihe ungelöster Probleme, z.B. hinsichtlich Sozialplanregelungen.

Leitwährung
Währung eines Landes, die Währungen anderer Länder gegenüber folgende Funktionen ausübt:
- Maßstabswährung: sie dient als Maßstab zur Festsetzung und Regulierung der Währungsparitäten (→Parität).
- Rechenwährung: Leistungs- und Kapitalverkehr werden in ihr beziffert.
- Transaktionswährung: sie bildet die Währung für die Finanzierung des Leistungs- und Kapitalverkehrs.
- Reservewährung: sie ist das Medium der Reservebildung der Zentralbanken der Nichtleitwährungsländer.
Trotz mancher Einbußen übt der US-Dollar noch immer wesentliche L.-funktionen aus.

Lenkungsfunktion
⇒*Allokationsfunktion.*

Leontief-Paradoxon
Ergebnis einer empirischen Untersu-

chung durch Leontief (1954) für die USA, das dem → Heckscher-Ohlin-Theorem widersprach: Amerika exportierte überwiegend arbeitsintensive →Güter und importierte überwiegend kapitalintensive Güter. Die Diskussion des Paradoxons ergab mehrere Erklärungen für das Ergebnis. Die wichtigsten sind: Aufgrund des hohen Ausbildungsniveaus in den USA ist Amerika, in Effizienzeinheiten gemessen, reichlich mit Arbeit ausgestattet, d.h. die Annahme der Vergleichbarkeit der Arbeitseinheiten in den verschiedenen Ländern ist in der Realität nicht erfüllt. Eine andere Erklärung: Nimmt man Güter, die aus Rohstoffvorkommen in den USA stammen, aus den exportierten Gütern der USA heraus, so dominiert bei den übrigen Gütern der kapitalintensive Export. Die plausibelste Erklärung berücksichtigt die Technologiekomponente beim →Export von Industriegütern: In der Tat ist auch für Deutschland und Japan zu beobachten, dass Industriegüter mit hoher technologischer Komponente exportiert werden, unabhängig davon, ob diese kapital- od. arbeitsintensiv sind.

Leontief-Produktionsfunktion
nach Wassily Leontief bezeichnete linearhomogene →Produktionsfunktion mit limitationalen → Produktionsfaktoren (X_A, X_B), bei der mindestens ein Produktionsfaktor die produzierte Menge q durch eine mindestens erforderliche Einsatzmenge begrenzt:

$$q = \min\left\{\frac{X_A}{a_A}, \frac{X_B}{a_B}\right\},$$

wobei a_A und a_B die Produktions- oder Inputkoeffizienten darstellen:

$$X_A = a_A q,$$

$$X_B = a_B q.$$

Charakteristisch für die L. ist deren graphische Darstellung, wobei die → Isoquanten parallel zu den Koordinatenachsen der Faktormengen verlaufen. (Praktische Bedeutung: festes Faktoreinsatzverhältnis z.B. in der chemischen Produktion.). S. auch →Produktionsfunktion.

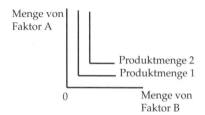

Menge von
Faktor A

Produktmenge 2
Produktmenge 1

0

Menge von
Faktor B

Lernende Organisation

Wandlungsfähigkeit und damit auch Lernfähigkeit sind für den Erfolg von Unternehmen von zentraler Bedeutung. Der Produktivfaktor Wissen hat an Bedeutung erheblich zugenommen. Die Organisation des Wissens bedeutet nicht nur die Verbreitung und Verarbeitung vorhandenen Wissens, sondern auch die Erzeugung neuen Wissens (Lernen) im Unternehmen.

Die lernende Organisation ist eine Metapher und *Institution*. Eine Metapher, weil Organisationen nicht lernen können, sondern Menschen. Eine Institution mit deren Hilfe die Organisationsmitglieder Ziele verwirklichen wollen, die sie ohne diese nicht erreichen können. Der individuelle Prozess des Lernens wird damit koordiniert und gesteuert (organisiert). In diesem Fall gibt es eine Synergie bei der Verbreitung, Verarbeitung, Erzeugung und Speicherung von Wissen. Sie besteht aus den Elementen Hierarchie, Projektgruppe und Wissensbasis. Die Hierarchie steht für Dauer, Stabilität und Reproduzierbarkeit, die Projektgruppe für zeitliche Begrenzung, Dynamik und Innovation. Die Hierarchie ist geeignet für die Verbreitung vorhandenen Wissens, für die Kombination dieses Wissens und die Internalisierung des Wissens. Die Projektgruppe ist geeignet für die Sozialisation von Mitarbeitern und die Erzeugung von neuem expliziten Wissen in Form von Konzepten und Modellen. Die Wissensbasis dient beiden als Grundlage ihrer Arbeit und wird auf dem neuesten Stand gehalten.

Der von der lernenden Organisation koordinierte und zielgerichtete Prozess des Lernens von Individuen in und zwischen organisationalen Einheiten im Sinne der Organisation ist das *organisationale Lernen*.

Anders als das zufällige Lernen in der Organisation ist dies ein absichtliches Lernen durch die Organisation, das durch die Repräsentanten der Institution lernende Organisation angestoßen und aufrechterhalten wird. Die Verknüpfung von implizitem und explizitem Wissen ist für diesen Prozess von großer Bedeutung. In Analogie zum Eisberg kann das implizite Wissen als das bei weitem überwiegende Wissen angesehen werden, das oftmals unsichtbar und ungenutzt bleibt. Für Innovationen ist daher die Überführung von implizitem Wissen in explizites ganz wesentlich. Der Austausch von implizitem und explizitem Wissen und die Schaffung neuen Wissens muss die gesamte Organisation durchdringen und so in einer Wissensspirale immer mehr Wissen erzeugen. Dies ist ein eminentes Führungsproblem und ist eine wesentliche Aufgabe des mittleren Managements. Führung durch Vorbild, mit gutem Beispiel vorangehen ist ein wesentlicher Aspekt. Ein anderer ist Anleitung geben (Coaching) als Hilfe zur Selbsthilfe.

Der Prozess des organisationalen Lernens mündet in die *Entwicklung und Veränderung der Organisation*. Beide Prozesse sind miteinander verschränkt, beim Letzteren liegt die Betonung auf der Realisierung der Konsequenzen des Lernens. Prozesse der Entwicklung und Veränderung können inkrementell sein oder große Sprünge oder Brüche darstellen. Im ersten Fall sind die Anstöße oft endogen, im zweiten Fall exogen. Sie kommen dann vom Markt und der Unternehmensführung. Beispiele für inkrementelle, endogen angestoßene Prozesse sind kontinuierliche Verbesserungsprozesse bei teilautonomen Arbeitsgruppen. Beispielhaft für große Sprünge, die von außen bzw. oben angetrieben werden, sind *Unternehmenstransformationen*. Unternehmenstransformationen und *Organisationsentwicklung* stellen einander ergänzende Konzepte dar. Komplementäres statt dichotomes Denken, einander ergänzendes statt spaltendes Denken ist notwendig. Mehr noch als beim organisationalen Lernen gibt es bei der praktischen Umsetzung in Entwicklung und Veränderung der Organisation erhebliche Widerstände zu überwinden. Ohne die entschlossene Unterstützung durch Machtpromotoren, hochrangige Führungskräfte und Repräsentanten der Institution lernende Organisation wird dies nicht gelingen.

Damit ist die Frage angesprochen, ob die *Unternehmenskultur* offen ist für Lernen, Entwicklung und Veränderungen. So wie die Institution Lernende Organisation Prozesse des Lernens, der Entwicklung und Veränderungen auslöst und ihnen einen Rahmen, eine Struktur gibt, kann die Unternehmenskultur als Fundament, tragfähige Grundlage für die Institution und die von ihr ausgelösten Prozesse angesehen werden. Unternehmenskultur steht für grundlegende, oft implizite, Werte, Verhaltensmuster, Traditionen und drückt sich in Symbolen und Handlungen aus. Die Bedeutung von Unternehmenskultur für Lernen und Veränderung und die Schwierigkeit ihrer Änderung wird meistens unterschätzt. Sie muss bei Lern- und Veränderungsprozessen von Anfang an klar gesehen und es muss Geduld aufgebracht werden. Eine Unternehmenskultur des Lernens, der Veränderung, der Zusammenarbeit, der Offenheit und des Vertrauens ist der Abschluss eines langwierigen Prozesses der Schaffung einer lernenden Organisation. Der Ausspruch „Wissen ist Macht" zeigt in seiner Ambivalenz den Unterschied der Kultur deutlich. Ist damit gemeint, Teilung, Mehrung, Synergie von Wissen zum Vorteil der gesamten Organisation oder aber von individuellen Vorteilen auf Kosten des Unternehmens? Den Unterschied macht die Führung des Unternehmens in ihrer Vorbildfunktion aus. Ohne sie wird kein tragfähiges Fundament der Unternehmenskultur für die lernende Organisation vorhanden sein.

Literatur: *I. Nonaka/ H. Takeuchi*, Die Organisation des Wissens: wie japanische Unternehmen eine brachliegende Ressource nutzbar machen. Frankfurt a.M./ New York 1997. *G. J. B. Probst/ B. Büchel*, Organisationales Lernen: Wettbewerbs-

vorteile der Zukunft. Wiesbaden 1994. *E. Schein*, Wie können Organisationen schneller Lernen? Die Herausforderung den grünen Raum zu betreten, in: Sloan Management review. Winter 1993, S. 85-92.

Prof. Dr. K. D. Ziehmann, Siegen

Lerner Effekt

nach Abba P. Lerner benannter finanzwissenschaftlicher Wirkungszusammenhang. Bei anleihefinanziertem →deficit spending des Staates erhöht sich das private → Vermögen zunächst nominal durch eine Zunahme des Forderungsbestandes mit der Folge einer Konsumerhöhung bei gleichem Volkseinkommen. Dies kann zu einem Gleichgewichtsniveau (→Gleichgewicht) bei Vollbeschäftigung ohne zusätzliche Neuverschuldung führen.

Lernerscher Monopolgrad

von Abba P. Lerner entwickeltes Abweichungsmaß vom Zustand der vollkommenen Konkurrenzpreisbildung (→ Preistheorie):

$$\frac{\text{Marktpreis - Grenzkosten}}{\text{Marktpreis}}$$

Der L. beträgt Null bei →vollkommener Konkurrenz, da hier gilt: Marktpreis gleich →Grenzkosten. Je höher nun der Marktpreis über den Grenzkosten liegt, umso stärker ist die Marktmacht im Sinne einer einseitigen Preissetzung durch den Anbieter, umso höher ist zugleich der errechnete Wert für den L.

Lernkurve

Maß für den Sachverhalt, dass mit jeder Verdoppelung des kumulierten outputs der Aufwand (z.B. die Arbeitszeit) pro erstellter Einheit eines Gutes oder einer Dienstleistung bis zu einem bestimmten Grenzwert abnimmt. Damit ergibt sich eine Senkung der Gesamtkosten bzw. der Stückkosten.

Leverage-Effekt

Bei gegebener Gesamtkapitalrentabilität (→Rentabilität, →Kapitalrentabilität) einer Unternehmung steigt die Rentabilität des →Eigenkapitals dann durch eine Erhöhung der→ Fremdfinanzierung an, wenn die Rentabilität des Gesamtkapitals höher als der Fremdkapitalzinssatz ist. Das zusätzliche Fremdkapital besitzt in diesem Fall eine „Hebelkraft" (engl. leverage") auf die Eigenkapitalrendite im Sinne einer zusätzlichen Steigerung. S. auch →Finanzierung.

Lewis-Modell

nach Sir W. A. Lewis benanntes klassisches Wachstumsmodell (→Wachstumstheorie, →Modell) einer unterentwickelten, geschlossenen → Volkswirtschaft. Grundlegend ist die Unterscheidung in einen Subsistenzsektor (Landwirtschaft) und einen industriellen Kapitalsektor. Im Agrarsektor herrscht ein „unbegrenzter" Angebotsüberschuss an →Arbeit. Sofern der Subsistenzlohn unter dem →Lohnsatz im Kapitalsektor liegt, steigt die → Beschäftigung im Kapitalsektor bei konstantem Lohnsatz an. Die Einkommensverteilung ändert sich zugunsten der Unternehmer, zugleich sind diese die Träger der Kapitalbildung. Erst wenn eine weitere Migration von Arbeitskräften aus dem Subsistenzsektor nur noch zu steigenden Löhnen im Kapitalsektor erfolgt, wird die Einkommensverteilung gleichmäßiger.
Die Kritik hält dem entgegen, dass eine Entwicklung sehr wohl von einer produktiven Gestaltung des Agrarsektors getragen werden kann.

Liberalismus

ausgehend von philosophischen Lehren (Locke, Hume), welche die Bedeutung des Individuums betonen, sowie von naturrechtlich geprägten Vorstellungen über die Gleichheit aller Menschen ist der L. weniger ein philosophisches Lehrgebäude als eine Geisteshaltung, die das Gesellschafts- und Wirtschaftsleben von allen möglichst individuell und freiheitlich gestaltet sehen möchte.
Im wirtschaftlichen Bereich unterscheidet man Paläo-L. und →Neo-L. Der Paläo-L. bezeichnet im Extrem die Lehre der Manchesterschule von der weitestgehend staatsfreien →Volkswirtschaft. Der Neo-L. lehnt Eingriffe des Staates in den Wirtschaftsprozess ab, weist aber dem Staat die permanente Gestaltungsaufgabe des Rahmens für den Wirtschaftspro-

zess zu, um eine möglichst funktionsfähige Wettbewerbswirtschaft zu gewährleisten. Für den wirtschaftlichen Aufbau der Bundesrepublik Deutschland nach dem Zweiten Weltkrieg wurde des Neo-L. in Form des →Ordo-L. besonders bedeutsam.

Libid-Satz

(London interband **bid** rate). Zinssatz (→ Zins), zu dem die führenden Londoner Bankinstitute →Einlagen annehmen. Der L. ist Referenzzinsatz; aus ihm und dem →Libor (London interbank offered rate) wird als arithmetisches →Mittel der Limean (London interbank mean rate) gebildet. Der L. ist einer der wichtigsten zentralen Zinssätze für die internationalen Finanzmärkte.

Libor

(**London** inter**b**ank **o**ffered **r**ate). Zinssatz (→Zins), zu dem führende Banken in London bereit sind, an andere erste Bankadressen kurzfristige Gelder auszuleihen bzw. bei ihnen anzulegen. Der L. ist der zentrale Zinssatz für sämtliche internationalen Finanzmärkte. Er ist zugleich Referenzzinssatz für zinsvariable → Anleihen (Floating rate notes) und zinsvariable →Kredite (Roll-over-Kredite). Zur Ermittlung werden üblicherweise vier oder fünf Banken als Referenzbanken benannt, aus deren Zinsmeldungen zu einem bestimmten Zeitpunkt er als arithmetisches → Mittel bestimmt wird. S. auch →Libid-Satz.

Lieferantenkredit

nichtbankmäßiger Kredit, der sich als die Stundung von Kaufpreiszahlungen mit Einverständnis des Verkäufers darstellt. Die Zeitdauer zwischen Lieferung und vertraglichem Zahlungszeitpunkt wird als Lieferanten-Ziel bezeichnet. Die Ermittlung des Zinsaufwands erfolgt dadurch, dass der in den Zahlungsbedingungen festgelegte Skontosatz auf die Skontobezugsspanne (Lieferanten-Zielfrist in Tagen minus Skontofrist in Tagen) bezogen und der dadurch festgestellte Zinssatz pro Tag mit 360 multipliziert wird, um den Jahreszinssatz als Effektivzinssatz zu erhalten. Der L. ist eine der teuersten Kreditarten.

LIFO-Verfahren

Abk. für: **L**ast **i**n **F**irst **O**ut. Zunächst ein Bewertungsverfahren bei Bestandsrechnungen im Unternehmen: Der Bewertung von Lagerbeständen liegt die Überlegung zugrunde, was zeitlich als Letztes ins Lager aufgenommen wurde, werde auch als Erstes entnommen.

In der Datenverarbeitung ist es ein Entnahmeprinzip des Stapelspeichers: die zuletzt in den Speicher übernommene Information wird zuerst wieder ausgegeben.

Likelihood(-Funktion)

Ist $f(x, \Theta)$ die →Dichtefunktion der stetigen →Zufallsvariablen X, wobei Θ ein unbekannter Parameter (-vektor) ist, der die Gestalt der Dichtefunktion bestimmt, und wird aus der →Grundgesamtheit mit dieser →Verteilung eine reine Zufallsstichprobe vom Umfang n gezogen, dann ist die Wahrscheinlichkeit für eine (konkreter) Stichprobe (x_1, x_2, ..., x_n) in Abhängigkeit von Θ gegeben durch die L.:

$$L = L(\Theta | x_1, ..., x_n) = f(x_1; \Theta) \cdot f(x_2; \Theta)$$
$$\cdot \ ... \ \cdot f(x_n; \Theta)$$
$$= \prod_{i=1}^{n} f(x_i; \Theta) \ .$$

L ist durch die Dichtefunktion der n-dimensionalen Zufallsvariablen (X_1, ..., X_n) bestimmt, darf jedoch selbst nicht als Dichtefunktion aufgefasst werden: Die L. ist zwar die Wahrscheinlichkeit für eine Realisation x_1, ..., x_n der Zufallsvariablen X_1, ..., X_n bezüglich alternativer Werte des Parameters Θ, nicht jedoch eine Wahrscheinlichkeit für einen Parameter Θ unter der Bedingung eines bestimmten Wertes x_1, ..., x_n. Entsprechend ist die L. einer diskreten Zufallsvariable X definiert durch

$$L = L(\Theta | x_1, ..., x_n) = P(X_1 = x_1 | \Theta)$$
$$= \prod_{i=1}^{n} P(X_i = x_i | \Theta)$$

mit $P(X_i = x_i)$ = Wert der Wahrscheinlichkeitsfunktion an der Stelle $X_i = x_i$.

Die Regeln der Wahrscheinlichkeitsrechnung dürfen nicht auf L. angewandt werden, da sich ihre Werte für verschiedene Werte von Θ nicht zu Eins ergänzen. Von grundlegender Bedeutung ist die L. für die Maximum-Likelihood-Methode zur Parameterschätzung.

Likelihood-Inferenz
→Induktive Statistik.

limitationale Produktionsfunktion
⇒nichtsubstitutionale Produktionsfunktion
→Produktionsfunktion mit Limitationalität der →Inputs liegt vor, wenn die →Produktionsfaktoren nicht gegenseitig substituierbar sind, zur Herstellung einer bestimmten Outputmenge vielmehr diese Faktoren in einem bestimmten festen Faktoreinsatzverhältnis vorhanden sein müssen. Beispiele sind die →Leontief-Produktionsfunktionen für die →Input-Output-Analyse od. l. in der →Linearen Programmierung.

Limitierung
allgemein im kaufmännischen Bereich die Begrenzung von Preis bzw. Menge. Beim Effektenauftrag an die Bank die Angabe über Anzahl und evtl. Höchstbzw. Mindestkurs, zu dem der Auftrag an der Börse ausgeführt werden soll.

Linder-Hypothese
These von S. B. Linder in seinem Werk „The Harried Leisure Class" (1970): Betrachtet man als →Preis für Freizeit od. Konsumzeit den Lohnsatz (→Lohn), so führte der deutliche Anstieg der →Reallöhne in den vergangenen Jahrzehnten zu einer relativen Verteuerung zeitintensiver Güter (→Gut), insbesondere Kulturgüter wie Theater, Bücher, Konzerte usw., und zu einer möglichen Reallokation (→Allokation) des →Konsums zuungunsten dieser Aktivitäten.

Lineare Programmierung
(LP). Verfahren des →Operations Research zur Berechnung von Extremwerten (Maxima, Minima) einer linearen Funktion, wobei Nebenbedingungen in Form linearer Ungleichungen vorgegeben sind. Beispiele sind die Bestimmung des maximalen →Gewinns bei der Verteilung von Finanzmitteln auf verschiedene Verwen-

dung od. die kostengünstigste Belegung einer Maschine.

Beispiel für die L.bei zwei Variablen: Zur Fertigung zweier Produkte P_1 und P_2 müssen 4 Maschinen A, B, C, D benutzt werden. Die zur Herstellung für eine Einheit benötigten Maschinenzeiten (in Stunden) seien in der nachfolgenden Tabelle zusammengestellt. In der letzten Spalte sind ferner die insgesamt zur Verfügung stehenden Maschinenstunden (Kapazität) angegeben.

Ma-schine	benötigte Stunden zur Fertigung einer Einheit vom Produkt		Maschinen-kapazität
	P_1	P_2	
A	2	3	180
B	2	1,5	150
C	0	3	120
D	2	0	190

Von dem Produkt P_1 sollen x_1 Einheiten, von P_2 sollen x_2 Einheiten hergestellt werden. Wg. der begrenzten Maschinenkapazitäten müssen für die Mengen x_1 und x_2 folgende Ungleichungen erfüllt werden:

1) $2x_1 + 3x_2 \leq 180$

2) $2x_1 + 1,5x_2 \leq 150$

3) $\qquad 3x_2 \leq 120$

4) $\qquad 2x_1 \leq 190$

5) $x_1 \geq 0; x_2 \geq 0$ (Nichtnegativitätsbedingungen)

Wählt man in 1) - 4) das Gleichheitszeichen, so erhält man die 4 Geraden g_1, g_2, g_3, g_4. Alle Punkte, die alle Ungleichungen erfüllen, müssen unterhalb od. auf den Geraden g_1, g_2, g_3, links von g_4 und wg. 5) im ersten Quadranten liegen. Als Lösungsmenge von (1) erhält man das in der Abb. schraffierte Fünfeck, den sog. zulässigen Bereich Z.

Eine Mengeneinheit des Produkts P_1 soll 200 Euro, eine Einheit von P_2 dagegen 500 Euro Gewinn bringen. Dann ist die

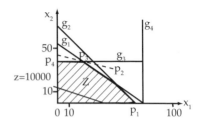

Gewinnfunktion

$z = f(x_1, x_2) = 200x_1 + 500x_2$

linear in x_1 und x_2.

Zur Bestimmung des maximalen Gewinns sind unter allen Punkten aus dem zulässigen Bereich Z diejenigen zu bestimmen, für welche die sog. *Zielfunktion* (2) maximal wird.

Alle Punkte, für die der Gesamtgewinn 10 000 Euro beträgt, erfüllen die Gleichung

$200x_1 + 500x_2 = 10000$.

Diese Gerade ist in Bild 1 eingezeichnet. Alle Punkt mit z=c (konstanter Gewinn c) liegen auf Geraden, die zu dieser eingezeichneten Geraden parallel sind. Parallelverschiebung dieser Geraden nach oben bedeutet Gewinnvergrößerung. Somit muss diese Gerade so weit nach oben parallel verschoben werden, bis sie den zulässigen Bereich Z gerade noch berührt. Als Lösung erhält man den Punkt P_3 als Schnittpunkt der Gerade g_1 und g_3. Für seine Koordinaten gelten die Bestimmungsgleichungen

$2x_1 + 3x_2 = 180$

$\qquad 3x_2 = 120$

mit den Lösungen

$x_1 = 30; x_2 = 40$.

Der maximale Gewinn beträgt

$z = 200 \cdot 30 + 500 \cdot 40 = 26000\,Euro$

Da dieser Punkt auf den Geraden g_1 und g_3 liegt, müssen die →Kapazitäten der Maschinen A und C voll ausgenutzt werden, die Kapazitäten von B und D dagegen nicht.

linear-limitationale Technologie
→Leontief-Produktionsfunktion technische Herstellungsverfahren, bei denen das Faktoreinsatzverhältnis zur Produktion einer bestimmten Menge festliegt.

Linienfertigung
⇒Fließfertigung
⇒Reihenfertigung
⇒Straßenfertigung.

Link
besondere Zielvorstellung über die Schaffung und Bereitstellung von →Sonderziehungsrechten (SZR) beim →Internationalen Währungsfonds. Die Aufgaben der SZR als währungspolitisches Instrument zur Überwindung besonderer Knappheit internationaler Liquidität und zur Überbrückung vorübergehender Zahlungsbilanzschwierigkeiten werden von Vertretern des L. verbunden mit der Aufgabe der SZR als entwicklungspolitischem Instrument, bei Zuteilung und Verwendungsspielraum der SZR den strukturell bedingten Finanzierungsbedarf der Entwicklungsländer besonders zu berücksichtigen. Die Vertreter des L. haben sich bislang kaum durchsetzen können.

Liquidation
Abwicklung eines aufgelösten Unternehmens. Grundsätzlich geschieht die L. in der Weise, dass die laufenden Geschäfte beendet, die Schulden getilgt, die →Forderungen eingezogen und das →Vermögen in →Geld umgesetzt und verteilt wird (§ 49 BGB, §§ 732-735 BGB, §§ 149, 155, 161 II HGB, §§ 268, 271 AktG, §§ 70, 72 GmbHG, §§ 88, 91, 92 GenG). Die L. wird durch die Liquidatoren durchgeführt. Liquidatoren sind i.d.R. diejenigen Personen, die bisher die Geschäfte geführt haben. Sie vertreten bis zur Beendigung der L. weiterhin das Unternehmen gesetzlich. Mit der Verteilung des Vermögens endet i.d.R. die L.

Liquidität
1. die Eigenschaft von →Vermögen, sich in Zahlungsmittel umwandeln zu lassen. Der liquideste Vermögenstitel ist →Bargeld. Je nach der Möglichkeit der Umwandlung von Vermögen in Zahlungsmittel existiert ein Kontinuum an L.-graden von vollkommener L. bis zur völligen Illiquidität.

2. In der →Betriebswirtschaftslehre und auch umgangssprachlich meint man mit L. das Ausmaß der Zahlungsfähigkeit einer Unternehmung od. allgemein einer Wirtschaftseinheit, jederzeit seinen Zahlungsverpflichtungen nachkommen zu können.

Liquiditätseffekt
1. monetärer Effekt bei →Zahlungsbilanzüberschüssen (also bei festen Wechselkursen) über eine Erhöhung des Devisenbestandes, der bei freier →Konvertibilität die inländische →Zentralbankgeldmenge erhöht und damit als Liquiditäts-Preis-Effekt einen Einfluss auf das volkswirtschaftliche →Preisniveau ausübt. Sein realwirtschaftliches Gegenstück ist der →Einkommenseffekt, den Exportüberschüsse multiplikativ erhöhend auf das →Volkseinkommen ausüben.

2. monetärer Effekt einer expansiven →Geldpolitik, der in einem kurzfristigen Sinken des Zinssatzes bei unverändertem →Volkseinkommen und →Preisen besteht.

Liquiditätsfalle
⇒liquidity trap
vollkommen zinselastischer Teil der →LM-Kurve. Dabei handelt es sich um den flachen Kurvenabschnitt, bei dem Zuwächse des Geldangebots (→Geldangebotstheorie) keine Wirkung auf die Zinshöhe besitzen.
Das gesamte zusätzliche Geldangebot verschwindet in der L., wird also als →Geld gehalten, weil der →Zins, der bei der Anlage in Vermögenstiteln zu erzielen ist, unattraktiv gering ist und nicht einmal die →Kosten der Anlage deckt.

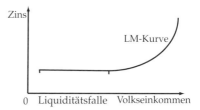

Liquiditäts-und Kontrollbank GmbH (Likoba)

Privatrechtliches Kreditinstitut mit Sonderaufgaben. 1974 gegründet nach dem Zusammenbruch der Herstatt-Bank, um Kreditinstitute kurzfristig zu unterstützen, die trotz einwandfreier Bonität unverschuldet in Liquiditätsschwierigkeiten geraten sind. Insbesondere soll durch diese Hilfeleistung die bankmäßige Abwicklung des Zahlungsverkehrs im Inland und mit dem Ausland gesichert werden. Die Liquiditätshilfe kann über eingezahlte Eigenmittel bereitgestellt werden oder dadurch, dass die betroffene Bank einen Wechsel auf die L. zieht, den diese dann akzeptiert und das Akzept der Bundesbank zum Rediskont einreicht. Die bankmäßige Abwicklung erfolgt über die AKA. Die Stützungsmaßnahmen sind kurzfristig ausgerichtet, es findet kein Verlustausgleich statt. Das Stammkapital der L. in Höhe von 155 Mio Euro von der Deutschen Bundesbank, Mitgliedern des Bundesverbandes deutscher Banken e.V., dem Deutschen Sparkassen- und Giroverband e.V., dem Bundesverband der Deutschen Volksbanken und Raiffeisenbanken e.V., der Bank für Gemeinwirtschaft AG als Mitglied des Verbandes der Gemeinwirtschaftlichen Geschäftsbanken e.V. und dem Bankenfachverband Konsumenten- und gewerbliche Spezialkredite aufgebracht. Mit der Nachschusspflicht der Gesellschafter bis zu 620 Mio Eurobeträgt die Gesamthaftung der Bank 780 Mio Euro. Die L. wird nur dann tätig, wenn eine Bank, die einem der obigen Verbände angehört, einen Antrag auf Liquiditätshilfe stellt. Daraus ergibt sich, dass die L. keine Geschäfte mit Nichtbanken betreibt.
→Einlagensicherung.

Liquiditätspapiere

→Schatzwechsel und →U-Schätze, die bis zu einem Höchstbetrag von 4 Mrd Euro von der Bundesregierung der →Bundesbank zur Verfügung zu stellen sind, wenn solche Papiere bereits bis zum Nennbetrag der → Ausgleichsforderungen der Bundesbank als sog. →Mobilisierungspapiere im Umlauf sind und weitere Papiere zur Durchführung der →

Offenmarktpolitik der Bundesbank erforderlich werden (§ 29 StabG, §§ 42, 42a BBkG).

Liquiditätspräferenz

die Bevorzugung des Haltens von →Bargeld und →Sichteinlagen anstelle ertragbringender → Wertpapiere. Sie ist bei Keynes ein wesentlicher Faktor der Nachfrage nach Kassenhaltung (aktive Kasse (→ Kasse), Spekulationskasse (→ Geldnachfragetheorie), → Vorsichtskasse). Sie wird ihrerseits durch Erwartungen vor allem über Änderungen des Zinssatzes bestimmt. Besonders das Eintreten der →Liquiditätsfalle wurde heftig im Zusammenhang mit der möglichen Bekämpfung einer Unterbeschäftigung (→ Unterbeschäftigungsgleichgewicht) diskutiert: die Kassenhaltungs-nachfrage wird unendlich elastisch gegenüber relativen Zinsänderungen bei bereits geringer Zinshöhe, weil die Wirtschaftssubjekte in Erwartung künftig steigender Zinssätze bei sehr niedrigem Zins nicht bereit sind, Liquidität gegen Wertpapiere einzutauschen.

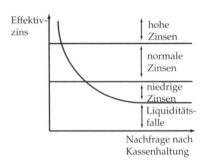

Liquiditätspräferenzdifferential

die →Liquiditätspräferenz insbesondere als Geldnachfrage für die Spekulationskasse (→Geldnachfragetheorie) (M^D_p) ist eine fallende Funktion des Effektivzinses (i).

Sei i̅ der als „normal" empfundene Zinssatz, dann gilt

a) für $i > i̅ : \dfrac{dM^D_p}{di} < 0$,

b) für $i = \dot{i}: \dfrac{dM^{D}_{p}}{di} \approx \infty$ ($\rightarrow$Liquiditäts-
falle).

Liquiditätspräferenztheorie

nach der L. von Keynes ist die →Liqui-
ditätspräferenz die aggregierte Neigung
der →Wirtschaftssubjekte, ihre Vermögenstitel in Form von →Geld (hauptsächlich → Bargeld und → Sichtguthaben)
anstatt in anderen zumeist zinstragenden
Anlageformen zu halten. Für diese Präferenz gibt es drei Motive:
1. Transaktionsmotiv: durch die fehlende Synchronisation von →Ausgaben
   und →Einnahmen erwächst der Bedarf nach Transaktionskasse (→Kasse)
   für vorher bekannte Ausgaben.
2. Vorsichtsmotiv: Liquiditätsbedarf in
   Form einer →Vorsichtskasse besteht
   für nicht vorhersehbare Ausgaben,
   z.B. für besonders günstige Kaufgele-
   genheiten.
3. Spekulationsmotiv: Die Spekulationskasse (→ Geldnachfragetheorie) verringert sich, wenn der Effektivzins
   von nominal festverzinslichen →
   Wertpapieren steigt bzw. deren →
   Kurs fällt. Sinkt dieser →Zins auf eine
   bestimmte Höhe od. darunter, so
   wird jede zusätzlich angebotene →
   Geldmenge in die Spekulationskasse
   eingebracht, der Kauf von Wertpapieren lohnt nicht (→Liquiditätsfalle).
Der Liquiditätsfalle kommt in der L. als
Spezialfall eine besondere Bedeutung zu:
Sie sorgt dafür, dass eine expansive →
Geldpolitik nicht zu Ausgabensteigerun-
gen (→ Ausgaben) führt, selbst dann,
wenn die → Investitionen hinreichend
zinselastisch (→Elastizitäten) sind. Empirisch konnte eine Liquiditätsfalle nicht
beobachtet werden.

Liquiditätsreserve

Bei →Banken besteht die L. aus den sog.
→Mindestreserven nach den Mindestreservevorschriften, die von der →Bundes-
bank variiert werden können, und den
sog. →freien L. Allgemein versteht man
unter L. alle Geldmittel, die zum Aufrechterhalten der normalen Zahlungsbe-
reitschaft und einer ausreichenden →
Liquidität - auch bei stärkeren Anforde-

rungen - gehalten werden.

liquidity trap
→Liquiditätsfalle.

Little-Kriterium

Wohlstandskriterium von Ian M. D. Little für Wohlstandsvergleiche in der →
Wohlfahrtökonomik. Dabei werden Bedeutung und Notwendigkeit von Vertei-
lungsurteilen bei Wohlfahrtsvergleichen
erkannt, und ein Verteilungsurteil wird
explizit eingeführt. Prämissen des L.
sind: Wird eine Situation von einem →
Wirtschaftssubjekt einer anderen Situation vorgezogen, so ist seine Situation verbessert; das → Pareto-Kriterium wird
anerkannt. Kombination aus Erfüllung
des Pareto-Kriteriums und positivem
Verteilungsurteil erlaubt dem L. die Beurteilung alternativer Wohlfahrtszustän-
de. Fraglich bleibt, ob Verteilungsurteile
ohne interpersonellen Nutzenvergleich
sinnvoll sind. S.a. →Kaldor-Hicks-Krite-
rium, →Scitovsky-Paradoxon.

Lizenz

Übertragung aufgrund eines L.-vertra-
ges, durch den der Urheber od. der Inhaber eines Nutzungsrechts, Patents od.
Gebrauchsmusters sein Recht ganz od.
zum Teil auf eine andere Person überträgt (§§ 31 ff. UrhG, § 15 PatG, § 13 Ge-
brMG). Ausschließliche L.: der L.-
erwerber darf nicht nur die Benutzungs-
handlungen vornehmen, sondern sie
auch anderen verbieten. Einfache L.: der
L.-erwerber darf nur die Benutzungs-
handlungen vornehmen. Gebrauchs-L.:
vor allem zum Gebrauch in der Herstellung von anderen Sachen, die nicht Gegenstand der Erfindung sind. Herstel-
lungs-L.: L. mit Beschränkung auf das
Herstellungsrecht. Betriebs-L.: mit Beschränkung auf das Nutzungsrecht in einem bestimmten Betrieb. Verkaufs-L.
bzw. Vertriebs-L.: L. mit Beschränkung
auf den Vertrieb, evtl. regional begrenzt.
Die L.-gebühr ist die vereinbarte Vergütung des L.-nehmers an den L.-geber.

LM-Kurve
⇒LM-Funktion
im →IS-LM-Modell geometrischer Ort aller →Gleichgewichte auf dem →Geld-

markt, bei denen die Gleichgewichtsbedingung:

(1) $M^S = M^D$

erfüllt ist, wobei für das Geldangebot (M^S) (→Geldangebotstheorie) gilt:

(2) $M^S = \overline{M}$,

d.h. das Geldangebot ist modellexogen (→modellexogene →Variable) determiniert, und für die Geldnachfrage (M^D) (→ Geldnachfragetheorie):

(3) $M^D = Li(Y, i)$,

d.h. sie ist vom →Einkommen (Y) und vom →Zins (i) abhängig, wobei die →Liquiditätspräferenz Li das Ausmaß der Abhängigkeit angibt. Gleichung (1) lautet dann:

(4) $\overline{M} = Li(Y, i)$.

Wird (4) vollständig differenziert:

(5) $0 = Li_y \cdot dY + Li_i \cdot di$

und umformuliert zu:

(6) $\dfrac{di}{dY} = -\dfrac{Li_y}{Li_i}$

folgt, dass $\dfrac{di}{dY} > 0$ ist, da gilt: $Li_y > 0$ und

$Li_i < 0$. Somit ergibt sich der typische L.-Verlauf, wenn Besonderheiten (→liquidity trap und klassischer Teil) der L. außer Betracht bleiben:

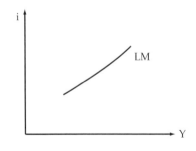

Loanable funds-Theorie
theoretischer Zusammenhang zwischen Zinshöhe bzw. Zinsänderungserwartung und der Bereitschaft, Kassenhaltung in Wertpapieranlagen (loanable funds) um-

zuwandeln.
Theoretische Alternative von Bertil Ohlin zur →Liquiditätspräferenztheorie: Der → Zins ergibt sich aus Angebot und Nachfrage auf dem Kreditmarkt, wobei das Kreditangebot aus Ersparnis und Zunahme der →Geldmenge, die Kreditnachfrage aus → Investitionen und dem geplanten Zuwachs der Kassenhaltung resultieren. Im Gegensatz zur Liquiditätspräferenztheorie, die mit → Bestandsgrößen operiert, arbeitet die L.-Theorie mit →Stromgrößen. Trotz unterschiedlicher Vorgehensweisen können beide theoretischen Ansätze zum gleichen Ergebnis führen, sofern auf dem →Gütermarkt →Gleichgewicht herrscht.

Lock-in-Effekte
„Einschließ"-Wirkungen, z.B. bei Pensionszusagen, deren Höhe mit der Dauer der Unternehmenszugehörigkeit anwächst. L. auf die Mobilität des →Arbeitnehmers, da ein Wechsel des →Arbeitgebers, trotz geringerer als marktüblicher Bezahlung, zu einem besser bezahlenden Unternehmen zu „teuer" ist.

Locking-in-Effekte
⇒Roosa-Effekt
→Banken neigen dazu, bei steigenden langfristigen →Zinssätzen und sinkenden Wertpapierkursen ihren Wertpapierbestand (→ Wertpapier) zu halten, um den Ausweis von Kursverlusten zu vermeiden. Der Zusammenhang ist empirisch nicht eindeutig belegt. Im Gegenteil steht dem L. das Bestreben der Banken entgegen, guten Kunden mit →Krediten dienlich zu sein.

LOFO-Verfahren
Abk. für: **L**owest **i**n **F**irst **O**ut. Sammelbewertungsverfahren, das die Bestände mit den höchsten →Preisen am Lager sieht, denn die Verbrauchsfolgefiktion unterstellt, dass die →Güter mit den niedrigsten Preisen zuerst entnommen werden.

Logistik
1. *Begriff.* Unter L. i.e.S. versteht man alle Tätigkeiten (operative wie dispositive), die sich auf die bedarfsgerechte, nach Art, Menge, Raum und Zeit abgestimmte Bereitstellung von Realgütern beziehen,

die zur Durchführung konkreter Aufgaben erforderlich sind. Hinzu kommt nach der Aufgabenerfüllung die erforderliche Entsorgung.

L. i.w.S. beinhaltet auch die Beförderung von Personen und die Übermittlung von Informationen.

2. *Entwicklung des Begriffs und der Disziplin L.* Der Begriff L. wurde zuerst im militärischen Bereich verwendet (Kaiser Leontos IV. von Byzanz (886-911), Baron de Jomini 1837 in Frankreich; s. Ihde 1991, S. 28). Während des 2. Weltkriegs bildeten vom amerikanischen Verteidigungsministerium berufene interdisziplinäre Projektteams, die sich mit der Lokalisierung und Bevorratung von Depots sowie mit Transport- und Tourenproblemen beschäftigten, die gemeinsame Wurzel sowohl für die Entwicklung der mathematischen Planungswissenschaft (→Operations Research) wie auch für die wirtschaftswissenschaftliche Disziplin L. Im militärischen Bereich ist die L. inzwischen als zentrale Führungsaufgabe anerkannt und bildet einen eigenen Führungsstabsbereich. Bei der Bundeswehr ist L. definiert als die Lehre von der Planung der Bereitstellung und vom Einsatz der für militärische Zwecke erforderlichen Mittel und Dienstleistungen zur Unterstützung der Streitkräfte und/od. die Anwendung dieser Lehre.

Nach dem 2. Weltkrieg hat der Begriff L., beginnend in den USA, immer mehr Eingang in den wirtschafts- und ingenieurwissenschaftlichen Bereich gefunden. Der entscheidende Impuls für die Begründung einer wissenschaftlichen Disziplin L. scheint dabei von G. Morgenstern ausgegangen zu sein, der im Jahre 1955 in der Zeitschrift „Naval Research Logistics Quarterly" den ersten systematischen Versuch zur Begründung einer Theorie der L. unternahm (Ihde 1991, S. 30). Es folgten im angelsächsischen Raum zahlreiche Aufsätze und Bücher, die sich unter den Bezeichnungen „Buisness Logistics", „Marketing Logistics", „Industrial Logistics", „Logistics of the Firm" usw. vorwiegend mit Unternehmens-L. (s.u.) beschäftigten. Eines der ersten umfassenden deutschsprachigen Werke zur L. war Kirsch et al. 1973. Inzwischen wird

an vielen deutschen Universitäten und Fachhochschulen das Fach L. als Spezielle BWL gelehrt, die Wirtschaftspraxis sucht zunehmend Logistiker. Interessenverbände fordern und verbreiten logistische Erkenntnisse.

3. *Logistische Systeme und Prozesse.* Logistische Systeme sind Systeme der Güterverteilung. In ihnen vollziehen sich logistische Prozesse, das sind Transfer- (= Transport-, Lagerungs- und Umschlags-) Prozesse. Transferprozesse verändern (i. Ggs. zu Produktions- und Konsumptionsprozessen) die →Güter nicht qualitativ, sondern raum-zeitlich.

Die Menge aller logistischen Systeme lässt sich institutionell unterteilen in Makro-, Mikro- und Meta-Systeme. Ein makrologistisches System ist z.B. das gesamte Verkehrssystem einer →Volkswirtschaft. Zu mikrologistischen Systemen zählen die logistischen Systeme einzelner öffentlicher od. privater Organisationen (z.B. militärische Einrichtungen, Krankenhäuser, Schulen, Unternehmen). Systeme der Meta-L. umfassen z.B. den Güterverkehr der in einem Absatzkanal zusammenarbeitenden Unternehmen (Stichwort: Supply Chain Management).

4. *Betriebswirtschaftliche L. (= Unternehmens-L.).* Unternehmen, deren Hauptzweck in der Erbringung logistischer Leistungen liegt, nennt man L.-Unternehmen, synonym oft L.-Betriebe; z.B. Verkehrs-, Speditions-, Lagerhaltungs-, Verpackungsbetriebe, Stauereien. Alle übrigen Unternehmen (Industrie-, Handels- und sonstige Dienstleistungsunternehmen) beinhalten logistische Systeme als Subsysteme. Diese logistischen Subsysteme lassen sich aufgrund der verschiedenen Phasen des Güterflusses unterteilen in die Bereiche Beschaffungs-L., Produktions- (od. innerbetriebliche) L., Distributions- (od. Marketing-) L. und Entsorgungs-L. Insbesondere in Industrieunternehmen bildet die L. eine Querschnittsfunktion zu den Grundfunktionen Forschung und Entwicklung, Beschaffung, Produktion und Absatz, die den übrigen Querschnittsfunktionen wie Personalwirtschaft, Anlagenwirtschaft und Finanzierung gleichzusetzen ist.

5. *Bedeutung der betriebswirtschaftlichen L.*
Seit einigen Jahrzehnten findet in den industriell hoch entwickelten und marktwirtschaftlich orientierten Staaten ein fortschreitender Übergang von Verkäufer- zu Käufermärkten, verbunden mit einer bedeutenden Ausweitung des Welthandels („Globalisierung der Märkte", dadurch längere Transportwege), statt. Bei Käufermärkten kommt der Flexibilität der Unternehmen wachsende Bedeutung zu: nur so können sie kurzfristig auf Veränderungen der Umwelt (von Käuferwünschen) reagieren. Flexibilität in Produktion und L. erreicht man dadurch, dass die Produktions- und L.-entscheidungen näher an den Zeitpunkt der Kaufentscheidungen herangerückt werden. Dies bedeutet einen Aufschub der → Fertigung, bis Klarheit über die vom Käufer gewünschten Produkte besteht, und setzt u.a. kleinere Fertigungslose und zentrale Lagerhaltung, verbunden mit einer schnellen und zuverlässigen Auslieferung (Lieferservice), voraus. Dem gestiegenen Wettbewerbs- und Kostendruck begegneten die Unternehmen in der Vergangenheit durch laufende Rationalisierung, vorwiegend im Produktionsbereich. Rationalisierungsmöglichkeiten werden aber außer im Bereich der Verwaltung v.a. noch im L.-Bereich gesehen; dessen Kosten betragen je nach Branche zwischen 10% und 25% vom Umsatz (s. Pfohl 1996, S. 50ff.).

6. *Rationalisierungsmöglichkeiten in der Unternehmens-L.* Eine der Voraussetzungen für den Erfolg Kosten senkender Maßnahmen im L.-Bereich ist die Abkehr von der abteilungsspezifischen Sicht betrieblicher Transport-, Lager- und Umschlagsprobleme (L. angesiedelt sowohl im Beschaffungs-, im Produktions- wie im Absatzbereich) und damit die Hinwendung zu einer Betrachtung der Güterflüsse und -bestände als Gestaltungsobjekte eines bereichsübergreifenden logistischen Systems des Unternehmens, das in seiner Bedeutung mit den Systemen der Personalwirtschaft, der Anlagenwirtschaft und der Finanzwirtschaft vergleichbar ist.
Ferner ist eine verbesserte *L.-Kostenrechnung* erforderlich (s. Weber und Kummer

1994, S. 72ff.). Die →Kostenrechnung der meisten Unternehmen ist noch einseitig auf den Produktionsbereich ausgerichtet. Das hat zur Folge, dass nicht alle durch den Ablauf logistischer Prozesse verursachten Kosten als L.-Kosten erkannt werden.
Wesentliche Effizienzsteigerungen bringen *L.-Informationssysteme* mittels EDV (→ elektronische Datenverarbeitung). Die moderne EDV ermöglicht eine detaillierte Erfassung der Transport-, Lager- und Umschlagvorgänge sowie -kosten im Unternehmen. Sie ermöglicht es auch, alle diese Vorgänge vom Lieferanten quer durch das Unternehmen bis zum Kunden zu erfassen und in einem zusammenhängenden System zu steuern und zu koordinieren (s. Pfohl 1996, S. 87ff.).
Zur *Optimierung logistischer Systeme* stehen Methoden des →*Operations Research* zur Verfügung. Verfahren zur Transport-, Touren-, betrieblichen wie innerbetrieblichen Standortplanung sowie Hinweise auf für zahlreiche Anwendungen verfügbare Software findet man in Domschke und Drexl 1995-97. Zu Fragen der Optimierung von Lagerbeständen vgl. Tempelmeier 1995 sowie Domschke et al. 1997.

Literatur: *W. Kirsch* et. al., Betriebswirtschaftliche Logistik. Wiesbaden 1973. *G. B. Ihde*, Transport, Verkehr, Logistik. 2. A., München 1991. *J. Weber/ S. Kummer*, Logistikmanagement. Stuttgart 1994. *H. Tempelmeier*, Material-Logistik. 3. A., Berlin u.a. 1995. *H.-C. Pfohl*, Logistiksysteme. 5. A., Berlin u.a. 1996. *W. Domschke* (und *A. Drexl*), Logistik, Bd. I-III. 4. A., München-Wien 1995-97. *W. Domschke/ A. Scholl/ S. Voß*, Produktionsplanung. 2. A., Berlin u.a. 1997.
Prof. Dr. W. Domschke, Darmstadt

logistisches Wachstum

Charakteristisch für die logistische → Funktion ist ihre asymptotische Annäherung an eine Obergrenze. Diese Modellvorstellung wurde vom Populationswachstum beim Pflanzen und Tiere für das Bevölkerungswachstum übernommen; sie diente hier vor allem einer Formalisierung der Aussagen von Malthus. Die Vorstellung von Obergrenzen (checks and bounds) spielt neuerdings bei ökologischen →Modellen eine Rolle, bei denen z.b. die Umweltverschmutzung eine solche Obergrenze bildet. Bild einer logistischen Kurve generell:

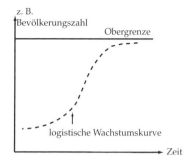

z. B.

Lohmann-Ruchti-Effekt

die durch Produktverkäufe frei werdenden →Abschreibungen und die damit angeschafften Anlagen verursachen einen Erweiterungseffekt der → Kapazitäten. Durch den L. kann allerdings nur die Periodenkapazität und nicht die Totalkapazität erweitert werden.

Beispiel: 10 Maschinen zum →Anschaffungswert von je 10 000 Euro und einer → Nutzungsdauer von je 5 Jahren werden linear abgeschrieben. Die Abschreibungen werden laufend reinvestiert. Es ergibt sich eine Erweiterung der Kapazität bei etwa gleich bleibendem Kapitaleinsatz.

Jahre	Anzahl der Maschinen	Gesamtwert der Anlagen	Summe der Abschreibungen	Reinvestitionen	Abschreib.-Rest
1	10	100 000	20 000	20 000	-
2	12	100 000	24 000	20 000	4 000
3	14	96 000	28 000	30 000	2 000
4	17	98 000	34 000	30 000	6 000
5	20	94 000	40 000	40 000	6 000
6	14	94 000	28 000	30 000	4 000

Kritisch ist offenbar die Verminderung der Maschinen im sechsten Jahr von 20 auf 14 Maschinen.

Lohn

⇒Arbeitslohn
Volkswirtschaftlich ist der L. der →Preis

für den →Produktionsfaktor Arbeit. Betriebswirtschaftlich ist L. das Arbeitsentgelt für Arbeiter, im Gegensatz zum Gehalt für Angestellte- Im L. sind neben dem Grundlohn Zulagen (z.b. Schmutzzulage) und Zuschläge (z.b. Sonn- und Feiertagsarbeitszuschläge) enthalten. Der in der Lohnbuchhaltung ermittelte Bruttolohn wird durch einbehaltene Abzüge (Steuern, Versicherungsprämien etc.) zum Nettolohn. Als Kostengröße (→ Kosten) ist betriebswirtschaftlich nicht allein der Bruttolohn maßgeblich, sondern dieser ist zusammen mit den sog. Lohnnebenkosten, die den Bruttolohn in der Bundesrepublik wesentlich in der Höhe übersteigen können, zu den gesamten Lohnkosten pro Arbeitnehmer zu addieren.

Lohndrift

⇒a wage drift
als Bruttodrift die Differenz je Periode zwischen Änderungsraten von Tariflohnsätzen und Effektivlohnsätzen. So ist die L. dann positiv, wenn die →Wachstumsraten der Effektivlohnsätze größer als die der Tariflohnsätze sind. Schwierigkeiten bereitet die genaue Messung der Tariflohnänderungen, weil i.d.R. nur die Grundlöhne der im →Zeitlohn Beschäftigten erfasst werden. Die Nettood. „echte" L. ist die tatsächlich nicht tarifvertraglich fundierte Drift.

Die Kenntnis der L. wäre z.B. für eine staatliche →Lohnpolitik von besonderer Bedeutung.

Lohneinkommen

⇒Arbeitnehmereinkommen
⇒Einkommen aus unselbstständiger Tätigkeit
→Einkommen.

Lohnflexibilität

besondere Form der Preisflexibilität, nämlich beim Lohn. I.Ggs. zur →Lohnstarrheit führt bei L. z.B. eine Zunahme der Unterbeschäftigung zu niedrigeren Löhnen, die bewirken, dass die Unterbeschäftigung viel maßvoller ausfällt als bei Lohnstarrheit. Voraussetzung der L. ist, dass die Marktkräfte zur Entfaltung kommen und nicht durch zu hoch angesetzte Tariflöhne (→Tarifvertrag) behindert werden.

Lohn-Gewinn-Funktion

zur Bestimmung der Einkommensverteilungsposition (→ Einkommensverteilung) zieht man anstelle der →Lohnquote die Lohn-Gewinn-Relation heran:

$$V = \frac{\dfrac{\text{Lohneinkommen}}{\text{Anzahl der Unselbstständigen}}}{\dfrac{\text{Gewinneinkommen}}{\text{Anzahl der Selbstständigen}}}$$

.Die eigentliche L. ist nun die funktionale Abhängigkeit des Lohnes vom Gewinneinkommen (→Einkommen) im Zeitablauf: so weist der Einkommensanteil für die Unselbständigen immer dann einen relativ hohen Wert auf, wenn die Konjunktur (→Konjunkturtheorie) rückläufig ist. Andererseits sank die L. in der Bundesrepublik fast ununterbrochen in der Zeit zwischen 1950 und 1970.

Lohnkosteninflation

⇒wage push inflation
Die Lohnsteigerungen werden für die Preissteigerungen als ursächlich betrachtet. Verbunden ist damit die Vorstellung, die Lohnsteigerungen seien eine Folge der Gewerkschaftsmacht. Diese Inflationserklärung ist ebenso einseitig wie die Gewinndruckhypothese (→Gewinninflation). S. →Inflationstheorie.

Lohn lag-Hypothese

⇒wage lag hypothesis
In der ersten Expansionsphase, wenn hohe Produktivitätszuwächse die Stückkosten (→ Kosten) senken, diese Kostensenkungen aber nicht im →Preis weitergegeben werden, steigen die Unternehmensgewinne rasch an, die Einkommen aus unselbständiger Arbeit folgen aber der Entwicklung der →Produktivität erst mit einer gewissen zeitlichen Verzögerung. Dieses konjunkturabhängige Nachhinken der →Arbeitnehmereinkommen hinter den Bruttoeinkommen aus Unternehmertätigkeit und →Vermögen bezeichnet man als Lohn-lag. Ein Aufholen der Löhne zu einem Zeitpunkt, da die Konjunktur (→ Konjunkturtheorie) bereits in eine Überhitzung übergeht, wird zu einer weiteren Ursache für Preissteigerungen. →Inflationstheorie, 2., a).

Lohnnebenkosten

Zusätzlich zum Arbeitsentgelt vom Arbeitgeber zu tragende Lohnkosten. Die L. umfassen gesetzlich vorgeschriebene wie auch tarifvertraglich vereinbarte und freiwillige betriebliche Leistungen. a) Gesetzlich vorgeschriebene Leistungen: Sozialversicherungsbeiträge des Arbeitgebers, Beiträge zur Berufsgenossenschaft, Aufwendungen nach dem Mutterschutzgesetz und dem Schwerbehindertengesetz, bezahlte Feiertage und sonstige Ausfalltage. b) Tarifvertraglich vereinbarte und freiwillige betriebliche Leistungen: Urlaub einschließlich Urlaubsgeld, Sonderzahlungen (Gratifikationen, 13. Monatsgehalt), betriebliche Altersversorgung, Vermögensbildung, Familienbeihilfen, Aus- und Weiterbildung, Betriebsverpflegung.

Lohnpolitik

Gesamtheit der Maßnahmen und wirtschaftspolitischen Aktivitäten des Staates und an der Lohnbildung beteiligten Parteien, die auf die Lohnbildung, die Lohnhöhe und →Lohnstruktur gerichtet sind. Staatliche L.: In der Bundesrepublik beschränkt sie sich weitgehend auf →Einkommenspolitik und auf Vermittlung und Schlichtung von Arbeitskämpfen. L. der Tarifparteien: Abschluss von →Tarifverträgen nach Verhandlungen und eventuell Arbeitskämpfen im Rahmen der →Tarifautonomie bei unterschiedlichen Zielsetzungen der Gewerkschaften (Veränderung der →Einkommensverteilung zugunsten der Mitglieder u.a.) und →Arbeitgeberverbänden (Betonung des Lohnes als Kostenfaktor).
Betriebliche L.: unternehmensinterne Gestaltung der Lohnstruktur meist unter Einbeziehung übertariflicher Lohnkomponenten.
Die bisherigen Konzepte der L. dienen meist der Stützung bestimmter Positionen: so vertreten die Arbeitgeber eher eine kostenneutrale L., die Gewerkschaften sprechen gerne von einer expansiven L., der sie eine Stärkung der →Kaufkraft in konjunkturell schwierigen Zeiten zusprechen. Insbesondere Vertreter der → Wirtschaftswissenschaft (z.B. im →Sachverständigenrat) argumentieren häufig mit der produktivitätsorientierten L.,

wonach Lohnerhöhungen mit entsprechenden Fortschritten der →Produktivität korrespondieren sollten. S. → Konjunkturpolitik.

Lohn-Preis-Spirale

inflationsverursachender od. -beschleunigender Prozess, bei dem Lohnerhöhungen automatisch zu Preiserhöhungen führen und umgekehrt.

Lohnquote

prozentualer Anteil der →Einkommen aus unselbstständiger Tätigkeit am → Volkseinkommen. Die tatsächliche L. ist das → Bruttoeinkommen aus unselbstständiger Tätigkeit in vH des →Volkseinkommens. Die bereinigte od. rechnerische L. berücksichtigt die Tatsache, dass seit Jahren der Anteil der →unselbstständig Beschäftigten an der →Erwerbsbevölkerung zunimmt, indem bei der Berechnung ein Basisjahr gewählt wird, von dem an man für die folgenden Jahre mit einem konstanten Anteil der unselbstständig Beschäftigten rechnet, die L. der Folgejahre also „bereinigt". Die reale L. ist eine um die →Inflationsrate „bereinigte" L.
Neben den methodischen Problemen der Erfassung der bereinigten od. rechnerischen L. wird die Aussagefähigkeit vor allem auch in verteilungspolitischen Auseinandersetzungen durch die Querverteilung stark eingeschränkt. Unter Querverteilung wird verstanden, dass ein →Wirtschaftssubjekt, z.B. ein leitender Angestellter, Faktoreinkommen (→ Einkommen) aus mehreren Faktorquellen bezieht. Schließlich sei noch auf die Konjunkturabhängigkeit der L. hingewiesen: Da die →Gewinne im Konjunkturaufschwung (→ Konjunkturtheorie) empfindlicher reagieren als die Löhne, sinkt die L. im Aufschwung. Die L. steigt im Abschwung, wiederum weil die Gewinne konjunkturempfindlicher sind als die Löhne.

Lohnrigidität

→Lohnstarrheit.

Lohnsatz

→Preis für eine Stunde →Arbeit.

Lohnstarrheit

→Lohnrigidität
Der Nominallohn ist aufgrund institutioneller Gegebenheiten (z.B. vertragliche Fixierung, gesetzliche Mindestlöhne etc.) nach unten nicht flexibel, also starr. L. kann zu einer konjunkturellen Unterbeschäftigung führen. Die durch L. bedingte Unterbeschäftigung wird auch als Mindestlohn-Arbeitslosigkeit bezeichnet. → Unterbeschäftigungsgleichgewicht.

Lohnsteuer

Die L. (§§ 38-42f EStG) wird bei →Einkünften aus unselbstständiger Tätigkeit auf den Arbeitslohn im →Quellenabzugsverfahren erhoben. Sie ist eine Sonderform der →Einkommensteuer.

Lohnstruktur

relative →Lohnsätze od. Lohneinkommen (→Einkommen) pro Zeiteinheit in Bezug auf Regionen, Branchen, Unternehmungen und Merkmale der Person, die den Lohn erhält (z.B. Qualifikation). Eine befriedigende Theorie der L., welche die Lohnunterschiede erklären könnte, gibt es nicht.

Lohnsummensteuer

eine zum 1.1.1980 abgeschaffte Sonderform der →Gewerbesteuer. Sie sollte einen Ausgleich von Lasten ermöglichen, die die Betriebe verursachen, war also eine standortbedingte Belastung für den Betrieb, belastete lohnintensive Betriebe stärker als kapitalintensive und war durch ihre Unabhängigkeit vom →Betriebsergebnis konjunkturell nicht neutral, sondern besonders belastend bei sich verschlechternden Ergebnissen.

Lohnveredelung

Form der aktiven Veredelung, die im Sinne des Zollrechts die zollbegünstigte Be- od. Verarbeitung bzw. Ausbesserung von Waren meint. Bei der L. werden die Veredelungsarbeiten für eine außerhalb des Zollgebiets ansässige Person auf deren Rechnung od. unentgeltlich ausgeführt.

Lohnzusatzkosten

Die auch als „zweiter Lohn" bezeichneten L. (Lohnnebenkosten) gliedern sich in gesetzliche, tarifliche und betriebliche Kosten (Sozialleistungen). Zusammen mit dem →Direktlohn bilden sie die Personal- oder Arbeitskosten des Betriebes. Sie sind in einigen Branchen (Banken, Versicherungen) schon fast so hoch wie der Direktlohn.

Gesetzliche Personalzusatzkosten

- Sozialversicherungsbeiträge der Arbeitgeber
- bezahlte Feiertage und sonstige Ausfallzeiten
- sonstige gesetzliche Personalzusatzkosten (Versicherung gegen Betriebsunfälle und Berufskrankheiten, Mutterschutzgesetz)

Tarifliche und betriebliche Personalzusatzkosten

- Urlaub, einschließlich Urlaubsgeld
- Sonderzahlungen (Gratifikationen, 13. Monatsgehalt usw.)
- betriebliche Altersversorgung
- Vermögensbildung
- sonstige Personalzusatzkosten (Familienbeihilfen)

---

lombardfähig
Eigenschaft von →Wertpapieren, zur Beleihung durch die →Bundesbank fähig zu sein. →Lombardpapiere.

Lombardkredit
→Finanzierung
→Lombardpapiere
Kredit der →Bundesbank an →Banken in Form der Beleihung von →lombardfähigen Wertpapieren.

Lombardpapiere
eigentlich: zum Lombard, d.h. zur Beleihung durch die →Bundesbank, fähige → Wertpapiere im Besitz der →Banken. Die jeweils beleihbaren Wertpapiere sind im Lombardverzeichnis der Bundesbank eingetragen. Nach § 19 BBkG sind grundsätzlich zugelassen: rediskontfähige → Wechsel und →Schatzwechsel mit einer Maximallaufzeit von drei Monaten, →U-Schätze sowie bestimmte Staatsschuldverschreibungen (→ Schuldverschrei-

bung), Schuldbuchforderungen und ins Schuldbuch eingetragene →Ausgleichsforderungen. Festlegung der qualitativen Anforderungen an die L. und deren jeweilige Beleihungsgrenzen sind wesentliche Elemente der →Lombardpolitik.

Lombardpolitik
1. *Begriff*. Die L. wird neben der →Diskontpolitik zu den klassischen Instrumenten der *Refinanzierungspolitik* der → Notenbank gezählt. Technisch gesehen stellt die Zentralbank im Rahmen der K. den Kreditinstituten auf deren Initiative auf kurze Frist zusätzliche Zentralbankguthaben im Wege pfandgesicherter verzinslicher Darlehen zur Verfügung. Manche Notenbanken gewähren →Diskont- und →Lombardkredite zu gleichen Zins- und Laufzeitbedingungen, so dass zwischen Diskontpolitik und L. praktisch nicht mehr unterschieden wird. Bei anderen Zentralbanken, wie z.B. im Falle der Deutschen Bundesbank, stellte die L. dagegen ein eigenständiges Instrument der Geldpolitik dar.

2. *Lombardgeschäft der Deutschen Bundesbank*. Gemäß § 19 BBkG durfte die Bundesbank den Kreditinstituten verzinsliche Kredite gegen Verpfändung von bestimmten Wertpapieren und Schuldbuchforderungen einräumen. Die als *Lombardpapiere* zugelassenen Pfänder und ihre jeweiligen Beleihungsgrenzen waren im BBkG festgelegt. Danach konnte die Bundesbank die folgenden Lombardpfänder beleihen:
- rediskontfähige → Wechsel und → Schatzwechsel mit einer Maximallaufzeit von drei Monaten
- unverzinsliche Schatzanweisungen,
- →Anleihen und Schuldbuchforderungen öffentlicher Schuldner sowie andere von der Bundesbank bestimmter Emittenten (→Emission)
- ins Schuldbuch eingetragene Ausgleichsforderungen.

Die Lombardkreditgewährung war gesetzlich auf längstens drei Monate beschränkt. Als Darlehenszins legte die Bundesbank den sog. *Lombardsatz* fest. Dieser lag üblicherweise mindestens 1/2 Prozentpunkt oberhalb des Diskontsatzes. Hierin kam der Sondercharakter des

Lombardkredits zum Ausdruck. Die Bundesbank gewährte nämlich Lombardkredite grundsätzlich nur dann, wenn es sich um die kurzfristige Überbrückung eines vorübergehenden Liquiditätsbedürfnisses des kreditnachfragenden Instituts handelte und keine Bedenken gegen den Zweck der Kreditaufnahme bestanden. Lombardentnahmen sollten daher kontokorrentmäßig in Anspruch genommen werden.

Die tatsächliche Handhabung des Lombardgeschäfts war seit Anfang der siebziger Jahre mehrfach Änderungen unterworfen. So hat die Bundesbank den Lombardkredit zeitweilig mengenmäßig beschränkt, wenn die Lombardfazilität von den Kreditinstituten revolvierend über längere Zeiträume hinweg in Anspruch genommen wurde und ein eher restriktiver geldpolitischer Kurs angezeigt erschien. Zu diesem Zweck führte sie vorübergehend „Lombard-Warnmarken" od. „Lombardlinien" ein, die in Anlehnung an die Rediskontkontingente (→ Diskontpolitik) instituts-individuell festgesetzt wurden. Wiederholt setzte die Bundesbank auch das herkömmliche Lombardgeschäft völlig aus, um an seiner statt sog. *Sonderlombardkredit* zu gewähren. Dieser konnte jederzeit eingestellt werden und war zu einem tatsächlich veränderlichen, über dem normalen Lombardsatz liegenden *Sonderlombardsatz*, zu verzinsen. Ab Februar 1985 verwies die Bundesbank die Kreditinstitute bei der Beschaffung zusätzlicher Zentralbankguthaben stärker als bis dahin üblich auf die von ihr ausgeschriebenen →Pensionsgeschäfte mit Rückkaufsvereinbarung über lombardfähige festverzinsliche Wertpapiere (→Offenmarktpolitik). Diese stellt sie in rascher Folge zu Zinssätzen unterhalb des Lombardsatzes zur Verfügung. Damit gelang es der Bundesbank, die Inanspruchnahme der Lombardfazilität im Sinne der ursprünglichen Zweckbestimmung des Lombardkredits auf kleine Entnahmebeträge und echte Ausnahmefälle zu beschränken.

3. *Zinswirkungen.* Der Lombardkredit stellt, solange er nicht ausgesetzt od. mengenmäßig beschränkt wird, ein verlässliches „Notventil" dar, über das sich die Kreditinstitute bei vorübergehenden Liquiditätsengpässen in eigener Initiative kurzfristig Zentralbankguthaben bei der Notenbank beschaffen können. Daher bildet der Lombardsatz häufig eine Art Obergrenze für den Tagesgeldsatz am Bankengeldmarkt (→Geldmarkt). Unter normalen Bedingungen ist nämlich keine Bank bereit, im Geldhandel unter Kreditinstituten höhere Zinsen zu zahlen, als sie die Bundesbank bei der Lombardkreditgewährung in Rechnung stellt. Nur in Ausnahmefällen, in denen die Kreditinstitute in ihrer Gesamtheit in ungewöhnlich hohem Maße vom Lombardkredit abhängig werden, kann der Tagesgeldsatz merklich über den Lombardsatz steigen, da in einer solchen Situation zahlreiche Institute vermeiden wollen, längere Zeit auf den Lombard zurückzugreifen. Refinanzieren sich viele Banken gleichzeitig über die Lombardfazilität, wird der Lombardsatz zur Untergrenze des Tagesgeldsatzes, da bei eines solchen Konstellation ein Mittelangebot am →Geldmarkt bereitwillig von Banken aufgenommen wird, die ihre Lombardverpflichtungen zurückführen wollen. Durch Änderungen des Lombardsatzes kann die Zentralbank angesichts seines Bedeutung für den Zinsbildungsprozess am Geldmarkt den Tagesgeldsatz recht genau im geldpolitisch erwünschten Sinne steuern. Sie wirkt auf diese Weise mittelbar auch auf die kurzfristigen Termingeldsätze ein, in denen sich die Erwartungen der Banken über die künftige Entwicklung des Lombardod. Tagesgeldsatzes widerspiegeln. In Deutschland ging diese Orientierungsfunktion des Lombardsatzes seit Februar 1985 z.T. auf die bei →Pensionsgeschäften berechneten Sätze über. Die Bundesbank hat den Lombardsatz in der Vergangenheit häufig geändert und über längere Zeiträume hinweg beträchtlich schwanken lassen, um geldpolitische Kurskorrekturen durchzuführen. Dabei erreichte der Lombardsatz wiederholt einen Tiefstwert von 3 1/2%; der Höchststand betrug 9 3/4% (Dezember 1991 bis September 1992), für Sonderlombardkredite wurde im Jahre 1981 sogar ein historischer Spitzensatz von 12% berechnet.

4. *Liquiditätswirkungen.* Durch Verknappung od. Verbreiterung ihres Angebots an Lombardkrediten kann die Zentralbank ohne Verzögerung eintretende Versteifungs- bzw. Lockerungswirkungen am Bankengeldmarkt erzielen. Da die Lombardfazilität die Rolle eines letzten Refinanzierungsrückhalts für die Kreditinstitute spielt, reagieren die Banken besonders empfindlich, wenn die Zentralbank die Aufnahme von Lombardkrediten durch „Abmahnverfahren" erschwert od. unmittelbaren mengenmäßigen Beschränkungen unterwirft. Dies äußert sich typischerweise in abrupten und außergewöhnlichen Schwankungen der Geldmarktsätze, Unsicherheiten od. kräftigen Ausschlägen in der Zinsbildung an den nachgelagerten Einlagen-, Kredit- und →Kapitalmärkten und einer rasch nachlassenden Bereitschaft der Banken, Wertpapiere zu erwerben od. zusätzliche Kredite zu gewähren. Die Bundesbank hat daher in besonderen Ausnahmefällen und über kürzere Zeiträume den Lombardkredit kontingentiert od. völlig ausgesetzt. So suspendierte sie zuletzt Ende Februar/ Anfang März 1981 tageweise den damals eingeführten Sonderlombardkredit, um übermäßige Geld- und Kapitalexporte rasch und wirksam zu bremsen.

5. *Lombardpolitik der EZB.* Das Instrumentarium der Europäischen Zentralbank (EZB) umfasst eine sog. Spitzenrefinanzierungsfazilität, die sich kaum vom Lombardkredit unterscheidet. Insbesondere bildet deren Zinssatz i.a. die Obergrenze für den Tagesgeldsatz am Unterbankenmarkt.

Literatur: *Deutsche Bundesbank*, Die Geldpolitik der Bundesbank. Frankfurt a.M. 1995. *D. Dickertmann/ A. Siedenberg*, Instrumentarium der Geldpolitik. 5. A., Düsseldorf 1994. *H.-J. Dudler*, Geldpolitik und ihre theoretischen Grundlagen. Frankfurt a.M. 1984.

Dr. H.-J. Dudler, Frankfurt a.M./
Prof. Dr. J. Franke-Viebach, Siegen

Lombardsatz
→ Zinssatz auf Jahresbasis für → Lombardkredite, durch die →Deutsche Bundesbank beliehene → Wertpapiere (→

Lombardpapiere) der →Banken. Der L. ist Instrumentvariable der →Lombardpolitik. Er liegt meist mindestens 1/2 Prozentpunkt über dem →Diskontsatz.

Lomé-Abkommen
⇒Lomé I - IV.

Lomé I - IV
⇒Lomé-Abkommen
bislang vier Abkommen von Lomé (Togo). Kooperationsabkommen der →Europäischen Gemeinschaft (EG) mit außereuropäischen Staaten Afrikas, des Karibischen und Pazifischen Raumes (AKP-Staaten). Lomé I: Abkommen der EG mit 46 AKP-Staaten vom 28.2.1975 für 5 Jahre mit Regelungen über den freien Zugang zu den EG-Märkten für alle gewerblichen und viele landwirtschaftliche Erzeugnisse, über die Stabilisierung der Exporterlöse (STABEX) und über EG-Entwicklungshilfe. Lomé II: Abkommen der EG mit 58 AKP-Staaten vom 31.10.1979 für 5 Jahre mit Regelungen über die Erweiterung des STABEX-Systems auf 44 Produkte, über eine Finanzierungsfazilität für 7 Bergbauerzeugnisse (SYSMIN) - als Ergänzung des STABEX-Regelung - und über eine Erhöhung der Entwicklungshilfe. Lomé III: Abkommen der EG mit 66 AKP-Staaten vom 8.12.1984 für 5 Jahre mit Regelungen über die Ausweitung auf 46 Agrarerzeugnisse, eine Aufstockung der Mittel für STABEX und SYSMIN sowie weitere Verbesserungen des gesamten Vertragswerkes. Lomé IV: Abkommen der EG mit 69 AKP-Staaten vom 15.12.1989 für 10 Jahre (1990-2000). Fortschritte: Ausweitung der Produktliste bei STABEX (49) und SYSMIN (9), Erhöhung des Mittelvolumens und Vergabe als Zuschüsse sowie Aufnahme von Maßnahmen zur Strukturanpassung.

Londoner Schuldenabkommen
Abkommen vom 27. Februar 1953, das die Anerkennung und Tilgung deutscher Auslandsschulden einschließlich der US-Wirtschaftshilfe regelte. Entscheidend war, dass die Rückzahlung nicht durch die bei der →Kreditanstalt für Wiederaufbau (KfW) eingehenden Zins- und Tilgungszahlungen, sondern schrittweise bis zum Jahre 1971 (vorzeitig) aus Mitteln

des Bundes erfolgte. Damit blieben die Gegenwertmittel (Counterpart funds) erhalten und die KfW sowie die Deutsche Ausgleichsbank konnte die revolvierende Vergabe von Krediten aus dem ERP-Programm bis heute fortsetzen.

long run time horizon
⇒langfristiger Zeithorizont
→Zeithorizont.

Lorenzkurve
Für die Messung und graphische Darstellung der →personellen Einkommensverteilung wurde von Pareto, Gibrat, Lorenz und anderen Autoren eine Reihe von statistischen Verteilungsmaßen entwickelt. Dabei dient regelmäßig die Normal- od. die Gleichverteilung der Einzeleinkommen als Vergleichsgrundlage. In Abb. 1 demonstriert die Glockenkurve A eine Normalverteilung, in Abb. 2 die Diagonale A eine Gleichverteilung der individuellen →Einkommen.
Die in Abb. 1 durch die Glockenkurve A dargestellte Normalverteilung ist eine symmetrische → Häufigkeitsverteilung. Auf der Waagrechten ist die absolute Höhe des Einzeleinkommens (y), auf der Senkrechten die absolute Zahl der Personen (n) abgetragen, die ein Einkommen dieser Höhe beziehen. Bei einer Normalverteilung ist der häufigste Wert der Einzeleinkommen unter der Annahme y_{min} = 0 gleich der Hälfte des maximalen Einzeleinkommens. Die tatsächliche personelle Einkommensverteilung weicht regelmäßig von der Normalverteilung ab. In Abb. 1 ist die Häufigkeitsverteilung B asymmetrisch. Sie ist im Vergleich

zur Glockenkurve A linkssteil od., was dasselbe besagt, sie ist rechtsschief. Die Kurve B ist im Vergleich zur Normalverteilung A nach links gestaucht. Der häufigste Wert der Einzeleinkommen (y^*) ist derart kleiner als die Hälfte des maximalen individuellen Einkommens (y_{max}). Die häufigsten Einzeleinkommen liegen also in Wirklichkeit nicht im mittleren, sondern im unteren Drittel der Einkommensskala. Diese Tatsache findet in den Theorien der personellen Einkommensverteilung zahlreiche Begründungen.
In Abb. 2 wird die durch die L. B abgebildete faktische Verteilung nicht, wie in Abb. 1, mit der Normalverteilung verglichen, sondern mit der Gleichverteilung, dargestellt durch die Diagonale A. Auf der Waagrechten ist der prozentuale Anteil (%N) der Zahl aller Personen, deren Einkommen zwischen Null und einem bestimmten Wert liegt, an der Gesamtzahl (N) aller Einkommensbezieher abgetragen, auf der Senkrechten der prozentuale Anteil (%Y) dieser Personen am gesamten → Volkseinkommen (Y). Dabei werden die Individuen „von unten nach oben" kumuliert. Wären alle Einzeleinkommen gleich, dann würde die L. B mit der Diagonalen A zusammenfallen. Bei Gleichverteilung hätten x% der Einkommensbezieher immer auch x% des Volkseinkommens. Die faktische Einkommensverteilung ist aber keine Gleichverteilung: Die L. verläuft unterhalb der Diagonalen, und die Abweichung zwischen beiden Kurven ist umso größer, je stärker die Einzeleinkommen voneinander abweichen. Als Maß für die

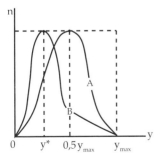

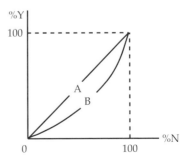

faktische Ungleichheit der Einzeleinkommen kann darum das Verhältnis der
Fläche zwischen den Kurven A und B zur
Fläche unter A genommen werden. Dieses Verteilungsmaß ist der →Gini-Koeffi-
zient. Der Gini-Koeffizient ist bei
Gleichverteilung gleich Null und bei extremer Ungleichverteilung gleich eins. Je
größer also der Gini-Koeffizient, umso
größer die Abweichung der faktischen
Verteilung von der Gleichverteilung der
individuellen Einkommen.
Literatur: *G. Blümle*, Theorie der Einkommensverteilung. Eine Einführung. Berlin-
Heidelberg-New York 1975.
Prof. Dr. G. Schmitt-Rink, Bochum

Losgröße
die von einem Aggregat (z.B. auf einer
Maschine) produzierte Menge eines Produktes, wenn mit diesem Aggregat verschiedene Produkte hergestellt werden
können. Um die optimale Verteilung der
→Fertigung verschiedener Produkte im
Zeitablauf zu bestimmen, wird die optimale L. berechnet. Dabei werden annähernd konstante Absatzmenge, konstante Rüstkosten und zur gelagerten
Menge proportionale Lagerkosten angenommen. Dann lautet die Formel zur Bestimmung der optimalen L.:

$$x_{opt} = + \sqrt{\frac{2k_f \cdot U}{k_v \cdot z}}$$

(k_f = losfixe Herstellkosten, also Rüstkosten; U = Gesamtabsatz pro Periode;
k_v = losvariable Herstellkosten; z =
Zinssatz, auf die Periode bezogen).
Unter Aufgabe der unterschiedlichen
Annahmen wurden zunehmend komplexe Optimierungsrechnungen für die L.
vorgenommen. Dies führt zu einer in die
Produktionsprogramm- und -ablaufpla-
nung integrierten L.-nplanung.

Louvre-Abkommen
Vereinbarung der Regierungen und Zentralbanken der sieben bedeutendsten Industrieländer (G7) vom 22.2.1987 zur
Stabilisierung der Wechselkurse. Dies
soll durch eine gegenseitige Abstimmung der Wirtschafts-, Finanz- und
Geldpolitiken erreicht werden.

LPG
→Agrarpolitik.

LSP
Abk. für: Leitsätze für die Preisermittlung aufgrund von Selbstkosten. Vorschriften über die Art und Weise der
Preisbildung bei der Vergabe der öffentlichen Aufträge (vgl. PR 7/67 vom 12.12.
1967 (BAnz Nr. 237) und PR 1/72 vom 6.
3.1972 (BGBl. I 293)). In den L. sind geregelt: Geltungsbereich, Anforderungen an
das →Rechnungswesen, Mindestgliede-
rungsschema für die →Kalkulation des
Selbstkostenpreises und insbesondere
die Erfassung der sog. kalkulatorischen
Kosten (→Kosten) wie kalkulatorischer
Unternehmerlohn, kalkulatorische Abschreibungen (→Abschreibung) u.a.

Lump-sum-Steuer
⇒*Pauschalsteuer*.

Lundberg lag
Zeitabstand zwischen einer Nachfrage-
änderung und - in Reaktion darauf - einer
Änderung des →Outputs.

Luxusgut
⇒*Prestigegut*.
⇒*Veblengut*.
→Gut.

Luxusguthypothese des Geldes
mit steigendem Realeinkommen (→Ein-
kommen) überproportional wachsende
Nachfrage nach Realkasse (→Kasse) begründet die Auffassung vom Geld als
„Luxusgut" (→Gut). Sie spielt in quantifi-
zierter Form eine gewisse Rolle im →
Friedman-Plan, Vorschlägen zur Reform
der Geldverfassung mit Regeln für die
jährliche Geldmengenexpansion (→Geld-
menge).

M 1
M steht als Symbol für →Geldvolumen, ⇒ Geldmenge. Die arabische Ziffer 1 zeigt in der →Geldmengenabgrenzung eine bestimmte Gesamtheit: Die Geldmenge M 1 umfasst den →Bargeldumlauf (ohne die Kassenbestände des Bankensektors), die Sichteinlagen (→Einlagen) der inländischen Nichtbanken bei den → Geschäftsbanken sowie bestimmte Zentralbankeinlagen. →M 2, →M 3.

M 2
M steht als Symbol für →Geldvolumen, ⇒ Geldmenge. Die arabische Ziffer 2 zeigt in der Geldmengenabgrenzung eine bestimmte Gesamtheit: Die Geldmenge M 2 beinhaltet die Geldmenge →M 1 zuzüglich der →Termineinlagen (mit einer Befristung bis unter vier Jahren). →M 1, →M 3.

M 3
M steht als Symbol für →Geldvolumen, ⇒ Geldmenge. Die arabische Ziffer 3 zeigt in der Geldmengenabgrenzung eine bestimmte Gesamtheit: Die Geldmenge M 3 besteht aus der Geldmenge →M 2 zuzüglich der →Spareinlagen mit gesetzlicher Kündigungsfrist. →M 1, →M 2.

Machttheorie
→Einkommensverteilungstheorie, 1.

Makler
ist, wer (gewerbsmäßig) den Abschluss von Verträgen vermittelt od. die Gelegenheit zum Abschluss von Verträgen nachweist. Je nachdem spricht man vom Vermittlungs-M. und Nachweis-M. Wird der M. öffentlich bestellt od. ist seine Tätigkeit öffentliche Aufgabe (Arbeitsvermittlung als praktisches Monopol der Arbeitsagentur), spricht man von einem →amtlichen M., übt er seine Tätigkeit frei im Rahmen der Gesetze aus, heißt er → freier M. I.Ggs. zum allgemeinen sog. Zivil-M. (z.B. Ehevermittler) ist der →Handels-M. ein M., der gewerbsmäßig Geschäfte vermittelt, die Gegenstand des Handelsverkehrs sind, insbesondere Waren, →Wertpapiere, Versicherungen. Besondere Arten des Handels-M. sind Versicherungs-M., Schiffs-M., Börsen-M. Der Börsen-M. vermittelt an der Börse Kauf und Verkauf von →Effekten (Wertpapieren) und Waren und führt dabei den Ausgleich der Kauf- und Verkaufsaufträge (Order) durch. Eine besondere Art des Börsen-M. wiederum ist der Kurs-M.: als Hilfsorgan des Börsenvorstandes ist er bei der Feststellung der Börsenkurse tätig und vermittelt im Übrigen Börsengeschäfte. Kein Handels-M. ist der Grundstücks- oder Immobilien-M., dessen Tätigkeit erlaubnispflichtig ist und in der M.- und Bauträgerverordnung geregelt ist.

Makroökonomik
⇒makroökonomische Theorie
i.e.S. die Einkommens- und Beschäftigungstheorie, i.w.S. generell gesamtwirtschaftliche Analyse. Im letzteren Sinne umfasst die M. die wirtschaftswissenschaftlichen Fachgebiete →Gesamtwirtschaftliches Rechnungswesen, Einkommens- und Beschäftigungstheorie (M. i.e. S.), Geld und Kredit, → Finanzwissenschaft, Außenwirtschaft, → Konjunktur und →Wachstum, Verteilung. M. versucht vor allem folgende zentrale Fragestellungen zu behandeln: Bestimmungsgründe für die Höhe des →Volkseinkommens und der Beschäftigung der →Produktionsfaktoren; Entstehungsgründe für Konjunkturabläufe od. für Phasen von Unterbeschäftigung; Ursache und Wirkung von →Inflation; Einflüsse staatlicher Aktivität; Bedeutung von Außenhandel (monetär und real); Wachstums- und Umweltfragen.

makroökonomisches Depositenangebot
→Geldangebotstheorie, 4.

makroökonomisches Geldangebot
→Geldangebotstheorie, 4.

makroökonomische Theorie
⇒Makroökonomik.

Management

1. *Träger und Funktionen des M.*

a. *Die institutionale Dimension des M.*

In institutionaler Sicht umfasst das M. einer Unternehmung (→ Unternehmenstheorie, 1.) die Träger der Führungstätigkeiten auf den verschiedenen hierarchischen Stufen der Leitungsstruktur. So identifiziert Dietger *Hahn* das M. einer Unternehmung mit den Personen, die „... aufgrund rechtlicher oder organisatorischer Regelungen die Befugnis besitzen, einzeln oder als Gruppe anderen Personen Weisungen zu erteilen, denen diese Personen zu folgen verpflichtet sind" (1996, S. 40). Im Allgemeinen unterscheidet man dabei zwischen dem Top-, Middle- und Lower-M. und versucht, die jeweiligen Besonderheiten dieser Führungsschichten herauszuarbeiten. Dabei stand und steht auch heute noch weitgehend der *oberste Führungskader* und seine Aufgaben im Mittelpunkt des Interesses, da diese Führungsgruppe letztlich für den Stand und die Entwicklung der Unternehmung verantwortlich ist. Diese Personengruppe hat dann die Aufgabe, die zukunftsumgreifenden *Strategien*, die künftige Erfolgspotentiale schaffen sollen (vgl. C. *Pümpin*, 1985), die *Strukturen*, die das Verhalten der Mitarbeiter kanalisieren und gratifizieren (vgl. G. *Schanz*, 1982, S. 10f.), sowie die sich weitgehend eigenständig entwickelnden *Kulturen* ihrer Unternehmung zu harmonisieren (vgl. K. *Bleicher*, 1996).

Daneben haben sich jedoch in den letzten Jahren auch Probleme des mittleren M. nachhaltig bemerkbar gemacht. Seine führungsmäßige Überlastung in der Mittlerposition zwischen strategisch orientierter Unternehmungsspitze und operativ agierender Basis haben nachhaltige Motivations- und Identifikationsprobleme erzeugt. Aber auch die grundsätzlichen Änderungen im organisatorischen Aufbau (→Organisation) von Unternehmungen - flache Konfiguration und Schaffung kleiner, relativ selbstständiger operativer Einheiten - und die rasanten technologischen Entwicklungen im Bereich der Information und Kommunikation, der Domäne des mittleren M., lassen heute noch schwer zu bewältigende Fragen für die Zukunft des mittleren M. offen.

b. *Die funktionale Dimension des M.*

Häufig wird M. auch mit einer Summe von explizit aufgezählten Funktionen wie Planen, Entscheiden, Organisieren, Führen, Kontrollieren, Beurteilen usw. gleichgesetzt. Auf einer höheren Abstraktionsstufe kann M. mit Hans Ulrich (1984, S. 114) als Gestaltung, Lenkung und Entwicklung sozialer Systeme definiert werden. „*Gestalten* bedeutet, eine Institution überhaupt zu schaffen und als zweckge-richtete handlungsfähige Ganzheit aufrechtzuerhalten ...". Auf diese Weise wird ein institutioneller Rahmen geschaffen, der es einem System ermöglicht, über seine Zweckerfüllung überlebens- und entwicklungsfähig zu bleiben. „Unter *Lenkung* verstehen wir das Bestimmen von Zielen und das Festlegen, Auslösen und Kontrollieren zielgerichteter Aktivitäten des Systems bzw. seiner Komponenten und Elemente" (1984, S. 115). Gestaltung und Lenkung sozialer Systeme lassen sich dabei „... als Aktivitäten im Rahmen eines langfristigen und nie vollendeten *Entwicklungsprozesses* der Institution" (1984, S. 120) auffassen. Die Entwicklung eines Systems ist somit teils das Ergebnis von Gestaltungs- und Lenkungsprozessen im Zeitablauf, teils erfolgt sie jedoch in sozialen Systemen auch eigenständig evolutorisch durch das intergenerative Erlernen von Wissen und Können, wie die Veränderung von Einstellungen. In dieses übergeordnete Verständnis über M. lassen sich dann die zumeist kursorisch aufgezählten Einzelfunktionen einordnen, wodurch ihr jeweiliger Charakter deutlich zum Ausdruck kommt.

Gestaltung, Lenkung und Entwicklung stellen Teilfunktionen des M. dar, die sich durch eine unterschiedliche zeitliche und inhaltliche Reichweite ihrer Wirkungen unterscheiden. In der Zuordnung dieser drei M.-funktionen auf die unterschiedlichen Führungsebenen - so fällt die Lenkungsfunktion zumeist schwerpunktmäßig in den Bereich des operativen M., die Entwicklungsfunktion ist hingegen dem strategischen M. zuzuordnen - kommt die jeweilige M.-philosophie zum Ausdruck.

2. Der M.-begriff im Wandel.
Die gegenwärtigen ökonomischen, sozialen und technologischen Bedingungen und Entwicklungen der relevanten Unternehmungsumwelten stellen das M. - insbesondere durch ihre ständig ansteigende *Komplexität und sich beschleunigenden Veränderungen* - vor bisher nicht gekannte Herausforderungen. Eingebunden in das Dilemma, ständig mehr Zeit zur Komplexitätsbewältigung zu benötigen, zugleich aber den Zeitdruck zunehmend turbulenter werdender Entwicklungen abzufangen, erweist sich das bisher erworbene Wissen über M. und seine verfügbaren Instrumente als nur bedingt in der Lage, diesen gewandelten Anforderungen zu entsprechen. Die Qualität des M. kann damit zum überlebenskritischen Faktor in der Existenz und Entwicklung einer Unternehmung werden. Die wesentliche Ursache hierfür dürfte in der einseitigen Betonung und Perfektionierung der - kurzfristig wirksam werdenden - Lenkungsfunktion des M. liegen, hinter die die Gestaltungs- und Entwicklungsfunktionen in der Prioritätenliste zurückweichen mussten. Es verwundert daher nicht, dass sich in letzter Zeit das kritische Augenmerk von Theorie und Praxis wieder verstärkt den Anforderungen und der Ausgestaltung des M. in der Unternehmung zugewendet hat. Dabei zeigen sich notwendigerweise *neue Entwicklungstrends*, die zugleich die bestehenden engen Verknüpfungen innerhalb der traditionellen Sichtweise vom M. als Funktion und als Institution sichtbar werden lassen.

3. Die Betonung der unternehmerischen Dimension des M.
Gegenwärtig zeichnet sich nun der Trend ab, dass den evolutorischen Kräften innerhalb des M. ein größerer Freiraum als bisher zugestanden wird. Statt des immer perfekteren Ausbaus von Systemen und Strukturen - der *harten* Faktoren des M.-instrumentariums - hat eine intensive Suche nach den *weichen* Faktoren des M., den Fähigkeiten, Kenntnissen und Einstellungen, die in den Mitgliedern der Unternehmung vorhanden sind, begonnen. Ihren Ausdruck finden diese Elemente letztlich in der Kultur der Unternehmung (vgl. z.B. Terrence E. Deal/ Allan A. Kennedy, 1982). Damit wird die Diskussion um die zweckmäßige Ausgestaltung der M.-*funktionen* einer Unternehmung letztlich wiederum an Personen festgemacht.

Gesucht sind damit *Persönlichkeiten*, die sowohl die instrumentelle Seite der Führung von Systemen beherrschen, zugleich aber auch die „unternehmerische" Vision besitzen, Ungleichgewichtssituationen zu erkennen und zur Entwicklung von Zukunftspotentialen zu nutzen. Es ist daher in vielen, durch bürokratische Strukturen der Vergangenheit gelähmten Unternehmung an der Zeit, über die Rolle von Unternehmern in der Unternehmung - unter dem Schlagwort der „intrapreneurship" (vgl. Giffort Pinchot, 1985) - nachzudenken. Der instrumentell-technokratische Manager ist in diesem Sinne herausgefordert, sein Verständnis von M. einer Unternehmung zu überdenken.

Eine solche Neudefinition der M.-funktion in der Unternehmung erfordert gleichermaßen eine Neubestimmung auf die wesentlichen, tragenden Werte, wie sie sich in der jeweiligen *Kultur* der Unternehmung manifestieren und für das Verhalten und Handeln des gesamten Systems zielführend sind. Dem M. kommt nämlich im Werden einer zukunftsweisenden Unternehmungskultur eine außergewöhnlich prägende Rolle zu, die es zu entwickeln und zu nutzen gilt. Jedem Verhalten, jedem Handeln kommt eine symbolische Bedeutung zu, die von den Mitarbeitern vermerkt wird. Vielleicht ist der Aufbau eines klaren Wertegefüges für das Sozialsystem Unternehmung die größte Leistung, die eine Führungskraft in einer Unternehmung vollbringen kann (vgl. Th. Peters/ R. Waterman, 1982).

Literatur: *K. Bleicher*, Normatives Management - Politik, Verfassung und Philosophie des Unternehmens. Frankfurt-New York 1994. *K. Bleicher*, Das Konzept Integriertes Management. 4. A., Frankfurt-New York 1996. *T. Deal/ A. Kennedy*, Corporate Cultures. The Rites and Rituals of Corporate Life. Reading (Mass.) 1982. *D. Hahn*, Planungs- und Kontrollrechnung. 5. A., Wiesbaden 1996. *K. Macharzina*, Unternehmensführung - Das internationale Managementwissen. 2. A., Wiesbaden 1995. *Th. Peters/ R. Waterman*, Auf der Suche nach Spitzenleistungen. 10. A., Landsberg-Lech 1984. *G. Pinchot*, Intrapreneuring. New York-Cambridge 1985. *C. Pümpin*, Management strategischer Erfolgspositionen. 3. A., Berlin-Stuttgart 1985. *E. Rühli*, Unternehmensführung und Unternehmenspolitik, 2 Bde. 3. A., Bern-Stuttgart-Wien 1996. *G. Schanz*, Organisationsgestaltung - Struktur und Verhalten. München 1982. *H. Ulrich*, Management. Bern-Stuttgart 1984. *E. H. Schein*, Unternehmenskultur. Frankfurt-New York 1995. *W. H. Staehle*, Management. 7. A., München 1997.

Prof. Dr. Dr. h.c. mult. K. Bleicher,
St. Gallen

Management Buy-Out

Unter M. versteht man die Übernahme eines Unternehmens oder eines Unternehmensteils durch eine Gruppe von bei diesem Unternehmen (Altunternehmen) beschäftigten Personen. Diese haben das Ziel, die nach der Herausnahme neugebildete Wirtschaftseinheit (Neuunternehmen) in Selbstständigkeit und unter Beendigung des bisherigen Beschäftigungsverhältnisses weiterzuführen.

Eine Differenzierung von M. kann vorgenommen werden nach sog. Top-Management Buy-Outs (Käufer ist ein einzelner oder mehrere Angehörige des Top-Managements), Belegschafts-Buy-Outs (die Übernahme des Unternehmens erfolgt durch die gesamte Belegschaft) und Institutional Buy-Outs (am Übernahmevorgang sind Käufer beteiligt, die zum Zeitpunkt des Kaufes nicht im Unternehmen tätig sind und auch keinerlei anderweitige Beziehungen zum Unternehmen besitzen), wobei es sich bei den letzteren um normale Unternehmensaquisitionen handelt.

Management by Delegation

Führung durch Aufgabendelegation (→ Harzburger Modell; Führung im Mitarbeiterverhältnis). Vorrangige Ziele: Abbau der Hierarchie und des autoritären Führungsstils, Ansatz zur partizipativen Führung; Entlastung des Vorgesetzten;

Förderung von Eigeninitiative, Leistungsmotivation und Verantwortungsbereitschaft; Treffen von Entscheidungen auf der Führungsebene, auf der der größte Sachverstand versammelt ist.

Management by Exception

Führung durch Abweichungskontrolle und Eingriff im Ausnahmefall. Vorrangige Ziele: Entlastung des Vorgesetzten von Routineaufgaben; Systematisierung der Informationsflüsse und Regelung der Zuständigkeiten, Richtlinientreue von Entscheidungen.

Management by Objectives

Führung durch Zielvereinbarung. Vorrangige Ziele: Entlastung der Führungsspitze; partizipative Führung mit verbesserter Leistungsmotivation, Eigeninitiative und Verantwortungsbereitschaft der Mitarbeiter; klares, zielorientiertes Handeln; Identifikation mit Unternehmenszielen; objektive, leistungsorientierte Beurteilung, Bezahlung und Förderung; bessere Planung und Zielabstimmung.

Management by System

Führung durch Systemsteuerung bzw. Führung mit Delegation und weitestgehender Selbstregelung auf der Grundlage computergestützter Informations- und Steuerungssysteme. Fortentwicklung der →Management by Objectives mit Hilfe computergestützter Systeme.

Management Development

systematische Personalentwicklung in einem Unternehmen mit folgenden verbundenen Elementen: Erfassung und Planung des Führungskräftepotentials, Personalbedarfsplanung (intern und extern), training on/ off the job, individuelle Laufbahnplanung.

Management-Techniken

Summe od. wesentliche Bestandteile aller Instrumente, Methoden, Modelle und Verfahren zur Lösung typischer Managementaufgaben. Eines der wichtigsten Instrumente ist das →Rechnungswesen mit den Bereichen →Buchhaltung, →Bilanz, → Betriebsabrechnung und →Kalkulation. Eine Systematisierung der M. ergibt folgende Kategorien: Erhebungstechniken (Interview, Fragebogen, →Stichprobe, Vollerhebung (→Erhebung)); Analysetechniken (z.B. Systemanalyse, →Netzplantechnik, Kennzahlensysteme); Kreativitätstechniken (z.b. →Brainstorming); Prognosetechniken (z.b. Extrapolationsverfahren, →Methode Delphi); Bewertungstechniken (z.b. Scoring-Modelle (→Scoring-Verfahren), Wirtschaftlichkeitsrechnung, → Break-Even-Analyse); Entscheidungstechniken (z.b. Entscheidungsbaumtechnik, Entscheidungsregeln bei Ungewissheit); Darstellungstechniken (→Flow Charting u.a.); Argumentationstechniken (Präsentationstechnik, Verhandlungstechnik).

Manpower-Ansatz
→Bildungsökonomik, 5.

Mansholtplan
Plan zur Agrarstrukturpolitik innerhalb der EG von 1968. Der M. wurde 1971 und 1972 vom EG-Ministerrat angenommen. Ziel ist eine grundlegende Umstrukturierung der Landwirtschaft in Richtung größerer und leistungsfähigerer Betriebe. Weitere Ziele sind die Verbesserung der Produktionsausrüstungen, Bereitstellung von Ausbildungs- und Fortbildungsprogrammen sowie eine regelmäßige technische und wirtschaftliche Beratung. Für den ländlichen Raum ist eine moderne →Infrastruktur zu entwickeln. S. auch →Agrarpolitik.

MAPI-Rentabilitätszahl
Beurteilungsmaßstab im →MAPI-Verfahren über die Rentierlichkeit von →Ersatzinvestitionen. Ihre Berechnung erfolgt nach der MAPI-Formel:

$$R = \frac{\text{zusätzlicher Gewinn}}{\text{zusätzlicher Kapitaleinsatz}} \cdot 100.$$

Der zusätzliche Gewinn bestimmt sich aus dem Rohgewinn zuzüglich vermiedenem Kapitalverzehr der alten Anlage abzüglich Kapitalverzehr der neuen Anlage abzüglich zusätzlicher Ertragsteuern. Zusätzlicher Kapitaleinsatz meint die Nettoinvestitionssumme. Die tatsächliche Berechnung der M. erfolgt mit Hilfe des MAPI-Formulars und der MAPI-Diagramme, die den Kapitalverzehr ablesbar zeigen, z.B. nach Art unterschiedlich normierter Kapitalrückflüsse.

MAPI-Verfahren
Verfahren der → Investitionsrechnung, insbesondere zur Entscheidung über die Vornahme von Ersatzinvestitionen (→Investition). Beurteilungsmaßstab ist die → MAPI-Rentabilitätszahl. Je höher sie ist, desto dringlicher ist die Ersatzinvestition. S. →Investitionsrechnung, 3.1.

Marge
aus dem Französischen: Rand, Spielraum. Meist Preisspanne, insbesondere bei →Banken die Differenz zwischen Soll- und Habenzinsen (→Zins).

Marginalanalyse
⇒*Grenzanalyse*
S. auch →Grenznutzenanalyse.

Marginalanbieter
⇒*Grenzanbieter.*

marginal efficiency of capital
⇒*Grenzleistungsfähigekit des Kapitals*
⇒marginal rate of return.

marginal efficiency of investment
⇒*Grenzleistungsfähigkeit der Investition.*

marginale Konsumquote
⇒Grenzhang zum Konsum
→Konsumquote.

marginaler Kapitalkoeffizient
→Kapitalkoeffizient.

marginaler Skalenertrag
⇒ Grenzproduktivität des Prozessniveaus
⇒Niveaugrenzproduktivität
→Skalenertrag.

marginale Sparquote
gibt an, um welchen Betrag die Ersparnis steigt, wenn das →Volkseinkommen um eine weitere Einheit zunimmt. Mathematisch: die erste Ableitung der →Sparfunktion nach dem Volkseinkommen: $\frac{dS}{dY}$.
Der Wert liegt meist unter eins. Sieht

man von →Horten ab, so ergibt die Summe aus →marginaler Konsumquote und m. den Wert eins. Die m. bestimmt u.a. die Größe des → Multiplikators in der Multiplikatoranalyse. Siehe auch →Sparfunktion.

Marginalismus

⇒Marginalanalyse bezeichnet analytische Verfahren insbesondere der Neoklassik in der Mikroökonomik, aber auch →Makroökonomik. Die grundlegende Frage lautet dabei stets, wie sich eine Größe ändert, wenn sich eine andere od. mehrere andere Größen infinitesimal klein, also um einen marginalen Betrag, ändert bzw. ändern. Mathematisch handelt es sich um Differentialrechnung. Sinnvoll erscheint dieses analytische Verfahren dann, wenn bei Vorliegen bestimmter ökonomischer und mathematischer Eigenschaften Optimierungsprobleme (Maximierungs-, Minimierungsprobleme) zu lösen sind. Wesentliche Eigenschaften sind zum Beispiel: Regularität, Stetigkeit u.ä. Im Begriff des M. klingt auch Kritik an: Insbesondere wurden einzelne Annahmen und Voraussetzungen als empirisch nicht überprüfbar kritisiert.

marginal rate of return

⇒*Grenzleistungsfähigkeit des Kapitals* ⇒marginal efficiency of capital.

Markenartikel

⇒Markenware angebotene →Güter mit gleichbleibender Art, Qualität, Aufmachung und entsprechendem Markenbewusstsein beim Verbraucher, d.h. der Erinnerung des Verbrauchers an das Gut als Marke. Wettbewerbsrechtlich ist ein M. ein Erzeugnis, dessen Lieferung in gleichbleibender od. verbesserter Qualität vom Lieferanten gewährleistet wird und das selbst od. dessen Verpackung (Hülle, Behältnis) mit einem seine Herkunft kennzeichnenden Merkmal (Firmen-, Wortod. Bildzeichen) versehen ist. Bei Durchsetzung sichert die Marke preispolitisch eine gewisse Monopolstellung des Anbieters. Diese ist aber stets nur bei teurer Endverbraucherwerbung zu erreichen. Meist wird mit der Preispolitik eine →

Preisbindung der zweiten Hand, also der nachgelagerten Handelsstufen, angestrebt.

Markengesetz

Das M. hat am 1.1.1995 das alte Warenzeichengesetz abgelöst. Es regelt den Schutz gewerblicher Kennzeichen, insbesondere der Marken. Marken dienen der Individualisierung von Waren und Dienstleistungen. Markenschutz entsteht in der Regel durch Eintragung in das Markenregister. Die positive Seite des Markenrechts besteht darin, dass der Inhaber einer Marke eine geschützte Rechtsposition erhält und diese in jeder Hinsicht nutzen kann. Die sogenannten bekannten Marken genießen zusätzlich den Schutz gegen Verwässerung.

Markenware

⇒*Markenartikel.*

Marketing

1. *Entstehung der M.-Konzeption.* Die Entstehung der M.-Konzeption ist mit dem Wandel von →*Verkäufermärkten* zu →*Käufermärkten* verknüpft. Als es in den USA nachhaltig zu Beginn der 50er Jahre, in der Bundesrepublik Deutschland am Ende der 50er/ Anfang der 60er Jahre bei Konsumgütern zu deutlichen Erscheinungen des Überangebotes (Käufermarkt) kam, wurde der →Absatz bei den betroffenen Unternehmen zum Problembereich. Die kurzfristige Reaktion darauf waren aggressive und dabei gegenüber Käuferinteressen rücksichtslose Verkaufsanstrengungen (Hochdruckverkauf). Längerfristig jedoch hatte man eine grundsätzliche Neuorientierung gegenüber der Absatzfunktion und dem Absatzmarkt zu finden, die sich in der Entwicklung eines neuen unternehmerischen Denk- und Führungsstils vollzog. Dieser neue Stil ist durch die Erkenntnis geprägt, dass Sicherung von Markterfolgen die Ausrichtung aller unternehmerischen Aktivitäten auf die →Bedürfnisse, die Wünsche und die Probleme der Abnehmer bedingt. Die traditionelle Absatzfunktion war eine dem Bereich der Leistungserstellung nachgelagerte Funktion. Das notwendig werdende Umdenken führte zu der Einsicht, dass der

Absatzmarkt den *Ausgangspunkt aller Planungen* zu bilden hat. Für diese seinerzeit neue Einstellung zum Absatzbereich, die diesen zum Leitbereich für alle anderen Teilbereiche der Unternehmen erhob, verbreitete sich der Begriff M., und der Terminus M.-Konzeption wurde begrifflicher Repräsentant für eine konsequent auf den Absatzmarkt ausgerichtete Unternehmensführung. In diesem Sinne ist M. Ausdruck der Erfahrung und Einsicht, dass im Käufermarkt vor jeder Leistungserstellung die vorhandenen Abnehmerwünsche zu erkunden sind, um die Leistungserstellung jeweils darauf ausrichten zu können und somit quantitativ und qualitativ zu jederzeit marktgerechten Angeboten zu kommen. Damit drückt M. zunächst ständige *Reaktionsnotwendigkeit* der Unternehmen auf das Marktgeschehen aus.

2. *Ausweitungen des M.-begriffes.*
Zu der angeführten engen, prinzipiell nur auf die Absatzfunktion von Erwerbsunternehmen gerichteten Interpretation des M. waren im Laufe der Zeit eine Reihe von Erweiterungen zu registrieren. In zunächst generell fortwährender alleiniger Bezugnahme auf Erwerbswirtschaften wurde das rein bzw. überwiegend reaktive Eingehen auf die Marktverhältnisse um die Betonung der *aktiven Komponente* erweitert. In dieser Erweiterung spiegelt M. auch aktives Eingreifen der Unternehmen in das Marktgeschehen im Sinne von Bemühungen um die Beeinflussung und Steuerung des Abnehmerverhaltens. M. meint dann nicht mehr nur Erforschung und Bearbeitung aktueller →Bedarfe, sondern auch die Erkundung latenter (den Verbrauchern noch unbewusster) Bedarfe und Versuche, Bedarfsverschiebungen (Veränderungen in der Präferenzskala der Bedarfsträger) zu bewirken.

Als sowohl die reaktive wie die aktive Komponente prägend ist zudem in der inzwischen gewachsenen Interpretation des M. der Aspekt der *Marktpflege* zu vermerken. Da die Unternehmen in aller Regel auf Dauerexistenz in bestimmten Branchen und damit auf bestimmten Märkten angelegt sind, ist nicht der einmalige, sondern der fortlaufende Markt-

kontakt typisch.
Zur Erzielung fortlaufender Erfolge erweist sich die ständige Pflege und Betreuung der jeweiligen Märkte, genauer der die jeweiligen Märkte repräsentierenden →natürlichen Personen als notwendig. Zu schaffen bzw. zu erhalten ist für das jeweilige Unternehmen ein positives Erscheinungsbild (Image), eine möglichst von Wohlwollen gegenüber den Unternehmen geprägte Stimmung bei dem für die Absatzmärkte relevanten Personenkreis. In dieser erweiterten Vorstellung ist der zumindest anfangs generell nur auf den Absatzbereich von Erwerbsunternehmen bezogene Begriff M. dann in der Folge auch übertragen worden auf

(a) andere Unternehmungs- und Organisationsformen, d.h. nichterwerbswirtschaftliche Unternehmen (wie → Genossenschaften, öffentliche Unternehmen, freigemeinnützige Unternehmen) und nicht-kommerzielle Organisationen (wie Vereine, Verbände, Parteien, Gewerkschaften, Kirchen, karitative Organisationen),

(b) andere Bereiche der Anbieterorganisationen, d.h. auf die Bereiche Beschaffung, Finanzen, Personal u.a. mit den entsprechenden Bezeichnungen Beschaffungsm., Finanzm. usw.

(c) die Gruppe der Abnehmer, insbesondere in der Erscheinungsform des Konsumenten in dem Sinne, dass diese nicht mehr nur als Bezugspunkt, sondern als selbstaktive bzw. als zur Aktivität zu führende Teilnehmer im Marktgeschehen herausgestellt werden.

Während (a) und (b) generell realisierte Übertragungen des M.-Gedankens darstellen, repräsentiert (c) bislang noch mehr programmatische Forderung denn in der Realität vollzogene Entwicklung.

Die in der Richtung (a) vorliegenden Übertragungen waren bereits dadurch naheliegend, dass auch nicht-erwerbswirtschaftliche Unternehmen und nichtkommerzielle Organisationen zumindest i.w.S. Leistungen anbieten und mit ihren Leistungen nur dann auf Resonanz stoßen können, wenn sie diese abnehmergerecht gestalten und offerieren.

Die mit der Richtung (b) ausgewiesenen Übertragungen dürften zusätzlich besonders durch die Anreicherung des M.-Gedankens um den Aspekt der Pflegenotwendigkeit des Marktes (genauer: der den Markt bildenden Personen) angeregt worden sein. Auch im Bereich Beschaffung, Personal, Finanzen usw. sieht sich das einzelne Unternehmen in Märkte gestellt und auf Märkte angewiesen. Diese Märkte mit ihren aktuell und potentiell teilnehmenden Personen gilt es ebenfalls zu erkunden und zu bearbeiten, wobei das ‚Bearbeiten' eben in gerade so sensiblen Bereichen wie Finanzen und Personal auch ständige Pflege (Pflege des finanziellen Standing bzw. des Image als →Arbeitgeber) einzuschließen hat.

Um zudem die → Interdependenzen (Ausstrahlungen/ Rückstrahlungen) zwischen den einzelnen von einem Unter-nehmen zu pflegenden Bereichsmärkten (Absatzmarkt, Personalmarkt, Finanzmarkt, Rohstoffmarkt usw.) erfassen und berücksichtigen zu können, liegt im Weiteren der Gedanke eines generellen, die einzelnen Bereiche in eine Gesamtm.-Konzeption integrierenden Ansatzes nahe. Neben den angeführten Ausweitungen und Übertragungen des M.-Begriffes ist darauf hinzuweisen, dass M. zunächst ausschließlich mit Konsumgütern in Verbindung gebracht wurde, inzwischen aber auch als Investitionsgüter-M. und Dienstleistungs-M. geläufig geworden ist. Denn die Marktwandlung vom Verkäufer- zum Käufermarkt gilt zunehmend auch für diese Leistungskategorien.

3. Stufen der M.-planung.
Es lassen sich im Wesentlichen folgende Schritte unterscheiden:
Zunächst sind Informationen über die unternehmensinternen Daten und die gegebenen sowie die zu erwartenden Marktverhältnisse zu erarbeiten (Erlangung von M.-Informationen).
Auf Basis der erlangten Ergebnisse können unter Berücksichtigung der Einwirkungsmöglichkeiten auf den Markt Absatzprognosen für bestimmte Zeiträume erstellt werden. Aus diesen →Prognosen lassen sich im Hinblick auf die zu erwartenden Betriebsbedingungen (z.B.

Finanzsituation) sowie die Unternehmensziele (z.b. Mindestgewinn-Vorgabe) strategische (langfristige), taktische (mittelfristige) und operative (kurzfristige) M.-Ziele formulieren.
Die Durchsetzung der für die jeweilige unternehmerische Zielsetzung optimalen Kombination der M.-Instrumente (Produkt-/ Programm-/ Servicepolitik, Distributionspolitik, Preispolitik, Kommunikationspolitik) ist über die M.-Organisation zu sichern. Über die M.-Kontrolle gilt es endlich zu untersuchen, ob und inwieweit das gesetzte Ziel erreicht wurde bzw. zu erreichen war. Damit schließt sich der Kreis der M.-Planung insofern, als die gewonnenen Kontrollergebnisse und Ergebnisbegründungen Basis für die Folgeplanungen sein werden.

Literatur: *A. Bänsch*, Einführung in die Marketing-Lehre. 4. A., München 1998. *A. Bänsch*, Käuferverhalten. 8. A., München 1998. *A. Bänsch*, Verkaufspsychologie und Verkaufstechnik. 7. A., München 1998. *P. Kotler*, Marketing Management. 8. A., Englewood Cliffs 1995. *H. Meffert*, Marketing. 8. A., Wiesbaden 1998. *R. Nieschlag/ E. Dichtl/ H. Hörschgen*, Marketing. 18. A., Berlin 1997.
    Prof. Dr. A. Bänsch, Hamburg

Marketing-Mix
die von einem Unternehmen in einer bestimmten Zeitperiode eingesetzte (nicht notwendigerweise optimale) Kombination ihrer absatzpolitischen Instrumente. Man unterscheidet üblicherweise vier Gruppen von Instrumenten:
→Produkt-Mix mit Produkt- und →Sortimentsgestaltung, Aufmachung und Verpackung;
Kommunikations-Mix mit → Werbung, Verkaufsförderung und →Public Relations;
Kontrahierungs-Mix mit Preis- und Rabattpolitik, Zahlungskonditionen;
Distributions-Mix mit physischer Distribution, Filialnetz, Absatzkanälen.

Market-Makler
Börsenmitglied eines Financial Futures-Marktes, das auf eigene Rechnung (und auf eigenes Risiko) Wertpapiere handelt und insofern zur Liquidität des Marktes beiträgt, als von ihm grundsätzlich je-

weils gleichzeitig und ständig verbindliche Geldkurse und Briefkurse für das Finanzinstrument gestellt werden. Für M. gilt die Besonderheit, dass sie jeweils im Rahmen ihrer Gebots kauf- und lieferbereit sein müssen, und nicht vorhersehbar ist, in welcher Reihenfolge sie zuerst in Anspruch genommen werden. Das führt dazu, dass die Tätigkeit der M. zur Bildung marktgerechter, realistischer Kurse führen muss. →Börse.

Markoff-Modell
mathematisches →Modell, bei dem der Übergang von einem Zustand eines Systems zum anderen durch Übergangswahrscheinlichkeiten bestimmt ist. Allgemein bezeichnet man mit Markoff-Prozess einen stochastischen Prozess, bei dem der Zustand zum Zeitpunkt t nur vom Zustand zum Zeitpunkt s (s < t) und nicht von Zuständen vor dem Zeitpunkt s abhängt. Insbesondere bezeichnet man mit Markoff-Kette einen Markoff-Prozess mit diskretem (d.h. abzählbarem) Zustandsraum.

Markt
ist der ökonomische Ort des Zusammentreffens von Angebot und Nachfrage, an dem sich → Preisbildung und Tausch vollziehen. Der Gesamtm. ist der M. aller →wirtschaftlichen Güter. Partialm. ist der M. für ein →Gut (z.B. Kaffee, Gold, ein → Produktionsfaktor usw.) od. ein noch kleinerer Ausschnitt durch Abgrenzungskriterien lokaler Art, durch Produktdifferenzierung, durch zeitliche Einteilung u.a. Sekundärm. ist z.B. der Wertpapiermarkt, auf dem bereits emittierte Papiere gehandelt werden.
S. auch →elektronischer Markt.

Marktangebotsfunktion
ist die durch Aggregation der individuellen Angebotsfunktionen der Unternehmen, die zu gleichen Bedingungen dasselbe → Gut anbieten, entstandene Angebotsfunktion. Sofern die Zahl der Anbieter klein ist, od. ein od. mehrere Anbieter größere Marktanteile aufweisen, so ist die M. eine nicht-stetige Funktion. In zeitlicher Hinsicht unterscheidet man die kurzfristige und die langfristige Angebotsfunktion. Die langfristige An-

gebotsfunktion unterscheidet sich von der kurzfristigen dann, wenn durch Gewinn neue Unternehmen auf den betrachteten →Markt gelockt werden.

Marktangebotskurve
graphische Darstellung der →Marktangebotsfunktion. Sie lässt sich als nichtstetige Kurve durch horizontale Addition der →individuellen Angebotskurven konstruieren.

Marktbeherrschungsmissbrauch
Nach dem GWB unterliegen marktbeherrschende Unternehmen (→Unternehmenstheorie, 1.) (d.h. → Monopol, Teilmonopol oder überragende Marktstellung (bei 1/3 Marktanteil eines Unternehmens vermutet)) einer → Missbrauchsaufsicht durch die Kartellbehörde (→ Bundeskartellamt). M. liegt meist als Verstoß gegen das Diskriminierungsverbot vor: ein Unternehmen in einem Geschäftsverkehr, der gleichartigen Unternehmen üblicherweise zugänglich ist, unmittelbar od. mittelbar zu behindern od. gegenüber gleichartigen Unternehmen ohne sachlich gerechtfertigten Grund unmittelbar od. mittelbar unterschiedlich zu behandeln. M. liegt auch vor, wenn ein marktbeherrschendes Unternehmen versucht, sich bei Unternehmenszusammenschlüssen der →Fusionskontrolle zu entziehen.

Marktberechnungsmethode
Verfahren zur Bestimmung von expliziten Marktwerten von risikobehafteten Wertpapieren im Modell des CAPM (Capital Asset Pricing Modell). Die Marktbewertung erfolgt auf der Basis einer Marktbewertungsfunktion, die aus dem CAPM abgeleitet wird. Weitere Bewertungsverfahren beruhen auf dem Time-State-Preference Modell und in der risikoneutralisierten Bewertung.

Marktform(en)
Klassifikation der →Märkte nach quantitativen od. qualitativen Merkmalen:
1. Zahl der Marktteilnehmer auf der Angebots- bzw. Nachfrageseite:

Nach-frager / Anbieter	einer	wenige	viele
einer	bilaterales Monopol	eingeschränktes Angebotsmonopol	Angebotsmonopol
wenige	eingeschränktes Nachfragemonopol	bilaterales Oligopol	Angebotsoligopol
viele	Nachfragemonopol	Nachfrageoligopol	Polypol

2. Grad der →Interdependenz zwischen den Anbietern bzw. den Nachfragern gemessen mit dem →Triffin'schen Koeffizienten:

$$\tau = \frac{\delta x_B}{\delta p_A} \cdot \frac{p_A}{x_B}$$

x_B = Angebotsmenge des B

p_A = Preis des A

Bei $\tau = \infty$ herrscht homogene Konkurrenz.

Bei $\tau = 0$ besteht ein reines Monopol.

3. Nach der Art des →Gutes (homogen od. heterogen bzw. inhomogen): Man unterscheidet danach →vollkommene und unvollkommene Märkte.

4. →Markttransparenz als Kriterium zur Unterscheidung von vollkommenem Markt und, bei Vorliegen von unvollständiger Markttransparenz, von temporär unvollkommenem Markt.

5. Marktzutritt: je nachdem, ob der Zugang zu einem Markt frei od. beschränkt ist, unterscheidet man Märkte mit freiem od. beschränktem Zutritt.

Durch Kombination der verschiedenen Unterscheidungskriterien können differenzierte →Marktformenschemata aufgestellt werden. Zur Erklärung der → Preisbildung auf Märkten ist jeweils un-

terstellte M. wesentlich für das Ergebnis.

Marktforschung
als betriebswirtschaftliche Funktion umfasst die systematische Sammlung, Analyse, Verarbeitung (insbesondere →Prognose) und Bereitstellung von Informationen über aktuelle und potentielle Absatzmärkte der Unternehmung. M. ist ein Teil der Marketingforschung, die sämtliche für Marketingentscheidungen erforderliche Informationen, d.h. auch innerbetriebliche Informationen, als Entscheidungsgrundlage bereitstellt. Unter dem Begriff der *Markterkundung* wird in der Regel eine eher unsystematische und beiläufige Informationssammlung verstanden. Mit dem Begriff *Marktanalyse* erfasst man eine zeitpunktbezogene Untersuchung von Strukturdaten, die *Marktbeobachtung* umfasst die zeitablaufbezogene Betrachtung der Marktentwicklung, die insbesondere für Marktprognosen erforderlich ist.

Die M. kann unterteilt werden
- nach Entscheidungsbereichen (z.B. Produktforschung, Werbeforschung; operative M., strategische M.);
- nach Gegenstandsbereichen (z.B. Nachfrageforschung, Absatzmittlerforschung; demoskopische Forschung (Personen), ökoskopische Forschung (Sachobjekte).

In der Regel wird der Begriff M. auf die Absatzmärkte einer Unternehmung bezogen. Zunehmend treten ähnliche Aufgaben auch auf den Beschaffungsmärkten der Unternehmung im Güter-, Energie-, Personal- und Finanzbereich auf; entsprechend werden Fragestellungen und Methoden auch auf die genannten Spezialgebiete übertragen.

Gegenstand der M. sind in den aktuellen und potentiellen Märkten der Unternehmung vor allem die *Nachfrage* bzw. das Nachfragepotential. In der Entwicklungsgeschichte der M. ist diese sogar häufig mit der Nachfrageforschung gleichgesetzt worden, weil hier der begrenzende Engpassfaktor im Markt gesehen wurde. Ein wesentlicher Teil der später noch zu erwähnenden Methodik wurde hier (und zwar speziell für Konsumgütermärkte (→Gut)) entwickelt.

Auf den Konsumgütermärkten trat frühzeitig die *Absatzmittlerforschung* hinzu. Erst in neuerer Zeit wurde verstärkt eine systematische *Konkurrenzforschung* einbezogen; dabei geht es zum einen um eine möglichst sorgfältige Analyse der einzelnen Konkurrenten (z.B. Konstitution im Hinblick auf Finanzlage und Konzernzugehörigkeit, know how, Managementkapazität, Anlagenkapazität, Produktprogramm, Strategien). Darüber hinaus geht es aber auch um Konkurrenzkonstellationen (Gruppierungen, relative Breite und Tiefe der Produktsortimente konkurrierender Unternehmen, Marktanteile in verschiedenen Segmenten, internationale Konkurrenzkonstellationen).

Der Gegenstand der M. hat sich im Laufe der Entwicklung erweitert um die Betrachtung von *Folgemärkten* (Abnehmer der eigenen Kunden, ggfs. sogar mehrstufig), um die indirekten Bestimmungsgründe der eigenen Marktsituation kundenübergreifend zu erfassen.

Schließlich hat sich der Gegenstand der M. auf das *Marktumfeld* erweitert. In den meisten Unternehmen wird systematisch - wenn auch in unterschiedlichem Umfang - das volkswirtschaftliche Umfeld in die Analyse der gegenwärtigen Situation, insbesondere aber bei der Aufstellung von Prognosen, einbezogen. Vor allem bei internationalen Unternehmen wird (z.B. in sogenannten Länderberichten) zunehmend auch versucht, die politisch-rechtliche Situation, die soziokulturellen Verhältnisse, die spezifische technische und naturbedingte Situation in den einzelnen Ländern zu erfassen, auch wenn in diesem Bereich - im Gegensatz zur gesamtwirtschaftlichen Analyse - ein konsistentes System der Analyse und Darstellung noch fehlt.

M. wird in der Regel als ein *Instrument der Vorbereitung und Kontrolle* von Marketing-Entscheidungen verstanden. Die M. soll die für erforderlich gehaltenen Informationen über Umfang und Eigenart des Marktfeldes bereitstellen. Darüber hinaus sollen Anhaltspunkte für die zu erwartenden Wirkungen des eigenen Handelns ermittelt werden. Eine effiziente M. wird darüber hinaus Informationen über

mögliche *Handlungsalternativen ermitteln* und auch die vorgegebenen *Ziele korrigieren*, wenn diese unangemessen hoch (und nicht erreichbar) oder zu niedrig bzw. sachlich falsch gesetzt waren.

M. wird ferner nicht nur als Hilfsmittel für Entscheidungsträger in bereits vorstrukturierten Entscheidungssituationen verstanden; eine ständige Marktbeobachtung soll *Entscheidungsbedarf* aufdecken, indem sie z.B. neue Märkte oder Marktveränderungen sichtbar macht. Die *kontrollierende Funktion* kann die M. unter zwei Aspekten ausüben: sie hat festzustellen, ob die getroffenen Entscheidungen im Markt verwirklicht wurden (z.B. Kontrolle der Werbeplanung und der Verkäuferpräsenz im Markt); zum anderen untersucht sie, ob die Maßnahmen die gewünschte und prognostizierte Wirkung hatten. In beiden Fällen hat sie darüber hinaus die Ursachen für Abweichungen zwischen Plan und Realisierung sichtbar zu machen.

Die folgende Abbildung verdeutlicht den *M.-Prozess*. Die *Aufstellung des Informationsprogramms* ist nur teilweise programmierbar. Wesentliche neue Fragestellungen beruhen auf Kreativität und beeinflussen den Informationsnutzen entscheidend. Bei Kosten-Nutzen-Überlegungen erfolgen die Kostenüberlegungen auf relativ gesicherter Basis, während die Nutzenüberlegungen schon deshalb nur Vermutungen sein können, weil unbekannt ist, ob die durch eine M.-aktion zu gewinnenden Informationen lediglich Bekanntes bestätigen, oder ob sie zu einer Veränderung der Entscheidungen und einer Verbesserung der Zielverwirklichung führen bzw. ob sie Entscheidungen auslösen, die sonst übersehen worden wären. Ansätze zu einer derartigen Nutzenanalyse liefert das → Bayes'sche Theorem.

Die *Auswahl und Anwendung der Erhebungsmethodik* kann in den Konsumgütermärkten auf eine Vielfalt von statistischen Verfahren zurückgreifen, soweit es um die Analyse der Nachfrage geht. Die Analyse der Konkurrenz bedarf aber in der Regel der umfassenden qualifizierenden Einzelfallanalyse; gleiches gilt weithin auch für die Nachfrageanalyse

Marktforschungsprozeß
Aufgaben

Aufstellung des
Informationsprogrammes

Inhalt (Informationsarten), Informationsdetaillierung, Informationsfeldabgrenzung, Zeitpunkt/Rhytmus Informationserhebung, Informationszuverlässigkeit

Auswahl und Anwendung der

Erhebungsmethodik, Verfahrenswahl (Sekundärerhebungen, Primärerhebungen (Beobachtung, Befragung, Experiment)), Quellenfestlegung (Totalerhebung/Repräsentativerhebung) Verfahrensdurchführung (Fragebogendruck, Interviewereinstellung und -einsatz

Auswahl und Anwendung der

Auswertungsmethodik (Überprüfungsmethoden, Verdichtungsmethoden, Analyse-/Vergleichsmethoden (Varianzanalyse, Clusteranalyse, Korrelationsanalyse))

Auswahl und Anwendung
der Berichterstattungsmethodik

(Darstellungsmethode, Empfängerkreis(e), Zeitpunkt/Rhytmus, Verfahrensdurchführung)

Berichte

auf gewerblichen Märkten. Auch die psychologische M. findet ihr Hauptanwendungsgebiet auf Konsumgütermärkten, wenn es darum geht, das Verhalten und die Einstellungen/ Motive von Konsumenten zu erforschen. Nur bedingt ist sie auch auf gewerbliche Märkte anwendbar.

Ähnliche Aussagen gelten auch für die *Auswahl und Anwendung* der Auswertungsmethoden. Auch hier steht neben einem hoch entwickelten mathematisch-statistischen Instrumentarium nach wie vor die schlichte qualifizierende Analyse, die auf gründlicher Branchenkenntnis

und individueller Urteilskraft beruht.

Insbesondere für Erhebungsmethoden und Auswertungsmethoden können vielfach *M.-agenturen* ergänzend einbezogen werden. Dieses gilt vor allem für die Analyse und Prognose auf Konsumgütermärkten, in geringerem Maße auch für gewerbliche Märkte. Auf diesen Märkten ist es jedoch oft effizienter, erforderliche Informationen unmittelbar über eine eigene M.-abteilung, insbesondere unter systematischer Ankoppelung an die Verkäufer-, Verkaufsförderung- und Kundendienststäbe einzuholen.

Literatur: *L. Berekoven/ W. Eckert/ P. Ellen-*

rieder, Marktforschung - Grundlagen und praktische Anwendung. 4. A., Wiesbaden 1989. *H. Böhler*, Marktforschung. Stuttgart 1985. *G. Buchinger* (Hrsg.), Umfeldanalysen für das strategische Management. Wien 1983. *P. Hamann/ B. Erichson*, Marktforschung. 2. A., Stuttgart 1990. *M. Hüttner*, Grundzüge der Marktforschung. 4. A., Berlin 1989. *K. D. Mauthe*, Strategische Analyse. München 1984. *H. J. Rogge*, Marktforschung - Elemente und Methoden betrieblicher Infirmationsgewinnung. München u.a. 1981.

Prof. Dr. Dr. h.c. K. Alewell,
Gießen

Marktgleichgewicht

Beschreibung eines Marktzustandes, in dem alle Marktteilnehmer ihre Wirtschaftspläne realisieren können. Der Zustand wird erreicht durch Abstimmung der Pläne über den → Gleichgewichtspreis, der sich auf dem →Markt bildet. Bei diesem Preis haben weder die Anbieter noch die Nachfrager Veranlassung, ihr Marktverhalten zu ändern.

Marktmacht

nur wenig operationales Konzept zur Kennzeichnung eines geringen Wettbewerbsgrades auf einem →Markt u.zw. im Sinne einer den →Wettbewerb ausschaltenden Marktbeherrschung. Das → Gesetz gegen Wettbewerbsbeschränkungen vermutet z.B. bei einem Unternehmen, dessen Marktanteil ein Drittel und mehr beträgt, eine marktbeherrschende Stellung, die bei missbräuchlicher Ausnutzung dem Eingriff der Kartellbehörde unterliegt. Daraus wird deutlich, dass die →Wettbewerbspolitik die Möglichkeit einer Bekämpfung der Marktmacht erkennt, u.zw. durch →Fusionskontrolle, Verbot bestimmter Kartellabreden (→ Kartell) und Ähnliches.

Marktmechanismus

Bei „normalen" Verläufen von Angebotskurve und Nachfragekurve stellt der → Gleichgewichtspreis ein stabiles →Marktgleichgewicht her. Mit M. wird, auch nach Störungen, das Erreichen eines stabilen Gleichgewichtszustandes (→ Gleichgewicht) bezeichnet. Dieser Sachverhalt drückt sich auch im Begriff des →

Preismechanismus aus.

Marktnachfrage

analog zum →Marktangebot die Nachfrage, die durch Zusammenfassung (Aggregation, horizontale Addition) der individuellen Nachfragen entsteht. S. auch → Haushaltstheorie.

Marktpreis

→Preis, der sich auf dem →Markt durch das freie Spiel von → Angebot und → Nachfrage bildet bzw. gebildet hat. In der klassischen Theorie ist der M. i.Ggs. zum „natürlichen Preis" (d.h. dem langfristigen Preis, bei dem die Gleichheit von Preis und gesamten Durchschnittskosten (→ Kosten) verwirklicht ist) der Preis, der kurzfristig allein durch Angebot und Nachfrage bestimmt ist. Bei konkret zu beobachtenden Märkten (z.B. → Warenbörse, Wertpapierbörse (→Börse), Wochenmarkt etc.) ist der M. der entsprechend dem durchschnittlichen Angebot und der allgemeinen Nachfrage während der Marktzeit tatsächlich erzielte Preis.

Markträumung

Negativdefinition: Nichtvorhandensein eines Angebotsüberschusses. Mit M. wird die Tatsache bezeichnet, dass bei einem →Gleichgewichtspreis jeder Anbieter die bei diesem →Preis geplante Angebotsmenge auch absetzen kann, der → Markt also geräumt wird.

Marktsegmentierung

Aufteilung eines heterogenen Marktes (→ Markt) in deutlich voneinander abgegrenzte, homogene Marktsegmente (Kundensegmente, Zielmärkte, Cluster). M. ist eine Marktforschungsmethode (taxonomische M.) (→Marktforschung) zum Zwecke zielgerichteter Informationssuche, der Identifikation von Marktlücken, zur Bestimmung des Marktpotentials, zur Erhöhung der →Markttransparenz. Sodann ist M. eine Marketingstrategie (managementorientierte M.) (→ Marketing), die sich auf den Einsatz eines zielgruppenspezifischen Marketing-Mix erstreckt und dadurch ein konsequentes auf den Markt ausgerichtetes Handeln ermöglicht. Der Katalog der Segmentierungskriterien umfasst gesetzliche, geographische, regionale, soziodemographische und psychologische Kriterien. Für die Life-Style-Segmentation werden die sog. AIO-Items herangezogen: nach ausgewerteten Befragungen von Konsumenten über „activities" „interests" und „opinions" erfolgt eine Segmentierung von Konsumenten nach ihrem individuellen Lebensstil.

Marktsteuer

die in der →Finanzwissenschaft als →indirekte Steuern bezeichneten →Verkehr- und →Verbrauchsteuern, deren Überwälzung im →Preis i.d.R. gelingt. Bei der M. sind also Steuerzahler und Steuerdestinatar nicht identisch (→Steuerträger). I. Ggs. dazu die →Maßsteuer, bei der (es handelt sich um →direkte Steuern wie z.B. die →Einkommensteuer) die Überwälzbarkeit gering ist. Begriffliches Unterscheidungsmerkmal von M. und Maßsteuer ist die →Inzidenz.

Marktstruktur

Gefüge eines →Marktes, das durch morphologische Elemente (→Marktformen), durch Marktverhaltensweisen und durch Entwicklungsphasen eines Marktes bestimmt ist. Die M. ist von Bedeutung für die Erklärung der →Preisbildung einerseits, andererseits bildet sie eine Bestimmungsgröße für den Wettbewerbsgrad eines Marktes, ist also eine wettbewerbstheoretische bzw. wettbewerbspolitische Größe.

Markttheorie

→Theorie des Marktverhaltens von →Unternehmungen od. →Konsumenten auf den Märkten für produzierte → Güter und für →Produktionsfaktoren. S. auch → Preistheorie, →(Produkt-) Preisbildung, → Marktformen.

Markttransparenz

vollkommene Überschaubarkeit des → Marktes, insbesondere der Umstand, dass die Marktteilnehmer alle für die → Preisbildung relevanten Informationen besitzen. So meint M. z.B. beim Angebotsmonopol (→ Monopol), dass dem Monopolisten sämtliche Informationen über die →Marktnachfrage bekannt sein und die Nachfrager vollständige Preisin-

formationen besitzen. M. ist ein Kriterium für vollkommenen Markt (→Marktformen).

Marktunvollkommenheiten

i.e.S. sind alle Umstände, die daran hinhindern, von einem → vollkommenen Markt zu sprechen: mangelnde →Homogenität des →Gutes und Existenz sachlicher, räumlicher und zeitlicher → Präferenzen, mangelnde → Markttransparenz durch unzureichende Information der Marktteilnehmer. I.w.S. spricht man von M. auch bei Marktzugangsbeschränkungen, bei →Marktmacht usw., also bei allen Umständen, die zur Ineffizienz des Marktes beitragen.

Marktversagen

ist Versagen der →Preisbildung in einer → Marktwirtschaft. So bei bestimmten → Gütern wie den sog. kollektiven Gütern. Beispiele sind die →Geldordnung od. die Versorgung mit bestimmten öffentlichen Gütern (→Gut). Wie lässt sich etwa der Preis für die Benutzung der Beleuchtung durch eine Straßenlaterne richtig bestimmen? Bei kollektiver Nutzung von Gütern versagt der →Markt. Noch bei einer weiteren Güterart wird M. behauptet: bei den sog. →meritorischen Gütern. Das sind Güter, deren →Konsum bei freier Preisbildung zu gering ausfallen würde, weil die Individuen deren →Nutzen nicht richtig einzuschätzen in der Lage seien. Beispiele: Hochschulbildung von Arbeiterkindern, Schluckimpfungen, Theaterbesuche. Bei M. tritt der Staat als Anbieter auf. S. auch →Preistheorie.

Marktwert

⇒Gebrauchswert

Marktwirtschaft

Bezeichnung für eine →Wirtschaftsordnung, bei der die Koordination der individuellen Wirtschaftspläne durch die freie →Preisbildung auf den →Märkten erfolgt, auf den Märkten also →Wettbewerb herrscht (deshalb auch die Bezeichnung Wettbewerbswirtschaft). Weitere Kennzeichen: Privates Eigentum, freie Konsum- und Arbeitsplatzwahl, Staat lediglich als Anbieter von → kollektiven Gütern. Die Theorie der Marktwirtschaft

hat seit der Zeit der klassischen Nationalökonomen (Adam Smith's invisible hand
z.b.) einige Korrekturen und Ergänzungen erfahren:
Sicherstellung des Wettbewerbs durch
Instrumente der Rechtsordnung, Korrektur von marktwirtschaftlichen Ergebnissen durch Verhinderung einer allzu
ungleichmäßigen Verteilung von →Ein-
kommen (→Einkommensverteilung) und
→Vermögen mit Hilfe aktiver staatlicher
Verteilungspolitik. Insbesondere der Einbau von sozialen Komponenten in die M.
prägt die seit 1948 in der Bundesrepublik
Deutschland eingeführte → Soziale
Marktwirtschaft.
Im Anschluss an Keynes (→Keynes'sche
Theorie) ist es auch staatliche Aufgabe
geworden, in einer M. →Unterbeschäfti-
gungsgleichgewicht - zumindest solche
mit Massenarbeitslosigkeit - mit wirtschaftspolitischen Instrumenten (→ Instrumente der Wirtschaftspolitik) zu bekämpfen.
Den Gegensatz zur M. bildet die →Zen-
tralverwaltungs- od. Planwirtschaft.

mark up pricing

gehört zur Preisermittlungsform der →
administrierten Preise: auf die Vollko-
sten bzw. gesamten Stückkosten (→Ko-
sten) wird ein (konstanter) prozentualer
Gewinnaufschlag gesetzt. Dem m. wird
in der →Inflationstheorie eine verstärkende Wirkung auf die Preisniveausteigerung bei Kostenerhöhungen zugeschrieben.

Marshall-Lerner-Bedingung

spielt eine wichtige Rolle in der Zah-
lungsbilanzdiskussion. Nach ihr führt eine Abwertung bzw. Herabsetzung der →
terms of trade nur dann zu einer positiven Änderung der → Leistungsbilanz,
wenn die (gewichtete) Summe der absoluten →Elastizitäten (das sind die Preiselastizitäten der Nachfrage des Inlandes
nach →Importen und der Nachfrage des
Auslandes nach →Exporten des betreffenden Landes) größer als eins ist.

Marshallplan

vom amerikanischen Außenminister George C. Marshall bekanntgegebener und
am 3.4.1948 in Kraft getretener Plan zum
wirtschaftlichen Wiederaufbau Westeuropas nach dem 2. Weltkrieg mit Hilfe
amerikanischer Warenkredite und sonstiger Wirtschaftshilfe. Zur Durchführung des M. wurden mehrere Einrichtungen geschaffen:
- das →ERP, mit ERP-Fonds, Sonder-
  Fonds, aus denen für bestimmte
  Zwecke →Kredite gewährt wurden.
- die ECA, Economie Cooperative Administration, verteilte die ERP-Gelder.
- die →OEEC koordinierte die Wieder-
  aufbaupläne
- die →EZU diente zur Herstellung der
  Währungskonvertibilität (→Konverti-
  bilität), wesentlich zur Normalisie-
  rung des Handels in Europa auf der
  Grundlage eines multilateralen Zah-
  lungssystems. Durch das →Europäi-
  sche Währungsabkommen vom 5.8.
  1955 abgelöst.

Marshallsche Offerkurve

graphische Verdeutlichung der Theorie
internationaler Werte durch Alfred Marshall (1879) mit Hilfe sog. Offer-Kurven
(auch Tauschkurven od. reziproke Ange-
bots- und Nachfragekurven) zur Bestimmung der →terms of trade. Dabei gibt
eine →Offer-Kurve an, wieviel Einheiten
eines →Gutes bei alternativen Preisrelationen nachgefragt und wieviel Einheiten
des anderen Gutes bei den entsprechenden Preisrelationen angeboten werden.
Durch den Schnittpunkt von inländischer und ausländischer Offer-Kurve
sind die terms of trade bestimmt.

Marshall-Stabilität

von A. Marshall formulierte Bedingung
für den durch eine Störung ausgelösten
Anpassungsprozess für ein stabiles
Gleichgewicht (→Gleichgewicht). Weist
ein →Markt z.B. eine Überschussnachfrage auf, ist der tatsächliche →Preis (p^1) geringer als der Gleichgewichtspreis (p^*)
und stabiles Gleichgewicht ist nur durch
das Marktverhalten der Käufer und Verkäufer erreichbar. Nach der M. geschieht
dies bei Nachfragekurven mit negativer
Steigung und Angebotskurven mit positiver Steigung, wenn die Unternehmen
ihre Angebotsmengen bei p^1 erhöhen

(Mengenanpassung).

I.Ggs. hierzu verlangt für dieselbe Ungleichgewichtssituation die → Walras-Stabilität Erhöhung der Preisgebote der Käufer (Preisangleichung). S. auch → Preistheorie.

Marxistische Wachstumstheorie

steht - fußend auf der Marxschen Werttheorie - in der Tradition der klassischen Ökonomie:

Aufgabe der Werttheorie des ersten Bands des „Kapitals" (MEW 23) ist es, eine mikroökonomische Grundlage der Theorie der Akkumulation, des →technischen Fortschritts und der langfristigen Entwicklung der → Einkommensverteilung zu schaffen, auf der aufbauend im dritten Band des „Kapitals" (MEW 25) die Theorie der fallenden Profitrate (→ Kapitaltheorie) im Rahmen einer allgemeinen, makroökonomisch orientierten Akkumulationstheorie behandelt wird.

1. Eine zentrale und zu überprüfende These der M. ist, dass mit fortschreitender Entwicklung des kapitalistischen Systems die *organische Zusammensetzung* des →Kapitals (konstantes Kapital (c)/ variables Kapital (v)) auf Grund der dem Kapitalismus inhärenten Eigenschaft eines arbeitssparenden technischen Fortschritts (→technischer Fortschritt) steigt, was zur Folge hat, dass die Profitrate fällt. Marx wollte eine Messung von c und v durch Arbeitswerte, was zu Inkonsistenzen führte; wir gehen von einer Messung in →Preisen (genauer „Produktionspreise") aus; formal im einfachsten Fall (1+r) (Ap + wl) = p, mit A als Input-output Matrix, r Profit-, w Lohnrate, p Preisvektor. Mit e = (1, ..., 1) ist eAp = c und wel = v (Lohnsumme).

2. Arbeitssparender technischer Fortschritt. Während bei A. Smith zunehmende →Arbeitsteilung die dominante Form des technischen Fortschritts ist, durch die - ohne nennenswerten zusätzlichen Einsatz von →Produktionsmitteln - dank Spezialisierung und Arbeitsdisziplin eine Erhöhung der →Produktivität erzielt wird, ist das von Marx beschriebene Zeitalter der Industriellen Revolution durch zunehmende Mechanisierung der Produktionsprozesse gekennzeichnet.

Arbeitssparender technischer Fortschritt heißt demnach, dass sich das Verhältnis von Produktionsmitteln zu eingesetzter →Arbeit pro Outputeinheit erhöht. Der damit verbundene Anstieg der →Kosten auf Grund der gestiegenen Menge verbrauchter Rohstoffe muss durch Freisetzung von Arbeit überkompensiert werden, damit sich die Einführung der mechanisierteren Technik lohnt.

3. Auswirkungen der Mechanisierung auf die organische Zusammensetzung des Kapitals. Während eine Erhöhung der →Arbeitsproduktivität ohne zusätzlichen Einsatz von Maschinen die organische Zusammensetzung als einer Wertgröße - was zunächst überrascht - weitgehend unverändert lässt (bei gegebener Profitrate wird der Rückgang der pro Outputeinheit gezahlten Löhne durch die niedrigeren Preise bzw. Werte der Waren in gewisser Weise kompensiert), lässt sich bei Mechanisierung als einer spezifischen Form der →Produktion relativen →Mehrwerts eine eindeutige Tendenz formulieren: Sofern die Mechanisierung im mechanisierten Prozess kein Rohmaterial, sondern nur Arbeit einspart, kann man zeigen, dass $\frac{c}{v}$ i.d.R. tatsächlich steigt (Schefold 1976). Unter Berücksichtigung der Möglichkeit, dass auch eine Rohstoffeinsparung stattfindet, ist es allerdings durchaus auch vorstellbar, dass der Anstieg der Masse der materiellen Produktionsmittel nicht zu einer Erhöhung ihrer Wertsumme relativ zum variablen Kapital führt. Um zu zeigen, dass trotz der von ihm erkannten „gegenläufigen Tendenzen" langfristig ein Anstieg der organischen Zusammensetzung resultiert, griff Marx in den *Theorien über den Mehrwert* (MEW 26.3, S. 360) auf die von ihm hinsichtlich ihrer Erklärungsfunktion einer fallenden Profitrate zuvor heftig kritisierte Rententheorie Ricardos zurück.

4. Tendenzieller Fall der Profitrate. Im „Kapital" sieht Marx die Ursache für die fallende Profitrate in einer allgemeinen durch *Mechanisierung* bewirkten Steigerung der Arbeitsproduktivität im industriellen Sektor, die langfristig die

organische Zusammensetzung steigen lässt. Der Zusammenhang kann mit Hilfe der Marxschen Definition der Profitrate verdeutlicht werden:

$$r = \frac{s}{(c+v)} = \frac{\left(\frac{s}{v}\right)}{\left(\frac{c}{v}+1\right)}$$

mit s bzw. $\left(\frac{s}{v}\right)$ als dem Mehrwert bzw. der Mehrwertrate; bei Messung in Preisen sind s die Gewinne.

Einer schrankenlosen Vergrößerung von $\frac{c}{v}$ bei fortschreitender Mechanisierung im Akkumulationsprozess steht eine nur begrenzte Steigerungsmöglichkeit der im Mittelpunkt der Verteilungskämpfe stehenden Mehrwertrate gegenüber, so dass die Profitrate unabhängig von einer unzureichenden effektiven Nachfrage und somit unabhängig von sog. *Realisierungsproblemen des Mehrwerts* sinkt. Als Ergebnis erhält man, dass die durch die Einführung von technischem Fortschritt angestrebte Steigerung der Profite von der konkreten Form dieses technischen Fortschritts und dessen makroökonomischen Konsequenzen selbst zunichte gemacht wird - ein Situation, die J. Robinson treffend als „a technocrate's nightmare" bezeichnet hat (J. Robinson 1969). Wenn allerdings, wie angedeutet, keine eindeutige und allgemeine Tendenz der Steigerung von $\frac{c}{v}$ abgeleitet werden kann, so existiert auch keine „allgemeine" Tendenz eines Falls der Profitrate.

5. M. - eine obsolete Theorie? Diese Schlussfolgerung ist nicht zulässig, auch wenn sich die These einer säkularen Entwicklungsrichtung von organischer Zusammensetzung und Profitrate nicht aufrechterhalten lässt. Die M. bietet einen Erklärungsansatz für Perioden eines steigenden → Kapitalkoeffizienten (insbes. Anfang 19. Jh.).

Über den Erklärungszusammenhang für einen bestimmten Abschnitt kapitalistischer Entwicklung hinaus, behält die M. ihre Bedeutung, wenn man die mono-

kausale Erklärung einer fallenden Profitrate aufgibt bzw. den entgegengesetzt gerichteten Einflüssen auf die organische Zusammensetzung ggf. gleiches od. größeres Gewicht einräumt: Gegenstand der Analyse sind dann die sich *historisch verändernden* Wechselwirkungen zwischen verschiedenen Formen der Kapitalakkumulation und des Verteilungskampfs. Die Ursache für eine Reduktion der Profitrate können vielfältig sein, z.B. steigende →Reallöhne, Streiks und unternehmerische Konkurrenz. Die Bemühungen der Investoren, dieser Reduktion entgegenzusteuern, hängen von den technischen Möglichkeiten ab, die Kosten zu senken: Für den Fall, dass einer weitergehenden Arbeitszerlegung Grenzen gesetzt sind, kommt der Mechanisierung der Produktionsprozesse entscheidende Bedeutung zu. Da letztere jedoch ein Sinken der Profitrate bewirken kann, bedarf es dann anderer Formen des technischen Fortschritts, die geeignet sind, der Steigerung der organischen Zusammensetzung entgegenzuwirken (Einsparung von Rohstoffen durch Ausnutzung steigender → Skalenerträge, kapitalsparender technischer Fortschritt (→ technischer Fortschritt)). Die M., welche der →Neoklassischen Theorie entgegengesetzt ist, scheint so mit der modernen Theorie des induzierten technischen Fortschritts (→ technischer Fortschritt) verwandt zu sein.

Ein wichtiger Aspekt der M. besteht in ihrer Nähe zu der →postkeynesianischen Wachstumstheorie. In der M. (zweiter Band des „Kapitals, MEW 24) werden zum ersten Mal in umfassender Weise im Rahmen eines Zweisektorenmodells die Bedingungen eines gleichgewichtigen Wachstumspfads für eine kapitalistische Ökonomie abgeleitet (Krelle 1971). Ebenso wie in der postkeynesianischen Wachstumstheorie verlangen diese → Gleichgewichtsbedin-gungen eine bestimmte Relation zwischen den Sektoren und somit zwischen makroökonomischen Größen. Die normative Setzung eines gleichgewichtigen Wachstumspfads führt jedoch zu einem Referenzmodell, das gegenüber der Wirklichkeit der kapitalistischen Entwicklung mit ihren Ungleichgewichten und Instabilitäten nur die Bedingungen eines störungsfreien Ablaufs zu formulieren gestattet.

Literatur: *W. Krelle*, Marx as a Growth Theorist. German Economic Review 9 (1971), S. 122-133. *K. Marx/ F. Engels*, Werke (MEW). Berlin 1971. *J. Robinson*, The Accumulation of Capital. 3. A., London 1969. *B. Schefold*, Different Forms of Technical Progess. Economic Journal 86 (1976), S. 808-819.

Prof. Dr. B. Schefold,
Franfurt a.M.

Marxsches Mehrwertgesetz

von Karl Marx vor allem im ersten Band seines Werkes „Kapital" inhaltlich entwickelte zentrale Aussage. →Mehrwert ist der Differenzbetrag zwischen dem → Markt- bzw. Tauschwert einer Ware und ihrem →Gebrauchswert. Auch die →Arbeit hat Warencharakter. Sie wird mit ihrem durch den Reproduktionsaufwand (zur Wiederherstellung der Arbeitskraft) bestimmten Tauschwert der Arbeit entlohnt. Die Differenz zum im Produktionsprozess realisierten höheren Gebrauchswert, den Mehrwert, eignet sich der Unternehmer-Kapitalist an.

Durch Erhöhung der Gesamtarbeitszeit bzw. der →Arbeitsintensität kann bis zu einer bestimmten Grenze der absolute Mehrwert erhöht werden. Entscheidend für die Mehrwertproduktion ist aber der Einsatz von besseren Maschinen u.a., also die Vornahme von die →Arbeitsproduktivität steigernden → Investitionen. Dies erhöht den relativen Mehrwert. → Wachstum ist also die Anhäufung von Mehrwert (→ marxistische Wachstumstheorie) durch die Kapitalisten.

Maschinenkosten

bestehen aus den →Anschaffungskosten und aus den Kosten für Instandhaltung und Instandsetzung. Die Anschaffungskosten werden aktiviert und nach Nutzung abgeschrieben (→ Abschreibung). Die Kosten der Instandhaltung und Instandsetzung werden über die →Kostenrechnung verrechnet. Die werterhöhenden Instandsetzungskosten werden aber wie die Anschaffungskosten behandelt.

Massenfertigung

im Betrieb ist gekennzeichnet durch sinkende Stückkosten (→Kosten), weil der Anteil der Fixkosten (→Kosten) am produzierten Stück mit zunehmender Stückzahl geringer wird. Der M. sind aber Grenzen gesetzt: sie ist unelastisch gegenüber Absatzschwankungen, monoton für die ausführende → Arbeit, kapitalintensiv im Rationalisierungsaufwand.

Maßgeblichkeitsprinzip

Zum Zwecke der Angleichung zwischen der handelsrechtlichen und steuerrechtlichen Gewinnermittlung (→Gewinn) ist in § 140 AO das Prinzip der Maßgeblichkeit der →Handelsbilanz für die →Steuerbilanz verankert. Danach gilt ein Handelsbilanzwert, der auch steuerrechtlich zulässig ist, ebenfalls für die Steuerbilanz. Andererseits gewährt das Ertragsteuerrecht zahlreiche „Vergünstigungen" bei der Ermittlung des steuerlichen Gewinns (insbes. in Gestalt von Bewertungsvergünstigungen und Angeboten zur Bildung „steuerfreier" Rücklagen). Die Inanspruchnahme dieser Vergünstigungen ist freilich davon abhängig, dass in der Handelsbilanz entsprechend verfahren wird. Dieses wird als umgekehrtes M. bezeichnet. Die Transformation der Vierten EG-Richtlinie durch das →Bilanzrichtliniengesetz (BiRiLiG) in nationales Recht hält am M. fest.

Maßsteuer

mit dem Begriff sind →direkte Steuern wie z.B. die → Einkommensteuer gemeint, deren Überwälzung nur schwer gelingt. Die Nichtüberwälzbarkeit (keine od. geringe →Inzidenz) bestimmt den Begriffsinhalt auch gegenüber dem Gegenbegriff der → Marktsteuer, bei der die Überwälzung gelingt od. zumindest beabsichtigt ist.

Materialien

⇒Repetierfaktoren
⇒*Werkstoffe*.

materielles Gut

→Gut.

Matching

aus dem Engl. für Abstimmung zwischen →Bilanz und →Gewinn- und Verlustrechnung durch →Rechnungsabgrenzungsposten in der Bilanz hinsichtlich der Ermittlung eines periodengerechten Jahreserfolges in beiden Rechnungen.

Matrixorganisation

weist eine Matrixstruktur auf, also Spalten (vertikale Linien) und Zeilen (horizontale Linien). Es handelt sich um die Überlagerung von mindestens zwei Leitungssystemen. Beispiel: Produktmanager A, zuständig für den Vertriebsbereich der Produktgruppe X, steht in einer „Zeile" mit Produktmanagern anderer Produktgruppen. In der Linie ist er aber z.B. hierarchisch dem zentralen Werbeleiter unterstellt, demgegenüber er Verantwortung für das Werbebudget für X trägt. Die M. findet nicht nur Anwendung auf Produkt-, Kundengruppen od. Regionen, sondern auch auf Projekte (Projektmanagement). Hauptzweck der M. ist eine hohe Koordinationsdichte aller objektbezogenen Funktionen der Linienstellen. Durch Kompetenzüberschneidungen sind potentielle Konflikte immanent.

Maximalertragskombination

bei gegebener Technologie ist die M. die Lösung des Maximierungsproblems der Unternehmung für den →Output bei der Nebenbedingung, dass die Kostensumme eine konstante Größe ist. Vertauscht man Zielgröße und Nebenbedingung, so erhält man die Formulierung für die → Minimalkostenkombination als Minimierungsproblem für die Kostensumme bei gegebenem →Ertrag. S. auch →Kostentheorie.

Maximalkapazität

→Kapazität.

Maximum-Likelihood-Methode

eine Methode zur Konstruktion von Schätzfunktionen für statistische Parameter, die gegenüber anderen Verfahren zu präferieren ist, da Maximum-Likelihood-(ML-)Schätzfunktionen unter ziemlich allgemeinen Voraussetzungen günstige statistische Eigenschaften aufweisen: Konsistenz (und daher asympto-

tische Erwartungstreue), relative Effizienz, asymptotische →Normalverteilung der Schätzfunktionen bei großen →Stichproben (n →∞). ML-Schätzer für beliebige Parameter Θ (z.B. Mittelwert, →Varianz, Koeffizienten in der →Regressionsanalyse) erhält man prinzipiell gemäß folgendem Vorgehen: Die →Likelihood-Funktion $L(\Theta|x_1, ..., x_n)$ eines gegebenen Stichprobenergebnisses $(x_1, ..., x_n)$ für eine →Zufallsvariable X wird, soweit L differenzierbar ist, für den Parameter Θ maximiert; für alle möglichen Werte für Θ wird somit der Wert als Parameter $\hat{\Theta}$ als Parameterschätzer ausgewählt, für den L, die Wahrscheinlichkeit des Auftretens der vorliegenden Stichprobe, maximal wird. Der ML-Schätzer $\hat{\Theta}$ ist daher eine Funktion der Stichprobenwerte:

$$\hat{\Theta} = d(x_1, ..., x_n).$$

Das gleiche Verfahren wird im Falle mehrerer zu schätzender Parameter angewendet; anstelle der Likelihood-Funktion wird i.d.R. die Logarithmusfunktion lnL maximiert, da sie ihr Maximum an der gleichen Stelle hat.

Maximumprinzip

eine von verschiedenen Möglichkeiten, das →ökonomische Prinzip zu formulieren: das M. fasst das ökonomische Prinzip in die Aussage, mit einem gegebenen →Aufwand an Wirtschaftsgütern (→Gut) einen möglichst hohen →Ertrag (= Nutzen) zu erzielen. Andere Formulierungen sind das →Minimumprinzip, das Extremumprinzip.

Maximumprinzip nach Pontrjagin

mathematisches Hilfsmittel, das zusammen mit anderen die Lösung eines Kontrollsystems zur Steuerung eines Systems (z.B. ein ökonometrisches (→Ökonometrie) Modell) erlaubt. Es dient damit als Kriterium zur Bestimmung eines optimalen Prozesses in einem dynamischen System.

McFadden Act

→Commercial Banks.

Median

⇒Zentralwert
Lagemaß u.a. in der →deskriptiven Statistik. Der M. ist dadurch charakterisiert, dass jeweils 50% der Beobachtungen x_1, ..., x_n einen Wert größer od. gleich bzw. kleiner od. gleich dem M. annehmen. Der M. ist unempfindlich gegenüber Ausreißern in der Beobachtungsreihe, d.h. Werte, die weit von allen übrigen entfernt liegen, beeinflussen den Wert des M. nicht.

Mehrbelastung

⇒*Excess Burden*
⇒Zusatzlast.

Mehrfachregression

⇒multiple Regression
I.Ggs. zur Einfachregression weist die M. mehrere →Regressoren auf. Das Modell der linearen M. lautet:

$$y(x_1, ..., x_k) = \alpha + \beta_1 x_1 + \beta_2 x_2 + ...$$

$$+ \beta_k x_k + u = \alpha + \sum_{j=1}^{k} \beta_j x_j + u.$$

Diese →Funktion nennt man eine multiple lineare Regressionsgleichung vom Regressanden Y auf die Regressoren X_1, ..., X_k. Schwierigkeiten ergeben sich z.B. aufgrund der Annahme eines linearen Zusammenhangs und bei Multikollinearität.

Mehrheitsbeteiligung

Beteiligungsquote von mehr als 50% am →Kapital einer Unternehmung. Bei einer Quote von mehr als 75% spricht man von Dreiviertelmehrheitsbeteiligung. Es gibt noch andere Abstufungen kapitalmäßiger Verflechtung (z.B. Sperrminorität). Mehrheitsbeteiligung ist eine Form der Unternehmenskonzentration, bei der i.Ggs. zur →Fusion ein wirtschaftlicher Verbund rechtlich selbstständig bleibender Unternehmen durch kapitalmäßige Verflechtung entsteht.

Mehrjährige Finanzplanung

⇒mittelfristige Finanzplanung
⇒„mifrifi"
funfjährige und fortzuschreibende →Finanzplanung der →Gebietskörperschaf-

ten Bund, Länder und Gemeinden in der Bundesrepublik Deutschland nach Art. 109 GG (Ermächtigungsnorm) und §§ 9-11, 14 des StabG. Sie beruht auf der Zielprojektion der gesamtwirtschaftlichen Entwicklung und enthält Plangrößen für verschiedene Budgetpositionen. Zweck ist außer einer Art Festschreibung des Regierungsprogramms in Zahlen die Information des privaten Sektors über die künftige →Finanzpolitik. Zur Koordination der Finanzplanung von Bund, Ländern und Gemeinden wurde der → Finanzplanungsrat geschaffen (§ 51 Haushaltsgrundsätzegesetz).

Mehrkostenwagnis

über die Normal- od. →Plankosten hinausgehende Kostenanteile als mögliche Verlustgefahren. Sie gehen in das →Rechnungswesen ein vor allem als Ausschusswagnis od. →Beständewagnis, wie auch als Gewährleistungswagnis und andere Wagnisarten.

Mehrlinien-Organisation

⇒*Mehrlinien-System*
⇒multilineares Leitungssystem.

Mehrlinien-System

⇒Mehrlinien-Organisation,
⇒multilineares Leitungssystem
idealtypische Grundform des Leitungssystems eines Unternehmens. M. beruht auf dem Prinzip der Mehrfachunterstellung, wonach jeder Untergebene von mehreren Vorgesetzten Weisungen je nach funktional begrenztem Sachverhalt erhält:

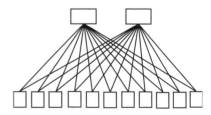

Es ergibt sich als Folge von Dezentalisierung von Aufgaben. M. verbessert die Qualität von Entscheidungen und ist durch kurze Leitungswege gekennzeichnet. Sein Nachteil kann in Funktions- und Kompetenzüberschneidungen mit unklarer Verantwortlichkeitsbeziehung bestehen.

Mehrproduktunternehmung

neben der →Einproduktunternehmung in der →Mikroökonomik übliche Kennzeichnung der Unternehmen nach der Zahl der erzeugten Produkte. Produkte der M. können →unverbundene Produktion und verschiedene Arten der →Verbundproduktion aufweisen. Letztere äußern sich in bestimmten Eigenschaften der →Produktionsfunktion. S. auch →Elastizitäten, hier: Kreuzelastizitäten.

Mehrprozessproduktionsfunktion

→Produktionsfunktion, bei der mehrere Produktionsprozesse den gleichen → Output hervorbringen. Die Produktionsprozesse sind also für einen bestimmten Output substituierbar.

Mehrstufigkeit der Planung

im Planungsgeschehen durchlaufen alle Planungsobjekte verschiedene Stufen od. Phasen:
Analyse: Problemdefinition, Anforderungskatalog für die Lösung, Formulierung möglicher Alternativen.
Synthese: Abstimmung der beabsichtigten Lösungen mit den Erfordernissen des Problems.
Evaluation: Bewertung der realisierbaren Alternativen.
Output: Niederschlag der Planung in Plandokumenten.

Mehrwert

1. im →Marxschen Mehrwertgesetz ist der M. der Differenzbetrag zwischen dem →Marktwert bzw. →Tauschwert einer Ware und ihrem →Gebrauchswert.

2. bei der →Mehrwertsteuer ist Steuergegenstand nicht der in einer Umsatzstufe entstehende M., sondern der volle Umsatzwert, wobei für bezogene Inputleistungen jedoch ein Abzug der vom Unternehmer der Vorstufe in Rechnung gestellten →Umsatzsteuer als Vorsteuer eingeräumt wird.

Mehrwertrate

⇒Ausbeutungsgrad
→Gesetz des tendenziellen Falls der Profitrate.

Mehrwertsteuer

1. *Steuergegenstand.* Bis Ende 1967 bestand in der Bundesrepublik Deutschland eine Allphasenbruttoumsatzsteuer (→Umsatzsteuer), die seit 1968 durch eine Allphasennettosteuer ersetzt worden ist. Hierbei handelt es sich um eine M. mit Vorsteuerabzug. Deshalb wird die → Umsatzsteuer auch M. genannt. Sie soll nach dem Willen des Gesetzgebers den privaten Konsum belasten; daher werden die auf Investitionsgütern liegenden Vorbelastungen mit Umsatzsteuern abgezogen. (Juristisch rechnet die Umsatzsteuer zu den → Verkehrsteuern, die Vorgänge des Wirtschaftsverkehrs belasten). Tatsächlich werden aber auch die Käufe (auch von Investitionsgütern) des Staates, ferner die Investitionen der steuerbefreiten Unternehmen, die keinen Vorsteuerabzug geltend machen können, durch die M. belastet.
Der M. unterliegen folgende (steuerbaren) Umsätze: (1) Lieferungen und sonstige Leistungen, die ein Unternehmer im Inland gegen Entgelt im Rahmen seines Unternehmens ausführt. Unternehmer ist, wer eine gewerbliche od. berufliche Tätigkeit selbstständig ausübt; (2) der Eigenverbrauch des Unternehmers; (3) die Einfuhr von Gegenständen (Einfuhrumsatzsteuer), unabhängig davon, wer sie durchführt.

2. *Vorsteuerabzug.* Für den Gesamtumsatz des Unternehmens wird eine fiktive (vorläufige) Steuerschuld durch Anwendung des geltenden Steuersatzes ermittelt. Hiervon kann die auf den Vorumsätzen liegende („eingekaufte") Steuer, die die Lieferanten gesondert in Rechnung stellen, abgesetzt werden. Nur die Differenz wird an das Finanzamt abgeführt.

3. *Steuerbefreiung und Steuerermäßigungen.* Steuerbefreiungen sieht das Umsatzsteuergesetz für die Ausfuhr vor. Steuerbefreiungen mit der Möglichkeit des Verzichts haben geringe Bedeutung (z.B. Umsätze der Blindenwerkstätten). Steuerbefreit sind z.B. Umsätze der Bundespost, der Ärzte und anderer Heilberufe, der Krankenhäuser und die Kreditgewährung. Ein Verzicht auf Inan-

spruchnahme der Steuerbefreiung ist hier aber nicht möglich.

Der allgemeine Steuersatz beträgt (seit 2007) 19%. Ferner gibt es einen ermäßigten Steuersatz von 7%, der überwiegend auf der Endstufe angewendet wird (z.B. Personennahverkehr, fast alle Lebensmittel außer Getränke und Gaststättenumsätze, Zeitungen, Zeitschriften, Bücher, Kunstgegenstände). Für die Land- und Forstwirtschaft ist zur Vereinfachung die Ermittlung nach Durchschnittssätzen für den Umsatz und für den Vorsteuerabzug zugelassen. Bei Kleinunternehmen mit einem Umsatz bis zu 17 500 Euro im vorangegangenen und weniger als 50 000 Euro im laufenden Jahr wird die Umsatzsteuer nicht erhoben. Sie können auch keine Vorsteuer geltend machen. Liegt der Vorjahresumsatz über 17 500 Euro, wird für Umsätze im laufenden Jahr bis 30 000 Euro eine degressive Steuerermäßigung gewährt.

4. *Beurteilung.* Die Steuer soll nach Auffassung des Gesetzgebers überwälzt werden und wird es vermutlich auch weitgehend. Dann ist hinsichtlich der Verteilungswirkungen zu fragen, welche Belastungen verschiedene Einkommensgruppen erfahren. Sofern die Konsumquote als negative Funktion des Einkommens gesehen wird, sinkt die durchschnittliche Belastung des Einkommens mit Umsatzsteuern. Dieser Zuammenhang wird - zumindest für höhere Einkommen - allgemein angenommen.

Das Aufkommen aus der Umsatzsteuer reagiert schnell auf Änderungen der Bemessungsgrundlagen. Dies beruht darauf, dass die Unternehmer i.d.R. monatlich die Steuer zu entrichten haben.

Die Umsatzsteuer kann allokativ als neutral gelten, wenn sie keine Substitutionseffekte hervorruft. Tatsächlich liegen aber Steuerbefreiungen und -ermäßigungen vor. Die als Steuerbegünstigungen gedachten Regelungen können andererseits sogar zu Mehrbelastungen führen. Unsystematisch ist die steuerliche Behandlung des Handels mit langlebigen Konsumgütern, z.B. gebrauchten Kraftfahrzeugen, geregelt. Hier bleibt die bereits auf den Fahrzeugen beruhende Umsatzsteuerlast unberücksichtigt.

Meistbegünstigungsprinzip

Außenhandelsprinzip: Ein Land verpflichtet sich vertraglich, dem Partnerland alle Einfuhrerleichterungen zu gewähren, die es auch Drittländern einräumt. Das Partnerland wird also dem meistbegünstigten Drittland gleichgestellt. Die Meistbegünstigungsklausel des Allgemeinen Zoll- und Handelsabkommens (→GATT) bedeutet die Weitergabe von Zollsenkungen an alle GATT-Mitgliedsländer, auch dann, wenn die Begünstigten keine Gegenkonzessionen machen. Die Meistbegünstigung fördert den internationalen Wettbewerb und kommt dem Freihandelsgrundsatz sehr nahe. Vom M. innerhalb des GATT sind die →Zollunion und die →Freihandelszone sowie allgemeine Handelspräferenzen gegenüber Entwicklungsländern ausgenommen. Systematisch ist die Meistbegünstigung von der Nichtdiskriminierung zu unterscheiden. Bei der letztgenannten Form geht es um die Gleichberechtigung bei der Berücksichtigung von Handelspartnern in besonderen Fällen von innerhalb des GATT erlaubten Mengenkontingenten.

Mengenanpasser

1. typisches Unternehmensverhalten in der → Marktform der → vollständigen Konkurrenz. Das Unternehmen passt im Rahmen seiner →Kapazität seine Ausbringungsmenge dem am →Markt gegebenen →Preis an, da es aufgrund seines geringen Marktanteils nicht hoffen kann, den Preis in seinem Sinn beeinflussen zu können. Das Verhalten des M. gilt auch für andere Marktteilnehmer, für die der Preis eine gegebene Größe darstellt, z.B. für einzelne Nachfrager.

2. in anderen Marktformen (z.B. →Oligopol) ist es die Bezeichnung für Anbieter, bei denen die Menge Aktionsparameter, der Preis Erwartungsparameter ist.

Mengenfixierer

derjenige Marktteilnehmer (Anbieter od. Nachfrager), dessen Handlungsparameter allein die Menge ist. Der →Preis ist für ihn die →Erwartungsgröße, da die andere Marktseite über den Preis entscheidet, zu dem die angebotene bzw. nachgefrag-

te Menge abgesetzt bzw. gekauft werden
kann.

Mengenindex
hat die Funktion, eine durchschnittliche
mengenmäßige Entwicklung zum Ausdruck zu bringen. Zu jedem →Preisindex
gibt es einen dualen M. Dementsprechend berechnet man analog zum Las-
peyrespreisindex den Laspeyresmengenindex bzw. zum Paaschepreisindex den
Paaschemengenindex. Die Rollen von
Preis und Menge werden vertauscht.
Beim Laspeyresmengenindex hält man
die Preise im Basiszeitpunkt fest:

$$L_M = \frac{\sum_{i=1}^{n} q_{it} \cdot p_{io}}{\sum_{i=1}^{n} q_{io} \cdot p_{io}} .$$

Beim Paaschenmengenindex werden die
Mengen mit den Preisen des laufenden
Zeitpunktes gewichtet:

$$P_M = \frac{\sum_{i=1}^{n} q_{it} \cdot p_{it}}{\sum_{i=1}^{n} q_{io} \cdot p_{it}} .$$

Mit dem M. will man direkt eine reale
Entwicklung z.B. des Exports oder der
Produktion einer Volkswirtschaft oder
eines viele Produkte herstellenden Un-
ternehmens angeben. S. insbesondere →
(Preis)Index.

Mengensteuer
i.Ggs. zur Preissteuer, bei der der →Preis
eines →Gutes als →Bemessungsgrundla-
ge dient, liegt eine M. vor, wenn Bemessungsgrundlage die Menge der im
Betrieb eingesetzten →Produktionsfakto-
ren od. die Menge der vom Betrieb erstellten (abgesetzten) Güter und Leistungen ist (Stücksteuer). Die Beantwortung
der Frage nach der Überwälzbarkeit (→
Inzidenz) ist u.a. vom Einfluss der M. auf
die Kostenkurven des Unternehmens
und von der Preis-Absatz-Relation abhängig. S. →Produktsteuer.

Mengentender
→Offenmarktpolitik, 1.

Menu costs
Menükosten
direkte Kosten der Preisanpassung bei
Änderungen der Präferenzen, Technologien, Nachfrage- und Angebotsschwan-
kungen. Neuerdings werden M. nicht
mehr als unwichtig für das Verständnis
gesamtwirtschaftlicher Phänomene angesehen.

MERCOSUR
Abk. für: **Mer**cado **Co**mun del **Sur**. Vertrag zwischen Argentinien, Brasilien,
Uruguay und Paraguay zur Errichtung
eines gemeinsamen Marktes.

meritorische Bedürfnisse
⇒merit wants (R. A. Musgrave)
→Bedürfnisse, deren Ausmaß beim einzelnen nicht im wünschenswerten Umfang ausgeprägt ist, weil er den →Nutzen
ihrer Befriedigung nicht richtig einzuschätzen vermag. Schon aus der →Defini-
tion ist der Widerspruch zum Konzept
der → Konsumentensouveränität deutlich, weshalb der Begriff nicht nur in der
→ Finanzwissenschaft umstritten ist.
Dennoch ist am einzelnen Beispiel seine
Berechtigung nicht völlig abzusprechen:
Der Staat tritt mit der Schulpflicht als Anbieter einer Mindestbildung auf, denn
bei einem rein privatwirtschaftlich organisierten Bildungsangebot würde zwar
der Ausschließungsmechanismus - anders als bei den →öffentlichen Gütern -
funktionieren, aber die Nachfrage nach
dem →Gut Bildung ist gerade bei denjenigen sehr gering, die den Wert und Nutzen dieses Gutes aus traditionellen od.
anderen Gründen niedrig ansetzen.

meritorisches Gut
⇒merit good
→Gut zur Befriedigung →meritorischer
Bedürfnisse. Beispiele: Theaterveranstal-
tungen, Bildungs- und Freizeiteinrich-
tungen, Impfungen, staatliche Museen,
staatliche Sportförderung u.a.

Merkantilismus
⇒Merkantilsystem
→Wirtschaftssystem, das insbesondere in
der Zeit von ca. 1600 bis 1750 in Westeuropa einseitig der Steigerung der inländischen Erzeugung den Vorrang gab, und

wie es in Frankreich von Colbert, in England von Cromwell, in Preußen vom Großen Kurfürsten vertreten wurde. Der Außenhandel wurde nur gefördert, um eine aktive →Handelsbilanz zu erreichen; sonst war der M. eine frühe Form des → Protektionismus, also einer Außenhandelspolitik (→ Außenwirtschaftspolitik), die z.B. durch →Schutzzölle den Schutz der inländischen Produzenten gegen ausländische Konkurrenz betreibt. Demselben Zweck dienen andere Handelshemmnisse, Einfuhrsteuern, Verwaltungsmaßnahmen u.a. Dem M. steht die Vorteilhaftigkeit für alle durch die Verwirklichung des Prinzips des →Freihandels mit voller Konkurrenz auf dem Welt- und auf dem Binnenmarkt gegenüber.

Ansätze in der heutigen Außenhandelspolitik verschiedener Staaten, die Protektion (→Protektionismus) der heimischen Wirtschaft und andere weitreichende staatliche Eingriffe in den Außenhandel fordern, werden als → Neomerkantilismus bezeichnet. S. auch →Geschichte der Wirtschaftswissenschaft, 1.2.

Merkmal

messbare Eigenschaft von Untersuchungseinheiten (Merkmalsträgern). Bei der Beobachtung (Messung) von M. an Untersuchungseinheiten stellt man die M.-ausprägung od. den M.-swert jedes M. an jeder Untersuchungseinheit fest. Man kann die Merkmale unterschiedlich zusammenfassen. Eine Art der Klassifizierung ist die Unterscheidung quantitativer und qualitativer M. (Beispiele für quantitative M. sind Alter, Gewicht, Körpergröße und → Einkommen, Beispiele für qualitative M. sind Geschlecht, Beruf und Haarfarbe). Weitere Klassifizierungen der M. sind: nominale, ordinale und metrische M. od. auch die Einteilung in diskrete (z.B. Geschlecht) und stetige M. (z.B. Temperatur od. Lebensdauer).

Mesoökonomik

⇒mesoökonomische Theorie
Neben der →Mikro- und →Makroökonomik entwickelt sich als neuer Zweig der Volkswirtschaftslehre (→Wirtschaftswissenschaft) eine M. Gegenstand der mesoökonomischen Betrachtungsweise sind hauptsächlich die Probleme und die Verhaltensweisen von Gruppen, Wirtschaftszweigen und Regionen, die von den individuellen Problemen und den einzelwirtschaftlichen Verhaltensweisen abweichen können. Als volkswirtschaftliche Teildisziplinen um-schließt die M. die Gruppen- und die Interaktionstheorie, die Theorie des Strukturwandels, die sektorale und regionale Entwicklungstheorie, die Regulierungs- und Deregulierungstheorie sowie die sektorale und regionale Strukturpolitik. Die M., deren Analyseobjekte durchweg Aggregate von mittlerer Größe (Gruppen, Branchen, Regionen) zwischen Einzel- und Gesamtwirtschaft sind, erforscht mit teilweise arteigenen Instrumenten vor allem die strukturellen Phänomene auf Gruppenebene und die Interaktionen zwischen strukturpolitischen Entscheidungsträgern und Interessengruppen.

Messfehler

Führt man eine Messung durch, so wird der gemessene Wert fast immer vom wahren Wert abweichen; die Messung ist also mit einem M. behaftet. Es werden 2 Fehlerarten unterschieden: systematische und zufällige Fehler; zufällige Fehler können nur bei Zufallsstichproben auftreten.

Der zufällige Fehler entsteht dadurch, dass nur ein Teil der Einheiten der betrachteten Gesamtheit erfasst wird. Alle anderen Fehler sind systematische Fehler. Hierunter befinden sich Fehler, die nur bei Teilerhebungen auftreten können (z.B. Fehler bei der Auswahl der Erhebungseinheiten), aber auch Fehler, die auch bei Totalerhebungen auftreten können (z.B. Diskrepanz zwischen Erhebungs- und Zielgesamtheit).

Metaorganisation

während bei der → Objektorganisation ein konkretes Organisationsproblem aus z.B. →Produktion, Beschaffung od. Verwaltung gelöst wird, wird bei der M. im Wesentlichen darüber entschieden, nach welchen Richtlinien das gesamte Organisieren abzulaufen hat. Die M. bezeichnet also die Organisationsfunktion, wie sie hauptsächlich als Managementfunktion in den höheren und höchsten Managementebenen zu finden ist: Entscheidungen über das Gesamte der →Organisation sowie über die Richtlinien, nach denen organisiert werden soll.

Methode der kleinsten Quadrate
ein Verfahren zur Konstruktion von Schätzfunktionen, das vor allem in der → Regressionsanalyse angewendet wird.

Miga
Abk. für: Multilaterale Investitionsgarantie-Agentur bei der →Weltbank.

Mikrofundierung der Geldtheorie
Versuche, insbesondere der von Don Patinkin, das →Geld in →Modelle zu integrieren, die auf mikroökonomischen Gleichgewichtsvorstellungen (→Gleichgewicht, → Mikroökonomik) beruhen und damit von Annahmen wie vollkommener → Markttransparenz, vollständiger Voraussicht und fehlender Unsicherheit ausgehen.

Mikroökonomik
⇒mikroökonomische Theorie
Gegenstand der mikroökonomischen Betrachtungsweise sind Verhaltensweisen der einzelnen Wirtschaftseinheiten od. → Wirtschaftssubjekte (→Haushalte, Unternehmungen), die →Märkte einzelner → Güter (Konsumgüter-, →Faktormärkte) und die Beziehungen zwischen einzelnen Wirtschaftseinheiten und zwischen einzelnen Gütern. Fragen der Koordination und der gesamtwirtschaftlichen Effizienz und Optimalität gehören ebenso zur M. Die →Definition der M. muss auch in der Abgrenzung zur →Makroökonomik gesehen werden. Die Makroökonomik hat es mit gesamtwirtschaftlichen, aggregierten Größen zu tun.

mikroökonomische Theorie
⇒Mikroökonomik.

Mikrozensus
I.Ggs. zur Volkszählung als der Bestandsaufnahme der Bevölkerung im Sinne einer Totalerhebung erfolgt zur Überbrückung des etwa 10-Jahre-Abstandes zwischen den Volkszählungen die Teilerhebung (→ Erhebung) M. Es handelt sich um die 1957 eingeführte

„Repräsentativerhebung der Bevölkerung und des Erwerbslebens".
Beim M. werden in einer →Stichprobenerhebung einmal im Jahr 1% der Bevölkerung statistisch erfasst. Das Fragenprogramm des M. ist wesentlich umfangreicher als das der Volkszählung. Darüber hinaus werden Tatbestände aus jeweils aktuellen Bereichen erfasst.

Milchpfennig
⇒Mitverantwortungsabgabe
→Abschöpfung.

Miller-Orr-Modell
stochastisches Kassenhaltungsmodell (1966), wobei das Problem der optimalen Überführung von überschüssigen Kassenbeständen (→Kasse) in rentable kurzfristige Anlagen und nicht so sehr das komplexe Problem der Liquiditätssicherung im Vordergrund steht. Dem →Modell liegt innerhalb der Periode schwankender Kassenbestand zugrunde: Der Kassenbestand bewege sich innerhalb einer Periode in Richtung und Größe zufallsabhängig, jedoch könne über eine zunehmende Anzahl von Perioden eine → Normalverteilung unterstellt werden. Der Planungszeitraum wird in gleich große Zeiteinheiten t unterteilt. In jeder Teilperiode wird ein Geldzufluss mit der →Wahrscheinlichkeit p und ein Geldabfluss mit der Wahrscheinlichkeit q erwartet. Zur Vereinfachung gilt $p = q = 0,5$. Transaktionskosten (→ Kosten) b fallen unabhängig von der Höhe und Richtung des →Transfers an. Die angelegten Beträge erbringen einen →Zins i. Innerhalb der Kontrollgrenzen Null (Untergrenze) und h (Obergrenze) bewegt sich der Kassenstand frei. Erreicht er h, so wird der Kassenbestand auf das niedrigere Niveau z abgesenkt. Der Betrag $(h - z)$ wird in eine kurzfristige Geldanlage übergeführt. Umgekehrt: Sinkt der Kassenbestand auf Null, wird ein Betrag in Nähe von z aus der Geldanlage entnommen und der Kasse zugeführt. Das Modell bestimmt unter Maximierung der →Rentabilität das Optimum von h und z:

$$z_{opt} = \sqrt[3]{\frac{3\ b\ m^2\ t}{4i}}$$

$h_{opt} = 3 z_{opt}$.

Minderheitenschutz
im Konzern s. →Beherrschungsvertrag.

Minderheitsbeteiligung
bei den Abstufungen kapitalmäßiger Verflechtung eine Beteiligungsquote (→ Beteiligung) zwischen 0% und unter 50%. Dabei gilt eine M. von 20% nach dem →Bilanzrichtliniengesetz bereits als wesentliche Beteiligung. Eine Beteiligungsquote zwischen 25% und 50% heißt Sperrminderheitsbeteiligung. Die Minderheitsbeteiligung i.e.S. liegt unter 25% Kapitalbeteiligung.

Minderkaufmann
→Kaufmann, der ein →Handelsgewerbe betreibt, das nach Art und Umfang einen kaufmännisch eingerichteten Geschäftsbetrieb nicht erfordert (§ 4 HGB). Der Gegensatz ist der Vollkaufmann. Zu den Minderkaufleuten rechnen insbesondere Kleingewerbetreibende (z.B. Inhaber kleiner Ladengeschäfte und Handwerker, soweit sie nicht kraft Eintragung od. wg. des Umfangs des Gewerbebetriebes Vollkaufleute sind. Minderkaufleute haben keine Firma, müssen keine Handelsbücher führen, können nicht →Prokura erteilen und nicht ins Handelsregister eingetragen werden. Die handelsrechtliche Formfreiheit bestimmter Rechtsgeschäfte (z.B. →Bürgschaften) gilt für sie nicht.

Mindestlohn
Lohn, der nicht unterschritten werden darf. Soweit von den Tarifparteien innerhalb der →Tarifautonomie keine Löhne vereinbart sind, können unter bestimmten Voraussetzungen innerhalb von Mindestarbeitsbedingungen durch Beschluss eines vom Bundesarbeitsminister eingesetzten Fachausschusses für einzelne Wirtschaftszweige und Beschäftigtengruppen nach dem Gesetz vom 11.1.1952 (BGBl. I 17) auch Mindestlöhne festgesetzt werden. Dieses Gesetz ist aber bisher noch nicht angewendet worden: In der Bundesrepublik Deutschland gibt es - bei anhaltender öffentlicher Diskussion über M. - keinen gesetzlich einheitlichen

M., wohl aber branchenspezifische M. (Baugewerbe, Gebäudereinigung, Post).

Mindestpreise
→administrierte Preise, die nicht unterschritten, aber überschritten werden dürfen. Gegensatz: → Höchstpreise. M. bestehen z.B. als landwirtschaftliche Erzeugerpreise etwa für Zuckerrüben. Liegt der →Gleichgewichtspreis für ein Produkt unter dem M., so entsteht ein Angebotsüberschuss, der dadurch vom → Markt genommen werden kann, dass die öffentliche Hand als Aufkäufer auftritt (es entstehen dann „X-Berge" od. „Y-Halden") od. Anreizsubventionen (→Subventionen) zur Produktionseinschränkung (→Produktion) bezahlt werden.

Mindestreserve
Guthaben der Kreditinstitute bei der Deutschen Bundesbank, welche auf allgemeine Anordnung der Bundesbank hin von jenen bei dieser unterhalten werden (§ 16 BBkG). Die M. bemessen sich insbesondere nach den Verbindlichkeiten der Kreditinstitute aus Sichteinlagen, befristeten Einlagen und Spar-einlagen. Eine M.-verpflichtung erwächst auch aus aufgenommenen kurz- und mittelfristigen Geldern, ausgenommen die Verbindlichkeiten gegenüber anderen mindestreservepflichtigen Kreditinstituten. Der Mindestreservesatz wird von der Bundesbank im von § 16 BBkG vorgegebenen Rahmen autonom festgesetzt.

Mindestreservepolitik
1. *Begriff. Mindestreserven* sind Pflichtguthaben, die die →Kreditinstitute bei der → Zentralbank zu unterhalten haben. Die M. umfasst alle Maßnahmen der →Notenbank, welche diese Mindestreservehaltung regeln. Obligatorische Mindestreserven sind historisch gesehen zur Sicherung der Bankenliquidität (→Liquidität) eingeführt worden. In jüngerer Zeit dienen sie aber vorwiegend geldpolitischen Zielsetzungen. So war das Ziel der M. in der Bundesrepublik nach der Legaldefinition des BBkG die „Beeinflussung des Geldumlaufs und der Kreditgewährung". Die Mindestreserve kann an der Passivseite od. an der Aktivseite der Bankbilanzen (→Bilanz) anknüpfen.

Im ersten Fall spricht man von einer Passivmindestreserve od. Einlagenreserve, im zweiten von Aktivmindestreserve od. Kreditreserve.

2. *Aufbau des Mindestreservesystems in der Bundesrepublik.* In der Bundesrepublik bestand eine Passivmindestreserve. Sie war in § 16 BBkG und in der Anweisung der Deutschen Bundesbank über Mindestreserven (AMR) geregelt. Nach § 16 BBkG konnte die Bundesbank verlangen, dass die Kreditinstitute in Höhe eines Vom-Hundert-Satzes ihrer → Verbindlichkeiten aus Sichteinlagen, befristeten Einlagen und Spareinlagen (→Einlagen) sowie aus aufgenommenen kurz- und mittelfristigen Geldern mit Ausnahme der Verbindlichkeiten gegenüber anderen mindestreservepflichtigen Kreditinstituten Guthaben auf Girokonto bei ihr unterhalten. Die Bank durfte den Vom-Hundert-Satz (→Mindestreservesatz) für Sichtverbindlichkeiten nicht über dreißig, für befristete Verbindlichkeiten nicht über zwanzig und für Spareinlagen nicht über zehn festsetzen; für Verbindlichkeiten gegenüber Gebietsfremden war jedoch ein Mindestreservesatz bis zu hundert zulässig. Innerhalb dieser Grenzen konnte die Bundesbank die Sätze nach allgemeinen Gesichtspunkten differenzieren. Zur Unterhaltung von Mindestreserven waren grundsätzlich alle Kreditinstitute verpflichtet. Die Bestimmungen über reservepflichtige Verbindlichkeiten wurden im Lauf der Jahre mehrfach geändert, zuletzt im Mai 1986. Seitdem unterlagen Buchverbindlichkeiten (einschl. Verbindlichkeiten aus Namensschuldverschreibungen sowie Orderschuldverschreibungen, die nicht Teil einer Gesamtemission darstellten) der Reservepflicht, wenn sie ein Befristung von weniger als vier Jahren aufwiesen. Verbindlichkeiten aus Inhaberschuldverschreibungen (und Orderschuldverschreibungen, die Teil einer Gesamtemission darstellten) waren reservepflichtig bei einer Befristung von unter zwei Jahren. Ausgenommen von der Reservepflicht waren Verbindlichkeiten gegenüber Kreditinstituten, die selbst reservepflichtig waren, sowie Fremdgewährungsverbindlichkeiten der Banken gegenüber Gebietsfremden.

Die Mindestreservesätze wurden in der Vergangenheit teilweise in differenzierter Weise nach verschiedenen Gesichtspunkten gestaffelt, nämlich nach der Art der Verbindlichkeiten, ihrer Herkunft (Inlands- und Auslandseinlagen) und ihrer Höhe. In besonderen Situationen wurde auch nach dem Bestand und dem Zuwachs an reservepflichtigen Verbindlichkeiten differenziert. Besondere Mindestreservesätze auf den Zuwachs an reservepflichtigen Verbindlichkeiten (*Zuwachsreserve*) hat die Bundesbank bevorzugt zur Abwehr von Auslandsgeldzuflüssen eingesetzt. Im Laufe der Jahre hat die Bundesbank die Differenzierungen der Mindestreservesätze nach und nach aufgegeben. Seit August 1995 unterlagen befristete und Sichtverbindlichkeiten gegenüber Gebietsansässigen und -fremden einem einheitlichen Satz von 2%, während für Spareinlagen ein Satz von 1,5% galt. Das *Mindestreserve-Soll* der Kreditinstitute ergab sich durch Anwendung der Reservesätze auf den Durchschnitt der reservepflichtigen Verbindlichkeiten in einem bestimmten Monat. Dieser Durchschnitt konnte von den Banken entweder aus den Endständen der Kalendertage vom 16. des Vormonats bis zum 15. des laufenden Monats od. aus dem Stand dieser Verbindlichkeiten am 23. und Ultimo des Vormonats und am 7. und 15. Tag des laufenden Monats errechnet werden. Dem so errechneten Reserve-Soll wurde die *Ist-Reserve* gegenübergestellt: das war der kalendertägliche Durchschnitt der im Laufe des betreffenden Monats bei der Bundesbank unterhaltenen Guthaben. Diese Guthaben wurden im Einklang mit dem BBkG nicht verzinst. Da die Mindestreservepolitik nicht täglich, sondern nur im Monatsdurchschnitt zu erfüllen waren, hatten die Reserveguthaben für die Banken gleichzeitig den Charakter von „Arbeitsguthaben". Die Kreditinstitute brauchten also zur Abwicklung des → Zahlungsverkehrs bei der Bundesbank keine besonderen Einlagen zu unterhalten. Tatsächlich waren ihre →*Überschussreserven* (der Betrag, um den das Reserve-Ist das Reserve-Soll übersteigt) gewöhnlich gering. Hierzu trug auch bei, dass die

Berechnungsperioden für das Reserve-Soll und das Reserve-Ist einen halben Monat auseinanderlagen (verzögerte Reservehaltung). Den Banken verblieb somit nach dem 15. jeden Monats, wenn sie ihr individuelles Reserve-Soll kannten, bis zum Monatsende noch ein ausreichender zeitlicher Spielraum. Gelang es einer Bank nicht, ihr Reserve-Soll zu erfüllen, hatte sie auf den Differenzbetrag, um den das Reserve-Ist das Soll unterschritt, eine Sonderzins in Höhe von drei Prozentpunkten über dem jeweiligen Lombardsatz für dreißig Tage zu zahlen. Durch die Reservesatzsenkung zum August 1995 wurde diese Relation auf unter 2% gedrückt.

3. *Aufbau des Mindestreservesystems in der EWWU.* Das Mindestreservesystem in der am 1. Januar 1999 angelaufenen 3. Stufe der Europäischen Wirtschafts- und Währungsunion (EWWU) ähnelt in seinen Grundzügen dem der Deutschen Bundesbank. Den wichtigsten Unterschied gegenüber dem Mindestreservesystem der Bundesbank bildet die Verzinslichkeit der Mindestreserve in der EWWU (mit einem Satz in Höhe des Satzes für die Hauptrefinanzierungsgeschäfte der EZB). Ziel der Verzinsung ist eine Minimierung der aus der Mindestreserve resultierenden Kostenbelastung der Banken. Auf diese Weise soll der Anreiz genommen werden, reservepflichtige Geschäfte in Länder außerhalb der EWWU zu verlagern. Die Verlagerung würde die Aussagekraft der Geldaggregate und die Wettbewerbsfähigkeit der Finanzplätze in der EWWU vermindern.

4. *Wirkungsweise der M.* Die Mindestreserve schafft einen wichtigen ordnungspolitischen Rahmen für den Einsatz der übrigen geldpolitischen Instrumente: Sie zwingt die Kreditinstitute in Höhe des Mindestreservesolls zur Refinanzierung bei der Notenbank und erzeugt so - gemeinsam mit der bargeldbedingten Refinanzierung - einen hinreichenden Bedarf an Zentralbankgeld. Die Notenbank kann dann durch Variation der Konditionen, zu denen sie Zentralbankgeld zur Verfügung stellt, auf das Verhalten der Geschäfts- und der Nichtbanken Einfluss nehmen. Auf diese Weise versucht sie ihr

Geldmengen- und/ oder Inflationsziel zu verwirklichen. Dabei erleichtert die Existenz einer Mindestreserve die Geldmengensteuerung zum einen, indem sie die Zinselastizität der Geldnachfrage erhöht. Maßgeblich hierfür ist, dass sie die Rentabilität der Banken beeinträchtigt, die daraufhin versuchen, die Belastung an ihre Kunden weiterzugeben. Diese Wirkungen fallen freilich um so geringer aus, je niedriger die Mindestreservesätze sind und je höher die Mindestreserve verzinst wird. Da die Mindestreserveerfordernisse der Banken besser zu prognostizieren sind als die Fluktuation des Bargeldumlaufs, erleichtert die Mindestreserve zum anderen über die Stabilisierung der Nachfrage nach Zentralbankgeld das Liquiditätsmanagement der Zentralbank. In der EWWU wie auch zuvor in der Bundesrepublik muss im Übrigen das Mindestreservesoll einer Bank nicht von Tag zu Tag, sondern nur im Durchschnitt eines Monats erfüllt sein; zudem müssen die Banken ihre Reservepflicht erst mit einer Verzögerung von zwei Wochen gegenüber dem Reservesoll erfüllen. Unerwartet kurzfristige Liquiditätsbedarfe od. -überschüsse können deshalb durch ein vorübergehendes Unter- bzw. Überschreiten des Mindestreservesolls aufgefangen werden, ohne dass es Interventionen der Zentralbank bedarf und ohne dass es zu nennenswerten Schwankungen der Geldmarktsätze kommt.

Durch Änderungen der Reservesätze kann die Notenbank den dauerhaften Bedarf der Kreditinstitute an Zentralbankgeld verändern. Die Liquiditätseffekte werden dabei durch Zinseffekte ergänzt, welche die Bereitschaft der Banken zur Kreditvergabe und die Kreditnachfrage der Nichtbanken beeinflussen. Allerdings handelt es sich um ein wenig flexibles Instrument zur Grobsteuerung der Bankenliquidität, das zudem unerwünschte Signalwirkungen entfalten kann. Aus diesen Gründen hatte die Mindestreserve als prozesspolitisches Instrument in Deutschland bereits seit der Beendigung des Systems fester Wechselkurse von Bretton Woods an Bedeutung verloren.

Literatur: *Deutsche Bundesbank*, Die Geldpolitik der Bundesbank. Frankfurt a.M. 1995. *D. Dickertmann/ A. Siedenberg*, Instrumentarium der Geldpolitik. 5. A., Düsseldorf 1994. *H. J. Jarchow*, Theorie und Politik des Geldes, II. Geldmarkt, Bundesbank und geldpolitisches Instrumentarium. 7. A., Göttingen 1995. *K. Ruckriegel* u.a., Die Mindestreserve in der EWWU, in: Zeitschrift für das gesamte Kreditwesen, 1998, S. 842-845.
        Prof. Dr. J. Franke-Viebach, Siegen

Mindestreservequote

Verhältnis des Mindestreservesolls zu reservepflichtigen →Verbindlichkeiten der → Kreditinstitute, wobei anrechenbare Kassenbestände abgesetzt werden. → Mindestreservepolitik.

Mindestreservesatz

Prozentsatz, mit dem das Einlage- (→Einlagen) bzw. Kreditvolumen eines →Kreditinstitutes zu multiplizieren ist, um die Höhe seiner → Mindestreserven zu bestimmen. Dieser Satz wird einheitlich od. nach kredit- od. geldpolitischen Kriterien differenziert für die jeweiligen reservepflichtigen Passiva od. auch Aktiva der Kreditinstitute von der → Zentralbank festgesetzt. →Mindestreservepolitik.

Minimalkapazität

→Kapazität.

Minimalkostenkombination

Minimierungsproblem aus der →Kostentheorie: Gesucht ist diejenige Kombination der →Produktionsfaktoren, die eine bestimmte Produktmenge (→Output) bei gegebener Technologie und gegebenen

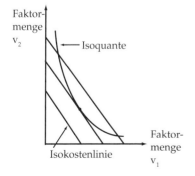

Faktorpreisen mit den geringsten Gesamtkosten (→Kosten) herstellt.
Ist die M. erreicht, so gilt: Verhältnis der partiellen Grenzproduktivitäten = Faktorpreisverhältnis.

Minimum der durchschnittlichen Kosten

⇒Betriebsoptimum
⇒Gewinnschwelle
→Kostentheorie.

Minimum der durchschnittlichen variablen Kosten

⇒Betriebsminimum
⇒Produktionsschwelle
→Kostentheorie.

Minimum der Grenzkosten

⇒Schwelle des Ertragsgesetzes
→Kostentheorie.

Minimumprinzip

Form des →ökonomischen Prinzips: die Erzielung eines gegebenen →Outputs mit dem geringst möglichen →Aufwand.

Minimum-Regret-Regel

⇒Kriterium des geringsten Bedauerns
⇒Savage-Niehans-Regel
Regel für betriebliche Entscheidungen unter Ungewissheiten über die Eintrittswahrscheinlichkeit angestrebter Ziele, wobei jedoch Annahmen über Ergebnisse bestimmter betrieblicher Strategien (→ strategische Unternehmensführung) zur Zielerreichung möglich sind. Das Risiko des Nichteintritts der erwarteten Situation wird als Bedauern (*Regret*) des Entscheidungsträgers wertmäßig formuliert. Die M. wird besonders für Entscheidungen im Bereich →Marketing angewandt: Ein Unternehmen beabsichtige seine Marktposition zu verbessern und muss über die Strategie zur Zielrealisierung entscheiden. Mögliche Strategien seien: S_1 - intensive →Werbung, S_2 - Senkung des Produktpreises (→ Produktpreisbildung), S_3 - Kombination von S_1 und S_2. Die Zielerreichung wird in Gewinneinheiten (GE) für die erwartete Gewinnerhöhung angegeben (→Gewinn). Diese sei konjunkturabhängig (→Konjunktur) und in Matrix I dargestellt, wobei gelte: K_1 -

Aufschwung, K_2 - normaler Konjunkturverlauf, K_3 - →Rezession.

Entscheidet sich das Unternehmen für S_1 und erwartet K_1, die Konjunktur verlaufe aber normal, erzielt es 300 GE. Hätte es aber S_2 gewählt, wären 650 GE angefallen. Die Differenz zwischen möglicher Strategie S_2 (650 GE) und realisierter S_1 mit 300 GE, also 350 GE ist der rechnerischer Wert des Bedauerns und wird als *Regretwert* bezeichnet. Werden die Strategien höchster Gewinnerzielung für die verschiedenen Konjunktursituationen Null gesetzt, lassen sich die Regretwerte für alle Strategien ermitteln (Matrix II).

Nach der M. ist die Strategie mit dem geringsten Wert für die maximalen Regretwerte zu wählen. Im Beispiel betragen die Maximalwerte für S_1 350 GE, für S_2 150 GE und für S_3 60 GE, so dass Strategie S_3 zu wählen wäre.

I	Konjunkturkonstellation Strategiealternativen	K_1 (Aufschwung)	K_2 (normal)	K_3 (Rezession)
	S_1 (Werbung)	500	300	220
	S_2 (Preissenkung)	650	650	200
	S_3 (Kombination von S_1 und S_2)	800	620	160
II	S_1	-300	-350	0
	S_2	-150	0	-20
	S_3	0	-30	-60

Ministererlaubnis

1. Überplanmäßigen und außerplanmäßigen →Ausgaben des Bundes dürfen nur im Falle eines unvorhergesehenen und unabweisbaren Bedürfnisses vom Bundesfinanzminister unter Wahrung strenger Grundsätze nach Art. 120 GG zugestimmt werden.

2. Ein marktbeherrschender Zusammenschluss von Unternehmen (→Fusion, → Fusionskontrolle) kann vom Bundesminister für Wirtschaft auf Antrag erlaubt werden (sog. M.), wenn im Einzelfall die → Wettbewerbsbeschränkung von gesamtwirtschaftlichen Vorteilen des Zusammenschlusses aufgewogen wird und dieser durch ein überragendes Interesse der Allgemeinheit gerechtfertigt ist (§ 42 GWB). Auflagen sind zulässig. Die marktwirtschaftliche Ordnung (→Marktwirtschaft) darf nicht beeinträchtigt werden.

Mischgeldsystem

1. Bis zum Ersten Weltkrieg (ab etwa 1880) zur Zeit des Internationalen → Goldstandards war in Deutschland eine Mischform der reinen →Geldsysteme vorhanden. Neben vollwertigen →Münzen (Warengeldsystem) liefen teilweise goldgedeckte → Banknoten und ungedecktes →Buchgeld um. Wg. der Einlösbarkeit von Buchgeld in Banknoten und von Banknoten in Gold, bestand eine Bindung der → Geldmenge an Gold, die durch den internationalen Geldautomatismus noch verstärkt wurde.

2. →Geldsysteme, 2.

Missbrauchsaufsicht

Befugnisse des → Bundeskartellamts beim Fehlen wirksamen Wettbewerbs (→ Wettbewerbstheorie) zur Beanstandung und Untersagung eines missbräuchlichen Verhaltens und zur Nichtigkeitserklärung von Verträgen. Die M. gilt gegenüber allen →Kartellen, gegenüber Vertikalverträgen (z.B. vertikale Preisbindung bei Büchern) sowie bei Marktbeherrschung durch Unternehmen und bei vertikalen Preisempfehlungen für →Markenartikel. Behinderungsmissbrauch zeigt sich in der Beschränkung der wettbewerblichen Handlungsfreiheit anderer → Wirtschaftssubjekte. Ausbeutungsmissbrauch ist auf die Ausbeutung der Marktgegenseite gerichtet etwa durch Fordern missbräuchlicher →Preise.

Mitbestimmung

der →Arbeitnehmer im Sinne von Mitentscheidung und sonstiger Mitwirkung in allen Bereichen des Betriebes. Es ist zu unterscheiden:

1. Mitspracherecht des →Betriebsrates in allen Betrieben, in denen aufgrund des → Betriebsverfassungsgesetzes in der Fassung von 1972 ein Betriebsrat besteht.

2. M. im →Aufsichtsrat, in dem die Arbeitnehmer in allen →Aktiengesellschaften und →Kommanditgesellschaften auf Aktien, ferner bei →Gesellschaften mit beschränkter Haftung und (früheren) → Bergrechtlichen Gewerkschaften mit mehr als 500 Arbeitnehmern mit einem Drittel der Sitze vertreten sind. In der → Montanindustrie entsenden die Arbeitnehmer ebenso viele Aufsichtsratsmitglieder wie die Anteilseigner; bei Pattsituationen entscheidet ein neutrales weiteres Mitglied. Das M.-gesetz von 1976 sieht darüber hinaus für Gesellschaften mit i.d.R. mehr als 2000 Beschäftigten im Grundsatz die paritätische M. vor. Für leitende Angestellte ist ein gewisser Minderheitenschutz vorgesehen. Für Pattsituationen steht dem Aufsichtsratsvor-sitzenden eine zweite Stimme zu; dieser ist mit einer Zwei-Drittel-Mehrheit zu wählen.

Mitläufer-Effekt
⇒Bandwagon-Effekt
auch bei konstantem →Preis steigt die Nachfrage nach einem →Gut, wenn es auch von anderen Konsumenten nachgefragt wird, weil für die Nachfrageentscheidung soziale → Interdependenz besteht. Die individuelle Nachfrage und die Gesamtnachfrage sind positiv korreliert.

Mitnahmeeffekt
Der Teil einer Begünstigung (Subvention), der nicht zu der durch die Subvention beabsichtigten Verhaltensänderung führt und deshalb das Erreichen des Subventionszwecks nicht befördert.
Die Reduzierung von M. ist nur so lange ökonomisch rational, wie die Einsparungen nicht durch einen höheren Verwaltungsaufwand überkompensiert werden.

Mitteilungspflicht
→Beteiligung, 1.

mittelfristige Finanzplanung
→Finanzplanung.

Mittelstandspolitik
besondere Art der →Strukturpolitik, die dem Ausgleich solcher Wettbewerbsnachteile dient, die kleinere und mittlere Unternehmen wg. geringerer →Marktmacht gegenüber Großunternehmen haben. Die Mittel bestehen aus der Mittelstandsförderung (Finanzierungshilfen, Förderprogramme) und der Berücksichtigung der Mittelstandsbelange in der Gesetzgebung von Bund und Ländern. Hierher gehört auch der i.d.R. jährlich von der Bundesregierung und den Länderregierungen veröffentlichte sog. „Mittelstandsbericht" mit der Darstellung von Maßnahmen und deren Auswirkungen sowie von mittelstandspolitischen Prioritäten.

Mittelwert (Mittel)
Beim M. als arithmetischem, geometrischem, harmonischem, gewichtetem od. gewogenem sowie quadratischem Mittel handelt es sich um Lagemaße einer Beobachtungsreihe od. → Häufigkeitsverteilung.
1. →arithmetisches M.
2. →geometrisches M.
3. →harmonisches M.
4. →gewichtetes M. (gewogenes M.)
5. →quadratisches M.

mittlerer quadratischer Fehler
⇒mean square error (MSE)
Beurteilungsmaßstab für die Güte eines Schätzers. Es lautet:
$$MSE(\theta,\hat{\theta}) = E(\hat{\theta} - \theta)^2 .$$
Man kann auch schreiben
$$MSE = \rightarrow Varianz + (Bias)^2 .$$
$\hat{\theta}$ ist die Schätzgröße für den Parameter θ. Die Größe $E(\hat{\theta} - \theta)^2$ nennt man Basis od. Verzerrung des Schätzers.

Mitverantwortungsabgabe
⇒Milchpfennig
→Abschöpfung.

Mobilisierungspapiere
Im Rahmen ihrer → Offenmarktpolitik

kann die →Deutsche Bundesbank vom Bund verlangen, ihr für die Ausgleichsforderungen von ca. 8 Mrd DM kurzfristige Anleihetitel (→Schatzwechsel, →U-Schätze) zur Verfügung zu stellen. Die M. werden also im Zuge der Offenmarktpolitik von der Bundesbank als →Forderungen an den Bund „mobilisiert".

Modalwert
⇒häufigster Wert
⇒Modus
Bei normalskalierten →Merkmalen wie Geschlecht od. Beruf kann man weder das arithmetische →Mittel noch den → Median als Lagemaß verwenden. Ein Lagemaß, das auch für diese Merkmale definiert ist, ist dagegen der M. Er ist die Ausprägung, die die größte Häufigkeit in der Beobachtungsreihe besitzt.

Modell
eine vereinfachende Abbildung der Wirklichkeit. In der →Wirtschaftswissenschaft unterscheidet man insbesondere zwischen einem Total-M. und einem lediglich einen Ausschnitt betrachtenden Partial-M., wobei beide entweder statische (→Statik) od. dynamische M. (→dynamische Analyse) sein können. M.- → -parameter sind zusammen mit den M.-→ -variablen Größen eines mathematischen M., die untereinander in meist funktionaler Weise verbunden sind. Wird eine Größe durch das M. bestimmt, so heißt sie →endogene Variable, ist sie von außen vorgegeben, nennt man sie eine →exogene Variable. Kern des M. ist eine systembildende →Finalgleichung od. Finalfunktion. Das damit und durch andere Beziehungen (Verhaltensgleichungen, Restriktionen und anderes) begründete Beziehungsgeflecht muss logisch konsistent sein. Dies wird durch sog. →Konsistenztests überprüft. Ein Erklärungs-M. lässt sich i.d.R. in ein Entscheidungs-M. od. in ein wirtschaftspolitisches M. transformieren, sofern die exogenen Variablen mit Instrumentvariablen und die endogenen Variablen mit Zielvariablen identifiziert werden können.
Eine weitere Unterscheidung der M.-arten ist die in deterministische und in stochastische (stochastische Prozesse) M.

moderne Geldangebotstheorie
→Geldangebotstheorie.

Modigliani-Hypothese
⇒relative Einkommenshypothese
→Konsumtheorie.

Modigliani-Miller-Theorem
⇒*Separationstheorem*
besagt, dass die durchschnittlichen Kapitalkosten einer Unternehmung (und damit ihr Marktwert) unabhängig vom Verschuldungsgrad sind. Danach gibt es also bei Zugrundelegung der durchschnittlichen Kapitalkosten als Optimalitätskriterium keinen optimalen Verschuldungsgrad bzw. ist jeder beliebige Verschuldungsgrad optimal.

Modus
⇒häufigster Wert
⇒*Modalwert*
→deskriptive Statistik.

mögliches Ereignis
Grundbegriff der →Wahrscheinlichkeitsrechnung. Das Ergebnis eines Zufallsexperiments nennt man → Ereignis. Die Menge aller möglichen Ereignisse heißt Grundraum od. Ereignisraum. Der Grundraum Ω der ja alle überhaupt möglichen Ereignissen enthält, nennt man auch das sichere Ereignis und dessen Komplement, die leere Menge $\emptyset = \hat{\Omega}$, das unmögliche Ereignis. S. auch →Ereignis(se).

Monatsbericht
der →Deutschen Bundesbank ist die monatliche Publikation der →Zentralbank. Er dient zusammen mit dem jährlichen Geschäftsbericht der Bundesbank als Informationsquelle für Beobachtung, Analyse und → Prognose insbesondere der monetären Lage und Entwicklung. Der M. enthält Ergebnisse zahlreicher →Erhebungen auf dem Gebiet des Bank-, Kredit- und Geldwesens (→ Banken), laufende Berichte über die monetäre und konjunkturelle Lage sowie meist spezielle kredit- und geldpolitische Abhandlungen.

Monatsgeld

1. i.e.S. und i.d.R. Zentralbankguthaben (→Geldarten), die zwischen →Banken auf dem →Geldmarkt der Bundesrepublik, hier →Termingeldmarkt, mit einer Fristigkeit von einem Monat zum Ausgleich von Liquiditätsspannungen (→Liquidität) bei Banken gehandelt werden. In geringem Umfang sind seit 1967 auch Nichtbanken, wie vor allem große Industriefirmen, beteiligt.

2. →Verbindlichkeiten der Banken gegenüber ihren Kunden, für die eine Festlegungsfrist von einem Monat vereinbart wurde (→Einlagen).

Monetäre Außenwirtschaftstheorie

1. *Devisenmarkt.* Die M. erklärt Ursachen und Wirkungen von →Finanz- und →Leistungstransaktionen zwischen →In- und Ausländern. Die statistische Erfassung dieser →Transaktionen erfolgt in der → Zahlungsbilanz, ihre technische Abwicklung am →Devisenmarkt.

Auf dem Devisenmarkt wird ausländische →Währung (Devise) gegen inländische Währung (Euro) getauscht. Devisennachfrage geht aus von Importeuren und Kapitalexporteuren, Devisenangebot bringen Exporteure und Kapitalimporteure an den →Markt. Der → Preis der ausländischen Währung ist der →Wechselkurs, sein Kehrwert der Euro-Kurs. Dieser Preis kann flexibel od. durch Abkommen fixiert sein. Im letzteren Fall (z.B. →Bretton-Woods-System, →EWS) sind die →Zentralbanken verpflichtet, bei Angebots- od. Nachfrageüberhängen zu intervenieren (→Intervention), d.h. Devisen zum vereinbarten →Kurs nachzufragen od. anzubieten, um den Markt zu räumen.

Kommen beim herrschenden Wechselkurs Devisenangebot und -nachfrage ohne Zentralbankinterventionen zum Ausgleich, spricht man von Devisenmarkt- od. Zahlungsbilanz- od. externem Gleichgewicht. Internes Gleichgewicht, das auf den Güter- und Faktormärkten bestimmt wird, liegt vor, wenn Preisstabilität bei Vollauslastung herrscht. Externes und internes Gleichgewicht sind durch die allgemeine Marktinterdependenz miteinander verbunden. Die Analy-se dieser → Interdependenz steht im Mittelpunkt der M.

2. *Zahlungsbilanzausgleichsmechanismen* (→ Zahlungsbilanz). In einer funktionsfähigen →Marktwirtschaft sichern die Marktkräfte das externe Gleichgewicht, ohne dass es dazu wirtschaftspolitischer Eingriffe bedarf. Drei Mechanismen existieren.

2.1. *Der monetäre Mechanismus.* Nimmt man an, im Ausland steigen →Geldmenge und Preise und der Wechselkurs ist fest. Die Wettbewerbsfähigkeit des Inlandes verbessert sich, der →Export nimmt zu, der →Import schrumpft. Der resultierende Leistungsbilanzüberschuss (externes Ungleichgewicht) zwingt bei festem Wechselkurs die → Zentralbank, Auslandswährung gegen Abgabe von Euro anzukaufen. Die Euro-Geldmenge steigt somit und mit ihr die Nachfrage am → Gütermarkt. Bei Vollbeschäftigung (→ Vollbeschäftigungsgleichgewicht) resultieren Preissteigerungen, die den Wettbewerbsvorsprung des Inlandes so lange vermindern, bis der Leistungsbilanzüberschuss abgebaut und externes Gleichgewicht wieder erreicht ist (*Geldmengen-Preis-Mechanismus*). Die Auslandsinflation überträgt sich bei festen Wechselkursen auf das Inland (*internationaler Preiszusammenhang*).

2.2 *Wechselkursmechanismus.* Ist der Wechselkurs flexibel (→flexibler Wechselkurs), wird als Folge des ausländischen Preisanstiegs und der daraus folgenden Leistungsbilanzverbesserung der Euro-Kurs steigen (Euro →Aufwertung). Statt der Menge des inländischen Geldes (monetärer Mechanismus) steigt jetzt der Preis des inländischen Geldes. Damit wird der zunächst durch den ausländischen Preisanstieg erlangte Wettbewerbsvorsprung des Inlandes wieder abgebaut. Der Leistungsbilanzüberschuss geht zurück. Im neuen externen Gleichgewicht hat sich der Euro in der gleichen Rate, in der die Auslandspreise gestiegen sind, aufgewertet. Die →Kaufkraft des inländischen Geldes im Ausland hat dann ihre ursprüngliche Höhe wieder erreicht und bei unverändert gebliebenen Inlandspreisen ist internationale Kaufkraftparität wieder hergestellt

(*Kaufkraftparitätentheorie*). Während der monetäre Mechanismus eine Anpassung des heimischen Preisniveaus verlangt und damit das interne dem externen Gleichgewicht unterordnet, schottet der Wechselkursmechanismus die inländische →Volkswirtschaft vor inflationären Tendenzen im Ausland ab.

2.3.   *Volkseinkommensmechanismus* (→ Volkseinkommen). Herrscht Keynesianische Unterbeschäftigung (→Keynessche Theorie) wird der monetäre Mechanismus unwirksam, weil die Geldmengenveränderungen statt Preis- Realeinkommensveränderungen induzieren. So kommt es im Ausland nach der Geldmengenerhöhung zu einer Zunahme von → Produktion und Realeinkommen (→ Einkommen). Gemäß der marginalen Importquote dehnen die Ausländer ihre Nachfrage nach Importgütern aus. Die Exporte des Inlandes nehmen zu und die Leistungsbilanz verbessert sich. Die Mehrproduktion im heimischen Exportsektor lässt im Inland →Beschäftigung und Realeinkommen steigen (*Exportmultiplikator*). Die konjunkturelle (→ Konjunkturtheorie) Belebung des Auslandes überträgt sich ins Inland (*internationaler Konjunkturzusammenhang*). Die aus dem steigenden Inlandseinkommen resultierende höhere Importnachfrage des Inlandes verringert nun sukzessive den Leistungsbilanzüberschuss wieder, ohne ihn freilich ganz abbauen zu können.

Der beschriebene Einkommensmechanismus wird bei festen Wechselkursen wirksam und durch den monetären Mechanismus unterstützt. Bei flexiblen Wechselkursen kommt er nicht zustande: Ein flexibler Euro-Kurs erfährt nach der primären Leistungsbilanzverbesserung eine Aufwertung, die so lange anhält, bis die Leistungsbilanzverbesserung wieder rückgängig gemacht ist. Dann aber ist die ausländische Nachfrage nach heimischen Produkten wieder genau so groß wie vor der Einkommensexpansion im Ausland. Der flexible Wechselkurs schottet die heimische Volkswirtschaft demnach auch vor konjunkturellen Schwankungen im Ausland ab.

3. *Externes und internes Gleichgewicht.* Der monetäre Mechanismus setzt voraus,

dass Zahlungsbilanzüberschussländer bereit sind, eine Anpassungs- →Inflation zu tolerieren, während Zahlungsbilanzdefizitländer eine Anpassungs- →Deflation, die bei nicht hinreichend flexiblen Güter- und Faktorpreisen zur Unterbeschäftigung führt, hinzunehmen haben. Eine solche Bereitschaft, das Ziel des internen Gleichgewichts dem externen Ziel unterzuordnen, besteht heute nicht mehr. Stattdessen kompensieren Defizitländer den Geldabfluss mit expansiver → Geldpolitik, während Überschussländer den Geldzufluss mit kontraktiver Geldpolitik sterilisieren. Damit wird zwar einerseits der Deflations- und Inflationsdruck vermieden, andererseits perpetuieren sich jedoch die Zahlungsbilanzungleichgewichte. Da die Zentralbank des Defizitlandes durch die kursstützenden Interventionen → Devisenreserven verliert, kann diese Politik nicht auf Dauer durchgehalten werden. Abwertungen werden über kurz od. lang unumgänglich. Temporär mögen Policy-Mix-Konzepte (→ Policy-Mix) hilfreich sein, sowohl den Devisenabfluss als auch den Deflationsdruck zu mindern. So kann etwa eine kontraktive Geldpolitik versuchen, über Zinssteigerungen Kapitalzuflüsse aus dem Ausland zu induzieren, um so das Leistungsbilanzdefizit privat zu finanzieren, während gleichzeitig der Nachfrageausfall am Gütermarkt durch eine expansive →Fiskalpolitik bekämpft wird. Freilich kann dies nur eine kurzfristige Option sein: Die Finanzierung eines Leistungsbilanzdefizits ersetzt nicht die interne Anpassung zu seiner Beseitigung.

4. *Wechselkurse in der kurzen Frist.* Flexible Wechselkurse vermögen zwar die von unterschiedlichen →Inflationsraten herrührenden Veränderungen der realen Wechselkurse einzuebnen, sind jedoch, wie die Erfahrung gezeigt hat, durch starke Schwankungen bei kurzfristig wenig flexiblen Preisen selbst die Ursache sprunghafter Veränderungen der realen Wechselkurse. Die Finanzmarkttheorie des Wechselkurses hat herausgearbeitet, wie in der kurzen Frist Erwartungen die Wechselkurs- und Zinskonditionen bestimmen, zu denen die →Wirtschaftssub-

jekte bereit sind, In- und Auslandstitel zu halten. Diese, kurzfristiges Gleichgewicht auf dem Finanzmärkten sichernden Wechselkurse können höchst ungleichgewichtig im Hinblick auf die internationale Wettbewerbsfähigkeit sein und daher mit hohen temporären Leistungsbilanzsalden einhergehen. Die Abschottungseffekte bleiben daher unvollkommen.

Literatur: *H. J. Jarchow/ P. Rühmann*, Monetäre Außenwirtschaft. 4. A., Göttingen 1994. *K. Rose/ K. Sauernheimer*, Theorie der Außenwirtschaft. 12. A., München 1995.

Prof. Dr. K. Sauernheimer, Mainz

monetäre Gesamtnachfrage
Gesamtwirtschaftliche oder aggregierte Nachfrage bei Geldmarktgleichgewicht oder deren Änderung aufgrund monetärer Störungen.

monetärer Impuls
⇒monetärer Schock
in der makroökonomischen (→ Makroökonomik) Modelltheorie (→Modell) Änderung der monetären → Variablen → Geldmenge, z.B. eine wirtschaftspolitisch ausgelöste Expansion des nominalen Geldangebots (→Geldangebotstheorie, → Geldpolitik), die Anpassungsprozesse initiiert.

monetärer Indikator
prinzipiell alle diejenigen monetären Größen, die von der →Zentralbank gesteuert werden können und den Einfluss geldpolitischer Maßnahmen (→Geldpolitik) anzeigen. Im einzelnen sind m. verschiedene Geldmengenaggregate (→ Geldmengenabgrenzung), Marktzinssätze (→Zins), Bankenliquidität (→Liquidität) und die Kreditgewährung (→Kredit) an den Nichtbankensektor. Ein m. soll die Richtung der geldpolitischen Maßnahmen möglichst schnell und zuverlässig anzeigen.

monetärer Kreislauf
⇒Geldkreislauf.

monetärer Zahlungsbilanz-Mechanismus
ein Regelmechanismus zur Selbstregulie-

rung der →Zahlungsbilanz in Richtung Zahlungsbilanzgleichgewicht bzw. Zahlungsbilanzausgleich. Zahlungsbilanzüberschüsse erhöhen die inländische → Geldmenge; dies führt zu Preisniveausteigerungen (→ Preisniveau). Dadurch gehen die →Exporte zurück und die →Importe steigen an: die Zahlungsbilanz kommt wieder ins →Gleichgewicht. Diese Art Regelmechanismus nennt man auch →Geldmengen-Preis-Mechanismus od. monetärer Zahlungsbilanz-Mechanismus. S. auch →Monetäre Außenwirtschaftstheorie, 2.1.

monetäres Zwischenziel
⇒monetary target
diejenige Zielgröße der →Geldpolitik, die von der →Zentralbank tatsächlich gemessen, beobachtet und beeinflusst werden kann, um die Effektivität der geldpolitischen Maßnahmen zu bestimmen. Die Geldpolitik, die den weitreichenden wirtschaftspolitischen Zielen (→Ziele der Wirtschaftspolitik) dienen soll, wählt selektiv Zwischenziele (targets) aus, um die Wirksamkeit der geldpolitischen Maßnahmen zu überprüfen. Solche m. sind etwa die → Mindestreserven, das Geldangebot (→ Geldangebotstheorie), die →Zinssätze u.a.

Monetarismus
⇒Neoklassische Theorie.

monetary base
⇒*Geldbasis*
⇒high powered money.

monetary target
⇒*monetäres Zwischenziel*.

Monetisierung (von Aktiva)
1. bei restriktiver → Geldpolitik der → Zentralbank mögliches gegenläufiges Verhalten der →Kreditinstitute: Im Wege des Aktivtausches werden Wertpapierbestände in →Geld umgewandelt, um in der Kreditvergabe nicht eingeschränkt zu sein.

2. in Bezug auf andere →Wirtschaftssubjekte als Kreditinstitute: Tausch monetärer wie nichtmonetärer Aktiva gegen Geld.

Monopol

→Marktform mit nur einem Anbieter. Der Anbieter ist Monopolist. Gegenüber der →Preisbildung der →vollkommenen Konkurrenz entsteht beim M. ein M.-gewinn, den der Monopolist durch seine Preissetzung (er setzt den →Preis, bei dem sein →Grenzerlös seinen Grenzkosten (→Kosten) gleich wird) od. seine Mengenfixierung zu maximieren trachtet. Neben diesem reinen M. gibt es noch weitere Formen: z.B. das bilaterale M. (Marktform mit einem Anbieter und einem Nachfrager) und das staatliche M. (Beispiel: Branntwein-M.).

Monopolgrad

1. Einzelwirtschaftlicher M. Maßzahl für ausgeübte Monopolmacht eines Unternehmens nach Abba P. Lerner (1933/34):

$$m = \frac{P - Gk}{P}$$

(m = Monopolgrad; P = Preis für das vom Unternehmen angebotene →Gut; Gk = Grenzkosten für das vom Unternehmen produzierte Gut). Bei der →Preisbildung der →vollkommenen Konkurrenz (P = Gk) gilt m = 0. Beim →Monopol bietet der Monopolist eine geringere Menge an (P > Gk), so dass der Wert von m positiv wird. Der Wert von m nähert sich umso mehr 1, je größer die positive Differenz von P und Gk wird. S. →Lernerscher Monopolgrad.

2. Gesamtwirtschaftlicher M. →Monopolisierungsgrad, → Einkommensverteilungstheorie, 1., → Machttheorie, → Monopolgradtheorie.

Monopolgradtheorie

→Einkommensverteilungstheorie, 1.

Monopolisierungsgrad

Konzept eines gesamtwirtschaftlichen Monopolgrades zur Erklärung des Lohnanteils am →Volkseinkommen. Es findet in der →Einkommensverteilungstheorie insbesondere in der Verteilungstheorie von Kalecki Anwendung.

monopolistic competition

⇒*monopolistische Konkurrenz*
⇒polypolistisch heterogene Konkurrenz.

monopolistische Konkurrenz

⇒monopolistic competition
⇒polypolistisch heterogene Konkurrenz
→ Marktform der → unvollkommenen Konkurrenz: Es treten zwar auch auf der Angebotsseite viele Anbieter auf, jedoch besitzt jeder Anbieter etwa durch →Produktdifferenzierung einen begrenzten, sog. monopolistischer Spielraum in seiner Preispolitik. Für die →Preisbildung gibt es zwei verschiedene Lösungsansätze:

1. Chamberlinsche Tangentenlösung. Jeder Anbieter setzt seinen →Preis gemäß dem →Cournotschen Theorem (→Cournot-Punkt). Solange noch →Gewinne erzielt werden, treten neue Anbieter auf den →Markt, so dass sich die Preis-Absatz-Kurven (→ Preis-Absatz-Funktion) der einzelnen Anbieter immer mehr zum Ursprung hin drehen, bis kein Gewinn mehr erzielt wird. Die Durchschnittskostenkurve tangiert dann bei allen Anbietern deren Preis-Absatz-Kurve.

2. Gutenberg-Lösung. Infolge von →Präferenzen sind die individuellen Preis-Absatz-Kurven doppelt geknickt. Bei Gewinnmaximierung durch Erfüllung der Bedingung →Grenzerlös = Grenzkosten (→Kosten) können zwei relative → Gewinnmaxima auftreten, zwischen denen der Anbieter zu wählen hat.

monopolistische Preisdifferenzierung

⇒Preisdiskriminierung
Verkauf des gleichen →Gutes auf einem → unvollkommenen Markt zu unterschiedlichen →Preisen durch einen Monopolisten an verschiedene Käufer-(gruppen). Die Preisdifferenzierung lässt sich hinsichtlich der Person, des Raumes, der Zeit, der Verwendungsart und des Angebotsquantums vornehmen. Ein wichtiges Unterscheidungskriterium ist die Marktsituation:

1. deglomerative Preisdifferenzierung: Der Anbieter spaltet den Gesamtmarkt in Teilmärkte, um die Voraussetzungen für die Preisdifferenzierung erst zu schaffen. Der Monopolist macht aus dem vollkommenen einen unvollkommenen Markt.

2. agglomerative Preisdifferenzierung: Der Markt ist bereits in Teilmärkte aufgespalten, etwa durch eine räumliche Auf-

teilung. Bei z.B. zwei Teilmärkten ist die gesamte Angebotsmenge, die sich bei Gleichheit von aggregierten Grenzerlösen und Grenzkosten gewinnmaximal bestimmen lässt, so auf die Teilmärkte aufzuteilen, dass auf jedem Teilmarkt der jeweils gewinnmaximale Preis bei „Grenzerlös = Grenzkosten" gesetzt werden kann. Vgl. auch →(Produkt)Preisbildung.

Monopolkommission
gemäß dem → Gesetz gegen Wettbewerbsbeschränkungen auf Vorschlag der Bundesregierung berufene Kommission zur regelmäßigen Begutachtung der Unternehmenskonzentration. Weitere Aufgaben sind die Anwendung der Vorschriften über die Missbrauchsaufsicht und Abgabe von Stellungnahmen bei Unternehmungszusammenschlüssen aus überwiegenden Gründen der Gesamtwirtschaft und des Gemeinwohls (sog. Ministerkartelle). Die M. hat fünf Mitglieder.

Monopson
→Marktform, bei dem mehrere bzw. viele Anbieter einem einzigen Nachfrager gegenüberstehen. Beispiel für ein Staatsmonopson: der Staat tritt als einziger Nachfrager für ein →Gut auf, das von einer größeren Anzahl von Anbietern angeboten wird, z.B. Schuleinrichtungen.

Montanunion
(Europäische Montangemeinschaft, Europäische Gemeinschaft für Kohle und Stahl) gemäß dem Schumanplan von 1950 (ehemaliger französischer Außenminister Robert Schuman) am 18.4.1951 in Paris gegründet. Die sechs Vertragsstaaten (Bundesrepublik, Frankreich, Italien, Belgien, Niederlande, Luxemburg) unterstellten der M. ihre Grundstoffindustrien Kohle und Stahl. Hauptaufgaben: Schaffung eines gemeinsamen Marktes ohne →Zölle und mit Angleichung der →Preise, geordnete Versorgung mit Kohle und Stahl, Verbesserung des Lebensstandards durch Produktionserweiterungen (→Produktion).
Zur Aufgabenerfüllung wurden Organe der M. (mit Sitz in Luxemburg) eingesetzt: Hohe Behörde, Ministerrat, Gemeinsame Versammlung, Gerichtshof. Diese Organe sind inzwischen in den Organen von →EG und →Euratom aufgegangen.

Monte-Carlo-Methode
statistisches Verfahren u.a. auf der Basis von Zufallszahlen, mit dem künstliche → Stichproben erzeugt werden, um z.B. ein Warteschlangenproblem auf dem Wege der Simulation zu lösen (Schalterprobleme bei Banken od. Verkehrsschlangen).

Moral-Hazard-Problem
moralisches Risiko
gezieltes bzw. (grob-)fahrlässiges Herbeiführen eines Tatbestandes, infolge dessen eine Vertragspartei - zulasten einer anderen - profitiert, wenn z.B. im Fall einer Kaskoversicherung ein Auto gegen einen Baum gesetzt wird. Oder: Von Subventionen bzw. Zuwendungen potentiell Begünstigte werden das Eintreten des Tatbestandes, der zu einer Unterstützungsleistung berechtigt, zu befördern suchen.

Moral Suasion
nur schwach profiliertes Instrument der →Wirtschaftspolitik, das mit moralischen Appellen an wirtschaftspolitisch relevante gesellschaftliche Gruppen ein der Wirtschaftspolitik dienliches Verhalten derselben zu erreichen versucht. Umgangssprachlich auch als Seelenmassage bezeichnet. Der frühere Wirtschaftsminister und Bundeskanzler Ludwig Erhard galt als Meister der M.

Moratorium
⇒Zahlungsaufschub
Hinausschieben der Leistungspflicht durch Stundung (= eine (meist nachträgliche) Vereinbarung). In der Außenwirtschaft (→ Außenwirtschaftspolitik) bedeutsam für Länder mit hohen Auslandsschulden.

Morgenstern-Paradoxon
vollkommene Voraussicht, eine wesentliche Annahme in der Gleichgewichtstheorie (→ Gleichgewicht), führt bei rationalem Verhalten der →Wirtschaftssubjekte zu einem unendlichen Regress und damit zu einer Entscheidungsparalyse.

Dieser Gedankengang, das M., wurde von Oskar Morgenstern 1918 formuliert. Die von Morgenstern mitbegründete → Spieltheorie versucht das Problem zu lösen.

Motivationstheorie
Menschliches Verhalten ist auf die Befriedigung von Motiven gerichtet. Nach Maslow (1970) können die vielfältigen Motive menschlichen Handelns in fünf hierarchisch angeordnete Motivklassen eingeteilt werden. Die Hierarchie ergibt sich dabei aus der unterschiedlichen Dringlichkeit der Befriedigung. Die unterste Stufe bilden die physiologischen Motive (Bedürfnis z.B. nach Schlaf). Danach folgen die Sicherheitsbedürfnisse (z.B. Schutz vor physischen Gefahren, aber auch z.B. Altersvorsorge). Ihnen folgen soziale Motive (Bedürfnisse wie Gruppenzugehörigkeit, Freundschaft, persönliche Kontakte). Auf der nächsthöheren Stufe werden die Wertschätzungsmotive verhaltenswirksam (z.B. Verlangen nach Anerkennung, Status und Respekt, hierher gehört auch das Leistungsmotiv). Die oberste Motivklasse bilden die Selbstverwirklichungsmotive (z.B. Bedürfnisse nach Weiterentwicklung der individuellen Kenntnisse und Fähigkeiten).

Für die Unternehmung ist die M. in zwei Bereichen von Bedeutung: bei der Zielbildung der Unternehmung und im Personal- und Führungsbereich. Insbesondere eine moderne Unternehmensführung bedarf eines entsprechenden Motivationskonzeptes. Gerade den „höheren" Motiven nach Maslow kommt in der modernen Arbeitswelt große Bedeutung zu. Für ihre Erfüllung muss der Führungsprozess (→Führungsstil) im Unternehmen daher schwergewichtig Chancen bereitstellen. Durch Anreize können Motive aktiviert werden. Das Verhalten wird auf die Erfüllung dieser Bedürfnisse gerichtet. Damit rufen sie auch ein bestimmtes Ausmaß an Leistung und Zufriedenheit hervor. Somit ist das betriebliche Anreizsystem (z.B. Entlohnung, Aufstiegsmöglichkeiten, Betriebsklima u.a.) eng mit dem Motivationskonzept verbunden.

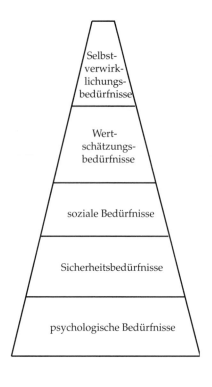

MPM
Abk. für: **M**etra **P**otential **M**ethod. Eine der wichtigsten Methoden der →Netzplantechnik. M. ist ein Vorgangsknoten-Netzplan mit Anfang-Anfang-Beziehungen. Es handelt sich um ein deterministisches Zeitmodell. Anwendungen sind gegeben bei Projekten mit hohem Wert, komplexer Ablaufstruktur mit Terminvorgaben und einigermaßen determinierten Tätigkeitsfolgen. Das Verfahren ist durch ein vierstufiges Vorgehen gekennzeichnet: Strukturplanung, Zeitplanung, Kapazitätsplanung, Kosten- und Gewinnplanung.
Strukturplanung:
1. Feststellung und Auflistung der einzelnen Tätigkeiten
2. Ermittlung der strukturellen Anordnungs- bzw. Folgebeziehungen dieser Vorgänge
3. Zeichnen des Netzplans (Die Vorgänge bilden die Knotenpunkte, während

die Pfeile zwischen den Knoten die zeitliche Folge angeben).

Z. B. :

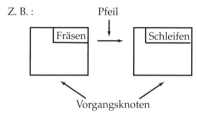

4. Prüfen des Netzplans auf logische Fehler.

Zeitplanung:
1. Ermittlung des Zeitbedarfs für jeden Vorgang und Eintragung in den Netzplan
2. Ermittlung der Anfangs- bzw. Endtermine u.zw.
   den frühestmöglichen Starttermin (FA)
   den spätest erlaubten Starttermin (SA)
   den frühestmöglichen Endtermin (FE)
   den spätest zulässigen Endtermin (SE)
3. Bestimmung der Pufferzeiten und des kritischen Pfades
   (Pufferzeiten ergeben sich aus Abweichungen der FA- und SA-Termine bzw. der FE- und SE-Termine bei den einzelnen Vorgängen. Beträgt die Pufferzeit bei einem Vorgang Null, so liegt dieser Vorgang auf dem kritischen Pfad, bestimmt daher die Gesamtdauer.)

Ausschnitt aus einem M.-Netzplan:

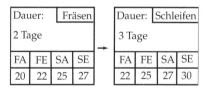

Dauer:	Fräsen		
2 Tage			
FA	FE	SA	SE
20	22	25	27

Dauer:	Schleifen		
3 Tage			
FA	FE	SA	SE
22	25	27	30

Münzen
geprägte Metallstücke, die als →Geld verwendet werden. M. sind erstmals im 7. Jahrhundert v. Chr. nachgewiesen. Schon früh wurde für ihre Ausprägung Edelmetall verwendet, Silberwährung basiert auf Silber-M., Goldwährung auf Gold-M. In der Papierwährung wurden die Edelmetall-M. durch →Banknoten ersetzt. Im Geldverkehr spielen M. heute nur noch als nicht vollwertige →Scheidemünzen eine Rolle.

Münzgewinn
⇒*Schlagsatz.*

Münzregal
das Recht, →Münzen auszuprägen. Es kann vom Staat, der die Münzhoheit besitzt, verliehen werden. In der Bundesrepublik werden Münzen im Auftrag und für Rechnung des Bundes in den Münzstätten München, Stuttgart, Karlsruhe und Hamburg ausgeprägt und durch die →Bundesbank nach Bedarf in Umlauf gesetzt.

(μ, σ)-Prinzip
Entscheidungsprinzip (→Entscheidungstheorie) für Risikosituationen mit einer Zielgröße Z. Durch Einbeziehung der → Standardabweichung σ der Zielgröße besteht eine einfache Möglichkeit neben dem →Erwartungswert μ der Zielgröße auch das Risiko zu erfassen. Die Präferenzfunktion hat die Form $\Phi(Z) = \Phi(\mu, \sigma)$. Dabei ist σ ein Maß dafür, wie stark die möglichen Zielgrößenwerte um den Erwartungswert der Zielgröße streuen. Das (μ, σ)-Prinzip macht keine Aussage über die Gestalt der Präferenzfunktion Φ. Eine Entscheidungsregel liegt erst vor, wenn die Funktion Φ spezifiziert ist.

μ-Regel
⇒Erwartungswertprinzip
⇒μ-Kriterium

Multikollinearität
wechselseitige Abhängigkeit zwischen Regressoren in der Regressionsgleichung. Sie beeinflusst die Schätzwerte der Regressionskoeffizienten. S. auch → Identifikationsproblem.

multilineares Leitungssystem
⇒Mehrlinien-Organisation
⇒*Mehrlinien-System.*

Multimedia
unscharfer Begriff, bezeichnet u.a. die Kombination verschiedener Dienste in

einem Gerät (Telefon, Fax, Internet, Fernsehen etc. im PC vereint); die Zusammenfassung verschiedener herkömmlicher Medien (Print-Medien, TV, Computer, Netzwerken etc.) zu einem einheitlichen und über ein Gerät bedienbaren Gesamtangebot; die interaktive Integration von Text, Grafik, Audio und Video in einem Programm.

multinationale Unternehmung
⇒multinationaler Konzern
Wirtschaftlicher Verbund von Unternehmungen mit einheitlicher Leitung durch eine Obergesellschaft, die im Inland ihren Sitz hat und deren (Unter-)Gesellschaften im Inland und/ od. Ausland ihren Sitz haben. Dabei muss die wirtschaftliche Aktivität über mehrere Staaten so verteilt sein, dass mindestens 20% des Gesamtumsatzes von ausländischen Beteiligungsgesellschaften (→ Beteiligung) stammen und die →Investitionen mindestens mit einem Viertel in sechs od. mehr ausländischen Staaten angelegt werden. Diese Abgrenzung hat sich aber nicht überall durchgesetzt.

Multiplikator
→Multiplikatorprinzip.

Multiplikatorprinzip
1. das M. beantwortet die Frage, wie stark ein Anstieg von autonomen →Ausgaben, z.B. Staatsausgaben, um einen Euro das Gleichgewichtsniveau des → Einkommens erhöht. Entsprechend der marginalen → Konsumquote erhöht sich das Gleichgewichtsniveau des Einkommens auf dem Wege einer kumulierten Veränderung der aggregierten Ausgaben um ein Vielfaches des Anstiegs der autonomen Ausgaben.
Mit der Differentialrechnung lässt sich der M. wie folgt formulieren: Der M. ist die Ableitung des Gleichgewichtsniveaus des Einkommens in der Gleichung

$$Y_0^* = \frac{1}{1-c}\overline{A}$$

Y_0^* = Gleichgewichtsniveau des Einkommens

c = marginale Konsumquote

$\overline{A}$ = autonome Ausgaben

bezüglich der autonomen Ausgaben. Der M.: $\frac{1}{1-c}$ ist im einfachen →Modell der Einkommensbestimmung stets größer als 1, aber es gibt Umstände (z.B. des → Crowding out), unter denen er kleiner als 1 ist.
2. der Ausdruck M. wird in der Wirtschaftstheorie auch allgemeiner verwendet, um den Effekt einer Veränderung einer →exogenen Variable auf eine →endogene Variable anzugeben.

multiple Korrelation
(→ Korrelationsanalyse) gibt den Grad des linearen Zusammenhangs eines → metrischen Merkmals von verschiedenen anderen metrischen Merkmalen an. Sie ist ein Maß dafür, wie gut ein metrisches Merkmal Y durch p andere metrische Merkmale X_1, ..., X_p erklärt wird.

multiple Regression
(→Regressionsanalyse) i.Ggs. zur einfachen Regression, bei der ein Zusammenhang zwischen dem metrischen Regressanden Y und einem metrischen →Merkmal X hergestellt wird, betrachtet man bei der multiplen Regression k + 1 (i.a.) metrische Merkmals Y, X_1, ..., X_k. Unterstellt man einen linearen funktionalen Zusammenhang, erhält man die Funktion

$$Y(X_1, ..., X_k) = \alpha + \beta_1 X_1 + \beta_2 X_2 + ... +$$

$$\beta_k X_k = \alpha + \sum_{j=1}^{k} \beta_j X_j \ .$$

Diese Funktion heißt multiple Regressionsgleichung vom Regressanden Y auf die Regressoren X_1, ..., X_k.

multivariate Verfahren
statistische Verfahren, die dadurch gekennzeichnet sind, dass sie die gemeinsame, gleichzeitige Analyse mehrerer → Merkmale bzw. deren Ausprägungen erlauben. Werden an Objekten (aus einer → Grundgesamtheit) die Ausprägungen von mehreren Merkmalen beobachtet, so können alle Beobachtungsdaten mit Hilfe der multivariaten Statistik gemeinsam ausgewertet werden. Der Vorteil gegen-

über einzelnen, univariaten Analysen für jedes Merkmal besteht darin, dass auf diese Art die Abhängigkeiten zwischen den beobachteten Merkmalen berücksichtigt werden. Die wichtigsten m. sind die →multiple Regressionsanalyse, die → Korrelationsanalyse, Verfahren für multivariate Ein- und Zweistichprobenprobleme, Aufbereitungs- und Auswertungsverfahren für qualitative und gemischte Daten (z.B. Skalierung in Kontingenztafeln), die multidimensionale Skalierung, die →Clusteranalyse, die →Faktorenanalyse, graphische Verfahren zur Repräsentation von Objekten und/ od. Merkmalen, Verfahren im multivariaten linearen Modell und multivariate →Testverfahren.

Murray-These
Der zunehmende Umfang der Transferprogramme fördert das Ent- und Bestehen von Armut um Wohlfahrtsstaat. Dies ist dann der Fall, wenn die Anreize zur Überwindung der Armut aus eigener Kraft von arbeitstätigen Armen schwächer werden. Andererseits könnten Nicht-Arme (vor allem Niedrigverdiener) ihre Entscheidungen so treffen, dass sie als arm gelten und zum Bezug sozialstaatlicher Leistungen berechtigt sind.

Musskaufmann
⇒Istkaufmann
→Kaufmann kraft Gewerbebetrieb, der eines der in § 1 II HGB aufgeführten sogenannten Grundhandelsgewerbe (→ Handelsgewerbe) betreibt. Die Eigenschaft als Kaufmann ist ohne Eintragung ins Handelsregister begründet.

Myers/ Majluf-Effekt
negativer Ankündigungseffekt bei Aktienemissionen, Kursverfall zum Ankündigungszeitpunkt. Der M. ist durch die Annahme ausschließlich nichtnegativer Kapitalwerte von eingeschränkter Erklärungskraft.

nachfragebedingte Arbeitslosigkeit

durch ungenügende Gesamtnachfrage bedingte →Arbeitslosigkeit. Sie tritt meist im Gefolge von Konjunkturschwankungen (→Konjunkturtheorie) auf, deshalb auch der Terminus →konjunkturelle Arbeitslosigkeit (→Arbeitslosigkeit).

Nachfragedefizit

⇒deflatorische Lücke (deflationary gap) gesamtwirtschaftliche Nachfragelücke, die dadurch besteht, dass die monetäre Nachfrage nach Investitions- und Konsumgütern (→Gut) im Verhältnis zum → Volkseinkommen kleiner ist als die erforderliche Nachfrage im Zustand des makroökonomischen → Gleichgewichts beim Vollbeschäftigungseinkommen. Bei konstant bleibendem Preisniveau kann der Angebotsüberschuss nicht abgesetzt werden und induziert eine Senkung des gesamtwirtschaftlichen Angebots, die zu einem Beschäftigungsrückgang führt. Bei den Voraussetzungen der →Keynesschen Theorie für den güterwirtschaftlichen Sektor stellt sich bei einem verringerten Volkseinkommen ein sog. → Unterbeschäftigungsgleichgewicht ein.

Nachfrageelastizität

⇒direkte Preiselastizität
⇒Eigenpreiselastizität
⇒Preiselastizität der Nachfrage
Maß für das relative Ausmaß der mengenmäßigen Nachfragereaktion auf (relative) Preisänderungen. Grob formuliert: Sie gibt an, um wie viel Prozent sich die nachgefragte Menge q^d eines →Gutes verändert, wenn sich der Preis p dieses Gutes um ein Prozent ändert. Da das Verhältnis der beiden relativen Änderungen durch deren Gegenläufigkeit negativ ist, kann man, um positive Werte zu erhalten, die →Definition auch mit einem negativen Vorzeichen vornehmen od. auf den Absolutbetrag abstellen. Alle drei Versionen der N. sind gebräuchlich:

$$\eta_{\underset{q,p}{d}} = \frac{dq^d}{q^d} : \frac{dp}{p}$$

od. $\eta_{\underset{q,p}{d}} = -\frac{dq^d}{q^d} : \frac{dp}{p}$

od. $\eta_{\underset{q,p}{d}} = \left| \frac{dq^d}{q^d} : \frac{dp}{p} \right|$.

S. auch →Elastizitäten.

Nachfragefunktion

in der →Mikroökonomik: ⇒Preis-Absatz-Funktion.
1. N. des →Konsumenten
$q(\mathbf{p}, y)$
→Nutzenmaximum.
Nutzenmaximierendes Güterbündel $\mathbf{q}$ als Funktion des Preisvektors $\mathbf{p}$ und des monetären →Einkommens y, über das der Konsument verfügen kann. Auch Marshallsche Nachfragefunktion genannt.

2. Hickssche od. kompensierte N. des Konsumenten
$h(\mathbf{p}, u)$
Hier wird die Nachfragefunktion als Konstruktionsergebnis einer Variation von →Preisen und des Einkommens betrachtet und zwar derart, dass der Konsument auf einer gegebenen Nutzenhöhe u verbleibt. Die Einkommensänderungen dienen der Kompensation der Preisänderungen.

Beide Funktionsarten treten auch bei der Unternehmung auf und zwar als Faktornachfragefunktionen.
Addiert man sämtliche individuellen Konsumentennachfragefunktionen horizontal, dann erhält man die gesamte N. der Konsumenten.
Es gibt auch N. (sie sind oben enthalten), die sich lediglich auf ein Gut beziehen, sei es im Hinblick auf einen einzelnen Haushalt (→ Haushaltstheorie) od. auf den Gesamtmarkt eines →Gutes (wiederum durch Aggregation der individuellen N. gewonnen).

In der Makroökonomik:
Funktion der → gesamtwirtschaftlichen Nachfrage; so in der einfachsten Form:
$$Y^n = C(Y) + I^{ex}.$$

Bei exogen bestimmten Investitionsausgaben (I^{ex}) hängt (je nach verwendetem Theorieansatz) die volkswirtschaftliche Nachfrage nur vom Volkseinkommen ab, das die Konsumausgaben bestimmt.

Nachfragegesetz

beschreibt eine normal reagierende Nachfrage, bei der die Beziehung zwischen nachgefragter Menge (q^d) und Preis (p) negativ ist: $\dfrac{dq^d}{dp} < 0$.

I.Ggs. hierzu →anomale Nachfragereaktion. Vgl. auch →Gesetze von Angebot und Nachfrage.

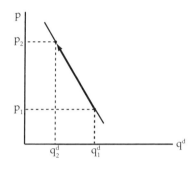

nachfrageinduzierte Inflation
⇒demand pull inflation
⇒*Nachfrageinflation*
S. auch →Inflation.

Nachfrageinflation
⇒demand pull inflation
⇒nachfrageinduzierte Inflation
→Inflation, die durch einen monetären Nachfrageüberhang bei den →Investitions- und → Konsumgütern ausgelöst wird. Bei gegebenen Produktionskapazitäten und Vollbeschäftigung kann das Angebot mit der steigenden effektiven Nachfrage nicht Schritt halten. Das → Preisniveau steigt. Die Unternehmergewinne steigen. Daraus resultieren eine steigende Nachfrage nach Faktoren und in der Folge steigende Faktorpreise.

Nachfragetheorie
→Haushaltstheorie.

Nachfragetheorie des Haushalts
Die Theorie des →Haushalts geht der Frage nach, wie sich der private Haushalt (→ Haushalt) als Anbieter von Faktorleistungen und als Nachfrager nach →Gütern und Dienstleistungen auf der Basis des Preissystems in das arbeitsteilige → Wirtschaftssystem einfügt. Nun hängen zwar Angebot und Nachfrage des Haushalts eng miteinander zusammen, weil die Nutzenposition (→Nutzen) des Haushalts - sieht man vom →Vermögen ab - letztlich von der Aufteilung der verfügbaren Zeit auf Arbeitszeit (zwecks Einkommens- und damit Gütererwerbs) und Freizeit abhängt, doch wird die → Faktorangebotstheorie meist getrennt behandelt. Methodisch hat dies zur Konsequenz, dass man in der N. für die betrachtete Periode von einem bereits determinierten Einkommen ausgeht. Bei der Analyse der →Güternachfrage setzt man darüber hinaus meist eine gegebene *Konsumsumme* voraus, womit die Höhe der *Sparsumme* bereits festliegt, d.h. der Plan der intertemporalen Konsumoptimierung (→Sparen, Vermögensaufbau in Form langlebiger Konsumgüter (→Gut), →permanentes Einkommen) wird - u.zw. in Abstimmung mit der zeitlichen Struktur des Faktorangebotes - als schon fertiggestellt angesehen.

Hat der Haushalt die Konsumsumme c^H festgelegt und die *Marktpreise* p_1, p_2, ..., p_n der in seinen Begehrskreis fallenden Güter q_1, q_2, ..., q_n ermittelt, so kann er unter Berücksichtigung seiner →Präferenzen den optimalen Konsumplan für die laufende Periode aufstellen. Da es hierbei um eine Analyse der kurzen Frist geht, wird die →Präferenzstruktur - dargestellt durch ein *Indifferenzkurvensystem* - als gegeben angenommen. Handelt der Haushalt als →Mengenanpasser, d.h., betrachtet er die Güterpreise als → Daten, so wird das →*Haushaltsgleichgewicht* genau dann realisiert, wenn die → Grenzrate der Substitution ($-\dfrac{dq_i}{dq_j}$) zwischen zwei Gütern i und j mit dem Preisverhältnis $\dfrac{p_j}{p_i}$ dieser Güter übereinstimmt, od. - was auf das gleiche hinausläuft - wenn $\frac{\partial U}{\partial q_i} : \frac{\partial U}{\partial q_j} = \frac{p_i}{p_j}$ gilt, wobei $U = F(q_1, q_2, ..., q_i, ..., q_j, ..., q_n)$ die → Nutzenindexfunktion darstellt. Letztere Bedingung ist gleichbedeutend mit $\frac{\partial U}{\partial q_i} : p_i = \frac{\partial U}{\partial q_j} : p_j$, d.h., die →Grenznutzen des →Geldes müssen im Sinne des 2. *Gossenschen Gesetzes* (→Grenznutzenanalyse) ausgeglichen sein. In Fig. 1 ist der Sachverhalt für n = 2 Güter graphisch dargestellt. Dem Haushaltsgleichgewicht entspricht der Tangentialpunkt $R(\bar{q}_1; \bar{q}_2)$ von →*Bilanzgerade* g - sie resultiert aus der Restriktion $c^H = p_1 q_1 + p_2 q_2$ für den Fall, dass die Konsumsumme c^H voll verausgabt wird - und der am weitesten vom Koordinatenursprung entfernt liegenden, jedoch gerade noch realisierbaren Indifferenzkurve. Mit $\bar{q}_1$ und $\bar{q}_2$ ist die Güternachfrage des Haushalt bestimmt.

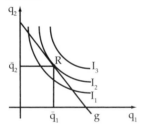

Steigt od. fällt nun ceteris paribus (→ceteris paribus-Klausel) die *Konsumsumme* c^H (z.B. infolge einer Einkommensänderung), so verschiebt sich die Bilanzgerade parallel nach außen od. innen, und es resultieren andere Haushaltsgleichgewichte. Die Verbindungslinie dieser Optimalpunkte bezeichnet man als → *Einkommen-Konsum-Kurve.* Sie gibt Auskunft darüber, wie die Nachfragestruktur des Haushalts auf Einkommensvariationen reagiert. In Fig. 2 ist unterstellt, dass die mengenmäßige Nachfrage nach beiden Gütern zunimmt, wenn das Einkommen (bzw. die Konsumsumme)

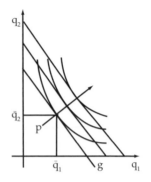

steigt, d.h. die →*Einkommenselastizität*
$\eta_{q^d, y} = \frac{dq}{dy} \cdot \frac{y}{q}$ ist für beide Güter positiv. Man spricht von *superioren* Gütern (→ Gut), wenn die $\eta_{q^d, y} > 1$, von relativ inferioren Gütern (→Gut), falls $0 \leq \eta_{q^d, y} < 1$, und von →*absolut inferioren Gütern*, wenn $\eta_{q^d, y} < 0$ gilt. Im letzteren Fall ergibt sich ein absoluter Rückgang der nachgefragten Menge bei steigendem Einkommen.

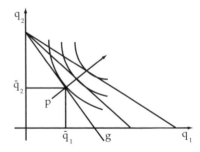

Ändert sich certeris paribus ein *Güterpreis* (und damit die Preisrelation), so dreht sich die Bilanzgerade - in Fig. 3 sind Variationen von p_1, bei Konstanz von p_2 dargestellt -, und es entstehen ebenfalls neue Haushaltsoptima, deren Verbindungslinie man als →*Preis-Konsum-Kurve* bezeichnet. Im Fall der Fig. 3 kann aus dieser Kurve abgelesen werden, dass die mengenmäßige Nachfrage q_1 steigt, wenn der Preis p_1 sinkt (Pfeilrichtung). Man spricht in diesem Falle von einer *normalen Reaktion*, weil eine „normale", d.h., von links nach rechts fallende, individuelle Nachfragefunktion resultiert (Fig. 4). Allgemein versteht man unter einer →*Nachfragefunktion* eine funktionale Beziehung zwischen dem Preis eines Gutes und der Menge, die zu diesem Preis nachgefragt wird. Aus der individuellen Nachfragefunktion kann also abgelesen werden, wie der Haushalt auf Preisänderungen reagiert. Durch Aggregation der individuellen Nachfragefunktionen verschiedener Haushalte lässt sich dann die Funktion der *Marktnachfrage* gewinnen, die das Verhalten der Nachfragerschaft auf einem bestimmten Gütermarkt widerspiegelt. Mit Hilfe dieses analytischen Instruments lässt sich dann die Preisbildung erklären (Markttheorie).

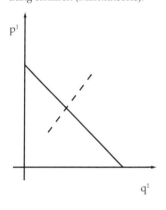

p^1

q^1

Der durch eine Preissenkung (Preiserhöhung) ausgelöste Übergang vom alten zum neuen Haushaltsoptimum kann als Konsequenz zweier Effekte gedeutet werden. Der →*Substitutionseffekt* besagt, dass das relativ verbilligte (verteuerte) gegenüber dem relativ verteuerten (verbilligten) Gut verstärkt nachgefragt wird; er tritt bei „normalen", d.h. gegenüber dem Koordinatenursprung konvexen, Indifferenzkurven immer auf. (Bei strikt komplementären Gütern (→Gut), also im Falle „rechtwinkliger" Indifferenzkurven, ist dieser Effekt per definitionem gleich Null). Der →*Einkommenseffekt* hin-

gegen umschreibt den Sachverhalt, dass eine Preissenkung (Preiserhöhung) real ganz ähnlich wirkt wie eine Erhöhung (Senkung) des Nominaleinkommens (→ Einkommen). Aufgrund dieses Effektes kann es folglich zur Mehrnachfrage (Mindernachfrage) auch bei denjenigen Gütern kommen, deren Preise sich nicht verändert haben. In diesem „Normalfall" verstärkt der Einkommenseffekt den Substitutionseffekt bei dem Gut, dessen Preis gesenkt (erhöht) worden ist, während er bei den übrigen Gütern dem Substitutionseffekt entgegenwirkt. Ob die Gesamtentwicklung positiv od. negativ ausfällt, hängt bei den letzteren Gütern somit von der relativen Stärke beider Effekte ab. In Fig. 3 ist unterstellt, dass der Einkommenseffekt des Gutes q_2 den Substitutionseffekt überkompensiert, weil trotz Preissenkung (Preissteigerung) beim Gut 1 die nachgefragte Menge q_2 steigt (sinkt). Kommen allerdings absolut inferiore Güter ins Spiel, so wechselt der Einkommenseffekt in Bezug auf diese seine Wirkungsrichtung: Tritt eine Preissenkung (Preiserhöhung) bei dem absolut inferioren Gut selbst ein, so wirken nun Substitutions- und Einkommenseffekt in unterschiedlicher Richtung; überwiegt der letztere, kommt es zur *anomalen Reaktion* in der individuellen Nachfragefunktion, d.h., trotz sinkenden Preises nimmt die nachgefragte Menge ab (gestrichelte Linien in Fig. 3 und 4). Diese Konstellation ist als →*Giffen-Fall* bekannt. Ergibt sich die Preissenkung (Preiserhöhung) hingegen bei einem anderen Gut, so wirken bei dem absolut inferioren Gut Einkommens- und Substitutionseffekt in die gleiche Richtung.

In der N. werden schließlich Effekte analysiert, die auf Interaktionsprozessen zwischen den Nachfragern beruhen: So werden manche Güter erst gekauft, weil andere sie auch kaufen (→*Mitläufereffekt*), bzw. nicht mehr gekauft, gerade weil andere sie kaufen (→*Snobeffekt*), bzw. wird ein Gut gerade deshalb gekauft, weil es - wie im Falle des →*Vebleneffekt* - zu einem hohen Preis angeboten wird (*Geltungskonsum*).

Neuere Ansätze der N. betonen die aktive Rolle des Haushalts als „Produzent":

So wähle er nicht schlicht Güter aus, sondern kombiniere *relevante Gütereigenschaften* bzw. bringe als zusätzlichen „Produktionsfaktor" die für den Konsum von Gütern notwendige *Konsumtionszeit* ein, so dass der Nutzen von ihm erst „produziert" werde.
Literatur: *U. Fehl/ P. Oberender*, Grundlagen der Mikroökonomie. 5. A., München 1992. *W. Hoyer/ R. Rettig*, Grundlagen der mikroökonomischen Theorie. 2. A., Düsseldorf 1984. *A. Woll*, Volkswirtschaftslehre. 15. A., München 2007.

Prof. Dr. U. Fehl, Marburg

Nachschusspflicht
kann im Gesellschaftsvertrag einer →Gesellschaft mit beschränkter Haftung bestimmt werden. Danach können Gesellschafter über den Betrag der Stammeinlage hinaus durch Gesellschafterbeschluss weitere Einzahlungen (sog. Nachschüsse) nach dem Verhältnis der Geschäftsanteile einfordern (§ 26 GmbHG). Die Nachschusspflicht kann unbeschränkt (§ 27 GmbHG) od. beschränkt sein (§ 28 GmbHG).
Bei der Genossenschaft besteht eine Nachschusspflicht nur im Fall eines → Konkurses, sofern diese im Statut nicht ausgeschlossen ist, was zulässig ist (§§ 66 Nr. 3, 105 I GenG).

Nachtragshaushalt
⇒Ergänzungshaushalt
Die grundsätzliche Etatkompetenz des Gesetzgebers verlangt bei überplanmäßigen und außerplanmäßigen Ausgaben (→ Ausgaben), die über die Ansätze im → Haushaltsplan hinausgehen, und Ausgaben, die im Haushaltsplan überhaupt nicht vorgesehen waren) im Sinne von Art. 110 II GG einen Nachtrags- od. Ergänzungshaushaltsplan als formelles Gesetz (z.B. Nachtragshaushaltsgesetz 1982). Ansonsten dürfen solche Ausgaben nur im Falle eines unvorhergesehenen und unabweisbaren Bedürfnisses und unter Anwendung strenger Grundsätze vom Bundesfinanzminister genehmigt werden.

-NAFTA
Abk. für: North American Free Trade Agreement. Es bezeichnet das zum 1.1.1994 in Kraft getretene, historisch erste Freihandelsabkommen zwischen einem Entwicklungsland (Mexiko) und zwei hochentwickelten Industriestaaten (Kanada und USA). Mit dem gestaffelten Abbau von Zöllen und Handelsbarrieren (Protektionismus) über einem Zeitraum von bis zu 10 Jahren (in Ausnahmebereichen bis zu 15 Jahren) entsteht die bislang größte Freihandelszone der Weltgeschichte, abgesehen vom Europäischen Wirtschaftsraum (EWR), welcher aber in der Form nicht vergleichbar ist. Zum Zeitpunkt des Inkrafttretens übertrifft die nordamerikanische Freihandelszone noch die Europäische Union hinsichtlich Bevölkerung und Bruttoinlandsprodukt. Gegenstand sind neben der Liberalisierung des Güterhandels insbesondere Liberalisierungen im Bereich von Investitionsbedingungen und Dienstleistungen (Dienstleistungstransfer) sowie die Schaffung von Streitbeilegungsmechanismen. Die Ausgestaltung in diesen Bereichen wurde wesentlich beeinflusst durch das Freihandelsabkommen zwischen Kanada und den USA, mit dem der größte bilaterale Handel der Welt zum 1.1.1989 einen institutionalisierten Rahmen erhielt. Erstmalig einbezogen wurden im N. der Schutz geistigen Eigentums und - in Nebenabkommen - der Schutz der Umwelt sowie arbeitsrechtliche Fragen. N. ist für beitrittswillige Länder aufgrund einer Zutrittsklausel ohne regionale Eingrenzung offen.

NAIRU
Abk. für: →non-accelerating inflation rate of unemployment
Inflationsstabile Arbeitslosenrate. →Arbeitslosenquote, bei der sich die Inflation weder beschleunigt noch verlangsamt.

Namensaktie
→Aktie, die auf den Namen des Aktionärs lautet. Sie wird durch →Indossament übertragen und ist daher ein → Orderpapier. Die namentlich bezeichneten Aktionäre sind im Aktienbuch einzutragen. In bestimmten Fällen ist die Ausgabe von N. vorgeschrieben, so z.B. dann, wenn die →Einlage noch nicht voll geleistet ist (§ 10 II AktG).

Nash-Cournot-Gleichgewicht
⇒Cournot-Nash-Gleichgewicht
→ Oligopol-Preisbildungsmodell, bei dem jede Unternehmung das Angebot des Konkurrenten als fix betrachtet. Im Falle des →Dyopols seien q_1 (q_2) die Funktion, welche die optimale Outputwahl der Unternehmung 1 bei gegebenem → Output der Unternehmung 2 beschreibt, und q_2 (q_1) die analoge Funktion für Unternehmung 2. Man kann diese „Reaktionskurven" in eine (q_1, q_2)-Ebene zeichnen (siehe Abbildung). Ein Cournot-Nash-Gleichgewicht ist nun einfach eine Kombination (q_1^*, q_2^*), die auf beiden Reaktionskurven der Unternehmungen liegt (d.h. in deren Schnittpunkt).

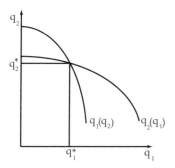

Man kann auch annehmen, dass jede Unternehmung den →Preis der anderen Unternehmung als fix gegeben nimmt. Da es sich um ein homogenes Gut (→Gut) handelt, müssen beide im Gleichgewicht den gleichen Preis verlangen. Das Ergebnis lautet, dass das N. ein Konkurrenzgleichgewicht ist: Der Preis ist gleich den Grenzkosten (→Kosten).

Nationales Einkommenskonto
aus den Einkommenskonten der einzelnen →Sektoren (Haushaltssektor, Unternehmenssektor, Sektor Staat und Sektor Ausland) durch Aggregation gewonnenes Einkommenskonto. S. →Volkswirtschaftliche Gesamtrechnung.

Nationales Produktionskonto
aus den Produktionskonten der einzelnen →Sektoren (Haushaltssektor, Unternehmenssektor, Sektor Staat und Sektor Ausland) durch Aggregation gewonnenes Produktionskonto. S. →Volkswirtschaftliche Gesamtrechnung.

Nationales Vermögensänderungskonto
aus den Vermögensänderungskonten der einzelnen →Sektoren (Haushaltssektor, Unternehmenssektor, Sektor Staat und Sektor Ausland) durch Aggregation gewonnenes Vermögensänderungskonto. S. →Volkswirtschaftliche Gesamtrechnung.

Nationalökonomie
⇒Volkswirtschaftslehre
⇒Volkswirtschaftstheorie
→Wirtschaftswissenschaft.

natürliche Arbeitslosenquote
von Milton Friedman geprägter Begriff. Diejenige →Arbeitslosigkeit, die sich bei Fehlen von →Geldillusion durch die „natürlichen" Kräfte von Angebot und Nachfrage auf dem →Arbeitsmarkt einstellt. Als Quote wird sie in Relation zur Zahl der →abhängigen Erwerbspersonen gestellt. Nach Friedman ist die Verringerung der Arbeitslosigkeit unter die n. durch eine expansive Ausgabenpolitik nur zeitlich begrenzt möglich. Danach bestehen nach dem →Phillips-Theorem nur kurzfristig Wahlmöglichkeiten zwischen Arbeitslosigkeit und Geldlohnsteigerungen. Vgl. →Phillips-Theorem, 3.

natürliche Person
ist nach dem Gesetz jeder Mensch.

natürlicher Wert
⇒*Tauschwert.*

natürlicher Zins
⇒originärer Zins
nach Wicksell derjenige →Zins, den ein Investor als Nettorendite seiner →Investition erhält. Weicht der herrschende Geldzins vom natürlichen Zins ab, so bedeutet dies eine Gleichgewichtsstörung (→ Gleichgewicht), die auch den Konjunkturverlauf (→Konjunkturtheorie) bestimmt.
Im Zusammenhang mit →Überinvestionstheorien zur Erklärung der Konjunk-

turzyklen (→ Konjunkturtheorie) findet man die →Definition des n. als denjenigen Zins, bei dem die Nachfrage nach Leihkapital dem Angebot an Ersparnissen gleich ist. Beide Definitionen decken sich inhaltlich.

natürliches Monopol
Wirtschaftszweig, in dem zunehmende Skalenerträge bzw. mit dem Umfang der Produktion abnehmende durchschnittliche Produktionskosten so nachhaltig auftreten, dass nur ein Unternehmen tätig ist bzw. tätig sein sollte. Beispiele hierfür sind Telefon, Wasser und Elektrizität. Das n. ist eine wichtige Art des Marktversagens und Anlass für die Entstehung staatlicher Produktion.

natürliche Wachstumsrate
⇒natural rate of growth
in der →Wachstumstheorie mit →Kapital und →Arbeit diejenige →Wachstumsrate, die die Vollbeschäftigung des Faktors Arbeit erfordert. Die Gleichgewichtswachstumsrate (→ Gleichgewicht) ist dann erreicht, wenn die n. der befriedigenden (das ist der Quotient aus →Sparquote und Kapitalkoeffizient) gleich ist (Harrod-Modell).

Naturaleinkommen
→Einkommen.

Naturalobligation
→Haftung.

Naturaltauschwirtschaft
→ Volkswirtschaft, die ihre Tauschvorgänge ohne →Geld vollzieht, indem Ware gegen Ware getauscht wird. In der heutigen →Wirtschaft spielt der Realtausch eine untergeordnete Rolle. Dieser kommt in erwähnenswertem Umfang nur noch in der Landwirtschaft, Kohlenbergbau und Verkehrswesen, u.zw. als Teilentlohnung in Form von Deputaten, sowie im Außenhandel mit →Staatshandelsländern (→Kompensationsgeschäft) vor. S. Ggs. →Geldwirtschaft. →Wirtschaft, 4.

near monies
⇒Geldsubstitute
⇒Quasigeld
→Geldarten.

Nebenplatz
i.Ggs. zum →Bankplatz Ort ohne Zweiganstalt der →Deutschen Bundesbank.

Negativklausel
Verpflichtung des Anleiheemittenten (→ Anleihe, → Emission) während der gesamten Laufzeit keine Sicherheiten (z.B. ein Pfandrecht auf Vermögenswerte) zu bestellen, ohne die Anleihegläubiger zur gleichen Zeit und im gleichen Rang an solchen od. gleichen Sicherheiten teilnehmen zu lassen.

negativer Swapsatz
⇒Deport
→Swappolitik.

Negoziierungskredit
⇒Negationskredit
⇒Negotiationskredit
⇒Trattenankaufkredit
⇒Wechsel-Negationskredit
Ankauf von →Tratten od. Dokumenten durch ein → Kreditinstitut. Form der kurzfristigen Außenhandelsfinanzierung, die meist im Zusammenhang mit dem Dokumentenakkreditiv (→Akkreditiv) vorkommt und für den Exporteur den Vorteil hat, dass er einen von ihm gezogenen →Wechsel zusammen mit den Versanddokumenten diskontieren (→ Abzinsung) lassen kann. Voraussetzung dafür sind Vereinbarungen zwischen Importeur und →Bank des Importeurs einerseits und Bank des Importeurs und der diskontierenden Bank andererseits. Die dafür notwendige Ermächtigung heißt „authority to purchase". Eine Variante des Verfahrens besteht darin, die Tratte nicht auf den Importeur, sondern auf die Bank des Importeurs zu ziehen.
Eine weitere Variante sieht vor, dass die Ermächtigung direkt an den Exporteur ausgestellt wird („commercial letter of credit"), der die Tratte dann zusammen mit der Ermächtigung und den Versanddokumenten bei jeder Bank diskontieren lassen kann.

Nennwertaktie
→Aktie, die auf bestimmten Geldbetrag lautet. Dies ist in der Bundesrepublik Deutschland zwingend vorgeschrieben

(§ 6 AktG). Der Mindestnennwert beträgt 5 Euro. Sie dürfen nicht unter Nennwert ausgegeben werden.

nennwertlose Aktie
→Aktie.

Neokeynesianische Theorie

Die „*Neokeynesianische Theorie*" oder präziser „*Die temporäre Gleichgewichtstheorie bei Mengenrationierung*", eine Wortschöpfung, die auf J. P. Benassy (1975) zurückgeht, bezeichnet einen neuen Ansatz der →makroökonomischen Theorie (→Makroökonomik), der sich *Nicht-Walrasianischer Theorieelemente* bedient. Manchmal wird diese Theorie deshalb auch als „*Ungleichgewichtstheorie*" (→ Ungleichgewicht) bezeichnet.

Mit ihr werden Zustände der Volkswirtschaft (→Wirtschaft) beschrieben, die dadurch gekennzeichnet sind, dass sich Angebot und Nachfrage (Transaktionswünsche, →Transaktionen) nicht auf allen betrachteten →Märkten ausgleichen. Dies ist deshalb der Fall, weil im Gegensatz zur Walrasianischen Theorie (→Walras-Gesetz) der Walras'sche Preis-Auktionator fehlt und Gleichgewichte einer noch genau zu definierenden Art bei nicht-markträumenden → Preisen erreicht werden. Dabei werden die Angebots- Nachfrage-Ungleichgewichte, wie z.B. Ungleichgewichte auf dem → Arbeitsmarkt oder m.a.W. die Massenarbeitslosigkeit, auch auf das Individualverhalten zurückgeführt, so dass verschiedene Elemente der makroökonomischen →Modelle zumindest mikroökonomisch (→ Mikroökonomik) motiviert sind.

Wenn man bei der Bestimmung eines temporären allgemeinen Gleichgewichts davon ausgeht, dass die unterschiedlichen Preise (zumindest einige von ihnen) kurzfristig exogen sind, wird es beispielsweise vorkommen, dass ein Arbeitsanbieter zum gegebenen Lohn nicht seine gesamte angebotene Arbeitsmenge verkaufen kann, d.h. er arbeitslos sein wird.

Klarerweise wird dieser Tatbestand die Konsumscheidung des →Wirtschaftssubjektes beeinflussen. Aber auch die Sparentscheidung des Haushalts wird davon nicht unberührt bleiben. Ähnlich wird sich eine Unternehmung, die nicht ihren gesamten gewünschten Output zum herrschenden Preis absetzen kann, mit ihrer Arbeitsnachfrage dieser Situation anpassen. Dies führt auf die Konstruktion eines Modells der Volkswirtschaft, in dem *Mengenschranken* in ihrem Einfluss berücksichtigt werden. Wie schon gesagt ist für die Theorie wesentlich, dass die Rückkoppelung der Überschussangebote und Nachfragen auf die Preise nicht so beschaffen ist, dass sich die Preise so schnell verändern, dass die Märkte ins Walras-Gleichgewicht gelangen. Die Märkte bleiben also im Ungleichgewicht und Mengenanpassungen finden anstatt der Preisanpassungen statt. Die Mengenanpassungen auf verschiedenen Märkten sind über die Mengenschranken, unter denen die Wirtschaftssubjekte ihre optimalen Pläne ermitteln, interdependent.

Kann man nun eine Theorie für die Bestimmung eines temporären allgemeinen Gleichgewichts formulieren, die auf der Hypothese aufgebaut ist, dass die Preise kurzfristig exogen sind?

In den einfachsten Versionen der Theorie werden nämlich keine Rückkoppelungen der Überschussangebote bzw. -nachfragen auf die Preise berücksichtigt.

Wie in der Makroökonomik üblich, wird dadurch sehr stark vereinfacht, aber auch bei Verallgemeinerungen werden solche Rückwirkungen grob vereinfacht modelliert. Wenn die Preise also als gegeben angesehen werden, muss das gesuchte Gleichgewichtskonzept die simultane Bestimmung der Mengen auf allen Märkten sichern.

War es bei der Walrasianischen Theorie nicht nötig, Nachfragen und Angebote von Käufern und Verkäufern zu unterscheiden, da sich bei der angenommenen Preisflexibilität diese Größen nicht unterschieden, ist es in der Neokeynesianischen Theorie mit festen Preisen (nicht hinreichend flexiblen Preisen) und Mengenanpassungen zwingend erforderlich.

Welche generellen Eigenschaften soll nun ein →„Gleichgewicht" haben?
1) Alle tatsächlichen Transaktionen müs-

sen sich ausgleichen, d.h. die Verkäufe und Käufe müssen auf den jeweiligen Märkten übereinstimmen.

Das bedeutet nicht, dass sich die Transaktionswünsche ausgleichen (die Effektivnachfragen im Clower-Benassy-Sinn; vgl. J. P. Benassy (1986) bzw. E. Malinvaud (1986, 2nd ed.)). Die effektive Nachfrage oder das effektive Angebot nach einem Gut wird als der Nachfrageplan oder der Angebotsplan bzw. der Transaktionsplan bzw. -wunsch definiert, der dadurch bestimmt wird, dass Nachfrage- und/od. Angebotsschranken für andere außer dem gerade betrachteten Gut berücksichtigt werden.

Eine zweite Eigenschaft des Gleichgewichts betrifft die Vereinbarkeit beider Konzepte für ein Individuum, das auf einem bestimmten Markt agiert.

2) Niemand kann gezwungen werden, mehr zu kaufen bzw. zu verkaufen als er ursprünglich plante (Freiwilligkeit des Tausches).

Eine weitere Eigenschaft betrifft das effiziente Funktionieren der Märkte.

3) Wenn es einen rationierten Käufer auf einem rationierten Markt gibt, darf es keinen rationierten Verkäufer auf demselben Markt geben und umgekehrt.

Ein Gleichgewicht im Sinne Benassys und Malinvauds wird dann dadurch gegeben, dass sich bei wahrgenommenen Mengenschranken für die Transaktionswünsche diese nicht mehr ändern, d.h. sich reproduzieren, und zu tatsächlichen Transaktionen führen (d.h. zu Käufen und Verkäufen), die sich zum gegebenen Preisvektor ausgleichen.

Nun können bei gegebenem Preisvektor die verschiedensten Rationierungskonstellationen für ein Individuum gegeben sein. Aggregiert man und betrachtet nur drei Märkte, nämlich →Güter-, →Arbeits- und →Geldmarkt, dann sind zwei Märkte (mit den ‚Gleichgewichtsbedingungen' für die tatsächlichen Transaktionen) explizit zu betrachten. Sei der Güterpreis p und der Lohnsatz gleich w, dann können vier Ungleichgewichtszustände auftreten (s. Tabelle rechts oben).

Diese ‚Gebiete' lassen sich graphisch mit Hilfe einer von Malinvaud vorgeschlagenen Abbildung im Parameterraum (p, w) lokalisieren. Wir vernachlässigen den Fall der Unterkonsumtion (→Unterkonsumtionstheorie), da in diesem Falle auf dem Arbeitsmarkt eine Überschussnachfrage gegeben ist und gleichzeitig auf

Güter-markt Arbeits-markt	Überschuss-angebot (Trans-aktions-wünsche)	Überschuss-nachfrage (Trans-aktions-wünsche)
Überschuss-angebot (Trans-aktions-wünsche)	Keynesiani-sche Arbeits-losigkeit K	Klassische Arbeitslosig-keit C
Überschuss-nachfrage (Trans-aktions-wünsche)	Unterkon-sumption U	Unterdrück-te Inflation R

dem Gütermarkt ein Überschussangebot auftritt, was in einem Modell mit atemporaler →Produktion (d.h in einem Modell, in dem die Produktion keine Zeit erfordert und keine Läger möglich sind) sicher aus dem Gewinnmaximierungsstreben des Unternehmens nicht vorkommen kann.

Wir erhalten das folgende Bild:

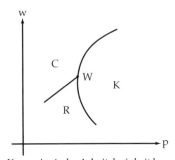

Keynesianische Arbeitslosigkeit kann anhand dieser Figur als Situation zu hoher Güterpreise, klassische Arbeitslosigkeit als Situation zu hoher Nominallöhne und unterdrückte →Inflation als Situation zu niedriger Nominallöhne interpretiert werden.

Mit zunehmender Entfernung von W werden die Spannungen auf den Märkten größer, und es ist mehr und mehr mit Preis- und Lohnreaktionen zu rechnen. Eine nachfragestimulierende Keynesianische Politik, wie eine Staatsausgabenerhöhung, verkleinert den Bereich K. Eine Erhöhung der →Arbeitsproduktivität, deren rentabilitätssteigernde Wirkung nicht durch Lohnerhöhungen ausgeglichen wird, verschiebt die Trennlinien nach links oben; d.h. der Bereich der klassischen Arbeitslosigkeit verkleinert sich. Um beispielsweise den Unterschied zwischen dem üblichen Keynesianischen →Multiplikator und dem für diese Modellklasse ableitbaren zu ersehen, sei von der folgenden sehr einfachen effektiven Konsumfunktion $\tilde{C} = \tilde{C}(p, w, M_0;L) = \alpha_1(M_0 + wL - T)/p$ ausgegangen. T Pauschalsteuern, M_0 Anfangskasse, L Beschäftigungsschranke.

Die Beschäftigung L wird bei Keynes dadurch bestimmt, dass die nachfragedeterminierte Produktion Y produziert werden muss und dies einen Arbeitseinsatz von $L = F^{-1}(Y)$ erfordert ($Y = F(L)$ ist die zugrundeliegende →Produktionsfunktion und ein nachfragedeterminiertes Arbeitsmarktgleichgewicht ist durch diese Bedingung gegeben, da die tatsächliche Beschäftigung gleich der Arbeitsnachfrage des Unternehmenssektors ist). Das Gütermarktgleichgewicht wird dann beschrieben durch:

$$K_1 : Y - \alpha_1\left(\frac{M_0 + wF^{-1}(Y) - T}{p}\right) - G = 0$$

Wir errechnen den Staatsausgabenmultiplikator (→ Multiplikatorprinzip) mit dem Satz über implizierte Funktionen:

$$\frac{\partial Y}{\partial G} = \frac{1}{\left(1 - \alpha_1\dfrac{w}{p}\dfrac{\partial F^{-1}(Y)}{\partial Y}\right)}$$

$$= \frac{1}{\left(1 - \alpha_1\dfrac{w}{p}\dfrac{1}{F'(L)}\right)}.$$

Dieser Multiplikator unterscheidet sich vom üblichen Keynesianischen Multiplikator, da er die Stärke der →Rationierung

auf dem Arbeitsmarkt widerspiegelt. Es gilt nämlich, dass $w < pF'(L)$ ist, d.h. zur Nachfrageschranke Y der Faktor Arbeit nicht mit seinem Wertgrenzprodukt entlohnt wird. Äquivalent ist hierzu, dass $\dfrac{w}{p}\dfrac{1}{F'(L)} < 1$ gilt, so dass die marginale Konsumneigung α_1 mit einem Faktor kleiner Eins multipliziert wird und der Multiplikator kleiner als üblich ausfällt. Im Falle eines zu hohen →Reallohnes (klassische Arbeitslosigkeit) hat hingegen die Nachfragestimulierung durch eine Staatsausgabenerhöhung keine Wirkung, sie verdrängt vielmehr die private Nachfrage.

Literatur: Das hier dargestellte Modell wurde in der Vergangenheit in den verschiedensten Richtungen erweitert, z.B. um den Einschluss von Außenhandelsbeziehungen (*U. K. Schittko, B. Eckwert*, [1983]) und bzgl. der Dynamik (*U. K. Schittko, B. Eckwert* [1985]). *J. P. Benassy*, [1975] zitiert in *J. P. Benassy* [1986], Macroeconomics: an Introduction to the Non-Walrasian Approach, New York etc. *E. Malinvaud*, The Theory of Unemployment Reconsidered. 2. A., Oxford 1985. *U. K. Schittko/ B. Eckwert* [1983], A Two-Country Temporary Equilibrium Model with Quantity Rationing, Jahrbücher für Nationalökonomie und Statistik 198, S. 97-121. *U. K. Schittko/ B. Eckwert* [1985, 1988], Disequilibrium Dynamics, The Scandinavian Journal of Economics 90.

Prof. Dr. U. K. Schittko, Augsburg

neoklassische Produktionsfunktion

Sammelbegriff für meist makroökonomische (→Makroökonomik) →Produktionsfunktionen mit folgenden Eigenschaften:
- Substitutionalität des Inputs;
- →Homogenität vom Grade 1 (constant returns of scale);
- positive Grenzproduktivitäten der Faktoren (→Ertrag); diese sind zudem abnehmend.

Wenn die Faktoren nach ihren Grenzproduktivitäten entlohnt werden, erlaubt die neoklassische Produktionsfunktion Aussagen über die →Einkommensverteilung (→ adding up-Theorem). Entscheidend sind dabei die partiellen Produktionselastizitäten (→Elastizitäten).

Wichtige n. sind die →Cobb-Douglas-Produktionsfunktion, die →CES-Funktion und →VES-Funktion. S. →Produktionsfunktion.

Neoklassische Theorie

Individualverhalten: I.w.S. Sinn bezeichnet man alle ökonomischen →Theorien als neoklassisch, die davon ausgehen, dass alle Entscheidungsträger (v.a. → Haushalte, Unternehmen) ihre Entscheidungen unabhängig voneinander aufgrund ihrer individuellen →Präferenzen (→Präferenzordnung) so treffen, dass ihr subjektiver Nutzen maximiert (→ Nutzenmaximum) wird. Diese Entscheidungen bilden den Ausgangs- und Mittelpunkt der neoklassischen Analyse, an deren Anfang die „Marginalrevolution" (→ Marginalismus) der →Grenznutzenanalyse steht, die um 1870 durch Jevons, Menger und Walras erfolgte. Gemäß dieser Analyse verteilen die Haushalte wegen des abnehmenden Grenznutzens aller Güter ihre Ausgaben so, dass der → Nutzen der letzten gekauften Einheit eines jeden Gutes gleich dessen relativem → Preis ist. Verschieben sich die Preisrelationen, werden Einheiten der relativ teuer gewordenen Güter solange durch Einheiten der relativ billiger gewordenen Güter ersetzt (substituiert), bis die Grenznutzenrelationen wieder den Preisrelationen entsprechen. Derartige Substitutionsprozesse stehen auch im Mittelpunkt der neoklassischen Analyse von Unternehmen: Diese werden ebenfalls als isoliert agierende Einheiten betrachtet, die sich durch Mengenvariationen den gegebenen relativen Preisen der Güter und der →Produktionsfaktoren so lange anpassen, bis der maximal mögliche →Gewinn erreicht wird.

Preisbildung: Die für den einzelnen Haushalt und das einzelne Unternehmen gegebenen Marktpreise (Güter- und Faktorpreise) werden in der neoklassischen Theorie aus Angebot und Nachfrage auf den einzelnen Märkten (→Markt) erklärt. Dabei wird die Nachfrage aus dem → Grenznutzen der Güter abgeleitet (bei Produktionsfaktoren aus deren Grenzertrag (→Ertrag)) und das Güterangebot aus den Grenzkosten (→Kosten) der Produktion.

Fallen bei gegebenen Preisen Angebot und Nachfrage auseinander, besteht mithin kein Marktgleichgewicht (→Gleichgewicht), so sind bezüglich des Zeitbedarfs der Anpassung zwei Richtungen der Neoklassik zu unterscheiden, die auf Walras bzw. Marshall zurückgehen: Im Modell von Walras (→Walras-Gesetz) erfolgt die Anpassung von Preisen und Mengen unverzögert und damit so rasch, dass alle Transaktionen erst erfolgen, wenn die Gleichgewichtspreise gefunden sind. Die Anpassungsvorgänge selbst haben mithin keine realen Konsequenzen, sondern nur ihr Endergebnis.

Marshall dagegen berücksichtigt, dass Anpassungen des Angebots Zeit benötigen. Er unterscheidet drei (ansatzweise sogar vier) Perioden und dementsprechend drei Arten von Preisen: Die Marktpreise bilden sich in der ultrakurzen Periode, in der die Bestände an angebotenen Waren gegeben sind (Beispiel: Fisch); die „normalen" Preise bilden sich in der kurzen Periode („short run") durch die Anpassung des Angebots (der Produktion) an die Nachfrage bei gegebenen Produktionsanlagen und Arbeitskräftebestand (nach Menge und Qualität). Den Begriff der „long run normal prices" bezieht Marshall auf „lange Perioden" von mehreren Jahren, in denen die Produktion durch Änderung (der Struktur) des Sachkapitalbestandes (→ Kapital, II.) und der Qualifikation der Arbeitskräfte angepasst werden.

Beide Richtungen stimmen dann darin wieder überein, dass Abweichungen zwischen Angebot und Nachfrage durch flexible Preise beseitigt und ein Marktgleichgewicht erreicht wird. Dauerhafte Nachfrage- oder Angebotsüberschüsse können daher nur auf zu wenig flexiblen, evtl. sogar völlig starren Preisen beruhen.

Die Einwände gegen diese neoklassische Analyse i.w.S. betreffen die Realitätsferne ihrer Annahmen. Bezweifelt wird die behauptete Unabhängigkeit der Präferenzen, weil diese auch ein Ergebnis des gesellschaftlichen Umfeldes seien, sowie die Bereitschaft und Fähigkeit der Individuen, ihren Nutzen zu maximieren, weil diese die dafür notwendigen Informationen u.a. über die Zukunft sich weder beschaffen können noch wollen; vielmehr genügt den Individuen ein befriedigendes Nutzen- oder Gewinnniveau. Bei der Preistheorie wird die Vernachlässigung von Marktmacht und von Beschränkungen der Konkurrenz kritisiert. Ungeachtet dessen führt die neoklassische Analyse *einzelner Märkte* zu wichtigen Einsichten, die durch Berücksichtigung der genannten Einwände häufig nur leicht modifiziert werden.

Gesamtwirtschaftliche Aussagen: Auf einer anderen Ebene liegen die Aussagen der Neoklassik über gesamtwirtschaftliche Zusammenhänge. Diese werden vor allem auf zwei Wegen gewonnen. Zum einen sind neoklassische Markttheorien (→Makroökonomik) ausgearbeitet worden, Theorien also, die mit gesamtwirtschaftlichen Aggregaten arbeiten, wie z.B. die neoklassische Produktions-, Verteilungs- und Wachstumstheorie, deren wichtigster Baustein eine makroökonomische →Produktionsfunktion ist. Charakteristisch für solche neoklassischen Theorien ist allerdings nicht diese Produktionsfunktion, sondern die Annahme, die Entscheidungen und Entwicklungen auf den einzelnen Teilmärkten würden durch den Marktmechanismus so koordiniert, dass alle →Produktionsfaktoren voll beschäftigt sind. Mit Hilfe dieser Annahme erreicht die neoklassische Theorie eindeutige Ergebnisse, deren Realitätsgehalt allerdings von konkurrierenden Theoriesystemen, insb. dem Keynesianismus (→ Keynessche Theorie), bestritten wird.

Den theoretischen Unterbau für diese Annahme bildet das walrasianische mikroökonomische (→Mikroökonomik) Totalmodell, das über die beschriebene (Partial-)Analyse einzelner Märkte hinausgeht und die Hypothese vertritt, die individuellen Nachfrage- und Produktionsentscheidungen würden insgesamt bei freiem Spiel der Marktkräfte derart effizient koordiniert, dass alle Produktionsfaktoren nicht nur stets voll beschäftigt sind, sondern auch so eingesetzt werden, dass der Nutzen aller Wirtschaftssubjekte maximiert wird.

Walras (→ Walras-Gesetz) leitete diese

Koordinationsleistung der Märkte in seinem mikroökonomischen Totalmodell für eine gegebene Bevölkerung mit gegebenen Bedürfnissen (→Präferenzen) im Besitz von gegebenen Produktionsmitteln, Qualifikationen und technischem Wissen ab. Damit diese optimale →Allokation der Ressourcen allein durch Marktkoordination erreicht wird, müssen allerdings Annahmen getroffen werden, die Aussagen über die Realität fragwürdig machen. Erstens produzieren im Modell alle Unternehmen schon bei kleinen Mengen mit steigenden Grenzkosten (mithin treten keine Vorteile der Massenproduktion auf) und agieren auf vollkommenen Märkten als Mengenanpasser - nehmen also Marktpreise als gegebene Größen hin. Zweitens gibt es einen Koordinator („Auktionator"), der sämtliche Nachfrage- und Angebotskurven aller Wirtschaftssubjekte kennt und daraus die optimalen Marktpreise errechnet.

Dank dieses fiktiven Koordinators spielt die nach Ansicht des konkurrierenden keynesianischen Paradigmas für die gesamtwirtschaftliche Entwicklung zentrale und von Keynes (→Keynessche Theorie) in den Mittelpunkt gestellte effektive Nachfrage keine Rolle: Während bei Keynes z.B. der Konsum eines Arbeitslosen von seinem niedrigen tatsächlichen Einkommen abhängt, meldet im Walras-Modell jeder Anbieter von Arbeit (ob beschäftigt oder arbeitslos) beim Auktionator diejenige Konsumgüternachfrage an, die er bei dem ihm aus seiner gewünschten Erwerbstätigkeit zufließenden Einkommen verwirklichen würde. Somit kann der Auktionator diese gewünschte Nachfrage berücksichtigen; entsprechend höher ist die gleichgewichtige Produktion und damit der gleichgewichtige Arbeitseinsatz.

Da der Auktionator außerdem das Investitionsvolumen (→Investition) mit der gewünschten Ersparnis aus der gewünschten Einkommen in Übereinstimmung bringt, gibt es bei flexiblen Preisen keine unbeschäftigten Produktionsfaktoren, also auch keine unfreiwilligen Arbeitslosen. Also kann unfreiwillige Arbeitslosigkeit nur das Ergebnis zu hoher

Löhne sein. Dieses wirtschaftspolitisch brisante Ergebnis gilt allerdings nur für die Modellwelt der neoklassischen „Allgemeinen Gleichgewichtstheorie", zu der das Walras-Modell ausgebaut worden ist; auch bei ihr sind die Rückwirkungen von Ungleichgewichten auf einem Markt (z.B. Nachfragemangel auf dem →Gütermarkt) auf andere Märkte (z.B. den →Arbeitsmarkt) ausgeschlossen: An die Stelle des fiktiven Auktionators tritt die Annahme vollständiger Information und vollständiger Voraussicht. Diese Grenzen der Allgemeinen Gleichgewichtstheorie sind deren Hauptvertretern durchaus bewusst. So bezeichnen Arrow und Hahn diese Theorie als Beschreibung einer „idealen Welt, bei der man aus den Antworten auf die Frage ‚Könnte diese Welt existieren?' Schlüsse ableiten kann, warum diese Welt in der Realität nicht existiert".

Um den Widerspruch zur Realität zu verringern, ist aus dieser Theorie seit den 1970er Jahren eine „Theorie temporärer Gleichgewichte mit Mengenrestriktionen" entwickelt worden, in der Aussagen für alternative, vorübergehende Zustände der Erwartungen ermittelt werden und in der sich Mengenbeschränkungen auf den einen Märkten auf die übrigen Märkte auswirken. In dieser Theorie geht dann die Eindeutigkeit der Ergebnisse verloren; so kann unfreiwillige Arbeitslosigkeit die Folge zu hoher → Reallöhne, aber auch zu niedriger Gesamtnachfrage sein; neoklassische und keynesianische Erklärung sind mithin beide möglich.

Da die neoklassische Theorie die relativen Preise und deren Änderungen in den Mittelpunkt stellt, bleibt das absolute → Preisniveau und dessen Veränderungen (also die →Inflationsrate) zunächst unerklärt. Diese Lücke hat die neoklassische Theorie durch die Quantitätstheorie (→ Quantitätstheorie des Geldes) geschlossen, derzufolge die → Geldmenge das Preisniveau bestimmt.

Monetarismus: Den quantitätstheoretischen Ansatz haben die Monetaristen aufgegriffen und verfeinert. Insbesondere Friedman hat die Quantitätstheorie neu formuliert und die → Hypothesen

präzisiert, aufgrund deren Änderungen der Geldmenge zwar kurzfristige Auswirkungen auf →Produktion und →Beschäftigung haben, aber nicht auf Dauer. Von zentraler Bedeutung ist dabei die Annahme abnehmenden Grenzertrages der Arbeit (→Ertrag). Sie hat zur Konsequenz, dass eine Erhöhung der Beschäftigung eine Senkung des Reallohnniveaus verlangt. Wenn die Arbeitnehmer (und Arbeitslosen) auf eine Senkung des Reallohns mit verringertem Arbeitsangebot reagieren, dann kann eine höhere Beschäftigung nur vorübergehend zustande kommen, und zwar aufgrund von Erwartungsirrtümern: Die Unternehmen bieten den Arbeitnehmern höhere Löhne an, um eine durch Geldmengenexpansion hervorgerufene Mehrnachfrage befriedigen zu können; dabei wissen sie, dass sie wegen des steigenden Grenzkostenverlaufs (→Kosten) die Preise stärker als die →Nominallöhne erhöhen werden, die Reallöhne also sinken werden. Wenn die Arbeitnehmer auf steigende Reallöhne schließen, sind sie bereit, mehr zu arbeiten: Die Beschäftigung steigt. Werden die Erwartungsfehler erkannt, geht die Beschäftigung wieder zurück.

Wirtschaftspolitische Konsequenzen (→ Theorie der Wirtschaftspolitik): Für die neoklassische Theorie resultieren Fehlentwicklungen und →Ungleichgewichte auf allen Märkten aus Behinderungen des Marktmechanismus, die wirtschaftspolitische Therapie besteht folglich in der Beseitigung von institutionellen und individuellen Starrheiten, die der Flexibilität der Preise und dem ungehinderten Wirken des Marktmechanismus im Wege stehen. Dazu passt (obwohl nicht alle Neoklassiker Monetaristen sind), dass nach monetaristischer Ansicht weder → Geldpolitik noch Fiskalpolitik (→Finanzpolitik) auf Dauer reale Wirkungen haben, sondern nur auf das Preisniveau wirken. Daraus resultiert Friedmans Forderung, die Geldpolitik zur Inflationsbekämpfung einzusetzen und nach erreichter Geldwertstabilität (→Geldwert) die Geldmenge mit konstanter Rate wachsen zu lassen.

Literatur: *B. Felderer/ St. Homburg*, Makroökonomik und neue Makroökonomik. 5. A., Berlin u.a. 1991. Kap. IV (Die klassisch-neoklassische Theorie). *F. Hahn*, Die allgemeine Gleichgewichtstheorie, in: D. Bell u. I. Kristol (Hrsg.), Die Krise in der Wirtschaftstheorie, Berlin etc. 1984.

Prof. Dr. J. Kromphardt, Berlin

Neoliberalismus

Das Laissez faire-Prinzip (→Laissez faire-Liberalismus) ist deutlich eingeschränkt durch die Zuweisung der Aufgabe an den Staat, den institutionellen Rahmen des Wirtschaftsprozesses gesetzlich zu regeln. Damit ist aber auch jeder weitergehende →Interventionismus des Staates allenfalls noch auf den Einsatz sog. marktkonformer Maßnahmen reduziert. Die Ausformung des N. in der →Freiburger Schule (Eucken, Rüstow, Röpke, v. Hayek, Böhm u.a.) ist als →Ordoliberalismus bekannt. S. insbesondere auch →Liberalismus.

Neomerkantilismus

vor allem eine Form der Außenhandelspolitik (→Außenwirtschaftspolitik), die verstärkt nach dem Ersten Weltkrieg einsetzend die Protektion (→Protektionismus) der heimischen Wirtschaft od. doch politisch für besonders wichtig erachteter Wirtschaftszweige betreibt. Dies geschieht durch gezielten Einsatz von handelspolitischen Instrumenten: → Schutzzölle, Einfuhrquoten, administrative Handelshemmnisse, →Dumping, Exportsubventionen u.a.

Neoquantitätstheorie

⇒Monetarismus
⇒neoklassische Theorie.

Netput

Beschreibung der Produktionsmöglichkeiten einer Unternehmung, d.h. der zulässigen Kombinationen von → Inputs und →Outputs. Man kann einen spezifischen Produktionsplan durch einen Vektor y in R^n wiedergeben, wobei y_i negativ ist, wenn das i-te →Gut als Netto-Input dient, und y_i positiv ist, wenn das i-te Gut als Netto-Output dient. Ein derartiger Vektor wird Netto-Output-Vektor oder einfach „N."-Vektor genannt. Die Menge aller zulässigen Produktionspläne - „N."-Vektoren - wird als Menge der Produktionsmöglichkeiten der Unternehmung bezeichnet.

Nettoauslandsposition der Zentralbank

→Devisenbilanz
→Zahlungsbilanz.

Nettoeinkommen

1. →Einkommen nach Abzug aller →direkten Steuern und Pflichtbeiträge (z.B. Beiträge zur Sozialversicherung (→Sozialbeiträge)). Insofern das N. Arbeitsentgelt ist, spricht man auch von Nettolohn bzw. Nettogehalt.

2. Nettogröße des →privaten Einkommens (→Volkseinkommen): →Bruttoeinkommen aus unselbständiger Arbeit und Bruttoeinkommen aus Unternehmertätigkeit und →Vermögen abzüglich der direkten Steuern und zuzüglich der Transfereinkommen (→Einkommen).

Nettogrenzwert

⇒*Grenzerlös*
⇒Grenzumsatz.

Nettoinlandsprodukt zu Faktorkosten

→Inlandsprodukt.

Nettoinlandsprodukt zu Marktpreisen

→Inlandsprodukt.

Nettoinvestition

⇒Neuinvestition
→Investition.

Nettokostensteuern

in der →Volkswirtschaftlichen Gesamtrechnung die Differenz von →indirekten Steuern und →Subventionen.

Nettomethode

Methode zur Berücksichtigung von →Gewinnsteuern in Wirtschaftlichkeitsrechnungen. In ihr werden alle Zahlungen einschließlich der →Steuern und des Kapitaldienstes vollständig und explizit im Zahlungsstrom erfasst.

Nettonachfrage des Auslands

⇒*Außenbeitrag*.

Nettoposition

1. die in der →Vermögensrechnung ermittelte →Bestandsgröße (Position) aus dem Bestand an →Forderungen abzüglich des Bestandes an →Verbindlichkeiten. Sie nimmt Bezug auf die jeweilige Wirtschaftseinheit, also z.b. auf einen → Haushalt, ein Unternehmen od. einen Staat. Eine positive Änderung der N. bedeutet einen Finanzierungsüberschuss, eine negative Änderung eine Finanzierungsdefizit. Insgesamt stellt sich eine Nettoschuldner- od. Nettogläubigerposition ein (abgesehen vom seltenen Fall der gleichen Höhe von Forderungen und Verbindlichkeiten).

2. S. auch als Bezeichnung in der →Zahlungsbilanz.

Nettoproduktionswert

⇒Bruttowertschöpfung
ist → Bruttoproduktionswert minus → Vorleistungen.

Nettosozialprodukt

1. N. zu Marktpreisen = →Bruttosozialprodukt abzüglich der in der →Volkswirtschaftlichen Gesamtrechnung ermittelten → Abschreibungen. → Sozialprodukt.

2. N. zu Faktorkosten = Nettovolkseinkommen.

Nettoumsatzsteuer

→Umsatzsteuer.

Nettovermögen

⇒Reinvermögen
Bringt man von den →Aktiva (oder dem Gesamtvermögen - das sind die →Forderungen und das →Sachvermögen) die → Verbindlichkeiten in Abzug, so erhält man als Saldo das N. Wird diese →Vermögensrechnung für alle inländischen → Wirtschaftssubjekte aggregiert, so erhält man das Volksvermögen.

Nettovolkseinkommen

nach dem →Inländerkonzept ermitteltes →Bruttosozialprodukt zu Marktpreisen abzüglich der →Abschreibungen und der indirekten Steuern zuzüglich der →Subventionen. N. ist das eigentliche →Volkseinkommen od. das Nettosozialprodukt

zu Faktorkosten. →Volkseinkommen.

Netzplantechnik

Gegenstand der Netzplantechnik ist die Entwicklung von → Modellen und die Anwendung von Verfahren zur →Planung, Steuerung und Überwachung von Forschungs-/ Entwicklungs- und Realisierungsprojekten sowie organisatorischen Aufgaben in → Wirtschaft, Verwaltung und an Hochschulen (z.b. Entwicklung eines Flugsimulators, Bau eines Passagierschiffes, Einführung eines neuen Studienganges).

Die N. ist im Prinzip sehr einfach: Das Projekt wird in elementare Einheiten (Vorgänge, Ereignisse, ...) zerlegt. Zwischen den Vorgängen bestehen Anordnungsbeziehungen (Vorgänger-Nachfolger-Beziehungen). Vorgänge und Anordnungsbeziehungen werden graphisch (→Graphentheorie) in Form eines *Netzplanes* dargestellt.

Der Netzplan ist als Modell des Projektablaufes Informationsbasis für alle Projektbeteiligten (→ Projektmanagement, Spezialisten, ausführenden Stellen). Zur Vermeidung von Kommunikationsstörungen müssen gewisse Begriffe bekannt und verbindlich sein. Einige dieser Begriffe sind in DIN *69900* normiert. Beispiele sind: Ein *Vorgang* ist ein zeiterforderndes Geschehen mit definiertem Anfang und Ende. Ein *Ereignis* ist ein definierter Zustand im Projektablauf.

1. *Modelle.* Die folgenden speziellen Netzpläne werden unterschieden (aus einem allgemeinen Ablaufgraphen herleitbar): *Vorgangsknotennetzpläne* entstehen, wenn man die Vorgänge durch Knoten darstellt. Die „Metra Potential Method" (→ MPM) arbeitet in der ursprünglichen Konzeption mit Vorgangsknotennetzplänen.

Vorgangspfeilnetzpläne entstehen, wenn man die Vorgänge durch Pfeile darstellt. In der ursprünglichen Version verwendet die „Critical Path Method" Vorgangspfeilnetzpläne. (Ereignisse lassen sich bei Vorgangsknoten- und Vorgangspfeilnetzplänen z.B. aus Beginn oder Ende von Vorgängen herleiten.)

Ereignisknotennetzpläne entstehen, wenn man lediglich die Ereignisse eines Projektes erfasst und als Knoten darstellt. (Vorgänge lassen sich als Übergänge zwischen den Ereignissen bestimmen.) Die „Program Evaluation and Review Technique" (→PERT) arbeitet in der Originalversion nur mit Ereignisknotennetzplänen. (Ereignispfeilnetzpläne finden keine Verwendung, da die Darstellung eines Ereignisses - d.h. eines Zustandes - als Pfeil wenig Sinn ergibt.)

Sind Vorgangsdauern und Vorgangsfolgen mit Sicherheit bekannt, so spricht man von *deterministischer* N. Häufig besteht jedoch nicht nur Unsicherheit über die Vorgangsdauern, sondern auch darüber, ob einzelne Vorgänge überhaupt durchgeführt werden sollen. Für Netzpläne mit *stochastischer* Vorgangsfolge wurde die „Graphical Evaluation and Review Technique" (→GERT) entwickelt.

2. Ziele. Die Strukturplanung dient zum Herausarbeiten der Ablaufstruktur eines Projektes. Dies geschieht im Wesentlichen durch Zerlegung eines Projektes in Vorgänge und/ od. Ereignisse. Daraus werden durch Berücksichtigung organisatorischer und technologischer Anordnungsbeziehungen die unmittelbaren Vorgänger oder Nachfolger von Vorgängen und/ od. Ereignissen abgeleitet.

Im Rahmen der →*Zeitplanung* berechnet man (aufbauend auf dem Strukturplan) frühest- und spätestmögliche Anfangs- und Endzeitpunkte aller Vorgänge bzw. Ereignisse und ihre Pufferzeit (zeitliche Verschiebungsmöglichkeiten). Vorgänge bzw. Ereignisse mit der Pufferzeit Null bezeichnet man als kritisch, da ihre Verschiebung zu einer Verlängerung des Projektes führt. Die kritischen Vorgänge bzw. die kritischen Ereignisse legen mindestens einen kritischen Pfad zwischen Projektbeginn und Projektende fest.

Die *Kapazitätsplanung* baut auf Struktur- und Zeitplanung auf. Sie kommt dann zum Einsatz, wenn Personal und/ od. Maschinen nicht in ausreichender Quantität zur Verfügung stehen. Zum Ausgleich zwischen Bedarf und Angebot versucht man zunächst, die Vorgänge bzw. Ereignisse im Rahmen ihrer Pufferzeiten zu verschieben. Reicht das zur Anpassung an die verfügbaren Ressourcen nicht aus, so schafft man durch Verschie-

ben des Projektendes solange zusätzliche Pufferzeiten, bis Kapazitätsbedarf und Kapazitätsangebot einander auf der Zeitachse entsprechen.

Die *Kostenplanung* baut ebenfalls auf Struktur- und Zeitplanung auf. Bewertet man die Vorgangsdauern mit den zugehörigen →Kosten, so eröffnen sich Möglichkeiten zur Kostenanalyse und -kontrolle. Alternative Einsatzmöglichkeiten der Ressourcen vorausgesetzt, kann man bei nicht beschränkten und bei beschränkten Kapazitäten die kostenminimale Projektdauer bestimmen.

3. Verfahren. Die skizzierten Planungsprobleme lassen sich als gemischt-ganzzahlige Optimierungsprobleme formulieren. Zu deren Lösung wurden im → Operations Research exakte und heuristische Verfahren entwickelt. Die exakten Verfahren bestimmen die optimale Lösung. Wg. hoher Rechenzeit- und Speicherplatzanforderungen sind sie i.d.R. nur für kleinere Probleme geeignet. Exakte Verfahren sind zumeist Branch-and-Bound-Verfahren (Branching = Verzweigen in Teilprobleme, Bounding = Ermittlung von Schranken für Zielfunktionswerte). Heuristische Verfahren bestimmen näherungsweise optimale Lösungen. Sie verwenden zumeist Prioritätsregeln; diese wählen unter mehreren gleichzeitig durchführbaren Vorgängen denjenigen aus, der das günstigste Gesamtergebnis erwarten lässt. Mit ihrer Hilfe sind große praktische Probleme lösbar.

4. Vorteile. Die N. bietet dem Anwender eine ganze Reihe von Vorteilen:
- Klare Gliederung der Projektstruktur durch Zwang zur Systematik
- Transparenz und Überschaubarkeit des Projektablaufes
- Versachlichung der Diskussion
- Abwägen der Einflussgrößen Zeit, → Kapazitäten und Kosten
- Möglichkeiten des Einsatzes der Datenverarbeitung
- Zeitgemäßes Informationsmedium für alle Projektbeteiligten
- Frühzeitiges Erkennen von Planabweichungen
- Rechtzeitiges Planen von Gegenmaßnahmen

5. →Software. Es gibt zahlreiche Software-pakete; als Beispiele seien genannt:
- Artemis Schedule Publisher von Lucas Management Systems (Neuss)
- CA-SuperProject von Computer Associates (Darmstadt)
- Microsoft Project von Microsoft (Unterschleißheim)
- Primavera Project Planner von Intec (Landshut)
- Project Manager Workbench von Applied Business Tech. (Hamburg)
- Project Scheduler von Scitor (Frankfurt a.M.)
- Time Line von Symantex (Düsseldorf)

Literatur: *W. Dowschke/ A. Drexl,* Einführung in Operations Research. 4. A., Berlin 1998. *A. Drexl/ R. Kolisch/ A. Sprecher,* Neuere Entwicklungen in der Projektplanung. Zeitschrift für betriebswirtschaftliche Forschung, Jg. 49 (1997), S. 95-120. *R. Kolisch,* Auswahl von Standardsoftware, dargestellt am Beispiel von Programmen für das Projektmanagement. Wirtschaftsinformatik, Jg. 38 (1996), S. 399-410. *J. Schwarze,* Netzplantechnik. 7. A., Herne-Berlin 1994.

Prof. Dr. A. Drexl, Kiel

Netzwerkorganisationen
Organisationen in Form eines Netzwerkes. Die Netzwerktypologie unterscheidet in:
1. Das interne Netzwerk: Es verkörpert die dezentralisierte Organisationsstruktur eines Unternehmens, das aus Profit Centern besteht.
2. Das stabile Netzwerk: Ein führendes Unternehmen schart zahlreiche Zulieferer um sich, die für einen Großteil der gesamten Wertschöpfung verantwortlich sind.
3. Das organische Netzwerk: Extremste Form des Outsourcing betrieblicher Funktionen, wobei der „Broker" je nach Situation unterschiedliche Partner zusammenführt. Dieses →Virtuelle Unternehmen schafft eine Organisation/ Unternehmen auf Zeit, um für eine definierte Aufgabe die optimale Ressourcen-/ Faktorenkombination zu finden. Der Grundgedanke ist alt und findet seit langem in Konsortien und Arbeitsgemeinschaften (ARGE) Anwendung. Die moderne Informati-

onstechnologie hat allerdings neue Möglichkeiten der Anwendung geschaffen. Es bestehen jedoch juristische, soziale und kulturelle Begrenzungen.

Neue Keynesianische Makroökonomik
makroökonomische (→Makroökonomik) Gedankenschule, die sich vor allem in der Debatte mit dem →Monetarismus herausgebildet hat, mit ihren Hauptvertretern Franco Modigliani und James Tobin. Die Debatte wurde vor allem bezüglich der Existenz einer Alternative zwischen →Inflation und →Arbeitslosigkeit geführt. Die Vertreter der N. sind Aktivisten und stellen heraus, dass es keine enge Beziehung zwischen monetärem Wachstum und Inflation kurzfristig gibt und das monetäre Wachstum nur einer der Faktoren ist, der die gesamtwirtschaftliche Nachfrage beeinflusst. Sie sind der Meinung, die Wirtschaftspolitiker seien zumindest fähig, die →Geld- und →Fiskalpolitik zu benutzen, um die →Wirtschaft effektiv zu steuern.

Neue Klassische Makroökonomik
makroökonomische (→Makroökonomik) Gedankenschule der siebziger Jahre mit den Hauptvertretern Robert Lucas (Universität von Chicago) und Thomas Sargent (New York University). Sie teilt viele wirtschaftspolitische Ansichten mit dem →Monetarismus. Sie betrachtet die Welt als eine, in der Individuen über →rationale Erwartungen verfügen und sich schnell veränderten Bedingungen anpassen. Ihrer Meinung nach macht der Staat die Dinge durch →Intervention wahrscheinlich nur schlechter. Dieses →Modell ist eine Herausforderung insbesondere für die traditionelle Makroökonomik, die eine Rolle für eine nützliche Staatsintervention in der →Volkswirtschaft sieht, eine →Wirtschaft, die sich langsam anpasst, Rigidität aufweist und aufgrund mangelnder Information und wegen gesellschaftlicher Gewohnheiten nicht zu einem schnellen Marktausgleich kommt.

„Neue Konsumtheorie"
zur Erklärung des →Konsums wird die Unterteilung in Produkt- und Faktor-

märkte, in „Werttheorie" (Güterpreisbildung) einerseits und „Verteilungstheorie" und →Faktorpreisbildung (→Grenzproduktivitätstheorie) andererseits aufgegeben. →Faktorpreisbildung.

Neue Makroökonomik

auch Neue Klassische Makroökonomik, unterstellt statt adaptiver Erwartungen rationale Erwartungen, gemäß denen die Wirtschaftssubjekte die Fähigkeit haben, die längerfristigen Inflationswirkungen der Geldpolitik zu durchschauen und zu antizipieren, so dass kurzfristige, auf Täuschung beruhende Beschäftigungswirkungen ausbleiben.

„Neue Mikroökonomik"
→Faktorpreisbildung.

Neue ökonomische Politik (NÖP)
Sozialistische Wirtschaftspolitik in der Übergangsphase vom Kapitalismus zum Sozialismus. Die Grundsätze wurden 1921 von Lenin entwickelt, der in Ablösung der Kriegswirtschaft einige kapitalistische Konzepte vorübergehend für den Aufbau einer sozialistischen →Wirtschaft einsetzen wollte.

Neue Politische Ökonomie (NPÖ)
Ansatz zur Neuorientierung der →Theorie der Wirtschaftspolitik, der an Denkansätze der klassischen, nichtmarxistischen →Politischen Ökonomie (Adam Smith, David Ricardo, John Stuart Mill) anknüpft. Wie bei den Klassikern, wird die Rolle der politischen Institutionen (Parteien, Regierungen, Verwaltungen) stärker in die Analyse einbezogen. Daraus erklärt sich die Namensgebung für diesen Ansatz. Die Unterstellung selbstlosen, nur an der wirtschaftlichen und sozialen Wohlfahrt der →Wirtschaftssubjekte orientierten Handelns politischer Institutionen, kennzeichnend für die neoklassisch-wohlfahrtsökonomisch orientierte Theorie der Wirtschaftssubjekte, wird aufgegeben. Sie führt nach Auffassung der N. zu Fehleinschätzungen der Rolle politischer Institutionen. Sie führt insbesondere, da sie die vielfältigen → Kosten der Staatstätigkeit systematisch unterschätzt, zu Konzeptionen der → Wirtschaftsordnung, die dem Staat ein

zu großes Maß an Kompetenzen und Verantwortung für die →Wohlfahrt der Bürger zuweisen. Dementsprechend tendieren solche wohlfahrtsstaatlichen Konzeptionen dazu, den Wirtschaftssubjekten weniger Selbstverantwortung und Kompetenzen zuzuerkennen. Durch diese Denkweise wurde die Entstehung und Verbreitung des modernen Wohlfahrtsstaates gefördert, der sich durch ein paternalistisches Verhältnis gegenüber Individuen, Familien und Unternehmen auszeichnet. Dieser Staatstyp mit seiner Vielfalt von Sozial-, Gesundheits-, Erziehungs-, Regulierungs- und Genehmigungsbürokratien sowie Interessenverbänden, macht neue Methoden der wissenschaftlichen Analyse erforderlich. Die N. versucht, aus ökonomischer Sicht dieser Vielfalt von Entscheidungs- und Koordinationsmechanismen (Institutionen) und der Herausbildung ihrer Verfassung in stärkerem Maße Rechnung zu tragen als die traditionelle Theorie der Wirtschaftspolitik.

Zur Vorgeschichte:
Insbesondere die ökonomische Theorie der Demokratie, als Theorie eines spezifischen politischen Entscheidungs- und Koordinationsmechanismus, ist seit Ende der 50er Jahre durch Anwendung von Methoden aus den →Wirtschaftswissenschaften entwickelt worden. Sie hat das Interesse an der Analyse demokratischer und nicht-demokratischer politischer Institutionen mit Hilfe dieser Methoden verstärkt. Von diesem Gebiet her kam der Anstoß zu einer Analyse von Entscheidungs- und Koordinationsmechanismen im weitesten Sinne, zum vertieften Verständnis ihres Zusammenwirkens und damit zur Entwicklung der N. als einer ökonomischen Theorie, die sich in besonderem Maße der Institutionen annimmt.

Vergleich mit anderen Erklärungsansätzen:
Gerade die für die N. typische, systematische und differenzierte Betrachtung verbändeartiger, staatlicher sowie politischer Institutionen, ihrer Verfassungsstruktur (N. der Verfassung - constitutional economics) und ihres Zusammenwirkens mit den für die → Wirtschaft

kennzeichnenden Koordinationsmechanismen, insbesondere mit →Märkten und Unternehmenshierarchien, darf als einer ihrer besonderen Vorzüge gegenüber der marxistischen Politischen Ökonomie angesehen werden.

Auch andere, der N. zum Teil eng verwandte Richtungen, wie →Public Choice und →Theorie der Verfügungsrechte (→ „property rights"), wenden die Methoden der Wirtschaftswissenschaften bei der Analyse von Entscheidungs- und Koordinationsmechanismen an. Als Hauptmerkmale lassen sich der methodologische Individualismus (Eigennutzenorientierung) (→homo oeconomicus) und intendiertes →Rationalverhalten der Individuen nennen, dies jedoch kognitiv begrenzt infolge unvollständiger, ggf. asymmetrisch verteilter Information über entscheidungsrelevante Sachverhalte sowie modifiziert infolge strategischer Verhaltensoptionen (Opportunismus) beim Kontrahieren. Deshalb fällt eine Abgrenzung zu diesen Richtungen schwer. Erkennbar sind unterschiedliche Forschungsschwerpunkte der Hauptvertreter und Unterschiede im Verständnis von Gemeinsamkeiten.

Schwerpunkt des „Public Choice"-Ansatzes, auch als „Nichtmarktökonomik" bezeichnet, ist die mit der ökonomischen Theorie der Demokratie einsetzende Analyse der demokratischen Verfassungen, der Abstimmungssysteme, des Stimmentausches, der fiskalischen → Transfers usw. bezüglich ihrer Rationalität, ihrer Stabilität, insbesondere ihrer Auswirkungen auf die →Allokation der Ressourcen. In jüngster Zeit ist dieser Ansatz auch auf die Analyse der internationalen Wirtschaftsorganisationen und der internationalen Koordination der Wirtschaftspolitik angewendet worden. Schwerpunkte der Theorie der Verfügungsrechte sind die spezifischen Zuweisungen von Rechten und Entscheidungskompetenzen bei der Verfügung über Güter (→Gut), durch die sich Entscheidungs- und Koordinationsmechanismen, wie etwa vom Prinzipal-Agent-Typ (Hierarchien) (→ principal-agent-Beziehung) od. vom Typ der Markt-, Kooperations- und Gesellschaftsverträge unter

Gleichgeordneten, auszeichnen. Alternative Zuweisungen („Verfügungsrechtsstrukturen") werden betrachtet bezüglich ihrer Anreizwirkungen auf das Verhalten wirtschaftlicher Akteure und bezüglich der daraus sich ergebenden Wahl von Güter- und Faktorkombinationen sowie institutionellen Arrangements. Verfügungsrechtsstrukturen, ihre ökonomischen Entstehungsgründe und ihre Wirkungen sind somit ein besonderer Aspekt von Institutionen, die nach einer Periode der Vernachlässigung durch die Wissenschaft auch von der N. in den Vordergrund ihres Forschungsinteresses gerückt worden sind.

Literatur: *J. M. Buchmann/ G. Tullock*, The Calculus of Consent, Ann Arbor 1962. *J. M. Buchmann*, The Constitution of Economic Policy, in: American Economic Review, Vol. 77 (1987), S. 243-250. *A. Downs*, Ökonomische Theorie der Demokratie. Tübingen 1968. *B. S. Frey*, Internationale Politische Ökonomie, München 1985. *B. S. Frey/ G. Kirchgässner*, Demokratische Wirtschaftspolitik. 2. A., München 1994. *G. Kirsch*, Neue Politische Ökonomie. 3. A., Düsseldorf 1993. *D. C. Mueller*, Public Choice II. 2. A., Cambridge 1989. *W. A. Niskanen*, Bureaucracy and Public Economics, Aldershot 1994. *J. C. Pardo/ F. Schneider*, eds., Current Issues in Public Choice, Brookfield, VT., 1996. *K.-E. Schenk*, Die neue Institutionenökonomie, in: Zeitschrift für Wirtschafts- und Sozialwissenschaften. Bd. 112 (1992), S. 337-378. *J. Schumpeter*, Kapitalismus, Sozialismus und Demokratie. 5. A., München 1980. *O. E. Williamson*, The Economic Institutions of Capitalism, New York-London 1985.

Prof. Dr. K.-E. Schenk, Hamburg

Neuer Markt

Diese Börsenmarktinnovation des Jahres 1997 ermöglicht es jungen Unternehmen, ihr Wachstum über die Börse zu finanzieren; gleichzeitig sollen Investoren neue Anlagealternativen finden. Die Anforderungen an die Unternehmen sind hoch: Das Emissionsvolumen muss mindestens 5 Mio Euro betragen. Der Emittent muss mindestens einen Betreuer (Market Maker) verpflichten. Beim Börsengang müssen mindestens 25% des Grundkapitals plaziert werden. Die Standards für die Berichterstattung sind hoch. Seit 16.1. 1998 berechnet und verteilt die Deutsche Börse den „Neuen Markt Index", der aus allen Werten der vier Wachstumsbörsen in Amsterdam, Brüssel, Frankfurt und Paris ermittelt wird.

Neues ökonomisches System der Planung und Leitung der Volkswirtschaft (NÖS)

erste Planungsphase in der DDR (begonnen 1963) zur Umgestaltung der →Wirtschaft zum Ökonomischen System des Sozialismus. Mit „ökonomischen Hebeln" sollte die →Produktivität verbessert und eine bessere Abstimmung zwischen der zentralen Planbehörde und den Betrieben mit ihren Werktätigen erreicht werden. Die wichtigste neue Kennziffer war der „Nettogewinn", von dessen Höhe die Lohnzuschläge (Prämien) abhingen. Neu war auch die Produktionsfondabgabe, eine Art →Zins auf → Produktionsmittel, um deren Hortung durch die Betriebe einzudämmen.

Neumann-Morgenstern-Nutzentheorie
⇒*Bernoulli-Kriterium*
⇒Bernoulli-Prinzip.

Neuinvestition
⇒Nettoinvestition.
→Investition.

Neuronale Netze
N. sind funktionale Äquivalente natürlicher N. in biologischen Organismen. „Intelligenz" entsteht durch das parallele Zusammenwirken vieler Nervenzellen. Grundbausteine jedes N. ist das funktionale Modell einer Nervenzelle, die als Neuron oder Unit bezeichnet wird. Auf das Neuron treffen (beliebig viele) von außen oder von anderen Neuronen abgesandte Signale, bei Kursprognosen z.B. verschiedene Marktdaten; das Neuron hat zuerst diese Signale zu filtern, d.h. je nach Wichtigkeit die Signale aufzunehmen oder Informationskanäle ganz abzuklemmen.
In einem zweiten Schritt sind die aufgenommenen Informationen zu einem Gesamtsignal zusammenzuführen. Die einfachste Möglichkeit hierzu stellt die Bil-

dung einer gewichteten Summe aller gefilterten Informationen dar (Nettoinput). Die Gewichtungsfaktoren geben die sog. synaptische Verbindungsstärke an.
In einem dritten Schritt lässt sich aus dem Nettoinput eine ja-nein-Entscheidung ableiten. Dazu wird eine nichtlineare Aktivierungsfunktion benötigt. Dies kann eine einfache Sprungfunktion (bei Nettoinput < Schwellenwert : 0, bei Nettoinput > Schwellenwert : 1) sein. Häufig wird allerdings eine logistische Funktion oder Tangens Hyperbolicus gewählt. Die Einführung einer nichtlinearen Funktion ist eines der differenzierenden Merkmale von N.
N. setzen sich aus mehreren Neuronen zusammen. Es gibt zwei Hauptklassen von N.: Schichten- und Klumpenmodelle. Bei einem Schichtenmodell sind die Neuronen in Schichten angeordnet. Jedes Neuron empfängt nur Informationen von Neuronen vorgelagerter Schichten und sendet nur an Neuronen nachgelagerter Schichten. Klumpen- oder rekurrente Modelle weisen dagegen mindestens eine Rückkoppelung auf, d.h. ein Neuron sendet gleichzeitig an ein anderes und empfängt von ihm direkt oder indirekt Signale. Die beiden Modelltypen eignen sich jeweils für spezifische Problemstrukturen. Will man z.B. einen Markt mit mehreren Teilnehmern modellieren, deren Entscheidungen interdependent sind, so ist ein rekurrentes N. das geeignete Modell. Der am häufigsten eingesetzte Netzwerktyp ist das Multilayer-Perceptron (MLP), ein Schichtenmodell mit meist einer Schicht sog. verdeckter Neuronen (hidden units) zwischen der Input- und der Outputschicht. Die Neuronen der Inputschicht nehmen Informationen aus der Systemumwelt auf und geben sie an die Neuronen der verdeckten Schicht weiter. Dort werden sie verarbeitet. Die Ausgabe der letzten Schicht (Outputschicht) ist der Output des gesamten Netzwerkes.
Damit N. die vorgesehene Aufgabe erfüllen könne, müssen sie lernen (trainiert werden).
Es zeigen sich verschiedene positive Eigenschaften von N.:
- Die   Ursache-Wirkungszusammen-

hänge der zu lösenden Aufgabe brauchen nicht bekannt zu sein. Durch ihre Lernfähigkeit sind sie prinzipiell in der Lage, die in den Beispielfällen enthaltenen Strukturen zu entdecken.

- Bei denkbaren Einflussfaktoren können beliebig technische und fundamentale Faktoren gemischt werden.
- Die Inputdaten dürfen unvollständig und verrauscht sein
- Es können auch hochgradig nichtlineare Strukturen erkannt werden.

N. müssten von ihrem Problemlösungspotential daher in der Lage sein, z.B. gute Kursprognosen zu liefern und andere Verfahren zu übertreffen. Die ökonomische Bedeutung der N. kann daher vor allem im Einsatz als Instrument auf dem Gebiet der Finanz- und Investmentanalyse und -prognose gesehen werden.

neutraler technischer Fortschritt
→technischer Fortschritt.

neutrales Ergebnis
neutraler Erfolg, die Differenz aus neutralen Erträgen (Sammelbegriff für betriebsfremde, zeitraumfremde und außerordentliche Erträge, z.B. Buchgewinne aus der Veräußerung von Anlagen) und neutralen Aufwendungen (Sammelbegriff für betriebsfremde, zeitraumfremde, außerordentliche und nach den Leitsätzen für die Preisermittlung nicht als →Kosten ansetzbare Aufwendungen).

Neutralität des Geldes
Vorstellung, dass das →Geld wie ein Schleier die realen Tausch- und Produktionsvorgänge überdeckt, aber als quantitative Größe keinen Einfluss auf die relativen Preise und die Relationen von angebotenen und nachgefragten →Gütermengen ausübt, sondern lediglich die Höhe des nominellen →Sozialprodukts bestimmt. Diese Vorstellung ist grundlegend für die →Quantitätstheorie und die damit verwandte Kassenhaltungstheorie. Sie spielt eine wesentliche Rolle in der Auseinandersetzung um den Vorrang des Einsatzes geldpolitischer Instrumente gegenüber finanzpolitischen Instrumenten.

New View
1963 von J. Tobin aufgebrachte und danach in der Literatur übernommene Formulierung für die zur traditionellen Geldtheorie gegensätzliche Auffassung, dass nicht dem →Geld, sondern dem → Portfoliomanagement von →Haushalten, Unternehmen, →Kreditvermittlern und Regierungen über ihre Vermögensbestände einschließlich dem eigentlichen Geld sowie →Verbindlichkeiten die praktische und theoretische Bedeutung für den ökonomischen Prozess zukommt. Die N. stellt i.Ggs. zum →Monetarismus, der der →Geldmenge als Bindeglied zwischen monetärem und realem Sektor die entscheidende Rolle zuerkennt, die Struktur der Zinssätze (→Zins), der →Erträge aus Aktiva (→Bilanzierung) und der Kreditverfügbarkeiten (→Kredit) in den Vordergrund.

nicht amtlicher Verkehr
⇒Freihandel
⇒*Freiverkehr.*

Nichtbankensektor
1. hauptsächlich in der →Geldtheorie und →Geldpolitik verwendete Bezeichnung für private und öffentliche Haushalte (→ Haushalt) sowie Unternehmen in Gegenüberstellung zu den →Banken. In Modellen der Geldtheorie wird zwischen N., Banken und → Zentralbank unterschieden.

2. in der → Vermögensänderungsrechnung die Zusammenfassung aller Vermögensrechnungen von privaten und öffentlichen Haushalten sowie Unternehmen unter dem Gesichtspunkt, dass Kreditbeziehungen zwischen diesen nicht → Geld sind. Dem N. stehen allen Banken und die Zentralbank gegenüber. →Bankensystem.

nichteindeutige Produktionsfunktion
→Produktionsfunktion mit Nichtstetigkeitsbereichen od. mit Stellen, deren Funktionswert nicht nur einen einzigen Wert ausmacht. Es können auch Produktionsverhältnisse damit gemeint sein, in deren Definitionsbereich sich sog. leere Mengen befinden: also kann von einem bestimmten →Outputniveau *nicht* auf ei-

ne eindeutige Inputkombination geschlossen werden. → Produktionsfunktion.

Nichterwerbspersonen
die nicht zu den →Erwerbspersonen zählenden Personen der → Wohnbevölkerung.

Nichterwerbswirtschaften
private Organisation ohne Erwerbscharakter. Darunter fallen Verbände, Vereine usw., die Dienstleistungen produzieren, jedoch nicht auf Gewinn ausgerichtet und keine öffentlichen Haushalte sind. Das Einkommen der N. stammt zumeist aus Beiträgen privater Haushalte und Schenkungen (z.B. Kirchen, wohltätige Organisationen, Arbeitnehmerverbände, Sportvereine).

Nicht-Faktoreinkommen
→Gewinn (in der Volkswirtschaftslehre).

nichthomogene Produktionsfunktion
⇒inhomogene Produktionsfunktion
→Produktionsfunktion, bei der ein λ-faches ihrer Inputterme nicht zu einem $λ^r$-fachen →Output (r > 0) führt. →Produktionsfunktion, →Homogenitätskriterium.

nichtlineare Regression
wird in der → Regressionsanalyse ein funktionaler Zusammenhang nichtlinearer Art zwischen den →Regressoren, zum Beispiel ein quadratischer Zusammenhang (quadratische Regressionsfunktion) od. ein exponentieller Zusammenhang, unterstellt, so spricht man von n.R.

Nichtsättigungsgut
⇒superiores Gut
→Gut.

nichtsubstitutionale Produktionsfunktion
⇒limitationale Produktionsfunktion
→Produktionsfunktion.

nichttarifäre Handelshemmnisse
alle außenhandelspolitischen Instrumente mit Ausnahme der reinen Importzölle (→Zolltheorie, 1). Solche Handelshemmnisse sind z.B. Einfuhrquoten, administrative Handelsschranken (technische Normvorschriften u.a.), aber auch Exportsubventionen (→ Subventionen), Dumpingpreispolitik (→Dumping) und Handel in Form von →Kompensationsgeschäften.

Niederlassungsfreiheit
das Grundrecht der Freizügigkeit enthält auch das Recht, sich an jedem Ort innerhalb des Bundesgebietes niederzulassen, Grundeigentum zu erwerben und Gewerbe aller Art zu betreiben. Die Niederlassungsfreiheit besteht auch für nichtgewerbliche Berufe (Berufsfreiheit). In der →Europäischen Gemeinschaft hat jeder Marktbürger das Recht auf Niederlassung zur beruflichen Tätigkeit. Im Vollzug der N. erlässt die Kommission u.a. Richtlinien etwa über Prüfungsanerkennung von Rechtsanwälten od. anderen akademischen Berufen.

Niederstwertprinzip
Ausfluss des Grundsatzes der kaufmännischen Vorsicht. Ein Bewertungsprinzip für Aktiva (→Bilanzierung), bei dem der → Anschaffungswert dem → Tageswert (Marktwert, Börsenwert) gegenübergestellt wird und der niedrigste Wert zum Ansatz im → Jahresabschluss gelangt. Nach dem Prinzip der Maßgeblichkeit der →Handelsbilanz für die Steuerbilanz ist das N. faktisch nur wirksam, wenn seine Anwendung steuerrechtlich geboten od. erlaubt ist.

Niveauelastizität
⇒Ergiebigkeitsgrad der Produktion
⇒Produktmengenelastizität
→*Skalenelastizität.*

Niveaugrenzproduktivität
⇒ Grenzproduktivität des Prozessniveaus
→marginaler Skalenertrag
→Skalenertrag.

Niveauvariation des Produktionsprozesses
bei gegebener Technologie und gegebenem Faktoreinsatzverhältnis die Erhöhung (od. Senkung) der Faktoreinsatzmengen (→Inputs). Ist die →Produktionsfunktion homogen, dann spricht man bei

Homogenität vom Grade 1 von gleichbleibenden → Niveaugrenzerträgen od. konstanten →Skalenerträgen; bei Homogenität vom Grade größer 1 von zunehmenden Niveaugrenzerträgen od. zunehmenden Skalenerträgen und bei Homogenität vom Grade kleiner 1 von abnehmenden Niveaugrenzerträgen od. abnehmenden Skalenerträgen. Bei →limitationalen Produktionsfunktionen bzw. -prozessen gilt entsprechendes, sofern die →Produktion in effizienten Punkten erfolgt, also kein eingesetzter Faktor sich im Überschuss befindet. Häufig ist bei letzteren jedoch der Fall der Linear-Limitationalität, ein Fall konstanter Skalenerträge.

Nobelpreis für Wirtschaftswissenschaft
Der schwedische Industrielle *Alfred Nobel* (1833-1896) bestimmte testamentarisch den größten Teil seines Vermögens zur Gründung einer Stiftung, aus deren Zinserträgen seit 1901 jährlich fünf Preise verliehen werden: für Physik, Chemie, Physiologie und Medizin, Literatur sowie für Völkerverständigung und Friedenssicherung. Einige Jahrzehnte später stiftete die Schwedische Reichsbank im Einvernehmen mit der Nobelstiftung einen Preis für Wirtschaftswissenschaft, der seit 1969 in gleicher Weise und Höhe wie die von Nobel selbst gestifteten Preise verliehen wird. Die Höhe des Preises ändert sich mit dem Vermögen der Nobelstiftung. Sie beträgt gegenwärtig etwa 1 Mio Euro (2007).
Alfred Nobel bestimmte näherhin, dass der Preis an Personen oder Institutionen verliehen werde soll, „die im verflossenen Jahr der Menschheit den größten Nutzen geleistet haben". Diese Vorschrift erwies sich als impraktikabel, weil vor allem bei wissenschaftlichen Leistungen ihre wirkliche Bedeutung oft erst nach langer Zeit deutlich wird. Die bisherige Vergabepraxis beim Preis für Wirtschaftswissenschaft lässt erkennen, dass vorzugsweise Lebensleistungen von Forschern für die Würdigung entscheidend gewesen sind, so dass anders als bei den Naturwissenschaften nur ausnahmsweise Gelehrte vor ihrem 60. Lebensjahr mit dem Preis bedacht wurden. In der Übersicht sind alle bisherigen Nobelpreisträ-

ger, das Land ihrer Staatsangehörigkeit sowie die Gebiete der Wirtschaftswissenschaft aufgeführt, zu denen sie mit dem Preis ausgezeichnete Beiträge geleistet haben.

Jahr Nobelpreisträger, Land, Leistung
1969 *Frisch, Ragnar*, Norwegen und *Tinbergen, Jan*, Niederlande:
Untersuchungen zur Ökonometrie
1970 *Samuelson, Paul*, USA:
Wissenschaftliche Analysen der ökonomischen Theorie
1971 *Kuznets, Simon*, USA:
Untersuchungen über das Wirtschaftswachstum von Nationen
1972 *Arrow, Kenneth*, USA und *Hicks, Sir John R.*, England:
Beiträge zur allgemeinen Ungleichgewichtstheorie und Wohlfahrtstheorie
1973 *Leontief, Wassily*, USA:
Entwicklung der Input-Output-Analyse
1974 *Hayek, Friedrich von*, England und *Myrdal, Gunnar*, Schweden:
Pionierarbeiten über die Interdependenz ökonomischer und sozialer Phänomene
1975 *Kantorowitsch, Leonid Vitalyevich*, Sowjetunion und *Koopmans, Tjalling C.*, USA:
Beiträge über die optimale Allokation von Ressourcen
1976 *Friedman, Milton*, USA:
Untersuchungen zur Konsumtheorie, Geldtheorie und wirtschaftlichen Stabilisierung
1977 *Meade, James Edward*, England und *Ohlin, Bertil*, Schweden:
Beiträge zur Theorie des internationalen Handels
1978 *Simon, Herbert Alexander*, USA:
Untersuchungen über Entscheidungsprozesse in ökonomischen Organisationen
1979 *Lewis, Sir Arthur*, England und *Schultz, Theodore William*, USA:
Analyse der ökonomischen Prozesse in Entwicklungsländern
1980 *Klein, Lawrence Robert*, USA:
Entwicklung empirischer Modelle von Konjunkturschwankungen
1981 *Tobin, James*, USA:
Beiträge zur Auswahl des Portfolios bei Investitionen

1982 *Stigler, George J.*, USA:
Untersuchungen über ökonomische
Effekte staatlicher Regulierungen

1983 *Debreu, Gerard*, USA:
Mathematische Beweise der Ange-
bots- und Nachfragetheorie

1984 *Stone, Sir Richard*, England:
Entwicklung der volkswirtschaftlichen Gesamtrechnung

1985 *Modigliani, Franco*, USA:
Analysen über Sparverhalten der
Haushalte und über Finanzmärkte

1986 *Buchanan, James M.*, USA:
Entwicklung der Public-Choice-
Theorie

1987 *Solow, Robert Merton*, USA:
Beiträge zur Theorie des wirtschaftlichen Wachstums

1988 *Allais, Maurice*, Frankreich:
Beiträge zur Markttheorie und Ressourcennutzung

1989 *Haavelmo, Trygve*, Norwegen:
Entwicklung der statistischen Technik für ökonomische Vorhersagen

1990 *Markowitz, Harry M.*, USA, *Miller,
Merton H.*, USA und *Sharpe, William
E.*, USA:
Studien über Finanzmärkte und In-
vestitionsentscheidungen

1991 *Coase, Ronald*, USA:
Anwendung ökonomischer Prinzipien auf Rechtsprobleme

1992 *Becker, Gary S.*, USA:
Anwendung der ökonomischen
Theorie auf soziale Phänomene

1993 *Fogel, Robert William*, USA und
North, Douglas C., USA:
Beiträge zur Wirtschaftsgeschichte

1994 *Harsany, John C.*, USA, *Nash, John F.*,
USA und *Selten, Reinhard*, Deutsch-
land:
Entwicklung der Spieltheorie

1995 *Lucas, Robert E. Jr.*, USA:
Einbau von rationalen Erwartungen
in die makroökonomische Theorie

1996 *Mirrlees, James Alexander*, England
und *Vickrey, William*, USA:
Beiträge zur Theorie von Anreizen
bei asymmetrischer Information

1997 *Merton, Robert C.*, USA und *Scholes,
Myron S.*, USA:
Methode zur Bestimmung des Wer-
tes bei Wertpapieren und Derivaten

1998 *Senn, Amartya*, Indien:
Beiträge zur Wohlfahrtsökonomie

1999 *Mundell, Robert A.*, Kanada:
Analyse der Geld- und Fiskalpolitik
unter verschiedenen Wechselkurs-
systemen und der optimalen Wäh-
rungsräume

2000 *Heckmann, James J.*, USA und *McFadden, Daniel L.*, USA:
Theorie und Methoden für ausgewählte Handlungsmuster

2001 *Akerlof, George A.*, USA, *Spence, A.
Michael*, USA und *Stiglitz, Joseph E.*,
USA:
Analyse von Märkten mit assym-
metrischer Information

2002 *Kahneman, Daniel*, USA und Israel
und *Smith, Vernon L.*, USA:
Psychologische Analysen und La-
borexperimente über Verhalten am
Markt

2003 *Engle III, Robert F.*, USA und *Granger, Clive W. J.*, England:
Methoden und Analyse von Zeitreihen

2004 *Kydland, Finn E.*, Norwegen und
Prescott, Edward, USA:
Beiträge zur dynamischen Makro-
ökonomie

2005 *Aumann, Robert J.*, Israel und USA
und *Schelling, Thomas, C.*, USA:
Verständnis von Konflikten und
Kooperationen mit Hilfe der Spieltheorie

2006 *Phelps, Edmund S.*, USA:
Analyse eines intertemporalen Aus-
tausches in der makroökonomischen Politik

2007 *Hurwicz, Leonid*, USA, *Maskin,
Eric*, USA und *Myerson, Roger*,
USA:
Grundlagen der Design-Mecha-
nismus-Theorie

Literatur: *H. C. Recktenwald*, Die Nobelpreisträger der ökonomischen Wissenschaft, Bd. I und II (1969-1988) und *K. D.
Grüske*, Bd. III (1989-1993), Düsseldorf.
Die aktuelle Entwicklung kann im Internet verfolgt werden: http://www.no-
bel.se

    Prof. Dr. Dr. h.c. mult. A. Woll, Siegen

nominale Geldmenge
→Geldmenge, die ohne Bezug auf die güterwirtschaftliche Seite gesehen wird, die
also losgelöst von der Entwicklung des →
Preisniveaus definiert ist. Die in →Geld-

theorie und →Geldpolitik verwendeten Geldmengenkonzepte sind meist Aggregate der n.

nominales Volkseinkommen
→Volkseinkommen in jeweiligen →Preisen.

Nominalgrößen
⇒*Geldgrößen.*

Nominallohn
⇒Nominallohnsatz
ist →Lohn in Geldgrößen, der nicht um Preisniveauveränderungen (→ Preisniveau) bereinigt angegeben ist. Gegensatz ist der →Reallohn.

Nominallohnniveau
die Höhe des → Nominallohnes; die Lohnhöhe ohne Bezug auf die Preisniveauentwicklung. Zur Veränderung der Nominallohnhöhe im Konjunkturverlauf (→Konjunkturtheorie) s. insbesondere → Kostendruckinflation, Nachfrageinflation, →Konjunkturtheorie, →Konjunkturpolitik.

Nominallohnsatz
⇒*Nominallohn.*

Nominalwertprinzip
⇒Nominalitätsgrundsatz
⇒Nominalitätsprinzip
währungsrechtlicher Grundsatz: „Euro gleich Euro". →Verbindlichkeiten in heimischer →Währung sind von Wertänderungen dieser Währung nicht berührt, von den anderen Währungen selbstverständlich auch nicht. →Inflation nützt so gesehen dem Schuldner, sofern der Gläubiger diese in seinen Planungen nicht berücksichtigt.
Allgemein ist der N. der Grundsatz, dass Zahlungsmittel und Wertmesser →Güter eigener Art ohne realwirtschaftlichen Bezug sind (nominalistische Geldauffassung). Dieses Prinzip findet sich im Währungsrecht der Bundesrepublik mit nur wenigen Ausnahmen.

Nominalzins
zunächst ist der N. i.Ggs. zum →Realzins der →Zins ohne Bezug zur güterwirtschaftlichen Seite, also ohne Preisbereini-

gung.
Insbesondere ist aber der N. der Zinsertrag in Prozent des Nennwertes bei (festverzinslichen) →Wertpapieren. Zusammen mit dem →Kurs des Papieres bestimmt er den Effektivzins (→effektiver Zins).

Non-accelerating inflation rate of unemployment
→NAIRU.

Non-Affektations-Prinzip
verankert in § 7 Haushaltsgrundsätzegesetz und § 8 Bundeshaushaltsordnung. Negativdefinition: Eine Zweckbindung bestimmter staatlicher Einnahmen im Hinblick auf bestimmte staatliche Ausgaben und umgekehrt ist unzulässig. Positiv bedeutet es den Grundsatz der Gesamtdeckung od. kassenmäßig das Prinzip der fiskalischen Kasseneinheit: alle →Staatseinnahmen dienen als Deckungsmittel aller Staatsausgaben (wie aus „einer" Kasse).
Durchbrechungen sind dort etwa zu erkennen, wo eine Besteuerung nach dem → Äquivalenzprinzip möglich ist und durchgeführt wird. Dies ist näherungsweise etwa bei der Kraftfahrzeugsteuerung (Einnahmeseite) und der Straßenbaufinanzierung (Ausgabenseite) gegeben.

No-Name-Produkt
noch stärker als →Handelsmarken sind N. als Reaktion auf die →Markenartikel und deren →Marketing entstanden. Insbesondere signalisieren sie durch Aufmachung und →Preis, dass der Käufer bei vergleichbarer Qualität vor allem im Preis durch Weitergabe nicht angefallener Werbekosten „entlastet" wird. Die N. sind eine konkreter Begleiterscheinung des → Consumerism (Konsumerismus-Bewegung).

non human wealth
Gegenbegriff zu →human wealth, also → Vermögen, das nicht → Humankapital darstellt.

Nonsubstitutionstheorem
⇒Samuelson-Theorem.

Non-Underwritten Facilities
→Euro-Commerical-Paper.

normale Nachfragereaktion
in der →Haushaltstheorie Fall einer →ceteris paribus-Aussage, bei der die nachgefragte Menge auf die Änderung einer → Variablen bei Konstanz aller übrigen „normal" reagiert. Dies gilt für die Reaktion, dass bei steigendem →Preis eines → Gutes die Nachfrage abnimmt, od. dass bei steigendem Budget die Nachfrage nach dem Gut zunimmt. Ausnahmen sind etwa der Giffen-Fall, aber auch das Erreichen der Sättigungsmenge.

Normalkostenrechnung
in der N. werden durchschnittliche Istkosten vergangener Perioden ermittelt und als Normalkosten den →Kostenstellen vorgegeben.

Normalverteilung
in theoretischer und praktischer Hinsicht wichtigste stetige → Häufigkeitsverteilung der →Statistik. Sie besitzt die Verteilungsdichte

$$f(x) = \frac{1}{\sqrt{2\pi\sigma^2}} e^{-\frac{1}{2}\left(\frac{x-\mu}{\sigma}\right)^2}$$

Dabei ist μ der →Erwartungswert, σ^2 die →Varianz der normalverteilten Zufallsvariablen; sie wird mit $N(\mu, \sigma^2)$ bezeichnet, die Standardnormalverteilung mit $N(0, 1)$. Bei graphischer Darstellung ergibt die Dichte der N. eine Glockenkurve, die symmetrisch zur Geraden $x = \mu$ ist. Der Erwartungswert μ fällt zusammen mit dem →Modalwert und dem →Median. Die Glockenkurve hat Wendepunkte bei $\mu + \sigma$ und $\mu - \sigma$.

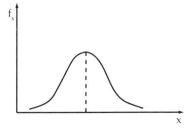

Unter gewissen Voraussetzungen eignet sich die N. zur Approximation vieler theoretischer Verteilungen wie der →Binominal-, →Hypergeometrischen oder → Chi-Quadrat-Verteilung.

normative Ökonomik
Wenn es bei einer Untersuchung in den → Wirtschaftswissenschaften mit Vorrang um das Setzen von Normen od. um die Analyse dessen, was „sein soll", geht, so spricht man von n. i.Ggs. zur positiven Ökonomik, womit Analysen mit rein empirisch-faktischem Gehalt gemeint sind. Bei impliziter od. unbewusster Verwendung von normativen Elementen in Theorien der positiven Ökonomik spricht man von kryptonormativer Theorie bzw. Ökonomik.

Nostro-Guthaben
Guthaben, die ein →Kreditinstitut bei einem anderen unterhält.

Not Issuance Facility (NIF)
→Euronotes.

Notenbank
→Zentralbank.

N-Papiere
⇒N-Titel
→Geldmarktpapiere.

Nullhypothese
Begriff aus dem Bereich der statistischen Testtheorie. Beispiel: Der →Erwartungswert $\mu = E(X)$ einer normal verteilten → Gesamtheit ist unbekannt. Über diesen Parameter μ besteht aber eine sachlich begründete „Vermutung" μ_0. Die Hypothese H_0: $\mu = \mu_0$ bezeichnet man als N. Eine jeweils relevante Alternative heißt → Gegenhypothese, ⇒Alternativhypothese H_1. Macht man den Fehler, dass, obwohl H_0 richtig ist, man sich für H_1 entscheidet, so macht man einen sog. Fehler 1. Art (= Wahrscheinlichkeit α). Entscheidet man sich fälschlich für H_0, macht man einen Fehler 2. Art. Vgl. auch →Testverfahren, 4.

Null-Kupon-Anleihe
⇒*Zero-Bonds.*

Nullwachstums-Modelle
Konsequenz aus sog. Weltmodellen od. kybernetischen Totalmodellen. Danach ist Nullwachstum ein Zustand, bei dem alle relevanten Größen (Bevölkerung, → Kapital u.a.) durch gleich große Zu- und Abgänge konstant gehalten werden, also →Wachstumsraten von Null aufweisen. Solche Modellvorstellungen sind Bestandteil von ökologischen Theorien.

Nutzen
Zustand erreichter Bedürfnisbefriedigung. Voraussetzungen sind Nützlichkeit und Seltenheit der Mittel (i.d.R. → Güter). → Freien Gütern kommt zwar Nützlichkeit zu, ihnen fehlt aber die Seltenheit. → Wirtschaftliche Güter sind durch beide Charakteristika gekennzeichnet. Aufgrund des N., den sie stiften, wird ihnen Wert beigemessen. Ging die ältere Nutzenlehre von →kardinalem Nutzen aus, wird in der modernen Nutzentheorie mit →ordinalem Nutzen gearbeitet. →Grenznutzenanalyse.

Nutzenindex
für empirische Überprüfungen werden unterschiedliche (Konsum-) Güterbündel (→Gut) bei entsprechenden →Preisen indiziert, d.h. mit →Indexzahlen für das Nutzenniveau belegt. → Nutzenindexfunktion.

Nutzenindexfunktion
⇒indirekte Nutzenfunktion
⇒Nutzenmöglichkeitsfunktion
ist die →Funktion, die bei gegebenem → Einkommen des Konsumenten und bei gegebenen →Preisen des Güterbündels (→Gut) das damit erreichbare →Nutzenmaximum enthält.

Nutzenmaximum
⇒Haushaltsoptimum
⇒ optimaler Konsumplan des → Haushalts.
ist das Ergebnis der Maximierung der Nutzenfunktion des Haushalts unter der Nebenbedingung, dass die Budgetrestriktion eingehalten wird.
Max u (q) unter der Nebenbedingung, dass $pq \leq M$.
Mit der →Lagrange-Methode ergibt sich im Zwei-Güter-Fall das N. dort, wo das Verhältnis der →Grenznutzen der beiden Güter gleich ihrem Güterpreisverhältnis ist. →Grenznutzenanalyse.

Nutzenvergleich
Ein →Wirtschaftssubjekt ist in der Lage, eine subjektive Nutzenmessung mit graduellen Unterschieden durchzuführen (intrapersonaler N.). Ein in der →Wohlfahrtsökonomik durchaus bedeutsamer N. zwischen verschiedenen Wirtschaftssubjekten →(interpersoneller N.) ist nach allgemeiner Meinung nicht durchführbar. Das gilt auch vom intertemporären N., dem N. eines Wirtschaftssubjektes, bei dem sich zu verschiedenen Zeitpunkten einstellende →Nutzen miteinander verglichen werden sollen.

Nutzungsdauer
meist die technische od. wirtschaftliche Dauer der Nutzung eines Anlagegutes in einem Betrieb od. einer Unternehmung. Allgemein ist damit die Dauer der Nutzung eines →Gutes schlechthin bezeichnet. Bei → Betriebsmitteln spricht man von betriebsgewöhnlicher N., beim →Kapital von der Kapital-N. Der Begriff deckt sich nur teilweise mit dem Begriff Nutzungszeit. Letzterer ist vorwiegend auf den →Produktionsfaktor →Arbeit bezogen, z.B. als Arbeitszeit.

Nutzwert
1. Ergebnis der →Nutzwertanalyse je bewerteter Handlungsalternative.

2. der subjektive Wert eines →Gutes, der sich aus dessen Eignung zur Bedürfnisbefriedigung (→Bedürfnis) bestimmt.

Nutzwertanalyse
Bewertungsverfahren zur Auswahl einer Handlungsalternative mit dem höchsten →Nutzwert. Seine Anwendung ist vor allem dann angezeigt, wenn sich die Kriterien nicht od. nicht ausschließlich in Geldgrößen ausdrücken lassen, z.B. die Auswahl einer Ausbildungsrichtung gerade dann, wenn sich die Gesamtkosten (→Kosten) und das erwartete Lebenseinkommen (→ Einkommen) etwa gleich

hoch darstellen, aber andere Kriterien psychologischer, sozialer u.a. Art (quantitative und qualitative Kriterien) einbezogen werden sollen.

Das Verfahren läuft in mehreren Stufen ab:

1. Katalogisierung der Zielkriterien;
2. Gewichtung der Zielkriterien mit einem Gewichtungsfaktor; (Die Gewichtungsfaktoren aller Zielkriterien addieren sich zu eins.)
3. Bestimmung der Teilnutzen jeder Alternative hinsichtlich jedes Zielkriteriums;
4. Bestimmung des Nutzwertes, z.B. durch Addition od. Multiplikation der Teilnutzen für jede Alternative;
5. Entscheidung für die Alternative mit dem höchsten Nutzwert.

Vorteile des Verfahren liegen in der Möglichkeit, zahlreiche Kriterien für die Entscheidung heranzuziehen. Nachteile liegen in der relativen Aufwendigkeit des Verfahrens.

O

objektive Wertlehre

versteht den wirtschaftlichen Wert als objektive Gütereigenschaft (→Gut). Der wirtschaftliche Wert od. →Tauschwert ist nach Marx der verdinglichte Betrag an Arbeitszeit, der zur →Produktion aufgewendet wurde. Dabei wird →Kapital in vorgetane Arbeit aufgelöst. Damit ist die o. eine →Arbeitswertlehre. Bei Marx ist die Arbeit ihrerseits ebenfalls eine Ware, deren Tauschwert durch die Reproduktionskosten der Arbeitskraft bestimmt ist. I.Allg. wird aber in der o. der monofaktorielle Ansatz aufgegeben und als wertbestimmend alle objektiven Größen wie Produktionsverhältnisse, Technologien, Roh- und →Hilfsstoffe, →Kostenfunktionen, Marktgegebenheiten, → Marktformen und zunehmend Kosten für die Umweltbelastung aufgenommen. In der subjektiven Wertlehre leitet sich der Güterwert aus der subjektiven Nutzenschätzung (→ Nutzen) der einzelnen → Wirtschaftssubjekte ab. In der modernen →Neoklassischen Theorie wird die Wertbestimmung sowohl aus objektiven als auch aus subjektiven Faktoren vorgenommen. →Wertlehre.

Objektorganisation

bei der O. wird ein konkretes Organisationsproblem aus z.B. →Produktion, Beschaffung od. Verwaltung gelöst. Gegenbegriff ist die →Metaorganisation.

Obligation

i.e.S. die → Schuldverschreibung eines Unternehmens, das meist als →Orderpapier mit Blanko →Indossament ausgegeben wird.

obligatorische Intervention

→Intervention.

Obsoleszenz

faktische Gütereigenschaft (absichtlich herbeigeführter) kürzerer Gebrauchsdauer. In der sozialen Dimension findet sich die entsprechende Verhaltenskategorie, wie sie durch das Schlagwort der Wegwerf-Gesellschaft auf die Spitze getrieben ist. O. kann durch Mode, mindere Qualität und technische Faktoren bestimmt sein.

OECD

Abk. für: Organization for Economic Cooperation and Development = Organisation für wirtschaftliche Zusammenarbeit und Entwicklung.
Nachfolgeorganisation der →OEEC seit 1960. Sitz: Paris. Sie umfasst 24 Mitgliedsstaaten. Aufgabe: Fortführung der engen wirtschaftlichen Zusammenarbeit zwischen den USA und Westeuropa sowie Koordination eines erhöhten europäischen Beitrags zur Entwicklungshilfe. Bei der O. bestehen ein Ministerrat, ein Exekutivausschuss, ein Generalsekretariat und zahlreiche Ausschüsse. Unter den Sonderstellen kommt dem Direktorium des → Europäischen Währungsabkommens und der Europäischen Atomenergie-Agentur besondere Bedeutung zu.

OEEC

Abk. für: Organization for European Economic Cooperation.
→Europäischer Wirtschaftsrat.

öffentliche Aufgaben

Aufgaben des Staates, z.B. die Versorgung mit Erziehungs-, Gesundheits- und Sozialleistungen, mit innerer und äußerer Sicherheit. Drei Aufgabenbereiche sind zu unterscheiden: Die Verhinderung nicht erwünschter Effekte der privatwirtschaftlichen Aktivität bzw. die Förderung erwünschter Effekte; das Angebot an Leistungen, die privatwirtschaftlich nicht (ausreichend) bereitgestellt werden; die Schaffung meritorischer Güter, für die es (noch) keinen individuellen Bedarf gibt, die aber vom Staat als notwendig erachtet werden. S.a. →Finanzwissenschaft.

öffentliche Ausgaben

Ausgaben der →Gebietskörperschaften. Besonderes Gewicht haben die Ausgaben des Bundes. Vom Volumen der Ausgaben des Bundes her lässt sich etwa folgende Rangfolge aufstellen: Soziale Sicherung, Verteidigung, Verkehrswesen, Schuldendienst und → Zinsen für Staatsschulen, Ausgaben für Bildung, Wissenschaft und Forschung u.a. Nach Art. 110 GG müssen im Rahmen eines → Haushaltsplanes alle Einnahmen und Ausgaben vollständig aufgeführt werden. Die darin enthaltenen Ausgaben sind planmäßige Ausgaben. Da der → Etat eine Planungsrechnung für ein od. mehrere Haushaltsjahre ist, der die Ausgaben für den vorhersehbaren Bedarf im Sinne eines Voranschlags angibt, können im Vollzug des Haushalts auch außerplanmäßige Ausgaben auftreten. Insbesondere die öffentlichen →Investitionen sind ein wichtiger Faktor der staatlichen Ausgabenpolitik im Sinne einer →Konjunktur- und Beschäftigungspolitik.

öffentliche Betriebe
→Betrieb, I., 2.

öffentliche Einnahmen
→Staatseinnahmen
Einnahmen der Gebietskörperschaften (Bund, Länder, Gemeinden und Gemeindeverbände), des Lastenausgleichsfonds und des ERP-Sondervermögens, der Sozialversicherungsträger, der Bundesagentur für Arbeit und öffentlichen Zusatzversorgungskassen, der Organisation ohne Erwerbszweck, der kommunalen Zweckverbände und sonstiger juristischer Personen zwischengemeindlicher Zusammenarbeit. Einnahmen nach haushaltsrechtlichen Definitionen und Abgrenzungen, wie sie von der Finanzstatistik erfasst werden.
Nach Art. 110 GG sind im Rahmen eines →Haushaltsplanes neben den Ausgaben auch alle Einnahmen vollständig aufzuführen. Durch seine Einnahmenpolitik (insbesondere Steuerpolitik) kann der Bund eine aktive →Konjunktur- und Beschäftigungspolitik betreiben, soweit dies nicht den gesetzlichen Rahmen sprengt od. dies mit anderen einnahmepolitischen Zielen vereinbar ist.

öffentliche Hand
Bezeichnung für Körperschaften des öffentlichen Rechts. Dabei interessiert meist der Zusammenhang mit der Tätig-

keit als öffentlicher Betrieb (→Betrieb, I., 2.) oder im Hinblick auf das →Vermögen.

öffentlicher Haushalt
1. →Haushalt, 3.

2. →Budget, 2.

öffentlicher Konsum
1. Staatliche Ausgaben für konsumtive Zwecke. Alle Ausgaben des Staates, die keine Investitionsausgaben und keine Transferzahlungen darstellen.

2. Gemeinsamer →Konsum eines öffentlichen Gutes (→Gut).

öffentlicher Kredit
1. Kreditvergabe durch die →Gebietskörperschaften (Aktivkredit).

2. Kreditaufnahme durch die Gebietskörperschaften (Passivkredit).

öffentliches Bedürfnis
⇒Kollektivbedürfnis
→Bedürfnisse.

Öffentliche Schulden
engl.: public debt. Aufgrund langer Nutzungsdauer (möglicherweise über Generationen hinweg) sollen öffentliche → Investitionen durch Anleihebegebungen finanziert werden. In welcher Weise → Zinsen und Schuldendienst zu finanzieren sind - durch →Steuern od. wiederum durch →Anleihen - hängt von den Belastungswirkungen der Staatsschulden für die jeweilige Generation ab. Staatliche Schuldenaufnahme zum Zweck der Konjunkturpolitik wird differenziert gesehen: ihre Wirkung muss sich nach der Art der Investitionsvorhaben beurteilen lassen.

öffentliches Gut
⇒Kollektivgut
→Gut.

öffentliche Verschwendung
unwirtschaftliche Verausgabung öffentlicher Gelder.

öffentliche Verwaltung
ist i.w.S. die Exekutive (vollziehende Gewalt), d.h. jede Tätigkeit des Staates oder

anderer Träger öffentlicher Gewalt, die weder der gesetzgebenden noch der rechtsprechenden Gewalt zuzurechnen ist. I.e.S. meint der Begriff jedes öffentliche Verwaltungshandeln als eigentlichen Gesetzesvollzug. Man unterscheidet nach den Auswirkungen zwischen Eingriffsverwaltung und Leistungsverwaltung. Nach Sachgebieten unterscheidet man z.B. Kulturverwaltung, Finanzverwaltung u.a. Nach Funktionsausübung unterscheidet man unmittelbare Verwaltung und, bei Delegation z.B. auf Kommunen, mittelbare Verwaltung.

Ökoaudit
Form einer Umweltschutz-Revision. Ö. ist eine systematische, regelmäßig stattfindende Bestandsaufnahme bzw. Prüfung des betrieblichen Umweltschutzes, gemessen an der Einhaltung umweltrechtlicher Bestimmungen, der Erfüllung unternehmenspolitischer Vorgaben und der Funktionsfähigkeit des behördlichen Umweltmanagementsystems.

Ökobank e.G.
Sitz in Frankfurt a.M., 1988 gegründet, einzige Universalbank im Markt für ethisch-ökologische Finanzdienstleistungen, bundesweit als Filial- und Direktbank tätig, Spezialisierung u.a. auf die Förderung von ökologischen und sozialen Projekten (Unternehmen, Initiativen, Wohnungsbau usw.) durch zinsvergünstigte Kredite und Beratungsdienstleistungen; eigener ökologischer Aktienfonds und Beteiligungsangebote.

Ökonometrie
ist ein Teilgebiet der →Wirtschaftswissenschaften, das sich von anderen Teilgebieten nicht durch die zentralen Fragestellungen unterscheidet, wie z.B. die Wirtschaftstheorie von der Wirtschaftspolitik (→Theorie der Wirtschaftspolitik), sondern durch die benutzten Begründungsverfahren. Ihr Ziel ist es, ökonomische (Einzel-) → Hypothesen und Theorien *quantitativ zu spezifizieren* und *empirisch* zu prüfen; d.h. es sollen anhand von allgemein verbindlicher Information, z.B. von →Daten der Wirt-schaftsstatistik, die Parameter quantitativer

ökonomischer → Hypothesen und → Theorien numerisch bestimmt - *geschätzt* - und es soll geprüft werden, ob die postulierten Hypothesen und Theorien bzgl. bestimmter Bereiche der ökonomischen Umwelt zutreffen. Diese Hypothesen und Theorien stammen z.T. aus der Wirtschaftstheorie, z.T. werden sie in der *Angewandten Ökonometrie* entwickelt. Damit eine quantitative Hypothese od. Theorie empirisch geprüft werden kann und ihre Parameter geschätzt werden können, müssen sie als ökonometrische Modelle formuliert werden. Dabei entsprechen ökonometrischen Einzelgleichungsmodellen einzelne Hypothesen und ökonometrischen Mehrgleichungsmodellen (ganze) Theorien. Am Beispiel eines einfachen Einzelgleichungsmodells sollen einige wichtige Begriffe eingeführt werden. Die Keynessche Konsumhypothese (→ Keynessche Theorie), gemäß der der reale private → Konsum einer Periode t, C_t, im Wesentlichen vom realen verfügbaren →Einkommen derselben Periode, Y_t, abhängt, wird als lineares ökonometrisches Modell formuliert.

(1) $C_t = \alpha + \beta Y_t + u_t$ t = 1, 2, ..., T

Da die Keynessche Konsumhypothese nur für eine Gesellschaft mit freier Konsumwahl und → Geldwirtschaft gültig sein kann, stellt die Vorgabe des Zeitintervalls [1, T] eine Randbedingung für die Gültigkeit des Modells dar.
(1) ist ein Beispiel für ein ökonometrisches Einzelgleichungsmodell

(2) $Y_t = f(x_{1t}, x_{2t}, ..., x_{nt})$ t = 1, 2, ..., T

Y_t heißt abhängige od. →endogene Variable od. Regressand. Die x_1, x_2, ..., x_n heißen unabhängige od. –exogene Variable od. → Regressoren, weil sie nicht durch das Modell erklärt - also nicht abhängig von anderen Modellvariablen bestimmt - werden. α und β bzw. die entsprechenden Größen der Funktion f heißen Parameter. u_t ist eine →Zufallsvariable und heißt Störvariable. Durch sie werden die nicht explizit beachteten - in ihrem Einfluss auf den Regressanden vernachlässigbaren →Variablen - zusammengefasst. Häufig wird f als linear postuliert. Die Störvariable u_t muss nicht additiv mit den Regressoren verknüpft sein, ist es jedoch regelmäßig, wenn f linear ist.

Die Parameter α und β (bzw. die entsprechenden Parameter bei einer bestimmten Spezifikation von f) sind typischerweise unbekannt, auch wenn man aufgrund von a-priori Information das Vorzeichen und die Größenordnung der Parameter vermuten kann (für (1) gilt $0 \leq \alpha$, $0 < \beta \leq 1$). Sie müssen also bestimmt - geschätzt - werden.

Dafür hat die *ökonometrische Methodenlehre*, aufbauend auf der statistischen *Schätztheorie*, *Schätzverfahren* entwickelt. Diese sind wesentlich abhängig von den Eigenschaften der Störvariablen u_t. Ist f in (2) linear, sind die x_1, x_2, ..., x_n deterministische Variable, und gilt $E(u_t) = 0$, $\mathrm{Var}(u_t) = \sigma^2$, für alle t, und $\mathrm{Cov}(u_{t_i}, u_{t_j}) = 0$ für $t_i \neq t_j$, dann bildet (2) zusammen mit den angegebenen Eigenschaften von u_t ein *Klassisches Lineares Regressionsmodell* (KLR). Die Parameter eines KLR können mit der Kleinst-Quadrate-Methode (KQ-Methode) erwartungstreu, effizient und konsistent geschätzt werden.

Besitzen die u_t nicht KLR-Eigenschaften, so müssen andere Schätzmethoden benutzt werden, z.B. die gewichtete KQ-Methode. Nachdem die Parameter eines ökonometrischen Modells geschätzt sind, ist es auch numerisch spezifiziert. Dann kann es, falls es richtig ist, zur → Prognose unter Umständen als Grundlage wirtschaftspolitischer Entscheidungen herangezogen werden.

Bei der Parameterschätzung wird vorläufig unterstellt, dass das postulierte ökonometrische Modell richtig ist. Nach der Schätzung der Parameter muss dies jedoch geprüft werden. Dazu stehen statistische Tests und eher heuristische Verfahren zur Verfügung.

Das nach der Schätzung der Parameter auch numerisch spezifizierte ökonometrische Modell wird als „globale" Hypothese, als potentielle Antwort auf eine ökonomische Fragestellung betrachtet. Diese „Gesamthypothese" impliziert einzelne Hypothesen, die statistischen Tests unterworfen werden können.

Während das Modell im gesamten durch eher heuristische Verfahren geprüft werden kann, z.B. durch ex-post und ex-ante Prognosen, graphische Darstellungen, Deduktionen aus dem Modell und deren Prüfung, Konsistenzprüfung u.a., lassen sich durch das Gesamtmodell implizierte Einzelhypothesen statistischen Tests unterwerfen. Diese betreffen hauptsächlich das Problem, ob die einzelnen Regressoren einen systematischen Einfluss auf den Regressanden haben, weiter die funktionale Spezifikation und die Eigenschaften der Störvariablen. Solche Tests sind der F-Test, t-Test, →Durbin-Watson-Test, Test auf Konstanz der →Varianz der Störvariablen u.a.

Viele der ausgeführten Überlegungen gelten entsprechend auch für Mehrgleichungsmodelle, besonders was die Spezifikation und empirische Prüfung angeht. Allerdings gibt es nur sehr wenige statistische Tests für Mehrgleichungsmodelle.

Zwischen ökonometrischen Einzel- und Mehrgleichungsmodellen bestehen jedoch vorwiegend in Hinsicht auf die statistischen Schätzverfahren wesentliche Unterschiede. Darauf soll im Folgenden an einem Standardbeispiel exemplarisch eingegangen werden.

Gemäß der Keynesschen Konsumfunktion hängt der Konsum C_t vom Einkommen Y_t ab. Weil das Einkommen einer Periode t per definitionem gleich dem Wert der produzierten →Konsum- und → Investitionsgüter C_t und I_t ist, gilt für alle betrachteten Perioden

(3) $Y_t = C_t + I_t$.

Nimmt man an, dass die Investitionen I_t nicht vom Einkommen Y_t od. dem → Konsum C_t abhängen, also bzgl. der beiden Beziehungen (1) und (3) exogen bestimmt sind, so folgt aus (1) und (3), dass Y_t und u_t korreliert sind: Nach (1) hängt C_t von u_t ab, nach (3) Y_t von C_t , folglich ist Y_t eine Funktion von u_t. Damit ist Y_t eine Zufallsvariable und Y_t und u_t sind korreliert.

Als Folge davon lassen sich mit der Kleinst-Quadrate-Methode α und β nur verzerrt und nicht konsistent schätzen. Wie man sich leicht vorstellen kann, tritt der beschriebene Sachverhalt bei umfangreichen Mehrgleichungsmodellen regelmäßig auf. Modelle dieser Art nennt man *simultane* od. *interdependente Gleichungssysteme*. Die *ökonometrische Methodenlehre* hat für solche Systeme geeignete Schätzverfahren entwickelt.

Bei Mehrgleichungssystemen stellt sich oft schwerwiegend das →*Identifikationsproblem*. Es besteht in der Frage, ob und unter welchen Bedingungen die Parameter eines Modells eindeutig geschätzt werden können. Ohne weitere Annahmen od. a-priori Information lassen sich z.B. bei einem Wettbewerbsmodell die Parameter der Angebots- und Nachfragefunktion mit den Daten $(p_i,\ q_i)$, $i = 1$, $2, ...$, wobei p_i der Preis eines bestimmten Gutes ist und q_i die bei diesem Preis abgesetzte Menge ist, nicht eindeutig schätzen - nicht identifizieren.

Die Auffassung, dass ökonomische Hypothesen und Theorien empirisch geprüft werden müssen, hat die *Angewandte Ökonometrie* entstehen lassen. Sie ist ein Teilgebiet der Empirischen Wirtschaftsforschung, in der nicht nur ökonometrische Methoden i.e.S. zur empirischen Prüfung von ökonomischen Hypothesen und Theorien herangezogen werden, sondern auch andere Verfahren. Literatur: *Zur Ökonometrischen Methodenlehre: J. Heil*, Einführung in die Ökonometrie. 4. A., Wien-München 1991. *H. Schneeweiß*, Ökonometrie. 3. A., Würzburg 1978. *P. Schönfeld*, Methoden der Ökonometrie, 2. Bde. München 1969, 1971. *Zur Angewandten Ökonometrie: R. F. Wynn/ K. Holden*, An Introduction to Applied Econometric Analysis. London 1974.

PD Dr. J. Heil, Wuppertal

ökonomische Macht
soziologische Kategorie in der Ökono-

mie. Sie meint zunächst unspezifisch die Möglichkeit, ein bestimmtes Verhalten anderer erzwingen zu können od. das eigene Verhalten dulden zu müssen, insbesondere in einem ökonomischen Handlungsrahmen. Man spricht etwa von Verhandlungsmacht bei Tarifkonflikten (bargaining power, →Bargaining-Theorie), von Preissetzungs- od. Monopolmacht, von Ausschaltung des →Wettbewerbs (Verdrängungsmacht (→Verdrängungswettbewerb) gegenüber Mitbewerbern) und von der Nachfragemacht eines großen Nachfragers (z.B. des Staates).

ökonomische Rente
am besten als Lagerente (→Rente) zu verstehen. Ein Beispiel dafür ist die Bodenrente. Eine solche →Differentialrente gibt es auch in anderen Bereichen: in der Preisbildung spricht man von →Konsumentenrente und →Produzentenrente.

ökonomischer Gewinn
⇒kapitaltheoretischer Gewinn
→Gewinn, II., 4.

ökonomisches Prinzip
⇒Erwerbsprinzip
⇒wirtschaftliches Prinzip
⇒Wirtschaftlichkeitsprinzip
rationale Verhaltensmaxime für wirtschaftliche Handlungen. Maximum-Version: Die →Aktivität sei so angelegt, dass mit gegebenem Einsatz der Mittel (→Aufwand, →Kosten) das größtmögliche Ergebnis (→Ertrag, →Erlös) erzielt wird. Minimum-Version: Die Aktivität sei so angelegt, dass ein bestimmtes Ergebnis (Ertrag, Erlös) mit dem geringstmöglichen Einsatz der Mittel (Aufwand, Kosten) erzielt wird.
Gegensatz zum ö. ist das →Bedarfsdeckungsprinzip.

ökonomisches System
⇒Wirtschaftssystem.

Ölanpassungsabgabe
⇒Kohlepfennig.

Ölausgleichsabgabe
⇒Kohlepfennig.

Offenbarungseid

An die Stelle des O. ist die eidesstattliche Versicherung getreten. Sie ist im Bürgerlichen Recht ein Zwangsmittel, wenn eine Pflicht zur Rechnungslegung besteht (§§ 259, 260, 2006, 2028, 2057 BGB). Im Prozessrecht ist sie ein Hilfsmittel der → Zwangsvollstreckung. Hier muss ein Vermögensverzeichnis eidesstattlich bekräftigt werden, wenn die Zwangsvollstreckung wg. einer Geldforderung in das bewegliche → Vermögen erfolglos blieb (§ 807 ZPO) od. wenn die Herausgabe bestimmter beweglicher Sachen erzwungen werden soll (§ 883 II ZPO).

Offene-Posten-Buchführung

Eine rationalisierte Buchführungstechnik stellt die O. dar. Grundbuchfunktionen erfüllen Additionsstreifen der täglichen Buchungen und Buchungsbelege, deren fortlaufende Nummerierung und chronologische Ablage die vom Gesetzgeber geforderte Lückenlosigkeit der Buchführung gewährleisten. Durchschriften dieser Belege dienen der Verbuchung in Haupt- und Nebenbüchern. Im Kontokorrentbuch werden so noch nicht gezahlte Rechnungen, nach Kunden und Lieferanten geordnet, in der Offene-Posten-Kartei abgelegt. Das ermöglicht einen jederzeitigen Überblick über die offenen Forderungen und Verbindlichkeiten. Nach Zahlung erfolgt eine Ablage des entsprechenden Belegs in der Registratur.

offener Kreislauf

liegt in der →Kreislaufanalyse vor, wenn die Bedingung für den →geschlossenen Kreislauf nicht erfüllt ist. Jeder o. kann durch →Definition eines od. mehrerer zusätzlicher → Transaktoren geschlossen werden. Beispiel:

C = 100

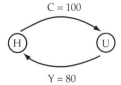

Y = 80

offener Kreislauf

H = Transaktor →Haushalt
U = Transaktor Unternehmen
C = Konsumgüterausgaben (→Gut)
Y = →Einkommen

Geschlossener Kreislauf durch Definition eines Zusatztransaktors X, der hier die → Vermögensbildung darstellt, wobei S_U das Sparen der Unternehmen und $-S_H$ Entsparen der Haushalte angibt.

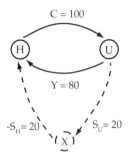

offener Markt
→Offenmarktpolitik.

offene Selbstfinanzierung
→Selbstfinanzierung.

offene Stellen
in der Arbeitsmarktstatistik die Anzahl der der Arbeitsagentur als zu besetzende angezeigte Stellen. Ihre Zunahme kann, wenn sie saisonbereinigt ist, eine deutliche Indikation für eine Belebung am Arbeitsmarkt sein.

offene Volkswirtschaft
I.Ggs. zur →geschlossenen Volkswirtschaft bestehen Außenwirtschaftsbeziehungen sowohl für →Güter als auch für → Produktionsfaktoren und →Geldkapital.

Offenmarktgeschäfte
→Offenmarktpolitik.

Offenmarktpolitik
1. *Begriff*. Unter O. versteht man den An- und Verkauf von →Wertpapieren i.w.S. durch die →Zentralbank auf eigene Rechnung am offenen Markt. Die Bezeichnung *„offener Markt"* macht deutlich, dass der Abschluss von *Offenmarktge-*

schäften mit der →Notenbank grundsätzlich allen Marktteilnehmern (→Banken und gelegentlich auch → Nichtbanken) offensteht. Nicht zu den Offenmarktgeschäften zählen Wertpapiertransaktionen, die die → Bundesbank nicht auf eigene Rechnung, sondern im Auftrag für Rechnung öffentlicher Emittenten (→ Emission) durchführt, z.B. die Kurspflegeoperationen für die Bundesanleihen.

2. *Institutioneller Rahmen der O. in der Bundesrepublik.* Gesetzliche Grundlage der O. der Bundesbank ist § 21 BBkG. Danach darf die Bundesbank zur Regelung des → Geldmarkts am offenen Markt zu Marktsätzen folgende Offenmarktpapiere kaufen und verkaufen: bundesbankfähige → Wechsel, →Schatzwechsel und Schatzanweisungen des Bundes, eines →Sondervermögens sowie der Länder, → Schuldverschreibungen und Schuldbuchforderungen, deren Schuldner der Bund, eines seiner Sondervermögen oder ein Land ist, sowie andere Schuldverschreibungen. Diese Wertpapiere sind teilweise dem → Geldmarkt, teilweise dem →Kapitalmarkt zuzuordnen. Dabei ist wichtig, dass auch Offenmarktgeschäfte in langfristigen Papieren nur zu *Regelung des Geldmarkts*, d.h. der Bankenliquidität, erlaubt sind. Dies schließt →Interventionen der Bundesbank am Kapitalmarkt mit dem primären Ziel der Kursstützung od. der →Finanzierung des öffentlichen Kreditbedarfs aus. Zu *Marktsätzen* kaufen und verkaufen bedeutet, dass die Zentralbank keine willkürlichen, abseits vom Marktgeschehen liegenden →Kurse für ihre →Transaktionen wählen darf.

Die traditionelle „Manövriermasse" der O. am Geldmarkt stellen in der Bundesrepublik von der Bank bestimmte Schuldverschreibungen, Schatzwechsel und unverzinsliche Schatzanweisungen öffentlicher Stellen dar. Solche Titel gelangen zum einen durch eine entsprechende kurzfristige Verschuldung öffentlicher Schuldner in Umlauf. Die auf diese Weise entstandenen Papiere werden →*Finanzierungspapiere* genannt. Zum anderen entstehen →Geldmarktpapiere auf Initiative der Bundesbank. Diese Papiere werden nach § 42 BBankG rechtlich als Papiere des Bundes, wirtschaftlich aber als solche der Bundesbank begeben. Sie werden Liquiditätspapiere genannt. Der Höchstbetrag für die Abgabe dieser Titel wurde mit dem Bundesbankänderungsgesetz von 1992 auf 50 Mrd DM heraufgesetzt.

Offenmarktgeschäfte am Geldmarkt hat die Bundesbank erstmals 1955 aufgenommen. Diese Transaktionen erfolgten in Papieren, die in die →*Geldmarktregulierung* einbezogen waren, d.h., sie konnten vor Fälligkeit von den Banken an die Bundesbank zurückgegeben werden. Mitte 1971 ging die Bundesbank dazu über, auch →Nichtbanken in die Offenmarktoperationen mit kurzfristigen Titeln einzubeziehen. Seit 1975 gibt es keine in die Geldmarktregulierung einbezogenen Papiere mehr an Banken ab. Allerdings bietet sie den →Kreditinstituten häufig nicht vorzeitig rückgebbare → Schatzwechsel mit einer ganz kurzen Laufzeit von wenigen Tagen an. Solche kurzfristigen Geschäfte dienen vor allem dazu, ein übermäßiges Absinken des Tagesgeldsatzes (→ Tagesgeld) innerhalb der monatlichen Mindestreserve-Erfüllungsperioden (→Mindestreservepolitik) zu verhindern.

Im Frühjahr 1993 nutzte die Bundesbank die durch das Bundesbankänderungsgesetz von 1992 erweiterte Möglichkeit der Offenmarktpolitik und gab für 25 Mrd DM Liquiditätspapiere an Banken und Nichtbanken ab. Die damit verfolgte Absicht, die Offenmarktpolitik durch die Einbeziehung von Nichtbanken auf eine breitere Basis zu stellen, ließ sich aber nicht verwirklichen. Die Bundesbank stellte deshalb die Abgabe von Liquiditätspapieren Ende 1994 wieder ein.

Zunehmende Bedeutung haben in den letzten Jahren *Offenmarktgeschäfte mit Rückkaufvereinbarung* (→Wechsel- bzw. Wertpapierpensionsgeschäfte) erlangt. Von 1973 bis 1982 hat sich die Bundesbank wiederholt bereit erklärt, zum Ausgleich besonderer Anspannungen am Geldmarkt von den Kreditinstituten bundesbankfähige Inlandswechsel außerhalb der →Rediskontkontingente unter der Bedingung anzukaufen, dass der Verkäufer die Wechsel per Termin (z.B.

nach 10 Tagen) zurückkauft. Seit Juni 1979 ging sie ferner dazu über, von →Kreditinstituten, die zum Lombard (→Lombardpolitik) zugelassen sind, lombardfähige festverzinsliche Wertpapiere (→ Lombardpapiere) unter der Bedingung anzukaufen, dass der Verkäufer diese gleichzeitig per Termin (z.B. nach 30 Tagen) zurückkauft. Wertpapierpensionsgeschäfte wurden den Banken überwiegend im Wege der Ausschreibung mit fester Zinsvorgabe (*Mengentender*) od. unter Angabe eines Mindestzinses (*Zinstender*) angeboten. Pensionsgeschäfte über Wechsel und Wertpapiere sind Offenmarktgeschäfte „auf Zeit". Gegenüber traditionellen Formen der →Refinanzierung haben sie ferner den Vorzug, dass bei ihnen die Initiative - hinsichtlich Laufzeit, Satzgestaltung und Volumen der Einzelabschlüsse - stärker bei der Bundesbank liegt.

Offenmarktgeschäfte in *langfristigen Wertpapieren* hat die Bundesbank bisher nur sporadisch in größerem Umfang betrieben - so 1967 und 1975. Dabei beschränkte sie sich auf Transaktionen in öffentlichen Anleihen. Solche Geschäfte lassen leicht den falschen Eindruck entstehen, dass die Notenbank die Entwicklung des Kapitalzinses kontrollieren könne. Da der Kapitalzins aber in erster Linie von Marktfaktoren bestimmt wird, erscheinen Versuche der Notenbank, ihn mit Maßnahmen der O. zu „manipulieren" (operation twist) wenig erfolgversprechend.

3. *Wirkungen*. Mit der O. beeinflusst die Notenbank sowohl die Zinsen als auch die Bankenliquidität. Tätigt sie Geschäfte mit Nichtbanken, tangiert dies darüber hinaus unmittelbar die Geldbestände. Die traditionellen Offenmarktgeschäfte der Bundesbank in geldmarktregulierten Titeln hatten primär Zinswirkungen, u.a. weil sich die Termingeldsätze an den → Abgabesätzen der Bundesbank orientierten. Liquiditätspolitische Effekte waren damit dagegen kaum verbunden, da die von der Bundesbank angebotenen Titel „potentielles" Zentralbankgeld (→Geldarten) darstellten. Von Offenmarktgeschäften in nicht-geldmarktregulierten Titeln und mit Nichtbanken gehen Zins-

und Mengeneffekte aus. So wird den Banken durch Verkäufe der Notenbank in jedem Fall Liquidität entzogen, wobei die Zeitdauer dieses Entzugs von der Laufzeit der Papiere bzw. Geschäfte abhängt. Dies beeinflusst mittelbar das Zinsniveau.

Bei den Offenmarktgeschäften mit Rückkaufvereinbarung stehen die unmittelbaren Liquiditätseffekte am Geldmarkt im Vordergrund. Von den bei Pensionsgeschäften angewandten Zinssätzen gehen aber auch Signalwirkungen aus. Die Geschäfte lassen sich einsetzen, um die Zinserwartungen der Märkte zu „testen" und zu beeinflussen. So hat die Bundesbank Pensionsgeschäfte häufig benutzt, um am Geldmarkt eine Auflockerung od. Anspannung einzuleiten und dabei die Geldmarktsätze, vor allem im Bereich der Termingelder, in eine bestimmte Richtung zu lenken. Ein wesentlicher Vorteil von Pensionsgeschäften liegt darin, dass ihre Konditionen - Laufzeit, Satz und Gesamtbetrag - nach der jeweiligen Geldmarktlage variiert werden können. Aufgrund dieser Flexibilität eignen sie sich nicht nur zum kürzerfristigen Geldmarktausgleich, sondern auch zur längerfristigen Zentralbankgeldbereitstellung. Seit Anfang 1985 rückten die Wertpapierpensionsgeschäfte bei der laufenden Zentralbankbereitstellung in den Vordergrund. Um die Geldmarktlage flexibler beeinflussen zu können und die Inanspruchnahme des Lombardkredits - seinem ursprünglichen Ausnahmecharakter gemäß - wieder auf den temporären Spitzenausgleich am Geldmarkt zu begrenzen, ging die Bundesbank damals dazu über, den Banken Wertpapierpensionsgeschäfte zu Sätzen unterhalb des Lombardsatzes anzubieten. Seither hat der Wertpapierpensionssatz die dominierende Rolle für die Zinsbildung am Tagesgeldmarkt übernommen, die früher der Lombardsatz innegehabt hatte. Wertpapierpensionsgeschäfte entsprechen auch den institutionellen Gegebenheiten in der Bundesrepublik, wo kein breiter Sekundärmarkt an kurzfristigen Geldmarktpapieren besteht, so dass die Möglichkeiten der Bundesbank, in großem Stil über den „anonymen" Markt O. in Form von →outright-Käufen und -Ver-

käufen zu betreiben, eng begrenzt sind.
Im Rahmen der gesamten Zentralbankgeldbereitstellung nehmen die Wertpapierpensionsgeschäfte mittlerweile die
dominierende Stellung ein, die in
Deutschland früher der Rediskontkredit
hatte. Ihr Anteil an den gesamten Refi-
nanzierungskrediten der Bundesbank
betrug 1994 fast 70%, jener der Wechselrefinanzierung weniger als 30%.

Literatur: *Deutsche Bundesbank*, Die Deutsche Bundesbank, Geldpolitische Aufgaben und Instrument. Sonderdruck der
Deutschen Bundesbank Nr. 7. 6. A., 1993.
O. Issing, Einführung in die Geldpolitik.
5. A., München 1993. *H. J. Jarchow*, Theorie und Politik des Geldes, II. Geldmarkt,
Bundesbank und geldpolitisches Instrumentarium. 6. A., Göttingen 1992.

       Bundesbankdirektor Peter Schmidt,
                         Frankfurt a.M.

offer-curve

⇒Preis-Konsum-Kurve
⇒Tauschkurve
von W. E. Johnson benannte Kurve, die
im 2-Güter-Fall die im →Gleichgewicht
getauschten (nach V. Pareto Tauschkurve
genannt, s. →bilateraler Tausch, 3.) od.
nachgefragten (s. →Preis-Konsum-Kur-
ve) Mengen der →Güter angibt.

Off-Price-Retailing

vorwiegend in den USA zu herabgesetz-
ten →Preisen betriebener Verkauf von
Ware zweiter Wahl, von Artikeln, die
nicht mehr den modischen Ansprüchen
der →Konsumenten genügen, und von
Überhangware in speziellen →Handels-
geschäften wie Factory-Outlet-Stores
(Fabrikverkaufsstellen), Factory-Outlet-
Malls (Verkaufsstellen mehrerer Hersteller) und vor allem Off-Price-Center (ab-
gerundetes →Sortiment), oftmals schon
in Form von Off-Price-Ketten.

Offset-Konzept

→Umweltpolitik.

Offshore Zentren

1. Orte „jenseits der Küsten", an die Warenlieferungen, welche z.B. von den USA
bezahlt werden, erfolgen und zur Dek-
kung des →Bedarfs von im Ausland sta-

tionierten US-Streitkräften dienen. Zwischen der Bundesrepublik und den USA
gibt es ein sog. Offshore-Abkommen, das
die Begünstigung solcher Aufträge im
steuerrechtlichen Sinne regelt.

2. hinsichtlich der Zollbestimmungen (→
Zoll) und hinsichtlich der →Mehrwert-
steuer stellt für die Bewohner der Bundesrepublik die Insel Helgoland ein →O.
dar. Ähnliches gilt für in internationalen
Gewässern aufgestellte Bohrinseln.

3. ⇒Offshore-Markt, s. →Euromarkt.

Offshore-Markt

⇒Eurodollarmarkt
⇒*Euromarkt*
⇒Fremdwährungsmarkt.

OHG

Abk. für: **O**ffene **H**andelsgesellschaft.
Das Recht der O. ist in den §§ 105 bis 160
HGB geregelt. Die O. ist eine Gesell-
schaft, deren Zweck auf den Betrieb eines
→Handelsgewerbes unter gemeinschaft-
licher Firma errichtet ist und bei der alle
Gesellschafter den Gesellschaftsgläubi-
gern gegenüber unbeschränkt haften.

Okunsches Gesetz

„Gesetz", das nach dem amerikanischen
Nationalökonomen Arthur M. Okun benannt wurde. Es bezieht sich auf den
funktionalen Zusammenhang von →Ar-
beitslosenquote und → Wachstumsrate
des →Outputs einer →Volkswirtschaft.
Anhand des empirischen Materials stellte Okun für die Zeit 1947 bis 1960 in den
USA fest, dass jedes zusätzliche Prozent
→Arbeitslosigkeit über 4% hinaus mit einer Abnahme des Outputs um 3% verbunden war.

oldline-Factoring

⇒echtes Factoring
→Factoring.

Oligopol

→Marktform mit wenigen Marktteilnehmern auf der Angebotsseite und/ od.
Nachfrageseite (→ Oligopson). Bei der
Preisbildung (→(Produkt-) Preisbildung)
ist das eigene Verhalten des Marktteilnehmers so gewichtig, dass er selbst mit
Reaktionen seiner Mitbewerber zu rech-

nen hat. Das Einbeziehen der Aktionen od. Reaktionen der Wettbewerber ins Kalkül des einzelnen Marktteilnehmers kennzeichnet alle Lösungs-modelle für die Preisbildung beim O.

Besteht eine Marktseite nur aus zwei Anbietern od. Nachfragern, so spricht man von einem →Dyopol.

Unterscheidet man nach der Homogenität und Heterogenität der →Güter, dann trennt man zwischen →homogenem O. und →heterogenem O.

oligopolistische Konkurrenz
→Preistheorie.

Für die →Preisbildung muss die oligopolistische →Interdependenz berücksichtigt werden. Dies sind nach Triffin zirkulare Beziehungen der wechselseitigen Beeinflussung der Oligopolisten. Besondere Modelle der o. sind das Stackelberg-Verhalten, das → Nash-Cournot-Gleichgewicht und spieltheoretische Lösungen (→ Spieltheorie).

Oligopson
→Marktform, auf deren Nachfrageseite nur einige Nachfrager stehen. →Oligopol.

Olson-Dilemma
Aussage von M. Olson in seiner Theorie des kollektiven Handelns (1965): In großen Gruppen, in der der Beitrag des einzelnen sich auf die Gruppe als Ganzes nicht fühlbar auswirkt, werden →Kollektivgüter nicht bereitgestellt. Diese Schwierigkeit großer Gruppen, sich mit Kollektivgütern zu versorgen (sog. Trittbrettfahrer- od. Schwarzfahrer-Problematik (→free rider position)), wird als O. bezeichnet. Zur Überwindung des O. werden drei Strategien vorgeschlagen: Zwang, positive/ negative selektive Anreize, Bildung von kleinen Untergruppen.

OPEC
Abk. für: **O**rganization of **P**etroleum **Ex**porting **C**ountries.

Organisation erdölexportierender Länder. 1960 gegründet mit dem Ziel, die Erdölpolitik der Förderländer zu koordinieren, die staatliche Beteiligung gegenüber den Ölkonzernen durchzusetzen

und die Weltmarktpreise zu bestimmen.

Open-End-Fonds
→Investmentgesellschaften.

Operating Leasing
saisonale Ausrüstungsvermietung mit vollem Service und gegebenenfalls mit Personalstellung. Das O. ist i.d.R. kurzfristig und jederzeit kündbar. →Leasing.

Operationalitätsprinzip
neben dem Falsifizierbarkeitskriterium (→Falsifikation) ein wichtiges Prinzip für die Formulierung empirisch gehaltvoller Aussagen. Danach sind die verwendeten Begriffe so auszulegen, dass für empirische Überprüfungen (Messungen, Tests, andere empirische Methoden) mit ihnen gearbeitet werden kann. Insbesondere Popper und Albert haben dieses Prinzip in der Auseinandersetzung mit dem sog. Modell-Platonismus in der →Volkswirtschaftslehre formuliert.

Operations Research
⇒Unternehmungsforschung
⇒Systemforschung
1. Begriff und Zielsetzung. Operations Research (OR) wurde im Zweiten Weltkrieg in England und in den USA als Hilfsmittel für strategische Entscheidungen entwickelt und nach Kriegsende zunächst in den USA und später dann auch in Europa in Wirtschaft und Wissenschaft angewandt.

Typische Merkmale des OR sind:
- Modellanalytische (→Modell) Vorgehensweise, d.h. das zu entwickelnde Systemmodell enthält nur die grundsätzliche Struktur und die quantifizierten Daten des realen Problems.
- Einsatz systematischer, meist mathematischer Methoden und Algorithmen (→Algorithmus) zur Analyse der Handlungsalternativen und zur Lösung des modellierten Problems.
- Unterbreitung eines hinsichtlich einer vorgegebenen Zielsetzung optimalen Entscheidungsvorschlages für das reale Problem.

Deshalb findet man häufig folgende Definition: OR ist eine interdisziplinäre Wissenschaft, welche die Entwicklung von Modellen, die Anwendung vorwiegend mathematischer Planungsmethoden und die EDV-mäßige Implementierung von speziellen Algorithmen zur Analyse und Optimierung komplexer Problemstrukturen zum Gegenstand hat.

Während OR in den USA und Großbritannien vorwiegend unter „Management Science" subsumiert wird und im Rahmen des „Buisness Administration"-Studiums gelehrt wird, ist OR in der Wissenschaftssystematik des Deutschen Hochschulverbandes als ein eigenständiges Teilgebiet der „Systemforschung und -technik" aufgeführt und gehört zu den Studienfächern der Wirtschafts- und Ingenieurwissenschaftler, der Informatiker und Mathematiker.

Für den Begriff „Operations Research" sind eine Reihe von deutschen Übersetzungen vorgeschlagen worden, wie z.B. Unternehmungsforschung, Ablaufforschung, Planungsforschung, Verfahrensforschung, Optimalplanung. Da jedoch keine dieser Bezeichnungen eine hinreichende breite Anerkennung fand, hat man nach einer gewissen Experimentierphase die Übersetzungsversuche aufgegeben.

2. *Geschichtliche Entwicklung.* Um 1940 wurden in der englischen Armee Wissenschaftler verschiedener Disziplinen (Mathematiker, Physiker, Ingenieure, Biologen) in „Operational Research Groups" zur systematischen Erforschung und Vorbereitung militär-strategischer Maßnahmen zusammengefasst; es ging dabei z.B. um die Untersuchung der Einsatzmöglichkeiten der Radartechnik und die Ermittlung optimaler Strategien auf der Basis mathematischer Analysen im Bereich der U-Boot-Abwehr, der Zusammenstellung von Geleitzügen und Bombergeschwader.

Die Erfolge der OR-Gruppen im militärischen Bereich führten dazu, dass sich nach Kriegsende zunächst amerikanische Wirtschaftler mit OR befassten, um auch im zivilen Bereich ökonomische Auswahlprobleme, die herkömmlich der Geschäftserfahrung und dem Fingerspitzengefühl des Entscheidenden vorbehalten waren, dem rationalen Kalkül der OP-Methoden zu unterwerfen: insbesondere Großfirmen gründeten eigene OR-Abteilungen, die meist einem Vorstandsmitglied zugeordnet wurden.

Bald interessierten sich auch deutsche Wirtschaftsverbände und Wissenschaftler für OR mit dem Ziel, dieses neue Gebiet an Hochschulen und Universitäten zu verankern, Institute und Lehrstühle zu schaffen, Ausbildungsprogramme zu installieren, die wissenschaftliche Forschung auf diesem Gebiet vorwärts zu treiben und durch internationale Kontakte, Tagungen und Seminare allmählich Anschluss an den internationalen Standard zu gewinnen. Hier sind besonders zwei Strömungen festzustellen; eine Gruppe vorwiegend mathematisch-wissenschaftlicher Hochschullehrer konzentrierte sich auf die Entwicklung verfeinerter Modelle und leistungsfähiger Lösungsmethoden, während für die vorwiegend betriebswirtschaftlich-technisch orientierten Praktiker die Anwendung bekannter Verfahren auf die Lösung von realen Problemen im Vordergrund stand. OR ist heute als Lehrgebiet an allen deutschen Hochschulen und Universitäten vertreten. Seit 1975 besteht an der RWTH Aachen ein viersemestriger Aufbaustudiengang in OR mit dem Abschluss „Magister in Operations Research (MOR)" in Analogie zum angelsächsischen „Master of OR".

An der Weiterentwicklung und Verbreitung von OR-Verfahren haben spezielle wissenschaftliche Vereinigungen wesentlichen Anteil; hier sind insbesondere zu nennen:

- Operational Research Club (seit 1948 in England), der 1954 umbenannt wurde in Operational Research Society (ORS).
- Operations Research Society of America (ORSA) seit 1952.
- Société Francaise de Recherche Opérationelle (SOFRO) seit 1956.
- Deutsche Gesellschaft für Operations Research (DGOR), in der sich 1971 die beiden folgenden deutschen Vereinigungen zusammengeschlossen haben:
a) Arbeitskreis Operations Research (AKOR) seit 1956, deren Mitglieder vorwiegend OR-interessierte Praktiker waren und
b) Deutsche Gesellschaft für Unternehmungsforschung (DGU), seit 1961,

deren Mitglieder vorwiegend aus dem Hochschulbereich kamen.

- International Federation of Operations Research Societies (IFORS), seit 1957, der die meisten nationalen Gesellschaften angehören.

Die Zeitschrift der deutschen Gesellschaften sind:

- Unternehmensforschung (Hrsg. DGU) Deutschland, 1956-1971
- Ablauf- und Planungsforschung (Hrsg. AKOR), 1959-1971
- Zeitschrift für Operations Research (Hrsg. DGOR), 1971-1980
- OR-Spektrum (Hrsg. DGOR) seit 1980

3. *Methoden und Anwendungsgebiete.* Hinsichtlich des modellanalytischen Ansatzes und des verwendeten Instrumentariums werden folgende Methoden, Techniken und Theorien unterschieden: Mathematische Optimierung (lineare, nichtlineare, diskrete, kombinatorische, dynamische Optimierung), Simulationstechnik, →Graphentheorie und Netzwerktechnik, Datenanalyse und Prognosetechnik (→ Prognose), Warteschlangen- und Bedienungstheorie, Entscheidungs- und →Spieltheorie.

Hinsichtlich der Qualität der erzielten Lösungen lassen sich die Verfahren in folgende Gruppen unterteilen:

- Analytische Verfahren: Die Lösung wird durch einen formelmäßigen Ausdruck oder einen endlichen Rechenprozess gewonnen, der mathematisch zur exakten Lösung führt.
- Näherungs-Verfahren: Kann die exakte Lösung nur durch ein unendliches Iterationsverfahren gewonnen werden, so muss dieser Prozess nach endlich vielen Schritten abgebrochen werden und man erhält daher nur eine Näherungslösung.
- Heuristische Verfahren (heuristisch = zur Lösung geeignet): Bei komplizierten Modellen, bei denen analytische oder Näherungs-Verfahren versagen, können heuristische Algorithmen weiterhelfen; sie sind dadurch gekennzeichnet, dass man mit Hilfe von Plausibilitätsbetrachtungen Teilmengen von möglichen Lösungen ausschließt, d.h. nicht weiter verfolgt. Man erhält auf diese Weise nur Subop-

tima, von denen man nicht sagen kann, wie weit sie vom absoluten Optimum entfernt liegen.

- Simulations-Verfahren: Falls die bisher angeführten Verfahren versagen, so verwendet man die Simulation, d.h. man nimmt Versuche am Modell vor. Es wird dabei eine große Anzahl von Realisierungen des modellierten Zusammenhangs erzeugt und aus den Ergebnissen auf die Verteilung und ihre →Parameter geschlossen.

Seit Jahren wird OR in folgenden Branchen eingesetzt: Industrie, Handel, → Banken, Versicherungen, Verkehr, Gesundheitswesen, Verteidigung und öffentliche Verwaltung. Der Einsatz in der Produktionswirtschaft erstreckt sich insbesondere auf Planungsaufgaben in den Bereichen: Beschaffung, Lagerhaltung, → Logistik, Instandhaltung, Personaleinsatz, Produktionssteuerung, → Projektmanagement, → Marketing und Finanzierung. Es geht hier in erster Linie um die Lösung von Standorts- (→Standorttheorie), Anordnungs- und Transportproblemen, Programm- und Tourenplanungs-Problemen, Mischungs-, Verschnitt- und Maschinenbelegungsproblemen, Reihenfolge-, Ersatz- und Investitionsproblemen (→ Investitionstheorie).

Die Entwicklung von OR-Methoden und deren Einsatz zur Lösung praktischer Probleme wurde stark beeinflusst von dem explosionsartigen Fortschritt auf dem →EDV-Sektor. Einmal konnten bereits manuell erprobte Verfahren deshalb mit Erfolg auf komplexe Probleme angewendet werden, weil der Einsatz von EDV-Anlagen Zeit und Kosten in vertretbaren Grenzen hielt. Zum anderen wurden spezielle, auf EDV-Anlagen zugeschnittene Algorithmen entwickelt, die auch dann noch brauchbare Lösungen liefern, wenn analytische Methoden oder manuelle Rechnungen versagen. Man kann zwar OR-Methoden ohne EDV-Kenntnisse verstehen, jedoch sind für den OR-Anwender Programmier-Erfahrungen unverzichtbar.

Literatur: *W. Domschke/ A. Drexl*, Einführung in Operations Research. Heidelberg-Berlin 1995. *T. Gal*, Grundlagen des

Operations Research (3 Bände). Heidelberg-Berlin 1987. *F. S. Hillier/ G. J. Lieberman*, Operations Research - Einführung. München-Wien 1997. *K. Neumann/ M. Morlock*, Operations Research. München-Wien 1997. *W. Zimmermann*, Operations Research - Quantitative Methoden zur Entscheidungsvorbereitung. München-Wien 1997. *H. J. Zimmermann*, Methoden und Modelle des Operations Research. Braunschweig-Wiesbaden 1992.

Prof. Dr.-Ing. W. Zimmermann,
Siegen

Opfertheorie
versucht eine Interpretation des →Leistungsfähigkeitsprinzips. Hier wird davon ausgegangen, dass jeder nach seiner Fähigkeit, Opfer zu tragen, besteuert werden soll. Das Opfer wird als eine (aus der steuerlichen Belastung des Einkommens resultierende) Minderung der Bedürfnisbefriedigungsmöglichkeit interpretiert. Diese ist nach der O. von zentraler Bedeutung, wobei es darauf ankommt, dass jeder ein gleiches Opfer für die Allgemeinheit erbringt. Die O. kennt drei Konzepte: gleiches absolutes, gleiches relatives und gleiches marginales Opfer. Die Umsetzung der drei Versionen des Opfers in konkrete → Steuertarife erfordert die genaue Kenntnis über den Verlauf der individuellen Nutzenfunktionen.

Ophelimität
durch den →Konsum eines →Gutes gestiftete subjektive Wohlfahrt od. Bedürfnisbefriedigung. In der → Wahlhandlungstheorie zur Unterscheidung gegenüber dem →kardinalen Nutzen wird O. als Begriff für →ordinalen Nutzen benutzt.

Opportunismus
→Neue Politische Theorie.

Opportunitätskosten
⇒Alternativkosten
⇒indirekte Kosten
→Kosten
⇒opportunity costs.

opportunity costs
⇒Alternativkosten

⇒indirekte Kosten
⇒Opportunitätskosten
→Kosten.

optimale Beschäftigungsmenge
→Beschäftigungsmenge.

optimale Beschaffungsmenge
→Beschaffung, 2.2.

optimale Geldmenge
ist nicht einheitlich definiert. Bezeichnet in der →Geldtheorie i.d.R. Optimierungsansätze zur →Produktivität des →Geldes. In Anlehnung an Milton Friedman ist o. diejenige →Geldmenge, bei der der → Grenzertrag der Geldhaltung den Grenzkosten (→Kosten) entspricht. In →Modellen der neoklassischen → Wachstumstheorie mit Geld jene Geldmenge, die zu einer Deflationsrate (→Deflation) führt, die dem Grenzprodukt des →Kapitals unter der Bedingung der →Goldenen Regel der Akkumulation entspricht. O. ist nicht mit einer optimalen Strategie der →Geldpolitik zu verwechseln, wie z.B. von Vertretern des →Monetarismus gefordert, dass die Zuwachsrate der Geldmenge an der →Wachstumsrate des realen Sozialprodukts (→Sozialprodukt) zu orientieren ist (monetäre →Geldmengenregel).

optimale Produktionstechnik
technologische Effizienz, die dann erreicht ist, wenn bei gegebener Faktorausstattung und Technologie die →Allokation der Ressourcen so erfolgt, dass von keinem →Gut mehr produziert werden könnte, ohne nicht die →Produktion von zumindest einem Gut zu vermindern.

optimaler Haushaltsplan
→Haushaltsgleichgewicht, →Haushaltsoptimum.

optimaler Kapitalbestand
→Kapitalbestand.

optimaler Kapitalstock
Gesamtmenge des in einem Zeitpunkt erreichten, für produktive Zwecke nutzbaren → Sachvermögens (= Kapitalstock) gilt dann als optimal, wenn der →Realzins im Sinne einer bestimmten →Grenz-

produktivität des →Kapitals gleich der Zeitpräferenzrate (→Zeitpräferenz) ist.

optimale Wachstumsrate
Werden in der →Wachstumstheorie Zielfunktionen eingeführt, dann lassen sich o. angeben im Sinne der dynamischen → Wohlstandsökonomik. Lauter das Ziel gleichgewichtiges (→ Gleichgewicht) → Wachstum, dann ist die o. gleich der gleichgewichtigen Wachstumsrate, die im Modell von Solow der natürlichen Wachstumsrate entspricht, die von Ausnahmen abgesehen im →Gleichgewicht mit der Wachstumsrate für →Einkommen und →Kapital übereinstimmt. S. → Wachstumsrate.

Optimalkapazität
→Kapazität.

Optimalkombination
der →Produktionsfaktoren ist die →Minimalkostenkombination od. die →Maximalertragskombination.

Option
zivilrechtlich die rechtlich begründete Anwartschaft, ein Recht durch eigene einseitige Erklärung zu erwerben. An der Aktienbörse, seit 1.4.1983 auch in der Bundesrepublik, sind O. die zeitlich befristeten Anrechte auf Abwicklung von wirtschaftlichen →Transaktionen zu einem bestimmten →Preis. Eine Kauf-O. heißt Call, eine Verkaufs-O. →Put. Dem Erwerber einer O., dem O.-nehmer, steht der Verkäufer, der sog. Stillhalter, gegenüber. Der Preis, zu dem das Aktiengeschäft (→ Aktie) (auch: Goldgeschäft, Warengeschäft), auf welches die O. ein Anrecht verleiht, getätigt werden kann, heißt Basispreis, der letzte Gültigkeitstag der O. wird Verfalldatum genannt. Der O.-preis kann in den Wert der sog. → Aufgeld zerlegt werden. Der Wert ergibt sich dann aus der Differenz zwischen dem Basispreis und dem →Kurs der Aktie.

O. sind meist ein Spekulationsobjekt: Wer auf →Hausse hofft, kauft Calls, wer auf →Baisse spekuliert, kauft Puts.

Optionsanleihe
besteht vereinfacht aus zwei Komponenten: Erstens aus einem Anleihepapier und zweitens aus einem Optionsschein (→Option). Der Optionsschein kann von der →Anleihe getrennt werden und ist dann selbst Handelsobjekt. Er verkörpert das Recht, ein od. mehrere →Wertpapiere (meist →Aktien od. →Investmentzertifikate) zu erwerben. Der Zeitpunkt dafür ist bei europäischen Optionsscheinen bereits bestimmt. Unabhängig von einer zeitlichen Beschränkung ist aber in jedem Falle der →Preis der damit zu erwerbenden Papiere bereits fixiert.

Optionsfixierer
preistheoretisches Konzept von Ragnar Frisch: Der O. fixiert nicht nur den Angebotspreis, sondern auch die zu diesem → Preis angebotene Menge eines →Gutes. Er überlässt dem Optionsempfänger auf der anderen Marktseite nur die Wahlmöglichkeit, das Angebot anzunehmen od. abzulehnen.

Orderpapier
→Wertpapier, in dem der Aussteller verspricht, an eine bestimmte Person od. an einen anderen zu leisten, der von dem Benannten durch → Indossament als Gläubiger bezeichnet wird. Geborene O. sind vor allem der →Wechsel, die →Namensaktie und der auf den Namen lautende →Scheck. Gekorene O. sind die sechs in § 363 HGB aufgeführten handelsrechtlichen Papiere (z.B. Lade- und Lagerscheine), ferner bestimmte → Schuldverschreibungen und Schatzanweisungen. Beim geborenen O. muss die Orderklausel besonders ausgeschlossen sein, wenn es nicht O. sein soll; beim gekorenen O. wird nur durch Aufnahme der Orderklausel die Eigenschaft, O. zu sein, erworben.

ordinaler Nutzen
→ Nutzen eines Güterbündels (→ Gut) wird nicht kardinal (→kardinaler Nutzen) angegeben, sondern mit Hilfe einer Rangskala. In diesem Sinne gibt es gleichrangige, höherrangige od. niederrangige →Nutzen. Dies entspricht in der behavioristischen (→ Behaviourismus) Sicht der empirisch beobachtbaren Situation, dass von zwei Güterbündeln eins dem anderen vorgezogen wird od. dass

sie als nutzenindifferent bezeichnet werden (offenbarte →Präferenzen). Das Konzept des o. ist aus der Schwierigkeit,
Nutzen kardinal zu messen, entstanden.
S. →Grenznutzenanalyse.

Ordnungspolitik
→Theorie der Wirtschaftspolitik, 5.2., 5.3.

Ordoliberalismus
aus der Freiburger Schule (u.a. Eucken,
Böhm) stammendes Konzept einer Wirtschaftsordnung, die auf revidierten Vorstellungen des →Liberalismus und auf
dem Neoliberalismus aufbaut. Entscheidend ist die Rollenzuweisung an den
Staat: Er stellt die rechtlichen Rahmenbedingungen bereit und sorgt insbesondere
für die Einhaltung einer Wettbewerbsordnung, die grundsätzlich an der individuellen Freiheit und am Privateigentum
an den →Produktionsmitteln orientiert
ist. Dies geschieht aus der Vorstellung,
dass bei vollständiger Konkurrenz ein
Höchstmaß an ökonomischer Wohlfahrt
(→Wohlfahrtsökonomik) für die ganze →
Volkswirtschaft erreichbar ist. Aus diesem Grunde sollen interventionistische
Eingriffe (→Intervention) des Staates in
den Wirtschaftsablauf unterbleiben.

S. auch →Liberalismus, →Neoliberalis-
mus.

Organigramm
zur Darstellung einer →Aufbauorganisa-
tion verwendetes Hilfsmittel. Das O.
stellt die Gesamtheit der Stellen sowie
die in diesen Stellen wahrgenommenen
Funktionen in übersichtlicher graphischer Form dar. Aus dem O. gehen
gleichzeitig die Über- und Unterord-
nungsverhältnisse disziplinarischer wie
fachlicher Art hervor, so dass es ein Abbild hierarchischer und funktioneller
Strukturen des Unternehmens ist. Insbesondere unter hierarchischen Aspekten
gibt das O. einen Überblick über die in
der Institution vorhandenen Bereiche,
Abteilungen, Arbeitsgruppen und Sach-
bearbeiterstellen.

Organisation
1. *Organisationsbegriff.* Beim Organisationsbegriff unterscheidet man im Hin-

blick auf die zugrunde liegenden Organi-
sationsauffassungen nach
- institutionellen
- funktionalen
- integrativen Begriffen.

Der *institutionelle* Organisationsbegriff
betrachtet die Institution, also das Unternehmen, die Behörde, als O. Diese Auffassung hat ihren Ursprung vor allem in
organisationssoziologischen Richtungen.
Der *funktionale* Organisationsbegriff sieht
O. als eine Teilmenge der Institution und
bezeichnet die Formen, Strukturen und
Abläufe als „Organisation". Sein Ursprung ist in betriebswirtschaftlichen
Entwicklungsrichtungen zu suchen.
Hierbei steht vor allem die Tätigkeit des
Organisierens im Vordergrund.

Der *integrative* Organisationsbegriff ver-
einigt beide Auffassungen und lässt sich
durch systemtheoretische Überlegungen
begründen. Diese Betrachtung macht es
möglich, je nach Ziel jeweils den überod.
den untergeordneten Begriff als System aufzufassen und damit als „O." zu
definieren.

Zum Verständnis der Organisationsdefi-
nitionen ist es sinnvoll, einige mit dem
Organisationsbegriff positiv wie negativ
korrelierende Begriffe zu betrachten.

Organisieren als Tätigkeit beabsichtigt
Ordnungen zu schaffen, nach denen
Strukturen gestaltet werden und Prozesse (→Prozess) ablaufen sollen. Die Begriffe Schaffung von Normen, Regelung und
Ordnung sind demnach dem Organisationsbegriff positiv zuzuordnen. Der Improvisation unterliegen alle diejenigen
Zustände und Tatbestände, die nicht organisiert werden. Einerseits ergänzen
sich die Begriffe O. und Improvisation,
andererseits konkurrieren sie miteinander: Je größer das Ausmaß an O., desto
geringerer Spielraum bleibt für Improvisation und umgekehrt. Als Ziel des Organisierens kann ein jeweils vom Bedingungsrahmen abhängiges optimales
Verhältnis von O. und Improvisation bezeichnet werden. Der Begriff der *Strukturierung* im Zusammenhang mit Regelung
und Ordnung charakterisiert die Möglichkeit, durch O. Komplexitätsreduktion
zu betreiben. Dies ist als ein wesentliches
Ergebnis organisatorischen Handelns an-

zusehen.

Die Begriffe der *Dauer* und *Wiederholung* kennzeichnen organisatorisches Handeln dergestalt, dass Organisieren sich nicht auf einmalige Vorgänge od. Lösungen bezieht. Organisatorische Regelungen sind vielmehr für sich wiederholende Prozesse und in ihren Lösungsansätzen auf Dauer angelegt. Hierbei ist der Begriff der Dauer dynamisch zu verstehen: Eine O. darf nicht erstarren, sondern muss so ausgelegt sein, dass sie in einem Anpassungsprozess geänderten Rahmenbedingungen angeglichen werden kann.

Schließlich ist noch zwischen den Begriffen →*Meta-* und →*Objekt*-O. zu unterscheiden. Unter Meta-=O. ist die Gestaltung organisatorischer Grundregeln und Grundverfahren zu verstehen, bei der Objekt-O. werden jeweils konkrete Aufgaben, Verfahren od. Projekte organisiert. Die Meta-O. bestimmt damit, nach welchen Grundregeln die Objekt-O. zu verfahren hat.

2. *O. als Managementfunktion.* Untersuchungen zeigen, dass die Gestaltung der organisatorischen →Parameter als wesentliche Managementfunktion (→Management) anzusehen ist. Hierbei wird die jeweilige O.-aufgabe von unterschiedlichen Managementebenen wahrgenommen. So obliegt dem →Topmanagement die Entscheidung über Metaorganisationsfragen, während die Objekt-O. mehr dem mittleren und unteren Management zuzuweisen ist. Im Regelfall kann davon ausgegangen werden, dass das Topmanagement die Gesamtorganisationsverantwortung hat, während die unteren O.-sebenen eine Teilverantwortung tragen. Hierbei wird die Teilverantwortung noch fachspezifisch zu untergliedern sein: Für konkrete Einkaufsorganisationsfragen ist eine zentrale O.-sabteilung in Kooperation mit der Einkaufsabteilung verantwortlich. Aus diesem Beispiel geht gleichzeitig die Eigenschaft der O. hervor, Querschnittsfunktion zu sein. So wird die organisatorische Eingliederung der O.-sabteilung bereichsübergreifend vorgenommen werden, so dass sie eine fachspezifische Vorgesetzteneigenschaft gegenüber den einzelnen Fach- od.

Funktionsbereichen wahrnehmen kann. Wenn O. als *Querschnittsfunktion* bezeichnet wird, werden die Fach- od. Funktionsbereiche auch Längsschnittfunktionen genannt.

3. *Ziele und Funktionen der O.* Aufgrund der jeweiligen Aufgabe der Institution ist das Hauptziel, die unter den wechselnden situativen Bedingungen jeweils beste Form für Strukturen und Abläufe zu finden. Dieses wenig operationale (→Operationalitätsprinzip) Hauptziel kann in operationalere Teilziele zergliedert werden. Grundsätzlich kann jedoch festgehalten werden, dass der wertende Begriff des „besten Prozesses", der „besten Lösung" od. „besten Struktur" das Hauptkriterium organisationaler Zielsetzungen bildet. Dieses Kennzeichen - gering operationalisierte Ziele erfüllen zu müssen - ist ein spezifisches Merkmal organisationaler Aufgabenstellungen.

In der Entwicklung der O.-slehre spielen sog. O-sprinzipien eine bedeutungsvolle Rolle.

Diese Prinzipien können als gering operationalisierte Ziele aufgefasst werden und stellen Gestaltungsempfehlungen für organisatorisches Arbeiten dar. Das Problem, operationale Ziele zu setzen, ist von besonderer Bedeutung für Gestaltungsprozesse, bei denen das jeweilige Gestaltungssoll auf der Basis von O.-sprinzipien od. konkreten Zielsetzungen entwickelt wird. Das hierin liegende Wertproblem ist auf der Ebene der praktischen O.-sarbeit nicht zu lösen: Jeder organisatorische Gestaltungsprozess basiert auf der Vorstellung, dass es möglich ist, eine „bessere" als die vorgefundene Lösung zu finden.

4. *Art der O.* Unter formalen Gesichtspunkten lässt sich zwischen →Aufbau- und → Ablauforganisation unterscheiden. Die *Aufbau-O.* - auch als Struktur-O. bezeichnet - beschäftigt sich mit der Form der Institution, der Struktur ihrer Führung, den O.-sebenen sowie den Grundsätzen, nach denen der Aufbau der O. gestaltet wurde. Hier wird zwischen Funktions-, →Objekt- und Regionsorientierung unterschieden. Bei der Funktionsorientierung bilden betriebswirtschaftliche Funktionskategorien wie

Einkauf, Verkauf, Verwaltung die Grundlage der Basisstruktur. Bei der Objektorientierung wird eine Untergliederung nach Sparten, Produktgruppen od. Projekten vorgenommen. Bei Regionsorientierung liegt die regionale - im Regelfall geographische - Struktur der Untergliederung zugrunde.

In der jeweils konkret vorzufindenden O. wird eine Mischung aus Funktions-, Objekt- und Regionsgliederung vorliegen. Die O. wird nach dem vorherrschenden Gliederungsprinzip der ersten durch Dezentralisierung gekennzeichneten O.-sebene benannt.

Die →Ablauf- oder →Prozess-O. kann nach der typischen Art der in ihr ablaufenden Prozesse kategorisiert werden. Hier sind als Kategorien denkbar:
- soziale (menschliche)
- mechanische/ mechanisierte sowie
- automatische

Prozesse. Diese Struktur ist durch die Art des Trägers definiert. Soziale od. menschliche Prozesse werden durch den Menschen als Aktionsträger bestimmt, wobei eine bestimmte Unterstützung durch Maschinen od. Geräte nicht ausgeschlossen werden soll. Mechanische Prozesse werden durch eine symbiotische Beziehung zwischen Mensch und Maschine gekennzeichnet, wobei die Maschine der Funktion des steuernden und kontrollierenden Menschen bedarf und der Mensch meist seine Aufgabe ohne die Unterstützung der Maschine nicht lösen kann. Bei automatischen Prozessen erfolgt die gesamte Durchführung und Steuerung maschinell, wobei die Steuerungsfunktionen i.d.R. durch einen Einzweck- od. programmierten Mehrzweck-Computer übernommen werden. Bei Prozessen dieser Art nimmt der Mensch oft nur noch Überwachungsfunktionen wahr, die jedoch auch - falls gekoppelt mit Fehlermeldesystemen - automatisierbar sind.

Als Voraussetzung einer Automation müssen eine gewissenhafte Prozessanalyse und -synthese bezeichnet werden, die als spezifische Untergliederungen ablauforganisatorischer Problemstellungen angesehen werden.

5. *Dimensionen der O.* Die systemtheoreti-sche Betrachtungsweise lehrt, dass das O.-sproblem mehrdimensional ist. Hierbei lassen sich je nach der spezifischen Zielsetzung und Problemstellung verschiedene Betrachtungen über die durch ein Beziehungsgeflecht miteinander verbundenen Subsysteme anstellen. Eine Kurzcharakteristik dieses Problems führt zu folgender O.-scharakteristik: Der Zweck der Institution führt über Ziele zu Funktionen. Diese erfordern Prozesse, die innerhalb des Aufbaus ablaufen und von Menschen, durch Einsatz von Ressourcen und Techniken unter raum-zeitlichen Bedingungen ausgeübt werden. Hieraus gehen folgende Dimensionen hervor:
- Zweck-/ Zieldimension
- Funktionsdimension
- Struktur-/ Aufbaudimension
- Ablauf-/ Prozessdimension
- Faktorendimension.

Die Faktorendimension beinhaltet die Faktoren Menschen, Ressourcen sowie Techniken und Methoden.

Literatur: *E. Grochla*, Unternehmensorganisation. Reinbek 1972. *W. Hill/ R. Fehlbaum/ P. Ulrich*, Organisationslehre, Bd. I und II. 2. verb. A., Bern-Stuttgart 1976. *A. Kieser/ H. Kubicek*, Organisation. Berlin-New York 1977. *P. Ulrich/ E. Fluri*, Management. 3. erw. A., Bern 1984. *R. Voßbein*, Organisation. 2. A., München 1987.

Prof. Dr. R. Voßbein, Essen

Organisationales Lernen
→Lernende Organisation.

Organisationen ohne Erwerbszweck
genauer: private O., darunter fallen in der →Volkswirtschaftlichen Gesamtrechnung insbesondere Verbände, Vereine usw., die Dienstleistungen produzieren, jedoch nicht auf →Gewinn ausgerichtet sind und nicht zu den öffentlichen Haushalten (→Haushalt) gehören. In der Aufteilung der →Wirtschaftssubjekte in der Volkswirt-schaftlichen Gesamtrechnung in Unternehmen, private Haushalte (→ Haushalt) und öffentliche Haushalte zählen die O. zu den privaten Haushalten.

Organisationskultur
→Lernende Organisation.

organisatorischer technischer Fortschritt
⇒learning by doing
→induzierter technischer Fortschritt, der
insbesondere in Organisationen als learning by doing (K. J. Arrow) auftritt. Er
findet sich in der →Wachstumstheorie
vor allem bei der Erklärung von Veränderungen des Pro-Kopf-Einkommens als
expliziter Produktionsfaktor. S. →techni-
scher Fortschritt.

organisierte Interessen
politische Parteien, Tarifparteien und allgemein Verbände sind Konkretisierungen o. Da nicht jedes Gruppenmitglied
seine Interessen selbst wahrnehmen
kann od. will, ist das Problem der richtigen Abbildung der Individualinteressen
in der Gruppenvertretung (Interessenvertretung) zu lösen. In parlamentarischen Systemen hat sich die Erscheinung
des Lobbyismus ausgebildet. O. spielen
nicht nur in der →Wirtschaftstheorie und
→politik eine Rolle, sondern sind Gegenstand sozialwissenschaftlicher Disziplinen wie Soziologie und Politikwissen-
schaft.

Organkredit
1. bei einer →Aktiengesellschaft: Durch
den → Aufsichtsrat zu bewilligende →
Darlehen (§ 89 AktG) an Mitglieder des →
Vorstandes, → Prokuristen und mit →
Handlungsvollmacht für den gesamten
Geschäftsbetrieb ausgestattete Personen
sowie an deren Ehefrauen und minderjährige Kinder.
2. bei →Kreditinstituten: zusätzlich vor
allem solche Darlehen, die an Mitglieder
des Aufsichtsorgans, an sämtliche Angestellte sowie an deren Ehefrauen und
minderjährige Kinder, aber auch an Unternehmen, die mit dem Kreditinstitut
personell od. finanziell verflochten sind,
gewährt werden. Für die Gewährung bedarf es eines einstimmigen Beschlusses
der Geschäftsleiter und der Zustimmung
des Aufsichtsorgans (§ 15 KWG). Der O.
ist dem → Bundesaufsichtsamt für das
Kreditwesen anzuzeigen, wenn der Betrag des Darlehens 25 000 Euro od. 75%
des haftenden →Eigenkapitals des Kre-
ditinstitutes übersteigt.

Organschaft
Wenn ein rechtlich selbstständiges Unternehmen (Organ) einem anderen Unternehmen (Organträger) derart eingegliedert ist, dass es keinen eigenen Willen
hat, so verliert es seine steuerliche Selbstständigkeit bei den einzelnen →Steuern
in verschiedenem Maße.

1. körperschaftsteuerliche O. (§§ 14-19,
36, 37 KStG): Konsequenzen ergeben sich
erst, wenn Organ und Organträger einen
5jährigen Gewinnabführungsvertrag abschließen.

2. gewerbesteuerliche O. (§§ 2 II 2
GewStG): Das Organ ist nicht gewerbe-
steuerpflichtig.

3. umsatzsteuerliche O. (§ 2 II UStG): Seit
der Einführung der → Mehrwertsteuer
hat die umsatzsteuerliche O. nur noch
verrechnungstechnische Bedeutung.

originäres Geld
⇒primäres Geld
→Geldarten.

originäres Gut
→Gut.

OSIRIS
Abk. für: **O**rganized **S**et of **I**ntegrated
Routines **S**ciences
in der Software (→automatisierte Datenverarbeitung) ein ausgereiftes und auf
verschiedenen Datenverarbeitungsanla-
gen implementiertes Programmsystem,
insbesondere für Bedürfnisse der Sozialwissenschaften.

Osteuropa-Bank
→ Europäische Bank für Wiederaufbau
und Entwicklung.

Output
→Ertrag.

Output-Faktor-Kosten
⇒Expansionspfad
⇒*Faktoranpassungskurve*
⇒scale line.

Outputmarkt
⇒*Gütermarkt.*

Outputniveau
ein bestimmtes O. ist durch eine →Iso-
quante gekennzeichnet. O. ist also der
geometrische Ort aller Faktoreinsatz-
mengenkombinationen, die bei einer bestimmten → Produktionsfunktion den
gleichen →Output hervorbringen.

Outright-Geschäft
→Devisentermingeschäft, das nicht mit
einem Kassageschäft verbunden ist. Dies
unterscheidet ein O. von einem →Swap-
Geschäft. S. auch →Devisenmarkt.

outside lag
externe Verzögerung: Die eigentliche
Wirkungsverzögerung einer wirtschafts-
und finanzpolitischen Maßnahme. →lag.

outside money
⇒Außengeld

Outsourcing
Reduktion der Fertigungs- und Entwick-
lungstiefe eines Produzenten. Produktion und Teile der Entwicklung gehen
stärker auf Zulieferer, Systemlieferanten
und große Systemführer über.
S. auch →Netzwerkorganisation.

Overhead Value Analysis
Verfahren des Gemeinkostenmanage-
ments. Ziel der G. besteht darin, unnötige

→Leistungen abzubauen und das strikt
Notwendige so kostengünstig wie möglich zu erstellen. Die Effizienz des Verfahrens beruht auf einer durchdachten
Projektorganisation und einer strukturierten Vorgehensweise. Ein Lenkungsausschuss, der mit Führungskräften
besetzt ist, entscheidet über alle Einsparungen.
Analyseteams sind die Träger des methodischen Know how. Sie bestehen aus
qualifizierten Linienführungskräften, die
an den Lenkungsausschuss berichten
und zugleich die wichtigsten Ansprechpartner für die Leiter der Untersuchungseinheit darstellen. Letztere sind
die Träger des fachlichen Know how. Die
O. besteht aus drei Phasen:
1. Vorbereitungsphase: Phase zur Schulung des Wertanalyse-Teams, der Projektplanung und -organisation.

2. Analysephase mit den Teilschritten: a)
Auflistung der Leistungen und Kosten-
abschätzung; b) Gegenüberstellung der
Kosten und Nutzen; c) Entwicklung von
Verbesserungs- und Einsparungsideen
für alle Leistungen. Den Analysegrup-
pen wird jeweils ein Kostensenkungsziel
vorgegeben.

3. Umsetzungsphase: Die aus der Analysephase abgeleiteten konkreten Aktionsprogramme werden realisiert.

P

Paasche-Index
→Indexzahl
→Inflationstheorie, 1.
→Preisindex.

pagatorische Rechnung
1. →Finanzbuchhaltung ist eine p., weil sie auf Zahlungsvorgängen aufgebaut ist. Gegensatz ist die kalkulatorische Rechnung der →Betriebsbuchhaltung.

2. pagatorische →Bilanz nach Kosiol. Ermittlung eines vergleichbaren Periodenerfolgs durch Zahlungsdifferenzen. Dabei müssen in der Rück- und Nachverrechnung sowie in der Vor- und Tilgungsverrechnung Zahlungen fingiert werden, um den Periodenbezug herzustellen.

Panel
bestimmte Gruppe von Personen od. Unternehmen, die zur Datengewinnung für P.-untersuchungen fortlaufende Aufzeichnungen über bestimmte Vorgänge od. Sachverhalte vornehmen od. die in regelmäßigen Abständen für P.-umfragen zur Verfügung stehen. Besonders bekannt geworfen ist das Haushalts-P. der Gesellschaft für Konsumforschung in Nürnberg. Man unterscheidet daneben Hersteller-, Großhandels-, Einzelhandels-P. Zu berücksichtigen ist der sog. P.-Effekt: Die P.-mitglieder gewöhnen sich allmählich an ihre Testsituation und ändern p.-bedingt ihr Verhalten, z.B. durch Unterlassen von Spontankäufen.

Paradoxon
in semantischer Hinsicht ist ein Satz gemeint, der einer verbreiteten Meinung oder auch Erwartung widerspricht. P. hat in der → Wirtschaftswissenschaft nicht eindeutig klaren Begriffsinhalt und wird auch nicht zu der →Anomalie unterschieden od. zum →Dilemma trennscharf abgegrenzt. Das P. beruht auf begrifflicher Unklarheit od. auf einer ungenauen →Prämisse od. ist durch das Fehlen od. → Scheitern einer Aggregationsbedingung begründet.

Parafiskus
⇒Hilfsfiskus
⇒intermediäre Finanzgewalt
autonome od. teilautonome Körperschaft zum Zweck der Wahrnehmung →öffentlicher Aufgaben, die meist über eigene Finanzquellen mit Zwangscharakter verfügt. Beispiel ist die → Sozialversicherung.

Parallelgeschäft
Bezeichnung eines →Kompensationsgeschäftes nach seiner vertraglichen Gestaltung, bei dem zwei formal getrennte Verträge, u.zw. über den Verkauf und Gegenkauf, gleichzeitig - also parallel - unterzeichnet werden.

Parallelwährung
Zwei nebeneinander umlaufende Währungen, deren Wertverhältnis nicht gesetzlich fixiert, sondern am freien Markt gebildet wird. Ein historisches Beispiel ist der gleichzeitige Umlauf von Gold- und Silbermünzen.

Parallelwirtschaft
⇒hidden economy
⇒Schattenwirtschaft
⇒*Untergrundwirtschaft.*

Parameter
eine mathematische Hilfsgröße, i.d.R. eine reelle Zahl, z.B. bei der P.-darstellung einer Geraden. In der Statistik ist ein P. eine das statistische Modell beschreibende Größe, z.B. der →Mittelwert einer → Häufigkeitsverteilung. Schätzer für P. werden →P.-tests (→Testverfahren, 4.) unterzogen.

Parametertest
→Testverfahren, 4.

Pareto-Optimalität
⇒Pareto-Optimum
⇒top level optimum.

Pareto-Optimum
⇒Pareto-Kriterium
⇒Pareto-Optimalität

⇒top level optimum
→Kaldor-Hicks-Effizienz.
nach Vilfredo Pareto ein volkswirtschaftlicher Zustand, bei dem kein → Wirtschaftssubjekt besser gestellt werden kann, ohne nicht die Position zumindest eines anderen zu verschlechtern. Es wird durch ein Güterbündel verkörpert, das technologisch effizient produziert (→Produktionsoptimum) wird, bei dem die → Grenzrate der Gütersubstitution für alle Wirtschaftssubjekte gleich ist (Handelsoptimum) und bei dem die →Grenzrate der Transformation gleich der Grenzrate der Gütersubstitution ist. (S. auch →bilateraler Tausch.)
Es kann gezeigt werden, dass ein vollständiges Konkurrenzgleichgewicht ein P. ist. Besondere Probleme für die Formulierung eines P. erwachsen aus der Einbeziehung →öffentlicher Güter, der Berücksichtigung von Externalitäten (→ externe Effekte) und aus der Dynamisierung.

Pariser Club
1. Vereinigung einiger west- und mitteleuropäischer Industriestaaten, die mit Argentinien ein Abkommen schlossen, um den bis dahin bilateralen Waren- und Zahlungsverkehr auf multilaterale Basis zu stellen. Seine Mitglieder sind identisch mit den Mitgliedern des Haager Clubs, die 1953 mit Brasilien ein Abkommen zur Bildung einer kleinen Zahlungsunion abschlossen. Nach dem Übergang zur Teilkonvertibilität verloren beide an Bedeutung, bestehen jedoch als Gläubigerorganisationen weiter.

2. Häufig gebrauchte Bezeichnung für den →Zehnerclub.

Parität
→Wechselkurs.

Parkinsonsches Gesetz
Die Bürokratie in Institutionen wächst nach Parkinson mit einer angeblich mathematisch bestimmbaren →Wachstumsrate unabhängig davon, ob der Arbeitsanfall (die Aufgaben) zunimmt, abnimmt od. ganz verschwindet.

Partialanalyse
1. i.Gs. zur →Totalanalyse untersucht die P. Zusammenhänge zwischen verschiedenen Größen dadurch, dass der Einfluss auf die zu erklärende →Variable nur noch von einer Veränderungsgröße od. wenigen Veränderlichen ausgeht, indem man in der Analyse die Konstanz aller übrigen Größen postuliert (→ceteris-paribus-Bedingung).

2. darüber hinaus bezeichnet man eine Analyse dann als P., wenn z.B. nur der → Markt für ein →Gut untersucht wird od. bei einer Investitionserhöhung (→Investition) nur der →Kapazitätseffekt interessiert.

Partialmarktgleichgewicht
→Gleichgewicht auf einem →Gütermarkt od. →Faktormarkt, das nur dadurch formuliert werden kann, dass man von Wirkungen auf andere →Märkte und deren Rückwirkungen auf den untersuchten Markt abstrahiert. S. auch →Partialanalyse.

partielle Faktorvariation
→Faktorvariation.

partielle Korrelation
Korrelation zwischen den →Merkmalen X und Y unter Ausschaltung linearer Einflüsse weiterer Merkmale auf X und Y. S. →Korrelationsanalyse.

Partnerschaftsunternehmen
⇒Gemeinschaftsunternehmen
⇒*Joint Ventures.*

Pasinetti-Paradoxon
Für die Entwicklung der →Einkommens- und Vermögensverteilung auf sehr lange Sicht ist der italienische Nationalökonom L. L. Pasinetti 1962 mit Hilfe eines modifizierten →Modells von Kaldor zu dem Ergebnis gekommen, dass die →Profitrate bzw. →Profitquote im langfristigen → Gleichgewicht der →Verteilung nur von der →Sparquote der Kapitalisten, nicht aber von der Sparquote der Arbeiter abhängt.

passive Kasse
⇒Spekulationskasse

→Keynessche Theorie
→Kasse.

passiver Finanzausgleich
→Finanzausgleich.

passive Zahlungsbilanz
Da die →Zahlungsbilanz stets buchhalterisch ausgeglichen ist, bedeutet eine p. eine Abnahme der Devisenbestände (→ Devisen) aufgrund eines Passivsaldos in einer Teilbilanz od. in mehreren Teilbilanzen, die nicht durch einen od. mehrere Aktivsalden in anderen Teilbilanzen ausgeglichen wird.

Patent
technische Erfindung, die durch die Einräumung von absoluten Rechten geschützt ist.

Patinkin-Hypothese
These von Don Patinkin (in seinem Werk „Money, Interest, and Prices", 1956), dass die klassische →Dichotomie von güterwirtschaftlicher Theorie und geldwirtschaftlicher Theorie die Erklärung verhindere, wie monetäre Vorgänge Güter- und Faktorpreise (→Faktorpreisbildung) beeinflussen und damit auf die Höhe des →Sozialprodukts, die →Allokation und die → Einkommensverteilung wirken.

Pauschalbesteuerung
⇒Pauschbesteuerung
im → Steuerrecht aus Vereinfachungsgründen zugelassen bei verschiedenen Sachverhalten. So kann das Finanzamt in den Fällen des § 28 KVStG, § 14 GrEStG und § 11 I 8 VerStG die → Steuer in Pauschbeträgen festsetzen. Auch bei der → Lohnsteuer kann gemäß §§ 40, 40a EStG mit einem Pauschsteuersatz besteuert werden, unter anderem dann, wenn die Bezüge an kurzfristig Beschäftigte gezahlt werden, die in geringerem Umfang od. gegen geringen Arbeitslohn tätig sind.

Pauschbesteuerung
⇒*Pauschalbesteuerung.*

Pauschgebühren
→Gebühren, die aus einer Pauschale be-

stehen, z.B. Autobahngebühren in der Schweiz für jeweils ein Jahr.

Pauschsteuer
⇒Lump-sum-Steuer
→Steuer, die durch ihre Erhebung einen bestimmten Steuerbetrag erbringt und der der Steuerpflichtige nicht ausweichen kann, z.B. eine den Unternehmen unabhängig vom → Output auferlegte Steuer.

Pay-as-you-use-Prinzip
Prinzip aus der → Finanzwissenschaft. Danach sind →Investitionen der öffentlichen Hand durch →Anleihen zu finanzieren, während deren perioden-bezogene Nutzung durch jeweilige Steuereinnahmen zu finanzieren sind.

payment order
Überweisung im internationalen →Zahlungsverkehr in der Form des internationalen Zahlungsauftrags, durch die Fremdwährung transferiert wird.

Pay-off-Methode
Investitionsrechnungsverfahren, das bei der Auswahl von Investitionsobjekten für jedes dieser Objekte die Pay-off-Periode (Amortisationszeit, Payback-Periode, Kapitalrückflussdauer) ermittelt. Die Entscheidungsregel lautet: Wähle dasjenige Investitionsvorhaben, das die kürzeste Pay-off-Zeit ausweist.

pay roll-tax
⇒Sozialabgaben
→Abgabe, 2.

Peak-Load-Pricing
Teilbereich der →Preis- bzw. →Allokationstheorie, welche die wohlfahrtsökonomischen Optimalbedingungen für nichtlagerfähige →Güter od. Dienstleistungen (→Gut) angibt, bei denen regelmäßige → Nachfrageschwankungen auftreten. P. stellt eine Weiterentwicklung der Grenzkostenpreisregel (→ (Produkt) Preisbildung) auf den realistischen Fall von Nachfrageschwankungen dar. Im Regelfall sind unterschiedliche →Preise in den einzelnen Perioden optimal: gegenüber dem einheitlichen Preis ein höherer Preis in der Spitzenperiode und ein niedrige-

rer Preis in der Schwachlastperiode. Beantwortet werden durch das P. auch Fragen der optimalen Kapazitätsauslastung, des Kapazitätsbedarfs und der Verteilungswirkungen.

Pearsonscher Korrelationskoeffizient
→Korrelationsanalyse.

Peelsche Bankakte
englisches Gesetz über die Bank von England aus dem Jahre 1844. Danach sollte ein Teil der → Banknoten nicht durch Gold gedeckt sein (Fiduciary Issue). Der Rest war 100% durch Gold zu decken. Hinter dem Gesetz stand das Gedankengut der →Currency-Theorie, die sich gegenüber der → Banking-Theorie durchgesetzt hatte. Die Aufgabe der → Bank bestand darin, bei strikter Wahrung des Goldautomatismus dafür zu sorgen, dass durch ungedeckte Banknoten keine →Zahlungsbilanzdefizite induziert würden.

pekuniäre Effekte
→externe Effekte.

Pensionsgeschäfte
werden auf dem Gebiet der internationalen Zinsarbitrage (→Arbitrage) abgewickelt. Es sind alle Vereinbarungen, nach denen Vermögensgegenstände (z.B. → Wechsel, → Wertpapiere, Darlehensforderungen (→Darlehen, →Forderung)) gegen Zahlung eines Betrages auf einen anderen (Pensionsnehmer) mit der Maßgabe übertragen werden, dass sie zu einem im Voraus bestimmten od. vom Pensionsnehmer zu bestimmenden Zeitpunkt gegen Entrichtung des empfangenen od. eines im Voraus vereinbarten Betrages zurückerworben werden müssen. Es handelt sich also um eine Kopplung von → Kassa- und → Termingeschäften. S. auch →Offenmarktpolitik, 2.

Pensionskasse
eine von einem oder mehreren Unternehmen gegründete außerbetriebliche Einrichtung meist in der Rechtsform eines kleineren Versicherungsvereins a.G. zur Gewährung von Leistungen im Rahmen der betrieblichen Altersvorsorge. Versorgungsleistungen dürfen nur an Mitarbei-

ter dieser Unternehmen bzw. deren Angehörige gewährt werden. Die Mittel zur Finanzierung der Versorgungsleistungen werden durch Beiträge der Unternehmen aufgebracht, an denen in den meisten Fällen der Arbeitnehmer beteiligt ist.

Pensionsrückstellungen
ein Sonderfall der ungewissen → Verbindlichkeiten. Solche entstehen aus laufenden →Renten ehemaliger Mitarbeiter und aus Anwartschaften auf Altersversorgung jetzt aktiver Mitarbeiter. Betriebswirtschaftlich ist die Passivierung geboten (→Bilanz). Rechtsprechung und Gesetzgebung kennen nur ein Passivierungswahlrecht. Wg. der langfristigen Vorteile einer P. in der →Steuerbilanz und des → Maßgeblichkeitsprinzips stützt sich die Praxis auch für die →Handelsbilanz weitgehend auf die steuerlichen Vorschriften insbesondere auf § 6 a EStG.

perfect competition
=atomistische Konkurrenz
=polypolistische Konkurrenz
=polypolistisch homogene Konkurrenz
=pure competition
=vollständige Konkurrenz.

performance budget
tatsächlich vollzogener →Haushaltsplan i.Ggs. zum ursprünglich aufgestellten Haushaltsplan od. im Vergleich zu anderen Konzepten wie →konjunkturneutraler Haushaltsplan od. dem full-employment-budget.

periphere Substitution
=unvollkommene Substitution
=unvollständige Substitution
Produktionstechnologie, die den Mindereinsatz eines Faktors bei gleicher Produktionsmenge durch den Mehreinsatz eines anderen od. mehrerer anderer → Produktionsfaktoren erlaubt und bei der eine Untergrenze für den Einsatz eines jeden Faktors nicht unterschritten werden kann. Anders bei der alternativen Substitution (→Faktorsubstitution), dem vollständigen Ersatz eines Faktors durch einen anderen.

permanente Einkommenshypothese
⇒*Dauereinkommenshypothese.*

permanentes Einkommen
normales od. durchschnittliches →Einkommen, das sich aus dem gegenwärtigen und zukünftig erwarteten Einkommen zusammensetzt. Die transitorischen Einkommensanteile (→ transitorisches Einkommen) sind also weggelassen. Das p. spielt eine wesentliche Rolle für die → permanente Einkommenshypthese von Milton Friedman (1957), wonach sich die Konsumentscheidungen an der Höhe des p. ausrichten.

permanentes Gleichgewicht
⇒intertemporales Gleichgewicht
⇒langfristiges Gleichgewicht
→Gleichgewicht, 2.

per se rule
Rechtsinstitut aus dem anglo-amerikanischen Common Law: die Einschränkung der freien wirtschaftlichen Betätigung ist per se unzulässig. Dieses Prinzip der per se-Unangemessenheit führt nicht nur zum Vorteil jedes Betroffenen zu einer größeren Rechtssicherheit hinsichtlich der Art von Beschränkungen, die der → Sherman Act (Verbot jeder horizontalen od. vertikalen Wettbewerbsbeschränkung) verbietet, sondern macht es gleichzeitig überflüssig, komplizierte und langwierige wirtschaftliche Untersuchungen anzustellen, ob eine bestimmte Beschränkung der freien wirtschaftlichen Betätigung unangemessen ist od. nicht. Die Anwendbarkeit der p. ist aber bei der →Fusionskontrolle in den USA weitgehend zugunsten der rule of reason eingeschränkt, die als Case Law den Einzelfall prüft, ob eine Wettbewerbsbeschränkung angemessen ist oder nicht.

Personalwirtschaft
1. *Einführung.* In allen Betrieben wird stets menschliche →Arbeit - zusammen mit technischen und finanziellen Ressourcen - zur Erreichung der betrieblichen Ziele eingesetzt. Geschieht sie durch eine Mehrzahl angestellter Mitarbeiter, so wird, auf diese bezogen, betriebliche Personalarbeit (als derivative Leistung) erforderlich. Personalarbeit

wird zum einen in einem institutionalisierten Personalwesen (Personalabteilung bzw. - in größeren Betrieben - Personalbereich mit mehreren Abteilungen) geleistet, zum anderen auch zusätzlich durch jeden Vorgesetzten im Betriebe, soweit er Mitarbeiterführung betreibt, sowie durch die Geschäftsleitung, wenn sie personalpolitische Richtlinien festlegt (ggf. unter Hinzuziehung des →Betriebsrates) bzw. wenn sie einzelne personelle Entscheidungen fällt. Mit Personalarbeit wird einerseits die Art und Weise der betrieblichen Leistungserbringung beeinflusst, andererseits erfordert sie selbst wiederum Ressourcen-Einsatz. Mit ihr sind daher ökonomische Probleme verbunden, so dass es gerechtfertigt ist, von *Personalwirtschaft* zu sprechen und sie zum Gegenstand und speziellen Teilfach der Betriebswirtschaftslehre zu machen.

2. Gegenstände der P.
2.1. *Personalpolitik* besteht aus der Festlegung folgender Tatbestände: (1) Unternehmungspolitische Entscheidungen werden mit ihren personellen Implikationen abgestimmt, d.h. mit den personellen Voraussetzungen und Konsequenzen ihrer Durchsetzung. Dies ist erkennbar ein zweiseitiger Vorgang: Personalpolitik wird durch die Unternehmungspolitik bestimmt; Unternehmungspolitik muss u.U. personelle Restriktionen beachten. (2) Inhalte und Umfang betrieblicher Personalarbeit werden festgelegt: Soll z.B. systematische Personalplanung, Karriereplanung, betriebliche Fortbildung überhaupt betrieben werden und wenn ja, in welcher Ausgestaltung (Detailliertheit, Aufwand)? (3) Mit allgemeinen Richtlinien wird über die Art und Weise befunden, mit der betriebliche Personalarbeit - sowohl in den Teilgebieten des Personalwesens wie auch bei der Mitarbeiterführung - geleistet werden soll.

2.2. Unter *Mitarbeiterführung* werden alle Aktivitäten der *Willensbildung, -durchsetzung und -sicherung* verstanden, mit denen das *Verhalten* der Mitarbeiter i.S. der Aufgabenerfüllung bzw. des Vollzuges solcher Tätigkeiten gesteuert wird, die für die Erreichung betrieblicher und persönlicher Ziele als notwendig bzw. sinnvoll erachtet werden. Mitarbeiterführung ist insoweit Ausübung von Vorgesetztenfunktionen; sie kann aber auch (z.B. bei Gruppenarbeiten) durch formal ranghierarchisch nicht übergeordnete Mitarbeiter ausgeübt werden. Umstritten ist, welcher →*Führungsstil* in welcher Führungssituation in welcher Weise effizient ist; die Auffassung beginnt sich durchzusetzen, dass es den generell optimalen Führungsstil nicht gibt. Ein Trend zu mehr kooperativer Führung scheint sich z.Z. noch mehr in Diskussionen und Absichten als in praktischem Vollzug abzuzeichnen.

2.3. Es sind *mehrere Teilgebiete des institutionalisierten Personalwesens*, in denen betriebliche Personalarbeit konzeptionell betrieben wird, und zwar im Wege der betriebsindividuellen Gestaltung und Handhabung von Systemen zur Planung, Bedarfsdeckung, Entwicklung und Leistungsabgeltung sowie Verwaltung des Personals. In kleineren und mittleren Betrieben ist nur ein Teil dieser Aufgaben als Gegenstand systematisch und/ od. institutionell betriebener Personalarbeit anzutreffen.

a) Personalplanung ist - in einer weiten Begriffsfassung - in zweierlei Sinn zu verstehen: Zum einen ist sie die Ermittlung des *Netto-Personalbedarfs*, das ist die Differenz zwischen dem *Brutto-Personalbedarf* (die Gesamtheit aller notwendigen Arbeitsplätze eines Betriebes) und dem *Personalbestand*. Eine negative Plangröße zeigt zu deckenden Personalbedarf an, eine positive freizusetzenden Personalüberschuss. Zum anderen ist Personalplanung gleichbedeutend mit der planerischen Gestaltung der übrigen Teilgebiete des Personalwesens.

b) *Personalbedarfsdeckung* besteht bei Vakanzen aus der Beschaffung von Bewerbern (aus dem Betriebe oder vom externen Arbeitsmarkt), aus deren Auslese und letztlich dem Einsatz im Arbeitsprozess. Regelmäßigen Umfragen zufolge besteht in praxi in Bezug auf die Besetzung von Vakanzen für Führungskräfte die Tendenz, zum größeren Teil aus betriebsinternen Arbeitskräftepotential zu rekrutieren.

c) Mit *Personalentwicklung* wird die positive Veränderung der Qualifikationen

und/ od. Leistungen der Mitarbeiter angestrebt. Von den hierzu einsetzbaren Instrumenten besitzt die *betriebliche Fortbildung* den höchsten Verbreitungsgrad; für sie ist seit längerem (vor allem für die mittleren und unteren Hierarchie-Ebenen) die Tendenz zu einer Verlagerung von externen zu innerbetrieblichen Veranstaltungen zu beobachten. *Karriereplanung* besitzt in (größeren Betrieben) den nächsthöheren Stellenwert unter den Personalentwicklungs-Maßnahmen. Job Enlargement und Job Enrichment als Maßnahmen der *Aufgabenstrukturierung* haben derzeit die vergleichsweise geringere Bedeutung.

d) Bei der Leistungsvergütung wird die Grundentlohnung vertraglich vereinbart. Dabei unterliegen die Lohnformen (Zeit-, Stück-, Prämienlohn) betriebsindividuellen Vereinbarungen; die Lohnhöhen sind Ergebnisse von Tarifverhandlungen mit den Gewerkschaften oder Inhalt von Betriebsvereinbarungen. Spitzenführungskräfte werden in aller Regel außertariflich bezahlt, zumeist erhalten sie zudem erfolgsabhängige Zusatzvergütungen (Tantieme) sowie eine betriebliche Altersversorgung. Erfolgsbeteiligungen werden auf Initiative von einzelnen Unternehmungen freiwillig gezahlt. Beteiligungssysteme haben mehrere Elemente (Beteiligungsbasis, Individualquote etc.); durch Wahl unterschiedlicher Ausprägungen ist ihre betriebsindividuelle Gestaltung möglich.

e) Der *Personalverwaltung* obliegen administrative Service-Tätigkeiten für das gesamte betriebliche Personalwesen. Sie sind analytischer Art (Klärung personeller Sachverhalte zur Entscheidungsvorbereitung, zur Konfliktvermeidung bzw. -regelung o.ä.), informatorischer Art (Beschaffung und Bereitstellung von Informationen für die Primäraufgaben des Personalwesens), überwachender Art (z.B. bezüglich der Einhaltung von Terminen, arbeitsrechtlichen Vorschriften etc.) und verfahrenstechnischer Art (Vorbereitung und Abwicklung von Einstellungen, Versetzungen, Entlassungen, Lohn- und Gehaltsabrechnungen und -zahlungen usf.).

3. *P. als Teilgebiet der Betriebswirtschaftsleh-*

re. Der erste deutsche Lehrstuhl „Personalwesen und Arbeitswissenschaften" wurde 1961 in Mannheim eingerichtet. Zahlreiche Universitäten folgten: in den 70er Jahren wurden zudem neue Hochschulen gegründet.
Eine Zählung im Jahre 1998 ergab, dass in Deutschland insgesamt 52 Professuren mit personalwirtschaftlichem Angebot existieren. Die Lehrprogramme reichen von den verhaltenswissenschaftlichen Grundlagen über die personalwirtschaftlichen Instrumente und Führungssysteme bis hin zu den Verfahrenslehren. In den 70er Jahren erschienen mehr als 10 Lehrbücher, zwei umfassende Enzyklopädien, zahlreiche Artikel in Zeitschriften und Sammelwerken zu Spezialproblemen des Personalwesens sowie mehrere empirische Untersuchungen der betrieblichen Personalarbeit. Die theoretischen Ansätze dieser Arbeiten sind vielgestaltig. Sie reichen von individualistischen Ansätzen, die arbeitsphysiologische, -psychologische oder -pädagogische Problemperspektiven haben, über mikrosoziale Theorien (sozioemotional-, führungs-, kommunikations-, konfliktorientiert) bis hin zu makrosozialen Ansätzen (funktionalistische, planungsorientierte, institutionell-aufbauorganisatorische, ziel- und interessenorientierte Perspektiven). Es gibt also bis heute noch keine einheitliche Theorie des Personalwesens.
In den 80er Jahren beginnen eine erste Konsolidierung und Reflektionen des Faches. Es erscheinen mehrere Sammelrezensionen und dogmengeschichtliche Monographien zum Personalwesen. Personalwesen etabliert sich von einer Fragenperspektive der Betriebswirtschaftslehre zu nunmehr einer eigenständigen Teildisziplin, d.h. zu einer „Speziellen Betriebswirtschaftlehre", wie z.B. Marketing, Produktions-, Finanzwirtschaft.
Literatur: *J. Berthel*, Personalmanagement. Grundzüge für Konzeptionen betrieblicher Personalarbeit. 5. A., Stuttgart 1997. *G. Brinkmann*, Ökonomie der Arbeit, Bd. 1: Grundlagen. Stuttgart 1981. Bd 2: Die Allokation der Arbeit. Stuttgart 1981. Bd. 3: Die Entlohnung der Arbeit. Stuttgart 1984. *G. Schanz*, Personalwirtschaftslehre. Lebendige Arbeit in verhaltenswissenschaftlicher Perspektive. 2. A., München 1993. *C. Scholz*, Personalmanagement. Informationsorientierte und verhaltenstheoretische Grundlagen. 4. A., München 1994. *H. J. Drumm*, Personalwirtschaftslehre. 3. A., Berlin 1995.
Prof. Dr. J. Berthel, Siegen†

personelle Einkommensverteilung
1. *Gegenstand.* Die p. setzt die Höhe der individuellen → Einkommen in Beziehung zu der Zahl der Personen, die dieses Einkommen bezogen haben. Die p. liefert mithin auch Informationen darüber, auf welchen Anteil der Personen welcher Anteil des Gesamteinkommens entfällt. Die Verteilung muss sich nicht auf eine funktionell homogene Art des Einkommens (→ funktionelle Einkommensverteilung) beschränken; das betrachtete Einkommen kann aus verschiedenen Quellen geflossen sein. Es kann sich zudem um die Verteilung der →Bruttoeinkommen, wie diese sich unmittelbar aus dem Prozess der → Faktorpreisbildung ergeben, handeln (→Primärverteilung) od. um die Verteilung des verfügbaren Einkommens (→Sekundärverteilung), wie dieses sich infolge direkter staatlicher Umverteilungsmaßnahmen einstellt.

2. *empirische p.* Zur graphischen Darstellung der p. werden die Wirtschaftseinheiten nach der Höhe ihres Einkommens geordnet und dann zu Einkommensklassen zusammengefasst. Die Verteilung der Wirtschaftseinheit od. deren Anteile auf die Einkommensklassen ergibt die für die p. typische Verteilungskurve, die steil zu einem Maximum ansteigt und dann in einem langen Ausläufer in Richtung der höchsten Einkommen ausschwingt (s. Abb.). Die linkssteile od.

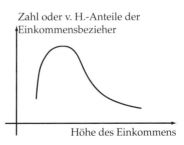

Zahl oder v. H.-Anteile der Einkommensbezieher

Höhe des Einkommens

rechtsschiefe Kurvenform prägt das Bild der p. verschiedener Einkommensarten und in unterschiedlichen Wirtschafts- und Gesellschaftsformen.

Diese Verteilungsgesetzmäßigkeit geht auf *Pareto* (1843-1923) zurück, der Ende des vorherigen Jahrhunderts zahlreiche Einkommensteuerstatistiken nach der Gestaltung der p. empirisch auswertete. Er setzte allerdings die jeweilige Einkommenshöhe zu der Zahl der Personen, die dieses und ein höheres Einkommen beziehen, in Beziehung. Die graphische Kurve zu dieser kumulierten →Häufigkeitsverteilung (Pareto-Verteilung) hat einen hyperbolischen Verlauf analog zu dem abfallenden Ast der rechtsschiefen Verteilungskurve. In einer graphischen Darstellung mit logarithmischem Maßstab ordnen sich die zugehörigen Beobachtungen zu einer absteigenden Geraden an. Da die Steigungen der Geraden in den von Pareto vorgenommenen Untersuchungen in relativ engen Grenzen um einen bestimmten Wert lagen, glaubte Pareto auf eine allgemeine Verteilungsgesetzmäßigkeit schließen zu können. Mit dieser Deutung war der Grund dafür gelegt, in der Theorie der p. die typische Kurvenform herzuleiten und zu erklären.

3. *Theorienbildung.* Bis heute bestehen zahlreiche Versuche, die p. zu erfassen, darin, eine statistische Verteilungsfunktion zu finden, mit deren Hilfe die beobachtete → Verteilung möglichst genau beschrieben werden kann (z.B. lognormale Verteilung). Diese Ansätze liefern noch keine Theorie in dem Sinne, die Entstehung der p. kausal zu erklären. Das gilt auch für jene statistisch-mathematischen Ansätze, die verwendete Funktionsform auf ökonomisch od. politökonomisch gedeutete Zufallsprozesse zurückzuführen. Erst in den letzten Jahrzehnten sind →Hypothesen formuliert worden, welche die p. aus den Allokationsentscheidungen (→ Allokation) der Wirtschaftseinheiten herleiten.

3.1. Die rechtsschiefe p. aus einem *Zufallsprozess* zu erklären geht auf *Gibrat's* (1931) „Gesetz der proportionalen Effekte" zurück. Danach soll das Einkommen einer jeden Person im Zeitverlauf zufälli-

gen Schwankungen nach oben und unten unterliegen, die proportional zu dem jeweils gegebenen Einkommensniveau ausfallen. Ist ein ausreichend langer Zeitraum verstrichen, spielt sich unabhängig von der Gestalt der Verteilung in der Ausgangslage eine lognormale p. ein, die der bekannten Verteilungskurve der beobachteten Daten entspricht.

3.2. Schon *Pareto* versuchte, die regelmäßig wiederkehrende Ungleichheit der p. aus den von Mensch zu Mensch bestehenden Unterschieden ihrer *Fähigkeiten*, Einkommen von bestimmter Höhe zu erzielen, zu erklären. Da er jedoch von der Annahme ausging, dass diese Fähigkeiten unter den Menschen normalverteilt sind, ergänzte er seine Sichtweise um die Aussage, dass die Personen mit den minderen Fähigkeiten zum Einkommenserwerb niemals das Existenzminimum unterschreiten können. Indem auf diese Weise dem Einkommenserwerb eine Untergrenze, aber keine Obergrenze gesetzt ist, wird der ansteigende Ast der Normalverteilungskurve zusammengedrückt u. p. nimmt die bekannte Schiefe an. Andere Autoren sehen die → Produktivität und Einkommen der Wirtschaftseinheiten durch mehrere Faktoren beeinflusst. Sind deren Auswirkungen multiplikativ miteinander verknüpft, ergibt sich die linkssteile p. auch dann, wenn jede der Fähigkeiten stochastisch unabhängig und normalverteilt ist. Alle diese Ansätze bleiben mechanistisch.

3.3. Ein eigenständiges Gebiet der p. ist die innerbetriebliche Gehalts- und → Lohnstruktur in bürokratischen Organisationen. Man spricht von *Hierarchie*-Modellen, weil diese Organisationen hierarchisch nach dem Prinzip der zentralen Anordnung organisatorisch aufgebaut sind. Nimmt die Zahl der Angestellten mit aufsteigender Entscheidungs- (Hierarchie-) Stufe geometrisch ab, jedoch das Gehalt zu, stellt sich eine Pareto-Verteilung ein. Mit diesem Ansatz wird jedoch nicht der aufsteigende Ast der p. erfasst, so dass nur die Verteilung mittlerer und hoher Einkommen erklärt wird.

3.4. Im *Humankapital*-Konzept (s. Arbeitskapital) wird der Begriff des Kapitalgutes auf die menschlichen Fähigkeiten zum Einkommenserwerb angewendet. In dieser Sicht ist das →Arbeitsvermögen (Humankapital) einer Person nicht allein angeboren, sondern auch durch →Investitionen (Erziehung, Ausbildung) geschaffen. → Arbeitseinkommen sind → Erträge des Humankapital. Ein Maß für das Humankapital einer Person ist der → Gegenwartswert seines gesamten erwarteten Arbeitseinkommens.

In dem Ausgangsmodell von Mincer (1958) haben die → Wirtschaftssubjekte gleiche angeborene Fähigkeiten, können aber verschiedene Berufe wählen, die sich in der Länge der (Schul-)Ausbildung für diese Berufe unterscheiden. Ausbildungskosten sind die entgangenen Einkommen während der Ausbildungszeit. Jedes Wirtschaftssubjekt wählt seinen Beruf derart, dass es den Gegenwartswert des erwarteten Arbeitseinkommens maximiert. In einem Wettbewerbssystem müssen sich (langfristig) die individuellen Einkommen so einstellen, dass ihr Gegenwartswert (Humankapital) in allen Berufen gleich hoch ist. Dann erhält man als Resultat die linkssteile p., wenn die Länge der Ausbildungszeiten zwischen den Wirtschaftssubjekten normalverteilt od. sogar (nicht zu stark) rechtssteil verteilt ist. Becker (1964) hat diesen Ansatz verallgemeinert, so dass u.a. unterschiedliche Fähigkeiten und unterschiedliche Zugänge zu Bildungseinrichtungen berücksichtigt werden können. Damit erweitert sich auch die Erklärungskraft des Humankapital-Ansatzes, insbesondere auf die Erklärung der Unterschiede in den Einkommensstreuungen zwischen verschiedenen sozialen Gruppierungen (z.B. Männer, Frauen; gelernte, ungelernte Arbeitskräfte; Altersgruppen).

Literatur: *G. Blümle*, Theorie der Einkommensverteilung. Berlin-Heidelberg 1975. *G. S. Sahota*, Theories of personal income distribution: A survey, Journal of Economic Literature, Vol. 14 (1978), S. 1-55.

Prof. Dr. J. Siebke, Heidelberg

Personengesellschaft
Zusammenschluss mehrerer Personen zu einer Gesellschaft. Wesentliche Merkmale: persönliche Haftung der Gesellschaf-

ter für die Schulden, persönliche Mitarbeit, fehlende Rechtsfähigkeit. Den Gegensatz zur P. bildet die →Kapitalgesellschaft. P. sind insbesondere die → Gesellschaft bürgerlichen Rechts, die → offene Handelsgesellschaft, die →Kommanditgesellschaft, die → Stille Gesellschaft, die Reederei. Steuerlich sind P. regelmäßig Mitunternehmerschaften.

PERT
Abk. für: **P**rogramm **E**valuation and **R**eview **T**echnique.
Ereignisorientiertes Verfahren der → Netzplantechnik. Die Zeitschätzung für jede Aktivität erfolgt dreifach (optimistische, pessimistische, wahrscheinlichste Dauer). P. dient danach der stochastischen Zeitplanung, d.h. sie beantwortet die Frage, innerhalb welcher Zeitdauer das geplante Projekt mit welcher Wahrscheinlichkeit abgeschlossen sein wird.

Petri-Netz
von Carl Adam Petri 1962 vorgeschlagenes Modell zur Beschreibung nebenläufiger kommunizierender Prozesse. Damit sind dynamische Systeme mit fester Grundstruktur erfassbar, wie z.B. Betriebssysteme oder Produktionsprozesse. Der Begriff steht für eine Methode, Systeme präzise, formal und anschaulich zu modellieren. Diese Methode basiert auf einer Theorie, die Systemdarstellungen auf verschiedenen Stufen der Detaillierung erlaubt. Dazu werden verschiedene Klassen von Netzen verwendet. Zu den untersuchten Netzklassen zählen u.a. insbesondere Kausalnetze, Bedingungs-Ereignis-Systeme, Stellen-/ Transitions-Systeme, höhere Netze.
Heute wird der Begriff nur für die zugrunde liegende Struktur eines Petri-Systems verwendet. Die Struktur reflektiert also ausschließlich die statistischen Aspekte eines Petri-Systems, während das Verhalten die dynamischen Aspekte widerspiegelt.

Petrodollar
nach Anlage auf internationalen Finanzmärkten (z.B. auf dem →Euromarkt) suchende →Gelder, die in der →Währung des US Dollar lauten und aus den internationalen →Transaktionen des Erdölge-

schäfts stammen, insbesondere kurzfristig mobilisierbare Dollarguthaben der
arabischen Ölexportstaaten bei ausländischen →Banken.

Pfandbrief
→Schuldverschreibung (festverzinsliches
→Wertpapier), die von eigens dazu er-
mächtigten P.-instituten (→Hypotheken-
banken) zur →Finanzierung von Hypothekendarlehen ausgegeben werden. Für
die Deckung der P. bestehen spezielle
Vorschriften (etwa Sicherstellung durch
Grund und Boden).

Pflichtprüfung
i.Ggs. zur freiwilligen Prüfung werden
unter P. in erster Linie gesetzlich vorgeschriebene Prüfungen verstanden, die
durch unabhängige Abschlussprüfer
durchgeführt werden müssen.
Die wichtigsten P. sind:
1. Periodische Prüfungen:
a) Rechtsformbezogene P.
Prüfung des Jahresabschlusses von Kapitalgesellschaften (nach §§ 316-324 HGB),
von Genossenschaften (nach §§ 53-64c
Genossenschaftsgesetz) und von Unternehmen mit anderer Rechtsform (nach §
6 PublG).
b) Branchenbezogene P.
Prüfung des Jahresabschlusses bei →Kre-
ditinstituten, bei gemeinnützigen Wohnungsunternehmen, bei kommunalen
Krankenhäusern, Depotprüfungen bei
Kreditinstituten, Prüfung der Einhaltung
der Verpflichtungen bei Maklern, Darle-
hens- und Anlagevermittlern, Bauträ-
gern und Baubetreuern.
2. Aperiodische Prüfungen:
Gründungsprüfung, Nachgründungsprüfung.

Phillips-Theorem
1. Hinter der Bezeichnung P. verbergen
sich unterschiedliche →Hypothesen über
die Verknüpfung des realen mit dem monetären Sektor der →Wirtschaft. Im Kern
versucht das P. die Fragen zu beantworten, ob, wie stark und mit welcher Dauer
nachfrageorientierte Wirtschaftspolitik
(→ Theorie der Wirtschaftspolitik) die
reale Wirtschaftsaktivität (→ Beschäftigung, →Produktion) beeinflussen kann,

oder, ob diese Maßnahmen nur das →
Preisniveau aufblähen (→Inflation).
2. *Ursprünglich* wurde das P. von dessen
Namenspatron A. W. Phillips als eine statistische Beziehung zwischen →Arbeits-
losenquote (AQ) und Nominallohn-
änderungsraten ($\hat{l}^L$) (→ Nominallohn)
„entdeckt". Zwischen diesen Größen bestand eine nichtlineare, inverse Relation
(s. Abb. 1).
Die theoretische Begründung der Phillips-Kurve (PK) stützte sich auf eine
Theorie der Nominallohnbildung auf
dem →Arbeitsmarkt. Während im langfristigen → Gleichgewicht die Entwicklung der →Arbeitsproduktivität und die
Reallohnsicherung (→ Reallohn) durch
vollständigen Inflationsausgleich die No-
minallohnentwicklung bestimmen, sei
letztere kurzfristig von Arbeitsmarktun-
gleichgewichten (Angebots- od. Nachfrageüberschüsse) determiniert. Da diese
nicht direkt beobachtbar sind, wird dafür
in empirischen Untersuchungen eine Nä-
herungsgröße substituiert: die Arbeitslosenquote AQ. Steht diese in einer systematischen und stabilen Beziehung zu
Ungleichgewichten im Arbeitsmarkt,
können Nominallohnänderungen ($\hat{l}^L$) in
Abhängigkeit von Arbeitslosenquoten
formuliert werden:

$$(1)\ \hat{l}^L = \delta(AQ) \qquad \delta_{AQ} < 0\ .$$

Aus (1) folgt die *modifizierte* (aggregierte)
PK, wenn zusätzlich beachtet wird, dass
im Gleichgewicht die Nominallohnände-
rungsrate gleich der Summe aus →Inflati-
onsrate π und Änderungsrate der Ar-

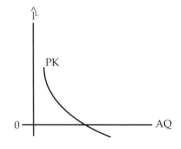

Abb. 1: Die ursprüngliche Phillips-Kurve
(PK)

beitsproduktivität $\hat{\alpha}^N$ ist:

$$(2)\ \pi = -\hat{\alpha}^N + \delta(AQ).$$

Die modifizierte PK (2) war in den sechziger Jahren Grundlage für empirische Untersuchungen, die ein scheinbar stabiles Austauschverhältnis (trade-off) zwischen Inflation und Arbeitslosenquote entdeckten. Danach existiert für die Wirtschaftspolitik ein Dilemma: Vollbeschäftigung (od. eine niedrige Arbeitslosenquote) und →Preisniveaustabilität sind zusammen nicht erreichbar. Die Wirtschaftspolitik steht vor der Entscheidung, zwischen möglichen alternativen Kombinationen von π und AQ entlang einer stabilen PK - entsprechend den vorherrschenden politischen Präferenzen - wählen und die resultierenden „unangenehmen" Folgen in Kauf nehmen zu müssen. Die „gewünschte" Inflationsrate muss durch eine entsprechende Ausdehnung der →Geldmenge alimentiert werden. Eine unabhängige, stabilitätsorientierte →Geldpolitik ist nach dieser Vorstellung nicht möglich, da sie die Erreichung der „gewünschten" Beschäftigung unmöglich macht.

3. Die ursprüngliche PK ist theoretisch ein unvollständiges Konzept, da sie in der zugrundeliegenden Lohnanpassungshypothese die inflationsbedingte Reallohnsicherung ausschließt, somit → Geldillusion am → Arbeitsmarkt unterstellt. Die Einbeziehung von Inflationserwartungen (π^e) führt zur *erweiterten PK* od. zum *Modell der natürlichen Arbeitslosenquote* (AQ_n). Letztere wird durch das Gleichgewicht der „natürlichen" Kräfte von Angebot und Nachfrage am Arbeitsmarkt bei Fehlen von Geldillusion bestimmt. Die Beschäftigung weicht vom natürlichen Niveau nur durch Fehleinschätzungen der Inflation (unerwartete Inflation) ab. Da ständige Geldillusion ausgeschlossen ist, können von AQ_n divergierende Arbeitslosenquoten nur transitorischen Charakter besitzen. Im langfristigen Gleichgewicht sind reale Größen (→Reallohn, Beschäftigung) von nominalen Größen (Inflation) unabhängig. Die um Erwartungen erweiterte PK

hat folgende Form:

$$(3)\ \pi = \gamma(AQ_n - AQ) + \pi^e.$$

Da im langfristigen Gleichgewicht keine Geldillusion herrscht ($\pi = \pi^e$), ist die natürliche Arbeitslosenquote AQ_n grundsätzlich mit jeder vollständig erwarteten Inflation vereinbar, die langfristige PK (LPK) somit eine Vertikale über AQ_n (s. Abb. 2).

Abb. 2 verdeutlicht, dass Abweichungen der tatsächlichen von der natürlichen Arbeitslosenquote ($AQ_n - AQ$) nur bei temporärer Geldillusion möglich sind ($\pi \neq \pi^e$). Das Modell der natürlichen Arbeitslosenquote bedarf - soll die Existenz kurzfristiger PK erklärt werden - Hypothesen über die Bildung von Inflationserwartungen, die transitorische Fehleinschätzungen der Inflation erlauben. Die diesbezüglich bekannteste Hypothese ist die *adaptiver Bildung von Inflationserwartungen*. Danach werden laufende Inflationserwartungen (für die nächste Periode) als geometrisch gewichtete Summe laufender und vergangener tatsächlicher Inflationsraten gebildet. Diese spezielle Erwartungsbildungshypothese, die alternativ auch als teilweise Anpassung von Inflationserwartungen an aufgetretene Erwartungsfehler beschrieben werden kann, erlaubt temporäre Geldillusion. Bilden die Anbieter von Arbeit ihre Inflationserwartungen adaptiv, so werden

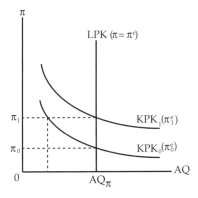

Abb. 2: Das Modell der natürlichen Arbeitslosenquote

sie bei ansteigender Inflation anfänglich über deren Ausmaß getäuscht, da π^e nur langsam angepasst wird. Für eine bestimmte Zeit existiert somit unerwartete Inflation auf Seiten der Arbeitsanbieter. Als Folge der trägen Erwartungsanpassung werden ihre Nominallohnforderungen die tatsächliche Inflation nicht vollständig ausgleichen. Dies führt bei Arbeitsnachfragern zu sinkenden tatsächlichen Reallöhnen, bei Arbeitsanbietern zu - fälschlicherweise - wahrgenommenen Reallohnsteigerungen und somit insgesamt zu temporären Beschäftigungssteigerungen bei höherer Inflation. Diese Situation ist in Abb. 2 als Bewegung auf einer kurzfristigen PK (KPK$_0$) gekennzeichnet.

Das Modell der natürlichen Arbeitslosenquote mit adaptiver Bildung von Inflationserwartungen erlaubt einen kurzfristigen, jedoch keinen langfristigen trade-off zwischen π und AQ. Jeder wirtschaftspolitischer Versuch, die Arbeitslosenquote auf Dauer unter das natürliche Niveau zu senken, müsste zu einer permanent sich beschleunigenden Inflation führen (*Akzelerationshypothese*), da nur so die vollständige Anpassung der Inflationserwartung an die tatsächliche Entwicklung verhindert werden könnte. „Stabile" Inflationsraten - gleich welcher Höhe - müssen demnach auf der langfristigen PK liegen.

4. Die Informationen, auf deren Grundlage bei adaptiver Erwartungsbildung zukünftige Inflation antizipiert wird, sind laufende und vergangene Werte der zu prognostizierenden Größe. Die Theorie *rationaler Erwartungsbildung* (→rationale Erwartungen) postuliert, dass darüber hinaus weitere Informationen über die Inflationserwartungen bekannt sind und von den →Wirtschaftssubjekten optimal zur Bildung von Inflationserwartungen herangezogen werden. Ist insbesondere die Struktur des Inflationsprozesses bekannt wie auch die statistischen Eigenschaften dabei auftretender Störterme, so können - auf der Grundlage dieser Kenntnisse - durchschnittlich unverzerrte Schätzwerte der zukünftigen Preisniveauentwicklung gebildet werden.

Systematische Fehleinschätzungen der Inflation - wie sie bei adaptiver Erwartungsbildung auftreten - sind somit ausgeschlossen. Wird die Hypothese rationaler Erwartungen mit dem Modell der natürlichen Arbeitslosenquote verknüpft, so ändern sich die Schlussfolgerungen im Vergleich zu denen bei adaptiven Erwartungen drastisch. Die tatsächliche weicht von der natürlichen Arbeitslosenquote dann nur durch unerwartete Zufalls- oder Politikgrößen ab, mit der Konsequenz, dass systematische nachfrageorientierte Wirtschaftspolitik die Arbeitslosenquote nicht verändern kann. Nur zufällige, d.h. unsystematische und daher nicht vorhersehbare Politik hat Einfluss auf reale Größen. Phänomene, wie sie kurzfristige PK empirisch beschreiben, bieten dann keinen verlässlichen Ansatzpunkt für nachfrageorientierte Wirtschaftspolitik. Diese drastischen Konsequenzen sind u.a. von verschieden Annahmen und Hypothesen über die Funktionsweise von →Märkten abhängig. Daraus ragt die Unterstellung hervor, dass vollkommene Preis- und → Lohnflexibilität für kontinuierliche Markträumung sorgen.

Literatur: *M. Friedman*, The Role of Monetary Policy. The American Economic Review 58 (1968), S. 1-17. *M. Friedman*, Nobel Lecture: Inflation and Unemployment. Journal of Political Economy 85 (1977), S. 451-472.

Dr. B. Faulwasser, Osnabrück

Physiokratismus
auf Naturherrschaft begründetes System. Seine Vertreter heißen Physiokraten. Vor allem in Frankreich in der 2. Hälfte des 18. Jahrhunderts. Begründer ist F. Quesnay. Die allein produktive Klasse (Classe productive) sind die Landwirte, weil nur die Landwirtschaft einen Produit net (ein Nettoprodukt) hervorbringt, Aus ihm leiten sich die →Einkommen der Bodenbesitzer (Classe distributive) und der Gewerbetreibenden und Händler (Classe stérile) ab. Die Einkommensströme sind ähnlich wie im Blutkreislauf miteinander verbunden (Quesnays Tableau Économique - einem der ersten und wichtigsten Kreislaufmodelle). Durch Handels- und Gewerbefreiheit gelingt eine Annä-

herung der tatsächlichen Ordnung (Ordre positif) an die natürliche und damit vernünftige Ordnung (Ordre naturel).

Pigou-Effekt
⇒Pigou-Haberler-Effekt
→Vermögenseffekt des Geldes bei sinkender Beschäftigung. Bei Unterbeschäftigung sinkt das →Preisniveau, so dass sich der Realwert der Kassenbestände erhöht. Dadurch steigt die Konsumgüternachfrage (→ Konsumtheorie). Der P. diente vor allem als Argument gegen die Auffassung von Keynes, dass sich bei Unterbeschäftigung ein sog. →Unterbeschäftigungsgleichgewicht auf Dauer einstellen könnte (→Keynessche Theorie).

Pigou-Haberler-Effekt
⇒Pigou-Effekt.

Pigou-Kriterium
in der →Wohlfahrtsökonomik ein Kriterium, das sich auf die Aussagefähigkeit eines Verteilungsmaßes bezieht und fordert, dass jede Umverteilung von einem Reicheren auf einen Ärmeren als Vergleichmäßigung in einem Verteilungsmaß zum Ausdruck kommt.

Pigou-Steuer
Steuerkonzept von A. C. Pigou, mit dessen Hilfe die durch die Divergenz von privaten Kosten (→Kosten) und sozialen Kosten (→Kosten) entstandene Fehlallokation (→Allokation) korrigiert werden soll. Diese Divergenz entsteht durch externe Kosten (→Kosten), d.h. der monetäre Gegenwert des Verzehrs des knappen Produktionsfaktors Umwelt bei der → Produktion (z.B. in Form von Lärmbelästigungen, Luft- od. Wasserverunreinigungen), die vom Verursacher nicht getragen, sondern Dritten in Form der beispielhaft genannten und anderen Umweltqualitätsverschlechterungen angelastet werden. Pigou schlägt vor, den Verursachern ihre externen Kosten über eine →Steuer anzulasten. Somit werden aus externen Kosten private Kosten, d.h. die P. internalisiert die externen Kosten. Der richtige →Steuersatz ergibt sich aus den externen Grenzkosten (→ Kosten). Die Realisierung der P. stößt auf erhebliche

Schwierigkeiten: eindeutige Identifizierung des Verursachers, verursachergerechte Zurechnung, monetäre Bewertung, Anpassung des Steuersatzes an Änderungen der externen Kosten. S. a. →externe Effekte.

Pilotstudie
Versuchsstudie kleineren Ausmaßes, um Erfolgsaussichten und →Kosten des eigentlichen Projektes beurteilen zu können. Häufig in der → Marktforschung geübtes Verfahren, aber letztlich für jegliche wissenschaftliche Untersuchung mit größerem Umfang und mit erheblichem finanziellen Aufwand ein oft anzutreffendes Vorgehen.

Pivotelement
im →Simplexalgorithmus zur Lösung linearer Optimierungsaufgaben ein ausgewähltes, von Null verschiedenes Element aus der Matrix N, die in kanonischer Form vorliegt und aus dem Ausgangsmodell, einem linearen Gleichungssystem, gewonnen wurde. Mit diesem P. wird ein Pivotschritt des Gauß-Jordan-Verfahrens ausgeführt.

Pivotspalte
Spalte, dem das → Pivotelement angehört.

Pivotzeile
Zeile, dem das →Pivotelement angehört.

Plafond A
von den Konsortialbanken (→Konsortium) der →AKA zweckgebunden zur zeitlich unbegrenzten - allerdings im Rahmen der Kreditversicherungsfristen - mittel- und langfristigen Exportfinanzierung zur Verfügung gestellter Kreditplafond. AKA und Exporteur schließen den Kreditvertrag, Kreditantrag kann nur über eine zum Konsortium gehörende Hausbank des Exporteurs (→Export) gestellt werden. Konsortialbanken der AKA übernehmen →Wechsel des Exporteurs im Rahmen ihrer Konsortialquote, so dass i.d.R. eine 60%ige Finanzierung aus P. erfolgt, wobei der Rest von den Antrag einreichenden Konsortialbank rediskontiert (→Diskontkredit, →Refinanzierung) wird. Die Selbstbeteiligungs-

quote des Exporteurs beträgt i.d.R. 10-15%.

Plafond B
von der →Bundesbank der →AKA eingeräumte Sonderrediskontlinie (→Diskontpolitik, → Rediskontkontingent) zur zweckgebundenen →Refinanzierung von →Exporten mit maximaler Laufzeit der → Kredite von 48 Monaten. Inanspruchnahme des P. erfolgt durch Begebung von → Wechseln des Exporteurs, die mit dem → Giro der Hausbank und Unterschrift der AKA versehen sein müssen. Der Exporteur hat Wahlmöglichkeit zwischen variablem und festem →Zinssatz.

Plafond C
von den Konsortialbanken (→Konsortium) der →AKA zweckgebunden für → Kredite an ausländische Besteller (Bestellerkredite) zur Verfügung gestellte Kreditlinie. Speisung des P. erfolgt durch langfristige Buchkredite der Konsortialbanken und Placierung von Inhaberschuldverschreibungen (→ Inhaberpapier, →Schuldverschreibung) der AKA auf dem →Kapitalmarkt, die mit einer Laufzeit bis 10 Jahren →lombardfähig sind und im geregelten Freiverkehr an den →Börsen gehandelt werden. Der Kreditbetrag wird im Auftrag des Kreditnehmers an den inländischen Exporteur (→Export) ausgezahlt. Mögliche →Länderrisiken werden i.d.R. durch →Bundesbürgschaften abgesichert.

Planifikation
volkswirtschaftliche Gesamtplanung in Frankreich seit 1946. Es handelt sich dabei um eine Mischung aus →indikativer Planung (unverbindliche Richtplanung) und →imperativer Planung (verbindliche Planung). Die erste gilt dem privaten Sektor, die zweite dem öffentlichen Sektor. Ein laufender Fünfjahresplan (Rahmenplan) ist eingebettet in eine Langfristplanung (Perspektivenplanung über 20 Jahre).
Ein Planungskommissariat mit etwa 150 Mitarbeitern ist für die Planung verantwortlich. Das Kommissariat arbeitet mit drei verschiedenen Expertenausschüssen: den Modernisierungsausschüssen, den vertikalen Ausschüssen (zuständig für die Wirtschaftssektoren), den horizontalen Ausschüssen (zur Koordination). Der Plan muss von der Regierung angenommen und vom Parlament ratifiziert werden.
Zur Realisierung des Planes gibt es Anreize wie →Subventionen, Prämien, steuerliche Erleichterungen, Kreditmöglichkeiten (→Kredit), Zinsverbilligungen (→ Zins) und Zwangsmittel wie Verbote, → Zusatzsteuern, formale Kontrollen. Die Erfahrungen mit der P. in Frankreich regen nicht zur Nachahmung an.

Plankalkulation
Ermittlung der →Selbstkosten als Schätzgrößen pro Produkteinheit (Stück) als Produktart in Form einer Vor- od. Schätzkalkulation. Als Verfahren kommen dafür wie bei der Zwischen- und Nachkalkulation die Zuschlags- od. Divisionskalkulation (→ Kosten- und Leistungsrechnung) in Frage. Je nach Aufgabenstellung werden P. auf Vollkosten- od. auf Teilkostenbasis (z.B. als Grenzplankostenkalkulation) durchgeführt. Besteht eine Plankostenrechnung, so kann die P. auch mit solchen Kosteninformationen ausgeführt werden.

Plankosten
aus einer Vorrechnung ermittelte →Kosten einer zukünftigen Abrechnungsperiode nach →Kostenstellen, Kostenarten (→Kosten) und →Kostenträgern. Sie bilden das Zahlengerüst für die P.

Plankostenrechnung
→Kostenrechnung, die mit →Plankosten durchgeführt wird. Zentrales Rechnungsziel ist die Bereitstellung von Kosten- und Leistungsinformationen für die →Planung, Steuerung und Kontrolle des Unternehmungsprozesses. So kann man über die Zuweisung von →Kosten und → Leistungen an die → Kostenstellen den Unternehmungsprozess steuern und durch einen Vergleich von Plan- und Istgrößen die →Wirtschaftlichkeit in den Kostenstellen kontrollieren.
Die P. kann im Hinblick auf die →Kostenträger od. →Kostenstellen als →Vollkostenrechnung od. als Teilkostenrechnung ausgeformt sein. Auf der Basis von → variablen Kosten kann die P. als Grenzplankostenrech-

nung entwickelt werden. Man unterstellt hierbei lineare Kostenverläufe, so dass die →Grenzkosten gleich den variablen → Stückkosten sind. Weitere Formen der P. sind Deckungsbeitragsplanrechnung (→ Deckungsbeitragsrechnung), geplantes → Direct Costing, Ausformungen als → Standardkostenrechnung od. →Prognosekostenrechnung.
Für den Vergleich von Plan- und Istgrößen unterscheidet man drei Arten der P.: In der starren P. werden die Istkosten unmittelbar mit den →Plankosten verglichen. In der flexiblen P. wird der Einfluss des Beschäftigungsgrades berücksichtigt. In der vollflexiblen P. zieht man darüber hinaus weitere Einflussgrößen heran, z.B. die Auftragszusammensetzung.

planmäßige öffentliche Ausgaben
diejenigen →öffentlichen Ausgaben, die in den →Haushaltsplänen der →Gebietskörperschaften als voraussehbare, zu erwartende Ausgaben aufgeführt und festgestellt sind. Das Gegenstück dazu sind die → außerplanmäßigen öffentlichen Ausgaben.

planning-programming-budgeting
→Finanzwissenschaft, 2., b).

Planung
In der Literatur zeigt sich der Begriff der P. vielschichtig und komplex. Etymologisch hat er seinen Ursprung in der lateinischen Sprache und entstammt den Worten „planus" - glatt, eben - und „planum" - die Ebene. Häufig wird dieser Begriff auch anstelle des langen Wortes „Unternehmensplanung" verwendet und teilweise mit „UPL" abgekürzt. In der Unternehmenspraxis findet man auch Begriffe wie „Zentralplanung" und „Konzernplanung". Gemeint ist immer die gesamte Unternehmensplanung mit allen Teilplänen (Fischer, 1997). Aktuell ist die Charakterisierung der P. als „gedankliche Vorwegnahme künftiger Ereignisse", wobei die P.-sgenauigkeit, der P.-sumfang und die zeitliche Dimension der P. unterschiedlich sein können. Nach Steiner ist für ein wirkliches Verständnis des P.-begriffs eine Betrachtung unter vier Aspekten notwendig (Steiner 1971,

29f.): die generische Natur, der Prozess, die Philosophie und die Struktur der P. Die generische Natur der P. ist in ihrer Zukunftsorientiertheit begründet. P. bedeutet Annahmen über zukünftige Gegebenheiten zu treffen, Schätzungen abzugeben über den Verlauf bestimmter Entwicklungen und das Treffen notwendiger Maßnahmen, um Chancen zu nutzen bzw. bzw. Gefahrenpotentialen auszuweichen. P. als Prozess hingegen beschreibt das sachlogische und zeitliche Hintereinander der einzelnen P.-saufgaben, beginnend mit der Formulierung von Zielen bis zur Überprüfung der erreichten Ergebnisse. P. ist nicht eine Domäne industrieller Unternehmungen. Geplant wird in sämtlichen Bereichen des wirtschaftlichen und privaten Lebens. P. in diesem Sinne ist etwas bereichsübergreifendes, eine Denkweise, ein Lebensstil bzw. eine Haltung, deren Maxime es ist, auf Basis von Zukunftsüberlegungen zu handeln. Die Struktur der P. korreliert mit dem Prozess der P., der in den einzelnen Phasen bestimmte Ergebnisse bringt. Als Ergebnisse stehen Pläne, die zueinander interdependent sind. Pläne und ihre → Interdependenzen ergeben die Struktur der P.
Eine Betrachtung der P. unter diesen vier Aspekten fördert das generelle Verständnis von der P. als zukunftsorientierte, prozessbezogene und strukturierte Denkweise, sie lässt jedoch noch keine Rückschlüsse auf die Bedeutung der P. als Instrument der →Unternehmensführung zu. Eine Konkretisierung und tiefere Begriffsfassung ist notwendig. Sie wird ermöglicht durch die Abhandlung und Charakterisierung der Unternehmungs-p. (Hammer, 1985, 13ff.). Das Verständnis der Unternehmens-p. steht als Ergebnis einer längerfristigen Entwicklung (vgl. Koch, 1977, 11ff.). P. in der Frühzeit der betriebswirtschaftlichen Disziplin war das Synonym für alle betrieblichen Vorschaurechnungen im Rahmen des betrieblichen Rechnungswesens. Beispiele dafür sind das Aufstellen von Absatz-, Umsatz- und Kostenbudgets (→Budgetierung), die Aufstellung von Planbilanzen und Planergebnisrechnung od. die Soll-Kosten-Ermittlung als Basis für die Betriebskontrolle. P. als Vor-

schaurechnung ist allerdings zu eng und zu heterogen definiert, zu unterschiedlich sind die einzelnen Vorschaurechnungen und Tätigkeiten. Eine erste Erweiterung des P.-sbegriffes brachte die Darstellung der P. als Analyse und →Prognose von Handlungsmöglichkeiten im Sinne einer Alternativ-p. In der Entwicklungsphase wird sie als Denkprozeß verstanden, der eine Fundierung der Entscheidung durch eine Entscheidungsvorbereitung darstellt. In der nächsten Stufe erfolgt eine Miteinbeziehung der Entscheidung als Element der P.: P. endet mit der Entscheidung. Noch weiter gehen die Auffassungen, die in der P. auch die Vorgabe von Sollgrößen miteinbeziehen als Basis für eine effiziente Plankontrolle bzw. die Analyse festgestellter Abweichungen, die den Prozess der P. abschließen. Die aktuellen Definitionen der Unternehmens-p. sind umfassend und berücksichtigen alle Entwicklungsstufen des Begriffes der P.

Allen →Definitionen mehr od. weniger gemeinsam sind bestimmte Charakteristiken, die das Wesen der Unternehmungs-p. ausmachen. P. beinhaltet demnach
- die Formulierung von Zielen
- die Bestimmung von Maßnahmen, Mitteln und Verfahren (im Sinne der Formulierung von Handlungsalternativen)
- Auswahlentscheidungen
- Anweisungen zur rationellen Realisierung der gewählten Alternative und
- die Kontrolle der Zielerreichung.

Eine wichtigen Aspekt in der Diskussion um Begriff und Wesen der Unternehmungs-p. bringt die Unterscheidung in „P. als Tätigkeit" und „P. als Ergebnis" (s. dazu Abb. 1).

Die Tätigkeit des Planens umfasst dabei das systematische Sammeln, Bearbeiten und Erzeugen von Informationen zur Bestimmung zukünftig anzustrebender, qualitativ, quantitativ und zeitlich fixierter Ziele und der zu ihrer Erreichung notwendigen Verhaltensweisen bzw. Maßnahmen. Miteingeschlossen in den Begriff der P. als Tätigkeit ist das Kontrollieren der Plandaten im Rahmen eines Soll-/ Ist-Vergleiches und die Ermittlung der Abweichungsursachen.

Ergebnisse der Unternehmungs-p. sind Pläne, in denen die schriftliche Festlegung der erarbeiteten Ziele und der für ihre Realisierung erforderlichen Maßnahmen, Aktionen, Programme usw. erfolgt. Der Kontrollbericht fasst die Ergebnisse des Kontrollierens zusammen und enthält Informationen über das Ausmaß und die Ursachen von Abweichungen zwischen geplanten und effektiven Ergebnissen. Diese Art der Beschreibung bedeutet bereits eine Operationalisierung des Begriffes, die jedoch noch immer nicht der Vielschichtigkeit der Unternehmens-p., bedingt durch deren Mehrdimensionalität in der Anwendung, Rechnung trägt. Der Versuch von Steiner (Steiner, 1971, 37), beispielhaft fünf Dimensionen der Unternehmens-p. zu unterscheiden, (siehe dazu die Abb. 2) weist in diese Richtung.

Abschließend ist jedoch herauszustreichen, dass P., insbesondere die Unternehmungs-p., eine wesentliche Führungsfunktion darstellt. Unternehmungs-p. in diesem Sinne bildet den Ausgangspunkt im Kreislaufmodell der Führung (s. dazu Abb. 3).

Planung auf der strategischen Ebene (Strategische Planung) und auf der operativen Ebene (Operative Planung) ist die

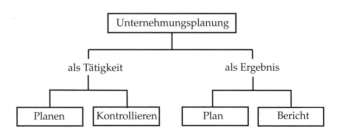

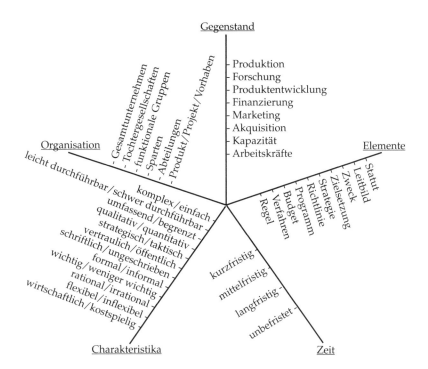

Gegenstand

Charakteristika   Zeit

informationelle Basis für alles, was organisiert, umgesetzt und schlussendlich kontrolliert wird.

Ist der Zeitraum dafür ausreichend, so ist eine fundierte informationelle Basis für Führungsentscheidungen geschaffen. Dies bedeutet eine Abkehr von der Improvisation, die durch wenig Zeit zur

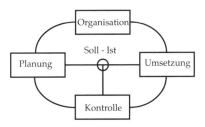

Abb. 3: Kreislaufmodell der Führung

Entscheidungsvorbereitung und damit auch zur Informationssammlung und -

verarbeitung gekennzeichnet ist. Unternehmungs-p. steht im Gegensatz zur Improvisation, sie dokumentiert eine aktive und keine reaktive Verhaltensweise der Führung eines Unternehmens.

Literatur: *R. M. Hammer*, Unternehmungsplanung. 7. A., München 1998. *R. M. Hammer*, Strategische Planung und Frühaufklärung. 3. A., München 1998. *H. H. Hinterhuber*, Strategisches Denken und strategisch Handeln. 6. A., Berlin-New York-Wien 1997. *H. Koch*, Aufbau der Unternehmensplanung. Wiesbaden 1977. *G. A. Steiner*, Top Management Planung. München 1971. *H. Fischer*, Unternehmensplanung. München 1997.

Prof. Dr. R. Hammer, Salzburg

Planungsrechnung
→Investitionsrechnung.

Planwirtschaft
→Zentralverwaltungswirtschaft.

planwirtschaftliches Dumping
→Dumping.

Plazierung
1. im Handel (→Handelsgeschäft) die Unterbringung einer →Ware am →Markt.

2. im →Finanzsektor die Unterbringung neuemittierter →Wertpapiere am →Kapitalmarkt als Teil des Emissionsgeschäftes (→Emission) der →Banken, aber auch die Unterbringung von →Geldmarktpapieren der →Bundesbank bei den Banken. S. darüber hinaus auch →Euronotes.

3. in der →Werbung die Standortfestlegung eines Werbemittels innerhalb eines Werbeträgers, z.B. einer Anzeige in einer Zeitung.

Pleiopol
durch den Marktzugang charakterisierte →Marktform.
Vollkommenes P.: Sofern es Anbieter od. Nachfrager gibt, die die Mittel und (od.) die Neigung dazu besitzen, besteht auf dem →Markt ein freier Zugang od. Abgang für die Marktteilnehmer.
Unvollkommenes P.: Der Marktzugang ist verboten od. wird behindert durch rechtliche, technische od. ökonomische Beschränkungen.
Die Art des Marktzuganges hat Auwirkungen auf die Preisbildung.

Point-of-Sale-Terminals
→Electronic Funds Transfer.

Pol
⇒Sektor
⇒Transaktor.

Policy-mix
1. Konzept von R. A. Mundell (1968): Er empfiehlt den Einsatz der →Geldpolitik für Zwecke des außenwirtschaftlichen Gleichgewichts (→Außenwirtschaftspolitik, →Gleichgewicht) und die Verwendung der →Fiskalpolitik zur Realisierung des Beschäftigungsziels.

2. im →Marketing die Kombination der Marketinginstrumente. S. auch →Marketing-Mix.

Politische Ökonomie
wirtschaftspolitische Aussagen der klassischen (nichtmarxistischen) Nationalökonomen wie Adam Smith, David Ricardo, John Stuart Mill u.a., die die Rolle der politischen Institutionen (Parteien, Regierungen, Verwaltungen) in ihre Analyse miteinbezogen haben (→Klassische Theorie). In bewusster Anlehnung an diese Traditionslinie verstehen sich die Vertreter der →Neuen Politischen Ökonomie.

Polypol
zunächst ein Synonym zur Marktform der →vollständigen Konkurrenz. In der dreifachen Gliederung jeder Marktseite nach der Zahl der Marktteilnehmer spricht man vom →Monopol, wenn auf einer Marktseite nur ein Marktteilnehmer vorhanden ist, vom →Oligopol bei wenigen und vom P. bei vielen. Je nachdem, ob auf dem →Markt ein homogenes Gut (→Gut) od. teilweise substituierbare, heterogene Güter getauscht werden, spricht man vom →homogenen P. und vom →heterogenen P.

polypolistische Konkurrenz
⇒atomistische Konkurrenz
⇒perfect competition
⇒polypolistisch homogene Konkurrenz
⇒pure competition
⇒*vollständige Konkurrenz*.

polypolistisch heterogene Konkurrenz
⇒monopolistic competition
⇒*monopolistische Konkurrenz*.

polypolistisch homogene Konkurrenz
⇒atomistische Konkurrenz
⇒perfect competition
⇒polypolistische Konkurrenz
⇒pure competition
⇒*vollständige Konkurrenz*.

Polypson
ein →Polypol auf der Nachfrageseite des →Marktes. →Marktform, die auf der Marktseite der Nachfrage durch eine große Zahl der Marktteilnehmer charakterisiert ist.

Popitzsches Gesetz
von J. Popitz (1927) aufgestelltes Gesetz

der „Anziehungskraft" des größten Etats". In einem föderativen Staat mit → Gebietskörperschaften auf verschiedenen Ebenen (z.b. Bund, Länder, Gemeinden), die jeweils eigenständige → Budgets aufstellen, besteht nach dem P. eine Tendenz zur Verlagerung von →öffentlichen Aufgaben und →öffentlichen Ausgaben zur jeweils übergeordneten Gebietskörperschaft bzw. zum größeren Budget. In der Bundesrepublik Deutschland ist keine eindeutige Zentralisierungstendenz erkennbar: Rechnet man die Leistungen der →Sozialversicherungen, die keiner Gebietskörperschaft zugerechnet werden, dem Bund zu, ist durch den Ausbau der Transfersysteme (→Transfer) jedoch eine Verlagerung zugunsten des Bundes feststellbar.

Popper-Kriterium
wissenschaftstheoretisches Kriterium für die Hypothesenbildung (→Hypothese), das nach Karl Popper benannt ist. Auf die → Wirtschaftswissenschaft angewandt, wird eine prinzipielle →Falsifizierbarkeit der Hypothesen verlangt. D.h. zuerst, dass es sich nicht um →Tautologien handeln darf od. um Aussagen, die real mögliche Fälle nicht ausschließen, also immer „wahr" sind. (Beispiel: Kräht der Hahn auf dem Mist, ändert sich das Wetter od. es bleibt, wie es ist.) Positiv werden empirisch gehaltvolle Hypothesen postuliert, deren Begriffe operational definiert sein müssen.

Portfoliomanagement
optimale →Planung und Auswahl von Wertpapieranlagen (→Wertpapiere) im Sinne einer fortlaufenden Optimierung bei Unternehmungen, → Investmentgesellschaften und →Banken. Dabei können Verfahren der →Portfolio Selection zum Einsatz kommen. Das sind →Modelle der mathematischen Statistik und der → Wahrscheinlichkeitstheorie, die neben Renditeerwartungen (→effektiver Zins) vor allem das →Risiko der einzelnen Anlagemöglichkeiten berücksichtigen und eine möglichst effiziente →Diversifikation des Investitionsvolumens (→Investition) anstreben. S. auch→Portfoliotheorie.

portfolio selection
⇒Portfoliotheorie
⇒Theorie der Vermögenshaltung.

Portfoliotheorie
⇒portfolio selection
⇒Theorie der Vermögenshaltung. Grundlegend ist die Annahme, dass zwischen allen Vermögensobjekten Substitutions- und Austauschbeziehungen (→ Substitution) bestehen. →Geld wird hierbei als ein Vermögensobjekt miteinbezogen. Die P. geht nun davon aus, dass die → Wirtschaftssubjekte eine optimale Struktur ihres Vermögens (→Kapital) erreichen wollen. Das Vermögen wird auf die einzelnen Anlageformen so verteilt, dass bei jeder Anlageform die erwarteten →Erträge und das →Risiko der Anlage berücksichtigt werden. Die optimale Vermögensstruktur ist dann erreicht, wenn bei gegebenem Portfolioertrag das Risiko minimiert od. bei gegebenem Risiko der Portfolioertrag maximiert wird.
Die P. knüpft an die Theorie der →Liquiditätspräferenz an, ist aber i.Ggs. zu dieser an der Veränderung von → Bestandsgrößen orientiert. Sie hat für die Frage der Wirksamkeit von geld- und finanzpolitischen Maßnahmen einige Bedeutung erlangt.
Die P. hat sich insbesondere durch Arbeiten von John R. Hicks, Harry M. Markowitz, Jacob Marschak und James Tobin ausgeformt.

positive Ökonomik
Wenn die empirische Analyse und die Erklärung dessen, was ist, im Vordergrund einer wissenschaftlichen Untersuchung steht, so spricht man von p. Dies geschieht in der Abgrenzung zur normativen Ökonomik, die den Schwerpunkt ihrer Aussagen auf das legt, was sein soll. Dies impliziert Werturteile. Danach wird man jede Aussage, die von sich behauptet, dem Bereich der p. zuzugehören, daraufhin zu untersuchen zu haben, ob ihr nicht (versteckt) Werturteile zugrundeliegen. Da dies letztlich bei allen Aussagen der Ökonomik in gewissem Ausmaß zutrifft, geht es vor allem um das Offenlegen solcher Werturteile, also solche, die impliziert sind, zu explizieren.

positiver Swapsatz
⇒Report
S. auch →Swappolitik.

Postbank
Nach Inkrafttreten der Postreform erfolgte im Dezember 1994 die Überführung
der bisherigen P. als Teil des Sonderver-
mögens Deutsche Bundespost in die P.
AG als privatrechtlicher Rechtsform, die
nun nach denselben Grundsätzen wie die
Kreditbanken geführt werden soll. Als
Elemente des P.-dienstes kommen sowohl die zahlreichen –Filialen vergleichbaren –Postämter und Landzusteller in
Betracht, die für die Endkombination zu
Bankmarktleistungen ebenso sorgen wie
der P.-dienst im engeren Sinne (Postgiro-
ämter und Postsparkassenämter).

postindustrielle Gesellschaft
Der Ausdruck betont eine Schwerpunkt-
verlagerung. Er behauptet das Ende der
schwerpunktmäßigen Prägung der Gesellschaft durch die Industrialisierung,
wie sie im 18. Jahrhundert in England
durch Ausweitung des Industriesystems
ihren Ausgang nahm. Zugleich wird eine
Verlagerung des Schwerpunkts zum tertiären Sektor behauptet; das ist der Sektor der privaten und öffentlichen Dienstleistungen.

Postkeynesianische (Analyse) Theorie
Bezeichnung für volkswirtschaftliche →
Theorien, die eine Weiterentwicklung
des Ansatzes von John M. Keynes (→Key-
nessche Theorie) darstellen und i.Ggs.
zur →Klassischen und →Neoklassischen
Theorie stehen. Zwei Schwerpunkte des
Ansatzes von Keynes können unterschieden werden. Zum einen werden Rigiditäten bei →Preisen, Löhnen und →Zinsen
berücksichtigt, zum anderen die →Unsi-
cherheit künftiger Entwicklungen. Beides steht i.Ggs. zum Gleichgewichtsan-
satz (→Gleichgewicht) der Klassischen u.
Neoklassischen Theorie, wonach →Kon-
kurrenz, →Flexibilität und perfekte Information der → Wirtschaftssubjekte ein
Gleichgewicht auf allen →Märkten garantieren, d.h. insbesondere auch Vollbeschäftigung auf dem →Arbeitsmarkt.
Was die Rigiditäten anbelangt, so können
drei Fälle unterschieden werden, in de-

nen ein →Unterbeschäftigungs-Gleichge-
wicht entstehen kann (→Keynesianische
Theorie). Im Fall starrer Nominallöhne
nach unten ist die Unterbeschäftigung
Folge mangelnder Lohnflexibilität. In
den Fällen der zinsunelastischen (→Ela-
stizitäten) Investitionsnachfrage (→ Investitionstheorie) bzw. der völlig
zinselastischen Geldnachfrage (→Geld-
theorie, →Liquiditätsfalle) ist, soweit der
→ Vermögenseffekt (→ Konsumtheorie)
ausgeschlossen wird, die →gesamtwirt-
schaftliche Nachfrage völlig preisunela-
stisch, so dass nur durch eine expansive
→Fiskalpolitik die Vollbeschäftigung erreicht werden kann. Diese Interpretationen des Ansatzes von Keynes werden in
der → Makroökonomik als Spezialfälle
im Rahmen des Gleichgewichtsansatzes
der Neoklassischen Theorie dargestellt,
was auch als Neoklassische Synthese
(Teil der P. im weiten Sinn) bezeichnet
wird. Die wichtigsten Vertreter sind Al-
vin H. Hansen, John R. Hicks, Lawrence
R. Klein, Franco Modigliani, Don Patinkin, Paul A. Samuelson und James Tobin.
Die Vertreter der P. (im engen Sinn) halten dagegen den Ansatz von Keynes für
grundsätzlich unvereinbar mit der Methodik der Neoklassischen Theorie. Die
wichtigsten Vertreter sind Paul David-
son, Roy F. Harrod, Richard F. Klein, Ni-
cholas Kaldor, Michael Kalecki, Jan A.
Kregel, Hymen P. Minsky, Joan Robinson
und George L. S. Shackle. Gemeinsame
Merkmale sind die Betonung der Unsicherheit und - damit eng zusammenhängend - die grundsätzliche Ablehnung der
Methodik des Gleichgewichtsansatzes
der Klassik/Neoklassik. Wesentliche
Aussagen betreffen die Instabilität von →
Marktwirtschaften (→ Konjunkturtheorie), die Bedeutung von →Marktunvoll-
kommenheiten, die Rolle des →Geldes
(→Geldtheorie), die historische und institutionelle Bedingtheit wirtschaftlichen
Geschehens und die Bedeutung von Glo-
bal- und Einkommensgrößen (Verteilungstheorie, → Wachstumstheorie). In
dieser postkeynesianischen Sicht können
zukunftsgerichtete Entscheidungen, d.h
insbesondere Investitions- (→ Investitionstheorie) und Portfolioentscheidungen
(→Portfoliotheorie) nur unter Unsicherheit (i.Ggs. zum →Risiko, wo über die

möglichen künftigen Entwicklungen Wahrscheinlichkeitsverteilungen (→ Wahrscheinlichkeit) existieren) getroffen werden. Nicht antizipierte, neue Informationen lösen in diesen Bereichen Erwartungsänderungen aus, die auf die Entscheidungen zurückwirken und so den Wirtschaftsablauf destabilisieren. In den Gleichgewichtsansätzen ist dies ausgeschlossen, da entweder aufgrund perfekter Voraussicht bzw. perfekt funktionierender →Terminmärkte alle relevanten Informationen verfügbar sind, od. - in der Theorie des temporären Gleichgewichts (→ Gleichgewicht, 2.) - stabilisierend wirkende Erwartungsbildungen vorliegen.

Postkeynesianische Vertreter nehmen ferner an, dass die Wirtschaftssubjekte die Unsicherheit durch entsprechende Vertragsgestaltung (z.B. Arbeitsverträge) und fest vereinbarte Preise zu vermindern versuchen. Damit wird die in weiten Bereichen realer Marktwirtschaften trotz der unsicheren Zukunft vorhandene relative Stabilität des Wirtschaftsablaufs begründet. In dieser Sicht sind aber Rigiditäten bei Preisen, Löhnen und Zinsen - und damit Erscheinungen wie ungleichgewichtige Märkte und dauerhafte unfreiwillige → Arbeitslosigkeit - nicht Marktunvollkommenheiten, die es durch mehr Konkurrenz (Wettbewerbspolitik) zu beseitigen gilt, sondern notwendige Kennzeichen von Marktwirtschaften bei Unsicherheit.

Die Betonung der Unsicherheit hat weiterhin Konsequenzen für die Interpretation der Rolle des Geldes. Bei Unsicherheit wird Geld nicht nur zu Transaktionszwecken gehalten (→Quantitätstheorie), sondern auch aus Vorsichts- und Spekulationsgründen, um bei unerwarteten Zahlungsverpflichtungen liquide zu sein und um Kursverluste bei Wertpapieranlagen zu vermeiden (→Geldtheorie). Erwartungsänderungen verursachen Verschiebungen der Geldhaltungswünsche, so dass der Wirtschaftsablauf auch aufgrund der instabilen Geldnachfrage destabilisiert wird. Was die Seite des Geldangebots (→ Geldangebotstheorie) anbelangt, so ist in postkeynesianischer Sicht →Inflation nicht durch Geldmen-

genbegrenzung vermeidbar (→ Quantitätstheorie). Preissteigerungen sind primär Folge von (Lohn-)Kostensteigerungen in Verteilungskämpfen (→Inflation, →Lohn-Preis-Spirale). Zudem ist die → Geldmenge durch die → Notenbank nicht autonom kontrollierbar, da die Wirtschaftssubjekte bei restriktiver Geldpolitik auf geldnahe Surrogate ausweichen. Allerdings werden der Geldpolitik - i.Ggs. →Monetarismus - Wirkungsmöglichkeiten auf →Produktion und → Beschäftigung zugestanden. Die künftige →Inflationsrate ist wg. der Unsicherheit nicht vorhersehbar und es kann somit zu unerwarteten Reallohnänderungen (→ Reallohn) mit Beschäftigungswirkungen kommen.

Postkeynesianer betonen, dass die → Wirtschaft kein mechanistisch ablaufender Prozess ist. Institutionelle und gesetzliche Rahmenbedingungen sind wesentliche Einflussfaktoren, die ständigen Wandlungen unterworfen sind. Reale Wirtschaftsprozesse sind folglich nur in ihrer historischen Einmaligkeit zu verstehen und kaum anhand einiger quantitativer Daten prognostizierbar.

In der P. spielen schließlich - i.Ggs. zur Klassik/ Neoklassik - →Einkommenseffekte analytisch eine vorrangige Rolle und nicht →Substitutionseffekte relativer Preisänderungen. Die Beschäftigung ist primär nicht durch den Reallohn, sondern durch die gesamtwirtschaftliche Nachfrage, insbesondere die Investitionsnachfrage (→Multiplikator) determiniert. Die Wachstums- und Verteilungstheorie sind eng miteinander verknüpft, da →Investitions- und →Sparquoten in beiden Bereichen die wesentlichen Einflussgrößen sind.

Die wirtschaftspolitischen Empfehlungen der P. ergeben sich aus der für Marktwirtschaften diagnostizierten Neigung zu Instabilitäten. Die weitestgehende Strategie ist die Ersetzung der Marktwirtschaft durch eine Zentralplanwirtschaft. Im Rahmen der marktwirtschaftlichen Ordnung verbleiben die Strategie einer mehr od. weniger weitgehenden Verstaatlichung des Industrie- und des Bankensektors zur Kontrolle der Kapitalbewegungen und die schwächere Strategie einer interventionistischen (→Interventionismus) → Globalsteuerung des Wirtschaftsprozesses mit den Instrumenten der Geld- und Fiskalpolitik und der → Einkommenspolitik.

Die Problematik dieser Strategien besteht darin, dass durch eine Zentralisierung der Entscheidungsprozesse lediglich die Entscheidungskompetenzen verlagert werden, nicht jedoch die Unsicherheit beseitigt wird. Auch zentrale Entscheidungsträger verfügen nicht über perfekte Voraussicht. Die Frage, ob zentral od. dezentral organisierte → Wirtschaftssysteme besser zur notwendigen Informationsbeschaffung und -verarbeitung geeignet sind, kann theoretisch nur schwer beantwortet werden. Die Entwicklung realer Wirtschaftssysteme spricht - bei allen Unvollkommenheiten realer Marktwirtschaften - für die Überlegenheit dezentraler Organisationsformen.

Literatur: *A. S. Eichner*, Über Keynes hinaus. Eine Einführung in die postkeynesianische Ökonomie. Köln 1982. Journal of Post Keynesian Economics, laufende Bände. *K. W. Rothschild*, Einführung in die Ungleichgewichtstheorie. Berlin 1981.

Prof. Dr. W. Cezanne, Cottbus

Potentialfaktoren
produktive Inputgüter (→Input), gekennzeichnet durch ihre Eigenschaft, ein bestimmtes Leistungspotential zu verkörpern. Gegensatz: →Repetierfaktor.

potentialorientierte Kreditpolitik
kreditpolitische Strategie zur Verstetigung der wirtschaftlichen Entwicklung, konzipiert von Claus Köhler (1970) und weiterentwickelt vom → Sachverständigenrat. Die Richtgrößen sind Zahlungsvolumen, Zahlungskoeffizient und → Produktionspotential. Das Zahlungsvolumen ist die Summe der giralen Verfügungen der →Nichtbanken in einer Periode. Zahlungskoeffizient ist der Quotient aus Zahlungsvolumen und monetärer Nachfrage. Ziel ist es nun, die monetären Bedingungen so zu gestalten, dass das Produktionspotential von der monetären Gesamtnachfrage ausgeschöpft wird. Ist der Zahlungskoeffizient konstant, so hat

die p. möglichst für gleiche Zuwachsraten bei Produktionspotential, monetärer Gesamtnachfrage und Zahlungsvolumen zu sorgen. Wenn der Zahlungskoeffizient steigt od. fällt, muss das Zahlungsvolumen mehr od. weniger steigen als das Produktionspotential. Monetäres Ziel ist die Kreditgewährung (→Kredit) der → Geschäftsbanken an Nichtbanken; Steuergröße ist der Liquiditätssaldo (→Liquidität), d.h. das Volumen der liquiden Mittel der →Banken.

potentielle Geldbasis
→Geldbasis
→Geldangebotstheorie, 3.

Präferenz
echte Präferenz: Der →Konsument zieht ein Güterbündel x dem Güterbündel y vor (→Gut). Schreibweise: x > y.

schwache Präferenz: Der Konsument denkt, dass das Bündel x zumindest genauso gut ist wie das Bündel y. Schreibweise: x ≥ y.

Man unterscheidet verschiedene Arten der P.: sachliche, zeitliche, örtliche, persönliche P. Ihr Nichtvorhandensein ist in der Preistheorie Merkmal für ein homogenes →Gut und für die Bildung von Marktformen.

Präferenzmatrix
mathematische Abbildung der →Präferenzstruktur eines → Konsumenten in Matrizenform.

Präferenzordnung
⇒Präferenzstruktur
Annahme in der → Indifferenzkurvenanalyse: Auf den Güterraum IR_+^m definierte Ordnungsrelation, die den paarweisen Vergleich unterschiedlicher Güterbündel ermöglicht (→Gut). P. ≥ besagt, dass für x ≥ y das Güterbündel x mindestens so geschätzt wird wie das Güterbündel y. Eigenschaften von ≥: (1) Reflexivität: x ≥ x; d.h. ein Güterbündel x wird sich selbst mindestens gleichgeschätzt. (2) →Transitivität: (x ≥ y & y ≥ z) →x ≥ z, d.h. wird x mindestens so geschätzt wie y und y mindestens so geschätzt wie z, dann wird auch x mindestens so geschätzt wie z. (3) Voll-

ständigkeit: Für zwei beliebige Güter-
bündel x, y ε IR$_+^m$ gilt immer eine der
folgenden Beziehungen: (i) x $\geq$ y, (ii) y $\geq$
x, (iii) x $\geq$ y und y $\geq$ x; letzteres bedeutet
→Indifferenz zwischen x und y.

Präferenzstruktur
⇒*Präferenzordnung.*

Prämienlohn
eine aus den reinen Lohnformen →Zeit-
lohn und →Akkordlohn gebildete Mischform des Leistungslohnes.

Prämisse
explizite od. implizite Annahme für einen theoretischen (→ Theorie) Zusammenhang, die für diesen konstituierenden Charakter hat. Meist sind theoretische Aussagen nur bei Vorliegen eines
ganzen P.-kataloges gültig. Wichtig sind
die explizite Angabe und der operationale, empirisch relevante Gehalt einer P.

Präsensindikator
die →Konjunktur beschreibende →Indi-
katoren in Form einer zur wirtschaftlichen Aktivität synchronen Zeitreihe (z.B.
die industrielle Nettoproduktion). →
Frühindikatoren laufen dem →Präsensin-
dikator voraus, →Spätindikatoren hinterher. S. auch →Konjunkturtheorie.

Prebisch-These
⇒*Prebisch-Singer-These.*

Prebisch-Singer-These
⇒Prebisch-These
auf den Prebisch-Bericht (1964) gestützte
These, wonach sich die →terms of trade
der Entwicklungsländer langfristig verschlechtern. Ursachen dafür sollen die →
monopolistische Konkurrenz auf den →
Güter- und →Faktormärkten der Industrieländer, die geringe →Einkommens-
elastizität bei Primärgütern (→Gut) und
die zunehmende Preiselastizität (→Elasti-
zitäten) bei der gleichen Gütergruppe
sein. Die erstgenannte Ursache lässt die →
Preise der Importgüter der Entwicklungsländer steigen, die beiden anderen
drücken Preise und Volumen der →Ex-
porte der Entwicklungsländer, die vor allem aus Primärgütern bestehen.
Gegen die P. spricht die Erfahrung der

Rohstoffverknappung. Methodisch lässt
sich aber vor allem die statistische „Untermauerung" der These, wie sie von Pre-
bisch vorgenommen wurde, stark in
Zweifel ziehen, weil historische „Ausrei-
ßer" (z.B. „Korea-Boom") zur Stützung
der These herangezogen wurden.

Preis
⇒*absoluter Preis*
⇒*Geldpreis.*

Preis-Absatz-Funktion
⇒Nachfragefunktion
funktionale Beziehung zwischen →Preis
und Absatzmenge eines →Gutes. Vgl.
auch → konjekturale P., → (Produkt-)
Preisbildung.

Preisbindung
ist stets P. zweiter Hand, weil andere damit gebunden werden. Vertikale P. verpflichtet den Abnehmer, den vom Hersteller festgesetzten →Preis beim Wiederverkauf dem Käufer gegenüber einzuhalten. In der Bundesrepublik gibt es eine
solche P. bei Verlagserzeugnissen. In einem Revers verpflichtet sich der Buch-
händler gegenüber dem Verlag, die vom
Verlag bestimmten Ladenpreise einzuhalten.
Andere P., insbesondere Absprachen in
Form von →Preiskartellen, sind nichtig.
S. auch →Wettbewerbstheorie, →Wettbe-
werbspolitik.

Preisdiskriminierung
⇒*monopolistische Preisdifferenzierung.*

Preiseffekt
⇒*Terms of Trade-Effekt.*

Preiselastizität
⇒direkte Preiselastizität der Nachfrage
⇒Eigenpreiselastizität
⇒Nachfrageelastizität
⇒Elastizitäten.

Preisempfehlung
Die vertikale P. ist die unverbindliche
Empfehlung eines Unternehmens an seine Abnehmer, bei Weiterveräußerung
bestimmte →Preise zu fordern. Sie ist
nach dem →GWB zulässig für →Marken-
waren. Sie muss ausdrücklich als unver-

bindlich bezeichnet werden. Zu ihrer Durchsetzung darf keinerlei Zwang ausgeübt werden. Sie unterliegt einer verschärften →Missbrauchsaufsicht. Als typische Verstöße gegen das GWB gelten der Ausspruch einer P. für Nichtmarkenware, die Empfehlung von „Mondpreisen" (künstlich überhöhte Preise als Werbemittel), Vertriebsregelungen, die eine Einhaltung der P. erzwingen sollen.

Preiserwartungseffekt
⇒Fisher-Effekt.

Preis-Faktor-Kurve
Geht man von einer bestimmten →Minimalkostenkombination od. →Maximalertragskombination aus und variiert bei konstanter Kostensumme einen Faktorpreis (Änderung des →relativen Preises), so ergeben sich aufgrund der Drehung der → Isokostenlinie neue Punkte der Minimalkostenkombination. Die Verbindungslinie der Gleichgewichtspunkte wird als P. (PFK) bezeichnet.

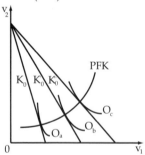

Preisfixierer
Nachfrager od. Anbieter (z.B. ein Angebotsmonopolist), für den der Preis →Aktionsparameter ist und der die Entscheidung über die zu diesem Preis angebotene od. nachgefragte Menge der anderen Marktseite überlässt. Die Menge ist →Erwartungsparameter des P.

Preisführer
ein Anbieter, der durch einen besonders großen Marktanteil od. durch die Information, dass die anderen seinen →Preis als gegeben hinnehmen, weil sie ihrerseits über seine Reaktion auf ihre Preise

im Unklaren sind, gekennzeichnet ist. Der P. kann den Preis bestimmen, während die anderen diesen Preis als gegeben betrachten und nach der Regel „Preis gleich →Grenzkosten" ihre gewinnmaximale Menge (→ Gewinnmaximierung) bestimmen.

Preisfunktion
⇒Preismechanismus
Der Preis zeigt die jeweilige Knappheit eines →Gutes an. Über die P. werden Angebots- und Nachfrageentscheidungen der →Wirtschaftssubjekte so angepasst, dass ein Ausgleich von Angebot und Nachfrage erreicht und der →Markt geräumt wird. Preise steuern Art und Umfang des →Güterangebots nach Maßgabe der wirksamen → Güternachfrage und damit zugleich den Einsatz der →Produktionsfaktoren. Auf den → Faktormärkten bestimmen sie das →Einkommen der Wirtschaftssubjekte aus dem Produktionsprozess. Unter bestimmten Markt- und Produktionsbedingungen bestimmen sie ein Optimum der →Produktion und Versorgung. S. auch →Preistheorie, →Preisbildung.

Preisgleitklausel
→Geldwertsicherungsklausel.

Preisindex
hat die Funktion, die durchschnittliche Preisentwicklung (→Preis) von Gütern (→ Gut) isoliert von Mengen- und möglichst auch Qualitätsveränderungen wiederzugeben. Grundlegend ist dabei die Unterscheidung in Basisperiode und Berichtsperiode.
In der statistischen Praxis werden nur einige wenige praktikable Formeln verwendet.
Die wichtigsten Indizes sind:
Der Laspeyres-Index: Verhältnis des Wertes des Warenkorbes (ausgewählten Güterbündels) aus der Basisperiode 0 bewertet zu Preisen der Berichtsperiode 1, und dem Wert des gleichen Warenkorbs, bewertet zu Preisen der Basisperiode.

$$L_p = \frac{\sum_{i=1}^{n} p_{i1} \cdot q_{i0}}{\sum_{i=1}^{n} p_{i0} \cdot q_{i0}}.$$

Der Paasche-Index: Bei diesem werden die Mengen des Güterbündels der Berichtsperiode q_{i1} einmal mit den Preisen der Berichts- und einmal mit den Preisen der Basisperiode bewertet und diese Werte zueinander in Relation gesetzt.

$$P_p = \frac{\sum_{i=1}^{n} p_{i1} \cdot q_{i1}}{\sum_{i=1}^{n} p_{i0} \cdot q_{i1}}.$$

Weitere P.-formeln sind Fisher's Ideale Indexformel und der Divisia-Index. Wichtige P. für die Bundesrepublik sind die P. in der Sozialproduktberechnung (→ Sozialprodukt), →P. für die Lebenshaltung und andere P. (z.B. Index der Erzeugerpreise industrieller Produkte). Die meisten dieser Indizes werden auf der Grundlage des Laspeyres-Index berechnet.

Preisindex für die Lebenshaltung
Das →Statistische Bundesamt berechnet fünf verschiedene P., und zwar für alle privaten →Haushalte, Vier-Personen-Arbeitnehmerhaushalte mittlerer Einkommens, Vier-Personen-Haushalte von Angestellten und Beamten mit höherem Einkommen, Zwei-Personen-Renten- und Sozialhilfeempfänger-Haushalte, die einfache Lebenshaltung eines Kindes. Alle diese P. werden nach der Laspeyres-Formel (→ Preisindex) berechnet. Die hierfür erforderlichen Warenkörbe werden (mit Ausnahme des Kinderindex) aus Einkommens- und Verbrauchsstichproben repräsentativer Haushalte zusammengestellt. Dabei wird grundsätzlich so vorgegangen, dass nach statistischen Gesichtspunkten ausgewählte Haushalte über einen festgelegten Zeitraum Haushaltsbücher führen, in welchen sie ihre Einnahmen sowie ihre Aufwendungen für Waren und Dienstleistungen verzeichnen. Im Wege der Durchschnittsbildung werden sodann die Einnahmen und Ausgaben das gewählte Güterbündel des „Indexhaushalts" ermittelt. Der diesem Güterbündel entsprechende Warenkorb wird dann zu den jeweils monatlich erhobenen Preisdaten bewertet.

Der P. spielt eine bedeutende Rolle für die Beurteilung der →Inflation, für Lohn- und Gehaltsforderungen der Gewerkschaften, für wirtschaftspolitische Maßnahmen und für Entscheidungen von Unternehmen u.a.
In Anbetracht der mangelhaften Qualität der Daten erscheint mitunter die politische Diskussion aufgrund von Zehntelprozentpunkten in der Entwicklung der P. etwas seltsam. Um eine gewisse Kontrolle, vor allem in Bezug auf die Wirkung der Einflüsse des konstanten (Laspeyres-) Warenkorbs zu gewinnen, führt das Statistische Bundesamt Kontrollrechnungen auf der Grundlage der Paasche-Indexformel durch. Die Ergebnisse dieser internen Überprüfung werden nicht veröffentlicht.

Preiskartell
Zusammenschluss von →Unternehmungen gleicher Wirtschaftsstufe zur Fixierung von → Mindestpreisen. Es fällt unter das sog. Kartellverbot (→Kartell) von § 1 des →Gesetzes gegen Wettbewerbsbeschränkungen. Ein → P. führt alsbald zu einem Quotenkartell. Bekanntes Beispiel aus der jüngeren Zeit im internationalen Handel ist das Erdölkartell der OPEC (Organization of the Petroleum Exporting Countries).

Preis-Konsum-Kurve
⇒offer curve
geometrischer Ort für alle →Haushaltsgleichgewichte bei einer relativen Preisänderung (ein Preis ändert sich unter der → ceteris-paribus-Bedingung). Bei normaler Reaktion führt ein fallender Preis p_1 im Zwei-Güter-Fall zu größeren nach-

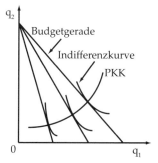

617

gefragten Mengen bei →Gut 1 (q_1) und bei Gut 2 (q_2). Vgl. Abbildung (PKK = Preis-Konsum-Kurve).

Preismechanismus
⇒*Preisfunktion*
⇒*Preistheorie.*

Preismeldestellen
Verbandsmitglieder verpflichten sich vertraglich, einer Zentralstelle ihre jeweiligen →Preise sowie Liefer- und Zahlungsbedingungen zu melden. Die Zentralstelle ist zur Information aller Mitglieder über diese Meldungen verpflichtet. Ob in einer solchen Praxis ein Verstoß gegen geltendes Kartellrecht (→ Kartell) vorliegt, ist umstritten. S. auch →Preisbindung.

Preisnehmer
⇒*price taker.*

Preisniveau
Preishöhe aller Güter und Dienste in einer →Volkswirtschaft, die näherungsweise durch → Preisindizes ausgedrückt wird. Das P. misst die →Kaufkraft des → Geldes. Die Wirkungen einer Erhöhung des P. sind Gegenstand der Inflationstheorie (→Inflation).

Preisniveauflexibilität
Damit ist weniger die Flexibilität im Sinne einer Preisniveauerhöhung gemeint, sondern vor allem die Flexibilität nach unten. Diese ist vor allem durch →Preisstarrheiten behindert.

Preisniveau-Mechanismus
monetärer Mechanismus einer von mehreren Zahlungsbilanzausgleichsmechanismen. Bei festen → Wechselkursen überträgt sich die Auslandsinflation (→ Inflation) auf das Inland durch den → Geldmengen-Preis(niveau)-Mechanismus. Ob darüber hinaus ein direkter →internationaler Preiszusammenhang besteht, ist umstritten. S. →Monetäre Außenwirtschaftstheorie, 2.1.

Preisniveaustabilität
⇒*Preisstabilität*
nach dem →StabG eines von vier wesent-

lichen gesamtwirtschaftlichen Zielen: stabiles Preisniveau ist erreicht, wenn es keine od. geringe →Inflation gibt. Gemessen wird das →Preisniveau in seiner Entwicklung mit einem geeigneten → Preisindex. S. auch → Ziele der Wirtschaftspolitik.

Preisnotierung
→Devisenkurs.

Preisregulierung
1. im privaten →Sektor als vertikale → Preisbindung (Verlagserzeugnisse) in der Form einer vertraglichen P. und als unverbindliche (vertikale) Preisempfehlung (bei bestimmten →Markenartikeln) vom Gesetzgeber geregelt im Sinne von Ausnahmen.

2. im öffentlichen Sektor als P. (Preisvorschriften) in Form von behördlichen Verordnungen, Verfügungen und Anordnungen. Man kann auch in den Leitsätzen für die Preisermittlung aufgrund von →Selbstkosten bei der Vergabe von öffentlichen Aufträgen einen Rest öffentlicher P. erkennen.

Preisstabilität
⇒*Preisniveaustabilität.*

Preisstarrheit
mangelnde Flexibilität der →Preise nach unten. Diese Rigidität der Preise ist auf → Faktormärkten häufig (z.B. →Lohnstarrheit). Mangelnde Faktorpreisflexibilität kann dann auch mangelnde Güterpreisflexibilität bedingen.

Preistheorie
ist die wissenschaftliche Lehre von → Preisen und →Preismechanismen; als solche ist sie Erklärungsgrundlage und Beurteilungsmaßstab marktwirtschaftlicher (→Marktwirtschaft) Prozesse.
In jeder →Volkswirtschaft müssen Angebots- und Nachfragepläne der Wirtschaftsteilnehmer für →Güter aller Art, d.h. volkswirtschaftliche →Endprodukte, Zwischenprodukte, Faktorleistungen und Forderungstitel wie →Geld, →Devisen od. andere →Wertpapiere, aufeinander abgestimmt werden. In einer Zentralverwaltungswirtschaft wird dazu

durch obrigkeitliche Anordnung ein Gesamtplan aufgestellt, dem sich alle → Wirtschaftssubjekte unterordnen müssen. Preise sind dabei lediglich Verrechnungseinheiten, die die Planstellen durch Verwaltungsanordnung festlegt; ein Preismechanismus im Sinne der P. existiert nicht. Demgegenüber sind die Wirtschaftsteilnehmer in einer →Marktwirtschaft weitgehend frei in ihren Angebots- und Nachfrageentscheidungen. Die erforderliche Koordination der Einzelpläne erfolgt über →Märkte, an denen sich durch geplantes Angebot und geplante Nachfrage für alle Güter Preise bilden, die die jeweilige Knappheit der Güter anzeigen und über den Preismechanismus folgende Aufgaben lösen helfen: Sie passen Angebots- und Nachfrageentscheidungen der Wirtschaftssubjekte so aneinander an, dass ein Ausgleich von Angebot und Nachfrage erreicht und der Markt somit geräumt wird (→ bilateraler Tausch). Sie steuern Art und Umfang des Güterangebots nach Maßgabe der wirksamen Güternachfrage und damit zugleich den Einsatz von → Produktionsfaktoren zur Erzeugung der nachgefragten Güter (→Produktpreisbildung). Auf den Faktormärkten bestimmen sie das → Einkommen, das, die Wirtschaftssubjekte aus dem Produktionsprozess beziehen (→Faktorangebotstheorie, → Faktorpreisbildung). Unter bestimmten Produktions- und Marktbedingungen bewirken sie schließlich eine Optimierung des Einsatzes der Produktionsfaktoren und der Versorgung mit produzierten Gütern und Dienstleistungen (→Produktpreisbildung).
Die P. als systematische Lehre von Preisen und Preismechanismus geht auf die →Klassische Theorie (Smith, Ricardo, Mill) zurück: Wenn Produktion und Angebot eines Gutes nicht ausreichten, um die wirksame Nachfrage am Markt zu befriedigen, entstand nach Adam Smith eine „Konkurrenz der Käufer", die den Marktpreis dieses Gutes über seinen „natürlichen" Preis in Höhe der durchschnittlichen Produktionskosten steigen ließ, was für die Produzenten Anlass war, die Produktion aus Gewinnmotiven bis zum Ausgleich von Angebot und Nachfrage auszudehnen. Umgekehrt

schufen Überschüsse von Produktion und Angebot über die wirksame Nachfrage am Markt eine „Konkurrenz der Verkäufer" mit der Folge von Senkungen des Marktpreises unter den „natürlichen" (→Kosten-) Preis der Güter, wodurch die Anbieter Verluste erlitten, die sie zur Einschränkung der Produktion bis zum Ausgleich von angebotenen und nachgefragten Gütermengen veranlaßten. Damit war gezeigt, dass die Güterproduktion auch ohne obrigkeitliche Anordnung und kollektiven Zwang allein durch die wirksame →Güternachfrage am Markt selbstständig gesteuert werden kann.
Wesentliche Erweiterungen und Verfeinerungen erfuhr die P. durch die Grenznutzenschule (Menger, Jevons, Walras) sowie durch mathematische Analysen (so von Cournot und Edgeworth), mit deren Hilfe die Anpassungsprozesse bei Gütermengenentscheidungen aufgrund von Veränderungen der Güterpreise für verschiedene →Marktformen, Kostenverläufe und Elastizitätskonstellationen (→ Elastizitäten) exakt bestimmt werden konnten (→ Produktpreisbildung). Die Grenznutzenschule erweiterte die klassische P. vor allem um die Überlegung, dass auch die Güternachfrage auf Höhe und Veränderungen der Güterpreise reagiert, so dass die Marktmechanismen der P. in doppelter Weise durch Anpassungen auf der Angebots- und auf der Nachfrageseite wirksam werden konnten. Für diese Erweiterung war insbesondere die Erkenntnis maßgebend, dass der →Nutzen jedes Gutes für den Nachfrager mit zunehmender Sättigung abnimmt („Erstes Gossensches Gesetz", →Grenznutzenanalyse) und dass jeder Nachfrager ein → Nutzenmaximum erst erreicht, wenn durch Tauschprozesse am Markt das Verhältnis der →Grenznutzen der Güter dem Verhältnis der Preise der Güter entspricht („Zweites Gossensches Gesetz", → Grenznutzenanalyse, → Haushaltstheorie).
Eine detaillierte Darstellung des Preisbildungsprozesses hat insbesondere Walras gegeben, der seinen Zeitgenossen deshalb als „Erfinder des freien Wettbewerbs" galt, wobei Wettbewerb hier

einen Prozess der Reaktionen auf Marktkräfte und eine Methode zur Erreichung von *Marktgleichgewichten* (→ Gleichgewicht) bedeutet. Nach Walras erfolgt die Bildung von Preisen durch ein →Tâtonnement, d.h. einen Prozess sukzessiver Anpassungen der Marktgrößen, bis ein Ausgleich von Angebots- und Nachfragemengen bei einem einheitlichen, stabilen Gleichgewichtspreis (→Preisbildung, →Gleichgewicht) erreicht ist. Dies gilt für jeden einzelnen Markt (→Partialanalyse), aber mit den gleichen Anpassungs- und Reaktionsprinzipien auch für alle Märkte der Volkswirtschaft insgesamt. Während Walras das Tâtonnement als einen Prozess schrittweiser Preisänderungen mit dadurch ausgelösten Mengenreaktionen der Anbieter und der Nachfrager beschreibt, erklärt Marshall das Erreichen eines Marktgleichgewichts vielmehr als einen Prozess sukzessiver Mengenänderungen mit daraus abgeleiteten Folgen für die Höhe der Güterpreise, die die Anbieter am Markt fordern bzw. die Nachfrager zu zahlen bereit sind. Auch wenn das Ergebnis in beiden Fällen das gleiche ist, ergeben sich doch Unterschiede zwischen beiden Ansätzen hinsichtlich der Frage, unter welchen Angebots- und Nachfragebedingungen ein Marktgleichgewicht *stabil* ist, d.h. nach einer Störung wieder selbsttätig zu einer Gleichgewichtslösung zurückkehrt.

Anpassungsprozesse und Ergebnisse der P. hängen in hohem Maße davon ab, ob sich die Preisbildung auf *vollkommenen* od. auf *unvollkommenen* Märkten vollzieht; das gilt im Prinzip gleichermaßen für alle Marktformen wie →Polypol, → Oligopol und →Monopol. Kennzeichen eines vollkommenen Marktes ist das sog. →*Gesetz der Unterschiedslosigkeit der Preise* von Jevons, wonach auf demselben Markt zu einem Zeitpunkt nicht zwei Preise für dasselbe Gut existieren können. Dies setzt voraus, dass alle Marktteilnehmer über vollständige → Markttransparenz verfügen, auf jede Abweichung vom Marktgleichgewicht ohne zeitliche Verzögerung mit Preis- und Mengenänderungen reagieren und keine sachlichen, persönlichen, räumlichen od. zeitlichen Präferenzen hegen. Das impliziert zugleich, dass →*Preisdifferenzierungen* stets nur auf unvollkommenen Märkten möglich sind.

Die P. beruht wesentlich auf der Annahme ganz bestimmter *Verhaltensweisen* der Wirtschaftssubjekte, nämlich der →*Nutzen*- bzw. →*Gewinnmaximierung* als Regulativ aller individuellen Angebots- und Nachfrageentscheidungen. Die auf dieser verhaltenstheoretischen Grundlage aufbauende P. kann ein in vielerlei Hinsicht bestehendes System der Selbststeuerung der Wirtschaft durch pretiale Lenkungskräfte beschreiben, dessen Ergebnisse den Wirtschaftsteilnehmern jedoch keineswegs von selbst in den Schoß fallen. Die Verhaltensweise der Nutzenod. Gewinnmaximierung umfasst nämlich nicht nur das Streben nach höchstmöglichen individuellen Vorteilen aus dem Wirtschaftsprozess, sondern erfordert auch Anstrengungen in Form einer ständigen Gewinnung und Verarbeitung möglichst umfassender Marktinformationen, von Änderungen der angestrebten und realisierbaren Güter- od. Faktorpreise sowie von Umdispositionen bei den eigenen Angebots- und Nachfrageplänen als systemnotwendige Reaktionen auf veränderte Marktkonstellationen. Werden die Unbequemlichkeiten und auch Kosten, die mit Anpassungen der Preise und der Mengendispositionen für Anbieter und Nachfrager verbunden sind, als besonders gravierende Nachteile empfunden, so können sie die Marktteilnehmer zu einem *Wechsel der Verhaltensweisen* (Clower) veranlassen: Die Wirtschaftssubjekte gründen ihre Angebots- und Nachfrageentscheidungen dann auf zumindest kurzfristig unveränderte Preise, auch wenn diese „falsche Preise" sind, weil sie nicht einem Marktgleichgewicht entsprechen. Die unvermeidliche Folge sind Angebots- od. Nachfrageüberschüsse, d.h. ein Versagen des Markträumungsprinzips, mit der weiteren Konsequenz, dass die jeweils kleinere Marktseite (Angebot od. Nachfrage) das effektive Ausmaß der Käufe und Verkäufe am Markt bestimmt. Damit erfolgt eine *Rationierung* der größeren durch die jeweilige kleinere Marktseite. Solche Rationierungen bleiben kaum ohne Rückwirkungen auf das Angebots- und Nachfrageverhalten der Wirtschaftssubjekte auf anderen Märkten.

Vollzieht sich auch dort die Befriedigung von Angebot und Nachfrage nach dem gleichen Rationierungsmuster, so gerät die Wirtschaft insgesamt auf einen Entwicklungsweg, an dessen Ende eine allgemeine Unterauslastung der Produktivkräfte und eine Unterversorgung mit Gütern und Dienstleistungen stehen. Rationierungen des Angebots od. der Nachfrage durch die jeweils andere Marktseite sind eine Form von →*Marktversagen*, welches aus Änderungen jener Verhaltensweisen resultiert, die für die klassische P. und einen funktionsfähigen Preismechanismus konstitutiv sind. Davon zu trennen ist ein angebliches „Marktversagen", das regelmäßig zu erwarten ist, wenn mit Marktprozessen vergebens solche Ziele angestrebt werden, deren Verwirklichung überhaupt nicht Gegenstand der P. und des Preismechanismus ist. Solche Fälle liegen z.B. vor, wenn von der Preisbildung für Produktionsfaktoren erwartet wird, sie verwirkliche eine → Einkommensverteilung nach sozialen statt ökonomischen Kriterien, od. wenn dem Preismechanismus an Gütermärkten die Verwirklichung von Umweltzielen aufgebürdet wird, für die die Wirtschaftsteilnehmer aufgrund ihrer Nutzenschätzungen keine mindestens kostendeckenden Preise zu zahlen bereit sind.
Literatur: *W. H. Hoyer/R. Rettig*, Grundlagen der mikroökonomischen Theorie. 2. A., Düsseldorf 1984, Kap. I und IV. *G. J. Stigler*, Die vollständige Konkurrenz im historischen Rückblick, in: K. Herdzina (Hrsg.), Wettbewerbstheorie, Köln 1975, S. 30-53. *A. Woll*, Volkswirtschaftslehre. 15. A., München 2007, Kap. 2 bis 4 sowie 11 und 12.

Prof. Dr. R. Rettig, Köln

Preisuntergrenze
Kurzfristig liegt die absolute P. beim Minimum der variablen Durchschnittskosten (→Kosten), weil kurzfristig ein Ersatz der fixen Kosten (Kosten) durch den →Preis verzichtbar ist. Langfristig müssen auch alle fixen Kosten gedeckt werden, so dass sich die langfristige P. als das Minimum der gesamten Durch-

schnittskosten ergibt.

pressure groups
organisierte gesellschaftliche Gruppen, die ihre Interessenvertretung so gestalten, dass sie bei Regierung und Gesetzgeber Gehör finden und Einfluss gewinnen. Verwandte Begriffe sind Bürgerinitiativen und Lobby.

Prestige-Effekt
⇒Vebleneffekt
externer Konsumeffekt neben →Snob-Effekt und →Bandwagon-Effekt auf Grund einer sozial abhängigen Nutzenschätzung der →Konsumenten; benannt nach Thorstein Veblen (1899). Bei prestigeabhängigem →Konsum (conspicuous consumption) hängt die nachgefragte Menge für das → Wirtschaftssubjekt nicht nur vom tatsächlichen Preis des →Gutes, sondern auch von einem von Nicht-Käufern vermuteten, auffälligen Preis ab. Je höher der vermutete Preis bei gegebenem tatsächlichen Preis, um so höher die nachgefragte Menge.

Prestigegut
⇒Luxusgut
⇒Veblengut
→Gut.

price-earnings-ratio
⇒Kurs-Gewinn-Verhältnis
Verhältnis aus →Kurs einer →Aktie (→ Marktwert) und Reingewinn, der auf diese Aktie entfällt. Die Zahl gibt das Vielfache des Reingewinns an, zu dem eine Aktie gehandelt wird. Zeit- und Unternehmensvergleiche erlauben im konkreten Fall eine Aussage über die vergleichsweise Preiswürdigkeit einer Aktie.

price taker
⇒Preisnehmer
Bei der Preisbildungsform der →vollständigen Konkurrenz ist der einzelne Anbieter Preisnehmer. Beim Angebotsmonopol (→Monopol) sind bei →Preisfixierung durch den Anbieter alle Nachfrager Preisnehmer. Bei den Formen der Oligopolpreisbildung mit Preisführerschaft sind die anderen Anbieter ebenfalls Preisnehmer. Preisnehmerschaft ist da-

mit begründet, dass man um die mangelnde Möglichkeit, den Preis zu seinen Gunsten zu beeinflussen, weiß od. sich zumindest nicht darüber im Klaren ist.

Primäraufwand
⇒Primärinputs.

primäre Einkommensverteilung
→Einkommensverteilung.

primärer Sektor
Teilbereich der →Wirtschaft nach nicht einheitlicher Gliederungssystematik zur Erfassung des Strukturwandels. In langfristigen Strukturanalysen des Wirtschaftsprozesses wird i.d.R. in den p., → sekundären Sektor und →tertiären Sektor gegliedert.
Nach C. Clark und J. Fourastie, die als Gliederungskriterium den →technischen Fortschritt benutzen, umfasst der p. die → Urproduktion, die mittleren technischen Fortschritt aufweist. Ihr Anteil am →Inlandsprodukt des damaligen Deutschland betrug Mitte des 19. Jahrhunderts fast 50%. Dieser ist zu Beginn der 80er Jahre auf etwa 2% gesunken.
Nach Gliederung der Volkswirtschaftlichen Gesamtrechnung zählen zum p. nur noch Land- und Forstwirtschaft, Fischerei und Tierhaltung; Bergbau und Energie- sowie Wasserversorgung gehören zum sekundären Sektor. Der entsprechende Anteilswert des p. fiel von 1950 = 10% auf 1983 = 2% bei sinkendem Anteil an den →Erwerbstätigen.

primäres Geld
⇒originäres Geld
→Geldarten.

Primärgüter
→Güter der →Urproduktion.

Primärinputs
⇒Primäraufwand
⇒primary inputs
→Leistungen der exogenen Sektoren (→ Transaktor) an die endogenen Sektoren innerhalb einer →Input-Output-Tabelle.

Primärkosten
entstehen durch alle vom →Markt bezogenen, durch einen →Preis bewerteten

Kostengüter wie Kosten der Werkstoffe, Personalkosten, Fremdreparaturen usw. Die P. sind insbesondere für die P.-rechnung bedeutsam, die den Anteil der P. an den →Gesamtkosten der Endleistungen sichtbar machen will.

Primärproduktion
⇒Urproduktion
Produktion von →primären Gütern (Urproduktion). In diesem Sinne umfasst die P. Produkte des →primären Sektors als ein wirtschaftlicher Hauptsektor.

Primärverteilung
→ Einkommensverteilung, → Einkommensverteilungstheorie.

Prime Rate
Sollzinssatz im amerikanischen Bankwesen für erste Adressen und für kurzfristige →Kredite. Besitzt den Charakter eines Kreditleitzinses.

Principal-Agent-Beziehung
In jeder modernen Organisation wird Entscheidungsvollmacht vom Principal auf einen oder mehrere Agenten delegiert. Das Verhalten von Agenten kann nicht voll kontrolliert werden. Der Agent nutzt seinen Freiraum, um eigene Interessen zu verfolgen. Interessenkonflikte zwischen Principal und Agent können durch geeignete Anreizschemata gemildert werden.

Prinzip der Bewertungsstetigkeit
→Bewertungsstetigkeit.

Prinzip der Kostenverursachung
⇒Kostenverursachungsprinzip
verursachungsgerechte Verteilung der (variablen, proportionalen) →Kosten auf →Kostenstellen bzw. →Kostenträger.

Prinzip der Leistungsfähigkeit
⇒Leistungsfähigkeitsprinzip
Jeder soll nach seiner Leistungsfähigkeit an der Aufbringung des Steueraufkommens beteiligt werden. Dabei müssen Steuerpflichtige in gleichen Positionen gleich besteuert werden (horizontale Gleichbehandlung), und Steuerpflichtige in unterschiedlichen Positionen müssen unterschiedlich besteuert werden (verti-

kale Gleichbehandlung). Als Indikatoren der Leistungsfähigkeit (der wirtschaftlichen Lage) werden insbesondere Einkommen, Vermögen und/ od. Konsum herangezogen. Ggs. Äquivalenzprinzip.

Prisoner's Dilemma
→Gefangenendilemma.

Privatdiskonten
⇒Primadiskonten
⇒Primapapiere
Bankakzepte (→Akzept, →Akzeptkredit), die von Importeuren (→Import), Exporteuren (→ Export) od. Transithändlern ausgestellt wurden. Als →Geldmarktpapiere werden sie an der Frankfurter Börse mit täglicher Notierung gehandelt zu einem Vorzugssatz (Privatdiskont).

private Kosten
im Unterschied zu den →sozialen Kosten alle →Kosten, die in die private Wirtschaftsrechnung eingehen. Das sind die Kosten, die der Verursacher selbst trägt. Dagegen sind die sozialen Kosten gerade deshalb → volkswirtschaftliche Kosten, weil sie von den privaten Verursachern nicht getragen werden (z.B. Umweltschäden). S. auch →Kosten.
Bei öffentlichen →Gütern bzw. →externen Effekten weichen die volkswirtschaftlichen Kosten von den p. ab.

privater Haushalt
→Haushalt, 1.

privater Verbrauch
in der Verwendungsrechnung des →Sozialprodukts die Position, die Waren- und Dienstleistungskäufe der inländischen privaten →Haushalte für Konsumzwecke (→Konsum) umfasst, allerdings erweitert um den Eigenverbrauch der privaten → Organisationen ohne Erwerbscharakter.

privates Einkommen
das →Einkommen eines →Haushalts. Anteil am →Volkseinkommen, der auf den Sektor „Private Haushalte" (einschließlich der privaten →Organisationen ohne Erwerbscharakter) entfällt.
Das Nettosozialprodukt zu Faktorkosten (→Sozialprodukt) + →Transfers.

privates Gut
⇒Individualgut
→Gut.

Privatisierung
Die öffentliche Hand greift seit den 70er Jahren verstärkt zu Maßnahmen, die ex definitione nur ihnen zur Verfügung stehen. Vor allem kommunale Arbeitgeber unternehmen Versuche der P., u.a. bei Versorgungs- und Entsorgungsleistungen. Diese besondere Form der Deregulierung, die speziellen privatwirtschaftlichen Interessen, wie denen des Handwerks, zugute kommt, führt häufig zu Arbeitsplatzabbau. Sie stößt deswegen auf heftige Kritik seitens der Gewerkschaften. Diese „Entstaatlichungspolitik" ist bislang in der Bundesrepublik weniger weit fortgeschritten als in manchen anderen westlichen Industrienationen wie Großbritannien und den USA. Die P.-Bemühungen im Bereich von Bundespost Ende der 80er Jahre und Bundesbahn zu Beginn der 90er Jahre signalisieren möglicherweise eine Trendwende. Zur P. der ehemals volkseigenen Kombinate bzw. volkseigenen Betriebe in Ostdeutschland s. →Treuhandanstalt.

Privatkundengeschäft
1. Bis 1914 war das P. ein Teilbereich der Tätigkeit der Deutschen Reichsbank (Zentralbank); das waren Geschäfte mit Nichtbanken.

2. Geschäfte der →Banken, die mit Privaten, also nicht mit Unternehmen abgewickelt werden.

production lag
⇒Realisationslag
→lag.

Product Placement
→Plazierung od. Positionierung von → Gütern im Hinblick auf Marktobjektentscheidungen, Marktsubjektentscheidungen, Raum und Zeit sowie vertragliche Bedingungen.
Im Handel (→Handelsgeschäft) geht es dabei um die optimale Plazierung der Ware im „Regal" bzw. am point of sale (Ort od./ und Zeitpunkt, der den Kunden zum Käufer werden lässt). Instru-

mente sind hierbei u.a. die eigentliche Warenplazierung, die Warenpräsentation, das Merchandizing. Allgemein wird das P. im →Marketing mit Hilfe von Positionierungsmodellen abgebildet. Z.B. können Ausbildungsleistungen von Universitäten nach bestimmten Kriterien (hohes, niedriges Ausbildungsniveau, Praxisorientierung, Theorieorientierung) mit dem Verfahren der multidimensionalen Skalierung (→ multivariate Verfahren) positioniert werden.

Produktdifferenzierung
alle Aktivitäten, um aus einem homogenen Produkt ein heterogenes Gut (→Gut) zu machen.
Horizontale P. erfolgt durch Veränderung der Qualität, der Ausstattung und Verpackung (z.B. bei →Markenartikeln). Vertikale P. z.B. durch Änderung der Packungsgrößen für verschiedene Handelsstufen od. Käufergruppen. Zeitliche P. z.B. durch modisches Design.

Produkthaftung
Die Haftung des Herstellers von fehlerhaften Produkten. Diese ist Gefährdungshaftung, d.h. die Frage des Verschuldens spielt keine Rolle. Es geht nicht um den Ersatz von Schäden an dem fehlerhaften Produkt selbst, sondern um darüber hinausgehende Begleitschäden an Personen oder an anderen Sachen. Die Gefährdungshaftung erlischt 10 Jahre, nachdem der Hersteller das schadensstiftende Produkt in den Verkehr gebracht

hat. Die Sache muss privat verwendet worden sein. Schäden im gewerblichen Bereich werden nicht erfasst.

Produktion
1. Umwandlung von →Inputs mit Hilfe einer Technologie in →Outputs. Als Produktionsarten unterscheidet man die Einproduktunternehmen von der verbundenen P. in Mehrproduktunternehmen. Nach dem Verhältnis der → Produktionsfaktoren wird in alternative P., kumulative P. und Kuppel-P. unterschieden (s. Abb.).
Bedeutsam ist die Unterscheidung der P. nach Wirtschaftssektoren: Primär-P. ist i.d.R. die P. der Landwirtschaft. →Sekundäre P. ist Industrieproduktion. Tertiäre P. (→tertiärer Sektor) ist die P. des Dienstleistungssektors.

2. Haushaltsproduktion. In der neueren Mikrotheorie: S. →abgeleitete Nachfrage. Ansätze der Theorie der Haushaltsproduktion von Gütern und Dienstleistungen führen die Zeit als Input ein und versuchen, die optimale Zeitallokation des Haushalts zu bestimmen, woraus sich wiederum die Nachfrage nach Gütern und Diensten ableiten lässt.

Produktionsabgabe
→Abschöpfung.

Produktionselastizitäten
Maß für die relative Änderung des → Outputs bei einer relativen Änderung des →Inputs. Bei →homogenen Produktionsfunktionen ist entsprechend dem →

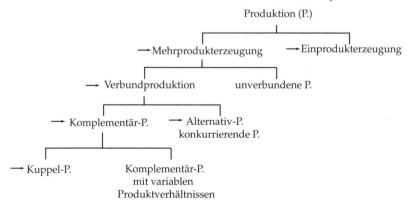

Produktion (P.)

Homogenitätsgrad die P. größer, gleich od. kleiner als 1.
Die partielle P. ist das Maß für die relative Änderung des Outputs bei einer relativen Änderung *eines* Inputfaktors, bei Konstanz der Einsatzmengen der übrigen Inputfaktoren. Die Summe aller partiellen P. ist die P. od. →Skalenelastizität. →Elastizitäten.

Produktionsfaktoren
Produktionsfaktoren sind Güter, die im Produktionsprozess kombiniert werden, um andere Güter hervorzubringen. Seit J. B. Say hat sich in der *Volkswirtschaftslehre* die Dreiteilung in Boden, Arbeit und Kapital weitgehend etabliert. Teilweise wird auch eine Zweiteilung in Arbeit und Kapital vorgeschlagen und der Faktor Boden als dauerhaftes Produktionsmittel dem Kapital untergeordnet, oder es wird der Produktionsfaktor Umwelt gebildet, der dann die Faktoren Boden, Gewässer, Luft und belebte Natur zusammenfasst.
Eine weitere Spezifikation ist in der Berücksichtigung des technisches Wissens und seiner Veränderung (technischer Fortschritt) zu sehen, das teilweise als Bindeglied zwischen Input und Output in die Überlegungen einbezogen wird oder als qualitative Dimension des Faktors Kapital interpretiert wird. Letztlich ist es eine Frage der Zweckmäßigkeit und der konkreten Fragestellung, ob das technische Wissen der Qualität des Kapitals zugeordnet oder als eigenständiger Produktionsfaktor betrachtet wird. Wesentlich ist jedoch, dass der technische Fortschritt nur dann relevant ist, wenn er zu einer ökonomisch vorteilhafteren Versorgung führt.
Unter *Arbeit* wird jede menschliche Tätigkeit verstanden, die der Bedürfnisbefriedigung dient und darauf abzielt, Einkommen zu erwirtschaften. Hierzu zählen folglich sowohl die Leistungen der unselbständig beschäftigten Arbeitnehmer als auch die Leistungen der Unternehmungseigentümer. Der Produktionsfaktor *Boden* umfasst neben dem Anbau- und Abbauboden auch den Boden als Standort für Unternehmungen. Zum (Real-) *Kapital* als derivatem Produktionsfaktor, d.h. es handelt sich um

Güter, die in früheren Produktionsprozessen erzeugt wurden, zählen dauerhafte Produktionsmittel wie Maschinen, Gebäude etc. und nichtdauerhafte Produktionsmittel, die von anderen Unternehmungen bezogen werden und als Vorleistungen in den Produktionsprozess einfließen (z.B. Rohstoffe, Energie).
Neben der Modellierung von *Produktionsfunktionen* werden die Produktionsfaktoren in der Volkswirtschaftslehre insbesondere als *Wachstumsdeterminanten* und im Rahmen der *primären Einkommensverteilung* (jedem Faktor fällt ein entsprechendes Einkommen zu: Arbeit → Lohn, Boden → Pacht, Kapital → Zins) behandelt.
In der Betriebswirtschaftslehre liegt hingegen eine Vielzahl unterschiedlicher Produktionsfaktorsysteme vor, wobei die Systematik von Gutenberg i.d.R. den Ausgangspunkt bildet. Er schlägt folgende Systematik vor:
- Elementarfaktoren
  - objektbezogene menschliche Arbeitsleistungen
  - Werkstoffe
  - Betriebsmittel
- Dispositive Faktoren
  - originärer dispositiver Faktor (Unternehmungsleitung)
  - derivativer dispositiver Faktor
    • Planung
    • Organisation

Die Untergliederung in elementare und dispositive Faktoren resultiert aus dem Merkmal „Dispositionsmöglichkeit über die Faktorkombination" und findet ihre Begründung in der produktionstheoretischen Interpretation Gutenbergs. Während die *elementaren Produktionsfaktoren* Bestandteil der Produktionsfunktion werden, nehmen die *dispositiven* gestaltend Einfluss (hierin zeigt sich eine Parallele zum technisch-organisatorischen Wissen im Rahmen der volkswirtschaftlichen Betrachtung) auf den Faktorkombinationsprozess.
Nach dem Kriterium „Verbrauch des elementaren Produktionsfaktors" kann zwischen Potential- und Repetierfaktoren (auch Verbrauchsfaktoren genannt) unterschieden werden. Abgrenzungskriterium ist hierbei die Anzahl der

Faktorkombinationen, für die die produktive Wirksamkeit eines Elementarfaktors besteht. Während *Repetierfaktoren* wie Werkstoffe nur in einer einzigen Faktorkombination produktiv wirksam sind, können *Potentialfaktoren* (wie menschliche Arbeitsleistungen und Betriebsmittel) in mehreren Kombinationsprozessen eine produktive Wirkung entfalten. Dieses Faktorsystem hat im Laufe der Zeit vielfältige *Ergänzungen* erfahren:

- Neben den dispositiven und elementaren Faktoren werden als dritte Gruppe die Zusatzfaktoren eingeführt, worunter Leistungen von Kreditinstituten und Versicherungen etc. subsumiert werden. Sie zeichnen sich dadurch aus, dass sie zwar Kosten verursachen, ihnen aber i.d.R. keine abgrenzbaren Mengengrößen zugrunde liegen.
- Weitere Ergänzungen beziehen sich auf die *immateriellen* Faktoren Wissen und Rechte. Erst durch diese explizite Nennung wird der gesamte Komplex der Information in das Produktionsfaktorsystem einbezogen, da vorher lediglich verkörperte Informationen, d.h. ihre implizite Berücksichtigung in den Elementarfaktoren oder dispositiven Faktoren (z.B. in Form personenbezogenen Wissens oder in technischen Anlagen verkörpertes Wissen) erfolgte. Sie schlägt sich dann in den unterschiedlichen Qualitäten der zum Einsatz gelangenden Faktoren nieder.

Neben diesen auf die industrielle Produktion ausgerichteten Faktorsystemen wurden Ansätze für einzelne Wirtschaftszweige wie Banken, Handel, Verkehrsunternehmungen, Versicherungen bis hin zu Krankenhäusern aufgestellt. In diesen dienstleistungsbezogenen Faktorsystematiken wird als wesentliche Erweiterung ein „externer Produktionsfaktor" aufgenommen, der durch den Abnehmer oder Verwerter der Dienstleistung in den Produktionsprozess eingebracht wird und sich damit der autonomen Disponierbarkeit durch den Produzenten entzieht. Beispiele für *externe Faktoren* sind: Patienten, Studenten, zu reinigende Kleidungsstücke, etc.

Einen Schritt weiter gehen Produktions-

faktorsysteme, die den Anspruch erheben, für alle Unternehmungen unabhängig vom jeweiligen Wirtschaftszweig gültig zu sein. Hierbei zeigt sich, dass eine modulare Struktur der Faktorsystematik günstig ist. Grundgedanke ist dabei eine zweistufige Vorgehensweise:
- Es wird ein Grundsystem aufgestellt, das die grundlegenden Elemente erfasst und für eine Vielzahl von Unternehmungen Gültigkeit besitzt.
- Es werden einzelne Produktionsfaktormodule an dieses Grundmodell „angehängt", in denen branchenspezifische Ausprägungen einzelner Produktionsfaktoren Berücksichtigung erlangen.

Ein entscheidender Vorteil dieses modularstrukturierten Produktionsfaktormodells ist darin zu sehen, dass es flexibel genug ist, weitere und damit zum heutigen Zeitpunkt eventuell unbekannte Spezifika einzelner Zweige aufzunehmen, ohne seine grundsätzliche Struktur einzubüßen.

Literatur: *H. Bartling/F. Luzius*, Grundzüge der Volkswirtschaftslehre. 11. A., München 1996. *G. Bauermann*, Produktionsfaktoren, in: W. Kern, H.-H. Schröder/ J. Weber (Hrsg.), Handwörterbuch der Produktionswirtschaft, 2. A., Stuttgart 1996, S. 1494-1505. *H. Corsten*, Die Produktion von Dienstleistungen. Berlin 1985. *E. Gutenberg*, Grundlagen der Betriebswirtschaftslehre, Bd. 1: Die Produktion. 23. A., Berlin-Heidelberg-New York, 1979. *W. Kern*, Der Betrieb als Faktorkombination, in: H. Jacob (Hrsg.), Allgemeine Betriebswirtschaftslehre in programmierter Form. 3. A., Wiesbaden 1976, S. 121-204. *W. Kern/ K. Fallaschinski*, Betriebswirtschaftliche Produktionsfaktoren (Teil I), in: Das Wirtschaftsstudium, 7. Jg. (1978), S. 580-584. *M. Steven*, Umwelt als Produktionsfaktor?, in: Zeitschrift für Betriebswirtschaft, 61. Jg. (1991), S. 509-523. *H. K. Weber*, Zum System produktiver Faktoren, in: Zeitschrift für betriebswirtschaftliche Forschung, 32. Jg. (1980), S. 1056-1071. *A. Woll*, Volkswirtschaftslehre. 15. A., München 2007.

Prof. Dr. habil. H. Corsten,
Kaiserslautern

Produktionsfunktion

der funktionale Zusammenhang zwischen →Input und →Output. Produziert die Unternehmung nur einen Output, dann kann man die P. wie folgt definieren:

f(**x**) = {y in R: *y* ist der maximale Output, der mit -**x** in Y erreichbar ist}

Die P. lassen sich hinsichtlich ihrer Eigenschaften unterscheiden:

Monotonie: P. mit monotonen Input-Mengen (→Input) unterstellen kostenlose Beseitigung.

Eindeutigkeit: Hinsichtlich der Funktionswerte unterscheidet man eindeutige, nichteindeutige und eineindeutige P.

Stetigkeit: Nach der stetigen Teilbarkeit der Inputs unterscheidet man stetige P. und nicht-stetige P.

Substitutionalität: Nach der Substituierbarkeit der →Inputs unterscheidet man substitutionale P. und nichtsubstitutionale (= limitationale) P.

→ Homogenität: Nach der Eigenschaft

$$f(\lambda x_1, \lambda x_2) = \lambda^r f(x_1, x_2) = \lambda^r y$$ (Homogenitätskriterium) und je nachdem, ob der → Homogenitätsgrad *r* größer, gleich od. kleiner als 1 ist, unterscheidet man: überlinear-, linear- und unterlinearhomogene P.

→ Substitutionselastizität (→ Elastizitäten): Bei Konstanz der Substitutionselastizität spricht man von →CES-P., bei Variabilität von VES-P. Ist sie Null, liegt eine →limitationale P. vor. Ein Spezialfall ist die →Leontief-P.: Ihre →Substitutionselastizität beträgt 0, aber ihr Homogenitätsgrad ist 1; sie ist also eine linear-limitationale P.

→Skalenerträge: Konstante Skalenerträge weist die →Cobb-Douglas-P. auf, andere neoklassische P. haben abnehmende, aber positive Skalenerträge (andere CES-P., VES-P.).

Es gibt noch eine Reihe anderer P., deren Bezeichnung zum Teil selbsterklärend ist: Einprozess-P., Mehrprozess-P.

Die klassische P. ist durch den ertragsgesetzlichen Verlauf bei partieller Faktorvariation gekennzeichnet.

In der →*Betriebswirtschaftslehre* haben insbesondere die Gutenbergschen P. und deren Weiterentwicklungen Bedeutung erlangt: Die P. vom Typ A entspricht der klassischen P. Die P. vom Typ B berücksichtigt neben der unmittelbaren Input-Outputbeziehung auch mittelbare Beziehungen, sog. Potentialfaktoren, die durch Verbrauchsfunktionen erfasst werden. Die P. vom Typ C wurde von Heinen entwickelt: Sie berücksichtigt neben den Potentialfaktoren sog. Repetierfaktoren, für die eine ökonomische Verbrauchsfunktion in Abhängigkeit von der Kombinationszeit ermittelt wird.

Aus der Klasse der CES-P., also der P. mit konstanter Substitutionselastizität, zu denen auch die Cobb-Douglas-P. gehört, ist noch besonders zu erwähnen die → ACMS-P. (genannt nach Arrow, Chenery, Minhas, Solow): Auch sie ist durch konstante Substitutionselastizität gekennzeichnet, aber im Gegensatz zur Cobb-Douglas-P., deren Substitutionselastizität eins beträgt, ist diese bei der ACMS-P. größer als 1.

Aus der Klasse der VES-P. sollen noch besonders erwähnt werden: Die Sato-Hoffmann-P., bei der die variable Substitutionselastizität linear von der →Kapitalintensität abhängt, bei der →Revankar-Wolkowitz-P. hängt die Substitutionselastizität vom reziproken Wert der Kapitalintensität ab.

→Homothetische P. sind dadurch charakterisiert, dass *f* (**x**) als *h* (*g* (**x**)) geschrieben werden kann, wobei h monoton ist und g homogen vom Grade eins ist. Zu solchen homothetischen P. zählen verallgemeinerte P. wie die Revankar-Zellner-P., für die die Substitutionselastizität mit einen homogenen Funktion *f* (A, K) sowie davon unabhängig eine Funktion der Skalenelastizität χ in Abhängigkeit von der Ausbringung gegeben ist: χ = *h* (X). Zur P. des Haushalts s. → abgeleitete Nachfrage, 3.

Produktionsgut

⇒Produktivgut
→Gut.

Produktionskoeffizient

⇒Inputkoeffizient
⇒Input-Output-Koeffizient

Anteil eines → Produktionsfaktors, der

bei der →Produktion auf eine Einheit des →Outputs entfällt: $a_i = \dfrac{v_i}{O}$ (v_i = effiziente Menge des Produktionsfaktors i; O = →Output; a_i = P. für den Produktionsfaktor i).
Bei →linear-limitationalen Produktionsfunktionen sind die P. technische Konstante.

Produktionskonto
Kontodarstellung der mit der Produktion eines Unternehmens verbundenen Transaktionen. Auf der Soll-Seite stehen die Bruttowertschöpfung und die Vorleistungen, auf der Haben-Seite der Produktionswert.
In der Volkswirtschaftlichen Gesamtrechnung werden auf P. für alle Sektoren in gleicher Weise auf der rechten Seite der Produktionswert und auf der linken Seite die Vorleistungen und die Bruttowertschöpfung dargestellt.

Produktionsmittel
→Kapital, II., 1.

Produktionsmöglichkeitenkurve
⇒Kapazitätslinie
⇒Transformationskurve
Produktionsmöglichkeiten sind im Rahmen einer Unternehmung diejenigen Kombinationen von →Inputs und →Outputs, die zulässig sind. Diese Menge aller zulässigen Produktionspläne wird als Menge der Produktionsmöglichkeiten bezeichnet. In diesem Sinne ist eine P. diejenige Kurve od. →Isoquante, die alle Input-Bündel angibt, welche exakt einen bestimmten Output produzieren. Sie ist der geometrische Ort gesamtwirtschaftlicher Produktionsmöglichkeiten bei voller Inanspruchnahme aller Ressourcen; in der Darstellung ist sie eine ursprungskonkave Kurve.

Produktionspotential
→Kapazität.
maximal od. optimal erreichbarer →Output. Gesamtwirtschaftliches P. ist das maximal od. optimal erreichbare reale Bruttoinlandsprodukt (Nettoproduktionswert zu konstanten Preisen) (→Inlandsprodukt).

Der →Sachverständigenrat errechnet das P. mit Hilfe von →Kapitalproduktivität und →Kapitalstock. Der Potentialwert als Kapitalproduktivität wird als maximal festgestellte positive Abweichung vom Trendwert bestimmt. Der Kapitalstock wird aus den kumulierten Zugängen (Bruttoanlageinvestitionen) und Abgängen berechnet. Die Multiplikation von Kapitalproduktivität und Kapitalstock ergibt das gesamtwirtschaftliche P. Es setzt sich additiv zusammen aus dem potentiellen Produktionsvolumen des Sektors Unternehmen (ohne Wohnungsvermietung) und den Beiträgen des Staates, der Wohnungsvermietung sowie der privaten Haushalte und Organisationen ohne Erwerbscharakter zum realen Bruttosozialprodukt. Außer im Sektor Unternehmen nimmt der Sachverständigenrat für alle anderen Bereiche Vollauslastung an. Der Auslastungsgrad des P., errechnet aus tatsächlichem realen Bruttoinlandsprodukt und P., gilt als Maß der Kapazitätsnutzung (→Kapazität) im Unternehmenssektor.
Die Bundesbank arbeitet mit einer → Cobb-Douglas-Funktion als Potentialfunktion. Da auf in der Vergangenheit festgestellte mittlere Produktionsniveaus abgestellt wird, ist das so ermittelte P. kein Maximalwert.
Potentialschätzungen und Potentialwachstum spielen eine große Rolle in der Wirtschaftspolitik (→ konjunkturneutraler Haushalt, →potentialorientierte Kreditpolitik, → Theorie der Wirtschaftspolitik). Der Zuwachs des P. gilt als Wachstumsindikator.

Produktionsschwelle
⇒*Betriebsminimum*
⇒Minimum der durchschnittlichen variablen Kosten (DVK).

Produktionstheorie
beschäftigt sich mit Konzepten der systematischen Beschreibung von technischen Produktionsmöglichkeiten, die in einer Wirtschaftseinheit (z.B. in einem Teilbereich od. Gesamtbereich eines Betriebes, in einer Gruppe von Betrieben od. in einer →Volkswirtschaft) bestehen. Die Beschreibung ist auf den Informationsbedarf von Ökonomen abgestimmt. Diese

benötigen in den meisten Fällen zur Lösung ihrer Probleme kein Handbuch der Verfahrenstechnik, sondern einfachere und aggregiertere Darstellungen, die sich im Rahmen von ökonomischen Modellanalysen und →Kalkulationen ohne Schwierigkeiten als integrierter Teilbereich verwenden lassen, Kostentheorie und → Unternehmenstheorie. Unter → Produktion wird die Transformation von →Gütern und Dienstleistungen in andere Güter und Dienstleistungen im Rahmen einer Wirtschaftseinheit verstanden. Die dabei verbrauchten od. gebrauchten Güter und Dienstleistungen heißen →Produktionsfaktoren, die entstehenden Güter und Dienstleistungen →Produkte. Ein Produktionspunkt gibt die in einem Produktionsprozess verbrauchten bzw. gebrauchten Produktionsfaktormengen und die anfallenden Produktmengen an. Die Gesamtheit der in einer Wirtschaftseinheit alternativ od. kombiniert möglichen Produktionspunkte wird als Technologie der Wirtschaftseinheit bezeichnet. Ein Produktionspunkt wird üblicherweise in Form eines Vektors in folgender Weise geschrieben:

$$(O_1^{(i)}, ..., O_n^{(i)}, -v_1^{(i)}, ..., -v_m^{(i)}).$$

Der obere Index (i) kennzeichnet die laufende Nummer des Produktionspunktes. $O_1^{(i)}$ ist die Menge des Produktes der Produktart 1, $O_2^{(i)}$ die Menge des Produktes der Produktart 2 usw. $v_1^{(i)}$ ist die Menge des Produktionsfaktors der Art 1, $v_2^{(i)}$ die Menge des Produktionsfaktors der Art 2 usw. Der Produktionspunkt i ist genau dann technisch effizient, wenn die Wirtschaftseinheit über keinen anderen Produktionspunkt - nachfolgend Produktionspunkt s genannt - verfügt, der die Ungleichung

$$(O_1^{(s)}, ..., O_n^{(s)}, -v_1^{(s)} ...,$$
$$-v_m^{(s)}) \geq (O_1^{(i)}, ..., O_n^{(i)}, -v_1^{(i)}, ..., -v_m^{(i)})$$ erfüllt. Viele Darstellungen der Technologie einer Wirtschaftseinheit beschränken sich deshalb auf eine Darstellung der technisch effizienten Produktionspunkte, weil technisch ineffiziente Produktionspunkte bei jeder denkbaren Preis-

konstellation ökonomisch unterlegen sind. Potentieller → technischer Fortschritt findet in einer Wirtschaftseinheit statt, wenn deren Technologie durch einen neuen technisch effizienten Produktionspunkt erweitert wird. Die zeitliche Dimension des Produktionspunktes ist die Produktionsperiode, d.h der Zeitraum, in dem die Faktoreinsätze und Produkterstellungen erfolgen.

Bei der Formulierung von Produktionspunkten werden häufig folgende Vereinfachungen vorgenommen: (a) Nichtberücksichtigung des zeitlichen Ablaufs innerhalb der Produktionsperiode (die zu verschiedenen Zeitpunkten anfallenden Produktmengen einer gleichen Qualität werden zu einer Produktmenge zusammengefasst). Entsprechendes gilt für die Faktorseite, Zwischenprodukte erscheinen nicht explizit usw. (b) Produkte unterschiedlicher Qualität werden zu Produktaggregaten zusammengefasst, Faktoren unterschiedlicher Qualität zu Faktoraggregaten. (c) Vernachlässigung von konstanten od. nicht knappen →Produktionsfaktoren und von unwesentlich erscheinenden Neben- und Abfallprodukten. Eine Wirtschaftseinheit verfügt normalerweise über viele, meistens sogar über unendlich viele Produktionspunkte. Meistens werden Teilmengen od. die Gesamtmenge der Produktionspunkte durch funktionelle Beziehungen zwischen Mengen der verschiedenen Produktionsfaktoren und damit erzielbaren Mengen verschiedener Produkte dargestellt. In diesem Zusammenhang wird der Begriff →Produktionsfunktion verwendet und meistens wie folgt definiert: Eine Produktionsfunktion gibt an, welche Produktionsmengen innerhalb eines festgelegten Zeitraums mit alternativen Faktormengen jeweils hergestellt werden können und welche Beziehungen die Produktmengen und Faktormengen untereinander aufweisen.

Die wohl einfachste Produktionsfunktion ist die limitationale linear-homogene Produktionsfunktion, die nur ein Produkt berücksichtigt und eine beliebige Teilbarkeit der Produkt- und Produktionsfaktormengen unterstellt. Ausgehend von einem technisch effizienten Produktionspunkt $(O_1^{(i)}, -v_1^{(i)}, ..., -v_m^{(i)})$ besagt sie, dass unendlich viele weitere technisch effiziente Produktionspunkte mit den Produkt- und Faktormengen $O_1 = \lambda O_1^{(i)}$, $v_1 = \lambda v_1^{(i)}$, ..., $\lambda v_m^{(i)}$ für ≥ 0 existieren. Sie wird manchmal in der Form

$$O_1 = \min\left\{\frac{1}{a_1}v_1, ..., \frac{1}{a_m}v_m\right\} \text{ geschrieben,}$$

wobei a_1, ..., a_m (konstante) →Produktionskoeffizienten sind. Meistens erfolgt eine Darstellung in der Form

$$O_1 \leq \frac{1}{a_1}v_1, ..., O_1 \leq \frac{1}{a_m}v_m \quad .$$

Die Formen der Darstellung umfassen auch technisch ineffiziente Produktionspunkte: Eine Produktionsfaktorkombination v_1, ..., v_m ist nämlich nur dann technisch effizient, wenn die Relation $\frac{1}{a_1}v_1 = ... = \frac{1}{a_m}v_m = O_1$ gilt, andernfalls liegt Produktionsfaktorverschwendung vor. Es gilt das Gesetz vom Minimum: Es besteht keine Substitutionsmöglichkeit bei den Produktionsfaktoren, d.h. von einem technisch effizienten Produktionspunkt ausgehend ist es nicht möglich, ein gleichbleibendes Produktionsniveau beizubehalten, wenn die Menge eines Produktionsfaktors vermehrt und dafür die Menge eines anderen Faktors reduziert wird.

Weiterhin gibt es keine Vor- und Nachteile der Massenproduktion, d.h. eine Erhöhung aller Produktionsfaktormengen um einen bestimmten Prozentsatz führt weder zu einer überproportionalen noch zu einer unterproportionalen Erhöhung der Produktmenge. Die limitationale linear-homogene Produktionsfunktion hat sich trotz ihrer Einfachheit bei der Abbildung der Technologien von Wirtschaftseinheiten hervorragend bewährt: Durch geeignete Gliederung der Wirtschaftseinheit in Teilbereiche und durch Formulierung einer Funktion od. mehrerer (alternativ od. in Kombination nutzbarer) Funktionen für jeden Teilbereich sowie durch Berücksichtigung gegebener Faktorbegrenzungen ist es möglich, komplexe Technologien so abzubilden, dass sie in ökonomischen Modellen hinreichend

repräsentiert sind.

Produktionsfunktionen, die stetige Substitutionsmöglichkeiten zwischen den Produktionsfaktoren zulassen, bilden eine andere Klasse von Produktionsfunktionen (häufig neoklassische Produktionsfunktionen genannt). Diese werden meistens zur Abbildung von Beziehungen zwischen größeren Produkt- und Produktionsaggregaten verwandt, beispielsweise zur Abbildung der Abhängigkeit der Höhe des realen →Sozialprodukts von der Höhe des volkswirtschaftlichen Arbeits- und Kapitaleinsatzes. Wir kennzeichnen eine solche Funktion mit $O = f(v_1, ..., v_m)$. Bei ihrer Spezifizierung spielen nachfolgende → Definitionen und Beziehungen eine wichtige Rolle: (a) Meistens wird die Gültigkeit des →Gesetzes abnehmenden Ertragszuwachses angenommen, d.h. bei laufender Erhöhung der Menge eines Produktionsfaktors und bei Konstanz der übrigen Faktormengen (partielle Faktorvariation) nimmt die Produktmenge nur unterproportional zu

$$\left(\frac{\partial O}{\partial v} > 0, \ \frac{\partial^2 O}{\partial^2 v} < 0\right).$$

Dabei wird die Beziehung zwischen der variablen Faktormenge und der Produktmenge durch eine Produktionselastizität (→ Elastizitäten) gekennzeichnet. Diese gibt an, um wieviel Prozent sich die Produktmenge ändert, wenn sich die Faktormenge um ein Prozent ändert. (b) Totale →Faktorvariation bedeutet eine Veränderung aller Faktormengen um den gleichen Prozentsatz. Je nachdem, ob dies ein Wachstum der Produktmenge um einen größeren, gleichen od. kleineren Prozentsatz auslöst, spricht man von einer Skalenelastizität größer, gleich od. kleiner als eins. Im ersteren Fall liegen Vorteile, im letzteren Nachteile der Massenproduktion vor. Meistens werden Produktionsfunktionen mit einer Skalenelastizität von eins verwandt. (c) Faktorsubstitution bedeutet einen teilweisen od. ganzen gegenseitigen Austausch von Faktormengen zweier od. mehrerer Faktoren derart, dass die Produktmenge konstant bleibt. In diesem Zusammenhang wird mit dem Begriff Grenzrate der Substitution gearbeitet. Die Grenzrate der Substitution

gibt an, um wieviel Einheiten die Menge des Faktors abnimmt, wenn die Menge eines anderen Faktors um eine Einheit zunimmt. Sie ist - was mit der Gültigkeit des Gesetzes abnehmenden Ertragszuwachses zusammenhängt - meistens abnehmend, d.h. bei einer Vergrößerung der Relation der Menge des ersten Faktors im Vergleich zur Menge des zweiten Faktors kann durch eine Mengeneinheit des ersten Faktors immer weniger vom zweiten Faktor eingespart werden. Auf der Beziehung zwischen Faktormengenrelation und Grenzrate der Substitution baut die Definition der Substitutionselastizität auf. Diese gibt an, um wieviel Prozent sich die Relation zwischen den Mengen des ersten und des zweiten Faktors ändert, wenn sich die Grenzrate der Substitution des Faktors in Bezug auf den zweiten Faktor um ein Prozent ändert. Je kleiner die Substitutionselastizität ist, desto geringer ist die Substitutionsmöglichkeit.
Literatur: W. *Krelle*, Produktionstheorie. Tübingen 1969. E. *Malinvaud*, Lectures an Microeconomic Theory. Amsterdam-London-New York 1972.
Prof. Dr. W. Scheper, Kiel

Produktionswert
⇒*Bruttoproduktionswert.*

Produktivität
allgemein wird unter Produktivität das Verhältnis von jeweils erzieltem Output und dem dafür benötigten Input verstanden. Die Produktivität ist folglich ein *Durchschnittsprodukt*, das sich aus dem Verhältnis des gesamten Outputs und dem für seine Erstellung im Bezugszeitraum zum Einsatz gelangenden Input ergibt. Demgegenüber misst die *Grenzproduktivität* (auch marginale Produktivität genannt) die Outputveränderung, die durch eine infinitesimale Veränderung eines Inputfaktors bei Konstanz aller übrigen Faktoren bewirkt wird. Da der Produktivitätsbegriff der realen, güterwirtschaftlichen Sphäre entstammt, wird der Output durch Mengen wie m, m^3, kg, hl, kW etc. und der Input durch den Verbrauch an menschlicher Arbeitsleistungen, Anlagen, Boden etc. angegeben.

Eine so definierte Produktivität (auch Technizität genannt) setzt voraus, dass im Zähler und im Nenner homogene, addierbare Größen stehen. Da diese Voraussetzung i.d.R. nicht erfüllt ist, d.h. unterschiedliche Output- und Inputgrößen gegeben sind, wird die Gesamtproduktivität (Globalproduktivität) in *Partial-* bzw. *Teilproduktivität* zerlegt, d.h., der gesamte Output wird zu einer einzelnen Inputart in Beziehung gesetzt, so dass sich z.B. Arbeits-, Maschinen-, Boden-, Energieproduktivität etc. unterscheiden lassen. Dabei ist aber zu berücksichtigen, dass der erhöhte Output durch das Zusammenspiel aller Inputfaktoren bewirkt wird. Folglich kann bei diesen Teilproduktivitäten keine Aussage darüber getätigt werden, welcher Anteil des Outputs durch das Wirken des untersuchten Inputfaktors ursächlich hervorgerufen wird, d.h., sie dürfen nicht als ein spezifischer Beitrag eines Inputfaktors interpretiert werden, sondern es geht die gemeinsame Wirkung verschiedener Faktoren in diese Produktivitätszahl ein. Eine verursachungsgerechte Zuordnung des Outputs auf die ihn erzeugenden Faktoren ist somit nicht möglich, so dass derartige Produktivitäten nicht in der Lage sind, die für *Produktivitätsänderungen* relevanten Vorgänge sichtbar zu machen. So kann etwa eine Steigerung der Arbeitsproduktivität durch eine veränderte Faktorergiebigkeit, eine Zunahme der Kapitalintensität, den technischen Fortschritt oder eine veränderte Kapazitätsauslastung bewirkt werden. Faktorbezogene Produktivitäten sind damit lediglich statistische Maßgrößen und keine Zurechnungsgrößen.
Bedingt durch die im Rahmen der Erfassung und Messung von Output und Input auftretenden Probleme, wird häufig die güterwirtschaftliche Sphäre verlassen und der Output (Umsatz, Wertschöpfung, reales Bruttosozialprodukt) und Input (Aufwand, Kosten) bewertet. In diesem Zusammenhang wird auch von *marktwirtschaftlicher* oder *ökonomischer Produktivität* gesprochen. Durch eine Bewertung eröffnet sich dann die Möglichkeit zur Bildung globaler Produktivitäten. Werden sowohl für den Input als

Output \ Input	Mengen	Werte
Mengen	Produktivität i. e. S. Ausbringungs-menge ___ Einsatzmenge	gemischte Kennzahl (auch betriebswirt-schaftliche Ergiebig-keit genannt) ___ Ausbringungswerte Einsatzmenge
Werte	gemischte Kennzahl Ausbringungs-menge ___ Einsatzwerte	Produktivität i. w. S. (= Wirtschaftlichkeit) Ausbringungswerte ___ Einsatzwerte

Tab. 1: Spektrum der Produktivitätsbe-griffe

auch für den Output Mengen und Werte als Alternativen herangezogen, dann er-geben sich die in Tabelle 1 dargestellten grundsätzlichen Möglichkeiten.

Generell ist eine Bewertung der Output-menge nur dann zulässig, wenn zwi-schen dem Wertmaßstab und der Leis-tungsmenge eine *proportionale Beziehung* besteht. Werden Input und Output be-wertet, dann ist der Produktivitätsbegriff mit dem Wirtschaftlichkeitsbegriff iden-tisch und damit überflüssig. Dabei ist aber zu beachten, dass sich Produktivität und Wirtschaftlichkeit zwar häufig in die gleiche Richtung bewegen, d.h., steigt die Produktivität, dann nimmt auch die Wirtschaftlichkeit zu. Jedoch muss eine Produktivitätserhöhung nicht immer wirtschaftlich sein, etwa dann, wenn ihre Realisation mit überproportional steigen-den Kosten verbunden ist.

Ferner kann die Bewertung von Input und Output mit *Verzerrungen* der Pro-duktivitätszahlen einhergehen, die etwa durch Preisänderungen oder konjunktu-relle Einflüsse hervorgerufen werden. Aus diesem Grunde wird eine Bereini-gung über *Preisindizes* notwendig, wobei die Indexwahl nicht unproblematisch ist. Diese Vorgehensweise ist darüber hinaus dann mit Problemen verbunden, wenn die Produktivitätsunterschiede durch unterschiedliche Qualitäten der Input-faktoren hervorgerufen werden. Vor die-sem Hintergrund sollten Schlüsse aus Produktivitätsänderungen nur mit größ-

ter Zurückhaltung gezogen werden. Die-se Überlegungen zeigen aber auch, dass es nicht zweckmäßig ist, die Begriffe Pro-duktivität und Wirtschaftlichkeit syn-onym zu verwenden, da die Wirtschaft-lichkeit, die an Wertgrößen ansetzt, durch die jeweiligen Marktverhältnisse beeinflusst wird, während die Produkti-vität als Mengengröße die Leistungsfä-higkeit einer ökonomischen Einheit (Unternehmung, Volkswirtschaft) wider-spiegelt.

Darüber hinaus wird deutlich, dass eine ausschließlich an der mengenmäßigen Perspektive ausgerichtete Produktivität nicht als Gesamtproduktivität ermittelt werden kann, sondern nur als Teilpro-duktivität erfassbar ist. Bei Produktivi-tätskennzahlen ist zu beachten, dass sie für sich genommen keine Aussagefähig-keit besitzen, sondern erst im Vergleich mit anderen Produktivitäten (z.B. Soll-produktivitäten, Produktivitäten ver-gleichbarer Produktionen) Relevanz er-langen. Dabei scheinen Produktivitäts-vergleiche im Zeitablauf tendenziell mit den geringsten Problemen verbunden zu sein, weil häufig die Funktionsgleichheit der analysierten Einheit gegeben ist.

Literatur: *U. Blum*, Volkswirtschaftsleh-re. Studienhandbuch, 2. A., München-Wien 1994. *K. Bohr*, Effizienz und Effekti-vität, in: W. Wittmann u.a. (Hrsg.), Hand-wörterbuch der Betriebswirtschaft. 5. A., Stuttgart 1993, S. 855-869. *R. Fricke*, Grundlagen der Produktivitätstheorie. Frankfurt a.M. 1961. *W. Henrichsmeyer/O. Gans/ I. Evers*, Einführung in die Volks-wirtschaftslehre. 10. A., Stuttgart 1993. *G. Laßmann*, Produktivität, in: E. Grochla und W. Wittmann (Hrsg.), Handwörter-buch der Betriebswirtschaft. 4. A., Stutt-gart 1975, S. 3164-3169. *K. Rose*, Produktivität, in: E. v. Beckerath u.a. (Hrsg.), Handwörterbuch der Sozialwis-senschaften, 8. Bd.. Stuttgart-Tübingen-Göttingen 1964, S. 613-619.

Prof. Dr. habil. H. Corsten,
Kaiserslautern

produktivitätsorientierte Lohnpolitik
→Arbeitsproduktivität.

Produktivvermögen
⇒Kapitalgüter

⇒Produktivkapital
⇒Realkapital
⇒Realvermögen
⇒Sachkapital
→Kapital, II.

Produktlebenszyklus
⇒Lebenszyklus
⇒product life cycle
Einteilung der zeitlichen Verläufe von Absatzmenge, Veränderung der Absatzmenge od. Stückgewinn bei einem →Gut in grober Analogie zum Lebensverlauf. Die einzelnen P.-phasen sind:
- Einführung (der Stückgewinn ist negativ).
- →Wachstum (Absatzmenge steigt progressiv).
- Reifezeit (bis zum Maximum des Stückgewinns).
- Sättigung (sinkende Stückgewinne, bis zum Absatzmaximum).
- Degeneration (Absatzmenge nimmt ab).
In einer Produktprogrammplanung wird man insbesondere durch Beachtung des P. eine Überalterung der Produktpalette zu verhindern versuchen.

Produktmanagement
produkt- od. produktgruppen-bezogenes Marketing-Management (→Marketing). Häufig als →Profit Center unter Führung eines Produktmanagers, insbesondere im Konsumgütermarketing. Alle Marketing-Aktivitäten für ein Produkt oder eine Produktgruppe werden organisatorisch zusammengefasst. Die Kontrolle erfolgt über Erfolgsgrößen und über Aufstellung und Vollzug von →Budgets.

Produktmengenelastizität
⇒Skalenelastizität
→Elastizitäten.

Produktmix
Element des →Marketing-Mix mit Produktgestaltung, →Sortimentsgestaltung, Aufmachung und Verpackung, Markenpolitik.

Produkt-Moment-Korrelationskoeffizient
⇒*Bravais-Pearson-Korrelationskoeffizient*
⇒Korrelationskoeffizient

→Korrelationsanalyse.

(Produkt-) Preisbildung
Die Höhe bestimmter Produktpreise kann sowohl unter normativem als auch unter positivem Aspekt gesehen werden. Während das Problem des „gerechten" → Preises die Scholastiker (z.B. T. Moore) beschäftigte, versucht die moderne → Volkswirtschaftslehre in der →*Preistheorie*, die Höhe der Preise zu erklären und Preisanpassungsmechanismen modellhaft nachzubilden.
Der methodische Ausgangspunkt preistheoretischer Überlegungen ist der sog. *vollkommene Markt* (→Preistheorie). Dieser ist durch fünf Merkmale charakterisiert:
1. Die angebotenen und nachgefragten → Güter sind im Urteil der Nachfrager sachlich gleichartig (homogen).
2. Es bestehen keine persönlichen Präferenzen von Käufern für bestimmte Verkäufer od. umgekehrt.
3. Es handelt sich um einen „Punktmarkt", d.h. es bestehen keine räumlichen Differenzen.
4. Es bestehen keine zeitlichen Differenzen zwischen Anbietern und Nachfragern. Diese Bedingung impliziert gleiche Lieferfristen für alle Nachfrager.
5. Die Nachfrager sind über den Preis, die Qualität und die Lieferfristen des Gutes vollständig informiert, und auch die Anbieter haben vollständige →*Markttransparenz.*
Aus den →Prämissen des vollkommenen Marktes folgt das → *Gesetz der Unterschiedslosigkeit der Preise*, das auf den englischen Nationalökonomen W. S. Jevons zurückgeht. Es besagt, dass auf dem vollkommenen Markt zu jedem Zeitpunkt ein einheitlicher Preis gilt. Dieser Preis ist ein sog. *Gleichgewichtspreis*; er bringt Angebot und Nachfrage zum Ausgleich (→ Preisbildung, →Gleichgewicht). Bei diesem Preis kommen alle Produzenten, die bereit sind, ihr Produkt zu diesem Preis od. billiger zu verkaufen, und alle Nachfrager, die mindestens diesen Preis für das betreffende Gut bezahlen wollen, zum Zuge. Graphisch wird dieser Sachverhalt durch den Schnittpunkt der Angebotskurve und der Nachfragekurve

mit dem Gleichgewichtspreis $\bar{p}$ und der Gleichgewichtsmenge $\bar{q}$ dargestellt (Abb.).

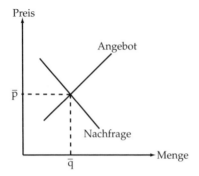

Analytisch lassen sich diese beiden Kurven durch die Angebots- und Nachfragefunktion beschreiben. Die Nachfragefunktion wird auch als →*Preis-Absatz-Funktion* des Anbieters bezeichnet. Sie gibt den funktionalen Zusammenhang zwischen dem Preis eines Gutes und der nachgefragten Menge wieder. Man setzt i.d.R. eine „fallende" Nachfragekurve voraus: Je höher der Preis eines Gutes, desto geringer die Nachfrage nach diesem Gut und vice versa.

Verändert sich die Funktion bzw. verschiebt sich eine der Kurven, so ergibt sich ein neues *Marktgleichgewicht*. Der Prozess, durch den es erreicht wird, nennt man den *Preismechanismus*. Dieser kann im Rahmen eines Modells, das den vollkommenen Markt voraussetzt, nicht analysiert werden. Dies liegt insbesondere an der vollständigen Markttransparenz, die zu einer unendlich hohen Reaktionsgeschwindigkeit der Marktteilnehmer, der Anbieter und Nachfrager, führt. Die Analyse erfolgt demnach nicht dynamisch, sondern nur komparativ-statisch.

Der französisch Ökonom L. *Walras* (→ Walras-Gleichgewicht) hat versucht, unter Beibehaltung der fünf Prämissen, den Preismechanismus modellhaft nachzubilden, indem er den Preisbildungsprozess mit Hilfe eines „Auktionators" erfolgen lässt: Der Auktionator ruft die Preise mehrerer Güter aus (prix criés),

vergleicht Nachfrage und Angebot der einzelnen Güter und revidiert die Preise nach unter bzw. nach oben, falls das Angebot die Nachfrage bzw. die Nachfrage das Angebot übersteigt. Auf diese Weise tastet er sich an die Gleichgewichtspreise heran (→Tâtonnement), zu denen dann die Tauschakte stattfinden. Bei dem Walrasianischen Modell kommt es also nicht zu ungleichgewichtigen Preisen: Nachfrage und Angebot sind immer ausgeglichen. Mit Hilfe dieses, wenn auch „zeitlosen" Modells ist eine der *Funktionen der Preise* in der →Volkswirtschaft erläutert, die *Koordinationsfunktion*. Damit eng verbunden ist die *Informationsfunktion*: Preisänderungen signalisieren z.B. Nachfrageänderungen od. Kostenänderungen. Gleichzeitig geben sie Unternehmern Anlass, die Produktion bestimmter Güter zu verringern od. auszuweiten; für Haushalte lohnt sich eine Veränderung des Nachfrageverhaltens (*Anreizfunktion*). Damit übernehmen Preise eine *Lenkungsfunktion* (Allokationsfunktion), indem sie → Produktionsfaktoren in die volkswirtschaftlich effizienten Verwendungen lenken.

Die Höhe des Preises hängt entscheidend von der quantitativen Besetzung der beiden Marktseiten ab, d.h. von der Anzahl (→Marktform) und der relativen Größe der Marktteilnehmer auf der Nachfrage- und auf der Angebotsseite. So hat *Cournot* für den Fall, dass sich nur ein →Wirtschaftssubjekt auf der Angebotsseite eines Marktes befindet, auf der Nachfrageseite jedoch „viele", den sog. *Monopolpreis* ermittelt (→Monopol). Dies ist der Preis, bei dem der Monopolist seinen → Gewinn maximiert.

Die Preistheorie zeigt, dass sich bei jeder anderen Marktform ein geringerer Preis einstellt. Neben der Marktform können noch andere Eigenschaften des Marktes, z.B. die Kostenstruktur der betreffenden Branche, bestehende Markteintrittsschranken, Einfluss auf die Preisbildung ausüben. Diese Eigenschaften werden unter dem Begriff →„*Marktstruktur*" zusammengefasst.

Gibt man die Prämisse der vollständigen Markttransparenz auf und gelten die vier anderen Prämissen weiterhin, so spricht man von einem *temporär unvollkommenen Markt*. Auf einem solchen können Preisunterschiede vorübergehend auftreten, weil der Preismechanismus nicht unendlich schnell ablaufen kann, sondern einhergeht mit einem zeitbeanspruchenden Prozess der Informationsverarbeitung.

Unvollständige Information der Nachfrager über ein Gut kann dazu führen, dass der Preis dieses Gutes als Qualitätsindikator angesehen wird, d.h. Konsumenten schätzen Produkte innerhalb einer Warengruppe qualitativ um so hochwertiger ein, je höher die Preise dieser Produkte sind.

Ebenfalls weitreichende Konsequenzen bewirkt die Aufhebung der Homogenitätsbedingung, d.h. ein ursprünglich homogenes Gut erscheint den Nachfragern als verschiedenartig. Dies kann beispielsweise durch Marketinginstrumente (→ Marketing), wie Verpackung, Werbung etc., erreicht werden. Betrachten die Nachfrager die so entstehenden Produkte als zwei grundsätzlich verschiedene, so liegen zwei verschiedene Märkte vor. Hat der Unternehmer auf diese Weise eine Marktspaltung erreicht, so kann er - für das an sich gleiche Produkt - unterschiedliche Preise setzen und damit eine → *Preisdifferenzierung* betreiben. Hierdurch wird es ihm ermöglicht, die →*Konsumentenrente* zu seinen Gunsten zu verringern.

Literatur: *U. Fehl/ P. Oberender*, Grundlagen der Mikroökonomie. 4. A., München 1990. *H. Hesse*, Preise, in: HdWW, Bd. 6. Stuttgart-New York-etc. 1981. *A. E. Ott*, Preistheorie, in: W. Ehrlicher et al. (Hrsg.), Kompendium der Volkswirtschaftslehre, Bd. 1. 5. A., Göttingen 1975. *J. Siebke*, Preistheorie, in: D. Bender/ H. Berg et al., Vahlens Kompendium der Wirtschaftstheorie und Wirtschaftspolitik, Bd. 2. 3. A., München 1988. *A. Woll*, Volkswirtschaftslehre. 15. A., München 2007.
Prof. Dr. Dr. h.c. P. Oberender, Bayreuth

Produktsteuer
⇒*Mengensteuer.*

Produzentenhaftung
I.d.R. bestehen zwischen dem Produzen-

ten und dem Verbraucher keine vertraglichen Beziehungen, so dass für Schäden infolge Fehlerhaftigkeit od. Unwirksamkeit des Produktes keine Ansprüche aus →Gewährleistung od. aus positiver Vertragsverletzung bestehen. Die Rechtsprechung des BGH lehnt zudem eine Haftung des Produzenten aus Vertrag mit Schutzwirkung für Dritte ab. Der Produzent haftet freilich aus unerlaubter Handlung.

Produzentenrente
⇒producer's surplus
Begriff von Alfred Marshall, der die P. als die Fläche zwischen Angebotskurve des Produzenten (ab Stückkostenminimum die Grenzkostenkurve; → Kosten) und Preisgerade misst. Sofern es sich nicht um längerfristig nichtvermehrbare Produktionsfaktoren handelt, verschwindet die Produzentenrente durch zunehmende Konkurrenz. Dies ist der entscheidende Unterschied zur Konsumentenrente.

produziertes Gut
definitionsgemäß alle →Güter, die keine →freien Güter sind, somit alle →wirtschaftlichen Güter, → Konsum- und → Produktivgüter.

Profile
in der Marktforschung erfragte Ansiedlung eines →Produktes zwischen gegensätzlichen Eigenschaften etwa auf einer Skala von minus fünf bis plus fünf. Bei einer geeigneten Reihe von gegensätzlichen Eigenschaftspaaren und einer hinreichend repräsentativen Auswahl an Befragten gewinnt man ein Polaritäts-p. des Produktes.

Profit
→Gewinn.

Profit Center
ist historisch mit der Einführung der Objektorganisation in Sparten (→Organisation, 4.) in den USA verbunden. Die produktorientierte Gliederung in Sparten ermöglichte in der Praxis die Verwirklichung von P. als relativ autonome organisatorische Teilbereiche mit gesondertem Erfolgsausweis. Dem P. werden zum Beispiel aus der →Gewinn- und Verlust-

rechnung von der P.-Leitung beeinflussbare P. spezifische → Aufwands-
und Ertragsgrößen zugerechnet. Die
Vorteile der P. werden in seiner positiven
Motivationswirkung gesehen; nachteilig
kann die Steuerung einer Sparte über den
→ Gewinn sein, wenn dies zu einem
(kurzfristig orientierten) P.-Egoismus
führt, der sich mit den Interessen des Ge-
samtunternehmens nicht verträgt. Problematisch ist auch die Zuordnung von
Aufwands- und Ertragsgrößen bei hoher
innerbetrieblicher Leistungsverflech-
tung. Die Nachteile lassen sich zum Teil
durch eine Ergänzung des P.-Systems
durch ein effizientes Planungssystem (→
Planung) vermeiden. S. auch →Heterar-
chieprinzip.

profit push inflation
⇒Gewinndruckinflation
⇒*Gewinninflation*
s. auch →Inflationstheorie.

Profitquote
⇒*Gewinnquote.*

Profitrate
Gewinnrate in der marxistischen Theorie. S. dazu →Marxistische Wachstumstheorie, 4. Tendenzieller Fall der P. →
Kapitaltheorie.

Profitseeking
→Rentseeking.

Prognose
Vorhersage i.Allg. künftiger Situationen.
Man bedient sich hierfür der →Prognose-
verfahren.

Prognosefehler
Bei richtiger Anwendung eines →Pro-
gnoseverfahrens kann ein P. nur als statistischer Fehler auftreten. Häufiger wird
aber der P. darin liegen, ein unzureichen-
des Prognoseverfahren zur Anwendung
gebracht zu haben.

Prognosekostenrechnung
Neben der →Standardkostenrechnung ist
die P. eine wichtige Form der betrieblichen → Plankostenrechnung, die als →
Voll- od. → Teilkostenrechnung konzipiert sein kann.

Rechnungsziel der P. ist die Information
über erwartete Ist-Kosten der Unternehmung zur Planung des Unternehmungsprozesses. Abrechnungsbezirk ist nicht
die →Kostenstelle od. der Kostenbereich,
sondern die gesamte Unternehmung.
Entscheidungsziel ist der Unterneh-
mungserfolg. In der P. werden die →
Plankosten zu erwarteten Marktpreisen
und die Ist-Kosten zu tatsächlichen
Marktpreisen angesetzt (→Istkostenrech-
nung). Auch die →Beschäftigung ist eine
erwartete Plangröße. In der Abwei-
chungsanalyse sollen → Prognosefehler
erkannt werden und eine Überprüfung
der →Prognoseverfahren erfolgen.

Prognoseverfahren
Die beste Grundlage für eine Prognose ist
eine empirisch überprüfte →Theorie, die
durch Umformung zu einem Vorhersa-
gemodell (→Modell) wird. Da es solche
leistungsfähigen Diagnose- und Progno-
semodelle nur relativ selten gibt, ist man
häufig auf andere Prognoseverfahren angewiesen.
In diesem Fall überträgt man i.Allg. die
Entwicklung aus der Vergangenheit in
die Zukunft (z.B. →Extrapolation einer
Zeitreihe). Man unterscheidet dabei deterministische und stochastische P.

Programmhandel
Form des Börsenhandels, bei dem die
Transaktionsentscheidung nicht von
Menschen (Händlern, Maklern), sondern
von einem Computer aufgrund programmierter mathematischer Modelle
getroffen wird. Mithilfe dieser Programme werden zudem Chart-Analysen
durchgeführt, die Kauf- und Verkaufsig-
nale identifizieren und entsprechend
neue Transaktionsentscheidungen treffen, ohne jedoch Aspekte der Fundamen-
tal-Analyse zu berücksichtigen. Erweite-
tern werden im Rahmen des P. Arbitra-
ge-Analysen und Portfolio-Versiche-
rungs-Strategien errechnet. Die konkrete
Ausführung der Computerentscheidun-
gen obliegen den Händlern und Maklern.

Programmplanung
⇒Produktionsprogrammplanung
legt im Einzelnen fest, welche Erzeugnisse in welchen Mengen unter Einsatz wel-

cher Produktionsprozesse (Aggregate und/ od. Intensitätsstufen) im Planungszeitraum zu produzieren sind, um den → Gewinn zu maximieren bzw. vorgegebene Erfolgsziele bestmöglich zu realisieren. Dabei kann unterschieden werden in:
- strategische P. (Auswahl der strategischen Produktfelder bzw. Geschäftsbereiche und Entscheidung über die Produktionstiefe);
- taktische P. (Entscheidung über Produkt- und Anwendungsvarianten im Rahmen eines gegebenen Produktfelds und einer gegebenen Produktionstiefe);
- operative P. (Bestimmung des endgültigen Produktionsprogramms nach Art und Menge).

Progressionstarif
→Steuertarif, bei dem der durchschnittliche → Steuersatz mit steigender → Bemessungsgrundlage zunimmt. Der Grenzsteuersatz ist stets größer als der Durchschnittssteuersatz. S. auch →Steuerprogression.
Für die Ausgestaltung der Progression ergeben sich folgende Formen:
- Stufentarif: Innerhalb bestimmter Einkommensstufen fest geltende Prozentsätze werden proportional auf das jeweils gesamte →Einkommen angesetzt.
- Anstoßtarif: Das Einkommen wird in Stufen zerlegt und von Stufe zu Stufe mit höheren Prozentsätzen belegt. Aus den Steuerbeträgen je Stufe wird die Steuerschuld aufaddiert.
- Formeltarif: Die steuerliche Belastung wird mittels mathematischer Funktionen ermittelt. So sieht es auch das EStG vor.

progressive Planung
⇒*bottom-up-Planung.*

Prohibitivzoll
soll bestimmte →Importe verhindern. Bestimmte Importgüter werden mit überhöhten Zollabgaben (→ Zoll) belastet. Meist werden sie als erforderliche Schutzmaßnahmen für die heimische → Wirtschaft begründet.

Projektmanagement
i.e.S. die Leitung einer Projektgruppe. I.w.S. alle Formen der Projektorganisation: Task Force, Project Organization: Matrix-Projektorganisation und interne Projektgruppenorganisation mit Lenkungsausschuss. Abzugrenzen ist das P., das hierarchisch strukturiert ist, von der Teamworkorganisation, die hierarchiefrei ist.

Pro-Kopf-Lohnquote
die um Einwirkungen einer veränderten Beschäftigtenstruktur „bereinigte" od. „rechnerische" Lohnquote. Man erhält sie dadurch, dass man die Zahl der →Arbeitnehmer aus einem Basisjahr für die Vergleichsjahre konstant beibehält. S. auch →Lohnquote.

Prokura
eine Vollmachtsart des →Handelsrechts. Die P. wird durch ausdrückliche Erklärung (§ 48 I HGB) (→Kaufmann) eines Vollkaufmanns (§ 4 HGB) od. seines gesetzlichen Vertreters erteilt. Die Erteilung muss zur Eintragung in das → Handelsregister angemeldet werden (§ 53 I HGB). Die P. ermächtigt kraft Gesetzes zu allen gerichtlichen und außergerichtlichen Rechtsgeschäften und Rechtshandlungen, die der Betrieb eines →Handelsgewerbes überhaupt mit sich bringt. Der Prokurist hat bei der Unterschriftsleistung der Firma seinen Namen mit einem die P. andeutenden Zusatz - z.B. ppa - hinzuzufügen. Die P. erlischt mit dem Dienst- od. Arbeitsvertrag, durch Widerruf, mit Eröffnung des →Konkurses über das →Vermögen des Kaufmanns und mit der Aufgabe des Geschäfts. Das Erlöschen ist ebenfalls zur Eintragung in das Handelsregister anzumelden (§ 53 III HGB).

Prolongation
Verlängerung der Vereinbarungen über eine Wechselverbindlichkeit, insbesondere über die Laufzeit des Wechsels. Sie geschieht i.d.R. durch Ausstellung eines P.-wechsels anstelle des bei Verfall nicht bezahlten Wechsels. Aber auch Vertragsverlängerungen im Zusammenhang mit Bankkrediten od. Termingeschäften werden mit dem Begriff P. abgedeckt.

Promoter
i.e.S. Träger des Sales Promotion (Verkaufsförderung). I.w.S. dynamischer Gestalter von Strukturen und Prozessen im Sinne eines change agents (→Change-Agent-Konzeption).

Promotorenkonzept
Temporäres, komplementäres Organisationsmodell, das speziell zur Förderung von Innovationen entwickelt wurde. Grundlage des Konzeptes, das Witte entwickelt hat, ist zunächst die Erkenntnis, dass sich ein Innovationsprozess nicht selbständig und zwangsläufig auf den Anwendungsentschluss hin entwickelt, sondern sich ihm Barrieren entgegensetzen, wobei er zwischen Barrieren des Nichtwissens (Fähigkeitsbarrieren) und Barrieren des Nichtwollens (Willensbarrieren) unterscheidet. Da diese Widerstände durch Personen aktualisiert werden, setzt Witte Personen als „Energieträger" zur Überwindung der Barrieren ein. Diejenigen Personen, die den Innovationsprozess aktiv fördern und Widerstände zu überwinden versuchen, werden Promotoren genannt. Der Promoter ist jedoch nicht ausschließlich mit der Innovationsförderung beschäftigt, sondern er übernimmt diese Rolle spontan neben seiner eigentlichen Hauptaufgabe. Auf der Grundlage der genannten Barrieren wird zwischen der Energie der Macht, die durch den *Machtpromoter* verkörpert wird, und der Energie des Fachwissens, die ihre Personifizierung im *Fachpromoter* findet, unterschieden. Als Machtpromoter wird diejenige Person bezeichnet, die einen Innovationsprozess durch hierarchisches Potential aktiv und intensiv fördert. Die im Machtpromoter verkörperte Macht ist jedoch nicht nur auf die instanzielle Macht beschränkt, sondern hierzu zählt ebenfalls das gesamte Instrumentarium moderner Führungsstile. Der Fachpromoter hingegen wird definiert als diejenige Person, die einen Innovationsprozess durch objektspezifisches Wissen aktiv und intensiv fördert.

property rights
⇒*Duldungsrechte*
⇒*Handlungsrechte*

→Theorie der property rights.

proportionale Faktorvariation
→Faktorvariation.

Proportionalhypothese
→ Hypothese über die Bestimmungsgründe der Konsumgüternachfrage. Nach der P. wird gesamtwirtschaftlich - von Extremfällen abgesehen - ein relativ konstanter Teil des →Einkommens (auch bei steigendem →Volkseinkommen) für Konsumgüter (→Gut) ausgegeben. Danach verläuft die Konsumfunktion linear. Die P. steht i.Ggs. zum fundamentalpsychologischen Gesetz von Keynes (→ Keynessche Theorie), wonach sich die Konsumausgaben bei steigendem Volkseinkommen relativ verringern.

Proportionalkostenrechnung
⇒*Direct Costing*
⇒Grenzkostenrechnung.

Prosperität
1. allgemein wirtschaftlicher Wohlstand.

2. Aufschwungphase mit zunehmendem Sozialprodukt eines Konjunkturzyklusses. i.Ggs. zur →Depression. S. →Konjunkturtheorie.

Protektionismus
Charakterisierung einer Wirtschaftspolitik (→Theorie der Wirtschaftspolitik), insbesondere der Außenhandelspolitik (→ Außenwirtschaftspolitik) eines Landes, die mit quantitativen und qualitativen Maßnahmen (→Handelshemmnisse) die heimische →Wirtschaft gegenüber ausländischer Konkurrenz schützen will. Historisch rechnen dazu z.B. der → Merkantilismus und die Schutzzollpolitik. Die Gefahr des P. ist insbesondere bei krisenhaften Situationen der Weltwirtschaft gegeben.

Prozess
→Produktion bei gegebener Technologie durch Realisation einer bestimmten Produktionsmöglichkeit in technisch effizienter Weise. Sie ist charakterisiert durch den Einsatz von bestimmten Inputfaktormengen (→Input) bei einer gegebenen → Produktionsfunktion.

Prozessgerade
⇒*Faktorintensitätslinie*
⇒Scale.

Prozessmanagement
Das P. wird durch die ganzheitliche Erfassung der Wertschöpfungskette und durch die Anwendung des „Gegenstromprinzips" („reverse engineering") gekennzeichnet. Das Reverse Engineering stellt Marktbezug und Kundenprobleme an die erste Stelle und findet die Lösung in Entwicklung, Beschaffung, Produktion etc. gleichsam „rückschreitend". S. auch →Reengineering, →Just-in-Time-Systeme, →Lean Production.

Prozessniveau
Ist der einzelne Produktionsprozess (→ Prozess) durch die eingesetzten Mengen an Inputfaktoren bei einer gegebenen → Produktionsfunktion bestimmt, so ist zugleich durch die absoluten Inputmengen ein P. bestimmt, das unter Beibehaltung des Einsatzverhältnisses der Inputmengen durch ein Mehr od. Weniger an →Input erhöht od. gesenkt werden kann. Das P. wird entlang einer →Prozessgeraden erhöht od. gesenkt.

Prozessorganisation
⇒Ablauforganisation
zunächst die →Organisation von Produktionsprozessen und generell von Abläufen. Dann in der Ausformung des Prozessgliederungsprinzips ein Organisationsprinzip der Industrie, wonach die Organisation den Gegebenheiten und dem Ablauf des Produktionsprozesses folgt.

Prozesspolitik
In der →Sozialen Marktwirtschaft besitzt die Ordnungspolitik Priorität vor der P. Die P. spielt eine „subsidiäre" Rolle: Aus Gründen der ökonomischen Vernunft und der politischen Durchsetzbarkeit kann es unmöglich sein, den gesamtwirtschaftlichen Datenkranz für die einzelwirtschaftliche Aktivität so zu gestalten (Rahmen-, Grundlagen- und →Strukturpolitik), dass bereits durch ordnungspolitische Maßnahmen allein die gewünschte Funktionsfähigkeit des → Marktes erreicht wird. Dann muss der

Staat durch prozesspolitische Eingriffe versuchen, Ergebnisse durchzusetzen „als ob Wettbewerb herrschen würde". Zusammen mit den ordnungspolitischen Grundsätzen ist ein „Eingriffssystem aus einem Guss" zu gestalten. Die mit dem → StabG verbundene → Globalsteuerung versucht dies durch eine Arbeitsteilung zu realisieren: Die kurzfristige Steuerung der Makrorelationen (→ Makroökonomik) erfolgt durch staatliche Eingriffe (P.) nach gesamtwirtschaftlichen Zielen, die Steuerung der Mikrorelationen (→Mikroökonomik) bleibt dem Wettbewerb auf dem Markt überlassen. S. →Theorie der Wirtschaftspolitik.

Prozessstrahl
⇒*Fahrstrahl des Produktionsniveaus.*

Prozesssubstitution
→Faktorsubstitution.

Prüfbericht
⇒Prüfungsbericht
ist die schriftliche Berichterstattung des Prüfers über Verlauf und Ergebnis einer Prüfung. Unabhängig vom besonderen Prüfungsauftrag muss der P. grundsätzlich die Begründung des Prüfungsurteils, die Mitteilungen über die festgestellten Sachverhalte und Tatbestände und den Nachweis über die Erfüllung des Prüfungsauftrages (Rechenschaftsfunktion) enthalten. Über das Ergebnis der Prüfung ist schriftlich im P. nach den Grundsätzen der Vollständigkeit, der Wahrheit und der Klarheit zu berichten. Form und Inhalt des P. sind unabhängig von besonderen Prüfungsauftrag und von der Art der Prüfung. Bei freiwilligen Prüfungen bestehen i.d.R. keine Vorschriften über den P. Prüfer folgen jedoch auch in diesen Fällen ihren berufsüblichen Bestimmungen, die in Anlehnung an die Vorschriften über den aktienrechtlichen P. entwickelt wurden. Gemäß § 321 HGB ist bei Pflichtprüfungen das Ergebnis der Prüfung im P. schriftlich festzuhalten. Der P. ist den gesetzlichen Vertretern der Gesellschaft vorzulegen. Hierin sind alle Posten des Jahresabschlusses aufzuschließen und ausreichend zu erläutern. Nachteilige Veränderungen in der Vermögens-, Finanz- und Ertragslage gegen-

über dem Vorjahr und Verluste, die das Jahresergebnis nicht unwesentlich beeinflusst haben, sind aufzuführen und ausreichend zu erläutern. Sind nach dem abschließenden Ergebnis der Prüfung keine Einwendungen zu erheben, dann hat der Abschlussprüfer den sog. Bestätigungsvermerk (§ 322 HGB) zu erteilen.

Prüfungsbericht
⇒*Prüfbericht.*

Prüfungsverbände
1. genossenschaftliche P.: Durch Verleihung des Prüfungsrechts wird der Genossenschaftsverband zum P. Jede → Genossenschaft muss einem P. angehören. Sie wird durch den Verband geprüft, dem sie angehört. Die Aufsicht über den genossenschaftlichen P. hat die oberste Landesbehörde.

2. wohnwirtschaftliche Verbände: Für gemeinwirtschaftliche Wohnungsunternehmen gelten hinsichtlich der Prüfung gleichartige Regelungen wie für die Genossenschaften.

3. kommunale Prüfungseinrichtungen: Für die Prüfung der kommunalen Wirtschaftsbetriebe gibt es in Bayern den öffentlich-rechtlichen Bayerischen Kommunalen P., in Baden-Württemberg die Gemeindeprüfungsanstalt.

4. Prüfungseinrichtungen im Sparkassenbereich (→Sparkassen): Prüfungsstellen der Sparkassen- und Giroverbände nehmen hier aufgrund der jeweiligen Gesetze über den Sparkassenbereich in den Ländern die Aufgaben der Prüfungen wahr.

Prüfungswesen
⇒Revisionswesen
⇒*Wirtschaftsprüfung.*

Prüfvariable
→Testverfahren, 4.

psychologische Verstärkereffekte
In der modernen Konjunkturerklärung (→Konjunkturtheorie) werden p. auf die Zyklen berücksichtigt. Besonders Arthur Cecil Pigou (1877-1959) hat auf die Basis dieser Effekte, die Unsicherheit, hinge-

wiesen. →Prosperität und →Depression sind danach auch Wellen des Optimismus und Pessimismus.

Public Choice-Theorie
theoretische Analyse des staatlichen Entscheidungsprozesses. Sie stellt auf die Beziehungen zwischen den →Präferenzen der Mitglieder einer Gesellschaft (des Staates) und den kollektiven Entscheidungen des Staates ab. Das theoretische Konzept der P. ist die Erklärung nichtmarktlicher Entscheidungsprozesse mit Hilfe des Instrumentariums der →Wirtschaftswissenschaften. S. insbesondere → Neue Politische Ökonomik (NPÖ), → Theorie der Property Rights.

Public Relation
⇒Öffentlichkeitsarbeit
Bemühungen um Vertrauen seitens einer Unternehmung od. seitens anderer Institutionen. Dabei wird vorausgesetzt, dass Vertrauen eine Grundlage des wirtschaftlichen Erfolges ist. Die Mittel der P. sind vielfältig, z.B.: Erklärungen der Unternehmensleitung über Ziele und Aufgaben; Werkzeitschriften; Kundenzeitschriften; Presseinformationen; Politik des „Open Door".

Publizitätsgesetz
Das sog. P. vom 15.8.1969 - letzte Änderung 10. 11. 2006 - schreibt die Rechnungslegung von Unternehmen und Konzernen vor. Hierzu sind Unternehmen in bestimmter Rechtsform, insbesondere Handelsgesellschaften, und in bestimmter Größenordnung (mindestens zwei von folgenden Merkmalen müssen vorliegen: Bilanzsumme über 65 Millionen Euro, Umsatz über 130 Millionen Euro, über 5 000 Arbeitnehmer) verpflichtet, ferner Konzerne entsprechender Größe, wenn die Konzernunternehmen unter einheitlicher Leitung eines Unternehmens stehen. Der geprüfte Jahresabschluss und der Geschäftsbericht sind zum Handelsregister einzureichen. Der Jahresabschluss ist im Bundesanzeiger bekannt zu machen.

Publizitätsvorschriften
→ Handelsregister, Güterrechtsregister, Vereinsregister sind spezielle P. Die P.

für Unternehmen sind aber insbesondere das →Publizitätsgesetz und einschlägige Vorschriften des HGB und des AktG.

Pufferzeiten
→Critical-Path-Method.

Punktbewertungsverfahren
⇒Credit-Scoring.

Punktelastizität
→Elastizitäten.

purchase tax
→Verbrauchsteuer in Großbritannien, die an die → Einkommensverwendung für bestimmte →Güter anknüpft. Die →Steuersätze werden je nach Güterart und Dringlichkeit des → Bedarfs abgestuft. Die P. wird beim Großhandel erhoben. Das →Steueraufkommen der P. liegt etwa bei 7% des gesamten Steueraufkommens.

pure competition
⇒atomistische Konkurrenz
⇒perfect competition
⇒polypolistische Konkurrenz
⇒polypolistisch homogene Konkurrenz
⇒vollständige Konkurrenz.

pure monopoly
⇒reines Monopol
→Monopol.

Put
1. ⇒Put Option, bezeichnet an der →Börse eine Verkaufsoption (→Option), d.h die jederzeitige Pflicht des Verkäufers, auch Stillhalter genannt, →Aktien zu einem festgesetzten →Preis (⇒Basispreis) zu verkaufen. Für die Erfüllung dieser Verpflichtung erhält er vom Käufer eine Prämie. P. werden an speziellen Börsen gehandelt, so in Deutschland an der Deutschen Terminbörse, Frankfurt a.M. (→Börse).

2. im amerikanischen Wertpapiergeschäft gehandelte Rückprämie, die dem Verkäufer das Recht gibt, dem Käufer zu einem vereinbarten Termin die Stücke zum vereinbarten →Kurs zu liefern od. gegen Bezahlung der Rückprämie vom Verkauf Abstand zu nehmen.

quadratisches Mittel
lautet

$$x_q = \frac{1}{n}\sqrt{\sum_{i=1}^{n} x_i^2}.$$

Das q. ist also die Quadratwurzel aus dem →arithmetischen Mittel. Es eignet sich für Abweichungen (z.B. der Realisationen einer Stichprobe von bestimmten Konstanten). Die bekannteste Anwendung ist die →Standardabweichung.

quadrierter multipler Korrelationskoeffizient
⇒Bestimmtheitskoeffizient
⇒Determinationskoeffizient.

Qualitätszirkel
engl. Quality Circles
innerbetriebliche Gruppen zur Verbesserung der Produktqualität, entstanden aus dem Bemühen, das betriebliche Vorschlagswesen durch Nutzung von Gruppeneffekten zu verbessern. Darüber hinaus handelt es sich um eine personalwirtschaftliche Maßnahme (→Personalwirtschaft), um der durch die Spezialisierung ohnehin schon hohen Isolierung durch Kleingruppenaktivitäten zu begegnen und um Kontaktbedürfnisse, aber auch Bedürfnisse nach Mitbestimmung am Arbeitsplatz zu befriedigen.

qualitative Kapazität
→Kapazität.

qualitatives Merkmal
→Merkmal.

Quantil
Neben dem →Erwartungswert einer → Zufallsvariablen gehören deren Q. zur Gruppe der Lageparameter. Sei F(x) die Verteilungsfunktion der Zufallsvariablen X und 0 < p < 1. Man bezeichnet eine reelle Zahl x als p-Quantil, 100%-Quantil oder Quantil der Ordnung p der stetigen Zufallsvariablen X, wenn F(x) = p gilt. Man schreibt hierfür x(p). Die Q. sind eindeutig, wenn die Verteilungsfunktion streng monoton ist.

Bei diskreten Zufallsvariablen existiert nicht zu jedem Wert p eine Zahl x, so dass die Bedingung erfüllt wird. Die Definition des p-Quantils wird wie folgt verallgemeinert:
Ein Wert x, der bzgl. einer Zufallsvariablen X den Ungleichungen

$$W(X \le x) \ge p \wedge W(X \ge x) \ge 1-p$$

genügt, heißt p-Quantil der Zufallsvariablen X.
Das 0,5-Quantil einer stetigen Zufallsvariablen heißt →Median oder Zentralwert, das 0,25- bzw. 0,75-Quantil erstes bzw. drittes Quartil. S. auch →Deskriptive Statistik.

Quantitätstheorie des Geldes
→Geldtheorie, die u.a. von Irving Fisher und Arthur Cecil Pigou geprägt wurde, mit der Sammelbezeichnung Q. Bei manchen Nuancen im Detail vertraten die Quantitätstheoretiker die Auffassung, die →Umlaufgeschwindigkeit des →Geldes sei weitgehend eine technische, insbesondere von den Zahlungssitten und der Bankenstruktur abhängige Größe. Deshalb hielten sie die Umlaufgeschwindigkeit für eine relativ konstante Größe und konzentrierten die monetäre Analyse auf die Zusammensetzung und Änderungen des Geldangebotes (→Geldangebotstheorie) sowie dessen Wirkung auf das →Preisniveau.
Als Neo-Q. bezeichnet man im Kern die neoklassische Geldnachfragetheorie (→ Neoklassische Theorie, →Geldnachfrage) mit der grundlegenden These, dass Geld eine von vielen Formen ist, in der →Vermögen gehalten wird. Geldtheorie ist damit Teil einer → Kapital-, Vermögens- und → Wahlhandlungstheorie. Erklärungsziel bleibt jedoch die gesamtwirtschaftliche Wirkung des Geldes.

quantitative Kapazität
→Kapazität.

quantitatives Merkmal
→Merkmal.

Quartilsabstand
Streuungsmaß für komparative und metrische Merkmale, das nicht so abhängig
von Extremwerten wie die →Spannweite
ist: es gibt gerade die Größe des Bereichs
zwischen oberem und unterem Quartil
an. Der Q. ist

$x_{0,75} - x_{0,25}$.

$x_{0,75}$ ist das →Quantil zur Ordnung 0,75
(oberes Quartil), $x_{0,25}$ das Quantil zur
Ordnung 0,25 (unteres Quartil).

Quasigeld
⇒Geldsubstitute
⇒near monies
→Geldarten.

Quasirente
Bei Produktionsprozessen mit im Angebot wenig variablen und schwer transfe-
rierbaren → Produktionsfaktoren entstehen Quasirenten als Differenz zwischen →Erlösen und →Kosten. Da diese
längerfristig verschwinden, sind es keine
echten Renten, sondern Quasirenten. S.
auch →Produzentenrente.

quasi-stationäres Gleichgewicht
⇒steady-state-Gleichgewicht
→Gleichgewicht, 2.

Quellenabzugsverfahren
→Quellensteuer.

Quellensteuer
Sammelbezeichnung für bestimmte Steuern, deren Erhebung im Abzugsverfah-
ren erfolgt, d.h. die Steuer wird bereits
dann erhoben, wenn eine steuerpflichtige Zahlung entsteht. Hierzu gehören in
Deutschland die →Lohnsteuer, die →Ka-
pitalertragsteuer und die → Zinsab-
schlagsteuer. Die einbehaltenen Steuern
werden hierbei in der Regel auf die endgültige Steuerschuld des Steuerpflichti-

gen angerechnet.

Quellentheorie
Als Grenzfall von Einkommensdefinition
für die →Einkommensteuer gilt die Q.
(Fuisting, von Hermann): Sie setzt für die
Entstehung von →Einkommen eine dauernde Einkommensquelle voraus: →Ar-
beit für →Arbeitseinkommen, →Kapital
für →Kapitaleinkommen, einen Betrieb
für Unternehmergewinne. Ferner wird
die Forderung gestellt, dass die Einkommen regelmäßig fließen. Der Einkom-
mensbegriff der Q. begünstigt Investoren
und Spekulanten von → Wertpapieren,
Grundstücken und Bezieher anderer unregelmäßig fließender Einkommen bei
der Einkommensbesteuerung. In der Praxis der Besteuerung liegt denn auch nicht
der Begriff des Einkommens aus der Q.
zugrunde, sondern eine umfassendere
Einkommensdefinition. Das Gegenstück
zur Q. ist die →Reinvermögenszugangs-
theorie.

Querschnittsanalyse
I.Ggs. zur Längsschnittanalyse untersucht die Q. den Zustand in einem bestimmten Zeitpunkt (z.B. die Wahlergeb-
nisse).

Querverteilung
Mit Q. bezeichnet man in der →Einkom-
mensverteilung die Tatsache, dass ein
Einkommensbezieher mehrere funktionale →Einkommen haben kann, z.B. aus
unselbstständiger → Arbeit und aus →
Vermögen. Ein Umstand, der die Aussagekraft, z.B. der →Lohnquote im „Verteilungskampf" stark reduziert. S. auch →
personelle Einkommensverteilung, 1.

Quotenaktie
→Aktie, die nicht auf einen bestimmten
Nennwert, sondern auf einen Anteil am
(Eigen-) →Kapital lautet.

Rabatte
Abschläge auf den Absatzpreis, die dem Käufer von →Gütern und Dienstleistungen von Verkäufern eingeräumt werden.

Rabattpolitik
Gesamtheit der Entscheidungen des Verkäufers zur Bemessung des →Rabatts. Teil der Konditionenpolitik. Man unterscheidet Verbraucher- und Wiederverkäuferrabatte. Nach Verkäufermotiven gliedert man in Mengenrabatte, Treuerabatte, befristete Rabatte (z.B. Auslaufrabatte) und Funktionsrabatte (z.B. Großhandelsrabatte).

Radcliffe-Report
Bericht des „Comittee on the Working of the Monetary System" in Großbritannien (1959) unter Lord Radcliffe. Er enthält eine Absage an die Möglichkeit, mit Hilfe der →Geldpolitik wirtschaftliche Stabilisierung zu betreiben. Vielmehr sollte die Geldpolitik dafür sorgen, dass langfristig der von ihr kontrollierbare Marktzins den Spar- und Investitionsentscheidungen entspricht. Paradoxerweise hat der R. durch die von ihm angeregte Diskussion für ein Bekanntwerden der eher konträren Vorstellungen des →Monetarismus gesorgt.

Raiffeisenbank
→Genossenschaftsbanken
Universalbank (→Banken), teilweise mit Warengeschäften, in der Form einer ländlichen Kreditgenossenschaft. Ihre Organisation geht auf Friedrich Georg Raiffeisen (1818-1888) zurück. Die R. bilden zusammen mit den →Volksbanken seit 1972 einen gemeinsamen Spitzenverband: Bundesverband Deutscher Volksbanken und R. Gemeinsam mit den Volksbanken bilden die R. die größte Bankengruppe Europas.

Ramsey-Regel
1. Die bekannteste Regel der Theorie der optimalen Verbrauchsbesteuerung (optimal commodity taxation). Sie besagt, dass diejenigen Verbrauchsteuersätze (Mengensteuersätze) optimal sind, deren relativ gleiche Änderung eine relativ gleiche Senkung der kompensierten Nachfrage nach allen →Gütern bewirkt.

2. Modellvorstellung zur optimalen Kapitalakkumulation. Sie beruht auf einer Familie mit unbegrenztem Zeithorizont. Optimal ist nur ein Pfad, der einen dauerhaften Konsum bei konstantem Vermögen gewährleistet.

Die R. ergibt eine Äquivalenz zwischen der intertemporalen Allokation einer dezentralen Wirtschaft und der Lösung eines intertemporalen Planungsproblems. Probleme der Altersstruktur und der Umverteilung zwischen den Generationen vermag die R. nicht abzubilden.

Randomisierung
→Spieltheorie, 1., 2.

random walk
Von einander unabhängige Zufallsvariablen im Zeitpunkt t bestimmen den Wert einer Zeitreihe im Zeitpunkt t+1. Als r.-Hypothese wird ein spezifisches Modell für Zeitreihen der Aktienkurse, als zufallsbedingte Kursentwicklung, genannt, das u.a. mit Hilfe der →Spektralanalyse untersucht wird. S. auch →Kapitalmarkteffizienz.

Randoptimum
Kennzeichnung für die Lage des → Haushaltsoptimums und der → Minimalkostenkombination bzw. →Maximalertragskombination in graphischer

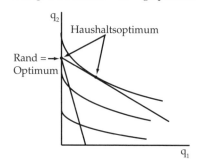

Darstellung, u.zw. auf einer Diagramm-achse. Das ist bei einseitig vollständiger → Substitution und konvex verlaufenden → Indifferenzkurven bzw. → Isoquanten zwangsläufig, falls nicht →Budgetgerade und →Isokostengerade zufällig die gleiche Steigung haben, so dass die Lösung unbestimmt ist. Im R. ist die →Grenzrate der Substitution nicht definiert. S. Abb. für das Haushaltsoptimum.

Range
⇒*Spannweite.*

Rangkorrelation
Zusammenhang zwischen ordinalen → Merkmalen, erfasst auf der Basis der Rangwahlen der Merkmalsausprägungen. Die R. wird mit Hilfe von Rangkorrelationskoeffizienten gemessen (z.B. der Spearmansche Rangkorrelationskoeffizient und der Kendallsche Rangkorrelationskoeffizient).

Rangmerkmal
→Merkmal mit der Eigenschaft, ordinalskaliert zu sein. Diese Eigenschaft liegt vor, wenn die Merkmalswerte eine Reihenfolge od. Rangordnung der Objekte wiedergeben. Beispiel: Bewertungen mit „gut", „befriedigend", „schlecht". S. → Deskriptive Statistik.

Ratchet-Effekt
⇒Sperreffekt
⇒Sperrklinkeneffekt
Bei langfristiger Konstanz der durchschnittlichen → Konsumquote können rezessionsbedingte Einkommenssenkun-

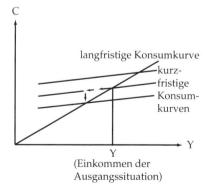

C

langfristige Konsumkurve
kurz-
fristige
Konsum-
kurven

Y

Y
(Einkommen der
Ausgangssituation)

gen zu einer kurzfristig steigenden durchschnittlichen Konsumquote führen, wenn als Verhaltensweise gilt: der → Konsument trennt sich nur schwer von seiner einmal erreichten Konsumhöhe. Langfristig kommt es jedoch zur Anpassung und die langfristige durchschnittliche Konsumquote wird erreicht. Nach der geometrischen Darstellung heißt dieser Vorgang R.

Rating
R.s werden in vielfältigen Zusammenhängen gebraucht. Ratingskalen werden für die Beurteilung von Finanztiteln eingesetzt, aber auch im Bereich des Marketing, der Psychologie, der Soziologie, im Sport sowie in zahlreichen anderen Fachgebieten. Gemeinsam ist allen Anwendungen des R. das anhand einer festgelegten Skala ausgedrückte Urteil in Form einer „Note" oder „Zensur". Die vielschichtigen Aspekte eines Beurteilungsgegenstandes vereinigen sich in den Ratingsymbolen, die durch ihre eindeutige Interpretation ein hohes Maß praktischer Verwendbarkeit aufweisen und daher diskursiven Urteilsdarstellungen oftmals vorgezogen werden.
Bedeutung und Differenzierungen des Rating: Die hier interessierenden R. beziehen sich einerseits auf langfristige Finanztitel, wie in- und ausländische Bankschuldverschreibungen, private und öffentliche Pfandbriefe, kommunale Schuldverschreibungen, →Industrieobligationen, Staatspapiere usw., sowie auf Kurzläufer, z.B. Commerical Papers und Einlagenzertifikate. Anerkannte Ratingagenturen vergeben unter bestimmten Bedingungen auch R. für →Vorzugsaktien, nicht aber für reine Eigenkapitalpositionen, die keinen fixierten Rückzahlungsanspruch des Inhabers beinhalten. R. fokussieren stets den Bonitätsaspekt. R. sind durch definierte Symbole (z.B. → AAA, AA, A, →BBB, BB, B, →CCC, CC, C, D) ausgedrückte Meinungen von auf Bonitätsrisikoanalyse spezialisierten Agenturen über die Fähigkeit und rechtliche Bindung eines →Emittenten, die mit einem von ihm ausgegebenen Schuldtitel verbunden, zwingend fälligen Zahlungsverpflichtungen rechtzeitig und vollständig zu begleichen. Zu den wich-

tigsten Agenturen zählen Moody's Investors Service, Standard & Poor's und IBCA Notation.

rationale Erwartungen

1. Bei fast allen Entscheidungen der → Wirtschaftssubjekte spielen Erwartungen eine wichtige Rolle. Unternehmer richten ihre Produktionspläne an Absatzerwartungen aus, Kapitalanleger versuchen, zukünftige →Erträge und Risiken alternativer Anlageformen abzuschätzen, und →Konsumenten ziehen die zukünftige Entwicklung ihrer → Einkommen und der Güterpreise ins Kalkül. Die Modellierung der Erwartungsbildung hat deshalb zentrale Bedeutung für Wirtschaftstheorie, →Ökonometrie und die Analyse wirtschaftspolitischer Fragestellungen (→Theorie der Wirtschaftspolitik).

2. Eine hergebrachte →Hypothese besagt, dass zukünftige Werte einer →Variablen so prognostiziert werden, dass vergangene Beobachtungen schematisch in die Zukunft extrapoliert (→Extrapolation) werden. So spricht man z.B. von „adaptiven" Erwartungen, wenn eine →Prognose einfach als geometrische Reihe vergangener Realisationen gebildet wird. Rein extrapolative Verfahren sind aber nicht effizient, sofern zusätzliche Information über relevante Einflussfaktoren verfügbar ist, die ungenutzt bleibt. Dann käme es i.d.R. zu systematischen Über- od. Unterschätzungen, also zu systematisch verzerrten Prognosen. Aber würden rationale Wirtschaftssubjekte nicht aus solchen Fehlern lernen und nach einem besseren Prognoseverfahren suchen? Hier setzt die moderne Hypothese „rationaler Erwartungen" an. Ihr Grundgedanke ist, dass die Individuen eine Vorstellung davon haben, wie ökonomische Größen voneinander abhängen, und dass sie ihr Wissen und alle verfügbaren Informationen „optimal" für ihre Prognosen nutzen. Die r.-Hypothese passt also zu dem Konzept des rationalen, seine Zielfunktion optimierenden Individuums, mit dem die Ökonomen im Allgemeinen arbeiten.

3. Wie lassen sich r. modellieren? In den üblichen linearen →Modellen sind Erwartungen genau dann rational, wenn

sie repräsentiert werden durch den →Erwartungswert der zu prognostizierenden Größe, konditioniert auf sämtliche Information, die für die Individuen verfügbar ist. Es gilt dann:

(1) $_{t+k}y_{t-i}^e = E(y_{t+k}|\phi_{t-i})$,

Definition von r

wobei $_{t+k}y_{t-i}^e$ die zum Zeitpunkt t-i gebildete Erwartung über die Realisation der Variablen y in t+k ist, und die Informationsmenge ϕ_{t-i} sämtliche zum Zeitpunkt t-i aus der Vergangenheit verfügbare Informationen enthält. Der auf diesen Informationsstand bedingte Erwartungswert liefert unverzerrte („erwartungstreue") Prognosen, d.h. die Erwartung weicht nur rein zufällig, nicht jedoch systematisch, von dem wahren Wert ab. Er ist ferner insofern optimal, als die Streuung der Prognosen um den wahren Wert minimal ist verglichen mit allen anderen Prognoseverfahren. Man spricht deshalb auch von „Minimum-Varianz-Prognosen". Es leuchtet ein, dass die Präzision der Prognosen i.d.R. mit dem Umfang der Informationsmenge zunimmt.

4. Zur Illustration betrachten wir ein einfaches, aber wichtiges Makromodell.

(2) $y_t^N = m_t - p_t$

Outputnachfragefunktion

(3) $y_t^A = \bar{y} + \alpha(p_t - {}_{t}p_{t-1}^e)$

Outputangebotsfunktion

(4) $y_t^N = y_t^A$

Gleichgewichtsbedingung

(5) $_{t}p_{t-1}^e = E(p_t|\phi_{t-1}) = \hat{E}p_t$

Annahme von r.

Alle Variablen sind Logarithmen (zur linearen Darstellung). Nach (2) ist die Outputnachfrage y^N abhängig von der Realkasse m - p (deren Koeffizient zur Vereinfachung gleich 1 gesetzt ist). Nach (3) ist das Outputangebot y^A gleich einem konstanten Normaloutput $\bar{y}$, sofern das laufende → Preisniveau am Ende der Vorperiode fehlerfrei antizipiert wurde. Falls das Preisniveau unterschätzt wurde (positiver →Prognosefehler), übersteigt das Angebot den Normaloutput. (4) ist die Gleichgewichtsbedingung. Substituiert man (2) und (3) in (4) und nimmt r. an, so ergibt sich:

(6) $m_t - p_t = \bar{y} + \alpha(p_t - \hat{E}p_t)$,

so dass folgt:

(7) $\hat{E}p_t = \hat{E}m_t - \bar{y}$.

Preisprognose
Die Preisprognose wird also auf eine Prognose der →Geldmenge zurückgeführt. Der Normaloutput $\bar{y}$ dagegen ist - weil konstant - bekannt und daher bereits in ϕ_{t-1} enthalten. (7) eingesetzt in (6) ergibt die Lösung für das Preisniveau:

(8) $p_t = \hat{E}m_t - \bar{y} + \dfrac{1}{(1+\alpha)}(m_t - \hat{E}m_t)$.

Preisniveaulösung
Hängt das Outputangebot wie in (3) nur von der nicht erwarteten Komponente $(p_t - {}_tp^e_{t-1})$ des Preisniveaus ab („Lucas-Angebotsfunktion"), so haben r. bei voller Information eine wichtige Implikation: Der →Output kann nicht systematisch, sondern nur zufällig vom Normaloutput abweichen. Dies sieht man auch, wenn man (7) und (8) in (3) einsetzt:

(9) $y_t = \bar{y} + \dfrac{\alpha}{(1+\alpha)}(m_t - \hat{E}m_t)$.

Outputlösung
Wenn die Öffentlichkeit den Mechanismus durchschaut hat, nach dem die → Zentralbank → Geldpolitik betreibt (m setzt), wird die →Geldmenge unverzerrt, also im Mittel richtig, prognostiziert. Wie (9) zeigt, ist dann expansive Geldpolitik nicht in der Lage, den expansiven Output über sein früheres Niveau anzuheben, sondern erhöht nur, wie (8) zeigt, das Preisniveau bzw. die → Inflationsrate. Natürlich könnte die Zentralbank zunächst einen positiven Outputeffekt erzielen, indem sie die Öffentlichkeit mit einem plötzlichen Geldmengenschock überrascht. Ein solcher Überraschungseffekt wäre jedoch nicht von Dauer, da sich die rationalen Individuen nicht fortwährend täuschen ließen, sondern versuchen würden, aus dem Zentralbankverhalten den neuen geldpolitischen Mechanismus zu erlernen. Wegen der Unsicherheit über das neue Verhalten der Zentralbank ist nicht auszuschließen, dass die Öffentlichkeit während der Lernphase die

Geldpolitik expansiver einschätzt als sie tatsächlich ist, so dass für einige Perioden gelten mag: $\hat{E}m_t > m_t$. Nach (9) fiele dann der Output vorübergehend unter sein normales Niveau und der expansive Anfangserfolg der Zentralbank würde ins Gegenteil verkehrt. Die wirtschaftspolitische Implikation des Modells ist demnach, dass die Zentralbank besser auf diskretionäre → Stabilisierungspolitik verzichten und sich stattdessen auf eine gleichmäßige, glaubwürdige, die Geldwertstabilität ermöglichende Geldversorgung öffentlich festlegen sollte. Unser Beispiel zeigt auch, dass die Wirtschaftspolitiker die Konsequenzen diskretionärer Änderungen der Politik nur schwer zuvor abschätzen (simulieren) können. Denn rationale Individuen reagieren auf beobachtete Änderungen der Politik mit Änderungen ihrer Erwartungen und damit ihrer Verhaltensweisen, so dass wirtschaftspolitische Erfahrungen entwertet werden („Lucas-Kritik").

5. Die r.-Hypothese ist noch für viele andere Probleme wichtig. So impliziert sie z.B., dass jede neue ökonomisch bedeutsame Information an hochorganisierten Finanzmärkten (→Aktien, →Rentenwerte, → Devisen) sofort in den → Kursen berücksichtigt wird. An solchen (informations-) effizienten Märkten können daher überdurchschnittliche Spekulationsgewinne nur durch Ausnutzung von Insider-Information erzielt werden.

Literatur: *E. F. Fama*, Efficient Capital Markets: A Review of Theory and Empirical Work. The Journal of Finance 25, 1970, S, 383-417. *M. J. M. Neumann*, Rationale Erwartungen in Makromodellen - Ein kritischer Überblick, in: Zeitschrift für Wirtschafts- und Sozialwissenschaften 99, 1979, S. 371-401. *R. J. Shiller*, Rational Expectations and the Dynamic Structure of Macroeconomic Models: A Critical Review, in: Journal of Monetary Economics 4, 1978, S. 1-44.

Prof. Dr. M. J. M. Neumann,
E. Wurzel, Bonn

rationales Verhalten
⇒Rationalverhalten
das Verhalten, das bei Kenntnis der Ma-

ximierungsaufgabe und seiner Zielgröße sämtliche Nebenbedingungen beachtet und eine richtige Lösung für das Problem sucht und möglichst auch findet.
Alle Varianten der Formulierung des r. lassen sich damit in Einklang bringen, sei es in der →Spieltheorie, sei es das →ökonomische Prinzip.

Rationalisierungsinvestition
→Investition.

Rationalisierungsschutz
Bemühen der →Gewerkschaften, bei →arbeitssparendem technischem Fortschritt über → Tarifverträge zumindest Ausgleichszahlungen und Anpassungshilfen abzusichern. Besonders schwierig ist es, über die unmittelbar Betroffenen hinaus die Belasteten abzugrenzen.

Rationalisierungs-Kuratorium der Deutschen Wirtschaft (RWK)
Sitz in Frankfurt a.M. 1921 als „Reichskuratorium für Wirtschaftlichkeit" gegründet; 1949 erneut gegründet.
1. Mitglieder: Spitzenorganisationen der Wirtschaft, der Gewerkschaften, der Wissenschaft, Technik und Betriebswirtschaft sowie Firmen und Einzelpersonen.
2. Zweck: Einführung von Rationalisierungsmaßnahmen in der Praxis zur Steigerung der Produktivität der deutschen Wirtschaft. 3. Aktivitäten: Studienreisen ins Ausland, Filmdienst, Beratung, Berichte und Materialien, Zusammenkünfte und Kongresse. 4. Aufbau: Bezirksgruppen und Stützpunkte, Zusammenarbeit mit Gemeinschaftsorganen wie z.B. DNA (Deutscher Normenausschuss), REFA (Verband für Arbeitsstudien und Betriebsorganisation), Rationalisierungs-Gemeinschaften (RG) als von der Praxis getragene, meist organisatorisch lockere Zusammenschlüsse zur Erarbeitung technischer oder organisatorisch beispielhafter Grundlagen. 5. Informationen: RWK-Informationsdienst und RKW-Publikationen.

Rationalismus
→Neue Politische Theorie.

Rationierung
Begrenzung der angebotenen Gütermen-

gen. S. auch →Preistheorie.

Raumwirtschaftstheorie
1. *Gegenstand der R.*: Die R. befasst sich mit der Verteilung der wirtschaftlichen Aktivitäten des Konsums, der Produktion und der Investition im Raum, insbesondere auf verschieden große Siedlungen oder Agglomerationen, mit der Herausbildung der Güter- und Faktorpreise an unterschiedlichen Standorten, den ökonomischen Beziehungen zwischen den Orten (Gütertausch, Faktorbewegungen, Pendlerströme) sowie den Veränderungen der durch diese interdependenten Faktoren bestimmten Raumstrukturen im Zeitablauf. Sie ist damit gegenüber der (raumlosen) Theorie der Ein-Punkt-Wirtschaft und der (über den Raum aggregierten) makroökonomischen Theorie (→Makroökonomik) eine um die Raumdimension erweiterte Wirtschaftstheorie. Ihre Wurzeln liegen in der traditionellen Theorie des Standortes, der im Wesentlichen den optimalen Standort für eine gegebene ökonomische Aktivität determiniert (→ Abschnitte 2. und 3.). Umfassender als die R. ist die von W. Isard begründete Regionalwissenschaft (Regional Science), die auch außerökonomische räumlich relevante Tatbestände mit in die Analyse einbezieht. Ferner bestehen Zusammenhänge mit der Wirtschaftsgeographie, die ähnliche Probleme unter geographischen Gesichtspunkten erörtert.

Das entscheidende Merkmal des ökonomischen Raumes bildet die Existenz der materiellen, zeitlichen und psychischen Kosten der Raumüberwindung, der Transportkosten im weiteren Sinne. Diese Kosten in ihren verschiedenen Formen bestimmen den Grad der Dezentralisierung der wirtschaftlichen Aktivitäten im Raum auf der Grundlage der vorgegebenen geographischen Verteilung der relevanten Ressourcen und der →Präferenzen der Wirtschaftssubjekte für Güter und Orte auf vielfältige Weise mit.

Die ökonomischen Vorgänge zur Überwindung des Raumes gleichen anderen ökonomischen Aktivitäten; sie erfordern →Inputs als →Aufwand, deren →Kosten dem →Erlös bzw. dem Nutzen aus der

Überwindung des Raumes gegenüberzustellen sind. Der Transport durch den (geographischen) Raum (als räumliche Transformation) entspricht dem Transport durch den „Raum der Güterqualitäten" (in der Form der Bearbeitung oder Verarbeitung von →Gütern) und dem Transport durch die Zeit (zeitliche Transformation).

Die auf einer - vom ökonomischen Standpunkt - völlig homogenen Fläche wirksamen Faktoren, die die Raumstruktur festlegen und deshalb als die ökonomischen raumdifferenzierenden Faktoren (von Böventer) bezeichnet werden, sind (1) die Transportkosten im Zusammenwirken mit (2) der relativen Nachfrage und dem Faktor Boden und (3) den Agglomerationseffekten. Diese Effekte ergeben sich aus den Vorteilen und den Nachteilen der Massenproduktion (interne Ersparnisse), aus der Nähe zu Betrieben derselben Branche (brancheninterne Agglomerationsvorteile) und aus der Nähe anderer Wirtschaftseinheiten beziehungsweise anderer Aktivitäten (branchenexterne Agglomerationseffekte oder Urbanisationseffekte).

2. *Landwirtschaftliche und städtische Standortthorie*: Das theoretische Fundament der R. hat J. H. von Thünen mit der Behandlung weitgehender ökonomischer Fragestellungen in seinem Werk „Der isolierte Staat" (1826) gelegt. Gegenstand der Analyse von Thünens ist die Wahl der Anbauorte für verschiedene landwirtschaftliche Güter. Im einfachen Modell wird angenommen, dass auf einer kontinuierlichen, homogenen Fläche ein punktförmiger Markt mit gegebenen Preisen existiert. Die Transportkosten sind proportional zum Gewicht des Gutes und der Entfernung des Anbauortes vom Markt. Die Rente, die durch den Anbau eines Gutes an einem bestimmten Ort erzielt werden kann, resultiert, abgesehen von der Gütermenge, aus dem Preis des Gutes vermindert um die Kosten seines Anbaus und die Kosten des Transportes zum Markt. Die Landeigentümer verfolgen das Ziel, den Boden derart zu nutzen, dass die erzielbare Rente größtmöglich wird. Das Ergebnis dieses Ansatzes ist, dass die Anbauorte für ver-

schiedene Güter jeweils ringförmig um den Markt angeordnet werden (→von Thünensche Ringe). Hebt man die Annahme der homogenen Fläche auf und berücksichtigt zum Beispiel Unterschiede in der Fruchtbarkeit des Bodens und den Transportmöglichkeiten, so treten Verzerrungen der Kreise auf. Qualitativ ähnliche Resultate, zum Beispiel das Ergebnis, dass die Bodenpreise mit der Entfernung von einem Zentrum abnehmen, sind später bei der Anwendung dieses Modellansatzes auf die Bodennutzung in der Stadt hergeleitet worden. Hierzu haben W. Alonso und E. Mills grundlegende Beiträge geliefert.

3. *Industrielle Standorttheorie.* Sie geht auf W. Launhardt und A. Weber zurück und ist vor allem von T. Palander und W. Isard weiter verfolgt worden. Während die soeben vorgestellten Modelle die Wahl des geeigneten Standorts bei der Existenz eines einzigen Bezugspunktes, dem Absatzort der Güter, untersuchen, wird in den Modellen der industriellen Standortlehre davon ausgegangen, dass die Produktionsfaktoren ungleichmäßig im Raum verteilt sind und ihre geographische Existenz somit zusätzliche Bezugspunkte bildet. Bei gegebenen Preisen und Inputkoeffizienten, also bei gegebenen Kosten der Produktion in jedem möglichen Ort, wird ein Unternehmen bei der Wahl seines Standortes das Ziel anstreben, die Summe aus den Transportkosten für die Inputmengen und den Kosten des Transports des Outputs zum Absatzmarkt zu minimieren. Das heißt, der optimale Standort für die Produktion hängt von den Entfernungen zu den Lieferorten und zum Absatzmarkt sowie dem Gewicht der Faktormengen und der Outputmenge ab. Verzerrungen der Standortwahl treten auf, wenn zusätzlich Effekte der Agglomeration betrachtet werden (→Abschnitt 5.). Eine Weiterentwicklung kann in den Transportmodellen des mathematischen Programmierens gesehen werden, in denen bestimmte Liefermengen der verteilten Produktionsstätte und Absatzmengen der Bezugsorte zugrunde gelegt werden. Im einfachen Modell lassen sich dann optimale Lieferströme im Raum

und Bewertungen des zu transportierenden Gutes an den Liefer- und Empfangsorten ableiten. Mit Hilfe der Transportmodelle ist auch die Bestimmung von Bodenrenten im Rahmen der dualen Ansätze möglich.

4. *Räumliche Konkurrenz und Raumstrukturen*: Bei einer gegebenen räumlichen Verteilung der Nachfrage stellen sich das Problem der optimalen Verteilung verschiedener Angebotsorte, die Frage nach der Existenz von Marktgrenzen und die Frage der optimalen Preissetzung im Raum. Diese ausgewählten Aspekte bilden den Gegenstand der Theorie der räumlichen Konkurrenz oder räumlichen Preistheorie, der frühzeitig unter anderem von T. Palander, E. Schneider, A. P. Lerner / H. W. Singer, E., M. Hoover und E. H. Chamberlin diskutiert worden ist.

Auf dieser Grundlage haben W. Christaller und A. Lösch Systeme von Angebotsorten für Güter mit unterschiedlich großen Reichweiten hergeleitet. Behandelt man zuerst die Herstellung des Gutes mit dem größten Absatzradius im dünn besiedelten Raum und geht dann zur Wahl der Produktionsstätten für Güter mit kleineren Absatzradien über - was als eine Verbesserung der Versorgung etwa durch eine erhöhte Kaufkraft interpretiert werden kann -, so erhält man das hierarchische System Zentraler Orte von Christaller. Das komplexe Modell von Lösch ergibt sich, wenn in das dichte System kleiner autarker Produktionseinheiten die Erzeugung neuer Güter mit zunehmend größeren Absatzradien eingeführt wird. Den Ansätzen von Christaller und Lösch ist gemeinsam, dass sie mittels Partialanalyse verschiedene Sechseckssysteme für die einzelnen Güter begründen, deren Gestalt durch die Transportkosten, die internen Ersparnisse und die Marktverhältnisse determiniert wird, und dass sie die ökonomischen Interdependenzen bei der Produktion verschiedener Güter sowie die Bevölkerungsbewegungen in den Systemen vernachlässigen.

Soweit die bisher genannten Ansätze in der Form der mikroökonomisch totalen Walras-Modelle mit Transportkosten zusammengeführt worden sind, bleiben sie

inoperabel. Der Wirklichkeit nähere Modelle der Raumstruktur umfassen Elemente der landwirtschaftlichen und städtischen Standorttheorie, der Industriestandortlehre sowie der Systeme von Christaller und Lösch (von Böventer).

5. Theorie der Agglomeration: In der Gegenwart nimmt die Rolle der Agglomerationseffekte bei der Ausprägung der Raumstrukturen zu. Schon bei der Analyse von Dorfgrößen sind sie, verbunden mit politischen und gesellschaftlichen Vorteilen und Nachteilen der Ballung, bestimmend. Bei der Ermittlung der verschiedenen optimalen Ortsgrößen geht es generell um den Vergleich der marginalen Nutzen und Kosten der Agglomeration unter Berücksichtigung außerökonomischer und historischer Faktoren. In modernen Großagglomerationen haben einerseits die Kosten des Gütertransports relativ an Bedeutung verloren; andere Kosten wie die Kosten des Umweltschutzes haben zunehmend Stellenwert erlangt. Andererseits haben die Vorteile großer Märkte für die Produktionsfaktoren und für Informationen sowie die Vorteile von direkten Kontakten erheblich zugenommen. Insbesondere sie - zusammen mit dem sektoralen Strukturwandel - erklären die verstärkte Urbanisierung und die gestiegene Attraktivität moderner Dienstleistungszentren.

Literatur: *W. Alonso*, Location and Land Use. Toward a General Theory of Land Rent. Cambridge, Mass. 1964. *M. J. Beckmann*, Location Theory. New York 1968. *E. von Böventer*, Theorie des räumlichen Gleichgewichts. Tübingen 1962. *Derselbe*, Standortentscheidungen und Raumstruktur. Hannover 1979. *W. Isard*, Location and Space-Economy. New York-London 1956. *E. S. Mills/ B. W. Hamilton*, Urban Economics. 4. A., Glenview, Ill. 1989. *C. Ponsard*, History of Spatial Economic Theory. Berlin-Heidelberg 1983. *H. W. Richardson*, Regional and Urban Economics. Harmondsworth 1972. *J. H. von Thünen*, Der isolierte Staat in Bezug auf Landwirtschaft und Nationalökonomie. Hamburg 1826 (Der isolierte Staat, Darmstadt 1966).

Prof. Dr. W. Buhr, Siegen

Reagonomics

stabilitätspolitische Strategie, die einen Aufschwung der ökonomischen Aktivität zur Wiederherstellung der Vollbeschäftigung durch eine Erhöhung des Handlungsspielraumes der Unternehmen herbeiführen will. Positive Investitionsanreize werden demgemäß erwartet aus einer Reduzierung der gewinnabhängigen Besteuerung, der betrieblichen Lohn- und Lohnnebenkosten, dem Abbau administrativer Investitionshemmnisse. Zudem soll die allokative Funktion der Marktpreise (→ Preismechanismus) durch Reduzierung der →Inflationsrate wiederhergestellt werden. Dies soll über die Verknappung des Geldangebots (→ Geldangebotstheorie) erreicht werden.

Reaktanz-Effekt

Effekt aufgrund einer wirtschaftspolitischen Maßnahme (z.B. von moral persuasions), der zum Entstehen psychischer Widerstände führt. Das Wissen um R. stammt aus sozialpsychologischen Experimenten, dass unaufgeforderte starke und offensichtliche Einflussnahme bei den Adressaten zu Reaktanz führt. Die Konsequenz davon ist, dass sich die Betroffenen der drohenden Einengung ihrer Verhaltensfreiheit widersetzen od., falls es bereits dazu gekommen ist, diese so rasch wie möglich zurückzugewinnen suchen. Dies kann in der Werbung sogar zu einem Bumerang-Effekt führen.

Reaktionslinie
⇒Kammlinie.

real balance-Effekt
⇒Realkasseneffekt.

real-bills-Doktrin

Auffassung über die Wirksamkeit von → Geld im ökonomischen Prozess, nach der sich die →Geldmenge den Änderungen der realen ökonomischen Situation anpasst und damit im Kontext zur →New View und dem →Radcliffe-Report steht. R. wurde 1970 von N. Kaldor in abgewandelter Form wieder in die Diskussion ökonomischer Prozesse mit den Vertretern monetaristischer Sicht (→Monetarismus) eingeführt.

reale Außenwirtschaftstheorie
⇒ Güterwirtschaftliche Außenwirtschaftstheorie.

Realeinkommenseffekt einer Preisänderung

Bei der Änderung eines →Relativpreises sind zwei Wirkungen zu unterscheiden: der Substitutionseffekt und der → Einkommenseffekt, der Realeinkommenseffekt ist. Im Zwei-Güter-Fall bedeutet die Änderung eines →Preises Drehung der → Budgetgeraden; auf einer anderen →Indifferenzkurve wird das →Haushaltsoptimum erreicht. Der R. ist nun diejenige Mengenwirkung, die durch Parallelverschiebung der alten Budgetgeraden an die neue Indifferenzkurve zustande kommt. S. auch →Nachfragetheorie des Haushalts.

reale Geldmenge
→Geldmenge.

reale Lohnquote
→Lohnquote.

reales Volkseinkommen
→Volkseinkommen in konstanten Preisen.

Realgrößen

in Realwerten ausgedrückte ökonomische Größen. R. sind physische Mengen von →Gütern und ihre Austauschrelationen, die →relativen Preise. Die ggs. Geldgrößen werden durch Division mit ihren Geldpreisen bzw. dem →Preisniveau in R. umgerechnet.

Realgut
→Gut.

Realinvestition
⇒Sachinvestition
→Investition.

Realisation

1. in der induktiven Statistik der sich einstellende Wert x, den eine →Zufallsvariable X bei der Durchführung des zugrundeliegenden Zufallsexperiments annimmt.

2. in der →Betriebswirtschaftslehre das

Umsetzen von Plangrößen in Istgrößen, z.B. im Verkauf, bzw. das Vollziehen von Absichten, z.B. Unternehmensveräußerung.

Realisationslag
⇒production lag
→lag.

Realisationsprinzip
Bewertungsgrundsatz in der → Bilanz. Gewinne (d.h. auch Vermögenswertsteigerungen) dürfen in der Bilanz nur ausgewiesen werden, wenn sie tatsächlich realisiert sind. Handels- und steuerrechtlich wird das R. durch das Imparitätsprinzip ergänzt.

Realkapital
⇒Kapitalgüter
⇒Produktivkapital
⇒Produktivvermögen
⇒Realvermögen
⇒Sachkapital
⇒Sachvermögen
→Kapital, II.

Realkasseneffekt
⇒real balance-Effekt
kann als Oberbegriff für wichtige Unterfälle wie →Keynes-Effekt und →Pigou-Effekt dienen. Sinkt das →Preisniveau, so erhöht sich der Realwert der →Geldvermögen. Dies führt beim Pigou-Effekt unmittelbar zu einer Erhöhung der Konsumausgaben. Beim Keynes-Effekt steigt die Gesamtnachfrage via →Zins, →Investition, →Einkommen und →Konsum indirekt.
Beide Effekte setzen bei einer in der Realität kaum mehr zu beobachtenden →Deflation an. Der R. wurde zudem durch Berücksichtigung der Finanz- und Sachaktiva zum Realvermögenseffekt erweitert (→Vermögenseffekt).

Realkreditinstitut
→Kreditinstitut, dessen Unternehmenszweck die Vergabe von i.w.S. durch reale Vermögenswerte gesicherte →Kredite ist. Es sind meist Spezialbanken für Kredite, die durch Grundpfandrechte gesichert sind, also für Immobiliar-, Grund-, Objekt- od. Hypothekarkredite.

Reallohn
Gütermenge, die mit einem bestimmten →Nominallohn gekauft werden kann. In einer Zeitreihe wird der Nominallohn mit einem geeigneten →Preisindex, bezogen auf das Basisjahr, deflationiert. Eine praktisch geübte Berechnungsmethode in der Bundesrepublik setzt die Bruttood. Nettolohn- und -gehaltssumme je durchschnittlich beschäftigten →Arbeitnehmer zum →Preisindex für die Lebenshaltung eines Vier-Personen-Arbeitnehmerhaushalts in Beziehung.

Realsteuer
Sach- od. Objektsteuer, i.Ggs. zu den Personensteuern, deren Steuerobjekt eine → natürliche od. → juristische Person ist (Beispiele: → Einkommensteuer, → Körperschaftsteuer, → Vermögensteuer). R. belastet dagegen eine Sache, ein Objekt. Zu den Steuerarten, die als R. bezeichnet werden, gehören die → Gewerbesteuer und die →Grundsteuer.

Realvermögen
⇒Kapitalgüter
⇒Produktivkapital
⇒Produktivvermögen
⇒Realkapital
⇒Sachkapital
⇒Sachvermögen
→Kapital, II.

realwirtschaftlicher Kreislauf
⇒*Güterkreislauf.*

realwirtschaftlicher Zins
→Zins.

Realzins
→Zins.

rechnerische Lohnquote
→Lohnquote.

Rechnungsabgrenzungsposten (RAP)
sind Verrechnungsposten, also keine Wirtschaftsgüter (→ Gut). Man unterscheidet transitorische und antizipative R. Das AktG 1965 ließ nur noch die transitorischen Posten als R. zu. Die antizipativen stellen „Sonstige →Forderungen" od. „Sonstige →Verbindlichkeiten" dar. Das alte Aktienrecht wurde vom BiRiLiG

übernommen: Die R. sind in § 250 HGB geregelt; Abs. 1 gilt für R. auf der Aktivseite der Bilanz; Abs. 2 für R. auf der Passivseite.

Rechnungslegung

1. Rechnungslegung nach § 259 BGB: Wer fremde Angelegenheiten zu besorgen hat (insbes. Vormund, Vorerbe, Geschäftsführer ohne Auftrag, Beauftragter, geschäftsführender Gesellschafter u.a.), hat neben seiner Pflicht zur Auskunft über seine Verwaltung Rechenschaft abzulegen, d.h. eine geordnete Zusammenstellung der Einnahmen und Ausgaben mitzuteilen und die entsprechende Belege vorzulegen.

2. handelsrechtliche R.: Rechtsgrundlagen sind a) Kodifiziertes Recht, b) Richterrecht, c) → Grundsätze ordnungsmäßiger Buchführung und Bilanzierung (GoB). Zu a) Nach Inkrafttreten des Bilanzrichtliniengesetzes (BiRiLiG) vom 19.12.85 mit Wirkung vom 1. Januar 1987 sind die handelsrechtlichen R.-vorschriften im Dritten Buch des →HGB unter der Überschrift „Handelsbücher" zusammengefasst. Weitere gesetzliche R.-vorschriften finden sich in Abhängigkeit von der Rechtsform des Unternehmens z.B. im AktG, GmbHG, GenG, in Abhängigkeit von der Unternehmensgröße im → Publizitätsgesetz, in Abhängigkeit von der Branchenzugehörigkeit des Unternehmens u.a. im Kreditwesengesetz (→ Bankenaufsicht) und im Gesetz über Kapitalgesellschaften. Wegen des Grundsatzes der Maßgeblichkeit der Handelsbilanz für die Steuerbilanz (→Maßgeblichkeitsprinzip) und der in der Praxis vielfachen Umkehrung dieses Grundsatzes gehören hierher auch die Rechtsquellen insbes. des Bilanzsteuerrechts, wie etwa Einkommensteuergesetz, Einkommensteuerdurchführungsverordnung, Einkommensteuerrichtlinien. Zu b) Urteile nach Entscheidungen der höchsten Bundesgerichte, insbes. des Bundesgerichtshofes (BGH), vor allem aber des Bundesfinanzhofes (BFH). Zu c) Grundsätze, die neben dem Gesetz stehen, wie z.B. der Beleggrundsatz: Ohne Beleg darf keine Buchung erfolgen. Im Wesentlichen sind damit die Mittel der R. ange-

sprochen mit dem → Jahresabschluss mittels →Bilanz und →Gewinn- und Verlustrechnung und dem → Geschäftsbericht. Die R. ist wesentliche Aufgabe des →Rechnungswesens.

Rechnungswesen
gewährt ein abstraktes quantifizierbares Abbild komplexer ökonomischer Aktivitäten.

Während das Gesamtwirtschaftliche R. makroökonomische Zusammenhänge (→ Makroökonomik) zum Gegenstand hat, ist das betriebswirtschaftliche R. Bestandteil des gesamten betrieblichen Informationssystems.

Es ist abhängig von den verfolgten, den Zielen des R. vorgelagerten Zwecken der Unternehmung. Insofern ist das betriebliche R. nicht Selbstzweck sondern Mittel zum Zweck: es hat instrumentalen Charakter.

Diese Zweckbezogenheit des R. wird in der Praxis u.a. darin deutlich, dass der Inhalt, der organisatorische Aufbau und die Einbindung in die gesamte Unternehmensorganisation (→Organisation) sehr unterschiedlich gestalt sein können.

Unter der Mehrzahl der durch die Unternehmung verfolgten Zwecke sind das Gewinnstreben und die langfristige Sicherung der Existenz der Unternehmung von hervorragender Bedeutung.

Generelles Ziel des betrieblichen R. ist es daher, zu informieren, inwieweit die Unternehmung durch ihre vergangenen und/ od. zukünftigen Wahlhandlungen ihre Zwecke verfolgt und sich ihren gesteckten Zielen nähert (Abrechnungs- und Dokumentationsfunktion, Steuerungs- und Dispositionsfunktion). Dabei gilt generell, dass die Informationen des R. beschreibende, feststellende Aussagen über vergangene, gegenwärtige od. zukünftige ökonomisch relevante Sachverhalte darstellen, also deskriptiver Natur sind. Im Einzelnen kann differenziert werden in

- protokollarische Informationen (erstmalige Aussagen)
- aufbereitete Informationen (protokollarische Informationen werden mittels eines rechnungstechnischen Syntax verdichtet, modifiziert od. umge-

formt)
- erklärende und prognostische Informationen (aufgrund geeigneter, empirisch gehaltvoller Wenn-Dann- → Hypothesen unter Anknüpfung an reale Anfangsbedingungen)
- strategische Informationen (Aussagen über empirisch mögliche und zweckoptimale Handlungen zur Zielerreichung).

Von maßgeblichem Einfluss auf die Art und den Inhalt der Informationen und damit auf das gewährte abstrakte Abbild der komplexen betrieblichen Aktivitäten ist der Informationsadressat. Zu differenzieren ist vor allem zwischen externen und internen Informationsadressaten.

1. *Externe Informationsadressaten* sind Personen und/ od. Institutionen, die außerhalb der rechnungslegenden Unternehmung stehen. Ihre Struktur ist sehr heterogen und reicht von Anteilseignern einer Publikumsgesellschaft über Gläubiger, →Banken, Finanzverwaltung bis zur interessierten Öffentlichkeit und den Mitarbeitern des Unternehmens. Entsprechend dieser Spannweite sind auch die Informationsinteressen sehr heterogen. Darüber hinaus besteht ein Interessenkonflikt zwischen rechnungslegender Unternehmung und externem Informationsadressat. Um eine einseitige Lösung des Konflikts zu verhindern, hat der Gesetzgeber durch kodifiziertes Recht Art und Weise der zur Verfügung zu stellenden (zu publizierenden) Informationen (protokollarische Informationen und aufbereitete Informationen) meist als Mindestanforderungen normiert.

Die Informationsinteressen der *Gläubiger* finden so vor allem ihren Niederschlag im Dritten Buch des →HGB als *lex generalis*. Als wesentliche Informations- und Rechnungslegungsinstrumente werden eine → Gewinn- und Verlustrechnung (GuV) und eine →Bilanz sowie →Anhang und Lagebericht normiert. Die GuV weist aufbauend auf eine ordnungsgemäße Buchführung als Zeit-Raum-Rechnung sämtliche Aufwendungen (→ Aufwand) und →Erträge eines Abrechnungszeitraums sowie als Saldo den → Gewinn bzw. Verlust aus. Die Bilanz weist als Zeit-Punkt-Rechnung (Status),

aufbauend auf eine →*Inventur,* sämtliche Vermögensgegenstände und Schulden sowie das → Eigenkapital zum Bilanzstichtag aus. Dabei erfolgt die Bewertung der Aktiva und Passiva in der →Bilanzierung und der Aufwendungen und Erträge in der Gewinn- und Verlustrechnung generell unter Berücksichtigung des *Gläubigerschutzgedankens.* Der → Kaufmann bzw. die rechnungslegende Unternehmung soll sich durch ihre Informationen eher zu arm als zu reich darstellen (→ Vorsichtsprinzip). Konkretisiert findet sich der Gläubigerschutzgedanke in verschiedenen, die →Handelsbilanz kennzeichnenden Bewertungsprinzipien. Im Wesentlichen sind hier zu nennen das
- →*Realisationsprinzip*
- →*Anschaffungswertprinzip*
- →*Imparitätsprinzip*
- →*Niederstwertprinzip*
- →*Nominalwertprinzip.*

Neben den Normierungen des HGB als lex generalis finden sich in verschiedenen Spezialgesetzen Normen über Art und Inhalt der Rechnungslegung bestimmter Unternehmensformen bzw. für bestimmte Informationsadressaten. Im *AktG* als *lex specialis* für Unternehmungen in der Form der →AG wird der Gläubigerschutzgedanke durch einige Regelungen relativiert, die den Interessen der Anteilseigner auf Mindestverzinsung des eingesetzten →Kapitals Rechnung tragen. Sowohl HGB als auch AktG beinhalten neben sehr detaillierten und eindeutigen Mussvorschriften eine Vielzahl von Wertansatz-, Bewertungs- und Methodenwahlrechten, die der rechnungslegenden Unternehmung nicht unerhebliche Spielräume für die Informationsgestaltung gewähren. Eine generelle Einschränkung dieser Spielräume erfolgt jedoch durch die →*Grundsätze ordnungsmäßiger Buchführung* (GoB), die als unbestimmter Rechtsbegriff sicherstellen sollen, dass die gewährten Informationen in jedem Fall zweckadäquat sind. Die *Steuergesetze* tragen den besonderen Informationsinteressen der Finanzverwaltung Rechnung. In der →Steuerbilanz und der steuerlichen GuV kommen daher steuerliche Bewertungsprinzipien zum Tragen, die die Ermittlung des „tatsächlichen"

Periodenerfolgs als Basis der Besteuerung zum Ziel haben. Dabei hat die Steuerbilanz grundsätzlich an die Handelsbilanz anzuknüpfen, was insbesondere bei der → Option für bestimmte handelsrechtliche Wertansatz- und Bewertungswahlrechte von Bedeutung ist (*Maßgeblichkeitsprinzip* der Handelsbilanz für die Steuerbilanz). Da viele Unternehmungen der Steuerbilanz zur Ermittlung des steuerbaren Erfolgs größere Bedeutung als der Handelsbilanz beimessen, werden im Rahmen der Wahlrechte die Wertansätze unter steuerlichen Gesichtspunkten getroffen und diese Wertansätze in der Handelsbilanz übernommen (*umgekehrtes Maßgeblichkeitsprinzip*). Handels- und steuerrechtliche Jahresabschlüsse sind gleichzeitig die wesentlichen Instrumente, um *Banken* über die *Verschuldungsfähigkeit* bzw. die *Schuldentilgungsfähigkeit* eines Unternehmens zu informieren. Darüber hinaus werden diese Institutionen je nach den besonderen Geschäftsbedingungen (Kredithöhe, →Bonität, Risiko usw.) regelmäßig zusätzliche nicht normierte unternehmensinterne Informationen wie z.B. Planbilanzen, Projektkalkulationen u.ä., zugänglich gemacht. Andere externe Informationsadressaten sind im Wesentlichen darauf angewiesen, sich anhand des handelsrechtlichen Jahresabschlusses über die rechnungslegende Unternehmung zu informieren.

2. *Interne Informationsadressaten* des betrieblichen R. sind Personen bzw. Personengruppen, die Abrechnungs- und/od. Steuerungsfunktionen innerhalb einer Unternehmung wahrnehmen, deren Erfüllung ein quantifiziertes Abbild der betrieblichen Aktivitäten durch geeignete protokollarische, aufbereitete, prognostische und strategische Informationen voraussetzen. Namentlich sind dies vor allem Personen bzw. Organe, die mit der Unternehmensführung betraut sind. Sie sollen sich mittels des internen R. einen Eindruck darüber verschaffen können, inwieweit letztendlich durch ihre eigenen verantwortlichen Entscheidungen die Unternehmensziele realisiert werden. Dabei haben die extern orientierten Informationen auch für die Unternehmensführung eine vergangenheitsbezogene

Dokumentations-, Abrechnungs- und Nachweisfunktion. Darüber hinaus sind sie vor allem Basis der Gewinnverwendungs- und Verlustdeckungsentscheidung.

Als Basis für in die Zukunft gerichtete Sachentscheidungen ist das unter Berücksichtigung von handels- und steuerrechtlichen Bewertungsprinzipien gewonnene abstrakte Abbild der unternehmerischen Aktivitäten jedoch nur bedingt geeignet. Dies führt regelmäßig dazu, dass die für interne Informationszwecke aufbereiteten Informationen mittels anderer rechnungstechnischer Syntax erfolgt. Dabei ist typisch, dass die Unternehmung bei der Art und Weise der Verdichtung, Modifikation und Umformung der protokollarischen Informationen zu internen Abrechnungszwecken völlig frei ist. Dennoch haben sich typische Formen der Aufbereitung der internen Informationen herausgebildet. Dies ist vor allem die →Kostenrechnung (→ Kostenarten-, →Kostenstellen-, →Kostenträgerstückrechnung) in den Varianten der →*Vollkostenrechnung* unter Zugrundelegung von →*Plan-* und *Istkosten* sowie der verschiedenen *Teilkostenrechnungssysteme* (→ *Direct Costing*, → *Deckungsbeitragsrechnung* usw.). Dabei wird unter der Zielsetzung der Kontrolle der →Wirtschaftlichkeit das handelsrechtliche Anschaffungswertprinzip häufig durch das Wiederbeschaffungswertprinzip substituiert. Darüber hinaus erfährt die ebenfalls primär ex post orientierte Kostenrechnung im Rahmen des Ausbaus zum → Controlling eine deutlich zukunftsorientierte Komponente. Durch das Controlling werden auch prognostische und strategische Informationen zu Steuerzwecken erarbeitet und den Entscheidungsgremien zur Verfügung gestellt. → Budgets und Mehrjahresplanungen gewähren Informationen über die wirtschaftlichen Konsequenzen beabsichtigter, zukünftiger Sachentscheidungen. Gleichzeitig dienen diese Instrumentarien als Basis einer periodischen *Soll-Ist-Abweichung* mit dem Ziel, bei Abweichungen rechtzeitig Korrekturen zur Zielerreichung ergreifen zu können. Diese Entwicklung zum zukunftsorientierten Controlling wird häufig begleitet

durch eine Entwicklung zum integrierten Rechnungswesen mit Unterstützung durch die →elektronische Datenverarbeitung.
Darüber hinaus werden durch das interne R. regelmäßig besondere Informationen wie z.b. →*Investitionsrechnungen* als Entscheidungsgrundlage für die Anschaffung von langlebigen →Produktionsgütern zur Verfügung gestellt. Weiterhin sind die Informationen des internen R. häufig Basis für die Steuerung und Kontrolle einzelner Unternehmensbereiche sowie für Personal- und Organisationsentscheidungen der Unternehmensführung.
Literatur: *N. Szyperski*, Einige aktuelle Fragestellungen zur Theorie der Unternehmungsrechnung, in: BFuP, Jg. 16, 1964, S. 270-282. *K. H. Weber*, Betriebswirtschaftliches Rechnungswesen. München 1974. *J. Schöttler/ R. Spulak*, Technik des betrieblichen Rechnungswesens. 4. A., München-Wien 1988.
Dr. J. Schöttler, Eschborn

Rechteckverteilung
⇒*Gleichverteilung*
⇒Uniformverteilung.

Rechtsform
diejenigen rechtlichen Regelungen, die einen Betrieb über seine Eigenschaft als Wirtschaftseinheit hinaus auch zu einer rechtlich fassbaren Einheit machen.
Übersicht der Rechtsformen der Betriebe:
I. Privatrechtliche Formen
1. Einzelunternehmungen
2. Personengesellschaften
  a. Gesellschaft des bürgerlichen Rechts (BGB-Gesellschaft)
  b. Offene Handelsgesellschaft (→ OHG)
  c. →Kommanditgesellschaft (KG)
  d. →Stille Gesellschaft
3. Kapitalgesellschaften
  a. →Aktiengesellschaft (AG)
  b. →Gesellschaft mit beschränkter Haftung (GmbH)
  c. →Bergrechtliche Gewerkschaft
4. Mischformen
  a. →Kommanditgesellschaft auf Aktien (KGaA)
  b. AG & Co. KG; GmbH & Co. KG
  c. Doppelgesellschaft

5. →Genossenschaften
6. Versicherungsvereine auf Gegenseitigkeit (VV aG)
II. Öffentlich-rechtliche Formen
1. ohne eigene Rechtspersönlichkeit
  a. →Regiebetriebe
  b. Eigenbetriebe
  c. Sondervermögen
2. mit eigener Rechtspersönlichkeit
  a. öffentlich-rechtliche Körperschaften
  b. Anstalten
  c. Stiftungen.

Rechtsstaat
I. GGs. zum totalitären Staat findet der liberale Staat seine Ausprägung im R. Der liberale Staat beschränkt sich auf die Abwehr innerer und äußerer Gefahren und räumt den Menschen- und Freiheitsrechten den Vorrang ein. Der R. hat die Staatsgewalt an die Verfassung, insbesondere an die Grundrechte des Individuums (Menschenrechte) gebunden. Dem staatlichen Machtbereich, in dem die Gewalten getrennt sind, sind hierdurch Schranken gesetzt. Den R. kennzeichnet die Bindung der Verwaltung und der Justiz an Recht und Gesetz, und die Bindung der Gesetzgebung an die Verfassung. Alle staatlichen Handlungen müssen sich auf ein formelles Gesetz zurückführen lassen. Weitere Merkmale sind Rechtsgleichheit und Rechtsschutz des Einzelnen durch unabhängige Richter.

recognition lag
⇒Diagnoselag
→lag.

recourse-Factoring
⇒unechtes Factoring
→Factoring.

Recycling
Rückgewinnung nicht verbrauchter Roh- und Hilfsstoffe aus Abfällen.

Rediskontkontingente
Höchstbetrag für die Rediskontierung; das ist der Weiterverkauf von →Wechseln, die bereits durch eine →Bank diskontiert wurden, an die →Zentralbank. Der →Zentralbankrat der →Deutschen Bundesbank legt differenzierte Norm-

kontingente fest. Diese orientieren sich u.a. an den haftenden Mitteln wie an der Bilanzstruktur der Banken. Die Individualkontingente werden von der für die einzelne Bank zuständigen Stelle der Bundesbank festgelegt. Höhe und Berechnungsverfahren werden nicht bekannt gegeben. Das betreffende Individualkontingent wird lediglich der betreffenden Bank mitgeteilt.
Eine Veränderung der R. ändert die Refinanzierungsmöglichkeiten der jeweiligen Bank, damit ihre →Liquidität und Kreditvergabemöglichkeiten (→Kredit).

Redistribution
⇒*Einkommensumverteilung*
⇒sekundäre Einkommensverteilung.

redistributive Besteuerung
Wird das durch den →Markt zustande gekommene Verteilungsergebnis als unbefriedigend erachtet, kann der Staat versuchen, durch eine Umverteilung mittels Steuererhebung und anschließender Transferzahlung (→Transfer) eine „gerechtere" → Einkommensverteilung zu erreichen. Als Besteuerungsmittel kommt dafür eine über das Prinzip des relativ gleichen Opfers (→Opfertheorie) hinausgehende Progressionsgestaltung des Einkommensteuertarifes in Betracht (→Einkommensteuer).
Die r. ist zweifach umstritten. Einmal wird die negative Wirkung auf die Leistungsmotivation hervorgehoben, die im Ergebnis das umzuverteilende → Einkommen verringert. Zum anderen bleibt unklar, wer und wie Ausmaß und Grad einer ungerechten Einkommensverteilung, die es zu korrigieren gilt, bestimmen soll bzw. bestimmt werden kann.

Reederei
besteht, wenn mehrere Personen (sog. Mitreeder) ein ihnen gemeinschaftlich gehörendes Schiff für gemeinschaftliche Rechnung zum Erwerb durch Seefahrt verwenden (§ 489 HGB). Der Anteil eines Mitreeders am Schiff wird Schiffspart genannt, daher auch die Bezeichnung für R. als Parten-R. Die R. ist eine besondere Form der Gesellschaft (→ Rechtsform), die in § 489-509 HGB geregelt ist. In der Binnenschifffahrt ist R. eine häufige Be-

zeichnung für ein Schifffahrtsunternehmen, das vom Lande aus geleitete Transporte gewerbsmäßig übernimmt und mit eigenem od. fremden Schiffsraum unter Verwendung eigener od. fremder Schleppkraft durchführt.

Reengineering
„Systematisches Überarbeiten" und die Neuorganisation von Unternehmen und Unternehmenseinheiten von Grund auf, und zwar völlig unabhängig von der bestehenden Organisation.
Fundamentales Überdenken und radikales Redesign von Unternehmen oder wesentlicher Unternehmensprozesse unter Einsatz moderner Informationstechnik.
Das Resultat sind Verbesserungen in den Bereichen Kosten, Qualität, Service und Zeit. Die These von Hammer / Champy muss freilich erst noch empirisch überprüft werden. Es fehlt bisher zudem an einer letzten Anweisung zur inhaltlichen Gestaltung von R.

REFA
Abk. für: Reichsausschuss für Arbeitszeitermittlung.
Er wurde 1924 in Berlin gegründet. Anfang lag der Schwerpunkt bei Arbeitszeitstudien, danach bei Arbeitsbewertung und Arbeitsgestaltung. Seine Mittel sind Tagungen, Lehrgänge und Schrifttum. Heute bildet er zusammen mit dem RKW (Rationalisierungskomitee der Wirtschaft) einen Hauptträger der Förderung von Rationalisierungsbemühungen im Bereich industrieller Fertigungsbetriebe.

Refinanzierung
Fremdkapitalaufnahme (→ Fremdkapital) durch Kreditgeber (insbesondere → Banken), um Mittel für die eigene Kreditgewährung (→Kredit) zur Verfügung zu haben. Die häufigste Form der R. ist die der →Geschäftsbanken bei der →Zentralbank durch Rediskontierung von → Wechseln (→Diskontpolitik), durch Aufnahme von → Lombardkrediten und durch Verkauf von Offenmarktpapieren (→ Offenmarktpolitik). Die Bedeutung der R. ist in erster Linie in ihrer liquiditätserhöhenden Wirkung (→Liquidität) zu sehen, kann aber auch aus Gründen

der Ertragssteigerung vorgenommen werden.

Refinanzierungspolitik
→Diskontpolitik
→Lombardpolitik.

Regiebetrieb
öffentliche Wirtschaftsbetriebe in öffentlich-rechtlicher Gestaltung als Glieder von →Gebietskörperschaften ohne eigene Rechtspersönlichkeit, die administrativ und ökonomisch unselbstständig sind (reine R., „Verwaltungsbetriebe"). Die Form des reinen R. ist heute auf kleine und nichtwirtschaftliche Gemeindebetriebe beschränkt (etwa z.B. ein Schlachthof einer kleinen Gemeinde).

Regionalbanken
I.Ggs. zu Großbanken sind R. solche → Banken, die lediglich regionale Bedeutung haben. Man unterscheidet in R. mit Filialnetz und in filiallose od. filialarme Regionalbanken.

Regionalpolitik
Regionale Wirtschaftspolitik od. regionale →Strukturpolitik ist der *explizit räumlich* ausgerichtete Zweig der allgemeinen Strukturpolitik. Aufbauend auf einer *regionalen* Gliederung der volkswirtschaftlichen Flächen versucht sie, über die Beeinflussung der →Wirtschaftsstruktur - z.B. der Sektoral-, Betriebsgrößen- od. → Infrastruktur - bestimmter Teilgebiete (Fördergebiete) das Regionalgefüge - gemessen anhand der Regionen an wichtigen gesamtwirtschaftlichen Größen - zwecks besserer Durchsetzung gesellschaftlicher und wirtschaftspolitischer Anliegen zu verändern. Hierbei werden vor allem wachstums-, ausgleichs- und sicherungspolitische Zielsetzungen betont.
Da eine Begründung der R. über das sog. →„Marktversagen" i.d.R. große Schwierigkeiten bereitet, bezieht man sich in der Praxis zu ihrer Legitimierung zumeist auf das räumliche Ausgleichsanliegen, gemäß dem der Staat möglichst gleichwertige (Mindest-) Lebensbedingungen in allen Teilgebieten eines Staatswesens zu gewährleisten habe. Die *praktische* R. besitzt darum in starkem Maße Züge ei-

ner *allokativen Verteilungspolitik im Raum.* Mit anderen Worten: Über die gezielte Beeinflussung der räumlichen Produktionsaktivitäten will sie eine als „angemessen" angesehene (Mindest-) Beteiligung der über die Regionen verteilten Einwohner eines Landes an der allgemeinen Einkommens- und Wohlstandsentwicklung - zumeist gemessen am Bundesdurchschnitt - erreichen. Man kann hierbei zwischen einer leitbildorientierten und einer eher ordnungspolitischen (→Ordnungspolitik) Ausgestaltung der R. unterscheiden, wobei in der Praxis die Erstere dominiert.

Die leitbildorientierte R. interveniert - aufbauend auf einer Diagnose der regionalwirtschaftlichen Disparitätensituation und der Analyse zukunfts- und zielrelevanter Entwicklungstrends unter Berücksichtigung der als bekannt vorausgesetzten Ziel-Mittel-Zusammenhänge - zugunsten rückständiger bzw. strukturell gefährdeter Gebiete (sog. Fördergebiete) und stellt eine Spielform quantitativ-interventionistischer Wirtschaftspolitik dar. Man unterscheidet hierbei zwischen einem klassischen und einem neueren räumlichen Disparitätenmuster. Das klassische Disparitätenbild, gemäß dem die verdichteten Gebiete i.d.R. als gut und die peripher gelegenen ländlichen Räume als schlecht entwickelt galten, änderte sich im Verlauf der siebziger Jahre. Gemessen an der Höhe der →Arbeitslosigkeit, traten damals nämlich auch altindustrielle Verdichtungsgebiete (vor allem Montanreviere und Werftenregionen) in den Vordergrund und erfahren daher zunehmend eine regionalpolitische Unterstützung.

Als Ansatzpunkt einer Beeinflussung regionaler Entwicklungsprozesse stehen grundsätzlich die Nachfrage wie auch ausgewählte Angebotsdeterminanten (z.B. die regionale od. örtliche Realkapitalbildung, die Infrastruktur, das Arbeitskräftevolumen, Humankapital (→ human capital) od. der technische Fortschritt) zur Verfügung. Besonderer Beliebtheit erfreut sich bis jetzt die *realkapitalorientierte* R. (Hauptansatzpunkte: gewerbliche Produktivkapitalbildung und Infrastrukturinvestitionen), die man neuerdings um die gezielte Unterstützung von Forschung, Entwicklung und Unternehmensgründungen (sog. innovationsorientierte R.) zu ergänzen versucht. Als Instrumente einer derartigen Strukturpolitik gelangen vor allem finanzielle Anreize (Investitionszulage bzw. Investitionszuschüsse) zum Einsatz. Unter dem Blickwinkel der wirtschaftsstrukturellen Anpassungsprobleme der altindustriellen Problemgebiete rückt neuerdings auch die Beeinflussung der institutionellen Hemmfaktoren, insbesondere der Abbau der flexibilitätsmindernden Wirkung vieler rechtlichen Rahmenbedingungen (vor allem im Bereich des Planungs-, Bau- und Umweltrechts) in den Vordergrund.

Bei der Auswahl der förderungswürdigen Tatbestände nimmt man i.d.R. eine sachliche und räumliche Schwerpunktbildung vor. So beschränkt man unter *sachlichen* Überlegungen die Investitionsanreize auf sog. *Primäraktivitäten*. Gemäß der Exportbasis-Theorie sind dies Produktionsaktivitäten, deren Produktionsergebnis vor allem außerhalb der Regionsgrenzen abgesetzt wird. Bedingt durch den auf eine „Exportsteigerung" zurückzuführenden regionalen Multiplikatorprozess (→ Multiplikatorprinzip), kommt es gemäß diesem Konzept zu einer intraregionalen Nachfrageausweitung, die vor allem eine Expansion des regionsinternen Dienstleistungssektors (Sekundäraktivitäten) zur Folge hat.

Die räumliche Schwerpunktbildung führt zum *Schwerpunktorteprinzip*. Es baut auf der Theorie der zentralen Orte, der Wachstumspolitik sowie der Agglomerationsforschung auf und sieht - neben der Lage und der Ressourcenausstattung - vor allem in der Siedlungsstruktur (definiert über die Einwohnerdichte und die Zentrengröße) eine wichtige Größe zur Erklärung regionaler Wachstumsvorgänge. Danach wirkt eine Investitionstätigkeit in regionaler Hinsicht vor allem dann wachstumsverstärkend, wenn sie räumlich konzentriert stattfindet. Aus diesem Grund nimmt man i.d.R. eine räumliche Differenzierung der Fördersätze vor, wobei den Schwerpunktorten besonders günstige Förderungsmög-

lichkeiten eingeräumt werden.

Seit der GG-änderung (Art. 91a GG) des Jahres 1969 sowie dem im Jahre 1970 in Kraft getretenen Gesetz über die *Gemeinschaftsaufgabe* „Verbesserung der regionalen Wirtschaftsstruktur" (GRW) vom 6. Oktober 1969 fällt die R. in die gemeinsame Verantwortung von Bund und Ländern (Bund-Länder-Kooperation od. vertikale Politikverflechtung). Damit fand eine verfassungsrechtliche Absicherung der auf diesem Gebiet bereits seit langer Zeit verbreiteten Mischfinanzierung und Kompetenzverschränkung statt. Ein *Planungsausschuss* stellt die für die Erfüllung der Gemeinschaftsaufgabe entscheidenden, Bund und Länder verpflichtenden und jährlich an die aktuelle Entwicklung anzupassenden Rahmenpläne auf. Diesem Planungsausschuss gehören der Bundesminister für Wirtschaft als Vorsitzender sowie der Bundesminister der Finanzen und die Länderwirtschaftsminister und -senatoren an. Entscheidungen werden mit Drei-Viertel-Mehrheit (bei 11 Länder- und 11 Bundesstimmen) gefällt.

Der erste Rahmenplan trat am 1.1.1972 in Kraft und baute noch weitgehend auf dem alten System der Regionalen Aktionsprogramme auf. Eine umfassende Neuabgrenzung der Fördergebiete und -instrumente nahm man im 4. Rahmenplan (1975) vor, eine weitere größere Korrektur erfolgte im 10. Rahmenplan (1981). Der 14. Rahmenplan (1985) erweiterte den Bereich der Primäraktivitäten, differenzierte die Realkapitalförderung nach dem Kriterium der Einkommenswertigkeit und bemühte sich um eine stärkere Innovationsorientierung. Eine umfassende Neuabgrenzung der Fördergebiete wird auch für künftige Rahmenpläne erwartet. Aufgrund der Regelförderung sowie der Sonderprogramme (etwa für die Stahlstandorte od. Werftenregionen) befinden sich gegenwärtig etwa 35 v.H. der Bevölkerung der BRD im Bereich der Förderung.

Hinzu tritt neuerdings ein regionalpolitischer Kompetenzanspruch der →Europäischen Gemeinschaft. Hierbei beruft sich die EG-Kommission einmal auf das im EWG-Vertrag geregelte Beihilfeaufsichtsverfahren und zum anderen auf die am 1.1.1985 in Kraft getretene Verordnung Nr. 1787/84 des Rates betreffend den Europäischen Fonds für regionale Entwicklung (EFRE). Im Rahmen der Beihilfeaufsichtsverfahren prüft die → Kommission vor allem, ob die auf nationaler Ebene beobachteten interregionalen Disparitäten die Gewährung von Fördermaßnahmen überhaupt rechtfertigen od. als nicht zulässige Wettbewerbsverfälschung angesehen werden müssen. Gegen die Wirtschaftsförderungsprogramme mehrerer Bundesländer wurden Verfahren eingeleitet.

Neuerdings mehrt sich die Kritik an der Institution der Gemeinschaftsaufgabe. So verweist man auf eine ökonomisch nicht gerechtfertigte Überzentralisierung, problematische Unitarisierungstendenzen, die zunehmende Inflexibilität, die Förderungsinflationierung, die abnehmende Ordnungsfunktion sowie die Gefahr der Politiksegmentierung. Ein ordnungspolitisch interessanter Vorschlag der Neugestaltung der R. läuft auf ein System konkurrierender Regionen bei Neugestaltung des → Finanzausgleichs und Schaffung eines einheitlichen Wettbewerbsrahmens hinaus.

Literatur: *D. Fürst/ P. Klemmer/ K. Zimmermann*, Regionale Wirtschaftspolitik. Tübingen-Düsseldorf 1976. *C. Noé*, Regionale Wirtschaftspolitik, in: Akademie für Raumforschung und Landesplanung (Hrsg.), Grundriss der Raumordnung. Hannover 1982, S. 496ff. *Sachverständigenrat zur Begutachtung der gesamtwirtschaftlichen Entwicklung*, Chancen für einen langen Aufschwung. Jahresgutachten 1984/ 85, Stuttgart-Mainz 1984, S. 199ff.

Prof. Dr. P. Klemmer, Bochum

Regressand
→Regressionsanalyse.

Regressionsanalyse
fasst Verfahren zusammen, die sich mit der Untersuchung von Zusammenhängen, stochastischen Abhängigkeiten zwischen Variablen befassen, wobei i.Ggs. zur →Korrelationsanalyse die betrachteten Größen unterschiedlich aufgefasst und behandelt werden: Zu klären ist für eine Größe, welche Einflussfaktoren auf

sie einwirken und welcher Art dieser Einfluss ist.

Folgendes einfache Beispiel verdeutlicht die anstehende Fragestellung: Es bezeichne C die Konsumausgaben eines Haushalts und Y das verfügbare →Einkommen. Man wird erwarten, dass die Konsumausgaben wesentlich vom verfügbaren Einkommen abhängen. Trifft diese Erwartung in voller Strenge zu, so liegt ein funktionaler Zusammenhang der Gestalt

(1) $C = g(Y)$ vor, wobei die Funktion g i.Allg. nicht bekannt ist. Zur Klärung der genannten Fragen geht man so vor, dass man für die als relevant erachteten Größen Beobachtungen sammelt. Im Beispiel erhält man so etwa T Datensätze (C_1, Y_1), ..., (C_T, Y_T), u.zw. in Form von Zeitreihendaten od. Querschnittsdaten oder in Form einer Mischung dieser Datentypen. Die Auswertung zeigt dann in aller Regel, dass ein strenger funktionaler Zusammenhang der Art (1) nicht besteht. Zwar kann man leicht Funktionen g mit der Eigenschaft

(2) $C_t = g(Y_t)$, $t = 1$, ..., T, ermitteln, jedoch trifft (2) nicht für alle möglichen Wertepaare (Y', C') zu, wie es die Beziehung (1) verlangt. Auch bei Berücksichtigung weiterer Einflussgrößen ergibt sich - abgesehen von Extremfällen - die gleiche Situation wie zuvor, dass nämlich ein strenger funktionaler Zusammenhang nicht unterstellt werden kann. Dies lässt sich dadurch erklären, dass neben den explizit berücksichtigten Größen, denen eine *systematische* Wirkung auf die Konsumausgaben zukommt, noch weitere Einflussfaktoren vorhanden sind. Diese üben zwar einzeln keine erkennbare, systematische Wirkung aus, sie überlagern sich jedoch und bewirken insgesamt irreguläre Abweichungen von einem strengen funktionalen Zusammenhang. Solche Abweichungen sind hier auch insofern zu erwarten, als im Beispiel menschliches Verhalten erfasst werden soll, also Verhaltensweisen, die nicht allein durch rationale Überlegungen bestimmt sind. Entsprechend dieser Deutung, die natürlich nicht nur für das Beispiel gültig ist,

geht man von folgendem Konzept zur Erfassung des interessierenden Zusammenhangs aus: Man setzt die zu klärende Größe als Funktion der als wesentlich erachteten Einflussfaktoren zuzüglich einer additiven zufälligen Störgröße an. Man erhält also den Ansatz

(3) $y = g(x_1, ..., x_n) + u$,

darin bezeichnet y die zu erklärende Größe, $x_1, ..., x_n$ die systematischen Einflussfaktoren von y, u die zufällige Störgröße. In dieser Aufspaltung nennt man die systematische Komponente $g(x_1, ..., x_n)$ *Regressionsfunktion* und die irreguläre Komponente u →*latente (Stör-) Variable*, da u nach Annahme nicht beobachtet werden kann.

Ziel der R. ist die Ermittlung der Regressionsfunktion im Sinne einer Schätzung, die als Näherung für die nicht bekannte Regressionsfunktion brauchbar ist. Denn die Bestimmung der wahren Funktion ist nicht möglich. Die Schätzung erfolgt im Rahmen eines →Modells, d.h. es ist ein Satz von Annahmen zu formulieren, die (3) dann auch erst zu einem sinnvollen, identifizierbaren Ansatz machen.

Im klassischen *multiplen linearen Regressionsmodell* (auch: *Modell der linearen Mehrfachregression*) unterstellt man für die Regressionsfunktion die mathematisch einfachste Gestalt, nämlich eine lineare Funktion. Das Modell hat folgendes Aussehen (der Zählindex für die Beobachtungen wird der Einfachheit halber als Zeitindex interpretiert):

Zwischen den Größen y, $x_1, ..., x_n$, u besteht ein linearer Zusammenhang, der zu den Zeitpunkten t = 1, ..., T beobachtet werden kann, es gilt:

(A1) $y = \beta_0 + \beta_1 x_{t1} + ... + \beta_n x_{tn} + u_t$,
    t = 1, ..., T.

(A2) Die Beobachtungen x_{tk} , t = 1, ..., T, k = 1, ..., n sind exogen bestimmte, deterministische Größen.

(A3) Der Rang der Beobachtungsmatrix

$$X = \begin{bmatrix} 1 & x_{11} & ... & x_{1n} \\ 1 & x_{21} & ... & x_{2n} \\ ... & ... & ... & ... \\ 1 & x_{T1} & ... & x_{Tn} \end{bmatrix} \text{ ist n+1.}$$

(A4) $E(u_t) = 0$, t = 1, ..., T, $Var(u_t) = \sigma^2$, t = 1, ..., T (*Homoskedastie*), $cov(u_t, u_{t'}) = 0$ für t ≠ t′ (*keine → Autokorrelation*).

(A5) $u_1, ..., u_T$ sind normal verteilt.

Bezeichnungen:

y_t :   →*endogene/ abhängige/ zu erklärende Variable, Regressand*

x_{tk} :   →*exogene/ prädeterminierte/ erklärende Variable, Regressoren*

u_t :   *Stör-, Rest-, latente Variable*

β_0 :   *Absolutglied* (nicht bekannte reelle Zahl)

$\beta_1, ..., \beta_n$: *Regressionskoeffizienten* (nicht bekannte reelle Zahl).

Die Annahmen stellen Restriktionen von unterschiedlicher Stärke dar. So ist die Annahme eines linearen Zusammenhangs sehr restriktiv, bei Anwendungen ist zu prüfen, ob die Annahme jedenfalls als Näherung brauchbar od. evtl. durch eine Variablentransformation erreichbar ist. Die Annahme (A2) bedeutet ebenfalls eine gewichtige Einschränkung, sie ist beispielsweise verletzt, wenn als Regressoren auch verzögerte Variablen des Regressanden herangezogen werden. Unterstellt man im Eingangsbeispiel die sog. →Habit-Persistence-Hypothese, so erhält man im linearen Fall $C_1 = \beta_0 + \beta_1 Y_t + \beta_2 C_{t-1} + u_t$, t = 1, ..., T, und (A2) gilt nicht.

Die Rangbedingung (A3) besagt anschaulich, dass die Beobachtungen der Regressoren genügend breit variieren müssen. Im Fall der einfachen linearen Regression (n = 1) dürfen z.B. nicht alle Werte x_{t1} übereinstimmen. Bei Anwendungen können Schwierigkeiten auftreten, wenn (A3) zwar erfüllt ist, die Beobachtungen jedoch starke Bindungen aufweisen (*Problem der →Multikollinearität*). Die Annahmen (A4) und (A5) kennzeichnen die stochastischen Eigenschaften des Modells. Sie sind für die nicht beobachtbaren Störvariablen formuliert, mittels der Regressionsbeziehung (A1) können sie jedoch auch als Forderungen an die beobachtbaren, abhängigen Variablen y_t dargestellt werden. Die Forderungen in

(A4) über die Existenz und das Aussehen von Erwartungswerten, →Varianzen und Kovarianzen der Störvariablen werden zur Analyse der Eigenschaften der Modellschätzung benötigt, während die Normalverteilungsannahme (A5) zur Konstruktion von Tests und Bereichsschätzungen (→induktive Statistik) dient. Unter den Annahmen sind die Homoskedastie (Gleichheit der Varianzen) und die Unkorreliertheit der Störvariablen bei Anwendungen als problematisch zu beurteilen und bedürfen der Kontrolle. Für die Schätzung der nicht bekannten Regressionskoeffizienten und der Varianz der Störvariablen wird im klassischen Modell zumeist die sog. *Kleinst-Quadrate-Methode* (kurz: KQ-Methode) verwendet, dieser liegt die folgende Idee zugrunde: Man bestimme die Regressionsfunktion g so, dass die Summe D der quadrierten Abstände der Beobachtungspunkte $(x_{t1},$

..., x_{tn}, y_t)von den zugehörigen Punkten $(x_{t1}, ..., x_{tn}, g(x_{t1}, ..., x_{tn}))$ minimal wird.

Im linearen Fall hat man demnach die Funktion

$$(4)\, D(\beta_0, ..., \beta_n) = \sum(y_t - \beta_0 - \beta_1 x_{t1} - ...$$
$$- \beta_n x_{tn})^2$$

zu minimieren. Zur Lösung dieser Minimierungsaufgabe setzt man die ersten partiellen Ableitungen von D gleich Null:

$$(5)\, \frac{\partial D(\beta_0, ..., \beta_n)}{\partial \beta_k} = 0, k = 0, 1, ..., n.$$

Das resultierende Gleichungssystem ist linear in den β_k und kann umformuliert werden zu den sog. *Normalgleichungen*

$$(6)\, \beta_0 T + \beta_1 \sum x_{t1} + ... + \beta_n \sum x_{tn} = \sum y_t$$

$$\vdots$$
$$\vdots$$

$$\beta_0 \sum x_{tn} + \beta_1 \sum x_{t1} x_{tn} + ... + \beta_n \sum x_{tn}^2$$

$$= \sum x_{tn} y_t .$$

Dieses Gleichungssystem besitzt wg. (A3) genau eine Lösung $(\hat{\beta}_0, ..., \hat{\beta}_n)$,

dies ist die gesuchte Minimalstelle von D. Man nennt $\hat{\beta}_k$ den *KQ-Schätzer* für β_k, k = 0, ..., n.

$$(7)\, \hat{\beta}_1 = \frac{\left(T \sum x_{t1} y_t - \sum y_t \sum x_{t1}\right)}{\left(T \sum x_{t1}^2 - \left(\sum x_{t1}\right)^2\right)}$$

$$\hat{\beta}_0 = \frac{1}{T} \sum y_t - \hat{\beta}_1 \frac{1}{T} \sum x_{t1} .$$

Eine formelmäßige Darstellung der $\hat{\beta}_k$ ist für eine größere n nur noch in Matrixdarstellung übersichtlich.

Mittels der KQ-Schätzer ergeben sich als Schätzung für die Regressionsfunktion

$$(8)\, y = \hat{\beta}_0 + \hat{\beta}_1 x_1 + ... + \hat{\beta}_n x_n$$

und durch Einsetzen der x_{tk} in (8) die geschätzten Regressionswerte $\hat{y}_t$. Die Differenz zwischen einem beobachteten und dem geschätzten Wert bezeichnet man als *Residuum*:

$$(9)\, \hat{u}_t = y_t - \hat{y}_t, t = 1, ..., T.$$

Die Residuen lassen sich als Schätzung für die nicht beobachtbaren Störvariablen auffassen, durch

$$(10)\, \hat{\sigma}^2 = \frac{1}{T - n - 1} \sum \hat{u}_t^2 \text{ ist ein erwar-}$$

tungstreuer Schätzer (→induktive Statistik) für σ^2 gegeben.

Die Benutzung der KQ-Schätzung rechtfertigt sich mit ihren Optimalitätseigenschaften. Zur Beurteilung einer guten Schätzers für die Regressionskoeffizienten β_k betrachtet man den Schätzfehler $\hat{\beta}_k - \beta_k$ sowie den quadratischen Schätzfehler $(\hat{\beta}_k - \beta_k)^2$. Der KQ-Schätzer $\hat{\beta}_k$ ist *erwartungstreu*, d.h. $E(\hat{\beta}_k - \beta_k) = 0$, k = 0, ..., n. Der KQ-Schätzer $\hat{\beta}_k$ ist *linear in den* y_t, und das *Gauß-Markoff-Theorem* besagt, dass er unter allen linearen, erwartungstreuen Schätzern für β_k den kleinsten *mittleren quadratischen* Fehler besitzt, d.h. es ist $E(\hat{\beta}_k - \beta_k)^2 \leq E(\tilde{\beta}_k - \beta_k)^2$ für jeden Schätzer $\tilde{\beta}_k$ des genannten Typs; ist obendrein die Normalverteilungsannahme (A5) erfüllt, so kann die Beschränkung auf lineare Schätzer fallen gelassen werden.

Mittels statistischer Tests können →Hypothesen über die Regressionskoeffizienten geprüft werden. Routinemäßig prüft man z.B. die Hypothesen H_0 : $\beta_k = 0$ (keine Abhängigkeit vom k-ten Regressor) gegen H_1 : $\beta_k \neq 0$, aber auch z.B. H_0 :

$\beta_0 = ... = \beta_n = 0$ (die Regressoren besitzen keinen Erklärungswert) gegen H_1 :

H_0 falsch. Ebenso können Hypothesen über lineare Zusammenhänge zwischen den Koeffizienten od. über Änderungen der Koeffizienten im Beobachtungszeitraum (Test auf *Strukturbruch*) geprüft werden. Die dazu verwendeten Tests besitzen alle die Eigenschaft, dass eine irrtümliche Ablehnung der → Nullhypothese H_0 höchsten mit einer vorgegebenen Wahrscheinlichkeit α erfolgt, dem sog. → *Signifikanzniveau*. Für kleinere Werte von α, üblich sind z.B. $\alpha = 0,05$, $\alpha = 0,01$ o.Ä., spricht man bei einer Ablehnung von H_0 von einem *signifikanten* Gegensatz zwischen Beobachtungen zwischen Beobachtungen und Nullhypothese, z.B. bei Ablehnung von H_0 : $\beta_k = 0$ wird β_k als signifikant verschieden von Null bezeichnet.

Im Hinblick auf Anwendungen ist das klassische lineare multiple Regressionsmodell insofern attraktiv, als die Schätzung relativ leicht zu bewerkstelligen ist und die Schätzer wünschenswerte Eigenschaften besitzen. Falls jedoch ernstere Zweifel an seiner Anwendbarkeit bestehen, müssen Erweiterungen des Modells betrachtet werden. Dies ist insbesondere der Fall, wenn zur Erklärung einer abhängigen Variablen neben unabhängigen Größen weitere Variablen herangezogen werden müssen, die untereinander Abhängigkeiten aufweisen (Situationen dieser Art treten bereits bei einfachen Marktgleichgewichtsmodellen (→Gleichgewicht) in Form einer Angebots-, einer Nachfragefunktion nebst einer →Gleichgewichtsbedingung auf). Statt einer sind zugleich mehrere abhängige Variable zu betrachten, statt einer Gleichung hat man zu jedem Zeitpunkt mehrere Gleichungen zu betrachten. Man bezeichnet diese Ansätze deshalb als *Mehrgleichungsmodelle* oder auch als *interdependente Systeme*. Die relevanten ökonometrischen Modelle, die seit den späten dreißiger Jahren für viele Staaten und Wirtschaftsregionen aufgebaut wurden, sind von diesem Typ.

Literatur: *P. J. Dhrymes*, Introductory Econometrics. New York-Heidelberg-Berlin 1978. *H. Schneeweiß*, Ökonometrie. Würzburg-Wien 1990. *A. Sen/ M. Srivastava*, Regression Analysis. Theory, Methods and Applications. New York-Heidelberg-Berlin 1990.

Prof. Dr. B. Goldstein, Siegen †

Regressionskoeffizient
→Regressionsanalyse.

Regressor
→Regressionsanalyse.

Regulation Q
Vorschriften des →Federal Reserve System für US-Banken in den 50er Jahren mit Höchstzinssätzen für Termin- und Spareinlagen (→Einlagen) mit der Folge, dass ausländische → Banken und → Nichtbanken ihre Dollar-Guthaben nicht in den USA hielten, sondern auf internationalen Finanzmärkten anboten. Die R. war ein wesentlicher Anstoß zur Schaffung des →Eurodollar-Marktes.

regulierende Prinzipien
nach Auffassung des →Ordoliberalismus die für die Erhaltung einer funktionsfähigen Wettbewerbsordnung (→ Wettbewerb) notwendigen Prinzipien: 1. aktive Monopol- und Oligopolpolitik (→Marktformen), 2. →Einkommens- und →Konjunkturpolitik, die funktionale Schwächen der →Marktwirtschaft korrigieren sollen, 3. →Sozialpolitik. S. auch →konstituierende Prinzipien.

Regulierung
kennzeichnet externe branchenspezifische Eingriffe in die Gewerbe- und Vertragsfreiheit (→ Gewerbepolitik, 2.), durch die abweichend von den allgemeingültigen Ordnungsprinzipien sek-

torale → Ausnahmebereiche festgelegt werden. Als eine externe Kontrolle ist die R. von der internen Kontrolle der →Mitbestimmung und als direkter Eingriff in einen Markt von einer staatlichen Produktion zu unterscheiden. Die R. ist eine sektorale Meso-Ordnungspolitik und von der →Prozesspolitik, der →Strukturpolitik und anderen Bereichen der →Ordnungspolitik abzugrenzen: In der Mikro-Ordnungspolitik werden die generellen Prinzipien des Wettbewerbs, der Gewerbefreiheit, der Konsumfreiheit und der freien Berufs- und Arbeitsplatzwahl gesetzt (vgl. BGB, →HGB, →GWB). In der Makro-Ordnungspolitik werden allgemeine Rahmenbedingungen geschaffen (vgl. →Währungsordnung, →Finanzverfassung, →Globalsteuerung).

Regulierung öffentlicher Preise
Anweisung staatlicher Aufsichtsbehörden an öffentliche Unternehmen, dass die →Preise trotz Verfolgung eigener Unternehmensziele bestimmten wirtschaftspolitischen Vorstellungen entsprechen.

Reichsabgabenordnung (RAO)
die Grundlage des allgemeinen →Steuerrechts, die durch die →Abgabenordnung 1977 ersetzt wurde. Die RAO stammte aus dem Jahr 1919 in der spät. F. vom 22.5.1931 (RGBl. I 161) mit vielen späteren Änderungen.

Reichshaushaltsordnung (RHO)
vom 31.12.1922 (RGBl. 1923 II 17), die weitgehend von der →Bundeshaushaltsordnung (BHO) vom 19.8.1969 (BGBl. I 1284) abgelöst wurde, aber z.T. noch als Landesrecht fortgilt, regelt wie die BHO Aufstellung und Ausführung des → Haushaltsplans, Buchführung und Rechnungslegung.

Reihenfertigung
⇒*Fließfertigung*
⇒Linienfertigung
⇒Στραⱡενφερι γυνγ

reine Außenwirtschaftstheorie
⇒ *Güterwirtschaftliche Außenwirtschaftstheorie*
⇒reale Außenwirtschaftstheorie.

reines Monopol
⇒pure monopoly
→vollkommener Markt mit einem Anbieter
→Monopol.

reine Zufallsauswahl
⇒uneingeschränkte Zufallsauswahl liegt vor, wenn jedes Element einer → Grundgesamtheit dieselbe Chance besitzt, für eine Zufallsstichprobe ausgewählt zu werden.

Reinvermögen
→*Eigenkapital*
→*Nettovermögen*
→Volksvermögen.

Reinvermögenszugangstheorie
Eine von zwei verschiedenen Einkommenstheorien, welche in der Einkommensbesteuerung die Grenzfälle von Einkommensdefinitionen bilden und zwischen denen die in der Praxis vorkommenden Einkommensbegriffe zu finden sind. Die ältere Einkommenstheorie ist die →Quellentheorie. Demgegenüber definiert die R. (von Schanz, später Haig, Simons) das Einkommen weit umfassender. Sie nennt Einkommen den Betrag, der für den Konsum verwendet werden kann, ohne damit das am Periodenanfang bestehende Vermögen zu vermindern. Gemessen wird dieses Einkommen als Reinvermögenszugang zwischen zwei Stichtagen zuzüglich Konsum (bzw. Entnahmen) in der jeweiligen Einkommensperiode.

Reinvestition
⇒Ersatzinvestition
→Investition.

Rekursionsprinzip
Verfahren der dynamischen Programmierung.
→Rollback-Analyse.

relative Einkommenshypothese
⇒Modigliani-Hypothese
Die Höhe des →Konsums eines →Haushalts hängt auch von seiner relativen Position in der Einkommenspyramide ab. S. Konsumtheorie.

relative Einzelkostenrechnung
⇒Deckungsbeitragsrechnung mit relativen Einzelkosten Variante der →Teilkostenrechnung, von Riebel 1982 entwickelt, in der auf eine schlüsselmäßige Verteilung der → Gemeinkosten verzichtet wird.

relative Kostenvorteile
⇒*komparative Kostenvorteile.*

relativer Preis
eines →Gutes A ist die Anzahl der Einheiten eines Gutes B, die beim Tausch für eine Einheit des Gutes A hingegeben werden müssen. In der →Geldwirtschaft werden diese Tauschrelationen durch die gemeinsame Recheneinheit der →Währung als →Geldpreise angegeben. Stellt man nicht auf die Höhe der Geldpreise ab, sondern auf ihre Relation, so ist ebenfalls der Sachverhalt der r. angesprochen. In der modernen →Makroökonomie wird auch der →reale Preis eines Gutes, also Einzelpreis dividiert durch → Preisniveau, als r. bezeichnet.

relativ inferiores Gut
→Gut.

relativ superiores Gut
→Gut.

Rembourskredit
Sonderform des →Akzeptkredits im Außenhandel auf der Grundlage eines Dokumentenakkreditivs (→Akkreditiv). Der R. dient vor allem der →Finanzierung von Importgeschäften. Normalerweise zieht der Exporteur auf den Importeur einen →Wechsel, den der Importeur (nach Akzeptierung durch den Importeur) bei seiner →Bank zum →Diskont einreicht. Die Bank des Exporteurs wird diesen Wechsel nur dann ankaufen, wenn ihr der Importeur bekannt ist und als kreditwürdig gilt. Ist dies nicht der Fall, wird der Exporteur verlangen, dass der Importeur bei einer bekannten Bank einen Akzeptkredit in Anspruch nimmt. Dann zieht der Exporteur einen Wechsel auf diese Bank (sei es die Bank des Importeurs, sei es eine zwischengeschaltete Remboursbank), wobei die Tratte von den Dokumenten begleitet wird. Die kreditgebende Bank akzeptiert bei Annahme der Dokumente die Tratte und sendet das Akzept an den Exporteur zurück.

Remittend
Wechselnehmer. Derjenige, an den od. an dessen Order der Wechselbetrag zu bezahlen ist. Die Angabe des R. ist im Wechseltext unbedingt erforderlich für die Gültigkeit des gezogenen →Wechsels und des Solawechsels (→Wechsel).

Rendite
⇒*effektiver Zins.*

Rentabilität
Maß für die Verzinsung des eingesetzten →Kapitals in einer Periode. S. →Eigenkapitalrentabilität.

Rente
regelmäßige Zahlung von Geldbeträgen aufgrund von Rechtsansprüchen od. aufgrund einer bestimmten Konstellation: Nach der Dauer der Auszahlung unterscheidet man Zeit-R., Leib-R. und ewige R. Letztere ist eine regelmäßige Zahlung aus dem Zinsertrag einer festen Kapitalsumme.
Hinsichtlich der Marktlage und der Eigenschaften von Menschen od. → Produktionsfaktoren unterscheidet man verschiedene Differential-R. wie Boden-R., → Konsumenten-R., →Produzenten-R. und →Talent-R. Differential-R. ist nach D. Ricardo ein Vorzugseinkommen, das ein Grundbesitzer aus dem Boden besserer Qualität gegenüber jenem Grundbesitzer bezieht, dessen Einkommen gerade gleich den Grenzkosten (→ Kosten) ist, der also keine R. bezieht, weil er auf dem schlechtesten Boden wirtschaftet, also auf jenem Boden, der gerade noch zur Deckung des Bodenbedarfs herangezogen wird (Grenzboden). Diese Überlegung kann auf jeden Produktionsfaktor angewendet werden.
R. im Sinne von R.-nwert: eine Art von Effekten, festverzinsliches →Wertpapier. S. →Effekten.

Rentendynamik
Rentenanpassung im Zeitverlauf nach Maßgabe bestimmter Bemessungsgrö-

ßen wie Entwicklung der →Produktivität od. der Nettolohneinkommen. S. a. → dynamische Rente.

Rentenformel
In der R. wirken die individuellen und generellen Bestimmungsfaktoren (Versicherungsjahre (J), Steigungssatz je anrechnungsfähigem Versicherungsjahr (St), Vomhundertsatz der persönlichen Bemessungsgrundlage (PB) und Allgemeine Bemessungsgrundlage (AB)) der Rentenhöhe multiplikativ zusammen. Die Jahresrente (L) ergibt sich wie folgt: J · St · PB · AB = L.
Dem deutschen Rentenrecht liegt das Ziel zugrunde, den Rentnern über die sog. R. 60% der durchschnittlichen Bruttolöhne zu sichern. Da im dabei verwendeten Umlageverfahren neben einer Veränderung der Lebenserwartung vor allem die Bevölkerungsänderungsrate eine wesentliche Rolle spielt, werden neuerdings auch bevölkerungsunabhängige R. diskutiert. S. a. →dynamische Rente.

Rentenindex
→REX.

Rentenmarkt
→Markt für →Rentenwerte.

Rentenoptionshandel
Handel mit Optionsscheinen aus →Optionsanleihen od. meist Optionsgeschäfte (→Option) mit Anrechten auf den Kauf od. Verkauf von →Rentenwerten.

Rentenversicherung
umfasst als Sozialleistungsinstitution (gesetzliche R.) die R. der Arbeiter, der Angestellten sowie die knappschaftliche R. Ihre Leistungen bestehen in erster Linie aus Rentenzahlungen (→Rente) an Versicherte (Renten wegen Kindererziehung, Renten wegen Erwerbsminderung, Altersruhegeld) sowie an Hinterbliebene (Witwen- und Witwerrenten, Renten an die frühere Ehefrau oder an früheren Ehemann; Waisenrenten); hinzu treten die Leistungen der R. als Rehabilitationsträger. Im Leistungsspektrum dominieren die Einkommensleistungen; daneben fallen vor allen Dingen Sachleistungen an. Die Risiken der Berufsunfä-

higkeit, der Erwerbsunfähigkeit, des Alters und des Todes lassen sich auch in einer privaten R. absichern (z.B. in einer privaten Lebensversicherung für den Todes- und Erlebensfall auf Rentenbasis).

Rentenwerte
→ Wertpapiere mit fester Verzinsung (festverzinsliche Wertpapiere, →Anleihe) i.Ggs. zu den Dividendenwerten (z.B. Aktien) mit in der Höhe wechselnden → Dividenden.

Rentnerhypothese
Aussage in der Inflationstheorie (→Inflation), dass Redistributionswirkungen der Inflation hauptsächlich zulasten von Beziehern fester →Einkommen gehen, etwa bei Rentnern, die keine dynamisierten Renten erhalten, und bei Pensionären.

Rent seeking
Versuch, in den Genuss von Renten zu kommen. Aktivitäten, um in den Besitz staatlich geschützter Monopolstellungen zu gelangen.

Repetierfaktoren
⇒Material(ien)
⇒Werkstoff
derjenige → Produktionsfaktor, der im Produktionsprozess verbraucht wird. Der R. geht materiell unter, muss neu beschafft werden und ist weitgehend teilbar. Das Gegenstück ist der →Potentialfaktor.

Report
Differenz zwischen dem höheren Terminkurs und einem niedrigeren Kassakurs bei Kurssicherungsgeschäften. Ggs. ist der →Deport. →Swappolitik.

Repräsentativwährung
→Goldstandard, 2.

Reproduktionswert
⇒Substanzwert.

Reptilienfonds
unter Titel 300 im →Haushaltsplan eingestellter Fonds des Bundeskanzlers für Öffentlichkeitsarbeit. Der Ausdruck geht auf den Kanzler des Deutschen Kaiserreichs, Bismarck, zurück.

Reserveposition im IWF
Aktivposten unter den → Währungsreserven der →Deutschen Bundesbank neben Gold, → Devisen, → Sonderziehungsrechten u.a. Die Reserveposition im →IWF ergibt sich aus der Quote der Bundesre-publik am IWF sowie aus der Beanspruchung von deutscher → Währung durch andere Mitgliedsländer des IWF innerhalb deren Reservetranche und der Kredittranche.

Reservewährung
Medium der Reservebildung bei der → Zentralbank: Leitwährungsreserven (→ Leitwährung) oder Währungsreserven aus Währungen solcher Länder, die eine bedeutende Rolle im Welthandel spielen. Haupt-R. ist der US-Dollar. Weitere R. sind vor allem der Euro, der Yen, der Schweizer Franken und das Pfund Sterling. Neben den R. haben die →Sonderziehungsrechte beim → Internationalen Währungsfonds (IWF) als Medium der Reservebildung Bedeutung, sowie immer noch →Gold (→Gold-Devisen-Standard).

Residualeinkommen
→Einkommen.

Restposten der Zahlungsbilanz
Saldo der nicht erfassten Posten und statistischen Ermittlungsfehler im Leistungs- und Kapitalverkehr (→Zahlungsbilanz), durch den die →Zahlungsbilanz buchungstechnisch ausgeglichen wird. Schwankungen des Restpostens werden vor allem durch Veränderungen der → terms of payments hervorgerufen.

Restvariable
⇒latente Variable
⇒Störvariable
→Identifikationsproblem, →Regressionsanalyse.

Restwertmethode
Verfahren zur →Kalkulation von Kuppelprodukten (→Kuppelproduktion). Die R. wird angewandt, wenn man die verschiedenen Kuppelprodukte in ein Hauptprodukt und in Nebenprodukte zerlegen kann. Dabei werden die Nettoerlöse der Nebenprodukte von den gesamten Herstellkosten der Kuppelproduktion abgezogen. Die verbleibenden Restkosten gelten als durch das Hauptprodukt verursachte Herstellkosten und werden i.d.R. durch Division mit der Menge des Hauptprodukts auf Stückgrößen umgerechnet. Mittels Zuschlagsätzen für die Verwaltungs- und Vertriebsgemeinkosten werden schließlich die → Selbstkosten pro Stück des Hauptprodukts ermittelt.

Reswitching
Bei mehrsektoralen Modellen und bei beschränkten Substitutionsmöglichkeiten (→Substitution) wird der Übergang von einer Produktionstechnik zur anderen bei komparativ-statischen Änderungen der Faktorpreisverhältnisse dann wieder rückgängig gemacht (reswitching), wenn die alte Produktionstechnik durch weitere Änderungen der Faktorpreisverhältnisse wieder effizient wird.

Retorsionszoll
Zoll, der als Gegenmaßnahme z.B. gegen einen ausländischen Importzoll vorgenommen wird. Es ist ein Vergeltungszoll. →Zolltheorie, 1.

retrograde Planung
⇒top-to-down-Planung.

retrogrades Planungsverfahren
organisatorische Variante der hierarchischen → Planung. Die Planung erfolgt von oben nach unten (top-to-down). Dabei werden durch die Führungsspitze der Unternehmung die (obersten) →Unternehmungsziele festgelegt, die generelle Unternehmungspolitik fixiert sowie übergeordnete Rahmenpläne aufgestellt. Den nachgeordneten Managementebenen obliegt es dann, diese globalen Vorgaben speziell für ihren Verantwortungsbereich stufenweise in detaillierte Teilpläne umzusetzen.
Andere Varianten sind das progressive Planungsverfahren und das Gesamtstromverfahren.

Return on Investment (ROI)
Maß für die →Ertragskraft einer Unternehmung. Er gibt an, welchen →Gewinn das investierte Gesamtkapital erbracht

hat. In der →Return on Investment-Analyse wird dieser zerlegt und untersucht.

$$\text{ROI} = \frac{\text{Jahresüberschuss (vor Steuern)}}{\text{Gesamtkapital}} \cdot 100$$

Return on Investment-Analyse
Zwecks weitergehender Einsichten in die Rentabilitätslage (→ Rentabilität) einer Unternehmung können zum einen die beiden Größen Umsatzrentabilität (→Kapitalrentabilität) und →Kapitalumschlag weiter zerlegt und zum anderen die Verknüpfung zur Zielgröße →Return on Investment hergestellt werden. Diese erweiterte R.-Analyse zeigt in differenzierter Weise Grenzen für realisierbare Rentabilitätsziele auf bzw. deutet auf mögliche Ansatzpunkte für eine Verbesserung einer als unbefriedigend angesehenen Rentabilitätssituation hin.

Revaluation
⇒Aufwertung.

Revankar-Produktionsfunktion
→Produktionsfunktion.

Revealed Preference Analyse
1. Grundlegendes Konzept der neoklassischen Haushaltstheorie ist die ordinale Nutzenfunktion. Maximiert der →Haushalt diese Nutzenfunktion unter der Nebenbedingung gegebener Güterpreise und eines fest vorgebenen verfügbaren → Einkommens, resultiert ein Nachfrageverhalten, welches bestimmten allgemein gültigen Eigenschaften genügt. Samuelson stellte 1938 die Frage, ob die Theorie des Konsumentenverhaltens auch in einer Form entwickelt werden kann, die ganz und gar auf das Nutzenkonzept verzichtet. In gewisser Weise steht der Nutzenbegriff der Psychologie und der Philosophie näher als den → Wirtschaftswissenschaften: auf jeden Fall ist der →Nutzen als Ausdruck subjektiver Wertvorstellungen nicht od. nur unvollständig beobachtbar und messbar. Objektiv feststellbar sind jedoch von Individuen getätigte Güterkäufe. In seiner R. ist es Samuelson gelungen nachzuweisen, dass wesentliche Teile der *statischen* Theorie des Konsum- bzw. Nachfrageverhaltens tatsächlich aus offenbarten Güterkäufen hergeleitet werden können,

wenn das beobachtete Kaufverhalten einer bestimmten Konsistenzbedingung genügt. Die Nachfragetheorie (→Haushaltstheorie) kann also weitgehend ohne das Konzept der Nutzenfunktion auskommen. Aus der geforderten Konsistenzeigenschaft kann aber andererseits auf die Existenz einer den Kaufentscheidungen des →Konsumenten zugrundeliegenden Nutzenfunktion od. Präferenzrelation geschlossen werden.

2. Betrachten wir einen Konsumenten, welcher zu zwei Zeitpunkten t = 0 und t = 1 n verschiedene →Güter kauft. Dem Individuum seien zu beiden Zeitpunkten die →Preise dieser n Güter bekannt, ebenfalls kenne er das ihm jeweils für die Käufe zur Verfügung stehende Einkommen. Sei $(p_1^0, p_2^0, ..., p_n^0, y^0)$ die Preis-Einkommen-Situation zum Zeitpunkt t = 0 mit den entsprechenden Güterkäufen $(q_1^0, q_2^0, ..., q_n^0)$, welche das Güterbündel Q^0 repräsentieren. Sei $(p_1^1, p_2^1, ..., p_n^1, y^1)$ die Preis-Einkommen-Situation zum Zeitpunkt t = 1 mit den Güterkäufen $(q_1^1, q_2^1, ..., q_n^1)$, welche das Güterbündel Q^1 darstellen. Für den Wert der beiden gekauften Konsumbündel erhält man:

$$p_1^0 q_1^0 + ... + p_n^0 q_n^0 = \sum_i p_i^0 q_i^0 = p^0 \cdot Q^0 \text{ und}$$

$$p_1^1 q_1^1 + ... + p_n^1 q_n^1 = \sum_i p_i^1 q_i^1 = p^1 \cdot Q^1 .$$

Gilt nun $p^0 \cdot Q^1 \lessgtr p^0 \cdot Q^0$, so hätte im Zeitpunkt t = 0 auch das Güterbündel Q^1 gekauft werden können. Wie wir wissen, wurde es jedoch von unserem Konsumenten nicht gekauft, so dass wir feststellen können, dass das Individuum in seinen Güterkäufen eine Präferenz für das Bündel Q^0 offenbart hat („revealed preference"). Dies lässt sich unter Verwendung der formalen Sprache folgendermaßen schreiben:

$$p^0 \cdot Q^1 \lessgtr p^0 \cdot Q^0 \text{ und } Q^0 \geq Q^1 .$$

Hätte das Individuum zum Zeitpunkt t = 1 das Bündel Q^0 kaufen können (es hat, wie wir wissen, das Güterbündel Q^1 gekauf), würde gelten:

$p^1 \cdot Q^0 \lessgtr p^1 \cdot Q^1$ und $Q^1 \geq Q^0$.

Samuelson fordert nun, dass die Kaufentscheidungen des Konsumenten eine bestimmte Form von Konsistenz aufweisen: es soll nicht gleichzeitig $Q^0 \geq Q^1$ und $Q^1 \geq Q^0$ zugelassen sein. Dieses Konsistenzaxiom lässt sich in der folgenden Form angeben - und damit formulieren wir das sog. „schwache Axiom der offenbarten Präferenzen":

(1) $p^0 \cdot Q^1 \lessgtr p^0 \cdot Q^0$ impliziert

$p^1 \cdot Q^0 > p^1 \cdot Q^1$.

Dies bedeutet in Worten, dass sich unser Individuum nicht das eine Mal (bei t = 0) für den Kauf des Bündels Q^0, das andere Mal (bei t = 1) für den Kauf des Bündels Q^1 entscheiden darf. Ausdruck (1) besagt, dass der Konsument im Zeitpunkt t = 1 nur deshalb das Bündel Q^1 erworben hat, weil bei den dann herrschenden Preisen und dem zur Verfügung stehenden Einkommen Q^0 für ihn zu teuer geworden ist, d.h. wertmäßig y^1 übersteigt. Dieser Sachverhalt ist in der Figur 1 graphisch wiedergeben.

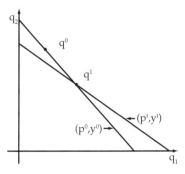

3. Samuelson hat gezeigt, dass das im schwachen Axiom der offenbarten Präferenzen zum Ausdruck kommende Konsistenzpostulat einige fundamentale Eigenschaften des Nachfrageverhaltens impliziert (→Fundamentaltheorem):

(a) Die Nachfrage nach jedem einzelnen Gut ist eindeutig in Bezug auf alle Güter-

preise und das Einkommen.

(b) Die Nachfragefunktion für jedes Gut ist homogen vom Grade Null in allen Preisen und dem Einkommen (→Homogenitätskriterium).

(c) Bei Einkommenskompensation aufgrund von Preisänderungen ist der → Substitutionseffekt bei eigener Preisvariation des betrachteten Gutes stets nichtpositiv. Diese Eigenschaft wird fälschlicherweise häufig als „Gesetz der Nachfrage" bezeichnet. Analog zu Postulat (1) gilt i.S. der Samuelsonschen Konsistenzforderung

(2) $p^1 \cdot Q^0 \lessgtr p^1 \cdot Q^1$ impliziert

$p^0 \cdot Q^1 > p^0 \cdot Q^0$.

Die Nicht-Positivität des Substitutionseffekts lässt sich leicht in der folgenden Weise herleiten. Ändern sich die Preise von p^0 nach p^1, verändert sich das Konsumbündel von Q^0 nach Q^2, falls y^0 unverändert bleibt. Wir führen nun eine Einkommenskompensation durch, indem wir den Konsumenten aufgrund der Preisänderung ein Einkommen y^1 geben mit der Eigenschaft $y^1 = p^1 Q^0$. Dies bedeutet, dass der Konsument nach Preisänderung ein Einkommen zur Verfügung hat, welches ihm gestattet, das ursprüngliche Bündel Q^0 weiterhin zu erwerben. Tatsächlich kauft der Konsument bei dem Einkommen y^1 und den Preisen p^1 das Bündel Q^1. Es gilt nun:

(3) $p^1 \cdot Q^0 = p^1 \cdot Q^1$.

Aufgrund von (2) folgt dann aber, dass $p^0 \cdot Q^1 > p^0 \cdot Q^0$ gilt, welches wir in den Ausdruck

(4) $p^0(Q^0 - Q^1) < 0$

umschreiben. Subtrahieren wir nach (3) $p^1(Q^0 - Q^1) = 0$ von (4), erhalten wir:

(5) $(p^0 - p^1)(Q^0 - Q^1) < 0$.

Bleiben beim Übergang von t = 0 nach t = 1 alle Güterpreise bis auf den Preis von Gut i konstant, folgt aus (5)

(6) $(p_i^0 - p_i^1)(q_i^0 - q_i^1) < 0$.

Dies bedeutet: falls $(p_i^0 - p_i^1) > 0$, gilt

669

$q_i^0 < q_i^1$; falls $(p_i^0 - p_i^1) < 0$, folgt $q_i^0 > q_i^1$.
Dieser Zusammenhang zeigt nun, dass der Substitutionseffekt bei Einkommenskompensation nicht positiv ist.

4. Im Falle von nur zwei Gütern gewährleistet Samuelsons Konsistenzaxiom, dass sich die Kaufentscheidungen des betrachteten Konsumenten durch eine ordinale Nutzenfunktion od. Präferenzrelation beschreiben lassen. Im Fall von mehr als zwei Gütern hat Houthacker durch durch die Formulierung des sog. „starken Axioms der offenbarten Präferenzen" eine notwendige und hinreichende Bedingung für die Existenz einer Nutzenfunktion angegeben:
Ist die Ungleichung

$$p^{t-1} \cdot Q^t \leq p^{t-1} \cdot Q^{t-1}$$

für jedes $t \in \{1, ..., i, j, ..., T\}$ erfüllt und sind für mindestens zwei Zahlen i und j die Bündel Q^i und Q^j voneinander verschieden, muss gelten:

$$p^T \cdot Q^T < p^T Q^0.$$

Houthacker nannte die in seinem Axiom geforderte Eigenschaft die Eigenschaft der „Semi-Transitivität". Andere Autoren haben die aufgestellte Forderung in der Weise beschrieben, dass Q^0 dem Güterbündel Q^T über eine Folge weiterer Bündel „indirekt faktisch vorgezogen" wird (siehe Figur 2). Eine empirische Überprüfung der Axiome von Samuelson und Houthacker wird kaum möglich sein. Unterschiedliche Preisvektoren werden „normalerweise" zu verschiedenen Zeitpunkten beobachtet, zwischen denen sich Bedürfnis- bzw. Geschmacksänderungen vollzogen haben können.

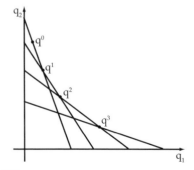

670

Literatur: P. A. Samuelson, A Note on the Pure Theory of Consumer's Behaviour. Economica 1938, Bd. 5, S. 61-71 sowie S. 353-354 (Anhang). P. A. Samuelson, Foundations of Economic Analysis. Cambridge, Mass. 1947. H. S. Houthacker, Revealed Preference and the Utility Function. Economica 1950, Bd. 17, S. 159-173.

Prof. Dr. W. Gaertner, Osnabrück

reversed causation
bedeutet umgekehrte Kausalität. R. ist Gegenhypothese (→Hypothese) zur Kausalitätshypothese. Nach der r. passt sich →Geld als passive Größe an die ökonomische Entwicklung an. In beiden Hypothesen geht es nicht um den Alleinfluss, sondern um den bedeutenden und unabhängigen Einfluss der Kausalgröße sowie um die zeitliche Beziehung zwischen Änderungsgrößen der ökonomischen →Variablen. Die Beantwortung der r. bzw. Kausalitätshypothese ist für die →Geldpolitik von entscheidender Bedeutung. Die verschiedenen methodischen →Testverfahren lassen bisher keine eindeutige, jeden Zweifel ausschließende Aussage zu, so dass nur mit Hilfe der Analyse des Geldangebotsprozesses (→ Geldangebotstheorie) eine Entscheidung für die r. oder Kausalitätshypothese möglich ist. Die r. war bereits Anfang des 19. Jh. in der Currency-Banking-Kontroverse (→Currency-Theorie, →Banking-Theorie) Gegenstand der Auseinandersetzung und wurde 1959 durch den →Radcliffe-Report wieder neu aufgegriffen. Neokeynesianer neigen eher der r. zu, Monetaristen (→ Monetarismus) vertreten die Kausalitätshypothese.

Revisionswesen
⇒Prüfungswesen
⇒Wirtschaftsprüfung.

revolvierende Planung
verbindet als Prinzip zwei wesentliche Teilprinzipien des Kontroll- und Planungssystems der Unternehmung:

1. Prinzip des minimalen Prognosebedarfs: Die →Planung ist so auszugestalten, dass → Prognosen nur in dem Umfange benötigt werden, als sie gegen-

wärtige Entscheidungen beeinflussen bzw. soweit alternative Zukunftsentwicklungen unterschiedliche gegenwärtige Entscheidungen erfordern.

2. Schachtelprinzip: Jeder längerfristige Plan übergreift stets den kürzerfristigen Plan in vollem Umfang.

Daraus ergibt sich das Prinzip einer r. als einer bestimmten Form der Anpassung in mehrstufigen Planungs- und Kontrollsystemen, die periodisch im Wege der Überprüfung, Konkretisierung, Änderung und Fortschreibung erfolgt und damit auch eine Überarbeitung vorgelagerter Planungsstufen einschließt.

Revolving Underwriting Facility (RUF)
→Euronotes
mittel- bis langfristige Kapitalbeschaffung durch die wiederholte bzw. revolvierende Begebung von kurzfristigen → Schuldverschreibungen bzw. Notes (→ Euro Notes) über eine einzige Bank. Bei → Note Issuance Facility (NIF) geschieht dies über mehrere Banken.

REX
Deutscher Rentenindex. Rentenmarktindex als Maßstab für die Kursentwicklung von Schuldverschreibungen (Renten) und Pendant zum →DAX, der 1991 für den deutschen Bondmarkt, dem drittgrößten Bondmarkt der Welt, implementiert worden ist. Um der Problematik, die mit der Bildung von Indexportefeuilles mit festverzinslichen Finanztiteln verbunden ist, zu entgehen, besteht das Portefeuille des REX ausschließlich aus 30 → *synthetischen Papieren* mit festen Laufzeiten von 1 bis 10 Jahren und je drei verschiedenen Kupons (6%, 7,5%, 9%). Damit gelingt es, Ausstattung und Laufzeit konstant zu halten. (Im Vergleich dazu verändern effektive Finanztitel mit der sich täglich verkürzenden Restlaufzeit auch das Marktverhalten des betreffenden Indexportefeuilles, dadurch werden jeweils wiederum permanente Strukturverschiebungen in den einzelnen Restlaufzeitenklassen ausgelöst, die durch Tilgung abgelaufener Finanztitel und ggf. durch Neuemissionen eine Verstärkung erfahren.) Auf diese Weise gelingt es, die Vergleichbarkeit des REX im

Zeitablauf zu gewährleisten und die Voraussetzungen zu schaffen, dass sich der Rentenindex als Basis für →*Finanzinnovationen* eignet (z.B. Optionen und Futures auf den REX). Die Kurse der für den REX ausgewählten synthetischen Papiere werden über die *Renditestruktur* für Bundesanleihen und Bundesobligationen ermittelt und auf dieser Basis mit Hilfe einer Gewichtungsmatrix zum Rentenindex REX zusammengefasst.

Rezession
im Konjunkturzyklus (→ Konjunkturtheorie) eine Phase vorübergehender Konjunkturabschwächung. Sie ist von der wesentlich gravierender verlaufenden →Depression zu unterscheiden. S. → Konjunkturtheorie.

Reziprozität
Welthandelsprinzip, bei dem im Gegensatz zum Meistbegünstigungsprinzip die Handelspartner sich jeweils wechselseitig gleiche Bedingungen einräumen.

RGW
→Comecon.

Rheinisch-Westfälisches Institut für Wirtschaftsforschung (RWI)
bedeutendes Konjunkturforschungsinstitut in Essen. Vgl. andere Institute in der Bundesrepublik Deutschland u.a.: → Ifo-Institut für Wirtschaftsforschung in München, →HWWA - Institut für Wirtschaftsforschung in Hamburg, →DIWDeutsches Institut für Wirtschaftsforschung in Berlin.

Ricardianisches Äquivalenztheorem
auf David Ricardo (in seinem Werk „On the Principles of Political Economy and Taxation") zurückgehendes und von James Buchanan 1976 präsentiertes Theorem, wonach steuerfinanzierte Staatsausgaben (→ Ausgaben) eine äquivalente Wirkung auf das →Volkseinkommen haben wie durch Schuldenaufnahme im privaten Sektor finanzierte Staatsausgaben. Das R. kann aus mehreren Gründen so einfach nicht vertreten werden, so deswegen nicht, weil die staatliche Verschuldung in Konkurrenz zur Nachfrage privater Kreditnehmer tritt und somit

das Zinsniveau erhöht mit dem Ergebnis, dass die zinselastische (→Elastizitäten) Investitionsgüternachfrage (→ Investitionstheorie) zurückgedrängt wird, von der eine höhere →Produktivität als von Staatsausgaben ausgeht. Des Weiteren ist eine Finanzierung der Staatsausgaben durch Steuern günstiger zu beurteilen, da zwar auch die private Realkapitalbildung gebremst wird, aber in geringerem Maße, weil bei einer entsprechend ausgestalteten Steuererhöhung die Hauptlast der Finanzierung vom privaten →Konsum getragen wird.

Ringtausch
Tausch von Waren über eine Tauschhandlung. Historisch ist der R. in der warenarmen Zeit vor der Währungsreform von 1948 bedeutsam gewesen. Im Ost-West-Handel spielt er noch heute eine Rolle. S. →bilateraler Tausch, 1.

Risiko
die mit einer (wirtschaftlichen) Handlung verbundene Verlustgefahr bzw. Gewinnchance. Frank H. Knight unterschied 1912 erstmals R. und Unsicherheit derart, dass beim R. die Wahrscheinlichkeitsverteilung der Ergebnisse möglicher Handlungen bekannt ist, bei Unsicherheit jedoch nicht. Danach ist R. messbare und damit versicherungsfähige Ungewissheit. R.-Maße sind die positiven und negativen Abweichungen vom Erwartungswert (Standardabweichung, Varianz) oder das Verhältnis aus Standardabweichung und Erwartungswert (Variationskoeffizient).

risk averter
ein →Wirtschaftssubjekt, das Risikoaversion besitzt, also Risiko vermeidet. Man spricht z.B. vom Verhalten der Risiko-Aversion, wenn ein →Konsument den erwarteten Wert eines bestimmten Geldspiels dem Spiel selbst vorzieht. Vgl. auch →risk lover.

risk lover
ein →Wirtschaftssubjekt, das risikofreudig ist. Z.B. spricht man dann von einem risikofreudigen Verhalten, wenn ein → Konsument bei einem Geldspiel das Spiel dem erwarteten Wert eines bestimmten

Spiels vorzieht. Vgl. auch →risk averter.

Robertson-lag
in der Formulierung auf Dennis H. Robertson (1926) zurückgehende zeitliche Verzögerung zwischen Einkommensempfang und der daraus erfolgenden Verwendung zu Konsumausgaben. Die Konsumhypothese (s. →Konsumtheorie, 2.) würde mit dem R. lauten:

$$C_t = C_a + c Y_{t-1}.$$

Robinson-Bedingung
Bedingung für eine normale Reaktion der →Leistungsbilanz bei einer Wechselkursänderung (→Auf- od. →Abwertung):

$$\eta_x + \eta_m + 1 < \frac{\eta_m \eta_x}{\varepsilon_m \varepsilon_x}(\varepsilon_m + \varepsilon_x + 1)$$

η_x = Preiselastizität (→Elastizitäten) der Nachfrage nach Importgütern im Ausland

η_m = Preiselastizität der Nachfrage nach Importgütern im Inland

ε_x = Preiselastizität des Angebots an Exportgütern im Inland

ε_m = Preiselastizität des Angebots an Exportgütern im Ausland.

Die normale Reaktion der Leistungsbilanz tritt danach umso eher ein, je größer die Preiselastizitäten der Nachfrage nach Importgütern und je kleiner die Preiselastizitäten des Angebots an Exportgütern sind.
Die R. wurde nach Joan Robinson (1947) benannt.

Roll-back-Analyse
Verfahren der dynamischen Programmierung bei der flexiblen Planung. S. → Rekursionsprinzip, →Planung.

rollende Planung
Die sog. r. (Agthe 1972) ist durch die regelmäßige Fortschreibung und Konkretisierung der Pläne charakterisiert. Hierbei wird eine Trennung in eine langfristige Grobplanung und eine kurzfristige Detailplanung vorgenommen. Die Koordination der Teilpläne erfolgt bei der rollenden → Planung zweifach: Einerseits liefert die langfristige Grobplanung den Rahmen für die kurzfristigen Detailplä-

ne, andererseits wirkt sich die fortschreitende Detaillierung der Pläne kombiniert mit einem Planänderungssystem auch gestaltend auf die Grobplanung aus.

Roll-Over-Kredit
mittel- bis langfristiger →Kredit am → Euromarkt mit variablem Zinssatz. Dabei wird der Zinssatz i.d.R. alle drei, sechs od. zwölf Monate neu festgelegt. Die periodischen Zinsanpassungen richten sich nach der London Interbank Offered Rate (Libor) für kurzfristige Kredite am Euromarkt.

Roosa-Effekt
⇒*Locking-in-Effekt*.

Rückkaufgeschäft
⇒*buy-back-Geschäft*.

Rücklagen
variable Eigenkapitalteile (→Eigenkapital), die von Gesetzes od. Satzungs wegen od. freiwillig gebildet werden. R. sind also keine Passivposten für Wertminderungen, sondern einbehaltene Gewinne oder zusätzliches Eigenkapital aus einem →Agio.
Die offenen R. werden auf der Passivseite der →Bilanz ausgewiesen. Dazu zählen gesetzliche R., satzungsmäßige oder statutarische Rücklagen, Rücklagen für eigene →Aktien (bei →Aktiengesellschaften), freie Rücklagen. Zu dem Posten Kapitalrücklage (§ 266 Abs. 3 →HGB) sind in der Bilanz oder im Anhang gesondert anzugeben: 1. Der Betrag, der während des Geschäftsjahres eingestellt wurde und 2. der Betrag, der für das Geschäftsjahr entnommen wurde. Zu den einzelnen Posten der Gewinnrücklagen (§ 266 Abs. 3 HGB) sind in der Bilanz oder im Anhang gesondert anzugeben: 1. Die Beträge, die die Hauptversammlung aus dem Bilanzgewinn des Vorjahres eingestellt hat, 2. die Beträge, die aus dem Jahresüberschuss des Geschäftsjahres eingestellt werden und 3. die Beträge, die für das Geschäftsjahr entnommen werden. Stille R. (stille Reserven) sind nicht aus der Bilanz ersichtlich. Sie entstehen durch Unterbewertung von Aktivposten und Überbewertung von Passivposten.

Rücknahmesatz
→Zins, zu dem die →Deutsche Bundesbank im Rahmen der →Offenmarktpolitik → Geldmarktpapiere vor Fälligkeit zurückkauft. R. liegt über dem →Abgabesatz. Bei vorzeitiger Rückgabe entsteht ein Zinsverlust in Höhe der Differenz. Die Deutsche Bundesbank variiert diese Differenz entsprechend geldpolitischen Absichten. R. wird von ihr nicht veröffentlicht.

Rückstellungen
Bilanzposition auf der Passivseite. R. haben den Charakter von ungewissen → Verbindlichkeiten, da ihre Höhe, Fälligkeit und/ od. Ereigniseintritt zum Zeitpunkt der Bilanzerstellung ungewiss sind. Man unterscheidet → Pension-R. (für Pensionsanwartschaften, laufende Pensionszahlungen) und andere R. (z.B. für Prozesskosten, Garantieleistungen und →Steuern).
Die Bilanzrechtsreform 1985 (→BiRiLiG) brachte eine weitgehende Berücksichtigung dynamischer R.-posten durch die allgemeine Zulässigkeit von Aufwands-R. i.S. des § 249 Abs. 2 →HGB (z.B. für Großreparaturen, für unterlassene Werbefeldzüge, für künftige Preissteigerungen).

Rüstkosten
→Kosten
Wesentlicher Einflussfaktor der R. ist die Rüstzeit. Das ist die Zeit, die im Prozess der Leistungserstellung für die Durchführung der vorbereitenden und nachbereitenden Aufgaben anfällt. Die Höhe der R. bestimmt die →Losgröße.

ruinöse Konkurrenz
1. abartige Form der marktwirtschaftlichen Konkurrenz etwa als Preisschleuderei, der Preisunterbietung unter den variablen Durchschnittskosten (→Kosten), um Mitbewerber am →Markt auszuschalten.

2. Preissetzungsverfahren im Oligopol.

rule of reason
Rechtsregel im anglo-amerikanischen Recht. s. →per se rule.

RWI
Abk. für: →Rheinisch-Westfälisches Institut für Wirtschaftsforschung.

Rybczynski-Theorem
Das Theorem von T. M. Rybczynski (1955) besagt, dass bei einer Zunahme einer Produktionsfaktormenge mit relativ hoher Nutzungsintensität in der Exportgüterproduktion bei konstanten →terms

of trade die Produktion im Exportsektor überproportional erhöht wird, während die Produktion der importersetzenden Güter zurückgeht. Damit wird das betreffende Land stärker von Importen abhängig. Die terms of trade verschlechtern sich tendenziell. Eine solche Beurteilung der „Handelsorientiertheit" von Wachstumsvorgängen muss freilich noch auf der Nachfrageseite ergänzt werden.

Sachgut
→Gut.

Sachinvestition
⇒Realinvestition
→Investition.

Sachkapital
⇒Kapitalgüter
⇒Produktivgüter
⇒Produktivvermögen
⇒Realkapital
⇒Realvermögen
⇒Sachvermögen
→Kapital, II.

Sachvermögen
⇒Kapitalgüter
⇒Produktivgüter
⇒Produktivvermögen
⇒Realkapital
⇒Realvermögen
⇒Sachkapital
→Kapital, II.

Sachverständigenrat zur Begutachtung der gesamtwirtschaftlichen Entwicklung (SVR)
aus fünf unabhängigen Sachverständigen zur periodischen Begutachtung der gesamtwirtschaftlichen Entwicklung der Bundesrepublik Deutschland bestehendes Gremium, dessen gesetzliche Grundlage im Gesetz über die Bildung eines S. vom 14.8.1963 (mit mehrfachen Änderungen) besteht.
Der S. ist dazu verpflichtet, jährlich zum 15.11. ein von ihm erstelltes Gutachten der Bundesregierung zuzuleiten. Dieses stellt jedes Jahr die gesamtwirtschaftliche Lage und die absehbare Entwicklung dar. Dabei sollen mögliche Abweichungen vom magischen Viereck (die simultan anzustrebenden wirtschaftlichen Ziele →Preisniveaustabilität, eines hohen Beschäftigungsstandes, eines → außenwirtschaftlichen Gleichgewichtes und eines stetigen und angemessenen Wirtschaftswachstums; s. → Ziele der Wirtschaftspolitik) und deren Vermeidung bzw. Beseitigung aufgezeigt wer-

den. Der S. soll jedoch keine Empfehlungen für bestimmte wirtschafts- und sozialpolitische Maßnahmen aussprechen.

säkuläre Stagnation
→Stagnation.

Sättigungsgut
⇒inferiores Gut
→Gut.

Sättigungsmenge
die nachgefragte Menge eines →Gutes, dessen →Grenznutzen Null beträgt, od. anders ausgedrückt: die nachgefragte Menge beim →Preis Null.

saisonale Arbeitslosigkeit
→Arbeitslosigkeit.

sales commercial
kommerzielle, von einem Unternehmen bezahlte Sendung im Radio oder Fernsehen zur Verkaufsförderung.

sales promotion
Verkaufsförderung als unterstützende Kommunikation mit bestimmten Aktionen am Verkaufsort (Point of Purchase (PoP)) oder für Distributionsmittler.

Sammelbewertung
⇒*Gruppenbewertung.*

Samuelson-Gorman-Kriterium
verteilungsneutrales Wohlfahrtskriterium, das verlangt, dass die Nutzenmöglichkeitskurve eines Güterbündels, das einem anderen Güterbündel gegenüber einen Wohlfahrtsvorsprung besitzen soll, vollständig außerhalb der Nutzenmöglichkeitskurve des Vergleichsgüterbündels liegen muss. Es kommen also nur Verteilungsalternativen infrage, in denen zumindest eine Person bessergestellt ist und die anderen nicht schlechter gestellt werden.

Samuelson-Stolper-Theorem
das Theorem von Paul A. Samuelson und

Wolfgang F. Stolper (1941) sagt aus, dass bei einem Anstieg des →relativen Preises eines →Gutes der relative Preis desjenigen →Produktionsfaktors steigt, der bei der →Produktion des Gutes besonders intensiv genutzt wird. Damit erhöht sich auch das Realeinkommen (→ Einkommen) dieses Faktors.

Das Theorem wurde in der →Zolltheorie zur Begründung von Importzöllen herangezogen. Ein Importzoll wirkt wie die Erhöhung eines Relativpreises. Auf diese Weise gelänge der Schutz derjenigen Wirtschaftszweige, die importkonkurrierende Güter produzieren.

Samuelson-Theorem
⇒Nonsubstitutionstheorem
Theorem von Paul A. Samuelson (1951), das die Verbindung zwischen (mikroökonomischer) → Produktionstheorie und →Input-Output-Analyse unter bestimmten Voraussetzungen herstellt. Danach ist die Annahme konstanter Inputkoeffizienten in der Input-Output-Analyse mit substitutionalen →Produktionsfunktionen verträglich, wenn keine → Faktorsubstitution auftritt. Dies ist dann der Fall, wenn →vollständige Konkurrenz, linear-homogene Produktionsfunktionen (→Produktionsfunktion), keine → Kuppelproduktion und nur ein knapper primärer → Produktionsfaktor gegeben sind. Unabhängig von den nachgefragten Güterbündeln sorgt der Wettbewerb für einen möglichst effizienten Einsatz des knappen Faktors.

Sanierung
Zuführung von neuem →Eigenkapital in einem finanziellen angeschlagenen Unternehmen, in dem vorher eine →Kapitalherabsetzung stattgefunden hat. Andere Formen der S. sind die Umwandlung von →Fremdkapital in Eigenkapital und die Änderung kurzer Kreditfristen in lange. Regelmäßig wird eine finanzielle S. von organisatorischen Maßnahmen begleitet sein.

Satisfizierungsprinzip
Modifikation des absoluten Rationalitätsprinzips (z.B. der Maximierung gegebener Unternehmungsziele). Das S. ersetzt die Forderung nach Extremierung

(Maximierung, Minimierung) des Wertes von Zielgrößen durch das Streben nach „befriedigenden" Lösungen eines Entscheidungsproblems im Hinblick auf ein gesetztes Anspruchsniveau. Im Rahmen dieses Rationalitätsbegriffs (eingeschränkte Rationalität) wird jedes Verhalten als vernünftig angesehen, das sich an der Erreichung begrenzt formulierter Ziele ausrichtet. Für die Formulierung begrenzter Zielvorschriften gibt es zahlreiche Möglichkeiten. Neben einem fixierten Zielerreichungsgrad können Mindest- und Obergrenzen für die Zielgrößen angegeben werden, ferner sind komparative Zielformulierungen möglich, bei denen auf die bisher erreichten Zielrealisationen od. auf andere Entwicklungen (z.B. Konkurrenzverhältnisse) Bezug genommen wird.

Savage-Niehans-Regel
⇒Kriterium des geringsten Bedauerns
⇒*Minimum-Regret-Regel.*

Saysches Gesetz
⇒*Saysches Theorem.*

Saysches Theorem
Theorem von Jean Baptiste Say (1767-1832) mit der Kernaussage, dass das Angebot gleichsam seine eigene Nachfrage erzeuge. Es gilt als traditionelle →Hypothese einer realen Konjunkturverursachung (→Konjunkturtheorie). Nach Say ist es unsinnig, von einer allgemeinen Überproduktion zu sprechen. Warum arbeiten die Menschen überhaupt, warum bieten sie →Güter und Dienste an? Wer nicht nachfragen möchte, wird sich nicht den Mühen der →Produktion unterziehen. Also wird nur insoweit produziert, um eigene od. fremde Produkte nachfragen zu können. Dass das Angebot gleichsam seine eigene Nachfrage erzeuge, gilt für eine →Naturalwirtschaft, jedoch auch für eine →Geldwirtschaft, in der →Geld nur als Tausch- und Rechenmittel (→ Geldfunktionen) verwendet wird. Das → gesamtwirtschaftliche Gleichgewicht als →Identität von Angebot und Nachfrage ist unzerstörbar. Wenn es dennoch Absatzkrisen gibt, handelt es sich nach Say um partielle Störungen. In einer arbeitsteiligen Produktion muss in einem ge-

wissen Umfang „auf Verdacht hin" produziert werden. Stimmt das tatsächliche Angebot mit den Marktwünschen nicht überein, sorgt der →Marktmechanismus dafür, dass das Angebot der Nachfrage angepasst wird. Das S. gilt unbesehen jedoch nicht in einer modernen Geldwirtschaft, in der das Geld nicht nur Tauschmittel, sondern auch Wertaufbewahrungsmittel ist.

scale
⇒*Faktorsubstitutionslinie*
⇒Prozessgerade.

Scale line
⇒Expansionspfad
⇒*Faktoranpassungskurve*
⇒Output-Faktor-Kurve.

Scanning
optisch-elektronisches Erfassen von Artikelnummern (z.B. der EAN = Europäische Artikelnummer), die als Strich- od. Zifferncode auf der Artikelverpackung angebracht sind. Der Scanner ist mit einem Kassenterminal verbunden, in dem zu jeder Artikelnummer der zugehörige →Preis abgerufen wird. Millionen von Einkaufsvorgängen können artikel-, zeit- und ortsgerecht festgehalten werden. Dies nutzt auch die Marktforschung in sog. Scanner-Handelspaneln und Scanner-Haushaltspaneln.

Schachtelprivileg
zur Vermeidung von Doppel- und Mehrfacherfassungen bei unbeschränkt steuerpflichtigen verschachtelten Gesellschaften.
Das nationale körperschaftssteuerliche S. ist mit dem aufgrund des KStG 1977 eingeführten Anrechnungsverfahren entbehrlich geworden. Ein internationales S. ist in Doppelbesteuerungsabkommen und im Außensteuergesetz geregelt. Bei Schachtelbeteiligungen von 25% und mehr sind die →Erträge aus der Beteiligung und die Beteiligung selbst von der deutschen →Steuer befreit.
Im Bereich der Gewerbebesteuerung und der Vermögensbesteuerung sowie im Bewertungsrecht gibt es weiterhin ein nationales S.

Schadensfunktion
⇒*Verlustfunktion.*

Schätzverfahren
1. Ziel von S. ist die Gewinnung von Aussagen über unbekannte, aber numerisch ausdrückbare Aspekte von →Zufallsvariablen. S. stützt sich u.a. auf eine →Stichprobe der in Rede stehenden Zufallsvariablen. Das Resultat eines S. ist also auch zufällig, womit klar ist, dass nicht der individuelle Ausgang einer Schätzung beurteilbar ist, sondern nur das Verfahren als solches. Man kann S. einteilen nach
- dem zu schätzenden Sachverhalt,
- den verwendeten Informationen,
- dem methodischen Ansatz,
- ihren stochastischen Eigenschaften.

2. Geschätzt werden können:
- künftige →*Realisationen* der Zufallsvariablen (Diese Art der Schätzung heißt → *Prognose.*)
- der *Umfang* und - bei einem kardinal-extensiven Merkmal - die *Merkmalssumme* einer endlichen Gesamtheit (Diese Art der Schätzung heißt *Hochrechnung* und wird in der Stichprobentheorie behandelt.)
- Funktionen, die das Verteilungsgesetz der Zufallsvariablen beschreiben (Zu nennen sind die →*Dichte*, geschätzt durch z.B. das Histogramm, die *Wahrscheinlichkeitsfunktion*, geschätzt durch relative Häufigkeiten, und die *Verteilungsfunktion*, geschätzt durch kumulierte relative Häufigkeiten als Treppen- oder Polygonfunktion.)
- *Funktionalparameter* (Das sind *Momente* der verschiedensten Art wie z.B. der →Erwartungswert μ, die Varianz σ^2 oder der → Korrelationskoeffizient ρ, *Perzentile* wie z.B. der →Median und Quartile.)
- *Funktionsparameter* von Zufallsvariablen mit parametrischer Verteilung (In der Dichte

$$f(x) = \frac{c}{b}\left(\frac{x-a}{b}\right)^{c-1} \exp\left(-\left(\frac{x-a}{b}\right)^{c}\right)$$

der Weibull-Verteilung sind die Lokalisationsparameter a, der Skalierungsparameter b und der Formparameter c zu schätzende Funktionsparameter.)
3. Relevante Informationen für ein S. las-

sen sich in eine von drei Klassen einordnen: Stichprobendaten, Priorinformationen, potentielle Konsequenzen. Für eine Schätzung stets erforderlich sind die *Stichprobendaten*, i.e. in einer Zufallsstichprobe aus der relevanten Verteilung in Form eines Stichprobenvektors **x** anfallende Beobachtungen. Die *klassische Schätztheorie* (R. A. Fisher, Karl und E. S. Pearson, J. Neyman) arbeitet ausschließlich mit Stichprobendaten. I.d.R. hat die Stichprobe einen festen, prädeterminierten Umfang n, während man bei *sequentiellen S.* einen zufälligen Stichprobenumfang hat, d.h. man bricht mit dem Stichprobenziehen beim Erreichen einer gewünschten Schätzgenauigkeit ab. Unter *Priorinformationen* versteht man das Vorwissen und Vorkenntnisse aus dem früheren Umgang mit dem relevanten od. einem ähnlichen eng verwandten Vorgang. Gelegentlich hat man auch nur Vermutungen. Die Priorinformation konkretisiert sich bei Schätzung eines stetigen Parameters θ in der Festlegung einer *Prior-Dichte*: $\pi(\theta)$ für $\theta \in \Omega \subset \mathrm{IR}$. Bayes-Schätzverfahren basieren auf Stichprobendaten, ausgedrückt durch die Stichprobendichte $\Phi(x|\theta)$, und Priorinformationen, die mit der $\Rightarrow$ Bayes-Formel zur *Posterior-Dichte*

$$\pi(\theta|x) = \frac{\Phi(x|\theta)\pi(\theta)}{\int_\Omega \Phi(x|\theta)\pi(\theta)d\theta}$$

umgeschrieben werden, aus der dann alle Schätzaussagen über θ hergeleitet werden. Der Parameter ist hier selbst eine Zufallsvariable. In die dritte Informationsklasse gehören die *potentiellen Konsequenzen*, die aus der Verwendung der Schätzwerte resultierten und die monetär durch eine *Verlustfunktion* od. allgemeiner durch eine *Nutzenfunktion* ausgedrückt werden. Der Verwendung aller drei Arten vorstehender Information führt zu einem entscheidungstheoretischen Schätzansatz.

4. Zu unterscheiden ist zwischen Punkt- und Intervallschätzung. Eine *Punktschätzung* führt zur Angabe eines Schätzwertes, i.e. einer Zahl, von der man weiß, dass sie allenfalls zufällig mit dem unbe-

kannten Parameter übereinstimmen wird. Konstruktionsmethoden für Punktschätzer sind u.a.:
- Die *Momentenmethode*, bei der ein Moment der Zufallsvariable durch das korrespondierende Moment in der Stichprobe geschätzt wird, z.B. $\mu = E(X)$ durch $\hat{\mu} = \bar{X} = \frac{1}{n}\sum X_i$. (Nach dieser Methode sind auch Funktionsparameter schätzbar, indem man sie durch Momente ausdrückt, für die man dann die Stichprobenmomente einsetzt.)
- Die $\rightarrow$*Maximum-Likelihood-Methode*, bei der die Parameterwerte so gewählt werden, dass die $\rightarrow$Likelihoodfunktion maximal wird. (Letztere ist die Stichprobendichte od. -wahrscheinlichkeit $\Phi(x|\theta)$, aufgefasst als Funktion des oder der unbekannten Parameter.)
- Die *Kleinst-Quadrate-Methode*, die vornehmlich zur Schätzung der Parameter linearer statistischer Modelle in der $\rightarrow$Regressions- und Varianzanalyse verwendet wird.

Weitere Verfahren sind die χ^2-*Minimum-Methode* und - bei Vorliegen geordneter Stichproben - die *Methode der Positionsstichproben*. Instrumente der *Intervallschätzung* sind das Konfidenzintervall und das Toleranzintervall. Ein *Konfidenzintervall* zum Konfidenzniveau 1-α ist in der klassischen Statistik ein in Lage und/od. Breite zufälliger Bereich, der den unbekannten Wert von θ mit $\rightarrow$Wahrscheinlichkeit 1-α überdeckt, und in der Bayes-Statistik ein fester Bereich, der den Anteil 1-α aller Realisationen von θ einschließt. Ein Toleranzintervall ist ein Zufallsintervall, mit Wahrscheinlichkeit von mindestens 1-α ein Anteil von wenigstens γ aller Realisationen der Zufallsvariablen X enthalten ist, m.a.W. die Wahrscheinlichkeit, mit dem Toleranzintervall eine zukünftige Realisation von X richtig zu prognostizieren, ist mindestens γ (1-α).

5. Zur Beurteilung und Auswahl besonders von Parameterschätzverfahren existiert eine Vielzahl von Kriterien:
- Eine Schätzfunktion $\hat{\theta}_n$ für θ heißt *erwartungstreu* (unverzerrt), wenn $E(\hat{\theta}_n)$

$= \theta$ für alle n. Ansonsten heißt $\hat{\theta}_n$ verzerrt mit dem *Bias* $B(\hat{\theta}_n) = E(\hat{\theta}_n) - \theta$.

- Eine Schätzfunktion heißt (einfach) *konsistent*, wenn

$$\lim_{n \to \infty} P(|\hat{\theta}_n - \theta| \geq \varepsilon) = 0 \text{ für jedes } \varepsilon > 0,$$

m.a.W. für erwartungstreue $\hat{\theta}_n$ gilt das Gesetz der großen Zahlen.

- Von zwei erwartungstreuen Schätzfunktionen heißt $_1\hat{\theta}_n$ *effizienter* als $_2\hat{\theta}_n$, wenn $_1\hat{\theta}_n$ die kleinere Varianz besitzt. Mit der Ungleichung von Rao und Cramér lässt sich unter gewissen Regularitätsvoraussetzungen die Unterschranke der Varianz für die effiziente Schätzung angeben.

- Eine Schätzfunktion heißt *suffizient*, wenn sie gesamte Stichprobeninformation ausschöpft.

- Eine Schätzfunktion heißt *linear*, wenn sie eine Linearkombination der Stichprobenvariablen ist.

- Eine Schätzfunktion heißt (asymptotisch) *normal*, wenn sie exakt (asymptotisch) normal verteilt ist.

- Eine Schätzung heißt *robust*, wenn die Güte der Schätzung auch bei Nichtzutreffen der unterstellten Verteilung im Wesentlichen erhalten bleibt.

Literatur: *G. Bamberg/ F. Baur*, Statistik. 8. A., München 1993. *R. Deutsch*, Estimation Theory, Englewood Cliffs 1965. *M. G. Kendall/ A. Stuart*, The Advanced Theory of Statistics. Vol. 2, 4th ed., London 1979. *M. T. Wasan*, Parametric Estimation. New York 1970.

Prof. Dr. H. Rinne, Gießen

Schattenpreis
ein Quasi-Marktpreis, der je nach Umfang der →Externalitäten mehr od. weniger stark vom eigentlichen →Marktpreis abweicht od. diesen gar ersetzt, weil es keinen Marktpreis gibt. Die Anwendung von S. erfolgt meist in →Kosten-Nutzen-Analysen. Die Berechnung der S. kann auf verschiedene Weise erfolgen: nach der Alternativkostenmethode (→Opportunitätskosten), nach der Methode der Nettozahlungswilligkeit (willingness to pay) und nach der Methode der offenbarten Präferenzen (→revealed preference).

Schattenwirtschaft
⇒Untergrundwirtschaft.

Schatzanweisungen
→Inhaberpapiere in Form von kurz- und mittelfristigen →Schuldverschreibungen, die von öffentlich-rechtlichen →Gebietskörperschaften zur Deckung vorübergehenden Geldbedarfs begeben werden. Kurzfristige S. sind meist unverzinslich (→ unverzinsliche S., U-Schätze, s.a. → Schatzwechsel). Verzinsliche S. mit 6 und 12 Monaten Laufzeit sind wie →Anleihen und andere Schuldverschreibungen mit Zinsscheinen ausgestattet.

Schatzwechsel
Titel zur →Geldmarktregulierung der → Bundesbank, also Offenmarkt-Titel in Form von →Wechseln, deren Bezogene der Bund od. die Bundesbahn ist und die eine Laufzeit (Verfallzeit) von 30 bis 59 Tagen und von 60 bis 90 Tagen aufweisen (→Offenmarktpolitik).

Scheck
ist ein schuldrechtliches →Wertpapier, das in bestimmter Form ausgestellt, als S. bezeichnet werden und auf die Zahlung einer bestimmten Geldsumme lauten muss. Der S. ist eine besondere Form der Anweisung. Er darf nur auf eine →Bank, →Sparkasse od. bestimmte öffentliche Anstalten gezogen werden. Ein S. lautet z.B. S.-Nr. ..., Euro 400, X-Bank Frankfurt. Zahlen Sie gegen diesen S. aus meinem Guthaben in Worten vierhundert Euro an (Name) od. Überbringer, München 1.10.2007. Unterschrift des Ausstellers. Der S. ist zwingend bei Sicht zahlbar. Ein S., der im Land der Ausstellung zahlbar ist, muss binnen 8 Tagen nach Ausstellung zur Zahlung vorgelegt werden.
Der S. hat eine erhebliche Bedeutung für den bargeldlosen →Zahlungsverkehr. Er hat sich vor allem seit dem 19. Jahrhundert von England aus international verbreitet. Das S.-recht ist aufgrund der Genfer S.-rechtskonferenz von 1931 international weitgehend gleichartig geregelt, das deutsche S.-gesetz beruht darauf. Besondere S.-arten sind der Postscheck, der Travellerscheck, Barscheck, Verrechnungsscheck.

Scheidemünzen
unterwertig ausgeprägte →Münzen, deren Edelmetall- od. Metallgehalt wesentlich geringer als ihr aufgeprägter Wert ist. I.Ggs. dazu stehen die Kurantmünzen, bei denen nur eine Prägekostendifferenz zwischen dem Münzwert und dem Wert des Edelmetallgehaltes zulässig ist.

Scheingewinn
entsteht in der →Handels- und →Steuerbilanz, wenn zu → Anschaffungskosten bewertete Wirtschaftsgüter (→ Güter) verkauft werden, deren Wiederbeschaffungskosten am Verkaufstag höher als die Anschaffungskosten sind (aufgrund von Geldentwertung) und deren Verkaufspreis über den Anschaffungskosten liegt. Zahlenbeispiel: Verkaufspreis 100, Anschaffungskosten 20, Wiederbeschaffungskosten am Verkaufstag 50. Der Nominalgewinn beträgt hier 80, wobei der Umsatzgewinn nur 50 ausmacht, weil ein S. in Höhe von 30 vorliegt. Der S. ist also der Teil des Nominalgewinns, der auf der Differenz von höheren Wiederbeschaffungskosten am Verkaufstag und Anschaffungskosten zurückzuführen ist. Der durch S. entstehende Substanzverlust bei Besteuerung und Gewinnausschüttung kann durch freie →Rücklagen aus dem →Gewinn kompensiert werden. Die Forderung nach Ausnahme der S. von der Besteuerung wird zu Unrecht erhoben, weil auch die Besteuerung der → Einkommen aus unselbstständiger Tätigkeit keine Inflationsbereinigung kennt.

Schenkungsbilanz
⇒Übertragungsbilanz
→Zahlungsbilanz.

Schenkungsteuer
Nach § 516 I BGB ist eine Schenkung eine Zuwendung, durch die jemand aus seinem →Vermögen einen anderen bereichert, und beide Teile darüber einig sind, dass die Zuwendung unentgeltlich erfolgt. Steuerpflichtig ist aber nicht nur jede Schenkung, sondern jede andere freigiebige Zuwendung. Dies ist jede Zuwendung, durch die der Bedachte auf Kosten des Zuwendenden bereichert wird. Einigung der Parteien ist hierbei

nicht erforderlich. Die Steuerpflicht entsteht mit der Ausführung der Zuwendung. Gewisse Zuwendungen und Schenkungen an Abkömmlinge und Gelegenheitsgeschenke sind steuerfrei. In der Bundesrepublik ist die Erbschaftsteuer zugleich eine S., da ihr nicht nur der Erbanfall, sondern auch Schenkungen unter Lebenden und Zweckzuwendungen unterliegen.

Schiefe
Maßzahl zur Charakterisierung der Asymmetrie der Verteilung eines metrischen Merkmals. Die S. gibt nicht nur an, ob eine Verteilung schief (linksschief, rechtsschief) ist, sondern auch die Größenordnung dieser Schiefe. Sind $x_1, ..., x_n$ die Merkmalswerte in einer Beobachtungsreihe mit dem Mittelwert $\bar{x}$, so ist die Schiefe der zugehörigen Verteilung

$$g_1 = \frac{\left(\dfrac{1}{n}\sum_{i=1}^{n} (x_i - \bar{x})^3\right)}{\sqrt{\left(\dfrac{1}{n}\sum_{i=1}^{n} (x_i - \bar{x})^2\right)^3}}.$$

Ist $g_1 = 0$, so heißt dies gerade, dass die Verteilung symmetrisch ist. Je stärker negativ g_1 ist, desto linksschiefer ist die Verteilung, und sie ist umso rechtsschiefer, je stärker positiv der Wert g_1 ist.

Schlagsatz
⇒Münzgewinn
Das →Münzregal und das damit verbundene Recht der Einnahme des S. (= Prägegewinn) von →Scheidemünzen sind bis heute dem →Staat erhalten geblieben, in der Bundesrepublik durch das „Gesetz über die Ausprägung von Scheidemünzen" vom 8.7.1950. Die →Bundesbank handelt hier nur als Agent des Staates und seiner Regierung, indem sie die → Münzen in Umlauf bringt und den Münzgewinn an den Staat abführt, der ihn als Einnahme im Etat verbucht.

„Schlange"
⇒*Europäischer Währungsverbund.*

Schlichtung

ist die Mithilfe zur Lösung von Konflikten zwischen Tarifparteien (→Tarifrecht, Tarifvertrag) und zwischen den Parteien der Betriebsvereinbarung (→Arbeitsordnung). Die S. hat einen (neuen) Tarifvertrag oder eine Betriebsvereinbarung zum Ziel. Neben der staatlichen S. mit S.-Behörden wie Schieds(S.)ausschüssen, Landesschlichter und oberste Arbeitsbehörde der Länder gibt es die freiwillige S., die durch Tarifvertrag vereinbart ist.

Schließende Statistik

⇒*Analytische Statistik*
⇒Beurteilende Statistik
⇒Induktive Statistik
⇒Inferenz-Statistik
1. *Aufgabenbereich.* Eine knappe und häufig verwendete →Definition lautet: „Aufgabe der S. ist der Rückschluss von der → Stichprobe auf die →Grundgesamtheit". Eine genauere Vorstellung über die Möglichkeiten und Grenzen der S. erhält man jedoch erst, wenn man die in dieser Definition benutzten Begriffe „Rückschluss", „Stichprobe" und „Grundgesamtheit" weiter hinterfragt und sich die Schwierigkeiten vor Augen führt, die mit der Tatsache verbunden sind, dass es sich bei einer Stichprobe um eine unvollkommene Informationsquelle handelt. Die zu untersuchende *Grundgesamtheit* muss im jeweiligen Anwendungsfall durch zeitliche, räumliche und sachliche Abgrenzungen festgelegt werden. Ferner kann die Grundgesamtheit auch hypothetisch (d.h. noch nicht konkret realisiert) sein, wie es etwa bei der Grundgesamtheit aller von einer (kürzlich installierten) Maschine im Laufe ihrer Nutzungsperiode produzierten Stücke der Fall ist. Die *Stichprobe* wird i.d.R. gemäß einer „reinen Zufallsauswahl" zu ziehen versucht, was bei einer hypothetischen Grundgesamtheit natürlich nicht unproblematisch ist. Häufig werden an eine Stichprobe auch andere Forderungen gestellt, beispielsweise diejenige nach Repräsentativität (die Stichprobe soll ein getreues Miniaturbild der Grundgesamtheit darstellen) od. nach Optimalität (wobei das Stichprobendesign unterschiedliche Auswahlwahrscheinlichkeiten für unterschiedliche Elemente der Grundgesamt-

heit vorsehen kann). Ob die selbstverständlich klingende Forderung nach Repräsentativität der Stichprobe im Einzelfall erfüllt ist, lässt sich in aller Regel nicht zuverlässig nachprüfen: Betrachten wir beispielsweise die Gesamtheit aller volljährigen Bundesbürger sowie eine Stichprobe, in der die Bundesländer, die Konfessionen und die Geschlechter entsprechend den global gültigen Proportionen vertreten sind. Man wird versucht sein, eine derartige Stichprobe als repräsentativ zu bezeichnen. Ob sie es tatsächlich ist, hängt entscheidend von dem Untersuchungsmerkmal ab. Ist beispielsweise die Einstellung zu einer Änderung der Ladenschlussgesetze zu untersuchen, so könnten anstelle obiger drei Merkmale gänzlich andere Merkmale wie etwa die Art der →Beschäftigung od. die Mitgliedschaft in einer → Gewerkschaft wesentlich mehr Relevanz besitzen, und die Stichprobe in Bezug auf diese relevanten Merkmale erheblich verzerrt sein. Der in der Eingangsdefinition erwähnte *Rückschluss* kann unterschiedliche Fragestellungen beinhalten; im obigen Beispiel könnte beispielsweise die Frage interessieren
a) wie groß der Anteil aller volljährigen Bundesbürger ist, die die Änderung der Ladenschlussgesetze befürworten,
b) zwischen welchen Grenzen dieser Anteilswert liegt,
c) ob sich der Anteil der Befürworter gegenüber dem Vorjahr vergrößert hat,
d) wie die Verteilung der Einstellung ist (etwa gemessen auf einer Siebenpunkte-Skala mit den Polen „vollständige Ablehnung" und „uneingeschränkte Zustimmung").
Das klassische Aufgabengebiet der S. ist die Beantwortung von Fragen des Typs a), b) und c). Bei a) handelt es sich um eine *Parameterpunktschätzung.* Eine Punktschätzfunktion - angewandt auf eine konkrete Stichprobe - liefert einen eindeutigen Schätzwert für den interessierenden Parameter der Grundgesamtheit; im Beispiel könnte das Ergebnis etwa 0,68 lauten. Bei b) handelt es sich um eine *Parameterintervallschätzung.* Eine Intervallschätzfunktion - angewandt auf eine konkrete Stichprobe - liefert ein Intervall, das im Beispiel 0,68 ± 0,08 bzw. [0,60;

0,76] lauten könnte. Bei c) handelt es sich um einen *Hypothesentest*, der im Beispiel etwa zur Ablehnung der Hypothese führen könnte. Bei d) handelt es sich um ein Schätzproblem, das offenbar etwas komplexer ist als die Schätzung eines einzelnen Parameters und auf die gleichzeitige Schätzung mehrerer Parameter hinausläuft. Solche Probleme zählen ebenfalls zum Aufgabenbereich der S.

2. *Abgrenzungen zu anderen Teilgebieten der Statistik.* Synonyma zu S. sind Analytische Statistik, Beurteilende Statistik, konfirmatorische Statistik und Inferenz-Statistik. Methoden, die keinen Bezug auf den Stichprobencharakter nehmen, sondern dazu dienen, ein gegebenes Datenmaterial rechnerisch zu komprimieren od. graphisch bzw. tabellarisch aufzubereiten, werden zur →*Deskriptiven* (od. beschreibenden od. explorativen) *Statistik* gezählt. Methoden, die den Stichprobencharakter explizit berücksichtigen und darüber hinaus Fehlentscheidungskosten sowie gegebenenfalls Stichprobenkosten und a priori Informationen einbeziehen, werden in der *statistischen Entscheidungstheorie* entwickelt.

3. *Irrtumswahrscheinlichkeiten.* Eine wesentliche Konsequenz der Unvollständigkeit der (Stichproben-)Information besteht in der Notwendigkeit, Irrtumswahrscheinlichkeiten in Kauf zu nehmen. Bei Punktschätzproblemen ist die Irrtumswahrscheinlichkeit auch für die ausgeklügeltsten Schätzverfahren i. d. R. gleich 1; deshalb verwendet man hier anstelle der Irrtumswahrscheinlichkeit geeignetere und informativere Gütemaße, die in dem Stichwort → „Schätzverfahren" näher erläutert werden. Bei Intervallschätzproblemen kann die Irrtumswahrscheinlichkeit zwar beliebig klein gemacht werden; je kleiner jedoch die Irrtumswahrscheinlichkeit vorgegeben wird, desto größer und für praktische Zwecke unbrauchbarer wird das Schätzintervall. Bei Testproblemen gibt es unterschiedliche Irrtumswahrscheinlichkeiten, die sich zudem noch weitgehend gegenläufig verhalten. Für drei Hypothesen (z.B. die Einordnung eines zu kontrollierenden Artikels in die Rubriken „erste Wahl", „zweite Wahl",

„Ausschuss") gibt es sechs denkbare Fehler und somit auch sechs verschiedene Irrtumswahrscheinlichkeiten. Im Standardfall zweier Hypothesen existieren dagegen nur zwei Irrtumswahrscheinlichkeiten. Wie in dem Stichwort →„Testverfahren" ausführlich dargelegt wird, behandelt man die beiden Hypothesen üblicherweise unsymmetrisch, nennt sie *Nullhypothese* H_0 bzw. *Alternativhypothese* H_1 und gibt sich die Wahrscheinlichkeit für eine fälschliche Ablehnung von H_0 vor. Diese Irrtumswahrscheinlichkeit wird als *Signifikanzniveau* bezeichnet; die entsprechenden Testverfahren werden als Signifikanztests bezeichnet.

Literatur: *G. Bamberg/ F. Baur*, Statistik. 10. A., München-Wien 1998. *L. Fahrmeir/ A. Hamerle* (Hrsg.): Multivariate Statistische Verfahren. 2. A., Berlin-New York 1996. *J. Hartung*, Statistik. 10. A., München-Wien 1995.

Prof. Dr. G. Bamberg, Augsburg

Schlüsselzuweisungen
Teil der allgemeinen →Zuweisungen einer →Gebietskörperschaft an die andere Gebietskörperschaft im Rahmen des →Finanzausgleichs. Die S. werden, wie es der Name sagt, nach einem bestimmten Schlüssel errechnet: Er ist eine Kombination aus Ausgangsmesszahl und Steuerkraftmesszahl (Steuerkraftziffer).

Schufa-Klausel
Vereinbarung zwischen der Schutzgemeinschaft für allgemeine Kreditsicherung e.V. (Schufa), Kreditinstituten (→ Banken) und Datenschützern (→Datenschutz) bezüglich der Speicherung und Weitergabe von →Daten über die Aufnahme und Abwicklung eines →Kredites. Am 1.7.1986 ist eine neue S. in Kraft getreten, nachdem der BGH die alte Fassung für rechtswidrig erklärt hatte. Die neue S. verlangt eine Einwilligungserklärung des Kunden für die Übermittlung von Daten bezüglich seiner finanziellen Situation (Kredite, →Bürgschaften etc.). Die Bedingungen, nach denen Daten bei vertragswidrigem Verhalten des Kreditnehmers der S. gemeldet und von ihr gespeichert werden dürfen, wurden neu

definiert. So hat der Kreditnehmer u.a.
die Möglichkeit zu erfahren, wer über
ihn Auskünfte eingeholt hat.

Schuldbuchforderung
Darlehensforderung (→Darlehen) gegen
den Staat, für die keine → Schuldverschreibung ausgestellt ist. S. ist durch
Eintragung in das Staatsschuldbuch be-
urkundet. S. des Bundes sind zum Börsenhandel (→Börse) zugelassen.

Schuldenparadoxon
liegt immer dann vor, wenn eine zusätzliche Staatsverschuldung (→ öffentliche
Schulden) in der →Rezession über expansive Einkommens- und Beschäftigungseffekte (→Expansionsgrößen) dem Staat
Mehreinnahmen (→ Staatseinnahmen)
und Ausgabensenkungen (→öffentliche
Ausgaben) verschafft, deren Umfang insgesamt der ursprünglichen zusätzlichen
Staatsverschuldung entspricht oder sie
übertrifft. Zur Wirkungsvoraussetzung
s. u.a. →deficit spending.

Schuldenpolitik der öffentlichen Hand
=*debt management*.

Schulden-Swap
→Swaps.

Schuldscheindarlehen
lang- od. mittelfristiges →Darlehen, das
aufgrund eines Schuldscheins (Beweisur-
kunde) gewährt wird. Darlehensgeber
sind →Kapitalsammelstellen wie insbesondere Lebensversicherungen, Pensionskassen, die Sozialversicherungsträger, die →Bundesagentur für Arbeit und
→ Arbeitslosenversicherung und die →
Kreditinstitute. Darlehensnehmer sind
emissionsfähige und nicht emissionsfähige Unternehmen, wobei die nicht emissionsfähigen Unternehmen besondere
Anforderungen an das → Eigenkapital
und an die Sicherheiten erfüllen müssen.

Schuldverschreibung
→ Inhaberpapier, das ein Forderungs-
recht verbrieft. Zu den Inhaberschuldverschreibungen gehören die S. der
öffentlich-rechtlichen Körperschaften,
insbesondere des Bundes, der Länder
und Gemeinden (z.B. Prämienanleihen),

Hypothekenpfandbriefe, Gewinnanteil-
scheine →einer AG, Inhaberlagerscheine.
Zur Ausstellung von S. ist grundsätzlich
eine staatliche Genehmigung erforderlich, von der nur S. des Bundes und der
Länder befreit sind.

Schulze-Delitzsch-Genossenschaften
→Genossenschaftsbanken.

Schutzeffekt des Zolls
→Zolltheorie.

Schutzzoll
→Zolltheorie.

schwarzer Markt
Markt für illegale Bedarfsdeckung. Bei
Bewirtschaftung, Kontingentierung und
anderen restriktiven administrativen Regulierungen der Güterversorgung
kommt es zur Bildung eines S., meist mit
höheren Preisen (Beispiele: Prohibition,
Devisenbewirtschaftung).

schwebende Schuld
ist i.Ggs. zur →fundierten Schuld eine
kurzfristige öffentliche Schuld (→Schatz-
wechsel).

Schweinezyklus
Paradigma für Preisbewegungen nach
dem Spinnwebtheorem (→cobweb theorem): Grundlegend ist die Situation, dass
die nachgefragte Menge von laufenden →
Preisen abhängt, die angebotene Menge
aber auf Preisen einer vergangenen Periode beruht. Dies kann zu einem explosi-
ven System der Preis-Mengen-Oszillatio-
nen führen. In der Praxis führen aber
Lerneffekte dazu, dass solche Preisbewegungen kontrolliert bleiben.

Schwelle des Ertragsgesetzes
Minimum der →Grenzkosten.

Schwellenpreis
Auf dem europäischen Agrarmarkt sind
Schwellenpreise eine besondere Art der →
administrierten Preise im Sinne eines
Lenkungsinstrumentes: administrierte
Einfuhrpreise für Getreide, festgelegt gemäß Richtpreis (= Orientierungsmarke
für Erzeuger und Handel) im Hauptzu-
schussgebiet abzüglich Transportkosten

Grenze-Hauptzuschussgebiet.

Schwundgeld
⇒*Freigeld.*

Scitovsky-Paradoxon
Zwei volkswirtschaftliche Verteilungssituationen werden wohlfahrtstheoretisch miteinander verglichen. Das von Tibor Scitovsky (1941) formulierte Paradoxon beschreibt die Tatsache, dass eine neue Situation der Ausgangssituation wg. ihrer wohlfahrtsmäßigen Überlegenheit vorgezogen wird, wenn diese eingenommen wurde, die Ausgangssituation dieser gegenüber aber wieder vorgezogen wird. Dieser Widerspruch verschwindet, wenn ausgeschlossen wird, dass die Verlierer bei einem Situationswechsel die potentiellen Gewinner zu ihrem Vorteil „bestechen". S. versucht die Widersprüchlichkeit des →Kaldor-Hicks-Kriteriums zu beheben.

Scoring-Verfahren
Punktbewertungsverfahren für Entscheidungsprobleme, deren (optimale) Lösung nicht nur von Kosten- und Erlösaspekten, sondern auch (od. sogar vorrangig) von qualitativen Überlegungen geprägt wird. Die Vorgehensweise ist durch sechs Stufen gekennzeichnet; (a) Ermittlung der Ziele, (b) Gewichtung der Ziele, (c) Vergabe von Punkten für die Varianten, (d) Multiplikation von Gewichten mit zugehörigen Punkten, (e) Ermittlung der gewichteten Punkttotale, (f) →Sensitivitätsanalyse. Das S. findet seinen Einsatz als Management-Technik. Anwendungsbeispiele sind u.a. die Länderrisikoanalyse im Auslandsgeschäft oder die Beurteilung von Produktideen. S.a. →Credit-Scoring.

SDR
⇒*Sonderziehungsrechte*
⇒Special Drawing Rights.

second best
⇒*Zweitbest-Theorie.*

second economy
⇒Schattenwirtschaft.

Securitisation (Securitization)
Ersatz direkter Bankfinanzierungen durch vom Schuldner mit Wertpapieren unterlegte Finanzmittelaufnahmen, bei denen Banken ggf. Vermittlungs- und Garantiefunktionen übernehmen: Anstelle von Bankkreditaufnahmen emittieren Unternehmungen über den Euro-Kapitalmarkt internationale (Euro-) → Schuldverschreibungen und/ od. über den Euro-Geldmarkt internationale (Euro-) Geldmarktpapiere (RUF; NIF; Euro-CP); die Finanzmittelaufbringung erfolgt also bei Nicht-Banken als Investoren. Die Papiere sind aufgrund der Fungibilität i.d.R. (börsen-) handelsfähig.

Seigniorage
Mit S. wurde ursprünglich der →Münzgewinn bezeichnet, der dem Inhaber eines Münzrechts (meist dem jeweiligen Fürsten) aus der Differenz zwischen Prägekosten und Nennwert der im Umlauf gebrachten Geldstücke zufiel. Bei stoffwertlosem Papiergeld (→Banknoten) ist diese Differenz erheblich größer, da die Herstellungskosten hier nur einen Bruchteil des Nennwertes ausmachen. Auch wenn der Münzgewinn i.e.S. - nämlich die Erträge des gesetzlichen →Münzregals - in der Bundesrepublik dem Finanzminister zustehen, lässt sich der sehr viel größere Geldschöpfungsgewinn des Notenumlaufs im weiteren Sinn auch als Münzgewinn bezeichnen. Dieser Notenbankgewinn ist die S. Bei den bestehenden → Geldverfassungen westlicher Staaten ist S. unvermeidlich und ist eine neben anderen Ursachen hoher Gewinnabführungen der Bundesbank an den Fiskus.

Sektor
⇒*Transaktor*
⇒*Pol.*

sektorale Allokation
Zuordnung der → Produktionsfaktoren auf →Wirtschaftssektoren.

sektorale Wirtschaftspolitik
spezielle Wirtschaftspolitik (→ Theorie der Wirtschaftspolitik), die auf die → Wirtschaftssektoren abzielt (z.B. → Agrarpolitik od. →Strukturpolitik).

sekundäre Einkommensverteilung
→*Einkommensumverteilung*
⇒Redistribution
⇒Sekundärverteilung.

sekundäre Finanzierungsinstitute
⇒*Finanzintermediäre*
⇒Intermediäre
⇒*Kreditvermittler.*

sekundäre Produktion
In Abgrenzung von der →primären und →tertiären Produktion meint die s. die eigentliche Gütererzeugung des →sekundären Sektors.

sekundärer Sektor
Bereichsgliederung aller Unternehmen einer → Volkswirtschaft nach unterschiedlichen Kriterien. Umfasst nach C. Clark und J. Fourastie den Bereich mit einem langfristig in großem Maße wachsenden → technischen Fortschritt. Ist danach der Industriesektor. Nach heute gängiger Abgrenzung gehören dazu: warenproduzierendes Gewerbe einschließlich Bergbau sowie Energie- und Wasserversorgung. Anteil des s. am →Inlandsprodukt ist bei stagnierendem Anteil an den →Erwerbstätigen rückläufig: 1950 etwa 50%, 2007 etwa 30%. S. auch → primärer Sektor, →tertiärer Sektor.

sekundäres Geld
⇒derivatives Geld
→Geldarten.

Sekundärhandel
insbesondere der Handel mit bereits im Umlauf befindlichen →Wertpapieren.

Sekundärkosten
→Kosten.

Sekundärverteilung
⇒*Einkommensumverteilung*
⇒Redistribution
⇒sekundäre Einkommensverteilung.

Selbstdiskontierung
→Akzeptkredit.

Selbstfinanzierung
⇒Innenfinanzierung.

Selbstkosten
die totalen Stückkosten (→Kosten), also variable Stückkosten plus Fixkostenanteil je Stück. Bei der →Kalkulation des Angebotspreises in der kostenorientierten Preisbestimmung wird auf die S. ein Gewinnzuschlag berechnet. Bei der →Divisionskalkulation werden zur Ermittlung der S. prinzipiell die Gesamtkosten (Kosten) der Periode auf die in dieser Periode erstellten →Kostenträger verteilt.

Selbstkostenrechnung
⇒*Kalkulation*
⇒Kostenträgerstückrechnung.

Selbstliquidationsprinzip
→Diskontpolitik, 2.

Selbstorganisation
1. Gestaltungsprinzip, das bei natürlichen Lebewesen gemäß dem genetischen Code erfolgt; 2. bei sozialen Systemen das organisatorische Prinzip aufgrund kultureller Schablonen und sich ändernder Normensysteme; 3. in systemtheoretischen Ansätzen der →Organisation die Unternehmung als ein nach →Gleichgewicht strebendes informelles und offenes Regelsystem.

Selbstversorgung
⇒*Haushaltsproduktion.*

Selbstversorgungswirtschaft
mikroökonomisch (→ Mikroökonomik) die Modellwirtschaft des Robinson Crusoe, makroökonomisch (→Makroökonomik) eine geschlossene Wirtschaft (→ geschlossene Volkswirtschaft), die eine autarke (→Autarkie) →Wirtschaft ist. Beide sind dadurch gekennzeichnet, dass sie keine marktmäßigen Beziehungen nach außen haben.

Selektionsfunktion des Wettbewerbs
Bei →vollständiger Konkurrenz mit freiem Marktzugang treten solange neue Anbieter auf einem →Gütermarkt auf, wie dort →Gewinne gemacht werden. Sinkt der →Preis durch das zusätzliche Angebot, scheiden →Grenzbieter aus. Längerfristig scheidet auch derjenige aus, dessen Stückkostenminimum über dem Marktpreis liegt.

Auf diese Weise sorgt der Wettbewerb dafür, dass Anbieter mit nicht konkurrenzfähiger Kostensituation vom → Markt verschwinden. Der Wettbewerb hat eine Selektionsfunktion gegenüber unrentablen Unternehmen.

self-adjusting peg
⇒crawling peg
→Floating.

self-fulfilling prophecy
⇒Thomas'sches Theorem
Die Verkündung prognostischer Werte kann dazu führen, dass die Empfänger der Botschaft ihr Verhalten daran ausrichten und so dafür sorgen, dass sie sich auch realisieren.

Seltenheit
unabhängig von den →Bedürfnissen geringes objektiver Vorkommen eines → Gutes (z.B. bestimmte Rohstoffe).

Senke
→Transaktor, der nur →Ströme empfängt i.Ggs. zur Quelle, die nur Ströme abgibt.

Sen-Paradoxon
In der Theorie der Gruppenentscheidungen gilt das S. (auch: „Liberales Paradoxon" od, „Dilemma des Paretianischen Liberalen") neben dem →Arrow-Paradoxon als eines der noch am wenigsten befriedigend gelösten Probleme: Dieses Unmöglichkeitstheorem, von A. K. Sen 1970 formuliert, besagt, dass selbst ein Minimum persönlicher Entscheidungsspielräume mit der weithin akzeptierten Pareto-Norm unvereinbar sein kann. Diese Aussage beinhaltet ein Paradoxon, weil sie die Grundthese des politischen und ökonomischen →Liberalismus infrage stellt, dass gerade individuelle Freiheit zur Erreichung eines hohen Wohlfahrtsniveaus notwendig ist.

Sensibilitätsanalyse
das Variieren von Zielen, Gewichten und Punktwerten und die Überprüfung der Auswirkungen auf die bewertete Reihenfolge der Varianten. Sie stellt ein Element von Punktbewertungsmodellen od. → Scoring-Modellen dar, die zur Lösung von Entscheidungsproblemen der Unter-

nehmungsführung dienen. Die S. verfolgt verschiedene Ziele: Beweis, dass selbst bei veränderten Annahmen eine favorisierte Lösung standhält; Demonstration, wie sich die Reihenfolge ändert, wenn bestimmte Teilbewertungen geändert werden; Versuch der Manipulation zu der Lösung hin, die man mehr intuitiv haben möchte.

Sensitivitätsanalyse
⇒sensitivity analysis
⇒Verfahren kritischer Werte
Verfahren zur Bewältigung des Unsicherheitsproblems bei Investitionsentscheidungen (→Investitionstheorie). Bei der S. wird gezeigt, welche →Variablen für die Ergebnisse der Wirtschaftlichkeitsrechnung (→Wirtschaftlichkeit) besonders bedeutsam sind und daher auch besonders sorgfältig prognostiziert bzw. überwacht werden sollten. Gleichzeitig lassen sich mit der S. auch bestimmte kritische Werte ermitteln, deren Über- od. Unterschreiten das Ergebnis der Wirtschaftlichkeitsrechnung verändert. Zwei Merkmale sind für die S. kennzeichnend: Systematische Parametervariationen mit dem Ziel, die verschiedenen Größen des →Modells auf ihre Sensibilität gegenüber Veränderungen zu testen. Diese Sensibilität wird dabei gemessen an der Stärke der sich durch die parametrischen Variationen ergebenden Abweichungen von bestimmten Sollwerten.

sensitivity analysis
⇒*Sensitivitätsanalyse*
⇒Verfahren kritischer Werte.

Separationstheorem
⇒Modigliani-Miller-Theorem
These von Modigliani/ Miller (1958), dass die durchschnittlichen Kapitalkosten einer Unternehmung (und damit ihr →Marktwert) unabhängig vom Verschuldungsgrad sind. Die These geht von folgenden →Prämissen aus: 1. die Kapitalgeber erwarten (einheitlich) bestimmte Bruttogewinne bei den einzelnen Unternehmungen. Es bestehen folglich trotz Ungewissheit keine Erwartungsdifferenzen. 2. die Unternehmungen lassen sich in homogene Risikoklassen einteilen. In-

nerhalb der einzelnen Risikoklassen besteht ein einheitliches Geschäftsrisiko
bezüglich etwaiger Gewinnschwankun-
gen im Zeitablauf. 3. die Anteile der Unternehmungen werden an der Börse
unter den Bedingungen →vollkommener
Märkte gehandelt. Das bedeutet u.a.,
dass für zwei Unternehmungen der gleichen Risikoklasse, die beide unverschuldet sind, die durchschnittlichen Kapitalkosten (Renditeforderungen) gleich hoch
sein müssen. 4. die Fremdkapitalkosten
sind unabhängig vom Verschuldungsgrad, und die →Anteilseigner sind willens und in der Lage, →Fremdkapital zu
gleichen Sätzen aufzunehmen wie die
Unternehmungen.
Die Gültigkeit ihrer These beweisen die
Autoren mit der Überlegung, dass für
zwei homogene Güter (→Güter) auf einem vollkommenen →Kapitalmarkt auch
stets gleiche →Preise existieren müssen
und auftretende Ungleichgewichte zu
Arbitrageprozessen (→Arbitrage) führen,
die das →Gleichgewicht wieder herstellen.

Serienfertigung
Zwischentyp der →Fertigung, der zwischen den Fertigungstypen →Einzelferti-
gung und →Massenfertigung angesiedelt
ist. Man unterscheidet Großserien und
Kleinserien.

Shadow-Organisation
durch informelle Gruppen bestimmte Ergänzung zur formalen → Organisation
od. durch dieselben gebildete Gegenor-
ganisation zur formalen Organisation.

Shareholder Value
S. bedeutet Aktionärsnutzen. Die Schaffung von SV ist das Hauptziele von →In-
vestor Relations (IR). Die Schaffung von
SV ist gleichbedeutend mit der Erzielung
einer nachhaltig optimalen Unternehmensbewertung, dem Hauptziele von IR.
Das Ergebnis lässt sich recht einfach an
der Verzinsung des eingesetzten Kapitals
auf der Seite der Anteilseigner feststellen.
Die Ergebnisse aus der Praxis sind nachfolgend erörtert:
Die Konsolidierung der Daten der 24 Industrieunternehmen im → DAX-Index
führt zu Zusammenhängen über einen

Vergleichszeitraum von 30 Jahren. Die
drei besten Unternehmen in der Wertsteigerung für Aktionäre zwischen 1963
und 1992 sind BMW mit weitem Abstand
vor Schering und Siemens.
Untersucht man die Signifikanz von einzelnen Kernkennzahlen auf die langfristige Entwicklung des Aktieninvest-
ments, so stellt sich heraus: Die Eigenkapitalverzinsung ist besser als das →Kurs/
Gewinn-Verhältnis (KGV), die →Divi-
dendenrendite, das Verhältnis von →
Kurs- zu Buchwert oder auch als das
Kurs/Cash-flow-Verhältnis dazu geeignet, die Nachhaltigkeit der Wertsteigerung zu unterlegen. Die bereits
angesprochenen Unternehmen haben -
mit Daimler, das Unternehmen mit dem
höchsten Return on Equity - in dem 30-
Jahres-Vergleich allesamt einen besseren
Mittelwert und auch einen besseren Median in der Performancemessung und Eigenkapitalverzinsung (RoE) als die
anderen 20 untersuchten Unternehmen.
SV wird nachhaltig durch eine überdurchschnittliche Eigenkapitalverzinsung erzielt. Die Kenngröße RoE ist in
diesem Fall ermittelt als Verhältnis des
Kurswertes zu dem bereinigten Nettoer-
gebnis nach DVFA/SG. Der von außerordentlichen, aperiodischen und dispositi-
onsbedingten Einflüssen bereinigte →
Jahresüberschuss ist die verbreitete Art,
den „echten" Ertrag eines Jahres wiederzugeben.
Das KGV hat eine gewisse Indikation für
die erfolgreiche Wertsteigerung einer →
Aktie: Die besten drei Unternehmen
BMW, Schering und Siemens haben empirisch gesehen ein unter dem Durchschnitt liegendes KGV. Eine Monokausa-
lität lässt sich aber im Gegensatz zum
RoE bei der Betrachtung des KGV allein
nicht herstellen.
Das Kurs/Cash-flow-Verhältnis hat für
die →Performance statistisch keine Bedeutung. Erfolglose Aktienanlagen finden sich sowohl im billigen Bereich mit
einem niedrigen Kurs/Cash-flow, als
auch im hohen Bereich, den am Cash-
flow gemessen teuren Unternehmen. Es
ist keine Signifikanz zu beobachten. Die
stetige Steigerung des SV ist jedoch auf
eine gesunde Mischung von → Ausschüttung und → Selbstfinanzierungs-

kraft zurückzuführen.
Die Schaffung von SV, also vom Nutzen
für den Aktionär, steht im Vordergrund
jeder Betrachtung, oder zumindest sollte
dies so sein. SV oder auch Stakeholder
Value ist
- Steigerung des Unternehmenswertes;
- Schaffung von Aktionärsnutzen (und
  Obligationärsnutzen);
- Betrachtung des Wertsteigerungspotentials in einer mehr am Cash-flow
  orientierten Unternehmensbewertung.

Es zeigt sich im Zeitablauf, dass die den
deutschen Aktienindex DAX konstituierenden Unternehmen zwischen 8,75%
und 17,75% Eigenkapitalverzinsung haben. Der Mittelwert ist 13,06% und der
Median 12,75%.
Das Ergebnis ist in den letzten Jahren tendenziell eher schlechter geworden, als
die Zahlen ausdrücken, also SV wurde
zunehmend weniger geschaffen bzw.
vernichtet. Der Grund dafür liegt darin,
dass über die Absetzung der vor allem in
der 80er Jahren durch erhöhte Akquisitionsbemühungen der Unternehmen stark
gestiegenen Firmenwerte gegen die
Rücklagen das →Eigenkapital eine niedrigere →Basis hat, als es eigentlich bei einer Abschreibung des Goodwills über
etwa einen 40-Jahres-Zeitraum hat. Letzteres würde die RoE-Zahlen zu den angebenen durch den erhöhten Nenner verschlechtern.

Sherman Act
amerikanisches Gesetz von 1890, das sich
zum ersten Mal gegen monopolistische
Verhaltensweisen aller Art richtet und
ein Kartellverbot (→Kartell) enthält. Der
S. ist durch den Clayton Act (1914) ergänzt worden. Nach dem Vorbild der
USA sind Anti-Monopolgesetze in anderen Ländern geschaffen worden. so auch
in Deutschland im Jahr 1957.

shopping goods
→Güter, zu deren Beschaffung besondere
Aktivitäten (shopping) entfaltet werden,
die über solche von Routinebesorgungen
(convenience goods) hinausgehen. S. unterliegen scharfer Konkurrenz hinsichtlich →Preis, Qualität, Design und modischen Trends.

short run time horizon
kurzfristiger Zeithorizont.
S. →Zeithorizont.

sicheres Ereignis
Menge aller Elementarereignisse eines
Zufallsexperiments. Die Wahrscheinlichkeit für das Eintreten des s. ist 1.

Sicherungsinvestition
→Investition.

Sicherungsübereignung
Eigentumsübertragung mit der Abrede,
die zur Sicherung übereignete Sache nur
bei Nichterfüllung der gesicherten →Forderung zu verwerten. Die S. ist die wirtschaftlich wichtigste Form des eigennützigen Treuhandeigentums. Zur Sicherung einer Forderung ist die Bestellung
eines Pfandrechts oft nicht möglich, da
dieses die Übertragung des Besitzes an
der Pfandsache auf den Gläubiger voraussetzt. Rechtlich erfordert die S. Einigung und - anstelle der Übergabe der
Sache - Vereinbarung eines konkreten
Besitzkonstituts, wobei zunehmend die
S. selbst als derartiges Besitzmittlungsverhältnis anerkannt wird.

Sichteinlagen
⇒Sichtguthaben
→Einlagen.

Sichtguthaben
⇒Sichteinlagen
→Einlagen.

Sickerverluste
⇒*Kontraktionsgröße*
⇒Entzugseffekt.

Siegel-Paradoxon
Die Terminkurstheorie der Wechselkurserwartung ist eine häufig benutzte
Beziehung zwischen heutigen Termin-
und für die Zukunft erwarteten Kassakursen. Das S. besagt, dass eine strenge
Gültigkeit der Terminkurstheorie der
Wechselkurserwartung nicht gegeben
sein kann.

Signifikanz
→Regressionsanalyse.

Signifikanzniveau

$\Rightarrow$Irrtumswahrscheinlichkeit in statistischen Tests kann die Wahrscheinlichkeit α, den Fehler 1. Art ($\rightarrow$Fehler) zu machen, vorgegeben werden und heißt S. α. Vgl. $\rightarrow$Testverfahren, 5.

Signifikanztest

statistischer Test einer Nullhypothese H_0 gegen die Alternativhypothese H_1, die das Komplementär zu H_0 ist. Es geht also nur um die Frage, ob H_0 zutrifft oder nicht. Vgl $\rightarrow$Testverfahren.

Simplex-Algorithmus

Rechenverfahren der $\rightarrow$ linearen Programmierung. Ausgangsbasis ist ein mathematisches Problem, das eine Entscheidungssituation abbildet.

Eine lineare Zielfunktion ist unter Beachtung von Restriktionen sowie von Nichtnegativitätsbedingungen zu maximieren. Die allgemeine Lösung des Entscheidungsproblems mit Hilfe des S. nutzt die Erkenntnis, dass die optimale Lösung des Problems der linearen Programmierung in einem Eckpunkt des zulässigen Lösungsraumes liegt, indem sog. Basis-Lösungen konstruiert werden, die jeweils in den Eckpunktes des Lösungsraumes liegen. Ausgehend vom Koordinatenursprung wird in mehreren Rechenschritten (Iterationen) die Basislösung gesucht, die die Zielfunktion maximiert. Das Verfahren kann aus Platzgründen hier nicht beschrieben werden. Dieses heißt S. Der Name stammt von einer geometrischen Interpretation des Algorithmus, in der spezielle Teilmengen des R^n auftreten, die Simplices (oder Simplexe) heißen.

Hier ist lediglich ein Flussdiagramm angegeben (s. Abb.) mit einem Simplex-Algorithmus zur Lösung eines linearen Maximumsproblemes, dessen Normalform eine zulässige kanonische Form des Problems ist.

simultaner Planungsansatz

Annäherung an die totale Simultanplanung ($\rightarrow$Planung), bei der alle Unternehmungsvariablen in einem einstufigen Totalmodell festgelegt und optimiert wer-

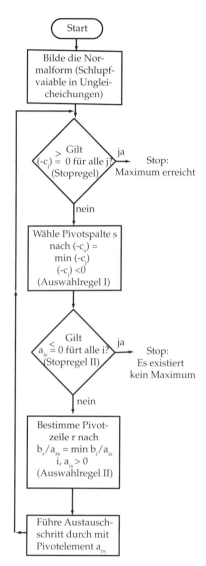

den. Wg. der stets vorhandenen $\rightarrow$Interdependenz zwischen allen Variablen und den dabei auftretenden Informationsgewinnungs- und -verarbeitungsproblemen ist die totale Simultanplanung nicht praktikabel. Das Gegenstromverfahren kann aber als weitestgehende Annäherung im Sinne eines s. an das System der totalen Simultanplanung angesehen werden.

Skalenelastizität
⇒Niveauelastizität
⇒Ergiebigkeit(sgrad) der Produktion
⇒Produktmengenelastizität
Maß der →Skalenerträge. Die S. wird auf folgende Weise definiert: Man betrachte, was mit dem →Output (O) geschieht, wenn man alle →Inputniveaus (λ) um einen kleinen Betrag erhöht. Dies wird durch relative Änderungen als →Elastizität (χ) wiedergeben:

$$\chi = \frac{dO}{O} : \frac{d\lambda}{\lambda}$$

Die S. misst die prozentuale Zunahme des Outputs infolge einer prozentualen Erhöhung des → Produktionsniveaus. Man spricht davon, dass die Technologie zunehmende, konstante od. abnehmende Skalenerträge aufweist, wenn χ größer, gleich od. kleiner 1 ist. S. →Elastizitäten.

Skalenerträge
⇒economies of scale
Verwendet man einen Vektor von Inputs υ, um einen →Output O zu produzieren, und setzt man alle Inputs proportional um einen Faktor t > 0 herauf od. herab, so zeigt der S., was mit dem Outputniveau geschieht.
Erhöht man z.B. die Inputs proportional um den Faktor t und produziert man damit t-mal soviel Output wie zuvor, so weist die Technologie konstante S. aus.
Die Bedingungen lauten formal:
$f(t\upsilon) = tf(\upsilon)$ für alle t > 0; d.h. $f(\upsilon)$ ist homogen vom Grade 1. Zunehmende S.: Eine Technologie weist zunehmende S. auf, wenn $f(t\upsilon) > tf(\upsilon)$ für alle t > 1. Abnehmende S.: Eine Technologie weist abnehmende S. auf, wenn $f(t\upsilon) < tf(\upsilon)$ für alle t > 1.
Hierbei wird auf den durchschnittlichen S. abgestellt. Der marginale S. misst die absolute Outputzunahme bei einer infinitesimal kleinen Zunahme des →Produktionsniveaus. Im Fall konstanter S. fallen durchschnittlicher und marginaler S. zusammen.

Skimmingpreis
hoher Einführungspreis für ein neues →

Produkt. →Skimmingstrategie.

Skimmingstrategie
Preisniveaustrategie mit → Skimmingpreisen als jene unternehmerische Preispolitik, die zwischen einer Niedrig- und Hochpreispolitik liegt.
Der hohe Einführungspreis für ein neues Produkt wird sukzessive - im Zeitablauf von Käuferschicht zu Käuferschicht - gesenkt.

Skonto
Preisnachlass bei Barzahlung od. z.B. bei Zahlung innerhalb von acht Tagen nach Erhalt der Rechnung. Üblich ist ein Satz von zwei od. drei Prozent vom Endpreis.

Slack-Potential
unzureichende Auslastung z.B. der →Kapazität od. des Potentials am →Arbeitsmarkt.

Snobeffekt
Weil eine relevante Bezugsgruppe ein Gut (vermehrt) konsumiert, wird es von anderen Haushalten weniger oder nicht mehr nachgefragt. Beispiele sind „elitäre" Güter oder Luxusgüter, die den „Snobs" das Flair der Exklusivität verleihen. Es muss jedoch nicht immer ein snobistisches Verhalten bestimmend für den S. sein. Viele Menschen verzichten z.B. nachts auf die Nutzung von U-Bahnhöfen und Parkhäusern, weil diese auch von anderen Personen genutzt werden könnten, denen sie nicht begegnen möchten.

Social Marketing
Dieser Begriff wird in der betriebswirtschaftlichen Literatur unterschiedlich weit gefasst. Das Spektrum der vertretenen Definitionen lässt sich durch die beiden folgenden Ansätze erfassen, wobei der erste als eine weite und der zweite Ansatz als enge Auslegung zu verstehen ist:
- S. stellt eine *Ausweitung des Objektbereiches des Marketing auf Nonprofit-Organisationen* dar (Non-Business-Marketing, Non-Profit-Marketing). Hiermit wird der gesamte, äußerst heterogene Bereich der *nicht-erwerbswirtschaftlichen Organisationen* erfasst (z.B.

Parteien, Gewerkschaften, Verbände, kulturelle und religiöse Institutionen, öffentliche Unternehmungen und Verwaltung). Es bleibt unbeachtet, dass auch erwerbswirtschaftlich tätige Unternehmungen in einer Nebenfunktion nicht-erwerbswirtschaftlich ausgerichtet sein können.

- S. wird als eine *Sonderform der nicht-erwerbswirtschaftlich* tätigen Organisationen verstanden, d.h. es handelt sich um Organisationen, die sozialwirtschaftlich tätig sind. *Sozialwirtschaftlich* bedeutet dabei, dass die Leistungserstellung überwiegend oder ausschließlich im Interesse Dritter erfolgt und der Leistungsnehmer kein adäquates Leistungsentgelt fordert. Charakteristisch ist damit die soziale, gemeinnützige Betätigung, wobei diese Organisationen ihre Leistungen häufig nicht über den Markt, sondern über andere Versorgungssysteme (z.B. Zuwendung) abgeben. Sozio-Marketing wird damit auf sozialwirtschaftlich tätige Organisationen bezogen, soweit deren sozialwirtschaftliche Funktionen betroffen sind.

Software
→automatisierte Datenverarbeitung.

Solawechsel
→Wechsel.

Solidaritätszuschlag
Der S. wird vor allem aus wirtschaftlichen Folgegründen der Wiedervereinigung erhoben. Nach § 4 SolZG beträgt der Ergänzungsabgabe-Satz 5,5% der ESt (damit auch der LSt und der KapESt, außerdem auf die KSt).
Eine Senkung des S.es 1998 wurde beschlossen.

Sollkaufmann
Nach § 2 →HGB ist S., wer ein gewerbliches Unternehmen od. ein Handwerk betreibt, das nach Art und Umfang einen kaufmännisch eingerichteten Geschäftsbetrieb erfordert. Diese Unternehmen gelten dann als →Handelsgewerbe (z.B. Bauunternehmen und Gewerbe der →Urproduktion). Der S. ist zur Eintragung ins Handelsregister verpflichtet; er ist →

Kaufmann kraft Eintragung wie der Kann-Kaufmann (→Kaufmann), nur dass dessen Eintragung freiwillig erfolgt, wenn bestimmte Voraussetzungen vorliegen, aber anders als der Musskaufmann (→Kaufmann), der Kaufmann kraft Gewerbebetriebes ist.

Sollkosten
Bei der Kostenkontrolle mittels flexibler →Plankostenrechnung setzen sich die S. für die jeweilige →Istbeschäftigung aus den gesamten Fixkosten (→Kosten) und den jeweiligen variablen Kosten zusammen. Die Differenz zwischen S. bei Istbeschäftigung und verrechnete → Plankosten bei Istbeschäftigung ergibt die Beschäftigungsabweichung. Bei Planbeschäftigung stimmen S. und verrechnete Plankosten überein. Die Differenz von Istkosten und S. bei Istbeschäftigung ergibt die Verbrauchsabweichung.

Sollkostenrechnung
i.e.S. die Ermittlung der →Sollkosten bei → Istbeschäftigung in der flexiblen → Plankostenrechnung. I.w.S. alle Kontrollrechnungssysteme, die den Istkosten Kontrollgrößen gegenüberstellen, sei es die starre Plankostenrechnung od. die flexible Plankostenrechnung (als → Grenzplankostenrechnung od. → Vollplankostenrechnung).

Sollzins
I.Ggs. zum →Habenzins, dem →Zins für →Einlagen, ist der S. derjenige Zins, den der Kunde eines Geld- und →Kreditinstituts für einen gewährten →Kredit zu zahlen hat. Aus der Sicht der →Bank ist der S. ein Aktivzins. →Zins.

Solow neutraler technischer Fortschritt
⇒ kapitalsparender technischer Fortschritt
→technischer Fortschritt.

Sonderabgaben
→Abgaben, öffentliche.

Sonderangebot
wettbewerbsrechtlich grundsätzlich zulässige, günstige Preisgestaltung, die nur hinsichtlich der Zeit und bestimmter Waren begrenzt sein kann. S. sind von den

Sonderveranstaltungen (z.B. Jubiläumsverkäufe), aber auch von Verkaufsveranstaltungen wie Ausverkauf, Räumungsverkauf und Schlussverkauf zu unterscheiden.

Sonderausgaben
Bestimmte Aufwendungen, wenn sie weder Betriebsausgaben noch →Werbungskosten sind, sind in der →Einkommen-
und →Lohnsteuer vom Gesamtbetrag der
→Einkünfte abzuziehen. Sie sind unbeschränkt od. beschränkt abzugsfähig.
Unbeschränkt abzugsfähig sind →Renten
und dauernde Lasten, Kirchensteuer saldiert um Erstattungen, Steuerberatungskosten. Beschränkt abzugsfähig sind
Unterhaltsleistungen an den geschiedenen od. dauernd getrennt lebenden Ehegatten, Ausgaben für Berufsausbildung
od. Weiterbildung in einem nicht ausgeübten Berufe, Vorsorgeaufwendungen,
Spenden für anerkannte Zwecke und für
Parteien u.a.

Sonderprüfungen
alle unregelmäßigen wiederkehrenden
bzw. einmaligen Prüfungen, unterschieden nach der gesetzlichen Normierung
in:
1. gesetzlich vorgeschriebene S.: Hierzu
zählen: Gründungsprüfung nach § 33
AktG 1965; Nachgründungsprüfung
nach § 52 AktG 1965; (aktienrechtliche)
Prüfung bei Kapitalerhöhungen mittels
Sacheinlagen; S. bei Genossenschaften.
2. gesetzlich vorgesehene S.: Hierzu zählen u.a.: Auf Veranlassung der im Gesetz
dazu Berechtigten die Prüfung von Vorgängen bei der Gründung und Geschäftsführung nach § 142 AktG 1965;
(aktienrechtlich vorgesehene) Prüfung
unzulässiger Unterbewertungen; (aktienrechtlich vorgesehene) Prüfung der
Geschäftsbeziehungen zu herrschenden
Unternehmen, Prüfung bei Personengesellschaften z.B. nach § 716 BGB.
3. freiwillige S.: Die wichtigsten Prüfungen sind hier die →Kreditwürdigkeitsprüfung und die Unterschlagungsprüfung.

Sondervermögen der öffentlichen Hand
1. →Vermögen im öffentlichen Recht wie
im Privatrecht, dem das Gesetz eine Son

derstellung einräumt. 2. Sondervermögen der →Gebietskörperschaften, also
des Bundes, der Länder und der Gemeinden.

Sondervermögen des Bundes
spezielle S. der öffentlichen Hand, nämlich des Bundes. Bekanntes Beispiel: Die
Deutsche Bundesbahn war ein selbstständiges, nicht rechtsfähiges S.

Sonderziehungsrechte
=SDR
=Special Drawing Rights
Da schon bei Gründung des →Internationalen Währungsfonds (IWF) die Sorge
bestand, dass dessen Fondsmittel längerfristig nicht ausreichen würden, um in einem wachsenden Welthandel auch steigende → Zahlungsbilanzdefizite durch
Währungskredite des IWF zu finanzieren, war im IWF-Abkommen die Schaffung zusätzlicher → Liquidität vorgesehen und in Gestalt von S. durch eine
Abkommensänderung 1969 eingeführt
worden. Die Grundidee war die Schaffung eines Reserveaktivums für Währungsbehörden durch Gratisverteilung.
Dieses Aktivum soll keine →Verbindlichkeit des emittierenden (→Emission) Instituts sein und keinerlei Deckung haben:
kein Gold, keine →Devisen, keine →Wertpapiere, keine →Forderungen irgendwelcher Art. Die S. ermöglichen auch eine
Loslösung der Reservehaltung vom Geld
und US-Dollar. Die S. besitzen Geld- und
Kreditcharakter. Ihr Wert wird nach der
„Standardkorb-Methode" (Währungen
der exportstärksten Länder") vom IWF
bestimmt.

Sorten
ausländische →Banknoten und →Münzen in Händen von →Inländern. S. zählen
zu den →Devisen.

Sortenfertigung
Sonderform der → Serienfertigung: die
einzelnen →Sorten werden in Serien gefertigt, wobei sich die Sorten jeweils nur
durch wenige Merkmale voneinander
unterscheiden (z.B. Biersorten).

Sortiment
Auswahl und Zusammenstellung des

Angebots an →Gütern durch den Hersteller und durch die verschiedenen Handelsstufen.

Sortimentsgestaltung
zielgruppengerechte Auswahl und Zusammenstellung des →Sortiments, das sind die zum Kauf angebotenen →Güter und Dienste.

Sozialabgaben
⇒pay roll tax
→Abgabe, 2.

Sozialbeiträge
Zahlungen von → Wirtschaftssubjekten an Einrichtungen der sozialen Sicherung, z.B. der →Arbeitgeber und →Arbeitnehmer an Sozialversicherungen. In der → Volkswirtschaftlichen Gesamtrechnung enthalten die S. solche S., die tatsächlich gezahlt werden (wie z.B. die Beiträge zur Rentenversicherung der Arbeiter und Angestellten), und solche, die fiktive S. sind, wie z.B. für die Altersversorgung der Beamten.

Sozialberichterstattung
Berichterstattung der Bundesregierung an Bundestag und Bundesrat über die Finanzlage der Rentenversicherung, die allgemeine Entwicklung der wirtschaftlichen Leistungsfähigkeit und der →Produktivität usw. Die jährlichen Berichte bilden die Grundlage für die Anpassung der →Renten der Renten- und Unfallversicherung an die allgemeine Rentenbemessungsgrundlage.

Sozialdumping
→Dumping.

soziale Indikatoren
als System der s. z.B. im Konzept der → OECD der Versuch, die Sozialproduktsberechnung als Messung der Wohlfahrt zu ersetzen. Einzelne s. sind geeignet, das globale Maß →Bruttosozialprodukt zu ergänzen. S. versuchen, die Lebensqualität in quantitativen Messziffern zu erfassen, indem sie für einzelne repräsentative Bereiche angegeben werden. Solche Bereiche sind z.B. Gesundheit (z.B. die Zahl der Krankenhausbetten pro 1 000 Einwohner) od. Bildung, Freizeit (→Kon-

sumzeit), soziale Umwelt.

soziale Klassen
soziologische Kategorie der Einteilung einer Gesellschaft. Besonders bekannt ist die Klasseneinteilung von K. Marx nach dem Kriterium des Eigentums an →Produktionsmitteln in einer kapitalistischen Gesellschaft, nämlich in Kapitalisten und Proletarier, die sich im Klassenkampf gegenüberstehen. Diese starke Besetzung des Klassenbegriffs durch den Marxismus hat dazu geführt, in einem vom Marxismus losgelösten Zusammenhang nicht von s., sondern von sozialen Schichten zu sprechen. Gleichzeitig wird dabei ein empirisch orientierter, eher wertfreier wissenschaftlicher Bezug auf ein um Operationalität bemühtes Einteilungskriterium der Gesellschaft signalisiert.

soziale Kosten
⇒gesamtwirtschaftliche Kosten
⇒volkswirtschaftliche Kosten
→Kosten.

Soziale Marktwirtschaft
sollte kein fertiges Konzept für Wirtschaftspolitik (→Theorie der Wirtschaftspolitik) sein, sondern nur „ein der Ausgestaltung harrender Stilgedanke" (Müller-Armack 1966, S. 12), deshalb ist der Ausgangspunkt in einer Definition unangemessen. Der Stilgedanke erschließt sich am besten in der kurzen wirtschaftlichen und politischen Situationsanalyse für die Nachkriegszeit und den Reaktionen auf spätere nationale und internationale Herausforderungen für die Wirtschafts- und Gesellschaftspolitik.
Die Situation in Deutschland nach 1945 (Abelshauer 1987, Blum 1980) ist gekennzeichnet durch die Sorge der Deutschen, die politische Einheit durch Aufteilen in Besetzungszonen nach unterschiedlichen Machtsphären zu verlieren. In den östlichen sowie in den westlichen Besatzungszonen gab es deshalb die Idee, einen „dritten Weg" zwischen Ost und West, zwischen Sozialismus und Kapitalismus zu finden. Ein neuer Wirtschaftsliberalismus (→ Ordoliberalismus, → Frei-burger Schule) und ein neuer Sozialismus (→freiheitlicher bzw. demokrati-

scher Sozialismus) boten solche „dritten Wege" an. Die Ausfüllung des Leitbildes bzw. des Stilgedankens der S. (Müller-Armack 1966, Blum 1988, Lampert 1992) erfolgte sehr pragmatisch nach der Faustregel beste →Sozialpolitik ist →Wachstumspolitik, beste Wachstumspolitik ist →Marktwirtschaft. Dabei ist zu berücksichtigen, dass Deutschland seit dem Ende des 19. Jh. die vorbildlichste Sozialordnung in der westliche Welt besaß. Sie brauchte nur durch Regelungen des →Lastenausgleichs aufgrund von unterschiedlichen Kriegsverlusten der Bevölkerung ergänzt zu werden. Hinter dem Gedanken der S. verbarg sich eine „Friedensformel", die gemäß dem →Subsidiaritätsprinzip der Katholischen Soziallehre versucht, das „Prinzip der Freiheit auf dem Markt mit dem des sozialen Ausgleichs zu verbinden." (Müller-Armack 1966, S. 243).

Der Übergang zu marktwirtschaftlichen Prinzipien erfolgte in der Nachkriegszeit entsprechend sehr vorsichtig. → Preise von Rohstoffen und lebensnotwendigen →Gütern blieben zunächst in der Bewirtschaftung und wurden entsprechend den Erfolgen beim Wiederaufbau freigegeben. Nach der Befreiung der →Wirtschaft (unternehmerische Freiheit) von den staatlichen Fesseln der nationalsozialistischen Kriegswirtschaft galt es, die → Wirtschaftsordnung gemäß Ordoliberalismus mit dem →Gesetz gegen Wettbewerbsbeschränkungen von 1957 (Grundgesetz der Wirtschaft, Magna Charta der Wirtschaftsordnung) wieder stärker zu betonen. Dabei zeigte sich jedoch, dass es leichter ist, dynamische Kräfte der Wirtschaft durch unternehmerische Freiheit zu beleben, als ihnen nachträglich eine Ordnung zu geben (Müller-Armack 1966). Das „deutsche Wirtschaftswunder" brachte neue wirtschafts- und gesellschaftspolitische Herausforderungen (→Integration der deutschen Wirtschaft in den Weltmarkt, Inflationsprobleme (→ Inflation), Nachlassen des →Wirtschaftswachstums).

Neue Impulse erhielt die S. mit der Großen Koalition bzw. der sozial-liberalen Koalition als Antwort auf die erste große Wirtschaftskrise der sechziger Jahre. Ide-

en aus dem freiheitlichen Sozialismus brachte insbesondere Karl Schiller als Bundeswirtschaftsminister ein. Aus dem Entwurf eines Stabilitätsgesetzes der alten Regierung machte er das →„Gesetz zur Förderung der Stabilität und des Wachstums" von 1967. Es wurde das fortschrittlichste Wirtschaftsgesetz der Welt genannt, weil es „rationale Wirtschaftspolitik" der Regierung auf vier konkrete Ziele (→ Preisniveaustabilität, Vollbeschäftigung, angemessenes und stetiges wirtschaftliches Wachstum, →außenwirtschaftliches Gleichgewicht, → Ziele der Wirtschaftspolitik) festlegte und der Regierung ein neues Instrumentarium (→Fiskalpolitik neben der traditionellen →Geldpolitik) zur Erreichung der Ziele durch →„Globalsteuerung" zur Verfügung stellte. Der „moralische Appell" als Mittel der Wirtschaftspolitik in der S. erhielt mit der „Konzertierten Aktion" zur einkommenspolitischen Abstimmung der gemäß Grundgesetz autonomen Tarifpartner eine feste institutionelle Form. In dieser Ausgestaltung der S. zeigt sich besonders der herausgestellte programmatische und „instrumentelle Charakter" des Stilgedankens.

Der Wohlfahrtsstaat, der durch „sozialgesteuerte Marktwirtschaft" in demokratischen Entscheidungsprozessen entstanden war, sah sich in den 70er Jahren vor neuen Herausforderungen. Die wirtschaftliche Situation erhielt die Kennzeichnung Stagflation (steigende Preise bei geringem od. stagnierendem Wachstum, →Arbeitslosigkeit). Die liberal-konservative Bundesregierung stellte sich den neuen Aufgaben 1982 mit der Devise „mehr Markt, weniger Staat" und der gesellschaftspolitischen Forderung nach einer „geistig-moralischen Wende". Hatte die vorhergehende Bundesregierung mit nachlassendem wirtschaftlichen Wachstum den Staat überfordert, so droht der Wende zu „mehr Markt" angesichts der neuen Probleme auch durch Wandel des gesellschaftlichen Bewusstseins (qualitatives Wachstum, bessere Umwelt, größere Lebensqualität) die Gefahr, die Leistungsfähigkeit marktwirtschaftlicher Prinzipien zu überfordern. Dies gilt umso mehr, da sich die Grenzen der Verantwortung für Gemeinwohl zwischen

Marktwirtschaft und Politik verwischen. Die Umweltproblematik führt zu Diskussionen um eine „ökologische Marktwirtschaft" bzw. eine „ökologische S.".

Die größte Chance erhält die Soziale Marktwirtschaft mit dem Zusammenbruch der sozialistischen Länder und insbesondere der Vereinigung der beiden deutschen Staaten. Die Menschen der neuen Bundesländer wurden sofort in das soziale Netz der Bundesrepublik einbezogen. Das erleichterte es aber, den Übergang von einer sozialistischen in eine marktwirtschaftliche Ordnung nicht als „neuen dritten Weg" zu konzipieren mit einem vorsichtigen Übergang zu marktwirtschaftlichen Prinzipien, wie nach 1945, sondern es setzte sich jene „Ordnungstheorie" durch, die „Marktwirtschaft pur" und auch nicht in kleinen Schritten, sondern als Big Bang als richtige Transformationsstrategie ansah (Blum 1995).

Trotz der Erfahrungen in der Bundesrepublik mit der Ablösung nationalsozialistischer Planwirtschaft durch die S. nach 1945 gibt es die Sorge in der Wirtschaftswissenschaft und Wirtschaftspolitik, es mangele an Erfahrung und theoretischer Fundierung für die Gestaltung des Übergangs von der Planwirtschaft zur Marktwirtschaft (Sachverständigenrat 1990, Ziff. 10).

Die Chance zu einer S. für die gesamte Weltwirtschaft wurde bereits beim Übergang zum Freihandel nach dem 2. Weltkrieg versäumt (Blum 1994). Es entstanden die Entwicklungsländer als eine „neue soziale Frage" der Welt (Borrmann u.a. 1990). Nach dem Tod des Sozialismus ist die Welt politisch offener durch den Fortfall der machtpolitischen Bedrohung und öffnet sich in ungeahntem Umfang durch eine neue technologische Revolution als „informationelle" statt der früheren industriellen Revolution. Elektronische Medien verbinden die Menschen in der ganzen Welt in Sekundenschnelle.

Diese Prozesse gelten als unkontrollierbar (Donges u. Freytag 1998). Dieses Bewusstsein lässt auch die Welt - gemäß neoliberalem Vorurteil statt ordoliberalem Gestaltungswillen - immer weniger

politisch regierbar erscheinen. Marktwirtschaftliche Prinzipien, zudem noch als „Marktwirtschaft pur" brauchen aber die nicht zu unterschätzende weltweite wirtschaftliche und politische Macht der Nationalstaaten zu ihrer Durchsetzung, gerade bei weltweiter sozialer Frage in Gestalt der Entwicklungsländer und der Folgen des Zusammenbruchs der wirtschaftlichen, sozialen und gesellschaftlichen Ordnung in den ehemals sozialistischen Ländern. Es ist nicht auszuschließen, dass sie nach einigen Jahren erschreckt bei alten sozialistischen oder faschistischen Lösungen gegen Arbeitslosigkeit, soziales Elend und Zusammenbruch der staatlichen Ordnung Zuflucht nehmen.

Die Klage Müller-Armacks (Müller-Armack 1966, S. 10), er hätte sich gründlichere geistige Durcharbeitung der Leitidee gewünscht, statt nur auf das „politische Gewicht dieser Konzeption" hinzuweisen, gewinnt neue Aktualität. Denn die vorherrschende Wirtschaftstheorie überwand selbst die Keynesianische Revolution durch eine neue „neoliberale Revolution". Das dokumentieren Sammelbände, die zu dem 50jährigen Jubiläum der Sozialen Marktwirtschaft 1998 erschienen sind (Cassel 1998, Ordo-Jb. 1998). Stimmen, die verantwortliche soziale Steuerung der Marktwirtschaft gerade für eine Zeit des Umbruchs betonen, finden dagegen weniger Gehör (Kleinhenz u.a. 1997).

Wirtschaftspolitische Konzepte gegen Arbeitslosigkeit versagen, weil sie immer noch die Arbeitslosigkeit als Problem der Arbeitskosten und die Wirtschaftskrise als Konjunkturkrise sehen bzw. als Argumentationsschema benutzen. Angebots- oder nachfrageorientierte Politik gelten weiterhin als Alternativen. Aber die angebotsorientierte Politik beherrscht das Denken in Wirtschaft und Politik. Die Exporte Deutschlands steigen auf neue Höhen, die Gewinne und Aktienkurse ebenfalls, aber das Realeinkommen für die Nachfrage nach Massenprodukten aus - durch technischen Fortschritt als Jobkiller - menschenleeren Fabriken sinkt, die Arbeitslosigkeit verharrt trotz kontinuierlichen Wirtschaftswachstums auf hohem Niveau. Entsprechend steigt die an das Arbeitseinkommen gebundene Steuer- und Abgabelast derjenigen, die noch Arbeit haben. Trotz deutlich erkennbaren Kapitalüberflusses statt des in den Wirtschaftswissenschaften traditionell unterstellten Kapitalmangels - wie der Drang zu privatisierten öffentlichen Leistungen bzw. Finanzierung mit privatem Kapital sowie steigende Staatsschulden demonstrieren - erwecken die Diskussionen um den „Wirtschaftsstandort Deutschland" den Eindruck, als sei Deutschland ein kapitalarmes Land.

Schon dieses, an Protektionismus und nicht Globalisierung und verschwindende Nationalstaaten (Reich 1977) erinnernde Schlagwort verdeutlicht, dass die Globalisierung keine Wirtschaftskrise erzeugt, sondern eine Verteilungskrise (Blum 1966) zwischen Arbeit und Kapital, öffentlichem und privatem Sektor (Blum 1995), zwischen Regionen und Nationalstaaten. Statt angesichts der Globalisierung und des Übergangs von der Europäischen Wirtschaftsgemeinschaft zur Europäischen Union sowie der gemeinsamen Währung „Euro" wenigstens den „Wirtschaftsstandort Europa" zu entdecken, rangeln die deutschen Länder um ihren eigenen „Wirtschaftsstandort (Bayern, Baden-Württemberg usw.)". Die Durchsetzung des Euro als gemeinsame Währung der Europäischen Union begleiteten Ängste aus wirtschaftlichem und politischem Machtkalkül. Beschämend wurde klar, dass schon bei Europa jener Geist des Aufbruchs fehlt, den der Aufbruch in die Soziale Marktwirtschaft und in das deutsche Wirtschaftswunder kennzeichnete. Wenn der Weg in die Soziale Marktwirtschaft, das Wirtschaftswunder und die DM angesichts der hoffnungslosen Lage im zerstückelten Deutschland zwischen Siegern aus Ost und West mit ähnlichen Warnungen und Prognosen sowie Angst vor unsicherer Zukunft des „Wirtschaftsstandorts Deutschland" begleitet worden wäre, hätte es DM und Wirtschaftswunder nicht gegeben. Die Europäische Union zu wollen, um sich noch größere Vorteile für den „Wirtschaftsstandort Deutschland", Bayern, Baden-Württemberg u.a. zu verschaffen, aber europäische Politik (Blum

u. Welzel 1995), insbesondere Wirtschaftspolitik als „Brüsseler Bürokratie" zu diskreditieren, verrät nicht den Geist der Sozialen Marktwirtschaft als Leitidee der Europäischen Union. Denn dann müsste ein „starker Staat Europa" die sozialverantwortlich gesteuerte Marktwirtschaft verbürgen.

Literatur: W. Abelshauser, Wirtschaftsgeschichte der Bundesrepublik Deutschland 1945-1980. 4. A., Frankfurt a.M. 1980. R. Blum, Art. „Marktwirtschaft, soziale", in: Handwörterbuch der Wirtschaftswissenschaft, Bd. 5. 2. A., Stuttgart 1980, S. 153-166. R. Blum, Die Zukunft des Homo Oeconomicus, in: B. Bievert/ M. Held (Hrsg.), Das Menschenbild in der ökonomischen Theorie. Frankfurt a.M.-New York 1991, S. 111-131. R. Blum, Das Verhältnis von Wirtschaft und Politik in der Marktwirtschaft, in: H. Sautter (Hrsg.), Wirtschaftspolitik in offenen Volkswirtschaften. Göttingen 1994, S. 365-385. R. Blum, Theorie und Praxis des Übergangs zur marktwirtschaftlichen Ordnung in den ehemals sozialistischen Ländern, in: H. Reimann/ H.-P. Müller (Hrsg.), Probleme moderner Gesellschaften. Opladen 1994, S. 3-21. R. Blum/ R. Welzel, Principles of Economic Policy in the Common Market, in: A. v. Witteloostuijn (ed.), Market Evolution: Competition and Cooperation Across Markets and over Time. Studies in Industrial Organization. Dordrecht-Boston 1995, S. 315-330. R. Blum, Gesellschaft mit beschränkter Haftung - Privater Reichtum, öffentliche Armut, in: G. Kleinhenz (Hrsg.), Soziale Ausgestaltung der Marktwirtschaft. Die Vervollkommnung der „Sozialen Marktwirtschaft" als Daueraufgabe der Ordnungs- und Sozialpolitik. Berlin 1995, S. 57-72. R. Blum, Arbeitslosigkeit als Effizienz- und Verteilungsproblem, in: E. Helmstädter/ G. Poser/ J. Ramser (Hrsg.), Beiträge zur angewandten Wirtschaftsforschung. Berlin 1996, S. 57-81. A. Borrmann u.a., Soziale Marktwirtschaft. Erfahrungen in der Bundesrepublik und Überlegungen zur Übertragbarkeit auf Entwicklungsländer. Hamburg 1990. D. Cassel (Hrsg.), 50 Jahre Soziale Marktwirtschaft. Ordnungstheoretische Grundlagen, Realisierungsprobleme und Zukunftsperspektiven einer wirtschaftspolitischen Konzeption. Stuttgart 1998. *J. B. Donges/ A. Freytag* (Hrsg.), Die Rolle des Staates in einer globalisierten Wirtschaft. Stuttgart 1998. *G. Kleinhenz/ H. Lampert/ A. Oberhauser* (Hrsg.), Sozialstaat Deutschland. Stuttgart 1997. *H. Lampert*, Die Wirtschafts- und Sozialordnung der Bundesrepublik Deutschland. 11. überarb. A., München 1992. *H. O. Lenel* u.a. (Hrsg.), Soziale Marktwirtschaft: Anspruch und Wirklichkeit seit fünfzig Jahren. Ordo-Jahrbuch für die Ordnung von Wirtschaft und Gesellschaft, Bd. 48 (1998), Stuttgart. *A. Müller-Armack*, Wirtschaftsordnung und Wirtschaftspolitik. Studien und Konzepte zur Sozialen Marktwirtschaft und zur europäischen Integration. Beiträge zur Wirtschaftspolitik, Bd. 4. Freiburg i.Br. 1966. *R. B. Deich*, Die neue Weltwirtschaft. Das Ende der nationalen Ökonomie. Frankfurt a.M. 1997. *Sachverständigenrat zur Begutachtung der gesamtwirtschaftlichen Entwicklung*. Sondergutachten: „Zur Unterstützung der Wirtschaftsreform in der DDR: Voraussetzungen und Möglichkeiten" vom 20.1.1990, Deutscher Bundestag, 11. Wahlperiode, Drucksache 11/6301, Bonn.

      Prof. Dr. R. Blum, Augsburg

soziale Sicherung
durch das Sozialstaatsprinzip motivierte Gesamtheit gesetzgeberischer Maßnahmen insbesondere auf den Gebieten der → Sozialhilfe, der →Sozialversicherung, der →Vermögensbildung in Arbeitnehmerhand u.a. S. →Sozialpolitik.

soziale Zeitpräferenzrate
in der → Kosten-Nuten-Analyse i.Ggs. zur privaten Zeitpräferenzrate die Diskontrate, die eine soziale, zeitliche Bewertung der →Nutzen und →Kosten angibt.

Sozialer Wohnungsbau
Bund, Länder und Gemeinden fördern den Bau von Sozialwohnungen und verbinden diese Förderung mit bestimmten Auflagen; besonders hervorzuheben sind die Belegungsbindungen und die Preisbindungen im Mietwohnungsbereich. Gesetzliche Grundlage des S. bilden dabei das II. Wohnungsbaugesetz (II.

WoBauG) in Verbindung mit dem Wohnungsbindungsgesetz (WoBindG).

Sozialhilfe
Hilfeleistungen des Staates od. besonderer Rechtsträger für Personen in einer Notlage, die ihnen die Führung eines menschenwürdigen Lebens nicht erlaubt und die sie durch eigene Mittel und Kräfte nicht beheben können. Die S. besteht in Hilfe zum Lebensunterhalt und in Hilfe in besonderen Lebenslagen. Auf die Mehrzahl der Leistungen besteht Rechtsanspruch.

Sozialinvestitionen
⇒immaterielle Investition
→Investition.

Sozialisation
→Arbeit, 3.

Sozialkapital
⇒Sozialvermögen
⇒Infrastruktur.

Sozialleistungen
Leistungen aufgrund von Sozialgesetzen. Beispiele: Ausbildungsförderung, Arbeitsförderung, →Sozialversicherung, soziale Entschädigung, Wohngeld, → Kindergeld, Jugendhilfe, →Sozialhilfe.

Sozialplan
geplante Betriebsänderungen bedürfen nach § 111 BetrVG der Einigung zwischen Arbeitgeber und Betriebsrat, die jedoch nicht erzwingbar ist. Anders verhält es sich bei der Einigung über den Ausgleich oder die Milderung der aus einer solchen Betriebsänderung resultierenden Nachteile. Diese Einigung wird als S. bezeichnet und ist erzwingbar. So kann die Einigungsstelle auch gegen den Willen des Arbeitgebers einen verbindlichen S. aufstellen. Inhalt dieses S. kann alles sein, was Nachteile für den Arbeitnehmer ausgleicht oder mildert: Bei Kündigungen beispielsweise Abfindungen, bei Versetzungen Umzugskosten, bei verschlechterten Arbeitsbedingungen Zulagen oder Lohnausgleich und Umschulungsmaßnahmen.

Sozialpolitik

1. *Definition.* Mit S. wird sowohl ein Bereich politischer Aktivität (S. als Praxis) als auch eine wissenschaftliche Disziplin bezeichnet (S.-lehre), die der wissenschaftlichen Durchdringung dieses politischen Handlungsfeldes dient. Träger der S. können internationale Organisationen (z.B. Weltgesundheitsorganisation der UN; International Labour Office), staatliche und staatlich autorisierte Organe od. Betriebe sein. Im folgenden wird nur die staatliche S. dargestellt. Diese lässt sich definieren als jenes staatliche politische Handeln, das darauf zielt, durch den Einsatz geeignet erscheinender Mittel die wirtschaftliche und/ od. die gesellschaftliche Stellung solcher Personengruppen, die absolut od. im Vergleich zu anderen Gruppen als schwach angesehen werden, zu verbessern, u.zw. im Sinn der in einer Gesellschaft verfolgten wirtschaftlichen und sozialen Grundziele (Sicherung und Erhöhung der materialen Freiheit aller durch Absicherung der Erwerbsmöglichkeiten und ein System sozialer Sicherheit, Durchsetzung der Start- und Verteilungsgerechtigkeit, Sicherung des sozialen Friedens).

2. Die *Notwendigkeit* zur S. besteht wirtschaftssystemunabhängig in jeder entwickelten, arbeitsteilig (→Arbeitsteilung) organisierten Gesellschaft, weil a) ohne S. absolute od. relative wirtschaftliche und - daraus resultierend - soziale Schwäche für Behinderte, Kranke und aus anderen Gründen Erwerbsunfähige (Kinder, alte Menschen) bestehen würde, b) Unterschiede in den angeborenen und erworbenen Fähigkeiten und in den Chancen ihrer wirtschaftlichen Verwertung bei rein wirtschaftlicher Leistungsbewertung große Einkommens- und Vermögensunterschiede bewirken würden und c) das wirtschaftssystemunabhängige Streben der Betriebsleiter nach maximaler ökonomischer Effizienz eine Gefährdung der Gesundheit (z.B. durch überlange Arbeitszeiten und zu hohe Arbeitsgeschwindigkeit) und anderer elementarer Interessen der Arbeitskräfte (z.B. an ausreichenden Ruhezeiten und Freizeiten und an möglichst sicheren Arbeitsplätzen) darstellt. Die neuzeitliche S.

wurde nötig, um die soziale Frage (Arbeiterfrage) zu lösen, die den inneren Frieden und die seinerzeit bestehende Gesellschafts- und →Wirtschaftsordnung gefährdete. Die Arbeiterfrage des 19. Jh. bestand darin, a) dass die große Masse der → Arbeitnehmer ihre Existenz nur durch die wirtschaftliche Verwertung ihrer Arbeitskraft sichern konnte, also unter Angebotszwang stand, und dass die Verfassung sowie die Angebots-/ Nachfrageverhältnisse auf den →Arbeitsmärkten bewirkten, dass die Arbeitnehmer bei gesundheitsgefährdenden Arbeitsplatz- und Arbeitsplatzumweltverhältnissen und über 70 stündigen Wochenarbeitszeiten kaum existenzsichernde Löhne verdienten, b) dass die überwiegende Mehrheit der Bevölkerung gegen die wirtschaftlichen Folgen von Risiken, wie Krankheit, Invalidität, Alter und →Arbeitslosigkeit sie darstellen, nicht geschützt war. Weitere Merkmale der Lebenslage der Arbeiter waren c) unzulängliche Wohnverhältnisse, d) ihre Vermögenslosigkeit, e) die fehlende Anerkennung als vollwertige Mitglieder der Gesellschaft und f) fehlende Chancen sozialen Aufstiegs.

3. *Bereiche* der S. Die soziale Frage als Arbeiterfrage gilt als gelöst a) durch die *Arbeitnehmerschutzpolitik* mit ihrem Arbeitsschutz, ihrem Kinderarbeitsverbot, ihrem Jugendlichen-, Mutter- und Schwerbeschädigtenschutz, dem Unfallschutz, ihren Urlaubsregelungen und Kündigungsschutzbestimmungen; b) durch das *System sozialer Sicherung*, das mit der Renten-, Unfall-, Kranken-, Pflege- und Arbeitslosenversicherung die Mehrzahl der Gesellschaftsmitglieder gegen die wirtschaftlichen Folgen vorübergehender od. dauernder Erwerbsunfähigkeit bei Krankheit, Invalidität, im Alter, bei Pflegebedürftigkeit und bei Arbeitslosigkeit sowie gegen die wirtschaftlichen Folgen des Todes des Ernährers sichert und mit der →*Sozialhilfe* auch solche Bürger vor Not bewahrt, die keine Ansprüche gegen die →Sozialversicherung haben; durch die auf die Ausgestaltung der → *Betriebs*- und → *Unternehmensverfassung* gerichtete Gesetzgebung, durch die den Arbeitnehmervertretern Informations-,

Einspruchs-, Mitberatungs- und Mitbestimmungsrechte zuerkannt wurden in Bezug auf die Gestaltung von Arbeitsplatz, Arbeitsablauf, Arbeitsumgebung, Arbeitszeit, Entlohnungsformen, Einstellung, Kündigung; d) durch die →*Arbeitsmarktpolitik*, die zum einen durch Berufsberatung, Arbeitsvermittlung, Förderung der beruflichen Umschulung und Fortbildung sowie der regionalen Mobilität die Arbeitsmarktbedingungen für die Arbeitnehmer verbessert und zum anderen durch die Veränderung der Arbeitsmarktform mit Hilfe der Koalitionsfreiheit und der →Tarifautonomie der Sozialpartner zu einer nachhaltigen Verbesserung der →Arbeitseinkommen beiträgt. Während die in den genannten vier Bereichen entwickelte S. ganz überwiegend Schutzpolitik in dem Sinn war und ist, dass sie erstens dem Schutz der Arbeitnehmer vor Gefahren, vor Beeinträchtigungen ihrer Lebenslage und vor Einkommensverlusten dient und zweitens gleichzeitig die gegebene Gesellschaftsordnung schützt, wurde - beginnend etwa in den 30er Jahren des 20. Jh. - die S. im Laufe der Zeit mehr und mehr zu einer *Ausgleichs-* und *Gesellschaftspolitik*, die nach weitgehender Erreichung der Sicherung der Bevölkerung vor den sog. Standardrisiken erstens die Verringerung von Einkommens- und Vermögensunterschieden sowie unterschiedlicher sozialer (Familien-)Lasten und zweitens die Abmilderung von Folgen dieser Unterschiede in den Vordergrund ihrer Bemühungen rückte.
Bereiche dieser Art S. sind a) die *Familienpolitik*, die versucht, durch steuerliche Entlastungen und finanzielle Beihilfen die Familien ökonomisch zu entlasten und die Regenerations- sowie die Sozialisationsfunktion von Familien mit Kindern finanziell anzuerkennen; b) die *Wohnungspolitik*, die durch den Einsatz öffentlicher Mittel in Form von →Darlehen, → Bürgschaften und Zuschüssen, durch Steuer- und Abschreibungsvergünstigungen, Baulandbereitstellung und Förderung des Bausparens allen Bürgern Wohnraum zugänglich machen will, der bestimmten quantitativen und qualitativen Anforderungen entspricht; c) *Bildungspolitik* mit dem Ziel, ungleiche

materielle wirtschaftliche Startbedingungen auszugleichen; d) *Vermögenspolitik* durch Förderung der → Vermögensbildung in breiten Schichten und Bekämpfung von Konzentrationsprozessen mit dem Ziel, eine den herrschenden Gerechtigkeitsvorstellungen entsprechende, gleichmäßigere Verteilung der →Vermögen zu erreichen; e) Mittelstandspolitik in Form der Agrarsozialpolitik (→Agrarpolitik) und der Handwerkspolitik (→Gewerbepolitik) mit dem Ziel, eine möglichst große Zahl selbstständiger, leistungsfähiger mittelständischer Existenzen aufrechtzuerhalten; f) Jugend- und Altenhilfepolitik, die sich bemüht, diese spezifischen, relativ zu den mittleren Generationen wirtschaftlich schwächeren Gruppen zu schützen und die Durchsetzung ihrer spezifischen, altersbedingten Bedürfnisse zu sichern.

4. *Instrumente.* In der S. wird ein reichhaltiges Arsenal von Instrumenten eingesetzt. Die Skala reicht von rechtlichen Mitteln (Verbote und Gebote im Arbeitnehmerschutz, Betriebsverfassungsnormen, arbeitsrechtliche Bestimmungen) über die Instrumente der allgemeinen Wirtschaftspolitik (beschäftigungspolitische, konjunkturpolitische, geldpolitische Instrumente) und über finanzpolitische Mittel (→Steuern, →Beiträge, Sozialtransfers, →Subventionen) bis hin zu Mitteln spezieller Wirtschaftspolitiken (staatliche Preispolitik, →Lohnpolitik, → Wettbewerbspolitik, Verbraucherschutzpolitik, →Verbraucherpolitik).

5. *Träger.* Träger des S. sind neben den staatlichen Organen auf den verschiedenen staatlichen Ebenen (Bund, Länder, Kreise, Städte und Gemeinden) die sog. → Parafisci (Rentenversicherungsträger, Unfallberufsgenossenschaften, Krankenkassen) und die Verbände der freien Wohlfahrtspflege (z.B. Caritas und Diakonisches Hilfswerk der evangelischen Kirche) sowie die → Gewerkschaften und →Arbeitgeberverbände, die vor allem Träger der Arbeitsmarktpolitik sind. Das außerordentliche Gewicht der S. und ihre Bedeutung für den volkswirtschaftlichen Kreislauf (→Wirtschaftskreislauf) lassen sich daran ablesen, dass sich die Sozialleistungen - gemessen als Anteil

am Bruttoinlandsprodukt - auf mehr als 30% belaufen (2007).
Literatur: *W. Albers/ H. Hax/ H. Henning/ H. Lampert/ F. Schubert*, Art S. I bis V (staatliche S., betriebliche S., Geschichte der S., S. in der BRD, S. in der DDR), in: HdWW, Bd. 7, 1977. *J. Frerich/ M. Frey*, Handbuch der Geschichte der Sozialpolitik in Deutschland, 3 Bde. München-Wien 1993. *D. Kath*, Sozialpolitik, in: Vahlens Kompendium der Wirtschaftstheorie und Wirtschaftspolitik, Bd. 2. 6. A., 1996, S. 405ff. *H. Lampert*, Lehrbuch der S. 5. A., 1998. *H. Lampert*, Krise und Reform des Sozialstaates. Frankfurt a.M. 1997.

Prof. Dr. H. Lampert, Augsburg

Sozialprodukt

("Inländerprodukt"; im Unterschied zum →Inlandsprodukt) entspricht der Summe der Inlands- und Auslandseinkommen der →Inländer. Die verschiedenen Begriffe lassen sich wie folgt systematisieren.

→	Brutto-s. zu Marktpreisen (= Bruttovolkseinkommen (GNP))
-	Abschreibungen
=	Netto-s. zu Marktpreisen
-	indirekte Steuern
+	Subventionen
=	Netto-s. zu Faktorkosten
= →	Volkseinkommen
= ⇒	Nettovolkseinkommen.

Sozialquote

spezielle Staatsquote, die bezogen auf die Rechnungsperiode die Sozialausgaben dem →Bruttosozialprodukt gegenüberstellt.

Sozialstaatsprinzip

Art. 20 I Grundgesetz postuliert, dass die Bundesrepublik Deutschland ein „sozialer" Staat sei. Das S. verlangt, dass der Staat nach den Grundsätzen sozialer Gerechtigkeit aufgebaut sein soll. Das S. ist ein sogenannter Programmsatz, d.h. Richtlinie und Zielbestimmung für die Hoheitsträger, also für die Gesetzgebung, Verwaltung und Rechtsprechung.

Sozialtransfers

Einkommensübertragungen öffentlicher Haushalte im Rahmen der →Sozialleistungen.

Sozialvermögen

⇒Sozialkapital
→Infrastruktur.

Sozialversicherung

gesetzliche Zwangsversicherung mit dem Ziel der Leistungsgewährung bei Krankheit, Arbeitsunfall, Berufskrankheit, Berufs- und Erwerbsunfähigkeit, Mutterschaft, Alter und Tod. Die Mittelaufbringung erfolgt durch Beiträge der Versicherten, der → Arbeitgeber und durch Zuschüsse des Bundes. Die S. kennt folgende Versicherungszweige: → Krankenversicherung, →Unfallversicherung, Arbeiterrentenversicherung, Angestelltenversicherung, Knappschaftsversicherung, → Arbeitslosenversicherung und Altershilfe für Landwirte.

Sozialwissenschaften

zusammenfassender Begriff solcher Wissenschaftsdisziplinen, die sich mit dem Menschen als sozialem Wesen befassen. Dies sind vor allem Soziologie, Politologie u.ä. Eigentlich gehören die Disziplinen Rechtswissenschaft und → Wirtschaftswissenschaft ebenfalls zu den Sozialwissenschaften, haben sich aber eher neben diesen angesiedelt: dies kommt auch in der häufig anzutreffenden Benennung von Fachbereichen der Hochschulen als wirtschafts- und sozialwissenschaftlicher Fachbereich zum Ausdruck. In dieser Kombination wird eher die Trennung betont. Im Englischen ist das sprachliche Pendant Social Sciences in der Regel weiter gefasst als im Deutschen: hier gehören Fächer wie Sozialpsychologie und Anthropologie vielfach zu den S.

Spätindikatoren

Die Beschreibung der →Konjunktur erfolgt mit Indikatoren. Neben →Frühindikatoren und Präsensindikatoren gibt es auch S., die aus Zeitreihen bestehen, welche zur wirtschaftlichen Aktivität asynchron i.S. eines zeitlichen Hinterher verlaufen. Beispiele sind: die Lohnentwicklung, die Preisentwicklung. →Konjunkturtheorie.

Spannungsklausel
→Geldwertsicherungsklausel.

Spannweite
⇒Range
einfacher Streuungsparameter einer → Häufigkeitsverteilung für metrisch skalierte →Merkmale (→deskriptive Statistik) mit der →Definition:
S. = max x_i - min x_i.
S. ist die Differenz zwischen größtem (max x_i) und kleinstem (min x_i) Beobachtungswert (x_i, ..., x_n).

Spareckzins
allgemeine Zinsuntergrenze für die Gestaltung des Zinsgefüges für Spareinlagen (→Einlagen). S. ist der →Zins für Spareinlagen mit gesetzlicher (dreimonatiger) Kündigungsfrist.

Spar-Einkommensfunktion
Abhängigkeit des →Sparens vom →Einkommen. Der Zusammenhang ist empirisch nicht eindeutig. Vor allem in konjunkturell unsicheren Zeiten ist zu beobachten, dass mit steigendem Realeinkommen (→Einkommen) das Sparen nicht nur absolut, sondern auch relativ zunimmt. Doch auch das Gegenteil wurde schon festgestellt. In langer Sicht hat sich gezeigt, dass die →Sparquote eine ziemlich konstante Größe ist. Neben dem Einkommen dürfte für das gesamtwirtschaftliche Sparangebot die →Zeitpräferenz, der Zinssatz, die Nutzenvorstellungen und die verfügbare Kasse die wichtigsten Einflussgrößen bilden.

Spareinlagen
⇒Sparguthaben
→Einlagen.

Sparen
1. der freiwillige od. beabsichtigte Nichtkonsum von Einkommensteilen.

2. Restgröße im Einkommenskonto des Staates bzw. der Unternehmen im Rahmen der → Volkswirtschaftlichen Gesamtrechnung. Die Ersparnis der privaten Haushalte ist als der nicht für Konsumgüterkäufe verwendete Teil ihres verfügbaren Einkommens im Einkommenskonto der privaten Haushalte erfasst.

Sparfunktion
1. Die S. des einzelnen →Wirtschaftssubjektes ist die Abhängigkeit des →Sparens pro Zeiteinheit vom Zinssatz. Als normale Reaktion wird die Zunahme der Ersparnis bei steigenden alternativen Zinssätzen betrachtet. Durch horizontale Aggregation der individuellen Sparkurven gelangt man zu einer gesamtwirtschaftlichen S. Diese S. ist identisch mit der →Spar-Zins-Funktion.

2. Stellt man auf die Abhängigkeit des Sparens vom Einkommen ab, meint man also die S. im Sinne der Spar-Einkommens-Funktion, so erhalten zwei Begriffe besondere Bedeutung: die →marginale Sparquote und die →durchschnittliche Sparquote. In langer Sicht kann die gesamtwirtschaftliche durchschnittliche Sparquote als konstant angesehen werden und ist nahezu gleich der marginalen Sparquote.

Sparguthaben
⇒Spareinlagen
→Einlagen.

Spar-Investitions-Funktion
Funktion in Wachstumsmodellen (→ Wachstumstheorie), die Auskunft gibt über das Verhältnis von →Sparen und Investieren (→ Investitionstheorie) für das → Einkommen einer bestimmten Zeitperiode, wobei Sparen und Investition geplante Größen sind. Sie stellt in Wachstumsmodellen häufig eine Gleichgewichtsbedingung wie folgt dar:

$$I_t = S_t = Y_t - C_t.$$

Sparkapital
die in verschiedenen Sparformen angelegten gesparten Mittel: der von einem einzelnen →Wirtschaftssubjekt gehaltene Bestand an Zahlungsmitteln (→Kasse), → Wertpapieren und physischen Vermögensgütern (→Vermögen, →Güter).

Sparkassen

i.d.R. gemeinnützige, von Gemeinden, Gemeindeverbänden od. Zweckverbände errichtete rechtsfähige Anstalten des öffentlichen Rechts, denen die Förderung des Spargeschäfts obliegt. Sie sind Kreditinstitute und unterliegen insoweit der → Bankenaufsicht nach dem → GKW. Organisation und Verwaltung gehören zum Bereich des handelsrechtlich geregelten Kommunalrechts. Die S. sind regional in Sparkassen- und → Giroverbänden zusammengeschlossen, die sich ihrerseits zum Deutschen Sparkassen- und Giroverband zusammengeschlossen haben. Als Verrechnungsstellen dienen regional Girozentralen. Deren Spitzeninstitut ist die Deutsche Girozentrale. →Landesbank.

Sparkassenbrief

Rechtlich ist der S. ein kaufmännischer Verpflichtungsschein (§ 363 HGB) über eine mittelfristige →Spareinlage, die zu einem bestimmten Zeitpunkt ausgezahlt werden soll. Die Nennbeträge lauten meistens über 100, 500 od. 1 000 Euro. Die Laufzeit beträgt zwischen einem Jahr und zehn Jahren. Sie werden von → Sparkassen und → Volksbanken, aber auch von Privat- und → Kreditbanken ausgegeben. Die Institute verpflichten sich, an die im S. genannte Person eine bestimmte Summe zu zahlen. Man kann dabei zwischen folgenden Typen unterscheiden: 1. Depositenzertifikat. Die Zinsen werden vorab vom Kaufpreis abgezogen, bei Ende der Laufzeit wird der Nennbetrag ausgezahlt. 2. Zinsthesaurierung. 3. Jährliche Zinszahlung. Die →Zinsen können während der Laufzeit mit einem festen Prozentsatz über dem →Spareckzins vereinbart sein od. mit einer jährlich ansteigenden Verzinsung ausgestattet werden. Der S. steht in Konkurrenz zum Sparbuch, bringt aber höhere Zinsen.

Sparobligationen

besondere Form des Wertpapiersparens: Mit Erreichen eines bestimmten Sparbetrages wird die Bank automatisch beauftragt, ein bestimmtes → Wertpapier (→ Obligation) für den Sparer zu erwerben und in ein →Depot einzubringen.

Sparparadoxon

Verstärktes →Sparen macht ein einzelnes Wirtschaftssubjekt ceteris paribus „reicher", da sein →Vermögen wächst. Die Folge gesamtwirtschaftlich verstärkten Sparens aus einem gegebenem → Einkommen könnte ein Sinken des → Volkseinkommens wg. eines gestiegenen Nachfrageausfalls und somit daraus folgend sinkender →Produktion und Beschäftigung sein, so dass - gemessen an der Möglichkeit, Vermögen zu bilden - die Gesamtheit der Wirtschaftssubjekte „ärmer" ist. Man nennt dies das S., weil dieselbe Verhaltensweise, nämlich verstärktes Sparen mikroökonomisch (→ Mikroökonomik) und makroökonomisch (→ Makroökonomik), zu entgegengesetzten Ergebnissen führt. Die mikroökonomisch korrekte Argumentation kann nicht ungeprüft auf makroökonomische Sachverhalte übertragen werden. Entscheidend ist darüber hinaus, was mit dem gesparten Geld geschieht und ob → Arbeitslosigkeit od. →Inflation herrscht.

Sparquote

Die durchschnittliche S. gibt an, wie viel durchschnittlich von einer Einheit des → Volkseinkommens gespart wird, also S/Y (S = Ersparnis, Y = Volkseinkommen). Die marginale S. gibt an, um welchen Betrag die Ersparnis zunimmt, wenn das Volkseinkommen um einen infinitesimalen Betrag (näherungsweise eine Einheit) ansteigt. Sie ist gleich der ersten Ableitung der Sparfunktion nach Y, also dS/dY. Die durchschnittliche S. zeigt die in einer Zeitperiode von einer →Volkswirtschaft geschaffene Investitionsfähigkeit an, während die marginale S. die Höhe des →Multiplikators bestimmt.

Sparstruktur

Aufteilung der gesparten Mittel auf verschiedene Sparformen; beispielsweise die Aufteilung auf →Zahlungsmittel (→ Kasse), → Wertpapiere und physische Vermögensgüter. Mit der optimalen Aufteilung befasst sich die → Wahlhandlungs- und →Kapitaltheorie.

Spar-Zins-Funktion

gesamtwirtschaftliche Funktion, die durch horizontale Aggregation der indi-

viduellen Sparkurven (Addition der Ersparnisse zu alternativen →Zinssätzen)
gewonnen wird. Sie hat, wie empirische
Beobachtungen zeigen, fast immer eine
normale Reaktion aufzuweisen, d.h., mit
steigenden alternativen Zinssätzen steigen die Ersparnisse an.

**Spearmanscher Rangkorrelationskoeffi-
zient**
→Korrelationsanalyse.

Special Drawing Rights
⇒*Sonderziehungsrechte*
⇒SDR.

Spektralanalyse
Gruppe von Verfahren in der →Zeitrei-
henanalyse, die mit Hilfe der Theorie
über stochastische Prozesse versuchen,
die zyklischen Bestandteile einer Zeitreihe durch Berechnung der Frequenzen,
die die Schwankungen der Zeitreihe hervorrufen, zu bestimmen.

Spekulation
ist der Kauf in der Hauptsache einer Finanzanlage in der Erwartung, diese teurer zu verkaufen, bzw. der Verkauf einer
Finanzanlage in der Erwartung, diese billiger zu kaufen; Hausse-S. bzw. Baisse-S.

Spekulationskasse
⇒passive Kasse
→ Geldnachfragetheorie, → Keynessche
Theorie, →Kasse.

spending tax
⇒*Ausgabensteuer*
⇒expenditure tax.

Sperreffekt
⇒*Ratchet-Effekt*
⇒Sperrklinkeneffekt.

Sperrminorität
Beteiligung an einem Unternehmen von
25% plus einem Stimmrecht. Die S. kann
Beschlüsse der Hauptversammlung, zu
denen eine Mehrheit 75% erforderlich ist,
verhindern.

Spezifikation des Modells
→Identifikationsproblem.

Spieltheorie
1. *Allgemeines.* S. ist eine mathematische
Theorie sozialer Phänomene, in der besonderes Gewicht auf das Studium
menschlicher Interaktionen gelegt wird,
die aus strategischen Möglichkeiten von
Individuen und Gruppen resultieren. Die
spieltheoretische Modellbildung (→Mo-
dell) legt ein allgemeines Entscheidungsproblem für mehrere Individuen zugrunde und betont die Aspekte von Konflikt und Kooperation, die sich aus der
konkurrierenden Zielsetzung der einzelnen Individuen ergeben.
Die Möglichkeiten des strategischen
Handelns, der Koalitionsbildung und die
daraus resultierende ,Macht' der Individuen und Gruppen sind ebenfalls zentrale spieltheoretische Themenbereiche.
Spieltheoretische Betrachtungsweisen
finden Anwendung in vielen Bereichen
der → Wirtschaftswissenschaften, aber
auch in Soziologie und Psychologie, in
verschiedenen politischen Kontexten, in
der Statistik und auch in der Evolutions-
biologie.
Dass gewisse Gesellschaftsspiele strategische Aspekte zeigen und als Beispiele
sowie Formulierungsgrundlage mit herangezogen werden, erklärt die Terminologie (*von Neumann-Morgenstern*); der
Name ist jedoch - noch mehr als der englische Term (Game Theory), der zumindest auf den strategischen Aspekt hin-
weist (i.Ggs. zu gambling und playing) -
irreführend eng. Die S. behandelt heute
eine enorme Fülle von Problemen gesellschaftlicher Interaktion. Dennoch ist es
aus historischen Gründen üblich, die
handelnden Individuen als ,Spieler'
(,players') und die Gruppe als ,Koalitio-
nen' zu bezeichnen.
S. ist stets auch eine Theorie rationalen
Verhaltens; die Erklärung dessen, was
ein rational handelndes Individuum ist,
wird quasi (mit Berufung auf die Nutzentheorie, →Grenznutzenanalyse) vorausgesetzt. Lösungskonzepte, die häufig
in der Formulierung von → ,Gleichge-
wicht', ,stabilen Situationen', ,Verhand-
lungsergebnisse' u.ä. bestehen, können
als Anleitung zum rationalen Verhalten
od. als Beschreibung zu erwartender Ergebnisse interpretiert werden, wenn
Konkurrenz und Kooperation mehrerer

Individuen stattfindet.

Schließlich spielen Aspekte stochastischen Einflusses und unvollständiger Information eine große Rolle in der Modellbildung. Einerseits ist es ein der S. eigentümliches Konzept, Entscheidungssituationen zu ‚randomisieren', d.h., Zufallsmechanismen als strategische Hilfsmittel einzusetzen. Andererseits sind ‚Entscheidungen unter Unsicherheit' oft schon a priori mit zu modellieren; die Spieler haben unvollständige Information über die Konsequenzen der eigenen Entscheidung od. über die von anderen Individuen getroffenen Entscheidungen und deren Konsequenzen.

2. *Erscheinungsformen, grundlegende Konzepte.* In dem grundlegenden Buch von *von Neumann-Morgenstern* wurde der Vorschlag gemacht, verschiedene Erscheinungsformen von ‚Spielen' (d.h. Entscheidungssituationen für mehrere Individuen) der Untersuchung zugrunde zu legen und die Modelle danach zu kategorisieren: Die extensive Form, die Normalform, die charakteristische Funktion.

Die *Normalform* ist am schnellsten beschrieben: Jeder Spieler hat eine feste Anzahl von Alternativen (seine Strategien) zur Auswahl. Er trifft seine Entscheidung genau einmal, und an alle Beteiligten wird institutionell eine Auszahlung (payoff) geleistet, die von der jeweiligen Entscheidung aller Beteiligten abhängt. Formulieren wir ein Modell für 2 beteiligte Spieler mit jeweils nur endlich vielen zur Entscheidungsauswahl anstehenden Strategien (‚Bimatrixspiel'), so genügt es, zwei Matrizen $A = (a_{ij})_{i \in I, j \in J}$, $B = (b_{ij})_{i \in I, j \in J}$ anzugeben und wie folgt zu interpretieren: Spieler 1 wählt $i \in I$, Spieler 2 wählt $j \in J$ (unabhängig und ohne Wissen der gegnerischen Auswahl). Die endlichen Strategiemengen I und J korrespondieren zu den Zeilen bzw. Spalten der Matrizen A und B. Nach der getroffenen Auswahl wird demgemäß a_{ij} an Spieler 1 und b_{ij} an Spieler 2 ausbezahlt. Dieses Modell lässt sich ohne weiteres auf den Fall von N beteiligten Spielern verallgemeinern. ‚Randomisie-

rung' findet statt, indem man Wahrscheinlichkeitsverteilungen als Strategien zulässt; im Bimatrixspiel für Spieler 1 etwa Vektoren $x \in \mathbb{R}^m$, $x = (x_1, ..., x_m)$, $x_i \geq 0$, $\sum x_i = 1$ (und für Spieler 2 analog $y \in \mathbb{R}^n$). Nach Auswahl von x und y wird die Auszahlung an Spieler 1 durch den Erwartungswert $E_{x, y}A = \sum_{i,j} x_i a_{ij}$ y_j ersetzt. Auch dieses Konzept kann für beliebig viele Spieler formalisiert werden.

Ist der Strategiebegriff in der ‚Normalform' noch rudimentär (= eine Alternative, also oft: ein zur Auswahl stehender Index), so wird er in der *extensiven Form* wesentlich verfeinert. Diese hat einen dynamischen Charakter: Die Spieler steuern einen dynamischen Prozess durch sukzessive Einflussnahme zu verschiedenen Zeitpunkten. In Abhängigkeit davon durchläuft der Prozess verschiede-nen Zustände, die ihrerseits jeweils Auszahlungen an die beteiligten Spieler nach sich ziehen.

In diesem Fall ist eine *Strategie* für Spieler 1 eine vorab aufgestellte Liste von Handlungsanweisungen, die Spieler 1 zu jeder Situation, in der er ‚am Zuge' ist, eine Entscheidung angibt. Durch Untersuchung *aller möglichen* Listen dieser Art (Strategien) klärt Spieler 1 seine gesamten strategischen Möglichkeiten ab. Wählen nun alle Spieler je eine Strategie in diesem Sinne, so ist der Ablauf des dynamischen Prozesses völlig fixiert, und auf diese Weise entsteht eine Normalform. Extensive Spiele können formal als Baumspiele, dynamische Prozesse, Differentialspiele, stochastische Spiele (d.h. mit Zufallszügen) u.a. auftauchen. Imperfekte Information (über den Zustand des Spiels) kann modelliert werden, indem man Informationsbezirke angibt, innerhalb derer der einzelne Spieler den wahren Zustand des zu steuernden Prozesses nicht kennt. Unvollständige Information (über das vorliegende Spiel, über die Charakteristika der beteiligten Spieler) kann nach *Harsanyi* und *Mertens-Zamir* als Spiel mit imperfekter Information

modelliert werden.
Wir kommen zur *charakteristischen Funktion* eines Spiels, indem wir Möglichkeiten der Kooperation unter den Spielern untersuchen. Sind die Spieler vermöge $I = \{1, \ldots, N\}$ durchnumeriert, so ist jede Teilmenge $S \subseteq I$ als *Koalition* zu interpretieren. Sei $\underline{\underline{P}} = \{S \mid S \subseteq I\}$ das System der Koalitionen, jede Abbildung $\upsilon: \underline{\underline{P}} \to$ IR $(\upsilon(\theta) = 0)$ wird als (,kooperatives') Spiel interpretiert wie folgt: Jede Koalition S kann sich durch Kooperation die Auszahlung der reellen Zahl $\upsilon(S)$ sichern. Die Interpretation von $\upsilon(S)$ als ‚monetärer Wert', auf der Grundlage einer ‚gemeinsamen Nutzenskala' und ‚Trans-ferierbarkeit' des Nutzens, ist natürlich problematisch und Gegenstand der Untersuchung. Eine verallgemeinerte Theorie untersucht kooperative Spiele bei nicht transferierbarem Nutzen ($\to$ *NTU-Theorie*).

3. *Lösungskonzepte.* Grundsätzlich sind Lösungskonzepte als Präzisierung von Gleichgewichts- od. Stabilitätsbegriffen zu verstehen. Im Einzelfall sind speziellere Interpretationen (optimale Strategien, faire Werte o.ä.) möglich. Formal sind Lösungskonzepte auf einer Klasse von Spielen erklärte Funktionen od. Abbildungen, die jedem Spiel dieser Klasse eine geeignete ‚stabile' od. ‚faire' (,optimale', ‚gleichgewichtige') Verteilung des Nutzens über die Individuen zuordnet; dies kann durch Angabe von Strategien od. ‚payoffs' geschehen.

Für die *Normalform* ist der Gleichgewichtsbegriff von *Nash* grundlegend. Ein Nash Gleichgewichtspunkt ist ein Satz von Strategien derart, dass ein Spieler durch Abweichen von diesem stabilen Zustand keine Verbesserung seines ‚payoffs' erzielen kann, falls seine Opponenten an diesem Zustand festhalten wollen. Im Falle eines Bimatrix-Spieles in gemischter Erweiterung, also etwa ein Paar $(\bar{x}, \bar{y})$ von Wahrscheinlichkeitsverteilungen, die $E_{\bar{x}, \bar{y}}A \geq E_{x, \bar{y}}A$ und $E_{\bar{x}, \bar{y}}B \geq E_{\bar{x}, y}B$ für alle Abweichungen x od. y erfüllt.
Im *Nullsummenspiel* (zwei Spieler, A = -B)

(direkter Interessengegensatz) sind Nash-Punkte als *optimale Strategien* interpretierbar und ‚garantieren' jedem Spieler den Spielwert. Für ein Bimatrixspiel mit Nullsummeneigenschaft wurde die Existenz solcher optimaler Strategien durch J. von Neumann 1928 etabliert, sie ist eng verknüpft mit dem ‚*Min-Max Theorem*' für Matrixspiele.

$$\max_x \min_y E_{xy}A = \min_y \max_x E_{xy}A \ .$$

Optimale Strategien können in solchem Falle durch L.P.-Techniken gewonnen werden; in allgemeinen Gleichgewichtsproblemen für Bimatrix-Spiele kommt man mit einer etwas komplizierteren Version, dem Lemke-Howson-Algorithmus zum Ziel.

Da die *extensive Form* eine Umschreibung (,Einbettung') in die Normalform erlaubt, sind Nashgleichgewichte auch für dynamische Spiele erklärt. Die hier auftretenden Probleme sind gelegentlich denen des dynamischen Programmierens vergleichbar (rekursive Berechnung optimaler Steuerungen), nehmen jedoch mit zunehmender ‚unvollständiger Information' anderen Charakter an. Gleichgewichtspunkte können ‚nicht rekursiver Natur' sein (,Perfektheitsproblem' im allgemeinen Sinne (*Selten*)), und die Frage nach geeigneter Selektion eines Gleichgewichtspunktes hat eine Fülle von Arbeiten hervorgebracht (sequentielle Gleichgewichte, stabile Gleichgewichte verschiedener Ausprägung). Die Begründung des Gleichgewichtsbegriffes durch *Nash*, seine Ausgestaltung durch *Selten* und die Einbeziehung unvollständiger Information durch *Harsanyi* hat diesen drei Autoren 1994 den Nobelpreis für Wirtschaftswissenschaften eingebracht.
Stochastische Spiele (selbst wenn sie stationär sind) können nichtstationäre optimale Strategien erfordern; (Existenzsatz von *Mertens-Neyman*). In dem Bereich, der durch ‚repeated games with incomplete information' beschrieben wird, stehen wesentliche Ergebnisse noch aus. Hier werden Normalformen iteriert gespielt, ohne dass die Beteiligten volle Kenntnis über die vom Gegner ausgespielte Strategie (od. über das tatsächlich zugrunde liegende Spiel) haben. Durch Signalgebung können Gleichgewichte

beeinflusst, Kooperation erzwungen und Information in begrenztem Umfang ausgetauscht werden (Konzept des ‚joint plan equilibrium', *Sorin* und Simon).

Lösungskonzepte für die *charakteristische oder Koalitions-Funktion* schließlich sind auf die Probleme der Kooperation, der Macht in Verhandlungssituationen u.ä. zugeschnitten und sollen ‚faire', ‚gerechte', ‚gleiche' od. auch ‚zu erwartende' Verhandlungsergebnisse repräsentieren. Solche Ergebnisse müssen nicht notwendig eindeutig sein. Formal kann ein Lösungskonzept eine Abbildung sein, die jedem Element einer Klasse von charakteristischen Funktionen gewisse additive Mengenfunktionen (‚Verteilung des Nutzens') zuordnet. So z.B. ist für eine charakteristische Funktion υ das *Core* definiert als $C(\upsilon) = (m \mid m$ additiv auf $\underset{=}{P}$,

$m \geq \upsilon$, $m(I) = \upsilon(I) \}$, d.h. das System aller Verteilungen, die die vorgegebene Funktion dominieren und durch Kooperation in der großen Koalition erreichbar sind. Intuitiv: Elemente des Cores sind erwartete Verhandlungsergebnisse, weil keine Koalition Einwände dagegen vorbringen kann derart, dass sie allein durch Kooperation mehr zu erreichen in der Lage sei. Allerdings haben nur ‚sehr schöne' Spiele ein nicht leeres Core. Andere mengenwertige Konzepte sind etwa die ‚stable sets', von von *Neumann-Morgenstern* (die eine Art stabilen internen Standort für allseits akzeptierte Klassen von Nutzenverteilungen postulieren), ‚kernel', ‚bargaining set', ‚nucleolus' (*Maschler-Davis*, *Peleg*, *Schmeidler*) (die Verhandlungsmechanismen formalisieren) und viele andere mehr. Punktförmige Konzepte liefern eine eindeutige Verteilung: Neben den Verhandlungslösungen von *Nash*, *Kalai-Smorodinsky* und *Maschler-Perles* ist besonders der Shapley-Wert zu erwähnen (*Shapley*, *Aumann*). Er ist durch vier plausible Axiome (Pareto-Effizienz, Aggregationsverträglichkeit, Anonymität der Spieler, keine Auszahlungen an Dummy-Spieler) eindeutig charakterisiert. Seine zahlreichen Interpretationsmöglichkeiten als ‚mittlere marginale Verhandlungsstärke', ‚fairer Wert', ‚Machtindex' u.a. haben dieses Konzept zu einem zentralen Begriff für viele Anwendungen gemacht.

4. *Anwendungen.* Wir erwähnen nur einige der zahlreichen Möglichkeiten, spieltheoretische Grundbegriffe und Lösungskonzepte in andere Bereiche der Wirtschaftswissenschaften einzubringen. In der Oligopoltheorie (→ Oligopol-, Preistheorie) ist das Nash-Gleichgewicht dem älteren Begriff des → Cournot-Punktes eng verwandt; insbesondere solche spieltheoretischen Untersuchungen, die sich dem Zusammenhang zwischen Nash-Cournot (→Nash-Cournot-Gleichgewicht) und Pareto-Konzept widmen, sind relevant. In der allgemeinen Gleichgewichtstheorie ist das (für abstrakte Ökonomien geeignet modifizierte) Core durch die während der 70er-Jahre erarbeiteten ‚Äquivalenzsätze' zu einem fundamentalen ökonomischen Konzept geworden (*Shubik*, *Scarf*, *Debreu*, *Hildenbrand*): Für anwachsende Ökonomien fallen das Core und das → Walras'sche Gleichgewicht asymptotisch zusammen. Ein entsprechender spieltheoretischer Äquivalenzsatz besagt, dass auch der Shapley-Wert eines geeignet definierten Marktspieles beim Anwachsen der Ökonomien gegen das Walras'sche Gleichgewicht konvergiert. Kooperative und kompetitive Konzepte nähern sich also für große Märkte aneinander an (‚Edgeworth's Vermutung').

Im *politischen Bereich* spielen kooperative Konzepte (z.B. der Shapley-Wert) eine wichtige Rolle bei der Untersuchung der ‚Macht in Gremien'. Solche Gremien können Parlamente od. Führungsgruppen sein; der Shapley-Wert, als Machtindex interpretiert, ermöglicht die Behandlung von Fragen der politischen od. innerbetrieblichen Repräsentanz (‚one man, one vote') und der gerechten Bildung kleiner Ausschüsse. Spieltheoretische Konzepte dieser Art sind übrigens gelegentlich den im parlamentarischen Bereich üblichen Methoden (d'Hondt-Verfahren u.ä.) überlegen, weil letztere (eventuell gewollt) bei der Bildung von Ausschüssen ‚machtverfälschend' wirken.

Ein interessanter Anwendungsbereich ist durch *‚cost sharing' Probleme* gegeben (*Billera-Heath*, *Mirman-Taumann*, *Owen* u.a.). Interpretiert man die charakteristische

Funktion eines Spieles geeignet um, so kann sie die →Kosten gewisser Gruppen von Servicepaketen (Landungen auf Flugplätze, Telefongebühren, Bewässerungsprojekte) repräsentieren; die mittleren marginalen Kosten (→Kosten) (d.h., die Servicegebühren für die einzelnen Nutzer) werden dann durch Nukleolus od. Shapley-Wert-Bildung gemessen. So stehen große Teile des Apparates der kooperativen S. für derartige Fragen des ‚cost-sharing' zur Verfügung: Dies hat man benutzt, um gerechte interne Telefonkosten, Flugplatzlandegebühren od. faire Beteiligung an den Kosten von Trinkwasserprojekten zu bestimmen.

Literatur: *J. von Neumann/ O. Morgenstern*, Theory of Games and Economic Behaviour. Princeton, NJ. 1944, 1953. *G. Owen*, Game Theory. Philadelphia, PA. 1968. *J. Rosenmüller*, The Theory of Games and Markets. Amsterdam 1981. *M. Osborne/ A. Rubinstein*, A Course in Game Theory. Cambridge (Mass.)-London 1994.

Prof. Dr. J. Rosenmüller, Bielefeld

Spillover-Effekt
→ externer Effekt, jene Wirkung (Vorod. Nachteile) aus der Aktivität (Produzieren oder Verbrauchen) eines →Wirtschaftssubjekten bei anderen Wirtschaftssubjekten, die nicht durch den Preismechanismus gesteuert werden.

Splitting
Dem (Ehegatten-)S. liegt der Gedanke zugrunde, dass die Ehe in jeder Beziehung eine vollständige wirtschaftliche Einheit sei. Beim S.-Verfahren werden die →Einkommen der Ehegatten zusammengefasst. Auf die Hälfte des Gesamteinkommens beider Personen wird dann der →Steuertarif angewendet und der so ermittelte Steuerbetrag ergibt nach Verdopplung die Steuerschuld. Infolge des S.-effekts verdoppelt sich der allgemeine Grundfreibetrag und die proportionale Eingangszone des Steuertarifs. Die Steuerschuld eines alleinstehenden Steuerpflichtigen ist demnach höher als diejenige eines Ehepaares mit demselben Gesamteinkommen.

Spotgeschäft
Geschäft an einer internationalen Warenbörse (→Börse) gegen sofortige →Kasse und Lieferung.

sprungfixe Kosten
→Kosten.

Sprungwerbung
Werbung, die sich nicht an den direkten Abnehmer, sondern statt dessen an darauf folgende Abnehmer richtet. Wenn man z.B. beim → Konsumenten wirbt, um an den Handel verkaufen zu können.

staatliche Zukunftsvorsorge
Die öffentliche Verwaltung hat nicht nur eine Ordnungsfunktion zu erfüllen, sondern ist auch Leistungsverwaltung und dient damit der Daseinsvorsorge. Die sog. Vorsorgeverwaltung stellt öffentliche Einrichtungen für die Allgemeinheit bereit: z.B. Verkehrseinrichtungen, Krankenhäuser und Abwasserbeseitigung. Die Sozialverwaltung erbringt Leistungen der Sozialversicherung und Sozialhilfe. Die Förderungsverwaltung erbringt Leistungen zur Förderung von Kunst und Wissenschaft, zur Ausbildungsförderung usw.

Staatsausgaben
Ausgaben des Staates, die sich zusammensetzen aus Ausgaben für Güter und Faktorleistungen und den von ihm geleisteten Übertragungen. Die S. werden in der Volkswirtschaftlichen Gesamtrechnung und der Finanzstatistik unterschiedlich abgegrenzt. So differenziert die Finanzstatistik nicht nach Auszahlungen und Ausgaben.

Staatsausgabenfunktion
Nachfrage des Staates. Sie bildet zusammen mit der → Konsumfunktion (→ Konsumtheorie), der Investitionsfunktion (→ Investitionstheorie) und der Exportfunktion (Nachfrage des Auslands) die Ausgabenfunktion (→ gesamtwirtschaftliche Güternachfrage) in der → Keynesschen Theorie.

Staatseinnahme(n)
sind Einnahmen der öffentlichen Haushalte. Unter den verschiedenen Einnah-

men des Staates sind →Steuern - allein schon aufkommensmäßig - von größter Bedeutung. S.a. →öffentliche Einnahmen. Die wichtigsten Einnahmen der öffentlichen Haushalte (einschl. →Sozialversicherung) sind: 1. Steuern, 2. Steuerähnliche Ausgaben, darunter Sozialversicherungsbeiträge, 3. Einnahmen aus wirtschaftlicher Tätigkeit, 4. Gebühren, sonstige Entgelte, 5. Einnahmen der Kapitalrechnung, 6. Sonstige Einnahmen, 7. Schuldenaufnahme (brutto).

Staatshandelsländer
Bezeichnung für Volkswirtschaften mit Außenhandelsmonopol des Staates. Es sind dies nach der internationalen Statistik vor allem die sozialistischen Länder.

Staatsquote
Werden die gesamten Staatsausgaben zum Sozialprodukt in Beziehung gesetzt, so spricht man von allgemeiner S. Werden dabei nur Teile der Staatsausgaben (z.B. Verteidigungsausgaben) herangezogen, so spricht man von speziellen S. oder Strukturquoten.
Werden diese in jeweiligen Preisen ermittelt, spricht man von nominalen S. Werden diese um die Preiskomponente bereinigt, erhält man reale S.
Bei der Betrachtung der langfristigen Entwicklung von S. ergibt sich ein Anstieg, der aber nicht kontinuierlich verlief.

Staatstätigkeit
ökonomische Aktivität des Staates. Der Umfang der S. wird mit der →Staatsquote gemessen. Auf der Einnahmenseite werden als Maße für den Umfang →Abgabenquote und Steuerquote berechnet. Die empirische Entwicklung der Staatsquote weist eine steigende Tendenz auf, wie sie im → Gesetz der wachsenden Staatstätigkeit grundlegend formuliert ist. Die Struktur der Staatstätigkeit ist hinsichtlich der ökonomischen Wirkung nach Richard A. Musgrave in drei Bereiche zu zerlegen: Allokationswirkungen, Distributionswirkungen und Stabilisierungswirkungen. Die Finanzwissenschaft untersucht insbesondere die Wirkungen des Staatsbudgets auf alle drei Bereiche.

Staatsversagen
Wie staatliche Aktivität in bestimmten Bereichen mit →Marktversagen begründet wird, so lassen sich Forderungen z.B. nach Privatisierung bestimmter staatlicher Aktivitäten und Unternehmen mit Staatsversagen begründen. Allgemein kann man formulieren, dass dort, wo der → Markt bessere Effizienz bewirkt, S. vorliegt.

staatswirtschaftlicher Konsum
Staatsverbrauch in der → Volkswirtschaftlichen Gesamtrechnung: Kostenwert der zur Verfügung gestellten Staatsleistungen.

Stabex
Teil des Lomé-I-Abkommens, der zur Stabilisierung der Ausfuhrerlöse dient und in weiteren Lomé-Abkommen ergänzt worden ist (Stabilisierungsfond für Exporterlöse). Exporterlösminderungen werden durch zinslose Überbrückungsdarlehen kompensiert, wenn der Anteil des entsprechenden Exportgutes mindestens 6% der durchschnittlichen Exporterlöse innerhalb der letzten vier Jahre betrug (→Lomé III). Die 35 am schwächsten entwickelten Länder brauchen die in Anspruch genommenen Ausgleichszahlungen nicht zurückzahlen.

Stabilisatoren
→Agrarpolitik.

Stabilisierungspolitik
1. *Begriff.* S. bezeichnet den Teil der Wirtschaftspolitik (→ Theorie der Wirtschaftspolitik), der darauf gerichtet ist, volks-wirtschaftliche Globalgrößen - insbesondere → Beschäftigung, → Preisniveau, Außenwirtschaftssalden, → Wirtschafts-wachstum - auf ein Niveau zu lenken, das mit →*gesamtwirtschaftlichem Gleichgewicht* vereinbar ist, und auf diesem Niveau zu stabilisieren. Dieser aus dem angelsächsischen Sprachraum übernommene weite Begriff der S. ist umfassender als die häufig synonym verwendeten Begriffe →Konjunkturpolitik und →Globalsteuerung, weil er zum einen neben der Stabilisierung der Konjunktur (→ Konjunkturtheorie) auch diejenige der gesamtwirtschaftlichen →

Wachstumsrate einschließt, zum anderen neben der globalen Beeinflussung der → gesamtwirtschaftlichen Nachfrage auch selektive Eingriffe in den → Marktmechanismus und Mittel der →Angebotssteuerung beinhaltet. I.e.S. gehören zur S. nur diejenigen Aktivitäten, die auf die *Wiedererrei-chung* der in den stabilitätspolitischen Zielen normierten Sollzustände gerichtet ist, während die Erhaltung dieser Zustände als Stabilitätspolitik bezeichnet wird; der Gebrauch des letzteren Begriffs ist jedoch uneinheitlich, da er teilweise nur auf das Ziel der Geldwertstabilität bezogen wird, teilweise aber auch mit S. gleichgesetzt wird.

2. *Begründung und Ziele.* Stabile gesamtwirtschaftliche Zustände bzw. Entwicklungen sind notwendige Voraussetzungen für eine bewusste und störungsfreie Gestaltung ökonomischer Expansions- und Verteilungsprozesse. Aus diesem Grunde versucht der Staat mittels der S., entsprechende Instabilitäten zu minimieren. Notwendigkeit und Umfang einer *aktiven S.* sind jedoch in der Literatur durchaus strittig. Das gilt sowohl für das ältere Schrifttum („spartanische" versus „römische" Doktrin) als auch für die jüngere Auseinandersetzung zwischen „Monetaristen" (→ Monetarismus) und „Fiskalisten" (→Fiskalismus) (s.u.). Heute überwiegt eine gemäßigte Auffassung, wonach zwar eine kurzfristige stopp-and- Go-Politik zu vermeiden ist, jedoch in wirtschaftlichen Depressions- (→Depression) od. Überhitzungssituationen stimulierende od. retardierende Eingriffe erwünscht sein können.

Als Ziele der S. werden traditionell *Vollbeschäftigung, Preisniveaustabilität* und *außenwirtschaftliches Gleichgewicht* genannt (→Ziele der Wirtschaftspolitik). Da zur Realisierung dieser Ziele u.U. entgegengesetzte Maßnahmen erforderlich sind, spricht man auch vom „magischen Dreieck" der S., das seit den sechziger Jahren durch Einbeziehung des Ziels *Wirtschaftswachstum* zum „magischen Viereck" erweitert worden ist. In der Bundesrepublik Deutschland sind diese vier Ziele als Maximen der Haushaltspolitik von Bund und Ländern in § 1 des *StabG* als Konkretisierung des Oberziels

„Gesamtwirtschaftliches Gleichgewicht" gesetzlich verankert.

3. *Akteure.* Bei den Akteuren, die für die S. von Bedeutung sind, sind die *offiziellen* Träger (= Entscheidungsträger) der S. und weitere für die stabilisierungspolitische Willensbildung relevante Akteure (→Einflussträger) zu unterscheiden. Offizielle Kompetenz, S. zu betreiben, besitzt i.d.R. nur der *Staat,* der seinerseits jedoch durch eine Vielzahl von Trägern gekennzeichnet ist. Das liegt insbesondere in den Prinzipien der Gewaltenteilung und des Föderalismus sowie der teilweisen Ausgliederung wirtschaftspolitischer Kompetenz an die *Zentralbank* begründet. Die Stellung der letzteren kann dabei von einer weitgehenden Unabhängigkeit bis zu einer völligen Unterordnung unter Legislative od/ od. Exekutive reichen. In der Bundesrepublik hat das BBkG der →Deutschen Bundesbank einen hohen Grad an Unabhängigkeit eingeräumt. Der Status der Deutschen Bundesbank war seinerseits das Vorbild für die unabhängige Stellung, die der Europäischen Zentralbank (EZB) sowie den nationalen Notenbanken als Mitgliedern des Europäischen Systems der Zentralbanken (ESZB) durch den Maastrichter Vertrag eingeräumt wurde.

Im Prozess der stabilisierungspolitischen Willensbildung wirken allerdings neben den offiziellen Trägern *weitere Akteure* mit, die zusammenfassend auch als „*Vorparlamentarischer Raum"* charakterisiert werden. Hierunter werden alle Einflussträger verstanden, deren Entscheidungsmechanismen im nicht-staatlichen Bereich liegen. Dieser Vorparlamentarische Raum reicht von den Parteien über die Verbände und die Wissenschaft bis zur sog. öffentlichen Meinung.

4. *Instrumente.* Als Mittel der S. kommen grundsätzlich alle → Instrumente der Wirtschaftspolitik infrage. Im Vordergrund stehen dabei die prozesspolitischen Instrumente der →Finanzpolitik, →Geldpolitik, → Außenwirtschaftspolitik und →Einkommenspolitik. Hinzutreten können Maßnahmen der → Ordnungspolitik.
Die Instrumenttypen der *Finanzpolitik* umfassen die staatlichen Ausgaben

(Realausgaben und Transferzahlungen), die laufenden staatlichen Einnahmen (insbes. → Steuern) und die staatliche Verschuldung bzw. Rücklagenbildung. Die wichtigsten Maßnahmen der *Geldpolitik* sind die Refinanzierungspolitik (→ Diskontpolitik und → Lombardpolitik), die →Mindestreservepolitik und die → Offenmarktpolitik; daneben ist als potentiell schärfstes stabilisierungspolitisches Eingriffsinstrument der → Notenbank die Kreditkontingentierung zu berücksichtigen, die sich jedoch in der Bundesrepublik nicht findet. Im Rahmen der *Außenwirtschaftspolitik* werden vornehmlich die Wechselkurspolitik, die Kapitalverkehrspolitik sowie die Außenhandelspolitik als Mittel der S. eingesetzt. Staatliche *Einkommenspolitik* kann sich vollziehen über Informationsvermittlung, Empfehlungen, Absprachen od. eine staatlich verordnete Fixierung von Einkommen der verschiedenen gesellschaftlichen Gruppen. Die *Ordnungspolitik* als S. schließlich bedient sich der Setzung langfristig zuverlässiger Rahmenbedingungen („Konstanz der Wirtschaftspolitik") sowie einer stringenten →Wettbewerbspolitik.

5. *Grundprobleme und Konzeptionen.*
Grundprobleme der S. bilden vor allem die Möglichkeit von Zielkonflikten, die Schwierigkeiten von Diagnose und → Prognose, die Existenz von Handlungs- und Wirkungsverzögerungen (time lags, →lag) sowie die aus der Vielzahl der Träger resultierenden Fragen einer effizienten Koordinierung. Je nach Einschätzung des theoretischen Stellenwerts und der empirischen Bedeutung dieser Problemfaktoren sind unterschiedliche Konzeptionen der S. denkbar. So werden (1) nach dem *instrumentellen Ansatzpunkt* nachfrageorientierte Eingriffe („Nachfragepolitik") von angebotsorientierten Maßnah-men („Angebotspolitik") unterschieden. Auf der Ebene der *Eingriffsintensität* setzt (2) der Gegensatz zwischen einer vorwiegend globalen S. („Globalsteuerung") und einer selektiven (strukturorientierten") S. an. Eine Differenzierung nach dem *Handlungsspielraum*, der den Trägern der S. zugestanden wird, führt (3) zur Einteilung in diskre-

tionäre (fallweise) und regelgebundene Maßnahmen der S. Unter dem Aspekt der *Zukunftsorientierung* stehen sich schließlich (4) antizyklische und verstetigende S. gegenüber.

Diese Gegensatzpaare lassen sich den in der theoretischen Wirtschaftspolitik dominierenden Richtungen der S. wie folgt zuordnen: die *post-keynesianische* („fiskalistische") S. ist in ihrem Kern als diskretionäre antizyklische Nachfragepolitik einzustufen. Demgegenüber trägt die seit den sechziger Jahren als Gegenkonzept entwickelte monetaristische S. prinzipiell eher den Charakter einer regelgebundenen Verstetigungspolitik, die sich zudem weitgehend mit den Ideen der Angebotspolitik deckt. Eine Zwischenposition nehmen verschiedene Konzepte einer potentialorientierten S. ein, die je nach Ausgestaltung mehr der einen od. der anderen Richtung nahestehen.

6. *S. in der Bundesrepublik Deutschland.*
Hierbei sind seit dem Zweiten Weltkrieg fünf Phasen zu unterscheiden: (1) die Periode der S. als überforderte Geldpolitik von 1950 bis 1966, (2) die Phase der monetary fiscal policy von 1967 bis 1972, (3) die Periode neuer Probleme und Problemlösungsansätze in der S. von 1973 bis 1982, (4) die Hinwendung zur „Angebotsorientierung" von 1982 bis 1989 sowie (5) die Phase unveränderter nationaler und globaler Herausforderungen.

Die *erste Phase* war in den fünfziger Jahren durch ein starkes reales Wirtschaftswachstum („Wirtschaftswunder") gekennzeichnet, wodurch aktive S. zunächst weitgehend entbehrlich erschien. Allerdings traten bereits in dieser Dekade gewisse Spannungen zwischen einer antizyklisch orientierten Geldpolitik und einer eher prozyklischen Finanzpolitik auf. Die erste Hälfte der sechziger Jahre kann dann als die Phase aktiver monetärer S. gekennzeichnet werden. Die Effizienz dieser Politik wurde jedoch durch eine fehlende außenwirtschaftliche Absicherung („importierte Inflation", →Inflation, 3.3.) und eine prozyklische Finanzpolitik stark gemindert. Diese Probleme führten in der *zweiten Phase* zu einer stärkeren Verpflichtung der Finanzpolitik auf das Ziel des gesamtwirtschaftlichen Gleichgewichts in Form des StabG (s.o.). Während insofern das Konfliktpotential zwischen Geldpolitik und Finanzpolitik verringert wurde, bildete die offene außenwirtschaftliche Flanke das hauptsächliche Effizienzproblem der deutschen S. Den externen Einflüssen versuchte man mit steuerpolitischen Maßnahmen (1968), diskretionären Wechselkursänderungen (1969, 1971) und Kapitalverkehrsbeschränkungen (1972) zu begegnen. Mit der Freigabe des DM- →Wechselkurses gegenüber dem US-Dollar („Blockfloating" 1973; →Floating) begann die *dritte Phase*, in der außenwirtschaftliche Störfaktoren eine geringere Rolle gespielt haben. Diese Phase war vor allem charakterisiert durch den Versuch einer „Neuen Geldpolitik" der Bundesbank sowie in der Finanzpolitik durch ein Vordringen der nicht-stabilisierungspolitischen Ziele. Im Vergleich zur früheren monetären S. betont die *„Neue Geldpolitik"* stärker Verstetigungselemente sowie geldmengenpolitische Strategien. De facto wurde jedoch auch die Geldpolitik seit 1974 als eine Mischung von Liquiditäts-, Zins- und Geldmengenpolitik zu kennzeichnen. In der *Finanzpolitik* überlagerten seit Beginn der siebziger Jahre allokative und distributive Ziele die stabilisierungspolitischen Ziele. Die Finanzpolitik wirkte zudem fast immer expansiv (Explosion der Staatsverschuldung). Seit 1982 hat in der *vierten Phase* eine deutliche Akzentverlagerung zu angebotspolitischen Vorstellungen stattgefunden. Das gilt vor allem für die Finanzpolitik, die in den achtziger Jahren - mit insgesamt durchaus beachtlichem Erfolg - drei Hauptziele verfolgte: Die „Rückführung des Staatsanteils", die „Konsolidierung der Staatsfinanzen" durch Verringerung der Neuverschuldung und die Reform des Einkommensteuertarifs durch Senkung der Grenzsteuersätze. In der Geldpolitik wurde die bereits zuvor entwickelte Mischung aus Verstetigungskonzeption und diskretionären Elementen fortgesetzt, wobei seit 1987 eine verstärkte außenwirtschaftliche Orientierung (Dollarinterventionen, Europäisches Währungssystem) erkennbar war. Die *fünfte Phase* von 1900 bis 1998 kann als eine Phase veränderter na-

tionaler und globaler Rahmenbedingungen für die deutsche Stabilisierungspolitik gekennzeichnet werden. Eine schwierige Aufgabe für die deutsche Geldpolitik stellte zunächst die Verwirklichung der deutsch-deutschen Währungsunion durch Ausdehnung des Geltungsbereichs der D-Mark auf das Gebiet der ehemaligen DDR zum 1.7.1990 dar. Darüber hinaus wurde die Geldpolitik durch den weltweiten Trend zur Globalisierung vor neue Herausforderungen gestellt. Vor allem aber wurden mit der Unterzeichnung des Maastrichter Vertrags über die Errichtung einer Wirtschafts- und Währungsunion (WWU) in Europa im Jahre 1992 die Geldpolitik der Bundesbank wie auch die deutsche Finanzpolitik unter neue Zwänge gestellt. Trotz massiver Kritik insbesondere seitens deutscher Wirtschaftswissenschaftler wurde das Vorhaben der WWU im politischen Raum unbeirrt vorangetrieben und mit der Entscheidung vom Mai 1998 über den Eintritt in die Endphase der WWU zum 1.1.1999 vorläufig zum Abschluss gebracht. Die Perspektive der WWU hatte nicht nur entscheidende Konsequenzen für die - zunehmend europäisch beeinflusste - Gestaltung der Bundesbankpolitik sondern auch für die Haushaltspolitik. Diese sah sich zwecks Erreichung der sog. „Konvergenzbedingungen" des Maastrichter Vertrages gezwungen, massive Beschränkungen zu akzeptieren, die insbesondere im „Stabilitäts- und Wachstumspakt" von Dublin/ Amsterdam (1997/ 98) verankert waren.

Mit dem Beginn des Jahres 1999 beginnt somit eine sechste Phase der Stabilisierungspolitik in Deutschland unter völlig neuen Vorzeichen. Diese ist dadurch charakterisiert, dass zum einen die Geldpolitik der nationalen Kompetenz entzogen wurde; die Aufgabe der geldpolitischen Stabilisierung ging damit von der nationalen Ebene auf die europäische Ebene über. Zum anderen wird aufgrund der erwähnten Restriktionen für die nationalen Finanzpolitiken eine „fiscal policy" über die öffentlichen Haushalte der Mitgliedsstaaten der WWU nur in sehr beschränktem Ausmaß möglich sein. Ob dafür auf längere Sicht, wie es zuweilen vorgeschlagen worden ist, dem europäischen Haushalt eine wachsende stabilisierungspolitische Bedeutung zuwachsen könnte, muss gegenwärtig offenbleiben. Dies würde nämlich eine massive Ausweitung des EU-Budgets voraussetzen, wofür auf absehbare Zeit kaum politische Bereitschaft vorhanden zu sein scheint.

Literatur: *D. Cassel/ H. J. Thieme*, Stabilitätspolitik, in: Vahlens Kompendium der Wirtschaftstheorie und Wirtschaftspolitik, Bd. 2. 6. A., München 1995. *J. Pätzold*, Stabilisierungspolitik. 5. A., Bern-Stuttgart 1993. *U. Teichmann*, Grundriss der Konjunkturpolitik. 5. A., München 1997. *H. Tomann*, Stabilitätspolitik. Berlin-Heidelberg 1997.

Prof. Dr. R. Caesar, Hohenheim

Stabilität der Geldnachfrage
→Geldnachfragetheorie.

Stabilität des Gleichgewichts
→Gleichgewicht, →Konjunkturtheorie.

Stabilitätsgesetz
→ Gesetz zur Förderung der Stabilität und des Wachstums der Wirtschaft.

Stab-Linien-Organisation
entsteht durch Angliederung von Stäben an Instanzen in einer konkreten →Organisation. Stäbe dienen dazu, die quantitative und qualitative Entscheidungskapazitäten von Linieninstanzen zu erhöhen. Stäbe haben allgemein Leitungsfunktion im Auftrag od. für die Linien wahrzunehmen (Stabsgeneralist) od. die Instanzen zu unterstützen und in konkreten Einzelfragen zu beraten (Stabsspezialist). Die Stabskonzeption beinhaltet stets eine Spezialisierung der Leitungsfunktion der Linie. Die Wahrnehmung der Leitungsfunktion hat so zu geschehen, dass Stab und Linie eine Einheit bilden. Das damit verfolgte Ziel ist ein Streben nach Spezialisierung von Leitungsfunktionen unter Wahrung der durch das Liniensystem vorgegebenen Kompetenzregelung der Koordination.
Eine einfache Form der S. entsteht, wenn der Unternehmensführung ein Stab als Leitungshilfsstelle zugeordnet wird. Neben einer zentralen Stabsstelle, die ein-

stufig od. mehrstufig gegliedert sein kann, kann eine S. derart gebildet sein, dass Stäbe auf unterschiedlichen Hierarchieebenen angegliedert werden.

Stabstelle
→Stab-Linien-Organisation.

Stagflation
Kunstwort aus →Stagnation und →Inflation. Gemeint ist eine wirtschaftliche Situation, die durch eine Verbindung von inflationärer Preisentwicklung bei stag-nierendem Wirtschaftswachstum gekennzeichnet ist. Zur Erklärung wird vor allem die Kostendruckthese in Verbindung mit einem verstärkten Verteilungskampf angeführt. Eine Verschärfung des Verteilungskampfes bei staatlicher Vollbeschäftigungsgarantie und dessen Fortführung in Zeiten des Konjunkturrück-ganges bei ausgeprägter Inflationsgewöhnung führen zu kontinuierlichen Preissteigerungen bei depressiver Tendenz der Wirtschaftstätigkeit.

Stagnation
1. →Prognose im Keynesschen System (→ Keynessche Theorie): Wenn langfristig bei gegebener Investitionsneigung (→ Investitionstheorie) so viel gespart wird, dass das Gleichgewichtseinkommen geringer als das Vollbeschäftigungseinkommen ist, ergibt sich daraus eine säkulare S.
S.-prognose von Hansen (1938): Es gibt vier S.-sgründe insbesondere für die USA: a. eine fallende Wachstumsrate der Bevölkerung; b. das Aufhören geographischer Erschließungen; c. das Anwachsen der absoluten Sparsumme; d. die Tendenz zu kapitalsparenden technischen Entwicklungen. Die Prognose von Hansen hat sich bisher nicht erfüllt.

2. →dynamischer Wettbewerb, 3.

Stammaktie
→Aktie, die keine Vorrechte bezüglich Stimmrecht, →Dividende usw. gewährt, wie das beispielsweise bei der → Vorzugsaktie od. bei der Mehrstimmrechtsaktie der Fall ist.

Stammeinlage

Das Stammkapital (fester Teil des →Eigenkapitals) der Gesellschaft mit beschränkter Haftung (→GmbH) beträgt mindestens 25 000 Euro. Die S. eines Gesellschafters beträgt mindestens 100 Euro. Bei der S. in Form von Sacheinlagen gelten besondere Vorschriften (§ 5 Abs. 4 GmbHG). Die Anmeldung der GmbH zur Eintragung in das Handelsregister kann erst erfolgen, wenn auf jede S. mindestens 25% eingezahlt sind, sofern keine Sacheinlagen vereinbart sind. Insgesamt müssen die eingezahlten S. zuzüglich der S. in Form von Sacheinlagen den Betrag von 25 000 Euro erreichen. Bei der Gründung einer „Ein-Mann-GmbH" sind mindestens 5 000 Euro als S. einzuzahlen; für den Rest sind Sicherheiten zu bestellen.

Standardabweichung

statistisches Streuungsmaß. Die positive Quadratwurzel aus der →Varianz.

Standardkosten

entstehen aus der Normmenge multipliziert mit dem Festpreis. S. sind Ausdruck des Strebens nach einer bestimmten Kostenwirtschaftlichkeit. S. dienen als Wirtschaftlichkeitsmaßstab, an dem die angefallenen Istkosten gemessen werden. Die Plankostenrechnung ist dann eine →S.-rechnung, wenn sie als Instrument der Wirtschaftlichkeitskontrolle genutzt wird.

Standardkostenrechnung

Art der →Plankostenrechnung mit dem Zweck der Erreichung bzw. der Kontrolle einer bestimmten Kostenwirtschaftlichkeit. →Standardkosten ergeben sich dabei aus der Multiplikation der Normmenge mit einem Festpreis.

Standardnormalverteilung

→Normalverteilung.

Standby-Kredit

Währungsbeistandskredit. Innerhalb des → Internationalen Währungsfonds (IWF): stand-by-arrangements, das sind Bereitschaftskreditabkommen, die Mitgliedsstaaten innerhalb ihrer Kredittranche bei „höheren" Kredittranchen

mit dem IWF vereinbaren und die Auflagen des IWF enthalten, die vom Kredit suchenden Land innerhalb eines Stabilisierungsprogramms zur Wiederherstellung seines → außenwirtschaftlichen Gleichgewichts erfüllt werden müssen. Innerhalb des → Europäischen Währungssystems: Der „mittelfristige finanzielle Beistand", der eine Laufzeit von zwei bis fünf Jahren besitzt und mit wirtschaftspolitischen Auflagen verbunden ist. Der „kurzfristige Währungsbeistand" (Laufzeit: drei Monate) kann zweimal um drei weitere Monate verlängert werden; er ist nicht mit wirtschaftspolitischen Auflagen verbunden.

Standing

Urteil über die Vermögenssituation, Marktposition, Kreditwürdigkeit o.ä. eines Landes, einer Organisation, einer Unternehmung oder eines Wirtschaftssubjekts. So spricht man etwa von einem Bonitätsstanding eines Wertpapieremittenten.

Standortanalyse

Teil des Standortwahlprozesses aus Anlass der Neuerrichtung größerer Betriebsstätten od. der Verlagerung größerer Unternehmenskapazitäten an einen anderen Standort. Dabei sind regelmäßig drei Vorgangsstufen unterscheidbar: 1. Eingrenzung, Bewertung und Auswahl von Makrostandorten anhand von Länder- und Regionalanalysen und logistischer Entscheidungskriterien. 2. Vorauswahl von potentiellen Mikrostandorten nach Kriterien, die sich aus einer Analyse der Standortanforderungen ergeben. 3. Endauswahl des Standorts aufgrund von weiteren Analysen (→ Wirtschaftlichkeitsrechnung, Standortkalkulation).

Standortfaktoren

Faktoren, die für die Standortwahl der Unternehmung bedeutsam sind. Je nach Gewicht der S. unterscheidet man nach Material-, Arbeits-, Abgabe- und Subventions-, Energie-, Verkehrs-, Absatzorientierung.

Standorttheorie

Teil der Regionalwissenschaft, der sich vor allem um Erklärungen der einzelwirtschaftlichen Standortentscheidungen bemüht. Kernproblem ist die Bestimmung des optimalen Standorts. Den anderen Zweig der Regionalwissenschaft bildet die Erklärung der Siedlungsstruktur (z.B. das Theorem der Thünenschen Kreise). Neuerdings ist die Raumplanungstheorie um die Lösung des Problems der optimalen Standortproduktion bemüht.

Statik
=>*statische Analyse*.

stationäre Wirtschaft
i.Ggs. zur →evolutorischen Wirtschaft, eine sich im Zeitablauf nicht verändernde, also weder wachsende noch schrumpfende →Volkswirtschaft. Ist in der → Wirtschaftswissenschaft durch Wertkonstanz bestimmter → Variablen, z.B. →Volkseinkommen, →Konsum sowie Abwesenheit anderer bestimmter Variablen gekennzeichnet, z.B. Nettoinvestitionen (→Investition).

statische Analyse
=>Statik
Vorgehensweise in der ökonomischen Analyse, bei der ein Gleichgewichtszustand (→Gleichgewicht) od. die Struktur einer ökonomischen Größe untersucht wird, die sich auf einen Zeitpunkt od. eine Zeitperiode bezieht. Andere Analysearten sind →komparativ statische und → dynamische Analyse.

Statistisches Bundesamt
Bundesoberbehörde in Wiesbaden mit Zweigstelle in Berlin und Außenstelle in Düsseldorf, gehört zum Geschäftsbereich des Bundesministers des Innern und ist der Mittelpunkt der amtlichen statistischen Organisation im Bundesgebiet. Hauptaufgabe des S. ist nach dem Gesetz über die Statistik für Bundeszwecke (Bundesstatistikgesetz) vom 14.3.1980 die Vorbereitung, Erhebung und Aufbereitung von Bundesstatistiken. Das Spektrum dieser Statistiken reicht von der Volkszählung (nach eigenem Gesetz) bis zur → Volkswirtschaftlichen Gesamtrechnung und der Berechnung von → Preisindices.

steady-state-Gleichgewicht
=>quasi-stationäres Gleichgewicht
→Gleichgewicht, 2.

Stellenbewertung
=>*Arbeitsbewertung*
=>Arbeitsplatzbewertung
=>Dienstpostenbewertung
=>job evaluation.

Stellenkegel
vertikale und horizontale Gliederung einer →Organisation in Personalstellen.

Stellenplan
insbesondere in der öffentlichen Verwaltung der genehmigte Plan, der die Planstellen enthält.

stetiges Merkmal
→Merkmal.

stetiges Wachstum
→Wachstumstheorie.

Steuer
einmalige od. laufende Geldleistung, die nicht eine Gegenleistung für eine besondere Leistung darstellt und die von einem öffentlich-rechtlichen Gemeinwesen zur Erzielung von → Einnahmen allen auferlegt wird, bei denen der Tatbestand zutrifft, an den das Gesetz die Leistungspflicht knüpft. Steuern sind ein Teil der → öffentlichen Abgaben. S. auch → direkte Steuer, →indirekte Steuer.

steuerähnliche Abgaben
→Abgabe, 2.

Steueräquivalenz
Prinzip der Besteuerung, die den Grundsätzen der Gleichmäßigkeit und Verhältnismäßigkeit im Sinne einer Belastung nach der individuellen Leistungsfähigkeit zu folgen hat.

Steueramortisation
Abzug einer kapitalisierten Steuerlast vom Kaufpreis für ein mit einer fortlaufenden →Steuer belastetes Steuerobjekt, z.B. für einen →Gewerbebetrieb.

Steueraufkommen
Summe aller Steuereinnahmen des Staa-

tes in einem Rechnungsjahr.

Steuerausweichung
Verhalten eines Steuerpflichtigen, das darauf abzielt, Tatbestände, an die eine →Steuer anknüpft, nicht zu verwirklichen bzw. die Verwirklichung zu reduzieren. Dies wird immer dann versucht, wenn von der Steuer eine „Signalwirkung" ausgeht, d.h. dem Steuerpflichtigen die Steuerbelastung besonders hoch od. ungerechtfertigt erscheint. Die S. ist i.Ggs. zur →Steuerhinterziehung ein legales Verhalten des Steuerpflichtigen, um seine Steuerlast zu senken.

Steuerbemessungsgrundlage
die technisch-physische oder monetäre Größe, die der Ermittlung der →Steuerschuld zugrunde gelegt wird (z.B. der Ertragswert bei der →Grundsteuer).

Steuerberater
sind die berufenen Berater und Vertreter in allen Steuerangelegenheiten einschließlich Steuerstrafsachen und Steuerbußgeldsachen. Die Steuerberaterordnung als 2. Teil des Steuerberatungsgesetzes regelt ihre Rechte und Pflichten. Zur Prüfung als S. ist zuzulassen, wer ein rechts- od. wirtschaftswissenschaftliches Hochschulstudium abgeschlossen hat und danach drei Jahre auf dem Gebiet des Steuerwesens hauptberuflich praktisch tätig war. Ferner ist zuzulassen, wer Realschulabschluss und die Gehilfenprüfung nach einer Lehrzeit im steuerberatenden, wirtschaftsberatenden od. kaufmännischen Beruf sowie eine zehnjährige hauptberufliche Tätigkeit auf dem Gebiet des Steuerwesens nachweist, davon mindestens fünf Jahre als Mitarbeiter eines S. od. dergleichen. S. haben ihren Beruf unabhängig, eigenverantwortlich, gewissenhaft, verschwiegen und unter Verzicht auf berufswidrige Werbung auszuüben. Sie dürfen ihren Beruf im Angestelltenverhältnis grundsätzlich nur bei S., Steuerbevollmächtigten, Steuerberatungsgesellschaften, Rechtsanwälten, Wirtschaftsprüfern, vereidigten Buchprüfern und den entsprechenden Gesellschaften ausüben. S. und Steuerbevollmächtigte eines Oberfinanzdirektionsbezirks bilden eine Berufskammer

(S.-kammer), die Kammern bilden die Bundessteuerberaterkammer. Dem Vorstand der S.-kammer steht bei geringfügigen Pflichtverletzungen eines Mitglieds ein Rügerecht zu. Die Berufsgerichtsbarkeit ist speziell ausgebildet. Berufsgerichtliche Strafen sind Warnung, Verweis, Geldbuße bis 25 000 Euro und Ausschließung aus dem Beruf.

Steuerbetrag
⇒*Steuerschuld.*

Steuerbilanz
Den Begriff S. kennt das Gesetz nicht. Im engeren und herkömmlichen Sinn meint S. die nach dem Maßgeblichkeitsprinzip aus der →Handelsbilanz abgeleitete →Einkommensteuerbilanz. Im weiteren und neueren Sinn meint S. jede Art der Gegenüberstellung von Vermögens- und Schuldposten, die der Ermittlung steuerlicher Bemessungsgrundlagen dienen. Hauptzweck der S. ist die Ergebnis- oder Vermögensermittlung. Weitere Zwecke sind die Dokumentation und Beweissicherung vor allem gegenüber der Finanzverwaltung.
Die Einkommensteuerbilanz nimmt als Basisbilanz für andere S. eine zentrale Stellung ein.
Die Kernfragen der S. liegen im Bereich der →Bilanzierung und Bewertung.

Steuerdestinatar
→Steuerträger.

Steuerdiffusion
Verteilungsprozess der Steuern, s. →Inzidenz.

Steuerdumping
→Dumping.

Steuerfindung
bezeichnet die Suche nach und Anknüpfung an hinreichend abgrenzbare und erfassbare Tatbestände für eine Besteuerung. Angesichts der historisch gewachsenen Steuererfassungen, die zudem große gesellschaftliche Änderungen überdauern, scheinen dem Erfindergeist keine Grenzen gesetzt zu sein, denn es wurden bisher Institutionen (Vereinssteuern), Personen (Einkommensteuer),

Vermögensgegenstände (Grundsteuern), bestimmte Arten von →Ausgaben (Verbrauchsteuern), äußere Merkmale bestimmter Gegenstände (Türen, Fenster), → Leistungs- od. Geldströme des → Kreislaufs (Gewinne, Investitionen) u.a. besteuert. Das bisherige Vorgehen bei der S. widerspricht einem systembildenden Ordnungsprinzip.

Steuergegenstand
⇒Steuerobjekt
Sache, Handlung oder Geldsumme, auf die sich der Zugriff richtet. Der S. begründet die Steuerpflicht (z.b. das Einkommen für die Einkommensteuer).

Steuergerechtigkeit
ethisch-sozialpolitisches Prinzip der Besteuerung. Als Postulat ist es gleichbedeutend mit Allgemeinheit, Gleichmäßigkeit und Verhältnismäßigkeit der Besteuerung. Der letztgenannte Grundsatz der Besteuerung wird auch als Grundsatz der Besteuerung nach der persönlich-individuellen Leistungsfähigkeit bezeichnet. Er findet im Wesentlichen seine Verwirklichung in der progressiven Gestaltung des Einkommensteuertarifs. →Grundsätze der Besteuerung.

Steuergläubiger
diejenige Fiskalgewalt, die die Ertragshoheit über die →Abgabe besitzt.

Steuerhäufung
kumulierte Belastung der Steuerquelle mit verschiedenen Steuerarten.

Steuerharmonisierung
der Abbau von steuerlichen Belastungsdifferenzen bei der Bildung größerer Wirtschaftsräume (z.b. in der →Europäischen Gemeinschaft), so dass davon kein bedeutsamer Einfluss auf die Wettbewerbssituation ausgeübt wird. S. ist eine Angleichung der →Steuersysteme in einem internationalen Rahmen. Im Hinblick auf die →EG (EU) war ein erster Schritt in der Bundesrepublik die Einführung der →Mehrwertsteuer am 1.1.1969. Die Harmonisierung der → direkten Steuern erweist sich als schwieriger.

Steuerhinterziehung
Hauptstraftat des → Steuerrechts. Die Tathandlung kann darin bestehen, dass gegenüber Finanzbehörden od. gegenüber anderen Behörden über steuerlich erhebliche Tatsachen unrichtige od. unvollständige Angaben gemacht werden, die Finanzbehörden pflichtwidrig über steuerlich erhebliche Tatsachen in Unkenntnis gelassen werden od. pflichtwidrig die Verwendung von Steuerzeichen oder Steuerstemplern unterlassen werden. Nach dem Taterfolg unterscheidet das Gesetz Steuerverkürzung und das Erlangen ungerechtfertigter Steuervorteile. Die S. wird mit einer Freiheitsstrafe bis zu fünf Jahren od. mit einer Geldstrafe (bis zu 360 Tagessätzen) geahndet. Auch der Versuch ist strafbar. Straffreiheit kann durch Selbstanzeige erlangt werden. Für besonders schwere Fälle ist eine Freiheitsstrafe von sechs Monaten bis zu zehn Jahren vorgesehen.

Steuerkraftmesszahl
ermittelt im horizontalen →Finanzausgleich die Finanzkraft eines Landes durch das potentielle, sog. reale Steueraufkommen. Die Gegenüberstellung von S. und Ausgleichsmesszahl, die den Finanzbedarf anzeigt, ergibt die vom betreffenden Land zu leistende Ausgleichspflicht bzw. die Ausgleichsberechtigung.

Steuerlastquote
⇒*Steuerquote.*

Steuermessbetrag
ergibt sich aus der Multiplikation der → Bemessungsgrundlagen (bei der →Gewerbesteuer: der Gewerbeertrag und das Gewerbekapital) mit den Steuermesszahlen (bei der Gewerbesteuer: bundeseinheitlich im GewStG für beide Teilsteuern festgelegt). Wendet man auf den S. den →Hebesatz an, lässt sich das nominelle Belastungsniveau eines Steuerpflichtigen bestimmen.

Steueroasen
ausländische Staaten mit niedrigerem Steuerniveau (z.B. Liechtenstein, Monaco). Verlegt ein Steuerpflichtiger Wohnsitz oder Betriebsstätte in eine S., so

entzieht er dem inländischen Fiskus einen Teil der Abgaben (Steuerflucht). Gegen S. versucht das Außensteuergesetz zu wirken.

Steuerobjekt
⇒*Steuergegenstand.*

Steuerpflichtiger
⇒*Steuerschuldner.*

Steuerprogression
bedeutet die Progressivität des →Steuertarifs (→Progressionstarif).
Die *direkte S.* lässt sich durch verschiedene Maße beschreiben:
a) Die Differenz von Grenzsteuersatz und Durchschnittssteuersatz ist größer Null (→Steuersatz).

$$\left(\frac{dSt}{dB} \cdot 100\right) - \left(\frac{St}{B} \cdot 100\right) > 0.$$

(St = Steuerbetrag,
B = Bemessungsgrundlage)
b) Die Änderungsrate des Durchschnittssteuersatzes bei Änderung der →Bemessungsgrundlage ist größer Null.

$$\frac{d\left(\frac{St}{B}\right)}{dB} > 0.$$

c) Die →Elastizität des Steuerbetrags in Bezug auf die Bemessungsgrundlage ist größer Eins.

$$\frac{\frac{dSt}{St}}{\frac{dB}{B}} > 1.$$

d) Die Änderung des Grenzsteuersatzes bei Änderung der Bemessungsgrundlage ist größer Null.

$$\frac{d\left(\frac{dSt}{dB}\right)}{dB} = \frac{d^2St}{dB^2} > 0.$$

Die *indirekte S.* kann sich dadurch ergeben, dass in den Steuertarif mit konstantem Steuersatz ein →Freibetrag eingearbeitet wird.

$$St = \frac{dSt}{dB}(B - B_F), \quad 0 < \frac{dSt}{dB} < 1 = \text{const.}$$

B_F = Freibetrag
Dann ist die Änderungsrate des Durchschnittssteuersatzes bei Änderung der Bemessungsgrundlage größer Null.

Steuerquote
Steuereinnahmen der →Gebietskörperschaften in v.H. des Bruttosozialprodukts (→ Sozialprodukt) in jeweiligen Preisen.

Steuerrecht
Gesamtheit der Steuergesetze und steuerlicher Rechtsverordnungen, Richtlinien und Erlasse sowie relevanter Teile der S.-sprechung.
S. ist auch Objekt der diesbezüglichen rechtswissenschaftlichen Disziplin, der S.-wissenschaft.

Steuersatz
Verhältnis von → Steuerbetrag zu → Steuerbemessungsgrundlage. S.a. → Steuerprogression.

Steuerschuld
⇒Steuerbetrag
absoluter Betrag der zu entrichtenden Steuer.

Steuerschuldner
⇒Steuerpflichtiger
⇒Steuersubjekt
natürliche od. juristische Person, die für eine Steuer schulden, für eine Steuer haften, für Rechnung eines Dritten einzubehalten oder abzuführen haben oder andere durch die Steuergesetze auferlegte Verpflichtungen zu erfüllen haben.

Steuersubjekt
⇒*Steuerschuldner.*

Steuersystem
die Gesamtheit der in einem Land jeweils nebeneinander bestehenden Steuern. Man unterscheidet historische S., die tatsächlich in Kraft waren oder sind, und rationale (oder optimale) S. als Denkmodelle eines zielgerichteten geordneten Nebeneinanders verschiedener Einzelsteuern. Die Bezeichnung S. ist bei historischen S. allerdings selten berechtigt, da das systembildende gemeinsame Ordnungsprinzip i.d.R. fehlt.

Steuertarif
die für eine Einzelsteuer vorgenommene vollständige Zuordnung von →Steuerbe-

messungsgrundlagen und →Steuerbeträgen. S.a. →Steuerprogression.

Steuertechnik

die Gesamtheit rechtlicher und organisatorischer Maßnahmen zur Verwirklichung des Steueranspruches (Steuerveranlagung, -errechnung), der Erhebung und ggf. zwangsweisen Eintreibung sowie Kontrolle der Zahlung von Steuern. S. hat die Umsetzung des Steuergedankens in die Tat zu leisten; kann diesen aber durch die konkrete Fassung in Steuergesetze und deren praktische Durchführung verfehlen, verstärken, abschwächen od. sogar in sein Gegenteil verkehren. S. beginnt mit der Bezeichnung der Steuern, Formulierung steuerlicher Begriffe und Bestimmungen, setzt sich fort in der Wahl des Zeitpunktes der Einführung, Aufhebung, Erhöhung od. Ermäßigung der Steuer, mündet in die Aufgabe der konkreten Formulierung der Steuergesetze, endet mit der Feststellung des Steuerpflichtigen und seiner Steuerschuld sowie deren Erfüllung.

Steuerträger

derjenige, der ökonomisch den →Steuerbetrag zu leisten hat, d.h. dessen Einkommen oder Vermögen durch die Besteuerung gekürzt wird. Aufgrund von Steuerüberwälzungsvorgängen fallen Steuerpflichtiger und S. nicht immer zusammen. Sofern eine → Steuerüberwälzung vom Gesetzgeber gewollt wird, bezeichnet man denjenigen, dem die definitive Steuerbelastung gesetzlich zugedacht ist, als Steuerdestinatar.

Steuerüberwälzung

Versuch eines →Steuerzahlers sowie der von ihm erreichte Vorgang der Weitergabe einer Steuerbelastung über Preisänderungen für →Güter od. → Produktionsfaktoren an Lieferanten (Vorwälzung) od. Abnehmer (Weiterwälzung). Die Aussagen zur S. hängen vom Inhalt des Überwälzungskonzeptes ab, u.zw. je nachdem, ob es die durch die S. erreichte Ergebnisänderung einer bestimmten Situation od. ein durch S. ausgelösten ökonomischen Anpassungsprozess od. sogar im Sinne einer Theorie der Steuerwirkungen (→Inzidenz) alle entstehenden öko-

nomischen Wirkungen meint. In der Öffentlichkeit wird i.d.R. unter S. der Unterschied zwischen der vom Gesetzgeber beabsichtigten od. der herrschenden Verteilung beim Steueranstoß und der verwirklichten Verteilung der Steuerlast verstanden. Aufgrund der für die →vollständige Konkurrenz geltenden Annahmen gelangte die traditionelle →Finanzwissenschaft zu Beginn dieses Jh. zu dem Ergebnis, dass →direkte Steuern i.d.R. nicht und → indirekte Steuern i.d.R. überwälzbar seien. Eine langjährige Debatte, insbesondere zur Überwälzbarkeit der → Körperschaftsteuer zeigte, dass von Nichtüberwälzbarkeit direkter Steuern keine Rede sein kann. Mittels mikroökonomischer (→ Mikroökonomik) → Partialanalyse, makroökonomischer (→ Makro-ökonomik) → Kreislauftheorie sowie →Ökonometrie wurden wesentliche Bedingungsfaktoren einer S. herausgearbeitet, so die Art der Steuer, → Marktform, →Elastizitäten der Nachfrage und des Angebots. Die Analyse der S. im Sinne der Steuerwirkungen kann nur in einem Totalmodell (→Modell) erfolgen und ist noch zu leisten.

Steuerveranlagung

Verfahren der Festsetzung der Steuern durch das Finanzamt.

Steuervergünstigungen

vom Staat selektiv ergriffene Hilfsmaßnahmen, die zur Verringerung der Steuerschuld führt, z.B. durch Ermäßigung des →Steuersatzes, Verringerung der → Bemessungsgrundlage, Abzüge von der →Steuerschuld od. Steuerbefreiung bei bestimmten Situationen (z.B. Veräußerungsgewinne bei bestimmter Wiederverwendung der →Gewinne).

Steuerzahler

derjenige, der die Steuern an das Finanzamt abführt (zahlt).

Stichprobe

die Entnahme endlich vieler Elemente aus einer →Grundgesamtheit nach einer bestimmten Ziehungsvorschrift (Erhebung). Jedes Element wird durch seine Ausprägung bezüglich des zu untersuchenden →Merkmals X registriert. Die

Anzahl n der gezogenen Elemente ist der S.-umfang. Werden die Elemente zufällig ausgewählt, dann ist der Beobachtungswert x_i die Realisierung einer →Zufallsvariablen, der sog. i-ten. S.-nvariablen X_i (i = 1, ..., n). Werden die Objekte nach einer → uneingeschränkten Zufallsauswahl und unabhängig voneinander der Grundgesamtheit entnommen, handelt es sich um eine einfache S. vom Umfang n. Werden zu jedem der Grundgesamtheit unter gleichen Bedingungen entnommenen Objekt Ausprägungen zu zwei Untersuchungsmerkmalen X und Y registriert, liegt eine verbundene einfache S. vor. Verallgemeinerungen dieser Entnahmevorschriften, sog. Höhere Stichprobenverfahren, spielen in der Erhebungspraxis eine bedeutende Rolle. Der Grundgedanke dieser Verfahren besteht in der Einführung von Hierarchien von Zerlegungen der Grundgesamtheit.

Stichprobenerhebung
⇒Teilerhebung
→Stichprobe.

Stichprobenplanung
i. e. S. die Planung von →Stichprobenerhebungen evtl. unter Verwertung von Vorkenntnissen über die Struktur der → Grundgesamtheit oder andere Merkmale. Der Stichprobenplan ist einstufig, wenn er nur aus einer Stichprobe besteht, er ist zweistufig, wenn er aus zwei Stichproben besteht. Wird stets eine nachgeschaltete Stichprobe zugelassen, wird ein sequentieller Stichprobenplan verwendet. I.w.S. umfasst S. die Abklärung des optimalen Stichprobenumfanges, die Berücksichtigung von →Kosten für Stichproben und daraus folgend die Abwägung eines Verzichts auf eine Stichprobe, aber auch die Beantwortung nach der geeigneten Stichprobe bei konkurrierenden Verfahren.

Stichprobentheorie
Verfahren und Techniken mit der Zielsetzung, Schlüsse von einer „gezogenen →Stichprobe" auf eine interessierende Grundgesamtheit zu ziehen.
Ihre Legitimation findet die S. darin, dass es in vielen Fällen aus Zeit- und Kosten-

gründen nicht vertretbar ist, eine Vollerhebung durchzuführen.

Stichprobenvariable
→Stichprobe.

Stille Beteiligung
→Einlage des stillen Teilhabers einer → Stillen Gesellschaft.

Stille Gesellschaft
ist keine →juristische Person, sondern eine Personengemeinschaft, bei der sich jemand (stiller Teilhaber) an dem → Handelsgewerbe eines → Kaufmanns mit einer →Einlage beteiligt. Die S. selbst betreibt kein Handelsgewerbe, nur der tätige Teilhaber. Die Einlage des stillen Gesellschafters geht nur in das →Vermögen, nicht aber in das volle und unbeschränkte Eigentum des Geschäftsinhabers über, so dass diese nicht als →Eigenkapital, sondern nur als Sonderposition in der →Bilanz auszuweisen ist. Im Konkursfall (→Konkurs) des Geschäftsinhabers ist sie eine Konkursforderung gegen den Inhaber. Der stille Gesellschafter haftet generell nicht für →Verbindlichkeiten der S. I.d.R. tritt der stille Gesellschafter nach außen hin nicht als Gesellschafter in Erscheinung. Es kann vereinbart werden, dass der stille Teilhaber bei der Auflösung der Gesellschaft und bei der Auseinandersetzung einen schuldrechtlichen Anspruch erhält, durch den er so gestellt wird, als ob das Geschäftsvermögen den Gesellschaftern gemeinsam gehöre (sog. atypische S.).

Stille Reserve
Teil des → Erwerbspersonenpotentials, der weder erwerbstätig (→Erwerbstätige) noch arbeitslos gemeldet ist (→Arbeitslose), aber bereit ist, eine Arbeit aufzunehmen. S. umfasst die nicht arbeitslos ge-meldeten Personen ohne Beschäftigung, die aber - vor allem bei einer Besserung - auf dem →Arbeitsmarkt eine Stelle annehmen würden und deshalb als Anbieter von →Arbeit auftreten. Die Größe der S. ist mit Unsicherheit behaftet, da ihr Schätzungen zugrunde liegen, z.B. für den Anteil von verheirateten und älteren Frauen, die bei hoher Arbeitslosig-

keit ihr Angebot auf dem Arbeitsmarkt zurückziehen.

Stille Reserven
durch Ausnutzung handels- und steuerrechtlicher Bewertungsspielräume nicht ausgewiesene und einbehaltene Gewinnanteile einer Unternehmung. →Selbstfinanzierung.

stille Rücklagen
1. ⇒stille Reserven.
2. werden als stille Reserven die →Gewinne bezeichnet, die sich aus der niedrigeren Bewertung von Vorräten und i.d.R. bereits im Folgejahr durch ihre Auflösung ergeben. Demgegenüber werden als s. auch die Positionen der →Bilanz bezeichnet, die sich aus dem Ansatz zu hoher →Abschreibungen und erst nach Beendigung der Abschreibungsperioden ergeben, wobei die Anlage noch genutzt wird.
Diese Begriffsverwendung ist gegenüber 1. nur nach der Frist zu unterscheiden und willkürlich.

Stillhalter
→Devisenoption, →Option.

Stillstandszeit
Unterbrechung der Nutzungszeit eines Betriebsmittels od. der gesamten Produktionsanlage. S. kann planmäßig bedingt sein, z.B. für Erholung od. Überholung, od. auch ungeplant anfallen, z.B. durch Ausfälle in der geplanten Materialbelieferung. S. führen zu → Leerkosten.

Stimmrecht
Recht, an der Bildung des kollektiven Willens mitzuwirken. Zu den Verwaltungsrechten des Gesellschafters bei der Gesellschaft des bürgerlichen Rechts gehört das S. Bei Beschlüssen, ebenso bei der Offenen Handelsgesellschaft, bei der Kommanditgesellschaft (durch den Kommanditisten), bei der Gesellschaft mit beschränkter Haftung (durch die Gesellschafter). Am bekanntesten ist aber wohl das S. des Aktionärs einer Aktiengesellschaft auf der Hauptversammlung. Kleinaktionäre ermächtigen vielfach ihre

Depotbanken, mit ihren Aktien zu stimmen (Depot-S., Vollmachts-S., Auftrags-S.).

stochastischer Prozess
ist die kontinuierliche, in aufeinander folgenden Schritten eintretende Wiederholung eines Zufallsexperimentes. Dabei ist das Ergebnis jeder Wiederholung von einer im Allgemeinen endlichen Anzahl der vorhergehenden Wiederholungen abhängig. Die Behandlung s. erfordert eine Theorie von Wahrscheinlichkeiten bei abhängigen → Ereignisse. S. spielen in der praktischen Statistik eine große Rolle, z.B. bei der Lösung von Warteschlangen-, Investitions- und Lagerhaltungsproblemen.

Stock
⇒*Bestandsgröße*
⇒Zeitpunktgröße.

Störvariable
⇒latente Variable
⇒Restvariable
→Identifikationsproblem
→Regressionsanalyse.

Stolper-Samuelson-Theorem
→ Güterwirtschaftliche Außenwirtschaftstheorie, 4.

Stop-and-Go-Politik
wirtschaftspolitisches Handlungsmuster im Bereich der Konjunkturpolitik: Bei steigenden Inflationsraten greift die Regierung zu restriktiven wirtschaftspolitischen Maßnahmen (stop). Zum anderen ruft ein längerfristiges Absinken der wirtschaftlichen Wachstumsrate über kurz od. lang immer staatliche konjunkturstützende Maßnahmen hervor (go). Großbritannien hat diese S. lange Jahre praktiziert, aber auch andere Industrienationen haben die S. in den sechziger und siebziger Jahren regelmäßig betrieben.

Straight Bonds
Anleihen mit festem Zinssatz. Dieser klassische Anleihetyp wird je nach Marktlage unterschiedlich ausgestattet: Garantie der Muttergesellschaft für Anleihen der Tochtergesellschaft, staatliche

Garantie für öffentliche Anleihen, Negativklauseln, Prolongation, Tausch usw.

Straßenfertigung
⇒*Fließfertigung*
⇒Linienfertigung
⇒Reihenfertigung.

strategische Planung
ist die Verbindung zwischen den formulierten Unternehmenszielen und der operativen → Planung mit dem Ziel, zukünftige Erfolgspotentiale zu sichern. Wesentliche Aufgabe der s. ist das Erkennen struktureller, technischer, wirtschaftlicher, politischer und gesellschaftlicher Veränderungen sowie Entwicklungen unter deren Beachtung, das zukünftige Verhalten der Unternehmung auf ihren unterschiedlichen Tätigkeitsfeldern zu formulieren.

strategische Unternehmensführung
gegenüber taktischer und operativer Unternehmensführung diejenige Form der Unternehmensleitung, die die Unternehmensziele festlegt und die Unternehmenspolitik nach ihnen bestimmt.

Streckengeschäft
Form des Handels, bei der die Ware dem Abnehmer direkt vom Lieferanten zugestellt wird, ohne dass sie das Lager des Händlers berührt. Beim S. kommt es zur Spaltung zwischen Auftrags- und Warenweg. Der Händler übt nur eine vermittelnde Funktion aus.

Streik
Einstellung der Arbeit, die gemeinsam und planmäßig durchgeführt durch eine größere Anzahl von Arbeitnehmern innerhalb eines Betriebes od. eines Gewerbe- od. Berufszweiges zu einem bestimmten Zweck (z.B. Lohnerhöhung) erfolgt, verbunden mit dem Willen, die Arbeit wieder fortzusetzen, wenn der Arbeitskampf beendet ist. Das Recht zum S. ist in Art. 9 GG indirekt, in mehreren Länderverfassungen ausdrücklich garantiert. Ein S. ist rechtmäßig, wenn er ohne Verstoß gegen die Friedenspflicht od. gegen das Gesetz von einer Gewerkschaft beschlossen und auf ein im Arbeitskampf zulässiges Ziel gerichtet ist:

Dies gilt auch für den Warn-S. Der Arbeitnehmer, der sich am S. beteiligt, verletzt nicht seinen Arbeitsvertrag; es kann ihm deshalb nicht gekündigt werden; jedoch ist Aussperrung zulässig.

Streudiagramm
⇒*Streuungsdiagramm.*

Streuung
ist die Variabilität/ Heterogenität der Merkmalswerte in → Häufigkeitsverteilungen bzw. Wahrscheinlichkeitsverteilungen. S. wird durch S.-maße ⇒ S.-parameter gemessen, so z.B. bei Häufigkeitsverteilungen metrischer Merkmale durch →Spannweite, →Standardabweichung, →Abweichung.

Streuungsdiagramm
⇒Streudiagramm
graphische Darstellung zweidimensionaler Häufigkeitsverteilungen für Einzelwerte insbes. metrischer Merkmale. Aus der Punktverteilung versucht man Hinweise über die Art des Zusammenhangs zwischen den Beobachtungsmerkmalen zu erhalten.

Streuungsparameter
→Streuung.

Strikingpreis
→Devisenoption.

Stripped Bond
Trennung von Kupon (Zinsschein) und Mantel einer Schuldverschreibung mit anschließendem getrennten Verkauf als → *Null-Kupon-Anleihe* (→ *Coupon Stripping*) oder mit Zusammenfassung mehrerer Zinsscheine (Zinszahlungen) auf *einen Zinstermin* und Verkauf als Null-Kupon-Anleihe (wobei die Abzinsung zum internen Zinsfuß erfolgt). Erste Instrumente dieser Art waren in den USA →CAT und →TIGR (siehe →STRIPS); dabei wurden US-Schatzscheine von US-Banken erworben, bei einer Treuhandbank depo-niert und Null-Kupon-Anleihen begeben, deren Sicherung durch die hinterlegten Schatzscheine erfolgte. Das →*Coupon Stripping* bewirkt, dass die ursprünglich festverzinsliche Schuldverschreibung den Charakter eines →*Zero*

Bonds annimmt, zumal aus ihr nur noch die Forderung auf Rückzahlung des Nennbetrages zum Fälligkeitstag abgeleistet werden kann. Da die Trennung von Mantel und Zinsscheinen zu einem Kursrückgang der Schuldverschreibung führt, erwirbt der Anleger den Stripped Bond - analog zur Ausgabe eines *Zero Bonds - abgezinst.* Der durch Zusammenfassung der Zinsscheine (*Coupon Stripping*) entstandene zusätzliche Zero Bond ist dagegen seinem Wesen nach ein sog. Zinssammler (= *aufgezinster* Zero Bond; siehe dazu v.a. →*SMBS*). Für den Investor ergibt sich der Vorteil eines relativ geringen Kapitaleinsatzes und die Aussicht, an Kurssteigerungen über den Leverage-Effekt teilzuhaben. Der Emittent profitiert von niedrigeren Finanzierungskosten und längeren Laufzeiten. Die Deutsche Bundespost wandte dieses Konzept in Zusammenarbeit mit der Commerzbank erstmals 1986 (unter Einschaltung einer Off-Shore-Finanzierungsgesellschaft, die formal als Emittent der Null-Kupon-Anleihe fungierte - Euro DM Securities, St. Helier, Jersey) an.

Strömungsrechnung
→ Gesamtwirtschaftliches Rechnungswesen.

Strom
⇒*Transaktion.*

Stromgröße
⇒flow
⇒Zeitraumgröße
die in →Geld- (z.B. →Einkommen) od. physischen Einheiten pro Zeiteinheit (z.B. →Güternachfrage) gemessene Menge einer ökonomischen → Variablen i.Ggs. zur →Bestandsgröße. So wird z.B. in der →Volkswirtschaftlichen Gesamtrechnung die S. der →Investition durch den Betrag der Investitionsausgaben eines Zeitraumes gemessen.

structural shift inflation
Bezeichnung für eine nichtmonetäre Inflationsursache, wonach eine dauerhafte Verschiebung der Nachfrage, z.B. von Industriegütern zu Dienstleistungen, diese → Preise herauftreibt, ohne dass der Nachfragerückgang, hier für Industrie-

güter, zu Preissenkungen führt.

Strukturberichterstattung
Seit die Probleme des sektorale Strukturwandels ab Mitte der 70er Jahre in der Bundesrepublik zugenommen haben, hat die Bundesregierung den Aufbau einer sektoralen S. durch die fünf großen Wirtschaftsforschungsinstitute (DIW, HWWA, Ifo, IfW, RWI) begonnen. Aufgabe der S. ist, Richtung und Ursachen des sektoralen Strukturwandels zu analysieren, die Öffentlichkeit über eingetretene Strukturänderungen zu informieren, die staatliche Strukturpolitik zu kontrollieren und Anregungen zum Ausbau der sektoralen Strukturforschung zu geben. Voraussetzung hierfür ist eine Theorie des sektoralen Strukturwandels, die in geschlossener Form noch nicht vorliegt. Z.Z. werden, um Kernprozesse des Strukturwandels zu erklären, Einzelhypothesen der allgemeinen → Wirtschaftswissenschaft entnommen und zu einem Hypothesengeflecht verknüpft. Im Vordergrund stehen dabei angebotsorientierte Erklärungen, z.B. Zusammenhänge zwischen der Entwicklung von → Output, →Produktivität, →Lohn und → Preisen.

strukturelle Arbeitslosigkeit
→Arbeitslosigkeit.

Strukturkrisenkartell
nach dem →GWB für einen begrenzten Zeitraum (i.d.R. bis 30 Jahre) zugelassenes →Kartell, zum planmäßigen Abbau von Überkapazitäten eines Wirtschaftszweiges, wobei nicht eine Stilllegung, sondern eine endgültige Anpassung der Produktionskapazitäten an den abnehmenden Absatz Ziel ist. Nach dem GWB muss die Strukturkrise durch eine nachhaltige Änderung der Nachfrage eingetreten sein, so dass konjunkturelle Ursachen sowie angebotsverursachte Überkapazitäten keine Berücksichtigung finden. Der Inhalt wettbewerbsbeschränkender Absprachen ist im Gesetz nicht normiert, so dass alle Wettbewerbsbeschränkungen, soweit sie für eine Kapazitätsanpassung erforderlich sind, zulässig sind. Gestellte Erlaubnisanträge hat das → Bundeskartellamt unter Be-

rücksichtigung der Gesamtwirtschaft und des Gemeinwohls zu entscheiden. In den vergangenen Jahrzehnten haben S. keine große Bedeutung erlangt; markantes Beispiel: das 1971 ausgelaufene S. des Mühlengewerbes.

Strukturorganisation
⇒Aufbauorganisation.

Strukturpolitik
Der Begriff „Strukturpolitik" dient sowohl als Bezeichnung für die strukturpolitischen Aktivitäten des Staates (praktizierende Strukturpolitik) als auch zur Kennzeichnung einer wirtschaftswissenschaftlichen Disziplin der Strukturforschung (theoretische Strukturpolitik), die einerseits die strukturpolitische Praxis analysiert und andererseits theoretisch fundierte Konzepte für die praktizierende Strukturpolitik entwickelt. Im System der Volkswirtschaftslehre hat die Strukturpolitik ihren wissenschaftlichen Standort in der Mesoökonomie, die zwischen Mikro- und Makroökonomie angesiedelt ist und sich primär mit der Erforschung struktureller Erscheinungen und Probleme von Branchen, Gruppen und Regionen - also mittleren Aggregaten zwischen Einzel- und Gesamtwirtschaft - beschäftigt.
Vorausgesetzt die Bezeichnung „Strukturpolitik" ist für das betreffende Politikfeld sachlich zutreffend gewählt worden, kann eine erste grobe Umgrenzung des strukturpolitischen Bereichs durch Rückgriff auf den Strukturbegriff gewonnen werden. Entsprechend der allgemeinen Definition, der zufolge Strukturen das Verhältnis der einzelnen Teile eines Ganzen zueinander sowie zu ihrer Gesamtheit und somit den Aufbau der Gesamterscheinung widerspiegeln, wird das Gefüge einer Volkswirtschaft vor allem durch die jeweilige sektorale und die regionale Wirtschaftsstruktur geprägt. Somit können im ökonomischen Bereich zur Strukturpolitik alle jene politischen Aktivitäten gerechnet werden, die bestimmte strukturelle Aggregate - insbesondere die sektorale und die regionale Wirtschaftsstruktur - einer Volkswirtschaft oder einer internationalen Wirtschaftsunion beeinflussen. Je nachdem,

ob sich strukturpolitische Aktivitäten primär auf Wirtschaftszweige oder Regionen richten, wird üblicherweise zwischen sektoraler und regionaler Strukturpolitik unterschieden. Beide Arten von Strukturpolitik weisen jedoch häufig Verbindungen auf, insbesondere dann, wenn strukturelle Branchenprobleme in monostrukturierten Problemregionen auftreten und staatliche Fördermaßnahmen gleichzeitig die sektorale und regionale Wirtschaftsstruktur verbessern sollen. In solchen Fällen lassen sich die Maßnahmen allenfalls einer allgemeinen Strukturpolitik zurechnen.

Da die meisten wirtschaftspolitischen Maßnahmen - also auch jene ordnungs- und konjunkturpolitischer Art - in der einen oder anderen Weise auf oft ungewollt auf ökonomische Strukturen oder den Strukturwandel einwirken, gibt es kaum eine strukturneutrale Wirtschaftspolitik. Zur Strukturpolitik zählen demnach nur jene Bestrebungen und Maßnahmen wirtschaftspolitischer Instanzen, die bewusst und gewollt auf Wirtschaftsstrukturen oder wirtschaftsstrukturelle Entwicklungen abzielen, indem sie
- bestimmte Strukturelemente oder strukturbestimmende Relationen (wie z.B. die Wettbewerbsverhältnisse) von Wirtschaftszweigen und/ od. Regionen abweichend von den allgemeingültigen Ordnungsprinzipien (z.B. dem Wettbewerbsprinzip) regeln (Regulierungspolitik),
- Strukturwandlungen innerhalb von und zwischen Wirtschaftszweigen und/ od. Regionen in einer Gesamtwirtschaft auslösen und/ od. verstärken (Strukturwandelpolitik) oder abschwächen und/ od. unterbinden (Strukturwandelverzögerungs- und Strukturerhaltungspolitik),
- die Fähigkeit und die Willigkeit der Wirtschaftssubjekte, sich dem Strukturwandel in den Wirtschaftszweigen und Regionen anzupassen, fördern (Strukturanpassungspolitik).

In marktwirtschaftlich orientierten Systemen ist die Strukturpolitik neben der Ordnungs- und der Konjunkturpolitik der dritte Parameter wirtschaftspolitischen Handelns. Während die Ordnungspolitik die allgemeingültigen Prinzipien für das Wirtschaftssystem - wie z.B. für die Marktwirtschaft das Wettbewerbsprinzip, die Eigentumsgarantie, die Gewerbefreiheit sowie die prinzipiell freie Berufs-, Arbeitsplatz- und Standortwahl - setzt und sichert, schafft und sanktioniert die Regulierungspolitik, die primär zur Strukturpolitik zu rechnen ist, ordnungspolitische Ausnahmeregelungen für bestimmte Wirtschaftszweige, Berufsgruppen und Regionen. Der wesentliche Unterschied zwischen der Strukturpolitik als mesoökonomischer Prozesspolitik und der Konjunkturpolitik als makroökonomischer Prozesspolitik liegt darin, dass die Strukturprozesspolitik auf die Zusammensetzung (Struktur) des Produktionspotentials gerichtet ist, während die Konjunkturpolitik auf den Auslastungsgrad (Konjunktur) des Produktionspotentials abzielt. Dementsprechend ist die Strukturpolitik vorwiegend angebotsorientiert, während die Konjunkturpolitik primär nachfrageorientiert ist.

Hauptsächliches Objekt der Strukturprozesspolitik sind Strukturwandlungen, die als Änderungen in der Zusammensetzung des Produktionspotentials der Wirtschaftszweige und/ od. Regionen in Erscheinung treten. Strukturwandlungen sind dauerhafte Veränderungen, die entweder stetig oder plötzlich als Entwicklungsbruch aufgrund z.B. von revolutionären Erfindungen oder Naturkatastrophen vor sich gehen und deren Aufwärts- oder Abwärtstrend stabil und unumkehrbar ist. In der Regel sind die Entwicklungen von Volkswirtschaften und auch von Wirtschaftsunionen von Wandlungen ihres inneren Gefüges, insbesondere ihrer sektoralen und regionalen Wirtschaftsstrukturen, sowie ihren außenwirtschaftlichen Verflechtungen begleitet. Strukturwandlungen sind jedoch nicht nur eine Begleiterscheinung, sondern auch eine Voraussetzung der ökonomischen Entwicklung und des Wirtschaftswachstums. Der ökonomische Strukturwandel kann sowohl zu volkswirtschaftlichen Steigerungen der Produktivität und des Wachstums führen, aber gleichzeitig auch ökonomische

Anpassungsprobleme und soziale Härten besonders in den Schrumpfungsbereichen mit sich bringen, die strukturpolitisches Handeln des Staates erforderlich machen können. So kommt es selbst bei im Großen und Ganzen funktionierender Marktsteuerung gelegentlich in Teilbereichen wegen mangelnder Fähigkeit der Wirtschaftssubjekte, sich unverzüglich und vollständig allen Strukturwandlungen anzupassen, zu hartnäckigen Ungleichgewichten auf den sektoralen und regionalen Arbeitsmärkten oder zu langandauernden Überkapazitäten sowie auch vereinzelt zu Produktionsengpässen auf den Gütermärkten. In Fällen, in denen keine Marktimpulse die Notwendigkeit von Umstellungen rechtzeitig signalisieren oder das strukturwandelbedingte Marktgeschehen zu einem langwierigen und sozial zu schmerzhaften Anpassungsprozess führen würde, versucht häufig der Staat, die Anpassungsprozesse mittels Anpassungshilfen (z.B. in Form von Beihilfen zur Umschulung oder Produktionsumstellung) abzukürzen und für die vom Strukturwandel belasteten Wirtschaftssubjekte bewältigbar und sozial erträglich zu machen. Manchmal bremst der Staat auch den Strukturwandel, um den Anpassungszeitraum für die Wirtschaftssubjekte zu strecken, was jedoch in der Regel mit Wachstumseinbußen erkauft werden muss. Wirtschaftsstrukturelle Probleme können auch durch Markt- und Wettbewerbsversagen in bestimmten Bereichen verursacht werden. Allerdings sind die „echten" Fälle, in denen tatsächliches Markt- und Wettbewerbsversagen vorliegt und eventuell mit Instrumenten der Regulierungspolitik zu beseitigen ist, höchst selten und nur dann gegeben, wenn
- kein Marktangebot auf einem Sektor erfolgt, weil das Ausschlussprinzip - wie im Fall öffentlicher Güter - nicht angewandt werden kann,
- bei bestimmten (insbesondere umweltbelastenden) Produktionen externe Effekte, die andere Subjekte belasten, den Verursachern nicht angelastet werden können,
- aufgrund von Größenvorteilen der Massenproduktion (economies of sca-

le) ein „natürliches Monopol" die nachgefragte Gütermenge kostengünstiger und zu niedrigeren Abgabepreisen bereitstellen kann, als es mehrere Unternehmen unter Wettbewerbsbedingungen vermögen,

- in bestimmten Bereichen aufgrund von Besonderheiten der Produktion eine ständige Tendenz zu ruinösem Wettbewerb besteht, mit der Folge, dass wegen des schrumpfenden Angebotes letztlich die effektive Nachfrage nicht mehr befriedigt werden kann.

Obwohl in marktwirtschaftlich orientierten Systemen mit funktionsfähiger Wettbewerbsordnung und einem leistungsfähigen Ausbildungssystem erfahrungsgemäß nur relativ wenig gravierende Strukturprobleme auftreten (es sei denn der Staat schafft erst welche durch sein Eingreifen), hat sich die Strukturpolitik dennoch exponentiell ausgedehnt. Der wesentliche Grund liegt darin, dass für die politischen Parteien beim Wettbewerb um die Regierungsmacht ein ständiger Anreiz besteht, die Strukturpolitik für eine wahlopportunistische Gruppenbegünstigungspolitik zu missbrauchen. Diese fundamentale strukturpolitische Problematik ist besonders im Rahmen der Neuen Politischen Ökonomie analysiert worden und hat in der „Mesoökonomischen Interaktionstheorie" einen strukturtheoretischen Erklärungsansatz gefunden. Darin wird modelltheoretisch ein „Markt für Strukturhilfen" gebildet, auf dem die strukturpolitischen Entscheidungsträger als Anbieter und die Interessenverbände als Nachfrager fungieren, und gezeigt, wie die strukturpolitischen „Tauschprozesse in Form von Strukturhilfen gegen Wählerstimmen oder personelle Bedeutungszuwächse ablaufen. Obwohl die Wirtschaftswissenschaften im Bereich der mesoökonomischen Strukturforschung inzwischen beträchtliche Fortschritte gemacht und auch anwendbare strukturpolitische Konzeptionen auf strukturtheoretischer Basis - wie z.B. die Konzeption der optimalen Strukturflexibilität - entwickelt haben, weist die praktizierende Strukturpolitik in Deutschland immer noch ein erhebliches Theoriedefizit auf. Während in der praktizierten regionalen Strukturpo-

litik zumindest einige regionaltheoretische Ansätze - wie beispielsweise die economic-base-theory und die Theorie der Wachstumspole - beachtet worden sind, wird die sektorale Strukturpolitik nahezu ohne jedwede strukturtheoretische Fundierung betrieben. Die aus dem Jahre 1968 stammenden „Grundsätze der sektoralen Strukturpolitik", die damals vom Bundeswirtschaftsministerium aufgestellt und seitdem als Konzeption von allen nachfolgenden Bundesregierungen angesehen worden sind, weisen weder eine strukturtheoretische Basis noch einen konsistenten ordnungspolitischen Bezugsrahmen auf. So wird zwar im Kern eine mobilitätsorientierte und wachstumssteigernde Strukturwandel- und Strukturanpassungspolitik proklamiert und eine Strukturerhaltungspolitik ausdrücklich ausgeschlossen, aber eine Strukturwandelverzögerung erlaubt, „wenn ein sich selbst überlassener Vorgang zu überstürzten und damit zu krisenhaften Entwicklungen zu führen droht". Damit ist jedoch ein Einfallstor aufgestoßen worden, durch das alle möglichen Strukturerhaltungsziele - getarnt als zeitlich gestreckte Anpassungsziele - anvisiert werden können; denn es ist möglich, nahezu jedes verkappte Strukturerhaltungsziel der Gegenwart als zeitlich begrenzte Etappe zum Strukturanpassungsziel der Zukunft zu deklarieren. Die in der Bundesrepublik Deutschland praktizierte sektorale Strukturpolitik besteht bisher vorwiegend aus einem Sammelsurium branchenprotektionistischer Maßnahmen (besonders im Steinkohlebergbau, Schiffsbau, Güterverkehr und in der Landwirtschaft) sowie einer weitreichenden Strukturwandelverzögerungspolitik, die häufig in eine mobilitätsunterdrückende und wachstumshemmende Strukturerhaltungspolitik mündete. Da die meisten sektoralen und regionalen Strukturprobleme aus suboptimalen Strukturflexibilitäten resultieren, empfiehlt es sich, bei der notwendigen Reform der Strukturpolitik auf die bereits von der Strukturforschung entwickelten Ansätze zu einer strukturpolitischen Konzeption der optimalen Strukturflexibilität zurückzugreifen und diese dann in einem ordnungskonformen Rahmengesetz zur Strukturpolitik rechtsverbindlich zu verankern, um den heutigen weiten Ermessensspielraum einzuengen und potentiellen parteipolitischen Missbrauch für wahlopportunistische Gruppenbegünstigungen zu unterbinden.

Literatur: *Bundesregierung*, Grundsätze der sektoralen Strukturpolitik, Drucksache des Deutschen Bundestags V/2469. 1968. *H.-R. Peters*, Grundlagen der Meso-ökonomie und Strukturpolitik, Reihe Uni-Taschenbücher (UTB) Nr. 1087. Bern-Stuttgart 1981. *H.-R. Peters*, Sektorale Strukturpolitik. 2. A., München-Wien 1996.

Prof. Dr. H-R. Peters,
Baden-Baden

Stückelung
Zerlegung einer →Emission von Aktien od. →Wertpapieren in unterschiedliche Nennbeträge.

Stückgeld
⇒*Bargeld.*

Stückkosten
⇒durchschnittliche totale Kosten
⇒Durchschnittskosten
→Kosten.

Stückliste
Verzeichnis über alle zu einem Erzeugnis od. Baugruppe gehörenden Teile. In den Unternehmen gibt es für die verschiedensten Zwecke S., so z.B. die Konstruktions-S, Fertigungs-S., Dispositions-S. Nach der Art werden unterschieden: Struktur-S., die den fertigungstechnischen Zusammenhang mit Mengenangaben zu den übergeordneten Einheiten angibt; Mengenübersichts-S., die alle Teile eines Erzeugnisses mengenmäßig benennt; Baukasten-S., die die Baugruppen ausweisen, die in die übergeordnete Baugruppe eingehen.

Stücklistenanalyse
→Beschaffung, 2.1.

Stücklohn
⇒*Akkordlohn.*

Stücksteuer
→Mengensteuer.

Stückzinsen
die Zinsen eines Gläubigerpapiers, die zwischen den Zinsterminen auflaufen und bei der Veräußerung des Gläubigerpapiers Käufer und Verkäufer laufzeitgerecht zugeordnet werden. Plus-S. sind hierbei die vom letzten Zinstermin bis zum Verkaufstag aufgelaufenen Zinsen, die dem Verkäufer zusätzlich zum Kurswert gutgeschrieben werden, wenn er den Zinsschein mitveräußert. Minus-S. werden einem Käufer von Gläubigerpapieren in Form eines Nachlasses auf den Kaufpreis gewährt, wenn vom Zeitpunkt der Zahlung des Emissionspreises bis zum Beginn der Laufzeit des ersten Zinskupons noch Zinstage liegen.

Studentverteilung
⇒*t-Statistik*
⇒*t-Verteilung.*

Stufenprognose
Erklärungsvariante für langfristige Entwicklungen von →Volkswirtschaften, die historische, geistige und soziale Strukturen berücksichtigt. S. ist als Alternative zu den →Modellen der →Wachstumstheorie wie auch zur →Marxistischen Wachstumstheorie konzipiert. Vertreter der S. arbeiten typische Prozessabläufe vom Urzustand bis zur Reifephase einer Volkswirtschaft heraus. W. W. Rostow ordnete die Entwicklung des Realeinkommens (→Einkommen) pro Kopf fünf Stufen gesellschaftlicher Entwicklung zu: Die erste Stufe ist die traditionelle Gesellschaft mit geringer →Arbeitsteilung und Mobilität der → Produktionsfaktoren. 75% der →Erwerbstätigen sind mit der Nahrungsmittel-produktion beschäftigt. Europäisches Mittelalter ist hierfür ein Beispiel. In der zweiten Stufe bildet die Entwicklung einer wissenschaftlichen Betrachtungsweise die Voraussetzung für späteren wirtschaftlichen Aufstieg. Entstehung sozialer Einrichtungen (Marktausweitung, Transportsysteme u.a.), Produktivitätsanstieg landwirtschaftlicher Produktion mit Zunahme der Stadtbevölkerung und Ausweitung des Außenhandels sind Merkmale dieser

Phase, die für Deutschland in der ersten Hälfte des 19. Jh. gelten kann. Die dritte Phase ist die take-off-Stufe mit steigender → Spar- und → Investitionsquote, die Wirtschaftswachstum und die Unternehmerklasse schaffen. Typisch wäre dafür eine Phasenlänge von 20 Jahren, so in Deutschland von 1850-73, Russland 1890-1910, China ab 1952. Die vierte Stufe dauerte etwa 40 Jahre und ist die Entwicklung zur Reife mit allgemeiner Anwendung moderner Technik, stärker steigendem Realeinkommen als die Bevölkerung, sinkender Beschäftigtenzahl in der Landwirtschaft, Herausbildung des Managerstandes; sei in Deutschland etwa 1910 eingetreten, in den USA um 1900, in der Sowjetunion ab 1950. Die fünfte Stufe wird als „Gesellschaft im Überfluss", des Massenkonsums mit individueller Bildung von Realvermögen (→Vermögen, Häuser, Autos) und fallenden Wachstumsraten gekennzeichnet.

subjektive Wertlehre
→Wertlehre.

submarginaler Anbieter
Anbieter, bei dem der Marktpreise die durchschnittlichen variablen Kosten (→ Kosten) deckt, aber unter dem →Minimum seiner durchschnittlichen Kosten liegt. Er wird nur kurzfristig zu diesem →Preis anbieten, weil ein Teil seiner Fixkosten (→ Kosten) nicht vom Preis gedeckt wird. Er hat die längerfristige Preisuntergrenze bereits unterschritten.

Submission
⇒*Ausschreibung*
⇒*Verdingung*.

Submissionspreis
Angebotspreis bei (öffentlichen) →Ausschreibungen.

Subordinationskonzern
⇒Unterordnungskonzern
→Konzern.

Subsidiaritätsprinzip
Formalprinzip der →Organisation und Zuständigkeitszuweisung. Für die Problemlösung ist derjenige zuständig, bei dem das Problem entsteht. Erst wenn die Selbsthilfe nicht möglich ist, setzt die Hilfe anderer (übergeordneter od. entfernterer) Stellen ein.
Beispiele: S. in der →Sozialhilfe: Sozialhilfe erhält nicht, wer sich selbst helfen kann od. die erforderliche Hilfe von anderen, insbesondere von Unterhaltspflichtigen od. von Trägern anderer Sozialleistungen erhält. S. bei Genossenschaften: Übergeordnete Verbundunternehmen dienen der Erfüllung von Aufgaben, die von den vorgelagerten kleineren Einheiten (insbesondere von der genossenschaftlichen Primärstufe) nicht od. nur in unzureichendem Maße gelöst werden können. S. bei Versicherungen: Wenn ein primär leistungspflichtiger Versicherer die Zahlung verweigert, besteht hilfsweise eine Leistungspflicht eines anderen Versicherers (Export-Schutzversicherung).
Man spricht auch vom S. bei Rechtsnormen: Diese liegt vor, wenn die Rechtsnorm nach Wortlaut od. Auslegung entsprechend Sinn und Zweck der Vorschrift nur zur Anwendung gelangt, falls eine andere Rechtsnorm nicht anwendbar ist.

Subsistenzlohn
→ Lohn, der das Existenzminimum sichert. In der marxistischen Lehre der Lohn, der gerade noch die reinen Reproduktionskosten der Arbeit deckt.

Substanzsteuer
⇒Bestandsteuer
→Steuern, die an das Vorhandensein eines Vermögensbestandes anknüpfen. Dies sind die Vermögensteuer, die Gewerbekapitalsteuer, die Grundsteuer, die Erbschaftsteuer, letztlich auch die Kraftfahrzeugsteuer und die Lastenausgleichsabgaben (letztmalig 1979). Für das Unternehmen besitzen die S. aufgrund ihrer Loslösung vom betrieblichen Erfolg (→ Betriebsergebnis) Fixkostencharakter, der in Rezessionen (→ Konjunkturtheorie) besonders stark in Erscheinung tritt.

Substanzwert
⇒Reproduktionswert.
Hilfswert bei der Ermittlung des Unternehmenswertes. Er setzt sich nach dem

Prinzip der →Einzelbewertung aus der Summe der Wiederbeschaffungskosten der Wirtschaftsgüter (→ Gut) zusammen. Im →Steuerrecht ist für die S.-ermittlung generell der Teilwert Wertmaßstab. So bei der Ermittlung des Geschäftswertes und des Betriebsvermögens. S. auch →Firmenwert.

Substitution
(lat.: ersetzen)
Ersetzung eines →Gutes durch ein anderes bei der → Güternachfrage der → Haushalte bzw. eines Faktors durch einen anderen in der Produktion (→Faktorsubstitution).

substitutionale Produktionsfunktion
→ Produktionsfunktion, bei der, i.Ggs. zur →limitationalen Produktionsfunktion, zur →Produktion eines bestimmten → Outputs ein Produktionsfaktor zumindest teilweise durch den od. die anderen Produktionsfaktoren ersetzt werden kann. →Produktionsfunktion.

Substitutionseffekt
→Indifferenzkurvenanalyse.

Substitutionselastizität
→Elastizitäten
→Faktorsubstitution.

Substitutionsgesetz der Organisation
nach Gutenberg Regelungen zur Realisierung einer durch →Planung fixierten Ordnung: solche generellen Regelungen substituieren (ersetzen) fallweise Regelungen.

Substitutionsgut
→Gut.

Substitutionslücke
Wenn Preisänderungen eines Anbieters A keinen Einfluss auf die Absatzmenge des Anbieters B haben, wenn also keine Konkurrenzbeziehungen bestehen und die Kreuzpreiselastizität (→ Elastizitäten) damit Null beträgt, liegt eine sogenannte S. vor.

Subventionen
Leistungen der öffentlichen Hand (außerhalb der Transferleistungen (→

Transfers)), die zur Erreichung eines bestimm-ten, im öffentlichen Interesse liegenden Zweckes gewährt werden. Direkte S. sind insbesondere Förderungsmaßnahmen an Unternehmen in Form von verlorenen Zuschüssen (einschließlich Zinszuschüssen), → Krediten, → Bürgschaften und →Gewährleistungen. Indirekte od. verdeckte S. sind die Gewäh-rung von →Steuervergünstigungen und die Einräumung von Vorzugstarifen bei öffentlichen Versorgungsunternehmen (ausgenommen solche, die sozialen Zwecken dienen).
In der → Europäischen Gemeinschaft sind nach dem EWG-Vertrag Beihilfen und Begünstigungen, soweit sie den Handel zwischen den Mitgliedsstaaten beeinträchtigen, grundsätzlich verboten. Ausnahmen bestehen für Naturkatastrophen. Ausgenommen ist auch eine mögliche Förderung und Entwicklung gewisser Wirtschaftszweige od. wirtschaftlicher Gebiete, soweit die Bedingungen des Handels dadurch nicht wesentlich verzerrt werden.

Subventionsbericht
Bericht über finanzielle Hilfen sowie Steuer- und Zinsbegünstigungen, zu dessen Vorlage die Bundesregierung nach § 12 StabG verpflichtet ist. Seit 1968 wird der S. alle zwei Jahre erstellt und dem Parlament vorgelegt. Der Zweck des Berichtes ist eine Zusammenstellung aller gewährten → Subventionen, von der letztlich auch eine eindämmende Wirkung auf die künftige Subventionsgewährung erwartet wird.

Suchtheorie
→Informationsökonomik.

Sukzessivplanung
die schrittweise Zusammenstellung eines optimalen Programmes. Bei der Produktionsprogrammplanung lässt sich ein optimales Programm sukzessiv zusammenstellen, wenn für verschiedene Erzeugnisse von der endgültigen Programmzusammensetzung unabhängige Deckungsspannen berechnet werden können und eindeutige Deckungsspannenkriterien vorliegen.

Summenaktie
⇒Nennwertaktie
→Aktie.

sunk costs
→Kosten.

superiores Gut
⇒Nichtsättigungsgut
→Gut.

supply-side economics
⇒*angebotsorientierte Wirtschaftspolitik*
⇒Angebotspolitik
⇒Angebotssteuerung.

supranationaler Finanzausgleich
→Finanzausgleich.

Sustainable Development
1. *Begriff*: Das normative Konzept der SD
(dt. zumeist: nachhaltige Entwicklung;
auch: zukunftsfähige, tragfähige E. o.ä.)
hat seit der Veröffentlichung des sog.
Brundtland-Berichts und der Deklaratio-
nen der UN-Konferenz zu Umwelt und
Entwicklung (UNCED) in Rio de Janeiro
1992 eine außerordentliche Popularität
und als Leitbild der gesellschaftlichen
Entwicklung ein hohes Maß an Akzeptanz erlangt. Der Begriff der SD wird allerdings mit vielfältigen (sich zum Teil
widersprechenden) Inhalten versehen
und für eine Vielzahl von Zwecken verwendet, so dass nicht selten die Befürchtung geäußert wird, das Konzept könne
zu einem inhaltsleeren und unverbindli-
chen politischen Schlagwort verkom-
men.

SD fordert - allgemein formuliert - gleiche Entwicklungschancen für alle heute
lebenden Menschen und für alle künftigen Generationen. Die Verantwortung
der gegenwärtigen Generation wird vor
allem darin gesehen, ihren Nachfahren
zumindest die gleichen Möglichkeiten
für Wohlfahrt und Lebensqualität offen-
zuhalten, die sie für sich selbst in Anspruch nimmt.

Mit den Worten der Brundtland-Kom-
mission: „Sustainable Development is
development that meets the needs of the
present without compromising the abili-
ty of future generations to meet their own

needs."

SD beinhaltet mithin das ethische Postulat intra- und insbesondere *intergenerati-
ver Gerechtigkeit*.

Diese Norm ist anspruchsvoll, aber wenig operational. Der Begriff der Bedürfnisse (needs) ist äußerst vielschichtig; er
schließt - wahrscheinlich konfligierende -
ökonomische, ökologische, soziale und
kulturelle Aspekte ein. Über die Bedürfnisse künftiger Generationen haben wir
keine Kenntnis. Er ist zu vermuten, dass
unterschiedliche Pfade der (globalen) gesellschaftlichen Entwicklung mit einer
SD vereinbar sein können.

2. *Weak Sustainability*: Eine mögliche Interpretation intertemporaler Gerechtigkeit fordert einen im Zeitverlauf nicht
abnehmenden Nutzen pro Kopf oder
(schwächer) einen konstanten Strom realen Konsums pro Kopf. Zur Erfüllung
dieser Bedingung muss die gegenwärtige
Generation ihren Nachfahren einen zumindest konstanten *Kapitalstock* hinter-
lassen, wobei dieser Kapitalbestand in
einem weiten Sinne zu verstehen ist. Seine Komponenten bestehen aus dem von
Menschen produzierten Kapital (K_M),
dem Humankapital (K_H) und dem natürlichen Kapital (K_N). K_M entspricht
der herkömmlichen Kategorie des Sachkapitals, K_H den produktiv nutzbaren
Kenntnissen und Fähigkeiten der Menschen und K_N dem „Naturkapital". Im
engeren Sinne schließt diese die erschöpfbaren Ressourcen (Rohstoffe, Energie) und nachwachsenden Ressourcen
(z.B. Wald- und Fischbestände) ein.

Unter der Bedingung, dass die Elemente
des Kapitalstocks K_M, K_H und K_N hinreichend substituierbar sind (Substitutionselastizität ≥ 1), ist es möglich, nicht
erneuerbare Ressourcen für Produkti-
ons- und Konsumzwecke zu nutzen (und
damit ihren Bestand zu verringern), ohne
die so verstandene „schwache" Nachhaltigkeit zu verletzen. Es erscheint äquivalent zu sagen, dass die Aufrechterhaltung eines über die Zeit konstanten
Stroms realen Pro-Kopf-Konsums erfordert, die Renten aus der Nutzung er-
schöpfbarer Ressourcen in reproduzier-

bares Kapital zu reinvestieren ("Hartwick-Regel"). Ermöglicht technischer Fortschritt und Wiederverwendung von Gütern (Recycling) eine effizientere Ressourcennutzung und gelingt es, den Verbrauch nicht erneuerbarer Ressourcen vermehrt durch die Nutzung reproduzierbaren Kapitals zu ersetzen, so erscheint die o.g. Bedingung leichter erfüllbar. Vertreter dieses (neoklassischen) Ansatzes optimalen Wachstums (etwa Solow, 1974) sind in dieser Hinsicht grundsätzlich optimistisch.

3. *Strong Sustainability*: Ökologen (und ökologisch orientierte Ökonomen) teilen diesen Optimismus nicht. Sie bezweifeln, dass eine Situation zwischen Naturkapital und von Menschen erzeugtem Kapital überhaupt oder in hinreichendem Maße möglich ist. Die Einwände lauten u.a.: (1) Bei der Akkumulation von K_M werden stets natürliche Ressourcen verbraucht. Ohne Inputs aus der Natur ist eine Güterproduktion unmöglich; zwischen K_M und K_N besteht daher eher eine komplementäre Beziehung. (2) K_N ist kein homogener Kapitalstock, dessen Elemente beliebig austauschbar sind. Ein bedeutsames Charakteristikum der Natur ist ihre *lebenserhaltende Funktion*. Diese (gelegentlich als "critical natural capital" bezeichnete) Komponente von K_N ist nicht substituierbar. Ein Teilaspekt der Lebenserhaltungsfunktion ist die (beschränkte) Fähigkeit der Natur, Schadstoffe und Abfälle zu absorbieren (Assimilationskapazität). (3) Während die (technischen) Eigenschaften von K_M bekannt sind, verstehen wir die komplexen Zusammenhänge des ökologischen Systems nur sehr unzureichend. Diese *Unsicherheit* gemahnt zu einem vorsichtigen Umgang mit der Natur (gewissermaßen zur Einhaltung eines "Sicherheitsabstandes"). (4) Die der natürlichen Umwelt zugeführten Schäden können groß und *irreversibel* sein. (5) Für den Verlust an biologischer Vielfalt gibt es keinen wirklichen Ersatz (vgl. dazu Faser/ v. Hauff, 1997).

Aus derartigen Erwägungen wird gefolgert, das Naturkapital unangetastet zu lassen. Radikale Ökologen würden keiner Generation das Recht zugestehen, natürliche Ressourcen zu nutzen. Eine solche Forderung erscheint weder realisierbar noch erforderlich. Es kommt vielmehr darauf an, durch Regeln sicherzustellen, dass die Nutzungsmöglichkeiten künftiger Generationen nicht beschnitten werden:

(1) *Nicht erneuerbare Ressourcen*: Deren Nutzung ist nur in dem Ausmaß zulässig, wie es gelingt, die Ressourcenproduktivität zu steigern bzw. die Ressourcenintensität von Produktionsprozessen zu senken und spätestens zum Zeitpunkt der Erschöpfung funktionell gleichartige Substitute bereitzustellen.

(2) *Erneuerbare Ressourcen*: Deren Nutzungsrate darf die natürliche Regenerationsrate nicht übersteigen.

(3) *Assimilationskapazität*: Bei der Belastung der natürlichen Umwelt mit Schadstoffen und Abfällen darf die Verschmutzungsrate die Absorptionsrate (d.h. die Fähigkeit des ökologischen Systems, Schadstoffkonzentrationen wieder abzubauen) nicht überschreiten.

Die Eindeutigkeit dieser Regeln ist angesichts unvollkommener Information und Unsicherheit beschränkt. Der Bestand an nicht erneuerbaren Ressourcen entspricht den heute bekannten Reserven. Es ist bisher zwar gelungen, immer wieder neue Lagerstätten zu erschließen, mit neuen Abbautechnologien und bei steigenden Preisen bisher nicht effizient nutzbare Lagerstätten zu wettbewerbsfähigen Extrahierungskosten abzubauen. Auf diese Weise wird die Ressourcenrestriktion hinausgeschoben, aber nicht aufgehoben. Ungewiss ist, inwieweit diese Option auch noch in (einer ferneren) Zukunft offensteht.

Die Nutzungsregel für erneuerbare Ressourcen (die schon seit langem für die Forst- und Fischereiwirtschaft etabliert ist) setzt Kenntnisse über den Bestand und die Regenerationsfunktion einer Art voraus. Beides ist nicht voneinander unabhängig. Wird ein bestimmter Mindestbestand unterschritten, findet eine Reproduktion nicht mehr statt. Der Bestand kann andererseits nur bis zur maximalen Tragfähigkeit der Natur wachsen. Zwischen diesen beiden Grenzen liegt die dauerhaft zulässige Entnahmemenge. Sind Bestände und Regenerationsbedingungen nicht bekannt oder sind letztere im Zeitablauf nicht stabil, bleibt die zulässige Nutzungsrate unbestimmt. Überdies ist damit zu rechnen, dass der Bestand einer Art den Bestand einer anderen beeinflusst (Interdependenz). Die Regenerationsfähigkeit hängt ferner vom Zustand der Umwelt ab; sie dürfte mit wachsendem Verschmutzungsgrad abnehmen, so dass der für den Erhalt notwendige „kritische Bestand" höher ist als unter günstigeren Ausgangbedingungen. Unter diesen Umständen besteht die Gefahr einer übermäßigen Nutzung. Existieren an Ressourcen keine Eigentumsrechte (wie z.B. an den Weltmeeren oder der Atmosphäre), so wird diese Gefahr drastisch vergrößert.

Die Assimilationskapazität der Natur ist in vielen Fällen ungewiss. Der Abbau von Schadstoffen und Abfällen nimmt häufig sehr lange Zeiträume in Anspruch. In Extremfällen erfolgt er überhaupt nicht, so dass es zu einer Akkumulation schädlicher Residuen kommt, die den ausnutzbaren Teil der Assimilationskapazität verringert. Dies ist gleichbedeutend mit einer Reduzierung des Naturkapitals und verletzt die Bedingungen einer strikten Nachhaltigkeit.

4. *Indikatoren der SD*: Seit einigen Jahren sind zahlreiche Aktivitäten zur Entwicklung von Indikatoren der SD in Gange. Daran beteiligen sich viele Forscher und Organisationen, so u.a. die UN (Comission for SD), Weltbank, OECD. Die vorgeschlagenen Indikatoren(systeme) unterscheiden sich in den methodischen Ansätzen, den thematischen Schwerpunkten, dem Grad der Aggregation und anderen Merkmalen (für einen knappen Überblick vgl. Rennings/ Wiggering 1997). Da eine angemessene Darstellung dieser Ansätze hier nicht möglich ist, beschränken wir uns auf die Erwähnung zweier makroökonomischer Indikatoren.

Ein einfacher Nachhaltigkeits-Indikator lässt sich aus der bereits verwendeten Definition des totalen Kapitalstocks ableiten. Gefordert wird, dass die Wachstumsrate des Kapitalstocks $\hat{K} \geq 0$ [1] ist.

Dies lässt sich ausdrücken durch die Bedingung: $\hat{K} = S(t) - \delta K(t)$ [2], wobei $S(t)$ die Ersparnis und δ die Abschreibung des aggregierten Kapitalstocks ist. Dabei wird zumeist die Annahme gemacht, dass das Humankapital keiner Entwertung unterliegt. Die „Abschreibung" auf das Naturkapital (δ_N) besteht in der durch ökonomische Nutzungen verursachten Volumensänderung (depletion) und Qualitätsveränderung (degradation). Aus [1] und [2] und Division durch das Einkommen (Y) bei Vernachlässigung der Zeit (t) ergibt sich:

$$\frac{S}{Y} - \frac{\delta_M K_M}{Y} - \frac{\delta_N K_N}{Y} \geq 0 \,.$$ Dies liefert den

SD-Indikator: $Z = \dfrac{S}{Y} - \dfrac{\delta_M K_M}{Y} - \dfrac{\delta_N K_N}{Y}$.

Z. muss positiv oder gleich Null sein, um eine „schwache" Nachhaltigkeit zu gewährleisten. Die Sparquote einer Nation muss mindestens so hoch sein wie die zusammengefasste Abschreibungsquote auf den Kapitalstock $K_M + K_N$ (Pearce/ Atkinson, 1995: zur empirischen Verwendung vgl. World Bank, 1997).

Ein prinzipiell gleicher Ansatz besteht darin, die traditionelle *Volkswirtschaftliche Gesamtrechnung* um die Nutzungskosten des Naturkapitals zu erweitern (so z.B. SEEA, 1993). Nach Abzug der hypothetischen Vermeidungskosten von Umweltschäden gelangt man zu einem „environmentally adjusted net domestic product" oder kurz „Ökoinlandsprodukt". Eine solche Kennziffer verspricht eine umfassendere Abbildung der ökonomischen Leistung einer Volkswirtschaft. Zweifelhaft ist jedoch, ob dieser (monetäre) Indikator, der - abgesehen von erheblichen Bewertungsproblemen - lediglich fiktive, nicht aber tatsächlich realisierte Maßnahmen zur Vermeidung von Umweltbeeinträchtigungen berücksichtigt, zur Überprüfung der SD und für konkrete politische Entscheidungen brauchbar ist (kritisch dazu Cansier/ Richter, 1995).

Literatur: *D. Cansier/ W. Richter*, Erweiterung der Volkswirtschaftlichen Gesamtrechnung um Indikatoren einer nachhaltigen Umweltnutzung (1995), in: Z. f.

Umweltpolitik u. Umweltrecht. *J. M. Hartwick*, Intergenerational equity and investing of rents from exhaustible resources (1977), in: AER, 67. *H-D. Feser/M. v. Hauff* (Hrsg.) (1997), Neuere Entwicklungen in der Umweltökonomik und -politik, Regensburg (insb. die Beiträge von F. Haslinger, Th. Keil u. G. Vornholz). *D. Pearce/ G. Atkinson* (1995), Measuring Sustainable Development, in: D. W. Bromley (ed.), Handbook of Environmental Economics, Oxford. *K. Rennings,/ H. Wiggering* (1997), Steps towards indicators of sustainable development: Linking economic and ecological concepts, in: Ecological Economics, 20. *R. Solow* (1974), Intergenerational equity and exhaustible resources, in: REStud, 45.

World Bank (1997), Expanding the Measure of Wealth: Indicators of Environmentally Sustainable Development, Washington, D.C. *World Commission on Environment and Development* (1987), Our Common Future, Oxford; dt: Unsere gemeinsame Zukunft, Greven 1987 („Brundtland-Bericht"). *United Nations* (1993), Integrated Environmental and Economic Accounting, New York (SEEA).

Dr. H.-J. Ahrns, Regensburg

Swapgeschäft
1. →Swappolitik
2. →Swaps.

Swappolitik
Die S. gehört zum währungspolitischen Instrumentarium der → Europäischen Zentralbank (EZB) wie auch zahlreicher anderer →Notenbanken. Sie besteht im Abschluss *befristeter* Devisentransaktionen (→Devisen, →Transaktion) mit den →Geschäftsbanken. Notenbanken haben damit eine zusätzliche Möglichkeit, um die Entwicklung der Bankenliquidität zu beeinflussen.
Ansatzpunkt der S. ist das internationale Geldhandelsgeschäft der → Kreditinstitute, in das sich die Notenbank als Partner einschaltet. Um zu verstehen, wie sich die Notenbank hierbei mit währungspolitischen Wirkungen ins Spiel bringen kann, ist es erforderlich, zunächst die Funktionsweise des internationalen Geldhandels zu kennen.

Ob ein Kreditinstitut flüssige Mittel am heimischen →Geldmarkt od. an ausländischen Märkten in fremder Währung anlegt, hängt von den erwarteten Erträgen einer solchen Anlage ab. Nur wenn Geldmarktanlagen im Ausland höhere Erträge als vergleichbare Inlandsanlagen ver-sprechen, wird ein Geldexport zustande kommen. Für den Ertrag einer Auslandsanlage ist aber nicht allein die jeweilige Zinsdifferenz, sondern auch die Entwicklung des →Wechselkurses zwischen den entsprechenden Währungen maßgeblich. Steigt der Wechselkurs der ausländischen Währung, würde das Kreditinsti-tut zu seinem Zinsertrag auch noch einen Kursgewinn erzielen. Bei fallendem Wechselkurs würde der Zinsertrag dagegen geschmälert, ja die Wechselkurseinbußen könnten die Auslandsanlage auch leicht zu einem Verlustgeschäft werden lassen. Aus diesem Grund beteiligen sich die Banken am internationalen Geldhandel normalerweise auf kursgesicherter Basis und machen so den Ertrag von Auslandsanlagen kalkulierbar. Die Kurssicherung ist mit Hilfe von *Devisenswapgeschäften* möglich.
Beim Devisenswapgeschäft sind Devisenkassa- und Devisentermingeschäft miteinander gekoppelt: Ankauf od. Verkauf von Devisen per Kasse (sofortige Geschäftsabwicklung) bei gleichzeitigem Abschluss eines entsprechenden *Gegengeschäfts* mit jeweils demselben Kontrahenten per Termin (Geschäftsabwicklung nach Ablauf einer vereinbarten Frist). Die hierfür bei Vertragsabschluss zugrundgelegten Wechselkurse bezeichnet man als Devisenkassa- bzw. Devisenterminkurse. Dabei kann der → Preis einer fremden Währung per Termin im Vergleich zum jeweiligen Kassakurs mit einem *Deport* (Abschlag) od. *Report* (Aufschlag) gehandelt werden. Dementsprechend bringen Devisenswapgeschäfte Kurssicherungskosten in Höhe des Deports od. Wechselkursprämien in Höhe des Reports mit sich. Die häufige Verbindung von Devisenkassa- und Devisentermingeschäften ließ es üblich werden, den Unterschied zwischen Kassa- und Terminkurs allgemein als *Swapsatz* zu bezeichnen.

Die Höhe des Swapsatzes entspricht grundsätzlich dem jeweiligen Zinsabstand zwischen zwei Währungen für Geldanlagen gleicher Fälligkeit. Dies lässt sich am besten verstehen, wenn man einmal von gleich hohen Zinsen für Geldanlagen bestimmter Fälligkeit in den beiden Währungen (und dementsprechender Übereinstimmung von Kassa- und Terminkurs) ausgeht und zudem annimmt, dass Kurssicherung durch Abschluss *separater* Termingeschäfte vorgenommen wird. Steigen nun die ausländischen Zinssätze über die inländischen hinaus, so entsteht ceteris paribus (→ceteris paribus-Klausel) ein Anreiz zu Geldverlagerungen in das Ausland. Damit erhöht sich die Nachfrage nach Devisen am Kassamarkt. Wenn sich die Anleger bei solchen Operationen durch Abschluss von Devisentermingeschäften vor Wechselkursverlusten schützen, nimmt zugleich das Angebot von Devisen am Terminmarkt zu. Demnach würde der Devisenkassakurs steigen, der Devisenterminkurs dagegen nachgeben. Da Devisenswapgeschäfte ein Äquivalent für separate Operationen am Devisenkassa- und Devisenterminmarkt darstellen, unterliegt der Swapsatz den gleichen zinsbedingten Einflüssen. Höhere Zinsen im Ausland gehen deshalb mit einem Deport der ausländischen Währung einher, während sich ein umgekehrtes Zinsgefälle in einem Report der ausländischen Währung niederschlägt (größeres Devisenangebot am Kassamarkt bei steigender Devisennachfrage am Terminmarkt). Unter diesen Voraussetzungen werden die Banken bestehende Zinsdifferenzen durch Geldverlagerung ins Ausland so lange ausnutzen, wie die zusätzlichen Zinserträge die Kurssicherungskosten übersteigen (internationale Zinsarbitrage; →Arbitrage). In der Praxis sind solche Gewinnchancen allerdings eng begrenzt; sie wirken ihrerseits darauf hin, dass sich die Swapsätze unter dem Einfluss der Kapitalbewegungen rasch den jeweiligen Zinsdifferenzen angleichen. Dieses tendenzielle →Gleichgewicht zwischen Zinsdifferenz und Swap-satz wird häufig als „*Zinsparität*" bezeichnet. Sie gilt freilich nur zwischen denjenigen Geldmärkten, die am wenigs-

sten von Beschränkungen od. Reglementierungen berührt werden.

Als die Bundesbank im Jahre 1958 begann, Devisenswapgeschäfte mit den deutschen Geschäftsbanken abzuschließen, kam es ihr darauf an, den Geldexport deutscher Banken zu fördern. Damit wollte sie einmal expansiven Impulsen auf die Bankenliquidität entgegenwirken, die sich aus ständigen Devisenzuflüssen zur Bundesbank ergaben. Gegen Ende der sechziger Jahre wurde mit der Rückschleusung von Devisenzuflüssen auch versucht, beruhigend auf die Devisenmärkte einzuwirken und so das internationale Währungssystem zu stärken. Zu diesem Zweck bot die Bundesbank deutschen Geschäftsbanken im Rahmen von Devisenswapgeschäften eine günstigere Kurssicherung an als der Devisenmarkt (wobei aus praktischen Gründen allein Dollaranlagen begünstigt wurden). Mit dieser *Swapsatzpolitik* (die bestimmten Auslandsanlagen einen wesentlichen Ertragsvorteil verschaffte) blieb die Bundesbank jeweils so lange im Markt, bis der Geldexport den von ihr angestrebten Umfang erreicht hatte.

Wenn das heutige Eurosystem Devisenswapgeschäfte aus geldpolitischen Gründen durchführt, so handelt es sich dabei um Feinsteuerungsoperationen, die hauptsächlich zur Steuerung der Liquidität und der Zinssätze am Markt dienen. Es geht dabei also um Geschäfte, bei denen das Eurosystem Euro per Kasse gegen eine Fremdwährung kauft (oder verkauft) und diese gleichzeitig per Termin zu einem festgelegten Datum verkauft (oder kauft).

Die Merkmale von Devisenswapgeschäften lassen sich nach den allgemeinen Regelungen für die geldpolitischen Instrumente und Verfahren des Eurosystems wie folgt zusammenfassen:
- Sie können als liquiditätszuführende oder liquiditätsabsorbierende Geschäfte durchgeführt werden.
- Sie finden unregelmäßig statt.
- Ihre Laufzeit ist nicht standardisiert.
- Sie werden über Schnelltender (→Tender) oder bilaterale Geschäfte durchgeführt.
- Sie werden in der Regel dezentral von

den nationalen Zentralbanken durchgeführt.

- Das Eurosystem kann eine begrenzte Anzahl von Geschäftspartnern zur Teilnahme an Devisenswapgeschäften auswählen.

Literatur: C. *Köhler*, Geldwirtschaft, Bd. 1 (Geldversorgung und Kreditpolitik). 2. veränd. A., Berlin 1977. *P. Fischer-Erlach*, Handel und Kursbildung am Devisenmarkt. Stuttgart 1995. *L. Gleske*, Die Devisenpolitik der Deutschen Bundesbank, in: Kredit und Kapital, 15. Jg. H. 2., 1982. *O. Issing*, Einführung in die Geldpolitik. München 1996. *H.-J. Jarchow*, Theorie und Politik des Geldes. Göttingen 2003. *Europäische Zentralbank Frankfurt*, Durchführung der Geldpolitik im Euro-Währungsgebiet; Allgemeine Regelungen für die geldpolitischen Instrumente und Verfahren des Eurosystems, 2006

Dr. W. Rieke, Frankfurt a.M./
Prof. Dr. H. Gemünd, Siegen

Swaps
aus dem Engl. = Tausch.

Austausch von Zahlungsforderungen und Zahlungsverpflichtungen zwischen zwei Parteien mit dem Ziel, relative Vorteile, die eine Partei gegenüber der anderen aufgrund ihrer Stellung an einem bestimmten Markt realisieren kann, zu arbitrieren. Die effektive Gestaltungsfreiheit und Innovationen haben zu einer vielfältigen Ausgestaltung geführt. Man unterscheidet grundlegend drei Basisvarianten: Zins-S., Währungs-S. und Spezial-S.

I.d.R. handelt es sich um Devisengeschäfte (→Devisen) in einer Kombination von → Kassa- und → Termingeschäft meist zur Absicherung gegen Wechselkursrisiken. →Swappolitik.

Bank-intermediated S.: S.-Kontrakt bei dem eine Bank als Intermediär bzw. Dritter in diesem Geschäft auftritt.

Currency-S. (Währungs-S.): S. von in unterschiedlichen Währungen aufgenommenen Kapitalbeträgen zu einem heute vereinbarten oder herrschenden Kassa-Kurs zwischen zwei Partnern, die einen unterschiedlichen Zugang zu den nationalen Kapitalmärkten haben.

Interest-rate-S. (Zins-S.): Ein Partner A

übernimmt die Festzinsverpflichtungen des B, der dafür den Aufwand aus einer variablen verzinsten Verpflichtung von A übernimmt.

Schulden-S.: Ein Partner A übernimmt Schuldtitel des B gegen Hingabe eigener Schuldtitel an B, wobei die Schuldtitel hinsichtlich Währung, Laufzeit und/ od. Art der Verzinsung verschieden sind.

S. auch →dept-equity-swaps.

Swapsatz
→Swappolitik.

SWIFT
Abk. für: Society for Worldwide Interbank Financial Telecommunication. Seit 1973 aufgebautes Datenfernverarbeitungsnetz für den internationalen → Zahlungsverkehr, durch das z.B. Überweisungen zwischen den Kontinenten innerhalb weniger Minuten ausgeführt werden. S. auch → Electronic Funds Transfer.

Swing
der Kreditspielraum im bilateralen Handel insbesondere früher zwischen der DDR und der Bundesrepublik. Die S.-grenze wurde zwischen den beiden Handelspartnern vereinbart und bestimmte die Höhe des Betrages, bis zu der ein Handelspartner mit seinen Lieferungen im verrechneten Zahlungsausgleich hinter den Lieferungen des anderen zurückbleiben durfte. Wurde der S. überschritten, konnte der andere Handelspartner seine Lieferungen einstellen od. Zahlung in →Devisen verlangen.

Syndikat
besonders striktes Kartellgebilde (→Kartell), meist als Handelsgesellschaft, die alle Beziehungen zwischen Produzent und Konsument über eine Verkaufs- und Abrechnungsstelle zentral beherrscht. Nach dem Ersten Weltkrieg gab es in Deutschland etliche S. auf dem Gebiet der Kali-, Kohle- und Energiewirtschaft.

Im Ausland wird der Begriff häufig als Synonym für Gewerkschaft gebraucht.

syndizierter Kredit
⇒Konsortialkredit.

Systemforschung
S. ist die Anwendung wissenschaftlicher Methodik in Form von Modellierung durch interdisziplinäre Teams auf Probleme der Planung und Steuerung organisierter „soziotechnischer" Systeme mit dem Ziel der Entwicklung von Lösungen, die dem ganzheitlichen Zweck des Systems möglichst gut entsprechen. S. a. →Operations Research.

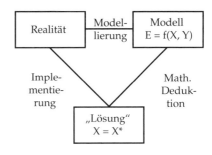

Tableau économique

Titel des Hauptwerkes des Arztes François Quesnay (1694-1774). Seine „ökonomische Tabelle" ist in Analogie zum Blutkreislauf die erste schematische Darstellung des wirtschaftlichen Kreislaufes (→Wirtschaftskreislauf). Sie basiert auf der Interdependenz von Güter- und Geldströmen, auf drei Klassen (landwirtschaftliche Pächter, Bodeneigentümer, Gewerbetreibende) und der These, dass nur in der Landwirtschaft ein Reinertrag („produit net") erwirtschaftet wird. Letzterer geht als Grundrente an die Bodeneigentümer, die ihn dazu verwenden, Agrarprodukte od. industriell-handwerklich gefertigte Erzeugnisse zu kaufen. Je nachdem, ob die Grundherren die gesamte Grundrente od. mehr bzw. weniger verausgaben, bleibt der Kreislauf erhalten od. erreicht ein höheres bzw. niedrigeres Niveau. Die Nachfrage der Grundherren („Classe distributive") hängt von der von den Landpächtern („Classe productive") erwirtschafteten Grundrente ab. Die Gewerbetreibenden und Händler ziehen zwar einen Teil dieser Nachfrage auf sich, erwirtschaften aber keinen Überschuss, weil sie nur kostendeckend arbeiten, sie sind eine „Classe stérile".

Tafelgeschäft

Zug-um-Zug-Geschäfte der Banken mit ihren Kunden, bei denen Wertpapiere oder Devisen in effektiven Stücken gegen Barzahlung „über die Tafel", also am Schalter, ausgehändigt werden.

Tagesgeld

Zentralbankguthaben (→Geldarten), die auf dem Geldmarkt der Bundesrepublik i.d.R. und Hauptsache zwischen →Banken gehandelt werden, um Engpässe od. Überschüsse in der →Liquidität der Banken auszugleichen. T. dient vor allem der Regulierung der Mindestreservepositionen (→Mindestreservepolitik, Lombardpolitik, →Geldpolitik) von Banken im Laufe eines Monats. Der Zins für T., der T.-satz, steht in Konkurrenz zum →Dis-kontsatz, weil Banken ihr Mindestreservesoll mit →Diskontrechten od. aufgenommenem T. erfüllen können.

Tageswert

→Tageswertprinzip.

Tageswertprinzip

Bewertungsprinzip bei Wirtschaftsgütern (→Gut). Der Tageswert ist der Wert, der einem Wirtschaftsgut an einem bestimmten, festgelegten Tag beizumessen ist. Er wird vom →Markt abgeleitet, sei es am Beschaffungsmarkt als Wiederbeschaffungspreis am Bewertungsstichtag, sei es am Absatzmarkt als Verkaufspreis am Bewertungsstichtag.

Im →Handelsrecht wird der Tageswert als niedrigerer beizulegender Wert im → Anlage- und im →Umlaufvermögen realisiert. Bei Passiva ist der Tageswert anzusetzen, wenn er über dem nominellen Wert liegt (Ausnahme: Rentenverpflichtungen nur zum →Barwert).

Im →Steuerrecht ist der Ansatz des Tageswertes unterschiedlich, je nachdem, ob es sich um Ertragsteuern od. →Substanzsteuern handelt.

Im Ertragsteuerrecht wird der Tageswert als niedrigerer →Teilwert praktiziert.

Im Substanzsteuerrecht werden der Bewertung für die Vermögensermittlung auch höhere Tageswerte zugrunde gelegt: der am Absatzmarkt erzielbare → Preis (gemeiner Wert), der Teilwert (Wert eines Wirtschaftsgutes im tätigen Unternehmen) und der Ertragswert (Bewertungsgröße für land- und forstwirtschaftliches →Vermögen).

Taktfertigung

→Fließfertigung, wobei die Werkstücke mit (starrer od. flexibler) →Taktzeit in einem Rhythmus bewegt werden.

Taktzeit

bei → Fließfertigung (→ Taktfertigung) der zeitliche Rhythmus, in dem in Bearbeitung befindliche Werkstücke bewegt werden. Ist dieser Rhythmus für die →

Fertigung einheitlich, so spricht man von starrer T. Flexible T. wird dort verwendet, wo die Arbeitsgänge nicht in einem einheitlichen Zeitintervall vollzogen werden können. Hier entstehen Pufferlager. Zur Optimierung der Fließfertigung werden Fertigungsabschnitte mit starrer T. mit Fertigungsabschnitten mit flexibler T. kombiniert.

Talentrente
Differentialrente aufgrund einer besonderen Befähigung. →Rente.

Target
Bezeichnung für die Finanzposition, die abzusichern ist; im Gegensatz zu Hedge, der Finanzposition, die zur Sicherung des T. aufgebaut wird.

Target Costing
→Zielkostenmanagement.

Tarifautonomie
das Recht der arbeitsrechtlichen Koalitionen (Art. 9 III GG) zum Abschluss von → Tarifverträgen.

Tarifparteien
Parteien eines → Tarifvertrages. Die T. müssen tariffähig sein, d.h., nur die Gewerkschaften, Arbeitgeberverbände sowie einzelne (größere) Arbeitgeber können Tarifverträge abschließen.

Tarifrecht
umfasst die → Tarifautonomie und alle gesetzlichen Normen (z.B. das Tarifvertragsgesetz), die Rechte und Pflichten der Tarifpartner regeln, sowie die Gesamtheit des bestehenden → Tarifverträge und deren rechtliche Würdigung durch die zuständigen Gerichte.

Tarifvertrag
privatrechtlicher Vertrag zwischen tariffähigen Parteien, der die Rechte und Pflichten der Tarifvertragsparteien (Tarifparteien) regelt (schuldrechtlicher Teil) und die Rechtsnormen über Abschluss, Inhalt und Beendigung von Arbeitsverhältnissen sowie die Ordnung von betrieblichen und betriebsverfassungs-rechtlichen (→ Betriebsverfassung) Fragen (normativer Teil) enthält.

Der schuldrechtliche Teil umfasst die Friedenspflicht, sog. Selbstpflichten und Einwirkungspflichten. Der normative Teil umfasst die Abschlussnormen, die Inhaltsnormen (Regelung der Arbeitsbedingungen, insbesondere die Höhe des Arbeitslohns, Form, Frist und Verbot von Kündigungen) und die Betriebsnormen. Nur im Geltungsbereich besteht Tarifgebundenheit. Die unterschiedliche Behandlung von gewerkschaftlich organisierten und anderen → Arbeitnehmern (Außenseiterklausel) ist nach der Rechtsprechung unzulässig. Einzelvertragliche Änderungen durch → Arbeitgeber und →Arbeitnehmer sind nur zulässig, wenn es der T. gestattet od. die Regelung für den Arbeitnehmer günstiger ist (sog. Günstigkeitsprinzip). Streitigkeiten werden durch die Arbeitsgerichte entschieden. Durch → Schlichtung kann der Abschluss des T. gefördert werden.

tâtonnement
modellhafte Vorstellung über die Gleichgewichtspreisbildung (→Gleichgewicht, →(Produkt-) Preisbildung): Ein Auktionator ruft →Preise solange auf, bis Angebot und Nachfrage übereinstimmen. → Preistheorie.

tatsächliche Investition
→Investition.

tatsächliche Lohnquote
→Lohnquote.

tatsächliche Wachstumsrate
→Wachstumsrate.

Tauschanalyse
⇒bilateraler Tausch.

Tauschgleichung
⇒Fishersche Gleichung
⇒Verkehrsgleichung
1. *Begriff.* Die T. beschreibt das →Gleichgewicht der →Transaktionen einer mit →*Geld* operierenden *Tauschwirtschaft* (→ Geldwirtschaft). Sie setzt an einer bestimmten Stelle des →Güter-Geld-Kreislaufs (bei der Güterausbringung der Unternehmen) an und stellt die Tatsache heraus, dass in einer abgegrenzten Periode der Gesamtwert der im Güterkreis-

lauf übertragen →Güter dem Gesamtwert der im Güterkreislauf dagegen eingetauschten Geldeinheiten entspricht. Die T. ist daher eine *Identitätsgleichung* (→Identität). Im Naturaltausch (→Naturaltauschwirtschaft) gehandelte und unternehmensintern verrechnete Güter sind in der T. nicht berücksichtigt.

Die *mathematische Formulierung* der T. wurde von dem amerikanischen Ökonomen Irving Fisher (1867-1947) entwickelt. Das im Güterkreislauf in einer bestimmten Periode umgesetzte Wertvolumen U wird durch die Summe der Produkte aus den im Einzelnen gehandelten Gütermengen q_i und den dabei gezahlten Einzelpreisen p_i erfasst:

$$U = \sum_i p_i \cdot q_i.$$

Die Summe der Einzelumsätze kann auch durch das Produkt aus dem mengenmäßigen → *Transaktionsvolumen* Q und dem dazu entsprechend zu bildenden →*Preisniveau* P dargestellt werden:

$$U = P \cdot Q.$$

Das Wertvolumen der in der gleichen Periode im Geldkreislauf geleisteten Zahlungen Z besteht aus der Menge der verwendeten Geldeinheiten M (→*Geldmenge*), multipliziert mit der Häufigkeit V (→ *Umlaufgeschwindigkeit*), mit der die Geldmenge verwendet wird:

$$Z = M \cdot V.$$

Die T. dokumentiert die Wertgleichheit des Güter- und Geldstroms:

$$Z = U \text{ od.}$$

$$M \cdot V = P \cdot Q.$$

In dieser allgemeinen Form bildet die T. den Ausgangspunkt zahlreicher definitorischer Verfeinerungen, die insbesondere durch die Schwierigkeiten, geeignete empirische Daten für die T. zu ermitteln, aber auch im Hinblick auf eine theoretische Verarbeitung der T. entstanden sind.

2. *Varianten.* Die verschiedenen Varianten der T. berücksichtigen *unterschiedliche inhaltliche Abgrenzungen und Differenzierungen* der beiden Kreisläufe. Einerseits lässt sich eine Verfeinerung des Geldkreislaufs vornehmen, indem etwa - wie bei I. Fisher - zwischen →Bargeld M_B (→

Münzen und →Banknoten) und →Giralgeld M_S (Sichteinlagen, →Einlagen) unterschieden und jedem Geldmengenanteil eine separate Umlaufgeschwindigkeit V_B bzw. V_S zugewiesen wird:

$$l_B \cdot V_B + M_S \cdot V_S = P \cdot Q.$$

Eine andere Variante berücksichtigt neben der Verwendung einer explizit abgegrenzten →Geldmenge M auch noch die Verwendung von →Geldsubstituten M', denen ebenfalls eine eigene Umlaufgeschwindigkeit V' zugeordnet wird:

$$\cdot V + M' \cdot V' = P \cdot.$$

Andererseits lassen sich in Anlehnung an die →Volkswirtschaftliche Gesamtrechnung unterschiedliche Abgrenzungen des Güterkreislaufs vornehmen. Soll das Transaktionsvolumen sämtliche Tauschvorgänge umfassen, liegt die Verwendung des →Bruttoproduktionswertes

$$\tilde{U} = \tilde{P} \cdot \tilde{Q} \text{ nahe:}$$

$$M \cdot \tilde{V} = \tilde{P} \cdot \tilde{Q}.$$

Der Bruttoproduktionswert unterscheidet sich jedoch vom wirtschaftlichen Gesamtumsatz durch die Miterfassung der Bestandsveränderungen und der selbsterstellten Anlagen.

Sollen die Transaktionen von Zwischenprodukten unberücksichtigt bleiben, bietet sich die Verwendung des Bruttosozialprodukts (→Sozialprodukt)

$$l' = P' \cdot Q' \text{ an:}$$

$$\cdot V' = P' \cdot Q.$$

Da das Bruttosozialprodukt aus dem Bruttoproduktionswert durch Abzug der →Vorleistungen (plus →Außenbeitrag) hervorgeht, besteht wie zuvor eine Diskrepanz zum eigentlich gesuchten Umsatz durch die Miterfassung reiner Güterbestandsveränderungen.

Eine andere Variante hebt auf das Volkseinkommen

$$U^* = P^* \cdot Y^* \text{ ab:}$$

$$M \cdot V^* = P^* \cdot Y^*.$$

Das Volkseinkommen (Bruttosozialprodukt minus →Abschreibungen) erfasst den Einkommensstrom der →Haushalte, der sich jedoch von dem Strom der → Ausgaben für den Güterkauf durch Änderungen des Geldvermögensbestands unterscheiden kann.

Grundsätzlich ist bei der Modifizierung des Güterkreislaufs ($\check{J}$, U′, U*)zu beachten, dass erstens das Preisniveau ($\tilde{P}$, ?′, P*) zu berechnen ist, das der Zusammenstellung der betrachteten Gütertransaktionen ($\check{Q}$, Q′, Q*) entspricht, und dass zweitens bei gleichbleibender Abgrenzung der Geldmenge unterschiedliche Werte der Umlaufgeschwindigkeit ($\check{J}$, V′, V*) vorliegen.

Eine weitere Variante der T. beruht auf der Verwendung des Kehrwertes der Umlaufgeschwindigkeit, der → Kassenhaltungsdauer k:

$$= \frac{1}{V} \cdot \; P \cdot \; Q = k \cdot P \cdot .$$

3. *Theoretische Verarbeitung.* Die T. ist Gegenstand bzw. Ausgangspunkt zahlreicher theoretischer Überlegungen im Rahmen der →Quantitätstheorie. Dabei sind rein makroökonomische (→Makroökonomik) und mikroökonomisch (→Mikroökonomik) fundierte Betrachtungen zu unterscheiden. Die ursprüngliche Form der T., die den gesamten Umsatz der Gütertransaktionen enthält (cash-transaction-type), stellt einen rein makroökonomischen Bezug heraus. Versionen, die allein auf den Einkommenskreislauf abheben (income-flow-type) und mit der Kassenhaltungsdauer operieren (cash-balance-type), sind mikroökonomisch orientierte Betrachtungsweisen (→Cambridge-Gleichung).

Grundsätzlich ist bei der modelltheoretischen Verarbeitung der T. zu beachten, dass mit der Aufnahme von →Hypothesen über das theoretische Verhalten einzelner Elemente der T. (meist der Geldmenge und der Umlaufgeschwindigkeit) die T. ihren Charakter einer Identität (→ ex post-Gleichgewicht) verliert und zu einer → Gleichgewichtsbedingung (→ ex ante-Gleichgewicht) transformiert wird.

Literatur: *I. Fisher,* The Purchasing Power of Money, Its Determination and Relation to Credit, Interest and Crises. 2. A., New York 1922.

Prof. Dr. B.-Th. Ramb, Siegen

Tauschkurve
⇒*offer curve*
⇒Preis-Konsum-Kurve.

Tauschwert
⇒natürlicher Wert
in der → Preistheorie objektiver Wert, der als relativer Preis (→Preis) das Austauschverhältnis zwischen →Gütern bestimmt. Nach den Klassikern (z.B: A. Smith, D. Ricardo) bestimmt sich der T. durch die aufgewendeten Produktionskosten. Er ist der ‚natürliche' und langfristige Preis. Der kurzfristige Marktpreis bildet sich aufgrund von Angebot und Nachfrage und tendiert bei Konkurrenz zum ‚natürlichen' Preis. S. auch →Arbeitswertlehre.

Tautologie
Beispiel für eine tautologische Aussage: „Kräht der Hahn auf dem Mist, ändert sich das Wetter od. es bleibt, wie es ist". Es handelt sich also um eine Aussage, die stets wahr ist, weil empirisch nicht widerlegbar ist. Ihr mangelnder empirischer Gehalt bzw. die Unmöglichkeit ihrer empirischen Falsifizierbarkeit (→ Falsifikation) macht sie für eine Erklärung untaug-lich. Sie besitzt allenfalls einen pleonastisch-explikativen Wert. Es kommt darauf an, Aussagen, die sich im Gewand von → Theorien präsentieren, daraufhin zu überprüfen, ob sie nicht bloß T. darstellen.

tax announcement-Effekt
Ankündigungswirkungen bei einer Steueränderung. Diese können wirtschaftspolitisch beabsichtigt sein od. den wirtschaftspolitischen Intentionen entgegengerichtet sein.

Taxonomie
⇒automatische Klassifikation
⇒*Clusteranalyse.*

tax push inflation
⇒Kostensteuerninflation
→Inflationstheorie, 3.2.

technical progress-Funktion
⇒Fortschrittsfunktion
→technischer Fortschritt, 3.

technische Kapazität
→Kapazität.

Technischer Fortschritt

1. *Begriff.* Unter dem t. im umfassenden Sinne verstehen wir die ständige Entwicklung und Nutzbarmachung besserer Mittel und Wege zur Befriedigung menschlicher Bedürfnisse. Dies geschieht konkret durch die Einführung und Verbreitung neuer →Produktionsverfahren, → Güter- und → Dienstleistungen, d.h. durch →Innovationen. Eine solche qualitative Umschreibung des t. ist allerdings kaum der exakten Messung zugänglich. Deshalb definieren wir t. meist als Inbegriff aller *Neuerungen*, die es ermöglichen, eine bestimmte Menge von Gütern, z.B. das →Sozialprodukt, mit einem geringeren Einsatz von →Produktionsfaktoren bzw. mit gegebenen Faktoren eine größere Produktmenge als vorher zu erzeugen. Maßziffer für t. ist demgemäß die Zunahme der → Produktivität, mit der zugleich eine *Steigerung des Lebensstandards*, gemessen durch das Sozialprodukt pro Kopf, indiziert wird.

2. *Arten des t.* Je nach analytischer Vorgehensweise unterscheidet man
- *exogenen* oder *autonomen* t., der
  - entweder als *unverkörperter* (unembodied) t. keinerlei „Vehikel" zu seiner Durchsetzung
  - oder als *kapital-* bzw. *ausbildungsgebundener* (embodied) t. der Einführung neuer *Produktionsanlagen* bzw. neuer Kenntnisse und Fähigkeiten des Menschen (des *Humankapitals*) bedarf, um wirksam werden zu können;
- *endogenen* oder *induzierten* t., der als abhängig von anderen ökonomischen Größen angesehen wird, und zwar
  - entweder als *arbeits-* bzw. *kapitalsparender* t. von der relativen Veränderung („bias") der *Faktorpreise* bzw. *Faktoreinkommen* (*Lohn-* und *Profitquote*),
  - oder als *Forschungs-*, *Investitions-*, *Nachfrage-* usw. *induzierter* t. von der Veränderung jeweils dieser endogenen Modellgrößen.

Die Abfolge obiger Nomenklatur ist, ausgehend von einer reinen Wirkungsanaly-

se, durch eine sich immer mehr den Ursachen des t. zuwendenden Fragestellung gekennzeichnet.

3. *Theorie des t.* Die neuere Theorie des t. hat sich etwa ab Mitte des 20. Jh. im Rahmen der sich rasch ausbreitenden → Wachstumstheorie entwickelt, und zwar zunächst konzipiert mit t. als einem exogenen, rein zeitabhängigen Faktor, der die Wirkung abnehmender *Faktorgrenzproduktivitäten* und konstanter →Skalenerträge im Rahmen der *gesamtwirtschaftlichen Produktionsfunktion* auszugleichen hatte, um damit ein steigendes Pro Kopf-Wachstum zu ermöglichen. Da die → neoklassische Theorie ihr Augenmerk v.a. auf die Herausarbeitung der Bedingungen für *gleichgewichtiges Wachstum* legte, gewann die Frage nach jener Erscheinungsform des t. besondere Bedeutung, die mit den Erfordernissen des → Steady State im Einklang stand. Dies ist der sog. *Harrod-neutrale* t., der bei konstantem → Profitsatz (Realzins) den → Kapitalkoeffizienten unverändert lässt.

Wegen $\frac{K}{Y} = \frac{K}{N} : \frac{Y}{N}$ impliziert das proportionale Veränderung von → Kapitalintensität und Pro Kopf-Sozialprodukt sowie Konstanz der relativen →Einkommensverteilung (Lohn- und Profitquote). Ein solcher *arbeitsvermehrender* (labouraugmenting) t. gewährleistet die Aufrechterhaltung der „stilisierten Fakten" (Kaldor) des langfristigen Wirtschaftswachstums. Demgegenüber traten die anfangs ebenfalls diskutierten Konzepte des gleichmäßig faktor-vermehrenden *Hicks-neutralen* t. mit proportionaler Erhöhung beider Faktorproduktivitäten bei konstanter Kapitalintensität sowie des capital-augmenting *Solow-neutralen* t. mit steigender Kapitalproduktivität bei konstantem Reallohnsatz in der weiteren Diskussion in den Hintergrund. Unterstellt man, wie oft üblich, eine →Cobb-Douglas-Produktionsfunktion, so sind diese drei Neutralitätskonzepte ohnehin nicht mehr zu unterscheiden.

Obgleich die Implikationen des Harrodneutralen t. mit den stilisierten Fakten des Wachstums hoch entwickelter Volkswirtschaften recht gut übereinstimmen, bleibt unerklärt, warum - im Widerspruch zur neoklassischen Theorie - bei weltweiter Faktormobilität und Transparenz über den Stand der Technik die dauerhaften Divergenzen in den internationalen Pro Kopf-Wachstumsraten und Einkommensniveaus nicht verschwinden, sondern perpetuiert, z.T. sogar noch verstärkt werden.

Diese und andere Erklärungsdefizite hat - im Anschluss an die →Konvergenzdebatte - die seit etwa Mitte der 80er Jahre entstandene *Neue Wachstumstheorie* zu korrigieren versucht, indem sie die exogene, alle Produktivitätseffekte umfassende Globalgröße (das „Residuum") t. endogenisierte, also auf ihre ökonomischen Determinanten zurückzuführen trachtete. Damit knüpfte sie an einzelne, schon vorher vorgelegte Ansätze des induzierten t., insbes. von N. Kaldor und K. J. Arrow, an. Kaldor's Zweifel an der Möglichkeit, Produktivitätsfortschritte in eine *Substitutions*- und eine *Fortschrittskomponente* unterteilen und damit Bewegungen auf der Produktionsfunktion (Kapitalintensivierung) von Verschiebungen der Produktionsfunktion durch exogenen t. voneinander trennen zu können, hatte ihn bereits 1957 veranlasst, sein Konzept der „*technical progress function*" zu entwickeln. In ihr wird die Veränderung der Produktivität als abhängig von der Investitionsrate pro Beschäftigten postuliert, wobei das Niveau dieser Funktion vom „*technical dynamism*", d.h. der Risikobereitschaft, dem Erfindergeist, der Innovationsneigung usw. einer Gesellschaft abhängt. Arrow hatte 1962 in seiner Theorie des „*learning by doing*" auf die Bedeutung der mit den kumulierten Bruttoinvestitionen verbundenen Lerneffekte hingewiesen. Bruttoinvestitionen erhöhen nicht nur die gegenwärtige Produktionskapazität, sondern bewirken gleichzeitig eine Steigerung der künftigen Produktivität, da sie die Erfahrung der Menschen erhöhen und damit neues Wissen hervorbringen, d.h. sie weisen positive →externe Effekte auf.

Im Gefolge von Kaldor und Arrow haben die Vertreter der Neuen Wachstumstheorie auf die generelle Bedeutung von Externalitäten für das Wachstum der

Produktivität aufmerksam gemacht. Diese können auf vielfältige Weise auftreten:
- Heutige Investitionen haben nicht nur Lerneffekte bei jenen Akteuren und Folge, die mit diesen Investitionsgütern umgehen, sondern sie erhöhen auch das Wissen aller künftigen Investoren, d.h. sie führen zu steigenden technologischen Skalenerträgen bei der gesamtwirtschaftlichen Produktion (Romer, 1986).
- Der gezielte Einsatz von (Zeit-)Ressourcen in FuE führt zur Bildung von Humankapital, das sowohl die Produktivität der betreffenden Individuen als auch die Durchschnittsproduktivität der Gesellschaft als Ganzes erhöht (Lucas, 1988).
- Die Vornahme von Produktinnovationen erweitert die Güterpalette, wobei auch von der vollständigen Konkurrenz abweichende Marktpositionen auftreten können (Grossmann/ Helpmann, 1991).

Diese und (weitere) Maßnahmen laufen darauf hinaus, die Hervorbringung des t. auf „normale" Aktivitäten von Investoren in alle möglichen Formen von Kapitalbildung zurückzuführen, wobei die Erträge dieser Aktivitäten nur z.T. den Verursachern direkt zugute kommen, weil sie zugleich ein *öffentliches Gut* darstellen, von dessen Nutzung niemand ausgeschlossen werden kann. Was der exogene und insoweit unerklärte t. in den traditionellen Modellen der Neoklassik bewirkte, nämlich die Lücke zwischen der Wirkung abnehmender Grenzerträge der homogenen Produktionsfaktoren und dem positiven Pro Kopf-Wachstum aufzufüllen, bewerkstelligen in den Modellen der Neuen Wachstumstheorie somit die externen Effekte des mit Kapitalakkumulation in jeder Form verbundenen Zuwachses an Wissen und Erfahrung.

Trotz dieser der Realität angenäherten Erweiterungen bleibt die Neue Wachstumstheorie im Prinzip dem reduktionistischen und daher zunehmend kritisierten Ansatz der Neoklassik verhaftet. Neuerdings versuchen daher immer mehr Ökonomen, wirtschaftliches Wachstum und t. als historische, offene Prozesse abzubilden. Hierfür hat sich inzwischen der Sammelbegriff „*evolutori-sche Ökonomik*" etabliert. Darin wird die Hervorbringung des t. als komplexer Prozess von (zielgerichtetem) Versuch und (unbeabsichtigtem) Irrtum (trial and error) hypostasiert, basierend auf sowohl eingeschränkt (bounded) rationalen als auch spontanen Entscheidungen, die einerseits der eingespielten Firmenroutine und andererseits unvorhergesehenen Veränderungen der Firmenumwelt Rechnung tragen. Das alles erinnert an Schumpeters Prozess der *schöpferischen Zerstörung*, geht aber weit über dessen Erklärungsmuster hinaus, zumal versucht wird, durch Rückgriff auf naturwissenschaftliche, politische und institutionelle Gegebenheiten der Forderung nach Interdisziplinarität Genüge zu tun.

Literatur: *H. Walter*, Der technischer Fortschritt in der neueren ökonomischen Theorie. Berlin 1969. *H. Walter*, Technischer Fortschritt I: in der Volkswirtschaft. HdWW Bd. 7 (1977). *H. Walter*, Wachstums- und Entwicklungstheorie. UTB 1222. Stuttgart-New York 1983. *G. Dosi* et al. (Hrsg.), Technical Change and Economic Theory. London-New York 1938.

Prof. Dr. H. Walter, Hohenheim

technische Substitutionsrate
→Faktorsubstitution.

Technologieparks
lokale Zentren für die Möglichkeit des Technologietransfers von der Wissenschaft in die Praxis. Bedeutendstes Beispiel ist das Silicon Valley, das als Stanford Industrial Park 1947 auf dem Gelände der Stanford Universität begann - als gezielte Kooperation zwischen Universität und Wirtschaft - und auf dessen ausgeweiteter Fläche heute ca. 1 000 Unternehmen angesiedelt sind, darunter führende Unternehmen der Computerindustrie. In der Bundesrepublik Deutschland gibt es eine zunehmende Zahl von T. (etwa 17 sind realisiert und etwa 48 geplant). Wichtige Voraussetzungen sind die unmittelbare Nähe zu einer forschungsintensiven Hochschule oder einer wissenschaftlichen Einrichtung; die in einem T. angesiedelten Unternehmen sollen möglichst der gleichen Branche angehören; die Infrastruktur sollte gün-

stig sein; Wohn- und Arbeitsumfeld sollte angenehm sein; es müssen ausreichende Expansionsmöglichkeiten gegeben sein; hilfreich sind die Unterstützung durch Management- und Marketingberatung sowie die ausreichende Bereitstellung von Risikokapital.

Technologietransfer
Verbreitung technologischen Wissens innerhalb eines Wirtschaftsgebietes od. etwa von einem Industrieland in ein Entwicklungsland. Durch Patente geschütztes Wissen wird auf dem Wege der Lizenzvergabe weitergegeben; illegale Methoden sind die Industriespionage und die Umgehung des Patentschutzes.

technologische Arbeitslosigkeit
→Arbeitslosigkeit.

technologische Effekte
→externe Effekte.

Teilkosten
die für den jeweils anstehenden Kostenrechnungszweck relevanten →Kosten.

Teilkostenrechnung
⇒Deckungsbeitragsrechnung
Kostenrechnungsverfahren, das bewusst auf die Zurechnung aller →Kosten auf die einzelnen →Kostenträger verzichtet, so weitgehend auf die Verteilung der → Gemeinkosten und Fixkosten (→ Kosten). Darin und in der Betonung der Erlösseite unterscheidet sich die T. von der Vollkostenrechnung.

Teilwert
rein steuerlicher Bewertungsmaßstab: Der Betrag, den ein Erwerber des ganzen Betriebs im Rahmen des Gesamtkaufpreises für das einzelne Wirtschaftsgut (→Gut) ansetzen würde, wobei davon auszugehen ist, dass der Erwerber den Betrieb fortführt (Legaldefinition des T. in § 6 I 1 Satz 3 EStG sowie § 10 Bewertungsgesetz). Der T. bildet die untere Wertgrenze in der →Steuerbilanz. Einkom-mensteuerrechtlich findet der T. nur Anwendung, wenn er niedriger als die → Anschaffungs- od. → Herstellkosten ist. Der T. abnutzbarer Anlagegüter entspricht den um die →Afa verminder-

ten Anschaffungs- od. Herstellkosten. Bei gesunkenen Wiederbeschaffungskosten bilden diese die Basis für den T. Sie stellen die Obergrenze des T., während die Untergrenze für Gegenstände des →Anlagevermögens der Einzelverkaufspreis abzüglich der Verkaufskosten darstellt.

Teilzahlungsbanken

Spezialbanken (→ Banken) für Teilzahlungs- bzw. Ratenkredite. Das Einlagengeschäft ist meist nicht od. nur im beschränkten Rahmen zulässig, so dass die Finanzierung des Aktivgeschäfts meist über die Aufnahme von Bankengeldern erfolgt. Das Aktivgeschäft besteht in der Gewährung von Konsumentenkrediten, zunehmend jedoch auch von Teilzahlungskrediten an Investoren, außerdem vielfach aus dem Factoring- und dem Leasinggeschäft. T. sind oft Tochtergesellschaften von Geschäftsbanken. Ihre überwiegende Zahl ist im Bankenfachverband Konsumenten- und gewerbliche Spezialkredite (BKG) e.V. in Bonn zusammengeschlossen.

Teilzahlungskredit

→A-Geschäft
→B-Geschäft
→C-Geschäft.

Telearbeit

Spezifische Variante der betrieblichen Flexibilisierung, die durch Auslagerung von Arbeitsplätzen aus der unmittelbaren großbetrieblichen Organisation entsteht, stellt die Heimarbeit in der aktuellen Variante der sog. T. dar. Diese vor allem von Frauen ausgeübte Beschäftigungsform ist zwar vom Umfang her mit ca. 160.000 Arbeitnehmern nicht bedeutend und wächst derzeit kaum; sie kann aber in Zukunft durchaus zunehmen infolge der Möglichkeiten zur Dezentralisierung, welche die neuen Informations- und Kommunikationstechnologien bieten. Zur arbeits- und sozialrechtlichen Absicherung und Gestaltung dieser neuen Heimarbeit, welche u.a. die Form der Scheinselbstständigkeit annehmen kann, wird eine reine Aktualisierung des Heimarbeitsgesetzes nicht ausreichen. Insbesondere müssen das Beschäftigungs-, Investitions- und Haf-

tungsrisiko für die unterschiedlichen Ausgestaltungsformen der T. befriedigend gelöst werden.

Telefonverkehr

⇒ungeregelter Freiverkehr.

Telekom

Deutsche Telekom AG: Aus dem Telefon- und Datennetzdienst der Deutschen Bundespost als Sondervermögen des Bundes hervorgegangenes privatwirtschaftliches Telekommunikationsunternehmen. Bis 1.1.1998 hatte T. ein Festnetzmonopol.

temporäres Gleichgewicht

⇒kurzfristiges Gleichgewicht
⇒transitorisches Gleichgewicht
→Gleichgewicht, 2.

Tender

Emissionsverfahren (→Emission) für → Effekten von der Art einer Versteigerung, bei dem den Interessenten grundsätzlich für alle Determinanten einer Emission Bietungsmöglichkeiten eingeräumt werden können. Bezieht sich die Bietung auf den →Zins, ist es ein Zins-t., bezieht sie sich auf das Volumen der Emission, liegt ein Mengen-t. vor. Mit Mengen-t. wird vor allem bei öffentlichen Emissionen, z.B. für Kassenobligationen des Bundes od. auch beim Absatz von →Geldmarktpapieren durch die →Bundesbank, operiert (s. →Offenmarktpolitik, 2.). Schreibt die Bundesbank z.B. für eine Kassenobligation im Auftrag des Bundesfinanzministeriums Laufzeit, Normalverzinsung, →Stückelung, Bietungsfrist, Zuteilungszeitpunkt aus, lässt jedoch das Zuteilungsvolumen sowie Bietungskurs offen, können Gebote über einen bekannt gegebenen Mindestbetrag od. ein Mehrfaches davon zu allen → Kursen, jedoch auch ohne Nennung eines Bietungskurses (Billiggebot), gemacht wer-den. Zugeteilt wird dann zu demjenigen Kurs, bei dem das vom Emittenten gewünschte, aber nicht bekannt gegebene, Volumen (Mengen-t.) erreicht wird. Für jeden Bieter ist die Chance für eine Zuteilung um so günstiger, je höher sein Bietungskurs ist. Billiggebote werden voll zugeteilt.

Tenderverfahren
→Tender.

Terminal
1. Datenstation
Eine Einrichtung, die aus Datenendein-
richtungen und Datenübertragungsein-
richtung besteht.

2. Lager- und Umschlagsbetrieb wie z.b.
Container-T. und Luftfracht-T.

Termineinlagen
⇒Terminguthaben
⇒Termingeld
→Einlagen, s. auch →Festgeld, →Kün-
digungsgeld.

Termingeld
⇒Termineinlagen
→Einlagen.

Termingeschäft
1. Devisentermingeschäft: Kauf od. Verkauf eines Devisenbetrages per Termin
30 bis 90 Tage später zu einem festen Terminkurs. Der Terminkurs kann gegenüber dem Kassakurs einen Abschlag (→
Deport) od. einen Aufschlag (→Report)
aufweisen. Die Verbindung eines Ter-
mingeschäftes mit einem Kassageschäft
nennt man Kurssicherungs- od. →Swap-
geschäft. S. hierzu →Swappolitik, Börse.

2. Bei Warentermingeschäften werden
Waren heute gekauft und verkauft, deren
Lieferung erst zu einem späteren Termin
erfolgt. Bei den Waren handelt es sich um
börsenmäßig (→Börse) gehandelte Waren, also internationale Handelsgüter,
die fungibel (→Fungibilität) und untereinander vertretbar sind. Warentermin-
geschäfte dienen sowohl zur Verringerung des Preisrisikos wie der →Spekula-
tion.

3. Auch der Handel mit (Wertpapier-) →
Optionen ist ein T.

Terminkontraktgeschäft
Geschäft auf dem →Devisenmarkt, dessen Gegenstand ein Kontrakt ist, dessen
Erfüllung an einem bestimmten Termin
erfolgt. →Devisenmarkt.

Terminmarkt
Markt, auf dem Termingeschäfte abgewickelt werden. Bei →Devisen ist dies der
Devisenterminmarkt, bei international
vertretbaren Gütern ist das der Waren-
terminmarkt. Auch der Options-handel
(→Option) findet auch einem T. statt.

terms of payments
Zahlungsgewohnheiten im Außenhandel, soweit sie sich auf die Zahlungsfri-
sten beziehen. So wird z.B. eine erwartete
→ Aufwertung des Euro die ausländischen Importeure veranlassen, ihre Zah-
lungsfristen zu verkürzen od. Voraus-
zahlungen zu leisten, um die Waren billiger zu erwerben. Inländische Importeure
werden demgegenüber versuchen, ihre
Zahlungsziele zu längen, um die →Güter
billiger zu beziehen als bei dem gegenwärtigen Wechselkurs. Die Veränderungen in den Zahlungszielen ist die
Änderung der t. Diese hängt somit wesentlich von erwarteten Wechselkursänderungen ab.

terms of trade
die internationale, natural ausgedrückte
Tauschrelation: Der in Einheiten anderer
→Güter ausgedrückte →Preis eines international gehandelten Gutes auf dem
Weltmarkt. In der Praxis behilft man sich
mit dem prozentualen Verhältnis aus Ex-
portgüterpreisniveau (P_X) und Import-
güterpreisniveau (P_{Im}), jeweils in heimischer →Währung.

$$T = \frac{P_X}{P_{Im}} \cdot 100.$$

→ Güterwirtschaftliche Außenwirtschaftstheorie.

terms of trade-Effekt
⇒Preiseffekt
Nach der Erhebung z.B. eines Importzolles steigt der Inlandspreis nicht um den
vollen Zollbetrag, weil ein Teil der Zoll-
belastung von den Exporteuren getragen
wird. Dies führt zu einer Verbesserung
der →terms of trade des Inlandes.

terms of trade shift-Inflation
Bezeichnung für eine Variante der nichtmonetären Inflationstheorien (→Inflati-
on, 3.2.), wonach es wg. gestiegener

Auslandsnachfrage zu einer inflationsverursachenden Nachfrageverschiebung kommt. Steigt z.b. im System →fester Wechselkurse das ausländische →Preisniveau stärker als das inländische, werden die handelsfähigen im Inland produzierten →Güter für das Ausland relativ billiger und die Exportmengen werden zu- und die Importmengen abneh-men bzw. nicht so stark steigen. Diese Nachfrageverschiebung ist letztlich durch die Veränderung der →terms of trade ausgelöst.

terms of trade-Mechanismus
→Konjunkturtheorie.

tertiäre Produktion
→Produktion des →tertiären Sektors.

tertiärer Sektor
Wirtschaftsbereich einer → Volkswirtschaft, in dem Dienstleistungen (→Güter) produziert werden. Umfasst nach heute gängiger Klassifizierung: Verkehr, Nachrichtenübermittlung, Handel, → Kreditinstitute, Versicherungen, Wohnungsver-mietung, staatliche und sonstige Dienstleistungen. Der Anteil des T. am →Inlandsprodukt betrug 1950 ca. 40%, 2007 etwa 60% bei einem hierzu proportional wachsenden Anteil an den →Erwerbstätigen. S. auch →primärer Sektor, →sekundärer Sektor.

Test
→Identifikationsproblem, →Testverfahren.

Testfunktion
Prüffunktion in einem statistischen Test. Z.B. die Gauß-Statistik beim Einstichproben-Gaußtest (Signifikanztest, → Testverfahren, 5.).

Testverfahren
1. *Definition.* Die Formulierung von → *Hypothesen* und deren *Überprüfung* mit Hilfe von empirischen Befunden ist eine typische Vorgehensweise der → Wirtschaftswissenschaft und der Wirtschaftspraxis. Eine Hypothese wird aufgrund geeigneter Beobachtungen entweder *aufrechterhalten* od. als nicht haltbar *verworfen.* T. (im Sinne der Statistik; in der

Psychologie wird das Wort in einer anderen Bedeutung verwendet) sind diejenigen Methoden der → schließenden Statistik, mit welchen eine *Entscheidung* über die Beibehaltung od. Zurückweisung einer Hypothese mit Hilfe eines Stichprobenbe-fundes (→Stichprobe) getroffen wird. Oft ist nötig, dass eine substanzwissenschaftliche Hypothese vor ihrer Prüfung in eine für T. geeignete statistische Formulierung übergeführt wird.

2. *Beispiele für den Einsatz von T.* a) Eine Lieferung von Metallteilen muss gemäß Vertragsbedingungen weniger als 8% Ausschuss enthalten. Die Einhaltung dieser Qualitätsnorm kann vom Abnehmer durch ein T. auf Stichprobenbasis überprüft werden. b) Die Qualität einer Lagerbuchführung bezüglich Korrektheit des Lagertotalwertes bzw. der einzelnen Postenwerte kann mit Hilfe eines T. kontrolliert werden; dazu muss für eine Stichprobe von Lagerposten der korrekte Wert durch körperliche Aufnahme festgestellt werden. c) Wird eine →Regressionsanalyse durchgeführt, dann kann u.a. geprüft werden, ob ein bestimmter wahrer Regressionskoeffizient (→ Regressionsanalyse) der →Grundgesamtheit von 0 verschieden ist bzw. einen bestimmten (Mindest-, Höchst-) Wert aufweist. d) Bei Vorliegen von Stichprobenbeobachtungen kann mit Hilfe von T. überprüft werden, ob eine bestimmte →Variable eine bestimmte Verteilung, etwa eine →Normalverteilung hat. e) Erfolgt eine →Fertigung von Massenteilen auf mehreren parallelen Produktionsanlagen, so kann mit einem T. überprüft werden, ob die Gesamtproduktion *homogen* in dem Sinne ist, dass sich die Kennwerte bzw. Verteilungen der Teilproduktionen nicht unterscheiden.

3. *Gegenstände von T.* Ein T. kann zunächst einen bestimmten Wert od. auch Höchst- od. Mindestwert einer Kenngröße einer Variablen (→ Anteilswert; → Durchschnitt; → Median; → Varianz) zum Gegenstand haben (*Parametertest*, vgl. 2.a) bis c)). Soll das T. eine Entscheidung über eine Hypothese zum Verteilungsgesetz einer Variablen liefern, liegt ein *Anpassungstest* (vgl. 2.d)) vor. Die bisher genannten Teste betreffen den *Ein-*

Stichproben-Fall, bei welchem die zu prüfende Hypothese nur eine einzige Grundgesamtheit betrifft. Daneben gibt es T. für den *Vergleich* von Kenngrößen bzw. *Verteilungen* zweier od. mehrerer Gesamtheiten (vgl. 2.e); *Mehr-Stichproben-Fall*).

4. *Die Nullhypothese.* Bei Parametertesten, weniger bei Anpassungstesten, wird der Gegenstand des T. häufig als *Negation einer Arbeitshypothese* konkretisiert. Er wird allgemein als →*Nullhypothese* H_0 bezeichnet. Gelingt es, diese zur Ablehnung zu bringen, darf dies als *Stützung der Arbeitshypothese* gelten. Manchmal geht es bei einem T. nur um die Frage, ob H_0 zutrifft od. nicht; dann spricht man von einem → *Signifikanztest.* In anderen Fällen ist durch das T. eine Entscheidung zwischen H_0 und einer speziellen *Alternativhypothese* H_1 herbeizuführen.

5. *Die Vorgehensweise im Einzelnen.* Einem T. liegt eine standardisierte Gedankenfolge zugrunde, welche hier beispielbezogen entwickelt wird. Zu prüfen sei (vgl. 2.a)) die Behauptung eines Lieferanten, der Ausschussanteil θ in seiner Lieferung betrage weniger als 8%. Der Abnehmer prüft in diesem Falle $H_0 : \theta \geq 0{,}08$, also die Nullhypothese, der Schlechtanteil betrage 8% od. mehr; ist diese zu verwerfen, kann er die Lieferung akzeptieren. Der Lieferung wird eine Stichprobe von n = 100 Produkten entnommen. Man unterstellt bei der Durchführung des T., H_0 *sei richtig* in der speziellen Form, dass θ = 0,08 zutrifft. Unter dieser Annahme ermittelt man die →Wahrscheinlichkeiten $B(x\,|\,100;\,0{,}08)$ dafür, dass höchstens x = 0, x = 1, ... schlechte Stücke vorkommen; sie ergeben sich aus der Binominalverteilung mit Parametern n = 100 und θ = 0,08 gemäß nachfolgender Tabelle. Eine völlige Sicherheit dafür, dass H_0 abgelehnt wird, wenn H_0 falsch ist bzw. nicht verworfen wird, wenn sie zutrifft, kann es nicht geben, wenn man keine Vollerhebung durchführt. Daher konzediert man eine bestimmte nahe 0 gelegene (Höchst) Wahrscheinlichkeit dafür, dass H_0 *fälschlicherweise abgelehnt wird*; diese heißt Si-

gnifikanzniveau od. *Irrtumswahrscheinlichkeit* und wird oft mit 0,05 od. 0,01 bemessen. Im gegebenen Beispiel ist anschaulich klar, dass $H_0 : \theta \geq 0{,}08$ durch besonders niedrige Anzahlen schlechter Stücke in der Stichprobe in Frage gestellt wird. Daher wird bei einem Signifikanzniveau von α = 0,05 nach folgender Entscheidungsregel vorgegangen: H_0 wird verworfen, falls x $\leq$3 in der Stichprobe resultiert; das Signifikanzniveau wird hierdurch auf ca. 3,7% statt 5% adjustiert, da 5% nicht exakt eingerichtet werden kann.

x	$B(x\,|\,100;\,0{,}08)$
0	0,00024
1	0,00231
2	0,01127
3	0,03670
4	0,09033
.	.
.	.
.	.

Die Entscheidung über H_0 erfolgt anhand der aus der Stichprobe gewonnenen Ausprägung der Variablen „Anzahl der schlechten Stücke in der Stichprobe", die als *Prüfvariable* bezeichnet wird. Bei anderen T. werden andere Prüfvariablen verwendet, deren Verteilung unter H_0 wiederum Grundlage für die Entscheidung über H_0 ist. Die Menge der Ausprägungen der Prüfvariablen eines T., welche zur Ablehnung von H_0 führt, heißt *Ablehnungsbereich (kritische Region)* des Tests. Bei Parametertesten sind grundsätzlich zweierlei Fragestellungen zu unterscheiden. Ist, wie im erörterten Beispiel, H_0 eine Behauptung über einen Mindestwert eines Parameters, dann wird diese Hypothese abgelehnt, falls die Prüfvariable einen besonders niedrigen Wert aufweist. Der Ablehnungsbereich besteht als aus *einem zusammenhängenden* Intervall möglicher niedriger Werte der Prüfvariablen. Analoges gilt bei einer Behauptung über einen Höchstwert. In solchen Fällen spricht man von einer *einseitigen Fragestellung.* Hat H_0 hingegen einen einzelnen Parameterwert zum Inhalt, wäre also etwa $H_0: \theta$ = 0,08 zu

prüfen, dann wäre diese Hypothese ab-
zu-lehnen, wenn die Prüfvariable x *besonders niedrige od. besonders hohe* Werte
annimmt. Der Ablehnungsbereich besteht in einem solchen Fall aus *zwei getrennten Teilbereichen*. Dann liegt eine
zweiseitige Fragestellung vor.

6. *Fehlerarten bei der Durchführung von T.*
Bei jedem T. sind *richtige Entscheidungen*
und *Fehlentscheidungen* möglich. Richtig
entschieden wird, falls H_0 falsch ist und
abgelehnt wird, und falls H_0 richtig ist
und nicht abgelehnt wird. Wird H_0
fälschlicherweise abgelehnt, liegt ein *Fehler 1. Art* vor; die (Höchst-) Wahrscheinlichkeit hierfür wird durch das
Signifikanzniveau vorgegeben. Ein *Fehler
2. Art* ist gegeben, wenn H_0 falsch ist und
nicht als falsch erkannt wird. Die Wahrscheinlichkeit für einen Fehler 2. Art mag
im Einzelfall sehr hoch sein.
Ist im obigen Beispiel etwa $\alpha = 0,05$ der
wahre Schlechtanteil, H_0 also falsch, und
wird, wie festgelegt, H_0 abgelehnt, falls x
≤ 3 resultiert, dann ist die Wahrscheinlichkeit eines Fehlers 2. Art
$1 - B(3 \mid 100; 0,05) = 0,74216$.
Ein solcher Fehler ist hier vor allem für
den Lieferanten nachteilig.

7. *Übersicht über T.* Eine erste und ältere
Gruppe von T. ist durch die Voraussetzung gekennzeichnet, die interessierenden Variablen seien *normalverteilt* („klassische" *parametrische* T.). Neuerdings
werden oft T. bevorzugt, die diese Voraussetzung nicht benötigen (*nichtparametrische, verteilungsfreie* T.). Zu den
parametrischen T. gehört der *t-Test* (Prüfung eines Erwartungswertes) im Ein-
Stichproben-Fall, der *t-Test* (Vergleich
zweier Erwartungswerte) im Zwei-Stichproben-Fall, der *F-Test* (Vergleich zweier
Varianzen) im Zwei-Stichproben-Fall
und im Mehr-Stichproben-Fall ($\rightarrow$ Varianzanalyse). Nichtparametrische Alternativen zum Ein-Stichproben-t-Test sind
der *Vorzeichentest* und der *Vorzeichen-
Rang-Test von Wilcoxon*, zum Zwei-Stich-
proben-t-Test der *Wilcoxon-Mann-Whit-
ney-Test*, zum Zwei-Stichproben-F-Test
der Test von *Siegel-Tukey* und zum Mehr-
Stichproben-F-Test der *Kruskal-Wallis-*

Test. Anpassungsteste (Prüfung einer
Verteilungshypothese im Ein-Stichpro-
ben-Fall; Vergleich von Verteilungen im
Zwei-Stichproben-Fall) sind der $\rightarrow$*Chi-
Quadrat-Test* und der *Kolmogorov-Smir-
nov-Test*.
Bei den klassischen normalverteilungs-
gebundenen T. lassen sich bestimmte
Optimalitätseigenschaften nachweisen.
Für die nichtparametrischen T. spricht
der Vorteil der viel weniger restriktiven
Anwendungsvoraussetzungen.
Literatur: *J. Bleymüller/ G. Gehlert/ H. Gü-
licher*, Statistik für Wirtschaftswissen-
schaftler. 10. A., München 1996, insbes.
Kap. 16-19. *J. Hartung*, Statistik. 11. A.,
München 1998, insbes. Kap. III und IV. *E.
Schaich/ A. Hamerle*, Verteilungsfreie sta-
tistische Prüfverfahren. Berlin-Heidel-
berg-New York-Tokyo 1984. *E. Schaich*,
Schätz- und Testmethoden für Sozialwis-
senschaftler. 3. A., München 1998.
Prof. Dr. E. Schaich, Tübingen

Theorem des ausgeglichenen Budgets
$\Rightarrow$balanced-budget-Theorem
$\Rightarrow$*Haavelmo-Theorem*.

Theorem des optimalen Verschuldungs-grades
Das Verschuldungsoptimum ist solange
unterschritten, wie zusätzliche kredit-
finanzierte Ausgaben insgesamt od. in
spezieller Form (z.B. öffentliche Investitionen) zu (1) einer besseren Auslastung
des Produktionspotentials führen, (2) das
volkswirtschaftliche Produktionspotential ausweiten od. verbessern, (3) eine weitere Annäherung an die gewünschte
Verteilung erwarten lassen. Bis zum Erreichen der optimalen Verschuldung hat
ein Land einen zu nutzenden Verschul-
dungsspielraum. Dieser dürfte aber je
nach Zielsetzung unterschiedlich ausfallen.

Theorie
In der neueren Methodologie der $\rightarrow$
Wirtschafts- und Sozialwissenschaften,
die vor allem von Popper und Albert formuliert wurde, ist eine T. eine nomologi-
sche Aussage, die bislang allen
Falsifizierungsversuchen ($\rightarrow$ Falsifikation) in der Empirie standgehalten hat.
Das setzt voraus, dass sie selbst empi-

risch gehaltvoll ist, ihre Begriffe operational sind und kein Bestandteil der Aussage, die T. vor der Widerlegung durch die Realität immunisiert. Sie muss also das Kriterium der Falsifizierbarkeit erfüllen. Danach sind z.B. →Tautologien keine T.

Theorie der Absatzwege
⇒*Saysches Theorem*
⇒Saysches Gesetz.

Theorie der Betriebswirtschaftspolitik
⇒Betriebswirtschaftspolitik
→Allgemeine Betriebswirtschaftslehre.

Theorie der komparativen Kosten
⇒komparatives Kostentheorem begründet, warum eine produktiv eindeutig überlegene Nation, die alle ihre → Güter billiger erzeugen kann als das Ausland, dennoch bestimmte Güter aus *kostenteureren* und produktiv unterlegenen Partnerländern einführen soll. Die dabei erzielte Wohlstandserhöhung (→Wohlfahrtsökonomik) hängt von einer entscheidenden Bedingung ab: Die Kostenüberlegenheit (→ Kosten) der produktiven Nation muss bei den einzelnen Gütern graduell unterschiedlich sein. Die folgende Tabelle zeigt in der ersten Zeile beispielhaft eine *absolute Kostendifferenz*: Portugal ist eindeutig in der Weinerzeugung (80 gegen 120), England dagegen in der Tucherzeugung (45 gegen 90) billiger. Bei dieser wechselseitigen und sich ergänzenden Kostenüberlegenheit „gewinnen" beide Länder, wenn sie sich jeweils auf ihr billiges Produkt spezialisieren und das teure Gut dafür beim Handelspartner eintauschen. „Der internationale Handel, ist wie die Freihändler (→Freihandel) immer betonten, nichts anderes als eine große arbeitssparende Maschine" (G. Haberler).

Außenhandel beruht aber nicht auf absoluten Kostendifferenzen. Der englische Nationalökonom David Ricardo (1772-1823) hat in dem berühmten 7. Kapitel seiner „Grundsätze der politischen Ökonomie und Besteuerung", erste engl. Ausgabe, London 1817, überzeugend nachgewiesen, dass auch bei *komparativer Kostendifferenz* Tauschhandel zu einer Wohlstandserhöhung in den beteiligten Ländern führt. Sein bekanntes Zahlenbeispiel wird in der 2. Tabellenzeile aufgegriffen. Portugal produziert jetzt beide Güter billiger als England.

Auf den ersten Blick erscheint daher ein portugiesischer Tuchimport aus England unbegreiflich, da dort Tuch kostenteurer (100) hergestellt wird als in Portugal (90). Komparative Kosten (lat. comparativus = vergleichend od. steigernd) lassen sich bilden, wenn man die Produktionskosten der entsprechenden Güter zueinander in Vergleich setzt:

Portugal
1 Fass Wein, Kosten-Relation (u. äquivalente Tuchmenge):

$$\frac{80 \text{ Arb. Einh.}}{90 \text{ Arb. Einh.}} = 0{,}89 \text{ Ballen}$$

England

$$\frac{120 \text{ Arb. Einh.}}{100 \text{ Arb. Einh.}} = 1{,}2 \text{ Ballen}$$

Portugal
1 Ballen Tuch, Kosten-Relation (äquivalente Weinmenge):

$$\frac{90 \text{ Arb. Einh.}}{80 \text{ Arb. Einh.}} = 1{,}125 \text{ Fass}$$

England

$$\frac{100 \text{ Arb. Einh.}}{120 \text{ Arb. Einh.}} = 0{,}83 \text{ Fass}$$

Man erkennt, dass Portugal seinen *Wein* lohnend nach England exportieren kann, denn seine komparativen Kosten sind niedriger als die Englands:

| Kostendifferenz | Durchschnittlicher Faktor-Einsatz; ausgedrückt in Arbeitseinheiten: | | | |
| | 1 Fass Wein | | 1 Ballen Tuch | |
	Portugal	England	Portugal	England
absolute	80	120	90	45
komparative	80	120	90	100
gleiche	80	120	90	135

$$\frac{80 \text{ Arb. Einh.}}{90 \text{ Arb. Einh.}} = 0,89 < 1,2 = \frac{120 \text{ Arb. Einh.}}{100 \text{ Arb. Einh.}}$$

Der entsprechende Vergleich für *Tuch* weist dagegen einen komparativen, also relativen Vorteil für England aus:

$$\frac{100 \text{ Arb. Einh.}}{120 \text{ Arb. Einh.}} = 0,83 < 1,125$$

$$= \frac{90 \text{ Arb. Einh.}}{80 \text{ Arb. Einh.}}$$

Der Außenhandel lohnt sich demnach für *beide* Länder.

Die *komparativen Vorteile* spiegeln sich auch in den güterwirtschaftlichen Tauchod. Naturalpreisen der beiden Produkte im jeweiligen Lande wider. Die portugiesischen Weinverkäufer erhalten für 1 Fass Wein mindestens 0,89 Ballen Tuch (s.o.) - das ist der Tauschpreis am heimischen Markt. Durch →Export können sie aber in England bis zu 1,2 Ballen Tuch erlösen. Lukrativ ist dieser Tausch umgekehrt auch für die englischen Tuchexporteure: am heimischen Markt gibt man für 1 Ballen Tuch nur 0,83 Fass Wein, am portugiesischen Markt dagegen erhält man bis zu 1,125 Fass Wein.

Das zwischenstaatliche Tauschverhältnis (→terms of trade) wird sich im Verlauf des Außenhandels zwischen den *binnenwirtschaftlichen* Tauschpreisen einpendeln müssen:
1 Ballen Tuch für mindestens 0,83 bis zu max. 1,125 Fass Wein.

Wo sich das endgültige Tauschverhältnis innerhalb dieser „Marge" genau einpendelt, kann ohne Berücksichtigung der *Nachfrageverhältnisse* nicht bestimmt werden. Das Austauschverhältnis könnte z.B. etwa in der Mitte der genannten Marge liegen, der Einfachheit halber sei es mit: 1 Fass Wein für 1 Ballen Tuch angenommen.

Portugal ist zwar in beiden Produktionszweigen kostenbilliger bzw. produktiver, dennoch sollte es Tuch nicht selbst, sondern „*indirekt*", über verstärkt angebauten Wein (sein kostengünstigstes Produkt!) und dessen Export nach England, produzieren. Portugal erzeugt durchschnittlich 1 Fass Wein mit 80 Arbeitseinheiten, dafür erhält es bei dem obengenannten Tauschverhältnis 1 Ballen engli-

sches Tuch. Hätte Portugal einen Ballen Tuch im eigenen Land produziert, wären dafür durchschnittlich 90 Arbeitseinheiten aufzuwenden - Ersparnis demnach 10 Einheiten. Warum sollte Portugal seine nationalen Produktivkräfte dann in der Tuchproduktion vergeuden?

England als unterlegenes Land gewinnt ebenfalls, wenn es sich im Export auf das Gut konzentriert, bei dem seine Unterlegenheit am geringsten ist. Für 1 Ballen Tuch muss es 100 Arbeitseinheiten aufwenden und erhält dafür im Außenhandel 1 Fass Wein. Hätte England den Wein selbst erzeugt, wären dafür 120 Arbeitseinheiten erforderlich gewesen - Ersparnis demnach 20 Einheiten. „Der Vorteil des Außenhandels: ein wirkungsvollerer Einsatz der →Produktionsfaktoren auf der ganzen Welt" (J. St. Mill).

Bei *gleicher Kostendifferenz* (s. 3. Tabellenzeile) geht von der Kosten- bzw. Angebotsstruktur kein Impuls zu lukrativem Tauschhandel aus. Die Kostenüberlegenheit Portugals beträgt in beiden Produktionszweigen jeweils 50%, ist also gleich, deshalb tauscht sich 1 Ballen Tuch in Portugal wie auch in England gegen 1,125 Fass

Wein ($= \frac{90}{80} = \frac{135}{120}$).

Ergebnis: Das komparative Kostentheorem stellt zwei entscheidende Bestimmungsgrößen für die Wohlstandserhöhung durch internationalen Handel heraus:

1. Den *Tauschvorteil*: Jedes Land profitiert von dem günstigsten internationalen Tauschverhältnis, das sich im Zuge des Außenhandels für sein Export-/ Import-Produkt bildet (Handelsoptimierung). Die Kostendifferenz begrenzt die Marge für dieses zwischenstaatliche Tauschverhältnis, ob dabei ein Land mehr od. weniger als der Tauschpartner „gewinnt", ist zunächst sekundär. Immer wieder hat es nationalökonomische Denker gereizt, zusätzliche Einflussgrößen aufzudecken, die das endgültige Tauschgleichgewicht innerhalb dieser Marge fixieren. (→Güterwirtschaftliche Außenwirtschaftstheorie).

2. Die *Produktionsspezialisierung*: Unbe-

schränkter Außenhandel lenkt langfristig das gegebene volkswirtschaftliche Faktorpotential in die kostengünstigsten nationalen Produktionszweige und erhöht so die Effizienz jeder → Volkswirtschaft (Produktionsoptimierung).

In einer Fußnote zu seinem 7. Kapitel verdeutlicht Ricardo den Kerngehalt seines Theorems: „Zwei Menschen können sowohl Schuhe wie Hüte herstellen und doch ist der Eine dem Anderen in beiden Beschäftigungen überlegen. Aber in der Herstellung von Hüten kann er seinen Konkurrenten nur um 20% übertreffen und in der von Schuhen um 33%. Würde es dann nicht im Interesse Beider liegen, dass der Überlegene sich ausschließlich auf die Schuhmacherei und der darin weniger Geschickte auf die Hutmacherei legen sollte?"

Literatur: G. Haberler, Der internationale Handel. Neudruck, Berlin 1970. K. Rose, Theorie der Außenwirtschaft. 8. A., München 1981. P. Tesch, Die Bestimmungsgründe des internationalen Handels und die Direktinvestition. Berlin 1980.

Prof. Dr. E. Birnstiel, Siegen

Theorie der Property Rights
strebt - auf der Grundlage der neoklassischen Denktradition und einiger weiterer analytischer Kategorien (→ Transaktionen, Transaktionskosten (→ Kosten), → Externalitäten) - eine betont mikroökonomische Erforschung der *Entstehung*, der vorherrschenden *Struktur*, der Wirkungen und der zweckmäßigen *Gestaltung* der rechtlich oder in anderer Form gesicherten Möglichkeit eines bestimmten Umgangs mit Gütern an, durch den ihr Nutzungsbereich gegenüber anderen Personen wirksam begrenzt wird. Da diesen Handlungsrechten ein maßgeblicher Einfluss auf die Wirtschaftsprozesse zugeschrieben wird, werden sie explizit in die ökonomische Analyse einbezogen. Die hierfür seit den 60er Jahren vor allem von den amerikanischen Ökonomen Alchian, Buchanan, Coase, Demsetz und Pejovich entwickelte Methodik zielt auf eine realitätsnahe Fundierung der →neoklassischen Theorie und auf eine beträchtliche Erweiterung des bisherigen

Aufgaben- und Erklärungsbereichs der Ökonomie hin. Verbunden damit ist eine Rückbesinnung auf die fundamentale Erkenntnis der klassischen Nationalökonomie, wonach die Wohlfahrt (→ Wohlfahrtsökonomik) einer Gesellschaft eine Funktion ihrer grundlegenden Gesetze und handlungsbestimmenden Institutionen (Ordnungen) ist. Die folgenden Ausführungen beschränken sich auf einige wichtige Bestandteile, Anwendungsbereiche und -probleme der T.

1. PR (Property Rights) begrenzen den Handlungs- und Verfügungsbereich des Einzelnen hinsichtlich der Nutzung seiner Fähigkeiten und →Güter gegenüber anderen Personen. Die entsprechenden *Handlungs-* od. *Verfügungsrechte* werden in einem über den klassischen Begriff des *Eigentumsrechts* hinausgehenden Sinne als Möglichkeit aufgefasst, andere Personen von der Nutzung knapper Güter auszuschließen. Güter erlangen nur in dem Maße einen Wert, in dem sie begehrte Handlungsrechte vermitteln, die im Sozialgeschehen beachtet od. geduldet werden - daher auch bisweilen die Bezeichnung *Duldungsrechte*. Handlungsrechte verkörpern also qualifizierte Sozialbeziehungen. Ihrer Entstehung nach können sie auf das Recht (im Sinne Rechte Dritter und gesetzlicher Nutzungsvorbehalte), die Gewohnheit, Sitte und Moral, aber auch auf Macht zurückgeführt werden. Nach der *Nutzungsart* lassen sich unterscheiden: Handlungsrechte, die Substanz und Funktion eines Gutes bestimmen (Gebrauchsrechte), Rechte, die die Ertrags- und Verlustzuweisung (Aneignungsrechte) und solche, die den Transfer von Nutzungsrechten auf andere Personen od. Organisationen (Übertragungsrechte) regeln. - Die Nutzungsmöglichkeiten können ungeteilt od. geteilt einer Person od. Mehrheit von Personen zustehen. Kann eine Person ungeteilt über alle Nutzungsmöglichkeiten in dieser Weise verfügen, dass sie für die damit verbundenen wertmäßigen Konsequenzen haften muss, so liegt umfassendes (vollspezifiziertes) Privateigentum vor. Sind alle Nutzungsrechte einer Mehrzahl von Personen in der beschriebenen Weise zugeordnet, so handelt es

sich um Kollektiveigentum. Je mehr die Nutzungsmöglichkeiten geteilt sind und je größer die Zahl der Personen ist, auf die sie sich verteilen, desto mehr sind Handlungsrechte der Gefahr der wertmäßigen „Verdünnung" (attenuation) ausgesetzt, desto wichtiger werden für die Anbieter entsprechender Nutzungsmöglichkeiten geeignete handlungsrechtliche Vorkehrungen zur präventiven Wertsicherung. - Die Wahrnehmung von bestimmten Nutzungsrechten an einem Gut beruht auf handlungsrechtlichen Sozialbeziehungen, die prinzipiell in marktliche und hierarchische Transaktionen eingeteilt werden können. Die den Transaktionen zugrunde liegenden Handlungsrechte haben je nach ihrer Stärke, d.h. den effektiven Verwendungsmöglichkeiten der Güter, wesentlichen Einfluss auf die Anreizstruktur und das wirtschaftliche Verhalten der Individuen. Dabei wird vorausgesetzt, dass die Wirtschaftssubjekte danach streben, sich ihrer Handlungsrechte nach Maßgabe ihrer individuellen Fähigkeiten und Präferenzen so zu bedienen, dass sie davon einen größtmöglichen Nutzen haben (Prinzip der Nutzenmaximierung).

2. Marktliche und hierarchische Transaktionen verursachen - in Abhängigkeit von der Stärke der zugrunde liegenden Handlungsrechte - unterschiedliche Informations-, Aushandlungs- und Kontrollkosten. Der Nutzen, den → wirtschaftliche Güter stiften können, wird wesentlich von der Höhe dieser sog. *Transaktionskosten* beeinflusst. Deshalb interessieren ihre allokativen und distributiven Konsequenzen. Die Aussicht auf Transaktionskostensenkung bietet einen wichtigen Anreiz für die Entstehung und Veränderung von Handlungsrechten. Dem Wandel der PR geht regelmäßig eine Abfolge von Nutzungskonflikten voraus. Die damit verbundenen Kosten sind für die Beteiligten so hoch, dass es sich für sie lohnt, sich auf PR als Mittel der Konfliktvermeidung oder -minderung zu verständigen und damit Anreize zu schaffen, die für eine wohlstandsmaximierende Nutzung von Ressourcen erforderlich sind. Generell wird daraus gefolgert, dass die Entwicklung des ge-

sellschaftlichen Wohlstands und die Schaffung von PR Hand in Hand gehen. Die Entdeckung und Erprobung transaktionskostengünstiger Handlungsrechte gehören deshalb ebenso zur wirtschaftlichen Entwicklung wie Produkt- und Verfahrensneuerungen. So hat Coase 1937 nachgewiesen, dass marktliche Transaktionen mit Hilfe des Preissystems nicht kostenlos sind, sondern Transaktionskosten verursachen, die vermittels Unternehmungen - also hierarchischer Sozialbeziehungen - bis zu einem gewissen Ausmaß mit →Gewinn für die Beteiligten gesenkt werden können. 1960 löste Coase eine bis heute andauernde Diskussion aus, als er in dem nach ihm benannten →„Coase-Theorem" feststellte, dass Handlungsrechte unter den (irrealen) Bedingungen fehlender Transaktionskosten und →vollkommener Konkurrenz allokationsneutral sind. Für realistische Sozialbeziehungen folgt deshalb aus dem Coase-Theorem, dass Handlungsrechte eine spezifische allokative Wirkung haben, so dass es vorteilhaft ist, den Ressourcenverzehr für Transaktionskosten durch geeignete Wahl und Ausgestaltung von Handlungsrechten zu minimieren. Generell wird dabei unterstellt, dass die jeweiligen Handlungsrechte die Einbeziehung (→ Internalisierung) der verwendeten Ressourcen in den Rechnungszusammenhang des Marktpreissystems auf die Fälle beschränken, in denen die Transaktionskosten der PR kleiner sind als der Internalisierungsnutzen. Daraus hat Demsetz einen ursächlichen Zusammenhang zwischen Handlungsrechten und *Externalitäten* gefolgert: „A primary function of property rights is that of guiding incentives to achieve a greater internalization of externalities". Negative Externalitäten indizieren demzufolge die Existenz von bisher nicht internalisierten Transaktionskosten. Zu prüfen ist dann, ob diese nicht durch einen höheren Grad der Spezifizierung und personellen Zuordnung von PR gesenkt od. gar beseitigt werden können.

3. Ein wichtiges *Anwendungsgebiet* ist die Analyse und der Vergleich von →Wirtschaftssystemen. Hierbei geht es vor allem um die Gewinnung von Aussagen

über empirisch gehaltvolle Erfolgsziele und Verhaltensweisen von typischen Entscheidungsträgern, die über Handlungsrechte mit unterschiedlicher Nutzungsmöglichkeiten verfügen (siehe Punkt 1). Besonders interessieren die verhaltensbestimmenden Einflüsse, die von verschiedenen Formen des Eigentums an natürlichen Ressourcen, Kapitalgütern und Arbeitsplätzen und - in Verbindung damit - von alternativen Unternehmensverfassungen (etwa privatwirtschaftlichen, gemeinnützigen, arbeitsselbstverwalteten, staatlich regulierten und staatssozialistischen) ausgehen. Ein weiteres Anwendungsgebiet bezieht sich auf die Bestimmungsgründe von →externen Effekten und die Möglichkeit ihrer Internalisierung. Externe Effekte - aufgefasst als Problem nicht hinreichend spezifizierter und zugeordneter PR - geben Anlass, über eine dafür geeignete Änderung des Rechtssystems nachzudenken. Mit der Behandlung des Externalitätsproblems (etwa im Umweltbereich) öffnet sich zugleich der Weg zu einer fruchtbaren Weiterentwicklung der → Theorie der Wirtschaftspolitik zu einer Lehre von der komparativen Effizienz marktlicher und nicht-marktlicher (vor allem staatlicher) Lösungen des Knappheitsproblems. - Zum Problem der PR-Analyse gehört auch die „Ökonomische Analyse des Rechts". Im Mittelpunkt stehen das Vertrags- und Deliktrecht, das Eigentums- und Haftungsrecht, das Arbeitsrecht, die gewerblichen Schutzrechte, das Recht der staatlichen Regulierung, das Unternehmens- und Wettbewerbsrecht. Auf den PR-Ansatz stützt sich auch die „Ökonomische Analyse der Geschichte". Dabei werden Entstehung und Veränderung von PR als ursächlich für die Entwicklung bestimmter Wirtschaftsepochen angesehen und mit Hilfe von Untersuchungen zur Veränderung der Transaktionskosten zu erklären versucht.

4. *Anwendungsprobleme* bestehen vor allem hinsichtlich der Abgrenzung und Messung von Transaktionskosten sowie der Festlegung realistischer Effizienznormen. Allerdings wird bekanntlich in den Sozialwissenschaften keineswegs nur das als wichtig angesehen, was der exakten Abgrenzung, Messung und Bewertung zugänglich ist. Das eigentliche Problem des Transaktionskostenkonzepts scheint darin zu liegen, einen ordnungstheoretisch fundierten Gebrauch davon zu machen. Denn die Regeln der rationalen Wahl von Handlungsrechten nach dem Transaktionskostenkonzept sind ohne eine Verständigung über die Beschaffenheit und Funktionsweise der zugrunde liegenden → Wirtschaftsordnung in hohem Maße empfänglich für nachträgliche Begründungen der getroffenen Wahl nach dem jeweiligen Geschmack der (nutzenmaximierenden) Entscheidungsträger. Deshalb empfiehlt es sich, das Problem einer transaktionskostengünstigen Gestaltung von PR aus der Logik eines übergeordneten Effizienzkonzepts zu beurteilen, etwa der Markt- od. Wettbewerbskonformität od. - im Falle von Zentralverwaltungswirtschaften - der Plankonformität von Handlungsrechten.

Literatur: Y. *Barzel*, Economic Analysis of Property Rights. Cambridge 1989. M. *Neumann* (Hrsg.), Ansprüche, Eigentums- und Verfügungsrechte, Schriften des Vereins für Socialpolitik, N. F., Band 140. Berlin 1984. A. *Schüller* (Hrsg.), Property Rights und ökonomische Theorie. München 1983. A. *Schüller*, Ökonomik der Eigentumsrechte in ordnungstheoretischer Sicht, in: D. Cassel u.a. (Hrsg.), Ordnungspolitik. München 1988. D. C. *North*, Institutional Change and Economic Performance. Cambridge 1991.

Prof. Dr. A. Schüller, Marburg

Theorie der relativen Preise
in der →Haushaltstheorie zur Ableitung der → Preis-Konsum-Kurven. In der Theorie der Unternehmung erklärt sie → Substitutionseffekte und Änderungen der Faktornachfrage. In der Außenwirtschaftstheorie erklärt die T. Umfang und Richtung der Güterströme.

Theorie der Vermögenshaltung
⇒*Portfoliotheorie*
⇒portfolio selection.

Theorie der Wahlakte
⇒*Wahlhandlungstheorie*.

Theorie der Wirtschaftspolitik

1. Die T. ist eine Disziplin der →Wirtschaftswissenschaften. Von einer Disziplin kann nur gesprochen werden, wenn sie sich inhaltlich eindeutig bestimmen und damit von anderen Disziplinen abgrenzen lässt. In der Fachliteratur gibt es verschiedene Bezeichnungen für den Erkenntnisgegenstand der T.; so z.b. Wissenschaftliche Wirtschaftspolitik, Grundlagen der Wirtschaftspolitik od. einfach Wirtschaftspolitik. In der angelsächsischen Wirtschaftswissenschaft werden die Ausdrücke economic policy, theory of economic policy, principles of economic policy, applied economics gebraucht.

2. Die T. lässt sich gliedern in eine Theorie der allgemeinen und der speziellen Wirtschaftspolitik. Die *Theorie der allgemeinen Wirtschaftspolitik* behandelt Probleme, die für die gesamte → Volkswirtschaft, d.h. für alle Teilbereiche von Bedeutung sind. Die Gliederung der *speziellen Wirtschaftspolitik nach sektoralen* Gesichtspunkten orientiert sich an technisch-ökonomischen Besonderheiten der verschiedenen Wirtschaftszweige - Landwirtschaft, Industrie, Handel, Verkehr, etc. Den Fragestellungen der T. angemessener ist die in der neueren Fachliteratur vorherrschende Gliederung nach finalen Gesichtspunkten: →*Geldpolitik*, →*Wachstumspoli-tik*, →*Konjunktur- und Beschäftigungspolitik, Verteilungspolitik* (→*Einkommenspolitik*).

3. Es ist notwendig, Wirtschaftspolitik als Praxis und als Wissenschaft zu unterscheiden und ihr gegenseitiges Verhältnis zu klären. Unter *praktischer Wirtschaftspolitik* verstehen wir einen Teilbereich der staatlichen Gesamtpolitik. Dabei ist „Staat" das Ganze jener Institutionen, welche die Funktionen der Gesetzgebung und Vollziehung haben - das sind Parlament, Regierung und Verwaltung. Staatliche Wirtschaftspolitik ist der Inbegriff jener Maßnahmen, die die → Wirtschaftsordnung und den Wirtschaftsablauf (W.-prozess) beeinflussen sollen.

Die *Wirtschaftspolitik als Wissenschaft* (T.) will drei Grundfragen beantworten: Was tut der Staat als Wirtschaftspolitiker; d.h. *welche Ziele* verfolgt er, und *welche Mittel* (→ Instrumente der Wirtschaftspolitik) setzt er ein, um die Ziele zu verwirklichen? Wie haben sich die bisherigen Maßnahmen auf die →Wirtschaft *ausgewirkt* und welche Entwicklungstendenzen sind dabei entstanden?

Welche *Bedingungen* müsste der Wirtschaftspolitiker erfüllen, wenn er mit seinen Maßnahmen seine Ziele *optimal* verwirklichen will? Eine diesen Bedingungen entsprechende Wirtschaftspolitik nennt man *rationale Wirtschaftspolitik*.

4. In der wissenschaftlichen Wirtschaftspolitik (T.) wird die dritte Frage als *Kernproblem* der T. angesehen; also das Problem der *optimalen Mittelwahl*. Die Frage der Mittelwahl kann nur beantwortet werden durch Anwendung von Erkenntnissen der Mikro- und Makrotheorie (→ Mikroökonomik, → Makroökonomik) und der Ökonometrie (→Ökonometrie). Die Aussagen der ökonomischen Theorie über die Zusammenhänge von Ursachen und Wirkungen bilden die Grundlage über Aussagen der T. über die Zusammenhänge von Mitteln und Zielen. Mittel-Ziel-Probleme können aber nur soweit gelöst werden wie die ökonomische Theorie *operationale*, d.h. empirisch überprüfbare und genügend bestätigte →Hypothesen aufstellen kann.

Über die allgemeine Geltung von Zielen kann der Wissenschaftler keine Aussagen machen: denn Aussagen über das Geltensollen von Zielen (normative Aussagen) sind Werturteile, die notwendigerweise subjektiver Natur sind. Das *Prinzip der Werturteilsfreiheit* der Sozial- und Wirtschaftswissenschaften schließt aber nicht aus, dass der Wissenschaftler seine persönlichen Wert- und Zielvorstellungen zum Ausdruck bringt; und er sollte auch die Unterschiede und Widersprüche zwischen den in der praktischen Wirtschaftspolitik gesetzten Zielen und den eigenen Wertauffassungen und Zielvorstellungen herausarbeiten. Rationale Wirtschaftspolitik setzt voraus, dass die Ziele qualitativ und quantitativ eindeutig bestimmt werden, und dass sie im Hinblick auf ihre Realisierbarkeit miteinander vereinbar sind. In der Praxis sind diese Bedingungen i.d.R. nicht erfüllt.

5. Mit dem Kernproblem sind mehrere

Sonderprobleme verbunden, deren Lösung entweder eine Voraussetzung für die Lösung der Ziele-Mittel-Probleme ist, od. die sich durch Differenzierung des Kernproblems ergeben.

5.1. Die praktische Wirtschaftspolitik geht aus von einem Vergleich der gegebenen wirtschaftlichen Lage mit den angestrebten Zielen. Vom Ausmaß der Abweichungen der Lage von den Zielen hängt die Entscheidung über die zu treffenden Maßnahmen ab. Die Träger der Wirtschaftspolitik benötigen *also Informationen über die wirtschaftliche Lage* und ihre Entwicklungstendenzen. Die Beschaffung solcher Informationen ist Aufgabe der statistischen Ämter und der Wirtschaftsforschungsinstitute.

5.2. Der Wirtschaftsablauf (Wirtschaftsprozess) vollzieht sich im Rahmen der jeweils gegebenen → *Wirtschaftsordnung*. Die Wirtschaftsordnung bestimmt und begrenzt die Möglichkeiten der Wahl der einzusetzenden ablaufpolitischen Instrumente. Die Wirtschaftsordnungstheorie sieht ihre Aufgabe in der Ausarbeitung einer Typologie der verschiedenen Systeme der Wirtschaftsordnung und in der Analyse der Funktionsweise und Funktionsfähigkeit dieser Systeme. Darüberhinaus untersucht sie die historisch jeweils konkreten Verhaltensnormen und Institutionen der Wirtschaftssysteme und die in diesen Systemen zur Verfügung stehenden und zur Anwendung kommenden ordnungs- und ablaufpolitischen Instrumente. Die Herausarbeitung von Realtypen der Wirtschaftssysteme ist nur möglich, wenn Methoden und Erkenntnisse der Geschichtswissenschaft und Rechtswissenschaft verwertet werden. Das Denken in Ordnungen (Ordnungssysteme, Ordnungsprinzipien, ordnungspolitische Mittel) ist hinsichtlich seiner Entstehung und Entwicklung typisch für die deutsche Nationalökonomie (→ Wirtschaftswissenschaft). Das Denken in Marktprozessen ist typisch für die Tradition der angelsächsischen Wirtschaftswissenschaft. In jüngerer Zeit verstärken sich in der T. die Bemühungen um eine Synthese beider Denkansätze.

5.3. Ziel-Mittel-Probleme können wissen-

schaftlich nur geklärt werden, wenn nicht nur die Lage und Ziele, sondern auch die dem Wirtschaftspolitiker zur Verfügung stehenden Mittel (Instrumente) bekannt sind. Deshalb ist es Aufgabe der T., die dem Wirtschaftspolitiker zur Verfügung stehenden Instrumente zu beschreiben und zu klassifizieren. Das wichtigste Kriterium für eine systematische Darstellung des wirtschaftspolitischen Instrumentariums (→Instrumente der Wirtschaftspolitik) ist die Unterscheidung von ordnungs- und ablaufpolitischen Mitteln. Ordnungspolitische Mittel sind Verhaltensregeln für die Entscheidungsträger in privaten und öffentlichen → Haushalten und Unternehmungen, und für die Träger der Wirtschaftspolitik (des Staates, der Zentralbank, der Kammern und freien Interessenverbände).

Die ordnungspolitischen Mittel können die Form von Empfehlungen (→moral suasion) od. zwingenden Rechtsnormen haben. *Ablaufpolitische Mittel* sind ökonomische →Variablen (wie z.B. →Preise, Mengen, →Zinssätze, →Wechselkurse, Tariflohnsätze, →Steuer- und Zollsätze, → Transfereinkommenszahlungen (→ Transfers)), die für die Planung der Haushalte und Unternehmungen die Bedeutung von Plandaten od. Planelementen haben.

Die ablaufpolitischen Mittel lassen sich gliedern in direkte und indirekte Mittel. Die *direkten Mittel* setzen unmittelbar bei einzelwirtschaftlichen *Planelementen* an, d.h. bei Preisen und Mengen, und bestehen in zwingenden Vorschriften über die Höhe von Preisen und die Größe von Mengen. *Indirekte Mittel* sind ökonomische Variablen, die den Charakter von einzelwirtschaftlichen *Plandaten* haben, wie z.B. →Diskontsatz, Steuer- und Zollsätze etc. Der Einzelwirtschafter reagiert bei seiner Planung auf solche Plandaten nach eigenem Ermessen; er wird also nicht direkt „gelenkt".

5.4. Ein weiteres wichtiges Problem der T. ist der *Zeitbedarf* alles Handelns, so auch der Wirtschaftspolitik. Zwischen dem Zeitpunkt des Eintretens eines wirtschaftlichen Ereignisses, das den Wirtschaftspolitiker veranlasst, eine Maßnahme zu ergreifen, und dem Zeitpunkt der vollen Auswirkung dieser Maßnahme verstreicht eine mehr od. minder lange Zeit, die man *Verzögerungszeit* (→ time lag, →lag) nennt. Dieser time lag besteht aus mehreren Teil-lags, so dem Informationslag, dem Planungslag, dem Entscheidungslag, dem Durchführungslag und dem Wirkungslag. Die T. hat die Aufgabe, die Länge der Verzögerungszeit zu untersuchen und zu schätzen. Nur bei Erfüllung dieser Aufgabe kann sie sagen, *wann* ein Instrument eingesetzt werden muss, wenn die gewünschte Wirkung zu einem bestimmten Zeitpunkt voll erzielt werden soll.

5.5. Wenn man vom „Staat" - wie von einer Person - als Träger der Wirtschaftspolitik spricht, so ist das eine stark abstrahierende Annahme. In der Wirklichkeit besteht „der" Träger der Wirtschaftspolitik aus einer *Vielzahl von Teilträgern* wie Bund, Ministerien, Ländern, Gemeinden, → Notenbank, Kammern. Man kann also von einer *Träger-Pluralität* sprechen. Wenn sich die Teilträger nur von ihren eigenen Interessen bestimmen lassen, werden ihre Maßnahmen häufig negative Nebenwirkungen auf die Wirkungen der Maßnahmen anderer Teilträger haben. Die T. hat also auch die Aufgabe, diese Nebenwirkungen zu untersuchen und Möglichkeiten zur Koordination der Teilplanungen und Teilentscheidungen aufzuzeigen.

5.6. Den wirtschaftspolitischen Entscheidungen gehen Willensbildungsprozesse voraus. In der parlamentarischen Demokratie sind die politischen Parteien und die Interessenverbände die bestimmenden Kräfte der wirtschaftspolitischen Willensbildung. Dabei ist die Willensbildung in den Parteien weitgehend von den ihnen nahestehenden Interessenverbänden beeinflusst. Die T. muss also untersuchen, wie die Interessenverbände ihren Einfluss auf die Willensbildung der Entscheidungsträger der Wirtschaftspolitik geltend machen, und wie bei Interessenpluralismus eine einheitliche Willensbildung in der Gesamtwirtschaftspolitik ermöglicht werden kann.

5.7. Die Entscheidungsträger der Wirtschaftspolitik werden mehr od. weniger von den Bedingungen einer *rationalen*

Wirtschaftspolitik (s.o. Abs. 2) abweichen. Solche Abweichungen können zweifach bedingt sein: Erstens durch Konflikte zwischen der Wirtschaftspolitik und anderen Teilgebieten der Gesamtpolitik, wie z.B. der Außenpolitik, der Verteidigungspolitik, der Umweltpolitik u.a.m. Zweitens durch Konflikte zwischen einem Verhalten, das der rationalen Wirtschaftspolitik entspricht, und einem Verhalten, das an parteipolitischen Gesichtspunkten orientiert ist. In der parlamentarischen Demokratie konkurrieren die Parteien um Wahlstimmen, weil sie nach Erhaltung und Stärkung ihrer politischen Machtstellung mittels Wahlstimmenmaximierung streben. Das muss nicht, kann aber zu Beeinträchtigungen der Rationalität der Wirtschaftspolitik führen. So werden Träger der Wirtschaftspolitik nicht selten dazu neigen, wirtschaftspolitisch zweckmäßige aber „unpopuläre" Maßnahmen zu unterlassen od. aufzuschieben, und „populäre" aber wirtschaftspolitisch unzweckmäßige Maßnahmen zu treffen. Die T. wird sich bei dem Bemühen um Klärung dieses Problems auf Erkenntnisse der Politologie stützen od. von wirtschaftswissenschaftlichen Methoden ausgehen wie z.B. in der ökonomischen Theorie der Politik (Downs). Diese Versuche sind Gegenstand der →„Neuen politischen Ökonomie".

Literatur: *G. Gäfgen*, Theorie der Wirtschaftspolitik, in: Kompendium der Volkswirtschaftslehre, Bd. 2. Göttingen-Zürich 1975. *M. E. Streit*, Theorie der Wirtschaftspolitik, 4. A., Düsseldorf 1991. *A. Woll*, Wirtschaftspolitik, 2. A., München 1992.

Prof. Dr. Th. Pütz, Wien †

Theorie der Zinsstruktur

Zur Erklärung insbesondere der Zinsunterschiede von zinstragenden Titeln nach ihrer Fristigkeit (Restlaufzeit) werden drei verschiedene Ansätze angeführt: Erwartungstheorie von Friedrich A. Lutz (1940). Sie erklärt den langfristigen → Zins (→ Kapitalmarktzins) aus dem erwarteten kurzfristigen Zins (Geldmarktzins). Wird eine Erhöhung des kurzfristigen Zinses erwartet, werden Anleger nur dann eine langfristige Kapitalanlage vornehmen, wenn der langfristige Zins über dem erwarteten kurzfristigen Zins liegt, weil sie sonst eine jeweils erneuerte Anlage auf dem →Geldmarkt vorziehen. Liquiditätsprämientheorie von John R. Hicks (1939). Nach ihr übersteigt bei als unverändert erwarteten Zinsen der langfristige Zins den kurzfristigen Zins um den Ausgleich für den längerfristigen Liquiditätsentzug. Marktsegmentationstheorie von John M. Culbertson (1957). Sie behauptet eine kurzfristige nicht vorhandene →Substituierbarkeit der einzelnen Anlageformen, so dass sich für jede Anlageart ein abgeschlossenes Marktsegment bildet. Ein →Preis (Zins) bildet sich also je eigenem →Markt für einen bestimmten Anlagetitel. Das Faktum einer bestimmten Zinsstruktur ermöglicht dem Staat eine Politik des →Debt Management durch Fristentransformation.

Thesaurierung
Zuweisung der erzielten Gewinne (Reingewinn) einer Unternehmung zu den (freien) Rücklagen. Die T. ist die teuerste Finanzierungsart, weil der thesaurierte Gewinn dem vollen Körperschaftsteuersatz unterliegt.

Thomas'sches Theorem
⇒*self-fulfilling prophecy.*

Thünensche Kreise
Ringe einheitlicher Bodennutzung um ein Zentrum. Raumstruktur- und Standorttheorie von Johann Heinrich von Thünen (1826) für die landwirtschaftliche →Produktion. Unter der Annahme gegebener Faktor- und Güterpreise in einem Absatzzentrum bilden sich Anbauringe um das Zentrum, wobei mit zunehmender Entfernung auch die erzielbare →Rente abnimmt. Die maximal erzielbare Rente bei bestimmter Bodennutzung und optimaler Intensität ergibt sich aus dem Marktpreis im Zentrum abzüglich der Transportkosten und der Produktionskosten. Dem Ring unmittelbar um das Zentrum entspricht die Art der Bodennutzung mit dem höchst erzielbaren Rentenwert.

time lag
⇒Verzögerung
→lag.

Time-State-Preference-Modell
Bewertungsverfahren für Kapitalmarktpositionen. Eine unsichere zukünftige Vermögensposition wird derart bewertet, dass die einzelnen Realisationen dieser Zufallsvariablen mit den impliziten Marktpreisen für zustandsabhängige Zahlungsansprüche multipliziert werden und anschließend über alle Zustände aufsummiert wird.

Die Preise für zustandsabhängige Zahlungsansprüche sind im Allgemeinen dann eindeutig bestimmt, wenn auf dem Kapitalmarkt Vollständigkeit gegeben ist.

Tobineffekt
von James Tobin 1965 beschriebener Zusammenhang zwischen → Geldmenge und realwirtschaftlichen Größen: Bei Einbeziehung des →Geldes in die neoklassische Wachstumstheorie (→Wachstumstheorie) und bei Gültigkeit der → Quantitätstheorie verändert die Wachstumsrate der Geldmenge die gleichgewichtige Kapitalintensität und damit das Pro Kopf- →Sozialprodukt. Der T. hebt damit die →Neutralität des Geldes auf.

Tobinsches q
von J. Tobin 1961 formulierte Größe, die den relativen Abstand zwischen zwei Bewertungen ein- und desselben Vermögensobjektes misst. Wird der Wert eines Vermögensobjektes durch die abdiskontierten zukünftig erwarteten Erträge (→ Barwert) gemessen, kann als →Zins (i), mit dem diskontiert wird, unter den vielen möglichen Zinssätzen zum einen jener (i_R) benutzt werden, der die abdiskontierten Erträge (E) den Wiederbeschaffungspreisen p des Sachkapitalbestandes (→Kapital) (k) gleichmacht und sich formulieren lässt:

$$(1)\ i_R = \frac{E}{pk},$$

und zum anderen die Marktertragsrate (i_S) bzw. ⇒der Angebotspreis des Kapitals. Die Abweichung zwischen beiden

Bewertungen misst Tobin durch den Faktor q:

$$(2) \quad q = \frac{i_R}{i_S}.$$

Mittels des T. werden Einflüsse finanzieller Anreize auf die Investitionstätigkeit gemessen, da Nominalzinsen auf Finanzaktiva und Realzinsen nicht zuverlässige Aussagen machen. In der Literatur ist die Interpretation des T. uneinheitlich.

top level optimum
⇒Pareto-Optimalität
⇒*Pareto-Optimum.*

Top-Management
obere Ebene der betrieblichen Leistungshierarchie. Weitere Managementebenen sind das Middle Management und das Lower Management.

top-to-down-Planung
⇒retrograde Planung
Planungsverfahren, bei dem i.Ggs. zur → bottom-up-Planung die Unternehmensleitung die Unternehmensziele und -politik fixiert und der nachgeordneten Instanz nur globale Vorgaben macht, die von ihr in Detailpläne umzusetzen sind.

Totalanalyse
i.Ggs. zur →Partialanalyse die stets den volkswirtschaftlichen Gesamtzusammenhang betrachtende Analyse. Sie kann mikroökonomisch (→ Mikroökonomik) und makroökonomisch (→Makroökonomik) orientiert sein.

totale Kosten
⇒Gesamtkosten
→Kosten.

Total Quality Management (TQM)
T. ist der Begriff für ein integriertes Managementkonzept, das sich aus dem japanischen Qualitätsverständnis entwickelt hat. Es hat die Zielsetzung, durch Mitwirkung aller Mitarbeiter die Qualität von Produkten und Dienstleistungen termingerecht und zu günstigen Kosten zu gewährleisten.
Wesentliche Inhalte von T.:
- Kundenorientierung
- Unternehmensweites Controlling

- Vermeidungskosten sind immer geringer als Beseitigungskosten
- Betonung auf Prozesse und stetige Verbesserung derselben
- Mitarbeiterentwicklung.

Trading
Im Gegensatz zum Hedging (→ Hedging) Käufe und Verkäufe von börsennotierten Wertpapieren unter Ausnutzung kurzfristiger Kursschwankungen. S. auch →Derivate.

traditionelle Geldangebotstheorie
→Geldangebotstheorie.

Träger der Wirtschaftspolitik
→Theorie der Wirtschaftspolitik, →Instrumente der Wirtschaftspolitik, →Ziele der Wirtschaftspolitik.

Transaktion
⇒Strom
→Leistungstransaktion
→Finanztransaktion.

Transaktionskasse
⇒aktive Kasse
→Geldnachfragetheorie, 2., →Geldtheorie, 3., →Keynessche Theorie, →Kasse.

Transaktionskosten
→Kosten.

Transaktionsvolumen
1. Wert einer →Transaktion von →Gütern od. monetären Größen, z.B. von → Geld und →Forderungen.

2. ⇒ Handelsvolumen, die Wertangabe aller in einer Periode umgesetzten Güter in einer → Volkswirtschaft, angebbar durch die Wertsumme aus den →Preisen p_i und Mengen q_i:

$$T = \sum_{i=1}^{n} q_i p_i.$$

S. auch →Tauschgleichung

Transaktor
⇒Pol
⇒Sektor
empfangende und/ od. abgebende Stellen im →Wirtschaftskreislauf. T. bilden sich aufgrund aus einer Gruppe homogener →Wirtschaftssubjekte, z.B. der T. → Haushalt. od. einer Gruppe homogener

Wirtschaftshandlungen, z.B. der T. Vermögensänderung. T. sind in der makroökonomischen (→ Makroökonomik) → Kreislauftheorie Träger ökonomischer Entscheidungen.

Transfereinkommen
⇒Übertragungseinkommen
→Einkommen.

Transfers
unentgeltliche Zahlungen an →Haushalte i.d.R. vom Staat.

Transformationale Führung
→Lernende Organisation.

Transformationskurve
⇒Kapazitätslinie
⇒Produktionsmöglichkeitenkurve
→Güterwirtschaftliche Außenwirtschaftstheorie.

Transithandel
alle →Transaktionen, bei denen Waren aus dem Ursprungsland an einen Importeur im Einfuhrland durch einen Transithändler in einem dritten Land veräußert werden. Für T.-geschäfte gelten besondere rechtliche Bestimmungen.

Transitivität
der Konsumentenpräferenzen (→Präferenz) lässt sich wie folgt formulieren: Für alle x, y und z in X: wenn x ≥ y, y ≥ z, dann x ≥ z, wobei **X** = Menge möglicher Konsumbündel seien; die x, y, z = verschiedenen Konsumbündel; Schreibweise x≥ y bedeutet, dass der → Konsument denkt, dass das Bündel x zumindest genauso gut ist wie das Bündel y. S. →Indifferenzkurvenanalyse.

transitorisches Einkommen
in der permanenten Einkommenshypothese von M. Friedman zur Erklärung des tatsächlichen Konsumverhaltens (→ Konsumtheorie, 3.) privater Haushalte (→Haushalt) die Differenz zwischen tatsächlichem und → permanentem Einkommen. T. ist somit zufallsbedingtes → Ein-kommen. In der Konsumhypothese unterstellt Friedman, dass zwischen den transitorischen und permanenten Komponenten des Einkommens und →Kon-

sums sowie zwischen beiden transitorischen Komponenten kein systematischer Zusammenhang besteht, was impliziert, t. wird nicht konsumiert, sondern gespart.

Transitorisches Gleichgewicht
⇒kurzfristiges Gleichgewicht
⇒temporäres Gleichgewicht
→Gleichgewicht, 2.

Transmissionsmechanismus
Zusammenhang zwischen Änderungen im monetären Bereich (sog. →monetäre Impulse) und Änderungen im realwirtschaftlichen Bereich und Preisniveauänderungen einer Volkswirtschaft. Insbesondere interessiert die Wirkung monetärer Impulse auf die realen Größen → Investition und →Beschäftigung. Je nach theoretischer Provenienz (Keynesianer, Monetarist etc.) kann man von T.-skeptikern od. T.-optimisten sprechen.

Transplantechnik
Abbildungsverfahren zu einem Netzplan (→ Netzplantechnik), bei dem die im Netzplan geordneten Aktivitäten und Puffer(mengen od. -zeiten) durch ein Balkendiagramm wiedergegeben werden. Z.B. bei der →Planung der Kapazitätsauslastung werden die im Netzplan erfaßten Größen auf die vorhandene → Kapazität projiziert. Die Balkenbreite gibt die Kapazität pro Zeiteinheit an, so dass für jede Netzplanaktivität die Kapazitäts-beanspruchung bei gegebener Zeit erkennbar ist. Die T. ist besonders bei fortlaufendem Auftragswechsel mit unter-schiedlicher Kapazitätsbeanspruchung vorteilhaft, weil Anpassungen wg. überhöhter Anforderungen durch Aktivitätsverschiebungen mit Puffer und/ od. durch Strecken, Stauchen od. Teilen von Aktivitäten vornehmbar sind.

Trassat
⇒Annehmer
→Akzeptanz.

Tratte
ist ein gezogener →Wechsel als Regelfall eines Wechsels (Art. 1 WG). Der Wechsel wird vom Aussteller auf den Namen dessen gezogen, der bezahlen soll (→Bezo-

gener). Der Mindestinhalt lautet z.B.: „Hamburg, den 1. April 2008. Gegen diesen Wechsel zahlen Sie an Herrn X (Remittend) am 1. Juli 2008 in Hamburg eintausend Euro". Dazu der Name des Bezogenen und die Unterschrift des Ausstellers.

Trend

Bei der formalen Beschreibung von Zeitreihen (→ Zeitreihenanalyse) ist es oft üblich, die einzelnen Beobachtungen x_t als Ergebnis des Zusammenwirkens verschiedener Komponenten zu betrachten. Als einen Grundbestandteil betrachtet man die glatte Komponente g_t, welche die langfristig vorherrschende Richtung der Zeitreihe beschreibt und einer festen, jedoch unbekannten Funktion genügt. Bisweilen wird die glatte Komponente aufgespalten in den T. und eine zyklische Komponente. Der T. wird dabei durch eine monoton wachsende bzw. fallende → Funktion gegeben, die oft als Polynom, insbesondere als Gerade angenommen wird. Um diese T.-kurve oszilliert die zyklische Komponente, welche langfristig verlaufende, periodisch schwankende Bewegungen wiedergibt. Neben T. und zyklischer Komponente ergibt die formale Zerlegung von Zeitreihen noch die saisonale Komponente s_t sowie die irreguläre Komponente r_t, welche alle vereinzelt auftretenden, nicht vorhersehbaren Ereignisse erfasst.
In der statistischen Methodenlehre sind eine ganze Reihe von Tests auf T. bekannt. Seine Bedeutung erhält der T. besonders durch Erfordernisse der → Prognose.

Trendkomponente
→Zeitreihenanalyse.

Trennbankensystem
→Commercial Banks

Treuhand (-anstalt)
Die im März 1990 gegründete und Ende 1994 aufgelöste T. hatte die im sog. Treuhandgesetz nicht formulierte Aufgabe, die möglichst rasche und umfassende Privatisierung durch Veräußerung zu or-

ganisieren, Effizienz und Wettbewerbsfähigkeit der Unternehmen zu sichern sowie das restliche Vermögen stillzulegen und zu verwerten. Die privaten Investoren sollten anschließend die ehemals staatseigenen Kombinate bzw. volkseigenen Betriebe sanieren („Privatisierung als die wirksamste Sanierung").
Der gesetzlich formale Auftrag der T. war recht einseitig auf betriebswirtschaftliche Effizienz orientiert und enthielt auch in seiner modifizierten Form keinen expliziten Struktur-, Regional- und Beschäftigungsauftrag. Dennoch gewann die T., die sich in ihren Aktivitäten zwischen Auktionsbörse und Industrieministerium bewegte, aufgrund der großen Zahl „ihrer" Arbeitsplätze eine erhebliche beschäftigungspolitische Bedeutung. Dies geschah ohne Konzept, schrittweise aufgrund von politischem Druck und begleitet von einem ständigen Lerneffekt. Die Beschäftigungsentwicklung entsprach weder bei den T.-Unternehmen, bei denen durchweg hohe Lohnkosten entstanden, noch bei den privatisierten den ursprünglich hochgesteckten Erwartungen. Von den anfänglich (Mitte 1990) knapp über 4 Mill. Arbeitsplätzen in T.-Unternehmen blieb in den privatisierten Betrieben lediglich rd. 1 Mill. übrig.

Treuhandwesen
Begriff wird unterschiedlich weit gefasst. Das T. i.e.S. umschließt den Teil der Betriebswirtschaftslehre, der Treuhandschaften analysiert.
Unter einer *Treuhandschaft* versteht man die Verwaltung od. Verfügung über fremde Vermögenswerte im Interesse der Eigentümer od. anderer Personen, z.B. Gläubiger. Eine Treuhandschaft entsteht entweder durch Abschluss eines Treuhandvertrages zwischen Treugeber und Treuhänder od. durch Bestellung eines Treuhänders durch ein Gericht od. eine Behörde. Dabei unterscheidet man im Wesentlichen zwischen einer uneigennützigen Treuhandschaft, z.B. bei einer Konkursabwicklung (→ Konkurs), und einer eigennützigen Treuhandschaft, z.B. im Falle einer →Sicherungsübereignung. Die Entwicklung des T. geht auf die Zunahme der vielfältigen Kapitalanlagefor-

men, auf die Schwierigkeiten bei der Wahrnehmung von Rechten an gewerblichem und sonstigem →Vermögen, auf die Notwendigkeit von Interessenwahrnehmung bei komplizierten Vermögensübergängen und auf die Abwicklungsnotwendigkeit von freiwilligen od. erzwungenen Unternehmensbeendigungen zurück.

In einigen Literaturbeiträgen wird das T. traditionsbedingt zugleich als Teil der → Wirtschaftsprüfung angesehen, obwohl kein sachlogischer, sondern nur ein personen- bzw. berufsbezogener Zusammenhang besteht. Ein Treuhänder muss sich durch Sachkunde und Vertrauenswürdigkeit auszeichnen. Daher werden neben anderen Berufsgruppen häufig → Wirtschaftsprüfer für derartige Aufgaben ausgewählt.

Das T. i.w.S. schließt die →Wirtschaftsprüfung und das T. i.e.S. ein. Diese weite Fassung ist insbesondere in Österreich gebräuchlich, findet aber wg. der Heterogenität der zu analysierenden Aufgaben keine allgemeine Anerkennung.

Literatur: *R. Buchner*, Wirtschaftliches Prüfungswesen. 2. A., München 1997; insbes. 2. Hauptt., 3. Kap. *E. Loitlsberger*, Treuhand- und Revisionswesen. 2. A., Stuttgart 1966. *W. Lück*, Wirtschaftsprüfung und Treuhandwesen. 2. A., Stuttgart 1991; insbes. Abschn. 6.

Prof. Dr. N. Krawitz, Siegen

Triade des Geldes
→Geldfunktionen
die von →Geld geleisteten drei ökonomischen Funktionen (Tausch- und Zahlungsmittelfunktion; Rechenmittelfunktion; Wertaufbewahrungsfunktion).

trial and error
„Versuch und Irrtum". Verhaltensweise bei Tier und Mensch sowie Problemlösungsmethode. Als heuristische Methode mit Hilfe der Computersimulation immer dann von Vorteil, wenn wesentliche Einsichten in den Problemzusammenhang fehlen und die Problemkomplexität das Verfahren nicht an den damit verbundenen →Kosten scheitern lässt.

Triffin-Plan
Plan für eine Weltzentralbank durch

Ausbau des → Internationalen Währungsfonds von Robert Triffin (1959). Durch die Konzentration der Währungsreserven der beteiligten Länder im Portefeuille der Weltzentralbank sollte eine Demonetisierung des Goldes und eine Entlastung des US-Dollars in seiner Reservefunktion ermöglicht werden, ohne dass ein gravierender Mangel an internationaler Liquidität eintreten würde. Die Entwicklung seit Aufhebung der Goldkonvertibilität des US-Dollars 1971 zeigt freilich, dass das „Triffin-Dilemma" nicht eintrat.

Triffinscher Koeffizient
→Substitutionskoeffizienz als Kriterium der Einteilung in → Marktformen. Je nachdem, ob der Wirkungsgrad einer relativen Preisänderung durch A zu einer mehr od. weniger großen relativen Absatzmengenänderung bei B führt, unterscheidet Triffin mit Hilfe dieses Maßstabs der Konkurrenzbeziehung zwischen homogener Konkurrenz, →Monopol und heterogener Konkurrenz.

Trittbrettfahrer
⇒free rider position.

Trust
anglo-amerikanische Bezeichnung für → Konzern.

t-Statistik
⇒Studentverteilung; ⇒t-Verteilung von W. S. Gosset 1908 unter dem Pseudonym „Student" veröffentlichte Ableitung für die Frage, wie Konfidenzintervalle für den →Erwartungswert zu bestimmen sind, wenn die →Stichprobe einer normalverteilten (→ Normalverteilung) Grundgesamtheit mit unbekannter Varianz entstammt. Grundlage ist die (zentrale) t-Verteilung:
Sind Z und U voneinander unabhängige → Zufallsvariablen, wobei Z standardnormalverteilt und U chi-quadratverteilt mit v Freiheitsgraden sei, dann folgt die Zufallsvariable $T = \dfrac{Z}{\sqrt{\dfrac{U}{v}}}$ einer t-Verteilung mit v Freiheitsgraden.
Die Werte der t-Verteilung sind Tabellen-

werken zu entnehmen. Die Anzahl von v ist der Parameter der t-Verteilung. Ab $v \geq 30$ kann die t-Verteilung durch die $\rightarrow$ Standardnormalverteilung approximiert werden.

Die t. lautet: $\dfrac{\overline{X} - \mu}{\frac{S}{\sqrt{n}}}$, wobei $\overline{X}$ das Stich-

probenmittel, μ der Erwartungswert ist

und $S^2 = \dfrac{1}{n-1} \sum (x_i - \overline{X})^2$.

Turnpike-Theorem

Der Name stammt von der Aufgabe, den schnellsten Autoweg zwischen zwei Orten zu finden, die beide nicht an der Schnellstraße - in den USA werden gebührenpflichtige Autobahnen nach den Schlagbäumen an den Zahlstellen mitunter „Turnpikes" genannt - liegen. Je größer die Entfernung zwischen beiden Orten, umso eher lohnt der Umweg über die Schnellstraße. Das T. in der →Wachstumstheorie hat freilich damit wenig zu tun. Verschiedene T. wurden von Radner, Morishima, Mckenzie und anderen formuliert. Sie behaupten, dass der im Rahmen von linearen Wachstumsmodellen des von Neumann- od. Leontief-Typs bestimmte optimale Expansionspfad in der Nähe des Gleichgewichtspfades verläuft und dass der Zeitabschnitt, während dessen der optimale Wachstumspfad in der Nähe des Gleichgewichtspfades verläuft, absolut und relativ mit der Zahl der Perioden, in der eine gegebene Anfangsausstattung in eine möglichst hohe Endausstattung transformiert wird, steigt. Das T. macht deutlich, dass die konventionelle Gleichgewichtsanalyse ($\rightarrow$ Gleichgewicht) nur Grenzfälle der ökonomischen Expansion diskutiert und dass Gleichgewichtspfade auch in der Erörterung von Fällen ungleichgewichtigen →Wachstums eine Rolle spielen.

t-Verteilung

$\Rightarrow$Studentverteilung
$\Rightarrow$*t-Statistik*.

U

Überinvestitionstheorie

→Theorie, nach der der konjunkturelle Zusammenbruch (→Konjunkturtheorie) auf Überinvestitionen zurückgeht (Wicksell 1851-1926, von Hayek 1899-1991). Im Aufschwung bildet sich eine Disproportionalität zwischen dem Angebot an → Investitions- und →Konsumgütern auf der einen und der Nachfrage nach ihnen auf der anderen Seite heraus, die zum Konjunkturumschlag im oberen Wendepunkt führt. Mit den Investitionen der Unternehmer, die bei einer „positiven" Spanne zwischen dem natürlichen Zins und dem tatsächlichen Marktzins ihre Gewinne erhöhen können, gelangt zusätzliches →Geld in Umlauf. Steigt die Kreditnachfrage der Unternehmer, werden sich in dem dann einsetzenden Konkurrenzprozess die Preise der Rohmaterialien und →Produktionsfaktoren erhöhen. Die Ausdehnung der Investitionsgüterproduktion ist bei Vollbeschäftigung nur zu Lasten der Konsumgüterproduktion möglich. Die davon ausgehenden Preissteigerungen im Konsumgütersektor zwingen die Verbraucher, auf einen Teil des →Konsums zu verzichten (erzwungenes Sparen). Wenn nach einiger Zeit auch die Einkommen der →Konsumenten steigen, versuchen diese, ihr altes Konsumniveau wiederherzustellen. Mit fortschreitendem Aufschwung wird die Konsumgüter- im Vergleich zur Kapitalgüternachfrage wieder zunehmen. In der →Produktion werden Faktoren aus dem Investitions- in den Konsumgüterbereich umgelenkt. Soweit Investitionen nicht fertiggestellt werden konnten, führt das zur Freisetzung auch anderer Faktoren und zu Verlusten. Hinzu kommt meist, dass im → Boom die →Kredite knapper und der Marktzins höher werden. Bei Krediteinschränkungen kann das bisherige Ausmaß der Investitionen nicht durchgehalten werden, weil das Geldangebot, das aus freiwillig Erspartem besteht, nicht entsprechend gewachsen ist. Die Situation vor dem Tendenzumschwung ist also durch Überinvestition (Investitions-güterproduktion), Untersparen (Kreditknappheit) und Überkonsum (Konsumgüterdefizit) gekennzeichnet. Wenn die →Haushalte mehr freiwillig sparen und weniger konsumieren würden, ließe sich der Zusammenbruch vermeiden. Der Keim des Zusammenbruchs liegt im kreditfinanzierten Aufschwung, der notwendig zur Überinvestition führt.

Überschusskapazität

⇒excess capacity
unausgelastete → Kapazität. Während einer Expansion nimmt die unausgelastete Kapazität ab, während einer →Rezession nimmt die Ü. zu.

Überschussreserve

die über die →Mindestreserve hinausgehenden Bestände der →Geschäftsbanken an Zentralbankgeld (→Geldarten). Je höher die Ü., desto höher ist ceteris paribus der Kreditschöpfungsspielraum des Bankensystems (→Geldangebotstheorie).

Übertragungsbilanz

⇒Schenkungsbilanz
Teilbilanz der →Zahlungsbilanz. Sie erfasst alle unentgeltlichen →Transaktionen von und an ausländische → Wirtschaftssubjekte, z.B. Geldüberweisungen ausländischer → Arbeitnehmer an ihre Familien im Heimatland, Ausgaben der Entwicklungshilfe, Reparationszahlungen u.a.

Übertragungseinkommen

⇒Transfereinkommen
→Einkommen.

Überweisung

Verfügung des Kontoinhabers über sein Guthaben bei einer Bank (→ Banken), beim Postscheckamt od. bei einem → Kreditinstitut zum Transfer eines Geldbetrages von seinem Konto (→Girokonto) auf ein anderes Konto. Die Ü. ist eine Form des bargeldlosen →Zahlungsverkehrs, speziell des →Giroverkehrs. Eine Ü. setzt voraus, dass die Beteiligten an der Begleichung einer Geldschuld oder an einem sonstigen Zahlungsausgleich ein Konto besitzen und dass das Konto des Empfängers dem Überweisenden bekannt ist. Neuerdings weit verbreitet ist die Ü. in Form des Lastschriftenverfahrens, wobei man das Einziehungsermächtigungsverfahren (Schuldner ermächtigt Gläubiger, durch seine Bank den geschuldeten Betrag bei der Bank des Schuldners einzuziehen, der seinerseits seine Bank zur Zahlung ermächtigt) vom Abbuchungsverfahren (Schuldner beauftragt seine Bank, den Betrag der Bank des Gläubigers im Wege des Giros zu überweisen) unterscheidet.

Umbasierung
Umstellung einer Zeitreihe (→ Zeitreihenanalyse) von zeitlichen Messzahlen oder Indizes auf eine andere Bezugsperiode. Bei →Indexzahlen ergibt sich das Problem der Verkettung, weil die Gewichte der neuen Bezugsperiode meist nicht mit den Gewichten der ursprünglichen Bezugsperiode identisch sind.

Umfinanzierung
Umwandlung kurzfristiger → Verbindlichkeiten in langfristige Verbindlichkeiten. Dies ist eine Fundierung od. → Konsolidierung auf dem Weg der U. Beispiel: Fundierungsanleihen, also Ausgabe von →Anleihen. U. heißt auch die Bilanzbereinigung durch Ausgabe junger →Aktien.

Umgründung
Art des Rechtsformwechsels eines Unternehmens neben der →Umwandlung. Bei der U. wird das umzuwandelnde Unternehmen liquidiert (→ Liquidation) mit nachfolgender Neugründung od. Übertragung auf ein bestehendes Unternehmen in Form der Einzelrechtsnachfolge. U. und →Umwandlung (s. dort 2.) werden zusammen als Umwandlung i.w.S. bezeichnet.

Umlagen
Mittel zur Deckung des →Finanzbedarfs von →Zweckverbänden und Selbstverwaltungskörperschaften.
Im → Finanzausgleich die von unten (z.B. Gemeinde) nach oben (z.B. Kreis) fließenden Finanzmittel gegenüber den →Zuweisungen.
Bei →Genossenschaften die Verteilung von Nachschussbeträgen auf die einzelnen Genossenschaftsmitglieder, wenn deren Geschäftsanteile überschritten wurden.
Selten bei Individualversicherung zur Erhebung von Prämien, z.B. bei kleineren Versicherungsvereinen auf Gegenseitigkeit.

Umlageverfahren
neben dem →Kapitaldeckungsverfahren eine Finanzierungsform in der Rentenversicherung der → Arbeitnehmer derart, dass die erwerbstätige Generation aus ihrem →Einkommen Beiträge in jener Höhe leistet, die eine Rente für die im Ruhestand befindliche Generation in jeder Periode sicherstellt. Einnahmen und Aus-gaben sind in jedem Zeitpunkt gleich.

Umlaufgeschwindigkeit des Geldes
Relation des Produktes aus →Transaktionsvolumen (Q) einer →Volkswirtschaft und →Preisniveau (P) sowie der umlaufenden →Geldmenge (M): $V^Q = \dfrac{Q \cdot P}{M}$.
Repräsentiert in der →Tauschgleichung, u.zw. in der Version der Quantitätsgleichung, die Leistung des →Geldes als Tauschmittel (→Geldfunktionen) für alle →Transaktionen der Volkswirtschaft einer Periode. S. auch →Einkommenskreislaufgeschwindigkeit des Geldes.

Umlaufvermögen
besteht aus solchen Vermögensteilen der Unternehmung, die eine vergleichsweise kurzfristige Bindungsdauer aufweisen bzw. die im Sinne der negativen Abgrenzung nicht zum Anlagevermögen gehören und auch keine Posten der Rechnungsabgrenzung sind.
In der gesetzlichen Bilanzgliederung des § 266 HGB ist das U. mit dem Großbuchstaben B gekennzeichnet. Inhaltlich setzt sich das U. aus vier Untergruppen zusammen:
B. I.   Vorräte
   II. Forderungen und sonstige Vermögensgegenstände
   III. Wertpapiere
   IV. Schecks, Kassenbestand, Bundes-

bank- und Postgiroguthaben, Guthaben bei Kreditinstituten.

Umsatz
⇒*Erlös.*

Umsatzkostenverfahren
nach § 275 Abs. 3 HGB als Alternative zum → Gesamtkostenverfahren für die →GuV-Rechnung zugelassen. Seine Zulassung soll der internationalen Harmonisierung der Rechnungslegungsvorschriften dienlich sein.
Das U. geht zur Ermittlung des Betriebsergebnisses den direkten Weg, indem es den Umsätzen auch nur die von den tatsächlich verkauften Produkten bzw. von der tatsächlich erbrachten Leistung verursachten Kosten gegenüberstellt:

Umsatzerlöse
+ sonstige betriebliche Erträge

÷ Herstellungskosten der abgesetzten Produkte (bzw. der erbrachten Leistung), sog. Umsatzkosten

÷ übrige Kosten, die nicht zu den Umsatzkosten zählen (z.B. allgemeine Verwaltungskosten, Vertriebskosten, sonstige betriebliche Aufwendungen, auch Material- und Fertigungsgemeinkosten, soweit diese nicht in die Herstellungskosten einbezogen wurden)

= Betriebsergebnis

Die Anwendung des U. stellt hohe Anforderungen an die Organisation des Unternehmens, insbes. im Bereich der Kostenrechnung und der Lagerverwaltung.

Umsatzsteuer
beim Unternehmer erhobene Steuer, die im Wesentlichen dessen Verkauf (entgeltliche Abgabe) von Sachgütern und Dienstleistungen belasten. Hinsichtlich → Bemessungsgrundlage und Erhebungsweise sind verschiedene Formen der Umsatzbesteuerung möglich.
Nach der Abgrenzung der Bemessungsgrundlage kann zwischen Brutto- und Nettosteuern unterschieden werden: Bruttosteuern liegen vor, wenn der (Brutto-) Umsatz (das sind Verkäufe von Waren und Dienstleistungen) od. der Pro-

duktionswert (das ist Umsatz plus Bestandsänderungen an eigenen Erzeugnissen plus selbsterstellte Anlagen) belastet werden. Als Nettosteuern knüpfen die Abgaben an der Bruttowertschöpfung (d.h. Produktionswert minus Vorleistungskäufe) od. an der Nettowertschöpfung (d.h. Löhne, Gehälter, Mieten, Zinsen, Pachten plus Betriebsgewinn) an.

Der Produktionswert ist die erweiterte Bemessungsgrundlage. Er enthält die eigene und fremde Wertschöpfung. Knüpft die Steuer am Umsatz an, beträgt wegen den zahlreichen Umsätzen zwischen den Unternehmen die gesamtwirtschaftliche Bemessungsgrundlage ein Mehrfaches des Sozialprodukts.

Zieht man von den aggregierten Nettowertschöpfungen die Investitionen ab, ist letztlich allein der Konsum Bemessungsgrundlage. Dann wird von allgemeinen Verbrauchsteuern gesprochen. Hier werden alle Verkäufe von Konsumgütern an private Haushalte (und der Staatsverbrauch) belastet. Dies kann auf einer Stufe (Einphasensteuer) od. auf mehreren Stufen (Mehrphasensteuer) erfolgen. Bei der Einphasensteuer wächst die einzelwirtschaftliche Bemessungsgrundlage vom Hersteller zum Einzelhandel. Anstelle des gesamten Verbrauchs können auch einzelne Konsumgüterverkäufe durch spezielle Verbrauchsteuern belastet werden.

Die deutsche U.: Bis Ende 1967 bestand in der Bundesrepublik Deutschland eine Allphasenbruttoumsatzsteuer, die seit 1968 durch eine Allphasennettoumsatzsteuer ersetzt ist. Hierbei handelt es sich um eine Mehrwertsteuer mit Vorsteuerabzug. Die U. soll nach Auffassung des Gesetzgebers überwälzt werden und wird es vermutlich auch weitgehend (→ Steuerüberwälzung).

Umverteilungseffekt des Zolls
→Zolltheorie.

Umwandlung
1. →Umfinanzierung.

2. Änderung der Rechtsform einer Unternehmung (rechtliche Grundlagen sind: HGB, AktG und Umwandlungsgesetz). Sie kann mit und ohne Liquidation erfol-

gen, wobei die erstere Erscheinungsform dann vorgeschrieben ist, wenn eine Einzelfirma (oder →stille Gesellschaft) in eine Personengesellschaft oder bergrechtliche Gewerkschaft, eine Personengesellschaft in eine bergrechtliche Gewerkschaft, eine Personengesellschaft in eine Einzelfirma (Ausnahme § 142 HGB) und eine bereits aufgelöste Personengesellschaft in eine AG, KGaA oder GmbH umgewandelt wird. Bei der Umwandlung ohne formelle Liquidation ist zwischen einer übertragenden und einer formwechselnden Umwandlung zu unterscheiden. Bei einer *formwechselnden Umwandlung* findet nur ein Wechsel der Rechtsform und nicht der Rechtspersönlichkeit statt, d.h. es erfolgt eine Satzungsänderung, bei der eine Vermögensübertragung nicht notwendig ist (z.B. Personengesellschaft in eine andere Personengesellschaft oder Kapitalgesellschaft in eine andere Kapitalgesellschaft). Demgegenüber findet bei einer *übertragenden Umwandlung* eine Vermögensübertragung (Gesamtrechtsnachfolge) statt (z.B. Personengesellschaft in Kapitalgesellschaft). Generell ist jedoch eine Umwandlungsbilanz zu erstellen.

Umweltökonomie

Ökonomie und Ökologie sind entgegen der Meinung vieler (und gerade umweltbewusster) Menschen keineswegs unüberbrückbare Gegensätze. Schon die Betrachtung der sprachlichen Wurzeln beider Begriffe lässt eine enge Verwandtschaft vermuten.

„öko" leitet sich ab vom griechische „Oikos" = Haus, und zwar einmal im Sinne von Wohnung, Lebensraum, das andere Mal im Sinne von →Haushalt, →Wirtschaft. Die Ökologie erblickt im Oikos vor allem unseren natürlichen Lebensraum und untersucht die Wechselwirkungen der Lebewesen untereinander in ihm sowie ihre Beziehungen gegenüber der unbelebten Umwelt. Die Ökonomie interpretiert das „Haus" als den menschlichen „Haushalt" im weitesten Sinne: man muss mit den →Gütern, welche unser Lebensraum bereitstellt, haushälterisch umgehen. Da zu diesen Gütern aber selbstverständlich und mit hoher Priorität auch „Umweltressourcen" zählen,

verlangt gerade die Ökonomie, unserer natürlichen Umwelt so behutsam zu begegnen, wie es ihrer tatsächlichen Kostbarkeit entspricht. Wg. der „öffentlichen" Natur von Umweltressourcen ist es in der Praxis anders gekommen. Die Disziplin der Umweltökonomie geht den Ursachen nach und erwägt Möglichkeiten der Abhilfe.

Unsere Wirtschaft - ein künstliches Ökosystem. Überraschenderweise ist die moderne, extrem arbeitsteilige (→ Arbeitsteilung) Industriewirtschaft als komplexes Großsystem natürlichen Ökosystemen sehr ähnlich organisiert. Beide sind energetisch offene Systeme, die sich durch komplexe, schwer durchschaubare Wechselwirkungen auszeichnen. Beide sind auch durch einen fortwährenden Konkurrenzkampf um Verwendung und Wiederverwendung der begrenzten Ressourcen des „Raumschiffes Erde" gekennzeichnet. Dem ständigen Zwang zur Anpassung an neue Entwicklungen, zu Effizienz und →Rentabilität in der Wirtschaft entspricht die selektive Pression in natürlichen Ökosystemen; unser Kostendruck ist gewissermaßen das kulturelle Gegenstück zum evolutionären Druck natürlicher Systeme. Man könnte die moderne Industriewirtschaft wie ein synthetisches Ökosystem auffassen, das auf die natürlichen Ökosysteme aufgepfropft und von diesen abhängig ist, während es sie aber zugleich mit seinen Ausscheidungen überlastet. Das Umweltproblem wäre dann mit einer lebensgefährlichen Stoffwechselstörung vergleichbar.

Wirtschaftssystem und Umwelt. Welches → Wirtschaftssystem ist am besten geeignet, die beiden komplexen Großsysteme Wirtschaft und Umwelt miteinander zu harmonisieren? Die zentrale Planwirtschaft (→Zentralverwaltungswirtschaft) ist als Organisationsprinzip natürlichen Ökosystemen fremd. Sie kommt in der Natur nirgends vor. Zentral geplanten Großsystemen fehlt jene Fähigkeit zu spontaner Selbstorganisation, ohne die solche Systeme nicht lebensfähig wären. Denn erst diese Fähigkeit, verbunden mit negativer Rückkoppelung, ermöglicht ihnen die elastische Anpassung an eine ständig wechselnde Umwelt. Zentrale

Planung als ökologiefremdes Organisationsprinzip komplexer Großsysteme wird deshalb die Aufgabe nicht leisten können, Natur und Wirtschaft miteinander zu versöhnen. Anders stellt sich die →Marktwirtschaft als Organisationsprinzip komplexer Großsysteme dar. Sie ist durch fortwährende „Evolutionssprünge" gekennzeichnet, also durch Innovationen, die dann allerdings den Markttest bestehen müssen. In der Marktwirtschaft sorgt der Preis als Knappheitsindikator (→Indikator) für eine negative Rückkoppelung: Überversorgung mit einem Gut senkt den Preis und damit die →Produktion, während sie zugleich den Verbrauch dämpft; Unterversorgung treibt Preis und Produktion hoch, während sie den Verbrauch stimuliert. Die Kombination von dezentraler Selbststeuerung und intensiver Konkurrenz macht die Marktwirtschaft zu einem ökologienahen Organisationsprinzip des komplexen Großsystems unserer modernen Industriewirtschaft und damit prinzipiell geeignet, die beiden Großsysteme miteinander kompatibel zu gestalten.

Die heute bestehende Marktwirtschaft krankt allerdings daran, dass sie von sich aus „ökologische Knappheiten" nicht registriert und sie deshalb in den marktwirtschaftlichen Steuerungssignalen auch nicht zum Ausdruck bringt. Umweltressourcen sind weitgehend öffentliche (jedermann frei zugängliche) Güter, denen der →Markt einen Preis von Null zuordnet. Als Steuerungssignal besagt dies, dass ökologische Ressourcen im Überfluss vorhanden seien und deshalb weder geschont noch reproduziert werden dürfen. Der negative Rückkoppelungsmechanismus ist also schadhaft. Die resultierende Fehlsteuerung zu korrigieren, ist dann Aufgabe der →Umweltpolitik in einer Marktwirtschaft. Zum sozialen Rahmen der →Sozialen Marktwirtschaft muss also ein ökologischer Rahmen treten, der neben die ökonomischen Knappheiten ökologische Restriktionen setzt und beide gemeinsam in marktwirtschaftliche Lenkungssignale transformiert (ökologische Marktwirtschaft).

Dies ist übrigens durch eine rein „ord-

nungsrechtliche" Umweltpolitik, die sich auf Gebote und Verbote beschränkt, nicht zu erreichen. Eine solche Politik kann immer nur die negativen Auswirkungen falscher Lenkungssignale blockieren; aber damit setzt sie zugleich die Fähigkeit zu spontaner Selbstorganisation außer Kraft, welche den Markt zu einem ökologienahen Organisationsprinzip komplexer Großsysteme macht. Eine solche Politik kupiert gewissermaßen die Krankheitssymptome, ohne aber zum Krankheitsherd vorzudringen, der in den systematisch abgefälschten Lenkungssignalen liegt.

Gleichwohl steht am Anfang auch des marktwirtschaftlichen Umweltschutzes immer der staatliche Eingriff. Die Frage heißt nicht etwa: Markt od. Staat im Umweltschutz. Es geht vielmehr darum, wie der Staat die nötige rechtliche →Infrastruktur bereitstellen kann, damit der Markt selbst, durch ökologische Restriktionen geschützt, die hohe Priorität des Umweltschutzes registrieren und umsetzen kann.

Im Prinzip kann der Staat - neben dem unvermeidlichen Minimum an direktem Reglement - die Lenkungssignale direkt korrigieren, indem er Umweltabgaben erhebt; er setzt also Festpreise für Umweltressourcen fest (Preislösung). Er kann aber auch zur indirekten Korrektur greifen, indem er regionale Schadstoffkontingente festsetzt und Umweltnutzungen an übertragbare, knappe →Zertifikate bindet; hier werden nicht Preise für Umweltnutzungen fixiert, sondern ihre regionalen Höchstmengen (Mengenlösung). Beide Lösungen sind ökonomisch effizient, d.h. sie minimieren die volkswirtschaftlichen Kosten (→Kosten) des Umweltschutzes. Durch Erhöhen der Abgaben bzw. Abwerten der Zertifikate lassen sich die ökologischen Rahmenwerte in beiden Fällen verschärfen. Umweltabgaben würden allerdings den Staatsanteil erhöhen, sofern nicht andere Steuern entsprechend gesenkt werden.

Zwei Philosophien des Umweltschutzes. Bei der →Definition des ökologischen Rahmens erhebt sich ein schwieriges Grundsatzproblem: Welche Schadstoffbelastungen sollen „zulässig" sein? Hierzu gibt es zwei entgegengesetzte Philosophien, die in umweltpolitischen Diskussionen hart aufeinanderprallen.

Die erste Philosophie geht davon aus, dass jedes Gramm Schadstoff in der Umwelt genau ein Gramm zu viel ist. Deshalb sei alles nur technisch Mögliche zu tun, um die tatsächliche Umweltbelastung zu minimieren: Alle emittierenden Anlagen müssten mit Kontrolltechnologien ausgerüstet sein, die dem jeweils neuesten Stand der Technik entsprechen (Emissionsstandard-Philosophie).

Demgegenüber betont die Immissionsstandard-Philosophie, dass es nicht eigentlich auf die Emission, sondern auf die tatsächlichen Belastungswerte ankomme; diese seien also zu normieren, nicht die Emissionsquellen.

Im Prinzip ist die Immissionsstandard-Philosophie die radikalere, denn sie setzt Umweltnormen ohne Rücksicht auf den Stand der Technik. Andererseits nimmt sie es aber auch hin, wenn der Stand der Technik nicht bei allen Anlagen eingehalten wird, sofern nur der Immissionsstandard gewährleistet bleibt. Die Emissionsstandard-Philosophie ist die populärere. Sie hat aber in dynamischer Sicht den großen Nachteil, dass sie falsche Anreize setzt: Wenn jede umwelttechnologische Fortentwicklung die Emissionsnormen und damit die Kosten in die Höhe treibt, so bremst das den technischen Fortschritt. Schon bekannte, neue Verfahren werden gern verschwiegen, um die sonst drohende Verschärfung der Normen zu vermeiden („Schweigekartell der Oberingenieure").

Im Großen und Ganzen ist nur die Immissionsstandard-Philosophie mit marktwirtschaftlichem Umweltschutz kompatibel. Denn nur sie gibt dem einzelnen Betreiber die →Option, freiwillig mehr zu tun als vorgeschrieben (was nach der Emissionsstandard-Philosophie unmöglich wäre); und nur sie erlaubt es ihm andererseits, im Einzelfall auch einmal weniger zu tun, sofern nur ein anderer Betreiber für ihn einspringt und seine Emission entsprechend stärker drosselt.

Literatur: *H. C. Binswanger/ H. Bonus/ M. Timmermann*, Wirtschaft und Umwelt. Möglichkeiten einer ökologieverträgli-

chen Wirtschaftspolitik. Stuttgart 1981. *H. Bonus*, Marktwirtschaftliche Konzepte im Umweltschutz - Auswertung amerikanischer Erfahrungen im Auftrag des Landes Baden-Württemberg. 2. A., Stuttgart 1985. *A. Endres*, Umwelt- und Ressourcenökonomie. Darmstadt 1985. *A. Endres*, Umweltökonomie - Eine Einführung. Darmstadt 1994. *M. Kemper*, Das Umweltproblem in der Marktwirtschaft. Wirtschaftstheoretische Grundlagen und vergleichende Analyse umweltpolitischer Instrumente in der Luftreinhalte- und Gewässerschutzpolitik. 2. A., Berlin 1993. *J. Weimann*, Umweltökonomik: Eine theorieorientierte Einführung. 3. A., Berlin-Heidelberg-New York 1995. *L. Wicke*, Umweltökonomie - Eine praxisorientierte Einführung. 4. A., München 1993.

Prof. Dr. H. Bonus, Münster/ Westf.

Umweltpolitik

Umwelt und natürliche Ressourcen sind wie andere Ressourcen auch für den Menschen Mittel, um →Bedürfnisse zu befriedigen (humanökologischer Ansatz). Wird dieser humanökologische Ansatz verfolgt und sind Umweltgüter *knappe, also ökonomische Güter* (→Gut), dann werden ökologische Güter gerade dann optimal (nutzenmaximierend) verwendet, wenn *ökonomische* Kriterien handlungsleitend sind (Ökologie durch Ökonomie) und dieses Kalkül auf *gesamtwirtschaftlichen* →Daten beruht.

Umweltgüter sind deshalb knapp, da die wesentlichen Funktionen der Umwelt (Konsumgut, Rohstofflieferant, Schadstoffaufnahmemedium) in *Nutzungskonkurrenz* intra- und/ od. interfunktionaler Art zueinander stehen. Dass diese für knappe Güter typische Nutzungskonkurrenz beim Gut Umwelt zu Problemen führt, liegt darin begründet, dass (a) für Umwelt i.d.R. keine *individuellen Eigentumsrechte* definiert und durchgesetzt sind, (b) dass die Umwelt keinen →Preis als Steuerungssignal der Nutzung hat und (c) die Umweltnutzung dementsprechend historisch gesehen *gesellschaftlich ungeregelt* erfolgt ist. Diese Charakteristik der Umwelt als öffentliches Gut bringt es mit sich, dass der →Markt (→Wettbewerb) die notwendigen preislichen Informationen nicht selbst erzeugen kann (Nulltarif der Umweltnutzung) und daher *politisch-institutionelle* Regelungen getroffen werden müssen (kollektive Eigentumsrechte), die dem Markt (den Individuen) die wahre Knappheit der Umweltgüter anzeigen.

U. ist dementsprechend eine *genuine Staatsaufgabe*: Aus *ökonomischer Sicht*, um durch politische Aktion fehlende Marktdaten zu ergänzen und Fehlallokationen zu verhindern, aus *verfassungsrechtlicher Sicht*, um natürliche und biologische Grundlagen menschlichen Lebens zu schützen (Art. 20a GG) - auch in Verantwortung für zukünftige Generationen. Die Konstituierung eines *kollektiven Eigentumsrechts* an der Umwelt (Staat als Monopolist (→Monopol)) impliziert zur Regelung umweltpolitischer Probleme kollektive *Entscheidungsverfahren*: Diese können in *Kooperation* od. *Konflikt* ihre Ausprägung finden. In der umweltpolitischen Praxis (Umweltprogramm der Bundesregierung 1971 spiegelt sich der Konfliktaspekt wider (a) im *Verursacherprinzip* (polluter-pays: Der Verursacher zahlt Schäden/ Belastungen mit der Konsequenz einer die Umweltnutzung korrekt widerspiegelnden Preisstrukturveränderung, also marktwirtschaftliches Verursacherprinzip), (b) im *Vorsorgeprinzip* (Schutz und schonende Inanspruchnahme der Naturgrundlagen durch Nutzungsverbot od. -beschränkung und medien-integrativen querschnittsbezogenen planerischen Ansatz) und (c) im *Gemeinlastprinzip* als (negativer) Manifestation der Konfliktfähigkeit des Staates einerseits, als technisch-bedingte Notlösung andererseits (Altlasten, mangelnde verursacherspezifische Zurechenbarkeit, importierte Belastungen, Beseitigungen akuter Notlagen). Das *Kooperationsprinzip* als prozedurale Klammer der obigen Prinzipien dient der Frühidentifizierung potentieller Konflikte durch beabsichtigte Maßnahmen und dem frühzeitigen Konfliktausgleich.

Eine seit Anfang der 70er Jahre geschaffene Vielzahl gesetzlicher Regelungen und Institutionen soll in Verfolgung der umweltpolitischen Prinzipien die im *Umweltprogramm* der *Bundesregierung* 1971 umschriebenen Ziele realisieren: Ein *ge-*

sundheitspolitisches Ziel (Sicherung von Gesundheit/ menschenwürdigem Dasein), ein *Ressourcenschutzziel* (Schutz von Boden, Luft, Wasser, Pflanzen, Tierwelt) und ein *Sanierungsziel* (Beseitigung von Schäden und Nachteilen), wobei dem politischen Willen entsprechend die institutionelle Ausgestaltung der U. der Leitmaxime des *Verursacherprinzips* folgen soll (U. als dominierende Allokationsaufgabe). Da U. auf kollektiven Entscheidungsverfahren beruht, der Staat also als Monopolist der Umweltressourcen auftritt, bieten sich aus ökonomischer Sicht grundsätzlich zwei Strategien der Steuerung der Umweltnutzung an: *Mengenfixierung* (Auflagen, Lizenzen) und *Preisfixierung* (Abgaben).

Auflagen (Ge- und Verbote, Standards) sind entsprechend der Tradition der Gewerbeaufsicht in der Bundesrepublik, aber auch in anderen Ländern das dominierende umweltpolitische Instrument. Von der Wirkungsweise her haben Auflagen, besonders im Produktionsbereich und bezogen auf Emissionen den Vorzug, dass sie ohne eine zugrundeliegende ökonomische Kalkulation bei akuten Gefährdungen *sofort* wirken und vor allem den angestrebten Emissionsstandard sicher realisieren; dies setzt allerdings voraus, dass die Einhaltung solcher Regulierungen durch die Androhung negativer Sanktionen glaubhaft und fühlbar abgesichert wird. Die *Nachteile* liegen deutlich im *ökonomischen* Bereich: Zum ersten nehmen Auflagen häufig Bezug auf den jeweiligen Stand der Technik mit der Folge einer möglichen Hemmung des umweltfreundlichen, → technischen Fortschritts; zum zweiten bleiben individuelle Grenzkosten (→Kosten) der Reinigung und Emissionsvermeidung unberücksichtigt, was zur Folge hat, dass Umweltschutzziele *nicht zu minimalen gesamtwirtschaftlichen Kosten* erreicht werden.

Dies ist anders bei der Abgabenlösung: In diesem Fall setzt der Staat einen Preis für die Umweltnutzung fest, wobei der Abgabensatz je Emissionseinheit die Obergrenze der Umweltschutzkosten bildet: Der Verursacher wird die Abgabezahlung durch Emissionsdrosselung in dem Ausmaße vermeiden, wie dies billiger ist als die Abgabezahlung; erst darüber hinaus zahlt er die Abgabe für die Umweltnutzung, und da diese fixiert ist, entfallen die darüber hinausgehenden Reinigungskosten, die alternativ bei einer Auflagenlösung anfallen würden. *Problematisch* an der Abgabenlösung ist, dass auf der einen Seite die Abgabenhöhe ein Ergebnis des politischen Prozesses (Verhandlungen) ist, vor allem aber, dass bei einer Preisfixierung für die Umweltnutzung das Volumen der Umweltnutzung selbst *marktabhängig* ist; wieviel Emissionen effektiv auftreten, hängt nicht nur von dem Abgabensatz, sondern auch von der Entwicklung ökonomischer Größen ab (Produktionsmengen, technischer Fortschritt). Somit lässt sich ein Umweltnutzungsplafond (zulässige Höchstbelastungen) nur über →trial and error-Verfahren and daher kaum präzise ansteuern. Umweltabgaben sind mithin zwar *ökonomisch effizient*, sind aber vom Kriterium der *ökologischen Zielerreichung* her unsicher.

Beide Kriterien sind dagegen bei der *Lizenzenlösung* erfüllt: Hier liegt die „politische" Entscheidung in der *Kontingentierung* der insgesamt zulässigen Umweltnutzung - also wieder einer *Mengen-* und nicht Preisfixierung. Werden im Umfang dieses Kontingents Umweltnutzungszertifikate abgegeben, so bildet sich auf dem Lizenzenmarkt ein Preis für die Umweltnutzung heraus, der im ökonomischen Kalkül analog zur Abgabe wirkt: Die Verursacher werden bis zur Höhe des Lizenzenpreises reinigen und darüber hinaus Lizenzen erwerben, die insgesamt zur *Minimierung der volkswirtschaftlichen Kosten* (ökonomische Effizienz) bei einem *politisch angestrebten Umweltqualitätsniveau* führt. Umweltnutzungslizenzen haben den besonderen Vorzug, Vermögenswerte (→Vermögen) für ihre Besitzer darzustellen, die bei umweltfreundlichem technischen Fortschritt durch Verkauf von Lizenzen realisierbar sind; ein weiterer Vorzug der Lizenzlösung liegt in der Möglichkeit der Offenmarktpolitik, bei Bedarf die Kontingente zu verkürzen. Die theoretische Eleganz dieser Lösung konnte nicht verhindern, dass aufgrund praktischer Anwendungspro-

bleme (Versteigerungen versus freie Vergabe, befristete versus unbefristete Zertifikate, Abgrenzung ökologischer Regionen, Wettbewerbsprobleme) zunächst in der Grundidee ähnliche Instrumente mit allerdings stärkerer politischer Durchsetzbarkeit entwickelt wurden, die als *flexible Auflagenlösungen* bezeichnet werden: Beim *bubble-Konzept* (Emissionsverbund) wird die Zusammenfassung von Emissionen eines bestimmten Schadstoffes aus mehreren Anlagen od. Betrieben gestattet, eine Auflage, die Emissionen insgesamt zu reduzieren, überlässt es also den Teilnehmern zu bestimmen, in welchem Betrieb entsprechend der jeweiligen Grenzkostenverläufe reduziert wird. Mittels des *offset-Konzepts* (Ausgleichslösung) wird eine Dynamisierung der Anlagenstruktur od. eine Expansion auch in hochbelasteten Regionen bei gleichzeitiger Realisierung eines umweltpolitischen „Gewinns" angestrebt: Neuansiedlung od. Expansion setzen den Erwerb von Emissionsrechten voraus, der nur durch Emissionsminderung an anderer Stelle realisierbar ist. Um das Problem der Bilateralität und Simultaneität solcher Operationen zu überwinden, wurde zusätzlich das Konzept des emission-banking entwickelt, das eine Gutschreibung nicht genutzter od. freigewordener Emissionsrechte zum Verkauf, zur späteren Verwendung od. zum Verleihen gestattet.

In einer Restgruppe von umweltpolitischen Instrumenten haben *umweltpolitisch motivierte* →*Subventionen* (Gemeinlastprinzip) die praktisch größte Bedeutung: In diesem Fall übernimmt es der Staat ganz od. teilweise, Umweltschutzkosten der Verursacher aus staatlichen → Einnahmen zu finanzieren. In seltenen Fällen mögen Subventionen unter ökonomischen Aspekten gerechtfertigt erscheinen, ganz überwiegend wirken sie allerdings kontraproduktiv im Sinne der Richtigstellung marktlicher Signale und damit effizienzmindernd; dass sie dennoch quantitativ so bedeutend sind, liegt an der mit U. verbundenen Konfliktintensität, die sie tendenziell zu mindern vermögen. Gedanklich konsequent, wenn auch praktisch weniger relevant, sind Ansätze, die sich an der *Verhand-*

lungslösung (→Coase-Theorem) orientieren: Sind *individuelle Eigentumsrechte* an der Umwelt konstituierbar und werden diese entweder den Geschädigten od. Verursachern zugewiesen, so können beide Verhandlungspartner über das Umweltqualitätsniveau und entsprechende Kompensationszahlungen in Verhandlung treten. Unter bestimmten Bedingungen ergibt sich so ein Verhandlungsgleichgewicht (→*Allokation*) unabhängig von der Zusprechung der individuellen Eigentumsrechte, wobei allerdings die Verteilungsergebnisse genau entsprechend dieser *Verteilung der Eigentumsrechte* differieren. Dass Verhandlungslösungen so selten sind, ist auf hohe Gruppenorganisationskosten einerseits, auf →free-rider-Probleme aufgrund der positiven → externen Effekte der Umweltqualität andererseits zurückzuführen. Ein diesem Verhandlungsmodell verwandtes Verfahren sind *haftungsrechtliche Regelungen*: Hier liegt das Eigentumsrecht am Umweltgut definitiv bei den Geschädigten und der Verursacher ist zur Kompensation verpflichtet, allerdings durch gerichtliche und deshalb pauschalisierte Festlegung und nicht aufgrund eines Verhandlungsergebnisses. Die umweltpolitische Wirkung solcher eindeutig geregelten Haftungsansprüche könnte beträchtlich sein, denn zweifellos wirkt der Erwartungswert eines potentiellen Schadensersatzes bzw. die Höhe der Versicherungsprämien zur Abdeckung solcher Risiken in Richtung einer Verminderung externer Schäden; allerdings spielen solche Regelungen in der Bundesrepublik i.Ggs. zu Japan beispielsweise keine wichtige Rolle. Die Instrumentengruppe mit der wohl geringsten Eingriffintensität bezieht sich auf die *Förderung umweltethischer Verhaltens* und des *Umweltbewusstseins* schlechthin: Dies kann mittels Informationen, durch Appelle od. durch die Initiierung negativer sozialer Sanktionen (Missbilligung) bei schädlichem od. sozialer Anerkennung bei umweltfreundlichem Verhalten (z.B. das Umweltzeichen) erreicht werden. Aufgrund der Marginalität des individuellen Beitrags zur Erhöhung der Umweltqualität ist es für den Einzelnen jedoch immer rational,

umweltfreundliches Verhalten allen anderen, und da jeder so denkt, niemandem zu überlassen.

Literatur: *S. Bringezu*, Umweltpolitik. Grundlagen, Strategien und Ansätze ökologisch zukunftsfähigen Wirtschaftens. München 1997. *E. Goodstein*, Economic and the Environment. Englewood Cliffs 1995. *M. Junkernheinrich/ P. Klemmer/ G. R. Wagner* (Hrsg.), Handbuch zur Umweltökonomie. Berlin 1995. *P. Laufs*, Umweltpolitik. Konzeption und Umsetzung. Berlin 1998. *P. Michaelis*, Ökonomische Instrumente in der Umweltpolitik. Heidelberg 1996. *T. Tietenberg*, Environmental and Natural Ressource Economics. New York 1996.

Prof. Dr. W. K. Zimmermann,
Hamburg

Umweltzertifikate
⇒*Emissionszertifikate*.

unabhängige Ereignisse
→*Ereignisse*.

UNCTAD
⇒Welthandelskonferenz
Abk. für: **U**nited **N**ations **C**onference on **T**rade and **D**evelopment
am 8.1.1965 von den Vereinigten Nationen (→ UNO) beschlossenes ständiges Organ mit Sitz in Genf mit folgenden Aufgaben: Liberalisierung der Weltwirtschaft durch Zollerleichterungen, Erweiterung der →Märkte und Warenorganisation, Entwicklungshilfe, Sicherung der Vollbeschäftigung. An ihr sind 156 Länder beteiligt. Die U. soll alle drei Jahre zusammentreten. In der Zwischenzeit werden ihre Aufgaben vom Trade and Development Board (Handels- und Entwicklungsrate) wahrgenommen.

Underwritten Facilities
→Euronotes.

unechtes Factoring
⇒recourse-Factoring
→Factoring.

uneingeschränkte Zufallsauswahl
⇒*reine Zufallsauswahl*.

Unfallversicherung

hat die Aufgabe, Arbeitsunfälle zu verhüten und den Schaden auszugleichen, der durch Körperverletzung infolge von Arbeitsunfällen od. durch Berufskrankheiten entsteht. Pflichtversichert sind alle aufgrund eines Arbeits-, Dienst- od. Ausbildungsverhältnisses Beschäftigten (Arbeiter, Angestellte, auch Vorstandsmitglieder) ohne Rücksicht auf ein Entgelt od. dessen Höhe. Die U. gliedert sich in eine allgemeine U., der alle gewerblichen Unternehmen angehören, in die landwirtschaftliche U. und die See-U.

Der Abschluss einer privaten U. od. Haftpflichtversicherung entbindet nicht von der gesetzlichen U.

Träger der U. sind Berufsgenossenschaften. Diese können Unfallvorschriften erlassen.

unfreiwillige Arbeitslosigkeit
→Arbeitslosigkeit.

ungeplante Investition
→Investition.

ungeregelter Freiverkehr
⇒Telefonverkehr
nichtorganisierter außerbörslicher (→ Börse) Teilmarkt des Handels mit →Aktien, für den keine besonderen Zulassungsvoraussetzungen od. Publizitätsvorschriften gelten, der 1958 mit dem → geregelten Freiverkehr anlässlich der Neuordnung des Wertpapierhandels (→ Wertpapier) in der Bundesrepublik zum →Freiverkehr zusammengefasst wurde.

Ungleichgewicht

zunächst in der Negativdefinition: nicht vorhandenes →Gleichgewicht. Im Weiteren die Erweiterung der Gleichgewichtstheorie zur Ungleichgewichtstheorie. Diese hat zwei Schwerpunkte: Als Korrektiv zur postkeynesianischen Wachstumstheorie (→ Wachstumstheorie) im Sinne einer ungleichgewichtigen Wachstumstheorie. Zum anderen werden im Rahmen der → keynesschen Theorie ver-zögerte Mengenanpassungen zugelassen, so dass etwa bei herrschenden → Preisen excess demands auftreten, die „trading at false prices" und Unterbeschäftigung bedeu-

ten. Ein solches U. wird zudem auf andere →Märkte übertragen. Hierbei spielen →Spillover-Effekte eine Rolle.

UNIDO

Abk. für: **U**nited **N**ations **I**ndustrial **D**evelopment **O**rganization

Die U. wurde am 17.11.1966 auf Beschluss der Generalversammlung durch Umwandlung des UN-Zentrums für industrielle Entwicklung als autonome Unterorganisation der Vereinten Nationen gegründet. Zweck ist, die Industrialisierung der Entwicklungsländer vorzubereiten. Die U. leidet, aus der Sicht der Entwicklungsländer, freilich unter der mangelnden Finanzausstattung durch die westlichen Industrieländer und unter deren Zurückhaltung bei der Festlegung auf inhaltliche Ziele.

Uniformverteilung
⇒Gleichverteilung
⇒Rechteckverteilung.

unilineares System
⇒Einlinien-System.

United Nations Conference on Trade and Development
→UNCTAD.

Universalbanken
⇒Kreditbanken
⇒Kreditinstitute
⇒Banken.

unlauterer Wettbewerb

Das →Gesetz gegen den u. vom 7.6.1909 mit späteren Änderungen verbietet durch eine Generalklausel allgemein Wettbewerbshandlungen im geschäftlichen Verkehr, die gegen die guten Sitten verstoßen, und daneben bestimmte Wettbewerbshandlungen. Unter die Generalklausel fallen insbesondere Nachahmung und Ausbeutung fremder gewerblicher Leistungsergebnisse, wirtschaftlicher Boykott, Anwendung von Zwang, vergleichende → Werbung, Absatzbehinderung, systematisches Abwerben von Arbeitskräften, Täuschung und Irreführung der Abnehmer, Beseitigung des freien → Wettbewerbs, rechtswidriges Verhalten und dessen Ausnutzung zu

Zwecken des Wettbewerbs. Als Sondertatbestände sind verboten die unerlaubte Werbung, Verstöße gegen die Regeln des Ausverkaufs, der Sonderveranstaltungen, des Räumungsverkaufs od. des Kaufscheinhandels sowie gegen den Kennzeichenschutz, die Angestelltenbestechung, die Anschwärzung, die geschäftliche Verleumdung, Verrat von Geschäftsgeheimnissen, Verstöße gegen die Regeln für Zugaben und →Rabatte. Der u. führt zu Ansprüchen auf Unterlassung und bei Verschulden zu Schadensersatz. Verstöße können als Ordnungswidrigkeit mit Geldbuße geahndet werden; andere sind strafbar.

UNO

Abk. für: **U**nited **N**ations **O**rganization auch Vereinte Nationen genannt. Nach Vorarbeiten der im Zweiten Weltkrieg gegen Deutschland verbündeten Mächte wurde am 26.6.1945 ein neuer völkerrechtlicher Zusammenschluss mit Unterzeichnung der Charta der Vereinten Nationen in San Francisco geschaffen. Die U. ist dem 1939 außer Tätigkeit gesetzten Völkerbund nachgebildet. 2008 gehören der U. 192 Staaten an. Am 18. September 1973 wurden die beiden deutschen Staaten aufgenommen.
Die U. besitzt sechs Hauptorgane:
1. Der Sicherheitsrat besteht aus 15 Mitgliedern (davon fünf ständige Mitglieder: USA, Russland, Großbritannien, Frankreich, Volksrepublik China). Die nichtständigen Mitglieder werden auf zwei Jahre gewählt. Hauptaufgabe des Sicherheitsrates ist es, die zur Erhaltung des Weltfriedens erforderlichen Maßnahmen zu treffen. Die Stimmen der ständigen Mitglieder im Sicherheitsrat müssen einheitlich abgegeben werden, so dass jede der fünf Großmächte ein Veto besitzt.
2. Die Generalversammlung setzt sich aus Vertretern aller Mitgliedsstaaten zusammen. 3. Der Wirtschafts- und Sozialrat (ECOSOC) mit z.Zt. 54 Mitgliedern. 4. Der Treuhandrat ist insbesondere für die Beaufsichtigung der alten Völkerbundmandatsgebiete und der neuen Treuhandgebiete zuständig. 5. Der Internationale Gerichtshof in Den Haag. Er setzt sich aus 15 unabhängigen Richtern, die 15 verschiedenen Staaten angehören,

zusammen. 6. Das Generalsekretariat als Verwaltungsorgan der U.
Behörden und Unterorganisationen der U. sind u.a. die →UNIDO in Wien, das U.-Umweltprogramm (UNEP) in Nairobi, die Behörde des Hohen Kommissars der U. für Flüchtlinge (UNHCR) in Genf und das Weltkinderhilfswerk (UNICEF) in New York. Sonderorganisationen der U. sind u.a. die Internationale Arbeitsorganisation (→ILO) in Genf, der →Internationale Währungsfonds in Washington (IMF), die UNESCO in Paris, die Weltgesundheitsorganisation (WHO) in Genf, die Welthandelskonferenz (→ UNCTAD) in Genf, die Ernährungs- und Landwirtschaftsorganisation (FAO) in Rom, die Internationale Entwicklungsgesellschaft (→IDA) und die Atomenergieagentur (IAEO).

unselbständig Beschäftigte

Begriff der amtlichen Statistik: Die in der →Wirtschaft, in Behörden und Instituten in abhängiger Stellung beschäftigten Personen (Anzahl von Beschäftigungsfällen, die wegen der Möglichkeit, dass eine Person mehrere Arbeitsverhältnisse eingehen kann, nicht mit der Anzahl der unselbständig → Erwerbstätigen übereinstimmt).

Unterbeschäftigungsgleichgewicht

statisches Gesamtgleichgewicht (→ Gleichgewicht) bei Unterbeschäftigung, das bei Vorliegen bestimmter Bedingungen eintreten kann. Keynes führt nach dem Verständnis der Postkeynesianer (→Postkeynesianische Theorie) drei Bedingungen dafür an:
1. Hohe Elastizität (→Elastizitäten) der Geldnachfrage bei einem niedrigen Zinssatz, die im Grenzfall zur →Liquiditätsfalle (liquidity trap) wird. 2. Niedrige Zinselastizität der Investitionsausgaben. 3. Institutionell od. durch bestimmte Verhaltensweisen bedingte Schwierigkeit, die →Nominallöhne zu senken (Starrheit der Löhne nach unten).
Die Stabilität des U. ist auch unter diesen Bedingungen nicht gegeben, wenn man den →Realkasseneffekt berücksichtigt. Eine andere Begründung bietet die →Effizienzlohnhypothese. S. auch →Keynessche Theorie.

Untergrundwirtschaft
⇒hidden economy
⇒Parallelwirtschaft
⇒Schattenwirtschaft
umfasst folgende Aktivitäten: Selbstversorgung, Nachbarschaftshilfe, Alternativökonomie, Schwarzarbeit, kriminelle Aktivitäten. Es sind → Wertschöpfungen, die bei der Berechnung des Bruttosozialprodukt (→ Sozialprodukt) statistisch nicht erfasst werden, weil sie verheimlicht werden od. erhebungstechnisch nicht ermittelt werden können.

Unterkonsumtionstheorie
Zentraler Bestandteil dieser „Depressionstheorie" ist die →Hypothese, dass → Kaufkraft in irgendeiner Form fehle, um die Vollbeschäftigung zu sichern. Dieses Kaufkraftdefizit kann seine Ursache in einer Vergrößerung der Kassenhaltungsdauer haben. Finden die Spargelder keine Anlage in der →Investition, entstehen Hortbeträge, die einen Kaufkraftausfall darstellen. Der Rückgang im →Konsum - Kehrseite der Horte (→Horten) - führt zu einem Preisverfall. Unterkonsumtion wäre dann eine andere Bezeichnung für → Deflation. Ein Kaufkraftdefizit (→ Kaufkraft) kann sich aus einem Anwachsen des →Güterangebots ergeben. Wird in diesem Fall die →Geldmenge nicht ausgedehnt, müssen die →Preise tendenziell sinken, weil die vorhandene Kaufkraft nicht ausreicht, um die Produkte zum bisherigen Preis vom → Markt zu nehmen.
Verschiedene Unterkonsumtionstheoretiker heben besonders hervor, dass die Löhne im Aufschwung hinter den Profiten zurückbleiben. Da aus Profiten mehr als aus Löhnen gespart werde, sei die Wurzel des Übels eine Disparität der → Einkommensverteilung im Aufschwung - eine These, die unter Gewerkschaften verständlicherweise beliebt ist. Die → Keynessche Theorie lässt sich als ein Spezialfall der U. einordnen.

Unternehmen
→Betrieb, I., 2.

Unternehmensbewertung
Bestimmung des Unternehmenswerts als Grundlage für die Ableitung von Preis-

vorstellungen. Die Anlässe der U. können vielfältig sein: Kauf bzw. Verkauf von Unternehmen, Beteiligungen od. organisatorisch selbstständigen Gliedbetrieben; Fusion von Unternehmen; Entflechtung von Unternehmen (Realteilung); Sanierung, Liquidation, Vergleich und Konkurs eines Unternehmens, Enteignung von Unternehmen; Ermittlung des Auseinandersetzungsguthabens bei Austritt und Eintritt von Gesellschaftern; steuerliche Vorschriften. Verfahren der U.: objektive U. (traditionelle Verfahren) wird unterschieden von subjektiver U. („moderner" U.). Hinter den traditionellen Verfahren der U. steht die Auffassung von der Existenz eines „objektiven Unternehmenswerts". Es liegt also praktisch die Perspektive eines neutralen Gutachters zugrunde.
Die neuere Entwicklung ist durch die Betonung des subjektiven Charakters des Unternehmenswertes gekennzeichnet. Aufgabe ist die Ermittlung von Entscheidungswerten. In diesem Sinne ist die U. als Investitionsrechnung konzipiert. Es wird der Wert einer Unternehmung ausschließlich aus den finanziellen Erträgen abgeleitet, die aus dem Unternehmensbesitz resultieren.
Funktionen der U.: 1. Ermittlung des maximal zahlbaren Preises für eine Unternehmung aus der Sicht des Käufers bzw. des minimal zu fordernden Preises aus Verkäufersicht; 2. Bestimmung eines Vermittlungswerts, der von den Parteien als „fairer Einigungspreis" akzeptiert werden kann; 3. Verwendung der U.-ergebnisse als Argumentationshilfe in Preisverhandlungen; 4. U.-ergebnisse als Grundlage für die (Vermögens-)Besteuerung.
Überblick über die U.-sverfahren:
1. Verfahren der subjektiven U.: Zukunftserfolgsmethode: Der Zukunftserfolgswert ist der kapitalisierte Wert aller in der Zukunft dem Investor zufließenden Erträge aus dem Unternehmensbesitz.
2. Traditionelle Verfahren
a) Ertragswertmethode: traditionelle Form der Zukunftserfolgswertmethode.
b) Substanzwertmethode: Mit ihrer Hilfe

werden Kosten ermittelt, die bei Reproduktion des vorhandenen Unternehmens anfallen würden. Man unterscheidet zwischen Vollreproduktions- und Teilreproduktionswert.

c) Mittelwertverfahren (Praktikerverfahren): Sie errechnet den Unternehmenswert als arithmetisches Mittel aus Ertrags- und Substanzwert.

d) Methoden der befristeten und unbefristeten Geschäftswertabschreibung.

e) Methoden der Übergewinnabgeltung: Als „Übergewinn" wird der Teil der jährlichen Gewinne eines Unternehmens angesehen, der über den bei einer „normalen" Verzinsung des im Substanzwert verkörperten Kapitaleinsatzes hinaus erwirtschaftet wird. Das sogenannte Stuttgarter Verfahren ist als spezielle Variante der einfachen undiskontierten Übergewinnabgeltung bei der vermögensteuerlichen Bewertung nicht notierter Unternehmensanteile von einiger Bedeutung.

Unternehmenserfolg
⇒*Unternehmensergebnis.*

Unternehmensergebnis
⇒Unternehmenserfolg
im Unterschied zum →Betriebsergebnis der in der →Gewinn- und Verlustrechnung ermittelte Erfolg der Unternehmung, der aus dem Betriebsergebnis und dem →neutralen Ergebnis besteht.

Unternehmensforschung
⇒*Operations Research*
⇒Systemforschung.

Unternehmensführung
Bei arbeitsteiliger (→ Arbeitsteilung) Aufgabenerfüllung im Unternehmen ist U. weitgehend mit → Management gleichzusetzen. Neben den Fachfunktionen des Managements (→ Planung, → Organisation und Kontrolle) betont U. auch die Personalfunktion. Besonders betont wird die Zukunftsorientierung in der Form der →strategischen U. Sie ist angelegt auf den frühzeitigen Aufbau von gewinnträchtigen Geschäftsfeldern der Unternehmung.

unternehmensinterne Ineffizienz
⇒X-inefficiency
⇒*X-Ineffizienz.*

Unternehmenstheorie
1. *Zum Begriff Unternehmen in U.* Häufig wird der Begriff Unternehmen dem der Unternehmung gleichgesetzt, wobei zumeist ein gewisser Hinweis auf den juristischen Einschlag (vgl. § 15 ff. AktG) gegeben wird. In der kaufmännischen Umgangssprache, die auch eine Wurzel der betriebswirtschaftlichen Terminologie ist, wird keine besondere Unterscheidung zwischen Unternehmen und Unternehmung getroffen. Aus dem Wort Unternehmen leitet sich bei personenbezogener Sicht der Unternehmer ab. Bei institutioneller Sicht wird der Begriff Unternehmung dann vorgezogen, wenn es sich um eine wirtschaftliche Einrichtung handelt, die Leistungen und Gegenleistungen auf den → Märkten realisiert (markttauschmäßige Beziehung nach dem Prinzip Geld - →Güter bzw. Leistungen →mehr Geld). Statt U. müsste es genauer Unternehmenstheorie heißen. Die Unternehmung als offenes, soziotechnisches System lässt sich auch nach Gutenberg beschreiben als die nach dem Wirtschaftlichkeitsprinzip (→ Wirtschaftlichkeit) erfolgte Kombination von →Produktfaktoren unter dem Gesichtspunkt der Erhaltung der Liquiditätslage (→Liquidität), unter Verfolgung des erwerbswirtschaftlichen Prinzips (→ ökono-misches Prinzip) und bei autonomer Erstellung aller Wirtschaftspläne. Eine dazu gehörende Unternehmungstheorie würde gegenüber der vorherigen Interpretation von Unternehmung geeignet sein für die Erklärung der sog. kapitalistischen Unternehmung.

2. *Zum Begriff Theorie in U.* U. bzw. Unternehmungstheorie ist als betriebswirtschaftliche (→ Betriebswirtschaftslehre) Theorie des Unternehmens od. der Unternehmung zu verstehen. Ähnlichkeiten sind mit dem anglo-amerikanischen Begriff „Theory of the Firm" zu finden, der in vielen Fällen aber vorwiegend Wachstumsüberlegungen zum Inhalt hat. Zu erklären, was eine Theorie kennzeichnet, ist Aufgabe der Wissenschaftstheorie (D.

Schneider). Hier sei nur folgendes zusammengefasst: a) Theorie kann eine Bezeichnung sein für behauptete Zusammenhänge bzw. Gesetzmäßigkeiten; Theorie erscheint somit als →Hypothese. Aufgrund dieser Zusammenhänge werden Möglichkeiten zur Gestaltung gesucht. b) Theorie ist weiter eine Bezeichnung für verschiedene Problemlösungsansätze bei affinitiven Problemstellungen. Beispielsweise sei hier an die Theorie der →Unternehmensführung, an die Finanzierungstheorie (→ Finanzierung) sowie an die →Produktions- und →Kostentheorie u.a. gedacht. c) Theorie kann auch eine Bezeichnung für verschiedene Problemlösungsansätze bei nicht affinitiven Problemstellungen sein, z.B. im Falle der →Systemtheorie, der mikroökonomischen (→ Mikroökonomik) Theorie, der verhaltenswissenschaftlichen Theorie od. der Theorie der Faktorkombinationen. Theorie in diesem Sinne ist eher als Forschungsmethode zu interpretieren. d) Schließlich ist Theorie die Kennzeichnung von Inhalten od. wissenschaftlichen Aussagen, die auf die Wirklichkeit noch angewandt werden sollen bzw. nicht od. noch nicht auf die wirtschaftende Realität angewandt werden können (Theorie versus Praxis).

Die U. kann im Sinne jeder der hier vorgetragenen Begriffsinhalte aufgebaut sein. Die erklärende U. will die Zusammenhänge von wirtschaftlichen Erscheinungen im Betrieb, in der Unternehmung und im Unternehmen darstellen; die gestaltende Theorie zielt darauf ab, für das Handeln im Unternehmen Empfehlungen abzugeben. Zwischen Problemstellung und Problemlösung wird eine logische Beziehung gesucht und im → Modell abgebildet.

Es gibt eine große Zahl von Deutungen des Begriffs Modell; allen gemeinsam ist das Herausstellen der „Ähnlichkeit" (Köhler) zwischen dem tatsächlichen Objekt und dem System, welches für Untersuchungszwecke geschaffen ist; dieses System bildet sich aus den wesentlichen Teilbereichen des Unternehmens od. ist sogar Abbild des gesamten Unternehmens (Isomorphie als vollständige Gleichheit; Homomorphie als ausrei-

chende Ähnlichkeit zwischen Original und Modell). Es sei davor gewarnt, Theorie und Modell gleichzusetzen, denn ein Modell gilt für eine bestimmte Situation für einen gegebenen Ort und zu einer bestimmten Zeit, wohingegen eine Theorie ein System generalisierender Aussagen unabhängig von Raum und Zeit ist.

3. *Teilbereichstheorien.* Gutenberg hat schon 1929 die Unternehmung als Gegenstand der betriebswirtschaftlichen Theorie herausstellt. Als theoretischer Kerngedanke wird der Kombinationsprozess für alle wichtigen ökonomischen einzelwirtschaftlichen Tatbestände genannt. Diese ganzheitliche Betrachtung des Unternehmens bzw. der Unternehmung wird jedoch in der betriebswirtschaftlichen Forschung oft zugunsten der theoretischen Betrachtung einzelner Teilbereiche zurückgedrängt; die Gesamt-Unternehmenstheorie zerfällt in eine Reihe von Teilbereichstheorien, od. auf Modelle bezogen: Das Totalmodell (→ Modell) tritt hinter Partialmodellenzurück. Der Grund dafür liegt u.a. sicherlich in der Komplexität der notwendigen Tatbestände für eine Gesamtunternehmungstheorie wie auch für den Aufbau eines Totalmodells. Beispielhaft seien einige Teilbereichstheorien aufgeführt: Beschäftigungs-, Absatz-, →Preis-, Werbe-, Finanzierungs-, →Investitions-, Bilanz-, Produktions- und Kosten-, Organisations- sowie Informationstheorie. Die Betriebswirtschaftslehre (→ Allgemeine Betriebswirtschaftslehre) hat eine Fülle von Teilbereichstheorien entwickelt, die für die „Erprobung" in der Praxis brauchbar sind. Als Totalmodell werden auch schon Zusammenfassungen einiger Partialmodelle bezeichnet, obwohl der Partialcharakter weiterhin besteht. So machen auch Zusammenfassungen einiger Teilbereichstheorien noch nicht ein vollständiges Unternehmensmodell aus.

4. *Eine umfassende U.* Eine allumfassende U. muss alle Bereiche des Unternehmens bzw. der Unternehmung umfassen. Auf der Suche nach einem quantitativen Ausdruck, um das Unternehmen in monetären Elementen abzubilden, wird auf die Darstellungsform der Investitionsrechnung zurückgegriffen. Diese Rechnung

weist die diskontierten Einzahlungen (e) und Auszahlungen (a) zu den im →Index angegebenen Periodenenden 0 bis n auf. Der Diskontierungsfaktor enthält im Begriff q den um 1 erhöhten Kalkulationszinsfuß (→ Abzinsung) in Dezimalform. Der → Barwert aller Zahlungen ergibt sich wie folgt:

$$C_0 = \frac{e_0 - a_0}{q^0} + \frac{e_1 - a_1}{q^1} + \dots + \frac{e_n - a_n}{q^n}.$$

Diese Gleichung lässt sich in eine Jahresabschlussform (→ Bilanz, → Gewinn- und Verlustrechnung) überführen (vgl. Lücke u. Hautz). Somit dient sie als Basis für die Entwicklung von Teilbereichstheorien (z.B. Theorie des ökonomischen Gewinns). Auch lassen sich zu den einzelnen Elementen der Diskontierungsgleichungen weitere Teilbereichstheorien entwickeln. Beispielsweise sei hier an Prognosetheorien (→Prognose) gedacht, die sich der Länge der Diskontierungsreihe und der Ermittlung der Zahlungen zuwendet. Die Risikotheorie befasst sich mit der Unsicherheit in der Prognose und mit dem kalkulatorischen Zinsfuß. Die Zählergrößen enthalten implizite umsatz- und preistheoretische Aspekte wie auch die Produktions- und Kostentheorie. Die Zahlungsdifferenzen lassen sich in →Cash Flow (Erträge, die Einzahlungen sind, minus Aufwendungen, die Auszahlungen sind) und übrige Finanzbewegungen zerlegen, damit wird übergeleitet zur Finanzierungstheorie. An die Zielgrößen dieser Rechnung können sich die theoretischen Überlegungen zur Unternehmensstrategie anschließen.

Die Investitionsrechnung bzw. das Investitionsmodell des gesamten Unternehmens würde in dieser Sicht als overall accountancy zu interpretieren sein. Würde so eine bestimmte Rechnung als Kern herausgestellt, um die sich die einzelnen Teilbereichsstrategien „kristallisieren" und zu einer Einheit zusammenwachsen, dann wird diese Rechnung in die übergeordnete Priorität gehoben. Die Betriebswirtschaftslehre wird sich der U. in Zukunft stärker annehmen müssen.

Literatur: *U. Götze/ J. Bloech*, Investitionsrechnung. 2. A., Berlin-Heidelberg usw. 1995. *E. Gutenberg*, Die Unternehmung als Gegenstand betriebswirtschaft-

licher Theorie, in: F. Schmidt (Hrsg.), Betriebs- und finanzwirtschaftliche Forschungen. II. Serie, Heft 40, Berlin-Wien 1929. *E. Gutenberg*, Grundlagen der Betriebswirtschaftslehre, 1. Bd.: Die Produktion. 24. A., Berlin-Heidelberg-New York 1983. *R. Köhler*, Modelle, in: E. Grochla/ W. Wittmann (Hrsg.), Handwörterbuch der Betriebswirtschaft. 4. A., Stuttgart 1975, Sp. 2701ff. *E. Kosiol*, Einführung in die Betriebswirtschaftslehre. Wiesbaden 1968. *H. Kubicek/ N. Thom*, Umsystem, betriebliches, in: E. Grochla/ W. Wittmann (Hrsg.), Handwörterbuch der Betriebswirtschaft. 4. A., Stuttgart 1975, Sp. 2801ff. *W. Lücke*, Investitionslexikon. 2. A., München 1991. *W. Lücke/ U. Hautz*, Bilanzen aus Zukunftswerten. 2. A., Wiesbaden 1991. *D. Schneider*, Allgemeine Betriebswirtschaftslehre. 3. A., München-Wien 1987. *W. Wittmann*, Betriebswirtschaftslehre, Bd. 1: Grundlagen, Elemente, Instrumente. Tübingen 1982.

Prof. Dr. W. Lücke, Göttingen

Unternehmensverfassung

Gesamtheit der Rechte und Pflichten der Unternehmensmitglieder. Sie ist eine Zusammenfassung aus gesetzlichen Normen, vertraglichen Vereinbarungen und aus Gewohnheitsrecht.
Gesetzliche Normen sind u.a. das GG, → Betriebsverfassungsgesetz, Mitbestimmungsgesetz. Vertragliche Vereinbarungen sind Betriebsvereinbarungen, → Tarifverträge, Gesellschaftsverträge u.a. Gewohnheitsrecht sind im Unternehmen ausgeübte Verhaltensweisen. Auch Beteiligungsmodelle gehören zur U.

Unternehmung

→Betrieb, I., 2.
eine Erscheinungsform des Betriebes in marktwirtschaftlichen Systemen, die durch die drei Merkmale Selbstbestimmung des Wirtschaftsplanes (Autonomieprinzip), Streben nach Gewinn (erwerbswirtschaftliches Prinzip) und Prinzip des Privateigentums an den Produktionsmitteln gekennzeichnet ist. Danach ist jede U. eine Betrieb, aber nicht jeder Betrieb eine U.

Unternehmungsziele

Die Ziele der Unternehmung, auf die sich ihre gesamten zielerreichenden Maßnahmen auszurichten haben und anhand derer die Zielerreichung der Unternehmung als wirtschaftliche Einheit beurteilt wird, sind keine von vornherein vorgegebenen, festen Größen. Vielmehr sind sie regelmäßig das Ergebnis eines Zielentscheidungsprozesses, in dem die unterschiedlichen Ziele der Unternehmungsträger und gesellschaftlicher Gruppen für die Unternehmung zu einem Ausgleich gebracht werden. Die These von der Instrumentalfunktion der Unternehmung verknüpft die U. (als Ziele der Unternehmung) mit den Zielen der Unternehmungsträger und gesellschaftlicher Gruppen für die Unternehmung. Man unterscheidet die ökonomische und die soziale Dimension der U. Die Gesamtheit der ökonomischen Ziele einer Unternehmung wird auch als ihre Zielkonzeption bezeichnet, die grundsätzlich aus drei Zielkategorien besteht:

1. Leistungsziele (Beschaffungs-, Lagerhaltungs-, Produktions- und Absatzziele);
2. Finanzziele (Liquiditäts-, Investitions- und Finanzierungsziele);
3. Erfolgsziele (Umsatz-, Wertschöpfungs-, Gewinn-, Rentabilitätsziele).

U. haben stets (implizit od. explizit) eine soziale Dimension: gerechte Entlohnung, menschenwürdige Arbeitsbedingungen, Arbeitsplatzsicherheit, Gewinn- und Vermögensbeteiligung der →Arbeitnehmer, Mitspracherechte bei der Formulierung und Verfolgung der U. u.a.

Unterordnungskonzern
⇒Subordinationskonzern
→Konzern.

Unterschlagungsprüfung
freiwillige Prüfung, zumeist gesondert von der →Jahresabschlussprüfung, bei Vorliegen von gravierenden Verdachtsmomenten, z.B. Auffinden von gefälschten Belegen, mit dem Ziel, den Umfang des Schadens und den Täter aufzudecken. Die U. wird entweder von der →Internen Revision od. von externen Prüfern vorgenommen. Fallweise werden Sachverständige (z.B. EDV-Spezialisten) hinzugezogen.

unverzinsliche Schatzanweisungen
⇒U-Schätze
kurz- und mittelfristige Schuldverschreibungen, begeben von Bund, Bundesbahn, Bundespost, Ländern und anderen öffentlichen Stellen ohne Zins-Kupon. Sie werden diskontiert (→Abzinsung), d.h. der Zins wird von vornherein vom Kaufpreis abgezogen. Sie sind wie →Schatzwechsel → Geldmarktpapiere. Ihre Laufzeit beträgt sechs Monate bis zwei Jahre. Sie werden vor allem von →Banken - auch von Zentralbanken - ins Portefeuille genommen, da sie z.T. jederzeit an die →Bundesbank zurückverkauft werden können und daher als →Liquiditätsreserve dienen.

unvollkommener Markt
Ein u. liegt immer dann vor, wenn ein Merkmal des vollkommenen Marktes (→ Preistheorie) nicht erfüllt ist: kein homogenes (→ Homogenität) → Gut, keine vollständige →Markttransparenz, zeitliche Verzögerungen bei Preis- und Mengenveränderungen, → Präferenzen sachlicher, persönlicher, räumlicher und zeit-licher Art.

unvollkommene (Faktor-) Substitution
⇒periphere Substitution
⇒unvollständige Substitution

Urheberrecht
Schutzrecht für geistiges Eigentum, wonach der Urheber das ausschließliche Recht zur Verwertung seiner Schöpfung hat. Ihm steht das Vervielfältigungs-, Verbreitungs-, Aufführungs-, Vorführungs- und Senderecht zu. Die Schutzfrist des U. beträgt bei literarischen, wissenschaftlichen und musikalischen Werken und solchen der bildenden Kunst 70 Jahre nach dem Tod des Urhebers.

Urkunde
→Dokumente, 2. und auch 3.

Urproduktion
⇒Primärproduktion
die Nutzung des Bodens nach Abbau und Anbau. Danach gehören hierzu:

Land- und Forstwirtschaft, Fischereiwesen, Energie- und Wasserversorgung sowie Bergbau.

Uruguay-Runde
multilaterale Handelsgespräche als erneuter Versuch, dem Freihandelsprinzip wieder mehr Geltung zu verschaffen. Die Erfolgschancen werden aber hauptsächlich durch die zunehmend größeren Unterschiede in den nationalen Interessen der Länder begrenzt.

U-Schätze
⇒*unverzinsliche Schatzanweisungen.*

Utilitarismus
Vorstellung über die soziale Wohlfahrtsfunktion. Sie sagt, dass das größte Glück der größten Zahl (Bentham, 1789) angestrebt wird. Charakteristisch bei dieser Wohlfahrtsvorstellung ist, dass die Gesellschaft gegenüber dem Grad der Ungleichheit bei der Verteilung völlig indifferent ist.

Value Analysis
⇒Value Engineering
⇒*Wertanalyse.*

Value Engineering
⇒Value Analysis
⇒*Wertanalyse.*

Valutadumping
→Dumping.

Valutierung
⇒*Wertstellung.*

Variable
veränderliche Größe, die verschiedene Werte annehmen kann.
In ökonomischen → Modellen gibt es zwei verschiedene Klassen von V.: die → endogenen V. sollen durch das Modell vorhergesagt od. erklärt werden; die → exogenen V. werden im Modell als bekannt vorausgesetzt und außerhalb des Modells bestimmt. Diese sind so aufzulösen, dass jede endogene V. nur als Funktion exogener V. vorkommt. →Funktion.
In der →Deskriptiven Statistik sind V. Merkmale, die den Untersuchungseinheiten Zahlen zuordnen. Diskrete V. nehmen isolierte Zahlenwerte an, stetige V. alle Zahlen eines reellen Intervalls.

variable Kosten
⇒dispositionsabhängige Kosten
→Kosten.

variabler Handel
⇒*fortlaufende Notierung.*

variables Kapital
nach K. Marx die Lohnzahlungen des Unternehmers. Als variabel bezeichnet er dieses Kapital, weil es im Produktionsprozess einen größeren Wert als sich selbst, den →Mehrwert, schafft.

Varianz
1. Gebräuchliches Streuungsmaß einer statistischen Reihe bzw. →Häufigkeitsverteilung. Sind x_i $(1 \leqq = n)$ Ausprägungen eines metrischen Merkmals einer sta-

tistischen Reihe gegeben, so ist die V. definiert durch

$$s^2 = \frac{1}{n} \sum_{i=1}^{n} (x_i - \bar{x})^2,$$

als Summe der quadratischen Abweichungen der Merkmalswerte vom → arithmetischen Mittel $\bar{x}$ bezogen auf die Gesamtzahl n der Merkmale.

2. Grundbegriff der Wahrscheinlichkeitstheorie. Sind x_i $(1 \leqq \leqq n)$ die Ausprägungen einer diskreten Zufallsvariablen X und $f(x_i)$ die zugehörigen Wahrscheinlichkeiten, so ist

$$Var(X) = E[(X - EX)^2]$$

$$= \sum_{i=1}^{n} (x_i - EX)^2 f(x_i)$$

die V. der Zufallsvariablen X.
Für eine stetige Zufallsvariable X mit Dichtefunktion f(x) gilt

$$Var(X) = E[(X - EX)^2]$$

$$= \int_{-\infty}^{\infty} (X - EX)^2 f(x)dx.$$

EX = →Erwartungswert der Zufallsvariablen X.

Varianzanalyse
1. *Einführendes*: Mit V. werden (mathematische) Modelle und Verfahren zur statistischen Untersuchung von Einflüssen (Effekten, Wirkungen) einer oder mehrerer qualitativer Einflussgrößen (Faktoren, Behandlungsarten) auf Versuchsergebnisse, die durch eine (oder mehrere) quantitative Variable gemessen werden, bezeichnet. Die Stufen (Ausprägungen) der Einflussgröße(n) sind dabei entweder fest vorgegeben (V. mit festen Effekten; Modell I) oder eine Zufallsstichprobe aus einer Gesamtheit möglicher Stufen (V. mit zufälligen Effekten; Modell II). Beim Modell I geht es im Wesentlichen um Mittelwertvergleiche unabhängiger Stichproben, beim Modell II um Streuungsanalysen im engeren Sinne. Bei den Modellen mit gemischten Effekten gibt es sowohl Einflussgrößen mit fe-

sten als auch solche mit zufälligen Effekten.

Im Folgenden werden die Grundlagen der einfachen V. (eine Einflussgröße mit festen Effekten; eine quantitative [abhängige] Variable) dargestellt.

2. *Daten*: Gegeben sind n Werte einer metrischen (abhängigen) Variablen X, die dem Versuchsplan entsprechend den $k \geq 2$ Stufen der qualitativen Einflussgröße zugeordnet, d.h. in $k \geq 2$ Klassen des Umfangs n_i ($i = 1, 2, \dots k$; $n_1 + n_2 + \dots + n_k = n$) eingeteilt sind (einfache Klassifikation). Die Werte der Variablen X in den k Klassen $x_{i1}, x_{i2}, \dots, x_{in_i}$ ($i = 1, 2, \dots, k$) werden als konkrete Stichproben interpretiert (x_{ij} ist also der j-te Beobachtungswert von X in der i-ten Stufe/ Stichprobe). Die konkreten Versuchs- (Untersuchungs-, Mess-)ergebnisse x_{ij} ($i = 1, 2, \dots, k$; $j = 1, 2, \dots, n_i$) werden im Allgemeinen in einem sogenannten Versuchsplan (entsprechend dem auch die Versuche durchgeführt werden) zusammengefasst. Wenn $n_1 = n_2 = \dots = n_k$ ist, heißt der Versuchsplan balanciert, und einige der folgenden Formeln lassen sich vereinfachen.

	Stufen der Einflussgrößen i (Stichproben)			
j	1	2	...	k
1	x_{11}	x_{21}	...	x_{k1}
2	x_{12}	x_{22}	...	x_{k2}
.	.	.		.
.	.	.		.
.	.	.		.
n_i	x_{1n_1}	x_{2n_2}	...	x_{kn_k}

3. *Voraussetzungen*: Die k konkreten Stichproben sind Realisationen unabhängiger, einfacher Stichproben aus $N(\mu_i, \sigma^2)$-verteilten Gesamtheiten ($i = 1, 2, \dots, k$). Die Voraussetzung, dass sich diese k Gesamtheiten bezüglich der unbekannten Varianz σ^2 nicht unterscheiden, kann mit dem BARTLETT-Test überprüft werden.

4. *Modell*: Der einfachen V. liegt damit das additive Modell

$$X_{ij} = \mu_i + U_{ij}$$
$$= \mu + \alpha_i + U_{ij}$$

($i = 1, 2, \dots, k$; $j = 1, 2, \dots, n$) zugrunde; dabei ist der μ der „allgemeine" Mittelwert, μ_i der Mittelwert der i-ten Gesamtheit (Stufe) und somit $\alpha_i = \mu_i - \mu$ der „wahre" Einfluss der i-ten Gesamtheit (Effekt der i-ten Stufe) auf den allgemeinen Mittelwert ($n_1\alpha_1 + \dots + n_k\alpha_k = 0$). Die μ_i und somit auch μ und α_1 ($i = 1, 2, \dots, k$) sind unbekannte Parameter. Die Störgrößen U_{ij} sind - vgl. 3. - unabhängig und identisch $N(0, \sigma^2)$-verteilt. Sie werden auch als Versuchsfehler bezeichnet.

5. *Hypothesen*: Zu testen ist, ob die qualitative Einflussgröße mit ihren k Stufen einen Einfluss auf die quantitative (abhängige) Variable X ausübt oder nicht, d.h. ob die k Gesamtheiten den gleichen Mittelwert besitzen oder nicht, also

$$H_0: \mu_1 = \mu_2 = \dots = \mu_k = \mu$$

(kein Einfluss vorhanden) gegen die sehr allgemeine Alternativhypothese

H_A: mindestens zwei der μ_i
        sind verschieden
                    (Einfluss vorhanden).

Unter Berücksichtigung von 4. ist

$$H_0: \alpha_1 = \alpha_2 = \dots = \alpha_k = 0 \text{ gegen}$$

H_A: mindestens ein α_i ist ungleich Null

eine äquivalente Formulierung, aus der hervorgeht, dass - unter H_0 - die Einflussgröße auf allen k Stufen den gleichen Einfluss (festen Effekt) von Null hat.

6. *Prüffunktion und -verteilung, Entscheidungsregel*: Die Konstruktion der Prüffunktion beruht auf der Streuungszerlegung von X. Die Summe der Abweichungsquadrate insgesamt

$$Q = \sum_{i=1}^{k} \sum_{j=1}^{n_i} (X_{ij} - \overline{X})^2$$

kann in zwei Komponenten

$$Q_1 = \sum_{i=1}^{n} n_i(X_i - \overline{X})^2 \quad \text{und}$$

$$Q_2 = \sum_{i=1}^{k} \sum_{j=1}^{n_i} (X_{ij} - \overline{X}_i)^2, \text{ mit } Q = Q_1 +$$

Q_2, zerlegt werden; dabei ist Q_1 die Summe der Abweichungsquadrate zwischen den Stufen (Stichproben), Q_2 die Summe der Abweichungsquadrate innerhalb der Stufen (Stichproben),

$$\bar{X} = \frac{1}{n}\sum_{i=1}^{k} \sum_{j=1}^{n_i} X_{ij} \text{ und } \bar{X}_i = \frac{1}{n_i}\sum_{j=1}^{n_i} X_{ij}.$$

Q_1 ist der durch die qualitative Einflussgröße erklärte Streuungsanteil von X, Q_2 die Reststreuung, die nicht durch die Stufen der Einflussgrößen erklärt werden kann. Unter H_0 sind alle X_{ij} $N(\mu_i, \sigma^2)$-verteilt. Daraus folgt: Q_1 und Q_2 sind stochastisch unabhängig, $\frac{Q_1}{\sigma^2}$ und $\frac{Q_2}{\sigma^2}$ sind χ^2-verteilt mit $v_1 = k - 1$ bzw. $v_2 = n - k$ Freiheitsgraden. Mithin ist die Prüffunktion

$$T = \frac{Q_1 \cdot (n-k)}{Q_2 \cdot (k-1)}$$

unter H_0 F-verteilt mit $v_1 = k - 1$ und $v_2 = n - k$ Freiheitsgraden.

Die Erwartungswerte von $\frac{Q_2}{n-k}$ und - wenn H_0 richtig ist, wenn also die Mittelwerte der Stufen (Gesamtheiten) gleich sind - von $\frac{Q_1}{k-1}$ sind jeweils gleich σ^2 (der Varianz der Störgröße), so dass unter H_0 $\frac{Q_2}{n-k}$ und $\frac{Q_1}{k-1}$ nur zufällig voneinander abweichen werden. Ist dagegen H_0 nicht richtig, sind also mindestens zwei der μ_i verschieden, ändert sich $E\left(\frac{Q_2}{n-k}\right)$ nicht, aber es ist $E\left(\frac{Q_1}{k-1}\right) > \sigma^2$, so dass in diesem Falle große Werte von T zu erwarten sind. H_0 ist also zugunsten von H_A zu verwerfen, wenn (die Realisation) t „groß" ist, d.h. wenn $t \geq F_{v_1, v_2, 1-\alpha}$ ist, anderenfalls nicht zu verwerfen. Der kritische Bereich K_α zum Signifikanzniveau α ist somit $K_\alpha = \{t | t \geq F_{v_1, v_2, 1-\alpha}\}$; dabei ist $F_{v_1, v_2, 1-\alpha}$ das $(1 - \alpha)$-Quantil der F-Verteilung mit $v_1 = k - 1$ und $v_2 = n - k$ Freiheitsgraden. Wird H_0 verworfen, kann mit dem DUNCAN-Test oder dem SCHEFFE-Test geprüft werden, zwischen welchen der k Mittelwerte statistisch signifikante Unterschiede bestehen.

Tabelle zur einfachen Varianzanalyse

Quadratsummen	Freiheitsgrade
Variabilität zwischen $$q_1 = \sum_{i=1}^{k} n_i(\bar{x}_i - \bar{x})^2$$	k - 1
Variabilität innerhalb $$q_2 = \sum_{i=1}^{k} \sum_{j=1}^{n_i} (x_{ij} - \bar{x}_i)^2$$	n - k
Variabilität gesamt: $$q = \sum_{i=1}^{k} \sum_{j=1}^{n_i} (x_{ij} - \bar{x})^2$$	n - 1

Wert der Prüffunktion $t = \dfrac{[q_1(n-k)]}{[q_2(k-1)]}$.

7. *Hinweis*: Das oben beschriebene Testverfahren heißt „einfache V.". Für den Fall k = 2 ergibt sich der bekannte Mittelwertdifferenzentest bei unbekannten, aber gleichen Varianzen. Als approximativer Test ist die V. auch anwendbar, wenn die Störgrößen U_{ij} nur näherungsweise normalverteilt und die n_i hinreichend groß sind.

Literatur: *L. Fahrmeir/ A. Hamerle* (Hrsg.), Multivariate statistische Verfahren, De Gruyter 1984. *D. C. Hoaglin/ F. Mosteller/ J. W. Tukey* (ed.), Fundamentals of Exploratory Analysis of Variance, Wiley 1991. *L. K. Edwards* (ed.), Applied Analysis of Variance in Behavioral Sciene, Marcel Dekker 1993. *F. Pokropp*, Lineare Regression und Varianzanalyse, Oldenbourg 1994. *R. R. Hocking*, Methods and Applications of Linear Models: Regression and the Analysis of Variance, Wiley 1996. *J. Hartung*, Modellkatalog Varianzanalyse, Oldenbourg 1997. *H. Sahai/ M. Ageel*, The Analysis of Variance, Fixed, Random and Mixed Models, Birkhauser 1998.

Prof. Dr. F. Vogel, Bamberg

Variationsrechnung
mathematisches Hilfsmittel in der Kontrolltheorie zur Lösung des Kontrollproblems.

Veblen-Effekt
⇒*Prestige-Effekt.*

Veblengut
⇒Luxusgut
⇒Prestigegut
→Gut.

Venture Capital
Risiko- oder Wagniskapital. Finanzierung mit folgenden Merkmalen: Die finanzierten Unternehmungen sind jung, weisen ein beträchtliches Wachstumspotential auf und operieren tendenziell in einem technologisch anspruchsvollen Bereich. Das überlassene Kapital ist Eigenkapital, der Ertrag demnach vom Gewinn bzw. der Wertsteigerung des Kapitalanteils abhängig. Die Kapitalüberlassung erfolgt langfristig. Der V.-Geber bietet auch Beratung und Betreuungsleistungen an. Die aus den USA stammende Finanzierung mit V. hat in der Bundesrepublik nicht den erwarteten Umfang angenommen.

Veränderungsbilanz
Durch Saldierung von → Einnahmen bzw. →Ausgaben gleicher Konten in der Bewegungsbilanz (→Bilanz) erhält man die V. Sie enthält die Nettobestandsänderungen.

Veränderungsrechnung
die Ermittlung der Bestandsänderung aus Bestandsrechnungen zu verschiedenen Zeitpunkten. Allgemein: Bestandsänderung = Zuströme - Abströme.
Endbestand = Anfangsbestand + Zuströme - Abströme.
S. →Gesamtwirtschaftliches Rechnungswesen.

veranlagte Einkommensteuer
→Einkommensteuer.

Verbindlichkeiten
in der Grundstruktur der →Handelsbilanz nach § 266 →HGB Position C. auf der Passivseite. Sie gliedert sich weiter in: 1. →Anleihen; davon konvertibel: ...; 2. V. gegenüber →Kreditinstituten; 3. erhaltene Anzahlungen auf Bestellungen; 4. V. aus Lieferungen und Leistungen; 5. V. aus der Annahme gezogener →Wech-

sel und der Ausstellung eigener Wechsel; 6. V. gegenüber verbundenen Unternehmen; 7. V. gegenüber Unternehmen, mit denen ein Beteiligungsverhältnis besteht; 8. sonstige V. davon aus →Steuern, davon im Rahmen der sozialen Sicherheit. Diese Unterpositionen von Passivum C (V.) gelten für große → Kapitalgesellschaften. Sie stellen „echte" V. dar und zählen zusammen mit den →Rückstellungen, soweit es sich um ungewisse V. handelt, zum →Fremdkapital der Unternehmung.

Verbrauchermarkt
Discount-Warenhaus, das als stationärer Einzelhandelsgroßbetrieb die Mehrzahl seiner Sortimentsgüter ständig zu Discount-Preisen, also billiger als die üblichen Einzelhandelspreise, verkauft.

Verbraucherpolitik
Träger der V. sind teils staatliche Instanzen, teils auch private Organisationen. Die *staatlichen* Träger der V. sind international von großer Verschiedenartigkeit. Einige Beispiele: In Kanada und Norwegen existieren eigene Verbraucherministerien; in der Bundesrepublik ist die Zuständigkeit für V. auf mehrere Ministerien (Wirtschaft, Justiz, Familie, Ernährung) aufgeteilt und dort jeweils auf der Referentenebene angesiedelt. In Dänemark und Schweden ist für bestimmte Bereiche der V. (z.B. Kontrolle der → Werbung) eine nur dem Parlament verantwortliche Behörde zuständig, der Verbraucher-Ombudsman; in den USA gibt es eine Vielfalt von nachgeordneten Bundes-, Staats- und Kommunalbehörden, meist unter der Bezeichnung Office od. Agency of Consumer Affairs. Als *private* Träger der V. dienen Verbände, in der Bundesrepublik vor allem die Verbraucherzentralen und ihre Dachorganisation, die Arbeitsgemeinschaft der Verbraucher; außerdem Unternehmen od. Institute, in der Bundesrepublik etwa die Stiftung Warentest. Bund und Länder delegieren einzelne Aufgaben der V. (z.B. Verbraucherberatung, vergleichende Warenbeurteilung) auf private Träger und statten diese mit finanziellen Zuschüssen aus.

Ziel der V. ist die Förderung des Verbraucherinteresses dort, wo es zur Abwendung sozialer Härten, zur effizienten Versorgung mit Konsumgütern (→Gut) od. zur Sicherung der Verbraucherposition für erforderlich gehalten wird. Eine od. mehrere der in diesem Satz angedeuteten drei Zielvorstellungen liegen regelmäßig zugrunde, wenn Maßnahmen der V. beschlossen, durchgeführt od. propagiert werden. Man kann von einem sozialpolitischen, einem wirtschaftspolitischen und einem gesellschaftspolitischen Leitbild sprechen.

Das *sozialpolitische* Leitbild der V. ist auf die Beobachtung gegründet, dass das real existierende Versorgungssystem soziale Härten einschließt, etwa weil ärmere Verbraucher für gleiche Quantität und Qualität von Konsumgütern (Beispiel: Stromverbrauch) höhere →Preise zahlen müssen od. weil die Versorgung älterer Verbraucher besonders in ländlichen Räumen durch die →Konzentration im Einzelhandel beeinträchtigt wird. Die aus dem sozialpolitischen Leitbild abgeleiteten Maßnahmen der V. zielen darauf ab, solche soziale Härten auszugleichen, z.B. durch Gewährung von Wohngeld od. deren Entstehen mit Hilfe von Vorschriften, Beratung od. Information zu verhindern.

Das *wirtschaftspolitische* Leitbild der V. geht auf die Erkenntnis zurück, dass die wettbewerbspolitische (→Wettbewerbspolitik) Regelung des Parallelprozesses zwischen den Anbietern allein immer weniger ausreicht, das Geltendmachen der Verbraucherbedürfnisse zu gewährleisten, so dass sie durch die verbraucherpolitische Regelung des Austauschprozesses zwischen Anbietern und Nachfragern ergänzt werden muss, weil sowohl der Konzentrationsprozess auf der Anbieterseite als auch die Heterogenisierung der Konsumgüter mit Marketingstrategien (→Marketing) in einem Maße monopolisierend (→ Monopol) wirken, dass die Verhaltensmöglichkeiten des Abwanderns weniger wirksam werden und auf zusätzliche Möglichkeiten des Widerspruchs angewiesen sind (Hirschmann). Das Recht zum Einlegen des Widerspruchs kann dem einzelnen Verbraucher, einem Verbraucher-

band od. einer Behörde zustehen. Beispiele für zusätzliche Widerspruchsmöglichkeiten bilden etwa das Recht, in bestimmten Fällen gegen eine Mieterhöhung Einspruch einzulegen od. einen Kaufvertrag zu widerrufen, aber auch die →Produzentenhaftung und die Beweislastumkehr bei durch Konsumgüter verursachten Schäden an Gesundheit oder Umwelt.

Das *gesellschaftspolitische* Leitbild der V. schließlich beruht auf der Auffassung, dass die Verfügbarkeit angemessener Möglichkeiten zu Abwanderung und Widerspruch allein noch keine ausreichende Bedingung für das Geltendmachen des Verbraucherinteresses bildet. Denn erstens sind Abwanderung und Widerspruch als Reaktionen auf vollzogene Entscheidungen nur dort wirksam, wo diese im Zeitablauf korrigiert werden können. In hoch-industrialisierten Gesellschaften nehmen aber die irreversiblen Entscheidungen zu, z.B. Vorhaben mit hohen →Investitionen od. mit tiefgreifenden Auswirkungen auf Lebensabläufe. So wird zunehmend nach Möglichkeiten gesucht, das Interesse der Verbraucher schon im Planungsprozess zum Ausdruck zu bringen, z.B. durch Bürgerinitiativen. Der V. wächst dadurch die Aufgabe zu, in bestimmten Fällen der Selbstorganisation von Verbrauchern Hindernisse aus dem Weg zu räumen. Zweitens werden die am →Markt angebotenen Konsumgüter letztlich wegen der Aktivitäten gekauft, die sie den Verbrauchern ermöglichen od. erleichtern. In solchen Aktivitäten aber sehen sich die Konsumenten durch das Wachstum des → Sozialprodukts nicht nur gefördert, sondern z.T. auch eingeengt. Neuerdings beginnt man den hier entstehenden Problemen dadurch näherzukommen, dass man das Konsumentenverhalten als Eigenproduktion von Gütern des Endverbrauchs (→ Endprodukte, 2.) auffasst und den Kauf von Marktgütern (ebenso wie die Nutzung der öffentlichen Güter (→Gut), der →Konsumzeit sowie des → Sach- und →Humankapitals der Konsumenten) als Einsatz von →Produktionsfaktoren betrachtet (Becker). Der Bereich, in dem diese →Produktion stattfindet, ist der informelle Sektor der → Volkswirtschaft, der die unentgeltlichen, nicht formell beruflichen, nicht in Unternehmen und Behörden organisierten, nicht im Sozialprodukt erfassten wirtschaftlichen Tätigkeiten einschließt. Die Funktionsfähigkeit des informellen Sektors setzt voraus, dass Eigenarbeit und Selbsthilfe durch die Entwicklung des formellen Sektors nicht behindert werden. Auch hier entsteht eine Aufgabe der V.

Die konkreten *Unterziele* der V. sind aus den jeweils vorherrschenden Ziel-Leitbildern abgeleitet. Sie werden z.B. in Regierungsprogrammen formuliert. Häufig sind sie in die Form von Verbraucherrechten gekleidet, seit John F. Kennedy 1963 das Recht der Verbraucher auf freie Wahl zwischen konkurrierenden Angeboten, das Recht auf Sicherheit vor gesundheitsschädlichen und lebensgefährlichen Produkten, das Recht auf entscheidungsrelevante und zutreffende Information und das Recht auf politische Berücksichtigung und rechtliches Gehör proklamierte.

Mittel zur Verwirklichung aktueller Unterziele sind in erster Linie: Rechtliche Vorschriften des Verbraucherschutzes, Kontrolle der Einhaltung solcher Vorschriften und Beistand für rechtsuchende Verbraucher; Versorgung mit Verbraucherinformation und Verbraucherberatung; Förderung der Verbrauchererziehung in Elternhaus, Schule, Erwachsenenbildung; Förderung von Selbstorganisation und Selbsthilfe. Die Wirksamkeit des Einsatzes dieser Mittel kann man in vielen Fällen daran messen, inwieweit die für das Verbraucherverhalten relevanten →Kosten der Abwanderung, des Widerspruchs, der Selbstorganisation od. der Selbsthilfe dort gesenkt (od. den Verbrauchern abgenommen) werden, wo sie prohibitiv hoch sind, und inwieweit es den Verbrauchern erleichtert wird, die Risiken der Nichtabwanderung, der Nichtwiderspruchs usw. wahrzunehmen und zu beurteilen.

Kosten der Abwanderung auf Konsumgütermärkten sind z.B. die für die Informationssuche vor dem Kauf erforderlichen Aufwendungen an →Geld, Zeit und psychischer Energie. Je höher dieser Aufwand, desto früher wird auch der ra-

tional handelnde Konsument die Informationssuche einstellen, d.h. desto höhere Risiken der Nichtabwanderung (z.B. ein geringes Preis-Leistungs-Verhältnis) wird er in Kauf nehmen. Das Resultat ist im besten Falle ein zufälliges, im (volkswirtschaftlich) ungünstigsten Falle ein durch monopolisierende Angebotsstrategien gesteuertes Käuferverhalten. Abhilfe kann die V. hier einerseits durch Informationsauflagen od. -verbote für Konsumgüteranbieter (Verbraucherschutz) schaffen, andererseits durch Erhöhung der → Markttransparenz mit Hilfe vergleichender Warentests, informativer Warenkennzeichnung und → Gütezeichen (Verbraucherinformation) so-wie durch Einübung von Techniken der Informationssuche und der Immunisierung gegen werbliche Beeinflussungsmethoden (Verbrauchererziehung).

Probleme erwachsen der V. wie jeder Wirtschaftspolitik (→Theorie der Wirtschaftspolitik) zum einen aus der Schwierigkeit, eine optimale Wirksamkeit der eingesetzten Mittel zu sichern und unerwünschte Nebenwirkungen zu vermeiden. Z.B. wird dem Mieterschutz die Nebenwirkung nachgesagt, dass er die Anpassung der Mieten an den Anstieg der Kosten so stark einschränke, dass Investitionen in den Mietwohnungsbau unterblieben. Bevor diese Vermutung zur Grundlage für rationale politische Entscheidungen gemacht wird, müsste geklärt werden, ob die Mieten ohne Mieterschutz (und ohne Ausgleich durch hohe Mehrausgaben für Wohngeld) generell nachhaltig genug steigen könnten, das Ansteigen der Bodenpreise und Baukosten zu kompensieren. Dass solche Klärung unterbleibt, wirft ein Licht nicht nur auf die methodischen, sondern mehr noch auf die politischen Hindernisse der Wirkungsanalyse. Zum anderen entstehen der V. Probleme daraus, dass technisch und wirtschaftlich bedingte Wandlungen schneller vor sich gehen als die dadurch notwendig werdenden Anpassungsvorgänge in Individuen, Gruppen und Organisationen. Einige Beispiele: Die Rechtsordnung ist auf ein Gesellschaftsmodell gegründet, das der Vertragsfreiheit und der Abwanderung den Vorrang gibt; Einschränkungen für den Missbrauch der Vertragsfreiheit und neue Institutionen des Widerspruchs haben es daher schwer, sich durchzusetzen. Die Organisationsstruktur der Unternehmen erschwert es diesen, Verbraucherbeschwerden ernst zu nehmen und effizient zu behandeln. → Unternehmens- und → Finanzverfassung behindern die Entwicklung angemessener Organisationen für informelle Aktivitäten. Die vorherrschende Wirtschafts-moral setzt der Auffassung Widerstände entgegen, dass das Recht, ein Gut anzubieten, die Pflicht zur Vermittlung relevanter und zutreffender Informationen über dieses einschließt.

Literatur: *Hirschmann*, Abwanderung und Widerspruch. Tübingen 1974. *Scherhorn*, Verbraucherinteresse und Verbraucherpolitik. Göttingen 1975. Journal of Consumer Policy (ab 1977). *Biervert/ Fischer-Winkelmann/ Rock*, Verbraucherpolitik in der Marktwirtschaft. Reinbek 1978. *Reich/ Micklitz*, Verbraucherschutzrecht in der BRD. Neuwied 1980. *Becker*, Der ökonomische Ansatz zur Erklärung menschlichen Verhaltens. Tübingen 1982. *Scherhorn*, Die Funktionsfähigkeit von Konsumgütermärkten, in: Irle, Marktpsychologie als Sozialwissenschaft. Göttingen 1983.

Prof. Dr. G. Scherhorn,
Stuttgart-Hohenheim

Verbraucherschutzverbände
→Gebührenvereine.

Verbrauchseinheit
⇒Konsument
⇒privater Haushalt
⇒Wirtschaftssubjekt
→Haushalt, 1.

Verbrauchsfolgebewertung
→Gruppenbewertung.

Verbrauchsgut
→Gut.

Verbrauchsoptimum
Tauschlösungen, die auf der →Kontraktkurve liegen, stellen ein →Pareto-Optimum dar, d.h., dass sich keines der → Wirtschaftssubjekte verbessern kann, ohne dass das andere schlechter gestellt wird. Wird dieses Pareto-Optimum im Konsumsektor einer → Volkswirtschaft verwirklicht, so spricht man vom →Verbrauchsoptimum.

Verbrauchsprognose
→Beschaffung, 2.1.

Verbrauchsteuer
alle →Steuern auf die →Einkommensverwendung, die den Verbrauch od. Gebrauch von Waren (→Gut) belasten. Die Mehrwertsteuer ist ihrer ökonomischen Wirkung nach eine allgemeine V., ist aber rechtlich als Verkehrsteuer klassifiziert. Die wichtigsten bundesgesetzlich normierten speziellen V. sind: Einfuhrumsatzsteuer, Mineralölsteuer, Branntweinsteuer, Kaffeesteuer, Biersteuer, Schaumweinsteuer, Zuckersteuer, Leuchtmittelsteuer, Salzsteuer, Teesteuer. Im Rahmen der Steuerharmonisierung der →EG wird lediglich die Besteuerung des Verbrauchs von Mineralöl, Tabak, Alkohol, Bier und Wein angestrebt.
Spezielle örtliche V. sind (von Gemeinden od. Kreisen erhoben): z.B. Hundesteuer, Schankerlaubnissteuer, Vergnügungsteuer, Jagd- und Fischereisteuer. Ein rationales System der Verbrauchsbesteuerung ist nicht erkennbar. Fiskalische Zielsetzungen standen i.d.R. im Vordergrund, obgleich eine ganze Reihe von V. ausgesprochene Bagatellsteuern darstellen. S.a. →Umsatzsteuer.

verbundene Produktion
→Verbundproduktion.

verbundene Stichprobe
→Stichprobe.

Verbundproduktion
Unterfall der Mehrprodukt-Erzeugung (→ Produktion), bei dem verschiedene Produkte mittelbar od. unmittelbar über einen bzw. mehrere →Produktionsfaktoren verbunden sind, so dass immer mehrere →Güter in einem mehr od. weniger festen Mengenverhältnis gleichzeitig erzeugt werden; z.B. in der Schafzucht werden Wolle und Fleisch erzeugt. Ggs. hierzu die unverbundene Produktion. V. gliedert sich in →Komplementär- und →

Alternativproduktion.

Verbundvorteil
⇒*economies of scope.*

Verdienst
⇒*Arbeitsentgelt*
⇒Arbeitslohn
⇒Vergütung.

Verdingung
⇒*Ausschreibung*
⇒Submission.

Verdingungskartell
spezielle Kartellform (→Kartell), in der angeschlossene Unternehmen von einer Zentralstelle verpflichtet werden können, im Rahmen des Verdingungsvertrages (Lieferungsvertrages) bestimmte Aufträge auszuführen.

Verdrängungswettbewerb
Marktbeherrschende Unternehmungen und Oligopole tendieren u.a. dazu, schwächere Konkurrenten vom →Markt zu verdrängen. Im →Gesetz gegen Wettbewerbsbeschränkungen sind diese einer Missbrauchskontrolle unterworfen. Davon ist zu unterscheiden der durch → Innovationen ausgelöste Substitutionswettbewerb. Denn die „Verdrängungsmacht" neuer →Güter wird im Allgemeinen positiv beurteilt.

Verelendungshypothese
These von K. Marx über die Entwicklung der kapitalistischen Produktionsweise. Die relative Verelendung des Proletariats tritt danach über eine gegenüber dem → Mehrwert sinkende → Lohnquote ein, die absolute Verelendung des Proletariats erfolgt nicht nur über eine Abnahme der Lohnhöhe, sondern auch über eine erhöhte Arbeitszeit, Arbeitsbeanspruchung und verstärkt drohende → Arbeitslosigkeit. Die historische Gültigkeit der marxistischen Verelendungstheorie wurde häufig durch Uminter-pretation (Einbezug der angeblich durch den Kapitalismus verursachten „Verelendung" der Dritten Welt) aufrechtzuerhalten versucht. In ihrer ursprüng-lichen Marxschen Form kann sie aber als historisch widerlegt gelten.

Verfahren kritischer Werte
⇒*Sensitivitätsanalyse*
⇒*sensitivity analysis.*

Verfügungsrechte
⇒*Handlungsrechte*
⇒property rights.

Vergällung
⇒*Denaturierung*
⇒Inferiorisierung.

Vergleich
gegenseitiger Vertrag, durch den der Streit od. die Ungewissheit der Parteien im Wege gegenseitigen Nachgebens beseitigt wird. Der V. hat nur schuldrechtliche Wirkungen. Die Hauptbedeutung liegt im Rechtsstreit (Prozess-V.), wo neben den materiellrechtlichen Vertrag noch die verfahrensabschließende Prozesshandlung tritt. Eine besondere Form ist der V. im →Konkurs und im V.-sverfahren. Beim sog. Zwangs-V. handelt es sich um eine Mehrheitsentscheidung der Gläubiger zur Beendigung des Verfahrens.

Vergleichsmarktkonzept
→Wettbewerbstheorie.

Vergütung
⇒*Arbeitsentgelt*
⇒Arbeitslohn
⇒Verdienst.

Verhältniszahl
formal ein aus zwei Zahlen gebildeter Quotient. Jedoch sind nur Quotienten solcher Zahlen relevant, zwischen denen aus sachlogischen Gründen heraus eine Beziehung besteht od. eine sinnvolle Beziehung vermutet werden kann. Üblicherweise unterscheidet man drei Typen von V., nämlich:
- Gliederungszahlen (zur Darstellung der inneren Struktur einer Gesamtmasse)
- Beziehungszahlen (vornehmlich für Vergleichszwecke)
- örtliche und zeitliche Messzahlen.

Verhaltenshypothese
→Hypothese.

Verhaltensweisen
→Preistheorie.

Verifikation
⇒Verifizierung
nach dem kritischen Rationalismus Testart von →Hypothesen bei der Bildung
von →Theorien, um sie durch empirische Tatbestände od. Beobachtungen zu
bestätigen und als wissenschaftliche
Aussage anzuerkennen. Da keine letzt-
endliche V. von Hypothesen möglich ist,
müssen sie der →Falsifizierung unterworfen werden.

Verkäufermarkt
→Markt, auf dem sich der Verkäufer bei
der Fixierung der Konditionen (→Preis,
sonstige Konditionen) in einer dem Käufer gegenüber starken Position befindet.

Verkehrsgleichung
⇒Fishersche Gleichung
⇒*Tauschgleichung*.

Verkehrspolitik
1. *Begriff und Ziele der V*. Die V. umfasst
als sog. Sektorpolitik alle Aktivitäten
staatlicher und nichtstaatlicher Institutionen, welche die Rahmenbedingungen
und das Verhalten der Anbieter und
Nachfrager von Personen- und Güterver-
kehrsleistungen beeinflussen.
Die Ausgestaltung der V. soll dazu dienen, das gesellschaftliche Oberziel „Verbesserung der Lebensqualität" erreichen
zu helfen. Dabei geht es um eine Minimierung der (gesellschaftlichen) Kosten
(→Kosten) der Raumüberwindung bei
gleichzeitig hochwertiger, den →Bedürf-
nissen der Menschen und der →Wirt-
schaft entsprechender Qualität der
Transportleistungen. Die gesellschaftlichen Kosten schließen dabei auch die
vom Transportsektor verursachten negativen Umwelteffekte ein (Flächenbean-
spruchung, Trennwirkungen, Lärm- und
Schadstoffemissionen, Verkehrsunfälle),
während bei den Positivwirkungen etwa
auch die regionalen Erschließungseffekte
und Verbesserungen der Wohn- und
Freizeitmöglichkeiten durch Verfügbarkeit von Verkehrsmitteln zu berücksichtigen sind.

2. *Verkehrsträger*. Leistungskennziffern
der Transportwirtschaft sind beförderte
Tonnen (T) und Tonnenkilometer (Tkm)
im Güterverkehr sowie beförderte Personen (P) und Personenkilometer (Pkm) im
Personenverkehr; die ökonomisch aussa-
gefähigeren Kennziffern sind die Tkm
bzw. Pkm (sog. *Verkehrsleistung*), da sie
die Transportentfernungen einbeziehen.
Von zusätzlichem Interesse sind die
Fahrzeugkilometer (Fzkm), da in Abhängigkeit vom Auslastungsgrad der Fahrzeuge sowie ihrer Kapazität (Fahrzeug-
population) die Pkm und vor allem die
Tkm in unterschiedliche Fzkm-Werte
transformiert werden. Entscheidend für
die Verkehrsinfrastrukturbelastung und
die Umwelteffekte des Verkehrs sind
letztlich die Fzkm (*Fahrleistungen*).
Die Verkehrsleistungen werden von den
Verkehrsträgern *Straßenverkehr, Schienen-
verkehr, Binnenschifffahrt, Seeschifffahrt,
Luftverkehr* und *Rohrfernleitungen* erbracht.
Die Entwicklung der Verkehrsleistungs-
werte zeigt:
- Im Güterverkehr konnte die Bahn an
  den beträchtlichen Zuwächsen seit
  1970 kaum partizipieren und verlor
  kontinuierlich Mengenanteile. Dieser
  Anteilsverlust (im binnenländischen
  Verkehr, also ohne Seeschifffahrt) von
  1970 = 33,2% auf 2007 = 14% ist einmal
  auf den *Güterstruktureffekt* (Bedeu-
  tungsabnahme der sog. eisenbahnaffi-
  nen Güter wie Baustoffe, Montan-
  güter, usw. in der gesamten Trans-
  portpalette bei gleichzeitig starker Be-
  deutungszunahme der straßenver-
  kehrsaffinen Güter wie Investitions-
  und Konsumgüter (→Gut), Halbfabri-
  kate usw.) und zum anderen auf den
  Substitutionseffekt (Ersatz von Eisen-
  bahnleistungen durch Inanspruchnahme des Straßengüter- und teilweise Binnenschiffsverkehrs) zurückzuführen. Weiterhin begünstigte der
  seit Mitte der 80er Jahre von Industrie
  und Handel eingeführten logistischen
  Konzeptionen des Just-in-time, der
  produktionssynchronen Anlieferung,
  der Verzicht auf Lagerhaltungen, die
  Tendenzen zur zunehmenden Reduktion der Fertigungstiefen den vergleichsweise flexiblen Straßengüter-

verkehr.

- Der Anteil des Straßengüterverkehrs am binnenländischen Verkehr erhöhte sich von 1970 = 36,2% auf 2007 = 84%; beachtlich ist dabei das starke Vordringen des Werkverkehrs (Eigenverkehr der produzierenden und handeltreibenden Wirtschaft) sowie des Anteils der ausländischen Lastkraftfahrzeuge am Straßengüterfernverkehr.
- Im Personenverkehr ist ein dramatisches Eindringen des individuellen PKW-Verkehrs in den öffentlichen Verkehr zu beobachten. Betrugen 1970 die Verkehrsleistungsanteile des öffentlichen Verkehrs (des Individualverkehrs) noch 23% (77%), so waren es 2007 16% (84%).

Der Anteil des Verkehrssektors an der Bruttowertschöpfung (→Nettoproduktionswert) aller Wirtschaftsbereiche (Bruttoinlandsprodukt → Inlandsprodukt) beträgt 3,6% (2007). Diese Maßgröße ist jedoch unzulänglich, da Transportleistungen erst einen Großteil der Wertschöpfungsprozesse in den anderen Wirtschaftsbereichen ermöglichen; außerdem wird der Werkverkehr statistisch den jeweiligen Wirtschaftsbereichen der Betreiberunternehmen zugerechnet.

3. *Formen der V.*
3.1. *Verkehrsinfrastrukturpolitik.* Basis der Verkehrsleistungserstellung ist die Verfügbarkeit über Verkehrswege als wesentlicher Teil der Verkehrsinfrastruktur. Die Verkehrswegeplanung ist in der Bundesrepublik Deutschland, soweit sie in der Verantwortung des Bundes liegt (Bundesfernstraßen, Schienenstrecken, Wasserstraßen), methodisch weit fortentwickelt und setzt die Instrumente der → *Nutzen-Kosten-Analyse* und der *Nutzwert-Analyse* ein. Ziel ist es dabei, Projekte mit den größten volkswirtschaftlichen → Nutzen unter Beachtung der gesellschaftlichen Kosten zu identifizieren. Der Bundesverkehrswegeplan 1992 sieht für den Zeitraum bis 2012 ein Investitionsvolumen von 246 Mrd. Euro vor, hiervon entfallen 39,5% auf die Deutsche Bahn AG (Netz), 38,8% auf die Bundesfernstraßen, 5,7% auf die Bundeswasserstraßen und 15,4% auf Finanzhilfen für die Ge-

meinden. Es ergeben sich allerdings erhebliche Finanzierungslücken, die sich vor allem im Straßenbereich mit jährlich rund 2 Mrd. Euro auswirken.

Außerordentlich hohe investive Anforderungen resultieren aus der Wiedervereinigung Deutschlands. Der in den neuen Ländern aufgestaute dringlichste Investitionsbedarf des Verkehrsbereichs allein für den Zeitraum 1992 bis 2000 wurde mit 95 Mrd. Euro veranschlagt.

3.2. *Verkehrsordnungspolitik.* Zur Verkehrsordnungspolitik zählen staatliche Markteingriffe durch Ge- und Verbote, Regelungen des Marktzutritts und Einflussnahmen auf die Preisbildung. Traditionell waren die Verkehrsmärkte starken Staatseingriffen ausgesetzt. Die Begründungen waren vor allem historisch-politischer und weniger ökonomischer Natur. Generell kann von einem in vielen Ländern seit Anfang der 80er Jahre fortschreitenden Deregulierungsprozess gesprochen werden.

Die *historisch-politischen* Regulierungsbegründungen sehen im Verkehrssektor eine Kumulation von sog. Besonderheiten (abgeleitete Nachfrage, fehlende Lagermöglichkeiten von Transportleistungen, Unpaarigkeit der Verkehrsströme) oder gehen von einem Schutzbedürfnis der Eisenbahn aus. Während die sog. Besonderheitenlehre nicht mehr akzeptiert wird, besitzt das Argument des Schutzes der Bahn auch nach umfänglichen Bahnreformen in zahlreichen Ländern immer noch einen beträchtlichen Stellenwert.

Die *ökonomischen* Begründungen einer Regulierung des Transportsektors gehen von der Gefahr des Marktversagens aus, wobei auf die Existenz externer Effekte und öffentlicher Güter, die Tendenz zu ruinöser Konkurrenz und auf das Auftreten natürlicher Monopole (im Sinne von Effizienzmonopolen) verwiesen wird.

Nach moderner regulierungstheoretischer Auffassung können, mit Ausnahme der Existenz natürlicher Monopole, durch Festlegung von verhaltensbeeinflussenden Rahmenbedingungen mögliche Marktprobleme gelöst werden. Nur bei Verkehrsnetzen, konkret: dem Schienennetz von Eisenbahnen, wird ein Regulierungsbedarf hinsichtlich des Netzzugangs und der Nutzungspreise gesehen, da hier weitgehend unangreifbare natürliche Monopole anzutreffen sind. In Deutschland (alte Bundesländer bis zur Wiedervereinigung 1990) wurden bis Ende 1993 die Preise im gewerblichen Straßengüterfernverkehr und in der nationalen Binnenschifffahrt über dem Marktgleichgewicht administrativ festgelegt und staatlich kontrolliert. Zusätzlich bestand im gewerblichen Straßengüterfernverkehr bis Mitte 1998 eine straffe Kontingentierung der Fahrzeugbestände (sog. objektive Marktzugangsregelung). Seit 1994 ist in allen Verkehrsbereichen die Preisbildung voll dem Markt überlassen (Ausnahme: öffentlicher Personennahverkehr). Vom 1. Juli 1998 an ist auch die Kapazitätspolitik im Straßengüterfernverkehr völlig liberalisiert. Wirksam sind lediglich subjektive Marktzutrittsregelungen (persönliche Zuverlässigkeit, fachliche Kompetenz und finanzielle Leistungsfähigkeit/ Eigenkapitalnachweis). Ebenfalls entfallen sind die Unterscheidungen von Straßengüternah- und -fernverkehr.

Gerade in Deutschland hat die straffe Preis- und Kapazitätsregulierung beim Straßengüterfernverkehr nicht zum erwünschten Schutz der Bahn geführt. Vielmehr wurde die marktorientierte Wettbewerbsfähigkeit der Bahn nicht hergestellt mit der Folge dramatisch ansteigender staatlicher Unterstützungszahlungen. Andererseits ergab sich im gewerblichen Straßengüterfernverkehr und in der Binnenschifffahrt ein künstlich erhöhtes Preisniveau, als Ventil expandierte der Werkverkehr, der auch regulierungsbedingte qualitative Defizite des gewerblichen Straßengüterverkehrs kompensieren soll.

3.3. *Eisenbahnpolitik.* Die haushaltspolitisch nicht mehr tragbaren Finanzmittelerfordernisse der Bahn, verschärft durch die desolate Struktur der mit der Wiedervereinigung von der Deutschen Bundesbahn übernommenen Deutschen Reichsbahn, führten 1994 zu einer grundlegenden Bahnreform in Deutschland. Sie realisierte weitgehend die Vorschläge einer unabhängigen Regierungskommission. Wesentliche Merkmale dieser Reform waren die Umwandlung in eine Aktiengesellschaft (Deutsche Bahn AG), eine

Totalentschuldung in Höhe von 67,3 Mrd. DM (Schuldenübernahme durch das staatliche Bundeseisenbahnvermögen), die rechnerische und organisatorische Trennung von Eisenbahntransportbetrieb und Netz, die Netzöffnung für Dritte (sonstige Eisenbahnunternehmen), die Lösung des Problems der Beamten in der Deutschen Bundesbahn sowie die Regionalisierung des öffentlichen Personennahverkehrs, vor allem des Schienenpersonennahverkehrs (Einführung des Bestellerprinzips für sog. gemeinwirtschaftliche Leistungen). Erstmals wurde 1994 ein Trassenpreissystem eingeführt, das 1998 in ein zweistufiges Preissystem umgewandelt wurde. Die 2. Stufe der deutschen Bahnstrukturreform (ab 1.1.1999) hat eine aktienrechtliche Verselbständigung des Netzes und der drei Transportbereiche unter Führung einer Managementholding gebracht. Kritisiert wird die weiterhin bestehende faktische vertikale Integration von Transport- und Netzbereich bei der DB AG mit erheblichen Diskriminierungspotentialen gegenüber dem Marktzutritt Dritter, von dem generell eine Steigerung der Schienenattraktivität erwartet wird.

4. *Europäische Verkehrspolitik.* Nach dem EG-Vertrag (Art. 74-84) soll ein gemeinsamer Verkehrsmarkt durch Harmonisierung der Wettbewerbsbedingungen, Verbot von Verkehrsträgersubventionen und übereinstimmende Sozialvorschriften für das Personal geschaffen werden. Dabei besitzt der generelle Aspekt der Dienstleistungsfreiheit (Art. 59) einen hohen Stellwert (Urteil des Europäischen Gerichtshofes vom 22. Mai 1985). Zum 1. Juli 1990 wurde eine EG-weite Kabotageregelung im Straßengüterverkehr eingeführt in Form eines sukzessive aufgestockten Kabotagesonderkontingents. Ab dem 1. Juli 1998 bestehen keine Kapazitätsrestriktionen mehr bei der Kabotage im Straßengüterverkehr innerhalb der EU, sofern eine Genehmigung zum Straßengüterverkehr vorliegt. Diese Genehmigung ist nur an die Erfüllung der subjektiven Marktzutrittsbedingungen geknüpft. Auch im zwischenstaatlichen EU-Luftverkehr, für den nach einem Ur-

teil des Europäischen Gerichtshofes aus dem Jahre 1987 das Verbot wettbewerbsbeschränkender Praktiken (etwa Preis- und Mengenabsprachen) nach dem EGV anzuwenden ist, hat zusammen mit drei Liberalisierungspaketen die Kabotagefreigabe zum 1. April 1997 zu einer weitgehenden Liberalisierung innerhalb der EU geführt. Strittig ist, ob die EU-Kommission ein Verhandlungsmandat für multilaterale Luftverkehrsabkommen besitzt oder ob bilaterale Verträge zwischen EU-Mitgliedsstaaten und Drittstaaten möglich sind.

Der Einfluss der EU-Verkehrspolitik auf die nationalen verkehrspolitischen Entwicklungen hat sich seit 1985 fortlaufend verstärkt. Ohne entsprechende Verordnungen und Richtlinien wären die Deregulierungsprozesse in der europäischen Verkehrswirtschaft nicht umgesetzt worden.

Bislang nicht gelöst ist die Problematik des stetigen Marktanteilsverlustes der Eisenbahnen. Durch die Eisenbahnrichtlinie EWG 91/440 des Jahres 1991 wurde den Mitgliedsstaaten aufgegeben, die nationalen Eisenbahnen vom Staat unabhängig zu organisieren, eine rechnerische und - sofern angestrebt - auch eine organisatorische Trennung von Netz und Eisenbahntransportbetrieb durchzuführen, eine finanzielle Sanierung einzuleiten und den Zugang zum Netz für sog. internationale Gruppierungen von Eisenbahnen sowie für kombinierte Verkehre zu öffnen. Tatsächlich umgesetzt wurde diese Richtlinie jedoch nur in wenigen Staaten (insbesondere von Deutschland, Großbritannien, Schweden). Hierdurch mangelt es an der internationalen Wettbewerbsfähigkeit der Bahnen.

Der Versuch der EU-Kommission, 1996 durch ein Weißbuch zur Eisenbahnpolitik eine umfängliche Umsetzung der Eisenbahnrichtlinie von 1991 zu erreichen, war weitgehend erfolglos, da einige EU-Staaten weiterhin versuchen, die traditionellen Eisenbahnstrukturen zu erhalten. Im Güterverkehr ist der Marktanteil der EU-Bahnen stark zurückgefallen; ohne grundlegende Veränderungen in der Eisenbahnpolitik besteht die Gefahr, dass der Marktanteil der EU-Bahnen noch weiter absinkt.

Literatur: G. Aberle, Verkehrswegerechnung und Optimierung der Verkehrsinfrastrukturnutzung, Giessener Studien zur Transportwirtschaft und Kommunikation, Bd. 6., Hamburg 1992. G. Aberle, Transportwirtschaft, Einzelwirtschaftliche und gesamtwirtschaftliche Grundlagen. 2. A., München-Wien 1997. A. Boss/ C. F. Lauser et al., Deregulierung in Deutschland, Kieler Studien, Nr. 275. Tübingen 1996. J. Basedow (Hrsg.), Studien zum ausländischen und internationalen Privatrecht des Max-Planck-Instituts Hamburg, Bd. 16. Tübingen 1987. Ch. Köberlein, Kompendium der Verkehrspolitik. München 1997. C. F. Lauser, Wettbewerb im Verkehrswesen, Kieler Studien, Bd. 236. Tübingen 1991. U. van Suntum, Verkehrspolitik. München 1986.

Prof. Dr. G. Aberle, Gießen

Verkehrsteuer

(Umschlagsteuern) sind Objektsteuern und belasten den Vermögensverkehr (Kapitalverkehrsteuer), Grunderwerbsteuer), den Verkehr auf öffentlichen Straßen (Kraftfahrzeugsteuer), den Umsatz (Mehrwertsteuer) und weitere Verkehrsvorgänge (Wechselsteuer, Versicherungsteuer).

Verlustausgleich

Verrechnung positiver und negativer Teileinkünfte. Interner, horizontaler V.: Innerhalb einer Einkunftsart (→Einkünfte) als kleinster Besteuerungsgrundlage die Saldierung von positiven und negativen Teileinkünften unter Berücksichtigung von →Freibeträgen. Externer, vertikaler V.: nach Vornahme des internen V. kann zur Bildung der Summe der Einkünfte aus den sieben Einkunftsarten ein Verlust bei einer od. mehreren Einkunftsarten mit positiven Ergebnissen anderer Einkunftsarten desselben Veranlagungszeitraumes ausgeglichen werden.

Das EStG kennt freilich nicht ausgleichsfähige Verluste (z.B. Verluste aus gewerblicher Tierzucht und Tierhaltung i.S. des § 15 II EStG).

Eine spezielle Form des V. ist die Verrechnung von Konzerngewinnen mit -verlusten im Rahmen von Organschaftsverhältnissen (→Organschaft).

Verlustfunktion
⇒Schadensfunktion
Die V. S erfasst in der statistischen Entscheidungstheorie Fehlentscheidungskosten in der Form: Die reelle Zahl S (ϑ, d) gibt die eintretenden Konsequenzen an, wenn die Entscheidung d getroffen wird und ϑ den wahren Zustand der Umwelt angibt. S. ist somit Abbildung des Kartesischen Produkts $\Theta \cdot$ D in die reellen Zahlen R: S: $\Theta \cdot$ D →R, wobei Θ den Zustandsraum und D den Entscheidungsraum angibt.

Verlustzuweisungsgesellschaft
meist als Abschreibungsgesellschaft in der Rechtsform der →GmbH & Co. KG od. anderer Arten von Mitunternehmerschaften. Dabei kommt der Finanzierungsfunktion der → Abschreibungen eine besondere Bedeutung zu, um eine möglichst hohe Verlustquote zu erreichen. Wird z.B. eine Verlustquote von 200%, bezogen auf das eingesetzte →Eigenkapital, erreicht und erfolgt im Rahmen der gesonderten Gewinnfeststellung nach § 180 Abgabenordnung eine Zurechnung der anteiligen Verluste (Verlustzuweisung) auf die einzelnen Mitunternehmer, kann bereits bei einem Durchschnittsteuersatz von 50% die Beteiligung ausschließlich aus ersparten → Steuern finanziert werden.

Vermögen
⇒*Kapital.*

Vermögensänderungskonto
Konto der Volkswirtschaftlichen Gesamtrechnung. Es erfasst die Sachvermögensbildung und deren Finanzierung für jeden volkswirtschaftlichen Sektor. Auf der linken Seite des V. sind neben den Bruttoinvestitionen die geleisteten Vermögensübertragungen und als Restgröße der Finanzierungssaldo, auf der rechten Seite die Ersparnis, Abschreibungen und die empfangenen Vermögensübertragungen aufgeführt.

Vermögensänderungsrechnung
→ Gesamtwirtschaftliches Rechnungswesen.

Vermögensbildung
Gemeint ist meist die individuelle V., also die individuelle Bildung von Geld- und auch Humanvermögen (→Kapital) der privaten Haushalte (→ Haushalt) durch →Sparen. Insbesondere meint der Begriff i.d.R. die Förderung der V. in Arbeitnehmerhand (→ Arbeitnehmer) durch Förderung des Sparwillens, aber auch der Sparfähigkeit der →Arbeitnehmer. Hierzu erging das Gesetz zur Förderung der V. der Arbeitnehmer vom 12.7.1961. Nunmehr gültig ist das Dritte Vermögensbildungsgesetz i.d.F. vom 30.9.1982. Die V. wird durch →Steuervergünstigungen und Befreiung von Sozialversicherungsleistungen gefördert. Es gibt einen Katalog für in Betracht kommende vermögenswirksame Leistungen. Arbeitnehmer bis zu einem bestimmten Jah-reseinkommen erhalten eine Sparzulage bei vermögenswirksamen Leistungen mit einer Höchstgrenze. Eine Beteiligung am Produktivvermögen (→Kapital) der →Arbeitgeber soll gefördert werden. Gleichwohl besteht darüber noch keine Klarheit, insbesondere ist die Form der Beteiligung, ob betrieblich od. überbetrieblich, noch umstritten.

Vermögenseffekt
⇒wealth-effects
1. die auf G. Haberler (1941) zurückgehende Bezeichnung dafür, dass das → Unterbeschäftigungsgleichgewicht in der → Keynesschen Theorie durch Berücksichtigung von → Vermögen in Form der Realkasse (→Kasse) zu modifizieren ist, wenn sich das →Preisniveau ändert (→Realkasseneffekt).

2. Oberbegriff für die von Änderungen des Vermögens induzierten Effekte auf ökonomische Größen, wobei die Vermögensänderung durch das Preisniveau, den →Zins, die →Geldmenge od. auch den → Wechselkurs ausgelöst werden kann.

3. Von manchen Ökonomen wird auch der Einkommenseffekt in der Nachfrage des privaten Haushalts (→ Haushalt) aufgrund der Änderung des →relativen Preises als V. bezeichnet.

Vermögenseinkommen
⇒Besitzeinkommen
⇒Kapitaleinkommen
→Einkommen.

Vermögensrechnung
1. Aufstellung über →Vermögen und →
Verbindlichkeiten eines → Wirtschaftssubjekts, → Transaktors od. einer →
Volkswirtschaft in Form einer Gegen-
über-stellung, so dass die auf der Passivseite erfassten Verbindlichkeiten als
Finanzierungsquellen der auf der Aktivseite stehenden Vermögensobjekte angesehen werden können.

2. Die von der →Deutschen Bundesbank
geführte und veröffentliche Geldbestandsänderungsrechnung   „Entwicklung der Geldbestände im Bilanzzusammenhang", die auf der →Konsolidierten
Bilanz des →Bankensystems beruht. →
Gesamtwirtschaftliches   Rechnungswesen, 3.

Vermögensteuer
ist eine Personensteuer und gehört zu
den Bestandsteuern. Das V.-aufkommen
floss den Ländern zu. Die → Bemessungsgrundlage war das nach den Vorschriften des Bewertungsgesetzes zu
ermittelnde Gesamtvermögen nach Abzug von →Freibeträgen. Der →Steuer-
satz betrug seit dem 1.1.1978 0,5% für →
natürliche Personen und 0,7% für →juri-
stische Personen. Ende der 90er Jahre
wurde die V. abgeschafft. Ihre Wiedereinführung ist Gegenstand der politischen Diskussion.

Vermögenstransfer
Übertragung von →Vermögen. Vermögensobjekte können unter Lebenden od.
nach dem Tode nach dem Willen des Eigentümers transferiert werden. Vermögensübertragungen im Sinne der →
Volkswirtschaftlichen Gesamtrechnung,
die auf Vermögensänderungskonten erfasst werden, sind insbesondere staatliche Investitionszuschüsse, Erbschaften
und Vermächtnisse, aber auch unterstellte Vermögensübertragungen, z.B. jene
Beträge, die von privaten Haushalten (→
Haushalt) für den Wohnungsbau über
Bausparkassen aufgewendet werden.

Vermögenszuwachssteuer
ist lediglich ein Vorschlag zur Gestaltung
der →Vermögensteuer: →Bemessungs-
grundlage ist nicht der Vermögensbe-
stand, sondern der Vermögenszuwachs.

Verpflichtungsermächtigung
früher ⇒Bindungsermächtigung
Durch Bundesgesetz ausgesprochene Ermächtigung der öffentlichen Verwaltung
zur Aufnahme von →Krediten od. Gewährung von → Bürgschaften für →
Ausgaben künftiger Rechnungsjahre. V.
ermöglicht langfristige Planung bei Wahrung des Budgetrechts des Parlaments.

Verschleiß
Abnutzung durch Gebrauch, Substanzverlust durch Abbau, Wertvernichtung
durch Katastrophen, durch Stilllegen von
Anlagen. Der Werteverzehr wird durch
Abschreibungen bzw. Sonderabschrei-
bungen in der Kostenrechnung erfasst.

Verschuldungsgrad
→Bilanzkennzahlen.

Verschuldungskoeffizient
→Bilanzkennzahlen.

versteckte Arbeitslosigkeit
→Arbeitslosigkeit.

versteckte Selbstfinanzierung
→Selbstfinanzierung.

Verteilung
in der →Deskriptiven Statistik die empirisch beobachtete Häufigkeitsverteilung;
in der →Wahrscheinlichkeitstheorie ist
V. die Zuordnung von Wahrscheinlichkeiten zu den Ereignissen von Zufallsex-
perimenten. Man spricht deshalb von der
Wahrscheinlichkeits-V. Sie entspricht der
V. von →Zufallsvariablen. Für eine einzelne Zufallsvariable X können die
Wahrscheinlichkeiten der Ereignisse $X \leq$
t als Fundament benutzt werden. Man erhält daraus die V.-sfunktion der Zufallsvariablen X: $F_x(t) = P(X \leq t)$. Die V.-
funktionen diskreter und stetiger Zufallsvariablen unterscheiden sich (s. →
Zufallsvariable). Die V. ist eindimensio-
nal, wenn sie sich nur auf eine einzige

Zufallsvariable bezieht; sie ist mehrdimensional, wenn sie sich auf mehrere Zufallsvariablen bezieht. Zu den V. s. z.B.: → Binomial-V., → Normal-V., → Standardnormal-V., → Chi-quadrat-V., →Student-V.
In der →Verteilungstheorie werden die Einkommens-V., Vermögens-V., Primär-V. usw. untersucht.

Verteilungsmaße
1. Kennzahlen zur Charakterisierung von →Verteilungen wie z.b. Mittelwerte (→ Mittel) und Streuungskennzahlen (→ Streuung). 2. Messgrößen der Abweichung von der →Gleichverteilung, also Konzentrationsmaße (→ Konzentration) wie → Gini-Koeffizient und → Lorenz-kurve.

Verteilungsrechnung
Verfahren der →Kuppelproduktkalkulation neben der →Restwertmethode. Die V. wird angewendet, wenn mehrere Hauptprodukte vorhanden sind oder wenn auf eine Bewertung der Bestände an Nebenprodukten nicht verzichtet werden kann. Die V. entspricht einer Divisionskalkulation mit Äquivalenzziffern. Die Verteilung der Kosten erfolgt nicht nach dem Verursacherprinzip, sondern meist nach dem Prinzip der Kostentragfähigkeit nach Maßgabe einer ausgewählten Erlösgröße. Auch technische Maßgrößen werden bisweilen zur Kostenverteilung herangezogen.

Verteilungstheorie
Theoretische Aussagen zur Einkommensverteilung. Ziel ist zu erklären, welche Einflussfaktoren im Rahmen von Einkommensverteilungsprozessen wirksam werden bzw. wovon die faktische (ex post) Verteilung der Einkommen abhängt. Die Ergebnisse differieren nicht unbeträchtlich und hängen vor allem von der Wahl der Verteilungskriterien (real, nominell, funktionell, personell, sektoral) ab. Wichtige theoretische Ansätze der V. sind die klassische Verteilungslehre, die Grenzproduktivitätstheorie und die postkeynesianische V.

vertikale Marktspaltung
⇒*agglomerative Marktspaltung.*

vertikaler Finanzausgleich
→Finanzausgleich.

vertikale Wettbewerbsbeschränkungen
→Wettbewerbsbeschränkungen
→Wettbewerbspolitik
→ Gesetz gegen Wettbewerbsbeschränkungen
Wettbewerbsbeschränkungen, die sich auf Vorstufen oder Nachstufen einer Unternehmung bzw. einer Branche erstrekken. Beispiele sind: die vertikale Preisbildung (s. dazu →Preisbindung zweiter Hand), Konditionendiskriminierung od. Lieferdiskriminierung durch den Hersteller gegenüber dem Handel, auch → Fusionen mit Unternehmen der Vorstufe od. Nachstufe, wenn dadurch der Wettbewerb auf der jeweiligen Stufe eingeschränkt wird.

Vertragsfreiheit
herrscht grundsätzlich im Schuldrecht: die Vertragsparteien können den Vertrag beliebig gestalten. Sie müssen nur die unabdingbaren Rechtsgrundsätze (z.B. gute Sitten, gesetzliche Verbote) beachten. Im Familienrecht tritt der Grundsatz der V. zurück wegen des öffentlichen Interesses am Bestand von Ehe und Familie. Im Arbeitsrecht besteht grundsätzlich V., jedoch sind zwingende Vorschriften zu beachten.

Vertrieb
⇒*Absatz, 4.*
⇒Distribution.

Vertriebsweg
Weg der Güter vom Hersteller zum → Konsumenten. Es gibt vielfältige Formen: Direktvertrieb oder Einschaltung von Zwischengliedern (Großhandel, Einzelhandel, →Handelsvertreter u.a.).

Verursachungsprinzip
Grundsatz, nach dem die →Kosten für Umweltbelastung von den → Wirtschaftssubjekten zu tragen sind, die sie verursacht haben. Zurechnungsprobleme bestehen z.B. durch Schwierigkeiten bei der Identifizierung des einzelnen Verursachers. S. →Umweltpolitik.

Verwaltungshoheit
Ausprägung der →Finanzhoheit in dem Recht, eine bestimmte →Steuer zu verwalten, d.h. zu bemessen und einzuziehen.

verzinsliche Schatzanweisungen
ausgegeben von der Bundesregierung. Ihre Laufzeit beträgt 6 od. 12 Monate. Sie sind mit Zinsscheinen ausgestattet wie → Anleihen und andere → Schuldverschreibungen. Ihre Rückzahlung bestimmt sich nach dem Auslosungsverfahren od. aufgrund fester Termine. Anders die →unverzinslichen Schatzanweisungen.

very long run time horizon
→Zeithorizont.

Verzögerung
⇒*lag*
⇒time lag.

VES-Funktion
→Produktionsfunktion.

Vickrey-Regel
Bei einer Ausschreibung mit verschlossener Angebotseinreichung soll der Niedrigstbietende den Zuschlag zum Preis des zweitniedrigsten Gebots erhalten. Die optimale Bieterstrategie bei einer Ausschreibung nach der V. erfordert lediglich die Abgabe des Gebots in Höhe der Opportunitätskosten der ausgeschriebenen Leistung durch den Bieter. Damit erweist sich die V. als pareto-optimal auch bei asymmetrischer Informationsverteilung, führt zur Offenlegung der wahren individuellen Präferenzen und wirkt gegen die Bildung von Anbieterkartellen. Sie ist bei homogenen Leistungen der Regelung in § 2 der Verdingungsordnung für die Vergabe von Leistungen (Teil A) (VOL/A), in der die Vergabe zu „angemessenen" Preisen vorgeschrieben ist, überlegen und würde zu einer Vereinfachung des Vergabewesens führen.

vinkulierte Aktie
Namensaktien, deren Übertragung an die Zustimmung der → Aktiengesellschaft gebunden ist (§ 55 AktG).

vintage
⇒vintage approach.

vintage approch
⇒vintage
Analyse in der →Wachstumstheorie unter der Annahme, dass → technische Fortschritte an die Verwendung neuer Kapitaljahrgänge (gegebenenfalls auch Arbeitsjahrgängen) gebunden sind (Embodiment-Hypothese). Damit wird die Homogenität von Human- und Sachkapital (→Kapital) bei technischem Fortschritt in Wachstumsmodellen aufgegeben. Der v. verdeutlicht eine Reihe von Strukturphänomenen des Wachstums.

Virtuelle Organisation
Virtuelle Organisation innerhalb eines Unternehmens oder zwischen Unternehmen sind zeitlich begrenzte Organisationen, die für die Erfüllung einer Aufgabe gegründet wurden und sich dann auflösen. Virtuell heißt der Kraft, der Möglichkeit nach vorhanden aber noch nicht Realität. Unter dem Einfluss der Informationstechnologie wird unter virtuell fälschlich irreal oder imaginär verstanden. Eine virtuelle Organisation betont hingegen die Fähigkeit, reale Möglichkeiten (real im Sinne von tatsächlichen Möglichkeiten) sehr schnell zu realisieren. Für neue Aufgaben kann so schnell eine maßgeschneiderte Organisation geschaffen werden.

Im Prinzip ist dies nichts neues. Projektorganisationen, Konsortien und Arbeitsgemeinschaften (ARGE) gibt es seit langem. Neue Anwendungsmöglichkeiten für virtuelle Organisationen ergeben sich zum einen aus den modernen Informationstechnologien und zum anderen aus dem durch Globalisierung und Deregulierung der Märkte gestiegenen Wettbewerb auf den Märkten. Der Zwang zur Arbeitsteilung, zur Spezialisierung auf Kernkompetenzen für die Unternehmen wächst. Gleichzeitig wächst die Notwendigkeit zur Zusammenarbeit von Unternehmen, um die zur Erfüllung komplexer Problemlösungen notwendige Bündelung der Kernkompetenzen verschiedener Unternehmen (von Unternehmensteilen) vornehmen zu können. S. → Netzwerkorganisation.

Im Idealfall sollen die global vorhandenen besten Potentiale zur Lösung einer Aufgabe für die Dauer der Aufgabenerfüllung zusammengeführt werden. Dies ist erst durch die Möglichkeit neuer Informationstechnologien möglich. Die Konzentration auf Kernkompetenzen schafft Wettbewerbsvorteile, die durch die fallweise Kooperation innerhalb und zwischen Unternehmen gemeinsam erst genutzt werden können. Es entstehen äußerst fluide Unternehmen/ Organisationen, die im Netzwerk zur optimalen Ressourcenkombination führen sollen.

Die technischen Möglichkeiten sichern aber nicht den Erfolg virtueller Organisationen. Es müssen schwerwiegende juristische, soziale und personale Restriktionen beachtet werden. Die Gefahr der Überforderung von Kunden, Lieferanten, Partnern und der Mitarbeiter besteht. Ohne ein Mindestmaß an Stabilität und Berechenbarkeit kann kein Vertrauen in die Partner entstehen und damit eine offene Kommunikation und Atmosphäre der Kreativität. Die Informationstechnologie kann persönliche Kontakte nicht ersetzen. Dazu braucht es aber Zeit. Entscheidungen müssen getroffen werden. Dazu bedarf es einer Führungsstruktur, die eine derart komplexe Organisation steuern kann. Die Vorteile der virtuellen Organisation können erst dann realisiert werden, wenn deren Flexibilität durch komplementäre Elemente der Stabilität auch abgesichert wird.

Die →lernende Organisation bietet dafür gute Voraussetzungen. Sie gibt den Akteuren der virtuellen Organisation eine Heimat und damit Sicherheit. Erst auf dieser Basis ist ein äußerstes Maß an Flexibilität möglich. Sie gibt auch die Voraussetzung für den professionellen Umgang mit dem Produktivfaktor Wissen. Wegen dessen Fluidität besteht die große Gefahr, dass dieses von anderen Partnern der virtuellen Organisation abgesogen wird und eigene Kernkompetenzen verloren gehen. Zu dem Vertrauen in die Partner muss auch die eigene Kompetenz der Wissenserzeugung kommen. Daher ist die kritische Prüfung, wer sich mit wem zu einer virtuellen Organisation zusammenschließt wesentlich wichtiger als

das Vorhandensein der technischen Möglichkeiten für dieses Organisationsform.

Literatur: *K. Bleicher*, Veränderungen in Wirtschaft und Gesellschaft - Sind wir auf dem Weg zur virtuellen Unternehmung?, in: Siegener Universitätsreden „Podium", Ehrenpromotion Bleicher am 14.11.1997, Bd. 9, Siegen 1998. *G. Schuh*, Die virtuelle Fabrik - Neue Marktchancen durch dynamische Netzwerke, 1998. *A. Schräder*, Management virtueller Unternehmungen: organisatorische Konzeption und informationstechnische Unterstützung flexibler Allianzen. Frankfurt a.M. 1996.

Prof. Dr. K.-D. Ziehmann, Siegen

Volatilität

1. *Begriff*. Die V. ist ein Maß für das Kursrisiko einer →Aktie. Je volatiler eine Aktie ist, um so größer ist die Schwankungsbreite ihrer →Kurse und um so wahrscheinlicher ist es, dass ein bestimmter Kurs (z.B. Basiskurs bei Optionen) überschritten wird. Daher werden Optionen von Aktien mit großer V. höher bewertet als Optionen von Aktien mit niedriger V. (vgl. →Black-Scholes-Modell). Die V. ist Null, wenn es entweder überhaupt keine Kursschwankungen gibt, oder die Wachstumsraten der Kurse in jeder Periode gleich hoch sind.

2. *Schätzung der historischen V.*: Statistisch gesehen ist die V. die i.a. auf ein Jahr bezogene Standardabweichung der Verteilung der logarithmierten relativen Aktienkursveränderungen in einer Zeiteinheit.

Volksbanken
Universalbanken in der →Rechtsform der →Genossenschaft. S. →Genossenschaftsbanken.

Volkseigene Güter
→Agrarpolitik.

Volkseinkommen
In der →Volkswirtschaftlichen Gesamtrechnung wird das V. od. →Sozialprodukt nach dem →Inländerkonzept ermittelt. Es besteht aus dem Inlandseinkommen von →Inländern und aus dem

Auslandseinkommen von Inländern ohne das Inlandseinkommen von Ausländern. Aus dem Bruttoinlandsprodukt zu Marktpreisen (→Inlandsprodukt) ergibt sich, bereinigt um den Saldo der Erwerbs- und Vermögenseinkommen aus bzw. an das Ausland, das Bruttosozialprodukt zu Marktpreisen od. Bruttovolkseinkommen. Das Nettovolkseinkommen ergibt sich aus letzterer Größe, wenn man vom Bruttovolkseinkommen die →Abschreibungen sowie die →indirekten Steuern abzieht und die →Subventionen hinzurechnet. Vgl. auch → Volkswirtschaftliche Gesamtrechnung.

Volkseinkommen-Mechanismus
→Monetäre Außenwirtschaftstheorie

Volksvermögen
⇒*Nettovermögen*
⇒Reinvermögen
→ Realvermögen (→ Produktivvermögen und Gebrauchsvermögen) einer → Volkswirtschaft abzüglich der Schulden an das Ausland und zuzüglich der Forderungen an das Ausland.

Volkswirtschaft
→Wirtschaft, 3.

Volkswirtschaftliche Gesamtrechnung
stellt ein geschlossenes Buchhaltungssystem dar, das auf kreislauftheoretischen (→Kreislauftheorie) Erkenntnissen aufbaut und in dem die Ergebnisse der wirtschaftlichen Aktivitäten einer Volkswirtschaft (→Wirtschaft) für eine abgelaufene Periode (z.B. Jahres-, Vierteljahreswerte) ermittelt werden (→ ex post-Analyse). In der Bundesrepublik wird die V. vom Statistischen Bundesamt aufgestellt.
Die ermittelten Daten ermöglichen die Überprüfung wirtschaftstheoretischer Aussagen und sind erforderlich, um wirtschaftspolitische Ziele operational formulieren und eine Erfolgskontrolle wirtschaftspolitischer Maßnahmen durchführen zu können.
Die am Wirtschaftsprozess beteiligten Einheiten werden zu Sektoren (→Transaktor) zusammengefasst, die von ihnen entwickelten Aktivitäten systematisiert, so dass ein konsistentes Bild über die →

Produktion, Verteilung, Verwendung der Güter, Entstehung, Verteilung, Umverteilung, Verwendung der Einkommen, →Vermögensbildung und ihre → Finanzierung entsteht. Die Ergebnisse werden in Form eines Kontensystems und in Standardtabellen veröffentlicht.
Die Wirtschaftseinheiten können grundsätzlich vier unterschiedliche wirtschaftliche Aktivitäten entwickeln, nämlich: *Güterproduktion, Einkommensempfang* und *-verwendung, Vermögensbildung* sowie *Kreditaufnahme* und *-gewährung*. Bei den Sektoren wird zwischen *Unternehmen, Staat* sowie *Privaten Haushalten* (→Haushalt) (einschließlich privaten Organisationen ohne Erwerbszweck) unterschieden, die bedarfsweise weiter untergliedert werden. Alle Wirtschaftseinheiten, die ihren ständigen Sitz außerhalb der Bundesrepublik haben, werden als „Übrige Welt" bezeichnet.
Jedem Sektor werden Konten für die möglichen wirtschaftlichen Aktivitäten, die ebenfalls weiter untergliedert werden, zugeordnet. Das Statistische Bundesamt bildet für jeden Sektor folgende sieben Konten:
1. Produktionskonto
2. Einkommensentstehungskonto
3. Einkommensverteilungskonto
4. Einkommensumverteilungskonto
5. Einkommensverwendungskonto
6. Vermögensänderungskonto
7. Finanzierungskonto
Diesem Kontensystem wird ein „Zusammengefasstes Konto der „Übrigen Welt" (Konto 8) nachgestellt, auf dem alle Vorgänge zwischen dem Ausland und sämtlichen inländischen Sektoren gegengebucht werden. Dem Kontensystem vorangestellt wird ein „Zusammengefasstes Güterkonto" (Konto 0), das das Aufkommen und die Verwendung der Güter in der gesamten Volkswirtschaft zeigt.
Um die Ergebnisse der wirtschaftlichen Aktivitäten zusammenfassen zu können, ist ein einheitlicher *Bewertungsmaßstab* erforderlich. Alle Güter und →Forderungen, die über den → Markt getauscht werden, werden mit ihren *Marktpreisen* bewertet. Von Unternehmen selbst erstellte Anlagen und Vorratsveränderungen an eigenen Produkten werden

dagegen mit → Herstellungskosten bewertet, da es für dieses Güter keine direkten Marktpreise gibt. Analog muss man mit den vom Staat unentgeltlich bereitgestellten Leistungen verfahren, die mit ihren Faktorkosten bewertet werden.

Bei der Ermittlung der Einkommen wird zwischen *Inlands-* und *Inländerkonzept* unterschieden. Nach dem Inlandskonzept werden Einkommen, die bei der Produktion im Inland entstehen, erfasst. Das Ergebnis ist das Inlandsprodukt. Beim Inländerkonzept werden die den inländischen Wirtschaftseinheiten zugeflossenen Einkommen ermittelt, unabhängig, ob sie im In- od. Ausland entstanden sind. Man spricht deshalb vom Inländer- od. Sozialprodukt.

Das Ergebnis des abgelaufenen Wirtschaftsprozesses lässt sich unter drei Blickwinkeln erfassen, bei der Entstehung, bei der Verwendung, bei der Verteilung.

In der *Entstehungsrechnung* werden die Beiträge der Sektoren zum gesamten Produktionsergebnis (Bruttowertschöpfung) ermittelt. Daraus lassen sich →Bruttoinlands- (Inlandsprodukt) Sozialprodukt und → Volkseinkommen ableiten (vgl. Tab. 1; Schema, ohne Zahlen).

In der *Verwendungsrechnung* wird ermittelt, wofür die produzierten Waren und Dienstleistungen verwendet werden (vgl. Tab. 2; Schema ohne Zahlen).

In der *Verteilungsrechnung* wird die Aufteilung des Volkseinkommens in Bruttoeinkommen aus unselbständiger Arbeit und Bruttoeinkommen aus Unternehmertätigkeit und → Vermögen vorgenommen (vgl. Tab. 3; Schema, ohne Zahlen).

Zusätzlich zur V. werden noch Nebenrechnungen wie →Vermögensrechnung, →Finanzierungsrechnung, →Zahlungsbilanz erstellt.

Ab 1999 wird in den Mitgliedsländern der EU schrittweise das einheitliche Europäische System Volkswirtschaftlicher Gesamtrechnungen - ESVG 1995 - eingeführt, um vergleichbare Daten zu erhalten. Das ESVG bringt Änderungen im Produktionskonzept - das neben der Marktproduktion noch Nichtmarktpro-

duktion für die Eigenverwendung und sonstige Nichtmarktprodukte unterscheidet - sowie in der Sektorenabgrenzung. Die Umstellung ist endgültig erst im Jahr 2005 abgeschlossen worden.

Die Verwendung von Sozialproduktsgrößen als *Wohlfahrtsindikator* ist wg. → externer Effekte (z.B. Umweltschädigung durch Produktion und →Konsum) problematisch.

Tab. 1: Bruttowertschöpfung nach Sektoren, Bruttoinlandsprodukt, Sozialprodukt (bestimmtes Jahr) in Mrd. Euro, Deutschland

Unternehmen (bereinigt)	....
Staat	....
Private Haushalte usw.	....
Bruttowertschöpfung insgesamt	....
+ Nichtabzugsfähige Umsatzsteuer	....
+ Einfuhrabgabe	....
Bruttoinlandsprodukt (BIP)	....
+ Saldo der Erwerbs- und Vermögenseinkommen zwischen Inländern und der übrigen Welt	....
Bruttosozialprodukt zur Marktpreisen (BSP)	....
- Abschreibungen	
Nettosozialprodukt zu Marktpreisen	....
- (Indirekte Steuern - Subventionen)	....
Nettosozialprodukt zu Faktorkosten = Volkseinkommen	....

Tab. 2: Verwendung des Bruttoinlandsprodukts (bestimmtes Jahr) in Mrd. Euro und v.H., Deutschland

	Mrd. Euro	v.H.
Privater Verbrauch	....	.....
Staatsverbrauch	....	.....
Anlageinvestition	....	.....
Vorratsveränderung	....	.....
Außenbeitrag	....	.....
Bruttoinlandsprodukt (BIP) zu Marktpreisen	....	100

Tab. 3: Verteilung des Volkseinkommens (bestimmtes Jahr) in Mrd. Euro und v.H., Deutschland

	Mrd. Euro	v.H.
Volkseinkommen	....	100
Bruttoeinkommen aus unselbstständiger Arbeit	....	......
- Sozialbeiträge der Arbeitgeber	....	......
Bruttolohn- u. -gehaltssumme	....	......
- Lohnsteuer	....	......
- tatsächliche Sozialbeiträge der Arbeitnehmer	....	......
Nettolohn- u. -gehaltssumme	....	......
Bruttoeinkommen aus Unternehmertätigkeit und Vermögen	....	......
- direkte Steuern u.ä.	....	......
Nettoeinkommen	....	......

Literatur: *Statistisches Bundesamt*, Volkswirtschaftliche Gesamtrechnung, Fachserie 18, Reihe 1.3, Konten und Standardtabellen, lf. Jg. Europäische Kommission, Europäisches System Volkswirtschaftlicher Gesamtrechnungen - ESVG 1995 -, Luxemburg 1995. *L. Hübl/ R. Hartig/ W. Schepers*, Einführung in das gesamtwirtschaftliche Rechnungswesen. Darmstadt 1986.

Prof. Dr. L. Hübl, Hannover

volkswirtschaftliche Kosten
⇒gesamtwirtschaftliche Kosten
⇒soziale Kosten
→Kosten.

Volkswirtschaft mit staatlicher Aktivität
gedankliches Konstrukt für Analysen in der → Makroökonomik, das eine → Volkswirtschaft mit staatlicher Aktivität umfasst. Eine höhere Abstraktionsstufe od. Vorstufe bildet die Volkswirtschaft ohne staatliche Aktivität.

Volkswirtschaft ohne staatliche Aktivität
gedankliches Konstrukt für Analysen in der → Makroökonomik, das eine → Volkswirtschaft mit nur privater Aktivität umfasst, also staatliche Aktivität außer Acht lässt. Die nachgelagerte Stufe ist i.d.R. die Volkswirtschaft mit staatlicher Aktivität.

Volkswirtschaftslehre (VWL)
⇒Nationalökonomie
⇒Volkswirtschaftstheorie
→Wirtschaftswissenschaft.

Volkswirtschaftstheorie
→Wirtschaftswissenschaft.

Vollbeschäftigungsgleichgewicht
Die →Volkswirtschaft befindet sich im Zustand der Vollbeschäftigung (N_v), wenn alle Arbeitswilligen - abgesehen von einem geringen Ausmaß unvermeidlicher → Arbeitslosigkeit - zum herrschenden →Lohn →Arbeit finden. Die simultan partiellen Gleichgewichte (→ Gleichgewicht) sind Bedingungen des gesamtwirtschaftlichen V. mit den durch v (= bei Vollbeschäftigung) indizierten Werten der Variablen $\frac{l_L}{P}$, N, Y und i. Im Hinblick auf die Voraussetzung eines gegebenen → Kapitalbestandes (K) kann die real definierte →Produktion kurzfristig nicht über Y_v hinausgehen. Wären - anders als im postkeynesianischen System (→ postkeynesianische Theorie) - Preise (P) und Löhne (l_L) flexibel, könnte also von vollständiger Konkurrenz auf dem →Güter- und →Faktormarkt ausgegangen werden, bliebe das V. nach exogenen Störungen erhalten. D.h. auch: Ein → Unterbeschäftigungsgleichgewicht induziert - wenn die Stabilitätsbedingungen gegeben sind - Kräfte, die auf ein V. hinführen (stabiles Gleichgewicht). Zur Illustration der Stabilität wird in der Abb. ein Anstieg des Reallohns $\frac{l_L}{P}$ angenommen ($\left(\frac{l_L}{P}\right)_u$) (u indiziert Unterbeschäftigung).

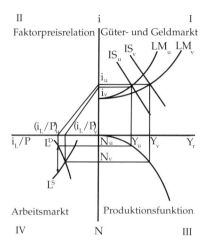

II   i   I
Faktorpreisrelation |Güter- und Geldmarkt

Arbeitsmarkt   Produktionsfunktion
IV   N   III

Vollkaufmann

→Kaufmann, auf den das Handelsrecht, insbesondere das HGB, voll angewendet wird. V. ist jeder Kaufmann, der eines der in § 1 HGB bezeichneten Grundhandelsgewerbe (→ Handelsgewerbe) betreibt, auch wenn er nicht im →Handelsregister eingetragen ist und sofern er dem Umfange seines Handelsgewerbes nach nicht nur →Minderkaufmann ist. Nur der V. führt eine Firma, ist im Handelsregister einzutragen, hat Handelsbücher zu führen und kann Prokura erteilen.

vollkommener Markt

→Preistheorie.

Vollkosten

alle im Unternehmen angefallenen →Kosten (in einer Periode) werden dem → Kostenträger in voller Höhe angerechnet.

Vollkostenrechnung

→Kostenrechnung, bei der i.Ggs. zur → Teilkostenrechnung alle im Unternehmen angefallenen →Kosten in voller Höhe auf die → Kostenträger verteilt werden. Ist heute noch vorherrschende →Kostenrechnung in den Betrieben. Sie verstößt gegen das → Kostenverursachungsprinzip, da fixe Kosten (→ Kosten) proportional auf die Kostenträger

verteilt werden und für mehrere Kostenträger gemeinsam anfallende →Gemeinkosten auf diese aufgeschlüsselt werden.

vollständige Konkurrenz

⇒atomistische Konkurrenz
⇒perfect competition
⇒polypolistisch homogene Konkurrenz
⇒pure competition
Auf einem vollkommenen Markt wird sich der einzelne Unternehmer und → Konsument von dem Gedanken leiten lassen, dass er durch das Angebot seines Produktes od. die Nachfrage keinen Einfluss auf die →Preise ausüben kann. Das →Modell der v. ist grundlegend für die →Preistheorie.

von Neumann-Modell

eigentlich eine Gruppe von Wachstumsmodellen, die auf einen Beitrag von J. von Neumann aus dem Jahr 1937 zurückgeht. Statt einer einzigen makroökonomischen → Produktionsfunktion wird hier eine mikroökonomische Neumannsche Technologie unterstellt, nach der die Gesamtheit des technischen Wissens in einer Menge linearer Produktionsprozesse zum Ausdruck kommt, von denen jeder bestimmte → Güter als → Inputs benötigt und bestimmte Güter als →Output erzeugt, wobei die Verhältniszahlen von Inputs zu Outputs konstant sind. Ein Gut ist regelmäßig in mehreren Prozessen Input und kann in →Modellen des von Neumann Typs auch in mehreren Prozessen Output sein. Auch die → Haushalte sind in dieser Technologie enthalten. Es handelt sich um geschlossene Modelle. Das optimale →Wachstum ist eine endogene Größe. Von Neumann untersucht, ob mit einer geeigneten Auswahl von Prozessen aus der detaillierten Struktur mikroökonomischer Produktion ein Wachstumspfad für die Gesamtwirtschaft existiert, auf dem alle →Variablen mit der gleichen konstanten Rate wachsen. Unter der von v. Neumann gesetzten, sehr einschränkenden Annahme, dass jedes Gut in jedem Prozess entweder als Output od. als Input vorkommt, gibt es genau eine solche →Wachstumsrate. Kemeny, Morgenstern und Thompson haben diese Bedingung dahin abgeschwächt, dass jedes Gut wenigstens in einem Prozess als Output vorkommt und in jedem Prozess mindestens ein Gut als Input benötigt wird. Dabei ergibt sich dann die Möglichkeit mehrerer konstanter Wachstumsraten, also auch eine maximale konstante Wachstumsrate. Die konstante optimale Wachstumsrate als Ergebnis ist gleichzeitig Ansatz der Kritik, hat doch Ramsey in seinen Modellen gezeigt, dass auch variable Wachstumsraten optimal sein können.

Vorgabezeit
meist auf Arbeitszeitstudien basierende Soll-Zeit für die ordnungsgemäße Erledigung eines Auftrages. Dabei wird eine Normalleistung innerhalb eines vorgegebenen Arbeitssystems bei festgelegten Einflussgrößen unterstellt.

Vorkalkulation
zum Zweck der Angebotskalkulation bzw. als Grundlage der Preisstellung eine Ermittlung der auf die Leistungseinheit bezogenen → Kosten vor der Leistungserstellung. Als Vollkostenkalkulation od. auf Teilkostenbasis werden mit Hilfe von technischen Unterlagen und mit Schätzgrößen (Prognosewerte für → Preise u.a.) einerseits Entscheidungsunterlagen bereitgestellt und andererseits zusammen mit der Nachkalkulation ein Kontrollinstrument geschaffen.

Vorleistungen
1. im voraus erfolgende Lieferung od. Bezahlung.

2. in der →Kostenrechnung →Leistungen, die in der Rechnungsperiode erstellt werden, deren Aufwendungen aber erst durch Zahlungen in einer nachfolgenden Rechnungsperiode abgegolten werden.

3. in der → Volkswirtschaftlichen Gesamtrechnung der → Produktionswert abzüglich der Bruttowertschöpfung (→ Wertschöpfung).

Vorratsstellenwechsel
→ Geldmarktpapiere, → Wechsel, die von den Einfuhr- und Vorratsstellen des Bundes zur →Finanzierung der Vorratshaltung an Grundnahrungsmitteln u.a. be-geben werden.

Vorruhestandsgeld
→flexible Altersgrenze
Nach dem Gesetz über eine Vorruhestandsregelung für Arbeitnehmer, das am 1. Mai 1984 in Kraft trat, können Arbeitnehmer, die in den Jahren 1984 bis 1988 58 Jahre alt werden und bereits älter sind, vorzeitig in Ruhestand gehen. Der Arbeitgeber zahlt aufgrund eines Tarifvertrages oder einer Einzelvereinbarung das sog. V. an freiwillig ausscheidende ältere Arbeitnehmer. Kommt es zu einer Wiederbesetzung der Stelle, gewährt die Bundesanstalt für Arbeit dem Arbeitgeber einen Zuschuss zum V. Das V. muss mindestens 65% des bisherigen Bruttoentgelts betragen. In den meisten Fällen lag es tatsächlich zwischen 75 und 80%. Das V. wird bis zum möglichen Rentenbeginn bezahlt. Das Vorruhestandsgesetz war bis zum 31.12.1988 terminiert. Es hat eine Erleichterung für den Arbeitsmarkt gebracht.

Vorsichtskasse
Teilkasse der aktiven Kasse (→Kasse) in der → Keynesschen Theorie zur Erklärung der →Geldnachfrage. V. wird aus dem Motiv der Vorsicht gehalten, um liquide (→Liquidität) zu sein, u.zw. für unvorhergesehene → Ausgaben aufgrund negativer Anlässe wie z.B. PKW-Schaden od. günstigere Angebote wie z.B. Sonderpreise für Güter. V. ist i.d.R. als einkommensabhängig unterstellt.

Vorsichtsprinzip
→ Grundsatz ordnungsmäßiger Buchführung und → Bilanzierung: ein vorsichtiger Wertansatz soll verhindern, dass der →Kaufmann sich „reicher rechnet" als er in Wirklichkeit ist.
Das V. fordert: 1. bei einwandfrei feststehenden Tatsachen, die relativ sichere Vorhersagen erlauben, den Ansatz der erwarteten Zahlung; 2. bei häufigen Ereignissen und damit statistisch fundierten Erwartungen den Ansatz zum mathematischen →Erwartungswert der zukünftigen Zahlung, allenfalls je nach Größe um eine „Vorsichtskomponente" zu ergänzen; 3. bei rein subjektiven Erwartungen den Ansatz zum am stärksten erfolgsmindernden Wert, der noch als realistischer Schätzwert angesehen

werden kann (untere Bandbreite der Erwartungen).

Vorstand
das geschäftsführende Organ zahlreicher privat- od. öffentlich-rechtlicher Zusammenschlüsse od. Körperschaften, z.B. bei einer →Aktiengesellschaft, →Genossenschaft, beim Verein, bei der →Deutschen Bundesbahn, bei den Sozialversicherungsträgern u.a.m.

Vorsteuerabzug
Kernstück der →Umsatzsteuer. Der Unternehmer darf die ihm von anderen Unternehmern gesondert in Rechnung gestellte Umsatzsteuer und Einfuhr-Umsatzsteuer von der eigenen Umsatzsteuerschuld abziehen (§ 15 UStG). Das gilt nicht für sog. Ausschlussumsätze, d.h. die in § 4 Nrn. 7-28 UStG aufgeführten befreiten Umsätze.

Vorteilsausgleichung
Hat ein Ereignis nicht nur einen Schaden, sondern auch einen Vorteil für einen Betroffenen mit sich gebracht, so muss sich dieser den Vorteil auf seinen Anspruch auf Schadensersatz anrechnen lassen.

Vorzugsaktie
→ Aktie, die bestimmte Vorzugsrechte (z.B. eine erhöhte →Dividende) gewährt (§ 11 AktG). Aktien ohne Stimmrecht können nur in Form von V. ausgegeben werden.

VPöA
Abk. für: **V**erordnung über die **P**reise bei öffentlichen **A**ufträgen.
Verbindliche Preisbildungsvorschrift, nach der dem Marktpreis Vorrang vor dem Selbstkostenpreis zukommt, um Wettbewerbspreise in öffentlichen Aufträgen zu gewährleisten.

VWL
Abk. für: **V**olks**w**irtschafts**l**ehre
⇒Nationalökonomie
→Wirtschaftswissenschaft.

W

Wachstum

Unter Wirtschafts-W. wird i.d.R. die Zunahme des realen →Sozialprodukts pro Kopf zwischen aufeinanderfolgenden Perioden, u.zw. für eine längere Zeitdauer, verstanden, um eine lediglich konjunkturell (→Konjunkturtheorie) bedingte Sozialproduktsteigerung auszuschließen. Darüberhinaus wird W. aber auch als Zunahme des Produktionspotentials einer Volkswirtschaft verstanden. Eine allgemein verbindliche →Definition von W. gibt es nicht. Das Ausmaß des W. wird durch unterschiedlich gefasste → W.-sraten gemessen. Unter dem Aspekt der Beziehung zwischen →Input und → Output od. auch der Versorgung der Bevölkerung mit →Gütern wird zwischen → extensivem W. und →intensivem W. unterschieden. Zur Erklärung der W.-sverursachung s. → W.-stheorie; zur wirtschaftspolitischen Aufgabe, W. zu fördern, s. →W.-spolitik, →Ziele der Wirtschaftspolitik.

wachstumsbedingte Arbeitslosigkeit
→Arbeitslosigkeit.

Wachstumsdeterminanten
⇒Wachstumsursachen
→Wachstumstheorie, 1.

Wachstumsgleichgewicht
→Wachstumstheorie, 2.

Wachstumsindikatoren
→Wachstumstheorie, 1.

Wachstumsmodelle
→Wachstumstheorie.

Wachstumspfad
theoretische od. realisierte (Zeit-)Reihe von →Wachstumsraten. In der →Wachstumstheorie ist der „golden path of growth" („goldener W.") von Bedeutung, eine Reihe gleichgewichtiger Wachstumsraten.

Wachstumspolitik
1. *Einleitung.* Das StabG hat in § 1 das „stetige und angemessene →Wirtschaftswachstums" zu einer richtungsgebenden Norm der staatlichen Wirtschaftspolitik (→Theorie der Wirtschaftspolitik) erhoben. Der Umstand, dass das Wachstum durch die Präposition „bei" mit den drei weiteren Zielen des StabG zwar verbunden, aber zugleich von ihnen abgesetzt ist, lässt auf eine *Sonderstellung des Wachstumsziels* innerhalb des Zielbündels der Wirtschaftspolitik schließen. Tatsächlich wird diskutiert, ob Wachstum überhaupt ein eigenständiges Ziel der Wirtschaftspolitik abgibt, da es das unbekannte Ergebnis der ökonomischen Aktivitäten von Millionen →Haushalten, Unternehmen und staatlichen Stellen verkörpert.

Pflichtet man jedoch der Ansicht bei, dass die Mehrung des Wohlstands zu den grundlegenden Aufgaben des Staates gehört, ist auch die Vorstellung einer auf Wachstumsförderung ausgerichteten Politik akzeptiert. In dieser Sicht fallen unter den *Begriff der W.* alle auf die Beeinflussung des Wachstums abzielenden staatlichen Maßnahmen. Welche Wachstumsstrategie im Einzelnen gewählt wird, bleibt bei dieser Umschreibung offen.

2. *Ziele der W.* Häufig wird Wachstum definiert als Zunahme des realen Bruttosozialprodukts (→ Sozialprodukt). Eine Aussage über die verbesserte Güterversorgung muss jedoch auf das Sozialprodukt pro Kopf der Bevölkerung abstellen. Dementsprechend wird als Ziel der W. die *Zunahme des realen Bruttosozialprodukts pro Kopf* postuliert. Resultiert die Zunahme ausschließlich aus der verbesserten Auslastung der vorhandenen → Produktionsfaktoren, so sind die hierfür ergriffenen Maßnahmen konjunkturpolitischer (→Konjunkturtheorie) Natur; das spezifisch w. Anliegen kommt damit nicht zum Tragen. Daher wird das Ziel der W. neuerdings in der *Ausweitung des gesamtwirtschaftlichen Produktionspotentials* gesehen.

Diesen beiden mengenorientierten Betrachtungsweisen werden Zielformulierungen gegenübergestellt, welche die Wachstumsvorstellung mit der Forderung nach *mehr Lebensqualität* kombinieren. Das geschieht etwa in der Weise, dass die in wohlfahrtsmäßiger Hinsicht begrenzte Aussagekraft des Sozialprodukts durch zusätzlich in die Volkswirtschaftliche Gesamtrechnung eingeführte Elemente ergänzt wird. Ein anderer Ansatz besteht in der Entwicklung eines Systems von → sozialen Indikatoren. Schließlich ist hier auch die Forderung nach Nullwachstum zu nennen. Unverkennbar liegt den verschiedenen Ansätzen die Annahme zugrunde, dass von einem bestimmten Versorgungsstand an der →*Grenznutzen eines rein mengenmäßigen Wachstums abnimmt.* Wenn diese Annahme auch eine gewisse Berechtigung besitzt, so liegt ihre methodische Schwäche doch darin, dass wohl das Sozialproduktswachstum exakt gemessen werden kann, in Bezug auf die gesellschaftliche Wohlfahrtsfunktion aber keine verbindliche Aussage und somit keine zuverlässige Messung möglich ist.

3. *Strategien der W.* Bejaht man die Wachstumsförderung als staatliche Aufgabe, so stellt sich die Frage nach den Strategien der W. Eine erste Strategie besteht in der *direkten staatlichen →Planung des Wachstumsprozesses,* die im Rahmen eines nationalen Wirtschaftsplanes eine zahlenmäßig bestimmte →Wachstumsrate fest vorgibt. Dabei kann die Planung so weit reichen, dass der Staat nicht nur seine eigenen wirtschaftspolitischen Aktivitäten strikt auf die vorgegebene Wachstumsrate ausrichtet, sondern auch die privaten Unternehmungen mit Hilfe von Anreizen und Benachteiligungen auf die Einhaltung des Wachstumsziels festlegt. Im Rahmen der französischen →Planifikation hat insbesondere der IV. Plan (1962-1965) diese Wachstumsstrategie verfolgt. Bei der milderen Variante der Wachstumsplanung ist die Wachstumsrate lediglich für das staatliche Handeln verbindlich, während sie für die privaten Unternehmungen nur indikativen Charakter besitzt.

Wird von einer direkten Planung des Wachstumsprozesses Abstand genommen, so müssen sich die w. Aktivitäten darauf beschränken, die bestehenden *Wachstumsbedingungen zu verbessern.* Diese vorwiegend von neoliberalem (→Neoliberalismus) Gedankengut geprägte Strategie betreibt mithin Rahmen- bzw. Ordnungspolitik (→ Theorie der Wirtschaftspolitik, 5.2.). Dabei ist nicht ausgeschlossen, dass ein Teil der w. Maßnahmen direkt auf den vermehrten bzw. verbesserten Einsatz der Produktionsfaktoren gerichtet ist. Allerdings dürfen sich die Maßnahmen nur geeigneter Anreize bedienen, nicht aber Methoden des Zwanges.

4. *Die Produktionsfaktoren als Ansatzpunkte der W.* Der Einsatz des Produktionsfaktors →*Kapital* bewirkt, dass der Produktionsprozess zu höherer Ergiebigkeit gebracht wird. Vor allem im Gefolge des Domar-Harrod-Modells ist die w. Tragweite verstärkter →Investitionen in den Vordergrund gerückt worden.

Als Maßnahmen der *quantitativen Investitionspolitik* bieten sich an: Förderung der privaten Ersparnisbildung, Erleichterung der →Selbstfinanzierung durch bessere Abschreibungsmöglichkeiten (→ Abschreibung) und Gewährung von Investitionsprämien, sodann die Sicherung eines angemessenen Zugangs zu den Finanzierungsmitteln. Dagegen erscheint die Einflussnahme auf die Investitionsstruktur und damit auf einzelne Branchen problematisch, nicht zuletzt wg. der komplexen Produktionsverflechtungen.

Die neoklassische Variante der Wachstumstheorie (→ Wachstumstheorie) hat die Bedeutung des →Kapitalkoeffizienten und in der Folge des →technischen Fortschritts herausgestellt. Aus diesen Überlegungen folgt die *qualitative Investitionspolitik.* Zu ihr zählen die Maßnahmen, die auf eine Stärkung der unternehmerischen Forschungsaktivitäten zielen, respektive die Investitionen mit Innovationscharakter (→Innovation) fördern.

Beim Produktionsfaktor →*Arbeit* erfolgt dessen *vermehrter Einsatz* entweder bei gleichbleibender Beschäftigtenzahl; alsdann ist eine größere individuelle Arbeitsleistung erforderlich, z.B. durch Überstunden. Od. die Zahl der →Beschäftigten wird erhöht. Hier kommen in Frage: Ausschöpfung des Reservoirs an weiblichen Arbeitskräften, Wiedereingliederung von Rentnern und - vor allem in den sechziger und frühen siebziger Jahren bedeutsam - Heranziehung von Gastarbeitern.

Qualitative Verbesserung des Arbeitseinsatzes bedeutet Steigerung der Leistungsfähigkeit des Faktors Arbeit. Dabei bietet sich als Zwischenvariante die strukturelle Verbesserung des Arbeitseinsatzes an, welche die vorhandenen Arbeitskräfte entsprechend ihrem gegebenen Leistungspotential bestmöglich einzusetzen versucht.

Eine eigentliche Verbesserung wird durch die Hebung des allgemeinen Bildungsniveaus und die Intensivierung der spezifischen Ausbildung der Arbeitskräfte auf allen Stufen erzielt. In der Tat ist der Ausbau des gesamten Bildungswesens bis vor kurzem stark unter w. Aspekten betrieben worden, wenngleich der Wert der Bildung viel umfassender gesehen werden muss (→Bildungsökonomik).

5. *Gesamtwirtschaftlicher Rahmen und →Infrastruktur.* Der Wachstumsprozess spielt sich innerhalb eines weit gefassten, mitunter auch als Datenkranz bezeichneten Rahmens ab. Seine unterschiedliche Ausprägung führt zu unterschiedlichen Bedingungen für das unternehmerische Handeln und beeinflusst daher die Art und Weise des Faktoreinsatzes.

Unverkennbar fällt ein Großteil der zur Ausgestaltung dieses Rahmens möglichen Maßnahmen unter die, bereits als Rahmen- bzw. Ordnungspolitik bezeichnete w. Strategie. Zu nennen sind verschiedene, vorwiegend der → *Wettbewerbspolitik* zuzuordnende Maßnahmen wie die Schaffung funktionsfähiger → Märkte (Sicherung der freien →Preisbildung, Verbesserung der Marktorganisation, Sicherung des freien Marktzugangs) und damit der Garantie der Handels- und Gewerbefreiheit.

Schließlich hat es der Staat in der Hand, einzelne Institutionen gezielt auszubauen. Dies trifft insbesondere für die *Infrastruktur* zu. Sie lässt sich umschreiben als Ausstattung einer →Volkswirtschaft mit Basisdiensten wie etwa Verkehrsnetz,

Nachrichtenübermittlung und Energieversorgung. Ihr ausreichendes Vorhandensein bildet eine wichtige Voraussetzung dafür, dass der gesamte Produktionsprozess kontinuierlich ablaufen bzw. auf eine höhere Ebene gebracht werden kann.

Literatur: *E. Dürr*, Wachstumspolitik. Bern-Stuttgart 1977. *R. L. Frey*, Wachstumspolitik. Stuttgart 1979. *J. Werner*, Wachstumspolitik, in: J. Werner/ B. Külp, Wachstumspolitik-Verteilungspolitik. Stuttgart 1971.

Prof. Dr. J. Werner,
Stuttgart-Hohenheim†

Wachstumstheorie

1. *Grundlagen*: Unter wirtschaftlichem Wachstum versteht man gemeinhin die Zunahme des realen → Sozialprodukts zwischen sukzessiven Zeitperioden. Die Wachstumsrate bezeichnet die prozentuale Änderung des Sozialprodukts. Allein schon mit Blick auf die verschiedenen Produktbegriffe der volkswirtschaftlichen Gesamtrechnung (→Volkseinkommen, Bruttoinlandsprodukt (→ Inlandsprodukt) etc.) ergeben sich unterschiedliche →*Indikatoren* des Wachstums. Darüber hinaus können die Umstände der Untersuchung die Wahl eines geeigneten Wachstumsindikators erfordern. Erscheint es z.B. im Rahmen eines internationalen Vergleichs von Wachstumsprozessen als sinnvoll, die Veränderungen der Bevölkerungen (→Bevölkerungstheorie) zu berücksichtigen, wird man das Pro-Kopf-Einkommen als Indikator benutzen. Neuerdings stellt sich auch das Problem, ob nicht Umweltaspekte bei der Festlegung des Wachstumsbegriffes einbezogen werden müssen. Somit folgt, dass eine allgemein verbindliche →*Defintion* des Wirtschaftswachstums nicht existiert. Die Wahl des Indikators ist eine Frage der Zweckmäßigkeit.

Die W. konzentriert sich auf die Erklärung vor allem der langfristigen Wachstums der entwickelten →Volkswirtschaften. Damit steht sie i.Ggs. zur →Konjunkturtheorie, die die kurzfristigen Veränderungen der Sozialproduktsgrößen in den Vordergrund stellt. Mit der verstärkten Hinwendung zu Wachstumsanalysen in der Nachkriegszeit kommt es zur Rückbesinnung auf die Dogmengeschichte der → Volkswirtschaftslehre. Von den Klassikern (A. Smith, D. Ricardo, T. R. Malthus, J. St. Mill) (→Klassische Wachstumstheorie), K. Marx (→ Marxistische Wachstumstheorie) und J. M. Keynes wird ein düsteres Bild von der langfristigen Entwicklung der →Produktion nahegelegt. Dabei beziehen sie sich sowohl auf die Angebotsseite als auch auf die Nachfrageseite der volkswirtschaftlichen → Märkte, allerdings mit sehr unterschiedlicher Gewichtung der Erklärungselemente beider Seiten. Während die Klassiker den Übergang des Wachstumsprozesses in den stationären Endzustand vor allem angebotsseitig durch die Knappheit des →Produktionsfaktors Boden (→Ertragsgesetz) erklären, gelangt die im Anschluss an Keynes von A. H. Hansen formulierte Stagnationstheorie zu dem Ergebnis, dass insbesondere die zunehmende Sättigung der Konsumgüternachfrage zu permanenter Unterbeschäftigung führt.

Sieht man von jeweils kurzfristig möglichen Nachfrageausfällen und damit einer wichtigen Ursache des Konjunkturgeschehens ab, kann die Erweiterung des Produktionspotentials (→Kapazität) als angebotsseitiges Maß für das Wachstum genommen werden. Die ökonomischen *Determinanten* dieses Wachstums sind die Mengenausweitungen der Produktionsfaktoren →Arbeit und →Kapital sowie die Qualitätsverbesserungen der → Inputs durch → technischen Fortschritt (makroökonomische →Produktionsfunktion). Dabei handelt es sich um einerseits ungebundenen technischen Fortschritt, der Verbesserungen der Faktorkombinationen bewirkt (z.B. organisatorischer Fortschritt) und andererseits gebundenen technischen Fortschritt, der Verbesserungen der Qualität der einzelnen Faktoren erlaubt (z.B. Qualitätsfortschritt bei Kapitalgütern (→Gut)).

2. *Moderne W.* : Als Modelltheorie (→Modelle, →Theorie) ist sie aus der Kritik an der Keynesschen Beschäftigungstheorie (→Keynessche Theorie) hervorgegangen. Insbesondere konfrontiert sie den →Einkommenseffekt der →Investitionen mit ihrem von Keynes vernachlässigten → Kapazitätseffekt derart, dass die dominierende Frage nach den *Bedingungen* für die Existenz und Stabilität eines makroökonomisch-dynamischen → Gleichgewichts beantwortet werden kann. Damit steht die Kapitalbildung im Zentrum der Überlegungen. Wenn ein solches Gleichgewicht gegeben ist, dann wachsen alle → Variablen stetig mit derselben konstanten Rate (exponentielles Wachstum). Daneben werden Anpassungs- und Übergangsprozesse betrachtet sowie alternative Gleichgewichtspfade der Variablen verglichen. In Ergänzung zur Modelltheorie sollten die historisch-deskriptive Forschung (A. H. Hansen, W. A. Lewis, W. W. Rostow (→Stufenprognose)) und die empirisch-statistische Wachstumsanalyse (S. S. Kuznets, R. Goldsmith, W. G. Hoffmann) herangezogen werden, um die Relevanz der gewonnenen theoretischen Ergebnisse zu überprüfen.

Als wesentliche Teilgebiete der Modellbildung werden heute die postkeynesianische und neoklassische W. angesehen. Die *postkeynesianische W.* ist von R. F. Harrod (1939) und E. D. Domar (1946) begründet worden. Das Modell von *Harrod* (→Harrod-Modell) lässt sich durch folgende Beziehungen repräsentieren: (1) Gleichgewichtsbedingung (→ Gleichgewicht, 3.) des →Gütermarktes: Nettoinvestition (= Zunahme des → Kapitalstocks) ex-ante gleich Ersparnis (= rechnerisches Produkt aus konstanter → Sparquote und Realeinkommen); (2) Funktion der Nettoinvestition in Form der Akzeleratorrelation (→Akzelerator = konst.); (3) Gleichgewichtsbedingung des → Arbeitsmarktes (Forderung der Vollbeschäftigung): Arbeitsnachfrage gleich Arbeitsangebot (Zunahme des Angebotes mit der konstanten „natürlichen" Wachstumsrate); (4) linear-limitationale Produktionsfunktion (ohne technischen Fortschritt) bezüglich der Faktoren Kapital und Arbeit (Arbeitsnachfrage gleich rechnerisches Produkt aus →Arbeitskoeffizient und Realeinkommen).

Das Gleichgewichtswachstum ist dadurch gekennzeichnet, dass das Einkommen und der Kapitalstock mit der „befriedigenden" Rate (= Quotient aus Sparquote und Akzelerator) wachsen, die zur Sicherung der Vollbeschäftigung mit der natürlichen Wachstumsrate übereinstimmen muss. Ferner muss gelten, dass das Verhältnis der Faktormengen im Ausgangszustand gleichgewichtig ist. Zu formal demselben Ergebnis kommt das Modell von *Domar* (→ Domar-Modell), das sich im Wesentlichen vom Harrod-Modell dadurch unterscheidet, dass es die Gleichgewichtsbedingung des →Kapitalmarktes anstelle der Investitionsfunktion (→Investitionstheorie) aufweist (der technisch determinierte →Kapitalkoeffizient ersetzt den Verhaltensparameter Akzelerator).

Harrod und Domar schließen - wenn auch aufgrund unterschiedlicher Überlegungen -, dass das dynamische Gleichgewicht instabil ist. Obwohl für Harrod gleichgewichtiges Wachstum bei Vollbeschäftigung vorstellbar erscheint, muss die Übereinstimmung von befriedigender und natürlicher Wachstumsrate wg. der unabhängigen Festlegung der Determinanten der Wachstumsrate als unwahrscheinlich gelten. Ist z.B. die natürliche Rate größer als die befriedigende Rate, dann stellt sich →Arbeitslosigkeit ein. Dieses Problem der sakulären Instabilität ist durch die modellendogene Erklärung der Sparquote, des Kapitalkoeffizienten und der Wachstumsrate des Arbeitsangebotes zu lösen versucht worden (N. Kaldor, J. Robinson, R. G. D. Allen, H. Leibenstein, J. Niehans).

Ferner hebt Harrod hervor, dass Abweichungen zwischen tatsächlicher und befriedigender Wachstumsrate zu kumulativen Prozessen führen („Wachstum auf des Messers Schneide"). Erhöht sich z.B. die Sparquote ausgehend von einer Gleichgewichtssituation, so liegt die für das Gleichgewicht erforderliche Rate nun über der tatsächlichen Rate. Diese Situation der konjunkturellen Instabilität impliziert, dass ex-ante die Ersparnis größer als die Nettoinvestition ist, so dass bei kurzfristiger Anpassung der Investition an den ungenutzten Kapitalstock ein Kontraktionsprozess entsteht (W. Phillips): die Überschusskapazität nimmt laufend zu (Harrod-Paradoxon).

Insbesondere die geschilderten Stabili-

tätsprobleme bilden den Ansatzpunkt für die *neoklassische W.*, die auf J. Tobin (1955), T. W. Swan (1956) und vor allem R. M. Solow (1956) zurückgeht, auf dessen Grundmodell hier Bezug genommen wird. Vergleicht man das Modell von *Solow* mit dem von Harrod, so entfällt die Investitionsfunktion, und die Produktionsfunktion wird als substitutional und linear-homogen angenommen (aus dieser Funktion ergibt sich die Arbeitsnachfrage unmittelbar). Dieser Ansatz wird in die neoklassische Welt der →vollständigen Konkurrenz im umfassenden Sinne eingebettet. Das Modellergebnis lässt sich wie folgt zusammenfassen: Die gleichgewichtige Wachstumsrate ist die natürliche Wachstumsrate, die von Ausnahmen abgesehen mit der Wachstumsrate für Einkommen und Kapitalstock im Gleichgewicht (= Quotient aus Sparquote und Kapitalkoeffizient) übereinstimmt. Diese Gleichgewichtsrate ist von der Sparquote unabhängig. Änderungen der Sparquote werden durch den variierenden Kapitalkoeffizienten derart kompensiert, dass die gleichgewichtige Rate erhalten bleibt. I.d.R. existiert keine säkulare Instabilität. Ebenfalls gibt es nicht das Problem der konjunkturellen Instabilität wg. des Fehlens der Investititonsfunktion und der angenommenen Funktionsfähigkeit des →Preismechanismus.

Wenn auch die Sparquote bzw. Investitionsquote keinen Einfluss auf die gleichgewichtige Wachstumsrate hat, so bestimmt sie doch das Niveau des Einkommenspfades im Gleichgewicht. Eine der alternativ möglichen Investitionsquoten ist in dem Sinne optimal, dass sie den → Konsum der einzelnen Perioden maximiert. Die Aussage, dass diese Investitionsquote gleich der Produktionselastizität (→Elastizitäten) des Kapitals ist, gilt als „goldene Regel der Akkumulation" (E. S. Phelps, J. E. Meade, C. C. von Weizsäcker).

Um vor allem Veränderungen des Pro-Kopf-Einkommens erklären zu können, wird der technische Fortschritt in ungebundener od. gebundener Form als weiterer Produktionsfaktor in der postkeynesianischen und neoklassischen W. berücksichtigt. Dabei begründet man die

Existenz des technischen Fortschritts entweder als unabhängig (autonom) od. abhängig (induziert) von anderen Modellvariablen (induzierter technischer Fortschritt: →technical progress function (N. Kaldor), invention possibility frontier (C. Kennedy, C. C. von Weizsäcker), learning-by-doing (K. J. Arrow)). Die Wirkungen des technischen Fortschritts auf das Verhältnis der Faktoreinsatzmengen werden als neutral, arbeits- od. kapitalsparend klassifiziert (J. R. Hicks, R. F. Harrod, R. M. Solow; technischer Fortschritt, 3.).

3. *Erweiterungen*: Die soweit vorgestellten Wachstumsansätze sind allgemein undspeziell kritisiert worden. Aus der Kritik haben sich folgende wichtige Forschungsrichtungen der W. ergeben: Verbindung zur →Konjunktur-, Verteilungs- und Bevölkerungstheorie; Disaggregation in sektoraler und regionaler Hinsicht; Ergänzung durch die Bereiche Staat und Außenwirtschaft; Einbeziehung unvermehrbarer Produktionsfaktoren; Berücksichtigung des →Geldes; Einführung von Zielfunktionen im Sinne der dynamischen →Wohlstandsökonomie.

Während die neoklassische Theorie das Wachstum einer Volkswirtschaft mit Hilfe von vor allem exogenen Bestimmungsfaktoren erklärt, ist die in den letzten Jahren entwickelte *endogene* W. dadurch gekennzeichnet, dass sie den endogenen technischen Fortschritt in der Form des learning-by-doing oder mikroökonomisch begründeter Forschung und Entwicklung als zentrale Determinante des Wachstums sieht. Sie unterscheidet sich ferner von der herkömmlichen neoklassischen Theorie dadurch, dass sie die Externalität des technischen Fortschritts (technischer Fortschritt als öffentliches Gut), steigende Skalenerträge und Abweichungen von der Marktform der vollständigen Konkurrenz berücksichtigt.

Die endogene W. geht auf P. M. Romer (1986) zurück, der wie R. E. Lucas (1988) learning-by-doing als zusätzliches Argument in die aggregierte Produktionsfunktion einbezieht. Andere Ansätze von P. M. Romer (1900), G. Grossmann und E. Helpman (1991) sowie P. Aghion und P. Howitt (1992) liefern eine mikroökono-

mische Erklärung des technischen Fortschritts. Sie modellieren einen zusätzlichen Produktionssektor, der Forschung und Entwicklung betreibt. Als problematisch erweist sich die Klassifikation des technischen Fortschritts als öffentliches Gut. So besteht nur dann ein Anreiz zur Forschung, wenn die Unternehmen die Erträge der Forschung erhalten. Aus diesem Grund werden monopolistische Marktstrukturen behandelt, die zum Beispiel durch Produktdifferenzierung oder Gewährung von Patenten begründet werden.

Literatur: *P. Aghion/ P. Howitt*, Endogenous Growth Theory. London 1998. *W. Krelle*, Theorie des wirtschaftlichen Wachstums. Berlin 1985. *R. Ramanathan*, Introduction to the Theory of Economic Growth. Berlin 1982. *H.-J. Vosgerau*, Art. Wachstumstheorie II: neoklassische, in: Handwörterbuch der Wirtschaftswissenschaft, Bd. 8. Stuttgart 1980, S. 492-512.

Prof. Dr. W. Buhr, Siegen

Wachstumsrate

gibt das relative Wachstum einer Größe an. Die W. des Wirtschaftswachstums (→ Wachstum) lässt sich mittels →Volkseinkommen (Y) od. des →Sozialprodukts angeben und ist definiert als

$$g_y = \frac{dY(t)}{dt} \cdot \frac{1}{Y(t)}.$$

Als *gleichgewichtige* W. (g_y^*) wird jene bezeichnet, die sich aus der erfüllten → Gleichgewichtsbedingung für eine wachsende →Volkswirtschaft als Lösung ergibt. Für das →Domar-Modell lautet sie:

$$g_1^* = \frac{s}{\beta^K} = s \cdot \alpha^K.$$ Bei dieser Modelllösung handelt es sich um *exponentielles Wachstum*, d.h. die relative Zunahme der →Investitionen (I) ist immer gleich, der absolute Anstieg wird aber immer größer. Die *tatsächliche* W. (g_y^t) gibt tatsächlich realisierte Werte für Wachstumsgrößen an. Ist $g_y^t > g_y^*$, besteht Überauslastung der Produktionskapazität (→Kapazität). Im Domar-Modell führt dies zu verstärkter Investitionstätigkeit der Unternehmen mit der Konsequenz der Modellinstabilität (knife edge-Wachstum).

Die *befriedigende* W. (g_y^b) ist bei Harrod ($\rightarrow$ Harrod-Modell) jene hypothetische Rate, bei der die Wirtschaftspläne der Unternehmen realisiert werden. Sie kann, ist aber nicht notwendigerweise gleich der g_y^t. Wg. der Realisierung ihrer Pläne versuchen die Unternehmer, g_y^b aufrecht zu erhalten. Die Bedingung hierfür ist im Harrod-Modell: $g_y^b = \dfrac{s}{\beta^K}$. Bei $g_y^t \neq g_y^b$ tritt das zum Domar-Modell analoge Ungleichgewicht mit Modellinstabilität ein.

Die *natürliche* W. (g_y^n) ist die durch Bevölkerungswachstum ($\rightarrow$Bevölkerungstheorie) und $\rightarrow$ technischen Fortschritt determinierte W. Sie bildet für g_y^t die Obergrenze. Die *maximale* W. $\rightarrow$ von-Neumann-W. ist dadurch gekennzeichnet, dass mit keinem anderen Produktionsprozess, bei dem die Proportionen aller Gütermengen konstant bleiben, ein schnelleres gleichgewichtiges Wachstum zu realisieren ist. Es ist maximales Gleichgewichtswachstum. Bei Gültigkeit der $\rightarrow$goldenen Regel der Akkumulation liegt die *optimale* W. vor. Als *angemessen* wird die W. des Gleichgewichts im Zustand der Vollbeschäftigung bezeichnet. Bei Garantie einer Einkommenszunahme im Ausmaß von g_y* handelt es sich um die *garantierte* W. Da diese aber nicht jenes Ausmaß an Investitionen hervorbringt, welches das nötige Einkommen (Y*) schafft, sind neben $\rightarrow$autonomen Investitionen noch $\rightarrow$induzierte Investitionen erforderlich.

Wachstumsursachen
$\Rightarrow$Wachstumsdeterminanten
$\rightarrow$Wachstumstheorie, 1.

Währung
1. $\Rightarrow$Geldverfassung.
$\Rightarrow$W.-sordnung.

2. die konkrete W.-seinheit eines Landes, z.B. für die Bundesrepublik der Euro. In ökonomisch-funktioneller Hinsicht gehören hierzu alle gebräuchlichen $\rightarrow$Geldarten, in juristischer Hinsicht ist das $\rightarrow$

gesetzliche Zahlungsmittel gemeint. Zur historischen Entwicklung der W. s. $\rightarrow$ Geldsysteme.

Währungsausgleich
$\Rightarrow$Agrargrenzausgleich
$\Rightarrow$*Grenzausgleich.*

Währungsbeistand
$\rightarrow$Europäisches Währungssystem.

Währungskurs
Oberbegriff für $\rightarrow$ Devisenkurs und $\rightarrow$ Wechselkurs.

Währungsoption
$\Rightarrow$Devisenoption.

Währungsordnung
$\Rightarrow$*Geldordnung.*

Währungsreform
grundlegende Neuordnung der $\rightarrow$Geldverfassung eines Landes mit der $\rightarrow$Emission einer neuen Währungseinheit. Auslöser für W. ist die Zerrüttung des Geldwesens mit der Folge, dass $\rightarrow$Geld wenigstens eine seiner Funktionen ($\rightarrow$ Geldfunktionen) nicht mehr erfüllen kann. Deutschland erlebte im 20. Jh. zwei W., so einmal Ende 1923, als die Mark des deutschen Kaiserreiches fast wertlos geworden war und Anfang 1924 mit Hilfe der Rentenmark stabilisiert und schließlich durch die Reichsmark abgelöst wurde, und schließlich am 20.6.1948, als die am Ende des Zweiten Weltkrieges von den nationalen $\rightarrow$Währungen durch nationalsozialistische Kriegs- und Schuldenwirtschaft am stärksten zerrüttete Währung durch die neue Valuta Deutsche Mark ersetzt wurde. Der technische Vollzug der W. wurde nach amerikanischen Plänen von einer deutschen Sachverständigen-Gruppe in den drei westlichen Besatzungszonen vorbereitet. Das Umtauschverhältnis von DM zu Reichsmark betrug 1:10. Jede Person erhielt am Tage der Währungsumstellung einen „Kopfbetrag" von DM 40,- gegen die Abgabe von 40 Reichsmark. $\rightarrow$Arbeitgebern und öffentlichen Stellen wurden DM-Guthaben eröffnet. In der ersten Woche der W. wurden 4-5 Mrd. DM in den Umlauf gebracht. Reichsmark-Guthaben

mussten angemeldet werden und wurden gem. Umtauschverhältnis umgestellt mit begrenzter Verfügbarkeit bis DM 5 000,-. Nach späterer (Okt. 1948) Streichung von Anteilen höherer DM-Guthaben, betrug das Gesamtumstellungsverhältnis 0,65:10, so dass die Neuausstattung der →Wirtschaft so eng begrenzt wurde, dass kein Nachfrageüberhang gegenüber dem → gesamtwirtschaftlichen Güterangebot entstehen konnte. Mit dem am 24.6.1948 von L. Erhard angekündigten Übergang zur →Marktwirtschaft fand die deutsche Währung rasch Vertrauen. Das von den Alliierten eingerichtete neue Zentralbanksystem (→ Bank deutscher Länder) war für Ausgabe der →Banknoten und Koordinierung der →Geldpolitik zuständig und unabhängig von deutschen politischen Stellen, auch von der 1949 tätig werdenden Bundesregierung. 1951 wurde die Autonomie gegenüber den Alliierten erlangt. Nach Art. 88 GG wurde mit dem BBkG vom 26.7.1957 die →Deutsche Bundesbank als autonomer Träger der Geldpolitik geschaffen.

Währungsreserven
⇒*Devisenreserven.*

Währungsrisiko
besteht für eine →Bank und andere Kreditgeber bei Gewährung von internationalen → Krediten in ausländischer → Währung durch die Möglichkeit der → Aufwertung der inländischen Währung dann, wenn der →Forderung aus dem Kredit keine betrags- und fristenkongruente → Verbindlichkeit gegenübersteht. Die Banken bemühen sich deshalb um eine entsprechende Refinanzierung in der anderen Währung, z.B. über Tochterinstitute. W. besteht besonders bei Kreditnehmern aus Entwicklungsländern.
Für im Außenhandel tätige Unternehmen bestehen W. durch mögliche Schwankungen des →Wechselkurses. Die Unternehmen versuchen, das W. durch Fakturierung in Inlandswährung zu umgehen. Bei offenen Devisenpositionen nimmt das W. zu.
W. im Zusammenhang mit →Exponenten werden i.d.R. durch Versicherungen abgedeckt, z.B. durch die Hermes Kreditversicherungs-AG und Treuarbeit AG.

Bei internationalen Unternehmungen besteht das W. bei der →Konsolidierung der →Bilanzen ausländischer Tochtergesellschaften zur Weltbilanz.

Währungssicherung
1. bezüglich →Währungsrisiko, s. dort.
2. bezüglich des internationalen Geldhandels s. →Devisenmarkt, →Devisenoption, →Swappolitik.

wage drift
⇒*Lohndrift.*

wage lag-Hypothese
⇒Lohn lag-Hypothese
→Inflationstheorie, 2., a).

wage push inflation
⇒Lohnkosteninflation
→Inflationstheorie, 3.2.

Wagnersches Gesetz
⇒*Gesetz der wachsenden Staatsausgaben.*

Wagniskosten
→Kosten, die für Verlustgefahren (Warenschwund, Betriebsunterbrechung (Wagnisse)) aufgrund der Leistungserstellung (→Leistung) in den einzelnen Tätigkeitsbereichen eines Betriebes entstehen. Wagnisse werden durch Versicherungsprämien od. auch durch kalkulatorische Kosten (→Kosten) W.

Wahlhandlungstheorie
⇒Theorie der Wahlakte
jene →Haushaltstheorie, die die Nachfrage des privaten Haushalts (→Haushalt) nach Konsumgütern (→Gut) mit Hilfe der Präferenzentscheidung (→Präferenz) analysiert. Die W. wurde von V. Pareto begründet und löste die →Theorie der Nachfrage aus der Vorstellung des →kardinalen Nutzens (→Grenznutzenanalyse) ab und entwickelte als erste Stufe der W. die →Indifferenzkurvenanalyse und später die durch P.A. Samuelson initiierte → Revealed Preference Analyse.

Wahlparadoxon
von den Franzosen Condorcet und Borda erbrachter und von K. J. Arrow 1951 wieder aufgegriffene Nachweis, wonach

Mehrheitsentscheidungen durch demokratische Abstimmung über individuelle →Präferenzen zu widersprüchlichen (intransitiven) sozialen Präferenzen führen. Vgl. →Arrow-Paradoxon.

Wahrscheinlichkeit

ist ein Maß zur Quantifizierung der Sicherheit bzw. Unsicherheit des Eintretens eines bestimmten →Ereignisses im Rahmen eines Zufallsexperiments. Die W. für das Eintreten eines Ereignisses E muss mehreren formalen Bedingungen genügen (Axiome von Kolmogoroff): a) Die W. P (E) ist eine nicht negative reelle Zahl; b) die W. für das Eintreten des →sicheren Ereignisses ist 1; c) die W. für das Eintreten des Ereignisses E, das sich aus mehreren disjunkten Ereignissen (vgl. → Ereignisse) zusammensetzt, ergibt sich als Summe der W. der disjunkten Ereignisse. Um den konkreten Wert P (E) für das Eintreten eines Ereignisses festzulegen, gibt es mehrere Möglichkeiten: 1. Bei der klassischen Wahrscheinlichkeit wird die Relation aus der Anzahl der günstigen zur Anzahl der gleichmöglichen Fälle gebildet (z.B. 1/6 für das Ereignis „Wurf der Augenzahl 3" beim einmaligen Werfen eines Würfels). 2. Die statistische Wahrscheinlichkeit ist als Grenzwert der relativen Häufigkeit des Eintretens von E bei einer sehr langen Folge von voneinander unabhängigen Wiederholungen des zugrundeliegenden Zufallsexperiments definiert (z.B. 1/2 für das Ereignis „Kopf" beim Münzwurf). 3. Subjektive Wahrscheinlichkeiten werden festgelegt, wenn sich W. in Entscheidungssituationen mit Hilfe anderer Möglichkeiten (vgl. 1., 2.) nicht objektiv festlegen lassen.

Wahrscheinlichkeitsrechnung

⇒Wahrscheinlichkeitstheorie
befasst sich mit nicht streng determinierten (stochastischen) Erscheinungen und macht Aussagen über die Chancen der eintretenden Folgeerscheinungen bei Zufallsvorgängen. W. bildet somit die Grundlage für die →induktive Statistik. Grundlagen der W. wurden bereits im 16. und 17. Jh. durch B. Pascal und P. Fermat gelegt, die →Wahrscheinlichkeiten für die Gewinnaussichten bei Glücks-

spielen ableiteten.

Wahrscheinlichkeitstheorie

⇒Wahrscheinlichkeitsrechnung.

Walras-Gesetz

von L. Walras (1834-1910) aufgezeigter Sachverhalt bei der Formulierung des ersten vollständigen mikroökonomischen (→Mikroökonomik) Totalmodells (→Modell, →Totalanalyse), dass der Gesamtwert der Überschussnachfragen (Y^{D-0}) nach sämtlichen →Gütern (1, ..., n) eines →Marktes bei Preisen P_i stets den Wert Null hat:

$$\sum_{i=1}^{n} P_i \cdot Y^{D-0} = 0 \,. $$ Das W. impliziert

damit, dass in einer →Volkswirtschaft mit einem sich im Ungleichgewicht befindenden Markt mindestens ein weiterer sich ebenfalls im Ungleichgewicht befinden muss. Anders gewendet besagt das W., dass ein System (z.B. Volkswirtschaft) mit n Gleichungen (z.B. Märkte) lediglich n-1 unabhängige Gleichungen enthält.

Das W. ist das tragende Fundament für die Herleitung mikroökonomischer → Gleichgewichte und der Ermittlung ihrer Stabilität.

Walras-Gleichgewicht

ist jenes →Gleichgewicht, bei dem alle → Märkte geräumt werden, so dass es kein →Gut mit einer Überschussnachfrage zu einem Gleichgewichtspreis gibt, wobei die Konsumenten (→Haushalt, 1.) ihre → Nutzen in der Nutzenfunktion und die Anbieter ihre Gewinnfunktion maximieren. Es gilt das →Walras-Gesetz.

Walras-Stabilität

Marktanpassungsprozess bei einem Ungleichgewicht zu einem stabilen → Gleichgewicht derart, dass eine Überschussnachfrage eine Tendenz zur Preissteigerung und ein Überschussangebot eine Tendenz zu einer Preissenkung auslöst, wobei nicht in jedem Zeitpunkt zwischen Angebot und Nachfrage Ausgleich bestehen muss. Angebot und Nachfrage reagieren aber sofort auf den geltenden Marktpreis. Hat die Nachfragekurve ne-

gative, die Angebotskurve positive Steigung, ist die Bedingung für Stabilität erfüllt. Steigen beide Kurven positiv an, muss die Angebotskurve flacher als die Nachfragekurve verlaufen. Haben beide negative Steigung, dann muss die Angebotskurve steiler als die Nachfragekurve sein.
Vgl. die andere Variante der Stabilität: → Marshall-Stabilität, ebenso →Preistheorie.

Wandelanleihe
Form der →Wandelschuldverschreibung. S. auch →Anleihe.

Wandelschuldverschreibung
Schuldverschreibung, die dem Inhaber neben den Rechten aus der Schuldverschreibung ein Recht auf Umtausch in → Aktien od. ein Bezugsrecht auf Aktien verbrieft. W. ist für das Unternehmen in ungünstiger Situation auf dem →Kapitalmarkt, bei der eine →Emission nur zu schlechten Konditionen unterzubringen wäre, von Vorteil, da es nicht für längere Zeit gebunden ist. Beim Umtausch der W. in Aktien (Wandlung) geht das → Fremdkapital unter und →Eigenkapital entsteht. Bei Ausgabe der W. sind Umtauschverhältnis, frühester Umtauschtermin, Umtauschfrist und Umtauschpreis (evtl. Zuzahlung) festzulegen. Das Unternehmen kann diese Ausstattungskomponente steuern. I.d.R. liegt der Nominalzins der W. unter denen normaler Schuldverschreibungen, da Aussicht auf - oft erheblichen - Zusatzgewinn besteht, vor allem, wenn der Aktienkurs der Unternehmung später haussiert (→Hausse).

Warehouse-Konzept
→Datawarehouse.

Warenbörse
i.Ggs. zur → Börse als Effektenbörse (Wertpapierbörse) eine Börse für Waren (fungible, vertretbare, börsengängige Güter). Beispiele: Kaffeebörse, Zuckerbörse, Metallbörse u.a. S. →Börse.

Warengeld
⇒Kurantgeld
→Geldarten.

Warnmarke
von der →Deutschen Bundesbank seit August 1970 für die Gewährung von → Lombardkrediten nach Umfang und Dauer ausgesprochene Limitierung in Höhe eines Prozentsatzes des Rediskontkontingents. W. entfiel im Mai 1973 durch den Beschluss der Bundesbank, vorübergehend keine Lombardkredite zu gewähren. Die W. wurde September 1979 für Februar 1980 wieder aktuell, da die Bundesbank den →Banken nur bis 15% des Rediskontkontingents Lombardkredit bereitstellte, weil er während mehrerer Monate unverhältnismäßig stark in Anspruch genommen worden war, aber nicht für eine längerfristige Finanzierung gedacht ist. Diese Lombardlinie wurde Februar 1980 aufgehoben und nicht wieder aktualisiert.

Warteschlangentheorie
→ Theorie zur optimalen Lösung von Warteschlangen, die z.B. an Maschinen und Arbeitsplätzen durch Störungen in der vorgelagerten Fertigung od. bei nicht genauer Terminierung z.B. bei →Serienfertigung auftritt, aber auch bei Abfertigungs- und Bedienungsstellen wie z.B. bei →Banken. Warteschlangen treten immer dann auf, wenn mehr Einheiten an eine Bedienungsstelle kommen als deren →Kapazität beträgt. Durch Warteschlangenmodelle, in denen die Ankünfte durch bestimmte →Wahrscheinlichkeiten festzulegen sind bei geregelter Abfertigung, können Lösungen ermittelt werden, oft jedoch nur durch EDV-gestützte Simulationen, so z.B. bei Steuerung einer mehrstufigen →Fertigung.

wealth-Effekte
⇒*Vermögenseffekte.*

Wechsel
ausdrücklich als W. bezeichnetes →Wertpapier mit der Anweisung, eine bestimmte Geldsumme (W.-summe) zu zahlen, wobei anzugeben ist, wer zahlen soll (Bezogener), ferner die Verfallzeit, Zahlungsort, Tag und Ort der Ausstellung, den Namen dessen, an den zu zahlen ist (Remittent) sowie Unterschrift des Ausstellers. Dem W. liegt i.d.R. ein bestimmtes Rechtsgeschäft, meistens ein

Kauf od. →Darlehen, zugrunde. Nach dem Zweck der Ausstellung ist zwischen Warenw., Finanzw. und Sicherungsw. zu unterscheiden. Der erste ist Hilfsmittel des →Zahlungsverkehrs; der zweite dient der Beschaffung von → Liquidität; im dritten Fall liegt er der Sicherung eines Kreditgeschäfts zugrunde, dem W.-Kredit. Der W. kommt als gezogener W. (→ Tratte) vor, wenn der W. vom Aussteller auf den Namen dessen gezogen wird, der zahlen soll, und als eigener W. (Solaw.), in dem sich der Aussteller selbst zur Zahlung des W.-betrages verpflichtet. I.d.R. wird der ausgestellte W. an den Remittenten gegeben, der ihn behalten od. durch → Indossament weiterreichen kann. Hauptschuldner der W.-verbindlichkeit ist beim gezogenen W. der Akzeptant (→Akzept, 2.), beim eigenen W. der Aussteller. Zahlt der Akzeptant bei Fälligkeit, so erlischt die W.-verbindlichkeit. Aus dem W. sind W.-summe, W.-zinsen und Auslagen (Provision von 1/3%) zu zahlen. Der W. ist im heutigen Warenverkehr wie im Geschäft zwischen →Banken von großer Bedeutung (→Diskontpolitik). International besteht weitgehend gleichartiges W.-recht.

Wechseldiskont
Ankauf eines Wechsels, i.d.R. durch eine Bank. Dem Wechselverkäufer (→Kreditnehmer) wird die auf den →Barwert diskontierte (→Abzinsung) Wechselsumme als →Kredit zur Verfügung gestellt. Die Laufzeit des Wechselkredits ist durch den Tag der Diskontierung und den Verfalltag des Wechsels begrenzt. I.d.R. wird der Wechselkredit nicht vom Kreditnehmer, dem Einreicher des Wechsels bei der Bank, sondern vom →Bezogenen zurückgezahlt, sofern es kein Solawechsel (→Wechsel) ist. Bei der Diskontierung von Wechseln besteht zwischen Bank und Kunden ein Kreditverhältnis, bei der Rediskontierung (→Diskontpolitik) ein solches zwischen Bank und →Deutscher Bundesbank.

Wechselkredit
→Wechseldiskont.

Wechselkurs
der in ausländischer →Währung notierte

→Preis für eine Einheit der Inlandswährung auf dem →Devisenmarkt. Der W. beantwortet somit die Frage: Wieviel Einheiten der Auslandswährung erhält od. zahlt man für einen Euro? Die Angabe des W. wird als Mengennotierung für Auslandswährung bezeichnet. Die reziproke Beziehung zum W. ist der →Devisenkurs od. Preisnotierung. Oberbegriff für W. und Devisenkurs ist der Währungskurs. Als Geldkurs wird der Ankaufskurs für ausländische →Währung, als Briefkurs der Verkaufspreis bei →Banken und Devisenhändlern bezeichnet. In einem Währungssystem →flexibler W. bildet sich der W. durch Angebot und Nachfrage. Eine Erhöhung des Angebots ausländischer Währung führt ceteris paribus (→ceteris paribus-Klausel) zu einer → Abwertung der betr. Währung bzw. Aufwertung der inländischen Währung. Eine Erhöhung der Nachfrage wirkt umgekehrt. Weitere Varianten s. →Floating, →Europäisches Währungssystem. Im System →fester W. sind →Bandbreiten für vereinbarte W. festgelegt, die durch →Interventionen der →Zentralbanken gesichert werden. Zu der Beziehung, die zwischen W. und →Zahlungsbilanz besteht, s. →Monetäre Außenwirtschaftstheorie.

Wechselkursmechanismus
→ Monetäre Außenwirtschaftstheorie, 2.2.

Wechselkurssysteme
S. → Wechselkurs, → flexibler Wechselkurs, →Floating, →fester Wechselkurs, → Monetäre Außenwirtschaftstheorie.

Wechselpensionsgeschäft
→Offenmarktpolitik, 1.

Weitzman-Theorie
Bei der Vermeidung von Umweltschäden treten sowohl bei Besteuerung (Umweltsteuer) als auch bei Mengensteuerung (z.B. Umweltzertifikate) Wohlfahrtsverluste auf, wenn über den Verlauf der Grenzkosten zur Vermeidung von Umweltschäden Unsicherheit besteht. Bei Unkenntnis der tatsächlichen Grenzkosten oder Grenznutzen wird eine pareto-optimale Vermeidung nur zu-

fällig erreicht.

welfare economics
⇒Allokationstheorie
⇒*Wohlfahrtsökonomik*
⇒Wohlstandsökonomik

Weltbank
genaue Bezeichnung: International **B**ank for **R**econstruction and **D**evelopment (Abk.: IBRD); im Deutschen: Internationale Bank für Wiederaufbau und Entwicklung.
Die Errichtung der W. wurde 1944 in Bretton Woods (USA) beschlossen, 1946 begann ihre Tätigkeit. Sitz in Washington D.C. (USA). Die W. soll durch Bedarfsdeckung an langfristigem Kapital den Wiederaufbau und die wirtschaftliche Entwicklung ihrer Mitgliedsländer (185 im Jahr 2007) fördern. Bis 1948 setzte die W. ihre Mittel überwiegend zum Wiederaufbau Europas ein. Nach dem →ERP-Programm wandte sich die Arbeit der W. den Entwicklungsländern zu.

Weltbankgruppe
umfasst die drei internationalen Finanzierungsinstitutionen: →Weltbank, Internationale Entwicklungsorganisation (→IDA) und →Internationale Finanz-Corporation (IFC).

Welthandelskonferenz
→*UNCTAD*.

Welthandelsorganisation
→*WTO*.

Weltwirtschaftskrise
⇒*Große Depression*.

Weltwirtschaftsordnung
In Analogie zur → Wirtschaftsordnung auf nationaler Ebene ist die W. das durch Gesetze und Verträge geschaffene und durch Verhaltensnormen bestimmte Rahmenwerk für die internationalen Wirtschaftsbeziehungen.
Nach Weltwirtschaftskrise (→Große Depression) und Zweitem Weltkrieg wurden als wichtige Elemente der W. das → GATT und der IWF (→ Internationaler Währungsfonds) geschaffen mit dem Ziel eines möglichst ungehinderten inter-

nationalen Handels- und Zahlungsverkehrs auf marktwirtschaftlicher Basis.
Probleme ergeben sich vor allem aus der Errichtung nationaler Handelshemmnisse und aus Verteilungsfragen (Industrie- und Entwicklungsländer-Verhältnis; Nord-Süd-Gefälle).
Vorschläge für eine „Neue W." sind meist eher durch dirigistische Reformideen geprägt.

Werbeträger
⇒Werbemittel
sind die Medien, die die Werbebotschaft zu den Empfängern transportieren, z.B. Werbeanzeigen, Werbeveranstaltungen, Warenproben, Rundfunk, Fernsehspots. Die Auswahl der W. orientiert sich einmal nach ihrer Eignung, die geplante Zielgruppe zu erreichen, und zum anderen nach den Kostenvorgaben der Werbebudgets.

Werbung
ein Instrument des →Marketings mit der Aufgabenstellung, potentielle Käufer eines → Gutes od. Verwender einer Leistung so mit Produktinformationen zu versorgen, dass sie in Richtung des Werbezieles des Unternehmens beeinflusst werden. In der Bundesrepublik werden für die W. pro Jahr etwa 2% des Bruttosozialprodukts (→Sozialprodukt) ausgegeben. W. lässt sich als Kommunikationsprozess in die Phase a) der Entwicklung der Werbestrategie mit Bestimmung der Zielgruppe, des Werbeetats; b) Realisierung der Werbestrategie; c) Kontrolle des Erfolgs der W. zerlegen.
Ob W. erfolgreich bzw. wirksam ist, kann empirisch durch einen Vergleich zwischen Werbekosten und zusätzlichem Umsatz bzw. →Gewinn ermittelt werden, aber auch durch Dispersionszahlen, bei denen die Zahl der Unwissenden der Gesamtzielgruppe gegenübergestellt wird, und durch Aktionen auf Testmärkten bei einem parallel eingerichteten Kontrollmarkt. Über die Wirksamkeit der W. auf die individuellen Entscheidungen lassen sich nur - widersprechende - →Hypothesen aufstellen.

Werbungskosten
nach dem EStG (§ 9, Abs. 1, Satz 1) alle →

Aufwendungen zur Erwerbung, Sicherung und Erhaltung der Einnahmen (→ Einnahmen, II.). Ein bloßer ursächlicher Zusammenhang der Aufwendungen mit einer bestimmten Art Einkünfte reicht nicht aus, um als W. zu gelten. Insoweit unterscheiden sich W. von Betriebsausgaben im EStG. Praxis und höchstrichterliche Rechtsprechung sind in der Anwendung des W.-begriffes nicht völlig übereinstimmend. Bei Einkünften aus nichtselbstständiger Arbeit hat sich aber seit langem ein bloßer kausaler Zusammenhang herausgebildet, so dass alle Aufwendungen, die eine Dienstausübung mit sich bringen, als W. gelten.

Werkstattfertigung
Organisationstyp der Fertigung, bei der die Leistungserstellung in verschiedene, räumlich getrennte Einheiten (Werkstätten) mit gleichartiger Vorrichtung gegliedert ist. Damit bestimmt die Werkstattanordnung den Weg des Teiledurchlaufes im Betrieb. Das Problem des optimalen Transportes (niedrige Materialflusskosten) entsteht. Die W. ist vorteilhaft bei Kleinserien und Einzelfertigung, da eine elastische Reaktion auf Änderungen im Absatzprogramm od. auf Ausfälle von Betriebsmitteln möglich ist. Nachteilig ist eine relativ hohe Vorratshaltung wg. möglichst gleichmäßiger Anlagennutzung, die Abstimmung in der Maschinenbelegung für die verschiedenen Werkstätten, die Planung der Reihenfolge für den Teiledurchlauf usw.

Werkstoffe
⇒Materialien
⇒Repetierfaktoren
neben →Betriebsmittel und →Arbeit jene Art von →Produktionsfaktoren, die im Fertigungsprozess (→ Fertigung) verbraucht werden, weil sie als Bestandteile in das Produkt eingehen. Es sind Roh-, Hilfs-, Betriebsstoffe, Halb- und Fertigerzeugnisse. Wg. ihres Verbrauches müssen sie wiederholt beschafft werden.

Werner-Plan
Im Dezember 1969 beschlossen die Mitglieder der →EWG, einen Plan zur Errichtung einer Wirtschafts- und Währungsunion auszuarbeiten. 1970 legte die da-

mit beauftragte Arbeitsgruppe unter Leitung des damaligen Ministerpräsidenten von Luxemburg, P. Werner, den „W." vor. Dieser sah einen Drei-Stufen-Plan im Bereich der Wirtschafts- und Währungspolitik bis 1980 vor. In der ersten Stufe war Verringerung der Bandbreiten für die →Wechselkurse vorgesehen, um eine spätere vollständige →Konvertibilität der → Währungen ohne Bandbreiten und vollständig freien Kapitalverkehr zu ermöglichen, sowie eine Koordination nationaler Politiken. Nach der zweiten Stufe sollte ein Güter-, Personen- und Kapitalverkehr ohne Wettbewerbsverzerrungen realisiert sein. In der Endstufe sollte die Wirtschaftspolitik (→ Theorie der Wirtschaftspolitik) und Währungspolitik durch Übertragung nationaler Kompetenzen von einem gemeinschaftlichen Organ ausgeübt werden.

Wertanalyse
⇒Value Analysis
⇒Value Engineering
von L. D. Miles 1947 in den USA eingeführtes Verfahren, das in der →strategischen Unternehmensführung zur Planung des Produktprogramms angewendet wird, um bisher produzierte →Güter unter Beachtung der Käuferbewertung zu verbessern od. zu verbilligen bei unveränderten Eigenschaften od. auch neue Produkte systematisch zu entwickeln. W. will kostenaufwendige Änderungen vermeiden. W. wird auch auf Verwaltungstätigkeiten angewandt, um diese kosten- und funktionsorientiert zu optimieren.

Wertantinomie
⇒Wertparadoxon
⇒Grenznutzenanalyse.

Wertberichtigungen
nach altem Recht in der →Bilanz auf der Passivseite ausgewiesene Korrekturposten zu Vermögensposten der Aktivseite. Da gesonderte passivische W.-posten zu Vermögensgegenständen im Gliederungsschema des § 266 HGB nicht mehr enthalten sind - mit Ausnahme des rein steuerrechtlich begründeten „Sonderpostens mit Rücklagenanteil" -, sind deshalb jegliche handelsrechtliche Abwertungen aktivisch abzusetzen.

Wertgrenzprodukt
⇒*Durchschnittsprodukt*
⇒Grenzertragsprodukt
⇒Grenzertragswert.

Wertlehre
Lehren über die Bestimmungsgründe der
Güter- und Faktorpreise aus verschiedenen Sichtweisen od. von zu Schulen
zusammengefassten Ökonomen. Bereits
Aristoteles unterschied zwischen dem
durch subjektive →Bedürfnisse begründeten →Gebrauchswert und dem objektiven →Tauschwert eines →Gutes.
Nach den englischen Klassikern (A.
Smith, D. Ricardo) ist der Gebrauchswert
kein Bestimmungsgrund für den Preis,
sondern der durch die eingesetzten Arbeitsmengen geprägte Tauschwert. Allgemein sehen die Klassiker in der →
Arbeit einen objektiven Maßstab für den
→relativen Preis eines Gutes (s. →Arbeitswertlehre).
Die subjektive W. der Grenznutzenschule (→Grenznutzenanalyse) vermag den
relativen Preis aus den Gebrauchswerten
- konkret: aus den →Grenznutzen - herzuleiten (Gossensche Gesetze, →Grenznutzenanalyse). L. Walras gelingt es in
seiner mikroökonomischen (→Mikroökonomie) → Totalanalyse die Gleichgewichtswerte (→ Gleichgewicht) aller
Preise zu bestimmen.
V. Paretos Hinführung zur Indifferenzkurve zeigt, dass auch ohne die von der
subjektiven W. verwendeten kardinalen
Nutzenmessung (→kardinaler Nutzen)
auszukommen ist, da ordinaler Nutzen
(→Grenznutzenanalyse) ausreichend ist.
Nach A. Marshalls Versuch einer Synthese zwischen subjektiver und objektiver
Wertlehre folgten die →Preistheorien, die
den Preis aus den →Marktformen bestimmen. Neuere Ansätze berücksichtigen
unvollständige Informationen und
Transaktionskosten (→Kosten); sie lassen
Preise zu, die keine Markträumung bewirken, aber Koordinationsfunktion haben (Phelps, → Neue Mikroökonomie)
bzw. es werden → Transaktionen zu
Nichtgleichgewichtspreisen (Fixpreise)
zugelassen (Ungleichgewichtstheorie).
Die Überlegungen der neueren Ansätze
werden auch auf die →Faktorpreisbildung übertragen.

Wertpapierbörse
→Börse.

Wertpapiere
Da es keine gesetzliche →Definition gibt,
hat sich aus der Rechtsprechung und der
Praxis folgende Begriffsfassung herausgebildet: eine Urkunde, in der ein privates Recht verbrieft ist, das zur Ausübung
den Besitz der Urkunde erfordert. Urkunden, die nur zum Beweis eines privaten Rechts dienen, sind keine W. W. i.e.S.
sind solche, bei denen das Recht aus dem
Papier dem Recht am Papier folgt (z.B. →
Wechsel, →Scheck); W. i.w.S. sind diejenigen Urkunden, bei denen das Recht am
Papier aus dem Papier folgt
(Hypothekenbrief (→Hypothek)). Ein W.
besonderer Art sind →Effekten.

Wertpapiermarkt
Teil des →Kapitalmarktes, auf dem börsengängige (→Börse) →Wertpapiere gehandelt werden. Er umfasst also den
Börsenhandel mit W. und die Wertpapiergeschäfte am Bankschalter od. im Telefonverkehr zwischen den →Banken.

Wertpapierpensionsgeschäft
→Offenmarktpolitik, 2.

Wertparadoxon
⇒Wertantinomie
⇒Grenznutzenanalyse.

Wertschöpfung
1. allgemein der Wertbildungsprozess im
Unternehmen od. Institutionen od. anderen Wirtschaftseinheiten aufgrund der
Kombination von → Produktionsfaktoren.

2. ist zwischen Brutto-w. und Netto-w.
zu unterscheiden. Brutto-w. ist =Nettoproduktionswert. Netto-w. ist die Summe der im Inland entstandenen Erwerbs-
und Vermögenseinkommen (→Einkommen), od. auch Brutto-w. minus →Abschreibungen und → indirekte Steuern
plus →Subventionen. Die Netto-w. ist das
Nettoinlandsprodukt zu Faktorkosten.

Wertstellung
⇒Valutierung
Buchungsdatum der →Wertpapiere nach

erfolgtem Geschäftsabschluss an der →
Börse od. Zeitpunkt, zu dem Gutschrift
bzw. Belastung auf dem Bankkonto
durch die →Bank erfolgt. S.a. →Float.

Wettbewerb

⇒Konkurrenz
vielgestaltige Verhaltensweisen mehrerer von einander unabhängiger Wirtschaftssubjekte auf einem ihr zugäng-
lichen →Markt, um Ziele zu Lasten der
Konkurrenten zu erreichen. Folge des W.
ist eine ständige Verbesserung ökonomischer Leistung. W. als Leistungs-w. ist
das Ordnungsprinzip einer →Marktwirt-
schaft, der durch das → Gesetz gegen
Wettbewerbsbeschränkungen gesichert
und durch das →Gesetz gegen den unlauteren W. eingeschränkt werden soll. S.
→Wettbewerbstheorie, 1.

Wettbewerbsbeschränkungen

jede freiwillige od. erzwungene Beseitigung, Verhinderung od. Einschränkung
von Verhaltensweisem am →Markt ope-
rierender Konkurrenten in ihrem Bestreben, mit der Marktgegenseite zu
Geschäftsabschlüssen zu kommen. S.
auch → Gesetz gegen Wettbewerbsbeschränkungen, →Wettbewerbspolitik.

Wettbewerbspolitik

ist die Gesamtheit der Maßnahmen, deren Ziel die Erhaltung und/ od. Förderung von → Wettbewerb ist. Wg. der
elementaren Bedeutung des Wettbewerbs in der →Marktwirtschaft ist die W.
zugleich konstitutiver Teil marktwirtschaftlicher Ordnungspolitik (→Theorie
der Wirtschaftspolitik). Die →Präferenz
für Wettbewerb beruht auf den ihm zugeschrieben Eigenschaften,
- den Marktbeteiligten Handlungsfrei-
  heiten zu ermöglichen und zu sichern
  (*Freiheitsfunktion des Wettbewerbs*) sowie
- eine gute Marktversorgung zu gewährleisten (*ökonomische Funktion des
  Wettbewerbs*).
Zu den Freiheit sichernden Funktionen
des Wettbewerbs zählen die Freiheit von
→ Konsumenten, zwischen alternativen
Angeboten auswählen zu können, die Eröffnung von Chancen für →Arbeitneh-
mer zum Arbeitsplatzwechsel wie auch

die Freiheit zur unternehmerischen Initiative, etwa neue →Güter und Produktionsverfahren zu entwickeln od. neue →
Märkte zu erschließen. Solche Wettbe-
werbsfreiheiten setzen einen hohen De-
zentralisierungsgrad der Entscheidungs-
strukturen voraus.

Die ökonomische Funktion des Wettbewerbs erstreckt sich auf verschiedene Dimensionen von Marktergebnissen. Im
Einzelnen handelt es sich darum, dass
Wettbewerb zu einer Ausrichtung des
Angebots der Produzenten und Händler
auf die Nachfrage der Konsumenten
führt, die Angebotsstruktur also letztlich
durch die Konsumentenpräferenzen gesteuert wird. Dies schließt eine flexible
Anpassung von Produktionsprogram-
men, -verfahren und -kapazitäten an für
Marktprozesse typische Datenänderungen ebenso ein wie den tendenziell optimalen Einsatz der →Produktionsfaktoren
im Zuge solcher Reallokationsprozesse.
Wettbewerbliche Marktprozesse sind
schließlich auch deshalb erwünscht, weil
sie fortlaufend neue Informationen offenbaren (→ Informationsökonomik) und
weitergeben, so dass Neuerungsaktivitäten und deren schnelle Ausbreitung begünstigt werden. Nicht zuletzt soll Wettbewerb als ein Verfahren zur Begrenzung und Kontrolle wirtschaftlicher
Macht das Entstehen nicht leistungsbe-
zogener Einkommen verhindern bzw.
für deren raschen Abbau sorgen.

Besteht hinsichtlich der gesellschaftspolitischen und ökonomischen Zielsetzungen der W. weitgehend Einigkeit, so fehlt
diese jedoch bei der Antwort auf die Frage nach der konkreten Gestalt und den
Bedingungen der Marktprozesse, die als
zielkonforme wettbewerbliche Prozesse
gelten können. Die fehlende Einmütig-
keit wird deutlich in verschiedenen *wettbewerbspolitischen Konzeptionen* (Leitbilder), die mit Aussagen über Beziehungen
zwischen wettbewerblichen Bedingungskonstellationen und wettbewerbspolitischen Zielen der praktischen W. einen
Orientierungsrahmen zu geben versuchen.

Längere Zeit diente die *„vollständige Konkurrenz"* als Referenzsituation der W. In
der strengen Modellversion der neoklas-

sischen Gleichgewichtstheorie, die die Bedingungen aufzeigt, unter denen die optimale Faktorallokation (→Allokation) garantiert ist, ist dieses Konzept schon allein deshalb wettbewerbspolitisch unbrauchbar, weil für reale Wettbewerbsprozesse so wichtige Vorgänge wie Produktinnovationen und anschließende Anpassungsreaktionen mit dem statischen Charakter des Modells unvereinbar sind. Auch weniger restriktive Modellformulierungen, die vornehmlich auf die (große) Zahl der Marktteilnehmer und deren Einflusslosigkeit auf den Marktpreis abstellen, sind als Leitbilder der W. nicht geeignet, da der Einsatz wettbewerblicher Aktionsparameter wie → Preis, → Produktdifferenzierung, → Werbung wettbewerbspolitisch unterbunden werden müsste.

Bessere Orientierungshilfen für die W. scheinen Konzepte des *„funktionsfähigen Wettbewerbs"* (workable competition) leisten zu können. Als funktionsfähig gilt der Wettbewerb, der die wettbewerbspolitisch erwünschten Ergebnisse bewirkt. Es wird angenommen, dass die Wettbewerbswirkungen (z.B. Produktivitätsfortschritte) durch wettbewerbliche Verhaltensweisen (z.B. innovatorische Aktivitäten) bestimmt werden und diese wiederum von →Marktstrukturen (z.B. Höhe und Streuung von Marktanteilen) abhängen. Zur Gruppe der Konzepte des funktionsfähigen Wettbewerbs zählen auch solche, die für die W. bestimmte Marktstrukturen normieren - beispielsweise weite → Oligopole -, weil bei dieser Marktstruktur Verhaltensweisen erwartet werden, die zur Realisierung der ökonomischen Wettbewerbsfunktionen führen.

Die Struktur-Verhalten-Ergebnis-Modelle haben sich für die W. nur begrenzt als tragfähig erwiesen. Ihre Hauptprobleme liegen in der Unschärfe der Struktur-, Verhaltens- und Ergebniskriterien, ihrer häufig zirkulären - anstatt der unterstellten linearen - Beziehungen und schließlich in der empirisch nicht haltbaren Vermutung systematischer Beziehungen zwischen Marktstrukturen (z.B. Konzentrationsgrade) und Marktergebnissen (z.B. Neuerungsaktivitäten).

Diese Schwierigkeiten sucht das *„neuklassische Konzept der Wettbewerbsfreiheit"* zu vermeiden. Da Marktstrukturen und -verhaltensweisen den Marktergebnissen nicht eindeutig zurechenbar sind, diese sich vielmehr im Zuge wettbewerblicher Prozesse fortwährend ändern, sind konkrete Ergebnisse prinzipiell nicht prognostizierbar; sie können deshalb auch nicht als Ziele der W. normiert werden. Die Aufgabe der W. besteht vielmehr darin, (willkürliche) Beschränkungen der Wettbewerbsfreiheit zu verbieten. Hiervon sind im Sinne einer *„Muster-Voraussage"* zugleich auch gute ökonomische Ergebnisse (Berücksichtigung der Verbraucherwünsche, Leistungssteigerung der Produzenten etc.) zu erwarten. Zielkonflikte zwischen Wettbewerbsfreiheit und ökonomischer Vorteilhaftigkeit bestehen danach nicht. Sollte der Fall vorkommen, dass etwa die Marktgröße nur einem Unternehmen die kostenoptimale Produktion gestattet, so liegt ein natürliches Wettbewerbshemmnis vor, das einen wettbewerbspolitischen Ausnahmebereich begründet.

Mit der generellen Regel, dass Wettbewerbsprozesse von wettbewerbsbeschränkenden Verhaltensweisen wie formelle und informelle Kartellabsprachen (→Kartell), Boykott, Liefersperren, staatlichen Privilegierungen u.ä. freizuhalten sind, entgeht das Konzept der Wettbewerbsfreiheit zwar grundsätzlich der Gefahr des funktionalistischen Konzepts, dass die wettbewerbspolitische Gestaltung der Marktstruktur wegen der Komplexität realer Wettbewerbsprozesse de facto zum wettbewerbsbeschränkenden Marktdirigismus wird; für die praktische W. bleiben gleichwohl Schwierigkeiten bestehen: Wenn konkrete Marktergebnisse wg. der Offenheit wettbewerblicher Marktprozesse nicht prognostizierbar sind, können sie auch nicht ex ante zur Rechtfertigung wettbewerblicher Ausnahmebereiche dienen. Zudem könnte die Beseitigung „willkürlicher" Wettbewerbsbeschränkungen in Einzelfällen die ökonomischen Ergebnisse verschlechtern; so dürfte die Beseitigung des Patentschutzes die Innovationsanstrengungen (→Innovation) dämpfen.

Eine sehr weitgehende wettbewerbspolitische Abstinenz impliziert die *Survivorthese* der sog. Chicago-Schule. Danach setzen sich auf lange Sicht stets die effizienten Marktstrukturen durch. Da diese sich auch durch externes Unternehmenswachstum herausbilden könnten, wird eine restriktive wettbewerbspolitische Behandlung derartiger Konzentrationsprozesse abgelehnt.

Angesichts der wissenschaftlichen Kontroversen über eine leistungsfähige Konzeption für die W. und der - als Ergebnis von politisch-ökonomischen Willensbildungsprozessen - in pluralistischen Gesellschaften verbreiteten Kompromisse erstaunt es nicht, dass sich die praktische W. und ihre rechtlichen Grundlagen als eine Mischung verschiedener Konzeptionen darstellen. Die wichtigsten gesetzlichen Wettbewerbsregelungen in der Bundesrepublik Deutschland sind das → Gesetz gegen unlauteren Wettbewerb (UWG) und insbesondere das →Gesetz gegen Wettbewerbsbeschränkungen (GWB). Das UWG intendiert allgemeine Spielregeln für einen „fairen" Wettbewerb, indem es repressive od. bewusst irreführende Marktpraktiken zwischen den Marktteilnehmern verbietet. Die extensive Interpretation des UWG kann jedoch zu Wettbewerbsbeschränkungen führen, wenn etwa Gerichte - auch objektiv zutreffende - vergleichende Werbung als sittenwidrig betrachten.

Das Hauptanliegen des GWB besteht in der Sicherung der Wettbewerbsfreiheit. Dazu dienen Verboten wettbewerbsbeschränkender Verhaltensweisen wie z.B. Kartellabsprachen, abgestimmte Verhaltensweisen, Preisbindungen, Ausschließlichkeitsverträge od. →Fusionen (oberhalb bestimmter Toleranzschwellen). Das *Verbotsprinzip* wird jedoch nicht selten von Ausnahmeregelungen durchbrochen; vielen dieser Ausnahmeregelungen liegt die Vermutung zugrunde, dass die Beschränkung des Wettbewerbs zu besseren ökonomischen Ergebnissen führen würde. Solche zulässigen Wettbewerbsbeschränkungen unterliegen jedoch ebenso wie marktbeherrschende Unternehmen der →Missbrauchsaufsicht durch die Kartellbehörden; Gegenstand

der W. sind in diesen Fällen also nicht Wettbewerbsbeschränkungen, sondern deren unerwünschte Folgen. Die Problematik des *Missbrauchsprinzips* besteht darin, dass vielfach mit Fiktionen operiert werden muss. So wird z.B. eine missbräuchliche Preisüberhöhung anhand hypothetischer Marktergebnisse diagnostiziert, d.h. anhand der Preise, die sich bei unbeschränktem Wettbewerb ergeben hätten. Diese Wettbewerbspreise sind aber unbekannt.

Ein spezielles Problemfeld der praktischen W. stellen die *Ausnahmebereiche* dar. Völlige od. teilweise Freistellungen vom GWB gelten - oder galten lange Zeit bis zur letzten GWB-Novelle - für so wichtige Wirtschaftszweige wie Verkehrswirtschaft, Landwirtschaft, Kredit- und Versicherungswirtschaft und Versorgungswirtschaft. Ausnahmeregelungen wären dann ordnungskonform, wenn in diesen Bereichen Wettbewerbsprozesse die ihnen zugeschriebenen Funktionen nicht erfüllen können. Effizienzgewinne durch Leitungsmonopole von Elektrizitätsgesellschaften od. durch das Versorgungsmonopol der Bundespost im Fernmeldewesen basieren jedoch bestenfalls auf a priori-Vermutungen, nicht aber auf empirischen Erfahrungen.

Literatur: *W. Kerber*, Wettbewerbspolitik, in: Th. Apolte u. a. (Hrsg.): Vahlens Kompendium der Wirtschaftstheorie und Wirtschaftspolitik, Bd. 2. 9. A., München 2007, S. 369-434.

Prof. Dr. E. Görgens, Bayreuth

Wettbewerbstheorie

1. *Gegenstand der W.* W. bezieht sich auf alle zur Wirtschaftseinheiten im →Wettbewerb eingesetzten →Aktionsparameter wie →Preise, Güterqualitäten, Werbung und sonstige Absatzmethoden. Insofern ist sie von vornherein Mehrparametertheorie und konzentriert sich nicht nur z.B. auf den Preis als Aktionsparameter wie die →Preistheorie.

Aufgabe der W. ist es, für Wettbewerb generell Ursache-Wirkungszusammenhänge in logischer und/ od. empirischer Analyse aufzudecken. Zusätzlich wird von ihr erwartet, dass ihre Erkenntnisse anwendungsbezogen eine geeignete

Grundlage für die zweckmäßige Gestaltung der → Wettbewerbspolitik bilden können.

Wirtschaftlichen Wettbewerb charakterisiert das direkt empfundene od. indirekt vorhandene *Rivalisieren* von Wirtschaftseinheiten um vorteilhafte Geschäftsabschlüsse für die einzelnen Unternehmen und Haushalte, indem die sich gegenseitig im Wirtschaftserfolg beeinflussenden Anbieter od. Nachfrager ihren Tauschpartnern günstige Geschäftsbedingungen bei Preisen, Güterqualitäten und/od. sonstigen Aktionsparametern im Rahmen der gesetzlichen und gewohnheitsmäßigen Grenzen (Spielregeln) offerieren. Damit ist wirtschaftlicher Wettbewerb allerdings nicht für alle Zwecke hinreichend umschrieben, weil es sich um einen Oberbegriff für hochkomplexe Sachverhalte und Wechselbeziehungen mit vielfältigen Dimensionen handelt. Insbesondere muss z.B. das, was Wirtschaftseinheiten üblicherweise als Wettbewerb bezeichnen, nicht mit dem wirtschaftspolitisch zu schützenden od. zu schaffenden Wettbewerb übereinstimmen. Im Rahmen der W. geht es besonders um die im Folgenden erörterten Auswirkungen des Wettbewerbs (Wettbewerbsfunktionen) sowie die maßgeblichen Bedingungskonstellationen für wettbewerbliches Verhalten (Wettbewerbsvoraussetzungen).

2. *Wettbewerbsfunktionen.* Es ist nur scheinbar paradox, dass in →Marktwirtschaften die Verbraucherinteressen im Prinzip um so besser erfüllt werden, je konsequenter die einzelnen Wirtschaftseinheiten ihre Eigeninteressen wahrnehmen. Durch den Zwang zu Leistungsangeboten, die aus der Sicht der jeweiligen Tauschpartner vorteilhaft erscheinen, löst nämlich der Wettbewerb das Grundproblem, Millionen von an sich im Eigeninteresse verfolgten wirtschaftlichen Aktivitäten ohne staatliche Anordnung gleichsam durch eine „invisible hand" (Adam Smith) auf das Gesamtinteresse an einer günstigen Versorgung umzulenken. Als *klassisch-politische Wettbewerbsfunktionen* - wg. ihrer Betonung schon durch die klassische Schule der Nationalökonomie (A. Smith 1723-1790, J. S. Mill

1806-1873 u.a.) - können (1) die Begrenzung staatlicher Macht gegenüber Privaten sowie (2) die Kontrolle privater Wirtschaftsmacht bei wettbewerblicher Selbststeuerung herausgestellt werden.

Sogenannte *statische Wettbewerbsfunktionen,* die bei als konstant unterstellten „gesamtwirtschaftlichen Daten" wie Konsumentenpräferenzen, Verfügbarkeit von →Produktionsfaktoren und technisch-organisatorischem Wissen (→technischer Fortschritt) wirksam sind, führen aufgrund des Strebens der Unternehmen, Gewinnchancen im Wettbewerb auszunutzen, zu einer (3) Zusammensetzung des Güterangebots nach den Konsumentenpräferenzen und zu einer (4) Lenkung der Produktionsfaktoren in die produktivste Verwendung in der → Volkswirtschaft. Darüber hinaus erfolgt eine (5) primäre Einkommensverteilung (→ Einkommensverteilung, → Einkommensverteilungstheorie) nach der Marktleistung, d.h. es kommt darauf an, in welchen Mengen und zu welchen Preisen die einzelnen Wirtschaftseinheiten ihre Produktionsfaktoren bei den für sie maßgeblichen Wettbewerbsprozessen auf den Produktionsfaktormärkten verwerten können. Die so aufgrund des Wettbewerbs verwirklichte Marktleistungsgerechtigkeit kann unter anderen Wertungsgesichtspunkten (Bedürftigkeit, Aufwands- und Müheausgleich od. absolute Gleichheit) als „Unbarmherzigkeit des Marktes" erscheinen, und deshalb wird die primäre Einkommensverteilung inzwischen in allen entwickelten Marktwirtschaften durch staatliche Umverteilungsmaßnahmen (→Einkommensumverteilung) teilweise korrigiert. Je stärker von der Marktleistungsgerechtigkeit abgewichen wird, desto größer ist allerdings die Gefahr, dass die Leistungsbereitschaft der →Wirtschaftssubjekte in den Wettbewerbsprozessen beeinträchtigt wird und entsprechend die Selbststeuerungseffizienz des Wettbewerbs generell sinkt.

Dynamische Wettbewerbsfunktionen erfassen auch gesamtwirtschaftliche Datenänderungen. So besteht für die Unternehmer bei Wettbewerb ein dauernder Anreiz, durch (6) →Innovationen bei Produkten und/ od. Produktionsverfahren zu Pionier-Unternehmen (im Sinne Schumpeters) zu werden. Außerdem sorgt Wettbewerb im Anschluss an die durch wirtschaftlich vorteilhafte Produkt- od. Prozessinnovationen hervorgerufenen Datenänderungen dafür, dass sich diese Verbesserungen in der →Wirtschaft ausbreiten (→Diffusion) und überholte wirtschaftliche Verhältnisse verdrängt werden („Prozess der schöpferischen Zerstörung" gemäß Schumpeter). Da es zusätzlich zu solchen gesamtwirtschaftlichen Datenänderungen, die aus den Wettbewerbsprozessen selbst resultieren, auch um jene autonome Änderungen geht, für die der Wettbewerb seine Steuerungseffizienz im Prinzip in gleicher Weise entfaltet, handelt es sich zusammenfassend als weitere dynamische Wettbewerbsfunktion um die (7) Anpassungseffizienz an Änderungen gesamtwirtschaftlicher Daten wie Konsumentenpräferenzen, Verfügbarkeit von Produktionsfaktoren, technisch-organisatorisches Wissen od. Elemente der Rechts- und Sozialordnung.

Sofern *Rivalität* zwischen den einzelnen Wirtschaftseinheiten vorliegt, sind die genannten Wettbewerbsfunktionen im Prinzip verwirklicht. Allerdings ist teils umstritten - und im Folgenden noch mitzuberücksichtigen -, wieweit die verschiedenen Wettbewerbsfunktionen miteinander vereinbar sind und welches Gewicht ihnen im Rahmen eines Gesamtkonzepts zukommen kann.

3. *Wettbewerbsvoraussetzungen.* Die lange Zeit als maßgeblich und weitgehend starr angesehene Kausalbeziehung von einer gegebenen Marktstruktur zum Marktverhalten und schließlich zu den Marktergebnissen erfasst die komplexen Vor- und Rückwirkungen zwischen diesen Kategorien, wie sie in der Wirklichkeit vorliegen, zu wenig. Eher bündelt das Marktphasenmodell Wettbewerbsdeterminanten, die sich oft gleichzeitig und in charakteristischer Stufenfolge ändern.

Danach lassen sich in Anlehnung an die Idee vom → Produktlebenszyklus vier Marktphasen unterscheiden. In der *Einführungsphase* wird das Produkt kreiert,

ein Produktionsverfahren entwickelt und erste Nachfrage befriedigt. In der *Wachstumsphase* steigt die vorher nur geringe Nachfrage an, lassen sich durch Rationalisierung und Ausschöpfung von Größenvorteilen Kostensenkungen bei den Produktionsverfahren erzielen und wird das Produkt häufig qualitativ noch wesentlich verbessert. Für das erfolgreiche Neueintreten von Wettbewerbern in den Markt bieten sich i.d.R. große Chancen. Das zusätzliche Angebot der Neuanbieter muss dann nicht zu Lasten des Absatzes der etablierten Unternehmen gehen. Mit Übergang zur *Reifephase* engt sich auf der Angebotsseite der Spielraum für weitere Produktverbesserungen sowie Kostensenkungen ein und stabilisiert sich die Nachfrage weitgehend auf dem Niveau der Ersatznachfrage. Schließlich kann in der *Rückbildungsphase* durch das Aufkommen neuer Produkte die Nachfrage nach den alten Gütern zurückgedrängt werden, so dass die alten Produkte schließlich ganz verdrängt werden od. eine Verfestigung auf niedrigem Niveau eintritt. Insgesamt schwanken allerdings die zeitliche Länge der Phasen und auch das Ausmaß der Änderungen so unvorhersehbar, dass sich auch mit Hilfe des Marktphasenschemas die Marktwettbewerbsprozesse in ihrem konkreten Verlauf und Ausgang nicht im Voraus prognostizieren lassen. Vielmehr bleiben sie im Einzelnen prinzipiell offene und hochgradig komplexe Phänomene, bei denen sich das ökonomische Potential jeweils erst im und durch Wettbewerb herausbildet.

Unabhängig von den speziell vorliegenden Marktphasen erkannten schon die Klassiker als eine hinreichende Wettbewerbsvoraussetzung das weitgehende *Fehlen von Marktzutrittsschranken.* Potentielle Konkurrenten können nämlich Individualmonopolisten und Kollektivmonopolisten (die als Gruppe von Anbietern im Außenverhältnis als solidarische Einheit am Markt agieren, um gemeinsame Interessen durchzusetzen, und im Innenverhältnis prinzipiell unabhängig bleiben und eigene Interessen verfolgen) im Grundsatz genauso entmachten wie ein Wettbewerbsdruck von bereits auf einem Markt etablierten Unternehmen (vgl. auch →contestable markets).

Wenn hohe Marktzutrittsschranken vorliegen, ist Wettbewerbsvoraussetzung, dass *Polypole* od. *weite Oligopole* gegeben sind. Die weitergehende und nicht endgültig geklärte Frage, ob Polypole (z.b. „Freiburger Schule") od. weite Oligopole (z.b. Kantzenbach) funktionsfähiger sind und vor allem die dynamischen Wettbewerbsfunktionen besser erfüllen, ist nicht so bedeutsam.

Selbst wenn die genannten marktstrukturellen Wettbewerbsvoraussetzungen vorliegen, können wettbewerbsbeschränkende Verhaltensweisen lähmend sein. Entsprechend ist dann zusätzliche Wettbewerbsvoraussetzung, dass ein *Verbot erfolgt von wettbewerbsbeschränkend wirkenden* (1) →*Kartellen* (mit ihrer vertraglichen Bindung von Aktionsparametern zwischen Konkurrenten), (2) → *Fusionen* (bei denen durch Unternehmenszusammenschluss mindestens eine Wirtschaftseinheit ihre wirtschaftliche Selbstständigkeit aufgibt), (3) *vertikalen* → *Preisbindungen* (mit der vertraglichen Verpflichtung von Händlern gegenüber Vorlieferanten, beim Wiederverkauf bestimmte Verkaufspreise einzuhalten), (4) *sonstigen Verträgen wie Ausschließlichkeitsbindungen* (mit ihrem vereinbarten ausschließlichen Geschäftsverkehr zwischen den Partnern), (5) *„aufeinander abgestimmten Verhaltensweisen"* od. *vertikalen Empfehlungen* (die zu koordiniertem Aktionsparametereinsatz durch außerhalb der Marktaktivität stattfindende formlose Direktkontakte führen) sowie (6) *Behinderungs- und Verdrängungspraktiken* (die nicht marktleistungsbedingt potentielle Konkurrenten am Marktzutritt hindern od. auch gegen etablierte Wettbewerber gerichtet sein können).

Solche Verbote wettbewerbsbeschränkender Verhaltensweisen sind allerdings bei Vorliegen von engen Oligopolen (als Kollektivmonopol) od. Individualmonopolen, die durch hohe Marktzutrittsschranken vor potentiellen Konkurrenten geschützt sind, unzureichend. Solche *vermachteten Marktstrukturen* erfordern als Wettbewerbsvoraussetzung, dass die Marktzutrittsschranken gesenkt

werden und/ od. dass die dominante Marktmacht durch Förderung Marktschwacher und eventuell geeignete Entflechtung Marktmächtiger abgebaut wird. Alternativ könnte die nicht-wettbewerbliche Situation als solche unangetastet bestehenbleiben und lediglich neutralisierend versucht werden, die unerwünschten Folgen der Wettbewerbsbeschränkungen durch „Ausbeutungs"-Missbrauchsaufsicht zu dämpfen. Mit Vergleichsmarktkonzepten, bei denen die Marktergebnisse der zu überwachenden Wirtschaftseinheiten mit den bei wirksamem Wettbewerb zu erwartenden Marktergebnissen verglichen werden, sind allerdings angesichts der empirisch od. fiktiv nur unsicher ableitbaren Als-ob-Wettbewerbsmaßstäbe schlechte Erfahrungen gemacht worden. Insofern ist, soweit die Wettbewerbsvoraussetzungen geschaffen und geschützt werden können, der „invisible hand" wettbewerblicher Selbststeuerung der Vorzug vor einer Lenkung durch die „visible hand" des Staates zu geben. Können durch marktstrukturelle Eingriffe die notwendigen Voraussetzungen für eine wettbewerbliche Selbststeuerung nicht geschaffen werden (fundamentales Wettbewerbsversagen), empfiehlt sich die Schaffung wettbewerbspolitischer Ausnahmebereiche mit dauerhafter staatlicher Regulierung.

Literatur: *M. Borchert/ H. Grossekettler*, Preis- und Wettbewerbstheorie. Stuttgart u.a. 1985. *H. Bartling*, Leitbilder der Wettbewerbspolitik. München 1980. *E. Kaufer*, Industrieökonomik, Eine Einführung in die Wettbewerbstheorie. München 1980. *R. Schmalensee/ R. D. Willig*, (Eds.), Handbook of Industrial Organization, Vol. I and II. Amsterdam u.a. 1989. *Ch. Mantzavinos*, Wettbewerbstheorie - Eine kritische Auseinandersetzung. Berlin 1994.

Prof. Dr. H. Bartling, Mainz

Wettbewerbsvereine
→Gebührenvereine.

Wicksell-Effekt
der von K. Wicksell zuerst aufgezeigte Effekt, dass sich der Wert eines →Kapitalstocks bei gleichbleibender Zusammensetzung ändert, wenn sich der Zinssatz

ändert. S. →Kapitaltheorie, 3.

Wicksell-Johnson-Theorem

von K. Wicksell und W. E. Johnson zuerst aufgezeigte Beziehung für → Produktionsfunktionen, nach der gilt, dass das Produkt aus Skalenelastizität (χ) (→Elastizitäten) und →Output (O) gleich der Summe der mit ihren Grenzproduktivitäten $\dfrac{\partial O}{(\partial v)}$ (→ Ertrag) multiplizierten Faktoreinsätze (v_1, v_2) ist:

$$\chi \cdot O = \frac{\partial O}{\partial v_1} v_1 + \frac{\partial O}{\partial v_2} v_2 .$$

Bei Division durch O nimmt das W. die Form an: $\chi = \mu_v^1 + \mu_v^2$, wobei μ die partielle Produktionselastizität angibt.

Wicksellscher Prozess

nach K. Wicksell (1851-1926) benannter, durch Zinsänderung hervorgerufener inflationärer od. deflationärer Prozess, der den Konjunkturzyklus (→ Konjunkturtheorie) zu erklären vermag. Dem W. liegt die Unterscheidung zwischen natürlichem Zins (i^n), dem Gleichgewichtszins (→Gleichgewicht, →Zins) auf dem Geldkapitalmarkt für das Angebot aus → Sparen und Nachfrage nach →Krediten für →Investitionen, und dem tatsächlichen Marktzins (i^t) zugrunde, der i.d.R. vom natürlichen Zins abweicht. Besteht $i^t < i^n$, steigt die Kreditnachfrage der Unternehmen mit der Folge zunehmender Nachfrage nach Produktionsfaktoren, so dass deren →Preise steigen. Aufgrund der hieraus resultierenden Einkommenssteigerungen (→ Einkommen) kommt es neben zunehmender Investitionsgüternachfrage zu einer Erhöhung der Konsumgüternachfrage mit Preissteigerungen. Die wachsende Kreditnachfrage treibt i^t in die Höhe, so dass sich die Zinsspanne verringert. Der W. läuft so lange, wie $i^t \neq i^n$ besteht.

Wicksteed-Euler-Theorem

⇒*adding up-theorem*
⇒Ausschöpfungstheorem
⇒Euler-Theorem.

Wiederbeschaffungswert

i.d.R. der Zeitwert od. der Neuwert abzüglich →Abschreibungen. W. wird benutzt für Gegenstände des → Anlagevermögens, denen am Bilanzierungsstichtag gem. → Imparitätsprinzip der niedrigere Wert beizulegen ist. Wird bei bilanziellen Abschreibungen vom Anschaffungswert ausgegangen, ist es für die kalkulatorischen (→Kalkulation) Abschreibungen zweckmäßig, vom W. auszugehen.

windfall gains

⇒*dynamische Differentialeinkommen*
⇒windfall profits.

windfall profits

⇒*dynamische Differentialeinkommen*
⇒windfall gains.

window dressing

Bilanzgestaltung des → Managements mittels der zur Verfügung stehenden bilanzpolitischen Instrumente vor dem Bilanzierungsstichtag i.Ggs. zur Bilanztaktik (nach Bilanzierungsstichtag), z.B. bei →Banken, die →Pensionsgeschäfte ohne echten →Bedarf an Mitteln (→Geld) tätigen). W. soll eine Bilanzverbesserung herbeiführen und nur kurze Zeit über den Bilanzstichtag hinausreichen. W. schließt die Gefahr der Irreführung externer Bilanzadressaten ein.

Wirtschaft

1. ist ein Lebensbereich, dessen Wesen durch die Aufgabe bestimmt wird, menschliches Leben materiell zu erhalten und zu sichern. Diese Aufgabe stellt sich zu allen Zeiten und an allen Orten, mag auch die Art ihrer Bewältigung verschieden sein. Der Grund dafür ist die *Güterknappheit*. Als Güter (→ Gut) werden solche Mittel bezeichnet, die menschliche →Bedürfnisse - i.d.R. Empfindungen des Mangels - befriedigen. Ist ein Gut so reichlich vorhanden, dass es sich bei der Bedürfnisbefriedigung nicht erschöpft, und sind für seine konsumreife Bereitstellung Anstrengungen nicht erforderlich, besteht keine Knappheit. Dieser Fall tritt nur selten auf. In der Wirklichkeit herrscht Güterknappheit, eine Spannung zwischen Bedürfnissen und Mitteln zu

deren Befriedigung.

2. Die Menschen können ihre jeweiligen Bedürfnisse i.d.R. nicht vollständig befriedigen. Wirtschaften bedeutet, zwischen verschiedenen Möglichkeiten zu wählen. Mit der Entscheidung für eine bestimmte Bedürfnisbefriedigung (z.b. Autokauf) muss bei knappen Mitteln zumindest auf eine alternative Bedürfnisbefriedigung (z.b. Ferienreise) verzichtet werden; die Befriedigung eines Bedürfnisses „kostet" den Verzicht auf ein anderes Gut (Alternativ- od. Opportunitätskosten (→Kosten)). Ist die wirtschaftliche Entscheidung so getroffen worden, dass durch alternative Güterverwendungen das Ausmaß der Bedürfnisbefriedigung nicht mehr erhöht werden kann, hat das Individuum nach dem *wirtschaftlichen Prinzip* (→ökonomisches Prinzip) gehandelt. Jede andere Wahl vermindert das Niveau der Bedürfnisbefriedigung, bedeutet also eine Verschwendung knapper Güter. Da der Erwerb knapper Güter mit Zeit und Mühen verbunden ist, wird die Beachtung des wirtschaftlichen Prinzips als vernünftig bezeichnet (rationales Verhalten).

3. Die Güterknappheit wird gemildert - nicht behoben - durch die →*Arbeitsteilung*. Müsste jeder alles erzeugen, was er für die Existenzerhaltung benötigt, könnten sich die meisten Menschen auch bei günstigen klimatischen Bedingungen nur mühselig und schlecht versorgen. In einer W. mit Arbeitsteilung verzichtet der Einzelne ganz od. überwiegend darauf, für den eigenen →Bedarf zu produzieren. Die von allen erzeugten Gütermenge ist erheblich größer als bei Eigenversorgung, vor allem, weil die unterschiedlichen Fähigkeiten der Menschen und Besonderheiten der Wirtschaftsräume besser genutzt sowie arbeitssparende Maschinen eingesetzt werden können. Dies gilt um so mehr, wenn die Arbeitsteilung nicht auf eine → geschlossene Volkswirtschaft beschränkt, also weltweit orientiert ist (→offene Volkswirtschaft).

4. Die Arbeitsteilung hat zwei *wichtige Konsequenzen*: Sie erfordert erstens einen Gütertausch - weil der Einzelne von einem Produkt mehr erzeugt, als er selbst benötigt, dagegen einen Mangel an Gütern hat, an deren Erzeugung er nicht beteiligt ist -, zweitens eine gesamtwirtschaftliche Koordination von →Güterangebot und → Güternachfrage. Die Arbeitsteilung führt zur →Naturaltauschwirtschaft, wenn die Güter unmittelbar getauscht werden, zur →Geldwirtschaft, wenn - durch Kauf und Verkauf - →Geld zwischen Güterangebot und -nachfrage tritt. Wie durch den Übergang von der Eigenversorgung zur Arbeitsteilung wird auch durch eine Geldwirtschaft im Vergleich zur Naturaltauschwirtschaft die Güterproduktion wesentlich gesteigert. Hochentwickelte Volkswirtschaften kann man sich ohne eine weitgehende Arbeitsteilung und ein funktionierendes →Geldsystem kaum vorstellen. Mit der Arbeitsteilung entsteht die Notwendigkeit, die Pläne der individuellen Anbieter und Nachfrager gesamtwirtschaftlich zu koordinieren. Die Größe dieser Aufgabe wird z.B. daran deutlich, dass es in einem Land wie der Bundesrepublik Deutschland etwa 50 Millionen →Haushalte und Unternehmen gibt, die Güter anbieten und nachfragen. Unstreitig liegt hier eine Aufgabe für den Staat vor, dessen Verhältnis zu den privaten Entscheidungsträgern von der → Wirtschaftsordnung abhängt. Die Wahl der Wirtschaftsordnung beeinflusst wiederum - wie die Arbeitsteilung und das Tauschsystem - das Ausmaß der Güterversorgung. Die Erfahrung zeigt, dass in marktwirtschaftlichen Ordnungen die Güterversorgung ein höheres Niveau erreicht als in →Zentralverwaltungswirtschaften, was sich auch theoretisch begründen lässt.

5. In den letzten Jahrzehnten - seit 1980 - sind die Volkswirtschaften international stärker als früher zusammengewachsen. So erhöhte sich das Weltinlandsprodukt erheblich stärker als das Szialprodukt in den meisten Ländern. Noch stärker wuchs der Welthandel, der Umsatz an den internationalen Finanzmärkten und das Ausmaß weltweiter Direktinvestitionen im Ausland. Dieser Prozess wird als Globalisierung bezeichnet, die im Kern eine Intensivierung der internationalen Arbeitsteilung darstellt. Mit der Globali-

sierung wird der Wettbewerbsdruck auf die Wirtschaft und die Politik merklich erhöht. Die Unternehmen reagieren auf die Wettbewerbsverschärfung wie üblich durch Kostensenkungen, Produktivitätssteigerungen, Innovationen und eine bessere Kundenorientierung, so dass Wachstum und Wohlstand eines Landes positiv beeinflusst werden. Damit kontrastiert der Ruf nach staatlichem Einschreiten gegen Ursachen und Folgen der Globalisierung, der gelegentlich von Unternehmen und - eher noch - von ihren Verbänden zu vernehmen ist. Die Politik, näherhin die Wirtschaftspolitik, verliert indessen an nationaler Eigenständigkeit, weil ökonomisch falsche oder international unterlegene Weichenstellungen bestraft, eine den nationalen Standort im Wettbewerb unterstützende Politik dagegen belohnt wird. Die Entmachtung der Politik durch die Globalisierung wirkt sich auf Wachstum und Wohlstand ebenfalls positiv aus. Die Globalisierung schafft keine Arbeitslosigkeit, wie in der öffentlichen Diskussion häufig unterstellt wird, sondern deckt deren Ursachen auf, wie international zu hohe Löhne, Sozialabgaben und Steuern oder zu kurze Arbeits- und Betriebszeiten. Ein ordnungspolitisch falscher und in der Realität auch kaum aussichtsreicher Versuch wäre, auf eine internationale Harmonisierung von sozialen Standards zu dringen. Erfolgsversprechend dürfte nur sein, sich in Wirtschaft und Staat der Globalisierung zu stellen und auf den Anpassungsdruck einer Marktwirtschaft angemessen zu reagieren.

Literatur: *P. A. Samuelson*, Volkswirtschaftslehre, Bd. 1. 8. A., Köln 1987. *P. J. J. Welfens*, Internationalisierung von Wirtschaft und Wirtschaftspolitik. Heidelberg 1990. *A. Woll*, Volkswirtschaftslehre. 15. A., München 2007.

Prof. Dr. Dr. h.c. mult. A. Woll, Siegen

wirtschaftliche Gesamtgröße
⇒*Aggregat*
⇒gesamtwirtschaftliche Größe.

wirtschaftliches Gut
I.Ggs. zum →freien Gut ist es knapp und nur zu einem →Preis zu erhalten, weil

seine Bereitstellung →Kosten verursacht. W. sind Gegenstand der →Wirtschaftswissenschaften.

wirtschaftliches Prinzip
⇒Erwerbsprinzip
⇒*ökonomisches Prinzip*
⇒Wirtschaftlichkeitsprinzip.

Wirtschaftlichkeit
Relation, die das Verhältnis von →Ertrag bzw. →Leistung und →Aufwand bzw. → Kosten zum Ausdruck bringt, ohne eine Aussage darüber zu machen, ob Optimalität od. das →ökonomische Prinzip verwirklicht ist. Durch Gegenüberstellung von Soll-w. zu Ist-w. od. Überführung in eine Mengen- und Preiskomponente kann die Aussagekraft der W. erhöht werden. Zu →Planungen und Entscheidungen über →Investitionen werden → W.-srechnungen angestellt (→ Investitionsrechnung).

Wirtschaftlichkeitsrechnung
Rechenwerk zur Bestimmung der →Wirtschaftlichkeit.

Funktionen der W.: Vorteilsbestimmung einer einzelnen Investition; Wahl zwischen sich technisch ausschließenden Investitionsalternativen; Rangfolgebestimmung von konkurrierenden Investitionsvorhaben und die Fixierung des Investitionsprogramms; Bestimmung der wirtschaftlichen Nutzungsdauer von Neuanlagen und des Ersatzzeitpunktes vorhandener Anlagen; Auslotung des Unsicherheitsspielraumes.

Verfahren der W.: 1. Statische Verfahren: a) Kostenvergleichsrechnung: das Verfahren empfiehlt, von zwei oder mehreren sich ausschließenden Alternativen jene mit den geringsten Kosten auszuwählen. Das Verfahren kommt selten in Betracht, da Kosten kein ausreichendes Wirtschaftlichkeitskriterium bilden; b) Gewinnvergleichsrechnung: Entscheidungskriterium ist der durchschnittliche Investitionsgewinn pro Periode, definiert als Saldo der durchschnittlichen Kosten und Erlöse pro Periode; c) Rentabilitätsrechnung: Sie ist erforderlich, wenn der Investitionsgewinn mit unterschiedlichem Kapitaleinsatz erzielt wird und Kapital nicht unbeschränkt zur Verfügung steht. Vorteilskriterium ist: Nettorentabilität größer Null, bzw. Bruttorentabilität größer Zinskostensatz; d) Amortisationsrechnung: Gefragt wird nach der Zeitdauer, die bis zur Wiedergewinnung der Anschaffungsausgabe aus den Einnahmeüberschüssen des Projekts verstreicht. - Allen statischen Verfahren gemeinsam ist die ungenügende Berücksichtigung der zeitlichen Unterschiede im Auftreten von Einnahmen und Ausgaben. 2. Dynamische Verfahren: a) Kapitalwertmethode; b) Annuitätenmethode; c) Interne-Zinsfußmethode. S. zu den (dynamischen) Verfahren → Investitionsrechnung.

Wirtschaftseinheit
⇒*Wirtschaftssubjekt.*

Wirtschaftsinformatik
(1) Zum Begriff. Untersuchungsgegenstand der Wirtschaftsinformatik (WI) sind „Informations- und Kommunikationssysteme" (IKS) in Wirtschaft und Verwaltung. Dabei werden IKS als soziotechnische Systeme verstanden, die menschliche und maschinelle Komponenten (Teilsysteme) als Aufgabenträger umfassen, die voneinander unabhängig sind, ineinandergreifen und / od. zusammenwirken. Im Mittelpunkt steht die Unterstützung bei der Erfüllung der Aufgaben der betrachteten Institution (wie Unternehmen od. öffentliche Verwaltung). Der Begriffsbestandteil „Information" verdeutlicht, dass es primärer Zweck dieser Systeme ist, betriebliche Prozesse mit Hilfe von Informationen zu lenken und die Informationsnachfrage von Aufgabenträgern (Personen oder Maschinen) zu befriedigen. Art und Umfang des Informationsnachfrage ergeben sich aus den in Wirtschaft und Verwaltung zu erfüllenden Aufgaben. Der Begriffsbestandteil „Kommunikation" verdeutlicht, dass eine Koordination zwischen arbeitsteilig wirkenden Aufgabenträgern stattfindet.

IKS sind offene Systeme. Ziel ihres Entwurfs und Einsatzes ist die optimale Bereitstellung von Informationen und Unterstützung von Kommunikation nach wirtschaftlichen Kriterien.

IKS sind durch eine hohe Komplexität gekennzeichnet. Innerhalb der Wirtschaftsinformatik wird deshalb versucht, bestimmte Arten von IKS oder einzelne Komponenten zu isolieren, zu analysieren und zu integrieren. Typische Arten von IKS ergeben sich aus unterschiedlichen Sichten der untersuchten Organisationseinheiten, z.B. IKS eines Unternehmens, IKS einer Arbeitsgruppe, IKS einer Person, IKS einer Branche, IKS einer betrieblichen Funktion oder eines Geschäftsprozesses. Typische Bestandteile von IKS sind z.B. Daten, Funktionen, Objekte und Mensch-Maschine-Schnittstellen.

Dieses dargestellte Profil der WI spiegelt den derzeitigen Stand der Auffassungen der Mitglieder der *Wissenschaftlichen Kommission Wirtschaftsinformatik* (WKWI) im Verband der Hochschullehrer für Betriebswirtschaftslehre e.V. wider.

(2) Zur Einordnung. Die WI wird als ein interdisziplinäres Fach mit wesentlichen Bestandteilen der *Wirtschaftswissenschaften* insbesondere der *Betriebswirtschaftslehre,* der *Informatik* und der *Ingenieurwissenschaften* verstanden. Die Wirtschaftsinformatik ist dabei selbst eine Ingenieurwissenschaft, da sie sich mit der Gestaltung von IKS auf der Grundlage einer Entwurfssystematik beschäftigt.

Ausgehend von den sich in Entwicklung befindlichen Auffassungen der Information als Wirtschaftsgut in der *Volkswirtschaftslehre,* der damit verbundenen Informationsarbeit, die wiederum Grundlage der Schaffung informationeller Mehrwerte ist, und deren monetärer Bewertung in Form des Transaktionskostenkonzepts hat sich die Ansicht herausgebildet, dass neben den klassischen Faktoren Kapital, Boden und Arbeit die Information zum vierten Produktionsfaktor geworden ist. Für dieses immaterielle Wirtschaftsgut Information haben sich bereits eigene Märkte (wie die geschäftliche Nutzung des Internet) herausgebildet. Diese Märkte unterscheiden sich von klassischen Märkten insbesondere durch die Eigenschaften der Raum- und Zeitunabhängigkeit (Ubiquität). Durch die so entstehenden neuen immateriellen Güter in Form von Dienstleistungen und immateriellen Produkten (wie Software) sowie deren Produktion, Austausch und Konsumtion existiert auch ein Ansatz zur Erklärung des Strukturwandels von der Industrie- zur Informations- und Dienstleistungsgesellschaft.

Diesem Verständnis von Information als Untersuchungsgegenstand der WI folgt auf *betriebswirtschaftlicher* Ebene der Unternehmen die Untersuchung der Rolle des Produktions- und Wettbewerbsfaktors Information aus mikroökonomischer Sicht. Meist geschieht dies, indem man sich mit betrieblichen Administrations-, Dispositions-, Planungs- und (Führungs-) Informationssystemen in unterschiedlichen betrieblichen Funktionsbereichen (wie Beschaffung, Produktionsplanung, Vertrieb, Finanzbuchhaltung, Anlagenwirtschaft, Investitionsmanagement, Controlling oder Personalwirtschaft) und spezifiziert nach Branchen (wie Fertigungsindustrie, Handel, Banken, Versicherungen, Verkehr, Öffentlicher Dienst, Tourismus, Grundstoffindustrie, Energiewirtschaft, Bauwirtschaft, Medien) beschäftigt.

Der Bezug der WI zur *Informatik* besteht darin, dass die von der Informatik anwendungsneutral - im Sinne einer Grundlagenwissenschaft - entwickelten Methoden genutzt werden. Die Informatik als Wissenschaft von der systematischen Verarbeitung von Informationen, besonders der automatischen Verarbeitung mit Hilfe von Digitalrechnern, wird in die Gebiete *Theoretische, Technische, Praktische* und *Angewandte Informatik* (wie die Wirtschaftsinformatik) unterteilt. Diese Gebiete werden auch mit dem Oberbegriff Kerninformatik gekennzeichnet.

Innerhalb der *Theoretischen Informatik* befasst man sich mit prinzipiellen Fragen der Formulierung und Untersuchung von Algorithmen zur Problemlösung als auch der Rechnerkonstruktion. Beispiele hierfür sind die Theorie der formalen Sprachen, die Automatentheorie oder die Komplexitätstheorie. In der *Technischen Informatik* befasst man sich z.B. mit dem funktionellen Aufbau von Rechnersystemen, den zugehörigen Geräten sowie

dem logischen Entwurf von Schaltungen. Beispiele für Teilgebiete sind die Rechnerarchitektur, Rechnerorganisation oder der VLSI-Entwurf. Innerhalb der *Praktischen Informatik* beschäftigt man sich mit den Softwaresystemen zur Nutzung von Rechneranlagen wie Programmiersprachen, dem Compilerbau, Datenbankmanagementsystemen, Kommunikationssystemen/ Netzen, Betriebssystemen oder wissensbasierten Systemen. Die Wirtschaftsinformatik baut in der Regel auf den Erkenntnissen und dem methodischen Instrumentarium der Praktischen Informatik auf. Dabei wird die Wirtschaftsinformatik als eine *Angewandte Informatik* verstanden. Hierzu zählen weiterhin Gebiete wie die Verwaltungs-, Rechts-, Medien-, Medizin- oder Ingenieurinformatik.

Der Bezug der WI zu den *Ingenieurwissenschaften* ergibt sich durch den Bereich der Leistungserstellung im Unternehmen wie die Entwicklung und Konstruktion, der Arbeitsvorbereitung, der Arbeitsplanung, der Instandhaltung, der Materialwirtschaft, der Gestaltung und Automatisierung der Fertigung sowie dem Qualitätsmanagement. So ergibt sich besonders über den Bereich Produktions-Planung und -Steuerung (PPS) eine enge inhaltliche Verzahnung zwischen Wirtschaftsinformatik und Ingenieurwissenschaften.

(3) Zu den Aufgaben und Einsatzgebieten. Das Aufgabenspektrum in Forschung und Lehre der WI und ihrer Absolventen ist sehr weit gefächert und kann wie folgt gekennzeichnet werden:

- Entwurf, Entwicklung und Einsatz betrieblicher IKS (Systemanalyse, Systemauswahl, Systemplanung, Modellierung betrieblicher Anwendungssysteme),
- Ausarbeitung neuer Methoden und Verfahren zur Entwicklung von Informationssystemen,
- Analyse und Weiterentwicklung der betrieblichen Informationsinfrastruktur und -logistik (wie Geschäftsprozessanalyse und Business Reengineering),
- Analyse und Entwicklung unternehmensübergreifender Informationsin-

frastrukturen (wie Virtuelle Unternehmen, elektronischer Geschäftsverkehr),
- Auswahl und Einführung betriebswirtschaftlicher Anwendungssoftware einschließlich Projektmanagement,
- Entwurf, Entwicklung und Einsatz „Neuer Medien" für wirtschaftliche Ziele (Multimedia),
- Entwicklung und Einsatz von Konzepten eines effektiven Sicherheitsmanagements wie in Fragen des Transaktionsschutzes, Datenschutzes oder in Rechtsfragen (z.B. Digitale Unterschrift),
- Wirtschaftlicher Einsatz von IKS sowie Auswirkungen und Technologiefolgenabschätzung einschließlich des Verhaltens von Benutzern und Betreibern und
- Wahrnehmung von Führungsaufgaben (Informationsmanagement) für entsprechende Abteilungen, Projekte oder Unternehmensbereiche.

Die Bundesagentur für Arbeit in Nürnberg hat für die mit der Informationsverarbeitung (traditionell als Datenverarbeitung bezeichnet) befassten Tätigkeiten eine Einteilung in drei Gruppen geprägt:
- *Kernberufe*: Der Computer spielt eine dominierende Rolle. Die Fachkräfte benötigen zu ihrer Berufsausbildung intensive Kenntnisse der Informatik. Sie sind organisatorisch meist in spezialisierten Bereichen oder Abteilungen wie der Systementwicklung tätig.
- *Mischberufe*: Der Umfang der notwendigen Kenntnisse der Informatik und der zur Erfüllung der Fachaufgaben ist etwa gleichwertig verteilt. Beschäftigte, die dieser Gruppe zuzuordnen sind, benötigen auf beiden Gebieten eine entsprechende Ausbildung und sollten in der Lage sein, die jeweiligen Methoden der Informatik als Werkzeuge zur Fachproblemlösung einsetzen zu können.
- *Randberufe*: Die Notwendigkeit des Einsatzes von Informatikkenntnissen tritt nur vereinzelt oder im Hintergrund auf.

Der Wirtschaftsinformatiker wird je nach Qualifikation und betrieblichem Einsatz in den Kernberufen, in starkem Maße in den Mischberufen und nur zum geringen Teil in Randberufen tätig sein.

(4) Entwicklung und Stand. Die Wirtschaftsinformatik ist wie die Informatik ein relativ junges Fachgebiet, das noch immer durch eine große inhaltliche Dynamik, wie das Entstehen neuer Aufgabengebiete (z.B. elektronischer Geschäftsverkehr oder Einsatz multimedialer Informationssysteme) und durch quantitative Expansion gekennzeichnet ist, wie die große Nachfrage nach Absolventen und das Einrichten neuer Studiengänge an Hochschulen.

Ende der 60er/ Anfang der 70er Jahre entstanden im deutschsprachigen Raum die ersten Lehrstühle und Institute für betriebswirtschaftliche Datenverarbeitung an Universitäten. Es etablierte sich hierfür zu Beginn der Begriff *Betriebsinformatik*. Im Rahmen der weiteren Systematisierung und Strukturierung der Vorstellungen von Forschung und Lehre auf diesem Gebiet entstand in den 80er Jahren ein Anforderungsprofil für die Hochschulausbildung, und die Deutsche Forschungsgemeinschaft (DFG) bewilligte erstmals ein Schwerpunktprogramm zur Wirtschaftsinformatik.

Diese Entwicklung erfolgte führend durch die entsprechenden Hochschullehrer deutschsprachiger Länder in der WKWI.

Die 1959 gegründete Zeitschrift „Elektronische Datenverarbeitung" wurde 1990 in „Wirtschaftsinformatik" umbenannt und zur führenden Fachzeitschrift. Diese weitere Konsolidierung des Fachgebietes in den 90er Jahren ist auch durch die Reorganisation des Fachbereiches 5 der Gesellschaft für Informatik e.V. als *Fachbereich Wirtschaftsinformatik*, die Erarbeitung einer *Rahmenempfehlung für Diplomstudiengänge Wirtschaftsinformatik an Universitäten*, das Einrichten neuer Studiengänge auf dieser Grundlage sowie das Etablieren von turnusmäßigen Fachkonferenzen und weiteren Schwerpunktprogrammen der DFG gekennzeichnet.

Auf internationaler Ebene sieht sich die AIS (*Association for Information Systems*) mit Sitz in den USA als weltweite Organisation mit der Aufgabe, ein Forum für In-

formationssysteme betreffende Fragen einschließlich der Wirtschaftsinformatik zu schaffen und führt so jährlich die *International Conference on Information Systems* (ICIS) durch.
Literatur: *P. Mertens, et al* (Hrsg.), Lexikon der Wirtschaftsinformatik. Berlin u.a. 1997. *P. Mertens, et al* (Hrsg.), Studienführer Wirtschaftsinformatik. Braunschweig u.a. 1996. *P. Stahlknecht*, Einführung in die Wirtschaftsinformatik. Berlin u.a. 1997. *A.-W. Scheer*, Wirtschaftsinformatik. Berlin u.a. 1995. *M. Grauer/ U. Merten*, Multimedia. Berlin u.a. 1997.

Prof. Dr. M. Grauer, Siegen

Wirtschaftsintegration
→Integration.

Wirtschaftskreislauf
1. In formaler Betrachtung lässt sich ein W. als ein *geordnetes System von gegebenen wohlunterscheidbaren* →Polen und →Strömen, die zwischen den Polen fließen, definieren. Die geforderte Wohlunterscheidbarkeit sichert dabei, dass Pole und Ströme überschneidungsfrei definiert sind, eine Forderung, die theoretisch einleuchtet, in der Praxis aber oft unangenehme Abgrenzungsprobleme aufwirft.
Diese allgemein gehaltene →Definition eines W. erlaubt nun allerdings die Existenz von →Sektoren, die nur Ströme abgeben (Quellen) und von Sektoren, die nur Ströme empfangen (Senken). Will man der *Idee eines Allzusammenhanges* der beteiligten Sektoren im Sinne einer wechselseitigen Beeinflussung Rechnung tragen, kann man solche Konstellationen durch die folgende engere Definition eines W. ausschließen: Ein W. ist ein geordnetes System gegebener wohlunterscheidbarer Pole, zwischen denen Ströme derart fließen, dass von jedem Pol mindestens ein Strom wegfließt *und* zu jedem Pol mindestens ein Strom hinfließt (Input- *und* Outputeinbindung aller Pole). Vorausgesetzt, es handelt es um einen Kreislauf, d.h. um ein *nicht* in mehrere unabhängige Teilkreisläufe zerlegbares (indekomposibles) System, sichert diese engere Defintion, dass alle Pole direkt (über einen Strom) od. indirekt (über mehrere Ströme) miteinander verbunden sind.

Die Kreislaufidee liefert eine *Ordnungsvorstellung*, die es ermöglichen soll, die vielen von Ökonomen als relevant erachteten Vorgänge der Realität in einen *überschaubaren widerspruchsfreien Zusammenhang* zu bringen, ohne dabei auf die Abbildung der oft komplexen wechselseitigen Verflechtungen zu verzichten. Diese Transformation von zunächst ungeordneten und verwirrenden Einzelvorgängen in ein quantifizierbares und handhabbares System, das zudem über Umformungen vielfältige Einblicke in seine strukturellen Details erlaubt, hat das Instrument des W. zu einem unverzichtbaren Bestandteil der modernen Wirtschaftstheorie gemacht. Dabei sind es gerade die indirekten Zusammenhänge bzw. (erwünschten od. unerwünschten) Wirkungen, die bei ökonomischen Fragestellungen besonderes Interesse beanspruchen und die ohne die Kreislaufvorstellung quantitativ nicht in den Griff zu bekommen sind.

2. Für die vielfältigen Anwendungen der Kreislaufidee hat es sich dabei als vorteilhaft erwiesen, dass man W. auf verschiedene Arten darstellen kann, deren unterschiedliche Vorzüge je nach der Fragestellung und der Komplexität des Stromsystems zu nutzen sind:
(a) Die graphische Darstellung
(b) Die Darstellung in Konten
(c) Die algebraische Formulierung
(d) Die Darstellung in Matrixform.
Bei der *graphischen Darstellung* werden die Pole als Kreise od. Rechtecke und die Ströme als Pfeile gezeichnet. Man findet solche graphischen Darstellungen vor allem in populär gehaltenen Publikationen sowie in Lehrbüchern, wo die didaktische Wirkung visuell vorgeführter Schaubilder genutzt wird. Bei mehr als sechs Sektoren wird ein graphisches Kreislaufbild aber rasch unübersichtlich, so dass diese Darstellungsform auf kleine (das sind meist hochaggregierte) überschaubare Kreisläufe beschränkt bleibt. Allerdings kann man einen Graphen zum Ausgangspunkt formaler graphentheoretischer Überlegungen machen, die vielfältige Anwendungsmöglichkeiten

eröffnen. Diese graphentheoretischen Methoden sind für die Analyse struktureller Eigenschaften von Kreisläufen in den letzten Jahren immer wichtiger geworden.

Die *Darstellung in Konten* ordnet jedem Pol ein Konto zu, auf dem die Ströme gemäß den Prinzipien der doppelten Buchführung in eine Soll- und in eine Habenbuchung zerlegt werden. Die Vorzüge dieser Vorgangsweise liegen auf der Hand: bei vielen Sektoren und insbesondere Strömen ist die Kontendarstellung übersichtlicher als die graphische Darstellung. Außerdem erscheinen nun die Ströme explizit mit ihren quantitativen Werten und man kann die Konten saldieren. Diesen Vorzügen steht aber immer noch der gerade für ein Arbeiten mit → Modellen gravierende Nachteil gegenüber, dass eine weitere mathematische Verarbeitung nicht möglich ist.

Bei der *algebraischen Formulierung* werden die beiden Seiten eines jeden Kontos (Sektors) einander gegenübergestellt und durch ein „ist gleich", „kleiner" od. „größer" miteinander verknüpft. Die *Darstellung in Matrixform* schließlich weist den einzelnen Strömen ein Feld einer (i.d.R. quadratischen) Matrix zu. Ordnet man die Sektoren in den Zeilen und Spalten in derselben Reihenfolge (quadratische Matrix), dann erscheinen die In-Sich-Ströme auf der Hauptdiagonalen und jeder einzelne Strom kann durch eine doppelte Indizierung, wobei der erste Index i.d.R. die Zeile und der zweite die Spalte angibt, leicht eingeordnet werden. Die beiden letztgenannten Darstellungsarten sind auf den ersten Blick nicht so anschaulich wie die graphische Darstellung, sie erlauben es aber, das ganze Arsenal mathematischer Methoden für die Kreislaufbetrachtung nutzbar zu machen.

3. Liegt buchungstechnisch kein Fehler vor, so ist unmittelbar einsichtig, dass die *Wertsumme aller Zuflüsse* in W. gleich der *Wertsumme aller Abflüsse* sein muss. Für die Analyse wirtschaftlicher Vorgänge ist es nun zweckmäßig, die strengere Definition eines geschlossenen W. zu verwenden. Ein solcher liegt vor, wenn für *jeden Pol* die Wertsumme aller zufließenden

Ströme gleich der Wertsumme aller abfließenden Ströme ist (*Kreislaufaxiom*). Diese Bedingung ist i.Ggs. zur obigen Feststellung nicht mehr selbstverständlich gegeben. Sie beinhaltet in der Kontendarstellung ein System saldierter Konten, in der algebraischen Darstellung die ausschließliche Verwendung von Gleichungen und in der Matrixform die Gleichheit von jeweiliger Spaltensumme und Zeilensumme.

Das Arbeiten mit geschlossenen Kreisläufen (und damit mit Gleichungen) erlaubt es, auf eine bestimmte Anzahl unbekannter Ströme zu schließen. Auch können einzelne Ströme isoliert auf eine Seite der Gleichung gebracht und diese dann als Definition verwendet werden (man denke etwa an die Definition des → Sparens in der →Volkswirtschaftlichen Gesamtrechnung (VGR)). Zudem lässt sich jeder offene (d.h. nicht geschlossene) Kreislauf durch Einführung einer od. mehrerer zusätzlicher „Hilfssektoren" schließen. Da es sich bei einem geschlossenen Kreislauf um ein System linearer Gleichungen handelt, gelten darüberhinaus die entsprechenden Sätze der linearen Algebra. Ist z.B. das Kreislaufaxiom für n-1 Pole erfüllt, so ist es immer auch für den n-ten Pol erfüllt (→Walras-Gesetz).

4. Bisher wurde der W. losgelöst von jeder konkreten Interpretation als reines Prinzip erörtert. In den Wirtschaftswissenschaften liegt, beginnend mit dem ersten vollständigen Kreislauf von *Francois Quesnay*, dem sog. → „Tableau Économique" (1758), eine große Zahl von konkreten Ausgestaltungen der Kreislaufidee vor. So hat *Joseph Lang* bereits 1807 und 1811 einen dreipoligen Kreislauf anhand eines linearen Gleichungssystems formal analysiert. *Karl Marx* (1855) verwendete explizit einen Kreislauf mit einer Zweiteilung der Produktionssphäre, *Eugen v. Böhm-Bawerk* (1889) stellte eine Strukturanalyse der Umwegproduktion dar, eine Kreislaufvorstellung steht hinter den Theorien von *John Maynard Keynes* (1930, 1936) und im deutschsprachigen Raum haben sich insbesondere *Carl Föhl* (1937) und *Hans Peter* (1943, 1954) um die Weiterentwicklung der Kreislauf-

idee verdient gemacht. Die wohl bekanntesten Ausformungen des W. stellen die VGR und die auf *Wassily Leontief* zurückgehende *Input-Output-Rechnung* dar. Die VGR wird i.d.R. in Kontenform präsentiert. Sie stellt einen ex post-Kreislauf dar, der einen quantitativen Gesamtabriss einer Volkswirtschaft im Sinne definitorischer Zusammenhänge vermittelt.

Diese unvollständige Aufzählung sollte einen Eindruck von der Vielfalt vorhandener Kreislaufsysteme vermitteln. Es gibt kein wahres Kreislaufschema, die → Kreislauftheorie stellt vielmehr ein *sehr flexibles Gerüst* dar, das je nach Fragestellung, gesellschaftlichen Gegebenheiten und statistischer Verfügbarkeit der →Daten sehr unterschiedlich aufgefüllt werden kann. W. sind auch keineswegs auf eine Abbildung von Wertströmen (monetäre Kreisläufe (→Geldkreislauf)) beschränkt. Die Ströme können grundsätzlich in Arbeitsstunden, Joule, Tonnen od. Stück gemessen werden. Auch das uns selbstverständlich gewordene Kreislaufschema der VGR stellt unter diesem Aspekt nur eine mögliche Ausprägung der Kreislaufidee dar, die modifiziert werden kann (und auch bereits mehrfach erheblich modifiziert wurde).

Ergänzt man die *ex post-Systeme* um Aussagen über funktionelle Abhängigkeiten, reichert man also das Kreislaufschema mit →Hypothesen an, dann begibt man sich auf das Gebiet von *ex ante-Kreisläufen*. Solche Systeme haben gerade als makroökonomische Modelle große Bedeutung auch für die Wirtschaftspolitik (→ Theorie der Wirtschaftspolitik) erlangt und existieren mittlerweile in vielen Varianten.

Erwähnenswert ist noch, dass die Kreislaufidee in vielen wissenschaftlichen Disziplinen (Medizin, Physik, Elektrotechnik, Biologie etc.) verwendet wird. In letzter Zeit wird fachübergreifend versucht, Gesamtsysteme zu erstellen, die ökonomische und ökologische Kreisläufe in einem Gesamtmodell vereinen.

Literatur: *R. G. Busacker/ T. L. Saaty*, Endliche Graphen und Netzwerke. München 1968. *H.-W. Holub/ H. Schnabl*, Input-Output-Rechnung: Input-Output-Tabellen. 3. A., München-Wien 1994, Kap. I und II.

W. Krelle, Volkswirtschaftliche Gesamtrechnung. Berlin 1959, Kap. I und II. *H. Reichardt*, Kreislaufaspekte in der Ökonomik. Tübingen 1967.

Prof. Dr. H.-W. Holub, Innsbruck

Wirtschaftsordnung

Das Denken in Ordnungen und die Erarbeitung der Grundlagen für eine ordnungsbezogene Beurteilung und Bewältigung wirtschaftlicher Probleme hat in der deutschsprachigen →Nationalökonmie Tradition. „Würden wir von oben die Erde betrachten und das erstaunliche Gewimmel von Menschen, die Verschiedenheit der Beschäftigungen, das Ineinandergreifen der Tätigkeiten, so wäre die erste Frage: im Rahmen welcher Ordnung vollzieht sich alles dieses? Wir können nichts Sinnvolles über alles das ... aussagen, wenn die *Ordnung* unbekannt bleibt" (*W. Eucken*, 1965, 50). Indem die W. als ein Teil der Organisation der Gesellschaft den Rahmen für den Ablauf der Prozesse des →Wirtschaftssystems, des gesellschaftlichen Teilsystems zur Minderung der Knappheit durch Beschaffung, Bereitstellung und Verteilung von ökonomischen →Gütern, darstellt, ist von einer Ordnungsbedingtheit des wirtschaftlichen Geschehens auszugehen. Beziehungen bzw. Überschneidungen von W. und politischer Ordnung entstehen durch politische Steuerungsleistungen (→ Theorie der Wirtschaftspolitik), durch die staatliche Übernahme von Wirtschaftssystemaufgaben, durch die Delegation politischer Entscheidungsbefugnisse an Einheiten des Wirtschaftssystems sowie durch die Beeinflussung politischer Entscheidungen durch (organisierte) Elemente des Wirtschaftssystems.

Während die liberale Gesellschaftstheorie (→Liberalismus) eine möglichst weitgehende Trennung von Politik und → Wirtschaft beinhaltet und dabei privates Eigentum an → Produktionsmitteln als Garant persönlicher Freiheit begreift, ergeben sich nach der marxistisch-leninistischen Ideologie bei vergesellschafteten Produktionsmitteln und unabdingbarem Führungsmonopol der sozialistischen Partei sehr weitgehende Überschneidungen beider Teilsysteme, die im Extremfall zu einer staatlichen absorbierten Wirtschaft führen. Die konkrete Ausgestaltung der W. wird somit nicht nur durch die Artikulation und das Wirken menschlicher →Bedürfnisse im Zeitablauf bestimmt. Grundlegende Auffassungsunterschiede bezüglich der anzustrebenden Ausprägung der W. als der bedürfnisgerechten W. sind letztlich in unterschiedlichen gesellschaftstheoretischen Konzeptionen verankert. Das bedeutet, dass „Jenseits von Angebot und Nachfrage" (W. *Röpke*) jede Ordnung in geistigen, politischen und ethischen Überzeugungen ruht, die zu ihrem vollständigen Verständnis berücksichtigt werden müssen.

Entsprechend der Bedeutung des Erkenntnisgegenstandes wurde eine Vielzahl von Ansätzen zur Unterscheidung von W. erarbeitet (vgl. D. *Schönwitz* und *H.-J. Weber*, 1983, 31ff.). Sehr bekannt geworden ist der klassifikatorische Ansatz *Euckens*, der auf der Grundlage des Merkmals „Zahl der selbstständig planenden Wirtschaftseinheiten" die Idealtypen zentralgeleitete Wirtschaft (Merkmalsausprägung: monistisches Planen) und Verkehrswirtschaft (Merkmalsausprägung: pluralistisches Planen) unterscheidet und die Realität als Mischung dieser reinen Formen ansieht. In späteren Ansätzen wurde eine Differenzierung des klassifikatorischen Instrumentariums vorgenommen. Beispielsweise unterscheidet *Kloten* nach der Intensität der privaten Wirtschaftsführung (Koordination) bzw. öffentlichen Wirtschaftsführung (Subordination) Ordnungen der Verkehrswirtschaft, der gelenkten Marktwirtschaft (gleichgewichtige Verwirklichung von Koordination und Subordination) und der zentralgeleiteten Wirtschaft und macht damit einen Vorschlag zur Ausfüllung der Spannweite zwischen den beiden Euckenschen Polen.

Die Auseinandersetzung mit W. wurde nicht nur durch das Denken in Ordnungen, sondern auch durch das Denken in geschichtlichen Entwicklungsgesetzmäßigkeiten beeinflusst. Von diesem Denkansatz ist ganz zentral die marxistisch-leninistische Gesellschaftstheorie geprägt. Danach wird ausgehend von dem als unüberbrückbar angesehenen Widerspruch zwischen gesellschaftlichem Charakter der Produktion einerseits und privatem Eigentum an Produktionsmitteln sowie privater Aneignung andererseits eine Veränderung aller marktwirtschaftlichen W. in Richtung auf den Sozialismus bzw. Kommunismus angenommen. Das Ausbleiben dieser Zwangsläufigkeit wurde in der politischen Ökonomie des Sozialismus vor allem mit der These vom staatsmonopolistischen Kapitalismus begründet, nach der der „historisch notwendige" Übergang vom Kapitalismus zum Sozialismus dadurch wesentlich verzögert werde, dass es den Großunternehmen, den → Monopolen, gelungen sei, sich mit der Staatsgewalt zu „verbünden". Für *westliche Varianten* des einseitigen Annäherungsdenkens nimmt die Entwicklung gegenüber der zuvor skizzierten *östlichen Variante* einen ganz anderen Verlauf. Beispielhaft hierfür ist die Auffassung *Rostows* zu den Stadien wirtschaftlichen Wachstums (→Stufenprognose): Im Zuge des fortschreitenden Industrialisierungsprozesses, im Zeitalter des Massenkonsums und der Befriedigung grundlegender physiologischer →Bedürfnisse entstehe auch in hierarchisch-autoritär geprägten zentralverwaltungswirtschaftlichen Ordnungen der Drang nach Befriedigung höherwertiger Grundbedürfnisse, vor allem nach der Befriedigung des Bedürfnisses nach mehr individueller Freiheit. Daraus lasse sich eine Entwicklungstendenz zu einer dezentral organisierten W. ableiten. Eine dritte Variante des Entwicklungsdenkens nimmt eine *Konvergenz* der W., eine beiderseitige Annäherung an. Namhafter Vertreter der Konvergenztheorie ist *Tinbergen*, der der Auffassung ist, dass es in der geschichtlichen Entwicklung notwendig zu einer gemischten W. kommen werden, die → Markt und Plan als prägende Merkmale beinhaltet, da sich unter dem Einfluss des ökonomischen Effizienzstrebens auf Dauer das „Beste aus beiden Welten" durchsetze, wobei ideologisch bestimmte Ziele an Bedeutung verlieren würden und der „Wohlstand des ganzen Volkes" überall immer mehr zum erklärten Ziel der Ordnungsgestaltung werde. Als Ergebnis der Betrachtung der bisherigen Entwicklung der W. ist jedoch festzuhalten, dass sich Konvergenz im Sinne einer Bewegung hin zu einer hinreichend genau umrissenen „mixed economy" nicht als Grundströmung der historischen Entwicklung abzeichnet. Die marxistisch-leninistische Entwicklungstheorie bisheriger Prägung ist durch die Ende der 80er Jahre des 20. Jahrhunderts begonnene Umwandlung der Zentralverwaltungswirtschaften Mittel- und Osteuropas in marktwirtschaftlich geprägte Ordnungen obsolet geworden.

Eucken hat zur „Geschichtsphilosophie der Zwangsläufigkeit" im Übrigen kritisch angemerkt, dass mit ihr eine der entscheidenden Tatsachen der Geschichte, nämlich die Einwirkung menschlichen Denkens auf das geschichtliche Werden, nicht ausreichend gewürdigt werde. Rationale Wirtschaftsordnungsgestaltung (Wirtschaftsordnungspolitik) kann vielmehr auf folgende Grundsätze zurückgeführt werden: 1. W. sind nicht vom Bezugspunkt unbedingter Entwicklungsgesetzmäßigkeiten zu beurteilen, sondern stets daraufhin zu überprüfen, ob sie gegenwärtig eine Form annehmen, die mit der Verwirklichung der gesellschaftlichen Wertvorstellungen vereinbar ist. 2. Die Wirtschaftsordnungspolitik hat insofern offen zu sein, als W. im Sinne einer dogmatischen Ordnungsgestaltung nicht wie Selbstzwecke behandelt werden dürfen. 3. Angesichts der Unsicherheit des menschlichen Wissens ist es vernünftig, vor die Reform Prozesse des Ringens mit Argumenten zu setzen, in denen die verschiedensten Aspekte des jeweiligen Problems abgeklärt werden können. Hiervon ausgehend erschließt sich die Bedeutung des Prinzips der *Vorrangigkeit* ordnungskonformer wirtschaftspolitischer Handlungen, die sich in den Rahmen einer wirtschaftsordnungspolitischen Grundentscheidung einordnen lassen, als Strategie zur Vermeidung nicht kalkulierbarer Risiken der Gesellschaftsgestaltung.

In der Bundesrepublik Deutschland ist nach dem Zweiten Weltkrieg die Grundentscheidung für die W. der →Sozialen Marktwirtschaft gefallen, die Alfred Müller-Armack in ihren Anfängen als „Marktwirtschaft mit wirksamen sozialen Sicherungen" definierte und für deren politische Einführung der Name des ersten Wirtschaftsministers der Bundesrepublik, Ludwig Erhard, steht. Danach sollte sich die W. nicht zu einem Versorgungsstaat mit immer umfassenderem staatlichem Regelungsanspruch entwickeln. Diese Vertreter der → Sozialen Marktwirtschaft gingen vielmehr davon aus, dass wachsender Wohlstand durch effiziente →Marktwirtschaft die Chance für dann wieder weniger Staat, größere Mündigkeit und mehr Selbstverantwortung bzw. Selbstvorsorge biete. Dies entspricht dem → Subsidiaritätsprinzip als Gestaltungsmaxime sozial begründeter staatlicher Eingriffe.

Literatur: *W. Eucken*, Die Grundlagen der Nationalökonomie. 8. A., Berlin 1965. *C. Hermann-Pillath/ O. Schlecht/ H. F. Wünsche* (Hrsg.), Marktwirtschaft als Aufgabe der Wirtschaft und Gesellschaft im Übergang vom Plan zum Markt. Stuttgart-Jena-New York 1994. *D. Schönwitz/ H.-J. Weber*, Wirtschaftsordnung. Eine Einführung in Theorie und Politik. München-Wien 1983.

Dr. D. Schönwitz, Hachenburg

Wirtschaftspolitik
→Theorie der Wirtschaftspolitik.

Wirtschaftsprüfer
gem. →W.-ordnung öffentlich bestellter Berufsstand mit der ausschließlichen Befugnis zur Prüfung von →Jahresabschlüssen von Unternehmen und →Genossenschaften. W. erteilt über vorgenommene Prüfung → Bestätigungsvermerk. W. kann darüberhinaus jede Art betriebswirtschaftlicher Prüfungen durchführen und Beratungsdienste leisten. „W." ist als gesetzlich geschützte Berufsbezeichnung im beruflichen Verkehr zu führen. Der W. hat seine Berufsaufgaben gewissenhaft, unabhängig, eigenverantwortlich und verschwiegen auszuführen.

Wirtschaftsprüferkammer
öffentlich-rechtliche Körperschaft mit Zwangsmitgliedschaft der →Wirtschaftsprüfer, Wirtschaftsprüfungsgesellschaften, vereidigten Buchprüfer, Buchprü-

fungsgesellschaften u.a. zur beruflichen Selbstverwaltung und Wahrung der beruflichen Belange ihrer Mitglieder. Die W. hat eine Satzung und untersteht staatlicher Aufsicht seitens des Bundeswirtschaftsministeriums. W. verfügt über Berufsgerichtsbarkeit.

Wirtschaftsprüferordnung (WPO) gültig in der Fassung vom 3.11.2007, regelt Berufsstellung, Bestellung, Rechte und Pflichten sowie berufliche Organisation des →Wirtschaftsprüfers.

Wirtschaftsprüfung
1. *Wesen*. Mit W., auch Prüfungs- od. Revisionswesen, bezeichnet man das Teilgebiet der →Betriebswirtschaftslehre, das sich mit der Struktur und den Problemen betriebswirtschaftlicher Überwachungsvorgänge beschäftigt. In der Praxis wird die W. weitgehend durch den Berufsstand der →Wirtschaftsprüfer und vereidigten Buchprüfer und deren Berufsorganisationen (→Wirtschaftsprüferkammer, →Institut der Wirtschaftsprüfer in Deutschland e.V., Bundesverband der vereidigten Buchprüfer e.V.) geprägt. An den Hochschulen stellt die W. ein z.T. eigenständiges Lehr- und Forschungsgebiet der Wirtschaftswissenschaften dar.

2. *Entwicklung*. Die Entwicklung der W. ist auf verschiedene Ursachen zurückzuführen. Wirtschaftliche Prüfungen durch staatliche Organe entstanden in erster Linie aus der Steuererhebung und dem Ausbau eines vielschichtigen staatlichen Haushaltswesens - insbesondere aus der Einführung selbst zu erklärender Steuerarten. Freiwillige Prüfungen der Unternehmen gehen auf die räumliche Trennung von Betriebsteilen und auf die Trennung von Eigentum und →Management zurück. Der letzte Faktor führte im Zusammenhang mit dem Wachstum der Unternehmen im Zuge der Industrialisierung einerseits und Missbrauchsfällen andererseits zur Einführung gesetzlicher →Pflichtprüfungen. Sie sollten Schutz im Sinne einer Präventiv- und Kontrollfunktion bieten. Nach der Phase ausschließlich frei gewählter Prüfer gab es in Deutschland bereits Mitte des 18. Jahrhunderts die ersten vereidigten Bücher-

revisoren. Ende des 19. Jahrhunderts findet man eine beachtliche Zunahme und zugleich die Gründung der ersten Verbände der Buchprüfer sowie der → Prüfungsverbände für →Genossenschaften und →Sparkassen. Der wohl wichtigste Schritt stellt die mit der Einführung der aktienrechtlichen Pflichtprüfung verbundene Schaffung des öffentlich bestellten →Wirtschaftsprüfers im Jahre 1931 dar. Mit dem Bilanzrichtlinien-Gesetz von 1985 wurde die Möglichkeit der Bestellung zum vereidigten Buchprüfer als kleinere Alternative zum Wirtschaftsprüfer wieder neu geschaffen.

3. *Theorieansätze*. Bei einer *institutionellen Betrachtung* bildet der Wirtschaftsprüfungsbetrieb, insbesondere seine Strukturen, Aufgaben und Probleme, den Gegenstand der Untersuchung. Die *funktionelle Betrachtung* stellt dagegen die Überwachungsaufgabe in den Vordergrund. Zielgerichtetes Handeln der → Unternehmensführung umfasst i.d.R. nicht nur →Planung, Entscheidung und → Realisation, sondern auch eine Überwachung der vielfältigen Betriebsabläufe und der Zielerreichung. Hinzu kommt ein Überwachungsinteresse externer Eigen- und Fremdkapitalgeber, anderer Marktpartner, des Staates und z.T. der Öffentlichkeit. Vordringlich sind Zwecke und zielentsprechende Gestaltung der Überwachungsmaßnahmen zu analysieren. Die Theorie darf sich jedoch nicht auf ein eng abgegrenztes Erkenntnisobjekt beschränken. Vielmehr muss sie Funktion und Funktionsträger der Überwachung, d.h. die Ausgestaltung des institutionellen Rahmens, gleichermaßen betrachten.

4. *Die Struktur der W.*
4.1. *Begriffliche Abgrenzungen*. Aus den vielzähligen kontroversen →Definitionen hat ein Begriffssystem zumindest im grundsätzlichen eine breitere Zustimmung erfahren. Danach wird die Überwachung als Oberbegriff über Prüfung und Kontrolle angesehen.
Unter *Überwachung* versteht man die Gegenüberstellung eines Ist- und eines Soll-Objektes mit Beurteilung der eventuell festgestellten Abweichungen. Als *Prüfung* kann man einen Soll-Ist-Vergleich

mit anschließender Urteilsbildung durch prozessunabhängige Personen bezeichnen. I.d.R. ist mit der Wahrnehmung einer Prüfungsaufgabe die explizite Formulierung und Mitteilung des Urteils an den Auftraggeber od. an sonstige Personen in Form eines →Prüfungsberichts und ggf. eines →Bestätigungsvermerks verbunden. Dabei stellt die Vertrauenswürdigkeit eine ganz wesentliche Eigenschaft des abgegebenen Urteils dar.

Dagegen soll von einer *Kontrolle* gesprochen werden, wenn die Überwachung von direkt od. indirekt prozessabhängigen Personen od. automatisch vorgenommen wird. Des Weiteren kann man die Häufigkeit sowie die zeitliche od. organisatorische Anbindung des Überwachungs- an den Realisationsvorgang zur Unterscheidung verwenden; diese Merkmale haben sich jedoch wg. der mangelnden Eindeutigkeit nicht durchgesetzt.

Im Zusammenhang mit der W. werden in der Literatur weitere Tätigkeitsbereiche behandelt, die jedoch weniger einen sachlogischen, sondern überwiegend nur einen berufs- bzw. personenbezogenen Zusammenhang aufweisen. Dabei handelt es sich um →Begutachtung, →Beratung und Betreuung (→Treuhandwesen). Diese Aufgaben können auch von Prüfern wahrgenommen werden, stellen selbst aber keinen Bestandteil der Überwachungsfunktion dar.

In dem Gesamtgebiet der Überwachung weisen Prüfungen eine besondere Bedeutung auf.

4.2. *Prüfungsarten.* Prüfungen lassen sich nach verschiedenen Merkmalen differenzieren. Geht man von der Veranlassung bzw. der Rechtsnatur aus, so erhält man im Wesentlichen vier Gruppen: (1) *Gesetzlich vorgeschriebene Prüfungen* umfassen vor allem die → Jahresabschlussprüfung bestimmter →Rechtsformen, → Branchen und Großunternehmen, einen Teil der →Sonderprüfungen, z.B. des Aktienrechts, sowie die steuerliche →Außenprüfung nach der → Abgabenordnung (AO). (2) *Gesetzlich vorgesehene Prüfungen* werden unter bestimmten Bedingungen bzw. auf Antrag eines Berechtigten vorgenommen. (3) *Vertraglich vereinbarte Prüfungen* basieren häufig auf Ge-

sellschafts- od. Kreditverträgen (→Kreditwürdigkeitsprüfungen). (4) Daneben verbleiben *freiwillige Prüfungen* aufgrund von Entscheidungen der Unternehmensleitung, z.B. Kassenprüfung, Unterschlagungsprüfung.

Nach der Häufigkeit unterscheidet man zwischen laufenden od. periodischen und einmaligen od. aperiodischen Prüfungen.

4.3. *Prüfungsorgane. Interne Prüfungen,* häufig auch als →interne Revisionen bezeichnet, werden von Mitarbeitern der betreffenden Unternehmung ausgeführt. Bei *externen Prüfungen* sind dagegen unternehmensfremde Personen beteiligt. Zum ersten kann es sich um Prüfer aus Behörden handeln (Beispiel: steuerliche →Außenprüfung). Zum zweiten können die Prüfer spezifischen Prüfungsverbänden angehören (Beispiele: Prüfungsverbände der Genossenschaften und Sparkassen). Drittens sind die nach der Wirtschaftsprüferordnung (WPO) bestellten →Wirtschaftsprüfer und →Wirtschaftsprüfungsgesellschaften sowie vereidigten Buchprüfer und Buchprüfungsgesellschaften zu nennen. Darüber hinaus kommen viertens für bestimmte, insbesondere freiwillige Prüfungen auch weitere qualifizierte Personen, z.B. → Steuerberater, in Frage.

Neben den gesetzlichen Regelungen (z.B. HGB, WPO) bestimmen die Berufssatzungen sowie Fachgutachten der Berufsorganisationen wesentlich die Anforderungen mit, die an die Aussagefähigkeit und Vertrauenswürdigkeit von Prüfungsurteilen gestellt werden.

4.4. *Prüfungsgegenstände.* Gegenstand von Prüfungen kann einmal die Ordnungsmäßigkeit betrieblicher Abläufe und Dokumentationen sein. Den Beurteilungsmaßstab erhält der Prüfer insbesondere aus Gesetzen, Satzungen und Arbeitsanweisungen. Darüber hinaus kann eine Prüfung der →Wirtschaftlichkeit betrieblicher Vorgänge, der Effizienz des → Internen Kontrollsystems (IKS), der wirtschaftlichen Verhältnisse der Unternehmung und der →Geschäftsführung (vgl. z.B. § 53 GenG) vorgesehen sein.

4.5. *Prüfungsumfang und Prüfungstechnik.* Da die Zahl der zu prüfenden Elemente häufig ganz erhebliche Größenordnungen erreicht, kann eine Voll- od. lückenlose Prüfung nur in Ausnahmefällen erfolgen. Regelmäßig muss daher eine Beschränkung auf eine Auswahl- od. Stichprobenprüfung vorgenommen werden. Dabei stellt die Festlegung des Stichprobenumfangs, des Auswahlkriteriums, die Abstimmung von Sicherheit und Genauigkeit des Prüfungsurteils sowie die Bildung des Gesamturteils eine schwierige Aufgabe dar.

Eine geschlossene Systematik der *Prüfungstechnik* liegt nicht vor. Im Vordergrund steht die Überprüfung der formellen und / od. materiellen Richtigkeit durch Vergleich, Abstimmung (Verprobung) und Plausibilitätsbeurteilung. Bei der →automatisierten Datenverarbeitung gewinnen System- und Programmprüfungen an Bedeutung.

5. *Internationale Entwicklung.* Die W. ist einmal durch die Zunahme grenzüberschreitender Berufsaufgaben, zum anderen durch eine stärker werdende Einflussnahme internationaler Rechnungslegungsvorschriften auf das deutsche Recht gekennzeichnet. Daraus folgend entwickelt sich eine Verstärkung der internationalen Zusammenarbeit von Berufsvertretern und -institutionen, z.B. in der International Federation of Accountants (IFAC), speziell zur Rechnungslegung im International Accounting Standards Committee (IASC). Vor diesem Hintergrund wurde vom Gesetzgeber ein neuer Ausschuss, das private Rechnungslegungsgremium geschaffen, das beratende Aufgaben zur Rechnungslegung wahrnehmen und deutsche Interessen in den internationalen Standardisierungsorganisationen vertreten soll (vgl. § 342 HGB).

6. *Problemgebiete.* Sieht man von den wissenschaftstheoretischen (methodologischen) Diskussionen des Fachgebietes ab, so liegt trotz der umfassenden gesetzlichen Regelungen zum Berufsstand und zu den Pflichtprüfungen eine Reihe offener Probleme vor, die einer weiteren wissenschaftlichen Untersuchung od. der Umsetzung in die Praxis bedürfen. Sie können nur in einer groben Auswahl stichwortartig aufgeführt werden: Kon-

kursanfälligkeit (→ Konkurs) geprüfter Unternehmen bei uneingeschränktem Bestätigungsvermerk, Ausdehnung des gesetzlichen Prüfungsauftrages in Bezug auf die wirtschaftliche Lage, Qualifikation und Abhängigkeit der Prüfer, Übernahme mathematisch-statistischer Planungs- und Entscheidungsmethoden.

Literatur: *R. Buchner*, Wirtschaftliches Prüfungswesen. 2. A., München 1997. *Institut der Wirtschaftsprüfer in Deutschland e.V.* (Hrsg.), Wirtschaftsprüfer-Handbuch 1996, Bd. 1. 11. A., Düsseldorf 1996. *U. Leffson*, Wirtschaftsprüfung. 4. A., Wiesbaden 1988. *W. Lück*, Wirtschaftsprüfung und Treuhandwesen. 2. A., Stuttgart 1991. *K. v. Wysocki*, Grundlagen des betriebswirtschaftlichen Prüfungswesens. 3. A., München 1988.

Prof. Dr. N. Krawitz, Siegen

Wirtschaftsprüfungsgesellschaft
Wirtschaftsgesellschaften (→ AG, → GmbH u.a.), die Aufgaben eines →Wirtschaftsprüfers erfüllen und nach der → Wirtschaftsprüferordnung anerkannt sein müssen.

Wirtschaftsstatistik
Als angewandte statistische Methodik hat die W. mit den gestiegenen Anforderungen an empirische Fundierung der →Wirtschaftswissenschaft, mit erhöhten Erfordernissen von Wirtschaftspolitik und anderen Politikbereichen sowie mit gestiegenen Bedürfnissen an Informationen zur Entscheidungsvorbereitung in Unternehmen und anderen Organisationen eine starke Ausweitung erfahren. W. wird denn auch nicht von amtlichen Trägern (→Statistisches Bundesamt z.B.) allein, sondern von einer Vielzahl von Institutionen und Privaten betrieben. Darüberhinaus gibt es den Bereich der internationalen W. mit seinen internationalen Trägern (z.B. EG, UNO). Die bedeutsamsten Bereiche der W. sind: Volkswirtschaftliche Gesamtrechnungen, Input-Output-Tabellen, Industriestatistik, Preisstatistik, Erwerbstätigkeitsstatistik, Einkommensstatistik, Außenhandelsstatistik, Zahlungsbilanzstatistik, Soziale Indikatoren.

Wirtschaftsstruktur
Gesamtheit von Teilaggregativen (z.B. Wirtschaftszweige, Wirtschaftsregionen, Betriebsgrößen-Klassen) einer Wirtschaft. S. →Strukturpolitik.

Wirtschaftssubjekt
⇒Wirtschaftseinheit
Fundamentaleinheit wirtschaftstheoretischer Aussagen insbesondere in der → Mikroökonomik. Konkretisierungen in der →Haushaltstheorie als →Haushalt und in der Theorie der Unternehmung als Unternehmung, in der →Wahlhandlungstheorie und in anderen Theoriebereichen als Aktor. Man kann sagen: das W. ist letztendliches Erkenntnisobjekt aller Wirtschaftstheorie.

Wirtschaftssystem
⇒ökonomisches System
soziales Subsystem des Gesellschaftssystems, in dem sich die Produktion und die Bereitstellung von →Gütern vollzieht. Je nach Annahmen im Systemmodell (→ Modell) od. auch nach den in der ökonomischen Praxis verwirklichten Gestaltungsprinzipien der Planung und Koordination ökonomischer Handlungen werden die W. unterschieden, so das autoritäre W., z.B. →Zentralverwaltungswirtschaft, od. das individualistische W., z.B. Marktwirtschaft. Die realisierte Variante des W. ist die →Wirtschaftsordnung.

Wirtschaftssystemtheorie
Die Theorie der Wirtschaftssysteme verfügt - wie jede eigenständige wissenschaftliche Disziplin - über spezifische Erkenntnisobjekte und Analysewerkzeuge. Erkenntnisobjekte der Wirtschaftssystemtheorie sind die verschiedenen Wirtschaftssysteme ideal- und realtypischer Art, die ihrerseits dann als Werkzeuge zur Analyse konkreter Wirtschaftsordnungen in den Nationalstaaten und Staatenbünden sowie zur Typisierung deren Wirtschaftssysteme dienen können. Hauptaufgabe der Wirtschaftssystemtheorie ist es, die Wirtschaftssystemtypen - auch unter Offenlegung ihrer geistigen Wurzeln (wie z.B. Liberalismus, Sozialismus, Konservatismus) - zu bestimmen, deren jeweilige Systemelemente zu analysieren und die arteigenen Funktionsweisen jedes Wirtschaftssystemtypus herauszuarbeiten. Auf eine Kurzformel gebracht: Wirtschaftssystemtheorie ist die Lehre von den Arteigenheiten und Funktionsweisen der Wirtschaftssystemtypen.

Die idealtypischen Wirtschaftssysteme „reine Marktwirtschaft" und „totale Zentralverwaltungswirtschaft" sind Denkmodelle bzw. abstrakte Modellkonstruktionen, die aus Gründen der Modellvereinfachung teils mit fiktiven Systemelementen (z.B. nur monostrukturierte Verfügungs-, Planungs- und Koordinierungssysteme) und teils mit unrealisti-

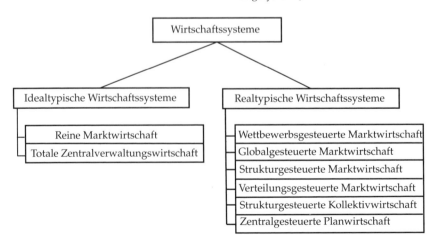

836

schen Prämissen (z.B. in der Marktwirtschaft existiert keinerlei Staatseinfluss) arbeiten. Trotz dieser methodischen Beschränkungen können derartig vereinfachende Modellbildungen in begrenztem Fall nützlich sein, weil mit ihrer Hilfe zumindest einige systemökonomische Grundsachverhalte im Prinzip erklärt und denkbare Funktionsstörungen bei Systemabweichungen offengelegt werden können. Allerdings lassen sich die idealtypischen Wirtschaftssystemmodelle nicht in die Wirklichkeit umsetzen. Bisher gibt es in keiner Volkswirtschaft eine reine Marktwirtschaft, deren Wirtschaftsprozess ohne jede staatliche Beeinflussung allein durch die dezentralen Planungen und Marktaktivitäten einer Vielzahl von machtlosen Wirtschaftssubjekten und ausschließlich mittels Abstimmung der einzelwirtschaftlichen Pläne über den Markt im Rahmen der Marktform vollständiger Konkurrenz gesteuert wird. Desgleichen existiert bisher in keiner Volkswirtschaft eine totale Zentralverwaltungswirtschaft, in der geldlos und rein mengenmäßig sämtliche Produktions- und Verteilungsvorgänge zentralplanerisch gesteuert werden und selbst in Friedenszeiten ein perfektes Rationierungs- und Zuteilungssystem jede selbstbestimmte Beschaffung von Produktionsmitteln und eine freie Konsumwahl vollständig ausschließt. Die Wirtschaftssystemtheorie erschöpft sich deshalb nicht in der Konstruktion von Modellen idealtypischer Wirtschaftssysteme, sondern strebt danach, die Systemrealitäten durch die Typisierung von Wirtschaftssystemen der Realität näherzukommen. Realtypische Wirtschaftssysteme sind Typen von Wirtschaftssystemen, deren Verfügungs-, Planungs- und Koordinierungssysteme sich aus gemischten Elementen zusammensetzen und deren charakteristische Funktionsweisen durch die jeweilige Dominanz von Systemelementen bestimmt werden.

Die Begriffe Wirtschaftssystem und Wirtschaftsordnung, die im alltäglichen Sprachgebrauch als identische Termini verwandt werden, weisen systemtheoretisch unterschiedliche Inhalte auf. Generell ist ein System ein einheitlich geordnetes Ganzes, das ein hohes Maß an Integration und Geschlossenheit seiner Elemente aufweist. Die Komplexität eines Phänomens wird durch Reduktion in überschaubare Systeme zerlegt, deren miteinander verbundene Systemelemente widerspruchsfrei sind und zu einem gemeinsamen Zweck kooperieren.

Das Wirtschaftssystem verknüpft eine bestimmte Art des Verfügungssystems über Produktionsmittel und Ertragsverteilung mit einem systemkonformen gesamtwirtschaftlichen Planungs- und Koordinierungssystem zu einem widerspruchsfreien Ordnungsgefüge, das ständig das Wirtschaftsgeschehen zielgerichtet auf den ökonomischen Zweck der güterwirtschaftlichen Knappheitsminderung hinlenkt und die Handlungen der Wirtschaftssubjekte im arbeitsteiligen Wirtschaftsprozess zweckrational koordiniert. Die Wirtschaftsordnung ist umfassender, da sie sowohl die systemprägenden und -steuernden Ordnungselemente des Wirtschaftsgeschehens, die in ihrer Gesamtheit das Wirtschaftssystem bilden, als auch die Vielfalt sektorspezifischer und regulierender Praktiken der Wirtschaftspolitik mit oft widersprüchlicher Zielsetzung und gegenläufiger ökonomischer Wirkung umfasst. Zwar ist das Wirtschaftssystem das ökonomisch zweckrationale Kernstück einer meist breitgefächerten Wirtschaftsordnung, aber im Gegensatz zur umfassenden Wirtschaftsordnung, die auch widersprüchliche Ordnungselemente aufweist, enthält das Wirtschaftssystem nur widerspruchsfreie systemkonstitutive Elemente.

Zu den Basisfunktionen jedes Wirtschaftssystems gehört es, die Verfügungsgewalt über Produktionsmittel, die Planungsregeln, Steuerungselemente und Koordinierungsmechanismen so zu ordnen bzw. zu gestalten, dass die Güter und Dienste für eine optimale Befriedigung von Bedürfnissen der Menschen bereitgestellt werden. Wirtschaftssysteme weisen entsprechend ihren Funktionen drei Grundsysteme und diese wiederum verschiedene Subsysteme auf: 1. Verfügungssystem (Übertragungs-, Verwendungskontrollsystem), 2. Planungssystem (Informations- und Knapp-

heitsanzeige-, Leistungsanreiz-, Planaufstellungssystem), 3. Koordinierungssystem (Planabstimmungs-, Plankontroll-, Sanktionssystem).
Wirtschaftssysteme sind also komplexe Gebilde, deren funktionale Teilsysteme jedoch hinsichtlich ihrer systemformenden Prägekraft von unterschiedlichem Gewicht sind. Während die systemkonstitutiven Grundsysteme ein Wirtschaft-

system in seinem Kern prägen, sind deren jeweilige Subsysteme lediglich systemintegrierte Faktoren, die quasi aus der Sachlogik heraus den systemkonstitutiven Elementen verbunden und den Grundsystemen integriert sind. Für die Aufstellung einer Typologie realtypischer Wirtschaftssysteme genügt demnach die Zugrundelegung der verschiedenen Arten systemkonstitutiver Fakto-

Typolgie realtypischer Wirtschaftssysteme

Vorwiegende Verfügung über Produktion und Verteilung ⟶ ------------- Vorherrschendes Planungs- und Koordinierungssystem ↓	Private Verfügung über Produktion und Verteilung	Private Verfügung über Produktion und staatliche Verfügung über Verteilung	Arbeitslollektive Verfügung über Produktion und Verteilung	Staatliche Verfügung über Produktion und Verteilung
Dezentrales marktwirtschaftliches Planungssystem + wettbewerborientiertes marktwirtschaftliches Koordinierungssystem	*Wettbewerbsgesteuerte Marktwirtschaft* (im Rahmen einer Wettbewerbsordnung)	*Verteilungsgesteuerte Marktwirtschaft* (im Wohlfahrtsstaat)		
Kombiniertes Planungssystem dezentraler marktwirtschaftlicher und indikativ-globaler Planung + konjunkturpolitisch beeinflußtes marktwirtschaftliches Koordinierungssystem	*Globalgesteuerte Marktwirtschaft* (im Rahmen einer richtungsweisenden Makroplanung)			
Kombiniertes Planungssystem dezentraler marktwirtschaftlicher und indikativ-struktureller Planung + strukturpolitisch beeinflußtes marktwirtschaftliches Koordinierungssystem	*Strukturgesteuerte Marktwirtschaft* (im Rahmen einer sektoralen Programmierung)		*Strukturgesteuerte Kollektivwirtschaft* (im Rahmen einer Arbeiterselbstverwaltung)	
Zentrales administratives Planungssystem + administratives Koordinierungssystem				*Zentralgesteuerte Planwirtschaft* (nach vollzugsverbindlichen Volkswirtschaftsplänen)

ren. Allerdings gelingt die Klassifizierung von Realtypen, die alle mehr oder weniger gemischte Systemelemente enthalten, nur mittels des Dominanzkriteriums, das angibt, welches verfügungs-, planungs- und koordinierungsmäßiges Systemelement vorherrscht.

Als Beispiel einer „Wettbewerbsgesteuerten Marktwirtschaft" kann das Wirtschaftssystem der USA gelten, das durch dominierendes Privateigentum an Produktionsmitteln und vorwiegend private Verfügung über Produktion und Verteilung, strenge Gesetze zum Schutz des Wettbewerbs (z.B. Antitrustgesetz), Gewerbefreiheit sowie Wettbewerbssteuerung auf fast allen Güter- und Faktormärkten einschließlich der Arbeitsmärkte geprägt ist. Auch in der Bundesrepublik Deutschland existierte in den Anfangsjahren - insbesondere nach Erlass des Gesetzes gegen Wettbewerbsbeschränkungen 1957 - eine vorwiegend „Wettbewerbsgesteuerte Marktwirtschaft", die sich dann - nach Erlass des Stabilitäts- und Wachstumsgesetzes von 1967 - zeitweise zu einer „Globalgesteuerten Marktwirtschaft" und später mit zunehmendem Ausbau zum Wohlfahrtsstaat in Richtung auf eine „Verteilungsgesteuerte Marktwirtschaft" entwickelt hat. Die in der sozialliberalen Ära der Bundesrepublik Deutschland vorherrschende „Globalgesteuerte Marktwirtschaft", deren Anfangserfolg in der schnellen Überwindung der ersten Nachkriegsrezession bestand, verlor jedoch bald an Glanz, als sich zeigte, dass mit einer antizyklischen Fiskalpolitik nach keynesianischem Muster keine dauerhaften Stabilitäts- und Wachstumserfolge zu erreichen waren. Konjunkturpolitische Aktivitäten auf Basis des Stabilitäts- und Wachstumsgesetzes fanden kaum noch statt, so dass die „Globalgesteuerte Marktwirtschaft" zwar noch formal auf dem Papier des Gesetzblattes, aber nicht mehr real existierte. Die Entwicklung zum umverteilenden Wohlfahrtsstaat ging in Deutschland schleichend, aber stetig vor sich und erreichte nach der deutschen Wiedervereinigung 1990 in den Folgejahren mit zeitweise Staatsquoten (Anteil der Staatsausgaben am Bruttosozialprodukt) von 50 Prozent und

mehr ihren Höhepunkt. Da zur Finanzierung der ausgedehnten Sozial- und Transferleistungen dem marktwirtschaftlichen Leistungsbereich über Steuern und Sozialabgaben beträchtliche Mittel entzogen werden, wird auch das marktwirtschaftlichen Geschehen durch die dominierende Umverteilung des Staates wesentlich beeinflusst, so dass sich das deutsche Wirtschaftssystem tendenziell auf eine vorwiegend „Verteilungsgesteuerte Marktwirtschaft" zubewegt. Das klassische Beispiel einer „Verteilungsgesteuerten Marktwirtschaft" findet sich im schwedischen Wohlfahrtsstaat, dessen ideengeschichtlicher Ursprung vom Volksheim Schweden bis in die 30er Jahre zurückreicht. Als in den 90er Jahren die Leistungskraft der Wirtschaft nicht mehr ausreichte, um das überdehnte Sozial- und Transfersystem zu finanzieren, wurden die Ansprüche der Bürger reduziert und die enorme Staatsquote, die zeitweise bei über 70 Prozent lag, etwas gesenkt. Als ein Beispiel für eine „Strukturgesteuerte Marktwirtschaft" kann das französische Wirtschaftssystem gelten, das unmittelbar nach Ende des Zweiten Weltkrieges geschaffen worden ist und zeitweise die strukturelle Wirtschaftsentwicklung Frankreichs mittels einer richtungsweisenden (nicht verbindlichen) Strukturplanung (planification indicative) beeinflusst hat. Eine nationalstaatliche Strukturplanung ist jedoch im Zeitalter der Globalisierung kaum noch in der Lage, die künftigen Entwicklungsrichtungen für die eigene Wirtschaft ohne Beachtung der weltweiten Verflechtungen vorzugeben, so dass sich eine sektorale Programmierung häufig als Fehlplanung erweist. In der sozialistischen Ära des früheren Jugoslawien existierte dort eine „Strukturgesteuerte Kollektivwirtschaft", die nach den Prinzipien der sogenannten Arbeiterselbstverwaltung in Kombination mit einer richtungsweisenden Strukturplanung des Staates praktiziert wurde. Infolge der schwerfälligen basisdemokratischen Entscheidungsfindungen im Rahmen der Arbeiterselbstverwaltung sowie vielfacher kommunaler Eingriffe war das System unter Effizienzgesichtspunkten kaum attraktiv. Es wurde deshalb nach dem Zusammenbruch der „Zentralgesteuerten Planwirtschaften" in Osteuropa von keinem dortigen Staat als Transformationsmodell gewählt. In der DDR und in der Sowjetunion existierte jeweils eine „Zentralgesteuerte Planwirtschaft", in der auf der Grundlage sozialistischen Eigentums die ökonomischen Strukturen und Prozesse zentral geplant und mittels administrativer Plananweisungen koordiniert wurden. Infolge von unvermeidbaren Informationsdefiziten, Planungslücken und Fehlplanungen traten in diesen Systemen ständig Disproportionalitäten der Wirtschaftsstruktur, Produktionsengpässe, Lieferschwierigkeiten und Versorgungsmängel auf. Zudem mangelte es diesen Systemen an Leistungs- und Innovationsanreizen, so dass die zentralplanerisch hochgesteckten Ziele kaum jemals erreicht worden sind. Letztlich haben die effizienzschwachen Systeme der „Zentralgesteuerten Planwirtschaften" wesentlich zum Zusammenbruch der sozialistischen Gesellschaftsordnungen in Mittel- und Osteuropa beigetragen.

Literatur: *H.-R. Peters*, Wirtschaftssystemtheorie und Allgemeine Ordnungspolitik. 3. A., München-Wien 1997. *E. Tuchtfeldt*, Wirtschaftssysteme, in: Handwörterbuch der Wirtschaftswissenschaft (HdWW), Bd. 8. Stuttgart-New York u.a. 1982.

Prof. Dr. H.-R. Peters,
Baden-Baden

Wirtschafts- und Sozialwissenschaftliches Institut des Deutschen Gewerkschaftsbundes (WSI)

1946 gegründetes Institut, seit 1954 als → GmbH geführt, mit Sitz in Düsseldorf. Hat den Auftrag, in eigener Verantwortung und im Sinne gewerkschaftlicher Aufgaben wissenschaftliche Arbeit im Dienst der → Arbeitnehmer zu leisten. Forschungsschwerpunkte liegen in der Konjunktur (→Konjunkturtheorie), Wirtschaftsstruktur, → Sozial- und Gesellschaftspolitik. Gibt die einzige wissenschaftliche Monatszeitschrift der Gewerkschaften (WSI-Mitteilungen) heraus. 1994 wurde das WSI - nach Aufgabe der rechtlichen Selbständigkeit - in die Hans-Böckler-Stiftung eingegliedert.

Wirtschafts- und Währungsunion (WWU)
→EG/ EU.

Wirtschaftsunion
→Integration.

Wirtschaftsverbände
zu Verbänden zusammengeschlossene → Wirtschaftssubjekte, die Einflussträger in der Wirtschaftspolitik (→ Theorie der Wirtschaftspolitik, 5.5, 5.6.) sind. Es können Vereinigungen von Produzenten (Bauernverband, Arbeitgeberverbände), Verbrauchern, Selbstständigen od. Arbeitnehmern (→ Gewerkschaften) sein. Ziel der W. ist die Erhöhung des Einkommens od. des soziales Status. Konstitutives Merkmal der W. ist ihre Autonomie in der Willensbildung.

Wirtschaftsverfassung
Summe aller in Verfassung, Gesetzen und Rechtsordnungen enthaltenen Normen, die →Wirtschaftsordnung und den Wirtschaftsablauf festlegen, z.B. für die Bundesrepublik die Eigentumsgarantie des Art. 14 GG, das →Gesetz gegen Wettbewerbsbeschränkung od. →Betriebsverfassungsgesetz. Durch die W. werden Entscheidungs- und Handlungsspielräume der →Wirtschaftssubjekte bestimmt. W. ist im Wesentlichen vom politischen und kulturellen System einer Gesellschaft geprägt.

Wirtschaftswachstum
→Wachstum, 1., →Wachstumstheorie.

Wirtschaftswissenschaft
1. W. (engl.: economics, früher meist political economy) nennt man eine Disziplin, deren *Erkenntnisobjekt* die →Wirtschaft ist. Die Überlegungen zu diesem Erkenntnisobjekt gehen generell vom Phänomen der Güterknappheit aus. An dieses Phänomen schließen zahlreiche Versuche an, W. genau zu definieren. Jedoch hat keine dieser →Definitionen allgemeine Zustimmung gefunden. Offenbar ist es kaum möglich, die zahlreichen Aspekte der W. in einer knappen Formulierung einzufangen. Deshalb scheint es zweckmäßiger, die Methodik und Fragestellungen der W. zu beschreiben.

2. Die *Methodik* od. Vorgehensweise der W. richtet sich zunächst danach, welche Aufgabe der Wissenschaft beigemessen wird. Nach der herrschenden Auffassung sollen wissenschaftliche Aussagen geeignet sein, unsere Kenntnisse zu verbessern. Dann gehören persönliche Meinungen od. subjektive Wertungen - Soll-Aussagen - nicht zur Wissenschaft, die sich darauf beschränkt festzustellen, was ist (Ist-Aussagen). Eine Besonderheit der W. liegt des Weiteren darin, dass wissenschaftliche Aussagen nicht nur der Verbesserung unserer Kenntnisse dienen, sondern auch die Basis für Vorhersagen bilden. Diese Besonderheit teilt die W. mit einigen anderen Disziplinen, z.B. der Meteorologie und Astronomie. Bei der Gewinnung von neuen Erkenntnissen kann auf Laboratoriumsversuche od. Experimente i.d.R. nicht zurückgegriffen werden, wohl aber auf die Beobachtung der Wirklichkeit mit Hilfe der Statistik. Stärker und früher als in anderen Sozialwissenschaften, wie der Soziologie und Politologie, hat sich in der W. die Überprüfung von Theorien (→Hypothesen) durch empirische Fakten durchgesetzt (→ Ökonometrie).

3. Die Grundproblematik des Wirtschaftens, die Güterknappheit, ist genereller Ausgangspunkt aller *Fragestellungen* in der W. Näherhin sind die wissenschaftlichen Fragen an der Art und Weise orientiert, mit der die Güterknappheit angegangen wird. Für moderne, hoch entwickelte →Volkswirtschaften sind typisch: eine weitgehende →Arbeitsteilung, ein funktionierendes → Geldsystem und staatliche Aktivität in der Wirtschaft. Eine Folge der Arbeitsteilung ist, dass die Gütererzeugung in Betrieben od. Unternehmen erfolgt, von diesen konsumreif angeboten, von den →Haushalten nachgefragt wird. Zu fragen ist, wovon die Wahl des Produktionsverfahrens sowie das Angebot an Gütern abhängt (→Güterangebot, → Unternehmenstheorie), welche Güter die Nachfrager wünschen (→Haushaltstheorie) und wie Angebot und Nachfrage zum Ausgleich kommen (→Preis- und Verteilungstheorie). Da diese Fragen auf das Verhalten der →Wirtschaftssubjekte abstellen, wird die Unter-

nehmens-, Haushalts-, Preis- und Verteilungstheorie auch als mikroökonomische Theorie (→Mikroökonomik) bezeichnet, von der die makroökonomische Theorie (→Makroökonomik) unterschieden wird, zu deren Fragestellungen gehören: Welche Aufgaben hat das Geld und welche Wirkungen gehen von ihm aus (→Geldtheorie)? Welche Einflüsse gehen mit der Existenz des Staates einher (Finanztheorie bzw. →Finanzwissenschaft)?

4. Die W., verstanden als einheitliche Disziplin mit dem Erkenntnisobjekt Wirtschaft, wird im deutschen Sprachgebiet - anders als in den Vereinigten Staaten und Großbritannien - häufig in *Subdisziplinen* unterteilt. So unterscheidet man zwischen →Volkswirtschaftslehre (od. → Nationalökonomie), Finanzwissenschaft und → Betriebswirtschaftslehre. Diese Unterscheidung hat historische Gründe, vor allem im deutschen Universitätssystem. Wissenschaftssystematisch ist sie bedenklich, was noch mehr gilt, wenn von W. - im Plural - als Oberbegriff für einzelne Disziplinen gesprochen wird. Sinnvoll dürfte allein die Unterscheidung von Wirtschaftsgeschichte, →Wirtschaftstheorie und Wirtschaftspolitik (→ Theorie der Wirtschaftspolitik) sein. Diese Unterscheidung geht von verschiedenen Grundproblemen aus. Auf die Frage „Was war?" versucht die Wirtschaftsgeschichte eine Antwort zu geben. Der Wirtschaftstheorie ist als Frage aufgegeben „Was ist und weshalb ist es so?". Die Wirtschaftspolitik (genauer: Theorie der Wirtschaftspolitik) interessiert sich für das Problem „Wie lassen sich bestimmte Ziele erreichen?".

5. *Nachbardisziplinen* der W. sind die Psychologie, Soziologie, Politologie und Rechtswissenschaft. Diese Wissenschaften bieten Erkenntnisse über das Verhalten von Individuen und Gruppen, den Entscheidungsprozess in staatlichen Organisationen sowie das System von Normen und Institutionen. Denkweisen und Methoden formaler Disziplinen - z.B. der Mathematik und Statistik - können bei der wirtschaftswissenschaftlichen Analyse eine große Hilfe sein (Hilfswissenschaften).

Literatur: *H. K. Schneider*, Methoden und

Methodenfragen der Volkswirtschaftstheorie, in: W. Ehrlicher u.a. (Hrsg.), Kompendium der Volkswirtschaftslehre, Bd. 1. 5. A., Göttingen 1975. *A. Woll*, Volkswirtschaftslehre. 15. A., München 2007.

Prof. Dr. Dr. h.c. mult. A. Woll,
Siegen

Wirtschaftswissenschaftliche Beiräte
ehrenamtliches Beratungsorgan eines einzelnen Bundesministeriums. Ältestes Organ ist der W. beim Bundeswirtschaftsministerium. Er wurde 1949 gegründet, seine Satzung ist vom 28.2.1958. Es handelt sich um ein Professorengremium, das im Wege der Kooption seine Mitglieder bestimmt und hinsichtlich der Wahl seiner Gutachtenthemen und ihrer Bearbeitung selbst entscheidet. Beiräte gibt es auch bei anderen Bundesministerien, in denen auch Wirtschaftswissenschaftler als Beiratsmitglieder anzutreffen sind, insbesondere beim Bundesfinanzministerium, Bundesverkehrsministerium, Ministerium für wirtschaftliche Zusammenarbeit. Verfassung und Satzung der Beiräte sind von Ministerium zu Ministerium unterschiedlich.

Witteveen-Fazilität
→Kreditfazilität.

Wochenausweis
die von der → Deutschen Bundesbank nach dem BBkG § 28 zu erstellende Bilanz. W. ist nach dem Stand vom 7., 15., 23. und Letzten jeden Monats für genau festgelegte Positionen aufzustellen und zu veröffentlichen.

Wölbung
⇒*Exzess*
⇒Kurtosis.

Wohlstandsökonomik
1. *Begriffsbestimmung.* Gegenstand der W. bildet die Frage nach der bestmöglichen ökonomischen Nutzung der knappen Ressourcen einer Gesellschaft. Damit zählt die W. zum Bereich der normative Ökonomik, die sich als →Mikroökonomik herausgebildet hat. Im deutschsprachigen Raum werden neben der wörtlichen Übersetzung des von F. A. Fetter im Jahre 1920 geprägten angelsächsischen Ausdrucks „welfare economics" auch die Bezeichnungen Wohlstandsökonomik und „Allokationstheorie" verwendet.

2. *Dogmengeschichte der W.* Sie wird von den Bemühungen ihrer Vertreter gekennzeichnet, den Wohlstandsbegriff inhaltlich mit objektiven Kriterien zu füllen. Als ein solches Kriterium gilt in der W. der klassischen →Nationalökonomik (T. R. Malthus, D. Ricardo, A. Smith) der physisch-materielle Güterberg, mit dem eine Gesellschaft versorgt wird. Daher betonen die Klassiker die überragende Bedeutung des →Wirtschaftswachstums als Quelle der Wohlfahrtsmehrung. Somit kann die klassische W. treffend als Reichtumsökonomik bezeichnet werden. Im Zuge der Entwicklung der Grenznutzenschulen (→ Grenznutzenanalyse) in Cambridge (A. Marshall, A. C. Pigou) und Wien (E. von Böhm-Bawerk, C. Menger, F. von Wieser) vollzieht sich um 1900 der Übergang zur neoklassischen W., der sog. Älteren W. Auf dem Hintergrund der Philosophie des hedonistischen Utilitarismus (J. Bentham) entsteht ein Wohlstandsbegriff, der anstelle des materiellen Güterbergs die Bedürfnisbefriedigung (→Bedürfnis) in den Vordergrund hebt, die den Mitgliedern einer Gesellschaft durch den Güterkonsum (→Gut, → Konsum) ermöglicht wird. Gleichzeitig unterstellt die Ältere W. die kardinale Messbarkeit und interpersonelle Vergleichbarkeit subjektiver Nutzenschätzungen (→kardinaler Nutzen). Deshalb gilt die mathematische Summe der Individualnutzen (Cambridge welfare function) als wertfreier Maßstab für den Wohlstand, den die Gesellschaft insgesamt erreicht. Hatte noch die Klassik auf die Lösung des Wachstumsproblems als wichtige wirtschaftspolitische Aufgabe hingewiesen, so rücken die Grenznutzenschulen die Probleme der Allokationseffizienz und der Verteilungsgerechtigkeit in den Mittelpunkt. Die Analyse der Distributionsfrage gipfelt in der Forderung nach produktionsniveauneutralen Maßnahmen zur Egalisierung der → Einkommen als einer notwendigen Voraussetzung für ein gesellschaftliches

Wohlfahrtsmaximum.

Die geschichtliche Erfahrung der Weltwirtschaftskrise (→ Große Depression) leitet in den frühen 30er Jahren eine neue Diskussion um das Selbstverständis der W. ein. Auf der Basis eines erkenntnistheoretischen Essays von L. C. Robbins bildet sich gegen Ende der 30er Jahre mit Beiträgen von J. R. Hicks, H. Hotelling und N. Kaldor die Neuere W. (new welfare economics) heraus. Sie greift in wesentlichen Aspekten auf grundlegende Arbeiten V. Paretos (Lausanner Schule) zurück, so dass sich schließlich der Vorschlag A. Bergsons durchsetzt, die Neuere W. als Paretianische W. zu bezeichnen. Neben der gleichgewichtstheoretischen (→ Gleichgewicht) Konzeption Paretos übernimmt die Paretianische W. insbesondere dessen Deutung individueller → Nutzen als Ordinalgrößen, die ihn in einen scharfen Gegensatz zu den Grenznutzenschulen gestellt hatte. Mit der Verwendung des Pareto-Kriteriums als Wohlstandskriterium beschränken sich die Vertreter der Paretianischen W. in Anlehnung an Pareto auf die Forderung, dass nur dann von einer Zunahme des gesellschaftlichen Wohlstandes gesprochen werden soll, wenn der Nutzen mindestens eines Individuums steigt, ohne dass sich gleichzeitig der Nutzen auch nur eines anderen Individuums verringert. Da dieses Kriterium solche Änderungen der ökonomischen Wirklichkeit nicht erfasst, die den Wohlstand einer Gruppe von Individuen erhöhen, zugleich aber die Wohlstandsposition einer anderen Gruppe von Individuen verschlechtern, wird auf die wohlfahrtsökonomische Behandlung von Verteilungsfragen bewusst verzichtet. Daher steht die Analyse der Allokationseffizienz (Zweckmäßigkeit von →Produktion und Tausch) im Vordergrund der Paretianischen W., die sich somit in erster Linie als Allokationstheorie versteht. Demgegenüber gilt das Distributionsproblem als normatives, nicht wissenschaftlich lösbares Problem, das der ethischen Beurteilung zugewiesen wird.

In den 50er und 60er Jahren stellen I. M. D. Little und S. K. Nath die Problematik der Formulierung eines wertfreien Wohl-

standsmaßstabes abermals zur Diskussion. Sie zeigen, dass auch die Paretianische W. eine Reihe normativer Prämissen enthält (z.B. das Pareto-Kriterium selbst) und der Versuch, eine werturteilsfreie W. zu entwickeln, generell an der normativen Qualität des Terminus „Wohlstand" scheitern muss. Daraus wird das Postulat abgeleitet, implizite Wertprämissen aufzudecken und auf solche zu reduzieren, die wenig kontrovers sind (Naths „apriori welfare economics"). Auf der Basis dieser →Prämissen gilt das Allokationsproblem als ein Problem, das mit den Instrumenten der Wirtschaftstheorie gelöst werden kann.

3. Theorie des sozialökonomischen Optimums. Den zentralen allokationstheoretischen Untersuchungsgegenstand der Paretianischen W. bilden die sog. Marginalbedingungen für die Verwirklichung eines sozialökonomischen Optimums, das auf der Grundlage des Pareto-Kriteriums den durch individuelle Nutzen bestimmten gesellschaftlichen Wohlstand maximiert. Diese Bedingungen beziehen sich auf die Ausgestaltung der Produktionsverhältnisse, die Organisation der Tauschsphäre sowie die Abstimmung der Produktions- und Tauschprozesse einer Volkswirtschaft. Mit der Realisierung der Marginalbedingungen erreicht man jene nationale Wohlstandsgrenze, die als Gesamtheit aller pareto-optimalen Kombinationen individueller Nutzen geometrisch im vereinfachenden Fall zweier Individuen durch die sog. (Situations-)Nutzenmöglichkeitskurve (P. A. Samuelson) repräsentiert wird. Die Ermittlung eines Optimum optimorum im Sinne der Auswahl eines konkreten Punktes auf dieser Kurve erfordert über das Pareto-Kriterium hinaus die Setzung zusätzlicher verteilungspolitischer Normen und wird deshalb nur leerformelhaft mit Hilfe des Konzeptes der gesellschaftlichen Wohlstandsfunktion illustriert (A. Bergson, J. de V. Graaff, P. A. Samuelson). Als gedankliche Zusammenfassung aller wohlstandsbezogenen Wertungen der wirtschaftspolitischen Entscheidungsträger ist sie das inhaltsleere Instrument, das den verbleibenden Freiheitsgrad der Marginalbedingungen für die Identifikation einer konkreten Lösung formal schließt.

Den wohlfahrtsökonomischen Ansatzpunkt zur Durchsetzung der Paretianischen Optimumbedingungen stellen die beiden Hauptsätze der Paretianischen W. dar: a) Jedes mikroökonomische totale Konkurrenzgleichgewicht ist pareto-optimal, b) Jedes →Pareto-Optimum kann durch ein spezifisches Preissystem und eine bestimmte Verteilung der Faktorbestände auf die Haushalte zu einem mikroökonomischen totalen Konkurrenzgleichgewicht ergänzt werden. Der naheliegenden Folgerung, dass die Marginalbedingungen des Pareto-Optimums am besten in einer durch den →Preismechanismus koordinierten freien Konkurrenzwirtschaft erfüllt werden können, stellen sozialistische Vertreter der W. das Konzept des Markt- od. Konkurrenzsozialismus gegenüber, das allerdings historisch kaum eine Rolle gespielt hat.

4. *Erweiterunger und Anwendungen der W.* Das Theoriegebäude der W. hat im Laufe der Zeit vielfältige Erweiterungen erfahren, aus denen teilweise eigenständige Disziplinen hervorgegangen sind. Zu diesen Erweiterungen zählt u.a. die wohlfahrtsökonomische Behandlung der öffentlichen Güter (→Gut) und ihrer Bedeutung z.B. für die →Kosten-Nutzen-Analyse od. die Konzeption eines optimalen Steuersystems. Die in der W. geführte Diskussion um die technologischen →externen Effekte ist eng mit der → Umweltökonomik und der ökonomischen Theorie der Eigentumsrechte (→ Theorie der property rights) verbunden. Aus der Überwindung des statischen Charakters der W. ist die Theorie des optimalen Wachstums entstanden, die seit den 60er Jahren eine rasche Entwicklung genommen hat. Als weniger erfolgreich haben sich die Bemühungen erwiesen, die verteilungstheoretische Problematik zu beseitigen. Diese Beurteilung gilt einerseits für die zahlreichen Versuche, das Distributionsproblem mit Hilfe von Kompensationskriterien (→Kompensationsprinzipien) zu lösen (W. M. Gorman, J. R. Hicks, N. Kaldor, I. M. D. Little, P. A. Samuelson, T. de Scitovsky). Andererseits haben theoretische Überlegungen

zu den konkreten Möglichkeiten, eine widerspruchsfreie gesellschaftliche Wohlstandsfunktion im Wege der demokratischen Abstimmung herzuleiten, eher Bedingungen offengelegt, unter denen dieser Weg nicht beschritten werden kann (K. J. Arrow, A. K. Sen).

Ob und inwieweit die W. eine theoretische Begründung für wirtschaftspolitische Eingriffe liefern kann, wie z.B. im Fall des Monopolproblems od. im Zusammenhang mit verteilungspolitischen Fragen, ist umstritten. Um so mehr bietet die wissenschaftliche Analyse von Wert- und Zielproblemen in Verbindung mit positiv-ökonomischen Aussagen ein wichtiges Feld für die weitere wohlfahrtsökonomische Forschung in Richtung auf eine Theorie der wirtschaftlichen Entscheidung (G. Gäfgen, A. K. Sen).

Literatur: *F. M. Bator*, The Simple Analytics of Welfare Maximization, in: American Economic Review, Vol. 47 (1957), 22-59. *R. W. Boadway/ N. Bruce*, Welfare Economics. Oxford-New York 1984. *E. Sohmen*, Allokationstheorie und Wirtschaftspolitik. Tübingen 1976.

Prof. Dr. R. Wolff, Fribourg

Wohlfahrtsoptimum
möglichst großer wirtschaftlicher Wohlstand in einer Volkswirtschaft, der unter gegebenen Bedingungen durch die Maximierung der Wohlfahrtsfunktion erreicht wird.

Zur Bestimmung des Optimums bzw. zur Beurteilung der Wohlfahrtssteigerung werden Wohlfahrtskriterien herangezogen. S. dazu im Einzelnen →Pigou-Kriterium, Pareto-Kriterium (→ Pareto-Optimum), →Kaldor-Hicks-Kriterium, → Little-Kriterium, →Samuelson-Gorman-Kriterium. S.a. →Scitovsky-Paradoxon.

Wohnbevölkerung
Anzahl von Personen in einer Gebietseinheit (Gemeinde, Kreis u.ä.), die in der jeweiligen Gebietseinheit ihre alleinige Wohnung oder Unterkunft haben oder - bei Personen mit mehreren Wohnsitzen - die vom Erhebungsgebiet aus zu ihrer Arbeit bzw. Ausbildung gehen oder dort überwiegend leben. Der Bevölkerungs-

begriff in der Bundesrepublik Deutschland unterscheidet sich seit der Änderung des Melderechtsrahmengesetzes vom Begriff der W. Die Bevölkerung in einer Gebietseinheit wird seither nach der Hauptwohnung der Personen bestimmt (vgl. § 12 Abs. 2 Melderechtsrahmengesetz).

Wohlstandsökonomik
⇒Allokationstheorie
⇒welfare eonomics
⇒*Wohlfahrtsökonomik.*

Wohlstandswirkungen (des Außenhandels)
durch Zunahme der realen Tauschverhältnisse gegenüber dem Autarkiezustand verbessert sich die Güterversorgung der Länder bei Außenhandel. S. → Theorie der komparativen Kosten, →Güterwirtschaftliche Außenwirtschaftstheorie. Die W. sind in ihrer Vorteilhaftigkeit erheblich schwieriger zu beurteilen, wenn die Verteilung der →Handelsgewinne auf verschiedene Gruppen berücksichtigt werden soll (→Wohlfahrtsökonomik).

Wolfsches Gesetz
1912 von J. Wolf formulierte Argumente dafür, dass der →technische Fortschritt des 21. Jh. von wesentlich geringerer Stärke sein würde, als der des 19. und 20. Jh. Wolf ging von abnehmenden Grenzerträgen (→Ertrag) in der Forschung aus. Die Diskussion ergab eine Relativierung des W. in dem Sinne, dass es nur für einzelne Branchen, nicht aber für →Volkswirtschaften gilt und lediglich die Aussage macht, dass im Lauf der Zeit das technische Fortschrittspotential einer Industrie ausgeschöpft ist. Unbeachtet ließ W. die Tatsache, dass der realisierte Fortschritt nicht nur von der Angebotsseite, sondern auch von der Nachfrageseite abhängt.
Völlig abwegig war es von Wolf, für historische Aussagen bzw. für eine →Prognose ein statisches Modell (→Modell, → statische Analyse) zu benutzen.

workable competition
⇒funktionsfähiger Wettbewerb
→ Wettbewerbstheorie, 2., → Wettbe-

werbspolitik.

working capital
positive Differenz aus →Umlaufvermögen (etwa current assets) und kurzfristigen → Verbindlichkeiten (current liabilities), die zur Aufrechterhaltung des Leistungsprozesses dienen kann, da Umlaufvermögen in Höhe der current assets zur jederzeitigen Erfüllung der current liabilities gehalten werden muss.

WSI
Abk. für: →Wirtschafts- und Sozialwissenschaftliches Institut des Deutschen Gewerkschaftsbundes.

WTO
Welthandelsorganisation (World Trade Organization)
An die Stelle des bislang nur provisorisch angewendeten →GATT-Vertrages soll eine internationale Organisation mit eigener Rechtspersönlichkeit, die WTO, treten. Unter dem Dach der W. werden sämtliche Abkommen der Uruguay-Runde sowie der GATT-Vertrag zusammengefasst. Die neue Organisationsstruktur gewährleistet die Verwirklichung des „single package"-Ansatzes: Alle GATT-Vertragsparteien müssen alle Abkommen der Uruguay-Runde akzeptieren. Der Beitritt aller GATT-Vertragsparteien zur W. ermöglicht somit die Überwindung der seit Abschluss der Tokio-Runde bestehenden Zersplitterung des Welthandelssystems. Eine auf bestimmte Abkommen beschränkte Mitgliedschaft ist mit dem „single package"-Ansatz der Uruguay-Runde nicht mehr vereinbar. Allerdings gibt es nach wie vor vier plurilaterale Abkommen, deren Mitgliedschaft nicht universell ist:
- das Übereinkommen über das öffentliche Beschaffungswesen,
- das Übereinkommen über den Handel mit Zivilluftfahrzeugen,
- das Übereinkommen über Milcherzeugnisse und
- das Übereinkommen über Rindfleisch.
Die Teilnahme an diesen Abkommen ist nicht an die Mitgliedschaft in der W. geknüpft.
Darüber hinaus werden unter der Ägide der W. ein gestrafftes und einheitliches

multilaterales Streitschlichtungsverfahren sowie ein Mechanismus zur multilateralen Überprüfung der Handelspolitiken der Mitgliedsstaaten geschaffen.

WWU
Abk. für: Wirtschafts- und Währungsunion →EG.

X-Ineffizienz

⇒unternehmensinterne Ineffizienz

⇒X-inefficiency

Abweichung vom Zustand effizienter → Produktion, z.B. von der →Minimalkostenkombination. Ursache für X. sind die nicht vollständig am Unternehmensziel orientierten Mitarbeiter eines Betriebes, die auch eigene Ziele verfolgen und nicht ständig effizient arbeiten, od. der nicht effizient organisierte Produktionsprozess, z.T. aus ungenügender Kenntnis der →Produktionsfunktion od. mangelhafter Fähigkeit zur Organisation des Unternehmensprozesses.

Yield-Management

Preis-Mengen-Steuerungen für Dienstleistungen vorwiegend im Tourismus (Airlines, Hotels, Mietwagen etc.).

Ertragsoptimierungsmethode mit den Komponenten Preisdifferenzierung und Marktsegmentierung. Systemergänzungen sind die Unterstützung durch EDV-Systeme, Überbuchungspolitik, Training der Mitarbeiter und sog. Buckets of Inventory (bei Airlines etwa Buisness-, Economy- und Holiday-Tarif-Kunden).

Z

Zahlungsbilanz

1. Als Z. eines Landes bezeichnet man ein (Konten-)System zur Verbuchung aller in einem bestimmten Zeitraum angefallenen ökonomischen →Transaktionen zwischen in- und ausländischen → Wirtschaftssubjekten. →Leistungen und Gegenleistungen werden dabei - je nach ihrem ökonomischen Charakter - zunächst auf entsprechenden *Teilbilanzen* verbucht, die dann zur Z. zusammengefasst werden: Aus der →*Handelsbilanz* als der wertmäßigen Gegenüberstellung von Warenein- und -ausfuhr ergibt sich durch Zusammenfassung mit der analog definierten →*Dienstleistungsbilanz* die → *Leistungsbilanz* i.e.S. bzw. - nach Einbeziehung der (monetären od. realen) unentgeltlichen Übertragungen zwischen In- und Ausländern - die Leistungsbilanz i.w.S. (→Bilanz der laufenden Posten). Änderungen bei den Auslandsforderungen und -verbindlichkeiten („Kapitalex- bzw. -importe") werden in der →*Kapitalbilanz* (genauer: Bilanz des Kapitalverkehrs) erfasst, die entweder als Kapitalbilanz i.e.S. od. - bei Einbeziehung des durch die „offiziellen" Gold- und Devisenbestände der Währungsbehörden repräsentierten Saldos der liquiden → Forderungen und → Verbindlichkeiten gegenüber dem Ausland („*Gold*- u. →*Devisenbilanz*") - als Kapitalbilanz i.w.S. definiert werden kann. Daneben wird unter dem Aspekt der Fristigkeit zwischen einer lang- und einer kurzfristigen Kapitalbilanz unterschieden, die im Bedarfsfall nach weiteren ökonomischen od. institutionellen Kriterien gegliedert werden können.

2. Bei der Verbuchung einzelner Transaktionen innerhalb dieses Systems von Teilbilanzen werden Vorgänge, die einen Zahlungszustrom (-abfluss) bewirken od. - wie im Fall der unentgeltlichen Lieferungen - zumindest bewirken könnten, als Credit- (Debet-) Posten ausgewiesen, wobei sich aber - anders als in der betriebswirtschaftlichen Buchführung - die doppelte Verbuchung jeder Transaktion erst aus der Erfassung von Leistung und Gegenleistung und nicht aus dem Prinzip von Buchung und Gegenbuchung ergibt. Aus diesem Prinzip der selbständigen Erfassung von Leistung und Gegenleistung folgt, dass jede außenwirtschaftliche Transaktion grundsätzlich mit einer Debet- und einer Credit-Buchung in der Z. erscheint, wobei aber Bestandsveränderungen - wie das Beispiel der Gold- u. Devisenbilanz zeigt - gegebenenfalls auch als negativer Buchungsposten auf der „anderen" Seite der Bilanz erfasst werden können: Warenimporte gegen Bezahlung in ausländischer →Währung haben beispielsweise in der Handelsbilanz („Warenimport") und in der Gold- und Devisenbilanz („Abnahme des Devisenbestandes") Debet-Buchungen mit entgegengesetzten Vorzeichen zur Folge, während die Schenkung von Waren im Rahmen der Entwicklungshilfe auf der Credit-Seite der Handelsbilanz und Debet-Seite der *Bilanz der unentgeltlichen Übertragungen* zu verbuchen ist.

Sämtliche Handels- und Übertragungsvorgänge berühren, sofern sie nicht als realwirtschaftliche Tauschakte vollzogen werden, grundsätzlich sowohl die Leistungs- als auch die Kapitalbilanz (i.w.S.), wobei zur Wahrung des Prinzips der doppelten Verbuchung die →Übertragungsbilanz innerhalb dieses Systems dazu dient, die fiktive Gegenleistung für eine (reale od. monetäre) unentgeltliche Übertragung verbuchen zu können. Hier offenbart sich die Tatsache, dass sowohl Leistungen als auch Gegenleistungen letztlich nur in realer Form, d.h. durch Waren od. Dienstleistungen erbracht werden können. Finanzielle Leistungen sind dagegen stets nur vorläufiger Natur, indem sie (später zu realisierende) Ansprüche auf reale Leistungen begründen, die definitionsgemäß in der Kapitalbilanz zu verbuchen sind.

3. Wenn auch die Z. eines Landes somit theoretisch stets ausgeglichen ist, so ist in der Praxis dennoch ein sog. →*„Restposten"* („errors and omission") zum bu-

chungstechnischen Ausgleich der Z. erforderlich. Hierfür sind vor allem statistische Ermittlungsfehler und institutionell bedingte Schwierigkeiten bei der periodengerechten und/ od. vollständigen Erfassung einzelner Vorgänge verantwortlich. Fallen beispielsweise bei einzelnen Transaktionen Leistung und Gegenleistung in verschiedene Erfassungszeiträume, so ist der automatische buchungstechnische Ausgleich der Z. nicht mehr gewährleistet, doch ist andererseits angesichts der Möglichkeit von sich ganz od. teilweise kompensierenden Ermittlungsfehlern die Höhe des Restpostens kein sicheres Indiz für die Genauigkeit der Z.-statistik. Immerhin sind aber auffällige Schwankungen des Restpostens als möglicher Hinweise auf Veränderungen der →*terms of payment* aufschlussreich.

Institutionelle Aspekte des internationalen Währungssystems finden ihren Niederschlag im → *„Ausgleichposten zur Auslandsposition der* →*Deutschen Bundesbank"*, der die Erfassung aller nicht aus dem Leistungs- und Kapitalverkehr resultierenden Veränderungen in Umfang und Wert der „offiziellen" Gold- und Devisenreserven (Zuteilung von →*Sonderziehungsrechten* des → Internationalen Währungsfonds, Neubewertung der → Währungsreserven nach →Auf- od. →Abwertung) zum Ziel hat.

4. Vor dem Hintergrund des grundsätzlichen buchungstechnischen Ausgleichs der Z. kann der Begriff des Z.*(un)gleichgewichts* nicht auf den Saldo der Z. selbst, sondern nur auf den Saldo einer od. mehrerer (zusammengefasster) Teilbilanzen abzielen. Sieht man einmal von der gelegentlichen Verwechselung von Handels- und Zahlungsbilanz ab, so steht hier meist die in der Gold- und Devisenbilanz erfasste Zu- od. Abnahme der offiziellen Währungsreserven im Vordergrund, und das Z.-gleichgewicht erweist sich insoweit als →Gleichgewicht eines von Stabilisierungsinterventionen (→ Intervention) freien → *Devisenmarktes*. Kritisch wird hier jedoch eingewandt, dass beispielsweise verzinsliche →Einlagen der → Notenbank bei ausländischen →Banken in neuerer Zeit immer häufiger an die

Stelle von Devisenzuflüssen treten und dass Devisenabflüsse im Gefolge einer internationalen Kreditgewährung der heimischen Notenbank in ihrer ökonomischen Bedeutung nicht mit Devisenverlusten aus Leistungsbilanzdefiziten gleichzusetzen sind. Die *Bilanz der offiziellen Ausgleichsoperationen* geht daher über die Gold- u. Devisenbilanz hinaus und stellt den Saldo aller Transaktionen der nationalen Währungsbehörden als Indikator des Z.-gleichgewichts in den Vordergrund. Nachdem aber auch die im Privaten Sektor vorhandenen (und in der Gold- u. Devisenbilanz somit nicht ausgewiesenen) liquiden Auslandsforderungen und -verbindlichkeiten den außenwirtschaftlichen Liquiditätsstatus eines Landes bestimmen, wird vielfach auch die *Liquiditätsbilanz* (= Zusammenfassung von Leistungsbilanz i.w.S., langfristiger Kapitalbilanz und kurzfristigem Kapitalverkehr der Privaten Nichtbanken) als Orientierungsgröße vorgeschlagen. Bei beiden Z.-konzeptionen, aber auch bei der auf die strukturell angelegten Außenwirtschaftsbeziehungen gerichteten →*„Grundbilanz"* und der vom Internationalen Währungsfonds vorgeschlagenen Unterscheidung zwischen autonomen und (von der Lage der Z.) induzierten Transaktionen zeigt sich freilich nicht selten die Unzuverlässigkeit einer ökonomisch-inhaltlichen Interpretation formaler Unterscheidungskriterien. Diese lassen nämlich den ökonomischen Charakter eines außenwirtschaftlichen Vorgangs nicht immer zutreffend erkennen und bewirken so u.U. genau jene verfälschte Beurteilung der außenwirtschaftlichen Situation, die den Anlass zu einer Neuorientierung der (Un-)Gleichgewichtskonzeptionen liefert.

5. Eine kreislauftheoretische Darstellung einzelner Teilbilanzen der Z. macht deutlich, weshalb der Begriff des Z.(un)gleichgewichts trotz definitorischer Schwierigkeiten bei der theoretischen Analyse und der wirtschaftspolitischen Beurteilung außenwirtschaftlicher Verflechtungen eine zentrale Rolle spielt.

Zum einen liefert die Erweiterung der für eine →geschlossene Volkswirtschaft gültigen Gleichung des Volkseinkommens

$Y = C + I$ um den Saldo aus Exporten (X) und Importen (Im) wichtige Rückschlüsse auf die Voraussetzungen und Konsequenzen eines überschüssigen od. defizitären Außenhandels: Eine Verminderung der heimischen *Absorption* A (= C + I) erweist sich angesichts der Beziehung $Y - A = X - Im$ als unerlässliche Voraussetzung des Abbaus von Importüberschüssen und handelsbedingten Z.-defiziten. Zugleich findet das Prinzip des gegenseitigen Ausgleichs aller Teilbilanzen seine Entsprechung in der kreislauftheoretischen Erkenntnis, dass dem Saldo des Außenhandels (X - Im) eine entsprechende (positive od. negative) Differenz von inländischer Ersparnis und →Investition entspricht, die als „net foreign investment" im Saldo der Kapitalbilanz (i.w.S.) ihren Ausdruck findet. Die (positive od. negative) *Geldvermögensbildung* einer offenen Volkswirtschaft - so lautet die Schlussfolgerung - wird vom Saldo der Kapitalbilanz beschrieben und bildet das wertmäßige Äquivalent für die durch Handelsbeziehungen begründeten Forderungen und Verbindlichkeiten gegenüber dem Ausland. Zum anderen lässt die Volkseinkommensgleichung $Y = C + I + X - Im$ die Bedeutung des Außenbeitrags (X - Im) für die Entstehung und Entwicklung des →Sozialprodukts deutlich zutage treten und macht auf diese Weise die Verflechtung zwischen außen- und binnenwirtschaftlicher Entwicklung deutlich.

Literatur: *H. Adebahr*, Währungstheorie und Währungspolitik. Berlin 1978. *E. Bechler*, Geld und Währung. München 1981. K. Rose, Theorie der Außenwirtschaft. 8. A., München 1981.

Dr. E. Bechler, Hamburg

Zahlungsbilanzausgleich
→Monetäre Außenwirtschaftstheorie, 2., →Zahlungsbilanz, 4.

Zahlungsbilanzdefizit
→Zahlungsbilanz, 4.

Zahlungsbilanzmultiplikator
→ Monetäre Außenwirtschaftstheorie, 2.3.

Zahlungsbilanzüberschuss
→Monetäre Außenwirtschaftstheorie, 2., →Zahlungsbilanz.

Zahlungsmittel
sind grundsätzlich →Geld und geldähnliche Güter und Forderungen, die im Tausch gegen andere Güter akzeptiert werden. →Gesetzliche Zahlungsmittel in der Bundesrepublik sind →Scheidemünzen und →Banknoten (Zentralbankgeld). Diese sind kraft Gesetzes Schuldentilgungsmittel. Auch das →Buchgeld erfüllt die Z.-funktion und wird auch i.d.R. als Schuldentilgungsmittel akzeptiert.

Zahlungsverkehr
die Gesamtheit aller Zahlungsvorgänge aller beteiligten → Wirtschaftssubjekte. Der Z. innerhalb einer →Volkswirtschaft heißt nationaler Z. Der Z. zwischen Volkswirtschaften wird internationaler Z. genannt. Der Z. vollzieht sich durch Übertragung von Zahlungsmitteln; das sind →Bargeld, →Buchgeld und Geldsurrogate wie z.B. →Wechsel od. →Schecks. Im nationalen und internationalen Z. überwiegt der →bargeldlose Z. S. auch → Banking-POS.

ZAW
Abk. für: →Zentralausschuss der Werbewirtschaft.

Zehnergruppe
→G 10.

Zehnerklub
⇒Pariser Club
Gruppierung im →Internationalen Währungsfonds. Z. besteht aus den wichtigsten westlichen Industriestaaten (USA, Japan, Bundesrepublik Deutschland, Frankreich, Großbritannien, Italien, Kanada, Niederlande, Belgien und Schweden; assoziiert ist die Schweiz; zum erweiteren Z. gehören noch Dänemark, Irland und Luxemburg).
Bei Zahlungsbilanzproblemen konsultieren und unterstützen sich die Z.-mitglieder im Rahmen des →IWF gegenseitig. 1962 haben Vertreter des Z. die Allgemeinen Kreditvereinbarungen getroffen. Sie waren maßgeblich an der Schaffung der →Sonderziehungsrechte beteiligt. Durch

ihren hohen Anteil an den Quoten des
IWF haben sie ein besonderes Gewicht.

Zeichengeld
→Geldarten.

Zeithorizont
zeitliche Ausdehnung des Gültigkeitsbe-
reichs wirtschaftstheoretischer Aussagen. Man unterscheidet kurzfristige
Aussagen (in the short run time horizon)
und langfristige Aussagen (in the long
run time horizon). Dies gilt unabhängig
von einer →statischen, komparativ-statischen od. dynamischen Analyse. Insbesondere bei der dynamischen Betrachtungsweise darf der Zeithorizont nicht
mit der besonderen Form expliziter zeitlicher Verknüpfung der einzelnen Zeitperioden verwechselt werden.

zeitliche Anpassung
Anpassungstyp in der →Produktion bei
Beschäftigungsschwankungen. Man unterscheidet zeitliche, intensitätsmäßige
und quantitative Anpassung sowie kombinierte Anpassungsformen. Die Guten-
bergsche Produktionsfunktion nimmt
darauf Bezug. →Produktionsfunktion.

Zeitlohn
Für eine feste Zeiteinheit (Stunde, Woche, Monat) wird ein bestimmter →Lohn-
satz festgelegt. Der Z. ist nicht in der
Lage, individuelle Leistungsschwankun-
gen im Entgelt zu berücksichtigen, da
stets eine Normalleistung entlohnt wird.
In ihm liegt auch nicht ein Anreiz zur
quantitativen Leistungssteigerung. Dafür bewirkt er aber eine tendenzielle Förderung der qualitativen Arbeitsleistung
sowie der Leistungskontinuität. Der Z.
gehört zu den drei Lohnformen, die
grundsätzlich unterschieden werden
können. Außer dem Z. sind dies der →
Akkordlohn und der →Prämienlohn.

Zeitplanung
1. eine von vier Stufen in der →Netzplan-
technik. Die verschiedenen Verfahren
der Netzplantechnik unterscheiden sich
hinsichtlich der Z., je nachdem, ob sie die
Zeitschätzung mit Hilfe eines deterministischen od. eines stochastischen Zeitmo-
dells vornehmen.

2. auch bestimmte Techniken des time →
management.

Zeitpräferenz
eine der Bestimmungsgrößen für die Höhe des Sparens bzw. für den →Zins sowie
für die Zinsstruktur. Die Z. gibt die zeitliche Verteilung des →Konsums für ein
einzelnes →Wirtschaftssubjekt wie - nach
Aggregation der individuellen Z. - für
die gesamte →Volkswirtschaft an.

Zeitpunktgröße
⇒*Bestandsgröße*
⇒*stock.*

Zeitraumgröße
⇒*Stromgröße*
⇒*flow.*

Zeitreihenanalyse
umfasst die Gesamtheit der Methoden
zur Untersuchung von Zeitreihen (ZR),
d.h. von Folgen zeitlich angeordneter nu-
merischer Beobachtungen jeweils eines
bestimmten Sachverhaltes.
Das erste Ziel bei der Analyse einer ZR
besteht im Erkennen von Gesetzmäßigkeiten im zeitlicher Verlauf. Diese sind
i.d.R. nicht exakt durch mathematische →
Funktionen erfassbar. Daher sieht man
die einzelnen Werte als zufällig gestört,
d.h. als →Realisationen von →Zufallsva-
riablen an. Die Z. wird damit zu einem
Spezialgebiet der Statistik.
Hervorstechende Gesetzmäßigkeiten in
vielen ökonomischen ZR sind:
(1)Die *Trendkomponente*, d.i. die langfristige Entwicklung des mittleren Niveaus einer ZR.
(2)Die *Konjunkturkomponente*; sie stellt eine mehrjährige, nicht notwendig regelmäßige Schwankung dar.
(3)Die *Saisonkomponente*; diese ist eine
jahreszeitlich bedingte Schwankung,
die sich jedes Jahr wiederholt und sich
höchstens langsam ändert.
Dabei werden (1) und (2) bisweilen zur
glatten, (2) und (3) alternativ zur *zyklischen* Komponente zusammengefasst.

In der *Restkomponente*, die nach der Elimination der obigen systematischen Komponenten aus der ZR übrig bleibt, sind
i.d.R. weitere Gesetzmäßigkeiten enthalten, und zwar in Form von Abhängigkei-

ten der jeweils gleichweit auseinander liegenden Beobachtungen. Die Erfassung der Abhängigkeiten als Funktion des Abstandes od. Zeit-Lags geschieht mittels geeignet modifizierter Korrelationskoeffizienten (→ Regressionsanalyse). Die (Auto-) Korrelationsfunktion ist dann die Basis der weitergehenden Verfahren der ZRA.

Für weitergehende Betrachtungen sind stochastische → Modelle für ZR unabdingbar. Modelle beschreiben dabei nicht notwendig den wahren Erzeugermechanismus, sondern einen möglichst einfachen Mechanismus, der Reihen von ähnlicher Gestalt hervorbringt.

Das *klassische Komponentenmodell* zerlegt eine ZR (x_t) additiv od. multiplikativ in die oben genannten Komponenten: $x_t = g_t + s_t + u_t$ bzw. $x_t = g_t \cdot s_t \cdot u_t$, wobei ($g_t$) den Trend od. die glatte Komponente, (s_t) die Saison- und (u_t) die Restkomponente darstellt. Für die Saisonbereinigung, d.h. die Schätzung und Elimination der saisonalen Komponente, sind komplizierte und rechenaufwendige Verfahren entwickelt worden. Zu nennen sind insbesondere das Census X 11-, das ASA II- und das Berliner Verfahren. Die Schätzung von (g_t) erfolgt in diesem Rahmen meist durch die Anwendung gleitender Durchschnitte od. über die Anpassung von einfachen Zeitfunktionen.

Die neueren Modelle gehen von schwach stationären stochastischen Prozessen aus. Dies sind Folgen von Zufallsvariablen (X_t), bei denen sich →Erwartungswert, →Varianz und Abhängigkeitsstruktur über die Zeit nicht ändert.

Diese Prozesse bilden auch den theoretischen Hintergrund für die →*Spektralanalyse*. Hier geht man davon aus, dass ZR aus zyklischen Bestandteilen aller möglichen Perioden zusammengesetzt sind. Eine Transformation der Autokorrelationsfunktion erlaubt hierbei zu erkennen, mit welcher Stärke Zyklen in der Reihe vertreten sind. In der empirischen Analyse erscheint der Trend dann als Zyklus mit sehr großer Periode und die Saison

als zyklische Schwankung mit der Saisonperiode. Konjunkturzyklen (→ Konjunkturtheorie) wirken sich nur bei sehr selten vorliegenden, sehr langen Reihen aus.

Besondere Bedeutung haben in den siebziger Jahren die → ARIMA-Prozesse, auch →*Box-Jenkins-Modelle* genannt, erhalten. Die Zufallsvariablen X_t werden dabei als gewichtete Summe von vergangenen beobachteten Werten und von Störungen angesehen. Die Modellgleichung eines stationären ARIMA-Prozesses lautet:

$$X_t = a_1 X_{t-1} + \dots + a_p X_{t-p} + U_t + b_1 U_{t-1}$$
$$+ \dots + b_q U_{t-q}.$$

Bei Reihen mit Trend bzw. Saison benötigt man instationäre Modelle. Box und Jenkins bilden aus diesem Grund geeignete Differenzen und sehen erst die transformierte ZR als Realisation eines ARMA-Prozesses an. Das Modell für die Ausgangsreihe wird dann als ARIMA-Prozess bezeichnet.

Die Bedeutung der Box-Jenkins-Modelle liegt darin, dass zwar nur wenig Parameter bestimmt werden müssen, sie aber dennoch flexibel genug sind, eine Vielzahl von empirischen ZR hinreichend genau zu beschreiben.

Ein großes Defizit weisen sie aber bzgl. der Interpretierbarkeit der angepassten Modelle auf. Auch aus diesem Grund ist seit einiger Zeit eine erneute Hinwendung zu strukturellen Modellen zu beobachten. Diese werden nunmehr im Rahmen von Zustandsraum-Modellen betrachtet. Zustandsraum-Modelle sind durch zwei Gleichungen gegeben. Die Systemgleichung beschreibt die (stochastische) Entwicklung des Zustandes, i.d.R. der strukturellen Komponenten. Mit der Beobachtungsgleichung wird erfasst, dass der Zustand nicht direkt beobachtet wird, sondern tranformiert und durch Zufallsstörungen überlagert.

Ein wichtiges Anwendungsgebiet der Z. ist die →*Prognose*. Hier geht es um die Extrapolation der vorliegenden ZR in die Zukunft. Regressionsansätze beim klassischen Komponentenmodell haben sich nicht bewährt. Favorisiert werden vielmehr einerseits die einfachen, aber heuristischen Methoden des exponentiellen Glättens und andererseits die auf ARI-MA-Modellen basierenden Box-Jenkins Prognosen. Bei den ARIMA-Modellen erhält man die Prognose durch sukzessives Fortschreiben der Definitionsgleichung, wobei zukünftige Störungen außer Acht gelassen werden.

Diese beiden Prognoseverfahren können als Spezialfälle des Kalman-Filters aufgefasst werden, der ein rekursives, prognoseorientiertes Verfahren zur Schätzung von Zustandsraum-Modellen darstellt.

Bis jetzt wurde von univariaten ZR ausgegangen; die Beobachtungen sind einzelne Zahlen. Bestehen sie jeweils aus Wertepaaren od. mehreren Werten, so liegt eine bi- bzw. multivariate ZR vor. Diese kann auch als gleichzeitige Beobachtung mehrerer univariater ZR aufgefasst werden. Bei multivarianten ZR sind die Abhängigkeiten zwischen den einzelnen univariaten ZR, aus denen sie sich zusammensetzen, von zentraler Bedeutung. Sie werden mit den Kreuzkorrelationsfunktionen erfasst. Das darauf basierende Kreuzspektrum gibt in zweierlei Hinsicht Aufschluss über die Abhängigkeiten zwischen zwei ZR, und zwar über die Korrelationen zwischen den Zyklen gleicher Periode und über die Phasenverschiebung der zyklischen Bestandteile der ZR.

Die modellmäßige Erfassung der Beziehungen zwischen zwei ZR geschieht größtenteils im Rahmen *linearer Systeme*. Die ZR (y_t) hängt z.B. linear von der ZR (x_t) ab, wenn $y_t = \sum g_u x_{t-u}$ mit festen Gewichten g_u gilt. Derartige Transformationen werden auch als *Filtration* bezeichnet. In der Praxis interessiert vor allem, ob eine Beziehung dieser Art existiert, wie sie ggf. aussieht und ob (x_t) zu einer Verbesserung der Prognose von (y_t) beiträgt.

Die Z. zählt zu den am intensivsten erforschten Gebieten der Statistik. Nachdem die Untersuchung der ARIMA-Modelle als weitgehend abgeschlossen angesehen werden kann, sind heutzutage noch verschiedene Verallgemeinerun-

gen von Interesse. Immer mehr Gewicht gewinnt wie angedeutet der systemtheoretische Zugang. Einmal können mit ihm leicht Instationaritäten erfasst werden. Diesen gilt derzeit ein relevanter Teil der Aufmerksamkeit. Zum anderen geben sie auch einen geeigneten Rahmen für nichtlineare Prozess-Modelle, die einen Schwerpunkt der aktuellen Forschung bilden.

Literatur: *G. E. P. Box/G. M. Jenkins*, Time Series Analysis, Forecasting And Control. San Francisco 1976. *A. C. Harvey*, Forecasting, structural time series models and the Kalman filter. Cambridge 1989. *M. B. Priestley*, Spectral Analysis And Time Series., Vol. 1: Univariate Series, Vol. 2: Multivariate Series, Prediction and Control. London 1981. *R. Schlittgen/B. H. J. Streitberg*, Zeitreihenanalyse. München 1995.

Prof. Dr. R. Schlittgen, Hamburg

Zentralausschuss der Werbewirtschaft (ZAW)
Dachorganisation der Verbände der Werbewirtschaft in der Bundesrepublik Deutschland. Eine Gründung des Z. seinerseits ist der Deutsche Werberat, der Verhaltensregeln (z.B. für die Werbung für alkoholische Getränke) entwickelt hat und Anregungen und Beschwerden Außenstehender aufgreift. Eine Tochterorganisation des Z. ist die Informationsgemeinschaft zur Feststellung der Verbreitung von Werbeträgern e.V. (IVW). Sie ist der objektiven Feststellung der Verbreitung von →Werbeträgern verpflichtet.

Zentralbank
zentrale Notenbank. In der Bundesrepublik Deutschland die →Deutsche Bundesbank.

Zentralbankgeld
→Geldarten.

Zentralbankrat
Organ der →Deutschen Bundesbank bis zum Jahr 2002; hatte die Stellung einer obersten Bundesbehörde. Er entschied über die Währungs- und Kreditpolitik der Bundesbank. Der Z. bestand aus dem Präsidenten und dem Vizepräsidenten der Bundesbank, den weiteren Mitglie-

dern des Direktoriums und den Präsidenten der →Landeszentralbanken. Da die geld- und währungspolitische Zuständigkeit seit 1999 bei der EZB liegt, wurde der Z. im Zuge einer Organisationsänderung im Jahr 2002 aufgelöst.

Zentraler Kapitalmarktausschuss
von den →Geschäftsbanken gegründeter Zentraler Ausschuss, der die Pflege des → Kapitalmarktes besorgt und die Emissionspolitik der einzelnen Emittendengruppen koordiniert.

Zentralplan
zentraler Wirtschaftsplan in einer →Zentralverwaltungs- und Planwirtschaft. Aufgrund des Z. wird der arbeitsteilige Wirtschaftsprozess gelenkt. Er beinhaltet die Entscheidungen einer Planbehörde darüber, welche →Güter in welcher Menge und Qualität zu erzeugen und nach welcher Rangfolge sie an andere Betriebe und →Haushalte zu verteilen sind (Planauflagen). Oberste Pflicht der Betriebe ist die fristgerechte Erfüllung der Planauflagen (Planerfüllungsprinzip). Planübererfüllung wird durch Prämien belohnt, die Nichteinhaltung der Planvorschriften ist mit Sanktionen belegt.
Die zentrale Lenkung der Wirtschaftsprozesse mit Hilfe eines Z. scheint zwar eine relativ einfache Konzeption zu sein, ist jedoch in der Praxis äußerst schwer zu handhaben, wie die Erfahrungen in zentralgelenkten sozialistischen Ländern zeigen.

Zentralverband des Deutschen Handwerks
→Gewerbepolitik, 4.1.

Zentralverwaltungswirtschaft
→Wirtschaftsordnung in Form der Planwirtschaft mit einer zentralen Planbehörde, die in mehrjährige Perspektivpläne eingebettet sind, die Produktionsziele, den Einsatz der (verstaatlichten) →Produktionsmittel und die Verteilung der Produktionsergebnisse fest. Sie kann aber die Koordination durch den Plan nicht nach den Kriterien rationalen Wirtschaftens, auch nicht durch Sanktionen, gewährleisten.

Zentralwert
→Median.

Zertifikat
1. Ursprungs- und Qualitätsbezeugung einer Ware.
2. Anteilschein für Fondsvermögen an einer →Kapitalgesellschaft.

zero-base-budgeting
eine Technik für Analyse und →Planung mit dem Ziel, →Gemeinkosten zu senken und eine optimale Mittelverwendung im Gemeinkostenbereich zu erreichen. Die Gemeinkostenbereiche werden auf der Basis Null analysiert und geplant, vergleichbar dem Existenzbeginn eines Unternehmens. Z. wird erfolgreich in rezessiven Phasen wirtschaftlicher Entwicklung eingesetzt. 10% bis 20% Kosteneinsparungen konnten durch z. bisher erzielt werden.

Zero Bonds
→Anleihen ohne Zinskupons (Null-Kupon-Anleihen), deren Ausgabekurs entsprechend tief unter dem Nominalwert (= Rückzahlungswert) liegt und so marktkonforme →Renditen garantiert.

Zession
i.d.R. Abtretung einer →Forderung. Eine Forderung kann von dem bisherigen Gläubiger (Zedent) durch Vertrag auf einen neuen Gläubiger (Zessionar) übertragen werden (§ 398 BGB). Z. ist ein abstraktes Verfügungsgeschäft, dessen Wirksamkeit vom rechtlichen Schicksal des zu Grunde liegenden Geschäfts unabhängig ist. Der Z. kommt im Wirtschaftsleben erhebliche Bedeutung zu, weil damit z.B. Außenstände zur Kreditabsicherung verwendet werden. Vorausabtretung: Eine künftige und bedingte Forderung kann bereits abgetreten werden, z.B. eine Forderung aus dem Weiterverkauf der Ware. Globalz.: die Abtretung sämtlicher bestehenden und künftigen Forderungen z.B. an eine →Bank zur Sicherung eines →Darlehens. Blankoz.: Bei ihr ist der Empfänger berechtigt, durch Ausfüllung der unvollständigen Abtretungsurkunde den neuen Gläubiger zu bestimmen. Sicherungsz.: Forderungsübertragung nur zu

Sicherheitszwecken (auch fiduziarische Abtretung). Inkassoz.: Übertragung nur zum Zwecke der Einziehung der Forderung. Legalz.: Forderungabtretung kraft Gesetzes.

Ziele der Wirtschaftspolitik

Die wirtschaftspolitische Zielsetzung ist neben der Lage und der Kenntnis der Entwicklungstendenzen sowie den Maßnahmen bzw. Instrumenten eines der *konstitutiven Elemente* rationalen wirtschaftspolitischen Handelns. Z. sind die Konsequenzen, die von Politikern aus negativen Erfahrungen gezogen werden mussten (A. Woll). So hatten bereits die Wegbereiter einer freiheitlichen Staats- und Wirtschaftsordnung in Deutschland für die Zeit nach dem Zweiten Weltkrieg klare Ziele vor Augen, beispielsweise „das Ziel: Beseitigung der Kollektivwirtschaft" (C. Goerdeler 1941). Folgerichtig war für Ludwig Erhard primäres ordnungspolitisches Ziel, mit dem Beginn der Friedenswirtschaft, sofort den → *Markt* zur Steigerung der →Wirtschaftlichkeit in Erzeugung und Verteilung einzusetzen, also so schnell wie möglich den Leistungs- bzw. *Preiswettbewerb als Steuerungsprinzip* des Produktionsprozesses und der Verteilung der Produktionsergebnisse zunehmend zur Wirkung gelangen zu lassen. „Wohlstand durch → Wettbewerb" war für Erhard der Weg, sein programmatisches Ziel „Wohlstand für alle" zu erreichen. Die von ihm maßgeblich geprägten „Leitsätze für die Bewirtschaftung und Preispolitik nach der Geldreform" aus dem Jahre 1948 geben daher „der Freigabe aus der Bewirtschaftung" den Vorzug vor deren Beibehaltung bzw. „der Freigabe der →Preise" den Vorzug vor behördlicher Feststellung. Und es wird empfohlen, „dem Grundsatz des Leistungswettbewerbs Geltung zu verschaffen". Der von Bundeswirtschaftsminister Kurt Schmücker in der Regierung Erhard vorgelegte Entwurf eines Stabilitätsgesetzes wurde von Karl A. Schiller in der Zeit der „Großen Koalition" um den Gedanken des →Wirtschaftswachstums ergänzt. Im StabG werden gesamtwirtschaftliche Ziele vorgegeben, die der Gesetzgeber bereits 1963 im „Gesetz über die Bildung eines

Sachverständigenrates zur Begutachtung der gesamtwirtschaftlichen Entwicklung" nennt. Die fünft unabhängigen Sachverständigen sollen „untersuchen, wie im Rahmen der marktwirtschaftlichen Ordnung gleichzeitig Stabilität des Preisniveaus, hoher Beschäftigungsstand und → außenwirtschaftliches Gleichgewicht bei stetigem und angemessenem Wirtschaftswachstum gewährleistet werden können". Wirtschaftswachstum lässt sich in einer freiheitlichen →Wirtschaftsordnung als Ziel allerdings nicht direkt anstreben, weil es das *Ergebnis* wirtschaftlichen Handelns der →Haushalte und der Unternehmen sowie wirtschaftspolitischen Handelns des Staates ist. Dieses „magische Viereck" volkswirtschaftspolitischer Ziele erhält dadurch eine *historische* Perspektive, dass neue Ziele hinzukommen: Die Notwendigkeit zu gezielter Pflege einer der Marktwirtschaft *gemäßen anpassungsfähigen Wirtschaftsstruktur* verdeutlichen die hartnäckigen Strukturkrisen u.a. bei Kohle, Stahl und Werften, nicht zuletzt unter dem Druck des *sich beschleunigenden* Strukturwandels und des sich verschärfenden internationalen Wettbewerbs. Den traditionellen Zielkatalog um das „Ziel 'Erhaltung der natürliche Umwelt'" zu erweitern, unterstreicht die Gemeinsame Erklärung des Rates der Evangelischen Kirche in Deutschland und der Deutschen Bischofskonferenz, 1985. Hier kommt ein sich ausbildendes *Zielbewusstsein* zum Ausdruck, das in dominant freiheitlichen Wirtschaftsgesellschaften ein hohes Maß ordnungspolitischer Anpassungsfähigkeit und intellektueller Toleranz voraussetzt. Es wird nicht nur das Potential zunehmender Ziel*konflikte* erhöht, sondern es werden auch die Möglichkeiten vermehrt, durch Ziel*tarnung* Staats-, Partei- und/ od. Gruppeninteressen geschickt als solche der Bürger bzw. des Gemeinwohls darzustellen. Umweltpolitische Ziele werden von „Alternativgruppen" gelegentlich sogar mit dem Ziele der „Überwindung" der freiheitlichen Staats- und Wirtschaftsordnung missbraucht.

Die unlösliche Verzahnung zwischen staats- und wirtschaftspolitischen Zielen gebietet eine mit der Gesellschaftsordnung *konforme* Gestaltung des wirtschaftspolitischen Zielgefüges. Ihr konzeptioneller Charakter erlaubt in einer freiheitlichen Ordnung daher keine so weitgehende Differenzierung, wie sie für wirtschaftspolitische Maßnahmen empfehlenswert ist, die durch ein Konformitätsspektrum von systemnotwendig über systemneutral bis systemzerstörend abgestuft ist. Jedes einzelne Z. ist *systemkonform*, wenn es systemfördernden und -festigenden Charakter besitzt. Z. verleihen dem Handeln in →Wirtschaft und Politik nur dann eine marktwirtschaftliche Orientierung, wenn ihr Kurs konsequent am Kardinalziel des Leistungs- und Preiswettbewerbs ausgerichtet ist. Die Bewahrung von Frieden in Freiheit, die Verbesserung der inneren und äußeren Sicherheit od. die Herbeiführung von mehr Gerechtigkeit sind zentrale „oberste" Ziele, die sich jedoch nur *qualitativ* fassen lassen. Weitere qualitative Ziele sind z.B. die Verringerung des Konzentrationsgrades der Industrie od. die Verbesserung der Regionalstruktur.

Erzielte Verbesserung od. eingetretene Verschlechterungen lassen sich lediglich *ordinal*, also ausgedrückt durch „mehr" bzw. „weniger" messen. Demgegenüber sind die gesamtwirtschaftlichen Ziele des „magischen Polygons" *quantitativer* Natur und lassen sich inhaltlich durch Kardinalzahlen ausdrücken.

Die Art der Beziehung zwischen Zielen hängt zum einen von den zur Zielerreichung einzusetzenden Instrumenten - der *Ziel-Mittel-Beziehungen* - ab und sie wird zum anderen von dem Verhältnis bestimmt, das zwischen wirtschaftspolitischen Zielen allgemein bestehen kann. Fünf Ziel*beziehungen* können dieses Verhältnis prinzipiell bestimmen: Identität, Harmonie, Neutralität, Widersprüchlichkeit u. Kontradiktion. Während Ziel*identität* Ziele betrifft, die inhaltlich deckungsgleich sind, begünstigt bei Ziel*harmonie* die Verfolgung des einen Ziels bis zu einem gewissen Grade auch diejenige eines anderen. Zielneutralität drückt aus, dass die Verfolgung von Zielen weder zu gegenseitiger Begünstigung noch Behinderung führt. Bei *Widersprüchlichkeit* handelt es sich um widerstreitende Zielset-

zungen, die aber - weil nur partiell miteinander konkurrierend - nicht in totaler Konfrontation zueinander stehen. Die Verfolgung eines Zieles führt lediglich zu Beeinträchtigung der Erreichung eines anderen: Eine Lösung dieses Ziel*konfliktes* kann wirtschaftspolitisch im Kompromiss gefunden werden. *Kontradiktion* demgegenüber lässt nur die Alternative des entweder/ od. zu, da die miteinander kollidierenden Ziele einander ausschließen, also inkompatibel sind.

Scheinbar unlösbar erscheinende Probleme der Wirtschafts-, insbesondere Strukturpolitik sind in ihrem Kern auf Inkongruenzen der politisch Handelnden zurückzuführen, die - wären von ihnen die Grundsätze marktwirtschaftlicher Gestaltung der Wirtschaftspolitik konsequenter respektiert worden - nicht od. doch weit weniger scharf zutage gefördert würden. Diese Schwäche ist u.a. auf eine fehlende Ziel*konzeption*, also den Mangel einer nach einheitlichen Grundsätzen strukturierten Ordnung der Ziele zurückzuführen. Ohne eine überschaubare konsistente Ziel*struktur*, die ein Ziel*bündel* in eine hierarchisch gegliederte Ordnung, ein Ziel*system*, verwandelt, sind konstruktive und berechenbare Entscheidungen →*diskretionärer* Wirtschaftspolitik, die der Grundsatz der *Konstanz der Wirtschaftspolitik* gebietet, aber kaum möglich. Als verlässliche Daten für die Unternehmerentscheidung und das Verhandlungsklima der Sozialparteien, insbesondere der Tarifparteien sind politische Zielvorgaben aber unerlässlich. Z. - Ausdruck des Vorwärtsstrebens und der Verwirklichung von Wertvorstellungen - sind positiven Inhalts, wenngleich sich rückblickend herausstellen kann, dass sich bei der Zielerreichung auch negative Nebenwirkungen ergeben. Als in die Zukunft gerichtete Wunschvorstellungen sind langfristige Z. *Horizontprognosen*, die i.d.R. auf optimistischen Entwicklungsperspektiven beruhen, deren Erfüllung, in überschaubarer Zeit erhofft, auch aktiv betrieben wird. L. Erhard hat bereits 1960 vorausgesehen, „dass die Wirtschaftspolitik von morgen nicht nur ihre bisherigen Aufgaben behält, sondern neue hinzugewinnt". Im gleichen Jahre hat A. Müller-Armack empfohlen, angesichts des geschichtlichen Wandels „die Situation erneut zu überprüfen und die Ziele der →Sozialen Marktwirtschaft im Hinblick auf die Entwicklung, der wir entgegengehen, neu festzulegen". Literatur: *H. Berg/ D. Cassel/ K.-H. Hartwig*, Theorie der Wirtschaftspolitik, in: Vahlens Kompendium der Wirtschaftstheorie und Wirtschaftspolitik, Bd. 2., 9. A., München 2007, insbes. Abschn. 3.4. *H. Giersch*, Konjunktur- und Wachstumspolitik in der offenen Wirtschaft. Allgemeine Wirtschaftspolitik, Bd. 2. Wiesbaden 1977, insbes. 2. Kap., 6. Kap. *A. Woll*, Wirtschaftspolitik. 2. A., München 1992, insbes. 2. Kap. Teil II sowie 3. Kap., Teil III. *H. Zimmermann/ K. H. Henke*, Finanzwissenschaft. 7. A., München 1994, insbes. 1. Kap., Teil A II.

Prof. Dr. DCom. B. Gemper, Siegen

Zielkostenmanagement
Target Costing
Mit den Zielkosten wird festgelegt, in welcher Höhe für ein neu zu entwickelndes Erzeugnis Kosten entstehen dürfen. Ausgangspunkte bilden die Produkteigenschaften, der Nutzen für den Kunden, dessen Preisbereitschaft und eine angestrebte Umsatzrendite. Das Z. ist die Umsetzung einer Methodik für eine marktorientierte Kostenplanung, -steuerung und -kontrolle im Gesamtprozess der Erzeugnisentstehung als Element eines strategischen Kostenmanagements. Z. ist damit kein Kostenregelungssystem, sondern ein Instrument des strategischen Controlling.

Zins
Allgemein kann der Z. als →Preis für die zeitweise Überlassung von →Kapital definiert werden. Je nachdem, unter welchem Aspekt der Z. betrachtet wird, kann man verschiedene Z.-begriffe unterscheiden. Fristigkeit: kurzfristiger Z. und langfristiger Z. Anlageart: Geldz., Z. für Tagesgelder, Wochengelder, Monatsgelder, Ultimogelder, Kreditz., Z. für Wechselkredit (Diskont), Darlehensz., Wertpapiere, Kapitalz., Sparz., Z. für Festgelder, Hypothekenz. u.a. rechnerische Bezugsgröße: Jahresz., Nominalz. (= Z. bezogen auf den Nennwert), Effektivz. (= nominelle Verzinsung bezogen auf

den Kurswert) (→Rendite), Spareckz. als Leitz. institutioneller Bezug: Bankz. (→ Sollz., →Habenz.), →Diskontsatz der → Zentralbank u.a. Marktbezug: Marktz., Geldmarktz. →Kapitalmarktz., inländischer Z., ausländischer Z., volkswirtschaftlicher Z. Rechenzweck: interner Z. (bei →Investitionsrechnung), Verzugsz. (bei Zahlungsverzug) u.a. z.-theoretischer Bezug: →realwirtschaftlicher Z. (Z. als gütermäßige Ergiebigkeit einer investiven Verwendung des Kapitals), →natürlicher Z., Z. als Liquiditätsprämie u.a. Man beachte, dass der Mietz. kein Z., sondern ein Preis für Nutzungsüberlassung von Wohnraum ist.

Zinsabschlagsteuer
→Quellensteuer auf bei Bankinstituten u.a. anfallende Zinseinkommen des Steuerpflichtigen. Durch Freistellungsanträge können die Freibeträge genutzt werden (bis 2008).

Zinselastizität der Geldnachfrage
→Elastizität der →Geldnachfrage in Bezug auf den →Zins. Sie wird i.d.R. negativ sein, weil eine Erhöhung des Zinses die Geldnachfrage sinken lässt. In der → Keynesianischen Theorie ist die Unterbeschäftigungssituation von besonderem Interesse: Hier tendiert im Falle von Zinssenkungen die Z. gegen unendlich (→Liquiditätsfalle). Tatsächlich ist eine derartige Situation nie beobachtet worden.

Zinsparität
1. Verhältnis zwischen →Zins auf nationalem →Geldmarkt zu dem auf dem → Euro-Geldmarkt (→Eurodollarmarkt).

2. bei der monetären Bestimmung des Wechselkurses neben der langfristig dominanten →Kaufparität (→Monetäre Außenwirtschaftstheorie, 2.2.) die kurzfristige Determinierung des Wechselkurses durch die →Zinssätze, wobei sich der Wechselkurs so anpasst, dass die Differenz zwischen inländischem und ausländischem Zinssatz der Differenz zwischen dem effektiven und dem erwarteten Wechselkurs entspricht. In der kurzen Periode ist das in der langen Periode erfüllte Kaufkraftparitätentheorem nicht wirksam, da real- und geldwirtschaftli-

che Veränderungen nicht direkt auf die Güterpreise und damit auf den Wechselkurs via Kaufkraftparität wirken. Die unmittelbare Anpassung zum → Gleichgewicht erfolgt auf den Finanzmärkten durch entsprechende Zinssatzänderungen, wobei die →Gütermärkte noch im Ungleichgewicht bleiben.

Zinsspannentheorem

Mit Zinsspanne wird die Zinsdifferenz von natürlichem →Zins und Geldzins bezeichnet. Bei positiver Zinsspanne (natürlicher Zins höher als der Geldzins) wird der →Wicksellsche Prozess als kumulativer Expansionsprozess in Gang gesetzt. Der Wicksellsche Prozess kehrt sich um bei einer negativen Zinsspanne.

Zinsswaps

Übernahme der Festzins-Verpflichtungen des B durch A, von dem B dafür den Aufwand aus einer variabel verzinsten Verpflichtung des A übernimmt. Beide vereinbaren für den Tausch einen Preis. Die Partner haben einen fristen- und währungskongruenten Kapitalbedarf bei einem unterschiedlichen Bonitätsstanding (→Standing). Es können auch Verpflichtungen auf Libor-Basis (→ Libor) gegen solche auf Prime Rate-Basis (→Prime-Rate) getauscht werden. Dieser Z. heißt auch Basis-Rate-Swap. Begründungen für Z. liegen auch in unterschiedlichen → Risikoaversionen od. Zinsänderungserwartungen. Da Z. i.d.R. nicht bekannt werden, sinkt mit diesen Kontrakten die Transparenz über die tatsächlichen Verpflichtungen bzw. Risiken einer Unternehmung. Dient eine Geschäftsbank (→ Banken) nicht nur als Mittler zwischen Partnern, sondern fungiert selbst als jeweiliger Partner (Intermediär), so dass ein Dreiecks-Geschäft vorliegt, so steigen die nicht-bilanzierten Risiken der Banken und damit die Probleme der Bankenaufsicht. S. auch → Swaps.

Zinstender
→Offenmarktpolitik, 2.

Zinstheorie
→Faktorpreisbildung.

Zoll
→Zolltheorie, 1.

Zollmauer
Errichtung von Z. als wirtschaftspolitisches Scheinargument in der Zeit der Weltwirtschaftskrise (→Große Depression): Hochzollpolitik bei →Importen sollte die inländische Beschäftigung sichern.

Zolltheorie

1. *Zollarten*. Zölle sind Abgaben, mit denen der Staat den grenzüberschreitenden Warenverkehr belegt, und stellen somit Handelsschranken dar, die die Inlandspreise von den Weltmarktpreisen entkoppeln. Je nach Handelsrichtung unterscheidet man zwischen *Importzöllen* und *Exportzöllen*, je nach Bemessungsgrundlage zwischen *Wertzoll* (der als Prozentsatz des Wertes des gehandelten →Gutes erhoben wird) und *Stückzoll* (bei dem die →Abgabe als fester Geldbetrag pro Mengeneinheit festgelegt ist). In den Industrieländern gibt es vor allem wertmäßige Importzölle, in den Entwicklungsländern sind häufig auch Exportzölle zu entrichten.

Bei Importzöllen können alle Lieferländer gleich behandelt werden (*Meistbegünstigungszölle*) od. ungleich. Letzteres gilt für *Präferenzzöllen* (z.B. gegenüber Entwicklungsländern) od. bei einer Aufhebung von *Binnenzöllen* bei regionalen staatlichen Zusammenschlüssen (z.B. → Zollunion, →Freihandelszone). Eine Ungleichbehandlung liegt auch vor bei *Anti-Dumping-Zöllen* (gegenüber ruinöser Konkurrenz aus einzelnen Ländern), → *Retorsionszöllen* (als Gegenmaßnahme, wenn andere Regierungen Importbeschränkungen aufbauen) und *Strafzöllen* (im Rahmen von wirtschaftlichen Sanktionen gegen einen bestimmten Staat).

I.d.R. werden Zölle unterschiedlich nach Produktgruppen festgesetzt, wobei bei Importen der Zollsatz mit zunehmendem Verarbeitungsgrad steigt. Für Unternehmen und Branchen ergibt sich daraus ein *Effektivzoll* als Prozentsatz, um den die zu Inlandspreisen bewertete → Wertschöpfung von der zu Weltmarktpreisen errechneten abweicht. Dieser Effektivzoll ist gleich dem Nominalzoll, wenn für ein Enderzeugnis die gleiche

Abgabe erhoben wird wie für dessen Vorprodukte. Lastet auf Vorprodukten ein niedrigerer (höherer) Zoll, so ist für das Enderzeugnis der Effektivzoll höher (niedriger) als der Nominalzoll (Zolleskalation bzw. -deeskalation). Außerdem ist bei gegebener Zollstruktur der Effektivzoll um so höher, je kleiner der Anteil der Wertschöpfung je Produkteinheit am Preis ist.

2. *Zollargumente.* In der Z. wird die Erhebung von Zöllen vor allem unter Wachstums-, Beschäftigungs-, Verteilungs- und Zahlungsbilanzgesichtspunkten analysiert. Unter Wachstumsgesichtspunkten steht das *Erziehungszollargument* im Vordergrund. Danach brauchen junge Unternehmen od. Industrien einen temporären Schutz vor Auslandskonkurrenz, damit sie mit den technischen und organisatorischen Anfangsschwierigkeiten fertig werden, ihre Durchschnittskosten senken und Marktreife erlangen können. Dieses Argument wird in der Praxis häufig überstrapaziert. Streng genommen ist es allenfalls vertretbar, wenn bei der Produktionsausdehnung langfristige und irreversible nicht pekuniäre externe Effekte anfallen, d.h. die Gesellschaft einen Nutzen erzielt, der dem Unternehmen nicht abgegolten wird (z.B. die Ausbildung von Arbeitskräften). Nach dem → Coase-Theorem könnte allerdings der Marktmechanismus die Internalisierung leisten: Die ausbildenden Unternehmen würden von den anderen Unternehmen, zu denen die ausgebildeten Arbeitskräfte wechseln, Kompensationszahlungen erhalten. Ein neues Wachstumsargument liefern die Modelle der *strategischen Handelspolitik.* Durch gezielte Protektion soll auf technologieintensiven, zukunftsträchtigen Wachstumsfeldern die Produktion in Verbindung mit Weltmarktanteilsgewinnen wohlfahrtserhöhend zu Lasten des Auslands gesteigert werden können. Angenommen wird u.a. →oligopolistische Konkurrenz und überdurchschnittlich hohe, fixe Kosten. Die Modelle sind nicht sehr robust; ihre Anwendung in der Praxis beschwört die Gefahr von Handelsrestriktionen herauf.

In Bezug auf den → *Beschäftigungsgrad* gelten Zölle als hilfreich, weil sie die Einfuhrgüter verteuern, die inländische Nachfrage auf Inlandsprodukte lenken und über Multiplikatoreffekte ein höheres →Volkseinkommen entstehen lassen. Dies gilt jedoch nur in einer partialanalytischen Betrachtung (siehe 3. Zollwirkungen). Zu bedenken ist, dass dann →Arbeitslosigkeit ins Ausland exportiert (→ „beggar-my-neighbour policy") wird.

Mit *Verteilungsargumenten* soll gerechtfertigt werden, dass dem Staat zusätzliche →Einnahmen zufließen (zu Lasten des privaten Sektors), dass die Realeinkommen der relativ knappen →Produktionsfaktoren im Vergleich zu den → Einkommen der reichlicher vorhandenen Faktoren steigen (*Stolper-Samuelson-Theorem* (→Güterwirtschaftliche Außenwirtschaftstheorie, 4.)) und dass das zollerhebende Land eine Verbesserung seiner →Terms-of-Trade erwirken und damit die Wohlfahrt erhöhen kann (*Optimalzoll*). Vor allem die beiden letztgenannten Fällen gelten freilich nur unter stark vereinfachenden Annahmen.

Unter *Zahlungsbilanzgesichtspunkten* lässt sich zeigen, dass ein Einfuhrzoll über den →Preiseffekt die →Leistungsbilanz verbessern kann, und zwar umso mehr, je preiselastischer die Importnachfrage ist. Doch kann über den →Zahlungsbilanz-Multiplikator ein expansiver Prozess im zollerhebenden Land in Gang kommen, in dessen Verlauf mehr importiert und unter Umständen weniger exportiert wird, so dass sich die Leistungsbilanz wieder verschlechtert. Von Dauer wäre eine Verbesserung ohnehin nur, wenn es gelingt, die inländischen Verbrauchs- und Investitionsausgaben zu vermindern und die Ersparnisse zu erhöhen, und wenn das Ausland nicht seinerseits mit Handelsrestriktionen reagiert.

3. *Zollwirkungen.* Bis Einführung eines Importzolles wird der Inlandspreis des betreffenden Gutes den Weltmarktpreis übersteigen. Gleichzeitig werden die ausländischen Anbieter ihre Exportpreise reduzieren, um so die Zollbarriere zu überspringen. Je preisunelastischer Angebot und Nachfrage im zollerhebenden Land und je preiselastischer sie im Ausland sind, um so stärker wird der In-

landspreis steigen und umso weniger der Weltmarktpreis sinken; bei umgekehrten Elastizitätsbedingungen sind die Preiswirkungen im Ausland entsprechend ausgeprägter als im Inland. Die zollbedingte Verteuerung von Einfuhrgütern hat einen negativen →*Konsumeffekt* und einen positiven *Produktionseffekt*, dessen jeweilige Größe von den Preiselastizitäten (→Elastizitäten) des Angebots und der Nachfrage bestimmt wird. Die → Konsumentenrente wird kleiner, die → Produzentenrente größer, wobei insgesamt gesehen ein Wohlfahrtsverlust eintreten kann.

Gegenüber dem Freihandelszustand stören Zölle die Spezialisierung des Landes gemäß seinen komparativen Vorteilen (*Allokationsineffizienzen*) (→ Theorie der komparativen Kosten). Es werden zu viele Produktionsfaktoren in Branchen gebunden, in denen der Effektivzoll überdurchschnittlich hoch ist; sie könnten bei einer alternativen Verwendung ein höheres →Wertgrenzprodukt erbringen. Da es gleichzeitig weniger →Wettbewerb gibt, wird der heilsame Zwang zur kontinuierlichen Produktivitätssteigerung (→ Produktivität) aufgeweicht, unter Inkaufnahme eines geringeren Spielraums für Realeinkommenssteigerungen.

Der Zollschutz zugunsten einzelner Branchen verzerrt über die inter-industrielle Verflechtung die Preis- und Kostenstrukturen (*materielle Zollinzidenz*). Das Nachsehen haben vor allem die Exportindustrien. Sie müssen →Vorleistungen teurer bezahlen und außerdem eine →Aufwertung der heimischen Währung hinnehmen, die durch die zollbedingte Abnahme der Einfuhr induziert wird. Zudem werden sich die (wahrscheinlichen) Vergeltungsmaßnahmen des Auslands gegen die inländischen Exporteure richten.

I.d.R. ist demnach Zollprotektion für die Gesamtwirtschaft nicht lohnend. Zölle sind allerdings weniger nachteilig als mengenmäßige Handelsbeschränkungen, jedenfalls solange sie nicht prohibitiv hoch sind, weil der Marktmechanismus mit dem Spiel von Angebot und Nachfrage nicht außer Kraft gesetzt wird.

4. *Zollunion*. Sie entsteht, wenn sich bestimmte Staaten zusammenschließen, den Handel untereinander liberalisieren und gegenüber Drittländern einen gemeinsamen Außenzoll festsetzen (z.B. → EU). Durch die Beseitigung der Binnenzölle werden zwei grundlegende Effekte ausgelöst: Zum einen entsteht neuer Handel (*Handelsschaffung*), wenn sich innerhalb der Union die Produktion von den weniger wettbewerbsfähigen zu den wettbewerbsfähigeren Standorten verlagert und die Nachfrage durch sinkende Preis stimuliert wird. Zum anderen gibt es *Handelsumlenkung*, indem effiziente Exporteure aus Drittländern durch Unternehmen innerhalb der Z. verdrängt werden, weil die Beseitigung des Binnenzolles deren Kostennachteile mehr als aufwiegt. Die handelsschaffenden Effekte verbessern normalerweise die Faktorallokation in der Zollunion als Ganzes, ohne dass der Güteraustausch mit Drittländern schrumpfen müsste. Die handelsumlenkenden Effekte hingegen sind sowohl für das Unionsland als auch für die Drittstaaten wohlfahrtsökonomisch nachteilig zu beurteilen. Ob die positive Handelsschaffung oder die negative Handelsumlenkung dominiert, hängt ab von den Preiselastizitäten des Angebots und der Nachfrage und vor allem von der Höhe des gemeinsamen Außenzolls; je niedriger dieser ist, umso eher wird sich die Faktorallokation in der Z. und global verbessern.

Literatur: *U. Hiemenz/ K. v. Rabenau*, Effektive Protektion. Tübingen 1973. *H. Weck-Hannemann*, Politische Ökonomie des Protektionismus. Frankfurt a.M. 1992. *G. Bletschacher/ H. Klodt*, Strategische Handels- und Industriepolitik. Tübingen 1992. *J. R. Markusen* et al., International Trade, Theory and Evidence. New York 1995.

Prof. Dr. J. B. Donges, Köln

Zollunion
→Zolltheorie, 4.

Zufallsauswahl
allgemein die Auswahl von Stichprobenelementen mit Hilfe eines geeigneten Zufallsvorganges (z.B. mit Hilfe einer Urne, Zufallszahlen). Ein Beispiel: Aus den N Elementen der interessierenden →

Grundgesamtheit soll eine →Stichprobe vom Umfang n gezogen werden. Dabei hat jede Einheit vor der Durchführung des Z. die gleiche →Wahrscheinlichkeit, ausgewählt zu werden. Man unterscheidet Z. mit und ohne Zurücklegen. Bei einer Z. mit Zurücklegen kann eine bestimmte Einheit mehrfach ausgewählt werden, bei einer Z. ohne Zurücklegen nur einmal.

Zufallsvariable
ist eine Funktion, die den Elementarereignissen eines Zufallsexperiments reelle Zahlen zuordnet. Beispiel: Die Elementarereignisse beim Zufallsexperiment „Wurf eines fairen Würfels" sind Kopf und Zahl. Durch die Zuordnung reeller Zahlen (z.B. 0 und 1) zu diesen Elementarereignissen erhält man eine Z. X. Man unterscheidet diskrete und stetige Z. Eine Z. heißt diskret, wenn sie nur endlich oder abzählbar unendlich viele Werte annehmen kann; sie heißt stetig, wenn sie überabzählbar viele Werte annehmen kann. Den Wert x, den die Z. X bei der Durchführung des Zufallsexperimentes annimmt, nennt man →Realisation von X.

Zusammengefasstes Konto der übrigen Welt
⇒Konto 8
Konto im Kontensystem der →Volkswirtschaftlichen Gesamtrechnung. Es erfasst alle →Transaktionen zwischen der übrigen Welt - aus der Sicht der übrigen Welt - und sämtlichen inländischen →Wirtschaftssubjekten.
Der →Außenbeitrag der eigenen →Volkswirtschaft ergibt sich aus der Differenz zwischen den Käufern von Waren und Dienstleistungen durch die übrige Welt, vermehrt um die von ihr geleisteten Faktoreinkommen (→Einkommen), und den Verkäufen von →Gütern sowie den empfangenen Faktoreinkommen seitens der übrigen Welt.
Der Finanzierungssaldo der eigenen Volkswirtschaft ergibt sich durch Abzug der Forderungsveränderungen von den Veränderungen der →Verbindlichkeiten der übrigen Welt (inklusive der statistischen Differenz).

Zusatzkosten
→kalkulatorische Kosten.

Zusatzlast
⇒Excess Burden
⇒Mehrbelastung.

Zusatzsteuer
eine Steuer, die zusätzlich zu einer Steuer, die bereits auf der Ware od. der Dienstleistung liegt, erhoben wird. Obgleich Z. meist für beschränkte Zeit gedacht sind, entwickeln sie sich manchmal zu einem permanenten Bestandteil des → Steuersystems.

Zuschreibung
→Abschreibung.

Zuschlagskalkulation
Bei der Z. werden die →Selbstkosten der Leistungseinheit bzw. eines Auftrags dadurch ermittelt, dass man die spezifischen →Einzelkosten den →Kostenträgern direkt zurechnet und die →Gemeinkosten mit Hilfe geeigneter Zuschlagsod. Verrechnungssätze indirekt verteilt. Die Z. geht also i.Ggs. zur →Divisionskalkulation von der Trennung in Einzel- und Gemeinkosten aus.
Bei der summarischen Z. verzichtet man auf eine Kostenstellenbildung und verrechnet die Gemeinkosten als einen geschlossenen Block auf die Kostenträger. Bei der differenzierenden Z. wird nach → Kostenstellen differenziert. Die in den einzelnen Kostenstellen anfallenden Gemeinkosten werden traditionell mit Zuschlagsprozentsätzen auf die jeweiligen Einzelkosten (bei Material- und Fertigungsstellen) bzw. Herstellkosten (bei Verwaltungs- und Vertriebsstellen) verrechnet. Die Zuschlagsprozentsätze werden dabei dem →Betriebsabrechnungsbogen entnommen, wo sie sich aus der Relation der Periodengemeinkosten zu den Periodeneinzelkosten bzw. -herstellkosten ergeben.

Zuwachsmindestreserve
→Mindestreservepolitik, 2.

Zuweisungen
allgemein einfach Pauschalübertragungen von einer →Gebietskörperschaft an

eine andere. Gebundene Z. sind in irgendeiner Weise an das Verhalten des Empfängers geknüpft. Sie hängen z.B. von einer bestimmten Eigenleistung ab. Z. werden meist für bestimmte Aufgaben od. Objekte und nicht zur allgemeinen Deckung der Ausgaben bestimmt. Z. können in Form eines festen Betrages (Block-Z.) od. als ergänzende Finanzierungsmittel gegeben werden. Z. kann es vor allem aus effizienz- und verteilungspolitischen Gründen geben. S.a. →Schlüsselzuweisungen.

Zwangsbeiträge
→Steuern und →Abgaben (z.B. Beiträge zur gesetzlichen Rentenversicherung) gelten als staatliche Z.

Zwangsvollstreckung
Verfahren, in dem Leistungs- und Haftungsansprüche durch staatlichen Zwang verwirklicht werden. Voraussetzungen für die Z. sind Vollstreckungstitel, Vollstreckungsklausel und die Zustellung des Vollstreckungstitels. Die Z. ist nur zulässig, wenn die genannten Voraussetzungen erfüllt sind, der Gläubiger Vollstreckungsantrag gestellt hat und in die richtige Vermögensmasse vollstreckt wird.

Zweckbindung
haushaltsmäßige Verknüpfung von bestimmten öffentlichen →Einnahmen mit bestimmten öffentlichen → Ausgaben. Die Z. widerspricht dem →Non-Affektations-Prinzip der Haushaltsordnung. Dennoch wird immer wieder eine angenäherte Z. vertreten, z.B. die Verwendung der Kfz-Steuer für Straßenbauausgaben.

zweckgebundene Zuweisung
→Finanzierung.

Zwecksparen
meistens regelmäßige Einzahlung von Sparbeträgen mit der Absicht, sie bei Erreichen einer bestimmte Höhe der Sparsumme für einen bestimmten Zweck zu verwenden. Beispiele sind das Bausparen, die Ausbildungsversicherung u.a.

Zweckverband
Zusammenschluss von Gemeinden od. Gemeindeverbänden zur gemeinsamen Erfüllung bestimmter Aufgaben, zu deren Durchführung sie berechtigt od. verpflichtet sind. Er kann als Freiverband od. als Pflichtverband gebildet werden. Zur Deckung seines →Finanzbedarfs erhebt der Z. von den Verbandsmitgliedern Umlagen.

Zweitbest-Theorie
⇒second best
Die wg. Externalitäten, Monopol- und Steuerwirkungen sowie wg. anderer → Marktunvollkommenheiten nicht erfüllbaren Bedingungen für ein →Pareto-Optimum stellen das Problem einer Optimierung bei nichterfüllten Optimumbedingungen, das Problem von sog. Zweitbest-Lösungen. Die Z. ist nur leistungsfähig, wenn es um die partielle Durchsetzung von Optimalbedingungen für eine Steigerung der Wohlfahrt geht. So ist etwa die Senkung des →Monopolisierungsgrades auf einem →Gütermarkt dann paretovorteilhaft, wenn die Monopolbildung auf anderen →Märkten nur geringfügig vorhanden ist. Auch das Konzept der Nettozahlungswilligkeit bei → Kosten-Nutzen-Analysen ist eine second best-Lösung.

zweiter Arbeitsmarkt
bezeichnet die von Ländern und Gemeinden in den letzten Jahren unter eigener Planung, z.T. mit Mitteln der Arbeitsmarktpolitik finanziert, unternommen Arbeitsbeschaffungsmaßnahmen, den → Arbeitslosen für mindestens ein Jahr bis zu drei Jahren einen Arbeitsplatz zu bieten. Die Hansestadt Hamburg hat diese Initiative entwickelt. 1

Zweitmarke
produktpolitische Strategie der Hersteller von → Markenartikeln, neben die Hauptmarke eine Ersatzmarke (Z.) zu plazieren, z.B. eine Hauptmarke für das Fachgeschäft und eine Z. für →Verbrauchermärkte.

economag.

Wissenschaftsmagazin für
Betriebs- und Volkswirtschaftslehre

www.economag.de

Der Oldenbourg Wissenschaftsverlag veröffentlicht monatlich ein neues
Online-Magazin für Studierende: economag. Das Wissenschaftsmagazin
für Betriebs- und Volkswirtschaftslehre.

Über den Tellerrand schauen

Das Magazin ist kostenfrei und bietet den Studierenden zitierfähige wissenschaftliche Beiträge für ihre Seminar- und Abschlussarbeiten - geschrieben
von Hochschulprofessoren und Experten aus der Praxis. Darüber hinaus gibt
das Magazin den Lesern nicht nur hilfreiche wissenschaftliche Beiträge an
die Hand, es lädt auch dazu ein, zu schmökern und parallel zum Studium
über den eigenen Tellerrand zu schauen.

Tipps rund um das Studium

Deswegen werden im Magazin neben den wissenschaftlichen Beiträgen auch
Themen behandelt, die auf der aktuellen Agenda der Studierenden stehen:
Tipps rund um das Studium und das Bewerben sowie Interviews mit
Berufseinsteigern und Managern.

Oldenbourg

Kostenfreies Abonnement unter
www.economag.de

Das Standardwerk

Hal R. Varian
Grundzüge der Mikroökonomik
Studienausgabe

7., überarb. und verbesserte Auflage 2007
XX, 892 S. | Broschur
€ 29,80 | ISBN 978-3-486-58311-3
Internationale Standardlehrbücher der
Wirtschafts- und Sozialwissenschaften

Dieses Lehrbuch schafft es wie kein anderes, nicht
nur den Stoff der Mikroökonomie anschaulich zu
erklären, sondern auch die ökonomische Interpretation der Analyseergebnisse nachvollziehbar zu
formulieren. Es ist an vielen Universitäten ein
Standardwerk und wird oft zum Selbststudium
empfohlen. Durch die logisch aufeinander aufbauenden Kapitel, die zahlreichen Grafiken und das
gelungene Seitenlayout erschließt sich dem Leser
schnell die Thematik. Jedes der 37 Kapitel knüpft an
die vorangegangenen Erkenntnisse an und führt den
Leser schrittweise und mit Hilfe anschaulicher
und aktueller Beispiele an die mikroökonomischen
Lerninhalte heran. Gegliederte Zusammenfassungen und ausführliche Wiederholungsfragen schließen jedes Kapitel. Dem Lehrbuch sind viele neue
Beispiele mit Bezug zu aktuellen Ereignissen hinzugefügt.

**Prof. Hal R. Varian lehrt an der
School of Information Management and Systems (SIMS), an der
Haas School of Business sowie
am Department of Economics at
the University of California,
Berkeley. Von 1995 bis 2002 war
er Gründungsdekan an der SIMS.**

Oldenbourg

Mikro und Makro
unter einem Buchdeckel

Heinz-Dieter Hardes, Alexandra Uhly
Grundzüge der Volkswirtschaftslehre
9., überarb. Aufl. 2007. XIX, 578 S., Br.
€ 34,80
ISBN 978-3-486-58557-5

Dieses Buch ist ein Klassiker.

Bereits in der neunten Auflage vermittelt es die
Grundlagen der Mikro- und Makroökonomie leicht
verständlich mit vielen Abbildungen und Tabellen.
Daneben weist dieses Buch wirtschaftspolitische und
praxisbezogene Anwendungsbezüge auf, die sich auf
empirische Daten stützen.
In den einzelnen Kapiteln finden sich Übungen, durch
die der Stoff vertieft werden kann. Zu diesen Übungen geben die Autoren am Ende eines jeden Kapitels
Lösungshinweise. Dort finden sich auch Multiple-
Choice-Fragen mit Lösungen.

**Das Buch wendet sich primär an Studenten und
Lehrende im Grundstudium von Universitäten und
Fachhochschulen, die Grundlagenkenntnisse der
Volkswirtschaftslehre erwerben bzw. vermitteln
möchten.**

Dr. Heinz-Dieter Hardes ist Pro-
fessor für Volkswirtschaftslehre
an der Universität Trier.

Dr. Alexandra Uhly ist wissenschaftliche Mitarbeiterin am
Bundesinstitut für Berufsbildung
in Bonn.

Oldenbourg

Finanzierungstheorie
klar strukturiert

Lutz Kruschwitz
Finanzierung und Investition
5., überarb. und erw. Aufl. 2007. XVI, 513 S., gb.
€ 29,80
ISBN 978-3-486-58526-1

Die Leser des Lehrwerkes werden mit den neoklassischen Grundlagen der Finanzierungstheorie vertraut gemacht. Die wichtigsten Resultate der modernen Finanztheorie lassen sich aus sehr wenigen nutzentheoretischen Axiomen, und ebenfalls nur wenigen idealisierenden Annahmen über die Funktionsweise von Märkten ableiten. Der Autor entwickelt dieser Tatsache Rechnung tragend, ein für die Studierenden sehr verständliches Lehrwerk.

In der 5. Auflage ist ein neues Kapitel hinzugefügt worden, das sich dem Thema Zinsrisiken widmet.

Die theoretische Untermauerung des finanzmathematischen Lerninhaltes wird in diesem Lehrbuch sehr gut dargestellt.

Das Werk wendet sich an Studenten der Betriebs- und Volkswirtschaftslehre mit abgeschlossenem Grundstudium.

Prof. Dr. Dr. h.c. Lutz Kruschwitz lehrt an der Freien Universität Berlin am Institut für Bank- und Finanzwirtschaft.

Oldenbourg

»Grundlegend, hilfreich, bewährt.«

Hans Corsten

Produktionswirtschaft

Einführung in das industrielle
Produktionsmanagement

11., vollst. überarb. Aufl. 2007 | XIX, 647 S. | gebunden
€ 39,80 | ISBN 978-3-486-58298-7
Lehr- und Handbücher der Betriebswirtschaftslehre,
(Reihenherausgeber: Hans Corsten)

Dieses Lehrbuch gibt dem an produktionswirtschaftlichen Fragestellungen interessierten
Studenten eine Einführung in das industrielle
Produktionsmanagement. Neben den Grundlagen
der Produktionswirtschaft werden Aspekte der
Produktionsprogramm-, Potential- und Prozessgestaltung und darüber hinaus verschiedene
integrative Ansätze diskutiert.

**Das Buch richtet sich sowohl an Studenten des
Grundstudiums als auch an diejenigen, die im
Rahmen einer speziellen Betriebswirtschaftslehre
im Hauptstudium produktionswirtschaftliche
Problemstellungen vertiefen möchten.**

**Insbesondere im Rahmen einer Klausurvorberei-
tung ist es als Nachschlagewerk sehr nützlich.
Zudem sind die umfangreichen Quellenangaben
für einen tieferen Einstieg in bestimmte Sachverhalte äußerst hilfreich.**

O. Univ.-Prof. Dr. habil. Hans
Corsten ist seit September 1995
Inhaber des Lehrstuhls für
Produktionswirtschaft an der
Universität Kaiserslautern.

Oldenbourg

Alles zum Markt der Finanzdienstleistungen

Michael Bitz, Gunnar Stark
Finanzdienstleistungen
8., vollst. überarb. und wesentlich erw. Aufl. 2008.
XX, 635 S., gb.
€ 32,80
ISBN 978-3-486-58630-5

Dieses Lehrbuch vermittelt einen systematischen Überblick über die grundlegenden Funktionen der auf Finanzmärkten agierenden Anbieter sowie die von ihnen angebotenen Finanzdienstleistungen. Sein Spektrum reicht von der Finanzierung und Vermögensanlage bei Banken und Versicherungen über die verschiedenen Formen von Wertpapier- und Wertpapiertermingeschäften bis hin zum Abschluss von Versicherungsverträgen und ähnlichen Maßnahmen zur Risikoverlagerung.

Das Buch richtet sich an Studierende wirtschaftswissenschaftlicher Studiengänge, Praktiker in der Finanzdienstleistungsbranche, Mitarbeiter in Kämmereien oder Finanzabteilungen privater und öffentlicher Unternehmen sowie an Angehörige der steuer- und rechtsberatenden Berufe, die im Zuge ihrer Beratungstätigkeit mit Finanzdienstleistungen konfrontiert werden.

Univ.-Prof. Dr. Michael Bitz ist Inhaber des Lehrstuhls für Betriebswirtschaftslehre, insbesondere Bank- und Finanzwirtschaft, an der FernUniversität in Hagen.

Dr. Gunnar Stark ist wissenschaftlicher Mitarbeiter am Lehrstuhl von Prof. Bitz.

Oldenbourg

Für Studierende und Praktiker

Carl-Christian Freidank
Kostenrechnung
Einführung in die begrifflichen, theoretischen, verrechnungstechnischen sowie planungs- und kontrollorientierten Grundlagen des innerbetrieblichen Rechnungswesens sowie ein Überblick über Konzepte des Kostenmanagements
8., überarb. und erw. Aufl. 2008. XXVI, 452 S., gb.
€ 34,80
ISBN 978-3-486-58176-8

Die behandelten Themenbereiche und Prüfungsaufgaben decken den elementaren Lehrstoff ab, der an den Universitäten, Fachhochschulen, Berufsakademien sowie Verwaltungs- und Wirtschaftsakademien im Diplom-, Bachelor- und Masterstudiengang vermittelt wird. Darüber hinaus, spricht das exzellent didaktisch gestaltete Buch, auch Praktiker des Rechnungswesens an (z.B. Controller, interne Revisoren, Wirtschaftsprüfer und Steuerberater, Mitarbeiter in der Kostenrechnung, Unternehmensberater), die ihre Kenntnisse auf diesen Gebieten auffrischen, vertiefen und testen wollen. Schließlich ist das Lehrbuch in besonderem Maße für die Vorbereitung auf die Examina des wirtschaftsprüfenden bzw. steuerberatenden Berufes geeignet.

Das Grundlagenwerk für jedes betriebswirtschaftlich orientierte Studium, das Handbuch für den Praktiker!

Außerdem erhältlich:
Carl-Christian Freidank, Sven Fischbach
Übungen zur Kostenrechnung
6., überarb. und ergänzte Aufl. 2007. Br.
€ 27,80, ISBN 978-3-486-58120-1

StB Prof. Dr. habil. Carl-Christian Freidank lehrt Betriebswirtschaftslehre, insbesondere Revisions- und Treuhandwesen, am Institut für Wirtschaftsprüfung und Steuerwesen der Universität Hamburg.

Oldenbourg